中央高校建设世界一流大学（学科）和特色发展引导专项资金2016年度资助项目

U0812819

ཀྲུང་གོའི་རིང་རབས་བོད་རིག་པའི་དཔྱད་རྩོམ་རིགས་དབྱེ་
བདམས་བསྒྲིགས་ལས་ཡིག་ཚགས་སྐོར་གྱི་བམ་པོ།

[illegible]

མཐའ་བ་བཀྲ་ཤིས་དོན་འགྲུབ་ཀྱིས་གཙོ་སྒྲིག་བྱས།

ཀྲུང་གོའི་བོད་རིག་པ་དཔེ་སྐྲུན་ཁང་།

འགོ་བརྗོད།

༄། །ཡང་དར་ཤེས་རིག་ཉི་ཟེར་ཁྲི་མ་འབུམ། །
ཚོལ་གསུམ་རིག་པའི་ཞིང་སར་འཕྲོས་པ་ལས། །
ཚོས་སྲིད་དཔག་བསམ་ལྗོན་པའི་རྩེ་མོ་ལ། །
སྨ་མང་དཔྱད་པའི་འབྲས་བུ་ཐོགས་འདི་སྨྲོ། །

དེ་ཡང་། ནུབ་བྱང་མི་རིགས་སློབ་གྲྭ་ཆེན་མོས་མ་དངུལ་གྱི་མཐུན་རྐྱེན་སྦྱར་བ་ལ་བརྟེན་ནས། ངེད་ཅག་གིས《ཀྲུང་གོའི་དེང་རབས་བོད་རིག་པའི་དཔྱད་རྩོམ་རིགས་དབྱེ་བདམས་བསྒྲིགས》ཞེས་པའི་དེབ་བཅུའི་བདག་ཉིད་ཅན་གྱི་དེབ་ཕྲེང་འདི་བསྒྲིགས་པ་ཡིན། བྱ་བའི་ལས་རིམ་དུ་ང་ཚོས་ཆེད་ལས་མཁས་པ་ལ་བཀའ་འདྲི་ཞུས་པ་དང་། གྲོས་བསྡུར་ཐེངས་མང་བྱས་པ་བརྒྱུད་རྒྱལ་ཁབ་ཕྱི་ནང་ཀུན་ལ་འགྲེམ་སྤེལ་ཚོག་མཚན་ཐོབ་ཡོད་པའི་བོད་རིག་པའི་དུས་དེབ་སོ་གཅིག་ལས། དེང་རབས་བོད་རིག་པའི་གནས་བབ་དང་འཕེལ་ཕྱོགས་མཚོན་ཐུབ་པའི་རིག་གཞུང་དཔྱད་རྩོམ༦༤༠བདམས་ཤིང་རིགས་བཀར་ཏེ་ཀུན་གྱི་གཟིགས་མོར་ཕུལ་བ་ལགས། འདིར་ནི་དམིགས་བསལ་གྱི་བྱ་རིམ་འགའ་ངོ་སྤྲོད་བགྱི་བ་ལ།

དང་པོ། དེབ་ཕྲེང་འདི་བསྒྲིག་དགོས་པའི་དམིགས་ཡུལ།

༡. ཐོབ་སྣ་འཚོལ་བདེའི་སྒྱུར་ལམ་བསྟུན་པ། དུས་རབས་གོང་མའི་ལོ་རབས་བདུན་ཅུ་པའི་དུས་མཇུག་ཏུ། ཏང་གི་ཡང་དག་པའི་སྲིད་ཇུས་ཀྱི་ཉིན་བྱེད་ཤར་ནས་ཤར་ལ། བཅོས་བསྒྱུར་སྒོ་འབྱེད་ཀྱི་སྒོ་མོ་ཡོངས་སུ་ཕྱེ་བ་དང་བསྟུན་ནས། བོད་རིག་པ་ལའང་སྔ་ན་མེད་པའི་གསོན་ཤུགས་གསར་པ་རྒྱས་པར་མ་ཟད། ཕྱོགས་བཞི་མཚམས་བརྒྱད་ནས་ཤེས་རིག་གསར་པའི་འོ་རྒྱུན་ཀུན་ནས་དྲངས་བྱུང་བས་དེང་རབས་བོད་རིག་པའི་དགུ་བརྙེས། རིག་གཞུང་དཔྱད་རྩོམ་གྱི་ཆ་ནས་བཤད་ན། ཀན་སུ་ཏྲ་རྒྱལ་ལགས་ཀྱིས་བརྩམས་ལ། མཚོ་སྔོན་མི་རིགས་སློབ་གྲྭ་ཆེན་མོའི་རིག་གཞུང་དུས་དེབ༡༩༧༨ལོའི་དེབ་གསུམ་པར་བཀོད་ཡོད་པའི《གནའ་དུས་ཀྱི་རྒྱ་བོད་གཉེན་མཐུན་བྱུང་བ་ནས་བཟུང་བོད་ཀྱི་རིག་གནས་གོང་འཕེལ་བྱུང་ཚུལ་དང་ད་ལྟའི་དངོས་ཡོད་ཀྱི་དོན་སྙིང་སྐོར་མདོར་ཙམ་བཤད་པ》ཞེས་པ་ནི་རིག་གཞུང་དུས་དེབ་ཏུ་སྤེལ་བའི་དེང་རབས་བོད་རིག་པའི་བོད་ཡིག་དཔྱད་རྩོམ་ཐོག་མར་གྱུར། སྐབས་དེར་རྒྱ་ཡིག་དུས་དེབ་ཁྲོད་བོད་ཡིག་གི་དཔྱད་རྩོམ་རེ་གཉིས་བཀོད་ཡོད་པ་ལས་བོད་ཡིག་གི་དུས་དེབ་དངོས་སུ་འགྲེམ་སྤེལ་བྱས་མེད། དེ་ནས༡༩༨༡ལོར་བོད་ལྗོངས་སྤྱི་ཚོགས་ཚན་རིག་ཁང་གིས《བོད་ལྗོངས་

ཞིབ་འཇུག》གསར་དུ་བཏོན་པ་དང་། མཚོ་སྔོན་ཞིང་ཆེན་ནས《སྤྲང་ཆར》དང་ཀན་སུའུ་ཀན་ལྷོ་ནས《ཟླ་ཟེར》གསར་དུ་བཏོན་པ་ནས་བཟུང་། བོད་ཡིག་དུས་དེབ་རིམ་གྱིས་སྣ་ཇེ་འཛོམས་དང་སྤུས་ཇེ་བཟང་དུ་གྱུར། དེ་བས་སྤྱི་ལོ༡༩༧༨ནས༢༠༡༥ལོའི་བར་དུ་ཤེས་རིག་གི་སྣ་སོ་སོ་ནས་སྤེལ་བའི་དཔྱད་རྩོམ་གྱི་ཁ་གྲངས་ཁྲི་ཕྲག་བརྒལ་བ་དང་། དུས་དེབ་སྟ་མ་མང་དག་ཅིག་འཚོལ་དཀའ་བའི་གནས་སུ་གྱུར་ཡོད། རྒྱུ་མཚན་དེའི་དབང་གིས། བོད་ཀྱི་ཤེས་རིག་དཔྱད་རྩོམ་རྒྱ་མཚོ་ལྟ་བུ་ལས་རིན་ཐང་ཆེས་ཆེར་ལྡན་པ་ཁག་ཅིག་བདམས་ནས་ཟུར་དུ་སྤེལ་ན། བོད་རིག་པ་ཞིབ་འཇུག་ལ་སློབ་བ་ཡོད་པའི་གསར་སྐྱེས་གཞོན་ནུ་རྣམས་དང་། སློབ་ཆེན་སློབ་མ། དགེ་རྒན་དང་ཞིབ་འཇུག་པའི་ལས་དོན་གཉེར་མཁན་རྣམས་ལ་ཐོབ་སླ་འཚོལ་བདེའི་མྱུར་ལམ་བསྐྲུན་པར་མཐོང་ནས་བསྒྲིགས་པ་ཡིན།

༢. དུས་རབས་གསར་པའི་བོད་རིག་པའི་འཕེལ་རིམ་མཚོན་པ། དཔྱད་རྩོམ་ནི་ལུང་རིགས་ཀྱི་རྒྱབ་རྟེན་ལ་བརྟེན་པའི་ཤེས་རིག་གི་ཉིང་བཅུད་དང་རིགས་ལམ་གསར་པ་ལས་བྱུང་བའི་དཔྱད་འབྲས་ཀྱི་ཡང་བཅུད་ཡིན་པས། རིག་གཞུང་དཔྱད་རྩོམ་གྱིས་དེང་རབས་བོད་རིག་པའི་འཕེལ་འགྱུར་དང་ཁ་ཕྱོགས་མངོན་པར་མཚོན་པ་ཡིན་ཏེ། དཔེར་ན། དེང་རབས་བོད་རིག་པ་དར་བ་ནས་བཟུང་རིག་ཚན་དབྱེ་ཚུལ་ལའང་དེང་རབས་རིག་གཞུང་གི་ཤུགས་རྐྱེན་ཐེབས་ཡོད་པས། 《བོད་ལྗོངས་ཞིབ་འཇུག》དང《ཀྲུང་གོའི་བོད་རིག་པ》《ནུབ་བྱང་མི་རིགས་སློབ་གྲྭ་ཆེན་མོའི་རིག་གཞུང་དུས་དེབ》སོགས་རིག་གཞུང་སྣ་འཛོམས་ཀྱི་དུས་དེབ་ཁག་ཅིག་བྱུང་བར་མ་ཟད། 《བོད་ཀྱི་སློབ་གསོ》དང《བོད་ལྗོངས་སྒྱུ་རྩལ་ཞིབ་འཇུག》《བོད་ལྗོངས་ནང་བསྟན》《གངས་རྒྱན་མེ་ཏོག》སོགས་སློབ་གསོ་དང་། ཆོས་ལུགས། སྒྱུ་རྩལ། རྩོམ་རིག་སོགས་རིག་ཚན་ཁྱད་ཆོས་ལྡན་པའི་དུས་དེབ་གསར་འདོན་བྱས་ཡོད། ཡང་། གནའ་རབས་ཡིག་ཚགས་ཞིབ་འཇུག་ལ་དཔེ་བླངས་ན། ༡༩༨༡ལོ་ནས་ཁ་ཆེ་ཕ་ལུ་དང་ཇོ་རིང་ཡི་གེ་ལ་ཞིབ་འཇུག་བྱས་པའི་དཔྱད་འབྲས་རེ་གཉིས་ཐོན་ཡོད་སོད། འོན་ཀྱང༢༠༠༠ལོའི་རྗེས་ནས་གནའ་རབས་ཡིག་ཚགས་ཞིབ་འཇུག་གི་དཔྱད་འབྲས་ཆར་ཤུལ་གྱི་ཤ་མོ་བཞིན་བཛོལ་བྱུང་བས་འཕེལ་རྒྱས་ཆེན་པོ་ལྡན་པ་མིག་མཐོང་ལག་ཟིན་རེད། དེབ་ཕྲེང་འདིར་གནའ་རབས་ཡིག་ཚགས་ཞིབ་འཇུག་གི་དཔྱད་རྩོམ༥༠བསྡུས་ཡོད་པ་ལས་དཔྱད་རྩོམ༤༥ནི་དུས་རབས་ཉེར་གཅིག་པའི་ནང་གི་དཔྱད་རྩོམ་ཡིན། གཞན་ཡང་། དཔྱད་རྩོམ་སྤྱིའི་ཆ་ནས་གླེང་ན། དུས་རབས་ཉི་ཤུ་པའི་ལོ་རབས་བརྒྱད་ཅུ་པ་ནི་དེང་རབས་བོད་རིག་པའི་ཞིང་སར་མྱུ་གུ་འབུས་པའི་དུས་སྐབས་ཡིན་པས་དཔྱད་རྩོམ་ཚད་ལྡན་མིན་པ་དང་། ལུང་ཁུངས་ཁ་མི་གསལ་བ། ཐ་ན་དཔྱད་རྩོམ་གྱི་མིང་བཏགས་པ་ལ་དོན་གྱིས་ངོ་སྤྲོད་ཙམ་ལས་དཔྱད་འཇོག་དང་སྡོམ་ཚིག་མེད་པའི་རྩོམ་དང་། ཟིན་བྲིས་ལྟ་བུར་སྣང་བ་སོགས་དུས་དེབ་སྟེང་བཀོད་ཡོད་པ་རེད། དཔྱད་འབྲས་ཁོ་ནའི་ཆ་ནས་བལྟས་ན་དུས་རབས་ཉེར་གཅིག་པའི་ནང་དུ་འཕེལ་རྒྱས་ཆེན་པོ་བྱུང་

བ་དང་། རིགས་ལམ་ཇེ་གསལ་དང་ཞིབ་འཇུག་གཏིང་ཟབ་ཏུ་འགྲོ་བཞིན་པའི་ཚུལ་མཐོང་མོད། འོན་ཀྱང་། དེང་ཅག་གིས་དཔྱད་རྩོམ་བསྡུ་སྒྲིག་བྱེད་དུས་བོད་རིག་པའི་འཕེལ་རིམ་གྱི་སྐྱ་ཐིག་གསལ་པོར་བྱ་ཆེད་སྐབས་དེའི་བོད་རིག་པའི་སྣང་ཚུལ་ལ་ཆ་བཞག་ནས་དུས་སྐབས་སོ་སོའི་དཔྱད་རྩོམ་བསྡུས་ཡོད། ད་དུང་། རིག་གཞུང་དུས་དེབ་ཀྱི་ཆ་ནས་གླེང་ན་དུས་རབས་ཉེར་གཅིག་པའི་ནང་ནས་ས་གནས་རིམ་པ་སོ་སོ་དང་སྡེ་ཚན་སོ་སོ་ནས་བོད་ཀྱི་དུས་དེབ་སྣ་མང་ལས《ཀྲུང་གོའི་བོད་རིག་པ》དང《བོད་ལྗོངས་ཞིབ་འཇུག》གཉིས་རིག་གཞུང་དུས་དེབ་ཀྱི་ཚད་གཞི་མཐོ་ཤོས་སུ་འདེམས་ཀྱིན་ཡོད་གཤིས། དེ་གཉིས་ཀྱི་ཐོག་ཏུ་བཀོད་པའི་དཔྱད་རྩོམ་དག་ཀྱང་སྤུས་ཚད་མཐོ་ཤོས་ཡིན་པའི་ཚོད་དུ་འདུག་མོད། འོན་ཀྱང་། དཔྱད་རྩོམ་བསྡུ་སྒྲིག་བྱེད་སྐབས་དུས་དེབ་མང་པོ་ལས་བཏུས་ལ་དུས་སྐབས་གཅིག་གི་ནང་དུ་དུས་དེབ་སོ་སོའི་ཁྱད་ཆོས་མཚོན་པར་བྱས་ཡོད།

གཉིས་པ། དེབ་ཕྲེང་སྒྲིག་པའི་བྱ་རིམ་ཐད་ཀྱི་གསལ་བཤད།

༡. དཔྱད་རྩོམ་འཚོལ་བསྡུའི་ཐད་དུ། དེབ་ཕྲེང་འདི་ནི་སྤྱི་ལོ༡༩༧༨ནས༢༠༡༥ལོའི་བར་གྱི་དུས་དེབ་ཉེར་ལྔ་རུ་བཀོད་པའི་བོད་ཡིག་དཔྱད་རྩོམ་ཁྲི་ཕྲག་ལས་ཉིང་བཅུད་བསྡུ་སྒྲིག་བྱས་པ་ཡིན་པས་རྩོམ་གྱི་མ་ཕྱི་འཚོལ་བར་དཀའ་ངལ་ཆེན་པོ་ལྡན། ཁྱད་པར་དུ《བདག་པོ》དང《མི་རིགས་སྐད་ཡིག་བྱ་བ》《ཤེས་བྱའི་ཐེགས་མ》སོགས་སྔ་མའི་དུས་དེབ་མང་དག་ཅིག་དཔེ་མཛོད་ཁང་སོ་སོར་ཁ་ཐོར་ཙམ་ལས་ཆ་ཚང་ཉར་བ་མ་མཐོང་། དེ་བས་ཕྱོགས་སོ་སོའི་མི་སྣ་གང་མང་ལ་རེ་བ་བཙལ་བ་དང་སྐུ་ཚོགས་བཀོལ་དགོས་པར་བྱུང་། ཁྱད་པར་དུ་རེབ་གོང་རོང་བོའི་རྒན་ལྷུང་སྐྱ་དགེ་འདུན་བཀྲ་ཤིས་ལགས་ཀྱིས་གཙོ་གཉེར་གནང་བའི་ཤེས་རིག་གླིང་དཔེ་མཛོད་ཁང་དུ་བོད་ཡིག་དུས་དེབ་མང་པོ་བདག་ཉར་བྱས་ཡོད་པས་གང་དགོས་མཁོ་སྤྲོད་གནང་བར་བཀའ་དྲིན་ཆེ་ཞུས་པ་ཡིན།

༢. དཔྱད་རྩོམ་ཞུ་དག་གི་ཐད་དུ། དཔྱད་རྩོམ་གྱི་ཕྱི་མོར་རྩོམ་པ་པོའམ་རྩོམ་སྒྲིག་པས་ཐུགས་ཉམས་མ་བཞག་པར་མཆན་དང་ཁུངས་ལུང་སོགས་ཟུར་མཆན་ལ་ཆད་ལྷག་བྱུང་བ་ཁ་ཤས་ཡོད་པས། ལ་ལ་རྩོམ་པ་པོར་འབྲེལ་གཏུགས་བྱས་ནས་བཅོས་པ་དང་། ལ་ལ་དཔེ་དེབ་གཞན་ལ་ཟུར་བལྟས་ཀྱིས་ཐག་བཅད་པ་ཡིན་ལ། ཐག་མ་ཆོད་པ་རེ་འགའ་ཙམ་དུས་དེབ་ཇི་བཞིན་དུ་སོར་བཞག་བྱས་ཡོད། ཁྱད་པར་དུ། པར་རིས་ལྡན་པའི་དཔྱད་རྩོམ་རེ་འགར་པར་རིས་ཀྱི་ཨང་རིམ་བཀོད་ཡོད་མོད་པར་ངོས་རྩོམ་ཡིག་ཏུ་བཀོད་མེད་པའི་གནས་ཚུལ་སོགས་ཞུ་དག་སྐབས་སུ་སྣང་ཚུལ་འདྲ་མིན་ལ་འཕྲད་པར། སྒྲིག་པ་པོ་རང་ངོས་ནས་ཟུར་མཆན་འདེབས་པའམ་པར་རིས་བཙལ་བ་སོགས་ཀྱིས་རྩོམ་པ་པོའི་དགོངས་པ་དང་མི་འགལ་བར་འབད་བརྩོན་བྱས་ཡོད།

༣. མཆན་འདེབས་སྟངས་གཅིག་གྱུར་བྱས་པ། དཔྱད་རྩོམ་ལ་ཟུར་མཆན་འདེབས་པའི་ཐབས་ཤེས་འདི་ནི་དེང་རབས་བོད་རིག་པའི་ཞིབ་འཇུག་འཛམ་གླིང་དང་མཐུན་པོར་ཡོང་ཆེད་ནང་འདྲེན་བྱས་པའི་ཐབས་ལམ་ཞིག་ཡིན་པས། རང་རེའི་དུས་དེབ་སོ་སོར་ཞབས་མཆན་དང་མཇུག་མཆན། ཨང་རྟགས་འགོད་ཐབས་སོགས་མཆན་འགོད་ཐབས་རིགས་མི་འདྲ་བ་རེ་ཡོད་པར་མ་ཟད། ཐ་ན་མཇུག་མཆན་གྱི་མིང་དེའང་གཅིག་མཚུངས་མིན་ཏེ། "མཆན་འགྲེལ"དང"ཟུར་བལྟའི་དཔྱད་གཞི""མཆན""མཆན་དང་དཔྱད་གཞིའི་ཡིག་རིགས""མཆན་དང་ལུང་འདྲེན་དཔྱད་ཡིག""དཔྱད་གཞིའི་ཡིག་ཆ་དང་མཆན་འགྲེལ"སོགས་སྣ་མང་པོར་འདུག་པ་ལས། ངེད་ཅག་གིས་གཅིག་གྱུར་གྱིས"མཆན"ཞེས་པ་དང་ལེན་བྱས་པ་དང་། ཞབས་མཆན་བཀོད་ཡོད་པ་རྣམས་ཀྱང་མཇུག་མཆན་དུ་བཅོས་ནས་གཅིག་མཐུན་དང་སྟབས་བདེར་བཅོས་ཡོད་པ་སོགས་ནི་གླེང་སློང་བའི་ཚུལ་གྱིས་ཀུན་གྱི་སྣན་ལམ་དུ་ཕུལ་བའོ། །

རིག་བཅུའི་གླིང་ལ་རིག་གསུམ་རིག་བཞི་སོགས། །
དེང་རབས་ཤེས་རིག་ཚུ་ཀླུང་འདྲེས་པ་ཡིས། །
མདོ་དབུས་མཐོ་སྨད་ཞེས་བྱའི་གངས་དཀྱིལ་དུ། །
ཤེས་བྱ་རིག་པའི་མཚོ་མོ་གཡང་དུ་འཁྱིལ། །

ཞེས་དེབ་ཕྲེང་གཙོ་སྒྲིག་པ་མཐའ་བ་བཀྲ་ཤིས་དོན་འགྲུབ་ཀྱིས༢༠༡༨ལོའི་ཧོར་ཟླ་དགུ་པའི་ཚེས་དྲུག་ལ་བྲིས།

དཀར་ཆག

ཡིག་ཚགས་རིག་པའི་སྐོར།

རྡོ་བྲག་ཅོང་ཁྲམ་གྱི་སྐོར།

ཏུན་ཧོང་ཡི་གེའི་སྐོར།

དཔེ་རྙིང་ཞིབ་འཇུག་གི་སྐོར།

གཞན་དག

ཡིག་ཚགས་རིག་པའི་སྐོར།

༄། །བོད་ཡིག་དཔེ་སྐྲིང་དཔར་སྐྲུན་དང་འབྲེལ་བའི་གནད་དོན་འགའ་ཞིག་སྐོར་གླེང་བ།

དུང་དཀར་བློ་བཟང་འཕྲིན་ལས།

རང་རེའི་ལྗོངས་སུ་བོད་མི་རིགས་ཀྱི་རིག་གནས་འཕེལ་རྒྱས་འགྲོ་བའི་བརྒྱུད་རིམ་ནང་བོད་ཡིག་གི་དཔར་སྐྲུན་ལས་རིགས་ཀྱིས་ད་ཅང་གལ་ཆེ་བའི་གོ་གནས་བཟུང་ཡོད་ཅིང་། སྤྱི་ལོའི་གོང་གི་ལོ་བརྒྱ་ཕྲག་ཁ་ཤས་ནང་ཐོག་མར་ཤིང་ལ་སྦྲོག་ཆགས་དང་མེ་ཏོག་སོགས་ཀྱི་མཛེས་རིས་དང་། མུ་འབྲིལ་སྒྲུང་གཏམ་རི་མོ་སྣ་ཚོགས་རྐོ་དཀྲོལ་བྱེད་པའི་ལག་རྩལ་བྱུང་བ་ནས་བོད་ཡིག་གི་དཔར་སྐྲུན་ལག་རྩལ་མ་བྱུང་བར་ཞུང་མཐར་ལོ་གྲངས་ཆིག་སྟོང་བཞི་བརྒྱ་ལྷག་ཙམ་སོང་ཡོད་པ་དང་། དུས་རབས་བཅོ་ལྔ་པའི་འགོར་བོད་ཡིག་གི་དཔར་སྐྲུན་ལག་རྩལ་དར་འགོ་ཚུགས་པ་ནས་ད་བར་ལོ་གྲངས་ལྔ་བརྒྱ་བདུན་ཅུ་དོན་བརྒྱད་ཙམ་སོང་ཡོད། བོད་ཞི་བའི་བཅིངས་འགྲོལ་ཐོབ་རྗེས་བོད་ཡིག་དཔར་སྐྲུན་གྱི་ལས་དོན་ཁག་འཕྲུལ་ཆས་ཅན་དང་རང་འགུལ་ཅན་དུ་འགྱུར་བའི་འགོ་ཚུགས་ཤིང་། ལྷག་པར་སྐབས་བཅུ་གཅིག་པའི་ཀྲུང་ཡུ་ཚང་འཛོམས་གྲོས་ཚོགས་ཐེངས་གསུམ་པ་འཚོགས་པ་ནས་བཟུང་བོད་ཡིག་གི་དཔར་སྐྲུན་ལག་རྩལ་དེ་གློག་ལས་ཅན་དང་། གློག་རྡུལ་འཕྲུལ་ཆས་ཅན་དུ་གོང་འཕེལ་མགྱོགས་པོར་འགྲོ་བའི་དུས་རབས་གསར་པ་ཞིག་ཏུ་སླེབས་ཡོད་པ་རེད།

བོད་ཡིག་དཔེ་སྐྲིང་དཔར་སྐྲུན་གྱི་ལས་དོན་ལེགས་པོ་བསྒྲུབས་ན་བོད་ཀྱི་རིག་གནས་སློབ་གསོའི་ལས་དོན་གོང་འཕེལ་གཏོང་ཐུབ་པ་དང་། བོད་ཀྱི་རིག་གནས་ཆེ་ཆུང་བཅུའི་སློབ་གསོ་མི་རིགས་ཅན་དུ་འགྱུར་བཞིན་པའི་ལོ་རྒྱུས་དང་ཉམས་མྱོང་ལ་ཕྱི་མིག་བལྟས་ཏེ་རིག་གནས་གསར་པའི་སློབ་གསོ་དེ་མི་རིགས་ཅན་དུ་འགྱུར་རྒྱུར་རྨང་གཞི་འདིང་ཐུབ་པ། ལྷག་དོན་རྒྱལ་ཁབ་ཕྱི་ནང་གི་མི་ཉུང་ཤས་ཀྱིས་ཀྱང་ཁྲན་ཏང་གིས་བོད་མི་རིགས་ཀྱི་རིག་གནས་ཤུལ་མེད་དུ་བཏང་བཞིན་པ་རེད་ཅེས་སྐྱོན་འཛུགས་བྱས་པར་བྱ་སྤྱོད་ངོ་མའི་ཐོག་ནས་ལན་བཏབ་སྟེ་མེས་རྒྱལ་གོང་དུ་གཅིག་གྱུར་སྲུང་སྐྱོང་བྱ་རྒྱུར་ཕན་ཐོགས་ཡོད་པ་སོགས་ཀྱི་གལ་ཆེའི་དོན་སྙིང་ལྡན་ཡོད་པས། ང་ཚོས་བོད་གནའ་རབས་ཀྱི་དཔར་སྐྲུན་ལས་དོན་དང་འབྲེལ་བའི་གནད་དོན་འགའ་ཞིག་ལ་ཕྱོགས་ཡོངས་ནས་སྔར་དྲན་དེང་བསྡུར་གྱིས་སྐྱོན་སྤངས་དགེ་འཚོལ་བྱ་རྒྱུ་ནི་དགོས་ངེས་ཤིག་རེད། བོད་ཀྱི་དཔར་སྐྲུན་ལས་དོན་འཕེལ་རྒྱས་ཀྱི་ལོ་རྒྱུས་སྐོར་ལ་དེ་སྔོན་

བོད་ལྗོངས་མི་དམངས་དཔེ་སྐྲུན་ཁང་གི་བློ་མཐུན་ཚེ་རིང་ཕུན་ཚོགས་ལགས་ཀྱིས《སྔ་རབས་བོད་ཀྱི་དཔར་སྐྲུན་དང་དཔར་ཁང་སྐོར་གླེང་བ》ཞེས་པའི་ཆེད་རྩོམ་ཞིག་བྲིས་གནང་ཡོད་པ་དེར་གསལ་བས་སྐྱུར་བློས་ཀྱི་ངལ་བ་སྤངས་ཤིང་། ཐེངས་འདིར་ཆེད་རྩོམ་དེའི་ཁ་སྐོང་ཞབས་འདེགས་ཀྱི་ཚུལ་དུ་བོད་ཡིག་དཔེ་རྙིང་དཔར་སྐྲུན་གྱི་དགེ་མཚན་དང་ཉམས་སྟོང་། ལས་ཡུན། ལས་རིགས། ལས་རིམ། ལག་རྩལ། སྣ་ཐོགས་དང་བྱ་དགའ། འགྲོ་གྲོན། དཔར་ཁང་གི་སྒྲིག་སྲོལ་ལམ་ལུགས། དཔར་ཤིང་བེད་སྤྱོད་ཀྱི་དུས་ཡུན། དཔེ་སྐྲུན་སྡེ་ཚན་གྱི་ལས་ཀའི་ཕན་ནུས་སོགས་ཀྱི་གནད་དོན་སྐོར་ལ་ལོ་ཤས་རིང་ཞིབ་འཇུག་ཐེངས་མང་བགྱིས་པའི་མྱོང་ཚོར་དང་མཇུག་སྡོམ་གནད་བསྡུས་ཤིག་ཞུ་རྒྱུར།

དང་པོ། དཔེ་རྙིང་དཔར་སྐྲུན་བྱེད་པའི་དགེ་མཚན་དང་ཉམས་སྟོང་།

1. ཡིག་ནོར་མི་འབྱུང་བ། དེ་སྔོན་བོད་ལ་དཔར་སྐྲུན་ལག་རྩལ་མ་དར་གོང་སྤྱི1425ལོ་ཕན་ཆད་ནི་དཔེ་རྙིང་ཚང་མ་བྲིས་མ་ཡིན་པ་དང་། དེ་ཡང་གཅིག་ལ་གཅིག་བརྒྱུད་ཀྱིས་བཤུ་འབྲི་བྱས་རྗེས་ཞུས་དག་ནན་པོ་མ་བྱུང་བས་ཡིག་ནོར་མང་བ། གསེར་དངུལ་གྱིས་བྲིས་པ་རྣམས་ཡིག་གཟུགས་དང་ལག་རྩལ་ཐད་ནས་བཤད་ན་རྩ་ཆེའི་རིག་དངོས་དང་དཔྱད་གཞི་ཡིན་ཡང་། མང་ཆེ་བར་ཞུས་དག་ནན་པོ་བྱུང་མེད་སྟབས་ཆད་ལྷག་དང་ཡིག་ནོར་མང་ཞིང་དཔེ་རྙིང་མང་པོ་ཞིག་ནི་ཡིག་གཟུགས་དབུ་མེད་ཡིན་ཐོག་བསྡུས་ཡིག་མང་བ་དང་། ཡི་གེའི་བརྡ་དག་དང་ཡིག་གཟུགས་གཅིག་གྱུར་མེད་པ། དཔེ་འགྲེམས་ཁྱབ་ཆུང་བར་བརྟེན་བོད་ཀྱི་སྐད་ཡིག་དང་བརྡ་དག་གཅིག་གྱུར་བྱེད་རྒྱུར་ནུས་པ་འདོན་ཐུབ་ཀྱི་མེད། དཔར་སྐྲུན་བྱས་ན་ཞུས་དག་རིམ་པ་བཞི(སྔར་ཞུས། བསྐྱར་ཞུས། ཡང་ཞུས། ཞུས་ཆེན་བཅས)མ་བརྒྱུད་པར་དཔར་སྐྲུན་བྱེད་ཀྱི་མེད་པས་ཡིག་ནོར་མི་འབྱུང་བའི་ཁྱད་ཆོས་ཡོད།

2. མ་དཔེ་བཤུ་འབྲིའི་དཀའ་ངལ་སེལ་ཐུབ་པ། དཔེ་ཆ་གལ་ཆེའི་རིགས་ལྟ་ཀློག་བྱེད་མཁན་མང་ཡང་བཤུ་འབྲི་བྱེད་དགོས་ན་དུས་ཚོད་རིང་པོ་འགོར་བ་དང་། མ་དཔེ་སྡེ་འཛོམས་ཤིག་འཚོལ་བསྡུ་བྱ་རྒྱུར་དཀའ་ངལ་ཆེ་བ། དཔེ་རྒྱུན་དཀོན་པའི་གནད་དོན་ཐག་གཅོད་མི་ཐུབ་པའི་དབང་གིས་མ་དཔེ་བརླག་ཐོར་ཡོང་སླ་བ་བཅས་ཀྱི་སྐྱོན་ཆ་ཡོད། དཔར་སྐྲུན་བྱས་ན་ཀློག་པ་པོ་རྣམས་ཀྱིས་བཤུ་འབྲི་བྱ་དགོས་པའི་དཀའ་ངལ་སེལ་ཐུབ་པ་དང་། གལ་ཏེ་དཔར་ཤིང་ཟད་གྲོན་ཆེ་བའི་དབང་གིས་སླར་ཡང་ཤིང་དཔར་གསར་པ་བཟོ་དགོས་བྱུང་ན་དེ་སྔོན་དཔར་སྐྲུན་བྱས་པའི་དཔར་ཐེངས་དང་པོ་གཉིས་པའི་གྲུས་ཀྱི་དཔར་མ་དེ་གཞིར་བཟུང་ནས་དཔར་ཡིག་བསྐྱར་མ་བྲིས་པའམ་ཡང་ན་དཔར་སྐྲུན་བྱས་རྗེས་ཀྱི་དཔར་ཐེངས་དང་པོའི་སྐབས་ཤོག་སྲབ་ངོས་གཉིས་ལ་དཔར་བརྒྱབ་པ་ཞིག་དཔར་བཟོ་ཐེངས་རྗེས་མའི་སྐབས་ཀྱི་དཔར་ཡིག་བྱེད་རྒྱུར་ཉར་ཚགས་ཐུབ་ཀྱི་ཡོད་སྟབས། དཔར་ཡིག་ཡང་བསྐྱར་འབྲི་མ་དགོས་པ་

ཡོང་གི་ཡོད།

3. དཔེ་འགྲེམས་ཁྱབ་ཆེ་བས་རྒྱ་ཆེའི་གློག་པ་པོའི་དགོས་མཁོ་སྐོང་ཐུབ་པ། ཤིང་དཔར་ཐོག་དཔར་སྐྲུན་བྱས་རྗེས་བཀའ་འགྱུར་དང་བསྟན་འགྱུར། གསུང་འབུམ་པོད་གྲངས་མང་པོ་ཡོད་པའི་རིགས་ལོ་རེ་དཔར་གྲངས་མང་ཤོས་བརྒྱ་དང་ལྔ་བཅུ་ལྷག་དཔར་རྒྱག་མི་ཐུབ་ཀྱང་། པོད་གྲངས་རེ་གཉིས་ལས་མེད་པ་རྣམས་ཆ་ཚང་ཉིས་བརྒྱ་ལྔ་བཅུ་ཙམ་དཔར་ཐུབ་ཀྱི་ཡོད་པས་གྲིས་མ་དང་བསྡུར་ན་དཔེ་འགྲེམས་ཁྱབ་ཆེ་བའི་ཁྱད་པར་ཡོད། དེང་སང་བཀའ་འགྱུར་དང་བསྟན་འགྱུར་གཉིས་ཀ་ལོ་གཅིག་ལ་ཆ་ཚང་བདུན་ཅུ་ལྷག་དཔར་འདེབས་མི་ཐུབ་ཅིང་། མཁོ་འདོན་ཆུང་པའི་རིགས་དེ་ལས་ལྷབ་གཅིག་ཙམ་མང་བ་དཔར་འདེབས་ཐུབ་ཀྱི་ཡོད།

4. མ་དཔེ་འཚོལ་བསྡུ་དང་། ཞིགས་སྒྲིག་སྲུང་སྐྱོབ་བཅས་ཐུབ་པ། དཔར་སྐྲུན་བྱས་ན་དཔེ་འགྲེམས་ཀྱི་རྒྱ་ཁྱོན་གྲིས་མ་ལས་ཆེ་བ་ཡོད་སྟབས་མ་དཔེ་ཁུངས་བཙན་ཞིག་འཚོལ་བསྡུ་བྱ་རྒྱུའི་འགན་འཁུར་རང་ཤུགས་སུ་ཡོང་གི་ཡོད་པ་དང་། མ་དཔེ་ཁག་ནང་ཕན་ཚུན་བསྡུར་ནས་ཞིགས་སྒྲིག་བྱེད་ཐུབ་པ། མ་དཔེ་དཀོན་པའི་རྐྱེན་གྱིས་གལ་ཆེའི་མ་དཔེ་བརླག་ཐོར་མི་འབྱུང་བའི་སྲུང་སྐྱོབ་ཐུབ་པ་ཡོང་གི་ཡོད། མ་དཔེ་གཅིག་ལས་མེད་པའི་རིགས་དཔར་སྐྲུན་མ་བྱས་ན་གཅིག་པུ་དེ་ཡང་སྲུང་སྐྱོབ་བྱེད་རྒྱུ་ཧ་ཅང་དཀའ། ད་ཕན་དཔེ་སྙིང་གལ་ཆེའི་རིགས་མང་པོ་ཞིག་དཔེ་མཛོད་ཁང་ནས་བརླག་ཐོར་སོང་བའི་རྒྱུ་མཚན་སྣ་ཚོགས་ཡོད་སྲིད་ཀྱང་མང་པོ་ཞིག་ནི་དཔེ་སྐྲུན་བྱེད་མི་ཐུབ་པའི་དབང་གིས་བྱུང་བ་ཡིན་པར་ངོས་འཛིན་བྱེད་ཀྱི་ཡོད། བློ་མཐུན་འགའ་ཞིག་གིས་མ་དཔེ་གཅིག་ལས་མེད་པའི་རིགས་དཔར་སྐྲུན་བྱས་ན་མ་དཔེ་དེའི་རིན་ཐང་མེད་པ་ཆགས་རྒྱུ་ཡིན་པས་དཔར་སྐྲུན་བྱེད་རྒྱུ་མེད་པའི་ངོས་འཛིན་གནང་གི་འདུག ང་རང་གི་བསམ་པར་དངོས་པོ་དེའི་རིན་ཐང་ཆེ་ཆུང་མི་ཚང་མས་ཤེས་པ་བྱེད་དགོས་ན་ཚང་མར་མཐོང་དུ་འཇུག་དགོས་པ་དང་། དངོས་པོ་དེའི་འདྲ་དཔར་དང་འགྲེལ་བཤད་ཆ་ཚང་བ་དཔེ་སྐྲུན་བྱས་ནས་རྒྱལ་ཁབ་ཕྱི་ནང་དུ་འགྲེམས་སྤེལ་བྱས་ན། ད་གཟོད་བོད་ས་གནས་སུ་ཡོད་པའི་རིག་གནས་དངོས་རྫས་ཁག་འཛམ་གླིང་ཐོག་མཐོང་དཀོན་པའི་རྩ་ཆེའི་རིན་ཐང་ཅན་ཡིན་པར་མི་ཚང་མས་ཤེས་རྟོགས་ཐུབ་པ་ཡོང་གི་རེད། རིག་གནས་དངོས་རྫས་དེ་ཚོ་ཁུངས་སྐྱེལ་ར་འཕྲོད་བྱེད་ཐུབ་པའི་ཚད་ལྡན་ཡིག་ཆ་མང་པོ་ཞིག་དཔེ་ཆ་རིང་པོ་དེ་ཚོའི་ནང་ནས་བཙལ་རྙེད་ཐུབ་ཀྱི་ཡོད་པས་མ་དཔེ་གཅིག་ལས་མེད་པ་དེ་ཚོ་ཡང་དཔར་སྐྲུན་འགྲེམས་སྤེལ་བྱས་ན་མ་དཔེ་དེའི་རྩ་ཆེའི་རིན་ཐང་ལྷ་གློག་བྱེད་མཁན་ཚོས་ཤེས་ཐུབ་པ་དང་། བརྩི་མཐོང་ཆེ་རུ་འགྲོ་རྒྱུར་ཕན་ཐོགས་ཡོད།

5. བོད་སྐད་ཀྱི་བརྡ་དག་དང་ཐ་སྙད་ཡུལ་སྐད་བཅས་གཅིག་གྱུར་བྱེད་རྒྱུར་ཕན་ཐོགས་ཆེན་པོ་ཡོད། དེང་སྐབས་འཛམ་གླིང་ཐོག་གི་སྒྲ་རིག་མཁས་པ་མང་པོ་ཞིག་གིས་བོད་ལ་ཡུལ་སྐད་རིགས་མི་འདྲ

བ་ལྔར་ཕྱེ་ཡོད་པ་དང་། རྒྱལ་ནང་གི་བོད་རིག་པའི་ཞིབ་འཇུག་མཁས་དབང་རྣམས་ཀྱིས་བོད་སྐད་ལ་ཡུལ་སྐད་རིགས་གསུམ(དབུས་གཙང་། ཁམས། ཨ་མདོ)དུ་བསྡུས་ནས་འབྲུང་འགྱུར་བོད་ཀྱི་སྐད་ཡིག་གཅིག་གྱུར་བྱ་རྒྱུའི་གཞི་འཛིན་སའི་ནང་གཞིའི་ཡུལ་སྐད་ནི་ལྷ་སའི་སྐད་ཀྱི་ཐོག་གཅིག་གྱུར་བྱེད་དགོས་པའི་ངོས་འཛིན་གནང་སྟེ་དེའི་སྐོར་ལ་རྒྱུ་མཚན་མང་པོ་གསུངས་ཡོད། གནད་དོན་དེའི་ཐད་རང་རིགས་ཀྱི་མཁས་དབང་རྣམ་པ་ཚོའི་དགོངས་ཚུལ་འདྲ་མིན་ཡོད་པར་བརྟེན་ང་ཚོས་སླར་ཡང་གོམ་གང་མདུན་སྤོས་ཀྱིས་བོད་ཀྱི་ཡུལ་སྐད་དང་ཕལ་སྐད་གང་ཡིན་ལ་ཞིབ་འཇུག་བྱ་དགོས་པ་ལོས་ཡིན། འོན་ཀྱང་དུས་རབས་བཅོ་ལྔ་པ་སྟེ1410(མིང་རྒྱལ་རབས་ཀྱི་གོང་མ་ཡུང་ལོའི་ཁྲི་ལོ་བརྒྱད་པ་ལྕགས་སྟག)ལོར་ནན་ཅིང་དུ་བོད་ཡིག་གི་བཀའ་འགྱུར་དཔར་སྐྲུན་བྱས་པའི་དཔར་ཐེངས་དང་པོ་དེ་རི་བོ་རྩེ་ལྔའི་དགོན་པར་ཕུལ་ཅིང་། དཔར་ཐེངས་གཉིས་པའི་གྲས་ཀཱ་པ་དང་། ཕག་གྲུ། རྗེ་ཙོང་ཁ་པ་བཅས་ལ་དཔར་ཕུད་རེ་འབུལ་གནང་མཛད་པ་དེ་ནས་བཟུང་བོད་དུ་དཔར་སྐྲུན་ལག་རྩལ་དར་འགོ་ཚུགས་ཏེ། གྲུབ་མཐའ་ཁག་གི་བླ་མ་མང་པོའི་གསུང་འབུམ་དཔར་སྐྲུན་བྱས་པ་དེས་དབུས་གཙང་ཁམས་གསུམ་གྱི་ཡུལ་སྐད་གཅིག་གྱུར་མེད་པ་མང་པོ་ཞིག་ཐག་ཉེ་རུ་སོང་བ་མ་ཟད། དེ་སྔོན་གཅིག་གྱུར་དུ་གནས་མུས་ཡིན་པའི་རྩ་བའི་ཐ་སྙད་དང་བརྡ་སྤྲོད་རིག་པ་རྣམས་ཀྱང་མུ་མཐུད་རང་འཛུགས་སུ་གནས་ཐུབ་པ་བྱུང་ཡོད།

རྒྱལ་ཁབ་གཅིག་གི་ནང་ཐུན་མོང་དུ་སྤྱོད་པའི་སྐད་ཡིག་དགོས་དང་མི་དགོས་ཐད་སྒྲ་རིག་མཁས་པ་ཚོའི་དགོངས་ཚུལ་མི་འདྲ་བ་ཡོད་པས་ངས་ཚིག་ཐག་བཅད་ནས་ཤོད་མི་ཐུབ་ཀྱང་། རྒྱལ་ཁབ་གཅིག་གི་ནང་མི་རིགས་མི་འདྲ་བ་མང་པོ་ཡོད་པ་རྣམས་ལ་རང་རང་སོ་སོའི་ཡུལ་སྐད་ཀྱང་མི་འདྲ་བ་ཡོད་པར་བརྟེན་ཐོག་མར་མི་རིགས་སོ་སོའི་ཡུལ་སྐད་མི་འདྲ་བའི་ཁྱད་པར་མེད་པ་བཟོས་ནས་གཅིག་གྱུར་ཡོང་བ་བྱ་དགོས་པ་དེའི་ཐད་རྒྱ་སྐད་གཅིག་གྱུར་བྱེད་སའི་ནང་གཞིའི་ཡུལ་སྐད་ནི་པེ་ཅིང་གྲོང་ཁྱེར་གྱི་སྐད་ལ་བྱེད་པ་ལྟ་བུའོ། །

བོད་མི་རིགས་ནི་གཅིག་གྱུར་གྱི་ཁྱད་ཆོས་བཞི་ཀ(ས་ཁོངས། དཔལ་འབྱོར། སྐད་ཡིག འདུ་ཤེས)ཚང་བའི་མི་རིགས་ཤིག་ཡིན་རུང་། དཔལ་འབྱོར་འཕེལ་རྒྱས་ཀྱི་གནས་ཚུལ་ཞན་པ་དང་། འགྲིམ་འགྲུལ་སྟབས་བདེ་མེད་པའི་རྐྱེན་གྱིས་རང་སྐྱོང་ལྗོངས་གཅིག་དང་། ཞིང་ཆེན་བཞིའི་ས་ཁུལ་ཁག་ལ་ཁ་གྲམ་ནས་གནས་པར་མ་ཟད། ཕྱི་ནང་གི་འགོག་རྐྱེན་མང་པོའི་རྐྱེན་པས་ཡུལ་སྐད་གཅིག་གྱུར་བྱེད་ཐུབ་པ་བྱུང་མེད། དེ་ཡང་བོད་དུ་དུས་རབས་བདུན་པའི་གོང་དང་། བསྟན་པ་སྔ་དར། བོད་སིལ་བུ་དང་བསྟན་པ་ཕྱི་དར། དཔར་སྐྲུན་དར་འགོ་ཚུགས་པའི་དུས་སྐབས་བཅས་བཞི་ནི་གནའ་རབས་དཔེ་རྙིང་འཕེལ་རྒྱས་ཀྱི་དུས་རིམ་བཞི་ཡིན་ཞིང་།(བོད་ཡིག་གི་གནའ་རབས་དཔེ་རྙིང་གི་དུས་མཚམས་དབྱེ་སྟངས་རྒྱ་ཡིག་དང་གཅིག་མཚུངས་བྱས་ན་མི་འགྲིག་པ་ནི་ཡི་གེ་ཡོད་པའི་མི་རིགས་སོ་སོའི་དཔལ་འབྱོར་དང་སྐད་ཡིག་འཕེལ་རྒྱས་ཀྱི་གནས་ཚུལ་མི་འདྲ་བ་ཡོད་པའི་རྒྱུ་མཚན་

དེར་བསམ་ཞིབ་བྱེད་དགོས།) སྐབས་དེའི་རིང་གི་བོད་ཡིག་དཔེ་རྙིང་ནི་མདོ་དབུས་ཁམས་གསུམ་དང་བཅས་པའི་བོད་རིགས་དབར་ཕན་ཚུན་ཐུན་མོང་དུ་གོ་ཐུབ་པའི་ཕལ་སྐད་དང་རྣམ་ཀུན་ཞིང་འབྲོག་ས་ཁུལ་སོ་སོར་ཁ་གྲམ་ནས་སྤྱོད་སྐབས་བེད་སྤྱོད་གཏོང་བའི་ཡུལ་སྐད་གཉིས་ལ་ཞིབ་འཇུག་བྱེད་རྒྱུར་མེད་དུ་མི་རུང་བའི་དཔྱད་གཞིའི་ཡིག་ཆ་ཞིག་ཡིན་པས། ཡིག་ཆ་དེ་དག་གི་ནང་ནས་དཔལ་འབྱོར་འཕེལ་རྒྱས་དང་། འགྲིམ་འགྲུལ་གྱི་དཀའ་ངལ། སྐད་ཡིག་གི་གཅིག་གྱུར་ཁྱད་ཆོས། ཡུལ་སྐད་མི་འདྲ་བའི་བར་གྱི་འགལ་བ་བཅས་འཚོལ་བསྡུ་དང་ལེགས་སྒྲིག་བྱ་རྒྱུ་མང་པོ་ཡོད་ལ། འབྱུང་འགྱུར་བོད་རིགས་འདུས་སྡོད་ས་གནས་ཁག་གི་ཡུལ་སྐད་དང་ཐུན་མོང་དུ་གོ་ཐུབ་པའི་ཕལ་སྐད་གཅིག་གྱུར་བྱ་རྒྱུའི་གཞི་འཛིན་སའི་རྨང་གཞིའི་ཡུལ་སྐད་འཚོལ་ཞིབ་བྱ་རྒྱུར་ཕན་ཐོགས་ཆེན་པོ་ཡོད་པ་ཞིག་ཡིན་པ་ལོ་རྒྱུས་ཀྱི་ཉམས་མྱོང་ཐོག་ནས་ར་འཕྲོད་བྱུང་ཡོད། བོད་ཀྱི་སྐད་ཡིག་དང་ཡུལ་སྐད་གཅིག་གྱུར་བྱ་རྒྱུའི་གནད་དོན་སྐོར་ལ། ཁོ་བོས1973ལོར་རྒྱལ་ཁབ་ཕྱི་ནང་དུ་འགྲེམས་སྤེལ་བྱས་པའི《བོད་ཀྱི་སྐད་ཡིག་འཕེལ་རྒྱས་གཏོང་ཕྱོགས་སྐོར་གྱི་ཐོག་མའི་བསམ་ཚུལ》ཞེས་པའི་ཆེད་རྩོམ་ཞིག་ཡོད་པ་དེར་གཟིགས་འཐུས་ཆོག་པས་འདིར་བསྐྱར་དུ་གླེང་བར་མི་བྱ་ཞིང་། གོང་གསལ་རྣམས་ནི་བོད་ཡིག་གི་དཔེ་ཆ་དཔར་སྐྲུན་བྱེད་པའི་དགེ་མཚན་དང་ཉམས་མྱོང་གནད་བསྡུས་ཙམ་ཡིན།

གཉིས་པ། བོད་ཡིག་དཔེ་ཆ་དཔར་སྐྲུན་བྱེད་པའི་ལས་རྒྱུན་རིང་ཐུང་།

རང་གིས་མཐོང་མྱོང་བའི་ད་ཡོད་དཔྱད་གཞིའི་ཡིག་ཆ་གཞིར་བཟུང་ན། ཕོ་ལྷ་བསོད་ནམས་སྟོབས་རྒྱས་ཀྱིས་སྣར་ཐང་གི་བཀའ་འགྱུར་དང་བསྟན་འགྱུར་དཔར་སྐྲུན་བྱས་པ་དང་། སྡེ་དགེ་རྒྱལ་པོ་བསྟན་པ་ཚེ་རིང་ཕ་བུ་གཉིས་རིང་སྡེ་དགེའི་བཀའ་འགྱུར་དང་བསྟན་འགྱུར་དཔར་སྐྲུན་བྱས་པ་གཉིས་ཀྱི་བར་ལོ་ཁ་ཤས་མ་གཏོགས་དུས་སྐབས་གཅིག་མཚུངས་ལྟ་བུ་ཡིན། སྣར་ཐང་བཀའ་འགྱུར་གྱི་དཔར་ནི། སྤྱི་ལོ1730ལོའི་སྟོན་ཁར་འགོ་ཚུགས་ཏེ་སྤྱི་ལོ1732ལོའི་བོད་ཟླ་དང་པོའི་ནང་མཇུག་བསྒྲིལ་བའི་བར་ལོ་གཅིག་དང་ཟླ་བ་དྲུག་ལས་འགོར་མེད། སྡེ་དགེ་བཀའ་འགྱུར་ནི་སྣར་ཐང་བཀའ་འགྱུར་དཔར་སྐྲུན་མ་བྱས་གོང་གི་ལོ་གཅིག་གི་སྔོན་ལ་འགོ་ཚུགས་ཟིན་ཀྱང་། མཇུག་སྒྲིལ་དུས་ལོ་གཅིག་གི་རྗེས་སུ་མ་གཏོགས་གྲུབ་མ་ཐུབ། ཕྱོགས་མཚུངས་སྣར་ཐང་གི་བསྟན་འགྱུར་ནི་སྤྱི་ལོ1741ལོའི་བོད་ཟླ་གསུམ་པའི་ནང་ལས་འགོ་ཚུགས་ནས་སྤྱི་ལོ1742བོད་ལོའི་ཟླ་བཅུ་པའི་དགའ་ལྡན་ལྔ་མཆོད་ཉིན་མཇུག་བསྒྲིལ་བའི་བར་ལས་རྒྱུན་ལོ་གཅིག་དང་ཟླ་བ་བདུན་ཞག་ཉི་ཤུ་རྩ་ལྔ་ལས་འགོར་མེད་ཅིང་། སྡེ་དགེ་བསྟན་འགྱུར་ནི་སྣར་ཐང་བསྟན་འགྱུར་ལས་འགོ་མ་ཚུགས་གོང་གི་ལོ་གསུམ་དང་ཟླ་བ་བཅུ་གཅིག་གི་གོང་ལ་འགོ་ཚུགས་ཟིན་ཀྱང་། མཇུག་སྒྲིལ་དུས་སྣར་ཐང་བསྟན་འགྱུར་ལས་ལོ་གཅིག་དང་ཟླ་བ་དྲུག་གི་རྗེས་ཏེ་ཁྲོན་

སྟོམ་ལས་རྒྱུན་ལོ་ལྔ་དང་ཟླ་བ་དྲུག་སོང་རྗེས་གཞི་ནས་མཇུག་བསྒྲིལ་བ་རེད། སྣར་ཐང་གི་བཀའ་བསྟན་འགྱུར་དང་སྡེ་དགེའི་བཀའ་བསྟན་འགྱུར་གཉིས་དཔར་སྐྲུན་བྱེད་པ་པོའི་སེམས་ཤུགས་ཀྱི་ངོས་ནས་བཤད་ན་ཁྱད་པར་གཏན་ནས་མེད་ཀྱང་། དཔལ་འབྱོར་གྱི་སྟོབས་ཤུགས་ཐད་ནས་བཤད་ན་ཕོ་ལྷ་བ་ནི་བོད་ས་གནས་ཡོངས་ཀྱི་སྲིད་འཛིན་རྒྱལ་པོ་ཡིན་པ་དང་། སྡེ་དགེ་རྒྱལ་པོ་ནི་བོད་ས་གནས་སྲིད་གཞུང་གི་མངའ་འོག་ཏུ་གནས་པའི་ས་ཁུལ་གཅིག་གི་ས་སྐྱོང་རྒྱལ་ཕྲན་གྱི་སྟོབས་ཤུགས་ཙམ་རེད། ལས་མི་དང་ལག་རྩལ་སྟོབས་ཤུགས་སྒྲིག་འཛུགས་བྱེད་པའི་དབང་ཆའི་ངོས་ནས་བཤད་ན་ཡང་སྲིད་སྐྱོང་རྒྱལ་པོ་དང་ས་སྐྱོང་རྒྱལ་ཕྲན་བར་གྱི་ཁྱད་པར་ཆེན་པོ་ཡོད་པས་མི་ཤུགས་མང་པོ་དུས་གཅིག་ཏུ་སྒྲིག་འཛུགས་དང་བཀོད་འདོམས་བྱེད་ཐུབ་མིན་གྱི་དབྱེ་བ་ཡོད། དེའི་སྐོར་ལ་གཤམ་དུ་གསལ་བའི་སྣར་ཐང་དང་སྡེ་དགེའི་བཀའ་འགྱུར་དང་བསྟན་འགྱུར་ཁག་གཉིས་ཀྱི་ལས་མིའི་མི་གྲངས་དང་། སྤྱ་ཐོགས། ཁྱོན་ཡོངས་ཀྱི་འགྲོ་སོང་སྟོམ་འབོར་བཅས་ཀྱི་ཐོག་ནས་གསལ་བཤད་བྱེད་ཐུབ།

དེ་སྔོན་ཏཱ་ལའི་བླ་མ་སྐུ་ཕྲེང་དྲུག་པ་ཚངས་དབྱངས་རྒྱ་མཚོས་བཀའ་འགྱུར་དཔར་མའི་དབུ་བཙུགས་ཏེ་ཡུམ་རྒྱས་འབྲིང་བསྡུས་གསུམ་གཙོ་བོར་གྱུར་པའི་པོད་ཉི་ཤུ་རྩ་བརྒྱད་ཙམ་ལས་གྲུབ་མ་ཐུབ་པར་ལུས་ཤིང་། སྐབས་དེར་ལག་རྩལ་བྱང་ཆུབ་པ་ཚོས་ཟླ་བ་རེར་དཔར་ཤིང་ལྔ་ནས་དྲུག་ཡས་མས་དང་། འབྲིང་གྲས་ཀྱིས་ཟླ་བ་རེར་དཔར་ཤིང་གསུམ་ནས་བཞི། མང་ཆེ་བས་གཅིག་ནས་གཉིས་བར་ལས་གྲུབ་མི་ཐུབ་ཅིང་། ཐ་གྲས་ཚོས་ཟླ་བ་རེར་དཔར་ཤིང་རེ་རེ་ཡང་གྲུབ་མ་ཐུབ་པའི་རྐྱེན་གྱིས་པོ་ཏི་ཉི་ཤུ་རྩ་བརྒྱད་ལ་ལོ་བདུན་འགོར་བའི་ལོ་རྒྱུས་ཡོད། སྣར་ཐང་བཀའ་འགྱུར་དཔར་མ་བྱེད་སྐབས་ལག་རྩལ་བྱང་ཆུབ་པ་ཚོས་ཟླ་བ་རེར་དཔར་ཤིང་བཅུ་དྲུག་ནས་ཉི་ཤུ་རྩ་གསུམ་བར་དང་། འབྲིང་གྲས་ཀྱིས་བཅུ་ནས་བཅོ་ལྔ་བར། འགའ་ཞིག་གིས་བརྒྱད་ནས་བཅུ་གཉིས་བར། མང་ཆེ་བས་ལྔ་ནས་བདུན་བར། ལག་རྩལ་ཞན་ཤོས་ཚོས་ཀྱང་དཔར་ཤིང་གསུམ་རེ་འགྲུབ་ཐུབ་པའི་ལོ་རྒྱུས་དེ་ཚོར་བརྟགས་ན་སྐབས་དེར་དཔར་མའི་ལག་རྩལ་གྱི་མྱུར་ཚད་ལྡབ་གཉིས་ནས་ལྔ་བར་མགྱོགས་སུ་ཕྱིན་ཡོད། དེ་ནས་སྣར་ཐང་བསྟན་འགྱུར་དཔར་མ་འགོ་ཚུགས་སྐབས་བཀའ་འགྱུར་དཔར་མའི་ལས་མཇུག་བསྒྲིལ་ནས་ལོ་དགུ་ལས་སོང་མེད་སྐབས་ལག་རྩལ་མི་སྣའི་རྨང་གཞི་སྟེར་ཡོད་ཐོག་ལག་རྩལ་གྱི་བྱང་ཚད་སྔར་ལས་མཐོ་རུ་སོང་ཡོད་པ་ནི་སྣར་ཐང་བཀའ་འགྱུར་དང་བསྟན་འགྱུར་གཉིས་ལ་པོད་གྲངས་མང་ཉུང་གི་ཁྱད་པར་ལྡབ་གཅིག་ལྷག་ཙམ་ཡོད་རུང་། དཔར་མ་མཁན་སོགས་ལས་མིའི་མི་གྲངས་ཕལ་ཆེར་འདྲ་མཚུངས་ཡིན་པའི་གནས་ཚུལ་འོག་དཔར་མའི་ལས་རྒྱུན་ཐད་ཟླ་བ་གཅིག་དང་ཞག་པོ་ཉི་ཤུ་ལྔའི་ཁྱད་པར་ཙམ་ལས་མེད་པ་དེའི་ཐོག་ནས་གསལ་བཤད་བྱེད་ཐུབ།

གསུམ་པ། དཔར་སྐྲུན་གྱི་ལས་རིགས་རྣམ་གྲངས།

དཔར་ཞིང་ཐོག་དཔར་རྐོའི་ལས་ཀྲ་ཚུགས་སྐབས་འགོ་བྱེད་པ་དང་བདག་གཉེར་མི་སྣ་ཕུད་པའི་ལས་རིགས་རྣམ་གྲངས་བཅུ་གཉིས་ཡོད་དེ། 1.ཞུས་དག་པ། 2.ཤོག་བཟོ། 3.ཡིག་འབྲི་བ། 4.ཤིང་བཟོ་བ། 5.དཔར་རྐོ་བ། 6.ལྷ་བྲིས་པ། 7.ལྕགས་བཟོ་བ། 3.ལག་རྩལ་དགེ་རྒན། 9.སློབ་ཕྲུག 10.སྨན་པ། 11.འཚེམ་བཟོ་བ། 12.ལག་གཡོག་བཅས་ཡིན་ཞིང་། ལས་རིགས་ཚང་མར་ལས་བགོས་ཡོད་ལ་ཕན་ཚུན་འབྲེལ་བ་ཡོད་པ་དང་། གོ་རིམ་ལྡན་པ་བཅས་ཡིན་སྟབས་འབྲེལ་མཐུད་ལེགས་པོ་མ་བྱུང་བ་དང་གོ་རིམ་འཁྲུགས་ན་ལས་རིམ་དེའི་ཁོངས་ཀྱི་ལས་རིགས་གཞན་རྣམས་ལས་མེད་དུ་སྡོད་དགོས་པས་དཔར་རྐོའི་ལས་ཀར་ཤུགས་རྐྱེན་ངན་པ་ཐེབས་པ་རྒྱ་སྐྱོར་སྦྱིན་བདག་གི་དཔལ་འབྱོར་ཐོག་གྱོང་གུན་ཆེན་པོ་ཕོག་གི་ཡོད། དེར་བརྟེན་དཔར་རྐོའི་ལས་ཀྲ་ཚུགས་སྐབས་ཐོག་མར་ཀྲ་སྒྲིག་གི་ལས་དོན་ཇི་ཙམ་ལེགས་པ་བྱུང་ན་ལས་ཀྲ་དངོས་གཞིའི་ལས་ཚོད་ཀྱང་དེ་ཙམ་གྱིས་ཆེ་བ་ཡོང་གི་ཡོད་པས་ཀྲ་སྒྲིག་གི་ལས་ཀ་ནི་ཏ་ཙང་ཞིབ་ཚགས་ཆེ་ཞིང་གོ་རིམ་ལྡན་པ་ཞིག་ཡིན་དགོས།

བཀའ་འགྱུར་དང་བསྟན་འགྱུར་དཔར་སྐྲུན་གྱི་ལས་ཀྲ་ནི་ལས་རིགས་རྣམ་གྲངས་མང་ཞིང་གཞི་རྒྱ་ཆེ་བས་ཐོག་མའི་དུས་སྐབས་སུ་ལག་རྩལ་མི་སྣ་མ་ལྡང་བའི་དཀའ་ངལ་ཡོད་ལ་ལས་སྒྲུབ་མྱུར་ཚད་ཀྱང་འགོར་པོ་ཡིན་པས་ལག་རྩལ་མི་སྣ་གསར་པ་ཁ་གསབ་མ་བྱས་ན་ལས་རྒྱུན་རིང་ཞིང་དཔལ་འབྱོར་གྱི་ཟད་གྲོན་ཆེན་པོ་ཡོང་གི་ཡོད་སྟབས། དཔར་སྐྲུན་ལས་ཀྲ་ཚུགས་རིང་ལག་རྩལ་མི་སྣ་གསར་པ་སྐྱོང་འཕྲུགས་བྱས་ཐོག་ལས་ཀ་དངོས་ཀྱི་ནང་སྦྱོང་བརྡར་བྱས་ཏེ་ཚད་གཞི་ལོན་པ་བྱུང་མཚམས་ལས་ཀྲ་དངོས་གཞིར་ཞུགས་ཆོག་པའི་ལམ་ལུགས་བཟོས་ཡོད་ཅིང་། ལས་ཀྲ་ཚུགས་ནས་ཟླ་བ་ཁ་ཤས་སོང་རྗེས་ལག་རྩལ་མི་སྣ་གསར་པ་འཚར་ལོངས་ཡོང་གི་ཡོད་པར་བརྟེན་དུས་སྐབས་དེའི་རིང་དཔར་རྐོ་བ་ཙམ་མ་ཟད། ཡིག་འབྲི། ལྕགས་བཟོ། ཤིང་བཟོ། ཞུས་དག་པ་བཅས་ཀྱི་ཆེད་ལས་མི་སྣ་གསར་པ་གསོ་སྐྱོང་བྱེད་པའི་གོ་སྐབས་བཟང་པོ་དེ་དམ་འཛིན་ཡག་པོ་བྱེད་ཐུབ་པ་བྱུང་ཡོད། དེ་ནི་དེང་སྐབས་ཀྱང་དང་ལེན་བྱེད་འོས་པའི་མིག་དཔེ་དང་ཉམས་མྱོང་རྩ་ཆེན་ཞིག་རེད། གོང་གསལ་ལས་རིགས་ཁག་གི་ལས་འགན་ནི།

1.ཞུས་དག་པ། རིག་གནས་སྤྱི་དང་ཆེད་ལས་ཤེས་ཡོན་གྱི་ཆུ་ཚད་མཐོ་ཞིང་དཔར་ཡིག་དང་དཔར་ཤིང་གཉིས་ཀར་ཞུས་དག་གཏོང་བའི་ཉམས་མྱོང་ཡོད་པ་ཞིག་སྟེ། དེ་ལ་ནང་གསེས་ཕྱེ་ན་རིམ་པ་བཞི་ཡོད། ①སྔར་ཞུས་པ། དཔར་ཡིག་འབྲི་སྐབས་མ་དཔེ་དང་དཔར་ཡིག་གཉིས་བར་ཡིག་འབྲུ་དང་། ཤོག་གྲངས། ལེ་ཚན་བཅས་ཕན་ཚུན་བསྡུར་ནས་ཞུས་དག་གཏོང་མཁན་ཡིན། ②བསྐྱར་ཞུས་པ། མ་ཡིག་

དང་དཔར་ཡིག་ཕན་ཚུན་བསྡུར་ནས་ཞུས་དག་སོང་ཟིན་པའི་གྲུས་ལ་ཡིག་གཟུགས་ལེགས་ཉེས་དང་ཆེ་ཆུང་གཅིག་མཚུངས་བྱུང་ཡོད་མེད་དང་། བཀོས་པའི་ཡི་གེ་གཏིང་ཟབ་པོ་བྱུང་ཡོད་མེད་བཅས་ལ་ཞིབ་བཤེར་བྱེད་མཁན་ཡིན། ③ཡང་ཞུས་པ། གོང་གསལ་གྱི་ཞུས་དག་རིམ་པ་གཉིས་ལ་ཡང་བསྐྱར་ཞིབ་བཤེར་དང་། ཆད་ལྷག་དང་སྲུས་ཚད་མ་ལོན་པ་རྣམས་ཆད་གསབ་དང་། ནོར་བཅོས། འཛུགས་རྒྱག་བཅས་ཀྱི་འགན་ཁུར་མཁན་ཡིན། ④ཞུས་ཆེན་པ། དཔར་ཡིག་གི་མ་ཡིག་ཁག་མི་འདྲ་བ་རྣམས་ཕན་ཚུན་བསྡུར་ནས་དཔར་ཡིག་འབྲི་གཞིའི་མ་དཔེ་གཏན་འཁེལ་བྱེད་རྒྱུ་དང་། དཔར་ཡིག་བྲིས་ཟིན་པ་རྣམས་ཡང་བསྐྱར་མ་དཔེ་དང་ཞིབ་བསྡུར་ཐེངས་གཅིག་བྱ་དགོས་པ། གོང་གསལ་ཞུས་དག་རིམ་པ་གསུམ་ལ་ཞིབ་བཤེར་ནན་ཏན་བྱུང་ཡོད་མེད་བལྟས་ནས་ཚད་གཞི་ལོན་པ་ལ་འཐུས་མཆན་དང་། མ་ལོན་པ་རྣམས་ལ་ཞིབ་མཆན་བཀོད་དེ་ལེགས་ཉེས་ཀྱི་མཇུག་སྡོམ་ཐག་གཅོད་བྱེད་མཁན་ཡིན།

2. ཤོག་བཟོ་བ། དཔར་ཡིག་འབྲི་གཞིའི་ཤོག་བུ་ལེགས་གྲུས་དང་། ལག་གདན་ཤོག་བུ་བཟོ་རྒྱུ་དང་། མཐའ་དྲས་རྒྱག་རྒྱུ་བཅས་ཀྱི་འགན་འཁུར་དགོས།

3. ཡིག་འབྲི་བ། དཔར་ཤིང་ཐོག་སྦྱར་རྒྱུའི་དཔར་ཡིག་གི་ཚད་གཞི་གཏན་འཁེལ་ལྟར་ཡི་གེ་འབྲི་མཁན་ཡིན།

4. ཤིང་བཟོ་བ། དཔར་ཤིང་ལས་སྣོན་བྱེད་རྒྱུ་དང་། དཔར་ཤིང་འདུལ་སྦྱོང་བྱེད་རྒྱུ། དཔར་ཤིང་འཇོག་སའི་ཀུན་དགའ་ར་བ་བཟོ་རྒྱུ་བཅས་ཡིན།

5. དཔར་རྐོ་བ། དཔར་ཡིག་གཞིར་བཟུང་ཤིང་དཔར་བརྐོ་རྒྱུ་དང་། ཆད་པའི་རིགས་གསབ་སྣོན། ནོར་བའི་རིགས་འཛུགས་རྒྱག་བྱེད་རྒྱུ།

6. ལྷ་བྲིས་པ། དཔར་ཡིག་གི་མགོ་ཤོག་དང་མཇུག་ཤོག་ཁག་ལ་བརྐོ་རྒྱུའི་ལྷ་སྐུ་ཁག་གི་མ་དཔེ་འབྲི་རྒྱུ།

7. ལྕགས་བཟོ་བ། དཔར་རྐོའི་ལག་ཆའི་གྲུས་གསར་བཟོ་དང་ལས་སྣོན་བྱེད་རྒྱུ་སྟེ། གཞར་གྲི། མིག་གཟོང་། སྦྲ་གཟོང་། གསེག་གཅོད་ཆེ་ཆུང་གཉིས། འཛུགས་གཟོང་བཟོ་དབྱིབས་མི་འདྲ་བ་ལྔ། གཙབས་སྟེ། གཞོག་སོག་བཅས་གཏན་འཁེལ་ཚད་གཞི་ལྟར་བཟོ་རྒྱུ།

8. ལག་རྩལ་དགེ་རྒན། གསར་འཛུགས་སློབ་ཕྲུག་རྣམས་ལ་དཔར་རྐོ་དང་ཡིག་འབྲི་སོགས་ཆེད་ལས་ཁག་སོ་སོའི་ལག་རྩལ་སློབ་ཁྲིད་དང་། དངོས་སྦྱོང་། རྒྱུགས་ལེན་བཅས་བྱས་ཏེ་ཚད་གཞི་ལོན་པ་རྣམས་སོ་སོའི་ལས་གནས་ཀྱི་ལས་གྲྭར་འཇུག་རྒྱུའི་འགན་འཁུར་དགོས།

9. སློབ་ཕྲུག ལས་གྲྭར་སླེབས་རྗེས་ཟླ་བ་ཁ་ཤས་རིང་ལག་རྩལ་དགེ་རྒན་གྱི་མཇུབ་སྟོན་ལྟར་སྦྱངས་གོམས་ཐོན་པའི་སློབ་སྦྱོང་བྱེད་རྒྱུ་དང་། ལག་རྩལ་དགེ་རྒན་གྱི་གཞོགས་འདེགས་ལས་ཀ་བྱེད་རྒྱུ།

10. སྨན་པ། དཔར་སྐྲུན་ལས་གྲྭ་འགོ་ཚུགས་པ་ནས་མཇུག་མ་བསྒྲིལ་བར་ནད་པར་སྨན་སྟེར་རྒྱུ་དང་།

ནད་དགོངས་འཕྲོལ་འཛིན་སྟེར་རྒྱུ།

11. འཚེམ་བཟོ་བ། སྣམ་བུ་དང་ཕྱིང་པ་གང་རིགས་ལས་བཟོས་པའི་དཔར་ཤིང་གི་ཤུབས་འཚེམ་རྒྱུ་དང་། འཕོས་རིགས་ཁག་གི་གྲོན་ཆས་རལ་ཇོལ་རིགས་ལ་ལྷན་པ་རྒྱག་རྒྱུ། བྱ་དགའ་སྤྲོད་བྱེད་ཀྱི་གྲོན་ཆས་དང་ཞྭ་ལྷམ་སོགས་བཟོ་རྒྱུ།

12. ལག་གཡོག ཆེད་ལས་ལག་རྩལ་མི་སྣ་ཁག་དང་། སྤྱི་པའི་ཐབ་ཚང་བཅས་ལ་ངག་བཀོད་ལྟར་གཞོགས་འདེགས་ལས་ཀ་བྱེད་རྒྱུ་བཅས་རེད།

བཞི་པ། དཔར་སྐྲུན་ལས་ཀའི་ནང་གི་ལས་རིམ།

དཔར་སྐྲུན་ལས་གྲྭ་འགོ་ཚུགས་པ་ནས་མཇུག་མ་བསྒྲིལ་བར་དུ་གྲ་སྒྲིག་དང་། དངོས་གཞི། མཇུག་སྒྲིལ་བཅས་ལས་རིམ་ཆེ་བ་གསུམ་བརྒྱུད་དགོས་ཀྱི་ཡོད།

དེའང་ཐོག་མར་གྲ་སྒྲིག་གི་སྐབས། མ་དཔེ་འཚོལ་བསྡུ་དང་། ཞུས་དག་གཏོང་རྒྱུ། དཔར་ཡིག་འབྲི་བྱེད་ཤོག་བུ་དང་སྣག་ཚ་གསོག་འཇོག་དང་ལས་སྟོན་བྱེད་རྒྱུ། དཔར་ཤིང་གསོག་འཇོག་དང་ལས་སྟོན་བྱེད་རྒྱུ། དཔར་ཤིང་འཇོག་ཁྲི་བཟོ་རྒྱུ། དཔར་ཤིང་གི་ཤུབས་འཚེམ་རྒྱུ། དཔར་རྐོ་བའི་ལག་ཆ་ཁག་གསར་བཟོ་བྱེད་རྒྱུ། དཔལ་འབྱོར་ཐོག་གི་འཆར་གཞི་བཟོ་རྒྱུ། ལས་རིགས་ཁག་གི་ལག་རྩལ་མི་སྣ་དང་མི་གྲངས་གཏན་འཁེལ་བྱེད་རྒྱུ་སོགས་ཡོད།

དངོས་གཞིའི་ལས་རིམ་ནི། དཔར་ཡིག་འབྲི་རྒྱུ་དང་ཞུས་དག་གཏོང་རྒྱུ་ལེགས་གྲུབ་ཟིན་མཚམས་དཔར་རྐོ་འགོ་ཚུགས་ཏེ་ལེ་ཚན་རེ་རེ་དང་དུམ་བུ་རེ་རེ་དཔར་བརྐོས་ཟིན་སྐབས་དཔར་ཤིང་གཉིས་པན་ཚུན་ཞིབ་བསྡུར་བྱེད་པའི་ཞུས་དག་སྔར་ཞུས་ནས་ཞུས་ཆེན་བར་ཚར་བཞི་རེ་མ་ཡིག་ཞུས་དག་གི་སྐབས་ལྟར་བྱ་དགོས་ཤིང་། སྔར་ཞུས་གྲུབ་རྗེས་ཞུས་མཆན་བཀོད་ནས་བསྐྱར་ཞུས་པར་འབུལ་རྒྱུ་དང་། བསྐྱར་ཞུས་གྲུབ་རྗེས་ཞུས་མཆན་བཀོད་ནས་ཡང་ཞུས་པར་འབུལ་དགོས་ཤིང་། ཡང་ཞུས་གྲུབ་རྗེས་ཞུས་མཆན་བཀོད་ནས་ཞུས་ཆེན་པར་འབུལ་དགོས་པ་དང་། ཞུས་ཆེན་པས་ཞུས་དག་གྲུབ་རྗེས་དཔར་ཐོའི་ནང་བཀོད་ནས་དཔར་ཤིང་ངོ་དམ་པར་རྩིས་སྤྲད། དེས་རྩིས་བླངས་རྗེས་དེ་སྟོན་གྲ་སྒྲིག་ཟིན་པའི་དཔར་ཤུབས་ནང་བཙུག་ནས་དཔར་ཤིང་འཇོག་སྒྲོམ་ཐོག་གོ་རིམ་ལྟར་བསྒྲིགས་ཏེ་དཔར་ཐོའི་ནང་བཀོད་པ་ལྟར་འཚོལ་བདེ་བའི་ཁ་བྱང་འགོད་དགོས་པ་བཅས་ཡིན།

དཔར་སྐྲུན་ལས་ཀའི་ནང་གི་གལ་ཆེ་ཤོས་ཀྱི་ལྷུ་ཚིགས་ནི་ཞུས་དག་གི་ལས་རིམ་དེ་ཡིན་ཞིང་། ཐོག་མར་གྲ་སྒྲིག་སྐབས་མ་ཡིག་ལ་ཞུས་དག་ནན་ཏན་བྱེད་དགོས་པས་མ་ཡིག་ཅིག་ལག་སོན་བྱུང་མ་ཐག་ཞུས་དག་ནན་ཏན་མ་བྱས་པར་དཔར་སྐྲུན་བྱས་ན་མ་དག་རྒྱུན་འབྱམས་ཆེན་པོ་ཡོང་གི་རེད་ལ། དཔར་

ཚོ་འགོ་ཚུགས་ནས་ཀྱང་ཞུས་དག་ནན་ཏན་བྱེད་དགོས་པ་སློས་མེད་རེད། གོང་དུ་བཤད་པ་ལྟར་གནའ་རབས་བོད་ཀྱི་དཔེ་སྐྲུན་ལས་ཀར་ལས་རིམ་ཞིབ་ཚགས་ཆེ་ལ་གོ་རིམ་ལྡན་པ་ཞིག་ཡོད་པ་དང་། ལས་དོན་མི་སྣའི་རང་རྩོགས་ཀྱི་ཚད་མཐོའི་འགན་ཁུར་གྱི་ཧུར་སེམས་ཆེ་བ་བཅས་ཀྱིས་དཔེ་སྐྲུན་གྱི་ལས་ཀའི་སྤུས་ཚད་ཧ་ཅང་ཡག་པོ་ཡོད་པ་རེད།

དེང་སྐབས་དཔེ་སྐྲུན་གྱི་ཆ་རྐྱེན་ཕུན་སུམ་ཚོགས་ཤིང་ལས་ཀའི་ལས་ཆོད་སྤྱི་ཚོགས་རྙིང་པའི་སྐབས་ལས་ལྷག་ཁ་ཤས་ཀྱིས་མགྱོགས་པ་ཡོད། དེ་ཡང་དེ་སྔོན་མ་ཡིག་ཞུས་དག་གྲུབ་རྗེས་གཙང་བཤུ་ཐེངས་གཅིག་རྒྱག་དགོས་པ་ཚང་མ་ལག་བྲིས་ལ་བརྟེན་དགོས་པའི་དབང་གིས་དུས་ཚོད་ཧ་ཅང་རིང་པོ་འགོར་འགྲོ་བ་ཡིན། འོན་ཀྱང་དེང་སྐབས་མ་ཡིག་བཤུ་འབྲི་བྱེད་རྒྱུར་གློག་རྡུལ་ཡིག་དཔར་འཕྲུལ་འཁོར་ལ་བརྟེན་ནས་བཤུ་འབྲི་དང་ནོར་བཅོས་སྐབས་འཕྲུལ་བྱེད་ཆོག་པས་མ་ཡིག་བཤུ་འབྲིའི་ལས་ཀ་དཀའ་ངལ་ཆེན་པོ་དེ་རང་འགུལ་ཅན་དང་འཕྲུལ་ཆས་ཅན་དུ་བསྒྱུར་ཟིན་སྟབས་ལས་ཆོད་ལྷག་ཁ་ཤས་ཆེ་རུ་སོང་ཡོད་ལ། ཕྱོགས་མཚུངས་ཡི་གེ་སྒྲིག་པའི་དཔར་འདེབས་འཕྲུལ་འཁོར་ལ་བརྟེན་ནས་དཔར་ཡིག་སྒྲིག་ཆོག་པས་དཔར་ཤིང་ཐོག་ལོ་ཟླ་མང་པོར་དཔར་རྐོའི་ལས་ཀ་བྱེད་དགོས་པའི་དཀའ་ངལ་བསལ་ཏེ་དཔར་ཡིག་གཅིག་གིས་ནང་དོན་མི་འདྲ་བའི་དཔེ་ཆ་མང་པོར་བེད་སྤྱོད་བཏང་ནས་དཔར་འདེབས་བྱས་ཆོག་པའི་རང་འགུལ་ཅན་གྱི་འཕྲུལ་ཆས་ཡོད་པར་བརྟེན། དེ་སྔོན་དཔར་ཤིང་ཐོག་དཔར་འདེབས་བྱས་པའི་སྔོམ་འབོར་དེ་ལོ་ཉིས་བརྒྱའི་ནང་གཞི་ནས་ངོ་གྲངས་ཁྲི་གསུམ་ལོན་ཐུབ་ཙམ་ཞིག་ཡིན་པ་ནས་དེང་སང་ལོ་གཅིག་ནང་ཁྲི་གསུམ་དཔར་འདེབས་བྱེད་དགོས་ཀྱང་བྱེད་ཐུབ་པར་གྱུར་ཡོད། ལྷག་པར་དུ་ཉེ་བའི་ལོ་ཤས་ནང་ཚན་རིག་ལག་རྩལ་བྱ་འཕུར་བ་ལྟར་འཕེལ་རྒྱས་འགྲོ་མགྱོགས་པས་གློག་རྡུལ་རྩིས་རྒྱག་འཕྲུལ་འཁོར་ལ་བརྟེན་ནས་མ་ཡིག་བཤུ་བ་དང་། ལེགས་སྒྲིག དཔེ་སྐྲུན་བཅས་ཚང་མ་རང་འགུལ་ཅན་དང་འཕྲུལ་ཆས་ཅན་དུ་གྱུར་ཟིན་པ་ནི། དེ་སྔོན་སྤྱི་ཚོགས་རྙིང་པའི་ནང་བསམ་བློ་འཁོར་རྒྱུ་ལྟ་ཞོག་རྨི་ལམ་དུ་ཡང་གཏོང་མི་སྲིད་པ་ཞིག་རེད། འོན་ཀྱང་དཔེ་སྐྲུན་འཕྲུལ་འཁོར་གྱི་ནུས་པ་ཧ་ཅང་ཆེན་པོ་ཡོད་པ་དེ་འཕྲུལ་འཁོར་བེད་སྤྱོད་བྱེད་མཁན་གྱི་མིའི་རིག་གནས་ཚད་དང་ཕན་ཚུན་ཟུང་འབྲེལ་ལེགས་པོ་མ་བྱུང་ན། འཕྲུལ་འཁོར་ཇི་ཙམ་ལེགས་པོ་ཡོད་ཀྱང་དཔེ་སྐྲུན་གྱི་སྤུས་ཚད་ལེགས་པོ་ཡོང་ཐབས་མེད།

ལྔ་པ། དཔར་སྐྲུན་ལས་ཀའི་ལག་རྩལ་སྐོར།

བོད་དུ་དཔར་ཤིང་རྐོ་བའི་ལག་རྩལ་ཐོག་མར་དར་ནས་ཡུན་རིང་མ་སོང་བར་རྗེ་ཙོང་ཁ་པ་སྐུ་འདས་ཤིང་། དེ་ནས་ལོ་བཅུ་བདུན་སོང་བའི་མེ་རྟ་སྤྱི་ལོ1426ལོར་གོང་དཀར་དང་སྣེའུ་རྫོང་དཔོན་

ནམ་མཁའ་བཟང་པོ་བཅས་ལ་རྒྱལ་ཚབ་རིན་པོ་ཆེ་དང་། རྟོགས་ལྡན་འཇམ་དཔལ་རྒྱ་མཚོ་སོགས་ཀྱིས་བཀའ་གནང་བ་ལྟར་རྗེ་ཙོང་ཁ་པའི་གསུང་འབུམ་ཆ་ཚང་དཔར་སྐྲུན་བྱས་པ་དེའི་གྲས་དེ་སྔོན་རྩེ་པོ་ཏཱ་ལ་དང་། སེ་འབྲས། འོན་རྒྱལ་སྲས་ལྷ་ཁང་། ཀུན་བདེ་གླིང་བཅས་ཀྱི་དཔེ་མཛོད་ཁང་དུ་ཆ་ཚང་ཡོད། དཔར་ཤིང་དེ་ལ་དགའ་ལྡན་དཔར་རྙིང་ཟེར་ཞིང་དེ་སྔོན“རིག་གནས་གསར་བརྗེའི”གོང་ཙམ་བར་དགའ་ལྡན་བྱང་རྩེ་ཁང་ཚན་དུ་བཞག་ཡོད་པ་དེའི་ཡིག་གཟུགས་དཔེ་ཆ་ལག་བྲིས་མ་དང་ངོར་འགྲོ་བ་ལྟ་བུའི་དཔར་རྐོའི་ལག་རྩལ་ཏ་ལས་པ་ཞིག་འདུག དཔར་ཤིང་དེའི་དབུ་ལྷ་རྣམས་དབུ་དང་སྐུ་གཟུགས་ཆ་སྙོམས་ཤིང་། སྐུ་གཟུགས་ཀྱི་དཔུང་ཞེང་ཆེ་ལ་སྐུ་སྐྱེད་ཕྲ་བ་ཞལ་རས་ཀྱང་དེ་ཙམ་ལེགས་པོ་མེད་པ་ཞིག་ཡོད། དེའི་རྗེས་སུ་རིམ་བཞིན་བྱུང་བའི་དཔར་རྐོའི་ལག་རྩལ་རྣམས་དགའ་ལྡན་དཔར་རྙིང་གི་ཡིག་གཟུགས་ལ་དོ་ཐུབ་པ་ཞིག་བྱུང་མེད། ལྷ་སྐུ་དང་རྣམ་ཐར་སོགས་ཀྱི་དཔར་རྐོའི་ལག་རྩལ་ཐད། སྣར་ཐང་བཀའ་བསྟན་འགྱུར་དང་། སྡེ་དགེའི་བཀའ་བསྟན་འགྱུར་དཔར་སྐྲུན་བྱས་རྗེས། སངས་རྒྱས་བཅོམ་ལྡན་འདས་ཀྱི་འཁྲུངས་རབས་རྣམ་ཐར་དཔག་བསམ་འཁྲི་ཤིང་ཆ་ཚང་གི་ལོ་རྒྱུས་རི་མོའི་དཔར་ཤིང་ངོ་གྲངས་སུམ་ཅུ་སོ་གཅིག་དང་། རྗེ་ཙོང་ཁ་པའི་རྣམ་ཐར་ཆ་ཚང་གི་ལོ་རྒྱུས་རི་མོའི་དཔར་ཤིང་ངོ་གྲངས་བཅོ་ལྔ་བཅས་བརྐོས་པ་སྣར་ཐང་དཔར་ཁང་དུ་ཡོད་ཅིང་། དེང་སྐབས་དཔར་ཤིང་དེ་བཞུགས་མེད་ཀྱང་། དཔར་ཤིང་ལ་རས་བཀབ་ནས་དཔར་བརྒྱབ་ཐོག་སྣར་ཡང་ཚོན་བཏང་བའི་ཐང་ཀ་ཆ་ཚང་དེང་སང་སེ་འབྲས་ཀྱི་གྲྭ་ཚང་ཁག་དང་། དགོན་པ་ཆེ་ཁག་ཕལ་ཆེ་བར་མཐོང་རྒྱུ་ཡོད། སྡེ་དགེའི་བཀའ་འགྱུར་དཔར་རྐོ་འགོ་ཚུགས་ནས་ལོ་གཅིག་སོང་བ་ན་ཀ་ཐོག་སི་ཏུ་རིན་པོ་ཆེ་དགུང་ལོ་སོ་གཉིས་སུ་ཕེབས་པ་ལྕགས་ཕག་སྤྱི་ལོ1731ལོར་སངས་རྒྱས་བཅོམ་ལྡན་འདས་ཀྱི་འཁྲུངས་རབས་རྣམ་ཐར་དཔག་བསམ་འཁྲི་ཤིང་གི་ལོ་རྒྱུས་ཆ་ཚང་མུ་འབྲེལ་རི་མོར་བཀོད་པའི་ཐང་ཀའི་མ་དཔེ་འབྲི་གནང་མཛད།(སི་ཏུ་རིན་པོ་ཆེ་དགུང་ལོ་བདུན་བརྒྱད་སྐབས་ནས་རི་མོ་ལ་ཕྱག་རྩལ་ཤིན་ཏུ་མཁས་པས་སྡེ་དགེ་དཔར་ཁང་གི་ལྡེབས་བྲིས་མ་དཔེ་དང་། ཀ་ཐོག་འདུ་ཁང་ཆེན་མོའི་ལྡེབས་བྲིས་ཀྱི་མ་དཔེ་བཅས་འབྲི་གནང་མཛད་ཡོད) འདིའི་ལྷ་སྐུ་རྣམས་བོད་བྲིས་ཐུན་མོང་མ་ཡིན་པའི་ལུགས་སྲོལ་གཞིར་བཟུང་ནས་ལེགས་ཆ་གསར་གཏོད་ཐོག ཡུལ་ལྗོངས་ཀྱི་བཀོད་པ་རྣམས་རྒྱ་མི་རིགས་ཀྱི་ལག་རྩལ་ནས་ལེགས་ཆ་བཞེས་ཏེ་འབྲི་གནང་མཛད་པ་ཡིན། མ་དཔེ་དེ་གཞིར་བཟུང་ནས་ཤིང་དཔར་ཐོག་བརྐོས་པ་དེ་སྔོན་སྡེ་དགེ་དཔར་ཁང་ཆེན་མོར་ཡོད་ཀྱང་དེང་སྐབས་བཞུགས་ཡོད་མེད་མ་ཤེས་ཤིང་། དཔར་ཤིང་དེ་ལ་རས་བཀབ་ནས་དཔར་བརྒྱབ་རྗེས་ཚོན་བཏང་བའི་ཐང་ཀ་མི་ཉུང་བ་ཞིག་དབུས་གཙང་ཁམས་གསུམ་གྱི་དགོན་པ་མང་པོར་དེང་སང་ཡང་མཐོང་རྒྱུ་འདུག་པ་རྣམས་བོད་ཀྱི་དཔར་རྐོའི་ལག་རྩལ་རྩེ་མོར་སོན་པའི་དཔེ་མཚོན་ཞིག་ཡིན།

དཔར་རྐོ་བའི་སྐབས་ཀྱི་ལག་རྩལ་ཉམས་མྱོང་ཧ་ཅང་མང་པོ་ཞིག་ཡོད་ཀྱང་། ལག་རྩལ་ཡོ་བྱད་

རིགས་མི་འདྲ་བ་བཅུ་གཉིས་ཙམ་གྱི་མིང་དང་། དཔར་ཤིང་སྣུམ་གྱིས་འདུལ་སྦྱོང་བྱས་ཚུལ་སོགས་ཟུར་ཙམ་ཞིག《སྣར་ཐང་བཀའ་འགྱུར་གྱི་དཀར་ཆག》ནང་འཁོད་པ་ལས་ཞིབ་ཆ་མི་གསལ་ཞིང་། དེ་སྐོར་ཡི་གེར་འཁོད་པ་ད་ཕན་མ་མཐོང་བ་མ་ཟད། དཔར་རྐོ་བ་རྒན་གྲས་མང་པོ་ཞིག་ནི"རིག་གནས་གསར་བརྗེའི"སྐབས་འདས་གྲོངས་སོང་ཟིན་པས། རྒན་གྲས་རེ་ཟུང་ཞིག་ད་ལྟ་འཚོ་བཞུགས་ཀྱི་སྐབས་འདིར་ང་ཚོས་ཁོང་རྣམ་པར་བཀའ་སློབ་ཞུས་ནས་ཡིག་ཐོག་ཏུ་འཁོད་ཐུབ་པ་ཞིག་ཡོང་བའི་རེ་བ་ཡོད།

དྲུག་པ། དཔར་སྐྲུན་ལས་རིགས་ཁག་གི་གླ་ཕོགས་དང་བྱ་དགའི་སྐོར།

རང་རེའི་ལྗོངས་འདིར་གནའ་རབས་ནས་བཟུང་རང་རིགས་དང་མི་རིགས་གཞན་དག་གི་ལག་ཤེས་བཟོ་རྩལ་གོང་འཕེལ་འགྲོ་བའི་བརྒྱུད་རིམ་ནང་ཆེད་ལས་ལག་རྩལ་གྱི་བཟོ་རིགས་མཁས་ཅན་མང་དུ་ཐོན་ནས་དུས་རབས་བཅུ་བཞི་པའི་དུས་དཀྱིལ་དུ་སླེབས་དུས་དཔར་རྐོའི་ལག་རྩལ་མཁས་པ་མང་པོ་བྱུང་བ་དེ་ཆོས་གྲུབ་མཐའ་རིས་མེད་ཀྱི་མཁས་དབང་རྣམས་ཀྱི་གསུང་འབུམ་ཤིང་དཔར་ཐོག་རྐོ་འགོ་ཚུགས་ཤིང་། ཁོང་ཚོའི་ཡུལ་དུ་བྱུང་བའི་ལག་རྩལ་ལ་བོད་ས་གནས་ཀྱི་དུས་རབས་རིམ་པའི་སྲིད་གཞུང་དང་སྒེར་པ་ཁག་ནས་མཐོང་ཆེན་བྱས་ཏེ་སྲིད་གཞུང་སྔོན་མ་ལས་ཀྱང་རྗེས་མའི་སྐབས་གླ་ཕོགས་དང་བྱ་དགའ་སོགས་ལྷབ་འཕར་བྱས་ཏེ་སྤྲད་པར་བརྟེན། ཆེད་ལས་ལག་རྩལ་པ་ཚོའི་བཟོ་རྩལ་ཆུ་ཚད་ཀྱང་མི་རབས་སྔོན་མ་ལས་རྗེས་མ་མཐོ་རུ་སོང་ནས་བོད་ཀྱི་ལག་ཤེས་བཟོ་རྩལ་ལས་ཐོན་པའི་རིག་གནས་དངོས་རྫས་རྣམས་ལ་དེང་སྐབས་འཛམ་གླིང་གི་མཁས་དབང་ཚོས་མཐོང་ཆེན་བྱེད་མུས་རེད།

དེང་སྐབས་བོད་ཀྱི་ལོ་རྒྱུས་དང་འབྲེལ་ཡོད་རྩོམ་ཡིག་མང་པོ་ཞིག་གི་ནང་གནའ་རབས་བོད་ཀྱི་ས་གནས་སོ་སོའི་འབྲུ་མར་ཤ་སོགས་དཔལ་འབྱོར་དངོས་རྫས་ཀྱི་རིན་ཐང་དང་། དེང་སྐབས་ཀྱི་དཔལ་འབྱོར་རིན་ཐང་ཕན་ཚུན་བསྡུར་བའི་ཐབས་ཤེས་སྤྱད་བདེ་ཙམ་ལས། དེ་དང་འབྲེལ་བ་ཡོད་པའི་ལག་ཤེས་བཟོ་རྩལ་ལས་རིགས་ཀྱི་གླ་ཕོགས་དང་བྱ་དགའི་གནས་ཚུལ་ལ་ཞིབ་འཇུག་མ་བྱས་པར་ཚོད་སྡོམ་འདི་འདྲ་བཞག་ཡོད་པ་སྟེ། བོད་ཞི་བས་བཅིངས་འགྲོལ་མ་བཏང་གོང་བོད་ཀྱི་ལག་ཤེས་བཟོ་རིགས་ཚང་མར་གླ་ཕོགས་གཏན་ནས་མེད་པར་ལས་ཀ་སྐྱལ་གྱི་ཡོད་པ་རེད་ཅེས་བཀོད་འདུག ཚོད་སྡོམ་བཙན་པོ་དེ་འདྲ་བཞག་པའི་གནས་ཚུལ་འོག གནའ་རབས་ཀྱི་དཔྱད་གཞིའི་ཡིག་ཆ་ཁུངས་ལྡན་རྣམས་ལ་ཞིབ་འཇུག་གནང་མི་ནུས་པའམ་ཞིབ་འཇུག་གནང་ཡང་དེའི་སྐོར་གྱི་ཆེད་རྩོམ་འགྲེམ་སྤེལ་བྱེད་མི་ཚོག་པ་ལྟ་བུ་ཆགས་ཡོད། ལོ་རྒྱུས་ཀྱི་དངོས་ཡོད་གནས་ཚུལ་ནི་བསྒྲུབ་ཀྱང་སྒྲུབ་ཐབས་མེད་པ་རྗེ་ལ་རི་མོ་བཀོས་པ་ལྟ་བུར་གནས་ཡོད་པས། དེའི་སྐོར་གྱི་དཔྱད་གཞི་ཁུངས་བཙན་ནི། སྡེ་སྲིད་སངས་རྒྱས་རྒྱ་མཚོས་མཛད་པའི《གསེར་གདུང་འཛམ་གླིང་རྒྱན་གཅིག་གི་དཀར་ཆག》དང་། སྣེ་ལུང་བཞད་པའི་

ཇོ་རྗེས་མཛད་པའི《སྐར་ཐང་བཀའ་འགྱུར་གྱི་དཀར་ཆག》 སི་ཏུ་རིན་པོ་ཆེ་ཆོས་ཀྱི་འབྱུང་གནས་ཀྱིས་མཛད་པའི《སྡེ་དགེའི་བཀའ་འགྱུར་གྱི་དཀར་ཆག》 ཏཱ་ལའི་བླ་མ་སྐུ་ཕྲེང་ལྔ་པ་རང་ཉིད་ཀྱིས་མཛད་པའི《རང་རྣམ་དུ་ཀུ་ལའི་གོས་བཟང》བཅས་སུ་ཞིབ་ཕྲ་གསལ་བ་དེ་ཚོ་ཡིན། གཞན་ཡང་གནའ་རབས་བོད་ཡིག་གི་དཔེ་རྙིང་མི་ཉུང་བ་ཞིག་གི་ནང་། དུས་རབས་སོ་སོའི་འབྲུ་མར་ཤ་གསུམ་དང་། ཚྭ། བུལ་ཏོག་ཇ། རྟ། ཕྱུགས་རིགས་ཕོ་མོ། དཀར་ཡོལ། གསེར། དངུལ། གཡུ། མུ་ཏིག་བཅས་ཀྱི་རིན་ཐང་སྐོར་འགོད་པ་ཚང་མ་དུས་སྐབས་དེ་ག་རང་གི་མིས་བྲིས་པ་ཤ་སྟག་ཡིན་སྟབས་ཡིད་ཆེས་ བློས་འགེལ་ཆོག་པའི་དཔྱད་གཞི་རྩ་ཆེན་ཤ་སྟག་ཡིན། དེར་བརྟེན་ང་ཚོས་དུས་རབས་སོ་སོའི་དངོས་ཟོག་གི་རིན་ཐང་དང་། ལག་ཤེས་བཟོ་ལས་པའི་གླ་ཕོགས་ཀྱི་གནས་ཚུལ་བཅས་ཕན་ཚུན་ཟུང་འབྲེལ་བྱས་ནས་ཞིབ་འཇུག་མང་པོ་བྱ་རྒྱུ་ཡོད་པ་ཞིག་ཡིན་ཙང་རེ་ཞིག་སྐབས་སུ་མ་བབས་པས། འདིར་དཔར་སྐྲུན་གྱི་འབྲེལ་ཡོད་ལག་རྩལ་བཟོ་པའི་གླ་ཕོགས་དང་བྱ་དགའི་སྐོར་ཙམ་གླེང་རྒྱུ་ཡིན།

རང་ལྗོངས་སུ་ཇོ་ཤིང་ལྕགས་གསུམ་གྱི་བཟོ་པའི་གླ་ཕོགས་ཐད་སྲིད་གཞུང་སྟོན་མའི་སྐབས་ལས་རྗེས་མའི་དུས་ལྷབ་འཕར་བྱུང་ཡོད་པ་དཔེར་ན། ས་སྐྱ་དང་ཕག་གྲུས་སྲིད་དབང་བཟུང་སྐབས་ཇོ་ཤིང་ལྕགས་གསུམ་གྱི་བཟོ་པའི་གླ་ཆ་ནི་ཉིན་གླ་འབྲུ་ཁལ་མེད་བྲེ་དོ་སྐེ(ཁལ་རེར་བྲེ་ཉི་ཤུ་དང་འབྲུ་ཁལ་གཅིག་ལ་དེང་སང་ལྟར་ན་རྒྱ་མ་ཉི་ཤུ་རྩ་བརྒྱད། བྲེ་གང་ལ་དེང་སང་ལྟར་ན་རྒྱ་མ་གང་དང་སྲང་བཞི་ཡིན)དེང་སང་ལྟར་ན་རྒྱ་མ་དོ་དང་སྲང་བརྒྱད་ཡིན། གཙང་པ་རྒྱལ་པོས་བོད་ས་གནས་ཀྱི་སྲིད་དབང་བཟུང་སྐབས་ཇོ་ཤིང་ལྕགས་གསུམ་གྱི་བཟོ་པའི་གླ་ཆ་མཐོ་ཤོས་ལ་ཉིན་རེར་འབྲུ་ཁལ་མེད་བྲེ་གསུམ་ཕྱུལ་དོ་སྐེ། དེང་སང་ལྟར་ན་རྒྱ་མ་བཞི་དང་སྲང་ལྔ་ཙམ་དང་། དམའ་ཤོས་ལ་ཉིན་རེར་འབྲུ་ཁལ་མེད་བྲེ་དོ་སྐེ་དེང་སང་ལྟར་ན་རྒྱ་མ་དོ་དང་སྲང་བརྒྱད་ཡིན།

སྡེ་སྲིད་སངས་རྒྱས་རྒྱ་མཚོས་བོད་ས་གནས་ཀྱི་སྲིད་དབང་བཟུང་སྐབས་ཇོ་ཤིང་ལྕགས་གསུམ་གྱི་བཟོ་པའི་ཉིན་གླ་མཐོ་དམན་རིམ་པ་དྲུག་ཏུ་ཕྱེ་བའི་མཐོ་ཤོས་ལ་ཉིན་གླ་འབྲུ་ཁལ་མེད་བྲེ་དྲུག་ཕྱུལ་བཞི་སྐེ། དེང་སང་ལྟར་ན་རྒྱ་མ་དགུ་དང་སྲང་གསུམ་ཞོ་དོ་ཙམ་ཡིན་ཞིང་། དམའ་ཤོས་ལ་ཉིན་གླ་གཙང་པ་རྒྱལ་པོའི་སྐབས་ཀྱི་མཐོ་ཤོས་དང་འདྲ་བ་ཡོད།

སྣར་ཐང་བཀའ་འགྱུར་དང་བསྟན་འགྱུར་དཔར་སྐྲུན་སྐབས་སྡེ་སྲིད་སངས་རྒྱས་རྒྱ་མཚོའི་སྐབས་ལས་ལྷབ་གཅིག་མིན་ཙམ་འཕར་ཡོད་པ་གཤམ་དུ་བཀོད་པའི་རེའུ་མིག་ལས་གསལ།

ས་སྐྱ་དང་། ཕག་གྲུ། གཙང་པ་རྒྱལ་པོ་བཅས་ཀྱི་སྐབས་དངོས་ཟོག་གི་རིན་ཐང་སྐོར་ད་ཕན་དཔྱད་གཞི་ལག་ཏུ་མ་སོན་ཞིང་། སྡེ་སྲིད་སངས་རྒྱས་རྒྱ་མཚོའི་སྐབས་འབྲུ་རིགས་ཀྱི་རིན་ཐང་ནི་འབྲུ་ཁལ་གཅིག་ལ་བོད་དངུལ་སྲང་མེད་ཞོ་མེད་སྐར་ཕྱེད་བདུན་ཡིན་པ《གསེར་གདུང་འཛམ་གླིང་རྒྱན་གཅིག་གི

དཀར་ཆག》ནང་གསལ།

དེ་ནས་ལོ་བརྒྱད་ཅུ་ལྷག་ཙམ་སོང་བ་དུས་རབས་བཅོ་བརྒྱད་པ་སྟེ1730ལོར་སྣར་ཐང་གི་བཀའ་འགྱུར་དཔར་རྐོ་འགོ་ཚུགས་ཤིང་། སྐབས་དེར་བོད་དབུས་གཙང་ཁུལ་དུ་འབྲུ་ཁལ་རེར་རིན་ཐང་བོད་དངུལ་སྲང་མེད་ཞོ་གང་སྐར་ལྔ་ཡིན་པས་འབྲུའི་རིན་གོང་ལྷབ་གཅིག་འཕར་བ་རེད།

སྣར་ཐང་གི་བཀའ་འགྱུར་དང་བསྟན་འགྱུར་དཔར་བསྐོས་ཟིན་པ་ནས་ལོ་བདུན་ཅུ་མ་ཟིན་ཙམ་ལ་ཏཱ་ལའི་བླ་མ་སྐུ་ཕྲེང་བརྒྱད་པས་ལྷ་ས་གཙུག་ལག་ཁང་ལ་ཉམས་གསོ་དང་། རིན་ཆེན་སྣ་བདུན་གྱི་བསྟན་འགྱུར་བཞེངས་གནང་མཛད་སྐབས་བོད་དབུས་གཙང་ཁུལ་དུ་འབྲུ་ཁལ་རེར་བོད་དངུལ་སྲང་མེད་ཞོ་གསུམ་རེ་བྱས་པ་དེ་སྔོན་ལས་ལྷབ་གཅིག་འཕར་ཡོད།

དེ་ནས་ལོ་བདུན་ཅུ་ལྷག་ཙམ་སོང་རྗེས་ཏ་ཚག་རྗེ་དྲུང་ངག་དབང་དཔལ་ལྡན་མཆོག་གིས་བོད་ས་གནས་ཀྱི་སྲིད་སྐྱོང་གནང་སྐབས་བོད་དབུས་གཙང་ཁུལ་ལ་འབྲུ་ཁལ་རེར་རིན་གོང་སྲང་མེད་ཞོ་དྲུག་རེ་བྱས་ཏེ་ལྷབ་གཅིག་འཕར་ཡོད།(ཏཱ་ལའི་བླ་མ་སྐུ་ཕྲེང་བཅུ་གསུམ་པ་སྐུ་ན་ཕྲ་མོའི་སྐབས་ཡིན)

དེ་རྗེས་སྐུ་ཕྲེང་བཅུ་གསུམ་པ་དགོངས་པ་རྫོགས་ནས་ར་སྒྲེང་རིན་པོ་ཆེས་སྲིད་སྐྱོང་གནང་སྐབས་གཙང་ཁུལ་དུ་འབྲུ་ཁལ་རེར་བོད་དངུལ་སྲང་ལྔ(མི་དམངས་ཤོག་སྒོར0. 25)དང་། ལྷ་ས་ཁུལ་དུ་འབྲུ་ཁལ་རེར་བོད་དངུལ་སྲང་བཅུ(མི་དམངས་ཤོག་སྒོར0. 50)ཡན་ལས་འཕར་མེད་པས་སྐྱ་ནམ་རྒྱས་པོ་བྱུང་ཞེས་ཤོད་སྲོལ་ཡོད་པ་དེར་བརྟགས་ན། སྐུ་ཕྲེང་བཅུ་གསུམ་པས་སྲིད་དབང་སྐྱོང་བ་གནང་སྐབས་ལྷ་ས་ཁུལ་དུ་འབྲུ་ཁལ་རེར་རིན་གོང་ཇི་ཙམ་མཐོ་ཡང་བོད་དངུལ་སྲང་གང་ཞོ་ལྔ་ཡན་ལས་འཕར་མེད་ཚོད་རེད། དེ་རྗེས་སྟག་བྲག་རིན་པོ་ཆེས་སྲིད་དབང་འཛིན་སྐབས་འབྲུ་ཁལ་རེར་བོད་དངུལ་སྲང་བཅོ་ལྔ་ནས་ཉི་ཤུ་རྩ་ལྔ་ཡས་མས་བར་བྱས་ཏེ་དེ་གོང་ལས་ལྷབ་གསུམ་ནས་ལྔ་བར་འཕར་ཡོད། གོང་གསལ་དུས་སྐབས་སོ་སོའི་འབྲུ་གོང་འཕར་ཚད་དེ་འབྲུ་རིགས་དང་དངོས་པོ་གཞན་དག་བརྗེ་ཚོང་བྱེད་སྐབས་ཀྱི་རིན་གོང་འཕར་ཚད་དེ་རེད། དེའི་རྒྱུ་མཚན་ནི་དུས་སྐབས་སོ་སོའི་འབྲུ་རིགས་དང་དངོས་པོ་གཞན་དག་གི་རིན་མཉམ་སྤུར་ཚད་དེ་ཞིང་འབྲོག་ཁུལ་དུ་རང་བྱུང་གནོད་འཚེ་དང་། དམག་འཁྲུག མུ་གེ་བཅས་བྱུང་ན་གནས་སྐབས་རིང་འགྱུར་ལྡོག་ཡོང་བ་མ་གཏོགས་སྤྱིར་བཏང་རང་འཇགས་སུ་གནས་ཐུབ་ཅིང་། གཏན་འཇགས་སུ་གནས་པའི་དུས་ཡུན་ཡང་རིང་མཐའ་ལོ་བརྒྱད་ཅུ་ཡས་མས་ནས་ཐུང་མཐའ་ལོ་དྲུག་ཅུ་ཙམ་གྱི་བར་གནས་ཐུབ་པའི་དབང་གིས་སྲིད་གཞུང་དང་། དགོན་སྡེ་ཁག སྐྱེར་པ་འབྱོར་ལྡན་བཅས་ཚང་མས་བང་མཛོད་དུ་འབྲུ་རིགས་བཀར་འཇུག་རྒྱག་པ་དང་། མ་རྩར་འཛུག་པ་བཅས་བྱེད་ཀྱི་ཡོད། ཏཱ་ལའི་བླ་མ་སྐུ་ཕྲེང་བཅུ་གསུམ་པའི་སྐབས་བོད་ས་གནས་དང་ཕྱི་རྒྱལ་བར་ཚོང་འབྲེལ་རྒྱ་ཆེར་ཕྱིན་པ་དང་ཆབས་ཅིག་འབྲུ་རིགས་མ་རྩར་འཛུག་པའི་སྲོལ་དེར་འགྱུར་ལྡོག་བྱུང་སྟེ་གསེར་དངུལ

དང་། ཇ། གོས་དར་བཅས་བང་མཛོད་དུ་བཀར་འཇུག་དང་། མ་རྩར་འཛོག་མི་ཇེ་མང་དུ་སོང་ཡོད་པ་དེའི་ཐོག་ནས་བོད་ལྗོངས་ཀྱི་དཔལ་འབྱོར་འཕེལ་རྒྱས་ཀྱི་གནས་ཚུལ་གལ་ཆེན་ཞིག་མཐོང་ཐུབ་ཀྱི་ཡོད། གོང་གསལ་བོད་ས་གནས་ཀྱི་འབྲུ་རིགས་དང་དངོས་པོ་གཞན་དག་བརྗེ་ཆོང་བྱེད་སྐབས་ཀྱི་རིན་མཉམ་ཚད་གཞི་དེ་གཤམ་གསལ་རེའུ་མིག་ལས་གསལ་ཐུབ།

དབུས་ཁུལ།				གཙང་ཁུལ།			
འབྲུ་ཁལ།	༨	མར་ཁལ།	༡	འབྲུ་ཁལ།	༥	མར་ཁལ།	༡
འབྲུ་ཁལ།	༥	ཚོགས་ཤ་ཡིང་།	༡	འབྲུ་ཁལ།	༦	ཚོགས་ཤ་ཡིང་།	༡
འབྲུ་ཁལ།	༡.༥	ལུག་ཤ་ཐོག	༡	འབྲུ་ཁལ།	༡.༡༠	ལུག་ཤ་ཐོག	༡
འབྲུ་ཁལ།	༡	ཚྭ་ཁལ།	༢	འབྲུ་ཁལ།	༡	ཚྭ་ཁལ།	༣
འབྲུ་ཁལ།	༡	བུལ་ཁལ།	༥	འབྲུ་ཁལ།	༡	བུལ་ཁལ།	༥.༣
འབྲུ་ཁལ།	༡.༥	ཇ་རྒྱ་མ།	༡	འབྲུ་ཁལ།	༡.༥	ཇ་རྒྱ་མ།	༡
འབྲུ་ཁལ།	༡	འབྲས་ཁལ།	༡	འབྲུ་ཁལ།	༡	འབྲས་ཁལ།	༡
འབྲུ་ཁལ།	༧	གཡག	༡	འབྲུ་ཁལ།	༡༣	གཡག	༡
འབྲུ་ཁལ།	༢	ལུག	༡	འབྲུ་ཁལ།	༣	ལུག	༡
འབྲུ་ཁལ།		སྤང་ལེབ།		འབྲུ་ཁལ།	༠༣.༥	སྤང་ལེབ།	༡
འབྲུ་ཁལ།	༡	བལ་རྒྱ་མ།	༨	འབྲུ་ཁལ།	༡	བལ་རྒྱ་མ།	༥

གོང་གསལ་སྤུར་ཚད་ནང་འཁོད་པའི་རྒྱ་མ་ནི་བོད་ས་གནས་སུ་རྒྱུན་དུ་བེད་སྤྱོད་བྱེད་པའི་ཚད་ལྡན་རྒྱ་མ་ལ་ཟེར་ཞིང་། བོད་ཀྱི་ཤོང་ཚད་རྒྱ་མ་གང་ལ་དེང་སང་གི་ཤོང་ཚད་རྒྱ་གྲངས་ལྟར་བརྩིས་ན་རྒྱ་མ་དོ་དང་སྲང་ལྔ་ཡོད། མར་དང་ཇ་སོགས་ལྤིད་ཚད་ཀྱིས་འདེགས་དགོས་རིགས་རྣམས་སྲང་བརྒྱད་ཙམ་ཐམ་པར་ཁལ་གཅིག་ཏུ་རྩི་སྲོལ་ཡོད་པ་བཅས་ཞིབ་པར་བོད་གནའ་རབས་ཀྱི་འཇལ་གཤོར་འདེགས་གསུམ་གྱི་ཚད་གཞིའི་སྐོར་ཟུར་དུ་བཀོད་པ་ལས་གསལ་བས་འདིར་མ་སྤྲོས།

གོང་དུ་བཤད་པ་ལྟར་བོད་ས་གནས་སུ་འབྲུ་རིགས་ཀྱི་རིན་གོང་འཕར་བའི་རྐྱེན་གྱིས་ཤ་མར་ཚྭ་བུལ་སོགས་ཟས་རིགས་དང་། ཡུན་ཐོན་དངོས་ཟོག་གི་རིན་གོང་ཡང་མཉམ་དུ་འཕར་བར་བརྟེན། ལས་བཟོ་ཁག་གི་གླ་ཕོགས་ཀྱང་དེ་དང་བསྟུན་ནས་འཕར་སྐྱོན་མི་བྱེད་ཀ་མེད་ཡོང་གི་ཡོད།

དེ་སྔོན་རྗེ་ཤིང་ལྷུགས་གསུམ་སོགས་ལག་རྩལ་ལས་རིགས་ཁག་གི་མི་རྣམས་གཞུང་སྐྱེར་ཆོས་

གསུམ་གྱི་ལས་ཀར་སྐོང་འགུགས་བྱེད་སྐབས། ཉིན་སྟ་དང་ལས་སྟ་ཕུད་པའི་ད་དུང་ལག་རྩལ་གྱི་ཚུ་ཚད་མཐོ་དམན་ལ་གཞིགས་ཏེ་ཞུས་དག་པ་དང་། འགོ་བྱེད་པ། ལག་རྩལ་དགེ་རྒན། སློབ་ཕྲུག དཔར་ཡིག་འབྲི་མཁན། དཔར་རྐོ་བ། སྨན་པ་བཅས་ལ་ཟླ་བ་རེར་ཐ་འབྲུ་རྩམ་པ་ཁལ་ལྔ་རེ་དང་། དེ་བྱིངས་ཤོག་བཟོ་བ། ཤིང་བཟོ་བ། ལྕགས་བཟོ་བ། ལྷ་བྲིས་པ། འཚེམ་བཟོ་བ་བཅས་ལ་ཟླ་བ་རེར་ཐ་འབྲུ་རྩམ་པ་ཁལ་བཞི་རེ། ཆང་འཐུང་མཁན་གྱི་ལས་བཟོར་ཟླ་བ་རེར་ཆང་རྒྱུ་ནས་ཁལ་གཅིག་དང་བྲེ་བཅུ་སྟེ་དངུལ་སྲང་ལྔར་ན་རྒྱ་མ་བཞི་བཅུ་ཞེ་གཉིས། ཆང་མི་འཐུང་མཁན་ལ་ཟླ་བ་རེར་ཇ་རྒྱ་མེད་ཉག་ལྔ་སྟེ་དངུལ་སྲང་ལྔར་ན་རྒྱ་མ་གང་དང་སྲང་བདུན་ཞོ་ལྔ། མར་ཁལ་མེད་ཉག་བཅོ་ལྔ་ལ་དངུལ་སྲང་ལྔར་ན་རྒྱ་མ་ལྔ་དང་སྲང་དོ་ཞོ་ལྔ། འགོ་བྱེད་དང་། ཞུས་དག་པ། སྨན་པ་བཅས་ལ་ཟླ་བ་རེར་ཐ་ཤ་ལུག་ཕོག་གསུམ་རེ་ཡོད་པ་ཕུད། དེ་བྱིངས་ཀྱི་ལས་བཟོར་ཟླ་བ་རེར་ཐ་ཤ་ཕོག་མེད་བཞི་ལིང་གཅིག་རེ། འགོ་བྱེད་པར་ཟླ་བ་རེར་རྩམ་ཁལ་མེད་བྲེ་དོ་སྟེ་དངུལ་སྲང་ལྔར་ན་རྒྱ་མ་གང་དང་སྲང་བདུན་ཞོ་ལྔ་ཙམ་དང་། དེ་བྱིངས་ཀྱི་ལས་བཟོ་ཚོར་ཟླ་བ་རེར་རྩམ་ཁལ་མེད་བྲེ་མེད་ཕུལ་གང་ལ་དངུལ་སྲང་ལྔར་ན་སྲང་གང་ལྷག་ཙམ། འགོ་བྱེད་དང་སྨན་པར་ཟླ་བ་རེར་ཚྭ་ཁལ་མེད་བྲེ་དོ་ལ་དངུལ་སྲང་ལྔར་ན་རྒྱ་མ་གང་དང་སྲང་བདུན་ཞོ་ལྔ་ཙམ་བཅས་སྤྲོད་ཀྱི་ཡོད།

སྐབས་དེར་ལས་བཟོ་ཚོའི་སྣ་ཐོབ་རྣམས་འབྲུ་རིགས་དངོས་མདོག་སྤྲོད་པ་མ་ཟད། ད་དུང་ཟླ་བ་རེའི་ཐ་འབྲུ་རྩམ་པ་དང་། ཆང་རྒྱུ། ཐ་ཤ ཕྱུག་རྫོར། ཇ། མར། ཚྭ། རྩམ་བཅས་ལྔང་ངེས་སྤྲོད་པ་ངེས་ལས་བཟོ་དང་ནང་མི་བུ་ཕྲུག་བཅས་ཀྱི་འཚོ་བའི་ཐོག་ཕན་པ་ཆེན་པོ་བྱུང་བར་བརྟེན། ལས་བཟོ་ཚོའི་ལག་རྩལ་གྱི་ཁྱད་ནུས་དང་ཧུར་བརྩོན་གྱི་རང་བཞིན་འདོན་སྤེལ་ཡོང་རྒྱུར་སྐུལ་ལྕག་ཆེན་པོ་ཐེབས་ཐུབ་པ་བྱུང་ཡོད།

གཞན་ཡང་བོད་དུ་རྟེན་བཞེངས་དང་། འཛུགས་སྐྲུན། དཔར་སྐྲུན་སོགས་སྤྱི་སྒེར་གྱི་ལས་གྲྭ་ཆེ་གྲས་གང་ཡིན་ལ་ཐོག་མར་འགོ་འཛུགས་སྐབས་འཛུགས་སྟོན་དང་། ལས་གྲྭ་གྲུབ་ཙམ་ཟིན་སྐབས་བར་སྟོན། མཇུག་སྒྲིལ་སྐབས་གྲོལ་སྟོན་བཅས་ཐོག་མཐའ་བར་གསུམ་གྱི་སྟེ་ལེན་སྟོན་མོ་ཉིན་གང་ཐོག ལས་བཟོ་འགོ་བྱེད་ལག་གཡོག་བཅས་པར་ལག་རྩལ་དང་ལས་ཀའི་མགྱོགས་ཚད་དང་སྤུས་ཚད་བཅས་རིམ་པ་བདུན་དུ་ཕྱེ་ནས་བྱ་དགའི་གསོལ་རས་སྤྲོད་སྲོལ་ཡོད། དེ་ཡང་རིམ་པ་དང་པོར། གོས་ཆས་སྣེད་རགས་ཞྭ་ལྷམ་དང་བཅས་པ་ཆ་ཚང་། རྒྱན་ཆ་སྣ་ཁ་གཅིག ཁ་བཏགས་ནང་མཛོད་ཆེ་བ། གོས་ཆེན་ཡུག་གཅིག རས་ཡུག་བདུན་བཅས་དང་། རིམ་པ་དམའ་ཤོས་ལ་སྣམ་བུ་དཀར་པོའི་སྟོད་ཐུང་རེ་དང་། ཁ་བཏགས་ཨ་ཤེ་རེ། སྤྱི་པར་རྒྱན་ཆའི་དོད་གསེར་སྲང་གསུམ། སོག་པོ་དང་བོད་ཀྱི་མེ་མདའ། གྲི། མདའ་གཞུ། ཁྲབ་རྔོག གོས་ཆེན་ཡུག་གཉིས། རས་ཡུག་བདུན་བཅས་སྤྲོད་སྲོལ་ཡོད། སྔར་ཐང་བཀའ་འགྱུར་དཔར་སྐྲུན་སྐབས་ཀྱི་མི་གྲངས་དང་སྣ་ཐོགས་ཀྱི་གནས་ཚུལ་གཤམ་གསལ་རེའུ་མིག་ལ་གཟིགས།

ལས་རིགས།	མི་མིང་།	མི་གྲངས།	རྩམ་པ་ཁལ།	ཆང་རྒྱུ་ཁལ།	མར་ཁལ།	ཇ་རྒྱ་མ།	རྒྱུད་ལུག་ཁོག	ཐུག་སྐོར་༧	བུལ་ཁལ།	ཚྭ་ཁལ།	ལས་གླ་དང་ཉིན་གླ་འབྲུ་ཁལ།	
ཡིག་འབྲི་བ།	བློ་བཟང་བསྟན་པ། x	༣	༥	༡.༡༠	༠	༠	༠༡	༠༢	༠༠༧	༠༠༧	ཞོག་བུ་རེས། ༣	༠༥
སློབ་དཔོན།	ཆོས་དཔལ་འབྱོར། x	༢༣	༥	༡.༡༠	༠	༠	༠༡	༠	༠༠༧	༠༠༧	པར་ཤིང་རེས།	༠༣.༤༩
པར་བརྐོས་པ།	བློ་བཟང་ཀུན་དགའ། x	༡༤	༥	༡.༡༠	༠	༠	༠༡	༠	༠༠༧	༠༠༧	པར་ཤིང་རེས།	༠༡.༤.༩
སློབ་ཕྲུག	བློ་བཟང་རྣམ་རྒྱལ། x	༩༡༥	༥	༡.༡༠	༠	༠	༠༡	༠	༠༠༧	༠༠༧	པར་ཤིང་རེས།	༠༡.༤.༩
འགོ་བྱེད་པ།	ཇོ་རིག་ཐུ། x	༣	༥	༠	༠༡༥	༠༥	༣	༠	༠༢	༠༢	ཉིན་རེ།	༠
ཞུ་དག་པ།	སྐལ་ལྡན་རྒྱ་མཚོ། x	༡༢	༥	༠	༠༡༥	༠༥	༣	༠	༠༡༨	༠༢	☐	༠༡༠
ཞོག་བཟོ།	ཡོན་བདག་ཨ་ཁྲུ།	༩	༨	༡.༡༠	༠	༠	༠༡	༠	༠༠༧	༠༠༧	☐	༠༡༠-༠༨
ཤིང་བཟོ་བ།	མཆོར་གྲོང་པ། x	༤	༨	༡.༡༠	༠	༠	༠༡	༠	༠༠༧	༠༠༧	☐	༠༦.༨
ལྕགས་བཟོ་བ།	བློ་མཛེས་རྡོར་ཞིགས། x	༡༩	༨	༡.༡༠	༠	༠	༠༡	༠	༠༠༧	༠༠༧	☐	༠༦.༨
ལྷ་བྲིས་པ།	བག་གྲོ། x	༨	༨	༡.༡༠	༠	༠	༠༡	༠	༠༠༧	༠༠༧	☐	༠༦.༨
འཚེམ་བཟོ་བ།	བསམ་གཏན། x	༢	༨	༠༡	༠༡.༢	༠༩	༠༠༡	༡	༠༡	༠༡	☐	༠༨ .༩
སྨན་པ།	༠	༣	༥	༠	༠༡༥	༠༥	༢	༠	༠༢.༦	༠༢	☐	༠
ལག་གཡོག	༠༠	༡༣	༨	༡.༡༠			༠༠༡	༡	༠	༠	☐	༠
བསྡོམས་གྲངས།		༡༠༡༩	༨༢༥༡ ༦༡༣	༡༣༥༥༩. ༦༢	༢༤༦༢. ༤༩	༦༦༣. ༦.༩	༦༠༨༣. ༨༣	༦༨༤ ༡༦༨༧	༡༡༢.༢. ༨༦༡	༨༠༥. ༡༦༣༩	༦༦༦༨༠.༨. ༥༣༢༧	

སྣར་ཐང་བསྟན་འགྱུར་དཔར་རྐོའི་སྐབས་ཀྱི་ལས་རིགས་ཁག་གི་གླ་ཕོགས་ཀྱི་གནས་ཚུལ་ཞིབ་ཕྲ་འཁོད་པའི་ཡིག་ཆ་ད་ཕན་མ་མཐོང་ཡང་། བཀའ་འགྱུར་དཔར་སྒྲུབ་གྲུབ་ནས་ལོ་དགུ་སོང་རྗེས་སྣར་ཐང་གི་བསྟན་འགྱུར་དཔར་རྐོ་འགོ་ཚུགས་པ་ཡིན་སྟབས་གླ་ཕོགས་ཀྱི་གནས་ཚུལ་ཕལ་ཆེར་གཅིག་མཚུངས་མིན་ནམ་སྙམ།

སྡེ་དགེའི་བཀའ་འགྱུར་དང་བསྟན་འགྱུར་དཔར་སྒྲུབ་བྱེད་སྐབས་ལས་རིགས་ཁག་གི་གླ་ཕོགས་

ཀྱི་གནས་ཚུལ་ནི། དབུས་གཙང་གཉིས་དང་མི་འདྲ་བར་ལས་རིགས་ཁག་ཚང་མར་སོ་སོའི་ལས་ཀའི་གྲུབ་ཚད་གཞིར་བཟུང་ནས་ལས་ཟླ་སྤྲོད་པ་མ་གཏོགས། ཉིན་ཟླ་སྤྲོད་སྲོལ་མེད་པ་དེ་ནི་ལས་ཀར་ལས་ཚོད་ཆེ་ཞིང་དཔལ་འབྱོར་ཐོག་སླེབས་ཚེ་གྲོན་ཆུང་ཡོང་བའི་བྱ་ཐབས་བཟང་པོ་ཞིག་རེད་འདུག ཟླ་ཕོགས་སྤྲོད་སྐབས་འབྲུ་རིགས་ཁལ་གྲངས་དང་ནས་འདོང་གྲངས་ཚད་ཇི་ཙམ་ཐོབ་པ་ལྟར་སྤྲོད་ཀྱི་ཡོད་ལ། འབྲུ་རིགས་ཀྱི་འཛལ་བྱེད་ཀྱང་དབུས་གཙང་གི་བྲེ་དང་མི་འདྲ་བར་ནས་འདོང(ནས་འདོང་གཅིག་ལ་དབུས་གཙང་གི་བྲེ་ཕྱེད་ཀ་སྙེ་ཤུལ་གསུམ)རེ་གཞིར་བཟུང་ནས་ཟླ་རྩིས་བྱེད་ཀྱི་ཡོད། འདིར་སྡེ་དགེ་ཁུལ་གྱི་འབྲུ་རིགས་ཀྱི་འཛལ་ཚད་དང་རིན་གོང་སྐོར་གནད་བསྡུས་ཤིག་གླེང་ན།

སྡེ་དགེ་དང་བྲག་གཡབ་ཁུལ་དུ། འབྲུ་ཤུལ་གསུམ་ལ་ནས་འདོང་གཅིག ནས་འདོང་བཅུ་ལ་ཞོ་གང་། ཞོ་བཞི་ལ་ཁལ་གཅིག་ཏུ་བརྩིས་པའི་ཁལ་ཚད་ནི་དབུས་གཙང་གི་ཁལ་ཚད་དང་གཅིག་གྱུར་ཡིན། འབྲུ་རིགས་དང་ཇ་གཉིས་པན་ཚུན་ཉོ་ཚོང་བརྗེ་རེས་བྱེད་སྐབས། འབྲུ་ཁལ་གཅིག་དང་ཞོ་གང་ལ་ཇ་སྦྲག་ཆུང་གཅིག འབྲུ་ཁལ་ལྔ་ལ་ཇ་སྦྲག་ཆེན་གཅིག(དེ་ལ་སྦྲག་ཆུང་བཞི་ཡོད) འབྲུ་ཁལ་ཉི་ཤུ་ཐམ་པར་ཇ་འཁོར་དྲུག་གཅིག(དེ་ལ་སྦྲག་ཆེན་བཞི་ཡོད) བཅས་རྩི་བ་ནི་སྐབས་དེའི་འབྲུ་དང་ཇ་གཉིས་ཀྱི་རིན་མཉམ་ཚད་གཞི་ཡིན། སྨར་ཐང་བཀའ་འགྱུར་དང་སྡེ་དགེའི་བཀའ་བསྟན་འགྱུར་དཔར་སྐྲུན་སྐབས་ཀྱི་ལས་བཟོའི་ཟླ་ཕོགས་གནས་ཚུལ་གཤམ་གསལ་རེའུ་མིག་ལ་གཟིགས།

སྨར་ཐང་བཀའ་འགྱུར་དཔར་སྐྲུན་སྐབས་ཀྱི་ཟླ་ཕོགས་ཇི་སོང་གི་རེའུ་མིག

དངོས་རིགས།	ཚད།	སོང་གྲངས།	དངོས་རིགས།	ཚད།	སོང་གྲངས།
རྩམ་པ་བར་ཞིབ།	ཁལ།	༢༧༠	ཤ་མ་རུས།	ཁལ།	༦༤༨.༡༦.༨
རྩམ་པ་རྩིང་གྲངས།	ཁལ།	༤༩༢༤༩.༡༢.༣	ཤ་དོད་འབྲུ་སྤུས།	ཁལ།	༣༣༢༨༨.༡༠.༢༡༠༡
ཆང་རྒྱུ་ནས།	ཁལ།	༡༣༥༥༧.༦.༢	ཉིན་ཟླ་ངོ་སྤྲོད་འབྲུ།	ཁལ།	༩༩༤༦༠.༤.༥.༣༢༡
ཇ་འདེགས་རྒྱ།	ཁལ།	༦༩༣.༩.༨	ཟན་པ་འདེགས།	ཁལ།	༡༧༤༥༠
མར་འདེགས་རྒྱ།	ཁལ།	༢༩༦༢.༨.༨	ཤྭི་བ་འདེགས་རྒྱ།	ཁལ།	༡༨༨༩༧.༢
ཚྭ་འདེགས་རྒྱ།	ཁལ།	༤༠༥.༡༩.༨	རིན་ཐང་དངུལ་བསྒྱུར།	སྲང་།	༡༣༧༨༣.༧
སྣུམ་འདེགས་རྒྱ།	ཁལ།	༡༡༣.༢.༨			
ཕྱུར་བ་འདེགས།	ཁལ།	༦༠༥.༡.༡༢༣			
གྲ་ཆག་གཤོར།	ཁལ།	༤༨.༡༥			

ཚ་ལུར་འདེགས།	ཁལ།	༢༩༢.༡༠			
ཤ་རྒྱ་རི་ཚུང་།	ཕོག	༨༨༢༣.༥.༢			
ཤ་བཟང་ངན་འདྲེས	ཕོག	༣༡༩.༥.༢			

སྡེ་དགེ་བཀའ་འགྱུར་དཔར་སྐྲུན་སྐབས་ཀྱི་ལས་བཟོའི་གླ་ཕོབ་གནས་ཚུལ་རེའུ་མིག

ལས་རིགས།	མི་མིང་།	མི་གྲངས།	ལས་གླ་དང་ཉིན་གླ།	ནས་འདོད།	བསྡོམས་གྲངས།
ཞུས་ཆེན་པ།	ཕྱུགས་སང་སྦྱིན་པ། རྒྱ་མཚོ་སོགས།	༨	མི་རེར་ཉིན་གླ།	༢༢	
ཞུས་དག་པ་ཕྱིངས།	དགེ་སློང་ཨོ་རྒྱན་སོགས།	༣	མི་རེར་ཉིན་གླ།	༡༣	
ལྷ་བྲིས་པ།	ཨ་འཕེལ།	༡	དབུ་ལྷ་གཉིས་རེར།	༢༥	
ལྷ་བརྐོས་པ།	༠		ལྷ་སྐུ་གཉིས་རེར།	༢	
པར་ཡིག་པ།	སྨ་སྟོད་འཇམ་དབྱངས་རྒྱལ་མཚན། x	༡༥	ཤོག་ལྷེབ་རེར།	༢༢	
པར་བརྐོས་པ་དབུ་ཆེན།	དབུ་ནག་ཅན་སོགས།	༣	པར་ལྷེབ་རེར།	༡༣༠	
པར་བརྐོས་པ་ཕྱིངས།	༠	༥༠༠	པར་ལྷེབ་རེར།		
པར་ཞུས་པ།	སྐུ་ཚེའི་པདྨ་སོགས།	༦	མི་རེར་ཉིན་རེ།	༡༣	
ཤོག་ལས་པ།	༠		མི་རེར་ཉིན་རེ།	༡༠	
ཤིང་བཟོ་བ།	༠		པར་ཤིང་ངོ་གྲངས། ༡༨༠	༣༠༠	

སྡེ་དགེ་བསྟན་འགྱུར་དཔར་སྐྲུན་སྐབས་ཀྱི་ལས་བཟོའི་གླ་ཕོབ་གནས་ཚུལ་རེའུ་མིག

ལས་རིགས།	མི་མིང་།	མི་གྲངས།	ལས་གླ་དང་ཉིན་གླ།	ནས་འདོད།	བསྡོམས་གྲངས།
ཞུས་ཆེན་པ།		༨	ཉིན་རེ།	༢༢	

ཁྱིངས་གྲུས།			ཉིན་རེ།	༡༣	
ལྷ་བྲིས་པ།		༡	ལྷ་སྐུ་གཉིས་རེར།	༢༥	
ལྷ་བཀོས་པ།		༣	ལྷ་སྐུ་གཉིས་རེར།	༡༢༠	
པར་ཡིག་པ།		༤༠	ཤོག་བུ་རེར།	༢༢	
པར་བརྐོས་པ།		༥༠༧	པར་ལྡེབ་རེར།	༡༢༢	
པར་ཞུས་པ།			མི་རེར་ཉིན་རེ	༡༣	
ཐིག་འདེབས་པ།			མི་རེར་ཉིན་རེ།	༡༠	
ཤོག་བཟོ་བ།			མི་རེར་ཉིན་རེ།	༡༠	
ཤིང་བཟོ་བ།			པར་ཤིང་ངོ་གྲངས། ༡༨༠	༢༠༠	

བདུན་པ། སྣར་ཐང་བཀའ་བསྟན་འགྱུར་དང་སྡེ་དགེ་བཀའ་བསྟན་འགྱུར་དཔར་སྐྲུན་བྱེད་སྐབས་ཀྱི་དགོས་ཆའི་འགྲོ་སོང་སྐོར།

སྣར་ཐང་བཀའ་འགྱུར་དང་བསྟན་འགྱུར་དཔར་སྐྲུན་བྱེད་སྐབས་རྒྱུ་ཆའི་འགྲོ་སོང་གི་གནས་ཚུལ་མི་འདྲ་བ་ཡོད་དེ། བཀའ་འགྱུར་དཔར་སྐྲུན་བྱེད་སྐབས་ཀྱི་རྒྱུ་ཆ་དང་གླ་ཕོགས་ནི་ཕོ་ལྷའི་འཛིན་ཁོངས་ཤེལ་དཀར་རྫོང་གི་ལོ་གཉིས་ཀྱི་ཡོང་འབབ་ཐོག དེ་འཕྲོས་རྣམས་ཕོ་ལྷ་བ་རང་ཉིད་ཀྱི་དཔལ་འབྱོར་ཐོག་ནས་གང་དགོས་བཏང་བ་དང་། ས་གནས་གཞན་དག་ནས་བླང་དགོས་རིགས་རྣམས་ཡུལ་ཐང་གི་རིན་འབབ་སྤྲད་ནས་ཉོས་པ་མ་གཏོགས་དབྱ་ཁྲལ་གཏན་ནས་བསྡུས་མེད། སྣར་ཐང་བསྟན་འགྱུར་དཔར་སྐྲུན་བྱེད་སྐབས་དཔར་ཤིང་མང་ཆེ་བ་འབྲུག་པ་རྒྱལ་པོས་ཕུལ་བ་དང་། མ་ལོང་བ་རྣམས་ཕོ་ལྷ་བ་རང་ཉིད་སྒེར་གྱིས་ཁ་གསབ་བྱས་ཡོད། བོད་དབུས་གཙང་གཉིས་སུ་དཔར་ཤིང་གི་རྒྱུ་ཆ་ནི་གས་སྐྱོན་དང་། འཆུས་པ། འཛེར་པ་ཡོད་པ་སོགས་གང་བྱུང་གིས་མི་ཆོག་པར། ཤིང་རྒྱུ་མཉེན་པོ་དང་འདྲོངས་པོ་ཡོད་པའི་སྟག་པ་ཤིང་ཤ་སྟག་དགོས་ལ། དཔར་ཤིང་འདུལ་སྦྱོང་བྱེད་སྐབས་དཔར་ཤིང་རེར་པད་སྣུམ་ཕུལ་དོ་ཚོད་ཙམ་རེ་བྱུགས་ནས་སྣུམ་འདུལ་བྱེད་པ་དེ་ནི་གས་སྐྱོན་མི་འབྱུང་ཞིང་ལོ་མང་སོང་ཡང་རུལ་སྐྱོན་མི་ཡོང་བའི་ཕན་ཐོགས་ཡོད།

དཔར་ཤིང་གི་ཐོན་ཁུངས་ནི། ཤེལ་དཀར། རྫོང་དགའ། སྐྱིད་གྲོང་། གཉའ་ནང་། རོང་ཤར། མཁར་ཏ། གཏིང་སྐྱེས། ཕག་རི། ལྷོ་བྲག་དོ་བོ། སེང་གེ། ལྷ་ཁང་། དར་མ། མཚོ་སྣ། དྭགས་པོ། ཀོང་པོ་བཅས་རྫོང་

ཁག་བཅུ་གསུམ་དང་ས་ཁུལ་གཉིས་ནས་ཐོན་གྱི་ཡོད།

དཔར་ཡིག་འབྲི་གཞིའི་ཤོག་བུའི་ཐོན་ཁུངས་ནི། མཚོ་སྣ། དྭགས་པོ། ཀོང་པོ། སྙེ་མོ། གཉའ་ནང་། མོན་བཅས་ནས་ཐོན་གྱི་ཡོད་ཅིང་། དེ་ལ་ཡང་དུག་ཤོག་དང་ཤིང་ཤོག་རིགས་གཉིས་ཡོད་པའི་ནང་ནས་དུག་ཤོག་ལ་ཡི་གེ་བྲིས་ན་སྲིན་ལ་གནོད་པར་བརྟེན། དཔར་ཡིག་འབྲི་གཞིའི་ཤོག་བུ་ནི་དུག་ཤོག་མ་འདྲེས་པའི་ཤིང་ཤོག་གཙང་མ་སྤུབ་མཐུག་སློམས་ལ་འཇམ་པོ་ཡོད་པ་ཞིག་དགོས་ཤིང་དེ་ལྟར་བྱུང་ན་དཔར་ཡིག་འབྲི་མཁན་གྱི་སྲིག་ལ་མི་གནོད་པ་དང་། སྣག་ཚ་རྒྱུགས་བདེ་བ། སྣག་ཚ་མི་འབྱིལ་བ། ཆུ་ལ་སྦངས་ཀྱང་ཆུད་ཟོས་སུ་མི་འགྲོ་བ་བཅས་ཀྱི་དགེ་མཚན་ཡོད།

དཔར་ཡིག་འབྲི་བྱེད་སྣག་ཚ་ནི། སྔོན་མེ་ཤིང་མེར་བསྲེགས་པའི་དུད་དྲིག་ལེགས་ཤོས་ཡིན་ཞིང་། དེ་ཉིད་ཐོག་མར་སྦྱིན་ཆུ་དང་ཤེལ་ཀ་ར་འོས་འཚམ་བཏབ་པའི་ཆུའི་ནང་སྦངས་ཏེ་སྣག་ཀྱོག་ནང་དབུར་ཤིང་གིས་ཡུན་རིང་བར་དབུར་འདུལ་བྱས་རྗེས། རང་ཉིད་ཀྱི་ལག་པའི་དྲོད་ལ་བརྟེན་ནས་མཉེད་འཕུར་འདུལ་སྦྱོང་བྱས་ན། རྒྱ་ཡུལ་ནས་ཐོན་པའི་སྣག་ཚ་གསེར་ཡིག་ཅན་ལས་ལེགས་པ་ཡོད།

སྣག་ཚའི་རྒྱུ་སྔོན་དྲིག་གི་ཐོན་ཁུངས་ནི། དྭགས་པོ་དང་། ཀོང་པོ། མཚོ་སྣ། མོན། སྤུར་བཅས་ཡིན། གཞན་ཡང་སྣག་ཚའི་རྒྱུ་དང་དཔར་ཤིང་གས་ཐོམ་ལ་དགོས་པའི་ཀོ་སྦྱིན། དཔར་ཤིང་འདུལ་སྦྱོང་སྐབས་དཔར་ཤིང་ལ་འབྱུག་རྒྱུའི་སྨན། ཤོག་བུ་སྦྱོར་བྱེད་སྤྲོ་ཞིབ་གཙགས་མ། རྐོ་གཟོང་རིགས་མི་འདྲ་བ་སྣ་ཚོགས་བཟོ་རྒྱུར་མཁོ་བའི་ལྕགས་རྫོགས་དང་། བལ་ལྕགས། རྐོ་གཟོང་དང་གཞར་གྱི་བརྡར་བྱེད་དུ་རྡོད་དང་བྱང་ནས་ཐོན་པའི་བརྡར་རྡོ་འོལ་ཁོག་ཟེར་བ་རྩུབ་བརྡར་དང་འཇམ་བརྡར་རིགས་གཉིས། དཔར་ཤིང་གི་ཡི་གེ་དང་དཔར་ཡིག་ཞུས་དག་སྐབས་སྤྱོད་རྒྱུའི་གཟུགས་མཐོང་ཤེལ་སྒོ་བཅས་དགོས་ཀྱི་ཡོད། རྒྱུ་ཆ་དེ་དག་མང་ཉུང་ཇི་ཙམ་དགོས་པའི་སྐོར་གཤམ་གསལ་གྱི་རེའུ་མིག་ལ་གཟིགས།

སྣར་ཐང་བཀའ་འགྱུར་དཔར་སྐྲུན་སྐབས་ཀྱི་རྒྱུ་ཆ་ཇི་སོང་གི་རེའུ་མིག

རྒྱུ་ཆའི་མིང་།	ཚད་གཞི།	གྲངས་འབོར།
པར་ཡིག་འབྲི་བྱེད་ཤོག་བུ།	བྲི་ཁ།	༥༡༧༨༠
ཤོག་སྦྱོར་རྒྱུ་སྤྲོ་ཞིབ་གཙགས་མ།	ཁལ།	༦༤༥.༧༥
པར་ཤིང་འདུལ་བྱེད་སྨན།	ཁལ།	༦༥༩.༥.༢
སྣག་ཚའི་རྒྱུ་སྔོན་དྲིག	ཁལ།	༤༧.༧༠
པར་རྐོའི་ལག་ཆ་བཟོ་བྱེད་ལྕགས།	ཁལ།	༥༨.༢

ལྕུགས་ རྫོགས་འདེགས་འཇལ།	ཁལ།	༧༨.༦.༣
འཇམ་བརྟར་འོལ་ཁོག་སྤུས་ལེགས།	ཊ་གྲངས།	༦༠༨
རྩུབ་བརྟར་རྡོ་བ་བྱང་ཐོན།	ཊ་གྲངས།	༡༩
སྣག་རྒྱུ་དང་གས་སྦོམ་རྒྱུར་སྤྱིན།	ཁལ།	༢༢༠.༧༦.༣
སོལ་བ་སྤུས་ལེགས་འདེགས།	ཁལ།	༦༨༡
པར་ཤིང་སྟག་སྤང་སྤུས་ལེགས།	ཊ་གྲངས།	༢༩༦༣༤
དགོས་ཆ་ཉོ་རིན་དངུལ།	སྲང་།	༤༠༢༥.༤.༩

སྣར་ཐང་བཀའ་འགྱུར་དཔར་སྐྲུན་བྱེད་སྐབས་སྣ་ཕོགས་ཀྱི་འགྲོ་སྒྲོན་ཇི་སོང་སྐོར་ལ། དཀར་ཆག་ནང་ཞིབ་ཕྲ་གསལ་བའི་ལས་བཟོའི་སྣ་ཕོགས་ཤ་མར། སྣུམ། ཚྭ། ཕྱུར་བ་སོགས་ཕུད། ཆང་རྒྱུའི་ནས་དང་། ཤ་དོད་ཀྱི་འབྲུ། ཉིན་གླ་དང་ལས་གླར་སྤྱོད་པའི་འབྲུ། བཟའ་བྱའི་རྩམ་པ(རྩམ་པ་ཁལ་གཉིས་རེར་འབྲུ་ཁལ་གསུམ་རེ་རྩིས)བཅས་ཁག་བཞི་ལ་འབྲུ་ཁལ་ལྔ་འབུམ་དྲུག་ཁྲི་བཞི་སྟོང་ཉིས་བརྒྱ་བདུན་ཅུ་དོན་གསུམ་དང་བྲེ་བཅུ་གཅིག་ཕུལ་བཞི་ཁྱོར་བ་གཉིས་ལྷག་ཙམ་སོང་བ་དེང་སང་གི་རྒྱ་མར་ཕབ་ན་རྒྱ་མ་བྱེ་བ་གཅིག་དང་ས་ཡ་ལྔ་བདུན་འབུམ་དགུ་ཁྲི་དགུ་སྟོང་དྲུག་བརྒྱ་དྲུག་ཅུ་ཐམ་པ་དང་སྲང་བཞི་ཞོ་དྲུག་ཡིན་པས། དེང་སང་ལྷ་སར་འབྲུ་ཁལ་རེར་མི་དམངས་ཤོག་སྒོར་བཅུ་བཞི་རེ་བྱེད་པའི་ཡུལ་ཐང་དུ་བརྩིས་ན་སྒོར་ས་ཡ་བདུན་དང་བརྒྱད་འབུམ་དགུ་ཁྲི་དགུ་སྟོང་བརྒྱད་བརྒྱ་སུམ་ཅུ་ཐམ་པ་དང་སྒོར་ཟུར་གཉིས་སྐར་དྲུག་ཙམ་ཐོབ།

མར་ཁལ་ཉིས་སྟོང་དགུ་བརྒྱ་དྲུག་ཅུ་རེ་གཉིས་སོང་བ་དེང་སང་མར་ཁལ་རེར་རྒྱ་མ་བདུན་རེ་བརྩིས་པ་ལྟར་ན། མར་རྒྱ་མ་ཉིས་ཁྲི་སྟོང་མེད་བདུན་བརྒྱ་སུམ་ཅུ་སོ་བཞི་ལ་དེང་སྐབས་ལྷ་སར་མར་རྒྱ་མ་རེར་མི་དམངས་ཤོག་སྒོར་བདུན་རེ་བྱེད་པའི་ཡུལ་ཐང་ལྟར་བརྩིས་པས་སྒོར་ཆིག་འབུམ་བཞི་ཁྲི་ལྔ་སྟོང་བརྒྱ་དང་སུམ་ཅུ་སོ་བརྒྱད་ཐོབ། གོང་གསལ་འབྲུ་མར་གཉིས་ཀྱི་རིན་ཐང་ཁྱོན་བསྡོམས་སྒོར་ས་ཡ་བརྒྱད་དང་འབུམ་མེད་བཞི་ཁྲི་བཞི་སྟོང་དགུ་བརྒྱ་དྲུག་ཅུ་རེ་བརྒྱད་དང་སྒོར་ཟུར་གཉིས་སྐར་དྲུག་ཐོབ་པ་དེ་སྣར་ཐང་བཀའ་འགྱུར་པོད་བརྒྱ་དང་བཅུ་མེད་གསུམ་ཡོད་པར་བགོས་ན་པོད་རེར་མ་གནས་སྒོར་བདུན་ཁྲི་བརྒྱད་སྟོང་བརྒྱ་དང་བཅུ་མེད་དྲུག་དང་སྒོར་ཟུར་བཞི་སྐར་དགུ་ཐོབ།

སྡེ་དགེ་བཀའ་འགྱུར་གྱི་འགྲོ་སྒྲོན་སྐོར་ལ། དཀར་ཆག་གི་ནང་རགས་བསྡུས་ཙམ་ལས་ཞིབ་ཆ་མི་གསལ་ཡང་ཤོག་བུ་དང་། སྣག་ཚ། དཔར་ཤིང་བཅས་རིན་སྤྲད་ནས་ཉོས་པ་དང་། ལས་རིགས་ཁག་གི་མི་ཚང་མར་ལྟོ་ཆས་ནར་གཏོང་དང་། འཛུགས་སྐྲུན་གྲོལ་གསུམ་གྱི་སྟོན་མོ། བྱ་དགའི་གསོལ་རས་བཅས་

ཕུད་པའི་ལས་བཟོའི་སྣ་ཕོགས་དང་དགོས་ཆའི་རིན་འབབ་ཆུང་པའི་འགྲོ་གྲོན་རགས་རྩིས་སུ་ཛ་སྤྱོབ་རྩེ(ཛ་འཁོར་དུག)ཛོ་གྲངས་བདུན་སྟོང་དྲུག་བརྒྱ་ཉེ་ཤུ་རྩ་གཉིས་སོང་བ་སྟེ་དགེའི་ནས་འདོད་ལ་བསྒྱུར་ན་ནས་འདོད་ས་ཡ་དྲུག་དང་འབུམ་མེད་དགུ་ཁྲི་བདུན་སྟོང་དྲུག་བརྒྱ་ཐམ་པ་ལ་འབྲུ་ཁལ་ཆིག་འབུམ་ལྔ་ཁྲི་ཉིས་སྟོང་བཞི་བརྒྱ་བཞི་བཅུ་ཐོབ་པ་དེ་ཉིད་དེང་སང་གི་རྒྱ་མར་ཕབ་ན་རྒྱ་མ་ས་ཡ་བཞི་དང་ཉིས་འབུམ་དྲུག་ཁྲི་བརྒྱད་སྟོང་སུམ་བརྒྱ་ཉེ་ཤུ་ཡིན། དེ་ཡང་དེང་སང་ལྷ་སར་འབྲུ་ཁལ་རེར་སྒོར་བཅུ་བཞི་རེ་བྱེད་པའི་རིན་ཐང་ལྟར་བརྩིས་ན་སྒོར་ས་ཡ་གཉིས་དང་ཆིག་འབུམ་སུམ་ཁྲི་བཞི་སྟོང་བརྒྱ་དང་དྲུག་ཅུ་ཟིན་པ་དེ་སྟེ་དགེ་བཀའ་འགྱུར་པོད་བརྒྱ་དང་བཅུ་མེད་གསུམ་ལ་བགོས་ན་པོད་རེར་མ་གནས་སྒོར་ཉིས་ཁྲི་སྟོང་མེད་བདུན་བརྒྱ་ཉེ་ཤུ་ཐོབ་ཅིང་། དེ་འབྲུ་ལ་ཕབ་ན་འབྲུ་ཁལ་ཆིག་སྟོང་བཞི་བརྒྱ་བརྒྱད་ཅུ་རེ་ཐོབ་ཀྱི་ཡོད།

སྣར་ཐང་བསྟན་འགྱུར་དཔར་སྐྲུན་སྐབས་ཀྱི་རྒྱུ་ཆ་ཇི་སོང་གི་རེའུ་མིག

རྒྱུ་ཆའི་མིང་།	ཚད་གཞི།	གྲངས་འབོར།
པར་ཡིག་འབྲི་བྱེད་ཤོག་བུ།	བྲེ་ཁ།	༡༨༨༩༥༩
ཤོག་སྤྱིར་རྒྱུ་གྲོ་ཞིབ་གཙགས་མ།	ཁལ།	༧༩༧
པར་ཤིང་འདུལ་བྱེད་སྣུམ།	ཁལ།	༡༦༡༠
སྣག་ཚའི་རྒྱུ་སྦྲོན་དྲེག	ཁལ།	༡༡༠
པར་རྐོའི་ལག་ཆ་བཟོ་བྱེད་ལྕགས།	ཁལ།	༢༠
ལྕགས་རྫོགས་འདེགས་འཇལ།	ཁལ།	༤༦.༤
འཇམ་བཙར་འོལ་ཁོག་སྤུས་ལེགས།	ཇོ་གྲངས།	༡༠༩༠
རྩབ་བཙར་རྣོ་བ་བྱང་ཐོན།	ཇོ་གྲངས།	༡༨༥
སྣག་རྒྱུ་དང་གས་སྨོམ་རྒྱུར་ཀོ་སྤྱིན།	ཁལ།	༩༥༩.༡༤
སོལ་བ་སྤུས་ལེགས་འདེགས་འཇལ།	ཁལ	༡༩༥༣༦.༨
པར་ཤིང་སྤག་སྤང་སྤུས་ལེགས།	ཇོ་གྲངས།	༧༤༩༠༦
རྒྱ་ཚོས་གཞོར་འཇལ།	ཁལ།	༩.༡༠
པར་ཤུབས་བཟོ་བྱེད་སྣམ་བུ་དཀར་པོ།	འདོམ།	༢༥༩༧༠

སྣར་ཐང་བསྟན་འགྱུར་གྱི་འགྲོ་གྲོན་གཞན་དག་སྐོར། གོང་གསལ་དཔར་སྐྲུན་གྱི་རྒྱུ་ཆ་ཁག་ཕུད་

པའི་ལས་བཟོའི་སྣ་ཐོགས་དང་། འཛུགས་སྐྲུན་གྲོལ་གསུམ་གྱི་སྟོན་མོ། བྱ་དཀའ་བཅས་ལ་དངུལ་སྲང(དེ་སྐབས་བོད་དངུལ་ཐོན་མེད་སྟབས་མན་ཆིང་གོང་མའི་སྲིད་གཞུང་གི་དངུལ་ལ་གོ་དགོས་རྒྱུ་མིན་ནམ་བརྟག)བདུན་ཁྲི་ཉིས་སྟོང་བརྒྱད་བརྒྱ་དྲུག་ཅུ་རེ་གཉིས་དང་ཞོ་ལྔ་སོང་བ་འབྲུ་ལ་ཕབ་ན་འབྲུ་ཁལ་ས་ཡ་གཅིག་དང་བཞི་འབུམ་ལྔ་ཁྲི་བདུན་སྟོང་ཉིས་བརྒྱ་ལྔ་བཅུ་ཡིན་ཞིང་། དེ་དེང་སང་གི་རྒྱ་མར་ཕབ་ན་རྒྱ་མ་བྱེ་བ་བཞི་དང་ས་ཡ་མེད་བརྒྱད་འབུམ་ཁྲི་མེད་སུམ་སྟོང་ཡིན། དེང་སང་ལྷ་སར་འབྲུ་ཁལ་རེར་སྒོར་བཅུ་བཞི་རེ་བྱེད་པའི་ཡུལ་ཐང་ལྟར་བརྩིས་ན་སྒོར་བྱེ་བ་གཉིས་དང་ས་ཡ་མེད་བཞི་འབུམ་ཁྲི་མེད་ཆིག་སྟོང་ལྔ་བརྒྱ་ཡིན་པས་དེ་སྔར་ཐང་བསྟན་འགྱུར་པོད་ཉིས་བརྒྱ་ཀྱི་ཤུ་རྩ་ལྔར་བགོས་ན་པོད་རེར་མ་གནས་སྒོར་དགུ་ཁྲི་སྟོང་མེད་དྲུག་བརྒྱ་བདུན་ཅུ་དོན་གསུམ་དང་སྒོར་ཟུར་གསུམ་སྐར་གསུམ་རེ་ཐོབ་ཀྱི་ཡོད།

སྡེ་དགེ་བསྟན་འགྱུར་དཔར་སྐྲུན་བྱས་པའི་འགྲོ་སོང་བསྡོམས་རྩིས།

ལས་རིགས་དང་རྒྱུ་ཆའི་མིང་།	ཚད་གཞི།	གྲངས་འབོར།
ཞུ་དག་པ་རིམ་པ་གསུམ་དང་པར་ཞུས་པའི་སྣ་བསྡོམས།	ནས་ཁལ།	༨༥༦༠
ལྷ་བྲིས་པའི་སྣ་བསྡོམས།	ནས་ཁལ།	༧༣༥
ལྷ་བརྐོས་པའི་སྣ་བསྡོམས།	ནས་ཁལ།	༦༩༠
པར་ཡིག་འབྲི་མིའི་སྣ་བསྡོམས།	ནས་ཁལ།	༣༩༣༩༧
པར་བརྐོས་པའི་སྣ་བསྡོམས།	ནས་ཁལ།	༢༠༢༣༣༥
ཐིག་འདེབས་མཁན་གྱི་སྣ་བསྡོམས།	ནས་ཁལ།	༥༠༠
ཤོག་བཟོ་བའི་སྣ་བསྡོམས	ནས་ཁལ།	༢༤༢༠
ཤིང་བཟོ་བའི་སྣ་བསྡོམས།	ནས་ཁལ།	༢༢༢༣
པར་ཤིང་བཅུ་དྲུག་རེར་རིན་འབྲུ་ཁལ་ལྔ་རེ་བརྩིས།	ནས་ཁལ།	༧༨༩༥༥
ཤོག་བུའི་རིན་བསྡོམས།	ནས་ཁལ།	༣༧༢༣
ནར་གཏོང་འཚོ་ཆས་སུ་སོང་བ།	ནས་ཁལ།	༧༦༤༩༠༠
གོང་གསལ་རྣམས་བསྡོམས།	ནས་ཁལ།	༩༩༣༣༣༢

གོང་གསལ་གྱི་འབྲུ་རིགས་བསྡོམས་འབོར་དེ་དེང་སང་གི་རྒྱ་མར་ཕབ་ན་རྒྱ་མ་བྱེ་བ་གཅིག་དང་ས་ཡ་གཉིས་བཞི་འབུམ་ཆིག་ཁྲི་སུམ་སྟོང་ཉིས་བརྒྱ་དགུ་བཅུ་གོ་དྲུག་ཡོད་པ་དང་། དེའི་རིན་ཐང་ཐད་

དེང་སང་ལྷ་སར་འབྲུ་ཁལ་རེར་སྐོར་བཅུ་བཞི་རེ་བྱེད་པའི་ཐང་གཞིར་བརྩིས་ན་སྐོར་ས་ཡ་དྲུག་དང་ཉིས་འབུམ་ཁྲི་མེད་དྲུག་སྟོང་དྲུག་བརྒྱ་བཞི་བཅུ་ཞེ་བརྒྱད་ཡིན་ཞིང་། སྔ་དགེ་བསྟན་འགྱུར་ལ་བོད་ཉིས་བརྒྱ་བཅུ་གསུམ་ཡོད་པར་བོད་རེའི་མ་གནས་འབྲུ་ལ་ཕབ་ན་འབྲུ་ཁལ་ཉིས་སྟོང་བརྒྱ་མེད་བརྒྱད་ཅུ་གྱ་གཅིག་དང་བྲེ་བདུན་ཕུལ་གཉིས་བྱ་སྐོར་གསུམ་སྟར་ཕུལ་མེད་ཁམ་ཕུལ་གཅིག་ནས་དྲུག་རེ་ཐོབ་ཅིང་། མི་དམངས་ཤོག་སྐོར་ལ་བརྩིས་ན་བོད་རེར་མ་གནས་སྐོར་ཉིས་ཁྲི་དགུ་སྟོང་བརྒྱ་དང་སུམ་ཅུ་སོ་དགུ་དང་སྐོར་ཟུར་གཅིག་སྐར་དགུ་ཡིན།

བརྒྱད་པ། དཔར་ཁང་གི་སྒྲིག་སྲོལ་ལམ་ལུགས་སྐོར།

དེ་སྔོན་སྤྱི་ཚོགས་རྙིང་པའི་སྐབས་དང་། དེང་སང་གི་དུས་སྐབས་གང་ཡིན་རུང་དཔར་གཞི་གསར་སྐྲུན་གྱི་མ་གནས་ནི་ཧ་ཅང་མཐོན་པོ་ཡིན་པས། དཔར་གཞི་གསར་སྐྲུན་བྱས་རྗེས་ཚོང་ལས་བྱེད་རྒྱུའི་བསམ་བློ་བཏང་ཚེ། དཔར་སྐྲུན་བྱེད་སྐབས་ཀྱི་མ་གནས་ལས་མཐོ་བའི་རིན་གོང་མ་བླངས་ན་ཁེ་བཟང་ཡོང་ཐབས་མེད་ཅིང་། མ་གནས་ལས་མཐོ་བའི་རིན་གོང་ཆེན་པོ་བླངས་ན་དཔར་སྐྲུན་བྱས་པའི་དཔེ་ཆ་དེ་དག་ཉོ་མཁན་མི་ཡོང་བས་སྤྱི་ཚོགས་ཀྱི་དགོས་མཁོ་སྐོང་མི་ཐུབ། དེ་སྔ་བོད་ས་གནས་སུ་དཔེ་ཆ་དཔར་སྐྲུན་བྱེད་པའི་མ་གནས་མཐོན་པོ་ཡོད་ཀྱང་། དཔར་གཞི་གསར་སྐྲུན་གྱི་སྦྱིན་བདག་མང་ཆེ་བ་ནི་སྐྱེར་པ་འཁོར་ལྡན་ཁག་ཡིན་པས། ཁོ་ཚོས་དཔེ་ཆ་དཔར་སྐྲུན་འགྲེམ་སྤེལ་བྱ་རྒྱུ་དེ་ནི་ཆོས་ཀྱི་སྦྱིན་པ་དང་། བསོད་ནམས་སྟོབས་ཆེན་པོ་གསོག་པའི་ཆེད་དུ་ཡིན་པ་ལས། ཁེ་བཟང་ཐོབ་ཆེད་དུ་ཚོང་རྒྱག་པ་ཞིག་མིན་པ་མ་ཟད། ནང་པ་སངས་རྒྱས་པའི་གསུང་རབ་ནང་དུ་ཡང་དཔེ་འཚོང་བྱས་ཏེ་བྱུང་བའི་ཁྱེ་ཡོན་དང་། བརྟན་པ་སོགས་རང་ཉིད་དང་ཉེ་འབྲེལ་སྤུན་མཆེད་བུ་ཕྲུག་བཅས་ཀྱི་ལྟོ་གོས་སྤྱོད་གནས་སོགས་ཀྱི་ཆེད་དུ་བེད་སྤྱོད་བཏང་ན་ཉེས་དམིགས་ཤིན་ཏུ་ཆེ་བར་གསུངས་ཡོད་པར་བརྟེན། དཔེ་སྐྲུན་བྱས་རྗེས་དཔར་འདེབས་ཀྱི་གླ་ཡོན་དང་རིན་འབབ་རྣམས་དཔར་སྐྲུན་བྱ་གཞག་གོང་འཕེལ་གྱི་ཆེད་དུ་གཏོང་བ་མ་གཏོགས་ཚོང་ཟོག་ཏུ་བརྩིས་ནས་ཁེ་ཚོང་རྒྱག་མཁན་ཧ་ཅང་ཉུང་ཉུང་ཡིན་ཞིང་། འཁོར་ལྡན་སྦྱིན་བདག་ཁག་ནས་དཔར་སྐྲུན་བྱས་པའི་དཔར་ཤིང་རྣམས་འབྲེལ་ཡོད་དགོན་སྡེ་ཁག་ལ་འབུལ་བ་མ་གཏོགས། རང་སྐྱེར་གྱི་ཁྱིམ་ཚང་ནང་ཉར་ཚགས་བྱེད་མཁན་ཧ་ཅང་ཉུང་བས། བོད་ས་གནས་ཀྱི་དགོན་པ་ལྷ་ཁང་ཁག་གི་ནང་དཔར་ཤིང་མང་པོ་ཡོད་པའི་རྒྱུ་མཚན་དེ་ལྟར་ཡིན།

དགོན་སྡེ་ཁག་དང་སྤྱི་པའི་དཔར་ཁང་ནས་དཔར་འདེབས་བྱས་པའི་དཔེ་ཆ་རྣམས་ཀྱི་ཤོག་བུ་དང་སྣག་ཚའི་རིན་འབབ། དཔར་ཤིང་ཟད་གྲོན་སོང་བའི་གུན་གསབ། ལས་བཟོའི་གླ་ཐོབ་བཅས་ཡུལ་དུས་སོ་སོའི་བཟའ་བཅའ་དང་དངོས་པོའི་རིན་གོང་འཕར་ཆད་དང་བསྟུན་ནས་སྤྲོད་ལེན་བྱེད་པའི་ནང་

ནས་ལས་བཟོའི་སྒྲ་ཐོབ་ཕུད་པའི་གཞན་དག་རྣམས་དགོན་པ་སོ་སོའི་དཔར་ཁང་གི་ཡོང་འབབ་ཡིན་ཞིང་། ཡོང་འབབ་དེ་རྣམས་དཔར་ཤིང་དང་། དཔར་ཁང་ཉམས་གསོ་བཅས་ཀྱི་འགྲོ་སྒྲོན་དུ་གཏོང་བ་མ་གཏོགས་སྒེར་དོན་དུ་བེད་སྤྱོད་གཏོང་མཁན་མེད་ལ་བཏང་ཡང་མི་ཆོག་པ་མ་ཟད། དགོན་པའི་གྲྭ་པ་ལ་ཡང་བགོ་འགྲེམས་བྱེད་སྲོལ་མེད། དཔར་འདེབས་ལས་བཟོ་ཚོའི་སྒྲ་འབབ་ཇི་ཐོབ་དཔར་ཁང་དེའི་ལས་བྱེད་མཐོ་དམན་ཚང་མར་ཆ་སྙོམས་ཀྱིས་བགོ་བ་ལས། དཔར་ཁང་དོ་དམ་པར་སྒྲ་མང་བ་སྤྲོད་ལེན་གྱི་རིགས་བྱེད་མི་ཆོག འོན་ཀྱང་དོ་དམ་པར་ལོ་གཅིག་གི་འཚོ་བ་ལྷང་ངེས་ཀྱི་འབྲུ་དངུལ་ཤ་མར་སོགས་ཕོགས་ཐོབ་ཟུར་དུ་སྤྲོད་ཀྱི་ཡོད། དཔར་པ་ལས་བཟོ་ཚོས་ལས་གྲྭ་ཚུགས་རིང་རྒྱུགས་རང་འཕྱུར་བྱས་ཏེ་ཡོང་རྒྱུ་ཡིན་སྟབས་དཔར་སྒྲ་ལེན་སྐབས་སྒྲ་ལྟོ་ཆབས་སྒྲིལ་གྱིས་རྩིས་རྒྱག་སྤྲོད་ལེན་བྱེད་པ་དེ་ཚོ་ནི་དཔར་པ་ཚོའི་ཡོང་འབབ་ཡིན། བཀའ་བསྟན་འགྱུར་དང་བླ་མ་ཁག་གི་གསུང་འབུམ་སོགས་པོད་གྲངས་མང་བའི་རིགས་ལ་རིན་འབབ་དང་སྒྲ་ཐོབ་སྣེ་སེལ་ཙམ་ལས་མེད་པའི་གྲོང་གུན་ཁ་གསབ་ཡོང་ཆེད། སྤྱི་ཚོགས་ཐོག་འགྲོ་རྒྱུག་ཆེ་བའི་དཔེ་ཆའི་རིགས་མང་ཙམ་དཔར་འདེབས་བྱས་ཏེ་འཚོང་གི་ཡོད། བཀའ་བསྟན་འགྱུར་སོགས་པོད་གྲངས་མང་བའི་རིགས་ལོ་རེར་དཔར་འདེབས་བྱ་རྒྱུའི་གྲངས་ཀ་མང་ཤོས་བརྒྱ་དང་ལྔ་བཅུ་ཡས་མས་ཡིན་ཞིང་། དེ་ཡང་ལོ་དེ་རང་གི་མཇུག་ཏུ་གང་ཡོད་ཟོགས་འགྲོ་བ་མ་གཏོགས་དཔར་ཁང་ནང་དུ་ཕུང་གསོག་ཐེབས་ཏེ་འཚོང་མི་ཐུབ་པའི་གནས་ཚུལ་ཡོང་གི་མེད་པ་དེ་ནི་དཔར་ཤིང་ཐོག་དཔེ་ཆ་དཔར་བཀོས་བྱས་པའི་དགེ་མཚན་ཞིག་རེད། དེང་སྐབས་ཀྱི་རང་འགུལ་འཕྲུལ་དཔར་ནི་དཔར་གཞི་སྒྲིག་སྦྱོར་ཐེངས་གཅིག་གིས་དཔེ་དེབ་ཆ་ཚང་ཁྲི་ཁ་ཤས་དཔར་འདེབས་བྱེད་ཆོག་གི་ཡོད་པས་དཔར་གྲངས་ཇི་ཙམ་མང་བ་དེ་ཙམ་གྱིས་མ་གནས་ཆུང་ཞིང་། དཔར་གྲངས་ཇི་ཙམ་ཉུང་བ་དེ་ཙམ་གྱིས་མ་གནས་མཐོ་ལ་གྲོང་གུན་ཆེ་བ་ཡོད་སྟབས། དཔར་འདེབས་མ་བྱས་གོང་སྔོན་ཚུད་ནས་འབྲེལ་ཡོད་ཚན་པ་དང་སྒེར་ཁག་ལ་དྲིལ་བསྒྲགས་བྱས་ཏེ་གདེང་ཚོད་ཡོད་པའི་གྲངས་ཀ་ངེས་ཅན་ཞིག་བྱུང་མཚམས་གཞི་ནས་དཔར་འདེབས་བྱེད་དགོས་ཀྱི་ཡོད་པ་རེད།

སྐབས་འདིར་དཔར་ཁང་ཆེ་བ་ཁག་གི་སྒྲིག་སྲོལ་ལམ་ལུགས་ངོ་སྤྲོད་ཞུ་ཐུབ་ན་བསམ་ཏུང་། དཔྱད་གཞི་ཡོད་རིགས་ལག་ཏུ་མ་སོན་སྟབས་ས་བཅད་མ་སྟོངས་ཙམ་དུ་སི་ཏུ་པཎ་ཆེན་ཆོས་ཀྱི་འབྱུང་གནས་གྱིས་མཛད་པའི《སྡེ་དགེ་བཀའ་འགྱུར་གྱི་དཀར་ཆག》གི་མཇུག་ཏུ་སྡེ་དགེ་དཔར་ཁང་གི་སྒྲིག་ཁྲིམས་སྐོར་འཁོད་འདུག་པ་དེའི་ནང་དོན་གནད་བསྡུས་བྱས་ཏེ་བཀོད་ན།

བཀའ་འགྱུར་ཆ་ཚང་གཅིག་གི་དགོས་ཆར། ཤོག་བུ་བྲེ་ཁ་དགུ་སྟོང་སུམ་བརྒྱ་ཐམ་པ། ཐོ་ཞིབ་ཁལ་བརྒྱད། མཚལ་སྤུས་ལེགས་ཁལ་མེད་སྲང་བདུན་ཅུ་ཐམ་པ།(བོད་ཀྱི་ལྡིད་ཚད་སྲང་གང་ལ་དེང་སང་གི་ལྡིད་ཚད་སྲང་མེད་ཆ་ཤས་བརྒྱད་དང་ཡང་ཆ་བདུན་ཅུ་དོན་ལྔ་ཡོད) རྒྱ་སྐྱེགས་རྒྱ་མ་གསུམ(བོད་ཀྱི་ཤོང་ཚད་རྒྱ་མ་གང་ལ་དེང་སང་གི་ཤོང་

ཚད་རྒྱ་མ་དོ་དང་སྲང་ལྔ་ཡོད)བཅས་ཡིན། བཀའ་འགྱུར་ཆ་ཚང་གཅིག་ལ་ཤོག་བུ་དང་སྣག་ཚའི་རིན་འབབ་ཇ་འཁོར་དྲུག་བརྒྱ་དང་ལྔ་བཅུ། དཔར་སློ་ཇ་འཁོར་དྲུག་དགུ་དང་སྲང་ཆེན་གཉིས་སྲང་ཆུང་གསུམ་བཅས་དགོས་པས་སྣག་ཤོག་གི་རིན་དང་དཔར་སློ་བཅས་བསྡོམས་ན་ཇ་འཁོར་དྲུག་བརྒྱ་དང་ལྔ་བཅུ་ང་དགུ་དང་སྲང་ཆེན་གཉིས་སྲང་ཆུང་གསུམ་ཐོབ་ཀྱི་ཡོད། དེ་སྔེ་དགེའི་ནས་འདོད་ལ་བསྒྱུར་ན་ནས་འདོད་ཆིག་འབུམ་ཉིས་ཁྲི་བདུན་སྟོང་བརྒྱད་བརྒྱ་བདུན་ཅུ་ཡིན་ཞིང་། ཁལ་ལ་བརྩིས་ན་ནས་ཁལ་སུམ་སྟོང་བརྒྱ་དང་དགུ་བཅུ་གོ་དྲུག་དང་ཞོ་གསུམ་ཡིན་པ་དེང་སང་གི་རྒྱ་མར་ཕབ་ན་རྒྱ་མ་བརྒྱད་ཁྲི་དགུ་སྟོང་ལྔ་བརྒྱ་བཅུ་མེད་དགུ་ཐོབ་པ་དང་། དེང་སྐབས་ལྷ་སར་འབྲུ་ཁལ་རེར་སྒོར་བཅུ་བཞི་རེ་བྱེད་པའི་ཡུལ་ཐང་ལྟར་བརྩིས་ན་སྒོར་བཞི་ཁྲི་བཞི་སྟོང་བདུན་བརྒྱ་ལྔ་བཅུ་ང་བཞི་དང་སྒོར་ཟུར་ལྔ་ཡིན་པས། སྔེ་དགེ་བཀའ་འགྱུར་གྱི་དཔར་གཞི་ཐོག་མར་སྐྲུན་སྐབས་ཀྱི་མ་གནས་བསྡོམས་འབོར་དང་བསྡུར་ན་དྲུག་ཆ་གཅིག་མ་ཟིན་ཙམ་གྱི་རིན་གོང་མ་གཏོགས་མེད། སྔེ་དགེ་དཔར་ཁང་གི་སྒྲིག་སྲོལ་ལམ་ལུགས་ནང་འཁོད་པ་ལྟར་ན། ལས་བཟོའི་གླ་འབབ་སྤྲད་པའི་དེ་བྱིངས་ཀྱི་ཡོང་འབབ་གང་ཡོད་ཧེ་བག་མེད་པར་སྔེ་དགེ་རྒྱལ་པོའི་སྲིད་གཞུང་ལ་རྩིས་འབུལ་ཞུ་དགོས་ཀྱི་ཡོད་འདུག

དཔར་ཁང་དེར་དེ་སྔ་སྔེ་དགེ་རྒྱལ་པོས་བསྐོ་བཞག་བྱས་པའི་དཔར་དཔོན(དཔར་ཁང་དོ་དམ་པ)ཟེར་བ་ཞིག་ཡོད་པ་དེ་སྔེ་དགེ་དགོན་ཆེན་གྱི་གྲྭ་པའི་ཁོངས་ནས་མིང་འདོན་བྱས་པ་ཞིག་ཡིན་པ་དེ་ལ་སྔེ་དགེའི་སྲིད་གཞུང་གིས་ལོ་རེར་ཕོགས་དོད་ཇ་སྨམ་རེ་སྤྲོད་ཀྱི་ཡོད་ཅིང་། སྔེ་དགེ་དགོན་པར་དཔར་ཁང་གི་ཡོང་འབབ་ཁོངས་ནས་ཐོབ་ཆ་ཅི་ཡོད་དཔྱད་གཞིའི་ནང་མི་གསལ།

དེ་སྔོན་ཞོལ་དཔར་ཁང་དུ་ཡོད་པའི་བཀའ་འགྱུར་གྱི་དཔར་ཤིང་དེ་ལོ་ཤས་གོང་དུ་ལྡོངས་མི་དམངས་སྲིད་གཞུང་ནས་ཀྲུང་གོ་ནང་བསྟན་མཐུན་ཚོགས་བོད་ཡན་ལག་མཐུན་ཚོགས་ལ་གནང་བ་ནས་བཟུང་དགོན་པ་ཁག་དང་། སྤྱི་ཚོགས་ཐོག་ནས་བཀའ་འགྱུར་ཆ་ཚང་གདན་འདྲེན་ཞུ་མཁན་མང་སྟབས་མིང་ཐོ་བཀོད་ནས་ལོ་གསུམ་སོང་རྗེས་གཞི་ནས་ལག་སོན་ཡོང་གི་ཡོད་པ་དེ་ནི་ཕྱོགས་གཅིག་ནས་དཔར་འདེབས་ལག་རྩལ་གྱི་མི་སྣ་ཉུང་བ་དང་། གཉིས་ནས་ཤོག་བུ་དང་། སྣག་ཚ། བཟའ་ཆས་དངོས་ཟོག་བཅས་ཀྱི་རིན་ཐང་ལོ་རེ་བཞིན་ལྷབ་འཕར་འགྲོ་བ་དང་། ལས་ཡུལ་ཁང་པ་གྲུ་དོག་པ་སོགས་ཆ་རྐྱེན་ཏ་ཙང་ཞན་པའི་གནས་ཚུལ་འོག་ལོ་རེར་བཀའ་འགྱུར་ཆ་ཚང་བདུན་ཅུ་ཡས་མས་ལས་དཔར་འདེབས་བྱེད་ཐུབ་ཀྱི་མེད་པའི་རྐྱེན་གྱིས་ཡིན་ཞིང་། དཔར་འདེབས་འགྲིམ་ཚོང་བྱས་པའི་རིན་འབབ་དེང་སང་སྒོར་བརྒྱད་སྟོང་ལྷག་ཙམ་ཟིན་གྱི་ཡོད་པ་དེ་རྣམས་ཀྱང་ལས་བཟོའི་གླ་ཕོགས་དང་། སྣག་ཤོག་གི་རིན་བཅས་ལ་ཤ་ཁུ་རང་ཐིམ་ལྟར་གཙང་དག་གིས་གཏོང་ཡོང་འགོ་ཐུག་ཙམ་ལས་ཁེ་བཟང་གང་ཡང་མེད་ཚོད་རེད།

གཞན་ཡང་དེ་སྔ་ཤོག་ངོས་རྒྱབ་མདུན་གཉིས་ཀར་ཤོག་རྗེ་མེད་ཅིང་འཛམ་ཤ་དོད་པའི་དཔར་ཤོག་བེད་སྤྱོད་གཏོང་དགོས་པ་ལས། ཤོག་རྗེ་མང་པོ་འགྱུར་བའི་བོད་ཤོག་དཀྲུས་མས་དཔར་འདེབས་བྱས་ན་དཔར་ཤིང་ཟད་གྲོན་ཆེ་སྐབས། དང་དོད་ཆེ་བ་ཚོས་བོད་ཤོག་ཉིས་སྦྱར་མའམ་ཡང་ན་འབྲུག་ཡུལ་དང་སྟོད་ཁུལ་ནས་ཐོན་པའི་ཤོག་བུའམ་རྒྱ་གར་ནས་ཐོན་པའི་ཤོག་བུ་བེད་སྤྱོད་བྱེད་ཀྱི་ཡོད། དེང་སང་ནི་མིས་རྒྱལ་ནང་ཁུལ་ནས་ཐོན་པའི་ཀོ་ཤོག་སྤུས་ལེགས་དེ་བེད་སྤྱོད་གཏོང་མུས་རེད།

དཔར་འདེབས་སྣག་ཚ་ནི་བོད་ནས་ཐོན་པའི་སྣོན་དྲིག་བཏུལ་མའི་སྣག་ཚ་དང་། མིས་རྒྱལ་ནང་ཁུལ་ནས་ཐོན་པའི་སྣག་ཚ་གྲུ་བཞི་གསེར་ཡིག་ཅན་མཉམ་བསྲེས་བྱེད་པའམ་ཡང་ན་སྣོན་དྲིག་བཏུལ་མའི་སྣག་ཚ་སྤུས་ལེགས་དེ་འདྲ་མ་གཏོགས་ཕྱི་རྒྱལ་ནས་ཐོན་པའི་རྫས་འགྱུར་གྱི་སྣག་ཚས་དཔར་འདེབས་བྱེད་མི་ཆོག་པ་དང་། དཔར་འདེབས་བྱེད་པའི་དུས་ཚོད་ཀྱང་བོད་ཟླ་གསུམ་པའི་ཚེས་བརྒྱད་ནས་དགུ་པའི་ཚེས་བརྒྱད་བར་ཟླ་བ་དྲུག་གི་དུས་ཚོད་ནང་དཔར་འདེབས་བྱེད་པ་མ་གཏོགས་དེ་མིན་གང་བྱུང་དུ་དཔར་འདེབས་མི་ཆོག་པའི་ཐོག དཔར་ཁང་ནང་དུ་ཆང་འཐུང་བ་དང་། ཐ་མག་འཐེན་པ། སྒོག་པ་དང་བཙོང་ཡོད་པའི་ཟས་རིགས་ཟ་འཁྱེར་མི་ཆོག་པ་བཅས་ཀྱི་ལམ་ལུགས་ནན་པོ་བཟོས་འདུག

དགུ་པ། དཔར་ཤིང་བེད་སྤྱོད་གཏོང་བའི་དུས་ཡུན་རིང་ཐུང་སྐོར།

སྣར་ཐང་བཀའ་འགྱུར་གྱི་དཔར་ཤིང་དེ་བོད་ཀྱི་རབ་བྱུང་བཅུ་གཉིས་པའི་ཆུ་བྱི(སྤྱི་ལོ1732)ལོའི་བོད་ཟླ་དང་པོའི་ནང་དཔར་སྐྲུན་ལས་མཇུག་བསྒྲིལ་ནས་བོད་ཟླ་གསུམ་པའི་ཚེས་ཤར་ལ་དཔར་འདེབས་བྱེད་པའི་འགོ་ཚུགས་པ་ནས། རབ་བྱུང་བཅོ་ལྔ་པའི་ཤིང་ཁྱི(སྤྱི་ལོ1934)ལོར་ཞོལ་དཔར་ཁང་གི་བཀའ་འགྱུར་ལས་མཇུག་བསྒྲིལ་བའི་བར་ལོ་ཉིས་བརྒྱ་བཅུ་མེད་གཉིས་རིང་དཔར་འདེབས་བྱས་ཤིང་། ལོ་རེར་ཆ་སྙོམས་བཀའ་འགྱུར་ངོ་གྲངས་བརྒྱ་དང་ལྔ་བཅུ་དཔར་འདེབས་བྱས་པའི་དབང་དུ་བཏང་ན་ངོ་གྲངས་སུམ་ཁྲི་སྟོང་མེད་སུམ་བརྒྱ་ཐམ་པ་ཟིན།

སྡེ་དགེ་བཀའ་འགྱུར་ནི། རབ་བྱུང་བཅུ་གཉིས་པའི་ཆུ་གླང(སྤྱི་ལོ1733)ལོར་དཔར་འདེབས་བྱེད་འགོ་ཚུགས་པ་ནས་ལོ་བཅུ་གཉིས་རིང་བཀའ་འགྱུར་ཆ་ཚང་ངོ་གྲངས་ཆིག་སྟོང་ལྔ་བརྒྱ་དཔར་འདེབས་བྱས་ཚུལ《བཀའ་འགྱུར་དཀར་ཆག》ནང་གསལ་བ་ལྟར་ན། སྤྱི་ལོ1955ལོ་བར་ལོ་ཉིས་བརྒྱ་ཉི་ཤུ་རྩ་གཉིས་རིང་ལོ་རེར་ཆ་སྙོམས་ངོ་གྲངས་བརྒྱ་དང་ཉི་ཤུ་རྩ་ལྔ་དཔར་འདེབས་བྱས་པའི་དབང་དུ་བཏང་ན་བཀའ་འགྱུར་ཆ་ཚང་ངོ་གྲངས་ཉིས་ཁྲི་བདུན་སྟོང་བདུན་བརྒྱ་ལྔ་བཅུ་དཔར་འདེབས་བྱས་ཡོད་པ་མ་ཟད། དཔན་ལོ་ངོ་བཅུའི་རིང་ལ་ཡང་མུ་མཐུད་དཔར་འདེབས་བྱས་ཡོད་པ་དང་། འབྱུང་འགྱུར་ད་དུང་ལོ་ངོ་བཅུ་ལྷག་དཔར་འདེབས་མུ་མཐུད་བྱེད་ཐུབ་པའི་གདེང་ཚོད་ཡོད་པ་དེར་བརྟགས་ན། སྣར་ཐང་བཀའ་

འགྱུར་གྱི་དཔར་ཤིང་དེ་ལོ་ཉིས་བརྒྱ་བཅུ་མེད་གཉིས་རིང་དེ་འདྲའི་ཟད་གྲོན་ཆེན་པོ་བྱུང་བ་ནི་སྔར་ཐང་བཀའ་འགྱུར་དཔར་འདེབས་བྱས་པའི་གྲངས་ཚད་གོང་དུ་བཀོད་པ་དེ་ལས་ལྷབ་གཅིག་ཙམ་མང་བ་ཡོད་ངེས་སྙམ།

གོང་གསལ་གྱི་གནས་ཚུལ་དེའི་ཐོག་ནས་དཔར་ཤིང་ཐོག་དཔར་རྐོ་བྱེད་པའི་དཔེ་སྐྲུན་བྱ་གཞག་དེར་རྗེས་ལུས་ཀྱི་ཕྱོགས་དང་སྐྱོན་ཆ་མི་ཉུང་བ་ཞིག་ལྡན་པ་སྨོས་མེད་ཀྱང་དེ་ནི་ལས་དོན་དངོས་ཀྱི་ནང་ལེགས་བཅོས་གཏོང་ཐུབ་པ་ཞིག་ཡིན་པ་མ་ཟད། དེང་སྐབས་དཔེ་སྐྲུན་ལག་རྩལ་འཕྲུལ་ཆས་ཅན་དུ་འགྱུར་བའི་འོག་ཏུ་ཡང་མུ་མཐུད་ནས་ནུས་པ་འདོན་ཐུབ་པའི་དགེ་མཚན་འགའ་ཞིག་ཡོད་པ་མཐོང་ཐུབ་སྟེ།

1. སྤྱི་ཚོགས་ཀྱི་དགོས་མཁོ་ཡོད་པའི་གནས་ཚུལ་ནམ་བྱུང་གི་སྐབས་དུས་ཐོག་ཏུ་དཔར་འདེབས་བྱེད་ཐུབ་པ།

2. ལོ་རེར་དཔར་འདེབས་བྱ་རྒྱུའི་གྲངས་ཚད་དེ་ལོ་རེའི་དགོས་མཁོ་དང་བསྟུན་ནས་ཚོད་འཛིན་བྱེད་བདེ་བ།

3. དཔར་ཤིང་ཐོག་དཔར་འདེབས་བྱེད་ཐུབ་པའི་ནུས་པ་དེ་ལོ་ཉིས་བརྒྱ་ལྷག་ཙམ་བར་རྒྱུན་འཁྱོངས་བྱེད་ཐུབ་པ།

4. དཔར་འདེབས་བྱེད་པའི་ཁ་གྲངས་ཉུང་མཐར་ཁྲི་གསུམ་ལོན་ཐུབ་པ་བཅས་ཡིན། དེར་བརྟེན་དཔར་སྐྲུན་གྱི་ལས་ཀ་དེ་འཕྲུལ་འཁོར་ལ་བརྟེན་ནས་དཔར་འདེབས་བྱ་རྒྱུ་གཙོ་བོ་དང་། དཔར་ཤིང་ཐོག་དཔར་འདེབས་བྱ་རྒྱུ་གཞོགས་འདེགས་ཀྱི་ཚུལ་དུ་བྱས་ན་དཔེ་ཆ་དེབ་གཟུགས་ལ་དགའ་བ་རྣམས་ཀྱིས་དེབ་གཟུགས་དང་། དཔེ་གཟུགས་ལ་དགའ་བ་རྣམས་ཀྱིས་དཔེ་གཟུགས་གང་འདོད་ལྟར་ཉོས་ཆོག་པས་དཔར་ཁང་ཕན་ཚུན་བར་དུ་གཞོགས་འདེགས་ཀྱི་མཉམ་ལས་ཡག་པོ་ཡོང་ཐུབ་པ་མ་ཟད། དེང་སྐབས་བོད་ཡིག་གི་དེབ་གཟུགས་དཔེ་སྐྲུན་གྱི་མགྱོགས་ཚད་ལེགས་པོ་དེ་དང་། དཔེ་གཟུགས་དཔེ་སྐྲུན་གྱི་སྤུས་ཚད་ལེགས་པོ་གཉིས་ཕན་ཚུན་འགྲན་སྡུར་བྱས་པ་བརྒྱུད། དེབ་གཟུགས་དཔེ་སྐྲུན་གྱི་སྤུས་ཚད་ཞན་པའི་གནས་ཚུལ་ལེགས་བཅོས་ཡོང་རྒྱུར་སྐུལ་མ་གཏོང་ཐུབ་ཀྱི་རེད།

བཅུ་པ། དཔེ་སྐྲུན་སྡེ་ཚན་གྱི་ལས་ཀའི་ཕན་ནུས་སྐོར།

དེང་སྐབས་ཆབ་སྲིད་དཔལ་འབྱོར་རིགས་པའི་གཞུང་ལུགས་ཀྱི་ཐོག་ནས་བལྟས་ན་ལས་དོན་གང་ཞིག་བྱེད་ཀྱང་དེའི་དཔལ་འབྱོར་གྱི་ཕན་འབྲས་ཆེ་ཆུང་ལ་ལྟ་དགོས་པའི་ནན་བཤད་བྱས་ཡོད་པ་དེ་ནི་རྒྱལ་འབངས་དཔལ་འབྱོར་སྤྱིའི་གོང་འཕེལ་གཏོང་ཕྱོགས་ཐད་ནས་བཤད་པ་ཞིག་ལོས་ཡིན། གལ་ཏེ་དེ་

ལྟར་མིན་ན་དཔེ་སྐྲུན་བྱ་གཞག་ལྟ་བུ་འགའ་ཞིག་གི་དཔལ་འབྱོར་ཕན་འབྲས་ལ་བལྟོས་ནས་བཤད་ན་ཁེ་བཟང་གང་ཡང་མེད་པས་སློ་རྒྱག་དགོས་པ་ལྟ་བུར་གྱུར་ཡོད་ལ། ཡང་དུལ་སྐུངས་ཀྱི་བྱ་བ་ངན་པ་དང་། དངོས་པོ་བཙོག་པ་འགའ་ཞིག་ལ་ཁེ་བཟང་ཆེན་པོ་ཡོད་པས་དེས་སྤྱི་ཚོགས་ཐོག་ཤུགས་རྐྱེན་ངན་པ་བཟོ་བཞིན་དུ་དར་སྤེལ་གཏོང་དགོས་པ་ལྟ་བུ་ཡིན་སྐབས་དེ་ལྟར་བྱས་ན་མིའི་རིགས་ཀྱི་སྤྱི་ཚོགས་ལ་ཕུགས་སྐྱོན་ཆེན་པོ་གང་འདྲ་ཡོང་མིན་བལྟས་པ་ཙམ་གྱིས་ཤེས་རྟོགས་ཐུབ་པ་ཞིག་རེད། ལྷག་པར་དེང་སྐབས་དངོས་ཟོག་གི་རིན་ཐང་ལོ་རེ་བཞིན་འཕར་འགྲོ་བ་དེ་དང་ལས་བཟོའི་གླ་ཕོགས་འཕར་ཚད་དབར་ཏེ་བག་ཏ་ཙང་ཆེ་བ་སོགས་ཕྱི་ནང་གི་རྒྱུ་རྐྱེན་མང་པོ་ཞིག་ལ་བརྟེན་ནས་ལོ་ན་གཞོན་པའི་མི་ཁག་གཅིག་གི་བློད་པའི་ནང་ཚོང་ཟོག་དཔལ་འབྱོར་སྨ་བའི་ལྟ་ཚུལ་ཕྱོགས་རེ་བའི་ཤུགས་རྐྱེན་ཐེབས་ཏེ་དཔེ་ཀློག་ཕན་མེད་སྨ་བའི་ལྟ་ཚུལ་འདྲ་མིན་སྣ་ཚོགས་གཅིག་རྗེས་གཉིས་མཐུད་དུ་ཐོན་བཞིན་ཡོད་པ་དང་། དཔེ་སྐྲུན་ཚན་པ་ཁག་ལ་དཔེ་སྐྲུན་གྱི་མ་དངུལ་ཉུང་བ་དང་། སྤུས་ཚད་ཞན་པ། དཔེ་སྐྲུན་གྱི་གྲངས་འབོར་ལོ་རེ་ལས་ལོ་རེར་ཇེ་ཉུང་དུ་སོང་བ། ཐ་ན་སློབ་གྲྭ་ཆུང་འབྲིང་གི་དགོས་མཁོའི་སློབ་དེབ་ཀྱང་དུས་ཐོག་ཏུ་མཁོ་འདོན་བྱེད་མི་ཐུབ་པ་སོགས་ཀྱི་གནས་ཚུལ་ལྷགས་པའི་འབྱུང་རྐྱེན་ནི། རིག་གནས་སློབ་གསོ་དང་དཔེ་སྐྲུན་ལས་དོན་གྱིས་མིའི་སྤུས་ཚད་གོང་མཐོར་གཏོང་བ་དང་། དཔལ་ཡོན་གཉིས་ཀྱི་འཛུགས་སྐྲུན་ཐད་ལ་བརྟོན་པའི་ནུས་པར་སྣང་ཆུང་བྱས་པའི་ངན་འབྲས་ཡིན་པས། ང་ཚོས་ངེས་པར་དུ་ཚོང་ཟོག་དཔལ་འབྱོར་གྱི་ཕན་འབྲས་དང་། སྤྱི་ཚོགས་ཕྱིལ་པོའི་མིའི་སྤུས་ཚད་གོང་མཐོར་གཏོང་བའི་སྤྱི་ཚོགས་ཀྱི་ཕན་འབྲས་གཉིས་དབར་གྱི་འགལ་བ་ཚན་རིག་དང་མཐུན་པའི་སྒོ་ནས་དབྱེ་ཞིབ་དང་ཐག་གཅོད་ཡང་དག་པ་བྱས་ཏེ་མིག་སྔའི་དཀའ་ངལ་དང་ཞན་ཆ་སེལ་ཐུབ་པའི་འབད་བརྩོན་བྱ་རྒྱུ་ནི་ཧ་ཅང་གལ་ཆེ་བ་ཞིག་རེད།

གོང་དུ་གསལ་བའི་སྒྱུང་ཚོར་སོར་མོ་བཅུའི་གྲངས་དང་ལྡན་པ་འདི་ནི། ཁོ་བོས་ད་ཕན་ལོ་མང་རིང་རིག་གནས་སློབ་གསོའི་ལས་དོན་གཙོ་བོར་བྱེད་པའི་ཞོར་ལ། བོད་དུ་གནའ་རབས་དང་དེང་རབས་ཀྱི་དཔར་སྐྲུན་ལས་རིགས་དང་འབྲེལ་བའི་གནད་དོན་འགའ་ཞིག་ལ་ཞིབ་འཇུག་ཙུང་ཟད་བྱས་པའི་བསམ་ཚུལ་རགས་བསྡུས་ཙམ་ཞིག་ཡིན་པ་བོད་རིག་པར་མཁྱེན་དཔྱོད་ཕུལ་དུ་བྱུང་བའི་མཁས་དབང་རྣམས་ལ་དཔྱད་གཞིའི་ཚུལ་དུ་འབུལ་བ་ལགས་ན། ནོར་འཁྲུལ་དང་ཆ་མ་ཚང་བའི་སྐྱོན་ཆ་ཡོད་ངེས་པས་ལེགས་བཅོས་དང་ཁ་སྐོང་གི་དགོངས་འཆར་ལྷུག་སྩོལ་ཡོང་བའི་རེ་བ་ཞུ།

《བོད་ལྗོངས་ཞིབ་འཇུག》 ༡༩༨༩ལོའི་དེབ་བཞི་པ་དང༡༩༩༠ལོའི་དེབ་དང་པོ་ལས་བཏུས།

༄༅། །བཀའ་བསྟན་གྱི་པར་གཞི་ཁག་དང་བསྟན་འགྱུར་དཔེ་བསྡུར་མའི་སྐོར་གླེང་བ།

རྒྱལ་མོ་འབྲུག་པ།

དང་པོ། བཀའ་བསྟན་སྤྱིའི་རྣམ་གཞག་མདོར་བསྡུས།

བཀའ་བསྟན་ནམ་བཀའ་བསྟན་འགྱུར་ཞེས་པ་ནི་ནང་པ་སངས་རྒྱས་པའི་སྟོན་པ་ཤཱཀྱ་ཐུབ་པས་ལེགས་པར་གསུངས་པའི་བཀའ་སྡེ་སྣོད་གསུམ་དང་རྒྱུད་སྡེ་བཞིའམ་དེའི་དགོངས་འགྲེལ་དུ་རྒྱ་གར་གྱི་ནང་པའི་པཎ་གྲུབ་རིམ་བྱོན་གྱིས་མཛད་པའི་བསྟན་བཅོས་རྣམས་རང་རེ་བོད་གངས་ཅན་པའི་སྐད་དུ་འགྱུར་རོ་ཅོག་ཕྱོགས་གཅིག་ཏུ་བསྒྲིགས་ཏེ་གླེགས་བམ་མང་དུ་བཀོད་པའི་དཔེ་ཚོགས་རྒྱ་ཆེན་པོ་བཞུགས་པ་དེ་ལ་བཀའ་འགྱུར་དང་བསྟན་འགྱུར་ཞེས་རང་རེའི་སྐད་དུ་གྲགས་པ་ཡིན་ལ། ཡང་ན་ནང་པའི་སྟོན་པ་ཤཱཀྱ་ཐུབ་པས་གསུངས་པའི་ཆོས་དང་དེའི་རྗེས་འཇུག་རྒྱ་གར་མཁས་གྲུབ་རྣམས་ཀྱིས་མཛད་པའི་སངས་རྒྱས་ཆོས་ལུགས་ཀྱི་གཞུང་དང་རིག་གནས་སྐོར་བཅས་བོད་ཀྱི་སྐད་ཡིག་ཏུ་བསྒྱུར་ཟིན་ཡོད་པའི་གསུང་རབ་སྤྱིའི་མིང་དུ་གོ་བ་ཡིན།

བཀའ་འགྱུར་བཞུགས་སོ་ཅོག་སངས་རྒྱས་ཤཱཀྱ་ཐུབ་པ་སྐུ་དངོས་ཀྱི་ཞལ་ནས་གསུངས་པ་དང་དུས་གཅིག་ཏུ་གྲུབ་པ་ཁོ་ན་ཞིག་མ་ཡིན་ཏེ། ཡོངས་གྲགས་ལྟར་ན་བཀའ་ལ་ཞལ་ནས་གསུངས་པ་དང་བྱིན་གྱིས་བརླབས་པ། རྗེས་སུ་གནང་བ་བཅས་གསུམ་དུ་དབྱེ་འདུག་པ་དང་། དུས་ཀྱི་ཐད་ནས་སངས་རྒྱས་སྐུ་མྱ་ངན་ལས་འདས་ནས་ད་གཟོད་བཀའ་བསྡུ་མཛད་པ་ཡིན། བཀའ་བསྡུའང་ལན་གསུམ་དུ་མཛད་ཅིང་བཀའ་བསྡུ་རེའི་བར་ལ་ལོ་ངོ་བརྒྱ་ཕྲག་ལྷག་རེ་སོང་བ་ལྟར་བཀའ་ཡོད་ཚད་དུས་གཅིག་ཏུ་བསྡུས་པ་མིན།

བསྟན་བཅོས་ནི་གཙོ་བོར་རྒྱ་གར་གྱི་ནང་པའི་པཎ་གྲུབ་རྣམས་ཀྱིས་མཛད་པའི་བཀའ་སྤྱིའི་དགོངས་འགྲེལ་དང་སོ་སོའི་དགོངས་འགྲེལ་དེ་བཞིན་གནའ་བོའི་རྒྱ་གར་གྱི་ཐུན་མོང་རིག་གནས་སྐོར་བཅས་ལ་གོ་བ་ཡིན། བཀའ་དང་བསྟན་བཅོས་གཉིས་ལ་སྔོན་བྱོན་མཁས་པ་རྣམས་ཀྱིས་མཚན་ཉིད་དང་སྒྲ་དོན་དབྱེ་བ་བཅས་སོ་སོར་རྒྱས་པར་གསུངས་ཡོད་པ་ལས། བཀའི་མཚན་ཉིད་ལ“བརྗོད་བྱ་དོན་ལྡན་གྱི་ཆོས་དང་འབྲེལ་ཞིང་། བྱེད་ལས་ཁམས་གསུམ་གྱི་ཉོན་མོངས་སྤོང་བ། འབྲས་བུ་ཞི་བ་མྱང་འདས་

ཀྱི་ཕན་ཡོན་སྟོན་པ། རང་གི་བདག་རྐྱེན་སངས་རྒྱས་ལ་བརྟེན་ནས་བྱུང་བའི་གསུང་རབ”ཅེས་བཞག་ཡོད་ཅིང་། སྒྲ་དོན་ནི་སཾ་སྐྲི་ཏའམ་ལེགས་སྦྱར་གྱི་སྐད་དོད་ལ་སུ་ཏྲཱཎྜིཏ་ཞེས་བྱ་སྟེ། སུ་ཏྲ་བ་དོན་ལྡེ་ལ་འཇུག་པ་ལས་འདིར་ལེགས་པའི་དོན་དང་སྒྲ་ཊི་ཏ་བྱ་བ་གསུངས་པའི་དོན་ལ་འཇུག་པས་ན་ལེགས་པར་གསུངས་པ་ཞེས་གྲུབ། བོད་སྔ་རབས་པ་རྣམས་ཀྱིས་སངས་རྒྱས་ཀྱི་གསུང་རབ་བླ་ན་མེད་པའི་ཆ་ནས་རྒྱལ་བའི་བཀའ་ཞེས་རང་སྐད་ཀྱི་བླ་མེད་ཞེ་ཚིག་སྦྱར་ཏེ་བརྗོད་པ་ཡིན།

བསྟན་བཅོས་ཀྱི་མཚན་ཉིད་ལ་སྔོན་བྱོན་མཁས་པ་དག་གིས་རྒྱ་གཞུང་གི་གོ་དོན་ལྟར། “རྗོམ་པ་པ་རྣམ་གཡེང་མེད་པའི་ཡིད་ཅན་གྱིས་བཀའི་དོན་བཤད་ཅིང་ཐར་པ་ཐོབ་པའི་ལམ་དང་རྗེས་སུ་མཐུན་པ་ཞིག་ལ་བསྟན་བཅོས”ཞེས་བཞག་པ་དང་། སྒྲ་དོན་ནི་ལེགས་སྦྱར་སྐད་དུ་ཤཱ་སྟྲ་ཞེས་པ་ཤཱ་ས་ན་ཞེས་པ་འཆོས་པ་སྟེ། རྒྱུ་ཉོན་མོངས་དུག་གསུམ་ལས་བསླབ་པ་གསུམ་ལྡན་དུ་འཆོས་པ་དང་། ཏྲཱ་ཡིའམ་ཏ་ར་ན་ཞེས་པ་སྐྱོབ་པ་སྟེ་འབྲས་བུ་ངན་འགྲོ་དང་སྲིད་པའི་སྡུག་བསྔལ་ལས་སྐྱོབ་པ་ལ་བསྟན་བཅོས་ཞེས་བྱའོ། །

བཀའ་བསྟན་འགྱུར་ཞེས་པ་ནི་རང་རེ་བོད་པ་རྣམས་ཀྱིས་སངས་རྒྱས་ཀྱི་གསུང་རབ་དང་དེའི་དགོངས་འགྲེལ་བསྟན་བཅོས་བཞུགས་སོ་ཅོག་བོད་རང་སྐད་དུ་འགྱུར་ཡོད་པ་རྣམས་ཀྱི་མཚན་དུ་བཏགས་པ་མ་གཏོགས། རྒྱ་རིགས་སོགས་མི་རིགས་གཞན་པའི་སྐད་དུ་སྡེ་སྣོད་གསུམ(三藏)མམ་སྡེ་སྣོད་ཆེན་པོ(大藏经)ཞེས་འབོད། སྡེ་སྣོད་ཅེས་པ་ལེགས་སྦྱར་སྐད་དུ་པི་ཊ་ཀ་ཞེས་འབྱུང་། བོད་ཀྱི་མཁས་པ་རྣམ་པས་སྣོད་ཅེས་པ་གང་བུ་དང་བྲེ་བོ་ཆེ་ལ་འཇུག་ཕྱིར་བྲེ་བོ་ཆེའི་ནང་དུ་བྲེ་ཚུང་མང་པོ་འདུས་པ་བཞིན་དུ་སྡེ་སྣོད་ཀྱི་ནང་དུ་བརྗོད་པ་བསླབ་པ་མང་པོ་འདུས་པས་ན་དེ་སྐད་བརྗོད་པར་གསུངས་མོད། ཡང་སྔོན་དུས་འཕགས་ཡུལ་དུ་མདོ་འདུལ་མངོན་གསུམ་གྱི་གཞུང་རྣམས་ཏ་ལའི་ལོ་མར་བྲིས་ནས་སྣོད་དུ་འཇོག་པའི་སྲོལ་ཡོད་པ་ལས་གསུང་རབ་ལ་སྡེ་སྣོད་ཅེས་གྲགས་ཀྱང་ཟེར་རོ། །

འཛམ་གླིང་ཐོག་ནང་པའི་བསྟན་པ་རྒྱལ་ཁབ་དང་མི་རིགས་མང་པོའི་སྐད་དུ་བཞུགས་ཡོད་པ་ལས་ལེགས་སྦྱར་སྐད་ཕུད། གཙོ་ཆེ་བ་ནི་བསྟན་པ་ལྷོ་ཕྱོགས་སུ་དར་བའི་པྲ་ཀྲི་ཏའི་སྐད་ཀྱི་སྡེ་སྣོད་གསུམ་དུ་བཏགས་པ་ཐེག་དམན་གྱི་བཀའ་བསྟན་དང་། བསྟན་པ་ཤར་ཕྱོགས་སུ་རང་རྒྱལ་རྒྱ་རིགས་ས་ཁུལ་དུ་དར་བའི་སྡེ་སྣོད་ཆེན་པོ་ཞེས་རྒྱ་ཡིག་གི་བཀའ་བསྟན་དང་། བསྟན་པ་བྱང་ཕྱོགས་སུ་དར་བའི་རང་རེ་བོད་པའི་སྐད་ཡིག་གི་བཀའ་བསྟན་བཞུགས་པ་འདི་གསུམ་ཡིན་པར་འདུག གཞན་གནའ་རྗེས་སྟོག་འདོན་ལས་བྱུང་བའི་མི་ཉག་སྐད་ཀྱི་གསུང་རབ་དང་། རྒྱ་ཡིག་ལས་བསྒྱུར་ཅིང་བརྒྱུད་པ་འཇར་པན་སྐད་ཀྱི་བཀའ་བསྟན་དང་། བོད་སྐད་ལས་བསྒྱུར་ཅིང་བརྒྱུད་པ་སོག་ཡིག་གི་བཀའ་བསྟན་དང་མན་ཇུའི་སྐད་ཀྱི་བཀའ་བསྟན་འགྱུར་སོགས་ཀྱང་བཞུགས་སོ། །

སངས་རྒྱས་ཀྱི་བསྟན་པ་དང་དམ་པའི་ཆོས་བྱུང་ཚུལ་ལ་ནང་པའི་གྲུབ་མཐའ་ཆེ་ཆུང་བར་བཞེད་

པ་མི་མཐུན་ཏེ། ཐེག་དམན་པ་དག་གིས་སྟོན་པས་བདེན་བཞིའི་ཆོས་འཁོར་མ་གཏོགས་བསྐོར་མེད་པས་གསུང་རབ་ཀྱང་མདོ་དང་ལུང་སྡེ་བཞི་འདུལ་བ་སོགས་སྡེ་སྣོད་གསུམ་གའི་ཆོས་ཁོ་ན་མ་གཏོགས་ཡོད་པར་མི་བཞེད། ཐེག་ཆེན་པས་སྟོན་པས་བཀའི་ཆོས་འཁོར་ཐོག་མཐའ་བར་གསུམ་གྱི་རིམ་པ་སོ་སོར་བསྐོར་བར་བཞེད། གསང་སྔགས་རྫོ་རྗེ་ཐེག་པས་བཀའི་ཆོས་འཁོར་རིམ་པ་གསུམ་དུ་བསྐོར་བ་མ་ཟད། ད་དུང་སྤྲུལ་ལོངས་ཆོས་གསུམ་གྱི་སྐུའི་ཚུལ་གྱིས་རྒྱུད་སྡེ་བཞིའི་ཆོས་རྣམས་མ་ལུས་པར་གསུངས་པར་བཞེད་དོ། །

རྒྱལ་བའི་གསུང་རབ་དེ་དག་བཀའ་བསྡུ་བྱེད་ཚུལ་ཡང་ཐུན་མོང་དང་ཐུན་མོང་མ་ཡིན་པ་གཉིས་སུ་དབྱེ་བ་ལས། དང་པོ་ཐུན་མོང་གི་བཀའ་བསྡུ་གསུམ་མཛད་ཚུལ་ནི། ཡོངས་གྲགས་ལྟར་བཀའ་བསྡུ་དང་པོ་ནི་སྟོན་པ་མྱ་ངན་ལས་འདས་པའི་ཕྱི་ལོར་རྒྱལ་པོ་མ་སྐྱེས་དགྲས་སྦྱིན་བདག་མཛད་དེ་འོད་སྲུང་ལ་སོགས་པ་དགྲ་བཅོམ་པ་ལྔ་བརྒྱ་འདུས་ཏེ། གནས་རྒྱལ་པོའི་ཁབ་ཏུ་ཀུན་དགའ་བོས་མདོ་སྡེ་དང་ཉེར་བར་འཁོར་གྱིས་འདུལ་བ། འོད་སྲུང་ཆེན་པོས་མངོན་པ་བཅས་སྡེ་སྣོད་གསུམ་ཞལ་འདོན་དུ་མཛད་ནས་བཀའ་བསྡུ་མཛད་པར་གྲགས། བཀའ་བསྡུ་གཉིས་པ་ནི་སྟོན་པ་མྱ་ངན་ལས་འདས་ནས་ལོ་བརྒྱ་དང་བཅུ་སོང་བའི་དུས་སུ་ཆོས་རྒྱལ་མྱ་ངན་མེད་ཀྱིས་ཡོན་སྦྱར་ཏེ་དགྲ་བཅོམ་པ་གྲགས་པ་ལ་སོགས་པ་བདུན་བརྒྱ་འདུས་ཏེ་ཡུལ་ཡངས་པ་ཅན་དུ་མི་རུང་བའི་གཞི་བཅུ་སུན་ཕྱུང་བའི་སྒོ་ནས་སྡེ་སྣོད་གསུམ་ཚར་གཅིག་ལེགས་པར་བཏོན་ཏེ་བཀའ་བསྡུ་མཛད་པར་གྲགས། བཀའ་བསྡུ་གསུམ་པ་ནི་སྟོན་པ་མྱ་ངན་ལས་འདས་ནས་ལོ་བརྒྱ་དང་དྲུག་ཅུ་སོང་བའི་དུས་སུ་ཡུལ་གྲོང་ཁྱེར་མེ་ཏོག་གིས་བརྒྱན་བྱ་བར་རྒྱལ་པོ་དགའ་བས་སྦྱིན་བདག་མཛད་དེ་དགྲ་བཅོམ་པ་སེང་གེ་སོགས་ལྔ་བརྒྱ་དང་སྡེ་སྣོད་འཛིན་པ་ལྔ་སྟོང་འདུས་ནས་ཉན་ཐོས་སྡེ་པ་བཅོ་བརྒྱད་དུ་གྱེས་པ་ཐམས་ཅད་བཀར་སྒྲུབ་ཅིང་འདུལ་བའི་ཚིགས་ཡི་གེར་བཀོད་དེ་སྡེ་སྣོད་གསུམ་གླེགས་བམ་དུ་བྲིས་ནས་བཀའ་བསྡུ་མཛད་པར་གྲགས་སོ། །[1]

ཐུན་མོང་མ་ཡིན་པའི་བཀའ་བསྡུ་མཛད་ཚུལ་ནི། དང་པོ་རྒྱལ་པོའི་ཁབ་ཀྱི་ལྷོའི་ཕྱོགས་བི་མ་ལ་སཾ་བྷ་ཝ་ཞེས་པའི་རི་ལ། རྒྱལ་སྲས་འབུམ་ཕྲག་བཅུ་འདུས་ཏེ་འཇམ་དཔལ་གྱིས་མངོན་པ་དང་། བྱམས་པས་འདུལ་བ། ཀུན་ཏུ་བཟང་པོས་མདོ་སྡེ་བཅས་བསྡུས་པར་གསུངས་པ་དང་། གཉིས་པ་ནི་རྒྱུད་སྡེ་བཞི་པོའང་གཙོ་བོ་ཕྱག་ན་རྡོ་རྗེ་དང་ཀུན་ཏུ་བཟང་པོ་སོགས་ས་བཅུའི་བྱང་ཆུབ་སེམས་དཔའ་རྣམས་ཀྱིས་བསྡུས་པར་མཛད་པ་ཡིན་ཟེར།

གོང་སྨྲས་བཞིན་སངས་རྒྱས་ཀྱི་གསུང་རབ་བཞུགས་སོ་ཅོག་ནི་དུས་གཅིག་དང་རྣམ་པ་གཅིག་ཏུ་བྱུང་བ་མ་ཡིན་ཏེ། སྟོན་པ་མྱ་ངན་ལས་འདས་རྗེས་ལོ་ངོ་བརྒྱ་ཕྲག་དུ་མའི་རིང་ཉེ་སྲས་ཉན་ཐོས་དང་དགྲ་བཅོམ་པ་དག་གིས་བཀའ་བསྡུ་མཛད་པ་དང་། རིམ་གྱིས་རྒྱན་དྲུག་མཆོག་གཉིས་ཀྱིས་གཙོས་པའི་

པཎ་གྲུབ་རྣམས་ཀྱིས་བཀའ་མདོ་རྒྱུད་ཀྱི་དགོངས་འགྲེལ་དང་ཞར་བྱུང་ཐུན་མོང་རིག་གནས་སྐོར་གྱི་བསྟན་བཅོས་མང་དུ་མཛད་དེ་རྒྱ་གར་ཡུལ་དུ་རྒྱལ་བའི་བསྟན་པ་དར་ཞིང་རྒྱས་པར་སྤེལ་ཅིང་དམ་པའི་ཆོས་ཀྱི་རྣམ་གྲངས་ཅི་མང་ཅི་རྒྱས་སུ་བཏང་བས་ནང་དོན་ཕུན་སུམ་ཚོགས་པར་གྱུར། དེ་མཚུངས་ནང་པའི་བསྟན་པ་རྒྱ་གར་ཡུལ་མ་ཟད། ཤར་ལྷོའི་རྒྱལ་ཁབ་ཁག་དང་རང་རྒྱལ་གྱི་རྒྱ་བོད་སོགས་ཀྱི་ས་ཁུལ་དུ་རིམ་གྱིས་དར་རྒྱས་ཕྱིན་ནས་བཀའ་དང་བསྟན་བཅོས་རྣམས་རང་རང་གི་སྐད་དུ་བསྒྱུར་པར་མཛད་པས་ནང་པའི་བསྟན་པ་འཛམ་གླིང་ཆོས་ལུགས་སུ་འགྱུར་བའི་རྨང་གཞི་གྲུབ་པ་ཡིན།

གཉིས་པ། བཀའ་བསྟན་བསྒྱུར་སྒྲིག་གི་གོ་རིམ་དང་བྲིས་མའི་དཔེ་རྒྱུན་བྱུང་ཚུལ།

ཀ བཀའ་བསྟན་བསྒྱུར་སྒྲིག་གི་གོ་རིམ།

སངས་རྒྱས་ཆོས་ལུགས་བོད་དུ་བྱུང་བ་ལ་བསྟན་པ་སྔ་དར་དང་ཕྱི་དར་གྱི་དུས་སྐབས་གཉིས་སུ་དབྱེ་བ་ལས། བསྟན་པ་སྔ་དར་སྐབས་ཆོས་རྒྱལ་སྲོང་བཙན་སྒམ་པོས་དམ་པའི་ཆོས་ཀྱི་སྲོལ་ཕྱེ་སྟེ་བོད་ཀྱི་ལོ་ཙཱ་བ་དང་པོ་ཐོན་མིས་གོང་དུ་དྲངས་པའི་ཆོས་སྣ་དུ་མ་ཐོག་མར་བོད་སྐད་དུ་བསྒྱུར། དེ་ནས་རྒྱལ་པོ་ཁྲི་སྲོང་ལྡེ་བཙན་གྱི་སྐུ་རིང་ནས་བཙུན་རྒྱལ་བའི་གསུང་རབ་མང་པོ་བོད་སྐད་དུ་བསྒྱུར་བ་དང་ཆབས་ཅིག་མཁན་ཆེན་ཞི་བ་འཚོ་དང་སློབ་དཔོན་ཆེན་པོ་པདྨ་འབྱུང་གནས་གཉིས་སྤྱན་དྲངས་ཏེ། བོད་དབུས་སུ་བསམ་ཡས་གཙུག་ལག་ཁང་བཞེངས་པ་དང་སད་མི་མི་བདུན་རབ་ཏུ་བྱུང་བར་མཛད་ནས་བོད་དུ་དགེ་འདུན་གྱི་སྡེ་ཐོག་མར་བཙུགས། མཁན་ཆེན་གྱིས་འདུལ་བ་དང་དབུ་མ་སྤེལ་ཅིང་དབུ་མ་རྒྱན་དང་ཚད་མ་སྐོར་གྱི་བསྟན་བཅོས་མཛད། སློབ་དཔོན་གྱིས་རྣལ་འབྱོར་བླ་མེད་ཀྱི་ཡོ་ག་གསུམ་སྤེལ་ཅིང་ཟབ་ཆོས་མང་པོ་མཛད་པ་གཏེར་དུ་སྦས་པར་གྲགས། དེ་མཚུངས་སུ་རྒྱལ་བའི་བཀའ་དང་བསྟན་བཅོས་མང་པོ་བོད་ཡིག་ཏུ་བསྒྱུར་བའི་ཆེད་གཉེར་ལས་ཁུངས་བརྟ་སྦྱོར་དང་སྒྲ་བསྒྱུར་གླིང་བཏབ་པ་བཅས་ཀྱིས་སངས་རྒྱས་ཀྱི་བསྟན་པ་བོད་གངས་ཅན་གྱི་ཡུལ་དུ་གཞི་ཆགས་ཚུགས་པར་མཛད་དོ། །

རྒྱལ་པོ་ཁྲི་ལྡེ་སྲོང་བཙན་སད་ན་ལེགས་མཛིང་ཡོན་གྱི་སྐུ་རིང་ལ་སངས་རྒྱས་ཀྱི་བསྟན་པ་དར་ཞིང་རྒྱས་པར་སྤེལ་ཆེད་ཉེ་འོག་གི་མཁན་པོ་ཛ་ན་མི་ཏྲ་དང་། སུ་རེནྡྲ་བོ་དྷི། ཤཱི་ལེནྡྲ་བོ་དྷི་བཅས་དང་། བོད་ཀྱི་ལོ་ཙཱ་བ་སྐ་བ་དཔལ་བརྩེགས་དང་ཆོས་ཀྱི་སྙིང་པོ། ཅོགས་ལྷའི་དབང་པོ། དཔལ་གྱི་ལྷུན་པོ་སོགས་ཀྱིས་འཕང་ཐང་ཀ་མེད་ཀྱི་གཙུག་ལག་ཁང་དུ་བཞུགས་པའི་གསུང་རབ་རྣམས་ལ། ཚིག་བར་བརྒྱད་ལ་ཤོག་གྲངས་རེ་རེ། དེ་བཞི་ལ་བམ་པོ་ཀ་གཅིག བམ་པོ་ཀ་སུམ་བརྒྱ་ལོངས་པ་བམ་པོའི་ཚད་དུ་བྱས་ཏེ་གྲངས་ངེས་གཞལ་བའི་ཐེམ་བྱང་ངམ་དཀར་ཆག་མ་འབྲུལ་བ་ཆོས་ཚན་འདི་དང་འདི་ལ་གྲངས་འདི་དང་འདིའོ་ཞེས་བཀོད་པ་ལ《དཀར་ཆག་འཕང་ཐང་མ》ཞེས་གྲགས། དཀར་ཆག་འདི་ཉིད་བོད་

གངས་ཅན་དུ་རྒྱལ་བའི་བཀའ་འགྱུར་རོ་ཙོག་ཕྱོགས་གཅིག་ཏུ་བསྒྲིགས་པའི་ཐོག་མ་ཡིན་པར་བཤད། དེ་ནས་སྣར་ཡང་ཕོ་བྲང་མཆིམས་ཕུ་ན་བཞུགས་པའི་གསུང་རབ་ཡོད་ཚད་ཕྱོགས་གཅིག་ཏུ་བསྡུས་པ་ཡི་གེར་བཀོད་པ《དཀར་ཆག་མཆིམས་ཕུ་མ》ཟེར་བ་བྱུང་། དེའི་རྗེས་སུ་ལོ་ཙྪ་བ་དཔལ་བརྩེགས་དང་འགོན་ཀླུའི་དབང་པོ་བསྲུངས་པ་སོགས་ཀྱིས་སྟོང་ཐང་ལྡན་དཀར་གྱི་ཕོ་བྲང་ཆེན་པོ་ན་བཞུགས་པའི་གསུང་རབ་རྣམས་ཞུས་ཆེན་མཛད་ཟིན་པ་རྣམས་ཕྱོགས་གཅིག་ཏུ་བསྒྲིགས་ནས་དཀར་ཆག་མཛད་པ་ལ《དཀར་ཆག་ལྡན་དཀར་མ》ཞེས་གྲགས་པ་བྱུང་བ་ཡིན། འདི་རྣམས་བསྟན་པ་སྔ་དར་སྐབས་ཀྱི་དཀར་ཆག་ཆེན་པོ་གསུམ་དུ་ངེས་ཤིང་། དེ་གསུམ་ལས་འཕང་ཐང་མ་དང་མཆིམས་ཕུ་མ་གཉིས་ད་ལྟ་ལུས་མེད་ལ། ལྡན་དཀར་མ་ད་ལྟ་བསྟན་འགྱུར་ཁྲོད་དུ་བཞུགས་པ་དེའོ། །བོད་ཀྱི་ལོ་རྒྱུས་རྣམས་སུ་དཀར་ཆག་འདི་གསུམ་གྱི་སྔ་ཕྱི་གོ་རིམ་འགོད་ཚུལ་མི་མཐུན་པ[2]ཡོད་ཀྱང་ཁོ་བོས་བསམས་ན་སྔ་མ་གཉིས་ཀྱི་རྨང་གཞིའི་སྟེང་ལྡན་དཀར་མ་བྱུང་བ་དཀར་ཆག་ཚད་ལྡན་དུ་མཛད་ནས་བསྟན་འགྱུར་ཁྲོད་དུ་བཞུགས་པ་ཨེ་ཡིན་སྙམ་མོ། །ཡང་མཁས་པ་ལ་ལས་མཆིམས་ཕུ་མ་ཟེར་རྒྱུ་མེད་ཅེས་དཔྱད་བརྗོད་གནང་ཡོད་མོད། 《བུ་སྟོན་ཆོས་འབྱུང》དུ་དཀར་ཆག་གསུམ་ག་དྲངས་ཡོད[3]པས། མཆིམས་ཕུ་མ་ཞུ་བ་བཞུགས་ཡོད་པར་མངོན་ནོ། །

བཙན་པོ་དེ་ཉིད་ཀྱིས་ད་དུང་སངས་རྒྱས་ཀྱི་གསུང་རབ་མང་དུ་བསྒྱུར་བ་རྣམས་འགྱུར་རྣམ་དག་ཡོང་ཕྱིར་རྒྱ་གར་གྱི་སློབ་དཔོན་དང་། པཎྜི་ཏ། བོད་ཀྱི་ལོ་ཙྪ་བ་བཅས་མང་པོ་གདན་དྲངས་ཏེ། སྟོན་བཙན་པོ་ཡབ་མེས་ཀྱི་སྐུ་རིང་ལ་བསྒྱུར་བའི་བཀའ་དང་བསྟན་བཅོས་འགྱུར་རྙིང་འཚལ་ལ་ཞིབ་འཇུག་ཞུས་ཆེན་ནན་ཏན་བྱས་པ་དང་འབྲེལ། འགྱུར་ཡིག་རྣམས་དག་བཅོས་དང་གཞུང་ཚད་གྲངས་ངེས་པ་བྱས་ཐོག མདོ་རྒྱུད་ཀྱི་གཞུང་རྣམས་ཇི་ལྟར་བསྒྱུར་དགོས་པའི་ཚུལ་ལེགས་སྦྱར་གྱི་སྒྲ་གཞུང་དང་བོད་རང་སྐད་གཉིས་ཆར་མཐུན་ཞིང་། ཁོ་བདེ་བ་བཅས་ཀྱི་ཆེད་དུ་སྒྲ་རིག་པའི་བསྟན་བཅོས《སྒྲ་སྦྱོར་བམ་གཉིས་མ》ཞེས་པ་དང་། སྔ་འགྱུར་མདོ་རྒྱུད་ཀྱི་གཞུང་ནང་གི་ཆོས་སྐད་རྒྱ་གར་སྐད་ལས་བོད་སྐད་དུ་བསྒྱུར་བ་རྣམས་ཕྱོགས་གཅིག་ཏུ་བསྡེབས་ནས་ཚིག་མཛོད་སྐད་གཉིས་ཤན་སྦྱར་མ《སྒྲ་བྱེ་བྲག་རྟོགས་བྱེད་ཆེན་མོ》ཞེས་པ་གཉིས་བཙན་པོའི་བཀས་བཅད་ཀྱིས་གཏན་ཕབ་གནང་སྟེ་ཁྲིམས་བསྒྲགས་མཛད་པར་བརྟེན། དུས་ཕྱིས་བར་བོད་ཀྱི་ལོ་ཙྪ་བ་དང་བཀའ་བསྟན་བསྒྱུར་སྒྲིག་མཛད་མཁན་རྣམས་ཀྱིས་ཀྱང་མཐོང་ཆེན་བྱས་ནས་དེ་གཉིས་པོ་བསྟན་འགྱུར་ཁྲོད་དུ་བསྡུས་ཡོད་པ་རེད། བསྟན་པ་སྔ་དར་གྱི་ལོ་ངོ་ཉིས་བརྒྱ་ལྷག་གི་རིང་ལོ་ཙྪ་བ་ཐོན་མི་སཾ་བྷོ་ཊ་ནས་ནམ་མཁའ་སྐྱོང་གི་བར་བོད་རང་གི་ལོ་ཙྪ་བ་མཁས་ཆེན་ལྔ་བཅུ་ང་གཅིག་བྱོན་པ་དང་། དེ་དག་གིས་བསྒྱུར་བའི་མདོ་རྒྱུད་ཆོས་ཚན་བདུན་བརྒྱ་ལྷག་གོང་གསལ《དཀར་ཆག་ལྡན་དཀར་མར》བཞུགས་ཤིང་། གསང་སྔགས་རྒྱུད་སྡེ་ཟབ་མོ་རྣམས་གསང་

ནས་སྤྱོད་པ་ཉིད་ཡོད་པའི་ཕྱིར་དཀར་ཆག་འགོད་སྐབས་ཡོངས་གྲགས་སུ་ཐེམ་བྱང་དུ་མ་བཏབ་པར་གསུངས་སོ། །

ཁ བཀའ་བསྟན་གྱི་བྲིས་རྒྱུན་སྣ་ཚོགས་བྱུང་ཚུལ།

བསྟན་པ་ཕྱི་དར་གྱི་ཆེ་སྔར་གྱི་མདོ་རྒྱུད་བསྒྱུར་ཟིན་པ་རྣམས་ཕལ་ཆེར་བཞུགས་པའི་སྟེང་དུ་ལོ་ཙཱ་བ་རིན་ཆེན་བཟང་པོས་གཙོས་པའི་ལོ་པཎ་རིམ་བྱོན་རྣམས་ཀྱིས་མདོ་རྒྱུད་མང་དུ་བསྒྱུར་ཅིང་བསྟན་པར་མཛད་པ་ཡིན་འདུག་ལ། འོན་ཏེ་རེ་ཞིག་ཕྱོགས་གཅིག་ཏུ་བསྡུས་ནས་དཀར་ཆག་བཀོད་པ་མ་བྱུང་བས་རང་རང་གི་སར་རྟེན་དང་གཙུག་ལག་ཁང་བཅས་སུ་ཁ་འཐོར་གྱི་ཚུལ་དུ་བཞུགས།

རབ་བྱུང་ལྔ་པའི་ཆུ་བྱི་སྤྱི་ལོ1312ལ་སྣར་ཐང་གི་དགེ་བཤེས་མཁས་པ་འཇམ་སྐྱེག[4]པཀྲི་ཞུ་བ་ཡོན་གོང་མའི་དབུ་བླར་གདན་དྲངས། ཁོང་ནང་སར་ཕེབས་ནས་རང་གི་བླ་མ་མཁས་དབང་བཅོམ་ལྡན་རིག་པའི་རལ་གྲི་ལ་རྒྱའི་སྣག་ཚ་དང་ཤོག་བུ་སྨྱུ་གུ་སོགས་མང་དུ་བསྐུར་བྱུང་བར་བརྟེན། བཅོམ་ལྡན་རིག་རལ་དང་དབུས་པ་བློ་གསལ་བྱང་ཆུབ་ཡེ་ཤེས། ལོ་ཙཱ་བ་བསོད་ནམས་འོད་ཟེར། རྒྱང་རོང་བྱང་ཆུབ་འབུམ་བཅས་ཀྱིས་དབུས་གཙང་གི་གཙུག་ལག་ཁང་དང་མངའ་རིས་བཅས་སུ་བཞུགས་པའི་བཀའ་བསྟན་འགྱུར་གྱི་མ་དཔེ་ཡོད་ཚད་ཕྱོགས་བསྡུས་དང་ཞུས་དག་གནང་ནས་གོ་རིམ་བསྒྲིགས་ཏེ། བཅོམ་ལྡན་རིག་པའི་རལ་གྲི་ཉིད་ནས་བཀའ་བསྟན་གྱི་དཀར་ཆག་དང་། བཀའ་འགྱུར་དཀར་ཆག་བསྡུས་པ་བཅས[5]མཛད། ཁོང་དང་འཇམ་སྐྱེག་པཀྲི་གཉིས་ཀའི་སློབ་མ་དབུས་པ་བློ་གསལ་བྱང་ཆུབ་ཡེ་ཤེས་ཀྱིས་ཀྱང་བཀའ་བསྟན་གཉིས་ཀའི་དཀར་ཆག་བསྡུས་པ་ཞིག་བརྩམས་པར་བཤད། འཇམ་སྐྱེག་པཀྲིས་སླར་ཡང་སོག་ཡུལ་ནས་སྣག་ཚ་དང་ཤོག་བུ་སོགས་ཀྱི་མཐུན་རྐྱེན་གང་དགོས་སྦྱར་ནས། གོང་གསལ་དཀར་ཆག་བཀོད་པ་ལྟར་གྱི་བཀའ་འགྱུར་དང་བསྟན་འགྱུར་ཆ་ཚང་ཞིག་སྣག་བྲིས་བྱས་ནས་དཔལ་སྣར་ཐང་གཙུག་ལག་ཁང་དུ་བཞུགས་པ་ནི་བཀའ་བསྟན་ཆ་ཚང་བསྒྲིགས་པའི་ཐོག་མ་ཡིན་པར་བཤད། བཀའ་བསྟན་ཆ་ཚང་སྣག་བྲིས་སུ་དཔལ་སྣར་ཐང་དུ་བཞེངས་པ་ནས་བཟུང་རིམ་གྱིས་བོད་དུ་བཀའ་བསྟན་བྲིས་བཞེངས་ཀྱི་སྲོལ་རྒྱ་ཆེར་དར་བ་བྱུང་། སྔོས་སུ་སྟོན་རྒྱལ་བློན་རྣམས་ཀྱིས་བདེ་བར་གཤེགས་པའི་བཀའ་ལུང་དགོངས་འགྲེལ་དྲི་མ་མེད་པ་བཅས་པའི་གླེགས་བམ་གྱི་ཚོགས་བགྲང་གིས་མི་ལང་བ་མང་པོ་ཐུགས་དམ་གྱི་རྟེན་དུ་བཞེངས་ཏེ་མཆོད་ཅིང་བརྗོད་པ་དང་། ཉན་པ་དང་བཤད་པ་ལ་སོགས་པའི་སྲོལ་བཟང་པོ་ནམ་ཡང་བསུབ་ཏུ་མེད་པར་བཙུགས་ཡོད་པར་བརྟེན། ཕྱིས་བྱོན་ས་སྐྱོང་དང་མི་དབང་སྟོབས་འབྱོར་ལྡན་པའམ་སྐུ་དྲག་དང་བླ་དཔོན་རྣམས་ཀྱིས་རྒྱལ་བའི་གསུང་རབ་རིན་པོ་ཆེ་བྲིས་བཞེངས་ཀྱི་རྒྱུན་མ་ཉམས་པར་བསྐྱངས། གནའ་དུས་བོད་ཁམས་སུ་ཡུལ་གྲུ་སོ་སོར་བཀའ་བསྟན་བྲིས་བཞེངས་མང་པོ་བྱུང་ཡོད་པ་ལས་གྲགས་ཆེ་བ་འགའ་ནི། མིའི་དབང་པོ་ཚལ་པ་ཀུན་དགའ་རྡོ་རྗེས་མཁས་དབང་

བུ་སྟོན་རིན་ཆེན་གྲུབ་གདན་དྲངས་ཏེ་སྔར་ཐང་བཀའ་འགྱུར་མ་ཕྱི་གཙོ་བོ་བྱས་ཐོག་ཞིབ་བསྡུར་ཞུས་ཆེན་མཛད་དེ། གསེར་དངུལ་འདྲེས་མའི་བཀའ་འགྱུར་ཆ་ཚང་ཞིག་བྲིས་བཞེངས་བྱས་ནས་ཚལ་གུང་ཐང་གི་གཙུག་ལག་ཁང་དུ་བཞུགས་པ་ལ《ཚལ་པ་བཀའ་འགྱུར》ཞེས་གྲགས་ཤིང་ཚལ་པ་ཀུན་རྡོར་ཁོང་ཉིད་ཀྱིས་དཀར་ཆག[6]ཀྱང་མཛད། དུས་ཕྱིས་གསེར་བྲིས་དེ་ཉིད་ལ་གཞོན་ཚུལ་ཤཱཀྱ་རྒྱལ་མཚན་དང་། འགོས་ལོ་གཞོན་ནུ་དཔལ། ཞྭ་དམར་བཞི་པ་སྤྱན་སྔ་ཆོས་གྲགས་དང་གཉའ་བདུན་པ་ཆོས་གྲགས་རྒྱ་མཚོ། གཉའ་བརྒྱད་པ་མི་བསྐྱོད་རྡོ་རྗེ་སོགས་མཁས་པ་མང་པོས་ལེགས་པར་བརྟགས་ཤིང་དཔྱད་ནས་ཞུས་ཆེན་གྱིས་མཆན་བུ་བཏབ་སྟེ་སྐབས་དེར་བོད་དུ་འགྲན་ཟླ་མེད་པའི་ཁུངས་ཐུབ་ཀྱི་ཕྱི་མོ་དམ་པར་མཛད་དེ་འཕྱིང་བ་སྟག་རྩེའི་ཕོ་བྲང་དུ་བཞུགས། དེ་ལ་མ་དཔེ་བྱས་ཏེ་རྒྱལ་རྩེ་ཆོས་རྒྱལ་རབ་བརྟན་ཀུན་བཟང་འཕགས་ཀྱིས་བཞེངས་ཤིང་ལོ་ཆེན་ཐུགས་རྗེ་དཔལ་གྱིས་ཞུས་ཆེན་མཛད་པ་སྐད་གྲགས་ཅན་གྱི《རྒྱལ་རྩེའི་ཐེམ་སྤང་མ》ཞེས་པ་བྱུང་། དེ་ལ་ཕྱི་མོ་བྱས་པ་རྒྱལ་དབང་ལྔ་པ་ཆེན་པོའི་བཀའ་འབྲེལ་སྡེ་སྲིད་བསོད་ནམས་ཆོས་འཕེལ་གྱིས་དཔལ་ཐང་པོ་ཆེའི་གཙུག་ལག་ཁང་དུ་བཞེངས་པའི་བཀའ་འགྱུར་སྐྱ་པོད་ཤིན་ཏུ་དངོས་གཙང་པ་མདོ་སྟོད་ལྡེ་རྫོང་དུ་བཞུགས་པ《ཐང་པོ་ཆེའི་བཀའ་འགྱུར》བཅས་མང་དུ་འཕེལ། དེ་ནས་ཞྭ་ལུ་ཀུན་དགའ་དོན་གྲུབ་ཀྱིས་སྦྱིན་བདག་མཛད་དེ་བཞེངས་པ་བུ་སྟོན་རིན་པོ་ཆེས་ཞུས་ཆེན་མཛད་ཅིང་དཀར་ཆག[7]བཀོད་ཡོད་པའི《ཞྭ་ལུ་བསྟན་འགྱུར》དང་། ཏཱ་སི་ཏུ་བྱང་ཆུབ་རྒྱལ་མཚན་གྱིས་སྦྱིན་བདག་མཛད་ཏེ་བཞེངས་ཤིང་ལོ་ཙཱ་བ་རིན་ཆེན་རྣམ་རྒྱལ་གྱིས་དཀར་ཆག[8]མཛད་པའི《སྣེ་གདོང་བསྟན་འགྱུར》དང་། དེ་མིན་སི་ཏུ་ཆོས་ཀྱི་འབྱུང་གནས་དང་འབྲུག་རྒྱལ་པོ། སྡེ་སྲིད་སངས་རྒྱས་རྒྱ་མཚོ། ཕོ་ལྷ་བ་བསོད་ནམས་སྟོབས་རྒྱས་སོགས་ཀྱིས་བཞེངས་པའི་བཀའ་བསྟན་གསེར་བྲིས་མ་ཕྱི་མོ་བཙུན་པ་དག་བྱུང་བ་ཡིན།

བཀའ་བསྟན་གསེར་དངུལ་དུང་གསུམ་གྱིས་བཞེངས་པའི་སྲོལ་བོད་དུ་རྒྱ་ཆེ་བར་དར་ཁྱབ་བྱུང་བ་མ་ཟད། ཉེ་འབྲེལ་གྱི་འབྲས་ལྗོངས་དང་། འབྲུག་ཡུལ། ལ་དྭགས། འཇང་ཡུལ། སོག་ཡུལ་བཅས་སུའང་དར་ཁྱབ་བྱུང་། ཡུལ་གྲུ་དེ་དག་ལས་ལ་དྭགས་ཧེ་མིས་ཕོ་བྲང་དུ་བཞུགས་པའི་བཀའ་འགྱུར་བྲིས་མ་ཞིག་ཡོད་པ་དབུས་གཙང་དུ་གྲགས་ཆེ་བའི《ཐེམ་སྤང་མ》མ་ཡིན་པའི་དཔེ་རྒྱུན་ཞེས་དེང་གི་མཁས་པའི་ཞལ[9]ལས་ཐོས་པ་ལྟ་བུ་ཡུལ་གྲུ་སོ་སོར་ཁྱད་ཆོས་ལྡན་པའི་བྲིས་རྒྱུན་སྣ་ཚོགས་ཤིག་བཞུགས་ཡོད་པ་ལགས་ན་རེ་རེ་བཞིན་བཙལ་ཚོད་ངོ་སྤྲོད་ཞུ་བ་རྗེ་མི་ཐོགས་སོ། །

བསྟན་པ་ཕྱི་དར་གྱི་དབུ་ཚུགས་ནས་དུས་རབས་བཅོ་ལྔ་པའི་སྟོད་བར་དུ་ལོ་ཆེན་རིན་ཆེན་བཟང་པོ་ནས་སྣེལ་ཐོལ་སླིང་ལོ་ཆེན་ཧྲཱུ་ཤྲིའི་བར་སྔ་རྗེས་སུ་ལོ་ཙཱ་བ་མཁས་ཆེན་བརྒྱ་དང་བདུན་ཅུ་དོན་གཅིག་བྱུང་བ་དང་། མཁས་དབང་རིམ་བྱོན་དེ་དག་གིས་རྒྱལ་བའི་བཀའ་དང་བསྟན་བཅོས་མ་ཟད། ཞར་བྱུང་

རིག་གནས་སྐོར་བཅས་མང་པོ་ཞིག་རྒྱ་གར་དང་རང་རྒྱལ་རྒྱ་རིགས་སྐད་ནས་བོད་སྐད་དུ་བསྒྱུར་ཅིང་ཁ་སྐོང་མཛད་ཐོག མཁས་མཆོག་བཅོམ་ལྡན་རིག་རལ་དང་བུ་སྟོན་རིན་ཆེན་གྲུབ་གཙོས་པའི་ཞུ་ཆེན་མང་པོས་བཀའ་བསྟན་འགྱུར་རོ་ཅོག་ལ་སྲིག་བཅད་བརྡར་བའི་གསེར་བཞིན་དུ་ལེགས་པར་བརྟགས་ཤིང་དཔྱད་དེ། ཞུས་ཆེན་གྱིས་འདོར་ལེན་དང་གོ་རིམ་བསྒྲིགས་ནས་བཀའ་བསྟན་ཆ་ཚང་ཐོག་མའི་སྐྱ་བཞེངས་ནས་རིམ་གྱིས་རིན་ཆེན་སྣ་ཚོགས་ཀྱིས་རྒྱ་ཆེར་བཞེངས་པའི་སྲོལ་ཆེས་ཆེར་དར་ནའང་དཔར་འདེབས་ཀྱི་སྒོ་མོ་ནི་ཕྱེ་བར་མ་གྱུར་ཏོ། །

གསུམ་པ། བཀའ་བསྟན་གྱི་པར་གཞི་སྣ་ཚོགས་བྱུང་ཚུལ།

རབ་བྱུང་བདུན་པའི་ས་བྱི་སྤྱི་ལོ1408ལ་མིང་རྒྱལ་རབས་ཀྱི་གོང་མ་གཡུང་ལོས་རྗེ་ཙོང་ཁ་པ་ཆེན་པོ་མེས་རྒྱལ་ནང་ཁུལ་དུ་གདན་དྲངས་པའི་སྐབས་ཚབ་ཏུ་ཁོང་རང་ཉིད་ཀྱི་སློབ་མ་བྱམས་ཆེན་ཆོས་རྗེ་ཤཱཀྱ་ཡེ་ཤེས་གཏོང་མངགས་གནང་ནས་པེ་ཅིང་དུ་རྒྱུན་རིང་བར་བཞུགས། སྐབས་དེར་གོང་མ་གཡུང་ལོའི་བཀས་ནན་ཅན་དུ་བོད་ཡིག་གི་བཀའ་འགྱུར་དཔར་གཞི་ཐོག་མར་བརྐོས་ནས་དཔར་འདེབས་པའི་སྲོལ་བཏོད། དེ་ནས་བཟུང་བོད་ཡིག་གི་བཀའ་བསྟན་འགྱུར་དཔར་དུ་འདེབས་པའི་ཆོས་སྦྱིན་གྱི་སྒོ་མོ་ཡངས་པར་ཕྱེ་སྟེ་པར་དུ་བསྐྲུན་པ་ད་ཆ་ང་ཚོས་མཇལ་ཐུབ་ཏུ་ཡོད་པ་བཀའ་འགྱུར་ལ་པར་གཞི་ཁག་བཅུ་ལྷག་དང་བསྟན་འགྱུར་ལ་པར་གཞི་ཁག་བཞི་བཅས་བཞུགས་པ་རྣམས་གཤམ་དུ་སོ་སོར་སྙིང་བསྡུས་ཀྱིས་ངོ་སྤྲོད་ཕྲན་ཙམ་ཞུས་ན།

ཀ བཀའ་འགྱུར་གྱི་པར་གཞི་ཁག་བྱུང་ཚུལ།

1. གཡུང་ལོ་བཀའ་འགྱུར་དཔར་མ། རབ་བྱུང་བདུན་པའི་མེ་སྟག་སྤྱི་ལོ1410ལ་མིང་གོང་མ་གཡུང་ལོས་གོང་དུ"ཡབ་ཡུམ་གཉིས་ཀྱི་དྲིན་བསབ་དང་། འོག་རྣམས་ལ་ཡང་ཕན་པར་བྱ་བའི་ཕྱིར"[10]དུ་དམིགས་ནས《ཚལ་པ་བཀའ་འགྱུར》མ་ཕྱིར་བཟུང་སྟེ་ནན་ཅན་དུ་བོད་ཡིག་བཀའ་འགྱུར་གྱི་པར་གཞི་གསར་བཞེངས་བྱས་པ་ཁྱོན་པོད་བརྒྱ་དང་བརྒྱད་བཞུགས་ཤིང་། ཀརྨ་དེ་བཞིན་གཤེགས་པས་ཞུས་ཆེན་གནང་བ་དང་གོང་མས་ཀྱང《བཀའ་འགྱུར་བསྟོད་པ》བྱ་བ་སྔ་ཕྱི་ཁག་གཉིས་མཛད་འདུག དེའི་དཔེ་ཕུད་བོད་དུ་རྗེ་ཙོང་ཁ་པ་ཆེན་པོ་དང་ས་སྐྱ་བདག་ཆེན། ཀརྨ་པ་བཅས་ལ་རེ་རེ་གནང་བ་ལས་དེང་སང་སེ་ར་དགོན་པ་དང་ཕོ་བྲང་པོ་ཏ་ལར་ཚར་རེ་བཞུགས། སྔ་མར་པོད་ལྔ་དང་ཕྱི་མར་པོད་གཉིས་ཀྱིས་ཁ་མི་ཚང་། འདིའི་པར་གཞི་ཤིང་དཔར་ཡིན་ཤག་བྱས་མོད། ཡིག་ཆ་ཁུངས་ཐུབ་ལྟར་ན་ཟངས་པར་མཚལ་དཔར་མ་ཡིན་འདུག་པས་བརྟག་གོ།

2. ཝན་ལི་བཀའ་འགྱུར་དཔར་མ། རབ་བྱུང་བཅུ་པའི་ཤིང་སྦྲུལ་སྤྱི་ལོ1605ལ་མིང་གོང་མ་ཝན་ལིས་

སྡེར་གྱི་གཡུང་ལོ་དཔར་མའི་བཀའ་འགྱུར་སྐྲུར་བཅོ་བྱས་ཤིང་བསྟན་འགྱུར་པོད་ཞེ་གཉིས་ཙམ་གསར་བཅོ་བྱས་པར་བཤད་ལ་རྒྱའི་ཡི་གེར་རྒྱུད་སྡེ(续经)པོད་ཞེ་གཉིས་བསྣན་ཞེས་བཀོད་པ་ནོར་འདུག་ལ། འདི་པར་གཞི་ཤིང་དང་སྣག་དཔར་ཡིན་པར་བཤད་མོད། དཔར་མ་ད་ལྟ་མི་རྙེད།

3. འཇང་དཔར་རམ་ལི་ཐང་བཀའ་འགྱུར་མཚལ་དཔར་མ། རབ་བྱུང་བཅུ་པའི་ས་སྤྲེལ1608འཇང་རྒྱལ་པོ་བསོད་ནམས་རབ་བརྟན་གྱིས་སྦྱིན་བདག་བྱས་ཏེ། ཚལ་པ་བཀའ་འགྱུར་དང་གཡུང་ལོའི་དཔར་མ་གཉིས་མ་ཕྱི་བྱས་ཏེ་ཞྭ་དམར་དྲུག་པ་གར་དབང་ཆོས་ཀྱི་དབང་ཕྱུག་དང་སི་ཏུ་སྐུ་ཕྲེང་ལྔ་པ་ཆོས་ཀྱི་རྒྱལ་མཚན་རྣམ་གཉིས་ཀྱིས་ལྷུགས་ཞུས་མཛད་དེ། ལོ་ངོ་བཅུ་གསུམ་རིང་བཀའ་འགྱུར་ཁྲིན་པོད་བརྒྱ་དང་བརྒྱད་མཇུག་ཡོངས་སུ་རྫོགས་པར་གྲུབ་པ་ཕྱིས་སུ་དུས་འགྱུར་གྱི་དབང་གིས་པར་གཞི་ཁ་ཚང་ཁམས་ལི་ཐང་དགོན་དུ་གདན་དྲངས་ནས་བཞུགས་པ་ལ་འཇང་དཔར་རམ་ལི་ཐང་མཚལ་དཔར་ཞེས་གྲགས་ཤིང་། དཔར་མ་འདི་ཕྱིས་ཀྱི་སྡེ་དགེ་སོགས་བོད་ཡིག་དཔར་མ་མང་པོའི་ཕྱི་མོར་གྱུར་ཅིང་། དཀར་ཆག《ཐུབ་པ་དགྱེས་བྱེད》[11]ཅེས་པ་དང《པར་གྱི་བྱུང་བ་བརྗོད་པ་རིན་པོ་ཆེའི་མེ་ལོང》[12]བྱ་བ་གཉིས་གར་དབང་ཆོས་ཀྱི་དབང་ཕྱུག་ཉིད་ནས་མཛད་པ་བཞུགས་སོ། །

4. ཁང་ཤེས་སམ་པེ་ཅིང་བཀའ་འགྱུར་དཔར་མ། རབ་བྱུང་བཅུ་གཅིག་པའི་ཆུ་ཕག་སྤྱི་ལོ1683ལ་ཆིང་གོང་མ་ཁང་ཤེས་ཀྱི་བཀས་པེ་ཅིང་དུ་བཀའ་འགྱུར་ཆ་ཚང་གི་དཔར་གཞི་བརྐོས། པར་གཞི་དེ་ཉིད་ལྷན་ལི་དཔར་མ་སྐྲུར་བཅོ་ཡིན་པར་བཤད་ལ། དུས་ཕྱིས་འཇར་པན་གྱིས་བརྙན་དཔར་བརྒྱབ་སྟེ་དེབ་གཟུགས་སུ་བསྒྲུན་ཡོད་པའི་ཕྱི་མོ་ནི་ཁང་ཤེས་སམ་པེ་ཅིང་དཔར་མ་འདི་ཡིན་པར་འདུག

5. ཅོ་ནེ་བཀའ་འགྱུར་དཔར་མ། རབ་བྱུང་བཅུ་གཉིས་པའི་ལྕགས་གླང་སྤྱི་ལོ1721ལ་མདོ་སྨད་ཅོ་ནེ་དཔོན་ཆེན་དམག་ཟོར་མགོན་པོས་སྦྱིན་བདག་མཛད་དེ་གཡུང་ལོ་དཔར་མ་དང་ལི་ཐང་མཚལ་དཔར་སོགས་ཕྱི་མོར་བྱས་ནས་བཀའ་འགྱུར་གྱི་དཔར་བརྐོས་པ་ལོ་ངོ་བཅུ་གཅིག་རིང་ཁྲིན་པོད་བརྒྱ་དང་བདུན་ཆ་ཚང་བ་བཞེངས་གྲུབ། འདིའི་པར་གཞི་སྔར་ནས་བརླགས་ཟིན་ཀྱང་དཔར་མ་ད་ལྟ་རི་བོ་རྩེ་ལྔ་དང་ལྷ་བྲང་བཀྲ་ཤིས་འཁྱིལ་བ་བཅས་སུ་བཞུགས་ཤིང་། ཅོ་ནེ་རྗེ་བཙུན་གྲགས་པ་བཤད་སྒྲུབ་ཀྱིས་ཞུས་ཆེན་མཛད་དེ་དཀར་ཆག《གསལ་བའི་མེ་ལོང》ཞེས་པ་གསུངས་སོ། །

6. སྡེ་དགེ་བཀའ་འགྱུར་མཚལ་དཔར་མ། རབ་བྱུང་བཅུ་གཉིས་པའི་ས་བྱ་སྤྱི་ལོ1729ལ་ཁམས་སྡེ་དགེ་ཆོས་རྒྱལ་བསྟན་པ་ཚེ་རིང་གིས་སྦྱིན་བདག་མཛད་དེ་ལི་ཐང་མཚལ་དཔར་དང་ལྷོ་རྫོང་བཀའ་འགྱུར་སོགས་ཕྱི་མོར་བཟུང་ནས་མཁས་དབང་སི་ཏུ་ཆོས་ཀྱི་འབྱུང་གནས་མཆོག་གིས་ཞུས་ཆེན་མཛད་པར་བརྟེན་བཀའ་འགྱུར་ཁྲིན་པོད་བརྒྱ་དང་གསུམ་ཆ་ཚང་བ་ལོ་ངོ་ལྔའི་རིང་ཡོངས་སུ་གྲུབ་པ་བྱུང་། པར་གཞི་ཁ་ཚང་སྡེ་དགེའི་པར་ཁང་ཆོས་མཛོད་ཆེན་མོར་བཞུགས་པ་ད་ལྟའི་བར་དུས་འགྱུར་སོགས་ཀྱི་གནོད

འཚེ་ལས་ཐར་ཏེ་སྐྱེ་དགུའི་བསོད་ནམས་ཀྱི་དཔལ་དུ་དཔར་སྦྱིན་རྒྱུན་མི་འཆད་པར་གནང་བཞིན་ཡོད་པ་འདི་ལགས་ཤིང་། དཀར་ཆག་སི་ཏུ་རང་ཉིད་ཀྱི་གསུང་《ཟླ་འོད་གཞོན་ནུའི་འཕྲི་ཤིང་》ཞེས་པ་བཞུགས།

7. སྣར་ཐང་བཀའ་འགྱུར་དཔར་མ། རབ་བྱུང་བཅུ་གཉིས་པའི་ལྕགས་ཁྱི་སྤྱི་ལོ1730ལ་མི་དབང་པོ་ལྷ་བ་བསོད་ནམས་སྟོབས་རྒྱས་ཀྱིས་སྦྱིན་བདག་བགོད་ཁྲབ་གནང་སྟེ། དེ་སྔོན་རྒྱལ་དབང་དྲུག་པའི་སྐབས་པར་གཞི་བཞེངས་འགྲོ་ལུས་པ་ཚལ་པ་བཀའ་འགྱུར་ལ་ཕྱི་མོ་བྱས་ཏེ་ལོ་ངོ་གཅིག་ཙམ་གྱི་རིང་པར་བརྐོ་འགྲོ་མཐུད་མཇུག་སྒྲུབ་པར་མཛད་པ་ཁྲིན་པོད་བརྒྱ་དང་གསུམ་བྱུང་བ་དཔལ་སྣར་ཐང་གཙུག་ལག་ཁང་དུ་བཞུགས་པས་སྣར་ཐང་བཀའ་འགྱུར་ཞེས་གྲགས་པ་བྱུང་ལ་དཔར་མ་ད་ལྟ་བཞུགས་ཤིང་། དཀར་ཆག་འོལ་ཁ་སླེ་ལུང་རིན་པོ་ཆེ་བློ་བཟང་འཕྲིན་ལས་ཀྱིས་མཛད་པ《ངོ་མཚར་བགོད་པ་རྒྱ་མཚོའི་ལྡེ་མིག》ཅེས་པ་བཞུགས།

8. ཆབ་ལུང་བཀའ་འགྱུར་དཔར་མ། རབ་བྱུང་བཅུ་གཉིས་པའི་མེ་སྦྲུལ་སྤྱི་ལོ1737ལ་ཆིང་གོང་མ་ཆབ་ལུང་གི་བཀའ་བཞིན་པེ་ཅིང་དུ་བཀའ་འགྱུར་གྱི་པར་གཞི་གསར་བཞེངས་བགྱིས་ཞེས་ལོ་རྒྱུས་ཡིག་རིགས་མང་པོའི་ནང་བགོད་འདུག་ཀྱང་། ཞིབ་གསལ་ཆབ་ལུང་དཔར་མའི་དཔར་ཕུད་དང་རྗེན་བཞུགས་དཔར་མའམ་དཀར་ཆག་སོགས་ཅི་ཡང་ད་ཆ་མཐོང་ལམ་དུ་མ་གྱུར་པས། དེ་ནི་སྔར་གྱི་དཔར་སློག་ཡིན་ནམ་དངོས་གནས་གསར་བཞེངས་ཡིན་པ་ད་དུང་བརྟག་པའི་གནས་སུ་འདུག་གོ །

9. ར་རྒྱ་བཀའ་འགྱུར་དཔར་མ། རབ་བྱུང་བཅུ་བཞི་པའི་ཤིང་ཁྱི་སྤྱི་ལོ1814ལ་མདོ་སྨད་མགོ་ལོག་ར་རྒྱ་དགོན་པའི་གདན་ས་བ་ཤིང་བཟའ་པཎྜི་ཏ་བློ་བཟང་དར་རྒྱས་རྒྱ་མཚོས་ཞལ་བགོད་སྦྱིན་བདག་མཛད་དེ། 《སྡེ་དགེ་བཀའ་འགྱུར》དཔར་མ་ལ་གཞི་བཟུང་ནས་དཔར་བརྐོ་གནང་བ་ལོ་ངོ་དྲུག་གི་རིང་བཀའ་འགྱུར་ཁ་ཚང་དཔར་བརྐོས་གྲུབ་ནས་ར་རྒྱའི་དཔར་ཁང་ཆེན་མོར་བཞུགས་པ་དང་། འདིའི་དཀར་ཆག་པཎ་ཆེན་སྐུ་ཕྲེང་བདུན་པ་བསྟན་པའི་ཉི་མས་མཛད་པ《མདོ་རྒྱུད་ཆོས་ཀྱི་སྒོ་བརྒྱ་ཅིག་ཅར་འབྱེད་པའི་ལྡེ་མིག》ཅེས་པ་བཞུགས།

10. སོག་ཁུ་རེ་བཀའ་འགྱུར་དཔར་མ། སོག་པོའི་ཧྲ་ཁུ་རེ་ཆོས་སྡེ་ཆེན་མོའམ་དེང་མོང་གོལ་རྒྱལ་ཁབ་ཀྱི་རྒྱལ་ས་ཨུ་ཐང་ཧྲ་ཐོར་གྱི་དགའ་ལྡན་དགོན་ཐེར་བ་ནས《སྡེ་དགེ་བཀའ་འགྱུར》དཔར་མ་གཞིར་བཟུང་སྟེ་དཔར་བརྐོའི་ལས་སྒོ་བརྩམས་ཀྱང་འགྲོ་ལུས་སུ་ཡོད་པ། ཁལ་ཁ་རྗེ་བཙུན་དམ་པ་སྐུ་ཕྲེང་བརྒྱད་པ་བསྟན་འཛིན་དབང་ཕྱུག་དང་ཨེཧྲེ་ནི་ཆེ་ཚང་ནོ་ཡོན་དོན་གྲུབ་ལྷ་མོ་རྣམ་གཉིས་ནས་དཔར་གཞི་ལེགས་སྒྲུབ་དགོས་པའི་བཀའ་ལུང་བགོད་ཁྲབ་ཕེབས་པར་བརྟེན། རབ་བྱུང་བཅོ་ལྔ་པའི་ས་སྤྲེལ་སྤྱི་ལོ1908ལ་སྐར་ལས་འགྲོ་མཐུད་དེ་ལོ་ངོ་གཉིས་ཙམ་རིང་པོད་བརྒྱ་དང་ལྔ་མཇུག་ཡོངས་སུ་རྫོགས་ནས་ཆོས་སྡེ་ཆེན་པོ་དེར་བཞུགས་པ་ལ་སོག་ཁུ་རེ་བཀའ་འགྱུར་ཞེས་གྲགས་ཤིང་། དཀར་ཆག《དགེ་མཚན་

འབུམ་ཕྲག་ཕྱོགས་མཐར་འཕེལ་བར་བྱེད་པའི་སྐྱེ་བ་ལྔ་པའི་སྒྲ་དབྱངས》ཞེས་པ་བཞུགས།

11. ལྷ་སའམ་ཞོལ་བཀའ་འགྱུར་དཔར་མ། འབྲི་གུང་སྐོ་ལྡོག་སྤྲུལ་སྐུ་ངེས་དོན་བསྟན་འཛིན་ཆོས་ཀྱི་དབང་པོས་རྒྱལ་དབང་བཅུ་གསུམ་པ་མཆོག་ལ་དབུས་ཕྱོགས་སུ་བཀའ་འགྱུར་དཔར་བརྐོ་དགོས་ཚུལ་གྱི་གསོལ་བ་དོན་སྙིན་དང་སྦྱིན་བདག་མཛད་དེ། སྣར་ཐང་དཔར་མ་དང་རྒྱལ་རྩེའི་ཐེམ་སྤང་མ། སྡེ་དགེ་བཀའ་འགྱུར་སོགས་མ་དཔེ་ཁུངས་ཐུབ་རྣམས་གཞིར་བཟུང་ནས་ལྷ་ལྡན་དུ་དཔར་བརྐོའི་ལས་སྒོ་བརྩམས་པར། རིང་པོ་མ་ཐོགས་པར་སྐོ་ལྡོག་སྤྲུལ་སྐུ་དང་རྒྱལ་དབང་བཅུ་གསུམ་པ་རྣམ་གཉིས་ སྔ་ཕྱིར་སྐུ་གཤེགས་པས་ལས་འགྲོ་ཏུ་ལུས་པ། སླར་ཡང་རྒྱལ་ཚབ་རྭ་སྒྲེང་རིན་པོ་ཆེ་དང་རྒྱལ་བའི་གཙུང་སྲིད་བློན་ཀུན་དགའ་དབང་ཕྱུག་རྣམ་གཉིས་ནས་འགྲོ་སྒྲོང་མཛད་པར་བརྟེན་རབ་བྱུང་བཅུ་དྲུག་པའི་ཤིང་ཁྱི་སྤྱི་ལོ1934ལ་བཀའ་འགྱུར་པོད་བརྒྱ་ཐམ་པའི་པར་གཞི་ཆ་ཚང་བཞེངས་གྲུབ་པ་ཕོ་བྲང་པོ་ཏ་ལའི་ཉེ་འདབས་ཞོལ་པར་ཁང་དུ་བཞུགས། དེའི་པར་གཞི་ལ་དུས་འགྱུར་གྱིས་པར་བརླག་ཆེར་མ་སོང་བ་རྒྱང་གཞི་བྱས་ཏེ་དེང་སྐབས་བོད་ནང་བསྟན་མཐུན་ཚོགས་ནས་བསྐྱར་བརྐོས་གྲུབ་སྟེ་ཆོས་སྦྱིན་སྤེལ་བཞིན་པའོ། །འདིའི་དཀར་ཆག་མཁས་པ་མང་པོས་སྔ་ཕྱིར་མཛད་པ《ལེགས་བཤད་འཕྲུལ་གྱི་ལྡེ་མིག》ཅེས་པ་བཞུགས།

ཡང་རྒྱ་ཡིག་གི་དཔྱད་རྩོམ་ལ་ལར[13]པོ་ཏ་ལའི་དཔར་མ་དང་ལྷ་སའི་ཞོལ་དཔར་མ་གཉིས་སོ་སོར་ཡོད་ཚུལ་ངོ་སྤྲོད་བྱས་ཡོད་ཀྱང་། ལྷ་ལྡན་གྱི་པར་གཞི་སྔ་ཕྱི་བར་ཆད་ཀྱིས་སྐྱར་བརྐོ་ཐེངས་གཉིས་བྱས་པ་དཔར་གཞི་གཉིས་སུ་བགྲང་བ་མིན་ན་དགེ་བཤེས་ཤེས་རབ་རྒྱ་མཚོས་ཞུས་ཆེན་གནང་བ་ཞོལ་པར་ལས་གཞན་གང་ཡོད་ཆ་མ་འཚལ་ལོ། །

12. ཕ་ར་བཀའ་འགྱུར་དཔར་མ། ཁམས་སྡེ་དགེའི་ངོར་པ་དཔོན་སློབ་འཇམ་དབྱངས་བློ་གཏེར་དབང་པོའི་ཞལ་སློབ་ཕ་ར་རི་ཁྲོད་པ་དམ་ཆོས་བསྟན་པ་ནས། སྡེ་དགེ་བཀའ་འགྱུར་པོད་གཅིག་དུམ་བུ་གཉིས་སུ་བགོས་ནས་དཔེ་ཐུང་པོད་ཉིས་བརྒྱ་དང་དྲུག་བཞུགས་པ་གསར་བཞེངས་མཛད་དེ་པར་གཞི་ཁ་ཚང་ཕ་ར་རི་ཁྲོད་དུ་བཞུགས་པ་ཕ་ར་བཀའ་འགྱུར་ཞེས་བྱ་ལ། འདིའི་དཔར་ཤིང་ད་ལྟ་མེད་སོང་། དཔར་མ་པོད་འགའ་རེ་མཇལ་རྒྱུ་ཡོད་ཟེར་ཞིང་དཀར་ཆག་སོགས་ཡོད་རབས་མེད།

13. ཆབ་མདོའམ་ཡབ་ཚང་བཀའ་འགྱུར་དཔར་མ། རབ་བྱུང་བཅུ་དྲུག་པའི་ལྕགས་སྤྲུལ་སྤྱི་ལོ1941ལ་ཆབ་སྤྱི་དར་ཧན་ཟུར་པ་ཡབ་ཚང་བློ་བཟང་དཀོན་མཆོག་ལ་བྲག་གཡབ་རྗེས་ལྡན་འཇམ་དབྱངས་བློ་གྲོས་བཟང་པོས་བཀའ་ལུང་རིམ་བརྒྱུད་གནང་བར་བརྟེན། ལྷ་སའི་ཞོལ་དཔར་མ་དཔར་སློག་བགྲིས་ཏེ་བཀའ་འགྱུར་གྱི་པར་གཞི་གསར་བསྐྲུན་མཛད་པ་ལོ་ངོ་བཅུ་གཅིག་གི་ནང་ཡོངས་སུ་གྲུབ་པ་པོད་བརྒྱ་དང་གཅིག་བཞུགས་པ་ཆབ་མདོ་དགོན་ཆེན་བྱམས་པ་གླིང་གི་ཡབ་ཚང་བཀའ་འགྱུར་ལྷ་ཁང་དུ

བཞུགས་པ་དང་། དེར་དཀར་ཆག་རྒྱས་པ་ཞིག་བྲག་གཡབ་མཁན་ཚང་གདོང་གོམ་སྤྲུལ་སྐུས་མཛད་པ་བཞུགས་ཟེར་རོ། །

ཡང་དཔྱད་དགོས་པ་ཞིག་ལ་ཆབ་མདོར་དེ་སྔོན་བཀའ་འགྱུར་གྱི་པར་གཞི་ཞིག་ཡོད་དགོས་ཚོད་འདུག་སྟེ། མཁས་དབང་ཚེ་ཏན་ཞབས་དྲུང་ཚང་གིས《བསྟན་རྩིས་ཀུན་བཏུས》གྱི་བར་རབ་བྱུང་བཅུ་གཅིག་པའི་ཆུ་ཕག་སྤྱི་ལོ1683ལོའི་རེའུ་མིག་ཏུ“ཆབ་མདོར་བཀའ་འགྱུར་གྱི་པར་བཞེངས་སྒོ་བརྩམས”ཞེས་བཀོད་ཡོད་པ་དང་། དེ་མཚུངས་རབ་བྱུང་བཅུ་བཞི་པའི་ལྕགས་སྟག་སྤྱི་ལོ1830ལ་བརྩམས་པའི་བཙན་པོའི《འཛམ་གླིང་རྒྱས་བཤད》དུའང་ཆབ་མདོའི་སྐབས་སུ“དེང་སང་བཀའ་འགྱུར་གྱི་པར་གསར་པ་ཞིག་ཀྱང་བཞེངས་ཡོད”ཅེས་གསུངས་ཚུལ་སོགས་ལ་གཞིགས་ན་བཀའ་འགྱུར་གྱི་དཔར་རྙིང་ཞིག་ཀྱང་ཡོད་འདུག་ནའང་ད་ལྟ་རྒྱུ་ཆ་གཞན་མ་མཐོང་བས་རེ་ཞིག་བརྟག་པའི་གནས་སུ་འཇོག་གོ །

ཁ བསྟན་འགྱུར་གྱི་པར་གཞི་ཁག་གི་བྱུང་ཚུལ།

1. པེ་ཅིང་བསྟན་འགྱུར་དཔར་མ། རབ་བྱུང་བཅུ་གཉིས་པའི་ཤིང་འབྲུག་སྤྱི་ལོ1724ལ་ཆིང་གོང་མ་གཡུང་ཀྲེས་བཀའ་བབས་པར་བརྟེན་སྡེ་སྲིད་སངས་རྒྱས་རྒྱ་མཚོས་རྒྱལ་དབང་ལྔ་པའི་གསང་རྒྱའི་དགོངས་རྫོགས་སུ་ཞལ་བཀོད་གནང་ནས་བཞེངས་པའི་བསྟན་འགྱུར་གསེར་བྲིས་མ་ཕྱི་མོར་བཟུང་ནས་པེ་ཅིང་དུ་བོད་ཡིག་བསྟན་འགྱུར་གྱི་པར་གཞི་གསར་བཞེངས་ཀྱི་དབུ་བརྩམས་ཤིང་། དེ་ནས་ལོ་ངོ་བཅུ་གསུམ་སོང་བ་གོང་མ་ཆན་ལུང་གི་སྐུ་རིང་ལ་བསྟན་འགྱུར་པོད་ཉིས་བརྒྱ་ཉེར་ལྔ་ཆ་ཚང་བ་མཇུག་གྲུབ་པ་དེ་ནི་བོད་ཡིག་བསྟན་འགྱུར་གྱི་པར་བཞེངས་དང་པོ་ཡིན། དཀར་ཆག་རྒྱལ་དབང་ལྔ་པའི་གསུང་ཡིན་ཁུལ་ཏེ་དོན་དུ་སྡེ་སྲིད་རང་ཉིད་ཀྱིས་མཛད་པ《པད་ཚལ་བཞད་པའི་ཉིན་བྱེད》ཅེས་པ་བཞུགས།

2. སྡེ་དགེ་བསྟན་འགྱུར་དཔར་མ། རབ་བྱུང་བཅུ་གཉིས་པའི་མེ་སྦྲུལ་སྤྱི་ལོ1737ལ་སྡེ་དགེ་ཆོས་རྒྱལ་བསྟན་པ་ཚེ་རིང་ཡབ་སྲས་ཀྱིས་སྦྱིན་བདག་མཛད་དེ་ལོ་ངོ་བརྒྱད་ཙམ་རིང་བསྟན་འགྱུར་ཁ་ཚང་པོད་ཉིས་བརྒྱ་དང་བཅུ་གསུམ་བཞུགས་པ་ལེགས་པར་གྲུབ་སྟེ་སྡེ་དགེ་དགོན་ཆེན་གྱི་པར་ཁང་ཆེན་མོར་བཞུགས་པ་དེང་སང་བར་དཔར་གཞི་མ་ཉམས་པར་དཔར་སྦྱིན་རྒྱ་ཆེར་སྤེལ་བཞིན་པའི་སྐབས་ལགས་སོ། །འདིའི་མ་ཕྱི་སི་ཏུ་ཆོས་ཀྱི་འབྱུང་གནས་ཀྱིས་བཞེངས་པའི་བསྟན་འགྱུར་བྲིས་མ་དང་སྣ་ཨ་གཉན་དམ་པས་བཞེངས་པའི་བསྟན་འགྱུར་བྲིས་མ་སོགས་ཡིན་ལ། ཞུ་ཆེན་པ་ཚུལ་ཁྲིམས་རིན་ཆེན་གྱིས་ཞུས་ཤིང་དཀར་ཆག《ངོ་མཚར་ཆུ་གཏེར་འཕེལ་བའི་ཟླ་བ་གསར་པ》ཞེས་པ་བཅས་མཛད་ཡོད།

3. སྣར་ཐང་བསྟན་འགྱུར་དཔར་མ། རབ་བྱུང་བཅུ་གཉིས་པའི་ལྕགས་བྱ་སྤྱི་ལོ1741ལ་མི་དབང་ཕོ་ལྷ་བ་བསོད་ནམས་སྟོབས་རྒྱས་ཀྱིས་སྦྱིན་བདག་མཛད་དེ་ལོ་གཅིག་ཟླ་ངོ་བདུན་ཙམ་གྱི་རིང་བསྟན་འགྱུར་ཁ་ཚང་པོད་ཉིས་བརྒྱ་ཉེར་ལྔ་བཞུགས་པ་ལེགས་པར་བཞེངས་གྲུབ། འདི་ཉིད་ཀྱི་མ་ཕྱིའང་གོང་

སྒྲུས་སྔེ་སྲིད་ཀྱིས་བཞེངས་པའི་གསེར་བྲིས་ལ་བྱས་པ་ཡིན་པས་དཔར་མའི་པོད་གྲངས་ཀྱང་པེ་ཅིང་དཔར་མ་དང་འདྲ་མཉམ་དུ་ཡོད། དཀར་ཆག་ཕུར་ལྕོག་ངག་དབང་བྱམས་པས་མཛད་པ《དོན་ལྡན་ཚངས་པའི་དབྱངས》ཞེས་པ་བཞུགས།

4. ཅོ་ནེ་བསྟན་འགྱུར་དཔར་མ། རབ་བྱུང་བཅུ་གསུམ་པའི་ཆུ་བྱ་སྤྱི་ལོ1743ལ་མདོ་སྨད་ཅོ་ནེ་དཔོན་ཆེན་བསྟན་སྲུང་ཚེ་རིང་ཡབ་སྲས་རྣམ་གཉིས་ཀྱིས་སྦྱིན་བདག་མཛད་དེ་སྤྱི་ལོ་ཉི་ཤུ་རྩ་གྲངས་རིང་བསྟན་འགྱུར་ཁ་ཚང་པར་གཞི་གསར་བཞེངས་བྱས་ནས་གྲུབ་པ་དང་། དཔར་གྱི་ཕྱི་མོ་སྡེ་དགེའི་བསྟན་འགྱུར་དཔར་མ་དང་དབུས་བྲིས་དག་པ་རྣམས་ལ་བྱས་ཤིང་འཇམ་བཞད་སྐུ་ཕྲེང་གཉིས་པ་དཀོན་མཆོག་འཇིགས་མེད་དབང་པོས་དཀར་ཆག《ཡིད་བཞིན་ནོར་བུའི་ཕྲེང་བ》ཞེས་པ་མཛད་ཡོད། དཔར་འདི་ཉིད་ལ་སྡེ་དགེ་བསྟན་འགྱུར་ཕྱིས་སུ་ཁ་སྐོང་བྱས་པའི་སྣ་ཚོགས་པོད་བཞི་འདུས་མེད་པས་ཁྱོན་པོད་ཉིས་བརྒྱ་དང་བརྒྱད་ལས་མེད། བསྐོད་ཚོགས་སྣར་ཐང་དཔར་མ་གཞི་བྱས་ཏེ་ཕྱིས་སུ་བཀོས་པར་བཤད།

གོང་སྨྲས་དཔར་གཞི་ཁག་འདི་བཞི་ནི་དེང་སྐབས་ང་ཚོས་སྒྲུན་བཞིན་ཡོད་པའི《བསྟན་འགྱུར་དཔེ་བསྡུར་མའི》བསྡུར་གཞི་དང་བསྡུར་བྱའི་དཔར་མ་རྣམས་ཡིན་ལགས།

བཞི་པ། བསྟན་འགྱུར་དཔེ་བསྡུར་མའི་ཁྱད་ཆོས་དང་དགེ་མཚན།

འདིར་ཞུ་རྒྱུའི་བསྟན་འགྱུར་དཔེ་བསྡུར་མ་བྱ་བ་ནི་རང་རེའི་རྒྱལ་ཁབ་ཀྱི་བརྒྱད་ལྔའི་འཆར་གཞི་ལས་མཚན་ཉིད་རིག་པ་དང་སྤྱི་ཚོགས་ཚན་རིག་སྐོར་གྱི་ཞིབ་འཇུག་ཚན་པ་གཙོ་གནད་ཅན་དུ་བཀོད་པ་དང་དགུ་ལྔའི་དཔེ་སྐྲུན་འཆར་གཞིར་བཀོད་ཟིན་པ་སྟེ། བོད་ཡིག་བཀའ་བསྟན་དཔེ་བསྡུར་དཔེ་སྐྲུན་བགྱི་བའི་ལས་འགན་ནང་གི་བསྟན་འགྱུར་སྐོར་དུ་ལྟ་དཔེ་བསྡུར་བྱས་ནས་དཔེ་སྐྲུན་བྱེད་བཞིན་པའི་པར་གཞི་གསར་པ་འདི་ལ་ཟེར་བ་ཡིན། ད་ང་དང་རྒྱལ་ཁབ་ཀྱིས་མི་རིགས་གྲངས་ཉུང་གི་སྲོལ་རྒྱུན་རིག་གནས་རྒྱུད་འཛིན་དང་སྲུང་སྐྱོབ་དར་སྤེལ་གཏོང་བ་བཅས་ཀྱི་ཐད་ལ་ནམ་ཡང་ཐུགས་ཁུར་ཆེན་པོ་གནང་བཞིན་ཡོད་པ་དང་། དེར་བརྟེན་བོད་ཡིག་བཀའ་བསྟན་དཔེ་བསྡུར་དཔེ་སྐྲུན་བྱེད་རྒྱུའི་ལས་འགན་འདི་རྒྱལ་ཁབ་ཀྱིས་ཚོག་མཆན་གནང་བ་བརྒྱུད་ཀྲུང་གོའི་བོད་ཀྱི་ཤེས་རིག་ཞིབ་འཇུག་ལྟེ་གནས་ཀྱིས་གཙོ་འགན་ཁུར་ཏེ་སྒྲུབ་བཞིན་ཡོད། ལས་འགན་གལ་ཆེན་འདི་མངོན་འགྲུབ་ཡོང་ཆེད་ལོ་བཅུའི་སྔོན་དུ་ཀྲུང་གོའི་བོད་ཀྱི་ཤེས་རིག་ཞིབ་འཇུག་ལྟེ་གནས་བཙུགས་མ་ཐག་ཏུ་ཁོངས་གཏོགས་ལས་ཁུངས་བཀའ་བསྟན་དཔེ་བསྡུར་ཁང་བཙུགས་ཏེ། དཔར་གཞི་བསྡུ་རུབ་དང་དཔེ་སྐྲུན་སྔ་གོན་བྱས་མཐར་སྤྱི་ལོ1993ལོར་བསྟན་འགྱུར་དཔེ་བསྡུར་མ་དེབ་དང་པོ་དངོས་སུ་དཔར་བསྐྲུན་འགྲེམ་སྤེལ་བྱས་ཤིང་ད་བར་དེབ་གྲངས་བཅུ་ཕྲག་དཔེ་སྐྲུན་བྱས་ཟིན། བསྟན་འགྱུར་དཔེ་བསྡུར་མ་ནི་བོད་ཡིག་གི་བསྟན་འགྱུར་

དཔར་ཁག་བཞི་པོ་ཕན་ཚུན་དཔེ་བསྡུར་བྱས་ནས་པར་གཞི་གསར་པ་དེང་དུས་ཀྱི་དེབ་གཟུགས་སུ་བསྒྲུན་པ་ཡིན་ལ། དཔར་ཁག་བཞི་པོ་བསྡུར་སྟངས་ནི་སྡེ་དགེ་བསྟན་འགྱུར་བསྡུར་གཞིའམ་མ་དཔེར་བསྒྲིགས་ཤིང་། གཞན་དག་དཔར་ཁག་གསུམ་པོ་ཆོས་ཚན་དང་ཚིག་ཆད་ལྷག་ བསྐྱར་བསྡུས། འགྱུར་མི་འདྲ་བ། མིང་དང་བྱ་ཚིག་ཕྲད་རྣམ་དབྱེ་དང་ཐ་ན་གཙོད་མཚམས་མི་གཅིག་པ་ཚུན་ཆད་རེ་རེ་བཞིན་དཔེ་བསྡུར་བྱས་རྗེས་བསྡུར་མཆན་འགོད་དགོས་ས་ཚང་མ་ཆོས་ཚན་སོ་སོའི་མཇུག་ཏུ་ཡི་གེ་ཆུང་བ་བྱས་ཏེ་ཨང་གྲངས་དང་བཅས་གསལ་པོར་བཀོད་ཡོད།

བསྟན་འགྱུར་དཔར་ཁག་འདི་བཞི་ཕྱིའི་སྒྲིག་རིམ་ཐད་པེ་ཅིང་དང་སྣར་ཐང་དཔར་མ་གཉིས་ཀའི་ཕྱི་མོ་སྡེ་སྲིད་ཀྱིས་བཞེངས་པའི་གསེར་བྲིས་ཡིན་སྟབས། འདི་གཉིས་ཀྱི་དག་ཆ་དང་ཚིག་སྦྱོར་ཆོས་ཚན་གྱི་གྲངས་དང་སྒྲིག་རིམ་སོགས་ཤིན་ཏུ་འདྲ་ལ་གཉིས་ཀར་པོད་ཉིས་བརྒྱ་ཉེར་ལྔ་རེ་བཞུགས། འདི་གཉིས་རྒྱུད་ཀྱི་སྐབས་དུས་འཁོར་ནས་མགོ་བཙུགས་ཏེ་བསྒྲིགས་ཡོད་ལ། འགྱུར་གསར་དུ་གྲགས་པ《གསང་འདུས་འགྲེལ་པ》སོགས་པོད་བཅུ་བཞི་ཙམ་བསྣན་པ་སྡེ་དགེ་བསྟན་འགྱུར་ཁྲིད་དུ་བུ་སྟོན་གྱིས་རྒྱུད་རྣམ་དག་ཏུ་མི་བཞེད་གསུངས་ཏེ་བསྡུས་མེད། དེ་མཚུངས་སྡེ་དགེ་བསྟན་འགྱུར་གྱི་ཕྱི་མོ་ནི་སི་ཏུ་པཎ་ཆེན་ཉིད་ཀྱིས་བཞེངས་པའི་སྐུ་བྲིས་ཡིན་སྟབས་ཡི་གེ་དག་ཆ་སོགས་དཔར་ཁག་གཞན་ལས་མངོན་གསལ་གྱིས་དག་པ་དང་། ཅོ་ནེ་བསྟན་འགྱུར་གྱི་ཕྱི་མོ་ནི་སྡེ་དགེ་དཔར་མ་དང་དབུས་བྲིས་དག་པ་བཅས་བྱས་ཡོད་སྟབས་སྐབས་འགར་སྡེ་དགེ་དཔར་ཡིག་བཀོས་ནོར་ཤོར་ཡོད་ས་རྣམས་ཅོ་ནེ་དཔར་མའི་ནང་དག་བཅོས་བྱས་ཡོད་ས་མང་པོ་མཐོང་རྒྱུ་ཡོད། སྡེ་དགེ་དང་ཅོ་ནེ་དཔར་མ་གཉིས་རྒྱུད་ཀྱི་མགོ་ཀྱི་རྗོར་ནས་བཙུགས་ཏེ་བསྒྲིགས་ཡོད།

དཔར་ཁག་འདི་བཞི་ནང་ཚིག་དོན་གྱི་ཐད་ལ་སྡེ་དགེ་དང་ཅོ་ནེ་དཔར་མ་གཉིས་ཅུང་དག་ཆ་ལྡན་ཞིང་ཕྲད་དང་རྣམ་དབྱེ། གཅོད་མཚམས་སོགས་ཕལ་ཆེར་མཐུན། སྣར་ཐང་དང་པེ་ཅིང་གཉིས་དཔར་ཡིག་དག་ཆ་ཅུང་ཞན་ལ་སྣར་ཐང་དཔར་མར་མཆན་བུ་མང་པོ་བཏབ་འདུག་པ་དང་སྐྱུང་ཡིག་དང་གནའ་བྲིས་སོགས་ཅུང་མང་། པེ་ཅིང་དཔར་མ་པར་ཡིག་རྐོ་མཁན་གྱིས་ཡིག་ངོ་མ་ཚོད་པ་ཡིན་ནམ་སྐབས་འགར་ཡི་གེ་ཡ་མ་ཟུང་འདྲ་མིན་འབྱུང་། དེ་བཞིན་དཔར་མ་སོ་སོར་གནས་ཚུལ་འདྲ་མིན་སྣ་ཚོགས་འབྱུང་ནའང་ང་ཚོས་དཔེ་བསྡུར་བྱེད་སྐབས་ནན་ཞིབ་ཀྱིས《དཔེ་བསྡུར་ཟ་དོན》ལག་ལེན་བྱས་ཏེ། བསྡུར་འབྲས་ལ་འདོར་ལེན་ལེགས་པར་བཏང་ནས་བསྡུར་མཆན་དུ་འགོད་དགོས་རིགས་ཚང་མ་སྐབས་དོན་སོ་སོའི་འབོད་སྟངས་ལྟར་བཀོད་ཡོད་ཅིང་ཞིབ་ཏུ་དེབ་ལ་གཟིགས་ན་མཁྱེན་ལགས།

བསྟན་འགྱུར་དཔེ་བསྡུར་མ་འདི་བསྟན་འགྱུར་དཔར་ཁག་ཀུན་གྱི་སྙིང་བཅུད་འདུས་ཤིང་རྣམ་པ་གསལ་བ་དེབ་གཅིག་གིས་པར་གཞི་ཀུན་གྱི་གོ་ཚོད་ཡོད་པ་ཞིག་ཡིན། འདི་ཉིད་དཔེ་བསྡུར་དཔེ་སྐྲུན་བྱེད་

སྐབས་སྡེ་དགེའི་དཔར་མ་ཇི་བཞིན་གཞུང་ཡིག་བསྒྲིགས་ཤིང་དཔེ་ཁག་གཞན་ནང་གོ་རིམ་ནོར་བ་དང་ཚིག་ཆད་ལྷག་གམ་མི་འདྲ་ས་བྱུང་བ་ཐམས་ཅད་ཡིག་ཆུང་གིས་བསྡུར་མཆན་བཀོད་པ་མ་གཏོགས། མ་དཔེ་ལ་གང་ཉུང་གིས་བཟོ་བཅོས་རྒྱག་པ་དང་དཔར་ཕན་ཚུན་བཟོ་བཅོས་རྒྱག་པའམ་དཔྱད་བརྗོད་སོགས་ཅི་ཡང་བཀོད་མེད། དེབ་སྒྲིག་སྟངས་ཐད་དེང་རབས་ཀྱི་དཔེ་སྐྲུན་ལག་རྩལ་བེད་སྤྱོད་བྱས་ཏེ། དཀར་ཆག་ཟུར་དུ་བཏོན་པ་དང་ལེ་ཚན་གྱི་དབྱེ་བ་ཕྱེ་ནས་གཟིགས་བདེ་བ་བྱས་ཡོད། ཡང་གཞུང་ཡིག་མི་ཟློབ་ཕྱིར་ལེ་ཚན་སྐབས་ཕྲེང་སྟོང་ཕབ་པ་མ་གཏོགས་ཁ་བྱང་ཟུར་དུ་བཀར་མེད་ལ་བསྡུར་མཆན་དང་བསྡུར་འབྲས་རེའུ་མིག་ཀྱང་ཆོས་ཚན་སོ་སོའི་མཇུག་ཏུ་བཀོད་པ་ལས་གཞུང་དཀྲུས་སུ་བཀོད་མེད། དེབ་ཀྱི་མཛེས་ཆ་ཐད་གནའ་བོའི་སྲོལ་རྒྱུན་དང་དེང་རབས་ཀྱི་མཛེས་རྩལ་ཟུང་འབྲེལ་དུ་བེད་སྤྱོད་བཏང་ནས་དབུ་ལྷ་དང་བར་བཅུག་ལྷ་སྐུ་བཅས་སྤར་ཡོད་སོར་བཞག་དང་གསར་འབྲི་བྱས་ཡོད། དཔར་ཡིག་ཀྱང་གློག་རྡུལ་རྩིས་འཁོར་དུ་ཡིག་གཟུགས་ཆེད་བཟོ་བྱས་ཏེ་ཡིག་རིས་མཛེས་ཤིང་དྭངས་པ་ཀུན་གྱི་མཐོང་ལམ་དུ་རྒྱུ་བདེ་བ་བཅས་ངོ་མཚར་ཁྱད་ཆོས་དུ་མས་ཕྱུག་ཅིང་། ད་བར་རྒྱལ་ཁབ་ཕྱི་ནང་བོད་ཀྱི་བཀའ་བསྟན་དཔར་འདེབས་འགྲེམ་སྤེལ་བྱས་པ་ཤིན་ཏུ་མང་ཡང་། དེ་ཀུན་ཚང་མ་སྤར་གྱི་དཔར་རྙིང་ལག་ཏུ་སོན་པ་གང་ཞིག་དཔར་སློག་དང་བརྙན་དཔར་བྱས་པ་མ་གཏོགས་པར་གཞི་གསར་སྐྲུན་བྱས་པ་གཅིག་ཀྱང་མེད། དཔར་རྙིང་དཔེ་ཁག་སོ་སོ་ཕན་ཚུན་ཞིབ་བསྡུར་གྱིས་དཔར་སྐྲུན་བགྱིས་པ་ནི་ཐེངས་དང་པོ་ཡིན་པས་ན་བསྟན་འགྱུར་དཔེ་བསྡུར་མའི་པར་གསར་འདི་ནི་འཛམ་གླིང་གི་ཨང་དང་པོར་བགྲང་ཆོག་པ་ཞིག་ཡིན་ནོ། །

ཀུན་གྱིས་མཁྱེན་གསལ་ལྟར་ནང་པ་སངས་རྒྱས་པའི་ཆོས་ལུགས་ཐོག་མ་རྒྱ་གར་ནས་བྱུང་བ་ཡིན་ཡང་དུས་འགྱུར་གྱི་དབང་གིས་དེང་སྐབས་འཛམ་གླིང་ཐོག་ནང་པའི་ཆོས་གཞུང་ཆེས་མང་ཞིང་ཆ་ཚང་བ་ནི་རང་རེའི་རྒྱལ་ཁབ་ཏུ་བཞུགས་ཤིང་། དེ་ལས་ནང་པའི་གཞུང་ལུགས་ཀུན་འདུས་པའི་མདོ་སྔགས་རིག་གནས་དང་བཅས་པའི་རྒྱུན་ནི་བོད་ཡིག་གི་བཀའ་བསྟན་ཁྲོད་དུ་བཞུགས་པས། དེང་སང་འཛམ་གླིང་ཐོག་ནང་བསྟན་འཆད་ཉན་དང་ཉམས་ལེན་ཞིབ་འཇུག་བགྱི་བ་བཅས་བོད་ཡིག་བེད་སྤྱོད་གཏོང་བཞིན་ཡོད་པ་ལགས་ན། ད་ལྟ་སྐྲུན་བཞིན་ཡོད་པའི་བོད་ཡིག་གི་བཀའ་བསྟན་དཔེ་བསྡུར་མ་འདི་ལས་མ་འོངས་པར་བོད་བརྒྱུད་ནང་བསྟན་དང་བོད་ཀྱི་ཤེས་རིག་ཞིབ་འཇུག་གི་འཕྲིན་ལས་སྤེལ་བར་ནུས་པ་ཆེན་པོ་འདོན་ངེས་པ་མ་ཟད། ཀྲུང་ཧྭ་མི་རིགས་ཀྱི་རིག་གནས་ཕུན་སུམ་ཚོགས་པར་འགྲོ་བ་དང་འཛམ་གླིང་མི་རིགས་ཀྱི་རིག་གནས་དར་རྒྱས་འགྲོ་བ་བཅས་ལ་ཕྱུག་རྗེས་ཆེན་པོ་འཇོག་ངེས་པ་ལགས་སོ། །

མཆན།

[1] བཀའ་བསྟུ་མཛད་ཚུལ་དང་ལོ་གྲངས་སོགས་ཀྱི་ཐད་ལ་མཁས་པ་རྣམས་བཞེད་པ་འདྲ་མིན་མང་ཡང་འདིར་ཡོངས་གྲགས་ལྟར་བཀོད།

[2] བུ་སྟོན་གྱིས《ལྡན་དཀར་མ》དང《མཆིམས་ཕུ་མ》《འཕང་ཐང་མ》ཞེས་བཀོད་ཅིང་དུང་དཀར་ཚང་གིས《འཕང་ཐང་མ》དང་པོར་བཀྲངས་ཡོད།

[3]《བུ་སྟོན་ཆོས་འབྱུང》ཀྲུང་གོའི་བོད་ཀྱི་ཤེས་རིག་དཔེ་སྐྲུན་ཁང་གི་དཔར་མ་ཤོག་ངོས314ལ་གསལ།

[4] འདི་པའི་མཚན་ལ་འཇམ་དཀག་དང་འཇམ་དཀའ་སོགས་ཅི་རིགས་བྲིས་ཡོད་ཀྱང《རྩོར་གྱི་ཆོས་འབྱུང》དུ"འཇམ་དབྱངས་པ"ཞེས་བཀོད་འདུག་པས་དོན་དུ"འཇམ་དབྱངས་སྐྱིག་པའི……"ཞེས་པའི་བསྡུས་མཚན་ཡིན་སྙམ།

[5] དཀར་ཆག་སྔ་མ《བསྟན་པ་རྒྱས་པ》དང་ཕྱི་མ《ཉི་མའི་འོད་ཟེར》ཞེས་བྱ།

[6]《རྒྱལ་བའི་བཀའ་འགྱུར་རིན་པོ་ཆེ་གསར་བཞེངས་ཀྱི་དཀར་ཆག་དེབ་ཐེར་དཀར་པོ》ཞེས་བྱ།

[7]《བསྟན་འགྱུར་གྱི་དཀར་ཆག་ཡིད་བཞིན་ནོར་བུ་དབང་གི་རྒྱལ་པོའི་ཕྲེང་བ》ཞེས་བྱ།

[8]《བསྟན་བཅོས་འགྱུར་རོ་ཅོག་གི་དཀར་ཆག་ཡིད་བཞིན་གྱི་ནོར་བུ་རིན་པོ་ཆེའི་ཟ་མ་ཏོག》ཅེས་བྱ།

[9] མཁས་དབང་གཟན་དཀར་སྤྲུལ་སྐུ་ཐུབ་བསྟན་ཉི་མ་མཆོག་གིས་ཕྲན་ལ་དངོས་སུ་གསུངས།

[10]《ལུང་གིས་མཛད་པའི་བཀའ་འགྱུར་བསྟོད་པ》ཞེས་པ་ཁག་གཉིས་ཡོད་པ་ལས་སྔ་མའི་ནང་གསལ།

[11] འདི་དང་གཤམ་གྱི་དཀར་ཆག་རྣམས་མཚན་བྱང་ཁ་ཚང་འཁོད་ན་ཡིག་འབྲུ་མང་དྲགས་པས་ཁོ་བོས་བསྡུས་ཏེ་བཀོད།

[12] གོང་གི་དཀར་ཆག་ལ་ཤོག་ལྡེབ་ཉེར་གཉིས་དང་འདི་ལ་ཤོག་ལྡེབ་སོ་དྲུག་ཕྱེད་པ་གཉིས་དཔར་མ་བཞུགས་ཤིང་། གཞན་དཀར་ཆག་བྲིས་མ་ཞིག་ཀྱང་ཡོད་ཟེར།

[13] ཀློའུ་རུན་ཁྲན་དང་ལི་རུན་ཙན་གཉིས་ཀྱིས་བྲིས་པའི《藏文<大藏经>概述》ཞེས་པར་བཤད།

《ཀྲུང་གོའི་བོད་ཀྱི་ཤེས་རིག》 ༡༩༨༨ལོའི་དེབ་དང་པོ་ལས་བཏུས།

༄༅། །བོད་ཀྱི་བརྡ་རྙིང་ཡིག་ཆའི་རིགས་དང་ལུས་ཀྱི་དབྱེ་བའི་སྐོར་རགས་ཙམ་གླེང་བ།

རྨི་ཏུ་ཡུལ་ལྷ་ཐར།

བོད་ལ་ལོ་རྒྱུས་དང་འབྲེལ་ཞིང་སྤྱི་ཚོགས་རིག་གནས་ཀྱི་རིག་སྒོ་སྣ་ཚོགས་མཚོན་པའི་ཡིག་ཆ(文献)ཕུན་སུམ་ཚོགས་པོ་ཞིག་ཡོད་པ་ལས། བོད་ཀྱི་བརྡ་རྙིང་ཡིག་ཆ་ནི་ཡིག་ཆ་དེ་དག་ཁྲོད་རིན་ཐང་ཆེས་ཆེ་ཞིང་རིག་གཞུང་ཞིབ་འཇུག་གི་ཁྱབ་ཁོངས་སུ་ཡིད་རྗོན་ཏུང་བའི་རྒྱུ་ཆར་ཁས་ལེན་གྱིན་ཡོད་པ་དང་། དེ་དང་འབྲེལ་བར་བོད་ཀྱི་བརྡ་རྙིང་ཡིག་ཆའི་ཐད་ཀྱི་ཞིབ་འཇུག་གི་འབྲས་བུའང་རབ་དང་རིམ་པ་ཞིག་ཐོན་ཡོད་པ་རེད། ཡིན་ནའང་། དེ་དག་ཚང་མ་སྐད་ཡིག་དང་བརྡ་སྤྲོད། ལོ་རྒྱུས། ཆོས་ལུགས། ཁྲིམས་སྲོལ། རིག་གནས་འབྲེལ་བ་སོགས་ཀྱི་ཐད་ནས་དཔྱད་བརྗོད་སྤེལ་འདུག་པ་མ་གཏོགས། དེ་ཉིད་རིག་ཚན(学科)ཁྱབ་ཁོངས་ཤིག་ཏུ་བཞག་ནས་དེ་ལ་གཞུང་ལུགས་ཀྱི་སྒྲོམ་གཞི་ཞིག་བཟོས་པ་ད་སྔ་མི་འདུག་པས། ཁོ་བོས་ནི་འདིར་དེང་རབས་ཡིག་ཆའི་རིག་པ(文献学)ཡི་གཞུང་ལུགས་བཀོལ་ནས་དེ་མཐུན་གྱི་བོད་ཀྱི་བརྡ་རྙིང་ཡིག་ཆའི་རིག་པ་ཞེས་བྱ་བའི་ཚུགས་ཐུབ་ཅན་གྱི་རིག་ཚན་ཞིག་གསར་འཛུགས་བྱ་བཞིན་ཡོད་ཅིང་། དེ་ལ་རིག་ཚན་འདིའི་འགྲུབ་རྒྱུ་ལེ་ལག་རེ་རེ་བཞིན་དུ་ཕྱེ་ནས་དཔྱད་འཇོག་བྱེད་པ་ལ། འདིར་གླེང་བར་བྱ་བ་ནི་བརྡ་རྙིང་ཡིག་ཆའི་རིགས་དང་ལུས་ཀྱི་དབྱེ་བའི་སྐོར་ཡིན། འདིར་བརྗོད་པའི་བརྡ་རྙིང་ཡིག་ཆ་ནི་བོད་ཀྱི་གནའ་བོའི་ཡིག་ཆ་ཁག་སྟེ་བོད་ཀྱི་གནའ་བོའི་ཞང་ཞུང་ཡི་གེ་བྱུང་བ[1]ནས་བོད་སིལ་བུར་ཐོར་རྗེས་ལོ་ཙྪ་བ་རིན་ཆེན་བཟང་པོ་སོགས་ཀྱིས་སྐད་གསར་བཅད་ཐེངས་གསུམ་པ་བྱས་པའི་བར་གྱི་ཡིག་ཆ་ཁག་ལ་གོ་བ་ཡིན། བོད་ཀྱི་བརྡ་རྙིང་ཡིག་ཆ་ནི་གྲངས་འབོར་གཏོས་ཆེ་ལ་ནང་དོན་གྱི་ཤོང་རྒྱ་ཡངས་པ་དང་། བརྗོད་བྱ་སྣ་ཚོགས་ཤིང་ལུས་ཀྱང་རྣམ་པ་ཡོད་ལ། རིག་དངོས་ལོ་རྒྱུས་ཀྱི་ཕྱོགས་སྣ་ཚོགས་མཚོན་ཡོད་པ་ཞིག་ཡིན་པས། དེ་དག་ལ་རིགས་དབྱེ་དང་ཕྱོགས་སྡོམ་མ་བྱས་པར་ལེགས་སྒྲིག་བྱས་ན་ནི་དཀའ་ངལ་ཧ་ཅང་ཆེ་བའི་ལས་སུ་འགྱུར་བ་དང་། དེ་ལས་ལྡོག་སྟེ་བོད་ཀྱི་བརྡ་རྙིང་ཡིག་ཆ་ཁག་ཏུབ་ཏུབ་ཀྱིས་ཕྱོགས་བསྡུས་རིགས་དབྱེ་ལེགས་པོ་ཞིག་བྱས་པ་ཡིན་ཚེ། ཕྱིན་ཆད་ཀྱི་ལེགས་སྒྲིག་དཔེ་སྐྲུན་དང་ལྟ་ཀློག་ཞིབ་འཇུག་བཅས་བྱེད་སྐབས་སྟབས་བདེ་བ་དང་། མི་རྣམས་ཀྱི་བསམ་བློའི་ནང་བརྡ་རྙིང་ཡིག་ཆ་སྤྱི་ལ་ཕྱོགས་བསྡུས་རང་བཞིན་གྱི་ངོས་འཛིན་སྐྱ་ཐིག་ཅིག་ཡོད་པར་

བྱེད་ཐུབ། དེའང་བོད་ཀྱི་བརྙ་རྙིང་ཡིག་ཆ་སྤྱི་ལ་གོ་བབ་དཔྱད་བསྡུར་ཅིག་བྱས་པ་ཡིན་ན། དེ་ལ་རིགས་དབྱེ་བྱེད་པ་དེ་དཀའ་ངལ་ཆེ་བའི་གནས་ཤིག་མ་ལགས་ཏེ། ང་ཚོས་དེ་ཉིད་རིགས་ཆེན་པོ་གཉིས་དང་ལུས་བཅུ་བཞི་རུ་དབྱེ་བ་ཕྱེ་ཆོག་པ་རེད། འདིར་རིགས་ཞེས་པ་ནི། ཁྱད་ཆོས་ཐུན་མོང་དུ་ཡོད་པའི་རྣམ་གྲངས་སོ་སོར་ཕྱེ་བ་ལ་ཟེར་ཏེ། གཙོ་བོ་ཚད་གཞི་མི་འདྲ་བ་གཞིར་བཟུང་ནས་ཚན་པ་ཁག་གཅིག་ལ་ཐུན་མོང་དུ་གྲུབ་པའི་ཁྱད་ཆོས་ལ་དམིགས་ནས་ཕྱེ་བའི་སྡེ་ཚན་ཞིག་ཡིན། དཔེར་ན། མི་ལ་ཆེ་ཆུང་དང་དཔའ་སྡར། རབ་འབྲིང་། ཞ་བོ། འོན་པ། ལྡུན་པོ། མཁས་པ། འབངས་ཐ་མལ། དཔོན་པོ་སོགས་སྣ་ཁ་མང་ནའང་རིགས་ཆེ་བ་ཕོ་མོ་གཉིས་སུ་མ་འདུས་པ་མེད་དེ། རིགས་དེ་གཉིས་སོ་སོར་ཐུན་མོང་གཅིག་མཐུན་གྱི་ཁྱད་ཆོས་འབའ་ཞིག་གྲུབ་ཡོད་པས་རེད། དེ་བཞིན་བོད་ཀྱི་བརྙ་རྙིང་ཡིག་ཆར་མཚོན་ནའང་། དེ་ལ་འདྲ་མི་འདྲ་གང་མང་ཞིག་ཡོད་པ་ཡིན་རུང་ཚང་མ་རིགས་གཉིས་ཀྱི་ནང་བསྡུ་མི་ཐུབ་པ་མེད་པ་ལྟར་ཡིན།

ལུས་ལ་མཚོན་ན། དེ་ནི་ཡིག་ཆའི་འབྲི་བཀོ་དང་བསྡུ་ཉར། བརྒྱུད་སྤེལ་བཅས་བྱེད་པའི་རྣམ་པ་སྟེ་ཡིག་རིས་དེ་ཉིད་གཞི་ལ་བཀོད་པའི་གནས་སྟངས་ཀྱི་ངོ་བོ་དེ་ལ་བརྟེན་ནས་བརྗོད་པ་ཡིན། དེ་ཡང་བརྙ་རྙིང་ཡིག་ཆ་དེ་རྣམས་ལ་ལ་ཞིག་རྡོ་ལ་བརྐོས་ཡོད་པ་དང་ལ་ལ་ཞིག་ལྕགས་ལ་བྱས་ཡོད་པ། ལ་ལ་ཞིག་ཏ་ལའི་ལོ་མར་བྲིས་ཡོད་པ་དང་། ཡང་ལ་ལ་ཞིག་ཤོག་དྲིལ་དུ་བྲིས་ཡོད་པ། ལ་ལ་ཞིག་ལྷེབས་བྲིས་སུ་ཡོད་པ་སོགས་ལུས་ཀྱི་རྣམ་པ་མི་འདྲ་བ་སོ་སོར་སྣང་བ་དེ་གཞིར་བཟུང་ནས་ལུས་ཀྱི་སྡེ་ཚན་དབྱེ་ལུགས་འདི་ངོ་སྤྲོད་བྱས་པ་ཡིན། སྤྱིར་ན་རིགས་དང་ལུས་ཀྱི་དབྱེ་བའི་སྐོར་གླེང་སྐབས་ཕྱོགས་གཉིས་ཀྱི་ཐད་ནས་བརྗོད་ཆོག་པ་སྟེ། ནང་དོན་དང་རྣམ་པ་གཉིས་ཀྱི་ཆ་ནས་དབྱེ་བ་ཕྱེ་ཆོག་པ་ཡིན་མོད། འདིར་བརྗོད་པའི་རིགས་དང་ལུས་ནི་བརྙ་རྙིང་ཡིག་ཆའི་རྣམ་པ་གཙོ་བོར་བཟུང་ནས་སྤྲོས་པ་ཡིན། རྒྱུ་མཚན་ནི། རྒྱལ་ཁབ་ཕྱི་ནང་གི་ཡིག་ཆ་རིག་པའི་ཁྱབ་ཁོངས་སུ་ཡིག་ཆའི་ལུས་ལ་དཔྱད་སྐབས་རྒྱུན་པར་རྣམ་པའི་ཆ་ནས་ཞིབ་འཇུག་བྱས་འདུག་པ་ཡིན་ལ། དེ་ནི་ལོ་རྒྱུས་སྟེང་གི་ཡིག་ཆ་ཁག་རྣམ་པ་མི་འདྲ་བའི་ངང་ནས་ཟིན་ཐོར་བཀོད་ཡོད་པའི་ཆ་དེ་དམིགས་སུ་བཟུང་བས་རེད། དེའི་ཕྱིར་ན་འདིར་ཡང་རིག་ཚན་གང་དེའི་ཞིབ་འཇུག་བྱེད་སྟངས་གཞིར་བཟུང་ནས་རྣམ་པའི་ཆ་གཙོར་བཏོན་ཡོད་པ་ལས། ནང་དོན་གྱི་ཆ་ནས་བོད་ཀྱི་བརྙ་རྙིང་ཡིག་ཆར་རིགས་དབྱེ་བྱས་མེད། དེ་ལ་ཐོག་མར་འདིར་རིགས་ཆེན་པོ་གཉིས་སུ་དབྱེ་ལུགས་བརྗོད་པ་ལ།

དང་པོ། བོད་ཀྱི་བརྙ་རྙིང་ཡིག་ཆའི་རིགས།

བོད་ཀྱི་བརྙ་རྙིང་ཡིག་ཆའི་རིགས་དབྱེ་བྱེད་སྐབས་ཁོ་བོས་གོང་དུ་ཞུས་པ་ལྟར་རྣམ་པའི་ཐད་ནས་

ཐུན་མོང་དུ་བདོག་པའི་ཁྱད་ཆོས་གཞིར་བཟུང་ནས་ཁྱབ་ཆེ་ས་ནས་དབྱེ་བསྡུ་བྱས་པ་ཡིན་ལ། སྤྱིར་བོད་ཀྱི་དུས་རབས་རིམ་བྱུང་གི་ཡིག་ཆའི་རིགས་སྤྱི་ལ་རིགས་དཀར་སྐབས་དེ་ལ་ལུགས་བཀོས་ཀྱི་རིགས་དང་། བྲིས་མའི་རིགས། པར་མའི་རིགས་བཅས་རིགས་ཆེན་པོ་གསུམ་དུ་བསྡུ་རུང་བ་དང་། བོད་ཀྱི་བཟོ་རྩིང་ཡིག་ཆ་ནི་བོད་ལ་པར་སྐྲུན་ལག་རྩལ་མ་དར་བའི་སྔོན་ལ་བྱུང་བ་ཡིན་པས་པར་མའི་རིགས་སུ་དབྱེ་ཐབས་མེད་པ་ཡིན། འོན་ཀྱང་དེང་སྐབས་བོད་ཀྱི་བཟོ་རྩིང་ཡིག་ཆ་ཁག་རིམ་པ་བཞིན་ཕྱུགས་པར་དུ་འདེབས་བཞིན་ཡོད་པ་འདི་པར་མའི་རིགས་མིན་ནམ་ཟེར་ན། དེ་ནི་ཕོ་བོས་གནའ་བོའི་པར་གཞི་ངོ་མ་དེ་མིན་པར་བརྟེན། རིགས་གསུམ་དུ་བཀར་ནས་དབྱེ་མེད་པ་དང་། ཡང་དེ་ལ་བསམ་དགོས་པ་ཞིག་ཀྱང་འདུག་པ་འདྲ་བས་དེ་ནི་རྗེས་སོར་རིམ་གྱིས་དཔྱད་པའི་གནས་སུ་བསྐུར་བ་ཡིན་ནོ། །

༡. ལུགས་བཀོས་ཀྱི་རིགས།

ལུགས་བཀོས་ཀྱི་རིགས་ཞེས་པ་ནི་རྗོ་དང་བྲག ཤིང་། ལྕུགས་ཆས་སོགས་ཀྱི་སྟེང་དུ་བཀོ་བཟོ་དང་ལུགས་བླུག་པའི་སྒོར་ཀྱི་བཟོ་རྩིང་ཡིག་ཆའི་རིགས་ལ་ཟེར། ལུགས་བཀོས་ཀྱི་རིགས་དེ་ཕལ་ཆེར་བོད་བཙན་པོའི་རྒྱལ་རབས་སྐབས་སུ་བྱུང་བ་ཞིག་ཡིན་པ་དང་། ཡང་དེ་ལས་སྔ་བའི་རྒྱལ་ཕྲན་སིལ་མའི་དུས་དང་ཞང་ཞུང་དུས་རབས་སྐབས་སུའང་ཡོད་ངེས་པ་ཡིན་རུང་། ད་སྔ་ད་དུང་སྒྲུབ་བྱེད་ཡིད་བརྟན་འཕེར་བ་ཞིག་རྙེད་མེད་པའི་རྒྱུ་མཚན་གྱིས། ང་ཚོས་ལུགས་བཀོས་ཀྱི་རིགས་དེ་གཙོ་བོ་བཙན་པོའི་རྒྱལ་རབས་སྐབས་སུ་བོད་རང་དང་མཐའ་འཁྲིལ་རྒྱལ་ཁབ་ཁག་བར་མཐུན་འབྲེལ་དུ་བཀོས་པའི་རྗོ་རིང་ཡི་གེ་དང་སློན་ཆེན་པོ་དང་སྐྱེས་ཆེན་དམ་པ་དག་ལ་བཀའ་གཙིགས་མཛད་པའི་རྗོ་རིང་ཡི་གེ། ནང་པའི་བསྟན་པ་བླ་ནས་བླ་རུ་འཕེལ་བའི་འབུལ་བྱང་སྨོན་ཚིག་ཏུ་བླུགས་པའི་ཅོང་ཡིག ནང་པའི་ཆོས་གཞུང་སོགས་བྲག་ལ་བཀོས་པའི་བྲག་བཀོས་ཡི་གེ་དང་རྗོ་བཀོས་ཡི་གེ་སོགས་ལ་གོ་བ་ཡིན། དེ་དག་ཚང་མས་སྐབས་དེའི་བཀོ་བཟོའི་ལག་རྩལ་དང་ལུགས་ལྡུག་པའི་ལག་རྩལ་ལ་བརྟེན་ནས་ཕྱི་རབས་པ་དག་གི་བགོ་སྐལ་དུ་བཀོས་ཤིང་ལུགས་སུ་བླུགས་ཡོད་པ་དང་། ལོ་རྒྱུས་ཀྱི་དུས་ཡུན་རིང་མོའི་ནང་དེ་དག་ལག་བྲིས་མ་དང་མི་འདྲ་བར་ཡུན་རིང་ཉར་ཚགས་བྱེད་ཐུབ་པའི་ཁྱད་ཆོས་ལྡན།

༢. བྲིས་མའི་རིགས།

བྲིས་མའི་རིགས་ནི་བོད་ཀྱི་བཟོ་རྩིང་ཡིག་ཆའི་ནང་གྲངས་འབོར་མང་ཤོས་ཟིན་པའི་སྒོར་ཡིན་ལ། དེ་ནི་བོད་ལ་པར་སྐྲུན་ལག་རྩལ་མ་དར་བའི་གནས་ཚུལ་འོག་ཡིག་མཁན་དག་གི་ཕྱག་ནས་ཐོན་པའི་གནའ་བོའི་ཡིག་ཆའི་རིགས་ཕལ་ཆེ་བ་ལ་ཟེར་བ་ཡིན། བྲིས་མའི་རིགས་དེའི་ནང་ད་ལྟ་བོན་དགོན་རྙིང་པ་ཁག་ནང་ཉར་ཚགས་བྱས་ཡོད་པའི་གནའ་བོའི་ཞང་ཡིག་གི་སྒོར་འདུས་ལ། བོད་བཙན་པོའི་རྒྱལ་རབས་སྐབས་ཆབ་སྲིད་ཀྱི་དགོས་དབང་སོགས་རྣམ་པ་མི་འདྲ་བ་ལས་བྱུང་བའི་ཁྲིམ་དང་བྱང་བུ། ཤིང་

ཤུན་ཡི་གེ། ནང་ཆོས་བརྗོད་བྱར་གྱུར་པའི་ཏ་ལའི་ལོ་མའི་ཡི་གེ། གནའ་བོའི་དགོན་སྡེ་དག་གི་གྱང་ལྡེབས་སུ་བྲིས་པའི་ལྡེབས་བྲིས། ཏུན་ཧོང་རྒྱུད་དུ་ཐོན་ཆེ་ཤོས་སུ་གྱུར་པའི་ཤོག་དྲིལ་ཁག་དང་། གཞུང་ཡིག་ཡིག་ཆ། སྐོར་གྱི་གནའ་རྒྱ་སོགས་ཀྱང་འདུ་བ་ཡིན། དེ་ཡང་། 《བསྟན་འགྱུར》ཁྲོད་བཞུགས་པའི《དཀར་ཆག་ལྡན་དཀར་མ》ལྟར་ན། དུས་རབས་བདུན་པ་ནས་དུས་རབས་བརྒྱད་པའི་དུས་མཇུག་བར་རྒྱ་བོད་ཀྱི་མཁས་པ་དང་ལོ་ཙྪ་བ་དག་གིས་བསྒྱུར་བ་དང་མཛད་པའི་བོད་ཡིག་དཔེ་ཆིང་རིགས་བདུན་བརྒྱ་ལྷག་ཡོད་པར་བརྗོད་འདུག་པ་དང་། དེའི་ཐོག་ལ་རྗེས་སོར་བྱུང་བའི་དཔེ་ཆིང་ཁག་དགུས་གཅིག་ཏུ་བསྡུན་ན། བོད་ལ་བཙན་པོའི་རྒྱལ་རབས་སྐབས་ཀྱི་སྲོང་བཙན་ནས་བོད་སིལ་བུར་ཐོར་བའི་བར་གྱི་ལོ་བརྒྱ་ཕྲག་ནང“བོད་ཡིག་དཔེ་ཆིང་གི་གྲངས་འབོར་ཏ་ལམ་སྟོང་ཕྲག་བརྒལ་ཡོད་པར་སེམས”[2] ཞེས་པ་ལྟར་ཡིན་པས། དེ་དག་ཚང་མ་བྲིས་མའི་རིགས་ཡིན་པ་ནི་སྨོས་མ་དགོས་པ་ཞིག་རེད། གཞན་ཡང་། བྲིས་མའི་རིགས་དེ་ལ་ཞང་ཡིག་གི་སྐོར་དང་། དབུ་ཅན་གྱི་སྐོར། དབུ་མེད་ཀྱི་སྐོར་བཅས་ཡོད་པ་ཡིན་ལ། སཾསྐྲི་ཏའི་ཡི་གེའང་ཡོད་པ་རེད།

གཉིས་པ། བོད་ཀྱི་བརྡ་རྙིང་ཡིག་ཆའི་ལུས།

འདིར་བརྗོད་པའི“ལུས”ཞེས་པ་ནི་བོད་ཀྱི་སྲོལ་རྒྱུན་གྱི་རྩོམ་རིག་གཞུང་ལུགས་ཁྲོད་སྣང་བའི“ལུས་སྲོག་རྒྱན”གསུམ་གྱིས་ལུས་ལ་གོ་མི་རུང་སྟེ། 《སྙན་ངག་མེ་ལོང》ལས“ལུས་ནི་བརྗོད་པར་འདོད་པ་ཡི། །དོན་གྱི་རྣམ་བཅད་ཚིག་གི་ཕྲེང་། །”ཞེས་དང་། 《ཚིག་རྒྱན་རིག་སྒོ》ལས། “ལུས་ཞེས་པ་ནི། སྨྲ་བ་པོའི་བརྗོད་འདོད་ཀྱི་དངོས་པོ་གང་དང་གང་ཡིན་པ་དེ་རྗོད་བྱེད་ཚིག་གི་ཕྲེང་བར་སྤེལ་བའི་ཚིག་སྦྱོར་དེ་ཡིན།” ཞེས་པའི་ལུས་དེ་མ་ཡིན་ལ། དེང་རབས་རྩོམ་རིག་གཞུང་ལུགས་ཁྲོད་ཀྱི་རྩོམ་ལུས་དང་ཡང་འདྲ་བ་མ་ཡིན་པར། འདིར་ནི་གཙོ་བོ་བརྡ་རྙིང་ཡིག་ཆ་བྱུང་གྲུབ་ཀྱི་གོ་རིམ་ཁྲོད་སྣང་བའི་ཡིག་ཆའི་རྣམ་པ་ཡི་གནས་སྟངས་ཀྱི་ངོ་བོ་གཞིར་བཟུང་ནས་བརྗོད་པ་ཞིག་ཡིན། འཛམ་གླིང་གི་ལོ་རྒྱུས་ཐད་ནས་བརྗོད་ན། སྔ་ཕྱིར་རུས་བཀོས་ཡི་གེ་དང་རྡོ་བཀོས་ཡི་གེ། ཤིང་ཤུན་ཡི་གེ། པགས་པའི་ཐོག་བྲིས་པའི་ཡི་གེ། རྩྭ་ཤོག་སྟེང་བྲིས་པའི་ཡི་གེ། ལོ་མའི་སྟེང་བྲིས་པའི་ཡི་གེ། སྨྱུག་ཁྲམ་ཡི་གེ། ལྕགས་རིགས་ཀྱི་བཀོས་ཡིག པར་མ་སོགས་བརྡ་རྙིང་ཡིག་ཆ་སྣ་ཚོགས་བྱུང་བ་དང་། དེ་དག་ཚང་མ་ས་གནས་མི་འདྲ་བ་དང་མི་རིགས་མི་འདྲ་བ། ཚོ་ཁག་མི་འདྲ་བ་སོ་སོས་འབྲི་བཀོ་དང་པར་རྒྱག་སོགས་བྱས་ཏེ་སྤྱི་ཚོགས་འཚོ་བའི་ཁྲོད་རྒྱ་ཁྱབ་དང་ཡང་ན་ཕྱོགས་རེ་བའི་སྒོ་ནས་བཀོལ་སྤྱོད་བྱས་པ་ཡིན་ལ། དེ་ལ་བརྟེན་ནས་རིམ་གྱིས་ལུས་སྣ་ཚོགས་པའི་བརྡ་རྙིང་ཡིག་ཆ་ཁག་རིམ་བརྒྱུད་བྱས་ཡོད་བ་རེད། རང་བྱུང་གི་ཆ་རྐྱེན་མི་འདྲ་བ་དང་སྤྱི་ཚོགས་འཕེལ་བའི་བརྒྱུད་རིམ་མི་འདྲ་བ། འབྲི་བཀོ་དང་པར་རྒྱག་བྱ་བའི་ཁྱད་ཆོས་མི་

མཚུངས་པ་སོགས་ཀྱི་དབང་གིས། མི་རིགས་སོ་སོས་བཀོལ་བའི་བཟ་ཉིང་ཡིག་ཆར་ལུས་ཀྱི་རྣམ་པའང་མི་འདྲ་བ་སྣ་ཚོགས་སུ་འདུག་སོད། ཕྱིར་ན་ཚང་མས་ཆེས་སྔབས་བདེ་བའི་རང་བྱུང་དངོས་གཟུགས་ལུས་སུ་བྱེད་པ་ནས་རིམ་གྱིས་ཤོག་བུ་ལུས་སུ་བྱེད་པའི་ཕྱོགས་སུ་འཕེལ་འགྱུར་བྱུང་བའི་ལོ་རྒྱུས་ནི་གཅིག་འདྲ་ཡིན། མིའི་རིགས་ཀྱི་ཚན་རིག་ལག་རྩལ་རིམ་གྱིས་གོང་འཕེལ་ཕྱིན་པ་དང་ཤེས་རིག་ཚུ་ཚད་གོང་མཐོར་འཕེལ་བ་དང་ལྷན་དུ། བཟ་ཉིང་ཡིག་ཆའི་ལུས་ཀྱི་འཕེལ་རྒྱས་རྣམ་པའང་ཬི་བ་ནས་ཡང་བ་དང་། དེར་འགོད་ཡིག་རིས་ཀྱི་འདུས་ཚད་ཀྱང་ཙུང་བ་ནས་མང་བ། བཟ་འཕྲིན་བརྒྱུད་སྤེལ་གྱི་མྱུར་ཚད་ཀྱང་དལ་བ་ནས་མགྱོགས་པའི་ཕྱོགས་སུ་འཕེལ་འགྱུར་འབྱུང་གི་ཡོད་པ་རེད།

བརྗོད་བྱར་གྱུར་པའི་བོད་ཀྱི་བཟ་ཉིང་ཡིག་ཆ་ནི་བོད་ལ་པར་སྐྲུན་ལག་རྩལ་མ་དར་བའི་གོང་རོལ་དུ་བྱུང་བའི་ཡིག་ཆ་ཁག་ཡིན་པས་པར་མའི་སྐོར་གླེང་ཐབས་མེད་པ་དང་། དེང་སྐབས་གསར་དུ་དར་བའི་བཟ་འཕྲིན་ཅན་གྱི་ལུས་ཀྱི་རྣམ་པ་ནི་དེ་བས་ཀྱང་གླེང་ཐབས་མེད་པ་རེད། བོད་ཀྱི་བཟ་ཉིང་ཡིག་ཆ་འདི་དག་ནི་མ་མཐའ་ཡང་ལོ་ངོ་ཆིག་སྟོང་ལྷག་གི་གོང་དུ་བྱུང་བ་ཤ་སྟག་ཡིན་འདུག་པས། ལོ་རྒྱུས་ཀྱི་དུས་ཡུན་ཧ་ཅང་རིང་ལ་དུས་རིམ་གྱི་འགྱུར་ལྡོག་གང་མང་བྱུང་སྲོང་བ་དང་། དེ་བཞིན་དུས་ཀྱི་འགྱུར་བའི་ཁྲོད་ནས་བཟ་ཉིང་ཡིག་ཆ་ཁག་གི་ལུས་ཀྱི་རྣམ་པར་ཡང་གནོད་སྐྱོན་ཚབས་ཆེན་ཐེབས་ཡོད་རྐྱེན། ད་སྔ་མཐོང་ཆོས་སུ་གྱུར་པའི་ལུས་ལས་འདས་པའི་ལུས་ཀྱི་རྣམ་པ་མང་པོ་ཞིག་འབྱུང་བཞིའི་ཁམས་སུ་འཐིམས་ཡོད་ངེས་པ་ནི་ཁ་ཚོན་བཅད་ནས་སྨྲ་སྤོབས་པ་ཞིག་རེད། དགའ་འོས་པ་ཞིག་ལ། ད་སྔ་རང་རེར་མཐོང་སྣང་དུ་ཡོད་པའི་བཟ་ཉིང་ཡིག་ཆ་ཁག་ཕལ་ཆེ་བ་ནི་གནའ་རྫས་སོག་འདོན་བརྒྱུད་རིམ་ཁྲོད་ས་འོག་ནས་ཐོན་པའམ་གཏེར་ནས་བཏོན་པ་དག་ཡིན་པས། བསྟུ་ཉར་བྱས་པ་ཙུང་བཟང་ལ་སྟོན་གྱི་ལུས་ཀྱི་རྣམ་པ་མ་འགྱུར་བར་ཡོད་པ་ཧ་ཅང་མང་བ་དང་། དེས་སྐབས་དེའི་ལོ་རྒྱུས་ཀྱི་དོན་དངོས་མཚོན་འདུག་པ་ཡིན་རྐྱེན་ཡིག་ཆའི་རིན་ཐང་ཡང་ཧ་ཅང་ཆེ་བ་ཡིན། འོན་ཀྱང་དེ་དག་གཅིག་བསྡུས་སུ་མེད་པར་ཁ་འཐོར་སྣ་ཚོགས་སུ་འདུག་པ་དང་། ཡིག་རིས་ཀྱི་རྣམ་པའང་འདྲ་མི་འདྲ་གང་མང་ཞིག་འདུག་པའི་དབང་གིས། ང་ཚོས་ངེས་པར་དུ་ཆེད་དུ་ལུས་ཀྱི་རྣམ་པའི་སྐོར་ལ་ལེགས་སྒྲིག་དང་དབྱེ་བསྡུ་བྱེད་རྒྱུ་ནི་བོད་ཀྱི་བཟ་ཉིང་ཡིག་ཆའི་རིག་པའི་གཞུང་ལུགས་འཛུགས་པར་མེད་མི་རུང་བའི་ལེ་ཚན་ཡིན་པ་དང་། དེ་ལ་མུ་མཐུད་དུ་ཞིབ་འཇུག་དང་སློབ་སྦྱོང་། དག་སྒྲིག ཞུས་འབེབ་སོགས་བྱེད་པའི་བརྒྱུད་རིམ་ཁྲོད་ངེས་པར་ཐག་གཅོད་བྱེད་དགོས་པའི་གནད་དམ་པ་ཞིག་ཡིན། དེས་ན་གཤམ་དུ་བོད་ཀྱི་བཟ་ཉིང་ཡིག་ཆའི་ལུས་ཀྱི་སྐོར་རེ་རེ་ནས་གླེང་བར་བྱ་བ་ལ།

༡. ཁྲམ་བྱང་།

ཁྲམ་བྱང་གི་སྐོར་འདི་ནི་དུས་རབས་བདུན་པ་དང་བརྒྱད་པའི་སྐབས་སུ་བོད་ཀྱི་ནུབ་ལྗོངས་དང་ཧོ་ཞི་

འགྲུལ་ལམ་ཁག་དབང་དུ་བསྒྱུར་བ་ལས་ཤུལ་ལུས་སུ་ཡོད་པ་དག་ཡིན་ཞིང་། འདི་དག་ད་ལྟ་དབྱིན་ཇི་དང་ཨུ་རུ་སུ། རྒྱལ་ནང་གི་ཞིན་ཅང་དང་བོད་ལྗོངས་སོགས་སུ་ཉར་ཡོད་ལ། ཕལ་ཆེར་ཁྲམ་བྱང་800ལྷག་ཡོད་པ་རེད།[3] སྔོན་བོད་ཀྱིས་མཐའ་བཞིའི་རྒྱལ་ཕྲན་མང་པོ་ཆབ་འོག་ཏུ་བསྡུས་པ་དང་འབྲེལ། ཆབ་སྲིད་ཀྱི་དགོས་དབང་གིས་མཐའ་ཁུལ་ས་གནས་ཁག་དང་བར་འཕྲིན་འབུལ་སྐྱེལ་གྱི་གནས་ཚུལ་བྱུང་བ་དང་། གཞུང་ནས་མར་བཏང་བའི་ཡིག་ཆ་དང་འོག་ནས་གོང་ལ་ཕུལ་བའི་སྙན་སེང་ཁག་ཁྲམ་བྱང་ཐོག་འགོད་པའི་སྲོལ་བྱུང་བ་རེད། དེ་ལ་ཡང་ཁྲམ་དང་བྱང་བུ་གཉིས་ཡོད་པ་ལས་ཁྲམ་གྱི་སྐོར་ནི་ཤིང་གྲུ་བཞི་ནར་མོ་ངོས་ལེབ་ཁོད་སྙོམས་ཐོག་བྲིས་པའི་ཡིག་རིགས་ལ་བྱ་བ་དང་། དེར་ཞུགས་ལོང་ཡང་ཟེར་གྱི་ཡོད། ཁྲམ་ཆེ་ཤོས་དེ་དག་གི་རིང་ཚད་ལ38cmདང་ཞེང་ལ3. 2cm མཐུག་ཚད་ལ0. 5cmཡོད་པ་དང་། སྤྱིར་བཏང་གི་རིང་ཚད8-18cmདང་། ཞེང་ཚད1. 8-3cm མཐུག་ཚད0. 3-0. 5cmབཅས་ཡིན། ཁྲམ་དེ་དག་ཕལ་ཆེ་བར་ངོས་གཅིག་ཏུ་ཡི་གེ་བྲིས་པ་ཅན་ཡིན་པ་དང་ཡང་ལ་ཤས་སུ་ངོས་གཉིས་པོར་བྲིས་འདུག་པའང་ཡོད་ལ། སྤྱིར་བཏང་བྱས་ན་ཡིག་ཕྲེང་གཅིག་ནས་གསུམ་བར་ཡོད། གཞན་ཡང་ཁྲམ་དེ་ཚོ་མང་ཤོས་ལ་གཞོག་བརྒྱབ་ཤུལ་གསལ་པོར་ཡོད་པས་ཐེངས་འགའ་ཤས་ལ་བཀོལ་སྤྱོད་བ་གསལ་པོ་ཡིན་པ་དང་། དེ་དག་འབྲེང་སྐུད་ཀྱིས་བརྒྱུས་ཏེ་ཕྱོགས་གཅིག་ཏུ་བསྡུས་ནས་འཇོག་པ་ཡིན། དེར་མ་ཟད། ཁྲམ་འགའ་ཤས་སུ་འབྲེང་སྐུད་ཀྱི་མདུད་པའི་སྟེང་འབྲེལ་ཡོད་དཔོན་པོའི་ཐེལ་ཙེའང་བརྒྱབ་ཡོད། བྱང་བུ་ནི་ཤིང་གི་བྱང་བུའི་རིགས་ལ་ཟེར་བ་དང་། དེ་ནི་བྱང་བུ་དེའི་ངོས་གཅིག་ཁ་དོག་དམར་པོ་ཡིན་ལ་དེའི་ཐོག་འབྲུག་རིས་བྲིས་ཡོད་པ་རེད། དེ་དག་ནི་བོད་བཙན་པོའི་དུས་སུ་སྲིད་གཞུང་གིས་དམག་མི་དང་དམག་མིའི་ནང་མིར་སྤྲོད་པའི་དམག་ཁྲལ་རྐང་འདོན་བྱས་པའི་རྟགས་སམ་ལག་འཁྱེར་ལྟ་བུ་ཡིན་པ་དང་། ཕྱིས་ཀྱི་སྤྱི་ལོ744ལོ་ནས་བཟུང་བཙན་པོའི་བཀའ་ལྟར་ཤིང་གི་བྱང་བུ་དམར་པོ་དེ་རིགས་རྩིས་མེད་དུ་བཏང་སྟེ་ཤོག་བུ་སེར་པོའི་ཐོག་ཡི་གེ་བྲིས་པའི་ཤོག་བྱང་གིས་ཚབ་བྱས་ཤིང་། སྐབས་དེར་ཡུལ་སོ་སོར་ཡུལ་དམག་སྒྲིག་འཛུགས་བྱས་ཡོད་པའི་རྟགས་སུ་ཁྲམ་སྒྱུའམ་བྱང་བུ་དཀར་པོ་རེ་སྤྲོད་པའི་སྲོལ་བྱུང་འདུག དེ་མིན་ད་དུང་"བྱང་བུ་དགུ་བཀྲ"ཞེས་པ་ཞིག་ཡོད་ལུགས《ལྡེའུ་ཆོས་འབྱུང》དང《མཁས་པའི་དགའ་སྟོན》ནང་འཁོད་ཡོད་པ་དེ་ནི་ཁྲིམས་སར་སྐྱོད་དོན་གཏུག་བཤེར་དང་སྐྱོད་གཞི་ཐག་གཅོད་བྱེད་རིམ་ནང་ཆེད་དུ་བཀོལ་བའི་བྱང་བུ་རིགས་ཤིག་ཡིན། གོང་གསལ་ཁྲམ་དང་བྱང་བུ་འདི་རིགས་ནི་བོད་བཙན་པོའི་རྒྱལ་རབས་སྐབས་སུ་དམག་དོན་ཐད་ལ་བཀོལ་ཤུགས་ཆེ་བས། དེ་ལ་རལ་བ་དང་ཆད་པའི་སྐྱོན་མི་འབྱུང་བའི་ཁག་ཐེག་ཡོད་པ་དང་། ཡིག་གཟུགས་གཙོ་བོ་དབུ་ཅན་ཡིན་ལ་ཅུང་འཁྱུག་བྲིས་བྱས་པའི་ཁྱད་ཆོས་ལྡན།

༢. ཤིང་ཤུན་ཡི་གེ།

ཤིང་ཤུན་ཡི་གེ་ནི་ཤིང་གི་ཤུན་པའི་སྟེང་དུ་བྲིས་པའི་བརྗ་རྙིང་ཡིག་ཆར་བརྗོད་པ་དང་། ད་སྔ་མཐོང་ཆོས་སུ་གྱུར་པའི་ཤིང་ཤུན་ཡི་གེ་ནི་སྟག་པ་དཀར་པོའི་ཤུན་པའི་ཐོག་བྲིས་པའི་ཡི་གེ་ཡིན། ཤིང་ཤུན་ཡི་གེ་འདི་རིགས་དུས་རབས་གང་གི་དུས་སུ་བྱུང་བ་ཁ་ཆོན་གཅོད་དཀའ་ནའང་། འཕེལ་འགྱུར་གྱི་ཆོས་ཉིད་ལ་དཔྱད་ན་ཁྲམ་བྱང་དང་ཤོག་བུའི་ལུས་ཀྱི་སྔ་རོལ་དུ་བྱུང་ངེས་པར་སྙམ་པས། དེང་དུས་བཀོལ་བའི་བོད་ཡིག་འདི་ཉིད་ལས་གཞན་གནའ་བོའི་ཞང་ཞུང་ཡི་གེའི་ཤིང་ཤུན་ཡི་གེའང་ཡོད་སྲིད་པ་དང་། རྗེས་སོར་རིམ་གྱིས་མི་རྙེད་པའི་ངེས་པའང་མེད། ཤིང་ཤུན་ཡི་གེ་འདི་རིགས་ད་སྔ་གནའ་བོའི་དགོན་རྙིང་དག་ན་ཡོད་པར་བརྗོད་ལ། ཡིག་གཟུགས་ལ་དབུ་ཅན་དང་འབྲུ་ཚའི་གཟུགས་དང་ཡིག་གཟུགས་སྦོམ་པོས་བྲིས་པ་སོགས་ཅི་རིགས་ཡོད།

༣. པགས་ཡིག

པགས་ཡིག་ཅེས་པ་ནི་མི་དང་སྲོག་ཆགས་གང་རུང་གི་པགས་པར་བྲིས་པའི་ཡི་གེ་ལ་ཟེར་བ་དང་། དེ་ཉིད་གནའ་བོའི་དུས་སུ་འཛམ་གླིང་གི་མི་རིགས་མང་པོ་ཞིག་ལ་ཡོད་སྲོལ་བ་རེད། ཀྲུང་དབྱང་མི་རིགས་སློབ་གྲྭ་ཆེན་མོའི་དཔེ་མཛོད་ཁང་གི་མགོ་གཙོ་རྒན་ཞུས་ལི་ཧྭ་ལགས་ཀྱིས་གསུངས་པ་ལྟར་ན། སྤྱི་ལོ1998ལོར་ཁོང་གིས་པེ་ཅིང་དུ་སོག་རིགས་ཀྱི་དགེ་རྒན་ཆེན་མོ་ཞིག་དང་འཕྲད་སྐབས་མཁྲིགས་ཤོག་ཅིག་མཐོང་སྲོང་བ་དང་། ནང་དོན་ནི་བོན་ཆོས་སྤེལ་སྐབས་བཀོལ་བའི་བརྡ་རྟགས་འབའ་ཞིག་ཡིན་ལ། ཡིག་གཟུགས་སྦོམ་པོ་དང་དབུ་ཅན་གྱིས་བྲིས་འདུག་ཟེར་ཞིང་། དེ་ནི་ཆ་ཤས་ཤིག་པགས་པ་དང་ཆ་ཤས་ཤིག་ཤོག་བུས་གྲུབ་པ་ཞིག་ཡིན་པར་བཤད།[4] གཞན་ཡང་མཚོ་སྔོན་ཡུལ་ཤུལ་ཁུལ་དང་མཚོ་ནུབ་ཁུལ། མཚོ་བྱང་ཁུལ། ཀན་སུའུ་ཀན་ལྷོ་ཁུལ། སི་ཁྲོན་དཀར་མཛེས་ཁུལ། ཡུན་ནན་བདེ་ཆེན་ཁུལ་དང་བོད་ལྗོངས་སོགས་ས་ཁུལ་མང་པོར་པགས་ཡིག་ཡོད་པར་བཤད་རུང་། དངོས་སུ་མཐོང་མ་སྲོང་། བདག་གི་བསམ་པར་པགས་ཡིག་ནི་པར་སྐྲུན་ལག་རྩལ་མ་བྱུང་སྔོན་དུ་ཐོག་མར་བྱུང་བ་ཐག་གིས་ཆོད་པས། བོད་ལ་བརྡ་རྙིང་ཡིག་ཆའི་ཐད་ཀྱི་པགས་ཡིག་ཡོད་པ་ནི་རིགས་པས་དཔྱད་བཟོད་དུ་གྲུབ་བོ། །

༤. རྡ་ཆས་ཡི་གེ།

རྡ་ཆས་ལས་སྟོན་བྱེད་པའི་དུས་སུ་དེའི་སྟེང་ལ་ཡི་གེ་འབྲི་བ་དང་། དེ་ནས་རྡ་ཆས་བསྒྲིག་རྗེས་བྱུང་བའི་ཡི་གེ་ལ་རྡ་ཆས་ཡི་གེ་ཟེར་འབོད། རྡ་ཆས་ཡི་གེ་ནི་རྡ་ཆས་ལས་བྱས་པའི་སྣོད་ཆས་སོགས་སུ་བྲིས་པ་ཡིན་པས་རྒྱུན་པར་ཡིག་འབྲུ་ཉུང་བ་དང་། ཡིག་གཟུགས་ལ་དབུ་ཅན་གཟབ་མའི་རིགས་དར་ཆེ། དེ་དག་གཙོ་བོ་གནའ་རྫས་ སྔོག་འདོན་སྐབས་སུ་གནའ་བོའི་བང་སོ་དང་མཁར་ཤུལ་བཅས་ནས་ཐོན་པ་མང་།

༥. བྲག་བརྐོས་ཡི་གེ།

རང་བྱུང་བྲག་ལ་བརྐོས་པའི་ཡིག་རིགས་ལ་བྲག་བརྐོས་ཡི་གེ་ཟེར་བ་དང་། དེ་ཡི་ལོ་རྒྱུས་རིང་བ་ཞིང་ཞིང་དུས་རབས་སྐབས་སུའང་བྱུང་ཡོད་པ་བོད་པོའི་རིག་གནས་ལོ་རྒྱུས་ཡིག་ཆ་ནང་གསལ་ལ།[5] དེ་མིན་དུ་སྤྱ་མཐོང་ཆོས་སུ་གྱུར་པའི་སྐོར་ལ་གོང་པོ་དེ་མོ་ས་ཁུལ་གྱི་བྲག་བརྐོས་ཡི་གེ་དང་ཡུལ་ཤུལ་ཁུལ་གྱི་བོད་བཙན་པོའི་སྐབས་ཀྱི་རྟེན་ཡིག་བྲག་བརྐོས་མ། ཆབ་མདོ་བྲག་གཡབ་རྫོང་གི་ལྷུན་མའི་བཀའ་གཙིགས་བྲག་བརྐོས་མ། ལྷ་ས་ལྕགས་པོ་རིའི་བྲག་བརྐོས་ཡི་གེ། ལྷོ་བྲག་གི་བྲག་བརྐོས་ཡི་གེ། ཡུན་ནན་རྒྱལ་ཐང་གི་བྲག་བརྐོས་ཡི་གེ་སོགས་ཡོད། ནང་དོན་གཙོ་བོ་ཆོས་ལུགས་ཀྱི་སྐོར་ཡིན་པ་དང་། ལོ་རྒྱུས་དང་ཆབ་སྲིད་ཐད་ཀྱི་ནང་དོན་ཡང་འདུས་ཡོད་པ་ཡིན། བྲག་བརྐོས་ཡི་གེ་འདི་རིགས་ཀྱི་ཡིག་འབྲུ་ཉུང་ཤོས་ལ་བཅུ་ཕྲག་ལྷག་ནས་མང་ཤོས་ལ་བརྒྱ་ཕྲག་བརྒལ་བའི་བར་ཆ་མི་སྙོམས་པ་རེད།

༦. རྡོ་བརྐོས་ཡི་གེ།

རྡོ་བརྐོས་ཡི་གེ་ནི་རྡོ་ལེབ་སྟེང་བརྐོས་པའི་ཡི་གེ་ལ་བརྗོད་པ་ཡིན་ལ། དེར་རང་བྱུང་རྡོ་ལེབ་སྟེང་བརྐོས་པའི་རིགས་ཤིག་དང་མིས་དབྱིབས་གཟུགས་བཏོད་པའི་རྡོ་ལེབ་སྟེང་བརྐོ་བའི་རིགས་གཉིས་ཡོད་པ་དང་། རྡོ་ལེབ་ཀྱི་རྣམ་པའི་ཐད་ནས་བརྗོད་ན་འང་ཚད་ལྡན་ཅན་དང་ཚད་ལྡན་མ་ཡིན་པའི་རིགས་གང་མང་ཡོད་པ་རེད། ཚད་ལྡན་མིན་པ་ཅན་ལ་མཚོན་ན་མ་ཎི་ཡིག་དྲུག་དང་སྐུ་བརྙན་བརྐོས་པའི་རིགས་མང་བ་དང་། ཚད་ལྡན་ཅན་གྱི་རྡོ་བརྐོས་ལ་གོང་སྨོས་ཆོས་ལུགས་ཀྱི་བརྗོད་བྱ་ཕུད། ལོ་རྒྱུས་དང་ཆབ་སྲིད་ཀྱི་བརྗོད་བྱ་ནང་དོན་བྱས་རིགས་ཀྱང་མང་བ་ཡིན།

༧. རྡོ་རིང་།

རྡོ་རིང་གི་ལུས་འདི་ནི་བོད་ཀྱི་བརྡ་རྙིང་ཡིག་ཆའི་ཁྲོད་ཀོ་གནས་གལ་ཆེན་ཟིན་ཡོད་པའི་སྐོར་ཡིན་ལ། དེ་དག་ཕལ་ཆེ་བ་བོད་ཀྱི་སྟོབས་འབྱོར་མངའ་ཐང་དར་བའི་རྩེ་མོར་སོན་པའི་བཙན་པོའི་རྒྱལ་རབས་དུས་སུ་བྱུང་བ་འབའ་ཞིག་ཡིན། དེ་ལ་འཕྱོངས་རྒྱས་སྟག་རྩེའི་རྡོ་རིང་ཡི་གེ་དང་ཞོལ་རྡོ་རིང་ཡི་གེ། བསམ་ཡས་གཙུག་ལག་ཁང་མདུན་གྱི་རྡོ་རིང་ཡི་གེ། ཁྲི་སྲོང་ལྡེ་བཙན་གྱི་བང་སོའི་མདུན་གྱི་རྡོ་རིང་ཡི་གེ། རྒྱལ་སྡེ་སྐར་ཆུང་ལྷ་ཁང་གི་རྡོ་རིང་ཡི་གེ། དབུ་རྟོད་ཞྭ་ལྷ་ཁང་གི་རྡོ་རིང་ཡི་གེ། དབོན་ཞང་མཐུན་འབྲེལ་རྡོ་རིང་། མཚུར་ཕུའི་རྡོ་རིང་ཡི་གེ། ཁྲོམ་ཆེན་རྡོ་རིང་ཡི་གེ།[6] སོགས་ཡོད་པ་དང་། རྡོ་རིང་འདི་དག་གི་ཡི་གེ་མང་བར་ཡིག་འབྲུ་སྟོང་ཕྲག་ལྷག་དང་ཉུང་བར་བཅུ་ཕྲག་ལྷག་ཡོད་ལ། བཙན་པོའི་རྒྱལ་རབས་དུས་ཀྱི་ཆབ་སྲིད་དང་ཆོས་ལུགས། དམག་དོན་སོགས་ཀྱི་ནང་དོན་མཚོན་ཡོད་པ་རེད། རྡོ་རིང་དེ་དག་མང་ཤོས་ལ་ཆར་ཁེབས་དང་ཏོག་ལྡན་ཞིང་ངོས་བཞི་དང་ཡང་ན་ངོས་གཉིས་སུ་ཡི་གེ་བཀོད་ཡོད་པ་དང་། ཡིག་གཟུགས་ལ་གཟབ་མ་ཤས་ཆེ། བོད་ཀྱི་ལོ་རྒྱུས་སྟེང་ཕྱིས་སུའང་རྡོ་རིང་

འཛུགས་པའི་སྲོལ་རེ་འགའ་བྱུང་སྲོང་བ་དང་། དེ་དག་ནི་ས་གནས་དཔོན་པོ་དང་དགོན་པ། མི་སྒེར་སོགས་ཀྱིས་བསྐྱངས་པ་ལས་ས་གནས་སྲིད་གཞུང་གིས་བསྐྱངས་པ་ཞིག་ཕལ་ཆེར་མི་འདུག

༡. ཙོང་ཡིག

ཙོང་ཡིག་ནི་ཁྲི་ལྕགས་དང་ལི་ཡིས་བླུགས་པའི་ཙོང་གི་ཐོག་ཡི་གེ་བཀོད་རིགས་སྐོར་ཡིན་ལ། གཙོ་བོ་འབྲུལ་བྱུང་སྔོན་ཚིག་ཏུ་བླུགས་པ་ཞིག་དང་ནམ་ཞར་ཡུན་གནས་ཡོང་བའི་དོན་དུ་བསམ་གཟས་ནས་ཙོང་ཡིག་ལུགས་སུ་བླུགས་པ་ཞིག་རེད། 《བསམ་ཡས་དགེ་རྒྱས་གཙུག་ལག་ཁང་གི་ཙོང་ཡིག》དང《བྲག་ཡེར་བ་དགོན་པའི་ཙོང་ཡིག》《ཁྲ་འབྲུག་དགོན་པའི་ཙོང་ཡིག》བཅས་ནི་ད་སྔ་ད་ཊུང་ཡོད་པའི་ཙོང་ཡིག་སྐོར་ཡིན་པ་དང་། ཡིག་གྲངས་ལ་ཡིག་འབྲུ་སུམ་ཅུ་ནས་བདུན་ཅུ་བར་ཡོད། ཙོང་ཡིག་གི་ཡིག་གཟུགས་ནི་གཟབ་མ་ཤ་སྟག་ཏུ་འདུག་པ་དང་། དུས་ཕྱིས་བོད་དུ་ཙོང་ཡིག་ལྕུག་པའི་སྲོལ་འདི་མུ་མཐུད་དར་ཏེ་ད་ལྟའི་བར་ཙོང་ཡིག་ཆེ་ཆུང་སྟོང་ཕྲག་ལྷག་ལུགས་སུ་བླུགས་ཡོད་ལ། ནང་དོན་དང་ཡིག་གྲངས་ཐད་ནས་བརྗོད་ན་འང་སྔོན་མ་ལས་ཆེས་ཆེར་འགོངས་ཡོད་པ་རེད།

༢. ཤོག་དྲིལ།

ཤོག་དྲིལ་ལུས་ཀྱི་བརྗོད་རྙིང་ཡིག་ཆ་ཁག་ནི་རྒྱ་ཤོག་བུར་བྲིས་པའི་ཡིག་ཆའི་སྐོར་ཡིན་པ་དང་། གཙོ་བོ་ནི་ཏུན་ཧོང་གི་བརྗོད་རྙིང་ཡིག་ཆའི་ཁྲོད་ནས་ཐོན་པ་ཡིན་ལ། ཡང་བོན་པོའི་ཆོས་གཞུང་དང་འབྲེལ་བའི་ཤོག་དྲིལ་ཡང་མང་བར་བོན་གྱི་མཁས་པ་ཚོས་གསུངས་པར་གནས་ལུགས་ཡོད་པར་འདོད། ཤོག་བུའི་བཟོ་རྩལ་འདི་བོད་ལ་དུས་ནམ་ཞིག་བྱུང་བར་ཁ་ཚོན་བཅད་ནས་སྨྲ་མི་སྲོབས་ནའང་། གནའ་བོའི་ཨེ་ཅིའི་མིས་སྤྱི་ལོ་སྔོན་གྱི་ལོ3500གོང་རོལ་ནས་རྩ་ཤོག་གསར་གཏོད་བྱས་ཡོད་པ་སྐབས་དེའི་དུར་སའི་རོ་སྐམ་ལས་རྙེད་ཡོད་པ་དང་། རྒྱ་ཡུལ་དུ་ཧན་རྒྱལ་རབས་ཤར་མའི་སྐབས་སུ་རྩ་ཤོག་ལས་རྒྱུ་བ་ལེགས་པའི་ཤོག་བུ་ངོ་མ་གསར་གཏོད་བྱས་པར་བརྗོད་པས། རང་རེར་ཡང་བཙན་པོའི་རྒྱལ་རབས་མ་ཚུགས་གོང་ནས་ཤོག་བུ་མེད་པའི་ངེས་པ་མི་འདུག་པར་སྣམ། འདིར་བརྗོད་པའི་ཤོག་དྲིལ་ནི་པར་སྐྲུན་ལག་རྩལ་མ་དར་སྔོན་ཏེ་ལོ་ཆེན་རིན་བཟང་སྔོན་ལ་བྱུང་བའི་ལག་བྲིས་ཤོག་དྲིལ་གྱི་སྐོར་ཡིན་པ་དང་། ཤོག་དྲིལ་དེ་དག་མང་ཤོས་ཆོས་ལུགས་རིག་གནས་སྐོར་གྱི་ནང་དོན་ཡིན་ལ། དེ་ལས་གཞན་ད་དུང་བོད་བཙན་པོའི་དུས་ཀྱི་ལོ་རྒྱུས་དང་གསོ་དཔྱད། རྩོམ་རིག ཁྲིམས་ཡིག བུན་ཡིག གན་རྒྱ་སོགས་བརྗོད་བྱར་བྱས་པའི་ཤོག་དྲིལ་ཡང་ཅུང་མང་པོ་ཞིག་ཡོད་པ་ཡིན། ཤོག་དྲིལ་དེ་རིགས་ནི31×21cmཅན་གྱི་ཤོག་ངོས་རྒྱུད་པ་སྦྱར་བ་ལས་གྲུབ་པ་དང་། སྤྱིར་བཏང་གི་རིང་ཚད་ལ200-500cmཡོད་ཅིང་། ཆེས་རིང་ཤོས་ལ1000cmཡོད། ཤོག་དྲིལ་སྟེང་བྲིས་པའི་ཡི་གེ་ལ་གཟབ་མ་དང་འབྲུ་ཚ། གཤར་མ་སོགས་ཅི་རིགས་ཡོད་པ་དང་། དེ་ནི་བོད་ཀྱི་བརྗོད་རྙིང་ཡིག་ཆའི་ཁྲོད་གྲངས་འབོར་ཆེས་མང་ཤོས་ཟིན་པའི་ཡིག་ཆའི་ལུས་ཤིག་རེད།

༡༠. གླེགས་བམ།

གླེགས་བམ་ལ་པོ་ཏི་ཡང་ཟེར་བ་དང་། དེ་ནི་ཤོག་བུ་བྱུང་རྗེས་དཔེ་དེབ་ཀྱི་རྣམ་པས་བྱུང་བའི་ཡིག་ཆའི་ལུས་ཤིག་ལ་བྱ། ད་ལྟ་དུས་ཀྱི་རྐྱེན་པས་བོད་གནའ་དུས་སྔ་མོའི་གླེགས་བམ་སྐོར་ལག་ཏུ་ཚུད་ཁག་པོ་ཡིན་ནའང་། གོང་སྨོས་ཤོག་དྲིལ་ཁག་མང་པོ་བྱུང་བ་དེས་གླེགས་བམ་ཡོད་ངེས་པ་ཚད་མས་གྲུབ་པ་དང་། 《ལྡེའུ་ཆོས་འབྱུང》ལས་ཀྱང"གླེགས་བམ་ཕལ་ཆེར་གཏེར་དུ་སྦས"ཞེས་འབྱུང་ལ། བཙན་པོའི་རྒྱལ་རབས་སུ་བཀའ་དང་བསྟན་བཅོས་དེ་འདྲ་མང་པོ་ཞིག་བསྒྱུར་བ་ལས་ཀྱང་གླེགས་བམ་ཡོད་ངེས་པ་ཡིན་ཞིང་། ཁོ་བོས་བསམ་ན་དེ་སྐབས་ཀྱི་གླེགས་བམ་རྣམས་མང་ཤོས་དུས་ཀྱིས་འཛིག་པ་དང་ལྷག་ལུས་དག་སྐད་གསར་བཅད་སོགས་ཀྱི་དབང་གིས་ཡང་བསྐྱར་གླེགས་བམ་དུ་བྲིས་པས་རྒྱུན་ཆད་པར་འདོད། གླེགས་བམ་གྱི་རྒྱུ་གཙོ་བོ་ནི་ཤོག་བུ་ཡིན་ལ། དབྱེ་ན་མདའ་ཚད་མ་དང་ཁྲུ་གང་མ། སྣ་ཐུང་སོགས་སུ་ཡོད་པ་དང་། དེ་ལས་མདའ་ཚད་མ་ནི་དེབ་རིང་སྟེ་རིང་ཚད་མདའ་དང་མཉམ་པས་དེ་ལྟར་མིང་བཏགས་པ་ཡིན། མདའ་ཚད་མའི་རིང་ཚད་ལ60-64cmཡོད་པ་དང་། ཞེང་ལ9cmཡོད། ཁྲུ་གང་མ་ནི་དེབ་འབྲིང་ལ་གོ་བ་ཡིན་ལ་དེའི་རིང་ཚད་ལ་སྤྱིར་བཏང55-60cmདང་ཞེང་ལ9cmཡོད། སྣ་ཐུང་གི་ཚད་གཞི་ལ་གཅིག་གྱུར་གྱི་ཚད་མེད་པར་ཐུང་རྣག་འཛིང་ཆེ་བ་དང་། རིང་ཚད25cmནས55cmབར་ཆ་མི་སྙོམས་པ་དང་ཞེང་ལའང7cm-9cmབར་ཆ་མི་སྙོམས་པ་ཡིན། གླེགས་བམ་དེ་དག་གི་ནང་དོན་ནི་ཆོས་ལུགས་དང་ལོ་རྒྱུས། རྩོམ་རིག ཡིག་སྒྱུར། གསོ་རིག སྐར་རྩིས་སོགས་གྱི་ནོམ་ལ། ཡིག་གཟུགས་གཙོ་བོ་དབུ་ཅན་ཡིན་ལ་གཞན་མའི་རིགས་ཀྱང་ཡོད།

༡༡. ཏ་ལའི་ལོ་མའི་ཡི་གེ།

ཏ་ལའི་ལོ་མའི་སྟེང་བྲིས་པའི་ཡི་གེ་སྐོར་ནི་བོད་ཀྱི་བརྗོད་སྙིང་ཡིག་ཆའི་ཁྲོད་གོ་གནས་ཆེན་པོ་བཟུང་ཡོད་པའི་ཡིག་ཆ་ཞིག་ཡིན་པ་དང་། ད་ལྟ་ལག་སོན་བྱུང་བའི་ཏ་ལའི་ལོ་མའི་བསྟན་བཅོས་ལ་སྔ་ཤོས་དུས་རབས་བཞི་པའམ་ལྔ་པའི་དུས་བྲིས་པ་དང་། ཡང་ན་ཐང་གར་བལ་པོ་དང་རྒྱ་གར་ནས་གདན་དྲངས་པ་དང་། འཕྱི་ཤོས་རྗེ་ས་པཎ་གྱི་དུས་དེར་ལེགས་པར་བྲིས་པའམ་དྲངས་པ་དག་ཡིན་པ་རེད། དེ་ཡང་ཏ་ལའི་ལོ་མའི་ཡི་གེ་ལ་ཕྱི་རོལ་པའི་བསྟན་བཅོས་སྐོར་ཡོད་ལ། སངས་རྒྱས་ཆོས་གཞུང་གི་ཐད་ནས་མདོ་སྡེ་དང་རྒྱུད་སྡེ། ཤེར་ཕྱིན། ཕལ་ཆེན། མངོན་པ་མཛོད། དུས་འཁོར་འགྲེལ་བཤད། གཟུངས་འདུས། དབུ་མ། སེམས་ཙམ་པ། ཚད་མ། སྨྲ་མདོ། བཟོ་རིག རྣམ་ཐར་སོགས་ཡོད་པ་དང་། ཡིག་གཟུགས་གྱི་ཆ་ནས་བྲམ་ཟེའི་ཡི་གེ་དང་གུཔྟའི་ཡི་གེ། ཤྲ་རི་ཀའི་ཡི་གེ། ན་ག་རའི་ཡི་གེ། ཀུ་ཊི་ལའི་ཡི་གེ། མ་ག་དྷའི་ཡི་གེ། ས་ར་དའི་ཡི་གེ། རཉྫ་ནའི་ཡི་གེ། ནེ་པ་ལའི་ཡི་གེ། མཻ་ཐི་ལིའི་ཡི་གེ། ལཉྪའི་ཡི་གེ། ཕྱཀྵུལའི་ཡི་གེ་སོགས་ཡོད་ཅིང་། མཛད་མཁན་གྱི་ཕྱོགས་ནས་བརྗོད་ནའང་རྒྱ་གར་གྱི་ཧ་དབྱངས་དང་རྒྱལ་བའི་དབང

པོ། འཕགས་པ་ལྷ། རྒྱལ་བའི་གོ་ཆ། དཀྱིག་གཉེན་སོགས་ལས་གཞན། བོད་ཀྱི་སྐྲ་ཅིག་ཞང་གསུམ་དང་ཤོང་སྟོན་རྡོ་རྗེ་རྒྱལ་མཚན། དཔང་བློ་གྲོས་བརྟན་པ། བྱང་ཆུབ་རྩེ་མོ། ནམ་མཁའ་བཟང་པོ། ཞ་ལུ་ལོ་ཆེན་ཆོས་སྐྱོང་བཟང་པོ། ཤེས་རབ་རིན་ཆེན་སོགས་ཀྱིས་བཤུས་པའམ་མཛད་པའི་ཕྱག་བྲིས་དངོས་ཀྱང་མང་། པོ་ཏ་ལའི་ཕོ་བྲང་དང་ས་སྐྱ་དགོན་པ་ནི་ཏ་ལའི་ལོ་མའི་ཡི་གེ་ཉར་བ་ཆེས་མང་བའི་གནས་གཉིས་ཡིན་པ་དང་། དེ་གཉིས་སུ་ཉར་ཚགས་བྱས་པའི་ཏ་ལའི་ལོ་མའི་ཡི་གེའི་བསྡུ་ཉར་གྱི་གནས་ཚུལ་ཡང་བཟང་བ་ཡིན། ཏ་ལའི་ལོ་མའི་ཡི་གེར་གཅིག་གྱུར་གྱི་ཚད་གཞི་ཞིག་མེད་པ་སྟེ། རིང་བར50×6cmདང47×5cmཡོད་ལ། ཐུང་བར33×4cmཡོད་པ་སོགས་མི་འདྲ་བ་ཡིན། ཏ་ལའི་ལོ་མའི་དཔེ་རྙིང་ལོ་མའི་གྲངས་མང་ཤོས་ལ120ནས180བར་ཡོད་པ་དང་། ཉུང་ཤོས་ལ་ལོ་མའི་གྲངས10ནས100བར་ཡོད།

༡༢. ལྡེབས་བྲིས།

ལྡེབས་བྲིས་ནི་དགོན་སྡེ་སོགས་ཀྱི་འདུ་ཁང་དང་གཙུག་ལག་ཁང་གི་གྱང་ལྡེབས་སུ་བྲིས་པའི་ཡི་གེ་ལ་ཟེར་ཞིང་། དེ་ཡང་གནའ་བོའི་དགོན་སྡེ་མང་པོ་ཞིག་དུས་ཀྱིས་འཇིག་པ་ལ་བརྟེན་ནས་ད་སྔ་ལྡེབས་བྲིས་ཉུང་ཤོས་ཤིག་ལས་ཉར་ཚགས་བྱེད་ཐུབ་མེད་པ་དང་། དཔེ་མཚོན་ནི་མངའ་རིས་མཐོ་ལྡིང་དགོན་པའི་འདུ་ཁང་གི་ལྡེབས་བྲིས་ཡི་གེ་ལྟ་བུ་ཡིན། མཐོ་ལྡིང་དགོན་པའི་འདུ་ཁང་གི་ལྡེབས་བྲིས་ཡི་གེ་འདི་ནི་སྔན་རྩོམ་གྱི་ལུས་སུ་ཡོད་ལ་ཡིག་འབྲུ་ཁྱོན་བསྡོམས1076ཡོད་པ་དང་ཚིག་ཐང119ཡོད་ལ། ཡིག་གཟུགས་ནི་དབུ་ཅན་ཡིན་པ་རེད།

༡༣. སྲིད་གཞུང་གི་ཡིག་ཆ།

འདིར་བརྗོད་པའི་སྲིད་གཞུང་གི་ཡིག་ཆ་ཞེས་པ་ནི་བོད་བཙན་པོའི་དབུས་གཞུང་ངམ་ས་གནས་རིམ་པའི་སྲིད་གཞུང་གིས་རྒྱུན་དུ་སྤྱོད་པའི་གཞུང་ཡིག་དང་བཟ་ཐོ། བཀའ་རྒྱ། གན་རྒྱ། ལམ་ཡིག་སོགས་ལ་ངོས་འཛིན་པ་ཡིན། དེ་ཡང་གཞུང་ཡིག་ལ་མཚོན་ན། དེ་ནི་སྲིད་གཞུང་དང་མངའ་གཞིས་ཕན་ཚུན་བར་རྒྱུན་པར་སྤྱོད་པའི་ཡིག་ཆར་ཟེར་བ་དང་། ཚད་གཞི་གཅིག་མཐུན་ཞིག་མེད་པར་རིང་ཤོས་ལ60×250cmནས65×35cmབར་དང་། ཐུང་ཤོས་ལ30×40cmསོགས་མི་འདྲ་བ་ཡིན། བཟ་ཐོ་ནི་སྲིད་གཞུང་རིམ་པས་མར་གཤམ་ལ་བསྒྲགས་པའི་ཐོ་ཡིག་ཏུ་སྤྱོད་པ་དང་། ཆེ་ཆུང་གི་ཚད་ནི60×80cmདང60×100cmསོགས་གང་ཉུང་ཡོད། བཀའ་རྒྱ་ནི་གོང་རིམ་སྲིད་གཞུང་གིས་གནང་བའི་བཀའ་ཡིག་སྟེ་ཆེ་ཆུང་གི་ཚད་ནི50×80cmདང60×120cmཡིན། གན་རྒྱ་ནི་སྲིད་གཞུང་དང་མངའ་འབངས་མི་སེར། མི་སྒེར་ཕན་ཚུན་བར་སོགས་སུ་སྤྱོད་པའི་ཆིངས་ལ་བརྗོད་པ་དང་། དེར་ཆེ་ཆུང་གི་ཚད60×120cmནས60×220cmདང་། 40×20cmནས50×60cmསོགས་མང་པོ་ཡོད། ལམ་ཡིག་ནི་ཨུ་ལག་སོགས་སུ་རྒྱུག་སྐབས་བཀོལ་བའི་རྟགས་ཐམ་ཡིན་ལ། ཚད་ནི50×80cmནས60×120cmབར་ཡིན། གོང་སྨོས་ཡིག་ཆ་འདི་རིགས་

ནི་ལྟེབ་དྲིལ་གྱིས་ལུས་སུ་ཡོད་པ་དང་། སྟེང་དུ་ཐམ་ཀ་མནན་ཡོད་ཅིང་ཡིག་གཟུགས་ནི་གཟབ་མ་ཡིན།

༡༨. དར་གོས་ཡི་གེ།

དར་གོས་ཡི་གེ་ནི་རྒྱ་དར་གོས་བྱས་པ་ལས་གྲུབ་པ་དང་། དེ་ནི་བོད་རྒྱ་བར་ལ་འབྲེལ་བ་བྱུང་ཞིང་ཕན་ཚུན་བར་རིག་གནས་དང་དཔལ་འབྱོར་ཐད་ཕར་གཏོང་ཚུར་འདྲེན་གྱི་ལུགས་སྲོལ་དར་བའི་གོ་རིམ་ནང་རྒྱ་ཡུལ་གྱི་དར་གོས་བོད་ལ་དྲངས་པ་ལས་བྱུང་ཞིང་། དེའི་སྐོར་མང་པོ་ཞིག་བྱུང་མེད་པ་འདྲ་ལ། རྗེས་སོར་དགའ་ལྡན་ཕོ་བྲང་གི་སྐབས་ནས་བཟུང་སྲིད་གཞུང་གི་བཀའ་རྒྱ་སོགས་མཚོན་པའི་དར་གོས་ཡི་གེ་གང་མང་ཞིག་བྱུང་ཡོད་པ་རེད།

གོང་དུ་གླེང་བའི་བོད་ཀྱི་བཟ་རྟེན་ཡིག་ཆའི་སྐོར་གྱི་ལུས་བཅུ་བཞི་པོ་དེ་ནི་གནའ་བོའི་བོད་ཀྱི་ལོ་རྒྱུས་སྟེང་སྤྱོད་གོ་ཆེ་བའི་ལུས་ཀྱི་རིགས་ཡིན་པ་དང་། བོད་ཀྱི་བཟ་རྟེན་ཡིག་ཆར་ལུས་འདི་དག་ལས་མེད་པའི་ངེས་པ་མི་འདུག་ནའང་། ད་ སྔ་མཐོང་ཆོས་སུ་སྣང་བ་དང་རིགས་པས་དཔྱད་བཟོད་པའི་ལུས་ནི་འདི་ཙམ་དུ་ཟད་ལ། རྗེས་སོར་རིམ་གྱིས་བཙལ་འཚོལ་དང་ཞིབ་འཇུག་གི་བྱ་རིམ་ཁྲིད་གསར་རྟེན་ཀྱི་གནས་ཚུལ་ཡོད་ན་དེ་བཞིན་ཁ་སྣོན་དང་དབྱེ་བསྡུ་བྱེད་ཆོག་པ་ཡིན། ལུས་བཅུ་བཞི་པོ་འདི་རིགས་ཆེན་པོ་གཉིས་ཀྱི་ཁོངས་སུ་བསྡུས་ན། རིགས་དང་པོ་ལུགས་བརྐོས་ཀྱི་རིགས་ཀྱི་ཁོངས་སུ། ༡) བྲག་བརྐོས་ཡི་གེ། ༢) རྡོ་བརྐོས་ཡི་གེ། ༣) རྡོ་རིང་། ༤) ཅོང་ཡིག ༥) རྫ་ཆས་ཡི་གེ་བཅས་འདུ་ཞིང་། དེ་བཞིན་རིགས་གཉིས་པ་བྲིས་མའི་རིགས་ཀྱི་ཁོངས་སུ། ༡) ཁྲམ་བྱང་། ༢) ཤིང་ཤུན་ཡི་གེ། ༣) པགས་ཡིག ༤) ཤོག་དྲིལ། ༥) གླེགས་བམ། ༦) ཏ་ལའི་ལོ་མའི་ཡི་གེ། ༧) ལྟེབས་བྲིས། ༨) སྲིད་གཞུང་གི་ཡིག་ཆ། ༩) དར་གོས་ཡི་གེ་བཅས་འདུའོ། །

མཆན།

[1] ཞང་ཞུང་ཡི་གེའི་སྐོར་ལ་ད་སྔ་ད་དུང་གཅིག་མཐུན་གྱི་ལྟ་ཚུལ་ཞིག་ཆགས་མེད་ཅང་། ཞང་ཞུང་ལ་ཐུན་མོང་མ་ཡིན་པའི་ཤེས་རིག་ཅིག་དར་ཡོད་ལུགས་ད་ལྟའི་རིག་གཞུང་ལས་རིགས་སུ་ཕལ་ཆེར་ཁས་ལེན་གྱིན་ཡོད་པ་དང་། བོད་ཀྱི་གནའ་བོའི་ཤེས་རིག་ལ་དཔྱོད་མཁན་ཆེད་རམས་པ་མང་དག་ཅིག་གིས་ཀྱང་ལུང་དང་རིགས་པའི་སྒྲུབ་བྱེད་མང་དུ་བཀོད་ནས་ཞང་ཞུང་ལ"ཡི་གེ་ཅམ་པོ་བ"ཞིག་དར་ཡོད་པ་བཤད་ཡོད་པས། འདིར་དེའི་རྗེས་སུ་འབྲངས་པ་ཡིན་ནོ། །

[2] རིག་འཛིན། 《བོད་ཡིག་དཔེ་རྙིང་གི་ངོས་འཛིན་པ་དང་འཕེལ་རྒྱས་སྐོར་གླེང་བ།》 [J] བོད་ལྗོངས་ཞིབ་འཇུག 2004ལོ། ཤོག་ངོས4པར་གསལ།

[3] 玉尧、陈践：《吐番简读牍综录》 [M] 北京：文物出版社，1986年，第15页。

[4] ཀྲུང་དབྱང་མི་རིགས་སློབ་གྲྭ་ཆེན་མོའི་དགེ་རྒན་ཆེན་མོ་ཞུས་ལེ་དྷ་ལགས་ལ་བཀའ་འདྲི་བྱས་པའི་ཟིན་བྲིས།

སྡེ་ཚན་དགུ་པ། དཔྱད་རྩོམ།

ལྟོ་བྲག་དཀྱིལ་པའི་བཤད་སྒྲ།

[5] 徐丽华：《藏文古籍载体述略》 [J] 青海民族学院学报，2002年，第14页。

[6] བཙན་པོ་ཁྲི་གཙུག་ལྡེ་བཙན་གྱི་སྐབས་སུ་བཞེངས་པའི་རྡོ་རིང་འདི་ནི་སྤྱི་ལོ1990ལོར་བོད་ལྗོངས་གཙང་སྟོད་ལྷ་རྩེ་རྫོང་ཁོངས་ཁྲོམ་ཆེན་ཞེས་པའི་གྲོང་ཚོ་ནས་རྙེད་སོན་བྱུང་བ་ཞིག་ཡིན་པ་དང་། རྡོ་རིང་དེ་དང་འབྲེལ་བར་གྲོང་ཚོ་དེ་ནས་བཙན་པོའི་དུས་ཀྱི་བང་སོའི་ཚོགས་ཆེན་པོ་ཞིག་གསར་རྙེད་བྱུང་བའི་ཚུལ་པ་ཚབ་པ་སངས་དབང་འདུས་ལགས་ཀྱིས་སྤྱི་ལོ1992ལོའི་ནོར་ལྷའི་རྒྱལ་སྤྱིའི་བོད་ཀྱི་ཤེས་རིག་ཚོགས་འདུའི་ཐོག་སྙན་སྒྲོན་ཞུས་ཡོད་ལ། ཕྱིས་སུ་ཆེད་དུ"ཁྲོམ་ཆེན་རྡོ་རིང་ཡི་གེ"ཞེས་ཁོང་གི་ཆེད་རྩོམ་དུ་བྱུང་ཡོད་པས། "ཁྲོམ་ཆེན་རྡོ་རིང་ཡི་གེ"ཞེས་བརྗོད་ལུགས་འདི་གཞིར་བཟུང་བ་ཡིན།

[7] ལྡེའུ་ཇོ་སྲས། 《ལྡེའུ་ཆོས་འབྱུང་།》 བོད་ལྗོངས་མི་དམངས་དཔེ་སྐྲུན་ཁང་། 1987ལོ། ཤོག་གྲངས139པར་གསལ།

《ནུབ་བྱང་མི་རིགས་སློབ་ཆེན་གྱི་རིག་གཞུང་དུས་དེབ།》 ༢༠༠༥ལོའི་དེབ་གཉིས་པ་ལས་བཏུས།

༄། །བོད་ཀྱི་ཡིག་ཚང་རིག་པའི་མིང་དོན་དང་ཁྱབ་ཁོངས་ལ་དཔྱད་པ།

སྒོ་མེ་ཚེ་དབང་རྣམ་རྒྱལ།

ཤེས་ལྡན་གྱི་མི་རིགས་དང་རྒྱལ་ཁབ་གང་ཡིན་ཡང་དེ་ལ་རང་ཉིད་བྱུང་ཞིང་འཕེལ་བའི་ལོ་རྒྱུས་ཀྱི་བརྒྱུད་རིམ་ཁྲིད་ཤུལ་བཞག་གི་ཡིག་ཚང་ནི་ཡོད་ངེས་ཤིང་། ཡིག་ཚང་མཛད་ལུགས་དང་ལེགས་སྒྲིག་བདག་ཉར་དང་། བེད་སྤྱོད་ཀྱི་ལུགས་སོགས་རང་རང་ལ་ཐུན་མོང་མ་ཡིན་པའི་རིག་པ་ཡན་གར་བ་རེ་ཡང་ཡོད་པ་ཡིན། ཡིན་ན་ཡང་། མི་རིགས་ཁག་ནས་ཡིག་ཚང་ཞེས་པའི་མིང་གི་དོན་ལ་གོ་བ་ལེན་སྟངས་མ་འདྲ་བའི་དབང་གིས་ད་ལྟ་བར་དུ་གཅིག་གྱུར་གྱི་མཚན་ཉིད་ཅིག་བྱུང་མེད་ལ། དེ་བཞིན་དུ་ཡིག་ཚང་རིག་པའི་གཞུང་ལུགས་ཀྱི་ཁྱབ་ཁོངས་སུ་འགྱུར་བར་ཡང་སྤྱི་མཐུན་གྱི་འདོད་ཚུལ་ཞིག་ཆགས་དཀའ་བའི་ཚོད་དུ་སྣང་། བོད་ལ་མཆོན་ན་སྔོན་བྱོན་སྐྱེས་ཆེན་དམ་པ་རྣམས་ཀྱི་སྐུ་དྲིན་ལས་མི་རིགས་གཞན་ལ་འགྲམ་ཆུ་ལྡང་མི་དགོས་པའི་ཡིག་ཚང་ཟླ་ན་མེད་པ་བཞག་ཟིན་དུ་ཡོད་པ་ལས་འབོར་ཆེན་པོ་ཞིག་དུས་ཟིང་དང་ཆོས་ལུགས་ཀྱི་འགལ་ཟླ་ལ་སོགས་པའི་ཕྱི་ནང་གི་འཚེ་བས་བརླགས་ནའང་། ད་ལྟ་ང་ཚོའི་མཐོང་ཡུལ་དུ་གྱུར་པ་ཡང་རི་བོའི་གཏོས་ལ་འགྲན་པར་དཔེ་ལེན་པའི་ཚུལ་བཞིན་གྲངས་ཀྱི་སྒོ་ནས་ཧ་ཅང་ཕོན་ཆེན་པོ་རེད།

དེང་དུས་ཡིག་ཚང་ལ་ཞིབ་འཇུག་བྱེད་པའི་ཚུལ་ནི་རིག་ཚན་གྱི་ངོས་ནས་དཔྱད་པ་དང་ཡིག་ཚང་རང་ག་བའི་ངོས་ནས་དཔྱད་པ་གཏོང་བ་སྟེ། སྔ་མ་དཔེར་ན་ལོ་རྒྱུས་ཡིག་ཚང་གི་ཞིབ་འཇུག་དང་གསོ་རིག་ཡིག་ཚང་གི་ཞིབ་འཇུག་ལྟ་བུ། ཕྱི་མ་ནི་ཏུན་ཧོང་ཡིག་ཚང་ལ་ཞིབ་འཇུག་དང་བཀའ་བསྟན་ཞིབ་འཇུག་ལྟ་བུ་སོགས་བྱེ་བྲག་གི་རིག་ཚན་ཞིག་གི་ངོས་ནས་དང་ངེས་གཏན་གྱི་ཡིག་ཚང་ག་གེ་མོར་དཔྱད་པ་གཏོང་བ་སོགས་ལས་ཡིག་ཚང་རིག་པའི་གཞུང་ལུགས་སྤྱིའི་དཔྱད་པ་ཧ་ཅང་དཀོན། བཅིངས་འགྲོལ་མ་བྱས་པའི་ཡར་སྔོན་དུ་བོད་ཀྱི་ཡིག་ཚང་གི་གྲངས་འབོར་དེ་འཛམ་གླིང་གི་ཡིག་ཚང་མང་ངོས་ཀྱི་གྲས་སུ་བགྲང་བའི་རྒྱའི་ཡིག་ཚང་གི་ཟླར་འོངས་པ་སྐབས་དེའི་མཁས་པ་རྣམས་ཀྱིས་གསུངས་ཤིང་། དེ་མཚུངས་སུ་ཡིག་ཚང་རིག་པའི་ཡན་ལག་ཏུ་གྱུར་པའི་དཀར་ཆག་དང་པར་གཞི། ཞུ་དག པར་སྐྲུན་དང་སྡེ་ཚན་དབྱེ་སྟངས་ལ་སོགས་ཀྱི་རིག་པའང་རྒྱ་ཆེར་དར་ཡོད་པ་སྔོན་གྱི་ཡིག་ཚང་ལ་བལྟས་པས་

ཤེས་ཐུབ། ཡིན་ན་ཡང་དུས་རབས་གསར་པའི་ནང་འདིའི་ཕྱོགས་ལ་དཔྱད་པ་གནང་མཁན་རེ་གཉིས་ལས་མེད་ཅིང་། སྔར་ཡོད་ཀྱི་རྨང་གཞིའི་སྟེང་དཔྱད་འབྲས་ཀྱང་མངོན་གསལ་དོད་པོ་བྱུང་མེད་པ་འདྲ། རིག་ཚན་གང་ལ་འཇུག་ཀྱང་ཉུང་སྙེ་ཡིག་ཚང་དང་ཡིག་ཚང་རིག་པ་ནི་རིག་ཚན་དེ་ཡི་ཐོག་མའི་སྒོ་འབྱེད་པའི་ལྡེ་མིག་ལྟ་བུ་དང་། ལྷག་པར་དུ་ཡིག་ཚང་དོ་དམ་པ་ལ་མཚོན་ན་འདིའི་ཐད་ཀྱི་རིགས་པའི་གཞུང་ལུགས་ནི་ཉེ་བར་མཁོ་བས། གུས་པས་ལོ་ཁ་ཤས་རིང་གི་ཡིག་ཚང་ལས་ཀའི་ཉམས་མྱོང་དང་འདིའི་སྐོར་གྱི་དེབ་ཁག་ཅིག་བསྒྲིགས་པའི་མྱོང་བ་བརྒྱུད་དེ། ཡིག་ཚང་དང་ཡིག་ཚང་རིག་པའི་གཞུང་ལུགས་ཀྱི་ཁྱབ་ཁོངས་སུ་གནས་པའི་གནད་དོན་འགའ་ཙམ་གླེང་བར་འདོད།

དང་པོ། ཡིག་ཚང་རིག་པའི་སྤྱི་བབ་དང་ཡིག་ཚང་གི་མིང་འདོགས་ལ་དཔྱད་པ།

གཅིག ཡིག་ཚང་རིག་པའི་སྤྱི་བབ་མདོར་བསྟན་པ།

འདིར་བརྗོད་བྱར་གྱུར་པའི་ཡིག་ཚང་ཞེས་པ་དེ་རྒྱའི文献ཞེས་པའི་ཕྱོས་ཟླའི་མིང་དུ་ངོས་འཛིན་རིགས་ཀྱང་། དེང་གི་ཆར་དེ་ལ་ཡིག་ཚང་དང་གཙུག་ལག ཡིག་རྙིང་། ཡིག་ཆ། ཚད་ལྡན་ཡིག་ཆ། ཡིག་རིགས། རྩོམ་རིགས་ལ་སོགས་པའི་འབོད་སྟངས་མི་འདྲ་བའི་ཐ་སྙད་དུ་མ་བྱུང་ཡོད་པ་མ་ཟད། ཐ་སྙད་དེ་དག་སྤྱོད་མཁན་གྱིས་ཀྱང་རྒྱ་མཚན་གང་ལ་ཡང་མི་བརྟེན་པར་རང་རང་གི་འདོད་བློ་བཞིན་དུ་སྤྱོད་ཀྱིན་པའི་ཚུལ་དུ་གནས་པ་མཐོང་ཐུབ། ཡིན་ནའང་ད་ལྟ་རིག་ཚན་ཐམས་ཅད་ཞིབ་ཏུ་འབྱེད་པའི་མཐོ་རླུང་ཁྲིད་ང་ཆེས་ཀྱང་རིག་ཚན་སྔ་ན་མེད་པ་གསར་འཛུགས་དང་ཡོད་པ་རྣམས་ཞིབ་རྒྱས་འཕྲུས་ཚང་དུ་གཏོང་བཞིན་པའི་སྐབས་འདིར། རིག་ཚན་གང་གི་ཁོངས་གཏོགས་སུ་གྱུར་པའི་བརྡ་ཆད་རྣམས་གཅིག་གྱུར་བཟོ་རྒྱུ་ནི་ལས་དེར་འཇུག་པའི་སྔོན་འགྲོ་ལྟ་བུར་སུས་ཀྱང་ཕྱོག་ཏུ་མེད་པ་བཞིན། ཡིག་ཚང་དུ་འབོད་པའི་གདགས་གཞི་དེར་མ་མཐའ་ཡང་དེ་ཡི་རིགས་པའི་གཞུང་ལུགས་ལ་ཞིབ་འཇུག་བྱེད་པའི་སྐབས་སུ་གཅིག་མཐུན་གྱི་འབོད་ཚུལ་ཞིག་ཆགས་དགོས་པར་འདོད་པས་དེའི་སྐོར་ཚན་པ་འོག་མ་ནས་བཤད་པར་བྱ།

དེ་ན་ཤོག་བུ་མ་བྱུང་གོང་གི་ཡིག་ཚང་གི་རྟེན་དུ་གྱུར་པའི་རྡོ་དང་ཤིང་ཤུན། ཀོ་ལྤགས་སོགས་ཀྱིས་མཚོན་པའི་ཡིག་ཚང་གྲུབ་བྱེད་ཀྱི་རྒྱུ་དངོས་པོའི་ལས་སྣོན་དང་། ཡི་གེ་མ་བྱུང་སྔོན་གྱི་ངག་རྒྱུན་དང་། བརྡ་རྟགས། གཟུགས་རིས་སོགས་མཚོན་ཐབས་གཙོ་བོར་གྱུར་པའི་ཡིག་ཚང་མཛད་ལུགས་ཀྱི་རིག་པ་དེ་ལོ་རྒྱུས་དེབ་ཐེར་ཡོངས་གྲགས་སུ་གཅིག་མཐུན་དུ་ཧ་ཅང་དར་ སྤྱ་བར་བཞེད་པ་ལས། དེ་ལ་གཅིག་ཆོད་ཀྱི་དུས་གཏན་ལ་དབབ་རྒྱུ་ནི་སུས་ཀྱང་མི་སྤྱོབས་ཏེ། བྲེ་བྲག་གི་ཡིག་ཚང་ཁག་ཅིག་ནང་དོན་དང་རྣམ་པའི་སྒོ་ནས་དུས་ནམ་ཞིག་གི་ཡིག་ཚང་ཡིན་པ་གཏན་འཁེལ་ཐུབ་མོད། ཡིག་ཚང་ཐམས་

ཅན་ཀྱི་ཐོག་མ་གང་ཡིན་པ་དེ་དང་དེ་ནམ་བྱུང་གི་དུས་ངེས་ཅན་ཞིག་ནི་ཁུངས་བཙུན་གྱི་ལུང་མ་རྙེད་པར་ཏོབ་ཚོད་ཀྱིས་བཤད་མི་ཐུབ་བས་སོ། །གང་ལྟར་ཕྱི་རབས་ལ་དོན་སྟོན་དུ་ཡོད་པའི་ཡིག་ཚང་རྣམས་ལས་ཡིག་ཚང་ཐོག་མ་ཉིད་མཛད་པའི་སྲོལ་བཏོད་པ་ནས་ཡིག་ཚང་རིག་པའི་ཡན་ལག་ཏུ་གྱུར་པའི་ཡིག་ཚང་མཛད་ལུགས་དང་བཅས་པའི་རིག་པའང་དར་བ་ཡིན་ཞེས་བརྗོད་ཐུབ་བར་འདོད།

སྤྱི་ལོའི་དུས་རབས་དགུ་པའི་དུས་མགོར་ལོ་ཙཱ་བ་སྐ་བ་དཔལ་བརྩེགས་དང་། འགོན་ཀླུའི་དབང་པོ་སོགས་ཀྱིས་ཕོ་བྲང་སྟོང་ཐང་ལྡན་དཀར་ན་བཞུགས་པའི་རྒྱལ་བའི་བཀའ་དང་བཀའ་ཡི་དགོངས་པ་འགྲེལ་བའི་བསྟན་བཅོས་འགྱུར་རོ་འཚལ་རྣམས་ཕྱོགས་གཅིག་ཏུ་བསྡུས་ཤིང་། ཐེམ་བྱང་གི་ཚུལ་གྱིས་དཀར་ཆག་ཏུ་བསྒྲིགས་པའི་དཀར་ཆག་ཆེན་མོ་གསུམ་གྱི་ཐོག་མ《དཀར་ཆག་ལྡན་དཀར་མ》བྱུང་བ་ལས་བོད་ཀྱི་ཡིག་ཚང་ཕྱོགས་བསྡུས་དང་། ཡིག་ཚང་ལ་སྡེ་ཚན་དབྱེ་བ། དཀར་ཆག་འགོད་པ་སོགས་ཡིག་ཚང་གི་རིག་པ་དེའང་ཚད་ངེས་ཅན་ཞིག་ལ་སླེབས་ཡོད་པ་ཤེས་ཐུབ། སྐབས་དེ་དག་ནས་བཟུང་སྟེ་བུ་སྟོན་རིན་ཆེན་གྲུབ་དང་། བཅོམ་ལྡན་རིག་པའི་རལ་གྲི། སི་ཏུ་བྱང་ཆུབ་རྒྱལ་མཚན། དྲུང་ཡིག་ཚུལ་ཁྲིམས་རིན་ཆེན། རྒྱལ་བ་ བློ་བཟང་རྒྱ་མཚོ། ཆོས་རྒྱལ་རབ་བརྟན་ཀུན་བཟང་འཕགས་དང་ཕོ་ལྷ་བསོད་ནམས་སྟོབས་རྒྱལ་སོགས་ཡིག་ཚང་རིག་པའི་ངོས་ཐད་ནས་མཛད་རྗེས་ཆེ་བའི་སྐྱེས་ཆེན་དམ་པ་མི་ཉུང་བ་ཞིག་བྱོན་ཡོད་པ་དང་། ཁོང་ཅག་གི་དཀར་ཆག་དང་། པར་སྐྲུན་སོགས་ཡིག་ཚང་རིག་པ་དང་འབྲེལ་བའི་བརྩམས་འབྲས་ གླ་ན་མེད་པ་དག་ཕྱི་རབས་རྣམས་ཀྱི་མིག་ཡིད་དགའ་བའི་གསོས་སུ་བཞག་ཡོད་པ་ལྟར་རོ། །དུས་རབས་གོང་མའི་ལོ་རབས་སུམ་ཅུ་པའི་ནང་མཁས་དབང་དགེ་འདུན་ཆོས་འཕེལ་གྱིས་ཡིག་ཚང་གི་མཛད་ལུགས་དང་ལྷིབ་ངོས་ཀྱི་བཀོད་པའི་མཛེས་ཆོས་སོགས་དེང་རབས་ཞིབ་འཇུག་གི་ལམ་ལ་དྲངས་ནས་ཞིབ་འཇུག་གི་སྲོལ་ཐོག་མར་ཕྱེས་ཡོད་པ། 《རྒྱལ་ཁམས་རིག་པས་བསྐོར་བའི་གཏམ་རྒྱུད་གསེར་གྱི་ཐང་མ》ལ་གསལ། ཡིན་ནའང་། དེང་གི་རིག་ཚན་དབྱེ་སྟངས་ལྟར་གྱི་ཡིག་ཚང་རིག་པའི་ཞིབ་འཇུག་གི་དུས་ནི་ཅུང་འཕྱི་སྟེ། དུས་རབས་སྔོན་མའི་ལོ་རབས་བརྒྱད་ཅུ་པའི་ནང་དུང་དཀར་བློ་བཟང་འཕྲིན་ལས་མཆོག་གིས《བོད་ཀྱི་དཀར་ཆག་རིག་པ》ཞེས་པའི་གསུང་རྩོམ་མཛད་དེ《སྦྲང་ཆར》དུ་བཀོད་པ་དང་། གསུང་རྩོམ་དུ་ཡིག་ཚང་རིག་པའི་ཁོངས་གཏོགས་སུ་གྱུར་པའི་དཀར་ཆག་གི་གོ་དོན་དང་ནུས་པ། དཀར་ཆག་བྱུང་འཕེལ་གྱི་ལོ་རྒྱུས་དང་དཀར་ཆག་རྒྱས་འབྲིང་བསྡུས་གསུམ་འགོད་ཚུལ་ལས་གཞན་དཔེ་རྙིང་གི་ལྷེབ་ཚད་དང་ལྷེབ་ངོས་ཀྱི་བཀོད་སྒྲིག ད་དུང་དགེ་བཤེས་ཤེས་རབ་རྒྱ་མཚོ་སོགས་ཀྱིས་མཛད་པའི་སྡེ་ཚན་དབྱེ་སྟངས་ལ་སོགས་འཁོད་ཡོད་པ་མ་ཟད། ཕྱིས་སུ་བོད་ཀྱི་པར་སྐྲུན་ལས་རིགས་ཀྱི་གནས་ཚུལ་སོགས་ཁ་གསབ་སྟེ་དེབ་ཏུ་བསྐྲུན་ཡོད་པ[1]ལ་དཀར་ཆག་གི་རིག་པ་ཁོ་ན་ཙམ་གྱིས་མ་ཁྱབ་པར་ཡིག་ཚང་རིག་པའི་ནང་དོན་གཞན་དང་ཡང་འབྲེལ་བས་རིག་ཚན་འདི་ལ་ཞིབ་

འཇུག་བྱས་པའི་ཆེད་དེབ་བྱུང་བ་དང་། 1992ལོར་མི་རིགས་དཔེ་སྐྲུན་ཁང་ནས་ཀླུ་ཚང་རྡོ་རྗེ་རིན་ཆེན་གྱིས་བརྩམས་པའི《བོད་ཀྱི་རྩོམ་རིགས་རྣམ་བཞག》ཅེས་པ་པར་དུ་བསྐྲུན་ཅིང་། དེབ་དེའི་ནང་པར་སྐྲུན་གྱི་བརྒྱུད་རིམ་དང་པར་ཁང་གི་གནས་ཚུལ། ད་དུང་ཞུ་དག་གི་ཚུལ་སོགས་དེབ་སྟེ་མ་ལས་ཅུང་ཞིབ་རྒྱས་སུ་བཀོད་ཡོད་ཀྱང་། བརྩམས་ཆོས་ཀྱི་མིང་འདོགས་ལུགས་ཅུང་གནད་དུ་མ་ཁེལ་བ་དང་། དཔེ་ཆའི་མཚན་བྱང་ནས་བལྟས་ན་གནའ་དེང་གཉིས་ཀའི་ཡིག་ཚང་འདུ་རིགས་ཀྱང་ནང་དོན་སྤྱིའི་ཆ་ནས་དེང་རབས་ཡིག་ཚང་ལ་དོ་སྣང་ཆེར་མེད་པ། རིག་ཚན་གྱི་ཁྱབ་ཁོངས་ངོས་འཛིན་ཐད་ནས་བལྟས་ནའང་དེ་འདྲའི་ཕྱོགས་རིང་བ་ཞིག་མིན་ན། ཡིག་ཚང་རིག་པའི་གཞུང་ལུགས་ཀྱི་སྤྱི་ཁོག་བཟོ་བའི་ཐད་ནས་ཞིབ་ཆ་འབྱུར་དུ་ཐོན་པ་ཞིག་མ་ཡིན་པར་སྙམ། ཉེ་ལམ་འདིའི་ཐད་ཀྱི་ཆེད་རྩོམ་རེ་གཉིས་ཐོན་ཡོད་པ་རྣམས་མདོར་དྲིལ་ནས་བཤད་ན། ད་བར་དུ་གདགས་གཞིར་གཅིག་མཐུན་གྱི་མིང་འདོགས་སྟངས་ཤིག་ཆགས་མེད་པ་དང་། ཡིག་ཚང་གི་གོ་དོན་དང་ཡིག་ཚང་རིག་པའི་ཁྱབ་ཁོངས་ཐད་ཀྱི་འདོད་ཚུལ་གཞི་གཅིག་ལ་འབབ་ཐུབ་མེད་པ། གཞན་གྱི་གཞུང་ལུགས་ལས་ལེགས་པའི་ཆ་འདྲེན་པར་གཅིག་མཐུན་གྱི་ཚད་གཞི་མེད་པ་བཅས་དེང་རབས་བོད་ཀྱི་ཡིག་ཚང་རིག་པའི་གཞུང་ལུགས་ཀྱི་སྤྱི་བབ་ནི་ཆེས་རྨང་གཞིའི་ཞིབ་འཇུག་གི་ཚུལ་དུ་གནས་ཡོད།

གཉིས། ཡིག་ཚང་གི་མིང་འདོགས་ལུགས་ཐད་ཀྱི་དོགས་གཙོད།

ཐོག་མར་ཐ་སྙད་དེ་དག་བྱུང་བའི་དུས་ཀྱི་དབང་དུ་སོང་ན། ཡིག་ཚང་དང་གཙུག་ལག་གཉིས་བོད་བཙན་པོའི་སྐབས་ཀྱི་ཡིག་རྙིང་དང་ཕྱིས་ཀྱི་དེབ་ཐེར་མང་དག་ཅིག་ཏུ་མཐོང་ཐུབ་ཅིང་། ཐ་སྙད་གཞན་རྣམས་ཕྱིས་སུ་བྱུང་བ་ཁོ་ན་རེད། གཙུག་ལག་ནི་གཙོ་བོ་ནང་བསྟན་བོད་དུ་དར་བ་ནས་ལོ་པཎ་རྣམས་ཀྱིས་བསྒྱུར་ཅིང་མཛད་པའི་བཀའ་དང་བསྟན་བཅོས་གཙོ་མཛད་པའི་རིག་པའི་གནས་ཡོད་དོ་ཅོག་གི་དཔེ་དང་གླེགས་བམ་སྤྱིའི་འབོད་སྟངས་ཤིག་ཏུ་གྱུར་ཡོད་དེ། 《སྒྲ་བཞིད》ལས། དེ་ལ་གཙུག་ལག་གི་གབ་ཚེ་སུམ་བརྒྱ་དྲུག་ཅུ་ཡོད་པས་རྒྱ་ནག་གཙུག་ལག་གི་རྒྱལ་པོར་གྲགས[2]ཞེས་དང་། "རྒྱའི་ཏུར་བྱ་བའི་གཙུག་ལག་ལས། འདི་ལྟ་བུ་བཀུམ་ན་དེ་ཕུར(ཉེ་པོར)དུ་སྡིག་ཆེའོ་མཆི་ཟེར"[3]བས་དཔེ་དང་གླེགས་བམ་སྤྱིར་གཙུག་ལག་དང་བྱེ་བྲག་གི་ཏུར་བྱ་བའི་དཔེ་ལའང་གཙུག་ལག་ཏུ་འབོད་པ་དང་། ཡང་"གཙུག་ལག་མཁན་གྱིས་ཇི་སྐད་ཟེར་བ་བཞིན་གསོལ་བ་དང་།"[4] ཞེས་རིག་པའི་གནས་ལ་མཁས་པའམ་གླེགས་བམ་རྩོམ་མཁན་ལ་གཙུག་ལག་མཁན་དུ་འབོད་པ་ཤེས་ཐུབ། ཕྱིས་སུ་གཙུག་ལག་གི་གོ་དོན་དེ་རིམ་གྱིས་འགྱུར་ཏེ་སྐུ་གསུང་ཐུགས་ཀྱི་རྟེན་མཐའ་དག་ལ་གོ་བ་མ་ཟད། རྟེན་དེ་རྣམས་བཞེངས་ས་དང་བཞུགས་སར་གྱུར་པ་ལ་ད་བར་དུ་གཙུག་ལག་ཁང་དུ་འབོད་པ་བཞིན་ཏེ། དེ་ལྟ་ན་གཙུག་ལག་གི་ཐོག་མའི་གོ་དོན་དེ་སྐབས་བབས་ཀྱི་གདགས་གཞིའི་དོན་དང་ཉེ་ཡང་། ཐ་སྙད་ཁག་ཅིག་དུས་ཀྱི་འགྱུར་བ

དང་བསྟུན་ནས་དོན་གྱི་གོ་བར་འགྱུར་བ་འབྱུང་བ་བཞིན། དེ་ཡི་བསྟན་དོན་ལ་གོ་བ་རིམ་འགྱུར་གྱིས་གདགས་གཞི་གང་ལས་དོན་གྱི་འཇུག་ཚུལ་ཁྱབ་ཆེ་རུ་སོང་ཞིང་ད་ཆ་བོད་པའི་རིག་གནས་ཀྱི་སྤྱི་མིང་ཙམ་དུ་ཆགས་ཡོད་པས་མ་སྨྲར།

ཡིག་ཆ་ཅེས་པའི་ཐ་སྙད་འདི《རྒྱལ་རབས་གསལ་བའི་མེ་ལོང》དུ་རྒྱ་ཧོར་གཉིས་ཀྱི་ཡིག་ཆ་དེབ་ཐེར་ལ་མཁས་པ[5]ཞེས་བྱུང་ཡོད་ཀྱང་། སྔ་ཕྱིར་བྱུང་བའི་དེབ་ཐེར་དག་ན་ཡིག་ཚང་གི་ཚབ་ཏུ་ཐ་སྙད་གང་སྤྱད་པ་མང་པོ་མ་མཐོང་ཕྱིར་དེ་ཡིས་གདགས་གཞིའི་དོན་སྟོན་གྱི་ཡོད་མེད་ཀྱང་བརྟག་པའི་གནས་སུ་འཁུམས། ཡིག་ཆ་དེ་ལ་མིང་གི་གོ་དོན་མི་འདྲ་བ་དུ་མ་དང་ལྡན་ཏེ། རིག་པའི་གནས་ལ་མངའ་བརྙེས་པའི་དགེ་བའི་བཤེས་གཉེན་དམ་པ་གང་གིས་རང་གི་གདུལ་བྱར་གྱུར་པའི་དགོན་སྡེ་དང་གྲྭ་ཚང་ཁག་ལ་གཏན་དུ་འཁེལ་བའི་བསླབ་གཞི་ལྟ་བུར་ཡིག་ཆ་སྟེ། དཔེར་ན་སྒོ་མང་ཡིག་ཆ་དང་རྗེ་བཙུན་ཡིག་ཆ་ལྟ་བུ། དེ་མིན་གྱི་གོ་ཚུལ་གཞན་ཞིག་ནི་སྲིད་གཞུང་ལས་ཁུངས་ནས་སྤེལ་བའི་སྒྲིག་སྲོལ་དང་ཐག་གཅོད་ལ་སོགས་པའི་ཡི་གེ་ལ་མདོ་དབུས་ཁམས་གསུམ་གྱི་བོད་མི་ཡི་གེ་ངེས་མིན་ཐམས་ཅད་ཀྱིས་སྤྱི་མཐུན་དུ་ཡིག་ཆར་འབོད་པས་སྤྱོད་ཁྱབ་ཧ་ཅང་ཆེ། དེ་ན་ཡིག་ཆ་ཞེས་པའི་སྐབས་བབས་ཀྱི་དོན་འདི་ལ་སྦྱར་བའི་ཚུལ་ནི་གཙོ་བོ་ཀྲུན་ཀོང་བོད་ཡིག་ཡིག་ཚང་ལ་ཞིབ་འཇུག་བྱེད་མཁན་སྔ་མ་དག་གིས་རྒྱ་ཡིག་གི文献ཞེས་པར་ཡིག་ཆ་སྦྱར་ཏེ་ཀྲུན་ཀོང་ནས་ཐོན་པའི་བོད་ཀྱི་ལོ་རྒྱུས་ཡིག་ཆ་ཞེས་པ་ལྟ་བུ་རྒྱ་ཆེར་སྤྱད་ཡོད་པ་དང་། དེང་གི་ཆེད་རྩོམ་མང་དག་ཅིག་ལ་དོན་འདིར་ཡིག་ཆ་སྤྱད་པའང་གཙོ་བོ་དེ་དག་གི་རྗེས་སུ་འབྲངས་པར་སེམས། ལོ་རྒྱུས་ཡིག་ཚང་གི་ནང་གསེས་ཀྱི་བཛ་ཡིག་དང་བཀའ་ཡིག་སོགས་བྱེ་བྲག་གི་ཡི་གེར་ཡིག་ཆ་སྦྱར་ཡང་འགལ་བ་ཆེར་མེད་ཀྱང་ཡིག་ཚང་སྤྱི་ལ་ཡིག་ཆར་འབོད་པ་ནི་དོན་ལ་མི་གནས་ཤིང་མ་དག་རྒྱུན་འཕྱམས་ཀྱི་ཚུལ་དུ་ངེས་པ་མ་ཟད། དུས་སྐབས་གཅིག་གི་ནང་མིང་གཅིག་དོན་དུ་མར་འཇུག་པའི་ཚུལ་མང་དུ་མཐོང་བ་ནི་སྐད་རིགས་གང་གི་ནུས་པ་ཞན་པར་འགྱུར་བའི་མངོན་རྟགས་སུ་འདོད་དོ། །

ཡིག་སྙིང་ནི古文དང་དོན་མཚུངས་ཀྱི་མིང་དུ་ངེས་པས་དུས་ཀྱི་ཆ་ནས་གནའ་རབས་ཡིག་ཚང་ཁག་གི་མཚོན་ཐབས་སུ་གྱུར་པ་རྒྱུ་མཚན་མ་དྲངས་ཀྱང་ཤེས་སླ། ཡང《རྒྱ་བོད་ཤན་སྦྱར་གྱི་ཚིག་མཛོད》དུ文献ལ་ཚད་ལྡན་ཡིག་ཆ[6]ཞེས་བསྒྱུར་སོད། དེ་ལ་ཚད་ལྡན་ཡིན་མིན་ཅི་རིགས་ཡོད་པས་མ་ཁྱབ།

ཡིག་རིགས་ནི་མདོ་རྒྱ་ཆེར་རོལ་པ་ལས་བསྟན་པའི་ཡིག་རིགས་དྲུག་ཅུ་རྩ་བཞི་ལ་སོགས་པའི་ཡི་གེའི་རིགས་མི་འདྲ་བའི་དོན་ལ་ད་བར་དུ་དེ་ལྟར་གོ་བ་དང་། གཞན་ཡིག་ཚང་མི་འདྲ་བ་ལ་ཡིག་རིགས་སུ་འབོད་པ་རྒྱའི参考文献ལ་བལྟོས་ཏེ་དཔྱད་གཞིའི་ཡིག་རིགས་ལྟ་བུར་བཏགས་པ་ནི་མི་འོས་ཤིང་། 参考资料ལ་དཔྱད་གཞིའི་ཡིག་རིགས་ཟེར་བར་རྗེས་གྲུབ་ཀྱི་མིང་གི་འདོགས་སྟངས་ལྟར་གོ་བ་བླངས་ན་དེ་

ཡང་མ་ཁྱབ་སྟེ། 资料ལ་བཟོ་རིས་དང་དབྱངས་རྟ་ལ་སོགས་པའང་འདུ་བའི་ཕྱིར་རོ། །གཞན་དུ་ན་དེང་གི་གཞུང་ལུགས་ཀྱི་བརྩམས་ཆོས་སུ“རྩོམ་རིགས(文献)ཞེས་པ་བོད་ལ་སྤྱར་མ་གྲགས། དེ་བས་ན་རྩོམ་གྱི་རིགས་སུ་གྱུར་ཚད་ཀྱི་ཆ་ནས་ས་མཐའ་ཅན་གྱི་རིགས་འདི་བྱས་ཏེ‘རྩོམ་རིགས’ཞེས་པའི་ཐ་སྙད་གསར་པ་ཞིག་བཏགས་ན་སྙམ་པས་དེ་ལྟར་བགྱིས”[7]ཞེས་རྒྱ་ཡིག་གི文献ལ་བལྟས་ཏེ་འདི་ལ་རྩོམ་རིགས་ཞེས་པའི་མིང་གསར་པ་ཞིག་བཏགས་ཡོད་ལ། དེ་ཡང文献ཞེས་པའི་དེང་རབས་ཀྱི་གོ་དོན་དེ་རྩོམ་རིག་གི་ངོ་བོའི་སྟེང་ནས་དབྱེ་བ་དགར་བའི་རྩོམ་གྱི་རིགས་ཁོ་ན་ཙམ་གྱིས་མ་ཁྱབ་པས་དེ་གཉིས་དོན་མཚུངས་ཀྱི་མིང་དུ་བརྗོད་དཀའ་བ་དང་། སྐབས་དེའི་རྩོམ་རིགས་ཞེས་པ་མིའི་རྩོལ་བ་ལ་བརྟེན་ནས་བསྐྱེད་པའི་འབྲས་བུའི་རིགས་མཐའ་དག་ལ་གོ་དགོས་པ་ཡིན་ན། མིའི་རྩོལ་བ་ལས་བསྐྱེད་པ་ཐམས་ཅད་ཡིག་ཚང་དུ་འདུ་བའི་ངེས་པ་མེད། ཡང་གཅིག་བཤད་ན་མི་རིགས་གཞན་པས་རང་གི་རིག་གནས་ལོ་རྒྱུས་ཀྱི་རྒྱུན་སྤྱན་ལ་འདེད་ཅི་ནུས་བྱ་བའི་སྐབས་སུ། ང་ཚོས་རང་ལ་སྤྱར་ཡོད་པ་སྣང་མེད་དུ་བསྐྱུར་ཏེ་ཡོད་ཚད་ཕྱི་ནས་མགོ་རྩོམ་པའི་དགོས་པ་ཅི་ཡང་མ་མཐོང་ཞིང་། དེ་མཐུན་གྱི་མིང་བརྡ་རང་ལ་སྤྱར་ནས་ཡོད་པས་ཅི་ལྟར་བསྒྱུར་ན་འགྲིག་མིན་སོགས་ཀྱི་ངལ་བ་མི་དགོས་སོ། །

ཡིག་ཚང་ནི་བོད་བཙན་པོའི་སྐབས་ནས་བྱུང་བའི་ཐ་སྙད་ཅིག་ཡིན་ལ། ད་བར་གྱི་ལོ་ངོ་སྟོང་ཕྲག་ལྷག་གི་དུས་ཀྱི་འགྱུར་རིམ་མི་འདྲ་བ་ལ་དེ་ཡི་བྲི་ལུགས་དང་གོ་དོན་ལའང་འགྱུར་བ་དེ་ཙམ་བྱུང་ཡོད་པའི་ཚུལ་མདོ་ཙམ་བཀྲལ་ན། གཡུ་སྒྲང་བརྩན་གྱིས་ནང་རྗེ་པོ་བློན་བཙན་བཟང་ལ་གསོལ་བའི་ཡི་གེར། སྤྲུལ་གྱི་ལོའི་དཔྱིད་ཟླ་འབྲིང་པོ་ཚེས་བཅུ་བཞི་ལ་ཡིག་ཙང་གཡུ་སྦྱལ་ཏེ་བློན་ཅེར་སྦྱལ་པར་ཆད་དོ[8]ཞེས་པ་བཞིན་བཙན་པོའི་སྐབས་ཀྱི་ཤོག་དྲིལ་དང་རྗོ་རིང་སོགས་ཀྱི་ཡི་གེར་ཡིག་ཚང་དང་ཡིག་ཙང་ལྟར་གྱི་འབྲི་སྲོལ་མི་འདྲ་བ་བྱུང་ཡོད་ནའང་། དོན་གྱི་འཇུག་ཚུལ་ནི་གོང་དུ་འཁོད་པའི་དཔེ་ལྟར་བཙན་པོའི་དུས་སྐབས་སུ་བློན་པོའི་གོ་གནས་ཀྱི་རིམ་པ་མཚོན་བྱེད་ཀྱི་ཡི་གེ་འཁོད་པའི་བྱང་བུ་དེ་སྟོན་ཅིང་། ཡི་གེ་འཁོད་པའི་བྱང་བུ་དེ་ལོ་རྒྱུས་མཚོན་བྱེད་ཀྱི་གྲུབ་ཆ་ཞིག་ཏུ་གྱུར་པ་མ་ཟད། དེ་ལ་དུས་སྐབས་ངེས་ཅན་ཞིག་གི་ལོ་རྒྱུས་ཀྱི་ཆ་འཕྲིན་གདའ་བས། དེ་ཡང་འདིར་བརྗོད་བྱར་གྱུར་པའི་ཡིག་ཚང་གི་ཁོངས་སུ་བཞག་ཀྱང་འགལ་བ་མེད། སྐད་གསར་བཅད་ཀྱི་རྗེས་སུ་ཡིག་ཚང་དང་ཡིག་ཙང་ལྟར་གྱི་འབྲི་སྲོལ་མ་མཐོང་ཡང་། 《སྦ་བཞེད》དུ་ཐབས་ཡིག་ཚངས་གསེར་གྱི་ཡི་གེ་ཆུང་དུ་བྱིན་ནས་གྲལ་ཡང་ཞང་བློན་ཆེན་པོའི་གོང་དུ་འདུག་ཅིག[9]ཅེས་གོ་དོན་འདི་ལ་སྐབས་དེ་དང་ཕྱིས་ཀྱི་འཐད་ལྡན་ཡིག་ཚང་མང་དག་ཅིག་ཏུ་ཡང་འཇུག་ས་ཅན་གྱི་ཡིག་ཚངས་འདི་བྲིས་ཏེ་བརྗོད་བྱར་གྱུར་པའི་ཡིག་ཚང་གཉིས་སོ་སོར་ཕྱེས་ཡོད་པ་མཐོང་། དེར་གཞིགས་ན་སྐད་གསར་བཅད་ཀྱི་རྗེས་ནས་མིང་འདི་གཉིས་ཀྱི་སྦྱོར་ཚུལ་ལ་ལེགས་བཅོས་གནང་ཡོད་པར་འདོད་ཀྱང་། ཉེ་རབས་ཀྱི་མཁས་པ་རྣམས་ཀྱིས་དེ་ལ་དོ་སྣང་ཆེར་

མ་བྱས་པར་མིང་དེ་གཉིས་གང་བདེར་སྦྱར་ཡོད་པ་འདྲ། གང་ལྟར་བཀས་བཅད་ཀྱི་རྗེས་སུ་རྣོན་པོའི་གོ་གནས་ཀྱི་རིམ་པ་མཚོན་བྱེད་ཀྱི་ཡི་གེ་འཁོད་པའི་བྱང་བུ་དེར་ཡིག་ཚངས་སུ་འབྲི་བའི་སྲོལ་བྱུང་བ་ཤེས་ཐུབ། སིལ་བུའི་དུས་ནས་བཟུང་ཕྱིས་ཀྱི་བརྩམས་ཆོས་དག་ན་ངག་རྗེས་སམ་ངག་རྒྱུན་དང་འདས་ཟིན་གྱི་དོན་ནམ་དེ་ཟིན་ཐོར་བཀོད་པའི་ལོ་རྒྱུས་ཀྱི་དཔེ་སོགས་ལ་ཡོངས་གྲགས་སུ་ཡིག་ཚང་དུ་འབོད་པ་དང་། 《སྒྲ་བཞིན》དུ་རྗེའི་ཞབས་ཏོག་དུའང་དེ་ཆེ། བུ་ཚའི་དགེ་དང་ཡིག་ཚང་དུའང་དེ་ཆེ[10]ཞེས་དང་། "ཡིག་ཚང་ངམ་ངག་རྒྱུན་ཉིད་ལ་བརྟག་འོས་དང"[11]ཞེས་པ་ལྟར་ལོ་རྒྱུས་ཤེས་འདོད་ན་དེ་ཡི་མཚོན་ཐབས་གཙོ་བོར་གྱུར་པའི་ངག་རྒྱུན་དང་ཡིག་ཚང་བརྟག་པར་བསྐུལ་བ་དང་། 《རྒྱལ་རབས་གསལ་བའི་མེ་ལོང》དུ"རྒྱ་བོད་ཀྱི་ཡིག་ཚང་རྒྱས་པར་ཤེས་འདོད་ན། དེབ་ཐེར་དེ་ཉིད་ལ་གཟིགས་ཤིག"[12]ཅེས་དང་། ཡང"གསེར་ཐོག་པ་རིན་རྗེར་གྱིས(ཀྱི)ཡིག་ཚང་ལས་ཟུར་ཙམ་བྲིས་པ་ཡིན་གྱིས་རྒྱལ་པོ་རེ་རེ་བཞིན་གྱི་མཛད་པ་ཕྲིན་ལས་རྣམས་ཞིབ་པར་ཤེས་འདོད་པ་དེ་ཉིད་ཀྱི་ཡིག་ཚང་ལ་གཟིགས་ཤིག"[13]ཅེས་འདས་ཟིན་གྱི་ལོ་ཟླའི་ནང་བྱུང་བའི་དོན་རྣམས་ཡི་གེར་འཁོད་པ་ལ་ཡིག་ཚང་ཞེས་རྒྱལ་རབས་དེབ་ཐེར་གཅིག་མ་ཡིན་པར་ད་སྔ་ལག་སོན་བྱུང་བ་ཐམས་ཅད་དུ་དེ་ལྟར་མཐོང་། ཕྱིས་སུ་བོད་བཀའ་ཤག་སྲིད་གཞུང་གི་རྩ་འཛུགས་ཁྲིད་གཞུང་གི་ཡིག་ཚགས་འབྲི་ས་དང་དོ་དམ་བྱེད་སའི་ལས་ཁུངས་ཤིག་ཡོད་པ་ལ་རྩེ་ཡིག་ཚང་ལས་ཁུངས་སུ་འབོད་པ་དེ་གོང་དུ་བསྟན་པའི་སྐུ་གསུང་ཐུགས་རྟེན་གྱི་གཙུག་ལག་རྣམས་བཞེངས་ས་དང་བཞུགས་སར་གྱུར་པ་ལ་གཙུག་ལག་ཁང་དུ་འབོད་པའི་དཔེ་བཞིན་དུ་རིགས་བསྒྲེས་ཀྱིས་གོ་ན་ཨེ་འགྲིག་སྙམ། ཡང་ཁ་ཅིག་གིས་ཡིག་ཚང་དེ་སྒྲ་དོག་འཇུག་གི་ལོ་རྒྱུས་ཀྱི་ཡི་གེ་ཁོ་ནར་འདོད་པ་དེ་ཡང་མ་ངེས་ཏེ། བཙན་པོའི་སྐབས་ཀྱི་བུན་ཡིག་དང་རྩིས་ཐོ་ལ་སོགས་པ་དེང་སྐབས་དཔལ་འབྱོར་ལོ་རྒྱུས་ལ་ཞིབ་འཇུག་བྱ་བའི་ཡིག་ཚང་གལ་ཆེན་དུ་གྱུར་ཡོད་ཅིང་། དེང་སྐབས་བྲིས་པའི་སྨྱུང་ལ་སོགས་པའང་མ་འོངས་པ་ན་འདས་ཟིན་གྱི་སྤྱི་ཚོགས་ལོ་རྒྱུས་ལ་ཞིབ་འཇུག་བྱེད་པའི་ཡིག་ཚང་གལ་ཆེན་དུ་འགྱུར་སྲིད་པས། ཐོག་མར་ལོ་རྒྱུས་དང་ལོ་རྒྱུས་མ་ཡིན་པའི་དབྱེ་མཚམས་གསལ་ཐག་གཅོད་དཀའ་བས་སོ། །

མདོར་ན་མིང་དང་ཐ་སྙད་ཅིག་གིས་སྟོན་པའི་དོན་དེ་ཡང་ཐོག་མར་བྱེད་པོས་ཕར་གཏད་པ་དང་རིམ་གྱིས་རྒྱུན་འབྱམས་སུ་སོང་ནས་མིང་དེ་དོན་གང་གི་མཚོན་བྱེད་ཙམ་དུ་གྱུར་པ་དང་། མིང་དེ་ཡིས་སྟོན་པའི་དོན་ལ་དུས་ཀྱི་འཕེལ་རིམ་ཁྲིད་སྐད་ཡིག་གི་སྤྱི་ཚོགས་ཀྱི་དགོས་མཁོ་ལ་སོགས་པའི་དབང་གིས་འགྱུར་ལྡོག་འབྱུང་སྲིད་པའི་ཆོས་ཉིད་ལྟར་དུ། བོད་གནའ་རབས་སུ་ནང་བསྟན་གྱི་བཀའ་དང་བསྟན་བཅོས་ཀྱི་གླེགས་བམ་སྤྱི་དང་གཞན་པའི་གཞུང་ཐམས་ཅད་ལ་གཙུག་ལག་ཏུ་འབོད་པ་དང་། འདས་ཟིན་གྱི་དོན་ནམ་དེ་ཟིན་ཐོར་བཀོད་པའི་ལོ་རྒྱུས་ཀྱི་དཔེ་སོགས་ལ་ཡིག་ཚང་ཞེས་པའི་མིང་གཉིས་བྱུང་

ཡོད་ཅིང་། གཙུག་ལག་ཅེས་པའི་མིང་གི་གོ་དོན་ལ་སྔ་མོ་ནས་འགྱུར་བ་བྱུང་སྟེ་གདགས་གཞིའི་དོན་གྱིས་མ་ཁྱབ་པའི་ཚུལ་གོང་དུ་བརྗོད་ཟིན་ལ། ཡིག་ཚང་གི་དོན་གྱི་གོ་ཚུལ་དང་ཡི་གེའི་བྲི་ལུགས་བཅས་ལའང་འགྱུར་བ་དེ་ཙམ་བྱུང་ཡོད་མོད། "བུ་ཚའི་དགེ་དང་ཡིག་ཚང"དམ"ཡབ་མེས་ཀྱི་ཆེ་དགེ་ཡིག་ཚང"[14]གི་གོ་དོན་མཚོན་པར་བྱས་ནས་ད་ཕན་བར་དུ་མ་མཐའ་ཡང་ལོ་ངོ་སྟོང་ཕྲག་ཡས་མས་འགོར་ཡོད་པ་དང་། དེང་གི་ཆར་ཡང་དོན་དེ་མཚོན་གྱིས་སྤྱོད་ཡུལ་མང་དག་ཅིག་ལ་ཡིག་ཚང་སྤྱོད་ཀྱིན་ཡོད་པ་བཅས་ལ་གཞིགས་ན། གོང་དུ་བསྟན་པའི་ཐ་སྙད་དག་ལས་ལྟོས་བཅོས་སུ་སྐབས་བབས་ཀྱི་བརྗོད་བྱའི་དོན་གྱི་གནད་ཐུབ་པ་ཡིག་ཚང་ཉིད་དུ་ངེས་པ་དང་། བྱེ་བྲག་གི་ཡིག་ཆ་དང་། ཚད་ལྡན་ཡིག་ཆ། རྩོམ་རིགས་གསུམ་ཡིག་ཚང་གི་ནང་ཚན་གྱི་རིགས་སུ་གྱུར་པ་ཡིན། གཞན་རྣམས་ལ་རང་རང་གི་འཇུག་ཡུལ་ལྟར་དུ་གོ་བ་ལེན་པར་འོས། སྔོན་པོའི་གོ་གནས་མཚོན་པའི་བྱང་བུ་ལ་སྦྱར་གྱི་ཡི་གེ་ཏུ་ཡང་འཇུག་ས་སྦྱར་བ་མཐོང་བས་ཤུ་མཐུད་དུ་དེ་ལྟར་དང་། འདིར་བརྗོད་བྱར་གྱུར་པ་ལ་ཡང་འཇུག་མེད་པའི་ཡིག་ཚང་ཆེད་བཀོལ་གྱི་མིང་དུ་སྤྱད་ན་དོན་མི་འཁྲུག་པ་ལས་གདགས་གཞིའི་ལོ་རྒྱུས་ཀྱི་ཆ་ནས་བལྟས་ན་ཡང་དགེ་མཚན་ཆེ་བར་མཐོང་ངོ་། །

གཉིས་པ། ཡིག་ཚང་དང་ཡིག་ཚང་རིག་པའི་གོ་དོན་བསྟན་པ།

གཅིག མི་རིགས་ཁག་ནས་གོ་བ་ལེན་སྟངས་མི་འདྲ་བའི་ཚུལ་བཤད་པ།

ཡིག་ཚང་གི་དོན་གྱི་འཇུག་ཚུལ་ལ་དུས་རིམ་མི་འདྲ་བའི་ནང་གོ་བ་ལེན་སྟངས་མི་འདྲ་བ་དང་། མི་རིགས་སོ་སོའི་བར་ལའང་ཁྱད་པར་ཅུང་ལྡན་ཏེ། རྒྱ་ལ་མཚོན་ན། 文献ཞེས་པའི་ཐ་སྙད་དེ་ཐོག་མར《论语・八佾》དུ"子曰：夏礼，吾能言之，杞不足征也。殷礼吾能言之，宋不足征也。文献不足古也。足，则吾能征之矣。"[15]ཅེས་འཁོད་ཡོད་པ་དང་། དེ་ལ་འགྲེལ་ཚུལ་མི་འདྲ་བ་དུ་མ་བྱུང་ཡང་ཡོངས་གྲགས་སུ《四书章句集注》ལྟར་དུ"文，典籍也；献，贤也[16]ཞེས་འགྲེལ་བ་བཞིན་བསྟན་བཅོས་དང་ཤེས་ཡོན་ཅན་ལ་གོ་དགོས་པར་བཤད། དེ་ཡང་གནའ་བོའི་དུས་སུ་བསྟན་བཅོས་ཡིག་ཐོག་ཏུ་འབེབས་བྱེད་ཀྱི་རྒྱུ་དངོས་པོ་དཀོན་པ་དང་། པར་འདེབས་ཀྱི་ལག་རྩལ་དར་མེད་སྐབས་ཤེས་ཡོན་ཅན་དང་ཁོ་ཚོའི་ངག་རྒྱུན་དེ་ཡང་ཡིག་ཚང་གྲུབ་བྱེད་ཀྱི་རྒྱུ་གལ་ཆེན་ཞིག་ཏུ་བཟུང་ཡོད་ཅིང་། ཕྱིས་སུ་ཆ་རྐྱེན་ཇེ་ལེགས་སུ་ཕྱིན་རྗེས་ཡིག་ཐོག་གི་རྣམ་པ་གཙོ་བོར་འཛིན་ཅིང་། ནང་དོན་གྱི་ཆ་ནས་ལོ་རྒྱུས་དང་འབྲེལ་བའི་ཡི་གེར་གོ་བ་ཤུགས་ཆེ་སྟེ། མིན་གོའི་སྐབས་ཀྱི《辞海》དང《辞源》སོགས་སུ"文献"ཀྱི་གོ་དོན་ལ"ལོ་རྒྱུས་ཀྱི་རིན་ཐང་ལྡན་པའི་གནའ་དཔེར"འགྲེལ་ཡོད།[17] ཡིག་ཚང་རིག་པ་ལ་མཚོན་ནའང་། རྒྱའི་ཆོག་ཚང་རིག་པའི་མཁས་པ་གྲགས་ཅན་ཀྲང་ཧྲོན་ཧྲེ་ཡིས"ང་ཚོར་གནའ་དུས་སུ་ཡིག་ཚང

རིག་པ་ཅེས་པའི་འབོད་ཚུལ་མེད་ཀྱང་། ལོ་རྒྱུས་ལ་ཞིབ་འཇུག་དང་ལེགས་སྒྲིག་བྱེད་མཁན་ལ་ཞུ་དག་པ་དང་། ཞུ་དག་རིག་པ་ནི་ཡིག་ཚང་རིག་པའི་དོན་མཚུངས་ཀྱི་མིང་ཡིན”[18]ཞེས་དང་། “ཡིག་ཚང་རིག་པ་ནི་སྔ་ཡངས་འཇུག་གི་ལོ་རྒྱུས་རིག་པ་ཡིན།”[19] དེ་མིན་རྒྱའི་ཡིག་ཚང་རིག་པའི་གཞུང་ཐོག་མ《文献通考》ལ་ཡང་དེ་མཚུངས་ཀྱི་དོན་འཁོད་ཡོད་པ་མཐོང་། དུས་རབས་སྔོན་མའི་དུས་མཇུག་ནས་བཟུང་ཕྱི་གླིང་མཁས་པས་དཔྱད་འབྲས་ཀྱི་ཤུགས་རྐྱེན་ལ་བརྟེན་ནས་ཡིག་ཚང་གི་དོན་གྱི་འཇུག་ཚུལ་དང་ཡིག་ཚང་རིག་པའི་ཁྱབ་ཁོངས་སྔ་ཟེ་ཡངས་སུ་བསྒྱུར་ཡོད་དེ། 1983ལོར་གཏན་དུ་ཁེལ་བའི་རྒྱལ་ཁབ་ཀྱི་ཚད་གཞི་ཡིག་ཚང་རྩོམ་སྒྲིག་སྤྱི་སྒྲོལ་ལས་ཡིག་ཚང་ནི་ཤེས་བྱ་འཁོད་པའི་ལུས་ཡོད་དོ་ཅོག[20]ལ་འདོད་པ་དང་། 《ཀྲུང་གོའི་ཤེས་བྱ་ཀུན་ཁྱབ་ཆེན་མོ》རུ་ཤེས་བྱ་དང་ཆ་འཕྲིན་འཁོད་པའི་ལུས་ཡོད་དོ་ཅོག[21]ལ་གོ་དགོས་པར་བཤད་ནས་གོ་དོན་ཅུང་ཚང་བ་འདི་ལྟ་བུར་གཏན་འབེབས་བྱས་ཤིང་། དེང་གི་རྒྱའི་ཡིག་ཚང་རིག་པའི་ཐད་ཀྱི་དཔྱད་བརྗོད་ཐམས་ཅད་ཀྱང་གོ་དོན་དེ་ལ་རྨང་བརྟེན་ནས་བྲིས་ཡོད་པར་སྣང་།

ནུབ་གླིང་ལ་མཚོན་ན་ཡིག་ཚང(document)ནི་མིའི་རིགས་ཀྱི་རྟོག་པའི་འགྲུལ་བསྐྱོད་ཟིན་ཐོར་བཀོད་པ་མཐའ་དག་ལ་གོ་བ་དང་།[22] དེ་བས་ཀྱང་ང་ཚོར་ངེས་ཆ་ཆེ་བ་ནིbibliographyསྟེ་དཀར་ཆག་རིག་པའི་རྨང་གཞིའི་སྟེང་བྱུང་ཞིང་འཕེལ་བར་བཤད་པའི་ནུབ་གླིང་དེང་རབས་ཡིག་ཚང་རིག་པའི་གཞུང་ལུགས་ཡིན་ཏེ། དེ་ལས་ཡིག་ཚང་རིག་པའི་དོན་སྟོན་པའི་སྒྲdocumentationགྱི་དོན་ངོ་མ་ནི་ཡིག་ཚང་གི་བྱ་བར་གོ་ཞིང་། “དེ་ནི་མིའི་རིགས་ཀྱི་རྟོག་པའི་འགྲུལ་བསྐྱོད་ཟིན་ཐོར་བཀོད་པ་རྣམས་འཚོལ་བསྡུ་བྱས་ཏེ་ནང་དོན་ལྟར་སྡེ་ཚན་དབྱེ་བ་དང་། དེ་ཉིད་ཞིབ་འཇུག་པ་དང་གསར་གཏོད་པའི་དགོས་མཁོ་དང་འཚམ་པར་མཁོ་སྤྲོད་བྱེད་རྒྱུ་དེ་ཡིན།”[23] ནུབ་གླིང་གི་འདིའི་ཐད་ཀྱི་དཔྱད་བརྗོད་མང་དག་ཅིག་ན་གཅིག་མཐུན་དུ་ཡིག་ཚང་རིག་པའམ་ཡིག་ཚང་གི་བྱ་བ་ནི་སྔར་ཡོད་ཀྱི་ཡིག་ཚང་རྣམས་བསྡུ་རུབ་བྱས་ཏེ་ཆེད་མཁས་པ་དང་ཞིབ་འཇུག་པར་མཁོ་སྤྲོད་བྱེད་པ་དང་། ཁོ་ཚོར་གང་ལ་འཇུག་པའི་གནས་དེ་ལ་སྔར་ཡིག་ཚང་གང་འདྲ་ཡོད་པའི་ཚུལ་ངེས་སུ་བཙུག་ན་བསྐྱར་སློག་མི་བྱེད་པས་ཞིབ་འཇུག་གི་གོམ་འགྲོས་མགྱོགས་ལ། ཡིག་ཚང་གི་བྱ་བ་མེད་ན་ཆེད་ལས་གང་ཞིག་གི་འབྲེལ་ཡོད་ཀྱི་གནས་ཚུལ་ཡང་དག་ཅིག་ཤེས་ཐབས་བྲལ་བར་བཞེད་པ་ལས་ང་ཚོས་ནུབ་གླིང་གི་ཡིག་ཚང་དང་ཡིག་ཚང་རིག་པའི་གོ་དོན་གྱི་ཐད་ལ་ངེས་ཤེས་ཅུང་རྙེད་ཐུབ།

ང་ཚོར་མཚོན་ན་ཡིག་ཚང་ཞེས་པའི་མིང་གི་གནའ་རབས་ཀྱི་གོ་དོན་ནི་ངག་རྒྱུན་དང་འདས་ཟིན་གྱི་དོན་ནམ་དེ་ཟིན་ཐོར་བཀོད་པའི་ལོ་རྒྱུས་ཀྱི་དཔེ་སོགས་ལ་གོ་ཞིང་། མིང་གང་གི་གོ་དོན་དང་བཅས་པར་འགྱུར་བ་དེ་ཙམ་བྱུང་ཡོད་པ་རྣམས་རེ་རེ་བཞིན་གོང་དུ་བཤད་ཟིན་པས་འདིར་བསྐྱར་ཟློས་ཀྱི་དགོས་པ་མ་མཆིས། དེ་ན་དེང་གི་ཆེད་རྩོམ་རེ་གཉིས་ཡོད་པ་ལས་འདི་ལ་མིང་འདོགས་སྟངས་མ་འདྲ་

ཡང་། མི་རིགས་གཞན་པའི་གཞུང་ལུགས་ནང་འདྲེན་དང་ཡང་ན་དེ་ཡི་ཤུགས་རྐྱེན་ལ་བརྟེན་ནས་དེ་ལ་མཚན་ཉིད་"ཡི་གེ་དང་། རི་མོ་དང་། རྟགས་མཚན་དང་། སྒྲ་འཛིན། མཐོང་བྱེད་ལ་སོགས་པར་བརྟེན་ནས་ཟིན་པར་བྱ་བའི་ཤེས་བྱ་སྟེ།……"[24] ཞེས་དང་། ཡང་ཟིན་འགོད་བྱས་མིན་གྱི་སྟེང་ནས་སྒྲ་ཡངས་འཇུག་དང་དོག་འཇུག་གི་དབྱེ་བ་འབྱེད་པ་སྟེ། དོག་འཇུག་ལྟར་ན་ཟིན་འགོད་བྱས་པའི་ཡིག་ཚང་དང་། ཡངས་འཇུག་ལྟར་ན་ཟིན་འགོད་བྱས་མིན་གྱི་ཡིག་ཚང་ཐམས་ཅད་ལ་གོ་བ་ལེན་པའི་ཚུལ་ཡང་ཡོད། ཡིག་ཚང་རིག་པའམ་ཡིག་ཚང་གི་བྱ་བའི་གོ་དོན་ཐད་ལ་ད་ལྟའི་བར་དུ་བོད་ཡིག་གི་ལམ་ནས་བྲིས་པའི་བརྗོད་པ་གང་ཡང་མ་མཐོང་།

གོང་གི་དོན་རྣམས་མདོར་དྲིལ་ན། རྒྱའི་ཡིག་ཚང་གི་དོན་ལ་ཕྱི་གླིང་རིག་གཞུང་གི་ཤན་མ་ཞུགས་པའི་ཡར་སྔོན་དུ་དོན་གྱི་འཇུག་ཚུལ་བོད་ལས་ཁྱབ་ཆུང་ཙམ་དུ་འདུག་ཀྱང་། སྤྱི་ཕྱོགས་ནས་བོད་རྒྱ་མི་རིགས་གཉིས་ཀྱི་ཡིག་ཚང་གི་དོན་གྱི་འཕེལ་འགྱུར་དང་གོ་བ་ལེན་སྟངས་བཅས་ལ་ཅུང་ཆ་འདྲ་བའི་ཚུལ་ཙམ་མཐོང་བ་མ་ཟད། ཡིག་ཚང་གི་ལས་དོན་དངོས་ལ་གཞིགས་ནའང་ཡིག་ཚང་འཚོལ་བསྡུ་དང་། ལེགས་སྒྲིག ཞུ་དག་སོགས་བར་གྱི་བྱ་རིམ་གང་ཞིག་བརྒྱུད་ཀྱང་མཐའ་མཇུག་གི་དམིགས་ཡུལ་གཙོ་བོ་ཕལ་ཆེར་ཡིག་ཚང་བདག་ཉར་གྱི་ཆེད་དུ་ཡིན་འདུག དེ་ན་ནུབ་གླིང་པའི་གོ་བ་ལེན་ཚུལ་དང་ཡིག་ཚང་གི་ལས་དོན་ངོ་མ་དེ་ལས་ལྡོག་སྟེ། བར་གྱི་བྱ་རིམ་དེ་དག་བརྒྱུད་པའི་ཆེས་མཐའ་མཇུག་གི་དམིགས་ཡུལ་ནི་ཡིག་ཚང་བེད་སྤྱོད་ཉིད་དུ་གཞོལ་བ་དང་། སྔར་གྱི་རྨང་གཞིའི་སྟེང་བསྐྱར་ཟློས་སོགས་མི་བྱ་བར་རིག་གཞུང་སྤེལ་བའི་གོམ་འགྲོས་ཇེ་མགྱོགས་སུ་གཏོང་ཆེད་སྔ་རབས་ཀྱི་ཡིག་ཚང་ལས་ཁྱབ་ཁོངས་འདྲ་བ་རྣམས་གཞོགས་གཅིག་ཏུ་སྡུད་པ་སོགས་མདོར་ན་ཡིག་ཚང་འཚོལ་ཞིབ་ལ་སྟབས་བདེ་བཟོ་རྒྱུ་དེ་ཡིན་ཞིང་། རིག་གཞུང་གསར་པའི་ཞིབ་འཇུག་ཁྲིད་རྒྱ་བོད་མི་རིགས་སོགས་ཀྱིས་མིག་དཔེར་འཛིན་ཡུལ་དུ་གྱུར་པའི་ནུབ་གླིང་གཞུང་ལུགས་སྔོན་དུ་ཐོན་པའི་རྒྱུ་གཙོ་བོ་ཞིག་ཀྱང་ཁོ་ཚོས་ཡིག་ཚང་ལས་དོན་ནམ་ཡིག་ཚང་རིག་པར་འཛིན་སྟངས་ཡང་དག་ཅིག་བཟུང་བ་ལ་རག་ལས་པར་འདོད།

གཉིས། སྤྱི་ཚུགས་སུ་གོ་བ་ཇི་ལྟར་ལེན་པའི་མཐའ་དཔྱད་པ།

གོང་དུ་བསྟན་པ་ནང་བཞིན་མིང་དང་ཐ་སྙད་ཀྱི་དོན་ནི་ཐོག་མར་གང་ཟག་གིས་ཕར་གཏད་པ་དང་རིམ་བཞིན་དོན་དེ་རྒྱུན་འབྱམས་སུ་སོང་རྗེས་དེ་ཡིས་ཚུར་གང་ཟག་ལ་ངེས་ཅན་གྱི་དོན་གང་སྟོན་པ་ཡིན། དེ་ཡིས་སྟོན་པའི་དོན་དེ་དུས་རབས་ཀྱི་འགྱུར་བ་དང་བསྟུན་ནས་དུས་རབས་དེ་ཡི་མི་རྣམས་ཕན་ཚུན་བརྗ་སྤྲོད་པའི་དགོས་དབང་ངམ་ཡང་ན་སྐད་ཡིག་གིས་སྤྱི་ཚོགས་ལ་ཞབས་ཞུ་ཞུས་པའི་ཆེད་དུ་བསྟན་དོན་ལ་བཟོ་བཅོས་དང་འགྱུར་ལྡོག་འབྱུང་སྲིད་ཅིང་། རྒྱའི་文献ཞེས་པའི་མིང་གི་ཐོག་མའི་དོན་ཡང་དེང་གི་འདི་ལྟར་གྱི་རྒྱ་ཆེན་པོ་ཞིག་མ་ཡིན་པར། དུས་རབས་སྔོན་མའི་དུས་མཇུག་ཏུ་ནུབ་

གླིང་གཞུང་ལུགས་ཀྱི་ཤན་ཤུགས་ལ་བརྟེན་ནས་གོ་དོན་ཅུང་ཆ་ཚང་བ་འདི་ལྟ་བུར་གཏན་འབེབས་བྱས་ལ། སྣང་ཚུལ་དེ་ལྟ་བུ་ནི་མིང་དང་ཐ་སྙད་འཕེལ་འགྱུར་གྱི་ཆོས་ཉིད་ཅིག་ཏུ་འཁྲུམས་པས་ན། ཡིག་ཚང་གི་དེང་གི་བསྟན་དོན་དེ་ཡང་རྟེན་ནམ་ལུས[25]ཀྱི་སྒོ་ནས་གནའ་དེང་གང་ལའང་སྤྱོད་པའི་ཤོག་བུ་ལས་གཞན། རྡོ་དང་ཤིང་ཤུན། རུས་པ་དང་ཤིང་ཁྲམ། ལྕགས་རིགས། གོ་ལྤགས་དང་དར་གོས་སོགས་ཀྱིས་མཚོན་པའི་གནའ་རབས་ཡིག་ཚང་གི་རྟེན་རྣམས་དང་། ར་ཤིལ་དང་འོད་ཆས། རྒྱས་འཁོར་དང་དྲ་རྒྱ་སོགས་ཀྱིས་མཚོན་པའི་དེང་རབས་གསར་བྱུང་གི་རྟེན་རྣམས་འདུ་བ་མ་ཟད། མཚོན་ཚུལ་གྱི་ལམ་ནས་སྐད་ཡིག་ཁོ་ན་ཙམ་གྱིས་མ་ཁྱབ་པར། གཟུགས་རིས་དང་མཚོན་རྟགས་ལ་སོགས་མཚོན་ཚུལ་སྣ་ཚོགས་འདུ་བ་དང་། དུས་ཀྱི་དབང་དུ་སོང་ནའང་སྔོན་གྱི་ཡིག་ཚང་ཁོ་ནས་མ་ཁྱབ་པར་དེང་རབས་དང་མ་འོངས་འབྱུང་འགྱུར་གྱི་དེ་མཐའ་དག་ལ་གོ་དགོས་པ་ལྟ་བུར་འདུག་པས། ཡིག་ཚང་ནི་མིའི་རིགས་ཀྱི་རྩོམ་པས་ཟིན་པ་གཞལ་དུ་རུང་བའི་ཤེས་བྱ་ཐམས་ཅད་ལ་གོ་དགོས་ཤིང་། དོན་འཛིན་བདེ་བའི་ཕྱིར་དེ་ལ་སྔ་ཡངས་དོག་བར་མ་གསུམ་གྱི་ཁྱད་པར་འབྱེད་པའི་དགོས་པ་མཐོང་སྟེ། སྔ་དོག་པའི་དབང་དུ་བྱས་པའི་ཡིག་ཚང་ནི་ཡི་གེ་ཁོ་ནའི་ལམ་ནས་ཟིན་འགོད་བྱས་པའི་ཤེས་བྱ་མཐའ་དག་ལ་གོ་བར་བྱ་བ་དང་། སྔ་བར་མའི་དབང་དུ་སོང་བའི་ཡིག་ཚང་ནི་ཟིན་འགོད་བྱས་པའི་ཤེས་བྱ་མཐའ་དག་ལ་གོ་བ། དེ་ལ་མཚོན་ཚུལ་སྐད་ཡིག་དང་། གཟུགས་རིས། མཚོན་རྟགས་བཅས་ཀྱི་ལམ་ནས་ལུས་སམ་རྟེན་ངེས་ཅན་གྱི་སྟེང་ལ་འཁོད་པ་ཞིག་ཡིན་དགོས། སྔ་ཡངས་པའི་དབང་དུ་བྱས་ན། ཟིན་འགོད་བྱས་དང་མ་བྱས་པའི་ཡིག་ཚང་ཐམས་ཅད་ལ་གོ་བ་ཡིན་ཏེ། ཟིན་འགོད་བྱས་པ་ནི་སྔ་དོག་པའི་དབང་དུ་སོང་བའི་དེ་རྣམས་དང་། ཟིན་འགོད་མ་བྱས་པ་ནི་ཡིག་ཐོག་དང་། སྔ་ཐག འོད་སྡེར་ལ་སོགས་པའི་ལུས་སམ་བརྟེན་ལ་མ་འཁོད་པའི་སྐྲུང་དང་། མགུར། གཞས་སོགས་ངག་ཐོག་གི་དེ་ཐམས་ཅད་ལ་ཟེར་བ་ཡིན། རྒྱའི་ཡིག་ཚང་གི་ད་ལྟའི་གོ་བ་ལེན་ཚུལ་ནི་ནུབ་གླིང་གི་གོ་སྟངས་ཐད་ཀར་གཡར་འདྲེན་བྱས་ཡོད་ལ། ང་ཚོས་རང་གི་རིག་གནས་ལོ་རྒྱུས་ཀྱི་གནས་ཚུལ་དངོས་ལ་གཞིགས་ན་དེ་དག་གི་རྗེས་འབྲངས་དོགས་དོན་ཅི་ཡང་མ་མཐོང་། གང་ཡིན་ཟེར་ན། བོད་གནའ་བོའི་སྤྱི་ཚོགས་ཁྲོད་བྱུང་བའི་འདས་ཟིན་གྱི་དོན་རྣམས་མི་རབས་ནས་མི་རབས་སུ་ངག་ཐོག་ནས་བརྒྱུད་དེ་སྤེལ་བ་དང་རིམ་གྱིས་བརྡ་རྟགས་ལ་འཁོད་པ་ད་ལྟའི་དུས་ལ་ཡང་འཁོད་མ་འཁོད་གཉིས་ཀའི་ཆ་དང་ལྡན་ལ། མི་རིགས་གཞན་དང་བསྡུར་ན་མ་འཁོད་པའི་ཆ་ལྷག་ཏུ་འབོར་ཆེ་ཞིང་། ཆེ་སར་འཛིག་རྟེན་ཆགས་ལུགས་དང་། ཚུང་མཐར་རང་གཞི་སྐྱེས་བུ་ཞིག་གི་གནས་ཚུལ་རྣམས་ཀྱང་ངག་ཐོག་ན་གནས་ཡོད་སྟབས། དེ་ཡིས་བོད་པའི་རིག་གནས་ལོ་རྒྱུས་ཁྲོད་ཀྱི་གནས་གལ་ཆེན་ཞིག་ཟིན་ཡོད་པར་མཐོང་ནས་སྔ་ཡངས་འཇུག་གི་ཁྱད་ཕྱེས་པ་དང་། དེ་ལྟ་ན་རིག་གཞུང་ཞིབ་འཇུག་དང་རིག་ཚན་གསར་འཛུགས་ཀྱི་མདུན་ལམ་ལ་འོད་སྟོང་ལྡན་

པའི་དགེ་མཚན་མཐོང་། སྒྲ་བར་མའི་གོ་ཚུལ་ནི་ཕྱི་ནང་གཞུང་ལུགས་ཀུན་ལ་ཡོངས་གྲགས་ཀྱི་འདོད་ཚུལ་དང་། དོགས་འཇུག་ཏུ་ཕྱེས་པ་ནི་དེང་གི་མི་རྣམས་ལ་ཡིག་ཚང་ཞེས་ན་སྤྱིར་བཏང་དུ་སྲོལ་རྒྱུན་གྱི་གོ་བའི་ཤུགས་ཀྱིས་ཡིག་ཐོག་ཁོ་ནའི་དེ་ལ་ངོས་འཛིན་གྱིན་ཡོད་པ་སོགས་དེ་དག་སོ་སོའི་དོན་གོང་འོག་མི་འཁྲུག་ལྷད་དབྱེ་བ་གསུམ་དུ་ཕྱེས་པ་ཡིན། འདིར་ནན་གྱིས་སྟོན་དགོས་པ་ཞིག་ནི་བོད་ཀྱི་ཡིག་ཚང་དེ་བོད་རང་གི་རིག་གནས་དང་ལོ་རྒྱུས་སོགས་ལ་འབྲེལ་བ་ཡོད་དགོས་པ་མ་ཟད། སྐད་དང་ཡི་གེའི་ལམ་ནས་མཚོན་པའི་ཡིག་ཚང་ཡིན་ན་བོད་རང་གི་སྐད་དང་ཡི་གེ་རྟེན་དུ་གྱུར་པ་ཞིག་ཡིན་དགོས་པར་འདོད། ཡིག་ཚང་གི་རིགས་ལའང་ཡིག་ཚང་གི་ལུས་སམ་རྟེན་གྱི་སྒོ་ནས་དང་མཛད་ལུགས་ཀྱི་སྒོ་ནས་དགར་བ། བྱུང་འཕེལ་གྱི་དུས་རིམ་དང་རིག་ཚན་གྱི་ངོས་ནས་དགར་བ་སོགས་རྣམ་པ་དུ་མའི་ལམ་ནས་དགར་ཏུང་ཡང་དེ་སྐོར་རྩོམ་ཡིག་གཞན་དུ་སྤྲོ་བར་བྱ། དེ་མིན་ང་ཚོའི་ཡིག་ཚང་རིག་པའམ་ཡིག་ཚང་གི་བྱ་བའི་འཛིན་སྟངས་དེ་ཡང་དེང་རབས་སྤྱི་ཚོགས་ཀྱི་དགོས་མཁོ་དང་བསྟུན་འོས་ཏེ། གཙོ་བོ་ཡིག་ཚང་འཚོལ་བསྡུ་དང་ལེགས་སྒྲིག་སོགས་གང་ལེགས་བྱས་ཏེ་ཡིག་ཚང་སྤྱོད་མཁན་གྱིས་གང་བདེར་སྤྱོད་ཐུབ་པ་བྱ་རྒྱུ་དེ་ལ་དམིགས་ན་འགྲིག་པར་སྙམ།

གསུམ་པ། ཡིག་ཚང་རིག་པའི་ཁྱབ་ཁོངས་བཤད་པ།

དེ་སྔོན་འདིའི་ཐད་གླེང་བའི་བོད་ཀྱི་བརྩམས་ཆོས་རེ་གཉིས་ལས་མེད་པ་དག་ན་དོན་གྱི་ཁྱབ་ཁོངས་སུ་དཀར་ཆག་རིག་པ་དང་པར་སྐྲུན། པར་གཞི། ཞུ་དག་དང་མཆན་འགྲེལ་བཅས་ཀྱིས་འདུས་པར་བྱས་ཡོད་ལ། རྒྱའི་ཡིག་ཚང་རིག་པའི་གཞུང་ལུགས་ཀྱི་དེབ་བརྒྱ་ཕྲག་ལྷག་ཡོད་པ་ལས་ཉེ་དུས་ཀྱི་དེབ་རེ་འགར་ཡིག་ཚང་འཚོལ་ཞིབ་བཞག་པ་མ་གཏོགས། ཡོད་ཚད་ཀྱི་སྒྲིག་གཞིའམ་ཡིག་ཚང་རིག་པའི་ཁྱབ་ཁོངས་སུ་གོང་དེ་རྣམས་དང་། གནའ་རབས་ཡིག་ཚང་རིག་པའི་གཞུང་གི་བརྩམས་ཆོས་མང་དག་ཅིག་ན་དེ་དག་གི་སྙིང་ཡིག་ཚང་གི་ལོ་རྒྱ་བསྟན་ཏེ་བྲིས་ཡོད་པ་མཐོང་། ཡིག་ཚང་རིག་པའི་གཞུང་ལུགས་འདུས་ཚང་དུ་གཏོང་བའི་ཐད་ལ་ཐུང་གནད་དུ་འཕིགས་པར་བཤད་པའི་ལྟ་ཚུལ་ཞིག་ནི་ཧུང་ཧྲིང་ཧྲུ་ཟེར་བས་ཡིག་ཚང་གི"ལུས་དང་། ཐབས། ལོ་རྒྱུས། གཞུང་ལུགས"[26]བཅས་དོན་བཞི་རུ་བསྡུས་ཡོད་དེ། "ལུས་ནི་ཡིག་ཚང་གི་རྟེན་པ་དང་རྩོམ་ལུས་ལ་གོ་བ་དང་། ཐབས་ནི་དཀར་ཆག་དང་། ཞུ་དག པར་གཞི། དངོས་རྫུན་དབྱེ་འབྱེད་སོགས་ལེགས་སྒྲིག་གི་ཐབས་ལམ་བསྟན་པ། ད་དུང་ཡིག་ཚང་རིག་པའི་ལོ་རྒྱུས་དང་གཞུང་ལུགས་བཅས་སོ། །"[27]འདི་ལྟར་དབྱེ་བ་ལ་གོང་གི་ལུས་དང་ཐབས་ཀྱི་ནང་ཚན་རྣམས་ལ་ཡང་ལོ་རྒྱུས་དང་གཞུང་ལུགས་ཡོད་པས་དེ་འདྲའི་གནད་ཐོན་པ་ཞིག་མ་མཐོང་། དེས་ན་ཁོ་བོས་འདིར་ལག་ལེན་དང་གཞུང་ལུགས་གཉིས་སོ་སོར་འབྱེད་པར་འདོད་དེ། ལག་ལེན་ཐད་ཡིག་ཚང་

རང་ངོས་ཀྱི་དུས་ཀྱི་བྱུང་རིམ་ལ་གཞིགས་ཏེ་དེ་ཡི་སྔ་རྗེས་རིམ་པ་བཞིན་ཐོག་མར་ཡིག་ཚང་གི་མཛོད་ལུགས་དང་། དེ་ནས་ཞིགས་སྒྲིག རིམ་བཞིན་བདག་ཉར་དང་དེ་ནས་ཡིག་ཚང་བེད་སྤྱོད་བཅས་དོན་རྣམ་པ་བཞི་རུ་བསྡུ་རོགས་ཏེ། 1. ཡིག་ཚང་གི་མཛོད་ལུགས་ནི་གཙོ་བོ་རྟེན་ནམ་ལུས་གང་ལ་ཐབས་ཅི་འདྲ་བར་བརྟེན་ནས་མི་རྣམས་ཀྱི་མཐོང་ཡུལ་དུ་མཛོད་པ་སྟེ། ནང་གསེས་སུ་ཡིག་ཚང་གི་མཚོན་ཐབས་དང་། ལུས་སམ་རྟེན། རྣམ་པ། པར་སྐྲུན་དང་འབྲེལ་བའི་ལས་རྣམས་འདུ། 2. ཡིག་ཚང་ཞིགས་སྒྲིག་ནི་ཡིག་ཚང་འཚོལ་བསྡུ་བྱས་ཏེ་གློག་མཁན་གྱི་སྤྱན་སྔར་མ་བཏོན་པའི་བར་གྱི་བྱ་རིམ་མཐའ་དག་ལ་གོ་བ་ཡིན། དེ་ལ་ཡིག་ཚང་འཚོལ་བསྡུ་དང་། ངོས་འཛིན། ཞུ་དག མཆན་འགྲེལ་ལ་སོགས་འདུ་བ་ཡིན། 3. ཡིག་ཚང་བདག་ཉར་ནི་ཞིགས་སྒྲིག་བྱས་ཚར་བའི་རྗེས་ལ་དཔེ་མཛོད་དུ་ཇི་ལྟར་ཉར་བ་དང་ངོ་དམ་བྱེད་པའི་ལས་ཏེ། གློག་མཁན་གྱིས་རང་ལ་གང་མཁོ་བའི་ཡིག་ཚང་འཚོལ་བདེ་བ་དང་། བདག་གཉེར་པས་མཛོད་ཉར་དང་ངོ་དམ་བྱེད་བདེ་བའི་ཕྱིར་ཡིག་ཚང་ལ་སྡེ་ཚན་དབྱེ་བ་དང་དཀར་ཆག་འགོད་པའི་རིག་པ་དེའོ། །ཕྱིར་ན་དཀར་ཆག་གི་གོ་དོན་ཅུང་ཁྱབ་ཆེ་ཞིང་དེ་ལ་གདན་རབས་དང་ནང་རྟེན་གྱི་རྩིས་ཐོའི་དོན་ལ་འཇུག་ཚུལ་ཞིག་དང་དཔེ་མཛོད་ཁང་དང་གཙུག་ལག་ཁང་དུ་བཞུགས་པའི་དཔེ་དང་གླེགས་བམ་གྱི་དཀར་ཆག ད་དུང་དཔེ་ཚོགས་ཀྱི་དཀར་ཆག་དང་། དཔེ་དང་གླེགས་བམ་རེ་རེའི་ནང་དོན་གྱི་དཀར་ཆག་སོགས་དོན་གྱི་འཇུག་ཚུལ་དུ་མ་དང་ལྡན་ཡང་། ཡིག་ཚང་རིག་པའི་སྐབས་སུ་གཙོ་བོ་དཔེ་མཛོད་ཁང་དང་། གཙུག་ལག་ཁང་། ལོ་རྒྱུས་ཡིག་ཚགས་ཁང་དང་དངོས་མང་བཤམས་སྟོན་ཁང་སོགས་ཡིག་ཚང་ཉར་སའི་གནས་གཙོ་བོར་གྱུར་པ་རྣམས་ཀྱི་ཡིག་ཚང་མཛོད་ཉར་གྱི་དཀར་ཆག་དེར་གོ་བ་དང་། དམིགས་བསལ་དུ་དཔེ་ཚོགས་ཀྱི་དཀར་ཆག་དང་དཔེ་ཆའི་ནང་དོན་གྱི་དེ་ལ་གོ་བའང་ཡོད། 4. ཡིག་ཚང་བེད་སྤྱོད་ཀྱི་གནད་དོན་དེ་ལ་ཡིག་ཚང་རིག་པ་བ་དང་ཡིག་ཚང་བེད་སྤྱོད་གཏོང་མཁན་གཉིས་སོ་སོའི་ངོས་ནས་དོན་ཁ་ཁར་གྱུར་ཡོད་དེ། སྔ་མའི་ངོས་ནས་བལྟས་ན། དེ་ནི་བེད་སྤྱོད་གཏོང་མཁན་ལ་གནད་ཐུགས་ཤིང་ཡང་དག་པའི་ཡིག་ཚང་མཁོ་སྤྲོད་བྱེད་རྒྱུ་དང་། ཕྱི་མ་ནི་ཡིག་ཚང་བེད་སྤྱོད་གཏོང་མཁན་གྱིས་རང་ལ་མཁོ་བའི་ཡིག་ཚང་འོས་ཤིང་འཚམ་པའི་སྒོ་ནས་བེད་སྤྱོད་རྒྱུ་དེ་ཡིན། དེ་ཡང་ཡིག་ཚང་བེད་སྤྱོད་ནི་གོང་གི་ཡིག་ཚང་ཞིགས་སྒྲིག་དང་བདག་ཉར་ལ་རྨང་བྱེད་དགོས་པས་དེ་གཉིས་ཀྱི་ནང་ཚན་དག་དང་འབྲེལ་བ་ལས་གཞན། ཡིག་ཚང་འཚོལ་ཞིབ་དང་། ཡིག་ཚང་བེད་སྤྱོད་ཀྱི་སྒྲིག་སྲོལ་བཅས་ནི་ཡིག་ཚང་བེད་སྤྱོད་ཀྱི་ནང་དོན་གཙོ་བོ་ཡིན་པར་སེམས།

ཡིག་ཚང་གི་གཞུང་ལུགས་ནི་གོང་བསྟན་ལག་ལེན་གྱི་གནས་རྣམས་ལས་བྱུང་ཞིང་སླར་ཡང་ལག་ལེན་ལ་མཛུབ་སྟོན་བྱ་བྱེད་ཀྱི་གཞུང་ལུགས་དང་། དེ་དག་དང་འབྲེལ་བའི་ཞིབ་འཇུག་ལས་ཐོན་པའི་དཔྱད་འབྲས་སོགས་ཡིག་ཚང་རིག་པའི་གཞུང་ལུགས་ཀྱི་སྤྱི་ཁོག་གི་སྒྲོམ་གཞི་འཛུགས་པའི་གཞུང་

ལུགས་སྤྱི་ལ་གོ་དགོས། ཡིག་ཚང་རིག་པའི་ལོ་རྒྱུས་ལ་ཡིག་ཚང་བྱུང་འཕེལ་དང་ཡིག་ཚང་རིག་པའི་ཞིབ་འཇུག་གི་ལོ་རྒྱུས་དང་། གོང་བསྟན་ཡིག་ཚང་རིག་པའི་ནང་ཚན་དུ་གྱུར་པ་རྣམས་ཀྱི་ལོ་རྒྱུས། དཔེར་ན་དཀར་ཆག་གི་ལོ་རྒྱུས་དང་པར་སྐྲུན་གྱི་ལོ་རྒྱུས་སོགས་འདུ་བ་དང་། དེ་རྣམས་སྤྱི་ཕྱོགས་ནས་ཡིག་ཚང་རིག་པའི་གཞུང་ལུགས་ཀྱི་ཁོངས་སུ་བསྡུ་བར་འོས། དེ་ཡང་ཡིག་ཚང་རིག་པའི་ཞིབ་འཇུག་གི་ཁྱབ་ཁོངས་ཐད་ཞིབ་འཇུག་གི་དམིགས་འཛུགས་དང་ཁ་གཏད་སའང་གོང་བསྟན་གྱི་གནད་དེ་རྣམས་ལ་མ་འདུས་པ་མེད་པར་འདོད། གཞན་དུ་ན་རྒྱའི་གནའ་རབས་ཡིག་ཚང་རིག་པའི་གཞུང་ལུགས་ཀྱི་བརྩམས་ཆོས་ན་ཡིག་ཚང་གི་ལོ་རྩ་ཡང་ནང་དོན་གཅིག་ཏུ་བཞག་ཡོད་པར་དཔེ་བླངས་ཏེ་བོད་ཀྱི་ཡིག་ཚང་རིག་པའི་ཁྱབ་ཁོངས་བརྗོད་པ་ལ་མ་འཐད་དེ། སྐབས་དེའི་ལོ་རྩ་ཟེར་བར་རྒྱའི་གོ་བ་ལེན་སྟངས་ལྟར་ན་གནའ་བོའི་ཡིག་ཚང་དེང་གི་སྐད་ཀྱིས་གོ་བདེར་འགྲེལ་བའི་དོན་ཞིག(古文今译)དང་སྐད་ཡིག་གཞན་ལ་བསྒྱུར་བའི་དོན་གཉིས་ཡོད་ཀྱང་། ང་ཚོར་སྣང་ཀྱི་མ་དཔེའི་དོན་གོ་བདེ་བར་བཀྲོལ་བ་ལ་འགྲེལ་དང་། དེ་ཡང་བློ་རིག་དེ་ལས་ཞན་ཙམ་སློབ་བུའི་བློ་དང་འཚམ་པར་ཡང་བསྒྱུར་འགྲེལ་བ་ལ་ཡང་འགྲེལ་དུ་བརྗོད་སྲོལ་ཡོད་པ་གོང་གི་ཡིག་ཚང་ལེགས་སྒྲིག་ཏུ་བཤད་པའི་མཆན་འགྲེལ་དུ་གཏོགས་པ་དང་། ཡིག་ཚང་དེ་ཉིད་སྐད་ཡིག་གཞན་ལ་བསྒྱུར་བའི་ལོ་རྩ་ཡིན་ན་ལོ་རྩ་རིག་པའི་ཁྱབ་ཁོངས་སུ་གཏོགས་པ་ལས་ཡིག་ཚང་རིག་པའི་ཁོངས་སུ་མི་འདོད། དེ་ལྟར་འཇོག་ན་ཚད་མ་རིག་པའི་ལོ་རྩ་ཚད་མ་རིག་པའི་ཁོངས་སུ་འཇོག་དགོས་ཤིང་ཆོས་ལུགས་ལོ་རྩའི་གཞུང་ལུགས་ཆོས་ལུགས་ཡིན་དགོས་པ་ལྟ་བུ་ཞར་བྱུང་དུ་སྨྲས་པའོ། །

མཆན།

[1] དུང་དཀར་བློ་བཟང་འཕྲིན་ལས་ཀྱི་གསུང་འབུམ། (ཁ)《བོད་ཀྱི་དཀར་ཆག་རིག་པ།》 མི་རིགས་དཔེ་སྐྲུན་ཁང་། 2004ལོ།

[2] [3] [4] [9] [10] སྨྲ་གསལ་སྣང་། 《སྨྲ་བཞེད།》 མི་རིགས་དཔེ་སྐྲུན་ཁང་། 1980ལོ། ཤོག་ངོས2、5、24、62、18པ་བཅས་སུ་གསལ།

[5] [12] [13] ས་སྐྱ་བསོད་ནམས་རྒྱལ་མཚན། 《རྒྱལ་རབས་གསལ་བའི་མེ་ལོང་།》 མི་རིགས་དཔེ་སྐྲུན་ཁང་། 2007ལོ། ཤོག་ངོས25、25、246པ་བཅས་སུ་གསལ།

[6]《རྒྱ་བོད་ཤན་སྦྱར་གྱི་ཚིག་མཛོད།》 མི་རིགས་དཔེ་སྐྲུན་ཁང་། 1991ལོ། ཤོག་ངོས1050པར་གསལ།

[7] [24] སྐྱ་ཚང་ རྡོ་རྗེ་རིན་ཆེན། 《བོད་ཀྱི་རྩོམ་རིག་རྣམ་བཞག》 མི་རིགས་དཔེ་སྐྲུན་ཁང་། 1992ལོ། ཤོག་ངོས200、137པར་གསལ།

[8] གཉའ་གོང་དཀོན་མཆོག་ཚེ་བརྟན། 《བོད་ཀྱི་བརྡ་སྙིང་ཡིག་ཆ་བདམས་བསྒྲིགས།》 ཀྲུང་དབྱང་མི་རིགས་སློབ་གྲྭ་ཆེན་མོའི་དཔེ་སྐྲུན་ཁང་། 1995ལོ། ཤོག་ངོས322པར་གསལ།

[11] ཀ་ཐོག་རིག་འཛིན་ཚེ་དབང་ནོར་བུས་མཛད་པའི་《རྒྱལ་བའི་བསྟན་པ་རིན་པོ་ཆེ་བྱང་ཕྱོགས་སུ་འབྱུང་བའི་རྩ་ལག་བོད་རྗེ་ལྷ་བཙན་པོའི་གདུང་རབས་ཚིག་ཉུང་དོན་གསལ་ཡིད་ཀྱི་མེ་ལོང་ཞེས་བྱ་བ་བཞུགས་སོ།》 བོད་ཀྱི་ལོ་རྒྱུས་དེབ་ཐེར་ཁག་ལྔ། བོད་ལྗོངས་བོད་ཡིག་དཔེ་སྙིང་དཔེ་སྐྲུན་ཁང་། 1990ལོ། ཤོག་ངོས77པར་གསལ།

[14] ཏཱ་སི་ཏུ་བྱང་ཆུབ་རྒྱལ་མཚན། 《རླངས་ཀྱི་པོ་ཏི་བསེ་རུ་རྒྱས་པ།》 བོད་ལྗོངས་མི་དམངས་དཔེ་སྐྲུན་ཁང་། 1986ལོ། ཤོག་ངོས7པར་གསལ།

[15] [16] 郭英德：《中国古典文献学的理论与方法》 [M] 北京师范大学出版社，2008年，第3页。

[17]王宏理：《古文献学新论》 [M] 中山大学版社，2008年，第8页。

[18] 张舜徽：《中国文献学》 [M] 中洲书画社，1982年，第4页。

[19] [20] [21] 莉重恩林：《中国传统文献学概论》 [M] 华中师范大学出版社，2008年，第5、4页。

[22] [英]s. C布拉德福的名著Documentation转引自潘树广等，《文献学纲要》 [M] 广西师范大学出版社，2005年，第10页。

[23] [英]s. C布拉德福的名著Documentation转引自董恩林.《中国传统文献学概论》 [M] 华中师范大学出版社，2008年，第7页。

[25] ལུས་ནི་གཟུགས་པོ་དང་ཕུང་པོ་སྟེ། འདིར་ལུས་ཞེས་པའང་ཡིག་ཚང་གི་རྟེན་དུ་གྱུར་པའི་ཕུང་པོའམ་དངོས་པོ་ལ་ཟེར་བ་ལས་རྩོམ་རིག་གི་སྐབས་སུ་བསྟན་པའི་ལུས་ལ་གོ་མི་རུང་།

[26] [27] 潘树广等：《文献学纲要》 [M] 广西师范大学出版社，2005年，第8页。

《བོད་ལྗོངས་སློབ་གྲྭ་ཆེན་མོའི་རིག་གཞུང་དུས་དེབ།》 ༢༠༡༠ལོའི་དེབ་བཞི་པ་ལས་བཏུས།

༄༅། །བོད་ཡིག་བསྟན་བཅོས་ལྟེབ་རིང་གི་ཤོག་བྱང་དཀར་ཆག་སྒྲིག་ལུགས་བྱུང་འཕེལ་སྐོར་གླེང་བ།

རིན་ཆེན་སྒྲོལ་མ།

དེ་ཡང་རྒྱལ་ཁབ་ཕྱི་ནང་གི་དཔེ་མཛོད་ཁང་གི་དཀར་ཆག་རིག་པའི་འབྲེལ་ཡོད་རྒྱུ་ཆར་བཀོད་པ་ལྟར་ན། རྒྱལ་ཕྱིའི་དཔེ་མཛོད་ཁང་གི་ཤོག་བྱང(卡片)དཀར་ཆག་དངོས་སུ་བྱུང་བ་དང་རྒྱ་ཆེར་བཀོལ་སྤྱོད་གནང་བའི་དུས་ནི་དུས་རབས་བཅུ་དགུ་པའི་མཇུག་དང་ཉི་ཤུ་པའི་མགོར་ཡིན་ཞིང་། འདིའི་ཡན་ལ་དཔེ་མཛོད་ཁང་གི་དཀར་ཆག་གི་རྣམ་པ་གཙོ་བོ་ནི་དེབ་ཀྱི་རྣམ་པའི་དཀར་ཆག(书本式)ཡིན། རང་རྒྱལ་དུ་སྤྱི་ལོ1911ལོའི་ལྕགས་ཕག་ལོའི་གསར་བརྗེའི་རྗེས་སུ། ད་གཟོད་ཆིན་ཧྭ་སློབ་གྲྭ་ཆེན་མོ་དང་ནན་དབྱང་སློབ་གྲྭ་ཆེན་མོ་གཉིས་ཀྱི་དཔེ་མཛོད་ཁང་སོ་སོ་ནས་ཐོག་མར་ཤོག་བྱང་དཀར་ཆག་བེད་སྤྱོད་པ་རེད། ཡིན་ནའང་བོད་ཡིག་བསྟན་བཅོས་ལྟེབ་རིང་གི་ཤོག་བྱང་དཀར་ཆག་དེ་དུས་རབས་ཉི་ཤུ་པའི་ལོ་རབས་བརྒྱད་ཅུ་པའི་མགོར་པེ་ཅིང་མི་རིགས་རིག་གནས་ཕོ་བྲང་གི་དཔེ་མཛོད་ཁང་དང་པེ་ཅིང་དཔེ་མཛོད་ཁང་གཉིས་ནས་ཐོག་མར་བསྒྲིགས་ཏེ་ལག་བསྟར་གནང་ཞིང་། བཤད་ཚུལ་ལྟར་ན། མི་རིགས་རིག་གནས་ཕོ་བྲང་གིས་སྤྱི་ལོ1959ལོར་པེ་ཅིང་ནང་བསྟན་དགོན་པ་དག་ནས་བོད་ཡིག་མཁྱེན་པའི་རྒྱ་རིགས་གྲྭ་པ་མང་པོ་གདན་དྲངས་ཏེ་དེ་གའི་དཔེ་མཛོད་ཁང་གི་བོད་ཡིག་བསྟན་བཅོས་ལྟེབ་རིང་ལ་དཀར་ཆག་སྒྲིག་འགོ་བཙམས་མོད། འོན་ཀྱང་དེ་ནི་བོད་ཡིག་བསྟན་བཅོས་ལྟེབ་རིང་དུ་བཞུགས་པའི་ཆོས་ཚན་སོ་སོ་ཤོག་བྱང་སྟེང་བཀོད་པ་ཙམ་ཡིན་པ་ལས་བོད་ཡིག་བསྟན་བཅོས་ལྟེབ་རིང་གི་ཁྱད་ཆོས་མཚོན་པའི་དཀར་ཆག་སྒྲིག་སྟངས་ཤིག་མིན་ལ། དེང་རབས་ཀྱི་ཁྱད་ཆོས་ལྡན་པའི་དཀར་ཆག་སྒྲིག་སྟངས་ཤིག་ནི་དེ་བས་ཀྱང་མིན། དེས་ན་བོད་རང་གི་རིག་གནས་དང་དེང་རབས་ཀྱི་ཁྱད་ཆོས་ལྡན་པའི་དཀར་ཆག་སྒྲིག་སྟངས་ཤིག་ནི་སྤྱི་ལོ1980ལོ་ནས་བྱུང་བ་སྟེ། མི་རིགས་རིག་གནས་ཕོ་བྲང་གི་དཔེ་མཛོད་ཁང་གིས་བོད་ཀྱི་དཀར་ཆག་རིག་པའི་ཆེད་ལས་མཁས་པ་ཧྲང་མིན་ཞིན་ལགས་གདན་དྲངས་ཏེ་བོད་རིག་པའི་ཞིབ་འཇུག་པ་མི་ཉག་མགོན་པོ་ལགས་དང་ཆབས་ཅིག་དེ་གའི་དཔེ་མཛོད་ཁང་དུ་བཞུགས་པའི་བོད་ཡིག་བསྟན་བཅོས་ལྟེབ་རིང་ལེགས་སྒྲིག་མཛད་པ་དང་། ཞར་ལ་གནའ་དེང་རིག་གནས་ཀྱི་ཁྱད་ཆོས་ཅུང་ལྡན་པའི་དཀར་ཆག་སྒྲིག་སྟངས་ཤིག་བཟོས་ཏེ་བཀོལ་སྤྱོད་བཏང་བ་ནས་བོད་

ཡིག་བསྟན་བཅོས་ལྡེབ་རིང་གི་དཀར་ཆག་འགོད་སྟངས་དེ་དེང་རབས་ཅན་གྱི་ཕྱོགས་སུ་གོམ་པ་དང་པོ་སྤོ་འགོ་ཚུགས་པ་རེད། དེ་མཚུངས་སུ་དེ་གའི་དཔེ་མཛོད་ཁང་གིས《བོད་གངས་ཅན་གྱི་གྲུབ་མཐའ་རིས་མེད་ཀྱི་མཁས་དབང་བརྒྱ་དང་བརྒྱད་ཅུ་ལྷག་གི་གསུང་འབུམ་སོ་སོའི་དཀར་ཆག་ཕྱོགས་གཅིག་ཏུ་བསྒྲིགས་པ་ཤེས་བྱའི་གཏེར་མཛོད》ཅེས་པའི་དེབ་ཀྱི་རྣམ་པའི་དཀར་ཆག་ཅིག་མཛད་པ་ནི་དཀར་ཆག་སྒྲིག་ཚུལ་ལེགས་ཤིང་། རྩོམ་པ་པོའི་མཚན་གྱི་ཚིག་དང་པོའི་གོ་རིམ་དང་བསྟུན་ནས་ཀ་ཁ་བསྒྲིགས་ཡོད་པས་འཚོལ་བདེ་ལ། ཞར་ལ་རྩོམ་པ་པོ་སོ་སོའི་ལོ་རྒྱུས་གནད་བསྡུས་བཅས་པ་རྒྱ་བོད་ཡིག་རིགས་ཤན་སྦྱར་ནས་བཀོད་པ་སོགས་བོད་ཀྱི་སྲོལ་རྒྱུན་དང་དེང་སྐབས་རྒྱལ་ཁབ་ཕྱི་ནང་དུ་དར་བའི་དེབ་གཟུགས་དཀར་ཆག་གི་ཁྱད་ཆོས་ཀྱང་ལྡན་པ་ཞིག་རེད།

ལྷག་པར་དུ་མཁས་དབང་དུང་དཀར་བློ་བཟང་འཕྲིན་ལས་མཆོག་གིས《བོད་ཀྱི་དཀར་ཆག་རིག་པ》ཞེས་བོད་ཀྱི་བཙན་པོ་ཁྲི་ལྡེ་སྲོང་བཙན་སྐབས་ནས་ལེགས་མཛད་ཡོད་ནས་ད་ལྟའི་བར་ལོ་གྲངས་ཆིག་སྟོང་བརྒྱ་དང་བརྒྱད་ཅུ་ལྷག་རིང་བཀའ་བསྟན་དང་གསུང་རབ་རིག་གནས་བཅས་ཀྱི་དཀར་ཆག་བསྒྲིགས་པའི་ཉམས་མྱོང་ཕྱོགས་བསྡོམས་དང་། ཕྱོགས་བསྡོམས་དེ་དག་གཞིར་བྱས་པའི་དཀར་ཆག་རིག་པའི་གཞུང་ལུགས་ཤིག་བརྩམས་པ་དེས་བོད་ཀྱི་ཤེས་རིག་ཞིབ་འཇུག་པ་རྣམས་དང་སྒོས་སུ་དཔེ་མཛོད་ཁང་གི་དཀར་ཆག་འགོད་མཁན་རྣམས་ལ་གནའ་རབས་བོད་ཀྱི་དཀར་ཆག་རིག་པ་ནི་གོ་རིམ་ཡོད་པ་དང་། མ་ལག་ཚང་བ། ལྟ་ཀློག་དང་འཚོལ་བདེ་བ་བཅས་ཀྱི་ཁྱད་ཆོས་ལྡན་པའི་དཀར་ཆག་སྒྲིག་སྟངས་ཤིག་ལ་ཟེར་བ་དང་། དེ་ཐོག་མར་སྐྱེ་ཚན་བགོ་ཚུལ་ཤེས་དགོས་པ་དང་། དེ་རྗེས་དེའི་གོ་རིམ་སྒྲིག་སྟངས་སྐོར་ཤེས་དགོས། དེ་གཉིས་ནི་དཀར་ཆག་འགོད་ཚུལ་གྱི་རྩ་བའི་ཤེས་ཡོན་ཞིག་ཡིན་པ་དང་། དཀར་ཆག་རིག་པའི་རྨང་གཞི་ཡང་དེ་ནས་བྱུང་བ་རེད་ཅེས་གནའ་རབས་བོད་ཀྱི་དཀར་ཆག་རིག་པར་གདེང་འཇོག་ཚད་མཐོན་པོ་གནང་ཡོད་པ་མ་ཟད། ཁོང་གི་དེའི་ཁྲོད་དུ་རྙེད་པའི་དེས་ཤེས་སོགས་སླིང་བསྡུས་དང་ངོ་སྤྲོད་མཛད་ཡོད་པ་དང་། དཀར་ཆག་སྒྲིག་ལུགས་དང་འབྲེལ་ཡོད་ཀྱི་ཤེས་བྱ་རྣམས་ཀྱང་རྣ་བའི་བདུད་རྩིར་སྨིན་ཡོད་པ་བཅས་དེང་རབས་ཀྱི་དཔེ་མཛོད་བདག་གཉེར་དང་དཀར་ཆག་སྒྲིག་ལུགས་ཐད་ཀྱི་གནད་དོན་མང་པོ་ཞིག་ཀྱང་ཐག་གཅོད་གནང་ཡོད་པ་སྟེ། ཁོང་གིས་དཔྱད་གཞིའི་ཡིག་ཆ་ལྟ་ཀློག་བྱེད་མཁན་དང་། བདག་གཉེར་གནང་མཁན་ཚོར་སྟབས་བདེ་མིན་དང་སོ་སོའི་རིག་གནས་ཆུ་ཚད་མཐོ་དམན་འབྲིང་གསུམ་གྱི་དགོས་མཁོ་དང་བསྟུན་ཏེ་ཤོག་བྱང་ཐོག་དགོད་བྱའི་ནང་དོན་རྒྱས་བསྡུས་ཀྱི་སྒོ་ནས་དཀར་ཆག་རྒྱས་འབྲིང་བསྡུས་གསུམ་དགོད་ཚུལ་དཔེ་དང་བཅས་པ་གསུངས་ཡོད་ལ། ཡང་རྩོམ་པ་པོའི་མིང་དང་རྩོམ་ཡིག་གི་མིང་གཉིས་སྔོན་དུ་གང་འགོད་དགོས་པའི་སྐོར་ལ། ཁོང་གིས་སྔར་བཏང་རྩོམ་ཡིག་གི་མཚན་བྱང་སྔོན་དུ་བཀོད་ན་ལེགས་ཏེ། ལྟ་ཀློག་བྱེད་

མཁན་ཆོས་ཐོག་མར་རྩོམ་ཡིག་གི་མིང་ལ་བརྟེན་ནས་དེའི་བརྗོད་བྱའི་ནང་དོན་འཚོལ་བ་དང་། དེ་ནས་རྩོམ་པ་པོ་སུ་ཡིན་རྩད་གཅོད་པ་མང་བའི་རྐྱེན་གྱིས་ཡིན་ཞིང་། ཡང་རྩོམ་ཡིག་མཚན་བྱང་གཅིག་མཚུངས་ཡིན་ཀྱང་རྩོམ་པ་པོ་མི་གཅིག་ཚེ་སོ་སོར་མི་འདྲེས་པའི་ཆེད་དུ་རྩོམ་པ་པོའི་མིང་མགོར་འཇོག་དགོས་པ་དང་། རྩོམ་ཡིག་གི་མིང་འབྲི་སྟངས་སྐོར་ལ། བོད་ཡིག་གི་རྩོམ་ཡིག་ལ་རིང་ཐུང་སྣ་ཚོགས་ཡོད་ཅིང་། དཔེ་ཆ་ལ་ལའི་མཚན་བྱང་ཧ་ཅང་རིང་པོ་ཡོད་པས། དཀར་ཆག་གི་ནང་མཚན་བྱང་དེ་ཆ་ཚང་བར་མ་བཀོད་ན་དཔེ་ཆ་མིག་གིས་མཐོང་ཡང་མིང་དོན་ངོ་མི་འཕྲོད་པའི་དཀའ་ངལ་ཆེན་པོ་ཡོང་ཞིང་། ཡང་མཚན་བྱང་རིང་པོ་དེ་དང་ཆབས་ཅིག་སྟབས་བདེའི་མཚན་བྱང་ཞིག་ལོགས་སུ་མ་བཀོད་ན་མཚན་བྱང་བློ་ལ་ངེས་དཀའ་བ་བཅས་དཔེ་ཆ་འཚོལ་བར་དུས་ཚོད་རིང་པོ་འགོར་གྱི་ཡོད་ལ། ལ་ལའི་བསྡུས་མིང་གཅིག་འདྲ་བྱུང་ཚེ། ས་མིང་དང་རྩོམ་པ་པོའི་མིང་སོགས་འགོད་རྒྱུ་དང་། ཡང་ལ་ལར་བསྡུས་མིང་འགོད་སྐབས་གཅིག་གྱུར་མི་ཡོང་བར་འགོད་ཐབས་བྲལ་བ་ཡིན་ན། དཀར་ཆག་པར་སྐྲུན་སྐབས་རེའུ་མིག་ཏུ་བསྡུས་མིང་འགོད་སའི་གནས་སྟོང་པ་འཇོག་རྒྱུ། རྩོམ་པ་པོའི་མིང་འབྲི་སྟངས་སྐོར་ལ་རྩོམ་པ་པོ་སོ་སོའི་མཚན་ཡོངས་སུ་གྲགས་པ་དང་མ་གྲགས་པ་མང་པོ་ཡོད་པའི་རིགས་རྣམས་དཀར་ཆག་འགོད་སྐབས་དཔེ་ཆ་དེ་མཛད་པ་པོ་སུ་ཡིན་ཤེས་དཀའ་ཆེ་སོ་སོའི་རྣམ་ཐར་དང་གསན་ཡིག་ཁག་ལ་བལྟ་དགོས་ཚུལ་གསུངས་པ་དང་། ད་དུང་ནང་དོན་གནད་བསྡུས་འགོད་ཚུལ་སྐོར་ལ། དཀར་ཆག་ནང་རྩོམ་ཡིག་སོ་སོའི་བརྗོད་བྱའི་ནང་དོན་གནད་བསྡུས་ཤིག་འགོད་ཐུབ་ན་ལེགས། དེ་ཡང་རྩོམ་ཡིག་ཡོད་ཚད་ཀྱི་བརྗོད་བྱའི་ནང་དོན་འགོད་མི་དགོས་པར་རྩོམ་ཡིག་གྲགས་ཆེན་དང་། གནད་ཆེ་བའི་དཔྱད་གཞིའི་ཡིག་རིགས་གྲས་ཡིན་ཚེ་དེའི་ནང་དོན་གཙོ་ཆེ་བ་རྣམས་གནད་བསྡུས་སུ་འགོད་ཐུབ་ན་ལེགས་ཤིང་། དེ་ལྟར་བཀོད་ན་དེའི་ས་ཁོངས་རེའུ་མིག་གི་བར་སྟོང་ཆེ་ཙམ་འཇོག་དགོས་པས་གཞོགས་ངོས་གཉིས་སུ་བྲིས་ན་ལེགས་ཞེས་ཚན་རིག་དང་མཐུན་པའི་སྒོ་ནས་བོད་ཡིག་བརྣན་བཅོས་ལྟེབ་རིང་གི་དཀར་ཆག་འགོད་སྟངས་ཐད་ཀྱི་གནད་དོན་མང་པོ་ཞིག་ཐག་གཅོད་གནང་སྟེ་བོད་ཡིག་བརྣན་བཅོས་ལྟེབ་རིང་གི་ཤོག་བྱང་དཀར་ཆག་འགོད་པར་རྨང་གཞི་བཏིངས་ཡོད་ལ། མ་ཟད་རིགས་དགར་སྟངས་ཐད་ནས་ཀྱང་སྲོལ་རྒྱུན་གྱི་དགར་ཐབས་ལས་ཅུང་སྤོན་ཐོན་དང་བཅས་དོན་འདུས་ཤིང་སྟབས་བདེ་ཡིན་པའི་དགར་སྟངས་ཤིག་གསར་བཏོད་གནང་བ་སོགས་ནི་དངོས་ནས་གནའ་དེང་གི་ཁྱད་ཆོས་ལྡན་པ་ཞིག་ཡིན་ཕྱིར་དེང་རབས་ཀྱི་མཁས་པ་ཚོའི་བློ་ཡུལ་ལས་འགོངས་པ་ཞིག་རེད།

སྐུ་ཞབས་ཏང་མིན་ཞིན་གྱིས་མུ་མཐུད་ནས་བོད་སྔ་རབས་ཀྱི་རྒྱུན་སྲོལ་དང་། དེང་རབས་དཔེ་མཛོད་ཁང་ཐུན་མོང་བའི་དཔེ་ཐོ་འགོད་ཚུལ་དང་། པེ་ཅིང་དཔེ་མཛོད་ཁང་གི་གནས་ཚུལ་དང་ཉམས་མྱོང་བཅས་སུམ་སྦྲགས་ཀྱིས་བོད་ཡིག་གནའ་དཔེའི་མཚན་ཐོ་འགོད་པའི་ལུགས་སྲོལ་ཞིག་གསར་

དུ་བརྗོད་པ་སྟེ། ཁོང་གིས་དཀར་ཆག་སྒྲིག་སྐབས“ཤོག་བྱང་ཞིག་གི་སྟེང་དུ་རྩོམ་ཡིག་གི་མིང་དང་། རྩོམ་པ་པོའི་མིང་། སྡེ་ཚན་གང་གི་ཁོངས་སུ་གཏོགས་པ། ཁྲིས་མཐའམ་དཔར་མ། ས་གནས་གང་གི་དཔར་མ། པོ་ཏིའི་གྲངས། ཆོས་ཚན་གྱི་གྲངས། ཤོག་གྲངས་སོགས་བཀོད་ནས་ཚར་གསུམ་འབྲི་རྒྱུའམ་དཔར་རྒྱུ། ཚར་གཅིག་རྩོམ་ཡིག་གི་མིང་གི་ཀ་ཁ་ལྟར་སྔ་ཕྱིའི་གོ་རིམ་བསྒྲིག་རྒྱུ། ཚར་གཅིག་རྩོམ་པ་པོའི་མིང་གི་ཀ་ཁ་ལྟར་བསྒྲིག་རྒྱུ། ཚར་གཅིག་སྡེ་ཚན་གྱི་དབྱེ་བ་ལྟར་བསྒྲིག་རྒྱུ། དེ་ལྟར་ཤོག་བྱང་རྣམ་གསུམ་ཡོད་པས་སྒོ་གང་ནས་གཞུག་ཀྱང་བཙལ་ནའང་རྙེད་སླ་ཞིང་སྟབས་བདེ་བའི་རིག་པ་ཞིག་ཡིན།”[1] ཞེས་དང་ཡང་བོད་ཡིག་བསྟན་བཅོས་ལྟེབ་རིང་ལ་རྩ་བའི་སྡེ་ཚན་ཆེན་པོ་བཞིར་དབྱེ་བ་སྟེ། བཀའ་བསྟན་དང་། གསུང་འབུམ། ཆེད་བཏུས། ཐོར་བུ་སྣ་ཚོགས་བཅས་དང་། ཡང་གསུང་འབུམ་གྱི་ཤོག་བྱང་དཀར་ཆག་ལ་མཚོན་ན། སྤྱི་འདོམས་ཀྱི་ཤོག་བྱང་དང་། པོ་ཏི་སོ་སོའི་ཤོག་བྱང་། ཆོས་ཚན་ཤོག་བྱང་བཅས་རེ་རེ་འབྲི་རྒྱུ་དང་། དེ་གསུམ་གར་འགོད་དགོས་པའི་ནང་དོན་གྱི་རྣམ་གྲངས་མི་འདྲ་བ་སྟེ། 1. རྩོམ་པ་པོ་ཞིག་གི་གསུང་འབུམ་དཀར་ཆག་གི་སྤྱི་འདོམས་ཤོག་བྱང་དེས་ཁོང་གི་གསུང་འབུམ་སྤྱིའི་དཀར་ཆག་མཚོན་ཞིང་། རྩོམ་པ་པོ་སོ་སོའི་གསུང་འབུམ་སྤྱི་ལ་ཤོག་བྱང་རེ་ཡོད། ཤོག་བྱང་འདི་ནི་རྩོམ་པ་པོའི་ཤོག་བྱང་བསྒྲིག་སྐབས་བཀོལ་དགོས། 2. གསུང་འབུམ་གྱི་པོ་ཏི་སོ་སོའི་ཤོག་བྱང་དེས་དཔེ་ཁྲིའི་དྲ་མིག་སྟེང་གི་ཨང་རྟགས་མཚོན་པ་དང་། པོ་ཏི་སྤྱིའི་དཀར་ཆག་ཡིན་པས། པོ་ཏི་དེའི་ཆོས་ཚན་རེ་རེའི་བྱེ་བྲག་གི་ནང་དོན་བསྟན་མེད། 3. པོ་ཏིའི་ཆོས་ཚན་སོ་སོའི་ཤོག་བྱང་དེ་ཆོས་ཚན་རེར་ཤོག་བྱང་རེ་འགོད་པ་ལ་ཟེར་ཞིང་། ཤོག་བྱང་རེ་རེའི་ནང་དཀར་ཆག་སྒྲིག་པའི་རྣམ་གྲངས་དང་བྱེད་ཐབས་ཞིབ་ཚགས་དང་མཚམས་སྦྱོར་གནང་ཡོད། ད་དུང་པོད་གཅིག་ལ་ཆོས་ཚན་མང་པོ་བཞུགས་ཆེ་ཆོས་ཚན་ཤོག་བྱང་དུ་འབྲི་དགོས་པ་མ་ཟད། པོད་གཅིག་ལ་ཆོས་ཚན་གཅིག་ལས་མི་བཞུགས་ཀྱང་ཆོས་ཚན་ཤོག་བྱང་འབྲི་དགོས་པ་སྟེ། པོ་ཏི་དེའི་པོད་ཀྱི་ཤོག་བྱང་དང་ཆོས་ཚན་གྱི་ཤོག་བྱང་གཉིས་ཀྱི་ནུས་པ་མི་འདྲ་བར་ཆོས་ཚན་སོ་སོའི་ཤོག་བྱང་དེ་ཁ་བྱང་དང་སྡེ་ཚན་གཉིས་ཀྱི་དཀར་ཆག་ཤོག་བྱང་དུ་ཞུགས་དགོས་པ་དང་པོ་ཏི་སོ་སོའི་ཤོག་བྱང་དེ་དེ་གཉིས་སུ་ཞུགས་མི་དགོས། གསུང་འབུམ་ནི་མཁས་པ་ག་གེ་མོ་ཞིག་གི་གསུང་རྩོམ་ཕྱོགས་བསྡུས་ཡིན་པས། ནང་དོན་རྟག་པར་རིགས་སོ་སོར་འབྲེལ་ཡོད། དཔེ་མཛོད་ཁང་ལ་ལས་དེང་རབས་གཡོར་མཁན་མང་པོའི་དཔེ་ཆ་ཟུར་དུ་བཀར་ཏེ་ཁ་ཐོར་སྐོར་གྱི་རིགས་འདྲའི་གྲས་སུ་བཞག་ནས་འཚོལ་བར་སྟབས་བདེ་བཟོས་ཡོད། ང་ཚོས་བྱ་ཐབས་འདི་མ་བཀོལ་བར་སྔོན་མ་གསུང་འབུམ་དུ་བཞག་པ་ཚང་མ་ཁ་མ་གཏོར་བར་དཔེ་ཁྲིའི་སྟེང་ཆབས་གཅིག་ཏུ་བསྒྲིགས་ཡོད་ལ། བཙལ་ན་སྟབས་བདེ་མིན་གྱི་གནད་དོན་དེ་སྡེ་ཚན་ཤོག་བྱང་གིས་ཐག་གཅོད་དགོས། ཡང་བུ་སྟོན་ཡབ་སྲས་ལྟ་བུའི་མཁས་པ་གཉིས་དང་འགའི་གསུང་འབུམ་ཆབས་གཅིག་བསྡམས་ཡོད་པ་ཚང་མཐའང་ཁ་མ་གཏོར་བར་

རྩོམ་པ་པོའི་ཤོག་བྱང་ཁྲིད་ཟུར་ལྟའི་ཤོག་བྱང(参见片)སྟོན་དགོས་ཞེས་གསུངས་ཡོད་པ་སོགས་ཞིབ་ཏུ་ཁོང་གི་ཆེད་རྩོམ་ལ་གཟིགས།

དེ་ལྟར་པེ་ཅིང་དཔེ་མཛོད་ཁང་དུ་སྤྱི་ལོ1986ལོར་ལག་ལེན་དུ་བསྟར་བ་ནི་སྔ་མ་དག་ལས་སྔོན་ཐོན་ཡིན་པས་བོད་ཀྱི་དཔེ་ཆ་ལྟེབ་རིང་དཀར་ཆག་སྒྲིག་སྟངས་གསོན་པོ་ཞིག་ཡིན་ཞེས་བརྗོད་ཆོག་ལ། བོད་ཡིག་བསྟན་བཅོས་ལྟེབ་རིང་བཞུགས་པའི་དཔེ་མཛོད་ཁང་སོ་སོས་ལག་ལེན་བསྟར་རྒྱུར་ཡང་ཡིན། ཞར་ལ་ཁོང་གིས"དེང་རབས་དཀར་ཆག་གི་སྡེ་ཚན་དབྱེ་བ་འབྱེད་སྲོལ་ནི། ཆབ་སྲིད། དཔལ་འབྱོར་སོགས་སྤྱི་ཚོགས་ཚན་རིག་དང་། དངོས་ཁམས་རིག་པ་དང་། རྫས་འགྱུར་རིག་པ། སྐྱེ་དངོས་ཀྱི་རིག་པ། ས་གཤིས་རིག་པ་སོགས་རང་བྱུང་ཚན་རིག་དང་། ལག་རྩལ། སྒྱུ་རྩལ་སོགས་རིག་པའི་རྣམ་གྲངས་དབྱེ་ཚུལ་དེ་ནི་བོད་ཀྱི་རྒྱུན་སྲོལ་མདོ་སྔགས་དང་རིག་གནས་ཆེ་ཆུང་བཅུ་སོགས་ཀྱི་དབྱེ་ཚུལ་ལ་མི་འཕྲོད་པས། ང་ཚོས་དབྱེ་ཚུལ་དེ་དང་དུ་མ་བླངས་པར། སྔ་མའི་རྒྱུན་སྲོལ་ལྟར་ལག་ལེན་བྱས་པ་ཡིན། མདོར་ན་དེང་རབས་ཀྱི་ཤོག་བྱང་རྣམ་གསུམ་གྱི་རིག་པ་དང་། བོད་རང་གི་སྡེ་ཚན་དབྱེ་ཚུལ་ཟུང་འབྲེལ་གྱིས་བྱས་པ་ཞིག་ཡིན།"[2] ཞེས་བོད་ཡིག་བསྟན་བཅོས་ལྟེབ་རིང་གི་སྡེ་ཚན་གྱི་དབྱེ་བ་ལའང་རྩ་བའི་སྡེ་ཚན་ཆེན་པོ་བཞིར་བཀར་ཡོད་པ་སྟེ། བཀའ་བསྟན། གསུང་འབུམ། ཆེད་བཏུས། ཐོར་བུ་སྣ་ཚོགས་བཅས་ཡང་སྡེ་ཚན་སོ་སོའི་གཤམ་དུའང་ཡན་ལག་དང་ཉིང་ལག་མང་པོ་ཞིབ་ཏུ་ཕྱེས་ཡོད་ལ། དེ་ལས་དབྱེ་བ་རགས་ཞིབ་ནི་རང་རང་དཔེ་མཛོད་ཁང་དུ་བཞུགས་པའི་དཔེ་ཆ་མང་ཉུང་གི་ཚད་ལ་དཔགས་ཏེ་དགར་ཆོག་པས། རིགས་དགར་སྟངས་ཐད་ནས་ཀྱང་དེང་རབས་དཔེ་མཛོད་ཁང་དང་བོད་སྲོལ་རྒྱུན་གྱི་རིགས་དགར་བའི་ཁྱད་ཆོས་གཉིས་ཟུང་དུ་བསྡེབས་ཏེ། དོན་འདུས་བཀོལ་བདེ་ཞིག་བཟོ་བཀོད་གནང་བ་ནི་ཚན་རིག་དང་མཐུན་པའི་སྡེ་ཚན་དབྱེ་ཚུལ་གསར་པ་ཞིག་ཡིན་པས། དངོས་གནས་ལེགས་བཤད་དུ་འཁུམས། སློས་སུ་ཁོང་གིས་བོད་ཡིག་བསྟན་བཅོས་ཀྱི་རིགས་དགར་སྟངས་ཐད་ལ་དེང་སྐབས་རྒྱལ་ཁབ་ཕྱི་ནང་དུ་དཀར་ཆག་རིག་པར་བཀོལ་བའི་སྔོན་ཐོན་གྱི་རིག་ལམ་གསར་པ་ཞིག་སྟེ་གཙོ་ཆེག་གི་ཐབས(主题法)ལག་ལེན་གནང་ཡོད་པ་དཔེར་ན། ཐོར་བུ་སྣ་ཚོགས་སྐོར་གྱི་ཡན་ལག་དྲུག་པ་གསང་སྔགས་ཀྱི་སྐོར་ལ་ཐོག་མར་གྲུབ་མཐའ་རིས་མེད་ཀྱི་རྒྱུད་སྡེ་སྤྱིའི་རྣམ་བཞག་དང་གཟུངས་འདུས་རྣམས་འཇོག་སླ་ཡང་། དེའི་འཕྲོར་སྡེ་ཚན་གྱི་དབྱེ་བའི་ཡན་ལག་ཉིང་ལག་ཏུ་དབྱེ་བ་ནི་ཤིན་ཏུ་དཀའ་བའི་གནས་ཤིག་ཡིན། འོ་ན་ཇི་ལྟར་བྱ་ཞེ་ན། དེང་རབས་ཀྱི་དཀར་ཆག་རིག་པ་ལ་ཐབས་གསར་པ་གཞན་ཞིག་ཡོད་དེ་མིང་ལ་གཙོ་ཆེག་གི་ཐབས་ཞེས་ཟེར། གོ་དོན་ནི་དཔེ་ཆའི་ཁ་བྱང་གི་ནང་དུ་བརྗོད་བྱ་གཙོ་བོ་སྟོན་བྱེད་ཀྱི་ཐ་སྙད་དེ་ངོས་བཟུང་ནས་རྟགས་ཤིག་རྒྱག ཤོག་བྱང་གི་གོ་རིམ་སྒྲིག་དུས། རྣམ་པ་ཐམས་ཅད་དུ་ཁ་བྱང་གི་ཚིག་དང་པོའི་ཀ་ཁ་ལྟར་བསྒྲིག་རྒྱུ་མ་ཡིན་པར། གཙོ་ཆེག་རྟགས་ཅན་གྱི་

ཀ་ཁ་ལྟར་བསྒྲིག་རྒྱུ། འདི་གས་བོད་ཀྱི་གསང་སྔགས་ཀྱི་དཔེ་ཆའི་དཀར་ཆག་འགོད་དུས་ཀྱང་། རིག་པ་དེའི་རྗེས་སུ་འབྲངས་ཏེ་ལག་ལེན་དུ་བསྟར་ནས་ཚོད་ལྟ་བྱས་པ་ཡིན། གཙོ་ཚིག་གི་མང་ཉུང་དཔེ་མཛོད་སོ་སོའི་ཉར་བའི་མང་ཉུང་ལ་དཔག་སྟེ་འགོད་རྒྱུ་ལས་གྲངས་ཀྱི་ངེས་པ་མེད[3]ཅེས་གསུངས་ཡོད་པ་ནི་བོད་ཡིག་བསྟན་བཅོས་ལྟེབ་རིང་གི་ཤོག་བྱང་དཀར་ཆག་སྟེང་གི་གསར་བཏོད་ཅིག་ཡིན་ཞིང་། དཀར་ཆག་འགོད་པའི་ལས་ཀའི་གནས་ཚུལ་དངོས་དང་འཚམ་པ་ཞིག་ཡིན་པས། ང་ཚོས་ངེས་པར་དུ་དཀར་ཆག་སྒྲིག་པའི་ལས་ཀ་དངོས་ཀྱི་ཁྲིད་གསང་སྔགས་ཀྱི་དཔེ་ཆ་ཙམ་དུ་མ་ཟད། བོད་ཡིག་བསྟན་བཅོས་ཀྱི་སྤྱི་ཚན་སོ་སོར་གཙོ་ཚིག་གི་ཐབས་འདི་བཀོད་ན་ལེགས་ཏེ། རྒྱ་མཚན་གཙོ་ཚིག་གི་ཐབས་ཞེས་པ་ནི་ཚད་ལྡན་གྱི་རང་བྱུང་སྐད་ཆ(ཁ་བྱང)དེ་རྩོམ་རིགས་ཀྱི་བརྗོད་བྱ་གཙོ་བོའི་རྟགས་མཚན(གཙོ་ཚིག་གི་རྟགས)དང་འཚོལ་བའི་གཞི་འཛིན་ས་བྱས་པའི་དཀར་ཆག་འཚོལ་ཐབས་ཤིག་ལ་བྱ། བྱེད་ཐབས་འདི་རྣམ་པའི་སྟེང་ནས་བལྟས་ན། ཚད་ལྡན་གྱི་ཐ་སྙད་དེ་གཙོ་ཚིག་གི་རྟགས་དང་འཚོལ་བའི་གཞི་འཛིན་ས་བྱས་ཡོད་པ་མ་ཟད། ཁ་བྱང་གི་ཚིག་དང་པོའི་ཀ་ཁ་ལྟར་བསྒྲིགས་པ་ཞིག་ཡིན། ངོ་བོའི་ཐད་ནས་བཤད་ཚེ། ཐ་སྙད་གཅིག་གིས་རྩོམ་རིགས་དེས་ཞིབ་བརྗོད་དང་ཞིབ་འབྲི། ཞིབ་འཇུག་བཅས་བྱས་པའི་དམིགས་ཡུལ་དང་བྱ་དངོས། གནད་དོན་སོགས་གསལ་སྟོན་བྱས་ཡོད་པ་དང་། ཡང་ཅིག་བཤད་ན། དེ་ནི་ཆེད་དམིགས་སམ་ཆེད་དངོས(特定对象或事物)ལ་གཞིགས་ནས་གཞི་འཛིན་སའི་མ་ལག་བརྒྱུད་དེ་ཁ་བྱང་“དྲ་བ”གྲུབ་པ་དང་། སྒྲིག་སྦྱོར(组配)བྱེད་ཐབས་བརྒྱུད་ནས་ཆེད་དམིགས་སམ་ཆེད་དངོས་ལ་འབྲེལ་བ་ཡོད་པའི་གཙོ་ཚིག་ཁ་ཤས་དང་ཐ་ན་རྩོམ་རིགས་ཡོད་ཚད་གཅིག་སྡུད་གནང་བ་ཞིག་ཡིན། འདི་ནི་སྤྱི་ཚན་དཀར་ཆག་གིས་ཐག་གཅོད་མི་ཐུབ་པའི་གནད་དོན་ཞིག་ཡིན་པས་སྤྱི་ཚན་དཀར་ཆག་གི་མི་འདང་ས་བསྐང་ཐུབ་པ་རེད།

ད་དུང་དཔེ་མཛོད་ཁང་སྒེ་ཁག་གིས་གཙོ་ཚིག་གི་ཐབས་བརྒྱུད་དེ་བརྗོད་བྱ་གཅིག་པའི་སྐོར་ཀྱི་ཤོག་བྱང་རྣམས་ཁ་བྱང་གཅིག་གི་གཤམ་དུ་གཅིག་སྡུད་གནང་ཆོག་པ་མ་ཟད། དེའི་ཀ་ཕྲེང་ལྟར་གཙོ་ཚིག་དཀར་ཆག་བསྒྲིགས་ཏེ་རྩོམ་རིགས་ཀྱི་ཁ་བྱང་རྩིས་འཁོར་དུ་འཇུག་པ་དང་རྩིས་འཁོར་གྱིས་འཚོལ་བའི་མ་ལག་བཅས་ཀྱང་འཛུགས་ཐུབ། འདི་ལྟར་བྱས་ན་གཙོ་ཚིག་གཅིག་ལ་འབྲེལ་བ་ཡོད་པའི་རྩོམ་རིགས་ཡོད་ཚད་གཅིག་སྡུད་བྱེད་ཐུབ་ལ། དགོས་གལ་བྱུང་ཚེ་ཁ་བྱང་ག་གེ་མོ་ཞིག་བཙལ་ཐུབ་པས་ན། དཔེ་མཛོད་ཁང་དུ་དམིགས་ཡུལ་ག་གེ་མོ་ཞིག་དང་བྱ་དངོས་སམ་བརྗོད་བྱ་ག་གེ་མོ་ཞིག་ལ་འབྲེལ་ཡོད་ཀྱི་རྩོམ་རིགས་ཡོད་ཚད་ལག་སོན་ཐུབ་པ་དང་། གཙོ་ཚིག་དཀར་ཆག་འགོད་ལུགས་བེད་སྤྱོད་ཚེ། བོད་ཡིག་བསྟན་བཅོས་ལྟེབ་རིང་ཐོ་འགོད་ལས་ཀ་རང་འགུལ་ཅན་དུ་འགྱུར་བར་ཕན་ཁེ་ཆེ་བ་རེད། དེ་ཡང་སྲོལ་རྒྱུན་གྱི་དཀར་ཆག་འཚོལ་བྱེད་ཐ་སྙད་དེའང་རྩིས་འཁོར་དུ་འཇུག་ཆོག་

ནའང་། ཀུན་ཏུ་འཕྲོད་པ་ཞིག་མ་རེད། འདིའི་ཕྱོགས་ནས་གཙོ་ཆོག་ལ་ཐུན་མོང་མ་ཡིན་པའི་དགེ་མཚན་ལྡན་པས། མཐུན་པའི་རང་བཞིན་ཤ་ཚང་ཆེན་པོ་ལྡན་པ་རེད། གལ་ཏེ་སྤྱི་ཚན་དབྱེ་སྟངས་བཀོལ་བ་དང་ཆབས་ཅིག གཙོ་ཆོག་གི་ཐབས་ཀྱང་བཀོལ་ན་ཞབས་འདེགས་ཀྱི་ནུས་པ་ཆེན་པོ་འབྱུང་ངེས་ཤིང་། བོད་ཡིག་བསྟན་བཅོས་ལྟེབ་རིང་ལས་ག་དེ་རང་འགུལ་ཅན་དང་དྲ་བ་ཅན་དུ་འགྱུར་བར་ཡང་སྐུལ་འདེད་གཏོང་ཐུབ་པས་ན། ང་ཚོས《རྒྱ་ཡིག་གཙོ་ཆོག་གི་ཐབས་ཀྱི་རེའུ་མིག》དང《ཀྲུང་གོའི་རིགས་ལམ་དཀར་སྟངས་དང་གཙོ་ཆོག་གི་ཐབས་ཤན་སྦྱར་རེའི་མིག》སོགས་ལ་ཟུར་ལྟ་བྱས་ཏེ་ལས་ག་དངོས་ཀྱི་ཁྲིད་ལག་ལེན་བྱེད་པ་དང་ཆབས་ཅིག ད་དུང་ནུ་མཐུད་ནས་གཙོ་ཆོག་གི་ཐབས་འདི་ལེགས་བཅོས་བྱེད་པར་འཚོལ་ཞིབ་བྱ་དགོས། དེ་བས་ང་ཚོས་སྐུ་ཞབས་ཧོང་མིན་ཞིན་གྱི《པེ་ཅིང་དཔེ་མཛོད་ཆེ་མོར་བཞུགས་པའི་བོད་ཡིག་གི་གནའ་དཔེའི་མཚན་ཐོ་འགོད་ལུགས་བརྗོད་པ》ཞེས་པའི་རྒྱ་བོད་ཡིག་རིགས་གཉིས་ཀྱི་ལམ་ནས་མཛད་པའི་ཆེད་རྩོམ་འདི་ནི་བོད་ཀྱི་བསྟན་བཅོས་ལྟེབ་རིང་དཀར་ཆག་གི་ཁ་ཕྱོགས་འགྱུར་མཚམས་ཤིག་དང་གསར་བརྗེ་ཞིག་རེད་ཅེས་བཤད་ཆོག་ཆོག་རེད།

དེ་ཡང་སྤྱི་ལོ1991ལོ་ནས་བཟུང་། ཀྲུང་གོའི་བོད་ཀྱི་ཤེས་རིག་ཞིབ་འཇུག་ལྟེ་གནས་ཀྱི་དཔེ་མཛོད་ཁང་གིས་ཀྲུང་བོད་ཡིག་བསྟན་བཅོས་ལྟེབ་རིང་ལ་ཤོག་བྱང་གི་དཀར་ཆག་བསྒྲིགས་པ་སྔ་ཤོས་ཀྱི་སྡེ་ཚན་མི་རིགས་རིག་གནས་ཕོ་བྲང་གི་དཔེ་མཛོད་ཁང་གི་དཀར་ཆག་སྒྲིག་ལུགས་དང་ལྷག་པར་བོད་ཡིག་བསྟན་བཅོས་ལྟེབ་རིང་ལ་ཤོག་བྱང་དཀར་ཆག་སྒྲིག་པ་ཆ་ཚང་ཞིང་ཚུད་སྔོན་ཐོན་ཡིན་པའི་སྡེ་ཚན་པེ་ཅིང་དཔེ་མཛོད་ཁང་གཉིས་ལ་དཔེ་བལྟས་ཏེ་གནའ་དེང་རིག་གནས་ཟུང་འབྲེལ་དང་། རང་རེའི་དཔེ་མཛོད་ཁང་གི་ཁྱད་ཆོས་བཅས་ལྡན་པའི་དཀར་ཆག་སྒྲིག་སྟངས་ཤིག་བཟོས་ནས་དངོས་སུ་ལག་བསྟར་བྱེད་བཞིན་ཡོད་མོད། འོན་ཀྱང་གསུང་འབུམ་ལས་གཞན་དག་ད་དུང་དཀར་ཆག་བསྒྲིགས་མེད་པས་ན། འགོད་སྟངས་ཞིབ་ཆ་ཞིག་འདིར་འབྲི་མ་ནུས། དེའི་མཚུངས་སུ་མི་རིགས་སློབ་གྲྭ་ཆེན་མོའི་དཔེ་མཛོད་ཁང་གིས་ཀྲུང་བོད་ཡིག་བསྟན་བཅོས་ལྟེབ་རིང་ལ་རང་གི་དཔེ་མཛོད་ཁང་གི་ཁྱད་ཆོས་དང་ནུས་པ་ལྟར་དཀར་ཆག་སྒྲིག་སྟངས་སྟབས་བདེ་ཞིག་བཟོས་ཏེ་སྒྲིག་བཞིན་ཡོད་པ་སོགས་ནི་བོད་ཡིག་དཔེ་ཆ་ལྟེབ་རིང་གི་དཀར་ཆག་སྒྲིག་པའི་ལས་ག་དེ་འཕེལ་རྒྱས་ཆེན་པོ་ཕྱིན་པའི་མངོན་རྟགས་ཡིན། དེ་མ་ཟད་སྤྱི་ལོ1995ལོར་བོད་ལྗོངས་སློབ་གྲྭ་ཆེན་མོའི་དཔེ་མཛོད་ཁང་གིས་བསྒྲིགས་པའི《བོད་ཡིག་དཔེ་དེབ་ཀྱི་རིགས་ལམ་འབྱེད་ཐབས། དཀར་ཆག་འགོད་ལུགས་བསྟན་པ་སྒོ་འབྱེད་ལྡེ་མིག》ཅེས་པ་པར་སྐྲུན་གནང་བ་ནི་དངོས་ནས་བོད་ཡིག་བསྟན་བཅོས་ཀྱི་དཀར་ཆག་དང་སྒོས་སུ་རིགས་ལམ་འབྱེད་ཐབས་ཀྱི་ཞིང་སར་དུས་ཀྱི་སྒྲང་ཆར་བབས་པ་ནང་བཞིན་བོད་ཡིག་དེབ་གསར་རྙིང་གི་ལས་ག་བྱེད་མཁན་རྣམས་ཀྱི་འདོད་བློ་དང་འཚམ་པར་རིགས་ལམ་འབྱེད་སྟངས་ཐད་ནས་བོད་ཀྱི་སྲོལ་རྒྱུན་

རིག་གནས་ཀྱི་རིགས་འབྱེད་ཐབས་དང་རྒྱལ་ནང་གི་ཅུང་སྔོན་ཐོན་ཡིན་པའི་ཚན་རིག་གི་རིགས་འབྱེད་ཐབས་རྣམས་ཟུང་འབྲེལ་བྱས་ཡོད་པ་སྟེ། 《ཀྲུང་གོའི་དཔེ་མཛོད་ཁང་གི་དཔེ་དེབ་རིགས་འབྱེད་དཀར་ཆག》ཅེས་པའི་རྩ་བའི་རྨང་གཞིའི་དབྱེ་ཚུལ་ལ་དཔེར་བལྟས་ཏེ་བོད་ཀྱི་སྲོལ་རྒྱུན་རིག་གནས་ཀྱི་རིགས་དཀར་ཚུལ་གྱི་ཁྱད་ཆོས་དང་བསྟུན་ནས་གོ་རིམ་ལྡན་པའི་དང་རིགས་ལམ་ཕྱེ་ཡོད་ལ། ལྷག་དོན་བོད་ཀྱི་སྲོལ་རྒྱུན་རིག་གནས་ཀྱི་ཉིང་བཅུད་ནང་བསྟན་གྱི་ཁྱད་ཆོས་ལ་དམིགས་ཏེ་ནང་དོན་རིག་པ་དང་ཚད་མ་རིག་པ་གཉིས་སོ་སོར་བཀར་ནས་དབྱེ་བ་ཞིབ་ཙམ་ཕྱེ་བ་ནི《ཀྲུང་གོའི་དཔེ་མཛོད་ཁང་གི་དཔེ་དེབ་རིགས་འབྱེད་དཀར་ཆག》ཅེས་པའི་རྩོམ་མཁན་གྱིས་བློ་རྩེ་ཡིས་མ་ཟིན་པའི་བསམ་ཚུལ་ཞིག་ཡིན་པ་བཅས་བོད་ཀྱི་སྲོལ་རྒྱུན་རིགས་ལམ་འབྱེད་ཐབས་དེ་དེང་རབས་ཅན་གྱི་ཕྱོགས་སུ་བསྐྱོད་པར་རྨང་གཞི་བཏིང་ཡོད་པ་རེད། ཡིན་ནའང་འདི་ནི་བོད་ཡིག་དཔེ་དེབ་ཀྱི་རིགས་ལམ་འབྱེད་ཐབས་དེ་དེང་རབས་ཅུང་སྔོན་ཐོན་དུ་བགྲང་བའི་རིགས་ལམ་འབྱེད་སྟངས《ཀྲུང་གོའི་དཔེ་མཛོད་ཁང་གི་དཔེ་དེབ་རིགས་འབྱེད་དཀར་ཆག》དང་གཅིག་གྱུར་གྱི་སྒོ་ནས་དགར་བའི་རིགས་ལམ་འབྱེད་ཚུལ་ཐོག་དང་པོ་ཡིན་པས་ན། རིགས་ལམ་དགར་སྟངས་ཐད་ནས་ཞན་ཆ་མི་འབྱུང་བའང་མི་སྲིད་དེ། 《ཀྲུང་གོའི་དཔེ་མཛོད་ཁང་གི་དཔེ་དེབ་རིགས་འབྱེད་དཀར་ཆག》ནི་ཀྲུང་གོའི་དཔེ་དེབ་རིགས་འབྱེད་ལུགས་ཀྱི་དཔེ་དེབ་གྲས་སུ་རྒྱལ་ཁབ་ཚད་གཞི་དང་བེད་སྤྱོད་རྒྱ་ཆེ་བ་ཞིག་ཏུ་བགྲང་བཞིན་ཡོད་ནའང་། དེའི་སྐྱེ་ཚན་སྒྲིག་སྟངས་དེ་བོད་ཡིག་བསྟན་བཅོས་ལྡེབ་རིང་གི་རིགས་དགར་བའི་ཁྱད་ཆོས་དང་དེ་འདྲ་འཚམ་པ་ཞིག་མིན། བོད་ཡིག་བསྟན་བཅོས་ལྡེབ་རིང་གི་པོ་ཏི་གཅིག་དེ《ཀྲུང་གོའི་དཔེ་མཛོད་ཁང་གི་དཔེ་དེབ་རིགས་འབྱེད་དཀར་ཆག》གྱི་རིགས་དགར་སྟངས་ནང་བཞིན་རིགས་ཤིག་ཏུ་བསྡུས་ཚེ། དེའི་ཁྲོད་ཀྱི་རིགས་གཞན་དག་གསལ་སྟོན་དང་བཀོལ་སྤྱོད་བྱེད་པར་དཀའ་ཁག་བཟོ་བ་དང་སྟབས་བདེ་པོ་མེད།

དེ་བས་ན་ང་ཚོས《ཀྲུང་གོའི་དཔེ་མཛོད་ཁང་གི་དཔེ་དེབ་རིགས་འབྱེད་དཀར་ཆག》དང་བོད་ཀྱི་སྲོལ་རྒྱུན་གྱི་བསྟན་བཅོས་རིགས་དགར་སྟངས་གཉིས་ཟུང་འབྲེལ་སྒོས་བོད་ཀྱི་མཁས་པ་རྣམས་ཀྱི་གསུང་འབུམ་གཙོས་པའི་བོད་ཡིག་བསྟན་བཅོས་ལྡེབ་རིང་ཡོངས་ལ་ཤོག་བྱང་དཀར་ཆག་འགོད་པའི་ཁྲིད་རིགས་འབྱེད་སྐབས། ལྡེབ་རིང་གཅིག་གི་ནང་མགོ་མཇུག་བར་གསུམ་དུ་ནང་དོན་གཅིག་སྟོན་པའི་སྐྱེ་ཚན་ཞིག་ཡིན་ན་རིགས་གཅིག་ཏུ་བསྡུ་བ་ལས་སྐྱེ་ཚན་མང་པོ་ཡོད་ཚེ། སོ་སོ་ཤོག་བྱང་དཀར་ཆག་སྟེང་རིགས་འབྱེད་དགོས། ཡིན་ནའང་འདིར་དགེ་མཚན་ལྡན་ལ་སྐྱོན་ཆའང་ཡོད། དགེ་མཚན་ནི་བོད་ཡིག་བསྟན་བཅོས་ལྡེབ་རིང་གཅིག་ཏུ་སྐྱེ་ཚན་མང་པོ་བཞུགས་པ་ཡོད་ཚད་སོ་སོའི་ཤོག་བྱང་དཀར་ཆག་སྟེང་གསལ་སྟོན་བྱེད་ཐུབ་པས། ཀློག་པ་པོས་ཤོག་བྱང་དཀར་ཆག་ཁྲིད་ནས་རང་ལ་དགོས་པའི་སྐྱེ་ཚན་རྣམས་བཙལ་སླ་བ་སོགས་ཀྱི་ཁྱད་ཆོས་ཡོད་ལ། སྐྱོན་ཆ་ནི་ཕྱིར་བཏང་བོད་ཡིག་བསྟན་བཅོས་ལྡེབ་རིང་

གཅིག་གི་ཁྲོད་དུ་སྡེ་ཚན་མང་པོ་ཡོད་ཅིང་། གློག་པ་པོས་དཔེ་ཆ་གཡར་སྐབས་ལྡེབ་རིང་དཔེ་ཆ་རྫིལ་པོ་འཁྱེར་བ་ལས་དཔེ་ཆའི་ཁྲོད་ཀྱི་རང་ལ་དགོས་པའི་སྡེ་ཚན་བླངས་ཏེ་འཁྱེར་མི་ཐུབ་པས་ན། དཔེ་ཆ་འདི་གའི་ཁྲོད་ཀྱི་སྡེ་ཚན་གཞན་དག་མཁོ་བའི་གློག་པ་པོའི་རེ་འདུན་སྐོང་མི་ཐུབ་པ་སོགས་ཀྱི་གནད་དོན་ཡང་མཆིས། དེའི་ཐད་ལ《བོད་ཡིག་དཔེ་དེབ་ཀྱི་རིགས་ལམ་འཇིད་ཐབས། དཀར་ཆག་འགོད་ལུགས་བསྟན་པ་སྒོ་འབྱེད་ལྡེ་མིག》ཅེས་པའི་རྩོམ་མཁན་གྱིས་བསམ་གཞིག་གནང་མེད་ལ། དེ་མ་ཟད་དཔེ་དེབ་ཏུ་སྡེ་ཚན་ཁག་དཀར་བ་རགས་དྲགས་པས། སོ་སོ་ཞིབ་ཏུ་དཀར་ཐབས་བྲལ་བ་སྟེ། དཔེར་ན། ཁ ཆོས་ལུགས་ཁྲོད་ཀྱི1ནང་དོན་རིག་པ་དང་ནང་བསྟན་གྱི་ཁོངས་སུ12ནང་པའི་གསུང་འབུམ་ཞེས་ཕྱེ་སྟེ་ནང་པའི་གྲུབ་མཐའ་ཁག་གི་རྒྱུན་འཛིན་པའི་གསུང་འབུམ་སོ་སོ་དཀར་བ་ལས་གསུང་འབུམ་ཁྲོད་ཀྱི་རིག་པ་ཁག་ཞིབ་ཏུ་ཕྱེ་མེད་པས་ན། ལག་ལེན་དངོས་ཀྱི་ནང་ནུས་པ་དེ་འདྲ་འདོན་མི་ཐུབ། གནད་དོན་དེ་དཔེ་དེབ་འདི་ཉིད་ཙམ་མ་ཟད། གནའ་དེང་བོད་ཀྱི་དཀར་ཆག་རིག་པ་བ་སུས་ཀྱང་བློ་རྩིས་མ་བྱིན་པ་ཞིག་རེད། ཡང་དཔེར་ན། ཁ ཆོས་ལུགས་ཀྱི་ནང་གི10ནང་རིགས་པའི་གཞུང་ལུགས་ལ་མདོ་ཕྱོགས་དང་གཞུང་ཆེན་བཞི། བྱམས་ཆོས་སྡེ་ལྔ། ལམ་རིམ་བློ་སྦྱོང་། ས་ལམ། སྔགས་ཕྱོགས་བཅས་ཡན་ལག་དྲུག་ཏུ་ཕྱེ་ཡོད་པར། ཐུན་གྱི་འདོད་ཚུལ་དུ་རིགས་ལམ་དཀར་སྟངས་འདི་རྩོམ་མཁན་རང་ཉིད་ཀྱི་རྩ་དོན་དང་འགལ་ཡོད་པ་སྟེ་བོད་ཀྱི་སྲོལ་རྒྱུན་རིག་གནས་ཀྱི་རིགས་ལམ་དཀར་སྟངས་དེ《གྲུང་གོའི་དཔེ་མཛོད་ཁང་དཔེ་དེབ་རིགས་འབྱེད་དཀར་ཆག》དང་ཟླུང་འབྲེལ་དང་རྩ་བ་ནས་ཡན་ལག་དང་། སྤྱི་ནས་བྱེ་བྲག་བཅས་འགོད་པའི་རྩ་དོན་དང་འགལ་ཏེ་རྩ་བ་དང་ཡན་ལག་གི་གོ་རིམ་ཡག་པོ་ཞིག་སྒྲིག་ཐུབ་མེད།

 སྤྱིར་ནང་དོན་རིག་པ་དེ་སྲོལ་རྒྱུན་གྱི་རིགས་ལམ་དཀར་སྟངས་ལྟར་ན། མདོ་ཕྱོགས་དང་སྔགས་ཕྱོགས་བཅས་རིགས་ཆེན་པོ་གཉིས་སུ་ཕྱེ་བ་དང་། མདོ་ཕྱོགས་ལ་གཞུང་ཆེན་ལྔ་སྟེ། ཚད་མ་དང་ཕར་ཕྱིན། དབུ་མ། མཛོད། འདུལ་བ་བཅས་ཡན་ལག་ལྔ་རུ་དཀར་བ་དང་། སྔགས་ཕྱོགས་ལའང་བླ་མེད་རྒྱུད་དང་། རྣལ་འབྱོར་རྒྱུད། སྤྱོད་རྒྱུད། བྱ་རྒྱུད་བཅས་ཡན་ལག་བཞིའི་སྒོ་ནས་དབྱེ་དགོས་པ་བཅས་ད་དུང་ཞིབ་ཆའི་རིགས་དཀར་ཚོག་ལ། 《གྲུང་གོའི་དཔེ་མཛོད་ཁང་དཔེ་དེབ་རིགས་འབྱེད་དཀར་ཆག》གི་རིགས་ལམ་དཀར་བའི་རྩ་དོན་ལྟར་ནའང་གཞུང་ཆེན་ལྔ་ནི་མདོའི་ཁོངས་གཏོགས་ཀྱི་ཉིང་ལག་ཡིན་ཞིང་བྱམས་ཆོས་སྡེ་ལྔ། ལམ་རིམ་བློ་སྦྱོང་། ས་ལམ་བཅས་ནི་མདོ་ཡི་ཁོངས་གཏོགས་ཏེ་ཡན་ལག་ཡིན་མོད། འོན་ཀྱང་རྩོམ་མཁན་གྱིས་ཡན་ལག་དེ་དག་མདོ་དང་ཁོངས་གཏོགས་གཅིག་ཏུ་བསྡུས་ཏེ་རྩ་བ་དང་ཡན་ལག་སྒྲིག་རིམ་ཐད་ནོར་འཁྲུལ་ཐེབས་སུ་བཅུག་ཡོད་པ་འདི་ནི་རིགས་ལམ་དཀར་བའི་རྩ་དོན་ཐད་ཀྱི་ནོར་འཁྲུལ་ཞིག་རེད། ད་དུང་སྔགས་ཀྱི་ནང་དུའང་ས་ལམ་ཡོད་པས། སྔགས་དང་ས་ལམ་གཉིས་ཀྱང་ཁོངས་གཏོགས་གཅིག་ཏུ་བསྡུ་མི་ཐུབ་བར་ས་ལམ་ཡང་སྔགས་ཀྱི་ཁོངས་གཏོགས་ཏེ་ཡན་ལག་

གཞན་དག་ནང་བཞིན་སྡེབ་ཀྱི་ཉིང་ལག་ཏུ་བསྡུ་དགོས། གལ་ཏེ་མདོ་སྡེབ་རིགས་གཉིས་ལ་ད་དུང་ཡན་ལག་དང་ཉིང་ལག་སོགས་ཞིབ་ཏུ་དགར་དགོས་ཚེ། ས་མཐུད་ནས་དགར་བ་དང་མཇུག་ཏུ་གཞུང་ལུགས་སོ་སོའི་ཞིབ་འཇུག་དང་འགྲེལ་པ་རྣམས་བཞག་ན་ད་གཟོད་འཚམ་པ་རེད། གཞན་ཡང་ནང་པའི་གཞུང་ལུགས《བཀའ་འགྱུར》དང《བསྟན་འགྱུར》གཉིས་ཀྱི་གཤམ་དུ"བཀའ་འགྱུར་ཁོལ་ཕྱུང་"དང"བསྟན་འགྱུར་ཁོལ་ཕྱུང་"སོ་སོ་ཞིབ་ཏུ་དགར་བ་ནི་ཆེས་ལེགས་པ་ཞིག་རེད། ཡིན་ནའང་རྩོམ་མཁན་གྱིས་གསུང་འབུམ་ལས་ཁོལ་དུ་ཕྱུང་བའི་རིགས་ལ་ཐུགས་གནང་མཛད་མེད་པ་རེད། ཐྲན་གྱི་སེམས་པར་གསུང་འབུམ་ལས་ཁོལ་དུ་ཕྱུང་བའི་རིགས་ཀྱང་རང་རྒྱ་འཕེར་བའི་དང་ཐུར་དུ་བཀར་ན་འགྲིག་སྙེ། རྒྱུ་མཚན་ནི་གསུང་འབུམ་ཁོལ་ཕྱུང་གི་གྲངས་དེ"བཀའ་བསྟན་ཁོལ་ཕྱུང་"ལས་ལྷག་འགྱུར་གྱིས་མོད་པས། ང་ཚོས"གསུང་འབུམ་ཁོལ་ཕྱུང་"ཞེས་པ་ཞིག་ཀྱང་ཐུར་དུ་བཀར་ཏེ་གསུང་འབུམ་གྱི་ཡན་ལག་གམ་ཉིང་ལག་ཏུ་འཛུག་པ་དང་། དེ་ལ་སྐུ་ཞབས་ཧོང་མིན་ཞིན་ནས"གསུང་འབུམ་ཁོལ་ཕྱུང་ཧ་ཅང་མང་དྲགས་པས། ཕྱོགས་གཅིག་ཏུ་བསྡུས་མེད། ཡིན་ནའང་འབྱུང་འགྱུར་ཤོག་བྱང་དུ་མཆན་བཀོད་དེ་གསུང་འབུམ་ག་གེ་མོའི་པོད་ག་གེ་མོ་ཞིག་ལ་ལྟོས་ཞེས་བཀོད་ན་འོས་ཤིང་། མིག་སྔར་མི་ཤུགས་ཀྱི་རྐྱེན་པས་ལག་བསྟར་བྱེད་མ་ཐུབ"[4]ཅེས་པས་རིགས་བགྲོ་ཞིང་། ད་དུང་དངོས་ཡོད་དཀར་ཆག་འགོད་པའི་ལས་ཀའི་ཁྲོད་ཐུར་ལྟའི་ཤོག་བྱང་ཞིག་ཀྱང་བྲིས་ཚེ་གློག་པ་པོས་གསུང་འབུམ་སྤྱིའི་ཤོག་བྱང་དང་གསུང་འབུམ་ཁོལ་ཕྱུང་གི་ཐུར་ལྟའི་ཤོག་བྱང་སྒོ་གང་ནས་ཞུགས་ཏེ་བཙལ་ཡང་རྙེད་ཐུབ་པ་ཞིག་ཡིན་ལ། ཁ་གསལ་ལ་སྟབས་བདེ་བ་སོགས་ཀྱི་ནུས་པའང་འདོན་ཐུབ། དེ་མ་ཟད་སྡེ་ཚན་ཆེན་པོ་ཁག་གི་མཇུག་ཏུ་སྤྱི་བཤད་བསྐྱར་བགོས་རེའུ་མིག(复分表)རེ་བཀོད་དེ་ཞིབ་ཏུ་སྡེ་ཚན་དབྱེ་བ་སྙེ། ནང་རིག་པར་མཚོན་ན་གཅིག་དཔེ་ཀུན་འཕྲོད་དུ་འགྲོ་བ་སོགས་འདི་ནི་བོད་ཡིག་བསྟན་བཅོས་ལྟེབ་རིང་གི་ཤོག་བྱང་དཀར་ཆག་གི་སྡེ་ཚན་དབྱེ་སྟངས་ལ་དམིགས་ནས་བཤད་པ་ཡིན།

གཞན་ཡང《ཀྲུང་གོའི་དཔེ་མཛོད་ཁང་དཔེ་དེབ་རིགས་འབྱེད་དཀར་ཆག》ལྟར་ལྷན་ཐབས་རེའུ་མིག(辅助表)ཅིག་ཀྱང་བཟོས་ཏེ་ས་གནས་དང་དུས་རབས། མི་རིགས་སོ་སོའི་རྩོམ་རིགས་སོགས་མཚོན་ཐུབ་ཚེ་དེང་རབས་དང་འབྱུང་འགྱུར་གང་དུ་ཡང་དགེ་མཚན་མང་པོ་ཡོད་པར་སྙམ། དེ་ཡང་དཔེ་ཐོ་འགོད་སྟངས་ཐད་ནས་ཀྱང་སྔ་མ་དག་ལས་འཕེལ་རྒྱས་ཤིག་ལ། 1. དཔེ་དེབ་ཀྱི་མཚན་བྱང(བསྡུ་མིང)། 2. སྟོད་ཆ་དང་སྨད་ཆ(པོད་གྲངས)། 3. རྩོམ་པ་པོ(མིང་གཞན)། 4. དཔེ་སྐྲུན་བྱེད་སའི་ས་གནས། 5. དཔེ་སྐྲུན་གྱི་དུས་ཚོད། 6. བྲིས་མ་དང་དཔར་མ། 7. སྐྱ་འདྲ་དང་རི་མོ། 8. ལེ་ཚན་གྱི་ཁ་གྲངས། 9. ཤོག་གྲངས(ཆ་ཚང་མིན)། 10. དེབ་ཚད(ལྟེབ་རིང་ཐུང)། 11. དེབ་ཀྱི་སྦུས་ཚད། 12. དཔེ་རིན(གླ་ཡོན)བཅས་དཀར་ཆག་འགོད་སྟངས་ཀྱི་གོ་རིམ་སྟེང་ནས《རྒྱལ་སྤྱིའི་ཚད་ལྡན་གྱི་དཀར་ཆག་འགོད་སྟངས》(བསྡུས་མིང་ལ་ISBDཟེར)

དང་སྨྲུན་ཅི་ཐུབ་གནང་ཡོད་པ་ནི་དངོས་གནས་བསམ་བློ་གསར་པ་ཞིག་ཡིན་མོད། འོན་ཀྱང《རྒྱལ་སྤྱིའི་ཚད་ལྡན་གྱི་དཀར་ཆག་འགོད་སྟངས》ཀྱི་མཚོན་བྱེད་བརྡ་རྟགས་དེ་དང་དུ་བླངས་མེད་པ་ནི་དངོས་གནས་མི་འདང་ས་ཞིག་རེད། རྒྱུ་མཚན་ནི་རྒྱལ་ཁབ་སོ་སོའི་རྩོམ་རིགས(文献)དཀར་ཆག་འགོད་པའི་རྣམ་གྲངས་དང་གོ་རིམ་སྒྲིག་སྟངས་ཐད་ནས་རྒྱལ་སྤྱི་གཅིག་གྱུར་དང་སྐད་རིགས་མང་པོ་གོ་དཀའ་བའི་གནད་དོན་ཐག་གཅོད་གནང་བ་སོགས་ཀྱི་ཆེད་དུ། དཀར་ཆག་དགོད་བྱའི་རྣམ་གྲངས་སོ་སོའི་མགོར་མཚོན་བྱེད་བརྡ་རྟགས་བཀོལ་ནས་དབྱེ་བ་འབྱེད་པ་ནང་བཞིན། བོད་ཡིག་བསྟན་བཅོས་ལྡེབ་རིང་གི་དཀར་ཆག་དགོད་བྱའི་རྣམ་གྲངས་དང་སྒྲིག་རིམ་བཅས་རྒྱལ་སྤྱིར་གཅིག་གྱུར་ཡོང་བ་དང་སྐད་རིགས་མི་འདྲ་བའི་བར་ཆད་སོགས་སེལ་ཆེད་དུའང་། ངེས་པར་བོད་ཡིག་བསྟན་བཅོས་ལྡེབ་རིང་དཀར་ཆག་དགོད་བྱའི་རྣམ་གྲངས་ཀྱི་དབུ་ལ་མཚོན་བྱེད་བརྡ་རྟགས་སྦྱར་ནས་རྣམ་གྲངས་སོ་སོའི་ཁྱད་པར་འབྱེད་དགོས་པ་དང་། 《རྒྱལ་སྤྱིའི་ཚད་ལྡན་གྱི་དཀར་ཆག་འགོད་སྟངས》དང་གཅིག་གྱུར་ཡོང་བས་ན། ཤོག་བྱང་དཀར་ཆག་དེ་དེང་རབས་ཅན་གྱི་འཕྲུལ་ཀློག་དཀར་ཆག(机读目录)དུ་བསྒྱུར་བར་ཡང་ཕན་ཁེ་ཆེན་པོ་ཡོད་པ་རེད། ཡིན་ནའང་བོད་ཡིག་བསྟན་བཅོས་ལྡེབ་རིང་དེ་པར་སྐྲུན་བྱས་ཟིན་པའི་དཔེ་དེབ་ནང་བཞིན་རྒྱལ་སྤྱིའི་རྩོམ་རིགས་ཚད་གཞིའི་ཨང་གྲངས་དང་དཔེ་དེབ་འཚོམ་རྒྱག   རིན་གོང་སོགས་བཀོད་མེད་པ་རེད། ལྷག་དོན་བོད་ཡིག་བསྟན་བཅོས་ལྡེབ་རིང་གི་སྲོལ་རྒྱུན་གྱི་དཀར་ཆག་དགོད་བྱའི་རྣམ་གྲངས་ལས་གསུང་འབུམ་སྐོར་གྱི་དཀར་ཆག་དགོད་བྱའི་རྣམ་གྲངས་དེ(I S B D)དང་གཅིག་གྱུར་བྱས་ནས་དཀར་ཆག་དགོད་བྱའི་རྣམ་གྲངས་རྣམས་ཐར་ཆགས་སུ་འགོད་པ་དང་སོ་སོའི་མགོར་མཚོན་བྱེད་བརྡ་རྟགས་འགོད་པ་སོགས་ལས་ཀ་དངོས་ཀྱི་ཁྲིད་ལག་བསྟར་གནང་རྒྱུ་དེ་ལས་ཏ་ཅང་སླ་མོ་ཞིག་མིན་ཏེ། དེ་ནི་གནའ་དེང་རིག་གནས་གཉིས་ཀྱི་གཅིག་གྱུར་ཞིག་དང་སྲོལ་རྒྱུན་རིག་གནས་དེ་དེང་རབས་ཅན་དུ་བསྒྱུར་བའི་གོམ་པ་དང་པོ་ཡིན་པས་ན། ངེས་པར་བོད་ཀྱི་སྲོལ་རྒྱུན་རིག་གནས་ལ་མཁས་པ་དང་གནའ་དེང་གི་དཀར་ཆག་རིག་པའི་ཆེད་ལས་མཁས་པ་རྣམས་ཀྱིས“མེ་ཏོག་མཉམ་བཞད་དང་མཁས་བརྒྱ་འགྲན་སྒྲོང”གི་བྱ་ཐབས་སྤྱད་ནས་རང་རང་གི་ལྟ་ཚུལ་རེ་བཏོན་ཏེ་དེང་སྐབས་བོད་ཀྱི་དཔེ་མཛོད་རིག་པའི་ལས་དོན་འདིའི་དགོས་མཁོ་ལྟར་རྒྱུད་རིམ་ལྡན་ཞིང་ཚད་ལྡན་ཡིན་པའི་བོད་ཡིག་བསྟན་བཅོས་ལྡེབ་རིང་གི་དཀར་ཆག་འགོད་ལུགས་ཤིག་དང་རིགས་ལམ་དགར་སྟངས་ཤིག་བཟོ་རྒྱུ་དེ་ཁ་ཚ་དགོས་གཏུག་གི་དོན་ཆེན་ཞིག་རེད།

དེ་མ་ཟད་བོད་ཁམས་སུ་དེང་སྐབས་ད་དུང་བོད་ཡིག་བསྟན་བཅོས་ལྡེབ་རིང་ཆ་ཚང་བ་ཉར་བའི་དཔེ་མཛོད་ཁང་ཞིག་མེད་པར་བོད་ཡིག་བསྟན་བཅོས་ལྡེབ་རིང་ཁ་ཐོར་ཡ་བྲལ་དུ་སོང་ཞིང་། མིག་སྔའི་གནས་ཚུལ་ལ་གཞིགས་ན་ཁྲུབ་ཁོངས་གཙོ་བོ་བོད་ཁུལ་གྱི་དགོན་སྡེ་ཁག་གི་དཔར་ཁང་དང་དཔེ་མཛོད་

ཁང་སོ་སོ་ཡིན་པ་དང་། གཉིས་པ་ནི་དེར་བཞུགས་པའི་བླ་མ་ཁག་དང་གྲྭ་པ་རྣམས་ཡིན་ལ། ཁྱབ་ཡུལ་གསུམ་པ་དེ་ད་གཟོད་སློབ་གྲྭ་ཆེ་གྲས་ཁག་དང་ཞིབ་འཇུག་སྡེ་ཁག་བཅས་ཀྱི་དཔེ་མཛོད་ཁང་དང་ཆེད་ལས་དཔེ་མཛོད་ཁང་རྣམས་ཡིན་པ་སོགས་ཁྱབ་ཡུལ་དང་པོ་དང་གཉིས་པས་བསྟན་བཅོས་བསྡུ་ཉར་གནང་བར་མཐོང་ཆེན་བྱེད་པ་ལས་ཀློག་པ་པོར་ཡོངས་སུ་དམིགས་པ་ཞིག་མ་ཡིན་པ་སོགས་ཀྱི་གནད་དོན་ལ་གཞིགས་ཏེ་སྤྱི་ལོ1980ལོ་ནས་བཟུང་། མི་རིགས་རིག་གནས་ཕོ་བྲང་གི་དཔེ་མཛོད་ཁང་དང་། མཚོ་སྔོན་མི་རིགས་དཔེ་སྐྲུན་ཁང་། བོད་ལྗོངས་མི་དམངས་དཔེ་སྐྲུན་ཁང་། སྡེ་དགེ་དཔར་ཁང་སོགས་ཀྱིས་དེབ་ཀྱི་རྣམ་པའི་དཀར་ཆག་ཕྱོགས་སྒྲིག་དང་དཔེ་སྐྲུན་གནང་སྟེ་བོད་ཡིག་བསྟན་བཅོས་ལྟེབ་རིང་ཕྱོགས་སྒྲིག་དང་དཀར་ཆག་འགོད་པའི་བྱ་གཞག་ལ་ལག་རྗེས་མི་ཉུང་བ་ཞིག་ཐུལ་ཡོད་ན་ཡང་བོད་ཡིག་བསྟན་བཅོས་ལྟེབ་རིང་ཡོད་ཚད་དངོས་སུ་མིག་མཐོང་ལག་ཟིན་བྱུང་བ་ནང་བཞིན་དེའི་དངོས་ཡོད་གནས་ཚུལ་དེ་ཡང་དག་དང་རྒྱུད་རིམ་ལྡན་པ། ཕྱོགས་ཡོངས་བཅས་ཀྱི་སྒོ་ནས་མཚོན་དཀའ་བ་དང་ཆ་ཚང་བར་ཡང་སྒྲིག་ཐུབ་མེད་པས་ན། ང་ཚོས་ཐབས་བརྒྱ་ཇུས་སྟོང་གིས་དགོན་པར་ཉར་བ་དང་དམངས་ཁྲོད་དུ་གྱུར་ཡོད་པའི་བསྟན་བཅོས་དཀོན་པོ་མང་པོ་འཚོལ་སྡུད་དང་ལེགས་སྒྲིག་མ་བྱས་ཚེ། ཡུན་ནས་ཡུན་དུ་དེ་དག་བོར་བརླག་དང་ཉིང་ཏུལ་དུ་སོང་སྟེ་དཔེ་རྒྱུན་ཆད་པ་སོགས་ཀྱི་ཉེན་ཁ་ཡོད་པ་དང་། དེ་དག་ཕྱོགས་སྒྲིག་གི་ལས་ཀར་ཡང་བར་ཆད་བཟོས་ཏེ་བོད་ཀྱི་སྲོལ་རྒྱུན་རིག་གནས་དང་ཐ་ན་བོད་རིག་པའི་ཞིབ་འཇུག་ཐད་ལ་གཞོང་གུད་དང་ཤུགས་རྐྱེན་མི་ལེགས་པ་ཞིག་ཐེབས་ངེས་རེད། དེ་བས་དངོས་གནས་བོད་རང་ལ་ཤ་ཞེན་ཆེ་བའི་བུ་རྒྱུད་རེ་ཡོད་ན། བོད་ཡིག་བསྟན་བཅོས་ལྟེབ་རིང་ཡོད་ཚད་བསྡུ་ཉར་དང་ལེགས་སྒྲིག་བྱེད་སའི་དཔེ་མཛོད་ཁང་ཞིག་བཙུགས་ཏེ་དེ་དག་ཕྱོགས་སྒྲིག་དང་དཀར་ཆག་བསྒྲིགས་ནས་བོད་ཀྱི་སྲོལ་རྒྱུན་རིག་གནས་འཛིན་སྐྱོབ་གནང་རན་ལགས།

དེ་ཡང་ཀྲུང་གོའི་ཚན་རིག་ཁང་དཔེ་དེབ་གསང་འཕྲིན་ལས་ཀའི་བསླབ་གཞི་སྡེ་ཀྲང་ཡུས་ལིན་གྱི《རྒྱ་ཡིག་རྩོམ་རིགས་ཀྱི་དཀར་ཆག་སྒྲིག་སྟངས》ཞེས་པར་བཀོད་པ་ལྟར་ན། “དེང་སྐབས་ཚན་རིག་ལག་རྩལ་བྱ་འཕྲུར་བ་ནང་བཞིན་འཕེལ་རྒྱས་འགྲོ་བ་དང་ཤེས་བྱའི་ཐོན་རྫས་སུ་གྱུར་པའི་རྩོམ་རིགས་ཀྱི་གྲངས་འབོར་ཡང་འཕར་སྟོན་ཆེན་པོ་བྱུང་ཡོད་པ་རེད། འབྲེལ་ཡོད་དཔྱད་གཞིའི་ཡིག་ཆར་བཀོད་པ་ལྟར་ན། དུས་རབས17པའི་ཡས་མས་ཏེ། འཛམ་གླིང་ཡོངས་སུ་དཔར་འདེབས་ལག་རྩལ་བེད་སྤྱོད་དང་ཁྱབ་བརྡལ་བཏང་མེད་པའི་ཡར་སྔོན་དུ། རྩོམ་རིགས་ཀྱི་གྲངས་འབོར་ཕལ་ཆེར་ལོ1000ནང་ལྡབ་གཅིག་འཕར་བཞིན་ཡོད། ཡིན་ནའང་དཔར་འདེབས་ལག་རྩལ་རྒྱ་ཆེར་བཀོལ་སྤྱོད་བྱས་རྗེས། ལོ100ནང་ལྡབ་གཅིག་འཕར་བའི་མགོ་བརྩམས། དུས་རབས20ལོ་རབས80པའི་མཇུག་ཏུ་སླེབས་སྐབས། ལོ10མ་འགོར་བར་ལྡབ་འཕར་བྱུང་བ་རེད། རྩོམ་རིགས་ཀྱི་རྣམ་པའི་སྟེང་ནས་ཀྱང་ཉིན་བཞིན་སྣ་མང་དུ་འགྲོ་

བ་སྟེ། སྤྱོལ་རྒྱུན་གྱི་ཤོག་བུའི་དཔར་འདེབས་དངོས་རྫས་ཕུད། ད་དུང་སྒྲ་ཕབ་ཐོན་རྫས་དང་བརྙན་ཕབ་ཐོན་རྫས(录像制品) པར་རིས་ཆུང་སྡུས་སྤྱིན་ཤོག(缩微胶卷) སྐྱུལ་འོད་སྡེར་མ(激光盘) གློག་བརྙན་སྤྱིན་ཤོག(电影片) འཕྲུལ་ཀློག་བརྙན་ཕབ་སྤྱིན་ཤོག(机读磁带) འབུར་གསལ་དཔེ་རིས(立体图片) འདྲ་དཔེ(模型) རིག་སློ་འབྱེད་པའི་རྟེན་ཆས་སོགས་རྩོམ་རིགས་ཤོང་བྱེད་སྣ་ཚོགས་ཡོད། རྩོམ་རིགས་ཀྱི་ཡིག་སྣ་འང་ཇེ་མང་ནས་ཇེ་མང་དུ་འགྲོ་བཞིན་ཡོད་པ་སྟེ། བརྟག་དཔྱད་བྱས་པ་ལྟར་ན། དེང་སྐབས་འཛམ་གླིང་སྟེང་པར་སྐྲུན་བྱས་པའི་རྩོམ་རིགས་ཀྱི་གཉིས་ཆ་གཅིག་ནི་ཚན་རིག་པ་བརྒྱ་ཆ་ལྔ་བཅུས་གོ་དཀའ་བའི་སྐད་ཡིག་གི་སྟེང་ནས་བརྗོད་ཡོད་པ་དང་། རྩོམ་རིགས་ཀྱི་ནང་དོན་ཐད་ནས་ཀྱང་ཆར་རྗེས་ཀྱི་ཤུ་མོ་རྗོལ་བ་ནང་བཞིན་རིག་གཞུང་གསར་པའི་རིག་པ(新学科)དང་སྦྲེལ་མའི་རིག་པ(交叉学科)འཕྲེད་བཅད་རིག་པ(横断学科) སྣ་འཛོམས་རིག་པ(边缘学科)སོགས་མུ་མཐུད་ནས་འབྱུང་བཞིན་ཡོད་པ་བཅས་འདི་འདྲའི་རྩོམ་རིགས་འདེགས་བྱེད་དང་རྣམ་པ། སྐད་རིགས། རིག་གཞུང་སོགས་མང་དུ་ཕྱིན་ཏེ་རྫུ་འཕྲུལ་སྣང་བ་ལྟ་བུའི་འགྱུར་ལྡོག་བྱུང་བ་དེས་ཚན་རིག་གི་ལས་ཀ་བྱེད་མཁན་ཚོ་མི་ཕོམ་པར་ག་བྱེད་འདི་བྱེད་མེད་པའི་གནས་སུ་བསྐྱལ་ཏེ་དགོས་གལ་ཆེ་བའི་ཡིག་རིགས་རྣམས་ལྟ་ཀློག་བྱེད་དཀའ་བར་གྱུར། དེ་དང་མཚུངས་པར་འདི་འདྲའི་རྩོམ་རིགས་ཀྱི་འགྱུར་ལྡོག་དེས་ང་ཚོ་རྩོམ་རིགས་ཞིབ་འཇུག་བྱེད་མཁན་ཚོར་ཡང་ཞིབ་འཇུག་བྱ་གཞི་གསར་པ་ཆེས་མང་པོ་ཞིག་བསྟན་ཡོད་པས་ན། ང་ཚོས་གོམ་གང་མདུན་སྤོས་སྔོས་ཞིབ་འཇུག་དང་ཐག་གཅོད་བྱ་དགོས་པར་འདུག"ཅེས་འཛམ་གླིང་སྟེང་གི་རྩོམ་རིགས་ལ་དེ་ལྟ་བུའི་གནམ་ས་བླ་འོག་བསྒྱུར་བ་ནང་བཞིན་འགྱུར་ལྡོག་དང་འཕེལ་རྒྱས་ཡོང་ཙ་ན། བོད་ཀྱི་སྤྱོལ་རྒྱུན་རིག་གནས་ཀྱི་ཉིང་བཅུད་དེ་བོད་ཡིག་བསྟན་བཅོས་ལྡེབ་རིང་ལ་མཚོན་ནའང་། དེ་སྔའི་སྤྱོལ་རྒྱུན་དེབ་ཀྱི་རྣམ་པའི་དཀར་ཆག་གི་རྣམ་པ་ཙམ་དུ་མ་ཟད། དཀར་ཆག་འགོད་ལུགས་དང་རྣམ་གྲངས། ཚད་གཞི་སོགས་ཀྱང་གཅིག་གྱུར་མིན་པར་རང་སྣང་གང་དྲན་གྱིས་དཀར་ཆག་འགོད་སྤྱོལ་འདི་དག་དེང་རབས་བརྡ་འཕྲིན་ཅན་དར་བའི་དུས་རབས་ཀྱི(信息时代)དགོས་མཁོ་དང་མི་འཚམ་ཞིང་། ལྷག་པར་དུ་སྤྱི་ལོ1993ལོའི་ལོ་མགོར་ཨ་མེ་རི་ཀས་ཐོག་མར"བརྡ་འཕྲིན་མྱུར་སྐྱོལ་གཞུང་ལམ"(信息高速公路)(དེ་ནི་ཨང་གི་ཤོང་ཚད་ཆེ་བའི་འོད་འགྱེད་ཆོ་སྐུད་འཕྲིན་གཏོང་དྲ་བ་ལ་ཟེར་ཞིང་། སྲིད་གཞུང་དང་ལས་ཁུངས། སློབ་གྲྭ་ཆེ་མོ། ཚན་རིག་ཞིབ་འཇུག་ལས་ཁུངས། ཁྱིམ་ཚང་བཅས་ཀྱི་རྩིས་འཁོར་འབྲེལ་མཐུད་དྲ་བ་དང་། འོད་འགྱེད་ཆོ་སྐུད་གློག་ཐག་སྟེ་གཞུང་ལམ། གློག་ཀླད་དང་བརྙན་འཕྲིན། ཁ་པར་བཅས་ཕུང་པོ་གཅིག་ཏུ་བྱས་པའི་སྨྱན་བྱེད་མང་བོའི་ཕུང་པོ(多媒体)"རླངས་འཁོར"རི་མོ་དང་ཡི་གེ། སྒྲ་བཅས་ཀྱི་བརྡ་འཕྲིན་སྣ་ཚོགས"ཚོང་ཟོག"བཅས་བྱས་ཏེ་མྱུར་ཚད་མཐོན་པོས་གཏོང་འདྲེན་སློས་ཕྱོགས་ཡོངས་སུ་ཁྱབ་པའི་མྱུར་གཏོང་བརྡ་འཕྲིན་དྲ་བ་གྲུབ་པ་ཞིག་ལ་བྱ)གྱི་འཆར་གཞི་བཏོན་པ་དེས་འཛམ་གླིང་ཡོངས་སུ་བརྡ་འཕྲིན་གསར་བརྗེའི་མཐོ་རླབས་ཤིག་འཕྱུར་ཞིང་། ཡོ་རོབ་དང་ཇཔན་གོ། འཇར་པན། ཞིན་

ཅ་ཕོ། ཐའི་ཕན་སོགས་རྒྱབ་ཁབ་དང་ས་གནས་ཀྱིས་ཀྱང་བསྟུད་མར་ལག་བསྟར་བྱས་ཏེ་ཏུར་ཐག་སྐོས་རྒྱལ་ཁབ་དང་ས་གནས་རང་དུ་བཟ་འཕྲིན་མྱུར་སྐྱོལ་གཞུང་ལམ་གྱི་འཆར་འགོད་གཏན་འབེབས་ཀྱིས་བཟ་འཕྲིན་ལས་རིགས་དེར་གཙིགས་ཆེན་བྱས་པ་དང་། དེར་དམིགས་ནས་རང་རྒྱལ་གྱིས་ཀྱང་དུས་རབས་འདིའི་མཇུག་ཏུ་རིམ་བཞིན་ཨང་གི་སྔོན་བསྒྲིགས་ཀོ་རིམ་ལྟར་གཏོང་འཛིན་བརྗེ་རེས(数学程控交换)དང་འོད་འཁྲིད་ཆེ་སྐད་གཏོང་འདྲེན་བཅས་གྲུབ་ཆ་གཙོ་བོ་བྱས་པའི་རང་འགུལ་ཁ་པར་དྲ་བ་འཛུགས་པ་དང་། ཨང་གི་དང་གཏོང་འདྲེན་མ་ལག་ལག་རྩལ་མཉམ་བཀོལ་གྱིས་གཏོང་འདྲེན་དྲ་བ་གཙོ་བོ་འཛུགས་སྐྲུན་བྱེད་པ་མ་ཟད། དྲ་བའི་སྒྲིག་ཆས་གཙོ་བོའི་ལག་རྩལ་ཆུ་ཚད་དེ་འཛམ་གླིང་གི་སྔོན་ཐོན་ཆུ་ཚད་དུ་སླེབ་པར་ཆོད་རྩིས་བྱེད་པ་བཅས་དེ་བཞིན་དུ་དཔེ་མཛོད་ཁང་རང་འགུལ་ཅན་མ་ལག་འཕེལ་རྒྱས་ཀྱི་ཁ་ཕྱོགས་དང་དམིགས་འབེན་དེ་བཟ་འཕྲིན་མྱུར་སྐྱོལ་གཞུང་ལམ་གྱི་མཐོ་རླབས་དང་བསྟུན་སྔར་ལས་གསལ་པོར་བྱས་པ་སྟེ། དྲ་བ་ཅན་དང་ཐུན་མོང་དུ་བདག་པ། སྤྱི་ཚོགས་ཅན་བཅས་སུ་འཕེལ་ནས་བཟ་འཕྲིན་མྱུར་སྐྱོལ་གཞུང་ལམ་འཛུགས་སྐྲུན་དང་བཟ་འཕྲིན་དུས་རབས་ཀྱི་སྤྱི་ཚོགས་འཕེལ་རྒྱས་ཀྱི་དགོས་མཁོ་ལྟར་ཆེས་རྒྱ་ཆེ་བའི་ཁྱབ་ཁོངས་སུ་རྩོམ་རིགས་ཐུན་མོང་དུ་བདག་པར(资源共享)མངོན་འགྱུར་བྱེད་རྩིས་ཡོད་པས་ན་རང་རྒྱལ་གྱི་རིག་གནས་བང་མཛོད་ནང་གཟི་འོད་ལྷམ་མེར་འབྲུག་པའི་ནོར་བུ་ལྟ་བུ་སྟེ་རང་རེའི་བོད་ཀྱི་རིག་གནས་དང་དེ་ཉར་སའི་དཔེ་མཛོད་ཁང་རྣམས་ཀྱང་བཟ་འཕྲིན་མྱུར་སྐྱོལ་གཞུང་ལམ་སྟེང་མེད་དུ་མི་རུང་བའི་གྲུབ་ཆ་ཞིག་ཡིན་པས། ང་ཚོས་ཀྱང་བསྒྱུར་བཅོས་མགྱོགས་པོས་རང་ཉིད་ཀྱི་ལས་ཀ་དེ་བཟ་འཕྲིན་མྱུར་གཏོང་གཞུང་ལམ་དང་འབྲེལ་མཐུད་ཇི་ལྟར་བྱེད་རྒྱུར་བསམ་གཞིགས་བྱེད་རན་ལགས། ཡིན་ནའང་བཟ་འཕྲིན་མྱུར་གཏོང་གཞུང་ལམ་གྱིས་འབྲེལ་མཐུད་བྱེད་ཡུལ་དེ་སྔོལ་རྒྱུན་གྱི་དཔེ་མཛོད་ཁང་མ་ཡིན་པར། རང་འགུལ་ཅན་དང་དྲ་བ་ཅན། ཚད་ལྡན་ཅན། བཟ་འཕྲིན་ཞབས་ཞུའི་དེང་རབས་ཅན་བཅས་རྒྱང་རྗེ་ལྟ་བུར་གྱུར་པས་ན། བོད་ཡིག་བསྟན་བཅོས་གསར་རྙིང་དཔེ་མཛོད་ཁང་རྣམས་ཀྱིས་ཀྱང་བྱ་གཞག་དེ་དེང་ཕྱིན་ལས་ཀའི་གཙོ་གནད་དུ་བཟུང་སྟེ་གང་མགྱོགས་སྔོས་ཐག་གཅོད་བྱེད་དགོས་པའི་གནད་དོན་ཞིག་ཡིན་པར་བརྟེན། རང་རེས་ལོ་རྒྱུས་ལ་ཕྱིར་མིག་དང་མ་འོངས་པར་རྒྱང་ལྟ་སྔོས་བོད་ཡིག་བསྟན་བཅོས་ལྟེབ་རིང་བསྡུ་ཉར་གནང་བའི་དཔེ་མཛོད་ཁང་སོ་སོས་རང་རང་གི་དཔེ་མཛོད་ཁང་ཙམ་གྱི་ལས་ཀ་གཅིག་པུར་མགོ་མི་འཐོམ་པར་བོད་ཁུལ་སྤྱིའི་བསྟན་བཅོས་ལྟེབ་རིང་འཚོལ་སྟུད་ཀྱིས་འཐུས་སྐོ་ཚང་དུ་གཏོང་ཐབས་དང་དཀར་ཆག་འགོད་ལུགས། རིགས་དགར་སྟངས། ཉར་ཚགས་མཛད་ལུགས་སོགས་ཀྱི་བྱ་བའི་ཐད་ལ་སོ་སོའི་ལས་ཀ་དངོས་ཀྱི་ཁྲིད་ཀྱི་ཉམས་མྱོང་དང་ལྟ་ཚུལ་རེ་བཏོན་ནས་ཕྱོགས་སྡོམ་བྱེད་པ་དང་། བོད་ཡིག་བསྟན་བཅོས་ལྟེབ་རིང་གི་དཀར་ཆག་འགོད་ལུགས་ཤིག་གཅིག་གྱུར་བྱས་ཏེ་རིགས་མི་འདྲ་བའི་

བོད་ཡིག་རྩོམ་རིགས་ཀྱི་དཀར་ཆག་འགོད་ལུགས་ཚད་ལྡན་ཅན་དང་སྟབས་བདེ་ཅན་དུ་གཏོང་བ་མངོན་འགྱུར་བྱུང་ཚེ། འོད་སྟོང་འབར་བའི་གནའ་བོའི་བོད་ཀྱི་དཀར་ཆག་རིག་པའི་ཉེ་ལམ་གྱི་སྟོང་ཆ་དེ་བསྐང་ཐུབ།

དེ་ཡང་བོད་ཡིག་བསྟན་བཅོས་ལྷེབ་རིང་གི་དཀར་ཆག་དེ(ＩＳＢＤ)དང་གཅིག་གྱུར་ཡོང་བར་དེ་མཐུན་གྱི་དཔེ་མཚོན་ཚད་གཞི་སྟེ། རང་རྒྱལ་གྱི་རྩོམ་རིགས་དཀར་ཆག་དགོད་བྱའི་ཚད་གཞིའི་སྟེང་ནས་དཔེར་བཞག་ན། རང་རྒྱལ་གྱི་རྩོམ་རིགས་དཀར་ཆག་དགོད་བྱའི་ཚད་གཞི་ནི《རྒྱལ་སྤྱིའི་ཚད་གཞིའི་དཀར་ཆག་འགོད་ཐབས》ཀྱི་མཚོན་རྟགས་མ་ལག་ལྟར། དཀར་ཆག་དགོད་བྱའི་རྣམ་གྲངས་སོ་སོའི་མགོར་དེར་མཐུན་གྱི་མཚོན་བྱེད་བརྡ་རྟགས་གཏན་འབེབས་བྱས་ཡོད་པ་ཞིག་ཡིན་པ་དང་དེ་དག་བྱེ་བྲག་ཏུ་གཏན་འབེབས་བྱས་པ་གཤམ་གསལ།

— རྣམ་གྲངས་ཆེན་མོའི་བར(ཁ་བྱང་དང་རྩོམ་པ་པོ། ནང་དོན་གཙོ་བོ་ཕུད)དུ་བཀོད།

= འདྲ་གཤིབ་ཁ་བྱང་བར(ཡིག་རིགས་མི་གཅིག་པའི་ལམ་ནས་བཀོད་པའི་ཁ་བྱང་བར)དང་དཔེ་ཚོགས་འདྲ་གཤིབ་ཁ་བྱང(ཁ་བྱང་ངོ་མ་མཚུངས་པ་དང་འདྲ)བར་དུ་བཀོད།

: གསལ་བྱེད་ཁ་བྱང་དང་དཔེ་སྐྲུན་དང་འགྲེམ་སྤེལ་བྱེད་མཁན། རི་མོ། དཔེ་ཚོགས་ཁ་བྱང་ཕལ་པ་དང་རིན་གོང་བཅས་ཀྱི་སྔོན་དུ་བཀོད།

/ རྩོམ་པ་པོ་དང་པར་ལ་འབྲེལ་ཡོད་ཀྱི་འགན་འཁུར་པ་དང་དཔེ་ཚོགས་ཀྱི་གཙོ་སྒྲིག་པ་བཅས་ཀྱི་མགོར་བཀོད་དགོས།

; དེབ་གཅིག་གི་རྩོམ་མཁན་མི་འདྲ་བ(རྩོམ་པ་པོ་དང་བསྒྱུར་མཁན་པར)དང་རྩོམ་མཁན་གཅིག་གི་གསུང་རྩོམ་གཅེས་བཏུས་ཀྱི་རྩོམ་སོ་སོའི་བར་དང་དཔེ་དེབ་འགྲེམ་སྤེལ་བྱེད་ཡུལ་གཉིས་པ་དང་། དེབ་ཚད། དཔེ་ཚོགས(དཔེ་ཚོགས་མིང་དང་དཔེ་ཚོགས་ཨང་གྲངས་གཉིས་བར)ཨང་གྲངས་བཅས་ཀྱི་མགོར་འཛོག་དགོས།

\+ ཟུར་བཀོད་དང་ཞར་བྱུང་ཡིག་ཆའི་མགོར་འཛོག་དགོས།

// རྩོམ་རིགས་ཀྱི་ཡོང་ཁུངས་དཔྱད་པའི་མགོར་འཛོག་དགོས།

དཔེར་ན། ཐུན་མོང་དུ་སྤྱོད་པའི་དཀར་ཆག་རྒྱས་པ་འགོད་སྟངས་ནི།

ཁ་བྱང་ངོ་མ=འདྲ་གཤིབ་ཁ་བྱང:གསལ་བྱེད་ཁ་བྱང [རྩོམ་རིགས་ཀྱི་རྣམ་པའི་རྟགས] རྩོམ་པ་པོ; རྩོམ་མཁན་གཞན་དག.—དཔར་ཐེངས་དང་པར་གཞིའི་རྣམ་པ་གཞན་དག/པར་གཞི་འདིར་འབྲེལ་ཡོད་ཀྱི་འགན་འཁུར་པ.—རྩོམ་རིགས་ཀྱི་དམིགས་བསལ་གནས་ཚུལ་གྱི་ཞིབ་ཆ.—པར་སྐྲུན་དང་འགྲེམ་སྤེལ་གནང་ཡུལ: པར་སྐྲུན་དང་འགྲེམ་སྤེལ་བྱེད་མཁན, པར་སྐྲུན་དང་འགྲེམ་སྤེལ་དུས་ཚོད(དཔར་ཡུལ:དཔར་མཁན, དཔར་བའི་དུས་ཚོད)

ཤོག་ངོས་སམ་བམ་པོ་དང་དེབ་གྲངས:རི་མོ;དེབ་ཚད+ཟུར་བཀོད—(དཔེ་ཚོགས་རྩོམ་སྒྲིག་ཁ་བྱང/འགན་ཁུར་པ, རྒྱལ་སྤྱིའི་ཚད་ལྡན་བསྡུད་མར་པར་སྐྲུན་དངོས་པོའི་ཨང་གྲངས;དཔེ་ཚོགས་རྩོམ་སྒྲིག་ཨང་གྲངས. ཟུར་གདོགས་དཔེ་ཚོགས་རྩོམ་སྒྲིག)ཟུར་མཆན…ཀྲུང་གོའི་རྩོམ་རིགས་ཚད་ལྡན་དཔེ་རྟགས(སྤྱུས་ཚད)：རིན་གོང་། ནང་དོན་གནད་བསྡུས…Ⅰ.ཁ་བྱང་། Ⅱ.རྩོམ་པ་པོ། Ⅲ.བརྗོད་བྱ་གཙོ་བོ་མཚོན་པའི་ཚིག Ⅳ.སྡེ་ཚན་གྱི་རྟགས་བཅས་འདི་བཞི་པོ་དཀར་ཆག་སྒྲིག་འཛུགས་ཚན་པ(排检项)གྲུབ་ཡོད། དཀར་ཆག་བསྡུས་པ་དགོད་སྟངས་ནི། ཁ་བྱང་ངོ་མ/རྩོམ་པ་པོ—པར་སྐྲུན་བྱེད་ཡུལ:པར་སྐྲུན་གནང་མཁན, དུས་ཚོད། ཤོག་གྲངས; དེབ་ཚད། ཀྲུང་གོའི་རྩོམ་རིགས་ཚད་ལྡན་དེབ་རྟགས(སྤྱུས་ཚད)：རིན་གོང་། གོང་གི་དཀར་ཆག་རྒྱས་པ་འགོད་སྟངས་ལ་ཚན་པ་དྲུག་ཏུ་དབྱེ་ཞིང་། ཁ་བྱང་ངོ་མ་དང་རྩོམ་པ་པོ་སོགས་རྣམ་གྲངས་གཞན་དག་རིམ་པར་བཀོད་རྗེས། རྩོམ་རིགས་ཀྱི་རྣམ་པའི་ཚན་པ(载体形态项)དང་ཟུར་བཀོད་ཚན་པ། ཚད་ལྡན་དཔེ་རྟགས་དང་འབྲེལ་ཡོད་ཐོ་བཀོད་ཚན་པ། ནང་དོན་གནད་བསྡུས་ཚན་པ། དཀར་ཆག་སྒྲིག་འཛུགས་ཚན་པ་བཅས་ཚང་མ་བསྐྱར་དུ་མགོ་བཟུང་སྟེ་ཁ་བྱང་ངོ་མའི་ཡིག་འབྲུ་དང་པོ་དང་མཉམ་པོར་འབྲི་དགོས་པ་དང་། ཚན་པ་ཆེ་ཆུང་ཚང་མ་གང་ཡིན་ཡང་མ་ཚར་བར་བསྐྱར་མགོ་འཛུགས་སྐབས་ཁ་བྱང་ངོ་མ་སོགས་ཚན་པ་ཆེ་བ་དག་ལས་ཡིག་འབྲུ་གཅིག་སྔོན་དུ་འབྲི་དགོས། ཡང་བསྐྱར་མགོ་འཛུགས་སྐབས་ཚན་པ་གཞན་ཞིག་འགོད་དགོས་ཆེ། ངེས་པར་དུ་དཔེ་མཚོན་བརྡ་རྟགས་ཀྱི་བཀོལ་སྤྱོད་ཐད་ལ་ཡིད་འཇོག་གནང་དགོས་པ་སྟེ།

1. ཁ་བྱང་ངོ་མ་དང་རྩོམ་པ་པོའི་ཚན་པ་ཕུད་པའི་ཚན་པ་ཆེ་བ་རྣམས་ཡང་བསྐྱར་མགོ་འཛུགས་སྐབས། བརྡ་རྟགས“. —”འདི་མ་བྲིས་ཀྱང་ཚོག ཡིན་ནའང་ཚན་པ་སྔ་མའི་མཇུག་གི་ནག་ཐིག་སྟོང་སྟོང“ · ”འདི་ངེས་པར་བཀོལ་དགོས་ལ། ཚན་པ་ཆེན་པོ་སོ་སོའི་ཁྲོད་ཀྱི་ཚན་ཆུང་དག་ཡང་བསྐྱར་མགོ་འཛུགས་དུས་ཚང་མར་དཔེ་མཚོན་བརྡ་རྟགས་བེད་སྤྱོད་དགོས།

2. དཀར་ཆག་ཏུ་མི་འགོད་པའི་ཚན་པ་ཆེ་ཆུང་དག་གི་བརྡ་རྟགས་རྣམས་དེའི་ཚན་པ་དང་ཆབས་ཅིག་འབྲི་མི་དགོས།

3. བརྡ་རྟགས“. —”འདིས་ཡིག་འབྲུ་གཉིས་ཀྱི་ངོས་བཟུང་བ(“ · ” དང་ “—” སོ་སོས་ཡིག་འབྲུ་རེའི་ས་བཟུང་བ)ཕུད་གཞན་པའི་བརྡ་རྟགས་ཀྱིས་ཡིག་འབྲུ་རེའི་ས་ཙམ་བཟུང་བ་ལས་སྟ་གཞུག་ཏུ་ས་སྟོང་འཇོག་མི་རུང་།

4. གནས་ཚུལ་དམིགས་བསལ་ཅན་ཡིན་ན། རྩོམ་རིགས་སོ་སོས་དཀར་ཆག་དགོད་བྱའི་རྣམ་གྲངས་ཀྱི་དཔེ་མཚོན་བརྡ་རྟགས་འཕྲི་སྣོན་བྱས་ཆོག་པ་སོགས་འདིར་ངོ་སྤྲོད་རགས་རིམ་ཙམ་བྱེད་དོན་ནི། བོད་ཡིག་བསྟན་བཅོས་ལྡེབ་རིང་གི་དཀར་ཆག་འགོད་སྟངས་ཀྱང་བོད་ཀྱི་སྔོན་བྱོན་མཁས་པ་རྣམས་

ཀྱིས་མཛད་པའི་དཀར་ཆག་གཙོས་མཁས་དབང་དུང་དཀར་བློ་བཟང་འཕྲིན་ལས་མཆོག་གིས་མཛད་པའི་དཀར་ཆག་དགོད་བྱའི་ནང་དོན་རྒྱས་འབྲིང་བསྡུས་གསུམ་དང་སྐུ་ཞབས་ཧང་མིན་ཞིན་གྱིས་དཀར་ཆག་འགོད་བྱའི་རྣམ་གྲངས23བཀོད་ཡོད་པ་སོགས་ཀྱི་སྟེང་ནས་རྣམ་གྲངས་སོ་སོ་གོ་རིམ་སྒྲིག་པ་དང་སོ་སོའི་མགོར་མཚོན་བྱེད་བརྡ་རྟགས་བསྟན་ཏེISBDདང་གཅིག་གྱུར་སྒོས་དེང་རབས་ཅན་གྱི་འཕྲུལ་ཆས་གློག་དཀར་ཆག་ཏུ་བསྒྱུར་བའི་རེ་བ་ལགས་སོ། །

མཆན།

[1] [2] [3] ཧང་མིན་ཞིན་གྱི《པེ་ཅིང་དཔེ་མཛོད་ཆེ་མོར་བཞུགས་པའི་བོད་ཡིག་གི་གནའ་དཔེའི་མཚན་ཐོ་འགོད་ལུགས་བརྗོད་པ》(བོད་ཡིག་གི《ཀྲུང་གོའི་བོད་ཀྱི་ཤེས་རིག》1988ལོའི་དེབ་གཉིས་པའི་སྟེང་གསལ)ཞེས་པའི་ཆེད་རྩོམ་དུ་བཞུགས།

[4] ཧང་མིན་ཞིན་གྱི《པེ་ཅིང་དཔེ་མཛོད་ཆེ་མོར་བཞུགས་པའི་བོད་ཡིག་གི་གནའ་དཔེའི་མཚན་ཐོ་འགོད་ལུགས་བརྗོད་པ》(རྒྱ་ཡིག་གི《ཀྲུང་གོའི་བོད་ཀྱི་ཤེས་རིག》1988ལོའི་དེབ་དང་པོའི་སྟེང་གསལ)ཞེས་པའི་ཆེད་རྩོམ་དུ་བཞུགས།

《ཀྲུང་གོའི་བོད་ཀྱི་ཤེས་རིག》 1998ལོའི་དེབ་དང་པོ་ལས་བཏུས།

༄། །གསུང་རབ་བྲིས་མའི་དབུས་སུ་བཞུགས་པའི་སྐོར་ཐིག་ལ་དཔྱད་པ།

པདྨ་བཀྲ་ཤིས།

དཔར་གྱི་རིག་པ་དེ་མ་དར་བའི་ཡར་སྔོན་ནམ་རིག་པ་དེ་དུས་རབས་བཅུ་གཅིག་པར་དར་ནས་བོད་ཀྱི་ཡུལ་ལུང་གང་སར་ས་ཁྱབ་རྗེ་ཁྱབ་ཏུ་མ་སོང་བར་དུ་བོད་ཀྱི་གསུང་རབ་ཁག་ཡི་གེ་མཁན་པོའི་སོར་མོའི་འདུ་བྱེད་ཉིད་ལ་བརྟེན་ནས་དར་འཕེལ་དང་རྒྱ་ཁྱབ་བཏང་ཡོད་པ་རེད། དེར་བརྟེན་ད་ལྟ་རང་རེ་རྣམས་ཀྱི་སྤྱན་གྱི་ཡོངས་སྤྱོད་དུ་གྱུར་པའི་གསུང་རབ་བྲིས་དག་པ་དེ་དག་ལྟ་ཀློག་བྱེད་སྐབས་བྲིས་དག་པའི་གསུང་རབ་བྲིས་མ་དེ་དག་གི་ལྡེབ་ཆེ་ཆུང་ལ་གཞིགས་པའི་ལྡེབ་སོ་སོའི་དབུས་སུ་རི་མོ་སྐོར་ཐིག་འདི་འདྲ ⊙ གཉིས་རེ་ཡོད་པ་ཞིག་མཇལ་རྒྱུ་འདུག་པས། འདིར་སྐོར་ཐིག་གི་རི་མོ་དེའི་འབྱུང་ཁུངས་དང་བྱེད་ནུས། རྗེས་སོར་དེར་འགྱུར་བ་ཅི་ཞིག་བྱུང་ཡོད་མེད། དེའི་བྱེད་ནུས་གང་ཞིག་གིས་ཚབ་བྱས་ཡོད་མེད་བཅས་ཀྱི་སྐོར་ལ་དཔྱད་པ་ཞུ་བ་ལ།

དང་པོ། སྐོར་ཐིག་གི་བྱུང་བ།

སྐོར་ཐིག་དེ་ཡང་གཙོ་བོ་གསུང་རབ་ཀྱི་དཔེ་གཟུགས་གླེགས་བམ་མམ་སྣ་རིང་ཐོག་ཏུ་བྲིས་ཡོད་པ་ལས་དེ་མིན་གཞན་དཔེ་གཟུགས་ཤོག་དྲིལ་གྱི་རྣམ་པ་དང་ཁྲམ་བྱང་གི་རྣམ་པ། ཕྱེ་མ་ལེབ་ཀྱི་རྣམ་པ། ཤོག་ལྡེབ་ཀྱི་རྣམ་པའི་སྟེང་དུ་བྲིས་ཡོད་པ་མཐོང་རྒྱུ་མེད། དཔེ་གཟུགས་དེ་དག་གི་ཁྲོད་ནས་བོད་ལ་དར་ཁྱབ་ཆེ་ཤོས་ཀྱི་དཔེ་གཟུགས་ནི་གླེགས་བམ་མམ་སྣ་རིང་གི་དཔེ་གཟུགས་དེ་ཡིན་ལ་དེས་བོད་ཀྱི་གསུང་རབ་ཀྱི་བརྒྱ་ཆ་དགུ་བཅུ་གོ་དགུ་ཡན་ཟིན་ཡོད། འདིར་གླེང་བར་བྱ་བའི་གནད་ཀྱི་དམ་པ་སྐོར་ཐིག་དེ་ཡང་དཔེ་གཟུགས་ཁོ་ནའི་སྟེང་དུ་གསལ་བ་ལས་གཞན་གྱི་ཐོག་ཏུ་མི་གསལ། དེས་ན་གླེགས་བམ་མམ་སྣ་རིང་གི་དཔེ་གཟུགས་སྐོར་བོད་ཀྱི་དེབ་ཐེར་དང་ཆོས་འབྱུང་ཁག་ལས་མང་པོ་ཞིག་གསུངས་ཡོད་ཅིང་། ནེའུ་པཎྜི་ཏ་གྲགས་པ་སྨོན་ལམ་བློ་གྲོས་ཀྱིས་དང་ཐོག་བོད་ཀྱི་“རྒྱལ་པོ་ལྷ་ཐོ་ཐོ་རི་གཉན་བཙན་གྱི་སྐུ་དྲིན་ལ། དམ་པའི་ཆོས་ཀྱི་དབུ་བརྙེས་པ་ཡིན་ལ། དེའི་ལོ་རྒྱུས་ཞིབ་ཏུ་བཤད་ན། སྐྱེས་བུ་དམ་པ་དེས་རྒྱལ་སྲིད་འཛིན་པའི་ཚེ། ལི་ཐེ་སེ་དང་། ཐོ་གར་གྱི་ལོ་ཙཱ་བ་བློ་སེམས་མཚོ་གཉིས་ཀྱིས། རྒྱ་གར་

པཎྜི་ཏ་མཁས་པ་ལེགས་བྱིན་སྤྱན་དྲངས་ནས་བྱོན་ཏེ། རྒྱལ་པོ་ལ་ཆོས་གསུངས་པས། བོད་ལ་ཡི་གེ་མེད་པའི་སྐབས་ཀྱིས་བསླབ་ཏུ་མ་བཏུབ་ནས། ཟ་མ་ཏོག་བཀོད་པ། སྙིང་པོ་ཡི་གེ་དྲུག་མ་གསེར་གྱིས་བྲིས་པ་གཅིག་ལ་མུ་དྲའི་ཕྱག་རྒྱས་བཏབ་ནས་རྒྱལ་པོ་ལ་ཕུལ་ཏེ།”[1] ཞེས་གསུངས་པ་ལ་བརྟགས་ན་བོད་རྒྱལ་ལྷ་ཐོ་ཐོ་རི་གཉན་བཙན་སྐབས་སུ་བོད་ལ་གསུང་རབ་གླེགས་བམ་མམ་སྣ་རིང་གི་དཔེ་གཟུགས་དེ་ཐོག་མར་དར་བར་སྙམ། དེ་རྗེས་ཆོས་རྒྱལ་མེས་དབོན་རྣམ་གསུམ་གྱི་སྐུ་དུས་སུ་རིམ་པ་བཞིན་བོད་ཀྱི་ཡི་གེ་བཀོལ་ནས་སྣག་ཤོག་གི་རྒྱུ་སྤུས་རབ་འབྲིང་ཐ་གསུམ་སྤྱད་དེ་སྔོན་གྱི་གླེགས་བམ་མམ་སྣ་རིང་གི་དཔེ་གཟུགས་ལ་མ་དཔེ་བཙོལ་ནས་བཞེངས་རྗེས། དཔེ་གཟུགས་དེ་ཡང་ཆར་ཤུལ་གྱི་ཤ་མོ་ཇི་བཞིན་གང་སར་དར་ཁྱབ་བྱུང་ཡོད། འོ་ན་དཔེ་གཟུགས་དེ་ཐོག་མར་ཡུལ་ལུང་གང་ནས་དར་བ་ཡིན་ནམ་ཞེ་ན། དེ་ནི་ཐོག་མར་རྒྱ་གར་འཕགས་པའི་ཡུལ་ནས་དར་བར་སོམ་ཉི་མ་མཆིས། དེ་ནི་ད་ལྟ་རང་རེ་རྣམས་ཀྱིས་བཀོལ་བའི་གླེགས་བམ་ལ་ཐ་སྙད་གཞན་ཞིག་འབོད་སྲོལ་མཆིས་པ་སྟེ། པོ་ཏི་ཞེས་འབོད་ཀྱི་ཡོད་པ་དེ་ལས་རྟོགས་ཐུབ་སྟེ། པོ་ཏི་ནི་ཐོག་མར་ལེགས་སྦྱར་སྐད་“པུསྟ་ཀ་གླེགས་བམ་གྱི་སྐད་དོད་ཟུར་ཆག་པས་པོ་ཏི”[2]ཞེས་བརྗོད་པ་ལས་གླེགས་བམ་མམ་སྣ་རིང་གི་དཔེ་གཟུགས་དེ་ཐོག་མར་རྒྱ་གར་འཕགས་པའི་ཡུལ་ནས་དར་བ་ཞིག་ཡིན་པ་རང་བཞིན་གྱིས་རྟོགས་ཐུབ། དེ་དང་དུས་མཚུངས་གླེགས་བམ་གྱི་སྙིང་དུ་གསལ་བའི་སྐོར་ཐིག་དེ་ཡང་གླེགས་བམ་མམ་སྣ་རིང་གི་དཔེ་གཟུགས་དང་ལྷན་དུ་རང་རེ་བོད་ལ་གོམ་སྐབས་བསྒྱུར་ཏེ་དར་བ་ཞིག་ཡིན་པ་གོང་གི་གནས་ཚུལ་ལས་ཤེས་ཐུབ།

གཉིས་པ། སྐོར་ཐིག་གི་བྱེད་ནུས།

གླེགས་བམ་མམ་སྣ་རིང་གི་དཔེ་གཟུགས་ཐད་དུ་སྐོར་ཐིག་འབྲི་དགོས་དོན་སྐོར་གླེང་ན། ཐོག་མར་རྒྱ་གར་འཕགས་པའི་ཡུལ་དུ་དུས་རབས་དང་པོ་དང་གཉིས་པའི་ནང་དུ་གསུང་རབ་ཁག་གླེགས་བམ་དུ་སྒྲུབ་དུས་གསུང་རབ་དེ་དག་གི་སྙིང་དུ་ལྷེབ་གྲངས་དང་མཚན་བྱང་འགོད་སྲོལ་མེད་སྐབས་གསུང་རབ་བྲིས་མ་དེ་དག་གོང་འོག་འཁྲུགས་པ་དང་ཐ་ན་གསུང་རབ་ཀྱི་ལྷེབ་རྒྱབ་མདུན་ཡང་འབྱེད་དཀའ་བའི་གནས་ཚུལ་ཐོན་གྱི་ཡོད། གནས་ཚུལ་དེ་དག་མི་ཡོང་བའི་སླད་དུ་གསུང་རབ་ཀྱི་མདུན་ངོས་དེ་ངོས་འཛིན་སླ་བའི་ཆེད་ལྷེབ་ཀྱི་མདུན་ངོས་མགོ་འཚུགས་མ་ཐག་ཏུ་ཨོཾ་ཡིག་ཅིག་བྲིས་སྲོལ་ཡོད། དེས་གསུང་རབ་ཇི་ཙམ་འཁྲུགས་ཀྱང་གསུང་རབ་ཀྱི་མདུན་ངོས་དང་རྒྱབ་ངོས་གཉིས་ངོས་འཛིན་སླ་བའི་ནུས་པ་ཐོན་ཐུབ་སྟེ། གསུང་རབ་སྨྲ་བ་དགེ་འདུན་ཆོས་འཕེལ་གྱིས“དབུ་ཤོག་གི་དང་པོ་ལ་ཨོཾ་ཞིག་བྲིས་པ་མ་གཏོགས་གཞན་ལྷེབ་རེ་རེའི་མགོ་ལ་ཏིང་ཀྱོག་སོགས་བྲིས་པ་ཡང་མི་སྣང་བས་ཁ་ཐོར་ཚེ་ལྷེབ་ཀྱི་ཉིན་སྲིབ(རྒྱབ་མདུན)གང་ཡིན་ཀྱང་མི་ཤེས”[3]ཞེས་པ་འདྲིས་མཆོན། འོན་ཀྱང་དེས་ལྷེབ་གོང་འོག་འཁྲུགས་

ཉེན་འགོག་རྒྱུར་ཕན་ཆ་མ་བྱུང་བས། ཕྱིས་གླེགས་བམ་གྱི་གླེགས་ཤིང་དང་ལྷན་གཅིག་སྒོར་ཐིག་ཞིག་གིས་ཚད་ཟིན་ཏེ་ཁུང་བུ་རེ་རེ་ཕུག་ནས་དེའི་ནང་དུ་སྐུད་པ་བརྒྱུས་ཏེ་བདག་གཉེར་མཛད་ཀྱི་ཡོད། དེ་ཡང《རྒྱལ་ཁམས་རིག་པས་བསྐོར་བའི་གཏམ་རྒྱུད་གསེར་ཐང》དུ“(ཤིང་ཏ་ལའི་ལོ་མ)ལེགས་པར་འཇུལ་བ་ན་དཔེ་རིང་གི་ཚད་དུ་བཅད། ལྗིབ་རེ་རེ་བཞིན་སུམ་ཆའི་མཚམས་ནས་ཁུང་བུ་གཉིས་ཤིག་ཕུག དེ་བཞིན་གླེགས་ཤིང་ལ་ཡང་ཕུག་ནས་ནང་དུ་སྐུད་པ་རིང་པོ་ཞིག་དྲངས་ཏེ་མདུན་དུ་མདུད་པ་བོར་ནས་སྙིད་པ་ལ་བཅིངས་ཏེ་འཇོག བཀའ་པོད་སྙི་རགས་སུ་བཅིངས་བྱ་བ་དེ་འདྲ་ནས་བྱུང་བ་མིན་ནམ་སྙམ། གློག་རན་ཆེ་ཐག་པ་རན་པ་ལྟོད་ནས་ལྗིབ་རྣམས་དལ་བུས་བསྒྱུར་ཏེ་འདོན། དེའི་ཕྱིར་ལྗིབ་འཕྲུག་དོགས་མེད་པས་རྒྱ་དཔེ་ཕལ་ཆེར་ལ་ཁ་ཡིག་གམ་ལྗིབ་གྲངས་མ་བཀོད་པ་དེ་ཡིན”[4]ཞེས་གསུངས། ད་དུང་རང་གི་རྫོངས་ཚོད་ལྟར་ན། སྟོན་པ་སངས་རྒྱས་བཅོམ་ལྡན་འདས་ཀྱིས་གསུངས་པའི་བཀའ་དང་བསྟན་བཅོས་ཇི་སྙེད་ཅིག་བཞུགས་པ་དེ་དག་ཚང་མ་ལྗིབ་གྲངས་ཀྱིས་ཚད་དུ་མི་གནང་བར་ཚང་མ་ཤོ་ལོ་ཀ་དང་བམ་པོ། གླེགས་བམ་གྱི་གྲངས་སུ་བཅོལ་ཡོད་པ་ཡང་རང་རེའི་བཙན་པོའི་སྐབས་སུ་བཏབ་པའི་དཀར་ཆག་གསུམ་ལས་ད་ལྟ་མཇལ་རྒྱུ་ཡོད་པའི《འཕང་ཐང་མ》དང《ལྡན་དཀར་མ》སོགས་ཀྱི་ནང་དུ་བཀའ་དང་བསྟན་བཅོས་འགྱུར་རོ་ཅོག་གི་མང་ཉུང་གྲངས་ཀྱིས་མཇལ་ཚད་དེ་ཚང་མ་ཤོ་ལོ་ཀ་དང་བམ་པོ། གླེགས་བམ་གྱི་གྲངས་སུ་བཅོལ་ཡོད་པ་ལས་ཤེས་ནུས་པས། སྔོན་གྱི་གསུང་རབ་དེ་དག་ལ་ལྗིབ་གྲངས་འགོད་པའི་སྲོལ་དེ་མེད་པར་མངོན། དེས་ན་སྔོན་གྱི་གསུང་རབ་གླེགས་བམ་བྲིས་མ་དེ་དག་གི་གོ་རིམ་ཡང་སྔོན་གྱི་ཁུང་བུ་གཉིས་ལ་བཅོལ་ནས་མ་འཛོལ་བར་སྒྲིག་གི་ཡོད་པ་ནི། ཕོ་བྲང་པོ་ཏ་ལ་དང་དཔལ་ས་སྐྱའི་གཙུག་ལག་ཁང་ནང་དུ་བཞུགས་པའི་རྒྱ་དཔེ་དེ་དག་གི་ལྗིབ་གྲངས་སོ་སོའི་དོས་སུ་ཁུང་བུ་གཉིས་རེ་ཕུག་ཡོད་པ་མ་ཟད། འཕྲེད་བུ་བརྒྱུས་ཡོད་པ་ད་ལྟའང་མཇལ་རྒྱུ་འདུག་ལ་གླེགས་བམ་དེ་རིགས་ལ་རང་རིགས་ཀྱིས་གླེགས་བམ་དར་ལུང་མ་ཞེས་འབོད་པས་ཀྱང་མཁྱེན་སྙམ། དེ་མིན་ད་དུང《གསུང་རབ་ཀྱི་དཔར་གཞི་རིག་པ》ཞེས་པའི་ནང་དུ། “ཨུ་ཏྲ་སུའི་དཔེ་མཛོད་ཁང་གི་ཤར་ཕྱོགས་པུའུ་ན་ཉར་ཚགས་བྱས་པའི་གཞུང་མདོའི་ཊཱིཀྐ་ཞིག་ཡོད་པ་དེ་ནི་རྩ་ཤོག་སྟེང་དུ་བྲིས་པ་ཞིག་ཡིན། དེ་འབྲི་བཤུ་བྱེད་དུས་ནི་དུས་རབས༥པ་ལས་འཕྱི་བ་ཞིག་མ་ཡིན། ཡིག་འཕྲེད༨ཙན་དང་ཡིག་འཕྲེད་སོ་སོའི་ཡིག་གྲངས་དོ་མཉམ་མེད་པ། ལྗིབ་གྲངས་སྟེང་དུ་ཁུང་བུ་གཉིས་རེ་ཡོད། ཁུང་བུའི་ཤུལ་དུ་ད་དུང་རྩ་ཐག་བརྒྱུས་ཤུལ་ཡོད”ཅེས་དང་། པེ་ཅིང་དཔེ་མཛོད་ཁང་དུ་ཉར་ཚགས་བྱས་ཡོད་པའི་གསུང་རབ་གླེགས་བམ་མམ་སྣ་རིང་སྟེ་ཏུན་ཧོང་གི་ཡིག་རྙིང་སྤྱི་ལོ༧༢༨ནས༢༩༢བར་བོད་ཀྱིས་ཏུན་ཧོང་ལ་དབང་བསྒྱུར་བའི་སྐབས་སུ་བཞེངས་པའི་མདོ་ཞིག“རྩ་ཤོག་སྟེང་བྲིས་པ། སྣ་རིང་གི་དཔེ་གཟུགས། དེའི་གླེགས་ཤིང་ལ་འཕྲེད་ཐག་བརྒྱུས་ནས་ཡོད་པ། གླེགས་ཤིང་དང་ལྗིབ་གྲངས་ཐོག་ཨེ་ཁུང་ཡོད། འཕྲེད་ཐག་གི་སྣེ་

གཅིག་གླེགས་ཤིང་ལ་བརྒྱུས་ནས་ཕྱི་རུ་སྣང་ལ་སྣེ་དེར་མདུད་པ་ཆེན་པོ་ཞིག་བརྒྱབ་ཡོད། སྣེ་གཞན་དེ་ཡང་གླེགས་ཤིང་དང་ལྡེབ་གྲངས་ལྷན་དུ་བརྒྱུས་ནས་སྣང་། དེ་ནི་ད་བར་རང་རེ་རྣམས་ཀྱིས་མཐོང་ཡུལ་དུ་གྱུར་པའི་གླེགས་བམ་གྱི་ཁྱད་ཆོས་དམིགས་བསལ་ཅན་ཞིག་ཡིན”[5]ཞེས་གསུངས་ཡོད། དེ་བཞིན་བོད་ཀྱི་ཁྲམ་ཡིག་བསྡུས་པ་ཞེས་པའི་ནང་དུ་ཡང་། “ཁྲམ་བྱང་གི་གཡས་ངོས་སུ་མིག་བུ་རེ་ཕུག་ཡོད་པ་དེ་ནི་ཁྲམ་ཡིག་གི་ནང་དོན་ཚན་པ་སོ་སོར་ཕྱེ་ནས་འགྲེང་སྐུད་ཐག་བརྒྱུས་ཏེ་ཕྱོགས་གཅིག་ཏུ་བསྡུས་ནས་འཛོག་བྱེད་ཡིན་པས། བོར་བརླག་མི་འགྲོ་བར་བདག་ཉར་དང་བེད་སྤྱོད་བྱེད་བདེ་བ་མ་ཟད་གཏོང་ལེན་བྱེད་སྐབས་ཡིག་སྐྱེལ་བས་ལུས་ཐོག་ཏུ་བཏགས་ནས་འཁྱེར་བདེ་བ་བཅས་ཀྱི་ཁྱད་ཆོས་དང་ཁྲམ་བྱང་འགའ་ཞིག་གི་གཡས་ངོས་སུ་གོང་གོང་གྲུ་བཞི་རེ་བཟོས་ནས་ཡོད་པའི་དཀྱིལ་དུ་ཤུར་ཁའམ་མིག་བུ་རེ་བཏོད་ཡོད་པར་ཁྲམ་དེ་རིགས་ནང་ཚན་སོ་སོར་ཕྱེ་ནས་ཕྱོགས་གཅིག་ཏུ་བསྡམས་ཐག་གོང་གོང་གི་དབུས་ན་ཡོད་པའི་འགྲེང་སྐུད་ཀྱི་མདུད་པའི་སྟེང་འབྲེལ་ཡོད་དཔོན་གྱིས་ཐེལ་ཙེ་རྒྱག་ས་བྱས་ཡོད”[6]ཅེས་པས་ཀྱང་ཁུང་བུ་དེ་དག་གི་བྱེད་ནུས་གང་ཞིག་ཡིན་པ་གསལ་བཤད་བྱེད་ཐུབ།

དེ་ནས་དུས་རབས་ཀྱི་འཕེལ་འགྱུར་དང་བསྟུན་ནས་མིའི་རིགས་ཀྱི་བློ་གྲོས་ལས་གསུང་རབ་ཁག་གླེགས་བམ་དུ་བྲིས་བཞེངས་བྱེད་དུས་གསུང་རབ་ཀྱི་པོ་ཏི་ཁག་ལ་ལྡེབ་གྲངས་འགོད་པའི་སྲོལ་དེ་བྱུང་བ་ནས་བཟུང་སྒོར་ཐིག་གི་ཁུང་བུའི་བྱེད་ནུས་ཀྱང་རིམ་བཞིན་ཉར་སྲོལ་རྒྱུན་འཛིན་གྱི་ཚུལ་ཙམ་དུ་གསུང་རབ་ཀྱི་ལྡེབ་གྲངས་སྟེང་སྒོར་ཐིག་གི་དཔེ་མཚོན་ཙམ་བྲིས་པ་ལས་དེ་ལ་ཁུང་བུ་མེད་པར་དུས་རབས་རེ་ཞིག་འདས། དེའི་རྗེས་སུ་གླེགས་བམ་ཐད་དུ་ཡོད་པའི་སྒོར་ཐིག་དེ་སྟོང་པར་བཞག་ན་ཡིད་དུ་མི་འོང་བའི་འདུ་ཤེས་ལས་སྒོར་ཐིག་དེའི་ནང་དུ་བོད་ཀྱི་མཛེས་ཆོས་དང་མཐུན་པར་གསུང་རབ་དེའི་ནང་དོན་དང་འབྲེལ་བའི་སངས་རྒྱས་དང་བྱང་སེམས། ཆོས་འཁོར་སོགས་ཀྱི་སྐུ་བརྙན་བཞུགས་སུ་གསོལ་བ་དེ་བྱུང་བར་མངོན།

སྨྲ་བའི་དབང་པོ་དགེ་ཆོས་ཀྱིས། “རང་རེའི་བོད་ཀྱི་དཔེ་ཆིང་རྣམས་ལ(སྒོར་ཐིག)འདུག་ཅིང་། དུས་ཕྱིས་བར་དུ་མཚལ་གྱི་སྒོར་ཐིག་ཆེན་པོ་དེ་ནི་ཨི་ཁུང་གི་ཐད་དུ་བྲིས་ནས་སྣང་། དེ་ནས་སྒོར་ཐིག་དེ་སྟོང་པར་སྣང་བས་ནང་དུ་སྐུ་བརྙན་རེ་བྲི་བའི་སྲོལ་ད་ལྟའི་བར་རེབ་གོང་གི་དོར་རྗེ་རྣམས་ཀྱི་བརྒྱད་སྟོང་དཔར་མ་སོགས་ལ་འདུག་པ་དེ་ཡིན”[7]ཞེས་དང་ད་དུང་ཁོང་གིས་རྒྱ་དཔེ་དུ་མའི་ཚིགས་བཅད་ཕྱོགས་བསྡུས་བྱས་པ་ལེགས་སྦྱར་བང་མཛོད་ཅེས་བྱའི་མཇུག་ཤོག་ཏུ། “ལྡེབ་གཅིག་འདི་སྔོན་དུས་ཀྱི་བལ་པོའི་རྒྱ་དཔེ་ཤོག་སེར་གྱི་སྟེང་དུ་བྲིས་པ་དག་གི་རྣམ་པ་མཚོན་ཕྱིར་ཡིན། དབུས་ཀྱི་མིག་དེའི་ནང་དུ་དར་སྐུད་སྒོམ་པོ་དྲངས་ཏེ་ལྡེབ་རྣམས་མི་འབྲུག་པར་བྱེད། བཀའ་འགྱུར་དཔེ་ཆིང་རྣམས་ལ་ཡང་དེ་ཡོད་ཅིང་དར་ལུང་མ་ཞེས་མིང་གྲགས། ཕྱིས་ཙ་ན་སྒོར་ཐིག་དེའི་དཀྱིལ་དུ་སེངྒེ་གཤོང(ཨ་མདོ་རེབ་གོང)གི་ལྷ་བཟོ་

རྣམས་ཀྱིས་སྦྲོལ་མའི་སྐུ་བརྙན་སོགས་བྲིས་ཡོད་པ་དེ་ཡིན"[8]ཞེས་པས་གནད་དོན་དེ་གསལ་བཤད་བྱེད་ཐུབ་བོ། །

གཤམ་གྱི་པར་རིས་ཁག་ནས་སྔོར་ཐིག་གི་འགྱུར་བ་ཁ་གསལ་ཤེས་ཐུབ།

ས་སྐྱ་དགོན་དུ་བཞུགས་པའི་ཏ་ལའི་ལོ་མའི་གསུང་རབ།

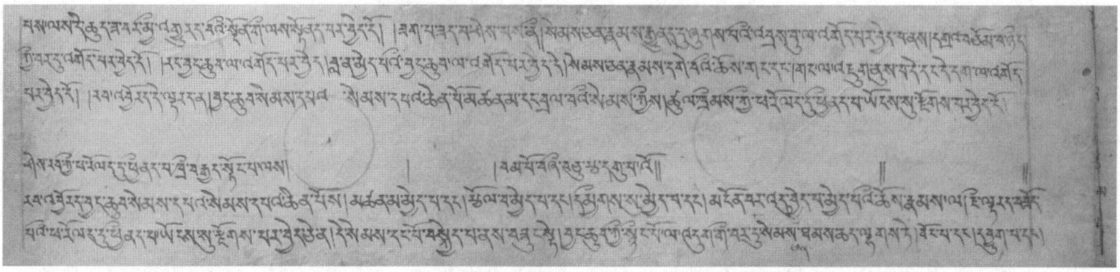

ཧོན་ཀེ་ཏུ་ལྷ་ཁང་དུ་བཞུགས་པའི་མདའ་བདག་མགོན་ནེའི་བཀའ་འགྱུར། དུས་རབ༤ནས༡༠པའི་བར་གྱི་གསུང་རབ་བྲིས་མ།

ས་སྐྱའི་དུས་སྐབས་ཀྱི་གསུང་རབ་བྲིས་མ།

གསུམ་པ། ལྡེབ་གྲངས་ཀྱི་ཁྱད་ཆོས།

གཞུང་གི་མཚན་བྱང་།	ལྡེབ་གྲངས་འགོད་སྟོལ།	ལྡེབ་གྲངས་གསལ་བཤད།	དཔར་གཞི།
མི་ལའི་རྣམ་ཐར་མཛོད་ནག་མ།	∫ ∫ ∫ སུམ་བཅུ་ཐོན།	∫ རྟགས་འདིས་བརྒྱ་གྲངས་གཅིག་མཚོན་པོད་འདིར་ལྡེབ་གྲངས༣༣༠ཡོད།	བྲིས་མ།

སྟགས་འཆང་ངག་དབང་ཀུན་དགའི་གསུང་འབུམ།	ཀ××རེ་བདུན་བྱོན།	ཀ་ཡིག་གིས་གསུང་རབ་ཀྱི་གོ་རིམ་མཚོན། ×རྟགས་འདིས་བརྒྱ་གནས་མཚོན་གྱི་ཡོད། བྱོན་ཞེས་པ་དེ་ནི་ཀ་པོད་རྫོགས་ཟིན་པའི་དོན། ཀྱོན་ཀ་པོད་འདིར་ལྡེབ་གྲངས༢༨༧ཡོད།	བྲིས་མ།
ཀོང་སྤྲུལ་ཡོན་ཏན་རྒྱ་མཚོའི་གསུང་འབུམ།	ག××××ལྔ། ང་། ××བརྒྱད།	ག་ཡིག་གིས་པོད་གྲངས་མཚོན་པ་དང་ཀྱོན་ལྡེབ་གྲངས༩༠༥ཡོད། ང་ཡིག་དེས་པོད་ག་པའི་ནང་གི་ཆོས་ཚན་བཞི་པ་མཚོན་པ་དང་ཆོས་ཚན་དེར་ལྡེབ་གྲངས༣༠༨ཡོད།	གཙང་སྨམ་པོ་ཆེའི་དཔར།
མངའ་བདག་མགོན་ནེའི་བཀའ་འགྱུར།	ཁ—§—§—§—དྲུག	ཁ་ཡིག་གིས་པོད་གྲངས་དང་རྟགས§འདིས་བརྒྱ་གནས་མཚོན་ཡོད། དེས་ན་ཁ་པོད་གྲངས་ལ་ལྡེབ་གྲངས༣༠༨ཡོད།	འོན་གེ་ཙ་ལྷ་ཁང་དུ་བཞུགས་པའི་བྲིས་མ།
ས་པཎ་གྱི་ཚད་མ་རིགས་གཏེར།	上二百八十九 ཀ་བརྒྱ་དང་གྱ་དགུ།	རིགས་གཏེར་ཀ་པོད་ལ་ལྡེབ་གྲངས ༡༥ཡོད། རྒྱ་ཡིག་ལྡེབ་གྲངས་གོང་འོག་སོ་སོར ༢༥ཡོད།	ཡོན་གྱི་དཔར་མའམ་ཧོར་དཔར་ཡང་ཞུ།
ཀུན་མཁྱེན་འཇིགས་མེད་གླིང་པའི་གསུང་འབུམ།	གཉིས་རྒྱ་ཞེ་དྲུག༢༩༨	འདིར་པོད་ཨང་ཟུར་དུ་བཀོད་འདུག	སྡེ་དགེའི་དཔར་མ།

དེས་ན་གོང་གི་རེའུ་མིག་གི་ནང་དོན་མདོ་ཙམ་བཀྲལ་ན། རང་རེ་བོད་ཀྱི་གསུང་རབ་དག་གི་བམ་གྲངས་དང་ཆོས་ཚན་གྱི་གོ་རིམ་ནི་ཀ་མད་ཀྱི་གོ་རིམ་ལ་བརྟེན་ནས་གསུང་པོད་དེའི་གཡས་ངོས་ཀྱི་སྤྱན་འཁྱེར་གྱི་མདུན་དུ་བོད་ཡིག་ཀ་ཁ་ག་ང་ཙ་ཚ་ཛ་ཉ་སོགས་བྲིས་ཏེ་ཆོས་ཚན་དང་པོད་གྲངས་མཚོན་པར་བྱས་ཡོད་ལ། ལྡེབ་གྲངས་ནི་གཅིག་གཉིས་གསུམ་ལ་སོགས་པའི་གྲངས་རིམ་པ་བཞིན་བྲིས་ཡོད། གལ་ཏེ་གསུང་པོད་དེའི་ལྡེབ་གྲངས་བརྒྱ་ལས་བརྒལ་སྐབས་གསུང་པོད་ལ་ལར་བརྒྱ་ཞེས་པའི་བོད་ཡིག་དེ་མ་བཀོལ་བར་གྲངས་དེའི་དོད་དུX∫§+སོགས་ཀྱི་རྟགས་བཀོད་ཡོད། ཉིས་བརྒྱ་ཡིན་ན་རྟགསXXའམ++གཉིས་དང་། སུམ་བརྒྱ་ང་བཞི་ཡིན་ན། རྟགསXXXགསུམ་དང་ང་བཞི་ཞེས་འབྲི་སྲོལ་འདུག དེ་ནི་བོད་ཀྱི་གསུང་རབ་བྲིས་མ་དག་གི་ལྡེབ་གྲངས་མཚོན་པའི་དམིགས་བསལ་ཁྱད་ཆོས་སུ་འགྱུམས་སོ། །རང་རེ་བོད་ཀྱི་ལྡེབ་གྲངས་ནི་ཤོག་ལྷེ་གཅིག་གི་རྒྱབ་མདུན་གཉིས་གཅིག་ཏུ་དྲིལ་བ་ལ་ལྡེབ་གྲངས་གཅིག་ཏུ་བརྩི་སྲོལ་ཡོད། དཔེར་ན་བཅོམ་ལྡན་རིག་རལ་གྱི་གསུང་འབུམ་ལྟ་བུ་ཞིག་ལ་ཆ་མཚོན་ན། གསུང་འབུམ་གྱི་གོ་རིམ་ནི་ཀ་མད་ཀྱིས་མཚོན་པར་བྱེད་ཀྱི་ཡོད་པ་སྟེ། དཔེར་ན་ཁོང་ལ་གསུང་པོད་

བཅུ་གཅིག་ཡོད་ན། ཀ་མད་ཀྱི་གོ་རིམ་ལྟར་ཀ་ནས་ད་བར་ཡིན། དེ་རྗེས་ཀ་པའི་ནང་དུ་ཆོས་ཚན་དྲུག་ཡོད་པ་ཡིན་ན། ཀ་པོད་ནང་དུ་ཡང་ཀ་ནས་ཆ་བར་ཡོད། ལྷེབ་གྲངས་དེ་དག་གི་ཐད་དུ་ཁྱོན་ཡོངས་ཀྱི་ཀ་པོད་ཀྱི་ལྷེབ་གྲངས་མཚོན་བྱེད་ཀྱི་གྲངས་དང་། ཆོས་ཚན་སོ་སོའི་ལྷེབ་གྲངས་མཚོན་པའི་གྲངས་ཀྱང་ཡོད། འོ་ན་ལྷེབ་གྲངས་དེ་ལྟར་བཀོད་ན་ཕན་ཡོན་ཅི་ཡོད་ཅེ་ན། ཀ་མད་ཀྱི་གོ་རིམ་བཀོལ་བ་ལས་ང་ཚོས་མཛད་པ་པོ་དེའི་གསུང་པོད་ཁྱོན་མང་ཉུང་ཅི་ཞིག་ཡོད་མེད་ཐད་ཀར་གསུང་པོད་ཀྱི་སྤྱན་འཁྱེར་ལས་རྟོགས་ཐུབ་ལ། ལྷག་དོན་ཀ་པོད་དང་པོའི་ནང་དུ་ཀ་ནས་ཉ་བར་ཡིན་ན་པོད་དེའི་ནང་ཆོས་ཚན་ཇི་ཙམ་ཡོད་པ་ཤེས་ཐུབ། དེ་བཞིན་ཁ་པའི་ཉེར་དྲུག་ཕྱོན་ཞེས་ཡོད་ན། ཆོས་ཚན་ཁ་པ་དེ་རྫོགས་ཟིན་པ་ཐད་ཀར་རྟོགས་ཤིང་དེའི་འོག་ཏུXXXཉེར་དྲུག་ཞེས་ཐོན་ཡོད་ན། གསུང་པོད་ཀ་པའི་ཁྱོན་ཡོངས་ཀྱི་ལྷེབ་གྲངས་སུམ་བརྒྱ་ཉེར་དྲུག་ཕྱོན་པ་ཤེས་ཐུབ་པ་སོགས། དེ་ནི་གསུང་རབ་བྲིས་མ་དེ་དག་གི་ལྷེབ་གྲངས་ལས་གསུང་རབ་རིག་པའི་ཞིབ་ལས་གནང་མཁན་རྣམས་ལ་སྨྲིན་པའི་ཆ་འཕྲིན་གལ་ཆེན་ཞིག་ཡིན་ལ། གསུང་རབ་བརྡུ་སྒྲིག་གི་ལས་ལ་ཤིན་ཏུ་ནས་མཁོ་བ་ཞིག་ལགས། གཤམ་དུ་ཡུལ་དུས་མི་འདྲ་བ་ལས་བྱུང་བའི་ལྷེབ་གྲངས་འགོད་སྟངས་པར་རིས་ལས་མཚོན་ན།

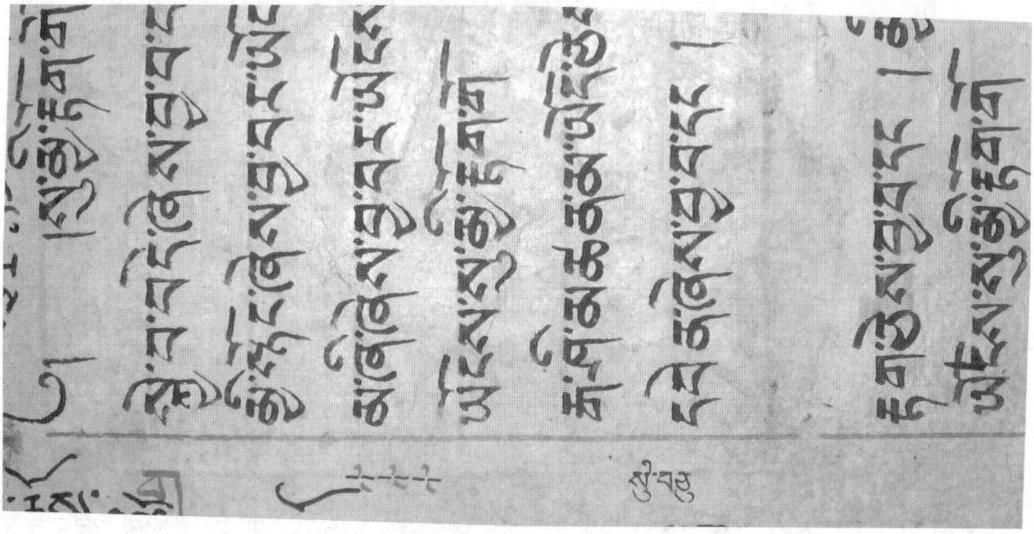

དུས་རབས༡༣ནས༡༨པའི་བར་གྱི་གསུང་རབ་བྲིས་མའི་ལྷེབ་གྲངས་འགོད་སྟངས།

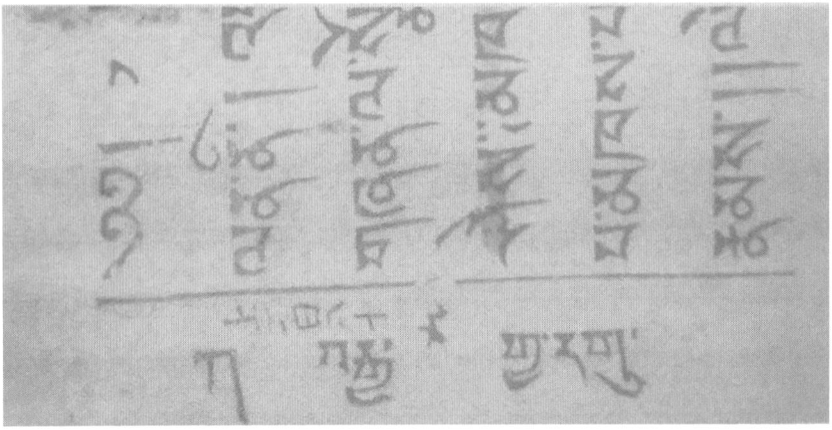

ཡོན་གྱི་དཔར་མའི་ལྷེབ་གྲངས་འགོད་སྟངས། 元刻版叶数

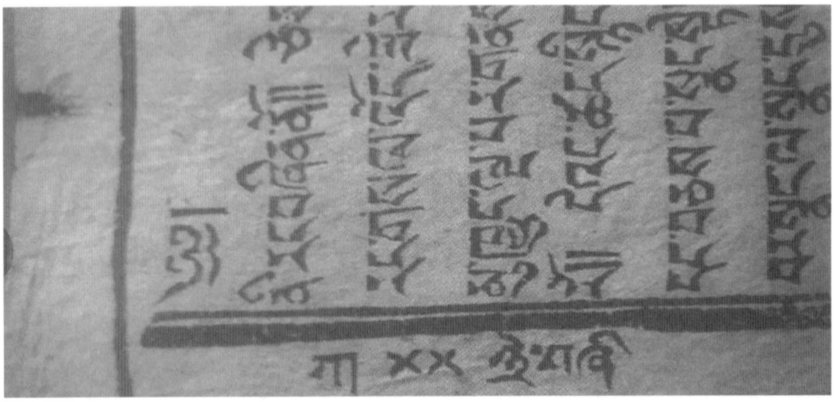

བོད་ལྗོངས་དཔེ་མཛོད་ཁང་དུ་བཞུགས་པའི་གསུང་རབ་བྲིས་མའི་ལྷེབ་གྲངས་འགོད་སྟངས།

བོད་ཀྱི་གསུང་རབ་སྒྲ་བའི་དབང་པོ་དུང་དཀར་བློ་བཟང་འཕྲིན་ལས་མཆོག་གིས། “བོད་ཀྱི་མཁས་པ་ཚོའི་གསུང་རྩོམ་མང་ཆེ་བར་ཤོག་གྲངས་ལ་བོད་ཡིག་གི་ཡིག་ཆེན་འབྲི་བ་མང་ཞིང་། གནའ་རབས་ཀྱི་དཔེ་ཆ་འགའ་ཞིག་གི་ཤོག་གྲངས་ཨང་ཀི་འབྲི་བ་དང་། དེ་ཡང་གཅིག་ནས་དགུ་བཅུ་གོ་དགུའི་བར་ཡོངས་གྲགས་ལྟར་དང་། ཨང་ཀི་བདུན་ནི༧འདི་འདྲ་དང་། ཨང་ཀི་དགུ་ལ༩འདི་འདྲ་བྲིས་ཡོད་སྟབས་བདུན་དང་དགུ། དགུ་དང་གཉིས་བཅས་པན་ཚུན་འདྲ་ནོར་ཡོང་སླ་བས་ཡིག་གཟུགས་ལ་གཟབ་ནན་གྱིས་ལྟ་དགོས། ཨང་གི་བརྒྱ་ཕྲམ་པ་ལ༡༠༠ཉིས་བརྒྱ་ཕྲམ་པ་ལ༡༡༠༠སུམ་བརྒྱ་ལ༡༡༡༠༠སོགས་ཚིག་སྟོང་བར་གྱི་གྲངས་ཀ་རྣམས་ལ་ཀུར་རྟགས་གོང་ལྟར་ཁ་སྣོན་བྱས་ཏེ་ཚིག་སྟོང་ཡན་ཆད་ཙམ་གྱི་ཨང་ཀི་རྒྱུན་སྤྱོད་ཨང་ཀི་དང་འདྲ་བར་འབྲི་སྲོལ་ཡང་འདུག”[9]ཅེས་གསུངས་པས་ཀྱང་ར་སྤྲོད་བྱེད་ཐུབ། དེ་མིན་བོད་ཀྱི་གསུང་རབ་དཔར་མ་འགའ་ཞིག་གི་སྟེང་དུ་རྒྱུན་སྲོལ་ལྟར་གཡས་ངོས་ཀྱི་སྤྱན་འཁྱེར་དུ་བོད་ཡིག་གི་ཡིག་ཆེན་ཨང་ཀི་དང་གཡོན་ངོས་སུ་རྒྱ་ཡིག་ཡིག་ཆེན་ཨང་ཀི་བྲིས་པ་ཡོན་གྱི་དཔར་མའི་ལྷེབ་

གྲངས་འགོད་སྟངས་ཏེ་ས་པཎ་གྱི་ཚད་མ་རིགས་གཏེར་གྱི་ལྡེབ་གྲངས་ལྔ་བུ་ཡིན། དེས་མ་ཚད་འཇང་ས་ཐམ་གྱི་བཀའ་འགྱུར་དང་པེ་ཅིང་བཀའ་འགྱུར་སོགས་ཀྱི་ལྡེབ་གྲངས་ལའང་རྒྱ་བོད་ཡིག་རིགས་ཟུང་དུ་བཀོལ་བའི་ཁྱད་ཆོས་དེ་རང་ལྡན་འདུག ཕྱག་དཔེའི་ལྡེབ་གྲངས་ཀྱི་ཁྱད་ཆོས་དེ་ལས་གསུང་རབ་དེ་དག་ནི་རྒྱ་ནག་གི་དཔར་མ་ཡིན་པ་ཁ་ཆོན་གཅོད་ཐུབ། གང་ཡིན་ཟེར་ན་དེ་ནི་སྔོན་མ་རྒྱ་ནག་ཏུ་བསྒོ་འབྲིའི་ལག་རྩལ་ཕུལ་དུ་ཕྱིན་པ་ཞིག་བྱུང་སྐབས་དཔར་མ་དེ་དག་གིས་མི་རིགས་གཞན་གྱི་ཡི་གེ་དཔར་ལ་བསྒོ་སྐབས་ཡི་གེའི་གཟུགས་པོ་ན་ལ་བརྟེན་ནས་བསྒོ་འབྲི་བྱེད་དགོས་ཤིང་། དཔར་ལ་བསྒོ་བའི་གསུང་རབ་དེའི་གོ་རིམ་དེ་རྒྱ་ཡིག་གི་ལྡེབ་གྲངས་པོ་ནར་བརྟེན་ནས་བསྒོ་འབྲི་བྱེད་ཀྱི་ཡོད་པའི་རྒྱུ་མཚན་གྱིས་ཡིན། དེར་བརྟེན་གསུང་རབ་ཀྱི་དཔར་གཞི་རིག་པའི་ཕྱག་ལས་གནང་མཁན་དག་གིས་ལྡེབ་གྲངས་ཀྱི་ཁྱད་ཆོས་སོགས་ལ་སྣང་ཆུང་མ་གནང་བར་གཙིགས་སུ་བཟུང་ནས་དེ་ལ་ཞིབ་འཇུག་མཐིལ་ཕྱིན་པ་མཛད་དེ་དེའི་ཁྱད་ཆོས་རྟོགས་ཐུབ་ན་དེས་གསུང་རབ་ཀྱི་དཔར་གཞི་གཏན་ལ་དབབ་སྐབས་གསུང་རབ་ཀྱི་མཇུག་བྱང་ལ་ལྟ་སྨྲོག་མི་དགོས་པར་ཐད་ཀར་དཔར་གཞི་གཏན་འབེབས་ཐུབ་པའི་ནུས་པ་འདོན་ཐུབ་པོ། །

མཆན།

[1] ནེའུ་པཎྜི་ཏ་སྨོན་ལམ་བློ་གྲོས་ཀྱིས་མཛད་པའི《སྔོན་གྱི་གཏམ་མེ་ཏོག་ཕྲེང་བ།》བོད་ལྗོངས་བོད་ཡིག་དཔེ་རྙིང་དཔེ་སྐྲུན་ཁང་གིས༢༠༠༥ལོར་དཔར། ཤོག་ངོས༡༦པར་གསལ།

[2] སྐྱོག་སྟོན་རིན་ཆེན་བཀྲ་ཤིས་ཀྱིས་མཛད་པའི《བརྡ་གསར་རྙིང་གི་རྣམ་གཞག་ལི་ཤིའི་གུར་ཁང་།》མི་རིགས་དཔེ་སྐྲུན་ཁང་ནས༡༩༨༡ལོར་བསྐྲུན། ཤོག་ངོས༡༤པར་གསལ།

[3][4][7][8]《མཁས་དབང་དགེ་འདུན་ཆོས་འཕེལ་གྱི་གསུང་རྩོམ》པོད་གཉིས་པ། ནུབ་བྱང་མི་རིགས་སློབ་ཆེན་གྱི་དཔར་སློག ཤོག་ངོས༡༩༩པར་གསལ།

[5] ལི་ཀྲི་ཀྲུང་གིས་མཛད་པའི《གནའ་དཔེའི་དཔར་གཞི་བརྟག་པ།》པེ་ཅིང་དཔེ་མཛོད་ཁང་གིས༢༠༠༨ལོར་དཔར། ཤོག་ངོས༥༨པར་གསལ།

[6] དབང་རྒྱལ་དང་བསོད་ནམས་སྐྱིད་ཀྱིས་བསྒྲིགས་པའི《བོད་ཀྱི་གནའ་བོའི་ཁྲམ་བྱང་ཕྱོགས་བསྡུས།》རིག་དངོས་དཔེ་སྐྲུན་ཁང་གིས༡༩༨༦ལོར་དཔར། ཤོག་ངོས༥པར་གསལ།

[9]《དུང་དཀར་བློ་བཟང་འཕྲིན་ལས་ཀྱི་གསུང་རྩོམ་ཕྱོགས་བསྒྲིགས།》ཀྲུང་གོ་བོད་ཀྱི་ཤེས་རིག་དཔེ་སྐྲུན་ཁང་གིས༡༩༩༧ལོར་དཔར། ཤོག་ངོས༣༨༧པར་གསལ།

《བོད་ལྗོངས་ཞིབ་འཇུག》 ༢༠༡༠ལོའི་དེབ་དང་པོ་ལས་བཏུས།

རྡོ་བྲག་ཚོང་ཁྲམ་གྱི་སྐོར།

༄། །གསར་དུ་རྙེད་པའི་བཙན་པོའི་སྐབས་ཀྱི་བྲག་བརྐོས་ཡི་གེ།

པ་སངས་དབང་འདུས།

ལྷོ་ཁ་ས་ཁུལ་གྱི་ལྷོ་བྲག་ཤན(རྫོང)གྱི་འཛིན་མའི་ལྷོ་བར་ནང་དོན་གཅིག་མཚུངས་བཙན་པོའི་དུས་སྐབས་ཀྱི་བྲག་བརྐོས་ཡི་གེ་ཁག་གཉིས་ཉེ་ལམ་མིག་དབང་གི་དགའ་སྟོན་དུ་གྱུར་པ་དེ་དག་ནི་ལྷོ་བྲག་ཤན(རྫོང)གྲོང་རྡལ་གྱི་ཆུ་ལྷའི་ཕྱོགས་ལེ་དབར་ལྔ་བཅུ་འདས་པའི་ས་འདུས་བྱུང་གྲོང་ཚོའི་གཡས་འདབས་ཀྱི་བྲག་ངོས་དང་། ལྷོ་བྲག་ཤན(རྫོང)གྲོང་རྡལ་གྱི་དབང་ཕྱོགས་ལྷོ་བྲག་ཉུབ་ཆུ་དང་། སྨན་ཐང་ཆུ་འདྲེས་མཚམས་བྲག་ངོས་བཅས་སོ་སོར་སྣང་ཞིང་། བྲག་བརྐོས་ཡི་གེ་འདི་གཉིས་ལྷོ་བྲག་ཤན(རྫོང)གྱི་ཁྱབ་ཁོངས་སུ་གནས་པའི་རྒྱུ་མཚན་གྱིས་གནས་སྐབས་ང་ཚོས་དེ་ལ་ལྷོ་བྲག་བྲག་བརྐོས་ཡི་གེ་བྱ་བར་འབོད། བྲག་བརྐོས་དེར་བོད་ཡིག་ཚིག་ཕྲང་བརྒྱ་དང་ལྔ་བཅུ་ལྷག་ཙམ་ཡོད་པའི་ནང་གསལ་ལ་མི་གསལ་གྱི་ཚིག་ཕྲང་བཅོ་བརྒྱད་བཅུ་དགུ་ཙམ་གདའ།

ཐོག་མའི་ཞིབ་འཇུག་བྱས་པར་གཞིགས་ན། ལྷོ་བྲག་བྲག་བརྐོས་ཡི་གེ་དེ་དག་དེ་སྔ་མ་རྙེད་པའམ་ཡང་ན་དེ་ལ་ཞིབ་འཇུག་བྱས་མེད་པར་མངོན་ཞིང་། ད་ལྟ་དེའི་ནང་དོན་ནི་གཤམ་དུ་གསལ་བ་འདི་ལྟ་སྟེ།

“བཙན་པོ་ལྷ་སྲས་ཀྱི་ཞ་སྔར་ལྡེ་སྨན་ལྡེའུ་ཅུང་། སྐྱོ་བ་ཉེ་ཉེ་སྐུཏྲ་ཆབ་སྲིད་ལ་དཔེན་པའི་རྗེ་བླས་དཀའ་བ་བྱིད་བྱིད་ནས་བཀས་གནང་བ་ལྡེའུ་ཅུང་གི་ཁ་ལོ་སྣང་གི་བུ་ཚ་ཕེལད་རྒྱུད་ནམ་ཞར་སྲིད་གཡུང་ཏྲུང་ཏྲ་མཚུངས་ཕ་ཏྲ་ཁོལ་ཡུལ་ལས་རྩིགས་པ་མྱི་དབྲི་མྱི་སྙུང་བ་ཏྲ། ལྡེའུ་ཅུང་གི་མཆད་སྦྱི་རིམ་གྲོ་བླ་ནས་མཛད་ནམ་ཅིག་དབོན་སྲས་གང་གི་རིང་ལ་རལ་ཡང་། བླ་ནས་སྟོང་སྟེས་བཙིག་པར་གནང་ངོ་ལྡེའུ་ཅུང་གི་ཁ་ལོ་སྣང་གི་བུ་ཚ་ཕེལད་རྒྱུད××ཕུ་ནུ××ཅིག་ཕྱ་བཀའ་གྱོད×གཙིགས་ཤན། ×××××××××དབུ་སྙུང་གནང་བ་ཏྲ་རྐོང་ཀོར་པོ་ལྷ་བཙན××ས×××××བློན་པོ་ཏྲ་བུ་བཞི་ཞང་ལོན་གི་བྲོ་བོར་གཙིགས་ཀྱི་སྙིང་བུ་ནི་ཕྱག་སྦལ་དུ་བཟུང་ངོ།” ཞེས་འཁོད།

ལྷོ་བྲག་བྲག་བརྐོས་ཡི་གེ་དུས་ཇི་ཙམ་ལ་བརྐོས་པའི་སྐོར། ཡི་གེ་དེའི་ནང་ལོ་ཁམས་དང་བཙན་པོའི་མཚན་གང་ཡང་མེད་ཁར། བྲག་བརྐོས་ཡི་གེའི་ནང་འཁོད་པའི་ལྡེའུ་ཅུང་ཞེས་བྱ་བ་ཡང་རི་མོར་བྱེད་པོ་རང་ཉིད་ཀྱི་བོད་ཡིག་དཔེ་ཆའི་ནང་མིག་ལམ་དུ་མ་གྱུར་པ་བཅས་ཀྱིས་ཞིབ་ཆའི་ལོ་ཁམས་གཏན་

ལ་དབབ་ནུས་པ་ཞིག་ཡོང་དཀའ་ཡང་། བྲག་བརྐོས་ཡི་གེའི་ནང་དོན་འགའ་ཞིག་ལ་ཞིབ་ཏུ་བརྟགས་ཏེ་རིགས་འདེད་བྱས་པ་བརྒྱུད་དེ་ནི་ལམ་ཙམ་སྤྱི་ལོའི་དུས་རབས་བརྒྱད་པའི་ལོ་རབས་ལྔ་བཅུ་པ་ཁྲི་སྲོང་ལྡེའུ་བཙན་བཙན་པོའི་ཁྲི་ལ་དབང་བ་ནས་དུས་རབས་དགུ་པའི་ལོ་རབས་ཉི་ཤུ་པར་ཆོས་ཀྱི་རྒྱལ་པོ་ཁྲི་རལ་པ་ཅན་གྱིས་བོད་ཡིག་ལ"བཀས་གསར་བཅད"མཛད་པའི་གོང་སྔེ་ལོ་བདུན་ཅུའི་ནང་བྱུང་བར་འཁུམས། དེ་ལྟར་སྨྲོང་བར་ནུས་པའི་རྒྱུ་མཚན་ཅི་ཞེ་ན། དང་པོ། ད་ཕན་འདྲེན་བྱེད་ཀྱི་ཡུལ་དུ་གྱུར་པའི་བཙན་པོའི་སྐབས་ཀྱི་རྡོ་རིང་ལ་སོགས་པ་མཐའ་དག་ཁྲི་སྲོང་ལྡེའུ་བཙན་བཙན་པོའི་ཁྲི་ལ་དབང་བསྐྱུར་བ་ནས་བཟུང་བརྐོས་བཙུགས་བྱས་པ་དེ་ནི་དམའ་མཐར་གསལ་བཤད་ཐུབ་པའི་རྒྱུ་རྐྱེན་ལ་བརྟེན་ཚོག བཙན་པོའི་དུས་སྐབས་ཀྱི་མཛད་རྗེས་དང་། སྤྱོད་བཟང་། མཆོད་པ། གཟིགས་བཟོས་ལ་སོགས་པའི་ནང་དོན་རྣམས་ཇི་སྲིད་བར་མི་ནུབ་ཆེད་རྡོ་བར་རི་མོ་བཀོ་བ་དེ་ནི་ཁྲི་སྲོང་ལྡེའུ་བཙན་གྱིས་སྲིད་དབང་བསྒྱུར་བ་ནས་དར་ཁྱབ་བྱུང་འདུག གཉིས་པ་ནི། བོན་པོའི་ཆོས་ལ་དད་པའི་མི་ཚོའི་ངོས་འཛིན་དུ་ཕྱུར་རྒྱལ་བོད་ཀྱི་ཐོག་མའི་བཙན་པོ་སྙེ་གཉའ་ཁྲི་བཙན་པོ་ནི་ལྷ་ཡུལ་ནས་ཕེབས་ཏེ་མིའི་རྗེ་བོར་གྱུར་པའི་རྐྱེན་གྱིས་བཙན་པོ་རིམ་བྱོན་ཚང་མར"བཙན་པོ་ལྷ་སྲས"ཞེས་བྱ་བ་སྟེ་བཙན་པོ་ནི་ལྷའི་སྲས་ཡིན་པར་འདོད། འོན་ཀྱང་ད་ལྟ་ང་ཚོས་བཙན་པོའི་སྐབས་ཀྱི་རྡོ་བརྐོས་ཡི་གེའི་ནང་བཙན་པོ་ལྷ་སྲས་ཞེས་བྱ་བར་གོང་སློས་ཀྱི་དོན་སྙིང་ཐོག་ད་དུང་དམིགས་བསལ་གྱི་རྒྱུ་མཚན་ཡང་ཡོད་པར་སྣང་། དེ་ཡང་གོང་པོ་དེ་མོའི་བྲག་བརྐོས་ཡི་གེ་དང་། ཞྭའི་ལྷ་ཁང་གི་མནའ་འབྲེལ་རྡོ་བརྐོས་ཡི་གེ་ཁྲི་སྲོང་ལྡེའུ་བཙན་གྱི་བང་སོའི་རྡོ་རིང་ལ་སོགས་པ་ཚང་མའི་ནང་ཁྲི་སྲོང་ལྡེའུ་བཙན་དང་། དེའི་སྲས་ཁྲི་ལྡེ་སྲོང་བཙན་བཅས་བར"བཙན་པོ་ལྷ་སྲས"ཞེས་པའི་སྙན་པ་གསོལ་བ་མང་ཞིང་། དེ་མིན་གྱི་བཙན་པོར"འཕྲུལ་གྱི་ལྷ་བཙན་པོ"ཞེས་པའི་སྙན་པ་གསོལ་བ་མང་བར་མངོན། ལྡེ་བྲག་བྲག་བརྐོས་ཡི་གེའི་ཐོག་མ་ཁོ་ནར"བཙན་པོ་ལྷ་སྲས་ཀྱི་ཞ་སྔར"ཞེས་འགོད་པ་ཁྲི་སྲོང་ལྡེའུ་བཙན་གྱི་མཚན་བརྗོད་ཇི་མ་ཇི་བཞིན་དུ་སྣང་བ་དེས་བྲག་བརྐོས་ཡི་གེ་དེ་དག་ཁྲི་ལྡེ་སྲོང་བཙན་ཁྲི་ལ་དབང་བའི་དུས་དེ་ཤེད(804?—815)དུ་བརྐོས་པ་ཡིན་བཟོ་ཆེ་བར་གདའ། གསུམ་པ། བྲག་བརྐོས་ཡི་གེའི་གཟུགས་ནི་གནའ་རབས་ཀྱི་ཡིག་གཟུགས་སུ་སྣང་ཞིང་། རྩོམ་སྟངས་བབ་ཆགས་པ་བཅས་འབྲི་སྟངས་དང་། མིང་དང་བྱ་བའི་ཚིག་ཚང་མ་ཁྲི་རལ་པ་ཅན་གྱིས་བཀས་གསར་བཅད་མ་གནང་གོང་གི་བོད་ཡིག་བརྡ་རྙིང་གི་མཚན་ཉིད་དང་མཐུན་པ་འདུག

བོད་ཀྱི་རྡོ་རིང་གི་ཡི་གེའི་ནང་དོན་ནི་ལམ་ཙམ་མནའ་འབྲེལ་དང་མཛད་རྗེས། གཟིགས་བཟོས། སྤྱོད་བཟང་། མཆོད་པ། ཚ་ལོ་བཅས་ཀྱི་སྐོར་ཡིན་པར་རགས་བསྡུས་བྱས་ན་འགྲིག བོད་ཀྱི་རྡོ་བརྐོས་ཡི་གེ་ཁག་བཅུ་པར་གླངས་པ་དང་བཤུས་པའི་ཡི་གེ་བཅས་ལ་དབྱེ་ཞིབ་བྱས་པར། དེའི་ནང་མནའ་འབྲེལ་སྐོར་གཅིག་དང་། མཛད་རྗེས་སྐོར་ཁག་གཉིས། སྤྱོད་བཟང་སྐོར་ཁག་གསུམ། གཟིགས་བཟོས་སྐོར་

གཅིག་མཆོད་པའི་སྐོར་ཁག་གསུམ། ཚོ་ལོའི་སྐོར་གཅིག་དང་བཅུ་འོ། །ལྡོ་བྲག་བྲག་བརྐོས་ཡི་གེ་ནི་མནའ་འབྲེལ་དང་། གཟིགས་བཟོས་རང་བཞིན་གྱི་རྗོ་བརྐོས་ཡི་གེར་ངེས་པ་དེའི་ནང་དོན་ནས་མཐོང་ཐུབ་པ་ནི། ལྡེའུ་ཙུང་གིས་ནམ་འཚོ་བའི་རིང་བཙན་པོའི་ཆེད་དུ་ལྷག་བསམ་རྣམ་མེད་པའི་སྲི་ཞུ་གང་དང་ཅིར་འབད་པའི་ཞེར་ལེན་ལས་བཙན་པོས་ས་ཞིང་དང་། ཁོལ་པོ་མི་ཉུང་བ་ཞིག་འཇགས་གནས་དང་དེ་བཞིན་ལྡེའུ་ཙུང་གི་དུར་གྱི་མཛད་སྒོ་ཟབ་རྒྱས་བྱས་ཆོག་པ་བཅས་སོ། །བཙན་པོའི་དུས་སྐབས་རྒྱལ་པོ་དང་བློན་པོའི་དབར་གྱི་ཆབ་སྲིད་འབྲེལ་བའི་འགྱུར་ལྡོག་ནི་ཤིན་ཏུ་ཆེ་བར་སྣང་བས་བཙན་པོས་རང་གི་ཆབ་འོག་གི་བློན་ཆེན་གྱི་ཁྲིམ་རྒྱུད་ལ"བསྐྱོན་ཕབ"ཅེས་སུ་གྲགས་པའི་བྱ་བ་ནི་རྟག་པར་འབྱུང་ཞིང་། ཐྱི་བར་མགོ་བོ་གཅོད་པ་དང་། ཡང་བར་ས་ཞིང་དང་ཁོལ་པོ་གཞུང་ལེན་བྱེད་པ་བཅས་གྲགས་སྙན་ཐོགས་བརྒྱར་འབར་བའི་མགར་གྱི་ཁྲིམ་རྒྱུད་ལའང"བསྐྱོན་ཕབ"པ་དེ་ནི་མཚོན་བྱེད་ཅིག་དང་། ཡང་བཙན་པོར་གླགས་བལྟ་བའི་བསམ་པ་བཅངས་མཁན་དང་། ཐ་ན་བཙན་པོའི་སྲོག་གི་དབང་པོར་རྐོལ་བའི་བློན་ཆེན་ཡང་མི་ཉུང་བ་ཞིག་བྱུང་གདའ་བ་ཁྲི་སྲོང་ལྡེའུ་བཙན་གྱི་ཡབ་ཁྲི་ལྡེ་གཙུག་བརྟན་བློན་ཆེན་གཉིས་ཀྱིས་བཀྲོངས་པ་ཡང་མཚོན་བྱེད་ཅིག་ཡིན། འདི་འདྲ་བའི་འགལ་བ་རང་མལ་དུ་ཞི་ཕྱིར་བཙན་པོ་དང་བློན་ཆེན་དབར་རྟག་ཏུ་བྲོ་བོར་ནས་བློན་ཆེན་ཚོས་བཙན་པོར་ལྷག་བསམ་རྣམ་མེད་ཞུ་བའི་རྣམ་འགྱུར་སྟོན་པ་དང་། བཙན་པོས་བློན་ཆེན་ཚོའི་དམིགས་བསལ་དབང་ཆ་གང་དང་ཅི་འཚལ་བ་སྩུང་སྐྱབ་གནང་བའི་གསལ་ཁ་ཡང་བསྐྱར་གཏོད་པ་བཅས་དེ་དག་འགྱུར་བ་མེད་པ་ཡོང་བའི་སླད་དུ་གཡར་དམ་གྱི་ནང་དོན་རྗེ་བར་བརྐོས་ནས་མི་རབས་རྗེས་མས་གུས་བཀུར་བགྱིད་བཅུག་པ་དེ་ནི་སྐབས་དེའི་ཆབ་སྲིད་ཀྱི་བྱ་བ་ཆེན་པོ་ཞིག་ཏུ་འཁྱུམས།

ལྡོ་བྲག་འཛིན་མའི་ལྡོ་བར་བཙན་པོའི་དུས་སྐབས་ཀྱི་བྲག་བརྐོས་ཡི་གེ་གསར་དུ་རྙེད་པར་ཡ་མཚན་སྐྱེ་དགོས་དོན་ཅང་མ་མཆིས། བོད་ཡིག་གི་ལོ་རྒྱུས་ཡིག་ཆ《མཁས་པའི་དགའ་སྟོན》ནང་འཁོད་པར་གཞིགས་ན། བཙན་པོའི་སྐབས་ཁ་བའི་ལྗོངས་འདི་སྟོང་སྡེ་དྲུག་ཅུ་རྩ་གཅིག་ཏུ་བགོས་པའི་ཡ་གྱལ་གཅིག་ནི་ལྡོ་བྲག་ཡིན། 《བཀའ་ཐང་སྡེ་ལྔ》ནང་གི《བློན་པོ་བཀའ་ཐང》ནང་ལྡོ་བྲག་སྟོང་སྡེ་ནི"སྣེ"རྒྱུད་ཀྱི་མངའ་ཁོངས་ཡིན། མ་གཞི་ལྡོ་བྲག་དེ་མཐའ་མཚམས་སུ་གནས་པ་ཞིག་ཡིན་ཙང་། བཙན་པོའི་དུས་སྐབས་གལ་ཆེའི་ཆབ་སྲིད་ཀྱི་འདུ་འགོད་མང་པོ་ཞིག་ནི་དེར་བརྩིས་པར་ངེས་ཤིང་། ཁྲི་སྲོང་ལྡེའུ་བཙན་གྱི་སྲས་གཅིག་པུ་ཡང་སྐྱེ་བོ་མ་ཙུང་བས་ས་གནས་དེར་སྲོག་འཕྲོག་པ་ཡིན། ལྡོ་བྲག་བྲག་བརྐོས་ཡི་གེའི་ནང་གླེང་བའི་ལོ་རྒྱུས་ཀྱི་ཁྲིམ་རྒྱུད་ལ་འཇགས་པའི་ས་ཆ་ཡང་གནས་དེའི་ཁོར་ཡུག་ཏུ་ཡོད་པར་མངོན་ཞིང་། དེའི་རྐྱེན་གྱིས་གཡར་དམ་བཅས་པའི་ཡི་གེ་ཡང་དེའི་བྲག་ངོས་སུ་བཀོད་པ་གོར་མ་ཆག་ཚུལ་འདི་དང་མཚུངས་པ་བཙན་པོ་དང་རྒྱུད་གཅིག་པའི་རྐོང་ཀར་པོའི་རྗེར་འཇགས་གནས་བྱས་པའི་ས་ཡང་ཀོང་པོ་ཁུལ་དུ་ཡོད་

པའི་རྐྱེན་གྱིས་བཙན་པོའི་གཡར་དམ་ཡི་གེ་བྲག་ལ་བརྐོས་པ་ཡང་ཀོང་པོ་ས་ཁུལ་གྱི་དེ་སོར་མཐོང་བ་ལྟར་རོ། །

བཙན་པོའི་སྐབས་བྲག་དང་། རྡོ་བར་རི་སོར་བརྐོས་པའི་ཡི་གེ་འདི་རྣམས་ནི་གནའ་བོའི་བོད་རིགས་མི་དམངས་ཀྱི་རྩ་ཆེའི་རིག་གཞུང་གི་ཤུལ་ལུས་ཤིག་རེད། རྫོ་བྲག་གི་བྲག་བརྐོས་ཡི་གེ་གསར་དུ་རྙེད་པ་འདིས་ཀྱང་བཙན་པོའི་དུས་སྐབས་ཀྱི་ཆབ་སྲིད་དང་། དཔལ་འབྱོར། རིག་གཞུང་ལ་སོགས་པར་ཞིབ་སོར་དཔྱོད་པའི་བྱ་བར་རྒྱུ་ཆ་འཕར་སྣོན་བྱུང་བར་བརྩིས་ཆོག་སྙམ།

ཞིབ་གློས་མ་བརྟགས་ཕལ་པ་ལྟུགས་ཀྱི་ཟེར་། །མཁས་པའི་མདུན་སར་བསྟར་འདི་དཔྱད་གསུམ་གྱི། །གསེར་འགྱུར་རྩི་ཡིས་སྦྱངས་བྱས་སའི་སྙིང་པོར། །སྐྱུན་དང་སློབ་སྟོན་སྤྱི་བོར་ནོད་ལ་འབབ། །

《བོད་ལྗོངས་ཞིབ་འཇུག》 ༡༩༨༢ལོའི་དེབ་གཉིས་པ་ལས་བཏུས།

༄། །《དབོན་ཞང་འདུམ་པའི་བཀའ་གཙིགས་རྫོ་རིངས》ཀྱི་དཔྱད་པ་འགའ།

དཀོན་མཆོག་ཚེ་བརྟན།

《དབོན་ཞང་འདུམ་པའི་བཀའ་གཙིགས་རྫོ་རིངས》ཞེས་པ་ནི་སྤྱི་ལོའི་དུས་རབས་དགུ་པའི་ལོ་རབས་ཉི་ཤུ་པའི་མགོར་བཙན་པོ་བོད་ཀྱི་རྒྱལ་པོ་ཁྲི་གཙུག་ལྡེ་བཙན་དང་ཐང་གུར་རྒྱ་ཡི་གོང་མ་མུའུ་ཙུང་གཉིས་ཀྱི་སྐུ་རིང་ལ། བོད་རྒྱའི་འབྲེལ་བ་ཇེ་བཟང་དུ་བཏང་སྟེ་ཁྱིམ་གཅིག་དང་འདྲ་བར་འགྱུར་བ་ལ་སྨོལ་ནས་ཆིངས་ཡིག་གི་ནང་དོན་མདོ་ཙམ་རྫོ་རིངས་ངོས་སུ་བྲིས་ཏེ་ལྷ་སར་བསླངས་པ་དེ་ལ་ཟེར་ཞིང་། གཙིགས་ཀྱི་རྫོ་རིངས་འདི་ནི་ངེད་ཅག་གིས་བོད་ཀྱི་གནའ་བོའི་ལོ་རྒྱུས་ལ་ཞིབ་འཇུག་བྱེད་པར་མེད་དུ་མི་རུང་བའི་གནའ་བོའི་ཡིག་ཆ་ཧ་ཅང་བྲིན་པ་ཞིག་ཡིན་ལ། རྒྱ་བོད་བར་གནའ་སྔ་མོ་ཞིག་གི་དུས་ནས་བརྟགས་པར་འོས་པའི་འབྲེལ་བྱུང་བ་རྣམས་ཀྱི་དཔང་རྟགས་ཀྱང་ཡིན་པས། རྒྱ་བོད་ལ་སོགས་པའི་རིམ་བྱོན་མཁས་དབང་རྣམ་པས་དེར་བརྟག་དཔྱད་ཞིབ་འཇུག་གང་མང་མཛད་དེ་ལག་རྗེས་གཡུར་དུ་ཟ་བ་བཞག་པ་ནི་སྨོས་ཅི་དགོས། དེ་ཡང་ནམ་ཟླ་རིང་པོ་ཕྱིན་པའི་དབང་གིས་རྫོ་རིངས་ངོས་ཀྱི་བོད་ཡིག་དང་རྒྱ་ཡིག་མང་ཙམ་ཆར་རླུང་གིས་མི་གསལ་བར་གྱུར་པའི་ཤུལ་དུ་ཕྱིས་ཀྱི་མཁས་པ་འགའ་རེས་གསར་དུ་བསྐྲངས་པར་ངེད་ཅག་མི་འཐད་པ་དང་། བོད་ཡིག་གི་ཕྱི་མོའི་ཁྲིད་ཀྱི་ཚིག་དང་ཡིག་འབྲུ་འགའ་ལོ་རྒྱུས་ཀྱི་དོན་དང་གོང་འོག་ཚིག་གི་བརྗོད་བྱ་དང་འགལ་བས་བཤུས་མ་རྣམས་ནོར་རམ་སྙམ་པའམ་འགའ་རེ་དེ་དུས་ཉིད་ནས་མ་དག་པར་སེམས་པ། རྫོ་རིངས་ཤར་ངོས་ཀྱི་བོད་ཡིག་གི་མ་ཡིག་དང་དེའི་རྒྱའི་བསྒྱུར་ཡིག་ཁྲིད་ཀྱི་ཚན་པ་རེ་གཉིས་ཕན་ཚུན་གྱི་བརྗོད་དོན་ཐ་དད་དུ་སོང་བས་རྒྱའི་བསྒྱུར་ཡིག་རྣམས་ནོར་བར་འདུག་པ། སྐབས་དེར་བོད་རྒྱའི་སོ་མཚམས་ཡུལ་གང་གི་གནས་གང་ནས་བཅད་པའི་ཐད་མཁས་དབང་རྣམ་པའི་བཞེད་པ་མི་མཚུངས་ཏེ་འགའ་རེས་ཁྲི་གར་འདོད་ཅིང་འགའ་རེས་ཐའོ་མེན་ཡིན་པར་སེམས། ལ་ལས་ཆིང་ཧྲུའི་ཞན་ཡིན་པར་སྨྲ་ཡང་། ངེད་ཅག་དེ་རྣམས་ཀྱི་གང་ལའང་མི་འཐད་པའི་དབང་གིས་རང་ཉིད་ཀྱི་བསམ་འཆར་རྣམས་མཁས་པ་རྣམ་པའི་སྤྱན་སྔར་འདོན་པའི་སྤོབས་པ་སྐྱེས།

ལར་བོད་ཀྱི་རིམ་བྱོན་མཁས་དབང་དམ་པ་རྣམས་ཀྱིས་རིན་ཐང་བྲལ་བའི་ལོ་རྒྱུས་དེབ་ཐེར་མང་པོ་

བརྩམས་ཡོད་ཀྱང་རང་རང་གི་གསུང་རྩོམ་དུ་རྗོ་རིངས་དེའི་སྐོར་ཕྱོགས་ཙམ་རེ་གླེངས་པ་ལས་ཡི་གེ་ཁ་ཚང་བར་དྲངས་ཡོད་པ་ད་རུང་མ་མཐོང་། ཕྱི་གླིང་པ་འགའ་རེས་དུས་རྒྱུ་མོ་ཞིག་ནས་བོད་ཀྱི་བཙན་པོ་ཁྲི་སྲོང་ལྡེ་བཙན་ནས་ཁྲི་གཙུག་ལྡེ་བཙན་བར་བྱུང་བའི་རྗོ་རིངས་ཀྱི་ཡི་གེ་སོགས་ལ་ཞིབ་འཇུག་བྱས་པའི་ཆེད་རྩོམ་དང་བཅས་པ་པར་དུ་བཏབ་སྟེ་ཡོངས་སུ་བསྒྲགས་སོ་ཞེས་པའི་གཏམ་ཐོས་མོད་ཀྱང་། རྒྱེན་སྣ་ཚོགས་ཀྱི་དབང་གིས་རྩོམ་རེ་གཉིས་ཙམ་ལས་གཞན་རྣམས་ཀློག་ཀླུར་གྱི་གནས་སུ་སོང་སྟེ་མཐོང་རྒྱུ་མེད། རྒྱའི་ལོ་རྒྱུས་དེབ་ཐེར་སྔ་ཕྱིའི་ཁྲོད་དུ་བཀོད་པའི་དཔོན་ཞང་གཉིས་སྐབས་དེར་འདུམ་པར་གྱུར་པའི་བཀའ་གཙིགས་ཀྱི་ཡི་གེ་ལ་ཁག་གཉིས་མཆིས་ཏེ། གཅིག་ནི་སྤྱི་ལོ821ལོར་ཐང་གི་རྒྱལ་ས་ཁྲང་ཨན་ནས་འདུམ་བྱས་པའི་རྒྱ་ཡིག་འབའ་ཞིག་གི་ཕྱི་མོ་དང་། གཅིག་ནི་སྤྱི་ལོ822ལོར་བོད་ཡུལ་ལྷ་ལྡན་ནས་འདུམ་བྱས་པའི་རྒྱ་བོད་ཡིག་གཉིས་ཤན་སྦྱར་གྱི་ཆིངས་ཡིག་དེའི་ཡ་ཀྱལ་གྱི་རྒྱ་ཡིག་དང་རྗོ་རིངས་ཤར་ངོས་ཀྱི་བོད་ཡིག་རྐྱང་པ་ཕྱིས་སུ་རྒྱ་ཡིག་ཏུ་བསྒྱུར་པ་དེའོ། །དེ་གཉིས་ཀྱི་བརྗོད་བྱ་ནི་རེབ་དེར་ཡུལ་གཉིས་འདུམ་པར་གྱུར་པའི་དོན་ལ་བབས་ཀྱང་རྗོད་བྱེད་ཚིག་ལ་མི་འདྲ་ས་རེ་ཡོད་དེ། སྔ་མས་ཐང་གི་ཆེ་བ་བརྗོད་ཅིང་ཕྱི་མས་བོད་ཀྱི་ཆེ་བ་བརྗོད། ཡིན་ན་ཡང་། བོད་རྒྱའི་སོ་མཚམས་ཡུལ་གང་ནས་བཅད་པ་ལ་མི་མཐུན་པ་ཅི་ཡང་མ་མཆིས་སོ། །སྤྱི་ལོ1975ལོར་ཀྲུང་དབྱང་མི་རིགས་སློབ་གྲྭ་ཆེན་མོ་ནས《བོད་ཀྱི་རྗོ་རིངས་དང་དྲིལ་བུའི་བཀའ་གཙིགས་གཅེས་བསྡུས》ཞེས་པའི་ཁྲོད་དུ་བཙན་པོ་ཁྲི་སྲོང་ལྡེ་བཙན་ནས་ཁྲི་གཙུག་ལྡེ་བཙན་བར་བྱུང་བའི་རྗོ་རིངས་དང་དྲིལ་བུ་ལ་སོགས་པའི་ཡི་གེ་བཅུ་གསུམ་བཀོད་ནས་རྒྱ་ཡིག་གི་མཆན་འགྲེལ་བསྒྱུར་ཡིག་དང་བཅས་པ་སྤྱམ་པར་དུ་བཏབ་སྟེ་བཀྲམ་པས། ངེད་ཅག་བོད་ཡིག་དོན་དུ་གཉེར་བ་པོ་རྣམས་ལ་མཆོན་ན་བཀའ་དྲིན་ཤིན་ཏུ་ཆེའོ། །འདི་མན་ནས《བཀའ་གཙིགས་གཅེས་བསྡུས》སུ་བཀོད་པའི་བཀའ་གཙིགས་རྗོ་རིངས་ཀྱི་ཡི་གེ་དེ་གཞིར་བཞག་ནས་དཔྱད་པར་བྱ་བ་ལ་འདི་ལྟ་སྟེ།

དང་པོ། གདུང་མ་འགྱུར་བར་བོད་ཀྱི་རྒྱལ་པོ་མཛད་པའི་སྐོར།

དེ་ཡང་འདིར་རྗོ་རིངས་ཤར་ངོས་སུ་བོད་ཡིག་རྐྱང་པ་ཡིག་ཕྲེང་དོན་གཅིག་མཆིས་པའི་ཡིག་ཕྲེང5-18པའི་བར་རྗོ་རིངས་ཀྱི་ཡི་གེ་ལས"འཕྲུལ་གྱི་ལྷ་བཙན་པོ་འོ་ལྡེ་སྤུ་རྒྱལ། །ཡུལ་བྱུང་ས་དོད་ཚུན་ཅད་ཕུང་ནས་མིའི་རྗེར། །བོད་ཀྱི་རྒྱལ་པོ་ཆེན་པོ་མཛད་པ་ཡང་། །གངས་རི་མཐོན་པོའི་ནི་དབུས། །ཆུ་པོ་ཆེན་པོའི་ནི་མགོ །ཡུལ་མཐོ་ས་གཙང་བ་ལ་གནམ་གྱི་ལྷ་ལས། །མིའི་རྒྱལ་པོར་གཤེགས་ཏེ། །གཙུག་ལག་ཆེན་པོས་ནི་ཡུནད་ཀྱི་སྲིད་བཙུགས། །ཆོས་ཁྲིམས་བཟང་པོས་ནི་ཚུལ་གནང་། །བྱམས་པའི་བཀའ་དྲིན་གྱིས་ནི་ནང་གི་ཆེས་སྦྱརད། །དགྲ་ཐབས་མཁས་ནས། །ཕྱིའི་དགྲ་བཏུལ་ཏེ། །ཆབ་སྲིད་ནི་ཕྱིར་ཞིང་

ཆེ། །དབུ་རྩོམ་ནི་སྣར་ཞིང་བསྟན་པ། (དེ་ནམ)ནས་ཞར(ཞར)མྱི་འགྱུར། །བྱིན་མྱི་ཉམས་པའྀ་གཡུང་དྲུང་གི་རྒྱལ་པོ་ཆེན་པོ་ནི་ཆེ། །དེའི་ཕྱིར། །ལྷོ་ཕྱོགས་ཀྱི་མོན་རྒྱ་གར་དང་། །ནུབ་ཕྱོགས་ཀྱི་ཏ་ཟིག་དང་། །བྱང་ཕྱོགས་ཀྱི་དྲུ་གུ་ནེ་སྨིལ་ལ་སྩོགས་པ། །གཡ(ག་གི)རྒྱལ་པོ་སྟོམ(ས་ཏོ)ར་བྱ་བ་ཀུན་གྱི(ས་བོད་རྒྱལ)འཕྲུལ་གྱི་ལྷ་བཙན་པོའི་དབུ་རྨོག་བརྟན་པོ་དང(ཆོས་བཟ)ང་པོར་ནི་ཕྱོགས་མྱི་གུས་པ་མྱེད་དེ། །ཕན་ཚུན་དགྱེས་ཤིང་། །བཀའ་སྩལད་དོ་ཆོག་ཉན་པ་ཡིན། །”ཞེས་བྱུང་བ་ལས། བོད་རྒྱལ་ཐོག་མར་ངོས་འཛིན་གྱི་ཡོད་པའི་འོ་ལྡེ་སྤུ་རྒྱལ་ཏེ་རྗེ་གཉའ་ཁྲི་བཙན་པོ་སྟེང་མ་ལྷ་ལས་རྫུ་འཕྲུལ་གྱིས་མི་ཡུལ་དུ་བྱོན་ནས་རང་ཉིད་འཚོ་བའི་གནས་མེད་པ་ལ་ཕོ་བྲང་ཡུམ་བུ་བླ་སྒང་བརྩིགས་པས་ཡུལ་བྱུང་བར་མཛད་པ་དང་། ས་སྐྱོང་རྒྱལ་པོའི་ཁམས་མེད་པ་ལ་ཡར་ཀླུང་ས་ཆ་གསར་བཏོད་མཛད་ཚུན་ཆད་ནས་བཟུང་རྒྱལ་རབས་རྒྱུད་ཀྱིས་གངས་ཅན་བོད་ཀྱི་རྗེ་བོ་མཛད་པ་ཡང་། ཁ་བ་གངས་ཀྱི་ལྷུན་པོ་ཚར་དུ་དངར་བའི་དབུས་དང་ཆབ་རྒྱུན་དལ་གྱིས་འབབ་པའི་མགོ། ཡུལ་མཐོ་ཞིང་ས་གཙང་བའི་ལྗོངས་སུ་སྟེང་མ་གནམ་གྱི་ལྷ་ཡུལ་ནས་རིམ་གྱིས་སྐྱེ་འགྲོ་མི་ཡི་མགོན་སྐྱབས་སུ་གཤེགས་ཏེ། རང་རང་གི་མཐུ་དང་ནུས་པའི་ཡོན་ཏན་ལ་བརྟེན་ནས་ཡུན་དུ་གཏན་པའི་སྲིད་བཙུགས་པ་དང་ཡུལ་སྲོལ་གོམས་འདྲིས་ཀྱི་ཆོས་དང་མཐུན་པའི་ཁྲིམས་ལུགས་བཟང་པོའི་ཚུལ་མཛད་པ། བྱམས་དང་སྙིང་རྗེའི་བཀའ་དྲིན་གྱིས་ནང་གི་སྐྱེ་དགུ་རྣམས་ཡིད་བརྟན་ཡོད་པར་སྒྱུར་བ། དགྲ་ཐབས་ཀྱི་ལས་ལ་མཁས་པས་ཕྱིའི་དགྲ་བོ་རྣམས་ཚར་བཅད་དེ། ཆབ་སྲིད་ནི་སྐུ་སྔ་མ་སྔ་མ་ལས་ཕྱི་མ་ཕྱི་མའི་རིང་ལ་ཆེ་ཞིང་བརྟན་པ་དང་། མཚན་སྙན་གྲགས་ནི་ཕྱི་ཕྱིར་བཙན་པ་དེ་དུས་ནམ་ཀུན་ཏུ་མ་འགྱུར་ཞིང་། བྱིན་རླབས་ཀྱི་མཐུ་སྟོབས་ནི་རྟག་གཏན་འགྱུར་མེད་གཡུང་དྲུང་གི་ཚུལ་མངའ་བའི་རྒྱལ་པོ་ཆེན་པོ་ལ་བོད་ཀྱི་བཙན་པོ་ལས་མེད་ཕྱིར། ལྷོའི་མོན་དང་རྒྱ་གར། ནུབ་ཀྱི་སྟག་གཟིག བྱང་གི་དྲུ་གུ་དང་ནེ་སྨིལ་ཞེས་པ་ལ་སོགས་ཕྱོགས་དེ་དག་གི་རྒྱལ་པོ་རྣམས་ཀྱི་ཁྲིད་ན་བོད་ཀྱི་རྒྱལ་པོའི་དབུ་འཕང་བཙན་པོ་དང་ཆོས་སྲིད་བཟང་པོར་མི་གུས་པ་མེད་དེ། ཕན་ཚུན་མཛའ་ཞིང་དགྱེས་པར་གནས་པ་མ་ཟད། དེ་དག་གིས་བོད་ཀྱི་བཙན་པོའི་བཀའ་ཡོད་དོ་ཅོག་ལའང་ཉན་པར་འདུག ཅེས་རྒྱལ་སྲས་ཚ་དབོན་རྒྱུད་ཀྱི་ཆེ་བ་མདོ་ཙམ་བརྗོད་པར་ངེས་ཀྱང་། ཕྱིས་ཀྱི་རྒྱའི་བསྒྱུར་ཡིག་དག་ཏུ་འདི་ལྟར་མ་ཡིན་ཏེ་འདི་སྐོར་གཉའ་ཁྲི་བཙན་པོ་འབའ་ཞིག་གི་ཆེ་བ་བརྗོད་པར་གོ་ནས། “འཕྲུལ་གྱི་ལྷ་བཙན་པོ་འོ་ལྡེ་སྤུ་རྒྱལ་རྫུ་འཕྲུལ་གྱིས་ལྷ་ལས་མི་ཡུལ་དུ་བྱོན་ཏེ་ཆེན་པོ་བོད་ཀྱི་རྗེ་བོར་གངས་རི་མཐོན་པོ་ནི་དབུས། ཆུ་བོ་ཆེན་པོའི་ནི་མགོ །ཡུལ་མཐོ་ས་གཙང་བ་ལ་མི་རྗེ་ལྷ་ཡིས་མཛད་དེ། ཡུན་དུ་མི་འགྱུར་བ་སྲིད་ཀྱི་འཕྲིན་ལས་རླབས་པོ་ཆེ་མཛད། བཀའ་དྲིན་ཆེན་པོ་ཡོངས་སུ་ཁྱབ་པས་ནང་གི་ཆོས་སྒྱུར། དགྲ་ཐབས་མཁས་པས་ཕྱིའི་དགྲ་བོ་བཏུལ། ཡུལ་བྱུང་ས་དོད་པས་སྟོབས་ལྡན་འགྲན་ཟླ་དང་བྲལ། གཡུང་དྲུང་གི་རྒྱལ་པོ་འདི་ཁྲི་ལ་མངའ་གསོལ་བ་ནས་བཟུང་། ལྷོའི་

མོན་དང་རྒྱ་གར། ནུབ་ཀྱི་ཏ་ཟིག བྱང་གི་དྲུ་གུ་དང་ནི་སྐྱེལ་ལ་སོགས་པ་གཡུང་དྲུང་གི་རྒྱལ་པོ་འདིར་མི་འཇིགས་པ་དང་མི་གུས་པ་མེད་དེ། ཕན་ཚུན་དགྱེས་ཤིང་བཀའ་ལ་ཉན་པ་ཡིན་ནོ། །"[1]ཞེས་ཆད་ལྷག་ཤོར་བ་དང་ཚིག་གི་གོ་རིམ་བརྗེས་པ་ལ་སོགས་པར་འདུག་པས་མི་འཐད་དེ། ཅིའི་ཕྱིར་ཞེ་ན། དེ་ལ་འདི་ལྟར་དུ། ལོ་རྡོ་ཚིག་སྟོང་ཚིག་བརྒྱ་ལྷག་གི་ནམ་ཟླ་རིང་པོར་ཆར་ཆུ་རླུང་བསེར་ཕོག་པའི་རྐྱེན་གྱིས་རྡོ་རིངས་ངོས་ཀྱི་ཡི་གེ་མང་ཙམ་ཉམས་པར་གྱུར། འདིར་ཡིག་ཕྲེང་དྲུག་པར"འུང་ནས་མྱིའི་རྗེ"ཞེས་པ་དེ་དོན་དམ་རྡོ་རིངས་དངོས་ན"×ུང×××××ར"ཙམ་ལས་མེད་དེ། "འུང་ནས་མྱིའི་རྗེར"ཞེས་པ་དེ་ནི་དེང་དུས་ཀྱི་མཁས་པ་ག་གེ་མོ་ཞིག་རང་གི་རིག་པའི་རྩལ་ལ་བརྟེན་ནས་བསྐངས་པར་ངེས། རྒྱུ་མཚན་ནི། ×ུང་འདི་ལྟར་མཆིས་པ་དེ"འུང"ཡིན་པར་འདོད་དེ"ནས"དང་སྦྱར་ནས"འུང་ནས།"ཞེས་བསྐངས་ཤིང་། མཇུག་ན"ར"ཡིག་གཅིག་ཡོད་པ་དེ་ལ་དོན་དུ་གོ་སྟེ"རྗེ"ཡི་མཐར་དྲངས་པ་དང་། "འུང་ནས"དང"རྗེར"ཞེས་པའི་བར་ལ་འབྲེལ་སྒྲ་དང་བཅས་པའི"མྱིའི"ཞེས་པ་བཙུག་ནས"འུང་ནས་མྱིའི་རྗེར"ཞེས་ཡིག་གཟུགས་དང་བརྗོད་སྟངས་དག་གནའ་མི་བོད་ཀྱི་སྲོལ་དང་མཐུན་པར་རྫོགས་པར་གྲུབ་པ་ནི་ལེགས་མོད་ཀྱང་། རྒྱུ་མཚན་ཆེར་འདུག་པར་མི་སྙམ། དཔེར་ན། "ཡུལ་བྱུང་ས་དོད་ཚུན་ཅད་འུང་ནས་མྱིའི་རྗེར། བོད་ཀྱི་རྒྱལ་པོ་ཆེན་པོ་མཛད་པ་ཡང་།" ཞེས་པའི"ཚུན་ཅད་འུང་ནས"ཞེས་པ་ནི་ཚུན་ཆད་འདི་ནས་ཟེར་བའི་དོན་དང་། "མྱིའི་རྗེར་བོད་ཀྱི་རྒྱལ་པོ་ཆེན་པོ་མཛད་པ་ཡང་།" ཞེས་པ་ནི་མི་ཡི་རྗེ་ལ་བོད་ཀྱི་རྒྱལ་པོ་ཆེན་པོ་མཛད་པ་ཡང་ཟེར་བའི་དོན་ཡིན་ཏེ་ཚིག་ཀྲོང་ལ་ཟློས་སྐྱོན་ཡང་ཤོར་ཞིང་དོན་ཚུངས་སྟབས། བསྒྱུར་བ་པོ་རྣམ་པའང"ཚུན་ཅད་འུང་ནས་མྱིའི་རྗེར"ཞེས་པའི་སྐབས་སུ་སླེབས་པ་ན་བསྐོར་ནས་ཕེབས་ཏེ་བསྒྱུར་ཚིག་དག་ཏུ་འདི་མི་སྣང་བར་འདུག་ལ། རང་རང་གིས་བསྐངས་པ་དེས་རང་གི་མགོ་བོ་དཀྲུགས་པས་གོང་གསལ་རྡོ་རིངས་ཀྱི་བརྗོད་བྱ་རྣམས་གཉའ་ཁྲི་བཙན་པོ་འབའ་ཞིག་ལ་འབབ་པར་གོ་ནས་མ་ཡིག་གི་དོན་དང་འགལ་བར་བསྒྱུར་ཏོ། །

ད་གོང་གི་འདི"འུང་ནས་མྱིའི་རྗེར"གྱིས་བསྐངས་པ་ལས། 《དེབ་སྔོན》ལས"དེ་ལ་སྤྱིར་བོད་གངས་ཅན་གྱི་རྒྱུད་འདིར། ལྷ་སའི་རྡོ་རིངས་ཀྱི་ཡི་གེ་ལས། "འཕྲུལ་གྱི་ལྷ་བཙན་པོ་འོད་ལྡེ་སྤུ་རྒྱལ་ཡུལ་བྱུང་ས་དོད་ཚན་ཆད་གདུང་མ་འགྱུར་བར་བོད་ཀྱི་རྒྱལ་པོ་ཆེན་པོ་མཛད"ཅེས་པ་ལྟར། རྗེ་གཉའ་ཁྲི་བཙན་པོ་འོད་ལྡེ་ནས་རལ་པ་ཅན་ཡན་ཆོད་དུ་རྒྱལ་རབས་བཞི་བཅུ་རྩ་གཉིས་སུ་གདུང་མ་འགྱུར་བར་བོད་འབངས་ཐམས་ཅད་བསྐྱངས་པས། གདུང་རབས་རྒྱུན་རིང་ཞིང་ཤིན་ཏུ་བཀའ་དྲིན་ཆེ།"[2] ཞེས་བྱུང་བ་འདིར་རྒྱུ་མཚན་ཆེ་ལ་དོན་དང་ཡང་ལྡན་པས། ཡང་དག་པ་ཉིད་ནི་འདིར"གདུང་མ་འགྱུར་བར"ཞེས་པ་དེ་ཡིན་ནམ་སྙམ། དེ་ལ་རྒྱུ་མཚན་ཆེ་བ་ནི། 《དེབ་སྔོན》ནི་ཏ་ལམ་སྤྱི་ལོ1476—1478ཙམ་ལ་བརྩམས་པས་དེ་དེང་དུས་ཀྱི་མཁས་པ"འུང་ནས་མྱིའི་རྗེར"ཞེས་འདོད་པ་པོ་རྣམས་ལས་ལོ་བཞི་བརྒྱའམ་ལྔ་བརྒྱ་

ལྷག་གིས་སྤྲ་བས། འགོས་ལོ་ཙྪ་བ་གཞོན་ནུ་དཔལ་བའི་དུས་སུ་རྗེ་རིངས་ཀྱི་ཡི་གེ་འདི་ཉིད་མ་ཉམས་པར་མཆིས་ཤིང་། ཁོང་ཡང་རྗེ་རིངས་དངོས་དང་མཇལ་ནས་ངོས་བཟུ་མཛད་པ་འདྲ། འདིར"དེབ་སྔོན"དང་རྗེ་རིངས་ལས་བྱུང་བའི་ཡིག་གཟུགས་དག་ཐ་དད་དུ་གྱུར་འདུག་པ་ནི་འགོས་ལོས་བཀས་བཅད་ཀྱི་དགོངས་དོན་ལྟར་མཛད་པས་སྐྱོན་མེད་པར་འདོད་ལ། དོན་དང་ལྡན་པ་ནི། བོད་རྒྱལ་ཐོག་མ་རྗེ་གཉའ་ཁྲི་བཙན་པོ་ནས་བཙན་པོ་ཁྲི་རལ་ཅན་གྱི་བར་སྟོད་ཀྱི་སྟེང་གཉིས་ཀྱི་ཡ་གྱལ་རྗེ་གྲི་གུམ་བཙན་པོ་ལོ་ངམ་ཧ་རྀ་བྱ་བས་བཀྲོངས་ཏེ་རྒྱལ་སྲིད་རེ་ཞིག་ཏུ་རུས་རྒྱུད་གཞན་ལ་ཤོར་ཡང་། ཡུན་མི་རིང་བ་ན་བཙན་པོའི་གདུང་རབས་ཕྱི་མ་དག་གིས་ལོ་ངམ་པ་རྣམས་ཚར་བཅད་དེ་གྲི་གུམ་བཙན་པོའི་སྲས་ཐ་ཆུང་ཤ་ཁྲི་སྟེ་སྤུ་ལྡེ་གུང་རྒྱལ་རྒྱལ་སར་བཀོད་པས་ཆབ་སྲིད་སླར་ཡང་འོ་ལྡེ་སྤུ་རྒྱལ་པའི་རྒྱུད་ལ་ཐོབ་ནས། གདུང་མ་འགྱུར་བར་རིམ་གྱིས་རྗེ་གཉའ་ཁྲི་བཙན་པོ་ཤིང་ཕོ་སྟག་སྟེ་སྤྱི་ལོ་སྔོན་གྱི་བགྲང་བྱ172ལོར[3]བོད་ཀྱི་རྗེ་བོར་བྱོན་པ་ནས་མངའ་བདག་རལ་པ་ཅན་གྱི་སྐྱིད་རྟག་ལོ་དགུ་པ་ཆུ་མོ་ཡོས་བུའི་ལོ་སྟེ་སྤྱི་ལོ823བར་གྱི་ལོ་ངོ་དགུ་བརྒྱ་ལྔ་བཅུ་ཙམ་གྱི་རིང་ལ། གནམ་གྱི་ཁྲི་བདུན་དང་སྟོད་ཀྱི་སྟེང་གཉིས། བར་གྱི་ལེགས་དྲུག ས་ཡི་ལྡེ་བརྒྱད། འོག་གི་བཙན་ལྔ། དེ་ནས་ཁྲི་གཉའ་གཟུང་བཙན། འགྲོ་གཉན་ལྡེའུ། སྟག་རི་གཉན་གཟིགས། གནམ་རི་སྲོང་བཙན། སྲོང་བཙན་སྒམ་པོ། གུང་སྲོང་གུང་བཙན། མང་སྲོང་མང་བཙན། འདུས་སྲོང་མང་བཙན། ཁྲི་ལྡེ་གཙུག་བརྟན། ཁྲི་སྲོང་ལྡེ་བཙན། མུ་ནེ་བཙན་པོ། ཁྲི་ལྡེ་སྲོང་བཙན། ཁྲི་གཙུག་ལྡེ་བཙན་བཅས་གདུང་མ་འགྱུར་བར་བོད་གངས་ཅན་པའི་མངའ་བདག་མཛད་པ་ལྟ་བུའོ། །

གཞན་ཡང་བསྒྱུར་ཡིག་འགའ་རེས་གོང་གསལ་རྗེ་རིངས་ཀྱི་ཡི་གེ་ལས"བྱིན་མི་ཉམས་པའི་གཡུང་དྲུང་གི་རྒྱལ་པོ་ཆེན་པོ་ནི་ཆེ།" ཞེས་པ་དེའི"གཡུང་དྲུང"ནི་བོན་ཆོས་ཁོ་ནར་གོ་སྟེ། "བོན་ཆོས་ཀྱིས་བསྐྱབས་པའི་རྒྱལ་པོ་འདི་ཁྲི་ལ་མངའ་གསོལ་བ་ནས་བཟུང"ཞེས་བསྒྱུར་འདུག འདིར"གཡུང་དྲུང"ཞེས་པའི་ཐ་སྙད་དེའི་ཐོག་མའི་གོ་དོན་ཕྱི་ནང་ཆོས་ལུགས་ཀྱི་རྩ་བ་གང་ལས་བྱུང་ཡང་། སྤྱི་ལོ823ལོར་སླེབས་པ་ན་དེ་དོན་མི་འགྱུར་བ་དང་མི་འཇིག་པ། སྲ་བ། བརྟན་པ། རྟག་པ། བཀྲ་ཤིས་པ་ལ་སོགས་པའི་དོན་ཡིན་པ་བན་བོན་གང་ཡིན་ཀྱང་ཁས་ལེན་ཞིང་། དོན་དེ་མཚོན་བྱེད་ཀྱི་རི་མོར་ནང་པ་སངས་རྒྱས་པས卐འདི་འདྲ་ཞིག་དང་། བོན་པོ་རྣམས་ཀྱིས卍འདི་འདྲ་ཞིག་འབེབས་པ་ལས། "གཡུང་དྲུང"ཞེས་པ་བོན་ཆོས་ཁོ་ན་ཡིན་པའི་ངེས་པ་གཏན་ནས་མེད་སྙམ། ཐ་སྙད་འདི《དབོན་ཞང་འདུམ་པའི་བཀའ་གཙིགས་རྗེ་རིངས》འདི་ཉིད་ལས་བྱུང་བར་མ་ཟད། ཞོལ་རྗེ་རིངས་ཀྱི་ཡི་གེ་ལས"བློན་སྟག་སྒྲ་ཀླུ་ཁོང་གི་བུ་ཚ་རྒྱུད་འཕེལད་ལ་ནམ་ནམ་ཞ་ཞར་དངུལ་གྱི་ཡི་གེ་ཆེན་པོ་གཅིག །ནི་མི་དབབ་པར་གཡུང་དྲུང་དུ་སྩལད་པར་གནང་ངོ་། །"ཞེས་དང་། "ཀླུ་གོང་གི་བུ་ཚ་རྒྱུད་གང་ཉེ་བ་གཅིག་དངུལ་གྱི་ཡི་གེ་ཆེན་པོ་གཡུང་དྲུང་

དུ་སྒྱུལད་པར་གནང་ངོ། །”ཞེས་དང་། “སྐུ་སྲུངས་འཕན་ཡུལ་བའི་སྟོང་དཔོན་གཡུང་དྲུང་དུ་སྒྱུལད་པར་གནང་ངོ། །”ཞེས་བྱུང་ལ། དབུ་སྟོད་ཞྭ་ལྷ་ཁང་གི་བཀའ་གཙིགས་དང་པོ་ལས“གནམ་ལྷབ་ཀྱི་རྒྱལ་པོ། འཕྲུལ་གྱི་ལྷ་བཙན་པོ་ཁྲི་ལྡེ་སྲོང་བརྩན་གྱི། བཀས་བན་དེ་མྱང་ཏིང་ངེ་འཛིན། དབུ་སྣྲང་གཙིགས་གཡུང་དྲུང་དུ་གནང་བ།” ཞེས་དང་། “ངའི། བཀས། བན་དེ་ཏིང་ངེ་འཛིན། གཙིགས་བརྩན་པ་བྱིན་ཏེ། སྲིད་གཡུང་དྲུང་དུ་གནང་བ།” ཞེས་དང་། “ཡི་གེ་གཡུང་དྲུང་མྱིང་མྱི་ནྲག་པར་བྱིན་པ་ཐ།” ཞེས་དང་། གཙིགས་གཡུང་དྲུང་དུ་གནང་ངོ། །ཞེས་བྱུང་བའམ། གནས་དེའི་བཀའ་གཙིགས་གཉིས་པ་ལས་ཀྱང་། “ཡི་གེ་གཡུང་དྲུང་སྟེར་གནང་བ”བས་བསྟོད་དེ་ཆེར་གནང་ངོ། ཞེས་པ་དང་། བཙན་པོ་ཁྲི་ལྡེ་སྲོང་བཙན་གྱི་བང་སོའི་རྗེ་རིངས་ཀྱི་ཡི་གེ“ལས་གཡུང་དྲུང་གི་གཙུག་ལག་ཆེན་པོ་བཞིན་དུ།” ཞེས་བྱུང་ཞིང་། བཙན་པོ་ཁྲི་རལ་གྱི་རིང་ལ་ཀོང་དཀར་མང་པོ་རྗེ་ལ་གནང་བའི་བཀའ་གཙིགས་ཀྱི་ཡི་གེ་ལས་ཀྱང་། “ཚུ་སྲིད་གཡུང་དྲུང་དང་འདྲ་བར་གནང་གིས་ཀྱང་།” ཞེས་བྱུང་བར་མ་ཟད། གཙིགས་ཡིག་གི་མཐར་གཡུང་དྲུང་གི་དོན་མཚོན་བྱེད་ཀྱི་རི་མོ་གཡས་འཁྱིལ卐འདི་འདྲ་བཅུ་ཐམ་པ་བྲིས་ཡོད་པ་འདི་རྣམས་ཀྱི་དོན་ནི་རྟག་བརྟན་མི་འགྱུར་ཡུན་དུ་གནས་ཞེས་པར་གོ་དགོས་པ་ལས། “བོན་ཆོས”སུ་གོ་སྐྱེ་འགྲེལ་རྒྱག་པའམ་བསྒྱུར་ན། གོང་གསལ་བཙན་པོ་ཡབ་མེས་སྲས་གསུམ་ནི་བན་ཆོས་འབའ་ཞིག་ལ་དད་མོས་བྱེད་ཀྱི་ཡོད་པའི་བོད་རྗེ་ཉིད་ཡིན་པས། དེ་རྣམ་པའི་བཀའ་གཙིགས་ལས་བྱུང་བའི་ཐ་སྙད་དག་ལ་བསྒྱུར་ཡིག་དགོད་བྲོ་བ་རེ་མི་འབྱུང་བའི་ངེས་པ་འགགས་ནས་མེད་དོ། །

གཉིས་པ། སྟོབས་གཞན་དང་མི་འདྲ་བའི་སྐོར།

དེ་ཡང་། ཇོ་རིངས་ཤར་ངོས་ཀྱི་ཡིག་བྲིང18-25བར“ཤར་ཕྱོགས་ནི་རྒྱ་འདུག་པ། །མཚོ་ཆེན་པོའི(ཚུད་ཅད)ཉི་མ་ཤར་པ་ལོགས་ནི་རྒྱལ་པོ་སྟེ། །སྟོ་བལ་གཞན་དང་མྱི་འདྲ་བར(ཡུལ་གྱི)ཆོས་བཟང་། །གཙུག་ལག་ཆེ་བས། །བོད་དང་ཡང་། །འཐབ་ཀྱི་ཟླ(ལན་ནི)ཁྱི་དོ་སྟེ། །དང་པོ་རྒྱ་རྗེ་ལི་རྒྱལ་སར་ཞུགས་ནས། །དེའི་ཏང(ཐང)གི་སྲིད་ལོ་ཉི་ཤུ་རྩ་གསུམ་ལོན། །རྒྱལ་རབས་གཅིག་གི་འོག་དུ། །འཕྲུལ་གྱི་ལྷ་བཙན་པོ་ཁྲི་སྲོང་བརྩན་དང་། །རྒྱ་རྒྱལ་ཐའི་ཙོང་ཧྭུན་ཧྭ་ཞེང་ཧྭང་ཏེ་གཉིས། །ཆབ་སྲིད་གཅིག་དུ་མོལ་ནས། །ཅེང་ཀྭན་གྱི་ལོ་ལ། །མུན་ཤེས་ཀོང་ཅོ་བཙན་པོའི་ཁབ་དུ་བླངས། །”ཞེས་བྱུང་བ་ལས། སྐབས་དེར་སྟོ་བྱང་ནུབ་གསུམ་གྱི་རྒྱལ་ཁབ་དག་བོད་ལ་མི་དོ་བས་བཙན་པོའི་བཀའ་ཉན་པ་སོགས་མདོ་ཙམ་བརྗོད་པའི་མུར། ཤར་ཕྱོགས་ཐང་གི་རྒྱལ་རབས་ནི་དེ་ལྟ་མ་ཡིན་ཏེ་སྟོབས་འབྱོར་མངའ་ཐང་དང་ལྡན་པས་བོད་ཀྱི་དོ་ཟླར་འོང་བ་མ་ཟད། སྤྱི་ལོ618ལོར“རྒྱ་རྗེ་ལི”སྟེ་ཐང་ཀའོ་ཙུ་ལིས་ཡོན་ཐོག་མར་རྒྱལ་སར་བཞུགས་ནས་ལོ་དགུ་སོང་བའི627ལོར་སྐུ་གཤེགས་པ་དང་། དེ་ནས་དེའི་སྲས་ཐང་ཐའི་ཙོང་ལིས་ཧྲི་

མེད་རྒྱལ་སར་དབང་བསྒྱུར་ནས་ལོ་བཅུ་བཞི་སོང་བ་བསྒོམས་པས་ཐང་གི“སྲིད་ལོ་ཉི་ཤུ་རྩ་གསུམ་ལོན”པའི་སྤྱི་ལོ641ལོར་རྒྱ་མོ་བཟའ“མུན་ཤེས་ཀོང་ཅོ། །བཙན་པོའི་ཁབ་ཏུ་བླངས”པའི་སྐོར་རགས་རིམ་ཙམ་བརྗོད་པ་ཡིན་ནོ། །

དེ་ཡང་འདིར་རྗེ་རིངས་ཀྱི་ཡིག་ཕྲེང19པར“ཞྭ་བལ་གཞན་དང་མི་འདྲ་བར”ཞེས་པའི་ཁྲོད་དུ“ཞྭ་བལ”ཞེས་པ་ཞིག་བྱུང་བར་མཁས་དབང་རྣམ་པས་གོ་བ་མི་འདྲ་བ་རེ་བླངས་ནས་མཆན་འགྲེལ་དང་བསྒྱུར་ཡིག་སྣ་ཚོགས་བྱུང་བས། ད་ནི་དེ་དག་ལ་དཔྱད་པར་བྱ་བ་ལ་འདི་ལྟ་སྟེ། 《བཀའ་གཙིགས་གཅེས་བསྡུས》མ་གནོགས་པའི་རྒྱའི་བསྒྱུར་ཡིག་ སྔ་མ་ཡོད་དོ་ཅོག་གིས“ཞྭ་བལ”ཞེས་པ་དེ་བལ་པོར་གོ་ནས་གོང་འོག་ཚིག་གི་བརྗོད་དོན་དག་ཕན་ཚུན་འགྱོར་བར་བྱེད་ཆེད། “ཞྭ་བལ་གཞན་དང་མི་འདྲ་བར”ཞེས་པ་དེའི་དོན། བཙན་ཤེད་དང་ཤུ་ཚུགས་ཀྱིས“ཞྭ་ཕྱོགས་ཀྱི་བལ་པོ་སོགས་རྒྱལ་ཁབ་རྣམས་དང་མི་འདྲ་བར”ཞེས་མ་ཡིག་ཁྲོད་ཀྱི“གཞན”ཞེས་པ་སྤྱངས་ཏེ་དེའི་དོད་དུ“སོགས”དང་། “རྣམས”ཞེས་པ་གཉིས་བཅུག་པ་དང་། མ་ཡིག་ཏུ་མེད་པ“རྒྱལ་ཁབ”ལྟ་བུའང་གསར་དུ་ཁར་བསྣན་ཏེ་བསྒྱུར་འདུག གལ་སྲིད“ཞྭ་བལ”ཞེས་པ་དེ་བལ་པོ་ཡིན་པའི་དབང་དུ་བཏང་ན། བོད་ཀྱི་སྐད་ཡིག་ལ་ཅུང་ཙམ་བྱང་བ་ཞིག་ཡིན་ཕྱིན། “ཞྭ་བལ་གཞན་དང་མི་འདྲ་བར།” ཞེས་བྱུང་བ་དང་བསྟུན་ནས་རྒྱལ་ཁབ་དེའི་མངོན་པར་འཕགས་པའི་ཁྱད་ཆོས་ཏེ“ཡུལ་གྱི་ཆོས་བཟང་། །གཙུག་ལག་ཆེ་བས། །བོད་དང་ཡང་། །འཐབ་ཀྱི་ཟླ་ལན་ནི་བགྱི་དོ་སྟེ།” ཞེས་བྱ་བ་སོགས་སུ་གོ་བ་ལས། དེ་དོན“ཞྭ་ཕྱོགས་ཀྱི་བལ་པོ་སོགས་རྒྱལ་ཁབ་རྣམས་དང་མི་འདྲ་བར”ཞེས་ལོག་པར་ག་ལ་གོ། སྤྱིར་ལོ་རྩའི་བྱ་བ་དོན་དུ་གཉེར་བ་པོ་རྣམ་པས་མི་རིགས་ཤིག་གི་སྐད་ཡིག་དེ་མི་རིགས་གཞན་ཞིག་གི་སྐད་ཡིག་ལ་སྒྱུར་དུས། བསྒྱུར་བྱ་དེ་སྒྱུར་བྱེད་ཀྱི་བརྗོད་ལུགས་དང་མཐུན་ཆེད་མ་ཡིག་ཁྲོད་ཀྱི་ཡི་གེ་རེ་གཉིས་བླང་དོར་དང་ཚིག་གི་སྟ་ཕྱིའི་གོ་རིམ་ཅུང་ཙམ་རེ་བརྗེ་ཆོག་མོད། འོན་ཀྱང་། བླང་དོར་དང་གོ་རིམ་བརྗེ་བ་སོགས་བྱེད་དུས་མ་ཡིག་གི་རྩ་བའི་དོན་ལ་ཅུང་ཟད་ཙམ་ཡང་གནོད་མི་རུང་བར་ངེས། མ་ཡིག་ལ་བརྩི་འཇོག་མི་བྱེད་པར་རང་འདོད་ཀྱིས་བཅོས་ན་མི་གཞན་ལ་མ་ཡིག་གི་བརྗོད་དོན་དངོས་དང་འགལ་བའི་གོ་བ་ལོག་པར་སྟེར་བ་དཔེར་ན། “ཞྭ་བལ་གཞན་དང་མི་འདྲ་བར།” ཞེས་པའི“གཞན”སྤྱངས་ནས་དེའི་དོད་དུ“རྣམས”འདྲ་བཅུག་ན། “ཞྭ་བལ་རྣམས་མི་འདྲ་བར་ཞེས་དོན་ཐ་དད་དུ་སྟོན་པའི་ཚིག་གཉིས་སུ་གྱུར་ཏེ། སྔ་མས་བལ་པོ་ལ་རྒྱལ་ཁབ་གཞན་དང་མི་འདྲ་བའི་ཁྱད་ཆོས་དང་ལྡན་པ་སྟོན་ཞིང་། ཕྱི་མས་རྒྱལ་ཁབ་གཞན་ཞིག་ལ་བལ་པོ་དང་མི་འདྲ་བའི་ཡོན་ཏན་ཡོད་པ་སོགས་སྟོན་པར་མ་ཟད། བལ་པོ་ལ་རྒྱལ་ཁབ་ཏུ་མ་ཡོད་པ་ཡང་བསྟན། དེ་མིན་བལ་པོ་ནི་བཙན་པོ་ཁྲི་སྲོང་བཙན་གྱི་སྐུ་ཚེ་སྨད་ཙམ་ནས་བོད་འོག་ཏུ་འདུས་པས་རང་གི་མནའ་འབྲེལ་གྱི་རྒྱལ་ཕྲན་དེ་དང་ཐང་རྒྱལ་རབས་གཉིས་ཕན་ཚུན་བསྡུར་

དགོས་པའི་ངེས་པ་ཡང་མེད་པར་སྙམ། དེས་ན་གོང་འོག་ཚིག་གི་བརྗོད་དོན་རྣམས་ཕན་ཚུན་འབྱོར་བ་དང་། བོད་ཀྱི་སྐད་ཡིག་ལ་ཆ་རྒྱུས་མེད་པའི་མི་རྣམས་ལ་ད་གོང་ཚིག་ཕྱི་མའི་གོ་བ་དེ་འདྲ་ཞིག་སྟེར་ཆེད། "གཞན"དོར་"རྣམས"བླང་གི་སྦྱོད་སྟངས་ཀྱིས"ལྷོ་བལ་གཞན་དང་མི་འདྲ་བར"ཞེས་པ་དེ་དོན། "ལྷོ་ཕྱོགས་ཀྱི་བལ་པོ་སོགས་རྒྱལ་ཁབ་རྣམས་དང་མི་འདྲ་བར"ཞེས་པར་བཅོས་པ་ནི་ལེགས་པའི་ཚུལ་དུ་མ་སོང་སྙེ་ལོག་བསྒྱུར་གྱི་ཚུལ་དུ་སོང་ངོ་། །ཞེས་སྙམ་མོ། །

《བཀའ་གཙིགས་གཅིས་བསྡུས》བསྒྱུར་ཡིག་གཞན་དང་མི་འདྲ་བར"ལྷོ་བལ"ཞེས་པ་དེ་བལ་པོར་མ་གོ་སྟེ་མན་མའོ(蛮貊)ཞེས་པའི་རྒྱལ་ཁབ་དུ་མར་འདོད། རྒྱའི་ཐ་སྙད་དེའི་དོན་ནི་མ་རབས་དང་གཏུམ་སྤྱོད་དང་ལྡན་ན། ཤེས་རིག་མེད་པའི་ཀླ་ཀློ་སོགས་ལ་འཇུག་གི། མན་ནི་གནའ་བོའི་ལྷོ་རོལ་གྱི་མི་རིགས་ཁག་ལ་ཟེར་ཞིང་། མའོ་ནི་ཤར་བྱང་ཕྱོགས་ཀྱི་མི་རིགས་ཁག་ལ་ཟེར་ཏེ། མིང་དེ་ནི་སྔོན་རབས་རྒྱ་རིགས་བཀས་བཀོད་རྒྱུད་འཛིན་དབང་བསྒྱུར་གྲལ་རིམ་པས་གྲངས་ཉུང་མི་རིགས་ལ་དམའ་འབེབས་དང་བརྙས་བཅོས་བྱས་པ་ཞིག་ཡིན་པ་རྒྱ་ཡིག་གི་གཟུགས་ལས་ཀྱང་མཚོན། དེ་ཡང་། "ལྷོ་བལ" "དང"མན་མའོ"ཞེས་པ་གཉིས་དོན་མཚུངས་པར་བཞེད་ན་ངེད་ཙག་གི་གདོང་ལ་འཛུམ་བག་ཅིག་བཟོད་མེད་དུ་འཕོར་བ་ལས་ཁས་ལེན་པ་ཏ་ཅང་དཀའ། འདིར"ལྷོ་བལ"ཞེས་པའི"ལྷོ"ལ་ཁ་ཕྱོགས་ཙམ་དང་། "བལ"ལ་འབལ་གྱི་འདས་ཚིག་དང་ལུག་གི་བལ་དང་བལ་པོའི་བསྡུས་མིང་ཙམ་ལས་གོ་རྒྱུ་མེད་པས། མིང་དེ་གཉིས་ལྷན་དུ་སྦྱར་ན"མན་མའོ"ལྟ་བུའི་དོན་ནི་ཡེ་ན་མེད་པ་འདྲ་ལ། "蛮"ཞེས་པ"སྦྲུ"ཞེས་པའི་སྦྲ་སྒྱུར་ཡང་མ་ཡིན་པར་འདོད། གལ་ཏེ"ལྷོ་བལ"ཞེས་པ"མན་མའོ"གཉིས་ཀྱི་དོན་མཚུངས་དགོས་ན། རྫོ་རིངས་ཀྱི་ཡི་གེ་ལས"ལྷོ་བལ"གཞན་དང་མི་འདྲ་བར་ཞེས་བྱུང་བ་ལས། "ལྷོ་བལ་དང་མི་འདྲ་བར"ཞེས་མ་བྱུང་བས་ཐང་རྒྱལ་རབས་ཀྱང"མན་མའོ"ཡི་གྲས་སུ་སོང་སྟེ། ཡུལ་ཐང་གྱུར་གྱི་རྒྱལ་པོའི་ཁབ་གཉིས་སྐབས་དེར་ཞི་ཞིང་མཐུན་པའི་ཆབ་སྲིད་ལ་རྣམ་པར་སོལ་ནས་ཉེ་ཞིང་གཉེན་པའི་ཚུལ་སྣར་ཡང་གསོ་བར་མཇལ་འདུམ་མཛད་ནས་དབོན་ཞང་གཉིས་ཀྱི་ཆེ་བ་བརྗོད་པར་ཞང་པོ་ཐང་གི་རྒྱལ་རབས"མན་མའོ"ཡི་ཕྱོགས་སུ་གཙོད་པའི་དཔེ་འགངས་ནས་མེད་ཅེས་སྙམ་པར་མ་ཟད། ཐ་སྙད་དེ་ལས"མི་རིགས་ཆེན་པོའི་རིང་ལུགས་ཀྱི་ཁེངས་སེམས་མཚོན་གྱི་ཡོད།" ཅེས་ཁྲི་རལ་པ་ཅན་གྱི་གཙུག་ཏུ་དབུ་ཞྭ་དེ་འདྲ་ཞིག་གིས་བརྒྱན་པ་ཡང་བཙན་པོ་དེ་བཀུར་ཐལ་ལོ་ཞེས་ངེད་ཙག་ལ་ཀུན་སློང་དེ་ལྟ་བུ་ཞིག་བྱུང་ངོ་། །

འདིར《བཀའ་གཙིགས་གཅིས་བསྡུས》སོགས་རྫོ་རིངས་ཀྱི་ཡི་གེ་བཤུས་མ་དག་ལས"ལྷོ་བལ"ཞེས་བྱུང་བ་ལ་མཁས་ཆེན་དམ་པ་མང་པོས་བཞེད་པ་ཐ་དད་དུ་དགོངས་ཏེ་མཆན་འགྲེལ་བསྒྱུར་ཡིག་སྣ་ཚོགས་མཛད་པ་ཁོ་བོ་འདྲ་འདྲའི་སྐྱེས་སྦྱངས་ཀྱི་ཡོན་ཏན་གང་ཡང་མེད་པ་མ་འཐད་པར་བཀག་ཀྱང་།

“ཀློ་བལ”ཞེས་པའི་ཐ་སྙད་དེ་བོད་གངས་ཅན་པའི་གནམ་དུ་འགངས་མེད་ཅེས་པ་ནི་གཏན་ནས་མ་ཡིན་ཏེ། ཐ་སྙད་དེ་བསྟན་པ་སྔ་དར་དང་ཕྱི་དར་གཉི་གའི་དུས་སུ་ཡོད་པ་ཁས་ལེན་གྱིན་ཡོད་པ་མ་ཟད། དུས་སྔ་ཕྱི་གཉིས་ལ་ཐ་སྙད་དེར་གོ་དོན་མི་འདྲ་བ་རེ་ཡོད་པ་ཡང་འདིར་སེམས་ཀྱིན་འདུག དཔེར་ན། བསྟན་པ་སྔ་དར་སྐབས་སུ་བྱུང་བའི་སྲོག་སྟོང་འཇལ་བའི་ཁྲིམས་ཡིག་སྟེ་ཧུན་ཧོང་ནས་བཏོན་པའི་ཡིག་ཆ་ཞིག་ལས། “གཙང་ཆེན་དང་རྒྱལ་འབངས་རྒོད་དོ་འཚལད་དང་སྟོང་མཉམ་པ་ཞིག་ལ། གཡུང་དོ་འཚལད་དང་ཀློ་བལ་གྱི་བཙོན་ཡན་ཅད་ཀྱིས་རི་དགས(དྭགས)ལ་སྨོགས་ལ་མདས་ཕོག་པ་གུམ་པའི་སྨྲི་སྟོང་དུ་སྲང་བརྒྱའ་ལྔ་བཅུ་དང་། མ་གུམ་པའི་རྨན(སྨན)ཟན་ལ་སྲང་སུམ་ཅུ་ཕབསྟེ།” ཞེས་དང་། “རྒྱལ་འབངས་གཡུང་དོ་འཚལད་དང་ཞང་ལོན་དང་དམངས་ཀྱི་བྲན་རྒྱ་ལ་གཏོགས་པ་དང་ཀློ་བལ་གྱི་བཙོན་ཡན་ཅད་ཞིག་ལ། ཞང་ལོན་ཟངས་ཀྱི་ཡི་གེ་མན་ཅད་དང་སྟོང་མ་མཉམ་པ་གཅིག་གིས་རི་དགས་ལ་སྨོགས་པ་ལ་མདས་རྟལ་བས་ཕོག་སྟེ་གུམ་པའི་སྨྲི་སྟོང་དུ་སྲང་ཉིས་བརྒྱའ་དང་མ་གུམ་པའི་གསོན་སྟོང་དུ་སྲང་བརྒྱ་ཕབ་སྟེ།” ཞེས་དང་། “རྒྱལ་འབངས་གཡུང་དོ་འཚལད་དང་ཞང་ལོན་དང་དམངས་ཀྱི་བྲན་རྒྱ་ལ་གཏོགས་པ་དང་ཀློ་བལ་གྱི་བཙོན་ཡན་ཆད་གཡུངདོ་འཚལད་དང་འདི་རྣམས་གཅིག་ལ། གཙང་ཆེན་མན་ཅད། རྒོད་དོ་འཚལ་སྟོང་མཉམ་པ་ཞིག་གིས་རི་དགས་ལ་སྨོགས་པ་ལ་མདས་རྟལ་པས་ཕོག་པ་དང་གུམ་པའི་སྨྲི་སྟོང་དུ་སྲང་བརྒྱའ་དང་མ་གུམ་ན་རྨན་ཟན་དུ་སྲང་གཉིས་ཤུ་ཕབསྟེ།” ཞེས་དང་། “རྒྱལ་འབངས་གཡུང་དོ་འཚལད་དང་ཞང་ལོན་དང་དམངས་ཀྱི་བྲན་རྒྱ་ལ་གཏོགས་པ། གཡུང་དང་ཀློ་བལ་གྱི་བཙོན་མན་ཅད་འདི་རྣམས་རི་དགས་ལ་མདས་རྟལ་པས་ཕོག་པ་ལ་སྟོང་མཉོམ། སྟོང་མཉམ་པ་འདི་རྣམས་ནང་རི་དགས་ལ་མདས་རྟལ་པ་ལ་སྨོགས་ཕོག་པ་ནི་གུམ་དང་སྨྲི་སྟོང་དུ་སྲང་ལྔ་བཅུ་དང་མ་གུམ་དང་སྲང་བཅུས་ཕབ་སྟེ།” “གུམ་པའི་སྟོང་འཇལ་ཡང་ཅུང་། མ་གུམ་པའི་རྨན་ཟན་འཇལད་ཀྱང་སྟེ་སྲང་གྲང(ས)འཇལ་བ་ལ༔ ། སྲང་ཅིག་མ་ཁེར་ན་སུ་ཡང་ཅུང་དགུམོ།”[4] ཞེས་བྱུང་བར་བརྟགས་ན། འདིར“ཀློ་བལ་གྱི་བཙོན”ཞེས་བྱ་བ་ནི་བཙན་པོ་བོད་ཀྱི་རྒྱལ་ཁབ་རང་གི་འབངས་ཡོད་དོ་ཅོག་ལས་རྒྱལ་ཁྲིམས་དང་འགལ་བའི་བཙོན་མ་དང་། རྒྱལ་ཁབ་གཞན་དང་གཞན་ལ་དམག་འཁྲུག་སོགས་བྱེད་དུས་བཟུང་བའི་བཙོན་མ་སྤྱི་ལ་ཟེར་རམ་སྙམ་ལ། དེ་དག་ནི་རྒྱལ་འབངས་ཁྲོད་ཀྱི་ཆེས་དམའ་རིམ་པའི་གྲས་སུ་ངེས་པས་དེ་རྣམས་བསད་པའི་ཤི་སྟོང་ལ་དངུལ་སྲང་ལྔ་བཅུ་དང་མ་བསད་པའི་སྨན་རིན་ལ་སྲང་བཅུ་ལས་མེད་ཀྱང“ཀློ་བལ་གྱི་བཙོན”ནི་བལ་པོའི་བཙོན་མ་ནི་མ་ཡིན་ཞེས་ཀྱང་སྙམ། གཞན་ཡང་། གཏེར་ཡིག་དེ་ཉིད་དུ་ཁྲི་བུ་དང་དགོས་བུ་གཉིས་ཀྱི་མཆེད་ཤགས་ཤེས་པའི་ཡི་གེ་ལས“བདག་ངན་པ་ཀློ་བལ་བོད་ཀྱི་བཀའ་ཁྲིམས་མ་འཚལ་ལ། ཟུག་ཟུག་དང་མྱིག་མ་གནག་དུ་རྒལ་བར་སལ(གསལ?)པོར་གདའ་ཞིང་མཆིས་ན། འོག་རམ(རིམ) བཀའ་གྲིམས(ཁྲིམས)ཞིབ་དུ་བཙལ་ཞིང་

གཆད་པར་གསོལ་”[5]ཞེས་བྱུང་སྟེ་འདིར་“ལྷོ་བལ་”ཞེས་པར་དམའ་རིམ་པས་མཐོ་རིམ་པར་ཞུ་བ་འབུལ་ཚེ་རང་ཉིད་ཉམ་ཆུང་གི་ཚུལ་དུ་བཞག་ནས་འབོད་པའི་དོན་ལས་བལ་པོའི་དོན་མི་ལྡན་ལ་བཙོན་མའི་དོན་ཡང་མེད་པ་འདྲ། དེ་བཞིན་དུ་རྒྱ་ཤ་ཅུ(沙洲)བའི་སྡེ་གཉིས་ཀྱི་འབངས་རྣམས་ནས་བོད་ཀྱི་བཙན་པོར་གསོལ་བའི་འཕྲིན་ཡིག་ཅིག་ལས་ཀྱང་། “རྗེ་བློན་འཕྲུལ་གྱི། །བཀ་དྲིན་ལ་བདག་ཅག་ལྷོ་བལ་མགོ་མཐོ་མཐོས་ཀྱང་སྔོ་སྔོར་ལུམ་ར་རེ་རེ་བསྐྱངས་པའི་ཐོག །ལོ་ཐང་ལྷ་སྐྱེས་ཡེ་མ་བྱུང་བར་སྡེ་རྗེ་དགོས་རྟག་དུ་ར་མར་གནོན་ཅིང་ཕྲོགས་པ་སྨམས་ལས་བཆད་ཅིང་མཆིས་ན། །སྨན་ཆད་འབངས་ཀྱི་ལུམ་ར་འཕྲོག་ཅིང་འཚེར་སྨི་གནང་བར། །ནོན་ཐུར་གྱི་ཕྱུག་རྒྱ་ཅི་གནང་། །”[6]ཞེས་བྱུང་ངོ་། །གོང་གསལ་འདི་དག་ལས་“ལྷོ་བལ་”ཞེས་པར་བལ་པོའི་དོན་མི་ལྡན་པར་ཐ་ཤལ་ལམ་ཉམ་ཆུང་གི་ཚུལ་དུ་འབོད་པའི་དོན་དང་ལྡན་པས། “ལྷོ་བལ་”དང་“མན་མའོ་”ཡི་དོན་མཚུངས་པར་བཞེད་པ་པོ་རྣམ་པའི་ཁུངས་ཏུན་ཧོང་གཏེར་ཡིག་ཡིན་ནམ་སྙམ་མོ། །

དེ་ཡང་། 《སྦ་བཞེད》ལས་བྱུང་བ་ནི་གོང་གི་འདི་དང་མི་འདྲ་བར་བལ་པོར་བཤད་པ་འདྲ་སྟེ། “(ཞི་བ་འཚོ)ར་ས་དཔེ་དཀར་དུ་བཞུགས་སུ་གསོལ་ཏེ། གསལ་སྣང་ནི་ཕོ་བྲང་དུ་མཆིས་ཏེ་བསྙེན་བཀུར་བཅུག་པ་དང་། ཞང་བློན་ཆེན་པོ་དག་གིས་གསོལ་པ། ལྷོ་བལ་གྱི་བཟླེ་ཆོས་ལོག་པ་དང་། ངན་སྔགས་ཕྲ་མེན་གྱི་བག་བགྱིད་དམ་མི་བགྱིད། དངོས་ལ་རྟོགས་སུ་བཏང་བར་གསོལ་པ་ལས།”[7] ཞེས་བྱུང་བ་དེ་བཞིན་དུ་བསྟན་པ་ཕྱི་དར་སྐབས་ཀྱི་རྩོམ་སྡེ《མཁས་པའི་དགའ་སྟོན》ལས་ཀྱང་དེ་ལྟར་བྱུང་ལ། 《དེབ་སྔོན》ལས། “དེ་ཡང་རྔ་ལོ་ཙྪ་པས་ལྷོ་བལ་དུ་མཁས་པ་མང་པོ་ལ་གཏུགས་ཏེ”[8]ཞེས་བྱུང་བ་དང་། 《དཔྱིད་ཀྱི་རྒྱལ་མོའི་གླུ་དབྱངས》ལས“གསལ་སྣང་ཆོས་ཀྱི་ཆེད་དུ་ལྷོ་བལ་དུ་འགྲོ་བར་རྗེ་ལ་གསོལ་བས་མང་ཡུལ་གྱི་ཁང་དཔོན་དུ་བཛངས”[9]ཞེས་བྱུང་ཞིང་། 《སྲས་པའི་ཆོས་འབྱུང》ཡང་དེ་བཞིན་ཡིན་ཀྱང་། དེབ་གཞུང་གཞན་དང་གཞན་མང་པོ་ལས་སྦ་གསལ་སྣང་ཆོས་ཀྱི་ཆེད་དུ་བལ་པོར་འགྲོ་བར་ཞུས་པ་ལས་མང་ཡུལ་གྱི་ཁང་དཔོན་དུ་བསྐོས་ཞེས“ལྷོ་བལ་”དང་བལ་པོ་གཉིས་དོན་གཅིག་མིང་གི་རྣམ་གྲངས་ཡིན་པར་གསུངས། དེ་དང་དེ་བཞིན་དུ《མི་ལ་རས་པའི་རྣམ་ཐར》ལས་ཀྱང“སྲས་རྡོ་རྗེ་སེང་གེས་ཚོང་ཆེ་བ་ལ་དགུན་ལྷོ་བལ་བསྙན། དབྱར་བྱང་འབྲོག་བསྙན། ཆུང་བ་ལ་མང་ཡུལ་དང་གུང་ཐང་གི་བར་བསྙན་པས། ཡབ་སྲས་གཉིས་ཀྱིས་ནོར་མང་པོ་བསོགས”[10]ཞེས་བྱུང་བ་རྣམས་ལ་བརྟགས་ན། “ལྷོ་བལ་”ཞེས་པར་བལ་པོ་ལས“མན་མའོ་”ལྟ་བུའི་དོན་མེད་དེ། དུས་ཀྱི་དབང་གིས་ཐ་སྙད་འདིར་གོ་དོན་མི་འདྲ་བ་རེ་ཡོད་ཀྱང་དོན་དེ་དག་གི་གང་ཡིན་ཅུང་བཀའ་གཅིགས་རྡོ་རིངས་ཀྱི་ཡིག་ཕྲེང་བཅུ་དགུ་པར་ཚིག་གིས་བརྗོད་སྣངས་སམ་དོན་གྱིས་འཇུག་སྣངས་ཕྱོགས་གང་ཅིའི་ཐད་ནས་དཔྱད་ན་ཡང་མི་འགྱུར་བས། “ལྷོ་བལ་”གཞན་དང་མི་འདྲ་བར་ཞེས་པ་དེ་རྡོ་རིངས་ཀྱི་མཚམས་དེར་མཚོན་

ན་མཛོ་པོ་རོ་བཙངས་ཀྱི་དཔེ་རུ་སོང་བར་འདུག འོ་ན། ཁྱོད་ཀྱིས་ཅི་འདོད་ཅེ་ན། "ལྡོ་བལ"ཞེས་པ་ནི། "'སྤོབས་སོ། 'སྤོབས་གཞན་དང་མི་འདྲ་བར"ངེད་ཅག་གི་མཁྱེན་པ་ནས་དེ་ལྟར་ཐལ་ལོ། །

གསུམ་པ། རྒྱ་བཟའ་ཀྱིན་ཁྲིན་ཀོང་ཇོ་བོད་དུ་བྱོན་པའི་སྐོར།

ཇོ་རིངས་ཤར་ངོས་ཀྱི་ཡིག་བྲིང25-28པར"ཕྱིས་འཕྲུལ་གྱི་ལྷ་བཙན་པོ་ཁྲི་ལྡེ་གཙུག་བརྟན་དང་། །རྒྱ་རྗེ་སམ་ཁང་ཁའི་འགྲན་ཤེང་བྲུན་ཤིན་བྲུ་ཧྲང་ཏེ་གཉིས། །ཆབ་སྲིད་གཅིག་དུ་མོལ་ཏེ། །གཉེན་བརྩེགས་ནས། །ཀིང་ལུང་གིའི་ལོ་ལ་ཀིམ་ཤེང་ཀོང་ཅོ། །བཙན་པོའི་ཁབ་དུ་བླངས་ནས། །དཔོན་ཞང་དུ་འགྱུར་དེ་དཀྱེས་པ་ལས། །"ཞེས་བྱུང་བ་ལས་རྒྱ་མོ་བཟའ་འདི་པ་ཐང་ཞོན་ཙུང་གི་སྐུ་རིང་ལ་བོད་དུ་བྱོན་པ་འདྲ་ཡང་། "ཀིང་ལུང་གིའི་ལོ་ལ"ཞེས་ཐང་ཀྲུང་ཙུང་གི་ཁྲི་ལོའི་མིང་ཡང་བཀོད་དེ། ཐང་ཞོན་ཙུང་གི་ཚེ་ལོ་དང་ཐང་ཀྲུང་ཙུང་གི་ཁྲི་ལོ་གཉིས་ལྷན་དུ་སྦྲུར་ནས་ཀྱིན་ཁྲིན་ཀོང་ཇོ་བོད་དུ་བྱོན་པའི་ལོ་ཚིགས་བསྟན་པ་ནི་ཐོག་མ་ཉིད་ནས་ཇོ་རིངས་ཀྱི་ཡི་གེ་པ་རྣམས་ནོར་རམ་སྙམ།

འདིར་རྒྱ་བཟའ་ཀྱིན་ཁྲིན་ཀོང་ཇོ་བོད་དུ་བྱོན་པའི་ཐང་བོད་ཀྱི་ལོ་རྒྱུས་དེབ་ཐེར་མང་ཤོས་ལས། བཙན་པོ་ཁྲི་ལྡེ་གཙུག་བརྟན་ལ་སྲས་འཇང་ཚ་ལྷ་དབོན་བྱ་བ་མི་ལས་འདས་པ་ལྷ་ལས་ཆད་པ་དང་འདྲ་བ་ཞིག་མཆིས་ཤིང་། རྒྱལ་སྲས་དེ་ནར་སོན་ཏེ་མནའ་མ་ལེན་རན་པའི་དུས་ལ་བབ་ཀྱང་བོད་མི"བྲག་སྲིན་མོའི"རྒྱུད་ཀྱི་ཁྲོད་ན་དེའི་མཛའ་ན་མོར་འོས་པ་གཅིག་ཀྱང་མེད་པས། ཐང་རྗེའི་སྲས་མོ་ཀྱིན་ཁྲིན་ཀོང་ཇོ་བསླངས་ཏུང་ལས་ངན་པར་ཁྲོ་ཤུག་མ་འཛོམས་གོང་རྒྱལ་བུ་ཚེ་ལས་འདས་ཏེ་སྐལ་ལྡན་ཡབ་རྒྱལ་པོར་ཐོབ་པ་སོགས་མང་དུ་བྱུང་ཡང་། དེ་དག་ནི་སྒྲོ་འདོགས་ཀྱི་ཚུལ་དུ་སོང་བས་ངེད་ཅག་མི་འཐད། རྒྱུ་མཚན་ནི་ཕོང་རྣམ་པས་མེས་ཨག་ཚོམ་ནི་ལྟུགས་པོ་འབྲུག་སྙེ་སྤྱི་ལོ740ལོར་འཁྲུངས་པར་བཞེད་ཀྱིན་ཡོད་དེ་ལོ་དེ་ནི་རྒྱ་བཟའ་འདི་པ་བོད་དུ་བྱོན་ནས་ལོ་སུམ་ཅུ་འགོར་བའི་དུས་ཡིན་པར་མ་ཟད། རྒྱ་བཟའ་ཉིད་ཀྱང་ཕྱི་མའི་ལམ་ལ་བཞུད་ནས་ལོ་གཅིག་ཙམ་སོང་བས། ཐང་རྗེའི་སྲས་མོ་འདི་འཇང་ཚ་ལྷ་དབོན་གྱི་གནའ་མར་ལེན་རྒྱུ་ཕར་ཞོག་ཡབ་རྒྱལ་པོའི་བཙུན་མོར་ཡང་མི་ཡོན། གོང་གི་བཞེད་ཚུལ་དེ་ལས། "འབྲུག་ལོ(704)ལ་བབ་སྟེ། དཔྱིད་ཕོ་བྲང་ཅལ་དུ་རྒྱལ་གཙུག་ཏུ་བལྟམས། ……དགུན་བཙན་ཕོ(ཁྲི་འདུས་སྲོང)ཆབ་སྲིད་ལ་མྱ་ལ་གཤེགས་པ་ལས་དགུང་དུ་གཤེགས"ཞེས་དང་། "ཁྱི་ལོ(710)ལ་བབ་སྟེ། མཁྲིས་ཕ་ཧྲང་དུ་མདུན་མ་བསྟུ་སྟེ་བཙན་མོ་ཁོང་ཅོ་གཤེགས་པའི་ཡོ་བྱད་བཀྲལ། ཞང་བཙན་ཧོ་རེ་ལྷས་བྱིན་ལས་སྐྱོགས་པས། གཉེ་པོ་བགྱི་སྟེ། བཙན་མོ་ཀིམ་ཤང་ཁོང་ཅོ་ར་སའི་ཤ་ཅལ་དུ་གཤེགས"ཞེས་དང་། "བྱི་བའི་ལོ(712)ལ། ……བཙན་མོ་མཚན་རྒྱལ་གཙུག་ཏུ་ལས། ཁྲི་ལྡེ་གཙུག་རྩན་དུ་གསོལད།"[11]ཅེས་ཏུང་ཧོང་གཏེར་ཡིག་ལས་བྱུང་བ་རྣམས་དང་། "རྒྱ་ནག་གི་རྒྱལ་པོ་ཧྲུང་ཧྲུང་

(中宗)རྒྱལ་པོའི་སྲས་མོ་ཀྱིམ་ཤིང་ཀོང་ཇོ་ལ་རིན་དང་སྐྱེས་བསྐུར་ནས་ལེན་དུ་བཏང་ངོ་”[12]ཞེས《བུ་སྟོན་ཆོས་འབྱུང》ལས་བྱུང་བའམ། ཐང་ཀྲུང་ཙུང་གི་ཁྲི་ལོ་ཧྲིན་ལུང(唐中宗神龙年)གསུམ་པའི707“དབྱར་ཟླ་ར་བར། གོང་གི་ཞལ་སྔ་ནས་སི་ཡཱ་ཕང་ཧྲོའུ་ལིའི(嗣维玉守礼)བུ་མོ་ཀྱིན་ཁྲིན་ཀོང་ཇོ་ཙུ་བསྐོས་ཏེ་བོད་ཀྱི་བཙན་པོའི་བཙུན་མོར་གནང་བར་བཀའ་བསྩལ།” ཞེས་དང་། ཅིང་ལུང་ལོ་གསུམ་པའི(景龙三年709)“དགུན་ཟླ་འབྲིང་པོར། བོད་བཙན་པོས་བློན་ཆེན་ཞང་བཙན་ཏོ་རེ་སྲས་མོ་བསུ་བར་བཏང་ཡོང་།” ཞེས་སམ། ཅིང་ལུང་བཞི་པའི(710)“དཔྱིད་ཟླ་ར་བར། ཙའོ་ཞའོ་ལྗེ་དམག་དཔོན་ཆེན་མོའི་ཐོབ་ཅན་ཧའོ་ཡོན་དཔུང་གི་ལས་སྣ་པ་དབྱང་ཅེའུ(左卫大将军河源军使杨矩)ཀྱིན་ཁྲིན་ཀོང་ཇོ་བོད་དུ་སྐྱེལ་བའི་གསེར་ཡིག་པར་བསྐོས་ཤིང་། གོང་གི་སྤྱན་སྔ་ནས་ཀྲུང་ཀྱིན་ཁྲིན་ཀོང་ཇོ་ཧྲི་ཕེང(始平：今陕西申省兴平县)བར་དུ་བསྐྱལ་ཏེ་བོད་དུ་བརྫངས།”[13] ཞེས་བྱ་བ་ལ་སོགས་པ་འདི་རྣམས་དག་པར་འདོད། རྒྱ་མཚན་འདིའི་དབང་གི་ཇོ་རིངས་ཀྱི་ཡིག་ཕྲེང26པར“སམ་ལང་ཁའི་འགྭན་ཤིང་ཝུན་ཤྀན་ཝུ་ཧྭང་ཏེ”ཞེས་དང་། ཡིག་ཕྲེང27པར“ཀེང་ལུང་གིའི་ལོ་ལ”ཞེས་བཀོད་པ་གཉིས་ནང་འགལ་དུ་སོང་བས་ཐོག་མ་ཉིད་ནས་མ་དག་པར་སྙམ། དེ་ལ་འདིར“སམ་ལང”(三郎)ནི“སན་ལང”སྟེ་རྒྱ་སྐད་དུ་བུ་གསུམ་པར་ཞེས་འབོད་པའི་སྒྲ་བསྒྱུར་ཙམ་དང་འདྲ་མོད་ཀྱང་། ཐ་སྙད་དེ་འདྲ་འདིར་མ་ཟད་གཞན་ལས་ཀྱང་བྱུང་བ་དཔེར་ན། འཇང་རྗེ་ཀག་ལ་ཕོང(阁罗风)གི་བློན་པོ་དྭན་ཙུང་ཀོག(段忠国) བྱ་བ་བཙན་པོ་ཁྲི་ལྡེ་གཙུག་བརྟན་ལ་ཕྱག་འཚལ་དུ་སླེབས་ཚེ། བཙན་པོ་རྗེ་འབངས་ཀྱིས་བླངས་པའི་མགུར་དུ“རྒྱ་རྗེ་ནི་བསམ་ལང་ལ། དགྲའ་བཞེར་ནི་གཡུལ་སྤྲད་ཅིང་། །”ཞེས་བྱུང་བ་འདི་ཐང་ཞོན་ཙུང་ལ་ཁེལ་ན་ཡང་། སྤྱི་ལོ698ལོར་ཁྲི་འདུས་སྲོང་གི་མགར་སྤུན་མཆེད་ལ་བཀའ་བཀྱོན་ཕབ་པས་ན། མགར་མང་པོ་རྗེ་སྟག་ཚབ་རྒྱལ་ཏེ་རེ་སོགས་བོད་ནས་ཐང་ལ་འབྲོ་དུས་ཀྱང་། “རྗེའི་ནི་སྐལ་ཐོག་པ། རྒྱ་རྗེ་ནི་བསམ་ལང་ཞིག །”ཅེས་སམ། “ཇོ་བོ་ནི་རྟག་རྫན་དང་། རྒྱ་རྗེ་ནི་བསམ་ལང་། ……”[14]ཞེས་བྱུང་བ་འདིའི་ནི་ཐང་གི་རྒྱལ་མོ་ལྷའི་ཅི་ཐེན་གྱི་དུས་ཡིན་པས། ཁོ་མོའང་སན་ལང་ཡིན་པའི་ངེས་པ་མེད་དེ་སྐབས་དེར་བོད་ཀྱིས་རྒྱ་རྗེ་རྣམས་ལ་མཚན་དེ་འདྲ་ཞིག་གིས་འབོད་སྲོལ་ཡོད་པ་ཡིན་ནམ་ཞེས་སྙམ་པ་ལས་ཐང་ཞོན་ཙུང་གཅིག་ཉིད་དུ་འདོད་ན་ཁྲབ་ཆུངས་པར་སེམས། དེ་ཡང་འདིར“ཁའི་འགྭན་ཤིང་ཝུན་ཤྀན་ཝུ”ནི开远圣文神武སྟེ་ཐང་རྗེ་ཞོན་ཙུང་གི་ཚེ་ལོའི་མིང་ཤ་སྟག་ཅིག་ཡིན་ཏེ། ཐང་རྗེ་འདི་པའི་ཁྲི་ལོ་ཁའི་ཡོན(713—742)ཉེར་བདུན་པ་སྟེ་སྤྱི་ལོ739ལོའི་ལུགས་རྙིང་གི“ཟླ་གཉིས་པར། བཀུར་བའི་ཚེ་ལོར་ཁའི་ཡོན་ཧྲིང་ཝུན་ཧྲིན་ཝུ་ཧྭང་ཏེ་ཞེས་བསྟན”[15]པའི་ཕྱིར་རོ། །དེས་ན་ཇོ་རིངས་ཀྱི་སྐབས་འདིར“ཞའོ་ཧའོ་ཧྭང་ཏེ”འམ“ཏྭ་ཧའོ་ཧྭང་ཏེ”དང“ཏྭ་ཧའོ་ཏྭ་ཧྲིང་ཏྭ་ཀྲའོ་ཞའོ་ཧྭང་ཏེ(孝和皇帝、大和大圣大皇帝、大和大圣大昭孝皇帝)”ཞེས་བྱ་བ་ཐང་ཀྲུང་ཙུང་གི་ཚེ་ལོ་གང་རུང་ཞིག་ཡིན་དགོས་ལ། རྒྱའི་འགྱུར་ཡིག་དག་ཏུའང“ཧྲིང་

བྱིན་ཞིན་བྱི(圣文显武)”འདྲ་བསྒྱུར་འདུག་པ་ཡང་ནོར་རོ། །

གཞན་ཡང་། 《ཐང་ཧྲོང་གཉེར་ཡིག》ལྟར་ན་རྒྱ་བཟའ་འདི་པ་བོད་དུ་ཕྱིན་དུས་བཙན་པོ་དགུང་ལོ་བདུན་ལས་བཞེས་མེད་པ་དང་། རྒྱའི《ཐང་ཡིག་གསར་མ》ལྟར་ན་སྤྱི་ལོ704ལོར་ཡབ་ཁྲི་འདུས་སྲོང་སྐུ་གཤེགས་དུས་སྲས་ཁྲི་ལྡེ་གཙུག་བརྟན་དགུང་ལོ་བདུན་ཡིན་ཞིང་། དེ་ནས་གོང་ཇོ་ཕྱིན་པའི710ལོར་དགུང་ལོ་བཅུ་གསུམ་ཡིན་པ་དང་ངམ་ཤུགས་ལ་བསྟན་ཏེ་རྒྱ་བོད་ཡིག་ཚང་ལོ་དྲུག་རྒྱུགས། ངེད་ཅག་གིས་ཐང་ཧྲོང་གཉེར་ཡིག་ལས་བྱུང་བ་རྣམ་དག་པར་འདོད། རྒྱུ་མཚན་ནི། སྐབས་དེར་བོད་ཀྱི་རྒྱལ་རབས་ནི་འཇིགས་པ་ཆེན་པོའི་དུས་ཞིག་ལ་ཐུག་པ་འདི་ལྟ་སྟེ། 695ལོར་མགར་བཙན་ཉེན་གུང་རྟོན་བཙན་པོར་གློ་བ་རིངས་པས་དེ་བཀུམ་གཤིས་རྗེ་བཙན་པོ་དང་མགར་གྱི་རྒྱུད་པའི་བར་འགལ་བ་བྱུང་ཞིང་། ཐང་གིས་འགལ་བ་དེ་བེད་སྤྱད་ནས་བོད་ཀྱི་རྗེ་བློན་བར་ཕྲ་མ་བཅུག་པས698ལོར་མགར་སྤྱན་མཆེད་ལ་བཀྱོན་ཕབ་སྟེ་བློན་ཆེན་མགར་ཁྲི་འབྲིང་གིས་རང་སྲོག་རང་གིས་བླངས་པའམ། དེའི་བུ་མགར་མང་པོ་རྗེ་སྟག་ཚབ་རྒྱལ་ཧོ་རེ་དང་མགར་བཙན་ཡོད་གཉིས་འཁོར་དང་བཅས་པ་ཐང་ལ་བྲོས། 703ལོར་ཁྲི་འདུས་སྲོང་འཇང་ཡུལ་གཤེགས་པ་ཕྱི་ལོ་ཡུལ་དེ་ཊུ་འདས་པ་དང་སྲས་རྣམས་ཀྱིས་རྒྱལ་ས་བརྩད། 705ལོར་མནོན་སྣང་གྲགས་དང་ཁེ་རྒོད་མདོ་སྣང་བྱ་བ་ལ་སོགས་བཙན་པོར་ངོ་ལོག་ཅིང་སེ་རིབ་ཀྱི་ཡུལ་དུ་ཡང་ཟིང་འཁྲུག་བྱུང་། ཁུ་མང་པོ་རྗེ་ལྷ་ཟུང་བློན་ཆེན་པོར་བསྐོས་ཀྱང་གློ་བ་རིངས་པས་བཀྱོན་ཕབ། བཙན་པོའི་གཅེན་ཞིག་བལ་བོའི་རྒྱལ་པོར་བཞུགས་ཡོད་པའང་སྟོད་ཐབས་མེད་པར་རྒྱལ་ས་ལས་ཕུད། 706ལོར་ལྗོ་འདུས་སྲིགས་བྱ་བ་ཡང་གློ་བ་རིངས་པས་ཁྲིམས་ལ་སྦྱར། འདི་ལྟར་དབང་བསྒྱུར་གྲལ་རིམ་ནང་ཁུལ་དུ་འཐབ་རྩོད་དྲག་ཏུ་བྱུས་ཏེ་ཟིང་ཟིང་ལོང་ལོང་དུ་གྱུར་ཅིང་། ཁྱད་པར་དུ་མགར་བཙན་ཡོད་ལ་སོགས་པས་ཐང་གི་ངོར་བལྟས་པས་ཐང་གིས་དེ་རྣམས་ལ་བྱ་དགའ་དང་བློན་ཆེན་པོ་དམག་གི་ཁ་ལོ་སྒྱུར་བའི་ཐོབ་ཐང་བསྩལ་པ་དང་། མགར་སྤྱན་མཆེད་ནི་ལོ་ངོ་སུམ་ཅུ་ཙམ་གྱི་རིང་ལ་བཙན་པོ་བོད་ཀྱི་དཔོན་སྡེ་ཆེ་ཁག་དག་བཟུང་བའི་བློན་པོ་ཡིན་གཤིས་བོད་ཀྱི་གནས་ཚུལ་ལ་ཆ་རྒྱུས་ཡོད་པར་དེ་དག་ལས་མེད་དེ། དགྲ་ཤ་ལེན་པར་རྒྱ་དམག་བོད་ལ་མི་འདྲེན་པའི་ངེས་པ་མེད་པར་དོགས། དེས་ན་ནང་དགྲ་ཚར་གཅོད་པ་དང་། ཕྱི་དགྲ་ཐབས་ཀྱིས་འགོག་པ། རྒྱལ་འབངས་འཇགས་སུ་གཏོང་བ་ལ་མང་སྲོང་གི་བཙུན་མོ། འདུས་སྲོང་གི་ཡུམ། ཁྲི་ལྡེ་གཙུག་བརྟན་གྱི་ཨ་ཕྱི་སྟེ་འབྲོ་བཟའ་ཁྲི་མ་ལོད་ལས་མཁས་པ་ནི་མ་ཡོད་པར། ཕོ་མོས་རྒྱལ་སྲས་ཆེ་བ་རྣམས་ཀྱི་གང་ལ་ཡང་རྒྱལ་སའི་དབང་མ་བསྐུར་ཏེ། སྲས་ཐ་ཆུང་རྒྱལ་གཙུག་རུ་ལ་བཙན་པོའི་ཆོ་ལོ་བསྩལ་ནས་རྒྱལ་སྲིད་ཀྱི་དབང་ཡོད་དོ་ཅོག་ནི་མོ་རང་གིས་བཟུང་ཞིང་། སྔ་ཕྱིར་བློན་ཁྲི་བཟང་སྟག་ཚབ་དང་བློན་ཁྲི་གཟིགས། དཔོན་ད་རྒྱལ་བཙན་ཟུང་། ཞང་བཙན་ཧོ་རེ་ལྷས་བྱིན་སོགས་ལ་བརྟེན་ནས། ཐོག་མར་ངོ་

ལོག་པ་རྣམས་ཚར་བཅད། དེ་ནས་ཐང་གིས་བོད་ལ་མི་རྒོལ་བར་བཙན་པོའི་ན་ཚོད་གསང་ནས་ཐང་གི་སྲས་མོ་ཞིག་མནའ་མར་སྐྱོང་བ་ལ་ཕོ་ཉ་ཡང་ཡང་མངགས་མཐར་ཡུལ་ཐད་ཕྱུར་པ་གཉིས་ནས་སླར་ཡང་གཉེན་བརྩེགས་སོ། །ཞེས་སྨྲས་སོ། །

བཞི་པ། རྒྱའི་བསྒྱུར་ཡིག་གི་ཚན་པ་འགའི་ཡོ་བསྲངས་པའི་སྐོར།

1. རྫོ་རིངས་ཤར་ངོས་ཀྱི་ཡིག་ཕྲེང28-34ལས"བར་འགའ་ཕན་ཚུན་གྱི་སོའི་བློན་པོས་གནོད་པ་དག་རྩལ་བྱས་ཀྱང་། །གཉེན་པའི་ཚབ་གང་དུ་བྱ་བ། །ཐུགས་བྲེལ་ཆེན་པོའི་དག་གི་ཚེ། །དམག་སྟོངས་ཀྱིས་ཕན་ཐོགས་པར་བྱས་པ་དང་། །ཕན་ཚུན་ཐུགས་ནོངས་བྱུང་ངོ་ཚོག་ན། །དགྱེས་སྣང་དག་ཀྱང་མ་ཆད་པར་བསྲིས་ཏེ་འདི་ལྟར་ཉེ་ཞིང་པ་ཡིན་ན། །དབོན་ཞང་གི་ཚུལ་ཁོ་ན་ལྟར། །ཐུགས་ཡི་དམ་ཕབས་པ་ལས། །"ཞེས་བྱུང་བ་འདི་ནི་བོད་ཐང་གཉིས་ཐོག་མར་ཉེ་ཞིང་གཉེན་པ་དབོན་ཞང་གི་ཚུལ་དུ་གྱུར་པ་ལས། བར་གྱི་སྐབས་རིང་མོ་ཞིག་ལ་མ་མཐུན་པའི་གནས་ཚུལ་དུ་མ་བྱུང་རུང་། དབོན་ཞང་དུ་གྱུར་པའི་དགྱེས་སྣང་ནི་མ་ཆད་པའི་ཚུལ་སྤྱི་ཙམ་བརྗོད་པ་ཡིན་ཏེ། དེ་དོན་ཅུང་ཙམ་གོ་བདེ་བར་བསྒྱུར་ན་འདི་ལྟར་དུ་དང་པོར་སྲོང་བཙན་སྒམ་པོ་དང་ཐང་ཐའི་ཙུང་། དེ་ནས་མེས་ཨག་ཚོམ་དང་ཐང་ཀྲུང་ཙུང་དག་གི་རིང་ལ་ཐད་ཕྱུར་ཡུལ་གྱི་རྗེ་པོ་རྣམ་པ་ཞི་མཐུན་གྱི་ཆབ་སྲིད་ལ་ཐུགས་དགོངས་རྣམ་པར་མཐུན་ནས། སྦྱ་ཕྱིར་རྒྱ་བཟའ་རྣམ་གཉིས་བོད་དུ་ཕྱོན་ཏེ་ཐང་བོད་གཉིས་དབོན་ཞང་གི་ཚུལ་དུ་གྱུར་པ་དེ་ལ་རབ་ཏུ་དགྱེས་པ་ལས། བར་གྱི་སྐབས་འགར་ཕན་ཚུན་གྱི་སོ་མཚམས་སྲུང་བའི་བློན་པོ་དག་གིས་ཡུལ་གཉིས་འཁྲུག་པའི་ལས་ལ་སྦྱུར་ནས་གནོད་པ་མང་དུ་བྱས་ཀྱང་། ཐང་བོད་གཉིས་དབོན་ཞང་དུ་གྱུར་པའི་ཚུལ་ནི་བཤིག་མ་ཐུབ། དེ་ལས་ལྡོག་སྟེ་གཉེན་གྱི་ཚབ་ཏུ་ལས་གང་དང་གང་བྱ་འོས་པའི་དོན་དེ་དང་དེ་དག་བསྒྲུབས་ཤིང་། གཉེན་ལ་སྣང་དགྲས་གཅེས་ཏེ་ཐུགས་བྲེལ་ཆེན་པོ་བྱུང་བ་དག་གི་ཚེ་ཡང་། དམག་མངགས་ནས་སྟོངས་གྲོགས་བྱས་ནས་ཕན་བཏགས། མ་ཟད་ཡུལ་གྱི་རྒྱལ་པོ་སུ་ལ་ཐུགས་དགོངས་ནོར་པའམ་ཉེས་པ་ཅི་དང་ཅི་བྱུང་རུང་། གཉེན་དུ་གྱུར་པའི་དགྱེས་སྣང་གི་མཚམས་ནི་མ་ཆད་པར་དེར་བསྲིས་པ་འདི་ལྟར་ཉེ་ཞིང་གཉེན་པས་ན། དབོན་ཞང་གི་ཚུལ་ཁོ་ན་ལྟར་ཡབ་མེས་སྐུ་གོང་མ་རྣམས་ཀྱིས་ཡིད་ཀྱི་དམ་བཅའ་བཞག་སྟེ་མཐའ་དུམ་མཛད་པའི་ཚུལ་དེ་དག་ལ་བརྟེན་པ་ལས་ཡབ་རྒྱལ་པོ་ཁྲི་ལྡེ་སྲོང་བཙན་གྱི་ཞལ་སྔ་ནས་དེ་ལྟར་མཛད་ལ། སྲས་ཁྲི་གཙུག་ལྡེ་བཙན་ཀོ་བོས་ཀྱང་དེ་བཞིན་མཛད་པ་ཡིན། ཞེས་བྱ་བ་འདི་འདྲ་ཞིག་ཡིན་མོད། འོན་ཀྱང་། རྒྱའི་བསྒྱུར་ཡིག་རྣམས་རྫོ་རིངས་ཀྱི་བརྗོད་པ་དང་ཐད་དེ་འགལ་ནས། "བར་ལ། ཕན་ཚུན་གྱི་སོའི་བློན་པོས་ཕྲ་མ་བཙུག་པས་ལེགས་པའི་གཉེན་ནི་དོར། མཛའ་བའི་དོད་དུ་གཡུལ་བཤམས། སྐྱེར་ཕན་དོན་དུ་གཉེར་ནས་བརྩེ་དུང་

ལ་གནོད་བྱས། འདི་འདྲའི་ཚུལ་ཡང་ཡང་དུ་བྱུང་ཆེ། ངེད་ཅག་དགྱེས་པའི་སྣང་བ་ནི་མ་ཆད་པར་ཕན་ཚུན་ཉེ་ཞིང་གཉེན་པའི་ཚུལ་གྱིས་དཔོན་ཞང་གི་འདུ་ཤེས་མཚོན་པའི་མཇལ་འདུམ་ཡང་དང་ཡང་དུ་མཛད་པ་དང་མཚུངས།” ཞེས་པ་སོགས་ཕྱིན་ཅི་ལོག་པ་འདི་ལྟ་བུ་ཞིག་ཏུ་བསྒྱུར་འདུག བོད་ཡིག་ལ་རྒྱུས་མེད་པའི་རྩོམ་སྒྲིག་ཁང་དག་གིས་ཐོག་མའི་ལོག་བསྒྱུར་ལྟར་རང་རང་ནས་བསྐྱུན་པའི་འབྲེལ་ཡོད་དཔེ་དེབ་ཏུ་གོང་བཞིན་བཀོད་པ་ལ་ཁག་མེད་ཀྱང་། བོད་ཡིག་གི་ཁོངས་ལོན་པའི་མཁས་མཆོག་རྣམ་པ་ཡང་དང་མའི་བསྒྱུར་ཡིག་གི་རྗེས་ཁོ་ནར་བསྙེགས་ཏེ་བློ་གྲོས་ཀྱི་སྤྱན་རྣམ་པར་གཡེངས་པ་ནི་འོས་མ་ཡིན་པར་སྙམ། འདིར་ཐུགས་བྲེལ་ཆེན་པོའི་དག་གི་ཆེ། དམག་སྟོངས་ཀྱིས་ཕན་ཐོགས་པར་བྱས་པ་དཔེ་མཚོན་ཙམ་བཀོད་ན། ཐང་རྗེ་ཀའོ་ཙུང་རྒྱལ་སར་བཀོད་མ་ཐག་པའི་སྤྱི་ལོ649ལོར་ཁྲི་སྲོང་བཙན་གྱིས“གནམ་གྱི་སྲས་ཁྲི་ལ་གསར་དུ་བཞུགས་པ་ལགས། གལ་ཏེ་གོང་མའི་ཆབ་འབངས་ངོ་ལོག་པ་བྱུང་ན། ཁོ་བོས་དམག་དྲངས་ཏེ་གྲོགས་ཏན་བྱས་པས་ཆོག”[16]ཅེས་འཕྲིན་ཡིག་བཏང་བ་དང་། 648ལོར་ཐང་གི་ཕོ་ཉ་པ་ཝང་ཧྲོན་ཚེ་བྱ་བ་རྒྱ་གར་དུ་ཕྱིན་ཚེ་ཡུལ་དེའི་རྒྱལ་པོ་སྲིད་སྐྱོབ་ཀྱིས་ཝང་ཧྲོན་ཚེ་འཁོར་སུམ་ཅུ་དང་བཅས་པ་བཙོམ་སྐྱེ་མང་ཤོས་བསད་ཅིང་། ཝང་ཧྲོན་ཚེ་དང་མི་རེ་གཉིས་བྲོས་ནས་ཤོར་བ་རྣམས་ཀྱིས་ཁྲི་སྲོང་བཙན་གྱི་སྔན་དུ་གནས་ཚུལ་དག་གསོལ་ནས་སྐྱབས་བཅོལ་བས་ན། བཙན་པོས་འཕྲུལ་དུ་བོད་དམག་གོ་ཏྲགས་ཆིག་སྟོང་ཉིས་བརྒྱ་དང་། བལ་དམག་རྟ་པ་བདུན་སྟོང་ཐང་གི་ཕོ་ཉ་པར་སྤྲད་དེ་རྒྱ་གར་དུ་དྲངས་པའམ། 647ལོར་ལི་ཡུལ་རེ་ཞིག་ཐང་ལ་ངོ་ལོག་པ་ན་བོད་དམག་གིས་དེ་འཇགས་སུ་གཏོང་བར་ཐང་ལ་གྲོགས་བྱས་པ། རྗེས་སོར་ཐང་གི་དམག་དཔོན་ཀྲུའུ་ཚེ(朱泚)བྱ་བ་གོང་མར་ལྷོ་བ་རིངས་ཏེ་ཁྲང་ཨན་ཕབ་ནས་རྒྱལ་ཁབ་ཀྱི་མིང་ཐང་ལས་ཧན(汉)དུ་སྒྱུར་ཤིང་རང་ཉིད་ཧན་ཡོན་ཐེན་ཧོང་བྱས་པ། ཁྲི་ལོའི་མིང་ལ་ཐེན་ཧོང(汉元天皇)ཞེས་འདོགས་པའི་སྐབས་སུ་བོད་ཀྱི་དམག་དཔོན་ཆེན་མོ་ཞང་རྒྱལ་ཟིགས་ཀྱིས་དེ་འདུལ་བར་གོང་མར་འཕྲིན་བཏང་ལ་གྲོགས་ཀྱང་བྱས་ནས་དེ་ཚར་གཅོད་པ་ཕན་བཏགས་པས་ཐང་ཏེ་ཙུང་ཡང་རབ་ཏུ་མཉེས་པར་གྱུར་པ་སོགས་ལྟ་བུའོ། །དེས་ན་རྫོ་རིངས་ཀྱི་ཡི་གེ་ལས“དམག་སྟོངས་ཀྱིས་ཕན་ཐོགས་པར་བྱས་པ”ཞེས་བྱུང་བ་ནི་དམག་གིས་སྟོངས་གྲོགས་ཀྱིས་ཕན་བཏགས་པའི་དོན་ཏེ་ད་གོང་གི་དོན་དེ་དག་ལ་འཇུག་གི“མཛའ་བའི་དོད་དུ་གཡུལ་བཤམས”ཤེས་པ་འདྲར་བསྒྱུར་པ་ནི་མ་ལེགས། དེ་མིན“ཕན་ཚུན་གྱི་སོའི་བློན་པོས་གནོད་པ་དག་རྩལ་བྱས་པ”འམ“ཕན་ཚུན་ཐུགས་ནོངས་བྱུང”བའི་སྐོར་ཡང་མང་དུ་འཆད་རྒྱུ་ཡོད་ཀྱང་ཡི་གེས་མངས་དོགས་པས་ཆོག་པར་བྱས། སྤྱིར་ན་སྤྱི་ལོ670-822བར་གྱི་ལོ་ཆིག་བརྒྱ་བརྒྱད་ཅུ་ལྷག་གི་རིང་ལ་ཕན་ཚུན་གྱི་སོ་མཚམས་སྲུང་བའི་བློན་པོ་རྣམས་ཀྱིས་གནོད་པ་བྱས་ནའང་འདྲ། ཕྱོགས་གཉི་གའི་རྗེ་པོར་ཐུགས་ནོངས་བྱུང་ཡང་རུང་། གང་ལྟར་ཀྱང་ཡུལ་གཉིས་ཀྱིས་ས་ཆའི་འཁྲུག་རྩོད་རྒྱལ་ཕམ་མང་དུ་བྱས་ཀྱང་

ཐང་བོད་གཉིས་དབོན་ཞང་དུ་གྱུར་པའི་དགྱེས་སྣང་ནི་མཚམས་མ་ཆད་པར་དེ་ལ་གཅེས་ཤིང་བསྲིས་ཏེ། ཐེངས་དུ་མར་འདུམ་བྱས་ནས་ཉེ་ཞིང་གཉེན་པའི་ཚུལ་ཡང་ཡང་དུ་གསོས་སོ། །

2. ཇོ་རིངས་ཤར་ངོས་ཀྱི་ཡིག་ཕྲེང46-59ལས“དབོན་ཞང་མོལད་པའི་རྗེས་ཀྱང་ཚར་མ་ཕྱིན་པར་ཐུགས་ནོངས་ཀྱིས་བརྩལ་ཏེ། །བར་གྱི་གཙུགས།(འཚུགས།) སྙིང་པ་ཕྲན་ཚེགས་ཀྱི། །དོགས་ཕྲིག་གིས། །ལེགས་པ་ཆེན་པོའི་སྐུ་དོན། །ཕྱི་ལྷིགས། །(ལྷིབས)ཤི་དག་དུ་གྱུརད་ནས། །དགྲ་ཚེས་ཀྱི་ཐབས་དང་། །དམག་བརྩན་པོ་དག་ཀྱང་མྱི་རྟུལ་དུ་མ་ཏུང་སྟེ། །དགྲ་ཟུན་གྱི་ཚུལ་དུ་གྱུརད་གྱིས་ཀྱང་། །”ཞེས་བྱུང་བའི་སྐོར་ལ་དེང་ཙག་དང་རྒྱའི་བསྒྱུར་ཡིག་གིས་གོ་བ་ཐ་དད་དུ་ལེན་གྱིན་ཡོད། བསྒྱུར་ཡིག་ལྟར་ན། བཙན་པོ་དབོན་ནི་གདུང་རབས་གཅིག་དང་ཞང་པོ་རྒྱ་ནི་གདུང་རབས་གསུམ་གྱི་རིང་ལ་ཕན་ཚུན་བར་བཀའ་འཁོན་གྱི་འཚུགས་པ་ནི་མ་བྱུང་ལ། མཛལ་འདུམ་ཆེན་པོ་ཡང་མ་འགྲུབ། དེས་ན་ཁྲི་གཙུག་ལྡེ་བཙན་དང་ཐང་མོའུ་ཙུང་གཉིས་ཀྱི་སྐུ་རིང་འདིར་དེ་ལྟ་མ་ཡིན་པར“དབོན་ཞང་མོལ་ཏེ་འཁོན་སྙིང་པ་ནི་མེད་པར་བསལ་ཅིང་། དོགས་འཕྲིགས་ནི་ཡོངས་སུ་སྤངས་པ། མཛད་འཕྲིན་རླབས་པོ་ཆེ་ནི་རྣམ་པར་ཡང་དག་པ། དགྲ་འཐབ་ཀྱི་ལས་ལ་རབ་ཏུ་སྤྲོ་བ་མི་བྱེད་པར། ཉེ་ཞིང་གཉེན་པར་གྱུར་ན་ཅི་མ་ཏུང་།” ཞེས་འདི་འདྲའི་གོ་བ་ཡ་མཚན་ཞིག་ལེན་གྱིན་འདུག འདི་དག་རང་རྩོམ་ཡིན་ན་ལེགས་མོད། བསྒྱུར་རྩོམ་ཡིན་པས་སྐྱོན་དུ་སོང་། རྒྱུ་མཚན་ནི་མ་ཡིག་ན་གོང་གི་འདི་དག་ཡེ་ནས་མེད་པའི་ཕྱིར་རོ། །དོན་དམ་ཇོ་རིངས་ལས་བྱུང་བའི་དགོངས་དོན་ནི་དེ་འདྲ་མ་ཡིན་པར་འདི་ལྟ་སྟེ། བཙན་པོ་དབོན་ནི་སྐུ་ཚེ་གཅིག་སྟེ་ཡབ་རྒྱལ་པོ་ཁྲི་ལྡེ་སྲོང་བཙན་དང་། ཞང་པོ་རྒྱ་ནི་གདུང་རབས་གསུམ་སྟེ་ཐང་ཧི་ཙུང་དང་ཧྲོན་ཙུང་། ཞན་ཙུང་བཅས་ཀྱི་སྐུ་རིང་ལ། ཕན་ཚུན་བར་སྣང་བའི་འཁོན་རེས་འཚུགས་པ་ནི་མ་བྱུང་བར་ཕན་ཚུན་དགྱེས་པའི་དབོན་ཞང་གི་སྲི་ཞུའི་ལུགས་དང་ལྡན་པའི་རྒྱུན་མ་ཆད་དེ། གཅེས་སུ་འོས་པའི་ཕོ་ཉ་པ་རྣམས་ལ་བརྒྱུད་ནས་བཀའ་འཕྲིན་རྣ་བར་སླན་པ་དང་ལེགས་སྐྱེས་ཀྱི་དགོར་ནོར་བཟང་པོ་དག་རྒྱུན་དུ་འབུལ་རེས་བྱས་ན་ཡང་། མཛལ་འདུམ་གྱི་མདོ་ཆེན་པོ་བཀའི་གཙུགས་སུ་བཅའ་བ་སྟེ་གྲོས་ཆོད་ཀྱི་ཡིག་ཆ་ལྟ་བུ་ནི་མ་བྱུང་། མ་ཟད་ཡབ་ཀྱི་རིང་ལ་དབོན་ཞང་མོལ་ནས་ཐུགས་དགོངས་མཐུན་པར་བྱུང་རྗེས་ཀྱང་དགོངས་དོན་ལྟར་ཚར་ཕྱིན(མཐར་ཕྱིན)པ་ཞིག་མ་བྱུང་བར། ནོར་འཁྲུལ་གྱི་སྒོ་ནས་གཅིག་སྐྱོན་གཅིག་གིས་བཙལ་ཏེ། བར་འགལ་ལ་འཚུགས་པ་སྙིང་པ་ཙུང་ཟད་རེ་ཡོད་པ་དེར་དོགས་ཤིང་འཕྲིགས་ནས། ལེགས་པ་ཆེན་པོའི་སྐུ་དོན་བསྒྲུབ་དེ་མིང་ཙམ་དུ་གྱུར་ཏེ། སྔར་དགྲའི་ཁྲུད་ཆོས་དང་ལྡན་པའི་ཐབས་དང་བཀོད་པས་དམག་དཔུང་བཙན་པོ་དག་གི་འཁྲུག་པ་མི་བྱེད་པ་བཟོད་མ་ཐུབ(མྱི་རྟུལ་དུ་མ་ཏུང:དགག་སྒྲ་གཉིས་ཀྱིས་རྣལ་མ་གོ)སྟེ་གཡུལ་གྱི་ལས་སྤྱ་བཀོང་བ་རྣམས་བྱས་པས། དགྲ་ཟེར་ཏེ་སྔར་དགྲའི་ཚུལ་དུ་གྱུར་ཀྱང་།” བོད་རྒྱ་གཉིས་ཀྱི་འབངས་ཡོད་དོ་འཚལ་སྤྱ་ལུགས་བཞིན་ཉེ་ཞིང་གཉེན་པའི་ཆེད་

དུ། འཕྲུལ་གྱི་ལྷ་བཙན་པོ་ཁྲི་རལ་ཅན་ཁོ་བོས་འདི་འདྲའམ་དེ་འདྲ་བྱས་སོ། །ཞེས་བརྗོད་པ་འདི་ལྟར་དུ་འདོད་དོ། །

དེ་ཡང་འདིར་རྡོ་རིངས་ཤར་ངོས་ཀྱི་ཡིག་ཕྲེང34བར“བཙན་པོ་ཡབ་ལྷ་འཕྲུལ་ཁྲི་ལྡེ་སྲོང་བརྩན་གྱི་ཞ་སྔ་ནས”ཞེས་པ་ནས་ཡིག་ཕྲེང50བར། “དགྲ་ཟླུན་གྱི་ཚུལ་དུ་གྱུརད་གྱིས་ཀྱང”ཞེས་པ་སོགས་ནི་ཁྲི་གཙུག་ལྡེ་བཙན་གྱི་ཡབ་སད་ན་ལེགས་ཀྱི་ཆེ་བ་བརྗོད་པའི་སྐོར་ཡིན་ཏེ། བཙན་པོ་འདི་པར་ཐུགས་དགོངས་རྒྱ་ཆེ་བ་དང་ཆོས་སྲིད་ཅི་ལ་ཡང་མཁས་ཤིང་གསལ་བའི་ཡོན་ཏན་དང་ལྡན་པས། མཐའ་བཞིའི་རྒྱལ་པོ་ཀུན་དང་མཇལ་དུམ་མཛད་པ་མ་ཟད། རྒྱ་རྗེ་ཧྲིང་ཧྲིན་བྷུན་བྷུ་ཧྭང་ཏེ། (神圣文武皇帝) སྐེ་ཐང་ཧི་ཙུང་དང་ཡང་མཇལ་དུམ་མཛད། མཛད་ནས་ཀྱང་བོད་ཀྱི་བཙན་པོ་དཔོན་ནི་སྐུ་ཚེ་གཅིག་དང་རྒྱ་རྗེ་ཞང་པོ་ནི་གདུང་རབས་གསུམ་གྱི་རིང་ལ་འཕྲིན་སྐུར་རེས་དང་ལེགས་སྐྱེས་འབུལ་རེས་སོགས་ཉེ་ཞིང་གཉེན་པའི་ཚུལ་གྱིས་དུས་འདའ་བར་བྱས་ཀྱང་། མཇལ་དུམ་གྱི་དོན་གནད་གཙོགས་སུ་བཅའ་བ་ལྟ་བུ་ནི་མ་འགྲུབ་པར་གཅིག་སྐྱོན་གཅིག་གིས་བཅལ་བའམ་ཕན་ཚུན་ལ་དོགས་ཤིང་འཕྲིགས་པས་དམག་འཁྲུག་མང་དུ་བྱས་ཏེ་དགྲར་གྱུར་ཀྱང་། ཞེས་ཟེར་བ་ཡིན་མོད། འོན་ཀྱང་། བཙན་པོ་འདི་པས་ཐང་ཧི་ཙུང་དང་འདུམ་བྱེད་པ་བོད་ཀྱི་ལོ་རྒྱུས་དེབ་ཐེར་རྣམས་སུ་ཡི་མི་སྣང་། རྒྱའི་ལོ་རྒྱུས་དེབ་ཐེར་ཐང་ཡིག་གསར་རྙིང་ལས་ཐང་ཧི་ཙུང་གི་ཁྲི་ལོ་ཀྲིན་ཡོན་བཅུ་དགུ་པའི་ཟླ་ལྔ་པ་སྟེ་སྤྱི་ལོ803ལོར་བོད་བློན་རྒྱལ་བཞེར་ཐང་ལ་སླེབས་པ་དང་། ཁྲི་ལོ་ཉི་ཤུ་པའི་ཟླ་བཞི་པ་སྟེ་སྤྱི་ལོ804ལོར་བོད་བློན་ཁྲི་བཞེར་སོགས་ཕོ་ཉ་པ་མི་ལྔ་བཅུ་ང་བཞི་ཐང་ལ་སྐྱེས་འབུལ་དུ་འབྱོར་བའམ། ལོ་དེར་བློན་རྒྱལ་བཞེར་སླར་ཡང་འབྱོར་ཞིང་ཐང་གི་བློན་པོ་ཡོའུ་ལུང་བོའུ་དམག་དཔོན་ཆེན་མོའི་ཐོབ་ཡོད་པ་ཞུའེ་པེ(右龙武将军薛坯)བྱ་བ་བོད་ཀྱི་ཞུ་ལན་དུ་བཏངས་པ་སོགས་ཕོ་ཉ་འགྲོ་འོང་བྱེད་པ་ཙམ་ལས་འདུམ་བྱེད་པ་ནི་མི་གསལ། དེ་ཡང་རྒྱའི་ཡིག་ཚང་གཞན་ཞིག་ལས་སྤྱི་ལོ809ལོར་བོད་ཀྱིས་ཡང་བསྐྱར་འདུམ་པར་ཞུས་པས་ན། གོང་གི་ཞལ་སྔ་ནས་བཀས་གནང་སྟེ་ཟླ་ལྔ་པར་སི་ཕུའུ་ལང་ཀྲུང་གི་ཐོབ་ཡོད་པ་ཞུས་ཧྥུ(祠部郎中徐复)བོད་དུ་ཕོ་ཉར་འགྲོ་དགོས་པའི་བཀའ་བསྒྲལ་པ་སོགས་བྱུང་ཡང་། ལོ་དེ་ནི་ཐང་ཞན་ཙུང་གི་ཁྲི་ལོ་ཡོན་ཧེ(元和)བཞི་པ་ཡིན་པས། ཐང་ཧི་ཙུང་འདས་ལ་ཧྲོན་ཙུང་ཡང་འདས་ཏེ། རྡོ་རིངས་ཀྱི་ཡི་གེ་ལས“རྒྱ་རྗེ་ཞིང་བྷུན་ཤིན་བྷུ་ཧྭང་ཏེ་དང་། །མཇལ་དུམ་དུ་མོལ་ཏེ།” “དེ་ཙུན་ཆད། རྒྱ་རྗེ་ཞང་ནི་གདུང་རབས་གསུམ་གྱི་བར་དུ”ཞེས་པ་དང་འགལ་ནས་སྒྲུར་ཐབས་མེད།” “རྒྱ་རྗེ་ཞིང་བྷུན་ཤིན་བྷུ་ཧྭང་ཏེ་དང་། །མཇལ་དུམ་དུ་མོལ”པ་དེ་རལ་པ་ཅན་གྱི་མེས་པོ་ཁྲི་སྲོང་ལྡེ་བཙན་གྱི་དུས་ཏེ་སྤྱི་ལོ783ལོར་ཐང་བོད་གཉིས་འདུམ་པར་གྱུར་པ་དེར་ངོས་བཟུང་ན། ཐང་ལ་ཧི་ཙུང་དང་ཧྲོན་ཙུང་དང་ཞན་ཙུང་བཅས་གདུང་རབས་གསུམ་སོང་སྟེ་རྡོ་རིངས་ཀྱི་ཡི་གེ་དང་འཐོད་ཀྱང་། བོད་ལ་མཚོན་ན“དེ་ཙུན་ཆད”ཁྲི་སྲོང་ལྡེ་བཙན་དང་ཁྲི་

ལྡེ་སྲོང་བཙན་ཡབ་སྲས་གཉིས་ཙམ་ཕྱིན་པས་བཙན་པོ་དབོན་ནི་སྐུ་ཆེ་གཅིག་ཅེས་པ་དང་སྦྱོར་ཐབས་ཀྱིས་སྟོངས། གང་ལྟར་ཀྱང་། ངེད་ཅག་གི་བསམ་པ་ལ་རྗོ་རིངས་ཀྱི་ཡི་གེ་དང་འབྲེལ་ཡོད་དེབ་ཐེར་འདི་རྣམས་ལས་བྱུང་བར་བལྟས་ན། བཙན་པོ་ཁྲི་ལྡེ་སྲོང་བཙན་དང་ཐང་རྗེ་ཧྲི་ཙུང་གཉིས་ཀྱི་སྐུ་རིང་ལ། "མཛལ་དུམ་གྱི་མདོ་ཆེན་པོ་གཙིགས་བརྣ་བ་ལྟ་བུ་ཡང་མ་གྲུབ"པའི་གྲོས་མོལ་ཞིག་བྱས་ལ། བྱས་ནས་ཀྱང"ཚར་མ་ཕྱིན་པར་ཐུགས་ནོངས་ཀྱི་བརྩལ་ཏེ། །……དགྲ་ཆོས་ཀྱི་ཐབས་དང་། །དམག་བརྩན་པོ་དག་མི་རྟུལ་དུ་མ་ཊུང་སྟེ། །དགྲ་ཟིན་གྱི་ཚུལ་དུ་གྱུརད"པར་ངེས། བདེ་བླག་ཏུ་མ་འགྲུབ་པའི་མཛལ་འདུམ་དེ་ཡང་ཕོ་ཉ་འགྲོ་འོང་བྱེད་པ་ལས་ལབ་གླེང་བྱས་པ་ཙམ་ལས་ཡུལ་ཐད་གྱུར་པ་གཉིས་ནས་གཟབ་ཅིང་རྒྱས་པའི་ངང་མ་བྱས་པར་འདྲོ། །ཞེས་སྨྲས་སོ། །

ལྔ་པ། ཡུལ་གཉིས་ཀྱི་སོ་མཚམས་གང་ནས་བཅད་པའི་སྐོར།

འདིར་བཀའ་གཙིགས་རྗོ་རིངས་ནུབ་ངོས་ཀྱི་ཡིག་ཕྲེང12-35ལས། "འཕྲུལ་གྱི་ལྷ་བཙན་ཁྲི་གཙུག་ལྡེ་བརྩན་གྱི་ཞ་སྔ་ནས། །རྒྱ་རྗེ་བྱུན་བུ་ཧེའུ་ཏིག་ཧྭང་ཏེ་དང་། །དབོན་ཞང་གཉིས། །སྐམ་དཀྱིལ་ཆེན་པོས་ནི། །འཕྲུལ་ཡུན་ཡུལ་གྱི་ལེགས་ཉེས་ཅི་ཡང་བསྲུང་སྟེ། །ཐུགས་རྗེ་ཆེན་པོས་ནི། །བཀའ་དྲིན་གྱིས་དགབ་པ་ཕྱི་ནང་མེད་པས། །མང་པོ་ཀུན་བདེ་སྐྱིད་པར་བྱ་བ་ལ་ནི་དགོངས་པ་གཅིག་ཡུན་རིང་པོར་ལེགས་པའི་དོན་ཆེན་པོ་ལ་ནི་བཀའ་གྲོས་མཐུན་ཏེ། །གཉེན་རྙིང་པའི་སྲི་ཞུ་ནི་དང་སྔའི་ཁྲིམས་ཆོས་དགྱེས་པའི་ཚུལ་སྣར་དུ་བརྩེགས་པར་མོལ་ནས། །མཛལ་དུམ་ཆེན་པོ་ནི་མཛད་དེ། །བོད་རྒྱ་གཉིས། །ད་ལྟར་དུ་མངའ་བའི་ཡུལ་དང་མཚམས་སྲུང་ཞིང་། །དེའི་ཤར་ཕྱོགས་ཐམས་ཅད་ནི་རྒྱ་ཆེན་པོའི་ཡུལ། །ནུབ་ཕྱོགས་ཐམས་ཅད་ནི་ཡང་ཐག་པར་བོད་ཆེན་པོའི་ཡུལ་ཏེ། །དེ་ལས་ཕན་ཚུན་དགྲར་མི་འཐབ། །དམག་མི་དྲང་། ཡུལ་མི་མནན། །ཡི་མ་ཆེས་པ་ཞིག་ཡོད་ན། །མི་བཟུང་ཞིང་གཏམ་དྲིས་ཏེ། །བརྫངས་ནས་ཕྱིར་གཏང་ངོ་། །"ཞེས་བྱུང་། དེ་ཡང་འདིར་ཡིག་ཕྲེང26--28བར"བོད་རྒྱ་གཉིས། །ད་ལྟར་དུ་མངའ་བའི་ཡུལ་དང་མཚམས་སྲུང་ཞིང་། །ཞེས་པའི"ཡུལ་དང་མཚམས"ནི་ས་ཕྱོགས་གང་དང་གནས་གང་ཡིན་པ་བོད་ཡིག་ཏུ་གསལ་པོར་བཀོད་མེད་ལ། རྗོ་རིངས་ངོས་ཀྱི་མཚམས་འདིའི་རྒྱ་ཡིག་བཙུ་ཙམ་ཡང་ཉམས་པས་ཤེས་པར་དཀའ། རྒྱུ་མཚན་དེའི་དབང་གིས་བོད་རྒྱ་ལ་སོགས་པའི་རིམ་བྱོན་མཁས་དབང་རྣམ་པས་ཡུལ་དང་མཚམས་ཞེས་བར་བཞེད་པ་སྣ་ཚོགས་བཟུང་བ་རྣམས་མདོར་ན། འགའ་རེས་གུང་གུ་རྡི་ཏུ་སྟེ་མཚོ་སྔོན་ཞིང་ཆེན་གྱི་ཁྲི་ཀ་འདོད་ལ། ཁ་ཅིག་གིས་ཀན་སུའུ་ཞིང་ཆེན་གྱི་ཐའོ་མིན(洮岷)བཞེད་ཅིང་། ལ་ལས་ཀན་སུའུ་ཞིང་ཆེན་གྱི་ཆེང་ཧྲུའི་ཞན་སེམས། ངེད་ཅག་དེ་རྣམས་ཀྱི་གང་ལའང་མི་འཐད་པས་ད་ནི་དེ་དག་ལ་དཔྱད་པར་བྱ་བ་ལ་འདི་ལྟ་སྟེ།

ཀ། ལར་བོད་ཀྱི་ལོ་རྒྱུས་དེབ་ཐེར་མང་ཆེ་བར་བཙན་པོ་ཁྲི་རལ་པ་ཅན་དང་ཐང་རྗེ་མོའུ་ཚུང་རྣམ་གཉིས་འདུམ་པར་གྱུར་ནས། བོད་ཀྱི་ལྷ་ས་དང་རྒྱ་ཡུལ་ཁྲང་ཨན། བོད་རྒྱ་གཉིས་ཀྱི་ས་མཚམས་གུང་གུ་རྨེ་རུ་བྲུ་བ་བཅས་སུ་རྡོ་རིངས་རེ་བཙུགས་ནས་སོ་སོའི་ས་མཚམས་ཆུ་མཚམས་གསལ་པོར་བཅད་ཅེས་ཀྱང་། གུང་གུ་རྨེ་རུ་བྲུ་བ་དེ་དེང་སང་ཡུལ་གང་གི་གནས་གང་ཞིག་ན་ཡོད་པ་ནི་གསལ་པོར་བསྟན་མེད་དེ“རྒྱ་ཡུལ་གུང་གུ་རྨེ་རུ”ཙམ་གྱིས་ཆོག་པར་མཛད། དེར《མདོ་སྨད་ཆོས་འབྱུང》ལས“རྒྱའི་གོང་གུ་རྨེ་རུ་བྲུ་བར་རྒྱ་བོད་ཀྱི་ས་མཚམས་བྱས་ཏེ་དེར་བོད་བཙད་པོའི་གཙུག་ལག་ཁང་རྒྱ་རྗེའི་གཙུག་ལག་ཁང་བརྩིགས་པར་བཤད་པ་མཆོད་རྟེན་དཀར་པོར་ངོས་འཛིན་པ་དང་། མངའ་བདག་ཁྲི་རལ་ཉིད་དངོས་སུ་ཐེབས་ཤིང་རལ་པ་ནང་བཞུགས་ཀྱི་མཆོད་རྟེན་ཁྲི༵་ཀ༵ར་ཡོད་པ་གྲགས་ཆེ།”[17] ཞེས་རྡོ་རིངས་ཀྱི་ཡི་གེ་ལས་ཡུལ་དང་མཚམས་ཞེས་པ་དེ་མཚོ་སྔོན་ཞིང་ཆེན་གྱི་ཁྲི་ཀ(贵德县)ཡིན་པ་གསལ་པོར་བསྟན་ལ། དེའི་ཤར་ཕྱོགས་ཐམས་ཅད་ནི་རྒྱ་ཆེན་པོའི་ཡུལ། །ནུབ་ཕྱོགས་ཐམས་ཅད་ནི་ཡང་ཐག་པར་བོད་ཆེན་པོའི་ཡུལ་ཡིན་པའང་ཤུགས་ལ་བསྟན། སྤྱིར་ཡུལ་དེ་རུ་བོད་རྒྱའི་གཙུག་ལག་ཁང་རེ་དང་རལ་པ་ནང་བཞུགས་ཀྱི་མཆོད་རྟེན་ཞིག་བཞེངས་ཡོད་པ་བདེན་ན་ཐང་མོད་ཀྱང་། བཙན་པོ་ཁྲི་རལ་གྱི་སྐུ་རིང་ལ་བོད་རྒྱའི་སོ་མཚམས་ཡུལ་དེ་ནས་བཅད་དེ་རྡོ་རིངས་ཤིག་བསླངས་པར་བཞེད་པ་ལ་མི་འཐད། རྒྱུ་མཚན་ནི་དེང་གི་ཁྲི་ཀ་དེ་ཐང་རྒྱལ་རབས་ཀྱི་དུས་ལ་ཁའོ་ཀྲོའུ་བྲུ་བར་གཏོགས་ཀྱང་བཙན་པོ་ཁྲི་སྲོང་ལྡེ་བཙན་གྱི་སྐུ་ཚེ་སྟོད་ཙམ་ལ་ཀྲོའུ་ཁག་དེ་ཡོངས་སུ་རྫོགས་པ་བོད་ལ་མངའ་སྟེ་ད་ལྟའི་བར་དུ་ཡུལ་དེ་ནི་བོད་མིའི་འཚོ་གནས་ཤིག་ཏུ་གྱུར་པ་དང་། ཁྲི་སྲོང་ལྡེ་བཙན་གྱི་སྐུ་རིང་ནས་བོད་རྒྱའི་ས་མཚམས་ནི་དང་མར་རྡོ་ཉི་ཟླ་ན་ཡོད་པ་ལས་ཤར་ནས་ཤར་དུ་རྒྱ་བསྐྱེད་མཐར་མཐོང་ཁྲབ་ཁྲི་སྡེ་ལྔ་བཙུགས་ཤིང་བདེ་བློན་གྱི་ཁམས་ཆེན་པོ་གཅིག་གསར་དུ་བསྐྱེད་པར་བརྟེན། སྤྱི་ལོ783ལོར་ཐང་བོད་རྒྱལ་རབས་གཉིས་ཀྱི་སོ་མཚམས་ཡང་བསྐྱར་ཆེང་ཧྲུའི་ནས་གཅོད་དགོས་པར་བྱུང་། དེས་ན་སྤྱི་ལོ783-821བར་གྱི་ལོ་སོ་བརྒྱད་ཙམ་གྱི་རིང་ལ་གསར་དུ་བསྐྱེད་པའི་མངའ་ཐང་དེ་རྣམས་ཕྱིར་ཐང་རྒྱལ་རབས་ལ་ཤོར་ཏེ་ཡུལ་གཉིས་ཀྱི་སོ་མཚམས་དེ་སྔར་ཡང་རྡོ་ཉི་ཟླར་ཉེ་སའི་ཁྲི་ཀ་ནས་གཅོད་པའམ་བཅད་པའི་ཁུངས་བཙན་པ་ནི་ཡིག་ཚང་གང་གི་ཁྲོད་ན་ཡང་མེད་པའི་ཕྱིར་དང་། བཀའ་གཙིགས་རྡོ་རིངས་ཀྱི་ཡི་གེ་ལས་ཀྱང“གཙིགས་ཀྱི་མདོ་རྡོ་རིངས་ལ་བྲིས་པ་འདི་དང་འདྲ་བ་གཅིག །རྒྱའི་ཡུལ་ཀེང་ཤིར་ཡང་གཙུགས་སོ། །”ཞེས་བྱུང་བ་ལས། བོད་རྒྱའི་ས་མཚམས་སུ་རྡོ་རིངས་དེ་འདྲ་ཞིག་བཙུགས་ཡོད་པ་ནི་ཕྱོགས་ཙམ་ཡང་གླེངས་མེད་དོ། །དེད་ཅག་གི་བསམ་པ་ལ་བཙན་པོ་ཁྲི་ལྡེ་གཙུག་བརྟན་རིང་གི་སྤྱི་ལོ733ལོར་ཐང་བོད་ཀྱི་སོ་མཚམས་དེ་ཐོག་མར་རྡོ་ཉི་ཟླ་ནས་བཅད་ཅིང་། ཡུལ་དེར་ཕྱོགས་གཉི་གས་རྡོ་རིངས་རེ་བསླངས་པ་དེ། སྤྱི་ལོ823ལོར་རྒྱལ་ས་གཉིས་ནས་སྔར་ཡང་རྡོ་རིངས་རེ་བསླངས་པ་དང་རྣམས་མཉམ་

གཅིག་ཏུ་བརྩིས་ནས་བཤད་པ་ཡིན་ནམ་སྙམ། འདིར“རྗོ་ཉི་ཟླ”ཞེས་པའི་ཐ་སྙད་དེ་བྱུང་བར་མཁས་མཆོག་རྣམ་པར་གསུང་མང་དུ་འགྲོན་རྒྱུ་ཡོད་ཀྱང་། གནམ་ན་ཉི་ཟླ་ཟུང་གཅིག །ས་ལ་བཙན་པོ་དཔོན་ཞིང་། ཕ་བོང་ལ་ཉི་ཟླའི་གཟུགས་བྱས་ཞེས་བྱུང་བ་ལས་རྗོ་ཉི་ཟླར་རྗོ་རིངས་ཤིག་བསླངས་ནས་ས་མཚམས་བྱས་པ་དང་ཡུལ་དེའི་མིང་ཡང་ཕ་བོང་ལ་ཉི་ཟླའི་གཟུགས་བྱས་པ་ལས་ཐོགས་པར་འདོད་ན་རྒྱུ་མཚན་དང་ལྡན་ནམ་སྙམ་མོ། །

ཁ། 1930ལོར་དབྱིན་ཇིའི་པའོ་འོལ(C. Buu)བྱ་བས་བརྩམས་པའི《བོད་ལྗོངས་ཀྱི་དུས་འདས་པ་དང་ད་ལྟ》ཞེས་པའི་ཟུར་བཀོད་དུ་དབོན་ཞང་འདུམ་པའི་བཀའ་གཙིགས་རྗོ་རིངས་ནུབ་ངོས་ཀྱི་རྒྱ་ཡིག་དག་སོང་བའི་ཤུལ་དུ“མཚམས་སུ་བཅད་པ་ཐའོ་མིན(封疆洮岷)”ཞེས་བསྐྲངས་པ་དེ་སྐུ་ཞབས་ཝོའུ་ཅིང་འོ(吴景敖)བྱ་བའི་ཐུགས་ཏ་ཙང་བབ་ནས་ཐའོ་ཞེས་པའི་ཡུལ་དེ་ནི་མིན་ཞན་ལ་གཏོགས་ཤིང་ཀན་ལྷོའི་བ་ཙེ་ཞན་དང་ཉེ་བའི་ཡའི་ཧོའུ་ཟམ་པ(野狐桥)ཡོད་གནས་དེ་ཡིན་པ་ཐག་གིས་བཅད་དེ་རང་ལུགས་འཐད་ལྡན་དུ་བཞག་པ་གཤམ་ལྟར། “ནུབ་བྱང་ན་ཚེང་ཧྲའི་ཞེས་མིང་ཐོགས་པའི་ཡུལ་ཏ་ཙང་མང་བ་དཔེར་ན། ཡུས་ཀྱང་གི་ཆུ་སྟོན་ཧ་ཟམ་དང་ལོང་ཤིས་ཀྱི་ཆུ་སྟོན། ཀླ་བྲང་གི་ཆུ་སྟོན་གྲོང་ལྷ་བུ་སོགས་ཡོད་ཀྱང་ཆུ་སྟོན་ནུབ་ཅེས་པ་ཡེ་ནས་མེད། ……དེས་ན་ཚིངས་ཡིག་ཏུ་ཚེང་ཧྲུའེ(ཞན)ཞེས་བཀོད་པ་དེ་ཚེང་ཧྲུའེ་སའེ(塞)དང་འཁྲུལ་པས་ཚེང་ཧྲུའེ་སའེ་ཞེས་པ་དེའང་ཐའོ་མིན་ནུབ་ཀྱི་ཉེ་སར་བཙལ་བ་ལས་འོས་མེད།[18] ཅེས་རང་གིས་རང་ལ་བསྐྱལ། བསྐྱལ་ནས་ཀྱང་མིན་གོའི་ལོ་ཉེར་བརྒྱད་པའི་དབྱིད་དེ1939ལོར་ཉིད་ཀྱིས་མིན་ཞན་ནས་བ་ཙེ་མཁར་རྙིང་དུ་ཁ་པར་གྱི་གློག་སྐུད་འཛིན་པར་མགོ་ཁྲིད་མཛད་སྐབས། ཀླུ་ཆུའི་ནུབ་ངོགས་ནས་ལྷ་ཁང(庙沟)བྱ་བ་ཞིག་རྙེད་པ་དེ་དབོན་ཞང་གཉིས་ནས་གཙུག་ལག་རེ་བཞེངས་པའི་གནས་བྱས་ལ། དེ་ནས་ཆུའི་ཤར་ངོགས་ནས་ཆུ་སྟོན(清水沟)ནང་ཞེས་པའི་མདའ་རུ་ཆུ་སྟོན་གྲོང་བྱ་བ་ཞིག་རྙེད་པ་དེ་གནའ་བོའི་ཚུང་ཧྲུའེ་སའི་ཡིན་པར་བྱས་ཤིང་། ལུང་པ་དེའི་ཕུ་ལ་གནའ་དུས་ཙང་ཅོན་ཀོའུ(将军谷)རུ་འབོད་པ་བཅས་བྱས་པའི་སོད་ལ། ན་རེ། “ཐང་གི་རྒྱལ་མོ་ལྷུའུ་ཡི་ཁྲི་ལོ་ཡིད་བཞིན་གཉིས་པར(693)བོད་བློན་ཁྲི་འབྲིང་གིས་འདུམ་བྱེད་པར་གསོལ་པས། །ཙི་ཀྲུའུའི་ཐོང་ཆོན་ཞན(梓洲通泉县)གྱི་དཔོན་པོ་ཀུའོ་ཡོན་ཀྲིན་པར་མངགས་པ་ཡའི་ཧོའུ་ཟམ་ཁར་ཁྲི་འབྲིང་དང་ཐུག ཡའི་ཧོའུ་ཆུ་བྱ་བ་ནི་དེང་གི་ཡའི་ཧོའུ་ཟམ་པ་ནས་ཆུ་སྟོན་ལུང་མདོའི་བར་གྱི་ཀླུ་ཆུའི་མིང་གཞན་ཞིག་ཡིན་ཞིང་། སྐབས་དེར་ཟམ་པའི་ཤར་ཏེ་ཆུའི་ལྷོ་བྱང་དང་ཟམ་པའི་ནུབ་སྟེ་ཆུའི་བྱང་རོལ་ནི་ཐང་གི་ས་མཚམས་ཡིན་པ་དང་། ཟམ་པའི་ནུབ་སྟེ་ཆུའི་ལྷོ་ནི་བོད་ཀྱི་ཁམས་རེད། དེའི་སྐབས་ཀྱིས་ཡའི་ཧོའུ་ཆུ་བོ་ནི་དེ་དུས(821)ཐང་བོད་ས་མཚམས་ཀྱི་ཆབ་སྒོ་ལྟ་བུར་ངེས་ཤེས་ཁུངས་བཙན་སྐྱལ་དུ་མེད་པའི་ལུང་འདྲ་དྲངས་པ་དང་བཅས་ཏེ།

“ཐང་གི་ཕོ་ཉ་ནུབ་ཏུ་བཞུད་པ་རྣམས་དེང་གི་ཁྲང་ཨན་ནས་ཆས་ཏེ་ནུབ་ནས་ལོང་ཞན་དང་ཐེན་ཧྲུའི། ཀན་ཀོའུ། བོའུ་ཧྲན། ལོང་ཤིས། མིན་ཞན་བཅས་བརྒྱུད་པ་དང་ལུང་ཆེན་གྲོང(大沟寨)ལ་སླེབས་ཏེ་དེ་ནས་ཆུ་སྔོན་ནང་ངམ་ལྷ་ཁང་ནང་དུ་ཕྱིན་མཐར་ལམ་ཡིག་བརྗེས་ལ་བོད་ཀྱི་བཤོན་རྟར་ཞོན་ནས། སྐར་མཐའ(甘卜他)རུ་ཕྱིན་པ་ན་ཙོ་ནེ་དང་བླ་རི་མགུལ་བརྒྱུད་དེ་རྨ་སྟོད་ནས་བསྐྱོད་པ་དང་། བོད་ཀྱི་ཕོ་ཉ་ཤར་དུ་བཞུད་པ་རྣམས་ཀྱང་ཀླུ་ཆུའི་སྟོད་ནས་སྐར་མཐར་སླེབས་ཤིང་། དེ་ནས་ཆུ་སྔོན་ནམ་ལྷ་ཁང་ནང་དུ་ཕྱིན་ནས་ལམ་ཡིག་བརྗེས་ཏེ་ཐང་གི་བཤོན་པར་ཞོན་ནས་ལུང་ཆེན་གྲོང་དུ་སོང་ཞིང་། མཐར་མིན་ཞན་དང་ལོང་ཤིས་སོགས་བརྒྱུད་དེ་ཐེན་ཧྲུའི་ཕ་རོལ་དུ་བསྐྱོད་དགོས”[19]ཞེས་སྨོས་ཚིག་མཛད་དོ། །འོན་ཀྱང་། ངེད་ཅག་བཞེད་པ་འདིར་མ་འཐད་པར་དཔྱད་པ་ལ།

1. “མཚམས་སུ་བཅད་པ་ཐའོ་མེན”བྱ་བ་ནི་སྐྱོན་གྱིས་ཐལ། ཅིའི་ཕྱིར་ཞེ་ན། སྤྱིར་རྒྱ་ཡིག་བཅུ་གཉིས་ཙམ་དག་སོང་བའི་ཤུལ་དུ“མཚམས་སུ་བཅད་པ་ཐའོ་མེན”ཞེས་པས་བསྐངས་ནས། “བོད་རྒྱ་གཉིས་ལ་ད་ལྟར་དུ་མངའ་བའི་མཚམས་སུ་བཅད་པ་ཐའོ་མེན་གྱི་ཤར་ཕྱོགས་ཐམས་ཅད་ནི་ཆེན་པོ་ཐང་གི་ཡུལ་དང་། དེའི་ནུབ་ཕྱོགས་ཐམས་ཅད་ནི་ཆེན་པོ་བོད་ཀྱི་ཡུལ་ཡིན་ཏེ”ཞེས་བཅོས་པ་དེ་སྐྱེབ་སྦྱོར་ཚིག་ལ་མཁས་ཀྱང་། རྩ་བའི་དོན་ལ་རྒྱུ་མཚན་ཅི་ཡང་མེད་སྙམ། དེ་ལ་བོད་ཀྱི་བཙན་པོ་ཁྲི་གཙུག་ལྡེ་བཙན་དང་ཐང་གི་གོང་མ་མུའུ་ཙུང་དབོན་ཞང་གཉིས་ཞི་ཞིང་མཐུན་པའི་ཆབ་སྲིད་གཅིག་ཉིད་ལ་ཐུགས་དགོངས་རྣམ་པར་མཐུན་ཏེ་ཐོག་མར་སྤྱི་ལོ821ལོར་རྒྱ་ཡུལ་ཁྲང་ཨན་དུ་འདུམ་བྱས་ཏེ་ཐང་གིས་བཟུང་བའི་རྒྱ་ཡིག་གི་ཚིགས་ཡིག་དེ་རྒྱའི་ལོ་རྒྱུས་དེབ་ཐེར་དག་ཏུ“ད་ལྟར་དུ་ཀྲུང་ཞྭར(中夏རྒྱ་ལ་ཟེར་རམ་སྙམ)མངའ་བ་ནི་ཐང་ལ་དབང་བ་དང་། ནུབ་རོལ་ཕྱོགས་ཀྱི་བདག་པོ་ཆེན་པོའོ། །……གཟའ་སྐར་བཟང་པོའི་ཉིན་ལ་ཡུལ་གཉིས་ཀྱི་སོ་མཚམས་བཅད་པར། ནུབ་ཕྱོགས་ནི་ཆེན་པོ་བོད་ཀྱི་ཡུལ་དང་། ཤར་ཕྱོགས་ནི་ཆེན་པོ་ཐང་གི་ཡུལ་ལོ”ཞེས་གསལ་ལེར་བཀོད་འདུག་པ་དང་། སྤྱི་ལོ822ལོར་སྟོད་ཉི་མ་ལྷ་ས་ནས་འདུམ་བྱས་ཏེ་བོད་ཀྱིས་བཟུང་བའི་བོད་ཡིག་གི་ཕྱི་མོ་དེ823ལོར་རྗེ་རིངས་རྫོས་སུ་བརྐོས་ནས་ར་ས་འཕྲུལ་གྱི་གཙུག་ལག་ཁང་གི་མདུན་ཐང་དུ་བསླངས་པ་ད་ལྟའི་བར་མཛལ་དུ་ཡོད་པའི་མཚམས་འདིར“བོད་རྒྱ་གཉིས། ད་ལྟར་དུ་མངའ་བའི་ཡུལ་དང་མཚམས་སྲུང་ཞིང་། །དེའི་ཤར་ཕྱོགས་ཐམས་ཅད་ནི་རྒྱ་ཆེན་པོའི་ཡུལ་དང་། །ནུབ་ཕྱོགས་ཐམས་ཅད་ནི་ཡང་ཐག་པར་བོད་ཆེན་པོའི་ཡུལ་ཏེ།” ཞེས་ཅུང་ཟད་ཙམ་ཡང་མ་ཉམས་པར་ཡོད་པ་གང་ལས་ཀྱང“ཐའོ་མེན”འདྲ་ཡེ་ནས་མ་བྱུང་བས། 822ལོའི་ཡིག་གཉིས་ཤན་སྦྱར་གྱི་ཡ་གྱལ་རྒྱ་ཡིག་འབའ་ཞིག་ཏུ་དམིགས་བསལ་གྱིས“མཚམས་སུ་བཅད་པ་ཐའོ་མེན”ཞེས་གསལ་པོར་འགོད་མི་དཔེ་བས། དེར“ཐའོ་མེན”གྱིས་བསྐངས་པ་ནི་ཟོལ་བཅོས་ཀྱི་ཚུལ་དུ་སོང་ཞིང་། བཅོས་མ་དེར་བརྟེན་ནས་ཐང་བོད་ཀྱི་སོ་མཚམས་ཡའི་ཏོའུ་ཟམ་ཁར་བཙལ་བའང་རང་ཉིད་ངལ་བའི་རྒྱུ་མ

གཏོགས་ཕུན་སུམ་ཚོགས་པའི་འབྲས་བུ་ཅི་ཡང་འབྱུང་མི་སྲིད་ཅེས་སྨྲས་སོ། །

2. "ཐའོ་མེན"ཞེས་པའི་བཙོས་མ་དེར་བརྟེན་ནས་རྗེ་རིངས་ནུབ་ངོས་ཀྱི་ཡིག་བྲིང45བ་ལས"ཅེང་ཤྲུ་ཧྥན"ཞེས་བྱུང་བ་དེ་ཆེང་ཧྲུའི་ཞན་དུ་མ་གོ་བར་ཆེང་ཧྲུའི་སའི་ཏུ་གོ་སྟེ་ཡུལ་དེ་ཡང་ཡའེ་ཧོའུ་ཟམ་ཁར་སོགས་བྱས་པ་དོན་དུ་མ་གནས། འདི་ལ་ཐོག་མར་མེན་ཀྲོའུ་དང་ཐའོ་ཀྲོའུ་སོགས་དུས་ནམ་ཞིག་ལ་བཙན་པོ་བོད་ཀྱི་ཆབ་འོག་ཏུ་འདུས་པ་དཔྱད་པར་བྱའོ། །

དེ་ལ་བོད་ཀྱི་ལོ་རྒྱུས་དེབ་ཐེར་ལས་བྱུང་བ་འདི་ལྟར་ཏེ། "གླང་གི་ལོ(701)ལ་བབ་སྟེ། བཙན་པོ་དབྱར་དང་གསེར་ཞ་ན་བཞུགས་ཤིང་། ཟོང་ཙུ་དང་ཐེའུ་ཚུར་དྲང་སྟེ། ……དཔྱིད་ལྟབ་མར། ཟོང་ཚུ་དང་། ཐེའུ་ཙུར་དྲངསྟེ།"[20] ཞེས་བཙན་པོ་ཁྲི་འདུས་སྲོང་གི་སྐུ་ཚེ་སྨད་དུ་ཐའོ་ཀྲོའུ་ཕྱོགས་སུ་བོད་དམག་ཐོག་མར་དྲངས་པ་དང་། "(ལུག་གི་ལོ(755)ལ་བབསྟེ།) ……བློན་ཁྲི་བཟང་དང་ཞང་སྟོང་རྩན་གཉིས་ཀྱིས། མཁར་ཐེའུ་ཙུ་ཕབ། ……མདོ་སྨད་ཀྱི་དབྱར་འདུན་དབུ་ལེ་ལམ་ནག་ཏུ། བློན་ཁྲི་སྒྲ་དང་མང་རྩན་འཕན་གང་དང་། བློན་མདོ་བཞེར་ལས་སྩོགས་པས་བསྡུསྟེ། ཏེའུ་ཙུར་དྲ་མ་དྲང་སྟེ།"[21] ཞེས་བཙན་པོ་ཁྲི་སྲོང་ལྡེ་བཙན་གྱི་སྐུ་ཚེ་སྟོད་ལ་ཐའོ་ཀྲོའུ་ཕབ་སྟེ་དངོས་སུ་བོད་ཀྱི་མངའ་འོག་ཏུ་བསྡུས་པར་མ་ཟད། ཏེའུ་ཙུ(迭州)ལའང་བོད་དམག་དྲངས་པའི་སྐོར་བྱུང་བ་ལས་གཞན། ད་དུང"བྱ་གགི་ལོ(757)ལ་བབསྟེ། ……བློན་ཆེན་པོ་སྟང་བཞེར:ལས:སྩོགས:པས:རྒྱའི་མཁར་ཅོང་ཀལ་ཆེན་པོ:དང་སེག:ཤིང་ཀུན:གཉིས:ཕབ:པར:ལོ་ཅིག"[22]ཅེས་བྱ་བ་ལ་སོགས་བྱུང་བ་དང་། རྒྱའི་ལོ་རྒྱུས་དེབ་ཐེར་དག་ལས་ཀྱང་། "དེའི་ཕྱི་ལོ(ཐང་སུའུ་ཙུང་གི་ཁྲི་ལོ་ཀྱི་ཏི་གཉིས་པ་སྟེ757ལོ)ལ། (བོད)ཀྱི་ཕོ་ཉ་འོངས་ཏེ་རྐུན་པོ(ཨན་ལོའུ་ཧྲན་ལ་ཟེར)འདུལ་གྲོགས་དང་འདུམ་བྱེད་པར་ཞུས་པ་ན། སུའུ་ཙུང་གིས་བཀའི་འཕྲིན་བློན་ནན་ཅེའུ་ཁྲིན་ཞུ་ལན་དུ་བཏངས་ཀྱང་། ལོ་དེར(བོད་ཀྱིས་)ཁྲུའོ(廓)དང་པཱ(霸)དང་མེན(岷)ཀྲོའུ་སོགས་དང་ཧའོ་ཡོན། མའོ་མིན་ཅོན(莫门军)རྣམས་ཕབ"ཅེས་དང་། "པའོ་ཡིང་ལོ་དང་བར(762)ལེང་ཐའོ་ཕབ་ཅིང་། ཆིན་དང་ཁྲིན་དང་ཝེ་ཀྲོའུ(秦、成、渭)སོགས་ཀྱང་བླངས། ཕྱི་ལོ(763)ཏཱ་ཀྲིན་ཀོན(大震关)ལས་བྱུང་སྟེ་ལན་དང་ཧའོ། རྫེན། ཐའོ(兰、河、鄯、洮)ཀྲོའུ་སོགས་བླངས་པས་ལོང་ཡོའུ་ཚང་མ(བོད་ལ)ཤོར"[23]ཞེས་བྱ་བ་ལ་སོགས་བྱུང་། འདིར"ཏཱ་ཀྲིན་ཀོན"ཞེས་པ་དེ་ཀན་སུའུ་ཆེང་ཧྲུའི་ཞན་ཤར་གྱི་ལོང་ཧྲན་རི་བོའི་ཤར་ལྡེབས་ན་མཆིས་པས། དེ་སྟར་བོད་ཀྱིས་ཐང་གི་རྒྱལ་ས་ཁྲང་ཨན་ཕབ་དུས་བོད་དམག་ས་སྒོ་དེ་ནས་རྒྱའི་མཐིལ་དུ་ཐུགས། དེ་ཡང་ལན་ཀྲོའུ་དང་ཧའོ་ཀྲོའུ་སོགས་ནི་ས་སྒོ་དེའི་ནུབ་བྱང་དུ་ཡོད་པས་ཡུལ་དེ་དག་ནི763ལོར་ཏཱ་ཀྲིན་ཀོན་ལས་བོད་དམག་མ་བྱུང་གོང་ནས་བོད་ཀྱིས་བླངས་ཟིན་པར་ངེས། དེས་ན་གོང་གི་རྒྱ་བོད་ཡིག་ཚང་དག་ལ་ཐའོ་ཀྲོའུ་སོགས་བོད་ལ་ཤོར་བའི་ལོ་ཚིགས་ཐད་མི་མཐུན་པ་རེ་མཆིས་ཀྱང་། 763ལོ་ནས་ཐའོ་ཀྲོའུ་མ་ཟད་ཐང་གི་ལོང་ཡོའུ་དང་ཧའོ་ཤིས་ཚང་མ་བོད་ཀྱི་ཆབ་འོག་ཏུ་ཚུད་པ་ནི་ལོ་རྒྱུས་ཀྱི་དོན་དངོས་བཀློག

ཏུ་མེད་པ་ཞིག་གོ །

གཞན་ཡང་ཆེང་ཧྲུའི་ཞན་ལོ་ནམ་ཞིག་ལ་བོད་ཀྱིས་ཕབ་པ་མི་གསལ་ཡང་། གོང་རྒྱའི་ཡིག་ཚང་ལས“པའོ་ཡིང་ལོ་དང་པོར། ལིང་ཐའོ་ཕབ་ཅིང་། ཆིན་དང་ལེ་དང་ཁྲིན་ཀྲོའུ་སོགས་ཀྱང་བླངས”ཞེས་པར་བརྟགས་ན། ཆེང་ཧྲུའི་ཞན་ནི་ཐང་གི་ཆིན་ཀྲོའུ་ལ་གཏོགས་པས་ལོ་དེ་ཉིད་ནས་བོད་འོག་ཏུ་ཆུད་པ་འདྲ། དེ་ལྟར་ན763ལོར་བོད་ཀྱིས་ཁྲང་ཨན་ཕབ་པ་ནས་བཟུང་ཧའོ་ཤིས་དང་ལོང་ཡོའུ་ཚང་མ་བོད་ལ་མངའ་ཞིང་། 783ལོར་བོད་ཐང་གཉིས་ནས་ཆེང་ཧྲུའི་རུ་འདུམ་བྱེད་དུས་ཀྱང་ཡུལ་དེ་བོད་ལ་བཅད་པ་ཡིན་ནམ་སྙམ། ཁྲི་སྲོང་ལྡེ་བཙན་གྱི་སྐུ་རིང་ལ“དབའས་བཙན་བཞེར་མདོ་ལོད་ལ་སྐྱོགས་པས། མཁར་ཚན་ཡན་ཆད་དུ་དྲང་སྟེ། མཁར་ཅུ་བ(ཅུབ)བརྒྱད་ཕབ་ནས། དོར་པོ་བཏོན་ཏེ་འབངས་སུ་བཞེས་སོ། །ཆབ་སྲིད་ཆེ་སྟེ་ལོང་ཤན(陇山)ལ་རྒྱུད་ཡན་ཆད། །ཕྱག་དུ་བཞེས་ནས། །མཐོང་ཁྲབ་ཁྲི་སུམ་ལྔ་བཙུགས། །བདེ་བློན་ཁམས་ཆེན་ཆེད་པོ་གཅིགས་གསར་དུ་བསྐྱེད་དོ”[24]ཞེས་པའང་དོན་འདི་ལ་ཟེར་རོ། །ཡབ་ཁྲི་སྲོང་ལྡེ་བཙན་གྱི་རིང་ལ་རྒྱ་བསྐྱེད་པའི་མངའ་ཐང་དེ་དག་སྲས་ཁྲི་ལྡེ་སྲོང་བཙན་གྱི་རིང་ལའང་དེ་བཞིན་མཆིས་པ་ལ། བཙན་པོ་འདི་པའི་བཀའ་གཙིགས་ཀྱི་རྡོ་རིངས་ཏེ་དེང་བོད་ལྷོངས་ལྷོ་ཁའི་འཕྱོང་རྒྱས་རྫོང་སྐྱིན་ཁང་གི་ར་བ་ན་ཡོད་པ(རྡོ་རིངས་འདི་ཡབ་རྒྱལ་པོའི་རིང་གི་ཡིན་ཟེར་བའང་མཆིས)དེ་ལས། “……བྱིན་གྱི་སྐམ་དཀྱིལ་ཆེན་པོ་དང་། དབུ་རྔོག་བརྩན་པོས། ཡར་ནི་ཏ་ཞིག་ས་མཚམས་མན་ཅད་མར་ནི་ལོང་ཤན་གྱི་ལ་རྒྱུད་ཡན་ཅད་ཆབ་འོག་དུ་འདུ་སྟེ། ཆབ་སྲིད་ནི་ལྷོ་བྱང་ཤར་ནུབ་མཐའ་ཀླས་པར་ཆེའོ”ཞེས་བྱུང་བས་ཏ་ཅང་གསལ། དེ་ནས་བཙན་པོ་ཁྲི་གཙུག་ལྡེ་བཙན815ལོ་ཙམ་ལ་རྒྱལ་སར་བཞུགས་ཏེ། 821ལོར་ཐང་མོའུ་ཙུང་དང་འདུམ་ཐོག་མར་བྱེད་པའི་བར་གྱི་ལོ་དྲུག་གི་ནང་ཚན་དུ་ཆེང་ཧྲུའི་ཞན་སོགས་ལོང་ཡོའུ་ཡུལ་ཁམས་རྣམས་ཐང་གིས་ཐྲོགས་སོང་བས་ས་མཚམས“ཐའོ་མེན”ནས་གཅོད་དགོས་པར་བྱུང་བའི་གཏམ་མ་ཐོས་པར་མ་ཟད། བཙན་པོ་འདི་པའི་སྐུ་རིང་ལ་ཡང་ཡབ་ཀྱི་སྐབས་བཞིན“སོ་ལོན་ཤན་གྱི་རི་རྒྱུད་དར་དཀར་གྱི་ཡོལ་བ་འདྲ་བ་ལ་གཏུགས”[25]ཞེས་བྱུང་། འོ་ན། ཆེང་ཧྲུའི་ཞན་དུས་ནམ་ཞིག་ལ་ཐང་གིས་ཕྱིར་ཐྲོགས་སོང་ཞེ་ན། ཐང་ཞོན་ཙུང(唐宣宗)གི་ཁྲི་ལོ་ཏཱ་ཀྲུང་གཉིས་པ(848)སྟེ་བོད་དང་བོད་ཆེན་པོའི་རྒྱལ་ཁམས་སིལ་བུར་ཐོར་རྗེས་ཀྱི“ཟླ་བ་གཉིས་པར། ཧྥུང་ཞིང་ཅེ་ཏུའུ་ཧྲིའི་ཐོབ་ཡོད་པ་ཚོའུ་ཀུང(风翔节度使崔珙)གིས་བོད་ཆམ་ལ་ཕབ་སྟེ་ཆེང་ཧྲུའི་བླངས་ཞེས་གསོལ་བ་ན། ཆེང་ཧྲུའི་སྟར་ཆིན་ཀྲོའུ་ལ་གཏོགས་ཀྱང་ཀྲོའུ་དེ(བོད་ལག་ནས)སླར་མ་ཐོབ་པས། གནས་སྐབས་སུ་ཧྥུང་ཞིང་ལ་གཏོགས་པར་བཀའ་བསྩལ”[26]ཅེས་བྱུང་བ་ལས་ཏ་ཅང་གསལ་ལོ། །

གོང་ནས་བརྗོད་མ་ཐག་པ་དག་ལ་བལྟས་ན། སྐུ་ཞབས་བོའུ་ཅེང་འོ་ཉིད་ཀྱིས་འདོད་པའི“ཐའོ་མེན”དེ693ལོ་ཙམ་ལ་བོད་ཐང་ས་མཚམས་ཀྱི“ཆབ་སྒོར་རེས”ན་ཐང་མོད། འོན་ཀྱང་། 821ལོར་སློབས

ཙ་ན་ཡུལ་དེ་ནི་བོད་ཀྱི"ནང་སྐོར"གྱུར་ཏེ"ཆབ་སྐོ"ནི་ཆེང་ཧྲུའི་ཞན་གྱི་ཕ་མཐར་བསྐྱེད་དོ། །

ག ཐང་བོད་སོ་མཚམས་གུང་གུ་རྨེ་རུ་དང་ཐའོ་མེན་འདོད་པའི་ལྟ་ཚུལ་གཉིས་ལས་གཞན་རྣམས་ཀྱིས་ཆེང་ཧྲུའི་ཞན་འདོད་ཀྱང་དེ་ཉིད་ཙམ་སོ་མཚམས་སུ་བཞེད་པ་ནི་ཁྲབ་ཆུངས་པ་ཡིན་ནམ་སྙམ། རྒྱུ་མཚན་ནི། རྗེ་རིངས་ནུབ་ངོས་ཀྱི་ཡིག་བྲིང40-46"ཕན་ཚུན་གྱི་ཕོ་ཉ་འདོང་བ་ཡང་། ལམ་རྙིང་བར་བྱུང་ནས། །སྔ་ལུགས་བཞིན། །བོད་རྒྱ་གཉིས་ཀྱི་བར། །ཙང་ཀུན་ཡོག་དུ་ར་བརྗེས་ལ། །སྒོ་ཞུང་ཆེག་དུ་རྒྱ་དང་ཕྲད་པ་མན་ཙད་ནི་རྒྱས་ཕུ་དུད་བྱ། །ཅེང་ཤུ་ཧྭན་དུ་བོད་དང་ཕྲད་པ་ཡན་ཙད་ནི་བོད་ཀྱིས་ཕུ་དུད་བྱ་སྟེ། །"ཞེས་བྱུང་བར་བརྟགས་ན། །འདིར"ཙང་ཀུན་ཡོག"དང"སྒོ་ཞུང་ཆེག"ཅེས་པའི་ཐ་སྙད་གཉིས་བྱུང་བ་དེ་ཡུལ་ཆུངས་ཐལ་བས་རྙེད་དཀའ་ན་ཡང་། "ཅེང་ཤུ་ཧྭན"ཏེ་སྐབས་དེར་བོད་ཀྱི་ཆབ་འོག་ཏུ་འདུས་པའི་ཆེང་ཧྲུའི་ཞན་ཤར་ཕྱོགས་ཀྱི་ཉེ་ས་ཞིག་ན་ཡོད་པ་གོར་མ་ཆག དེ་ཡང་། "ཙུང་ཀུན་ཡོག"ཅེས་པའི་གནས་དེ་ནི་ཐང་གི་མ་ཡིན་ལ། བོད་ཀྱི་ཡང་མ་ཡིན་པར"བོད་རྒྱ་གཉིས་ཀྱི་བར"ན་མཆིས་ཏེ་ཡུལ་གཉིས་ཅར་གྱི་ར་ཟམ་ཙམ་གྱི་ཚུལ་དུ་གྱུར་པར་ངེས། དེ་ལ་བོད་ཀྱི་ཕོ་ཉ་རྒྱ་ཡུལ་དུ་བཞུད་པ་རྣམས་གནས་དེར་སླེབས་པ་ན། བཞོན་པ་ཐང་གི་ཚིབས་པར་བརྗེས་ནས་བཅིབས་པ་དང"སྒོ་ཞུང་ཆེག"ནས་རྒྱ་ཡུལ་གྱི་ས་སྣེ་ཟིན་པ་མན་ཆད་ནས་ཕོ་ཉ་པ་རྣམས་ལ་ཐང་གིས་སྣེ་ལེན་དང་། དེ་བཞིན་དུ་ཐང་གི་ཕོ་ཉ་བོད་དུ་བསྐྱོད་པ་རྣམས་ཀྱང་། "ཙང་ཀུན་ཡོག"ཏུ་འཁོར་བ་ན་བཞོན་ར་བོད་ཀྱི་ཚིབས་པར་བརྗེས་ཏེ། ཆེང་ཧྲུའི་ཞན་ནས་བོད་ཀྱི་ས་སྣེ་ཟིན་པ་ཡན་ཆོད་ནས་ཕོ་ཉ་པ་རྣམས་བོད་ཀྱིས་བསུ་ལེན་བྱ་དགོས་པ་ནི་ཕྱལ་ལེར་གསལ། དེ་མིན་རྗེ་རིངས་ཀྱི་ཡི་གེ་འདི་ཉིད་ལས"སྔ་ལུགས་བཞིན"ཞེས་ཀྱང་བྱུང་བས། ཡུལ་དང་གནས་དེ་དག་ཏུ་བཞོན་ར་བརྗེ་སྲོར་དང་ཕོ་ཉ་པར་ཕུ་དུད་བྱེད་པའི་སྲོལ་དེ་ནི་ཡབ་མེས་སྐུ་གོང་མ་རྣམས་ཀྱི་རིང་ནས་དར་བའི་དཔེ་ཡིན་པ་ལས། སྤྱི་ལོ821ལོར་བཙན་པོ་ཁྲི་རལ་པ་ཙན་དང་ཐང་རྗེ་མོའུ་ཙུང་རྣམ་པ་ཟུང་གི་རིང་གསར་དུ་བཏོད་པའི་ལུགས་ཤིག་མིན་པ་གསལ་པོར་ཤེས་ཐུབ་ལ། དེ་བཞིན་དུ"ཅེང་ཤུ་ཧྭན"ཏེ་ཆེང་ཧྲུའི་ཞན་ཡང་བོད་རྒྱ་གཉིས་ཀྱི་ཕོ་ཉ་པ་རྣམས་ཕར་འགྲོ་ཚུར་འོང་བྱེད་སའི"ལམ་རྙིང"པ་ཙམ་ཡིན་པ་ལས་སྐབས་དེར་ཡུལ་གཉིས་ཀྱི་སོ་མཚམས་བཅད་པའི་གནས་དངོས་མིན་པའང་ཤེས་སོ། །

ངེད་ཅག་གོང་གི་བཞེད་པ་འདི་རྣམས་ལ་མི་འཐད་དེ། སྤྱི་ལོ་821ལོར་དབོན་ཞང་གཉིས་འདུམ་འགྲིག་པ་དེ་ནི་ཡུལ་ཐད་གྱུར་ཟུང་ནས་སོ་མཚམས་གསར་དུ་བཅད་པ་ཞིག་མ་ཡིན་པར་སྤྱི་ལོ783ལོའི་བཅད་མཚམས་དེ་བསྐྱར་དུ་བསྐྲགས་པ་ཙམ་ཡིན་ནམ་སྙམ། དེ་ལ་འདི་ལྟར་དུ། སྔར་ཐང་བོད་རྒྱལ་རབས་གཉིས་ཀྱི་སོ་མཚམས་གསལ་པོར་བཅད་མེད་པ་ལ་སྤྱི་ལོ733ལོར་བོད་ཀྱི་བཙན་པོ་ཁྲི་ལྡེ་གཙུག་བརྟན་དང་ཐང་གི་གོང་མ་ཞོན་ཙུང་རྣམ་པ་ཟུང་གི་སྐུ་རིང་ལ་ཐོག་མར་རྗེ་ཉེ་ཟླར་ཡུལ་གཉིས་ནས་

རྗེ་རིངས་རེ་བཙུགས་ཏེ་གནས་དེ་ཕྱོགས་གཉིས་ཀྱི་སོ་མཚམས་བྱས་པ་དང་། དུས་དེ་ནས་བཟུང་བོད་ཀྱིས་མཐའ་བཞིར་མངའ་ཐང་བསྐྱེད་ཅིང་ཁྱད་པར་དུ་ཁྲི་སྲོང་ལྡེ་བཙན་གྱི་དུས་སུ་བོད་ཀྱི་སྟོབས་འབྱོར་གོང་ནས་གོང་དུ་དར་བ་དང་བསྟུན། དམག་འཁྲུག་གི་ལས་ཀ་ནར་བརྟེན་ཏེ་ཐང་གི་ཡུལ་གྲུ་མང་པོ་ཕྲོགས་པར་མ་ཟད། དེ་བས་ཀྱང་ཤར་ནས་ཤར་དུ་མངའ་ཐང་རྒྱ་བསྐྱེད་དེ་ལྱོང་ཧྲན་ལ་རྒྱུད་ཡན་ཆད་བོད་ཀྱི་མངའ་ཐོག་ཏུ་བཙུག་མཐར། སྤྱི་ལོ783ལོར་ཡུལ་གཉིས་ཀྱིས་མཇལ་འདུམ་མཛད་དེ་ཐང་བོད་སོ་མཚམས་དེ་སྔར་རྗེ་ཉེ་ཟླར་ཡོད་ལས་ལྱོང་ཧྲན་ལ་རྒྱུད་སོགས་སུ་བཅད། རིབ་དེའི་འདུམ་བྱེད་པ་ལ་ཐང་གི་བློན་པོ་གཙོ་ཕལ་བཅུ་དང་བོད་ཀྱི་བློན་པོ་ཆེ་ཆུང་བདུན་ཞུགས་ཤིང་། མཇལ་འདུམ་གྱི་གཙིགས་འཛིན་པར་གཏོགས་པ་ཀུན་དཀྱིལ་འཁོར་ལ་འཛོགས་ཏེ་སྲོག་ཆགས་ཀྱིས་དམར་མཆོད་བྱས་པ་སོགས་ཀྱིས་ཡུལ་གྱི་སྲུང་མ། ལྷ་ཀླུ་གཉན་གསུམ། ཉི་ཟླ་གཟའ་སྐར་ལ་སོགས་པ་དཔང་དུ་གསོལ་ནས་གཟབ་རྒྱས་དང་ཐང་བོད་ཀྱི་ས་མཚམས་གསལ་པོར་བཅད་པ་ལ། ཅིང་ཀྲོའུའི(泾州ཧ་ལམ་ཀན་སུའི་དང་ཉིང་ཞྭའི་ལོའུ་ཕན(六盘)རི་རྒྱུད་ཀྱི་ཤར་ནས་ཕའུ་ཆུ(蒲水)བྱ་བའི་ནུབ)ནུབ་ནས་ཐན་ཀྱིང་ཞྭའི(弹筝峡ཀན་སུའུ་ཧྲ་ཐེང་ཞན་ལ་གཏོགས)ནུབ་མགོ་དང་། ལོང་ཀྲོའུའི(陇州ཧྲའན་ཞིའི་ཆན་ཆུ(千水)བཞུར་རྒྱུད་དང་ཀན་སུའུ་ཧྭ་ཐེང་ཞན)ནུབ་ནས་ཆེང་ཧྲུའི་ཞན་ལ་ཐུག་གི་བར། ཧྥུང་ཀྲོའུའི(凤州ཧྲའན་ཞིའི་གྲོང་ཁྱེར་པའོ་ཅིའི་བྱང་ཟུར་ནས་ཝེ་ཧའོ(渭河)ཆུ་བོའི་བྱང་རྒྱུད)ནུབ་ནས་ཐོང་ཀོའུ་ཞན(同谷县ཀན་སུའི་ཁྲིན་ཞན)བརྒྱུད་དེ་ཅན་ནན(剑南)ནུབ་ཐང་གི་རྒྱལ་རོང་རྒྱ་མོའི་རྫལ་ཆུའི་ཤར་ཕྱོགས་ཐམས་ཅད་ཆེན་པོ་ཐང་གི་ཡུལ་དང་། ལན(兰州)དང་ཝེ(渭州)དང་ཡོན(原州)དང(ཧྲུའི)ནས་ནུབ་ལིང་ཐའོ་ཡི་བར་དང་། ཤར་ཁྲིན་ཀྲོའུ་ནས་ཅན་ནན་ལ་ཐུག་གི་བར་དང་ནུབ་འཛང་ཡུལ(ཡུན་ནན་ཞིང་ཆེན་དང་སི་ཁྲོན་ཞིང་ཆེན་གྱི་ལྷོ་དང་ཀུའེ་ཀྲོའུ་ཞིང་ཆེན་གྱི་ནུབ)ནས་རྒྱལ་རོང་རྒྱལ་མོའི་རྫལ་ཆུའི་ནུབ་ཕྱོགས་ཐམས་ཅད་ཡང་དག་པར་ཆེན་པོ་བོད་ཀྱི་ཁམས་ཡིན་པར་ཐག་གིས་བཅད་ཅིང་། ཡུལ་དེ་དག་ཏུ་འཚོ་བར་གནས་པའི་འབངས་རྣམས་རང་རང་གི་འཚོ་གནས་དེ་ཐང་བོད་གཉིས་ཀྱི་སུ་ལ་བཅད་པ་དེར་དབང་བ་དང་། སྔར་ཐང་ལ་མངའ་བའི་འཛང་པ་རྣམས་ཀྱང་སོ་སོར་བགོས་པའི་ཡུལ་གང་ལ་བཅད་པ་དེར་གཏོགས་པ། རྨ་ཆུའི་བྱང་རྒྱུད་ཀྱི་ཞིན་ཆོན་ཛོན(新泉军)བྱ་བ་ནས་བྱེ་ཐང་ཆེན་པོར་ཐུག་གི་བར་དང་། དེ་ནས་ལྷོ་ཧུ་ཧའོ་ལན་རི་བོའི་ཌ་མོང་སྒང(贺兰山骆驼岭)ལ་སླེབས་པའི་ཡུལ་ཚང་མ་སྟོང་པར་བཞག་པ་དང་། གཙིགས་ཀྱི་ཡི་གེར་མ་འཁོད་པའི་ཡུལ་དག་བོད་དམག་གིས་བཟུང་ཡོད་པ་རྣམས་བོད་དང་ཐང་གིས་བསྲུངས་ཡོད་པ་དག་ཐང་ལ་མངའ་སྟེ་ཡུལ་དེ་དག་ལ་སུས་ཀྱང་རྐོལ་མི་ཆོག་པར་བགྱིས་ལ། སྔར་གང་གིས་ཀྱང་བཟུང་མེད་པ་ལ་ཕྱིན་ཆོད་ཕྱོགས་གཉིས་ཀའི་སུ་ཡིན་རུང་མཁར་རྫོང་གསར་དུ་བརྩིག་པའམ་ས་ཞིང་རྨོ་བ་སོགས་ཀྱིས་ངན་བདག་བྱེད་མི་ཆོག་པ་བཅས་ལ་གྲོས་ཐག་བཅད། བཀའ་གཙིགས་ཀྱི་ཆིངས་ཡིག་སོ་སོའི་མེས་པོ་རྣམས་ཀྱི་

གཙུག་ལག་ཁང་དང་ཡིག་མཛོད་དུ་མནན་ཏེ་ཡུན་དུ་བདག་གཉེར་བྱ་དགོས་པར་བགྱིས། གོང་གི་འདི་ལྟར་ཐང་བོད་ཀྱི་སོ་མཚམས་གསལ་པོར་བཅད་པ་དེ་ནས། 821ལོར་སླེབས་པའི་དུས་ལ་ཏ་ལམ་སྔར་བཞིན་མཆིས་པས821-822ལོའི་བོད་རྒྱའི་ཆིངས་ཡིག་གི་ཕྱི་མོ་གང་ལས་ཀྱང“ཐའོ་མེན”ནམ“གྲུང་གྲུ་རྩེ་ཙུ”དང“ཆེང་ཧྲུའི་ཞན”ཞེས་པ་ལྟ་བུ་མ་བཀོད་དེ། 783ལོའི་བཅད་མཚམས་དེ་གཞིར་བཞག་ནས“ཕན་ཚུན་དགྲར་མི་འཐབ། དམག་མི་དྲང་། །ཡུལ་མི་མནམ”པར“བོད་རྒྱ་གཉིས། །”ཀྱིས་གནའི་བཅད་མཚམས“ད་ལྟར་དུ་མངའ་བའི་ཡུལ་དང་མཚམས་སྲུང”དགོས་ཤིང་། 783ལོའི་བཅད་མཚམས“དེའི་ཤར་ཕྱོགས་ཐམས་ཅད་ནི་རྒྱ་ཆེན་པོའི་ཡུལ། །ནུབ་ཕྱོགས་ཐམས་ཅད་ནི་ཡང་ཐག་པར་བོད་ཆེན་པོའི་ཡུལ”ཡིན་ཞེས་བསྒྲགས་པ་ཙམ་གྱིས་ཆོག་པར་བྱས་སོ། །ཞེས་སྨྲས་མོ། །

སྤྱིར་ན་ཐང་བོད་གཉིས་ཐོག་མར་ཉེ་ཞིང་གཉེན་པ་དཔོན་ཞང་གི་ཚུལ་དུ་གྱུར་པ་ནས་བར་ལ་སྔར་ཞིང་འཁོན་པ་དགྲ་ཟླན་གྱི་གནས་སུ་ལྷུང་བ་ལ། བཙན་པོ་ཁྲི་རལ་པ་ཅན་དང་ཐང་རྫེ་སོའུ་ཙུང་རྣམ་པ་ཟུང་གི་དུས་སུ་སླེབས་པ་ན། ཐང་བོད་གཉིས་ནས་མཛའ་བའི་གཉེན་གཅིག་མིན་གཉིས་སུ་བརྩེགས་པ་དང་ཡུལ་ཡང་ཁྱིམ་མཚེས་སུ་གནས་པ། ཡང་སྐོས་སུ་ཕྱོགས་གཉིས་ཀ་འཁྲུག་པའི་ལས་ལ་རྣམ་པར་སུན་ཏེ་ཞི་མཐུན་གྱི་ཆབ་སྲིད་ཉིད་ལ་མོས་ནས། ཕན་ཚུན་སུ་ལ་ཐུགས་ནོར་ཅི་དང་ཅི་བྱུང་རུང“མང་པོ་ཀུན་བདེ་སྐྱིད་པར་བྱ་བ་ལ་ནི” “འཕྲལ་ཡུན་ཡུལ་གྱི་ལེགས་ཉེས་ཅི་ཡང་བསྲུང་སྟེ། །”དཔོན་ཞང་གི་དགྱེས་སྣང་གསར་པ་གསོས་ཤིང་བསྐྱུད་པ་དང་བོད་ཐང་གཉིས་ཀྱི་མངའ་འབངས་ཡོད་དོ་འཚལ་ཚེ་རབས་ཀུན་ཏུ་བདེ་ཞིང་སྐྱིད་པར་འཚོ་བ་ལ་དགོངས་ནས་སྔ་ཕྱིར་རྒྱལ་ས་གཉིས་ནས་གཟབ་རྒྱས་ངང་མཛལ་དུམ་གྱི་གཙིགས་བཟུང་། འདི་ལྟར“གཉེན་རྙིང་བའི་སྲི་ཞུ་ནི་དང་སྔའི་ཁྱིམ་ཚེས་དགྱེས་པའི་ཚུལ་སླར་དུ་བརྩེགས་པར་མོལ་ནས། །མཛལ་དུམ་ཆེན་པོ་ནི་མཛད”པར་བརྟེན། རེ་ཞིག“བོད་བོད་ཡུལ་ན་སྐྱིད་རྒྱ་རྒྱ་ཡུལ་ན་སྐྱིད་པའི”དུས་དང་སྐབས་བ་ལྡན་ཏེ་ཡུལ་ཐད་གྱུར་པ་ཟུང“ས་ས་མལ་མལ་ན་བག་བརྒྱང་སྟེ། །བདེ་བར་འཁོད”པ་ལས“གློ་བུར་དུ་སྡང་བ་དང་དགྲའི་སྨྲིང་ནི”བཙན་པོ་བོད་ཀྱི་རྒྱལ་ཁབ་སིལ་བུར་ཐོར་བར་དུ་ཡི་ནས་མ་གྲགས་པས་དཔོན་ཞང་འདུམ་པ་ལ་མངོན་པར་བསྟོད་དོ། །གཅིག་ནི་ནུབ་དང་གཅིག་ནི་ཤར་དུ་སྟག་སེང་འགྱིང་བ་བཞིན་མཆིས་ཏེ་རང་རྒྱལ་གྱི་ལོ་རྒྱུས་སྟེང་རེ་ཞིག་ལ་སྐྱན་གྲགས་ཀྱི་བ་དན་མཁའ་ལ་གཡོ་བའི་བོད་དང་ཐང་རྒྱལ་རབས་གཉིས་ལ“སྐྱིད་པའི་བཀའ་དྲིན་ནི་རབས་ཁྲིའི”བར་དུ་མ་ཐོབ་པར། མི་རིང་བ་ན་གཉིས་ཀ་སྔ་ཕྱིར་མིང་གི་ལྷག་མ་ཙམ་དུ་གྱུར་ཀྱང་། དེ་གཉིས་སྔར་ཞིང་འཁོན་པ་དགྲ་ཟླན་དུ་གྱུར་པ་ལས་སླར་ཡང་ཞི་ཞིང་མཐུན་པ་གཉེན་གྱི་ཚུལ་གསོས་པར་གྱུར་པའི“སྐྱན་པའི་སྒྲ་སྐད་ནི་གཉི་ཟླས་སླེབས་སོ་ཆོག་དུ་ཁྱབ”པ་བཀའ་གཙིགས་ཀྱི་ཡི་གེ་ལས་སྔོན་ལམ་བཏབ་ལ། དེ་བཞིན་དུའང་གྱུར་ཏེ་དེང་གི་དུས་འདིར་ཡང་ཀུན་གྱིས་བསྟོད་ཅིང་བསྔགས་ལ། གཅེས་ཤིང་གཅེས་

བཞིན་མཆིས་སོ།། །།

[1]《新唐书・吐蕃传笺证》141页。

[2]《དེབ་སྔོན》ཉ་པའི་ཤོག་ངོས102པར་གསལ།

[3]《བོད་ཆ་ཁྲི་ལོའི་དུས་རྟགས་གནམ་དཔྱད་ལོ་ཐོ》ལས་བྱུང་།

[4]《ཏུན་ཧོང་གཏེར་ཡིག》འདྲ་པར་མ་ཞིག་གི་ཤོག་ངོས1、392-394བར་གསལ།

[5][6]《ཏུན་ཧོང་གཏེར་ཡིག》འདྲ་པར་མ་ཞིག་གི་ཤོག་ངོས1、421、432པ་བཅས་སུ་གསལ།

[7]《སྦྲ་བཞེད》1980ལོའི་ལྷུགས་པར་ཤོག་ངོས20པར་གསལ།

[8]《དེབ་སྔོན》སྙམ་པར་ཞིག་གི་དེབ་དང་པོའི་ཤོག་ངོས173པར་གསལ།

[9]《དཔྱིད་ཀྱི་རྒྱལ་མོ》1981ལོའི་ལྷུགས་པར་ཤོག་ངོས54པར་གསལ།

[10]《མི་ལའི་རྣམ་ཐར》1979ལོའི་བོད་ལྗོངས་ཀྱི་ལྷུགས་པར་དུ་གསལ།

[11]《ཏུན་ཧོང་གཏེར་ཡིག》ཤོག་ངོས24、26、26པ་བཅས་སུ་གསལ།

[12]《བུ་སྟོན་ཆོས་འབྱུང》དུ་གསལ།

[13]《旧唐书・本纪七》新版第144、148、149页。

[14]《ཏུན་ཧོང་གཏེར་ཡིག》ཤོག་ངོས70、93、94པ་བཅས་སུ་གསལ།

[15]《旧唐书・本纪七》新版第210页。

[16]《དེབ་དཀར་ཤོག》ཤོག་ངོས83པར་གསལ།

[17]《མདོ་སྨད་ཆོས་འབྱུང》སྙམ་པར་གྱི་ཤོག་ངོས33པར་གསལ།

[18]《西陲史地研究》第16页。

[19]《西陲史地研究》第17、18页。

[20][21][22]《ཏུན་ཧོང་གཏེར་ཡིག》ཤོག་ངོས24、37、38པ་བཅས་སུ་གསལ།

[23]《新唐书・吐蕃传》新版第6087页。

[24]《ཏུན་ཧོང་གཏེར་ཡིག》ཤོག་ངོས73པར་གསལ།

[25]《དེབ་དམར》ཤོག་ངོས39པར་གསལ།

[26]《资治通鉴》新版17册第8036页。

《སྦྲང་ཆར།》 ༡༩༨༥ལོའི་དེབ་གཉིས་པ་ལས་བཏུས།

༄། །བཙན་པོའི་དུས་ཀྱི་བྲག་བརྐོས་ཡིག་རིས་གཅིག་གསར་དུ་མཚམས་སྦྱོར་ཞུས་པ།

ཆབ་སྤེལ་ཚེ་བརྟན་ཕུན་ཚོགས།

འདིར་ད་ཕན་ལོ་རྒྱུས་ཀྱི་དཔྱད་གཞིའི་ཡིག་རིགས་ནང་མ་འཁོད་པའམ། ཡང་དག་པར་འགོད་མ་སྒྲོང་བའི་བོད་ལྗོངས་ཆབ་མདོ་ས་ཁུལ་གྱི་ལྷུན་མ་བྲག་རྩར་ཡོད་པའི་བོད་བཙན་པོའི་དུས་རབས་ཀྱི་བྲག་བརྐོས་ཡིག་རིས་འབྲུལ་མེད་ཅིག་གི་སྐོར་ཐོག་མའི་མཚམས་སྦྱོར་ཞུ་རྒྱུ་ཡིན།

དེ་ནི་སྔ་རབས་བོད་ཀྱི་ལོ་རྒྱུས་ཡིག་ཚང་ཁག་དང་ཉེ་རབས་སུ་པེ་ཅིང་མི་རིགས་དཔེ་སྐྲུན་ཁང་ནས་པར་སྐྲུན་འགྲེམ་སྤེལ་གནང་བའི《བོད་ཀྱི་རྡོ་རིང་ཡི་གེ་དང་དྲིལ་བུའི་ཁ་བྱང》ཞེས་པའི་དེབ་དང《བོད་ཀྱི་གནའ་རབས་ཡིག་ཆ་གཅེས་བསྡུས》ཞེས་པའི་དེབ་སོགས་ཀྱི་ནང་འཁོད་མེད་པ་དང་། ཡང་དག་པར་འགོད་མ་སྒྲོང་བ་ཟེར་དགོས་དོན་ནི་བོད་ཀྱི་ལོ་རྒྱུས་ཆོས་འབྱུང་གི་ཁྲོད་ནས《རྒྱལ་རབས་གསལ་བའི་མེ་ལོང》ནང"……དེའི་བར་ལ་རྒྱ་མོ་བཟའ་ལ་སོགས་པའི་བོད་བློན་རྣམས་ཀྱིས་ལྷན་མ་བྲག་རྩར་ཕེབས་ནས། བྲག་ལ་བྱམས་པ་ཁྲུ་བདུན་པ་གཅིག་དང་། བཟང་སྤྱོད་གཉིས་བརྐོས་མར་བཞེངས། དེར་ཟླ་བ་གཅིག་བསྒུག་དེར་ཡང་བློན་པོ(མགར་སྟོང་བཙན)མ་བྱོན"[1]ཞེས་རྒྱ་བཟའ་ཁྲུན་ཁྲིང་ཀོང་ཇོ་བོད་ལ་ཕེབས་དུས་ཡར་ལམ་བཞེངས་ཚུལ་འཁོད་འདུག་པ་ནི་དམངས་ཁྲོད་ཀྱི་ངག་རྒྱུན་གཞིར་བཟུང་ནས་བྲིས་པ་ཙམ་ལས། བྲག་བརྐོས་ཡི་གེའི་བརྗོད་དོན་དངོས་དང་མི་མཐུན་པ་གསལ་རྟོགས་ཐུབ་པ་དེ་ཡིན། ཡང་ལ་ལས་གནའ་རབས་ཡིག་ཆ་གཅེས་བསྡུས་ཀྱི་ཁོངས་སུ་མ་གསལ་བ་ནི། དེའི་ནང་དོན་གཅེས་སུ་འོས་པའི་རྐྱེན་གྱིས་མིན་ནམ་སྙམ་ན་དེའང་མ་ཡིན་ཏེ་བྲག་བརྐོས་ཡི་གེའི་ནང་དོན་དེ་གནའ་ཡིག་གཅེས་བསྡུས་ནང་བཀོད་པའི་དྲིལ་བུའི་ཁ་བྱང་ཁག་ལས་དཔྱད་གཞིའི་རིན་ཐང་ཆེ་བ་ནི་བསྡུར་བ་ཙམ་གྱིས་ཤེས་སླ་བ་ཡིན་ནོ། །གཤམ་དུ་བྲག་བརྐོས་ཡིག་རིས་ཀྱི་ཞིབ་ཕྲའི་གནས་ཡུལ་དང་ནང་དོན་གནད་བསྡུས། ལོ་རྒྱུས་ཀྱི་རིག་དངོས་དེ་བསྐྲུན་པའི་ལོ་དུས་དང་། དེའི་དཔྱད་གཞིའི་རིན་ཐང་ཐད་རང་གི་ལྟ་ཚུལ། མཇུག་བསྡུ་བ་བཅས་ས་དཔྱད་བཞི་ལ་ཕྱེ་ནས་ཞུ་རྒྱུ་ཡིན།

དང་པོ། བྲག་བརྐོས་ཡིག་རིས་ཀྱི་གནས་ཡུལ་དང་ནང་དོན་གནད་བསྡུས་སྐོར།

གནའ་རབས་ཀྱི་ལོ་རྒྱུས་རིག་དངོས་དེའི་ཞིབ་ཕྲའི་གནས་ཡུལ་ནི། བོད་རང་སྐྱོང་ལྗོངས་ཆབ་མདོ་ས་ཁུལ་གྱི་བྲག་གཡབ་རྫོང་ཁོངས། བྱམས་མདུན་ཆུས། རི་མདའ་ཤང་གི་ལྷན་མ་བྲག་རྩ་ཞེས་པའི་བྲག་ལྡེབས་ཆེན་པོ་ཞིག་གི་ངོས་སུ་བརྐོས་ཡོད།

ཡིག་རིས་ཀྱི་ནང་དོན་གནད་བསྡུས་ནི། དབུས་སུ་གཙོ་བོ་སངས་རྒྱས་རྣམ་པར་སྣང་མཛད་ཀྱི་སྐུ་བརྙན་ལ་འཁོར་ཉེ་བའི་སྲས་ཆེན་བརྒྱད་ཀྱིས་བསྐོར་བ་དང་། གཤམ་དུ་གཞི་བདག་ཀླུ་མི་མགོན་དཀར་པོ་ཅེར་བའི་གཟུགས་བརྙན《འཕགས་པ་བཟང་པོ་སྤྱོད་པའི་སྨོན་ལམ》གཤམ་དུ་རིག་དངོས་དེ་བཞེངས་པའི་སྐོར་བཅས་བརྐོས་འདུག་ཅིང་། དེའི་ནང་ནས་གལ་ཆེ་བ་ནི་སྐུ་གསུང་གི་རྟེན་དེ་དག་བཞེངས་པའི་སྨྱུར་བྱང་གི་ཡི་གེ་རྣམས་ཡིན་པས་དེའི་འབྲུ་དོན་ཆ་ཚང་གཤམ་གསལ།

“༄། །དམ་པའི་ཆོས་ཀྱི་མདོ་ནི། སེམས་ཅན་ཐམས་ཅད་ལ་ཡང་སངས་རྒྱས་ཀྱི་རང་བཞིན་དྲན་ཞིང་ཤེས་པའི་སེམས་རེ་རེ་ཡོད་དེ། སེམས་དེ་ནི་མཁན་པོ་དང་ལྷས་ཀྱང་མ་བྱས་ཕ་མ་ལས་ཀྱང་མ་སྐྱེས། ཐོག་མའི་མཐའ་མུའི་རྙེད་པ་ནས་ཀྱང་ཡོང(ཡི)ནས་ཡོད། མཐར་ཀྱང་ཤིང་བའི་མ་མྱེད་པར་ཡང་མུའི་འགྱུར་ཏོ། །སེམས་དེས་དགེའ་བ་རྒྱ་ཅེར་སྤྱད་དེ་སེམས་ཅན་ཀུན་ལ་ལེགས་པ་བྱས་ཤིང་དམ་པའི་ཆོས་བྱིན་བ་དང་། སེམས་རྣམ་པར་སྦྱངས་པས་ན། སངས་རྒྱས་དང་བྱང་ཆུབ་སེམས་དཔར་རྒྱབ(སྒྲུབ)ནས། སྐྱེ་བ་དང་རྒ་བ་དང་ན་བ་དང་ཤི་བ་ལས་ཐར་ཏེ་བླ་ན་མེད་པའི་བདེ་སྐྱིད་བ་ཐོབ་བོ། སེམས་དེས་ལེགས་ཉེས་འདྲན(འདྲེས)མར་སྤྱད་ན་ལྷ་དང་མིའི་གནས་སུ་སྐྱེ་འོ། སྡིག་པ་དང་མི་དགེའ་བའི་ལས་ཆེར་སྤྱད་པ་ན། སྡིག་ཡུལ་སེམས་ཅན་དམྱལ་བ་ལས་རྩོགས་པར་སྐྱེས་ཏེ་སྡུག་བསྔལ་བའི་ནང་དུ་རྒྱུན་དུ་འཁོར་རོ། དེ་བས་ན་བདག་གི་སེམས་ལ་བླ་ན་མྱེད་པའི་བྱང་ཆུབ་མན་ཅད་ཀྱང་ཡོད། སེམས་ཅན་དམྱལ་བ་ཡེང(ཡན)ཆད་ཀྱང་ཡོད་པ་ཡིན་ནོ། །དམ་པའི་ཆོས་ཀྱི་བདུད་རྩི་སྤྱོད་ན་སྡུག་བསྔལ་ཐམས་ཅད་ལས་ཐར་པའི་ས་མྱོད་དོ(མྱོང་ངོ)ཡུན་དུ་བདེ་སྐྱིད་པའི་གནས་མྱང(ཀྱང)ཐོབ་བའི་ཕྱི་དོ(ཕྱིར་རོ)། དེ་བས་ན་སེམས་ཅན་ལ་དམ་པའི་ཆོས་གཅེས་ཏེ། མ་མ་ཆིས(མཆིས)པ་མྱི་ཁུང་ངོ་། མདོར་སྤྲོས་པར་ཉད་དེ་བདག་དང་གཞན་གྱི་དོན་ལ་རྒྱུད་རིང་པོ་དང་། ཆེད་ཀ་ཆེན་པོ་ལ་རྟོགས་ཉེ་ཞིབ་དེ་དགེའ་བའི་བཤེས□ན་ལ་དྲིས་ཤིག། དམ་པའི་ཆོས་ཀྱི་ཡི་གེ་ལ་ཡང་རྟོགས་ཤིག་དང་ཁོང་དུ་ཆུས་པར་འགྱུར་རོ། །

༄། །ཁྲིའུ་གི་ལོའི་དབྱར། མཙན་པོ་ཁྲི་ལྡེ་སྲོང་བཙན་གྱི་རིང་ལ། དགའི་སློང་ཆོས་དང་ཆབ་སྲིད་ཀྱི་བཀའ་ཆེན་པོ་ལ་བཏགས་སྟེ། གསེར་གྱི་བཀྱུ་རྒྱལ་མན་ཅད་ཀྱི་ཐབས་རྩལ། ཇོ་མོ་མཆིམས་ལྷ་ལེགས་མོ་བཙན་ལ་རྩོགས་པ། རྗེས(རྗེ)འབངས་མང་མོ་ཞིག་ཐར་པར་བཀྱེལ། བཀའ་ཆེན་པོ་ལ་གཏོགས་པའི་

དགེ་སློང་བྲན་ཀ་ཡོན་ཏན་དང་ལྷ་དོན་དམ་དང་བློན་ཆེན་ཞང་འབྲོ་ཁྲི་གཟུའ་དམ(རམ)ཤགས་དང་ནང་བློན□བློན་ཁྲི་སུམ་བཞེར་མདོའ་བརྩན་ལ་སྩོགས་པ། ཆབ་སྲིད་ལ་བཀའ་རྩལ་ཏེ། རྒྱ་དང་མཛལ་དུས(དམ)ཀྱི་མགོའ་བཙམས་པའི་ལས་ལ□མཁན་བོད་གོར་ཡེ་ཤེས་དབྱངས་དང་། དགའི་སློང་སྟག་ལོ་གཐན་ཏེ་དང་། གད་ནམ་ཀའི་སྙིང་པོ་དབྱངས་ཀྱིས། བཙན་པོའི་སྐུ་མོན་དང་སེམས་ཅན་ཐམས་ཅད་ཀྱི་བསོད་ནམས་སུ། སྐུ་གཟུགས་དང་སྨོན་ལམ་འདི་རྣམས་བྲིས་ཏེ། སྤྱིའི་ཞིང(ཞལ)ཏ་པ་ནི། འོར་དུའི་གནས་བརྟན། ཆྭང་མཆོག་རབ་དང་། གཉི་བཟང་པོ་དཔལ་ཀྱིས་བགྱིས། ལས་དཔོན□དགའི་སློང་ཞི་ཏྲའི་དགའི་སློང□གསེང་པབ་ཤིན་དང་ཡེན་དམ་ཡེས་བགྱིས་རྫོ(རྗོ)མཁན□། ཡུགས་གི་ཉག་བྲེ་ཤབ་དང་ཤོད་ལགས་གོད(ཞིགས་གོང)དང་། ལྷུམ་མ་འགམ་དང་རྒྱ་ཧུན་བོང་ཅེང་སྤང(སྤྱད)དང་། ཧྭ་ཧོའུ་ཇིན་རྣམས་ཀྱིས་བགྱིས་སོ། :། འདི་ལ་རྗེས་སུ་ཡི་རེང(རང)བས་ཀྱང་བསོད་ནམས་མཉམ་པར་ཐོབ་བོ།

༄། །ཡེ་ཤེས་དབྱངས་ཀྱིས་ཡོལ་དང་འབོམ་དང་ལེད□བོའུ་དུ་ཡང་རྒྱ་ཆེ□བྲིས་སོ:མཁེན་ནི་དགེ་སློང་རིང་ཇོ་རྗེས།

༄། །སྐུ་བླ་དང་དང་མ་གཉན་པོ་འདིའ་ལ། ཕྱག་འཚལ་ཞིང་མཆོད་པ་བྱས་ན། ཇི་སྨོན་ཏོ་ཆོག་འགྲུབ་ཅིང་ཚེ་ཕྱི་མ་ལ་ཡང་ལྷ་ཡུལ་དུ་སྐྱེའོ། ཁ་ངན་ནམ་རྐྱད་ཀ་བྱས་ན། འཕྲལ་དུ་ཡང་ནད་ལ་སྩོགས་པ་ཉེས་པ་སྣ་ཚོགས་འབྱུང་ལ། ཡུན་དུ་ཡང་ན(ངན)དག་ཏུ་ལྟུང་ངོ་། བཀའ་ཁྲིམས་ལས་ཀྱང་ཆོས་ལ་ངན༼རྒྱུ༽བྱས་ན། ཡང་མེས་སྤུན་ཚུན་ཅད་ནས་བཅ་བདེ་གུན་ཞེད་པ་བྱེད་དོ། དེ་བས་ན་སུ་ཡང་ཕྱར་ཀ་དང་རྐྱལ་ཀ་མ་བྱེད་ཅིག"ཅེས་འབོད་པ(གུག་རྟགས་ནང་བཀོད་རིགས་རྩོམ་པ་པོའི་ཚོད་རྩིས་ཙམ་ཡིན)དང་། ད་དུང་རྒྱ་ཡིག་ཀྱང་ཡིག་འབྲུ་བཅུ་ཕྲག་ཁ་ཤས་བརྐོས་ཡོད།

གོང་གསལ་ཡི་གེ་དང་གནས་ཚུལ་རྣམས་ནི་ཆབ་མདོ་ས་ཁུལ་རིག་སློབ་ཅུས་ནས་བློ་མཐུན་ཐུབ་དགའ་ལགས་སོགས་ས་གནས་དེ་རང་དུ་སྦྱ་རྟེང་ཆེད་ཕེབས་ཀྱིས་གཟིགས་ཞིབ་དང་། ཡིག་ཤུ། བསྐྱར་ཞུ་བཅས་གཟབ་ནན་གང་ཆེ་གནང་བ་མ་ཟད། ཕྱ་ལོ་སྤྱི་ཟླ་བརྒྱད་པར《ལྷ་ས་བོད་རིག་པའི་གྲོས་ཚོགས》སྐབས་འདོན་གནང་མཛད་པའི་ངོ་བཤུས་ལྟར་བཀོད་པ་ཡིན། བྲག་བརྐོས་ཡི་གེའི་ནང་རེ་ཟུང་གསལ་པོ་མེད་པ་རྣམས་ལ་རྟགས་འདི□འགོད་གནང་འདུག་པ་དང་། བྲག་ལྷེབས་མཐོ་གཟར་བལྟ་བཤུ་དཀའ་བའི་ཐོག་ཡིག་གཟུགས་ལ་ལ་མི་གསལ་བའི་དབང་གིས་ཚིག་འབྲུ་ཉུང་ཤས་ཤིག་བློ་དོགས་ཚོད་མིན་ཙམ་ལས། དེ་བྱིངས་བརྒྱ་ཆ་དགུ་བཅུ་ཡན་ནོར་འཁྲུལ་མེད་པར་བློས་འགེལ་ཆོག་པ་ཞིག་འདུག་སྙམ་མོ། །

གཉིས་པ། ལོ་རྒྱུས་ཀྱི་རིག་དངོས་དེ་བསྐྲུན་པའི་ལོ་དུས་སྐོར།

བཙན་པོ་ཁྲི་ལྡེ་སྲོང་བཙན་གྱི་སྐུ་དུས་སུ་བརྐོས་པ་བྲག་བརྐོས་ཡི་གེའི་ནང་གསལ་བར་འཁོད་པ་

དང་། བཙན་པོ་དེ་ཉིད་ཀྱི་འཁྲུངས་གཤེགས་ཀྱི་ལོ་དང་ཁྲི་ལ་བཞུགས་ཡུན་སོགས་ཀྱི་ཐད་བོད་ཀྱི་རྒྱལ་རབས་ཆོས་འབྱུང་ཁག་ནང་བཞེད་པ་མི་མཐུན་པ་མ་ཟད། ཐ་ན་མཚན་གྱི་རྣམ་གྲངས་ཀྱང་མུ་ཏིག་བཙན་པོ་དང་། མུ་ཁྲི་བཙན་པོ། མུ་རུ་བཙན་པོ། ཁྲི་ལྡེ་བཙན། ཁྲི་ལྡེ་སྲོང་བཙན། སད་ན་ལེགས་སོགས་ཅི་རིགས་འཁོད་ལ་དེ་མིན་འདི་ཡིན་དང་། ཡབ་སྲས་གཅེན་གཅུང་གློས་པ་སོགས་ཀྱི་གསུང་ཚུལ་མང་ཞིང་། ལ་ལར་དགག་ཤགས་ཀྱང་མཛད་པ་མཐོང་རུང་དེའི་ཐད་རེ་ཞིག་ཡི་གེ་ཉུང་བར་བྱས་ཏེ་འདིར་དཔྱད་དོན་གཙོ་བོ་བྲག་བརྐོས་ཡི་གེའི་སྤྱིར་བྱང་ནང་འཁོད་པའི“སྤྲེའུ”ལོ་དེ་ཡང་སྐྱིད་འབྱུང་ཁམས་གང་ཞིག་ཡིན་དང་སྤྱི་ལོ་གང་ལ་འཁེལ་བ་དེ་ཁོ་ནར་རྟོག་དཔྱོད་ཅིག་བྱ་རྒྱུ་གལ་ཆེ་བར་བཟུང་ཞིང་། དཔྱད་གཞི་འགའ་ཞིག་ལ་བསམ་ཞིབ་བྱས་པའི་མཐར་ཡིད་རྟོན་འཕེར་བའི་རྩིས་གཞི་བཟུང་ས་ནི་ལྷ་སའི《དཔོན་ཞང་དབུ་རྒྱུད་རྡོ་རིང》གི་ཡི་གེ་འདི་འབའ་ཞིག་འོས་པར་མཐོང་། རྡོ་རིང་དེའི་ཤར་ངོས་ཀྱི་ཡི་གེ་ཕྲེང༥༨—༦༧བར་དུ“བོད་རྒྱ་གཉིས། རབས་ཁྲིར་བདེ་སྐྱིད་པའི་མཇལ་དུམ་ཆེན་པོ་མཛད་ནས། རྒྱ་ཡུལ་དུ་ནི། ཀེང་ཤིའི་ནུབ་ཕྱོགས་ཤེག་སང་སེའི་དྲུང་དུ། བོད་ཆེན་པོའི་ལོའི་མིང་ནི་སྐྱིད་རྟག་ལོ་བདུན། རྒྱ་ཆེན་པོའི་ལོའི་མིང་སྐྱ། ཅང་ཀེང་ལོ་དང་པོ་ལྷགས་མོ་གླང་སྐྱ་ལོའི་དགུན་སླ་ར་བ་ཚེས་བཅུ་ལ་དཀྱིལ་འཁོར་ལ་འཛོགས་ནས། རྒྱ་ཡིས་གཙིགས་བཟུང་ངོ་། བོད་ཡུལ་དུ་ནི། ཕོ་བྲང་ལྷ་སའི་ཤར་ཕྱོགས་སྦྲ་སྟོད་ཚལ་དུ། བོད་ཆེན་པོའི་ལོའི་མིང་སྐྱིད་རྟག་ལོ་བརྒྱད། རྒྱ་ཆེན་པོའི་ལོའི་མིང་ཅང་ཀེང་ལོ་གཉིས། ཆུ་ཕོ་སྟག་གི་ལོའི་དབྱར་སླ་འབྲིང་པོ་ཚེས་དྲུག་ལ། དཀྱིལ་འཁོར་ལ་འཛོགས་ཏེ། བོད་ཀྱིས་གཙིགས་བཟུང་ངོ་། གཙིགས་ཀྱི་མདོ་རྡོ་རིངས་ལ་བྲིས་པ་འདི་ཡང་། བོད་ཆེན་པོའི་ལོའི་མིང་སྐྱིད་རྟག་ལོ་དགུ། རྒྱ་ཆེན་པོའི་ལོའི་མིང་ཅང་ཀེང་ལོ་གསུམ། ཆུ་མོ་ཡོས་བུ་ལོའི་དཔྱིད་སླ་འབྲིང་པོ་ཚེས་བཅུ་བཞི་ལ། རྡོ་རིང་ལ་ཡི་གེ་བྲིས་སོ”[2]ཞེས་འཁོད་པའི་ལོ་ཁམས་ཀྱི་ནང་ནས་དཔེར་ན་ཐོག་མར་གསལ་བའི་ལྷགས་མོ་གླང་དེ་ནི་བོད་ཀྱི་ལོའི་མིང་སྐྱིད་རྟག་ལོ་བདུན་པ་དང་། རྒྱའི་ལོའི་མིང་ཅང་ཀེང་ལོ་དང་པོ་སྟེ་ཐང་གོང་མ་མུའུ་ཙུང་གི་ཁྲི་ལོ“ཁྲང་ཆིང”ལོ་དང་པོ་ཡིན་པ་བོད་ཀྱི་རྡོ་རིང་གི་ཡི་གེ་དང་རྒྱའི་ཐང་དེབ་གསར་མ་གཉིས་ཡོངས་སུ་གཅིག་མཐུན་བྱུང་བས་ལོ་དེ་ནི་སྤྱི་ལོ་བརྒྱད་བརྒྱ་དང་ཉི་ཤུ་རྩ་གཅིག་པ་ཡིན་པར་གཟུ་བོར་གནས་པའི་སྐྱེ་བོ་སུ་ཞིག་གིས་ཀྱང་ཀླན་ཀ་འཚོལ་དུ་མེད། དེ་བས་ན་བོད་ཀྱི་ལོའི་མིང“སྐྱིད་རྟག”ཅེས་པ་ནི་བཙན་པོ་ཁྲི་ལྡེ་སྲོང་བཙན་གྱི་སྲས་ཁྲི་གཙུག་ལྡེ་བཙན་རལ་པ་ཅན་གྱི་ཁྲི་ལོའི་མིང་ཡིན། དེར་བརྟེན་སྤྱི་ལོ་བརྒྱད་བརྒྱ་ཉི་ཤུ་རྩ་གཅིག་པ་དེ་ནི་རལ་པ་ཅན་ཁྲིར་འཁོད་རྗེས་ཀྱི་ལོ་བདུན་པ་ཡིན་པར་གསལ་ཞིང་། དེ་ནས་ཡར་འདེད་ཀྱིས་རྩིས་པའི་ལོ་བདུན་པ་སྤྱི་ལོ་བརྒྱད་བརྒྱ་བཅོ་ལྔ་བོད་ཤིང་ལུགས་ལོར་ཡབ་ཁྲི་ལྡེ་སྲོང་བཙན་སྐུ་གཤེགས་པ་མཚོན་པ་དང་། བཙན་པོ་དེ་ཁྲི་ལ་འཁོད་པའི་དུས་ཚོད་ནི་སྤྱི་ཝོས་ལའང་དུས་རབས་བརྒྱད་པའི་ལོ་རབས་དགུ་བཅུ་པའི་ནང་དུ་ཡིན་པ་ཁྲི་སྲོང་

ལྡེ་བཙན་གྱི་སྐུ་ཚེའི་མཐའ་མཇུག་གི་མཛད་འཕྲིན་ལས་ཀྱང་དཔག་ནུས་ཤིང་། བྲག་བརྐོས་ཡི་གེའི་ནང་བཙན་པོ་ཁྲི་ལྡེ་སྲོང་བཙན་གྱི་རིང་ལ་ཆོས་ཕྱོགས་སུ་ཕྱག་རྗེས་དུ་མ་བཞག་པའི་སྐོར་འཁོད་པ་དེ་ལས་ཀྱང་ཡི་གེ་འདི་སྒྲུབ་སྐབས་ཁོང་བཙན་པོའི་ཁྲི་ལ་བཞུགས་ནས་དུས་ཚོད་ངེས་ཅན་ཞིག་སོང་ཟིན་པ་གསལ་བར་མཚོན་པ་དང་། ལྷ་སའི་ཇོ་རིང་ཤར་ངོས་ཀྱི་ཡི་གེའི་ནང་“……བཙན་པོ་ཡབ་ལྷ་འཕྲུལ་ཁྲི་ལྡེ་སྲོང་བཙན་གྱི་ཞ་སྔ་ནས་ཕན་ཚུན་དབོན་ཞང་དགོངས་པ་མཐུན་ནས། རྒྱ་རྗེ་ཞིང་ཤིན་ཤུན་ཤུ་ཧྭང་ཏེ་དང་མཇལ་དུམ་དུ་མོལ་ཏེ། བཀའ་ཁོན་རྙིང་བ་ནི། སྤྱངས་ཤིང་གསལད……”[3]ཅེས་གསལ་བ་ལྟར་སྐབས་དེའི་ཐང་བོད་བར་ལ་མཇལ་དུམ་གནང་བའི་དུས་ཀྱི་གོང་མ་ནི《རྒྱ་རྗེ་ཞིང་ཤིན་ཤུན་ཤུ་ཧྭང་ཏེ》ཞེས་པ(ཧྲིང་ཧྲིན་ཤུན་ཤུ་ཧོང་ཏེ)སྟེ་གོང་མ་ཐང་ཧྲན་ཙུང་གི་སྐབས་སུ་ཡིན་པ་གསལ་པོར་བསྟན་ཡོད། དེ་ལྟར་ཁུངས་བཙན་གྱི་ལོ་རྒྱུས་གུང་བསྒྲིགས་ན་བཙན་པོ་ཁྲི་ལྡེ་སྲོང་བཙན་ཁྲི་ལ་བཞུགས་དུས་ལྡན་མ་བྲག་བརྐོས་ཀྱི་ཡི་གེ་འདི་བསྒྲུབ་པའི“སྤྲེའུ”ལོ་དེ་ནི། ཐང་གོང་མ་ཧྲན་ཙུང་མ་གྲོངས་གོང་གི་ལོ་སྔ་མ་སྟེ་སྤྱི་ལོ804བོད་ཤིང་ཕོ་སྤྲེའུ་ལོ་ཡིན་པར་གཏན་འཁེལ་ཆོག་པ་འདུག་སྙམ་མོ། །

གསུམ་པ། བྲག་བརྐོས་ཡི་གེ་འདིའི་ཁྱད་ཆོས་དང་དོན་སྙིང་སྐོར།

བཙན་པོའི་དུས་རབས་ཀྱི་རྡོ་ཡིག་གཞན་དག་དང་མི་འདྲ་བའི་ཁྱད་ཆོས་འགའ་ཤས་ལྡན་ཡོད་པར་མཐོང་།

1. གཙོ་སྐུ་རྣམ་པར་སྣང་མཛད་ཉེ་བའི་སྲས་ཆེན་བརྒྱད་དང་བཅས་པའི་སྐུ་བརྙན་བརྐོས་པ་དེ་དག་ནི་བཙན་པོའི་མཚན་བྱང་ལོ་དུས་དང་མཉམ་དུ་དམ་པོར་འབྲེལ་བར་བརྟེན་བོད་བཙན་པོའི་སྐབས་ཀྱི་བརྐོས་རིས་སྣང་བརྙན་གྱི་རིག་དངོས་རྗེས་ཤུལ་ཐེ་ཚོམ་དང་ཀླན་ཀ་སྤུ་ཙམ་མི་དགོས་པ་ཞིག་ཡིན་པ་མ་ཟད། བརྐོས་རིས་ལ་ལའི་ཐད་ཀྱི་གཏིང་ཚད་ལ་ཏ་ལམ་སྤྱི་སྐར་བཅུ་ཕྲག་ཙམ་ཟབ་བརྐོ་བྱས་ཡོད་སྟབས་ད་ལྟའང་མ་འདྲིས་ལྷམ་མེར་གསལ་ཞིང་། སྣང་བརྙན་དེ་དག་ལ་ཐུན་མོང་མ་ཡིན་པའི་གནའ་བོའི་སྒྱུ་རྩལ་གྱི་ཉམས་འགྱུར་ཟབ་མོ་ལྡན་ཡོད་པ་བཅས་མི་ལོ་ཆིག་སྟོང་ཉིས་བརྒྱར་ཉེ་བའི་གོང་དུ་བོད་ཀྱི་རྡོ་བརྐོས་ལག་རྩལ་གྱི་ཚད་ཇི་ལྟར་ཡོད་པ་དང་། དུས་མཚུངས་བོད་གནའ་རབས་ཀྱི་བྲིས་འབུར་ལྷ་བཟོའི་ལག་རྒྱུན་ལ་བརྟག་དཔྱད་སོགས་བོད་ཀྱི་རིག་གནས་དང་སྒྱུ་རྩལ་ལ་ཞིབ་འཇུག་བྱ་རྒྱུར་དཔྱད་གཞིའི་རིན་ཐང་ཏ་ཅང་ཆེན་པོ་ལྡན་ཡོད།

2. 《འཕགས་པ་བཟང་པོ་སྤྱོད་པའི་སྨོན་ལམ》བྲག་བརྐོས་ཀྱི་དུམ་བུ་འདི་ཡང་། མཚན་སྙན་ཉི་ཟླ་ལྟར་གྲགས་པའི་བོད་ཀྱི་ལོ་ཙཱ་བ་ཆེན་པོ་སྐ་ཅོག་ཞང་གསུམ་སོགས་དངོས་སུ་བཞུགས་པའི་བསྟན་པ་སྔ་དར་སྐབས་ཀྱི་བསྒྱུར་ཡིག་འཁྲུལ་མེད་བསྒྱུར་བཅོས་མ་ཕོག་པ་ཞིག་ཡིན་སྟབས་ཆོས་དཔེ་བསྒྱུར་སྔ་རྗེས་ཀྱི་གོ་རིམ་དང་། ཁྱད་པར། འཕེལ་འགྱུར་སོགས་ལ་ཞིབ་འཇུག་དང་། བོད་ཡིག་བརྡ་སྤྲོད་ཀྱི་རིམ་འགྱུར

ལ་བརྟག་དཔྱད་བྱ་རྒྱུ་བཅས་ཀྱི་ཐད་སློས་འགེལ་ཚོག་པའི་ཚད་ལྡན་གྱི་མ་ཕྱི་ཞིག་མཁོ་འདོན་བྱས་ཡོད།

3. མཇུག་བྱང་གི་སྟོད་ཆར་ཆོས་ཀྱི་ཕན་ཡོན་བརྗོད་པའི་དུམ་བུ་འདི་ཡང་ཡིག་ཚགས་ཉུང་ཤས་ཤིག་སྤྱད་ནས། སངས་རྒྱས་ཆོས་ལུགས་ཀྱི་རྟོགས་དཀའ་བའི་མདོ་རྒྱུད་གཞུང་ལུགས་རྒྱ་ཆེན་པོའི་སྙིང་དོན་མདོར་བསྡུས་ཤིང་། དོན་ཉུང་ཚིག་གསལ་གྱི་སྒོ་ནས་སེམས་ཅན་ཀུན་ལ་གདོད་མ་ཉིད་ནས་སངས་རྒྱས་ཀྱི་རང་བཞིན་སེམས་རེ་ལྷན་སྐྱེས་སུ་ཡོད་པའི་ལྟ་བ་གསལ་བར་བསྟན་ཅིང་། སེམས་དེའི་བྱེད་ལས་ཀྱི་རྒྱུ་དང་འབྲས་བུའི་མཐུ་ལས་མངོན་མཐོ་ངེས་ལེགས་ཀྱི་རྟེན་ཐོབ་པའམ། ཡང་ན་ངན་སོང་དུ་ལྟུང་བ་སོགས་འཆད་བྱའི་དོན་རྣམས་གསལ་བར་སྟོན་ནུས་པ་སོགས་ཀྱི་ཐོག་ནས་བོད་ཀྱི་ཡི་གེ་ནི་གནའ་དུས་ནས་རྒྱ་ཆེ་གཏིང་ཟབ་ཀྱི་བརྗོད་དོན་མཚོན་པར་བྱེད་ཐུབ་པའི་སྐད་ཡིག་འཕྲུལ་སྒོ་ཚང་ཙམ་ཞིག་ཡིན་པ་དང་། དུས་མཚུངས་སྐབས་དེའི་བོད་ཀྱི་མཁས་པ་ཚོའི་རིག་གནས་ཀྱི་ཆུ་ཚད་ཀྱང་མཐོང་ཐུབ་ཅིང་། གཞན་ཡང་བཙན་པོའི་དུས་རབས་དེ་རང་ལ་བཀོས་པ་རྗེ་རིང་གི་ཡི་གེ་གཞན་དང་བསྡུར་ནས་དཔྱད་ན་ཆབ་སྲིད་དང་འཚོ་བའི་མིང་ཚིག་གམ། ཡང་ན་ས་མིང་དང་མི་མིང་སོགས་ལ་འགྱུར་བ་ཆེ་ཙམ་བྱུང་རྐྱེན་དེ་རིགས་དེང་སྐབས་ང་ཚོ་རྒན་རབས་ཚོས་ཀྱང་ཚིག་དོན་གོ་དཀའ་བ་མང་ཙུང་། འདིར་འཁོད་པའི་ཆོས་ཕྱོགས་ཀྱི་དུམ་བུ་འདི་མང་ཆེ་བ་གོ་ཐུབ་པ་དེའི་ཐོག་ནས་ཀྱང་བར་ལམ་ལོ་ངོ་ཆིག་སྟོང་ལྷག་ཙམ་རིང་བོད་མི་རིགས་ཀྱི་རིག་གནས་འཕེལ་ཕྱོགས་ཀྱི་ཁྱད་ཆོས་དེ་མངོན་གསལ་གྱི་སྒོ་ནས་རྟོགས་ཐུབ་ཀྱི་ཡོད། སངས་རྒྱས་ཆོས་ལུགས་ཀྱི་ནང་དོན་ཐད་ལའང"རང་སེམས་ཡེ་ནས་སངས་རྒྱས་ཡིན"ཞེས་པའི་མཐར་ཐུག་གི་ལྟ་བའི་འཛིན་མཚམས་དེ་ལ་ད་ཡོད་ཀྱི་ནང་བསྟན་གྲུབ་མཐའ་མི་འདྲ་བ་སོ་སོས་དགག་སྒྲུབ་ཇི་ལྟར་བྱེད་ཀྱིན་ཡོད་པ་སོགས་སངས་རྒྱས་ཆོས་ལུགས་ཀྱི་མཚན་ཉིད་རིག་པ་འཕེལ་འགྱུར་ལ་ཆེད་གཉེར་ཞིབ་འཇུག་གནང་མཁན་ཚོར་དུས་རབས་ཀྱི་རང་བཞིན་གསལ་བའི་གཞི་འཛིན་སའི་དཔྱད་གཞི་གལ་ཆེན་པོ་ཞིག་ཀྱང་བྱུང་ཡོད་སྙམ།

4. ད་དུང་གཙོ་ཆེ་ཤོས་ནི་སྨྲར་བྱང་གི་སྨད་ཆའི་དུམ་བུ་དེ་ཡིན་ཏེ། ཐོག་མར་བྲག་བཀོས་ཡིག་རིས་འདི་བཞིན་བསྐྲུན་པའི་ལོ་དུས་འཁོད་པའི་སྐོར་གོང་དུ་བརྗོད་ཟིན་པ་ལྟར་དང་། བཙན་པོ་ཁྲི་ལྡེ་སྲོང་བཙན་གྱི་སྐུ་དུས་སུ། སངས་རྒྱས་ཆོས་ལུགས་ཀྱི་དགེ་སློང་ཆོས་ཀྱི་འགོ་འཛིན་ཙམ་དུ་མ་ཟད་པར་ཆབ་སྲིད་ཀྱི་བཀའ་ཆེན་པོ་ལ་བཏགས་པ་སྟེ་སྲིད་ཀྱི་དབང་འཛིན་ཆེན་པོར་བསྐོས་ཤིང་། གསེར་གྱི་ཡི་གེ་མན་ཆད་ཀྱི་གོ་མིང་གི་ཐོབ་ཐང་བཅལ་ཅེས་འཁོད་པ་ལྟར་བཙན་པོ་འདིའི་སྐབས་བཅོམ་ལྡན་འདས་ཀྱི་རིང་ལུགས་པ་རྣམས་ལ་བཀུར་གཟིགས་བདག་རྐྱེན་ཡབ་དང་གཅིག་གི་དུས་ལས་ཀྱང་ཆེ་ཆེར་བརྒྱལ་བ་གནང་སྟེ། དགེ་སློང་ལ་ཆབ་སྲིད་ཀྱི་གོ་གནས་དང་དབང་ཆ་ཆེན་པོ་དངོས་སུ་བསྩལ་ལུགས་སོགས་གསལ་བ་མ་ཟད། སྐབས་དེའི་བཀའ་ཆེན་པོ་ལ་གཏོགས་པ་སྟེ་ཆབ་སྲིད་ཀྱི་མདུན་གྲོས་ལ་དབང་

བའི“དགེ་སློང་བྲན་ཀ་ཡོན་ཏན་དང་། སྣ་དོན་དམ་དང་། བློན་ཆེན་ཞང་འབྲོ་ཁྲི་གཟུང་རམ་ཤགས”ལ་སོགས་པར་བཙན་པོས་རྒྱ་དང་མཇལ་དུམ་བྱེད་པའི་ཆབ་སྲིད་ཀྱི་དོན་ཆེན་བཀའ་བསྐུལ་ལུགས་སོགས་འཁོད་པ་འདི་ལས། དེ་དུས་ཐང་བོད་དབར་མཇལ་དུམ་གྱི་བྱ་བ་བསྒྲུབ་རྒྱུ་དེ་ནི་བོད་ཀྱི་ཆབ་སྲིད་ལས་ཀའི་ནང་གལ་འགངས་ཆེ་ཤོས་ཤིག་ཡིན་པ་བརྗོད་མ་དགོས། དེ་ལྟ་བུའི་རྒྱལ་སྲིད་ཀྱི་བྱ་བ་ཆེན་པོ་སྒྲུབ་རྒྱུའི་ལས་འགན་སྒྲོད་སྐབས་བློན་ཆེན་པོ་ཞང་ཁྲི་གཟུང་རམ་ཤགས་ཀྱི་མིང་གི་གོང་དུ་དགེ་སློང་གཉིས་ཀྱི་མིང་གཙོ་བོར་བཏོན་ནས་བསྐོས་པ་འདི་ནི་གནའ་རབས་ཀྱི་ཚད་ལྡན་ཡིག་ཆ་གཞན་གྱི་ནང་མཐོང་དཀོན་པ་ཞིག་ཡིན། ཚང་མས་མཁྱེན་གསལ་ལྟར་སྲོང་བཙན་གྱི་རྗེས་ནས་ཁྲི་སྲོང་གི་སྐུ་ཚེའི་སྟོད་ཆ་བར་བཙན་པོ་ལྔའི་རིང་མི་ལོ་བརྒྱ་ལྷག་ཙམ་གྱི་དོན་ཆེན་གནས་བསྡུས་ཀྱི་ལོ་ཚིགས་འཁོད་པའི་ཏུན་ཧོང་གི་ཡིག་རྙིང[4]ནང་། ལོ་དེར་བཙན་པོ་ཡུལ་གང་དུ་བཞུགས་པ་དང་བློན་ཆེན་པོ་ཆེ་གེ་མོས་ཆབ་སྲིད་ཀྱི་བྱ་བ་ཆེན་པོ་གང་དང་གང་བསྒྲུབས་པའི་སྐོར་གསལ་བ་ལྟར་བོད་ཀྱི་བཙན་པོ་ཕུད་པའི་འོག་བློན་ཆེན་པོ་ནི་བཙན་པོ་གཉིས་པ་ལྟ་བུ་ཡིན་པ་དང་བསྡུར་ཆོག དུས་དེ་ནས་བཙན་པོའི་རྒྱལ་རབས་ཀྱི་ཆབ་སྲིད་ལམ་ལུགས་དང་བོད་དུ་དར་བའི་སངས་རྒྱས་ཆོས་ལུགས་གཉིས་ཀར་ངོ་བོའི་རང་བཞིན་ལྡན་པའི་འགྱུར་ལྡོག་ཅིག་བྱུང་ཡོད་པ་ང་ཚོས་མཐོང་ཐུབ་ཅིང་། མཇལ་དུམ་གྱི་ལས་ལ་གཞུག་མཁན་བོད་གོར་ཡེ་ཤེས་དབྱངས་དང་། དགེ་སློང་སྟག་ལོ་གཏན་ཏེ་དང་། གད་ནམ་མཁའི་སྙིང་པོ་དབྱངས་བཅས་གསུམ་པོ་དེ་ཡང་བློན་པོ་སོགས་མིན་པར་དགེ་སློང་དང་གཞན་གཉིས་ཀྱང་བན་དེ་ཡིན་པ་སོ་སོའི་ཆོས་མིང་ནས་གསལ་པོར་མཚོན་པ་བཅས་སྐབས་དེར་ཆོས་ལུགས་ཀྱི་མཐོ་རིམ་མི་སྣས་བཙན་པོའི་ཆབ་སྲིད་ཀྱི་བྱ་བའི་ནང་བྱེད་སྒོ་ཧུར་བརྩོན་དང་སྤྱིལ་བ་མཚོན་གྱིན་ཡོད། དེ་དག་གིས་དུས་སྐབས་དེའི་བོད་ཀྱི་ལོ་རྒྱུས་ལ་དཔྱད་ཞིབ་བྱ་རྒྱུར་ཁུངས་བཙན་གྱི་དཔྱད་གཞི་མཁོ་འདོན་བྱས་པར་མ་ཟད། བོད་དུ་ཆོས་སྲིད་ཟུང་འབྲེལ་གྱི་ལམ་ལུགས་ཐོན་ཞིང་འཕེལ་བའི་རྒྱུ་རྐྱེན་དང་འབྱུང་རྩ་སོགས་ལ་ཞིབ་འཇུག་བྱ་རྒྱུར་ཡང་ཕན་ལྡན་གྱི་རྒྱུ་ཆ་རྙེད་ཡོད།

ཕྱོགས་གཞན་ཞིག་ནས་ཐང་བོད་མཇལ་དུམ་གྱི་ལས་ལ་གཞུག་མཁན་དེ་ཚོས་ཆེད་དུ་དམིགས་ནས་ས་འདིར་ནམ་ཡང་མི་ནུབ་པའི་བྲག་ལ་སྐུ་གསུང་གི་རྟེན་དང་སྨྲར་བྱང་གི་ཡི་གེ་འདི་དག་བརྐོས་ཏེ་བཙན་པོའི་སྐུ་རིམ་དང་། མཛད་འཕྲིན་དཔལ་ཡོན་རྒྱས་པ། སེམས་ཅན་བདེ་ཐབས་བཅས་སྨོན་པའི་ཁ་ཚ་དགོས་གཏུགས་ཀྱི་དམིགས་ཡུལ་ནི་རྒྱ་བོད་མི་རིགས་བར་གྱི་མཐུན་འགྲིག་དང་རྒྱལ་ཁམས་བདེ་འཇགས་ཀྱི་མཇལ་དུམ་དེ་བདེ་བླག་ངང་ལེགས་འགྲུབ་ཡོང་བའི་དོན་དུ་ཡིན་པ་གསལ་བར་མཚོན། དཔེར་ན་སྲས་ཀྱི་དུས་སུ་བཙུགས་པའི་ལྷ་སའི་དབོན་ཞང་དབུ་ཟུང་རྡོ་རིང་གི་ཤར་ལྡེབས་ཡི་གེའི་ཕྲེང༡༥ནས༡༧ཀྱི་བར་དུ“……བཙན་པོ་ཡབ་ལྷ་ཁྲི་ལྡེ་སྲོང་བཙན་གྱི་ཞ་སྔ་ནས། སྐམ་དཀྱིལ་ཆེན་པོས་ནི། ཆོས་སྲིད་ཅི་

ལ་ཡང་མཁས་ཤིང་གསལ། བྱམས་པའི་བཀྲིན་གྱིས་ནི། ཕྱི་ནང་མེད་པར་ཕྱོགས་བརྒྱད་དུ་ཁྱབ་སྟེ། མཐ་བའི་རྒྱལ་པོ་ཀུན་དང་ཡང་མཇལ་དང་ཅིང་འདུམ་པར་མཛད་ན། རྒྱ་དང་ལྷ་ཞིག །གཉེན་རྩིག་མ། ཡུལ་ཁྲིམ་ཆོས་ཡིན་པས། ལྷག་པར་ཆབ་སྲིད་གཅིག་དུ་དགྲེས་ཏེ། ཕན་ཚུན་དཔོན་ཞང་དགོངས་པ་མཐུན་ནས། རྒྱ་རྗེ་ཞིང་ཤིན་ཤུན་ཤུ་ཧྭང་ཏེ་དང་། མཇལ་དུམ་དུ་མོལ་ཏེ། བཀའ་ཁོན་རྙིང་པ་ནི། སྤྱངས་ཤིང་གསལ་ད། དགྲེས་པ་གསར་ནི་བསླུས་ཤིང་བསྟུད་ནས། དེ་ཚུན་ཆད། བཙན་པོ་དཔོན་ནི་སྐུ་ཆེ་གཅིག །རྒྱ་རྗེ་ཞང་ནི་གདུང་རབས་གསུམ་གྱི་བར་དུ། བཀའ་ཁོན་གྱི་གཙུགས་ནི་མ་བྱུང་། དགྲེས་པའི་སྲིད་ཞུ་ནི་ཕན་ཚུན་ཕྲུད་དེ། ཕོ་ཉ་གཅེས་པ་ལས། བཀའ་ཕྲིན་སྙན་པ་དང་། དགོར་ནོར་བཟང་པོས་ནི། རྒྱུན་དུ་འདྲུལ་ན། མཇལ་དུམ་གྱི་མདོ་ཆེན་པོ་གཙིགས་བཅ་བ་ལྟ་བུ་ཡང་མ་གྲུབ། དཔོན་ཞང་མོལད་པའི་རྗེས་ཀྱང་ཚར་མ་ཕྱིན་པར་ཐུག་ས་ནོངས་ཀྱིས་བརྩལ་ཏེ……[5]ཞེས་འཁོད་ཡོད། འོན་ཀྱང་བཙན་པོ་ཁྲི་ལྡེ་སྲོང་བཙན་གྱི་སྐུ་དུས་སུ་ཐང་བོད་མཐུན་སྒྱུར་གྱི་མཛད་པ་རྒྱ་ཆེར་བསྐྱངས་པའི་སྐོར་བོད་ཀྱི་ཆོས་འབྱུང་ལོ་རྒྱུས་གཞན་ནང་ཞིབ་ཕྲ་མི་གསལ་ཡང་། བྲག་བརྐོས་ཡི་གེའི་ནང་དངོས་སུ་འཁོད་པ་འདིའང་གནའ་དུས་ནས་རང་རིགས་གོང་འོག་ཚང་མས་རྒྱ་བོད་མི་རིགས་བར་གྱི་མཛའ་བརྩེ་མཐུན་འགྲིག་གི་བྱ་བར་འབད་བརྩོན་བྱས་པའི་ལོ་རྒྱུས་ཀྱི་ལེའུ་ཆེན་པོ་དེར་སླར་ཡང་གལ་ཆེའི་ཁ་སྐོང་ཞིག་བསྣན་པ་ཡིན་སྟབས་སྣང་ཆུང་བྱེད་མི་ཉུང་བའི་གནའ་ཤུལ་རིག་དངོས་ཀྱི་གྲལ་སྟར་ནང་སྤུང་ཉར་དགོས་པ་ཞིག་ལོས་ཡིན།

5. བྲག་བརྐོས་ཡི་གེ་འདིར་ད་དུང་ཁྱད་ཆོས་གཞན་ཞིག་མཐོང་བ་ནི། ལོ་རྒྱུས་ཀྱི་རིག་དངོས་འདི་གསར་དུ་སྐྲུན་སྐབས་སྤྱིའི་ཞལ་ཏ་བ་སྟེ་ལས་གྲྭའི་དགོས་མཁོ་དང་། ལས་མིའི་འཚོ་བ་སོགས་ཀྱི་གཙོ་བོའི་དོ་དམ་བྱེད་མཁན་ནི་འོར་དུ་དགོན་པའི་གནས་བརྟན་ཚྭངས་མཆོག་རབ་དང་། གཟི་བཟང་པོ་དཔལ་བྱ་བ་གཉིས་ཀྱིས་བགྱིས་ཤིང་། ལས་དཔོན་ཏེ་རིས་བརྐོས་ལག་རྩལ་གྱི་བཀོད་འདོམས་འགོ་བྱེད་ནི་དགེ་སློང་ཞི་ཧྲའི་ཞེས་པ་དང་། དགེ་སློང□གཡོང་ཕ་བ་ཤིན་དང་། ཨེན་དམ་ཨེ་བྱ་བ་བཅས་ཀྱིས་བགྱིས་པ། རྗོ་མཁན་ཏེ་བྲག་ལ་བཟོ་བརྐོས་དངོས་སུ་བྱེད་མཁན་ནི་ཤུབ་ས་གི་ཉག་བྲིད་ཤབ་ཅེས་པ་དང་། ཤོད་ལེགས་ཀོང་དང་། ལྷུམ་མ་འགམ་དང་། རྒྱ་རིགས་ཞུན་པོང་ཅིང་ཕ་བུ་དང་། ཧྭ་ཧེའུ་ཇིན་བྱ་བ་རྣམས་ཀྱིས་བགྱིས་སོ་ཞེས་འཁོད་པ་མ་ཟད། ད་དུང་རྒྱ་རིགས་ལག་བཟོ་པའི་ཉུས་མིང་དང་རེ་སྔོན་ཡིན་ཚོད་གང་ལྟར་རྒྱ་ཡིག་ཡིག་འབྲུ་བཅུ་ཕྲག་ཁ་ཤས་ཀྱང་གཞོགས་སུ་བརྐོས་ཡོད་པ་བཅས་ལོ་སྟོང་ཕྲག་གོང་གི་བོད་ཀྱི་ལོ་རྒྱུས་སྐྲུན་དངོས་ཤིག་ལ་ཆ་མཚོན་ནས་ལས་ཀའི་དོ་དམ་པ་དང་། བཀོད་འདོམས་པ། ལག་བཟོ་བ་བཅས་ཀྱི་མིང་ཉུས་ཞིབ་ཕྲ་རྗོ་ལ་གསལ་པོར་བཀོད་པ་འདི་ལྟ་བུ་ནི་དངོས་འབྲེལ་མཐོང་མ་མྱོང་བ་ཞིག་ཡིན། སྐབས་དེའི་དགོས་པ་ནི་ཕལ་ཆེར་འདིར་ཆོས་ལུགས་ཀྱི་བསྔོ་སྨོན་དང་ཡང་འབྲེལ་བས་འབྲེལ་ཐོགས་ཚང་མར་དགེ་འབྲས་ཀྱི་བགོ་སྐལ་རེ་འཐོབ་པའི་ཆེད་དུ་དམིགས་པ་ཡིན་ཤས་

ཆེ། འོན་ཀྱང་ད་ལྟ་ལོ་རྒྱུས་ཞིབ་འཇུག་བྱེད་མཁན་ལ་ཆ་མཚོན་ན་དེ་རིགས་ཀྱང་རིན་ཐང་ལྡན་པའི་དཔྱད་གཞིར་འགྱུར་སྲིད་སྙམ། དཔེར་ན་སྐབས་དེ་དུས་བྲག་ལ་ཡིག་རིས་བརྐོ་བའི་ལས་ཀ་དེ་ཙམ་ཞིག་ལའང་གཏོང་ཡོང་བདག་གཉེར་དང་། ལག་རྩལ་བཀོད་འདོམས། ཞིབ་ཕྲའི་ལག་བཟོ་སོགས་རང་རང་གི་ལས་བགོས་ཁ་གསལ་བའི་སྒྲིག་གཞི་དེ་ལྟ་བུ་ཡོད་པ་ལ་དཔགས་ན། དུས་དེའི་སྤྱི་ཚོགས་ཀྱི་སྒྲིག་གཞི་དང་དཔལ་འབྱོར་དོ་དམ་ལམ་ལུགས་སོགས་ལ་ཞིབ་བྱ་རྒྱུར་དཔྱད་གཞི་ངོ་མཚར་ཅན་ཞིག་བྱུང་བ་དང་། གཞན་ཡང་རྡོ་བརྐོའི་ལག་ཤེས་པ་མི་དྲུག་གི་ནང་དུ་རྒྱ་རིགས་གསུམ་ཡོད་པ་དེ་ལས་གནའ་རབས་བོད་ཀྱི་འཛུགས་སྐྲུན་བཟོ་རྩལ་མང་པོའི་ནང་རྒྱ་བོད་མི་རིགས་གཉིས་ལག་གདང་དཔུང་གཤིབ་ཀྱི་མཉམ་ལས་དམ་ཟབ་བྱེད་པའི་སྲོལ་རྒྱུན་དེ་མཚོན་པ་མ་ཟད། ཆེད་ལས་ཀྱི་སྐྲུན་དངོས་འདིའི་ཐོག་ནས་ཀྱང་རྒྱ་བོད་མི་དམངས་ཚོས་ཕན་ཚུན་བདེ་འཇགས་དང་མཛའ་མཐུན་ཡུན་གནས་ཡོང་པའི་འདུན་པ་གཅིག་གྱུར་དུ་འཆང་བཞིན་ཡོད་པའི་ལོ་རྒྱུས་ཀྱི་དོན་དངོས་དེ་ར་སྤྲོད་གང་ལེགས་བྱེད་ཀྱིན་ཡོད།

སྤྱིར་བྱང་གི་མཐའ་འདོམས་སུ། བཀའ་ཁྲིམས་ཀྱི་ཐོག་ནས་ཀྱང་ཆོས་ལ་ངན་གནོད་བྱས་ན་བྱེད་པ་པོ་སློས་ཅི། ཕ་མེས་སྤུན་མཆེད་ཚུན་ཆད་ལ་ཉེས་ཆད་གཅོད་པར་བྱེད་དོ་ཞེས་གསལ་བ་དེ་ཡང་བཙན་པོ་ཡབ་ཁྲི་སྲོང་ལྡེ་བཙན་གྱི་སྐབས་བོན་བསྒྱུབས་ནས་བོད་འབངས་ཐམས་ཅད་སངས་རྒྱས་ཀྱི་ཆོས་ལ་སྤྱོད་དགོས་པར་བཀས་བཅད་པ་མ་ཟད། རྒྱལ་བློན་དབོན་སྲས་དང་བཅས་པ་བྲོ་བོར་བ་ལྟར་སྲས་ཀྱི་དུས་སུའང་ཆོས་ལ་ངོ་རྒོལ་བགྱིས་ན་ཁྲིམ་ཚང་མི་རྒྱུད་དང་བཅས་ལ་ཉེས་པ་གཅོད་པའི་ཁྲིམས་སྲོལ་ནན་པོ་ཡོད་པ་ལ་གསལ་བར་མངོན་པ་དེ་ལས། སྐབས་དེའི་སྤྱི་ཚོགས་ཀྱི་བསམ་བློའི་འགལ་བ་ཛ་དྲག་པོ་དེ་མཐོང་ཐུབ་པའི་ཁར། རིང་པོར་མ་ལོན་པར་བྱུང་བའི་ཁྲི་རལ་པ་ཅན་གྱི་དུས་རྒྱལ་བློན་ནང་གསོད་ཀྱི་དོན་རྐྱེན་དང་། བོད་སིལ་བུར་ཐོར་བ། དེ་རྗེས་བོད་ཀྱི་ཆོས་སྲིད་ཁྲིམས་སྲོལ་དང་ལམ་ལུགས་འབྱུང་གཞིའི་ཐད་སོགས་ལ་ཞིབ་འཇུག་བྱ་རྒྱུར་ཡང་དཔྱད་གཞིའི་འབྲེལ་བ་ངེས་ཅན་ཞིག་ལྡན་ཡོད་སྙམ་མོ། །

བཞི་པ། མཇུག་བསྡུ་བ།

གོང་དུ་བོད་ལྗོངས་ལྷན་མ་བྲག་རྩའི་བྲག་བརྐོས་ཡིག་རིས་སྐོར་ཞིབ་ཕྲའི་གནས་ཡུལ་དང་ནང་དོན་རགས་བསྡུས། བསྐྲུན་པའི་ལོ་དུས་དང་དཔྱད་གཞིའི་རིན་ཐང་ཐད་རང་ཉིད་ཀྱི་ལྟ་ཚུལ་བཅས་བྲིས་པ་འདི་ནི་གཟིགས་པ་པོ་རྣམས་ལ་རིག་དངོས་དེ་ཐོག་མའི་མཚམས་སྦྱོར་ཞུ་ཆེད་ཙམ་ཡིན་པས་ཆ་ཚང་བ་དང་ཡང་དག་པ་ཞིག་བྱུང་མེད་པ་གོར་མ་ཆག   འོན་ཀྱང་གནའ་རབས་ཀྱི་བྲག་བརྐོས་རིག་

དངོས་འདི་ནི་བོད་ཀྱི་བཙན་པོ་ཁྲི་ལྡེ་སྲོང་བཙན་གྱི་དུས་སུ་བསྒྲུབ་པས་ད་ཕན་མི་ལོ་ཆིག་སྟོང་ཉིས་བརྒྱ་ལ་ཉེ་བ་ཞིག་སོང་ཟིན་པ་དང་། ནང་དོན་གྱི་ཐད་ལའང་ཆབ་སྲིད་དང་། ལམ་སྲོལ། ཆོས་ལུགས་དང་། བསྒྱུར་ཡིག བཀོས་རིས། ཁྲིམས་སྲོལ་སོགས་ཕྱོགས་མང་པོ་དང་འབྲེལ་བས་གནའ་རབས་བོད་ཀྱི་ལོ་རྒྱུས་ཞིབ་འཇུག་བྱ་རྒྱུར་དཔྱད་གཞི་ཡིད་རྟོན་ཅང་བ་བཟོ་བཅོས་ཀྱི་དྲི་མས་མ་གོས་པ་ཞིག་ཡིན། དེ་ལྟ་ནའང་བོད་སྙིང་པའི་སྐབས་གནའ་རབས་ཀྱི་ལོ་རྒྱུས་རྗེས་ཤུལ་དངོས་པོ་འདི་རིགས་ལ་མཐོང་ཆེན་དང་ཞིབ་འཇུག་བྱེད་མཁན་དཀོན་པས་དེ་སྔའི་བོད་ཀྱི་རྒྱལ་རབས་ཆོས་འབྱུང་ཁག་གི་ནང་འཁོད་མ་ཐུབ་པ་དང་། བོད་ཞི་བས་བཅིངས་བཀྲོལ་ཐོབ་རྗེས་རྒྱལ་ཁབ་ནས་བོད་ཀྱི་གནའ་རབས་རིག་དངོས་རྗེས་ཤུལ་ལ་སྲུང་སྐྱོབ་དང་འཚོལ་ཞིབ་བྱ་རྒྱུར་ཐུགས་འཁུར་ཆེ་བཞིས་ཀྱིས་འབྲེལ་ཡོད་སྡེ་ཚན་ནས་བོད་དུ་ཆེད་གཉེར་གནའ་རྫས་འཚོལ་ཞིབ་མི་སྣ་སྔ་རྫིང་དུ་གཏོང་གནང་བ་མ་ཟད། ས་གནས་རང་དུའང་བདག་གཉེར་ཚན་པ་ཆེད་འཛུགས་བཅས་གནང་ཡོད་ཙང་། བྲག་བཀོས་ཀྱི་ཡིག་རིས་འདི་ད་ཕན་བཙན་པོའི་དུས་རབས་ཀྱི་རྡོ་བཀོས་ཡི་གེ་ཕྱོགས་སྒྲིག་གི་ཁོངས་སུ་ཚུད་མེད་ལ། དཔྱད་ཞིབ་བྱེད་མཁན་ཡང་བྱུང་མེད་པས་བོད་ཀྱི་གནའ་རབས་ལོ་རྒྱུས་ལ་ཞིབ་འཇུག་བྱ་རྒྱུའི་དོན་ནས་བཤད་ན་དཔྱད་གཞིའི་རྒྱུ་ཆ་གསར་པ་ཞིག་ཡིན། འོན་ཀྱང་དེང་སྐབས་བོད་ཀྱི་རིག་གནས་ཤུལ་རྒྱུན་ལ་མཐོང་ཆེན་བྱེད་པའི་བྱ་གཞག་འཕེལ་རྒྱས་ཀྱི་དུས་བབ་བཟང་པོའི་ནང་ཐོན་པའི་གསར་རྙེད་གནའ་ཤུལ་རིག་དངོས་མང་པོའི་དོན་ནས་བཤད་ན་དེ་ནི་ཆ་ཤས་ཙམ་ཞིག་རང་ཡིན། དེ་བས་གཞི་རྒྱ་ཆེ་བའི་འདམ་གཞུང་སོགས་བྱང་རྒྱུད་ཀྱི་གནའ་རབས་བང་སོའི་ཁྲུ་ཚོགས་ཆེན་པོ་དང་། ལོ་ཁྲི་སྟོང་གོང་གི་རྗེ་ཆས་གསར་རྙིང་དུས་རབས་ཀྱི་ས་འོག་རིག་དངོས་སོགས་གཅིག་རྗེས་གཉིས་མཐུད་དུ་ཐོན་བཞིན་ཡོད། དེ་དག་ཚང་མའི་ཐོག་ནས་ཀྱང་གོ་ནི་བོད་ཤེས་རིག་གི་ཕ་ཡུལ་ཡིན་པ་དང་། བོད་ལྗོངས་ནི་བོད་ཀྱི་ཤེས་རིག་གི་འབྱུང་ཁུངས་འབབ་ཞིག་ཡིན་པའི་ཚོད་གཏམ་དེ་ནུས་ལྡན་གྱི་སྒོ་ནས་ར་སྤྲོད་གང་ལེགས་བྱུང་དང་འབྱུང་བཞིན་པ་ཡིན། དེས་ན་རང་རེར་ཡོད་པའི་ཕྱུལ་བྱུང་གི་ཆ་རྐྱེན་ཡོད་ཚད་འདོན་སྤེལ་ལེགས་པར་བྱས་ཐོག བློ་སྟོབས་ཆེར་སྐྱེད་དང་། དངོས་ཐོག་བདེན་འཚོལ། དཀའ་སྤྱད་འབད་བརྩོན་གྱི་ལས་ཀ་བྱས་ཏེ་རྒྱལ་ནང་གི་བོད་ཀྱི་ཤེས་རིག་གི་མཁས་ཅན་རྣམས་དང་མཉམ་ལས་དམ་ཟབ་བྱེད་པ་མ་ཟད། རྒྱལ་ཕྱིའི་ལས་རིགས་གཅིག་པའི་གྲོགས་པོ་ཚོ་དང་ཡང་རིག་གཞུང་གི་སྤྱེལ་རེས་གང་མང་བྱེད་པ་བཅས་བརྒྱུད་ང་ཚོའི་བོད་ཀྱི་ཤེས་རིག་ཞིབ་འཇུག་གི་བྱ་གཞག་འདི་མགྱོགས་མྱུར་ཆུ་ཚད་གསར་པ་ཞིག་ཏུ་གོང་སྤེལ་གཏོང་ཆེད་ཚང་མས་འབད་འཐབ་ཡོང་བའི་རེ་བ་ཞུ་རྒྱུ་ཡིན།

ལུང་ཁུངས་མཆན་འགྲེལ།

[1]《རྒྱལ་རབས་གསལ་བའི་མེ་ལོང་།》 པེ་ཅིང་ལྷུགས་པར་མའི་དེབ་ངོས122ཕྲེང15པར་གསལ།

[2] [3] [5]《བོད་ཀྱི་གནའ་རབས་ཡིག་ཆ་གཅེས་བསྡུས།》 པེ་ཅིང་ལྷུགས་པར་མའི་དེབ་ངོས14ཕྲེང12དང་དེབ་ངོས12ཕྲེང13པར་གསལ།

[4]《ཏུན་ཧོང་ནས་ཐོན་པའི་བོད་ཀྱི་ལོ་རྒྱུས་ཡིག་ཆ།》 པེ་ཅིང་ལྷུགས་པར་མའི་དེབ་ངོས15ཕྲེང14པར་གསལ།

《ཀྲུང་གོའི་བོད་ཀྱི་ཤེས་རིག》 ༡༩༨༨ལོའི་དེབ་དང་པོ་ལས་བཏུས།

༄། །དབུ་སྟོད་ཞྭ་ལྷ་ཁང་གི་རྡོ་རིང་ཡི་གེ་དང་པོའི་འབྲུ་འགྲེལ་གྱི་སྐོར་རགས་ཙམ་གླེང་བ།

ཀླུ་འབུམ་རྒྱལ།

ལྷ་ས་སྐྱིད་ཆུའི་སྟོད་རྒྱུད་གཞོང་རོང་མདོ་དབུ་རུ་ཞྭ་ལྷ་ཁང་དུ་མཆིས་པའི་བཀའ་གཙིགས་ཀྱི་ཡི་གེ་ནི། བཙན་པོ་ཁྲི་ལྡེ་སྲོང་བཙན་གྱི་རིང་སྟེ། སྤྱི་ལོ798—812བར་གྱི་ལོ་ཞིག་ལ་བཙུགས་པ་དང་། རྡོ་རིང་འདི་གནས་པའི་ཡུལ་གྲུ་དེ་དབུ་རུར་གཏོགས་ཤིང་དབུ་རུའི་སྟོད་དུ་ཡོད་པས་ན་མིང་དེ་ལྟར་ཐོགས། དེ་ཡང་། བཀའ་གཙིགས་ཀྱི་ཡི་གེ་འདིར་བཀོད་པ་ནི། བཙན་པོ་ཁྲི་ལྡེ་སྲོང་བཙན་གྱིས་སྲིད་དབང་འཛིན་པའི་དུས་སུ་སྐུ་ན་ཆུང་ཟད་གཞོན་པ་དང་། དེ་དུས་རྒྱལ་སྲིད་སྐྱོང་བའི་ཐད་བློན་པོ་རྣམས་ཀྱི་བར་དུ་འགལ་བ་དང་འཐབ་རྩོད་སྣ་ཚོགས་པ་ཞིག་བྱུང་བར་བརྟེན། ཆབ་སྲིད་ཀྱི་དབང་ཆ་དེ་དོན་དངོས་སུ་བློན་པོ་ཚོའི་ལག་ཏུ་ཡོད་ཅིང་། ཕྱིས་བན་དེ་མྱང་ཏིང་ངེ་འཛིན་བཟང་པོས་རོགས་རམ་དང་རྒྱབ་སྐྱོར་བྱས་པར་བརྟེན་ད་གཟོད་སྲིད་ཀྱི་དབང་ཆ་བཙན་པོ་རང་གི་ལག་ཏུ་འཛིན་ཐུབ་པ་བྱུང་བ་རེད། དེའི་ཕྱིར། བཙན་པོས་བན་དེ་ཏིང་ངེ་འཛིན་ལ་དམིགས་བསལ་གྱི་དབང་ཆ་སྤྲད་པ་དང་བློན་པོ་ཆེན་པོའི་ཆོ་ལོ་སྤྲུར། རྗེ་བློན་ཕྱི་རབས་མངའ་མཛད་པ་རྣམས་ལ་གལ་པོ་ཆེ་ལ་ནན་ཏན་གྱི་ཚུལ་དུ་དབུ་སྙུང་བཀའ་གཙིགས་སྔ་ཕྱི་ལན་གཉིས་གནང་སྟེ། མཛད་རྗེས་རྣམས་གསལ་བར་བྱས་པ་དང་། "ནམ་ནམ་ཞ་ཞར་གཙིགས་རྣམ་གཉིས་ཀྱི་ཡི་གེ་ལས་འགྱུར་བ་དང་། རྡོ་རིང་རྣམས་ལ་བྲིས་པ་ལས་མྱི་དབྲི་མྱི་བཙོས་མྱི་བསྒྱུར་བར་གྱིས་ཤིག"ཅེས་གདམས་ཡོད་པ་རེད།

བོད་ཀྱི་བཙན་པོ་སྐུ་ཐོག་བཞི་བཅུ་པ་ཁྲི་ལྡེ་སྲོང་བཙན་ནམ་མུ་ཏིག་བཙན་པོ་ཞེས་གྲགས་པ་འདི་ཐུགས་སྐམ་ཞིང་མཛངས་ལ་དཀྱིལ་ཆེ་བ་ཞིག་ཡིན་པས། ཆོས་སྲིད་གཉིས་ཀྱི་ཐད་ལ་མཛད་རྗེས་རྨད་དུ་བྱུང་བ་བཞག་ཡོད་པ་དང་། བཀའ་གཙིགས་ཀྱི་ཡི་གེ་གནང་བ་རྡོ་རིང་དང་བྲག་རྡོས་སུ་འཁོད་པའི་ལོ་རྒྱུས་ཀྱི་ཡིག་ཆ་གཞན་དང་མི་འདྲ་བའི་ཁྱད་ཆོས་ལྡན་པའི་ཤུལ་བཞག་རྒྱུ་རྫས་ཀྱང་མང་པོ་མཆིས་སོ། །ཡིན་ན་ཡང་། སྔོན་བྱོན་མཁས་པ་རྣམས་ཀྱིས་བརྩམས་པའི་ལོ་རྒྱུས་དེབ་ཐེར་དག་ཏུ་རྒྱལ་པོ་འདི་པས་མཛད་འཕྲིན་ཅི་གནང་གི་སྐོར་ཏ་ཅང་ཉུང་བ་མ་ཟད། མཛད་འཕྲིན་ལ་ལ་གོང་ཡབ་ལ་སྦྱར་བ་དང་། ཁ་ཤས་འོག་སྲས་ལ་བཅད་པའི་གནས་ཚུལ་བྱུང་བས། བོད་ཀྱི་ལོ་རྒྱུས་ཚད་ལྡན་གྱི་ལམ་ལ་

འཇུག་པའི་བྱ་བཞག་ལ་མཚོན་ན་ལེགས་པའི་ཚུལ་དུ་མ་སོང་། དེར་བརྟེན་ང་ཚོས་རྒྱལ་པོ་རང་ཉིད་ཀྱི་དུས་སྐབས་དེའི་རིང་ལ་རྗེ་རིང་དང་བྲག་ངོས་སུ་བརྐོས་པའི《ཀོང་པོ་དེ་མོ་ས་ཁུལ་གྱི་བྲག་བརྐོས་ཡི་གེ》དང་། 《རྒྱལ་སྡེ་དཀར་ཆུང་ལྷ་ཁང་གི་རྗེ་རིང་ཡི་གེ》《ཞྭ་ལྷ་ཁང་གི་རྗེ་རིང་ཡི་གེ་རྣམ་གཉིས》སོགས། ཕྱི་ཐོག་ལོ་རྒྱུས་རྩོམ་འབྲི་བྱེད་མཁན་ནམ་ལོ་རྒྱུས་སྨྲ་བ་སུ་ཞིག་གིས་ཚོད་དཔག་དང་བཙོས་བཟོ་བྱས་པའི་སྣད་སྦྲན་བུ་ཙམ་ཡང་མ་ཞུགས་པའི་ལོ་རྒྱུས་ཡིག་ཆ་འདི་དག་ལ་རྩིས་མཐོང་ཆེན་པོ་བྱེད་དགོས་པ་དང་གཙོས་སུ་འཛིན་དགོས་ལ། ཡིག་ཆ་འདི་དག་ནི་མ་དག་པའི་ལོ་རྒྱུས་ཡོ་བསྲང་ལེགས་བཅོས་བྱ་རྒྱུ་ལ་མེད་དུ་མི་རུང་བའི་དཔྱད་གཞིའི་ཡིག་ཆ་རིན་ཐང་བྲལ་བ་ཞིག་ཡིན་པ་དང་། ཡིག་ཆ་འདི་དག་ལས་རྟོག་ཅིང་འཛིན་པའི་ལོ་རྒྱུས་ཀྱི་གནད་དོན་མང་པོ་ཞིག་གི་ཡིན་མིན་གྱི་གནད་དོན་དངོས་ར་གསལ་པོར་སྤྲོད་ཐུབ་ཀྱི་ཡོད་དོ། །

དེ་ཡང་གནའ་རབས་བོད་ཀྱི་སྤྱི་ཚོགས་ལམ་ལུགས་དང་། སྲིད་འཛིན། ཁྲིམས་ལུགས། དམག་དོན། དཔལ་འབྱོར་བཅས་ཀྱི་གནས་ཚུལ་རྣམས་གསལ་པོར་ཤེས་འདོད་ན། ཐོག་མར་མི་ལོ་ཆིག་སྟོང་ལྷག་སོང་ཟིན་པའི་གནའ་རབས་ཀྱི་ཡིག་ཆ་དེ་ཚོའི་བརྗོད་དོན་གཙོ་བོ་ཁོང་དུ་ཆུད་དགོས་པ་མ་ཟད། དུམ་བུ་རེ་རེ་དང་ཚིག་འབྲུ་རེ་རེའི་གོ་བ་ལོན་དགོས་པ་དང་ཡང་དག་པའི་འགྲེལ་བཤད་རྒྱག་ཐུབ་དགོས་པ་ནི་སྨོས་མི་དགོས། འོན་ཀྱང་གནའ་རབས་ཀྱི་བརྡ་སྙིང་ཚིག་སྦྱད་ཏ་ཙང་ཆེ་བས་རང་གཞན་ཚང་མས་ཞིབ་མོའི་བློ་ཡིས་བསམ་གཞིགས་ཡང་ཡང་མ་བྱས་ན་བསམ་ཐེངས་གཅིག་ལ་བརྗོད་དོན་མཐིལ་རྟོགས་ཐུབ་པ་དཀའ་ལ། གོ་བ་ལེན་སྟངས་མི་མཐུན་པ་དང་ལྟ་ཚུལ་མི་འདྲ་བ་རྣམས་བཏོན་ནས་མཉམ་དུ་ཞིབ་བསྡུར་ཡང་ཡང་མ་བྱས་ན་གཅིག་གྱུར་གྱི་གོ་བ་ཡང་དག་པའང་རྙེད་མི་ཐུབ། དེར་བརྟེན་རང་གི་ལྟ་ཚུལ་དང་གོ་བ་ལེན་སྟངས་དྲང་པོར་བརྗོད་པ་དང་། ནོར་འཁྲུལ་བྱུང་ན་གཟུར་གནས་དཔྱོད་ལྡན་དག་གིས་ལྷག་བསམ་དཀར་པོའི་དགོངས་འཆར་ལྷུག་པར་གནང་རོགས་ཞུ་རྒྱུ་ནི་ཐུན་མོང་གི་བྱ་བཞག་གོང་འཕེལ་དུ་འགྲོ་བའི་ཐབས་ཚུལ་ཞིག་ཡིན་པར་སྙམ་ཞིང་། ལྷག་དོན་འགལ་འཛོལ་དུ་སོང་བའམ་མ་དག་རྒྱུན་འབྱམས་ལྟ་བུར་མཆིས་པའི་ཏུན་ཧོང་གཏེར་ཡིག་དང་རྗེ་རིང་ཡི་གེའི་ཚིག་དོན་གྱི་འགྲེལ་པའམ་བསྒྱུར་ཡིག་དག་ལ་བློ་ཞིབ་མོས་དག་བཅོས་དཔྱིས་ཕྱིན་པ་ཞིག་བྱ་རྒྱུ་ནི། གནའ་རབས་ལོ་རྒྱུས་ཀྱི་ཡིག་ཆའི་ནང་དོན་ལ་གོ་བ་ཆ་ཚང་བ་ཞིག་ལོན་པའི་རྨང་གཞིའི་ཐོག་ལོ་རྒྱུས་ཀྱི་གནས་ཚུལ་ངོ་མ་གསལ་རྟོགས་བྱ་ཕྱིར་ཡིན་ན། དེར་དངོས་ཡོད་ཀྱི་དོན་སྙིང་དང་གཏིང་ཟབ་པའི་ལོ་རྒྱུས་ཀྱི་དོན་སྙིང་ལྡན་པར་མཐོང་ངོ་། །

གོང་གི་རྒྱུ་མཚན་དེ་དག་གིས་ཏུན་ཧོང་གཏེར་ཡིག་དང་རྗེ་རིང་ཡི་གེའི་བརྗོད་དོན་གྱི་འབྲུ་འགྲེལ་ལམ་བསྒྱུར་ཡིག་མ་དག་པ་རྣམས་ལ་ཡོ་བསྲང་ལེགས་བཅོས་བྱ་རྒྱུ་ནི《གནའ་ཡིག》སློབ་ཁྲིད་ཀྱི་འགན་

འཁྱུར་ལོ་མང་ཁྱུར་བའི་བདག་ལྟ་བུ་ལ་མཚོན་ན་གཞན་ལ་དཀྲི་ཐབས་མེད་པའི་འགན་འཁྲི་ཡིན་པར་རྟོགས་ནས། འདིར་ཐོག་མར་དབུ་སྟོད་ཞྭ་ལྷ་ཁང་གི་རྗོ་རིང་ཡི་གེ་དང་པོའི་འབྲུ་འགྲེལ་གྱི་སྐོར་ལ་གོ་བ་ལེན་སྟངས་སམ་འགྲེལ་བཤད་རྒྱག་ཚུལ་མི་འདྲ་བ་འགའ་མཆིས་པ་སོ་ཕག་འཕངས་ནས་གཡང་ཏེ་འདྲེན་པའི་ཆེད་དུ་ཞུ་རྒྱུ་ཡིན།

དང་པོ། རྗོ་རིང་གི་ཡི་གེ་དངོས།

1.། །གནམ་ལྷབ་ཀྱི་རྒྱལ་པོ། འཕྲུལ་གྱི་ལྷ་བཙན་པོ་ཁྲི།
2. ལྡེ་སྲོང་བཙན་གྱི། བཀས། །བན་དེ་མྱང་།
3. ཏིང་ངེ་འཛིན། དབུ་སྣང་གཙིགས་གཡུང་དྲུང་དུ་གནང་བ།
4. བན་དེ་ཏིང་ངེ་འཛིན་ལྟ་ཞིག། གདོད་ནས་མཐར་སྙིང་ཉེ་སྟེ། ང་།
5. སྐུ་ཆུང་ནས། ཆབ་སྲིད་མ་བཞེས་པའི་བར་དུ་ཡབ་ཡུམ་གྱི་གོ་བྱ་སྟེ།
6. ལེགས་པ་ལ་ཞེན་པར་བྱས། ཞང་དྲུང་པོའི་གོ་བྱས་ཏེ་སྐུ་བཙས།
7. ཡབ་སྲས་གཅེན་གཅུང་ཡུམ་སྲས། བླ་འོག་དགྲེས་ཐི་འཐན་པར།
8. སྒྱུརད། སྒྱིར་ལེགས་པའི་བླ་གྲོས་གསོལ་ཅིང་། ལས་སུ་བྱས་པ།
9. ལས་སྤྱོགས་ཏེ། དཔེན་པ་བྱེད་བྱེད། སྙིང་ཉེ་ཉེའོ། །ཕྱིས་ཡབ་དང་།
10. གཅེན་ཐུགས་ནོངས་བརྟུད་པར་བྱུང་བའི་རྗེས། ང་ཆབ་སྲིད༔
11. མ་བཞེས་པའི་སྐབས་སུ་ཁ་ཅིག་ཕན་ཧྲ། ག་དོན་སྤྱོན་པ་དག
12. ཡོད་པ་ཡང་། བན་དེ་ཏིང་ངེ་འཛིན་གྱིས་ཉཾ་དྲོད་ཟིན་ནས། དཔེནད༔
13. པའི་བླ་གྲོས་གསོལད། ཁྲག་ཁྲུག་མེད་པར་བྱས། ལེགྶ་པ་བྱ་འོ་ཆོག
14. གི་གཞི་བཟུང་ནས། ངའི་ཆབ་སྲིད་ལས་སྤྱོག་སྟེ། སྤྱིར་ལེགྶ་པའི།
15. ལས་ཆེན་པོ་བྱས་ཏེ། ངའི་ཞ་སྔར། ཆབ་སྲིད་འདོན་འདོན། སྙིང་།
16. ཉེ་ཉེ། བླ་འོག་ཀུན་ཀྱི་གཟུངས་བྱས་ཏེ། ཕྱོགས་སུ་འཁྲུག་པ་མེད་ཧྲི།
17. བདེ་བར་བྱེད་བྱེད་དོ། ཆབ་སྲིད་ཀྱི་བློན་པོ་ཆེན་པོ་ལས་བྱས་ཀྱིས།
18. ཀྱང་། འཕྲུལ་ཡུན་གཉིས་སུ་སྤྱིར་ལེགས་ཤིང་དཔེན་པ་འབའ་ཞིག
19. བྱེད་བྱེད་དོ། འདི་ལྟར་སྔ་ཕྱི་གཉིས་སུ་གང་བས་ཀྱང་ལྷག་པར་སྙིང་།
20. ཉེ་ཐྲི། ཞོ་ཤ་ཆེན་པོ་འབུལ་འབུལ་བ། །སྔོན་གྱི་བླ་དེབ་ཧྲ་སྒྱུར་ཞིང་། བཀཱ༔
21. དྲིན་འོས་སྨ་སྦྱིན་སྨ་དགོངས་པ་ལས། །བན་དེ་ཉིད་རྗེས་འབངས་ཀྱི༔

22. ལུགས་ཏྲ། དགེ་སློང་གི་ཚུལ་འཛིན་ཅིང་། ནྲ་དྲིན་མྱི་ནོད་པར་གསོལ་གྱིས།
23. ཀྱང་། ཞོ་ཤའི་ལན། ནྲ་དྲིན་སྦྱིན་པའི་ཚོས་ཡིན་པས། །ངའི། བགས།
24. བན་དེ་ཏིང་ངེ་འཛིན། གཙོགས་བརྩན་བ་བྱིན་ཏེ། །སྲིད་གཡུང་དྲུང་།
25. དུ་གནང་པ། ཡུན་དུ་བརྟན་ཕྱི་བདེ་བར་བྱ་བ་ཏྲ། ཀུན་ཀྱིས་ཤེས་པར་བྱ༔
26. བའི་ཕྱིར། །དཀོན་མཆོག་གི་རྟེན། གཙུག་ལག་ཁང་འདིར། གཙིགས།
27. ཀྱི་མཁར་བུ་བརྩིགས། ཇོ་རིངས་བཙུགས་ནས། །བཙིགས་ཀྱི་མདོ།
28. ཇོ་ལ་མངོན་པར་བྲིས་ཏེ་མཐྭ་ཕྱག་རྒྱས་བཏབ་ནས་བཞག་པ་ཡིན་གྱིས།
29. སྲས་དཔོན་ཕྱི་མ་མདྣ་མཛད་པ་རྣོས་ཏྲ། ཆབ་སྲིད་ཀྱི་བློན་པོ་ཕྱི་མ་དཔྱ་
30. བྱེད་པ་ལས་སྩོགས་པས་ཀྱང་། ཉཾ་ཉཾ་ཞ་ཞར་གཙིགས་ཀྱི་ཡི་གེ་ལས་འབྱུང་།
31. བ་དང་། ཇོ་རིངས་ལ་བྲིས་པ་ལས་མྱི་དབྲི་མྱི་བཅོས་མྱི་བསྒྱུར་བར་གྱིས་ཤིག།
32. ཉཾ་ཉཾ་ཞ་ཞར། བཙན་པོ་གདུང་རབས་རྒྱུད་ཀྱིས། བན་དེ་ཏིང་ངེ་འཛིནད་ཀྱི་
33. སྨྱེས་པོ་བློན་སྣང་བཟང་འདུས་ཀོང་གི་བུ་ཚ་འཕེལ་རྒྱུད། སྤྱན་རས་ཀྱིས་
34. བཙའ་ཕྱི་འོས་པ་ཞམ་འབྲིང་དུ་བཞག་པ་ཏྲ། ཇེ་ཙམ་དུ་ནུས་པར་བཀུར་
35. བསྟོད་པ་ཏྲ། གཞན་གྱིས་མནར་ཏཾ། སྐྱོས་ལས་ཆད་ན། ནྲ་ནོན་ཏླ་ནས་མཛྭ།
36. པ་ཏྲ། ཉེས་ཡྲ་དག་པ་མ་ཡིན་ན། འཕྲ་མ་མྱི་བསྟུན། སྐྱོས་ལས་མྱི་གཅད་
37. པ་དང་། སྣང་བཟང་འདུས་ཀྲོ་གི་བུ་ཚ་འཕེལ་རྒྱུད། ལ་ལ་ཞིག་གིས་སྐྱུ་དང་ཆབ་
38. སྲིད་ལ་སྙིང་རིངས་སོ། ཉེས་པ་གཞན་ཞིག་བྱས་ན་ཡྲ། གང་གིས་ཉེས་པ་ལ་རྨ།
39. ཕུ་ནུ་བུ་ཚ་མ་ཉེས་གཞན་ལ་ཁྲིན་མྱི་རྨ། །ཀྲོད་ལ་མྱི་གདགས། ནྲ་ནནད་མྱི
40. མཛད། ཅི་ཉེས་ཀྱང་ཀྲོད་ན་གཅིག་གིས། བསྒྱུར་བཏྲ། ཡི་གེ་གཡུང་དྲུང་།
41. སྨྱིང་མྱི་རྣག་པར་བྱིན་པ་ཏྲ། ལས་སྣ་ཆེན་པོ་བདེ་བ་ཡུན་ཏུ་ཆང་གྱུར་བྱིན་བ་
42. དུ། སྤའི་དཔོན་པོ་རྒྱུད་དུ་གནང་བ་དང་། སྣང་བཟང་འདུས་ཀྲོ་གི་བུ་ཚ་འཕེལ་
43. རྒྱུད་ཀྱི་བྲན་ཕྱི། འབྲོག་སོག་ཚལ་ལས་སྩོགས་བ། ཉཾ་ཞར་རབས་ཆད་དཾ། །ནྲ༔
44. ཀྲོད་ལ་ཐོགས་ན་ཡང་། ཕྱག་ཏུ་མྱི་བཞེས། གཞན་མྱི་སྦྱིན། མས་མ་ཕུལ་པན་
45. ཅད། ཅིའི་ཐབས་ཀྱིས་ཀྱང་མྱི་དཔྲོག་མྱི་བཞེས་པར་གནང་བ་ལས་སྩོགསྟེ་
46. ཉཾ་ཉཾ་ཞ་ཞར། བློན་སྣང་བཟང་འདུས་ཀྲོ་གི་བུ་ཚ་འཕེལ་རྒྱུད། སྲིད་བདེ་ཕྱི་བརྟན་
47. བའི་གཙིགས་གནང་བ་འདི། ཉཾ་ཉཾ་ཞ་ཞར་གནང་ཕྱི་མྱི་བསྒྱུར་མི་བཅོས་པར།
48. ངའི་ཞ་སྔ་ནས་ཀྱང་དབུ་སྙུང་གནང་། གཅེན་ལྷ་ཅུག་བཙན་ཏྲ། ཇོ་མོ་མཆེད་དང་

49. རྒྱལ་སྲིན་རྣམས་དང་། ཆབ་སྲིད་ཀྱི་བློན་པོ་མན་ཅད། ཞང་ལོན་ཆེ་ཕྲ་ཀུན་ཀྱང་

50. མནས་བསྐུག་སྟེ། གཙིགས་གཡུང་དྲུང་དུ་གནང་ངོ་། བན་དེ་ཉིང་ངེ་འཛིན་

51. སྙིང་ཉེ་ཞིང་ཚོ་ཤ་ཇི་ལྟར་ཕུལ་པ་ཐྲ། དཔེན་པ་ཅི་བྱས་པ་དང་། གཙིཏ་ཅི་གནང་བ།

52. ཞིབ་མོ་ནི། གཙིགས་ཀྱི་ཡི་གེ་ལ་བྲིས་ཏེ། ཕྱུག་སྦྲལ་དུ་བཞགདཔེ་གཙིག༔

53. ཕྱུག་རྒྱས་བཏབ་སྟེ། གཙིགས་ཀྱི་མཁར་བུ་འདིར་བཞགདཔེ་གཅིག་ནི་

54. ཕྱུག་རྒྱས་བཏབ་སྟེ། འོག་དཔེར་འཆང་དུ་བཙུག་གོ། ༄། །བན་དེ་ཉིང་ངེ་

55. འཛིནད་ཀྱི་མྱེས་ཁུ་བོ། དབྱི་གོང་གི་རྒྱུད་ཀྱང་། དབུ་སྙུང་གཙིགས་གནང་ངོ་། །

56. སྟོན་མྱང་དབྲས་སྙིང་ཉེ་ཇྀ་ཤོ་ཤ་ཕུལ་པར་འདྲ་བ་ལས། དབྲས་ཀྱི་ཟླ་ཐྲ་སྤྱུར་ན་

57. མྱང་བགླ་དྲྀན་ཆུངས་པ་འདྲ་ནས། །ངའི། བཀས། །མྱང་གི་གཙིགས་ཀྱང་ཟུར་

58. ཕྱུང་བརྣན་བསྐྱེད་དེ་གནང་ངོ་། །༄ །གཙིགས་ཀྱི་མཁར་བུ་འདི། །ནམ་ཞིག

59. དབྱེ་དགོས་ན་ཡང་། །སྲུས་དབོན་ཆབ་སྲིད་ཀྱི་མདྣ་གང་མཛད་པས་རིང་ལུགྷ་

60. ཐུགས་ཆེས་པ་གཙིགས་བདག་འདྲང་བ་གསུំ་ཡན་ཅད་

61. བསྙོ་སྟེ། ལག་སྦྲིལ་ལ་དབྱུང་ཐྀ། ཕྱིར་ཕྱཱ་འདི་བཞིན་ཕྱུག་རྒྱ་

62. ཐྲ། རིང་ལུགས་ཀྱི་རྒྱས་བཏབ་སྟེ། གཞག་པར་གནང་ངོ་། །

གཉིས་པ། གོང་གི་རྗོ་རིང་ཡི་གེ་ཙུང་ཟད་གོ་བདེ་བར་བཀོད་པ།

༄། སྟེང་གནམ་གྱི་ལྷའི་གནས་ནས་བྱོན་པའི་རྒྱལ་པོ། ཐབས་འཕྲུལ་ལ་དབང་མངའ་བའི་ལྷ་བཙན་པོ་ཁྲི་ལྡེ་སྲོང་བཙན་གྱི་བཀའ་ལུང་གིས། བན་དེ་མྱང་ཏིང་ངེ་འཛིན་བཟང་པོར་མནའ་བོར་ཏེ་ཞལ་བཞེས་ཀྱི་ཡི་གེ་གཡུང་དྲུང་ལྟར་མི་འགྱུར་གཏན་དུ་གནང་བ།

བན་དེ་ཏིང་ངེ་འཛིན་ཁོང་ལ་མཚོན་ན། ཐོག་མཐའ་བར་གསུམ་དུ་བདག་ལ་སྙིང་ཉེ་བ་སྟེ་བསམ་པ་དཀར་ཞིང་། ང་ལོ་ཆུང་བའི་དུས་ནས་སྲིད་དབང་མ་བཟུང་བའི་བར་དུ། ཡབ་ཡུམ་གཉིས་ཀྱི་ཚབ་བམ་གོ་ཚོད་པར་བྱས་ནས། ལེགས་པའི་བྱ་བའམ་ཡ་རབས་ཀྱི་སྤྱོད་པ་ལ་དགའ་བར་བཙུག ཨ་ཞང་ངོ་མའི་ཚབ་བྱས་ནས་ང་གསོ་སྐྱོང་བྱས་པ་དང་། ཡབ་ཡུམ་གཅེན་གཅུང་དང་ཆབ་འོག་གི་བློན་འབངས་རྣམས་ཡིད་དགའ་ཞིང་མཐུན་པའི་གནས་སུ་བཀོད། ཕྱིར་ན་ལེགས་ཤིང་ཕན་པའི་གྲོས་འགོ་བཏོན་པ་དང་། ལས་སུ་བྱེད་པ་ཡོངས་རྫོགས་ཀྱང་ཀུན་ལ་ཕན་ཞིང་། བདག་ལ་བློ་བསམ་དཀར་བ་ཁོ་ན་བྱེད་པ་རེད། ཕྱིས་ཡབ་དང་གཅེན་མུ་ནེ་བཙན་པོ་གཉིས་སྐུ་རྗེས་སུ་སྐུ་གཤེགས་ནས། ངས་ད་དུང་ཆབ་སྲིད་ཀྱི་དབང་ཆ་མ་བཟུང་བའི་སྐབས་སུ། བློན་པོ་ཁ་ཅིག་གིས་ཕན་པའི་བྱ་བ་བསྒྲུབ་པར་ཁ་གཡར་ནས་གཡོ་

ཕྲ་མས་གནོད་པ་བྱེད་པའང་། བན་དེ་ཧྲིང་ངེ་འཛིན་གྱིས་གནས་ཚུལ་གསལ་པོར་ཤེས་ནས། ཕན་པའི་གྲོས་འགོ་བཏོན་ཏེ་ཟིང་འཁྲུག་མེད་པར་བཏང་བ། ལེགས་པའི་བྱ་བ་ཀུན་གྱི་གཞི་བཟུང་ནས་ངའི་ཆབ་སྲིད་ལ་སོགས་པ་དང་ཕྱོགས་གང་ཐད་ལ་ཕན་པའི་བྱ་བ་ཆེན་པོ་བྱས་ཏེ། བཙན་པོ་ངའི་མདུན་ནས་ཆབ་སྲིད་ལ་ཕན་པའི་རྟུས་འདོན་པ་དང་བཙོས་མིན་གྱི་སྙིང་ཉེ་བར་བྱས། གོང་འོག་རྗེ་འབངས་ཡོངས་ཀྱི་གཟུང་ཐག་ལྟ་བུ་བྱས་ནས། མངའ་ཁོངས་ཀྱི་ཕྱོགས་ཡོངས་ལ་འཁྲུག་པ་མེད་པར་ཐམས་ཅད་བདེ་ལ་བཀོད། དེར་མ་ཟད། བན་དེ་ཧྲིང་ངེ་འཛིན་གྱིས་ཆབ་སྲིད་ཀྱི་བློན་པོ་ཆེན་པོའི་ལས་ཀ་ཁུར་དུ་བླངས་ནས་ཀྱང་། འཕྲལ་ཡུན་གཉིས་ལ་ལེགས་ཤིང་ཕན་པའི་བྱ་བ་ཁོ་ན་བྱས་པ་དང་བྱེད་མུས་སུ་མཆིས། འདི་ལྟར་དུས་སྔ་ཕྱི་གཉིས་སུ། བན་དེ་ཧྲིང་ངེ་འཛིན་ནི་བློན་པོ་གཞན་སུ་ལས་ཀྱང་བདག་ལ་བློ་དགར་ཞིང་ནུས་ཤུགས་ཆེན་པོ་ཕུལ་བ་དང་འབུལ་བཞིན་པ་ཡིན་པས། སྔོན་གྱི་བཙན་པོ་སྐུ་གོང་མ་རྣམས་ཀྱི་ལུགས་སྲོལ་ལྟར། བན་དེ་ཉིད་ལ་བཀའ་དྲིན་འོས་ཤིང་འཚམ་པ་ཞིག་སྦྱིན་དགོས་པར་དགོངས་ན་ཡང་། ཁོང་གིས་རྗེ་འབངས་ཀྱི་འདུ་ཤེས་དང་དགེ་སློང་གི་ཚུལ་བཟུང་ནས། བཙན་པོས་གནང་བའི་བཀའ་དྲིན་མི་ལེན་པར་གསོལ། ཡིན་ན་ཡང་། ནུས་ཤུགས་ཕུལ་བའི་ལན་དུ་གོང་ནས་བཀའ་དྲིན་སྦྱིན་རྒྱུ་ནི་ལུགས་སྲོལ་ཡིན་པས། ངའི་བཀས། བན་དེ་ཧྲིང་ངེ་འཛིན་ལ་ཞལ་བཞེས་ཡི་གེ་ཁུངས་བཙན་པ་ཞིག་དང་ཆབ་སྲིད་ཀྱི་དབང་ཆ་གཡུང་དྲུང་གི་ཚུལ་དུ་གནང་ངོ་། །གནང་བ་འདི་ཡུན་དུ་བརྟན་ཞིང་བདེ་བར་བྱ་བ་དང་། མི་ཀུན་གྱིས་ཤེས་པར་བྱ་བའི་ཆེད་དུ། སྐུ་གསུང་ཐུགས་རྟེན་བཞུགས་པའི་གཙུག་ལག་ཁང་འདིར། གཙིགས་ཀྱི་ཡི་གེ་འཇོག་སའི་མཁར་ཆུང་ཆུང་ཞིག་བརྩིགས་པ་དང་། དེའི་འཁྲིས་སུ་རྡོ་རིང་ཞིག་བཙུགས་ཏེ་གཙིགས་ཀྱི་ཡི་གེའི་བརྗོད་དོན་གཙོ་བོ་རྡོ་རིང་ངོས་སུ་གསལ་པོར་བཀོད་ནས་མཐུག་ཏུ་ཕྱག་རྒྱས་བཏབ་ནས་བཞག་པ་ཡིན། བུ་རྒྱུད་ཕྱི་རབས་པ་སྲིད་དབང་འཛིན་མཁན་དག་དང་། ཆབ་སྲིད་ཀྱི་བློན་པོ་ཕྱི་རབས་པ་སོགས་ཀྱིས་ཀྱང་། དུས་ནམ་ཡང་གཙིགས་ཀྱི་ཡི་གེའི་ནང་དུ་འཁོད་པ་དང་། རྡོ་རིང་གི་ངོས་སུ་འཁོད་པ་རྣམས་ཇི་ཙུང་དུ་མི་གཏོང་བ་དང་། མི་བཅོས། མི་བསྒྱུར་བར་གྱིས་ཤིག

དུས་ནམ་ཞིག་ཡིན་ཀྱང་རུང་། བཙན་པོ་གདུང་རབས་རིམ་རྒྱུད་ཀྱིས་བན་དེ་ཧྲིང་ངེ་འཛིན་གྱི་མེས་པོ་བློན་སྣང་བཟང་འདུས་ཀོང་གི་བུ་རབས་ཚ་རྒྱུད་རྣམས་ལ་བཀའ་དྲིན་གྱིས་གཅེས་སྐྱོང་བྱ་རྒྱུ་མ་ཟད། དེ་ལས་འོས་པ་དག་བདམས་ནས་ནང་འཁོར་དུ་འཇུག་པ་དང་། ནུས་ཤུགས་ཅི་ཙམ་ཡོད་ན་དེ་ཙམ་གྱིས་གུས་བཀུར་དང་བསྟོད་བསྔགས་བྱེད་དགོས་ལ། མི་གཞན་གྱིས་མནར་བའམ། ཡང་ན་ཁྲིམས་གཅོད་སོགས་མ་འོས་པ་བྱས་པ་བྱུང་ན་རྒྱབ་སྐྱོར་བླ་ནས་མཛད་རྒྱུ་ཡིན། ཉེས་པ་ཡང་དག་པ་མ་ཡིན་ན། གོང་ནས་ཕྲ་མ་ལ་མི་ཉན་པ་མ་ཟད། ཁྲིམས་གཅོད་དེ་བས་ཀྱང་མི་བྱེད། སྣང་བཟང་འདུས་ཀོང་གི་བུ་རབས་ཚ་རྒྱུད་ཀྱི་ཁྲིད་ནས་ཁ་ཅིག་གིས། བཙན་པོ་དང་རྒྱལ་སྲིད་ལ་བློ་ལོག་པའམ་ཉེས་པ་གཞན་ཞིག་བྱས་

ན་ཡང་། གང་གིས་ཉེས་པ་དེ་རང་ལ་ཁྲིམས་གཅོད་བྱེད་པ་ལས། ཕུ་ནུ་དང་བུ་རྒྱུད་མ་ཉེས་པ་གཞན་དག་ལ་ཁྲིམས་སྦྱོར་མི་བྱེད། གྱོད་མི་འཚོལ་བ་དང་བཀའ་སྐྱོན་ཡང་མི་གནང་།(བཙན་པོ་ལ་གློ་ལོག་པ་མ་ཡིན་པའི) སྐྱོན་དང་ཉེས་པ་ཅི་ཞིག་བྱུང་ཡང་ཁྲིམས་གཅོད་ཀྱི་རིམ་པ་གཅིག་མར་ཕབ་པའམ་དམིགས་བསལ་བཏང་བ་དང་། གོ་གནས་ཀྱི་ཡི་གེ་དུས་གཏན་དུ་མིང་མི་བརླག་པར་སྲེར་རྒྱུ་ཡིན། ཆབ་སྲིད་ཀྱི་ལས་སྣེ་ཆེན་པོའི་ཐོབ་ཐང་ཡུན་དུ་མཆིས་པའི་ཆེད་དུ། སྡེ་དཔོན་གྱི་ཆོ་ལོ་རྒྱུན་དུ་གནང་རྒྱུ་མ་ཟད། སྣང་བཟང་འདུས་ཀོང་གི་བུ་རབས་ཚ་རྒྱུད་ཀྱི་བྲན་ཁྱིམ་དང་། ས་ཞིང་། ཕྱུགས་ཟོག་ནགས་ཚལ་ལ་སོགས་པ་རྣམས། དུས་གཏན་དུ་རབས་ཆད་པའམ་ཁྲིམས་ལ་ཐོགས་པ་ཅི་བྱུང་ཡང་། བཙན་པོས་ཕྱུག་ཏུ་མི་བཞེས་ལ་མི་གཞན་ལའང་མི་སྦྱོད། འོག་ནས་གོང་ལ་མ་ཕུལ་བའི་བར་དུ། གོང་ནས་ཐབས་སྣ་ཚོགས་སྤྱད་དེ་འཕྲོག་པ་དང་ཕྱུག་ཏུ་བཞེས་པའི་བྱ་བ་མི་མཛད་པར་གནང་བ་ལ་སོགས་པ་སྟེ། མདོར་ན། དུས་གཏན་དུའམ་ནམ་ཡིན་ཡང་བློན་སྣང་བཟང་འདུས་ཀོང་གི་བུ་རབས་ཚ་རྒྱུད་རྣམས་ལ། སྲིད་ཀྱི་གོ་གནས་བདེ་ཞིང་བརྟན་པའི་ཆེད་དུ་ཞལ་བཞེས་ཀྱི་ཡི་གེ་གནང་བ་འདི། དུས་གཏན་དུ་གནང་བ་ཡིན་པ་དང་། ནམ་ཡང་གཞན་དུ་མི་བསྒྱུར། བཟོ་བཅོས་མི་བྱེད་པར། བཙན་པོ་ངའི་ཞལ་སྔ་ནས་ཀྱང་དམ་བཅའ་བཞག་ཡོད་ལ། གཅེན་མུ་རུག་བཙན་པོ་དང་བཙུན་མོ་མཆེད། རྒྱལ་ཕྲན་རྣམས། ཆབ་སྲིད་ཀྱི་བློན་པོ་མན་ཆད། ཞང་ལོན་ཆེ་ཆུང་ཀུན་ལའང་། མནའ་སྐྱེལ་དུ་བཙུག་པའམ་མནའ་ཡིས་བསྐགས་ཏེ། ཞལ་བཞེས་ཀྱི་ཡི་གེ་གཡུང་དྲུང་ལྟར་དུས་གཏན་དུ་གནང་ངོ་། །

བན་དེ་ཏིང་ངེ་འཛིན་བློ་དཀར་ཞིང་ནུས་ཤུགས་ཇི་ལྟར་ཕུལ་བ། ཕན་པའི་བྱ་བ་ཇི་ལྟར་བསྒྲུབས་པ། ཞལ་བཞེས་ཀྱི་ཡི་གེ་ཅི་གནང་བ་སོགས་མནའ་ཡིག་ཏུ་ཞིབ་མོར་བྲིས་ནས་བང་མཛོད་དུ་བཞག འདྲ་བཤུས་ཡི་གེ་གཅིག་ནི་ཕྱག་རྒྱས་བཏབ་སྟེ་མནའ་ཡིག་གི་མཁར་ཚུང་ནང་དུ་བཞག འདྲ་བཤུས་ཀྱི་ཡི་གེ་གཅིག་ནི་ཕྱག་རྒྱས་བཏབ་སྟེ་བན་དེ་ཏིང་ངེ་འཛིན་གྱི་འཛིན་རྟགས་སུ་འཛིན་དུ་བཙུག་གོ།

༄། བན་དེ་ཏིང་ངེ་འཛིན་གྱི་སེམས་པོ་སྐྱེ་ཁུ་བོ་དབྱི་གོང་གི་རྒྱུད་པ་རྣམས་ལའང་ཞལ་བཞེས་ཀྱི་ཡི་གེ་གནང་ངོ་། །

དེ་ཡང་སྟོན་གྱི་བློན་པོ་མྱང་དང་དབའས་གཉིས་བློ་ཉེ་བའི་ཚུལ་དང་། སྟོབས་ཤུགས་ཕུལ་བའི་ཆ་འདྲ་བ་ལས། དབའས་ཀྱི་དཔེ་དང་བསྟུར་ན་མྱང་ལ་གནང་བའི་བཀའ་དྲིན་ཆུང་བ་ལྟ་བུར་འདུག་པས། ང་བཙན་པོའི་བཀའ་ལུང་གིས་མྱང་ལ་ཞལ་བཞེས་ཀྱི་ཡི་གེ་དམིགས་བསལ་སྒོ་ནས་ཁ་སྐོང་བྱས་ཏེ་ནང་དོན་རྒྱ་ཆེ་རུ་བཏང་ཡོད་པ་ཞིག་གནང་ངོ་། །

༄། ཞལ་བཞེས་ཀྱི་ཡི་གེ་བཞག་པའི་མཁར་བུ་འདི་དུས་ནམ་ཞིག་ལ་ཁ་འབྱེད་དགོས་ན་ཡང་། ཕྱི་རབས་དཔོན་སྲས་རྒྱལ་སྲིད་འཛིན་མཁན་གང་དེས། མཁན་པོ་ཡིད་ཆེས་ས། མནའ་ཡིག་འདི་ལ་བློ་དཀར་བའི་

མཐའ་བདག་དྲང་པོ་གསུམ་ཡན་ཆད་བསྐོས་ཏེ། ལག་པ་སྦྲེལ་ནས་ཁ་འབྱེད་དགོས་ལ། ཕྱིར་འཇོག་དུས་ཀྱང་། བཙན་པོ་དང་བཅོམ་ལྡན་འདས་ཀྱི་རིང་ལུགས་པས་ཕྱག་རྒྱས་བཏབ་སྟེ་གཞག་པར་གནང་དགོས་སོ། །ཞེས་པའོ། །

གསུམ་པ། མ་ཡིག་གི་དུམ་བུ་འགའ་ཞིག་ལ་མི་མཐུན་པའི་གོ་བ་ལེན་སྟངས་དང་འབྲུ་འགྲེལ་བྱེད་ཚུལ།

1. རྡོ་རིང་འདི་གའི་ཡིག་ཕྲེང1-3པ། "གནམ་ལྷབ་ཀྱི་རྒྱལ་པོ། འཕྲུལ་གྱི་ལྷ་བཙན་པོ་ཁྲི་ལྡེ་སྲོང་བརྩན་གྱི། བཀས། བན་དེ་མྱང་ཏིང་ངེ་འཛིན། དབུ་སྣུང་གཙིགས་གཡུང་དྲུང་དུ་གནང་བ།" ཞེས་པའི་དུམ་བུ་འདི་ལ《བོད་ཀྱི་རྡོ་རིང་ཡི་གེ་དང་དྲིལ་བུའི་ཁ་བྱང》གི་འབྲུ་འགྲེལ་དུ"གནམ་ལས་ཕབ་པའི་ལྷའི་རྒྱལ་པོ། སྤྲུལ་པའི་ལྷ་བཙན་པོ་ཁྲི་ལྡེ་སྲོང་བཙན་གྱིས་བཀའ་ཕབ་ནས། བན་དེ་མྱང་ཏིང་ངེ་འཛིན་ལ་ཞལ་བཞེས་ཀྱི་ཡི་གེ་དུས་གཏན་དུ་གནང་བ"ཞེས་འབྱུང་ལ། བདག་གི་གོ་བ་ལེན་སྟངས་ལྟར་ན"སྟེང་གནམ་གྱི་ལྷའི་གནས་ནས་བྱོན་པའི་རྒྱལ་པོ། ཐབས་འཕྲུལ་ལ་དབང་མངའ་བའི་ལྷ་བཙན་པོ་ཁྲི་ལྡེ་སྲོང་བཙན་གྱི་བཀའ་ལུང་གིས། བན་དེ་མྱང་ཏིང་ངེ་འཛིན་བཟང་པོར་མཐའ་བོར་ཏེ་ཞལ་བཞེས་ཡི་གེ་གཡུང་དྲུང་ལྟར་མི་འགྱུར་གཏན་དུ་གནང་བ།" ཞེས་འབྲུ་འགྲེལ་བྱེད་ན་ཨེ་འགྲིག་གམ་སྙམ། རྒྱུ་མཚན་གང་གིས་ཤེ་ན།

(1) ཏུན་ཧོང་གཏེར་ཡིག《བཙན་པོ་རིམ་བྱུང་གི་ལོ་རྒྱུས》ལས་བཙན་པོའི་གདུང་ཁྲུངས་ཀྱི་སྐོར་བཤད་པའི་ཚབ་པར"གནམ་གི་ལྷ་ལས། ས་ག་དོག་དྲུག་དུ། །འཁྲིང་འགོ་ནག་གི་རྗེ་མྱེད་གི་རྗེ། དུད་རྡོག་ཆག་ གླ་མྱེད་ཀྱི་གླར……"ཞེས་པ་ལྟར། འདིར་བཙན་པོའི་གདུང་ཁྲུངས་ཀྱི་ལོ་རྒྱུས་མདོར་བསྡུས་ཤིག་བརྗོད་པ་ལ། "གནམ་ལྷབ་ཀྱི་རྒྱལ་པོ"སྟེ་སྟེང་གནམ་གྱི་ལྷ་ཡུལ་ལས་བྱོན་པའི་རྒྱལ་པོ་ཞེས་པ་ཡིན་པས། མ་ཡིག་ན་མེད་བཞིན་དུ་ལྷའི་རྒྱལ་པོ་ཞེས་འབྲུ་འགྲེལ་བྱས་ན། སངས་རྒྱས་ཀྱི་མཚན་དང་ལྷ་ཚངས་པ། ལྷ་དབང་བརྒྱ་བྱིན་གྱི་མཚན་ལའང་ལྷའི་རྒྱལ་པོ་ཟེར་བས། སློབ་ཁྲིད་སོགས་ཀྱི་སྐབས་སུ་རྟོག་ཞུག་འཛོལ་ཆགས་པར་འགྲེལ་བཤད་བྱ་བར་མི་འོས་པའི་དཀའ་ཚེགས་སུ་འགྱུར་ཉེན་ཆེའོ། །

(2)"……བཙན་པོ་ཁྲི་ལྡེ་སྲོང་བརྩན་གྱི། བཀས།" ཞེས་པ་ནི་བཙན་པོ་ཁྲི་ལྡེ་སྲོང་བཙན་གྱི་བཀའ་ལུང་གིས་སམ་བཀའ་ཡིས་ཞེས་པའི་དོན་ཡིན་པ་ཤིན་ཏུ་གསལ་མོད། ཡིན་ཡང་། གོང་གི་དེབ་དེ་ན་མ་ཡིག་ཏུ་མེད་པའི་མཚམས་སྦྱོར་བའི་ལྷག་བཅས་ཀྱི་ཕྲད་ནས་སྒྲ་བཙན་གྱིས་བསྣན་ཏེ། "ཁྲི་ལྡེ་སྲོང་བཙན་གྱིས་བཀའ་ཕབ་ནས"ཞེས་འབྲུ་འགྲེལ་བྱས་ཡོད་པ་རེད། དེ་ལྟར་འགྲེལ་བཤད་བྱས་ན་ང་ཚོར་རྡོ་རིང་དུ་བཀོད་པའི་ཞལ་བཞེས་ཀྱི་ཡི་གེ་དེ་བཙན་པོ་ཁོང་ཉིད་ཀྱིས་གནང་བ་མ་ཡིན་པར། བློན་པོ་ཞིག་ལ

བཀའ་ཕབ་ནས་བློན་པོ་དེས་བཙན་པོའི་བཀའ་བཞིན་གཙིགས་ཀྱི་ཡི་གེ་གནང་བའི་གོ་བ་སྟེར་བས་ཇོ་རིང་གི་ཡི་གེའི་ངོ་བོ་བསྒྱུར་བ་རེད། ཇོ་རིང་དུ་བཀོད་པའི་ནང་དོན་ཐམས་ཅད་བཙན་པོའི་གསུང་ཤ་སྟག་ཡིན་ལ་གཙིགས་འཛིན་མཁན་ཡང་བཙན་པོ་རང་ཡིན་ནོ། །

(3) "དབུ་སྙུང་གཙིགས་གཡུང་དྲུང་དུ་གནང་བ"ཞེས་པར"ཞལ་བཞེས་ཡི་གེ་དུས་གཏན་དུ་གནང་བ"ཞེས་འབྲུ་འགྲེལ་བྱས་ཡོད་པ་དེ་ལ་ཆད་ལྷག་གི་སྐྱོན་ཡོད་པ་འདྲ། གང་ཞེ་ན། དབུ་སྙུང་སྟེ་མནའ་བོར་བའི་བྱ་བ་འབྲུ་འགྲེལ་དུ་མེད་པར་བཟློས་པ་རེད། ཚ་ཚང་བར་འབྲུ་འགྲེལ་བྱེད་ན་འདི་ལྟ་སྟེ། "མནའ་བོར་ཏེ་ཞལ་བཞེས་ཀྱི་ཡི་གེ་གཡུང་དྲུང་ལྟར་མི་འགྱུར་གཏན་དུ་གནང་བ"ཞེས་པའོ། །

2. མ་ཡིག་གི་ཕྲེང4-6པར། "བན་དེ་ཉིང་ངེ་འཛིན་ལྷ་ཞིག། གདོད་ནས་མཐར་སྙིང་ཉེ་སྟེ། ང་སྐུ་ཆུ་དུ་ན྄། ཆབ་སྲིད་མ་བཞེས་པའི་བར་དུ་ཡབ་ཡ྄ུཾ་གྱི་གོ་བྱ་སྟེ་ལེགས་པ་ལ་ཞེན་པར་བྱས། ཞང་དྲུང་པོའི་གོ་བྱས་ཏེ་སྐུ་བཙས།" ཞེས་པའི་དུམ་བུ་ལ། 《བཙན་པོ་ཁྲི་ལྡེ་སྲོང་བཙན་གྱི་ལོ་རྒྱུས་མདོ་ཙམ་བརྗོད་པ》ཞེས་བྱ་བའི་དཔེ་ཆའི་ནང་དུ"བན་དེ་ཉིང་ངེ་འཛིན་ད་ལྟ་ཙམ་དུ་མ་ཟད། ཐོག་མཐའ་ཀུན་ཏུ་བདག་ལ་སྙིང་ཉེ་བ་ཡིན་ཏེ། དེ་ཡང་ང་སྐུ་ཆུང་བའི་དུས་ནས་ཆབ་སྲིད་མ་བཞེས་པའི་བར་དུ། ཡབ་ཡུམ་གཉིས་ཀྱི་གོ་ཆོད་པར་བྱས་ཤིང་། ང་སྐུ་བཙས་པ་ནས་བཟུང་། ཞང་གྲུང་པོ་ཞིག་གི་གོ་ཡང་ཆོད་པར་བྱས་ཏེ། ……"ཞེས་འབྲུ་འགྲེལ་བྱས་ཡོད་ལ། ང་རང་གི་གོ་བ་ལེན་སྟངས་ལྟར་ན"བན་དེ་ཉིང་ངེ་འཛིན་ཁོང་ལ་མཚོན་ན། ཐོག་མཐའ་བར་གསུམ་དུ་བདག་ལ་སྙིང་ཉེ་བ་དང་བསམ་པ་དཀར་ཞིང་། ང་ལོ་ཆུང་བའི་དུས་ནས་སྲིད་དབང་མ་བཟུང་བའི་བར་དུ། ཡབ་ཡུམ་གཉིས་ཀྱི་ཚབ་བམ་གོ་ཆོད་པར་བྱས་ནས། ལེགས་པའི་བྱ་བའམ་ཡ་རབས་ཀྱི་སྤྱོད་པ་ལ་དགའ་བར་བཅུག ཨ་ཞང་ངོ་མའི་ཚབ་བྱས་ནས་ང་གསོ་སྐྱོང་བྱས་ཏེ། ……"ཞེས་བཀྲལ་ན་མ་ཡིག་གི་གོ་དོན་དང་མཐུན་པ་འདྲ། རྒྱུ་མཚན་ནི།

(1) "ལྷ་ཞིག"ཅེས་པ་ཁོང་ལ་མཚོན་ན་ཞེས་པའི་དོན་དུ་གོ་བ་བླངས་ན་སྔ་ཕྱི་འབྲེལ་ཆགས་པ་ལས། "ད་ལྟ་ཙམ་དུ་མ་ཟད"ཅེས་གོ་བ་བླངས་ནས་འབྲུ་འགྲེལ་བྱས་ན། "གདོད་ནས་མཐར"ཏེ་ཐོག་མཐའ་ཀུན་ཏུ་ཞེས་པ་བསྒྱུར་ཟློས་སུ་གྱུར་པ་རེད། དེར་མ་ཟད། "ལྷ་ཞིག"ནི་མཚོན་པའི་དོན་ཡིན་པ་ལས་ད་ལྟའི་དོན་དུ་འགྲོ་བ་བརྗ་རྙིང་གི་ཚིག་འགྲེལ་གང་དུའང་མ་བྱུང་། ཇོ་རིང་དང་ཏུན་ཧོང་ལས་ཐོན་པའི་ཡིག་ཆ་དག་ཏུ་དུས་ད་ལྟ་ལ"འཕྲལ"ཞེས་འབྱུང་བ་དང་། དུས་ད་ལྟ་དང་མ་འོངས་གཉིས་ཀར"འཕྲལ་ཡུན"ཞེས་འབྱུང་། ཀོང་པོ་དེ་མོའི་བྲག་བརྐོས་ཡི་གེ་ནའང"བདག་ཅིག་ལྷ་ཞིག"སྟེ་བདག་ཅག་ལ་མཚོན་ན་ཞེས་པའི་དོན་དུ་འགྲོ་བ་གསལ་ལོ། །

(2) མ་ཡིག་ཏུ"ཡབ་ཡ྄ུཾ་གྱི་གོ་བྱ་སྟེ་ལེགས་པ་ལ་ཞེན་པར་བྱས།" ཞེས་པ་ལ"ཡབ་ཡུམ་གྱི་གོ་ཆོད་པར་བྱས་ཤིང"ཞེས་འབྲུ་འགྲེལ་བྱས་ན། ལེགས་པའི་བྱ་བའམ་ཡ་རབས་ཀྱི་སྤྱོད་པ་ལ་དགའ་བར་བཅུག

པ་དེ་ཡབ་ཡུམ་གྱི་གོ་ཇི་ལྟར་ཆོད་པར་བྱས་པའི་སྐུ་དྲིན་ཆེད་དུ་བརྗོད་ཡོད་པ་འབྲུ་འགྲེལ་དུ་མེད་པར་བཟློས་པས། མ་ཡིག་གི་ནང་དོན་ཆ་ཚང་བར་མ་གྲུབ།

(3) "ཞང་བྲུང་པོའི་གོ་བྱས་ཏེ་སྐུ་བཙས"ཞེས་པའི་མ་ཡིག "ང་སྐུ་བཙས་ནས་བཟུང་། ཞང་གྲུང་པོ་ཞིག་གི་གོ་ཡང་ཆོད་པར་བྱས"ཞེས་འབྲུ་འགྲེལ་བྱས་ན། མ་ཡིག་གི་བརྗོད་དོན་དང་རྒྱབ་འགལ་དུ་སོང་བ་རེད། འདིར"བཙས"ཞེས་པའི་དོན་ནི་གསོ་སྐྱོང་བྱས་པའི་དོན་དུ་གོ་དགོས་པ་མ་གཏོགས་སྐུ་བཙས་པའམ་སྐུ་འཁྲུངས་པའི་དོན་དུ་མི་འགྲོ་བ་ཤིན་ཏུ་གསལ། གང་ཞེ་ན། བརྩེ་བས་གསོ་བ་དང་ལེགས་པར་སྐྱོང་བས་ན་ཨ་ཞང་ཪོ་མའི་ཚབ་བྱས་པའམ་གོ་ཆོད་པར་བྱས་པ་ཡིན་ནོ། །

3. མ་ཡིག་གི་ཐྲེང32-34བར"ནំ་ནំ་ཞ་ཞར། བཙན་པོ་གདུང་རབས་རྒྱུད་ཀྱིས། བན་དེ་ཉིང་ངེ་འཛིན་གྱི་ཐྱེས་པོ་བློན་སྣང་བཟང་འདུས་ཀོང་གི་བུ་ཚ་འཕེལ་རྒྱུད། སྤྱན་རས་ཀྱིས་བཙའ་ཞིང་འོས་པ་ཞམ་འབྲིང་དུ་བཞག་པ་དང་།" ཞེས་པའི་དུམ་བུ་དེར《བོད་ཀྱི་རྫོ་རིང་ཡི་གེ་དང་དྲིལ་བུའི་ཁ་བྱང》ཞེས་པའི་དཔེ་དེབ་ཀྱི་འབྲུ་འགྲེལ་དུ"དུས་གཏན་དུ། བཙན་པོ་གདུང་རབས་རིམ་རྒྱུད་ཀྱིས། བན་དེ་ཉིང་ངེ་འཛིན་གྱི་མེས་པོ་བློན་སྣང་བཟང་འདུས་གོང་གི་ཕ་ཚ་བུ་རྒྱུད། ལྷ་རྟོག་བྱེད་འོས་པ་རྣམས་ཞབས་འབྲིང་གི་གོ་གནས་སུ་བཞག་པ་དང"ཞེས་བཀྲལ་འདུག 《བཙན་པོ་ཁྲི་ལྡེ་སྲོང་བཙན་གྱི་ལོ་རྒྱུས་མདོ་ཙམ་བརྗོད་པ》ཞེས་པའི་འབྲུ་འགྲེལ་དུ"དུས་ནམ་ཞིག་ཡིན་ཀྱང་རུང་། བཙན་པོ་གདུང་རྒྱུད་ཀྱིས་བན་དེ་ཉིང་ངེ་འཛིན་གྱི་མེས་པོ་བློན་སྣང་བཟང་འདུས་ཀོང་གི་བུ་རབས་ཚ་རྒྱུད་ཀྱི་ནང་ནས། གང་འཛོན་ཐང་ཆེ་བ་དེ་གདམ་ནས་ནང་འཁོར་དུ་འཇུག་པ་དང་།" ཞེས་འགྲེལ་བཤད་བྱས་འདུག བདག་གི་གོ་བ་ལེན་སྟངས་ལྟར་ན། "དུས་ནམ་ཞིག་གམ་དུས་གཏན་དུ། བཙན་པོ་གདུང་རབས་རིམ་རྒྱུད་ཀྱིས་བན་དེ་ཉིང་ངེ་འཛིན་གྱི་མེས་པོ་བློན་སྣང་བཟང་འདུས་ཀོང་གི་བུ་རབས་ཚ་རྒྱུད་རྣམས་ལ་བཀའ་དྲིན་གྱིས་གཅེས་སྐྱོང་བྱ་རྒྱུ་མ་ཟད། དེ་ལས་འོས་པ་དག་བདམས་ནས་ནང་འཁོར་དུ་འཇུག་པ་དང"ཞེས་འབྲུ་འགྲེལ་བྱས་ན་མ་ཡིག་གི་བརྗོད་དོན་དང་མཐུན་པར་སྙམ། རྒྱུ་མཚན་གང་གིས་ཤེ་ན།

(1) སྤྱན་རས་ཀྱིས་བཙའ་བ་ནི་སྤྱན་རས་གཟིགས་པ་སྟེ་ཐུགས་སེམས་སམ་བཀའ་དྲིན་གྱིས་སྐྱོང་བར་བྱེད་པའི་དོན་ཡིན་པས་ལྷ་རྟོག་བྱེད་འོས་པ་ཞེས་བཀྲལ་ན་ཅུང་མི་མཐུན་པར་འདུག

(2) "ཞིང"ཞེས་པའི་ཚིག་ཕྲད་དེ་ཕྱོགས་གཅིག་ཏུ་སྡུད་པའི་དོན་ལ་འཇུག་པས། འདིར"སྤྱན་རས་ཀྱིས་བཙའ་ཞིང་འོས་པ་ཞམ་འབྲིང་དུ་བཞག་པ……"ཞེས་པ་ནི"ཐུགས་སམ་བཀའ་དྲིན་གྱིས་སྐྱོང་བར་བྱེད་པ་དང་། དེ་ལས་འོས་པའམ་ནུས་པ་ལྡན་པ་དག་བདམས་ནས་ནང་འཁོར་དུ་འཇུག་པ"ཞེས་པའི་དོན་ཡིན་བཞིན་དུ"གང་འཛོན་ཐང་ཆེ་བ་དེ་གདམ་ནས་ནང་འཁོར་དུ་འཇུག་པ……" ཞེས་འབྲུ་འགྲེལ་བྱས་ན་སླ་བཅོས་ཀྱི་སྐྱོན་དུ་སོང་བ་དང་མ་ཡིག་གི་བརྗོད་དོན་གྱི་ཁྱད་ཙམ་མེད་པར་

བཟོས་ཡོད་པ་རེད།

4. མ་ཡིག་གི་ཐྲེང39-41པར"ཕུ་ནུ་བུ་ཚ་མ་ཉེས་གཞ་ལ་ཁྲིན་མི་རྒྱ། ཁྲོད་ལ་མི་གདགས། བླ་ནནད་མི་མཛད། ཅི་ཉེས་ཀྱང་ཁྲོད་ན་གཅིག་གིས། བསྐྱུར་བ་དང་། ཡི་གེ་གཡུང་དྲུང་མྱིང་མི་ཆྲག་པར་བྲིན་པ་ཏྲ།" ཞེས་པ《བཙན་པོ་ཁྲི་ལྡེ་སྲོང་བཙན་གྱི་ལོ་རྒྱུས་མདོ་ཙམ་བརྗོད་པ》ཞེས་བྱ་བའི་དཔེ་ཆ་ན་འབྲུ་འགྲེལ་བྱས་པ་འདི་ལྟར། "ཕུ་ནུ་དང་བུ་ཚ་མ་ཉེས་པ་གཞན་དག་ཁྲིམས་ལ་མི་སྦྱོར་བ་དང་། ཁྲོད་མི་འཚོལ་བར་མ་ཟད་བཀའ་བཀྱོན་ཡང་མི་མཛད། དེ་ལས་གཞན་པའི་ཉེས་པ་ཅི་ཞིག་བྱས་ན་ཡང་། ཉེས་ཅན་དེ་རང་ཉིད་ཀྱིས་འགན་འཁུར་བ་ལས། གཞན་རྣམས་ཀྱི་མིང་མི་བསྣག་པར་ཡི་གེ་གཡུང་དྲུང་ཚུལ་དུ་སྙེར་རྒྱུ་དང་།" ཞེས་བྱའོ། །དེ་ལ་བདག་གི་གོ་བ་ལེན་སྟངས་ལྟར་ན། "ཕུ་ནུ་དང་བུ་རྒྱུད་མ་ཉེས་པ་གཞན་དག་ལ་ཁྲིམས་སྦྱོར་མི་བྱེད། ཁྲོད་མི་འཚོལ་བ་དང་བཀའ་སྐྱོན་ཡང་མི་གནང་། (བཙན་པོ་དང་ཆབ་སྲིད་ལ་བློ་ལོག་པ་མ་ཡིན་པའི)སྐྱོན་དང་ཉེས་པ་ཅི་ཞིག་བྱུང་ཡང་། ཁྲིམས་གཅོད་ཀྱི་རིམ་པ་གཅིག་མར་ཕབ་པའམ་དམིགས་བསལ་བཏང་བ་དང་། གོ་གནས་ཀྱི་ཡི་གེ་དུས་གཏན་དུ་མིང་མི་བསྣག་པར་སྙེར་རྒྱུ་དང་"ཞེས་འབྲུ་འགྲེལ་བྱས་ན་འགྲིག་གམ་སྙམ། རྒྱུ་མཚན་ནི།

(1) བཙན་པོ་རིམ་བྱུང་གི་སྐབས་སུ་སྐྱོན་དང་ཉེས་པ་ཐམས་ཅད་ལས་བློ་ལོག་པ་ནི་དམིགས་བསལ་གཏོང་མི་སྲིད་པ། ཁྲིམས་གཅོད་ལ་ཟློག་ཐབས་མེད་པའི་ཉེས་པ་ཞིག་ཏུ་རྩི་བཞིན་ཡོད་པས། "ཅི་ཉེས་ཀྱང་"ཞེས་པའང་བཙན་པོ་དང་ཆབ་སྲིད་ལ་བློ་བ་མི་རིང་བའམ་བློ་མ་ལོག་པ་གཞིར་བཞག་སྟེ། གཞན་སྐྱོན་དང་ཉེས་པ་ཅི་ཞིག་བྱུང་ཡང་ཞེས་ཟེར་བ་ཡིན་པར་བརྟེན། འབྲུ་འགྲེལ་བྱེད་སྐབས་སུ་བཙན་པོ་དང་ཆབ་སྲིད་ལ་བློ་ལོག་པ་མ་ཡིན་པའི་སྐྱོན་དང་ཉེས་པ་ཅི་བྱུང་ཡང་ཞེས་གསལ་བཤད་དངོས་སུ་བྱེད་དགོས།

(2) "……གཅིག་གིས། བསྐྱུར་བ་དང་།" ཞེས་པ་ལ། "ཉེས་ཅན་དེ་རང་ཉིད་ཀྱིས་འགན་འཁུར་བ་ལས"ཞེས་འབྲུ་འགྲེལ་བྱས་ན། མ་ཡིག་གི་བརྗོད་དོན་དང་རྩ་བ་ནས་འགལ་ཡོད་པ་རེད། "གཅིག་གིས"ཟེར་བ་ནི་དམིགས་བསལ་བཏང་བའི་ཚད་གཞི་སྟེ་རིམ་པ་གཅིག་གིས་ཞེས་པའི་དོན་ཡིན་པ་དང་། "བསྐྱུར་བ"ཞེས་པ་ནི་ཕབ་པ་སྟེ་གུ་ཡངས་གཏོང་བའི་དོན་ཡིན་པས། "ཁྲིམས་གཅོད་ཀྱི་རིམ་པ་གཅིག་མར་ཕབ་པའམ་གུ་ཡངས་གཏོང་བ"ཞེས་འབྲུ་འགྲེལ་བྱས་ན་མ་ཡིག་གི་བརྗོད་དོན་དང་གཅིག་མཚུངས་ཡིན་པ་འདྲ། བློན་པོ་མཛད་རྗེས་ཆེ་བ་རྣམས་ལ་དམིགས་བསལ་གྱི་དབང་ཆ་གནང་བའི་སྐབས་དང་ཞལ་བཞེས་ཀྱི་ཡི་གེ་གནང་བའི་དུས་སུ་ཁྲོད་སྣ་གཅིག་གམ་ཁྲིམས་གཅོད་ཀྱི་རིམ་པ་གཅིག་གིས་གུ་ཡངས་གཏོང་རྒྱུ་ནི་བཙན་པོ་རིམ་བྱུང་གི་སྐབས་སུ་དར་ཁྱབ་ཆེ་བའི་ལམ་ལུགས་ཤིག་ཡིན། དཔེར་ན། བཙན་པོ་ཁྲི་སྲོང་ལྡེ་བཙན་གྱིས་བློན་སྟག་སྒྲ་ཀླུ་ཁོང་གི་དམག་འཐབ་ཀྱི་བྱས་རྗེས་ལ་བསྟོད་བསྔགས་དང་

གཙོགས་ཀྱི་ཡི་གེ་གནང་བའི་སྐབས་སུ། “བཀའ་སྒྲོད་ཀྱི་ཚོགས་ཅི་ལ་བབ་པ་ལས། བཀའ་སྒྲོད་ན་གཅིག་གིས་སླད་ཅིང་བསྐྱུང་བར་གནང་ངོ་།” ཞེས་གསལ་བ་ལྟར་རོ། །

གོང་དུ་བདག་གིས་དབུ་སྟོད་ཞྭ་ལྷ་ཁང་གི་ཇོ་རིང་ཡི་གེ་དང་པོའི་འབྲུ་འགྲེལ་གྱི་སྐོར་ལ་རང་གི་གོ་བ་ལེན་སྟངས་སམ་འབྲུ་འགྲེལ་བྱེད་ཚུལ་འགའ་ཞུས་པ་དེ་ནི་གྲོས་བསྡུར་གྱི་དཔྱད་གཞི་ཙམ་དུ་དམིགས་ཏེ་སོ་ཕག་འཕངས་ནས་གཡང་ཏེ་འདྲེན་པ་ཡིན་ལ། དེ་དག་ཚང་མ་ཡང་དག་པ་ཡིན་པར་ང་རང་གིས་ཀྱང་ཡིད་ཆེས་བྱེད་མི་ཐུབ། བདག་གི་རྣམ་དཔྱོད་ནི་རྒྱ་ཁབ་ཀྱི་མིག་ལྟར་ཕྲ་བ་དང་། དེ་ལས་འདྲེན་ཐུབ་པ་ནི་དར་སྐུད་ཕྲ་མོ་ལས་མ་འདས་པས། འདིར་མ་རྟོགས་པ་དང་ལོག་པར་རྟོག་པ། ཐ་ན་དག་པ་སུན་འབྱིན་དུ་གྱུར་པ་སོགས་ཀྱི་སྐྱོན་དང་ནོར་འཁྲུལ་ཧ་ཅང་ཡོད་ངེས་ལ་གཟུར་གནས་དཔྱོད་ལྡན་རྣམས་ཀྱིས་སྐྱོན་བརྗོད་དང་དག་བཅོས། རིན་ཐང་བྲལ་བའི་དགོངས་འཆར་བཅས་གནང་ཞུ་། །

《བོད་ལྗོངས་ཞིབ་འཇུག》 ༡༩༩༧ལོའི་དེབ་བཞི་པ་ལས་བཏུས།

༄༅། །མངའ་རིས་མཐོ་ལྡིང་དགོན་པའི་འདུ་ཁང་གི་ལྡེབས་བྲིས་ཡི་གེར་དཔྱད་པ།

ཚེ་རྡོར།

སྤྱི་ལོ1997ལོའི་དབྱར་ཁར་ཕྲན་བོད་ལྗོངས་མངའ་རིས་ས་ཁུལ་རིག་གནས་གནའ་ཤུལ་དངོས་རྫས་སྲུང་སྐྱོབ་དོན་བྱེད་ཁང་གིས་གདན་འདྲེན་ཞུས་པའི་གནའ་རྫས་རྟོགས་ཞིབ་ལས་དོན་ནང་ཞུགས་པ་ཡིན། དེའི་སྐབས་སུ་མཐོ་ལྡིང་དགོན་པའི་འདུ་ཁང་གི་ནུབ་ངོས་རྩིགས་ལྡེབས་སུ་ལག་བྲིས་སྙན་ངག་ཤོ་ལོ་ཀ་ཉི་ཤུ་རྩ་དགུ་མཇལ་རྒྱུ་བྱུང་བ་དེའི་ནང་དོན་བསྟན་པ་ཕྱི་དར་ནས་འགོ་བཙུགས་ཏེ་ཕག་གྲུའི་དུས་སྐབས་ཀྱི་མཇུག་ཙམ་བར་མངའ་རིས་ཁུལ་དུ་ནང་བསྟན་དར་ཚུལ་བཀོད་འདུག་པ་དེ་ཉིད་སྤྱིར་མཐོ་ལྡིང་དགོན་པའི་ལོ་རྒྱུས་དང་ཡང་སྒོས་སུ་མངའ་རིས་ས་ཁུལ་དུ་ནང་བསྟན་ཆོས་ལུགས་དར་ཚུལ་གྱི་ལོ་རྒྱུས་ཤེས་རྟོགས་དང་ཞིབ་འཇུག་བྱ་རྒྱུར་ཕན་ཐོགས་ཆེའོ་སྙམ་ནས་ཤོག་ཐོག་ཏུ་བཤུས་ཏེ་དེ་ལ་རང་ནུས་གང་ཐུབ་ཀྱིས་མཆན་འགྲེལ་སྦྱབས་བདེ་ཞིག་བརྒྱབ་སྟེ་དུས་དེབ་ཐོག་དངོས་སུ་སྤེལ་ནས་རྣམ་དཔྱོད་ཡངས་པའི་གཟིགས་པ་པོ་ཚོའི་སྤྱན་སྔར་ཕུལ་བ་ཡིན།

མཐོ་ལྡིང་དཔལ་གྱི་ལྷ་ཁང་ནི་སྤྱི་ལོ996ལོར་ལྷ་བླ་མ་ཡེ་ཤེས་འོད་ཀྱིས་སྦྱིན་བདག་མཛད་པ་དང་། ལོ་ཆེན་རིན་ཆེན་བཟང་པོས་ཕྱག་བཏབ་ཅེས་ལོ་རྒྱུས་ཡིག་ཚང་ཁག་ལ་གསལ། སྙན་གྲགས་ཀྱི་བ་དན་རླུང་ལྷུར་ཁྱབ་པའི་ལྷ་ཁང་འདི་ཉིད་གཙུག་ལག་གི་ཁང་ཆེན་བདུན་ཙམ་དང་། ཉེ་འཁོར་གྱི་མཆོད་རྟེན་དུ་མ་བཅས་ལས་གྲུབ་པ་ཡིན་ཏེ་དེའི་ཁོངས་ཀྱི་བརྒྱ་རྩ་ལྷ་ཁང་དང་། གསེར་ཁང་ཞེས་པའི་ལྷ་ཁང་འདི་གཉིས་པོ་མཐོ་ལྡིང་དགོན་པའི་སྲོག་ཤིང་ལྟ་བུར་གྱུར་པའི་ལྷ་ཁང་ཡིན། བརྒྱ་རྩ་ལྷ་ཁང་གི་གཞོགས་ཤར་དུ་གནས་པའི་མཐོ་ལྡིང་དགོན་པའི་འདུ་ཁང་ཡང་མཐོ་ལྡིང་དཔལ་གྱི་ལྷ་ཁང་གི་གལ་ཆེའི་གྲུབ་ཆ་ཡིན་ནོ། །

འདུ་ཁང་ཆེན་མོ་འདི་ནི་ཞལ་ཤར་ལ་ཕྱོགས་ཤིང་། རྒྱ་ཁྱོན་ཀ་བ་སུམ་ཅུ་སོ་དྲུག་ཙམ་ཡོད། དེའི་རྟེན་གྱི་གཙོ་བོ་ནི་གསེར་ཟངས་ལས་གྲུབ་པའི་དུས་གསུམ་སངས་རྒྱས་ཐོག་ཚད་མ་ཞིག་ཡོད་པའི་དཀྱིལ་གྱི་ཐུབ་དབང་དེར་ཐུབ་དབང་གན་རྗེ་མ་ཟེར། ཐོག་མར་མཐོ་ལྡིང་དགོན་པ་ས་ཕྱོགས་གང་དུ་བཞེངས་རྒྱུ་ཐག་མ་ཆོད་པའི་སྐབས་འདིར་ལྷ་བླ་མ་ཡེ་ཤེས་འོད་ཀྱིས་དགེ་སློང་གི་གན་རྗེ་ནམ་མཁར་འཕངས་ཏེ་

དེ་གང་དུ་བབས་པ་འདི་ཏུ་ལྷ་ཁང་བཞེངས་རྒྱུར་གཏན་ཁེལ། གན་ཧྲི་ནམ་མཁའ་མཐོན་པོར་ལྡིང་སྟེ་མཐར་ད་ལྷའི་མཐོ་ལྡིང་དགོན་པ་ཆགས་སར་བབས་པ་ཡིན་པས་དཔལ་གྱི་ལྷ་ཁང་འདི་ཉིད་ས་ཕྱོགས་འདིའི་སྟེང་དུ་བཞེངས་པ་དང་དེའི་མཚན་ལ་ཡང་མཐོ་ལྡིང་ཞེས་འབོད་དོ། །ཞེས་ཤོད་སྲོལ་ཡོད་པ་ལ་གན་ཧྲི་འདི་ཉིད་འདུ་ཁང་གི་དབུས་སུ་བཞུགས་པའི་ཐུབ་དབང་གི་གཟུངས་གཞུག་ཏུ་ཡོད་ཅེས་གྲགས། "རིག་གནས་གསར་བརྗེ་ཆེན་པོའི"སྐབས་སུ་འདུ་ཁང་ནང་གི་སྐུ་གསུང་ཐུགས་རྟེན་ཡོངས་རྫོགས་རྩ་གཏོར་བཏང་སྟེ་འདུ་ཁང་ཁང་སྟོང་དུ་ལུས་པ་ན་མཐོ་ལྡིང་གྲོང་ཚོའི་ཉ་ཁག་གི་འབྲུ་ཁང་བྱས་པས་འདུ་ཁང་གི་ཁང་པ་གཏོར་བཤིག་མ་སོང་ཙམ་དང་ཝོར་ལ་ལྡེབས་བྲིས་རྣམས་ལྷག་སྟེ་ད་ལྟ་མཇལ་རྒྱུ་འདུག འདུ་ཁང་གྱི་ཕྱི་རྩིགས་སུ་རྩགས་དམར་པོ་བྱུགས་པའི་གོམས་གཤིས་ཡོད་སྐབས་མཐོ་ལྡིང་དགོན་པའི་ནང་དོན་མཚོན་པའི་རྒྱ་ཡིག་གི་རྗོམ་ཡིག་ཁག་གཅིག་ནང་འདུ་ཁང་ལ་ལྷ་ཁང་དམར་པོ་ཞེས་འབོད་སྲོལ་འདུག་སྟེ་དེ་ནི་དངོས་པོའི་ཕྱིའི་མདོག་ཁར་བལྟས་ཏེ་བཏགས་པའི་མིང་ཙམ་ལས་གཞན་དོན་གང་ཡང་སྟོན་རྒྱུ་མེད་དོ། །

འདུ་ཁང་ཆེན་མོ་འདི་ཉིད་གཞི་གཅིག་ཡིན་པའི་མདོ་སྔགས་གཉིས་སུ་དབྱེ་སྟེ་སྔགས་སུ་གཙང་ཁང་དང་མདོ་ཏུ་འདུ་ཁང་ཡིན། མདོ་སྔགས་གཉིས་ཀྱི་བར་ལ་རྩིགས་བཅད་མེད། ཕྱར་གཙང་ཁང་གི་དབུས་སུ་སྐུ་རྒྱབ་རྩིགས་པར་བསྙེས་པའི་འཛམ་སྐུ་ཐོག་ཚད་མ་ཞིག་བཞུགས་ཡོད་བཟོ་འདུག སྐུའི་གཡས་གཡོན་གཉིས་ཀྱི་རྩིགས་ལྡེབས་ཡོངས་རྫོགས་ཡི་དམ་གྱི་ལྷ་གཙོ་འཁོར་དང་བཅས་ཏེ་བྲིས་ནས་འདུག་པ་དེའི་འོག་ཏུ་སངས་རྒྱས་བཅོམ་ལྡན་འདས་ཀྱི་མཛད་པ་བཅུ་གཉིས་བསྐོར་ནས་བྲིས་འདུག གཙང་ཁང་གི་གཤམ་དུ་འདུ་ཁང་ཆེན་མོ་དང་། འདུ་ཁང་གཡས་གཡོན་རྩིགས་ལྡེབས་སུ་ཡི་དམ་ལྷ་ཚོགས་ཀྱི་བྲིས་སྐུས་ཁེངས། འདུ་ཁང་གི་སྒོ་མོ་ཆེའི་གཡས་གཡོན་རྩིགས་ལྡེབས་སུ་སྲུང་མ་མགོན་པོ་ལ་སོགས་པའི་བྲིས་སྐུ་དང་། སྒོ་མོའི་སྟེང་དུ་ཡུལ་ལྷ་གཞིས་བདག་གི་བྲིས་སྐུ་དང་བཅས་གཙང་ཁང་དང་འདུ་ཁང་གི་རྩིགས་ལྡེབས་ཡོངས་རྫོགས་རི་མོས་བར་མ་ཆད་པར་བརྒྱན་པར་བྱས་འདུག གཙང་ཁང་དང་འདུ་ཁང་གི་མཚམས་སུ་འདུ་ཁང་ཕྱོགས་ལ་གཏད་པའི་རྩིགས་པ་གཉིས་གཡས་གཡོན་དུ་ཡོད་པའི་ལྷོ་ཡི་རྩིགས་ལྡེབས་སུ་ལྷ་བླ་མ་ཡེ་ཤེས་འོད་ཀྱིས་གཙོས་པའི་རྒྱལ་པོ་དང་། ལོ་ཆེན། སྦྱིན་བདག་ལ་སོགས་པའི་བྲིས་སྐུ་དང་། བྱང་གི་རྩིབས་ལྡེབས་སུ་རྗེ་ཡབ་སྲས་གསུམ། མགོན་པོ་ཀླུ་སྒྲུབ་དང་། ཐོགས་མེད། དེ་བཞིན་བླ་ཆེན་རྣམས་ཀྱི་བྲིས་སྐུ་བཅས་བཞུགས། བླ་ཆེན་རྣམས་ཀྱི་བྲིས་སྐུའི་འོག་ཏུ་འདིར་གླེང་བར་བྱ་བའི་སྣན་རྩོམ་བྲིས་མ་དེ་ཡིན་ཞིང་། དེ་ནི་གཞི་མཐིང་མདོག་གི་ངོས་སུ་གསེར་ཆུས་ལག་བྲིས་བྱས་པ་ཡིན་ཏེ་ཡི་གེའི་མཐའ་བཞི་སྣག་བཅད་བརྒྱབ་སྐབས་ཕར་བལྟས་ན་དཔེ་ཆ་གསེར་བྲིས་མའི་ཚུལ་དུ་སྣང་། སྣན་རྩོམ་བྲིས་མ་དེར་རིང་ཚད་སྐར་མ180དང་ཞེང་ཚད་སྐར་མ7.5འདུག ཡིག་གཟུགས་དབུ་

ཆེན་ཡིན་པ་དང་། ཡིག་འབྲུ་ཁྲིན་བསྡོམས1076འདུག སྙན་རྩོམ་ཐུང་ངུ་འདི་མང་ཆེ་བ་དགུ་ཚིགས་ཀྱི་ལུས་སུ་བྲིས་ཡོད་ཅིང་། ཚིགས་རྐང119འདུག རྩིགས་ལྡེབས་སུ་ཡིག་འབྲུ་རེ་གཉིས་ཟུབ་པ་མ་གཏོགས་དེ་མིན་ཡི་གེ་གསལ་པོ་མཐོང་རྒྱུ་འདུག

སྙན་རྩོམ་ཐུང་ངུ་འདི་རྒྱུན་སྲོལ་སྙན་རྩོམ་རྩོམ་ཐབས་སྤྱད་དེ་བརྩམས་པ་ཡིན་ཏེ་ཐོག་མར་མཆོད་བརྗོད་དང་ཕྱག་བྱ། དེ་ནས་རིམ་བཞིན་བརྗོད་བྱའི་དོན་ལ་བབས་ཏེ་དེ་ཡང་ཐོག་མར་ཆོས་རྒྱལ་སྲོང་བཙན་སྒམ་པོའི་མཛད་རྗེས་ནས་དྲངས་ཡོད་ཅིང་། དར་མ་ཨུ་དུམ་བཙན་གྱིས་དམ་ཆོས་བསྣུབས་པའི་རྗེས་སུ་འོད་སྲུངས་ཀྱི་རྒྱུད་པ་སྐྱིད་བདེ་ཉི་མ་མགོན་མངའ་རིས་ཕྱོགས་སུ་ཕེབས་ཏེ་བཙན་པོ་འདིས་རང་གི་སྲས་གསུམ་ལ་སྐོར་གསུམ་གནང་། བར་པ་བཀྲ་ཤིས་མགོན་གྱིས་གུ་གེ་དབང་དུ་བསྡུས་ཏེ་དེའི་སྲས་ལྷ་བླ་མ་ཡེ་ཤེས་འོད་ཀྱིས་ནང་ཆོས་བསྟན་པ་དར་ཞིང་རྒྱས་པའི་མཛད་པ་བརྗོད། དེ་ནས་བཟུང་སྟེ་གུ་གེ་ཁུལ་དུ་ནང་ཆོས་བསྟན་པ་འཕེལ་འགྲིབ་ཇི་ལྟར་བྱུང་ཚུལ་རིམ་པས་བརྗོད་དེ་མཐའ་མ་གུ་གེ་རྒྱལ་པོ་བློ་བཟང་རབ་བརྟན་གྱི་མཚམས་སུ་མཇུག་འགྲིལ་བར་བྱས་འདུག སྙན་ངག་པོ་ལོ་ཀ་ཉི་ཤུ་ལྷག་ཙམ་གྱི་རྩོམ་ཐུང་འདིའི་ནང་ལོ་རྒྱུས་ཐོག་བྱུང་ཟིན་པའི་མི་གྲགས་ཉི་ཤུ་རྩ་ལྔ་མིང་འདོན་བྱས་ཏེ་ཁོང་ཚོའི་མཛད་རྗེས་བརྗོད་འདུག་པ་དེ་ཚོའི་ནང་ལྷ་བླ་མ། རྒྱལ་པོ། བསྟན་པའི་སྦྱིན་བདག སྐུ་གསུང་ཐུགས་རྟེན་བཞེངས་མཁན་ལག་རྩལ་མི་སྣ་བཅས་མི་སྣ་སྣ་ཚོགས་བཀོད་ཡོད་སྐབས་ལོ་རྒྱུས་ཀྱི་ནང་དོན་ཕུན་སུམ་ཚོགས་པོ་བརྗོད་བྱར་བྱས་པའི་ཕུལ་བྱུང་སྙན་རྩོམ་ཞིག་ཡིན་པར་མངོན། སྙན་རྩོམ་གྱི་རྩོམ་པ་པོས་ལོ་རྒྱུས་ཐོག་བྱུང་ཟིན་པའི་མི་སྣ་ཉི་ཤུ་ལྷག་ཙམ་ལ་གཙོ་བོ་མངའ་རིས་ཁུལ་དུ་ཆོས་དར་སྤེལ་གཏོང་རྒྱུར་བྱས་རྗེས་ཆེ་ཆུང་ཁོ་ནར་དམིགས་ཏེ་གདེང་འཇོག་བྱས་ཡོད་སྐབས་སྙན་རྩོམ་གྱི་ནང་དོན་ནས་མངའ་རིས་ཁུལ་གྱི་སྔོན་བྱུང་ལོ་རྒྱུས་ཆ་ཚང་གསལ་སྟོན་ཐུབ་མེད་ནའང་བོད་ཀྱི་ལོ་རྒྱུས་ཡིག་ཚང་མང་པོའི་ནང་ཡུལ་མཐའི་ལོ་རྒྱུས་ཞིབ་ཕྲ་བཀོད་པ་ཤིན་ཏུ་མཛལ་དཀའ་བའི་དབང་གིས་མཐོ་ལྡིང་དགོན་པའི་འདུ་ཁང་གི་རྩིགས་ལྡེབས་སུ་བྲིས་པའི་སྙན་རྩོམ་ཐུང་ངུ་འདི་སྟོད་ཕྱིན་མངའ་རིས་ས་ཁུལ་གྱི་ལོ་རྒྱུས་ཞིབ་འཇུག་བྱ་རྒྱུར་གལ་ཆེའི་དཔྱད་གཞིའི་ཡིག་ཆ་ཞིག་ཏུ་འགྱུར་རྒྱུ་ཡིན་ནོ་སྙམ། ལྷག་པར་རྩོམ་ཐུང་འདི་ནི་ས་ཆ་དེ་གའི་མིས་ས་ཆ་དེ་རང་གི་ལོ་རྒྱུས་བྲིས་པ་ཡིན་པས་དེ་ལ་གཞན་ལས་ལྷག་པའི་བདེན་ངེས་ཀྱི་རང་བཞིན་ལྡན་ཡོད།

རྩོམ་ཐུང་འདིའི་བརྗོད་བྱའི་ནང་དོན་ལ་གོང་ཞུས་ལྟར་གྱི་དོན་སྙིང་ཆེན་པོ་ལྡན་ཡོད་པ་མ་ཟད། རྗོད་བྱེད་ཚིག་སྦྱོར་ལ་ཡང་དཔྱད་པ་རོབ་ཙམ་བརྗོད་པའི་དགོས་པ་འདུག སྙན་རྩོམ་འདི་ཐེངས་གཅིག་བལྟགས་པ་ཙམ་གྱིས་བློག་པ་པོའི་ཡིད་ལ་བག་ཆགས་དེ་འདྲ་ཞིག་འབྱུང་སྲིད་དེ་སྙན་རྩོམ་འདིའི་རྩོམ་པ་པོ་ནི་སྙན་གཞུང་མེ་ལོང་མར་བརྟེན་ནས་སྙན་ངག་གསར་རྩོམ་གྱི་བྱ་བར་གོམས་འདྲིས་

ཆེན་པོ་ཡིན་ལ་རྩོམ་རྩལ་ཡང་ཧ་ཅང་བྱང་ཆུབ་པ་ཞིག་ཡིན་འདུག སྙན་རྩོམ་འདིའི་རྩོམ་ཉམས་དུས་རབས་བཅུ་བདུན་བཅོ་བརྒྱད་ཙམ་དུ་ཐོན་པའི་བོད་ཀྱི་ཡུལ་བྱུང་སྙན་རྩོམ་ཁག་ཅིག་གི་རྩོམ་ཉམས་དང་ཤིན་ཏུ་འདྲ་ལ་རྩོམ་ཐུང་ནང་དཔེ་རྒྱན་དང་གཟུགས་རྒྱན་མང་པོ་སྤྱད་ཡོད་པ་དེ་དག་དཔེ་དང་དཔེ་ཅན། གཟུགས་དང་གཟུགས་ཅན་དག་ཧ་ཅང་འབྲེལ་ཆགས་ཤིང་ཚིག་འགྲོས་བདེ་བ་ཚིག་གི་སྡེབ་སྦྱོར་ལེགས་ལ་ཚིག་རྒྱན་དེ་ཚོས་ཚིག་གི་སྙིག་ཉམས་ལེགས་པར་ཐོན་པ་མ་ཟད། ལྷག་པར་ཚིག་གི་དོན་རྩ་གསལ་ཁ་སྟོན་རྒྱུར་གཅིག་ཕན་གཅིག་རོགས་ཀྱི་དགེ་མཚན་ཐོན་ཏེ་ཉ་བར་སྙན་ཞིང་ཡིད་དབང་འཕྲོག་པའི་ཡུལ་བྱུང་སྙན་རྩོམ་གྱི་ཁྱད་ཆོས་མ་ལུས་ཐོན་ཐུབ་པ་བྱུང་སྟེ་ཁོ་བོས་སྙན་རྩོམ་འདི་ནི་ལོ་རྒྱུས་ཀྱི་ནང་དོན་བརྗོད་བྱར་བཀོད་པའི་ཡུལ་བྱུང་སྙན་རྩོམ་ཞིག་ཡིན་པའི་ངོས་འཛིན་ཞུ་ཡི་ཡོད། ང་ཚོས་སྙན་རྩོམ་འདིའི་བརྗོད་བྱའི་ནང་དོན་ནས་བསྟན་པའི་ལོ་རྒྱུས་ཀྱི་མི་སྣར་བལྟས་ནའང་འདྲ། རྗོད་བྱེད་ཚིག་སྦྱོར་དང་སྙན་ངག་རྒྱན་རྒྱག་སྟངས་ལ་བལྟས་ནའང་འདྲ། སྙན་རྩོམ་འདི་མངའ་རིས་ཁུལ་དུ་དགེ་ལུགས་པའི་གྲུབ་མཐའ་ཤུགས་ཆེན་དར་བའི་རྗེས་སུ་ཐོན་པའི་བརྩམས་ཆོས་ཤིག་རེད་སྙམ་པའི་སྣང་བ་ཆེན་པོ་ཞིག་ཡོང་གི་འདུག འདུ་ཁང་གི་རྩིགས་ལྡེབས་སུ་བྲིས་པའི་སྙན་རྩོམ་འདི་ཉིད་དུས་རབས་བཅོ་ལྔ་བཅུ་དྲུག་ཙམ་ལ་བྱུང་བའི་དབང་གིས་འདུ་ཁང་ཆེན་མོའི་ལྡེབས་བྲིས་དང་ཐ་ན་འདུ་ཁང་ཆེན་མོའི་ཁང་པ་ཡང་དེའི་དུས་སུ་བྱུང་བ་རེད་ཅེས་བཤད་ན་སྐྱབ་བྱེད་ཡང་དག་མེད་པའི་རྐྱེན་གྱིས་དེ་ལྟར་ཁ་ཚོན་བཅད་དེ་ཞུ་སྤོབས་མ་མཆིས། ཡིན་ནའང་སྙན་རྩོམ་ཐུང་ངུ་དེ་གཟིགས་པའི་རྗེས་ལ་ཐུགས་ཞིབ་ཚགས་ཆེ་བའི་གཟིགས་པ་པོའི་བློ་ངོར་དགོངས་པ་གང་དང་གང་ཡང་འཆར་སྲིད། དེས་ན་གཤམ་ལ་འདུ་ཁང་རྩིགས་ལྡེབས་ཀྱི་སྙན་རྩོམ་ཐུང་ངུ་འདི་ཇི་མ་ཇི་བཞིན་གཟིགས་པ་པོ་ཚོས་སྤྱན་ལམ་དུ་དྲངས་ཏེ་དེའི་ཐོག་ནས་ཡི་གེའི་ལམ་དུ་བཀོད་ནས་མཇལ་རྒྱུ་ཡོད་པར་རེ་སྨོན་ཆེན་པོ་བྱེད་བཞིན་དུ་མཆིས་སོ། །

ཨོཾ་སྭ་སྟི། དཔལ་ལྡན་གློ་ཡི་མེ་ལོང་དག་པ་ལ། །ཐུབ་དབང་ལུགས་བཟང་གཟུགས་མཛེས་གསལ་བར་འཆར། །□□□□□□□ཟླ་བའི་ཟེར[1]རྗེ་བཙུན་ཙོང་ཁ་པ་དེ་རྒྱལ་གྱུར་ཅིག །རྒྱ་ཆེན་ཚོགས་གཉིས་རྒྱ་མཚོའི་དབུས་ན་མཐོ། །བསྡུ་བཞིའི་བང་རིམ་མཛེས་པས་དམ་དུ་མཁྱུད། །མཁྱེན་བརྩེའི་ཉི་ཟླའི་འོད་རིས་གསལ་བ་ཅན། །ཐུབ་དབང་ལྷུན་པོའི་དབང་པོར་ཕྱག་བགྱིད་དོ། །རྟེན་འབྱུང་ཟབ་མོའི་ཧ་ལྷང་གིས་དྲང་བ། མཐའ་གཉིས་སྤངས་པ་ཤར་རིའི་རྩེ་ནས་འོང་། །རྟོག་གེའི་ངན་པའི་མུན་པ་ལས་རྒྱལ་བ། །ཀླུ་སྒྲུབ་ཉིན་མོའི་མགོན་དེས་བདག་སྐྱོངས་ཤིག །མི་ཕམ་ཐུགས་ཆུད་དབུ□□□□། །□རིག་གྲུབ་མཐའི་རླབས་ཕྲེང་རབ་ཏུ་གཡོ། །རིག་ལམ་སྟོང་གི་ནོར་བུའི་དཔལ་མངའ་བ། །ཐོགས་མེད་ཆུ་གཏེར་ཆེ་དེས་གཟིགས་གྱུར་ཅིག །རྒྱལ་དང་ཤིང་རྟ་ཆེ་གཉིས་རྗེས་འབྲངས་བཅས། །དག་པའི་ཞིང་གཞན་གཤེགས་པས་ཐུབ་བསྟན་འདི། །སྟུམ་བྲལ་མར་མེ་གནས་སྐབས་བསྟེན་པའི་ཚེ། སྐྱེ་བོ་འདི་དག་ལོག་པའི་

ལམ་ངན་ཞུགས། །དུས་འདིར་མཐའ་དག་འགྲོ་ལ་སྨྱུན་རས་ཀྱིས། །རྟག་ཏུ་གཟིགས་པ་ཕྱུག་ན་ཚུ་སྐྱེས་ཅན། །མགོན་དེས་གདངས་རིའི་ཁྲོད་འདིར་དཀར་པོའི་ལམ། །རྒྱས་པར་བྱ་ཕྱིར་རྒྱལ་པོའི་རྣམ་སྤྲུལ་བཟུང་། །[2]རྗེ་བཙུན་ངག་གི་དབང་ཕྱུག་མཐུ་སྟོབས་གཏེར།[3] □□□□འཇིག་རྟེན་དབང་ཕྱུག་གིས།[4] ཐུབ་བསྟན་རྒྱས་པའི་ཁུར་ཆེན་འདེབས་པ་ལ། །འགྲན་ཞིང་ཁ་བ་རི་པའི་དཔལ་དུ་གྱུར། །ནག་ཕྱོགས་འབྱུང་པོའི་གདོན་གྱི་ཐུགས་བརླམ་པ། □མལ་བསྟན་□□□□□□། སྐྱིད་སྡེ་ཉི་མ་མགོན་སྲས་དང་བཅས་པས། །གངས་ཅན་སྟོད་འདིར་སྟོན་མེད་བསྐལ་བཟང་བྱས།[5] དཔལ་ལྡན་བཀྲ་ཤིས་མགོན་སྲས་ཐུ་བོ་མཆོག །འཁོར་བའི་ཕུན་ཚོགས་རྫ་རྩེའི་ཟིལ་པ་ལྟར། དགོངས་ཏེ་སྲས་དང་བཙུན་མོ་བཅས་པ་ཡི། །ངུར་སྨྲིག་རྒྱལ་མཚན་བླངས་ཏེ་དུལ་བར་གནས། །[6]ཡེ་ཤེས་སྨྲུན་ལྡན་འོད་ཀྱི་མཐའ་ཅན་དེས། །འཕགས་ཡུལ་མཁས་པའི་མདུན་སར་མི་འཇིགས་པའི། །མགྲིན་པ་མཛོ་ལྡན་རིན་ཆེན་བཟང་པོ་སོགས། །མཁས་པ་བརྒྱ་ཕྲག་དང་གིས་གང་བར་མཛད། །[7]དེ་ལྟར་ཡང་དག་ལུགས་བཟང་སྲོལ་གཏོད་པས། །སྦྱོར་སྒྲོལ་ལ་སོགས་ལོག་པའི་ལམ་ངན་དག །ས་འོག་གཏིང་ཏུམ་དག་ལ་བཏབ་བྱས་པས། ཇོགས་ལྡན་བཞིན་དུ་དུས་ཆེན་བསྐལ་བཟང་བྱས། །[8]བཙེ་ལྡན་ཡབ□གོང་མའི་རྣམ་སྤྲུལ་བ། །སྲིད་པའི་མིག་ཡངས་གྱེན་དུ་མངོན་ཕྱོགས་པ། །□□□□□□□སྲས་དང་བཅས། །རྒྱལ་བའི་བསྟན་པ་རྒྱལ་བ་བཞིན་དུ་གྱུར། །མཁྱེན་པའི་ཉི་འོད་རབ་ཏུ་འབར་བ་ཡིས། །མ་ལུས་ཤེས་བྱའི་པད་མོ་ཁ་ཕྱེ་བས། །མདོ་སྔགས་གཞུང་བརྒྱའི་ཟེ་འབྲུ་གསལ་བ་ཅན། །ལྷ་རྗེ་བླ་མ་ཞི་བ་འོད་དེ་རྒྱལ། །[9]གང་དེའི་བཀའ་ལུང་སྤྱི་གཙུག་ལ་འགོད་པ། །ས་བདག་རྩེ་ལྡེས་མཐུན་རྐྱེན་ཡོ་བྱད་དག །ཚོགས་པར་བྱས་པས་དཔལ་ལྡན་འཛམ་གླིང་རྒྱན། །སྐལ་ལྡན་མིག་གི་དགའ་སྟོན་ལྷ་བུར་བསྐྲུབས།[10] ལྗོངས་འདི་སྐྱེ་བོ་ལེགས་བྱ་དམན་པ་དག །ནག་པོའི་ཕྱོགས་ཀྱི་སྟོབས་ཆེན་རྒྱས་པ་ལས། །དགེ་འདུན་སྡེ་གཤིག་གཙུག་ལག་ཁང་ཆེ་དག །མཐའ་དག་མེ་ལ་འབྲས་ཡོས་བཞིན་དུ་བྱས།[11] དེ་ནས་རིང་ཞིག་ལོན་ཚེ་ཅོང་ཁ་པ། །སྲས་ཀྱི་མཆོག་གྱུར་ངག་དབང་གྲགས་པའི་དཔལ། ཞང་ཞུང་སྐྱེ་བོའི་བསོད་ནམས་ཕོ་ཉ་ཡིས། ལེགས་པར་སྤྱན་དྲངས□□□□□[12] མགོན་དེས་རིན་ཆེན་བཟང་པོའི་རྒྱལ་ཚབ་མཆོག །ལེགས་པ་བཟུང་ནས་རྒྱ་མཚོའི་གོས་ཅན་འདིས། ལི་ཁྲིའི་བླ་གོས་བླངས་པ་ལྟར་བྱས་ཏེ། དགའ་ལྡན་གནས་ཀྱི་མི་ཕམ་མདུན་དུ་གཤེགས། །དེ་ཡི་རྒྱལ་ཚབ་ཆོས་ཀྱི་སྨྲུན་ལྡན་པ། །ནམ་མཁའི་མཚན་ལྡན་སློབ་མར་བཅས་པ་ཡིས། །སྙིང་སྟོབས་མཆོག་དང་ལྷག་བསམ་མི་དམན་པས། །སླར་ཡང་ལྷ་རྗེ་བླ་མའི་རྣམ་སྤྲུལ་བསྟན། །[13]དཔལ་ལྡན་ཤཱཀྱ་རིགས་ཀྱི་ཐིག་ལེ་མཆོག །རྗེ་བཙུན་ཤཱཀྱ་འོད་དང་དེ་ཡི་སྲས། །མི་ཡི་དབང་པོ་བུད་ཛ་པ་ལི་ཏ། །བློ་བཟང་རབ་བརྟན་ཕྱོགས་ལས་རྒྱལ་གྱུར་ཅིག །[14]བཙེ་ལྡན་ཆོས་འཛོམས་པུ་ཧེ་ནམ་མཁའ་སྒྲོན། །དཔལ་ལྡན་འདྲེན་དང་རྒྱལ་བུ་རྒྱལ་མོ་སོགས། །འདི་དག་རྣམས་ཀྱི་སྐུ་མའི་ཟས་ནོར་ལ། །སྙིང་པོ་ལེན་ཕྱིར་མཐུན་རྐྱེན་དཔག

མེད་མཛད། །[15]འཇིག་རྟེན་མེས་པོའི□□□□□□□ཞི་བར་མི་ནུས་མིག་གི་བདུད་རྩི་འདི། །ཕིར་ཐོགས་དབང་པོ་སངས་རྒྱས་བཟང་པོ་དང་། །བཟོ་རིག་མཐར་སོན་དཀོན་ཅོག་རྡོ་རྗེ་སོགས། །ཞང་ཞུང་ལྗོངས་འདིའི་མཁས་པ་མཐའ་དག་གིས། །ལེགས་པར་བྲིས་པས་འཕགས་ཡུལ་ནུབ་ཕྱོགས་ཀྱི། །བཟོ་རིགས་ཀུན་ལ་ཆགས་བྲལ་གྱུར་ཏེ་འདུག།[16] འདི་ཡི་ཤིང་བཟོ་ལྷུན་གྲུབ་མགོན་པོ་དང་། །དཔལ་ལྡན་ཆོས་བཟང་ལྷ་བཙུན་གྲགས་རྗོར་སོགས། །མཁས་པ་དུ་མའི་སོར་མོའི་རྩེ་མོ་ལས། །སྟོན་མེད་གསར་པའི་རྣམ་སྤྲུལ་འདི་ལྟར་རོ། །ལྷ་ཡི་བཀོད་པ་སྟོན་མེད་འདི་འདྲ་བ། །རྗེ་བཙུན་ཤཱཀྱ་འོད་ཀྱི་རྣམ་དཔྱོད་ཀྱིས། །ལེགས་པར་དཔྱད་ལས་འབྱུང་བ་གཞན་དག་པ། འདི་མཚུངས་མོ་གཤམ་བུ་ཡི་བགྱིད་པ□། །ལྷ་ཡི་སྐུ་མདོག་ཕྱག་མཚན་བཞུགས་སྟབས་སོགས། །རང་རང་གཞུང་ནས་ཇི་ལྟར་བཤད་པ་བཞིན། །མ་ནོར་གསལ་པོར་འཀོད་པའི་ཞལ□□། །□□□□□□□□□ཡིན། །འདི་ཡི་ཕྱིར་དུ་ལུས་ངག་ཡིད་གསུམ་གྱིས། །ལེགས་པར་ཕབ་པ་འོད་ཟེར་རྒྱལ་མཚན་དང་། །སློན་ལམ་གྲགས་སོགས་གཉེར་བྱེད་ཐམས་ཅད་ལའང་། །འཇམ་དཔལ་དབྱངས་ཀྱི་གཟིགས་པ་འཇུག་གྱུར་ཅིག །འདི་དག་ཀུན་འདི་ཀུན་ནས་འབད་པ་ཀུན། །ཀུན་མཁྱེན་གོ་འཕང□ཐོབ་གྱུར་ཅིག །བསྟན་དང་བསྟན་འཛིན་ཡུན་རིང་གནས་པ་དང་། །དགེ་འདུན་དགེ་ལེགས་རྒྱས་པའི་བཀྲ་ཤིས་ཤོག །གཙང་ཁང་དབུས་སུ་སྟོན་པའི་སངས་རྒྱས་ལ། །སངས་རྒྱས་སོ་ལྔ་གནས་བཅུས་ལེགས་པར་བསྐོར། །གཡས་སུ་རྗོར་དབྱིངས་གཙོ་བོ་རྣམ་སྣང་ལ། །དེའི་རྩ་ལྷ་སྐལ་བཟང་རྣམས་ཀྱིས་བསྐོར། །[17]རྒྱལ་རིགས་གཙོ་ལ་རིགས་ལྔ་ཡུམ་བཞི་དང་། །འོག་ཏུ་སྦྱོད་རྒྱུད་དཀྱིལ་འཁོར་གཙོ་བོ་ལྔ། །ཕྱུགས་ཀྱི་གཡོན་ཕྱོགས་དཔལ་མཆོག་རྗོར་སེམས་ཀྱིས། །གཙོ་འཁོར་ལྷ་ཚོགས་ཚང་བ་ལེགས་པར་བཞུགས། །བཙུན□□□□□□□□□། །□□□□□□□□□བརྒྱད་དང་བཅས། །དེ་འོག་སྦྱོད་རྒྱུད་དཀྱིལ་འཁོར་གཙོ་བོ་ལྔ། །འོག་གི་ཁོར་ཡུག་སྟོན་པའི་མཛད་པ་དག །མ་ལུས་རྫོགས་པ་བཅུ་གཉིས་དག་གིས་བསྐོར། །ཤུ་ཧཱུཾ།

མཆན།

[1] □□□□□□□□□འདི་ནི་རྩིགས་ལྡེབས་ཀྱི་ཡིག་འབྲུ་མ་གསལ་བ་རྣམས་ཀྱི་རྟགས་ཡིན། རྟགས□དེ་འདྲ་རེས་ཚིག་ཁྱིམ་གཅིག་གི་ཚབ་བྱ་རྒྱུ་ཡིན་ནོ། །

[2] ཚིགས་བཅད་ཤ་ལོ་ཀ་འདིའི་བསྟན་བྱའི་ནང་དོན་ནི་སྤྱ་རབས་བོད་མིའི་ཤོད་སྤྱོལ་ལ་སྒྲུན་རས་གཟིགས་ཀྱི་རྣམ་སྤྲུལ་ཆོས་རྒྱལ་སྲོང་བཙན་སྒམ་པོ་ཡིན། བཙན་པོ་འདི་ཉིད་ཀྱིས་བོད་ལ་ནང་ཆོས་ཐོག་མར་དར་བའི་མཛད་རྗེས་བརྗོད་པ་ཡིན།

[3] ཚིགས་རྐང་འདི་ནི་ཆོས་རྒྱལ་སྲོང་བཙན་སྒམ་པོའི་སྐབས་ཀྱི་བློན་པོ་ཐོན་མི་སམ་བྷོ་ཊས་བོད་ཡིག་གསར་གཏོད་

གནང་བའི་མཛད་རྗེས་བསྟན་པ།

[4] ཚིགས་ཀྲང་འདིས་ཆོས་རྒྱལ་སྲོང་བཙན་སྒམ་པོའི་སྐབས་ཀྱི་བློན་པོ་མགར་སྟོང་བཙན་གྱི་མཛད་རྗེས་བསྟན།

[5] ཚིགས་བཅད་ཤོ་ལོ་ཀ་འདིའི་ནང་བཙན་པོ་ཁྲི་དུམ་བཙན་གྱིས་བསྟན་པ་བསྐྱབས་པ་དང་དེའི་སྲས་འོད་སྲུང་གི་གདུང་རྒྱུད་སྐྱིད་ལྡེ་ཉི་མ་མགོན་མངའ་རིས་ཕྱོགས་སུ་བྲོས་ནས་མངའ་རིས་སྐོར་གསུམ་ལ་ཆོས་འཇིག་རྟེན་གྱི་མཛད་འཕྲིན་བསྐྱངས་པའི་སྐོར་བརྗོད་པ་ཡིན།

[6] ཚིགས་བཅད་ཤོ་ལོ་ཀ་འདིར་སྐྱིད་ལྡེ་ཉི་མ་མགོན་ལ་སྲས་གསུམ་བྱུང་བའི་བར་པ་བཀྲ་ཤིས་མགོན་གྱི་སྲས་སྲོང་ངེས་གུ་གེ་དབང་དུ་བསྡུས་ནས་རྒྱལ་སྲིད་བསྐྱངས། རྒྱལ་པོ་འདི་ཉིད་ཡུན་རིང་མ་སོང་བར་འཁོར་བར་ངེས་འབྱུང་སྐྱེས་ཏེ་རབ་ཏུ་བྱུང་ནས་མཚན་ལ་ལྷ་བླ་མ་ཡེ་ཤེས་འོད་ཅེས་གསོལ་བའི་སྐོར་བརྗོད་པ་ཡིན།

[7] ལྷ་བླ་མ་ཡེ་ཤེས་འོད་ཀྱིས་མཐོ་ལྡིང་ལྷ་ཁང་བཞེངས་པ་དང་། རྒྱ་གར་ནས་མཁས་པ་མང་པོ་གདན་དྲངས་ཏེ་དམ་པ་དེ་རྣམས་ལ་འདུལ་བ་སྟོད་ལུགས་དར་བར་མཛད། ལོ་ཆེན་རིན་ཆེན་བཟང་པོས་གཙོས་ཁྱིའུ་བློ་རྣོ་བ་ཉི་ཤུ་རྩ་གཅིག་ཁ་ཆེའི་ཡུལ་དུ་ཆོས་དང་རིག་གནས་བསླབ་ཏུ་བཏང་། དེ་ལྟར་མཛད་འཕྲིན་ཆེན་པོ་བསྐྱངས་ཏེ་མངའ་རིས་གུ་གེ་ཁུལ་དུ་བསྟན་པ་ཕྱི་དར་གྱི་སྒོ་མོ་ཡངས་པར་ཕྱེ་བ་ཡིན་ནོ། །

[8] ཤོ་ལོ་ཀ་འདི་དང་དེ་འོག་ཤོ་ལོ་ཀ་གཉིས་པོའི་ནང་ལྷ་བླ་མ་བྱང་ཆུབ་འོད་ཀྱིས་ཇོ་བོ་རྗེ་དཔལ་ལྡན་ཨ་ཏི་ཤ་མངའ་རིས་སུ་གདན་དྲངས་ཏེ་སྦྱོར་སྒྲོལ་ལ་སོགས་ལོག་པའི་ཆོས་དར་བ་དེ་དག་རྩ་འགོག་གནང་ནས་དམ་ཆོས་གཙང་མ་དར་བའི་མཛད་རྗེས་བརྗོད་པ་ཡིན།

[9] ལྷ་བླ་མ་ཞི་བ་འོད་ནི་བཀྲ་ཤིས་མགོན་གྱི་སྲས་སྲོང་ངེའམ་ཡང་ན་ལྷ་བླ་མ་ཡེ་ཤེས་འོད་ཅེས་འབོད་པ་འདི་ཉིད་ཀྱི་གཅུང་པོ་ཁོར་རེའི་སྲས་ཆེ་བ་ཡིན་ཞིང་། སྲས་དེ་ནི་ཕྱི་ནང་གི་ཆོས་མཐའ་དག་ལ་མཁས་ཤིང་ལོ་ཙཱ་ཡང་ཤིན་ཏུ་མཁས་པ་ཞིག་ཡོད་པས་དཔལ་མཆོག་དང་ཞི་བ་འཚོའི་ཚད་མ་ལ་སོགས་བསྒྱུར་བ་ཡིན་ནོ། །

[10] ཁོར་རེའི་སྲས་འབྲིང་བ་ལྷ་བླ་མ་བྱང་ཆུབ་འོད་ཡིན། ལྷ་བླ་མ་བྱང་ཆུབ་འོད་ཀྱིས་རྒྱ་བརྩོན་འགྲུས་སེང་གེ་དང་ནག་ཚོ་ཚུལ་ཁྲིམས་རྒྱལ་བ་གཉིས་རྒྱ་གར་དུ་མངགས་ནས་ཇོ་བོ་རྗེ་དཔལ་ལྡན་ཨ་ཏི་ཤ་མངའ་རིས་སུ་གདན་དྲངས་དེའི་སྲས་ཐ་ཆུང་འོད་ལྡེ་ཡིན་པ་དང་། འོད་ལྡེའི་སྲས་རྩེའི་ལྡེས་ཕྱི་ལོ༡༠༧༦ལོར་མཐོ་ལྡིང་དཔལ་གྱི་ལྷ་ཁང་དུ་སེ་འབྲུག་ཆོས་འཁོར་ཆེ་མོ་བསྐོར། དེར་རྔ་ལོ་རྡོ་རྗེ་གྲགས་པ་དང་རྔོག་བློ་ལྡན་ཤེས་རབ། ཁྱུང་པོ་གྲགས་སེ་ལ་སོགས་དབུས་གཙང་གི་སྡེ་སྣོད་འཛིན་པ་ཕལ་ཆེར་ཕེབས།

[11] ཚིགས་བཅད་ཤོ་ལོ་ཀ་འདིའི་ནང་དོན་ཤིན་ཏུ་ནས་གལ་ཆེ་བར་མཐོང་། མངའ་རིས་གུ་གེ་ཁུལ་དུ་ལྷ་བླ་མ་ཡེ་ཤེས་འོད་ཀྱི་སྐབས་ནས་འགོ་ཚུགས་ཏེ་ནང་ཆོས་ཤིན་ཏུ་དར། ཕྱི་ལོའི་དུས་རབས་བཅུ་གཅིག་སྐབས་སུ་བོད་ཡོངས་སུ་གྲགས་ཆེ་བའི་སེ་འབྲུག་ཆོས་འཁོར་བསྐོར། དེ་ནས་དུས་རབས་བཅོ་ལྔ་པའི་སྐབས་སུ་གུ་གེ་མཁན་ཆེན་ངག་དབང་གྲགས་པས་དགེ་ལུགས་ཀྱི་བསྟན་པ་དར་ཞིང་རྒྱས་པ་སྤེལ་བའི་བར་གྱི་ལོ་ངོ་བཞི་བརྒྱ་ལ་ཉེ་བའི་རིང་འཕོ་འགྱུར་ཇི་བྱུང་གསལ་སྟོན་

བྱུས་ཡོད་པ་སྐབས་དེར་མཐོ་ལྡིང་དགོན་པར་དགེ་འདུན་གྱི་སྡེ་བཞིགས་པ་དང་གཙུག་ལག་ཁང་ཆེན་མེར་བསྲིགས་པའི་སྐོར་བཀོད་ཡོད། ནང་དོན་འདིས་སྨད་ཕྱིན་མཐོ་ལྡིང་དགོན་པའི་ལོ་རྒྱུས། དེ་བཞིན་གུ་གེ་ཁུལ་གྱི་ལོ་རྒྱུས་བཅས་ལ་ཞིབ་འཇུག་གཏིང་ཟབ་བྱ་རྒྱུར་སྒྲིང་གཞི་ཤིན་ཏུ་གལ་ཆེ་བ་ཞིག་སྟོན་པ་ཡིན་ནོ། །

[12] གུ་གེ་མཁན་ཆེན་ངག་དབང་གྲགས་པ་ཞེས་པའི་སྐྱེ་བོ་དམ་པ་དེ་ནི་མཐོ་ལྡིང་དགོན་པར་ཕྱིས་སུ་དགེ་འདུན་གྱི་སྡེ་བཙུགས་ཏེ་དགེ་ལུགས་ཀྱི་བསྟན་པ་དར་ཞིང་རྒྱས་པར་མཛད་མཁན་སྐྱེ་བོ་ཞིག་ཡིན། རྗེ་ཙོང་ཁ་པ་ཆེན་པོའི་རྣམ་ཐར་ནང་རྗེ་ཉིད་ཀྱི་སློབ་མའི་གྲས་སུ་བསྟན་པ་ཕྱོགས་མཐར་སྐྱོང་བའི་དར་ཆེན་དྲུག་གི་ཡ་གྱལ་དུ་གུ་གེ་མཁན་ཆེན་ངག་དབང་གྲགས་པའི་མཚན་གསལ་གྱི་ཡོད་པ་དེས་དམ་པ་དེ་ཉིད་དུས་རབས་བཅོ་ལྔ་པ་ཙམ་གྱི་མི་ཡིན་པ་གསལ་བཤད་ཐུབ། གངས་རི་བ་ཆོས་དབྱིངས་རྡོ་རྗེས་ཕྱོགས་སྒྲིག་གནང་བའི《མངའ་རིས་སྐོར་གསུམ་གྱི་སྔོན་བྱུང་ལོ་རྒྱུས》ཞེས་པའི་དེབ་ཐེར་གྱི་ཤོག་ངོས76-77ནང“ཁྲི་རྣམ་རི་སངས་རྒྱས་ལྡེ་ལ་ཡང་སྲས་བློ་བཟང་རབ་བརྟན་ལས་མ་བྱུང་བ་དེས་སྲིད་བཟུང་།(གུ་གེའི་རྒྱལ་རབས་ཉི་ཤུ་རྩ་གཅིག) རྒྱལ་པོ་འདི་རྗེ་ཙོང་ཁ་པའི་སློབ་མ་གུ་གེ་མཁན་ཆེན་ངག་དབང་གྲགས་པ་དང་དུས་མཉམ……”ཞེས་འཁོད་འདུག

[13] ནམ་མཁའི་མཚན་ལྡན་ཞེས་པ་རྒྱལ་པོའི་མཚན་ཡིན་ནོ། །གུ་གེ་མཁན་ཆེན་ངག་དབང་གྲགས་པས་མཛད་པའི《གུ་གེ་རྒྱལ་རབས་ཆོས་འབྱུང》དུ་འཁོད་གསལ“ཡབ་རྒྱལ་པོ་རྣམ་རྒྱལ་ལྡེ་ལ་བཙུན་མོ་གསུམ་ཁབ་ཏུ་བཞེས་ཀྱང་སྲས་མ་བྱུང་། རྗེས་སུ་སྔོ་སྟོད་ཀྱི་བུ་མོ་ལྷ་འཛོམས་ཁབ་ཏུ་བཞེས་ཏེ་ས་སྤྲང་ལོར་སྲས་གཅིག་འཁྲུངས་པའི་མཚན་ལ་རབ་བརྟན་ཕུན་ཚོགས་ལྡེ་ཞེས་གསོལ།(དེ་ནི་ནམ་མཁའི་དབང་པོ་ཕུན་ཚོགས་ལྡེ་ཡིན) དགུང་ལོ་བཅུ་དྲུག་ལ་བྱང་ཕྱོགས་ཀྱི་ཕྱི་དབང་ཕོ་བྲང་ལ་ཐེབས། ཡབ་རྒྱལ་པོ་རྣམ་རྒྱལ་ལྡེའི་མདུན་སར་བློན་པོ་རྣམས་གྲོས་ཏེ་མར་ཡུལ་ཁྲི་ལྕམ་བཙུན་མོར་བསུས། རྒྱལ་པོའི་ཁྲིར་འཁོད། ……དགུང་ལོ41ལ་ཐེབས་པའི་དུས་སུ་ཁ་ཆར་གཙུག་ལག་གི་རྟེན་གྱི་མདུན་དུ་དམ་པའི་ཆོས་དར་ཞིང་རྒྱས་པར་སྐྱོང་རྒྱུའི་དམ་བཅའ་བཞག མཚན་ཡང་ལྷ་རྗེ་ཤཱཀྱ་འོད་ཅེས་གསོལ། དགུང་ལོ71ལ་ཐེབས་པ་ན་ཙ་རང་རྩེ་ཕོ་བྲང་དུ་བདེ་བར་གཤེགས་སོ། །”གོང་གི་ནང་དོན་ལ་གཞིགས་ན་ནམ་མཁའི་མཚན་ཅན་ཞེས་པ་དེ་ནི་རྒྱལ་པོ་ནམ་མཁའི་དབང་པོ་ཕུན་ཚོགས་ལྡེ་ཞེས་པ་འདི་ཡིན་པ་དང་། ལྷ་རྗེ་ཤཱཀྱ་འོད་ཅེས་པ་དེ་ཡང་རྒྱལ་པོ་དེ་རང་ཡིན་ནོ། །

[14] རྗེ་བཙུན་ཤཱཀྱ་འོད་ནི་ནམ་མཁའི་དབང་པོ་ཕུན་ཚོགས་ལྡེ་ཡིན་པ་གོང་དུ་བཤད་ཟིན་པ་དང་། མི་ཡི་དབང་པོ་བུད(རྡ)པ་ལི་ཏ་ནི་ནམ་མཁའི་དབང་པོ་ཕུན་ཚོགས་ལྡེའི་སྲས་ཁྲི་རྣམ་རི་སངས་རྒྱས་ལྡེ་ཡིན། དེའི་སྲས་བློ་བཟང་རབ་བརྟན་ཡིན་ནོ། །

[15] ཆོས་འཛོམས་པུ་ཏི་ནམ་མཁའི་སྒྲོན་ཞེས་པ་དེ་དག་རྒྱལ་པོ་བློ་བཟང་རབ་བརྟན་གྱི་འཁོར་ཡིན་ཞིང་། ཁོང་ཚོ་ནི་རྒྱལ་བའི་སྐུ་གསུང་ཐུགས་རྟེན་བཞེངས་པ་ལ་རྒྱུ་སྦྱོར་མཁན་གྱི་ཡོན་བདག་ཡིན།

[16]《མངའ་རིས་སྐོར་གསུམ་གྱི་སྔོན་བྱུང་ལོ་རྒྱུས》ཤོག་ངོས67ལ་གསལ་བ་ལྟར“རྒྱལ་པོ་བློ་བཟང་རབ་བརྟན་གྱིས་རྗེ་ངག་དབང་གྲགས་པའི་ཞབས་པད་སྤྱི་བོས་བསྟེན་ཅིང་། འཇམ་མགོན་ཆོས་ཀྱི་རྒྱལ་པོའི་རིང་ལུགས་དར་བར་མཛད། དེའི་

བཙུན་མོ་དོན་གྲུབ་མས་མཆོད་ཁང་དམར་པོ་ཀ་བ་སུམ་ཅུའི་ཁྱོན་ལྡན་དང་། ……བཅས་བཞེངས།” འདིར་བརྗོད་པའི་མཆོད་ཁང་དམར་པོ་ཀ་བ་སུམ་ཅུ་ཁྱོན་ལྡན་ཞེས་པ་འདི་མཐོ་ལྡིང་དགོན་པའི་འདུ་ཁང་མིན་ནམ་སྙམ། དེ་འདྲ་ཡིན་པའི་དབང་དུ་བཏང་ན་མཐོ་ལྡིང་འདུ་ཁང་ཆེན་མོ་དུས་རབས་བཅོ་ལྔ་པའི་སྐབས་སུ་བཞེངས་པ་ཡིན་ཞིང་། འདུ་ཁང་ནང་གི་ལྡེབས་བྲིས་རི་མོ་འབྲི་མཁན་ཚོགས་ཀྱང་འདིའི་ནང་གསལ་བའི་པིར་ཐོགས་དབང་པོ་སངས་རྒྱས་བཟང་པོ་ལ་སོགས་ཡིན། དེའི་ཤིང་བཟོ་བ་ནི་གཤམ་གྱི་ཚོགས་བཅད་དུ་གསལ་བའི་ཤིང་བཟོ་ལྷུན་གྲུབ་མགོན་པོ་ལ་སོགས་ཡིན། ལྷ་ཡི་བཀོད་པ་རྣམས་ནི་རྒྱལ་པོ་བློ་བཟང་རབ་བརྟན་གྱི་ཡབ་མེས་ཁྲི་ནམ་མཁའི་དབང་པོ་ཕུན་ཚོགས་ལྡེ་ཡིན་པ་བཅས་འོག་གི་ཚིགས་བཅད་ལས་རིམ་བཞིན་གསལ་བར་བསྟན་ནོ། །

[17] དེའི་འོག་སྐྱན་ངག་ཤོ་ལོ་ཀ་གསུམ་པོའི་ནང་གཙང་ཁང་གི་རྟེན་གཙོ་དང་། གཙང་ཁང་གི་རྩིགས་ལྡེབས་སུ་སྐུ་བརྙན་གང་བྲིས་ཡོད་པ་གསལ་བཤད་བྱས་ཡོད།

གོང་གི་མཆན་འགྲེལ་འདེབས་སྐབས་ལོ་རྒྱུས་ཀྱི་ཡིག་ཆ《བོད་ལྗོངས་སྟོད་མངའ་རིས་སྐོར་གསུམ་གྱི་ལོ་རྒྱུས་འབེལ་གཏམ་རིན་ཆེན་གཏེར་གྱི་ཕྲེང་བ་ཞེས་བྱ་བ་བཞུགས་སོ》ཞེས་པ་དང་གངས་རི་བ་ཆོས་དབྱིངས་རྡོ་རྗེས་ཕྱོགས་སྒྲིག་གནང་བའི《མངའ་རིས་སྐོར་གསུམ་གྱི་སྔོན་བྱུང་ལོ་རྒྱུས》ཞེས་པ་གུ་གེ་མཁན་ཆེན་ངག་དབང་གྲགས་པས་མཛད་པའི《གུ་གེ་རྒྱལ་རབས་ཆོས་འབྱུང》ལྟ་གས་དཔར་དཔེ་དེབ། འབྲུག་རྒྱལ་དབང་ཆོས་རྗེས་མཛད་པའི《འཇམ་མགོན་ཆོས་ཀྱི་རྒྱལ་པོ་ཙོང་ཁ་པ་ཆེན་པོའི་རྣམ་ཐར》མཚོ་སྔོན་མི་རིགས་དཔེ་སྐྲུན་ཁང་གིས་འགྲེམས་སྤེལ་བྱས་པའི་དཔེ་དེབ་བཅས་ལ་གཞི་བཅོལ་ཏེ་ལུང་དྲངས་པ་ཡིན།

《གངས་ལྗོངས་རིག་གནས》༢༠༠༢ལོའི་དེབ་གཉིས་པ་ལས་བཏུས།

༄། །བྲག་ཡབ་རི་མདའི་རྫོ་བརྐོས་རྣམ་པར་སྣང་མཛད་ཀྱི་རྒྱལ་བྱང་དུ་འཁོད་པའི་ཡི་གེ་ངོ་བཤུས་དང་དེ་ལས་འཕྲོས་པའི་གཏམ།

ཁམས་སྤྲུལ་བསོད་ནམས་དོན་གྲུབ།

བྲག་ཡབ་རི་མདའི་རྫོ་བརྐོས་རྣམ་པར་སྣང་མཛད་ཀྱི་རྒྱལ་བྱང་དུ་འཁོད་པའི་ཡི་གེ་ངོ་བཤུས་ནི་གཤམ་གསལ་ལྟར་ཏེ།

༡. ༄ ༔། །དམ་པའི་ཆོས་ཀྱི་མདོ་ནི། སེམས་ཅན་ཐམས་ཅད་ལ་ཡང་། །སངས་རྒྱས་ཀྱི་རང་བཞིན་དྭན་ཞིང་ཤེས་པའི་སེམས་རེ་རེ་ཡོད་དེ། སེམས་དེ་ནི་མཁན་པོ་དང་ལྷས་ཀྱང་མ་བྱས་ཕ་མ་ལས་ཀྱང་མ་སྐྱེས་ཐོག་མའི་མཐའ་མི་རྙེད་པ་ནས་ཀྱང་ཡོད་ནས་ཡོད། མཐར་ཀྱང་ཤི་བའི(རྗེས)མེད་པར་མི་འགྱུར་རོ། །སེམས་དེས་དགེའ་བརྒྱ་ཆེར་སྤྱོད་དེ། སེམས་ཅན་ཀུན་ལ་ལེགས་པ་བྱས་ཤིང་དམ་པའི་ཆོས་བྱིན་པ་དྲ།

༢. སེམས་རྣམ་པར་སྦྱངས་པས་ན། སངས་རྒྱས་དང་བྱང་ཆུབ་སེམས་དཔར་རྒྱུ་བ་ནས་སྐྱེ་བ་དང་རྒ་བ་དང་ན་བ་ཤི་བ་ལས་ཐར་ཏེ་བླ་ན་མེད་པའི་བདེའ་སྐྱིད་བ་ཐོབ་བོ། །སེམས་དེས་ལེགས་ཉེས་འདྲེན་མར་སྤྱོད་ན་ལྷ་དང་མིའི(གནས)སུ་སྐྱེའོ། །སྡིག་པ་དང་མི་དགེ་བའི་ལས་ཆེར་སྤྱོད་པ་ན། སྡིག་ཡུལ་སེམས་ཅན་དམྱལ་བ་ལས་སྟོགས་པར་སྐྱེས་ཏེ་སྡུག་བསྔལ་བའི་ནང་དུ་རྒྱུན་དུ་འཁོར་རོ། །དེ་བས་ན་བདག

༣. གི་སེམས་ལ་བླ་ན་མེད་པའི་བྱང་ཆུབ་མན་ཅད་ཀྱང་ཡོད། སེམས་ཅན་དམྱལ་བ་ཡ(ན)ཆད་ཀྱང་ཡོད་པ་ཡིན་ནོ། །དམ་པའི་ཆོས་ཀྱི་བདུད་རྩི་སྤྱོད་ན། སྡུག་བསྔལ་ཐམས་ཅད་ལས་ཐར་པའི་དུས་སྤྱོད་དོ། ཡུན་དུ་བདེའ་སྐྱིད་པའི་གནས་གྱང་ཐོབ(ཀྱི)ས(སྲི)ད་དོ། དེ་བས་ན་སེམས་ཅན་ཐམས་ཅད་ལ་དམ་པའི་ཆོས་གཅེས་ཏེ། མ་མཆིས་ས་མྱི་རུང་ངོ་། །མདོར་སྡོམས་པར་ཟད་དེ་བདག་དང་གཞན་གྱི་དོན་ལ་རྒྱང་རིང་པོ་དང་། ཆེད་ཀ་ཆེན་པོ་ལ་རྟོགས་སྟེ་ཞི་བདེ་དགེ་བའི་བཤེས་ཉན་ལ་དྲིས་ཤིག །དམ་པའི་ཆོས་ཀྱི་ཡི་གེ་ལ་ཡང་རྟོགས་ཤིག་དང་ཁོང་དུ་ཆུད་པར་འགྱུར་རོའ། །

༤. ༄། །སྦྲིའུ་གི་ལོའི་དབྱར། བཙན་པོ་ཁྲི་ལྡེ་སྲོང་བཙན་གྱི་རིང་ལ། །དགེའ་སློང་ཆོས་དང་ཆབ་སྲིད་ཀྱི་བཀའ་ཆེན་པོ་ལ་བཏགས་སྟེ། གསེར་གྱི་བཀྱུ་རྒྱལ་མན་ཅད་ཀྱི་ཐབས་སྐྱལ། ཇོ་མོ་མཆིམ་ཟ་ལེགས་མོ་བཙན་ལསྐོགས་པ། རྗེས་འབངས་མང་མོ་ཞིག་ཐར་པར་བཀྱེལ། བཀའ་ཆེན་པོ་གཏོགས་པའི་

དགེ་སློང་བྲན་ཀ་ཡོན་ཏན་དང་ལྗོ་དོན་

༥. དམ་དང་གློན་ཆེ་ཞང་འཁྲོལ་ཁྲི་གཟུའ་ངམ་ཤགས་དང་ནང་གློན་ད(བའ)ས་ཁྲི་སུམ་བཞིང་མདོ་བརྩན་ལ་སྩོགས་པ་ཆབ་སྲིད་ལ་བཀའ་སྩལ་ཏེ། །རྒྱ་དང་མཇལ་དུས་ཀྱི་མགོའ་བརྩམས་པའི་ལས་ལ□མཁན་པོ་དགོར་ཡེ་ཤེས་དབྱངས་དང་། དགེའ་སློང་སྟག་ལོག་ཐན་ཏེ་དང་། གད་ནམ་ཀའི་སྙིང་པོ་དབྱངས་ཀྱིས། བཙན་པོའི་སྐུ་ཡོན་དང་སེམས་ཅན་ཐམས་ཅད་ཀྱི་བསོད་ནམས་སུ་

༦. སྐུ་གཟུགས་དང(དར)མ་འདི་རྣམས་བྲིས་ཏེ། །སྤྱིའི་ཞལ་ཏ་པ་ནི། འོར་དུའི་གནས་བརྟན། ལྷང་མཆོག་རབ་དང་། གཟི་བཟང་པོ་དཔལ་གྱིས་བགྱིས། །ལག་དཔོན་ནི་དགེའ་སློང་ཧྭའི་དགེའ་སློང□□འ□□□□□□ད་གསོང་པབ་ཤན་དང་ཨིན་དམ་ཨེས་བགྱིས་ཇོ་མཁན་ནི། ཞུབ་སི་གཉག་བྲེང་ཤབ་དང་ཤོད་ལགས་གོང་དང་། ལྕུམ་མ་འགམ་དང

༧. རྒྱ་ཧུན་པོང་ཅེང་སྤྱང་དང་། ཧྭ་ཧོའུ་ཧྲིན་རྣམས་ཀྱིས་བགྱིས་སོ། །འདི་ལ་རྗེས་སུ་ཡི་རང་བས་ཀྱང་བསོད་ནམས་མཉམ་པར་ཐོབ་པོ། །

༨. ༄། ༑ །ཡེ་ཤེས་དབྱངས་ཀྱིས་ཡོལ་དང་ཤློང་དང་འབོམ་དང་ལེང(ད)པའ་པོའུ་དུ་ཡང་རྒྱ་ཆེ□□བྲིས་སོ། །

༩. (ཡི)(གེ)མཁན་ནི་དགེ་སློང་རིང་ཇོ་རྗེས།

༡༠. ༄ ༠། སྐུ་བླ་དང་དར་མ་གཉན་པོ་འདིའ་ལ། ཕྱག་འཚལ་ཞིང་མཆོད་པ་

༡༡. བྱས་ན། ཇོ་སློན་ཧོ་ཆོག་འགྲུབ་ཅིང་ཚེ་ཕྱི་མ་ལ་ཡང་ལྷ་ཡུལ་དུ་སྐྱེའོ། །ཁ་དན་ནམ་རྒྱལ་

༡༢. བྱས་ན། འཕྲལ་དུ་ཡང་ནད་ལས་སྩོགས་པ་ཉེས་སྣ་ཚོགས་འབྱུང་ལ། །ཡུན་ཏུ་ཡང་ན་རག་ཏུ་ལྷུང་ངོ། །

༡༣. བཀའ་ཁྲིམས་ལས་ཀྱང་ཆོས་ལ་ངན་ཏུ་བྱས་ན་ཡང་མྱེས་ སྤུན་ཚུན་ཅད་ནས་བཅ་བེད་གུན་ཞིང་པ་བྱེད་དོ། །

༡༤. དེ་བས་ན་སུ་ཡང་ཕྱུར་ཀ་དང་རྒྱལ་ཀ་མ་བྱེད་ཅིག།

༡. མ་ནོའལ༑ ཇོ་སྙེད་ཕྱོགས་བཅུའི་འཇིག་རྟེན་ན། དུས་གསུམ་བདེ་གཤེགས་མིའི་སེང་གེ

༢. དེ་དག་མ་ལུས་ཐམས་ཅད་ལ། །ལུས་ངག་ཡིད་ཀྱིས་ཕྱག་འཚལ་ལོ། །རྒྱལ་བ་སྲས་བཅས་

༡༥. པ་སྤྱད་པ་ཡང་། །སློན་ལམ་རྒྱ་མཚོར་བསྔོའ་བྱས་ཤིང་། །ཀུན་ཏུ་བཟང་པོའི་སློན་ལམ་དང་། །བཟང་པོ་

༡༦. སྤྱོད་པས་རྫོགས་བྱས་ཏེ། །བསྐལ་པ་རྒྱ་མཚོར་སྤྱད་པར་བགྱིའ། །ནམ་ཀའི་མཐར་ཕྱུར་ཇི་

༡༧. རྣམ་པར། །སེམས་ཅན་མཐའ་ཡང་དེ་བཞིན་ཏེ། །སློན་ལམ་མཐའའང་དེ་ཙམ་མོ། །གང་གིས་སློན་

༡༨. ལམ་འདི་བཏབ་པ། །དུས་གསུམ་རྒྱལ་བ་ཐམས་ཅད་ཀྱི། །ཡོན་ཏན་ཐམས་ཅད་ཐོབ་པར་འགྱུར། །

༡༩. སྨོན་ལམ་ནི་བསམ་གྱིས་མི་ཁྱབ་སྟེ། །འདིར་ནི་མདོ་ཙམ་ཞིག་སྨོས་པར་ཐང་ངོ་། །:། :། །

༢༠. ཨོཾ་མ་ཎི་པདྨེ་ཧཱུྃ།

བྲག་བཀོས་རྣམ་སྣང་གི་གཡས་གཡོན་དུ་བྱང་སེམས་བརྒྱད་ཡོད་འདུག་ཅིང་ངོས་ཡོངས་ཞིང་ལ་སྐྱི་ཁྲི་དྲུག་ཙམ་དང་མཐོ་ཚད་ཐོག་བརྩེགས་གཅིག་གི་ཚད་ཡོད། འོག་ཏུ་རྒྱ་ཡིག大蕃……都料同僧ཞེས་པ་སོགས་འཁོད་འདུག བྲག་བཀོས་ཡི་གེ་འདི་སྤྱི་ལོ༡༩༨༧ལོར་བོད་ལྗོངས་སྤྱི་ཚོགས་ཚན་རིག་ཁང་ལ་རིག་གཞུང་དཔྱད་སོལ་ཚོགས་འདུ་ཞིག་འཚོགས་པའི་སྐབས་སུ་ཆབ་མདོ་རིག་གནས་ཅུས་ཀྱི་བློ་མཐུན་བློ་དགའ་ལགས་ཞུ་བས་འབྲི་བཤུ་གནང་བ་ཕོ་བོར་སྤྲོད་གནང་མཛད་བྱུང་བར་ཡིག་ཆད་རྣམས་རང་གིས་གང་ཐུབ་ཀྱིས་ཁ་བསྐངས། གཞན་རྣམས་ཇི་མ་ཇི་བཞིན་དུ་རང་སོར་བཞག བྲག་བཀོས་འདི་བཀོ་བའི་དུས་ནི་བཙན་པོ་ཁྲི་ལྡེ་སྲོང་བཙན་ནམ་མུ་ཏིག་བཙན་པོའམ་སད་ན་ལེགས་མཛེས་ཡོན་གྱི་དུས་ཀྱི་སྤྲེའུའི་ལོ་སྟེ་ཤིང་ཕོ་སྤྲེའུ་སྤྱི་ལོ༨༠༤ལོར་ཡིན། དཔལ་ལྡན་ཤུག་པས། ཤིང་སྤྲེར་འཆི་མེད་གྲུབ་བརྙེས་པདྨ་འབྱུང་། །ལྷོ་ནུབ་ཛ་ཡབ་གླིང་དུ་གཤེགས་ནས་ལོ། ༡༢༠༠(འདི་ལོའི་ལོ་ཐོར་གསལ)གུ་རུ་རིན་པོ་ཆེ་ལྷོ་ནུབ་སྲིན་ཡུལ་དུ་ཕེབས་སྐབས་བཙན་པོ་ཁྲི་ལྡེ་སྲོང་བཙན་ཡིན་ལུགས་ཐང་ཡིག་རྣམས་སུ་འཁོད་པར། བདག་གི་ཡབ་གཅིག་ཁྲི་སྲོང་ལྡེའུ་བཙན་དེ། །སྲོང་བཙན་སྒམ་པོ་ལྟ་བུར་མ་གྱུར་པས། །རྒྱལ་པོའི་དབང་ཕྱེད་བློན་པོའི་ལག་ཏུ་ཤོར། །ཀོ་མ་ཚོད་ཀྱི་ནོར་བ་བག་རེ་བྱུང་། ཐལ་ཟིན་ལྟོག་ཏུ་མེད་པའི་འགྱོད་པས་སླེབ། །ད་ནི་གུ་རུ་གཤེགས་པའི་དུས་ཀྱང་བྱུང་། ཞེས་སོགས་འཁོད་པ་ཡིད་རྟོན་རུང་ངེས་ཡིན། བཙན་པོ་འདི་སྲིད་ཕྱོགས་ཀྱི་མཛད་པ་ཆེས་ཆེ་བ་མ་ཟད་དམ་པའི་ཆོས་ཀྱི་མཛད་པ་ཕྲིན་ལས་ཀྱང་ཤིན་ཏུ་ཆེ་བར་མངོན་ཏེ་རྙིང་མའི་བླ་རྒྱུད་ནང་གལ་འགངས་ཆེ་ཞིང་ལྷག་པར་གཡུ་ཐོག་སྙིང་ཐིག་གི་བླ་རྒྱུད་སོགས་སུ་གསལ་བ་ལས་རྟོགས་ཐུབ། ཡང་གསོལ་འདེབས་མང་པོར། ལྷ་སྲས་མུ་ཁྲི་བཙན་པོ་ལ་གསོལ་བ་འདེབས། ཞེས་མུ་ཏིག་དང་མུ་ཁྲི་གཉིས་གོ་འཇོལ་ཐེབས་ནས་ངོས་འཛིན་པ་དཔེར་ན་མཁས་གྲུབ་ཆེན་པོ་སོག་བཟློག་པ་བློ་གྲོས་རྒྱལ་མཚན་གྱིས་མཛད་པའི་བརྒལ་ལན་ངེས་དོན་འབྲུག་སྒྲ་དང་། གུ་རུ་བཀྲ་ཤིས་ཀྱི་ཆོས་འབྱུང་ལ་སོགས་པ་ལྟ་བུ་ཡིན། དོན་དུ་མུ་ཁྲི་ནི་ཡོངས་གྲགས་ལ་གཉའ་ཁྲིའི་སྲས་ཡིན་པས་སྐབས་དེར་དམ་ཆོས་བོད་དུ་དར་མེད་པའི་ཕྱིར། བླ་རྒྱུད་དུ་བགྲང་བར་མི་འཐད་དོ། གཉའ་ཁྲིའི་སྲས་ལའང་དོན་ངོ་མ་བྱས་ན་མུ་ཁྲི་དང་མུག་ཁྲི་གང་རུང་ཞུ་སྟེ་གཉའ་ཁྲི་དང་མུ་ཚོ་བཟའའམ་གནམ་མུག་མུག་བཞོས་པའི་སྲས་ལ་མུ་ཁྲི་འམ་མུག་ཁྲི་ཞུ་བ་ཡིན། ལྡེའུ་ཆོས་འབྱུང་རྒྱས་པར་མུག་ཁྲི་ཞུ་བ་ལས་ཡོངས་གྲགས་ལ་མུག་ཁྲི་མི་ཞུ་བ་ནི་མུག་ནི་མུ་གེའི་བརྡས་ཡིག་ཡིན་པས་རྣམ་རྟོག་བྱས་པར་མངོན་ནོ། །རྒྱལ་རབས་གསུམ་པ་དིང་ཁྲི་དང་སོ་ཐམ་ཐམ་གྱི་སྲས་ལ་སོ་ཁྲི་བཙན་པོ་ཞུ་བ་ལྟ་བུ་ཡུམ་གྱི་རུས་སྲས་ལ་ཐོགས་པ་

སྐབས་དེར་བོད་འདི་མ་རྒྱུད་གདོང་མའི་སྤྱི་ཚོགས་སུ་གནས་ཡོད་ལུགས་བཤད་ཀྱི་འདུག་པར་རྒྱུ་མཚན་གཏན་ནས་མེད་པའང་མ་ཡིན་སྙམ།

གཞན་ཡང་། བྲག་ཡབ་ཀྱི་རྣམ་སྣང་གི་སྐུ་བརྐོས་ནས་ལོ་གཉིས་སོང་རྗེས་ཀྱི་མེ་ཕོ་བྱི་ལོ་སྟེ་སྤྱི་ལོ༨༠༤ལ་སྐྱེ་རྒྱ་འབིས་ཁོག་གི་བྲག་བརྐོས་རྣམ་པར་སྣང་མཛད་བཞེངས་པའི་ཚུལ་རྫོགས་ཆེན་ཀློ་སེང་གི་བཤད་གྲྭ་པ་བོ་ཐར་བཀྲ་ཤིས་ཚོས་འཕེལ་གྱིས་ཉེ་ཆར་འབིས་ཁོག་རྣམ་སྣང་གི་རྒྱབ་བྱང་བཤུས་པ་འདི་ལྟར། སྐབས་ལེགས་པ་ནི་ཁྲབ་རང་ཡང་ལོ་རྒྱུས་ལ་དཔྱོད་པའི་མོས་པ་ཆེ་བའི་དུས་ན་སྟེས་དབང་ཞིག་གིས་གྲོགས་རྣམས་དང་ལྷན་དུ་འབིས་ཁོག་ཏུ་སླེབས་ཤིང"ཡུན་ཁྲིན་ཀོང་ཇོའི་ལྷ་ཁང"གི་རྟེན་དང་བརྟེན་པ་བཅས་ལ་ཞིབ་ཏུ་མཇལ། ལྷ་ཁང་གི་རྒྱབ་ཀྱི་བྲག་ངོས་ཤིག་ནས་སྔར་སི་ཏུ་པཎ་ཆེན་གྱིས་གཟིགས་པའི་ཇོ་སྐུའི་ཞལ་བྱང་ཡང་མིག་བསོད་དུ་མཐོང་བས་དགའ་བ་འབུམ་གྱིས་མྱོས་ནས་ཧུབ་ཧུབ་པོར་ཐེམ་སྐས་ཁྲིར་ནས་ཞལ་བྱང་ངོ་བཤུས་བྱས་པ་འདི་ལྟར།

༄ཁྲིའི་ལོ་ལ་སྐུ་གཟུགས་འབུར་དུ་བརྐོས་པ་དང་། དར་མ་ཀུན་བྲིས་པའི་སྨོན་ལམ་ལ་སོགས་པ་བཙན་པོ་ཁྲི་ལྡེ་སྲོང་བཙན་གྱི་སྐུ་རིང་ལ་རྗེ་བློན་ཡོན་བདག་དང་སེམས་ཅན་ཐམས་ཅད་ཀྱི་དོན་གྱི་ཕྱིར་དགེ་སློང་ཡེ་ཤེས་དབྱངས་ཀྱིས་བགྱི་སྟེ། བཟོ་བོ་དགེ་སློང་རིན་ཆེན་སྣང་མཛོད་དང་། རྒྱལ་བཟང་དང་དཔལ་ལྡན་རྣམསྟེ། བྲག་ལ་སྐུ་གཟུགས་དང་དར་མ་འདི་རྣམས་བྲིས་པ་དང་། དཀོན་མཆོག་གསུམ་གྱི་རྟེན་གྱི་རྣམ་པ་སེམས་ཅན་གང་དག་གིས་མཐོང་བ་དང་རེག་པ་དང་ཕྱག་འཚལ་བ་དང་ཐོས་པ་དང་དྲན་པའི་བསོད་ནམས་དང་ཡེ་ཤེས་ཀྱིས་བཙན་པོ་ཡབ་སྲས་དང་སེམས་ཅན་ཐམས་ཅད་བླ་ན་མེད་པའི་བྱང་ཆུབ་གྲུབ་པར་སྨོན་ཏོ། །ཞེས་སོ། །དེ་ལྟར་གོང་དུ་བཀོད་པའི་ཞལ་བྱང་དཀར་ཆག་འདི་ནི་ང་ཚོས"ཡུན་ཁྲིན་ཀོང་ཇོའི་ལྷ་ཁང"གི་བྲག་བརྐོས་རྟེན་ཡིག་རྣམས་རྒྱལ་པོ་སུ་ཞིག་གི་རིང་ལ་བྱུང་བའི་ཁུངས་བཙུན་གྱི་དཔྱད་གཞི་ཡིན་ལ། དཀར་ཆག་དེ་ལས་བདེན་ངེས་ཀྱི་ཡིད་རྟོན་འཕེར་བའི་ལོ་རྒྱུས་མཐོང་བ་ནི། བྲག་ངོས་རྟེན་ཡིག་དེ་དག་བོད་རྒྱལ་ཁྲི་ལྡེ་སྲོང་བཙན་གྱི་སྐུ་རིང་ལ་དགེ་སློང་རྣམས་ཀྱིས་འདུ་བྱེད་རྩོལ་བ་བསྐྱེད་ནས་བརྐོས་པ་ཡིན་གྱི། གཞན་ཆོས་རྒྱལ་སྲོང་བཙན་སྒམ་པོའི་སྐབས་སུ་བོད་ལ་དགེ་སློང་གི་སྡོམ་རྒྱུན་མེད། སྐུ་རིང་ལ་སྐྱ་བོ་རྣམས་ཀྱིས་བརྐོས་པ་མིན་ལ། རྒྱ་བཟའ་ཕྱི་མའི(金成公主? —739)སྐབས་སུ་བཙན་པོའི་སྐུ་རིམ་དུ་བརྐོས་པ་ཞིག་ཀྱང་མིན་པར་ཁྲིའི་ལོ(༨༠༤)ལ་རྒྱ་བོད་ཀྱི་ཕོ་ཉ་རྣམས་ཀྱིས་ལམ་བར་ལ་སླེབས་སྐབས་བརྐོས་པ་དཀར་ཆག་རང་ལ་དཔྱད་ན་ཤེས་ཏེ། ཡང་སྙིང་ཁྲབ་རང་གི་འདོད་ཚུལ་ནི། བཙན་པོ་ཁྲི་ལྡེ་སྲོང་བཙན་བོད་ཤིང་ལུག་ལོར(༨༧༥)འདས་པ་དབོན་ཞང་རྗེ་རིང་གི་ལོ་ཚིགས་ལས་འགྲུལ་མེད་དུ་རྟོགས་ཤིང་ཤིང་ལུག་དེ་ནས་ཡར་འདེད་ཀྱིས་བརྩིས་པའི་ལོ་བཅུ་པ་མེ་ཁྱི་ལོ(༨༠༤)ནི་གོང་གི་རྣམ་སྣང་དཀར་ཆག་ན་གསལ་བའི་ཁྲིའི་ལོ་དེ་ཡིན་ནམ་སྙམ། ཞེས་པ་འདི་གོང

སྐྱོར་བྲག་ཡབ་རི་མདའི་རྗེ་བཀོས་རྣམ་སྣང་ཤིང་ཕོ་སྤྲེལ(༡༠༩)ལོའི་ཡང་ལོ་སྤྱི་མི་ཕོ་ཁྱི(༡༠༦)གཉིས་ཏག་ཏག་ཐོད་ཐུག་འདུག་པས་བྲག་བཀོས་ཡི་གེ་འདི་བཙན་པོ་ཁྲི་ལྡེ་སྲོང་བཙན་གྱི་སྐབས་སུ་བཀོས་པ་ཡིན་པའི་དཔང་རྟགས་བསྟོན་མེད་ལྟགས་ལྟར་སྣ་བ་ཞིག་གོ །

མཚམས་འདིར་སྐབས་དུས་བོད་ཀྱི་རྒྱལ་རབས་ལོ་ཚིགས་ཆེས་རགས་ཙམ་ཞིག་འཆད་ན་དགོས་པ་ཆེ་བར་མཐོང་སྟེ། གཉའ་ཁྲི་བཙན་པོ་སྤྱི་ལོའི་སྔོན་གྱི༥༦༧ལྷགས་བྱི་ལོར་འཁྲུངས། སྤྱི་ལོའི་སྔོན་གྱི་ཆུ་ཁྱི༥༣༩ལོར་ཁྲིར་ཕེབས། དེ་ནས་ལོ་དགུ་བརྒྱ་རེ་གཅིག་སོང་བའི་ཆུ་ཁྱི་སྤྱི་ལོ༤༢༢ལོར་ལྷ་ཐོ་ཐོ་རི་སྙན་ཤལ་འཁྲུངས། དེ་ནས་ལོ་བརྒྱ་དང་གོ་བདུན་སོང་བའི་མེ་གླང་སྤྱི་ལོ༦༡༧ལོར་སྲོང་བཙན་སྒམ་པོ་འཁྲུངས།(འདི་རྒྱ་བོད་ཡིག་ཚང་མཁས་པ་དགའ་བྱེད་ལྟར་བྱས) དགུང་ལོ་སོ་གསུམ་ལྕགས་ཁྱི་སྤྱི་ལོ༦༥༠ལོར་སྲོང་བཙན་དང་སྲས་གུང་སྲོང་གཉི་ག་འདས། དབོན་སྲས་མང་སྲོང་མང་བཙན་འཁྲུངས། ལོ་མང་རིང་མགར་སྟོང་བཙན་གྱིས་སྲིད་སྐྱོང་རོགས་ཞུས། མེ་བྱི༦༧༦ལོར་འདས། དེ་ལོ་འདུས་སྲོང་མང་པོ་རྗེ་འཁྲུངས། ཤིང་འབྲུག༧༠༤ལོར་ལྡང་ཡུལ་དུ་འདས། ཁྲི་ལྡེ་གཙུག་བརྟན་མེས་ཨག་ཚོམ་ཤིང་ལུག༦༩༥ལོར་འཁྲུངས། ཤིང་འབྲུག༧༠༤དགུང་ལོ་དགུའི་སྐྱིད་ཁྲིར་ཕེབས། དགུང་ལོ་བཅུ་དྲུག་སོན་པ་ལྕགས་ཁྱི༧༡༠ལོར་ཀིམ་ཤིང་ཀོང་ཇོ་བག་མར་འཁྱེར། དབའ་བཞེད་ལས་ཀྱང་བཙན་པོ་འདི་རང་ལ་བག་མར་བསུས་པ་གསལ་ཞིང་རྒྱའི་ཡིག་ཚང་ལའང་ལྡང་ཚ་ལྷ་དབོན་ལ་བསུས་པ་མ་གསལ། ལྕགས་འབྲུག༧༤༠ལོ་འམ་ལྕགས་སྦྲུལ༧༤༡ལོར་འདས། ཤིང་རྟ༧༥༤ལོ་དགུང་ལོ་དྲུག་ཅུར་འདས། ཁྲི་སྲོང་ལྡེ་བཙན་ཆུ་རྟ༧༤༢ལོར་འཁྲུངས། དགུང་ལོ་བཅུ་བདུན་ལོར་མཁན་པོ་བོ་དྷི་ས་ཏྭ་གདན་དྲངས། ཉེར་གཅིག་ཕེབས་པ་ཆུ་སྟག༧༦༢ལོར་སློབ་དཔོན་པདྨ་སྤྱན་དྲངས་ཤིང་བསམ་ཡས་བཞེངས། ཐང་ཡིག་ལས་སྟག་ལ་རྨང་བཏིང་རྟ་ཡིས་ལོ་ལྷ་འགྲུབ། གསལ་བ་ལྟར་མེ་རྟ༧༦༦ལོར་བསམ་ཡས་ལེགས་གྲུབ་བྱུང་ཞིང་། རབ་གནས་མཛད། མེ་ལུག༧༦༧ལོར་སད་མི་མི་བདུན་རབ་ཏུ་བྱུང་། དགུང་ལོ་ང་དྲུག་བཞུགས་པ་མེ་གླང༧༩༧ལོར་འདས་པའི་ལུགས་དང་དབའ་བཞེད་ལས་དགུང་ལོ་རེ་གཅིག་ལ་འདས། ཟེར་བ་གཉིས་ཀར་རྒྱུ་མཚན་ངེས་ཅན་འདུག་སྙམ་སྟེ། གང་ལགས་ཤེ་ན། ང་དྲུག་ཆ་བཞག་ན་མུ་ནེས་རྒྱལ་སྲིད་ལོ་བདུན་བཟུང་ཞེས་གམ་གམ་ཆོས་འབྱུང་དང་དེབ་དམར་གསར་མས་བཤད་པ་མགོ་ཐུག་ཅིང་རེ་གཅིག་ཆུ་རྟ༨༠༢ལོའི་དཔྱིད་ཟླ་ར་བར་འདས་པར་བརྩིས་ན་ལོ་གཅིག་དང་ཟླ་བ་བདུན་བཟུང་བ་དང་ཡང་འགལ་བ་མ་མཆིས་པ་འོག་ཏུ་གསལ། ཁྲི་སྲོང་ལ་སྲས་གསུམ་ཡོད་པ་ལས་ཆེ་བ་མུ་ནེ་བཙན་པོ་ས་སྤྲེལ༧༦༨ལོར་འཁྲུངས། ཁྲིར་ནམ་ཕེབས་གོང་འཁོད་མཆན་ལྟར་དང་དགུང་ལོ་སོ་དྲུག་ཤིང་སྤྲེལ༨༠༤ལོ་འཁོར་འདས་སམ། བར་པ་མུ་རུབ་བཙན་པོ་མོན་དུ་སྤྱུགས་མཐར་བསྒྲོངས། ཞྭའི་རྗེ་རིང་ཡི་གེ་དང་པོའི་སྐབས་བཞུགས་ཡོད་ཅིང་འཕང་ཐང་དཀར་ཆག་ལས་འཕགས་པ་དགོངས་པ་ངེས་པར་འགྲེལ་པའི་མདོ་

བཤད་པ། བཙན་པོ་མུ་ཏུག་བཙན་གྱིས་མཛད་པ། ཞེས་གསལ་བས་ཡོན་ཏན་ཅན་ཞིག་ཡིན་པར་གོར་མ་ཆག སྲས་གསུམ་པ་མུ་ཏིག་བཙན་པོའམ་ཁྲི་ལྡེ་སྲོང་བཙན་ནམ་སད་ན་ལེགས་མཛེས་ཡོན་འདི་ཉིད་མེ་འབྲུག༧༧༦ལོར་འཁྲུངས། ཞྭའི་ལྷ་ཁང་གི་རྗེ་རིང་ཡི་གེ་གཉིས་པ་ལས་འབྲུག་ལོ་ཕྱི་མར་བཞེངས་ཞེས་གསལ་བ་ལྟར་ན་འབྲུག་ལོ་སྟ་མ་ལོ་ཁམས་ལྟུགས་ཏེ་སྤྱི་ལོ༨༠༠ལོར་ཁྲི་བཞུགས་པས་ཕལ་ཆེར་དེའི་སྔ་ལོ་སྐྱེ་ས་ཡོས༧༩༩ལོར་ཁྲི་ཐོག་ཕེབས་སམ། བཙན་པོ་འདིའི་ཆོས་སྲིད་ཀྱི་མཛད་པ་ཤིན་ཏུ་རྒྱ་ཆེ་བས་མེས་པོ་རྣམས་དང་དབྱེར་མ་མཆིས་པ་སྣང་སྟེ། སློབ་དཔོན་བི་མ་ལ་མི་ཏྲ་དང་། ཛྙཱ་ན་སེ་ན། བལ་པོ་ཧཱུཾ་ཀ་ར་སོགས་སྤྱན་དྲངས། ཆོས་མང་དུ་བསྒྱུར། སྐྱི་ཤོད་དུ་སྐར་ཆུང་རྡོ་རྗེ་དབྱིངས་ཀྱི་ལྷ་ཁང་བཞེངས། བློན་འབངས་ཐམས་ཅད་ལ་དམ་པའི་ཆོས་མི་གཞིག་ཅིང་དཀོན་མཆོག་གསུམ་དབང་བཙན་པར་བྱ་བའི་བཀའ་ཁྲིམས་བསྒྲགས། ཤིང་རྟ༨༡༤ལོར་སྐྲ་ཡི་ཕོ་བྲང་འོན་ཅང་མདོར་སྒྲ་སྦྱོར་བམ་གཉིས་མཛད་ཅིང་སྐད་གསར་བཅད་ཀྱིས་གཏན་ལ་ཕབ་པ་སོགས་མཛད་པ་ཤིན་ཏུ་རྒྱ་ཆེའོ། །ཤིང་མོ་ལུག༨༡༥ལོར་སྲུག་གི་མུན་མདའ་བརྒྱབས་ནས་བཀྲོངས། དཔའ་བོ་གཙུག་ཕྲེང་གིས་མུ་ཏིག་དང་འདི་གཉིས་ཐ་དད་དུ་མཛད་སྣང་ཞིང་། ལྡ་པ་ཆེན་པོས་བཙན་པོ་འདི་རལ་པ་ཅན་ཡིན་པར་སྐམ་སྟེ་དཔའ་བོ་གཙུག་ལག་ཕྲེང་བར་བསྐྱོན་པར་མཛད་ཀྱང་ཁོང་རང་ཉིད་ཀྱིས་སྐར་ཆུང་རྡོ་རིང་དང་བཀའ་གཙིགས་སོགས་མ་གཟིགས་པར་སྣང་ངོ་། །ཉེ་དུས་ཀྱི་མཁས་དབང་དགེ་འདུན་ཆོས་འཕེལ་གྱིས་དེབ་དཀར་མཛད་རིང་སྐར་ཆུང་ལ་ཕེབས་ཏེ་རྡོ་རིང་སོགས་བཤུ་བར་མཛད་དེ་འདིས་བོད་ཀྱི་བསྟན་རྩིས་ལོ་ཚིགས་གསལ་ཁ་གཏོད་པ་ལ་ཕན་ཐོགས་ཤིན་ཏུ་ཆེ་བར་སྣང་ངོ་གསུངས་སོ། །འདིའི་སྲས་ཁྲི་གཙུག་ལྡེ་བཙན་རལ་པ་ཅན་མེ་ཁྱི༨༠༦ལོར་འཁྲུངས། ཤིང་ལུག༨༡༥ཡབ་འདས་པའི་ལོར་ཁྲི་ཕེབས། ཆུ་སྟག༨༢༢ལོར་བོད་རྒྱ་མི་འཁྲུག་པའི་འདུམ་མཛད། དེའི་ཕྱི་ལོ་དབོན་ཞང་རྡོ་རིང་བཙུགས། མེ་འབྲུག༨༣༦དགུང་ལོ་སུམ་ཅུའི་སྟེང་གཅེན་དར་མས་བཀྲོངས། དར་མ་འུ་དུམ་བཙན་ཆུ་ལུག༨༠༣ལོར་འཁྲུངས། གཅུང་བཀྲོངས་པའི་མེ་འབྲུག་དེ་རང་ལ་ཁྲིར་འཛེགས། སོ་དགུ་ལོ་ལྕགས་བྱ༨༤༡ལོར་ལྟ་པའི་ལམ་དུ་གཤེགས་སོ། །དེ་ནས་ལོ་སྐོར་དགུའམ་ལོ་བརྒྱ་རྩ་བརྒྱད་སོང་བའི་ས་བྱ༩༤༩ལོར་དབུས་གཙང་མི་བཅུའི་སྐུ་མེས་ཀྱིས་ལ་མོ་ཆག་དེའུ་བཏབ་ནས་བསྟན་པ་ཕྱི་དར་གྱི་དབུ་ཚུགས་སོ། །

བོད་ཀྱི་བཙན་པོ་རྒྱལ་རབས་བཞི་བཅུ་པ་ཁྲི་ལྡེ་སྲོང་བཙན་ནམ་མུ་ཏིག་བཙན་པོའམ་སད་ན་ལེགས་མཛེས་ཡོན་དུས་ཀྱི་བྲག་བཀོས་ཡི་གེ་གསར་དུ་རྙེད་པ་འདི་གཉིས་ལ་སྟོར་རྒྱ་བཟའ་གོང་རྗེས་མཛད་པར་ཡོངས་གྲགས་ལྟར་ལས་གཞན་ཞིབ་འཇུག་གནང་མཁན་དེ་ཙམ་མ་བྱུང་འདུག ཆབ་མདོ་སྲིད་གྲོས་རིག་གནས་ལོ་རྒྱུས་དཔྱད་གཞིའི་རྒྱུ་ཆ་འཚོལ་སྡུད་ལྷན་ཁང་ནས་བསྒྲིགས་པའི་བྲག་ཡབ་བླ་དགོན་གྱི་ལོ་རྒྱུས་ཞེས་པའི་ནང་། རི་མདའ་རྣམ་པར་སྣང་མཛད་དེ། རྣམ་ས་ལྡན་མ་བྲག་ལ་ལྷ་སྐུ

དང་། རྒྱ་ཡིག་གི་བཟང་སྤྱོད་སོགས་གནས་རི་དང་རྟེན་རྙིང་གི་ལོ་རྒྱུས་དཀར་ཆག་འཕྲོར་རི་བླ་མ་འཇམ་དཔལ་བློ་གྲོས་ཀྱིས་དཔར་བསྐྲུན་མཛད་པ་འདི་ལྟར། དུས་གསུམ་རྒྱལ་བ་རྣམས་ཀྱི་མཛད་པ་མཐའ་ཡས་མོད། མདོར་ན་མཁྱེན་བརྩེ་ནུས་གསུམ་གྱི་རང་གཟུགས་ལྷག་པའི་ལྷ་མཆོག་རྗེ་བཙུན་སྒྲོལ་མ་ལས་ཀྱི་རང་གཟུགས་དེ་ཉིད་རྣམ་འགྱུར་རྒྱ་མོ་བཟའ་ཀོང་ཇོ་སྐུ་ཡི་སྐྱེ་བ་བཞེས་ནས་སྣང་མཐའི་སྤྲུལ་པ་སྲོང་བཙན་ཟུང་གིས……ཀུན་མཁྱེན་རྒྱ་མོ་བཟའ་འཁོར་དང་བཅས་པ་ཡར་ཕེབས་ལམ་དུ་རྫུ་འཕྲུལ་དབང་གིས་བྲག་ལ་ལྷ་སྐུ་སོགས་དང་། ཆུ་བརྒྱ་ལ་ཟམ་བརྒྱ་བཞེངས་པ་སོགས་འགྲོ་བའི་དོན་མཐའ་ཡས་པ་མཛད་པའི་ནང་ནས་རབ་དང་ཕུལ་དུ་བྱུང་བའི་ངོ་མཚར་ཆེ་བའི་མཛད་ཆེན་གཅིག་ནི། རྣམ་ས་ལྷུན་མ་བྲག་ལ་རྣམ་སྣང་གི་སྐུ་ཁྲུ་བདུན་པ་གཅིག་ལ་ཉེ་སྲས་བརྒྱད་ཀྱིས་བསྐོར་བ་དང་བཟང་སྤྱོད་ཚར་གཉིས་རྒྱ་ཡིག་བཅས་བཞེངས་ཤིང་ཞེས་སོགས་འཁོད་པས་སྟར་ནས་ད་བར་བྲག་བཀོས་རྣམས་ཀྱི་རྒྱབ་བྱུང་ལ་གཟིགས་ཙམ་མ་མཛད་འདུག་པས་ད་ཐེངས་འདི་ཙམ་གྱིས་ཆོག་པར་བྱས་སོ། །

འདིར་བློ་མཐུན་བློ་དགའ་ལགས་ཀྱིས་བྲག་ཡབ་རི་མདའི་ཇོ་བཀོས་ཡི་གེ་ངོ་བཤུས་དེ་ཁོ་བོར་བསྐུལ་བར་ཐུགས་རྗེ་ཆེ་ཞུ་རྒྱུ་ཡིན།

མཆན།

[1] སོག་བློག་པས་མཛད་པའི《བརྒྱལ་ལན་ངེས་དོན་འབྲུག་སྒྲ།》 སི་ཁྲོན་མི་རིགས་དཔེ་སྐྲུན་ཁང་གི་དཔར་གཞི།

[2]《གུ་རུ་བཀྲ་ཤིས་ཀྱི་རྙིང་མའི་ཆོས་འབྱུང་།》 ཀྲུང་གོའི་བོད་ཀྱི་ཤེས་རིག་དཔེ་སྐྲུན་ཁང་གི་དཔར་གཞི།

[3]《མཁས་པ་ལྡེའུའི་ཆོས་འབྱུང་རྒྱས་པ།》 བོད་ཡིག་དཔེ་རྙིང་དཔེ་སྐྲུན་ཁང་གི་དཔར་གཞི།

[4] བོ་ཐར་བཀྲ་ཤིས་ཆོས་འཕེལ་གྱིས་བརྩམས་པའི《བོད་ཀྱི་ཤེས་རིག་གི་མདུན་ལམ་གླེང་བའི་འབོལ་སྟེམ།》 སི་ཁྲོན་མི་རིགས་དཔེ་སྐྲུན་ཁང་གི་དཔར་གཞི།

[5]《ཆོས་འབྱུང་མཁས་པའི་དགའ་སྟོན།》 མི་རིགས་དཔེ་སྐྲུན་ཁང་གི་དཔར་གཞི། སྟོད་ཆ།

[6]《དཔྱིད་ཀྱི་རྒྱལ་མོའི་གླུ་དབྱངས།》 དཔར་གཞི་གོང་མཚུངས།

[7]《བྲག་ཡབ་བླ་དགོན་གྱི་ལོ་རྒྱུས།》 ཆབ་མདོ་སྲིད་གྲོས་རིག་གནས་ལོ་རྒྱུས་དཔྱད་གཞིའི་རྒྱུ་ཆ་འཚོལ་སྡུད་ལྷན་ཁང་ནས་བསྒྲིགས།

《བོད་ལྗོངས་ཞིབ་འཇུག》 ༢༠༠༩ལོའི་དེབ་གསུམ་པ་ལས་བཏུས།

༄། །གུ་ཙི་རྫ་རིང་གི་ཡི་གེ་དང་རི་མོའི་མཚོན་དོན་ལ་དཔྱད་པ།

རྫ་ལྷ།

གླེང་གཞི།

སྤྱི་ལོ༢༠༠༧ལོའི་ཟླ་བཅུ་པར། གུང་གོ་སྤྱི་ཚོགས་ཚན་རིག་ཁང་མི་རིགས་རྩོམ་རིག་ཞིབ་འཇུག་ཁང་གིས་ཡུན་ནན་བདེ་ཆེན་བོད་རིགས་རང་སྐྱོང་ཁུལ་དུ་གླིང་སྒྲུང་ལས་འཛང་གླིང་གཡུལ་འགྱེད་ཀྱི་ལོ་རྒྱུས་རྒྱབ་ལྗོངས་དང་འཇང་བོད་དབར་གྱི་འབྲེལ་བའི་སྐོར་གྱི་རིག་གཞུང་དཔྱད་གླེང་ཚོགས་འདུ་ཞིག་འཚོགས་པས། ཁོ་བོ་ཡང་ཚོགས་འདུ་དེར་ཞུགས་པ་དང་བསྟུན་ནས་འཇང་ཡུལ་ལ་ལན་གཉིས་བསྐྱོད་རྒྱུའི་གོ་སྐབས་བྱུང་། སྟབས་ལེགས་པ་ཞིག་ལ་ཐེངས་དེར་ས་དམ་འཇང་རིགས་ས་ཁུལ་གྱི་རྟེན་རྫས་བཤམས་མཛོད་ཁང་དུ་བོད་བཙན་པོའི་དུས་སྐབས་སུ་འཇང་ཡུལ་དུ་བཙུགས་པའི་རྫ་རིང་ཞིག་ཉར་ཡོད་པ་མཐོང་བྱུང་། རྫ་རིང་དེ་ནི་ས་ཐམ་གྲོང་རྡལ་ནས་ནུབ་བྱང་གི་ཕྱོགས་སུ་སྤྱི་ལེ་བརྒྱ་ཙམ་ཡོད་པའི་རྒྱལ་མོ་རྫལ་ཆུའི་འགྲམ་རྒྱུད་གུ་ཙི(格子村)ཞེས་པའི་སྡེ་བ་ནས༡༩༩༢ལོར་རྙེད་པ་ཞིག་ཡིན། དེའི་མཐོ་ཚད་ལ་སྨི1.58ཡོད་ཅིང་། ཞེང་ཚད་ལ་སྨི0.76ཡོད། དེའི་སྟེང་དུ་བོད་ཡིག་གིས་གནའ་བོའི་འཇང་བོད་མཐུན་འབྲེལ་བྱུང་བའི་ནང་དོན་ཁག་གཅིག་བཀོད་ཡོད་པ་མ་ཟད། ཡི་གེའི་གཤམ་དུ་རི་མོ་ཁག་གཅིག་ཀྱང་འདུག རྫ་རིང་དེ་ནི《བོད་གནའ་རབས་ཀྱི་རྫ་རིང་གི་ཡི་གེ་དང་དྲིལ་བུའི་ཁ་བྱང》དུ་མ་ཚུད་པ་ཞིག་ཡིན་པའི་ཁར། འཇང་བོད་འབྲེལ་བ་མཚོན་པའི་དན་རྟགས་སུ་ཏུང་བའི་ལོ་རྒྱུས་དཔྱད་གཞིའི་རིན་ཐང་ཆེན་པོ་ལྡན་པ་ཞིག་ཡིན་པས། ཀུན་གྱི་སྤྱོད་ལམ་དུ་བསྟར་ཏེ་དཔྱད་པ་གཏོང་རྒྱུ་གལ་ཆེ་བར་མཐོང་ནས་ཐེངས་འདིར་རྫ་རིང་དང་དེའི་ཡི་གེ་ལ་ཉུང་ཙམ་དཔྱད་པ་ལ།

དང་པོ། གུ་ཙི་རྫ་རིང་གི་ཡི་གེ།

གུ་ཙི་རྫ་རིང་ནི་ཡི་གེ་དང་རི་མོ་གཉིས་ལས་གྲུབ་ཅིང་། དེའི་སྟེང་གི་ཡི་གེ་ད་ལྟ་དེ་འདྲ་གསལ་པོ་མིན་ཡང་ཉུང་ཁ་ཚང་བར་འདུག་སྟེ་ཁྲིན་བསྡོམས་ཡིག་ཕྲེང་ལྔ་དང་ཡིག་འབྲུ་དྲུག་ཅུ་ཙམ་ཡོད། ཡི་གེའི་

གཤམ་དུ་སྟག་དང་སེང་གེ། རྟ་དང་མི་ལ་སོགས་པའི་རི་མོ་གྲ་མ་ཉམས་པ་ཡང་ཡོད། ཛོ་རིང་སྟེང་གི་ཡི་གེ་གཤམ་དུ་བཀོད་ན་འདི་ལྟར།

༄༅:། མཆོ་ཏུམ་པ་ཡོང་ལ་དག:ཐོག་མ་རྒྱ་འབངས་ལས:རྒྱ་རྗེ་གཏན་གྱི་རྗེར་ཕྱི་ཏུང་ནས། བཙན་པོ་ལྷ་སྲས་ལ:གློ་བ་ཉེ་སྟེ། བློན་སྐྱེས་བཟང་ལ། ཕྱག་འཚལ་ནས། ཕོ་ཆོད་ཟང:མང་ཅི། གསེར་ཆེན་པོ་སྩལད། ཡོང་ལ་དག་གཙང་ཆེན་སྩལད་པ་ལས:ཡོ་དགུ་ཙུ་ཡོན་དེ་གུཾ་བའི་མཆད་པ།

ཞེས་འབོད་ཡོད། ཡི་གེ་དེར་ཞིབ་པར་ལྟ་སྐབས། ཐོག་མ་ཞེས་པའི་མ་དང་བར་ཐག་ཙུང་རིང་བའི་གཡས་སྟེང་དུ་འགྲེང་བུ་དང་ཙུང་ཉེ་མཚུངས་ཤིག་འདུག་མོད། དེ་ནི་ཛོ་ངོས་ལ་བཀོས་ཆག་བྱུང་བར་འདོད་དེ། གལ་ཏེ་མིན་པའི་དབང་དུ་བཏང་ན་ཆེས་མཐའ་མའི་ཡི་གེ་མཆད་པ་ཞེས་པའི་ཆ་ཡི་སྟེང་དུའང་དེ་དང་མཚུངས་པ་ཞིག་འདུག་པས་མཆེད་པ་ཞེས་འབྲི་དགོས་པར་འདུག་མོད། དེ་ལྟར་ན་དོན་ལ་འགྱུར་བ་བྱུང་བས་དུར་བྱུང་ལ་གོ་དཀའ་བར་མ་ཟད། ཡོ་དགུ་ཙུ་ཡོན་དེ་གུཾ་ཞེས་པའང་འགྲེལ་དཀའ་བར་འདུག གཞན་ད་དུང་ཕོ་ཆོད་ཟང་མང་ཞེས་པའི་ཆོད་དེ་ངེས་གཏན་ཞིག་མིན་ཏེ་ཆོད་དང་ཚོད་གཉིས་གང་ལ་ངོས་འཛིན་རྒྱུ་དཀའ་མོ་འདུག

གཉིས་པ། གུ་ཙི་ཛོ་རིང་གི་འབྱུང་ཡུལ་ལ་དཔྱད་པ།

ཛོ་རིང་དེ་ནི་ས་ཐམ་འཇང་རིགས་རང་སྐྱོང་རྫོང་གི་ཛོ་ཛ་གྲོང་རྡལ་གུ་ཙི་སྡེ་པ(石鼓镇格子村)ནས་བྱུད་པ་ཡིན་ཞིང་། ད་ལྟ་ས་ཐམ་ཡུལ་གྱི་རྟེན་རྫས་བཤམས་མཛོད་ཁང་དུ་ཉར་ཡོད། ཛོ་ཛ་གྲོང་རྡལ་ནི་འབྲི་ཆུའི་ཀྱོག་མཚམས་དང་པོ་ཏུ་འབོད་པའི་ས་དེ་ཡིན་ལ། ཛོ་ཛ་ཞེས་མིང་ཐོགས་དོན་ཡང་ས་དེ་ནས་རྒྱ་ཡིག་བཀོས་པའི་ཛོའི་ཛ་བོ་ཆེ་ཞིག་བྱུད་པས་ཡིན། དེ་ནི་རྨུ་རྗེ་གདུང་རབས་ཀྱི་རིང་ལ་འཇང་དང་བོད་འཐབ་ནས་བོད་མི་མང་པོ་བཀྲོངས་རྗེས་དེའི་བྱས་རྗེས་ངོམ་ཆེད་ཛའི་དབྱིབས་ཀྱི་ཛོ་ཆེན་པོ་ཞིག་གི་སྟེང་ལ་ཐེངས་དེའི་དམག་འཁྲུག་གི་བྱུང་རིམ་བྲིས་ནས་དོན་དེར་གཟེངས་སུ་བསྟོད་པ་ཞིག་ཡིན། ཡིན་ནའང་རྨུ་རྗེ་གདུང་རབས་ཀྱིས་ཡུལ་དེར་དབང་བསྒྱུར་བའི་དུས་སྐབས་ནི་རྒྱ་རིགས་ཀྱི་མིང་རྒྱལ་རབས་ཀྱི་དུས་སྐབས་ཡིན་པས། དེ་དང་དུར་བྱུང་ཛོ་རིང་ངམ་གུ་ཙི་ཛོ་རིང་དབར་འབྲེལ་བ་ཅི་ཡང་མེད་དེ། དུར་བྱུང་ཛོ་རིང་བཙུགས་པའི་དུས་སྐབས་ནི་བོད་བཙན་པོའི་རིང་སྟེ། སྐབས་དེར་འཇང་ཡུལ་གྱི་ཡུལ་ཕལ་མོ་ཆེ་ནི་ཐུ་སྟོད་ས་གནས་དབང་སྒྱུར་ལས་ཁུངས་ལྷ་ཐུ(神川都督府)ཞེས་པའི་བཀའ་འོག་ཏུ་གཏོགས་པ་ཞིག་ཡིན། དེ་ཡང་ཏུན་ཧོང་གཏེར་ཡིག་གི《བཙན་པོ་རིམ་བྱུང་གི་ལོ་རྒྱུས》ལས། མྱི་ནག་པོ་འབངས་སུ་བཀུག་པ་ལ་སྟོག་སྟེ།[1] ཞེས་དང་སྐུ་ཞབས་ཕང་ཉིན་ཧྲིན་ནས་བརྩམས་པའི《ཀྲུང་གོའི་ལྷོ་ནུབ་མི་རིགས་ཀྱི་ལོ་རྒྱུས་དང་རིག་གནས》ཞེས་པའི་ཤོག་ངོས༢༠༣སྟེང་དུའང་སྤྱི་ལོའི་དུས་རབས་བདུན་པའི་

དུས་སུ། འཇང་ཚོ་དྲུག་གཅིག་གྱུར་མ་བྱས་པའི་དབང་གིས་ཐུ་རྫོང་གི་སྟོབས་ཤུགས་ཨར་ཧེ་མཚོའུ་དང་ཡོལ་ཅུ(དེང་གི་ཡུན་ནན་ཞིང་ཆེན་ཏཱ་ལི་ཡེ་ཁུལ་དང་ན་ཁི་རིགས་རང་སྐྱོང་ཁུལ་གྱི་ཁག་གཅིག)ས་ཁུལ་དུ་རྒྱ་བསྐྱེད་ཡོད། ཅེས་དང་། ཡང་། སྤྱི་ལོ༧༣༧གྱི་སྤྱ་རྗེས་སུ་པེ་ལོ་ཀག་གིས་འཇང་ཚོ་དྲུག་གཅིག་གྱུར་བྱས་མོད། དེའི་མངའ་ཁོངས་ཨར་ཧེ་མཚོའུའི་མཐའ་སྐོར་དང་དེའི་ལྷོ་ཕྱོགས་ས་ཁུལ་ལས་ཨར་ཡོན(洱源)གྱི་བྱང་ཕྱོགས་ས་ཁུལ་སྔར་བཞིན་ཐུ་རྫོང་གིས་བདག་གིར་བཟུང་ཡོད་ཅེས་བྲིས་ཡོད། དེ་ལྟར་ན། ཀུ་ཅི་རྫོ་རིང་ངམ་དུར་བྱང་རྫོ་རིང་དེ་བུད་སའི་རྫོ་ཛ་གྲོང་རྡལ་ནི་ཨར་ཡོན་ས་ཆའི་དྲང་ཐད་ཀྱི་ཅན་ཁྲོན(剑川)བརྒྱལ་བའི་བྱང་ཕྱོགས་ས་ཁུལ་དུ་གནས་པས། བཙན་པོའི་བཀའ་འོག་ཏུ་གཏོགས་པའི་མྱ་ནག་པོ་སྟེ་ད་ལྟའི་འཇང་པའམ་ན་ཁི་འདུས་སྡོད་བྱེད་ས་ཞིག་ཡིན་པ་གོར་མ་ཆག

གསུམ་པ། ཀུ་ཅི་རྫོ་རིང་གི་ནང་དོན་ལ་དཔྱད་པ།

རྫོ་རིང་དེའི་ཡི་གེའི་ཚིག་གི་སྦྱོར་བ་དང་གཟུགས་ཀྱི་འབྲི་སྟངས། དེའི་སྟེང་གི་མི་སྣ་སོགས་ལས་ང་ཚོས་རྟོགས་ཐུབ་པ་ནི། རྫོ་རིང་དེ་ནི་བཙན་པོའི་དུས་སྐབས་སུ་བཙུགས་པ་ཡིན་ལ། ལོང་ལ་དག་ཅེས་པའི་མི་སྣ་དེ་ཐོག་མ་རྒྱའི་ཆབ་འོག་ཏུ་གནས་མོད། རྒྱ་རྗེ་གཏན་གྱི་རྗེ་བོར་མི་ཉུང་བར་བསམས་ནས་བཙན་པོ་ལྷ་སྲས་ལ་སྒྲོ་བ་ཉེ་ཞིང་ཐུ་རྫོང་ལ་སྐྱབས་བཙོལ་མགོ་བཏགས་ཞུས་པ་དང་། བཙན་པོས་ཀྱང་སྐྱབས་བཙོལ་དང་ལེན་བྱས་པའི་ཁར་ཕོ་ཚོད་ཟང་མང་ལ་གསེར་ཆེན་པོའི་ཚེ་ལོ་སྦྱར་ཞིང་ལོང་ལ་དག་ལ་གཙང་ཆེན་གྱི་གོ་གནས་བསྐུལ་ཏེ་དེ་ཉིད་ལོ་དགུ་ཅུར་ལོན་ནས་ཚེ་ལས་འདས་སྐབས་དུར་བྱང་རྫོ་རིང་དེ་བཙུགས་པ་ཞིག་ཡིན། དེ་ཡང་དུར་བྱང་རྫོ་རིང་གི་ཡི་གེ་གོ་བདེར་བསྒྱུར་ན།

༄། །མཚོ་ཧུམ་པ་ལོང་ལ་དག་སྔོན་རྒྱའི་ཆབ་འོག་ཏུ་གཏོགས་མོད་རྒྱ་རྗེ་གཏན་གྱི་རྗེ་བོར་མི་ཧུང་བར་བསམས་ནས། བཙན་པོ་ལྷ་སྲས་ལ་སྒྲོ་བ་ཉེ་སྟེ། བཀའ་བློན་སྐྱེས་བཟང་ལ་མགོ་འབུལ་ཞུས་པ་དང་། ཕོ་ཚོད་ཟང་མང་ལ་གསེར་ཆེན་པོའི་ཚེ་ལོ་སྦྱར་ཅིང་། ལོང་ལ་དག་ལ་གཙང་ཆེན་པོའི་ཚེ་ལོ་གནང་སྟེ། ལོ་དགུ་ཅུའི་སྟེང་ཚེ་ལས་འདས་པའི་དུར་ས། ཞེས་པའོ། །

སྐུ་ཞབས་བདེ་རོང་ཚེ་རིང་དོན་གྲུབ་ཀྱིས། ལོང་ལ་དག་ཅེས་པ་ནི་འཇང་ཚོ་དྲུག་གི་རྗེ་བོ་གང་ཧུང་ཞིག་ལ་ངོས་བཟུང་ཡོད་ཅིང་། ཕོ་ཚོད་ཟང་མང་ཞེས་པ་ནི་ས་དེའི་སྐྱེས་པ་ལ་ཟངས་ཀྱི་ཚེ་ལོ་ཅན་མང་བས་གསེར་ཆེན་པོའི་ཚེ་ལོ་སྦྱར་ཅེས་བཀྲལ་འདུག ཁོང་གིས་རྒྱའི་ཡི་གེར་འགྲེལ་བ་བོད་ཡིག་ཏུ་ཇི་བཞིན་བསྒྱུར་ན་འདི་ལྟར་ཏེ།

༄། །ཡབ་མེས་ནས་ཨར་ཧེ་མཚོའུ་ས་ཁུལ་གྱི་དབུས་སུ་སྡོད་པའི་རིགས་ཚོ་གཞན་གྱི་རྗེ་བོ་སྟེ། (འཇང་ཚོ་དྲུག་གི་རྗེ་བོར་གོ)ཐང་རྒྱལ་རབས་ཀྱིས་བསྐོས་པའི་འབངས་ལ་དབང་བྱེད་མཁན་གྱི་དཔོན་པོ་དང་ཐང་

གི་དཔོན་པོ་གཉིས་མ་མཐུན་པའི་དབང་གིས་བཙན་པོ་ལྷ་སྲས་ལ་སྒྲོ་བ་ཉེ་ཞིང་། བློན་པོ་སྐྱེས་བཟང་ལ་ཕྱག་འཚལ་ནས་མགོ་བཏགས། ཐུ་རྟོད་ཀྱིས་ས་དེའི་སྐྱེས་པ་ལ་ཟངས་ཀྱི་ཚོ་ལོ་སྤྱར་བ་མང་དྲགས་པས། གསེར་ཆེན་པོའི་ཚོ་ལོ་གནང་། རིགས་ཚོ་གཞན་གྱི་རྗེ་བོར་ཆེས་མཐོ་བའི་ཚོ་ལོ་གནང་རྗེས་སུ། ལོ་དགུ་བཅུར་ལོན་པ་དང་ཚེ་ལས་འདས་པའི་དུར་ས། ཞེས་བཀྲལ་ཡོད། འགྲེལ་སྟངས་འདི་ཡིག་ངོས་ལ་བལྟས་ཚོད་ཀྱིས་སློར་མི་བདེ་རྒྱུ་ཆེར་མེད་མོད། ཞིབ་ཏུ་བརྟགས་ན་དོགས་གཞི་འགའ་ཡོད་དེ། ཀ བཙན་པོའི་དུས་སྐབས་སུ་གསེར་གྱི་ཚོ་ལོ་ནི་ཆེས་མཐོ་བའི་ཐོབ་ཐང་མིན་པ《ཆོས་འབྱུང་མཁས་པའི་དགའ་སྟོན》དང《ཐང་ཡིག་གསར་མའི་ཐུ་རྟོད་ཀྱི་ལོ་རྒྱུས》སོགས་ལས་གསལ་པོར་མཐོང་ཐུབ་སྟེ། ཀུན་གྱིས་གཡུའི་ཐོབ་ཐང་ཐོག་མར་འཛོག་ཅིང་དེའི་འཕྲོར་ད་གཟོད་གསེར་ལ་བྱེད། དེའི་ཕྱིར་བདེ་རོང་གིས་གསེར་ཆེན་པོའི་ཚོ་ལོ་གནང་བ་དེ་ཆེས་མཐོ་བའི་ཐོབ་ཐང་ལ་བརྩིས་ཏེ་བཀྲལ་བ་ནི་བཙན་པོའི་དུས་སྐབས་ཀྱི་དབང་ཆའི་ཐོབ་ཐང་གི་སྒྲིག་རིམ་དང་འགལ་བར་སྣམ། ཁ། བདེ་རོང་གིས་ལོང་ལ་དག་ཅེས་པ་རིགས་ཚོ་གཞན་གྱི་རྗེ་བོའམ་འཇང་ཚོ་དྲུག་གི་རྗེ་བོ་ཞེས་སྤྱིར་བཤད་པ་ཙམ་ལས་མི་སྣ་སུ་ལ་ངོས་འཛིན་དགོས་པ་བསྟན་མེད། བཙན་པོས་འཇང་ཚོ་དྲུག་ལ་དབང་བསྒྱུར་བའི་དུས་སྐབས་སུའང་འཇང་ཚོ་དྲུག་གི་རྒྱལ་པོར་གཅིག་མ་ཡིན་པར་གདུང་རབས་དུ་མ་བྱུང་བ་དང་། དུར་བྱང་ཇོ་རིང་ཡིན་ཐག་ཆོད་བཞིན་དུ་རྒྱལ་པོ་དུ་མའི་མགོ་ལ་བྱང་བུ་གཅིག་འཕེན་པ་ནི་ཀ་ཅང་འོས་སུ་མ་མཆིས་ཤིང་། ཚིག་དོན་མག་མོག་གི་སྐྱོན་ཡང་འདུག ག བདེ་རོང་གིས་ཕོ་ཚོད་ཟང་མང་ཞེས་པ་ཕོ་སྐྱེས་དག་ལ་ཟངས་ཀྱི་ཚོ་ལོ་སྤྱར་བ་མང་དྲགས་པ་ཞེས་བཀྲལ་ཡོད་ཀྱང་དེ་ལ་རྒྱུ་མཚན་ནམ་སྒྲུབ་བྱེད་ཅི་ཡང་བཀོད་མེད་པས་ཐད་ཀར་ཡིད་འཐད་བྱེད་རྒྱུ་ཉུང་ཁག་པོ་འདུག འགྲེལ་པའི་གཤམ་དུ་བཙན་པོས་འཇང་ཚོ་དྲུག་གི་བློན་པོ་དག་ལ་བཙན་པོའི་རང་ཡུལ་ལས་མཐོ་བའི་ཚོ་ལོ་སྤྱར་བའི་རྒྱུ་མཚན་ཞུང་དུ་ཞིག་བྲིས་ཡོད་མོད། དེ་ཟངས་ཀྱི་ཚོ་ལོ་གང་མང་སྤྱར་བའི་སྒྲུབ་བྱེད་དུ་འགྲོ་དཀའ། ཅིའི་ཕྱིར་ཞེ་ན། བཙན་པོས་འཇང་ཚོ་དྲུག་ཡུལ་གྱི་བློན་པོ་དག་ལ་ཚོ་ལོ་གང་ཞིག་སྤྱར་བ་བཙན་པོའི་གཙུང་གི་ཇོ་རིང་སྟེང་དུ་གསལ་ལེར་འདུག་ལ། སྐུ་ཞབས་ཕང་ཉིན་ཧྲིན་གྱིས་བརྩམས་པའི《ཀྲུང་གོའི་ཡུན་ནན་མི་རིགས་ཀྱི་ལོ་རྒྱུས་དང་རིག་གནས》ཞེས་པར་ཡང་འཁོད་ཡོད་དེ། གསེར་ཆེན་པོའི་ཚོ་ལོ་སྤྱར་བ་དན་ཙུང་གོག་དང་ལི་བེད་ཁྲིན་ཆི་སོགས་དང་། ཟངས་ཀྱི་ཚོ་ལོ་སྤྱར་བ་ཏུའུ་ཧེན་ཀ་སོགས[2]ཞེས་པ་ལས་མང་པོ་ཞིག་འདུག་པ་མཐོང་མ་བྱུང་། གཞན་ཡང་གལ་ཏེ་ལོང་ལ་ཞེས་པའི་འཇང་ཚོ་དྲུག་གི་རྒྱལ་པོ་ཞིག་འདུག་པ་མཐོང་མ་བྱུང་། གཞན་ཡང་གལ་ཏེ་ལོང་ལ་དག་ནི་འཇང་ཚོ་དྲུག་གི་རྒྱལ་པོ་ཡིན་ཆེ། དེ་དང་མིང་ཆ་འདྲ་བ་ཞིག་ད་དུང་མ་མཐོང་བའི་ཁར་རྒྱལ་པོ་ཀག་ལ་བོད་ལ་བཙན་པོའི་གཙུང་དང་ཤར་ཕྱོགས་རྒྱལ་པོའི་ཚོ་ལོ་སྤྱར་ཅིང་དེའི་སྲས་བོད་ཀ་དཔི་ལ་གཡུའི་ཚོ་ལོ་སྤྱར་བ[3]མ་གཏོགས་གཞན་འཇང་རྗེར་གསེར་ཆེན་པོའི་ཚོ་ལོ་སྤྱར་

བ་ཡིག་ཚང་དང་རྗོ་རིང་ཡིག་ཆ་སོགས་ལས་མ་མཐོང་བས། འཇང་ཚོ་དྲུག་གི་རྒྱལ་པོར་གསེར་གྱི་ཆོ་ལོ་སྦྱར་ཞེས་པའང་དཔྱད་གཞིའི་ཡིག་ཆ་གང་ལ་གཞིར་བཟུང་བ་མི་ཤེས། རྒྱུ་མཚན་དེ་དག་གི་ཕྱིར། བདེ་རོང་གི་འགྲེལ་སྟངས་དེ་མིག་སྔར་དང་ལེན་བྱེད་དཀའ་འོ། །

འོ་ན་ལོང་ལ་དག་ཅེས་པ་མི་སུ་ལ་ངོས་འཛིན་དགོས་ཞེ་ན། བཙན་པོ་གཙུང་གི་རྗོ་རིང[4]དུ་གསེར་ཆུང་དུའི་ཆོ་ལོ་སྦྱར་བ་དམག་དཔོན་ཆེན་པོ་ཡང་ལོང་དུང(杨龙栋)ཞེས་པ་བྱུང་ཞིང་། མིང་གི་སྒྲ་སྦྱི་ཙུང་ཆ་འདྲ་བ་དང་གནའ་དུས་སུ་ཏུས་ཡང་ལ་ལོང་ཞེས་འབྲི་སྲོལ་ཡོད་པ་ཡིན་སྙམ་བཞིན་ལོང་ལ་དག་ཅེས杨龙栋ཡིན་ནམ་སྙམ་མོད། གཅིག་ན་ཡང་ལོང་དུང་གི་ལོ་རྒྱུས་བརྗོད་པའི་དཔྱད་གཞིའི་ཡིག་ཆ་མེད་པ་དང་། གཉིས་ན་ཐུན་ཧོང་གཏེར་ཡིག་ཏུ་རྒྱའི་ཏུས་ཡང་ཅན་མི་གཅིག་བྱུང་བ་བོད་ཡིག་ཏུ་བཀོད་པ་དོན་ཆེན་གནད་བསྡུས་ཀྱི་ལོ་ཚིགས་ལས། ༄། །གླང་གི་ལོ་ལ་བབས་སྟེ། བཙན་པོ་ལས་དབྱརད་མལ་ཧྲ་བཞེན་ཊང་ན་བཞུགས། འབོན་ད་རྒྱལ་དང་བློན་ཆེན་པོ་ཁྲི་གཟིགས་ཀྱིས། དབྱར་འདུན་ཟུ་སྲུག་གི་རྒྱང་བུ་ཙལ་དུ་བསྡུས་ཏེ། ལྔ་བརྒྱ་བསྐོས། ཞོ་ས་སྐྱ་ཁ་བསྣནད། རྒྱའི་ཕོ་ཉ་ཡང་ཁེང་ཕྱག་འཙལད།[5] ཅེས་བྱུང་བར་གཞིགས་ན། རྒྱའི་ཕོ་ཉ་ཡང་ཁེང(杨景)ནི་རྒྱ་ཡིག་གི་ཏུས་ཡང་ཡིན་མོད་ལོང་ཞེས་བྲིས་མེད། དེའི་མ་ཟད། ཡང་ལོང་དུང་ལ་གསེར་ཆུང་དུའི་ཆོ་ལོ་སྦྱར་བ་ལས་གསེར་ཆེན་པོ་མིན་ལ་གཙང་ཆེན་པོའང་མིན། དེའི་ཕྱིར། ལོང་ལ་དག་དེ་ཉིད་ཡང་ལོང་དུང་ཡིན་པའི་སྒྲུབ་བྱེད་ཀྱང་མེད་པར་གྱུར། དེ་ལྟ་མོད་ཀྱི། ང་ཚོས་ལོ་རྒྱུས་རང་ལས་འདིའི་སྐོར་གྱི་དྲི་ལན་བཙལ་ཀྱང་མི་ཏུང་བ་མེད་དེ། གུ་ཅི་རྗོ་རིང་ནི་བོད་བཙན་པོས་འཇང་ཚོ་དྲུག་ལ་དབང་བསྒྱུར་བའི་དུས་སྐབས་སུ་བཙུགས་པ་ཡིན་ཐག་ཆོད་པའི་སྔོན་འགྲོའི་ཆ་རྐྱེན་འོག དུས་སྐབས་དེའི་བྱུང་བ་ལ་དཔྱད་པ་བྱས་ཏེ་བློ་ལ་ངེས་ཚོད་ཙམ་འགྲེལ་ཆོག་པར་སྙམ། དེ་ཡང་བཙན་པོའི་སྟོབས་ཤུགས་དུས་སུ་མོ་ཞིག་ནས་འཇང་ཡུལ་ལ་སླེབས་ཡོད་ཚུལ་ཏུན་ཧོང་གཏེར་ཡིག་གི་བཙན་པོ་རིམ་བྱུང་གི་ལོ་རྒྱུས་ལས།

༄། །བཙན་པོ་ཁྲི་འདུས་སྲོང(༦༧༦ནས༧༠༤བར)སྐུ་ཆུང་ནས་གཞོན་གྱིས་ཀྱང་། ཞེས་པ་ནས། ཤུང་གི་འོག་ཏུ་འཇང་ལ་ཆབ་སྲིད་མཛད་དེ་མྱུ་དཀར་པོ་དཔྱའ་ཕབ། མྱུ་ནག་པོ་འབངས་སུ་བཀུག་པ་ལ་སྟོག་སྟེ། རྒྱལ་པོ་འདི་ལས། དབུ་རྨོག་བཙན་ཞིང་། ཆབ་སྲིད་མཐའ་སྐྱེད་པ་ནི་སྔོན་ཆད་གདུང་རབས་ཀྱིས་མ་མཛད་དོ། །[6]ཞེས་པའི་བར་གྱི་ནང་དོན་ལ་གཞིགས་ན། བཙན་པོ་ཁྲི་འདུས་སྲོང་གི་རིང་ལ་བོད་ཀྱི་ཆབ་སྲིད་ཕྱོགས་ཡོངས་ནས་འཇང་ཡུལ་ལ་འཇུག་འགོ་བརྩམས་པ་ཡོད། སྐབས་དེར་འཇང་ཚོ་དྲུག་ལས་མྱུ་ནག་པོ་འབངས་སུ་བཀུག་པ་དང་། མྱུ་དཀར་པོར་དཔྱ་ཕབ་པ་ལས་འབངས་རྣལ་མར་བཀུག་མེད་ནའང་དེའི་ཐོག་ནས་འཇང་གི་ཚོ་ཁག་སོ་སོ་དང་བོད་དབར་འབྲེལ་བ་ཟབ་པོ་ཡོད་པ་ཤེས་ཐུབ། མྱུ་དཀར་པོར་དཔྱ་ཕབ་པ་དང་མྱུ་ནག་པོ་འབངས་སུ་བཀུག་པའི་ལོ་དེ་ནི་སྤྱི་ལོ༧༠༤ལ་ཁེལ་ཡོད་དེ། ཏུན་

རྟོང་གཏེར་ཡིག་གི་དོན་ཆེན་གནད་བསྡུས་ཀྱི་ལོ་ཚིགས་སུ།

༄། །ཡོས་བུའི་ལོ་ལ། བཙན་པོ་དབྱར་སླིང་གི་འོལ་བྱག་ན་བཞུགས་ཤིང་། རྒྱའི་པོ་ཉ་གམ་ཀེང་ཕྱག་བཙལད། མདོ་སྨད་ཀྱི་དགུན་འདུལ་ཡོལ་གྱི་ཅི་འབོག་སུ་བསྡུས། ཡུམ་རྣང་དུར་མྱིག་བཞུགས་ཤིང་། ཁུ་འབྲུར་ལོད་བཙན་བཀུམ། དགུན་བཙན་པོ་འཇང་ཡུལ་དུ་གཤེགསྟེ། འཇང་ཕབ། པར་ལོ་གཅིག།[7] ཅེས་འཁོད་པའི་ཡོས་བུའི་ལོ་ནི་སྤྱི་ལོ༧༠༣ལོ་ཡིན་པ་སྐུ་ཞབས་ལྷང་ཡོ་ནས་འདིའི་སྐོར་རྒྱ་ཡིག་ཏུ་བསྒྱུར་བ་ལས་ཀྱང་མཐོང་ཐུབ། ལོ་དེའི་ཡར་སྟོན་དུ་ཏག་ཏག་བཙན་པོ་ཁྲི་འདུས་སྲོང་གི་ཆབ་སྲིད་གནས་གཞི་མདོ་སྨད་དུ་བྱས་ཤིང་བཀའ་བློན་མགར་ཚང་གི་སྟོབས་ཤུགས་བཙན་པོ་ལས་ཆེ་བར་བློ་མ་བདེ་བར་དེ་དོན་ཐག་གཅོད་པ་ལ་གཞོལ་ཚུལ་དོན་ཆེན་གནད་བསྡུས་ཀྱི་ལོ་ཚིགས་སུ།

༄། །ཁྲིའི་ལོ(སྤྱི་ལོ༨༠༤ལོ)ལ་བབ་སྟེ། བཙན་པོ་དབྱར་བྱང་རོལ་དུ་གཤེགས། དགུན་བློན་ཆེན་པོ་ཁྲི་འབྲིང་གྱིས། ཙོང་ཀ་ཆེ་ཆུང་དུ་དྲང་སྟེ། རྒྱའི་དམག་དཔོན་ཆེན་པོ་ཐུག་པུ་ཤི་བཟུང་། དེའི་དགུན་མགར་ལ་བཀྱོན་ཕབ་སྟེ་བཙན་པོ་ཕར་དུ་གཤེགས་པར་ལོ་ཆིག[8]ཅེས་འཁོད།

མདོ་སྨད་ནི་མགར་ཚང་གི་ཆབ་སྲིད་ཀྱི་གནས་གཞི་གཙོ་བོ་ཞིག་ཡིན་ལ་རྒྱ་བོད་གཉིས་ཀྱི་འཐབ་རྩུས་ཀྱི་འགག་གནད་གཙོ་བོ་ཞིག་ཀྱང་ཡིན་པས། མགར་ལ་བཀྱོན་ཕབ་མ་ཐག་ཐམས་ཅད་ཞི་བར་གནས་ཐུབ་པ་ཞིག་བྱུང་མེད། དཔེར་ན། མགར་ཚང་ལ་བཀྱོན་ཕབ་རྗེས་མགར་རྒྱུད་ཁ་ཤས་ཐང་ལ་བྲོས་པ་དང་། འ་ཞས་ཀྱང"གུང་རིན(མགར་སྟོང་བཙན་གྱི་ཚ་བོ)ཤར་ན་ཡོད་ཅེས་གླིང་ནས། མི་བདུན་སྟོང་མགར་གུང་རིན་གྱི་རྗེས་སུ་འབྲོར"[9]བ་ཁོ་ནས་ཀྱང་མགར་ཚང་ཕབ་པའི་རྗེས་སུ་མདོ་སྨད་ཞི་བདེ་མེད་པར་འབབས་སེམས་ལ་གཡོ་འགྱུལ་ཆེན་པོ་ཐེབས་པ་མཚོན་ཐུབ། དེ་བས་ཁྲི་འདུས་སྲོང་གིས་མགར་ཚང་གི་སྟོབས་ཤུགས་རྩ་ནས་སློག་ཆེད་དང་དེའི་དབང་བསྒྱུར་དང་དོ་དམ་མེད་པའི་འོག་མདོ་སྨད་ཀྱི་ཆབ་སྲིད་བརྟན་པོ་ཡོང་ཆེད་མདོ་སྨད་ཀྱི་ཕྱོགས་སུ་མྱུ་མཐུད་ནས་སེམས་ཤུགས་བཀོལ་ཚུལ་དོན་ཆེན་གནད་བསྡུས་ཀྱི་ལོ་ཚིགས་ལས།

༄། །གླང་གི་ལོ་ལ་བབ་སྟེ། བཙན་པོ་དབྱར་གསེར་ཞ་ན་བཞུགས་ཤིང་། ཞེས་འཁོད་པ་ལྟར་ཏན་ལྷན་མཆོག་རྒྱལ་ནས་རྟོག་ཞིབ་བྱས་པ་ལྟར་ན་གསེར་ཞ་ནི་དེང་གི་ཀན་ལྷོ་བོད་རིགས་རང་སྐྱོང་ཁུལ་གྱི་རྨ་ཆུ་རྫོང་གི་ཁོངས་སུ་ད་ལྟའང་ས་མིང་མ་ཉམས་པར་ཡོད་པར་བཤད། དེ་ལྟར་བཙན་པོ་ཁྲི་འདུས་སྲོང་གིས་མགར་ཚང་གི་སྟོབས་ཤུགས་བརླགས་ཤིང་མདོ་སྨད་ཀྱི་ཆབ་སྲིད་བརྟན་པོར་བྱས་རྗེས་འཐབ་རྩུས་ཀྱི་ཁ་ཕྱོགས་འཇང་ལ་གཏད་པ་དང་། སྤྱི་ལོ༧༠༣ལོར་མྱུ་དཀར་པོར་དཔྱ་ཕབ་པ་དང་མྱུ་ནག་པོ་འབབས་སུ་བཀུག་ནའང་། འཇང་ཚོ་དྲུག་ལས་སྟོབས་ཤུགས་ཆེས་ཆེ་བའི་མྱུ་དཀར་པོ་ད་དུང་བཙན་པོའི་འབངས་རྣལ་མར་མ་ཁུག་པ་ཐུགས་ལ་དགོངས་ནས་དེའི་ཕྱི་ལོར་སླར་ཡང་སྐུ་དངོས་སུ་འཇང་ཡུལ་

དུ་བསྐྱོད་ཅིང་། འོན་ཀྱང་ཐུགས་འདུན་ཡོངས་སུ་མ་འགྲུབ་པར་རླབས་ཆེ་བའི་ཚེ་སྲོག་གི་གཟི་འོད་ཀྱང་འཇང་ཡུལ་དུ་ཡོངས་སུ་བསྡུས་ཚུལ་དོན་ཆེན་གནད་བསྡུས་ཀྱི་ལོ་ཚིགས་ལས།

༄༅། །འབྲུག་གི་ལོ་ལ་བབ་སྟེ། དཔྱིད་ཁོ(ཚོ)བྲང་ཅལད་དུ་རྒྱལ་གཙུག་ཏུ་བལྟམས། དབྱར་བཙན་པོ་ཡབ་རྗ་སྒྲོམ་གྱི་ཡོ་ཏི་བཟངས་ན་བཞུགས་ཤིང་། ཡུམ་ཁྲི་མ་ལོད་ཡར་འབྲོག་གི་འོ་དང་ན་ཞུགས་བཞུག་སྟེ། འདུན་མ་བྲག་སྐོར་འདུས། དགུན་བཙན་པོ་ཆབ་སྲིད་ལ་མྱུ་ལ་གཤེགས་པ་ལས། དགུང་དུ་གཤེགས།[10] ཞེས་གསལ་ལ། རྗ་སྒྲོམ་ནི་མདོ་སྨད་རྨ་ཆུ་བཞུར་རྒྱུད་ཀྱི་བཙན་པོའི་ས་གནས་སྲིད་གཞུང་ཡིན་པ་སྐུ་ཞབས་ལྷང་ཡོ་ཡིས་བཀྲལ་ཡོད་ཅིང་། དེ་ལྟར་ན་སྤྱི་ལོ༧༠༤ལོར་བཙན་པོས་མདོ་སྨད་ཀྱི་ལས་དོན་ཇོགས་རྗེས་ད་གཟོད་ཡང་བསྐྱར་འཇང་ཡུལ་གྱི་ལས་འགྲོ་ལ་གཤེགས་པ་རྟོགས་ཐུབ། བཙན་པོ་ཁྲི་ལྡེ་གཙུག་བརྟན(༧༠༤ནས༧༥༤བར་སྲིད་བསྐྱངས)གྱི་ཐོག་མའི་དུས་སུ་བཙན་པོ་སྐུ་ན་ཕྲ་བའི་དབང་གིས་འཇང་ཡུལ་ལ་དེ་འཕྲལ་ཆབ་སྲིད་མཛད་དེ་བཙན་པོ་ཡབ་ཀྱི་ཐུགས་འདུན་ལྟར་བསྒྲུབ་མ་ཐུབ་པས། དེ་ཁུལ་སྔར་བཞིན་སྐྱོང་བ་ལས་རྒྱ་བསྐྱེད་མ་ཐུབ། དེའི་སྐབས་སུ་འཇང་རྒྱལ་ཕེ་ལོ་ཀག་གི་སྟོབས་ཤུགས་སྔར་ལས་འཕེལ་ནས་འཇང་ཚོ་དྲུག་གཅིག་གྱུར་བྱས་པ་དང་། སྤྱི་ལོ༧༣༨ལ་ཕེ་ལོ་ཀག་ཚེ་ལས་འདས་རྗེས་དེའི་སྲས་ཀག་ལ་བོང་གིས་སྲིད་བསྐྱངས་ཤིང་། ཆབ་སྲིད་ཡབ་ཀྱི་རིང་ལས་ཀྱང་འཕེལ་ཚུལ་བཙན་པོ་རིམ་བྱུང་གི་ལོ་རྒྱུས་ཀྱི་ལེའུའི་ཁྲི་ལྡེ་གཙུག་བརྟན་གྱི་ལོ་རྒྱུས་ལས།

ལྷོ་ཕྱོགས་ཀྱི་སྐད་ན་འཇང་དུམ་མྱུ་དཀར་པོ་ཞེས་བྱ་བའི་རྒྱལ་པོ་སྟེ་མྱི་ཙུང་བ་ཞིག་འདུག[11]ཅེས་པས་གསལ་ཞིང་། དེས་འཇང་གི་མངའ་ཁོངས་རྒྱ་བསྐྱེད་དེ་ཡུན་ནན་ཏེན་ཁྲི(滇池)མཚོའུ་ཕྱོགས་ཀྱི་ཡུལ་ཁམས་ཡོངས་རྫོགས་དབང་དུ་བསྡུས་པ་མ་ཟད། ཐང་གི་ཆབ་སྲིད་ལའང་ཐོག་ཐུག་བཏང་བས་ཐང་གི་དམག་དཔོན་ཀྲང་ཆན་ཐོ(张虔陀)ཡིས་ཐུ་རྙེད་དང་མཉམ་འབྲེལ་གྱིས་འཇང་ཚོ་དྲུག་བསྒྲུབ་པར་བརྩམས། སྐབས་དེར་ཀག་ལ་བོང་ཐབས་ཟད་དེ་བོད་བཙན་པོར་སྐྱབས་བཙོལ་བ་དང་བཙན་པོས་སྤྲ་མོ་ནས་ཐུགས་སྐམ་པོའི་འཐབ་རྩལ་གྱིས་འཇང་ལ་དམིགས་ཡོད་པ་གཉིས་དུས་གཅིག་ལ་ཁིལ་བས། མཐར་འཇང་བོད་དམག་དཔུང་མཉམ་དུ་སྦྲེལ་ནས་ཐང་ལ་ཕར་རྒོལ་བྱས་ཏེ། ཐང་རྒྱལ་རབས་ཀྱི་དམག་དཔུང་ཕམ་པར་བྱས། དེ་རྗེས་འཇང་རྒྱལ་ཀག་ལ་བོང་ལ་བཙན་པོའི་གཙུང་གི་ཐབས་བསྐུལ་བ་དང་དེང་གི་ཏེན་ཁྲན(邓川)ས་ཚ་ཏུ་མཛད་སྒོ་ཞིག་ཀྱང་སྤེལ་ཚུལ་སྐུ་ཞབས་ལྷང་ཉེན་ཧྲིན་གྱིས་བཙན་པོ་གཙུང་གི་རྗེ་རིང་སྐོར་གླེང་སྐབས་གསལ་བར་བཤད།[12] དེ་ལྟར་མྱུ་དཀར་པོའི་དབང་དུ་འདུས་པའི་འཇང་ཚོ་དྲུག་ཕྱོགས་ཡོངས་ནས་བཙན་པོའི་འབངས་རྩལ་མར་བཀུག་པ་བཙན་པོ་རིམ་བྱུང་གི་ལོ་རྒྱུས་ལས།

རྒྱལ་པོ(ཁྲི་ལྡེ་གཙུག་བརྟན)ཐུགས་སྐམ་པོའི་རླབས་དང་ཐབས་ཀྱིས་བཀའ་སྩལ་ཏེ། མྱུ་འི་རྒྱལ་པོ་ཀག་ལ་བོང་ཞེས་བྱ་བ། །འབངས་སུ་ཕྱག་འཚལ་ནས། ཐབས་གཙུང་སྩལ་ཏེ། མྱི་མང་གི་སྟོན་བཏབ། ཡུལ་

ཆེ་འི་ནི་འདབ་བསྐྱེད་དོ། འཇང་གི་རྒྱལ་པོ་བོད་ཀྱི་འབངས་སུ་བཞེས་པས། རྒྱ་འི་ཆབ་སྲིད་ལ་ཡང་ཤིན་ཏུ་དམའ་ཞིང་། མི་བདེ་བར་བྱས་སོ།།[13] ཞེས་བཀོད་ཡོད། རྒྱའི་ལོ་རྒྱུས་སྨྲ་བས་ལོ་དེ་ནི་སྤྱི་ལོ༧༥༧ཡས་མས་ཡིན་པར་འདོད་ཅིང་། ཆབ་འགག་ཧྲ་མགྲིན་གྱིས་བརྩམས་པའི《སྨྲང་དཔྱད་སྙིང་གི་ལེགས་སྐྱེས》སུ། སྤྱི་ལོ༧༥༢ཙམ་ལ་བོད་ཀྱིས་ཀག་ལ་བོང་ལ་བཙན་པོའི་གཅུང་ལྗོ་ཕྱོགས་འཇང་གི་རྒྱལ་ཁབ་བམ་ཕྱུན་ཟླའི་རྒྱལ་ཁབ་ཟེར་བའི་ཆོ་ལོའང་སྩྲར། ཞེས་ཀྱང་འཁོད་ཡོད། བཤད་ཚུལ་དེ་གཉིས་ཕྱོགས་གཅིག་ཏུ་བསྡུས་ན་སྤྱི་ལོ༧༥༧ལོར་བོད་འཇང་བསྡེབས་ནས་ཐང་རྒྱལ་རབས་དང་འཐབ་སྟེ་རྒྱལ་ཁ་བླངས་པ་དང་། སྤྱི་ལོ༧༥༢ལོར་བོད་འཇང་མཛའ་གཅུགས་ཡུན་ནས་ཡུན་དུ་གནས་པའི་ཆེད་བཙན་པོ་གཅུང་གི་ཐབས་བསྐུལ་པ་ཡིན་ཡང་སྲིད་དེ། དུས་སྐབས་དེ་ནི་བཙན་པོ་ཁྲི་ལྡེ་གཙུག་བརྟན་གྱི་སྐུ་ཚེའི་སྨད་ཀྱང་ཡིན་ཏེ། སྤྱི་ལོ༧༥༨ལོའི་ལོ་མཇུག་ཏུ་བཙན་པོ་ཉིད་དགུང་དུ་གཤེགས་པའོ། །གང་ལྟར་བཙན་པོ་དེའི་རིང་ལ། ཀུ་ཅི་རྫོ་རིང་དུ་བྱུང་བའི་སྣོན་སྐྱེས་བཟང་གིས་སྣོན་ཆེན་པོ་ཙུང་བཟང་དང་མཉམ་དུ་ཆབ་སྲིད་སྟེང་ནུས་པ་གལ་ཆེན་བཏོན་ཡོད་པ་ནི་དོན་ཆེན་གནད་བསྡུས་ཀྱི་ལོ་ཚིགས་ལས།

༄། །ཁྲིའི་ལོ་ལ། ……དཀུན་འདུན་སྐྱི་ཤོ་མ་རར། སྣོན་ཆེན་པོ་ཙུང་བཟང་དང་སྣོན་སྐྱེས་བཟང་གཉིས་ཀྱིས་བསྡུསྟེ་དམག་མི་མཁོས་ཆེན་པོ་བགྱིསྟེ། བཙན་པོ་བགས་ཁྲམ་དམར་པོ་ཤོག་སེར་པོར་སྤྱོས་པར་ལོ་གཅིག ཅེས་འཁོད་པ་ལྟར། ཁྲིལ་ལོ་དེ་ནི་སྤྱི་ལོ༧༨༨ལོ་ཡིན་ཞིང་། སྐབས་དེར་སྐྱེས་བཟང་སྣོན་གྱི་གྲས་སུ་འདུག་པ་མ་ཟད་སྣོན་ཆེན་པོ་དང་ལྷན་དུ་ཆབ་སྲིད་ཀྱི་དོན་ཆེན་ལ་གཞོལ་བཞིན་ཡོད། ཉུན་རྔོང་གཏེར་ཡིག་གི་དོན་ཆེན་གནད་བསྡུས་ཀྱི་ལོ་ཚིགས་སུ་སྐྱེས་བཟང་མིང་ཅན་གྱི་སྣོན་པོ་བཞི་བྱུང་ཞིང་། དེ་དག་ལས་ཆེས་སྔ་བ་ནི་སྐྱེས་བཟང་ལྡོང་ཙབ(༧༢༡ལོ་དང༧༣༨ལོ། ༧༣༧དང༧༨༦ལོ་སོ་སོར་གསལ།) ཡིན་ལ། དེའི་རྗེས་སྣོན་སྐྱེས་བཟང(༧༨༨ལོ་དང༧༦༧ལོ་སོ་སོར་གསལ།) དང་། དེའི་རྗེས་སྐྱེས་བཟང་སྟག་སྣང(༧༨༦ལོ་དང༧༥༤ལོ། ༧༥༡ལོ་སོ་སོར་གསལ།)དང་། དེའི་འཕྲོར་སྐྱེས་བཟང་རྒྱལ་གོང(༧༥༦ལོ་དང༧༥༧ལོ་སོ་སོར་གསལ།)བྱུང་། ཡིན་ནའང་སྣོན་དེ་བཞི་པོ་དུས་རབས་གཅིག་གི་མི་ཡིན་ཞིང་། བཙན་པོའི་སྲིད་ལ་དུས་མཉམ་དུ་ཞབས་ཞུ་སྒྲུབ་པའི་སྐབས་ཀྱང་ཡོད། རྫོ་རིང་སྟེང་དུ་བྱུང་བའི་སྣོན་སྐྱེས་བཟང་ནི་སྣོན་སྐྱེས་བཟང་རང་ཡིན་པ་ལས་གཞན་སྣོན་སྐྱེས་བཟང་རྒྱལ་གོང་དང་སྣོན་སྐྱེས་བཟང་སྟག་སྣང་། སྣོན་སྐྱེས་བཟང་ལྡོང་ཙབ་གང་ཡང་མིན་པའམ་ཡང་ན་དེ་ཚོའང་མི་གཅིག་མིན་པ་ནི་སྟག་སྣང་དང་རྒྱལ་གོང་ལ་སོགས་པའི་དབྱེ་བས་རྟོགས་སླའོ། །དེས་ན་སྣོན་སྐྱེས་བཟང་ནི་བཙན་པོ་ཁྲི་ལྡེ་གཙུག་བརྟན་གྱི་རིང་དང་ཁྲི་སྲོང་ལྡེ་བཙན་གྱི་རིང་སྟེ་རྒྱལ་ཐོག་གཉིས་རིང་གི་སྣོན་པོ་ཡིན་པ་གོང་གི་ལོ་ཚིགས་ལས་ར་སྤྲོད་བྱུང་བས། ཀུ་ཅི་རྫོ་རིང་སྟེང་དུ་འཁོད་པའི་སྣོན་སྐྱེས་བཟང་ལ་ཕྱུག་འཚལ་ཞེས་པ་ནི་སྣོན་སྐྱེས་བཟང་གིས་བཙན་པོ་ཡབ་སྲས་གང་གི་བཀའི་འོག་ཏུ་སྲིད་དོན་གཉེར་བའི་དུས་སྐབས་སུ་བྱུང་བ་ཡིན་སྐོར་མུ་མཐུད་དུ་དཔྱད་དགོས

པའི་གནད་ཅིག་ཡིན། སྤྱི་ལོ༧༥༥ལོར་བཙན་པོ་ཁྲི་སྲོང་ལྡེ་བཙན་གྱིས་སྲིད་བསྐྱངས་ཤིང་། དེའི་ཕྱི་ལོ་སྟེ་སྤྱི་ལོ༧༥༨ལོར། བོད་དང་གཡུལ་བཀྱེ་བ་ལས་ཐང་དམག་ཕམ་ཞིང་མངའ་ཁོངས་ཀྱི་ས་ཡང་གང་མང་བོད་དང་འཇང་ལ་ཤོར་ཚུལ་རྒྱའི་ལོ་རྒྱུས་ཡིག་ཚང་དག་ན་ཟིན་བྲིས་སུ་བཏབ་ཡོད་ཅིང་། དོན་ཆེན་གནད་བསྡུས་ཀྱི་ལོ་ཚིགས་སུའང་།

སྲིའུ་ལོ(སྤྱི་ལོ༧༥༨ལོ)ལ་བབ་སྟེ། བློན་ཁྲི་བཟང་དང་ཞང་སྟོང་བཙན་དང་། ཀག་ལ་བོང་གསུམ་གྱི་དམགིས། སེ་ཅུ་ཕབ། ཅེ་ཅུ་མན་ཆད་འབངས་སུ། བཀུག[14]ཅེས་དང་། བཙན་པོ་གཅུང་གི་རྗེ་རིང་དུའང་། བཙན་པོ་གཅུང་གི་ཐབས་བསྒྱུལ་ནས་ལོ་ལྔ་པར། བཙན་པོས་ཕོ་ཉ་མངགས་ཏེ་ཀག་ལ་བོང་ལ་ཐང་རྒྱལ་རབས་ནང་ཁུལ་དུ་ཨན་ལོ་ཧྲན(安禄山)སོགས་ཀྱི་ནང་འཁྲུག་བྱུང་བས་སེ་ཅུ་དང་ཧོས་ཐུང(会同)འབེབས་པའི་སྐབས་གླགས་བཟང་པོ་ཡིན་ཚུལ་དང་མྱུར་དུ་དམག་འདྲེན་དགོས་པའི་བཀའ་བཀོད་པས། དེ་བཞིན་བགྱིས་པ་སོགས་བྲིས་ཡོད། སེ་ཅུ་ནི་དེང་གི་ཟི་ཁྲོན་ཞིང་ཆེན་གྱི་ཞི་ཁྲང(西昌)ས་ཁུལ་ཡིན་པ་ལོ་རྒྱུས་མཁས་པ་དག་གིས་མགྲིན་གཅིག་ཏུ་སྨྲ་བ་ཡིན། མཉམ་འཇོག་དགོས་པ་ཞིག་ལ། 《རྒྱ་རྗེ་གདུང་རབས》[15]སུ་དེའི་སྐབས་ཀྱི་ལོ་རྒྱུས་རགས་ཙམ་ཟིན་བྲིས་སུ་བཀོད་ཡོད་ཅིང་། སྐབས་དེར་ཏག་ཏག་རྒྱ་རྗེ་གདུང་རབས་གཉིས་པ་སྟེ་ཡང་ཡུན་དུ་ཀཽའུ་བྱ་བར་ཁེལ་ཡོད་པ་འདི་ལྟར།

ཡང་ཡུན་དུ་ཀཽའུ་སྟེ། ཐང་ཞོན་ཙོང(唐玄宗)ཁྲིད་ཡོན་ཁྲི་ལོར། (སྤྱི་ལོ༧༡༣ནས༧༥༦བར)འཇང་ཚོ་དྲུག་གཅིག་ཏུ་བསྡུས་ནས་ལྗོ་འཇང་ལ་གཏོགས་ཤིང་། ཁོང་གིས་ས་ཐམ་གྱི་སྤྱི་འགན་བཞེས་ཤིང་། འཇང་ཚོ་དྲུག་གི་རྗེ་བོའི་ཆབ་ལ་འདུས། ཞོན་ཙོང་ཐེན་པོད་ཁྲི་ལོར(སྤྱི་ལོ༧༤༢ནས༧༥༨བར)འཇང་ཚོ་དྲུག་གི་རྗེ་བོ་ཀག་ལ་བོང་གིས་ཐང་རྒྱལ་རབས་ལ་རྒྱབ་ལོག་ནས་སེ་ཅུ་ཕབ། སྐབས་དེར་ཁོང་ནི་གདོང་ལེན་པ་ཡིན་ཞིང་། ཐང་གི་ནུབ་ཕྱོགས་དཔོན་པོ་ཀྲིན་ཧོས(郑回)གསོན་བཟུང་བྱས་པས། བྱས་རྗེས་ལ་གཟིངས་སུ་བསྟོད་དེ་སྤྱི་ཁྲབ་དམག་དཔོན་གྱི་ཁྲི་ལ་བཀོད། ཅེས་རྒྱ་རྗེ་ཡང་ཡུན་དུ་ཀཽའུ་ནི་ཐེངས་དེའི་དམག་འཐབ་ཁྲོད་ས་ཐམ་གྱི་དམག་དཔུང་ཁྲིད་དེ་དམག་དཔུང་སྤྱིའི་གདོང་ལེན་པའི་ཚུལ་དུ་ཡོད་པ་ཤེས་ཐུབ། ཡང་ཡུན་དུ་ཀཽའུ་ཞེས་པའི་མིང་དེ་མྱ་ནག་པོའི་སྐད་ལས་རྒྱ་ཡིག་ཏུ་བྲིས་ཤིང་། རྒྱ་ཡིག་ལས་ད་ལྟ་བོད་ཡིག་ཏུ་སྒྲ་ཐད་ཀར་ཕབ་ཚེ་གུ་ཅི་རྗེ་རིང་སྟེང་གི་ལོང་ལ་དག་ཞེས་པ་དང་བར་ཐག་ཅུང་རིང་མོད། གཅིག་ནི་གནའ་བོའི་སྒྲ་ལེན་སྟངས་ཡིན་པ་དང་ཅིག་ཤོས་ནི་དེང་གི་གློག་སྟངས་ལྟར་ཡིན་པས་བར་ཁྱད་ཤོར་ངེས་པ་སྟེ། བློན་སྐྱེས་བཟང་ལ་རྒྱའི་ཡིག་ཚང་དུ"思结卜藏"ཞེས་བྲིས་ཡོད་པ་དེང་གི་ཕལ་མོ་ཆེའི་གློག་སྟངས་ལྟར་ཕྱིར་ཕབ་ཚེ་སི་ཅི་ཕུ་ཙང་ཞེས་པར་འགྱུར་བ་དང་གཅིག་མཚུངས་ཡིན། གཞན་དུ་ན་ལོང་ལ་དག་ཅེས་པའི་དག་སྒྲ་དེ་ལེགས་སྦྱར་གྱི་གློག་སྟངས་ལྟར་ད་ག་གཉིས་བཀྲལ་ནས་སྒྲ་མྱུར་དུ་བསླགས་ཚེ་དུ་ཀཽའུ་ཞེས་པ་དང་སྒྲ་ཅུང་ཆ་མཉམ་པ་ཞིག་ཀྱང་བྱུང་བ་དཔེར་ན་སྐྱིད་ལ་སི་ཀད་ཅེས་ད་ལྟའང་བོད་

གྱི་ལུང་པ་ཁ་ཤས་ན་གློག་བཞིན་ཡོད། གློག་སྣང་འདི་ནི་བོད་ཡིག་ཐོག་མར་སྤེལ་བའི་དུས་སྐབས་སམ་སྐད་གསར་བཅད་སྔོན་གྱི་གློག་སྣང་ཞིག་ཡིན་ཚུལ་དེང་གི་རྒྱལ་རོང་ས་ཆ་དང་མདོ་སྨད་ཀྱི་ཡུལ་གྲུ་ཁ་ཤས་སུ་ད་དུང་ཡང་ཐ་སྙད་མང་པོ་ཞིག་ལེགས་སྦྱར་གྱི་གློག་སྣང་ལྟར་ཟུར་མ་ཉམས་པར་ཡོད་པ་ལས་ཀྱང་ཤེས་ཐུབ། ལྷག་པར་དུ་ཡང་ཡུན་དུ་ཀུའུ་དང་ སློན་སྐྱེས་བཟང་གཉིས་ནི་དུས་རབས་གཅིག་གི་མི་ཡིན་ཞིང་། ཡང་ཡུན་དུ་ཀུའུ་ནི་སྤྲ་མོ་ནས་བོད་ཀྱི་འབངས་སུ་ཚུད་པའི་མྱུ་ནག་པོའི་གྲས་སུ་གཏོགས་ལ། བཙན་པོ་ཁྲི་ལྡེ་གཙུག་བརྟན་དང་ཁྲི་སྲོང་ལྡེ་བཙན་གཉིས་ཀྱི་རིང་ལ་ཁོང་གིས་ས་ཐམ་ཡུལ་ལ་དབང་བསྒྱུར་བྱས་ཡོད་ཅིང་། དབང་བསྒྱུར་ཡུལ་གཙོ་བོ་ཡང་དེང་གི་གུ་ཙི་རྗོ་རིང་བུད་སའི་འཇང་ས་ཐམ་ཡུལ་ཡིན་པ་བཅས་ལ་བརྟེན། ཁོང་ལ་དག་ཅེས་པ་ནི་ཡང་ཡུན་དུ་ཀུའུ་ཡིན་ནམ་སྙམ་པའི་བློ་ཞིག་སྐྱེས་བྱུང་།

གོང་གསལ་དཔྱད་པར་གཞི་བྱས་ཏེ་ཁོང་ལ་དག་གིས་སློན་སྐྱེས་བཟང་ལ་ཕྱག་འཚལ་བའི་དུས་ནམ་ཞིག་ལ་ཡིན་པར་ཅུང་ཙམ་དཔྱད་ན། དེ་ཡང་བཙན་པོ་ཁྲི་འདུས་སྲོང་སྤྱི་ལོ༧༠༤ལོར་དགུང་དུ་གཤེགས་རྗེས། སྲས་ཁྲི་ལྡེ་གཙུག་བརྟན་ལོ་ན་ཆུང་བས་རྒྱལ་སྲིད་ཕྱི་ཁྲི་མ་ལོད་ལ་བརྟེན་ནས་བཙན་པོ་སྤྲ་མའི་སྲིད་དོན་སྲུང་ཐབས་ཙམ་དུ་གནས་ཤིང་། ནང་སྲིད་ཆག་གྲུམ་འཚོར་བར་དོགས་ནས་སེམས་ཤུགས་ནང་ལ་གཏད་པ་དང་ལོ་བརྒྱད་ན་ཕྱི་ཁྲི་མ་ལོད་ཚེ་ལས་འདས་རྗེས། ཆབ་སྲིད་སློན་ཆེན་པོ་ཁྲི་གཟིགས་ལ་བརྟེན་ནས་སྲིད་དོན་གྱི་ཁ་ཕྱོགས་གཙོ་བོ་ནང་ཁུལ་དང་མདོ་སྨད་བལ་ཡུལ་སོགས་ལ་བཞག་པས། ལྷོ་ཕྱོགས་འཇང་གི་ཡུལ་ལ་འཕོར་མ་ཐུབ། སྤྱི་ལོ༧༠༧ནས༧༡༡ལོར། ཐང་རྒྱལ་རབས་ཀྱིས་བོད་འགོག་ཆེད་འཇང་ཡུལ་ལ་དམག་དཔུང་མངགས་ནས་རིགས་ཚོ་ཆུང་ངུ་དག་དབང་དུ་བསྡུས། སྤྱི་ལོ༧༣༧ལས་མས་སུ། ཕེ་ལོ་ཀག་གིས་འཇང་ཚོ་དྲུག་གཅིག་གྱུར་བྱས། [16]སྐབས་དེར་ཡང་ཡུན་དུ་ཀུའུ་ནི་ས་ཐམ་གྱི་རྗེ་བོ་ཡིན་ལ་སྔར་མྱུ་ནག་པོ་སྟེ་བོད་ཀྱི་འབངས་སུ་ཡོད་མོད། དེ་དུས་འཇང་ཚོ་དྲུག་གི་ཁོངས་སུ་ཚུད་པ་དང་། ཡང་ཡུན་དུ་ཀུའི་དབང་ཡུལ་ཚུད་པའི་འཇང་ཚོ་དྲུག་རྟེལ་པོ་ཐང་ལ་མགོ་བཏགས་ཡོད་ཚུལ་ཁོང་གི་ལོ་རྒྱུས་ལས། ཀག་ལ་བོད་ཐང་རྒྱལ་རབས་ལ་རྒྱབ་ལོག་ནས་ཞེས་པས་རྟོགས་ཐུབ། གུ་ཙི་རྗོ་རིང་དུ་འཕོད་པའི་ནང་དོན་ནི་དུས་སྐབས་དེའི་ལོ་རྒྱུས་ཡིན་པར་འདོད་དེ། རྒྱ་རྗེ་གཏན་གྱི་རྗེར་མྱི་ཏུང་ནས་ཞེས་པས་ཁོང་ལ་དག་རྒྱ་ལ་མགོ་བཏགས་པ་ཤེས་ཤིང་། ཞོག་རྟེལ་པོས་བུ་ལྷོམ་པོ་ཕྱིར་ལོག་གི་སྣང་བ་ཞིག་ངམ་ངམ་ཤུགས་ཀྱིས་སྟེར། དེ་ལྟར་ན་ཁོང་ལ་དག་གིས་སློན་སྐྱེས་བཟང་ལ་མགོ་བཏགས་པའི་དུས་ཀྱང་ཀག་ལ་བོད་འབངས་སུ་བཀུག་པ་དང་དུས་མཉམ་པར་སེམས། འོན་ཀྱང་། དེ་ནི་ཁོང་ལ་དག་འབངས་སུ་ཚུད་པའི་དུས་ཡིན་པ་ལས་རྗོ་རིང་བཙུགས་པའི་དུས་ནི་མ་ཡིན་ཏེ། ཡང་ཡུན་དུ་ཀུའུའི་ཡབ་ཀྱིས་ལོ་མང་པོར་ས་ཐམ་གྱི་རྗེ་བོ་མཛད་པ་དང་། སྤྱི་ལོ༧༡༣ནས་ཡང་ཡུན་དུ་ཀུའུས་ས་ཐམ་གྱི་རྗེ་

བོ་མཛད་པ་དང་སྤྱི་ལོ༡༧༥༨ལོར་སྤྱི་ཁྲུབ་དམག་དཔོན་གྱི་འགན་བཞེས་པ་ལ་བལྟས་ན། ཁོང་ལོ་དགུ་ཅུར་སླེབས་པའི་འདས་ལོ་ནི་བཙན་པོ་ཁྲི་སྲོང་ལྡེ་བཙན་གྱི་དུས་ལ་འཁེལ་ངེས་པས། ང་ཚོས་འོལ་ཚོད་ཁོ་ན་མ་ཡིན་པར་འདི་ལྟར་སྨྲས་ཀྱང་ཆོག་སྙམ་སྟེ། ཡོང་ལ་དག་ནི་བཙན་པོ་ཁྲི་ལྡེ་གཙུག་བརྟན་གྱི་རིང་ལ་བློན་སྐྱེས་བཟང་ལ་ཕྱག་འཚལ་ཅིང་བཙན་པོའི་ས་གནས་སྲིད་གཞུང་གིས་ཁོང་ལ་གཙང་ཆེན་པོའི་ཆོ་ལོ་སྤྲུར་བ་དང་། བཙན་པོ་ཁྲི་སྲོང་ལྡེ་བཙན་གྱི་རིང་ལ་ཚེ་ལས་འདས་པས་དེའི་མཛད་རྗེས་ལ་གཟིངས་སུ་བསྟོད་ཆེད་དེང་གི་ཀུ་ཙི་རྗེ་རིང་དེ་བཙུགས་པ་དང་། ཡོང་ལ་དག་ནི་མྱུ་ནག་པོའི་དུམ་བུ་སྟེ་དེང་གི་ཕལ་མོ་ཆེས་འབོད་པའི་འཇང་ཞེས་པའི་མི་ཡིན་པར་སྙམ་མོ། །

བཞི་པ། ཀུ་ཙི་རྗེ་རིང་སྟེང་གི་རི་མོར་དཔྱད་པ།

ཀུ་ཙི་རྗེ་རིང་གི་གཤམ་ན་རི་མོ་ཁག་གཅིག་ཡོད་དེ། སྟག་དང་སེང་གེ། རྟ་དང་མི་ལ་སོགས་པ་ཡོད་པར་ཞིབ་འཇུག་པ་རྣམས་ཀྱིས་གང་ཡིན་ཆ་མ་འཚལ་བར་བཞག་ཡོད། དེ་ལ་ཅུང་ཙམ་དཔྱད་ན། འཇང་མི་ནི་གནའ་ནས་ད་བར་སྟོན་པའི་ཆོས་ལུགས་སམ་བོན་ཆོས་ལ་དད་མོས་བྱེད་མཁན་ཡིན་ཞིང་། སྟོན་པའི་ཡི་གེར་འབོད་པའི་འདྲ་གཟུགས་ཡི་གེའི་བསྟན་བཅོས་གང་མང་ཡོད་པ་ཐམས་ཅད་བོན་ཆོས་ཀྱི་གཞུང་ཁོ་ན་ཡིན་ཕྱིན། དེ་དག་བོད་ཡིག་ཏུ་འགྱུར་ཐུབ་ཚེ་ཞིབ་འཇུག་གི་རིན་ཐང་ཤིན་ཏུ་ཆེ་སྙམ། འཇང་མིའི་བོན་ཆོས་དད་མོས་དང་གཅིག་ཏུ་འདྲེས་པའི་འདས་མཆོད་ཕྱག་ལེན་ཁྲོད་དུ་རང་རེ་དང་འདྲ་བར་ སྔས་མགོའི་བླ་མ་ཞུ་སྒྲོལ་ཡོད་ཅིང་། ཁོ་ཚོའི་སྔས་མགོའི་བླ་མ་ནི་སྟོན་པ་ཏུ་འབོད་པའི་བོན་ཆོས་ལས་རིགས་པ་ཞིག་ཡིན། དེས་འདས་པོའི་རྣ་ལམ་དུ་གསལ་ལྷང་ལྷང་གིས་རྣམ་ཤེས་ཡུལ་ཕྱོགས་གང་ལ་འགྲོ་བར་ལམ་སྟོན་བྱེད་ཀྱི་ཡོད། དེའི་ཕྱིར་དམངས་ཁྲོད་དུ་ཤི་བོ་ལམ་སྟོན་ཞེས་པའི་བསྟན་བཅོས་རི་མོ་དང་བཅས་པ་ཞིག་ཡོད། ཁོ་བོས་བསྟན་བཅོས་དེའི་ནང་དོན་ལ་ཞིབ་དཔྱད་བྱེད་སྐབས་འཇང་མིའི་རྣམ་ཤེས་ནི་རིགས་དྲུག་འཁོར་བར་མ་འཁྱམས་པར་རང་གི་མེས་པོ་གནས་སའི་ཕ་ཡུལ་དུ་ལོག་འགྲོ་བ་ཡིན་ཚུལ་ཤེས་རྟོགས་བྱུང་། དེ་ཡང་ཤི་བོ་ལམ་སྟོན་ལས། མཇུག་མཐར་སི་པ་ཨ་ན་བ་ལ་ཐོན། འདི་ནི་ཁྱོད་ཀྱི་མེས་པོའི་ཕ་ཡུལ་ཡིན། ཞེས་འདས་པོ་ལ་ལམ་སྟོན་མཛད་ནས་མེས་པོའི་ཡུལ་དུ་སྐྱེལ་བའི་སྒྲོལ་མ་ཉམས་པར་ད་ལྟ་ད་དུང་གནས་ཡོད། ཁོ་ཚོའི་བསམ་ཚུལ་ལ། འཇང་མིའི་ཕ་ཡུལ་ནི་ད་ལྟའི་ཡུལ་དེ་མིན་པར་རི་བོ་དང་ཆུ་བོ་གང་མང་བརྒྱུད། བྱེ་ཐང་ཆེན་པོ་བརྒལ་བའི་མཐར་གངས་དཀར་གྱིས་དབུ་རྩེ་བརྒྱན་པའི་རི་རབ་འདབས་སུ། ལྡོང་ལྡེམ་ལྡེམ་གྱི་མཚོ་མོ་གཡང་དུ་འཁྱིལ་བའི་ཁོར་མོ་ཡུག་ཤིན་ཏུ་མཛེས་པ་ཞིག་ཡིན་པ་མ་ཟད། མི་རབས་ནས་མི་རབས་བརྒྱུད་དེ་མཐར་ཅིས་ཀྱང་ཕ་ཡུལ་དེར་ལོག་དགོས་པར་འདོད། མི་རབས་གང་མང་གི་ཕྱུགས་བསམ་དེ་ལོ་ཟླའི་བཞུར་རྒྱུན་

དང་འགྲོགས་ནས་མཇུག་མཐར་རང་གི་ཕ་ཡུལ་ས་ཕྱོགས་གང་དུ་ངོས་འཛིན་དགོས་པའང་མི་ཤེས་པའི་གནས་སུ་གྱུར་སོང་། ཐོག་མའི་དུས་སུ་བརྒྱུད་པའི་དཀའ་ཚེགས་ཀྱི་བགྲོད་ལམ་དག་དག་རྒྱུན་ནས་རིམ་བཞིན་བསྟན་བཅོས་སུ་ཕབ་སྟེ། འདས་པོའི་རྣམ་ཤེས་ཕ་ཡུལ་དུ་ལོག་པའི་བཤུལ་ལམ་རིང་མོ་ཞིག་ཏུ་གྱུར་པ་དང་། གསོན་པོ་རྣམས་ཀྱིས་འདས་པོ་གྲང་ངོགས་ལྟོགས་ངོགས་ཀྱིས་རྒྱུགས་སོགས་ཀྱིས་ཐོང་བ་བྱེད་པའི་ཡུལ་སྤྲོལ་ཆགས་པར་མངོན། གནས་ལུགས་དེ་དག་ལ་གཞི་བྱས་ན་གུ་ཅི་ཇོ་རིང་འདབས་ཀྱི་རི་མོ་རྣམས་ལས་ང་ཚོས་རྟོགས་ཐུབ་པ་ནི། ཧ་སྟོན་མར་སྨྲ་བསྟད་ཡོད་པ་ནི་འདས་པོའི་ཚིབས་རྟར་ངེས་ཤིང་། རྗེས་མར་སྨྲ་བསྟད་མེད་པར་ཁྲུག་མ་བཀལ་བ་ལས་དེ་ནི་འདས་པོའི་ལམ་རྒྱུགས་ཡིན་པ་ཤེས་ཐུབ། དེ་བཞིན་གཡས་གཡོན་གྱི་མི་རྣམས་ནི་གཡོག་པོ་གཡག་མོའི་འཁོར་དང་། སྟག་དང་སེང་གེ་ནི་བོན་ཆོས་དར་བའི་ཁ་རྗེ་དབང་ཐང་དང་བར་ཆད་ལམ་སེལ་གྱི་རིག་གནས་མཚོན་དོན་དུ་གོ་བར་སེམས།

ཕ་ཡུལ་ནི་སྐྱིད་ཀྱི་གཞི་མ་དང་སྡུག་གི་ཞེ་འཁྲེང་ཡིན་ཕྱིན། ཡུལ་གྱུར་བ་ཞིག་ལ་མཚོན་ན། ཕ་ཡུལ་དུ་ལོག་འདོད་པ་ནི་མི་ཚེའི་འདུན་མ་དང་རེ་བའི་མིག་ལྟོས་ཡིན་པ་སྨོས་ཅི་དགོས། དེ་བཞིན་ཐུན་མོང་གི་ཚོགས་པ་ཞིག་གམ་མི་རིགས་ཤིག་ལ་མཚོན་ན་ཡང་། མེས་པོ་ནས་བརྒྱུད་པའི་རང་ས་དྲན་མོར་བསྙེག་པའི་འདུན་པ་ནི་ཕལ་པའི་བློ་ཡིས་གཞལ་བར་ག་ལ་ནུས། རང་རེ་བོད་ལ་མཚོན་ནའང་བཀའ་མ་ལོག་གི་ཚེ་རྒྱུད་བྱུང་བ་ལས་ང་ཚོས་མཐོང་ཐུབ་པ་ནི་ཕ་ཡུལ་དུ་ལོག་འདོད་ཀྱི་འདུན་པ་དྲག་པོ་དོན་ལ་བྱེད་འགོ་བརྩམས་པར་བཙན་པོའང་ཁྲི་ཐུག་སྟེ་བཀའ་དྲག་པོས་མི་གཙུག་ཐབས་མེད་བྱུང་བ་དེ་ཡིན། དེའི་ཕྱིར། ཇོ་རིང་གི་རི་མོ་ལས་བློ་བསྐྱེད་བྱུང་བ་ནི། རང་ཡུལ་གང་པ་ཡིན་ཡང་སྐྱིད་འདོད་ཀྱི་སེམས་འདུན་དྲག་པོ་དེས་ཕ་ཡུལ་དང་འབྲེལ་བའི་རིག་གནས་སྣ་ཚོགས་ཀྱང་བསྐྲུན་པར་སྣམ་མོ། །

མཆན།

[1][5][6][7][8][10][11][13][14]《ཏུན་ཧོང་ནས་ཐོན་པའི་བོད་ཀྱི་ལོ་རྒྱུས་ཡིག་ཆ།》མི་རིགས་དཔེ་སྐྲུན་ཁང་། ༡༩༩༢ལོའི་ཟླ༢པར། ཤོག་ངོས༥༣、༢༢、༥༣、༡༩-༢༠、༡༤、༢༠、༥༨、༣༠、༡༢༨པ་བཅས་སུ་གསལ།

[2][3][12][16]ཕང་ཉིན་ཧིན་ནས་བརྩམས། 《ཀྲུང་གོའི་ཡུན་ནན་མི་རིགས་ཀྱི་ལོ་རྒྱུས་དང་རིག་གནས།》ཡུན་ནན་མི་རིགས་དཔེ་སྐྲུན་ཁང་། ༡༩༩༥ལོའི་ཟླ༢པར། ཤོག་ངོས༢༠༤、༢༠༤、༢༠༩、༢༠༣པ་བཅས་སུ་གསལ།

[4]བཙན་པོ་གཙུང་གི་ཇོ་རིང་ཞེས་པ་ནི་བོད་ཀྱི་འབོད་སྟངས་ཤིག་ཡིན་པ་ལས་དོན་དངོས་སུ་ཇོ་རིང་དེའི་མིང་ལ南诏德化碑ཟེར། དེའི་སྟེང་དུ་རྒྱ་ཡིག་ལས་བོད་ཡིག་མེད། ཇོ་རིང་དེ་ནི་སློན་དན་ཙུང་ཀོག་གིས་བློ་འདོན་བྱས་འོག་འཇང་ཚོ་དྲུག་གི་རྒྱལ་པོ་ཀག་ལ་བོད་གིས་བཞེངས་པ་ཞིག་ཡིན། ཁོང་ལ་བཙན་པོ་གཙུང་གི་ཐབས་བསྐུལ་པའི་གནས་ཚུལ་ཡང་ཇོ་རིང་དེའི་སྟེང་དུ་འཁོད་པས། བོད་ཀྱི་ཞིབ་འཇུག་པ་དག་གིས་དེ་ལ་བཙན་པོ་གཙུང་གི་ཇོ་རིང་ཞེས་འབོད་པ་ཡིན།

ལྷོ་བྲག་དགྱེས་པའི་བཞད་སྒྲ།

[9] 范字总等主编《全唐文唐诗吐蕃史料鉴吐蕃史料》བོད་ལྗོངས་མི་དམངས་དཔེ་སྐྲུན་ཁང་ནས༡༩༨༨ལོའི་ཟླ་བ༩པར་བསྐྲུན། ཤོག་ངོས༧༠—༧༣བར་གསལ།

[15] ཀོ་ཏ་ལེ་དང་ཏུ་གྲི་ཨུའུ་ནས་བརྩམས། 《འཛང་རིགས་ཀྱི་ལོ་རྒྱུས།》 སི་ཁྲིན་མི་རིགས་དཔེ་སྐྲུན་ཁང་། ༡༩༩༩ལོའི་ཟླ༩པར། ཤོག་ངོས༡༣༢པར་གསལ།

《བོད་ལྗོངས་ཞིབ་འཇུག》 ༢༠༡༠ལོའི་དེབ་གསུམ་པ་ལས་བཏུས།

༄། །བཙན་པོ་ཁྲི་ལྡེ་གཙུག་བརྟན་སྐབས་ཀྱི་ཛག་རོང་དགའ་ལྡན་བྱིན་ཆེན་གཙུག་ལག་ཁང་གི་དྲིལ་བུའི་ཁ་བྱང་གི་ཡི་གེར་དཔྱད་པ།

ལྷ་མཆོག་རྒྱལ།

ཉེ་ཆར་ཀན་སུའུ་དཔལ་རིས་ཕྱོགས་ནས་གནའ་བོའི་དགོན་རྙིང་གི་དྲིལ་བུ་ཞིག་རྙེད་པ་ནི་ཤིན་ཏུ་རྩ་ཆེ་བའི་བོད་ཀྱི་རིག་དངོས་ཤིག་ཡིན་ཏེ། དེ་ཉིད་རྩ་ཆེ་ཚུལ་ནི་གཤམ་གྱི་དོན་ཚན་བཞི་ལ་དྲིལ་ནས་བཤད་ཆོག དང་པོ་ནི་བོད་ལ་ད་ལྟའི་བར་ཁྱབ་བསྒྲགས་བྱས་ཟིན་པའི་བཙན་པོའི་དུས་སྐབས་ཀྱི་རྡོ་རིང་དང་དྲིལ་བུ་ཉེ་ཤུ་ལྷག[1]ཡོད་པའི་ནང་ཚུད་མེད་པར་མ་ཟད། དཔལ་རིས་ཀྱི་དྲིལ་བུ་འདི་ནི་བཞེངས་པ་ཆེས་སྔ་ཤོས་དེ་ཡིན་པ། གཉིས་པ་ནི་ད་ལྟའི་བར་བསམ་ཡས་དགེ་རྒྱས་གཙུག་ལག་ཁང་གི་དྲིལ་བུ་སོགས་གནའ་དྲིལ་གསུམ་ཡོད་པའི་ཁར་དཔལ་རིས་ཀྱི་དྲིལ་བུ་འདི་བསྣན་ན་ཞིབ་འཇུག་བྱེད་ཡུལ་གསར་དུ་བསྐྱེད་པ། གསུམ་པ་ནི་དྲིལ་བུའི་ཁ་བྱང་གི་ཡི་གེ་ལས་བཙན་པོ་ཁྲི་ལྡེ་གཙུག་བརྟན་གཅེན་གཅུང་གཉིས་ཀྱི་གནས་ཚུལ་དང་། བཙན་མོ་འབྲོ་བཟའ་ཁྲི་མ་ལོད། ལྷ་སྲས་ལྷང་ཚ་ལྷ་དབོན། རྒྱ་བཟའ་ཀྱིམ་ཤིང་ཀོང་ཇོ་སོགས་ཀྱི་གནས་ཚུལ་ལའང་ངེས་ཤེས་གསར་པ་འཛྱོར་ཐུབ། བཞི་པ་ནི་དྲིལ་བུ་འདི་བོད་ཀྱི་དགོན་སྡེའི་ཐོག་མར་གྲགས་པའི་བསམ་ཡས་མ་བཞེངས་གོང་དང་སད་མི་མི་བདུན་རབ་ཏུ་མ་བྱུང་གོང་བཞེངས་པ་ཡིན་པས་བོད་ལ་ཐོག་མར་ཐུབ་བསྟན་ཇི་ལྟར་དར་ཚུལ་ལའང་དཔྱད་པ་གཏོང་ཐུབ།

དང་པོ། དྲིལ་བུའི་གནས་ཚུལ་མདོར་བསྡུས།

དྲིལ་བུ་འདིའི་རྒྱུ་ནི་ཁྲོ་ཟངས་འདྲེས་མས་གྲུབ་ཅིང་། ཞེང་ཚད་ལ་སྤྱི་རྒྱ168དང་། མཐོ་ཚད་ལ་ཀུང་ཕྲིན54 དྲིལ་ཁའི་འཕྲེད་ཞེང་ལ་ཀུང་ཕྲིན52 དྲིལ་ཞབས་ཀྱི་འཕྲེད་ཞེང་ལ་ཀུང་ཕྲིན40ཡོད། དྲིལ་བུ་ནི་པད་འདབ་དྲུག་ཅན་དུ་བཞེངས་ཡོད་ལ། པད་ལྕེ་རེ་རེའི་ཐོག་སྟག་མགོའི་རི་མོ་རེ་རེ་དང་དྲིལ་བུའི་ཁ་བྱང་གི་གོང་དུ་སྤྲིན་རིས་དྲུག་བཀོད་ཡོད། ཁ་བྱང་ནི་བཙན་པོའི་དུས་སྐབས་ཀྱི་འབྲི་ཚུགས་དབུ་ཅན་གྱིས་ཚིག་གིས་བར་ཆོད་མེད་པར་གཡོན་ནས་གཡས་སུ་རྒྱུན་མར་བྲིས་ཡོད་ལ། ཁ་བྱང་འབྲི་མཁན་གྱི་མིང་གི་ཡིག་འབྲུ་གཉིས་མི་གསལ་བ་མ་གཏོགས་ཐམས་ཅད་གསལ་པོར་ངོས་འཛིན་ཐུབ་པ་གཤམ

གསལ་ལྷར་ཏེ།

༄༅། །བོདཀྱིལྷབཙནཔོཁྲིལྡེགཙུགབརྟནམཆིདཀྱིསྐུཡོནདུབཙོསྟེ༔ཞང༔ལྷསྒྲརྒྱལསླེབསསྤྱདཀྱིསཛགརོང དཀླུལྷནབྱིནཙེནགཙུགལགཁངགིརྒྱེནདུདྲིལཆེནཙིགཕྱུལབའིཡོནྐྱིསསྟོབདགདངསེམསཙཐཾསཙདབླནམེདདེ བྱངཙུབཀྱིརྒྱུབཔརསྨོནཏོ། དྲིལའདིཝུགསཀོངxxགིསཡིགེབྲིསྟེདགེསློངཆོསཔྲིནཀྱིསབླུགསོ

གཉིས་པ། དྲིལ་བུའི་ཁ་བྱང་ཡི་གེའི་ནང་དོན་ལ་དཔྱད་པ།

བོད་ཀྱི་ལྷ་བཙན་པོ་ཁྲི་ལྡེ་གཙུག་བརྟན་བཙན་པོ་འདི་ནི་ཡབ་འདུས་སྲོང་མང་པོ་རྗེ་རླུང་ནམ་འཕྲུལ་གྱི་རྒྱལ་པོ་དང་ཡུམ་མཆིམས་བཟའ་བཙན་མོ་ཏོག་གེའི་སྲས་སུ་འཁྲུངས་ཤིང་། དགུང་ལོ་དྲུག་ཙམ་གསུམ་བཞེས་སྐབས་ཡར་འབྲོག་སྦྲ་ཚལ་དུ་ཆིབས་སྒྲོན་པས་གྲོངས། ཆོས་འབྱུང་དེབ་ཐེར་མང་ཆེ་བར་བཙན་པོ་འདི་ཉིད་སྐུ་ཆུང་དུས་ནས་སྨྲ་ར་ཡོད་པ་དང་བགྲེས་ཉམས་ཆེ་བས་མཚན་ལ་མེས་ཨག་ཚོམ་བཏགས་པ་དང་། བཙན་པོ་འདིའི་སྲས་ལྗང་ཚ་ལྷ་དབོན་ལ་རྒྱ་བཟའ་གྱིམ་ཤིང་ཀོང་ཇོ་ཁབ་ཏུ་བསུས་ཀྱང་རྒྱལ་བུས་འཕང་ཐང་དགེ་རར་མཚན་མོ་ཏ་བརྒྱུགས་ནས་ཐང་ལ་འཕངས་ཏེ་འདས་པས། བུའི་མནའ་མ་བཙན་པོ་རང་གིས་བཞེས་པར་བཤད། འོན་ཀྱང་ཏུན་ཧོང་གཏེར་ཡིག་དང་ཞོལ་རྡོ་རིང་ཕྱི་མ་ལྟར་ན་འབྲུག་གི་ལོ་སྟེ་སྤྱི་ལོ704ལོར་བཙན་པོ་འདི་ཡབ་ཁྲི་འདུས་སྲོང་འཇང་ཡུལ་ནས་འདས་པའི་ལོ་དེར་འཁྲུངས་པ་དང་། སྤྱི་ལོ754རྟ་ལོ་ཡས་མས་ལ་བློན་ཆེན་འབལ་ལྡོང་ཙབ་དང་ལང་མྱེས་ཟིགས་གཉིས་གློ་བ་རིངས་ནས་བཀྲོངས་པས་དགུང་ལོ་ལྔ་བཅུ་ཡས་མས་ལས་བཞུགས་མ་ཐུབ། ཆོས་འབྱུང་དེབ་ཐེར་དང་ཡིག་རྙིང་ལས་གང་ཞིག་གི་བཤད་ཚུལ་འགྲིག་པའི་ཐད་ལ་བློ་དམན་བདག་ལ་ཁ་ཚོན་གཅོད་པའི་སྤོབས་པ་མེད་

མོད། རྒྱལ་ཁབ་ཕྱི་ནང་གི་མཁས་པ་དག་གི་གནད་དོན་ཐད་ཀྱི་དཔྱད་འབྲས་དང་། རྒྱའི་ཡིག་ཚང་དག་གི་ལོ་ཆོགས་ལ་འཐང་བྱུར་བལྟ་བྱས་ན་ཡིག་རྙིང་གི་བཤད་ཚུལ་ལ་བདེན་ངེས་ཆེ་བར་སྙམ།

མཅེད་ཀྱིསྐུཡོྃདུབསྔོསྟེ༔འདིའི་དོན་ནི་བཙན་པོ་གཅེན་ལྷ་བལ་པོ་དང་གཅུང་མེས་ཨག་ཚོམ་སྐུ་མཆེད་གཉིས་ཀྱི་ཆབ་སྲིད་བརྟན་ཅིང་སྐུ་ཚེ་རིང་བའི་དོན་དུ་བསྔོ་ཞེས་པའི་དོན་ཡིན། ཏུན་ཧོང་གཏེར་ཡིག་ཏུ་མཐོང་བའི་བསྔོ་ཡིག་ནི་ཕལ་ཆེར་བཙན་པོ་རལ་པ་ཅན་ཁྲི་གཙུག་ལྡེ་བཙན་གྱི་སྐབས་སུ་བྱུང་བ་འབའ་ཞིག་ཡིན་ཏེ། དཔེར་ན་མཚུར་ཕུའི་རྡོ་རིང་དུ“བཙན་པོ་ལྷ་སྲས། ཁྲི་གཙུག་ལྡེ་བརྩན་འཕྲུལ་གྱི་བཀའ་དྲིན། ཞང་ཉ་སྟོ་ལ་ཆེད་སྩལད་པས་བཀའ་དྲིན་ཆེན་པོ་གསབ་པའི་ཕྱིར། །བཙན་པོ་སྐུ་ཡོན་དུ་བསྔོས་ཏེ”[2]ཞེས་པ་དང་། ཡང་གཏེར་ཡིག P. T999དུ“ལྷ་སྲས་ཁྲི་གཙུག་ལྡེ་བཙན་གྱི་སྐུ་ཡོན་དུ། །ཤ་ཅུར་རྒྱ་བོད་ཀྱི་དར་མ་ཆོ་དཔག་མྱེད་པ་བཞེངས”ཞེས་པ། “བཙན་པོ་ལྷ་སྲས་འུའི་དུན་བརྟན་གྱི་སྐུ་ཡོན་དུ་བསྔོ་བའི་སྨོན་ལཾ་གསོལ་ལྟ། །”[3]ཞེས་པ་སོགས་ལྟར་བསྔོ་ཡིག་དེ་དག་གི་ཚིག་འགྲོས་དང་ནང་དོན་ཕལ་ཆེར་གཅིག་འདྲ་ཡིན། སྔོན་ཆད་ཀྱི་ལོ་རྒྱུས་དང་ཆོས་འབྱུང་དུ་བཙན་པོ་མེས་ཨག་ཚོམ་ལ་གཅེན་ལྷ་བལ་པོའམ་ལྷ་བལ་ཕོ་ཞེས་པ་ཞིག་ཡོད་ཚུལ་ཀུན་ནས་གླེངས་མ་མྱོང་མོད། འོན་ཀྱང་། མི་ལོ་ཆིག་སྟོང་སུམ་བརྒྱར་ཉེ་བའི་ཡར་སྔོན་གྱི་དྲིལ་བུའི་ཁ་བྱང་གི་དན་རྟགས་འདི་དང་ལོ་རྒྱུས་རྣམ་པོས་སྨྲུག་རྩེས་མ་རེག་པའི་ཏུན་ཧོང་གཏེར་ཡིག་གི་ལོ་ཆོགས་ཀྱི་བདེན་དཔང་ལས་བཙན་པོ་གཅེན་གཅུང་དེ་གཉིས་ཀྱི་ལོ་རྒྱུས་ཀྱི་མི་གསལ་སེང་རས་ཀུན་ནས་ཕྱེ་བ་ཡིན། དེ་ཡང་ཐོག་མར་བཙན་པོ་གཅེན་ལྷ་བལ་པོའི་འཁྲུངས་འདས་དང་མཛད་རྗེས་སོགས་ཀྱི་ཐད་ནས་དབྱེ་ཞིབ་ཅུང་ཟད་བྱེད་དགོས་ཏེ། བཙན་པོ་འདིའི་འཁྲུངས་འདས་ཀྱི་དཔྱད་གཞིར་འཕེར་བའི་ཡིག་ཆ་མང་པོ་མེད་མོད། ཏུན་ཧོང་གཏེར་ཡིག་གི་བཙན་པོ་རིམ་བྱུང་གི་ལོ་ཆོགས་གནད་བསྡུས་ན། སྤྲེལ་གྱི་ལོ་ལ་བབ་སྟེ། །(སྤྱི་ལོ705)བཙན་པོ་སྲས:རྒྱལ:གཙུག་རུ་དང་། ཕྱི་ཁྲི་མ་ལོད:དྲོན་ན་བཞུགས། ལྗེག་རེན་པའ:མཆོན:སྣང་གྲགས:དང་། ཁེ་རྒད་མདོ་སྣང་ལས:སྐོགས:པ:ལོག་སྟེ:བོན་མོ:ན་ལ་ཅེར:ལྗེག་རེན་པ་ལོག་པ་རྣམས:བཀུམ། ཕོང་ལག་རང་དུ:བཙན་པོ་གཅེན་ལྷ་བལ་པོ་རྒྱལ་ས་ནས:ཕབ། བཙན་པོ་ཡབ:ཁྲི་འདུས་སྲོང་གྱི:དཔུར། མེར་ཀའི་རིང:ཁང་ན་བཞུགས། དགུན་བཙན་པོ་རྒྱལ:གཙུག་རུ་དང་། ཕྱི་ཁྲི་མ་ལོད་ཞུར་ན་བཞུགས། ཁུ་ང(ཁུ)མང་པོ་རྗེ་ལྷ་བྱུང་། བློན་ཆེན་པོར་བཀའ་སྩལད། དེའི་རྗེས་ལ:གླིང་རིངས་ཙལདུ:ཁུ་མང་པོ་རྗེ་ལྷ་བྱུང་། ལ:བཀྱོན་ཕབ། དབའས:ཁྲི་གཟིགས:ཞང་ཉེན:བློན་ཆེན་པོར:བཀའ་སྩལདེ། སེའུ་ལོག་པར་ལོ་གཅིག”[4]ཅེས་པ་ལྟར་བཙན་པོ་ཡབ་ཁྲི་འདུས་སྲོང་སྤྱི་ལོ704ལོར་འདང་ཡུལ་ནས་སྐུ་གཤེགས་རྗེས་ལྷ་སྲས་ཆེ་བ་བལ་པོ་རྒྱལ་སར་བཀོད་ཡོད་ཀྱང་ལོ་གཅིག་ཙམ་གྱི་རྗེས་ནས་ཁོང་རྒྱལ་ས་ནས་ཕབ་ཚུལ་གསལ་བ་མ་གཏོགས། སྐུ་འཁྲུངས་འདས་ཀྱི་དཔྱད་གཞི་ཞིག་མེད་པ་རེད། ཡིན་ན་ཡང་བཙན་པོ་སྐུ་གོང་མ་དག

གིས་རྒྱལ་སྲིད་བཞེས་སྐབས་དགུང་ལོ་བཅུ་གཉིས་ཡས་མས(སྲོང་བཙན་དང་མང་སྲོང་གཉིས་ཀྱིས་བཅུ་གསུམ་ཐོག་ཏུ་རྒྱལ་སྲིད་བཞེས་པ་དང་འདུས་སྲོང་གིས་བཅུའི་ཐོག་རྒྱལ་སྲིད་བཞེས)ཡིན་པ་དེ་དག་ལ་བསྟུན་ན། བཙན་པོ་གཙེན་ལྷ་བལ་པོ་འདི་སྤྱི་ལོ614ཡས་མས་ལ་འཁྲུངས་ངེས་པ་དང་། འདས་ལོ་ནི་བྱི་བའི་ལོ་སྟེ་སྤྱི་ལོ712ལོར"བཙན་པོ་མཚན་རྒྱལ:གཙུག་རུ་ལས། ཁྲི་ལྡེ་གཙུག་རྩན་དུ་གསོལད"ཞེས་བཙན་པོ་མེས་ཨག་ཚོམ་སྐུ་ཆུང་དུས་ཀྱི་མཚན་རྒྱལ་གཙུག་རུ་དེ་ཁྲི་ལྡེ་གཙུག་བཙན་དུ་གསོལ་བའི་རྗེས་ཀྱི་མི་རིང་བའི་ལོ་ག་གེ་མོ་ཞིག་ལ་རེད་ཟེར་བ་ལས་འདི་ཡིན་ཁ་ཚོན་གཅོད་དཀའ་བ་རེད།

ཞངལྷསྲརྒྱལསློབསསྤད། དྲིལ་བུ་འདིའི་འགྲོ་སོང་འབུལ་མཁན་གྱི་ཡོན་བདག་ཞང་བློན་ལྷ་སྲ་རྒྱལ་སློབས་པ་བུ་སྟེ། བཙན་པོ་ཁྲི་ལྡེ་གཙུག་བཙན་སྐུ་འཚོ་རིང་གི་སྤྱི་ལོ704ནས་སྤྱི་ལོ755བར་གྱི་ཏུན་ཧོང་གཏེར་ཡིག་གི་ལོ་ཚིགས་གནད་བསྡུས་ན་ཞང་གི་ཐབས་ཅན་གྱི་བློན་པོ་དྲུག་གི་མིང་ཡོད་པའི་ནང་དང་། ཏུན་ཧོང་གཏེར་ཡིག་ཁྲོད་ཀྱི《བཙན་པོ་ལྡེ་སྲུ་བོ་གནམ་གཞུང་ནས་བཟུང་བའི་བློན་པོ་བྱས་པའི་རབས》གང་ན་ཡང་ཞང་ལྷ་སྲ་རྒྱལ་སློབས་ཟེར་བའི་བློན་པོ་ཞིག་མེད་པས། འདི་ཉིད་སྐབས་དེའི་གོ་གནས་ཆེས་མཐོ་བའི་བློན་པོའི་གྲས་མིན་ཡང་། བོད་མཐའ་ཁུལ་གྱི་བློན་པོ་དབང་ཅན་ཞིག་ཡིན་པ་གླེང་མེད་ཡིན་ལ། ཁྱད་པར་དུ་ཁོང་ཕ་བུ་གཉིས་ཀྱིས་རྒྱ་དང་ལི་ཡུལ་སོགས་མི་རིགས་གཞན་ནས་ཐུབ་བསྟན་གྱི་ཆོས་ལུགས་ནང་འདྲེན་བྱེད་པའི་བྱ་གཞག་ལ་མཛད་རྗེས་ཆེན་པོ་བཞག་གནང་ཡོད་ཚོད་རེད།

ཧགརོངདགའལྡནབྱིནཆེནགཙུགལགཁངཞེས་པ་ཧག་རོང་དགའ་ལྡན་བྱིན་ཆེན་གཙུག་ལག་ཁང་སྟེ། ཧག་རོང་ཞེས་པ་ས་མིང་སྟེ་གནའ་དུས་དཔའ་རིས་གཞུང་དྲུག་ཏུ་གྲགས་པའི་ནང་གསེས་ཀྱི་ལུང་གཞུང་ཞིག་ཡིན། དགའ་ལྡན་བྱིན་ཆེན་གཙུག་ལག་ཁང་ཞེས་པའི་དགོན་སྡེ་འདི་བཞེངས་པའི་ལོ་རྒྱུས་རིང་ཞིང་དུས་འཁྲུག་སོགས་ཀྱི་གླིང་ལོག་ཏུ་མ་བྱུང་རྐྱེན་མཆོད་གཞིས་ལ་འཕོ་འགྱུར་མང་བ་དང་དགོན་མིང་ཡང་འགྱུར་ཡོད་པ་སོགས་ད་ལྟ་གང་ལ་ངོས་འཛིན་དགོས་མིན་གསལ་པོ་ཞིག་མི་ཤེས་སོད། ཧག་རོང་གཞུང་འདི་ན་ཡར་ལུང་དགོན་ཞེས་པ་ཞིག་ཡོད་པ་ནི་འདི་ཕྱོགས་ཀྱི་དགོན་སྡེ་གཞན་ལས་ལོ་རྒྱུས་རིང་བས་བཙན་པོའི་དུས་སྐབས་སུ་བཞེངས་པའི་དགའ་ལྡན་བྱིན་ཆེན་གཙུག་ལག་ཁང་དེ་ཡར་ལུང་དགོན་འདིའི་རྨང་གཞི་ཡིན་ཤས་ཆེ་སྟེ། དགོན་འདི་ལ་ལོ་རྒྱུས་ཐོག་དགོན་རྙིང་དང་དགོན་གསར་གཉིས་ཀྱི་དུས་རིམ་བྱུང་ཡོད་ཅིང་། དགོན་རྙིང་ནི་དུས་འཁྲུག་དབང་གིས་མེ་ལ་ཐིམ་ནས་ཤུལ་མེད་དུ་གྱུར་ཟིན་པ་དང་། དགོན་གསར་ནི་ད་ལྟ་དཔའ་རིས་རང་སྐྱོང་རྫོང་གི་ཆ། ཧག་རོང་སྲིབ་ཀྱི་ཁོངས་སུ་གཏོགས་པ། རྫོང་མཁར་ནས་ནུབ་བྱང་གི་ཕྱོགས་སུ་སྤྱི་ལེ་བཅོ་ལྔའི་མཚམས་ན་མཆིས། དགོན་འདིའི་ཆགས་ཡུལ་ནི་ཧག་རོང་དང་ཡར་ལུང་གཞུང་ཆུ་གཉིས་འདྲེས་མཚམས་སུ་གནས་པས་ཡོངས་གྲགས་སུ་ཡར་ལུང་དགོན་ཞེས་པའི་མིང་འདི་བྱུང་། 《མདོ་སྨད་ཆོས་འབྱུང》དུ་དགོན་འདིའི་མིང་ལ་ཧག་རོང་ཡར་ལུང

ཐུར་ཆེན་དགོན་དགའ་ལྡན་བྱམས་པ་གླིང་ཞུ་ཞིང་། 《སུམ་པའི་ཆོས་འབྱུང》དུ་དགའ་ལྡན་ཆོས་སྡིང་ཞེས་འབྱུང་། དགོན་འདི་ནི་ཆོས་སྡེ་ཆེན་པོ་བཀྲ་ཤིས་ལྷུན་པོའི་ཁྲི་ཐོག་བཞི་པ་པཎ་ཆེན་ཡེ་ཤེས་རྩེ་མོའི་སྐྱེ་བ་རྟ་ནག་པ་ཀུན་དགའ་རྣམ་སྲས་ཀྱི་ཡང་སྲིད་དགོན་ལུང་གི་མཁན་པོ་ཉེར་གསུམ་པ་རྟ་ནག་སྤྲུལ་སྐུ་ཀུ་ཤྲི་བློ་བཟང་བསྟན་པ་ཆོས་ཀྱི་ཉི་མས་བཏབ་པར་བཤད་ཡོད་ལ། དཔའ་རིས་བློ་བཟང་རྒྱ་མཚོས་མཛད་པའི《ཆོས་སྡེ་ཆེན་པོ་ཡར་ལུང་ཐོས་བསམ་དར་རྒྱས་གླིང་གི་ལོ་རྒྱུས་དཀར་ཆག་རབ་གསལ་མེ་ལོང》ཞེས་པར།(རྟ་ནག་སྤྲུལ་སྐུ་བློ་བཟང་བསྟན་པ་ཆོས་ཀྱི་ཉི་མ) “ལྕགས་སྦྲུལ(སྤྱི་ལོ1701)ལོར་དགོན་ལུང་གི་མཁན་ཁྲིར་བཞུགས་རྗེས་ཕྱོགས་འདིར་ཆར་འབེབས་ལན་གཉིས་མཛད་པ་ཙམ་ལས་ཆོས་སྡེའི་འཆད་ཉན་མཛད་ལོང་ཆེར་མ་བྱུང་འདུག”[5]ཅེས་པར་བརྟགས་ན། ཁོང་གིས་དགོན་པ་བཏབ་དུས་ཆེས་སྔ་ན་ཡང་སྤྱི་ལོ1650ཡས་མས་ཀྱི་སྔོན་ལ་འདེད་མི་ཐུབ་པ་རེད། དེ་ལྟར་ན་དགོན་འདི་བཙན་པོའི་དུས་སྐབས་ནས་བཏབ་ཡོད་པ་ཞིག་ལ་ཡར་འདེད་མི་ཐུབ་སྙམ་མོད། དགོན་འདིའི་རྟེན་གྱི་ཁྲོད་ན་ད་ལྟ་བར་ཡོད་པའི་ཧྭ་ཤིང་ཡུང་ལོ་རྒྱལ་པོའི་ཁྲི་ལོ་བཅུ་བདུན(སྤྱི་ལོ1412)པར་བརྐོས་པ་མཚན་དང་བཅས་པའི་རྗེ་བཙུན་འོད་ཟེར་ཅན་མའི་ཇོ་སྐུ་དང་། གོང་གི་དཔའ་རིས་བློ་བཟང་གི་ཕྱག་རྩོམ་དུ“ཧྭ་ཤིང་ཡུང་ལོ་རྒྱལ་པོའི་ཁྲི་ལོ་བཅོ་ལྔ་བར། ཡར་ལུང་དགོན་པའི་བྲག་སྒོའི་སྐེད་ན་རྗེ་བཙུན་བྱམས་པའི་ཇོ་སྐུ་ཆེན་མོ་རང་བྱུང་དུ་གྲགས་པར་ཇེ་གསལ་དུ་བརྐོས། མ་ནི་རང་བྱོན་འབུར་དུ་དོད”ཅེས་བྱུང་བ་སོགས་ལ་གཞིགས་ན། ཀུ་ཤྲི་བློ་བཟང་བསྟན་པ་ཆོས་ཀྱི་ཉི་མ་འཚོ་གཞེས་དུས་སྐབས་ཀྱི་སྔོན་ནས་དགོན་པ་འདི་ཡོད་པ་བདེན་དཔང་བྱེད་ཐུབ། དེ་ལྟར་ན《མདོ་སྨད་ཆོས་འབྱུང》སོགས་སུ་རྟ་ནག་སྤྲུལ་སྐུས་དགོན་པ་བཏབ་ཅེས་བྱུང་བ་དེ་ནི། དོན་དམ་དུ་སྔར་གྱི་དགོན་རྙིང་རྫག་རོང་དགའ་ལྡན་བྱིན་ཆེན་གཙུག་ལག་ཁང་རྒྱ་བསྐྱེད་པའམ་ཡང་ན་དམག་འཁྲུག་སོགས་ཀྱི་དབང་གིས་དགོན་པར་གཏོར་བཤིག་ཐེབས་པར་ཉམས་གསོ་བྱས་པའི་དོན་ཡིན་ཤས་ཆེ། ལོ་རྒྱུས་ཐོག་དགོན་པ་འདིར་གཏོར་བཤིག་ཐེངས་མང་ཐེབས་ཡོད་ཚོད་དུ་སྣང་མོད། སྔོན་ཆད་ཀྱི་གནས་ཚུལ་བཀོད་པའི་དཔྱད་གཞི་མེད་པས་གསལ་པོར་རྟོགས་ཐབས་བྲལ། ལོ་རྒྱུས་ཐོག་དངོས་སུ་བཀོད་ཡོད་པ་ནི་དགོན་རྙིང་འདི་སྤྱི་ལོ1723ལོ་སྟེ། གོང་མ་ཡུང་ཏེང་ཁྲི་ལོ་དང་པོ་ཆུ་ཡོས་ལོར་མཚོ་སྔོན་པོའི་ཉེ་འདབས་སུ་གནས་པའི་སོག་པོ་ཨོ་རོད་ཚོ་བཞིའི་ནང་གསེས་ཧོ་ཤོད་ཚོ་པའི་ཆེན་ཝང་བློ་བཟང་བསྟན་འཛིན་གྱིས་མཚོ་སྔོན་བོད་སོག་གི་སྡེ་དྲངས་ནས་ཆེན་གོང་མར་ངོ་ལོག་བྱེད་སྐབས་ཉན་ཀན་ཡོའི་དམག་དཔུང་གིས་མེར་བསྲེགས། དཔའ་རིས་བློ་བཟང་རྒྱ་མཚོའི་གསུང་རྩོམ་དུ་དགོན་པ་བསྐྱར་བཞེངས་མཛད་མཁན་ནི་རྒྱལ་དབང་ཚངས་དབྱངས་རྒྱ་མཚོ་ཡིན་པར་བཤད་ཅིང་། “རྒྱལ་དབང་ཚངས་དབྱངས་རྒྱ་མཚོ་ཞེས་བགྱིས་ན་མཚན་མངོན་ཆེས་ཤིང་། དུས་དེར་དགག་བྱ་ཆེ་བས་གསང་བར་མཛད་པའི་མཚན་ལ་དྭགས་པོ་བླ་མའམ་ཨ་ལགས་ཤ་རྒྱལ་སྲས་ཀུན་གྲོལ་ནོ་མོན་ཧན་སོགས་སུ་

འབོད། དཔའ་རིས་ཇག་རོང་པས་འདིའི་སྐུ་ཕྲེང་རིམ་བྱོན་ལ་ཨ་ལགས་ཤ་རྒྱལ་སྲས་ཚང་དུ་འབོད"[6] ཅེས་བཀོད་ཡོད། རྒྱལ་སྲས་ཚང་གིས་དངུལ་སྲང་བརྒྱ་ཕྲག་འགའ་བཏང་གནང་ནས་དགོན་བསྐྱར་འདེབས་ཀྱི་ས་ཉོས་པ་དང་། ཤིང་འབྲུག(སྤྱི་ལོ1724)ལོར་ལྷོ་འཕྱེའི་ཐིག་དང་ས་བརྟག་བསླང་སོགས་རྒྱུད་སྡེ་ནས་བཤད་པ་ལྟར་གནང་ནས་དབུ་བཙམ་པར་མཛད་ཀྱང་། དེ་དུས་ད་དུང་དམག་འབྲུག་མཇུག་བསྒྲིལ་མེད་པས། མེ་ལུག་ལོ(སྤྱི་ལོ1727)བར་འགོར་འགྱང་བྱུང་ནས་ད་གཟོད་དགོན་པ་བཞེངས་འགོ་རྩོམ་ཐུབ་པ་བྱུང་བ་དང་། ཡུང་ཀྲེང་ཁྲི་ལོ་བརྒྱད་པ་སྟེ་སྤྱི་ལོ1730ལ་ཡོངས་སུ་འགྲུབ། བསྐྱར་བཞེངས་བྱས་པའི་དགོན་མིང་ལ་ཐོས་བསམ་དར་རྒྱས་གླིང་དུ་བཏགས་ཤིང་། གོང་མས་དགའ་ལྡན་ལེགས་ཚོགས་གླིང་དུ་བསྟགས། དགོན་གནས་དེ་རྒྱ་བོད་འདྲེས་མའི་ས་ཁུལ་དུ་ཡིན་པས་རྒྱ་སྐད་དུ་ཧི་མན་ཟེ(石门寺)དང་དགའ་པོ་ལྷ་མའི་མཚན་གྱིས་དགའ་པོ་དགོན(大宝寺)ཡང་ཟེར། དེ་ལྟར་ལྷ་བཟང་ཁང་གིས་ཁྲི་ལས་ཕབ་པའི་རྒྱལ་དབང་ཚངས་དབྱངས་རྒྱ་མཚོ་སྟེ་མི་མངོན་པའི་མཚན་ལ་དགའ་པོ་ལྷ་མའམ་ཨ་ལགས་ཤ་རྒྱལ་སྲས་ཀུན་གྲོལ་ནོ་མོན་ཧན་ཞུ་བས་དགོན་པ་བསྐྱར་བཞེངས་གནང་རྗེས། ལོ་ངོ་ཉི་ཤུ་རྩ་ལྔའི་རིང་དགོན་བདག་དང་ཁྲི་པ་གཅིག་ལྟོགས་སུ་མཛད་ཅིང་། རབ་བྱུང་བཅུ་གཉིས་པའི་མེ་སྟག་སྟེ་སྤྱི་ལོ1746ལོའི་ཟླ་དྲུག་པའི་ཚེས་ཉེར་དྲུག་ཉིན་སྐུ་མྱ་ངན་ལས་འདས། བླ་མ་དེའི་རྗེས་ནས་སྤྱི་ལོ1959བར་སྐུ་ཕྲེང་དྲུག་བྱོན་ཅིང་ཁོང་རྣམ་པས་དགོན་པ་འཛིན་སྐྱོང་སྤེལ་གསུམ་ལ་མཛད་རྗེས་ཆེན་པོ་བཞག དགོན་པ་བསྐྱར་བཞེངས་བྱས་ནས་ལོ་བརྒྱ་དང་སོ་དྲུག་སོང་བའི་ཐོང་ཀྲི་ཁྲི་ལོ་ལྔ་པ་སྟེ་སྤྱི་ལོ1866ལ་ཀཱ་ཅིའི་མཱ་ཀྲན་ཨོ(马占鳌)ཞེས་པའི་དམག་དཔུང་གིས་དཔའ་རིས་ཀྱི་ཡུལ་མི་ཁྲི་ཚོ་དགུ་དམར་གསོད་བྱས་ཤིང་དགོན་པ་མེ་བསྲེག་བཏང་བས་ཡང་ཐེངས་གཅིག་འཇིག་པར་བྱས།

དགོན་འདིའི་ལོ་རྒྱུས་ལས་སྔ་ཕྱིར་དགོན་མིང་ཐེངས་དུ་མར་འགྱུར་བ་ནི་ལོ་རྒྱུས་ཀྱི་འཕོ་འགྱུར་མང་པོ་བྱུང་བ་དང་འབྲེལ་བ་ངེས་ཅན་ཡོད་ངེས་ཡིན་ཏེ། དགོན་པ་གནས་ཡུལ་གྱི་ཇག་རོང་གཞུང་འདིར་ཐོག་མར་སྡོད་མཁན་འ་ཞ་ཡིན་པ་ལས་སྤྱི་ལོ638ལོ་ནས་བཙན་བོད་ཀྱི་སྟོབས་ཤུགས་ཕྱོགས་འདིར་ཐོན་འགོ་ཚུགས་ཤིང་། ཕྱིས་སྤྱི་ལོ659ནས667བར་སློན་ཆེན་སྟོང་བཙན་སྟ་རྗེས་ལོ་བདུན་ཙམ་འ་ཞའི་ཡུལ་ལ་བཞུགས་ཏེ། འ་ཞ་དེ་བོད་ཀྱི་འབངས་རྣལ་མར་བཀུག དགའ་ལྡན་བྱིན་ཆེན་གཙུག་ལག་ཁང་ཞེས་པའི་དགོན་སྡེ་འདི་ནི་ཏ་ལམ་སྤྱི་ལོ659ལོ་ནས་བོད་ཀྱིས་འ་ཞ་ཡོངས་སུ་དབང་འོག་ཏུ་བསྡུས་རྗེས་བཞེངས་པ་ཡིན་པར་ངེས་ལ། དགོན་འདི་དང་ཐག་ཉེ་སའི་སྤྱིན་མདོ་ལུང་པ་ན་སྟོན་པ་གཙོ་འཁོར་གསུམ་གྱི་བྲག་བརྐོས་སྐུ་གཟུགས་ཡོད་པའི་ཁ་བྱང་ལ"བཙན་པོའི་སྐུ་ཡོན་དང་སེམས་ཅན་ཐམས་ཅད་ཀྱི་དོན་དུ་པ་གོར་ཡེ་ཤེས་དབྱངས་ཀྱིས་བཀྱིས"ཞེས་བཀོད་ཡོད་པ་ལས་ཀྱང་བཙན་པོའི་དུས་སྐབས་སུ་དཔའ་རིས་ཕྱོགས་དེ་ནི་བོད་ཀྱི་ཆོས་ལུགས་པ་འགྲོ་འོང་བྱེད་ས་ཞིག་ཡིན་པ་ཤེས་ཐུབ། བོད་སིལ་བུར་

ཐོར་རྗེས་དཔའ་རིས་ཕྱོགས་འདི་ས་གནས་སྟོབས་ཤུགས་ཀྱིས་བཙད་བཟུང་བྱེད་པའི་ས་ཁུལ་དུ་གྱུར་པས། མཆོད་གཞིས་མི་སེར་དང་དགོན་པའི་གྲྭ་རྒྱུན་སོགས་ལ་འཕོ་འགྱུར་དུ་མ་བྱུང་ཡོད་པ་ནི་གླིང་མི་དགོས། ས་འདིའི་འཕོ་འགྱུར་ཆེན་པོ་ཐེངས་དང་པོ་ནི་བཙན་པོ་ཝུ་དུམ་བཙན་ལྷ་ལུང་དཔལ་རྡོར་གྱིས་སྐུ་བཀྲོངས་རྗེས་མཐའ་མཚམས་ཀྱི་བློན་པོ་རྣམས་ཀྱིས་ཕན་ཚུན་དབང་འོག་ཏུ་བསྡུ་བའི་དམག་འཁྲུག་ཆེན་པོ་བསླངས་པའི་སྐབས་ཡིན་སྲིད་ལ། རྒྱའི་ཐང་ཡིག་ཏུ་བཀོད་པ་ལྟར་ན། རྒྱ་དང་ས་མཚམས་འབྲེལ་སར་སྡོད་པའི་རྫོང་གི་དམག་དཔོན་ཞང་པེ་པེ་དང་ལོ་མིན་ཁྲིན(今甘肃武山洛门一带)གྱི་ཐའོ་ཅི་ཧྲི་ཞང་ཁོ་བཞེར་བྱ་བ་སོགས་ཀྱིས་སྤྱི་ལོ842ནས866བར་ཏེ་ལོ་ཉེར་བཞིའི་རིང་བསྟུད་མར་དམག་འཁྲུག་བྱས་པས་སོ་སོའི་སྟོབས་ཤུགས་ཉམས་མེད་དུ་གྱུར་པར་མ་ཟད། མཐའ་མར་ཡུན་མོ(温末)ཞེས་པའི་བྲན་གཡོག་གི་ཟིང་འཁྲུག་ལངས་ཏེ་བོད་ཁམས་ཡོངས་རྫོགས་དམག་འཁྲུག་གི་གཡོ་འགུལ་གྱི་ནང་དུ་ཚུད། དེའི་རྗེས་སུ་སྤྱི་ལོ1001ལོར་དཔའ་རིས་གཞུང་དྲུག་གི་རྗེ་བོ་འཕན་བློ་གྲོས་བྱ་བ་དེས་མི་ཉག་རྒྱལ་རྒོད་ཀྱི་རྗེ་བོ་ལི་ཅི་ཆན(李继迁)བློ་ཐབས་ཀྱིས་བསད་པར་རྐྱེན་བྱས་ནས་དེའི་བུ་ལི་ཏེ་མིང(李德明)གིས་ཕའི་དགྲ་ཤ་ལེན་ཆེད། སྤྱི་ལོ1004ལོར་འཕན་བློ་གྲོས་ཀྱི་མངའ་འོག་ལ་སྒྲིག་ཇན་སྤྲད་ནས་འཕན་བློ་གྲོས་བསད་ཅིང་ཛག་རོང་ཚོ་པ་བཅུ་གསུམ་དང་བཅས་པའི་དཔའ་རིས་གཞུང་དྲུག་ཐམས་ཅད་མི་ཉག་གི་དབང་འོག་ཏུ་བསྡུས། དེའི་རྗེས་སུ་ཅོང་ཁའི་ཇོ་སྲས་སྲིད་དབང་གིས་ཀྱང་ཕྱོགས་འདིར་ཤུགས་རྐྱེན་ཐེབས་ཡོད་མོད། ས་འདིར་དབང་བསྒྱུར་སྲ་བརྟན་ཞིག་ཆགས་ཐུབ་མེད། སྤྱི་ལོ1204ནས1227ལོ་བར་ཇིང་གིར་ཏན(成吉思汗)དམག་དཔུང་དང་མི་ཉག(西夏)དབར་དམག་འཁྲུག་ཆེན་པོ་ཐེངས་གསུམ་བརྒྱབ་རྗེས་ཛག་རོང(者龙)ས་ཁུལ་གྱི་བདག་དབང་ཡོན་རྒྱལ་རབས་ཀྱིས་བཟུང་བ་དང་སྦྲགས་ཛག་རོང་སྐད་ལ་ས་མིང庄浪(འཛོག་ལུང)ཞེས་པར་བཏགས། དེ་ནས་ཡང་ཆིང་རྒྱལ་རབས་སྐབས་སུ་ཉན་ཀན་ཡོས་ས་ཁུལ་འདིའི་ཇ་ལོག་ཞི་འཛུགས་བཏང་རྗེས་ཕིན་ཧྥན་རྫོང(平番县)དུ་བཏགས་པ་དང་། མིན་གོ་ཁྲི་ལོ12པ་སྤྱི་ལོ1927ལོར་གོ་མིན་ཏང་སྲིད་གཞུང་གིས་རྫོང་མིང་དེར་གྲངས་ཉུང་མི་རིགས་ལ་དམའ་འབེབས་བྱེད་པའི་ནང་དོན་ཡོད་པར་བསམས་ནས་ཡུང་ཏེང(永登)རྫོང་ཞེས་པར་བཅོས་པ་དང་། བཅིངས་འགྲོལ་བྱས་རྗེས་སྔར་གྱི་དཔའ་རིས་ཛག་རོང་གཞུང་འདི་ཡུང་ཏེན་དང་ཐེན་ཀྲུའུ་རྫོང(天祝县)གཉིས་ལ་འདུ་བར་བྱས། གོང་སྨྲས་དེ་དག་ནི་ལོ་ངོ་སྟོང་ལྷག་གི་རིང་ལ་དགོན་སྡེ་འདིའི་གནས་ཡུལ་ལ་བྱུང་བའི་འཕོ་འགྱུར་གྱི་གནས་ཚུལ་རགས་བསྡུས་ཙམ་ཡིན། གཞན་དུ་ན་ཡར་ལུང་དགོན་འདི་བསྐྱར་བཞེངས་བྱས་རྗེས་ཀྱང་དགོན་མིང་ཁྲིད་ནས"དགའ་ལྡན"ཞེས་པ་དོར་མེད་པ་ནི་སྔར་གྱི་དགའ་ལྡན་བྱིན་ཆེན་གཙུག་ལག་ཁང་གི་དགོན་མིང་གཞིར་བཟུང་བར་ངེས།

སེམསཅཐཾསཅདབླནམེདདེབྱངཅུབཀྱིརྒྱུབཔརསྨོནཏོ། ཆོས་འདིའི་བསྐྱང་ཡིག་བཀྲོལ་ན"སེམས་ཅན་

ཐམས་ཅད་བླ་ན་མེད་དེ་བྱང་ཆུབ་ཀྱི་རྒྱུ་ཐོབ་པར་སྨོན་ཏོ”ཟེར་དགོས་ཏེ། འདི་ལ་བོད་ཀྱིས་ཐུབ་བསྟན་དང་ལེན་བྱས་རྗེས་ཀྱི་སྨོན་ཚིག་སྤྱིའི་ཁྱད་ཆོས་ཡོད་པ་ནི། དཔེར་ན། བསམ་ཡས་དགེ་རྒྱས་གཙུག་ལག་ཁང་གི་དྲིལ་བུའི་སྨོན་ཚིག་ལ། “ལྷ་བཙན་པོ་ཁྲི་སྲོང་ལྡེ་བཙན་ཡབ་སྲས་སྣངས་དབྱལ་གསུང་དབྱངས་དྲུག་ཅུ་སྒྲ་དབྱངས་དང་ལྡན་ཏེ་བླ་ན་མེད་པའི་བྱང་ཆུབ་དུ་གྲུབ་པར་སྨོནད་ཏོ། །”ཞེས་པ་དང་། བཙན་པོ་ལྷ་སྲས་ཨུའི་དུན་བརྟན་གྱི་སྐུ་ཡོན་དུ་བསྔོ་བའི་སྨོན་ལམ་ལས། “བཙན་པོ་ལྷ་སྲས་ཨུའི་དུན་བརྟན་གྱི་ཞ་སྔ་ནས་ཀྱང་འགྲོ་བ་མང་པོའི་དགེ་བའི་བཤེས་གཉེན་བྱང་ཆུབ་ཀྱི་སྤྱོད་པ་རྒྱུན་མྱི་ཆད་པར་མཛད་པར་སྨོན་ནོ།” ཞེས་པ། བཙན་པོ་ཁྲི་གཙུག་ལྡེ་བཙན་འཁོར་དང་བཅས་པའི་སྨོན་ལམ་དུ་གསོལ་བའི་ཡི་གེར། “བཙན་པོ་ཁྲི་གཙུག་ལྡེ་བཙན་གྱི་ཞ་སྔ་ནས། དཔག་ཏུ་མེད་པར་སྐུ་ཚེ་རིང་ལ། །མངའ་ཐང་ཆེ། ཐུགས་ལ་དགོངས་སོ་འཚལ་འབྱོརད་གྲུབ་སྟེ་འཁོར་ལོ་སྐྱོར་བའི་རྒྱལ་པོ་དང་འདྲ་བར་གླིང་བཞི་རྒྱལ་ཁམས་གཞན་ལ་ཡང་མངའ་མཛད་ཅིང་མཐར་བླ་ན་མེད་པའི་སངས་རྒྱས་སུ་གྲུབ་པར་སྨོན་ཏོ”[7]ཞེས་པ་སོགས་ཚང་མར་སངས་རྒྱས་ཀྱི་རྒྱུ་ཐོབ་པའི་སྨོན་ལམ་བཏབ་ཡོད་པ་ལྟ་བུ་རེད།

ལྷུགསཀོངxxགིསཡིགེབྲིསྟོ། འདི་ནི་དྲིལ་བུའི་ཁ་བྱང་གི་ཡི་གེ་འབྲི་མཁན་གྱི་མིང་ཡིན་ལ། མིང་གི་ཡི་གེ་གཉིས་ངོས་འཛིན་མ་ཐུབ་པ་ཕངས་པར་བྱུང་།

དགེ་སློངཆོསཕྲིནཀྱིསབླུགསོ། འདི་ནི་དྲིལ་བུ་ལྷུག་མཁན་གྱི་བཟོ་བོ་ཡིན་ཏེ། ཆོས་ཕྲིན་ཞེས་པ་ཆོས་ཕྲིན་ནམ་ཆོས་ཀྱི་ཕྲིན་ལས་ཞེས་པ་ཚིག་བསྡུ་བྱས་པར་ངེས། འདི་ལས་སྐབས་དེར་བོད་ལ་ལྷུགས་རིགས་ལས་སྣོན་བྱེད་ཐུབ་པའི་ལག་རྩལ་དར་ཡོད་པ་གསལ་པོར་མཚོན་ཞིང་། དགེ་སློང་ཆོས་ཕྲིན་ནི་མིག་སྔར་ཡིག་ཐོག་ཏུ་བཀོད་པ་ཆེས་སྔ་བའི་བཙུན་པ་ཡིན་པས། བོད་ལ་སད་མི་མི་བདུན་གྱི་སྔོན་ནས་རབ་ཏུ་བྱུང་བའི་བཙུན་པ་ཡོད་པ་བདེན་དཔང་བྱས།

གསུམ་པ། དྲིལ་བུའི་ཁ་བྱང་གི་ཚིག་གོ་བདེར་བཀྲལ་བ།

༄། །བོད་ཀྱི་ལྷ་བཙན་པོ་ཁྲི་ལྡེ་གཙུག་བཙན་སྤུན་མཆེད་གཉིས་ཀྱི་སྐུ་ཡོན་དུ་བསྔོ་བའི་ཕྱིར། ཞང་བློན་ལྷ་སྒྲ་རྒྱལ་སླེབས་ཕ་སྤྱད་ཀྱིས་ཇག་རོང་དགའ་ལྡན་བྱིན་ཆེན་གཙུག་ལག་ཁང་གི་མཆོད་པའི་རྐྱེན་དུ་དྲིལ་བུ་ཆེན་པོ་ཞིག་ཕུལ་བའི་དགེ་བའི་ཕན་ཡོན་གྱིས་ཡོན་བདག་དང་སེམས་ཅན་ཐམས་ཅད་བླ་ན་མེད་པའི་བྱང་ཆུབ་ཀྱི་རྒྱུ་ཐོབ་པར་སྨོན་ནོ། །དྲིལ་བུ་འདི་ལྷུགས་ཀོངxxགིས་ཡི་གེ་བྲིས་ཤིང་དགེ་སློང་ཆོས་ཕྲིན་གྱིས་བླུགས་སོ། །

བཞི་པ། དྲིལ་བུའི་ཁ་བྱང་གི་ནང་དོན་དང་ཚིག་གི་ཁྱད་ཆོས་ལ་དཔྱད་པ།

དྲིལ་བུའི་ཁ་བྱང་གི་ནང་དོན་གྱི་ཆ་ནས་བསྔོ་སྨོན་ཞུ་ཡུལ་དང་། ཡོན་བདག བསྔོ་བ་འབུལ་གནས། བསྔོ་སྨོན། ཡིག་མཁན། བསྔོ་བའི་ཡོ་བྱད་བཟོ་མཁན་བཅས་ཁག་དྲུག་གིས་གྲུབ་ཡོད།

བསྔོ་སྨོན་ཞུ་ཡུལ། དྲིལ་འདིའི་ཁ་བྱང་གི་ཡི་གེའི་ཐོག་མར། "༄ །བོདཀྱིལྷབཙནཔོཁྲིལྡེགཙུགབརྩནམཅེདཀྱིསྐུཡོནདུབསྔོསྟེ༔"ཞེས་འབྱུང་བ་ལས། ཡོན་བདག་གིས་གང་ཟག་སུ་ཞིག་གི་དོན་དུ་དགེ་རྩ་སྒྲུབ་པ་ཞལ་གསལ་བ་ཡིན། བོད་ཀྱི་གནའ་དྲིལ་གཞན་གསུམ་དང་གཏེར་ཡིག་ཏུ་བྱུང་བའི་བསྔོ་ཡིག་དག་དང་བསྡུར་ནས་དཔྱད་ན་ཚིག་གི་གོ་རིམ་སྒྲིག་ཚུལ་གྱི་སྟེ་གཞུག་མི་འདྲ་བ་ཙམ་མ་གཏོགས་ནང་དོན་ཕལ་ཆེར་འདྲ་སྟེ། དཔེར་ན། 《བསམ་ཡས་དགེ་རྒྱས་གཙུག་ལག་ཁང་གི་དྲིལ་བུའི་ཁ་བྱང་སྨོན་ཚིག》ལས། "༄༅། །ཇོ་མོ་རྒྱལ་མོ་བརྩན་ཡུམ་སྲས་ཀྱིས་ཕྱོགས་བཅུའི་དཀོན་མཆོག་གསུམ་ལ་མཆོད་པའི་སླད་དུ་ཅོང་འདི་བགྱིས"ཞེས་པ་དང་། 《ཁྲ་འབྲུག་དགོན་པའི་དྲིལ་བུའི་ཁ་བྱང་སྨོན་ཚིག》ཏུ། "བཙན་པོ་ཁྲི་ལྡེ་སྲོང་བརྩན་སྐུ་ཡོན་ཏཱ། སེམས་ཅན་ཐམས་ཅད་དགེ་བ་ལ་བསྐུལ་བའི་ཕྱིར། ཡོན་བདག་ཇོ་མོ་བྱང་ཆུབ་ཀྱིས་བགྱིས"ཞེས་པ་ལྟ་བུ་དང་། དེ་བཞིན་དུ《མཚུར་ཕུའི་རྗེ་རིང་གི་ཡི་གེ》ཏུ། "བཙན་པོ་ལྷ་སྲས། ཁྲི་གཙུག་ལྡེ་བཙན་འཕྲུལ་གྱི་བཀའ་དྲིན། ཞང་ཉ་སྟོ་ལ་ཆེད་སྨྲལད་པས་བཀའ་དྲིན་ཆེན་པོ་གསབ་པའི་ཕྱིར། །བཙན་པོ་སྐུ་ཡོན་དུ་བསྔོས་ཏེ"ཞེས་པ་དང་། 《ཏུན་ཧོང་གཏེར་ཡིག་ཏུ་བྱུང་བའི་བསྔོ་ཡིག》ཏུ། "ལྷ་སྲས་ཁྲི་གཙུག་ལྡེ་བརྩན་གྱི་སྐུ་ཡོན་དུ། །ཤ་ཅུར་རྒྱ་བོད་ཀྱི་དར་མ་ཆེ་དཔག་ཏུ་མྱེད་པ་བཞེངས"ཞེས་པ། "༄ །བཙན་པོ་ལྷ་སྲས་འུའི་དུན་བརྟན་གྱི་སྐུ་ཡོན་དུ་བསྔོ་བའི་སྨོན་ལཾ་སྨོན་དུ་གསོལ་ལྟ། །"ཞེས་པ་སོགས་འདི་དག་ཐམས་ཅད་ལ་སྐབས་དེའི་ཆབ་སྲིད་ཀྱི་དབང་ཆ་ཆེས་མཐོ་བའི་བཙན་པོའི་ཆེད་དུ་དགེ་རྩ་བསྔོ་བའི་ཐུན་མོང་གི་ཁྱད་ཆོས་ཤིག་ཡོད་པས། དེའི་ཐོག་ནས་བཙན་པོའི་དུས་སྐབས་སུ་དྲིལ་བུ་དང་རྗེ་རིང་སོགས་བཞེངས་ནས་དགེ་རྩ་བསྔོ་བའི་དོན་དེ་འབབ་ས་མི་ཕལ་པ་ཕར་ཞོག་བློན་ཆེན་རྣམས་ལའང་དེ་འདྲའི་བརྩི་མཐོང་ཐོབ་དཀའ་བ་ཤེས་ཐུབ།

ཡོན་བདག དྲིལ་བུ་འདིའི་ཡོན་བདག་ནི"ཞངལྷསྐྲརྒྱལ་སླེབསསྲུད"ཡིན། དེས་ན་བསམ་ཡས་དྲིལ་བུ་དང་ཁྲ་འབྲུག་དྲིལ་བུ་གཉིས་ཀའི་ཡོན་བདག་ནི"ཇོ་མོ་རྒྱལ་མོ་བརྩན"ཡིན་ཀྱང་། བསམ་ཡས་དྲིལ་བུར"ཡུམ་སྲས"ཞེས་ཡོད་པ་དང་། ཁྲ་འབྲུག་དྲིལ་བུར"ཡོན་བདག་ཇོ་མོ་བྱང་ཆུབ"ཅེས་རབ་བྱུང་གི་མིང་ཁོ་ན་ལས་བཀོད་མེད་པར་བལྟས་ན། བསམ་ཡས་དྲིལ་བུ་དེ་ཡོན་བདག་བཙུན་མོ་འདི་རབ་ཏུ་མ་བྱུང་གོང་བླུགས་པ་དང་། ཁྲ་འབྲུག་དྲིལ་བུ་ནི་རབ་ཏུ་བྱུང་རྗེས་བླུགས་པ་ཞིག་ཡིན་སྙམ།

བསྔོ་བ་འབུལ་གནས། དྲིལ་བུ་འདི་བགྱིས་ཏེ་བསྔོ་བ་འབུལ་གནས་ནི"ཛགརོངདཀླཀྵནཔྲིནཅེནགཙུ

གལགཁང”ཞེས་ས་ཁུལ་གང་ཞིག་གི་དགོན་སྡེ་གང་ཞིག་ཡིན་པ་གསལ་ན་ཡང་། བསམ་ཡས་དང་བྲག་ཡེར་པ། ཁྲ་འབྲུག་གི་དྲིལ་བུ་གསུམ་པོར་ནང་དོན་འདི་བཀོད་མེད། ཚིག་འདི་ནི་དྲིལ་བུ་གང་ནས་བྱུང་བའི་གནས་ཚུལ་རྟོགས་བྱེད་ལ་ཕན་པ་ཞིག་ཡིན་པས། དྲིལ་བུ་འདི་ཤིན་ཏུ་རྩ་ཆེ་ཚུལ་གྱི་གནད་དུ་གྱུར་ཡོད།

བསྔོ་སྨོན། ཚིག་འདིས་ཡོན་བདག་གིས་དགེ་རྩ་གང་ཞིག་སྒྲུབ་པར་འབྲས་བུ་ཅི་ཞིག་འབྱུང་བར་རེ་བའི་འདུན་པ་མཚོན་ཡོད་དེ། དྲིལ་ཆེན་བཞེངས་པའི་ཕན་ཡོན་གྱིས“ཡོནབདགདངསེམསཅནཐཾསཅདབླནམེདདེབྱངཆུབཀྱིརྒྱུབཔརསྨོནཏོ”ཞེས་པ་དང་། བསམ་ཡས་དྲིལ་བུའི་ཁ་བྱང་དུ“ཅོང་འདི་བགྱིས་ཏེ་དེའི་བསོད་ནམས་ཀྱི་སྟོབས་ཀྱིས་ལྷ་བཙན་པོ་ཁྲི་སྲོང་ལྡེ་བཙན་ཡབ་སྲས་སྐངས་དཔྱལ་གསུང་དབྱངས་དྲུག་ཅུ་སྒྲ་དབྱངས་དང་ལྡན་ཏེ་བླ་ན་མེད་པའི་བྱང་ཆུབ་ཏུ་གྲུབ་པར་སྨོནད་ཏོ”ཞེས་དྲིལ་བུ་འདི་གཉིས་ལ་བསྔོ་སྨོན་གྱི་ནང་དོན་ཐོན་ཡོད་ཀྱང་། བྲག་ཡེར་པ་དང་ཁྲ་འབྲུག་དྲིལ་བུར་ནང་དོན་འདི་གསལ་པོ་ཐོན་མེད།

ཡིག་མཁན། ཁ་བྱང་གི་ཡི་གེ་འབྲི་མཁན་གྱི་མིང་བཀོད་ཡོད་པ་ནི་དྲིལ་བུ་འདི་ཁོ་ནའི་ཁྱད་ཆོས་ཤིག་ཡིན་ཏེ། བསམ་ཡས་དང་ཁྲ་འབྲུག བྲག་ཡེར་པའི་དྲིལ་བུ་གསུམ་པོར་ནང་དོན་འདི་བཀོད་མེད་པ་རེད།

བསྔོ་བའི་ཡོ་བྱད་བཟོ་མཁན། ཁྲ་འབྲུག་གི་དྲིལ་བུའི་ཁ་བྱང་དུ། “ཡོན་བདག་ཇོ་མོ་བྱང་ཆུབ་ཀྱིས་བགྱིས་ཐྨམཁྱེན་པོ་རྒྱའི་དགེ་སློང་རིན་ཅེན་གྱིས་བླུགས་སོ”ཞེས་ཁྲི་སྲོང་ལྡེ་བཙན་གྱི་བཙུན་མོ་འབྲོ་བཟའ་ཁྲི་རྒྱལ་མོ་བཙན་རབ་ཏུ་བྱུང་རྗེས་ཆོས་མིང་དུ་བྱང་ཆུབ་རྗེ་ཞེས་པས་སྦྱིན་བདག་བྱས་ཤིང་རྒྱའི་དགེ་སློང་རིན་ཆེན་གྱིས་ལུགས་སུ་བླུགས་པ་ཞིག་ཡིན། དགེ་སློང་རིན་ཆེན་ནི་རྒྱ་ཡུལ་དུ་སྔོན་ནས་དར་ཡོད་པའི་ལྕུགས་རིགས་བཙོ་སྦྱོང་གི་ལག་རྩལ་ལ་བྱང་ཆ་ལྡན་ཞིང་དྲིལ་བུ་ལྕུག་མཁས་པ་ཞིག་ཡིན་པ་གོར་མ་ཆག་སྟེ། ཁོང་གི་མིང་གི་སྔོན་དུ“མཁྱེན་པོ”ཞེས་ཡི་གེ་བཀོད་པ་ལས་ཀྱང་སྐབས་དེའི་བོད་མིས་ཁོང་ལ་གདེང་འཇོག་མཐོན་པོ་བྱེད་ཚུལ་ཤེས་ཐུབ། ཡིན་ནའང་ཧག་རོང་གི་དྲིལ་བུ་འདིའི་ཁ་བྱང་དུ། “དགེ་སློངཆོསསྦྱིནཀྱིསབླུགསོ”ཞེས་དགེ་སློང་དེ་རྒྱའམ་མི་རིགས་གཞན་ཞིག་ཡིན་ཚུལ་བཀོད་མེད་པ་ལས། སྐབས་དེའི་རྒྱ་དང་ལི་ཡུལ་སོགས་དང་འབྲེལ་བའི་མཐའ་ཁུལ་དག་ན་དྲིལ་བུ་སོགས་བཟོ་ཤེས་པའི་བོད་མི་ཡང་ཡོད་པ་ཤེས་ཐུབ།

ལྔ་པ། དྲིལ་བུའི་ཁ་བྱང་ལས་མཚོན་པའི་ལོ་རྒྱུས་དོན་རྐྱེན་ལ་དཔྱད་པ།

གཅིག ཧག་རོང་དྲིལ་བུ་ནམ་བཞེངས་ཀྱི་དུས་ཚོད་ལ་དཔྱད་པ།

དྲིལ་བུ་འདི་ནི་བཙན་པོ་མེས་ཨག་ཚོམ་ཁྲི་ལྡེ་གཙུག་བརྟན་སྐུ་ཆུང་དུས་མཚན་རྒྱལ་གཙུག་ཏུར

བཏགས་ཡོད་པ་ལས། སྤྱི་ལོ712ལོར་ཁྲི་ལྡེ་གཙུག་བརྟན་དུ་གསོལ་ཏེ་རྒྱལ་སྲིད་དངོས་སུ་བསྐྱངས་རྗེས་ཀྱི་དུས་མི་རིང་བར་བཞེངས་པར་ངེས་ཏེ། མི་རིང་བར་བཞེངས་ཟེར་དོན་ནི་དྲིལ་བུའི་ཁ་བྱང་དུ་"བཙནཔོཁྲིལྡེགཙུགབརྟནམཅེདཀྱིསྐུཡོནདུབསྔོསྟེ༔"ཞེས་བཙན་པོ་ཁྲི་ལྡེ་གཙུག་བཙན་གྱི་སྐུ་མཆེད་བཙན་པོ་གཅེན་ལྷ་བལ་པོ་ནི་ཕུ་ནུ་དབར་གྱི་འགལ་བའི་དབང་གིས་དེ་སྔོན་སྤྱི་ལོ705ལོར་རྒྱལ་ས་ནས་ཕབ་ཟིན་ཀྱང་། དྲིལ་བུའི་ཁ་བྱང་གི་ཡི་གེར་ཆབ་སྲིད་ཀྱི་འགལ་རྐྱེན་དེ་འདྲ་ཞིག་བྱུང་བའི་གནས་ཚུལ་མི་མཚོན་པར་བཙན་པོ་གཅེན་གཅུང་གཉིས་ལ་ཁྱད་མེད་དུ་བསྔོ་སྨོན་ཞུས་ཡོད་པས་ཡིན། སྤྱིར་བཙན་པོ་གཅེན་གཅུང་གཉིས་ནི་རྒྱལ་སྲིད་ཀྱི་ཚོད་ཟླར་གྱུར་ཡོད་མོད། རྒྱལ་ཁ་ཐོབ་པའི་གཅུང་ཁྲི་ལྡེ་གཙུག་བཙན་གྱིས་སྔོན་ནས་དཔེ་ལྟ་ས་ཡོད་པ་ནང་བཞིན་ཆབ་སྲིད་ཀྱི་དབང་ཆའི་ཆེད་དུ་གཉེན་ཉེའི་དབར་ཡང་ཁྲོད་ཤིང་གསོན་བྱེད་པའི་ལས་དེ་འདྲའི་རྗེས་སུ་མ་སོང་བ་ནི། ཨ་ཕྱི་ཁྲི་མ་ལོད་ཀྱི་ནུས་པ་གལ་ཆེན་ཐོན་མེད་པ་མི་སྲིད། དོན་དུ་གཅེན་བལ་པོ་རྒྱལ་ས་ནས་ཕབ་པ་ནི་བཙན་མོ་ཨ་ཕྱི་ཁྲི་མ་ལོད་ཀྱི་བྱེད་ལས་ལ་རག་ལས་ཏེ། གཅེན་བལ་པོ་བཙན་པོར་ཁྲི་འདོན་བྱེད་པར་རྒྱབ་སྐྱོར་བྱེད་པའི་བློན་པོ་ལྡེག་རེན་པའ་མདོན་སྣང་གྲགས་དང་། ཁེ་རྒད་མདོ་སྣང་ལ་སོགས་པར་བཀའ་བཀྱོན་ནན་པོས་སྲོག་ཁྲིམས་བཅད་ཀྱང་། ཨ་ཕྱིས་ལྷ་སྲས་བལ་པོར་དེ་ལྟར་མཛད་མེད། དེ་ནི་གཅིག་ཏུ་ན་བཙན་པོ་གཅེན་གཅུང་གཉིས་ཀ་ཁྱད་མེད་དུ་ཁོང་གི་ཤ་ལས་ཆད་པའི་རུས་རྒྱུད་ཡིན་པས། གདུང་རྒྱུད་གཅིག་གི་ནང་ཁུལ་དུ་དེ་འདྲ་ཡ་ང་བའི་ལག་ཐབས་སྤྱོད་མི་འདོད་པ་དང་། གཉིས་སུ་བཙན་པོ་གཅེན་གཅུང་དེ་གཉིས་སྐབས་དེར་ཆབ་སྲིད་ཀྱི་མཐོང་རྒྱ་ཅི་ཡང་མེད་པའི་བྱིས་པ་བསམ་མེད་ཡིན་པས་འགལ་བ་ཐམས་ཅད་མི་ཆེན་རྣམས་ཀྱི་དབང་དུ་སོང་བར་བསམ་བློ་བཏང་བ་ཡང་ཡིན་ཤས་ཆེ། ཡིན་ནའང་སྤྱི་ལོ712ལོར་བཙན་པོ་ཁྲི་ལྡེ་གཙུག་བཙན་རྒྱལ་སར་བཀོད་པའི་ལོ་དེར་ཨ་ཕྱི་བཙན་མོ་ཁྲི་མ་ལོད་སྐུ་གཤེགས་པས། དེ་ནས་བཟུང་ཁྲི་ལྡེ་གཙུག་བརྟན་ཁོང་གིས་ཆབ་སྲིད་དབང་ཆ་ཐམས་ཅད་གཞན་ལ་རག་མ་ལས་པར་གཅིག་གཙོད་བྱེད་ཐུབ་པ་དང་སྦྲགས། བཙན་པོའི་གདུང་རྒྱུད་གཅིག་ལས་ཆད་ཀྱང་རྒྱལ་སྲིད་ཀྱི་ཚོད་ཟླར་གྱུར་པའི་གཅེན་བལ་པོ་དེ་ཡུན་རིང་བག་ཡངས་སུ་ལུས་པས་གོ་སྐབས་ཤིན་ཏུ་ཕྲ་བར་བསམས་ཏེ། བཙན་པོ་གཅེན་གཅུང་གཉིས་ལ་མཉམ་དུ་བསྔོ་སྨོན་ཞུ་བའི་དྲིལ་བུ་འདི་སྤྱི་ལོ712ལོའི་རྗེས་ཀྱི་མི་རིང་བར་བཞེངས་པ་ཡིན་པའི་ལྟ་ཚུལ་བྱུང་།

གཉིས། བཙན་པོ་གཅེན་གཅུང་གཉིས་མ་འཆམས་པའི་རྒྱུ་རྐྱེན་ལ་དཔྱད་པ།

བཙན་པོ་འདི་གཉིས་ཀྱི་གནས་ཚུལ་སྐོར་ལ་ཧག་རོང་གི་དྲིལ་བུ་འདིའི་ཁ་བྱང་ལས། "བོད་ཀྱི་ལྷབཙནཔོཁྲིལྡེགཙུགབརྟནམཅེད"ཅེས་པ་དང་། ཏུན་ཧོང་གཏེར་ཡིག་ལས་བྱུང་བའི་རྒྱལ་རབས་ལོ་ཚིགས་གནད་བསྡུས་སུ། "སྤྲེལ་གྱི་ལོ་ལ་བབ་སྟེ།(སྤྱི་ལོ705) ……བོང་ལག་རང་དུ་བཙན་པོ་གཅེན་ལྷ་བལ་པོ་

རྒྱལ་ས་ནས་ཕབ”ཅེས་པའི་དཔྱད་གཞི་གཉིས་ལས་གཞན་ལག་སོན་མ་བྱུང་སོད། འོན་ཀྱང་། རྒྱའི་ཐང་ཡིག་ལས་དེའི་སྐོར་ཕྲན་བུ་མཐོང་བ་ནི“ལོ་དེའི་རྗེས་མར། ཛོད་ནས་རྟ་དང་གསེར་ཕུལ་ཏེ་གཉེན་བསླངས”ཞེས་བཀོད་ཡོད་པ་དེ་ཡིན། “ལོ་དེའི་རྗེས་མ”ཞེས་པ་ནི་ཚིག་གི་སྤྱི་རྗེས་ལྟར་ན་སྤྱི་ལོ698ཀྱི་ལོའི་དགུན་ཁར་བཙན་པོ་ཁྲི་འདུས་སྲོང་གིས་བློན་ཆེན་མགར་ཁྲི་འབྲིང་བཙན་བྲོད་ལ་བཀྱོན་ཕབ་པའི་ཕྱི་ལོ་སྟེ། སྤྱི་ལོ699ཕག་ལོ་ལ་ཁེལ་འདུག དེ་ལྟར་ན་རྒྱ་ནས་གཉེན་སློང་ཡུལ་ནི་ཁྲི་འདུས་སྲོང་གི་སྲས་ཆེ་བ་ལྷ་བལ་པོ་ཡིན་པ་ཤེས་ཤིང་། བོད་བཙན་པོའི་ཆབ་སྲིད་ཀྱི་འགྱུར་ཕྱོགས་ལ་འབྲེལ་བ་ཡོད་པའི་དོན་རྐྱེན་ཞིག་བྱུང་མ་ཐག་པའི་སྐབས་དེ་ཤེད་ལ་གཟས་ནས་རྒྱ་ཡུལ་ཐང་གུར་ནས་གཉེན་སློང་བའི་སྟ་གོན་བྱེད་པར་དཔྱད་ན། རྗེ་བློན་འགལ་བའི་འཐབ་རྩོད་ཀྱི་རླབས་རྒྱུན་ཞིག་ཀྱང་ལང་བཞིན་པའི་རིས་པ་ཉིད་ལ། ལྷ་སྲས་བལ་པོར་གཉེན་སློང་བ་ནི་དོན་དམ་དུ་འཛིག་རྟེན་མཐུན་ལམ་ཁོ་ན་སྐྱོང་བ་མིན་པར་ཆབ་སྲིད་ཀྱི་དམིགས་ཡུལ་ཞིག་བསྒྲུབ་ཆེད་ཡིན། གཅིག་ནས་གཉེན་བསླངས་པས་ལྷ་སྲས་བལ་པོ་དེ་བཙན་པོ་ཡབ་ཀྱི་རྗེས་སྐྱོང་བར་གཏན་འཁེལ་བྱས་པ་མཚོན་ཞིང་། གཉིས་ནས་དུས་རབས་ཕྱེད་ཙམ་གྱི་རིང་ལ་ཆེན་པོ་ཐང་ལ་ཁ་གཏད་འཛལ་བའི་བློན་པོ་མགར་ཚང་གི་སྟོབས་ཤུགས་ཚར་གཅོད་བྱས་པ་དེས་བོད་ཀྱི་བྱང་ཤར་བདེ་འཇགས་ལ་ཉེན་ཁ་འབྱུང་ཉེན་ཡོད་པས། ལྷ་སྲས་བཙན་པོ་ནར་མ་སོན་པ་དང་བཙུན་མོ་བསུ་རན་མེད་པ་སོགས་ཀྱི་དོན་དངོས་ལའང་མ་བལྟོས་པར་གཉེན་སློང་བའི་ཐབས་ལམ་དེ་འདྲ་ཞིག་ལ་བརྟེན་ནས་ཐང་ལ་ཞི་བདེའི་འབྲེལ་བ་འཛུགས་འདོད་དུ་གཟས་པ་ཡིན་ཀྱང་སྲིད། གསུམ་ནས་ལྷ་སྲས་བལ་པོའི་བཙན་པོའི་གོ་གནས་ཙམ་གཏན་འཁེལ་བྱས་སོད། ད་དུང་དོན་དེར་ཡབ་འབངས་རུས་དགུ་དང་ཡུམ་འབངས་ཚན་གསུམ་སོགས་རྗེ་འབངས་ཐམས་ཅད་ཀྱི་བསམ་འཆར་གཅིག་མཐུན་བྱུང་མེད་པར་མ་ཟད། བློན་པོ་མགར་ཚང་གི་ཤུལ་ལྷག་སྟོབས་ཤུགས་ཀྱིས་ཀྱང་ཤུགས་རྐྱེན་ཐེབས་མི་སྲིད་པ་མེད། དེ་འདྲ་ཡིན་པའི་གནས་ཚུལ་ནི་རིང་པོར་མ་ལོན་པར་བཙན་པོ་བལ་པོ་རྒྱལ་ས་ནས་ཕབ་པའི་དོན་རྐྱེན་དེ་ལས་གསལ་བཤད་བྱེད་ཐུབ།

གཞན་ཡང་རྒྱའི་ཐང་ཡིག་ཏུ། “སྐབས་དེར་རྫོང་ལ་གཏོགས་པའི་ལྷོ་ཕྱོགས་པ་རྣམས་ངོ་ལོག་པས། བཙན་པོས་དམག་དྲངས་ཏེ་མཐར་བཙན་པོ་ཡང་དམག་ཐོག་ཏུ་བཀྲོངས། སྲས་རྣམས་ཀྱིས་རྒྱལ་ས་བཅད་ཀྱང་། འབངས་མིས་ཁྲི་ལྡེ་གཙུག་བཙན་བཙན་པོར་བསྐོས། བཙན་པོ་ལོ་བདུན་སོན་མ་ཐག ཕོ་ཉ་བ་མངགས་ཏེ་བཙན་པོ་ཡབ་འདས་པའི་གནས་ཚུལ་ཞུས་ལ། གཙོགས་བཅའ་བའི་འདུན་པའང་ཞུས། ཡང་བློན་ཆེན་སྟོན་བཞེར་བྱ་བ་གཉེན་སློང་དུ་མངགས་ཀྱང་ལན་མ་བྱིན”[8]ཞེས་བཀོད་ཡོད་པ་དེ་ལས། ཐང་གི་ཕྱོགས་ནས་བོད་ཀྱི་གནས་ཚུལ་ཞིབ་ཕྲ་རྒྱུས་ལོན་མེད་སོད། དོན་རྐྱེན་གཙོ་བོ་རྣམས་ཕལ་ཆེར་ཤེས་ཡོད་པ་རྟོགས་ཐུབ། གོང་གསལ་ལྷོ་ཕྱོགས་པ་ངོ་ལོག་ནས་བཙན་པོས་དམག་ཁྲིད་དེ་དྲག

གནོན་བྱས་པའི་གནས་ཚུལ་སྐོར་ལ་ཏུན་ཧོང་གཏེར་ཡིག་གི་རྒྱལ་རབས་ལོ་ཚིགས་སུ། "ཡོས་བུའི་ལོ(སྤྱི་ལོ703)ལ། ……དགུན་བཙན་པོ་འཇང་ཡུལ་དུ་གཤེགས་སྟེ། འཇང་ཕབ།" ཅེས་བྱུང་བར་གཞིགས་ན། འཇང་ཡུལ་ཐོག་མར་དབང་དུ་བསྡུས་པ་ལས་སྟོན་ནས་བོད་ཀྱི་འབངས་སུ་མངའ་བ་ཕྱིས་སུ་ཇོ་ལོག་སྟེ་དྲག་གནོན་བྱས་པ་ཞིག་མིན་པ་མཐོང་ཐུབ་པས། "ཇོ་ལོག"ཅེས་པ་ཐང་གིས་འོལ་ཚོད་བྱས་པར་ངེས། དེ་མིན"འབྲུག་གི་ལོ(སྤྱི་ལོ704)ལ་བབ་སྟེ། ……དགུན་བཙན་པོ་ཆབ་སྲིད་ལ་མྱ་ལ་གཤེགས་པ་ལས། དགུང་དུ་གཤེགས"ཞེས་པ་དེའི་ཐོག་ནས་བཙན་པོ་སྐུ་སྐྱུན་བཞེས་པའམ་རྐྱེན་གཞན་ཞིག་གིས་གྲོངས་པ་ལས་ཐང་ཡིག་ཏུ་གཞན་གྱིས་བཀྲོངས་པ་ལྟར་བྱུང་བ་ནི་མིན་ལ། དུས་དེར་བཙན་པོ་ཁྲི་ལྡེ་གཙུག་བརྟན་ལོ་བདུན་ཡིན་པར་བཤད་པ་ཡང་གཅིན་བལ་པོར་ནོར་བ་ཡིན་ཤས་ཆེ། གཞན་བཙན་པོ་སྐུ་གྲོངས་རྗེས་སྲས་རྣམས་ཀྱིས་རྒྱལ་ས་བརྩད་པ་དང་། འབངས་མིས་ཁྲི་ལྡེ་གཙུག་བརྟན་བཙན་པོར་བསྐོས་པ་དང་། ཕོ་ཉ་མངགས་ཏེ་བཙན་པོ་ཡབ་འདས་པའི་གནས་ཚུལ་སྙན་པ། གཙིགས་བཅའ་བའི་འདུན་པའང་ཞུས་པ། བློན་ཆེན་ཐང་ལ་གཉེན་སློང་དུ་མངགས་ཀྱང་ལན་མ་བྱིན་ཚུལ་སོགས་བོད་ཀྱི་ཡིག་ཚང་ན་མེད་མོད། དེ་དག་ལོ་རྒྱུས་དོན་དངོས་ཡིན་པའི་ངེས་ཤེས་འདྲོང་ཐུབ་སྟེ། བཙན་པོ་ཁྲི་ལྡེ་གཙུག་བཙན་འཁྲུངས་པའི་ཕྱི་ལོར་རྒྱལ་སར་སྟོན་ནས་བསྐོས་ཟིན་པའི་གཅིན་བལ་པོ་ཁྲི་ལས་ཕབ་ཅིང་། དེ་དང་མཉམ་དུ་བློན་པོ་ལྡེག་རེན་པ་མནོན་སྣང་གྲགས་དང་། ཁེ་རྒད་མདོ་སྣང་ལ་སོགས་དབང་ཤེད་ཅན་སྐོར་ཞིག་ལ་ཞལ་ལྕེ་བཅད་ནས་སྲོག་ཁྲིམས་བཅད་པ། ཁུ་མང་པོ་རྗེ་ལྷ་ཟུང་ལ་བློན་ཆེན་པོའི་གོ་གནས་བསྐུལ་ཀྱང་། ཟླ་བ་འགའ་ལས་མ་འགོར་བར་ལོ་དེར་བཀའ་བཀྱོན་ཕབ་པ་སོགས་བཙན་པོའི་རྒྱལ་སྲིད་སུས་འཛིན་པའི་ཐད་ལ་འགལ་བ་རྩོ་ངར་ཅན་བྱུང་ཡོད་པས་ཡིན།

དེས་ན་འགལ་བའི་ཕྱོགས་ཁག་དང་ནུས་པ་ཐོན་མཁན་གྱི་མི་སྣ་གཙོ་བོ་སུ་ཞིག་ཡིན་པའི་ཆ་ནས་ཀྱང་དབྱེ་ཞིབ་བྱེད་དགོས་ཏེ། དེ་ཡང་བཙན་པོ་ཡབ་ཁྲི་འདུས་སྲོང་སྐུ་གྲོངས་མ་ཐག་རྒྱལ་སྲས་ཁྲི་ལས་ཕབ་པའི་དོན་རྐྱེན་དེ་ལ་གཞིགས་ན། དེ་དུས་ཆབ་སྲིད་ཀྱི་དབང་ཆ་ཆེན་པོ་མངའ་བའི་ཨ་ཕྱི་ཁྲི་མ་ལོད་དང་སྲས་ཁྲི་འདུས་སྲོང་གཉིས་དབར་གྱི་འགལ་བ་ཞིག་ཡིན་པའི་ལྟ་ཚུལ་འབྱུང་སྲིད། ཁྲི་མ་ལོད་ཀྱི་བྱ་བྱེད་དང་ཡུམ་སྲས་གཉིས་ཀྱི་འབྲེལ་བ་གང་ཐད་ནས་བལྟས་ཀྱང་དེ་གཉིས་དབར་ལ་འགལ་བ་མ་བྱུང་བར་མ་ཟད། ཁྲི་འདུས་སྲོང་བཙན་པོ་དབང་ཐང་ལྡན་པ་ཞིག་ཏུ་གྱུར་པ་ཡང་ཁོང་གི་ཡུམ་ཁྲི་མ་ལོད་ཀྱིས་མཐའ་གཅིག་ཏུ་རྒྱབ་སྐྱོར་བླ་མེད་བྱས་པའི་མཛད་རྗེས་ཡིན། དེས་ན་ཡུམ་སྲས་ཕྱོགས་ཁག་གཅིག་ཡིན་ན་ཕ་རོལ་རྩོད་ཟླ་དེ་སུ་ཞིག་ཡིན་ཟེར་ན། དེ་ཡང་བློན་པོ་མགར་ཚང་ལ་དེ་འདྲའི་ཁ་གཏད་འཛལ་བའི་སྟོབས་ཤུགས་ལྡན་ཏེ། དེའི་ལོ་བདུན་གྱི་ཡར་སྔོན་དུ་བློན་པོ་ཁྲི་འབྲིང་བཙན་བྲོད་ཀྱིས་གཙོ་བྱས་པའི་མགར་གྱི་ཁྲིམ་རྒྱུད་ལ་དྲག་གནོན་ཡ་ང་བ་བྱས་ནས་ཉེ་འཁོར་ཉིས་སྟོང་ལྷག་བསད་པ་དང་། ཁྲི་

འབྲིང་སྨྱུན་ལྷ་པོ་དང་བུ་མང་པོ་རྗེ་སོགས་ཐམས་ཅད་ནང་དམིས་ཤི་བ་དང་། བཀྲོན་ཕབ་པ། ཐང་ལ་མགོ་བཏགས་པ་སོགས་ཀྱིས་གཅིག་ཀྱང་མ་ལུག་ན་ཡང་། མགར་ཕ་བུས་བོད་སྤྱི་ཚོགས་ལ་ཐེབས་པའི་ཤུགས་རྐྱེན་དེ་དུས་ཡུན་ཐུང་ངུའི་ནང་མེད་པར་འགྲོ་མི་སྲིད་པས། སྐབས་དེར་མགར་ཚང་ལ་བཀྲོན་ཕབ་པ་དེ་མི་རན་པར་བསམ་མཁན་ཡོད་ལ། ཁོང་ཚོས་བོད་བཙན་པོའི་སྲིད་ལ་བཞག་པའི་མཛད་རྗེས་དྲན་ན། རྗེས་སུ་ཡི་རང་བྱེད་མཁན་མི་ཉུང་བ་ཡང་ཡོད་པ་གནའ་དེང་གི་དཔྱད་གཞི་དག་ལས་ཤེས། དེའི་དོན་ནས་བལྟས་ན་བཙན་པོ་གཅེན་ལྷ་བལ་པོ་དེ་བློན་པོ་མགར་ཚང་ཕྱོགས་ཁག་གིས་རྒྱལ་སར་བཀོད་པ་དང་། བཀོད་ནས་ཀྱང་ཁོ་ཚོའི་ཆབ་སྲིད་འདོད་བློས་བཙན་པོ་གཞོན་ནུའི་སྙིད་སྲིད་ལ་ཤུགས་རྐྱེན་འབྱུང་ངེས་ཤིང་། དེས་ཕྱི་ཁྲི་མ་ལོད་ཀྱིས་གཙོ་བྱས་པའི་བཙན་པོ་སྲུ་རྒྱལ་གདུང་རྒྱུད་ཕྱོགས་ཁག་མ་མཉེས་པས་ཐང་ཡིག་ཏུ“སྲས་རྣམས་ཀྱིས་རྒྱལ་ས་བརྩད”ཅེས་པའི་གནས་ཚུལ་བྱུང་།

རྩོད་གཞི་དེའི་མཐའ་མཇུག་འོ་དེ་སྲུ་རྒྱལ་བའི་གདུང་མ་འགྱུར་བར་བོད་ཀྱི་ཆབ་སྲིད་སྐྱོང་བའི་བྱ་གཞག་མངོན་དུ་གྱུར་པ་དང་། བློན་པོ་མགར་ཚང་གིས་དུས་རབས་ཕྱེད་ཙམ་གྱི་རིང་ལ་བོད་ཀྱི་ཆབ་སྲིད་དང་དམག་དོན་གྱི་དབང་ཆ་ཆེན་པོ་བཟུང་བའི་དུས་སྐབས་ཀྱང་མཇུག་བསྒྲིལ་བ་རེད། མཛད་པ་འདི་ལྟ་བུའི་རྟུས་འགོད་པ་དང་ལག་བསྟར་བྱེད་མཁན་གཙོ་བོ་ནི་བཙན་མོ་ཁྲི་མ་ལོད་ཡིན་ཏེ། ཁོ་མོའི་ཕྱག་རྗེས་ལས་བཙན་པོའི་དབང་ཆ་ཉམས་བཞིན་པའི་གནས་ཚུལ་མཇུག་བསྒྲིལ་ཅིང་། བོད་བཙན་པོའི་མངའ་ཐང་དར་བའི་ཡང་རྩེར་སོན་པའི་ཁྲི་ལྡེ་གཙུག་བརྩན་དང་ཁྲི་སྲོང་ལྡེ་བཙན་ཡབ་སྲས་དུས་སྐབས་ཀྱི་རྨང་གཞི་བཙུགས། དེར་བརྟེན། ཞིབ་འཇུག་པ་ལ་ལས་བོད་ཀྱི་ལོ་རྒྱུས་སྟེང་བཙན་མོ་ཁྲི་མ་ལོད་ནི། རྒྱའི་རྒྱལ་མོ་ཝུ་ཛེ་ཐེན་དང་ཚི་ཞིས་ཐེ་གཉིས་དང་མཉམ་པའི་ཆབ་སྲིད་མིག་རྒྱངས་དང་ལག་ཐབས་ཡོད་ཅེས་གསུངས་པའང་ངེས་པ་དོན་དུ་གནས་སོ། །

མཆན།

[1]《བོད་ལྗོངས་སློབ་གྲྭ་ཆེན་མོའི་རིག་དེབ》2009ལོའི་དུས་དེབ་གསུམ་པའི་ཐོག་བཀོད་པའི“བོད་ཀྱི་གནའ་རབས་རྗོ་རིང་སྐོར”ཞེས་པར་མཁས་དབང་པ་སངས་དབང་འདུས་ལ་བཅར་འདྲི་བྱས་པར་ཁོང་གིས་དེང་སྐབས་བོད་ལ“རྗོ་རིང་དང་རྗོ་ལ་བརྐོས་པའི་ཡི་གེ་ཁྲོན་བསྡོམས་ཏ་ལམ་ཉི་ཤུ་རྩ་བཞི་དང་། དེའི་ནང་ལ་སྤུ་རྒྱལ་བཙན་པོའི་དུས་ཀྱི་རྗོ་རིང་དང་རྗོའི་ཡི་གེ་ཉི་ཤུ་རྩ་གཅིག་དང་བསྟན་པ་ཕྱི་དར་སྐབས་ཀྱི་རྗོ་རིང་གི་ཡི་གེ་གསུམ་ཙམ་ཡོད། དེ་དག་གི་དུས་ཚོད་ལ་དབྱེ་བ་ཕྱེ་ཚེ། རྗོ་རིང་སོ་སོའི་བྱུང་བ་དང་ད་ལྟ་བོད་ལ་ཡོད་པའི་རྗོ་རིང་ནང་ནས་ཐ་ཤོས་དེ་རྒྱལ་པོ་ཁྲི་སྲོང་ལྡེ་བཙན་དུས་ཀྱི་རྗོ་རིང་རེད”ཅེས་པ་དང་། བསོད་ནམས་སྐྱིད་དང་དབང་རྒྱལ་གཉིས་ཀྱིས་རྩོམ་སྒྲིག་གནང་བའི《བོད་ཀྱི་གནའ་རབས་ཡིག་ཆ་གཅེས་བསྡུས》ཞེས་པར་རྗོ་རིང་གི་ཡི་གེ་དང་དྲིལ་བུའི་ཁ་བྱང་བཅུ་གསུམ་གྱི་རྣམ་གྲངས་བཀོད་ཡོད།

[2] [3] [7] གཉའ་གོང་དཀོན་མཆོག་ཚེ་བརྟན་གྱིས་བསྒྲིགས་པའི《བོད་ཀྱི་བརྡ་སྙིང་ཡིག་ཆ་བདམས་བསྒྲིགས།》 1995ལོར་ཀྲུང་དབྱང་མི་རིགས་སློབ་གྲྭ་ཆེན་མོའི་དཔེ་སྐྲུན་ཁང་གིས་དཔར་དུ་བསྐྲུན། ཤོག་ངོས240དང247དང274པ་བཅས་ན་གསལ།

[4] ཕང་ཡོ་དང་ཁྲིན་ཅན་གྱིས་རྩོམ་སྒྲིག་བྱས་པའི《ཏུན་ཧོང་ནས་ཐོན་པའི་བོད་ཀྱི་གནའ་ཡིག་ཞིབ་དཔྱད་ཕྱོགས་བསྒྲིགས།》 2008ལོར་ཧྲང་ཧེའི་གནའ་དཔེ་དཔེ་སྐྲུན་ཁང་གིས་དཔར་དུ་བསྐྲུན། ཤོག་ངོས9པར་གསལ།

[5]《ཆོས་སྡེ་ཆེན་པོ་ཡར་ལུང་ཐོས་བསམ་དར་རྒྱས་གླིང་གི་ལོ་རྒྱུས་དཀར་ཆག་རབ་གསལ་མེ་ལོང》ཤོག་ངོས14ན(རྡ་ནག་སྤྲུལ་སྐུ་བློ་བཟང་བསྟན་པ་ཆོས་ཀྱི་ཉི་མ)"ལྕགས་སྦྲུལ(སྤྱི་ལོ1701)ལོར་དགོན་ལུང་གི་མཁན་ཁྲིར་བཞུགས་རྗེས་ཕྱོགས་འདིར་ཆར་འབེབས་ལན་གཉིས་མཛད་པ་ཙམ་ལས་ཆོས་སྡེའི་འཆད་ཉན་མཛད་ལོང་ཆེར་མ་བྱུང་འདུག"ཅེས་བཀོད་ཡོད།

[6] གོང་གི《རབ་གསལ་མེ་ལོང》ཤོག་ངོས63པར་གསལ།

[8] དོན་གྲུབ་རྒྱལ་དང་ཁྲིན་ཆེན་དབྱིན་གཉིས་ཀྱིས་བསྒྱུར་ཅིང་མི་རིགས་དཔེ་སྐྲུན་ཁང་གིས་སྤྱི་ལོ1984ལོར་དཔར་དུ་བསྐྲུན་པའི《ཐང་ཡིག་གསར་རྙིང་ལས་བྱུང་བའི་བོད་ཆེན་པོའི་སྲིད་ལུགས》ཞེས་པའི་ཤོག་ངོས32པར་གསལ།

《བོད་ལྗོངས་ཞིབ་འཇུག》 ༢༠༡༡ལོའི་དེབ་དང་པོ་ལས་བཏུས།

༄། །འཕན་པོ་རྒྱལ་ལྷ་ཁང་རྡོ་རིང་བཞེངས་པའི་ལོ་ཚིགས་སྐོར་གླེང་བ།

གདུགས་དཀར་བཀྲ་ཤིས།

འཕན་པོ་རྒྱལ་ལྷ་ཁང་གི་རྡོ་རིང་དུ་གྲགས་པ་འདི་ནི་བོད་ལྗོངས་འཕན་ཡུལ་གྱི་རྒྱལ་ལུག་ལྷས་གཙུག་ལག་ཁང་ན་ཡོད་ཅིང་། འདི་ཡང་བོད་བཙན་པོའི་སྐབས་ཀྱི་རྡོ་རིང་དག་དང་འདྲ་བར། བོད་ཀྱི་ཆོས་སྲིད་ལོ་རྒྱུས་དང་ལྷག་པར་དུ་སྐད་དང་ཡི་གེའི་འཕེལ་རིམ་ལོ་རྒྱུས་ཟུར་ཙམ་གསལ་བྱེད་ཀྱི་དཔྱད་གཞི་གལ་ཆེ་བ་ཞིག་ཏུ་འདོད་དེ་རང་ནུས་ཇི་ཙམ་ཚད་ཀྱིས་དཔྱད་པའི་ཁུར་དང་དུ་བླངས་པ་ལ། ཐོག་མར་དགོས་དབང་གིས《བོད་ཀྱི་རྡོ་རིང་ཡི་གེ་དང་དྲིལ་བུའི་ཁ་བྱང》ཞེས་པར་ཟུར་དུ་བཀོད་པའི་འཕན་པོ་རྒྱལ་ལུག་ལྷས་གཙུག་ལག་གི་རྡོ་རིང་ཡི་གེ་ངོ་བཤུས་མ་ཟེ་བཞིན་དུ་ཕབ་པ་ལ།

(ཤར་ངོས་སུ)

1. བཙུགས་པ་ལ། སྤྱི་དེང་སང་གི་དུས་ནི།
2. དགེ་བ་ལ་ཕྱོགས་གཅིག་པ་དང་། ལེགས་
3. པ་ལ་གྲོས་འཐུན་པ་ནི་ཅུང་ན། འོ་ན་ཡང་དཀོན་
4. མཆོག་གསུམ་ལ་སྐྱབས་སུ་གསོལ་བའི་མྱི་རྣམས་
5. ཀྱིས་ནི། ལྷར་སངས་རྒྱས་གཟུང་། གྲོས་
6. ཕྱུགས་ཆོས་ལ། གཏད། གཙོར་ལྟ་བ་སྤྱང་། ཚིག་
7. སྤྱོད་རྣལ་དུ་དབབ། འཚོ་བ་གཙང་མར་སྒྲུབ
8. བྱེད་དགུ་ཆོས་དང་སྦྱར། སྤྱི་གྲོས་གཅིག་ཏུ་
10. བརླམ། སྔོ་གཉེར་སོ་སོར་བླང་། ངན་གྲོས་དགོག
11. ཏུ་དབྱུང་། བདེན་གཏམ་དང་དུ་བླང་། འདི་ལྟར་
12. བྱས་ན་ཚེ་འདི་དང་ཕྱི་མ་གཉི་གར་བདེ་བར་
13. འགྱུར་བྱས། ཚིག……བཙུ་པོ་འདི་ཡལ་
14. བར་མ་བོར……ཞིང་གཟུངས་

15. སྲུ་བཟུང་ན……ཞིགས་སོ། །

(ལྷོ་ངོས་སུ)

འཕན། ཡུལ་བླུང་སྐྱེས་ངོ་མཚར་ཆེ།

དེ་ཡང་གོང་དུ་གསལ་བ་ནང་བཞིན་རྗོ་རིང་འདིའི་ཤར་དང་ལྷོ་བཅས་ངོས་གཉིས་ཀོ་ནར་མ་གཏོགས་ཡི་གེ་བཀོད་ཡོད་ཚུལ་མི་གསལ་ཞིང་། ལྷོ་ངོས་སུ་འཕན་ཡུལ་བླུང་སྐྱེས་ངོ་མཚར་ཆེ་ཞེས་ཡིག་འབྲུ་བདུན་ཙམ་གསལ་ལ། དེ་ནི་ཡུལ་འཕན་པོ་ས་ཆའི་སྟོད་བཅུད་སྤྱིའི་དགེ་མཚན་ཁྱད་དུ་འཕགས་པ་གང་ངེས་བྱེད་ཀྱི་ཚིག་མདོར་དྲིལ་བ་ཞིག་སྟེ། ཡུལ་འཕན་པོའི་ཁོག་ཏུ་གང་སྐྱེས་པ་དག་ནི་བསོད་ནམས་བསམ་གྱིས་མི་ཁྱབ་པ་སྟེ་ངོ་མཚར་ཆེའོ་ཞེས་པའི་དོན་དུ་ངེས། གང་ཞེ་ན། གནས་དེར་དགོན་སྡེ་ཆེས་ཆེར་དར་ཞིང་དགེ་འདུན་བརྒྱ་ཕྲག་སྟོང་འདུས་ཀྱིས་སངས་རྒྱས་ཀྱི་བསྟན་པ་རྒྱ་ཆེར་སྤེལ་བ་མཁས་ཆེན་དག་གི་གསུང་ན་འབྲུག་ལྟར་གྲགས་ཤིང་། སྔོས་སུ་སྐྱེས་ཆེན་དམ་པ་མང་པོ་གནས་དེར་ཞབས་ཀྱིས་བཅགས་ཏེ་སྐྱེ་འགྲོ་ཡོངས་ལ་ཆོས་ཀྱི་དངོས་གྲུབ་ཀྱང་ཆར་དུ་སྩོལ་བར་མཛད་པར་སྣམ། རྗོ་རིང་འདི་དང་འབྲེལ་བའི་སྐོར་ལ་མཁས་དབང་དགེ་འདུན་ཆོས་འཕེལ་མཆོག་གིས《རྒྱལ་ཁམས་རིག་པས་བསྐོར་བའི་གཏམ་རྒྱུད་གསེར་གྱི་ཐང་མར》འདི་ལྟར་གསུངས་ཡོད་དེ། རྒྱལ་ལྷ་ཁང་གི་སྐོར་རྗོ་རིང་གླིང་བཞི་མ་མི་འགྲེང་ལྷག་ཙམ་ཞིག་འདུག་པའི་སྙེད་པའི་ཕྱོགས་བཞིར་རྗོ་རྗེ་རིན་ཆེན་པདྨ་རྒྱ་གྲམ་གྱི་རི་མོ་དང་། ཤར་ངོས་ན……།[1] ཞེས་རྗོ་རིང་གི་ཕྱི་དབྱིབས་དང་མཐོ་ཚད་རགས་ཙམ་ངོ་སྤྲད་དེ་ངོས་ཀྱི་ནང་དོན་ཇི་བཞིན་པོ་བཤུས་པ་དང་ཆབས་ཅིག བྲིས་གཟུགས་ཀྱི་རྣམ་པ་དང་ཁྱད་ཆོས། ད་དུང་ཡིག་རྙིང་གི་ཁྱད་པར་བཅས་ཟུར་ཙམ་གླིངས་ཡོད་པས་ན། ད་ལྟའི་ངེད་ཅག་ལ་མཆོན་ན་མཁས་མཆོག་གང་དེའི་གསལ་བཤད་རགས་ཙམ་པོའང་དཔྱད་གཞི་རིན་ཐང་བྲལ་བ་ཞིག་ཏུ་ངེས་སོ། །འདིར་རྨང་གཞི་དེའི་སྟེང་ཡི་གེ་དང་བརྡ་སྤྲོད་ཀྱི་ཁྱད་ཆོས་དང་བརྗོད་བྱའི་བསྟན་དོན། དེ་མིན་ལྷ་ཁང་བཞེངས་དུས་བཅས་རིགས་པས་དཔགས་པ་བརྒྱུད་རྗོ་རིང་འདི་དུས་ནམ་ཙམ་ལ་བསྒྲངས་ཤིང་དེར་ལོ་རྒྱུས་ཀྱི་རིན་ཐང་གང་འདྲ་ཡོད་པའི་སྐོར་མདོར་པར་ཕྱུང་སྟེ་རིགས་པ་སྨྲ་བ་ཀུན་གྱི་དཔྱད་གཞིར་དགྲམ་པར་བྱ་བ་ལ།

དང་པོ། རྗོ་རིང་བཞེངས་དུས།

ང་ཚོས་ཡི་གེའི་ཁྱད་ཆོས་དང་བརྡ་སྤྲོད་ཀྱི་ཁྱད་ཆོས་ལ་གཞིགས་ན་རྗོ་རིང་འདི་ནི་བོད་བཙན་པོའི་རྒྱལ་རབས་ཐོར་བའི་རྗེས་སུ་བྱུང་བར་རིགས་འདེད་བྱ་ཆོག་ལ། དེ་ནི་རྨང་གཞི་དེའི་ཐོག་ནས་རྒྱལ་ལྷ་ཁང་གི་བྱུང་བ་དང་འབྲེལ་ཏེ་རྗོ་རིང་ནམ་བཞེངས་སྐོར་དཔྱད་པར་བྱ་བའང་ཐབས་ཤིག་ཏུ་འདོད། གང་ཞེ་ན། ཆེས་མ་མཐར་ཡང་རྗོ་རིང་འདི་བཞེངས་དུས་ཀྱི་སྟ་ཚད་གཏན་ལ་འབེབས་ཐུབ་པ་སྟེ། རྒྱལ་ལྷ་

ཁང་བཞེངས་དུས་ཀྱི་ལོ་དེ་ཡིན་པས་སོ། །

དེ་ཡང་གཙུག་ལག་ཁང་འདི་བཞེངས་ལོའི་ཐད་ལའང་བཞེད་པ་མི་མཐུན་པ་འགའ་མཆིས་ཏེ། དགེ་འདུན་ཆོས་འཕེལ་གྱི《གཏམ་རྒྱུད་གསེར་ཐང་མ》རུ་བླ་ཆེན་པོའི་དངོས་སློབ་གླུ་མེས་ཀྱི་མཁན་བུ་ཞང་སྣ་ནམ་རྡོ་རྗེ་དབང་ཕྱུག་གིས་བཞེངས་པ་ཡིན་ཅིང་། དར་མས་ཆོས་བསྣུབས་ནས་ལོ་བརྒྱ་དང་བཅུ་གསུམ་ཙམ་ན་ཡིན་པས། བསྟན་པ་ཕྱི་དར་གྱི་དང་པོའི་གནས་གཞིའི་གྲས་ཡིན"[2]ཞེས་དང་། 《དུང་དཀར་ཚིག་མཛོད་ཆེན་མོ》རུ། རྒྱལ་ལུགས་ལྷས་ཀྱི་ལྷ་ཁང་ཞེས་པ་དེའི་བསྡུས་མིང་ལ་རྒྱལ་ལྷ་ཁང་ཞེས་འབོད་ཅིང་། གྲོང་ཁྱེར་ལྷ་ས་ལྷུན་གྲུབ་རྫོང་གི་ཚོང་སྡོད་གྲོང་ཚོའི་ཉེ་འདབས་སུ་ཡོད། འཕན་པོ་རྒྱལ་ལྷ་ཁང་ནི་བོད་ཀྱི་བསྟན་པ་ཕྱི་དར་སྐབས་བཞེངས་པའི་གནས་གཞི་ཆེ་གྲས་བཞིའི་ནང་གསེས་ཤིག་ཡིན་པ་དང་། ལྷ་ཁང་དེ་ནི་བསྟན་པའི་མེ་རོ་སྨད་ནས་གསོ་མཁན་གྱི་གཙོ་གྲས་གླུ་མེས་ཀྱི་སློབ་མ་གྲགས་ཅན་བཞིའི་ཡ་གྱལ་ཞང་སྣ་ནམ་རྡོ་རྗེ་དབང་ཕྱུག་གིས་བོད་ཀྱི་རབ་བྱུང་མ་ཚུགས་གོང་དྲུག་ཅུ་སྐོར་དེའི་ཆུ་ཕྱི་ལོར(སྤྱི་ལོ1012)ཕྱག་བཏབ[3]ཅེས་དང་། 《བོད་ཀྱི་རྡོ་རིང་ཡི་གེ་དང་དྲིལ་བུའི་ཁ་བྱང》དུ་རྡོ་རིང་འདི་དགེ་བཤེས་ཞང་སྣ་ནམ་རྡོ་རྗེ་དབང་ཕྱུག་གིས་སྤྱི་ལོ1012པར་འཕན་ཡུལ་དུ་བཞེངས་པའི་རྒྱལ་ལུགས་ལྷས་ཀྱི་གཙུག་ལག་ཁང་ན་ཡོད་ཅེས་འཁོད་པ་ནི་དུང་དཀར་རིན་པོ་ཆེའི་དགོངས་པ་ཉག་ཅིག་གོ །དེས་ན་མིག་སྔར་གྲགས་ཆེ་བའི་བཤད་ལུགས་འདི་དག་ལས། ལྷ་ཁང་བཞེངས་མཁན་ནམ་ཕྱག་འདེབས་མཛད་མཁན་སུ་ཡིན་སྐོར་ལ་རྩོད་པ་མེད་མོད། བཞེངས་དུས་ཐད་ཕལ་ཆེར་དུས་རབས་ཕྱེད་ཀྱི་བར་ཁྱད་མཆིས་པ་ལ། འདིར་ཕྲན་གྱིས་ནི་སྤྱི་ལོ1012པ་དེ་རྒྱལ་ལྷ་ཁང་བཞེངས་ལོར་ངོས་བཟུང་བ་ཡིན། ཅིའི་ཕྱིར་ཞེ་ན། མཁས་དབང་དགེ་འདུན་ཆོས་འཕེལ་གྱིས་གསུངས་པའི་དར་མས་ཆོས་བསྣུབས་ནས་ལོ་བརྒྱ་དང་བཅུ་གསུམ་ཙམ་ན་ཡིན་པས་ཞེས་པ་དེ་ནི། ཆེས་འཕྱི་མཐར་ཡང་དུས་རབས་བཅུ་པའི་ལོ་རབས་དྲུག་ཅུ་པར་བབས་ཤིང་། དེ་ཙམ་ན་ཐ་ན་ཞང་སྣ་ནམ་པ་ཡང་སྐུ་བལྟམས་མེད།

《དུང་དཀར་ཚིག་མཛོད》དུ་སྤྱི་ལོ978པར་འཁྲུངས་པར་གསུངས་པས། ཚད་མར་འཛིན་དཀའ། བརྒྱ་ལ་ཞང་སྣ་ནམ་པའི་འཁྲུངས་འདས་ལོ་ཚིགས་རྒྱུགས་ཆེ་བ་འདི་ནོར་ཡོད་ཚེ། དགེ་འདུན་ཆོས་འཕེལ་གྱི་གསུང་དེ་ཡང་ང་ཚོས་མུ་མཐུད་དུ་དཔྱད་གཞིའི་ཁུངས་གཅིག་ཏུ་བལྟར་རུང་ངོ་སྙམ། དེས་ན་ང་ཚོས་རྡོ་རིང་འདི་ཉིད་ཀྱང་ཆེས་སྔ་ན་ཡང་སྤྱི་ལོ1012པའམ་ཡང་ན་དེའི་གཞུག་ཙམ་ལ་བཞེངས་པ་འོལ་སྤྱིར་ངེས་འཛིན་ཆོག་པར་སེམས།

རྡོ་རིང་དང་ལྷ་ཁང་གཉིས་ཀྱི་བྱུང་བ་དུས་གཅིག་ཏུ་ལྟ་བའི་ཚོད་དཔག་འདི་དང་ལྷན་དུ་བྱུང་བའི་རྟོགས་གཞི་ཞིག་ནི། རྡོ་རིང་འདི་སྤྱི་ལོ1012པ་ལས་ཀྱང་ཕྱི་ཕྱིར་བྱུང་ངེས་པའི་གནད་དེ་རེད། གནད་དོན་དེའི་གསལ་ཁ་འབྱེད་དགོས་པར་རག་ལས་ས་གལ་ཆེ་ཤོས་སུ་གྱུར་པ་ནི། རྡོ་རིང་ཡི་གེའི་ནང་དོན་དང་

སྐབས་དེའི་སྤྱི་ཚོགས་ཁོར་ཡུག་དང་རིག་གནས་ལོ་རྒྱུས་ཀྱི་གནས་བབས་ཉིད་དོ། །དེས་ན་སྐོར་དེ་ང་ཚོས་ལྷ་ཁང་བཞེངས་མཁན་གྱི་ཞང་སྣ་ནམ་རྡོ་རྗེ་དབང་ཕྱུག་གི་ལོ་རྒྱུས་དང་སྦྲགས་ཏེ་བཤད་ན། 《དུང་དཀར་ཚིག་མཛོད་ཆེན་མོ》དང《གངས་ལྗོངས་ལོ་རྒྱུས་ཐོག་གི་གྲགས་ཅན་མི་སྣ》[4]ཞེས་པར་ཁུངས་བཙལ་ཆེ། གཅིག་ཏུ་ན། རྡོ་རིང་གི་ནང་དོན་གྱི་ཟུར་ནས་སྐབས་དེའི་རིག་གནས་ཀྱི་སྣང་ཚུལ་གང་འདྲར་ངེས་པ་རགས་ཙམ་མཐོང་ཐུབ་སྟེ། སྤྱི་དེང་སང་གི་དུས། དགེ་བ་ལ་ཕྱོགས་གཅིག་པ་དང་། ལེགས་པ་ལ་གྲོས་འཐུན་པ་ནི་ཉུང་ན་ཞེས་དང་། དེར་མཐུད་དེ་བྱུང་བའི་ཝོ་ན་ཡང་དཀོན་མཆོག་གསུམ་ལ་སྐྱབས་སུ་གསོལ་བའི་མི་རྣམས་ཀྱིས་ནི་ཞེས་པའི་ཚིག་གཉིས་ཞིབ་ཏུ་བསྡུར་ན། སྔ་མ་ལས་སྐབས་དེར་བོད་ཁམས་སྤྱི་དུས་ཟིང་དུ་གྱུར་ཏེ་ལེགས་ཉེས་གོ་ལོག་ཅིང་། ལྷ་ཆོས་ལ་མི་དད་ཅིང་། མི་ཆོས་ལ་མི་བརྟེན་པ་མང་དུ་སྣང་བའི་སྤྱི་ཚོགས་ཁོར་ཡུག་ཅིག་ཆགས་ཡོད་པ་རྗེས་སུ་དཔག་ཐུབ་ལ། ཕྱི་མས་གནས་བབ་དེ་འདྲའི་འོག་ཏུའང་དཀོན་མཆོག་གསུམ་ལ་དད་ཅིང་མཆོད་མཁན་ཡོད་པ་ཤེས་ཐུབ། དེར་བརྟེན། སྐབས་དེ་འདྲ་ནི་ཕལ་ཆེར་བསྟན་པ་ཕྱི་དར་གྱི་འགོ་ཚུགས་པ་ཙམ་དང་བསྟན་པའི་སྡོད་འདུལ་བསླངས་ནས་དུས་རིང་པོ་མ་སོང་བའི་སྐབས་ཙམ་ལ་ཁེལ་ཡོད་པར་ངེས། གཉིས་སུ་ན། ཞང་སྣ་ནམ་པ་ཁོང་ཉིད་ཇོ་བོ་རྗེའི་དངོས་སློབ་གྲགས་ཆེ་བའི་གྲས་སུ་གྱུར་དུས་ནི་རྒྱ་གར་དུ་འདུལ་བའི་བཤད་པ་འཚོལ་དུ་བྱོན་ནས་སླར་ལོག་རྗེས་ཡིན་སྲིད་དེ། ཇོ་བོ་རྗེ་དབུས་གཙང་དུ་ཕེབས་དུས་ནི་ཆེས་འཕྱི་ནའང་སྤྱི་ལོ1044པ[5]ཡས་མས་ལ་ཁེལ་ཡོད། ཇོ་བོ་རྗེ་དབུས་སུ་གདན་འདྲེན་མཁན་ཞང་འབྲོམ་གཉིས་ཀྱི་གང་ལགས་ཀྱང་། དུས་ཀྱི་ཆ་ནས་འགལ་བ་ཆེན་པོ་མེད། གསུམ་དུ་ན། ཇོ་བོ་རྗེ་བོད་དབུས་བསམ་ཡས་སུ་ཕེབས་རྗེས་སྙེ་ཐང་དང་། ལྷ་ས། ཡེར་པ། འཕན་ཡུལ་སོགས་སུ་འགྲོ་དོན་མཛད་པ་ལས་སྙེ་ཐང་ནི་གདན་སའི་མཐིལ་དུ་མཛད་པས་ན། ཞང་སྣ་ནམ་པ་ལ་ཇོ་བོར་མཇལ་རྒྱུའི་སྐལ་བཟང་མངོན་དུ་ཤར་བ་རེད། ཇོ་བོ་རྗེ་དང་འབྲེལ་བའི་དོན་འདི་དག་རྡོ་རིང་ཡི་གེ་འདི་དང་འབྲེལ་བ་ཅི་ཡོད་ཅེ་ན། ཁོང་ཉིད་རྒྱལ་ལྷ་ཁང་གི་དགོན་བདག་ཡིན་པའི་ཆ་ནས་ཇོ་བོ་འཕན་ཡུལ་དུ་སྙེབས་ཤིང་ཆོས་ཞུ་བ་སློབ་མ་བགྲང་གིས་མི་ལང་བ་འདུས་ཐོག ཁོང་ཉིད་ཀྱིས་ཇོ་བོ་རྗེས་ཞབས་ཀྱིས་བཅགས་པའི་རྟེན་འབྲེལ་དང་རྒྱལ་བསྟན་ཡུན་རིང་དང་རྒྱ་ཆེར་དར་བའི་དགོས་དབང་ལ་དམིགས་ཏེ་རྡོ་རིང་འདི་བསླངས་པར་སྙམ།

གཉིས་པ། ཡི་གེའི་ཁྱད་ཆོས།

དེ་ཡང་རྡོ་རིང་འདི་ནི་ལོ་རྒྱུས་ཀྱི་གནས་བབ་གང་འདྲར་བཞེངས་པའི་སྐོར་རིགས་པས་དཔྱད་པ་ལ། ཐོག་མར་ངེས་དགོས་པ་ཞིག་ནི་ཡི་གེའི་ཁྱད་ཆོས་ཡིན་པར་འདོད། རྡོ་རིང་འདིའི་ཡི་གེའི་ཁྱད་ཆོས་གཙོ་བོའམ་མངོན་གསལ་བ་ཞིག་ནི་དབྱངས་ཨི་སྟེ་གུག་གུའི་འབྲི་སྟངས་རེད། བོད་ཀྱི་རྡོ་རིང་སྤྱི་ཤོས་

ཞོལ་རྫོ་རིང་དང་གྲགས་ཆེ་བའི་བོད་ཐང་མནའ་འབྲེལ་རྡོ་རིང་། གཞན་ཡང་ཏུན་ཧོང་ནས་རྙེད་པའི་བོད་ཀྱི་ཡིག་ཚགས་དང་ལི་ཡུལ་ནས་རྙེད་པའི་ཁྲམ་ཡིག་བཅས་སུ་གི་གུ་ཉིད་ཕྱིར་ལོག་དང་ཕྱིར་ལོག་མ་ཡིན་པའི་གཟུགས་རིས་གཉིས་ངེས་མེད་དུ་བྲིས་པ་ཁྲབ་ཆེ་ལ། དེ་ནི་བོད་བཙན་པོའི་སྐབས་ཀྱི་ཡིག་རྙིང་གྲགས་སོ་ཅོག་གི་སྤྱི་ཆོས་སུ་གྱུར་ཡོད་པ་ཀུན་ལ་གསལ། གུག་གུ་ཕྱིར་ལོག་ལའང་རྒྱུ་མཚན་ཡོད་མེད་ཐད་ཀྱི་སླེང་ཕྱོགས་གཉིས་ཙམ་ཡོད་ཀྱང་། ཕྲན་གྱིས་ནི་ཡིག་རྙིང་གྲགས་ཆེན་མིག་མཐོང་ལག་ཟིན་དུ་བྱུང་ངོ་ཅོག་ལས་ཞིབ་ཏུ་བརྟགས་པ་ལྟར་ན། གུག་གུ་ཕྱིར་ལོག་དེ་སྒྲ་རྒྱུ་བྱེ་བྲག་པ་གཅིག་གསལ་བྱེད་དུ་འདོད་བཞིན་པ་དག་དང་ལྡོག་པ་ཕོ་ནའོ། །དེ་འབྲེལ་སྐོར་ཕྲན་གྱིས་གནས་སྐབས་གཞན་ན་དཔྱོད་བཞིན་པའི་སྣང་ལུགས་པས་ན་སྐབས་སུ་མ་བབས་པའི་རིགས་དག་རེ་ཞིག་བཏང་སྙོམས་སུ་བཞག རྡོ་རིང་འདིར་མཚོན་ན། སྤྱི་དང་གི། སྤྱི་དང་ཀྱིས། འདི་དང་ནི་སོགས་དབྱངས་ཨི་སྐྱེ་ཕྱིར་ལོག་མ་ཡིན་པ་ཕོ་ནར་ངེས་པ་ལས་གུག་གུ་ཕྱིར་ལོག་གཅིག་ཀྱང་མེད་དོ། །

གཞན་ཡང་གནའ་ཡིག་སྤྱིར་མཚོན་ན་འཕྲི་རྟེན་ཆེ་ཆུང་དང་ནང་དོན་མང་ཉུང་གི་རྐྱེན་ལས་མཐའ་རྟེན་འཕྲི་ལུགས་ཀྱང་ཁྱད་པར་བ་ཞིག་བྱུང་ཡོད་དེ། དཔེར་ན། ཆབ་སྲིད་ཆེན་པོ་མཇྡ(ཞོལ་རྡོ་རིང་ལྷོ་ངོས་ཕྲེང38པར)། གཙིགས་ཅིཾ་ཞིག(ཀོང་པོ་དེ་མོ་ས་ཁྲུལ་གྱི་བྲག་བརྐོས་ལས་ཕྲེང10བར)། སྤེ་ཆ་གུདུ(ཞོལ་རྡོ་རིང་བྱང་ངོས་ཕྲེང49བར)དང་ཉམསུ(ཞོལ་རྡོ་རིང་ཤར་ངོས་ཕྲེང8པར)ལྟ་བུའི་མཐའ་རྟེན་དག་མིང་གཞིའི་གོང་འོག་ཏུ་བཀོད་པའི་སྣང་ཚུལ་མང་ལ། ཚུལ་དེར་དགེ་ཏན་ཆེན་མོ་དཔའ་རིས་སངས་རྒྱས་ལགས་ཀྱིས《དག་ཡིག་རིག་པའི་གབ་པ་མངོན་ཕྱུང》དུ། ཤོག་མཐའི་ཐིག་རྒྱ་ལས་མི་འགོང་བར་བྱས་པ་ཡིན་ཞེས་སམ་བྲི་ས་བསྐྱངས་པ་ཙམ[6]ཞེས་འགྲེལ་བ་ལས་ལྷག་པའི་རྒྱུ་མཚན་ཞིག་མེད་པར་སྣམ། དེར་མ་ཟད་ཡིག་རྙིང་མང་པོར་མཐའ་རྟེན་འ་ཡིག་ཟུར་ཡངས་པར་བྱས་མེད་དེ། དཔེར་ན། ལྡེ་སྲོང་ཡབ་སྲས་ཀྱི་རིང་ལའ། གཙིགས་གནང་བའ། གསེར་གྱི་ཡི་གེ་ལས་སྨད་རེའ། ཕོལ་ཡུལ་བཞེས་རེའ[7]ལྟ་བུས་མཚོན་པའི་དཔེ་བརྒྱང་གིས་མི་ལང་སོད། རྡོ་རིང་འདིར་རྟེན་འ་ཡིག་དེ་མིང་གཞི་རྐྱང་པ་དང་བརྩེགས་ཡིག་གང་གི་མཐར་ཡང་བཀོད་མེད་པར། སློབ་དཔོན་བསོད་ནམས་རྩེ་མོའི་རྐྱང་པ་འཕུལ་བ་འ་ཡི་མཐའ། །དགོས་ཀྱི་གུག་སྐྱེད་ཅན་ལ་མིན། །[8]ཞེས་པའི་རྩ་ཚིག་དང་ཡོངས་སུ་མཐུན། དེ་བས་ན་འཕྲི་རྟེན་ཐད་ཐིག་རྒྱ་ལས་འགོང་ཉེན་གྱི་བཀག་རྒྱ་ཁྱད་དུ་བསད་ཅིང་རྟེན་འ་ཡིག་ཟུར་ཡང་བྱས་པ་འདི་ཡང་རྡོ་རིང་ཡི་གེ་འདིའི་ཁྱད་ཆོས་ཤིག་ཏུ་གྱུར་ཡོད།

གསུམ་པ། བརྡ་སྤྲོད་ཀྱི་ཁྱད་ཆོས།

དེ་ཡང་རྫོད་བྱེད་སྒྲ་སྤྱིའི་ཁྱད་ཆོས་ལ་མིང་དང་ཕྲད་དང་ཚིག་གི་སྦྱོར་བ་གསུམ་གཞིར་བཟུང་བ

ལས། མིང་གི་ཆ་ནས་སྤྱིར་བཏང་ཆེད་བཀོལ་བརྡ་ཆད་ཅིག་ཡིན་ན་མ་གཏོགས། རྒྱུན་བཀོལ་གྱི་མིང་དག་གི་སྟེང་ནས་དུས་ཀྱི་དབྱེ་མཚམས་གསལ་པོར་དཀའ་འོ། །ཡིན་ཡང་འདིར་དེང་སང་དང་། བྱེད་དགུ། གྲོས་ཕུགས། གཙོར(གཙོ་བོར)། ངན་གྲོས། བདེན་གཏམ། དང་དུ་བླང་ལ་སོགས་པ་ལྟ་བུའི་མིང་ཚོ་ཅིག མིང་གི་གྲུབ་ལུགས་སམ་སྦྱོར་བ་དང་སྡུད་སྟངས་བཅས་ཀྱི་ཆ་ནས་བརྡ་རྙིང་པ་ལས་ཅུང་ཟད་འཕེལ་རྒྱས་སུ་ཕྱིན་ཡོད་པར་འདོད་དེ། བརྡ་རྙིང་པར་མིང་གི་གྲུབ་ལུགས་ཀྱི་ཆ་ནས་རྐྱང་པའི་རྣམ་པ་ཅན་དང་། མིང་འདོགས་སྟངས་ཀྱི་ཆ་ནས་འདོད་རྒྱལ་གྱི་རྣམ་པ་རྒྱུགས་ཆེ་མོད། འདིར་ནི་སྤྱིར་བཏང་མིང་ཉུང་ཙམ་མ་གཏོགས་མེད་ཙང་དེ་དག་ནི་སྦྲགས་མཐའ་འདུས་མའི་ཚུལ་དུ་རྗེས་གྲུབ་ཀྱི་རྣམ་པ་རྒྱུགས་ཆེ་བར་བདའ། མིང་དག་ཚིག་ཏུ་སྒྲུབ་བྱེད་ཀྱི་རྐྱེན་ཏེ་ཕྲད་ཀྱི་སྦྱོར་བའི་ཆ་ནས། ཕྲད་རྐྱང་འདུས་གང་སྦྱོར་གྱི་ཐད་ནས་ཇོ་རིང་ཡི་གེ་སྤྱི་ཕྱི་ཀུན་ལ་ཁྱད་པར་ཆེན་པོ་མེད་མོད། ལ་དོན་དང་བྱེད་འབྲེལ། ཞིང་སོགས་ཕྲད་གཞན་དབང་ཅན་དག་གི་ཐོབ་ཐང་སྦྱོར་ཚུལ་ཀུན་སུམ་རྟགས་ཀྱི་རྩ་ཚིག་དང་ཡོངས་སུ་མཐུན་པ་ནི། ཇོ་རིང་ཡི་གེ་འདིའི་ཁྱད་ཆོས་གཟེངས་སུ་ཐོན་པ་ཞིག་ཏུ་བལྟས་ཆོག

ཚིག་གི་སྦྱོར་བའི་ཆ་ནས་གཙོད་མཚམས་མཉམ་ཞིང་སྟེབས་ལེགས་པ། ཚིག་འགྲོས་མཐུན་ལ་གོ་བདེ་བར་སྦྱར་བ་དཔེར་ན། ལྟར་སངས་རྒྱས་བཞུགས། གཙོར་ལྟ་བ་སྲུང་། གྲོས་ཕུགས་ཆོས་ལ་གཏད། ཚིག་སྤྱོད་རྣལ་དུ་དབབ། འཚོ་བ་གཙང་མར་སྐྱབ། བྱེད་དགུ་ཆོས་དང་སྦྱར་ལྟ་བུ་དང་། ལྟོས་ཟླའི་རྣམ་པའི་ཚིག་སྦྱོར་སྤེལ་སྟངས་ཡང་ཁྱད་དུ་གསལ་བ་དཔེར་ན། སྤྱི་གྲོས་གཅིག་ཏུ་བསྒྲིམ། སྒོ་གཉེར་སོ་སོར་བླང་། ངན་གྲོས་དགོག་ཏུ་དབྱུང་། བདེན་གཏམ་དང་དུ་བླང་། ལྟ་བུའི་སྤྱི་ལ་བལྟོས་ཏེ་སྒོ་དང་། ངན་གྲོས་ལ་བལྟོས་ཏེ་བདེན་གཏམ། གཅིག་ཏུ་བསྒྲིམ་ལ་བལྟོས་ཏེ་སོ་སོར་བླང་། དགོག་ཏུ་དབྱུང་ལ་བལྟོས་ཏེ་དང་དུ་བླང་ལྟ་བུ་དང་། དེར་མ་ཟད་སྤྱི་དེང་སང་ཞེས་པ་ཚིག་འགོ་ལེན་བྱེད་དང་། འོ་ན་ཡང་ཞེས་པ་དོན་འགལ་བ་གསལ་བྱེད། འདི་ལྟར་བྱས་ཚེ་ཞེས་པ་གལ་འཇུག་རྣམ་པ་ཅན་གྱི་བརྡ་ལ་སོགས་པ་ནི་ཇོ་རིང་ཡི་གེ་འདིའི་ནང་དོན་སྤྱི་སྤྲེལ་བྱེད་ཀྱི་ཚིག་ཕྲད་ཁྱད་པར་བར་གཏོགས་པ་དང་བཅས། ཚིག་གི་སྦྱོར་བ་མཐའ་དག་ངག་ཐོག་གི་བརྡ་སྤྲོད་སྟངས་རྒྱ་མེད་པར་འཕྲུམས། གཞན་དུ་ན་བརྗོད་པ་ཉུང་ཡང་དོན་གྱིས་ཕྱུག་པར་མ་ཟད། ལྷུག་པར་གྲོལ་ལ་ཚིག་འགྲོས་གཅིག་ཏུ་ཁ་གསལ་གོ་བདེར་སྤེལ་བའི་ཁྱད་ཆོས་འདི་དག་ནི་བོད་བཙན་པོའི་རྒྱལ་རབས་སིལ་བུར་ཐོར་རྗེས་བོད་རྩོམ་རྣལ་མའི་དཔེ་ཞིག་ཏུ་ཡང་རུང་ངོ་སྙམ།

བརྗོད་བྱ་དོན་གྱི་ཆ་ནས་དཔྱད་པར་བྱ་བ་ལ། སྤྱིར་བཏང་བོད་བཙན་པོའི་སྐབས་ཀྱི་ཇོ་རིང་དག་གི་ནང་དོན་ལ་མནའ་འབྲེལ་དང་མཛད་རྗེས། གཟིགས་བཟོས། སྤྱོད་བཟང་། མཆོད་པ། ཆོ་ལོ་བཅས་ཀྱི་སྐོར[9]ཡིན་ཡང་། ཇོ་རིང་འདིར་མཚོན་ན་བརྗོད་བྱ་གཙོ་བོ་མི་ཆོས་ཀུན་སྤྱོད་ཀྱི་སྐོར་ཏེ། གཙོ་བོ་དམ

པའི་ལྷ་ཆོས་དང་མི་འགལ་བར་འཛིག་རྟེན་མི་ཆོས་དང་བསྟུན་དགོས་ཚུལ་གྱི་བླང་བྱ་ཁག་བཅུ་རྫོང་བྱེད་ཚིག་དུམ་བཅུས་མདོར་དྲིལ་ཡོད། དེར་མ་ཟད་བཟ་བསྒྲུགས་སྟངས་ཀྱི་ངོས་ཐད་ནས་ཀྱང་། མྱི་བསྒྱུར་མྱི་བཏང་མ་ཞིག་ཅེས་དང་། གཙོགས་ལས་ནམ་ཞར་ཡང་མི་འགྱུར་བར་ཞེས་པ་ལྟ་བུའི་བཀའ་གཙོགས་དང་བཀོད་འདོམ་གྱི་ཁྲུད་ཆོས་མེད་པར་སེམས་ཅན་ཀྱི་མོས་པ་དང་བསྟུན་པར་བཏང་སློམས་སུ་གདམས་པར་གནང་འདུག དེ་ལྟར་བགྲིད་དོན་ཡང་སྐབས་དེའི་བོད་ཀྱི་སྤྱི་ཚོགས་ཀྱི་ལམ་ལུགས་དང་རིག་གནས་ཁོར་ཡུག་ལ་འབྲེལ་བ་དམ་པོ་ཡོད། གང་ཞེ་ན། བོད་བཙན་པོའི་སྐབས་སུ་ཇོ་རིང་དག་ནི་ཁྲིམས་ཀྱི་དཔང་ཡིག་གམ་གཞི་འཛིན་ས་གཙོ་བོ་ཞིག་ཏུ་གྱུར་ཡོད་པས། ཇེ་འབངས་ཀུན་གྱིས་ངེས་པར་བསྲུང་དགོས་པའི་ཁྲིམས་སྲོལ་ལྟ་བུར་གྱུར་ཡོད་ལ། དེ་དག་ནི་གཙིག་གྱུར་གྱི་སྲིད་དབང་དང་གཙིག་གྱུར་གྱི་ལམ་ལུགས། གཙིག་གྱུར་གྱི་དབུ་ཁྲིད་ལས་བྱུང་བ་ཞིག་ཡིན་པས་རེད། དེ་ཙམ་མ་ཟད་གྲོས་ཕྱུགས་ཆོས་ལ་གཏད་ཅེས་པ་དང་བྱེད་དགུ་ཆོས་དང་སྦྱར་ལྟ་བུ་ཡང་། བཀའ་གདམས་པའི་ངག་ན་གྲེར་བའི་བསླབ་བྱ་སྟེ། ཅི་བྱེད་ཆོས་དང་བསྟུན་ལ་གྱིས། །རྣམ་པར་རྟོག་པ་མ་ཆེ། བསམ་པ་བཟང་པོ་གྱིས[10] ཞེས་པ་སོགས་དང་ཅུང་ཟད་ཉེ་བའི་ཆ་ཡོད་པ་དག་ཀྱང་དཔྱད་པར་བྱ་བའི་གཞི་ཞིག་ལོས་ཡིན་སྙམ།

མདོར་ན། འཕན་ཡུལ་རྒྱལ་ལྷ་ཁང་གི་ཇོ་རིང་ཡི་གེ་དང་བཟ་སྒྲོད་ཀྱི་ཁྱད་ཆོས་དག་ལ་གཞིགས་ན། ཇོ་རིང་འདི་བོད་བཙན་པོའི་སྐབས་ཀྱི་ཇོ་རིང་ཞིག་མིན་པར་ངོས་འཛིན་ཆོག་པར་མ་ཟད། ཇོ་རིང་བཞེངས་ལོ་དེ་ཡང་ལོ་ཆེན་རིན་ཆེན་བཟང་པོ(སྤྱི་ལོ958-1055པ)སོགས་སྐྱེས་ཆེན་དམ་པ་མང་པོས་སྐད་གསར་བཅད་ཀྱི་དགོངས་དོན་དག་ལག་ཏུ་བསྟར་བཞིན་པའི་སྐབས་ཙམ་ལ་ཐེལ་ཡོད་པར་འདོད་པས། ཇོ་རིང་ཡི་གེ་འདི་ཡང་བོད་ཀྱི་སྐད་དང་ཡི་གེའི་འཕེལ་འགྱུར་ལོ་རྒྱུས་ཀྱི་རྟགས་མཚན་གལ་ཆེན་ཞིག་ཡིན་པར་མ་ཟད། དེ་དང་འབྲེལ་བར་དུས་སྐབས་དེ་ནི་བསྟན་པ་ཕྱི་དར་གྱི་མྱུ་གུ་འབུས་མ་ཐག་པ་ཙམ་དང་། བོད་རང་གི་ལོ་རྒྱུས་གསར་པའི་འཕེལ་རྒྱས་ཀྱི་མཚམས་ཆེ་ཤོས་ཤིག་ཏུ་གྱུར་ཡོད་པ་བཅས་ཀྱིས་ན། རྒྱལ་ལྷ་ཁང་དང་ཇོ་རིང་འདི་བཞེངས་པ་ཡང་སྟོད་འདུལ་གྱི་དགོས་དབང་དང་བསྟུན་ཞིང་། བསྟན་འཛིན་སྐྱེས་བུས་བསྟན་པ་སྐྱོང་ཐབས་ལ་འབད་པའི་རྟགས་མཚན་བླ་ན་མེད་པ་ཞིག་ཏུའང་འགྲུབས་སོ། །

མཆན།

[1] [2] ཧོར་ཁང་བསོད་ནམས་དཔལ་འབར་སོགས་ཀྱིས་བསྒྲིགས་པའི་གངས་ཅན་རིག་མཛོད་དཔེ་ཚོགས་ལས་པོད་བཅུ་པ། «མཁས་དབང་དགེ་འདུན་ཆོས་འཕེལ་གྱི་གསུང་རྩོམ»གྱི་ཤོག་ངོས10པ་ནས11བར་གསལ། བོད་ལྗོངས་བོད་ཡིག་དཔེ་རྙིང་དཔེ་སྐྲུན་ཁང་གིས1994ལོའི་ཟླ7པར་དཔར་དུ་བཏབ།

[3] དུང་དཀར་བློ་བཟང་འཕྲིན་ལས་མཆོག་གིས་རྩོམ་སྒྲིག་མཛད་པའི《དུང་དཀར་ཚིག་མཛོད་ཆེན་མོ།》ཀྲུང་གོའི་བོད་རིག་པ་དཔེ་སྐྲུན་ཁང་གིས2002ལོའི་ཟླ4པར་དཔར་དུ་བཏབ་པ་དེའི་ཤོག་ངོས704པར་གསལ།

[4] དོན་རྡོར་དང་བསྟན་འཛིན་ཆོས་གྲགས་གཉིས་ཀྱིས་བསྡུ་སྒྲིག་མཛད་པའི《གངས་ལྗོངས་ལོ་རྒྱུས་ཐོག་གི་གྲགས་ཅན་མི་སྣ།》 1993ལོའི་ཟླ12པར་བོད་ལྗོངས་མི་དམངས་དཔེ་སྐྲུན་ཁང་ནས་དཔར་དུ་བཏབ་པ་དེར། ཞང་སྣ་ནམ་པ་རྡོ་རྗེ་དབང་ཕྱུག་གི་བྱུང་བའི་སྐོར་དུང་དཀར་ཚིག་མཛོད་དང་ཀུན་ནས་འདྲ་བར་བཀོད་ཡོད།

[5] ཇོ་བོ་རྗེ་ལྕགས་ཕོ་འབྲུག་སྟེ་སྤྱི་ལོ1040ལོར་ཞང་ཞུང་མཐོ་ལྡིང་གསེར་གྱི་ལྷ་ཁང་དུ་ཕྱག་ཕེབས་མཛད་ཅིང་། མངའ་རིས་སུ་ལོ་གསུམ་བཞུགས། དེའི་རྗེས་སུ་འབྲོམ་སྟོན་པས་ཇོ་བོ་རྗེ་དབུས་གཙང་དུ་གདན་འདྲེན་པར་མངའ་རིས་མང་ཡུལ་བར་དུ་ཕྱིན་ཅིང་ཇོ་བོ་དབུས་སུ་འབྱོན་པར་གསོལ་བ་ཞལ་གྱིས་བཞེས་ཏེ་ལོ་གསུམ་གྱི་རྗེས་ཏེ་སྤྱི་ལོ1044ལོ་ཡས་མས་སུ་བསམ་ཡས་སུ་ཕེབས་པའི་ལོ་ཡི་སྔ་ཕྱི་ལས་ལོ་ཚིགས་རགས་པར་ཐག་གཅོད་ཐུབ།

[6] དཔའ་རིས་སངས་རྒྱས་ཀྱི《དག་ཡིག་རིག་པའི་གབ་པ་མངོན་ཕྱུང་།》མཚོ་སྔོན་མི་རིགས་དཔེ་སྐྲུན་ཁང་། 1999ལོའི་ཟླ11པར་དཔར་དུ་བཏབ་པའི་ཤོག་ངོས50པར་གསལ།

[7] བསོད་ནམས་སྐྱིད་ཀྱིས་མཆན་འགྲེལ་བཀོད་པའི《བོད་ཀྱི་རྗོ་རིང་ཡི་གེ་དང་དྲིལ་བུའི་ཁ་བྱང》ཞེས་པར་བཀོད་པ་ཇི་བཞིན་དུ་དྲངས། མི་རིགས་དཔེ་སྐྲུན་ཁང་། 1984ལོའི་ཟླ2པར།

[8]《དཔལ་ལྡན་ས་སྐྱ་པའི་གསུང་རབ》པོད་གཉིས་པ། སུམ་རྟགས་དང་དག་ཡིག་གི་སྐོར་ལས། ངོས154པར། མི་རིགས་དཔེ་སྐྲུན་ཁང་དང་མཚོ་སྔོན་མི་རིགས་དཔེ་སྐྲུན་ཁང་གིས། 2004ལོའི་ཟླ་དང་པོར། སློབ་དཔོན་བསོད་ནམས་རྩེ་མོས་བརྩམས་པའི་ཡི་གེའི་བཀླག་ཐབས་བྱིས་པ་བདེ་བླག་ཏུ་འཇུག་པར།

[9] བོད་ཀྱི་ཡིག་རྙིང་ཞིབ་འཇུག་པ་ཆེན་མོ་པ་སངས་དབང་འདུས་ཀྱིས《བོད་ལྗོངས་ཞིབ་འཇུག》 1982པའི་ལོ་དེབ2པར། 《གསར་དུ་རྙེད་པའི་བཙན་པོའི་སྐབས་ཀྱི་བྲག་བརྐོས་ཡི་གེ》ཞེས་པར། རྗོ་རིང་ཡི་གེའི་ནང་དོན་སྐོར་ལ་རིགས་དེ་ལྟར་བཀར་ཡོད།

[10]《བཀའ་གདམས་ཀྱི་སྐྱེས་བུ་རྣམས་ཀྱི་གསུང་འགྲོས་ཐོར་བུ་བཞུགས་སོ》ཞེས་བྱ་བ་ཤིང་དཔར་མའི་ཤོག་ངོས9དང10པར་གསལ།

《ཀྲུང་གོའི་བོད་རིག་པ།》 ༢༠༡༡ལོའི་དེབ་དང་པོ་ལས་བཏུས།

༄༅། །ཞྭ་ལྷ་ཁང་གི་བྱུང་ངོས་ནས་རྙེད་པའི་ལྗོང་གི་བང་སོའི་རྡོ་རིང་ལ་ཐོག་མར་དཔྱད་པ།

སྟོབས་ལྡན།

རྡོ་རིང་འདི་ཉིས་སྟོང་བརྒྱད་ལོའི《བོད་ལྗོངས་ཞིབ་འཇུག》དེབ་གཉིས་པའི་མདུན་ཤོག་ནང་མའི་ངོས་སུ་བཀོད་ཡོད་པ་དེ་ཡིན་ལ། སྤྱི་ལོ2008ལོའི་དགུན་ཁར་ལས་གྲོགས་དུད་བླ་བུ་ཚང་སོགས་ཀྱི་མཚམས་སྦྱོར་དང་རམ་འདེགས་ལ་བརྟེན་འབྲི་གུང་གི་ས་ཆར་དངོས་སུ་རྡོ་རིང་འདི་བལྟ་བར་ཆས་པ་ཡིན། དང་ཐོག་མལ་ཏོ་བརྒྱུད་དེ་ཞྭ་ལྷ་ཁང་དང་དེའི་རྡོ་རིང་གཉིས་ལ་ཞིབ་ཏུ་མཇལ་ནས་ཞྭ་ལྷ་ཁང་གི་དཀོར་གཉེར་རྣམ་གཉིས་ལ་རྡོ་རིང་དེའི་སྐོར་གྱི་གནས་ཚུལ་བཀའ་འདྲི་ཞུས་པ་ཡིན་ཀྱང་། ཁོང་གིས་ལྷ་ཁང་སྒོ་འགྲམ་གཡས་གཡོན་དུ་རྡོ་རིང་སྔ་ཕྱི་གཉིས་ཡོད་པ་འདི་ལས་གཞན་ཅི་ལའང་རྒྱུས་མེད་པས་ངེད་ཅག་གི་འདོད་བློ་ཚིམ་པའི་ལན་གསལ་པོ་ཞིག་མ་བྱུང་། དེ་ནས་ལྷ་ཁང་ཉེ་འདབས་ཀྱི་གྲོང་མི་འགར་དེའི་སྐོར་བརྩད་འདྲི་བྱས་ཀྱང་ཞྭ་ལྷ་ཁང་གི་རྡོ་རིང་ལས་རྡོ་རིང་གཞན་ཞིག་གྲོང་ཚོ་འདིའི་ཉེ་འཁོར་དུ་ཡོད་པ་སྨྲ་མ་དང་འདྲ་བར་གསལ་ཆ་ཅི་ཡང་མེད་པ་ཤ་སྟག་ཏུ་འདུག སླར་ལམ་ལ་ཞུགས་ཉེ་བའི་སྐབས་རྗེ་བུ་ཚང་ཚང་ཞིག་འཕྲིས་སུ་སླེབས་པ་ལ་ཅི་མི་སྙམ་གྱིས་དེའི་སྐོར་སྐད་ཆ་དྲིས་པ་ལ་ཁོས་རིའི་ཕར་ངོས་སུ་རྡོ་དུམ་ལ་ཡི་གེ་འགའ་བརྐོས་ཡོད་པ་ཞིག་སྔ་མོ་ནས་ཡོད་པ་དེ་མིན་གྲང་ཞེས་ཏེ་གསལ་འདེབས་བྱས་པ་མ་ཟད། ངེད་ཅག་ལ་ལམ་སྟེ་ཁྲིད་དེ་རི་འདབས་ནས་ཡར་སྨི་ལྔ་བཅུ་མཚམས་སུ་སྐང་གཤོང་ཙུང་བདེ་བ་ཞིག་ཡོད་པའི་ལོགས་ན་རྡོ་དུམ་ལ་ཡི་གེ་ཁྲ་ལམ་ལེར་འཆར་ཞིང་ངོ་མཚར་བ་ཞིག་འདྲེན་བྱེད་ཀྱི་ཡུལ་དུ་གྱུར། རྡོ་རིང་འདིའི་ཉེ་འཁོར་གྱི་ས་གཤིས་ལ་ཞིབ་ཀྱིས་བལྟས་ཕྱིན་ས་འབུར་བང་རིམ་ཅན་མང་པོ་ལྷང་ངེར་གནས་པས་མི་སུས་མཐོང་ཡང་འདི་བང་སོའི་ཚོགས་མིན་ནམ་སྙམ་པ་ཞིག་བློ་ཡིད་ལ་འགོག་མེད་དུ་ཤར་བ་འོང་། རྡོ་རིང་འདིའི་ཞེང་དང་མཐུག་ཚད་ལ་བརྟགས་ན་དབོན་ཞང་རྡོ་རིང་གི་ཚད་དུ་ལོངས་པ་ཙམ་ཡོད་མོད། ཡིད་ཕངས་པ་ཞིག་ལ་འདིའི་དབུ་ནས་ཡི་གེ་ཐིག་ཕྲེང་བཅུ་གཉིས་ཀྱི་མཚམས་སུ་བཅག་སྟེ་བོར་བརླག་སོང་བས་དཀྲུས་སུ་རིང་ཚད་ཇི་འདྲ་ལོངས་མིན་ཐག་ཆོད་པ་དཀའ་ཡང་། རྡོ་རིང་འདི་ཉིད་ཀྱི་རྒྱབ་དང་གཡས་གཡོན་གྱི་ངོས་སྙོམས་པོ་མེད་པ་ལ་གཞིགས་ན་མདུན་ངོས་མ་གཏོགས་ངོས་གཞན་རྣམས་སུ་ཡི་གེ་བརྐོས་མེད་པ་འདྲ།

དང་པོ། རྡོ་རིང་འདིའི་མིག་སྔའི་ཞིབ་འཇུག་གི་གནས་བབ་སྐོར།

རྡོ་རིང་འདི་ལ་ད་སྔོན་བོད་ཀྱི་རྡོ་རིང་ཡི་གེ་ཞིབ་འཇུག་གི་ཁྲོད་དུ་ཙུང་གཏིང་ཟབ་པའི་སྒོ་ནས་ཞིབ་འཇུག་བྱེད་མཁན་མ་བྱུང་བས། ལོ་ངོ་སྟོང་ཕྲག་གི་རིང་དུ་རིན་ཆེན་དབྱིག་ལ་གཡའ་ཡིས་གོས་ཏེ་སུས་ཀྱང་ཕྱི་དོར་མ་བྱས་པར་བཏང་སྙོམས་སུ་ལུས་པ་ཞིག་རེད། དེར་བརྟེན་རྡོ་རིང་འདིའི་མིང་གི་འདོགས་ཚུལ་གྱི་སྐོར་ལའང“ཞྭ་ལྷ་ཁང་གི་རྡོ་བཀོས་ཡི་གེ”[1]དང་། ཡང་ན“ཞྭ་ལྷ་ཁང་གི་བྱང་རིའི་འདབས་སུ་ཡོད་པའི་རྡོ་བཀོས་ཡི་གེ”[2]སོགས་འོལ་ཚོད་ཀྱིས་མིང་བཏགས་པ་མ་ཟད། རྡོ་རིང་འདི་ལ་ངོས་འཛིན་ཡང་དག་གི་སྒོ་ནས་ལོ་རྒྱུས་དངོས་དང་མཐུན་པའི་མིང་ཞིག་མ་བྱུང་བ་དང་། དེ་བཞིན་རྡོ་རིང་འདིའི་བརྗོད་དོན་གྱི་ཐད་ལའང“གཉའ་ཁྲི་བཙན་པོའི་རུས་རྒྱུད་བྱུང་ཚུལ་དུམ་བུ”[3]ཞེས་པ་དང་། “ཚོད་དཔག་བྱས་ན་རྡོ་རིང་འདི་གཙོ་བོ་ལོ་རྒྱུས་ཀྱི་དོན་རྐྱེན་ཞིག་གམ། ཡང་ན་ཁྲིམ་རྒྱུད་གཅིག་གི་གནས་ཚུལ་ལ་དྲན་རྟེན་དུ་བཞེངས་པ་ཡིན་སྲིད།”[4] ཅེས་འགྲེལ་བ་ཙམ་ལས་དུས་རབས་གང་དང་རྒྱུ་མཚན་ཅི་ཞིག་གིས་རྡོ་རིང་འདི་བཞེངས་པ་དང་། ཐ་ན་རྡོ་བཀོས་དང་རྡོ་རིང་གང་ཡིན་ལའང་བྱེ་བྲག་གི་སྒོ་ནས་ངོས་འཛིན་དང་ཞིབ་ཆ་མ་ཕྱེ་བ་ཞིག་ཡིན། དེར་བརྟེན། རྡོ་རིང་འདི་དང་ཉེ་བའི་གྲོང་ཚོའི་མི་སུ་ཡིན་ལ་འདིའི་སྐོར་གྱི་ལོ་རྒྱུས་ཅི་ཡང་ཤོད་རྒྱུ་མེད་པ་མ་ཟད། རྡོ་རིང་འདི་འདྲ་ཞིག་ཕོ་ཚོའི་གྲོང་འདབས་ན་ཡོད་མེད་ལའང་རྒྱུས་མེད་པའི་གནས་སུ་གྱུར་པ་དང་། ལྷག་པར་རྡོ་རིང་འདི་ལ་ཆག་གྲུམ་ཤོར་བའི་དབང་གིས་རྡོ་རིང་གི་ཡི་གེ་རྣམས་ཁ་མི་ཚང་བ་དང་། སྔོན་གྱི་ལོ་རྒྱུས་ཡིག་ཚགས་སོགས་སུ་རྡོ་རིང་འདིའི་སྐོར་གྱི་དཔྱད་གཞིའི་རྒྱུ་ཆ་རྙེད་དཀོན་པས་ཞིབ་འཇུག་བྱེད་དཀའ་བའི་གནས་སུ་ལྷུང་།

གཉིས་པ། རྡོ་རིང་འདིའི་ཡི་གེ་དངོས་ཀྱི་སྐོར།

རྡོ་རིང་འདིའི་འདྲ་བཤུས་ཀྱི་ཡི་གེའི་སྐོར་ལ་སྐུ་ཞབས་དབང་རྒྱལ(王尧)ལགས་ཀྱི་བོད་བཙན་པོའི་དུས་ཀྱི་རྡོ་རིང་དང་དྲིལ་བུའི་ཡི་གེ[5]བྱ་བ་ལས།

“1. ཡང་ནས་ཀླ　ཏ

2. བད་ཨོ་སྐྱིའི་མགོན་དུ་ས་ལ་གཤེགས་ནས་

3. གནံ་དུ་བཞུད་པ་ནི། །ཁ་ཐབས་བརྗོད་དུ་མྱི། །

4. ང་ཡ་བས་བྲི་དུ་མྱི་བདད་དེ། འདིར་མ་སྨོས་

5. ༄ །ལྷ་ཇེ་ཆེན་པོ་གནံ་ལྷའི་སྲས་ལས། ཚོ་ཕྱི་ཚེ་གསུំ་དང་

6. མདའ་མྱི་ཅེ་གསུំ་རྫ། ཅེ་ཅེ་གསུ་རྫ། ཕྱུག་པོ་ཆེ་གསུំ་རྫ།

7. ཕྲིམ་པོ་ཅེ་གས྄ུཾ་ལས་སྐྱོགས་པ་སྤྱན་མྱི་འཕགས

8. རིགས་སུ་གྱེས་སོ།

9. ང་གི་མྱེས་པོ་སྟེ། པོ་ལྡོང་ཅེ་མྱུག། ཏིང་ཁོང་

10. པོ་སྟེ་ཆ་ག་ར་གྱི་ཞལ་བུ་འདེའི་བར་དུ་མྱི་

11. བར་རྩེ་འི་ནི་བདག་པོ། མྱི་པའི་ནི་རྒྱ

12. གཉིས་ཏེ་ལའུ"ཞེས་འདྲ་བཤུས་བྱས་ཡོད་ཀྱང་། ཕྲན་རྗེ་རིང་འདི་ཉིད་ད་ལྟ་བཞུགས་ཡོད་པའི་ཞྭ་ལྷ་ཁང་གི་བྱང་ངོས་ཀྱི་རི་འདབས་དེར་སྔ་ཕྱིར་ཐེངས་མང་པོར་སོང་ནས། རྗེ་རིང་གི་ཡི་གེ་འདི་ལ་ཞིབ་ཏུ་ཡང་ཡང་བལྟས་པ་བརྒྱུད་རྗེ་རིང་འདིའི་སྟེང་གི་ཡི་གེ་ནི་དོན་དངོས་སུ།

"1. ཡང་ནས་ཐླ　ཏ

2. བད　མྱིའི་མགོན་དུ་ས་ལ་གཤེགས་ནས་

3. གནཾ་དུ་བཞུད་པ་ནི། །ཁ་ཐབས་བརྗོད་དུ་མྱི། །

4. ངསུ་བས་བྲཾ་དུ་མྱི་བདད་དེ། འདིར་མ་སློས་

5. ༄། །ལྡོང་ཆེན་པོ་གནཾ་ལྷའི་སྲས་ལས། ཆོ་ཕྱི་ཆེ་གས྄ུཾ་དང་

6. མདའ་མྱི་ཅེ་གས྄ུཾ་བྲ། ཅེ་ཅེ་གསུ་བྲ། ཕྱུག་པོ་ཆེ་གས྄ུཾ་བྲ།

7. ཕྲིམ་པོ་ཅེ་གས྄ུཾ་ལས་སྐྱོགས་པ་སྤྱན་མྱི་འཕགས

8. རིགསུ་གྱེས་སོ།

9. ང་གི་མྱེས་པོ་སྟེ། པོ་ལྡོང་ཅེ་མྱུག། ཏིང་ཁོང་ཁ

10. པོ་སྟེ་ཆ་གར་གྱི་ཞལ་བུ་འདེའི་བར་དུ་མྱི་

11. བར་རྩེ་འི་ནི་བདག་པོ། མྱི་པའི་ནི་རྒྱ

12. གཉིས་ཏེ་བཙུ"[6]ཞེས་བཀོད་ཡོད་པས་སྔ་མའི་འདྲ་བཤུས་བྱས་པ་དང་ཅུང་མི་མཐུན་པའི་ཡི་གེ་འགའ་རེ་སྣང་ཞིང་། དེས་ན་ཡི་གེ་མི་འདྲ་བ་ལ་དོན་མི་འདྲ་བ་འབྱུང་བ་ནི་འདིར་སྨོས་མ་དགོས་པ་དེ་ལྟ་ཡིན་མོད། འོན་ཀྱང་གོང་ནས་དྲངས་པའི་སྐུ་ཞབས་དབང་རྒྱལ(王尧)ལགས་ཀྱི་རྗེ་རིང་གི་ཡི་གེ་འདི་བོད་ཀྱི་ཡིག་རྙིང་ཞིབ་འཇུག་པ་ལའི་ཅི་ཧྲིན(黎吉生)གྱིས་རྗེ་རིང་འདིའི་ཡི་གེ་འགའ་ཐོག་མར་འདྲ་བཤུས་བྱས་པ[7]དང་འབྲུ་གཅིག་ཀྱང་ཆད་ལྷག་མེད་པར་ཇི་མ་ཇི་བཞིན་དུ་བཀོད་ཡོད་པ་དང་། གཞན་ཁོང་གིས་བྲག་བརྐོས་འདི་ཞྭ་ལྷ་ཁང་གི་གཡས་ཕྱོགས་ཀྱི་རི་རྒྱབ་ནས་རྙེད་པ་དང་། འདི་ལ་ཁ་བྱང་མེད་ཅིང་། ས་གནས་དེ་གའི་བྲག་རྗེ་འཇམ་བཏར་བགྱིས་ཏེ་ཡི་གེ་བརྐོས་པ་ཞིག་ཡིན། སྤྱིད་དུ་ཡི་གེ་ཐིག་ཕྲེང་བཅུ་གཉིས་ཙམ་ཡོད་པ་དང་། བྲིས་གཟུགས་རྣམས་ཞྭ་ལྷ་ཁང་གི་རྗེ་རིང་ཡི་གེ་གཉིས་དང་འདྲ་

ཞིང་། བོད་བཙན་པོའི་དུས་ཀྱི་ཡི་གེའི་ཁྱད་ཆོས་ལྡན། འདིའི་ནང་དོན་ལ་དཔྱད་ན་ཞྭ་ལྷ་ཁང་གི་སྔོན་ལ་བཞེངས་པ་མིན་ནམ་སྙམ། བྲག་བརྐོས་ཡི་གེ་འདི་རིགས་ནི་བོད་བཙན་པོའི་དུས་སུ་ཅུང་དར་ཁྱབ་ཆེ་ཞིང་། མཛད་པར་བསྟོད་ཅིང་འཕྲིན་ལས་བརྗོད་པ་དང་། དུས་ཀྱི་ཁྱད་གཤིས་དང་སྤྱི་ཚོགས་ཀྱི་རྒྱབ་ལྗོངས་མཚོན་པ་ཤ་སྟག་ཡིན་པས་གལ་ཆེར་འཛིན་དགོས།[8] ཞེས་རྡོ་རིང་གི་གནས་བབ་དངོས་དང་ཅུང་མཐུན་མིན་འགའ་བྲིས་པ་ལ་གཞིགས་ན་ཕོང་ས་ཆ་དེར་དངོས་སུ་མ་ཕེབས་པར་སྔ་མའི་ཡིག་ཚགས་ལ་གཞི་བྱས་ཏེ་ཡིག་རྡོས་ཙམ་ནས་དཔྱད་ཞིབ་བྱས་པ་ཤུགས་ལ་ངེས་ཐུབ། དེར་བརྟེན་རྡོ་རིང་གི་ཡི་གེ་ཁྲིད་ཀྱི“ལྗོང”བྱ་བའི་ཡི་གེ་འདིའི་ཚབ་ཏུ་སྔ་མའི་ནང“ལྷ”ཞེས་བྲིས་པ་སོགས་ཀྱིས་བསོད་ནམས་སྐྱིད་ལགས་ཀྱིས་བོད་ཀྱི་རྡོ་རིང་ཡི་གེ་དང་དྲིལ་བུའི་ཁ་བྱང་ལས། “གཉའ་ཁྲི་བཙན་པོའི་རུས་རྒྱུད་བྱུང་ཚུལ་དུམ་བུ”[9]ཞེས་ཏེ་རྡོ་རིང་འདི་ནི་བོད་ཀྱི་བཙན་པོའི་རུས་རྒྱུད་བྱུང་ཚུལ་གྱི་བརྗོད་བྱ་དང་འབྲེལ་ཡོད་མོད། འོན་ཀྱང་དོན་དངོས་སུ་རྡོ་རིང་ཡི་གེ་འདིའི་ནང་དུ་ལྷ་དང་། ཡང་ན་བོད་བཙན་པོའི་རིགས་རུས་མཚོན་པའི་ཐ་སྙད་འབྲུ་གཅིག་ཀྱང་མེད་ཅིང་། ལྷག་པར་རྡོ་རིང་དུམ་བུ་འདི་རི་ངོས་དེར་ལོ་རྡོ་སྟོང་ཕྲག་གི་རིང་ལ་གནས་པར་སྲུས་ཀྱང་དོ་སྣང་ཕྲ་མོ་ཙམ་ཡང་མ་བྱས་པར་ལུས་པ་འདྲ།

གསུམ་པ། རྡོ་རིང་གི་ཡི་གེའི་ཁྱད་ཆོས་སྐོར།

རྡོ་རིང་འདིའི་ཡི་གེ་ཁྱད་ཆོས་སྤྱིའི་ཆ་ནས་མཚོན་ན་བོད་བཙན་པོའི་དུས་ཀྱི་རྡོ་རིང་ཡི་གེ་ལ་ཡོད་པའི་ཁྱད་ཆོས་རྣམས་ཆ་ཡོངས་སུ་ཚང་ཞིང་། བྲིས་གཟུགས་ལའང་དེང་སང་གི་འབྲི་ཚུལ་དང་ཐ་དད་པའི་རྣམ་གཞག་ཁྱད་པར་བ་འགའ་ཡོད་མོད། འོན་ཀྱང་ཆེས་གནའ་དུས་ཀྱི་ཡི་གེ་ལ་ཡིག་མཁན་དང་བྲིས་རྒྱུན་མི་འདྲ་བ་མང་པོ་དར་སོ་ཆེ་བ་དང་། གཞན་དེ་སྔོན་བྲིས་གཟུགས་གཅིག་པུ་ལ་བརྟེན་ནས་གནའ་དུས་ཀྱི་ཡིག་རྙིང་དང་རྡོ་རིང་གི་ལོ་རྒྱུས་ཐག་གཅོད་བྱེད་པའི་ཡོངས་གྲགས་ཀྱི་བརྟག་ཐབས་ཤིག་མ་བྱུང་བ་དང་། ལྷག་པར་བཙན་པོ་ཁྲི་ལྡེ་སྲོང་བཙན་གྱི་སྐུ་རིང་ལ་དུས་མཉམ་དུ་བཞེངས་པའི་སྐྱིད་ཤོད་ར་མ་སྒང་གི་རྒྱལ་ལྡེ་དཀར་ཆུང་ལྷ་ཁང་གི་རྡོ་རིང་ཡི་གེ་དང་། ཀོང་པོའི་དེ་མོ་གཡུང་དྲུང་འཛིན་གྱི་བཀའ་གཙིགས་བྲག་བརྐོས་ཡི་གེ། དེ་མིན་སྐྱིད་སྟོད་ཞྭ་ལྷ་ཁང་གི་རྡོ་རིང་ཡི་གེ(ཀ་ཁ)གསུམ་གྱི་བྲིས་གཟུགས་སོགས་ལ་ཞིབ་ཕྲའི་སྒོ་ནས་དཔྱད་ན་ཁྱད་པར་ཆེ་བས་ཕལ་ཆེར་ཡུལ་ཡུལ་ལ་བྲིས་རྒྱུན་མི་འདྲ་བ་རེ་རེ་ཡོད་པར་མངོན། རྡོ་རིང་འདིའི་བྲིས་གཟུགས་ཀྱི་ཁྱད་ཆོས་ཐུན་མོང་མ་ཡིན་པ་རྣམས་རྒྱུ་མཚན་དུ་ཅུང་འཛོག་དཀའ་ཡང་། རྡོ་རིང་འདིའི་ནང་དུ“༄། །ལྗོང་ཆེན་པོ་གནཾ་ལྷའི་སྲས་ལས། ཚེ་ཕྱི་ཚེ་གསུཾ་ཐྲ་མདའ་སྨྲ་ཅེ་གསུཾ་ཐྲ། ཅེ་ཅེ་གསུ་ཐྲ། ཕྱུག་པོ་ཚེ་གསུཾ་ཐྲ། གྱིམ་པོ་ཅེ་གསུཾ་ལས་སྟོགས་པ་སྤྱན་སྔ་འཕགས་རིཾ་གསུ་གྱིས་སོ། །ཞེས་པ་དང་། ཞྭ་ལྷ་ཁང་གི་རྡོ་རིང་ཡི་གེ(ཀ་ཁ)ལས། “བཙན་པོ་གདུང་རབས་

རྒྱུད་ཀྱིས། བན་དེ་ཧྲིང་དེ་འཛིན་ཀྱི་མྱེས་པོ་བློན་སྣང་བཟང་འདུས་ཀོང་གི་བུ་ཚ་འཕེལ་རྒྱུད། སྤྱན་རས་ཀྱིས་བཅའ་ཁྲི་འོས་པ་ཞམ་འབྲིང་དུ་བཞག་པ་ཏྲ། ཇོ་ཅམ་དུ་ནུས་པར་བཀུར་བསྟོད་པ་ཏྲ། གཞན་གྱིས་མནར་ཏོཾ། སྟོཾ་ལས་ཆད་ན། ཟླ་ནོན་ཟླ་ནས་མཛུ་པ་ཏྲ། ཉེས་ཡུ་དག་པ་མ་ཡིན་ན། འཕྲ་མ་མྱི་བསྙུན། སྟོཾ་ས་ལས་མྱི་གཅད་པ་ཏྲ། སྣང་བཟང་འདུས་ཀོ་གི་བུ་ཚ་འཕེལ་རྒྱུད། ལ་ལ་ཞིག་གིས་སྐྱུ་དང་ཆབ་སྲིད་ལ་སྙིང་རིངས་སོཾ། ཉེས་པ་གཞན་ཞིག་བྱས་ན་ཡུ། གང་གིས་ཉེས་པ་ལ་རྨ། ཕུ་ནུ་བུ་ཚ་གཞན་ལ་ཁྲིན་མི་རྨ། ཀྱོད་ལ་མྱི་གདགས། ཟླ་ནནད་མྱི་མཛད། །……སྲིད་བདེ་ཁྲི་བརྟན་བའི་གཙིགས་གནང་བ་འདི། ནོཾ་ནོཾ་ཞ་ཞར་གནང་ཁྲི་མྱི་བསྒྱུར་མྱི་བཅོས་པར། ངའི་ཞ་སྔ་ནས་ཀྱང་དབུ་སྙུང་གནང་།[10] ཞེས་ལྷ་བུ་ཏོཾ་དང་། སྟུས། ཟླ། མཛུ། ཏྲ། ཡུ། ཁྲི། ནོཾ་སོགས་ང་རོ་དང་འཕུལ་ཡིག ད་དུང་སྐབས་འགའ་རེར་མིང་གཞིའི་ཡི་གེ་རྣམས་སྟེང་དུ་བྲིས་པ་དང་། མཐའ་རྟེན་གྱི་ཡི་གེ་མིང་གཞིའི་འོག་ཏུ་བྲིས་པ་རྣམས་ཆ་འདྲ་མོད། ཞྭ་ལྷ་ཁང་གི་ཇོ་རིང་ཁ་པའི་ཐིག་ཕྲེང་ཞེ་གཅིག་གི་ཁྲོད་དུ"ཛེ་བློན་ཕྱི་རབས་མདྣ་མཛད་པ"[11] ཞེས་ཏེ་ཡི་གེ་ཧྲིལ་པོ་ལས་མདྣ་ལ་འ་ཟུར་ཏུ་དྲངས་པའི་ཡི་གེ་འབྲུ་གཅིག་འབྱུང་བ་མ་གཏོགས། "བཀ་ཀྱོད་ལ་གདགས་པར་གནང་བ་དང་། ལྷ་རིས་སུ་བསྔོས་པ་ལས་ཅིར་གྱུར་ཀྱང་། བླ་འོག་གཞན་གྱིས་དབང་མྱི་བྱ་བར་གནང་བ་ལས་སྩོགས་ཏེ། གཙིགས་སྔ་མའི་སྟེང་དུ། གཙིགས་ཕྱི་མ་བསྣན་བསྐྱེད་དེ་གནང་བ་རྣམས་ཀྱང་། དེ་བཞིན་དུ། ནམ་ཞར་བརྟན་པར་གནང་སྟེ། ངའི་ཞལ་སྔ་ནས་ཀྱང་དབུ་སྙུང་གནང་།"[12] ཞེས་པ་ལྷ་བུ་ཇོ་རིང་ཀ་པའི་ཁྲོད་དུ་འཕུལ་རྟེན་གྱི་ཡི་གེ་སྲིད་དུ་བརྗེགས་མར་བྲིས་པ་དྲུག་ཅུ་ལྷག་ལ་ཉེ་བ་ཡོད་ཀྱང་། ཇོ་རིང་ཁ་པའི་ནང་འཕུལ་རྟེན་གྱི་ཡི་གེ་གཉིས་སྲིད་དུ་བརྗེགས་མར་བྲིས་པ་འབྲུ་གཅིག་དང་། ན་ཡིག་འབབ་ཞིག་ལ་ང་རོ་བྲིས་པ་མ་གཏོགས་ཡི་གེ་གཞན་གང་དུའང་ང་རོ་བྲིས་པ་ཞིག་མེད་པ་ལ་གཞིགས་ན། ཞྭ་ལྷ་ཁང་གི་བྱང་ངོས་ནས་རྙེད་པའི་ཇོ་རིང་འདི་ཉིད་མ་མཐའ་ཡང་ཞྭ་ལྷ་ཁང་གི་ཇོ་རིང་ཁ་པའི་སྔོན་དུ་བྱུང་བར་སྙམ། ཕྱིར་ཞྭ་ལྷ་ཁང་གི་ཇོ་རིང་སྔ་ཕྱི་གཉིས་ཀ་བཙན་པོ་ཁྲི་ལྡེ་སྲོང་བཙན་སྐུ་ཚེ་གཅིག་ཏུ་བཞེངས་པ་རྩོད་མེད་ཡིན་ཀྱང་། འདི་གཉིས་སྔ་ཕྱིར་བཞེངས་དུས་ཀྱི་ལོ་ཚིགས་མི་འདྲ་བའི་དབང་གིས་བྲིས་གཟུགས་ལ་ཁྱད་ཆོས་མི་འདྲ་བ་ཅུང་མང་ཞིང་། ཞྭ་ལྷ་ཁང་གི་ཇོ་རིང་ཁ་པ་དེ་སྤྱི་ལོ812ལོ་ལ་བཞེངས་པར་གཞིར་བཟུང་ན་ལྷ་ཁང་གི་བྱང་ངོས་ནས་རྙེད་པའི་ཇོ་རིང་འདི་ལོ་ཚིགས་དེའི་ཡར་སྔོན་ཙམ་དུ་བཞེངས་པ་མངོན་གསལ་ཆེ།

བཞི་པ། ཇོ་རིང་གི་ཡི་གེའི་གོ་དོན་སྐོར།

ཇོ་རིང་གི་ཐིག་ཕྲེང་ལྔ་པའི་ཁྲོད་དུ"ལྟོང་ཆེན་པོ་གནོཾ་ལྷའི་སྲས་ལས"[13]ཞེས་དང་། ཐིག་ཕྲེང་དགུ་པར"(ལྟོ)ང་གི་མྱེས་པོ་སྟེ། པོ་ལྟོང་ཅེ་མྱུག"དང་། དེ་བཞིན་ཐིག་ཕྲེང་བཅུ་པའི་ནང"……ཆ་གར་གྱི་ཞལ་

བུ་འདོའི་བར་དུ”[14]ཞེས་པའི་དོན་གྱི་བསྟན་བྱ་དུམ་བུ་གསུམ་གཅིག་ཏུ་སྒྲིལ་ན། “ལྡོང་གི་རུས་ཆེན་པོ་ནི་ཐོག་མར་འོད་གསལ་ལྷ་ལས་མཆེད་པ་དང་། ལྡོང་གི་རིགས་ཀྱི་མེས་པོ་ལ་ཨ་སྨྱོ་ལྡོང་ངམ་སྨྱོ་ལྡོང་ཅེ་ཞུག་བྱ་བ་དང་། ……རང་ཅག་གི་མེས་པོ་འདིའི་བར་དུ་ཞེས་པ་ལྟ་བུའི་དོན་འབྱུང་བས་ཛོ་རིང་འདི་ལྡོང་གི་རིགས་ཕྱི་མ་ཞིག་དང་འབྲེལ་བ་ཟབ་མོ་ཡོད་པ་ཧ་ཅང་གསལ་མོད། ཡིན་ནའང་ལྡོང་གི་རུས་དང་རིགས་ཀྱི་དབྱེ་ཚུལ་ལ་བོད་སྔ་རབས་པའི་ཡིག་ཚགས་རྣམས་སུ་བཞེད་ཚུལ་ནང་མི་མཐུན་པ་མང་པོ་ཡོད་དེ། བཀའ་ཆེམས་ཀ་ཁོལ་མ་ལས“སེ་རྨུ་ལྡོང་སྟོང་དབྲ་འདྲུ”[15]ཞེས་པ་ལ་བརྟེན་ནས་མཁས་པའི་དགའ་སྟོན་དང་སྡེ་སྲིད་ཀྱི་གཡའ་སེལ་སོགས་སུ་སེ་རྨུ་ལྡོང་སྟོང་དབྲ་འབྲུ་ཞེས་བྲིས་ཡོད་ཀྱང་། 《རྒྱ་བོད་ཡིག་ཚང་ཆེན་མོ》ལས“ནང་གི་རིགས་བཞི་ནི། སྟོང་དང་། ལྡོང(ལྡོང)དང་། སེ་དང་། རྨུ་རྣམས་ཏེ། འདི་བཞི་པོ་ལས་བོད་མི་ཕལ་ཆེ་བ་གྱེས་པར་བཤད།”[16] ཅེས་ཏེ་སྟོང་ལྡོང་སེ་རྨུ་བཞི་རུ་བཤད་པ་དང་། ཡང་སྡེ་དགེ་རྒྱལ་རབས་ལས“བོད་ཆེན་ལྡོངས་ཀྱི་འགྲོ་བ་འདི་དག་ཀུན། །སྐ་འབྲུ་སྦྲ་གདོང་བཞི་ལས་ཆད་མོད་ཀྱང་། །”[17]སོགས་དོན་ཡན་གར་བ་སྣ་ཚོགས་འབྱུང་ཞིང་། ཐ་ན་ལྡོང་ལ་གདོང་དང་གདུང་སོགས་བྲིས་པ་ཡི་གེ་མི་འདྲ་བ་མང་པོ་ཡོད་པས་གང་ཡིན་འདི་མིན་གྱི་ཁ་ཚོན་གཅོད་དཀའ་བ་དང་། དེ་བཞིན་ལྡོང་གི་རུས་ཀྱི་བྱེ་བྲག་ལ་མོན་ཆོས་འབྱུང་ལས“གདུང[ལྡོང]རུས་ཆེན་པོ་བཅོ་བརྒྱད་སོ་སོར་གྱེས་པའི་རུས་ཀྱི་མིང་ནི་ཅོག་དང་ཅོག་རྩེ་ཅོག་རོ་དང་། འབྲོམ་དང་། ཁྱུང་པོ་རླ་བ་དང་། འབྲིང་དང་ལྷ་ལུང་ལྷ་རྩེ་དང་། གྲང་དང་དགོས་པ་ཁུ་ན་དང་། ཉ་དང་ཚེ་སྤོང་ཞ་ནག་སླེང་དང་། ཡོད་གོ་ཐག་བཟང་ལ། རུས་ཆེན་བཅོ་བརྒྱད་ཟེར་བ་ཡིན།”[18] ཅེས་དང་། 《བོད་མིའུ་བུ་ལྡོང་དྲུག་གི་རུས་མཛོད》ལས། “ཕྱིར་ལྡོང་འདིའི་མིང་ལ་ཨ་སྨྱོ་ལྡོང་དང་ལྷ་ལྡོང་སོགས་ཟེར་ལ། འདི་ནི་ཕུ་བོ་ལྡོང་དང་ཡུམ་མཆོག་འབྲི་སྨ་མ་ཞེས་བྱ་བ་ལས་བྱུང་བའི་རིགས་ཡིན་ལ། འདི་ལ་དཀར་པོ་ལྡོང་དང་། ནག་པོ་ལྡོང་དང་། ཁྲ་བོ་ལྡོང་དང་། སྨུག་པོ་ལྡོང་གི་རིགས་དང་བཞི་ཡོད་ལ། རིགས་འདི་རྣམས་ལས་འཁྲུངས་པའི་སྤྲུལ་བའི་སྐྱེས་བུ་དཔའ་རྩལ་དགུ་ལྡན་སྟོན་ཕྱོན་དག་ནི……རིགས་འདི་དབུས་གཙང་དང་བར་ཁམས་ཨ་མདོ་སོགས་སུ་སྤར་ནས་ལྡོང་རིགས་འདི་མང་པོ་ཡོད”[19]ཅེས་དང་། ཀ་ཐོག་རིག་འཛིན་ཚེ་དབང་ནོར་བུས། “ཀློན་རིགས་ལ། ལྡོང་བོ་ཆེ་ཡོངས་རུ་དང་། ཡ་ཆེན་དང་ལྡོང་། ནམ་ཆེན་ལྡོང་དང་། ཐོག་རྒྱུད་ལྡོང་དང་བཞིའོ། །”[20]ཞེས་པ་དང་། ཡང་རླངས་ཀྱི་པོ་ཏི་བསེ་རུ་རྒྱས་པ་ལས“ཆེ་བ་སྤྱོས་ཚུ་ལྡོང་། ལྡོང་ལ་ང་ཆེན་བཅོ་བརྒྱད། རུས་ཆེན་བཅོ་བརྒྱད། སྨུག་པོ་ལྡོང་གི་ཆེ་དྲུག བཙུན་དྲུག་ཡོད།”[21] ཅེས་དང་། དེ་མིན་ལྡོང་གི་རྒྱུད་གྱེས་ལུགས་ལ་ཐོག་མཆེད་དང་། བར་མཆེད། ཐ་མཆེད། ཡང་ཐ་སོགས་མང་དུ་གྱེས་ཡོད་པར་བཤད་ཡོད་པས། དོན་ལ་ཞིབ་ཏུ་བསམས་ན། “སྔོན་གྱི་དུས་སུ་གངས་ཅན་བོད་ཀྱི་རིགས་རུས་མིང་གི་རྩ་བ(སེ་རྨུ་ལྡོང་སྟོང)དེ་རྣམས་ལས་མེད་ཀྱང་། ཕྱིས་ནས་མི་རྒྱུད་ཡུལ་ཁམས་ལུང་བསྟན་གྱིས་པ་ལས་

བྱི་བའི་གནས་སྐབས་དང་སྦྱར་བའི་རུས་ཀྱི་མིང་དང་། ཡུལ་སྐད་སོ་སོའི་སྒྲས་གདམ་གྱི་སྐད་བྲུར་ཆག་པ་དང་། རིགས་རུས་ཀྱི་མིང་སོ་སོ་ལྟ་བུ་སྣང་བ་ཡིན་འདུག ཁྱད་པར་ལྡོ་མོན་ཁ་བཞིའི་ལུང་ཕྱོགས་འདི་ཉིད་ཀྱི་མི་རྣམས་བོད་ནས་ལྡོ་མོན་ལ་ཡོང་ནས་ཡུན་རིང་པོ་སོང་བས་གོང་དུ་བརྗོད་པའི་རིགས་རུས་ཀྱི་རྒྱུད་པ་ཁོ་ན་ཉིད་ཡིན་འདུག་ཀྱང་། ལྡོ་མོན་གྱི་ལུང་ཕྱོགས་འདིར་རྒྱ་བོད་ཀྱི་ལུགས་ལྟར་རིགས་རུས་ལ་མཐོ་དམན་གྱི་དབྱེ་བ་མེད་ཅིང་། མཐོང་བཀུར་ཆེ་བར་མི་འཛིན་པས་ཡིག་ཆ་ལ་མ་བཀོད་པ་དང་། ཁུངས་མ་ཆོད་པ་ཡིན”[22]ཞེས་པ་ལྟར་གྱིས་ལྡོང་གི་རུས་ཀྱིས་ལུགས་ལ་བོད་ཀྱི་ལོ་རྒྱུས་དེབ་ཐེར་ཁག་ཏུ་བཞེད་ཚུལ་འདྲ་མིན་མང་དུ་ཡོད་པ་འདི་ནི་ཆེས་གདོད་མའི་དུས་རུས་ཆེ་བ་རྣམས་ཕྱིས་རིགས་བྱེ་བྲག་པ་མང་དུ་གྱེས་པའི་གོ་རིམ་ཁྲོད་ཡུལ་དུས་ངེས་ཅན་དང་དམིགས་བསལ་གྱི་དགོས་དབང་སོགས་ཀྱིས་ལན་རེར་རུས་ཆེ་བ་རྣམས་ཀྱི་སྤྱི་མིང་ནས་འབོད་པ་མ་གཏོགས། དུས་རྒྱུན་གྱི་འཚོ་བའི་ཁྲོད་དུ་རུས་བྱེ་བྲག་པ་དང་། ཡང་ན་དེང་སང་ལྟར་གྱིས་མིང་ནས་འབོད་པའི་ལུགས་འདི་རྒྱུན་འབྱམས་སུ་གྱུར་ནས་ཕྱིས་རིམ་གྱིས་རང་གི་གདོད་མའི་རིགས་རུས་ཆོ་འབྲང་གི་ཁུངས་རྣམས་བརྗེད་ངས་ཀྱི་དབང་དུ་སོང་བ་འདྲ། ལྷག་པར་དེང་སང་མདོ་སྨད་ཀྱི་ཁུལ་དུ་ལྡོང་གི་རུས་ལས་མཆེད་པའི་མི་རྒྱུད་མང་པོ་ངག་རྒྱུན་དང་ལོ་རྒྱུས་གཉིས་ཀ་ན་གྲགས་པ་ཡོད་ཅིང་། དོན་དུའང་བདེན་པར་གནས་པ་ཤས་ཆེ་ཡང་ལྡོང་གི་རིགས་ཕྱི་མ་གང་ཞིག་ལས་བྱུང་བར་སུས་ཀྱང་ཐག་ཆོད་དཀའ་བ་མང་། དེ་བཞིན་ཇོ་རིང་འདི་ཉིད་དུའང་། “ༀ། །ལྡོང་ཆེན་པོ་གནཾ་ལྷའི་སྲས་ལས། ཆོ་ཕྱི་ཚེ་གསུཾ་དང་མདའ་མྱི་ཅེ་གསུཾ་བྲ། ཅེ་ཅེ་གསུ་བྲ། ཕྱུག་པོ་ཚེ་གསུཾ་བྲ། གྱིམ་པོ་ཅེ་གསུཾ་ལས་སྟོགས་པ་སྤྱུན་མྱི་འཕགས་རིགསུ་གྱེས་སོ།” ཞེས་ཏེ་ལྡོང་གི་རིགས་བཅོ་ལྔར་ཕྱེ་བ་འབྱུང་བ་འདི་ད་སྔ་བོད་ཀྱི་ལོ་རྒྱུས་ཡིག་ཚང་གང་དུ་ཡང་མ་གྲགས་པ་ཞིག་ཡིན་པས་གསལ།

ལྔ་པ། ཇོ་རིང་འདི་བོད་བཙན་པོ་སུ་ཞིག་གི་དུས་བཞེངས་པའི་སྐོར།

གོང་ནས་མང་དུ་དྲངས་པ་བཞིན་བོད་བཙན་པོའི་རྒྱལ་རབས་ཕྱིས་ཀྱི་ཡིག་རྙིང་དུ་ལྡོང་གི་རིགས་ཕྱི་མ་བྱུང་འཕེལ་གྱི་སྐོར་ལ་གསལ་ཐག་ཆོད་པ་ཞིག་རྙེད་དཀའ་བས་འདིར་འོལ་ཚོད་བྱེད་དཀའ་ཡང་། ཏུན་ཧོང་ཤོལ་དྲིལ་ཡིག་རྙིངp. t1287ཁྲོད་ཀྱི་མྱང་ཞང་སྣང་གིས་བླངས་པའི་མགུར་ལས། “ཀྱི་ན་ཟིང་ནི་གཞི་ཟིང་སྟེ། །ཆབ་ཆབ་ནི་ཕ་རོལ་ན། །ཡར་ཆབ་ནི་ཕ་རོལ་ན། །དགུ་གྱི་ནི་ཟིང་པོ་རྗེ། །ཉ་ལས་ནི་ཁམ་དུ་དགོང་། །ཁམ་ལས་ནི་རྨིག་དུ་བཏབ། །སྐྱི་ནས་ནི་ཉ་འདོན་པ། །དབྱི་ཚབ་ནི་པངས་ཏོ་རེ། །ཀླུམ་ན་ནི་ཆབ་གཙོད་པ། །ཅིང་སྐུ་ནི་སྟོན་ཏོ་རེ། །ཁུར་ར་ནི་རགས་ཐོགས་ཤིང་། །དོག་གི་ནི་ས་སྐྱིད་པ། །པང་སུམ་ནི་འཛོན་པོ་ཞིག། ཐང་ལ་ནི་རྟེ་བཆད་ཆིང་། །ཤམ་པོ་ནི་རྨེད་དུའ་བསྣན། །ཡུ་སྣ་འི་

ཉི་མཁར་པབ་ཆེང་། །ཕྱིང་བ་འི་ནི་སྔོན་དུ་བཀྱིས། །སྔ་ན་ནི་མཐོ་བ་ལ། །ད་ཙམ་ནི་དགུང་ལ་རེག། ངས་པོ་ནི་སྣང་དྲས་ཤིང་། །ཡར་མོ་ནི་ཁོལ་དུ་སྐྱལ། །སྔ་ན་ནི་ཆེ་བ་ལ། །ད་ཙམ་ནི་མཐའ་ཡང་ཡས། །སྔོ་ཛེགས་ནི་འཕན་གྱིས་སྔོན། །ལྡོང་ཧོང་ནི་འཕན་གྱིས་བཏབ། །”[23]ཅེས་ཏེ་“ལྡོང་ཧོང་”ནི་བོད་བཙན་པོའི་ཆབ་སྲིད་ལ་གོ་གནས་གལ་ཆེན་ཟིན་ཡོད་པ་མ་ཟད། བོད་བཙན་པོ་གནམ་རི་སྲོང་བཙན་གྱི་དུས་སུ་ཟིང་པོ་རྗེར་གཡུལ་བཀྱེ་སྟེ་འཕན་ཡུལ་མངའ་ཁོངས་སུ་བཙུག་པ་ལ་ལྡོང་སྟོང་གཉིས་ཀྱིས་ནུས་པ་ཆེན་པོ་བཏོན་ཡོད་པ་དང་། ལྷག་པར་མགུར་གླུ་འདིའི་སྔོན་དུ་ཁྱུང་པོ་སྤུང་སད་ཀྱིས་གླངས་པའི་མགུར་ལས། “སྔོ་ཛེགས་ནི་འཕན་གྱི་སྔོད། །སེ་ཁྱུང་ནི་འཕན་གྱིས་བཏབ། །སྔ་ན་ནི་འཕན་པ་ལ། །ད་ཙམ་ནི་སྐྱིན་ཡང་ཡས། །དབུ་ཕྱིང་ནི་ཕྲོ་བོ་ལ། །ཐ་མ་ནི་གཡགིས་བསྐོརད། །ཟུ་ཙེ་ནི་སྐྱལ་ལགས་ཀྱང་། །”[24]ཞེས་པ་ཁྱུང་པོ་སྤུང་ཟད་ཀྱིས་རང་ཉིད་ཀྱི་ཆེ་བ་འདོན་པ་དང་། རུས་སེ་ཁྱུང་གཉིས་ལས་ཁྱུང་ཡིན་པར་བསྟན་པ་ལ་གཞིགས་ན། ཁྱི་མའི་ཞང་སྣང་གི་མགུར་དུ་ལྡོང་སྟོང་ཞེས་པ་འདིས་མྱང་ཞང་སྣང་རང་ཉིད་ཀྱི་རུས་ལྡོང་སྟོང་གང་རུང་ཞིག་ཡིན་པ་གསལ་ཞིང་། དེ་ལྟར་ན་བཙན་པོ་གནམ་རི་སྲོང་བཙན་གྱི་དུས“ལྡོང་ཧོང་ནི་འཕན་གྱིས་བཏབ། །”ཅེས་པའི་དོན་དུ“མྱང་ཅེང་སྐུ། དང་། མཚོན་འདྲོན་པོ་གཉིས་ནི། སྟག་པ་ཤཏུ་ལ་རྩུན་ཆད། བྱ་གཙོད་ཆེང་ཉན་རྣར་བཀྱེའོ། དབའས་དབྱི་ཚབ་དང་། ཚེས་པོང་ནག་སེང་གཉིས་ནི། བཙན་པོ་འི་སྤྱན་འདྲིན་ནོ། །”[25]ཞེས་ཏེ་གོང་གི་བརྗོད་བྱ་དང་སྔོན་གྱི་ལོ་རྒྱུས་རྣམས་ཀུང་བསྒྲིགས་ནས་འགྲེལ་ན་མྱང་དབའས་མཚོན་དང་ཚེ་སྤོང་བཅས་པ་ལྡོང་སྟོང་གི་རུས་ལས་མཆེད་པ་ཤུགས་ལ་ངེས་ཀྱང་། ཕྱིས་ཀྱི་ཡིག་ཚང་དུ་ཚེ་སྤོང་ལས་གཞན་རྣམས་ལྡོང་གི་ཁོངས་སུ་མ་བསྡུས་ཤིང་། ཤོག་དྲིལ་ཡིག་རྙིང་དུའང་མྱང་དབའས་མཚོན་སོགས་ལྡོང་གི་རུས་ལས་མཆེད་པའི་ཚིག་ཟིན་གསལ་པོ་ཅན་ཞིག་མ་རྙེད་ཀྱང་། “མྱང་ཅེང་སྐུ་འི་བྱ་དགའར། གཉན་འཛི་ཟུང་གི་མཁར་སྤུར་བ་དང་། བྲན་ཁྲིམ་སྟོང་ལྔ་བརྒྱའ་སྐྱལ་ཏོ། དབའས་དབྱི་ཚབ་ཀྱི་བྱ་དགའར། ཟ་གད་གཤེན་གྱི་ཡུལ་ས་དང་། མལ་ཏོ་ཕྱོགས་ནས་བྲན་ཁྲིམ་སྟོང་ལྔ་བརྒྱའ་སྐྱལ་ཏོ། མཚོན་འདྲོན་པོ་འི་བྱ་དགའར། ཁོ་ན་འི་སྤུ་ནུ་པོ་མཚོན་ལ་སྩོགས་བྲན་ཁྲིམ་སྟོང་ལྔ་བརྒྱའ་སྐྱལ་ཏོ། །ཚེས་པོང་ནག་སེང་གི་བྱ་དགྲར། འོན་ཀྱི་སྨོན་མཁར་ནས། །བྲན་ཁྲིམ་སུམ་བརྒྱའ་སྐྱལ་ཏོ། །”[26]ཞེས་ཏེ་བཙན་པོའི་ཆབ་སྲིད་ལ་བློ་དཀར་བའི་མྱང་དབའས་མཚོན་དང་། ཚེ་སྤོང་སོགས་ཁག་ཅིག་ལ་བཙན་པོ་གནམ་རི་སྲོང་བཙན་སྐུ་དངོས་ཀྱིས་ཕྱག་ལྷུག་གིས་དྲས་ཏེ་རྗེ་བླས་ཀྱི་བྱ་དགར་ཡུལ་མང་དུ་བཅད་པའི་ས་རིས་ཀྱི་ནང་། དབའས་ལ་གནང་བའི་ས་རིས་ཀྱི་ཁོངས་སུ“ཟ་གད་གཤེན་གྱི་ཡུལ་ས”ཞེས་འབྱུང་བའི“ཟ་གད”ཅེས་པའི་བརྡ་འདི་《ལྡེའུའི་ཆོས་འབྱུང་》ལས། “དབུ་རུ་ཤ་ཆེན་བཙད་པོ་ཉིད་ཀྱི་ཡུལ་དུ་བཅད། ……འཕན་སྣ་ཁྲམ་སྣ་འཛོམ་སྟེང་གི་ཡུལ་དུ་བཅད། ཟ་གད་ལྡེ་ལུང་བློན་ཆེན་སྦས་ཀྱི་ཡུལ་དུ་བཅད། །”[27]ཅེས་དང་། 《ཆོས་འབྱུང་མཁས་

པའི་དགའ་སྟོན》དུ། "དབུ་རུ་ཤོད་བཙན་པོ་མངའ་བདག་ཡུལ། །……ཡུང་བ་ཆེ་ཆུང་བྲན་ཀའི་ཡུལ་དུ་བཅད། །ཞ་གད་སྡེ་གསུམ་བློན་པོ་སྣས་ཀྱི་ཡུལ། །"[28]ཞེས་ཏེ་སྟོན་གྱི་ལུགས་སུ"ཟ་གད"ཞེས་པ་ལ་ཕྱིས་རིམ་གྱིས"ཞ་གད"དུ་སོང་ནས་སྔ་མའི་ཟ་ཡིག་དེ་ཕྱིས་ཞ་ཡིག་ཏུ་སོང་བ་དང་། དེ་བཞིན་ལྡེའུའི་ཆོས་འབྱུང་དུ་བོད་བཙན་པོའི་དུས་འབབས་ཀྱིས་བཞེངས་པའི་ལྷ་ཁང་གི་གྲས་སུ"མྱང་ཏིང་ངེ་འཛིན་གྱིས་ཕའི(ཞའི)ལྷ་ཁང་འབྲོག་གི་ལྷ་ཁང་།"[29] ཞེས་ཞ་ཡིག་དེ་ཕ་ཡིག་བྲིས་པ་ལྟ་བུ་ཞ་དང་ཕ་གཉིས་ཕན་ཚུན་བརྗེ་བ་དང་། དེ་མིན་ཞྭ་ལ་འོག་ཏུ་བ་ཡིག་བྲིས་པ་འདི་ཏུན་ཧོང་ཡིག་ཆེང་ལས། "འྭ་དེ་མྱེད། །ཕྱུར་དེ་མྱེད། །"[30]ཅེས་ཏེ་དེང་སང་འོབ་བྱ་བ་ལ་སྟོན་གྱི་ལུགས་སུ"འྭ"ཞེས་བྲིས་པ་དང་། བྲག་བརྐོས་ཡི་གེ་ལས། "མཆེད་གཉིས་ཀྱི། སྐུ་བླ་གཉན་པོ་གསོལ་བ་དང་། སྐུ་བླ་དེ་མོ་དང་བཤོས་པ་ཡྦ་ལྷ་བདག་བཀྱེད་ཀྱིས་ཀྱང་། ལྷ་སྲས་ཀྱི་སྐུ་རིམ་གྲོ་ལ། བདགི་སྲོག་ལའ་བབ་པ་མན་ཆད་ཀྱི་ཆོ་གར་མཛད་པ།"[31] ཞེས་པས་ཡབ་ལ"ཡྦ"དང་། ཏུན་ཧོང་ཡིག་ཆེངI. O737Aལས། "དེ་ནས་ར་མ་ནས་བརྒལ་བར་བྱས་པ་དང་། སྲིན་པོ་འི་རྫུ་འཕྲུལ་གྱིས། རང་གི་ལུས་མྱི་མཐོང་བར་སྦྱོ། མཚོན་གྱི་ཆར་བ་ཕབ་ནས། མྱི་དང་སྤྲེ་འུ་དམག་ཀྱང་ཕལ་ཆེར་བཀུམ་མོ།"[32]ཞེས་པ་ལས་སྲས་ལ"སྭས"ཞེས་ཏེ་བ་ཡིག་ཟུར་དུ་བཏགས་པ་ལྟ་བུ་འགའ་ཞིག་སྟོན་གྱི་དུས་བ་ཡིག་རྐྱང་བ་རང་བྲིས་པ་གཉིས་དོན་འདྲ་བ་མ་ཟད། སྟོན་གྱི་ཚེ་ཡི་གེ་སྟིང་འོག་ཏུ་བྲིས་པ་འགའ་ཞིག་ཀློག་ལ་ཡི་གེ་སོ་སོར་ཕྲལ་ནས་སྒྲ་འབྱིན་པ་སོགས་ལ་བསམས་ན། ཞ་དང་གད། སྡེ[གཤེན་ཡུལ]བཅས་ཡུལ་མི་འདྲ་བ་གསུམ་གྱི་མིང་གི་རྗེས་སུ་བ་ཡིག་གི་བདག་སྒྲ་སྦྱར་བས"ཞྭ"(ཞ་བ)རུ་བྲིས་པ་དེ་ཕྱིས་ཀྱི་ཡི་གེ་སྨྲ་བ་འགའ་ཞིག་གིས་དོན་མ་རྟོགས་པར་ཞྭ་མོའི་དོན་དུ་འགྲེལ་བར་སྣམ། ཞྭ་ལྷ་ཁང་གི་ལོ་རྒྱུས་ལས"རྒྱལ་སྲས་བི་མ་ལའི་དངོས་སློབ་མྱང་ཏིང་འཛིན་བཟང་པོས་རྡོ་རྗེ་ལེགས་པ་བྲན་དུ་བཀོལ་ནས། གཙུག་ལག་ཁང་བཞེངས་པར་བརྩམས་པ་ན། རྡོར་ལེགས་ཀྱིས་མདོ་ཁམས་སུ་སེར་བ་ཕབ་སྟེ་འབྲུ་ཇ་མོང་གི་རྒྱབ་ཁལ་ལྔ་བརྒྱ་ལོངས་པ་དྲངས། འཇམ་བུའི་གླིང་གི་དངོས་གྲུབ་བཅུད་ཐམས་ཅད་བསྡུས་པས་དངོས་གྲུབ་ལོངས་ཤིག་ཟེར་བ་ན། མྱང་བན་དེ་ཆེན་པོས་རྫུ་འཕྲུལ་གྱི་ཞྭ་མོ་གནམ་ལ་བཟེད་པས་རྡོར་ལེགས་ཀྱིས་ལན་གསུམ་བཀང་ཡང་མ་ཁེངས་པས་ཡུལ་འདིའི་ལོངས་སྤྱོད་ཀྱི་རྟེན་འབྲེལ་ལ་ཅུང་ཟད་གཞར་ཟེར། སྔོད་ཀྱི་མིང་ལ་ཞྭ་ལྷ་ཁང་དུ་གྲགས"[33]ཞེས་ཞྭ་ཡིག་འདི་མྱང་ཏིང་ངེ་འཛིན་གྱི་དབུ་ཞྭ་དང་འབྲེལ་ནས་དེ་ལྷ་ཁང་གི་མིང་དུ་ཐོགས་པར་བཤད་ཀྱང་། "སྟོན་གྱི་ཡིག་ཆེང་དུ་ཞྭ་ཡིག་གི་ཚབ་ཏུ་ཞུ་ཡིག་འབྲི་བ་གཡག་ཞུ་དང་ཨོ་རྒྱན་པད་ཞུ། བླ་མའི་ཐང་ཞུ། པོན་ཞུ་ཀྲ་ལེབ་ཅེས་པ་ལྟ་བུ་ཞུ་ནི་ཞྭའི་དོན་ཡིན་ལ་ཕྱིས་གཉེན་ཞུ་བྱས་པར་བྲིས"[34]སྟེ། སྟོན་གྱི་རྒྱན་དྲུག་བསྐོས་ཚུལ་ལས། "……དཔའ་བའི་རྒྱན་དུ་གུང་དང་སྟག་བསྐོས། །བཙར(སྟར)མའི་རྒྱན་དུ་ཕ་ཞུ་བསྐོས། །"[35] ཞེས་དང་། ཡང"(ལི་ཡུལ་གྱི་བན་དྷེ་གཉིས)ལྷ་ས་རུ་བྱོན་པ་དང་། ལྷ་ས་དན་འབག་གི་ནང་ན་ཡང་དེ་ལྟར་

འདུག་པ་ལ་མ་མོས་ཏེ། སྤྱན་རས་གཟིགས་ཀྱི་སྤྲུལ་པ་ཡོད་ཟེར་ཙ་ན་བདུད་ཀྱི་སྤྲུལ་པར་འདུག་པ་སྙམ་ནས་བྲོས་པ་དང་། སྲོང་བཙན་སྒམ་པོས་གཡོག་པོ་ལ་ཧ་བསྐྱོན་ནས་ཟློག་པ་ལ་བཏང་སྟེ་དབུ་གཞུ(ཞུ)ཕུད་པས་ཞལ་བཅུ་གཅིག་པར་མཐོང་།”[36] ཞེས་པ་སོགས་རིམ་གྱིས་ཞུ་ཡིག་ཞྭ་ཏུ་སོང་བ་མ་གཏོགས། ཞྭ་ཡིག་གི་གོ་དོན་ནི་ཆེས་སྔ་མོ་ནས་མགོ་ལ་གྱོན་པའི་ཞ་ཞྭ་ལྷ་བུ་སོགས་ཀྱི་གོ་དོན་མ་ཡིན་པ་དང་། དེ་བཞིན་ཏུན་ཧོང་ཡིག་རྙིང་དང་ཀོང་པོའི་དེ་མོའི་བྲག་བརྐོས་ཡི་གེ་གཉིས་ལས་བཙན་པོ་གྲི་གུམ་གྱི་སྲས་ཤ་ཁྲི་དང་ཉ་ཁྲི་སྟེ་སྲས་གཉིས་སུ་བྲིས་པ་དེ་དུས་རབས་བཅུ་གཅིག་པའི་ཕྱིས་སུ་བྱུང་བའི་ཡིག་ཚང་སོགས་སུ“གཅེན་ཤ་ཁྲི། འབྲིང་ཉ་ཁྲི། གཅུང་བྱ་ཁྲིའོ།”[37] ཞེས་དང་། ཡང“དེ་ལ་རྒྱལ་པོ་གྲི་གུམ་གྱི་སྲས་གསུམ་སྤྱུགས་པ་བཙལ་བ་ནི་ཤ་ཀྲི(ཁྲི)ཀོང་པོར་སྤྱུགས་པ་ཀོང་རྗེ་དཀར་པོ་ཡིན་ཏེ་གདུང་ཆད་དོ། ཉང་ཁྲི་ཉང་པོར་སྤྱུགས་པས་ཉང་བཙུན་རྒྱལ་པོ་ལགས་ཏེ་དེ་ཡང་གདུང་ཆད། བྱ་ཁྲི་སྤྲེའུ་བོར་སྤྱུགས་པས་སྤུ་བོ་ནས་སྤྱན་དྲངས་བས་སྤུའི་རྒྱལ་པོ་རྔད་པོ་ཟེར་རོ། །མཚན་ཡང་སྤུ་དེ་གུང་རྒྱལ་དུ་གྲགས་སོ།”[38] ཞེས་དང་། “གཅེན་པོ་ཤ་ཁྲིས་རྗེ་བོ་མཛད། འབྲིང་པོ་བྱ་ཁྲིས་པོ་བོའི་མངའ་བདག་མཛད། ཆུང་བ་ཉ་ཁྲིས་ཉང་པོའི་རྗེ་མཛད་སྐད།”[39] ཅེས་དང་། “སྲིབས་ཁྲི་བཙན་པོའི་སྲས་ཀྱི་གུང(གུམ)བཙན་པོ། དེའི་སྲས་ཤ་ཁྲི། ཉ་ཁྲི། བྱ་ཁྲི་གསུམ། བྱ་ཁྲི་ལ་སྤུ་དེ་གུང་རྒྱལ་དུ་མཚན་གསོལ་ནས་ཡུལ་ཡར་ལུང་གི་སྐུ་མཁར་ཆེན་མོར་བཞུགས……”[40] ཞེས་དང་། “བྱ་ཁྲིའི་མཚན་ལ་སྤུ་དེ་གུང་རྒྱལ་ཟེར། ཡབ་ཀྱི་རིང་ལ་ཞང་ཞུང་དང་། བྲུ་ཤའི་གཉེན་གྱི་དུར་བོན་བྱུང་ཞིང་། སྲས་ཀྱི་རིང་ལ་སྐུ་མཁར་ཕྱིང་བ་སྟག་རྩེ་བརྩིགས།”[41] ཞེས་པ་ལྟ་བུ་གནའ་དུས་ཀྱི་ཡི་གེའི་སྦྲའི་འཕྲིན་སྟངས་འགྱུར་བ་ལ་བརྟེན་ནས་ཤ་ཁྲི་ལ་བྱ་ཁྲི་དང་། ཉ་ཁྲི་ལ་ཉ་ཁྲི་དང་ཉང་ཁྲི། མྱ་ཁྲི་སོགས་སུ་བྲིས་ཏེ་དུས་ཕྱིས་ཀྱི་ལོ་རྒྱུས་སྨྲ་བ་ཚོས་གནའ་དེང་གཉིས་ཀྱི་བརྡ་དང་ཡི་གེའི་ཀློག་ལ་ཁྱད་པར་མ་ཕྱེ་བར་གནའ་དུས་ཀྱི་གུམ་ལ་སྲས་གཉིས་སུ་འདོད་པ་དེ་ཕྱིས་གསུམ་དུ་སོང་བའི་གནད་ཀྱང་འདི་ལ་ཐུག་པ་དང་། གཞན་ཞྭ་ལྷ་ཁང་ནི་དེང་སང་བྱ་ཡུལ་དུ་འབོད་པའི་མལ་གྲོ་གོང་དཀར་རྫོང་ཉེ་བ་ལྕུང་རྣ་ཞང་བྱ་གྲོང་ཚོ་དང་ཉེ་བ་འདི་གཅིག་བྱས་ན“སྨྲ་དང་བསྒོ་ནི་སེམས་འཕྲུལ་བ། །སྨོན་དང་བསྔན་ནི་ཁས་བླངས……འགལ། །”[42]ཞེས་པ་ལྟར་གྱིས་ཀློག་འགྱུར་བ་ལ་བརྟེན་ནས་ཡི་གེ་མི་འདྲ་བ་གཉིས་རེ་མོས་ཀྱིས་འབྲི་བ་སྟེ“ཕྱིབས་པ”ལ་ཆིབས་པ་དང་། “སྲིད་བྱུས”ལ་སྲིད་ཇུས་ཞེས་པ་བཞིན་དུ་གྱུར་ནས་སྔོན་གྱི་ཞྭ(ཞ་བ)དེ་དེང་གི་བྱ་བར(བྱ་ཡུལ་པ)སོང་བ་འདྲ། གང་ལྟར་ལྷ་ཁང་དེ་ཞྭ(ཞ་བ)བའི་ཡུལ་ནས་བཞེངས་པའི་ལྷ་ཁང་ལ་ཞྭ་ལྷ་ཁང་ཞེས་ཡུལ་གྱི་མིང་ལྷ་ཁང་ལ་སྦྱར་བའི་དཔེ་འདི་ལྟ་བུ་བོད་ཀྱི་ཡུལ་གྲུ་ཁག་ན་ཚད་དུ་མི་ལོང་བ་དང་། རྗེ་རིང་འདི་དབའས་ཀྱི་ས་རིས་སུ་ཡོད་པ་སོགས་ལ་བསམས་ན་ཞྭོང་དང་དབའས་གཉིས་ལ་འབྲེལ་བ་ངེས་ཅན་ཞིག་ཡོད་པར་སྙམ།

དབའས་ཀྱི་ཏུས་འདི་ཡ་ཐོག་རྒྱལ་ཕྲན་སིལ་མ་བཅུ་གཉིས་ནས་བོད་བཙན་པོའི་རྒྱལ་རབས་ཐོར་

ཞིག་ཏུ་སོང་བའི་བར་རྒྱུན་མ་ཆད་པར་ཡོད་པས་རྫོ་རིང་འདི་དུས་ནམ་ཞིག་གི་ཚེ་བཞེངས་པར་ཅུང་ཐག་གཅོད་བྱེད་དཀའ་ཡང་། བཙན་པོ་སྲོང་བཙན་གྱི་དུས། “བཙན་པོས་བཀའ་སྩལ་པ། །དགྱེ་ཚབ་སྐྱོ་བ་ཉེ་བས། །ཁྲུམ་ན་མཆད་ཕྱག་དར་ཏེ་བརྩིག་པར་གནང་། །ཧྭ་ནི་བརྒྱའ་དགུམ་པར་གནང་། །བུ་ཚ་གང་ཙུང་བ་གཅིག། གསེར་གྱི་ཡི་གེ་མྱི་ཆད་པར་སྩལད་པར་བཀའ། སྩལ་ཏོ། །”[43]ཞེས་དང་། ཞྭ་ལྷ་ཁང་གི་རྫོ་རིང་ཀ་བ་ལས། “སྟོན་མྱང་དབྱས་སྣང་ཉེ་ཞི་ཝོ་ཤ་ཕུལ་པར་འདྲ་བ་ལས། དབྱས་ཀྱི་ཟླ་ཐ་སྨྲར་ན་མྱང་བཀྲ་དྲོན་ཆུངས་པ་འདྲ་ནས། །ངའི། བཀས། །མྱང་གི་གཙོགས་ཀྱང་ཟུར་ཕྱུང་བརྣན་བསྐྱེད་དེ་གནང་ངོ། །”[44]ཞེས་པའི་ཚིག་ཟིན་དེ་གཉིས་ལ་གཞིགས་ན་རྫོ་རིང་འདི་བཞེངས་པའི་དུས་ཚིགས་ནི་དབའས་ཀྱི་རྒྱུད་ལ་ཐོག་མར་བང་སོ་བརྩིག་ཆོག་པར་གནང་བ་ནས་མཐར་ཡིག་ཚངས་བསྩལ་བ་ནི་བོད་ཀྱི་བཙན་པོ་ཁྲི་སྲོང་བཙན་གྱི་འཁྲུངས་ལོ་སྤྱི་ལོ617ནས་ཞྭ་ལྷ་ཁང་གི་རྫོ་རིང་ཁ་པ་མ་བཞེངས་སོང་གི་བར་ཏེ་སྤྱི་ལོ812གཉིས་ཀྱི་བར་དུ་ངེས་ཤིང་། ལྷག་པར་ཚིག་ཟིན་ཕྱི་མ་འདི་བཙན་པོ་ཁྲི་སྲོང་ལྡེ་བཙན་རིང་བློན་ཆེན་པོ་སྐྱེས་བཟང་ལྗོང་ཚབ་ལ་བཀྱོན་ཕབ་པའི་ལོ་སྟེ་སྤྱི་ལོ754ནས་སྤྱི་ལོ812ལོ་སྟེ་ཁྲི་ལྡེ་སྲོང་བཙན་གྱིས་མྱང་ཏིང་ངེ་འཛིན་ལ་ཞྭ་ལྷ་ཁང་གི་རྫོ་རིང་སྔ་ཕྱི་གཉིས་མ་བཞེངས་པའི་བར་གྱི་ལོ་ངོ་དྲུག་ཅུ་ལ་ཉེ་བའི་ནང་དུ་དབའས་ཀྱི་རྒྱུད་ལ་གཟེངས་བསྟོད་གྱི་ནོམ་པ་དང་། བཀའ་གཙིགས་ཀྱི་ཡི་གེ་ཆེན་པོ་ཞིག་བསྩལ་ཡོད་པ་གསལ་ཞིང་། དེས་ན་དབའས་ལ་ལོ་འདི་དག་གི་རིང་སྟག་སྒྲ་ལྷུ་ཁོང་ལ་སྤྱི་ལོ764ལོར་ཞོལ་རྫོ་རིང་བཞེངས་ཏེ་བློན་རང་ཉིད་ནང་བློན་ཆེན་པོ་དང་ཡོ་གལ་འཆོས་པ་ཆེན་པོར་བསྔོས་པ་དང་། ཁོང་གི་བུ་རབས་ཚ་རྒྱུད་ལ་དངུལ་གྱི་ཡི་གེ་རྒྱུན་མི་ཆད་པར་བསྩལ་པ་དང་། ཕ་ཟླ་གོང་གི་བུ་ཚ་རབས་གང་ཉེ་བ་གཅིག་ལ་དངུལ་གྱི་ཡི་གེ་དང་ཞང་བློན་གྱི་ཐང་བསྩལ་པ་དང་། དེ་མིན་ཁོང་གི་མྱེས་གསས་སླེབས་བུ་ཚ་རབས་གཞུང་དྲང་བ་གཅིག་འཕན་ཡུལ་གྱི་སྟོང་དཔོན་གཡུང་དྲུང་དུ་བསྩལ་བ[45] དང་། 《བཀའ་ཐང་སྡེ་ལྔ》ལས། “དབུ་ཊུ་སྨད་ཀྱི་དམག་དཔོན་ནི། སྟག་སྐྱེས་བཟང་སྟག་སྣང་ཡིན། ཊུ་སྨད་ཤུབ་པུ་ཁོང་འབྲིང་ཅོང་བཙན། དམག་བཞེད་མཚོ་ལ་མུན་པ་འཐིབས་པ་འདྲ། མགོ་གྲངས་སུམ་འབུམ་བདུན་ཁྲི་འོ།”[46] ཞེས་དང་། ཤོག་དྲིལ་ཡིག་ཚགས P. T1287 P1. 570ལས“དབའས་སྐྱེས་བཟང་སྟག་སྣང་གིས། །རྒྱ་འི་དམག་པོན་ཧོན་ཇེ་སངས་དང་། འགྲུའ་ལོག་སྐད་དུ་གཡུལ་སྤྲད་ནས། རྒྱ་མང་བཙུངས་སྟེ། འགྲུའ་ལོག་རྒྱ་དུར་དུ་བཏགསོའ། ……དབའས་བཙན་བཞེར་མདོ་ལོད་ལ་སྩོགས་པས། མཁར་ཚན་ཡན་ཅད་དུ་དྲང་སྟེ། མཁར་ཙུ་པ་བརྒྱད་ཕབ་ནས། དོར་པོ་བཏོན་ཏེ། འབངས་སུ་བཞེས་སོ། །ཆབ་སྲིད་ཆེ་སྟེ་ལོང་ཤན་ལ་རྒྱུད་ཡན་ཆད། ཕྱག་དུ་བཞེས་ནས། མཐོང་ཁྱབ་ཁྲི་སྡེ་ལྔ་བཙུགས། བདེ་བློན་ཁམས་ཆེན་པོ་གཆིག་གསར་དུ་བསྐྱེད་དོ། བློན་ཆེ་སྣང་བཞེར་ཟླ་བརྩན་འཇངས་ཤིང་མཁས་ལ། བཀྲའ་ཤིས་ཤིང་ཁ་དྲོ་བས། ནོར་བུ་རིན་པོ་ཆེ་འི་ཡི་གེ་སྩལ་ཏོ། འབངས་ཀྱི་ནང་ན། དོར་ཏེ་

སྤྱུག་ཚམས་སྟེ་འཇོམ་དཔའ་བ་འི་མཚན་མར། སྟག་ཐོག་བུ་སྐྱལ་ཏོ།”[47] ཞེས་དང་། ཤོག་དྲིལ་ཡི་གེp. t1288ལས། “ཡོས་བུའི་ལོ་ལ་བབསྟེ(སྤྱི་ལོ763)། ཕོ་བྲང་བྲར་གྱི་ལྟང་བུ་ན་བཞུགས། དབྱར་འདུན་སླགེ་བུ་རུང་དུ་འདུས། མདོ་སྨད་ཀྱི་དབྱར་འདུན་བློན་ཁྲི་སྒྲ་སྟག་ཚབ་གྱིས། སླ་ཤོད་ཀྱི་སྡིག་ཏུ་བསྡུས། །བོད་ཡུལ་དུ་སོལ་ཅན། སོལ་ཅན་མཛད། ཞང་བློན་ཆེན་པོ། སྲོ་བླིག་མཛད། བློན་ཆེ་སྣང་བཞེར་ག་ག་ཏའ་ཡི་གེ་སྐྱལད། བློན་ཆེར་བཙུག། ཞང་རྒྱལ་ཟིགས་ཆེན་པོ་གཡུའི་ཡི་གེ་སྐྱལད། མགར་འཛི་རྨུན་གྱི་ཐང་དུ་ཚོག་ཤེསུ་བསྟོད། །བློན་ཁྲི་བཟང་བློན་ཅེར་བཙུག ཞང་སྟོང་རྩན་གཡུའི་ཡི་གེ། སྐྱལ་ཏེ། སོ་མཐ་བཞི་དམག་པོན་དུ་བཀའ་སྐྱལད། པར་ལོ་གཅིག”[48]ཅེས་པ་སོགས་སྟོན་གྱི་ཡིག་ཚང་དུ་འཁོད་པའི་དབའས་སྟག་སྒྲ་ཀླུ་ཁོང་དང་དབའས་སྐྱེས་བཟང་སྟག་སྣང་། དབའས་བཙན་བཞེར་མདོ་ལོད། དབའས་སྣང་བཞེར་ཟླ་བཙན་སོགས་བོད་བཙན་པོའི་ཆབ་སྲིད་ལ་བྱས་རྗེས་ཆེ་བ་མང་པོ་སྔ་རྗེས་སུ་བྱུང་བ་ལས། དབའས་སྣང་བཞེར་ཟླ་བཙན་ནི་དབའས་ཀྱི་རྒྱུད་ལས་ཡིག་ཚངས་ཆེས་མཐོ་བ་ཡིན་པ་མཟད། བཙན་པོ་ཁྲི་སྲོང་ལྡེ་བཙན་སྲིད་ཁྲི་ལ་ཕེབས་པའི་ལོར་དབའས་སྣང་བཞེར་ཟླ་བཙན་ལ་སྟོན་ན་མེད་པའི་ཐབས་ག་ག་ཏའི་ཡི་གེ་བསྐྱལ་བ་དང་། ལྷག་པར་ཕྱིས་ཀྱི་ལོ་རྒྱུས་ཡིག་ཚང་དུ“ཆེ་དགུ་རིང་བཙུ་ནི། སྲས་ཆེ་བཙན་བྱ་ཏ་ཅན་སྣང་བཞེར་ལྷ(ཟླ)བཙན་ལ། ནོར་བུ་ག་ག་ཏ་དང་སྟག་གི་གོང་ཐང་ཡོད་པས་ཆེ།”[49] ཞེས་དང་། “སྲས་སྣང་བཞེར་ལྷ(ཟླ)བཙན་ལ་དཔའ་མཚན་དུ་སྟག་གི་གོང་སློག་ཡིག་ཚངས་གཡུ་ཡིག་དང་གཡུང་དྲུང་ཆེན་པོ་དཀོར་ནོར་ག་ག་ཏ་རྣམས་ཀྱིས་ཆེ།”[50] ཞེས་སོགས་དབའས་སྣང་བཞེར་ཟླ་བཙན་ལ་ཆེད་དུ་ཆེ་བ་བརྗོད་པའི་སྐོར་མང་པོ་དྲངས་པ་ལ་བསམས་ན་རྗོ་རིང་འདི་ཕལ་ཆེར་བློན་ཆེན་པོ་དབའས་སྣང་བཞེར་ལ་ཡིག་ཚངས་དང་ཐབས་སོགས་བསྐྱལ་བའི་དུས་ཏེ་སྤྱི་ལོ763ནས་སྤྱི་ལོ812ལོའི་བར་ཙམ་དུ་དབའས་ཀྱི་རྒྱུད་ལ་བཞེངས་པ་འདྲ་ཡང་། འདིའི་སྐོར་གྱི་དཔྱད་གཞིའི་རྒྱུ་ཆ་གསལ་པོ་ཞིག་རྙེད་སོན་མ་བྱུང་བས་ད་དུང་དཔྱད་དགོས་པ་མང་། ཡིན་ནའང་སྟོན་གྱི་ཡིག་རྙིང་དང་ལོ་རྒྱུས་ཡིག་ཚང་རྣམས་གུང་བསྒྲིགས་ན་བཙན་པོ་འདི་གཉིས་ཀྱི་རིང་ལས་མ་འདས་པར་མངོན།

དྲུག་པ། རྗོ་རིང་འདིའི་ལོ་རྒྱུས་ཀྱི་རིན་ཐང་སྐོར།

རྗོ་རིང་འདིའི་དབུའི་ཐིག་ཕྲེང་གཉིས་པའི་ནང“……སྒྱིའི་མགོན་དུ་ས་ལ་གཤེགས་ནས་གནཾ་དུ་བཞུད་པ་ནོ། །ཞེས་པ་དང་། འཕྲོང་རྒྱས་བང་སོའི་རྗོ་རིང་དུ། “ལྷ་བཙན་པོ་ཡབ་མྱེས་ལྷ་དང་སྒྱིའི་རྗེར་གཤེགས་ཏེ། ཆོས་གཙུག་ལག་ནི་ལུགས་ཀྱིས་བཟང་། །དབུ་རྨོག་བརྩན་པོ་ནི་ཕྲིན་དུ་ཆེའོ། །”[51]ཞེས་པ་གཉིས་སྡུ་མའི་ཁྲོད་དུ“སྒྱིའི་མགོན་དུ་ས་ལ་གཤེགས”དང་། ཕྱི་མའི་ནང“ལྷ་དང་སྒྱིའི་རྗེར་གཤེགས”ཞེས་

པས་“མགོན”དང་“རྗེ”ཞེས་པའི་ཐ་སྙད་རེ་གཉིས་མ་གཏོགས་རྗོད་བྱེད་ཀྱི་ཚིག་ཕལ་ཆེར་ཆ་འདྲ་བ་འདི་ལྟ་བུ་རྫོ་རིང་ཡི་གེ་གཞན་རྣམས་སུ་དཀོན་ཏེ། དབོན་ཞང་རྫོ་རིང་གི་དབུར། “བོད་ཀྱི་རྒྱལ་པོ་ཆེན་པོ་འཕྲུལ་གྱི་ལྷ་བཙན་པོ་དང་། །རྒྱའི་རྒྱལ་པོ་ཆེན་པོ་རྒྱ་རྗེ་ཧྭང་ཏེ། དབོན་ཞང་གཉིས། །ཆབ་སྲིད་གཅིག་ཏུ་མོལ་ནས། །མཇལ་དུམ་ཆེན་པོ་མཛད་དེ་གཙིགས་བཅས་པ། །ནམ་ཞར་ཡང་མི་འགྱུར་བར། ལྷ་མི་ཀུན་གྱིས་ཤེས་ཤིང་དཔང་བྱས་ཏེ་ཚེ་ཚེ་རབས་རབས་སུ་གཏམ་བརྗོད་དུ་ཡོད་པའི་ཕྱིར། །མཇལ་དུམ་གྱི་གཙིགས་ཀྱི་མདོ་རྫོ་རིངས་ལ་བྲིས་པའོ། །”[52]ཞེས་དང་། ཞོལ་རྫོ་རིང་དུ“༄ །བཙན་པོ་ཁྲི་ལྡེ་གཙུག་རྩན་གྱི་རིང་ལའ། །༄ །ངན་ལམ་ཀླུ་ཁོང་གིས། །གློ་བ་ཉེ་བའི་རྗེ་བླས་བྱས་པ། །”[53]ཞེས་པ་སོགས་སུ་ལྷ་དང་མིའི་རྗེ་བྱ་བ་དང་། ཡང་ན་མགོན་དུ“གཤེགས”ལྟ་བུའི་ཡི་གེ་འབྲི་གཅིག་ཀྱང་མེད་པར་མ་ཟད། རྫོ་རིང་གི་ཐིག་འཕྲེང་གསུམ་པར“གནံ་དུ་བཞུད”ཅེས་ཏེ་འཕྱོངས་རྒྱས་བང་སོའི་རྫོ་རིང་དུ་མེད་པའི་ཡི་གེ་ལྷག་མ་གསུམ་འབྱུང་བ་འདི་རིགས་ཞིབ་འཇུག་པ་སྔ་མ་དག་གིས“ལྡོང”བྱ་བ་ལ་གྱ་ཚོམ་དུ“ལྷ་ཇེ”ཞེས་བྲིས་ཏེ་སྟོན་གྱི་ཡིག་རྙིང་དུ“ཐོག་མ་ས་ལ་གཤེགས་པ་ཡང་། གནམ་མཐའ་འོག་གི་རྗེར་གཤེགས……”[54]ཞེས་པའི་བཙན་པོའི་ལོ་རྒྱུས་དང་འབྲེལ་ཅི་ཐུབ་བྱས་ཀྱང་། དོན་དངོས་སུ་རྫོ་རིང་འདི་ལྡོང་གི་རྒྱུད་ཀྱི་བང་སོའི་རྫོ་རིང་ཞིག་ཡིན་ངེས་ཏེ《ལྡེའུའི་ཆོས་འབྱུང》ལས། “ཁོད་ཀྱི་ཞང་བློན་ནི་དུར་མཆད་ཐན་ཞིང་དང་ལྡན་པ་ལ་བྱའོ།”[55] ཞེས་ཁོད་གཡུང་གཉིས་ལས་ཁོད་ལ་མཆད་པ་བརྩིགས་པའི་སྲོལ་ཡོད་ཅིང་། དེ་ལྟར་ན་ལྡོང་ནི“དཔའ་སེ་ལྡོང་སྟོང་གིས་མཐའི་རྒྱ་དྲུག་འདུལ[56]ཞེས་དང་། ཡང“དཔའ་སེ་ལྡོང་ཏུས་ཆེན་བཅོ་བརྒྱད།”[57] ཞེས་པ་ལྟ་བུ་སོགས་ལྡོང་ནི་ཁོད་ཀྱི་ལས་སུ་ཞུགས་པ་ནི་“སྣང་གི་དཔའ་སེ་ནི། དམའི[རྨའི]སྒོམ་རས་མར་བཅད། བཀའ་ཐང་ཀླུ་རྟེད་ཡར་བཅད། གནས་པའི་མཐོང་ཁྲབ་སྲིད་སེ་དགུའི་སྟེང་དུ་བཞི་ཞ་སེ་དྲུག་བསྟན་པ་ལ། ……ལྡོང་སྟོང་གི་བུ་དོར་ཏེ་ཕྱུགས་མཚམས་ཀྱི་དཔོན་བྱས་ནས། དཔའ་རྟགས་སུ་རལ་གྲིའི་ཤུབས་བཅག ཁ་ཆེམས་ཉེ་བ་ལ་བཞག བུ་སྣད་གྲོང་བ་ལ་བཙོལ་ནས་ཕྱིར་མི་ལྡོག་པའི་བསམ་པ་བཅས་ནས། དཔའ་བོ་ཡི་མདུང་ཁ་བྱེད……”[58]ཅེས་པ་སོགས་བོད་ཀྱི་ལོ་རྒྱུས་ཡིག་ཚང་དུ་ལྡོང་གི་ཏུས་འདི་ཏ་ཅང་དཔའ་འཛངས་ཆེ་བར་བཤད་པ་དང་། “ལྡོང་ཆེན་པོ་གནံ་ལྷའི་སྲས”ཞེས་པས་ལྡོང་ནི་སྤུ་རྒྱལ་དང་འཁོན། ད་དུང་རླངས་སོགས་དང་འདྲ་བར་ཆེས་གདོད་མའི་ཚེ་ལྷ་ལས་མཆེད་པའི་ཏུས་རྒྱུད་ཅིག་ཏུ་ངོས་འཛིན་པར་སྣམ། ཕྱིར་དེང་སང་ཞང་བློན་ཏུས་ཆེན་པོ་དག་ལ་བང་སོ་བརྩིགས་པ་འགའ་མཐོང་སྣང་དུ་གྱུར་པ་ལས་ཞང་བློན་གྱི་བང་སོའི་མདུན་དུ་རྫོ་རིང་བཞེངས་པ་ཞིག་ད་སྟོན་རྫོ་རིང་འདི་འབའ་ཞིག་ལས་མ་རྙེད་པས་འདི་བོད་བཙན་པོའི་དུས་ཀྱི་ལོ་རྒྱུས་ཀྱི་དཔྱད་གཞི་རིན་ཐང་ཆེ་བ་ཞིག་ཡིན། གཞན་ཁྲི་ལྡེ་སྲོང་བཙན་ཡབ་སྲས་ཀྱི་རིང་དབའས་སྟག་སྒྲ་ཀླུ་ཁོང་ལ་ཞོལ་རྫོ་རིང་དང་། ཀོང་དཀར་པོ་ལ་གཡུང་དྲུང་འཛིན་གྱི་བྲག་བརྐོས་ཡི་གེ། མྱང་ཏིང་ངེ་འཛིན་ལ་ཞྭ

ལྷ་ཁང་གི་རྡོ་རིང་། ད་དུང་རྒྱལ་ལྡེ་སྐར་ཆུང་ལྷ་ཁང་གི་རྡོ་རིང་དང་། ལྷག་པར་ཁྲི་ལྡེ་སྲོང་བཙན་སྐུ་ཚེ་གཅིག་ཏུ་བཞེངས་པའི་རྡོ་རིང་རྣམས་ལ་བྲིས་གཟུགས་ཀྱི་ཁྱད་ཆོས་མི་འདྲ་བ་སྣ་ཚོགས་ཡོད་པ་འདི་རིགས་བོད་ཀྱི་རིག་གནས་སྤྱི་དང་། ཁྱེ་བྲག་ཏུ་བོད་ཡིག་གི་བྲིས་གཟུགས་བྱུང་འཕེལ་ཐད་ཀྱི་ལོ་རྒྱུས་དང་དཔང་རྟགས་གསུབ་ཐབས་མེད་པ་ཞིག་ཡིན།

མཆན།

[1] [5] [8] 王尧：《吐蕃金石录》. 文物出版社. 1982年第129、131、133页。

[2]《བོད་ལྗོངས་ཞིབ་འཇུག》 2009དེབ་གཉིས་པའི་མདུན་ཤོག་ནང་མའི་སྟེང་དུ་འཕོད་ཡོད།

[3] [9] [10] [11] [12] [31] [44] [51] [52] [53] བསོད་ནམས་སྐྱིད། 《བོད་ཀྱི་རྡོ་རིང་ཡི་གེ་དང་དྲིལ་བུའི་ཁ་བྱང་།》 མི་རིགས་དཔེ་སྐྲུན་ཁང་། 1984ལོ། ཤོག་ངོས99、99、86、90，89、78、87、101、22、64པ་བཅས་སུ་གསལ།

[4] 孙林著：《藏族史学发展史纲要》.中国藏学出版社. 2006（9）：94

[6] 2008ལོའི་དབྱར་གནང་གུང་གསེང་གི་དུས་ཚུགས་དང་བསྟུན་ནས་ཁོ་བོས་རྡོ་རིང་གི་འབྲིས་ལ་དངོས་སུ་ཆས་ཏེ་བསྐྱར་བཤུས་བྱས་པ་ཡིན།

[7]《A CORPUF OF EARLY TIBETAN IN-SCRIPTIONS》H. E. RICHARDON ROYAL ASIATIC SOCIETY 1985年第62页。

[13] [15] རྡོ་བོ་ཨ་ཧྲི་ཤེས་གཉེར་ནས་བརྟོན། 《བཀའ་ཆེམས་ཀ་ཁོལ་མ།》 ཀན་སུའུ་མི་རིགས་དཔེ་སྐྲུན་ཁང་། 1989ལོ། ཤོག་ངོས58、58པར་གསལ།

[14] "ཞལ་བུ"བྱ་བ་ནི་ཤོག་དྲིལ་ཡི་གེp. t986ནང་དུ"དབྱར་སླ་ར་བ་ཆོས་གཅིག་སྟེ། མྱི་མོ་ལུག་གི་ཉི་མ་ལ། །གདུང་རབས་བདུན་ཚུན་ཅད་ཀྱི་ཞལ་བུ་གསོལ་པའི་ཚེ། ཕོ་བྲང་ནས། ལ་ནར་ཉིས་སྟོང་ཚུན་ཅད་གནས་པའི་རྒྱལ་ཕྲན་རྣམས་མ་བཀུར་པར། རང་ལྷ་འབྲས་དང་མཆོད་པའི་ཡོ་བྱད་འཚལ་ཏེ། ཞལ་བུ་གསོལ་བུ་བའི་སར་འདུས་ཏེ། གསོལ་ལོ། །"ཞེས་དང་། ཡང་ཤོག་དྲིལ་ཡི་གེp. t1042ལས། "སྐུ་གཤེན་ཁ། གཙང་གཅིག་གིས། །ཕྱུ་གཙང་དང་དཀར་མོ་དང་། ཆེན་ཏགས་ཀྱི་རྣམས། ཞལ་བུའི་གཏང་རག་ཏུ། བསྒྱུར་ཏེ་གསོལ། །"ཞེས་པ་སོགས་བརྗ་འདི་མང་དུ་འབྱུང་བ་ལ་གཞིགས་ན"མེས་པོ"ཞེས་པའི་དོན་ཡིན་པ་འདྲ།

[16] དཔལ་འབྱོར་བཟང་པོས་བརྩམས། 《རྒྱ་བོད་ཡིག་ཚང་ཆེན་མོ།》 སི་ཁྲོན་མི་རིགས་དཔེ་སྐྲུན་ཁང་། 1985ལོ། ཤོག་ངོས2པར་གསལ།

[17] ཚེ་དབང་རྡོ་རྗེ་རིག་འཛིན། 《སྡེ་དགེ་རྒྱལ་རབས།》 སི་ཁྲོན་མི་རིགས་དཔེ་སྐྲུན་ཁང་། 1989ལོ། ཤོག་ངོས9པར་གསལ།

ལྟོ་བྲག་དགྱེས་པའི་བཞད་སྒྲ།

[18] [22] བོད་རང་སྐྱོང་ལྗོངས་ཆབ་གྲོས་རིག་གནས་དཔྱད་གཞིའི་རྒྱུ་ཆ་ཨུ་ཡོན་ལྷན་ཁང་གིས་རྩོམ་སྒྲིག་བྱས། 《བོད་ཀྱི་ལོ་རྒྱུས་རིག་གནས་དཔྱད་གཞིའི་རྒྱུ་ཆ་བདམས་བསྒྲིགས》(སྤྱིའི་འདོན་ཐེངས་བཅུ་པ) མི་རིགས་དཔེ་སྐྲུན་ཁང་། 1988ལོ། ཤོག་ངོས126–127བར་གསལ།

[19] གྲི་ལུང་བཀྲ་ཤིས་རྒྱ་མཚོ་སོགས། 《བོད་མི་བུ་གདོང་དྲུག་གི་རུས་མཛོད་མེ་ཏོག་སྐྱེད་ཚལ།》 མཚོ་སྔོན་མི་རིགས་དཔེ་སྐྲུན་ཁང་། 1992ལོ། ཤོག་ངོས86པར་གསལ།

[20] ཆབ་སྤེལ་ཚེ་བརྟན་ཕུན་ཚོགས་ཀྱིས་བསྒྲིགས། 《བོད་ཀྱི་ལོ་རྒྱུས་དེབ་ཐེར་ཁག་ལྔ།》 བོད་ལྗོངས་བོད་ཡིག་དཔེ་རྙིང་དཔེ་སྐྲུན་ཁང་། 1990ལོ། ཤོག་ངོས154པར་གསལ།

[21] ཆབ་སྤེལ་ཚེ་བརྟན་ཕུན་ཚོགས་ཀྱིས་བསྒྲིགས། 《རླངས་ཀྱི་པོ་ཏི་བསེ་རུ་རྒྱས་པ།》 བོད་ལྗོངས་མི་དམངས་དཔེ་སྐྲུན་ཁང་། 1986ལོ། ཤོག་ངོས6པར་གསལ།

[23] [24] [25] [43] དབང་རྒྱལ་དང་བསོད་ནམས་སྐྱིད་ཀྱིས་བསྒྱུར། 《ཏུན་ཧོང་ནས་ཐོན་པའི་བོད་ཀྱི་ལོ་རྒྱུས་ཡིག་ཆ།》 མི་རིགས་དཔེ་སྐྲུན་ཁང་། 1992ལོ། ཤོག་ངོས48、47、29、49པ་བཅས་སུ་གསལ།

[26] དབང་རྒྱལ་དང་བསོད་ནམས་སྐྱིད་ཀྱིས་བསྒྱུར། 《ཏུན་ཧོང་ནས་ཐོན་པའི་བོད་ཀྱི་གནའ་ཡིག་ཞིབ་དཔྱད་ཕྱོགས་བསྒྲིགས།》 ཧྲང་ཧེ་ཡིག་རྙིང་དཔེ་སྐྲུན་ཁང་། 2008ལོ། ཤོག་ངོས30པར་གསལ།

[27] [29] [35] [36] [37] [55] [56] [58] མཁས་པ་ལྡེའུས་མཛད། 《རྒྱ་བོད་ཆོས་འབྱུང་རྒྱས་པ།》 བོད་ལྗོངས་མི་དམངས་དཔེ་སྐྲུན་ཁང་། 1987ལོ། ཤོག་ངོས291、297、267、253、244、268、254、275པ་བཅས་སུ་གསལ།

[28] [39] [50] དཔའ་བོ་གཙུག་ལག་ཕྲེང་བ། 《ཆོས་འབྱུང་མཁས་པའི་དགའ་སྟོན།》 བོད་ལྗོངས་མི་དམངས་དཔེ་སྐྲུན་ཁང་། 1986ལོ། ཤོག་ངོས186、162、378པ་བཅས་སུ་གསལ།

[30] གཉའ་གོང་དཀོན་མཆོག་ཚེ་བརྟན། 《བོད་ཀྱི་བརྡ་རྙིང་ཡིག་ཆ་བདམས་བསྒྲིགས།》 ཀྲུང་དབྱང་མི་རིགས་སློབ་གྲྭ་ཆེན་མོའི་དཔེ་སྐྲུན་ཁང་། 1985ལོ། ཤོག་ངོས20པར་གསལ།

[32] བསོད་ནམས་སྐྱིད་དང་དབང་རྒྱལ་གྱིས་ཕྱོགས་སྒྲིག་བྱས། 《ཏུན་ཧོང་ནས་ཐོན་པའི་གནའ་བོའི་བོད་ཡིག་ཤོག་དྲིལ།》 མི་རིགས་དཔེ་སྐྲུན་ཁང་། 1983ལོ། ཤོག་ངོས172པར་གསལ།

[33] དུང་དཀར་བློ་བཟང་འཕྲིན་ལས། 《དུང་དཀར་ཚིག་མཛོད་ཆེན་མོ།》 ཀྲུང་གོའི་བོད་རིག་པ་དཔེ་སྐྲུན་ཁང་། 2002ལོ། ཤོག་ངོས1789པར་གསལ།

[34] 《དགེ་འདུན་ཆོས་འཕེལ་གྱི་གསུང་རྩོམ》དེབ་དང་པོ། བོད་ལྗོངས་བོད་ཡིག་དཔེ་རྙིང་དཔེ་སྐྲུན་ཁང་། 1990ལོ། ཤོག་ངོས81པར་གསལ།

[38] ཉང་ཉི་མ་འོད་ཟེར། 《ཆོས་འབྱུང་མེ་ཏོག་སྙིང་པོ་སྦྲང་རྩིའི་བཅུད།》 བོད་ལྗོངས་བོད་ཡིག་དཔེ་རྙིང་དཔེ་སྐྲུན་ཁང་། 2010ལོ། ཤོག་ངོས150པར་གསལ།

རྡོ་བྲག་ཚང་ཁྲམ་གྱི་སྐོར།

[40]《བོད་ཀྱི་ལོ་རྒྱུས་དེབ་ཐེར་ཁག་ལྔ།》བོད་ལྗོངས་བོད་ཡིག་དཔེ་རྙིང་དཔེ་སྐྲུན་ཁང་། 1990ལོ། ཤོག་ངོས171པར་གསལ།

[41]རྒྱལ་དབང་ལྔ་པ།《བོད་ཀྱི་དེབ་ཐེར་དཔྱིད་ཀྱི་རྒྱལ་མོའི་གླུ་དབྱངས།》མི་རིགས་དཔེ་སྐྲུན་ཁང་། 1988ལོ། ཤོག་ངོས13པར་གསལ།

[42]བཅོམ་ལྡན་རིག་པའི་རལ་གྲི།《སྒྲའི་བསྟན་བཅོས་སྒྲ་བའི་རྒྱན་གྱི་མེ་ཏོག》(བྲིས་མ) ཤོག་ངོས13པར་གསལ།

[45]འདིའི་སྐོར་གྱི་གནས་ཚུལ་ཞིབ་མོ་ནི་ཞོལ་རྡོ་རིང་གི་བྱང་ངོས་ཡི་གེ་ཐིག་ཐྲིང་ལྔ་པ་ནས་ལྔ་བཅུའི་བར་དུ་གསལ།

[46]《བཀའ་ཐང་སྡེ་ལྔ།》མི་རིགས་དཔེ་སྐྲུན་ཁང་། 1986ལོ། ཤོག་ངོས439པར་གསལ།

[47][48][54]གཉལ་གོང་དཀོན་མཆོག་ཚེ་བརྟན།《བརྡ་རྙིང་ཡིག་ཆའི་ཚིག་དོན་ཀུན་གསལ།》ཀན་སུའུ་མི་རིགས་དཔེ་སྐྲུན་ཁང་། 2010ལོ། ཤོག་ངོས102、113、8པ་བཅས་སུ་གསལ།

[49][57]ལྡེའུ་ཇོ་སྲས།《ལྡེའུའི་ཆོས་འབྱུང་བསྡུས་པ།》བོད་ལྗོངས་མི་དམངས་དཔེ་སྐྲུན་ཁང་། 1987ལོ། ཤོག་ངོས112、112པར་གསལ།

《ཀྲུང་གོའི་བོད་རིག་པ།》༢༠༡༢ལོའི་དེབ་བཞི་པ་ལས་བཏུས།

༄། །མཚོ་སྔོན་གཏེར་ལམ་རྫོང་གི་བོད་བཙན་པོའི་དུས་ཀྱི་བང་སོ་ཨང་གསུམ་པའི་རྫོ་རིང་ཡི་གེ་ལས་འཁྲོས་པའི་གཏམ།

ཚབ་འབག་རྟ་མགྲིན།

འབྲེལ་ཡོད་ཀྱི་དཔྱད་གཞི་ཡི་གེ་ལྟར་ན་མཚོ་སྔོན་ཞིང་ཆེན་གཏེར་ལམ་རྫོང་ལྟེ་བ་ཡིན་པའི་ཚ་འདམ་གཞུང་དུ་གནའ་བོའི་བང་སོ་ཆིག་སྟོང་ལྷག་ཡོད་ཅིང་། གཏེར་ལམ་རྫོང་གི་ཆུ་དཀར་གཙང་པོའི་བྱང་འགྲམ་དང་ལྷོ་འགྲམ་གཉིས་སུ་བོད་བཙན་པོའི་དུས་ཀྱི་བང་སོ་མང་པོ་རྙེད་པར་མ་ཟད། བང་སོ་དེ་དག་ལས་གསེར་དངུལ་གྱི་རྒྱན་ཆ་དང་གོ་ཆས། བོད་ཡིག་འབོད་པའི་ཤིང་ཁྲམ་དང་དར་གོས། རྫོ་རིང་། རྫོ་བརྐོས་ཡི་གེ་སོགས་ཀྱང་མང་དུ་ཐོན་ཡོད། གནའ་བོའི་ཡིག་རྙིང་དེ་དག་ནི་ཚ་འདམ་གཞུང་གི་བང་སོ་སྤྱི་དང་ཁྱད་པར་དུ་གཏེར་ལམ་རྫོང་ཆུ་ཁོལ་ཞང་གི་ཤེའུ་རྩྭ་ཐང་སྡེ་ཆུ་དཀར་གཙང་པོའི་འབབ་རྒྱུད་ཀྱི་གནའ་བོའི་བང་སོ་རྣམས་མི་རིགས་དང་རིག་གནས་གང་ལ་གཏོགས་པར་ཞིབ་འཇུག་བྱེད་པ་དང་། བང་སོའི་ནང་དུ་བཅུག་པའི་མིའི་རུས་མིང་དང་ཐོབ་ཐང་སོགས་ངོས་འཛིན་བྱེད་པའི་ཁུངས་ལུང་འཁྲུལ་མེད་དང་། བཙན་པོ་རྒྱལ་རབས་ཀྱིས་མངའ་ཁོངས་རྒྱ་བསྐྱེད་པའི་ལོ་རྒྱུས་དང་སྐབས་དེའི་དུར་འཇུག་རིག་གནས་ལ་ཞིབ་འཇུག་བྱེད་པའི་ཐོག་མའི་དཔྱད་གཞི་ཡིན་ལ། མཚོ་བོད་མཐོ་སྒང་གི་གནའ་བོའི་རིག་གནས་དང་མི་རིགས་འབྲེལ་འདྲིས་ལ་ཞིབ་འཇུག་བྱེད་པའི་དཔྱད་གཞི་རྩ་ཆེན་དང་། བཙན་པོ་རྒྱལ་རབས་དུས་ཀྱི་བོད་ཡིག་གི་གཟུགས་དང་དེའི་འཕེལ་འགྱུར་གྱི་ཆོས་ཉིད་ལ་རྒྱུས་ལོན་བྱེད་པའི་དཔེ་དཔང་དངོས་ཡིན་མོད། ད་ལྟའི་བར་དུ་ཉར་ཚགས་བྱེད་མཁན་མི་སྒེར་དང་གཞུང་གང་རུང་གིས་གསང་རྒྱ་བྱས་ནས་ཀུན་གྱི་མཐོང་སྣང་དུ་མ་གྱུར་པས། ཕྱོགས་ཡོངས་ནས་ཞིབ་འཇུག་ཟབ་མོ་བྱེད་མ་ཐུབ་པར་མ་ཟད། ཐད་ཀའི་ཁུངས་ལུང་དུ་གྱུར་པའི་གནའ་བོའི་ཡིག་ཚང་དེ་དག་སྣང་མེད་དུ་བསྐྱུར་ནས། གནའ་བོའི་བང་སོ་དེ་དག་མི་རིགས་གཞན་གྱི་ཡིན་པར་ངོས་འཛིན་བྱེད་བཞིན་ཡོད། ཉེ་ལམ་མཚོ་སྔོན་བོད་རིགས་ཞིབ་འཇུག་ཚོགས་པས་བདག་ལ་ཡིག་རྙིང་དེ་དག་འཚོལ་སྡུད་དག་སྒྲིག་བྱེད་པའི་ལས་འགན་བསྒོས་པ་ལ་བརྟེན་ནས་ཡིག་རྙིང་ཁ་ཤས་ལག་ཏུ་སོན་པ་ལས་འདིར་ཆུ་དཀར་གཙང་པོའི་ལྷོ་འགྲམ་གྱི་བང་སོ་ཨང་གསུམ་པ་ནས་ཐོན་པའི་རྫོ་རིང་ཡི་གེར་ཅུང་ཟད་དཔྱད་པ་ལ།

དང་པོ། རྫོ་རིང་ཡི་གེའི་ནང་དོན།

གཏེར་ལམ་རྫོང་ཆུ་དཀར་གཙང་པོའི་ལྷོ་འགྲམ་གྱི་བང་སོ་ཨང་གསུམ་པ་ལས་སྲིད་ལ་ལི་སྨི90-180ཙམ་དང་ཞེང་ལ་ལི་སྨི20-40། འཐུག་ཚད་ལ་ལི་སྨི10-20ཡོད་པའི་རྫོ་རིང་བཞི་ཐོན་ཅིང་། དེ་དག་རེ་རེའི་ངོས་སུ་ཡིག་འབྲུ་གཅིག་རེ་སྟེ"ལྷོན"ཞེས་པ་དང་། "ཁྲི"ཞེས་པ། "ཤེའུ"ཞེས་པ། "ཀ"ཞེས་པ་བཀོད་པ་དང་། པེ་ཅིང་སློབ་ཆེན་གནའ་རྫས་རྟོག་ཞིབ་ཁུ་ཁག་གིས་སྒྲིག་རྩོམ་བྱས་པའི《གཏེར་ལམ་ཐུ་རྫོང་བང་སོ》ལས་ཀྱང་བང་སོ་དེའི་ནང་གི་རྫོ་ལེབ་ཆེ་ཤོས་ཤིག་གི་སྟེ་གཉིས་སུ་ཕ་ཁ་བརྟོད་ཡོད་པར་བཀོད་ལ། ད་སྟོན་ནམ་ལུང་དམར་སྟགས་དགོན་གྱི་རིག་འཛིན་འཇིགས་མེད་ལགས་ཀྱི་མཐོང་ཚུལ་ལྟར་ན། རྫོ་རིང་དེ་དག་ནི་རྫོ་སྡེགས་ཤིག་གི་ཟུར་བཞིའི་རྐང་སུག་ཡིན་ལ། དེ་སྔ་རྒྱུན་མས་བང་སོ་སློག་སྐབས་རྫོ་རིང་རྣམས་གང་སར་གཡུགས་པས། རྫོ་རིང་བཞི་པོའི་སྔ་གཞུག་གི་གོ་རིམ་ཡང་མ་དཔྱད་ན་རྟོགས་དཀའ་བའི་ཚོད་དུ་འདུག འདིར་ཐོག་མར་རྫོ་རིང་དེ་དག་ངོས་ཀྱི་ཡིག་འབྲུ་རེ་རེའི་དོན་ལ་བརྟགས་ནས་སྔ་གཞུག་གི་གོ་རིམ་གཏན་ལ་འབེབ་པ་ནི་སྔོན་འགྲོའི་ལས་ཀ་ཡིན་པས་ན། "ལྷོན"ཞེས་པ་ནི་ལྷོན་པོ་ཞེས་པ་དང་གུང་ལྷོན་ནམ་བཀའ་ལྷོན་ཞེས་པའི་ཐོབ་ཐང་གི་དོན་ཡིན་པ་ཀུན་གྱིས་རྟོགས་སླ་བས་རྒྱས་སྤྲོས་བྱ་མི་དགོས། "ཁྲི"ཞེས་པ་སྐབས་འདིར་སྡེགས་བུའམ་གྲངས་ཀའི་དོན་ཡིན་ནམ་གནའ་བོའི་ཞང་ཞུང་སྐད་ཀྱི"ལྷ"འམ"ལྷའི་ཐུགས"ཞེས་པའི་དོན་ཡིན་པ་ཁ་ཚོན་གཅོད་དཀའ་མོད། བཙན་པོ་རྣམས་ཀྱི་མཚན་ལ"ཁྲི་བཙན"དང"ཁྲི་སྲོ་དཔུང" "ཁྲི་སློང་བཙན" "ཁྲི་སྲོང་བཙན" "ཁྲི་གཙུག་ལྡེ་བཙན" "ཁྲི་སྲོང་ལྡེའུ་བཙན" "ཁྲི་ལྡེ་ཉི་མ་མགོན" "ཁྲི་ལྡེ་སྲོང་བཙན"སོགས་གསོལ་བར་བརྟགས་ན"ལྷའམ" "ལྷའི་ཐུགས"ཞེས་པའི་དོན་ཡིན་ལས་ཆེ། རྫོ་རིང་དེ་དག་སྔགས་པ་རིག་འཛིན་འཇིགས་མེད་ལགས་ཀྱིས་གསུངས་པ་ལྟར་རྫོ་སྡེགས་ཤིག་གི་རྐང་སུག་ཡིན་པོ་ཐག་ཡིན་ན་ཁྲི་སྡེགས་ཀྱི་དོན་ཡིན་ལ། "ཀ"ནི་དེའི་མིང་མཐའ་འམ་ཁྲི་འདེགས་ཀྱི་ཀ་བར་གོ །"ཤེའུ"ཞེས་པ་ཡང་སྐབས་འདིར་གནའ་བོའི་ཞང་ཞུང་སྐད་ཀྱི་ཐ་སྙད་ཅིག་ཡིན་ནམ་ཤ་བ་ཆུང་ཆུང་གི་དོན་གང་ཡིན་པ་གསལ་པོར་རྟོགས་དཀའ་མོད། ཏུན་ཧོང་ཡིག་རྙིང་ཁྲོད་ཀྱི《རྒྱལ་ཕྲན་རྣམས་དང་དེ་དག་གི་རྗེ་བློན་གྱི་མིང》བྱ་བ་ལས། "ཡུལ་སྐྱི་རོ་ལྔང་སྟོན་ན། རྗེ་སྐྱི་རྗེའི་མང་པོ། བློན་པོ་ཤེའུ་དང་སུག་གཉིས"ཞེས་པ་སྟེ། སྤུ་རྒྱལ་བཙན་པོའི་སྔོན་གྱི་རྒྱལ་ཕྲན་སིལ་མ་བཅུ་གཉིས་ཀྱི་ཡ་གྱལ་ཡུལ་སྐྱི་རོའི་ལྔང་སྟོན་ཟེར་བར"ཤེའུ"དང"སུག"ཅན་གྱི་བློན་པོ་གཉིས་ཡོད་པར་བསྟན་པ་དང་། 《བློ་བ་རིངས་པའི་ནང་མི་ལ་འབྲུ་བགོ་རྒྱུའི་ཐོ་ཡིག》ལས། "ཤེའུ་ལྷ་བྱིན་ལ་སྟོགས་པ་མི་བཞི་ལ་ཁལ་རེ་རེ་སྟེ་ཁལ་བཞི……ད་གཟིགས་ལ་སྣང་ལ་ཁལ་གཅིག"ཅེས་བཙན་པོའི་རྒྱལ་རབས་སྐབས་སུ་ཡང་དུས"ཤེའུ"ཅན་ཞིག་ཡོད་པར་བརྟགས་ན། "ཤེའུ"ཟེར་བ་ནི་སྤུ་རྒྱལ་བཙན་པོའི་སྔོན་གྱི་རྒྱལ་ཕྲན་

སིལ་མ་བཅུ་གཉིས་སྐབས་ནས་བརྒྱུད་ཡོང་བའི་གནའ་བོའི་བོད་ཀྱི་ཏུས་མིང་ཞིག་ཡིན་ལ། ཏུས་དེ་དུས་རབས་བཅུ་དྲུག་པའི་བར་དུ་ད་དུང་མ་ཉམས་པར་གནས་ཡོད་པ་དུས་རབས་བཅུ་གཅིག་པར《བསྟན་འགྱུར》ཁྲིད་ཀྱི《གནོད་སྦྱིན་གྱི་སྡེ་དཔོན་ཆེན་པོ་ལག་ན་རྡོ་རྗེ་གོས་སྔོན་ཅན་གྱི་སྒྲུབ་ཐབས་འཁོར་ལོ་ཆེན་པོ》དང་། 《ཀླུ་རིགས་བཞིའི་སྒྲུབ་ཐབས》《གནོད་སྦྱིན་གྱི་སྡེ་དཔོན་རྣམ་པར་སྦྱོང་ཞིང་སེལ་བའི་སྒྲུབ་ཐབས》སོགས་བསྟན་བཅོས་བདུན་བསྒྱུར་པའི་ལོ་ཙཱ་བ་ཆེན་པོ་ཤེའུ་བརྫ་དེ་བ་ཞེས་པ་དང་། དུས་རབས་བཅུ་དྲུག་པར《ལམ་འབྲས་གྲུབ་མཐའི་ལོ་རྒྱུས》བརྩམས་པའི་ཤེའུ་ལོ་ཙཱ་བ་ཀུན་དགའ་ཆོས་གྲགས་ཞེས་པ་གཉིས་བྱོན་པ་ལས་ངེས་ཐུབ། ཇོ་རིང་སོ་སོའི་ཡི་གེ་སྔ་གཞུག་གི་གོ་རིམ་ཡང་ཏུན་ཧོང་ཡིག་རྙིང་ཁྲིད་ཀྱི《རྒྱལ་ཕྲན་རྣམས་དང་དེ་དག་གི་རྗེ་བློན་གྱི་མིང》བྱ་བ་ལས། "ཡུལ་ངེས་པོའི་ཁྲ་སུམ་ན། ……བློན་པོ་མགར་དང་མཉན་གཉིས"ཞེས་པ་དང་། "ཡུལ་འོ་ཡུལ་གྱི་སྤང་ཀར་ན། ……བློན་པོ་རྗོག་དང་དབའས་གཉིས"ཞེས་པ། "ཡུལ་མྱང་རོའི་ཤམ་པོ་ན། ……བློན་པོ་མྱ་དང་བྲེ་གཉིས"ཞེས་པ། "ཡུལ་གླུང་རོའི་ཡ་གསུམ་ན། །……བློན་པོ་མྱང་དང་སྦྲང་གཉིས།" ཞེས་ཐོག་མར་ཐོབ་ཐང་གི་མིང་དང་དེ་ནས་ཏུས་མིང་སོགས་རིམ་བཞིན་འབོད་པ་ཡིན་པས། ཆུ་དགར་གཙང་པོའི་ལྷོ་རྒྱུད་ཀྱི་བང་སོ་ཨང་གསུམ་པའི་ཇོ་རིང་སོ་སོའི་ཡི་གེ་གོ་རིམ་ཡང"བློན་ཤེའུ་ཁྲི་ག"ཞེས་བསླགས་ན་དོན་དང་གནས་པར་སྣམ་ལ། བང་སོ་དེར་སྦས་པའི་མི་ཡང་བཙན་པོ་རྒྱལ་རབས་དུས་ཀྱི་ཏུས"ཤེའུ"ཅན་གྱི་བློན་ཆེན་ཞིག་ཡིན་པར་འདོད།

གཉིས་པ། བློན་པོ་ཤེའུར་བང་སོ་བརྩིགས་དོན།

ཏུན་ཧོང་ཡིག་རྙིང་ཁྲིད་ཀྱི་བློན་ཆེན་པོ་ཤེའུར་བང་སོ་རྩིག་ཅིང་ཇོ་རིང་བསླངས་པའི་རྒྱུ་མཚན་ཅི་ཡིན་ཞེ་ན།

1.《ཕྱུ་བོས་ནུ་བོར་བཏམས་ཤིང་བསྟན་པའི་མདོ》ལས། "བྱ་དགའ་ནི། ལེགས་པའི་ཞོ་ཤ། ཁོང་ན་མ་ལུས་པའི། མྱིག་འདྲེན་པ་སྟེ། འདི་ནི། ཐོག་ཏུ་ཕེབས་པ་དང་། མདོང་སྟོལ་ཆེར་བྱ་བའི་རིགསོ།" ཞེས་བྱ་དགའ་ནི་ལེགས་ཆའི་ནུས་པ་ཁོང་ན་མ་ལུས་པར་འདོན་དུ་འཇུག་པའི་མིག་དཔེ་འཛུགས་པའི་དོན་དུ་ཡིན་པ་དང་། དེའི་རིགས་ནི་གནད་དུ་འཁེལ་བ་དང་མངོན་གསལ་ཆེས་ཆེར་བྱ་འོས་པར་བསྟན་པ་ལས་བཙན་པོའི་རྒྱལ་རབས་དུས་སུ་མི་རྣམས་ཀྱི་ལེགས་པའི་ནུས་པ་མ་ལུས་འདོན་དུ་འཇུག་ཆེད་ལེགས་པར་བྱ་དགའ་སྟེར་བའི་སྲི་ཚོགས་ཀྱི་དར་སྲོལ་བཟང་པོ་ཞིག་ཆགས་ཡོད་པ།

2. བོད་ཀྱི་རྒྱལ་པོ་སྟག་རི་གཉན་གཟིགས་ཀྱི་རིང་ལ་ཟིང་པོ་རྗེ་སྟག་སྐྱ་བོ་ཞེས་པའི་རྒྱལ་ཕྲན་གྱི་རྒྱལ་པོ་ཞིག་ཡོད་པར་བློན་པོ་མཉན་འཛི་ཟུང་ཟེར་བ་ཞིག་ཡོད་པ་དེས་རང་གི་རྒྱལ་པོ་བཀྲོངས་ནས་དེའི་ཡུལ་ཡིལ་རབ་སྡེ་བཞི་དང་ཀླུམ་ཡ་གསུམ་ཟིང་པོ་རྗེ་ཁྲི་པང་སུམ་ཞེས་པར་ཕུལ་བས། ཟིང་

པོ་ཇོ་ཁྲི་པང་སུམ་གྱིས་མཁར་སྟུར་བས་བཅད་དེ། གླུམ་ཡ་གསུམ་གྱི་སྣད་མཉན་འཛོ་ཟུང་གི་བྲན་དུ་ཕྱིན་པ་དང་། བཙན་པོ་གནམ་ཏུ་སྲོང་བཙན་གྱི་རིང་ལ་མྱང་ཅེང་སྐྱུ་དང་དབའ་དབྱི་ཚབ། མནོན་འདྲོན་པོ་གསུམ་གྱིས་ཟིང་པོ་ཇེ་ཁྲི་པང་སུམ་བཀྲོངས་ནས་དེའི་ཆབ་སྲིད་གནམ་ཏུ་སྲོང་བཙན་ལ་ཕུལ་བས། གནམ་ཏུ་སྲོང་བཙན་གྱིས་མྱང་ཅེང་སྐྱུའི་བྱ་དགར་མཁར་སྟུར་བ་དང་བྲན་ཁྱིམ་སྟོང་གཅིག་ལྔ་བརྒྱ་གནང་བ་དང་། དབའ་དབྱི་ཚབ་ཀྱི་བྱ་དགར་ཟ་གད་གཤེན་གྱི་ཡུལ་ས་མལ་ཏྲོ་ཕྱོགས་ནས་བྲན་ཁྱིམ་སྟོང་གཅིག་ལྔ་བརྒྱ་གནང་བ། མནོན་འདྲོན་པོའི་བྱ་དགར་ཁོའི་ཕུ་ནུ་པོ་སོགས་བྲན་ཁྱིམ་སྟོང་གཅིག་ལྔ་བརྒྱ་གནང་བར[1]གཞིགས་ན་བོད་ལ་རྒྱལ་པོ་སྲོང་བཙན་སྒམ་པོའི་སྔོན་ནས་བློན་འབངས་བྱས་རྗེས་ཅན་རྣམས་ཀྱི་བྱས་རྗེས་ཆེ་ཆུང་ལ་དམིགས་ནས་མངའ་རིས་དང་བྲན་ཁྱིམ་ངེས་ཅན་གྱི་བྱ་དགས་གཟེངས་སུ་བསྟོད་པའི་དཔོན་གནས་བསྐོ་བཞག་གི་ལམ་ལུགས་ཡོད་པ།

3. རྒྱལ་པོ་སྲོང་བཙན་སྒམ་པོའི་རིང་ནས་མཛངས་པ་ལ་ཡིག་ཚངས་ཀྱིས་བསྟོད་པ་དང་། དཔའ་བ་ལ་སྟག་གིས་བསྟོད་པ། ལེགས་པ་ལ་བྱ་དགས་བསྟོད་པ་སྟེ། བསྟོད་པ་གསུམ་གྱི་ཁྲིམས་ཡོད་པ།

4. རྒྱལ་པོ་སྲོང་བཙན་སྒམ་པོས་བློན་ཆེན་པོ་དབའ་དབྱི་ཚབ་ཅེས་པ་དེའི་ཆབ་སྲིད་ཀྱི་མཛད་རྗེས་དང་རྒྱལ་པོ་སྟག་རི་གཉན་གཟིགས་ནས་རྒྱལ་རབས་གསུམ་ལ་བློ་དགར་བའི་མཛད་སྤྱོད་ལ་དགོངས་ནས"དབྱི་ཚབ་སྒྲོ་བ་ཉེ་བས། གུམ་ན་འཆད་ཕྱུག་དར་ཏོ་བརྩིག་པར་གནང་ཧ་ནི་བརྒྱ་དགུམ་པར་གནང་། བུ་ཚ་བོ་གང་ཏུང་བ་གཅིག། གསེར་གྱི་ཡི་གེ་མྱི་ཆད་པར་སྩལད་པར་བཀའ་སྩལ་ཏོ། །"[2]ཞེས་རྒྱལ་པོ་སྲོང་བཙན་གྱིས་ཁོང་ལ་བློ་ཉེ་བའི་བློན་པོ་དབའ་དབྱི་ཚབ་ལ་དེ་གྲོངས་ན་བང་སོ་བརྩིག་ཅིང་དུར་རྫས་སུ་ཧ་བརྒྱ་སྲས་པ་དང་། བུ་ཚ་གང་ཏུང་ཞིག་ལ་གསེར་གྱི་ཡི་གེ་རྒྱུན་མི་འཆད་པར་གནང་བའི་བཀའ་སྩལ་བ་དང་། ཇོ་བྲག་གི་བྲག་བརྐོས་ཡི་གེར"བཙན་པོ་ལྷ་སྲས་ཀྱི་ཞ་སྔར། ལྡེ་སྣན་ལྡེའུ་ཙུང་། སྒྲོ་བ་ཉེ་ཉེ། སྐུ་དང་ཆབ་སྲིད་ལ་དཔེན་པའི་རྗེ་བླས། དཀའ་བ་བྱེད་བྱེད་ནས། བཀས་གནང་བ་ལྡེའུ་ཙུང་གི་ཕ། ཕོ་སྣང་གི་བུ་ཚ་ཕེལད་རྒྱུད་ནམ་ཞར་སྲིད་གཡུང་དྲུང་དང་མཚུངས་པ་དང་། ……ལྡེའུ་ཙུང་གི་མཆད་ཀྱི། རིམ་གྲོ་བླ་ནས་མཛད། མན་ཅིག་དབོན་སྲས་གང་གི་རིང་ལ་རལ་ཡང་། བླ་ནས་སྟོང་སྙེས་བརྩིགས་པར་གནོང་།" ཞེས་བཙན་པོ་ཁྲི་ལྡེ་སྲོང་བཙན་གྱིས་བློན་པོ་ལྡེ་སྣན་ལྡེ་ཚུང་བློ་དགར་ཞིང་བཙན་པོའི་སྐུ་དང་ཆབ་སྲིད་ལ་མགོ་ཆེ་བའི་ཞབས་ཞུ་བསྒྲུབས་ནས་དཀའ་བ་མང་པོ་སྤྱད་པའི་ལན་དུ་བློན་ལྡེ་ཚུང་གི་ཕ་ཕོ་སྣང་གི་བུ་རབས་ཚ་རྒྱུད་ལ་སྲིད་ཀྱི་བདག་རྐྱེན་ནམ་ཡང་འགྱུར་བ་མེད་པའི་གཡུང་དྲུང་དང་འདྲ་བར་སྩོལ་བ་དང་། བློན་ལྡེའུ་ཚུང་སྐུ་གྲོངས་ན་བང་སོ་བླ་ནས་བརྩིག་རྒྱུ་མ་ཟད། ནམ་ཞིག་ཞིག་རལ་དུ་སོང་ནའང་བཙན་པོ་སྲིད་གཞུང་གིས་སྟོང་སྙེ་ལ་ཉམས་གསོ་བྱེད་དུ་འཇུག་པའི་ཞལ་བཞེས་གནང་བ་ལྟར་ན། བཙན་པོའི་རྒྱལ་རབས་སྐབས་སུ་ཕྱིའི་མངའ་ཁོངས་རྒྱ་བསྐྱེད་པ་དང་ནང་གི་ཆོས་

མཛད་པར་བྱས་རྗེས་ཆེ་ཞིང་བཙན་པོ་ཡབ་སྲས་ལ་བློ་དཀར་བའི་བློན་འབངས་དང་དེའི་བུ་རབས་ཚོ་རྒྱུད་ལ་བདག་རྐྱེན་གྱི་ཡིག་ཚང་གང་ལ་གང་འཚམ་དུ་གནང་བར་མ་ཟད། དེ་ཉིད་སྐུ་གྲོངས་པའི་ཚེ་ན་བང་སོ་བླ་ནས་རྩིག་པའི་ཆབ་སྲིད་ཀྱི་ལམ་ལུགས་ཡོད་པ།

5. འཇང་ས་ཐམ་ཡུལ་ནས་ཐོན་པའི་བཙན་པོ་རྒྱལ་རབས་སྐབས་ཀྱི་རྡོ་རིང་ཡི་གེ་ལས། “མཚོ་ཉམ་ཡོང་ལ་དག་ཐོག་མ་རྒྱ་འབངས་ལས་རྒྱ་རྗེ གཏན་ཀྱི་རྗེར་མི་ཉུང་ནས་བཙན་པོ་ལྷ་སྲས་ལ་གློ་བ་ཉེ་སྟེ། ༼བློན་སྐྱེས་བཟང་ལ་ཕྱག་འཚལ་ནས་ཕོ་ཆེད་ཟང་མར་ནི་ལ་གསེར་ཆེན་པོ་སྦལ་ད་ཡོང་ལ་དག་གཙང་ཅེན་སྦལ་པ་ལས་ལོ་དགུ་བཅུ་ལོན་དེ་གུམ་པའི་མཆད་པ་”ཞེས་པ་སྟེ། མཚོ་ཉམ་ཡོང་ལ་ཟེར་བའི་ཡུལ་ཁམས་ཀྱི་མི་རྣམས་དང་ཐོག་ཐང་རྒྱལ་རབས་ཀྱི་མངའ་འབངས་ཡིན་ཡང་། ཕྱིས་སུ་ཕོ་ཆེད་ཟང་མར་ནི་བྱ་བས་བོད་ཀྱི་བཙན་པོ་ཁྲི་ལྡེ་གཙུག་བརྟན་དང་ཁྲི་སྲོང་ལྡེའུ་བཙན་ཡབ་སྲས་ལ་བློ་ཉེ་བར་བྱས་ཤིང་བློན་ཆེན་པོ་སྐྱེས་བཟང་ལ་ཕྱག་འཚལ་ནས་མགོ་འདོགས་ཞུས་པས། བོད་ཀྱི་བཙན་པོ་ཡབ་སྲས་ཀྱིས་དེ་ལ་གསེར་གྱི་ཡི་གེ་ཆེན་པོ་བསྩལ་ཅིང་མཚོ་ཉམ་ཡོང་ལ་ས་ཁུལ་གྱི་མི་ཕལ་མོ་ཆེ་ལ་གཙང་ཆེན་ཞེས་པའི་དཔོན་གནས་ཐོབ་ཐང་བསྩལ་བ་དང་། ཕོ་ཆེད་ཟང་མར་ནི་བྱ་བ་དགུང་ལོ་དགུ་བཅུར་བཞུགས་ནས་སྐུ་གྲོངས་པར་ཆེད་དུ་སྲོང་གི་བང་སོ་བརྩིགས་ཤིང་རྩིས་ཀྱི་རྡོ་རིང་བསླངས་པ་ལྟར་ན། བཙན་པོའི་རྒྱལ་རབས་སྐབས་སུ་བློན་འབངས་བྱས་རྗེས་ཅན་ལ་གསེར་དངུལ་སོགས་ཀྱི་ཡིག་ཚང་གནང་བ་དང་། གྲོངས་པའི་ཚེ་ན་བང་སོ་བླ་ནས་བརྩིགས་ཤིང་བསྟགས་བརྗོད་ཀྱི་རྡོ་རིང་བསླངས་པའི་ཆབ་སྲིད་ཀྱི་ལམ་ལུགས་ཡོད་པར་མ་ཟད། ལམ་ལུགས་དེ་དངོས་སུ་ལག་བསྟར་ཡང་བྱས་མྱོང་བ་རེད། དེས་ན་བོད་བཙན་པོ་དུས་ཀྱི་སྤྱི་ཚོགས་ཀྱི་དར་སྲོལ་དང་དཔོན་གནས་བསྐོ་བཞག་གི་ལམ་ལུགས་བསྟོད་གསུམ་གྱི་ཁྲིམས་ལུགས། ཆབ་སྲིད་ཀྱི་ལམ་ལུགས། ལོ་རྒྱུས་ཀྱི་ལག་ལེན་དངོས་བཅས་ཟུང་དུ་སྦྲེལ་ནས་བརྟགས་ན། བློན་པོ་ཤེའུ་ཞེས་པ་ནི་རྒྱལ་ཕྲན་སིལ་མ་བཅུ་གཉིས་དུས་ཀྱི་བློན་རྒྱུད་མ་ཉམས་པར་བརྒྱུད་ཅིང་བཙན་པོའི་རྒྱལ་རབས་ཀྱི་བློན་ཆེན་ཞིག་ཡིན་པར་མ་ཟད། ཕྱི་ཕྱོགས་སུ་མངའ་ཁོངས་རྒྱ་བསྐྱེད་པ་དང་ནང་དུ་དཔྱ་དང་ཁྲིམས་ལུགས་སོགས་ཀྱི་ལས་དོན་སྤྱེལ་བར་མཛད་རྗེས་ཏ་ཅང་ཆེ་བའམ་ཡང་ན་བཙན་པོ་ཡབ་སྲས་ལ་དུས་ཡུན་རིང་པོར་བློ་དཀར་ཞིང་སྐུ་སྲུང་ལ་མགོ་ཆེ་བའི་ལས་དོན་མང་དུ་མཛད་པའི་བློན་ཆེན་པོ་ཞིག་རེད། དེའི་རྐྱེན་གྱིས་བཙན་པོ་སྲིད་གཞུང་གིས་ཁོང་གི་མཛད་རྗེས་དྲན་ཞིང་དེར་ལན་ལྡན་པའི་དོན་དུ་སྲོང་གི་བང་སོ་བརྩིགས་ཤིང་རྩིས་ཀྱི་རྡོ་རིང་བསླངས་པ་རེད།

གསུམ་པ། བློན་པོ་ཤེའུ་ཡི་བང་སོ་གཏེར་ལམ་རྫོང་དུ་བརྩིགས་པའི་རྒྱུ་མཚན།

བློན་པོ་ཤེའུ་ཞེས་པ་དེ་བོད་བཙན་པོའི་རྒྱལ་རབས་ཀྱི་སྲིད་དང་དམག་གི་ལས་དོན་སྤེལ་བར་བྱས་

རྗེས་ཆེ་བའི་བློན་པོ་ཞིག་ཡིན་ན་དེའི་བང་སོ་བཙན་པོ་རྒྱལ་རབས་ཀྱི་རྒྱལ་ས་གྲོང་ཁྱེར་ལྷ་ས་ནས་སྤྱི་ལེ་ཆིག་སྟོང་ལྷག་ཡོད་པའི་གཉེར་ལམ་རྫོང་དུ་བརྩིགས་པའི་རྒྱུ་མཚན་ཅི་ཡིན་ནམ་ཞེ་ན། རྒྱ་དང་བོད་ཀྱི་འབྲེལ་ཡོད་ཡིག་ཚང་ལྟར་ན་མཚོ་སྔོན་ཞིང་ཆེན་གཉེར་ལམ་རྫོང་ནི་བོད་བཙན་པོའི་རྒྱལ་རབས་སྐབས་སུ"འ་ཞ"ཞེས་པའི་རྒྱལ་ཕྲན་དུ་གཏོགས། རྒྱལ་ཕྲན་དེ《གཏོ་ཕུག》ལས། "ཡུལ་མི་ཉག་ནས་ལྡོང་རིགས་དང་། དེ་བཞིན་དུ་སུམ་ཧྲ་ནས་འབྲི་རིགས། ཞང་ཞུང་ནས་སྦྲ། འ་ཞ་ནས་སྐྱ་བྱུང་།" ཞེས་པ་དང་། ཡང་། བོད་ཀྱི་རྩིས་གཞུང་རྣམས་ལས་ཀྱང་"སྐྱ་ནི་ཤིང་ཁམས་ལུག་ལ་བླ། སྦྲ་ནི་ལྕགས་ཁམས་རྐྱང་ལ་བླ། འབྲི་ནི་ཆུ་ཁམས་གཡག་ལ་བླ"ཞེས་པ་ལྟར། འ་ཞ་རྒྱལ་ཕྲན་གྱི་མི་ཕལ་མོ་ཆེ་ནི་བོད་ཀྱི་རུ་བའི་རུས་ཆེན་བཞིའི་ཡ་གྱལ་སྐྱ་ལས་མཆེད་ཅིང་། བོད་ཀྱི་རྒྱལ་པོ་འགྲོ་གཉན་ལྡེའུ་ལ་གླུ་ནད་ཕོག་ནས་དུར་དུ་སྦས་རྗེས། ཁོང་གི་ཞལ་ཆེམས་ལྟར་འ་ཞ་ཡུལ་ནས་སྨན་པ་བོས་ཏེ་རྒྱལ་སྲས་དམུས་ལོང་གི་མིག་ཕྱེ་བའི་ལོ་རྒྱུས་ཀྱི་དོན་དངོས་ལས་བོད་ཀྱི་རྒྱལ་རབས་ཉེར་དགུ་པ་འབྲོང་གཉན་ལྡེའུ་རིང་ནས་འ་ཞ་དང་བོད་གཉིས་མཐུན་ཚུན་འབྲེལ་འདྲིས་དང་རིག་གནས་བརྗེ་རེས་ཀྱི་འབྲེལ་བ་དམ་པ་དང་། ཏུན་ཧོང་ཡིག་རྙིང་ཁྲིད་ཀྱི《བཙན་པོ་རིམ་བྱུང་གི་ལོ་རྒྱུས》ལས། "བཙན་པོ་ཞབས་ཀྱིས་བཙུགས་སྟེ། བྱང་ལམ་དུ་མ་བྱུང་མ་དྲངས་པར། རྒྱ(དྲུ་གུ)དང་འ་ཞ་དཔྱའ་གཅལ་ལོ། ཐོག་མ་འ་ཞ་དེ་ནས་འབངས་སུ་མངའ་འོ།" ཞེས་པ་ལྟར་ན། རྒྱལ་པོ་སྲོང་བཙན་སྒམ་པོའི་རིང་ལ་འ་ཞ་དེ་དྲག་པོའི་དཔུང་ལ་བརྟེན་མ་དགོས་པར་འབངས་སུ་བཀུག་ནས་དཔྱ་འཇལ་དུ་བཅུག་པ་དང་། རྒྱལ་པོ་སྲོང་བཙན་སྒམ་པོ་སྐུ་གྲོངས་རྗེས་སྤྱི་ལོ659ནས666ལོའི་བར་དུ་བློན་ཆེ་སྟོང་བཙན་འ་ཞ་ཡུལ་ན་མཆིས[3]ཤིང་། སྤྱི་ལོ669ལོར་འ་ཞ་མང་པོ་ཟིད་ཀྱི་ལྷུ་ནག་བྱ་བར་འོངས་ནས་བཙན་པོར་ཕྱག་བཙལ་ཅིང་འབངས་བྱེད་པའི་གན་རྒྱ་བཞག་པ།[4] བཙན་པོ་ཁྲི་གཙུག་ལྡེ་བཙན་གྱི་རིང་ལ་སླེབས་དུས་འ་ཞ་རྗེར"དབོན་འ་ཞ་རྗེ"གསོལ་ཞིང་། བཙན་པོ་རྒྱལ་རབས་ཀྱི་བློན་ཆེན་པོར་བཀའ་བསྩལད[5]པར་གཞིགས་ན་སྐབས་དེའི་བོད་བཙན་པོ་དང་འ་ཞ་རྗེའི་བར་དུ་དབོན་ཞང་དང་རྒྱལ་བློན་གཉིས་ཀའི་འབྲེལ་བ་དམ་པོ་ཆགས་ཡོད། དེས་ན་བོད་དང་རུས་ཁུངས་གཅིག་པའི་འ་ཞ་རྒྱལ་ཕྲན་དེ་བོད་དང་མཐུན་ཚུན་འགྲོ་འོང་དང་རིག་གནས་འབྲེལ་བ་བྱུང་བ་ནས་བོད་ཀྱི་ཁོངས་གཏོགས་རྒྱལ་ཕྲན་ཞིག་ཏུ་གྱུར་པའི་གོ་རིམ་དུ་དབུ་རྩ་སྐྱི་ཤོད་ས་ཁུལ་གྱི་ཤེའུ་རུས་ཚོའི་དམག་དཔུང་འ་ཞའི་ཁོངས་སུ་གཏོགས་པའི་གཉེར་ལམ་རྫོང་དུ་འོངས་ཏེ་གཡུལ་བཀྱེས་ནས་མངའ་རིས་བསྐྱེད་ཅིང་། གནས་བཟུང་ནས་གཞི་ཆགས་བྱུང་བ་དང་། རུས་ཚོ་དེ་ཉིད་ལས་མཆེད་པའི་བློན་པོ་ཤེའུ་ཡི་སྲིད་ཀྱི་དབང་བསྒྱུར་ས་དང་ཁྲིམས་ཀྱི་ལས་སྒྲིལ་ས་ཡིན་པའི་རྐྱེན་གྱིས། བློན་པོ་དེ་ཉིད་ཀྱི་བང་སོ་ཡང་ས་དེར་བརྩིགས་པར་འདོད། དེ་ཡང་མི་སུ་ཞིག་ཡིན་རུང་རང་གི་རུས་རྒྱུད་ཚོ་ཁག་གཞི་ཆགས་ས་དང་རང་ཉིད་ཡུན་རིང་དུ་འཚོ་གནས་བྱེད་སར་བང་སོ་བརྩིག་འདོད་པ་ནི་མིའི་རིགས་ཕལ་ཆེ་བའི་ཐུན་

མོང་གི་འདོད་མོས་ཡིན་ལ། སྟོད་སྨད་ཀྱི་སོ་བློན་ཆེན་པོ་སྐུ་གྲོངས་ན་བང་སོ་ཡང་ས་དེ་རང་དུ་རྩིག་པ་ནི་བཙན་པོ་རྒྱལ་རབས་དུས་ཀྱི་ལམ་ལུགས་ཤིག་ཀྱང་ཡིན་པ་ལྷོ་ཕྱོགས་འཇང་གི་ས་ཆ་བོད་བཙན་པོའི་མངའ་ཁོངས་སུ་འཛུད་པར་བྱས་རྗེས་ཆེ་བའི་བློན་ཆེད་ཟང་མར་ནི་ཟེར་བ་སྐུ་གྲོངས་རྗེས་བཙན་པོ་སྲིད་གཞུང་གིས་ས་དེ་རང་དུ་བང་སོ་བརྩིགས་ཤིང་རྡོ་རིང་བསླངས་པ་གོང་དུ་བཤད་ཟིན་པ་ལྟར་རོ། །དེས་ན་གཏེར་ལམ་རྫོང་གི་ཆུ་ཁོལ་གཙང་པོ་འབབ་བརྒྱུད་རྩྭ་ཐང་ལ་"ཤེའུ་རྩྭ་ཐང"་དུ་འབོད་པའང་གནའ་བོའི་རུས་ཚན"གནུབས"དང་"ཛེགས་སམ་ཛོག" "སྨྱང" "མཆིམས" "དྭགས"སོགས་རུས་རྒྱུད་ཚོ་ཁག་གཙོ་བྱས་ནས་གྲུབ་པའི་རྒྱལ་ཕྲན་སིལ་མ་བཅུ་གཉིས་ཀྱི་མིང་ལ"ཡུལ་གནུབས་ཀྱི་གླིང་དགུ"ཞེས་པ་དང་། "ཡུལ་ཛེགས་ཡུལ་གྱི་གྲུ་བཞི"ཞེས་པ། "ཡུལ་སྨྱང་ཡུལ་གྱི་རྣ་གསུམ"ཞེས་པ། "ཡུལ་མཆིམས་ཡུལ་གྱི་དགུ་ཡུལ"ཞེས་པ། "ཡུལ་དྭགས་ཡུལ་གྱི་གྲུ་བཞི"ཞེས་པ་ལྟར། བཙན་པོ་དུས་སྐབས་སུ་ཤེའུ་ཞེས་པའི་རུས་རྒྱུད་ཚོ་ཁག་གི་དམག་མི་ཁག་ཅིག་ས་དེར་གཞི་ཆགས་པ་དང་། བློན་པོ་ཤེའུ་ཡི་བང་སོ་ས་དེར་བརྩིགས་པ་ལ་བརྟེན་ནས་རུས་མིང་ཡུལ་ལ་ཐོགས་ནས"ཤེའུ་རྩྭ་ཐང"་དུ་འབོད་ལ། གཏེར་ལམ་རྫོང་ཆུ་དཀར་གཙང་པོའི་འབབ་རྒྱུད་ཀྱི་བང་སོ་ཨང་བཅུ་པ་ནས་ཐོན་པའི་ཤིང་ཁྲམ་ངོས་སུ"ཤེའུ་རག་དུང་གཅིག"ཀྱང་དུར་རྫས་སུ་བཙུག་པར་འཁོད་པ་ཡང་གཏེར་ལམ་རྫོང་ཆུ་དཀར་གཙང་པོའི་འབབ་རྒྱུད་ས་ཆ་ཡིན་པར་སྙམ། གལ་ཏེ་དེ་ལྟར་མིན་ཀྱང"ཤེའུ"ཞེས་པའི་རུས་མིང་ཡུལ་ལ་ཐོགས་པ་ཞིག་ཡིན་པ་ཐེ་མི་ཚོམ།

བཞི་པ། རྡོ་རིང་གི་ཁྱད་ཆོས།

གཏེར་ལམ་རྫོང་ཆུ་དཀར་གཙང་པོའི་ལྷོ་འགྲམ་གྱི་བང་སོ་ཨང་གསུམ་པ་ལས་ཐོན་པའི་རྡོ་རིང་དེ་དག་ནི་རྡོ་བཟོ་མཁས་པས་ལེགས་པོར་བཟོས་རྗེས་བང་སོའི་ནང་རོལ་དུ་སྦ་དགོས་པས། འཇང་ས་ཐམ་ཡུལ་གྱི་གནའ་བོའི་བང་སོ་ནས་ཐོན་པའི་བཙན་པོའི་རྒྱལ་རབས་སྐབས་ཀྱི་རྡོ་རིང་དང་ས་སྐྱ་ཀུན་དགའ་རྒྱལ་མཚན་གྱི་སྐུ་གདུང་མཆོད་རྟེན་ལས་ཐོན་པའི་མཆོད་རྟེན་དཀར་པོའི་དཀར་ཆག་རྡོ་རིང་དང་འདྲ་སྟེ། ཞབས་སྟེགས་དང་བླ་ཁེབས། མགོ་ཏོག་སོགས་མེད་ལ་རྡོ་རིང་ངོས་སུ་ཡི་གེ་མང་པོ་འཁོད་མེད་པས། སྐབས་དེའི་ཚིག་སྦྱོར་དང་ཡིག་གཟུགས་ཀྱི་ཁྱད་ཆོས་ཆ་ཚང་ཞིག་བརྗོད་དཀའ་རུང་། "བློན་ཤེའུ་ཁྲི་ཀ"ཞེས་པའི་ཡི་གེ་འབྲི་སྟངས་ལ་བལྟས་ན་ཀན་སུའུ་སྒྲེན་མདོ་ལུང་པའི་བཙན་པོ་རྒྱལ་རབས་སྐབས་ཀྱི་བྲག་བརྐོས་ཡི་གེ་དང་། ལྷོ་བྲག་གི་བྲག་བརྐོས་ཡི་གེ། ཏུན་ཧོང་ཡིག་རྙིང་ཁྲོད་ཀྱི《བཙན་པོ་རིམ་བྱུང་གི་ལོ་རྒྱུས》ལག་བྲིས་མའི་ཡི་གེ་འབྲི་སྟངས་དང་འདྲ་བར་གུག་གུའི་མགོ་སྣད་ཅིང་ཟ་མ་རིང་ལ་རྗེས་སུ་བསྒྲིངས་པ་དང་། ན་རོའི་འདབ་གཤོག་གཉིས་འཕྲེད་དུ་རིང་ཞིང་རྩེ་མོ་ཐུར་དུ་གུག་པ། ཡི་གེའི་ཞེང་ཆེ་ཞིང་སྲིད་དུ་ཐུང་ལ་ཁོག་ཡངས་པ་བཅས་ཀྱི་ཁྱད་ཆོས་ལྡན་པ་རེད།

རྗེ་བྲག་ཙོང་ཁྲམ་གྱི་སྐོར།

མཆན།

[1] [2] 1980ལོར་མི་རིགས་དཔེ་སྐྲུན་ཁང་གིས་པར་དུ་བསྐྲུན་པའི《ཏུན་ཧོང་ནས་ཐོན་པའི་བོད་ཀྱི་ལོ་རྒྱུས་ཡིག་ཆ》ཡི་ཁྲོད་ཀྱི《བཙན་པོ་རིམ་བྱུང་གི་ལོ་རྒྱུས》ལས་གསལ།

[3] [4] [5] 1980ལོར་མི་རིགས་དཔེ་སྐྲུན་ཁང་གིས་པར་དུ་བསྐྲུན་པའི《ཏུན་ཧོང་ནས་ཐོན་པའི་བོད་ཀྱི་ལོ་རྒྱུས་ཡིག་ཆ》ཡི་ཁྲོད་ཀྱི《དོན་ཆེན་གནད་བསྡུས་ཀྱི་ལོ་ཚིགས》ལས་གསལ།

《ཀྲུང་གོའི་བོད་རིག་པ།》 ༢༠༡༢ལོའི་དེབ་བཞི་པ་ལས་བཏུས།

༄། །མཚོ་སྔོན་གཏེར་ལམ་རྫོང་གི"ཚ་འདམ་ཤེའུ་བང་སོ་ཨང་བཅུ་པའི"ཤིང་བྱམ་བཅུ་གཅིག་ལ་དཔྱད་པ།

ནག་ཏུ་བཀྲ་ཤིས་སྐྱབས།

དང་པོ། ཤིང་བྱམ་བཅུ་གཅིག་གི་པར་བཤུས་དངོས་ལ་དཔྱད་པ།

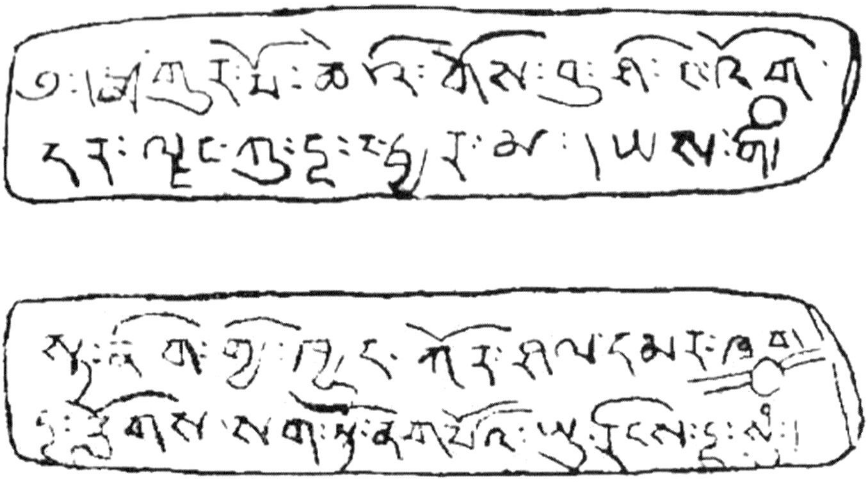

M10：4—1

ཀ ༡ རྒྱ་གུར་པོ:ཆེའི:གོས:བུ:ཤི:ང:འོག་

༢ དར:ལྔང་ཀུ:ཐྲ:སྦྱར་ས:། ཡས:གི

ཁ ༡ སྣ:ཞིག:གྱི:བྲུང་གོར:ཤལ་དམར:ཁྲག

༢ ཐྲ:རྙོགས:སག:ཏི:ནག་པོའི:ཡུ་རིངས:ཐྲ:སུཾ:

ཤིང་བྱམ་འདིའི་སྲིད་ལ་ལི་སྨི10.5དང་ཞེང་ལ་ལི་སྨི2 འཐུག་ཚད་ལ་ལི་སྨི0.2-0.3 གཡོན་འགྲམ་ན་ཨི་ཁུང་ཆུང་ཆུང་ཞིག་ཕུག་འདུག སྔ་རྒྱབ་གཉིས་སུ་ཡི་གེ་ཡོད་ལ། བོད་བཙན་པོའི་སྐབས་ཀྱི་གནའ་ཡིག་གི་ཁྱད་ཆོས་ཅུང་ལྡན།

ཀ ༧ རྫ་ཞེས་པ་ནི་སྐུ་ཞབས་ལྷང་ཡའོ་ཡིས་རྫ་ཆུ་ལ་གོ་དགོས་པར་བཀྲལ། སྤྱིར་རྫ་འབྲི་ཀླ་གསུམ་ཞེས་བསྡུས་མིང་ལོགས་སུ་བཀར་ན་རྫ་ཆུ་ལ་གོ་མེད། འདིར་ཕྱི་ཚིག་ཟླ་ཐབས་སུ་བསྟན་ཡོད་པས་རྫ་གུར་པོ་ཆེ་ཞེས་པ་ལས་རྫ་ནི་བོད་ཀྱི་གདོང་ཁུས་རྫ་ལ་གོ་དགོས་པར་འདུག་སྟེ། 《མཁས་པའི་དགའ་སྟོན》དུ"ཞང་ཞུང་ཡུལ་ན་ནི། རྒྱལ་པོ་ལིགས་སྙ་ཤུར། རྫ་དང་ར་སངས་ཀློན།"[1] གཞན་ཡང《བསྟན་པའི་རྣམ་བཤད་དར་རྒྱས་གསལ་བའི་སྒྲོན་མེ》ལས"འབྲུམ་སྡེ་ཐམས་ཅད་རྫ་ལོ་དང་གཡུ་ལོས་བསྡུས།"[2] 《ལིགས་བཤད་རིན་པོ་ཆེའི་གཏེར་མཛོད》དུའང"ཐུགས་སྲུས་རྫ་ལོ་དང་གཡུ་ལོ།"[3] ཞེས་གསལ་ལ། 《གཏམ་སེང་ཆེན་ཉི་མ་འདྲེན་པའི་སྐྱ་རེངས》ལས། "སྤྱིར་རྫ་ཟེར་བ་ནི་བོད་རིགས་ཀྱི་གནའི་ཁུས་རྒྱུད་ཅིག་ཡིན་ཟེར་བ་དང་། ལོ་རྒྱུས་ཐོག་གི་མི་སྐད་གྲགས་ཅན་རྫ་རིན་ཆེན་མཆོག་ཟེར་བ་དེ་ཡང་རྫའི་གདུང་རྒྱུད་ལས་འབྲུངས"[4]ཞེས་དང་། དགེ་བཤེས་བློ་གྲོས་རབ་གསལ་གྱི《གནའ་བོའི་ཞང་བོད་ཚིག་མཛོད》དུ་རྫ་ཞེས་པ་ནི"བོད་ཀྱི་ཁུས་མིང་ཞིག་ཡིན"[5]ཅེས་པ་དག་ལས་མཚོན་ཐུབ།

ཀ ༧ གུར་པོ་ཆེ་ནི་འདིར་སྦྲ་གུར་ཆེན་པོའམ་ཕོ་བྲང་ལ་གོ་དགོས་ཏེ། 《ཐང་ཡིག་གསར་རྙིང་ལས་བྱུང་བའི་བོད་ཆེན་པོའི་སྲིད་ལུགས་དང་འབྲེལ་བའི་དེབ་ཐེར་སིང་གེའི་ང་རོ》ལས"བཙན་པོ་འཕྱོངས་ལུང་རམ་སྐྱིད་ལུང་དུ་བཞུགས། ལྕགས་རི་བྲང་ས་མཆིས་ཀྱང་གནས་རྟེན་གུར་དུ་འཆའ། གུར་ལ་ཕོ་བྲང་དུ་འབོད་ཅིང་། ནང་ལ་མི་བརྒྱ་ཕྲག་འགའ་ཤོང་། དམག་མིས་བྱ་ར་བྱེད་པས་ཕོ་བྲང་རྟེན་གནས་བཙན། འཁོར་རྣམས་སྦྲ་གུར་དུ་སྡོད། མི་རྣམས་ཚེ་རིང་ཞིང་ལོ་བརྒྱ་ཐུབ་པའང་མང་། ཀྱོན་པ་འཕྱིང་བར་བྱེད་ཅིང་། གདོང་ལ་ཚོས་འབྱུག་པ་དགའ་མོར་སེམས།"[6] ཞེས་པ་དང་། གཞན་ཡང"མི་རྣམས་མཆོར་འཛིན་པ་ལས་སྡོད་ས་གཏན་ཆགས་མེད་ཀྱང་། རྗོང་མཁར་མང་པོ་བདོག རྒྱལ་སར་སྐྱིད་གྲོང་དུ་འདོད། ཁང་བའི་ཐྲད་རྫོས་མཉམ་ཞིང་མཐོ་ཚད་ལ་ཁྲུ་བཅུ་ཕྲག་འགའ་ཡོད། མི་ཆེན་རྣམས་ཕྱིང་གུར་ཆེན་པོར་འདུག་ལ། དེའི་མིང་ལ་ཕོ་བྲང་ཞེས་བྱ།"[7] ཞེས་པ་དག་ལ་གཞིགས་ན་ཁུས་རྫ་ཅན་གྱི་ཁྲིམ་ཚང་ངམ་ཁུ་སྡེ་ཚོ་ཤོག་ཅི་རིགས་ཤིག་གི་གུར་པོ་ཆེ་ནས་བསྐུལ་བའི་མྱུ་ངན་ཞུ་བའི་དུར་རྫས་གོས་བུ་ཤིང་དུ་བྲིས་པ་ཞེས་པའི་དོན་ལ་གོ་དགོས་པར་སྣང་།

ཀ ༧ གོས་བུ་ཤིང་། ཞེས་པ་འོག་གི་ཤིང་ཁྲམ་དག་ལས་ཀྱང་འབྱུང་སྟེ། གོས་ནི་གོས་ཆེན་ལྷ་སོགས་དང་། བུ་ཤིང་ནི《གནའ་བོའི་ཞང་བོད་ཚིག་མཛོད》དུ། "མདོས་རྫས་ལ་མཁོ་བའི་བུ་ཤིང་དགུ་ནི་འོལ་བུ། སྟར་བུ། ཁམ་བུ། མཁན་བུ། སྐྱེར་བུ། སྐྱུར་བུ། མཚར་བུ། གྲམ་བུ། འདམ་བུ་བཅས་སོ། །"[8]ཞེས་པ་དང་། དེའང་མདོས་ཟེར་བ་ནི་གནའ་བོའི་བོན་ལུགས་ཀྱི་ཆོ་ག་ཞིག་སྟེ། མདོས་བརྒྱབ་པ་ལྟ་བུ་ནི་དགྲ་བགེགས་ལ་གཏོར་རྫས་ཀྱི་གླུད་རྗོང་གཏོང་བ་ཞིག་ཡིན། དེ་བས་གོས་ནི་ཀྱོན་ཆས་སམ་སྲིན་བལ་གྱིས་བཏགས་པའི་འཐག་དངོས་ལ་གོ་བས། གོས་བུ་ཤིང་ཟེར་བ་ཡང་སྐབས་དེའི་བོན་ལུགས་ཀྱི་མདོས་རྫས་སམ་དུར་

རྫས་རྒྱུ་གོས་ལས་གྲུབ་པ་ཞིག་ཡིན་ནམ་དཔྱད་བྱར་ལྷག

ཀ ༡ འོག་ཅེས་པ་འདིར་གཤམ་གསལ་ལྟར་གོ

ཀ ༢ དར་ལྷོང་ཀུ་ཞེས་པ་དར་ཁ་དོག་ལྷོང་ཁུ་ཅན་ལ་གོ་དགོས་ཏེ། ཀུ་དང་ཁུ་གཉིས་ཏུན་ཧོང་ཡིག་ཉིང་གི་བརྡ་གསར་རྙིང་གི་འགྱུར་བའི་རང་བཞིན་ལྟར་རོ། །

ཀ ༢ ཟྲ་ཞེས་པ་ནི་དང་སྒྲ་སྟེ། ཤིང་ཁྲམ་སྟེང་ལ་དགོས་དབང་གིས་ཡི་གེ་ཁ་ཤས་སྐྱུང་ཡིག་ལྟར་བྲིས་པའང་ཏུན་ཧོང་ཡིག་རྙིང་དང་རྗེ་རིང་ཡི་གེའི་ཁྱད་ཆོས་དང་མཐུན་ལ། དཔེར་ན《སྲུ་རྒྱལ་བཙན་པོའི་སྐབས་ཀྱི་བརྡ་རྙིང་ཡིག་ཆ་ལྡོ་གསར་སྟོང་གི་འཇུག་སྒོ》ལས།[9] ཟྲ་སྒྲ་འདི་ལྟར་སྐྱུང་བ་ལ་གཞིགས་ན་རྗེ་རིང་དང་ཁྲམ་ཡིག་ལ་སྐྱུང་ཡིག་འདི་ལྟར་འབྲི་སྲོལ་ཡོད་པ་ཤེས།

ཀ ༢ སྤྲུར་མ་ནི《བོད་ཡིག་ཚིག་གཏེར་རྒྱ་མཚོ》ལས"མང་པོ་ཁ་སྤྲུར་ནས་བཟོས་པའི་དངོས་ཆས་ཏེ། གོས་སྤྲུར་མ་ལྟ་བུ"[10]ཞེས་བཀོད་པར་གཞིགས་ན་འདིར་ཤིང་ཁྲམ་ལ་བཀོད་པའི་སྤྲུར་མ་ཟེར་བ་འདི་ཡང་དར་གོས་སྤྲུར་མ་ལ་གོ་དགོས་པར་སྙམ་ལ། ད་ུར་མཆོད་ཀྱི་སྐབས་སུ་འདས་པོ་གང་གི་ལྟ་བའམ་དར་གོས་བཟོས་མ་ལ་གོ།

ཀ ༢ ཡས་ནི་ སྤྱིར་བཏང་དུ《བོད་ཡིག་ཚིག་གཏེར་རྒྱ་མཚོ》ལས། "བོན་པོའི་གླུད་རྫས་མདོས་གཏོར་སོགས། དམིགས་བསལ་དུ་ཡས་ཞེས་པ་མི་ཕྱུགས་སོགས་ཀྱི་གཟུགས་ཚབ་ཏུ་གཏོང་བའི་རྫས་རིགས་ཀྱི་དོན།"[11] ཞེས་དང་། "ཡས་གཏོང་བ་ནི་མདོས་གླུད། ཆོས་ལུགས་ཀྱི་བྱེད་སྒོ་ལ་བརྟེན་ནས་གདོན་འདྲེའི་གནོད་པ་བཟློག་པའི་ཐབས་ཤིག་སྟེ། བོད་ཀྱི་ལོ་རྒྱུས་ཐོག་བཤད་སྲོལ་ལ། བཙན་པོ་སྤུ་དེ་གུང་རྒྱལ་གྱི་དུས་སུ་འབྲས་བུའི་བོན་རིགས་ལྔ་དང་རྒྱུའི་བོན་རིགས་བཞི་དར་བའི་ནང་ནས་འཕྲུལ་གཤེན་བལ་ཚོན་ཅན་གྱིས་མི་ཕྱུགས་ལ་གནོད་པ་གཏོང་བའི་གདོན་འདྲེར་མི་ཕྱུགས་ཀྱི་སྲོག་ཚབ་ཏུ་བལ་སྐུད་ཚོན་སྣ་ལྔ་ལས་བསླས་པའི་ཁང་བཟང་གི་ནང་དུ་བག་ཟན་ལས་བཟོས་པའི་གླུད་ལ་ཆས་གོས་གཡོགས་ཏེ་བཏང་བའི་བྱ་ཐབས་ཤིག་ཡོད་པ་རྗེས་སུ་སངས་རྒྱས་ཆོས་ལུགས་པས་ནང་དོན་བསྒྱུར་ནས་རྣམ་པ་རང་སོར་བཞག་ཏེ་རྒྱལ་མདོས། བཙན་མདོས། སྲིད་པའི་མདོས་ཆེན་སོགས་ཀྱི་གཞུང་མང་པོ་བརྩམས་ཡོད།"[12] ཅེས་པས། འདིར་ཡས་གི་ཟེར་བ་གཅིག་ནས་མི་ཕྱུགས་སོགས་ཀྱི་གཟུགས་ཚབ་ཏུ་གཏོང་བའི་གླུད་རྫས་ཤིག་ལ་གོ་བའམ་ཡང་ན་སྟོད་གོས་ལ་གོའོ། །

ཁ ༡ སྣ་ནིག་ཅེས་པ་གཤམ་གྱི་ཤིང་ཁྲམM10: 4-8ལས་ཀྱང་འབྱུང་སྟེ། ཟ་བོག་སྣ་ནིག་ཅན་ཞེས་བྱུང་བར་བརྟགས་ན་ཟ་འོག་གི་རི་མོ་བཀོད་པའི་ས་གདན་ནམ་སྟན་གྱི་རིགས་ཤིག་ཡིན་ནམ་སྙམ།

ཁ ༡ གྱི་ནི་སྤྱིར་བརྡ་རྙིང་ལས་གྱི་ལ་གོ་མོད། འདིར་འབྲེལ་སྒྲ་ལ་གོ་དགོས་པར་སྣང་།

ཁ ༡ ཁྱུང་གོར་ཞེས་པ་སྐུ་ཞབས་ཕང་ཡའོ་ཡིས་ཁྱུད་གོར་དུ་ཕབ་ཅིང་། འདིར་མ་ཡིག་ལས་ཁྱུད་

དམ་ཁྱུང་གང་ཡིན་ཁ་ཆོན་གཅོད་དཀའ་མོད། ཁྱུད་ནི་དགེ་བཤེས་བློ་གྲོས་རབ་གསལ་གྱི《གནའ་བོའི་ཞང་བོད་ཚིག་མཛོད》ལས[13]ཁྱུད་དོར་ཀེ་ཊ་ཞེས་པའི་རྨོག་གི་རིགས་ཤིག་ཡིན་ནམ་དཔྱད་གཞིར་ལྷག

ཁ ༡ ཁྱུང་ཀོར་ཞེས་པ་ཁྱུང་དཀར་མཛོ་ཡི་མིང་ཡང་ཡིན་སྲིད་དེ་ཀོར་དང་དཀར་གཉིས་སྒྲ་མཚུངས་པ་དང་ཕྱི་ཚིག་སྦྱར་ན་ཤལ་དམར་ཁྲག་དང་ཅུང་འབྲེལ་ཆགས་ཏེ། ཁྱུང་དཀར་ཤད་དམར་ཁྲག་ཅེས་པའོ། །

ཁ ༡ ཁྱུད་ཀོར་ཞེས་པ《བོད་ཡིག་ཚིག་གཏེར་རྒྱ་མཚོ》ལས"ཁྱུད་འཁོར་ཞེས་པ་ནི་རྔིལ་པོའམ་གང་པོ། ལོ་གཅིག་ཁྱུད་འཁོར་ལྟ་བུ།"[14] ཞེས་ཁྱུད་ཅེས་པ་ཁོར་ཡུག་ཏུ་ཡོད་པའི་ར་བའམ་མཐའ་སྐོར་གྱི་མིང་ལ་ཡང་འཇུག་སྟེ། འཁོར་ལོའི་ཁྱུད་མོ་ལྟ་བུ།

ཁ ༡ ཤལ་དམར་ཁྲག་ཅེས་པའི་ཤལ་ནི་ཤད་ལྟར་བྲིས་ན་ལོ་གསུམ་ལོན་པའི་འབྲི་གཡག་དང་བ་ལང་། མཛོ་མཛོ་མོ་ལ་གོ།

ཁ ༡ དེ་བས་གོང་གི་ཚིག་འགྲེལ་ན། ས་གདན་ནམ་སྟན་སྟེང་ལ་མཛོ་མཛོ་མོ་ཤད་ཀྱི་ཆེ་ཆུང་དམར་པོ་ཁྲག་ལྟར་མཛེས་པའི་རི་མོ་ཡོད་པ་ཞིག་ཨེ་ཡིན་དཔྱད་གཞིར་ལྷག་གོ །དེའང་གཏེར་ལམ་རྫོང་གི་དུར་རྫས་ཁྲིད་དར་གོས་མང་པོ་ཐོན་ལ། སྟེང་ན་ཧ་ནོར་ལུག་སོགས་ཁ་སྤྲོད་དུ་གཙགས་པའི་རི་མོ་མངའ་བས་སོ། །

ཁ ༢ ཟླ་ཚོགས་སག་ཏི་ནག་པོའི་ཡུ་རིངས་ཟླ་སུཾ་འདི་ནི་སྐུ་ཞབས་ལྷང་ཡའོ་ཡིས་ཚོགས་སག་ཏི་ནག་པོའི་ཡུ་རིངས་ཟླ་སུམ་ཞེས་ཕབ་བཤུས་ཡོད་མོད། ཁོ་བོས་དེ་ལ་ཁ ༢ ཟླ་ཚོགས་སག་ལྟིནག་པོའི་ཡུ་རིངས་ཟླ་སུཾ་ཞེས་ཚོགས་ཞེས་པ་ཚོགས་དང་ཏི་ཡིག་ལྟ་རྣམ་བཅད་ཅན་ལ་འགྲེལ་གྱིན་ཡོད་ལ། ཡི་གེའི་མ་ཡིག་ལ་བལྟས་ཀྱང་དེ་མིན་པའི་ངེས་པ་མ་མཆིས་ལ། དེ་ཡང《བོད་ཡིག་ཚིག་གཏེར་རྒྱ་མཚོ》ལས"སག་ལྤམ་ནི་པགས་པ་སག་རིའི་ལྤམ་གོག་ལ་གོ"[15]ཞེས་དང་། དེའང་སག་རི་ཞེས་པ་ཡང་དབྱིལ་གྱི་དཔྱི་མགོའི་པགས་པ་མཉེས་ནས་རི་མོ་འབུར་དོད་ཡོད་པའི་ཀོ་བ་ཞིག་སྟེ། ཚིག་གོ་བདེར་བཀྲལ་ན་པགས་པ་སག་རིའི་ལྤམ་ནག་པོ་ཡུ་རིངས་ཤིག་གམ་ཡང་ན་ཚོགས་པ་དང་སག་ལྤམ་ནག་པོ་ཡུ་རིངས་ཤིག་ཅེས་པའོ། །

ཁ ༢ སུཾ་ཞེས་པས་དར་གོས་སོགས་ཅ་ལག་གསུམ་ཡོད་པ་བསྟན་ཡོད་ལ་དར་ལྷང་ཁྲུ་དང་གཅིག་སྦྱར་མ་ཡས་གི་སྟན་ནིག་གྱི་ཁྱུང་ཀོར་ཤལ་དམར་ཁྲག་དང་གཉིས། ཚོགས་སག་པོ་ནག་པོའི་ཡུ་རིངས་དང་གསུམ་བཅས། དཔེར་ན《སྲུ་རྒྱལ་བཙན་པོའི་སྐབས་ཀྱི་བཙ་ཧྲིང་ཡིག་ཆ་བློ་གསར་སྟོང་གི་འཇུག་སྒོ》ལས། "བཅུ་གསུམ། སྲུ་རྒྱལ་བཙན་པོའི་བློན་པོ་རྩལ་ཅན་རིམ་བྱོན་ཅེས་པ་ལས། མགར་མང་ཞམ་སུམ་སྣང་རལ་གྱི་དང་། བཏའ་ཕྲད་དེ་ཚོར་བ་སྐད་དུ་བགྱིས་ནས། བཟུང་སྟེ་བསྒྱོན་ཕབ་པ་ན་ཡང་། གཤེད་མ་མང་ཞམ་སུཾ་"[16]ཞེས་འབྱུང་བར་གཞིགས་ན་གསུམ་འདི་ལྟར་འབྲི་བའང་སྲུང་ཡིག་གམ་གནའ་ཡིག་གི

རྒྱུན་སྤྱོལ་ཞིག་ཏུ་འཁྱམས།

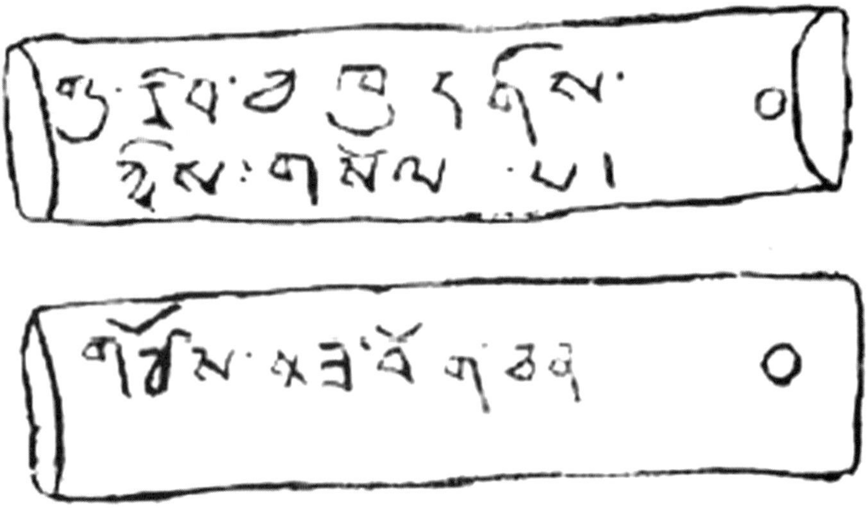

M10: 4—2

ཀ ༡ གུ་རིབ་ཅཁྲུདགིས་ཀྱིས༔ གསོལ་པ།

ཁ ༢ གཙོས་ཟ་བོག་ཅན

ཤིང་ཁྲམ་འདིའི་སྲིད་ལ་ལི་སྨི8. 7དང་ཞེང་ལ་ལི་སྨི1. 8 འཐུག་ཚད་ལ་ལི་སྨི0. 2-0. 3-0. 2 མདུན་དུ་ཡིག་ཕྲེང་གཉིས་དང་རྒྱབ་ཏུ་ཡིག་ཕྲེང་གཅིག་ཡོད། གཡོན་འགྲམ་ན་ཨི་ཁུང་ཞིག་ཕུག་འདུག ཡིག་གཟུགས་སྔ་མ་དང་འདྲ་ལ། ཆུ་ངོས་སྐྱོམས་ཚད་དམའ། ཡིག་རྗེས་ཅུང་གསལ།

ཀ ༡ གུ་རིབ་ཅེས་པའི་རིབ་ལ་ཞབས་ཀྱུ་བཞག་པ་ཡོད་དེ《སྨྲ་བཞེད》[17]དང《བོད་ཡིག་ཚིག་གཏེར་རྒྱ་མཚོ》ལས་བཙ་ཉིང་ནང་གི་གུ་རུའི་འབྲི་ཚུལ་ཞིག གུ་རུབ་ལ་ཞོན་ནས་འགྲོ་ལྟ་བུ། ཡང་གུ་རུ་ཞེས་པ་ནི་བོང་བུའི་མིང་གཞན་སྟེ། དབྱིབས་རྟ་དང་འདྲ་ལ་རྟ་ལས་གཟུགས་ཆུང་བ། རྣ་བ་ཆེ་བའི་སེམས་ཅན་ཞིག བོང་བུ་ཡང་ཟེར།[18] ཞེས་པ་དང་། ཡིན་ཡང་འདིར་གུ་རིབ་ཅེས་པ་ཏུས་མིང་ལ་གོ་དགོས་པར་སྣང་སྟེ། ཁྲི་མ་དགིས་ཞེས་པ་ནི་དག་གིས་ཞེས་པའི་སྐྲུང་ཡིག་སྟེ་མང་ཚིག་བསྟན་པ་དང་། གོང་གི་ཤིང་ཁྲམ་ལས་ཐ་གུར་པོ་ཆེ་དང་འདྲ་བར་སྨྲ་དང་མཚོད་འབུལ་དུ་ཕེབས་མཁན་དག་ལ་གོ་དགོས་པར་སྣང་། དེའང《སྤུ་རྒྱལ་བཙན་པོའི་སྐབས་ཀྱི་བཙ་ཉིང་ཡིག་ཆ་སྙིབ་གསར་སྟོང་གི་འཇུག་སྒོ》ཞེས་པ་ལས། ཀྲ་ཙུའི་ཡུ་ལིམ་གཙུག་ལག་ཁང་གི་རྩིས་ཐོ་ཞེས་པར། “1 ༄། ཀྲ༔ཙུ་ལྷ་རིས་ཀྱི་མདང་ཆེན་གུ་རིབ་ལེགས་བརྟན་དང་། ཤི་བཤེས་ཀྱི་ཡི་གེ་པ་འང་སྟག་ཚབ་དང་། ཡུ་ལིམ་གཙུག”[19]ཅེས་གསལ་ལ། དེ་ལས་གུ་རིབ་ལེགས་བརྟན་གྱི་མིང་ལས་གུ་རིབ་ནི་རུས་མིང་ཡིན་པ་གསལ་ལོ། །དེ་བས་གུ་རིབ་ཅ་ཁྲུ་སོགས་བློན་པོ་དག་གིས་གསོལ་བའི་བསྔོ་རྟེན་ནམ་དུར་རྫས་ལ་གོ་དགོས་པར་སྣང་།

ཁ ༢ གཙོས ཟ་ཐོག་ཅན གཙོས་ཞེས་པ་གཙོད་ལ་འགྲེལ་ཡང་བདེན་པར་མཐོང་སྟེ། གཙོས་ཟ་ཐོག་ཅན་ཞེས་པའི་མིང་བརྗ་འདི་ལི་ཡུལ་ནོབ་ཆུང་གི་ཁྲམ་ཡིག་ལས་ཀྱང་མཐོང་ལ། རི་དྭགས་ཀྱི་པགས་པ་དང་ཟ་འོག་གོས་ཀྱི་ཕྱི་མ་ཅན་ཞིག་ལ་གོ་བར་སྣང་། གཞན་ཡང་ཨ་མདོའི་ཁ་སྐད་ལྟར་ན་གཙོད་ལ་གཙོས་ཟེར་བ་ཀུན་ཕྱི་ཁྲུལ་གཙོས་གྲོང་ཁྱེར་གྱི་མིང་ལས་ཀྱང་ཤེས་སོ། །

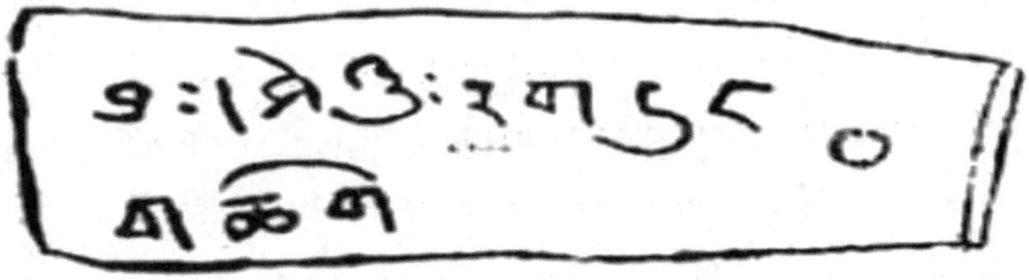

M10: 4—3

ཀ ༄༅། ཤེའུ༔རགདུང

གཅིག

ཤིང་ཁྲམ་འདིའི་སྲིད་ལ་ལི་སྨི6. 3དང་ཞེང་ལ་ལི་སྨི2. 2 འཐུག་ཚད་ལ་ལི་སྨི0. 3 གཡོན་ངོས་སུ་ཨི་ཁུང་ཆུང་ངུ་ཞིག་ཡོད་ལ། མདུན་དུ་ཡིག་ཕྲེང་གཉིས་ཡོད་ལ། རྒྱབ་ཏུ་ཡི་གེ་མེད། གཡོན་ངོས་སུ་ཅུང་ཟད་ཆག ཡི་གེ་གཅིག་མི་གསལ།

ཀ ཤེའུ་ཞེས་པ་ནི་མིང་གལ་ཆེན་ཞིག་ཡིན་ཏེ། གཅིག་ནས་ཙོང་ཁ་བདེ་བློན་ནམ་ཚ་འདམ་ཤེའུ་བང་སོ་ཞེས་པའི་མིང་ལ་སྦྱར་ཡོད་པ་དང་གཅིག གནས་དེར་བློན་ཤེའུ་ཁྲི་ག་ཞེས་པའི་རྗེ་རིང་བཞི་ཐོན་པ་དང་གཉིས། ཚ་འདམ་གཞོངས་ཤེའུ་རྩ་ཐང་ཞེས་པའི་མིང་དེང་སྐབས་མ་ཉམས་པར་གནས་པ་དང་གསུམ། ཤེའུ་ཞེས་པ་ཤྭ་བ་ཆུང་ཆུང་ལ་གོ་བ་ཡང་ཤེའུ་བང་སོ་ལ་འབྲེལ་ཆགས་ཏེ་གཏེར་ལམ་བང་སོའི་དུར་རྫས་ལས་ཤྭ་བ་ལངས་གཟུགས་དང་ཉལ་གཟུགས་གཉིས་ཐོན་པ་དང་བཞི། སྲིད་པ་ཆགས་པའི་ལྷ་དགུ་ལས་ཤེའུ་ཁ་རག་ཅེས་པའི་ཡུལ་ལྷ་དང་གཞན་ཡང་མདོ་སྨད་གླུ་ཆུ་ན་ཤེའུ་ཚང་ཟེར་བའི་ཚོ་སྡེ་ཡོད་པ་བཅས་ལྟ་ལ་ལོ་རྒྱུས་དང་གནའ་རྫས་ཀྱི་ཆ་ནས་འབྲེལ་བ་ཡོད་པར་རིགས།

སྤྱིར་ཤེའུ་ཞེས་པ་ཡང་རུས་མིང་ངམ་ཡུལ་མིང་། ཡང་ན་ཤྭ་བ་ཆུང་ཆུང་གི་དོན་གང་ཡིན་གསལ་པོར་རྟོགས་དཀའ་མོད། 《ཏུན་ཧོང་ནས་ཐོན་པའི་བོད་ཀྱི་གནའ་ཡིག་ཞིབ་དཔྱད་ཕྱོགས་བསྒྲིགས》ལས། “ཡུལ་སྐྱི་རོའི་ལྟང་སྟོན་ན། རྗེ་སྐྱི་རྗེའི་མང་པོ། བློན་པོ་ཤེའུ་དང་སྤུག་གཉིས།”[20] ཞེས་གསལ་ཏེ། སྟོན་གྱི་རྒྱལ་ཕྲན་སིལ་མ་བཅུ་གཉིས་ཀྱི་ཡ་གྱལ་ཡུལ་སྐྱི་རོའི་ལྟང་སྟོན་ཟེར་བར་བློན་པོ་ཤེའུ་དང་སྤུག་གཉིས་ཡོད་པར་བསྟན། གཞན་ཡང《གློ་བ་རིངས་པའི་ནང་མི་ལ་འབྲུ་བགོ་རྒྱུའི་ཐོ་ཡིག》

ལས། "ཤེའུ་ལྷ་སྦྱིན་ལ་སྟོགས་པ་སྨྲི་བཞི་ལ་ཁལ་རེ་རེ་སྟེ་ཁལ་བཞི……"[21]ཞེས་བཙན་པོའི་རྒྱལ་རབས་སྐབས་སུ་ཡང་ཡང་རུས་ཤེའུ་ཅན་ཞིག་ཡོད་ལ། དུས་རབས་བཅུ་དྲུག་པར《ལམ་འབྲས་གྲུབ་མཐའི་ལོ་རྒྱུས》བརྩམས་པའི་ཤེའུ་ལོ་ཙྪ་བ་ཀུན་དགའ་ཆོས་གྲགས་ཞེས་པ་གཉིས་བྱོན་ཞེས་ཀན་ཙོང་ཁ་གཡུང་དྲུང[22]དང་ཆབ་འགག་རྟ་མགྲིན[23]སོགས་ཀྱི་དཔྱད་རྩོམ་དུ་གསལ་ཏེ། བློན་པོ་ཤེའུ་ཞེས་པ་ནི་རྒྱལ་ཕྲན་སིལ་མ་བཅུ་གཉིས་དུས་ཀྱི་བློན་རྒྱུད་མ་ཉམས་པར་བརྒྱུད་ཅིང་བཙན་པོའི་རྒྱལ་རབས་ཀྱི་བློན་ཆེན་ཞིག་ཡིན་པར་མ་ཟད། ཕྱི་ཕྱོགས་སུ་མངའ་ཁོངས་རྒྱ་བསྐྱེད་པ་དང་ནང་དུ་དཔྱ་དང་ཁྲིམས་ལུགས་སོགས་ཀྱི་ལས་དོན་སྤེལ་བར་མཛད་རྗེས་ཧ་ཅང་ཆེ་བའམ་ཡང་ན་བཙན་པོ་ཡབ་སྲས་ལ་དུས་ཡུན་རིང་པོར་བློ་དཀར་ཞིང་སྐུ་སྲུང་ལ་མགོ་ཆེ་བའི་ལས་དོན་མང་དུ་མཛད་པའི་བློན་ཆེན་པོ་ཞིག་རེད། དེའི་རྐྱེན་གྱིས་བཙན་པོ་སྲིད་གཞུང་གིས་ཁོང་གི་མཛད་རྗེས་དྲན་ཞིང་དེར་ལན་གླན་པའི་དོན་དུ་སྒོང་གི་བང་སོ་བརྩིགས་ཤིང་རྗེས་ཀྱི་རྡོ་རིང་བསླངས་པ་རེད། གཏེར་ལམ་རྫོང་ཆུ་དཀར་གཙང་པོའི་འབབ་རྒྱུད་ཀྱི་བང་སོ་ཨང་བཅུ་པ་ནས་ཐོན་པའི་ཤིང་ཁྲམ་ངོས་སུ་ཤེའུ་རག་དུང་གཅིག་ཀྱང་དུར་རྫས་སུ་བཅུག་པར་འགོད་པ་ཡང་གཏེར་ལམ་རྫོང་ཆུ་དཀར་གཙང་པོའི་འབབ་རྒྱུད་ས་ཆ་ཡིན་པར་སྙམ། གལ་ཏེ་དེ་ལྟར་མིན་ཀྱང་ཤེའུ་ཞེས་པའི་རུས་མིང་ཡུལ་ལ་ཐོགས་པ་ཞིག་ཡིན་པ་ཐེ་མི་ཚོམ། ཞེས་དགོངས་ཚུལ་བཏོན་པ་ལྟར་ན། ཤེའུ་ནི་ཐོག་མར་རུས་མིང་ལ་གོ་ཞིང་། རྗེས་ནས་ཡུལ་མིང་ལ་འགྱུར་བར་རིགས།

འོ་ན་བློན་ཤེའུ་ཡི་མི་རྒྱུད་ཚོ་ཤོག་གི་ཀླ་ཐོག་ཤེའུ་ཡིན་ནམ་ཟེར་ན། དམུ་དགེ་བསམ་གཏན་གྱི《ལོ་རྒྱུས་ཀུན་དགའི་མེ་ལོང》དུ་བོད་ཀྱི་རུས་ཆེན་བཞི་ལས་རིགས་བཟང་ལྔ་བསལ་བ་ནས་བཟུང་རང་རང་གི་ཀླ་ཐོག་ཡོད་དོ། །ལྗོང་གི་ཀླ་ཐོག་ཤྭ་བ། འབྲིའི་ཀླ་ཐོག་གཡག སྦྲའི་ཀླ་ཐོག་རྐྱང་། སྟའི་ཀླ་ཐོག་ལུག སྟོའི་ཀླ་ཐོག་ར་ཡིན་ཞེས་གསུངས་ལ། མདོ་སྨད་ཙོང་ཁ་ཆེ་ཆུང་རྣམས་རུས་ལྗོང་ལ་གཏོགས་པས། ལྗོང་རིགས་བཅོ་བརྒྱད་སོགས་མཆེད་པ་ལས་རུས་ཆུང་མང་པོ་ཡན་དུ་བཀར་བར་རིགས་ལ། བློན་ཤེའུ་ཀླ་ཐོག་ཡང་ཤྭ་བ་ཡིན་པའི་དབང་དུ་བཏང་ན་མི་རྒྱུད་ཤེའུ་ཞེས་པའི་རུས་མིང་ཡུལ་མིང་ལ་ཐོགས་པ་དང་། ཡུལ་དེའི་ཀླ་ཐོག་ཀྱང་ཤེའུ་ཡིན་པ། དུར་རྫས་སུ་རང་གི་ཀླ་ཐོག་དང་མཉམ་དུ་སྦ་བ་ལྟར་ངོ་འཕྲོད་པར་འགྱུར་ཞེས་བཞེད་པས་དཔྱད་བྱར་ལྷག་གོ །

ཀ རག་ནི་ཟངས་སེར་རིགས་ཀྱི་སྤྱི་མིང་སྟེ། ཟངས་སེར་གྱིས་བཟོས་པའི་དུང་ལ་རག་དུང་དང་། འདིར་རུས་མིང་ལྟར་ན་བློན་པོ་ཤེའུ་གདོང་རྒྱུད་ཀྱི་བློན་པོ་ཞིག་གིས་རྒྱ་རག་ལས་བཟོས་པའི་དུང་ཞིག་དུར་རྫས་སུ་ཕུལ་བར་གོ་དགོས་ལ། ཡུལ་མིང་ལྟར་ན་ཤེའུ་རང་ས་ནས་བཟོས་པའི་རག་དུང་སྟེ། དཔེར་ན་འདན་མའི་གྲི་ལྟར་ས་མིང་སྟོན་ལ་བཞག་ནས་ཡུལ་གྱི་ཁྱད་ནོར་ཐོན་རྫས་ལྟར་འགྲེལ་ལོ། །

ཀ རག་དུང་ཞེས་པ་ལས་དུང་ནི་རང་རེའི་འཆར་སྒོར་ནང་པའི་ཆོས་དུང་ལ་གོ་ཐལ་ཆེ་ཡང་། སྐབས

འདིར་ཤེའུ་བང་སོའི་རྣམ་པ་ཁ་ཤས་གཡུང་དྲུང་སྒོ་བཞི་དང་བོན་གྱི་རིག་གནས་ལ་འབྲེལ་ཆེ་བས་བན་ལུགས་ཀྱི་མཆོད་རྫས་སྐབས་དེར་དར་ཡོད་མེད་བཤད་དཀའ་མོད། དྲུང་ནི《དག་གསར》ལས[24]དབུགས་ཀྱིས་བུས་ནས་བརྡ་གཏོང་བྱེད་ཀྱི་ཡ་བྱད་དམ་རོལ་མོའི་མིང་སྟེ། དམག་དུང་། ཟངས་དུང་ལྟ་བུར་འགྲེལ་བ་ལྟར་གོ་དགོས་པར་སྙམ།

M10: 4-4

ཀ ༡ ༄། ཐར་ཐར་ལེ་བ……

༢ དང་རས་ལྷིང་ཀུ་ཏྲ་སྦྱ

༣ ར་མ་གཆིག།

ཤིང་ཁྲམ་འདིའི་སྲིད་ལ་ལི་སྨི6. 5དང་ཞེང་ལ་ལི་སྨི2. 2 འཐུག་ཚད་ལ་ལི་སྨི0. 3 གཡོན་འགྲམ་ན་ཨི་ཁུང་ཆུང་ཆུང་ཞིག་ཡོད་ལ། མདུན་དུ་ཡིག་ཕྲེང་གསུམ་དང་། ཡིག་རྗེས་ཕྱིད་ཀ་གསལ། རྒྱབ་ཏུ་ཡི་གེ་མེད།

ཀ ༡ ཐར་ཐར་ལེ་བ་ཞེས་པའི་རྗེས་ཀྱི་ཚིག་ཡིག་ནི་དཔྱད་དཀའ་མོད། ཐར་ཐར་ལེ་བ་ཞེས་པ་ནི《བོད་ཡིག་ཚིག་གཏེར་རྒྱ་མཚོ》ལས“ཐར་ཐར་ནི་སྐྲའི་ཁྱད་པར། སྤུས་ཀའམ་ཀྲང་ཞན་པ། སྣམ་བུ་འདི་ཐར་ཐར་ཞིག་ལས་མི་འདུག་ལྟ་བུ།”[25] ཞེས་བཀྲལ་ཡོད་པ་དང་། ཡིན་ཡང《ཏུན་ཧོང་ནས་ཐོན་པའི་གནའ་བོའི་བོད་ཡིག་ཤོག་དྲིལ》ཞེས་པ་ལས། “དྲུག་ཏུ་བརྩའོ། སྤྱ་མདའ་དབང་བ་ནི། ཐུར་ཐུར་གཡོན་ལོགསུ་མཐོ་གང་། ཡོན་ཕྱུར་བཅད་ཏེ། གཡས་ལོག”ཅེས་གསལ་བས་ཐར་ཐར་རམ་ཐུར་ཐུར་ནི་ཁོག་སྨད་ལ་གོ་བ་འདྲ། དེ་ལྟར་ལགས་ན་ཁོག་སྨད་ལ་གྱོན་པའི་སྨད་གོས་ལ་གོ་ཡང་སྲིད།

ཀ ༡ ལེ་བ་ནི་ལེ་བརྒན་གྱི་དོན་སྟེ། 《བོད་ཡིག་བརྡ་རྙིང་ཚིག་མཛོད》[26]དང《བོད་ཡིག་ཚིག་གཏེར་རྒྱ་མཚོ》[27]ལས། དར་རམ་དར་དམར་པོ་ལ་གོ་འདིར་སྤུས་ཀ་ཅུང་ཞན་པའི་ཐར་ཐར་གྱི་དར་དམར་པོ་ལ་གོ་དགོས་པར་སྙམ་སྟེ། འོག་གི་ཤིང་ཁྲམM10: 4-6ལས།

ཀ ༡ ༄། ཐར་ཐར་དམར་པོའ་ཞེས་འབྱུང་བ་དང་ཀ ༡༄། ཐར་ཐར་ལེ་བ……གཉིས་དོན་གཅིག་

ཏུ་མཐོང་།

ཀ ༢ རས་ལྷང་ཀུ་ཞེས་པ་ནི་རས་ལྷང་ཁུ་སྟེ། འདི་ལས་སྐབས་དེར་བོད་ལ་དར་མ་ཡིན་པའི་རས་ཀྱང་དར་ཡོད་པ་ཤེས་ཐུབ།

ཀ ༢ ཀ ༣ སྤྱུར་མ་ནི་གོང་དུ་བསྟན་པ་ལྟར་རོ། །

འདིར་ཐར་ཐར་ལེ་བ་དང་རས་ལྷང་ཁུ། གོས་སྤྱུར་མ་གཅིག་བཅས་གསུམ་གསལ་འགྲེལ་བྱས་ན། སྤུས་ཀ་ཙུང་ཞན་པའི་ཐར་ཐར་གྱི་དར་དམར་པོའམ་ཡང་ན་སྣུད་གོས་དམར་པོ་དང་། རས་ལྷང་ཁུ། གོས་སྤྱུར་མ་གཅིག་བཅས་བསྟན་པའོ། །

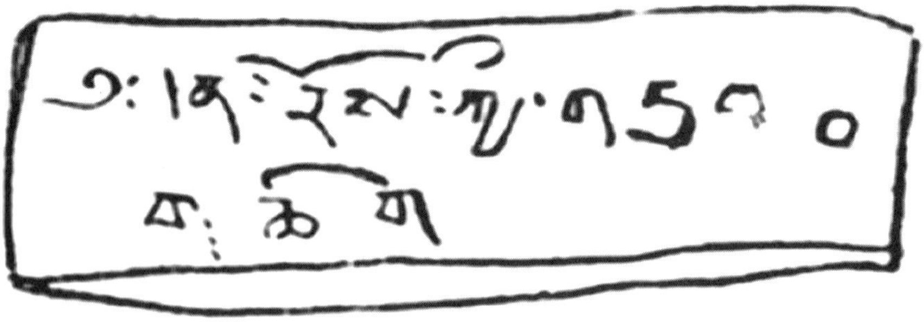

M10：4—5

ཀ ༧༔། ན༔རོས༔ཀྱི་གདུབ་

༢ གཆིག

ཤིང་ཁྲམ་འདིའི་སྲིད་ལ་ལི་སྨི6. 5དང་ཞེང་ལ་ལི་སྨི2. 2 འཐུག་ཚད་ལ་ལི་སྨི0. 4-0. 6-0. 5 གཡོན་འགྲམ་ན་ཨེ་ཁུང་ཆུང་ངུ་ཞིག མདུན་དུ་ཡིག་ཕྲེང་གཉིས། རྒྱབ་ཏུ་མེད། མདུན་གྱི་ཡི་གེ་གཅིག་མི་གསལ།

ཀ ༧ ན་རོས་ཞེས་པ་ཡང་ཡུལ་མིང་ངམ་ཉུས་མིང་ཞིག་ལ་གོ་སྟེ། ཤིང་ཁྲམM10：4-6ལའང་ན་རོས་ཀྱི་བྱུར་བ་གཆིག་ཅེས་པའི་མིང་ཡང་བསྐྱར་བྱུང་བར་གཞིགས་ན་ཡུལ་མིང་ངམ་ཡུལ་དེ་ནས་བཟོས་པའི་ཅ་ལག་ལ་ཚོང་རྟགས་ལྟར་ན་རོས་སྔོན་དུ་སྦྱར་བ་སྟེ། དཔེར་ན་ལྷ་སའི་ས་གདན་ལྟ་བུ་ཡུལ་ལྷ་ས་ནས་ཐོན་པའི་ས་གདན་གྱི་རིགས་ལ་གོ་བ་ལེན་དགོས་པས། འདིར་ཡུལ་ན་རོས་ནས་ཐོན་པའི་གདུབ་སྟེ། གདུབ་ཅེས་པ་ནི་གདུ་བུ་ཞེས་པའི་བསྡུས་མིང་། རྐང་པའམ་ལག་པར་རྒྱུ་བའི་རྒྱན་ཆ་སྒོར་སྒོར་ལག་གདུབ་དང་སོར་གདུབ་ལྟ་བུ་གོ་དགོས།

ཀ ༧ ཀྱི་ཞེས་པའི་གུག་གུ་ཕྱིར་ལོག་ཅན་དེ་འབྲེལ་སྒྲ་ཀྱི་ཡི་འབྲི་སྟངས་ཤིག་ཡིན་པ་གནའ་ཡིག་དག་ལ་གསལ།

ཀ ༢ གཆིག་ཅེས་པ་ནི་གྲངས་ཀ་གཅིག་གི་དོན་ཏེ། དེའང་ཆ་དང་ཅ་ཡིག་གི་མིང་གཞིའི་འགྱུར་བ

དག་ཏུན་ཧོང་ཡིག་རྙིང་ཁྲོད་མང་དུ་བྱུང་བས་དཔེ་མ་སྦྱོས་སོ། །གཞན་ཡང《ཞང་བོད་ཚིག་མཛོད》ལས་ན་རོལ་ཞེས་པ་དཀར་པོ་དང་རྒྱ་སྐྱེགས་བསྲེས་པའི་ཚོན་མདངས[28]ལ་གོ།

M10: 4—6

ཀ ༄ཿ། གདན……ང་ངཿཅན་གཅིག

ཤིང་ཁྲམ་འདིའི་སྲིད་ལ་ལི་སྨི8དང་ཞེང་ལ་ལི་སྨི1.3 འཕྲུག་ཚད་ལ་ལི་སྨི0.3 གཡོན་འགྲམ་ན་ཨི་ཁུང་ཞིག མདུན་དུ་ཡིག་ཕྲེང་གཅིག ཡིག་རྗེས་མི་གསལ། ཡི་གེའི་སྔ་རྗེས་མི་གསལ།

ཀ འདིར་གདད་ལྟར་བྲིས་པར་སྣང་ཡང་དོན་དུ་གདན་ཡིན་པ་འདྲ་སྟེ། གདན་ནི་སྟན་ལ་གོ །བར་དུ་ཡི་གེ་གཅིག་མི་གསལ་བས་སྐྱ་ཞབས་ཕང་ཡའོ་ཡིས་འགྲེལ་བ་འདིར་འཁྲིག་པར་སྣང་སྟེ། རིགས་པས་དཔགས་ན་རྗེས་འཇུག་ང་ཡི་སྔོན་དུ་ཕྱི་ཡིན་ནམ་སྙམ་སྟེ། དེ་ལྟར་ན་ཕྱིང་ང་ཅན་ཞེས་པའི་མིང་ལ་འབྲེལ་ཆགས་ཤིང་ཡིག་རྙིང་ལས་ཕ་དང་པ་ཡིག་འགྱུར་བ་ལའང་མཐུན། 《བོད་ཡིག་བརྡ་རྙིང་ཚིག་མཛོད》དུའང་ཕྱིང་ཕྱིང་སྟེ། བལ་གྱི་ཕྱིང་བ་ལྟར་འགྲེལ་ཡོད་པས།[29] གདན་ཕྱིང་ང་ཅན་གཅིག་ཅེས་པའི་དོན་ཡིན།

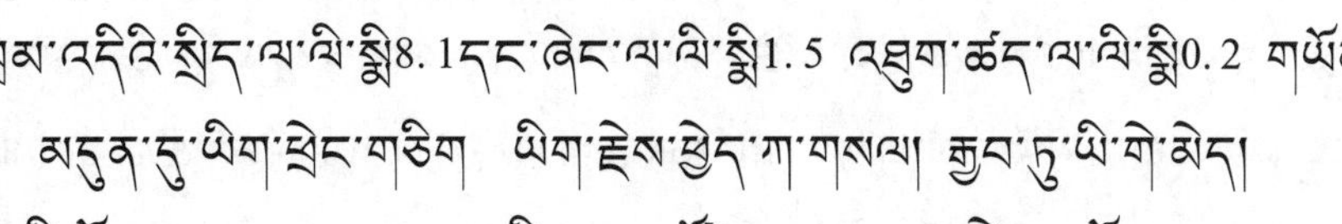

M10: 4—7

ཀ ༄ཿ། ནཿརོས་ཀྱིཿཕྱུར་བཿགཆིག

ཤིང་ཁྲམ་འདིའི་སྲིད་ལ་ལི་སྨི8.1དང་ཞེང་ལ་ལི་སྨི1.5 འཕྲུག་ཚད་ལ་ལི་སྨི0.2 གཡོན་འགྲམ་ན་ཨི་ཁུང་ཞིག མདུན་དུ་ཡིག་ཕྲེང་གཅིག ཡིག་རྗེས་ཕྱེད་ཀ་གསལ། རྒྱབ་ཏུ་ཡི་གེ་མེད།

ན་རོས་ནི་གོང་དུ་བྱུང་བ་ལྟར་ཡུལ་མིང་ངམ་ཚོང་རྫས་ལ་འགྲེལ་དགོས་པར་སྣང་། ཕྱུར་བ་ནི་འདིར་ཕྱུར་བ་སྟེ། བ་དང་ཕ་ཡིག་འགྱུར་བའི་ཡིག་རྙིང་གི་རང་བཞིན་ཏེ། ཡིག་རྙིང་གི་ཁྱད་ཆོས་ལྟར་འགྲེལ་ན་ན་རོས་ནས་འཐག་པའི་རེ་ལྡེ་ཕྱུར་བའམ། ཡང་ན《བོད་ཡིག་ཚིག་གཏེར་རྒྱ་མཚོ》ལས“ཕྱུར་བ་ལ་སྤུ་རྩིད་ཀོ་རས་སོགས་ལས་བཟོས་ཤིང་། འབྲུ་འབྲས་སོགས་འགྲེམ་སྟན་དང་། ཁིབས་གཡོག་བྱེད་པའི་

ཕོ་བྲད་ཅིག ཀོ་ཕྱུར། རས་ཕྱུར་ལྕ་བུ།[30] ཞེས་བཀོད། སྐུ་ཞབས་ཕྲང་ཡའོ་ཡིས་བྱུར་བ་ཞེས་པ་རྗེ་བཟོས་ཐོར་པ་རྩ་ཆེན་ཞིག་ཏུ་བཞེད་ཀྱང་། རྒྱུ་མཚན་ཅི་ཡིན་ཆ་མི་འཚལ་ལོ། །

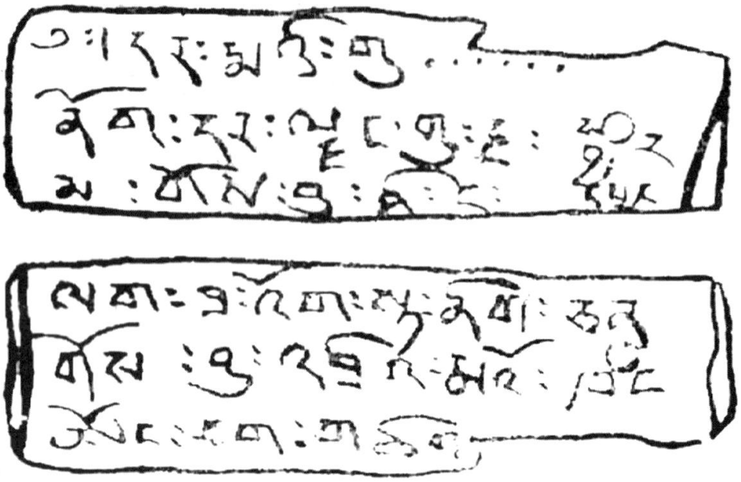

M10: 4—8

ཀ ༡ ༄། དར་རྨའི་གུ······

༢ ནོག་དར་ལྷོང་གུ་དྲ་སྤྱར་

༣ མ་གོས་བུ་ཤིང······དཔྱང་

ཁ ༡ ལག་ཟ་འོག་སྤ་ནིག་ཅན

༢ གོས་བུ་འབྲིའ་རྨའོ་ཁང

༣ ཨོང་ཅག་གཆིག

ཤིང་ཁྲམ་འདིའི་སྲིད་ལ་ལི་སྨི7.5དང་ཞེང་ལ་ལི་སྨི2.3 འཐུག་ཚད་ལ་ལི་སྨི0.3 གཡོན་འགྲམ་ན་ཨི་ཁུང་ཞིག མདུན་རྒྱབ་གཉིས་སུ་ཡིག་ཕྲེང་གསུམ་རེ། གཡོན་ཟུར་ཅུང་ཉུལ། ཡི་གེ་ཆད། ཡི་གེ་ལྷག་མའི་ཡིག་རྗེས་གསལ། བོད་བཙན་པོའི་གནའ་ཡིག་གི་ཁྱད་ཆོས་ཅུང་ལྡན།

ཀ ༡ ༄། དར་རྨའི་གུ་ཞེས་པའི་རྗེས་སུ་ཚིག་ཡིག་གིས་བསྐངས་པ་རྣམས་འོལ་ཚོད་དུ་དཔག་དཀའ་མོད། འདིར་སྐུ་ཞབས་ཕྲང་ཡའོ་ཡིས་ཀ ༡ ༄། དར་རྨའི་གུ······(ར་པོ་ཆེའི)ཞེས་ཚོད་དཔག་བྱས་ཏེ་བླ་ཐབས་སུ་བསྟན་པ་ལའང་རྒྱུ་མཚན་ཡོད་དེ།

ཀ ༡ ༄། དར་རྨའི་གུ······(ར་པོ་ཆེའི)བསྟན་ན་ཡིག་ཕྲེང་འོག་མའི་ནོག་ཅེས་པར་འགྲེལ་ཆགས་དང་གཅིག གོང་གི་རྨ་གུར་པོ་ཆེའི་གོས་བུ་ཤིང་འོག་ཅེས་པར་ཆ་འདྲ་བ་གཉིས་ཏེ། ནོག་དང་འོག་དོན་གཅིག་དགོས་པར་མཐོང་སྟེ། ན་དང་འ་ཡིག་གཉིས་སྒྲ་གདངས་ཞན་པའི་ཤིན་ཏུ་མོ་ཡིག་དང་མོ་ཡིག་གཉིས་

ལ་ཁེལ་བས་གནའ་བོའི་ཡིག་ཚང་གི་ཁྲུད་ཆོས་ལྟར་ཡི་གེའི་སྒྲ་གདངས་དང་མཚན་རྟགས་མཚུངས་པའི་ཕྱིར་ཕན་ཚུན་བརྗེ་རེས་བྱེད་པའང་ཡོད་པས་སོ། །

ཀ ༡ དེའང་དར་རྒྱ་ཞེས་པ་དར་མ་ཞེས་པའི་དོན་ལ་འཇུག་པར་སེམས། དེ་འང་འོག་གི་གོས་བུ་འཕྲིའ་རྒྱའོ་ཁང་ཞེས་པའི་འབྲི་མོ་ལ་འབྲི་རྒྱའོ་ལྟར་འབྲི་ཚུལ་ཡོད་པས། དར་མ་ལའང་དར་རྒྱ་ལྟར་འབྲི་ཚུལ་ཡོད་པར་འཐུས། དར་མ་ནི་ཏུས་མིང་དང་ས་མིང་གཉིས་ཀར་འགྲེལ་ཆོག་ལ། ས་མིང་ལྟར་ན《གནའ་བོའི་ཞང་བོད་ཚིག་མཛོད།》ལས"དར་མ་ནི་ཞང་ཞུང་གི་ལྡོའམ་ལྡོ་ཡི་ས་ཆ་ལ་གོ"[31]ཞེས་དང་། ཡང་ཏུས་མིང་ལྟར་ན་དར་མ་ཁྲི་ཅེ་དང་དར་མ་འུ་དུམ་བཙན་སོགས་ལོ་རྒྱུས་ལས་བྱུང་བ་ལྟར་རོ། །

ཁ ༢ གོས་བུ་འཕྲིའ་རྒྱའོ་ཁང༢ ཨོང་ཅག་གཅིག ཅེས་པ་ནི་སྐུ་ཞབས་ལྷང་ཡའོ་ཡིས་རིན་གོང་འབྲི་མོ་གཅིག་དང་འདྲ་བའི་གོས་བུ་ཞིག་ཏུ་འགྲེལ་བས་དེ་ལའང་རྒྱུ་མཚན་ཅུང་ལྡན་མོད། འབྲི་མོ་ཁང་ཨོང་ཅག་གཅིག་ཞེས་པའི་དོན་འགྲེལ་གསལ་པོ་ཞིག་སྟན་གྱིས་དཔྱད་པར་མ་ནུས་པས་རེ་ཞིག་དཔྱད་བྱར་བཞག་གོ །

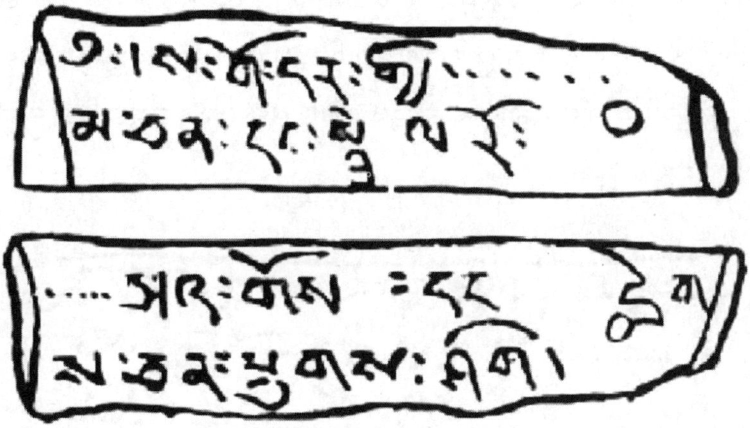

M10: 4—9

ཀ ༡ ༄:། ས:གོ:དར:གྱི……

༢ མ་ཅན་དང་སྦྲེལ་རོ:

ཁ ༡ ……ཨའ:གོས:དང དྲིག

༢ ས་ཅན:ཕྱུགས:ཤིག །

ཤིང་ཁྲམ་འདིའི་སྲིད་ལ་ལི་སྨི8དང་ཞེང་ལ་ལི་སྨི1. 8-1. 5འཐུག་ཚད་ལ་ལི་སྨི0. 4མདུན་རྒྱབ་གཡས་འགྲམ་གྱི་ཡི་གེ་གསལ། གཡོན་འགྲམ་མི་གསལ། རྒྱབ་ངོས་ཀྱི་ཡིག་ཕྲེང་དང་པོ་མི་གསལ། ཡིག་ཕྲེང་

གཉིས་པ་གསལ་ལ་འདོན་ཐུབ།

ཀ ༡ ས་གོ་དར་གྱི......ཞེས་པའི་རྗེས་སུ་ཚིག་ཡིག་གིས་བསྒྲངས་པ་རྣམས་ཚོད་དཔག་བྱེད་དཀའོ། །ཡིན་ཡང་ས་གོ་དར་ཞེས་པ་གོང་དང་འདྲ་བར་ས་མིང་ངམ་ཚུས་མིང་ཞིག་ཏུ་འདོད་ལ་དཔྱད་བྱར་ལྷག

ཀ ༢ མ་ཅན་དང་སྤྲེལ་རྩ་ཞེས་པའི་མ་ནི་ཡིག་ཕྲེང་དང་པོའི་རྗེས་འཇུག་གམ་ཚིག་གྲོགས་ཤིག་ཡིན་ཚོད་འདུག་ལ། ཤིང་ཁྲམ་བཅུ་གཅིག་གི་ཁྱད་ཆོས་ལྟར་མིང་བཟ་བསྒྱུར་ཟློས་འབྱུང་བར་གཞིགས་ན། གོང་གི་ཡིག་ཕྲེང་དང་པོ་ཀ ༡ ༄། ས་གོ་དར་གྱི......ཚིག་ཡིག་དེ་ནི་གོང་གི་ཤིང་ཁྲམ་དག་ལ་རིགས་བསྒྲིས་ནས་དཔྱད་ན(ས་གོ་དར་གྱི་གུར་པོ་ཆེ་གོས་བུ་ཤིང་སྒྱུར)མ་ཅན་དང་སྤྲེལ་རྩ་དང་། ཞེས་པ་ཡིན་ནམ་སྙམ་ལ་དཔྱད་བྱར་ལྷག

ཁ ༡ ཨའ་གོས་ཞེས་པ་གོས་ཀྱི་རིགས་ཤིག་ཨེ་ཡིན་སྙམ།

ཁ ༡ ཁ ༢ དྲིགས་ཅན་སྤྲུགས་ཤིག་ཅེས་པ་ཡིག་ངོས་ལྟར་གོ་བ་ལེན་དཀའ་ཡང་ཁ་སྐད་ལ་སྒྱུར་ན་གྲགས་ཅན་ཕྲུགས་ཤིག་ཅེས་པ་ཨེ་ཡིན་སྙམ། རྒྱུ་མཚན་དྲིགས་ཅན་དང་གྲགས་ཅན། སྤྲུགས་དང་ཕྲུག་གཉིས་སྒྲ་མཚུངས་ཡིན་ལ་ཕྲུག་སྐྱེ་སྣམ་བུ་རིགས་ཤིག་ཡིན་པ་འདྲ། དེ་མིན་སྒྲ་མཚུངས་པ་གནའ་ཡིག་ཁྱད་མེད་དུ་འཇུག་ཚུལ་དང་ལྷག་པར་དུ་པ་དང་ཕ་གཉིས་འགྱུར་བའི་རང་བཞིན་ཏུན་ཧོང་ཡིག་རྙིང་དུའང་གསལ་བས་འདིར་མ་སྤྲོས།

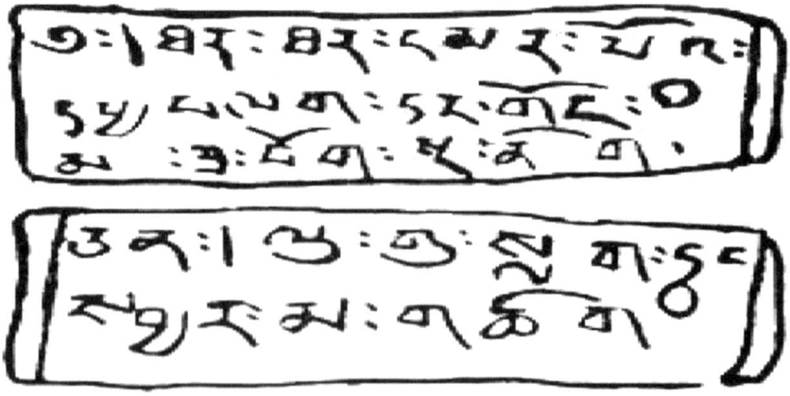

M10: 4—10

ཀ ༡ ༄། ཐར:ཐར:དམར:པོའ:

༢ དཔྱང་ལག:ཏར་གོང:

༣ མ:ཟ:ཐོག:སྐྱ་ཅིག

ཁ ༡ ཅན་། ལུ་གུ་སླག་ཏང་

༢ སྦྲུར་མ་གཅིག

ཤིང་ཁྲམ་འདིའི་སྲིད་ལ་ལི་སྨི6. 5དང་ཞེང་ལ་ལི་སྨི2. 2-2 འཐུག་ཚད་ལ་ལི་སྨི0. 4-0. 5 གཡོན་འགྲམ་ན་ཨེ་ཁུང་ཞིག མདུན་ངོས་སུ་ཡིག་ཕྲེང་གསུམ། རྒྱབ་ངོས་སུ་ཡིག་ཕྲེང་གཉིས། ཡིག་རྗེས་མང་ཆེ་བ་གསལ།

ཀ ༡ 《ཏུན་ཧོང་ནས་ཐོན་པའི་གནའ་བོའི་བོད་ཡིག་ཤོག་དྲིལ》ཞེས་པ་ལས། "དྲུག་ཅུ་བཅྩོའོ། སྤ་མདའ་དབང་བ་ནི། ཐུར་ཐུར་གཡོན་ལོགསུ་མཐོ་གང་། ཡོན་ཕུར་བཅད་ཏེ། གཡས་ལོག"[32]ཅེས་གསལ་བ་ལས་ཐར་ཐར་རམ་ཐུར་ཐུར་ནི་ཁོག་སྨད་ལ་གོ་བ་འདྲ། ཡིན་ཡང་གོང་ནས་ཞུས་པ་བཞིན་ཤིང་ཁྲམM10: 4-4ལས་ཐར་ཐར་ལེ་བ་ཞེས་པ་ནི《བོད་ཡིག་ཚིག་གཏེར་རྒྱ་མཚོ》ལས་ཐར་ཐར་ནི་སྦྲའི་ཁྱད་པར། སྲུས་ཀའམ་རྐང་ཞབ་པ། སྣམ་བུ་འདི་ཐར་ཐར་ཞིག་ལས་མི་འདུག་ལྟ་བུར་འགྲེལ་བས། ཐར་ཐར་དམར་པོ་ཞེས་པ་དང་གོང་གི་ཐར་ཐར་ལེ་བ་གཉིས་དོན་གཅིག་པར་སྣང་།

ཀ ༢ དཔུང་ལག་ཅེས་པའི་དོན་མི་གོ་སོང་། དགེ་བཤེས་བློ་གྲོས་རབ་གསལ་གྱི《གནའ་བོའི་ཞང་བོད་ཚིག་མཛོད》ལས། "དཔུང་བུ་ཞེས་པ་དར་དཔུང་ངམ་སྲུབ་མེད་པའི་དར་ཡུག གཞན་ཡང་དཔུང་རལ་ཞེས་པར་གཟན་དང་འདྲ་བའི་གོས་ཤིག"[33]ཅེས་གསལ་བས། དེ་དང་ཆ་འདྲ་བའི་དར་གོས་ཀྱི་རིགས་ཤིག་ཡིན་ནམ་སྙམ། གཞན་ཡང་ལི་ཡུལ་ནས་ཐོན་པའི་ཁྲམ་ཡིགRMF92སུ། "དཔང་ལག་ཏུ་གཏད་ཅིང་མཆིས། ནོ་ཁྲིའི……མཆིས། བདག་གི་ཞིང་རིན"[34]ཞེས་པའི་དཔང་ལག་ཅེས་པ་དཔུང་ལག་ཏུ་ངེས་ན་དར་གོས་ལ་གོ་བ་མིན་ཡང་སྲིད་པས་དཔྱད་གཞིར་ལྷག

དེའང་དཔུང་ལག་ཏར་གོང་མ་ལྟ་བུ་སྐུ་ཞབས་ལྷང་ཡའོ་ཡིས་དཔུང་ལག་ཏང་གོང་མ་ལྟར་ཕབ་ཡོད་ལ་ཏང་ངམ་ཏར་གང་ཡིན་ཁ་ཚོན་གཅོད་དཀའ་སོང་། ཁོ་བོས་ཡིག་རྙིང་ལས་དར་གྱི་འབྲི་ཚུལ་ཏར་བཞིན་བྲིས་པར་འདོད། དར་གོང་མ་ཞེས་པ་ཡང་དར་གྱི་རིགས་ཤིག་ཏུ་འགྲེལ།

ཀ ༢ ཀ ༣ ཟ་བོག་སྟན་ནིག་ཅན་ཞེས་པ་གོང་ལྟར་རོ། །

ཁ ༡ ལུ་གུ་སླག་ཏང་སྦྲུར་མ་གཅིག ཅེས་པ་ལུ་གུའི་པགས་ཚར་སྦྲུར་མ་གཅིག་ཟེར་བ་འདྲ་སྟེ། ནང་ཚ་ཏུ་དང་ཕྱི་གོས་ཚར་སྦྲུར་མ་ལ་གོ་དགོས་པར་སྙམ། སླག་ཏང་ཟེར་བ་ཁ་སྐད་ལའང་ཅུང་ཙམ་གཞོལ། མདོ་སྨད་ས་ཆ་ཁ་ཤས་ཀྱི་ཡུལ་སྐད་དུ་ཚར་ཏང་གཅིག་ཅེས་པའི་བཤད་སྲོལ་ཡོད་པས། སླག་ཏང་གཅིག་ཅེས་པའི་དོན་ནོ། །

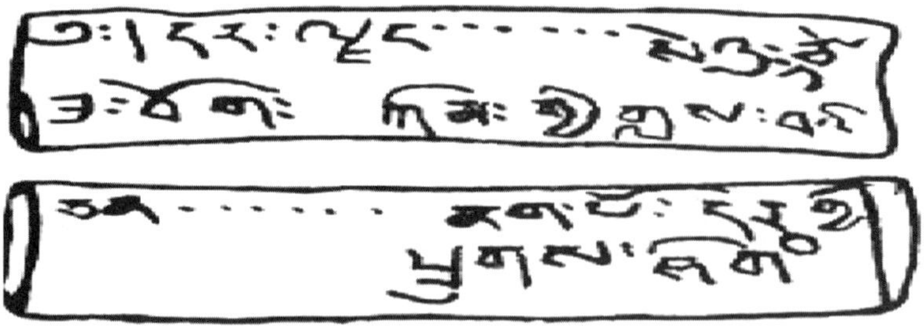

M10: 4—11

ཀ ༡ ༄༅། དར་ལྷུང……སེའུ་ཙེ

༢ ཟ་བོག་གིམ་གྱི་སླས་བའི

ཁ ༡ ཅན……ནག་པོ་དར་གྱི

༢ སྦུགས་ཤིག

ཤིང་ཁྲམ་འདིའི་སྲིད་ལ་ལི་སྨི7. 5དང་ཞེང་ལ་ལི་སྨི2 འཐུག་ཚད་ལ་ལི་སྨི0. 6-0. 4 གཡོན་འགྲམ་ན་ཨི་ཁུང་ཞིག སྔ་རྒྱབ་གཉིས་སུ་ཡིག་ཕྲེང་གཉིས་རེ། མདུན་ངོས་ཀྱི་ཡིག་རྗེས་ཕྱེད་ཀ་ཙམ་གསལ། རྒྱབ་ངོས་ཀྱི་ཡི་གེ་ཉུང་མི་གསལ།

ཀ ༡ དར་ལྷུང་ཞེས་པ་དར་གོས་ལྷུང་ཁུ་ལ་གོ།

ཀ ༡ དར་ལྷུང……སེའུ་ཙེ་བར་གྱི་ཚིག་ཡིག་ནི་ཚོད་དཔག་བྱེད་དཀའ་མོད། གོང་གི་ཤིང་ཁྲམ་དང་སྦྱར་ན།

ཀ ༡ དར་ལྷུང(ཁུ་ཊཱ་སྦྱར་མ)ཞེས་པ་འདྲ།

ཀ ༡ སེའུ་ཙེ་ཟ་བོག་ཅེས་པའི་སེའུ་ཙེ་ནི་ས་མིང་ཞིག་ཡིན་པ་འདྲ། དེའང་རྒྱ་སོགས་མི་རིགས་གཞན་ནས་དར་བའི་ཟ་འོག་གི་རིགས་ཤིག་སྟོན་པ་འདྲ་ལ་དཔྱད་བྱར་ལྷག

ཁ ༢ ཟ་བོག་ནི་གོང་ལྟར་རོ། །

ཁ ༢ ཟ་བོག གིམ་གྱི་སླས་བའི་ཅན……ཞེས་པའི་ཡིག་ཕྲེང་གཉིས་པའི་ཕྱི་མ་དང་ཡིག་ཕྲེང་གསུམ་པའི་སྔ་མ་ཅན་གཉིས་མཉམ་དུ་སྦྱོར་དགོས་པར་རིགས་མོད། གིམ་གྱི་སླས་བའི་ཅན་ཞེས་པ་ལས་གིམ་ཞེས་པ་ནི་གིམ་པ་ཀ་ཞེས་པའི་འབྲས་བུ་ལྤ་ན་སྨུག་ཅིང་རོ་མངར་ལ་ཟོས་ན་དུག་རིགས་ཀྱི་ཤིང་ཞིག་ཨེ་ཡིན་སྙམ་ལ། དེ་ཡིས་སླས་པའི་ཅན་ཞེས་པ་ནི་དེ་ཡི་བཟོས་པའི་ཙ་ཅིའམ་ཙ་ནེ་ཞེས་པའི་དོན་ཨེ་ཡིན་སྙམ་སྟེ། ཙ་ནེ་དང་ཤིང་ཕོར་སོགས་གཏེར་ལམ་དུར་རྫས་ལས་བྱུང་བ་སེ་ལྡེ་སི་ཡི་བོད་ཀྱི་གནའ་རྫས་ཞིབ་འཇུག་པ་ཨེ་མིས་དེ་ཋིར་གྱིས་བྲིས་ཤིང་ཤ་བོ་མཁའ་བྱམས་ཀྱིས་བསྒྱུར་བའི《བོད་ཀྱི་བང་སོ་ལས་བྱུང་བའི་ཕུར་སྣམ་ཚོན་ཁྲ་མའི་སྐོར་ལ་ཐོག་མར་དཔྱད་པ》ཅེས་པའི་དཔྱད་རྩོམ[35]དུ་གསལ།

ཁ ༧ ཅན……ནག་པོ་དར་གྱི་ཞེས་པའི་བར་གྱི་ཚིག་ཡིག་ཚོད་དཔག་བྱེད་དཀའ་བས་དཔྱད་བྱར་ལྷག

ཁ ༧ ནག་པོ་དར་གྱི་ཕྱུགས་ཤིག་ཅེས་པ་གོང་ལྟར་ནག་པོ་དར་གྱི་ཕྱུག་གམ་སྣམ་བུ་ཞིག་ལ་གོ་དགོས་པར་སྣང་།

གཉིས་པ། དུར་རྫས་ལས་མིང་གི་རིགས་དབྱེ།

1. བརྡ་གསར་རྙིང་དང་མིང་གཞིའི་འགྱུར་ཚུལ།

བརྡ་རྙིང་།	བརྡ་གསར།	མིང་གཞིའི་འགྱུར་ཚུལ།
ལྡང་ཀུ།	ལྡང་ཁུ།	མིང་གཞི་ཀ་དང་ཁ།
གཙོས།	གཙོད།	རྗེས་འཇུག་ས་དང་ད།
གཆིག	གཅིག	མིང་གཞི་ཆ་དང་ཅ།
བྱར་བ།	ཕྱར་བ།	མིང་གཞི་བ་དང་ཕ།
ནོག	འོག	མིང་གཞི་ན་དང་འ།
ཟ་འོག	ཟ་བོག	མིང་གཞི་འ་དང་བ།
ལྡང་གུ།	ལྡང་ཁུ།	མིང་གཞི་ག་དང་ཁ།
ཕྱུགས།	ཕྱུག	མིང་གཞི་པ་དང་ཕ།

2. དུར་རྫས་གསོལ་མཁན།

དུས་མིང་དང་ཡུལ་མིང་།	དུར་རྫས།	ཁ་གྲངས།
རྒྱ་གར་པོ་ཆེ།	དར་ལྡང་ཀུ་དྲ་སྦྱར་མ། ཡས་གི སྣ་རིག་གྱི་ཁྲུད་གོར་ཤལ་དམར་ཁྲག དྲ ཀློགས་སག་ཏི་ནག་པོའི་ཡུ་རིངས་དང་སྤྱི།	གསུམ།
ཀྱུ་རིབ་ཅ་ཁྲུ་དག་གིས།	གཙོད་ཟ་བོག	གཅིག
ཤེའུ།	རག་དུང་།	གཅིག
ན་རོས།	གདུབ་དང་བྱར་བ།	གཉིས།

དར་རྒྱ།	ནོག……དང་ལྷང་གུ……དྲ་སྦྱར་མ་གོས་བུ་ཤི་ ང……དཔྱང ལག　ཟ་འོག……སྣ་ཙིག་ཅན གོས་བུ་འཁྲིའ་རྒྱའོ་ཁང ཨོག་ཅག་གཆིག	བཞི།
ས་གོ་དར།	མ་ཅན་དང་སྤྲེལཪ ……ཨའ་གོས……དྲིག ས་ཅན་ཕྱུགས་ཤིག	གཅིག

3. དར་གྱི་རིགས།

དར་གྱི་རིགས།	མདོག
ཟ་འོག	
ཟ་འོག་སྣ་ཙིག་ཅན།	
དར་ལྷང་ཀུ།	ལྷང་ཁུ།
གོས་བུ་ཤིང་།	
སྦྱར་མ།	
ལུ་གུ་སླག་ཏང་།	
ཐར་ཐར་ལེ་བ།	ལེ་བརྒྱན་དམར་པོ།
ཐར་ཐར་དམར་པོ།	དམར་པོ།
བྱུར་བ།	
དར་གོང་མ།	
ཟ་པོག་སྣ་ཙིག་ཅན།	
དར་ལྷང་གུ།	ལྷང་ཁུ།

གོང་གི་རེའུ་མིག་ལྟར་གནའ་བོའི་ཡི་གེའི་ཁྱད་ཆོས་རྣམས་ཅུང་ཟད་བཀྲལ་ན། ཐོག་མར་དབྱངས་ཡིག་འགྱུར་ཚུལ་དང་མིང་གཞིའི་འགྱུར་ཚུལ། བརྡ་གསར་རྙིང་གི་འགྱུར་ཚུལ། སྐད་ཆའི་འགྱུར་ཚུལ་

སོགས་རྣམ་པ་གང་ཟུང་གི་སྒོ་ནས་དཔྱད་ཆོག་པར་སེམས། དེ་ཡང་འདིར་གུག་གུ་ལྡོག་པ་ཅན་མང་པོ་མེད་མོད་ཁ་ཤས་ཀྱང་ལྷག་སྟེ། ཨི་ཡིག་དང་གུག་གུ་ཨི་ཡིག་བར་འགྱུར་བའི་རང་བཞིན་དང་རེས་མོས་ཀྱིས་བེད་སྤྱོད་བྱེད་སྲོལ་ཡོད་དེ། དཔེར་ན་ན་རོས་ཀྱི་གདུབ་གཅིག་ལྟ་བུར། ན་རོས་སྣ་མར་ཀྱི་དང་ཕྱི་མར་ཀྱི་གང་ཟུང་དུ་བྲིས་འདུག ཡང་དར་ལྡང་ཀུ་དང་དར་ལྡང་གུ་གཉིས་ལས་ཀ་དང་ག་ཡིག་གི་མིང་གཞིའི་འགྱུར་ཚུལ་དང་། གཅིག་དང་གཅིག་ལས་མིང་གཞི་ཆ་དང་ཅ་ཡིག་གི་འགྱུར་ཚུལ། བྱར་བ་དང་ཕྱར་བ་ལས་མིང་གཞི་བ་དང་ཕ་ཡིག་འགྱུར་ཚུལ། ཟ་འོག་དང་ཟ་བོག་ལས་འ་དང་བ་རེས་མོས་སུ་འབྲི་ཚུལ། དེང་སྐབས་ཁ་ལ་འགྱུར་ཚུལ་སོགས་ལས་ང་ཚོས་ཤེས་པ་ཞིག་ལ། གནའ་ཡིག་ལས་མིང་གཞི་ཞེས་པ་ནི་གསལ་བྱེད་སུམ་ཅུ་མིང་གཞིར་གྱུར་པའི་མིང་གཞི་ཡིན་པ་ལས་མིང་རྐྱང་ཉི་ཤུ་པོ་ན་མིན། བོད་ཀྱི་གནའ་བོའི་ཡིག་ཚང་དུ་མིང་གཞི་མང་པོ་ཞིག་རེས་མོས་ཀྱིས་བེད་སྤྱོད་བྱེད་སྲོལ་ཡོད་པ་རྣམས་ཀྱང་ཡི་གེའི་སྐྱེ་གནས་ཀྱི་དོག་ཡངས་དང་། སྒྲ་གདངས་ཀྱི་དྲག་ཞན། ཕོ་མོ་མ་ནིང་གི་དབྱེ་བ་བཅས་ལ་འབྲེལ་ཞིང་། དཔེར་ན། ཀ་སྡེ་ལས་ཀ་ཁ་ག་གསུམ་གྱི་སྐྱེ་གནས་ནི་དོག་པའི་མགྲིན་པ་དང་ཡངས་པའི་ལྕེ་རྩེང་གཉིས་ཡིན་ལ། ཙ་སྡེ་ལས་ཙ་ཚ་ཛ་ཝ་བཞི་པོ་ཡང་སྐྱེ་གནས་ཡངས་པའི་རྐན་དང་ལྕེ་རྩེ་གཉིས་ཡིན་ལ། པན་ཚུན་བརྗེ་རེས་བྱེད་ཆོག་པའི་རྒྱུ་མཚན་ཡང་ཡི་གེའི་སྐྱེ་གནས་དང་སྒྲ་མཚུངས། རྟགས་མཚུངས་གསུམ་གྱི་ཆ་ནས་དབྱངས་ཡིག་དང་མིང་གཞི་ལས་གཞན། སྔོན་རྗེས་ཡང་གསུམ་དང་། མགོ་འདོགས་བརྩེགས་ཡིག་སོགས་དེང་དུས་ཀྱི་སུམ་རྟགས་དགོངས་གཞི་དང་མི་འདྲ་ཞིང་བལྟས་མ་ཐག་ཡིག་ནོར་དུ་སོང་བའང་གང་མང་དུ་སྣང་ངོ་། །

གསུམ་པ། གྲོན་གོས་ཆ་ལུགས་དང་དུར་སྲོལ།

1. གྲོན་གོས་ཆ་ལུགས། དེའང་དུས་རབས་བདུན་པ་ནས་བཟུང་བོད་ཀྱི་གྲོན་གོས་ཆ་ལུགས་ལའང་འགྱུར་ལྡོག་ལྷ་ལྷག་བྱུང་ཡོད་དེ། རྒྱ་ཡུལ་ནས་དར་འབུ་གསོ་བའི་ལག་རྩལ་ནང་འདྲེན་བྱས་ཤིང་། སྟག་གཟིག་དང་དྲུ་གུའི་དར་གོས་སོགས་ཀྱང་ནང་འདྲེན་བྱས་ཡོད་པ་དུར་རྫས་དག་ལས་མཐོང་བ་ནང་བཞིན་རེད། གཞན་ཡང་བཙན་པོ་དང་བཙན་མོ་ཡིས་སྟག་གཟིག་གི་བེར་གྱོན་ཞིང་ཕོ་བྲང་གི་ཕྱི་ནང་ལ་རིམ་གྱིས་དར་གོས་གྱོན་པའི་ཆ་ལུགས་རྒྱུན་འབྱམས་སུ་དར་བ་དང་གིས་མཚོན།

ཚ་འདམ་གཞོངས་ཀྱི་ས་ཁུལ་འདི་ཡང་སྐབས་དེའི་དར་གོས་ཚོང་ལམ་གལ་ཆེན་ཞིག་ཏུ་ཁེལ་བས་དེའང་གྲོན་གོས་ཆ་ལུགས་ཀྱི་ཐད་ནས་ཨེ་མེས་ཧེ་ལིར་ན་ཡིས"ཁོ་བོས་བལྟས་ན་ལེབ་ཁོག་གི་བྲག་བཀོས་ལ་མི་བྱེ་བྲག་པའི་མིང་བཀོས་མེད་ལ། ཁོང་ཚོ་བོད་རིགས་ཡིན་པ་གཙོ་བོ་གྲོན་ཆས་གཞི་བྱས་པ་ཞིག་དང་། དབུ་ལ་ལ་ཐོད་དང་གྲོན་པ་ཙམ་གྱིས་མི་སྣ་བྱེ་བྲག་པ་སུ་ཡིན་ཤེས་དཀའ། གོར་མོ་ཤ་ཐུལ་ས་

ཆའི་ཕྱུར་སྐམ་དང་ཆོན་སྐམ་གཞན་བར་གཞི་འདྲ་བའི་སྣང་བརྙན་མང་པོ་ཡོད་ཀྱང་གོ་རིམ་ཁྲོན་ནས་མི་འདྲ་བས་མི་བྱེ་བྲག་པ་ཞིག་གི་མཚོན་དོན་ཡིན་དཀའ། དེ་ལས་འཚོ་བའི་སྤྱི་རྣམ་ཙམ་དུ་གོ་ན་འགྲིག་པར་འདོད་ཅིང་། ཀྱང་གོའི་གནའ་དཔྱད་པ་ལ་ལས་བོད་པར་མི་འདོད་མོད། ང་ཚོ་ཀུན་ལ་གསལ་ཆ་ཆེ་བ་ནི་འ་ཞ་དུས་རབས་བདུན་པའི་སྐད་ལ་བོད་ཀྱིས་བསྒྱུབས་ནས་བོད་ཀྱི་གོམས་སྲོལ་ལ་བསྟུན་ཡོད་པ་དང་། རྒྱའི་ཐང་ཡིག་ཏུ་བོད་པས་གདོང་ལ་མཚལ་འབྱུག་པའི་སྲོལ་འདིར་རྒྱ་བཟའ་མ་དགའ་བར་བཀག་པར་གསུངས་ན། ཕྱུར་སྐམ་སྟེང་གི་མིའི་གདོང་ལ་ཚལ་བྱུགས་པ་རྒྱུ་མཚན་ཅི་ཡིན། མ་འོངས་པའི་ཞིབ་འཇུག་ཁྲོད་བོད་བཙན་པོའི་འོག་གི་མི་རིགས་མི་འདྲ་བའི་འཚོ་བ་མཚོན་པའི་གནས་ཚུལ་ལ་མཇུག་སྒོམ་ཡོང་ངེས་ཤིང་། ཕྱུར་སྐམ་གྱི་རི་མོ་འདིས་བོད་བཙན་པོའི་དུས་སུ་བོད་རིགས་ཀྱི་གནས་སྡོ་གཞི་ཆགས་དང་ཁྲིམ་མཆེས་བར་གྱི་འགྲོ་འོང་རིག་གནས་རྗེས་ཐུབ་པར་མ་ཟད། ཕྱུར་སྐམ་སྟེང་གི་བུ་བུ་མོའི་མི་སྣའི་ཞིབ་འཇུག་གིས་ཁོང་ཚོའི་ལས་ཀ་དང་མཚོན་ཆ། བཟའ་ཆས། གོན་པ། རྒྱན་ཆ། ཞལ་རས་མཛེས་བཟོ། འཚོ་བའི་ཡོ་བྱད་བཅས་གནའ་བོའི་བོད་མིའི་ཉིན་རྒྱུན་འཚོ་བ་དང་དེང་གི་འབྲོག་པའི་ཡུལ་སྲོལ་དང་ཚོ་གཞི་བར་གྱི་འབྲེལ་བ་སོགས་རྗེས་ཐུབ་པར་ཕན་ལ། དེ་མིན་མུ་མཐུད་ནས་འདིའི་སྐོར་གྱི་གནའ་བོའི་བོད་དམ་བོན་པོའི་འདས་མཆོད་ཀྱི་ཡིག་ཚང་རྙིང་པ་ཡོད་མེད་དང་གནའ་དཔྱད་རིག་པས་བདེན་དཔང་བྱེད་ཐུབ་མིན་སོགས་ལ་མཉམ་འཇོག་བྱེད་དགོས་སོ། །"[36]ཞེས་པའི་དགོངས་ཚུལ་བཀོད་པ་འདི་ལས་གོང་གི་ཤིང་ཁྲམ་དག་ལས་བྱུང་བའི་དར་གོས་ཀྱི་རིགས་དང་གུར་པོ་ཆེ་སོགས་བོད་སྤྱི་ལ་དར་སྲོལ་ཡོད་མེད་མི་ཤེས་མོད། བོད་བཙན་པོའི་སྐབས་ལ་དུས་རབས་གཉིས་ཙམ་ལ་དབང་བསྒྱུར་མྱོང་བའི་དྲུ་གུ་དང་འ་ཞའི་ཡུལ་དུ་བསྐོས་བཅས་ཀྱི་སྒོ་ནས་ཡུལ་སྲོལ་ཆ་ལུགས་དང་དར་གོས་གོན་པ་སོགས་ཀྱང་ས་གནས་དེ་ག་དང་མཉམ་གནས་སུ་བྱུང་བ་དང་། གཞན་ཡང་དར་གོས་ཚོང་ལམ་ཡིན་པས་ཆ་ནས་རྒྱལ་ཁབ་གཞན་དང་མི་རིགས་གཞན་ནས་དར་བའི་དར་གོས་ཀྱི་རིགས་ཀྱང་བྱུང་ཡོད་པར་རིགས། ཡིན་ཡང་དར་གོས་ཚང་མ་མི་རིགས་གཞན་ནས་ནང་འདྲེན་བྱས་ཟེར་ནའང་སྔར་བྱུང་མ་མྱོང་བའི་བོད་ཡིག་གི་གོས་ཡིག་བྱུང་ཡོད་པས། བོད་རང་ལའང་དར་འབུ་གསོ་བའམ་དར་གོས་ཐོན་སྐྱེད་བྱེད་པའི་ལག་རྩལ་བྱུང་མྱོང་བ་ར་སྲིད་བྱུང་། གཞན་ཡང་ཁོང་གིས"མཚོ་སྔོན་པོའི་ནུབ་བྱང་རྒྱུད་དང་ཡུ་གུར་ས་ཆའི་རྒྱུད་ལ་བོད་ཀྱིས་ཏུན་ཧོང་དང་ཉེ་འགྲམ་དར་གོས་ཚོང་ལམ་བཟུང་ནས་དབང་བསྒྱུར་ཡོད་པར་མ་ཟད། མཚོ་སྔོན་པོའི་བྱང་ཤར་ཐག་རིང་པོའི་བརྒྱུད་དམ་རྨ་ཆུའི་སྟོད་བརྒྱུད་ནས་ཨི་ཨར་ཧོ་སི་རི་རྒྱུད་བར་དུས་རབས་བརྒྱད་པ་ནས་བཅུ་པའི་བར་བོད་པའི་གནས་གཞི་བཅས་ཡོད། དེས་ན་མེ་སྦྲ་ཕོ་ལི་ཐན་སྒྱུ་རྩལ་བཤམས་མཛོད་ཁང་དུ་ཉར་ཅིང་པར་རིས་སྟེང་ཡ་གླིང་དཀྱིལ་མ་དང་རྒྱའི་དར་གོས་སྟེང་རྒྱུགས་ཆེ་བའི་སྐོར་དབྱིབས་དང་ཤིང་རིས་རི་མོ་གཙོ་བྱས་ལ། སྲོག་ཆགས་སྟེང་རྒྱའི་ལུགས་སྐྱེགས་

མེད་པའི་ཕྱུར་སྐམ་འདིས་བོད་བཙན་པོའི་དུས་ཀྱི་མདོ་སྨད་དང་རྨ་ཆུའི་སྟོད་རྒྱུད། ཧོ་ཞི་དོག་ལམ་ས་ཆའི་རིག་གནས་ཀྱི་འབྲེལ་བ་མཚོན”[37]ཞེས་པའི་དགོངས་ཚུལ་འདི་ནི་བོད་ཀྱི་ལོ་རྒྱུས་ལ་གཞི་བཅོལ་ཞིང་ཚྭ་འདམ་གཞོངས་དང་དར་གོས་ཚོང་ལམ་བར་གྱི་འབྲེལ་བ། ཕྱུར་སྐམ་སྣིང་གི་མིའི་ཆ་ལུགས་གོན་པ་སོགས་ཀྱང་སྐབས་དེའི་ལོ་རྒྱུས་དངོས་དང་མཐུན་པ་ར་སྤྲོད་ཐུབ་འདུག་སྙམ།

གཞན་ཡང་མཁས་དབང་དགེ་ཚོས་ཀྱིས“བོད་ཀྱི་རྗེ་བློན་རྣམས་ཀྱང་ཏ་ཟིག་པའི་སྲོལ་ལུགས་གནང་བ་ཡིན་ནམ་སྙམ་སྟེ། སྲོང་བཙན་གྱིས་དར་དམར་པོའི་ཐོད་བཞེས་པ་སོགས་ཀྱང་བཤད་ལ། ཟ་འོག་གི་བེར་དང་། ཕྲུགས་ལྷམ་སྣེ་འཁྱིལ་གྱོན་པ་སོགས་ཀྱང་ཏ་ཟིག་གི་སྲོལ་དང་འདྲ། ལར་ཟ་འོག་ནི་སྔོན་དུས་སུ་རྒྱ་གར་ནག་གཉིས་ཀར་ཡང་གྱོན་སྲོལ་མེད་པར་འདུག རྗེས་སུ་དཔོག་པའི་ཐབས་གཞན་ཞིག་ནི་འདི་ལྟར། རྒྱལ་ཁམས་སོ་སོའི་ཡུལ་ལྷ་རྣམས་ནི་ཡུལ་དེ་དང་དེའི་སྔོན་གྱི་མི་གཙོ་བོ་དག་གི་ཆ་ལུགས་སུ་ཡོད་པ་ཡིན་ལ། དེས་ན་རང་རེ་རྣམས་ཀྱིས་ཀྱང་བཙན་དང་རྒྱལ་པོ་ཞང་བློན་སོགས་སུ་འབོད་པའི་ཡུལ་ལྷ་འདི་དག་ལ་བལྟས་ནས། སྔོན་གྱི་བཙན་པོ་དང་རྒྱལ་པོ་རྣམས་དྲག་པོ་གཡུལ་གྱི་ཆ་ལུགས་ཇི་ལྟར་མཛད་པའི་རྣམ་པ་རགས་ཙམ་ཞིག་དཔྱད་ན་མི་འཚམ་ན་ཆེར་མེད་པར་སེམས།”[38] གསུངས་པ་ལས་ཀྱང་གནའ་བོའི་བོད་མིའི་ཆ་ལུགས་ཅུང་ཟད་ཤེས་ལ། དེའང་ཤེའུ་བང་སོ་ལས་ཐོན་པའི་ཕྱུར་སྐམ་སྣིང་གི་མིའི་ཆ་ལུགས་དང་ཆེས་ཆེར་འདྲ་ཞིང་དར་དམར་པོའི་ལ་ཐོད་བཅིངས་པ་སོགས་ཞིབ་ཕྲའི་པར་རིས་དག《བོད་ཀྱི་བང་སོ་ལས་བྱུང་བའི་ཕྱུར་སྐམ་ཚོན་ཁྲ་མའི་སྐོར་ལ་ཐོག་མར་དཔྱད་པ》ཞེས་པ་ལ་གཟིགས་ན་ངེས་ཤེས་སྐྱེའོ། །

2. དུར་སྲོལ། བང་སོའི་ནང་དུ་སྦས་ནས་དུར་འཛུག་བྱེད་སྟངས་འདི། བོན་གྱི་ལུགས་སྲོལ་ཞིག་ཡིན་ཚུལ་དང་། དེ་ཡང་ཕྱུ་དེ་གུང་རྒྱལ་གྱི་ཡབ་གྲི་གུམ་བཙན་པོའི་ཕྲུར་ཟངས་ཆེན་ཁ་སྦྱོར་གྱི་ནང་དུ་བཅུག་སྟེ་གཙང་ཆུའི་གཞུང་ལ་བསྐྱུར་བ་གོང་པོར་ཐོན་པ་དེ། གླུས་ནས་འཕྱུང་བ་དར་ཐང་དུ་དུར་བཏབ་པ་འདི། བོད་ཀྱི་ཡིག་ཚང་རྣམས་སུ་བང་སོའི་ཐོག་མ་ཡིན་པར་བཤད། གཞན་ཡང་། རྒྱལ་བློན་བར་དུ་ཁྲོ་བོར་བའི་རྗེ་དཀར་པོ་ཞིག་བཟུང་ནས། སུ་སྔོན་དུ་གྲོངས་ན་མནའ་བཅད་དེས་གོར་མ་དཀར་པོ་དེ། བང་སོའི་རྨང་དུ་བཞག་ནས་ཕྱག་བསྟར་ནས་བརྩིགས་སྲོལ་ཡོད་དེ། གནམ་རི་སྲོང་བཙན་དང་དབྱི་ཚབ་ཟུང་གིས་མནའ་རྗེ་དེ། ཕྱིས་དབྱི་ཚབ་ཀྱི་མཆད་པའི་རྨང་རྗེ་བྱས་ཚུལ་དང་། ཁྲོ་བོར་ཚེ་གོར་མ་ལག་ཏུ་ལེན་སྲོལ་དེ་ཉེ་ཆར་ཁམས་དང་འབྲས་ལྗོངས་ན་ཡོད་ཚུལ《དེབ་དཀར》ལས་གསུངས་སོ། །ཡང《དེབ་དཀར》ལས“གྲོངས་པའི་ཚེ་ཤ་རུས་རྣམས་གསེར་ཕྱེ་དང་མཉམ་དུ་བསྲེས་ནས། ཞྭགས་སྒོད་དུ་བཅུག་སྟེ་ས་ལ་སྦ། སོགས་སྣང་། ད་བཞེད་དུ་ཡང་། གསལ་སྣང་གི་བུ་མོ་ཤི་བའི་རོ་རྫའི་ནང་དུ་བཅུག་ནས། མའི་མལ་འོག་ཏུ་སྦས་ཚུལ་སོགས་ཀྱི་སྒྲོས་བྱུང་བས། དེ་འདྲའི་སྲོལ་ཞིག་ཀྱང་ཡོད་པར་

མཛོད།”[39] ཞེས་གསུངས་པ་ལྟར་ཤེའུ་བང་སོའི་དུར་སྲོལ་ལས་ཀྱང་རྫ་བུམ་སོགས་ཐོན་པས་དཔྱད་གཞིར་ལྷག་གོ།

གཞན་ཡང《དེབ་དཀར》ལས། “སྐབས་འགར་རྒྱལ་པོ་དང་མི་ཆེན་རྣམས། མཉམ་འཆི་མཉམ་གསོན་བྱེད་པའི་མནའ་འདོར། དེ་འདྲ་བ་རྣམས་རྒྱལ་པོ་གྲོངས་ཚེ་རང་ཉིད་ཀྱང་ལྟེབས་ཤིང་། དུར་ཁུང་གཅིག་ཏུ་སྦ་བ་ཡིན། བཙན་པོའི་རྟ་དང་། གོ་ཁྲབ་གཅེས་ནོར་རྣམས་ཀྱང་དུར་དུ་འཇུག དུར་སྟེང་དུ་རི་དེའུ་འདྲ་བ་ཞིག་བརྩིགས། དེར་ཤིང་སྡོང་འཛུགས་ཤིང་། ལོ་རེ་བཞིན་དུ་མཆོད་པ་ཡིན་ནོ། །”ཞེས་གསུངས་པ་ལས་ཀྱང་ཤེའུ་བང་སོ་དག་ལས་ཐོན་པའི་དུར་སྲོལ་དང་ཆེས་ཆེར་འདྲ་ལ་དུར་རྫས་དང་དུར་མཆོད་སྐབས་ཀྱི་ཤིང་ཁྲམ། དར་གོས་གྱོན་ཆས། ཟོག་ལུག་མདོས་རྫས་སོགས་ལོ་རྒྱུས་མང་པོ་དང་ཞལ་མཐུན་ཞིང་ཉེ་ཤར་སྤྱར་མོས་མི་ཁེབས་པར་གདའ་བས། གནའ་དུས་སུ་གསོན་མཆད་འདེབས་པའི་སྲོལ་ཡོད་པར་མ་ཟད། གཤིན་པོའི་ཉེ་འབྲེལ་རྣམས་དུར་སར་འཛོམས་ནས་དྲན་གསོའི་མཆོད་པ་འབུལ་སྲོལ་ཡང་བོད་ཀྱི་ལུགས་ལ་ཡོད་དེ། གཞན་ཡང་ལོ་རྒྱུས་ཡིག་རྙིང་འགར“སང་གི་ཉི་མར་སྲོང་གི་བང་སོར་མཆོད། གཤིན་པོ་ཐམས་ཅད་བྱེས་ཀྱི་ལུང་བར་སོང་། དེ་སྐད་སྨྲས་ནས་མཆོད་པ་རྒྱས་པར་བྱེད། ཕུད་དང་ནོར་དང་གོས་ལ་སོགས་པ་དང་། རྟ་ཕྱུགས་ཆང་འགྲོས་མཆོད་པའི་རྫས་རྣམས་ཀྱིས། མཆོད་པ་ཚར་ནས་ལྷག་མ་ཤུལ་དུ་སྤུངས། གཤིན་པོ་ཉོག་ལ་དེ་ལས་ཟོ་ཞིག་བཟོ། ཕྱི་མིག་མི་ལྟ་རང་གི་གནས་སུ་ཐོན།” ཞེས་འབྱུང་ལ། གཞན་ཡང《ཡིག་ཚང་མ་ཧཱ་ཐུས་སྤྲལ》དུའང“ཐུ་རྐོད་ཀྱིས་མི་ཤི་ཚེ་དུར་གྲོགས་སུ་རྟ་ནོར་གསོད། བང་སོ་ནི་འབུར་མར་བརྩིགས། རྟ་དང་གནག་གི་མགོ་བོ་བཅད་ནས་མཐའ་ལ་ཕྱུང་། བང་སོ་ནི་གྲུ་བཞི་བྱེད་ཅིང་རྗོ་མང་པོ་བསགས་ནས་བརྩིགས་པ་དང་། དབྱིབས་ལ་ནི་ཁང་སྣད་ལེབ་མོ་དང་མཚུངས།”[40] ཞེས་པ་འདི་དག་ལས་གནའ་བོའི་བོད་ཀྱི་དུར་སྲོལ་དང་སྐོར་སུ་ཤེའུ་བང་སོའི་ཚོགས་ལ་འབྲེལ་བ་ངེས་ཅན་ཡོད་པ་ཤེས།

མདོར་ན། ཚ་འདམ་ཤེའུ་བང་སོ་མང་པོ་ལས་སྐོར་སུ་གླིང་བྱའི་བང་སོ་ཨང་བཅུ་པའི་ཤིང་ཁྲམ་བཅུ་གཅིག་ལ་འདིར་བརྗོད་ཅམ་ལས་ཆེས་ཆེར་བཀྲལ་མེད་མོད། གཞན་ཡང་གནའ་བོའི་བོད་མིའི་གྱོན་གོས་ཆ་ལུགས་དང་། ཟ་འཐུང་དར་གོས་ཀྱི་རི་མོ་སྣ་ཚོགས། དར་ཡིག་ཁྲམ་ཡིག ཕྱི་འབྲེལ་དང་དར་གོས་ཚོང་ལམ། དུར་སྲོལ་དང་དུར་རྒྱགས་སྤོར་ཟས། ཕོ་བྲང་རམ་གུར་པོ་ཆེ། ས་མིང་ཐུས་མིང་། ལྕགས་རིགས་བཟོ་སྦྱོང་ལག་རྩལ། སྐད་དང་ཡི་གེའི་བརྗོད་སྙིང་སོགས་ཕྱོགས་སོ་སོ་ན་འཚོལ་སྡོག་བྱ་རྒྱུའི་དཔྱད་གཞི་རིན་ཐང་བྲལ་བ་མཐོང་བས་རང་ཅག་གི་གནའ་བོའི་སྲིད་དོན་དང་འཚོ་ཆོས་ལ་དཔྱད་བྱའི་མེ་ལོང་ཞིག་ཏུ་སྣང་ལ། དེ་མིན་དྲུ་གུ་དང་ལི་ཡུལ། སྟག་གཟིག་སོགས་མི་རིགས་གཞན་གྱི་ལོ་རྒྱུས་ཀྱང་དང་གིས་མཚོན་པས། འདི་ནི་ལོ་རྒྱུས་ཞིབ་འཇུག་པ་དང་རྒྱལ་ཁབ་ཕྱི་ནང་གི་བོད་རིག་པ་མཁས་མང་གིས་ཞལ་

མཐུན་དུ་ཤར་ཕྱོགས་ཀྱི་གཏོར་གཟུགས་མཆོད་རྟེན(东方金字塔)དུ་བརྟགས་པ་དེའང་དོན་དུ་སྨིན་ནོ། །

མཆན།

[1] དཔའ་བོ་གཙུག་ལག་ཕྲེང་བའི《ཆོས་འབྱུང་མཁས་པའི་དགའ་སྟོན།》མི་རིགས་དཔེ་སྐྲུན་ཁང་། 2006ལོ།

[2] སྤྱ་བསྟན་རྒྱལ་བཟང་པོའི《བསྟན་པའི་རྣམ་བཤད་དར་རྒྱས་གསལ་བའི་སྒྲོན་མེ།》ཀྲུང་གོ་བོད་ཀྱི་ཤེས་རིག་དཔེ་སྐྲུན་ཁང་། 1991ལོ།

[3] ཤར་རྫ་བཀྲ་ཤིས་རྒྱལ་མཚན་གྱིས་བརྩམས་པའི《ལེགས་བཤད་རིན་པོ་ཆེའི་གཏེར་མཛོད།》མི་རིགས་དཔེ་སྐྲུན་ཁང་། 1985ལོ།

[4] བློ་གྲོས་རྒྱ་མཚོས་མཛད་པའི《གཏམ་སེང་ཆེན་ཉི་མ་འདྲེན་པའི་སྒྲ་རེངས།》བོད་ལྗོངས་མི་དམངས་དཔེ་སྐྲུན་ཁང་། 1994ལོ།

[5] [8] བློ་གྲོས་རབ་གསལ་གྱི《གནའ་བོའི་ཞང་བོད་ཚིག་མཛོད།》ཀན་སུའུ་མི་རིགས་དཔེ་སྐྲུན་ཁང་། ཤོག་ངོས328、269པར་གསལ།

[6] [7] དོན་གྲུབ་རྒྱལ་དང་ཁྲིན་ཆེན་དབྱིན་གཉིས་ཀྱི《ཐང་ཡིག་གསར་རྙིང་ལས་བྱུང་བའི་བོད་ཆེན་པོའི་སྲིད་ལུགས་དང་འབྲེལ་བའི་དེབ་ཐེར་སེང་གེའི་ང་རོ།》མཚོ་སྔོན་མི་རིགས་དཔེ་སྐྲུན་ཁང་། ཤོག་ངོས5-6བར་གསལ།

[9] [16] [19] གོང་བ་ཀླུ་འབུམ་རྒྱལ་གྱིས་བརྩམས་པའི《སྤུ་རྒྱལ་བཙན་པོའི་སྐབས་ཀྱི་བརྡ་རྙིང་ཡིག་ཆ་བློ་གསར་སྟོང་གི་འཇུག་སྒོ།》མི་རིགས་དཔེ་སྐྲུན་ཁང་། 2006ལོ། ཤོག་ངོས251、221、320པ་བཅས་སུ་གསལ།

[10] [11] [12] [14] [15] [18] [25] [27] [30] [32] ཐུབ་བསྟན་ཕུན་ཚོགས་ཀྱི་གཙོ་སྒྲིག་བྱས་པའི《བོད་ཡིག་ཚིག་གཏེར་རྒྱ་མཚོ།》སི་ཁྲོན་མི་རིགས་དཔེ་སྐྲུན་ཁང་། ཤོག་ངོས2326、3045、3049、38、337、3465、458、1390、3331、2056、1390པ་བཅས་སུ་གསལ།

[17] སྟ་གསལ་སྣང་། 《སྦ་བཞེད།》མི་རིགས་དཔེ་སྐྲུན་ཁང་།

[20] [21] དབང་རྒྱལ་དང་བསོད་ནམས་སྐྱིད་གཉིས་ཀྱི《ཏུན་ཧོང་ནས་ཐོན་པའི་བོད་ཀྱི་གནའ་ཡིག་ཞིབ་དཔྱད་ཕྱོགས་བསྒྲིགས》《རྒྱལ་ཕྲན་དང་རྒྱལ་རབས་རིམ་བྱུང་གི་མིང་།》ཀན་སུའུ་མི་རིགས་དཔེ་སྐྲུན་ཁང་། ཤོག་ངོས60 P. T. 2204

[22] ཚོང་ཁ་གཡུང་དྲུང་མགོན་པོ་དང་ཡུམ་སྐྱབས། ཡོའུ་ཐེ་ཁྲིན། 《སློན་ཁྲི་ཤེའུ་ཀ》ཞེས་པ《མཚོ་སྔོན་བོད་རིགས།》2012. 1

[23] ཚབ་འགག་རྟ་མགྲིན། 《མཚོ་སྔོན་གཏེར་ལམ་ཇོང་གི་བོད་བཙན་པོའི་དུས་ཀྱི་བང་སོ་ཨང་གསུམ་པའི་རྗེ་རིང་ཡི་གེ་ལས་འཁྲོས་པའི་གཏམ།》《ཀྲུང་གོའི་བོད་རིག་པ》2012. 4

[24] ཨ་ཀྱཱ་བློ་བཟང་ཐུབ་བསྟན་དང་མགོན་པོ་བཀྲ་ཤིས་སོགས་ཤེས་བྱ་ཀུན་འདུས་རྩོམ་སྒྲིག་ལྟེ་གནས་ནས་པར་

སྔོ་ཐྲག་དཀྲིས་པའི་བཞད་སྒྲ།

སྨྲུན་བྱས་པའི《དག་གསར།》 ཐའི་ལྷན་ནང་པའི་བདེ་རྩ་ལྷན་ཚོགས། 2003ལོ། ཤོག་ངོས290པར་གསལ།

[26] [29] རྣམ་རྒྱལ་ཚེ་རིང་གིས་བསྒྲིགས་པའི《བོད་ཡིག་བརྡ་རྙིང་ཚིག་མཛོད།》 ཀྲུང་གོའི་བོད་རིག་པ་དཔེ་སྐྲུན་ཁང་། 2001ལོ། ཤོག་ངོས548、305པར་གསལ།

[28] [31] [33] བློ་གྲོས་རབ་གསལ་གྱི《གནའ་བོའི་ཞང་བོད་ཚིག་མཛོད།》 ཀན་སུའུ་མི་རིགས་དཔེ་སྐྲུན་ཁང་། ཤོག་ངོས216、188、244པ་བཅས་སུ་གསལ།

[34] ལྷ་མོ་སྐྱབས་ཀྱི《ལི་ཡུལ་ནས་ཐོན་པའི་བོད་ཀྱི་ཁྲམ་བྱང་གི་ནང་དོན་དང་དེའི་བརྡ་སྤྲོད་ཀྱི་ཁྱད་ཆོས་ལ་དཔྱད་པ།》 2010ལོའི་རབ་འབྱམས་མཐར་ཕྱིན་དཔྱད་རྩོམ། ནུབ་བྱང་མི་རིགས་སློབ་ཆེན། ཤོག་ངོས25པར་གསལ།

[35] [36] [37] (ཨེ་ཕེ་སི)ཨེ་མིས་ཏེ་ལིར་གྱིས་བརྩམས་ཤིང་ཤ་བོ་མཁའ་འབུམ་གྱིས་བསྒྱུར་བའི《བོད་ཀྱི་བང་སོ་ལས་བྱུང་བའི་ཕྱུར་སྐམ་ཚོན་ཁྲ་མའི་སྐོར་ལ་ཐོག་མར་དཔྱད་པ།》 ཞེས་པ《མཚོ་སྔོན་མི་རིགས་སློབ་ཆེན་རིག་དེབ།》 2012ལོ། ཤོག་ངོས29-39、29-39、29-39པ་བཅས་སུ་གསལ།

[38] [39] དགེ་འདུན་ཆོས་འཕེལ་གྱིས་བརྩམས་པའི《དེབ་ཐེར་དཀར་པོ།》 མི་རིགས་དཔེ་སྐྲུན་ཁང་། 2002ལོ། ཤོག་ངོས15-16、48པ་བཅས་སུ་གསལ།

[40] ཆ་རིས་སྐལ་བཟང་ཐོགས་མེད་ཀྱི《བོད་བཙན་པོའི་ལོ་རྒྱུས་དང་འབྲེལ་བའི་མཐའ་དཔྱོད་གཅེས་བསྡུས།》 མི་རིགས་དཔེ་སྐྲུན་ཁང་། 2010ལོ། ཤོག་ངོས252པར་གསལ།

《ཀྲུང་གོའི་བོད་རིག་པ།》 ༢༠༡༣ལོའི་དེབ་གསུམ་པ་ལས་བཏུས།

༄། །སེར་ཤུལ་རྫོང་གི་གསར་རྙེད་བྲག་བརྐོས་ཁག་མཚམས་སྦྱོར་དང་དེའི་དཔྱད་ཞིབ།

ཤ་བོ་མཁའ་བྱམས།

བྲག་བརྐོས་རྙེད་སའི་ས་ཁོངས་དག་བཙན་པོའི་སྐབས་ཀྱི་ས་ཁོངས་དབྱེ་ལུགས་ནས་བལྟས་ཆེ་འདུན་མཐའ་དེའི་སའི་ཉེ་འབྲེལ་དུ་གཏོགས་ཤིང་། བཙན་པོའི་སྐབས་འབངས་ཚོང་པ་ལྷའི་གྲུས་སུ་འདུན་མ་དར་འཚོང[1]དང་སྨད་ཀྱི་ཁྲིམ་ཁ་གསུམ་གྱི་ཡ་གྱལ།[2] དེ་བཞིན་གླིང་ཐང་སྒྲོལ་མ་ལྷ་ཁང་། བཟོ་སྐྱུ་ར་ལྷ་ཆེན་ལུགས[3]སོགས་རིག་གནས་དང་ཚོང་འདུ་རྒྱ་ཆེ་བ་ལ། 《རྒྱལ་པོ་བཀའ་ཐང》ཟིན་བྲིས་སུ་འདེབས་པ་པོ་འདུན་མ་རྩེ་མང[4]སོགས་བློན་ཆེན་པོ་དང་ལོ་ཙཱ་བ[5]ཡང་མང་པོ་བྱོན་བྱུང་། བཙན་པོའི་རྒྱལ་རབས་མཇུག་ཏུ་ཡང་རྗེ་བོ་སེ་བཙུན་གྱིས་གཙོས་པའི་སྐྱེས་ཆེན་དམ་པ་མང་པོས་ཀྱང་བསྟན་པའི་མེ་རོ་གསོ་བར་བྱས་རྗེས་བླ་མེད་བཞག་ཡོད་ཅིང་། གནས་འདི་བཙན་པོའི་སྐབས་ཀྱི་ས་གནད་འགག་ཆེ་བ་ཞིག་ཡིན་པ་གོང་གི་ལོ་རྒྱུས་ཡིག་ཚང་ཕུད། བོད་ལྗོངས། མཚོ་སྔོན། སི་ཁྲོན་བཅས་ཞིང་ཆེན་གསུམ་གྱི་འདུ་གནས་འདིར་བོད་ཁུལ་དུ་གྲངས་འབོར་དང་རྒྱ་ཁྱོན་ཆེས་ཆེ་བའི་བཙན་པོའི་སྐུ་དུས་སུ་བཞེངས་པའི་བྲག་བརྐོས་སྐུ་འདྲ་དང་ཡི་གེ་རྙེད་པས་ཀྱང་ར་སྤྲོད་ཞུ་ནུས།

རྩོམ་འདིར་ངོ་སྤྲོད་ཞུ་རྒྱུ་གཙོ་བོ་ས་ཁུལ་མི་འདྲ་བ་ཁག་བཞི་ཡོད་ལ། རྩོམ་འབྲིའི་དགོས་མཁོ་དང་བྲག་བརྐོས་རྒྱུ་ཆའི་མང་ཉུང་ལ་གཞིགས་ནས་ཟ་ཆུའི་འབབ་རྒྱུད་ཀྱི་ཁྲིམ་བཟའ་འོག་མ་ཤར་ཤུག་པ་གནས་རིའི་རི་འདབས་ཁག་ཅིག་དང་། འབྲི་ཆུའི་འབབ་རྒྱུད་ཀྱི་ལོ་ཕྱུག་གྲོང་བརྡལ་ས་ཆའི་བྲག་བརྐོས་ཁག་གཉིས་སུ་བགོས་ཡོད།

དང་པོ། ཤུག་པ་གནས་རིའི་བྲག་བརྐོས།

ཤུག་པ་གནས་རིའི་བྲག་བརྐོས་ཁག་དང་དགོན་གསར་གྲོང་། དབྱེར་གོ་གྲོང་ཚོའི་བྲག་བརྐོས་ཁག་སྤྱི་ལོ2012ནས2013ལོར་གསར་དུ་རྙེད་ཅིང་བོད་ཀྱི་ལོ་རྒྱུས་དང་ཀྲུང་གོའི་གནའ་དཔྱད་ལོ་རྒྱུས་ཐོག་ནུས་པ་དམིགས་བསལ་ཐོན་པས་ན། སྤྱི་ལོ2013ལོའི་ཀྲུང་གོའི་གནའ་ཤུལ་གསར་རྙེད་ཆེན་པོ་བཅུའི་ནང་དུ་འདེམས་ཐོན་བྱུང་ཡོད་ཅིང་། འདི་ནི་སྤྱི་ལོ1996ལོར་གཏེར་ལམ་བཙན་པོའི་བང་སོ་ཚོད་པ་ནས་བྱུང་

བའི་བོད་འབྲེལ་གནའ་ཤུལ་གལ་ཆེན་གསར་རྙེད་ཨང་གཉིས་པ་ཡིན། སྤྱི་ལོ2013ལོའི《ཤི་ཁྲོན་རིག་དངོས》དེབ་དྲུག་པར་ཐེངས་འདིའི་བརྟག་དཔྱད་སྙན་ཞུ་བཀོད་ཡོད་ལ།[6] སྙན་ཞུ་དེར་གནའ་ཡིག་གི་ཁྱད་ཆོས་དོར་བ། ཕབ་ནོར་མང་བ། ལོ་རྒྱུས་ཀྱི་འགག་གནད་མ་ཁྲོལ་བ་སོགས་ཀྱི་གནད་དོན་ཚབས་ཆེ་བས། རྩོམ་པ་པོས་རྟོག་ཞིབ་སྙན་ཞུ་འབྲི་མཁན་དང་བཀའ་མོལ་བརྒྱུད། གཞི་དང་པོའི་འདྲ་པར་དང་གབ་རིས(临摹)གབ་སྤར(拓片)བཅས་ཀྱི་རྒྱུ་ཆ་རྫང་བྱས་བྲག་བརྐོས་རི་མོ་ཁག་མཚམས་སྦྱོར་དང་ཡི་གེ་ངོས་བཤུས་བྱས་ཡོད།

ཤུག་པ་གནས་རིའི་བྲག་བརྐོས་ཁག་གནས་རིའི་རི་འདབས་ཀྱི་བྲག་དང་རྫ་ངོས་མི་འདྲ་བ་ཆེ་ཆུང་ཏུ་མའི་ངོས་སུ་བརྐོས་ཡོད་ལ། བྲག་བརྐོས་ཁག་གི་གཡོན་འདབས་སྒོམ་ཁང་དུ་ཚུད་ཡོད་ཅིང་། གནའ་དཔྱད་རྟོག་ཞིབ་སྙན་ཞུ་ལྟར་ན་རི་མོ་དང་ཡི་གེ་ཁག་མི་འདྲ་བ་བཅུ་གསུམ་དུ་བགོས་ཡོད་ཅིང་དེའི་ནང་ཡིག་རྙིང་ཁག་བརྒྱད་ཡོད།

བྲག་བརྐོས་ཁག་དང་པོ་དེ་རྫ་ལེབ་མོ་དཀྱིལ་བཀས་པ་ཞིག་གི་གཡོན་ཕྱོགས་སུ་བྱང་སེམས་ཀྱི་རྣམ་པར་སྣང་བའི་བཞེངས་སྐུ་ཞིག་པད་འདབ་ཉིས་བརྩེགས་ཀྱི་སྟེང་སྐུ་ལ་ཕྱུ་བ་མནབས་ཤིང་སྣ་རགས་བཅིངས་པ། དབུ་ལ་དབུ་རྒྱན་རྩེ་གསུམ་དང་ཕྱག་ལ་པདྨ་བསྣམས་པའི་གཡས་འགྲམ་དུ་བོད་ཡིག་ཡིག་ཕྲེང་དྲུག་འཁོད་ཡོད་ཅིང་། ཡིག་ཕྲེང་བཞི་པ་དང་ལྔ་པའི་དབུ་དང་དྲུག་པའི་ཡི་གེར་བྲག་ངོས་ཞིག་པས་མི་གསལ་ལ། ཡི་གེའི་མཇུག་ལ་ཕྱག་ཐམ་ལྷ་བུའི་རི་མོ་ཆུང་བ་ཞིག་བརྐོས་འདུག

མ་ཡིག　□□□སངས་རྒྱས་ཀུན/གྱིས་ཐུགས་རྗེར་དགོང

/ཁྲིཾས་སྲུཾ་ཐུགས་རྗེ་ཆར་བཞིན/འབབས། །སེཾས་ཅན་ཀུན་གྱི་

སྡུག་/

□་བསལ། །མ་རིག་མུན་/□□□◌ིས་བསྐྱལ། །དེ་ཕྱིར་ཁྱོད་

/□□□(ཕྱག་ཐམ་ལྷ་བུའི་རི་མོ་ཞིག་འདུག)

བྲག་བརྐོས་ཁག་གཉིས་པ་དེ་གནས་ཡུལ་བྲག་བརྐོས་དང་པོའི་གཡོན་ཕྱོགས་སུ་ཡོད་ཅིང་། རྫ་ནར་མོ་རིང་པོ་ཞིག་གི་དབུ་སྟོད་དེར་གཟུངས་སྔགས་བོད་ཡིག་ཏུ་ཕབ་པ་དང་འདབས་སུ་བོད་ཡིག་ཡི་གེ་གཉིས་ཀྱི་བར་རྫ་ངོས་མི་སྙོམས་པས་བར་སྟོང་ཡིན། སཾ་སྐྲི་ཏ་དང་བོད་ཡིག་སོ་སོར་ཡིག་ཕྲེང་བཞི་ཡོད་ལ། བོད་ཡིག་ཡིག་ཕྲེང་ཀུན་གྱི་དབུ་རྫ་ངོས་ཞིག་པས་མི་གསལ། གོང་འོག་བར་གསུམ་དུ་ཕྱིས་སུ་བརྐོས་པ་དང་རྩི་དཀར་པོ་བྱུགས་པའི་མ་ནི་ཡིག་དྲུག་ཀྱང་ཡོད།

མ་ཡིག　ཨོཾ་ཏར་ཏྲ་ཐ་ཨོཾ་ཨ་ན་ལེ་ཨ་/ན་ལེ་བྲི་ཤ་

དེབྲིཤདེབྲེར་བྲེ་རབཛྲཱེ་/བྷན་ཛ་བྷན་ཛ་ནི་བཛྲ་བྷ་ནི་ཕཊ་སྭ་

ཏཿ། ཧུཾ་ཧུཾཿ པྟན་ཏྲཿ ཕཊ/སྭ་ཧལ། །སྲུང་ཤིག་སྲུང་ཤིག། ཿ ཿ།

□□□ཡོན་གིས། བཙན་པོ་ཁྲི་སྲོང་ལྡེ་བཙན་ཡབ་

/□□□རྫོགས་མཐོ་བར་སྨོན་ཏོ། །(གཡུང་དྲུང་རྟགས)། །

མཐའ་ཡས༔ མུ་/□□□ྱལ་བའི༔ འཇིག་རྟེན༔ ན་སེམས་

ཅན་ཐམས་ཅད་སྡུག་བསྔལ་/ལས་བསྒྲལད་ཏེ་བླ་ན་མེད་པའི་

ཆོས་དང་ནམ□□□

བྲག་བརྐོས་ཁག་གསུམ་པ་དེ་བྲག་བརྐོས་ཁག་གཉིས་པའི་གཡོན་ངོས་སུ་རྗེ་ལེབ་མོ་གཅིག་གི་དཀྱིལ་དུ་ནང་ཟེར་མ་མེ་སྣག་ཙམ་མཆེད་པའི་རྒྱབ་ཡོལ་དང་འོད་གོར་གྱི་དཀྱིལ་དུ་འོད་དཔག་མེད་ཀྱི་སྐུ་པད་འདབ་ཉིས་བརྩེགས་ལ་དཀྱིལ་དྲུང་གིས་བཞུགས་ཤིང་། དབུ་ཐོར་ཚུགས་དང་ཕྱག་མཉམ་བཞག་བྱས་པ་དཔུང་རྒྱན་དང་ལྡན་ལ། སྐུ་སྟོད་ལ་དར་གྱི་ལན་བུ་ཞིག་བྲག་པ་གཡོན་ནས་མན་འོག་ལ་འཁྱིལ་བ། སྐུ་སྨད་ལ་དར་གྱི་སྨད་གཡོག་མནབས་པ། སྐུ་འདྲའི་སྤྱིའི་མཐོ་ཚད་ལ་སྨི0. 85ཡོད། སྐུ་གཡོན་སྟོད་དང་གཡོན་ཞབས་སུ་བོད་ཡིག་འབོད་ཡོད་ལ། རྗེ་ངོས་ཕལ་ཆེ་བ་ཞིག་པས་ད་ལྟ་ང་ཆོས་མཇལ་ལམ་དུ་ཡོད་པ་ཡིག་ཕྲེང་དྲུག་ཙམ་ལྷག་ཡོད།

མ་ཡིག □□□སྐུ་ནི་རིན་ཅེན་ཤེལ་དག་བཞིན་/□□□

དར་དཀར་བབ་པ་འདྲ། །འཁོར། /□□□་བུ་ས་བཅང་། །

/□□□་བ་ཟླ་བཻ་

□□□སྐྱེས་/□□□་། །/□□□ཐོང་ཅིག་ནི་གྲོལ་ཐ་ཏེ། །དེ་ཕྱིར་ལ་ཕྱག་འཚལ་ལོ། །

བྲག་བརྐོས་ཁག་བཞི་པ་དེ་བྲག་བརྐོས་ཁག་གསུམ་པའི་གཡོན་ངོས་རྗེ་ཟུར་གསུམ་དབྱིབས་བྱས་པའི་སྟོད་ལ་ཕྱི་མེ་ལྕེ་མཆེད་པའི་རྒྱབ་ཡོལ་དང་འོད་གོར་གྱི་ནང་དུ་རྣམ་པར་སྣང་མཛད་ཀྱི་སྐུ་པད་འདབ་ཉིས་བརྩེགས་ལ་དཀྱིལ་དྲུང་གིས་བཞུགས་ཤིང་། དབུ་ཐོར་ཚུགས་མཐོན་པོར་དབུ་རྒྱན་རྩེ་གསུམ་མ་ལྡན་པ། ཕྱག་གཉིས་མཉམ་བཞག་དང་དཔུང་རྒྱན་ཡོད་པ། སྐུ་སྟོད་ལ་དར་གྱི་ལན་བུ་ཞིག་བྲག་པ་གཡོན་ནས་མཆན་འོག་ལ་འཁྱིལ་ཡོད་ཅིང་། སྐུ་སྨད་ལ་དར་སྨད་གཡོག་བནབས་ཡོད། སྐུ་འདྲའི་སྤྱིའི་མཐོ་ཚད་ལ་སྨི0. 64དང་། སྐུ་འདྲའི་གཡོན་འདབས་སུ་བོད་ཡིག་ཡིག་ཕྲེང་བརྒྱད་བརྐོས་ཡོད་ལ། སྐུའི་གཡོན་དང་ཡི་གེ་གོང་དུ་རྒྱ་ཡིག“王”ཞེས་པ་ཞིག་བྱུང་ཡོད།

མ་ཡིག ༄། །[7]བསོད༔ ནམས༔ /ལྷུན་གྱིས་གྲུབ༔ སོ༔

སྐུ། བསྒྲིབས༔ /ཆོས;༔ ནམས༔ ཡོངསུ༔ བསྔོའོ། །བྱང་ཆུབ༔

མཆོག་ཉིད་ཀུན/ཁབ། །ལྷུན་ཀྱིས༔ གྲུབ༔ པ༔ ཡེ་ཤེས་༔

བཞིན། དམིགས༔ མྱེད་༔ མཉྀ༔ པ༔ རྣམས༔ ཡེ་མ་བྱེད། །/

སྣ་ར་ཏྲག༔ པ༔ གཡུང་དྲུང་སྟེ། །རྣཾ༔ པར༔ སྣང༔ མཛད༔

ཡང་དག་པས། །བདག་གིས༔ གསོལ་/ཅིང་མཆོད་ཕྱག་

འཚལ། །༔ ། །གཅུང༔ གྱི༔ སློབ༔ མ༔□་སྨན་ལེགས་གྲུས༔

པའི༔ སེམས༔ ཀྱིས༔□□/འགྲོ༔ བའི༔ སེམས༔ ཅན་༔ སུ་༔

ཞིག༔ གིས། །མཐོང་སྟེ༔ ཕྱག་འཚལ་□ས་ནསུ། །ཀླུགས༔ ཤིང་

མཉན༔ ཏེ༔ བསྟན་པ༔ དང་། །/ས༔ མ༔ ལུས༔ སེམས༔

ཆན༔ ཀུན། །བླ་མྱེད་བྱང༔ ཆུབ༔གྲུབ་པར་སྨོན(གཡོན་འཁོར་གཡུང་དྲུང་རྟགས)

བྲག་བརྐོས་ཁག་ལྔ་པའི་གནས་ཡུལ་ནི་བྲག་བརྐོས་ཁག་བཞི་པ་གནས་སའི་རྫོའི་རྒྱབ་ཟུར་ངོས་སུ་བརྐོས་ཡོད་ལ། སྤྱིའི་ཡིག་ཕྲེང་བདུན་ཡོད། ལོ་རླའི་ཆར་ཆུས་ཙུང་མི་གསལ་བ་ཆགས་ཡོད།

མ་ཡིག ༄། །ཕྱོགས་འདིའི་དཀོན་མཆོག་ཐཾ་/ཅད་

ལ། །རྗེསུ་ཡི་རང་སྨོན་པ་ནི། །བཙན་པོ་ཡབ་སྲས་སེམས་

ཅན་ཀུན། །སྡིག་/པ་གྲངས་མྱེད་ཞུ་བ་སྟེ། །བླ་མྱེད་བྱང་ཆུབ་

གྲུབ་/པར་སྨོན། །བདག་ཉིད་ཚེ་རབས་གར་/སྐྱེས་ཀྱང་། །བླ་

མྱེད་ལམ་དྲ་ཡོང་མྱི་འདལ། /བསམ་པ་ལྷུན་ཀྱིས་གྲུབ་པར་སྨོན། །

བྲག་བརྐོས་ཁག་དྲུག་པ་དེ་བྲག་བརྐོས་ལྔ་པའི་སྟེང་གི་རྫེ་ལེབ་མོའི་སྟེང་དབུས་སུ་པད་འདབ་ཉིས་བརྩེགས་ལ་རྒྱབ་ཡོལ་དང་འོད་སྐོར་གྱི་ནང་དུ་རྒྱལ་བ་དོན་ཡོད་གྲུབ་པ་དབུ་ཐོར་ཚུགས་མཐོན་པོར་དབུ་རྒྱན་རྩེ་གསུམ་མ་ལྷན་པ། ཕྱག་གཡས་མཉམ་བཞག་དང་ཕྱག་གཡོན་ཆོས་འཆད། སྐུ་སྟོད་ལ་དར་གྱི་ལན་བུ་ཞིག་ཕྲག་པ་གཡོན་ནས་མཆན་འོག་ལ་འཁྱིལ་ཞིང་། སྐུ་སྨད་ལ་དར་གྱི་སྨད་གཡོག་མནབས་པ། སྐུ་འདྲའི་སྤྱིའི་མཐོ་ཚད་ལ་སྨི0.47ཡོད། སྐུ་འདྲའི་གཤམ་དུ་བོད་ཡིག་ཡོད་ཅིང་། སྤྱིའི་ཡིག་ཕྲེང་དྲུག་ཡོད་ལ། ཆ་ཚང་ལ་གསལ་པོར་གནས་ཡོད།

མ་ཡིག ༄། །རྣཾ་པར་དག་པའི་སྐུ་མཆོག་མཛེས་པའི་

གཟུགས། །ཡེ་ཤེས་རྒྱ་/མཚོ་གསེར་གྱི་རི་རབ་འདྲ། །གྲགས་པས་

འཇིག་རྟེན་ཁྱབ་པར་རབ་ཏུ་སྣང་། །/རབ་དུལཾ་སྟོན་རྣཾ་སྣ་

སྨྱིག་བཙུམསུ། །འགྲོ་ལ་ཁྱོད་ནི་ཉི་མ་བཞིན་དུ་སྣང་། །/ཉཾ་ཀའི་

རང་བཞིན་ཤིན་དུ་གྲོལ་བའི་སེམས། །སྙིང་རྗེ་གྲགསྤ་ཕྱི་ཇྲེ་འཛྷ་

པེ་ཆོག། /ཐབས་དྲ་ཤེས་རབ་ཟུང་དུ་འབྲེལ་པས་སེམས་ཅན་

སྒྲོལ། །དེ་བས་/ཕྱག་འཚལ་མཆོད་ཅིང་སྐྱབས་སུ་མཆི། །

བྲག་བརྐོས་ཁག་བདུན་པའི་གནས་ཡུལ་བྲག་བརྐོས་ཁག་དྲུག་པའི་ནུབ་ཕྱོགས་སྐོམ་ཁང་གི་བར་དུ་འཁེལ་ཡོད་ལ། གཟུངས་སྔགས་དང་སྨོན་ལམ་བཅས་ཡིག་ཕྲེང་བཅུ་གཅིག་ཡོད།

མ་ཡིག ༄། ཨོཾ་བཛྲ་ཀྲོ་དྷ་མ་ཧ་ཛྙ་ལ། /ཧུམ་པཊ་སྭ་

ཧཱ། །གསང་བའི་མཚན་ནི་/ཕུན་སུམ་ཚོགས། །ཤེས་རབ་ཡོད་པ་

སྟོབས་/པོ་ཆེ། སྤྱི་བོར་དབང་སྐུར་ཡིད་ཀྱང་རྗེ། །མཆོ་/དང་

ཡང་དག་ལྡན་པ□། །□སྤྱུར་ཚུལ་ཁྲིམས་/ཤེས་རབ་ཆེ། །རྫུ་

འཕྲུལ་ཆེ་བ་སྟོབས་པོ་/ཆེ། །བསོད་ནམས་ཆེ་བ་མཐུ་ཡང་ཆེ།

ཡོན་/ཏན་ཆེན་མོ་སྟོབས་པོ་ཆེ། །རྫུ་འཕྲུལ་ཆེན་/པོ་ཁྱོད་ལ་

ཕྱག་འཚལ་ལོ། །སྔགས་ཟླ་

ཚིག་འཆད་འདི་བྲིས་པ་ཡོན་གྱིས་བཙད་པོ་ཡབ་སྲས་/

ཚེ་རིང་དང་སེམས་ཅན་ཐམས་ཅད་བླ་ན་མེད་པའི་བྱང་ཆུབ་

དུ་གྲུབ་པར་སྨོན་ཏོ། །□མ་ལེགས་གོང་གིས་བྲིས་སོ། །

བྲག་བརྐོས་ཁག་བརྒྱད་པའི་གནས་ཡུལ་སྐོམ་ཁང་གི་ཕྱི་ལོགས་སུ་ཡོད་ལ། སྤྱིའི་ཡིག་ཕྲེང་གཉིས་ཡོད།

མ་ཡིག ༄། །གཙུང་ཀྱི་སློབ……/ཡུལ་ཐིགས་ཀྱི་སྨོན་ལཾ་

གསོལ་བ།

གཉིས་པ། ལོ་ཕྲུག་གྲོང་བརྡལ་དུ་གནས་པའི་བྲག་བརྐོས།

ལོ་ཕྲུག་གྲོང་བརྡལ་ས་ཆར་བཙན་པོའི་སྐབས་ཀྱི་བྲག་བརྐོས་ཁག་བཞི་ཡོད་ལ། དེ་དག་ནི་བྲག་ལྷ་མོ་དང་ལོ་ཕྲུག་གྲོང་། དགོན་གསར་གྲོང་། དབྱེར་གོ་གྲོང་ཚོ་བཅས་ཡིན། བྲག་ལྷ་མོའི་ཡི་གེ་འདི་དུས་རབས་སྔ་མའི་ལོ་རབས་བརྒྱད་ཅུ་པར་འཇར་མན་དུ་བཞུགས་པའི་དགེ་བཤེས་པདྨ་ཚེ་རིང་དང་དབྱིན་ཇིའི་རས་ཆར་རྗེ་སིང་ནས་ཕྱི་ལོགས་སུ་རྩོམ་ཡིག་སྤེལ་ཡོད་པ་ནས་བྲག་བརྐོས་ཡི་གེ་དང་རི་མོའི་སྐོར་ལ་རྩོམ་མང་པོ་ཡོད།[8] ཡིན་ཡང་རྩོམ་ཡིག་དེ་དག་ལ་ཡི་གེ་ཀ་པའི་གནས་ཚུལ་བྱུང་བ་ལས་ཡི་གེ་ཁ་པའི་གནས་ཚུལ་ཞིབ་ཏུ་བྱུང་མེད། ཁག་གཞན་པ་གཉིས་སྤྱི་ལོ2012ནས་2013ལོར་གསར་དུ་རྙེད་པའི་གྲས་ཡིན། བྲག་ལྷ་མོའི་བྲག་བརྐོས་འདི་བྲག་ངོས་སྐོམས་པོ་ཞིག་གི་དཀྱིལ་དུ་སེང་ཁྲི་པད་གདན་སྟེང་ཕྱི་ཐེར་མ་འགྲོ་བའི་རྒྱབ་ཡོལ་དང་འོད་གོར་གྱི་ནང་དུ་རྣམ་པར་སྣང་མཛད་ཞབས་གཉིས་དཀྱིལ་དྲུང་དང་ཕྱག་གཉིས་མཉམ་བཞགདབྱུ་རྒྱན་མེ་ཏོག་ལྟ་བུ་ལ་དཔུང་རྒྱན། ལག་གདུབ། སྐེ་རྒྱན་དགྲིས་པ། དར་ཕྲ་

མོ་གཅིག་གིས་ཕྲག་གཡས་པ་ནས་མཆན་འོག་གཡོན་མར་གཡོགས་ཡོད་ཅིང་། སྐུ་སྨད་ལ་དར་གྱི་སྨད་གཡོག་མནབས་ཡོད་ལ། སྐུའི་མཐོ་ཚད་ལ་སྨི3. 6ཡོད། གཡས་གཡོན་གཉིས་སུ་ཕྱག་ན་རྡོ་རྗེ་དང་སྤྱན་རས་གཟིགས་གཉིས་པད་འདབ་ཉིས་བརྩེགས་སྟེང་གེར་བཞེངས་སྐུར་ཕྱག་ནང་མ་གཉིས་སྐྱབས་སྦྱིན་གྱི་ཕྱག་རྒྱ་ལ་ཕྱག་ཕྱི་མ་གཉིས་ཀྱིས་མེ་ཏོག་རེ་བསྣམས་ཡོད་ཅིང་། དབུ་རྒྱན་མེ་ཏོག་ལྟ་བུ་ལ་དཔུང་རྒྱན། ལག་གདུབ། སྙེ་རྒྱན་ལྡན་པ། དར་ཕྲ་མོ་གཅིག་གིས་ཕྲག་གཡས་པ་ནས་མཆན་འོག་གཡོན་མར་གཡོགས་ཡོད་ལ། སྐུ་སྨད་ལ་དར་གྱི་སྨད་གཡོག་མནབས་པ་དང་དབུར་འོད་གོར་ཡོད་ཅིང་། སྐུ་འདྲ་གཉིས་ཀྱི་མཐོ་ཚད་ལ་སྨི3. 2དང3. 3ཡོད། སྐུ་འདྲའི་གཡོན་ཕྱོགས་སུ་མཆིས་པའི་ཡི་གེ་ཀ་པ་ལ་སྤྱིའི་ཡིག་ཕྲེང་བདུན་དང་དེའི་གཤམ་དུ་རྒྱ་ཡིག་ཡི་གེ杨□杨二造仏也ཡོད་ལ། སྐུ་འདྲའི་གཤམ་གྱི་ཡི་གེ་ཁ་པ་ལ་སྤྱིའི་ཡིག་ཕྲེང་བཞི་ཡོད།

མ་ཡིག་ཀ་པ། ༄། །བཙན་པོ་བྱང་ཆུབ་སེམས་དཔའ་ཁྲི་
སྲོང་ལྡེ་བཙན་གྱི་སྐུའི་རིང་ལ་/བསོད་ནམས་ཆེ། དབུ་རྨོག་
བརྟན་ཏེ།
ཕྱོགས་བཅུར་མཐུ་སྐྱེས་ནས་/□□□ཐེག་པ
ཆེན་པོ་མདོ་སྡེ་མྱ་མོ་ཞིག་གཏན་ལ་བབ་པར་བསྒྱུར་
ཏོ/□□□ཁྲི་རྒྱལ་ལ་སྟོགསྤ་བརྒྱ་སྟོང་ཕྲག་དུ་མ་ཞིག་ཐྲ་ཕྲ་
ཞུགསོ/□□□གཙུག་ལག་ཁང་རྒྱས་པར་བརྩིགསྟེ། རྐྱེན་
འབངས་དུ་རྗེ་ཞིང་ལ་/པ་ལྡན་པར་ཕུལ། དམ་པའི་ཆོས་ནམ་
དུ་ཡྃ་མྱི་◌ིག་པར་/ཐེག་པ་ཆེན་པོ་བཞི་སྟེ་བརྟན་པར་བཞུགས་
སོ། །
མ་ཡིག་ཁ་པ། ༄། །སེམས་ཅན་གཅིག་གི་□། ཐོགྨ་
མྱེད་པའི་དུས་ཙམ་གྱི། སྐྱེ་ཤིའི་རྣམ་གྲངས་སྙེད་ཀྱིསུ། མྱི་
སྐྱེ་བོ་སེམས་ཀྱིས་དོན་□བྱ། དེ་ལྟར་དེ་བཞིན་མ་ལུས་པེ།
/□□□མྱི་བུ་མ་སྐྱིད་ལུས་ཀྱང་སྐྱིད་ཕྲ་སེཾས་ཙན□མྱ་ངན་
བཟླ་བར་སེམས་བསྐྱེདོ། ཆོས་ནི་སྟོང་སྟེ་མྱི་བསྒྱིགས་བ། ཤེས་
རབ་ཀྱིས་ནི་གསལ་རྟོགས་ཏེ། ཐུས་མཐྲ་ལྡན་པ་ཆེ་དོན་ལྡན་
པར། /དགེའ་བའི་རྣམ་གྲངས་ཀུན་རྫོགྲ་སྤྱད། དཾ་པེ་ཆོས་ཀྱི་
གཞུང་འདི་དག་□□ཐོས་ནས་རྟོགསྟེ་ཡི་རང་བ། /ཕླ་ན་མྱེད་

པེ་བྱང་ཆུབ་ཀྱི་ཕྱིར་བགྱི་པ་ཡིན་ཏེ་□

ལོ་ཕྱུག་གྲོང་དང་དགོན་གསར་གྲོང་ནི་ཕན་ཚུན་ཐག་ཉེ་ལ་དེར་རི་མོ་ཁག་གསུམ་དང་ཡིག་རྙིང་ཁག་གཅིག་ཡོད། ཡིག་རྙིང་ཡོད་སའི་བྲག་བརྐོས་ཀྱི་སྟེང་ལ་རྒྱབ་ཡོལ་དང་འོད་སྐོར་ལྡན་པའི་པད་འདབ་ཉིས་བརྩེགས་སྟེང་སྤྱན་རས་གཟིགས་སེམས་ཉིད་ངལ་གསོའི་སྐུ་དང་འདྲ་བ་དཀྱིལ་ཀྲུང་ཕྱེད་ཀ་ཅན། ཕྱག་གཡས་པ་བྲང་ཁར་བཀུག་པ། དར་ཕྲ་མོ་གཅིག་གིས་ཕྲག་གཡས་པ་ནས་མཆན་འོག་གཡོན་མར་གཡོགས་ཡོད་ཅིང་། སྐུ་སྨད་ལ་དར་གྱི་སྨད་གཡོག་མནབས་ཡོད། སྐུའི་མཐོ་ཚད་ལ་སྨིད0.4ཡོད་ཅིང་། སྐུའི་གཡས་གཤམ་དུ་ཡིག་རྙིང་ཡིག་ཕྲེང་གཉིས་ཙམ་བརྐོས་ཡོད།

མ་ཡིག ༄། །དགེ་སློང་དཔལ་/□□□ཡོའ་སྦྱར་བའི་

ཡོན་དུ། □□□

དབྱེར་གོ་གྲོང་ཚོའི་སྐུ་འདྲ་ནི་ལོ་ཕྱུག་གྲོང་བརྒལ་འབབ་དཀའ་ཞང་དབྱེར་གོའམ་དབེན་གུག་གྲོང་ཚོར་ཡོད་ལ། བྲག་ངོས་སྐོམས་པོ་ཞིག་གི་དཀྱིལ་དུ་ཕྱི་རྒྱབ་ཡོལ་དང་འོད་སྐོར་ལྡན་པའི་པད་འདབས་ཉིས་བརྩེགས་ཀྱི་སྟེང་དུ་རྣམ་པར་སྣང་མཛད་ཞབས་གཉིས་དཀྱིལ་དྲུང་དང་ཕྱག་གཉིས་མཉམ་བཞག དབུ་ཐོར་ཚུགས་མཐོན་པོའི་མཐའ་ལ་དབུ་རྒྱན་རྩེ་གསུམ་ལྡན་པ་དང་ཟུར་གཉིས་ལ་དར་སྣེ་ཡོད་པ། དཔུང་རྒྱན། ལག་གདུབ། སྐེ་རྒྱན་དགྲིས་པ། དར་ཕྲ་མོ་གཅིག་གིས་ཕྲག་གཡས་པ་ནས་མཆན་འོག་གཡོན་མར་གཡོགས་ཡོད་ཅིང་། སྐུ་སྨད་ལ་དར་གྱི་སྨད་གཡོག་མནབས་ཡོད་ལ། སྐུའི་མཐོ་ཚད་ལ་སྨིད3དང་། སྐུའི་གཡོན་ངོས་སུ་སྐུའི་མཚན་འཁོད་ཡོད། མ་ཡིག ན་མོ་རྣཾ་པར་སྣང་མཛད།

གསུམ་པ། བྲག་བརྐོས་སྐུ་འདྲ་དང་ཡིག་རྙིང་ཁག་གི་ཁྱད་ཆོས་དང་དུས་རབས།

གོང་ནས་ས་ཁུལ་ཁག་མི་འདྲ་བ་ཆེ་བ་བཞི་ཙམ་གྱི་སྐུ་འདྲ་གཙོ་བོའི་ཁྱད་ཆོས་དམིགས་སུ་ཡི་གེའི་ལམ་ལ་ཕབ་ཡོད་ལ། ཡི་གེའི་ལམ་ནས་ང་ཚོས་སྐུ་འདྲ་ཀུན་གྱི་ཐུན་མོང་བའི་ཁྱད་ཆོས་ཁག་ཅིག་མཐོང་བ་ནི་གཤམ་གསལ་ལྟར་ཏེ། ས་ཆ་ཕལ་ཆེ་བར་རྣམ་པར་སྣང་མཛད་ཀྱི་སྐུ་བྱུང་ཡོད་པ་དང་སྐུ་འདྲའི་བཞུགས་སྟངས་ཀྱི་ཆ་ནས་རྣམ་སྣང་མངོན་བྱང་གི་སྐུ་ཡིན་པ། སྐུ་འདྲ་རྣམས་བྲག་ལ་བརྐོས་པའི་ལག་རྩལ་འདྲ་བ། པད་གདན་ཞིང་གི་ཆེ་ཆུང་མི་འདྲ་བ་ཉིས་བརྩེགས་ཀྱི་སྟེང་ལ་བཞུགས་པ་དང་དབུ་ལ་དབུ་རྒྱན། སྐུ་འདྲ་ཀུན་གྱི་ལུས་སྟོད་ལ་དར་ཕྲ་མོ་གཅིག་གིས་ཕྲག་གཡས་ནས་མཆན་འོག་གཡོན་མར་གཡོགས་ཡོད་པ་དང་སྐུ་སྨད་ལ་དར་གྱི་སྨད་གཡོག་མནབས་ཡོད་པ། དེ་བཞིན་བཞུགས་སྐུ་ཀུན་ལ་མི་རྟག་མཆེད་པའི་རྒྱབ་ཡོལ་དང་འོད་སྐོར་ལྡན་པ། ཐིག་རྩ་གཉིས་མཉམ་གཤིབ་དང་རྩེ་མོ་འབིགས་སུ་བཏོད་ཡོད་པ་བཅས་ཡིན་ལ། ཁྱད་ཆོས་འདི་དག་གིས་གོང་གི་སྐུ་འདྲ་ཀུན་རིག་གནས་ཀྱི་རྒྱུན་གཅིག་

པ་དང་། དུས་ཚོད་ཀྱི་ཆ་ནས་ཀྱང་ད་ལམ་ཕན་ཚུན་བར་འབྲེལ་བ་ཡོད་པ་ཏན་ཏན་གསལ་བཤད་བྱས་ཡོད་པ་དང་། ཁྱད་ཆོས་འདི་དག་བཙན་པོ་ཁྲི་ལྡེ་སྲོང་བཙན་རིང་བརྐོས་པའི་ལྡན་མ་བྲག་བརྐོས་དང་ཏུན་ཧོང་ནས་ཐོན་ཅིང་ད་ལྟ་དབྱིན་ཇིའི་རྟེན་རྫས་ཁང་དུ་ཉར་བའི་ཞལ་ཐང[9]བར་ཆ་ཡོངས་སུ་མཚུངས་པར་མ་ཟད། ལེབ་ཁོག་གི་རྣམ་སྣང་དང་ཉེ་སྲས་བརྒྱད་བྲག་བརྐོས་མའི[10]བར་ཡང་ཁྱད་ཆོས་ཐུན་མོང་བ་ཡོད་ཅིང་། བྲག་བརྐོས་ཁག་བཞི་པར་གཡོན་འཁོར་གཡུང་དྲུང་ཡོད་པ་ཡང་བཙན་པོ་ཁྲི་ལྡེ་སྲོང་བཙན་རིང་གི་ལྡོ་བྲག་ལྡེའུ་ཅུང་དང་སྨན་ཐང་གི་བྲག་བརྐོས་སུ་ཡོད།[11] དེ་བཞིན་འདིར་བྱུང་བའི་ཡིག་རྙིང་ཁག་ལ་ཡང་གི་གུ་ཕྱིར་ལོག་དང་མ་ལ་ཡ་བཏགས་སྦྱར་བ། ཧིང་ཀྱིག་ཐིག་རྐྱང་པ་བཀོལ་བ།[12] སྐྱུང་ཡིག་མང་བ། ཡི་གེའི་ཚེག་དཀྱིས་སུ་བཙུག་པ།[13] གཟུངས་སྔགས་བོད་ཡིག་ཏུ་ཕབ་ཚུལ་དང་བཙན་པོ་ལ་བཙན་པོ། རིན་ཆེན་ལ་རིན་ཅེན་གྱི་ཐ་སྙད་སྦྱོད་སྟངས། ནའི་རྗེས་སུ་འབྲེལ་སྒྲའི་གི་དང་ཀྱི། ལ་མཇུག་ད་དྲག་སྦྱར་བ། རྣམ་བཅད་ཀྱི་ཚེག་ཡོད་པ། དམིགས་བསལ་གྱི་སྐྱུང་ཡིག་པའི་དང་བའི་ཚབ་ཏུ་པཱ་དང་བཱ་བྱུང་ཡོད་པ། བཙན་པོའི་མཚན་དང་སྐབས་དེར་རྒྱུགས་ཆེ་བའི་མིའི་མཚན་བྱུང་བ་བཅས་ཀྱི་ཆ་ནས་གོང་གི་རི་མོའི་དུས་ཚིགས་དང་འདྲ་བར་བཙན་པོའི་སྐབས་སུ་འཁེལ་བ་མཚོན་ཡོད་ཅིང་། ད་དུང་ལུ་མཐུད་ནས་བཟོ་དང་ཡིག་རྙིང་གི་དུས་ཚོད་ཀྱི་སྔ་ཕྱི་དཔར་དགོས་ཚེ་སྐུ་འདྲ་དག་གི་ཐུན་མོང་བའི་ཆ་ལས་ཞིབ་ཕྲའི་ཆོས་མི་འདྲ་བར་འཇུག་དགོས།

དེ་ཡང་ཤུག་པ་གནས་རིའི་རྣམ་པར་སྣང་མཛད་དང་འོད་དཔག་མེད། དོན་ཡོད་གྲུབ་པ་གསུམ་སྐུ་མི་འདྲ་བའི་དབང་གིས་རང་གི་ཕྱག་རྒྱ་དང་ཆོས་སྐུ་ལོངས་སྐུའི་ཆ་བྱད་ཟུར་དུ་བཞག་ན། ཆས་འདྲ་བའི་ཁྲོད་ནས་སྐུའི་མཐའ་འཁོར་དུ་མེ་སྟག་འདྲ་བའི་ཟེར་མ་འཛོག་སྟངས་ཀྱིས་ཁྱད་པར་དམིགས་བསལ་བ་མངོན་པ་ནི། འོད་དཔག་མེད་ལ་ཟེར་མ་འོད་གོར་དང་རྒྱབ་ཡོལ་གྱི་ནང་དུ་བཞག་ཡོད་པ་དང་། རྣམ་པར་སྣང་མཛད་ལ་ཟེར་མ་འོད་གོར་དང་རྒྱབ་ཡོལ་གྱི་ཕྱི་ཏུ་བྲིས་ཡོད་པ། དོན་ཡོད་གྲུབ་པར་རྩ་བ་ནས་ཟེར་མ་བྲིས་མེད། དེ་བཞིན་ལོ་ཕྱུག་གྲོང་བརྡལ་རྒྱུད་དུ་གནས་པའི་རྣམ་པར་སྣང་མཛད་ལ་མཚོན་ན། བྲག་ལྷ་མོའི་རྣམ་སྣང་ལ་འོད་གོར་ཐིག་རྩ་གཅིག་གི་མཐའ་ལ་མེ་སྟག་གི་ཟེར་མ་བཞག་ཡོད་པ་དང་། སྐུ་སྟོད་ཀྱི་དར་སྣེ་རྒྱབ་ཏུ་སྣེ་རིང་མོ་ཞིག་འཕྱུར་ཡོད་པ་དེ་རྣམ་སྣང་གི་བྲག་བརྐོས་གཞན་གང་ལ་ཡང་མེད་ཅིང་། དཔུང་རྒྱན་དང་དཔུ་རྒྱན་རི་མོ་འཁྱིལ་མ་ཞིག་བཞག་པ་བཅས་ཀྱི་ཆ་ནས་ཤུག་པ་གནས་རིའི་རྣམ་སྣང་མ་ཟད། དབྱེར་གོ་གྲོང་ཚོ་དང་ཡང་ཁྱད་པར་ཕྱེ་ཡོད་ལ། ཕྱི་མ་དེར་སྙན་དར་དང་དཔུང་རྒྱན། འོད་གོར་སྐོར་མོ་དང་མེ་སྟག་གི་ཟེར་མ་མེད་པ་བཅས་ཁྱད་ཆོས་དམིགས་བསལ་བ་ཆགས་ཡོད། གནའ་དཔྱད་རྟོག་ཞིབ་རིག་པའི་ལམ་ནས་དཔྱད་པ་བཏང་ཚེ་སྔྲིའི་ཆ་ནས་ཐུན་མོང་གི་ཁྱད་ཆོས་མང་འ་བ། ཐེ་བྲག་གི་ཆ་ནས་སྐུ་འདྲའི་ཆ་ལུགས་མི་འདྲ་བ་དང་ཡང་ན་སྐུ་འདྲ་གཅིག་ལ་ཆ་ལུགས་མི་

འདྲ་བ་བྱུང་བ་འདི་ས་མི་འདྲ་བར་ལུགས་དང་བཟོ་བོའི་ཁྱད་པར་བྱུང་བའམ་ཡང་ན་དུས་ཚོད་ཀྱི་རྗེ་ཕྱི་ལ་འཇོག་དགོས། འོན་ཀྱང་རྩོམ་འདིར་བཀོད་པའི་སྐུ་འདྲ་དག་ས་ཁོངས་ནས་བལྟས་ན། ཡུལ་ཁུངས་གཅིག་ལ་གཏོགས་པ་དང་བཟོ་བོའི་སྟེང་ནས་ཀྱང་ཕན་ཚུན་བར་ལ་འབྲེལ་བ་ཡོད་པ་ཐུན་མོང་གི་ཁྱད་ཆོས་ལས་མཐོང་ཐུབ་ཤིང་། རྒྱུན་སྲོལ་གྱི་ནང་བསྟན་ལྷ་སྐུ་ལ་དེ་ལས་ཀྱང་དམིགས་བསལ་གྱི་ཁྱད་ཆོས་ཤིག་ཡོད་པ་ནི་སྐུ་འདྲ་གང་ཞིག་ཁོང་དང་འབྲེལ་བའི་གཞུང་ངམ་མ་ཡིག་ཅིག་ལ་བརྟེན་ནས་ཇི་མ་ཇི་བཞིན་འབྲི་བ་ལས་རི་མོ་བ་སྒེར་གྱི་སྒྱུ་རྩལ་གྱི་ཤན་ཤུགས་ཞུགས་མི་ཆོག་ཅིང་། དེས་ན་ས་ཆ་གཅིག་ལ་སྐུའི་ཕྱི་ཚུལ་མི་འདྲ་བའམ་སྐུ་འདྲ་གཅིག་ལ་འབྲི་ལུགས་མི་འདྲ་བ་བྱུང་བ་ངེས་པར་དུས་ཀྱི་རྗེ་ཕྱིར་འཇོག་དགོས། རི་མོ་ཁྱད་པར་ཡོད་པའི་ཞོར་ནས་དེའི་གཡས་གཡོན་གྱི་ཡིག་རྙིང་ལ་ཡང་ཁྱད་པར་ཡོད་པ་སྟེ། དང་པོ་ཤུག་པ་རིའི་ཡིག་རྙིང་ཁག་གཉིས་པ་དང་ཁག་བཞི་པ་གཉིས་ཡིན། ཡིག་རྙིང་འདི་གཉིས་ལ་ཡིག་རྙིང་གཞན་ལ་མི་ལྡན་པའི་ཐུན་མོང་མ་ཡིན་པའི་ཁྱད་ཆོས་ཤིག་མངའ་བ་ནི་བྱེད་འབྲེལ་འགྲུགས་པ་དང་རྣམ་བཅད་ཀྱི་ཚེག་བྱུང་བས་ཡིན་ལ། བོད་ཁུལ་དུ་རྣམ་བཅད་ཀྱི་ཚེག་མངའ་བ་ངན་ལམ་སྟག་སྒྲ་ཀླུ་གོང་གི་རྗེ་རིང་དང་བསམ་ཡས་བཀའ་གཙིགས་རྗེ་རིང་། གུ་ཅིའི་རྗེ་རིང་གསུམ་ཡིན་ལ། ཡིག་རྙིང་ཁག་འདི་གསུམ་བཙན་པོ་ཁྲི་ལྡེ་སྲོང་བཙན་རིང་བསླངས་པ་ཡིན་པར་མ་ཟད། དེ་དང་མཚུངས་པར་ཡིག་རྙིང་ཁག་གཉིས་པ་འདིར་བཙན་པོ་ཁྲི་སྲོང་ལྡེ་བཙན་ཡབ་ཅེས་པའི་ཐ་སྙད་ཀྱང་བྱུང་ཡོད།[14] གཞན་གཟུངས་སྔགས་འདི་ལོ་ཚིགས་གཏན་འཁེལ་བྱེད་པར་གནད་དུ་ཆེ་ལ། སྔགས་ཡིག་འདི་དང་ཆ་མཐུན་པ་སྤྱི་ལོ781ལོ་ནས་བོད་ཀྱིས་བཟུང་བའི་ཏུན་ཧོང་ཡིག་རྙིང་དུ་མང་དུ་བྱུང་ཡོད་མོད། རྣམ་བཅད་ཀྱི་ཚེག་མ་ཟད་འགྱུར་ཁྱད་ཀྱང་བྱུང་ཡོད།(ཞིབ་ཏུ་འོག་ལ་གཟིགས) གོང་གི་ཡིག་རྙིང་དེ་གཉིས་ཕུད་གཞན་རྣམས་བཙན་པོ་ཁྲི་ལྡེ་སྲོང་བཙན་ནས་བཙན་པོ་ཁྲི་རལ་སྲིད་ཁྲིར་བཞུགས་པ་དང་སྤྱི་ལོ822ལོར་བསླངས་པའི་ལྷ་སའི་རྗེ་རིང་གི་གོང་ལ་འཇོག་དགོས་བསམས་ཤིང་། ལྷ་སའི་རྗེ་རིང་འདིར་བོད་ཀྱི་ཡི་གེ་འབྲི་སྟངས་ཁྱད་པར་ཅུང་བྱུང་ཡོད་པ་ནི་ཚིག་འཇོག་ས་ཡི་གེའི་དབུ་དང་དོ་ཉམས་པ་ཡིན་ལ། ཚིག་ཡི་གེའི་དཀྱིལ་དུ་འཇུག་པའི་ཁྱད་ཆོས་འདི་ཁྲི་སྲོང་ལྡེ་བཙན་གྱི་མཇུག་དང་ཁྲི་རལ་པ་ཅན་གྱི་སྐུ་ཚེའི་སྟོད་བར་གྱི་རྗེ་བཀོས་ཁག་གི་ཐུན་མོང་བའི་ཁྱད་ཆོས་ཤིག་རེད།

ཡིག་རྙིང་གི་སྟ་གཞུག་ཕྱེ་བ་ལས་སྐུ་འདྲའི་ལོའི་སྟ་གཞུག་ལ་ཡང་དབྱེ་ཞིབ་བྱས་ཆོག་ལ། གོང་ལྷ་སྐུ་གཙོ་བོ་དག་ལས་ཤུག་པ་རིའི་རྣམ་པར་སྣང་མཛད་དེ་ཁྲི་སྲོང་ལྡེ་བཙན་རིང་འཇོག་དགོས་པ་དང་། སྐུ་འདྲ་གཞན་དག་ཁྲི་ལྡེ་སྲོང་བཙན་ནམ་ཁྲི་རལ་གྱི་དུས་སུ་འཇོག་དགོས་ལ། ཁྲི་ལྡེ་སྲོང་བཙན་རིང་གི་སྐུ་འདྲ་དང་ཐུན་མོང་བའི་ཁྱད་ཆོས་ཡོད་པ་གོང་དུ་ཡང་བསྟན་ཡོད། དེ་བཞིན་སྐབས་འདིར་དོགས་སློང་ཞུ་དགོས་པ་ཞིག་ལ་དེ་སྔའི་ཞིབ་འཇུག་པ་ཀུན་གྱིས་བྲག་ལྷ་མོའི་ཡི་གེ་འདི་བཙན་པོ་ཁྲི་སྲོང་ལྡེ་བཙན་

གྱི་མཚན་ལ་གཞིགས་ཏེ་སྐབས་དེར་འཇོག་མོད། ཤུག་པ་གནས་རིའི་ཁྲི་སྲོང་ལྡེ་བཙན་སྐབས་ཀྱི་རྣམ་སྣང་དང་དཔུང་རྒྱན། དབུ་རྒྱན་རི་མོ་འཁྱིལ་མ་ཞིག་བཞག་པ། དར་སྣེ་རྒྱབ་ཏུ་སྣར་བའི་ཆ་ནས་ཁྱད་ཆེ་ལ། ཡིག་རྙིང་གི་འགྲོ་སྟངས་ཀྱང་བཙན་པོ་ཁྲི་སྲོང་ལྡེ་བཙན་རིང་དང་མི་འཚམ་ལ། ནང་དོན་ལ་གཞིགས་ཀྱང་བཙན་པོ་ཁྲི་སྲོང་ལྡེ་བཙན་རིང་ཆོས་ཀྱི་མཛད་འཕྲིན་སྤེལ་བ་བཤད་པ་ཙམ་ལས་ཡི་གེ་འདི་སྐབས་དེ་དུས་བཀོས་པ་མི་གསལ་བ་དང་། དེ་བཞིན་ཐེག་པ་ཆེན་པོ་བཞི་ཞེས་པའི་ཐ་སྙད་འདི་བཙན་པོ་ཁྲི་སྲོང་ལྡེ་བཙན་སྐབས་སུ་འཚམ་མིན་སོགས་གནད་དོན་མང་པོ་ཞིག་ལྷག་ཡོད།

བཞི་པ། འབྲེལ་ཡོད་གནས་ཚུལ་ཁག་ཅིག་ལ་དཔྱད་པ།

ཤུག་པ་གནས་རིའི་གཟུངས་སྔགས་ཡིག་དེ་གདུགས་དཀར་མོ་ཆེའི་གཟུངས་སྔགས་ཡིན་ལ།[15] གཟུངས་སྔགས་འདི་ཏུན་ཧོང་ནས་བྱུང་བའི་གདུགས་དཀར་མོ་ཆེའི་གཟུངས་སྔགས[16]དང་རྣམ་བཅད་ཚིག་གི་སྙེང་ཁྱད་པར་ཡོད་པ་མ་ཟད། ད་ལྟའི་པར་མའི[17]བར་དང་ཕབ་འབྲི་བྱེད་སྟངས་ལ་ཁྱད་པར་ཡོད་པ་ནི་གཤམ་གསལ་རེའུ་མིག་ལྟར་ཏེ།

ཤུག་པ་གནས་རིའི་ གཟུངས་སྔགས།	ཨོཾ་ཏ་ར་ཏྱ་ཐ་ཨོཾ་ཨ་ན་ལེ་ཨ་/ན་ལེ་བི་ཤ་དེ་བི་ཤདེ་བེ་རབེ་རབཛྲ་དྷ/བནྡ་ཧ་བནྡ་ཧ་ནི་བཛྲ་པཱ་ཎི་ཕཊ་སྭ་ཧཱ། ཧུཾ་ཧུཾཿ བནྡ་ཧཿ ཕཊ/སྭ་ཧཱ།
ཏུན་ཧོང་ཤོག་དྲིལ་P. T. 45 པའི་གཟུངས་སྔགས།	ཏར་ཏྱ་ཐཱ། ཨོཾ། ཨཱ་ན་ལེ་ཨཱ་ན་ལེ། ཁི་ཤ་དེ་བི་ཤ་དེ། བཻ་ར་བཻ་ར། བཛྲ་དྷ་རི། བནྡ་ཧ་བནྡ་ཧ་ནི་བཛྲ་པཱ་ཎིར་པན་/ཕཊ། ཧཱུཾ་ཧཱུཾ་ཕཊ། ཕཊ་སྭཱ་ཧཱ། །ཧཱུཾ་ཧཱུཾ་བནྡ་ཧ་ཕཊ་སྭཱ་ཧཱ། །
ཏུན་ཧོང་ཤོག་དྲིལ་P. T. 47 པའི་གཟུངས་སྔགས།	ཏར་ཏྱ་ཐཱ། ཨོཾམ་ཨ་ན་ལེ་ཨ་ན་ལེ། ཝི་ཤ་དེ་ཝི་ཤ་དེ། བེའི་ར་བེའི་ར། བཛྲ་དྷ་རི། བནྡ་ཧ་བནྡ་ཧ་ནི། བཛྲ་པ་ཎི་ཕཏ། ཧུའུ་མ་ཧུའུ་མ་ཕཏ་ཕཏ་སྭཱ་ཧཱ། །ཧུའུ་མ་ཧུའུ་མ་བནྡ་ཧ་ཕཊ་སྭཱ་ཧཱ།
ཏུན་ཧོང་ཤོག་དྲིལ་P. T. 83 པའི་གཟུངས་སྔགས།	ཏར་དྱ་ཐཱ། ཨོཾ། ཨཱ་ན་ལེ་ཨཱ་ན་ལེ། བི་ཤ་དེ་བི་ཤ་དེ། བཻ་ར་བཻ་ར། བཛྲ་དྷ་རི། བནྡ་ཧ་བནྡ་ཧ་ནི། བཛྲ་པ་ཎི་ཕཊ། ཧཱུཾ་ཧཱུཾ། ཕཊ། ཕཊ་སྭཱ་ཧཱ། །ཧུམ་ཧུམ་བནྡ་ཧ་ཕཊ་སྭཱ་ཧཱ། །
ད་ལྟའི་པར་མའི་གཟུངས་སྔགས།	ཏདྱ་ཐཱ། ཨོཾ་ཨ་ན་ལེ་ཨ་ན་ལེ། ཁ་ས་མེ་ཁ་ས་མེ། བཻ་རེ་བཻ་རེ། སཽ་མེ་སཽ་མེ། ཤཱནྟེ་ཤཱནྟེ། དཱནྟེ་དཱནྟེ། བི་ཤ་དེ་བི་ཤ་དེ། བཱི་རེ་བཱི་རེ། དེ་བི་བཛྲ་དྷ་རི། བནྡྷ་བནྡྷ་ནི། བཛྲ་པཱ་ཎི་ཕཊ། ཨོཾ་ཧཱུཾ་ཧཱུཾ་ཧྲཱུཾ་ཧྲཱུཾ་ཕཊ་སྭཱཧཱ། ཧཱུཾ་ཧྲཱུཾ་བནྡྷ་ཕཊ།

གོང་གི་རེའུ་མིག་གཤིབ་བསྡུར་ལས་མཐོང་བ་ནི། ཤུག་པ་རིའི་གཟུངས་སྔགས་འདི་ཏུན་ཧོང་གི་འགྱུར་དང་མཇུག་གི་ཚིག་ཧཱུཾ་ཧཱུཾ་ཕཊ་ཕཊ་སྭཱ་ཧཱ་ཞེས་པ་མ་གཏོགས་གཞན་རྣམས་ཕལ་ཆེར་ཆ་འདྲ་ཞིང་གོ་རིམ་འཁྲུད་ལ། ཡིན་ཡང་ད་ལྟ་རྒྱུགས་ཆེ་བའི་པར་མའི་བར་མཇུག་གི་ཚིག་ཙམ་མ་ཟད་ཁ་ས་མེ་ཁ་

ས་མེ། བེ་རེ་བེ་རེ། སོཾ་མེ་སོཾ་མེ། ཤཱཏྟེ་ཤཏྟེ། དཏྟེ་དཏྟེ་ཞེས་པའི་རྐང་པ་མང་པོ་ཞིག་ཆད་པས་ན་བསྟན་པ་སྤྲ་དར་ཕྱི་དར་བར་གྱི་ཕྱི་མོའི་ཁྱད་མིན་ནམ་བསམ་ཞིང་། གཞན་ཤུག་པ་རིའི་གཟུངས་སྔགས་འདི་ད་ལྟའི་ཏུན་ཧོང་གི་འགྱུར་ལས་ཀྱང་སྤྲ་བ་གོང་གི་ལེའུ་ལས་བསྟན་པའི་ཚིག་གི་ཁྱད་པར་དང་འགྱུར་ཁྱད་ཕུད། ཏུན་ཧོང་ས་ཆ་སྤྱི་ལོ781ལོར་བཟུང་བ་དང་། དེ་འདྲ་ཡིན་ཚེ་བོད་ཡིག་གི་ཆོས་ལུགས་ཀྱི་ཡིག་བསྒྱུར་བྱ་བ་རྣམས་ས་དེར་སྲིད་ཁྲིམས་བརྟན་ལྷིང་དང་རང་གི་རིག་གནས་ཤན་ཙུང་ཟད་ཆགས་མ་ཆགས་ཀྱི་ལོ་བཅུའི་ནང་ཡོང་མི་ཐུབ་པ་ཞིག་ཡིན་ལ། རིག་པ་དེ་འདྲ་ཞིག་གི་ངོས་ནས་བལྟས་ཚེ་ཤུག་པ་རིའི་གདུགས་དཀར་མོ་ཆེའི་གཟུངས་འདི་ཏུན་ཧོང་གི་འགྱུར་ཀུན་གྱི་ཕྱི་མོ་ལྟ་བུ་ཞིག་ཏུ་ཡང་ཙང་ལ། བོད་དང་ཏུན་ཧོང་ས་ཆའི་ཆོས་ལུགས་རིག་གནས་འགྲོ་འོང་ཐད་རྒྱུ་ཆ་གལ་ཆེན་པོ་ཞིག་གསར་སྟོན་བྱས་ཡོད།

ཤུག་པ་རིའི་ཡིག་རྙིང་དང་པོའི་མདུན་དུ་ཕྱུ་བ་མནབས་པའི་བྱང་སེམས་དེ་དང་དེའི་གཡོན་ཕྱོགས་སུ་དབུའི་ཐོར་ཚུགས་མཐོན་པོའི་མཐའ་ལ་དབུ་རྒྱན་གསུམ་པ་དཀྲིས་ཤིང་སྐྲ་གཉིས་མདུན་དུ་འཕྱང་བ། ཕྱག་ལ་པདྨ་བསྣམས་ཤིང་བྱང་སེམས་ཀྱི་རྣམ་པར་བཞེངས་པའི་འདྲ་སྐུ་ཞིག་ཡོད་ལ། སྐུ་འདྲ་འདི་བོད་བཙན་པོའི་སྐུ་འདྲའི་ཁྱད་ཆོས་རྣལ་མེད་དུ་འཁྲུམས་པར་མ་ཟད། བོད་པའི་བཤད་སྲོལ་གྱི་རྒྱལ་ལུགས་སྐུ་འདྲའི་བཞེངས་སྟངས་ཡིན་ལ། [18]རི་མོ་དེ་དང་བོད་བཙན་པོའི་རིང་བཞེངས་ཤིང་ང་ཚོའི་བསོད་ནམས་ཀྱི་བགོ་སྐལ་དུ་བཞུགས་པའི་ཏུན་ཧོང་གི་བོད་ཀྱི་རྒྱལ་བློན་རྣམས་ཀྱི་ལྭ་བ་དང་ཆ་ཡོངས་སུ་མཚུངས། འདྲ་སྐུ་ཀུན་གྱི་སྐུ་སྟོད་ལ་དར་གྱི་ལན་བུ་འཕྲེད་དུ་དཀྲིས་པ་འདི་སེར་ཤུལ་ས་ཆ་མ་གཏོགས་ལྡན་མ་བྲག དེ་བཞིན་བོད་ཀྱི་དུས་རབས་ལ་གཏོགས་པའི་ཡུས་ལིན་ཕུག་པ་ཨང་ཉེར་ལྔ་པའི་ཉེ་བའི་སྲས་ཆེན་བརྒྱད། དེ་བཞིན་ལོན་ཏོན་བཤམས་མཛོད་ཁང་དུ་བཞུགས་པའི་ཏུན་ཧོང་གོས་ཐང་སོགས་ལ་ཐུན་མོང་དུ་ཡོད་པའི་ཁྱད་ཆོས་ཤིག་ཡིན་ལ། བོད་ཀྱི་དུས་རབས་སྐབས་ཀྱི་ཁྱད་ཆོས་དམིགས་བསལ་བ་ཞིག་ཏུ་བཞག་ཀྱང་མི་ཚོག་པ་མེད།

འདིར་བྱུང་བའི་བྲག་བརྐོས་རི་མོ་ཁག་ལས་གཙོ་བོ་རྣམ་སྣང་ཡིན་ཞིང་། དུས་རབས་དྲུག་པ་དང་བདུན་པར་བྱུང་བའི་གསང་སྔགས་ཀྱི་གཞུང་དུ་རྣམ་པར་སྣང་མཛད་གསང་སྔགས་ཀྱི་སློབ་དཔོན་དུ་བསྟེན[19]པའམ་རྣམ་སྣང་མངོན་བྱང་གི་གཞུང་ལྟར་ན་སྟོན་པ་ཤཱཀྱ་ཐུབ་པ་རྣམ་སྣང་སྐུར་བཞེངས་ནས་ཆོས་སྟོན་པའི[20]ལུགས་བྱུང་བས་ཡིན་ལ། བོད་ལ་བཙན་པོ་ཁྲི་སྲོང་ལྡེ་བཙན་རིང་ནས་རྣམ་པར་སྣང་མཛད་ལ་དད་པ་དར་རྒྱས་ཕྱིན་ཡོད་ཚུལ་བསམ་ཡས་དགོན་པ་གཙོ་བྱས་མཐའ་འདུལ་ཡང་འདུལ་གྱི་དགོན་པ་ཁག་གི་གཙོ་སྐུ་ཁག་གི་ལོ་རྒྱུས་དང་། དེ་བཞིན་ལྡེ་བྲག་རྣམ་སྣང་། མཁོ་མཐིང་རྣམ་སྣང་། འབོ་ཡུལ་རྣམ་སྣང[21]སོགས་ཀྱིས་མཚོན་པ་དང་། ཁམས་སྐྱེ་དགུ་མདོའི་རྒྱུད་དང་བྲག་

གཡབ། སྐར་ཁམས་རྒྱུད་དུ་རྣམ་སྣང་དང་ཉི་སྲས་བརྒྱད། རྣམ་སྣང་དང་སྤྱན་རས་གཟིགས། ཕྱག་རྡོར་བཅས་ཀྱི་སྐུ་འདྲ་བཅུ་ཕྲག་ཉིད་ཡོད།[22] ལོ་འདིར་ཆ་བཞག་ཀྱང་རྒན་ཚེ་རིང་རྒྱལ་པོ་མཆོག་གིས་སྐར་ཁམས་ལྷ་འབབ་ཐང་ནས་བཙན་པོའི་སྐུ་བརྙན་ཕྱིས་ཀྱི་ཕྱག་བཟོའི་ལྷད་མ་འདྲེས་པ་རྩ་ཆེན་པོ་ཞིག་ཉིད་པས་མཚོན་ཞིང་།[23] རས་ཆར་རྗེ་སིང་གིས་དུས་རབས་སྔོན་མའི་ལོ་རབས་དགུ་བཅུ་པའི་བཙན་པོ་ཁྲི་སྲོང་ལྡེ་བཙན་ནས་བོད་ལ་རྣམ་སྣང་གི་དད་མོས་རྒྱུགས་ཆེ་བའི་གནས་ཚུལ་ཞིབ་བརྗོད་གནང་ཡོད་ལ།[24] དེ་དང་མཐུན་པར་ཇོ་སྲས་བཀྲ་ཤིས་ཚེ་རིང་མཆོག་གིས་ལྷ་འདུས་རྣམ་སྣང་དང་འབྲེལ་ནས་བོད་ཀྱི་གནའ་རབས་ཡིག་ཚང་དང་སྐྱེས་རབས་རྣམ་ཐར་དུ་བཀོད་པའི་ཁམས་ཕྱོགས་ཀྱི་བྲག་བརྐོས་སྐོར་གྱི་ཡིག་ཆ་བསྡུ་རུབ་གནང་ཡོད།[25] ཡིན་ཡང་རིག་གཞུང་ཞིབ་འཇུག་པའི་ངོས་ཐད་ནས་ད་ལྟའི་རྣམ་སྣང་གཙོ་བྱས་པའི་རི་མོ་ཁག་ལ་བལ་ཡུལ་དང་ཏུན་ཧོང་རི་མོའི་ལུགས་ཀྱིས་ཤན་གཙོ་བོ་ཞུགས་ཡོད་པར་མཁས་པ་ཀུན་དགོངས་གཞི་མཐུན་མོད། རྣམ་སྣང་མངོན་བྱང་གི་རྒྱུད་འདི་ཇི་ལྟར་བོད་ལ་དར་བའི་སྐོར་ལ་རྒྱའི་མཁས་པ་ཁ་ཤས་ཀྱིས་ཕྱིས་བྱུང་ཡིག་ཆ་དང་རྒྱ་རིགས་ཀྱི་ཡིག་ཆ་གཞིར་བཞག་གིས་ལི་ཡུལ་ས་ཆ་ནས་བོད་ལ་དར་བ[26]དང་རྒྱ་ཡུལ་སི་ཁྲོན་ས་ཆའི་ཤུགས་ཀྱང་ཡོད་པ[27]སོགས་བཤད་མོད། དམ་པའི་ཆོས་ཀྱི་གཞུང་ལུགས་ལོ་རྒྱུས་སླ་བ་ལ་མངའ་ཉེས་པའི་མཁས་དབང་ཚུལ་ཁྲིམས་སྐལ་བཟང་མཆོག་གི་ཉམས་ཞིབ་ལ་གཞིགས་ན། རྣམ་སྣང་མངོན་བྱང་འདི་སྤྱོད་རྒྱུད་ཀྱི་ཁོངས་སུ་གཏོགས་ཤིང་། རྒྱ་གར་དུ་ཐོག་མར་བྱུང་བའི་ལོ་ཚོད་དུས་རབས་བདུན་པའི་བར་དཀྱིལ་ལ་འཁེལ་བ་དང་། དེ་བཞིན་རྒྱ་ཡུལ་དུ་ཐོག་མར་དུས་རབས་བརྒྱད་པའི་སྟོད་ཆར་བསྒྱུར། དུས་རབས་དགུ་པའི་སྟོད་དུ་བོད་ལ་ཡང་རྒྱུད་འདི་བྱུང་ཡོད་པར་མ་ཟད། བོད་འགྱུར་དུ་རྒྱ་འགྱུར་མར་བཞུགས་པའི་ཞི་བའི་སྦྱིན་སྲེག་གི་ཆོ་ག་བཅས་ལེའུ་དྲུག་བཞུགས་པར་གསལ་ན།[28] བོད་རང་ལ་ཡང་ལེགས་སྦྱར་ནས་བསྒྱུར་པའི་ལུགས་ཡོད་པར་མཐོང་ཞིང་། དེ་བཞིན《སྦ་བཞེད》དུ་བཀོད་པའི་བསམ་ཡས་དགོན་པའི་ལོ་རྒྱུས་སྐབས་སུ་རྒྱ་དཀར་ནག་གཉིས་ཀྱི་ལུགས་ལ་རྣམ་སྣང་གཙོ་སྐྱར་བྱེད་པའི་ལུགས་ཡོད་པ་དེ་རེད།[29] ཡིན་ཡང་བོད་དུ་བསྟན་པ་ཕྱི་དར་རིང་ལྷ་མེད་ཀྱི་རྒྱུད་ཀྱིས་ཤུགས་རྐྱེན་ཆེན་པོ་ཐེབས་པའི་བོད་ཀྱི་གསང་སྔགས་པས་གལ་ཆེན་པོར་མ་བརྩིས་ཏེ། སྤྱོད་རྒྱུད་ཅེས་རིམ་པ་འོག་མར་བཞག་པའི་དབང་གིས་བོད་འགྲེལ་སོགས་ཤིན་ཏུ་ཉུང་[30] བའམ་དེ་སྟ་རྒྱ་དང་ཉི་ཧོང་སོགས་སུ་དད་པ་གཙོ་བོར་བྱེད་པའི་རྣམ་པར་སྣང་མཛད་དུས་རབས་བཅུ་གཅིག་པ་ནས་བོད་དུ་ཉམས་རྒུད་དུ་ཕྱིན་ཡོད།[31]

ཤུག་པ་གནས་རིའི་བྲག་བརྐོས་གསུམ་པ་དང་བཞི་པ། ལྔ་པ་གསུམ་ལ་འོད་དཔག་མེད་དང་རྣམ་པར་སྣང་མཛད། དོན་ཡོད་གྲུབ་པ་གསུམ་རིམ་པར་བྱུང་ཡོད་ལ། དེ་ལས་བལྟས་ཚེ་ས་འདིར་དང་པོ་རྒྱལ་བ་རིགས་ལྔའི་སྐུ་འདྲ་བཞེངས་མེད་དམ་བསམ་ལ། དེ་སྟའི་གསར་ཉིད་ཁག་ཏུ་རྣམ་སྣང་དང་ཉི་

བའི་སྲུས་ཆེན་བརྒྱད་དང་། ཡང་ན་རྣམ་སྣང་དང་སྤྱན་རས་གཟིགས། ཕྱག་ན་རྡོ་རྗེ་བཅས་ཀྱི་མཉམ་བཞུགས་སྐུ་འདྲ་ལས་རྒྱལ་བ་རིགས་ལྔའི་མཉམ་བཞུགས་ཀྱི་སྐུ་བྱུང་མེད་ལ། དེ་ལས་ཀྱང་དོན་ཡོད་གྲུབ་པའི་སྐུ་འདིར་དུས་རབས་སྔ་མོའི་ཁྱད་ཆོས་ལྡན་པ་སྟེ། དུས་རབས་བཅུ་གསུམ་པའི་ཕྱིས་ཀྱི་རྒྱལ་བ་རིགས་ལྔའི་དོན་ཡོད་གྲུབ་པའི་སྐུ་འདྲའི་ཕྱག་གཡོན་མཉམ་བཞག་དང་ཕྱག་གཡས་ས་གནོན་མཛད་ཡོད་མོད། དེ་ལས་སྔ་བའི་དུས་རབས་ཀྱི་རྒྱལ་བ་རིགས་ལྔའི་སྐུ་འདྲ་དང་ལྷག་པར་སྟོད་མངའ་རིས་ཕྱོགས་ནས་རྙེད་པའི་སྐུ་འདྲར་ཤྲཱུག་པ་རིའི་སྐུ་འདྲ་དང་འདྲ་བར་ཕྱག་གཡས་ཆོས་འཆད་ཀྱི་ཕྱག་རྒྱ་མཛད་ཡོད།[32] གཞན་བྲག་བརྐོས་བདུན་པར་གཟུངས་སྔགས་བརྡ་ཀྱོ་ཏྲ་མ་ཏ་ཧྲ་ལ་ཞེས་པ་རྡོ་རྗེ་ཁྲོ་བོ་སྟོབས་པོ་ཆེ་ཡིན་ལ།[33] ཁོང་ལ་གསོལ་འདེབས་ཀྱི་ཆ་ནས་བཙན་པོ་ཡབ་སྲས་དང་སེམས་ཅན་ཐམས་ཅད་བླ་མེད་ཀྱི་བྱང་ཆུབ་ཐོབ་པའི་སྨོན་ལམ་བརྒྱབ་ཡོད་ཅིང་། ཏུན་ཧོང་ས་ཆར་ཁྲོ་བོ་སྟོབས་པོ་ཆེའི་སྐོར་གྱི་ཆོས་སྤྱོད་རྒྱ་ཆེར་དར་ཡོད།[34]

ཤྲཱུག་པ་གནས་རིའི་ཡིག་རྙིང་ཁག་བཞི་པར་སྐུ་འདྲ་བཞེངས་མཁན་དང་ཡི་གེ་རྐོ་མཁན་གཙུང་ཀྱིཿ སློབཿམཿ□སྨན་ལེགས་བྱ་བ་ཞིག་ཡིན་པ་བསྟན་ཡོད་ཅིང་། གཙུང་འདི་བཙན་པོའི་སྐབས་ཕྱོགས་གཅིག་ནས་གོ་ས་ཞིག་ལ་གོ་སྟེ། སྤྱི་ལོ752ལོར་བཙན་པོ་ཁྲི་ལྡེ་གཙུག་བཙན་གྱིས་འཇང་དབང་འོག་ཏུ་བཙུག་ནས་འཇང་རྒྱལ་པོར་བཙན་པོའི་གཙུང་གི་གོ་ས་བསྩལ་བར་མ་ཟད། ལོ་རྒྱུས་ཀྱང་བཙན་པོའི་གཙུང་གི་ལོ་རྒྱུས་སུ་ཕབ་ཡོད་པ་དང་།[35] གཞན་ཞིག་ནས་གཙང་རམ་རིང་ལུགས་ཀྱི་ས་མིང་དམ་ཧུས་མིང་ཞིག་ལ་གཏོགས་པ་གཙུང་རི་བོ་ཆེ་དགོན་དང་། བསྟན་པ་སྔ་དར་ཕྱི་དར་གྱི་མཚམས་སུ་ས་འདིར་མཁས་པ་གཙུང་པ་འཁར་སྟོངས་བཟུང་བ་ལས་ཚོ་མོ་ཆེ་བྱུང་བ《སྦ་བཞེད》དང《ལྡེའུ་ཆོས་འབྱུང》དུ་གསལ།[36] གཞན་སྨན་ལེགས་ཅེས་པ་མིང་འདོགས་སྟངས་ནས་བཙན་པོའི་སྐབས་ཀྱི་ཁྱད་ཆོས་ཡོད་མོད། ཡང་སྙིང་མི་སྣ་ཅི་འདྲ་ཞིག་ཡིན་མིན་དཔྱད་གཞི་ལེགས་སོན་བྱུང་མ་ཐུབ་ལ། དེ་བཞིན་སྐུ་འདྲའི་གཡོན་དང་ཡི་གེའི་གོང་དུ་རྒྱ་ཡིག“王”ཞེས་པ་ཞིག་བྱུང་ཡོད་པ་ལྡན་མའི་བྲག་བརྐོས[37]དང་བྲག་ལྷ་མོར杨□杨二造仏也ཞེས་པའི་རྒྱ་ཡིག་བྱུང་བ་དང་ཆ་མཚུངས་པར་བྲག་བརྐོས་བཟོ་རིམ་ཁྲོད་རྒྱའི་མི་སྣ་ཡང་ཡོད་དམ་བསམ། གཞན་ཡི་གེ་རྐོ་མཁན་པ་ལེགས་ཀོང་གི་གནས་ཚུལ་ལ་ལྡན་མ་བྲག་གི་ཡི་གེར་རྡོ་མཁན་ཨོད་ལེགས་ཀོང[38]ཞེས་པ་ཞིག་དང་། བཙན་པོའི་སྐབས་ཀྱི་ལོ་རྩ་བ་བྲན་ཀ་ལེགས་ཀོང[39]བྱ་བ་ཞིག་ཡོད། བྲག་བརྐོས་ཁག་བརྒྱད་པའི་གཙུང་གི་སློབ་མ་ཡུལ་ཟིགས་ཞེས་པར་ཡང་གནད་དུ་འཁེལ་བའི་དཔྱད་གཞི་ལག་སོན་མ་བྱུང་མོད། སླེབས་རིའི་བང་སོ་ལས་བྱུང་བའི་ཧུས་ཐམ་ལ་ཁའུ་ཞང་ཟིག་ཅེས་པ་དང་སྐུ་ཞབས་ཅིག་ཞེས་ཁྲིན་ནས་ཉར་ཚགས་གནང་བའི་བཙན་པོའི་སྐབས་ཀྱི་ཐམ་ཀའི་སྟེང་མང་ཟིགས་རྒྱ་ཞེས་བྱུང་ཡོད།[40] ལོ་ཕྱུག་དགོན་གསར་གྲོང་གི་ཡིག་རྙིང་ལ་དང་པོ་དགེ་སློང་གི་མཚན་དང་

བྲག་ཏུ་བརྐོས་པའི་ལོ་ཚིགས་ཡོད་པར་མཐོང་མོད། ད་ལྟ་སྲུབ་ནས་མཚན་གྱི་ཐོག་མ་དཔལ་ཞེས་པ་ཞིག་གིས་བརྩོ་སྨོན་ཞུས་པ་ཙམ་མ་གཏོགས་མི་མཐོང་ལ། བཙན་པོའི་དུས་སྐད་ལ་དགེ་སློང་དཔལ་དབྱངས་ལ་སོགས་པའི་ཆོས་ལུགས་མི་སྣ་ཙུང་མང་། དེ་བཞིན་དབྱེར་གོ་གྲོང་ཚོར་ན་མོ་རྣམ་པར་སྣང་མཛད་ཅེས་ད་ལྟ་ཚིག་གི་སྦྱོར་སྟངས་དང་མི་འདྲ་བར་བཟ་རྙིང་པའི་ཤུལ་མ་ཉམས་པར་གནས་ཡོད། མདོར་ན། སེར་ཤུལ་ས་ཆའི་བྲག་བརྐོས་ཁག་དབྱེ་ཞིབ་བྱས་པ་བརྒྱུད་དུས་ཚོད་ཀྱི་ཆ་ནས་སྔ་ཕྱི་ཁག་གཉིས་ཏེ། བཙན་པོ་ཁྲི་སྲོང་ལྡེ་བཙན་སྲིད་ཁྲིར་བཞུགས་པའི་རིང་སྟེ་སྤྱི་ལོ755ནས796སྐབས་སུ་བརྐོས་པ་ཁག་ཅིག་དང་། དུས་ཕྱིས་ཀྱི་བཙན་པོ་ཁྲི་ལྡེ་སྲོང་བཙན་དང་ཁྲི་རལ་སྲིད་ཁྲིར་བཞུགས་པའི་རིང་སྟེ། སྤྱི་ལོ800ནས840ཡས་མས་སུ་བརྐོས་པ་ཁག་གཉིས་སུ་དབྱེ་ཆོག་པར་འདོད་ཅིང་། དུས་རབས་སྔ་མའི་ཚབ་མཚོན་བྲག་བརྐོས་ཁག་གཉིས་པ་དང་ཁག་བཞི་པ་ཡིན་ལ། གཞན་བཙན་པོ་ཁྲི་སྲོང་ལྡེ་བཙན་ནས་བཟུང་སྟེ་ས་འདིར་རྣམ་སྣང་མངོན་བྱུང་གི་རྒྱུད་ཙམ་མ་ཟད། རྒྱལ་བ་རིགས་ལྔ། གདུགས་དཀར་མོ་ཆེ། ཁྲོ་བོ། སྤྱན་རས་གཟིགས་བཅས་ཐེག་པ་ཆེན་པོའི་ཆོས་སྐྱོད་དར་རྒྱས་ཆེན་པོ་བྱུང་ཡོད་པ་དངོས་དཔང་གིས་ར་སྤྲོད་བྱུང་བ་ནི་བྲག་བརྐོས་གསར་རྙེད་ཁག་གི་ནུས་པ་དམིགས་བསལ་བ་ཞིག་རེད།

མཆན།

[1] ལྡེའུ་ཇོ་སྲས། 《ཆོས་འབྱུང་ཆེན་མོ་བསྟན་པའི་རྒྱལ་མཚན།》 བོད་ལྗོངས་མི་དམངས་དཔེ་སྐྲུན་ཁང་། 1987ལོ། ཤོག་ངོས113པར་གསལ། མཁས་པ་ལྡེའུ། 《རྒྱ་བོད་ཆོས་འབྱུང་རྒྱས་པ།》 བོད་ལྗོངས་བོད་ཡིག་དཔེ་རྙིང་དཔེ་སྐྲུན་ཁང་། 2010ལོ། ཤོག་ངོས259པར་གསལ།

[2] མཁས་པ་ལྡེའུ། 《རྒྱ་བོད་ཆོས་འབྱུང་རྒྱས་པ།》 བོད་ལྗོངས་བོད་ཡིག་དཔེ་རྙིང་དཔེ་སྐྲུན་ཁང་། 2010ལོ། ཤོག་ངོས250པར་གསལ།

[3] དེའུ་དམར་དགེ་བཤེས། 《ཀུན་གསལ་ཚོན་གྱི་ལས་རིམ་དང་ཡེ་ཤེས་ཤེས་རབ་ཀྱི་རིག་པ་བཟོ་ཡི་འབྱུང་བ་ཐིག་རིས་དཔེ་དང་བཅས་པ་ལི་ཁྲིའི་ཐིགས་པ》ཞེས་པར་གསལ།

[4]《བཀའ་ཐང་སྡེ་ལྔ།》 མི་རིགས་དཔེ་སྐྲུན་ཁང་། 1986ལོ། ཤོག་ངོས88པར་གསལ།

[5]《དབའ་བཞེད།》 བོད་ལྗོངས་བོད་ཡིག་དཔེ་རྙིང་དཔེ་སྐྲུན་ཁང་། 2010ལོ། ཤོག་ངོས290པར་གསལ།

[6] 四川省文物考古研究所、石渠县文化局：《四川石渠县新发现吐蕃石刻群调查简报》 [J] 四川文物，2013（6）：3–15。

[7] གསལ་བྱེད། མ་ཡིག་སྟེང་ཐིག་རྐྱང་པའི་ཉིང་ཀྱུག་ཅིག་ཡིན་མོད། འདིར་སློག་ཀླད་ལ་ཕབ་འཇུག་མ་ཐུབ་པས་ཐིག་རྐྱང་མའི་ཐབས་སུ་བརྗེགས་མ་ཞིག་བྱུང་ཡོད།

[8] a, H. E. Rechardson, Early Tibetan Inscriptions Some RescentDiscoveries, Tibet Journal, 12, 2(1987): 3-15. b, Heller, A., Eighth-and Ninth-Century Temples & RockCarvings of Eastern Tibet. ”In Tibetan Art: Towards a Definition of Style. Jane Casey Singer and Philip Denwood, eds. London: Laurence King Publishing, (1997)86-103, 296-297. C, 罗文华：四川甘孜地区民族与考古综合考察综述 [J]，故宫学刊，第二辑，2005；d，故宫博物院、四川省文物考古研究院，四川石渠县洛须“照阿拉姆”摩崖石刻，四川文物 [J]，2006(3)；e，谢继胜：川青藏交界地区藏传摩崖石刻造像与题记分析 [J]，中国藏学，2009(1)；f，霍巍：青藏高原东麓吐蕃时期佛教摩崖造像的发现与研究 [J]，考古学报，2011(3)；gཔ་སངས་དབང་འདུས། 《སྤུ་རྒྱལ་བོད་ཀྱི་བྲག་བརྐོས་ཡི་གེ་ཕྱོགས་བསྒྲིགས་ཀྱི་མ་ཡིག་དག་བཤེར་དང་དེའི་ཚིགས་འགྲེལ་དྭངས་སང་གངས་ཆུ》 བོད་ལྗོངས་མི་དམངས་དཔེ་སྐྲུན་ཁང་། 2011ལོ། ཤོག་ངོས37པར་གསལ།

[9] aHeller, A., Eighth-and Ninth-Century Temples & Rock Carvings of Eastern Tibet. ”In Tibetan Art: Towards a Definition of Style. Jane Casey Singer and Philip Denwood, eds. London: Laurence King Publishing, (1997)p86-103, p296-297.

[10] 霍巍：《青藏高原东麓吐蕃时期佛教摩崖造像的发现与研究》 [J]，考古学报，2011（3）。

[11] 霍巍：《新巴达瓦扎西.西藏洛扎吐蕃摩崖石刻与吐蕃墓地的调查与研究》 [J]，文物，2010（7）。

[12] ཡི་གེ་ཁག་ཁ་ཤས་ལ་ཉིང་ཀློག་ཐིག་རྐྱང་མ་ཅན་ཞིག་བྱུང་ཡོད་ལ། ཉིང་ཀློག་འདི་ད་ལྟ་སྔོར་དབྱིབས་ཕྱེད་ཀ་མ་གཅིག་གམ་གཉིས་ལ་བརྩེགས་མའི་ཁྱད་ཆོས་དེ་མེད་ལ། འདི་ཡང་ཡིག་རྙིང་གི་ཁྱད་ཆོས་ཐུན་མོང་མ་ཡིན་པ་ཞིག་ཏུ་བཞག་ཆོག

[13] བོད་ཀྱི་བྲག་བརྐོས་ནས་བཟུང་སྟེ་ཡིག་ཚང་རྙིང་པ་དག་གུང་བསྒྲིགས་ན་འདི་འདྲའི་ཁྱད་ཆོས་དམིགས་བསལ་བ་ཞིག་འདུག་པ་སྟེ། ལྷ་སའི་རྡོ་རིང་མ་བརྩིས་པའི་རྡོ་རིང་དང་བྲག་བརྐོས་ཡི་གེ་ཀུན་ལ་ཚེག་ཡི་གེ་གོང་འོག་གཉིས་ཀྱི་དཀྱིལ་དུ་བཞག་ཡོད་པ་དང་། ཡིན་ཡང་ལྷ་སའི་རྡོ་རིང(སྤྱི་ལོ་822ལོར་བཙུགས)སྟེང་ཚེག་ཐིག་མགོ་དང་མཉམ་ལ། དེ་བཞིན་ཏུན་ཧོང་ཡིག་ཚང་ཕལ་ཆེ་བར་ཚེག་ཐིག་མགོ་དང་མཉམ་པར་ཐོན་ཡོད།

[14] ཁྲི་རིའི་བང་སོའི་རྡོ་རིང་ཡང་ཁྲི་སྲོང་ལྡེ་བཙན་སྐུ་ཚེའི་སྨད་ལ་བརྐོས་སོང་། ད་ལྟ་ཡི་གེ་མི་གསལ་བས་ཚིག་གང་འདྲ་བཞག་མིན་བཤད་དཀའ།

[15] དབྱིན་ཇི་རྒྱལ་ཁབ་ཆེན་པོའི་བཤམས་མཛོད་ཁང་གི་བོད་རིག་པའི་ཆེད་མཁས་སམ་བན་ཚ་ཁྲུ་ནས་གཟུངས་སྔགས་འདི་ཐོག་མར་ངོས་འཛིན་བྱས་པར་ཐུགས་རྗེ་ཆེ་ཞུ།

[16] 西北民族大学海外文献研究所主编：《法国国家图书馆藏敦煌藏文文献》 [M]，第一、二册，上海古籍出版社，2006年。

[17] a，《མདོ་སྔགས་གསུང་རབ་རྒྱ་མཚོའི་སྙིང་པོ་མཚན་གཟུངས་མང་བསྡུས་ཀྱི་དཀར་ཆག་ཀུན་གསལ་མེ་ལོང་བཞུགས་སོ》 གཡོ་རུ་ལྷུན་གྲུབ་ལྷ་རྩེ་པར་མ། ཤོག་ངོས52; b，《སྟོད་སྨོན་ཕྱོགས་བསྒྲིགས།》 མཚོ་སྔོན་མི་རིགས་དཔེ་སྐྲུན་ཁང་། 2003ལོ། ཤོག་ངོས200པར་གསལ།

[18] བཀྲ་ཤིས་རྣམ་རྒྱལ། 《བྱ་བ་དཔྱད་དོན་བཞུགས་སོ།》 བོད་ལྗོངས་དཔེ་མཛོད་ཁང་དུ་ཉར་བའི་དཔེ་རྙིང་བྲིས་མ། དགེ་སློང་པདྨ་དཀར་པོ། 《རྟེན་བརྟག་པའི་རབ་བྱེད་ཤུང་དུ་སྒྲ་མཁས་འདོད་པའི་ཁ་རྒྱན་བཞུགས་སོ》(བཟོ་རིག་ཉེར་མཁོ་བདམས་བསྒྲིགས) བོད་ལྗོངས་བོད་ཡིག་དཔེ་རྙིང་དཔེ་སྐྲུན་ཁང་། 1990ལོ། ཤོག་ངོས272-273བར་གསལ།

[19] OSTO, Douglas. 2009"Proto–Tantric"Elements in The Gaṇḍavyūha sūtra" in Journal of Religious History, vol.33, No.2, June, pp.167-177.

[20] [28] [30] ཁང་དཀར་ཚུལ་ཁྲིམས་སྐལ་བཟང་། 《རྒྱ་གར་ནང་པའི་གསང་སྔགས་ཀྱི་ལྷ་གྲུབ་ཀྱི་ཆོས་འབྱུང་།》 སི་ཁྲོན་མི་རིགས་དཔེ་སྐྲུན་ཁང་། ཤོག་ངོས220-229、223པ་བཅས་སུ་གསལ།

[21] SamdanG. Karmey. Inscriptions Dating from the Reign of btsanpoKhrildesrongbtsan', Edited by Helmut Krasser, Michael Torsten Much, Ernst Steinkellner, HelmutTauscher, Tibetan Studies, Volume i, Verlag der OsterreichischenAkademie der Wissenschaften. Wien, 1997: p477-486.

[22] [27] 霍巍：《青藏高原东麓吐蕃时期佛教摩崖造像的发现与研究》 [J]，考古学报，2011（3）。

[23] ཀུ་གེ་ཚེ་རིང་རྒྱལ་པོ། 《གསར་དུ་རྙེད་པའི་བོད་བཙན་པོའི་སྐབས་བཞེངས་པའི་སྨར་ཁམས་རྫོང་རྣམ་པར་སྣང་མཛད་སྐོར་རགས་ཙམ་བརྗོད་པ》 [J] བོད་ལྗོངས་སློབ་གྲྭ་ཆེན་མོའི་རིག་དེབ། 2014(3).

[24] H. E. Rechardson, The Cult of Virocana in Early Tibet, TadeuszSkorupski(ed.), Indo-Tibetan Studies: Papers in Honour of Professor David L. Snellgrove's Contribution toIndo-Tibetan Studies, Buddhica Britannica, Series Continua ii: Institute of Buddhist Studies, Tring, 1990: p271-274.

[25] ཇོ་སྲས་བཀྲ་ཤིས་ཚེ་རིང་། 《སྨར་ཁམས་འབོམ་རྣམ་སྣང་དམ། ལྷ་འདུས་རྣམ་སྣང་གི་སྐོར་ཙུང་ཟད་གླེང་བ》 Tibetan Studies in Honor of SamtenKarmay, Editedby Francoise Pommaret and Jean-Luc Achard, Amnye Machen Institute, Dharamsala, 2009

[26] 谢继胜：《川青藏交界地区藏传摩崖石刻造像与题记分析》 [J]，中国藏学，2009年，第1页。

[29] 《དཔའ་བཞེད་བཞུགས་སོ》 བོད་ལྗོངས་བོད་ཡིག་དཔེ་རྙིང་དཔེ་སྐྲུན་ཁང་། 2010ལོ། ཤོག་ངོས110-113、199-201པ་བཅས་སུ་གསལ།

[31] SamdanG. Karmey. Inscriptions Dating from the Reign of btsanpoKhrildesrongbtsan', Edited by Helmut Krasser, Michael Torsten Much, Ernst Steinkellner, HelmutTauscher, Tibetan

Studies, Volume i, Verlag der Osterreichischen Akademie der Wissenschaften. Wien, 1997：p477-486.

[32] 西藏布达拉宫管理处编：《西藏珍贵文物造像源流》 [M]，中国旅游出版社，2006：43. དགེ་སྐྱོགས་སྙིང་ཕྱུགས་རྒྱལ་ལགས་ནས་ཁྱད་ཆོས་འདི་གསལ་སྟོན་བྱས་པ་ལ་ཐུགས་རྗེ་ཆེ་ཞུ།

[33] སི་ལྷེ་སིའི་བོད་རིག་པའི་མཁས་པ་ཨེ་མེས · ཧེ་ལི་ནས་དོས་འཛིན་ཞུས་པར་ཐུགས་རྗེ་ཆེ་ཞུ།

[34] Jacob Dalton &Sam van Schik. Tibetan Tantric Manuscripts From Dunhuang：A Descriptive Catalogue of the Stein Collection at the British Library，BrillLeiden · Boston，2006.

[35]《南诏德化碑》载：屬贊普仁明，重酬我勳効。遂命宰相倚祥葉樂持金冠、錦袍、金寶帶、金帳(狀)[牀]、安扛傘、鞍銀獸及器皿、珂貝、珠毬、衣服、駞馬、牛纓等，賜為兄弟之國。天寶十一載正月一日，於鄧川册詔為贊普鍾南國大詔，授長男鳳迦異大瑟瑟告身、都知兵馬大將。凡在官僚，寵幸咸被。山河約誓，永固維城。改年為贊普鍾元〔年〕。

[36]《སྦ་བཞེད་ཕྱོགས་བསྒྲིགས་ལས་སྦ་བཞེད་ཞབས་བཏགས་མ།》 བོད་ལྗོངས་བོད་ཡིག་དཔེ་རྙིང་དཔེ་སྐྲུན་ཁང་། 2010ལོ། ཤོག་ངོས297པར་གསལ། གཞན《ལྡེའུ་ཆོས་འབྱུང》དུ་གཅོང་ཞེས་བྲིས་ཡོད། མཁས་པ་ལྡེའུ། 《རྒྱ་བོད་ཆོས་འབྱུང་རྒྱས་པ།》 བོད་ལྗོངས་བོད་ཡིག་དཔེ་རྙིང་དཔེ་སྐྲུན་ཁང་། 2010ལོ། ཤོག་ངོས247པར་གསལ།

[37] 谢继胜：《川青藏交界地区藏传摩崖石刻造像与题记分析》 [J]，中国藏学，2009（1）。

[38] པ་སངས་དབང་འདུས། 《སྤུ་རྒྱལ་བོད་ཀྱི་བྲག་བརྐོས་ཡི་གེ་ཕྱོགས་བསྒྲིགས་ཀྱི་མ་ཡིག་དག་བཤེར་དང་དེའི་ཚིག་འགྲེལ་དྭངས་སང་གདངས་རྒྱ།》 བོད་ལྗོངས་མི་དམངས་དཔེ་སྐྲུན་ཁང་། 2011ལོ། ཤོག་ངོས95པར་གསལ།

[39]《སྦ་བཞེད་ཕྱོགས་བསྒྲིགས་ལས་སྦ་བཞེད་ཞབས་བཏགས་མ།》 བོད་ལྗོངས་བོད་ཡིག་དཔེ་རྙིང་དཔེ་སྐྲུན་ཁང་། 2010ལོ། ཤོག་ངོས216པར་གསལ།

[40] 陈庆英、邹西成：《吐蕃王朝飞马使印章考》 [C]，西部西藏的文化历史. 中国藏学出版社，2008年。མང་ཟིགས་རྒྱ་ཞེས་པ་ལི་ཡུལ་རྒྱུད་ཀྱི་བོད་བཙན་པོའི་སྐབས་བྱང་བུའི་ཡི་གེར་སློན་ཆེན་པོ་ཞིག་ཡིན་པར་ཨེ་མེས་ནས་བསྟན་ཡོད།

《ཀྲུང་གོའི་བོད་རིག་པ།》 ༢༠༡༥ལོའི་དེབ་གསུམ་པ་ལས་བཏུས།

ཧུན་རྫོང་ཡི་གེའི་སྐོར།

༄༅། །བོད་བཙན་པོའི་སྐབས་ཀྱི་ཁྲིམས་ཡིག་ཐོར་བུ་འགའ་ལ་ཅུང་ཟད་དཔྱད་པ།

ཚེ་བརྟན།

སྤྱི་ལོ1899པར་ཏུན་ཧོང་གི་ཕུག་པ་ཞིག་ནས་རྒྱ་གར་དང་རྒྱ་རིགས་ལ་སོགས་པའི་གནའ་བོའི་ཡིག་ཆ་ཧ་ཅང་མང་པོ་ཐོན་པའི་ཁྲོད་དུ་བོད་ཀྱི་བརྙ་རྙིང་གི་ཡིག་ཚགས་ཤིན་ཏུ་མོད་ཅིང་། དེ་དག་གི་ནང་དོན་བོད་བཙན་པོའི་སྐབས་ཀྱི་ཆབ་སྲིད་ལམ་ལུགས་དང་། དཔལ་འབྱོར་སྒྲིག་གཞི། དམག་དོན་རྩ་འཛུགས། ཐོན་སྐྱེད་ལས་ཁུངས། རིག་གནས་ལ་སོགས་པར་ཁྱབ་པས། དེང་རེད་ཅག་གིས་བོད་ཀྱི་ལོ་རྒྱུས་དང་། སྒྱུ་རྩལ། སྐད་ཡིག བཟོ་དང་གསོ་བ། ཆོས་ལུགས། ཡུལ་སྲོལ་གོམས་འདྲིས། ཕྱི་ཕྱོགས་འབྲེལ་བ་དང་བཅས་པ་སྟེ། སྔོས་སུ་བོད་སིལ་བུར་མ་ཐོར་གོང་གི་གནས་ཚུལ་ལ་རྟོག་དཔྱོད་ཞིབ་འཇུག་བྱེད་དང་བྱེད་འགྱུར་ལ་དེ་དག་ནི་དཔང་དུ་འཛོག་ཉུང་བའི་དཔྱད་གཞིའི་ཡིག་ཆ་ཧ་ཅང་བྲིན་པ་ཞིག་གོ །དེ་ཡང་། འོ་སྐོལ་རྒྱལ་ཁབ་ཀྱི་ནང་རོལ་དུ་ཆིང་རྒྱལ་རབས་མཇུག་ཟོགས་པ་དང་མིན་གོའི་གསར་བརྗེ་ལ་རྒྱལ་ཁ་འཐོབ་ཉེ་བའི་དུས་ཏེ། སྤྱི་ལོ1907-1908བར་དབྱིན་ཇི་པ་སི་ཐན་ཨེན(4. steir)དང་ཧྥ་གོ་པ་པའི་ཕེ་ལི་ཧོ(p. pelliet)གཉིས་ཀྱིས་གཏེར་ཡིག་དེ་དག་བརྐུས་ནས་རང་རང་གི་རྒྱལ་ཁབ་ཏུ་དྲངས་པས། བདག་ཅག་རྣམས་གནའ་བོའི་ཡིག་ཆ་རིན་ཐང་བྲལ་བ་དེ་དག་གིས་དབུལ་ཏེ། དེང་སང་གོང་འོག་གིས་བློ་དགོས་པའི་ཐབས་རྟགས་ཀྱི་གནས་སུ་ལྷུང་། ནང་དོན་ཕུན་སུམ་ཚོགས་པའི་བོད་ཡིག་གཏེར་མ་དེ་ལས་ཉུང་ཙམ་ཏུན་ཧོང་ནས་ཐོན་པའི་བོད་ཀྱི་ལོ་རྒྱུས་ཡིག་ཆ་ཞེས་བྱ་བ་ཞིག་སྐུ་ཞབས་ཕང་ཡའོ་ཉིད་ཀྱིས་བསྒྲིགས་ནས་སྤྱི་ལོ1980པར་མི་རིགས་དཔེ་སྐྲུན་ཁང་གིས་པར་དུ་བཏབ་པ་དེད་ཅག་བོད་ཀྱི་སྐད་ཡིག་དོན་དུ་གཉེར་བ་པོ་རྣམས་ལ་མཚོན་ན་བཀའ་དྲིན་ཧ་ཅང་ཆེའོ། །

དེང་གི་ཆར་རྒྱལ་ཁབ་ཕྱི་ནང་གི་མཁས་མཆོག་བོད་ཀྱི་རིག་པའི་གནས་དོན་དུ་གཉེར་བ་ལ་སྦྲོ་བ་འབུམ་དང་ལྡན་པ་རྣམས་ཀྱིས་རང་རང་སོ་སོའི་ཐད་ནས་ཆེད་གཉེར་བྱས་འབྲས་ཀྱི་གསུང་རྩོམ་གང་མང་མང་བརྩམས་ཤིང་རྩོམ་བཞིན་པས། བོད་ཀྱི་ལོ་རྒྱུས་སོགས་ལ་ཞིབ་འཇུག་བྱེད་པའི་བྱ་བ་དེ་གོང་ནས་གོང་དུ་འཕེལ་བཞིན་མཆིས། འོན་ཀྱང་དཔྱད་བྱའི་གནས་ལ་ལའི་ཐད་མཁས་དབང་རྣམ་པས་བཞེད་པ་ཐ་དད་དུ་འཛིན་གྱིན་ཡོད་པ། དཔེར་ན། བོད་བཙན་པོའི་རྒྱལ་རབས་སྐབས་དེའི་སྤྱི་ཚོགས་

ཀྱི་ངོ་བོ་ཅི་དང་ཅི་ཡིན་པའི་ཐད་ཞལ་མི་མཚུངས་ཏེ། ཁ་ཅིག་གིས་བྲན་གཡོག་ལམ་ལུགས་དང་། ལ་ལས་བྲན་གཡོག་ལམ་ལུགས་གཙོ་ཡིན་པ་ལ་བཀགས་བཀོད་རྒྱུད་འཛིན་ལམ་ལུགས་ཀྱི་སྦྲུ་གུ་ཕྲ་མོ་འབྲུངས་པ། འགའ་རེས་བཀགས་བཀོད་རྒྱུད་འཛིན་པའི་ལམ་ལུགས་འབའ་ཞིག་གོ །ཞེས་ཞལ་གསུང་ཐ་དད་དུ་མ་གནང་གིན་ཡོད་པར་མ་ཟད། ཕྱི་གླིང་པ་ག་གེ་མོ་ཞིག་གིས་བཙན་པོ་བོད་ཀྱི་རྒྱལ་རབས་སྐབས་དགེ་བ་བཅུ་ལ་སོགས་པའི་ཁྲིམས་ལུགས་ཆ་ཚང་བ་ཞིག་གཏན་ལ་ཕབ། ཅེས་པ་ནི་བསྟན་པ་ཕྱི་དར་དུས་ཀྱི་ནང་པ་སངས་རྒྱས་པ་འགའ་རེས་ལྷད་བཙུག་གི། དོན་དམ་སྐབས་དེར་བོད་ལ་ཁྲིམས་ལུགས་ཟེར་བ་ཡེ་མེད་པས་དེ་ཉིད་རྒྱལ་ཁབ་ཚད་ལྡན་ཞིག་ལ་བརྩི་རྒྱུ་མེད་གསུངས། གང་ལྟར་ཀྱང་། མཁས་བརྒྱ་འགྲན་གླིང་སྐྱིད་ཚལ་ཉམས་དགའ་བ་ཊུ་བཞེད་ཚུལ་གྱི་འདབ་སྟོང་ལྟ་ན་སྡུག་པ་རྣམས་རབ་ནས་རབ་ཏུ་བཀྲའོ། །

ཁོ་བོ་ནི་མར་ལེ་རིང་ལུགས་ཀྱི་སྤྱི་ཚོགས་འཕེལ་རིམ་གྱི་ལོ་རྒྱུས་རིག་པ་ལ་སོགས་པའི་ཡོན་ཏན་གྱིས་ཀུན་ནས་དབུལ་བས། བོད་དང་བོད་བཙན་པོའི་སྐབས་ཀྱི་སྤྱི་ཚོགས་ངོ་བོ་ལ་ཞིབ་འཇུག་ཚད་ལྡན་ཞིག་བྱ་བའི་སྐལ་བས་སྟོངས། ཉེ་ཆར་ཏུན་ཧོང་གི་ཡིག་ཆ་འདྲ་པར་མ[P.T.1071, 1073, 1075].[1] ཞིག་གི་ཁྲོད་ནས་ངོ་མཚར་རྨད་དུ་བྱུང་བའི་ཁྲིམས་ཡིག་ཐོར་བུ་འགའ་མཐོང་ཞིང་། མཐོང་ནས་ཀྱང་བདག་བློ་དབང་མེད་དུ་བཀུག་སྟེ། བོད་ཀྱི་ཁྲིམས་ལུགས་ཞིབ་མོར་མཆོན་པ་ལ་འདི་ལྟ་བུ་ཞིག་ད་སྟུ་མ་མཐོང་ལ། འདི་དག་ཁྲིམས་ཡིག་གཞན་དང་གཞན་གང་ལས་ཀྱང་ཕྲ་ཞིང་ཞིབ་པ་དང་གསལ་ཞིང་རྒྱས་པ་ཞིག་ཡིན་པས། མཁས་དབང་རྣམ་པས་བོད་བཙན་པོའི་སྐབས་ཀྱི་སྤྱི་ཚོགས་ངོ་བོ་དཔྱད་པ་ལ་ཁྲིམས་ཡིག་གཏེར་ཐོན་མ་འདིས་མཐུན་རྐྱེན་ཕན་ནུས་དང་ལྡན་པ་ཞིག་སྦྱིན་པ་གདོན་མི་ཟ་སྙམ་ནས། དྲན་མེད་ལ་དྲན་དང་གླིང་མེད་ལ་གླིང་། ཞེས་པའི་དཔེ་ལྟར་མཚམས་སྦྱོར་གྱི་ཚུལ་གྱིས་འདི་ཀོ་མཁས་དབང་རྣམ་པའི་གཟིགས་མོར་ཕུལ་བ་ལགས། འོ་ན། ཁྲིམས་ཡིག་གཏེར་ཐོན་མ་དེར་ནང་དོན་ཅི་གདའ་ཞེ་ན། དེ་ལ་འདི་ལྟར། རྒྱལ་འབངས་མཆོག་དམན་བར་གསུམ་ཐམས་ཅད་ཀྱིས་རི་དྭགས་རྔོན་པའི་དུས་ཕན་ཚུན་གཅིག་གིས་གཅིག་ལ་མདའ་འཕྲུར་ཐོག་པར་བྱས་ཏེ། མདའ་ཐོག་པ་པོ་གུམ་པ་དང་མ་གུམ་པའི་ཚུལ་ཅི་ལ་གྱུར་ཀྱང་འཕོན་བྱུང་ན་ཡུལ་བཏགས་ནས་སྟོང་ཐང་ཇི་ལྟར་འཇལ་དགོས་པ་དང་། མི་ཞིག་གཡག་གམ་འབྲིའི་འོག་ཏུ་ཆུད་ན་དེའི་ཉེ་ཡོགས་སུ་མཆིས་པ་པོ་ཞིག་གིས་ཕྱུང་ན་ཐོབ་ཐང་གི་རིམ་པ་ལྟར་བྱ་དགའ་ཅི་སྟེར་བ་དང་མ་ཕྱུང་ན་ཆད་པ་ཅི་གཙོད་པ། མགྲོན་པོ་ཞིག་གི་སྟེང་ལ་ཁྱི་ཐད་པས་དེ་ཁྱིས་འཆོས་པའམ་ཡང་ན་བཞོན་པ་འདྲོགས་ཏེ་སར་བརྒྱབ་པ་སོགས་ཀྱིས་གུམ་པ་དང་རྨས་ན་ཁྱི་ཇོད་པ་བོར་ཆད་པ་ཅི་གཙོད་པ། འབྲོང་དང་རྐྱང་དང་ཤ་བ་ལ་སོགས་པ་རི་དྭགས་གཅིག་མདའ་ཅི་ཙམ་གྱིས་སོད་པར་བརྩི་བའམ་སྔ་མདའ་དང་ཕྱི་མདའ་དང་ཡང་མདའ་སོགས་ཀྱི་བདག་པོ་རྣམས་ལ་ཤ་སྐལ་ཇི་ལྟར་རྒྱག་པ། མི་མང་པོས་རི་དྭགས་ཞིངས་པ་ལ་གཅིག་གིས་ཤུགས་མ་བསྒྲིམས་པར་རི་

ཏྭགས་ལིངས་ལས་བཏང་ན་རི་ཏྭགས་ཀྱི་ཆེ་ཆུང་ལྟར་འཇལ་ཇི་ལྟར་གཅོད་པ། རི་ཏྭགས་རྒྱ་ཡིས་བཟུང་ཡོད་པ་མི་ཞིག་གིས་ལྐོག་ནས་བརྐུས་ན་འཇལ་ཅི་འབེབས་པ། ཕུ་ནུའི་ནང་ཕན་ཚུན་གསོད་རེས་བྱས་ན་དམེར་ཇི་ལྟར་བཅེ་བ། ཁྱིམ་ཚང་ཞིག་ལ་རྐུན་པོ་འཛུལ་བ་ཟིན་ན་ཆད་པ་ཅི་གཅོད་པ། མདའ་རི་ཏྭགས་ལ་ཟུག་པ་ལས་རྙེད་ན་རྐུར་བཅེ་བ་དང་ས་ལས་རྙེད་ན་རྐུར་མི་བཅེ་བ་སོགས་ཕྲ་ཞིང་ཞིབ་མོའི་ཁྲིམས་སྲོལ་ཡ་མཚར་བ་དག་མཆིས། འདིར་ཁྲིམས་ཡིག་ཐོར་བུ་ཉི་ཤུ་ལྷག་གི་མཐར་ཕྱུག་རྒྱ་ཞེས་པའི་ཡི་གེ་ཆེ་ཙམ་རེ་བཀོད་པ་མ་གཏོགས། དེ་དག་དུས་ནམ་དང་བཙན་པོ་གང་གི་སྐུ་རིང་ལ་བྱུང་བ་ཁྲིམས་ཡིག་དངོས་ན་མི་གསལ་ཡང་། ཚིག་གི་བརྗོད་སྟངས་དང་ཐ་སྙད་འདོགས་ལུགས། ཡི་གེའི་ཐོབ་ཐང་། ཡིག་གཟུགས་བཅས་ལ་བལྟས་ན་དེ་ཉིད་བོད་སིལ་བུར་མ་ཐོར་གོང་གི་དུས་ཤིག་ལ་བྱུང་བ་གོར་མ་ཆག་ལ། སྤྱི་ལོ653པའི་ཚུན་ཆད་དང826པའི་ཕན་ཆད་ཀྱི་དུས་གང་རུང་ཞིག་ལ་བྱུང་བ་ཡིན་ནམ་ཞེས་ཀྱང་སྐམ། རྒྱུ་མཚན་ནི། བོད་ཀྱི་མཁས་དབང་རིམ་བྱོན་རྣམ་པའི་གསུང་ལྟར་སྲོང་བཙན་སྒམ་པོའི་སྐུ་རིང་ལ་བོད་ཡིག་གསར་དུ་བསྐྲུན་རྗེས། བཙན་པོའི་ཐུགས་ལ་ཁྲིམས་ཤིག་དགོས་པ་འགངས་ཆེ་བར་དགོངས་ནས་བཀའ་ཡི་ཁྲིམས་ཡིག་ཆེན་མོ་དྲུག་སྟེ།① དམག་དོན་དང་སྲིད་འཛིན་ལམ་ལུགས་མཚོན་བྱེད་ལ་ཁྲི་རྩེ་འབུམ་བཞེར་གྱི་ཁྲིམས།② བྲེ་སྲང་གི་འཇལ་སྲོལ་མཚོན་བྱེད་ལ་འབུམ་གསེར་ཐང་ཤ་བ་ཅན་གྱི་ཁྲིམས།③ སྲང་བླང་གི་ཀུན་སྤྱོད་མཚོན་བྱེད་ལ་རྒྱལ་ཁམས་དཔེར་བླངས་ཀྱི་ཁྲིམས།④ ཁ་དྲག་ཞན་གཉིས་རྩོད་པ་ལ་གཉིས་ཀའི་ཡིད་ཚིམས་པར་བྱེད་པ་མདོ་ལོན་ཞུ་བཅད་ཀྱི་ཁྲིམས།⑤ གཉིས་ཀ་ལན་པ་ལ་ཆད་པ་འདྲ་འདྲ་གཅོད་པ་དབང་ཆེན་བཅད་ཀྱི་སྤྱི་ཁྲིམས།⑥ གཉིས་ཀ་བདེན་པ་ལ་གཉིས་བདེན་ནམ་དགའ་གསུམ་བྱ་བ་ཁབ་སོ་ནང་པའི་ཁྲིམས(འདིར་བཞི་པ་ནས་དྲུག་པའི་ཚན་པ་གསུམ་པོ་དོན་གཅིག་གི་ནང་གསེས་ཀྱི་དབྱེ་བ་ཡིན་པ་འདྲ)བཅས་གཏན་ལ་ཕབ་ནས་བོད་འབངས་ཐམས་ཅད་བདེ་ལ་བཀོད་སྐད།

དེ་ཡང་དེང་ཙག་གི་སེམས་ལ་འདི་སྙམ་དུ་བསམས། ཁྲི་སྲོང་བཙན་གྱི་སྐུ་རིང་ལ་བཀའ་ཡི་ཁྲིམས་ཡིག་ཆེན་མོ་དྲུག་གཏན་ལ་ཕབ་སྟེ་ཁྲིམས་ཀྱི་སྲོལ་ཐོག་མར་བཏོད་ཅིང་། དེར་མ་འདུས་པའི་ཆ་མང་ཙམ་བཙན་པོའི་རྒྱུད་ཕྱི་མ་རྣམས་ཀྱི་རིང་ལ་རིམ་གྱིས་ཁ་གསབ་བརྒྱབ་ནས་ཁྲིམས་ཡིག་དེ་དག་བཙན་པོའི་གདུང་རྒྱུད་སྤྱ་མ་སྤྱ་མ་ལས་ཕྱི་མ་ཕྱི་མའི་རིང་ལ་རྗེ་རྒྱས་ཇེ་ཞིབ་ཏུ་སོང་ནས། གཟོད་བོད་ཀྱི་གནའ་བོའི་ཁྲིམས་ལུགས་ཧུར་ཙམ་ཆ་ཚང་བ་ཞིག་བྱུང་བ་ཡིན་ནམ། ཞེས་སྐམ། འདིར་བོད་ཀྱི་རྩོད་གཡུང་གི་དབྱེ་བ་ཕྱེ་བའི་སྐོར་བཤད་པ་ལ《མཁས་པའི་དགའ་སྟོན》ལས། བློན་པོ་མགར་གྱིས་བྱང་བུ་མཛོ་ཁལ་དྲུག་ལྟང་བར་བྲིས་ཀྱང་བྱང་ཁྲམ་མ་ཐེབས་པར་མགོ་པོ་འཁྲུགས་ནས་ཐབས་ཟད་པ་ན། འཕན་ཡུལ་དུ་དར་རྒྱལ་མང་པོ་རྗེ་ཟེར་བའི་བྱིས་པ་རིག་ཡག་ཅིག་ཡོད་པ་ཐོས་ཏེ་བཙལ་ནས་བོད་ཀྱི་ཁོད་བཙོས་ཀྱང་མ་གྲུབ། དེ་ནས་མཆིམས་མང་བཞེར་ངན་པ་བྱ་བ་མཛངས་ཤིང་མཁས་པའི་ལུག་རྫི་ཞིག་ཡོད་པ་ཐབས

ཀྱིས་བསླུས་ཏེ་གང་དེའི་བློ་བཀྲུས་ནས་གཙོད་རྐོད་གཡུང་གི་སྡེ་འབྱེད་ཐུབ་པར་གྱུར་པ་སོགས་བྱུང་བ་ནི། ལེགས་བཤད་ཕྱིས་པ་དག་ལས་ཀྱང་། །མཁས་པ་རྣམས་ནི་ཡོངས་སུ་ལེན། །ཞེས་པའི་དཔེ་ཏུ་སོང་སོང་ཀྱང་། དགོས་པ་ཞིག་གི་སླད་དུ་སྒྲོ་འདོགས་ཀྱི་ཚུལ་དུ་གསུངས་པ་ཙམ་ཡིན་པར་འདོད།

འདིར་ཏུན་ཧོང་ནས་ཐོན་པའི་བོད་ཀྱི་ལོ་རྒྱུས་ཡིག་ཆ(འདི་མན་ནས་ལོ་རྒྱུས་ཡིག་ཆ་ཞེས་འབྱུང་བར་འགྱུར) ལས་བྱུང་བ་ཞིག་བཀོད་ན། འདི་ལྟར་དུ"གླང་གི་ལོ་ལ་བབ་སྟེ། ད་རྒྱལ་མང་པོ་རྗེས་ཞིང་གྱི་ཕྱིང་རིལ་བགྱིས།" ཞེས་དང་། "སྟག་གི་ལོ་ལ་བབ་སྟེ། བློན་ཆེན་སྟོང་རྩན་གྱིས། སོང་ཕུ་སྤྲུལ་མཛོང་དུའ་བསྡུསྟེ། རྐོད་གཡུང་དབྱེ་ཤིང་། མཁོ་ཤམ་ཆེན་པོ་བགྱི་བའི་རྩིས་མགོ་བགྱི་བར་ལོ་གཅིག །"ཅེས་སམ། "ཡོས་བུའི་ལོ་ལ་བབ་སྟེའ། བློན་ཆེ་སྟོང་རྩན་གྱིས། འགོར་ཏིར། བཀའ་ཁྲིམས་ཀྱི་ཡི་གེ་བྲིས་ཕར་ལོ་གཅིག །"ཅེས་པ་དག་ལས་བྱུང་བའི་གླང་དང་སྟག་དང་ཡོས་བུ་བཅས་ནི་རིམ་པ་ལྟར་སྤྱི་ལོ653, 654, 655 གསུམ་ལ་བབ་ཅིང་། སྐབས་དེར་ཁྲི་སྲོང་བཙན་སྐུ་གཤེགས་ཟིན། འདིའི་སྐོར་ལ་ངེད་ཅག་གིས་གོ་བ་འདི་འདྲ་ཞིག་ལེན་གྱིན་ཡོད་དེ། བཙན་པོ་མ་གཤེགས་གོང་བོད་ཀྱི་ཏུ་ཆེན་ལྔ་དང་བློན་པོའི་ཚོགས་ལ་མཐོ་དམན་བར་གསུམ་གྱི་དབྱེ་བ་སོགས་ཕྱེ་ཚར་ཀྱང་། འབངས་རྐོད་གཡུང་གི་དབྱེ་བ་འབྱེད་ཁོམ་མ་བྱུང་བར་སྤྱི་ལོ650པར་ཁྲི་སྲོང་བཙན་སྐུ་གཤེགས། དེ་ནས་རྐོད་གཡུང་གི་སྡེ་འབྱེད་པ་ལ་ཁོམ་ལོང་མ་བྱུང་བར་སྤྱི་ལོ654པའི་བར་དུ་འགྱངས་པས། ལོ་དེ་ཉིད་ལ་དབྱེ་འགོ་བཙུགས་ཏེ་ཕྱི་ལོར་རྫོགས་པར་གྲུབ་ནས་དེ་སྐོར་ཡི་གེར་བྲིས་ཤིང་ཁྲི་རྩེ་འབུམ་བཞེར་གྱི་ཁྲིམས་སུ་གསལ་པོར་བཀོད་པས་རྐོད་གཡུང་གི་དབྱེ་བ་དངོས་སུ་ཕྱེ་བ་འདྲ། ངེད་ཅག་གིས་མཚམས་སྦྱོར་བྱ་བའི་ཁྲིམས་ཡིག་གཏེར་ཐོན་མ་འདིར་རྐོད་གཡུང་གི་ཐ་སྙད་དེ་བྱུང་བར་མ་ཟད། དེ་དག་གི་སྒྲིག་གི་རིན་ཐང་ཡང་གསལ་པོར་བཅད་ཡོད་པས། ཁྲིམས་ཡིག་ཐོར་བུ་འདི་སྤྱི་ལོ654པའི་ཚུན་ཆད་ཀྱི་དུས་ཤིག་ལ་བྱུང་བར་འདོད་ན་དོན་ཚུང་ཙམ་ཡོད་པར་སྙམ། ཁྲིམས་ཡིག་གཏེར་ཐོན་མ་འདི་སྤྱི་ལོ826པ་ཡས་མས་སུ་བཀས་བཅད་ཐེངས་གཉིས་པ་མ་བྱས་གོང་གི་དུས་ཤིག་ལ་བྱུང་བ་ཡིག་གཟུགས་ལས་ཀྱང་ཤེས་པར་འགྱུར། ངེད་ཅག་གིས་ཡིད་ཆོད་བྱེད་པ་ལ་ཁྲིམས་ཡིག་འདི་ནི། སྔ་ན་བོད་ལ་གསོས་ཐང་དང་སྟོང་ཐང་གི་ཁྲིམས་གསལ་པོ་ཞིག་མེད་པ་ལ། ཁྲི་སྲོང་ལྡེ་བཙན་གྱི་སྐུ་རིང་ལ་མགོས་ཁྲི་བཟང་ཡབ་ལྷག་བྱེ་བས་གསོས་ཐང་སྟོང་ཐང་གི་ཁྲིམས་ཡིག་བྱང་བུ་ཆ་དགུ་དངོས་སུ་བཅས་པར་བཤད་པ་འདི་ཡང་དེའི་ཡ་གྱལ་ཞིག་ཡིན་ནམ།[2] ཞེས་སྙམ་ཡང་ཁ་ཆོན་གཅོད་པ་ལ་སྤོབས་པས་མི་ལོང་། དེ་ཡང་། 《དཔྱིད་ཀྱི་རྒྱལ་མོའི་གླུ་དབྱངས》ལས། ཁྲི་སྲོང་ལྡེ་བཙན་གྱི་རིང་ལ། "……མི་བསྲུན་པའི་སྐྱེ་བོ་རྣམས་རང་ཉམས་ཀྱིས་སྤྱོད་པར་མི་ནུས་པའི་ཁྲིམས་བཙན་པོ་ཞིག་དགོས་པས། མེས་སྲོང་བཙན་སྒམ་པོ་སོགས་ཀྱིས་བཀས་བཅད་པའི་ཁྲིམས་ཡིད་བཞིན་གྱི་ནོར་བུ་རིན་པོ་ཆེ་བར་སྐབས་སུ་མི་དགེ་བར་སྤྱོད་པའི་དྲི་མས་ཅུང་ཟད་སྦགས་པ་རྣམས་སླར་ཕྱི་དོར་

མཛད་ནས། རྒྱལ་ཁྲིམས་གསེར་གྱི་གཉའ་ཤིང་ལྟར་ལྡི་བས་མཆོག་དམན་ཀུན་གྱི་གཉའ་བ་གནོན་པར་མཛད་དོ། །"[3]ཞེས་དང་། བཙན་པོ་ཁྲི་རལ་པ་ཅན་གྱི་སྐབས་སུའང་། "ཆོས་ཀྱི་རྒྱལ་པོ་མེས་དབོན་གྱི་རིང་ལ་མཆོག་དམན་མཐའ་དག་གིས་སེམས་ཀྱི་རི་དྭགས་རང་ཉམས་སུ་འཁྲུམ་པར་མི་ནུས་པའི་ཞགས་པ་དམ་པོས་ཡངས་པའི་རྒྱལ་ཁམས་མཐའ་དག་རང་སར་བདེ་བའི་ཁྲིམས་ཀྱི་བྱ་བ་མཐའ་ཀླས་པར་མཛད་པས། བོད་འབངས་ཀྱི་གཏམ་དང་ཡིག་ཚང་དུ་གྲགས་ཤིང་། ལག་ཏུ་སྟེར་འོས་པ་རྣམས་ལེན་པའི་སྲོལ་ཆོས་ཀྱི་རྒྱལ་པོ་འདི་ཡན་དུ་མ་ཉམས་པར་གནས་པ་ཡིན་ནོ། །"[4]ཞེས་བྱུང་། དེས་ན་བོད་ཀྱི་ཁྲིམས་ལུགས་ནི་བཙན་པོ་རྒྱུད་ཀྱི་རིང་ལ་རིམ་གྱིས་ཇེ་ཞིབ་ཇེ་རྒྱས་སུ་སོང་བར་འདོད་ན་སྐྱོན་ཆེར་མི་འབྱུང་བར་བསམས་སོ། །

ཁྲིམས་ཡིག་གཏེར་ཐོན་མ་འདིར་ནང་དོན་ཅུང་ཙམ་མང་བས་དེ་ཀུན་པོ་ཐེངས་གཅིག་ལ་མཚམས་སྦྱོར་བྱ་བ་ལ་མངས་དོགས་ནས། ཐེངས་གཉིས་གསུམ་ཙམ་ལ་འགོད་འདོད་དེ། ཁག་ཅིག་སློབ་གྲྭ་འདིའི་ཀློའི་རིག་གཞུང་དུས་དེབ་ཀྱི་བཞི་ཡོའི་དེབ་དང་པོར་བཀོད་ཅིང་། ད་ཐེངས་རི་དྭགས་རྫོན་པ་ལས་ཕན་ཚུན་གཅིག་གིས་གཅིག་བསད་པའམ་རྨས་ན་སྟོང་ཇི་ལྟར་འཇལ་དགོས་པའི་དུམ་བུ་དེ་ཙམ་ཞུ་བར་བྱའོ། །

ཁྲིམས་ཡིག་གཏེར་ཐོན་མ་འདི་ལས་བྱུང་བ་ལྟར་ན། སྐབས་དེར་བཙན་པོ་དང་བཙན་པོའི་ཉེ་དུ་རྣམས་མ་གཏོགས་པའི་རྒྱལ་འབངས་ཡོད་དོ་ཅོག་ལ་མཆོག་དམན་གྱི་དབྱེ་བ་ཆེན་པོ་གསུམ་སྟེ། ཞང་བློན་དང་རྐོད་དང་གཡུང་བཅས་སུ་ཕྱེ་ཡོད་ཅིང་། དེ་རྣམས་ལ་ནང་གསེས་ཀྱང་རྣམ་གྲངས་དུ་མ་ཡོད་དེ། ཐོག་མར་ཞང་བློན་གྱི་སྐོར་འཆད་པ་གཤམ་གསལ་ལྟར། །

1. ཁ་ཅིག་གིས"ཞང་བློན"ཞེས་པ་དེ་ནི་བཙན་པོའི་ཡུམ་རྒྱུད་དེ་ཞང་པོ་ཚང་ལས་བྱུང་བའི་བློན་པོ་དག་ལ་བཞེད་ཀྱང་། ངེད་ཅག་དེར་མི་འཐད། ཕྱིར"ཞང་སྣ་ནམ་ཁྲི་སྒྲ་རྒྱལ" "ཞང་ཚེ་སྤོང་མདོ་བཞེར" "ཞང་མཆིམས་རྒྱལ་གཟིགས་ཤུ་ཏེང"ཞེས་པ་སོགས་ཡུམ་ཚུས་ཀྱི་བློན་པོ་དང་། "ཁུ་མང་པོ་རྗེ་ལྷ་ཟུང" "ཁུ་རྒྱ་བཙན" "ཁུ་གཡུ་བཙན" "ཁུ་སྟག་ཚབ"ཅེས་པ་སོགས་ཡབ་རྒྱུད་ཀྱི་བློན་པོ་རྣམས་ལ་གོ་དགོས་ན་ཡང་། དེ་དག་ལ"ཞང"དང"ཁུ"སྟེ་ཞང་པོ་དང་ཁུ་བོའི་མིང་མཐའ་བསྣུས་པ་ཙམ་མ་གཏོགས། "ཞང་བློན་སྣ་ནམ་ཁྲི་སྒྲ་རྒྱལ"ལམ"ཞང་བློན་ཚེ་སྤོང་མདོ་བཞེར"དང་། ཡང་ན"ཁུ་བློན་མང་པོ་རྗེ་ལྷ་ཟུང"ངམ"ཁུ་བློན་སྟག་ཚབ"ཅེས་པ་འདྲ་ད་རྟོ་མ་མཐོང་བས། ཞང་སྣ་ནམ་མམ་ཞང་ཚེ་སྤོང་ཞེས་པ་དང་། ཞང་བློན་ནམ་ཞང་བློན་གཡུའི་ཡི་གེ་པ། ཞེས་པ་གཉིས་ཀྱི་གོ་དོན་མི་འདྲ་སྟེ། རྟ་མ་ཡུམ་ཚུས་ལས་བྱུང་བའི་བློན་པོ་རྣམས་དང་། ཕྱི་མ་ནི་ཡབ་རྒྱུད་དང་ཡུམ་ཚུས་ལ་ལྟོས་པ་མེད་པར་བློན་པོའི་ཚོགས་དང་དེ་དག་གི་དབང་ཐང་མཐོ་དམན་ལ་གོ་དགོས་པ་ཡིན་ནམ་སྙམ། དེ་ལྟ་མ་ཡིན་ན། ཡབ་རྒྱུད་ཀྱི་བློན་པོ་རྣམས་ལ"ཁུ་བློན"ནམ"ཁུ་བློན་གཡུའི་ཡི་གེ་པ"དང་། བཙན་པོའི་ཉེ་དུ་མ་གཏོགས་པའི་

བློན་པོ་གཞན་རྣམས་ལ་བློན་པོ་གཡུའི་ཡི་གེ་པ་ཞེས་བྱ་བ་སོགས་འབྱུང་དགོས། འོན་ཀྱང་། ཁྲིམས་ཡིག་གཏེར་ཐོན་མ་འདི་ལས་དེ་འདྲའི་ཐ་སྙད་རྙེད་དཀའ་ལ། ཡུམ་ཏུས་ཀྱི་བློན་པོ་ལས་གཞན་རྣམས་ལ་ཐོབ་ཐང་གི་ཡི་གེ་མེད་པའི་ངེས་པ་གཏན་ནས་མ་ཡོད་པར་འདོད། ཁྲིམས་ཡིག་འདི་ལས་བྱུང་བ་ལྟར་ན། བློན་པོའི་ཚོགས་སྤྱི་ལ་ཞང་ལོན་ནམ་ཞང་བློན་ཟེར་ཞིང་། བཙན་པོའི་འཕྲིན་ལས་ལ་བཞག་པའི་བྱས་རྗེས་ཀྱི་ཆེ་ཆུང་ལྟར་དེ་དག་གི་གོ་གནས་འཕར་ཏེ་ཐོབ་ཐང་གི་ཡི་གེ་གནང་བ་ལ། རབ་གཡུ་དང་འབྲིང་གསེར། དེ་ནས་ཕྲ་མེན། དངུལ། ར་གན། ཐ་མ་ཟངས་ཀྱི་ཡི་གེ་དང་བཅས་པ་མཐོ་དམན་གྱི་རིམ་པ་དྲུག་ཡོད་ཅིང་། ཞང་བློན་གཡུའི་ཡི་གེ་པ་ལས་ཞང་བློན་ཆེན་པོ་བཞི་སྟེ། བློན་ཆེན་པོ་དང་། ནང་བློན་ཆེན་པོ་དང་། བཙན་པའི་ཞང་དྲུང་ཆབ་སྲིད་ལ་དབང་བ་གཅིག་དང་། བློན་ཆེན་པོའི་འོག་པོན་དྲ[5]བཅས་པ་བསྐོས་པར་སྣང་ངོ་། །

བློན་པོའི་ཚོགས་ལ་ཐོབ་ཐང་གི་ཡིག་ཚངས་སྩལ་བའི་ཐད《མཁས་པའི་དགའ་སྟོན》ལས། "ཡིག་ཚངས་ནི་རབ་གསེར་གཡུ་གཉིས། འབྲིང་དངུལ་དང་ཕྲ་མེན།(1, P.T.1071ངོས་སུ་གསལ) ཐ་མ་ཟངས་ཡིག་དང་ལྕགས་ཡིག་སྟེ་དྲུག་པོ་རེ་རེ་ལ་ཆེ་ཆུང་གཉིས་ཕྱེ་བས་བཅུ་གཉིས་སོ། །དེ་ཡང་དགུང་བློན་ཆེན་པོ་ལ་གཡུ་ཡིག་ཆེན་མོ་གནང་། དགུང་བློན་འབྲིང་དང་ནང་བློན་ཆེན་པོ་ལ་གཡུ་ཡིག་ཆུང་ངུ། དགུང་བློན་ཐ་ཆུང་དང་ནང་བློན་འབྲིང་པ་དང་བཀའ་ཡོ་གལ་འཆོས་པ་ཆེན་པོ་གསུམ་ལ་གསེར་ཡིག་ཆེན་པོ། ནང་བློན་ཐ་ཆུང་དང་བཀའ་བློན་འབྲིང་པ་ལ་གསེར་ཡིག་ཆུང་ངུ། བཀའ་བློན་ཐ་ཆུང་ལ་ཕྲ་མེན་གྱི་ཡི་གེ་གནང་། གཞན་ཡང་ཆོས་གྲྭའི་སློབ་དཔོན། སྐུའི་ཕྱགས་མཁན། སྟོད་སྨད་ཀྱི་དབང་བློན་རྣམས་ལ་དངུལ་གྱི་ཡི་གེ་ཆེན་པོ་བྱིན། སྐུ་འཚོ་བའི་བོན་པོ། གཟིམས་མལ། བརྩིགས་ཁབ། བྱང་ཐང་གི་ས་མཁན། མཐའི་སོ་ཁ་སྲུང་པ་དང་། སྐུ་མཁར་གྱི་རྩེ་སྲུང་སོགས་ལ་དངུལ་ཡིག་ཆུང་བ། ཡབ་འབངས་ཏུས་དྲུག་སོགས་ལ་འཁར་བའི་ཡི་གེ། སྟོང་དཔོན་ཏུ་དཔོན་སོགས་ལ་ཟངས་ཡིག གཡུལ་དུ་དཔའ་བ་ལ་ལྕགས་ཡིག་ཡང་ཐ་ཤིང་སྐྱ་ཚུ་རིས་ཀྱི་ཡི་གེ་ནི་འབངས་ཕལ་པ་རྣམས་ལ་གནང་སྐད"[6]ཅེས་རྒྱས་ཤིང་རྒྱས་པ་ཞིག་བྱུང་བ་ལ་ནང་འགལ་ཅུང་ཟད་རེ་མཆིས་ཤིང་། ཁྲིམས་ཡིག་གཏེར་ཐོན་མ་དང་མི་མཐུན་པ་ཅུང་ཙམ་ཡོད་ཀྱང་། ཐོབ་ཐང་ཡི་གེ་ལ་རིམ་པ་དྲུག་ལས་མེད་པ་གཉིས་ཀ་མཚུངས། ཡིག་ཚད་དྲུག་པོ་རེ་རེ་ལ་ཆེ་ཆུང་གཉིས་གཉིས་ཕྱེ་བས་བཅུ་གཉིས་ཡོད་པའི་ཕྱོགས་ཙམ་རྒྱའི་ལོ་རྒྱུས་ཡིག་ཚད་ཞིག་ལས་བྱུང་བ་འདི་ལྟར། བོད་རྒྱལ་ཁབ་ཀྱི་དཔོན་གནས་ནི་རིན་པོ་ཆེ་སྟེ། གེ་གེ་ཏུའི་ཡི་གེ་ཆེ་ཆུང་གཉིས། དངུལ་གྱི་ཡི་གེ་ཆེ་ཆུང་གཉིས། གཡུའི་ཡི་གེ་ཆེ་ཆུང་གཉིས། ཟངས་ཀྱི་ཡི་གེ་ཆེ་ཆུང་གཉིས་སོགས་ཀྱི་ཐོབ་བྱིན་ནས་མཐོ་དམན་ཕྱེ།[7] ཞེས་གསེར་ཡིག་ཆད་ཅིང་ལྕགས་ཡིག་སོགས་ཁོངས་སུ་བསྡུས་པ་འདྲ། རྒྱའི《ཐང་གི་ཡིག་ཚང》གསར་རྙིང་ལས་བྱུང་བ་གོང་དང་མི་འདྲ་བར་གེ་གེ་ཏུ་དང་། གསེར། ཕྲ་མེན། དངུལ། ཟངས་ཀྱི་

ཡི་གེ་དང་བཅས་པ་རྣམ་གྲངས་ལྔ་ལས་མེད་པར་བཤད། གང་ལྟར་ཀྱང་། ཁྲིམས་ཡིག་གཏེར་ཐོན་མ་འདི་དང་ཀུན་ནས་མཐུན་པའི་ལོ་རྒྱུས་དེབ་ཐེར་ཞིག་ཁོ་བོའི་མིག་ལ་མ་ཐོགས་ཤིང་། ཁྲིམས་ཡིག་གཏེར་ཐོན་མ་འདི་ཁོ་བོས་གཙིགས་སུ་འཛིན་གྱི་ཡོད་པས། ཡིག་ཚངས་དྲུག་པོ་རེ་རེ་ལ་ཆེ་ཆུང་དྲུག་ཡོད་པ་འདིར་མི་སྣང་གཤིས་བཞེད་པ་དེ་རྣམས་རེ་ཞིག་རིང་སར་འཛོག་པ་ལས་འོས་མ་མཆིས། ཁྲིམས་ཡིག་གཏེར་ཐོན་མ་འདིར་ཐོབ་ཐང་གི་ཡི་གེ་རབ་གཡུ་ཡིག་ཡིན་པ་གསལ་བ་ལས་ཞང་བློན་ཆེན་པོ་བཞིར་ཡིག་ཚངས་ཅི་མངའ་བ་བཤད་མེད་ཀྱང་། གནའ་བོའི་ཡིག་ཆ་ཁུངས་བཙུན་གཞན་ལས་ཤེས་པར་འགྱུར་བ་དཔེར་ན། "<ཡོས་བུའི་ལོ་ལ་བབསྟེ། (763)>བོད་ཡུལ་དུ་མོལ་ཅེན། མོལ་ཅེན་མཛད། ཞང་ལོན་ཆེན་པོ། སྤོ་བླག་མཛད། བློན་ཆེ་སྣང་བཞེར་ཀེ་ཀེ་རུའི་ཡི་གེསྩལདེ། བློན་ཆེར་བཙུག །ཞང་རྒྱལ་ཟིགས་ཆེན་པོ། གཡུའི་ཡི་གེསྩལདེ། མགར་འཛོ། རྨུན་གྱི་ཐང་དུ་ཆོག་ཤེསུ་བསྟོད། |བློན་ཁྲི་བཟང་བློན་ཅེར་བཙུག །སྟོང་རྩན་གཡུའི་ཡི་གེ |སྩལཏེ། སོ་མཐའ་བ<ཞི>། དམག་པོན་དུ་བཀའ་སྩལ། |པར་ལོ་གཅིག"[8] ཅེས་བྱུང་། འདིར"བློན་ཆེ་སྣང་བཞེར"དང"ཞང་རྒྱལ་ཟིགས" "བློན་ཁྲི་བཟང" "སྟོང་རྩན"ཞེས་པ་རྣམས་ནི་རིམ་པ་བཞིན་སྲས་སྣང་བཞེར་ཟུ་བརྩན་དང་། ཞང་མཆིམས་རྒྱལ་གཟིགས་ཤུ་ཏེང་། མགོས་ཁྲི་བཟང་ཡབ་ལྷག ཞང་སྟོང་བཙན་བཞི་ཡིན་པར་འདོད་ཅིང་། དེ་དག་གིས་སྔ་ཕྱིར་ཁྲི་སྲོང་ལྡེ་བཙན་གྱི་ཞང་བློན་ཆེན་པོའི་འགན་ཁུར་བར་མ་ཟད། ཐང་གི་རྒྱལ་ས་ཁྲང་ཨན་སོགས་ཕབ་སྟེ་དཔའ་རྟགས་དཔེ་མེད་བཞག་མྱོང་། སྤྱི་ལོ763པར་བོད་དུ་གྲོས་མོལ་གྱི་ཚོགས་འདུ་ཆེན་པོ་ཚོགས་ནས་སྲས་སྣང་བཞེར་ལ་དམིགས་བསལ་གྱིས་ཀེ་ཀེ་རུའི་ཐོབ་བསྩལ་ཀྱང་། ཞང་བློན་ཆེན་པོ་གཞན་རྣམས་ལའང་གཡུའི་ཡི་གེ་ལས་དམན་པ་སྟེ་གསེར་སོགས་ཀྱི་ཐོབ་མི་སྟེར་བ་དང་། ཞང་བློན་ཆེན་པོའམ་དགུང་བློན་ཆེན་པོ་ཞེས་པ་ནི་དོན་གཅིག་མིང་གི་རྣམ་གྲངས་ཡིན་སྙམ་མོ། །

དེ་ཡང་། བློན་པོ་ཕུལ་བྱུང་ཅན་རྣམས་ལ་ཐོབ་ཐང་གི་ཡི་གེ་སྦྱིན་པའི་སྲོལ་དེ་ཁྲི་སྲོང་ལྡེ་བཙན་གྱི་དུས་སུ་གཟོད་དར་བ་ནི་མ་ཡིན་ལ། སྲོང་བཙན་སྒམ་པོའི་སྐུ་རིང་ལ་དར་བའང་མ་ཡིན་ཏེ། གནམ་རི་སྲོང་བཙན་གྱི་རིང་ནས་ལུགས་སྲོལ་དེ་འདྲ་ཞིག་ཡོད་པར་སྣང་། དཔེར་ན། "མྱང་ཞང་སྣང་བློན་པོར་བཙུག་ནས། བློན་པོའི་མཚན་མར་རྟུལ(དངུལ)གྱི་ཕྱག་བུ་ཆུང་སྩལ་ཏོ"ཞེས་ལོ་རྒྱུས་ཡིག་ཆ་ལས་བྱུང་། དེས་ན་གོ་གནས་མཐོ་དམན་བར་གསུམ་གྱི་བློན་པོའི་ཚོགས་ལ་ཐོབ་ཐང་གི་ཡི་གེ་སྟེར་སྲོལ་དེ། གནམ་རི་སྲོང་བཙན་གྱིས་རྒྱལ་ཁབ་ཐོག་མར་བཙུགས་པ་ནས་དར་ཞིང་། སྲོང་བཙན་སྒམ་པོའི་རིང་ལ་བཀའ་ཁྲིམས་ཆེན་མོ་དྲུག་མཛད་ནས་སྔར་གྱི་ལུགས་སྲོལ་ཁྲིམས་ལ་བསྒྱུར་བས། "བོད་ཀྱི་གཙུག་ལག་བཀའ་གྲིམས་ཆེད་པོ་དང་། བློན་པོ་འི་རིམ་པ་དང་། ཆེ་ཆུང་གཉིས་ཀྱི་དབང་ཐང་དང་། བོད་ཀྱི་ཆོས་ཀྱི་གཞུང་བཟང་པོ་ཀུན། །བཙན་པོ་ཁྲི་སྲོང་བཙན་གྱི་རིང་ལས་བྱུང་ངོ"ཟེར་བ་ཡིན་སྙམ་སྟེ་ཀུན་གྱིས་

དཔྱད་པར་ཞུའོ། །

2. རྐོད། ཅེས་པ་ནི"འབངས་རབ་ཚན་དམག་གི་ལས་བྱེད་པའི་མིང"ཡིན་པ《མཁས་པའི་དགའ་སྟོན》ལས་འབྱུང་གི །འདིར་ཁྲིམས་ཡིག་གཏེར་ཐོན་མ་ལས་བྱུང་བ་ལྟར་ན། དེ་དང་སྟོང་ཐང་མཉམ་པ་ལ་ནང་གསེས་ཀྱིས་རྣམ་གྲངས་དུ་མ་མཆིས་ཏེ། གཙང་ཆེན་དང་གཙང་ཆེན་པའི་ངོ་བོ། ཞང་བློན་ཟངས་ཀྱི་ཡི་གེ་པའི་བུ་དང་ཚ་བོ་དང་ཁུ་བོའམ་དེ་དག་གི་བུ་སྤྱི་ཐོབ་ཐང་གི་ཡིག་ཚང་མེད་པ་རྣམས། ཞང་བློན་ཟངས་ཀྱི་ཡི་གེ་པའི་མ་དང་མ་ཡར། མནའ་མ། ཕྱི་མོ། བུ་མོ་དང་སྲིང་མི་གཉེན་མ་བསྒྲིགས་པ་དག རྒྱལ་འབངས་རྐོད་དོ་ཅག ཞང་བློན་དང་དམངས་ཀྱི་ཐབ་རྒྱ་ལ་གཏོགས་པ། མངན་གྱི་མངན་ལག་སྤྱི་མངན་དཔོན་ཕལ་པ་བཅས་སོ། །འདི་རྣམས་ཀྱི་སྲོག་སྟོང་མཉམ་པས"རྒྱལ་འབངས་རྐོད་དོ་འཚལ"ཟེར་བ་འདྲ་ཡང་། དེ་དག་ཀུན་པོ་དམག་གི་ལས་བྱེད་པ་བོ་ཡིན་པའི་ངེས་པ་མེད་དེ་གོ་རིམ་གྱི་མཐོ་དམན་ལ་བཤད་ན་དེ་ཚང་མ་རྐོད་ཀྱི་ཕྱོགས་སུ་གཏོགས་པར་འདོད། འདིར་ཙུང་ཙམ་དཔྱད་པར་བྱ་བ་ལ་གསུམ་སྟེ་གཙང་ཆེན་དང་དམངས་དང་འབངས་བཅས་སོ། །

ཀ ཁོ་བོའི་འདོད་པ་ལ། གཙང་ཆེན། ཞེས་པ་ནི་འབངས་དཀྱུས་མ་ཞིག་མ་ཡིན་པར་ཞང་བློན་གྱི་ཕྱོགས་སུ་གཏོགས་པ་ཐོབ་ཀྱི་ཡི་གེ་མེད་པ་རྣམས་ལས་ཆེས་དམའ་རིམ་པ་ཞིག་ཡིན་ཞིང་། སྲོག་གི་སྟོང་ཐང་རྐོད་དང་མཉམ། དེ་དག་ལ"གཙང་ཆེན་གྱི་ངོ་བོ"ཞེས་པའི་འགན་ཁུར་པ་གཙོ་བོ་ཞིག་ཀྱང་ཡོད་པས་གཙང་ཆེན་ནི་ཡུལ་ཞིག་མ་ཡིན་ཏེ། དཔོན་གནས་དམན་ནས་དམན་པ་ཞིག་ཡིན་པར་འདོད་ལ། བྲོ་བོར་བ་སོགས་ཀྱི་ཚོ་ག་འཛིན་པའི་རྟགས་པ་འདྲ་ཡིན་ནམ་ཞེས་ཀྱང་སྙམ། གལ་ཏེ་ཕྱི་མ་འདི་ཡིན་པའི་དབང་དུ་བྱས་ན། ཁྲིམས་ཡིག་ལས"གཙང་དཀར་སྨི་བཅུ་གཉིས་དང་། ཕོ་ན་བདག་དང་བཅུ་གསུམ་བྲོ་སྨྲལདོ"ཞེས་འབྱུང་བ་ལ་འགྲེལ་དཔེ་མེད་ཅིག་འགྲོ་བ་འདྲ། གང་ལྟར་ཀྱང་དེ་ཉིད་ཞང་བློན་གི་ཕྱོགས་སུ་གཏོགས་པ་ལོ་རྒྱུས་ཡིག་ཆ་ལས་ཀྱང་ཤེས་ཐུབ། དཔེར་ན། "སྤྲེའུ་ལོ་ལ(720)དགུན་འདུན་བཟང་སུམ་ཚལ་དུ་ཞང་བཙན་ཧོ་རེ་དང་། བློན་ཁྲི་སུམ་རྗེས་བསྡུ་སྟེ། ཞང་ལོན་གཙང་ལ་ཆིབས་ཀྱི་ཆས་ཕབ"[9]ཅེས་བྱུང་བ་ལྟ་བུའོ། །འོན་ཀྱང་། རྩོམ་དེ་སྒྲིག་པ་པོ་ཉིད་ཀྱིས"ཞང་ལོན་གཙང་ཆེན་ཡུལ་དུ་མངགས་ཏེ་ཆིབས་ཀྱི་ཆས་བསྡུས"[10]ཞེས་རྒྱ་ཡིག་ཏུ་བསྒྱུར་པ་དོན་ལ་ཙུང་ཟད་མ་ཕྱོགས་པ་ཡིན་ནམ་སྙམ། དེ་ཡང་། ཡིག་ཆ་དེ་ལས་རྩང་ཞེས་བྱུང་བ་རྣམས་ཡུལ་གྱི་མིང་སྟེ་དེང་གི་གཙང་ཡུལ་ཡིན་པར་བཞེད་པ་ལ་དོན་ཆེའོ། །

ཁ། དེང་སང"དམངས"དང"འབངས"གཉིས་ཀྱི་དོན་ཏ་ལམ་འདྲ་བ་དག་ཡིག་མང་པོ་ལས་འབྱུང་ཡང་། ཁྲིམས་ཡིག་གཏེར་ཐོན་མ་འདིར་དེ་གཉིས་ལ་རིམ་པ་མཐོ་དམན་གྱི་ཁྱད་པར་ཙུང་ཟད་ཡོད་པར་སྣང་སྟེ་གཉིས་ཀ་ལྟན་དུ་འཆད་པར་བྱ། དེ་ལ་འདིར་ཁྲིམས་ཡིག་ལས་སྐྱེ་བོ་རྣམས་ཀྱིས་རི་དྭགས་བཟོན་པ་ལས་ཕན་ཚུན་མདའ་འཁྱུར་ཐོག་པའི་སྐོར་བཤད་སྐབས། "དམངས་མཐའ་མ"ཞེས་པའི་ཐ་སྙད་འདི་

ཞང་བློན་ཆེན་པོ་བཞིའི་མན་ཆད་ནས་གཙང་ཆེན་ཏེ་རྒྱལ་འབངས་རྒོད་དོ་ཅོག་དང་སྟོང་མཉམ་པ་ཡན་ཆད་ལ་ཐུག་གི་བར་བྱུང་ཅུང་། དེ་ལས་དམན་པ་རྒྱལ་འབངས་གཡུང་ངོ་ཅོག་དང་ལྷོ་བལ་གྱི་བཙོན་ཞེས་པའི་སྐབས་རི་བོང་གི་ར་ལྟར་རྙེད་དཀའ། དེས་ན་ཐོབ་ཐང་གི་ཡི་གེ་མངའ་བའི་ཞང་བློན་རྣམས་ཕུད་ཅིང་། རྒྱལ་འབངས་རྒོད་དོ་ཅོག་ཡན་ཆད་དང་ཞང་བློན་ཡི་གེ་པ་དག་གི་ཉེ་དུ་ཡི་གེ་མ་མཆིས་པ་དང་བཅས་པ་ཀུན་པོ"དམངས"ཀྱི་གྲས་སུ་གཏོགས་ཤིང་། གཙང་ཆེན་དང་བཅས་པ་རྒོད་ཀྱི་སྡེ་སྟོང་ཐང་མཉམ་པ་དག་ལ"དམངས་མཐའ་མ"ཟེར་ཞིང་། ལས་དང་སྐལ་བ་ལྡན་ན་དེ་དག"དམངས་མཐའ་མ"དང་ཞང་བློན་དཀྱུས་མ་ནས་གོ་གནས་འཕར་ཏེ་རིམ་པ་མཐོན་པོའི་གྲལ་དུ་ཚུད་ཆོག་པས། "ཞང་བློན་དང་དམངས་ཀྱི་ཐྲན་རྒྱ་ལ་གཏོགས་པ"ཡང་ཟེར་བ་འདྲ། དེ་ཡང་། "ཞང་བློན"གྱི་གྲལ་དུ་འཛུལ་བ་ལ་ཞང་བློན་ཡི་གེ་པ་དང་བཅས་པའི་མ་ཡར་མོ་དང་། མནའ་མ། ཕྱུ་མོ། བུ་སྲིང་ཕྱུ་མ་མཆིས་པ་རྣམས་ལ་སྐལ་མེད་པ་ནི་སློས་ཀྱང་ཅི་དགོས་ཏེ། "མོ་བཙུན་བཀའ་ལ་མི་གདགས་པའི"ཕྱིར་རོ། །"འབངས"ཞེས་པ་དེ་གོང་དང་མི་འདྲ་བར། ཐ་སྙད་དེ་རྒོད་དང་གཡུང་གི་སྐབས་འབའ་ཞིག་ལས་མ་བྱུང་སྟབས། ཞང་བློན་ཡི་གེ་པའམ་དེ་དག་གི་ཉེ་དུ་དང་གཙང་ཆེན་བཅས་ནི་འབངས་ལ་མ་གཏོགས་ཏེ། "འབངས"ཞེས་པ་དེ་རྒོད་གཡུང་ཟུང་དང་ལྷོ་བལ་གྱི་བཙོན་པོ་ནར་ཟེར་བ་ཡིན་ནམ་སྙམ།

3. གཡུང་། ཞེས་པ"འབངས་ལས་བྱེད་ཀྱི་མིང་ཡིན"པ《མཁས་པའི་དགའ་སྟོན》ལས་འབྱུང་གི། ཁྲིམས་ཡིག་འདིར་གཡུང་པོ་ན་ཙམ་ལས་ཁིང་དང་ཡང་ཁིང་ཞེས་པ་མི་སྣང་ཡང་འདི་ཉིད་འབངས་ཀྱི་ཆེས་དམའ་རིམ་པ་ཡིན་པ་གསལ་པོར་ཤེས་ཐུབ། སྤྱིར་བཏང་བའི་དུས་སུ་གཡུང་ངོ་ཅོག་གིས"འབངས་ཀྱི་ལས"ཏེ་སོ་ནམ་ཞིང་གི་ལས་ཀ་ལ་སོགས་དཀའ་ལས་ཁག་པོའི་བྱ་བ་དག་སྒྲུབ་པ་ཙམ་ལས་དམག་གི་བྱ་བ་མི་བྱེད་པ་ཙམ་ཡིན་ན་ཡང་། ཕྱི་ཕྱོགས་ཀྱི་རྒྱལ་ཁབ་དག་ལ་འཁྲུག་པ་ཆེན་པོ་མང་དུ་བསླངས་ཏེ་དམག་མིས་མི་ལྡང་བ་བྱུང་ན། གཡུང་རྒོད་དུ་བཏང་ནས་དམག་གི་ལས་བྱེད་དུ་མི་འཇུག་པའི་ངེས་པ་མེད་པར་སྙམ། འོན་ཀྱང་གྲལ་རིམ་གྱི་མཐོ་དམན་གྱི་དབང་གིས་གཡུང་ངོ་ཅོག་དང་སྟོང་ཐང་མཉམ་པ་རྣམས"ཞང་བློན་དང་དམངས་ཀྱི་ཐྲན་རྒྱ་ལ་མ་གཏོགས"པས། རང་རང་གི་གོ་གནས་རིམ་པ་མཐོན་པོའི་གྲས་སུ་འཕོ་རྒྱུ་དེ་མ་གཉིད་པར་རྨི་ལམ་འཁྲུལ་བ་དང་མཚུངས་སོ། །འདིར་ཁྲིམས་ཡིག་གཏེར་ཐོན་མ་ལས་རྒྱལ་འབངས་གཡུང་ངོ་ཅོག་གི་སྲོག་སྟོང་བཤད་པའི་སྐབས། "ཞང་ལོན་དང་དམངས་ཀྱི་ཐྲན་རྒྱ་ལ་གཏོགས་པ"དང"ཞང་ལོན་དང་དམངས་ཀྱི་ཐྲན་རྒྱ་ལ་མ་གཏོགས་པ"ཞེས་ཁྲིམས་ཡིག་ཙུང་ཟད་མི་འདྲ་བ་ཁག་གཉིས་བྱུང་བ་ལ། "གཏོགས་པ"དང"མ་གཏོགས་པ"ཙམ་གྱི་ཁྱད་པར་ལས་མེད། ངེད་ཅག་གིས་འདི་སྙམ་དུ་བསམས་ཏེ། སྔ་མ་ནི་དང་མའི་ཟིན་ཐོ་ཙམ་ཡིན་གྱི། གཏན་ལ་ཕབ་པའི་མ་ཡིག་ཕྱི་མ་ཉིད་ཡིན་སྙམ། དེ་ལྟར་མིན་ན་ཁྲིམས་ཡིག་ཁག་གཉིས་བྲི་བར་བྱ་བའི་དགོས་པ་མེད་ལ། རྒོད་ཀྱི་སྐབས་

ཀྱང་“ཞང་ལོན་དང་དམངས་ཀྱི་ཐྲན་རྒྱ་ལ་གཏོགས་པ”ཞེས་ཡི་གེར་བྲིས་པས། རྒོད་གཡུང་ལ་ཁྱད་པར་མེད་དེ་གཉིས་ཀ་སོ་སོར་ཕྱེ་བ་ལ་དགོས་པ་དོན་གྱིས་སྟོང་བར་འགྱུར།

ལྷ་བལ་གྱི་བཙོན། ཞེས་པ་འདིར་ཅུང་ཟད་དཔྱད་རྒྱུ་ཡོད་དེ། དེང་གི་མཁས་པ་རྣམ་པའི་བཞེད་པ་ལ་ཁ་ཅིག་གིས“ལྷ་བལ”ཞེས་པ་དེ་ལྷ་ཕྱོགས་ཀྱི་བལ་པོ་ལ་སོགས་པའི་ཡུལ་དུ་མ་ཡིན་པར་དགོངས། ལ་ལ་དེར་མ་འཐད་པར་བཀག་སྟེ་ཐ་སྙད་དེ་ནི་དམའ་འབེབས་ཀྱི་དོན་དང་ལྡན་ཏེ་རྒྱའི“མན་མའོ(蛮貊)”དང་མཚུངས་པར་བཞེད། བཞེད་ཚུལ་དེ་དག་ལ་རྒྱུ་མཚན་ཅི་ཡང་མེད་པ་ནི་མ་ཡིན་ཏེ། ཆོས་འབྱུང་། ལོ་རྒྱུས། རྣམ་ཐར། རྗེ་རིང་གི་ཡི་གེ། བཀའ་གཙིགས་ཀྱི་ཡི་གེ། ཏུན་ཧོང་གི་གཏེར་ཡིག་ཐོར་བུ་གཞན་དང་གཞན་ལ་སོགས་པའི་ཡིག་ཆ་མང་པོར“ལྷ་བལ”ཞེས་པའི་ཐ་སྙད་དེ་བྱུང་ཞིང་། བྱུང་བ་དག་ཀྱང་སྔ་ཕྱི་དུས་ཀྱི་དབང་གིས་གོ་དོན་མི་གཅིག་པ་རེ་ཡོད་པ་འདྲ། དཔེར་ན། བསྟན་པ་ཕྱི་དར་སྐབས་ཀྱི་ཡིག་ཆ་དག་ལས་བྱུང་བ་ལ་བལ་པོ་དང་བཅས་པའི་ལྷོ་នུབ་ཀྱི་ཡུལ་དང་གནས་དང་རྒྱལ་ཁབ་ཏུ་མའི་དོན་ལྡན་པ་དང་། བསྟན་པ་སྔ་དར་ཏེ་ཁྱད་པར་དུ་ཏུན་ཧོང་ནས་ཐོན་པའི་གཏེར་ཡིག་སོགས་ལས་བྱུང་བ་ལ་དམའ་འབེབས་ཀྱི་དོན་ལྡན་པ་ལྟ་བུའོ། །ཁྲིམས་ཡིག་འདིར་བྱུང་བ་ལ་བཞེད་ཚུལ་སྔ་མ་དེ་དོན་མི་ལྡན་པ་ཁྲིམས་ཡིག་དངོས་ལས་ཤེས་པར་འགྱུར་བས་མང་པོ་བརྗོད་མི་དགོས་པར་འདུག ཁོ་བོས་འདི་སྙམ་དུ་བསམས་ཏེ། “ལྷ་བལ་གྱི་བཙོན”ཞེས་པ་ནི། བོད་རང་ཉིད་ཀྱི་འབངས་ཁྲིམས་དང་འགལ་བའི་བཙོན་མ་རྣམས་དང་། རྒྱལ་ཁབ་གཞན་དང་གཞན་ལ་དམག་འཁྲུག་བྱས་པ་ལས་བཟུང་བའི་དམག་མིའམ་ཁོལ་འབངས་རྣམས་བོད་རང་གི་ས་ཆ་ངེས་ཅན་ཞིག་ཏུ་བཀོད་དེ་ལས་རྣམ་པ་སྣ་ཚོགས་བྱེད་དུ་སྐུལ་བ་དག་གི་སྤྱི་མིང་ཡིན་པར་འདོད་ཅིང་། དེ་དག་རྒྱལ་འབངས་གཡུང་ངོ་ཅོག་གི་ཕྱོགས་སུ་གཏོགས་ཀྱང་། གྲལ་རིམ་ལ་མཚོན་ན་གཡུང་ལས་ཀྱང་དམན་པས“ལྷ་བལ”ཞེས་པར“དམའ་འབེབས”ཀྱི་དོན་ལྡན་ནོ། །ཞེས་འདོད་པ་ལ་རྒྱུ་མཚན་ཆེ་བར་སེམས། འོན་ཀྱང་། དོན་དེ་འདྲ་ཁྲིམས་ཡིག་འདི་དང་འདི་འདྲ་བ་མ་གཏོགས། བསྟན་པ་ཕྱི་དར་སྐབས་ཀྱི་ཡིག་ཆ་སྟེ་མར་པ་ལོ་ཙྪ་བའི་རྣམ་ཐར་དང་མི་ལ་རས་པའི་རྣམ་ཐར། དེབ་སྔོན་ལ་སོགས་པར་མེད་དོ། །འདིའི་སྐོར་ཁོ་བོའི་ཆེད་རྩོམ་གཞན་ཞིག་ལས་ཅུང་ཟད་རྒྱས་པར་འབྱུང་གི། འདིར་གོང་གསལ་ཙམ་གྱིས་ཆོག་པར་བགྱིས་ཤིང་ཀུན་གྱིས་ཀྱང་དཔྱད་པར་ཞུའོ། །

1. ཁོ་གནས་མཐོ་དམན་མི་འདྲ་བའི་དབང་གིས་སྐྱེ་བོ་མཆོག་དམན་བར་གསུམ་གྱི་སྲོག་གི་རིན་ཐང་ཡང་མི་འདྲ་བར་དབྱེ་བ་དགུ་མཆིས་ཏེ། སྟོང་ཐང་མཐོ་བ་ལ་ཞང་བློན་ཆེན་པོ་བཞི་ལས་མེད་ཅིང་། ཆེས་དམའ་བ་ནི་གཡུང་ངོ་ཅོག་དང་ལྷ་བལ་གྱི་བཙོན་ཡིན་ན་ཡང་། སྟོང་ཐང་མཉམ་པས་མཉམ་པ་བསད་པ་དང་། མཐོན་པོས་དམན་པ་བསད་པ། དམན་པས་མཐོན་པོ་བསད་པ་བཅས་ལ་ནང་གསེས་ཀྱིས་ཁྱད་པར་གསལ་པོར་ཕྱེ་ཡོད་དེ། ད་ནི་རིམ་པ་བཞིན་དེ་དག་གི་སྐབས་སུ་འཇུག་པར་བྱའོ། །

ཀ། ཞང་ཀློན་ཆེན་པོ་བཞི་དང་སྟོང་ཐང་མཉམ་པ་ནི་ཞང་ཀློན་ཆེན་པོ་བཞི་རང་ཉིད་དང་། ཞང་ཀློན་ཆེན་པོ་བཞིའི་སེམས་པོ་དང་ཕ་རྣམས་སོ། །སྟོང་མཉམ་པ་འདི་རྣམས་ཀྱིས་རི་དྭགས་རྫོན་པའི་དུས་ཕན་ཚུན་མདའ་འཕྱར་ཕོག་ཆེ། མདའ་ཕོག་མཁན་གུམ་ན་ཤི་སྟོང་ལ་དངུལ་སྲང་ཁྲི་གཅིག་དང་། མ་གུམ་པར་རྨས་ན་གསོན་སྟོང་ལ་སྲང་ལྔ་སྟོང་འཇལ་དགོས་པ་དང་གཅིག ཞང་ཀློན་ཆེན་པོ་བཞི་དང་བཅས་པ་སྟོང་མཉམ་པ་ཞིག་ལ་ཞང་ཀློན་དངུལ་གྱི་ཡི་གེ་པ་མན་ཆད་དང་ཟངས་ཀྱི་ཡི་གེ་པ་ཡན་ཆད་ཅིག་གི་མདའ་ཕོག་སྟེ་གུམ་ན། ཤི་སྟོང་འཇལ་བ་གོང་དང་མི་འདྲ་བར། མདའི་བདག་པོ་ཉིད་ཀྱི་སྙོར་མི་རྒྱུད་བཅད་དེ། དེའི་ཁོལ་ཡུལ་དང་ཟ་འབྲུ། ཕྱུགས་ནོར་ཀུན་པོ་སྟོང་དུ་འཇལ་དགོས་པ་དང་། མི་རྒྱུད་གཙོད་པར་འགྱུར་བ་པོའི་བུ་མོ་དང་ཆུང་མ་ནི་ཁོ་རང་ལ་ཕ་ཡོད་ན་ཕ་དང་། ཕ་མེད་ན་ཕུ་ནུ་པོ་གང་གིས་བདག་བྱེད་འདོད་པ་དེར་དབང་བར་སྣང་། འདིར་མི་རྒྱུད་གཙོད་པར་འགྱུར་བ་པོ་སྟེ"ཁོ་ན་སྙོར་རབས་བཅད"ཞེས་པ་དེ་མདའི་བར་བདག་པོ་འབའ་ཞིག་ལ་ཟེར་བ་ལས། དེའི་བཟའ་ཟླ་དང་བཅས་པའི་ཉེ་དུ་གཞན་ལ་ཆད་པ་དེ་མི་འབབ་པར་ངེས། མདའ་ཕོག་པ་པོ་མ་གུམ་ན་གསོན་སྟོང་ལ་དངུལ་སྲང་ལྔ་སྟོང་འཇལ་དགོས་པ་གོང་དང་མཚུངས་པ་དང་གཉིས། ཞང་ཀློན་ཆེན་པོ་བཞི་དང་བཅས་པ་སྟོང་མཉམ་པ་ལ། གཙང་ཆེན་མན་ཆད་དང་དམངས་མ་རྐྱེད་དོ་ཅོག་ཡན་ཆད་ཅིག་གི་མདའ་ཕོག་སྟེ་གུམ་ན། མདའི་བདག་པོའི་རབས་བཅད་དེ་ཁོལ་ཡུལ། ཟ་འབྲུ། ཕྱུགས་ནོར་ཀུན་པོ་སྟོང་དུ་འཇལ་དགོས་ཤིང་། བུ་མོ་སྨད་ནི་རབས་བཅད་པ་པོའི་ཤུལ་ན་ཕ་ཡོད་ན་ཕ་དང་ཕ་མེད་ན་ཕུ་ནུ་པོ་གང་ཉུང་ཞིག་ལ་སྐྱེར་བར་སྣང་བ་དང་གསུམ་མོ། །

ཁ། ཞང་ཀློན་གཡུའི་ཡི་གེ་པ་དང་སྟོང་ཐང་མཉམ་པ་ནི། ཞང་ཀློན་གཡུའི་ཡི་གེ་པ་ཉིད་དང་། གཡུའི་ཡི་གེ་པའི་སེམས་པོ་དང་ཕ། ཞང་ཀློན་ཆེན་པོ་བཞིའི་བུ་དང་ཚ་བོ་ཕན་ཆད་དམ་པའི་སྤུན་མཆེད་དང་དེ་དག་གི་བུ་ཚུན་ཆད་ཐོབ་ཐང་གི་ཡི་གེ་མ་མཆིས་པ་རྣམས། མ་དང་མ་ཡར། མནའ་མ་དང་ཆུང་མ། བུ་མོ་དང་སྲིང་མོ་གཉེན་མ་བསྒྲིགས་པ་བཅས་སོ། །སྟོང་མཉམ་པ་འདི་དག་ནང་གི་གཅིག་གིས་བསད་པའམ་རྨས་པ་དང་། ཡང་ན། སྟོང་མཉམ་པ་འདིའི་གཅིག་ཞང་ཀློན་ཆེན་པོ་དང་སྟོང་མཉམ་པ་ཞིག་གམ་ཞང་ཀློན་ཕྲ་མེན་གྱི་ཡི་གེ་པ་དང་སྟོང་མཉམ་པ་ཡན་ཆད་ཅིག་གིས་བསད་ན་ཤི་སྟོང་ལ་དངུལ་སྲང་དྲུག་སྟོང་དང་། རྨས་ན་གསོན་སྟོང་ལ་སྲང་སུམ་སྟོང་འཇལ་དགོས། ཤི་གསོན་གྱི་སྟོང་གང་འཇལ་དགོས་པར་བྱུང་རུང་སྲང་གཅིག་ཆད་ན་དགུམ་པ་དང་གཅིག ཞང་ཀློན་གཡུའི་ཡི་གེ་པ་དང་བཅས་པའི་སྟོང་མཉམ་པ་ཞིག་ཞང་ཀློན་དངུལ་གྱི་ཡི་གེ་པ་དང་སྟོང་མཉམ་པ་མན་ཆད། ཟངས་ཀྱི་ཡི་གེ་པ་དང་སྟོང་མཉམ་པ་ཡན་ཆད་ཅིག་གིས་བསད་ན། གསོད་པ་པོ་བཀུམ་སྟེ་དེའི་ཁོལ་ཡུལ། ཟ་འབྲུ། ཕྱུགས་ནོར་བཅས་ཀྱི་ཁྱིམ་སྟོང་དུ་འཇལ་དགོས་ཤིང་། ཁྱིམ་ལྷག་མ་ནི་བཀུམ་པའི་ཤུལ་ན་བུ་ཡོད་ན་བུ་དང་།

བུ་མེད་ན་ཕ། ཕ་ཡང་མེད་ན་ཁོལ་ཡུལ་གྱི་ཕྱིད་པོ་མ་གཏོགས་པར་གཞན་རྣམས་དང་བཀུམ་པའི་བུ་མོ་དང་ཆུང་མ་བཅས་ཕུ་ནུ་བོ་གང་ཉུང་ཞིག་ལ་གཏོད་རྒྱུ་དང་། ཁོལ་ཡུལ་ཕྱིད་པོ་དེ་མདའ་ཕོག་སྐྱེ་གུམ་པ་པོ་དེ་སྲུའི་བྲན་ནམ་སྲུའི་འབངས་ཡིན་པ་དེ་ལ་དབང་ངོ་། །མདའ་ཕོག་མཁན་མ་གུམ་ན་གསོན་སྟོང་ལ་དངུལ་སྲང་སུམ་སྟོང་འཇལ་དགོས་པ་དང་གཉིས། ཞང་བློན་གཡུའི་ཡི་གེ་པ་དང་བཅས་པའི་སྟོང་མཉམ་པ་ཞིག གཙང་ཆེན་མན་ཆད་དང་དམངས་མཐའ་མ་ཡན་ཆད་ཅིག་གིས་བསད་ན། གསོད་པ་པོ་ཁོ་རང་གི་རབས་བཅད་ཅིང་ཁོལ་ཡུལ། ཟ་འབྲུ། ཕྱུགས་ནོར། བུ་སྨད་དང་བཅས་པ་སྟོང་དུ་འཇལ་དགོས། མདའ་ཕོག་མཁན་མ་གུམ་ན། མདའ་འཕེན་པ་པོ་བཀུམ་སྐྱེ་ཕྱུགས་ནོར་དང་ཟ་འབྲུའི་ཕྱིད་བཀུམ་པ་པོའི་ཤུལ་དུ་ཡོད་ན་དང་བུ་མེད་ན་ཕ་ལ་དབང་། ཕ་ཡང་མེད་ན་ཕྱིད་དེ་དག་དང་བུ་མོ་དང་ཆུང་མ་དང་བཅས་ཕུ་ནུ་བོ་གང་གིས་བདག་བྱེད་འདོད་པ་དེར་དབང་ཞིང་། ཁོལ་ཡུལ་ནི་མདའ་ཕོག་མཁན་སུ་དང་གང་གི་བྲན་ནམ་འབངས་ཡིན་པ་དེ་སོ་སོར་དབང་བ་དང་གསུམ་མོ། །

ག ཞང་བློན་གསེར་གྱི་ཡི་གེ་པ་དང་སྟོང་མཉམ་པ་ནི། གསེར་གྱི་ཡི་གེ་པ་ཉིད་དང་དེ་དག་གི་མེས་པོ་དང་ཕ། ཞང་བློན་གཡུའི་ཡི་གེ་པའི་བུ་དང་ཚ་བོའམ་ཕའི་སྤུན་མཆེད་དང་དེ་དག་གི་བུ་སྐྱེ་ཐོབ་ཐང་གི་ཡི་གེ་མ་མཆིས་པ་རྣམས་དང་། མ་དང་མ་ཡར། མནའ་མ་དང་ཆུང་མ། བུ་མོ་དང་སྲིང་མོ་གཉིས་མ་བསྒྲིགས་པ་བཅས་སོ། །སྟོང་མཉམ་པ་འདིའི་ནང་གཅིག་གིས་གཅིག་བསད་པའམ། ཡང་ན། ཞང་བློན་ཆེན་པོ་དང་སྟོང་མཉམ་པ་མན་ཆད་དང་ཟངས་ཀྱི་ཡི་གེ་པ་དང་སྟོང་མཉམ་པ་མན་ཆད་ཅིག་གིས་གསེར་ཡིག་པ་དང་སྟོང་མཉམ་པ་ཞིག་བསད་ན། ཤི་སྟོང་དུ་དངུལ་སྲང་ལྔ་སྟོང་འཇལ་དགོས་པ་དང་གཅིག ཞང་བློན་གསེར་ཡིག་པ་དང་སྟོང་མཉམ་པ་ཞིག་གཙང་ཆེན་མན་ཆད་དང་དམངས་མཐའ་མ་ཡན་ཆད་ཅིག་གིས་བསད་ན། གསོད་པ་པོ་བཀུམ་སྐྱེ། དེའི་བུ་མོ་དང་ཆུང་མ་ས་སྟོང་ཞིག་ཏུ་ཕྱུག་པར་འགྱུར་བ་དང་། ཁོལ་ཡུལ། ཟ་འབྲུ། ཕྱུགས། ནོར་ཀུན་པོ་སྟོང་དུ་འཇལ་དགོས། མདའ་ཕོག་མཁན་མ་གུམ་ན། མདའི་བདག་པོ་གསོད་པར་འགྱུར་ལ་ཕྱུགས་ནོར་དང་ཟ་འབྲུ་ཀུན་པོ་སྟོང་དུ་འཇལ་དགོས་པ་དང་གཉིས་སོ། །

ང་། ཞང་བློན་ཕྲ་མེན་གྱི་ཡི་གེ་པ་སྟོང་ཐང་མཉམ་པ་ནི། ཕྲ་མེན་གྱི་ཡི་གེ་པ་ཉིད་དང་དེ་དག་གི་མེས་པོ་དང་། ཞང་བློན་གསེར་གྱི་ཡི་གེ་པའི་བུ་དང་ཚ་བོའམ་ཕའི་སྤུན་མཆེད་དང་དེ་དག་གི་བུ་སྐྱེ་ཐོབ་ཐང་གི་ཡི་གེ་མ་མཆིས་པ་རྣམས་དང་། མ་དང་མ་ཡར། མནའ་མ་དང་ཆུང་མ། བུ་མོ་དང་ཆུང་མ་གཉེན་མ་བསྒྲིགས་པ་བཅས་སོ། །སྟོང་མཉམ་པ་འདི་དག་གི་ནང་གཅིག་གིས་གཅིག་བསད་པའམ། ཡང་ན་འདིའི་གཅིག ཞང་བློན་ཆེན་པོ་དང་སྟོང་མཉམ་པ་མན་ཆད་དང་ཟངས་ཀྱི་ཡི་གེ་པ་དང་སྟོང་མཉམ་པ་ཡན་ཆད་ཅིག་གིས་བསད་ན། ཤི་སྟོང་ལ་དངུལ་སྲང་བཞི་སྟོང་དང་མདའ་ཕོག་མཁན་མ་གུམ་ན་གསོན་སྟོང་

ཏུ་སྲང་ཚིག་སྟོང་འཇལ་དགོས་པ་དང་གཅིག་ཕྲ་མེན་གྱི་ཡི་གེ་པ་དང་བཅས་པ་སྟོང་མཉམ་པ་ཞིག་གཙང་ཆེན་མན་ཆད་དང་དམངས་མཐའ་མ་ཡན་ཆད་ཅིག་གིས་བསད་ན། གསོད་པ་པོ་བཀུམ་སྐེ་དེའི་བུ་མོ་དང་ཆུང་མ་ནི་ཡུལ་དབེན་པ་ཞིག་ཏུ་སྤྱུག་པར་འགྱུར་བ་མ་ཟད། ཁོལ་ཡུལ། ཟ་འབྲུ། ཕྱུགས་ནོར་ཀུན་སྟོང་ཏུ་འཇལ་དགོས་ཤིང་། མདའ་ཕོག་མཁན་མ་གྲུམ་ན། མདའི་བདག་པོ་དགྲུམ་པར་འགྱུར་བ་དང་ཟ་འབྲུ། ཕྱུགས་ནོར་ཀུན་སྟོང་འཇལ་དགོས་ཀྱང་། ཁོལ་ཡུལ་བུ་མོ་དང་ཆུང་མར་ཕྱིན་ནས་སྤར་གྱི་གནས་སུ་བཀོད་དེ་གསོད་པ་པོའི་ཤུལ་ན་བུ་ཡོད་ན་བུ་དང་བུ་མེད་དང་ཕ་ལ་དབང་། ཕ་ཡང་མ་མཆིས་ན་ཁོལ་ཡུལ་ནི་བཀུམ་པ་པོར་ཕུ་ནུ་གང་མཆིས་ཀྱང་དེ་དག་ལ་མི་དབང་སྟེ། བུ་མོ་དང་ཆུང་མ་སྲུས་བདག་བྱེད་འདོད་པ་དེར་དབང་གི ཁོལ་ཡུལ་མདའ་ཕོག་སྐེ་བཀུམ་པ་པོ་སུ་དང་གང་གི་འབངས་སམ་བྲན་ཡིན་པའི་བདག་པོ་དེས་བཞེས་པར་འགྱུར་བ་དང་གཉིས་སོ། །

ཅ ཞང་བློན་དངུལ་གྱི་ཡི་གེ་པ་དང་སྟོང་ཐང་མཉམ་པ་ནི། དངུལ་གྱི་ཡི་གེ་པ་ཉིད་དང་དེ་དག་གི་མེས་པོ་དང་ཕ། ཞང་བློན་ཕྲ་མེན་གྱི་ཡི་གེ་པའི་བུ་དང་ཚ་བོ་དང་ཕའི་སྤུན་མཆེད་དང་དེ་དག་གི་བུ་སྐྱེ་ཐོབ་ཐང་གི་ཡི་གེ་མ་མཆིས་པ་རྣམས་དང་། མ་དང་མ་ཡར། མནའ་མ་དང་ཆུང་མ། བུ་མོ་དང་སྲིང་མོ་གཉེན་མ་བསྒྲིགས་པ་བཅས་སོ། །སྟོང་མཉམ་པ་གཅིག་གིས་གཅིག་བསད་པའམ། ཡང་ན་འདིའི་ཞང་བློན་ཆེན་པོ་དང་སྟོང་མཉམ་པ་མན་ཆད་དང་ཟངས་ཀྱི་ཡི་གེ་པ་དང་སྟོང་མཉམ་པ་ཡན་ཆད་ཅིག་གིས་བསད་ན། ཤི་སྟོང་ཏུ་དངུལ་སྲང་སུམ་སྟོང་འཇལ་དགོས་ཤིང་། མདའ་ཕོག་མཁན་མ་གྲུམ་ན་གསོན་སྟོང་ཏུ་སྲང་ཚིག་སྟོང་ལྔ་བརྒྱ་འཇལ་དགོས། ཤི་གསོན་གྱི་སྟོང་གང་འཇལ་ཙང་སྲང་གཅིག་ཆད་ན་མི་ཡ་རབས་ཤིག་ཡིན་ཡང་དགྲུམ་པར་འགྱུར་བ་དང་གཅིག ཞང་བློན་དངུལ་གྱི་ཡི་གེ་པ་དང་བཅས་པ་སྟོང་མཉམ་པ་ཞིག གཙང་ཆེན་མན་ཆད་དང་དམངས་མཐའ་མ་ཡན་ཆད་ཅིག་གིས་བསད་ན། གསོད་པ་པོ་བཀུམ་སྐེ་དེའི་ཁྲུལ་ཡུལ་དང་ཟ་འབྲུ། ཕྱུགས་ནོར་བཅས་ཀྱི་ཕྱིད་ཤི་སྟོང་ཏུ་འཇལ་དགོས་ཤིང་། ཕྱེད་ལྷག་མ་ནི་བཀུམ་པ་པོའི་བུ་མོ་དང་ཆུང་མར་ཕྱིན་ནས་སྤ་སོར་བཀོད་དེ་བཀུམ་པ་པོར་བུ་ཡོད་ན་བུ་དང་བུ་མེད་ན་ཕ་ལ་དབང་གི། ཕ་ཡང་མེད་ན་ཁོལ་ཡུལ་གྱི་ཕྱིད་པོ་དེ་བཀུམ་པོའི་ཤུལ་དུ་ཕུ་ནུ་མཆིས་ཀྱང་མི་དབང་བར་བཀུམ་པོ་སུ་དང་གང་གི་འབངས་སམ་བྲན་ཡིན་པ་དེར་དབང་ཞིང་། བུ་མོ་དང་ཆུང་མ། ཕྱུགས་ནོར་དང་ཟ་འབྲུ་བཅས་ཀྱི་ཕྱིད་པོ་དེ་ཕུ་ནུ་པོ་སྲུས་བདག་བྱེད་འདོད་པ་པོ་དེར་དབང་བ་དང་གཉིས་སོ། །

ཆ ཞང་བློན་རགན་གྱི་ཡི་གེ་པ་དང་སྟོང་ཐང་མཉམ་པ་ནི། རགན་གྱི་ཡི་གེ་པ་ཉིད་དང་དེ་དག་གི་མེས་པོ་དང་ཕ། ཞང་བློན་དངུལ་གྱི་ཡི་གེ་པའི་བུ་དང་ཚ་བོའམ་ཕའི་སྤུན་མཆེད་དང་དེ་དག་གི་བུ་སྐྱེ་ཐོབ་ཐང་གི་ཡི་གེ་མ་མཆིས་པ་རྣམས་དང་མ་དང་མ་ཡར། མནའ་མ་དང་ཆུང་མ། བུ་མོ་དང་སྲིང་

མོ་གཉེན་མ་བསྒྲིགས་པ་བཅས་སོ། །སྟོང་མཉམ་པ་གཅིག་གིས་གཅིག་བསད་པའམ། ཡང་ན་འདིའི་གཅིག་ཞང་བློན་ཆེན་པོ་དང་སྟོང་མཉམ་པ་མན་ཆད་དང་ཟངས་ཀྱི་ཡི་གེ་པ་སྟོང་མཉམ་པ་ཡན་ཆད་ཅིག་གིས་བསད་ན། ཤི་སྟོང་དུ་དངུལ་སྲང་ཉིས་སྟོང་འཇལ་དགོས་ཤིང་། མདའ་ཕོག་མཁན་མ་གུམ་ན་གསོན་སྟོང་དུ་སྲང་ཆིག་སྟོང་འཇལ་དགོས་པ་དང་གཅིག ཞང་བློན་ར་གན་གྱི་ཡི་གེ་པ་དང་བཅས་པ་སྟོང་མཉམ་པ་ཞིག གཙང་ཆེན་མན་ཆད་དང་དམངས་མཐའ་མ་ཡན་ཆད་ཅིག་གིས་བསད་ན། གསོད་པ་པོ་བཀུམ་སྟེ་དེའི་ཁོལ་ཡུལ་དང་ཟ་འབྲུ། ཕྱུགས་ནོར་བཅས་ཀྱི་ཕྱེད་སྟོང་དུ་འཇལ་དགོས་ཤིང་། ཁོལ་ཡུལ་དང་ཕྱུགས་ནོར་དང་ཟ་འབྲུའི་ཕྱེད་ལྷག་མ་རྣམས་བཀུམ་པོའི་བུ་མོ་དང་ཆུང་མར་བྱིན་ཏེ་སྤྱ་སོར་བཀོད་ནས་བཀུམ་པོར་བུ་ཡོད་ན་བུ་དང་བུ་མེད་ན་ཕ་ལ་དབང་། ཕ་ཡང་མེད་ན་ཁོལ་ཡུལ་གྱི་ཕྱེད་ནི་བཀུམ་པ་པོར་ཕུ་ནུ་པོ་གང་མཆིས་ཀྱང་དེ་དག་ལ་མི་དབང་བར་མདའ་ཕོག་སྐྱེ་གུམ་པ་དེ་སུ་དང་གང་གི་འབངས་སམ་བྲན་ཡིན་པ་དེར་དབང་གི། བཀུམ་པའི་ཕུ་ནུ་པོར་དབང་བ་ནི་བུ་མོ་དང་ཆུང་མ་དང་ཕྱུགས་ནོར་ཙམ་ཡིན་པ་དང་གཉིས་སོ། །

༦ ཞང་བློན་ཟངས་ཀྱི་ཡི་གེ་པ་དང་སྟོང་ཐང་མཉམ་པ་ནི། ཟངས་ཀྱི་ཡི་གེ་པ་ཉིད་དང་དེ་དག་གི་སེམས་པོ་དང་ཕ། ཞང་བློན་ར་གན་གྱི་ཡི་གེ་པའི་བུ་དང་ཚ་བོའམ་ཕའི་སྤུན་མཆེད་དང་དེ་དག་གི་བུ་སྐྱེ་ཐོབ་ཐང་གི་ཡི་གེ་མ་མཆིས་པ་རྣམས་དང་། མ་དང་མ་ཡར། མནའ་མ་དང་ཆུང་མ། བུ་མོ་དང་སྲིང་མོ་གཉེན་མ་བསྒྲིགས་པ་བཅས་སོ། །སྟོང་མཉམ་པ་གཅིག་གིས་གཅིག་བསད་པའམ། ཡང་ན་འདིའི་གཅིག་ཞང་བློན་ཆེན་པོ་དང་སྟོང་མཉམ་པ་མན་ཆད་དང་ཟངས་ཀྱི་ཡི་གེ་པ་དང་སྟོང་མཉམ་པ་ཡན་ཆད་ཅིག་གིས་བསད་ན། ཤི་སྟོང་དུ་དངུལ་སྲང་ཆིག་སྟོང་འཇལ་དགོས་ཤིང་། མདའ་ཕོག་མཁན་མ་གུམ་ན་གསོན་སྟོང་དུ་སྲང་ལྔ་བརྒྱ་འཇལ་དགོས་པ་དང་གཅིག ཟངས་ཀྱི་ཡི་གེ་པ་དང་བཅས་པ་སྟོང་མཉམ་པ་ཞིག གཙང་ཆེན་མན་ཆད་དང་དམངས་མཐའ་མ་ཡན་ཆད་གཅིག་གིས་བསད་ན། གསོད་པ་པོ་བཀུམས་ཏེ་དེའི་ཁྲལ་ཡུལ་དང་ཟ་འབྲུ། ཕྱུགས་ནོར་བཅས་ཀྱི་ཕྱེད་སྟོང་དུ་འཇལ་དགོས་ཤིང་། ཕྱེད་ལྷག་མ་རྣམས་བུ་མོ་དང་ཆུང་མར་བྱིན་ཏེ་སྤྱ་སོར་བཀོད་ནས་བཀུམ་པོའི་ཤུལ་དུ་བུ་ཡོད་ན་བུ་དང་བུ་མེད་ན་ཕ་ལ་དབང་ཞིང་། ཕ་ཡང་མེད་ན་ཁོལ་ཡུལ་གྱི་ཕྱེད་པོ་ནི་བཀུམ་པོར་ཕུ་ནུ་གང་མཆིས་ཀྱང་དེ་དག་ལ་མི་དབང་གི་མདའ་ཕོག་མཁན་སུ་དང་གང་གི་བྲན་ནམ་འབངས་ཡིན་པ་དེར་དབང་བ་དང་། ཕུ་ནུ་པོར་དབང་བ་ནི་བུ་མོ་དང་ཆུང་མ་དང་ཟ་འབྲུའམ་ཕྱུགས་ནོར་གྱི་ཕྱེད་ཙམ་མོ། མདའ་ཕོག་མཁན་མ་གུམ་ན་ཁོལ་ཡུལ་དང་ཟ་འབྲུ། ཕྱུགས་ནོར་གྱི་ཕྱེད་གསོན་སྟོང་དུ་འཇལ་དགོས་ཀྱང་། ཕྱེད་ལྷག་མ་རྣམས་མདའི་བདག་པོར་དབང་ལ་ཁོ་རང་ཡང་དགུམ་པར་མི་འགྱུར་བ་དང་གཉིས་སོ། །

༧ གཙང་ཆེན་དང་སྟོང་ཐང་མཉམ་པ་ནི། གཙང་ཆེན་ཉིད་དང་། ཞང་བློན་ཟངས་ཀྱི་ཡི་གེ་པའི་

ཁྲུ་དང་ཚ་བོའམ་ཕའི་སྤུན་མཆེད་དང་དེ་དག་གི་ཁྲུ་སྐྱེ་ཐོབ་ཐང་གི་ཡི་གེ་མ་མཆིས་པ་རྣམས་དང་། མ་དང་མ་ཡར། མནའ་མ་དང་ཆུང་མ། བུ་མོ་དང་སྲིང་མོ་གཉེན་མ་བསྒྲིགས་པ། རྒྱལ་འབངས་རྒོད་དོ་ཅོག ཞང་བློན་དང་དམངས་ཀྱི་བྲན་རྒྱ་ལ་གཏོགས་པ། མངན་དཔོན་གྱི་ལག་རོགས་པ་བཅས་སོ། །སྟོང་མཉམ་པ་འདིའི་གཅིག་ཞང་བློན་ཆེན་པོ་དང་སྟོང་མཉམ་པ་མན་ཆད་དང་ཟངས་ཀྱི་ཡི་གེ་པ་དང་སྟོང་མཉམ་པ་ཡན་ཆད་ཅིག་གིས་བསད་ན། ཤི་སྟོང་དུ་དངུལ་སྲང་སུམ་བརྒྱ་འཇལ་དགོས་ཤིང་། མདའ་ཕོག་མཁན་མ་གུམ་ན་གསོན་སྟོང་དུ་སྲང་བརྒྱ་དང་ལྔ་བཅུ་འཇལ་དགོས། ཤི་གསོན་གྱི་སྟོང་གང་འཇལ་ཐུང་སྲང་གཅིག་ཆད་ན་མི་ཡ་རབས་ཤིག་ཡིན་ཡང་དགུམ་པར་འགྱུར་བ་དང་གཅིག སྟོང་མཉམ་གཅིག་གིས་གཅིག་བསད་ན། ཤི་སྟོང་དུ་དངུལ་སྲང་བརྒྱ་དང་ལྔ་བཅུ་འཇལ་དགོས་ཤིང་། མདའ་ཕོག་མཁན་རྨས་པ་ཙམ་ལས་མ་གུམ་ན། དངུལ་སྲང་སུམ་ཅུ་སྨན་ཡོན་གྱི་ཚུལ་དུ་འཇལ་དགོས། ཤི་སྟོང་དང་སྨན་ཡོན་གང་འཇལ་ཡང་སྲང་གཅིག་ཆད་ན། མི་སུ་ཡིན་ཐུང་དགུམ་པར་འགྱུར་བ་དང་གཉིས། གཙང་ཆེན་དང་བཅས་པའི་སྟོང་མཉམ་པ་ཞིག རྒྱལ་འབངས་གཡུང་ངོ་ཅོག་དང་ལྷོ་བལ་གྱི་བཙོན་ཡན་ཆད་ཅིག་གིས་བསད་ན། ཤི་སྟོང་དུ་དངུལ་སྲང་བརྒྱ་དང་ལྔ་བཅུ་འཇལ་དགོས་ཤིང་། མདའ་ཕོག་མཁན་མ་གུམ་ན་སྨན་ཡོན་དུ་སྲང་སུམ་ཅུ་འཇལ་དགོས། ཤི་སྟོང་ངམ་སྨན་ཡོན་གང་འཇལ་དགོས་པ་བྱུང་ན་སྲང་གཅིག་ཆད་ཀྱང་མི་སུ་ཡིན་ཐུང་དགུམ་པར་འགྱུར་བ་དང་གསུམ་མོ། །

ཏ རྒྱལ་འབངས་གཡུང་ངོ་ཅོག་དང་སྟོང་ཐང་མཉམ་པ་ནི། ཞང་བློན་དང་དམངས་ཀྱི་བྲན་རྒྱ་ལ་མ་གཏོགས་པ་དང་ལྷོ་བལ་གྱི་བཙོན་བཅས་སོ། །སྟོང་མཉམ་པ་འདིའི་གཅིག་ཞང་བློན་ཟངས་ཀྱི་ཡི་གེ་པ་ཡན་ཆད་སྟོང་མཉམ་པ་ཞིག་གིས་བསད་ན། ཤི་སྟོང་དུ་དངུལ་སྲང་ཉིས་བརྒྱ་འཇལ་དགོས་ཤིང་། མ་གུམ་ན་སྨན་ཡོན་ཙམ་ལ་སྲང་བརྒྱ་འཇལ་དགོས། དེ་གཉིས་ཀྱི་གང་འཇལ་དགོས་པ་བྱུང་ན་སྲང་གཅིག་ཆད་ཀྱང་ཞང་བློན་ཡིན་ནའང་དགུམ་པར་འགྱུར་བ་དང་གཅིག་རྒྱལ་འབངས་གཡུང་ངོ་ཅོག་དང་བཅས་པ་སྟོང་མཉམ་པ་ཞིག་གཙང་ཆེན་དང་སྟོང་མཉམ་པ་ཞིག་གིས་བསད་ན། ཤི་སྟོང་དུ་དངུལ་སྲང་བརྒྱ་འཇལ་དགོས་ཤིང་། མ་གུམ་ན་སྨན་ཡོན་དུ་སྲང་ཉི་ཤུ་འཇལ་དགོས། ཤི་སྟོང་དང་སྨན་ཡོན་གང་འཇལ་ཡང་སྲང་གཅིག་ཆད་ན་སུ་ཡིན་ཡང་དགུམ་པར་འགྱུར་བ་དང་གཉིས། སྟོང་མཉམ་པ་གཅིག་གིས་གཅིག་བསད་ན། ཤི་སྟོང་དུ་སྲང་ལྔ་བཅུ་དང་མ་གུམ་ན་སྨན་ཡོན་དུ་སྲང་བཅུ་ཐམ་པ་འཇལ་དགོས། ཤི་སྟོང་ངམ་སྨན་ཡོན་གང་འཇལ་དགོས་པ་བྱུང་ན་སྲང་གཅིག་ཆད་ཀྱང་དགུམ་པར་འགྱུར་བ་དང་གསུམ་མོ། །

2. རྒྱལ་འབངས་མཆོག་དམན་བར་གསུམ་གང་དང་གང་ཡིན་པ་དེ་དང་དེ་དག་གིས་རི་དྭགས་རྔོན་པ་སོགས་ཀྱི་དུས་སུ། གཅིག་མདའ་གཅིག་ལ་ཕོག་སྐྱེ་ཕན་ཚུན་བར་འཁོན་བྱུང་ན། བདེན་རྫུན་ཇི་ལྟར་བརྟག་པའི་སྐོར་ཁྲིམས་ཡིག་གཏེར་ཐོན་མ་ལས་འདི་ལྟར་འབྱུང་གི། ཁོ་གནས་ཀྱི་མཐོ་དམན་དང་

ཐོབ་ཐང་གི་རབ་འབྲིང་ལ་ལྟོས་པ་མེད་པར། མདའ་ཕོག་མཁན་གསུམ་ཡང་ཉུང་རྒྱས་ཀྱང་ཉུང་སྟེ། དེའི་མི་རྩ་ཞིག་གིས་ངེད་ཀྱི་གཉེན་ལ་མདའ་འདི་ཕོག་གོ །མདའ་འདི་ནི་མི་འདིའི་འོ། །ལག་དམར་ནི་དེ་ཤ་སྟག་ཡིན་པས་ཆད་པ་མི་གཅོད་རེ། ཞེས་ཁྲིམས་སྐོར་གཏུགས་བཤེར་བརྒྱབ་ན། ཐོག་མར་ཉེས་མེད་ཀྱི་མི་བཅུ་གཉིས་དང་གྲོད་ཡ་དང་བཅུ་གསུམ་པོས་ལྷན་ཏུ་གྲོ་བོར་བ་སྟེ་མནའ་སྐྱེལ་དགོས། དེ་ནས་འབེན་བསླངས་ནས་དེར་མདའ་འཕེན་དགོས་པར་སྣང་། གྲོ་བོར་བ་དང་མདའ་འཕངས་པ་ལ་སོགས་ཏེ་གྲོད་བདག་དང་བདམ་པོ་དག་ལ་ཡིན་ལུགས་ཀྱི་རྒྱུ་མཚན་ཧ་ཅང་བཙུན་པ་ཞིག་ལྷག་པར་བརྗོད་རྒྱུ་མེད་པར་གྲོད་ཡ་སྟེ་ལག་དམར་དུ་བསྙད་བཏགས་པ་བོར་དགར་ཆགས་ན་སྟོང་ཅི་ཡང་འཇལ་མི་དགོས་པ་དང་། དེ་ལས་ལྡོག་སྟེ་གྲོད་བདག་ལ་བདེན་ཡོད་པར་གྱུར་ན། མདའ་ཕོག་པས་གསུམ་པའམ་རྒྱས་པ་བོའི་སྲོག་གི་རིན་ཐང་དང་མདའི་བདག་པོའི་གྲལ་རིམ་གྱི་གོ་གནས་ལྟར་སྟོང་ཐང་གཅོད་དགོས་པ་འདྲ། སྟོང་དུ་དངུལ་གྱི་སྲང་གྲངས་སམ་ཁོལ་ཡུལ་སོགས་ཅི་འཇལ་དགོས་པར་བཅད་ཀྱང་། དེ་རྣམས་གཞུང་བཞེས་མི་བྱེད་པར་ཡུལ་བདག་དང་བདམ་པོ་གཉིས་ལ་ཕྱེད་རེ་དབང་བ་དང་། བདམ་པོ་མ་མཆིས་ན་དེ་ཀུན་པོ་ཡུས་བདག་འབབ་ཞིག་ལ་དབང་། འོན་ཀྱང་། ལག་དམར་ཡིན་པར་བསྙད་པ་པོས་ཕ་གིར་ཕོག་པའི་མདའ་དེ་ཁོ་བོའི་མ་ཡིན་ནོ། །ཞེས་མང་དུ་བརྗོད་པ་ལ་བདེན་ལུགས་ཅི་ཡང་མ་མཆིས་པར་འཇུན་པའི་ཚུལ་དུ་གྱུར་ན། མདའ་ཕོག་པ་པོ་གསུམ་པའམ་རྒྱས་པའི་ཚུལ་ཅི་ལ་གྱུར་ཀྱང་འཇུན་པ་པོ་གསོད་ཁྲིམས་ལ་སྦྱོར་རྒྱུ་དང་། སྔོན་པར་བྱས་པ་ལ་བདེན་པའི་ལུགས་དང་ལྡན་ན་སྐྱར་བ་བྱས་ཀྱང་། ཐོང་མིའི་སྐྱར་བ་བྱེད་པ་དང་གཅིག་པར་ཁྲིམས་ཐག་ཀྱང་ཡང་བོར་གཅོད་པ་འདྲའོ། །གྲལ་རིམ་གྱི་གོ་གནས་དང་སྲོག་གི་སྟོང་ཐང་མི་འདྲ་བའི་དབང་གིས་ཁྲིམས་ཐག་གཅོད་པ་ལའང་ཁྱད་པར་དུ་མ་མཆིས་པ་གོང་ནས་བཤད་ཟིན་ལ་གཤམ་དུ་མཚོན་དུ་འགོད་པར་འགྱུར་བའི་ཁྲིམས་ཡིག་དངོས་ལས་ཀྱང་ཤེས་པར་འགྱུར་བས་དེ་དག་གིས་ཚོག་པར་ཞུ། དེ་ཡང་། གྲོ་བོར་བའི་ཚོ་ག་ནི་རང་ག་བ་ཞིག་མ་ཡིན་པར་བསང་མཆོད་དཀར་དམར་གྱིས་ལྷ་ཀླུ་གཉན་པོ་དང་ཡུལ་ལྷ་གཞི་བདག་སོགས་དཔང་དུ་གསོལ་ཏེ་གཟབ་ཅིང་རྒྱས་པའི་ངང་མནའ་སྐྱེལ་བའི་ཚོ་ག་བཤམ་དགོས་པ་ནི་སྨོས་ཀྱང་ཅི་དགོས་སོ། །

གོང་གསལ་རྣམས་ནི་བོད་བཙན་པོའི་སྐབས་ཀྱི་ཁྲིམས་ཡིག་ཐོར་བུའི་ཡ་གྱལ་ཏེ། སྐྱེ་བོ་རྣམས་ཀྱི་རི་དྭགས་རྔོན་པ་སོགས་ཀྱི་དུས་གཅིག་མདའ་གཅིག་ལ་ཕོག་སྟེ་ཕན་ཚུན་བར་འཕོན་བྱུང་ན་ཡུས་བརྟགས་ཏེ་སྟོང་ཇི་ལྟར་འཇལ་དགོས་པའི་སྐོར་ཡིན་གྱི། ཁྲིམས་ཡིག་ཐོར་བུ་དེའི་ཁག་གཞན་དང་གཞན་རྣམས་འདིར་མ་འདུས་ལ། ཁྲིམས་ཡིག་འདི་དག་ཀྱང་ཐོར་བུ་ཙམ་ཡིན་གྱི་བོད་བཙན་པོའི་སྐབས་ཀྱི་ཁྲིམས་ཡིག་སྤྱི་ནི་མ་ཡིན། ཁྲིམས་ཡིག་གཏེར་ཐོན་མ་འདི་ལས་བྱུང་བ་ལྟར་ན། སྲོག་གི་རིན་ཐང་ལ་དབྱེ་བ་དགུ་སྟེ་ཞང་བློན་ཆེན་པོ་བཞི་དང་བཅས་པ་སྟོང་ཐང་མཉམ་པ་དང་། ཞང་བློན་གཡུའི་ཡི་གེ་པ་དང་

སྟོང་མཉམ་པ། གསེར་གྱི་ཡི་གེ་པ་དང་སྟོང་མཉམ་པ། ཕྲ་མེན་གྱི་ཡི་གེ་པ་དང་སྟོང་མཉམ་པ། དངུལ་གྱི་ཡི་གེ་པ་དང་སྟོང་མཉམ་པ། ར་གན་གྱི་ཡི་གེ་པ་དང་སྟོང་མཉམ་པ། ཟངས་ཀྱི་ཡི་གེ་པ་དང་སྟོང་མཉམ་པ་བཅས་ཞང་བློན་སྤྱི་དང་ཅེ་བྲག་གི་སྐབས་དང་། དེ་ནས་གཙང་ཆེན་དང་སྟོང་མཉམ་པ་རྐོང་དང་། གཡུང་དང་སྟོང་མཉམ་པ་བཅས་སོ། །

འདིར་སྟོང་དུ་འཇལ་བའི་དངུལ་གྱི་སྲང་གྲངས་སམ་ཁོལ་ཡུལ་དང་ཟ་འབྲུ་དང་ཕྱུགས་ནོར་ཀུན་པོ་ཡུས་བདག་དང་བདམ་པོ་གཉིས་ལ་ཕྱེད་རེ་དབང་བའམ། བདམ་པོ་མེད་ན་དེ་ཀུན་པོ་ཡུས་བདག་ཉིད་ལ་དབང་བ་ལས། ཁྲིམས་འཛིན་གྱི་ལས་ཁུངས་དང་ཁྲིམས་གཙོད་པའི་ཞལ་ལྕེ་པར་ཚུར་ཟད་ཙམ་དབང་བ་ཡང་མི་སྣང་སྟེ། ཞལ་ལྕེ་པ་དག་གིས་གློག་ནོར་མི་བཟའ་བའི་ངེས་པ་མེད་སོད་ཀྱང་། དེ་འདྲའི་སྤྱི་ཚོགས་ཀྱི་དུས་སུ་ཁྲིམས་ལུགས་འདི་ལྟ་བུ་ཞིག་གཏན་ལ་འབེབས་ཐུབ་པར་གྱུར་པ་ནི་ངོ་མཚར་རོ། །ཕྱིར་ན་ཁྲིམས་ལུགས་ངེས་ཅན་ཞིག་གིས་གྲལ་རིམ་ངེས་ཅན་ཞིག་གི་འདོད་པ་མཚོན་ཏེ་དབང་སྒྱུར་གྲལ་རིམ་རང་རང་སོ་སོའི་ཕན་ཁེ་སྲུང་སྐྱོབ་བྱེད་ཅིང་། མཁས་མཆོག་རྣམ་པའི་གསུང་ལ་བྲན་གཡོག་ལམ་ལུགས་ཀྱི་ཚོགས་སུ་བྲན་གཡོག་ནི་བྲན་གཡོག་བདག་པོའི་བཀོལ་ཕྱུགས་ཁོ་ན་ཡིན་ཏེ་རང་དབང་ཕྲན་བུ་ཙམ་ཡང་མེད་སྐད། ཁྲིམས་ཡིག་འདི་ལས་རྒྱལ་འབངས་གཡུང་དང་ཀློ་བལ་གྱི་བཙོན་ཏེ་སྐབས་དེའི་གོ་གནས་ཆེས་ཆེར་དམའ་རིམ་པ་དག་གི་སྟོང་ཐང་བཤད་པ་ལ། ཤི་སྟོང་ལ་སྲང་ལྔ་བཅུ་དང་གསོན་སྟོང་ལ་སྲང་བཅུ་ལས་མེད་ཀྱང་། བྲན་གཡོག་ཏུ་ངེས་པ་དེ་རྣམས་ཀྱང་སྒྲ་ཤེས་དོན་གོ་བའི་དུད་འགྲོ་ཁོ་ནར་བརྩིས་མེད་པ་མ་ཟད། ཤི་གསོན་གྱི་སྟོང་འཇལ་བ་ལ་སྲང་གཅིག་ཆད་ན"ཞང་ལོན་ཀྱང་དགུམ་མོ།" ཞེས་ཁྲིམས་ཡིག་དངོས་སུ་ཐག་བཅད་པ་ནི་དེ་བས་ཀྱང་ངོ་མཚར་ཆེའོ། །བོད་བཙན་པོའི་སྐབས་ཀྱི་རྒྱལ་རབས་དེ་རང་རྒྱལ་འདི་གོའི་ལོ་རྒྱུས་སྟེང་དར་ཅིག་སྟོབས་འབྱོར་མངའ་ཐང་རྒྱས་ཏེ་སྙན་གྲགས་མཁའ་ལ་ལྡིར་བར་གྱུར་པ་ནི། ཁྲིམས་ལུགས་འདི་དང་འདི་ལྟ་བུ་བཙན་པ་དང་ཞིབ་པའི་མཐུན་རྐྱེན་ལས་བྱུང་བ་མ་ཡིན་གྲང་། ཞེས་སྙམ་དུ་བསམས། དེ་ཡང《མཁས་པའི་དགའ་སྟོན》ལས་སྲོག་གི་རིང་ཐང་བཤད་སྐབས། "དེ་ཡང་དགུང་བློན་ཆེན་པོ་ནི་འགྲན་ཟླ་མེད་དེ་བསད་ན་སྟོང་ཐང་ཁྲི་ཆིག་སྟོང་། དགུང་བློན་འབྲིང་པོ་དང་ནང་བློན་ཆེན་པོ་གཉིས་མཉམ་སྟེ་ཁྲི། དགུང་བློན་ཆུང་ངུ་ནང་བློན་འབྲིང་པོ་བཀའ་ཡོ་གལ་འཆོས་པ་ཆེན་པོ་གསུམ་མཉམ་སྟེ་དགུ་སྟོང་། །ནང་བློན་ཐ་ཆུང་དང་བཀའ་ཡོ་གལ་འཆོས་པ་འབྲིང་མཉམ་སྟེ་བརྒྱད་སྟོང་། བཀའ་བློན་ཆུང་ངུ་ལ་བདུན་སྟོང་ངོ་། །དེ་བཞིན་འབངས་ཡང་མཐའི་བར་དུ་རིམ་པས་བཅད་དེ་ཁྲིམས་ཡིག་ཏུ་བཀོད"ཅེས་བྱུང་ལ། བྱུང་བ་དག་ལའང་ནང་འགལ་དང་རྒྱུས་བསྡུས་མང་ཙམ་མཆིས་པ་དང་། ཁྲིམས་ཡིག་གཏེར་ཐོན་མ་འདི་དང་ཡང་མི་མཐུན་པ་ཚུར་ཟད་མཆིས་པ་ལ་མཁས་དབང་རྣམ་པས་དཔྱད་པར་མཛོད་ཅིག་གྲུ།

སྟོང་འཇལ་བ་ལ་ཐོབ་ཐང་གི་རིམ་པས་དབྱེ་བ་དགུ་མཆིས་ཏེ། མ་ཡིག་དེ་ཀུན་པོ་འདིར་འགོད་པ་མངས་དོགས་ནས། མཐོ་འབྲིང་མཐའ་གསུམ་ཙམ་མ་ཡིག་ལས་ཇི་བཞིན་འབྱུང་བ་དེ་བཞིན་དུ་ཀུན་གྱི་གཟིགས་མོར་ཕུལ་བ་གཤམ་གསལ་ལྟར་རོ། །

ཤོག་ངོསP.T.1071ལས་བྱུང་བ་གཤམ་གསལ་ལྟར།

1.ཀ ༄། ཞང་ལོན་ཆེན་པོ་དང་། ཁོང་ཏའི་མྱེས་པོ་དང་ཕ་དང་འདི་རྣམས་ནང་གཅིག་གིས་གཅིག་རི་དགས་ལ། མདས་དཀྱུལ་བས་ཐོག་པ་དང་། ཞང་ལོན་འདི་རྣམས་ལའ། ཞང་ལོན་གཡུའི་ཡི་གེ་པ་མན་ཅད། དམངས་མཐའ་མ་ཡང་ཅད། ཀྱིས་རི་དགས་ལ་མདའས་དཀྱུལ་བའི་ཁྲིམ་ལ། ཿ། །བློན་ཆེན་པོ་དང་། ནང་བློན་ཆེན་པོ་དང་། །བཙན་པོའི་ཞང་དྲུང་ཆབ་སྲིད་ལ་དབང་པ་གཅིག་དང་། བློན་ཆེན་པོའི་འོག་པོན་ད་ཞང་བློན་ཆེན་པོ་འདི་བཞི། །ཁོང་ཏ་རོ་པོ་དང་། ཁོང་ཏའི་མྱེས་པོ་དང་ཕ་དང་འདི་རྣམས། མདའ་དཀྱུལ་པ་ལའ། སྟོང་མཉམ་མོ། །སྟོང་། མཉམ་པཿའདི་རྣམས། གཅིག་གིས་གཅོག་ལ། ལ་། རི་དག་ལ་མདའ་དཀྱུལཿཔ་ལས། སྐྱོགས་པས་ཐོགས་པ་དང་། ཞང་ལོན་འདི་རྣམས་ལ་གཡུའི་ཡི་གེ་པ་མན་ཅད། ཕྲ་མེན་ཀྱི་ཡི་གེ་པ་ཡན་ཅད། སྟོང་མཉམ་བ། གཅིག་གིས་གཅིག་རི་དག་ལ་མདའ་དཀྱུལ་ལསྐྱོགས་པས། ཐོགས་དང་། གུམ་ཡང་རུང་མ་གུམ་ཡང་རུང་། མཁོན་མཆིས་ཏེ་ཆད། ཀར་འཕངས་རེ་ཞིས། གཙང་དཀར་བཅུ་གཉིས་དང་ཁོ་ན་བདག་བཅུ་གསུམ། ཐོ་སྐྱལདོ། །དཀར་ཆགསྣ། ཐོང་མྱི་དང་ཁྲིམས་གཅིགོཿ། སྟོང་འཇལ་དུ་ཡང་མྱི་གནང་ངོ་། དཀར་གྱིས་ཆངས་ཏང་། མདའ་ཐོགས་པའ་གུམ་དང་། མྱི་སྟོང་སྲང་ཁྲི་བབསྟེཿ། ཡུས་བདག་དང་། འདམ་པོ་ཕྱེད་མར་དབོར། འདམ་པོ་མ་མཆིས་ན། སྲང་ཁྲི་ཡུས་བདག་དབོར། མདས་ཐོགས་པ། མ་གུམ་ན་གསྟོ་སྟོང་། སྲང་ལྔ་སྟོང་ཕབསྟེཿ། ཡུས་བདག་དང་འདམ་པོ་ཕྱེད་མར་དབོར། །འདམ་པོ་མ་མཆིས་ན། སྲང་ལྔ་སྟོང་ཀུན་ཡུས་བདག་དབོར། །མདས་ཐོགསྟེཿ། ངའི་མདའ་མ་ཡིན་ཅེས། སྣོན་སྣོན་མ་ཆངསྟེ། མདས་ཐོགས〈པ〉གུམ་ཡང་རུང་མ་གུམ་ཡང་རུང་། །ཐོང་མྱི་དང་ཁྲིམས་གཅིགོ །སྣོན་སྣོན་པ་ཚངས་དང་། སྐུར་བ་ཟན་ཀྱང་། ཐོང་མྱིའི་སྐུར་བ་ཟན་དང་ཁྲིམས་གཅིག་དུ་དབོརཿ། །ཿ། །ཞང་ལོན་ཆེན་པོ་རོ་པོ་དང་། 〈ཞང་ལོན〉ཆེན་པོ་དང་སྟོང་མཉམས་པ་ཞིག་ལཿ། ཞང་ལོན་དངུལ་གྱི་ཡི་གེ་པ་མན་ཅད། ཟངས་ཀྱི་ཡི་གེ་པ་ཡན་ཅད། སྟོང་མཉམ་པ་གཅིག་གིས། རི་དག་ལ་མདའ་བཀྱུལད་པ་ལསྐྱོགས་པས་ཐོགས་ནཿ། །གུམ་ཡང་རུང་མ་གུམ་ཡང་རུང་། མཁོན་མཆིས་ཏེ་ཆད་ཀར་མདས་འཕང་རེ་ཞིསཿ། 〈གཙང〉དཀར་བཅུ་གཉིས་ཁོ་ན་བདག་དང་བཅུ་གསུཾ་སྐྱོལདེ། ཐོ་སྐྱལད་པ་ལ་དཀར་ཆགསྣའ། ཐོང་མྱི་དང་ཁྲིམསཿགཅིགོཿ། །སྟོང་འཇལདུ་ཡང་མྱི་གནང་ངོ། །དཀར་གྱི་ཆངས་ཏེ། །མདའས་ཐོག་པ་གུམ་དང་ཿ། མདའས་འཕོང་འཕོང་བ། །ཁོ་ན་སྐོར་རབས་བཅདེཿ། ཁོལ་ཡུལ་ཀུན་དང་། བང་ཟ་དང་ཕྱུག་ནོར་ཀུན། ཡུས་བདག་དང་འདམ་པོ་ཕྱེད་

མར་སྨྱལད་ཏོ། །འདམ་པོ་མ་མཆིས་ན། ཁོལ་ཡུལ་དང་བང་ཟ་ཕྱུག་ནོར་ཀུན། ཡུས་བདག་སྨྱལདོ། །བུ་མོ་སྨད་ནི། སྨོར་རབས་ཆད་པའི་འོག་ན། ཕ་མཆིས་ན་ཕ་སྨྱལདོ། །ཕ་མ་མཆིས་ན། ཕུ་ནུ་པོ་གག་འདུར་པ་སྨྱལད་ཏོ༔ །མདའས་ཕོག་པ་མ་གུམ་དང་། གསོན་སྟོང་དུ་སྲང་ལྔ་སྟོང་ཕབསྟེ། ཡུས་བདག་དང་འདུཾ་ཕོས་ཕྱེད་མར་དབངོ༔ །འདམ་པོ་མཆིས་ན་གསོན་སྟོང་ཀུན་ཡུས་བདག་དབངོ། །མདའས་ནི་ཕོགསྟེ། ངའི་མདའ་མ་ཡིན་ཅེས། མཆི། སྣོན་སྣོན་མ་ཆངས༔དང་། མདའས་ཕོགས་པ་གུམ་ཡང་རུང་། མ་གུམ་ཡང་རུང་། ཕོང་མྱི་ཁྲིམས་བཞིན་དུ་དགུམ། སྣོན་སྣོན་ཆངསྣ། སྐྱུར་པ་ཟན་ཀྱང་། ཕོང་མྱིའི་སྐྱུར་པ་ཟན་དང་ཁྲིམས་གཅིག་དུ་གབངོ〈དབངོ། །༔། །〉ཞང་བློན་ཆེན་པོ་ངོ་བོ་དང་། ཞང་ལོན་ཆེན་པོ། སྟོང་མཉམ་བ། ཞིག་ལ༔། གཙང་ཆེན་མན་ཅད། དམངས་མཐའ་མ་ཡན་ཅད། གཅིག་གིལ༔ གཅིག༔། རོ་དག་ལ་མདའས་རྒྱལ་བས་ལས་སྨྱོགས་ཕས་ཕོགས་ན༔། གུམ་ཡང་རུང་མ་གུམ་ཡང་རུང་། ཁོན་མཆིས་ཏེ་ཆད་གར་འཕང་རེ་ཅེས༔། གཙང་དཀར་མྱི་བཅུ་གཉིས་དང་། ཁོ་ན་བདག་དང་བཅུ་གསུམ་བློ་སྨྱལདཏོ། །བློ་སྨྱལད་པ་ལས། དཀར་ཆགསྣ་ཕོང་མྱི་དང་ཁྲིམས་བགྱི་པ་གཅིག་གོ །དཀར་ཀྱིས་ཆང་དང་། ཁོ་ནི་སྨོར་རབས་བཅདེ། ཁོལ་ཡུལ་ཀུན་དང་བང་ཟ་ཕྱུགས་ནོར་ཀུན། ཡུས་བདག་དང་འདམ་པོ་ཕྱེད་མར་སྨྱལདོ། །འདམ་པོ་མ་མཆིས་དང་། ཀུན་ཡུས་བདག་སྨྱལདེ་བུ་སྨད་ནི་སྨོར་རབས་ཆད་པའི། འོག་དུ། ཕ་མཆིས་དང་ཕ་སྨྱལད་ཏོ། མ་མཆིས་དང་ཕུ་ནུ་པོ་གང་འདུར་པ་སྨྱལད་ཏོ། ། མདས་ཕོགསྟེ་ངའི༔ །མདའ་མ་ཡིན་ཅེས༔སྣོན་སྣོན་མ་ཆང་ན། མདའས་ཕོག་པ་གུམ་ཡང་རུང་། མ་གུམ་ཡང་རུང་། ཕོང་མྱིའི་ཁྲིམས་བཞིན་དུ་དགུམ། སྣོན་སྣོན་ཏེ་ཆང་དང་། སྐྱུར་མ་ཟན་ཀྱང་། ཕོང་མྱིའི་སྐྱུར་པ་ཟན་ཐང་དུ་དབངོ༔། །

ཁ། ༄། །ཞང་ལོན་དངུལ་གྱི་ཡི་གེ་ངོ་བོ་དང་། དངུལ༔གྱི་ཡི་གེ་པ་དང་སྟོང་མཉམ་ཞིག་ལ། ༔ཞང་ལོན་ཆེན། 〈པོ〉མན་ཅད། དམངས་མཐའ་མ་ཡན་ཅད། གྱིས༔རི་དགས་ལ་སྨྱོགས་པ་ལ༔། མདས་རྒྱལ༔ཏེ། ཕས༔། ཕོགསྟེ་གུམ་པ་དང་མ་གུམ༔། པའི་ཁྲིམས་ལ། ༔། ཞང་ལོན་དངུལ་གྱི་ཡི་གེ་པ་ངོ་བོ་དང་། དངུལ་གྱི་ཡི་གེ་པའི་མྱེས་པོ་དང་ཕའ་དང་། ཞང་ལོན་ཕྲ་མེན་པའི༔། བུ་པོ་སྤྱད་ཕན་ཅད། ཕ་སྤུན་སྤྱད་ཚུན་ཅད། ཡི་གེ་མ་མཆིས་པ་རྣམས་དང་། །མ་ཡར་མོ་དང་། མནའ་མ་དང་ཕྲུ་མོ་དང་། བུ་སྲིང་ཕྲུ་མ་མཆིས་པ་འདི་རྣམས། རོ་དག་ལ་མདའས་རྒྱལ་ཕ། ལ་སྨྱོགས་ཏེ། ཕོགས་པ་ལ༔། སྟོང་མཉམ་པོ། །སྟོང་མཉམ་བ་གཅིག་གིས༔། གཅིག་ལ། རི་དགས་ལ། མདས༔རྒྱལ༔པ་ལ༔སྨྱོགསྟེ༔། ཕོག་པ་དང་སྟོང་མཉམ་པ་འདི་རྣམས། ལ། །ཞང་ལོན་ཆེན་པོ་དང་། སྟོང་མཉམ་པ་མན་ཅད། ཟངས་ཀྱི་ཡི་གེ་པ་དང་སྟོང་མཉམ་པ་ཡན་ཅད། གྱིས༔། རི༔དགས་ལསྨྱོགས༔པ༔ལ༔། མདའ་རྒྱལད་ཕས༔ཕོག༔དང་། གུམ་ཡང་རུང་མ༔གུམ༔ཡང་རུང་། མཁོན་མཆིསྟེ༔ཆེད་གར་འཕངས༔རེ༔ཞེས༔། གཙང༔དཀར་མྱི༔བཅུ༔གཉིས༔ཁོ་ན་བདག༔ཐ་བཅུ༔

གསུམ༔བློ༔སྤྲུལ་དོ། དཀར༔ཆག༔ནའ༔། ཐོང་མྱི༔བཀའ༔གྲིམས༔དང་གཉི་འོ༔། དཀར༔གྱིས༔ཚང་སྡེ༔། མདའས༔ཕོག༔པའ་གསུམ༔ཧྲཱ་མྱི་སྟོན(སྟོང)དུ༔སྲུང་སུམ་སྟོང་ཕབ་སྡེ། ཡུས༔བདག༔དང་འདམ༔ཕོ༔ཕྱིད་མར༔དབངོ་། འདམ༔པོ་མ་མཆེ་སྡ༔། སྲུང་སུམ་སྟོང་གུན་ཡུས༔བདག༔དབངོ་། མདའས་ཕོག༔པ་མ༔གསུམ༔ནའ༔། གསོན་སྟོ༔ང་། སྲུང་སྟོང་ལྔ༔བརྒྱ་ཕབ༔སྡེ༔ཡུས༔བདག་འདམ༔ཕོ༔ཕྱིད་མར༔དབངོ་། འདམ༔ཕོ་མ་མཆེ་སྡ༔སྲུང་སྟོང་ལྔ་བརྒྱ་ཡུས༔བདག༔དབངོ་། སྲུང་ཆིག༔མ༔ཁོར༔ནའ༔། དགེ༔བ༔ཡང་དགུསོ། མདའས༔ནི་ཕོག༔སྡེ་ངའི༔མདའ་མ༔ཡིན་ཞེས༔སྟོན་སྟོན་མ་ཚལྡ་ན༔མདའས༔ཕོག༔པ༔གསུམ༔ཡང་རྟང་མ་གུཾ་ཡང་ཐོང་མྱི་བཀའ༔གྲིམས༔གཅིག༔ཏུ་དགུསོ། སྟོག་ཚངས༔དང་། སྐྲུར་པ༔ཟན་ཀྲུང་ཐོང་མྱི་སྐྲུར༔པ༔ཟན་དང་ཐང་གཅིག༔ཏུ་དབངོ་། ༔། ཞང་ལོན་དངུལ་གྱི་ཡི༔གེ༔པ༔ངོ༔བོ༔དང་དངུལ༔གྱི་ཡི༔གེ༔པ༔དང་སྟོང་མཉམ་བ༔གཅིག༔ལ༔། གཙང་ཆེན་མན་ཆད། དམངས༔མཐ༔མ༔ཡན་ཆད་གྱིས༔། རི༔དགས་ལ༔སྩོགས་པ༔ལ༔མདའ༔རྒྱལ༔པས༔ཕོག༔ནའ༔གསུམ༔ཡང་རྟང་མ༔གསུམ་ཡང་རྟང་། མགོན་མཆེ་སྡེ་ཆད་ཀར་འཕངས༔རེ༔ཞེས། གཙང་དཀར༔མྱི༔བཆུ༔གཉིས༔ཕོ༔ན་བདག༔དང་བཆུ་གསུམ༔བློ༔སྤྲུལ་ཏོ། དཀར༔ཆགས༔ན་ཐོང་མྱི༔ཧྲཱ་ཁྲིམས༔གཅིགོ། དཀར༔གྱིས༔ཚང་སྡེ་མདའ། ས༔ཕོག༔པ༔གསུམ༔ཧྲཱ༔ཁོ༔ན་བྲ༔ཤིག༔བཀུམ༔སྡེ་ཁོལ༔ཡུལ་གྱི༔ཕྱིད་དང་བང་ཟའི༔ཕྱིད་དང་སྦུགས༔ནོར༔གྱི༔ཕྱིད་དང༔གུན་ཡུས༔བདག༔དང་འདའམ༔པོ༔ཕྱིད་པར་དབངོ་། འདམ༔པོ༔མ༔མཆིས་ན་ཁོལ༔ཡུལ༔གྱི༔ཕྱིད་སྦུགས༔ནོར་གྱི༔ཕྱིད་ཧྲ་བང་ཟ༔། 〈ཕྱིད〉གུན༔ཡུས༔བདག་དབངོ་། ཁོལ༔ཡུལ༔གྱི་ཕྱིད༔ཧྲ་སྦུགས༔ནོར་གྱི༔ཕྱིད་ནོབ་སྨད་སྤྲུལ་དེ་མལ༔ན་དགོདོ། ཕུ༔བོ༔མ༔མཆིས༔ན་ཕ༔སྤྲུལ་ཏོ། ཕ༔མཾ་ཆི་ན༔ཁོལ༔ཡུལ་གྱི༔ཕྱིད༔ནི༔། ཕུ༔ནུ་བོ༔དྲུང་མཆིས༔ཀྲུང་མྱི༔སྤྲུལ་ཏོ། བུ་སྨད་ཧྲ་སྦུགས་ནོར༔གྱི༔ཕྱིད་ནི༔ཕུ་ནུ་བོ༔སུ༔འདུར༔བ༔ཞིག༔སྤྲུལ་ཏོ། ཁོལ་ཡུལ༔གྱི༔ཕྱིད་ནི་སུའི༔འབངས༔སིའི༔བྲན་བས་སོར་བཞེས༔འཚལ༔ཚོག༔། མདའས༔ཕོག༔མ༔གསུམ༔ཁོལ༔ཡུལ༔གྱི༔ཕྱིད་ཧྲབང་ཟ༔སྦུགས༔ནོར་གུན་གྱི༔ཕྱིད་ཡུས༔བདག་དང་འདའམ་པོ་ཕྱིད་མར་དབངོ་། འདམ་པོ༔མ༔མཆིས༔ན་བང་ཟ༔སྦུགས་ནོར་གྱི༔ཕྱིད་ཡུས༔བདག་དབངོ་། ཁོལ༔ཡུལ༔། དང་བང་ཟ༔སྦུགས༔ནོར་གྱི༔ཕྱིད་ཕོ༔ནི༔ཁོ་ན་སྤྲུལ་དེ། མལ༔ན་དགོདུ་བསོ། ། མདའས༔ནིཕོག༔སྡེ༔ངའི་མདའ༔མ་ཡིནཞེས༔སྟོན་སྟོན་མ་ཆངས་ནའ༔། མདའས་ཕོག་པ༔གསུམ༔ཡང་རྟང་མ༔གསུམ༔ཡང་རྟང་། ཐོང་མྱི༔བཀྲ༔གྲིམས་གཉི༔ཏུ༔དགུསོ། །བསྟོན་སྟོན་ཚངས༔དང་སྐྲུརཔ༔ཟན་ཀྲུང་། ཐོང་མྱིའི་སྐྲུར༔པ༔ཟན་དང་ཁྲིམས༔གཅིག༔ཏུ་དབངོ་། །

ག 〈༄། །རྒྱལ་འབངས་གཡུང་དོ་འཚལད། ཞང་ལོན་ཆེན་པོ་མན་ཅད། གྱིས༔། རི་དགས་ལ་སྩོགས་པ་ལ། མདའས་རྒྱལ་དེ། ཕོག་སྡེ༔། གུམ་བ་དང་། མ་གུམ་བའི་ཁྲིམས་ལ༔། །༔། །〉རྒྱལ་འབངས་གཡུང་དོ་འཚལ་དང་ཞང་ལོན་དང་དམངས་ཀྱི་བྲན་རྒྱུ་ལ་མ་གཏོགས་པ་དང་ལྗོ་བལ་གྱིས༔བཙོན་ཡན་

ཅད་ཞིག་ལ༔། །ཞང་ལོན་ཟངས་ཀྱི་ཡི༔གེ༔པ༔ཡན་ཆད་དང་སྟོང་མཉམ་པ་གཅིག་གིས། །རི་དགས་ལས་སྐྱོགས་པ་ལ། །མདའ༔རྒྱལ༔བས་ཕོག༔དང་གུམ༔ཡང་རུང་མ༔གུམ༔ཀྱང་རུང་། །ཁོན༔མཆིས་ཏེ་ཆད་ཀར་འཕངས་རེ༔ཞེས། གཙང་དཀར་བཅུ་གཉིས་ཁོ་ན་དང་བཅུ་གསུམ་བྲོ་སྐྱལ་ཏོ། །བྲོ་སྐྱལ་ཏེ་དཀར་ཆགས་ན། ཐོང་སྨྲི་དང་ཁྲིམས་གཆིག་གོ །དཀར་གྱིས་ཆང་སྐེ་མདའས་ཕོག་པ་གུམ༔ན༔སྨྲི༔སྟོང་དུ་སྲང་ཉིས་བརྒྱའ་ཕབསྐེ༔ཡུས་བདག་དང་འདམ་པོ༔ཕྱེད་མར༔དབོ༔། །འདམ༔པོ༔མ༔མཆིས་ན་སྲང་ཉིས་བརྒྱ༔ཀུན༔ཡུས་བདག་དབོ། མདའས་ཕོག༔པ་མ་གུམ་ན༔གསོན༔སྟོང་སྲང་བརྒྱ་ཕབ་ཏེ་ཡུས་བདག༔དང་འདམ༔པོ༔གཉིས་ཕྱེད་མར༔དབོ། །འདམ༔པོ༔མ་མ་ཆིས༔ན་སྲང་བརྒྱ་ཀུན༔ཡུས༔བདག༔དབང་ངོ། གུམ༔བའི་སྟོང་ཡང་རུང་། གསོན་པའི་གསོན༔སྟོང་ཀྱང་རུང་སྟོང་འཇལ༔བ༔ལ། ཞང་ལོན༔ཀྱང་རུང་། སྲང་ཆིག༔མ་ཁོར་ན་དགུམ་མོ། མདའས་ནི་ཕོག་སྐེ༔། ངའི་མདའ༔མ༔ཡིན་ཅེས་སྐྱོན༔སྐྱོན་མ༔ཚངས་ན༔མདའས་ཕོག༔གུམ་ཀྱང་རུང་མ༔གུམ་ཀྱང་རུང་། །ཐོང་སྨྲི་ཁྲིམས༔བཞིན་དགུམོ། །སྐྱོན་སྐྱོན་ཚངས༔དང་སྐུར་བ༔ཟན༔ཀྱང་ཐོང་སྨྲིའི༔སྐུར༔པ༔ཟན་དང་ཁྲིམས་གཅིག་དུ་དབོ། །༔༔། །རྒྱལ་འབངས་གཡུང་རྗོ༔འཙལ༔དང་ཞང་ལོན་དང་དམངས་ཀྱི༔བྲན༔རྐྱེ༔ལ་མ་གཏོགས་པ་དང་ལྗོ་བལ༔ཀྱི༔བཙོན༔ཡན༔ཅད་གཡུལ་རྗོ༔འཚལ་དང་འདི་རྣམས༔གཆིག༔ལ། །གཙང་ཆེན་མན་ཅད་རྐོད༔དོ་ཚོག་དང་སྟོང་མཉམ་བ་ཞིག༔གིས། རི་དགས༔ལ་སྐྱོགས་པ་ལ༔། མདའ་རྒྱལ༔བས་ཕོག༔དང༔གུམ་ཡང་རུང་མ༔གུམ༔ཀྱང་རུང་། ཁོན་མཆིས་ཏེ་ཆད་ཀར་འཕངས་རེ་ཞེས། གཙང་དཀར་བཅུ་གཉིས་ཁོ༔ན་དངབཅུ་གསུམ༔བྲོ༔སྐྱལ་ཏོ། །བྲོ༔སྐྱལ༔པ༔ལ༔དཀར་ཆག༔ན། ཐོང་སྨྲི་དང་བཀའ་གྲིམས་གཆིག༔གོ །དཀར༔གྱིས་ཚངས་ཏེ༔མདའས་ཕོག༔པ་ནི༔གུམ༔དང་། །སྨྲི་སྟོང་དུ་སྲང་བརྒྱ་ཕབ་ཏེ། །ཡུས་བདག་དང་འདམ༔པོ༔ཕྱེད༔མར༔དབོ། །འདམ༔པོ༔མ༔མཆིས་ན༔སྲང་བརྒྱ༔ཀུན༔ཡུས་བདག༔དབོ། །མདའས་ཕོག༔པ༔མ༔གུམ། ན་ཚ༔ཟན༔དུ་སྲང་ཉི༔ཤུ༔ཕབ་ཏེ༔ཡུས༔བདག༔དང༔འདམ༔པོ༔ཕྱེད་མར༔དབོ། འདམ༔པོ༔མ༔མཆིས༔ན། སྲང་ཉི༔ཤུ༔ཀུན་ཡུས་བདག༔དབོ། །གུམ༔བའི༔སྟོང་ཡང་རུང་། །མ༔གུམ༔བའི༔ཚ༔ཟན་ཀྱང་རུང་སྲང་གྲངས་འཚལ་བ༔སྲང་གཆིག༔མ་ཁོར༔ན་སྲུ༔ཡང་རུང་དགུམོ། །མདའས༔ཕོག་ཏེ༔ངའི༔མདའ༔མ་ཡིན༔ཅེས། སྐྱོན་སྐྱོན༔མ་ཚངས་ན༔མདའས་ཕོག༔པ༔གུམ༔ཡང༔རུང་མ་གུམ་ཡང་རུང་ཐོང་སྨྲི༔དང་ཁྲིམས་གཆིག་དུ་དགུམོ། སྐྱོན་སྐྱོན་ཚངས་དང་སྐུར༔པ་ཟན༔<ཀྱང>ཐོང་སྨྲིའི༔སྐུར་པ་ཟན་དང་ཁྲིམས་གཆིག༔དུ་དབོ། །༔༔། རྒྱལ་འབངས༔གཡུང་རྗེ་འཚལ་དང་ཞང་ལོན་དང་དམངས༔ཀྱི་བྲན༔རྐྱེ༔ལ༔མ་གཏོགས༔པ་གཡུང་དང་ལྗོ་བལ༔ཀྱི་བཙོན་མན་ཅད་འདི༔རྣམས། རི་དགས། ལ༔མདའ་རྒྱལ༔བས་ཕོག་པ༔ལ། །སྟོང་། མཉམ་མོ། །སྟོང་མཉམ་བ་འདི༔རྣམས། ནང་རི་དགས་ལ་མདའ་རྒྱལ༔བ༔ལས། སྐྱོགས༔པས། ཕོག༔དང་། གུམ་ཀྱང་རུང་མ་གུམ་ཀྱང་རུང་། ཁོན་མཆིན༔ཏེ༔ཆད༔ཀར་འཕངས་རེ༔ཞེས། གཙང་དཀར༔

བཅུ་གཉིས། ཁོ༔ན༔བདག་ཏང་བཅུ༔གསུམ༔བྲོ་སྐྱལ་ཏོ། བྲོ༔སྐྱལ་པ༔ལ་དཀར༔ཅག༔ན༔ཐོང་མྱི་དང་ཁྲིམས་གཆིག་གོ༔། །དཀར་གྱིས༔ཚངས༔ཏེ་མདའས༔ཕོག༔པ༔ནི༔གུམ༔དང་མྱི༔སྟོང་དུ་སྲང་ལྔ་བཅུ། །ཕབ༔ཏེ། ཡུས་བདག༔དང་འདམ༔པོ༔། ཕྱེད༔མར༔དུ་དབོར། འདམ༔པོ༔མ༔མཆིས༔ན་སྲང་ལྔ་བཅུ་ཀུན་ཡུས༔བདག༔དབོར། མདའས༔ཕོག༔མ༔གུམ༔དང་རྩཿཟན༔དུ༔སྲང་བཅུ༔ཕབ་ཏེ༔ཡུས་བདག་དང་འདམ༔པོ༔ཕྱེད༔མར༔དུ༔དབོར། །འདམ༔པོ༔མཆིས་ཏང་སྲང་བཅུ༔ཀུན༔ཡུས། བདག༔དབོར། གུམ༔བའི༔སྟོང་ཡང་ཇུང་མ་གུམ༔བའི༔རྩ༔ཟན༔ཀྱང་ཇུང་། སྲང་གཆིག་མ༔ཁོར་ན་དགུམོ། །མདའས་ཕོག༔ཏེ་ངའི༔མདའ༔མ༔ཡིན༔ཅེས། སློན་སློན༔མ༔ཚངས༔ན། མདའས་ཕོག༔པ༔གུམ་ཀྱང་ཇུང་། །མ༔གུམ༔ཀྱང་ཇུང་། ཐོང་མྱི་དང་ཁྲིམས་གཆིག་དུ༔དགུམ་མོ། །སློན༔སློན༔ཚངས་ན་སྐྱུར༔པ་ཟན༔ཀྱང་། ཐོང་མྱིའི་སྐྱུར༔པ༔ཟན༔དང་ཁྲིམས༔གཆིག་དུ་དབོར། །

2. གོང་གསལ་རྣམས་ཅུང་ཙམ་གོ་བདེ་བར་བསྒྱུར་པ།

ཀ། ཞང་བློན་ཆེན་པོའམ་ཁོང་ཚོའི་སེམས་པོ་དང་ཕ་འདི་རྣམས་ཀྱིས་རི་དྭགས་ལ་མདའ་བརྒྱབ་པས་ཁོང་ཚོའི་ནང་གི་མི་ཞིག་ལ་ཕོག་པའམ། ཡང་ན། ཞང་བློན་གཡུའི་ཡི་གེ་པ་མན་ཆད་དང་དམངས་མཐའ་མ་ཡན་ཆད་ཀྱིས་རི་དྭགས་ལ་མདའ་བརྒྱབ་ནས་ཞང་བློན་ཆེན་པོ་དང་སྟོང་ཐང་མཉམ་པ་འདི་རྣམས་ཀྱི་གཅིག་ལ་ཕོག་པའི་ཁྲིམས་ནི་འདི་ལྟ་སྟེ།

བློན་ཆེན་པོ་དང་ནང་བློན་ཆེན་པོ། བཙན་པོའི་ཞབས་དྲུང་ཆབ་སྲིད་ལ་དབང་བ་གཅིག་བློན་ཆེན་པོའི་ལག་རྟགས་པ་སྟེ་བློན་ཆེན་པོའི་ཐོབ་ཐང་མངའ་བ་འདི་བཞི་པོ་དང་། ཁོང་ཚོ་དངོས་དང་། ཁོང་ཚོའི་སེམས་པོའམ་ཕ་རྣམས་ལ་མདའ་བརྒྱབ་ན་སྟོང་མཉམ། སྟོང་མཉམ་པ་འདི་དག་གིས་རི་དྭགས་ལ་མདའ་བརྒྱབ་པ་ལ་སོགས་པས་ཁོང་ཚོའི་ནང་གི་གཅིག་ལ་ཕོག་པའམ་ཡང་ན། ཞང་བློན་གཡུའི་ཡི་གེ་པ་མན་ཆད་དང་ཕྲ་མེན་གྱི་ཡི་གེ་པ་ཡན་ཆད་སྟོང་མཉམ་པ་ཞིག་གིས་རི་དྭགས་ལ་མདའ་བརྒྱབ་པ་ལ་སོགས་པས་ཞང་བློན་ཆེན་པོ་བཞི་དང་སྟོང་མཉམ་པ་འདི་རྣམས་ཀྱི་གཅིག་ལ་ཕོག་ན། མདའ་ཕོག་མཁན་གུམ་ཡང་རུང་མ་གུམ་ཡང་རུང་། ཕན་ཚུན་བར་འཁོན་ཆག་བྱུང་སྟེ་མདའ་ཕོག་མཁན་གྱི་མི་ཚ་ན་རེ། ལག་དམར་ལ་ཆད་པ་གཅོད་སྐད་འབེན་ལ་མདའ་འཕངས་ཏེ་ཡུས་བརྟག་རེ། ཞེས་གཏུགས་བཤེར་བྱས་ན། གཙང་དཀར་ཏེ་ཉེས་མེད་ཀྱི་མི་བཅུ་གཉིས་དཔང་དུ་བཞག་ཅིང་ཁྱོད་ཡ་ཁོ་རང་དང་བཅུ་གསུམ་པོས་མནའ་སྐྱེལ་དགོས། མནའ་བསྐྱལ་པ་ལས་ཁྱོད་ཡ་ལ་དཀར་ཆགས་ན། ཐོང་མི་སྟེ་དགྲ་ལེན་པ་པོར་དཀར་ཆགས་པ་དང་ཁྲིམས་གཅིག་སྟེ་སྟོང་ཡང་འཇལ་མི་དགོས། ཁྱོད་བདག་གི་དཀར་གྱིས་ཁྱོད་ཡ་ཟིན་ཞིང་མདའ་ཕོག་མཁན་ཡང་གུམ་ན། ཤི་སྟོང་དུ་དངུལ་སྲང་ཆིག་ཁྲི་ཕབ་ནས་ཡུས་བདག་སྟེ་ཁྱོད་བདག་དང་བདམ་པོར་ཕྱེད་རེ་དབང་བ་དང་། བདམ་པོ་མེད་ན་དེ་ཀུན་པོ་ཁྱོད་བདག

ཉིད་ལ་དབང་། མདའ་ཕོག་མཁན་མ་གུམ་ན་གསོན་སྟོང་ལ་དངུལ་སྲང་ལྔ་སྟོང་ཕབ་ནས་ཁྱོད་བདག་དང་བདམ་པོར་ཕྱེད་རེ་དབང་ཞིང་བདམ་པོ་མེད་ན་སྲང་ལྔ་སྟོང་ཀུན་པོ་ཁྱོད་བདག་ཉིད་ལ་དབང་ངོ་། །མདས་ཕོག་ཀྱང་ཁྱོད་ཡ་ན་རེ། ངའི་མདའ་མ་ཡིན་ནོ། །ཞེས་ཅི་ནུས་ཀྱིས་བསྙོན་ཀྱང་རང་མགོ་མ་ཆངས་པར་འཛུན་པའི་ཚུལ་དུ་སྒྱུར་ན། མདའ་ཕོག་མཁན་གུམ་ཡང་རུང་མ་གུམ་ཡང་རུང་། དགྲ་ཤ་ལེན་པ་པོའི་ཁྲིམས་སུ་འཛུན་མཁན་ལ་གསོད་ཁྲིམས་གཅོད་དགོས་པ་དེ་བཞིན་དགུམ་པར་འགྱུར་ཞིང་། བསྙོན་པ་དཀར་གྱིས་ཟིན་ན་སྐྱུར་འདེབས་བྱས་ཀྱང་དགྲ་ཤ་ལེན་མིའི་ཁྲིམས་སུ་སྐྱུར་བ་བྱེད་པ་ལ་ཁྲིམས་ཐག་ཇི་ལྟར་གཅོད་དགོས་པ་དང་གཅིག་གོ །

ཞང་བློན་དངུལ་གྱི་ཡི་གེ་པ་མན་ཆད་དང་ཟངས་ཀྱི་ཡི་གེ་པ་ཡན་ཆད་སྟོང་མཉམ་པ་ཞིག་གིས་རི་དྭགས་ལ་མདའ་བརྒྱབ་པ་ལ་སོགས་པས། ཞང་བློན་ཆེན་པོ་དངོས་དང་ཞང་བློན་ཆེན་པོ་དང་སྟོང་མཉམ་པ་ཞིག་ལ་ཕོག་ན། མདའ་ཕོག་མཁན་གུམ་ཡང་རུང་མ་གུམ་ཡང་རུང་། ཕན་ཚུན་བར་འཁོན་ཆག་བྱུང་སྟེ་མདའ་ཕོག་མཁན་གྱི་མི་རྗ་ན་རེ། ལག་དམར་ལ་ཆད་པ་གཅོད་སླད་འབིན་ལ་མདའ་འཕངས་ཏེ་ཡུས་བཏག་རེ། ཞེས་གཏུགས་བཤེར་བྱས་ན། ཉེས་མེད་ཀྱི་མི་བཅུ་གཉིས་དཔང་དུ་བཞག་ཅིང་ཁྱོད་ཡ་ཕོ་རང་དང་བཅུ་གསུམ་པོས་མནའ་སྐྱེལ་དགོས། མནའ་བསྐྱལ་པ་ལས་ཁྱོད་ཡ་ལ་དཀར་ཆགས་ན། དགྲ་ཤ་ལེན་པ་པོར་དཀར་ཆགས་པ་དང་ཁྲིམས་གཅིག་སྟེ་སྟོང་ཡང་འཇལ་མི་དགོས། ཁྱོད་བདག་གི་དཀར་གྱིས་ཁྱོད་ཡ་ཟིན་ཞིང་མདའ་ཕོག་པ་པོའང་གུམ་ན། ཁྱོད་ཡ་ཉིད་ཀྱི་མི་རྒྱུད་བཅད་དེ་དེའི་ཕོལ་ཡུལ་ཏེ་ས་ཞིང་དང་། ནང་མཛོད་ཀྱི་ཟ་འབྲུ་དང་ཕྱི་ལྷས་ཀྱི་ཕྱུགས་ནོར་ཀུན་ཁྱོད་བདག་དང་བདམ་པོར་ཕྱེད་རེ་གནོངས། བདམ་པོ་མེད་ན་དེ་ཀུན་པོ་ཁྱོད་བདག་ཉིད་ལ་སྩོལ་ཅིག བུ་མོ་དང་ཆུང་མ་ནི་མི་རྒྱུད་བཅད་པ་པོའི་ཤུལ་དུ་ཕ་ཡོད་ན་ཕ་དང་། ཕ་མེད་ན་ཕུ་ནུ་པོ་སུས་བདག་བྱེད་པ་དེ་ལ་བྱིན། མདའ་ཕོག་མཁན་མ་གུམ་ན་གསོན་སྟོང་དུ་དངུལ་སྲང་ལྔ་སྟོང་ཕབ་སྟེ། ཁྱོད་བདག་དང་བདམ་པོར་ཕྱེད་རེ་དབང་ཞིང་། བདམ་པོ་མེད་ན་གསོན་སྟོང་ཀུན་ཁྱོད་བདག་ལ་དབང་ངོ་། །མདས་ཕོག་ཀྱང་ཁྱོད་ཡ་ན་རེ། ངའི་མདའ་མ་ཡིན་ནོ། །ཞེས་ཅི་ནུས་ཀྱིས་བསྙོན་ཀྱང་རང་མགོ་མ་ཆངས་པར་འཛུན་པའི་ཚུལ་དུ་སྒྱུར་ན། མདའ་ཕོག་པ་པོ་གུམ་ཡང་རུང་མ་གུམ་རུང་། དགྲ་ཤ་ལེན་པ་པོའི་ཁྲིམས་སུ་འཛུན་མཁན་ལ་གསོད་ཁྲིམས་གཅོད་དགོས་པ་བཞིན་དགུམ་པར་འགྱུར་ཞིང་། བསྙོན་པ་དཀར་གྱིས་ཟིན་ན་སྐྱུར་འདེབས་བྱས་ཀྱང་དགྲ་ཤ་ལེན་མིའི་ཁྲིམས་སུ་སྐྱུར་བ་བྱེད་པ་ལ་ཁྲིམས་ཐག་ཇི་ལྟར་གཅོད་དགོས་པ་དང་གཅིག་གོ །

གཙང་ཆེན་མན་ཆད་དང་དམངས་མཐའ་མ་ཡན་ཆད་ཅིག་གིས་རི་དྭགས་ལ་མདའ་བརྒྱབ་པ་ལ་སོགས་པས། ཞང་བློན་ཆེན་པོ་དང་ཞང་བློན་ཆེན་པོ་དང་སྟོང་མཉམ་པ་ཞིག་ལ་ཕོག་ན། མདའ་

ཕོག་མཁན་གུམ་ཡང་རུང་མ་གུམ་ཡང་རུང་། ཕན་ཚུན་བར་འཁོན་ཆག་བྱུང་སྟེ་མདའ་ཕོག་མཁན་གྱི་མི་རྗ་ན་རེ། ལག་དམར་ལ་ཆད་པ་གཅོད་སྐད་འབེན་ལ་མདའ་འཕངས་ཏེ་ཡུས་བརྟག་རེ། ཞེས་གཏུགས་བཤེར་བྱས་ན། ཉེས་མེད་ཀྱི་མི་བཙུ་གཉིས་དཔང་དུ་བཞག་ཅིང་ཀྱོད་ཡ་ཁོ་རང་དང་བཙུ་གསུམ་པོས་མནའ་སྐྱིལ་དགོས། མནའ་བསྐྱལ་པ་ལས་ཀྱོད་ཡ་ལ་དཀར་ཆགས་ན། དགྲ་ཤ་ལེན་པ་པོར་དཀར་ཆགས་པ་དང་ཁྲིམས་གཅིག་ཅིང་། ཀྱོད་བདག་གི་དཀར་གྱིས་ཀྱོད་ཡ་ཟིན་ན། ཀྱོད་ཡའི་མི་རྒྱུད་བཅད་དེ་ས་ཞིང་ཟ་འབྲུ་ཕྱུགས་ནོར་ཀུན་ཀྱོད་བདག་དང་བདམ་པོར་ཕྱེད་རེ་སྩོལ། བདམ་པོ་མེད་ན་དེ་ཀུན་པོ་ཀྱོད་བདག་ལ་དབང་བ་དང་། བུ་མོ་དང་ཆུང་མ་ནི་མི་རྒྱུད་བཅད་པའི་ཤུལ་དུ་ཕ་ཡོད་ན་ཕ་དང་། ཕ་མེད་ན་ཕུ་ནུ་པོ་གང་ལ་འཁོར་བ་དེར་སྩོལ་ཅིག མདས་ཕོག་ཀྱང་ཀྱོད་ཡ་ན་རེ། ངའི་མདའ་མ་ཡིན་ནོ། །ཞེས་ཅི་ནུས་ཀྱིས་བསྙོན་ཀྱང་རང་མགོ་མ་ཆངས་པར་འཛུན་པའི་ཚུལ་དུ་གྱུར་ན། མདའ་ཕོག་མཁན་གུམ་ཡང་རུང་མ་གུམ་ཡང་རུང་། དགྲ་ཤ་ལེན་པ་པོའི་ཁྲིམས་སུ་འཛུན་མཁན་ལ་གསོད་ཁྲིམས་གཅོད་དགོས་པ་བཞིན་དགུམ་པར་འགྱུར་ཞིང་། བསྙོན་པ་དཀར་གྱིས་ཟིན་ན་སྐྱུར་འདེབས་བྱས་ཀྱང་། དགྲ་ཤ་ལེན་མིའི་ཁྲིམས་སུ་སྐྱུར་བ་བྱེད་པ་ལ་ཁྲིམས་ཐག་ཇི་ལྟར་གཅོད་དགོས་པ་དང་གཅིག་གོ །

ཁ། ཞང་བློན་ཆེན་པོ་མན་ཆད་དང་དམངས་མཐའ་མ་ཡན་ཆད་ཀྱིས་རི་དྭགས་ལ་སོགས་པ་ལ་མདའ་བརྒྱབ་པས། ཞང་བློན་དངུལ་གྱི་ཡི་གེ་པ་དངོས་དང་དངུལ་གྱི་ཡི་གེ་པ་དང་སྟོང་ཐང་མཉམ་པ་ཞིག་ལ་ཕོག་སྟེ་གུམ་པའམ་མ་གུམ་པའི་ཁྲིམས་ནི་འདི་ལྟ་སྟེ།

ཞང་བློན་དངུལ་གྱི་ཡི་གེ་པ་དངོས་དང་དངུལ་ཡིག་པའི་མེས་པོའམ་ཕ་དང་། ཞང་བློན་ཕྲ་མེན་གྱི་ཡི་གེ་པའི་བུ་དང་ཚ་བོ་ཕན་ཆད་ནས་ཕའི་སྤུན་མཆེད་དང་དེ་དག་གི་བུ་ཚུན་ཆད་ཐོབ་ཐང་གི་ཡི་གེ་མེད་པ་རྣམས་དང་། མ་དང་མ་ཡར། མནའ་མ་དང་ཁྱོ་མོ། བུ་མོ་དང་སྲིང་མོ་གཉེན་མ་བསྒྲིགས་པ་དང་བཅས་པ་འདི་རྣམས་ཀྱིས་རི་དྭགས་ལ་མདའ་བརྒྱབ་པ་ལ་སོགས་པས་ཁོ་ཚོའི་ནང་གི་གཅིག་ལ་ཕོག་ན་སྟོང་མཉམ་མོ། །སྟོང་མཉམ་པ་ཞིག་གིས་རི་དྭགས་ལ་མདའ་བརྒྱབ་པ་ལ་སོགས་པས་གཞན་ཞིག་ལ་ཕོག་པ་དང་། ཡང་ན། ཞང་བློན་ཆེན་པོ་དང་སྟོང་མཉམ་པ་མན་ཆད་དང་ཞང་བློན་ཟངས་ཀྱི་ཡི་གེ་པ་དང་སྟོང་མཉམ་པ་ཡན་ཆད་ཀྱིས་རི་དྭགས་ལ་སོགས་པ་ལ་མདའ་བརྒྱབ་པས། ཞང་བློན་དངུལ་ཡིག་པ་དང་སྟོང་མཉམ་པ་ཞིག་ལ་ཕོག་ན། མདའ་ཕོག་མཁན་གུམ་ཡང་རུང་མ་གུམ་ཡང་རུང་། ཕན་ཚུན་བར་འཁོན་ཆག་བྱུང་སྟེ་མདའ་ཕོག་མཁན་གྱི་མི་རྗ་ན་རེ། ལག་དམར་ལ་ཆད་པ་གཅོད་སྐད་འབེན་ལ་མདའ་འཕངས་ཏེ་ཡུས་བརྟག་རེ། ཞེས་གཏུགས་བཤེར་བྱས་ན། ཉེས་མེད་ཀྱི་མི་བཙུ་གཉིས་དཔང་དུ་བཞག་ཅིང་ཀྱོད་ཡ་ཁོ་རང་དང་བཙུ་གསུམ་པོས་མནའ་སྐྱིལ་དགོས། མནའ་བསྐྱལ་པ་ལས་ཀྱོད་ཡ་ལ་དཀར་ཆགས་ན་དགྲ་ཤ་ལེན་པ་པོར་དཀར་ཆགས་པ་དང་ཁྲིམས་གཅིག་ཅིང་། ཀྱོད་བདག་ལ་དཀར་ཆགས

ཞིང་མདའ་ཕོག་པ་པོའང་གསུམ་ན། ཤེ་སྟོང་དུ་དངུལ་སྲང་སུམ་སྟོང་ཕབ་སྟེ་སྐྱོད་བདག་དང་བདམ་པོར་ཕྱེད་རེ་དབང་བ་དང་། བདམ་པོ་མེད་ན་སྲང་སུམ་སྟོང་ཀུན་པོ་སྐྱོད་བདག་ལ་དབང་། མདའ་ཕོག་མཁན་མ་གསུམ་ན་གསོན་སྟོང་དུ་དངུལ་སྲང་ཆིག་སྟོང་ལྔ་བརྒྱ་ཕབ་སྟེ་སྐྱོད་བདག་དང་བདམ་པོར་ཕྱེད་རེ་དབང་བ་དང་། བདམ་པོ་མེད་ན་དེ་ཀུན་པོ་སྐྱོད་བདག་ལ་དབང་། ཤེ་གསོན་གྱི་སྟོང་གང་འཇལ་དགོས་པར་ཐུག་ཀྱང་དངུལ་སྲང་གཅིག་ཆད་ན་མི་ཡ་རབས་ཤིག་ཡིན་ཟེར་དགུམ་མོ། །མདས་ནི་ཕོག་ཀྱང་སྐྱོད་ཡ་ན་རེ། ངའི་མདའ་མ་ཡིན་ནོ། །ཞེས་ཅི་ནུས་ཀྱིས་བསྙོན་ཀྱང་རང་མགོ་མ་ཆངས་པར་འཇུན་པའི་ཚུལ་དུ་གྱུར་ན། མདའ་ཕོག་མཁན་གསུམ་ཡང་ཟུང་མ་གསུམ་ཡང་ཟུང་། དགྲ་ཤ་ལེན་པ་པོའི་ཁྲིམས་སུ་འཇུན་མཁན་ལ་གསོད་ཁྲིམས་གཅོད་དགོས་པ་བཞིན་དགུམ་པར་འགྱུར་ཞིང་། བསྙོན་པ་དཀར་གྱིས་ཟིན་ན་སྐྱུར་འདེབས་བྱས་ཀྱང་དགྲ་ཤ་ལེན་མིའི་ཁྲིམས་སུ་སྐྱུར་བ་བྱེད་པ་ལ་ཁྲིམས་ཐག་ཇི་ལྟར་གཅོད་དགོས་པ་དང་གཅིག་གོ །

གཙང་ཆེན་མན་ཆད་དང་དམངས་མཐའ་མ་ཡན་ཆད་ཀྱིས་རི་དྭགས་ལ་སོགས་པ་ལ་མདའ་བརྒྱབ་པས། ཞང་བློན་དངུལ་ཡིག་པ་དངོས་དང་དངུལ་ཡིག་པ་དང་སྟོང་མཉམ་པ་ཞིག་ལ་ཕོག་ན། དམའ་ཕོག་མཁན་གསུམ་ཡང་ཟུང་མ་གསུམ་ཡང་ཟུང་། ཕན་ཚུན་བར་འཕོན་ཆག་བྱུང་སྟེ། མདའ་ཕོག་མཁན་གྱི་མི་རྩ་ན་རེ། ལག་དམར་ལ་ཆད་པ་གཅོད་སྙད་འབེན་ལ་མདའ་འཕངས་ཏེ་ཡུས་བརྟག་རེ། ཞེས་གཏུགས་བཤེར་བྱས་ན། ཉེས་མེད་ཀྱི་མི་བཅུ་གཉིས་དཔང་དུ་བཞག་ཅིང་སྐྱོད་ཡ་ཕོ་རང་དང་བཅུ་གསུམ་པོས་མནའ་སྐྱེལ་དགོས། མནའ་བསྐྱལ་པ་ལས་སྐྱོད་ཡ་ལ་དཀར་ཆགས་ན། དགྲ་ཤ་ལེན་པ་པོར་དཀར་ཆགས་པ་དང་ཁྲིམས་གཅིག སྐྱོད་བདག་གི་དཀར་གྱིས་སྐྱོད་ཡ་ཟིན་ཞིང་མདའ་ཕོག་མཁན་ཡང་གསུམ་ན། སྐྱོད་ཡ་བཀུམས་ཏེ་དེའི་ཞིང་ས་དང་ཟ་འབྲུ། ཕྱུགས་ནོར་ཀུན་གྱི་ཕྱེད་སྐྱོད་བདག་དང་བདམ་པོར་ཕྱེད་རེ་དབང་བ་དང་། བདམ་པོ་མེད་ན་དེ་ཀུན་པོ་སྐྱོད་བདག་ལ་དབང་གི། ཞིང་ས་དང་〈ཟ་འབྲུ〉། ཕྱུགས་ནོར་བཅས་ཀྱི་ཕྱེད་འཁྲོ་མ་རྣམས་བུ་མོ་དང་ཆུང་མར་བསྐུལ་ཏེ་སྤྱི་སོར་དགོད་པར་བྱ་ཞིང་། དེ་དག་ཀྱང་གསོད་ཁྲིམས་ལ་སྦྱར་པ་པོར་བུ་ཡོད་ན་བུ་དང་བུ་མེད་ན་ཕ་ལ་སྐྱོལ། གལ་ཏེ་ཕ་ཡང་མེད་ན་ཕུ་ནུ་པོ་དྲུང་ན་མཆིས་ཀྱང་ཞིང་སའི་ཕྱེད་པོ་དེ་དག་ལ་མི་དབང་སྟེ། བུ་མོའམ་ཆུང་མ་དང་ཕྱུགས་ནོར་གྱི་ཕྱེད་ནི་ཕུ་ནུ་པོ་སུས་བདག་བྱེད་པ་དེར་སྐྱོལ་ཅིག་ཞིང་སའི་ཕྱེད་པོ་ནི་སྐྱོད་ཡ་དེ་སུ་དང་གང་གི་འབངས་སམ་བྲན་ཡིན་པ་དེ་དག་སོ་སོར་དབང་ངོ་། །མདའ་ཕོག་མཁན་མ་གསུམ་ན་ཞིང་ས་དང་། ཟ་འབྲུ། ཕྱུགས་ནོར་གྱི་ཕྱེད་ནི་སྐྱོད་བདག་དང་བདམ་པོར་ཕྱེད་རེ་དབང་བ་དང་། བདམ་པོ་མེད་ན་ཟ་འབྲུ་དང་ཕྱུགས་ནོར་གྱི་ཕྱེད་སྐྱོད་བདག་ལ་དབང་གི་ཞིང་ས་ཀུན་དང་ཟ་འབྲུ་དང་ཕྱུགས་ནོར་གྱི་ཕྱེད་འཁྲོ་མ་རྣམས་སྐྱོད་ཡ་ལ་བསྐུལ་ཏེ་སྤྱི་སོར་དགོད་པར་འཚལ། མདས་ཕོག་ཀྱང་སྐྱོད་ཡ་

ན་རེ། ངའི་མདའ་མ་ཡིན་ནོ། །ཞེས་ཅི་ནུས་ཀྱི་བསྙོན་ཀྱང་རང་མགོ་མ་ཆངས་པར་འཇུན་པའི་ཚུལ་དུ་གྱུར་ན། མདའ་ཕོག་མཁན་གུམ་ཡང་ཏུང་མ་གུམ་ཡང་ཏུང་། དགྲ་ཤ་ལེན་མིའི་ཁྲིམས་སུ་འཇུན་མཁན་ལ་གསོད་ཁྲིམས་གཅོད་དགོས་པ་བཞིན་དགུམ་པར་འགྱུར་ཞིང་། བསྙོན་པ་དཀར་གྱིས་ཟེན་ན་སྐྱུར་འདེབས་བྱས་ཀྱང་དགྲ་ཤ་ལེན་མིའི་ཁྲིམས་སུ་སྐྱུར་བ་བྱེད་པ་ལ་ཁྲིམས་ཐག་ཇི་ལྟར་གཅོད་དགོས་པ་གཅིག་གོ །

ག ཞང་བློན་ཆེན་པོ་མན་ཆད་ཀྱིས་རི་དྭགས་ལ་སོགས་པ་ལ་མདའ་བརྒྱབ་པས། རྒྱལ་འབངས་གཡུང་ངོ་ཚོག་ཅིག་ལ་ཕོག་སྟེ་གུམ་པ་དང་མ་གུམ་པའི་ཁྲིམས་ནི་འདི་ལྟ་སྟེ།

ཞང་བློན་ཟངས་ཀྱི་ཡི་གེ་པ་ཡན་ཆད་དང་སྟོང་མཉམ་པ་ཞིག་གིས་རི་དྭགས་ལ་སོགས་པ་ལ་མདའ་བརྒྱབ་པས། རྒྱལ་འབངས་གཡུང་ངོ་ཚོག་དང་ཞང་བློན་ནམ་དམངས་ཀྱི་ཐྲན་རྒྱ་ལ་མ་གཏོགས་པ་དང་། ལྷ་བལ་གྱི་བཙན་ཡན་ཆད་ཅིག་ལ་ཕོག་ན། མདའ་ཕོག་མཁན་གུམ་ཡང་ཏུང་མ་གུམ་ཡང་ཏུང་། ཕན་ཚུན་བར་འཁོན་ཆགས་བྱུང་སྟེ་མདའ་ཕོག་པ་པོའི་མི་རྫ་ན་རེ། ལག་དམར་ལ་ཆད་པ་གཅོད་སླད་འབེན་ལ་མདའ་འཕངས་ཏེ་ཡུས་བརྟག་རེ། ཞེས་གཏུགས་བཤེར་བྱས་ན། ཉེས་མེད་ཀྱི་མི་བཙུ་གཉིས་དཔང་དུ་བཞག་ཅིང་སྐྱོད་ཡ་ཕོ་རང་དང་བཙུ་གསུམ་པོས་མནའ་སྐྱེལ་དགོས། མནའ་བསྐྱལ་པ་ལས་སྐྱོད་ཡ་ལ་དཀར་ཆགས་ན། དགྲ་ཤ་ལེན་མིར་དཀར་ཆགས་པ་དང་ཁྲིམས་གཅིག སྐྱོད་བདག་གི་དཀར་གྱིས་སྐྱོད་ཡ་ཟེན་ཞིང་མདའ་ཕོག་མཁན་ཡང་གུམ་ན། ཤི་སྟོང་དུ་དངུལ་སྲང་ཉིས་བརྒྱ་ཕབ་སྟེ་སྐྱོད་བདག་དང་བདམ་པོར་ཕྱེད་རེ་དབང་གི་བདམ་པོ་མེད་ན་དེ་ཀུན་པོ་སྐྱོད་བདག་ཉིད་ལ་དབང་། མདའ་ཕོག་མཁན་མ་གུམ་ན་གསོན་སྟོང་ལ་དངུལ་སྲང་རྒྱ་ཕབ་སྟེ་སྐྱོད་བདག་དང་བདམ་པོར་ཕྱེད་རེ་དབང་བ་དང་། བདམ་པོ་མེད་ན་དེ་ཀུན་པོ་སྐྱོད་བདག་ལ་དབང་། གུམ་པའི་ཤི་སྟོང་དང་མ་གུམ་པའི་གསོན་སྟོང་གང་འཇལ་དགོས་པ་བྱུང་ཏུང་དངུལ་སྲང་གཅིག་ཆད་ན་ཞང་བློན་ཡིན་ཡང་དགུམ་མོ། །མདས་ཕོག་ཀྱང་སྐྱོད་ཡ་ན་རེ། ངའི་མདའ་མ་ཡིན་ནོ། །ཞེས་ཅི་ནུས་ཀྱིས་བསྙོན་ཀྱང་རང་མགོ་མ་ཆངས་པར་འཇུན་པའི་ཚུལ་དུ་གྱུར་ན། མདའ་ཕོག་མཁན་གུམ་ཡང་ཏུང་མ་གུམ་ཡང་ཏུང་། དགྲ་ཤ་ལེན་པ་པོའི་ཁྲིམས་སུ་འཇུན་མཁན་ལ་གསོད་ཁྲིམས་གཅོད་དགོས་པ་བཞིན་དགུམ་པར་འགྱུར་ཞིང་། བསྙོན་པ་དཀར་གྱིས་ཟེན་ན་སྐྱུར་འདེབས་བྱས་ཀྱང་དགྲ་ཤ་ལེན་མིའི་ཁྲིམས་སུ་སྐྱུར་བ་བྱེད་པ་ལ་ཁྲིམས་ཐག་ཇི་ལྟར་གཅོད་དགོས་པ་དང་གཅིག་གོ །

གཙང་ཆེན་མན་ཆད་རྒྱལ་འབངས་རྐོད་དོ་ཚོག་དང་སྟོང་མཉམ་པ་ཞིག་གིས་རི་དྭགས་ལ་སོགས་པ་ལ་མདའ་བརྒྱབ་པས། རྒྱལ་འབངས་གཡུང་ངོ་ཚོག་གམ་ཞང་བློན་དང་དམངས་ཀྱི་ཐྲན་རྒྱ་ལ་མ་གཏོགས་པ་དང་། ལྷ་བལ་གྱི་བཙན་ཡན་ཆད་གཡུང་ངོ་ཚོག་འདི་རྣམས་ཀྱི་མི་ཞིག་ལ་ཕོག་ན། མདའ

ཐོག་མཁན་གུམ་ཡང་རུང་མ་གུང་ཡང་རུང་། ཕན་ཚུན་བར་འཁོན་ཆགས་བྱུང་སྐེ་མདའ་ཐོག་མཁན་གྱི་མི་རྩ་ན་རེ། ལག་དམར་ལ་ཆད་པ་གཅོད་སྲིད་འབེན་ལ་མདའ་འཕངས་ཏེ་ཡུས་བརྟག་རེ། ཞེས་གཏུགས་བཤེར་བྱས་ན། ཉེས་མེད་ཀྱི་མི་བཅུ་གཉིས་དཔང་དུ་བཞག་ཅིང་ཀྱིད་ཡ་ཁོ་རང་དང་བཅུ་གསུམ་པོས་མདའ་སྐྱིལ་དགོས། མནའ་བསྐྱལ་པ་ལས་ཀྱིད་ཡ་ལ་དཀར་ཆགས་ན། དགྲ་ཤ་ལེན་པ་པོར་དཀར་ཆགས་པ་དང་ཁྲིམས་གཅིག ཀྱིད་བདག་གི་དཀར་གྱིས་ཀྱིད་ཡ་ཐེན་ཏེ་མདའ་ཐོག་པ་པོའང་གུམ་ན། ཤི་སྟོང་དུ་དངུལ་སྲང་བརྒྱ་ཕབ་སྐེ་ཀྱིད་བདག་དང་བདམ་པོར་ཕྱེད་རེ་དབང་བ་དང་། བདམ་པོ་མེད་ན་དེ་ཀུན་པོ་ཀྱིད་བདག་ལ་དབང་། མདའ་ཐོག་མཁན་མ་གུམ་ན་སྨན་ཡོན་དུ་དངུལ་སྲང་ཉི་ཤུ་ཕབ་སྐེ་ཀྱིད་བདག་དང་བདམ་པོར་ཕྱེད་རེ་དབང་བ་དང་། བདམ་པོ་མེད་ན་དེ་ཀུན་པོ་ཀྱིད་བདག་ལ་དབང་། གུམ་པའི་ཤི་སྟོང་དང་མ་གུམ་པའི་སྨན་ཡོན་གང་འཇལ་དགོས་པར་ཐུག་ཀྱང་། དངུལ་གྱི་སྲང་གྲངས་འཇལ་བ་ལ་སྲང་གཅིག་ཆད་ན་སུ་ཡིན་རུང་དགུམ་པར་འགྱུར། མདས་ཐོག་ཀྱང་ཀྱིད་ཡ་ན་རེ། ངའི་མདའ་མ་ཡིན་ནོ། །ཞེས་ཅི་ནུས་ཀྱིས་བསྐྱོན་ཏེ་རང་མགོ་རང་གིས་མ་ཆངས་པར་འཇུན་པའི་ཚུལ་དུ་གྱུར་ན་དགྲ་ཤ་ལེན་མིའི་ཁྲིམས་སུ་འཇུན་མཁན་ལ་གསོད་ཁྲིམས་གཅོད་པ་དགོས་བཞིན་དགུམ་པར་འགྱུར་ཞིང་། བསྐྱོན་པ་དཀར་གྱིས་ཐེན་ན་སྐྱུར་འདེབས་བྱས་ཀྱང་། དགྲ་ཤ་ལེན་མིའི་ཁྲིམས་སུ་སྐྱུར་བ་བྱེད་པ་ལ་ཁྲིམས་ཇི་ལྟར་གཅོད་པ་དང་གཅིག་གོ །

རྒྱལ་འབངས་གཡུང་ངོ་ཚོག་གམ་ཞང་བློན་དང་དམངས་ཀྱི་བྲན་རྒྱ་ལ་མ་གཏོགས་པ་གཡུང་དང་། སྐྱོ་བལ་གྱི་བཙོན་མན་ཅད་འདི་རྣམས་ཀྱིས་རི་དྭགས་ལ་མདའ་བརྒྱབ་པས་ཕོ་ཚོའི་ནང་གི་གཅིག་ལ་ཐོག་ན་སྟོང་མཉམ་མོ། །སྟོང་མཉམ་པ་འདི་དག་གིས་རི་དྭགས་ལ་མདའ་བརྒྱབ་པས་ཅིག་གིས་ཅིག་ལ་འཐོག་པར་བྱས་ན། མདའ་ཐོག་མཁན་གུམ་ཡང་རུང་མ་གུམ་ཡང་རུང་། ཕན་ཚུན་བར་འཁོན་ཆགས་བྱུང་སྐེ་མདའ་ཐོག་མཁན་གྱི་རྩ་ན་རེ། ལག་དམར་ལ་ཆད་པ་གཅོད་སྲིད་འབེན་ལ་མདའ་འཕངས་ཏེ་ཡུས་བརྟག་རེ། ཞེས་གཏུགས་བཤེར་བྱས་ན། ཉེས་མེད་ཀྱི་མི་བཅུ་གཉིས་དཔང་དུ་བཞག་ཅིང་ཀྱིད་ཡ་ཁོ་རང་དང་བཅུ་གསུམ་པོས་མནའ་སྐྱིལ་དགོས། མནའ་བསྐྱལ་པ་ལས་ཀྱིད་ཡ་ལ་དཀར་ཆགས་ན་དགྲ་ཤ་ལེན་མིར་དཀར་ཆགས་པ་དང་ཁྲིམས་གཅིག་ཀྱིད་བདག་གི་དཀར་གྱིས་ཀྱིད་ཡ་ཐེན་ཏེ་མདའ་ཐོག་མཁན་ཡང་གུམ་ན། ཤི་སྟོང་དུ་དངུལ་སྲང་ལྔ་བཅུ་ཕབ་སྐེ་ཀྱིད་བདག་དང་བདམ་པོར་ཕྱེད་རེ་དབང་བ་དང་། བདམ་པོ་མེད་ན་དེ་ཀུན་པོ་ཀྱིད་བདག་ལ་དབང་། མདའ་ཐོག་མཁན་མ་གུམ་ན་སྨན་ཡོན་དུ་དངུལ་སྲང་བཅུ་ཐམ་པ་ཕབ་སྐེ་ཀྱིད་བདག་དང་བདམ་པོར་ཕྱེད་རེ་དབང་བ་དང་། བདམ་པོ་མེད་ན་དེ་ཀུན་པོ་ཀྱིད་བདག་ལ་དབང་། གུམ་པའི་ཤི་སྟོང་དང་མ་གུམ་པའི་སྨན་ཡོན་གང་འཇལ་ཡང་དངུལ་སྲང་གཅིག་ཆད་ན་དགུམ་པར་འགྱུར། མདས་ཐོག་ཀྱང་ཀྱིད་ཡ་ན་རེ། ངའི་མདའ་མ་ཡིན་ནོ། །ཞེས་ཅི་

ནུས་ཀྱིས་བསྐྱོན་ཀྱང་རང་མགོ་རང་གིས་མ་ཆངས་པར་འཛུན་པའི་ཚུལ་དུ་གྱུར་ན། མདའ་ཕོག་མཁན་གུམ་ཡང་རུང་མ་གུམ་ཡང་རུང་། དགྲ་ཤ་ལེན་མིའི་ཁྲིམས་སུ་འཛུན་མཁན་ལ་གསོད་ཁྲིམས་གཅོད་དགོས་པ་བཞིན་དགུམ་པར་འགྱུར། བསྐྱོན་པ་དཀར་གྱིས་ཟིན་ན་སྐྱུར་འདེབས་བྱས་ཀྱང་དགྲ་ཤ་ལེན་མིའི་ཁྲིམས་སུ་སྐྱུར་བ་བྱེད་པ་ལ་ཁྲིམས་ཇི་ལྟར་གཅོད་དགོས་པར་གཏན་ལ་ཕབ་ཡོད་པ་དེ་དང་གཅིག་གོ །

རི་དྭགས་བརྔོན་པ་ལས་ཕན་ཚུན་བསད་པའམ་རྨས་པ་ལ་སྟོང་འཛལ་ཚུལ་རྣམ་པ་དགུ་མཆིས་ཀྱང་། གོ་གནས་ཀྱི་དབང་གིས་སྲོག་གི་རིན་ཐང་ལ་མང་ཉུང་དང་བཅས་པའི་ཁྱད་པར་ཚུང་ཟད་རེ་ཡོད་པ་མ་གཏོགས་མཚུངས་ཤིང་། བརྗོད་མ་ཐག་པ་ནི་དཔེ་མཚོན་ཙམ་ཡིན་ཏེ་གཞན་རྣམས་རིགས་བསྒྲེ་བས་ཆོག དེ་ཡང་ཁོ་བོར་སྦྱངས་བརྩོན་མཐོང་ཐོས་ཀྱིས་ཀུན་ནས་དབུལ་བས་འདིར་སྐྱོན་ཅི་རིགས་མཆིས་པར་གདོན་མི་ཟ་བས། ཀུན་གྱིས་བཟོད་པར་གསོལ་ལ་ཐུན་མོང་ནས་དཔྱད་པར་ཞུའོ །

མཆན།

[1] P. T.ཞེས་བྲིས་པ་ནི་ཕྲ་གོའི་པུ་ལིའི་དཔེ་མཛོད་ཁང་དུ་མཆིས་པའི་ཏུན་ཧོང་གཏེར་ཡིག་མ་བོད་ཀྱི་གནའ་བོའི་ཡིག་ཆའི་བསྡུས་མིང་དང་། 1071སོགས་ནི་ཡིག་ཆ་ཐོར་བུ་རྣམས་ཀྱི་ཨང་གྲངས་སོ། །

[2] མི་རིགས་དཔེ་སྐྲུན་ཁང་ནས་སྐྲུམ་པར་དུ་བཏབ་པའི《མཁས་པའི་དགའ་སྟོན》ཇ་པའི་ཤོག་ངོས254པར་གསལ།

[3] [4] 1981ལོར་མི་རིགས་དཔེ་སྐྲུན་ཁང་ནས་པར་དུ་བཏབ་པའི《དཔྱིད་ཀྱི་རྒྱལ་མོའི་གླུ་དབྱངས》ཀྱི་ཤོག་ངོས63-64དང71-72བར་གསལ།

[5] ཤོག་ངོས1071པར་གསལ།

[6]《མཁས་པའི་དགའ་སྟོན》ཇ་པའི་ཤོག་ངོས46པར་གསལ།

[7]《册俯元龟》九六一・外臣部・土风三.

[8]《ཏུན་ཧོང་ནས་ཐོན་པའི་བོད་ཀྱི་ལོ་རྒྱུས་ཡིག་ཆ》ཤོག་ངོས41པར་གསལ།

[9] [10]《ཏུན་ཧོང་ནས་ཐོན་པའི་བོད་ཀྱི་ལོ་རྒྱུས་ཡིག་ཆ》ཤོག་ངོས29、113པར་གསལ།

《ནུབ་བྱང་མི་རིགས་སློབ་གླིང་གི་རིག་གཞུང་དུས་དེབ།》༡༩༨༥ལོའི་དེབ་དང་པོ་ལས་བཏུས།

༄། །ཏུན་ཧོང་ནས་ཐོན་པའི་དཔེ་རྙིང་སྦས་པའི་རྒྱམ་ཚུང་གི་ཕྱི་མོའི་སྐོར་བཤད་པ།

ནམ་མཁའི་ནོར་བུ།

སྦས་པའི་རྒྱམ་ཚུང་གི་ཕྱི་མོའི་དཔེ་འདི་ནི། སྐུ་ཞབས་ཨའུ་རེལ་སྟེའི་ན་ལགས་ནས། ཕྱི་ལོ་༡༩༠༨ནས་༢པར་ཐེངས་གཉིས་པའི་དབུས་ཤར་འགྲུལ་བཞུད་ཀྱི་སྐབས་དེར་ཏུན་ཧོང་གི་བྲག་ཕུག་ནས་ཐོབ་པའི་དཔེ་རྙིང་གི་གྲས། དེང་དུས་དབྱིན་ཡུལ་གྱི་རྒྱལ་ས་ལོན་ཧོན་དུ་ཡོད་པའི་ཨིནྡི་ཡ་ཨོཕྲིསི་དཔེ་མཛོད་ཁང་དུ་བཞུགས་པ་ཤིན་ཏུ་རིན་ཐང་ཆེ་བའི་དཔེ་རྙིང་མ་ཞིག་རེད།

དཔེ་འདི་ནི་བོད་ཡིག་དབུ་ཅན་དང་དབུ་མེད་ཀྱི་ཚུགས་འདྲེས་མ་ཞིག་ཏུ་སྣང་ཞིང་། སྤྱིར་བཏང་ཏུན་ཧོང་གི་དཔེ་རྙིང་དེ་རིགས་ཀློག་སླ་པོ་དེ་ཙམ་མེད་པ་དང་། ལྷག་པར་དུ་གནའ་དུས་ཀྱི་ཚིག་སྦྱོར་དེ་རིགས་དེང་དུས་ཀྱི་སྐད་དང་མཚུངས་མིན་ལ་བརྟེན་གོ་དོན་ཡང་རྟོགས་སླ་པོ་དེ་ཙམ་མེད་པ་ཞིག་ཡིན་ནའང་། སྟབས་ལེགས་པ་ཞིག་ལ། སྦས་པའི་རྒྱམ་ཚུང་གི་དཔེ་འདི་ནི་ཀློག་བདེ་ཞིང་། རང་རེས་དཔེ་འདིར་ཞིབ་འཇུག་བགྱིད་སྐབས་བརྒྱ་ཆའི་དགུ་བཅུ་གོ་དགུ་ལྷག་པའི་ཚིག་དོན་ཚང་མ་ཚོགས་མེད་དུ་ཀློག་ཐུབ་པ་དང་། གོ་དོན་རྣམས་ཀྱང་ཚོད་དཔག་མ་དགོས་པར་ཐད་ཀར་ཤེས་ཐུབ་པ་ཡོད་འདུག བརྒྱ་ཆའི་གཅིག་དེ་དག་ཀྱང་ཚིག་འབྲུ་མི་གསལ་བས་ཀློག་མི་ཐུབ་པའམ། ཚིག་དོན་གོ་བརྡ་མི་འཕྲོད་པ་དེ་འདྲའི་གྲས་མིན་ནའང་། ཕྱི་མོའི་དཔེ་འདི་ནི་བོད་ཀྱི་གནའ་བོའི་རྒྱལ་པོ་རྣམས་ཀྱི་སྐུ་དུས་སུ་བོད་ཀྱི་གནའ་མི་ཚོའི་ལག་བྲིས་ཀྱི་ཡིག་རྙིང་ལོ་གྲངས་སྟོང་ཕྲག་བརྒྱལ་བའི་རིང་བྲག་རྫོ་དང་། བྱེ་མའི་གསེབ་ཏུ་གནས་པ་ཞིག་ཏུ་སོང་བར་བརྟེན། དེང་དུས་ཀྱི་ཡིག་ཆ་དང་ཕྱོགས་གང་ཐད་ནས་མི་འདྲ་ཞིང་། དེ་དག་གི་དགོངས་དོན་ཐད་ཀར་རྟོགས་ཐུབ་མིན་འགའ་རེ་འབྱུང་གི་ཡོད་འདུག་པ་ལ། ཁོ་བོས་བསམ་གཞིགས་ནན་ཏན་གྱིས་དེ་དག་གི་སྐབས་སོ་སོའི་ཚིག་འགྲེལ་གསལ་ཞིང་རྒྱས་པར་བཀོད་ཁུལ་བྱས་ཡོད། ཕྱི་མོའི་དཔེ་རྙིང་འདིའི་ཚིག་སྦྱོར་སོགས་ཐུན་མོང་མ་ཡིན་པའི་ཁྱད་ཆོས་ཀྱང་། ཆོག་སྒྲུབ་དག་གི་ཚིག་སྔ་ཐུང་ལ། ཚིག་སྒྲུབ་ཐུང་ངུ་རེས་ཀྱང་དགོངས་དོན་ཟབ་ཅིང་ཤིན་ཏུ་རྒྱ་ཆེ་བར་བསྟན་པ་དེ་དག་གི་ཚུལ་ཡང་ཚིག་འགྲེལ་སྐབས་ལས་མངོན་ཐུབ་པ་འདི་ཡིན།

བར་སྐབས་ཤིག་ན་དཔལ་འཛིན་སོགས་བོད་ཀྱི་མཁས་པ་འགའ་ཞིག་གིས་རྫོགས་པ་ཆེན་པོའི་

རྒྱུད་ལུང་མན་ངག་གི་སྐོར་རྣམས་གནའ་དུས་ནས་བྱུང་མྱོང་ཡོད་མེད་ཀྱི་སྐོར་ལ་དོགས་གཞི་མི་འདྲ་བ་འགའ་རེ་བསླངས་ཏེ་དགག་པ་ཅི་རིགས་བྱས་པའི་དཔེ་འགའ་ཞིག་བྱུང་འདུག་པ་དེ་དག་ལ། ཀུན་མཁྱེན་ཀློང་ཆེན་རབ་འབྱམས་པ་དྲི་མེད་འོད་ཟེར(1308—1363)དང་། སོག་བཟློག་པ་བློ་གྲོས་རྒྱལ་མཚན(1552—1627)སོགས་ཀྱིས་དགག་ལན་གསལ་རྒྱས་སུ་བཀྱལ་ཟིན་པས་བསྐྱར་དུ་བཟློ་དགོས་པ་རེ་ཙམ་མ་མཐོང་ནའང་། རིག་ལམ་ལ་ཤིན་ཏུ་བྱང་བར་རྣོམས་པ་འགའ་ཤས་ཀྱིས་སླར་ཡང་དོགས་གཞི་ཅི་རིགས་བསླངས་ཤིང་། ཕལ་ཆེར་དཔལ་འཛིན་གྱི་ལད་མོའི་རྗེས་སུ་འབྲངས་ཏེ་ནེ་ཙོའི་རིང་ལུགས་འཛིན་པའི་སྒོ་ནས་སོ་སོའི་མཁས་ཁྱད་འདོན་ཐུབ་རེ་ཅི་རིགས་ཤིག་བྱས་འདུག་པ་དེ་ཀུན་ཏུན་ཧོང་ནས་ཐོན་པའི་ཕྱི་མོའི་དཔེ་རྙིང་སྦས་པའི་རྒྱུམ་ཆུང་གི་གཞུང་འདི་དང་། རྫོགས་པ་ཆེན་པོ་སྤྱི་འགྱུར་ལྡེའི་གཙོ་བོ་རིག་པའི་ཁུ་བྱུག་གི་རྩ་འགྲེལ་དང་བཅས་པ་དེ་དག་གིས་དོགས་གཞིའི་བག་ཆགས་ཐམས་ཅད་ཡོངས་སུ་བསལ་ཐུབ་པ་ཡིན།

སྦས་པའི་རྒྱུམ་ཆུང་དང་། རིག་པའི་ཁུ་བྱུག་གི་གཞུང་དེ་གཉིས་སུ་རྫོགས་པ་ཆེན་པོའི་དགོངས་དོན་གསལ་བར་བསྟན་པ་ཙམ་དུ་མ་ཟད། མཚན་རང་གི་ཐ་སྙད་ཀྱི་དབང་དུ་བྱས་ནའང་། རིག་པའི་ཁུ་བྱུག་གི་འགྲེལ་པ་ལས། "རྣལ་འབྱོར་གྱི་ལྟ་སྤྱོད་རྫོགས་པ་ཆེན་པོའི་ཚུལ། རིག་པའི་ཁུ་བྱུག་གི་དོན་ཡིད་ལ་བརྟག་པར་བྱའོ། །"ཞེས་བྱ་བས་དངོས་སུ་བསྟན་ལ། གཞན་ཡང་རྩ་བའི་ཚིག་རྐང་ལྔ་པ་དང་དྲུག་པ་ལས། "ཟིན་པས་སྤྱོལ་བའི་ནད་སྤངས་ཏེ། །ལྷུན་གྱིས་གནས་པས་བཞག་པ་ཡིན། །"ཞེས་བྱ་བས་རྫོགས་པ་ཆེན་པོའི་དགོངས་པ་ཐུན་མོང་མ་ཡིན་པ་ལྷུན་གྱིས་གྲུབ་པར་བསྟན་པ་དང་། ཡང་འགྲེལ་པ་ལས། "ཇི་བཞིན་པའི་ངང་ལས་མི་གཡོ་བར་བཞག་པ་ཡིན་ཏེ། གཟའ་གཏད་ཀྱི་སྤྱོལ་སྒྲུབ་མེད་དོ་ཞེས་བྱ་བའི་དོན་ཏོ། །"ཞེས་གཟའ་གཏད་མེད་པའི་དགོངས་པ་བསྟན་པ་དང་། ཡང་། "དེ་ལྟར་ཐ་ཚིག་རྣམ་བཞི་ཡང་ལྷུན་གྱིས་གྲུབ་པ་ཉིད་དུ་གནས་ཏེ། སྒྲི་འགྲིབ་ཀྱི་སྐབས་མེད་དོ། །"ཞེས་དང་། "བྱང་ཆུབ་ཀྱི་སེམས་ལྷུན་གྱིས་གྲུབ་པས། བསྐྱེད་རྫོགས་བྱ་མི་དགོས་པར་དཀྱིལ་འཁོར་གདོན་པ་ལྷུན་གྱིས་གནས་པ་ལ་མ་བཅོས་པར་གནས་པའོ། །"ཞེས་པ་རྣམས་ཀྱིས་ལྷུན་གྱིས་གྲུབ་པ་དང་། བྱང་ཆུབ་ཀྱི་སེམས་དང་། མ་བཅོས་པ་རྣམས་ཀྱི་བརྡས་བསྟན་པ་དང་། སྦས་པའི་སྒྲུམ་ཆུང་གི་སྟོན་བརྗོད་ལས་ཀྱང་། "ཕྱོགས་ནི་ཨ་ཏི་ཡོ་གར་གཏོགས་སོ། །"ཞེས་གསུངས་ཏེ། ཨ་ཏི་ནི་གདོད་མའི་དོན་ལ་འཇུག་ཅིང་། གདོད་མའི་རྣལ་འབྱོར་ནི་རྫོགས་པ་ཆེན་པོའི་མཚན་བླ་དྭགས་ཤིག་ཡིན་པ་རྒྱུད་ལུང་མན་ངག་ཀུན་ལས་གསལ་བས་འདིར་གསར་དུ་སྤྲོ་དགོས་པ་མ་མཐོང་། ཡང་སྟོན་བརྗོད་ཀྱི་ཚིག་དེ་གའི་མཇུག་ཐོག་ཏུ། "ཁུངས་ནི་བྱང་ཆུབ་ཀྱི་སེམས་ཀྱི་ལུང་ཐམས་ཅད་ནས་བྱུང་ངོ་། །"ཞེས་གསུངས་ཤིང་། འདིར་བྱང་ཆུབ་ཀྱི་སེམས་ཞེས་བྱ་བ་ནི་ཡེ་གཞི་སྙིང་པོ་བྱང་ཆུབ་ཀྱི་སེམས་ཏེ། རྫོགས་པ་ཆེན་པོ་ཞེས་བྱ་བ་དང་དོན་གཅིག་མཚན་གྱི་རྣམ་

གྲངས་ཙམ་དུ་ཟད་དོ། །

གཞན་ཡང་སྟོན་བརྗོད་དེ་རང་ལས། "དོན་ལས་མཚན་དུ་གསོལ་བ་ནི། ནམ་མཁའི་ཐིག་ལེའོ། །" ཞེས་ཐིག་ལེ་ཆེན་པོའི་བརྡས་བསྟན་པ་དང་། ལྷག་པར་དུ"འདི་ལ་དོན་རྣམ་པ་ལྔ་ནི། ཀུན་ཏུ་བཟང་པོའི་རང་བཞིན་ལ་ཕྱག་འཚལ་བར་བསྟན་པ་དང་གཅིག བྱང་ཆུབ་ཀྱི་སེམས་ཀྱི་རང་བཞིན་བསྟན་པ་དང་གཉིས། བྱང་ཆུབ་ཀྱི་སེམས་ཀྱི་དཔེ་མི་དམིགས་པར་བསྟན་པ་དང་གསུམ། ཀུན་གཞི་མཁའ་དབྱིངས་རྣམ་པར་དག་པར་ངོ་བསྟན་པ་དང་བཞི། བྱང་ཆུབ་སེམས་ཀྱི་གོལ་ས་དང་སྒྲིབ་པ་བསྟན་པ་དང་ལྔའོ། །" ཞེས་གསུངས་པ་དེ་དག་གིས་རྫོགས་པ་ཆེན་པོའི་དགོངས་པ་ཆེས་གསལ་བར་བསྟན་པ་ཡིན།

བྱང་ཆུབ་སེམས་ཀྱི་ཐ་སྙད་འདི་ནི་རྫོགས་ཆེན་སྤྱི་དང་། ཁྱད་པར་སེམས་སྡེའི་སྡེ་གཉིས་ཀྱི་རྒྱུད་ལུང་རྣམས་ལ་ཆེས་ཆེར་གྲགས་ཤིང་། དོན་དུ་ན་བྱང་ཆུབ་ཀྱི་སེམས་ལས་གཞན་པའི་རྫོགས་པ་ཆེན་པོ་ཞེས་བྱ་བ་ཅི་ཞིག་ཀྱང་མེད། རྫོགས་ཆེན་ཞེས་པའི་ཐ་སྙད་ཙམ་ལ་འཁྲུལ་ནས་བྱང་ཆུབ་སེམས་ཀྱི་གཞུང་རྣམས་རྫོགས་ཆེན་དུ་མ་ཤེས་པའམ། རྫོགས་པ་ཆེན་པོར་མཚན་གྱི་རྣམ་གྲངས་མང་དུ་ཡོད་པའི་ཚུལ་ལ་རྨོངས་པ་ནི་ཚིག་གི་རྗེས་སུ་འབྲངས་དྲགས་པས་དོན་གྱི་སྙིང་པོ་ཡོངས་སུ་སྟོར་བའི་མཁས་རློམས་ནེ་ཙོའི་བརྟུལ་ཞུགས་ཅན་འགའ་ཤས་ཀྱི་ལུགས་ཙམ་སྟེ། ཡང་དག་པའི་བློ་གྲོས་ཀྱི་མིག་དང་ལྡན་པ་རྣམས་ཀྱིས་ནི་རྫོགས་པ་ཆེན་པོའམ་སྙིང་པོ་བྱང་ཆུབ་ཀྱི་སེམས་མིང་ཚིག་བརྗོད་པ་ཀུན་ལས་ཡོངས་སུ་འདས་པ་དེ་ནི་ཚིག་ལ་མ་རྟེན་དོན་ལ་རྟེན་པ་འདི་ཀུན་གྱི་སྟོན་ཐོག་ཏུ་གོ་ཞིང་ཤེས་དགོས་པ་ཡིན།

གནུབས་ཆེན་སངས་རྒྱས་ཡེ་ཤེས(832—942)རིན་པོ་ཆེས་མཛད་པའི་གཞུང《སྒོམ་གྱི་གནད་གསལ་བར་ཕྱེ་བ་བསམ་གཏན་མིག་སྒྲོན》ལས། "དེ་ལ་ཀུན་གཞི་བྱང་ཆུབ་ཀྱི་སེམས་ལྷུན་གྱིས་རྫོགས་པ་ཆེན་པོ་གཏན་ལ་དབབ་པའི་མན་ངག་གི་རྒྱལ་པོ་རྣལ་འབྱོར་པའི་མིག་ཅེས་བྱ་བའི་བསམ་གཏན་འདིའི་མཚན་གྱི་རྣམ་གྲངས་ནི། འཁོར་བའི་ཆུ་བོ་བཞི་ལས་སྒྲོལ་བའི་ཕྱིར། ཐེག་པ་ཆེན་པོའི་གྲུའི་བསམ་གཏན་ཞེས་བྱའོ། །ཡོན་ཏན་ཆེན་པོ་ཐམས་ཅད་ཀྱི་འབྱུང་གནས་སུ་གྱུར་པས། རིན་པོ་ཆེའི་བསམ་གཏན་ཞེས་ཀྱང་བྱའོ། །དགོངས་པའི་དོན་ཐམས་ཅད་འདིར་འདུས་པས། དོན་བསྡུས་པའི་བསམ་གཏན་ཞེས་ཀྱང་བྱའོ། །ལྟ་བ་ཐམས་ཅད་མཐར་གཏུགས་པས། ཞི་ལྷུགས་ཀྱི་བསམ་གཏན་ཞེས་ཀྱང་བྱའོ། །བག་ཆགས་ཀྱི་ལྷན་ལྷིན་ཐམས་ཅད་འདག་པར་བྱེད་པས། ཆུ་བོ་ཆེན་པོའི་བསམ་གཏན་ཞེས་ཀྱང་བྱའོ། །དཀོར་བདུན་ཆེན་པོ་མ་བཙལ་གྲུབ་པར་བྱེད་པས། དེད་དཔོན་ཆེན་པོའི་བསམ་གཏན་ཞེས་ཀྱང་བྱའོ། །བསམ་གཏན་གྱི་གྲལ་རིམ་པར་བཀོད་ནས་མཆོག་ཏུ་བསྟན་པས། ཁྱད་པར་ཆེན་པོའི་བསམ་གཏན་ཞེས་ཀྱང་བྱའོ། །འཁོར་བ་དང་རྩོལ་བའི་དགྲ་དཔུང་ཆེན་པོ་རིལ་གྱིས་ཊླན་ཀ་མི་ཉེད་པས། རྫོང་ཆེན་པོའི་བསམ་གཏན་ཞེས་ཀྱང་བྱའོ། །འཁོར་བ་དང་ཞེན་རྩོལ་གྱི་བསམ་པ་རིལ་བཅོམ་པས། །དམག་དཔུང་ཆེན་པོའི་

བསམ་གཏན་ཞེས་ཀྱང་བྱའོ། །ས་རྣམས་མ་བགྲོད་ཅིག་ཅར་ནོན་པས། མགྱོགས་པ་ཆེན་པོ་ཅང་ཤེས་ཀྱི་བསམ་གཏན་ཞེས་ཀྱང་བྱའོ། །རྒྱལ་བའི་གོ་འཕང་མ་བསྒྲུབས་ལྷུན་གྱིས་རྫོགས་པས། གྲུབ་པ་ཆེན་པོའི་བསམ་གཏན་ཞེས་ཀྱང་བྱའོ། །ཕྱིན་པ་མེད་པར་མཐར་ཕྱིན་པར་བྱེད་པས། ཐར་ལམ་ཆེན་པོའི་བསམ་གཏན་ཞེས་ཀྱང་བྱའོ། །ཚེ་འཕྲུལ་གྱི་མངོན་རྟོགས་ཐམས་ཅད་ཀྱི་འབྱུང་གནས་སུ་གྱུར་པས། ཡ་མཚན་ཆེན་པོའི་བསམ་གཏན་ཞེས་ཀྱང་བྱའོ། །བྱ་བ་གང་ཡང་མ་སྤངས་བླང་དུ་མེད་པས། སྤྱོད་པ་ཆེན་པོའི་བསམ་གཏན་ཞེས་ཀྱང་བྱའོ། །ཐུན་མཚམས་མེད་པར་གསལ་བས། ཕྲུད་པ་ཆེན་པོའི་བསམ་གཏན་ཞེས་ཀྱང་བྱའོ། །གང་དང་ཡང་མ་བྲལ་བས། སྙིང་རྗེ་ཆེན་པོའི་བསམ་གཏན་ཞེས་ཀྱང་བྱའོ། །ཆེད་དུ་བྱ་བ་གང་ཡང་མེད་པས། ཉལ་བ་ཆེན་པོའི་བསམ་གཏན་ཞེས་ཀྱང་བྱའོ། །འཁོར་བའི་གཅོང་སྙིང་ཆེན་པོ་འཇིན་པས། བདུད་རྩི་སྨན་ཆེན་པོའི་བསམ་གཏན་ཞེས་ཀྱང་བྱའོ། །གང་ལའང་ཉམ་ང་བ་དང་བག་ཚ་བ་མེད་པས། རྒྱ་མཚོ་ཆེན་པོའི་བསམ་གཏན་ཞེས་ཀྱང་བྱ་སྟེ། དཔེར་ན་རྟུལ་ཕྲ་རབ་དང་ཆུའི་ཐིགས་པ་བགྲངས་ཤིང་ཤེས་པར་མི་ནུང་ངོ་། །འདིའི་མཚན་གྱི་མཐའ་ནི་ཤེས་པར་མི་ནུང་ངོ་། །ཅིའི་ཕྱིར་ཞེ་ན། བསམ་གྱིས་མི་ཁྱབ་པའི་མཚན་གྱི་བདག་ཉིད་པའི་ཕྱིར་རོ། །"ཞེས་གསུངས་པ་དེ་དག་གིས་ཀྱང་རྫོགས་པ་ཆེན་པོ་དོན་ལ་ཧྲོན་པའི་ངེས་པ་རྙེད་ཐུབ་པ་ཡིན།

གདོད་མའི་རྣལ་འབྱོར་ཟབ་མོ་དེ་ལ་རྫོགས་པ་ཆེན་པོའི་མཚན་ཇི་ལྟར་འཇུག་པའི་ཚུལ་ཡང་། 《བསམ་གཏན་མིག་སྒྲོན》ལས། "དེ་ནས་ཐེག་པའི་མཆོག་རྣལ་འབྱོར་གྱི་ཕྱུལ་ཡང་ཏོག རྒྱལ་བ་རིལ་གྱི་ཡུམ་ཨ་ཏི་ཡོ་གའི་དོན་བསྟན་པ་ནི། མཚན་རྫོགས་པ་ཆེན་པོ་ཞེས་བྱ་སྟེ། ཅིའི་ཕྱིར་ཞེ་ན། བསམ་གྱིས་མི་ཁྱབ་པའི་ཆོས་ཐམས་ཅད་མ་བཙལ་ལྷུན་རྫོགས་པའི་དོན། གཅེར་གྲོལ་གོ་བར་བྱ་བའི་ཕྱིར་ཞིབ་ཏུ་བསྟན་ཏོ།" ཞེས་གསུངས་པ་དང་། ཡོངས་གྲགས་བཀའ་འགྱུར་གྱི་ཁྲོད་དུ་བཞུགས་པ"སརྦ་དྷརྨ་མ་ཧཱ་ཤཱནྟི་བོ་དྷི་ཙིཏྟ་ཀུ་ལ་ཡ་རཱ་ཛ"ཞེས་པ་སྟེ། བོད་སྐད་དུ་ཆོས་ཐམས་ཅད་རྫོགས་པ་ཆེན་པོ་བྱང་ཆུབ་ཀྱི་སེམས་ཀུན་བྱེད་རྒྱལ་པོ། ལེའུ་བཅུ་པ་ལས། "ཀུན་བྱེད་ང་ནི་རྫོགས་པ་ཆེན་པོ་སྟེ། །ང་ལ་མ་རྫོགས་པ་ནི་གང་ཡང་མེད། །"ཅེས་ཀུན་བྱེད་རྒྱལ་པོའི་མཚན་གྱིས་བསྟན་པ་དང་། ལེའུ་བཞི་བཅུ་པ་ལས། "ཀུན་བྱེད་ང་ཡི་རང་བཞིན་གཅིག་པུ་ལ། །འཁོར་གྱི་འདོད་པ་རྣམས་ཀྱིས་མིང་བཏགས་པ། །ལ་ལས་བྱང་ཆུབ་སེམས་སུ་མིང་བཏགས་ལ། །ལ་ལས་ཆོས་ཀྱི་དབྱིངས་སུ་མིང་ཡང་བཏགས། །ལ་ལས་ནམ་མཁའི་ཁམས་སུ་མིང་ཡང་བཏགས། །ལ་ལས་རང་བྱུང་ཡེ་ཤེས་མིང་ཡང་བཏགས། །ལ་ལས་ཆོས་ཀྱི་སྐུ་རུ་མིང་ཡང་བཏགས། །ལ་ལས་ལོངས་སྤྱོད་རྫོགས་པར་མིང་ཡང་བཏགས། །ལ་ལས་སྤྲུལ་པའི་སྐུ་རུ་མིང་ཡང་བཏགས། །ལ་ལས་སྐུ་གསུང་ཐུགས་སུ་མིང་ཡང་བཏགས། །ལ་ལས་ཐམས་ཅད་མཁྱེན་པར་མིང་ཡང་བཏགས། །ལ་ལས་ཡེ་ཤེས་བཞི་དང་གསུམ་དུ་བཏགས། །ལ་ལས་ཡེ་ཤེས་ལྔ་རུ་མིང་

བཏགས་ལ། །ཡ་ལས་དབྱིངས་དང་ཡེ་ཤེས་མིང་བཏགས་པ། །རང་འབྱུང་བྱང་ཆུབ་སེམས་ནི་གཅིག་ལ་བཏགས། །རང་འབྱུང་ང་ལ་མཐོང་ཚད་སྒྲས་པ་ཡིན། །"ཞེས་མཚན་གྱི་བྱེ་བྲག་སྣ་ཚོགས་པས་བསྟན་ཡོད།

རྫོགས་ཆེན་སེམས་སྡེའི་རྒྱུད་ལུང་སོགས་ནས་གཙོ་ཆེར་བྱང་ཆུབ་སེམས་ཀྱི་བརྗོད་བསྟན་པ་དེ་ནི་ཐེག་པའི་རིམ་པ་སྤྱི་དང་སྒོ་བསྟུན་པ་ཞིག་ཡིན་ངེས་ཏེ། ཐེག་པའི་རིམ་པ་གང་དུའང་བྱང་ཆུབ་ཀྱི་སེམས་ཡོངས་སུ་གྲགས་ཤིང་། བྱང་ཆུབ་སེམས་ཀྱི་དོན་མཐར་ཐུག་པ་ནི་རྫོགས་པ་ཆེན་པོའི་དགོངས་པ་ལས་མི་འདའ་ལ། རྫོགས་པ་ཆེན་པོའི་གནས་ལུགས་ཇི་བཞིན་མངོན་དུ་མ་གྱུར་གྱི་བར་དུ་བྱང་ཆུབ་སེམས་ཀྱི་དོན་མཐར་ཕྱིན་པའང་རྟོགས་པར་མི་འགྱུར་བ་སྟེ། ཐེག་ཆེན་མདོ་སྡེའི་དབང་དུ་བྱས་ན། བྱང་ཆུབ་ཀྱི་སེམས་ཞེས་བྱ་བའི་ཐ་སྙད་དེ་ནི་བདེན་པ་གཉིས་ཀྱི་སྒོ་ནས་འཛོག་ཏེ། སྨོན་འཇུག་བྱང་ཆུབ་ཀྱི་སེམས་བསྐྱེད་པ་ལ་ཀུན་རྫོབ་བྱང་ཆུབ་ཀྱི་སེམས་ཞེས་དང་། དེ་ལ་བརྟེན་ནས་སྟོང་པ་ཉིད་མངོན་སུམ་དུ་རྟོགས་པ་ལ་དོན་དམ་བྱང་ཆུབ་ཀྱི་སེམས་ཞེས་བྱ་བ་ཡིན། དོན་དུ་བྱང་ཆུབ་ཀྱི་སེམས་ཞེས་བྱ་བ་ནི་སྙིང་རྗེ་ཆེན་པོའི་ངོ་བོ་རྟོགས་བྱའམ་མངོན་དུ་འགྱུར་བྱའི་གནས་ལུགས་ཟབ་མོ་སྟོང་པ་ཉིད་ཡིན་ལ། སྨོན་འཇུག་བྱང་ཆུབ་ཀྱི་སེམས་གཉིས་ནི་ཀུན་རྫོབ་བྱང་ཆུབ་ཀྱི་སེམས་ཏེ། སྟོང་ཉིད་དོན་དམ་པའི་གནས་ལུགས་མངོན་དུ་བྱེད་པའི་ཐབས་སམ་ཆ་རྐྱེན་ཙམ་ལ་ཟེར་བ་ཡིན། དེ་ལྟ་བུའི་སྟོང་ཉིད་ཟབ་མོ་དེ་ལ་ནི། རྒྱལ་བ་རིལ་བསྐྱེད་པའི་ཡུམ་ཆེན་མོ་ཤེས་རབ་ཀྱི་ཕ་རོལ་ཏུ་ཕྱིན་པ་ཞེས་གྲགས། དོན་དམ་པའི་དབང་དུ་བྱས་ན། སྨྲ་བསམ་བརྗོད་དུ་མེད་པ། སྤྲོས་ཀུན་ཉེ་བར་ཞི་བ། རྣམ་ཐར་སྒོ་གསུམ་གྱི་བདག་ཉིད་དུ་གནས་པས། གནས་ལུགས་རྫོགས་པ་ཆེན་པོ་ལས་མ་འདས་ཀྱང་། ཚུར་རོལ་མཐོང་བའི་ངོར། གཟུགས་ནས་རྣམ་མཁྱེན་བར་གྱི་ཤེས་བྱའི་ཆོས་ཀུན་བརྟག་དང་ཐ་སྙད་ཀྱི་སྒོ་ནས་སྟོང་ཉིད་བཅོ་བརྒྱད་དུ་གཏན་ལ་འབེབས་ཤིང་། གཞལ་བྱའི་ཆོས་ཀུན་གྱི་ངོ་བོ་ཉིད་ནི་ཟབ་མོ་སྟོང་པ་ཉིད་ཀྱི་གནས་ལུགས་དེ་ཙམ་དུ་ངེས་པས། དེ་ལ་དོན་དམ་པའི་བདེན་པ་ཞེས་བྱ་བ་དང་། དེ་ཡང་ཤེས་བྱའི་ཆོས་ཀུན་གཞལ་བྱེད་ཀྱི་བློས་རྣམ་པར་གཞིག་ཅིང་། ཚད་མ་གསུམ་གྱིས་གཏན་ལ་འབེབས་པ་དེ་ལ་ཀུན་རྫོབ་ཀྱི་བདེན་པ་ཞེས་བྱ་ལ། སྟོང་པ་ཉིད་དུ་གཏན་ལ་འབེབས་པའི་ཚེ། དེ་ལས་ལྷག་པ་བློས་གཏན་ལ་དབབ་བྱ་ཅི་ཞིག་ཀྱང་མི་རྙེད་ཅིང་། བློ་དང་ཚད་མའི་རིག་པ་ལས་ཡོངས་སུ་འདས་པ་ཞིག་མི་འབྱུང་ཐབས་མེད་པས། "ཕ་རོལ་ཏུ་ཕྱིན་པ"ཞེས་སུ་གྲགས་པ་ཡིན། ཚུལ་དེའང་རྟོག་དཔྱོད་ཀྱི་སྒྲིབ་པ་དང་བཅས་པ་ནི། ཀུན་བྱེད་རྒྱལ་པོ་ལེའུ་སོ་བརྒྱད་པ་ལས། "བྱང་ཆུབ་སེམས་པའི་མདོ་སྡེ་ནི། །ཀུན་ཏུ་འོད་ཀྱིས་འདོད་པ། །བདེན་པ་གཉིས་ཀྱི་རྟོག་དཔྱོད་ཀྱིས། །ཆོས་ཉིད་སྟོང་པ་ནམ་མཁར་འདོད། །ཨ་ཏི་ཡོ་གའི་བདེ་ཆེན་ནི། །རྟོག་དཔྱོད་འདས་པའི་བྱང་ཆུབ་སེམས། །རྟོག་དཔྱོད་བཅས་ལ་མདོ་སྡེས་

བསྒྲིབས། །ཇོགས་ཆེན་རྟོག་དང་དཔྱོད་པ་ནི། །མདོ་སྡེ་དག་ཏུ་གོལ་བར་བཤད། །”ཅེས་ངེས་དོན་ཡོངས་སུ་མ་རྫོགས་པར་བསྟན་པ་དང་། སྔགས་འོག་མཐའ་ཕྱི་མ་གསུམ་དུ་བྱང་ཆུབ་ཀྱི་སེམས་ཞེས་པའི་ཐ་སྙད་ཡོངས་སུ་གྲགས་ནའང་། ངེས་དོན་ཡོངས་སུ་མ་རྫོགས་ཚུལ་ཡང《ཀུན་བྱེད་རྒྱལ་པོ》ལེའུ་སོ་བརྒྱད་པ་ལས། “ཀྱི་ཡ་རྡོ་རྗེ་འཛིན་འདོད་པ། །དག་པ་རྣམ་གསུམ་སྐོར་ཞུགས་ནས། །གཟུང་འཛིན་དག་པའི་ཡུལ་ལ་གནས། །ཨ་ཏི་ཡོ་གའི་བདེ་ཆེན་ནི། །གཟུང་འཛིན་འདས་པའི་བྱང་ཆུབ་སེམས། །གཟུང་འཛིན་འདས་ལ་ཀྱི་ཡས་བསྒྲིབས། །ཇོགས་ཆེན་གཟུང་དང་འཛིན་བྱེད་པ། །ཀྱི་ཡ་དག་ཏུ་གོལ་བར་བཤད། །ཨུ་པ་ཡ་ཡི་ལྟ་སྤྱོད་ནི། །ཀྱི་ཡ་སྤྱོད་ཅིང་ཡོ་ག་བསྒྲུབ། །ལྟ་སྤྱོད་འབྲེལ་བའི་དོན་མེད་པས། །གཉིས་སུ་མེད་པའི་དོན་མ་གཏོགས། །ཨ་ཏི་ཡོ་ཀའི་བདེ་ཆེན་ནི། །གཉིས་སུ་མེད་པའི་བྱང་ཆུབ་སེམས། །གཉིས་སུ་མེད་ལ་ཨུ་པས་བསྒྲིབས། །ཇོགས་ཆེན་གཉིས་སུ་འབྱེད་པ་ནི། །ཨུ་པ་ཡ་ཏུ་གོལ་བར་བཤད། །ཡོ་ག་སྟུག་པོ་བཀོད་འདོད་པ། །མཚན་མ་ཡོད་མེད་སྐོར་ཞུགས་ནས། །ཕྱག་རྒྱ་བཞི་ལ་གཙོར་བྱེད་དེ། །བླང་དོར་མེད་ལ་འཇུག་མི་ནུས། །ཨ་ཏི་ཡོ་གའི་བདེ་ཆེན་ནི། །བླང་དོར་མེད་པའི་བྱང་ཆུབ་སེམས། །བླང་དོར་མེད་ལ་ཡོ་གས་བསྒྲིབས། །ཇོགས་ཆེན་བླང་དང་དོར་བྱེད་པ། །ཡོ་ག་དག་ཏུ་གོལ་བར་བཤད། །”ཅེས་གསུངས་པ་དེ་དག་གིས་གསལ་བ་ཡིན།

རྣལ་འབྱོར་ཆེན་པོའི་ལུགས་སུའང་བྱང་ཆུབ་ཀྱི་སེམས་དེ་ཉིད་ངེས་དོན་མཐར་ཐུག་ཡིན་པའི་ཚུལ《བསམ་གཏན་མིག་སྒྲོན》ལས། “རྣམ་པ་གཅིག་ཏུ(པད་མ་འབྱུང་གནས)ཆོས་ཐམས་ཅད་རང་རིག་པ་བྱང་ཆུབ་སེམས་སུ་སངས་རྒྱས་པར་བལྟ་བའི་གཞུང་ལུགས་ནི། དངོས་པོ་བརྟན་གཡོ་ཅིར་སྣང་ཡང་། སྣང་བ་དེ་དག་ཐམས་ཅད་རང་རྒྱུད་པ་མེད་དེ། དཔེར་ན་གསེར་དུ་གཅིག་ཀྱང་མགར་པའི་ལག་གི་འདུ་བྱེད་ཀྱིས་བཙལ་ན། ཚལ་ཟངས་ལ་སོགས་པ་བྱས་ན་དྲི་སྣོད་ངན་པར་སྣང་ལ། སྐུ་གཟུགས་དང་། བུམ་པར་བྱས་ན་བཟང་བར་མཆོད་པའི་གནས་སུ་ཧུང་བར་སྣང་ཡང་གསེར་དུ་གཅིག་པ་ལྟར། ཆོས་ཐམས་ཅད་རང་གི་རིག་པ་བྱང་ཆུབ་སེམས་ལ་མ་རྟོགས་ན་དེ་ཉིད་ལུས་དང་སྡུག་བསྔལ་གྱི་ཆོས་དངོས་པོ་སྣ་ཚོགས་སུ་རང་སྣང་ལ། རྟོགས་པའི་རིག་པ་ཉིད་སྐུ་གསུང་ཐུགས་ཀྱི་ཕྱག་རྒྱ་ལ་སོགས་པར་སྣང་སྟེ། འོན་ཏང་གཞི་གཅིག་ལས་རྟོགས་མ་རྟོགས་ཀྱི་སྣང་བ་ཕྱེ་ནས། བཞི་པོ་བྱང་ཆུབ་སེམས་ཀྱང་མཚན་ཉིད་གང་དུ་མ་ངེས་ལ། དངོས་པོ་བཟང་ངན་གྱི་ཆོས་རྣམས་རང་རིག་པར་གསལ་ལོ། །”ཞེས་དང་། “བྱང་ཆུབ་སེམས་ཀྱི་མཚན་ཉིད་ཇི་ལྟ་བུ་ཞེ་ན། རང་གི་རིག་པ་བྱང་ཆུབ་སེམས་ནི། ཕོ་མོ་དང་རིགས་བརྒྱུད་མེད་པ། དབྱིབས་ཁ་དོག་གི་གཟུགས་མཚན་བྲལ་བ། དེ་དག་བཀོད་པ་ཡང་མེད་པ། ཐམས་ཅད་དུ་ཁྱབ་ཅིང་གསལ་ལ་མཚན་ཉིད་མི་དམིགས་པ། ཅིར་ཡང་མི་རྟོག་པ། མ་བཅོས་མ་བྱས་མ་བརྟགས་མ་བཟུང་མ་བསླད་པའོ། །”ཞེས་གསལ་ནའང་། ཐབས་ལམ་གྱི་ཆ་ནས་ངེས་དོན་ཡོངས་སུ་མ་རྫོགས་པ་

ནི《ཀུན་བྱེད་རྒྱལ་པོ》ལེའུ་སོ་བརྒྱད་པ་ལས། “མ་ཧཱ་རྗོ་རྗེ་འཆང་འདོད་པ། །ཐབས་དང་ཤེས་རབ་སྙོར་ཞུགས་ནས། །རང་རྒྱུད་དག་པའི་དཀྱིལ་འཁོར་ལ། །བསྐྱེན་སྒྲུབ་རྣམ་བཞི་བསྒྲུབ་པར་བྱེད། །ཨ་ཏི་ཡོ་གའི་བདེ་ཆེན་ནི། །ཚོལ་སྒྲུབ་འདས་པའི་བྱང་ཆུབ་སེམས། །ཚོལ་སྒྲུབ་འདས་ལ་མ་ཧས་བསྒྲིབས། །རྫོགས་ཆེན་རྩོལ་སྒྲུབ་བྱེད་པ་ནི། །མ་ཧ་ཡོ་གར་གོལ་བར་བཤད། །”ཅེས་དང་། ཡང་། “ཨ་ནུ་དབྱེར་མེད་ས་འདོད་པ། །དབྱིངས་དང་ཡེ་ཤེས་སྙོར་ཞུགས་ནས། །འདི་ལྟར་སྣང་བའི་ཆོས་རྣམས་ལ། །རྒྱུ་ནི་དག་པའི་དབྱིངས་ལྟ་ལ། །འབྲས་བུ་ཡེ་ཤེས་དཀྱིལ་འཁོར་ལྟ། །ཨ་ཏི་ཡོ་གའི་བདེ་ཆེན་ནི། །རྒྱུ་འབྲས་འདས་པའི་བྱང་ཆུབ་སེམས། །རྒྱུ་འབྲས་འདས་ལ་ཨ་ནུས་བསྒྲིབས། །རྫོགས་ཆེན་རྒྱུ་འབྲས་གཉིས་ལྟ་ན། །ཨ་ནུ་ཡོ་གར་གོལ་བར་བཤད། །”ཅེས་པས་ཨ་ནུའི་ཐབས་ལམ་ཡང་ངེས་དོན་ཡོངས་སུ་མ་རྫོགས་པར་བསྟན་པ་རྣམས་ཀྱིས་གསལ་བ་ཡིན།

རྫོགས་པ་ཆེན་པོའི་དགོངས་པ་འགྲེལ་ཚུལ་དང་། དགོངས་དོན་དང་མཐུན་པའི་མཚན་གྱི་རྣམ་གྲངས་མི་འདྲ་བ་གཞན་ཡང་། 《བསམ་གཏན་མིག་སྒྲོན》ལས། “རེ་ཞིག་དགེ་བའི་བཤེས་གཉེན་གྱི་གཞིད་གཞུང་འགའ་ཞིག་བསྟན་ཏེ། ལུགས་མི་མཐུན་པ་ནི། ཇི་སྐད་བསྟན་ཀྱང་ངོ་བོ་འདྲ་བ་ལ། ལ་ལས(བི་མ་མི་ཏྲ་ཨོ་རྒྱན་མ་ཧཱ་ར་ཙའི་བཞེད)ནི་གཟའ་གཏད་བྲལ་བར་བསྟན། དེ་བཞིན་དུ་ལྷུན་གྱིས་གྲུབ་པར་ལྟ་བ(དགའ་རབ་རྗོ་རྗེའི་བཞེད)དང་། རང་བྱུང་གི་ཡེ་ཤེས་སུ་ལྟ་བ(དགེ་སློང་མ་ཀུན་དགའ་མའི་བཞེད)དང་། བྱ་བཙལ་དང་བྲལ་བར་ལྟ་བ(འབུ་ཏ་ཀུག་ཏའི་བཞེད)དང་། བདེ་བ་ཆེན་པོར་ལྟ་བ(ཤྲཱི་སེངྷ་དང་ཀུ་ཀུ་ར་ཙའི་བཞེད)དང་། གཉིས་སུ་མེད་པར་ལྟ་བ(འཇམ་དཔལ་བཤེས་གཉེན་གྱི་བཞེད་)དང་། ཐིག་ལེ་ཆེན་པོར་ལྟ་བ(སྲུས་བུ་པོ་ར་ཙ་ཏ་ཧིའི་བཞེད)དང་། མཐའ་རིལ་མ་སྤངས་བྲལ་བའི་རང་ལུགས་ཆེན་པོར་ལྟ་བའོ། །”ཞེས་དགོངས་པ་སོར་བཀྲལ་བའི་མཚན་གྱི་རྣམ་གྲངས་མི་འདྲ་བ་རྣམས་ཀྱིས་མཚོན། 《ཀུན་བྱེད་རྒྱལ་པོ》ལེའུ་གྱ་བཞི་པ་ལས་ཀྱང་། ལྷུན་གྲུབ་རྫོགས་པ་ཆེན་པོའི་གནས་ལུགས་ཟབ་མོ་དེ་ལ་ཀུན་བྱེད་རྒྱལ་པོ་དང་། བྱང་ཆུབ་ཀྱི་སེམས། རང་འབྱུང་ཡེ་ཤེས། ཆོས་ཀྱི་མེ་ལོང་། དོན་གྱི་ཐེག་པ། ལྟ་བའི་མེ་ལོང་། རྒྱལ་བའི་ཡུམ། རྒྱུད་ཀྱི་རྒྱལ་པོ། མ་བཅོས་དོན་གྱི་ལུང་། ཀུན་གྱི་མདོ་ཞེས་པའི་མཚན་སྣ་ཚོགས་པའི་སྒོ་ནས་བསྟན་ཡོད།

སྤྱིར་མདོ་རྒྱུད་བཀའ་བསྟན་རྣམས་སུ་གཞི་བདེ་བར་གཤེགས་པའི་སྙིང་པོ་སྤྲོས་པའི་རྣམ་པ་ཀུན་དང་བྲལ་ཞིང་། མཚན་མ་ཅིར་ཡང་དམིགས་སུ་མེད་པ་དེ་ལ“སྟོང་པ་ཉིད”དམ། “ཆོས་ཀྱི་དབྱིངས”ཞེས་པའི་བརྗོད་བྱང་བྱས་ཤིང་། སྟོང་ཞིང་བདག་མེད་པ་དེའི་རང་གདངས་གསལ་བའི་ཆ་ནས“རང་འབྱུང་ཡེ་ཤེས”དང་། རྣམ་པ་ཀུན་ཏུ་མི་འགྱུར་བའི་ཆ་ནས“རྣམ་ཀུན་མཆོག་ལྡན”དང་། དེའང་རྣལ་མའི་ཡིན་ལུགས་སུ་སོང་བས“གཉུག་མའི་སེམས”ཞེས་སོགས་སུ་གྲགས་ནའང་། དོན་དུ་དབྱིངས་དང་ཡེ་ཤེས་གཉིས་སུ་མེད་པ་སེམས་ཀྱི་ཆོས་ཉིད་དམ། གནས་ལུགས་དོན་དམ་པ། རྗོ་

ཇི་ལྟ་བུ་མི་འགྱུར་བའི་བྱང་ཆུབ་ཀྱི་སེམས་དེ་ཁོ་ན་ཉིད་ལས་གཞན་དུ་ཐ་དད་པའི་ཆོས་གང་ཞིག་ཀྱང་མེད། "ཆོས་ཀྱི་དབྱིངས"ཞེར་ནའང་། དབྱིངས་ཀྱི་དོན་སྟོང་རྐྱང་ཞིག་ལ་ངོས་མི་འཛིན་པར། འོད་གསལ་དང་འདུ་འབྲལ་མེད་པའི་རྣམ་ཀུན་མཆོག་ལྡན་གྱི་སྟོང་པ་ཉིད་དང་། "རང་འབྱུང་ཡེ་ཤེས"ཞེར་ནའང་། ཡུལ་དང་ཡུལ་ཅན་གྱི་བརྟས་ཕྱེ་བའི་སྟོང་ཉིད་རྟོགས་པའི་ཡུལ་ཅན་གྱི་བློ་འདུས་བྱས་མཚན་མ་ཅན་ཞིག་ཏུ་མི་འཛིན་པར། རང་བཞིན་གསལ་ནའང་འདུས་བྱས་སུ་གདགས་པའི་མཚན་མ་རྡུལ་ཙམ་ཡང་མེད་པར་གོ་ཞིང་རྟོགས་དགོས་པ་འདི་ནི་ཆོས་ཀུན་གྱི་ཡང་སྙིང་བཟོ་འཕྲུལ་གྱི་འཁོར་ལོའི་གནད་གསང་དང་འདྲ་བ་ཤིན་ཏུ་གལ་ཆེ་བར་སེམས། དེ་བས་ན་རྫོགས་པ་ཆེན་པོ་ནི་ཡེ་གཞི་སྙིང་པོ་བྱང་ཆུབ་ཀྱི་སེམས་འོད་གསལ་གདོད་མའི་གནས་ལུགས་འདུས་མ་བྱས་པའི་བདག་ཉིད་དེ། ཆོས་ཐམས་ཅད་ཀྱི་གནས་ལུགས་མཐར་གཏུགས་སའང་དེ་ཙམ་ལས་གཞན་མེད། དེའི་ངང་ནས་འཁོར་འདས་ཀྱི་སྣང་བ་ཀུན་ཤར་ཞིང་། ཤར་དུས་ཉིད་དུ་ངང་དེར་གནས་བཞིན་པ་ལས་གཞན་པའི་ཆོས་ཅི་ཞིག་ཀྱང་མི་སྲིད་པ་འདི་ནི་མཐར་ཐུག་གི་གྲོལ་སའང་ཡིན་པས། འདི་ལ་ནི"གནས་ལུགས་དོན་དམ་པའི་ཆོས་སྐུ"ཞེས་བྱ་ཞིང་། ཡེ་གཞི་དེ་ལ་འཁྲུལ་གྲོལ་གཉིས་སུ་མེད་པས། "མཉམ་པ་ཆེན་པོ"དང་། དེ་ཉིད་སྤྲོས་པའི་མཐའ་ཐམས་ཅད་ལས་ཡོངས་སུ་འདས་པས། "ཀ་ནས་དག་པ"དང་། དེའང་སྟོང་རྐྱང་ནམ་མཁའ་ལྟ་བུ་མ་ཡིན་པར་རང་གསལ་རིས་མེད། རྒྱ་ཆད་ཕྱོགས་ལྷུང་བྲལ་བར་ལྷུན་གྱིས་གྲུབ་པ་དང་། འཁོར་འདས་ཀྱི་སྣང་བ་ཀུན་གྱི་འབྱུང་གནས་ཡིན་པས། "ཐུགས་རྗེ་ཀུན་ཁྱབ"ཅེས་བྱ་བ་ཡིན། དེ་ལྟར་རང་གྲོལ་ཁྱད་པར་ཅན་གྱི་སྒྱུར་ལམ་ཟབ་མོ་རྫོགས་ཆེན་ཨ་ཏི་ཡོ་ག་དེ་ནི《རིག་པའི་ཁུ་བྱུག》ལས། "ཞེན་པས་རྩོལ་བའི་ནད་སྦྱངས་ཏེ། །ལྷུན་གྱིས་གནས་པས་བཞག་པ་ཡིན། །"ཞེས་ཡེ་ནས་ལྷུན་གྱིས་གྲུབ་པའི་གནས་ལུགས་དེ་ཀའི་ངང་ཇི་བཞིན་དུ་བཞག་པས་རང་སར་གྲོལ་བའི་རང་གྲོལ་ཉིད་དུ་བསྟན་པ་དང་། 《སྦྲས་པའི་ཀྲུམ་ཆུང》ལས་ཀྱང་། "སྐྱེ་དང་བྲལ་བའི་བྱང་ཆུབ་ལ། །བྱང་ཆུབ་རྒྱུ་འབྲས་ཡོངས་ཀྱིས་མེད། །"ཅེས་རྒྱུ་འབྲས་ཀྱི་ཆོས་ཐམས་ཅད་ལས་ཡོངས་སུ་འདས་པ་རང་གྲོལ་མངོན་སུམ་པའི་བདག་ཉིད་དུ་བསྟན་པ་དེ་ནི་སྒྱུར་ལམ་དང་། སྦྱང་ལམ་གྱི་རིམ་པ་རྣམས་ལས་ཆེས་མྱུར་བ་དང་། ངེས་དོན་གྱི་མཐར་ཐུག་པ་ཉིད་དུ་གསལ་བར་བསྟན་པ་ཡིན།

གསང་སྔགས་བླ་མེད་སྤྱི་དང་། ཁྱད་པར་སྔགས་རྙིང་མའི་ལུགས་སུ་གྲགས་ཆེ་བའི་ཨ་ནུ་ཡོ་གའི་རྒྱུད་སྡེ་ཆེན་པོ་རྣམས་སུ་རྫོགས་པ་ཆེན་པོའི་དགོངས་པ་ངེས་པར་དུ་བསྟན་ནའང་། ལམ་གྱི་རིམ་པར་སྒྱུར་ལམ་དང་། རང་གྲོལ་འདི་གཉིས་ལ་ཁྱད་ཤིན་ཏུ་ཆེ་བ་ཡོད། རྣལ་འབྱོར་བླ་ན་མེད་པའམ། མ་ཧ་ཡོ་གའི་ལུགས་ཀྱི་སྒྱུར་ལམ་གྱི་དབང་དུ་བྱས་ན། ལམ་ཉམས་སུ་ལེན་པའི་རྣལ་འབྱོར་པ་དེས། ཐོག་མར་བསྐྱེད་རིམ་ལ་བརྟན་པ་ཐོབ་ངེས་པར་བྱས་ཏེ་ད་གཟོད་རྫོགས་རིམ་ལ་རིམ་གྱིས་འཇུག་པ་དང་། མཐར་

བསྐྱེད་རྫོགས་ཟུང་འཇུག་གི་རིམ་པས་རྩེ་གཅིག་དང་། སྤྲོས་བྲལ། རོ་གཅིག སྒོམ་མེད་བཅས་རྣལ་འབྱོར་རྣམ་པ་བཞིའི་སྒོ་ནས་ཕྱག་རྒྱ་ཆེན་པོའི་རྟོགས་པ་མངོན་དུ་བྱེད་པ་དང་། ཨ་ནུ་ཡོ་གའི་སྦྱོར་ལམ་གྱི་དབང་དུ་བྱས་ན། སྐད་ཅིག་མར་སྣང་སྲིད་དག་པ་ལྷའི་དཀྱིལ་འཁོར་བརྟེན་དང་རྟེན་པའི་རང་བཞིན་ཇི་ལྟར་ཡིན་པ་ལ་ཡིན་པར་ངོ་ཤེས་པའི་སྒོ་ནས་བསྐྱེད་པའི་རིམ་པར་ཅིག་ཆར་དུ་འཇུག་པ་དང་། དེ་ནས་རྫོགས་པའི་རིམ་པ་རྩལ་དུ་འདོན་ཞིང་། མཐར་དབྱིངས་དང་ཡེ་ཤེས་གཉིས་སུ་མེད་པ་དག་མཉམ་ཆེན་པོའི་ངང་གནས་པ་དང་། མི་གཡོ་བ། མཉམ་པ་ཉིད། ལྷུན་གྱིས་གྲུབ་པ་བཅས་ཏིང་ངེ་འཛིན་རྣམ་པ་བཞིའི་སྒོ་ནས་ལྷུན་གྲུབ་རྫོགས་པ་ཆེན་པོ་མཉམ་རྗེས་རིས་མེད་ཀྱི་དགོངས་པ་ཟབ་མོ་མངོན་དུ་བྱེད་པས། རང་གྲོལ་དང་སྦྱོར་ལམ་འདི་གཉིས་གཞི་རྩའི་སྟེང་ནས་མི་འདྲ་བ་ཡིན་ལ། སྤྱང་ལམ་ནི་དེ་ལས་ཀྱང་ཆེས་མི་འདྲ་བ་ནི་བཤད་མ་དགོས།

སྦྲས་པའི་རྒྱམ་ཆུང་གི་གཞུང་འདི་མཛད་པ་པོ་ནི། གཞུང་འདི་རང་གི་སྔོན་བརྗོད་ལས། "བྱང་ཆུབ་ཀྱི་སེམས་འདི་སློབ་དཔོན་ནི། མཁྱེན་རབ་ཀྱི་མཆོག་སངས་རྒྱས་སྦྲས་པས་མཛད་དོ། །"ཞེས་སངས་རྒྱས་སྦྲས་པའམ། ལེགས་སྦྱར་སྐད་དུ"བུདྡྷ་གུ་ཧྱ"ཞེས་གསལ་བར་བསྟན་ཡོད།

སངས་རྒྱས་སྦྲས་པའི་མཚན་འབྲི་སྟངས་ལ་མི་འདྲ་བ་འགའ་ཙམ་ཡོད་འདུག་པ་ནི། དཔེར་ན། 《བཻ་རོའི་འདྲ་འབག་ཆེན་མོ》ལས། "སྦུ་དྷ་གུག་ཏ"ཞེས་པ་དང་། ཡང"འབུ་ཏ་གུ་ཏ"ཞེས་སམ། "སྦ་ཏ་གུ་ཏ"ཞེས་གསལ་བ་དང་། འདྲ་འབག་ལས་འབྲི་སྟངས་གཞན"བུ་ཏ་གུག་ཏ"ཞེས་དང་། "འབུ་ཏ་གུག་ཏ"ཞེས་པ་སྟེ། གཞུང་གཅིག་གི་ནང་དུའང་སྐབས་སོ་སོར་ལེགས་སྦྱར་གྱི་སྒྲ་འབྲི་སྟངས་མི་འདྲ་བ་དུ་མ་ཞིག་བྱུང་སྣང་བ་དང་། 《བསམ་གཏན་མིག་སྒྲོན》ལས"འབུ་ཏ་གུག་ཏ"ཞེས་དང་། "འབུ་ཏེ་གུག་ཏ"ཞེས་པ་ལྟ་བུའི་འབྲི་སྟངས་མི་འདྲ་བ་རྣམས་དང་། བཻ་རོའི་རྒྱུད་འབུམ་དུ་བཞུགས་པའི་མན་ངག་གི་བཤད་ཐབས་ལས"བུད་ང་གུག་ཏ"ཞེས་གསལ་བ་དང་། གཡུང་སྟོན་རྡོ་རྗེ་དཔལ(1284-1365)གྱིས་མཛད་པའི《སེམས་སྡེ་མ་བུ་བཅོ་བརྒྱད་ཀྱི་དགོངས་པ་ངོ་སྤྲོད་པའི་ཐབས་རིག་པ་རྩལ་གྱི་དབང་བཅོ་བརྒྱད་བསྒྱུར་བའི་ཚིག་ཁྲིགས་བླ་མའི་ཞལ་ཤེས་ཞེས་བྱ་བ》ལས"བུ་དྡྷ་གུཧྱ"ཞེས་གསལ་བ་སོགས་ཀྱིས་མཚོན་པ་ཡིན། དེ་ལ་ཡ་མཚན་དགོས་པ་ནི་འགའ་ཡང་མེད་དེ། ཆེས་སྔ་བའི་དཔེ་རྙིང་རིན་ཐང་བྲལ་བ་དེ་དག་ཨོ་རྒྱན་གྱི་སྐད་དང་། ལེགས་སྦྱར་ཤེས་མཁན་ནམ། མི་ཤེས་མཁན་དུ་མ་ཞིག་བརྒྱུད་དེ། དཔེ་ནས་དཔེ་ཏུ་བཤུས་པའི་ཡིག་རྙིང་གི་མངོན་རྟགས་ཁྱད་པར་ཅན་ཞིག་ཡིན་པ་གསལ་པོར་བསྟན་པ་ཡིན།

དུས་ཕྱིས་ཀྱི་མཁས་པ་ཕལ་མོ་ཆེས་སངས་རྒྱས་སྦྲས་པ་སྟེ་བུདྡྷ་གུཧྱ་དང་། སངས་རྒྱས་གསང་བ་སྟེ་བུདྡྷ་གུཧྱ་འདི་གཉིས་སློབ་དཔོན་གཅིག་གི་མཚན་གྱི་རྣམ་གྲངས་སུ་ངོས་འཛིན་གྱི་ཡོད་འདུག་ནའང་། སངས་རྒྱས་སྦྲས་པ་ནི་སློབ་དཔོན་ཆེན་པོ་ཤྲཱི་སིངྷ་པྲ་བྷའི་བླ་མ། རྫོགས་ཆེན་སེམས་སྡེའི་བླ་བརྒྱུད་དུ

ཡོངས་སུ་གྲགས་པའི་སློབ་དཔོན་ཆེན་པོ་ཞིག་ཡིན་ལ། སངས་རྒྱས་གསང་བ་ནི་བོད་ཀྱི་རྒྱལ་པོ་ཁྲི་སྲོང་ལྡེའུ་བཙན(790-844)དང་། ཆོས་རྒྱལ་ཁྲི་རལ་པ་ཅན(866-901)རྣམས་ཀྱི་དུས་སུ་གངས་ཏི་སེར་ཕེབས་བཞུགས་གནང་མཁན། མ་ཧཱ་ཡོ་གའི་བསྟན་སྲོག་འཛིན་པའི་སློབ་དཔོན་ཆེན་པོ་དེ་ཉིད་ཡིན་པས། དེ་གཉིས་ཀྱི་དུས་ཀྱང་མི་མཉམ་ལ། ལོ་རྒྱུས་དང་བརྒྱུད་པའང་མི་མཉམ་པས་ནོར་འཁྲུལ་གྱི་དོགས་གཞི་དགོས་པ་ཅིའང་མེད། 《བཻ་རོའི་འདྲ་འབག་ཆེན་མོ》ལས། "དེས་ཧུ་ཀ་ཀུག་ཏ་ཞེས་བྱ་བ། དགེ་སློང་རིག་པའི་གནས་ཐམས་ཅད་ལ་མཁས་པ། ཁྱད་པར་དུ་གསང་སྔགས་མ་ཧཱ་ཡོ་གའི་དོན་ལ་མཁས་པ་ཞིག་ཡོད་དེ།" ཞེས་མ་ཧཱ་ཡོ་གའི་དོན་ལ་མཁས་པའི་རྣལ་འབྱོར་པ་ཞིག་ཡིན་པར་བཤད་པས། སངས་རྒྱས་གསང་བ་ཡིན་ནམ་སྙམ་པའི་དོགས་པའང་མི་དགོས་ཏེ། སྤྱིར་མ་ཧཱ་ཡོ་ག་ཞེས་པ་ནི་རྒྱུད་སྡེ་གོང་མ་ཀུན་ལ་འཇུག་པ་སྟེ། རྣལ་འབྱོར་དང་། རྣལ་འབྱོར་ཆེན་པོ་ཞེས་རྒྱུད་སྡེ་གོང་འོག་རྣམ་པ་གཉིས་སུ་ཕྱེ་བའི་སྐབས་སུ། མ་ཧཱ་ཡོ་ག་སྟེ་རྣལ་འབྱོར་ཆེན་པོ་ནི་རྒྱུད་སྡེ་གོང་མ་ཀུན་གྱི་སྤྱི་མིང་དུ་གྲགས་པ་ཡིན། དེའི་ཚུལ་གནུབས་ཆེན་སངས་རྒྱས་ཡེ་ཤེས(832-942)ཀྱིས《བསམ་གཏན་མིག་སྒྲོན》དུ་ཙེའན་མན་རིམ་གྱིས་འཇུག་པའི་གཞུང་བསྟན་པའི་ལེའུ། སྟོན་མུན་ཅིག་ཆར་འཇུག་པའི་ལུགས་བསྟན་པའི་ལེའུ། རྣལ་འབྱོར་ཆེན་པོའི་གཞུང་བཤད་པའི་ལེའུ། རྫོགས་པ་ཆེན་པོའི་གཞུང་རྒྱས་པར་བཀོད་པའི་ལེའུ་སྟེ་ལེའུ་བཞིར་ཕྱེས་ཏེ་གསུངས་ཤིང་། དེའི་སྐབས་སུ"རྣལ་འབྱོར་ཆེན་པོ"ཞེས་པ་དེས་རྒྱུད་སྡེ་གོང་མ་ཀུན་མཚོན་པར་མཛད་པས་ཀྱང་ཤེས་ཐུབ། དེར་མ་ཟད་མ་ཧཱ་ཡོ་ག་ལ་མཁས་པ་ཙམ་གྱིས་སངས་རྒྱས་གསང་བ་ཡིན་དགོས་པའི་ངེས་པ་མེད་ལ། སངས་རྒྱས་སྲས་པ་མ་ཧཱ་ཡོ་ག་ལ་མཁས་པ་མིན་པའི་ཤེས་བྱེད་ཀྱང་མེད་པ་ཡིན།

གཡུང་སྟོན་རྡོ་རྗེ་དཔལ(1284-1365)གྱིས《སེམས་སྡེ་མ་བུ་བཅོ་བརྒྱད་ཀྱི་དགོངས་པ་ངོ་སྤྲོད་པའི་ཐབས་རིག་པ་རྩལ་གྱི་དབང་བསྐུར་བའི་ཆོག་ཁྲིགས》ཀྱི་སྐབས་སུ། རྫོགས་པ་ཆེན་པོ་སེམས་སྡེའི་དབང་བཅོ་བརྒྱད་པོ་དེ་དག་རྫོགས་ཆེན་གྱི་རིག་འཛིན་ཆེན་པོ་བཅོ་བརྒྱད། བཻ་རོ་ཙ་ནའི་རྩ་བའི་བླ་མ་ཤྲཱི་སིངྷ་དང་བཅུ་དགུའི་དགོངས་ཉམས་རྡོ་རྗེའི་གླུ་རེ་དང་སྦྱར་ཏེ་དགོངས་པ་ངོ་སྤྲོད་གནང་འདུག་ཅིང་། དགོངས་ཉམས་དེ་དག་རྫོགས་པ་ཆེན་པོའི་གཞུང་གང་གི་དགོངས་པ་ཡིན་པའི་སེམས་སྡེ་མ་བུ་བཅོ་བརྒྱད་ཀྱི་གཞུང་སོ་སོའི་མཚན་དང་། རིག་འཛིན་སུའི་དགོངས་ཉམས་ཡིན་པ་དང་། དགོངས་པའི་གླུ་སོ་སོའི་མཚན་བཅས་གསལ་བར་བསྟན་པ་དེ་དག་ནི།

༡.ཁྱུང་ཆེན་གྱི་དགོངས་པ། རྒྱལ་པོ་ཛ་ཧེ་ན་ཏ་ལོའི་ཆོས་ཉིད་ཀློང་རྫོགས་གླུའི་བསམ་གཏན།

༢.རིག་པའི་ཁུ་བྱུག་གི་དགོངས་པ། སྲས་ཐུ་བོ་ར་ཛ་ཧསྟིའི་རིག་པ་ཀློང་རྫོགས་གླུའི་བསམ་གཏན།

༣.ནམ་མཁའ་ཆེའི་དགོངས་པ། སྲས་མོ་སྦ་ར་ནིའི་ཡེ་ཤེས་ཀློང་རྫོགས་གླུའི་བསམ་གཏན།

༤.ཐིག་ལེ་དྲུག་པའི་དགོངས་པ། ཀླུ་རྒྱལ་འཇོག་པོའི་བདེ་བ་ཀློང་རྫོགས་གླུའི་བསམ་གཏན།

༥. རྩལ་ཆེན་གྱི་དགོངས་པ། ཁྲིའི་རྒྱལ་པོ་ཀུ་ཀུ་རཱ་ཛའི་བྱང་སེམས་སློང་རྫོལ་གླུའི་བསམ་གཏན།

༦. སེམས་སྒོམ་གྱི་དགོངས་པ། ན་གརྫུ་ནའི་དབྱིངས་སློང་རྫོལ་གླུའི་བསམ་གཏན།

༧. རྨད་བྱུང་གི་དགོངས་པ། ཁྲིའི་རྒྱལ་པོ་ཕྱི་མའི་འབྱུང་ལྔ་ཡེ་ཤེས་སློང་རྫོལ་གླུའི་བསམ་གཏན།

༨. ཡིད་བཞིན་ནོར་བུའི་དགོངས་པ། གནོད་སྦྱིན་མོ་བྱང་ཆུབ་ཀྱི་དངོས་གྲུབ་སློང་རྫོལ་གླུའི་བསམ་གཏན།

༩. རྩེ་མོ་བྱུང་རྒྱལ་གྱི་དགོངས་པ། སྨད་འཚོང་མ་བུདྡྷ་མ་ཏིའི་རྩོལ་མེད་སློང་རྫོལ་གླུའི་བསམ་གཏན།

༡༠. སྤྱི་གཙོད་ཀྱི་དགོངས་པ། འཇམ་དཔལ་བཤེས་གཉེན་ཕྱི་མའི་གསང་བ་སློང་རྫོལ་གླུའི་བསམ་གཏན།

༡༡. སྤྱི་ཆིངས་ཀྱི་དགོངས་པ། ཨཱརྱ་པ་ལོའི་ནམ་མཁའ་སློང་རྫོལ་གླུའི་བསམ་གཏན།

༡༢. བདེ་བ་ཕྲ་བཀོད་ཀྱི་དགོངས་པ། ཨོ་རྒྱན་གྱི་མཁན་པོ་ཧྲ་ཏེའི་ཕྲིན་ལས་སློང་རྫོལ་གླུའི་བསམ་གཏན།

༡༣. སྒྲོག་གི་འཁོར་ལོའི་དགོངས་པ། དྲང་སྲོང་ཧྲིཤ་ཏིའི་རང་བྱུང་སློང་རྫོལ་གླུའི་བསམ་གཏན།

༡༤. རིན་པོ་ཆེ་ཀུན་འདུས་ཀྱི་དགོངས་པ། སྲས་མོ་གོ་མ་དེ་ཝིའི་སྐྱེ་མེད་སློང་རྫོལ་གླུའི་བསམ་གཏན།

༡༥. སྐྱེ་མེད་རང་རིག་གི་དགོངས་པ། ཁ་ཆེའི་རྒྱལ་པོ་རབ་སྣང་གི་ཆོས་སྐུ་སློང་རྫོལ་གླུའི་བསམ་གཏན།

༡༦. བདེ་འབྱམས་ཀྱི་དགོངས་པ། རྒྱལ་པོ་དེ་ཝ་རཱ་ཛའི་སྐུ་གསུམ་སློང་རྫོལ་གླུའི་བསམ་གཏན།

༡༧. ནམ་མཁའི་རྒྱལ་པོའི་དགོངས་པ། ནཱ་ག་རཱ་ཛའི་གྲོལ་བ་སློང་རྫོལ་གླུའི་བསམ་གཏན།

༡༨. རྗེ་བཙུན་དམ་པའི་དགོངས་པ། བུདྡྷ་གུཧྱའི་ཤེས་རབ་སློང་རྫོལ་གླུའི་བསམ་གཏན།

༡༩. སེམས་སྡེ་སྤྱིའི་དགོངས་པ། ཤྲཱི་སེངྒེའི་རིན་པོ་ཆེ་སློང་རྫོལ་གླུའི་བསམ་གཏན། ཞེས་བྱ་བ་རྣམས་ཀྱིས་གསལ་བ་ཡིན།

དེ་བཞིན་དུ་བུདྡྷ་གུཧྱས་རྩོལ་མེད་སྙིང་པོའི་དོན་བཙལ་བར་དགོངས་ནས། དེ་ཤ་ར་ཛ་ལ་དགོངས་པའི་དོན་ཞུས་པས་རྫོགས་པར་གནང་ནས། སྙིང་པོའི་དོན་དྲིལ་ཏེ་དགོངས་ཉམས་གསུངས་པའི་ཚུལ《བཻ་རོའི་འདྲ་འབག》ལས་གསལ་བར་བཤད་པ་དེས་ཀྱང་། བུདྡྷ་གུཧྱ་ནི་རྫོགས་ཆེན་སེམས་སྡེའི་རིག་འཛིན་བརྒྱུད་པའི་ནང་ནས་གཙོ་བོའི་གྲངས་ཤིག་ཡིན་པ་གསལ་བར་བསྟན་པ་དང་། ལྷག་པར་དུ་བཻ་རོའི་རྒྱུད་འབུམ་དུ་བཞུགས་པའི་མན་ངག་བཤད་ཐབས་ལས། “དེ་ལྟར་སློབ་དཔོན་དགའ་རབ་རྡོ་རྗེས་འཇམ་དཔལ་བཤེས་གཉེན་ལ་བཤད་པ། དེས་བྱང་ཆུབ་ཀྱི་སེམས་ཡང་དག་པའི་དོན་འདི། རྒྱལ་པོའི་སྤྱོད་ཡུལ་ཡིན་པའི་ཕྱིར། རྒྱལ་པོ་འདའ་ཧེ་ན་ཏ་ལོ་ལ་བཤད། དེས་སྲས་ཐུ་བོ་ཧ་ཏི་ལ་བཤད་དོ། །དེས་སྲས་མོ་ས་རཱ་ནི་ལ་བཤད། དེས་རྒྱལ་པོ་ཡོན་ཏན་ལག་གི་བུ་མོ། གནོད་སྦྱིན་མོ་བྱང་ཆུབ་ལ་བཤད། དེས་ཁ་ཆེའི་མཁན་པོ་རབ་སྣང་ལ་བཤད། དེས་ཨུ་རྒྱན་གྱི་མཁན་པོ་མ་ཧཱ་ར་ཙ་ལ་བཤད། དེས་སྲས་མོ་གོ་མ་དེ་ཝི་ལ་བཤད། དེས་ཨཱརྱ་ཨ་ལོ་ཀེ་ལ་བཤད། དེས་ཁྲིའི་རྒྱལ་པོ་གུ་གུ་ར་ཙ་ལ་བཤད། དེས་དྲང་སྲོང་བ་ཤ་ཏི་ལ་བཤད། དེས་སྨད་འཚོང་མ་བདག་ཉིད་མ་ལ་བཤད། དེས་ན་ག་འཛུ་ན་ལ་བཤད། དེས་གུ་

གུ་ར་ཙ་ཕྱི་མ་ལ་བཤད། དེས་འཇམ་དཔལ་བཤེས་གཉེན་ཕྱི་མ་ལ་བཤད། དེས་ལྷའི་མཁན་པོ་མ་ཏ་ར་ལ་བཤད། དེས་བུད་ཧྲ་གུག་ཏ་ལ་བཤད། དེས་ཤྲི་སེངྷ་ལ་བཤད། དེས་དགེ་སློང་མ་ཀུན་དགའ་མ་ལ་བཤད། དེས་བྱེ་མ་ལ་མུ་ཏྲ་ལ་བཤད། དེས་གུ་གུ་ར་ཙ་ཕྱི་མ་མན་ཆད་བྱེ་མ་ལ་ཡན་ཆད་གདུང་རབས་བདུན་པོ་དང་། འཕགས་པ་བཻ་རོ་ཙ་ན་དང་བརྒྱད་ནི་ཕྱི་འགྱུར་གྱི་གདུང་རབས་བརྒྱད་དོ། །"ཞེས་པས་ཤིན་ཏུ་གསལ་བ་ཡིན།

སློབ་དཔོན་སངས་རྒྱས་གསང་བའི་ལོ་རྒྱུས་ཞུང་བསྡུས་ཁ་གསལ་བ་ནི། ཛོ་ནང་པ་ཏཱ་ར་ནཱ་ཐ(1575-1634)མཆོག་གིས་མཛད་པ། 《དམ་པའི་ཆོས་རིན་པོ་ཆེ་འཕགས་པའི་ཡུལ་དུ་ཇི་ལྟར་དར་བའི་ཚུལ་གསལ་བར་སྟོན་པ་དགོས་འདོད་ཀུན་འབྱུང་ཞེས་བྱ་བ》ལས། "དེ་ལས་སངས་རྒྱས་གསང་བ་ནི། ཡྂ་ནྡྲ་ཀྲ་སིའི་གནས་ཤིག་ཏུ་འཕགས་པ་འཇམ་དཔལ་བསྒྲུབས་པས་ནམ་ཞིག་ན་བྲིས་སྐུ་བཞད། དངོས་གྲུབ་ཀྱི་རྟས་བ་དམར་སེར་གྱི་མར་ཁུ་ཡང་ཁོལ། མེ་ཏོག་ཉིང་པ་རྣམས་ཀྱང་ཁ་འབུས་པས། དངོས་གྲུབ་ཀྱི་ལྟས་སུ་མཁྱེན་ཀྱང་། ཐོག་མར་མེ་ཏོག་འབུལ་ལམ། མར་ཁུ་འཐུང་ངམ་སྙམས། ཐེ་ཚོམ་དུ་ཙུང་ཟད་ལུས་པ་གནོད་སྦྱིན་མོ་ཞིག་གིས་གེགས་བྱས་ཏེ་སློབ་དཔོན་གྱི་འགྲམ་པར་ཐལ་ལྕུག་བརྒྱབ་པས་སློབ་དཔོན་ཙུང་ཟད་བརྒྱལ། བརྒྱལ་བ་སངས་ཙ་ན། བྲིས་སྐུ་རྟུལ་གྱིས་གོས། མེ་ཏོག་ཉིད། མར་ཁུ་ཡང་བོ། འོན་ཀྱང་རྟུལ་ཕྱིས། མེ་ཏོག་དབུ་ལ་ཕུལ། མར་གང་ཡོད་བཏུངས་པས་སྐུ་ལུས་ནད་ཐམས་ཅད་དང་བྲལ་ཞིང་ཤིན་ཏུ་ཡང་སྟོབས་དང་ལྡན་པ་དང་། བློ་གྲོས་ཤིན་ཏུ་རྣོ་ཞིང་མངོན་ཤེས་དང་ལྡན་པར་གྱུར། སངས་རྒྱས་ཞི་བས་རྟས་དང་བྲིས་སྐུ་སོགས་གང་གི་ཡང་གྲོས་པ་མེད་པར་བསྒོམས་པས་ཀྱང་སངས་རྒྱས་གསང་བ་དང་ཡོན་ཏན་མཚུངས་པར་ཐོབ། དེ་ནས་དེ་གཉིས་རི་པོ་ཏ་ལར་བྱོན། རི་རྩ་བ་ན་འཕགས་མ་སྒྲོལ་མ་ཀླུའི་ཚོགས་ལ་ཆོས་སྟོན་པ་བཞུགས་ཀྱང་ཟན་མོ་བ་ལང་གི་གྲུ་ཆེན་པོ་འཚོ་བར་མཐོང་། རི་སྐེད་ན་ཁྲོ་གཉེར་ཅན་མ་ལྷ་མ་ཡིན་དང་། གནོད་སྦྱིན་གྱི་ཚོགས་ལ་ཆོས་སྟོན་པ་ཡང་བུ་མོར་ལུག་གི་གྲུ་ཆེན་པོ་འཚོ་བར་གཟིགས། རིའི་རྩེ་མོར་ཕྱིན་པ་ན་འཕགས་པ་སྤྱན་རས་གཟིགས་ཀྱི་རྫོ་སྐུ་གཅིག་ལས་མི་གདའ་སྐད། འོན་ཀྱང་སངས་རྒྱས་ཞི་བས"གནས་འདི་ན་ཕལ་པ་ག་ལ་ཡོད། བདག་རང་སྣང་བ་མ་དག་པ་ཡིན། འདི་རྣམས་སྒྲོལ་མ་ལ་སོགས་པ་ཡིན་ནོ"སྙམ་ནས་ཡིད་ཆེས་ཆེན་པོ་བྱས་ནས་གསོལ་བ་བཏབ་པས། ཐུན་མོང་གི་ཡོན་ཏན་ཅི་འདོད་པར་བསྒྱུར་ནུས་པའི་རྫུ་འཕྲུལ་དང་། མངོན་ཤེས་སོགས་དཔག་ཏུ་མེད་པ་དང་། མཆོག་གི་ཡོན་ཏན་སྟོན་མ་བསླབས་པའི་ཆོས་ཐམས་ཅད་ཀྱང་ཤེས་ཤིང་། གནས་ལུགས་ནམ་མཁའ་དང་མཉམ་པའི་དོན་རྟོགས་པ་ཞིག་བྱུང་། སངས་རྒྱས་གསང་བས་ཡིད་མ་ཆེས་བཞིན་དུ་གསོལ་བ་བཏབ་པས། ཞབས་ས་ལ་མི་རེག་པར་འགྲོ་བ་ཙམ་གྱི་དངོས་གྲུབ་ཅིག་ཐོབ། དེར་རྣན་མོ་ན་རེ། ཁྱོད་རི་ཁ་བ་ཅན་གྱི་གངས་ཏི་སེར་སོང་ལ་སྒྲུབ་པ་གྱིས་ཞེས་ལུང་བསྟན། ཚུར་འོང་པ་ན་སངས་རྒྱས་

ཞི་བ་ལ་དངོས་གྲུབ་གང་ཐོབ་དྲིས་པས། ཇི་ལྟར་བྱུང་བའི་ཚུལ་བརྗོད། དེར་གྲོགས་ཀྱིས་དངོས་གྲུབ་ཆེན་པོ་ཐོབ་པ་ལ་ཕྲག་དོག་གི་རྣམ་རྟོག་བྱུང་བས། དེ་མ་ཐག་ཏུ་ཞབས་ས་ལ་མི་རེག་པའི་དངོས་གྲུབ་ཀྱང་ཉམས། སླར་ཡུན་རིང་དུ་བཤགས་པ་བྱས་པས་སོར་ཆུད་ཟེར། དེ་ནས་ལཱ་རཱ་ཧཱ་སིར་ལོ་འགའ་ཞིག་ཆོས་གསུངས། ཡང་འཕགས་པ་འཇམ་དཔལ་གྱིས་སྟེར་བཞིན་བསྐུལ་བས། རི་ཏི་སེར་ཕྱིན་ནས་སྒྲུབ་པ་མཛད་པས་རྡོ་རྗེ་དབྱིངས་ཀྱི་དཀྱིལ་འཁོར་ཆེན་པོ་ཡང་ནས་ཡང་དུ་ཞལ་གཟིགས་ཤིང་། འཕགས་པ་འཇམ་དཔལ་དང་མི་ལབ་པ་བཞིན་དུ་གྱུར། མི་མ་ཡིན་ཐམས་ཅད་བྲན་དུ་འཁོལ། ལས་ཚོགས་དང་ཐུན་མོང་གི་དངོས་གྲུབ་ལ་མངའ་བསྒྱུར་བ་ཞིག་བྱུང་། དེའི་ཚེ་བོད་ཀྱི་རྒྱལ་པོ་ཁྲི་སྲོང་ལྡེའུ་བཙན་གྱིས་དབས་མཛུ་ཀྲི་ལ་སོགས་པ་སྤྱན་འདྲེན་དུ་བཏང་ཡང་འཇམ་དཔལ་གྱིས་བཀའ་མ་གནང་བས་མ་ཕྱིན། དེ་རྣམས་ལ་ཀྲི་ཡོག་སྡེ་གསུམ་བཤད། "རྡོ་རྗེ་དབྱིངས་ཀྱི་སྒྲུབ་ཐབས་ཡོ་ག་ལ་འཇུག་པ"དང་། "རྣམ་སྣང་མངོན་བྱང་གི་བསྡུས་འགྲེལ"དང་། "བསམ་གཏན་ཕྱི་མའི་རྒྱས་འགྲེལ"རྣམས་མཛད། དེའི་གསུངས་ལ་ཟིན་བྲིས་བྱས་པའི་འགྲེལ་པ་གཞན་ཡང་མང་དུ་ཡོད། མཆོག་གི་དངོས་གྲུབ་མ་བརྙེས་ཀྱང་། མི་རིང་བ་ན་སྐུ་ལུས་མི་སྣང་བར་གྱུར།" ཅེས་དང་། ཀུན་མཁྱེན་པད་མ་དཀར་པོ(1527-1592)མཆོག་གིས་མཛད་པའི《བསྟན་བཅོས་ཆོས་འབྱུང་བསྟན་པའི་པད་མ་རྒྱས་པའི་ཉིན་བྱེད》ལས། "རྒྱལ་པོ་ཉིད་ཀྱི་རིང་ལ་ཁམས་ཡན་ཆད་དུ་ཆོས་ཀྱི་གྲྭ་ཆེན་པོ་བཅུ་གཉིས་བཙུགས། པཎྜིཏ་མང་པོ་སྤྱན་དྲངས། ཐེག་པ་ཆེ་ཆུང་གི་སྡེ་སྣོད་མང་པོ་བསྒྱུར། སྔགས་འཆང་ཛྙཱ་ཀཱིརྟི་ཞེས་པ་ཕྱིན། རྡོ་རྗེ་དབྱིངས་སོགས་དང་། སངས་རྒྱས་གསང་བ་གངས་རི་ཏི་སེ་ན་བཞུགས་པ་ཐོས་ནས་སྤྱན་འདྲེན་པ་བྲན་ཀ་མུ་ཏི་ཀ་དང་། སྨྲས་མཛུ་ཀྲི་གཉིས་བཏངས་པ་མ་ཕྱིན་པར་བོད་ཀྱི་དོན་དུ་དེ་ཉིད་འདུས་པ་རྣམ་སྣང་མངོན་བྱང་། བསམ་གཏན་ཕྱི་མ་གསུམ་ལ་འགྲེལ་པ་མཛད། དེ་གཉིས་ལ་མཁས་པར་བསླབས་ཏེ་ལོག གསང་སྔགས་བླ་མེད་རྣམས་བསྒྱུར་དུ་མ་གནང་སྟེ། ལྐོག་ཏུ་སློབ་དཔོན་པད་མས་རྗེ་འབངས་བརྒྱད་དམ་ཉེར་ལྔ་ལ་གདམས་སོ་ཞེས་གྲགས།" ཞེས་པ་རྣམས་ཀྱིས་སློབ་དཔོན་སངས་རྒྱས་གསང་བ་དེ་ཉིད་ཡོ་གའི་བསྟན་སྲོག་འཛིན་པའི་རྣལ་འབྱོར་པ་ཆེན་པོ་ཞིག་ཡིན་ངེས་པ་དང་། དེའང་ཆོས་རྒྱལ་ཁྲི་སྲོང་གི་དུས་སུ་ཕྱིན་ཡོད་པ་རྣམས་གསལ་བར་བསྟན་པ་དང་། དཔའ་བོ་གཙུག་ལག་ཕྲེང་བ(1404-1566)མཆོག་གིས་མཛད་པའི་བསྟན་བཅོས《ཆོས་འབྱུང་མཁས་པའི་དགའ་སྟོན》ལས། "བུདྡྷ་གུ་ཧྱ་སངས་རྒྱས་གསང་བ་དང་། བུདྡྷ་ཤཱནྟ་སངས་རྒྱས་ཞི་བ་འདི་གཉིས་གངས་ཏི་སེར་ཕྱིན་ནས་བཞུགས། རྒྱལ་པོ་མེས་ཨག་ཚོམས(740-802)ཀྱིས་སྤྱན་དྲངས་ཀྱང་མ་ཕྱིན། མདོ་སྡེ་ཞུ་བསྒྱུར་ནས་ཕྱིས་བསྟན་པ་འབྱུང་བར་བྱིན་གྱིས་བརླབས་པའི་དྲིན་ཅན་ཡིན།" ཞེས་མེས་ཨག་ཚོམས་ཀྱི་དུས་སུ་ཕྱིན་ཡོད་ཚུལ་བསྟན་པ་དང་། ལྷག་པར་དུ་གནུབས་ཆེན་སངས་རྒྱས་ཡེ་ཤེས(832-942)ཀྱིས《བསམ་གཏན་མིག་སྒྲོན》དུ(སྔགས་ཀྱི)མཁན་པོ་ལ་ལ་

དག(སངས་རྒྱས་གསང་བའི་བཞེད)རྣལ་འབྱོར་ཆེན་པོ་ནི་ཐབས་དང་ཤེས་རབ་གཉིས་སུ་མེད་པར་ལྟ་བ་ཡིན་ནོ། །ཞེས་གསུངས་ཏེ།” ཞེས་ལེའུ་དྲུག་པ་རྣལ་འབྱོར་ཆེན་པོའི་གཞུང་བཤད་པའི་སྐབས་དེར་སངས་རྒྱས་གསང་བའི་མཚན་གསལ་བར་བཀོད་ཅིང་། ལེའུ་བདུན་པ་རྫོགས་ཆེན་ཨ་ཏི་ཡོ་གའི་དགོངས་པ་བཀྲལ་བའི་སྐབས“མན་ངག་སློབ་དཔོན་བི་མ་ལ་དང་། འབུ་ཏ་ཀུག་ཏ་དང་། པད་མའི་གཞུང་ལ་སོགས་པ་བླ་མའི་ཞལ་དུ་རག་ལུས་སོ། །”ཞེས་པས་མན་ངག་གི་སློབ་དཔོན་དུ་གསལ་བར་བསྟན་པ་དང་། གཞན་ཡང་གཞུང་དེར་སངས་རྒྱས་སྲས་པའི་དགོངས་པ་གསལ་རྒྱས་སུ་བཀྲལ་བ་དེ་དག་ལ་ལེགས་པར་དཔྱད་ན་སངས་རྒྱས་སྲས་པ་དང་། སངས་རྒྱས་གསང་བ་འདི་གཉིས་སློབ་དཔོན་ཐ་དད་པ། དུས་ཐ་དད་པ། ལྟ་དགོངས་ཐ་དད་སོགས་གསལ་པོར་ངེས་ཐུབ་པ་ཡིན། ཇོ་ནང་པ་ཏཱ་ར་ནཱ་ཐ་མཆོག་གིས་མཛད་པ《བཀའ་བབས་བདུན་གྱི་རྣམ་ཐར》ལས། “པོ་བོའི་བླ་མ་སངས་རྒྱས་སྲས་པའི་ཞལ་སྔ་ནས་ཀྱིས་བླ་མ་གཱི་རཏྣའི་གདམས་པ་མ་ལུས་པའི་མཛོད་དུ་གྱུར་པ་གྲུབ་ཐོབ་མང་པོ་དངོས་སུ་མཇལ།” ཞེས་གསུངས་པའི་སངས་རྒྱས་སྲས་པ་དེ་ནི་ཏཱ་ར་ནཱ་ཐའི་དུས་ཡིན་པས་འདིར་དོགས་གཞི་དགོས་པ་ཅི་ཞིག་ཀྱང་མ་མཆིས། གནུབས་ཆེན་སངས་རྒྱས་ཡེ་ཤེས་ཀྱིས་མཛད་པ་བསམ་གཏན་མིག་སྒྲོན་གྱི་གཞུང་འདི་ནི། སྲས་པའི་རྒྱམ་ཚུང་གི་གཞུང་དེ་དང་། གཞུང་དེའི་མཛད་པ་པོ་སངས་རྒྱས་སྲས་པ་བཅས་ལ་ངེས་ཤེས་རྙེད་བྱེད་ཀྱི་དཔེ་རྙིང་རྩ་འགག་ཤིན་ཏུ་ཆེ་བ་ཞིག་ཡིན་པར་མ་ཟད། གཞུང་འདི་ནི་ཇི་ལྟར་མཁའ་ཀློང་དུ་ཉི་མ་ཤར་བ་ན་མ་རིག་པའི་སྨག་རུམ་ཡོངས་སུ་སེལ་བར་བྱེད་པ་ལྟ་བུའམ། ཐེ་ཚོམ་གྱི་དྲྭ་བ་མ་ལུས་པ་ཡོངས་སུ་ཆོད་པ་ལ་ཤེས་རབ་ཀྱི་རལ་གྲི་རྣོན་པོ་དང་ཆོས་མཚུངས་པ། ལྷུན་གྲུབ་རྫོགས་པ་ཆེན་པོའི་གཞི་ལམ་འབྲས་གསུམ་གྱི་དགོངས་པ་ཇི་བཞིན་དུ་གོ་རྟོགས་ཀྱི་སྐབས་སྙིང་བའི་གཞུང་ཀུན་གྱི་རྒྱལ་པོ། བླ་ན་མེད་པ། མཚུངས་པའི་ཟླ་ཐམས་ཅད་དང་བྲལ་བ་ཞིག་ཡིན་ངེས་པར་མ་ཟད། སངས་རྒྱས་པའི་མདོ་སྔགས་ཡོངས་རྫོགས་ཀྱི་དགོངས་པ་རྣལ་མ་ལ་འཇུག་པའི་སྒོ་ཆེན་པོའམ། སྒོ་འབྱེད་བྱེད་ཀྱི་ལྡེའུ་མིག་དང་འདྲ་བ་ཞིག་ཀྱང་ཡིན་ངེས་པ་ནི། གྲུབ་མཐས་བློ་བསྒྱུར་བའི་སྐྱེ་བོ་སུ་འདྲ་ཞིག་ཡིན་ཀྱང་རུང་། ཕྱོགས་ལྷུང་གི་རྒྱ་ལས་རུང་ཟད་ཕྱིར་ཐོན་ཏེ། གཞུང་འདིར་ཐོས་བསམ་བག་ཙམ་རེ་བྱས་པ་ཡིན་ན་ད་གཟོད་ངེས་ཤེས་ཡང་དག་པ་རེ་འབྱུང་ཐུབ་པར་ཐེ་ཚོམ་གཏན་ནས་མེད།

གནའ་དུས་བོད་དུ་རྒྱ་ནག་ཧ་ཤང་མ་ཧཱ་ཡ་ནའི་བསྟན་པ་བྱུང་བའི་ཚེ། རྒྱ་གར་ནས་མཁས་པ་ཀ་མ་ལ་ཤཱི་ལ་བོད་དུ་ཕེབས་ཏེ་ཧ་ཤང་ཕམ་པར་བྱས་པའི་ལོ་རྒྱུས་ཡོངས་སུ་གྲགས་ནའང་། ཀ་མ་ལ་ཤཱི་ལས་མཛད་པའི་སྒོམ་རིམ་རྣམས་སུ་རིམ་གྱིས་པའི་དགོངས་པ་རྒྱལ་དུ་བཏོན་ཏེ། ཅིག་ཆར་བའི་འདོད་པར་སྐྱོན་ཅི་ནུས་སུ་བཏོན་པ་ཙམ་ལས། དངོས་འབྲེལ་ཅིག་ཆར་པའི་ལྟ་བ་དང་། སྒོམ་པ། སྤྱོད་པའི་ཚུལ་ཇི་ལྟར་ཡིན་པའི་གཞུང་བཤད་དམ། ཅིག་ཆར་བའི་ལྟ་སྒོམ་གྱི་ཁུངས་དེ་སངས་རྒྱས་ཀྱི་བཀའ་གང་ཞིག་ལ་

བརྟེན་ཡོད་པ་དང་། བཀའ་ཡི་དགོངས་པ་ཇི་ལྟར་འགྲེལ་བའི་ཚུལ་སོགས་གསལ་བར་བསྟན་པ་ནི་ཅི་ཞིག་ཀྱང་མེད་ཅིང་། དེ་དག་ལ་སློབ་གཉེར་གྱི་གོ་སྐབས་སྟེར་བའི་དཔེ་རྙིང་ཚད་ལྡན་གྱི་རིགས་གཞན་དག་ཀྱང་ཉིན་མོའི་སྐར་མ་ལྟར་ཆེས་དཀོན་སྟབས། ཇི་ལྟར་ཉིན་མོའི་དུས་སུ་འུག་པ་ཞིག་སྣང་བ་ན། བྱ་དང་བྱིའུ་ཆེ་ཕྲ་ཚང་མ་དེར་འདུས་ནས། རྒྱུ་མཚན་ཡོད་མེད་དང་། ཤེས་མིན་ལ་མ་བལྟོས་པར་ཀུ་ཅོ་མང་དུ་འདོན་ཞིང་བྱ་ཐབ་བྱེད་པ་དང་འདྲ་བར། མཁས་ གྲུབ་ཀུན་གྱིས་ཧ་ཤང་གི་ལུགས་ལ་གཤེ་ཞིང་སྨོད་པ་དང་། དེ་ལ་དམའ་འབེབས་བྱེད་པའི་ལུགས་ངན་དེ་བྱུང་བ་ཡིན།

མཁས་པ་དང་གྲུབ་པའི་སློབ་དཔོན་ཆེན་པོ་གནུབས་སངས་རྒྱས་ཡེ་ཤེས་རིན་པོ་ཆེས། རྫོགས་ཆེན་ཨ་ཏི་ཡོ་གའི་ལྟ་དགོངས་ཟབ་མོ་དེ་ཧ་ཤང་གི་ལྟ་བ་དང་གྲུབ་མཐའ་ཅིག་ཆར་འཇུག་པ་ལས་ཁྱད་དུ་འཕགས་པའི་ཚུལ་གསལ་བར་རྟོགས་པའི་ཆེད་དུ། ཉིད་ཀྱིས་མཛད་པའི་བསྟན་བཅོས་ཆེན་པོ《བསམ་གཏན་མིག་སྒྲོན》གྱི་ལེའུ་ལྔ་པར་ཧ་ཤང་གི་ལྟ་དགོངས་གསལ་རྒྱས་སུ་བཀྲལ་གནང་བ་དེ་ནི་གཟུར་གནས་བློ་ལྡན་རྣམས་ཀྱི་མིག་དུ་འབྱེད་པའི་མིག་ཐུར་དང་འདྲ་བ་ཀུན་གྱིས་ཐོས་བསམ་གྱི་གཞི་རྩ་འཛིན་ཡུལ་བླ་ཐམས་ཅད་དང་བྲལ་བ་ཞིག་ཡིན་ངེས་པ་དང་། མཁས་པ་མང་དག་གིས་རྫོགས་པ་ཆེན་པོའི་ལྟ་དགོངས་རྣལ་མ་དེ་ནི་རྣལ་འབྱོར་ཆེན་པོའི་རྫོགས་རིམ་ལས་འབྱུང་དགོས་པར་བཞེད་པ་དང་། རྣལ་འབྱོར་ཆེན་པོ་སྒྱུར་ལམ་གྱི་རིམ་པ་ལ་གོམས་འདྲིས་ཆེ་དྲགས་པ་རྣམས་ཀྱིས། རྫོགས་པ་ཆེན་པོ་དེ་བསྐྱེད་རྫོགས་ཀྱི་ལམ་ལས་འདའ་མི་ནུས་པར་བསམས་ནས། ཞུ་ཚུགས་ཆེན་པོས་རྫོགས་ཆེན་གྱི་གཞུང་རྣམས་རྣལ་འབྱོར་ཆེན་པོའི་ལུགས་དང་སྦྲོ་བསྟུན་ཏེ་འགྲེལ་བཤད་བྱས་པ་དེ་འདྲའི་རིགས་རྣམས་ལ་ཆེད་དུ་དགོངས་ནས། རྫོགས་ཆེན་ཨ་ཏི་ཡོ་ག་ལྷུན་གྲུབ་རང་གྲོལ་གྱི་དགོངས་པ་དེ་ནི་མ་ཧཱ་ཡོ་ག་སྒྱུར་ལམ་པའི་ལྟ་སྒོམ་སྤྱོད་པའི་ཚུལ་ལས་ཁྱད་དུ་འཕགས་པ་གསལ་བར་བསྟན་པའི་སླད་དུ། གཞུང་ཆེན་པོ་དེའི་ལེའུ་དྲུག་པར་མ་ཧཱ་ཡོ་གའི་ལྟ་དགོངས་གསལ་རྒྱས་སུ་བཀྲལ་བ་དེས་རྣལ་འབྱོར་ཆེན་པོའི་སྒྱུར་ལམ་དང་། ཨ་ཏི་ཡོ་གའི་རང་གྲོལ་གྱི་ལམ་གཉིས་ལ་ཁྱད་པར་གང་ཡོད་པ་དག་གསལ་པོར་ངེས་ཐུབ་པ་ཡིན། བསམ་གཏན་མིག་སྒྲོན་གྱི་ཕྱི་མོའི་དཔེ་རྙིང་མ་འདི་ནི། དུས་ཕྱིས་ཀྱི་བསྟན་པ་རིས་མེད་པའི་སྒྲོན་མེ་ཆེན་པོ་འཇམ་དབྱངས་མཁྱེན་བརྩེའི་དབང་པོ(1820-1892)ཞེས་སུ་གྲགས་པ་དེའི་སྤྲུལ་སྐུ་འཇམ་དབྱངས་ཆོས་ཀྱི་བློ་གྲོས་སམ། འཇམ་དབྱངས་བློ་གྲོས་རྒྱ་མཚོ(1893-1959)རིན་པོ་ཆེས་དཔར་དུ་སྐྲུན་བར་མཛད་ཅིང་། དཔར་གཞི་དེའི་ཕྱི་མོ་ནི་མདོ་ཁམས་ཀཿཐོག་པའི་དཔེ་མཛོད་ནས་བྱུང་བ་དང་། དེའི་ཕྱི་མོ་ནི་སྨིན་གླིང་མཁན་ཆེན་དྷརྨ་ཤྲཱི(1654-)མཆོག་གི་ཕྱག་དཔེ་ལས་ཞལ་བཤུས་པ་དང་། སྨིན་གླིང་གི་དཔེ་དེའི་ཕྱི་མོ་ནི་ཇོ་ནང་རྗེ་བཙུན་ཀུན་དགའ་སྙིང་པོ(1575-1634)མཆོག་གི་ཕྱག་དཔེ་ལས་ཞལ་བཤུས་པའི་ཚུལ་རྣམས་བསམ་གཏན་མིག་སྒྲོན་གྱི་མཛད་བྱང་གི་མཚན་ལས་གསལ་བར་གསུངས་ཤིང་། ཕྱི་མོའི་དཔེ་

འདིའི་ཚིག་སྦྱོར་དང་། ཡིག་སྐད་གང་ལ་དཔྱད་ཀྱང་དཔེ་རྙིང་ཚད་ལྡན་ཞིག་ཡིན་ངེས་པ་ནི་གསལ་པོར་མངོན་ཐུབ་པ་ཡོད།

《བསམ་གཏན་མིག་སྒྲོན》མཛད་པ་པོ་གནུབས་ཆེན་སངས་རྒྱས་ཡེ་ཤེས་ཀྱི་ལོ་རྒྱུས་ཞིབ་གསལ་ནི། རྡོ་རྗེ་བྲག་གི་རིག་འཛིན་ཆེན་པོ་པད་མ་ཕྲིན་ལས(1640—1718)མཆོག་གིས་མཛད་པ། མདོ་དབང་གི་བླ་མ་བརྒྱུད་པའི་རྣམ་ཐར་དུ་ཤེས་ཐུབ་ཅིང་། སྐབས་འདིར་གོ་རྟོགས་དགོས་ངེས་པའི་དམིགས་བསལ་འགའ་ཞིག་ནི། 《འདུས་པ་མདོ་དབང་གི་བླ་མ་བརྒྱུད་པའི་རྣམ་ཐར་ངོ་མཚར་དད་པའི་ཕྲེང་བ》ལས། སྤྱིར་མངའ་བདག་ཁྲི་སྲོང་ལྡེའུ་བཙན་གྱི་དུས་མཁན་ཆེན་བོ་དྷི་ས་ཏྭ་ལས་རབ་ཏུ་བྱུང་བའི་ལོ་ཙཱ་བ་ཆེན་པོའི་གྲས་སུ་བཞུགས་ཤིང་། མདོ་སྔགས་ཀྱི་དམ་པའི་ཆོས་མང་དུ་བསྒྱུར་བ་དང་། ཕྱིས་ཉིད་ཀྱིས་རྒྱ་བལ་དུ་ལན་དུ་མར་བྱོན་ནས་དབང་རྒྱུད་མན་ངག་གསན་པ་རྣམས་འགའ་ཞིག་ཟབ་མོའི་གཏེར་དུ་སྦས་པར་མཛད་རིང་། འགའ་ཞིག་ལས་ཅན་རྣམས་ལ་གནང་ཚུལ་སོགས་འོག་ཏུ་འབྱུང་ལ། འཕྲིན་ལས་དྲག་པོ་མངོན་སྤྱོད་ཀྱི་སྒོ་ནས་གདུལ་བྱ་གདུག་པ་ཅན་རྣམས་ཆོས་ཀྱི་དབྱིངས་སུ་བསྒྲལ་བའི་ཚུལ་ཡང་དུ་མར་འབྱུང་ཞིང་། དེ་ལྟ་བུའི་རྐྱེན་ཡང་ཁེངས་ལོག་སྔ་ཕྱི་བར་གསུམ་དུ་བྱུང་ཚུལ་དང་། བཀའ་ལས། “ཉོན་མོངས་བོད་ཡུལ་དབུས་སུ་ལངས། །འཚོ་བའི་ཟས་རྣམས་འབངས་ཀྱིས་ཕྲལ། །”ཞེས་དང་། “བདག་འདྲ་སངས་རྒྱས་ཡེ་ཤེས་ཀྱིས། །སྐྱབ་ཁང་ཡ་མའི་མཁར་ལ་བྱས། །སྲིགས་ལ་ནག་པོའི་རྩེ་ཏྲ་ནི། །ཉི་འབྱེད་ཀླུང་གི་འཁོར་ལོ་བསྐོར། །སྲིགས་ཀྱི་གྲོང་ཁྱེར་སུམ་ཙུ་རྩ་བདུན་བཀྲག །”ཅེས་དང་། “བདག་འདྲ་གནུབས་ཀྱི་བན་ཆུང་ཡང་། །སྙིང་ནས་ཆོས་བཞིན་བྱ་སེམས་སྐྱེས། །ཞེ་སྡང་དགྲ་བོས་བྱེད་མ་སྙེར། །སངས་རྒྱས་བསྟན་པ་བསྲུང་བའི་ཕྱིར། །ཞེ་སྡང་དེ་མ་ཐག་ཏུ་སྐྱེས། །དཀར་པོའི་ཆེ་བ་འདོན་བསམ་ནས། །ངན་སྔགས་ཡིག་ཆ་སྣ་ཚོགས་བསླབས། །”ཞེས་འབྱུང་ཞིང་། རྒྱ་བོ་ཆེར། “དེ་ནས་དྲུག་ཙུ་རྩ་གཅིག་ཤིང་ཕོ་བྱི་བའི་ལོར། །བདག་གི་སྐྱིག་ལ་བབས་ནས་ཁེངས་ལོག་བར་པ་བྱུང་། །སྲིགས་སུ་མ་ཆགས་གནུབས་ཡུལ་རོང་དུ་བྲོས། །”ཞེས་དང་། “དེར་ཡང་མ་ཆགས་སྐྱེ་མོ་བྱེ་མཁར་བཟུང་། །”ཞེས་གསུངས་པ་ལྟར། “ཁེངས་ལོག་བྱུང་སྟེ་སྲིགས་ཡང་རྫོང་ནས་གནུབས་ཡུལ་རོང་དུ་བྲོས། དེར་ཡང་བཞུགས་སུ་མ་བཙུག་པར་གཙང་གི་སྐྱེ་མོ་བྱེ་མཁར་བཟུང་ཞིང་བཞུགས་ཀྱང་དམག་གིས་བསྐོར་ཞིང་མདུན་གྱི་རི་ལོགས་ཐམས་ཅད་དམག་གིས་ཁེངས་ཏེ། དེ་དག་ཀྱང་བཀྲོང་བའི་མདུན་གྲོས་ངན་པ་ཁོ་ན་བྱེད་པ་གསན་ཏེ་མཁར་གྱི་རྩེར་བྱོན་ཏེ་འདི་སྐད་གསུངས་སོ། །ཁེངས་པོ་གྲོས་བྱེད་ཐམས་ཅད་ཚུར་ཉོན་ཅིག །སྣང་སྲིད་ལྷ་འདྲེ་ཐམས་ཅད་གཟུ་དང་དཔང་མཛོད་ཅིག །དམ་ཅན་རྣམས་ལ་གཏོར་ཚོགས་རྒྱུན་མ་བཅད། །བདག་གིས་དམ་ཆོས་བདུད་རྩི་ལྟ་བུ་འཚོལ་སྐྱོང་ཕྱིར། །བཅུ་གསུམ་ལོན་ནས་འཛམ་གླིང་ཁྱབ་པར་འཁྱམས། །རྒྱ་གར་བལ་པོའི་ཡུལ་དུ་ལན་བདུན་ཕྱིན། །མཁས་པ་རྣམས་ལ་ཞབས་ཏོག་རྒྱུན་མ་

བཅད། །ངས་ནི་ལས་སུ་ཆོས་བྱས་དོན་དུ་ལྷ་གཉེར་ནས། །བདག་དང་གཞན་གྱི་དོན་དུ་མ་ཕྱེ་བར། །འགྲོ་བའི་དོན་དུ་བྱང་ཆུབ་སེམས་བསྒོམས་ནས། །གྲོས་ཀྱང་མ་ཕན་བདག་གི་ཕྱིར་འབྲངས་ནས། །བདག་ལ་འདི་འདྲའི་ཁྲིངས་ལོག་བྱེད་པ་འདི། །བཀའ་སྲུང་དམ་ཅན་རྒྱ་མཚོ་ཐམས་ཅད་དང་། །རིག་འཛིན་རྩལ་འཆང་གྲུབ་ཐོབ་ཐམས་ཅད་དང་། །བོད་ཁམས་གནོད་སྦྱིན་མཐུ་ཆེན་ཐམས་ཅད་ཀུན། །མ་ཉེས་མ་ལན་བདག་གི་ར་མདའ་ཆོག །ཅེས་གསུངས་ཏེ་ཆོས་གོས་ལན་གསུམ་བརྫབས་པས། དམ་ཅན་ཐམས་ཅད་མངོན་སུམ་དུ་བྱུང་སྟེ། བདག་ཅག་གི་མཐུ་རྩལ་གྱིས་རི་རབ་ཀྱང་ཐལ་བར་རློག་ནུས། རི་བོ་པང་གིས་འདེགས་ནུས། རྒྱ་མཚོ་ཧུབ་ཀྱིས་འདྲེན་ནུས། ཉི་ཟླ་ཆ་ལང་རྫེབ་ནུས། གནམ་ས་བླ་འོག་བསྒྱུར་ནུས་ཀྱང་། སློབ་དཔོན་ཉིད་ཀྱི་ཚེ་རབས་སྔ་མའི་ལས་འབྲས་རྫོགས་བར་འདུག་པས། སྟོན་ཆད་ནི་བདག་ཅག་གིས་ཀྱང་གྲོས་བགྱིས། ད་ནི་འཇིག་རྟེན་བཏླག་པར་བགྱིའམ་ཇི་ལྟར་བགྱི། ཞེས་ཞུས་པ་དང་། ཆོས་གོས་ཀྱི་ཆ་ག་ནས་སེང་ལྡེང་གི་ཕུར་བུ་བཏོན་ནས། དམ་ཅན་རྣམས་ཀྱི་སྲོག་སྙིགས་བཏབ་ཅིང་དྲིལ་ཞིང་། རི་ཕ་གི་མ་ར་ཡ་པཏྟ། ཞེས་གསུངས་པས། རི་དེ་ལས་མེ་རབ་ཏུ་འབར་ནས་དམག་དཔུང་ཐམས་ཅད་བསྲེགས་ཤིང་བཏླག་པར་བྱས་སོ། །དེའི་སྡིག་སྦྱོང་གི་དགེ་བར་བསམ་གཏན་མིག་གི་སྒྲོན་མ་ཡང་མཛད་ཅེས་གྲགས་སོ། །”ཞེས་པས་སློབ་དཔོན་གྱི་གནས་ཚུལ་དང་། བསམ་གཏན་མིག་སྒྲོན་མཛད་ཚུལ་རྣམས་རོབ་ཙམ་ཞིག་གསལ་བ་ཡིན།

ལོ་རྒྱུས་འདིར་གནུབས་ཆེན་སངས་རྒྱས་ཡེ་ཤེས་ཀྱིས《བསམ་གཏན་མིག་སྒྲོན》གཞུང་གི་དཔེ་འདི་སྡིག་སྦྱོང་གི་དོན་དུ་མཛད་པར་བཤད་ཡོད། 《བསམ་གཏན་མིག་སྒྲོན》རང་ལས་འདི་སྐད་དུ། “བན་ཆུང་གནུབས་བན་སངས་རྒྱས་ཀྱིས། །རྒྱ་བལ་བོད་དང་བྲུ་ཞ་སོགས། །མཁས་པའི་ཁ་བརྒྱུད་མཉེས་ཕུལ་བས། །པཎྜིཏ་ཡི་ཐུགས་སྒོ་ཕྱེ། །ཡང་རྩེ་ལུང་གི་མན་ངག་ཐོབ། །ལྷ་སྲིན་རྣམས་ཀྱིས་དབང་བསྒྱུར་བས། །རང་ཉམས་བསྒོམས་པའི་ཡི་གེ་བྲིས། །རྒྱལ་བའི་གདུང་འཛིན་སྐྱེས་མཆོག་བུས། །གཏན་དུ་སྒོམ་བྱེད་འདུ་ཤོང་གིས། །ཉམས་སུ་ལོངས་ཤིག་ཕ་ཡི་བཙས། །བུས་ཀྱང་རིགས་འཚོབ་གཅིག་ལ་གཏོད། །མང་ན་རྗོ་རྗེ་དམྱལ་བར་སྐྱེ། །བཙུན་ཆུང་འཕྲུལ་གྱི་ཐུགས་དམ་གཅིག་གཉིས་ཀྱི་རྣ་བར་ཟུང་ཡ། རྫོགས་སོ། །”ཞེས་གསུངས་པས། སློབ་དཔོན་ཆེན་པོ་ཉིད་ཀྱི་དགོངས་ཉམས་ཕྱི་རབས་གདུལ་བྱའི་དོན་དུ་ཡི་གེར་བཀོད་ཅིང་། དེའང་སློབ་དཔོན་ཉིད་ཀྱི་འཕྲུལ་གྱི་ཐུགས་དམ་སྟེ། ཉམས་ལེན་གྱི་ཡང་སྙིང་ཡིན་པ་གསལ་བར་བསྟན་ལ། ལྷག་པའི་རྣལ་འབྱོར་པ་ཆེན་པོ་འདི་ལྟ་བུ་ཞིག་གིས་སྡིག་བཤགས་ཀྱི་ཆེད་དུ་ཟབ་མོའི་གཞུང་ཞིག་བརྩམས་པར་བཤད་པ་ནི་དོན་དང་མ་འབྲེལ་བར་ཤེས་ཐུབ་པ་ཡིན།

ཡོངས་གྲགས་ཀྱི་དབང་དུ་བྱས་ན། གནུབས་ཆེན་སངས་རྒྱས་ཡེ་ཤེས་ནི་སློབ་དཔོན་རིན་པོ་ཆེ་པད་མ་སཾ་བྷ་ཝའི་དངོས་སློབ་རྗེ་འབངས་ཉེར་ལྔར་གྲགས་པའི་ནང་ཚན་མཐུ་ནུས་ཁྱད་པར་ཅན་

ཀྱི་རྣལ་འབྱོར་གྲུབ་པའི་དབང་ཕྱུག་ཆེན་པོ་ཞིག་སྟེ། ཀུན་མཁྱེན་པད་མ་དཀར་པོ(1527-1592)མཆོག་གིས་མཛད་པའི《ཆོས་འབྱུང་བསྟན་པའི་པད་མ་རྒྱས་པའི་ཉིན་བྱེད》ལས། "རྗེ་འབངས་དགུའི་མངའ་བདག་ལ་ཆེ་མཆོག སྣུབས་ནམ་མཁའི་སྙིང་པོ་ལ་ཡང་དག སངས་རྒྱས་ཡེ་ཤེས་རིན་པོ་ཆེ་ལ་འཇམ་དཔལ། རྒྱལ་བ་མཆོག་དབྱངས་ལ་པད་མ་དབང་ཆེན། མཚོ་རྒྱལ་ལ་ཕུར་པ། འབྲོག་མི་དཔལ་གྱི་ཡེ་ཤེས་ལ་མ་མོ། སླངས་དཔལ་གྱི་ཡེ་ཤེས་ལ་འཇིག་རྟེན་མཆོད་བསྟོད། བཻ་རོ་ཙ་ན་ལ་དམོད་པ་དྲག་སྔགས་ཀྱི་བཀའ་བབས། དེ་ལ་མངའ་བདག་གིས་ཚེ་ཟད་ནས་ལོ་ལྔ་བསྲིང་བ། ནམ་མཁའི་སྙིང་པོ་ཉི་ཟེར་ལ་ཞོན་པ། སངས་རྒྱས་ཡེ་ཤེས་བྲག་ལ་ཕུར་པ་འདེབས་པ། རྒྱལ་བ་མཆོག་དབྱངས་རྟ་མགོ་བཏོན་ནས་རྟ་སྐད་ཐེངས་གསུམ་འདོན་པ། མཚོ་རྒྱལ་བཤད་གསོ། འབྲོག་མིས་མཁའ་འགྲོ་མ་དངོས་སུ་འཁོལ་བ། སླངས་ཀྱིས་སྲེ་བརྒྱད་བྲན་དུ་བཀོལ་བ། བཻ་རོས་ལྷ་སྲིན་དབང་དུ་བསྡུ་ཤེས་སོ། །"ཞེས་གསུངས་པ་ལྟར་ཐུབ་སྟོང་མ་ཡིན་པ་རྗེ་འབངས་དགུའི་གྲངས་ཀྱང་ཡིན་ལ། སྐུ་ཚེ་ཡུན་རིང་དུ་བཞུགས་པའི་རྐྱེན་གྱིས། མངའ་བདག་ཁྲི་རལ་པ་ཅན་གྱི་དུས་སུའང་ཆེས་གྲགས་པའི་སློབ་དཔོན་ཞིག་ཡིན་པ་སྟེ། 《ངོ་མཚར་དད་པའི་ཕྲེང་བ》ལས། "དེ་ཡང་ལོ་རྒྱུས་འགའ་ཞིག་ཏུ་གནུབས་ཆེན་པོ་བརྒྱ་དང་བཅུ་གསུམ་བཞུགས་པར་བཤད་ཀྱང་། ཉིད་ཀྱི་གསུངས་ལས། གནུབས་ཀྱི་བན་ཆུང་སངས་རྒྱས་ངས། །ལོ་ནི་བརྒྱ་དང་སུམ་ཅུ་ལོན། །ཞེས་གསུངས་པ་བཙན་པར་འདུག་ཅིང་། རྒྱུ་མཚན་མངའ་བདག་ཁྲི་སྲོང་གི་དུས་ནས་དཔལ་འཁོར་བཙན་གྱི་བར་དུ་བཞུགས་པའི་ལོ་རྒྱུས་སྣང་སྟེ། དར་མས་བསྟན་པ་བསྣུབས་པ(906)ཐུགས་ཀྱིས་མ་བཟོད་པར་དྲག་སྔགས་བྱ་བར་དགོངས་ཏེ། སླར་བལ་པོར་ལོག་སྟེ་བ་སུ་དྷ་ར་ལ་དྲག་སྔགས་ཕྱུ་གྲི་རིག་ཚོད་འགའ་ཞིག་ནོས་པ་ཚུར་བྱོན་པའི་ཚེ་རྒྱལ་པོ་སྡིག་ཅན་ལྷ་ལུང་དཔལ་རྡོར་གྱིས་བསྒྲལ(902)ཟིན་འདུག་པས་དན་སྔགས་མཛད་མ་དགོས་པར་གཏེར་དུ་སྦས་པར་གསུངས་པའི་ཕྱིར། དེ་ལྟར་གདུལ་བྱ་རྫོགས་ནས་རེ་ཞིག་གདོད་མའི་ཞིང་དུ་ལྷུན་གྲུབ་འོད་ཕུང་ཆེན་པོར་གཤེགས་སོ། །"ཞེས་པས་སྐུ་ཚེ་ཇི་ཙམ་དུ་བཞུགས་པའི་ཚུལ་གསལ་བ་ཡིན།

《ཆོས་འབྱུང་མཁས་པའི་དགའ་སྟོན》ལས། "འཇམ་དཔལ་སྐུའི་བཀའ་བབས་ཀྱི་སངས་རྒྱས་ཡེ་ཤེས་དེ་ནི་སྨྲགས་པ་སངས་རྒྱས་ཡེ་ཤེས་སུ་སྣང་ལ། སྣུབས་སངས་རྒྱས་ཡེ་ཤེས་ནི་རལ་པ་ཅན་གྱི་དུས་ཕྱུང་ནས་བོད་དང་། བལ་པོ་དང་། རྒྱ་གར་དང་། བྲུ་ཞའི་མཁས་པ་མང་པོ་བསྟེན་ཞིང་། བྲུ་ཞའི་ལོ་ཙ་བ་ཚེ་བཙན་སྐྱེས་ལས་མདོ་དགོངས་འདུས་གསན། ཕྱིར་མི་མ་ཡིན་བྲན་དུ་འཁོལ། ལོ་བརྒྱ་དང་བཅུ་གསུམ་དུ་བཞུགས་ཏེ། སློབ་དཔོན་འདི་ལ་མདོ་རྒྱུད་སེམས་གསུམ་གྱི་བཀའ་ཐམས་ཅད་གཅིག་ཏུ་བབས་པ་ཡིན་ནོ། །"ཞེས་པས་སྨྲགས་པ་སངས་རྒྱས་ཡེ་ཤེས་དང་། སྣུབས་སངས་རྒྱས་ཡེ་ཤེས་ཞེས་པའི་སློབ་དཔོན་མི་འདྲ་བ་གཉིས་དུས་ཐ་དད་དུ་བྱོན་པར་བཤད་ནའང་། གོང་གསལ་གནུབས་ཆེན་ཉིད་ཀྱི་ཞལ་སྔ་ནས་

གསུངས་པའི་ལུང་། "སྒྲགས་སུ་མ་ཆགས་གནུབས་ཡུལ་རོང་དུ་བྲོས།" ཞེས་གསལ་བས་སངས་རྒྱས་ཡེ་ཤེས་ལ་སྒྲགས་པའམ་གནུབས་ཀྱི་ཐ་སྙད་གང་སྦྱར་ཀྱང་རུང་། སློབ་དཔོན་མི་འདྲ་བ་གཉིས་ཡིན་དགོས་པའི་རྒྱུ་མཚན་མེད་ལ། "སྣུབས"དང"གནུབས"ཞེས་པའང་དཔེ་རྙིང་རྣམས་སུ་འབྲི་སྟངས་མི་འདྲ་བ་ཙི་རིགས་ཤིག་སྣང་ནའང་དོན་དུ་ཡུལ་ཞིག་གི་མིང་ལ་དེ་སྐད་དུ་གྲགས་པ་ནི་ཤེས་སླ། གནུབས་ཆེན་སངས་རྒྱས་ཡེ་ཤེས་དེ་དགུང་ལོ་བརྒྱ་དང་བཅུ་གསུམ་བཞུགས་པའི་དབང་དུ་བྱས་ནའང་། ཁྲི་སྲོང་ལྡེའུ་བཙན་སྐུ་འཁྲུངས་ནས་ཁྲི་རལ་པ་ཅན་སྐུ་མ་གཤེགས་ཀྱི་བར་ལོ་གྲངས་བརྒྱ་དང་བཅུ་གཅིག་ལས་མེད་པས། དུས་སྐབས་ཀྱི་འགལ་བ་ཅི་ཞིག་ཀྱང་མེད།

གནུབས་ཆེན་སངས་རྒྱས་ཡེ་ཤེས་ཀྱིས《བསམ་གཏན་མིག་སྒྲོན》དུ་རྒྱལ་ཚུང་གི་ལུང་ཐེངས་བཞིར་དྲངས་འདུག་ཅིང་། དེ་དག་ཀྱང《བསམ་གཏན་མིག་སྒྲོན》ལས། "ལུས་སེམས་མ་སྐྱེས[མི]གཞི་མེད་པས། །མཁའ་ལྟར་བཅོས་པའི་ཁ་ན་མེད། །"ཅེས་དང་། ཡང་དེའི་གཤམ་དུ། "སྒྱུ་མ་བཞིན་དུ་ལུས་ཤེས་ན། །དྲང་འདུག་སྐྱིལ་ཀྱང་འཆའ་བའང་མེད། །སྒྱིད་ལམ་གསུམ་གྱིས་གནས་པ་གང་། །ཆེད་དུ་བྱ་མེད་བྱེད་པའང་མེད། །"ཅེས་པ་དང་། ཡང"ཚད་མར་ལུས་སེམས་འཚོས་བྱེད་པ། །འཛིན་པའི་ཕུར་པ་དེ་ལ་ཡོད། །"ཅེས་དང་། "རྒྱུ་མ་བཞིན་དུ་སེམས་མེད་ན། །མི་གནས་མི་དམིགས་བྱེད་པ་གང་། །ནམ་མཁའ་རང་ལས་མ་གནས་ཞེས། །བསྒོམ་པ་དོན་དང་ལྡན་པ་མིན། །"ཞེས་བྱ་བ་རྣམས་ཡིན།

ལུང་ཐེངས་གཉིས་པར་དྲངས་པའི་ནང་དུ། "དྲང་འདུག་སྐྱིལ་ཀྱང་འཆའ་བའང་མེད། །"ཅེས་བྱ་བའི་ཚིག་རྐང་དེ་ཉིད། སྤྱས་པའི་རྒྱལ་ཚུང་གི་ཕྱི་མོའི་དཔེ་རྙིང་འདིར་ནི། "དཀྱིལ་ཀྱང་དྲང་འདུག་བཅས་པ་མྱེད།" ཅེས་སུ་གསལ་བའི་ཚིག་རྐང་དེ་གཉིས་ལ་ཚིག་གི་སྡེབ་སྦྱོར་ཕྲན་བུ་མི་འདྲ་བ་ཙམ་ལས། གཞན་ཚིག་དོན་གཉིས་ཆ་ནས་འདྲ་བར་སྣང་། འོན་ཀྱང་ཚིག་རྐང་དེའི་སྔོན་རོལ་དུ། 《བསམ་གཏན་མིག་སྒྲོན》ཀྱི་ལུང་ལས་ནི། "སྒྱུ་མ་བཞིན་དུ་ལུས་ཤེས་ནི། །"ཞེས་བྱ་བའི་ཚིག་རྐང་འདི་འབྱུང་ལ། ཕྱི་མོའི་དཔེ་རྙིང་འདིར་ནི། "ནམ་མཁའ་ལྟ་བུར་ཡེ་གནས་ལ། །"ཞེས་སུ་གསལ་བ་དང་། ཡང་ཚིག་རྐང་དེའི་མཇུག་ཐོག་ཏུ། 《བསམ་གཏན་མིག་སྒྲོན》གྱི་ལུང་ལས་ནི། "སྒྱིད་ལམ་གསུམ་གྱིས་གནས་པ་གང་། །ཆེད་དུ་བྱ་མེད་བྱེད་པའང་མེད། །"ཅེས་གསལ་ལ། ཕྱི་མོའི་དཔེ་རྙིང་འདིར་ནི། "རང་བཞིན་ནམ་མཁར་གནས་པ་ལ། །ནམ་མཁར་འགྱུར་བའི་གཞི་མ་ཡིན། །"ཞེས་འབྱུང་བ་འདི་གཉིས་ལ་ནི་ཚིག་དོན་གང་ཐད་ནས་ཁྱད་ཤིན་ཏུ་ཆེ་བར་སྣང་།

ལུང་ཐེངས་གསུམ་པར། "འཛིན་པའི་ཕུར་པ་དེ་ལ་ཡོད། །"ཅེས་པའི་ཚིག་རྐང་དེ་ཉིད། སྤྱས་པའི་རྒྱལ་ཚུང་གི་ཕྱི་མོའི་དཔེ་རྙིང་འདིར་ནི། "འཛིན་པའི་ཕུར་པ་དེ་ན་ཡོད། །"ཅེས་རྣམ་དབྱེ་བདུན་པའི་སྒྲ"ལ"དང"ན"ཡི་ཁྱད་པར་ཙམ་ལས་གཞན་ཀུན་ཚིག་དོན་གཉིས་ཕྱོགས་ནས་འདྲ་བར་སྣང་སོད།

ཆོས་རྐང་དེའི་སྔོན་རོལ་དུ། 《བསམ་གཏན་མིག་སྒྲོན》གྱི་ལུང་ལས་ནི། "ཚད་མར་ལུས་སེམས་འཚོས་བྱེད་པ། །"ཞེས་གསལ་ལ། ཕྱི་མོའི་དཔེ་སྙིང་འདིར་ནི། "ཏིང་འཛིན་བག་ཆགས་སྦྱོང་བ་དག །"ཅེས་འབྱུང་བ་དང་། ཡང་ཆོས་རྐང་དེའི་རྗེས་ཐོག་ཏུ། བསམ་གཏན་མིག་སྒྲོན་གྱི་ལུང་ཐེངས་གསུམ་པའི་མཇུག་དེ་ག་ནས་ཇོགས་པས་ངེས་པ་མ་རྙེད་ཅིང་། ཕྱི་མོའི་དཔེ་སྙིང་འདིར་ནི། "འཛིན་མེད་མཁའ་ལ་བཙོས་མྱེད་ན། །"ཞེས་སོགས་ཀྱིས་མཇུག་སྐྱོང་བ་དེ་ལྟར་ན། ཐོག་མའི་ཆོས་རྐང་ཕན་ཚུན་ལ་ཆོས་དོན་གང་ཐད་ནས་མི་འདྲ་བའི་ཁྱད་ཆེ་བར་ཡོད་པ་ནི་མངོན་སུམ་དུ་མཐོང་ཐུབ་པ་འདི་ཡིན། གང་ལྟར་ཡང《བསམ་གཏན་མིག་སྒྲོན》དུ་དྲངས་པ་རྒྱམ་ཚུང་གི་ལུང་དང་པོ་དང་། ལུང་གཉིས་པའི་ཐོག་མཐའ། ལུང་གསུམ་པའི་ཆོས་རྐང་པ་དང་པོ་དང་། ལུང་བཞི་པ་ཡོངས་ཇོགས་རྣམས་སྨས་པའི་རྒྱམ་ཚུང་གི་ཕྱི་མོའི་དཔེ་འདིར་མི་སྣང་། ཚུལ་འདི་ལ་དཔྱད་ན། ཕལ་ཆེར་སྨས་པའི་རྒྱམ་ཚུང་གི་ཕྱི་མོའི་དཔེ་འདི་ལས་རྒྱས་པའམ། ཆོས་ཚིགས་མང་བ་ཞིག་ཡོད་སྲིད་པ་དང་། ཡང་ན་རྒྱམ་ཚུང་གི་ཕྱི་མོའི་དཔེ་སྙིང་འདིར་ཆོས་རྐང་མང་ཞིང་མ་ཚང་བ་གང་ཡིན་གྱི་སྐོར་འདི་དག་རིམ་གྱིས་འཚོལ་གཞིག་ནན་ཏན་གནང་དགོས་གལ་ཤིན་ཏུ་ཆེའོ། །

སྨས་པའི་རྒྱམ་ཚུང་གི་ཕྱི་མོའི་དཔེ་སྙིང་མ་དེ་ལ་མཆན་བུ་དེ་ཙམ་མི་གསལ་བ་ཐར་ཐོར་ཞིག་ཡོད་འདུག་པ། དེ་དག་རེ་རེ་བཞིན་དུ་ཞིབ་འཇུག་ནན་ཏན་བགྱིས་ཏེ། སོ་སོའི་ཁུངས་རྟགས་ཀྱིས་གསལ་བ་རྣམས་དེ་ག་རང་དུ་ཐད་ཀར་བཙུག་པ་དང་། རྟགས་ཀྱིས་མི་གསལ་བ་རྣམས་ཆོས་དོན་གྱི་འགྲོས་ལ་དཔྱད་དེ་གང་འོས་ཀྱི་གནས་རྣམས་སུ་ཐད་ཀར་བཙུག་ཡོད། མཆན་བུའི་ཆོས་མཚམས་སྤྱི་ཕྱིར་མཆན་རྟགས་ནང་མཆན་ཆོག་རྣམས་གསལ་པོར་བཀོད་ཡོད།

ཕྱི་མོའི་དཔེ་སྙིང་མ་དེ་ལ་དག་ཆའི་ཐོག་མ་དག་པའི་ཆོས་མི་ཤུང་བ་ཞིག་ཡོད་སྙམ་འདུག་པ་དེ་ཀུན་བཙོས་ཁུལ་བྱས་ཡོད་ནའང་། སྐབས་འགར་དཔེ་སྙིང་རྣམས་སུ་དེང་དུས་ཀྱི་དག་ཆ་དང་མི་འདྲ་བའི་ཆོས་སྦྱོར་གྱི་རིགས་དུ་མ་ཞིག་ཀྱང་ཡོད་ངེས་པར་བརྗེན། ཕྱི་མོའི་དཔེ་སྙིང་མ་འདིར་ཇི་ལྟར་ཡོད་པའི་ཆོས་ཀུན་དཔྱད་གཞིའི་ཆ་རྐྱེན་དུ་སྨན་རེས་གསལ་བྱེད(ཀ)དང(ཁ)ལ་སོགས་པའི་རྟགས་ཀྱིས་དྲངས་པ་ལྟར་ལྡེབ་གཤམ་སོ་སོར་བཀོད་ཡོད།

ཆོས་དོན་གང་ཐད་ནས་ཅུང་ཟད་གོ་དཀའ་བའི་རིགས་རྣམས་ཆོས་སྒྲུབ་སོ་སོའི་ཁ་ཐུག་ཏུ་སྔོར་ཐིག་ཨང་གྲངས་ཀྱིས་མཚན་པས་དྲངས་པ་ལྟར། འབྲུ་འགྲེལ་དང་། དོན་འགྲེལ་གང་ལ་གང་འོས་པ་རྣམས། ཇོགས་པ་ཆེན་པོའི་རྒྱུད་ལུང་མན་ངག་གི་དཔེ་ཚད་ལྡན་རྣམས་ཀྱི་དགོངས་པ་གཞིར་བཟུང་སྟེ་འགྲེལ་བཤད་གང་ཐུབ་ཐུབ་ཤིན་ཏུ་ཁ་གསལ་ཡིན་ཁུལ་གྱིས་བཀོད་ཡོད།

སྨས་པའི་རྒྱམ་ཚུང་གི་ཕྱི་མོའི་དཔེ་སྙིང་མ་འདི་དང་འབྲེལ་ཡོད་ཀྱི་ཆ་ལག་མི་འདྲ་བ་གསུམ་ཡོད་

པ་ལས། ཀུམ་ཚུང་གི་ཆ་ལག་དང་པོ་ནི། སློབ་དཔོན་སངས་རྒྱས་སྲས་པའི་རྡོ་རྗེའི་སྐུ་ཞེས་པ་སྟེ། དེ་ཡང་ཨ་ཏི་ཡོ་གའི་ལུགས་སུ། རྫོགས་པ་ཆེན་པོའི་དགོངས་པ་རྗེན་གཅེར་དུ་ངོ་སྤྲོད་པའི་ཚུལ་བླ་ན་མེད་པ་ཞིག་ནི། རིག་འཛིན་གྱི་སློབ་དཔོན་རྣམས་ཀྱི་རྟོགས་པ་རྡོ་རྗེའི་སྐུ་ཟབ་མོ་རྣམས་ལ་བརྟེན་ནས་རིག་པ་རྩལ་གྱི་དབང་བསྐུར་བ་དེ་ཡིན། རྒྱུ་མཚན་དེ་ལ་བརྟེན་ནས་རྫོགས་ཆེན་གྱི་རྣལ་འབྱོར་པ་ཆེན་པོ་གཡུང་སྟོན་རྡོ་རྗེ་དཔལ(1284—1365)གྱིས་སེམས་སྡེ་མ་བུ་བཅོ་བརྒྱད་ཀྱི་དགོངས་པ་ངོ་སྤྲོད་པའི་ཐབས་རིག་པ་རྩལ་གྱི་དབང་ཇི་ལྟར་བསྐུར་བའི་ཕྱི་མོའི་དཔེ་བཀོད་གནང་བ་དེ་ཉིད་གཞིར་བཞག་ནས། དུས་ཕྱིས་ཀྱི་མཁས་གྲུབ་ཆེན་པོ་ཀོང་སྤྲུལ་བློ་གྲོས་མཐའ་ཡས(1813—99)ཀྱིས་གསར་རྙིང་རིས་མེད་ཀྱི་གསང་བ་ཟབ་མོ་རྣམས་ལྷན་ཅིག་ཏུ་བསྡེབས་པ《གདམས་ངག་མཛོད》ཀྱི་བཀའ་བསྡུ་གནང་སྐབས། ཐེག་མཆོག་རྫོགས་པ་ཆེན་པོའི་སྐོར་དུ། རྫོགས་ཆེན་སྡེ་གསུམ་གྱི་གདམས་པའི་སྙིང་པོ་རྣམས་ཕྱོགས་གཅིག་ཏུ་བསྡུས་ཏེ་གདམས་ངག་མཛོད(ཀ)པོད་རྙིང་མའི་གྲངས་སུ་བཞག་མཛད་པ་དེ་དག་ལས། "སེམས་སྡེ་མ་བུ་བཅོ་བརྒྱད་ཀྱི་དགོངས་པ་ངོ་སྤྲོད་པའི་ཐབས་རིག་པ་རྩལ་གྱི་དབང་བཅོ་བརྒྱད་བསྐུར་བའི་ཆོག་ཁྲིགས་བླ་མའི་ཞལ་གདམས་ཞེས་བྱ་བ་བཞུགས་སོ། །"ཞེས་པའི་མཚན་བྱང་ཅན་གྱི་དཔེ་དེ་ལས་གསལ་བ། 《སློབ་དཔོན་སངས་རྒྱས་སྲས་པའི་རྡོ་རྗེའི་སྐུ》ཞེས་བྱ་བའི་དཔེ་དེ་ཡིན།

ཀུམ་ཚུང་གི་ཆ་ལག་གཉིས་པ་ནི། དུས་རབས་བརྒྱད་པའི་ནང་བྱོན་པའི་རྫོགས་ཆེན་གྱི་སློབ་དཔོན་ཆེན་པོ། རྫོགས་ཆེན་གྱི་རྒྱུད་ལུང་ཕལ་མོ་ཆེ་ཨོ་རྒྱན་གྱི་སྐད་ནས་བོད་སྐད་དུ་བསྒྱུར་མཛད་པའི་ལོ་ཙྪ་བ་ཆེན་པོ་བཻ་རོ་ཙ་ན་ཞབས་ཀྱི་རྒྱུད་འབུམ་རིན་པོ་ཆེའི་ཕྱི་མོའི་དཔེ་རྙིང་ལག་བྲིས་མ་པོད་བརྒྱད་ཡོད་པ་ཞིག་གན་དགོན་རྟོགས་ལྡན་རིན་པོ་ཆེའི་ཕྱག་དཔེའི་གྲས་སུ་བཞུགས་པ་དེ་ཉིད་བཀྲས་སྒང་བཀྲ་ཤིས་ལགས་ཀྱིས་ལ་དྭགས་སླེར(1971)དཔར་ལོག་བརྒྱབ་ཏེ་ཀུན་གྱི་སྤྱོད་ཡུལ་དུ་སྟོང་བར་མཛད་ཅིང་། རྒྱུད་འབུམ་རིན་པོ་ཆེ་དེའི་ཁོངས་པོད་བརྒྱད་པ(ཇ)དུམ་གྱི་མཇུག་ཐོག་ཏུ"བཻ་རོའི་འདྲ་འབག་ཆེན་མོ་བཞུགས་སོ། །"ཞེས་བྱ་བ་སློབ་དཔོན་བཻ་རོ་ཙ་ནའི་རྣམ་ཐར་དཔུ་མེད་ཀྱི་ཕྱི་མོའི་དཔེ་རྙིང་ཤིན་ཏུ་བསླག་དཀའ་བ་ཞིག་ཡོད་འདུག་པ་དེ་ཉིད་རྩ་བར་བཟུང་ནས།

༡.སློབ་དཔོན་སངས་རྒྱས་སྲས་པས་སྙིང་པོའི་དོན་དྲིལ་ནས་གསུངས་པ།

༢.སློབ་དཔོན་སངས་རྒྱས་སྲས་པས་རྡོ་རྗེའི་བཤད་པ་གནང་བ།

༣.སློབ་དཔོན་སངས་རྒྱས་སྲས་པ་ཉིད་ཀྱི་རྟོགས་པ་བརྗོད་པ།

༤.སློབ་དཔོན་སངས་རྒྱས་སྲས་པས་བྱང་ཆུབ་ཀྱི་སེམས་གསུངས་པ་བཅས་ལེའུ་ཚན་བཞི་ཡོད་པ་རྣམས་འདིར་ཕྱོགས་གཅིག་ཏུ་བཀོད་པ་དང་། དེ་དག་གི་མཇུག་ཐོག་ཏུ་ཕྱི་མོའི་དཔེ་གཞན"རྗེ་བཙུན་ཐམས་ཅད་མཁྱེན་པ་བཻ་རོ་ཙ་ནའི་རྣམ་ཐར་འདྲ་འབག་ཆེན་མོ་བཞུགས་སོ། །"ཞེས་པའི་མཚན་བྱང་ཅན་

གྱི་ལྷ་སའི་དཔར་མ་དེར་མི་འདྲ་བའི་ཆ་ཇི་སྙེད་ཅིག་ཡོད་པ་དེ་རྣམས་ཀྱང་འདིར་གསལ་ཁ་བཏོན་ཏེ་བཀོད་ཡོད་པ་དེ་རྣམས་ཡིན།

རྒྱམ་ཚུང་གི་ཆ་ལག་གསུམ་པ་ནི། གནུབས་ཆེན་སངས་རྒྱས་ཡེ་ཤེས་སམ་རྡོ་རྗེ་ཡང་དབང་གཏེར་དུ་གྲགས་པ་དེ་ཉིད་ཀྱིས་མཛད་པའི་བསྟན་བཅོས་ཆེན་པོ"སྒོམ་གྱི་གནད་གསལ་བར་ཕྱེ་བ་བསམ་གཏན་མིག་སྒྲོན"ནམ། "ཀུན་གཞི་བྱང་ཆུབ་ཀྱི་སེམས་ལྷུན་གྱི་རྫོགས་པ་ཆེན་པོ་གཏན་ལ་དབབ་པའི་མན་ངག་གི་རྒྱལ་པོ། རྣལ་འབྱོར་པའི་མིག་ཅེས་བྱ་བའི་བསམ་གཏན།" ཞེས་པ་མཚུངས་པའི་ཟླ་ཐམས་ཅད་དང་ཡོངས་སུ་བྲལ་བའི་བསྟན་བཅོས་ཆེན་པོ་དེའི་ནང་། རྫོགས་ཆེན་གྱི་སྟོན་པ་དགའ་རབ་རྡོ་རྗེ་དང་། སློབ་དཔོན་པད་མ་སཾ་ཧ་ཤ་སོགས་ཨ་ཏི་ཡོ་གའི་རིག་འཛིན་ཆེན་པོ་རྣམས་ཀྱི་དགོངས་པ་བཞེས་ཚུལ་ལམ། ལས་ཅན་གྱི་གདུལ་བྱ་རྣམས་ལ་བསྟན་ཚུལ་མི་འདྲ་བ་འགའ་ཞིག་གསལ་བར་བཀྲལ་མཛད་པ་ལས། སློབ་དཔོན་སངས་རྒྱས་སྦས་པས་བྱ་བཙལ་དང་བྲལ་བར་བཞེད་ཚུལ་གསལ་རྒྱས་སུ་བཀོད་མཛད་པ་རྣམས་འདིར་ཕྱོགས་གཅིག་ཏུ་བསྡུས་པ་དེ་དག་ཡིན།

ཆ་ལག་གསུམ་པོ་དེ་དག་རེ་བཞིན་གྱི་མཇུག་ཐོག་ཏུ། སྐབས་སོ་སོའི་ཚིག་དོན་ཤིན་ཏུ་གོ་དཀའ་བའི་རིགས་རྣམས་ལ་མེད་དུ་མི་རུང་བའི་ཚིག་འགྲེལ་ཉུང་ངུ་རེའང་བཀོད་ཡོད།

སྦས་པའི་རྒྱམ་ཚུང་གི་ཕྱི་མོའི་དཔེ་སྙིང་ཏུན་ཧོང་ནས་ཐོན་པ་འདི་བཞིན་གནའ་བོའི་ཤེས་རིག་ལ་དོ་སྣང་ཡོད་པ་ཀུན་གྱི་སྤྱོད་ཡུལ་དུ་གྱུར་པ་དང་། རྫོགས་ཆེན་ཨ་ཏི་ཡོ་གར་ཞིབ་འཇུག་གི་ཆ་རྐྱེན་དེ་ལྷག་མེད་པ་ཞིག་ཏུ་གྱུར་པ་དང་། ལྷག་པར་དུ་སྙིང་པོའི་བསྟན་པ་རིན་པོ་ཆེ་འདི་ལ་མོས་པའི་སྐལ་ལྡན་རྣམས་ཀྱིས་རྫོགས་ཆེན་ཨ་ཏི་ཡོ་གའི་དགོངས་པ་ཇི་བཞིན་དུ་རྟོགས་པ་དང་། མོས་པས་སྤྱོད་པ་རྣམས་ལའང་སློབ་གཉེར་གྱི་མཐུན་རྐྱེན་ཡང་དག་པའི་གོ་སྐབས་རྙེད་དུ་བྱུང་བ་ཞིག་ཐོབ་པ་འདི་དག་ནི། དབྱིན་ཡུལ་རྒྱལ་སའི་ཨི་ཎྜི་ཡ་ཨོཕྷིསི་དཔེ་མཛོད་ཁང་གི་སྐུ་དྲིན་ལས་བྱུང་བ་སྟེ། ཁོང་ཚོས་ཕྱི་མོའི་དཔེ་སྙིང་མ་རིན་ཐང་བྲལ་བ་འདི་བཞིན་དོ་དམ་གྱིས་ཉར་ཚགས་གནང་བ་དང་། དེ་ཙམ་དུ་མ་ཟད་རང་རེས་དཔེ་སྙིང་དེ་དག་ལ་ཞིབ་འཇུག་བྱེད་པར་ཕྱི་མོའི་དཔེ་འདྲ་བཤུས་རྒྱག་པ་སོགས་གང་ཅིའི་ཕན་ཐོགས་རྒྱ་ཆེན་པོ་དེ་དག་གནང་མེད་ན་ད་ལན་གྱི་དཔེ་འདི་བཞིན་ཀུན་གྱི་སྤྱོད་ཡུལ་དུ་འགྱུར་མི་སྲིད་པ་མཐའ་གཅིག་ཏུ་ངེས་པས། ཁོ་བོས་སྐབས་འདིར་ཁོང་ཚོར་བཀའ་དྲིན་རྗེས་དྲན་གྱི་སྒོ་ནས་ཐུགས་རྗེ་ཆེ་ཞེས་ཞུ་རྒྱུ་ཡིན།

ཁོ་བོས་བསྟན་པ་དང་། འགྲོ་བ་ཡོངས་ལ་སྨན་རེའི་བསམ་སྦྱོར་རྣམ་པར་དག་པས་དཀའ་ངལ་ཇི་སྙེད་ཅིག་བྱུང་བ་ཐམས་ཅད་ཁྱད་དུ་བསད་དེ། རང་གི་ཤེས་ཚོད་ལ་དཔག་པས་སྦས་པའི་རྒྱམ་ཚུང་གི་ཕྱི་མོའི་དཔེ་སྙིང་འདིའི་ཚིག་དོན་གཉིས་ཀའི་ཆ་ལ་འགྲེལ་བཤད་གང་ཐུབ་ཐུབ་བགྱིས་ཁུལ་བྱས་ཡོད་

ནའང་། རྫོགས་ཆེན་ཨ་ཏི་ཡོ་གའི་དགོངས་པ་ནི་རྒྱ་མཚོ་ལས་གཏིང་ཟབ། རི་རྒྱལ་ལས་ལྷུན་བརྗིད། ནམ་མཁའ་ལས་རྒྱ་ཆེ་བ་ཞིག་ཏུ་སོང་བས། མ་རྟོགས་པ་དང་། ལོག་པར་རྟོག་པ་སོགས་ཀྱི་དྲི་མ་ཅི་རིགས་པའང་བྱུང་ཡོད་པར་སྲིད་པས། རྫོགས་པ་ཆེན་པོའི་རྟོག་པ་མཆོག་ལྡན་གྱི་མཁས་གྲུབ་རྣམས་ནས། ཁོ་བོས་མ་རྟོགས་པ་དང་། ལོག་པར་རྟོག་པ་དང་། ཐེ་ཚོམ་གྱི་དྲི་མ་ཇི་སྙེད་ཅིག་བཀོད་པ་དེ་ཀུན་བསྐྱན་པ་དང་འགྲོ་བའི་གསོལ་སུ་དགོངས་ཏེ། ཐུགས་བརྩེ་བ་ཆེན་པོས་དག་བཅོས་གང་ལ་གང་འོས་པ་རྣམས་ཀྱང་ཐད་ཀར་གནང་སྐྱོང་ཡོད་པ་ཞུ་འཚལ།

(རྫོགས་ཆེན་ཨ་ཏི་ཡོ་གའི་བསྟན་འཛིན་ཆེན་པོ་ཨ་ཛ་འབྲུག་པའི་སྐྱེས་མིང་ནམ་མཁའི་ནོར་བུས། ༡༩༨༢ཟླ་བ༨ཚེས༣ཉིན།)

《ཀྲུང་གོའི་བོད་ཀྱི་ཤེས་རིག》 ༡༩༨༩ལོའི་དེབ་གསུམ་པ་ལས་བཏུས།

༄༅། །ཏུན་ཧོང་ཡིག་རྙིང་ལས་བྱུང་བའི་བོད་ཀྱི་སློན་རབས་ངོ་སྤྲོད་མདོ་ཙམ་ཞུ་བ།

གོ་ཤུལ་གྲགས་པ་འབྱུང་གནས།

སློང་གཞི།

དེ་ཡང་འདིར་འཆད་པའི་ཏུན་ཧོང་ཡིག་རྙིང་ཞེས་པ་ནི《ཏུན་ཧོང་ནས་ཐོན་པའི་བོད་ཀྱི་ལོ་རྒྱུས་ཡིག་ཆ》ཕྱོགས་སྒྲིག་བྱས་པ་དེ་ཡིན་ཞིང་། དེ་ཉིད་ལས་བྱུང་བའི《བཙན་པོ་རིམ་བྱུང་གི་ལོ་རྒྱུས》ཞེས་པ་ལེའུ་གཉིས་པའི་ནང་དུ་འཁོད་པའི་བོད་བཙན་པོའི་དུས་སྐབས་ཀྱི་སློན་རབས་འཕྲོར་བུ་ཞིག་མཆིས་པ་དེ་འབྲེལ་ཡོད་ཀྱི་ལོ་རྒྱུས་དེབ་ཐེར་རྣམས་ལ་ཟུར་ལྟ་དཔྱད་བསྡུར་དང་། ལྷག་པར་དུ《ཏུན་ཧོང་ནས་ཐོན་པའི་བོད་ཀྱི་ལོ་རྒྱུས་ཡིག་ཆ》ལས་འབྱུང་བའི《དོན་ཆེན་གནད་བསྡུས་ཀྱི་ལོ་ཚིགས》ཞེས་པ་ལ་ཁུངས་གཏུགས་ནས་སློན་རབས་འཕྲོར་བུ་པའི་ནང་དུ་མཆིས་པའི་སློན་ཆེན་སུམ་ཅུ་སོ་བདུན་གྱི་མཛད་རྣམ་མདོར་བསྡུས་ཤིག་ལེའུ་གཉིས་པའི་ལུང་གིས་ཟིན་པ་ལྟར་བོད་བཙན་པོའི་གདུང་རབས་བཅུ་བདུན་པ་ལྷེ་འཕྲུལ་ནམ་གཞུང་བཙན་ནས་འུ་དུམ་བཙན་པོའི་བར་དུ་བྱུང་བའི་སློན་ཆེན་རིམ་བྱུང་རྣམས་མྱུ་ཏིག་རྗོག་པོ་སྟར་ལ་བརྒྱུས་པ་བཞིན་མཚན་ཐོའི་ཚུལ་དུ་ངོ་སྤྲོད་མདོ་ཙམ་ཞུ་བར་བྱའོ། །

དེ་ཡང་སློན་ཆེན་སོ་སོའི་མཛད་རྣམ་ནི《ཏུན་ཧོང་ནས་ཐོན་པའི་བོད་ཀྱི་ལོ་རྒྱུས་ཡིག་ཆ》ཕྱོགས་བསྒྲིགས་ལས《དོན་ཆེན་གནད་བསྡུས་ཀྱི་ལོ་ཚིགས》དང་། 《བཙན་པོ་རིམ་བྱུང་གི་ལོ་རྒྱུས》 《རྒྱལ་ཕྲན་རིམ་བྱུང་གི་མིང》 《རྒྱལ་རབས་རིམ་བྱུང་གི་མིང》སོགས་དང་། 《བོད་ཀྱི་རྡོ་རིང་ཡི་གེ་དང་དྲིལ་བུའི་ཁ་བྱང》ཕྱོགས་བསྒྲིགས་ལས《ཁྲང་ཆབ་མཐུན་འབྲེལ་རྡོ་རིང》དང《ཞོལ་རྡོ་རིང་ཕྱི་མ》གཉིས་ལས་བྱུང་བའི་སློན་ཆེན་སོ་སོའི་སྐོར་གྱི་ལུང་ཚིག་ཐ་རེ་ཐོ་རེ་རྣམས་ཕྱོགས་བསྡུས་ཀྱིས་སློན་ཆེན་སོ་སོའི་མཛད་རྣམ་གྱི་ཐད་དུ་བཅུག་སྟེ་སློན་རབས་འཕྲོར་བུ་པའི་གོ་རིམ་ལྟར་མཚན་ཐོ་རྣམས་གུང་དུ་བསྒྲིགས་ནས་ངོ་སྤྲོད་ཞུ་བར་བྱའོ། །

1. སྟོང་དང་རྗེ།

དེ་ཡང《བཙན་པོ་རིམ་བྱུང་གི་ལོ་རྒྱུས》ལས་ལེའུ་གཉིས་པའི《སློན་རབས་འཕྲོར་བུ་པ》ལས་འདི་ལྟ་

བྱུང་སྟེ"བཙན་པོ་ལྡེ་སྲུ་བོ་གནམ་གཞུང་རྩན་གྱི་རིང་སྐབ་ཆད། ནོན་ཆེ་བཀྲིས་པ་འི་རབས་ལ། གནའ་ཐོག་མ་འདའར་ཀྱི་བུ་སྟོང་དང(ཐང)རྗེས་བྱས་ཏེ། འཇངས་ལ་དཔའ་བོ། སློ་བ་ཡང་ཉེ་བོ།" ཞེས་འབོད་དོ། །ནོན་ཆེན་འདི་པ་ནི་བོད་བཙན་པོའི་བཀའ་ལ་གཏོགས་པའི་ཆབ་སྲིད་ཀྱི་ནོན་ཆེན་པོ་ཞིག་ཡིན། ཁོང་གི་གདུང་རུས་ནི་འདར་ཡིན་ནོ། །

2. རྗེགས་དུད་ཀྱི་རྗེ།

《ནོན་རབས་འཇོར་བུ་པ》ལས་འདི་ལྟ་བྱུང་སྟེ"དེ་འི་འོག་ཏུ་རྗེགས་དུད་ཀྱི་རྗེས་བྱས་ཏེ། དཔའ་ལ་འཇངས་སོ།" ཞེས་འབོད་དོ། ནོན་ཆེན་འདི་པ་ནི་བོད་བཙན་པོའི་བཀའ་ལ་གཏོགས་པའི་ཆབ་སྲིད་ཀྱི་ནོན་ཆེན་པོ་ཞིག་ཡིན། ཁོང་གི་གདུང་རུས་ནི་རྗེགས་ཡིན་ཞིང་། 《རྒྱལ་ཐྲན་རིམ་བྱུང་གི་མིང》ལས"ཡུལ་རྗེགས་ཡུལ་གྱི་གྲུ་བཞི་ན། རྗེ་རྗེགས་རྗེ་འི་ལ་བྲང་།" ཞེས་འབོད་པར་བལྟས་ན་ཡུལ་མིང་རུས་སུ་ཆགས་པ་འདྲའོ། །

3. ཁྲུ་ལྷ་བོ་མགོ་གར།

《ནོན་རབས་འཇོར་བུ་པ》ལས་འདི་ལྟ་བྱུང་སྟེ"དེ་འི་འོག་དུ་ཁྲུ་ལྷ་བོ་མགོ་གར་གྱིས་བྱས་ཏེ། དགྲ་ལ་དཔའ་ཞིང་སྙིང་ཤེས། མྱིག་རྣོ།" ཞེས་འབོད་དོ། །ནོན་ཆེན་འདི་པ་ནི་བོད་བཙན་པོའི་བཀའ་ལ་གཏོགས་པའི་ཆབ་སྲིད་ཀྱི་ནོན་ཆེན་པོ་ཞིག་ཡིན། ཡོངས་གྲགས་ཀྱི་མཛངས་ནོན་གཉིས་པ་སྟེ་བཙན་པོ་ཨེ་ཤོ་ལེགས་ཀྱི་ནོན་པོ་ལྷ་བུ་མགོ་དཀར་དང་མི་གཅིག་ཡིན་མིན་ད་དུང་དཔྱད་དགོས། ཁོང་གི་གདུང་རུས་ནི་ཁྲུ་ཡིན་ནོ། །

4. ལྷོ་ཐང་འབྲིང་ཡ་སྟེངས།

《ནོན་རབས་འཇོར་བུ་པ》ལས་འདི་ལྟ་བྱུང་སྟེ"དེ་འི་འོག་དུ་ལྷོ་ཐང་འབྲིང་ཡ་སྟེངས་ཀྱིས་བྱས་ཏེ། ཕྱི་འི་དགྲ་ཐུབ། ནང་གི་ཁབ་བསོ་མཐོ།" ཞེས་འབོད་དོ། །ནོན་ཆེན་འདི་པ་ནི་བོད་བཙན་པོའི་བཀའ་ལ་གཏོགས་པའི་ཆབ་སྲིད་ཀྱི་ནོན་ཆེན་པོ་ཞིག་ཡིན། ཁོང་གི་གདུང་རུས་ནི་ལྷོ་ཡིན་ལ་བོད་བཙན་པོའི་ཡབ་འབངས་རུས་དྲུག་གི་ཡ་གྱལ་ཞིག་ཡིན་ནོ། །

5. རྗེགས་ཐང་ཡོང་ཐང་རྗེ།

《ནོན་རབས་འཇོར་བུ་པ》ལས་འདི་ལྟ་བྱུང་སྟེ། "དེ་འི་འོག་ཏུ་རྗེགས་ཐང་ཡོང་ཐང་རྗེས་བྱས་ཏེ། དཔའ་ཞིང་འཇངས་སོ།" ཞེས་འབོད་དོ། །ནོན་ཆེན་འདི་པ་ནི་བོད་བཙན་པོའི་བཀའ་ལ་གཏོགས་པའི་ཆབ་སྲིད་ཀྱི་ནོན་ཆེན་པོ་ཞིག་ཡིན།

6. གནུབས་སྨོན་ཏོ་རེ་སྣང་བརྩན།

《ནོན་རབས་འཇོར་བུ་པ》ལས་འདི་ལྟ་བྱུང་སྟེ"དེ་འི་འོག་དུ་གནུབས་སྨོན་ཏོ་རེ་སྣང་བརྩན་གྱིས་

བྱས་ཏེ། སྙིང་ཤེས་སྨྱིག་རྫོ།” ཞེས་འཁོད་དོ། །སྨིན་ཆེན་འདི་པ་ནི་བོད་བཙན་པོའི་བཀའ་ལ་གཏོགས་པའི་ཆབ་སྲིད་ཀྱི་སྨིན་ཆེན་པོ་ཞིག་ཡིན། ཁོང་གི་གདུང་རུས་ནི་གནུབས་ཡིན་ཏེ། 《རྒྱལ་ཕྲན་རིམ་བྱུང་གི་མིང》ལས“ཡུལ་གནུབས་ཀྱི་སྙིང་དགུ་ན། རྗེ་གནུབས་རྗེ་འི་སྲིས་པ།” ཞེས་འཁོད་པར་བལྟས་ན་ཡུལ་མིང་རུས་སུ་ཐོགས་པ་འདྲའོ། 《བཀའ་ཐང་སྡེ་ལྔ》ལས“གནུབས་ལ་སྨིན་པོ་བཞི་བྱུང་སྟེ།” ཞེས་འཁོད་དོ། །

7. མཐོན་མྱི་འབྲིང་པོ་རྒྱལ་བཙན་ནུས།

《སྨིན་རབས་འཕོར་བུ་པ》ལས་འདི་ལྟ་བྱུང་སྟེ“དེ་འི་འོག་ཏུ་མཐོན་མྱི་འབྲིང་པོ་རྒྱལ་བཙན་ནུས་བྱས་ཏེ། དཀུ་ཆེན་པོ་བྱས་ནས། ཁོ་ན་འི་སྲོང་མོ་མཐོན་མྱི་ཟ་ཡར་སྟེང་། དུག་བསྐུར་ཏེ་བཏང་བ་ལས། མོ་ན་དུག་འཕྲུངས་ནས། བཙན་ནུ་བཀུམ་བ་ལགས་སོ། །”ཞེས་དང་། ཡང་དེ་ཉིད་ལས“གནའ་བཙན་པོ་འབྲོ་མཉེན་གྱི་རིང་ལ། མཐོན་མྱི་འབྲིང་པོ་རྒྱལ་བཙན་ནུས་སྨིན་ཆེ་བགྱིས་པ་ན་ཡང་། སྐྱོ་བ་རིངས་པར། མགར་མང་ཞམ་སུམ་སྣང་རལ་གྱི་དང་། བརྫའ་ཕྲད་ཏེ་ཚོར་བ་སྐད་དུ་བགྱིས་ནས་བཟུང་སྟེ་བསྐྱོན་ཕབ་པ་ན་ཡང་།” ཞེས་འཁོད་དོ། །《ཆོས་འབྱུང་མཁས་པའི་དགའ་སྟོན》ལས“བཙན་ལྡེའི་ཐོག་མ་རྒྱལ་ཏོ་རེ་ལོང་བཙན་གྱི་སྨིན་པོ་ནི་ཐོན་མི་འབྲིང་པོ་རྒྱལ་གྱིས་བྱས།” ཞེས་གསུངས་པ་ད་དུང་དཔྱད་དགོས། སྨིན་ཆེན་འདི་པ་ནི་བོད་བཙན་པོའི་བཀའ་ལ་གཏོགས་པའི་ཆབ་སྲིད་ཀྱི་སྨིན་ཆེན་པོ་ཞིག་ཡིན། ཁོང་གི་གདུང་རུས་ནི་ཐོན་མི་ཡིན་ལ། 《བཀའ་ཐང་སྡེ་ལྔ》ལས“ཐུ་ལ་སྨིན་པོ་གསུམ་བྱུང་སྟེ།” ཞེས་འཁོད་དོ། །ཐོན་མི་ནི་ཡུལ་མིང་རུས་ལ་ཐོགས་པ་ཞིག་ཡིན་ཏེ། ད་ལྟ་བོད་ལྗོངས་ཀྱི་སྙེ་མོ་རྫོང་ཁོངས་སུ་ཡོད།

8. སྣ་ནམ་འབྲིང་ཏོག་རྗེ།

《སྨིན་རབས་འཕོར་བུ་པ》ལས་འདི་ལྟ་བྱུང་སྟེ“དེ་འི་འོག་ཏུ་སྣ་ནམ་འབྲིང་ཏོག་རྗེས་བྱས།” ཞེས་པ་ལས་མཛད་རྣམ་ས་བོན་ཙམ་ཡང་འཁོད་མེད་ཀྱང་། དེ་ཉིད་ལས“འདི་ཡན་ཆད་ཀྱི་སྨིན་པོ་འཕྲུལ་དང་ལྡན་ཏེ། ལྟག་བརྟན་དང་འདོམ་སྟེ། འཇངས་ཀྱང་ཚད་མྱེད་དོ། །མྱི་དེ་ལྟེ་བུ་མ་སྐྱེས་པ་ཙམ་གྱི་ཚོད་དོ།” ཞེས་འཁོད་དོ། །སྨིན་ཆེན་འདི་པ་ནི་བོད་བཙན་པོའི་བཀའ་ལ་གཏོགས་པའི་ཆབ་སྲིད་ཀྱི་སྨིན་ཆེན་པོ་ཞིག་ཡིན། ཁོང་གི་གདུང་རུས་ནི་སྣ་ནམ་ཡིན་ལ། 《བཀའ་ཐང་སྡེ་ལྔ》ལས“སྣ་ནམ་ལ་སྨིན་པོ་བཞི་བྱུང་སྟེ།” ཞེས་འཁོད་དོ། །

9. གནུབས་ཁྲི་དོ་རེ་མཐོང་པོ།

《སྨིན་རབས་འཕོར་བུ་པ》ལས་འདི་ལྟ་བྱུང་སྟེ“དེ་འི་འོག་ཏུ་གནུབས་ཁྲི་དོ་རེ་མཐོང་པོས་བྱས།” ཞེས་པ་ལས་མཛད་རྣམ་ས་བོན་ཙམ་ཡང་འཁོད་མེད་ཀྱང་། དེ་ཉིད་ལས“འདི་ཡན་ཆད་ཀྱི་སྨིན་པོ་འཕྲུལ་དང་ལྡན་ཏེ། ལྟག་བརྟན་དང་འདོམ་སྟེ། འཇངས་ཀྱང་ཚད་མྱེད་དོ། །མྱི་དེ་ལྟེ་བུ་མ་སྐྱེས་པ་ཙམ་

ཀྱི་ཚོད་དོ།” ཞེས་འཁོད་དོ། །སྨན་ཆེན་འདི་པ་ནི་བོད་བཙན་པོའི་བཀའ་ལ་གཏོགས་པའི་ཆབ་སྲིད་ཀྱི་སྨན་ཆེན་པོ་ཞིག་ཡིན་ནོ། །

10. གཞུབས་ཁྲི་དོག་རྗེ་གཙུག་སྨན།

《སྨན་རབས་འཕྲོར་བུ་པ》ལས་འདི་ལྟ་བྱུང་སྟེ“དེ་འི་འོག་ཏུ་གཞུབས་ཁྲི་དོག་རྗེ་གཙུག་སྨན་གྱིས་བྱས།” ཞེས་པ་ལས་མཛད་རྣམ་ས་བོན་ཙམ་ཡང་འཁོད་མེད་ཀྱང་། དེ་ཉིད་ལས། “འདི་ཡན་ཆད་ཀྱི་སྨན་པོ་འཕྲུལ་དང་ལྡན་ཏེ། ལྟག་བརྟན་དང་འདོམ་སྟེ། འཇངས་ཀྱང་ཚད་མྱེད་དོ། མྱི་དེ་ལྟེ་བུ་མ་སྐྱེས་པ་ཙམ་གྱི་ཚོད་དོ།” ཞེས་འཁོད་དོ། །སྨན་ཆེན་འདི་པ་ནི་བོད་བཙན་པོའི་བཀའ་ལ་གཏོགས་པའི་ཆབ་སྲིད་ཀྱི་སྨན་ཆེན་པོ་ཞིག་ཡིན།

11. གཞུབས་མཉེན་ཏོ་རེ་ངན་སྣང་།

《སྨན་རབས་འཕྲོར་བུ་པ》ལས་འདི་ལྟ་བྱུང་སྟེ“དེ་འི་འོག་ཏུ་གཞུབས་མཉེན་ཏོ་རེ་ངན་སྣང་གིས་བྱས།” ཞེས་པ་ལས་མཛད་རྣམ་ས་བོན་ཙམ་ཡང་འཁོད་མེད་ཀྱང་། དེ་ཉིད་ལས“འདི་ཡན་ཆད་ཀྱི་སྨན་པོ་འཕྲུལ་དང་ལྡན་ཏེ། ལྟག་བརྟན་དང་འདོམ་སྟེ། འཇངས་ཀྱང་ཚད་མྱེད་དོ། མྱི་དེ་ལྟེ་བུ་མ་སྐྱེས་པ་ཙམ་གྱི་ཚོད་དོ།” ཞེས་འཁོད་དོ། །སྨན་ཆེན་འདི་པ་ནི་བོད་བཙན་པོའི་བཀའ་ལ་གཏོགས་པའི་ཆབ་སྲིད་ཀྱི་སྨན་ཆེན་པོ་ཞིག་ཡིན་ནོ། །

12. ཤུད་པུ་རྒྱལ་ཏོ་རེ་ང་མྱི།

《སྨན་རབས་འཕྲོར་བུ་པ》ལས་འདི་ལྟ་བྱུང་སྟེ“དེ་འི་འོག་ཏུ་ཤུད་པུ་རྒྱལ་ཏོ་རེ་ང་མྱིས་བྱས་ཏེ། འདི་ཡན་ཆད་ཀྱི་སྨན་པོ་འཕྲུལ་དང་ལྡན་ཏེ། ལྟག་བརྟན་དང་འདོམ་སྟེ། འཇངས་ཀྱང་ཚད་མྱེད་དོ། མྱི་དེ་ལྟེ་བུ་མ་སྐྱེས་པ་ཙམ་གྱི་ཚོད་དོ།” ཞེས་འཁོད་དོ། །སྨན་ཆེན་འདི་པ་ནི་བོད་བཙན་པོའི་བཀའ་ལ་གཏོགས་པའི་ཆབ་སྲིད་ཀྱི་སྨན་ཆེན་པོ་ཞིག་ཡིན། ཁོང་གི་གདུང་རུས་ནི་ཤུད་པུ་ཡིན་ནོ། །

13. མོང་ཁྲི་དོ་རེ་སྣང་ཚབ།

《སྨན་རབས་འཕྲོར་བུ་པ》ལས་འདི་ལྟ་བྱུང་སྟེ“དེ་འི་འོག་ཏུ་མོང་ཁྲི་དོ་རེ་སྣང་ཚུབ་ཀྱིས་བྱས་ཏེ། འཇངས་ཀྱི་ཚད་ནི་བརྩན། རྩང་བོད་ཀྱི་ཇོ་བོ་མར་མུན་བརླགས……”ཞེས་འཁོད་དོ། །སྨན་ཆེན་འདི་པ་ནི་བཙན་པོ་སྟག་རི་གཉན་གཟིགས་ཀྱི་བཀའ་ལ་གཏོགས་པའི་ཆབ་སྲིད་ཀྱི་སྨན་ཆེན་པོ་ཞིག་ཡིན། ཁོང་གི་གདུང་རུས་ནི་མོང་ཡིན་ནོ། །

14. མགར་ཁྲི་སྒྲ་འཛོམ་སྨུན།

《སྨན་རབས་འཕྲོར་བུ་པ》ལས་འདི་ལྟ་བྱུང་སྟེ“དེ་འི་འོག་ཏུ་མགར་ཁྲི་སྒྲ་འཛོམ་སྨུན”གྱིས་བྱས་ཏེ། འཇངས་རྒྱ་དང་ལྟག་བརྟན་ནི་འདྲོན་པོ་མྱི་གསུམ་འགྲོགས་ཏེ་འགྲོ་ན། འདྲོན་པོ་ཐོག་མ་འི་སྙིང་ལ་

འདི་སེམས། བར་མ་འི་སྙིང་ལ་འདི་སེམས། ཐ་མ་འི་སྙིང་ལ་འདི་སེམས་ཤེས། གྲོགས་པོ་ལ་གཏམ་བྱས་པ་དང་། བདེན་ནམ་བརྫུན། འདྲོན་པོ་གསུམ་ཁ་བཀལ་ཏེ་ཐུས་ན། ཁྲི་སྒྲ་འཛོ་ཀླུན་མཆེ་བ་བཞིན་མད་དེ། འཇངས་ཀྱང་ནི་དེ་ཙམ་མོ།” ཞེས་འཕོད་དོ། །སློན་ཆེན་འདི་པ་ནི་བཙན་པོ་གནམ་རི་སློང་བཙན་གྱི་བཀའ་ལ་གཏོགས་པའི་ཆབ་སྲིད་ཀྱི་བློན་ཆེན་པོ་ཞིག་ཡིན། ཕོང་གི་གདུང་རུས་ནི་མགར་ཡིན་ལ། 《བཀའ་ཐང་སྡེ་ལྔ》ལས“མགར་ལ་བློན་པོ་ལྔ་བྱུང་སྟེ།” ཞེས་འཕོད་དོ། །

15. མྱང་མང་པོ་རྗེ་ཞང་སྣང་།

《བློན་རབས་འཕྲོར་བུ་པ》ལས་འདི་ལྟ་བྱུང་སྟེ“དེ་འི་འོག་དུ་མྱང་མང་པོ་རྗེ་ཞང་སྣང་གིས་བྱས་སོ། །བཙན་པོ་ཡབ་ཁྲི་སློན་བཙན་དགུང་དུ་གཤེགས། སྲས་ཁྲི་སྲོང་བཙན་གྱི་རིང་ལ། མྱང་མང་པོ་རྗེ་ཞང་སྣང་གིས་སུམ་ཁམས་ཐམས་ཤད་འབངས་སུ་དགུག་པར་བཀའ་སྩལ་ཏོ། མྱང་མང་པོ་རྗེ་ཞང་སྣང་གིས་འཇངས་ཀྱི་བློ་སྒྲུ་གཉིས་ཀྱིས་མྱི་ཧ་གཉིས་ཚོགས་མ་བྱུང་བར། དཔྱའ་ཕབ་ལུག་རྟུག་གི་སྒྲུ། ཞྭ་ཐོར་ཏོ་ལ་བརྗོད་དེ། འབངས་གཉུག་མ་བཞིན་དུ་བཀུག་སྟེ་ཤུང་ཙམ་མོ།” ཞེས་འཕོད་དོ། །སློན་ཆེན་འདི་པ་ནི་བཙན་པོ་གནམ་རི་སློང་བཙན་དང་ཆོས་རྒྱལ་སྲོང་བཙན་སྒམ་པོ་ཡབ་སྲས་གཉིས་ཀྱི་བཀའ་ལ་གཏོགས་པའི་ཆབ་སྲིད་ཀྱི་བློན་ཆེན་པོ་ཞིག་ཡིན། རྗེས་སུ་ཆོས་རྒྱལ་སྲོང་བཙན་སྒམ་པོས་ཁྱུང་པོ་སྤུང་སད་ཟུ་ཙེའི་ཕྲ་མ་བཙུག་པར་གསན་ནས་བཀྱོན་ཕབ་བོ། །ཕོང་གི་གདུང་རུས་ནི་མྱང་ཡིན་ལ། 《བཀའ་ཐང་སྡེ་ལྔ》ལས“མྱང་ལ་བློན་པོ་གསུམ་བྱུང་སྟེ།” ཞེས་འཕོད་དོ། །

16. མགར་མང་ཞམ་སུམ་སྣང་།

《བློན་རབས་འཕྲོར་བུ་པ》ལས་འདི་ལྟ་བྱུང་སྟེ“དེ་འི་འོག་ཏུ་མགར་མང་ཞམ་སུམ་སྣང་གིས་བྱས་སོ། གནའ་བཙན་པོ་འཁྲོ་མཉེན་གྱི་རིང་ལ། མཐོན་མྱི་འབྲིང་པོ་རྒྱལ་བཙན་ནུས་བློན་ཆེ་བགྱིས་པ་ན་ཡང་། གློ་བ་རིངས་པར་མགར་མང་ཞམ་སུམ་སྣང་རལ་གྱི་དང་བཏའ་ཁྲད་དེ་ཚོར་བ་སྐད་དུ་བགྱིས་ནས་བཟུང་སྟེ་བཀྱོན་ཕབ་པ་ན་ཡང་། གཤེད་མ་མང་ཞམ་སུམ་སྣང་གིས་བགྱིས་ཏེ་བཀུམ……།” ཞེས་འཕོད་དོ། །སློན་ཆེན་འདི་པ་ནི་བོད་བཙན་པོའི་བཀའ་ལ་གཏོགས་པའི་ཆབ་སྲིད་ཀྱི་བློན་ཆེན་པོ་ཞིག་ཡིན་ཡང་བཙན་པོ་གང་གི་བློན་ཆེན་ཡིན་པར་ད་དུང་དཔྱད་དགོས།

17. ཁྱུང་པོ་སྤུང་སད་ཟུ་ཙེ།

《བློན་རབས་འཕྲོར་བུ་པ》ལས་འདི་ལྟ་བྱུང་སྟེ“དེ་འི་འོག་ཏུ་ཁྱུང་པོ་སྤུང་སད་ཟུ་ཙེས་བྱས་སོ། ……སྤུང་སད་ཟུ་ཙེའི་འཇངས་ཀྱི་ཚད་ནི་རྩིས་གྲ་གསུམ། ཞལ་ཅེ་གྲ་བཞི་ཡང་ཟ་བས་ཉན་ཞིང་གཙོད། མྱིག་མངས་གྲ་ཆིག་ཀྱང་ཟླ་ལ་རྩེ་ན། རྒྱལ། བྱ་ པུག་རོན་ཁྱུ་གཆིག་ནམ་ཀ་ལ་འཕུར་བ་ཡང་། གཅིག་གཉིས་གསུམ་བཞི་ལྔ་དྲུག་ཆེས་བགྲགས། བྱ་ཕྱིར་འཕུར་བ་ཡང་བགྲངས་པ་ལས་བྱ་ཚིག་མ་ཚང་ན། ཁྲས་

བསད་པས་འདྲའས་ལྟོས་ཤེས་མཆི་ནས། ཀྱི་ཡོངས་ཀྱིས་བལྟས་པ་ལས་བྱ་ཆིག་ཁྲས་བཀུམ་སྟེ། སྤུང་སད་ཟུ་ཅེ་ལྟེ་བུ་ཚོར་སྐྱེན་ལ་དཀུ་ཆེ། སྙིང་འཛངས། ཀྱི་ཆིག་ལ་ཚོགས་དགུ་ཚོགས་ན། ཟུ་ཅེ་ལྟེ་བུ་སུ་ག་ལ་ཡང་མེད་དོ།" ཞེས་འཕོད་དོ། །བློན་ཆེན་འདི་པ་ནི་བཙན་པོ་གནམ་རི་སྲོང་བཙན་དང་ཆོས་རྒྱལ་སྲོང་བཙན་སྒམ་པོ་ཡབ་སྲས་གཉིས་ཀྱི་བཀའ་ལ་གཏོགས་པའི་ཆབ་སྲིད་ཀྱི་བློན་ཆེན་པོ་ཞིག་ཡིན། རྗེས་སུ་ཆོས་རྒྱལ་སྲོང་བཙན་སྒམ་པོར་གློ་བ་རིང་ནས་རང་ཉིད་ལྟེབས་སོ། །ཁོང་གི་གདུང་རུས་ནི་ཁྱུང་པོ་ཡིན་ལ། 《བཀའ་ཐང་སྡེ་ལྔ》ལས"ཁྱུང་པོ་ལ་བློན་པོ་གསུམ་བྱུང་སྟེ།" ཞེས་འཕོད་དོ། །

18. མགར་སྟོང་རྩན་ཡུལ་ཟུང་།

《བློན་རབས་འཛོར་བུ་པ》ལས་འདི་ལྟ་བྱུང་སྟེ"དེ་འི་འོག་ཏུ་མགར་སྟོང་རྩན་ཡུལ་ཟུང་གིས་བྱས་སོ།" ཞེས་དང་། 《བསྟན་རྩིས་ཀུན་བཏུས》ལས"འབྲུག་ལོ་སྟེ་སྤྱི་ལོ632ལོར་མགར་གྱིས་བལ་བཟའ་ཁྲི་བཙུན་བོད་དུ་སྤྱན་དྲངས།" ཞེས་དང་། 《ཐང་ཡིག་གསར་རྙིང》ལས"གླང་ལོ་སྟེ་སྤྱི་ལོ641ལོར་བོད་ལ་ཀོང་ཇོ་བསྐྱལ། ཁྲི་སྲོང་བཙན་འཁོར་དང་བཅས་མཚོ་ནག་ཏུ་བསུ་བར་ཕེབས།" ཞེས་དང་། 《དོན་ཆེན་གནད་བསྡུས་ཀྱི་ལོ་ཚིགས》ལས"བྱི་ལོ་སྟེ་སྤྱི་ལོ652ལོར་བློན་ཆེ་སྟོང་རྩན་གྱིས་སྙི་བོ་དང་རྩང་རྩ(རྒྱ)བཀུག་པར་ལོ་གཅིག 653ལོར་བློན་ཆེ་སྟོང་རྩན་གྱིས་གཡུག་ཏུ་གནག་ཤིངས་བཏབ། 654ལོར་བློན་ཆེ་སྟོང་རྩན་གྱིས་མོང་པུ་སྲལ་འཛོང་དུ་བསྡུས་ཏེ། མཁོད་གཡུང་དབྱེ་ཞིང་མཁོ་ཤམ་ཆེན་པོ་བགྱི་བའི་རྩིས་མགོ་བགྱི་བར་ལོ་གཅིག 655ལོར་བློན་ཆེ་སྟོང་རྩན་གྱིས་འགོར་ཏིར་བཀའ་གྲིམས་ཀྱི་ཡི་གེ་བྲིས་པར་ལོ་གཅིག 656ལོར་བློན་ཆེ་སྟོང་རྩན་གྱིས་གཙམ་གྱི་ཡུལ་མར་དུ་ཤ་ཤིངས་ཆེན་པོ་བཏབ་པར་ལོ་གཅིག 658ལོར་བློན་ཆེ་སྟོང་རྩན་སྙིང་དྲུང་གྱི་སྣ་རིངས་ན་མཆིས་པར་ལོ་གཅིག 659ལོར་བློན་ཆེ་སྟོང་རྩན་འ་ཞ་ཡུལ་ན་མཆིས། 660ལོར་བློན་ཆེ་སྟོང་རྩན་འ་ཞ་ཡུལ་ན་མཆིས་པར་ལོ་གཅིག 661ལོར་བློན་ཆེ་སྟོང་རྩན་འ་ཞ་ཡུལ་ན་མཆིས་པར་ལོ་གཅིག 662ལོར་བློན་ཆེ་སྟོང་རྩན་གྱིས་དུ་གུལ་དུ་ཞང་ཞུང་དུ་མཁོས་བགྱིས་པར་ལོ་གཅིག 663ལོར་བློན་ཆེ་སྟོང་རྩན་འ་ཞ་ཡུལ་ན་མཆིས་པར་ལོ་གཅིག 664ལོར་བློན་ཆེ་སྟོང་རྩན་འ་ཞ་ཡུལ་ན་མཆིས་པར་ལོ་གཅིག 665ལོར་བློན་ཆེ་སྟོང་རྩན་འ་ཞ་ཡུལ་ན་མཆིས་པར་ལོ་གཅིག 666ལོར་བློན་ཆེ་སྟོང་རྩན་འ་ཞ་ཡུལ་ནས་སླར་འཕོརད། 667ལོར་བློན་ཆེ་སྟོང་རྩན་རིས་པུར་གུམ་པར་ལོ་གཅིག"ཅེས་འཕོད་དོ། །བློན་ཆེ་འདི་པ་ནི་ཆོས་རྒྱལ་སྲོང་བཙན་སྒམ་པོ་དང་མང་སྲོང་མང་བཙན་གཉིས་ཀྱི་བཀའ་ལ་གཏོགས་པའི་ཆབ་སྲིད་ཀྱི་བློན་ཆེན་པོ་ཞིག་ཡིན་ནོ། །

19. འོ་མ་ལྡེ་ལོད་བཙན།

《བློན་རབས་འཛོར་བུ་པ》ལས་འདི་ལྟ་བྱུང་སྟེ"དེ་འི་འོག་ཏུ་འོ་མ་ལྡེ་ལོད་བཙན་བཙུག་གོ། རིང་པོ་མ་རག་པར་གློ་བ་རིངས་ནས་བཀུམ་མོ།" ཞེས་འཕོད་དོ། །བློན་ཆེན་འདི་པ་ནི་ཆོས་རྒྱལ་སྲོང་བཙན་

སྣམ་པོ་དང་བཙན་པོ་མང་སློང་མང་བཙན་གཉིས་ཀྱི་བཀའ་ལ་གཏོགས་པའི་ཆབ་སྲིད་ཀྱི་བློན་ཆེན་པོ་ཞིག་ཡིན། ཁོང་གི་གདུང་རུས་ནི་འོ་མ་ལྡེ་ཡིན་ནོ། །

20. མགར་བཙན་སྙ་ལྡོམ་བུ།

《བློན་རབས་འཛོར་བུ་པ》ལས་འདི་ལྟར་བྱུང་སྟེ"རྗེ་བློན་གསངས་སྟེ་བཀའ་བཏགས་པ་ནི། མགར་བཙན་སྙ་ལྡོམ་བུ་རྟ་དང་མཚུངས་རིགས་ཀྱིས་བློན་ཆེར་བཙུག་གོ"ཞེས་དང་། 《དོན་ཆེན་གནད་བསྡུས་ཀྱི་ལོ་ཚིགས》ལས"བྱ་ལོ་སྟེ་སྤྱི་ལོ673ལོར་དབྱར་འདུན་འདོང་ཀའི་ནེ་ཙོ་ལུང་དུ་མཁར་བཙན་སྙ་ལྡོམ་བུ་དང་། ཁྲི་འབྲིང་བཙན་བྲོད་གཉིས་ཀྱིས་བསྡུས་ཏེ་འགྲོག་མཁོས་ཆེན་པོ་བགྱིས། 675ལོར་བློན་བཙན་སྙས་ཞིམས་ཀྱི་གུ་རན་དུ་ཞང་ཞུང་གི་མཁོས་བགྱིས། 676ལོར་བློན་བཙན་སྙས་དྲུ་གུ་ཡུལ་དུ(དྲ་མ)དྲངས། 680ལོར་བློན་ཆེན་པོ་བཙན་སྙས་སྤུགས་ཀྱི་ཨུར་གས་སུ་དབྱར་འདུན་བསྡུས། 681ལོར་བློན་ཆེན་པོ་བཙན་སྙས་དབྱར་འདུན་ཟྭིད(ཟིར་ད)མདའ་བསྡུས། 682ལོར་བློན་ཆེན་པོ་བཙན་སྙས་འདུན་མ་སྒྲིག་རམ་དུ་བསྡུས། 683ལོར་བློན་ཆེན་པོ་བཙན་སྙས་སྤྲགས་ཀྱི་ཨུར་གས་སུ་བསྡུས། 684ལོར་བློན་ཆེ་བཙན་སྙས་འདུན་མ་དབུ་རུ་ཤོད་ཀྱི་རེ་སྐམ་དུ་བསྡུས། 685ལོར་བློན་ཆེན་པོ་བཙན་སྙ་དང་། མང་ཉེན་སྟག་ཙབ་གཉིས་དམེ་བྱུང་། ཤངས་ཀྱི་སུམ་ཚུ་བོར་བློན་ཆེན་པོ་བཙན་སྙ་གུམ།" ཞེས་འཁོད་དོ། །བློན་ཆེན་འདི་པ་ནི་བཙན་པོ་མང་སློང་མང་བཙན་དང་འདུས་སྲོང་མང་པོ་རྗེ་ཡབ་སྲས་གཉིས་ཀྱི་བཀའ་ལ་གཏོགས་པའི་ཆབ་སྲིད་ཀྱི་བློན་ཆེན་པོ་ཞིག་ཡིན་ནོ། །

21. མགར་ཁྲི་འབྲིང་བཙན་བྲོད།

《དོན་ཆེན་གནད་བསྡུས་ཀྱི་ལོ་ཚིགས》ལས་འདི་ལྟར་བྱུང་སྟེ"བྱ་ལོ་སྟེ་སྤྱི་ལོ673ལོར་དབྱར་འདུན་འདོང་ཀའི་ནེ་ཙོ་ལུང་དུ་མཁར་བཙན་སྙ་ལྡོམ་བུ་དང་། ཁྲི་འབྲིང་བཙན་བྲོད་གཉིས་ཀྱིས་བསྡུས་ཏེ་འགྲོག་མཁོས་ཆེན་པོ་བགྱིས། 680ལོར་བློན་ཁྲི་འབྲིང་གྱིས་རུ་རིངས་སུ་བསྡུས་ཏེ་ཁུ་བང་ར་སང་རྗེའི་ནོར་བ་རྩིས། 685ལོར་བང་སོ་བང་གར་དུ་བློན་ཁྲི་འབྲིང་བཙན་བྲོད་བློན་ཆེན་པོར་བཙུག 686ལོར་བློན་ཁྲི་འབྲིང་གྱིས་དྲུ་གུ་ཡུལ་དུ(དྲ་མ)དྲང་ཞེས་བགྱི་བགྱི་བ་ལས་ཕྱི་དལ་ཏེ་དབྱར་འདུན་ཤོང་སྣར་འདུས། 687ལོར་བློན་ཁྲི་འབྲིང་གྱིས་དྲུ་གུ་གུ་ཟན་ཡུལ་དུ(དྲ་མ)དྲངས། དགུན་ཙང་ཆེན་གྱི་ཕྱིང་རིལད་བཏབ། 689ལོར་བློན་ཆེ་ཁྲི་འབྲང་དྲུ་གུ་ཡུལ་ནས་སླར་འཁོརད། 690ལོར་བློན་ཆེ་ཁྲི་འབྲིང་གྱིས་འོ་ཡུག་གི་ཚ་སྟེངས་སུ་ཨུན་མག་གི་རྩིས་མགོ་བགྱིས། 693ལོར་བློན་ཆེ་ཁྲི་འབྲིང་འ་ཞ་ཡུལ་དུ་མཆིས། 695ལོར་བློན་ཆེ་ཁྲི་འབྲིང་འ་ཞ་ཡུལ་དུ་མཆིས་ཤིང་། སྟག་ལ་རྒྱ་དུར་དུ་རྒྱའི་དམག་དཔོན་ཝང་ཞང་ཤོ(王孝杰)དང་གཡུལ་སྤྲད་དེ་རྒྱ་མང་པོ་བཀུམ་པར་ལོ་ཆིག 696ལོར་བློན་ཅེ་ཁྲི་འབྲིང་གྱིས་འ་ཞ་ཡུལ་གྱི་སིལ་གུ་ཅིན་གྱི་འོ་ཀོལ་དུ་འ་ཞའི་མཁོས་བགྱིས། 698ལོར་བློན་ཆེན་པོར་ཁྲི་འབྲིང་གྱིས་ཙོང་ཀ་ཆེ་ཚུང་དུ(དྲ་མ)

དྲངས་ཏེ། རྒྱའི་དམག་དཔོན་ཆེན་པོ་ཐུག་སྤུ་ཤི(都护使)བཟུང་། དེའི་དགུན་མགར་ལ་བཀྱོན་ཕབ།” ཅེས་འཁོད་དོ། །བློན་ཆེན་འདི་པ་ནི་བཙན་པོ་མང་སྲོང་མང་བཙན་དང་འདུས་སྲོང་མང་པོ་རྗེ་ཡབ་སྲས་གཉིས་ཀྱི་བཀའ་ལ་གཏོགས་པའི་ཆབ་སྲིད་ཀྱི་བློན་ཆེན་པོ་ཞིག་ཡིན་ནོ། །

22. ཁུ་མང་པོ་རྗེ་ལྷ་བཟུང་།

《དོན་ཆེན་གནད་བསྡུས་ཀྱི་ལོ་ཚིགས》ལས་འདི་ལྟ་བྱུང་སྟེ“སྟག་ལོ་སྟེ་སྤྱི་ལོ702ལོར་མདོ་སྨད་ཀྱི་དགུན་འདུན་ནམ་ལྡོང་གྲོམ་དུ་ཁུ་མང་པོ་རྗེ་ལྷ་བཟུང་དང་། བློན་མང་རྩ་ན་ལྡོང་ཞིས་བསྡུས་ཏེ། སུམ་རུའི་མཀོས(མཁོས)ཆེན་པོ་བགྱིས། 705ལོར་ཁུ་མང་པོ་རྗེ་ལྷ་བཟུང་བློན་ཆེན་པོར་བཀའ་སྩལད། དེའི་རྗེས་ལ་གླིང་རིངས་ཙལ་དུ་ཁུ་མང་པོ་རྗེ་ལྷ་བཟུང་ལ་བཀྱོན་ཕབ། ཅེས་འཁོད་དོ། །བློན་ཆེན་འདི་པ་ནི་འདུས་སྲོང་མང་པོ་རྗེ་དང་བཙན་པོ་ཁྲི་ལྡེ་གཙུག་བརྟན་ཡབ་སྲས་གཉིས་ཀྱི་བཀའ་ལ་གཏོགས་པའི་ཆབ་སྲིད་ཀྱི་བློན་ཆེན་པོ་ཞིག་ཡིན་ནོ། །

23. དབའས་ཁྲི་གཟིགས་ཞང་ཉེན།

《དོན་ཆེན་གནད་བསྡུས་ཀྱི་ལོ་ཚིགས》ལས་འདི་ལྟ་བྱུང་སྟེ“སྦྲུལ་ལོ་སྟེ་སྤྱི་ལོ705ལོར་དབའས་ཁྲི་གཟིགས་ཞང་ཉེན་བློན་ཆེན་པོར་བཀའ་སྩལད། 706ལོར་འདུན་མ་ན་མར་དུ་འབོན་ད་རྒྱལ་བཙན་བཟུང་དང་། བློན་ཆེན་པོ་ཁྲི་གཟིགས་ཀྱིས་བསྡུས་ཏེ། ལྷོ་འདུས་སྲིགས་ལ་བཀྱོན་ཕབ། 707ལོར་དབྱར་འདུན་ལྷ་གབ་དུ་འབོན་ད་རྒྱལ་དང་། བློན་ཆེན་པོ་ཁྲི་གཟིགས་ཀྱིས་བསྡུས་ཏེ། མངན་གྱི་ཁབ་སོ་ཁྲམ་སྤོས། 708ལོར་དབྱར་འདུན་མཁྲིས་པ་ཏང་དུ་བློན་ཆེན་པོ་ཁྲི་གཟིགས་ཀྱིས་བསྡུས་ཏེ། སྐུ་སྲུངས་ཀྱི་ཁྲམ་དམར་པོ་བརྩིས། 711ལོར་དབྱར་འདུན་གཤོང་ཕྱུག་དུ་འབོན་ད་རྒྱལ་བཙན་བཟུང་དང་། བློན་ཆེན་པོ་ཁྲི་གཟིགས་ཀྱིས་བསྡུས་ཏེ། ཚོག་རོ་ཁེང་གེ་ལ་བཀྱོན་ཕབ། 712ལོར་འབོན་ད་རྒྱལ་དང་བློན་ཆེན་པོ་ཁྲི་གཟིགས་ཀྱིས་བཙན་པོ་རྒྱལ་གཙུག་རུ་ལ་མཚན་ཁྲི་ལྡེ་གཙུག་རྩན་དུ་གསོལད། 713ལོར་འབོན་ད་རྒྱལ་དང་བློན་ཆེན་པོ་ཁྲི་གཟིགས་ཀྱིས་དབྱར་འདུན་ཟུ་སྤྱུག་གི་རྒྱང་བུ་ཚལ་དུ་བསྡུས་ཏེ་ལྡུ་བརྒྱ་བསྐོས། 714ལོར་འབོན་ད་རྒྱལ་དང་བློན་ཆེན་པོ་ཁྲི་གཟིགས་གཉིས་ཀྱིས་འབྲུ་ཤིང་ཀུན་དུ་དྲ་མ་དྲངས་ཏེ་སྣར་འཁོརད་པར་ལོ་གཅིག 715ལོར་བློན་ཆེན་པོ་ཁྲི་གཟིགས་ཀྱིས་མདོ་སྨད་ཀྱི་དགུན་འདུན་རྫོད་དུ་བསྡུས་ནས། མདོ་སྨད་ཀྱི་མཁོས་ཆེན་པོ་བགྱིས་པར་ལོ་གཅིག 717ལོར་མདོ་སྨད་ཀྱི་འདུན་མ་བློན་ཆེན་པོ་ཁྲི་གཟིགས་ཀྱིས་གཉེ་ཛེ་གེན་དུ་བསྡུས། 718ལོར་མདོ་སྨད་ཀྱི་དགུན་འདུན་བློན་ཁྲི་གཟིགས་ཀྱིས་ཡོལ་དུ་བསྡུས་པར་ལོ་ཆིག 719ལོར་མདོ་སྨད་ཀྱི་དགུན་མདུན་བློན་ཆེན་པོ་ཁྲི་གཟིགས་ཀྱིས་ཡོལ་དུ་བསྡུས་པར་ལོ་གཅིག 721ལོར་བློན་ཆེན་པོ་ཁྲི་གཟིགས་གུམ།” ཞེས་འཁོད་དོ། །བློན་ཆེན་འདི་པ་ནི་བཙན་པོ་ཁྲི་ལྡེ་གཙུག་བརྟན་གྱི་བཀའ་ལ་གཏོགས་པའི་ཆབ་སྲིད་ཀྱི་བློན་ཆེན་པོ་ཞིག་ཡིན། ཁོང་གི་གདུང་རུས་ནི་

དབའས་ཡིན་ལ་གནས་ཡུལ་ནི་ལྷ་སའི་སྐྱིད་ལུང་ཡིན་ནོ། །

24. དབའས་ཁྲི་སུམ་རྗེ་རྒྱང་བཞེར།

《དོན་ཆེན་གནད་བསྡུས་ཀྱི་ལོ་ཚིགས》ལས་འདི་ལྟ་བྱུང་སྟེ"གླང་ལོ་སྟེ་སྤྱི་ལོ713ལོར་གནུབས་ཁྲི་མཉེན་མོན་ཙན་གུམ་ནས། ཁུད་པ་ཆེན་པོ་དབའས་ཁྲི་སུམ་རྗེ་རྒྱང་བཞེར་ལ་ཕུལ་བར་ལོ་ཆིག 714ལོར་དགུན་འདུན་མཚོན་དུ་བློན་ཁྲི་སུམ་རྗེ་རྒྱང་བཞེར་གྱིས་བསྡུས། 715ལོར་འདུན་མ་འོ་ཡུག་གི་ནུབས་སུ་བློན་ཁྲི་སུམ་རྗེ་རྒྱང་བཞེར་གྱིས་བསྡུས། 718ལོར་དབྱར་འདུན་གློ་ཕུར་ཞང་བཙན་ཧོ་རེ་དང་། བློན་ཁྲི་སུམ་རྗེ་རྒྱང་བཞེར་གྱིས་བསྡུས་ཏེ། དགས་པོ་ཁྲམ་དམར་པོ་བཏབ། 719ལོར་དབྱར་འདུན་དྲའི་ཟར་ཕུར་ཞང་བཙན་ཧོ་རེ་དང་། བློན་ཁྲི་སུམ་རྗེས་བསྡུས་ཏེ། ཏ་གསུམ་གྱི་རྗེ་ཞིང་གྱི་ཕྱིང་རིལ་གྱི་རྩིས་དང་། སོག་མའི་རྩིས་བགྱིས། 720ལོར་དབྱར་འདུན་དུངས་ཀྱི་མཁའ་བུར་ཞང་བཙན་ཧོ་རེ་དང་། བློན་ཁྲི་སུམ་རྗེས་བསྡུས་ཏེ། རྒྱང་ཆེན་གྱི་རྗེ་ཞིང་གླིངས་ཀྱི་ཕྱིང་རིལད་ཀྱི་རྩིས་བགྱིས། 721ལོར་དབའས་ཁྲི་སུམ་རྗེ་རྒྱང་བཞེར་བློན་ཆེན་པོར་བཀའ་སྩལད། 722ལོར་དགུན་འདུན་མཁར་ཕྲག་དུ་བློན་ཆེན་པོ་ཁྲི་སུམ་རྗེས་བསྡུས་ཏེ། ཁབ་སོ་ཐུགས་ཉེན་གྱི་ལྷག་ཅད་བརྩིས། 723ལོར་དགུན་འདུན་མོང་ཀར་དུ་བློན་ཁྲི་སུམ་རྗེས་བསྡུས། 724ལོར་དབྱར་འདུན་དབུ་ཏ་ཤོད་ཀྱི་རྩེའི་ལུང་དུ་བློན་ཆེན་པོ་ཁྲི་སུམ་རྗེས་བསྡུས། 725ལོར་དབྱར་འདུན་བློན་ཁྲི་སུམ་རྗེས་བལ་པོ་བྲིའི་ཏང་དུ་བསྡུས། བློན་ཆེན་པོ་ཁྲི་སུམ་རྗེ་གུམ།" ཞེས་འཁོད་དོ། །བློན་ཆེན་འདི་པ་ནི་བཙན་པོ་ཁྲི་ལྡེ་གཙུག་བརྟན་གྱི་བཀའ་ལ་གཏོགས་པའི་ཆབ་སྲིད་ཀྱི་བློན་ཆེན་པོ་ཞིག་ཡིན་ནོ། །

25. རྗེགས་མང་ཞམ་སྟག་ཚབ།

《བློན་རབས་འཁོར་བུ་པ》ལས་འདི་ལྟ་བྱུང་སྟེ"དེ་འི་འོག་དུ་རྗེགས་མང་ཞམ་སྟག་ཚབ་གྱིས་བྱས་སོ།" ཞེས་དང་། 《དོན་ཆེན་གནད་བསྡུས་ཀྱི་ལོ་ཚིགས》ལས"ཧ་ལོ་སྟེ་སྤྱི་ལོ682ལོར་དགུན་འདུན་མང་ཉེན་བཞི་བརྩན་དང་། མང་ཞམ་སྟག་ཙབ་གཉིས་གྱིས་ཧེའུ་མཁར་དུ་བསྡུས། 719ལོར་རྗེགས་མང་ཞམ་སྟག་ཙབ་གྱིས་རྒྱང་ཆེན་གྱི་རྗེ་ཞིང་གྱི་ཕྱིང་རིལ་བཏབ། 725ལོར་རྗེགས་མང་ཞམ་སྟག་ཙབ་བློན་ཆེན་པོར་བཀའ་སྩལད་པར་ལོ་གཅིག 726ལོར་དབྱར་འདུན་བློན་ཆེན་པོ་མང་ཞམ་གྱིས་ལྷ་གབ་དུ་བསྡུས། 727ལོར་བློན་ཆེན་པོ་མང་ཞམ་གུམ།" ཞེས་འཁོད་དོ། །བློན་ཆེན་འདི་པ་ནི་བཙན་པོ་ཁྲི་ལྡེ་གཙུག་བརྟན་གྱི་བཀའ་ལ་གཏོགས་པའི་ཆབ་སྲིད་ཀྱི་བློན་ཆེན་པོ་ཞིག་ཡིན་ནོ། །

26. དབའས་སྟག་སྒྲ་ཁོང་ལོད།

《བློན་རབས་འཁོར་བུ་པ》ལས་འདི་ལྟ་བྱུང་སྟེ"དེ་འི་འོག་དུ་དབའས་སྟག་སྒྲ་ཁོང་ལོད་ཀྱིས་བྱས།" ཞེས་དང་། 《དོན་ཆེན་གནད་བསྡུས་ཀྱི་ལོ་ཚིགས》ལས། "སྟག་ལོ་སྟེ་སྤྱི་ལོ726ལོར་མདོ་སྨད་ཀྱི་དགུན་

འདུན་སྟག་སྒྲ་ཁྲིང་ལོད་ཀྱིས་གཙོ་ནམ་ཡོར་དུ་བསྐུས། 727ལོར་དབའས་སྟག་སྒྲ་ཁྲིང་ལོད་བློན་ཆེན་པོར་བཀའ་སྩལད། 728ལོར་དབའས་སྟག་སྒྲ་ཁྲིང་ལོད་ལ་བཀྲོན་པབ།" ཅེས་འཁོད་དོ། །བློན་ཆེན་འདི་པ་ནི་བཙན་པོ་ཁྲི་ལྡེ་གཙུག་བརྟན་གྱི་བཀའ་ལ་གཏོགས་པའི་ཆབ་སྲིད་ཀྱི་བློན་ཆེན་པོ་ཞིག་ཡིན་ནོ། །

27. འགྲོ་ཆུང་བཟང་འོར་མང་།

《བློན་རབས་འཛོར་བུ་པ》ལས་འདི་ལྟ་བྱུང་སྟེ"དེ་འི་འོག་དུ་འགྲོ་ཆུང་བཟང་འོར་མང་གིས་བྱས་སོ།" ཞེས་དང་། 《དོན་ཆེན་གནད་བསྡུས་ཀྱི་ལོ་ཚིགས》ལས"འབྲུག་ལོ་སྟེ་སྤྱི་ལོ728ལོར་འགྲོ་ཆུང་བཟང་འོར་མང་བློན་ཆེན་པོར་བཀའ་སྩལད། དགུན་འདུན་བྱས་ལིངས་ཙལ་དུ་བློན་ཆེན་པོ་ཅུང་བཟང་གྱིས་བསྡུས་ཏེ། མངན་ཆེན་པོ་བརྒྱད་ལས་བཞིར་བཅོས་པའི་ཏང་ཁྲམ་བཏབ། 729ལོར་བློན་ཆེན་པོ་ཅུང་བཟང་གྱིས་དགུན་འདུན་སྐྱི་ཤོ་མ་རར་བསྡུས་ཏེ་མུན་མག་གི་སྟོན་གོད་བརྩིས། 730ལོར་གཙོ་ནམ་ཡོར་དུ་བློན་ཆེན་པོ་ཅུང་བཟང་གྱིས་མཧོང་སོད་ཀྱི་མཁོས་བགྱིས་པར་ལོ་གཅིག 731ལོར་དགུན་འདུན་སྐྱི་ཤོ་མ་རར་བློན་ཆེན་པོ་ཆུང་བཟང་གྱིས་བསྡུས་ཏེ། 732ལོར་དགུན་འདུན་ལྷས་གང་ཚལ་དུ་བློན་ཆེན་པོ་ཆུང་བཟང་གྱིས་བསྡུས། 733ལོར་བློན་ཆེན་པོ་ཆུང་བཟང་གྱིས་ལྷས་གང་ཚལ་དུ་བསྡུས་ཏེ་ཏུ་བཞི་རབས་ཆད་བརྩིས། 735ལོར་བློན་པོ་ཆུང་བཟང་འ་ཞ་ཡུལ་དུ་མཆིས། 743ལོར་བློན་ཆེན་པོ་ཆུང་བཟང་གིས་དབྱར་འདུན་བྲེང་དུ་བསྡུས། 744ལོར་དགུན་འདུན་སྐྱི་ཤོ་མ་རར་བློན་ཆེན་པོ་ཆུང་བཟང་དང་བློན་སྐྱེས་བཟང་གཉིས་ཀྱིས་བསྡུས་ཏེ་དམག་གྱི་མཁོས་ཆེན་པོ་བགྱིས། 746ལོར་བློན་ཆེན་པོ་ཅུང་བཟང་དང་བློན་སྐྱེས་བཟང་ལྡོང་ཙབ་གཉིས་ཀྱིས་དགུན་སྐྱི་བྱར་ལིངས་ཙལ་དུ་བསྡུས་ཏེ་ཏུ་བཞིའི་འབྲོག་སོག་གི་མཁོས་བགྱིས། 747ལོར་དགུན་འདུན་དྲའི་རྩེ་གྲོར་བློན་ཅེ་ཅུང་བཟང་དང་འབལ་ལྡོང་ཙབ་སོགས་ཀྱིས་བསྡུས་ཏེ། འབྲོག་སོག་རྩིས་ཀྱི་མཇུག་བཅད་དོ།" ཞེས་འཁོད་དོ། །བློན་ཆེན་འདི་པ་ནི་བཙན་པོ་ཁྲི་ལྡེ་གཙུག་བརྟན་གྱི་བཀའ་ལ་གཏོགས་པའི་བློན་ཆེན་པོ་ཞིག་ཡིན། ཁོང་གི་གདུང་རུས་ནི་འགྲོ་ཡིན་ལ། 《བཀའ་ཐང་སྡེ་ལྔ》ལས"འགྲོ་ལ་བློན་པོ་ལྔ་བྱུང་སྟེ།" ཞེས་འཁོད་དོ། །

28. འབལ་སྐྱེ་བཟང་ལྡོང་ཚབ།

《བློན་རབས་འཛོར་བུ་པ》ལས་འདི་ལྟ་བྱུང་སྟེ"དེ་འི་འོག་དུ་འབལ་སྐྱེ་བཟང་ལྡོང་ཙབ་ཀྱིས་བྱས་སོ།" ཞེས་དང་། 《དོན་ཆེན་གནད་བསྡུས་ཀྱི་ལོ་ཚིགས》ལས"སྦྲུལ་ལོ་སྟེ་སྤྱི་ལོ729ལོར་བློན་སྐྱེས་བཟང་ལྡོང་ཙབ་ལས་སྟོགས་པས་མུ་ལི་ཅུ་ལིར་གཡུལ་སྤྲད་དེ་རྒྱ་མང་པོ་བདུངས། 734ལོར་བློན་སྐྱེས་བཟང་ལྡོང་ཙབ་གྱིས་ཁྱི་ཤ་ཅན་པབ་པར་ལོ་ཆིག 737ལོར་བློན་སྐྱེས་བཟང་ལྡོང་ཙབ་གྱིས་བྲུ་ཤ་ཡུལ་དུ་དྲ་མ་དྲངས། 744ལོར་དགུན་འདུན་སྐྱི་ཤོ་མ་རར་བློན་ཆེན་པོ་ཆུང་བཟང་དང་བློན་སྐྱེས་བཟང་གཉིས་ཀྱིས་བསྡུས་ཏེ་དམག་གྱི་མཁོས་ཆེན་པོ་བགྱིས་ཏེ། བཙན་པོ་བཀས་ཁྲམ་དམར་པོ་ཤོག་ཤོག་སེར་པོ་ལ་སྦྱོས་

པར་ལོ་ཆིག 746ལོར་བློན་ཆེན་པོ་ཆུང་བཟང་དང་བློན་སྐྱེས་བཟང་ལྗོང་ཙབ་གཉིས་ཀྱིས་དགུན་འདུན་སྐྱི་བྱར་ཤིངས་ཙལ་དུ་བསྡུས་ཏེ། ཏ་བཞིའི་འབྲོག་སོག་གི་མཁོས་བགྱིས། བཙན་པོ་བགས་སྟོང་སྟེའི་གླེའུ་ཐོགས་ལ་ཁྲལ་པ་གྱུ་དུ་སྤགས། 747ལོར་དགུན་འདུན་དྲའི་རྩེ་གྲོར་བློན་ཆུང་བཟང་དང་། འབལ་ལྗོང་ཙབ་ལས་སྐྱོགས་པས་བསྡུས་ཏེ་འབྲོག་སོག་རྩིས་ཀྱི་མཇུག་བཅད་དོ། 755ལོར་ལང་འབལ་གྱི་བྲན་ཕྱུགས་ཏེ་མཇོད་སོད་དུ་བཏོན། ལང་འབལ་བཀྱོན་ཕབ་པའི་ནོར་བརྩིས་པར་ལོ་གཅིག"ཅེས་འཁོད་དོ། །བློན་ཆེན་འདི་པ་ནི་ཁྲི་ལྡེ་གཙུག་བརྟན་གྱི་བཀའ་ལ་གཏོགས་པའི་ཆབ་སྲིད་ཀྱི་བློན་ཆེན་པོ་ཞིག་ཡིན། ཁོང་གི་གདུང་རུས་ནི་འབལ་ཡིན་ནོ། །

29. དབའས་སྣང་བཞེར་ཟླ་བཙན།

《བློན་རབས་འཛིར་བུ་པ》ལས་འདི་ལྟ་བྱུང་སྟེ"དེ་འི་འོག་དུ་དབའས་སྣང་བཞེར་ཟླ་བཙན་གྱིས་བྱས་སོ།" ཞེས་དང་། 《དོན་ཆེན་གནད་བསྡུས་ཀྱི་ལོ་ཚིགས》ལས"སྤྲེའུ་ལོ་སྟེ་སྤྱི་ལོ756ལོར་དགུན་འདུན་ཡོར་དུ་བློན་སྣང་བཞེར་གྱིས་བསྡུས་པར་ལོ་ཅིག 757ལོར་དབྱར་འདུན་སྟོད་ཀྱི་སོང་དུ་བློན་ཆེན་པོ་སྣང་བཞེར་དང་ཞང་རྒྱལ་ཟིགས་གཉིས་ཀྱིས་བསྡུས་ཏེ། བློན་ཆེན་པོ་སྣང་བཞེར་ལས་སྐྱོགས་པས་རྒྱའི་མཁར་ཅོང་ཀ་ཆེན་པོ་དང་པེག་ཤིང་ཀུན་གཉིས་ཕབ་པར་ལོ་ཅིག 758ལོར་བློན་ཆེན་པོ་སྣང་བཞེར་བོད་ཡུལ་དུ་སླར་མཆིས། 760ལོར་དབྱར་འདུན་ནི་ཅོ་ཤུང་དུ་བློན་ཆེན་པོ་སྣང་བཞེར་གྱིས་བསྡུས། 763ལོར་བློན་ཆེན་སྣང་བཞེར་ཀེ་ཀེ་རུའི་ཡི་གེ་སྩལད་དེ་བློན་ཆེར་བཙུག་གོ"ཞེས་དང་། 《བཙན་པོ་རིམ་བྱུང》གི་ལེའུ་བརྒྱད་པ་ལས"བློན་ཆེ་སྣང་བཞེར་ཟླ་བཙན་ནི་འཛངས་ཤིང་མཁས་ལ། བཀྲ་ཤིས་ཤིང་ཁ་དྲོ་བས་ནོར་བུ་རིན་པོ་ཆེའི་ཡི་གེ་སྩལ་ཏོ།" ཞེས་འཁོད་དོ། །བློན་ཆེན་འདི་པ་ནི་བཙན་པོ་ཁྲི་སྲོང་ལྡེ་བཙན་གྱི་བཀའ་ལ་གཏོགས་པའི་ཆབ་སྲིད་ཀྱི་བློན་ཆེན་པོ་ཞིག་ཡིན་ནོ། །

30. མགོས་ཁྲི་བཟང་ཡབ་ལག

《བློན་རབས་འཛིར་བུ་པ》ལས་འདི་ལྟ་བྱུང་སྟེ"དེ་འི་འོག་དུ་མགོས་ཁྲི་བཟང་ཡབ་ལག་གིས་བྱས་སོ།" ཞེས་དང་། 《དོན་ཆེན་གནད་བསྡུས་ཀྱི་ལོ་ཚིགས》ལས"ལུག་ལོ་སྟེ་སྤྱི་ལོ755ལོར་བློན་ཁྲི་བཟང་དང་ཞང་སྟོང་རྩན་གཉིས་ཀྱིས་མཁར་ཏེའུ་རུ་ཕབ། 756ལོར་བློན་ཁྲི་བཟང་དང་ཞང་སྟོང་རྩན་དང་ཀག་ལ་བོང་གསུམ་གྱི་དམག་གིས་སེ་རུ་ཕབ། ཅོ་ཅི་མན་ཙད་འབངས་སུ་བཀུག མདོ་སྨད་ཀྱི་དབྱར་འདུན་ཡོལ་དུ་བློན་ཁྲི་བཟང་གིས་བསྡུས། 758ལོར་བློན་ཁྲི་བཟང་དང་སྐྱེས་བཟང་སྟག་སྣང་ལས་སྐྱོགས་པས་ཁར་ཙན་ལེང་རུ་ཕྱོགས་སུ་དྲ་མ་དྲངས་པར་ལོ་ཅིག 759ལོར་བློན་ཁྲི་བཟང་དང་ཞང་སྟོང་རྩན་གཉིས་འ་ཞ་ཡུལ་དུ་མཆིས། བློན་ཁྲི་བཟང་དང་ཞང་སྟོང་རྩན་དང་ཞང་བཙན་པ་གསུམ་གྱིས་ཅོང་ཀ་ཆུང་དུ་ཕབ་པར་ལོ་ཅིག 763ལོར་བློན་ཁྲི་བཟང་བློན་ཆེར་བཙུག"ཅེས་འཁོད་དོ། །བློན་ཆེན་འདི་པ་ནི་བཙན་

པོ་ཁྲི་སྲོང་ལྡེ་བཙན་གྱི་བཀའ་ལ་གཏོགས་པའི་ཆབ་སྲིད་ཀྱི་བློན་ཆེན་པོ་ཞིག་ཡིན། ཁོང་གི་གདུང་རུས་ནི་མགོས(འགོས)ཡིན་ལ། 《བཀའ་ཐང་སྡེ་ལྔ》ལས"འགོས་ལ་བློན་པོ་གསུམ་བྱུང་སྟེ།" ཞེས་འཁོད་དོ། །

31. མཆིམས་ཞང་རྒྱལ་གཟིགས་ཤུ་ཏིང་།

《བློན་རབས་འཁོར་བུ་པ》ལས་འདི་ལྟ་བྱུང་སྟེ"དེ་འི་འོག་ཏུ་མཆིམས་ཞང་རྒྱལ་གཟིགས་ཤུ་ཏིང་གིས་བྱས་སོ།" ཞེས་དང་། 《དོན་ཆེན་གནད་བསྡུས་ཀྱི་ལོ་ཚིགས》ལས"ཕྱུག་ལོ་སྟེ་སྤྱི་ལོ755ལོར་དགུན་འདུན་ཞང་རྒྱལ་གཟིགས་ཀྱིས་རག་ཏག་གི་ཀོག་ཏུ་བསྡུས་ཏེ་ལང་འབལ་བཀྱོན་ཕབ་པའི་ནོར་བཅིས་པར་ལོ་ཅིག 757ལོར་དབྱར་འདུན་སྟོད་ཀྱི་མོང་དུ་བློན་ཆེན་པོ་སྣང་བཞེར་དང་ཞང་རྒྱལ་ཟིགས་གཉིས་ཀྱིས་བསྡུས་ཏེ། 762ལོར་ཞང་རྒྱལ་ཟིགས་དང་ཞང་སྟོང་རྩན་ལས་སྩོགས་པས་བུམ་ལིང་ལྕགས་ཟམ་རྒལ་ཏེ། དྲ་ཅེན་དྲངས་ཏེ་འབུ་ཤིང་ཀུན་དང་ཟིན་ཅུ་དང་ག་ཅུ་ལས་སྩོགས་པ་རྒྱ་མཁར་མང་པོ་ཕབ་སྟེ། ཞང་རྒྱལ་ཟིགས་སླར་བོད་ཡུལ་དུ་མཆིས་ཏེ། ཞང་རྒྱལ་གཟིགས་དང་བློན་སྟག་སྒྲ་དང་ཞང་སྟོང་རྩན་དང་ཞང་བཙན་པ་ལས་སྩོགས་པས་ཀེང་ཤིར་དྲ་མ་དྲངས་ཏེ་ཀོང་ཤི་ཕབ། རྒྱ་རྗེ(ཏེའུ་ཙུའ代宗)བྲོས་ནས། རྒྱ་རྗེ(ཀེམ་ལུ་ཡང་ཁྲིང་ཧུང广武王承宏)གསར་དུ་བཙུག་ནས་དྲ་མ་སླར་ལོག་ནས། ཞང་རྒྱལ་ཟིགས་བོད་ཡུལ་དུ་མོལ་ཅེན་ལ་མཆིས་པར་ལོ་ཅིག 763ལོར་ཞང་རྒྱལ་ཟིགས་ཆེན་པོ་གཡུའི་ཡི་གེ་སྩལ་ད།" ཞེས་འཁོད་དོ། །བློན་ཆེན་འདི་པ་ནི་བཙན་པོ་ཁྲི་སྲོང་ལྡེ་བཙན་གྱི་བཀའ་ལ་གཏོགས་པའི་ཆབ་སྲིད་ཀྱི་བློན་པོ་ཞིག་ཡིན། ཁོང་གི་གདུང་རུས་ནི་མཆིམས་ཡིན་ཏེ། 《རྒྱལ་ཕྲན་རིམ་བྱུང་གི་མིང》ལས"ཡུལ་མཆིམས་ཡུལ་གྱི་དགུའ་ཡུལ་ནའ། རྗེ་མཆིམས་རྗེ་འི་ནེ་འུ།" ཞེས་དང་། 《བཀའ་ཐང་སྡེ་ལྔ》ལས"མཆིམས་ལ་བློན་པོ་བཞི་བྱུང་སྟེ།" ཞེས་འཁོད་དོ། །

32. ངན་ལམ་སྟག་སྒྲ་ཀླུ་གོང་།

《བློན་རབས་འཁོར་བུ་པ》ལས་འདི་ལྟ་བྱུང་སྟེ"དེ་ནས་ངན་ལམ་སྟག་སྒྲ་ཀླུ་གོང་གིས་བྱས་སོ།" ཞེས་དང་། 《དོན་ཆེན་གནད་བསྡུས་ཀྱི་ལོ་ཚིགས》ལས"སྟག་ལོ་སྟེ་སྤྱི་ལོ762ལོར་བློན་སྟག་སྒྲ་དང་ཞང་སྟོང་རྩན་དང་། ཞང་བཙན་པ་ལས་སྩོགས་པས་ཀེང་ཤིར་དྲ་མ་དྲངས་ཏེ་ཀེང་ཤི་ཕབ། རྒྱ་རྗེ་བྲོས་ནས་རྒྱ་རྗེ་གསར་དུ་བཙུག"ཅེས་དང་། 《ཐང་ཡིག་གསར་རྙིང་ལས་བྱུང་བའི་བོད་ཆེན་པོའི་སྲིད་ལུགས》ལས"763ལོར་སྟོད་ཀྱི་དམག་དཔོན་ཆེན་པོ་སྟག་སྒྲ་ཀླུ་གོང་སོགས་ཀྱིས་ཕྱིན་ཡང་གི་སྲས་ཀོང་ལུའུ་ཡང་ལི་ཁྲིན་ཧུང(广武王李承宏)རྒྱ་བ་གོང་མར་བསྐོས།" ཞེས་དང་། 《བོད་ཀྱི་རྡོ་རིང་ཡི་གེ་དང་དྲིལ་བུའི་ཁ་བྱང》ལས"བློན་སྟག་སྒྲ་ཀླུ་གོང་དཀུ་རྒྱལ་གཙིགས་གནང་བའི་མདོ་རྗོ་རིང་ལ་ཡིག་འབྲུ་བྲིས་པ།" ཞེས་དང་། 《བཀའ་ཐང་སྡེ་ལྔ》ལས"རྗེ་མཆོག་ཡེ་ཤེས་འཕྲུལ་གྱི་རྒྱལ་མ་བློན། ངན་ལམ་ཏ་ར་ཀླུ་གོང་དང་།" ཞེས་འཁོད་དོ། །བློན་ཆེན་འདི་པ་ནི་བཙན་པོ་ཁྲི་སྲོང་ལྡེ་བཙན་ཡབ་སྲས་ཀྱི་བཀའ་ལ་གཏོགས་

པའི་ཆབ་སྲིད་བློན་ཆེན་པོ་ཞིག་ཡིན། ཁོང་གི་གདུང་རུས་ནི་ངན་ལམ་ཡིན་ལ་གནས་ཡུལ་ནི་ད་ལྟ་བོད་ལྗོངས་ཀྱི་སྟག་རྩེའི་རྫོང་ཁོངས་ཡིན།

33. སྣ་ནམ་ཞང་ཀླུ་རྒྱལ་མཚན་ལྷ་སྣང་།

《བློན་རབས་འཛིན་བྱ་པ》ལས་འདི་ལྟ་བྱུང་སྟེ"དེའི་འོག་ཏུ་སྣ་ནམ་ཞང་རྒྱལ་ཚན་ལྷ་སྣང་གིས་བྱས་སོ།" ཞེས་དང་། 《ཆོས་འབྱུང་མཁས་པའི་དགའ་སྟོན》ལས"ཞང་བློན་ཆེན་པོ་བཀའ་ལ་གཏོགས་པ་ལ། ༄། བློན་ཆེན་པོ་ཞང་རྒྱལ་གཟིགས་ཤུ་ཐེང་། བློན་སྟག་སྒྲ་ཀླུ་གོང་། ཞང་རྒྱལ་མཚན་ལྷ་སྣང……།" ཞེས་དང་། 《དེབ་ཐེར་གཡུ་ཡི་ཕྲེང་བ》ལས"མཆིམས་བཙན་བཞེར་ལེགས་གཟིགས་དང་། སྣ་ནམ་རྒྱལ་ཚ་ལྷ་སྣང་དང་། ངན་ལམ་སྟག་ར་ཀླུ་གོང་ལ་སོགས་པ་བློན་པོ་ནག་པོ་རྣམས་ཀྱིས་ཆོས་ནུབ་པར་བྱ་བའི་ཕྱིར།" ཞེས་འཁོད་དོ། །བློན་ཆེན་འདི་པ་ནི་བཙན་པོ་ཁྲི་སྲོང་ལྡེ་བཙན་དང་མུ་ནེ་བཙན་པོ་ཡབ་སྲས་གཉིས་ཀྱི་བཀའ་ལ་གཏོགས་པའི་ཆབ་སྲིད་ཀྱི་བློན་ཆེན་པོ་ཞིག་ཡིན་ནོ། །

34. འབྲོ་ཁྲི་གཟུ་རམ་ཤགས།

《བློན་རབས་འཛིན་བྱ་པ》ལས་འདི་ལྟ་བྱུང་སྟེ"དེ་འི་འོག་ཏུ་འབྲོ་ཁྲི་གཟུ་རམ་ཤགས་ཀྱིས་བྱས་སོ།" ཞེས་དང་། 《བཙན་པོ་རིམ་བྱུང》གི་ལེའུ་བརྒྱད་པ་ལས"འབྲོ་ཁྲི་གཟུའ་རམ་ཤགས་ཀྱིས་སྟོད་ཕྱོགས་སུ(དྲ་མ)དྲངས་ཏེ། ཝཱི(ཡུལ)འབངས་སུ་བཀུག་ནས་དཔྱའ་ཕབ་བོ། ཞང་གི་འོག་ཏུ་དཀར་པོ་འབངས་སུ་མངའ་བ་ལས། སྤྲེ་བ་རེངས་པ་འི་ཚེ། དམག་དཔོན་འབྲོ་རམ་ཤགས་བཀའ་སྩལ་ནས། ཐག་རྩེད་ནོལ་ཐབས་བགྱི་བའི་ཚེ། འཇང་མང་པོ་བཀུམ་ནས། སྤྱན་ཆེན་པོ་ཉིང་རིམ་དང་། སྣ་ལ་གཞོགས་པ་དང་། དམངས་ཡན་ཆད་སུམ་བརྒྱའ་རྩ་བཅུ་གཉིས་བཟུང་ནས། འཇང་རྗེ་གོལ་གྱིས་ཀྱང་ཕྱག་འཚལ་ཏེ། འབངས་རྣལ་མར་བཀུག་ནས། དཔྱའ་ཕབ་སྔེ་སྔ་མཚོ་བཞིན་དུ་བཀོད་དོ།" ཞེས་དང་། 《ཆོས་འབྱུང་མཁས་པའི་དགའ་སྟོན》ལས"༄། ཆབ་སྲིད་ཀྱི་བློན་པོ་བཀའ་ཆེན་པོ་ལ་གཏོགས་པ་བློན་ཆེན་པོ་ཞང་འབྲོ་ཁྲི་གཟུ་རམ་ཤགས……།" ཞེས་འཁོད་དོ། །བློན་ཆེན་འདི་པ་ནི་བཙན་པོ་ཁྲི་སྲོང་ལྡེ་བཙན་དང་། མུ་ནེ་བཙན་པོ། ཁྲི་ལྡེ་སྲོང་བཙན་ཡབ་སྲས་གསུམ་གྱི་བཀའ་ལ་གཏོགས་པའི་ཆབ་སྲིད་ཀྱི་བློན་ཆེན་པོ་ཞིག་ཡིན་ནོ། །

35. དབའ་མང་རྗེ་ལྷ་ལོད།

《བློན་རབས་འཛིན་བྱ་པ》ལས་འདི་ལྟ་བྱུང་སྟེ"དེ་འི་འོག་ཏུ་དབའ་མང་རྗེ་ལྷ་ལོད་ཀྱིས་བྱས་སོ།" ཞེས་དང་། 《ཆོས་འབྱུང་མཁས་པའི་དགའ་སྟོན》ལས"༄། ཆབ་སྲིད་ཀྱི་བློན་པོ་བཀའ་ཆེན་པོ་ལ་གཏོགས་པ་བློན་ཆེན་པོ་ཞང་འབྲོ་ཁྲི་གཟུ་རམ་ཤགས་དང་། ཞང་མཆིམས་རྒྱལ་བཙན་བཞེར་ལེགས་གཟིགས། དབའ་བློན་མང་རྗེ་ལྷ་ལོད……།" ཅེས་དང་། 《དེབ་ཐེར་གཡུ་ཡི་ཕྲེང་བ》ལས"བློན་པོ་ཞང་ཁྲི་ཟུར་ལམ་ཤགས་དང་། མང་རྗེ་ལྷ་ལོད་ལ་སོགས་པས་རྒྱ་ལས་གནང་མང་པོ་བཅད་དེ། ཛ་ཧྲ་དང་བ

ལང་ཕལ་མོ་ཆེ་ཕྲུག་ཏུ་ཕྲུལ།” ཞེས་འཁོད་དོ། །གློན་ཆེན་འདི་པ་ནི་བཙན་པོ་ཁྲི་སྲོང་ལྡེ་བཙན་དང་། མུ་ནེ་བཙན་པོ། ཁྲི་ལྡེ་སྲོང་བཙན་ཡབ་སྲས་གསུམ་གྱི་བཀའ་ལ་གཏོགས་པའི་ཆབ་སྲིད་ཀྱི་བློན་ཆེན་པོ་ཞིག་ཡིན་ནོ། །

36. འབྲོ་ཁྲི་གསུམ་རྗེ་སྟག་སྣང་།

《བློན་རབས་འཕྲོར་བུ་པ》ལས་འདི་ལྟ་བྱུང་སྟེ“དེ་འི་འོག་ཏུ་འབྲོ་ཁྲི་གསུམ་རྗེ་སྟག་སྣང་གིས་བྱས་སོ།” ཞེས་འཁོད་དོ། །བློན་ཆེན་འདི་པ་ནི་བཙན་པོ་ཁྲི་ལྡེ་སྲོང་བཙན་གྱི་བཀའ་ལ་གཏོགས་པའི་ཆབ་སྲིད་ཀྱི་བློན་ཆེན་པོ་ཞིག་ཡིན། ཁོང་གི་མཛད་རྣམ་ནི་ལོ་རྒྱུས་དེབ་ཐེར་གཞན་རྣམས་ལས་ས་བོན་ཙམ་ཞིག་མ་རྙེད་པས་ཤིན་ཏུ་ཕངས་སོ། །

37. དབའས་རྒྱལ་ཏོ་རེ་སྟག་སྣ།

《བློན་རབས་འཕྲོར་བུ་པ》ལས་འདི་ལྟ་བྱུང་སྟེ“དེའི་འོག་ཏུ་དབའས་རྒྱལ་ཏོ་རེ་སྟག་སྣས་བྱས་སོ།” ཞེས་དང་། 《ཆོས་འབྱུང་མཁས་པའི་དགའ་སྟོན》ལས“མངའ་བདག་ཁྲི་རལ་པ་ཙན་ལྕགས་མོ་བྱའི་ལོ་ལ་མལ་གྲོ་ཞམ་པའི་ཕོ་བྲང་ན་རྒྱན་ཆང་མྱོས་པར་བཞེས་ཏེ་གསེར་ཁྲི་ལ་གཟིམ་པ་ལ་དབའས་སྟག་སྣ་ཙན་དང་། ཅོག་རོ་ལྷ་ལོད་དང་། ལེགས་སྟུག་བཙན་ཏེ་ཞིག་བློན་གསུམ་གྱིས་དབུ་ལྟག་རྒྱབ་ཏུ་བསྐོར་ནས་བཀྲོངས་སོ།” ཞེས་དང་། 《ཆོས་འབྱུང་མེ་ཏོག་སྙིང་པོ》ལས“དེ་ནས་བཙན་པོ་དར་མ་འུ་དུམ་བཙན་ལ་ཆབ་སྲིད་གཏད། རྒྱལ་པོར་དབང་བསྐུར། བོད་འབངས་ཆོས་ལ་གནག་པ་ཀུན་གྱིས་དབས་རྒྱལ་ཏོ་རེ་སྤྲེལ་མགོ་ཆོས་ལ་མི་དགའ་བ་དེ་ནང་བློན་དུ་བསྐོས། སྣ་ནམ་རྒྱལ་ཚ་ཁྲི་གསུམ་རྗེ་ཁྲ་མགོ་བ་ཕྱི་བློན་དུ་བསྐོས།” ཞེས་འཁོད་དོ། །བློན་ཆེན་འདི་པ་ནི་བཙན་པོ་ཁྲི་གཙུག་ལྡེ་བཙན་དང་ཁྲི་འུ་དུམ་བཙན་པོ་སྐུ་མཆེད་གཉིས་ཀྱི་བཀའ་ལ་གཏོགས་པའི་ཆབ་སྲིད་ཀྱི་བློན་ཆེན་པོ་ཞིག་ཡིན་ནོ། །

མཇུག་བསྡུ་བའི་གཏམ།

དེ་ཡང་ཉེ་ལམ་གྱི་ལོ་འགའི་རིང་དུ་རྒྱ་བོད་མཁས་པ་རྣམས་ཀྱིས་ཏུན་ཧོང་ཡིག་རྙིང་ལ་ལོ་རྒྱུས་དངོས་གཙོ་སྨྲ་བའི་ལྟ་ཚུལ་བཟུང་སྟེ་ཚན་རིག་དང་མཐུན་པའི་སྒོ་ནས་བརྟག་དཔྱད་ཞིབ་འཇུག་བྱས་ཤིང་། གང་ལ་གང་འཚམ་གྱི་ཆེད་རྩོམ་དང་དཔྱད་རྩོམ་མང་དུ་བྲིས་ནས་དུས་དེབ་སོ་སོའི་སྟེང་དུ་འགྲེམས་སྤེལ་བྱས་པ་དེས་དེང་དུས་ཀྱི་ཞིབ་འཇུག་དང་སློབ་ཁྲིད་ཀྱི་ཚུ་ཚད་མཐོན་པར་མ་ཟད། སྤྱི་ཚོགས་ཚན་རིག་ལའང་ཕན་འབྲས་ཆེས་ཆེར་ཐོབ་པར་གཞིར་བྱས་སོ། །ལོ་བོས་འདི་ནས་ཏུན་ཧོང་ཡིག་རྙིང་ལས་བྱུང་བའི་བོད་ཀྱི《བློན་རབས་འཕྲོར་བུ་པ》ཞིག་མཆིས་པ་དེ་ཉིད་སློབ་ཁྲིད་ཀྱི་དགོས་མཁོ་འབབ་ཞིག་ལ་བསྟུན་ནས་ངོ་སྤྲོད་མདོ་ཙམ་ཞུས་པ་ཡིན། དེ་སྔ་ཏུན་ཧོང་ཡིག་རྙིང་ལ་ཞིབ་འཇུག་བྱས་

པའི་ཆེད་རྩོམ་དང་དཔྱད་རྩོམ་རྣམས་ལ་ཞིབ་ཏུ་བལྟས་ན་བོད་བཙན་པོའི་དུས་ཀྱི་ཆབ་སྲིད་ཀྱི་བློན་ཆེན་པོ་རྣམས་ཀྱི་མཛད་རྣམ་དང་འབྲེལ་བའི་ལོ་རྒྱུས་ལ་ཞིབ་འཇུག་བྱས་པ་ཉུང་ཟད་ཞུང་བས་ཏུན་ཧོང་ཡིག་རྙིང་སློབ་ཁྲིད་བྱེད་པའི་སྐབས་སུ་དཀའ་ཚེགས་ཉུང་ཟད་ཆེ་བ་རེད། དེར་བརྟེན་བོད་བཙན་པོའི་གདུང་རབས་སོ་སོའི་མཛད་རྗེས་དང་ཁ་འབྲལ་ཐབས་མེད་པའི་བློན་ཆེན་རིམ་བྱོན་གྱི་མཛད་རྣམ་ལ་ལོ་རྒྱུས་དངོས་གཙོ་སྨྲ་བའི་ཐོབ་ཐང་ལྟར་གདེང་འཇོག་རེ་བྱེད་ཐུབ་ན་ཅི་མ་ཉུང་སྙམ་པའི་ཀུན་སློང་སྐྱེས་ཏེ་རང་རྩོམ་སོ་ཕག་ལྟ་བུ་འདིས་གཞན་རྩོམ་གཡང་ཏི་ལྟ་བུ་འདྲེན་པའི་མཐུན་རྐྱེན་དུ་འགྱུར་བར་སེམས་ནས་ངོ་སྤྲོད་འདི་ཉིད་བྲིས་པ་ཡིན། ཆེད་ཞུར《བློན་རབས་འཕྲོར་བུ་པ》འདི་ཉིད་ངོ་སྤྲོད་བྱེད་པའི་སྐབས་སུ་ལོ་ཚིགས་ཀྱི་གོ་རིམ་འཁྲུགས་པ་དང་། བློན་རབས་ཀྱི་གོ་རིམ་ནོར་བ། བློན་ཆེན་སོ་སོའི་མཛད་རྣམ་གོལ་བ་རྣམས《ཏུན་ཧོང་ནས་ཐོན་པའི་བོད་ཀྱི་ལོ་རྒྱུས་ཡིག་ཆ》སོགས་བསྒྲིགས་ལས་བྱུང་བའི《དོན་ཆེན་གནད་བསྡུས་ཀྱི་ལོ་ཚིགས》དང《ཐང་ཡིག་གསར་རྙིང》གི་ལོ་ཚིགས་ལ་ཁུངས་བཙལ་ནས་བྲིས་པ་དང་། བློན་ཆེན་སོ་སོའི་མཛད་རྣམ་དུ་དྲངས་པའི་མ་ཡིག་རྣམས་སོར་བཞག་བྱས་པ་ལས་མཆན་འགྲེལ་མ་བཏབ་པ་ཡིན། ཐེངས་འདིའི་བློན་རབས་ངོ་སྤྲོད་བྱས་པ་ལ་ནོར་འཁྲུལ་མང་དུ་མཆིས་སྲིད་པས་གཟིགས་པ་པོ་རྣམས་ཀྱིས་དག་བཅོས་བྱེད་པར་མཁྱེན་མཁྱེན་ནོ། །

《བོད་ལྗོངས་ཞིབ་འཇུག》 ༡༩༩༥ལོའི་དེབ་གཉིས་པ་ལས་བཏུས།

༄། །《ཅིག་ཆར་ཡང་དག་པའི་ཕྱི་མོའི་ཚོར་བ་རྡོ་རྗེ་ཤེས་རབ་སྤྱོད་པས་ཕ་རོལ་ཏུ་ཕྱིན་པའི་ཆོས་ཀྱི་སྒོ་མོ་གཅེས་པ》ཞེས་བྱ་བའི་བསྟན་བཅོས་ཀྱི་བསམ་བློའི་སྐོར་ལ་རགས་ཙམ་དཔྱད་པ།

དཔལ་འབར་རྡོ་རྗེ། འབྲུག་ལྷ།

སྤྱི་ལོ་དུས་རབས་བརྒྱད་པའི་ནང་བཙན་པོ་ཁྲི་སྲོང་ལྡེ་བཙན་གྱི་སྐབས་སུ། ཏུན་ཧོང་དང་ཤ་ཙུ་སོགས་ས་ཆ་མང་པོ་ཞིག་ལོ་དྲུག་ཅུ་ལྷག་ཙམ་གྱི་རིང་ལ(ཏ་ལམ་སྤྱི་ལོ786ནས་སྤྱི་ལོ830བར)བོད་བཙན་པོའི་རྒྱལ་རབས་ཀྱིས་དབང་དུ་བསྒྱུར་ཡོད་པ་དང་། དེའི་རིང་རྒྱའི་བསམ་གཏན་གྱི་མཁན་པོ་མང་པོ་ཞིག་ཏུན་ཧོང་དང་བོད་ལ་ཕེབས་ནས་བོད་ཀྱི་མཁས་པ་རྣམས་དང་མཉམ་དུ་ཆོས་ལུགས་ཀྱི་སྐོར་བགྲོ་གླེང་མཛད་པར་མ་ཟད། བསམ་གཏན་པའི་གྲུབ་མཐའི[1]སྐོར་གྱི་ཡིག་ཆ་མང་པོ་ཡང་རྒྱ་ཡིག་ནས་བོད་ཡིག་ཏུ་བསྒྱུར་ཅིང་བོད་དུ་དར་ཡོད་པ་རེད། གང་དག་ཡོད་ཟེར་ན། དཔེར་ན་རྒྱའི་མཁན་པོས་བྲིས་པའི་ཡིག་ཆ《ལིན་ཀའི་མཁན་པོ་དང་སློབ་མའི་མདོ》(《楞伽师资记》)དང་། 《དུས་རབས་རིམ་བྱོན་གྱི་དམ་ཆོས་རིན་པོ་ཆེའི་ཟིན་བྲིས》(《历代法宝记》)དང་། 《ཅིག་ཆར་ཡང་དག་པའི་ཕྱི་མོའི་ཚོར་བ། རྡོ་རྗེ་ཤེས་རབ་སྤྱོད་པས་ཕ་རོལ་ཏུ་ཕྱིན་པའི་ཆོས་ཀྱི་སྒོ་མོ་གཅེས་པ》(《顿悟真宗金刚般若修行达彼岸法门决要》)སོགས་ཡོད་པ་རེད། དེ་དག་ལས་སྔ་མ་གཉིས་རྒྱ་ཡིག་གི་བསྟན་འགྱུར《大藏经》ནང་དུ་བསྡུས་ཡོད་པ་དང་། 《ཅིག་ཆར་ཡང་དག་པའི་ཕྱི་མོའི་ཚོར་བ། རྡོ་རྗེ་ཤེས་རབ་སྤྱོད་པས་ཕ་རོལ་ཏུ་ཕྱིན་པའི་ཆོས་ཀྱི་སྒོ་མོ་གཅེས་པ》ཞེས་པ་འདི་རྒྱ་བོད་གཉིས་གང་གི་བསྟན་འགྱུར་གྱི་ནང་དུ་ཡང་བསྡུས་མེད་ཀྱང་ཞིབ་འཇུག་གི་རིན་ཐང་ཆེན་པོ་ཡོད་པར་བརྟེན། ངེད་གཉིས་ཀྱིས་ཡིག་ཆ་འདིའི་རྒྱ་ཡིག་གི་མ་ཡིག་དང་བོད་ཡིག་གི་འགྱུར་ཡིག་གཉིས་བསྡུར་ནས་ཞིབ་འཇུག་བྱས་པ་ཡིན། འཛར་པན་གྱི་ཞིབ་འཇུག་པ་ཁ་ཤས་ཀྱིས་སྔོན་ནས་ཡིག་ཆ་འདི་ལ་རྟོག་ཞིབ་བྱས་ཡོད་དེ། གྲུབ་འབྲས་གཙོ་བོ་ལ་ཧྲང་ཧྲན་ཏ་ཙུན(上山大峻)གྱིས་བྲིས་པའི《བོད་འགྱུར〈ཅིག་ཆར་ཡང་དག་པའི་ཕྱི་མོའི་ཚོར་བ་ཆོས་ཀྱི་སྒོ་མོ་གཅེས་པ〉ཞིབ་འཇུག》ཅེས་པ་དང་།(རྩོམ་ཡིག་དེ《བསམ་གཏན་རིག་གནས་ཀྱི་དཔྱད་ཡིག་སྙིང་བསྡུས》《禅文化研究纪要》ཞེས་པ་ཨང་བརྒྱད་པའི་ཤོག་ངོས33ནས103ལ་གསལ། 1976ལོ།) ལེའུ་ཐེན་ཧྲེན་ཧྲན(柳田圣山)གྱིས་བྲིས་པའི《བྱང་བརྒྱུད་བསམ་གཏན་པའི་

དཔྱད་ཡིག་ཚན་པ་གཅིག》(རྩོམ་ཡིག་འདི་《རྒྱ་གར་གྱི་སངས་རྒྱས་ཆོས་ལུགས་ཞིབ་འཇུག》པོད19པའི་ང་གཉིས་པའི་ཤོག་ངོས128སྟེང་གསལ། 1971ལོ།) ཅེས་པ་གཉིས་ཡོད་པ་རེད། དེ་གཉིས་ལས་སྔ་མས་ཡིག་ཆ་འདི་ལ་བརྟེན་ནས་བྱང་བརྒྱུད་བསམ་གཏན་པའི་གྲུབ་མཐའི་བསམ་བློའི་མ་ལག་ཆགས་ཚུལ་སྐོར་ལ་ཞིབ་འཇུག་ནན་མོ་བགྱིས་འདུག ཕྱི་མ་དེའི་ནང་དུ་ཡིག་ཆ་འདིའི་བོད་འགྱུར་ལ་རྟོག་ཞིབ་བྱས་ཤིང་དེར་འགྱུར་མཆན་ཡང་མཛད་ཡོད་པ་རེད། ཡིན་ན་ཡང་དཔྱད་རྩོམ་དེ་དག་གི་ནང་དུ་ཡིག་ཆ་འདིའི་ནང་གི་བསམ་གཏན་པའི་གྲུབ་མཐའི་བསམ་བློའི་སྐོར་དང་། དེས་བོད་བརྒྱུད་ནང་བསྟན་ལ་ཤན་ཞུགས་ཚུལ་སྐོར་ལ་ཞིབ་འཇུག་བྱས་མེད་པ་དང་། རང་རྒྱལ་ལ་མཚོན་ན་ཡིག་ཆ་འདིར་ཞིབ་འཇུག་བྱ་རྒྱུ་ནི་ད་དུང་སྟོང་ཆར་ལུས་འདུག་པར་བརྟེན། ཁོ་བོ་གཉིས་ཀྱིས་རྒྱ་ཡིག་གི་ནང་དུ་ཡོད་པའི་མ་ཡིག་གི་ཚན་པ་དང་བོད་ཡིག་གཉིས་བསྡུར་ནས་ཡིག་ཆ་འདིའི་བསམ་བློའི་ཁྱད་ཆོས་སྐོར་ལ་ཞིབ་འཇུག་རགས་ཙམ་བྱས་པ་ཡིན། ཡིག་ཆ་འདི་རྩིལ་པོ་གླེང་གཞི་དང་དངོས་གཞི་ཚན་པ་གཉིས་ལས་གྲུབ་ཡོད་ལ། རྒྱ་ཡིག་གི་མ་ཡིག་ནང་དུ་གླེང་གཞི་ཙུང་རིང་པོ་ཡོད་ཅིང་དེས་རྩོམ་ཡིག་རྩིལ་པོའི་སུམ་ཆའི་གཅིག་ཟིན་འདུག་ལ། བོད་འགྱུར་མའི་ནང་གི་གླེང་གཞི་དེ་མ་ཡིག་གི་གླེང་གཞིའི་ཕྱེད་ཙམ་མ་གཏོགས་མི་འདུག ཡིག་ཆ་འདི་ནི་དགེ་བསྙེན་ཧེའུ་འབོག་ཆེན་ཡེམ་དང་མཁན་པོ་ཤེས་རབ་ཐར་གཉིས་ཀྱི་བར་དྲི་བ་དྲིས་ལན་གྱི་སྒོ་ནས་བྲིས་ཤིང་། ནང་དོན་ལ་བྱང་བརྒྱུད་བསམ་གཏན་པའི་གྲུབ་མཐའི་བསམ་བློའི་སྐོར་བཤད་ཡོད་པ་རེད། ཡིག་ཆ་འདིའི་གླེང་གཞིར་བལྟས་ནས་བཤད་ན། སྐད་ཆ་འདྲི་མཁན་ཧེའུ་འབོག་ཆེན་ཡེམ་དང་དྲིས་ལན་འདེབས་མཁན་གྱི་མཁན་པོ་ཤེས་རབ་ཐར་གཉིས་མི་གཅིག་ཡིན་པ་འདྲ། གླེང་གཞིའི་ནང་དུ "先天元年(712年)11月5日"ཞེས་དུས་ཚོད་གསལ་པོར་བྲིས་ཡོད་པ་མ་ཟད། "ཏི་ཀྲོའུ་ཚི་ཧྲི"(棣州刺史) ལིའུ་ཨུའུ་ཏེ(刘无得)ཞེས་པ་དེས་བྲིས་པའི་གླེང་གཞི་ཡང་སྣང་འདུག་པས། དཔྱད་གཞི་འདི་ལ་རིག་གཞུང་གི་རིན་ཐང་དང་ལོ་རྒྱུས་ཀྱི་རིན་ཐང་ངེས་ཅན་ཞིག་ལྡན་འདུག་སྙམ། གཅིག བྱང་བརྒྱུད་བསམ་གཏན་ཆོས་ལུགས་ཀྱི་ཡིག་ཆ་འདི་བསྟན་འགྱུར་གྱི་ནང་དུ་བསྡུས་མེད་པར་བརྟེན། རང་རྒྱལ་གྱི་རིག་གཞུང་ཞིབ་འཇུག་པའི་ཁྲོད་དུ་དཔྱད་ཡིག་འདི་རྟོགས་མཁན་ཏ་ཙང་ཉུང་། དེ་ནི་ངེད་གཉིས་ཀྱིས་ཡིག་ཆ་འདི་ལ་རང་ནུས་གང་ཐུབ་ཀྱིས་ཞིབ་འཇུག་བགྱིད་པའི་རྒྱུ་མཚན་གཙོ་བོ་ཡང་ཡིན། གཉིས། ཡིག་ཆ་འདིའི་ནང་བྱང་བརྒྱུད་བསམ་གཏན་པའི་གྲུབ་མཐའི་བསམ་བློའི་སྐོར་བརྗོད་ཡོད་པ་དང་། བྱང་བརྒྱུད་བསམ་གཏན་པའི་གྲུབ་མཐའི་བསམ་བློ་བརྗོད་པའི་ཡིག་ཆ་འདི་ལྟ་བུ་གཞན་གང་དུ་ཡང་མཐོང་དཀའ། ཡིག་ཆ་དེ་ལ་གསར་བཏོད་ཀྱི་ཁྱད་ཆོས་མངོན་གསལ་དོད་པོ་ཡོད་པ་དང་བོད་ཡིག་ཏུ་ཡང་དག་ཅིང་ཆ་ཚང་བ་ཞིག་བསྒྱུར་ཡོད་པར་མ་ཟད། ད་དུང་བོད་དུ་དར་ནས་སྐབས་དེའི་བོད་བརྒྱུད་ནང་བསྟན་ཆོས་ལུགས་ཀྱི་བསམ་བློར་ཤུགས་རྐྱེན་ངེས་ཅན་ཞིག་ཐེབས་ཡོད་པ་རེད། གཞན་ཡང་ཡིག་ཆ་

འདིའི་མ་ཡིག་དང་འགྱུར་ཡིག་གཉིས་ཀྱི་མིང་བརྗ་དང་ཐ་སྙད་འདྲ་ཞིང་མ་ཡིག་གི་ནང་དོན་ཡང་ཇི་མ་ཇི་བཞིན་མཚོན་ཐུབ་འདུག་པ་ལས་སྐབས་དེའི་རྒྱ་བོད་མཁས་པའི་བློ་གྲོས་ཀྱི་རྩལ་མཐོན་པོ་ཡོད་པ་མཐོང་ཐུབ། གལ་ཏེ་རྒྱ་བོད་མཁས་པ་རྣམས་ཀྱིས་ཕན་ཚུན་བར་གྲོས་བསྡུར་དང་ཞིབ་འཇུག་མ་བྱས་པ་ཡིན་ན་ཆ་ཚད་འདི་འདྲ་མཐོན་པོ་ཞིག་ཏུ་སླེབ་དཀའ་སྙམ། གསུམ། དཔྱད་ཡིག་འདི་ལ་གླེང་གཞི་དང་། དངོས་གཞི། རྗོམ་པ་པོ། དུས་ཚོད་སོགས་གསལ་པོར་བཀོད་ཡོད་པ་དང་། རྗོད་བྱེད་ཚིག་ཀ་ཅང་ཁ་གསལ་ཞིང་གོ་བདེ་པོ་ཡོད་པར་མ་ཟད། ད་དུང་ཡིག་ཆ་འདིའི་ནང་གི་མི་སྣ་གཙོ་བོ་སྟེ་དྲིས་ལན་འདེབས་མཁན་བསམ་གཏན་གྱི་མཁན་པོ་ཤེས་རབ་ཐར་ཞེས་པ་ངོ་སྤྲོད་གསལ་པོ་བྱས་འདུག ད་ལྟ་རྒྱ་བོད་སྐད་ཡིག་གཉིས་ཀྱི་ནང་དུ་ཡོད་པ་དང་ནང་དོན་ཆ་ཚང་ཞིང་ཡང་དག་པའི་བསམ་གཏན་པའི་གྲུབ་མཐའི་སྐོར་གྱི་ཡིག་ཆ་འདི་ལྟ་བུ་དངོས་གནས་ཉེད་དཀའ་མོ་རེད། དེ་བས་ཡིག་ཆ་འདི་ལ་ཞིབ་འཇུག་ནན་མོ་བྱས་ན། བོད་བརྒྱུད་ནང་བསྟན་དང་རྒྱའི་བསམ་གཏན་པའི་གྲུབ་མཐའི་བར་གྱི་འབྲེལ་བ་དང་རྒྱ་བོད་ནང་ཆོས་ཀྱི་འབྲེལ་བའི་ལོ་རྒྱུས་སོགས་ལ་ཞིབ་འཇུག་བྱ་རྒྱུ་དང་། རྒྱ་བོད་སངས་རྒྱས་ཆོས་ལུགས་ཕན་ཚུན་ཞིབ་བསྡུར་དང་ཕན་ཚུན་ཁ་སྐོང་བྱ་རྒྱུ། རྒྱ་བོད་གཉིས་ཀྱི་སངས་རྒྱས་ཆོས་ལུགས་མཉམ་འཕེལ་གྱི་གནས་ཚུལ་དང་སོ་སོར་ཁྱད་ཆོས་མི་འདྲ་བ་ག་འདྲ་ཡོད་པ་ཤེས་ཐུབ་རྒྱུ་བཅས་ལ་ཕན་ཐོགས་ཡོད་སྙམ། གླེང་གཞིའི་ནང་དུ་ཐོག་མར་ཡིག་ཆ་འདིའི་ནང་གི་མི་སྣ་གཙོ་བོ་ངོ་སྤྲོད་བྱས་ཡོད་པ་འདི་ལྟ་སྟེ། "侯莫陈琰问：智达禅师口口口口口口侯莫陈居士者，雍怀长安人也，俗名琰，法号智达。"ཞེས་པའི་ཚིག་འདིའི་ནང་དོན་ལ་བལྟས་ན། ཧེའུ་འབོག་ཆེན་ཡེམ་ཟེར་བ་ནི་དེང་གི་ཧྲན་ཞི་ཞིང་ཆེན་གྱི་མི་ཡིན་པ་དང་། སྐུ་མིང་ལ་ཡེམ(琰)དང་ཆོས་མིང་ལ་ཤེས་རབ་ཐར(智达)ཞེས་འབོད་པ་གསལ་པོར་བྲིས་ཡོད་པས་དེ་གཉིས་མི་གཅིག་ཡིན་པ་ཤེས་ཐུབ། ཡང་རྒྱ་ཡིག་གི་མ་ཡིག་ནང་དུ"不顾荣利，志求菩提，在嵩山廿余年，初事安阇，亦后事秀和尚，皆亲承口决，密受教旨。至于精义妙理，达本穷源，出入有无，圆融自在，契害中之口智，得修正心之正觉，亦难与比矣！"ཞེས་བྲིས་པ་ལ་བལྟས་ན། བསམ་གཏན་གྱི་མཁན་པོ་ཤེས་རབ་ཐར་ནི་ཁེ་སྤོགས་དང་སྙན་གྲགས་གང་ཡང་མི་བསམ་ཞིང་སངས་རྒྱས་ཀྱི་ཆོས་ཁོ་ན་འཚོལ་མཁན་ཞིག་ཡིན་པ་དང་། ཁོང་གིས་བྱང་བརྒྱུད་བསམ་གཏན་པའི་གྲུབ་མཐའི་སློལ་བཏོད་མཁན་ཧྲུ་ཤང་ཧྲིན་ཞིག(神秀)ཟེར་བའི་མདུན་ནས་ལོ་ཉི་ཤུའི་རིང་ལ་བསམ་གཏན་པའི་གྲུབ་མཐའི་གཞུང་སློབ་གཉེར་གནང་ཞིང་ཧྲུ་ཤང་ཧྲིན་ཞིག་སྐུ་དངོས་ཀྱིས་གདམས་ངག་གནང་ཡོད་པར་བརྟེན། ཁོང་ནི་སངས་རྒྱས་ཆོས་ལུགས་ཀྱི་གཞུང་ལ་སྦྱངས་གོམས་མཐར་ཕྱིན་པ་དང་བསམ་གཏན་པའི་གྲུབ་མཐའི་སྒོམ་སྒྲུབ་ཀྱི་ཉམས་མྱོང་ཕྱུག་པའི་མི་ཞིག་ཡིན་པར་ངེས། མདོར་བསྡུས་ཏེ་བཤད་ན། ཡིག་ཆ་འདིའི་ནང་གི་དྲིས་ལན་འདེབས་མཁན་བསམ་གཏན་གྱི་མཁན་པོ་ཤེས་རབ་ཐར་ནི་རྣམ་

དཔྱོད་ཡངས་ཤིང་སྒྲུབ་པའི་ཉམས་རྟོགས་མཐོ་བའི་ཐེག་པ་ཆེན་པོའི་བསམ་གཏན་གྱི་མཁན་པོ་ཞིག་དང་སྙིང་རྗེ་ཆེ་ཞིང་རྟག་པར་དད་ལྡན་ཕོ་མོ་རྣམས་ལ་ཆོས་གཞུང་གི་ནང་དོན་དང་ཉམས་ལེན་སྐོར་གྱི་དོགས་གནད་སྐོར་གསལ་པོར་བཤད་པའི་ཆོས་པ་རྣམ་དག་ཅིག་ཡིན་པ་རེད། ཡང་ཡིག་ཆ་འདིའི་ནང་དུ"居士以禅思叹！余瑕此群迷遂讬为答问，开慈法要，可谓口之门龙象口涉海之舟船，经云直往菩提，斯言信矣，将来学者幸依文守心，先天元年十一月五日，棣州刺史刘天得(钗)叙绿琰问智达禅师："ཞེས་བྲིས་འདུག་པ་དེའི་ནང་དོན་ནི་བསམ་གཏན་གྱི་མཁན་པོས་བསམ་བློ་གཏོང་བཞིན་ངག་ནས་ཁོ་བོར་ཁོམ་ལོང་རེ་བྱུང་བའི་ཚེ་ན་མ་རིག་རྨོངས་མུན་གྱིས་བཅིངས་པའི་སེམས་ཅན་རྣམས་ཀྱི་དྲི་བར་དྲིས་ལན་བཏབ་ཅིང་ཁོ་རང་ཚོའི་སེམས་ཀྱི་དོགས་པ་གཙོད་པ་དང་། མ་རིག་པས་བཅིངས་པའི་མི་དེ་རྣམས་ལ་སྙིང་རྗེ་བསྒོམས་ནས་ཆོས་ཀྱི་སྒོ་མོ་ཕྱེས་པ་ཡིན་ཞེས་བཤད་པ་དང་། དེ་རྣམས་ལ་མཚོན་ནས་བཤད་ན་བསམ་གཏན་གྱི་མཁན་པོའི་གསུང་ནི་མཚོ་ལ་སྒྲོལ་བའི་གྲུ་གཟིངས་ལྟ་བུ་དང་། ཆོས་ཀྱི་སྒོ་མོར་འཇུག་པའི་ལྡེ་མིག་ལྟ་བུ་ཡིན། གོང་གི་གླིང་གཞི་ཚན་པ་འདི་བོད་འགྱུར་མའི་ནང་དུ་མེད་ལ་རྒྱ་ཡིག་གི་མ་ཡིག་མི་འདྲ་བ་གཉིས་ཡོད་པ་ལས་གཞན་ཞིག་གི་ནང་དུ་ཡང་མི་འདུག ཧེའུ་འབོག་ཆེན་ཡེམ་དང་མཁན་པོ་ཤེས་རབ་ཐར་གཉིས་བར་གྱི་དྲི་བ་དྲིས་ལན་གྱི་ནང་དོན་ནི་འདི་ལྟར་ཡིན། དེ་ཡང་ཐོག་མར་བརྗོད་སྙིང་ཐད་ཀར་མ་བཤད་པར་འདི་ལྟར་གླིང་འགོ་བཙམས་ཡོད་དེ། དགེ་བསྙེན་ཡེམ་གྱིས་དྲིས་པ། "སངས་རྒྱས་ཀྱི་ཆོས་ཤིན་ཏུ་ཟབ་ཅིང་རིང་བས། །མྱི་ཐ་མལ་བས་མྱི་རིག་གི་ཡི་གེའི་རི་མོ་དང་འབྲུ་མང་བས། །དེའི་གཞུང་ཤེས་དཀའ། །"ཞེས་ཟེར་བ་ཡིན་ཀྱང་། ཁོ་བོ་ནི"ལྷ་དང་མྱིའི་དཔལ་ཡོན་མྱི་ཚོལ་གྱི། ཐལ་བྱུང་བྱང་ཆུབ་བླངས་ཏེ། །ཕ་རོལ་ཏུ་ཕྱིན་པ་ཚོལ་ལོ། །"ཆོས་ལམ་སྒྲུབ་པའི་ལམ་གྱི་རིམ་པ་བཞིན་མི་སྒྲུབ་པར་ལམ་སང་འཚང་རྒྱ་བར་འདོད་ཚུལ་བཤད་པ་དང་། བསམ་གཏན་གྱི་མཁན་པོ་ཤེས་རབ་ཐར་ལ་མགྱོགས་མྱུར་དང་འཚང་རྒྱ་བའི་གདམས་ངག་གནང་དུ་གསོལ་ཞེས་ཞུས་པས། བསམ་གཏན་གྱི་མཁན་པོས་ཀྱང་ཁས་བླངས་ཏེ། "ཤིན་ཏུ་དགེའོ། །ཤིན་ཏུ་དགེའོ། །ང་ལུས་སྐྱེས་ནས་ལོ་ལྔ་བཅུ་རྩ་གསུམ་ལོན། །ཆོས་ལམ་དུ་ཞུགས་ནས་ལོ་སུམ་ཅུ་རྩ་གཉིས་ལོན་ན། །མྱི་ལ་དེ་ལྟ་བུའི་གཞུང་འདྲི་བ་ཡང་མ་མྱོང་ན། །ཁྱོད་ཡིད་མྱི་ཆེས་པ་ཇི་ཡོད། །གཅིག་ཏུ་ན་ཅིའི་ཕྱི་བྲག་དཔྱེ་བ་དྲང་པོར་དྲིས་ཤིག་དང་། །དྲང་པོར་བཤད་དོ། །ཚིག་མང་པོ་མྱི་དགོས་སོ། །"ཞེས་གསུངས། དེ་ལ་བལྟས་ན། མཁན་པོ་འདི་དགུང་ལོ་མི་ཆུང་ཞིང་བསམ་གཏན་གྱི་ཆོས་སྐོར་ཞུགས་ནས་ལོ་དུ་མ་འགོར་ཡོད་པ་དང་། ལོ་རྒྱ་རིང་མོ་ཞིག་གི་ནང་དུ་ཁོང་ལ་བཀའ་འདྲི་ཞུ་མཁན་མང་པོ་མ་བྱུང་ལ། ཐེངས་འདིར་དགེ་བསྙེན་ཡེམ་ཁོང་ལ་བཀའ་འདྲི་ཞུ་བར་སླེབས་པས་བསམ་གཏན་གྱི་མཁན་པོ་སྤྲོ་བས་རབ་ཏུ་མྱོས་ཤིང་རང་ཉིད་ཀྱི་ཤེས་ཡོན་ཐམས་ཅད་སྦ་གསང་མེད་པར་དགེ་བསྙེན་ཡེམ་ལ་གསུངས་ཡོད་པ་རེད། དགེ་བསྙེན་ཧེའུ་འབོག་ཆེན་

ཡེམ་དང་མཁན་པོ་ཤེས་རབ་ཐར་གཉིས་ཀྱིས་བསམ་གཏན་པའི་གྲུབ་མཐའི་བསམ་བློའི་སྐོར་དྲི་བ་དྲིས་ལན་གྱི་ཚུལ་དུ་གསུངས་པའི་སྙིང་དོན་མདོར་བསྡུས་ཏེ་བཤད་ན་གཤམ་ལྟར།

དང་པོ། སེམས་ཀུན་ཐོབ་པ་མེད་པའི་ཤེར་ཕྱིན་གྱི་སྙིང་དོན།

"ཆོས་ཐམས་ཅད་ཐོབ་པ་མེད"ཅེས་པ་ནི་ཤེར་ཕྱིན་གྱི་ནང་དོན་གཙོ་བོ་ཡིན་པས། ཧེའུ་འགོག་ཆེན་ཡེམ་གྱིས་མཁན་པོ་ཤེས་རབ་ཐར་ལ་ཐོག་མར་གནད་དོན་འདི་དྲིས་ཡོད་དེ། "རྡོ་རྗེ་ཤེས་རབ་ཀྱི་ཆོས་ཀྱི་ཡི་གེ་ན་རེ། །བྱང་ཆུབ་སེམས་དཔའ་སེམས་དཔའ་ཆེན་པོ་ཁ་དོག་ལ་ཆགས་པའི་སེམས་བསྐྱེད་པའི་མི་རིགས་སོ། །སྒྲ་དང་གསུམ་དང་། རོ་དང་། རེག་བྱ་དང་། ཆོས་ལ་ཆགས་པའི་སེམས་བསྐྱེད་པའི་མི་རིགས་སོ། །བརྟག་ཏུ་མེད་པའི་གནས་ལ་འདུག་པའི་སེམས་བསྐྱེད་མི་རིགས་སོ་ཞེས་འབྱུང་ན། །དེའི་གཞུང་ཇི་ལྟ་བུ། །"ཞེས་པའི་ནང་དོན་ལ་བལྟས་ན། སེམས་གཟུང་འཛིན་གྱི་སྦྱོར་པ་དང་བྲལ་ཞིང་གང་ལའང་མི་ཆགས་པ་ཞེས་པ་དང"སེམས་གནས་ས་མེད་པ་དང་སེམས་ཐོབ་རྒྱུ་མེད"ཅེས་པ་ནི་དོན་གཅིག་ཡིན་ལ། "སེམས་སྟོང་པ་ཐོབ་རྒྱུ་མེད་པ"ཞེས་པའང་དེའི་དོན་ཡིན་ནོ། །དེ་ནི་བསམ་གཏན་གྱི་མཁན་པོ་ཧེའུ་ནེང(慧能)གིས་བརྩམས་པའི《རྩ་བའི་མདོ》(坛经)ལས་གསུངས་པའི་"དྲན་པ་མེད་པ་ནི་སྙིང་དོན་ཡིན་ཞིང་། མཚན་མ་མེད་པ་ནི་གཞི་རྩ་ཡིན་ལ། ཆགས་པ་མེད་པ་ནི་ངོ་བོ་ཉིད་ཡིན།" (无念为宗，无相为体，无住为本)ཞེས་པའི་དོན་དང་ཀུན་ནས་མཚུངས་སོ། །དེའི་ནང་དོན་ནི་བསམ་གཏན་སྒོམ་པའི་སྐབས་སུ་རྟོག་པ་མི་སྐྱེ་ཞིང་། གང་ཡང་མཚན་མར་མི་འཛིན་པ། གཟུང་འཛིན་གྱི་སྦྱོར་པ་དང་བྲལ་བ་བཅས་གསུམ་པོ་ནི་གཅིག་ལ་གཅིག་བརྟེན་གྱི་འབྲེལ་བ་ཡིན་པ་དང་། དེ་ནི་ཤེར་ཕྱིན་གྱི་ནང་དུ་བསྟན་པའི་བླང་བྱ་དང་ནུས་པ་དང་མཚོན་རྟགས་བཅས་ཀྱང་ཡིན། དེ་ཡང་གསལ་པོར་བཤད་ན། གཟུང་འཛིན་གཉིས་ཀ་སྟོང་བའི་རྐྱང་གཞིའི་ཐོག་གཟུང་འཛིན་གཉིས་སྣང་མིན་པར་གཅིག་ཏུ་བསྡུ་བ་དང་། ཀུན་རྫོབ་ཀྱི་འཇིག་རྟེན་ལས་འདས་པའི་བསམ་བློ་མངོན་དུ་འགྱུར་བར་བྱེད་པ་ཡིན། དེ་ཡང་དོན་དངོས་ཐོག་ཧེའུ་ནེང་གིས་གསར་དུ་བཏོད་པའི་བསམ་གཏན་སྒོམ་པའི་ཐབས་ཤེས་གཙོ་བོ་ནི་ཅིག་ཆར་དུ་རྟོགས་རྒྱུ་དེ་ཡིན། དགེ་བསྙེན་ཡེམ་གྱི་དྲི་བ་དེར་བསམ་གཏན་གྱི་མཁན་པོས"སེམས་སོ་ཆོག་བརྟག་ཏུ་མེད་ན། །དེའི་མིང་བརྟག་ཏུ་མེད་པའི་གནས་ཡིན་ནོ། །དེ་ལས་ཡང་སེམས་གཡོས་ན། །དེའི་མིང་འདུག་ཅེས་བྱའོ། །དེའི་སེམས་བསྐྱེད་པ་ནི་རིགས་པ་ཤེས་བྱ་བ་ནི་རིག་པའོ། །བསྐྱེད་ཅེས་བྱ་བ་ནི་ལྟ་བའོ། །བརྟག་ཏུ་མེད་པའི་གནས་ལ་བལྟ་སྟེ། །དེའི་སེམས་བསྐྱེད་པའི་རིགས་སོ། །"ཞེས་ལན་བཏབ་པ་དང་། དེའི་ནང་དོན་ནི་སེམས་ཀུན་ནི་ཡིན་དང་མིན། ཡོད་དང་མེད། དགེ་བ་དང་སྡིག་པ་སོགས་རྣམ་རྟོག་གམ་མཚན་མ་མི་སྐྱེ་བའི་གནས་ཡིན་དགོས་ལ། དེའི་མིང་ལ་མེད་པའི་གནས་ཞེས་ཟེར་རོ། །དེ་

ལས་སེམས་གཡོ་བས་ན་དེའི་མིང་ལ་འདུག་ཅེས་ཟེར་བ་དང་། བལྟ་བྱ་བལྟ་ཡུལ་གང་ཡང་མེད་པའི་སྐབས་སུ་སེམས་བསྐྱེད་ཡིན་ཟེར། །མདོར་ན། སེམས་གང་དེ་ཡིན་མིན་གྱི་དབྱེ་བ་མི་དགར་ཞིང་གཡོ་འགྱུལ་ཅི་ཡང་མེད་ལ། བལྟ་བྱའི་ཡུལ་ཡང་མེད་པའི་གནས་སུ་གནས་པའི་སྐབས་སུ་ད་གཟོད་སེམས་བསྐྱེད་པ་ཡིན། འོ་ན་སེམས་དེ་ཡང་སྙིང་ག་འདྲ་ཞིག་ཡིན་ནམ་ཞེ་ན། དགེ་བསྙེན་ཡིམ་གྱིས"བརྟག་ཏུ་མེད་པའི་གནས་ལ་བལྟས་ན་གཞུང་ཇི་ཡོད"ཅེས་དྲིས་པ་དང་། བསམ་གཏན་གྱི་མཁན་པོས"སངས་རྒྱས་ཐམས་ཅད་ཀུན་བརྟག་ཏུ་མེད་པའི་གནས་ལས་ཆོས་ལམ་འཐོབ་པོ། །གཅིག་དུ་ན་བྱང་ཆུབ་སེམས་དཔའི་ཆོས་ཀྱི་སྐུ་ལུས་སྤྱད་པའི་གནས་ཡིན་ནོ། །ཡང་གཅིག་དུ་ན་ཁྱོད་ཀྱི་ཡང་དག་པའི་གཡུང་དྲུང་གི་ཆོས་ཀྱི་ངོ་བོ་ཉིད་འདུག་པའི་གནས་ཀྱང་ཡིན་ནོ། །ཁྱོད་དེ་ལྟར་བཙུག་ན་ཁྱོད་ཀྱིས་མཐོང་བ་རང་འོང་ངོ། །"ཞེས་ལན་བཏབ། ཚན་པ་འདིའི་ནང་དོན་ནི། དགེ་བསྙེན་ཡིམ་གྱིས་བལྟ་བྱ་བལྟ་ཡུལ་གང་ཡང་མེད་པའི་ཚེ། བལྟ་བ་ལ་དོན་སྙིང་ཇི་ཞིག་མཆིས་སམ་ལགས་ཞེས་དྲིས་པ་ལ། བསམ་གཏན་གྱི་མཁན་པོས་སངས་རྒྱས་ཀུན་གྱིས"མྱེད་པའི་གནས"ཞེས་པ་དེ་ཁོ་ན་ཏུ་ཆོས་ཀྱི་ལམ་རྙེད་པ་རེད་ཅེས་ལན་བཏབ་པ་རེད། དེ་ཡང་གསལ་པོར་བཤད་ན། "མྱེད་པའི་གནས"ཟེར་བའི་གནས་དེ་ནི་སངས་རྒྱས་ཀྱི་ས་བྱང་ཆུབ་སེམས་དཔའ་ཀུན་གྱི་ཆོས་སྐུའི་འབྲས་བུ་དང་། ཁྱོད་རང་ཉིད་ཀྱི་ཆོས་ཀྱི་ངོ་བོ་ཉིད(སངས་རྒྱས་ཀྱི་རང་བཞིན། སངས་རྒྱས་ཀྱི་རིགས།) འདུག་སའི་གནས་ཡིན་ལ། ཁྱོད་ཀྱིས་བལྟས་པས་མཐོང་ཐུབ་པ་ཡང་དེ་ཡིན་ནོ། །ཡང་དགེ་བསྙེན་ཡིམ་གྱིས་ཅི་ཞིག་མཐོང་ཞེས་དྲིས་པའི་ཚེ། བསམ་གཏན་གྱི་མཁན་པོས"ཆོས་ཀྱི་ཡི་གེ་ན་རེ། ངོ་བོ་ཉིད་མཐོང་སྟེ། སངས་རྒྱས་ཀྱི་ཆོས་ལམ་སྒྲུབ་པོ"ཞེས་གསུངས་པ་དེ་ནི་བསམ་གཏན་པས་བཤད་པའི"རང་བཞིན་རྟོགས་ན་ངོ་བོ་ཉིད་མཐོང་བ་དང་། །ངོ་བོ་ཉིད་མཐོང་ན་སངས་རྒྱས་པ་ཡིན།"("明性见性，见性成佛")ཞེས་པའི་ལྟ་བ་དང་ཀུན་ནས་མཚུངས་སོ། །དགེ་བསྙེན་ཡིམ་གྱིས"ལྟ་བ་ཇི་ལྟར་བལྟ"ཞེས་དྲིས་པ་ལ། བསམ་གཏན་གྱི་མཁན་པོས"ངོ་བོ་ཉིད་མཐོང་སྟེ། །ཉིད་དུ་བརྟག་ཏུ་མྱེད་པའི་གནས་སུ་བལྟའོ། །"ཞེས་ལན་བཏབ་པ་དང་། ཡང་དགེ་བསྙེན་ཡིམ་གྱིས"བརྟག་ཏུ་མྱེད་པའི་གནས་ག་ལ་འདུག"ཅེས་དྲིས་པ་ལ། བསམ་གཏན་གྱི་མཁན་པོས"ཆོས་སོ་ཆོག་མྱེད་ན་དེ་ཉིད་མྱེད་པའི་གནས་ཡིན་ནོ"ཞེས་ལན་བཏབ་པ་དང་། ཡང་དགེ་བསྙེན་ཡིམ་གྱིས "བལྟ་བ་ཉིད་ཆགས་པ་མ་ཡིན་ནམ"ཞེས་སྨྲས་པ་ལ་བསམ་གཏན་གྱི་མཁན་པོས"ཡོད་པའི་གནས་ལ་བལྟས་ན་ནི། ཡོད་པ་ལ་ཆགས་པའོ། །མྱེད་པའི་གནས་ལ་བལྟས་ན་ནི། །ཡོད་པ་ལ་མྱི་ཆགས་པའོ། །"ཞེས་ལན་བཏབ། ཡང་དགེ་བསྙེན་ཡིམ་གྱིས"མྱེད་པའི་གནས་ལ་བལྟ་བ། མྱེད་པའི་གནས་ལ་ཆགས་པ་མ་ཡིན་ནམ"ཞེས་དྲིས་པ་ལ་བསམ་གཏན་གྱི་མཁན་པོས"མྱེད་པའི་གནས་ཀྱང་། །མྱེད་པའི་སེམས་ཀྱིས། །མྱེད་པའི་གནས་ཀྱང་མྱེད་པའི་སེམས་ལ་བལྟས་ན། །དེའི་སྙིང་བྱ་བ་མྱེད་པའི་ཆོས་ཤེས་བྱའོ། །མྱེད་པའི་གནས་ལ་མྱི་ཆགས

པའོ། །སྐྱེད་པའི་གནས་ཀྱི་སེམས་ཡོད་པར་བྱས་ལ། །སྐྱེད་པའི་གནས་ལ་ཡོད་པར་བལྟས་ན། །སྐྱེང་བྱ་བ་ཡོད་པའི་གནས་ཤེས་བྱ་སྟེ། །སྐྱེད་པའི་གནས་ལ་ཆགས་པའོ། །"ཞེས་ལན་བཏབ། འདིར་བསྟན་པའི"སྐྱེད་པའི་སེམས"སམ"སེམས་སྐྱེད་པ"ཞེས་པ་ནི་རྣམ་རྟོག་གང་ཡང་མེད་ལ། མཚན་མ་ཐམས་ཅད་སྤངས་ནས་བྱ་བ་གང་ལ་ཡང་སེམས་མི་ཆགས་པའི་དོན་ཡིན་ནོ། །"སྐྱེད་པའི་སེམས"ཞེས་པ་དེའི་མིང་ལ"སེམས་མེད་པའི་སེམས"ཞེས་ཀྱང་ཟེར་རོ། །དེ་ནི་མིའི་སེམས་ཀྱི་ངོ་བོ་དང(本心)གདོད་མའི་སེམས་ལ་གོ་དགོས་པ་ལས། "སྐྱེད་པའི་སེམས"ཞེས་པ་མི་ལ་སེམས་མེད་ཅེས་པའི་དོན་མ་རེད། མིའི་སེམས་ཡོད་པའི་གནས་དང་མེད་པའི་གནས། འདུས་བྱས་དང་འདུས་མ་བྱས།(有为，无为) མཐོང་བྱ་ཡོད་པ་དང་མེད་པ། བསམ་བྱ་ཡོད་པ་དང་མེད་པ་སོགས་རྣམ་རྟོག་དང་བྲལ་བའི་སྐབས་སུའམ། ཡང་ན། ཁྱོད་ཀྱི་སེམས་གནས་དང་གཞི་གང་ལ་ཡང་མི་ཆགས་ཤིང་། གནས་དང་གཞི་གང་ལ་ཡང་ཐུག་རྒྱུ་མེད་པའི་སྐབས་དང་། བླང་བྱ་དང་འཐོབ་བྱའི་དངོས་པོ་གང་ཡང་མེད་པའི་སྐབས། རྟོག་པ་དང་བསམ་པ་གང་ཡང་མེད་པའི་སྐབས་སུ་གཟོད་སེམས་བཅིངས་པ་ལས་གྲོལ་ཞིང་ཐར་པ་ཐོབ་པ་ཡིན་པར་བསྟན་འདུག ཧེའུ་འབོག་ཆེན་ཡིམ་དང་བསམ་གཏན་གྱི་མཁན་པོ་གཉིས་ཀྱིས་གནད་དོན་འདི་མུ་མཐུད་དུ་བགྲོ་གླེང་བྱས་ཡོད་དེ། དགེ་བསླབ་ཡིམ་གྱིས"སེམས་ཡོད་པས་བལྟས་ན། །གདོད་མཐོང་བར་ནུང་ངམ། །"ཞེས་དྲིས་པ་ལ་བསམ་གཏན་གྱི་མཁན་པོས"སེམས་ཡོད་པས་ན། །སྐྱེད་པས་གནས་ལ་ཆགས་ཏེ་བལྟས་ཀྱང་མི་མཐོང་ངོ་། །སེམས་སྐྱེད་པས་ན། །སྐྱེད་པའི་གནས་ལ་མ་ཆགས་ཏེ་བལྟས་ན་མཐོང་བར་ནུང་ངོ་། །"ཞེས་ལན་བཏབ། ཡང་དགེ་བསླབ་ཡིམ་གྱིས"སེམས་སྐྱེད་པ་སྐྱེད་པའི་གནས་ལས། །ཆགས་སོད་ཀྱི་བལྟས་ཏེ་མཐོང་བ་ཡོད་ན། །ཆགས་པ་མ་ཡིན་ནམ། །"ཞེས་དྲིས་པ་ལ་བསམ་གཏན་གྱི་མཁན་པོས"སེམས་སྐྱེད་པས་བལྟ་བའི་ཚེ་ནི་སྨྲ་བླང་མི་གཏང་བས་ན། །མཐོང་བ་འདི་ནི་མཐོང་བ་སྐྱེད་པ་མཐོང་སྟེ། །དེའི་སྐྱེང་ནི་ཆེན་པོའི་ཡང་དག་པ་ཡིན་པས་ན། །ཡང་དག་པའི་གཟུགས་མཐོང་བར་ནུང་ངོ་། །བྱང་ཆུབ་ཀྱི་སེམས་ནི་སྐྱེད་པའི་གནས་ན་འདུག་གོ །"ཞེས་ལན་བཏབ། འདིར་བསྟན་པའི"སེམས་ཡོད་པ"ཞེས་པ་ནི་རྣམ་རྟོག་གི་སེམས་ཏེ། སོ་སོ་སྐྱེ་བོའི་སེམས་ཀྱི་འགྱུ་བ་ལ་གོ་བ་ཡིན། དགེ་བསླབ་ཡིམ་གྱིས་སེམས་ཡོད་པའི་མིས་བལྟས་ན་ད་གཟོད་མཐོང་ཐུབ་པ་ཡིན་ནམ་ཞེས་དྲིས་པ་ལ། བསམ་གཏན་གྱི་མཁན་པོས་སེམས་ཡོད་པའི་མི་སྟེ་སོ་སོ་སྐྱེ་བོ་རྣམས་ལ་བལྟ་བྱའི་ཡུལ་ཡོད་སྲིད་ཀྱང་། བལྟས་ན་མཐོང་རྒྱུ་ཅི་ཡང་མེད་ཅེས་བཤད་པ་དེའི་དོན་གསལ་པོར་བཤད་ན། དེ་ལྟ་བུའི་མི་ཡིས་ཇི་ལྟར་བལྟས་ཀྱང་འཇིག་རྟེན་དང་མི་ཚེ་ཡི་ངོ་བོ་ཉིད་མཐོང་མི་ཐུབ་ཅིང་གནས་ལུགས་ཇི་བཞིན་རྟོགས་མི་ཐུབ་ཅེས་པའི་དོན་རེད། "སེམས་སྐྱེད་པའི་མི"ཞེས་པ་ནི་རྣམ་རྟོག་གི་འགྱུ་བ་དང་བྲལ་བའི་མི་ལ་གོ་དགོས་པ་དང་། བསམ་གཏན་གྱི་མཁན་པོས་སངས་རྒྱས་ཀྱི་སར་བསླེགས་ཟིན་པའི་སྐྱེ་བོ་ཞིག་ལ་མཚོན་ན་བལྟ་བྱ་

བལྟ་ཡུལ་གང་ཡང་མེད་དེ། སྣང་སྲིད་ཀྱི་དངོས་པོ་གང་ལ་ཡང་མི་ཆགས་པ་ཡིན་སོད། ཡིན་ཡང་། སྐྱེ་བོ་དེས་བལྟས་མ་ཐག་ཏུ་མཐོང་ཐུབ་པ་ཡིན་ཞེས་བཤད་པ་དེས་དགེ་བསྙེན་ཡིམ་གྱི་སེམས་ཀྱི་དོགས་པ་མ་ཆོད་པར་བརྟེན། ཡིམ་གྱིས་མུ་མཐུད་དུ་འདྲི་རྒྱུར། གལ་ཏེ་སེམས(རྣམ་རྟོག)མེད་པའི་སྐྱེ་བོ་དེར་བལྟ་བྱ་བལྟ་ཡུལ་མེད་ཅིང་བལྟས་མ་ཐག་ཏུ་ཅི་ཡང་མཐོང་ཐུབ་པ་ཡིན་ན། ཅི་ཞིག་མཐོང་བ་དེ་ལ་ཆགས་པ་མ་ཡིན་ནམ། དེ་ལ་བསམ་གཏན་གྱི་མཁན་པོས་རྣམ་རྟོག་གི་འགྱུ་བ་དང་བྲལ་བའི་ཤེས་རབ་ཀྱིས་ལྟ་བའི་སྐབས་སུ་བླངས་པ་དང་བཏང་བ་གང་ཡང་མེད། འདིར་བཤད་པའི“བླངས་པ”དང“བཏང་བ”ཞེས་པ་ནི་གཟུགས་སུ་གྲུབ་པའི་དངོས་པོ་གང་རུང་བླངས་པ་དང་བཏང་བ་ལ་གོ་ཆོག་སྟེ། གཟུགས་སུ་གྲུབ་ཅིང་མཚན་མ་ཡོད་པའི་དངོས་པོའི་སྤྲངས་བླངས་དང་བྲལ་བའི་ཚེ་ན། “མཐོང་བ་མྱེད་པ”ཞེས་པ་ཐོབ་པ་ཡིན་པར་བཤད། “མཐོང་བ་མྱེད་པ”ཞེས་པ་ལ“མཐོང་བ་མྱེད་པའི་མཐོང་བ” “མཐོང་བ་ཆེན་པོ”ཞེས་ཀྱང་ཟེར། དེ་ནི་ཡང་དག་པ་མཐོང་བ་ཡིན་པར་བརྟེན་ངོ་བོ་ཉིད་མཐོང་ཐུབ་པ་རེད། མདོར་བསྡུས་ཏེ་བཤད་ན། “མཐོང་བ་མེད་པའི་མཐོང་བ”(ལྟ་བ)ནི་མཐོང་བ་ཆེན་པོ་ཡང་དག་པ་ཡིན་པ་དང་། ལྟ་བ་འདི་ཐོབ་ན་ངོ་བོ་ཉིད་མཐོང་ཞིང་སངས་རྒྱས་ཀྱི་ས་ཐོབ་པར་བཤད་དོ། །

གཉིས་པ། ཡོད་མེད་གཅིག་གིས་གཅིག་བསྐྱེད་པའམ་གཅིག་ལས་གཅིག་འབྱུང་བའི“དབུ་མའི”ལམ།

“ཡོད”དང“མེད”གཉིས་ཀྱི་བརྗོད་གཞི་ནི་ཤེར་ཕྱིན་དབུ་མའི་ལམ(般若中观)གྱི་ནང་དོན་གཙོ་བོ་ཞིག་ཡིན་པ་དང་། བསམ་གཏན་པའི་གྲུབ་མཐའི་རྩ་བའི་ནང་དོན་ཡང་དེ་ཡིན། ཡིན་ཡང་ཡིག་ཆ་འདིའི་ནང་དུ“ཡོད”དང“མེད”ཀྱི་འབྲེལ་བ་གླེང་བའི་སྐོར་ལ་གྲུབ་མཐའ་གཞན་དང་མི་མཐུན་པའི་ཁྱད་ཆོས་ཡོད་དེ། ཡིག་ཆ་འདིའི་ནང་དུ“བླངས་པ་མེད་ལ་བཏང་བ་ཡང་མེད”ཅེས་པ་ནས་འགོ་བཙམས་ཏེ“ཡོད” “མེད”ཀྱི་འབྲེལ་བ་གླེངས་འདུག “འདྲི་བ་ན་རེ། །ཇི་ལྟ་བུར་ན་མིང་མ་བླངས་མ་བཏང་ཞེས་བྱ། །ལན་ལྡོན་པ་ན་རེ། །བླངས་ཤེས་ཟེར་ན་ནི་མྱི་མཐོང་ངོ་། །བཏང་ཞེས་ཟེར་ན་ནི་ཆགས་པ་ཡོད་དེ། །དེ་ལྟ་བས་ན། །ཆོས་ཀྱི་ཡི་གེ་ན་རེ། །བླངས་པ་ཡང་མྱེད། །བཏང་བའང་མྱེད་བཤད་དོ། །འདྲི་བ་ན་རེ། །མྱེད་པའི་གནས་ཡོད། །མྱེད་པའི་གནས་ཡོད་ན་ཆགས་པ་མ་ཡིན་ནམ། །”ཞེས་པའི་ཚན་པ་འདིའི་ནང་དུ་བསམ་གཏན་གྱི་མཁན་པོས་བཤད་པའི་ནང་དོན་ནི་འདི་ལྟ་སྟེ། “བླངས”ཟེར་བ་ནི། “མཐོང་བ་མྱེད་པ”ཞེས་པའི་ཡུལ་ལ་བལྟོས་ནས་བཤད་པ་དང་། “བཏང”ཟེར་བ་ནི“ཆགས་པ་ཡོད་པ”ཞེས་པ་ལ་བལྟོས་ནས་བཤད་པ་ཡིན། གལ་ཏེ་ཁྱོད་ཀྱི་སེམས“ཡོད་པ”དང“མེད་པ།” “བླངས་པ”དང“བཏང་བ”སོགས་ལ་ཆགས་པའམ་གནས་པ་ཡིན་ན་ལྟ་བ་ཡང་དག་པ་མ་ཡིན་ནོ། །དེར་

བརྟེན། ཐབས་ལམ་ཡང་དག་པ་ནི་“བླངས་པ་མེད་ལ་བཏང་བ་ཡང་མེད”ཅེས་པ་ཡིན། དགེ་བསྙེན་ཡེམ་གྱིས་ཡང“ཡོད”དང“མེད”གང་ལ་ཡང་མི་ཆགས་ཀྱང་། “མེད་པའི་གནས”ཟེར་བ་ཞིག་ཡོད་པར་ཁས་བླངས་ན། ཡུལ་དེ་ལ་ཆགས་པ་མ་ཡིན་ནམ་ཞེས་དྲིས་པ་ལ། བསམ་གཏན་གྱི་མཁན་པོས“ཡོད་པས་མེད་པ་བསྐྱེད་ནུས། །མེད་པས་ནི་ཡོད་པ་བསྐྱེད་ནུས། །ཡོད་པ་བཏང་ན་མེད་པ་འཆད་དོ། །མེད་པ་བཏང་ན་ཡོད་པ་འཆད་དོ། །ཡོད་མེད་དང་བྲལ་བས་ན། །མྱིང་ལམ་དབུ་མ་ཞེས་བྱའོ། །མྱིང་ལམ་དབུ་མ་ཞེས་ཀྱང་བྱ་མོད་ཀྱི། །མྱིང་མེད་པའི་གནས་ཤེས་བྱའོ། །མྱིང་གཅིག་ཏུ་ན་གཉིས་སུ་མེད་ཅེས་ཀྱང་བྱའོ། །གཉིས་སུ་མེད་པའི་ཆོས་ཀྱི་སྒོ་མོའི་ནང་དུ། །སེམས་ཐག་པ་ནས་སྤྱད་པ་སྦྱངས་ཏེ། །སེམས་རྒྱུན་མི་འཆད་མི་འདུག་ན། །གཟུགས་གཅིག་ཏུ་འདུག་པ་འཐོབ་སྟེ། །ཁྱོད་ལ་བསྟན་ཅིང་བཤད་དུ་མི་རུང་ངོ་། །ཐོབ་འབའ་ཞིག་ཤེག་གིས་ཤེས་སོ། །འདི་ནི་མེད་པའི་གནས་ཡིན་ཏེ་བཤད་ཀྱང་དཀའོ། །”ཞེས་ལན་བཏབ་པ་ལ་ནང་དོན་ཟབ་མོ་ཡོད་དེ། དེང་རབས་ཀྱི་མཚན་ཉིད་རིག་པའི་ལམ་ནས་བཤད་ན། ཤེར་ཕྱིན་དབུ་མ་བས་བཤད་པའི“ཡོད”དང“མེད”ཀྱི་འབྲེལ་བ་ནི་དངོས་པོའི་ངོ་བོ་དང་སྣང་ཚུལ་གྱི་འབྲེལ་བ་ཡིན་ལ། དེ་གཉིས་ནི་གཅིག་ལ་གཅིག་བརྟེན་གྱི་འབྲེལ་བ་ཡིན། འོན་ཀྱང་ཡིག་ཆ་འདིའི་ནང་དུ“ཡོད་མེད”ཀྱི་འབྲེལ་བ་ནི་གཅིག་ལས་གཅིག་འབྱུང་བའམ་བསྐྱེད་པའི་འབྲེལ་བ་ཡིན་པར་བཤད་ཡོད་པས། བཤད་ཚུལ་འདི་ནི་ཝེ་ཅིན(魏晋)སྐབས་ཀྱི་ཞོན་ཞོས(玄学)ཟེར་བའི་རྟོག་གེ་རིག་པ་ཅན་དེའི[2]འདོད་ཚུལ“མེད་པ་ལས་ཡོད་ཚད་འབྱུང་བ”ཞེས་པའི་ནང་གི“མེད་པ”དང་ཏ་ཅང་མཚུངས་སོ། །ཐེག་པ་ཆེན་པོའི་ཤེར་ཕྱིན་དབུ་མའི“སྣང་བ་སྟོང་པ་དང་མི་འབྲལ་ཞིང་། སྟོང་པའང་སྣང་བ་དང་མི་འབྲལ་བ། སྣང་བ་སྟོང་པ་ཡིན་ལ། སྟོང་པའང་སྣང་བ་ཡིན”ཞེས་པའི“སྣང་སྟོང་ཁ་མི་འབྲལ་བའི”འདོད་ཚུལ་དང་སྦྱར་ནས་བྲིས་འདུག་ཀྱང་། སྤྱིའི་ཆ་ནས་བལྟས་ན། བསམ་བློ་གཏོང་ཕྱོགས་དེ་ཤེར་ཕྱིན་དབུ་མ་བའི་བསམ་བློ་དང་འགལ་ཡོད་དེ། དེ་ནི“ཡོད་མེད་ཕན་ཚུན་བསྐྱེད་པའམ་གཅིག་ལས་གཅིག་འབྱུང་བ”ཞེས་བྲིས་ཡོད་པ་རེད། གོ་རིམ་གཉིས་པའི་ནང་དུ“ཡོད་མེད་ཕན་ཚུན་གཙོད་པ”ཞེས་པའམ“ཡོད་མེད་ཕན་ཚུན་ཁ་འབྲལ་བ”ཞེས་པའི་ལྟ་བ་བཤད་ཡོད་དེ། ཡོད་མེད་ཕན་ཚུན་ཁ་བྲལ་བ་ནི་དབུ་མའི་ལམ་ཡིན་ཞེས་བརྗོད་ཡོད་པ་རེད། ཡོད་མེད་ཀྱི་དབྱེ་བ་དང་བྲལ་བའི་དབུ་མའི་ལམ་རྙེད་པའི་ཚེ་ན། ས་མཐོ་ཤོས་དེར་བསླེབས་པ་ཡིན་ནམ་ཞེ་ན། མ་ཡིན་ཏེ། འདི་ལྟ་བུའི་དབུ་མའི་ལམ་ཞིག་མེད་དོ། །དེར་བརྟེན། ངེས་པར་དུ“དབུ་མའི་ལམ”ཞེས་པ་དང་ཁ་འབྲལ་དགོས་པ་དང་། མིང་གདགས་རྒྱུ་མེད་པའི“མྱིང་མེད་པའི་གནས”ཞེས་པ་ཡང་ཤེས་དགོས། གནས་དེའི་མིང་ལ“གཉིས་སུ་མེད་པའི་ཆོས་ཀྱི་སྒོ་མོ”ཞེས་ཟེར་རོ། །“གཉིས་སུ་མེད་པའི་ཆོས་ཀྱི་སྒོ་མོ”ཞེས་པའི་ནང་དུ་སེམས་རྩེ་གཅིག་ཏུ་བསྡུ་ཞིང་། སེམས་ཐག་པ་ནས་ཆོས་ལམ་སྤྱད་ན“གཟུགས་གཅིག་ཏུ་འདུག་པ”ཐོབ་པ་དང་། “གཟུགས་གཅིག་ཏུ་འདུག་པ”ཞེས་པ་དེ་མི་གཞན་ལ

བཤད་མི་རུང་བ་ཡིན། མི་རང་ཉིད་ཀྱིས་ཆོས་ལམ་སྤྱད་དེ་ཐོབ་པའི་ཚེ་ན་ད་གཟོད་ཤེས་པར་འགྱུར་རོ། །འདིའི་མིང་ལ“མེད་པའི་གནས”ཞེས་བརྗོད་ཅིང་དེ་ནི་སྐྱོ་བོའི་སྐད་བརྡས་མཚོན་ཐུབ་པ་ཞིག་མིན། “མྱེད་པའི་གནས”ཞེས་པའི་སར་བསླེགས་པའི་ཚེ་ན་གོ་རིམ་གསུམ་པ་ཡང་མངོན་དུ་གྱུར་པ་ཡིན། འོ་ན“མྱེད་པའི་གནས”ཞེས་པ་དེ་དོན་དངོས་ག་འདྲ་ཞིག་ཡིན་ནམ།

གསུམ་པ། “མྱེད་པའི་གནས”ཞེས་པའི་དོན།

“མྱེད་པའི་གནས”ཞེས་པ་དོན་དངོས་སུ་གང་ན་ཡོད་དམ། ཅི་འདྲ་ཞིག་ཡིན་ནམ་ཞེ་ན། བསམ་གཏན་གྱི་མཁན་པོས་འདི་ལྟར་བཤད་ཡོད་དེ། “ཆོས་ཀྱི་ཡི་གེ་ན་རེ། །ཕྱི་རོལ་ནའང་མྱི་འདུག ནང་རོལ་ན་ཡང་མྱི་འདུག །བར་ན་ཡང་མྱི་འདུག དེ་ནི་ཐོབ་པའི་གནས་ཤེས་བྱའོ། །གཅིག་དུ་ན་ཁྱོད་ཀྱི་སེམས་ཀྱི་ཕྱི་མོ་ཡང་དག་པའི་གཡུང་དྲུང་ཡང་དག་པའི་ངོ་བོ་ཉིད་མྱི་སྐྱེ་མྱི་ཤི་བ། །གཙང་གདང་བའི་ཆོས་ཀྱི་ཁམས་མཐའ་ཡུན་དུ་མཉམ་སློམས་པ། །ཏིང་ངེར་མྱི་གཡོ་བའི་མཚན་ཡང་དག་པར་གཤེགས་པ་ཞེས་བྱ་སྟེ། །ཆེ་ཞིང་ཡངས་པ་མྱེད་དེ། །མཚན་གཙང་ཁྱབ་ཉིད་ཀྱི་སྐུ་ཞེས་བྱ་སྟེ། །གཙང་གདང་ལ་གཟུགས་མྱེད་པས་ན། །ཡུལ་གཙང་མ་ཞེས་བྱའོ། །འཛིག་རྟེན་དུ་མངོན་པར་འབྱུང་ཞིང་། །ཕྱི་ནང་ཐལ་བར་སྣང་བས་ན། །མཚན་སྨན་གྱི་མཁན་པོ་བེ་ཌཱུརྻ་ཞེས་བྱའོ། །གཟུགས་སོ་ཚོག་ཡན་མན་གྱིས་ཞེན་ཅིང་ཆགས་མྱི་ནུས་ན། །མྱིང་གྲོལ་བ་ཐར་པ་ཞེས་བྱའོ། །ཁ་དོག་གཟུགས་ཐམས་ཅད་ལ་བལྟས་ན། །ཆོས་ཀྱི་ངོ་བོ་ཉིད་མངོན་པར་མཐོང་སྟེ། །གཙང་གདང་བ་རྟག་པར་མདུན་དུ་འབྱུང་བ་དེའི་མྱིང་ནི་སངས་རྒྱས་ཤེས་བྱ་སྟེ། །མཐའ་ཡུན་དུ་སྟོང་བའི་ནང་ན་ལྷམ་མེར་བཞེངས་སོ། །ཁྱོད་ཀྱིས་འགྲུས་པར་བསླབས་ཏེ། །བརྟགས་པར་བསླབས་ན་ཉིད་དུ་ཐོབ་སྟེ། །ཁྱོད་ཀྱི་ཤེས་པའི་ཕྱི་མོ་ཡིན་ནོ། །དེ་ལྟ་བུས་དབང་པོ་ཆེད་པོ་ཡོད་པས་ན། །སངས་རྒྱས་ཤེས་བྱའོ། །ཁྱོད་བདག་གི་ཡང་དག་པའི་གཡུང་དྲུང་ཡིན་ཏེ། །མྱི་ནི་ཡང་དག་པ་ཞེས་བྱའོ། །འབྲས་བུ་འདི་གྲུབ་པར་འདོད་ན། །མྱེད་པ་གནས་ལ་རྟོགས་ཤིག །”ཅེས་པའི་ཚན་པ་འདིའི་ནང་དོན་ནི། འཐོབ་བྱའི་གནས་གང་ཞིག་ཕྱི་ནང་བར་གསུམ་གང་དུ་མི་འདུག་པ་དེ་ནི་རང་གི་སེམས་ཡིན། འོ་ན་སེམས་དེ་ནི་ག་འདྲ་ཞིག་ཡིན་ནམ་ཞེ་ན། ཡིག་ཆ་འདིའི་ནང་དུ“ཁྱོད་ཀྱི་སེམས་ཀྱི་ཕྱི་མོ་ཡང་དག་པའི་གཡུང་དྲུང་ཡང་དག་པའི་ངོ་བོ་ཉིད”ཅེས་པ་ཡིན་པར་བསྟན་པ་དང་། དོན་དངོས་སུ་སེམས་ཀྱི་རང་བཞིན་དང་སངས་རྒྱས་ཀྱི་རིགས་ལ་གོ་དགོས་པ་ཡིན། དེའི་ཁྱད་ཆོས་ནི“མྱི་སྐྱེ་མྱི་ཤི་བ”དང་། “ཡངས་ཤིང་མཐའ་མྱེད་པ”དང་། “གཙང་གདང་ལ་མཚན་མེད་པ”དང་། “ཕྱི་ནང་གསལ་བ”དང་། “དྲི་མས་མ་སྦགས་པ”སོགས་ཡིན། དེའི་མིང་ལ“ཡང་དག་པར་གཤེགས་པ”དང་། “གཙང་ཁྱབ་ཀྱི་སྐུ”དང་། “ཡུལ་གཙང་མ”དང་། “སྨན་གྱི་མཁན་པོ་བེ་ཌཱུརྻ”དང་། “གྲོལ་ཐར་པ”དང་། “སངས་རྒྱས”སོགས་རྣམ་གྲངས

ད་མ་ཡོད་པ་རེད། ཆེས་མཐའ་མཇུག་གི་འཐོབ་བྱ་སངས་རྒྱས་ཟེར་བ་ནི་རང་གཞན་གཉིས་ཀ་རྫོགས་པའི་སངས་རྒྱས་སམ་འཇིག་རྟེན་གྱི་ཕ་རོལ་དུ་ཕྱིན་པའི་སངས་རྒྱས་མ་ཡིན་པར། དེ་ནི་རང་ཉིད་ཀྱི་སེམས་གཏིང་དུ་གནས་ཤིང་མིང་ལ"ཤེས་པའི་ཕྱི་མོའམ(本神)" "ཡང་དག་པའི་གཡུང་དྲུང་།(自许真如)"ཡང་ན"ཡང་དག་པ(真人)"སོགས་འབོད་པ་དེ་རེད། སྐབས་འདིར་བཤད་པའི"ཡང་དག་པའི་ཕྱི་མོ(本神)"དང་། "ཡང་དག་པ(真人)"སོགས་ནི་རྒྱའི་ཏའོ་ལུགས་པའི་ཐ་སྙད་ཡིན་པ་ལས་རྒྱ་གར་གྱི་སངས་རྒྱས་ཆོས་ལུགས་ཀྱི་གཞུང་གི་ནང་དུ་ཐ་སྙད་འདི་ལྟ་བུ་བཙལ་ཀྱང་མི་རྙེད། "ཤེས་པའི་ཕྱི་མོ"དང"ཡང་དག་པ"ཟེར་བ་དོན་དངོས་ཅི་ཞིག་ཡིན་ཞེ་ན། དགེ་བསྙེན་ཡིམ་གྱིས་མཁན་པོར་དྲིས་པ་ལ་བལྟས་ན་ཤེས་ཐུབ། "ཡིམ་གྱིས་ལན་བླན་པ། །ཤིན་ཏུ་དགེའོ། །དགེའོ། །ཆོས་ཀྱི་ཡི་གེ་ལ་མངོན་པར་བཤད་ན། །བདག་གི་ཁོང་དུ་མ་ཆུད་དོ། །བསམ་བརྟན་གྱི་མཁན་པོས་བཤད་ན། །བདག་གིས་གཞུང་འདི་གོ་བའི་གཏོལ་མ་མཆིས་སོ། །སེམས་ཅན་ཐམས་ཅད་རྨོངས་པས། །བདགི་ལུས་ཀྱི་ནང་ན་དེ་ལྟ་བུའི་རིན་པོ་ཆེ་མཆིས་པར་མ་རིག་གི །མཁན་པོས་ཐུགས་རྗེ་གཟིགས་ཏེ། །བདག་ལ་ཐམས་ཅད་བསྟན་ད་པ་སློན་ཏོ། །ལུས་དང་སྲོག་དང་། བུ་སྨད་དང་། །ནོར་རིན་པོ་ཆེ་ཐམས་ཅད་ཡོང་མྱི་ཕངས་སོ། །"ཞེས་པའི་ཚན་པ་འདིའི་ནང་དོན་ལ་དཔྱད་ན། རང་ཉིད་ཀྱི་ལུས་ཀྱི་ནང་ན་གཙང་གདང་ཞིང་འོད་གསལ་བ། རྟག་ཏུ་གནས་པའི་ནོར་བུ་རིན་པོ་ཆེ་ཡོད་ཀྱང་འགྲོ་བ་རིགས་དྲུག་གི་གནས་སུ་ལྷུང་བའི་སྐྱེ་འགྲོ་རྣམས་མ་རིག་པས་བསྒྲིབས་པར་བརྟེན། རང་ཉིད་ཀྱི་ལུས་སྟེང་ན་ནོར་བུ་རིན་པོ་ཆེ་ཡོད་པའང་ངོ་ཟིན་གྱི་མི་འདུག སེམས་ཅན་གྱི་ལུས་ཀྱི་ནང་ན་གནས་པའི་རིན་པོ་ཆེ་དེ་དོན་དངོས་ག་འདྲ་ཞིག་ཡིན་ནམ་ཞེ་ན། བསམ་གཏན་གྱི་མཁན་པོས "ཁྱོད་ཀྱི་སློན་ལམ་ཆེན་པོ་བཞི་བསྐྱེད་དེ། །སངས་རྒྱས་སུ་གྲུབ་པའི་སེམས་ལེ་ལོ་མྱེད་པས། །སློན་ལམ་དེ་བསྐྱེད་ན། །གདོད་ཁྱོད་ལ་ཆོས་སྦྱིན་ནོ། །ཡིམ་གྱིས་མོད་ལ་མཁན་པོའི་ཚིག་བཞིན་སློན་ལམ་བསྐྱེད་ཟིན་ནས། །མཁན་པོ་ན་རེ་བརྟགས་པར་ཉོན་ཅིག །མྱེད་པའི་གནས་ནི་ཁྱོད་ཀྱི་སེམས་ལ་འདུག་སྟེ། །སྟོང་ཡང་གཅིག་དུ་ན། །སེམས་ཀྱི་མྱིག་ཅེས་ཀྱང་བྱ་སྟེ། །ཁྱོད་གཙང་མའི་ཤེས་པ་དེའི་ནང་ན་འདུག་གོ །ཆོས་ཀྱི་ཡི་གེའི་ནང་ན་ཡང་དག་པར་གཤེགས་པའི་མཛོད་ནི་དེ་ཡིན་ནོ། །ཁྱོད་ཀྱིས་རྟག་པར་ལྟོས་ཏེ་བྱུང་ན་གདོད་མཐོང་ངོ་། །ཁྱོད་ཀྱི་ངོ་བོ་ཉིད་གཙང་གདང་ཡིན་ནོ། །"ཞེས་གསུངས་པ་དང་དེའི་ནང་དོན་ནི། སེམས་ཅན་ཀུན་གྱི་སེམས་གཏིང་གི་ནོར་བུ་རིན་པོ་ཆེ་དེ་གང་ན་ཡོད་ཅེ་ན། ཁྱོད་རང"མེད་པའི་གནས"སུ་བསྡད་ཅིང་སེམས་ཀྱིས"མེད་པའི་གནས"ལ་ལྟ་བའི་ཚེ་ན་ནོར་བུ་རིན་པོ་ཆེ་དེ་མཐོང་ཐུབ། "མེད་པའི་གནས"ཟེར་བ་ནི་ཁྱོད་ཀྱི་སེམས་སུ་གནས་ཤིང་། དེར་སྟོང་ཞིང་ཅི་ཡང་མེད་པ་དང་། མཚན་གཞན་ལ"སེམས་ཀྱི་མིག"དང"གཙང་མའི་ཤེས་པའི་ནང་ན་འདུག་པའང"ཟེར། ཆོས་ཀྱི་ཡི་གེའི་ནང་དུ"ཡང་དག་གཤེགས་པའི་མཛོད"ཟེར་བ་ནི་ཁྱོད་ཀྱི་གཙང་མའི་ཤེས་པ་དེ་ཡིན། །བསམ་གཏན་གྱི་མཁན་པོས་

བཤད་པའི་སེམས་གཏིང་གི་ནོར་བུ་རིན་པོ་ཆེ་ཟེར་བ་དེ་ཡང་སེམས་ཅན་ཀུན་གྱི་སེམས་ན་གནས་པའི་བདེ་གཤེགས་སྙིང་པོའམ་སངས་རྒྱས་ཀྱི་རིགས་ལ་གོ་བ་ཡིན། །དེ་ནི"སེམས་ཀྱི་མིག"གམ"གཙང་མའི་ཤེས་པ"དང་འདྲ་བར་ཕྱིད་ཀྱི་སེམས་ན་གནས་པ་དང་། དེའི་ངོ་བོ་ནི་གཙང་གདང(གདོད་ནས་དག་པ)བ་ཞིག་ཡིན། དེ་ནི་གོང་དུ་བཤད་པའི"མེད་པའི་གནས"ཟེར་བ་དང་ཡང་དོན་གཅིག་ཡིན་ཏེ། "མེད་པའི་གནས"ཟེར་བ་སེམས་ལ་གནས་ཤིང་སེམས་ཀྱི"ཡང་དག་པར་གཤེགས་པའི་མཛོད"(བདེ་གཤེགས་སྙིང་པོ)ཡིན་ནོ། །བསམ་གཏན་གྱི་མཁན་པོས་བལྟས་ན། སེམས་ཅན་གྱི་སེམས་ན་གནས་པའི"ཡང་དག་པར་གཤེགས་པའི་མཛོད"ཟེར་བ་དེ"སེམས་ཀྱི་མིག"དང་མཚུངས་ཤིང་། "གཙང་མའི་ཤེས་པ"དང་འདྲ་བར་སེམས་ན་རྟག་ཏུ་གནས་པ་ཞིག་ཡིན། མདོར་བསྡུས་ནས་བཤད་ན། "ཡང་དག་པར་གཤེགས་པའི་མཛོད"ཅེས་པ་དེ་ནི་སྟོང་ཞིང་ཅི་ཡང་མེད་པ་དང་། མེད་པའི་གནས་ཀྱི་སྟོང་ཉིད་ལ་གོ་དགོས་པ་ཡིན་ཏེ། "མྱེད་པའི་གནས"ཟེར་བའི་ས་དེ་ནི་ཡང་དག་པར་གཤེགས་པའི་མཛོད་ཀྱི་སར་ངོས་འཛིན་བྱས་ཡོད་པ་རེད།

བཞི་པ། "ཡང་དག་པར་གཤེགས་པའི་མཛོད"ཀྱི་གནས་སྟངས་དང་ཁྱད་ཆོས།

གོང་དུ་བཤད་པ་ལྟར། སེམས་ཅན་ཀུན་གྱི་སེམས་ཀྱི"ཡང་དག་པར་གཤེགས་པའི་མཛོད"ཟེར་བ་ནི"སེམས་ཀྱི་མིག"དང་མཚུངས་ཤིང་"གཙང་མའི་ཤེས་པ"དང་འདྲ་བར་སེམས་སུ་གནས་ཡོད་པ་དང་། དེ་ནི་ཡང་དག་པར་གཤེགས་པའི་མཛོད་ཀྱི་གནས་སྟངས་ཡིན་ནོ། །ཡིག་ཆ་འདིའི་ནང་དུ་ད་དུང"ཡང་དག་པར་གཤེགས་པའི་མཛོད"ཀྱི་ཁྱད་ཆོས་ཀྱང་བསྟན་འདུག "འདྲི་བ་ན་རེ། །འགྲོ་བཞིན་འདུག་བཞིན་དུ་བསྟན་དུ་ཙང་ངམ་མྱི་ཙང་། །མཁན་པོ་ན་རེ། །འགྲོ་བ་སྡོད་པ། འདུག་པ། ཉལ་བ། སྨྲ་བ་དགོད་པ། ལས་བྱེད་པ། ལངས་ཤིང་གཡོའོ་ཚོག་གི་ཚེ། །རྟག་པར་བལྟས་ཏེ་མ་བཏང་ན་གདོད་ཙང་ངོ་། །འདྲི་བ་ན་རེ། །འདུག་པའི་ཚེ་བར་བར་སངས་རྒྱས་མཐོང་སྟེ། །སྐུ་ལུས་གསེར་གྱི་ཁ་དོག་བཞིན། །བར་བར་བྱང་ཆུབ་སེམས་དཔཱ་དང་། དགེ་འདུན་གྱི་ལུས་མཐོང་ངོ་། །བར་བར་ནམ་ཀའི་ནང་ན་ཆོས་བཤད་པའི་སྒྲ་ཐོས། །བར་བར་ནི་སྒྲ་བའི་སྒྲ་ཐོས་ཏེ་བདག་ལ་ལུང་བསྟོ། །བར་བར་ནི་བདག་ལ་སྟན་པར་བསྟོད་ན། །དེ་ཡང་དག་པ་ལགས་སམ་མ་ལགས། །"ཞེས་པའི་ཚན་པ་འདི་ལ་བལྟས་ན། དགེ་བསྙེན་ཡེམ་གྱིས་སེམས་ཅན་ཀུན་གྱི་སེམས་ལ་གནས་པའི་ཡང་དག་པར་གཤེགས་པའི་མཛོད་དམ་བདེ་གཤེགས་སྙིང་པོ་ཟེར་བ་ནི་འགྲོ་འདུག་ཉལ་སྡོད་ཤེས་པ་དང་། དགའ་སྐྱོ་ཆགས་སྡང་ལྡན་པ། སྐད་ཆ་བཤད་ཤེས་ཤིང་བྱ་བ་སྒྲུབ་ཤེས་པའི་མི་ལྟ་བུ་ཞིག་ཏུ་བརྩིས་ཡོད་པ་རེད། དགེ་བསྙེན་ཡེམ་གྱིས་སངས་རྒྱས་ཟེར་བ་ནི་མིག་གིས་མཐོང་རྒྱུ་ཡོད་ཅིང་ལག་པས་རེག་རྒྱུ་ཡོད་པ། རྟག་ཏུ་གནས་པ་ཤིག་ལ་ངོས་འཛིན་བྱས་འདུག་པ་ལ། བསམ་གཏན་གྱི་མཁན་པོའི་དྲིས་ལན་གྱི་ནང་དུ་ཞིབ་ཅིང་རྒྱས་པར་བཤད་

ཡོད་དེ། "དེ་ནི་བདུད་ཀྱི་རྒྱལ་པོ་ཆེན་པོ་སྟེ། །ཁྱོད་ལ་ཁ་འདྲེན་དུ་འོངས་ཀྱིས། །ཁྱོད་དེ་ལ་མ་ཆགས་ཤིག། གཅིག་ཏུ་ན་ཁྱོད་ཀྱི་བདེན་པའི་སེམས་ཀྱི་གནས་ཡིན་ནོ། །ཆོས་ཀྱི་ཡི་གེ་ན་རེ། །ཁ་དོག་ལ་ང་མཐོང་བ་ནི་གཟུགས་ཐམས་ཅད་ཡིན་ནོ། །སྒྲ་སྐད་ལས་ང་ཚོལ་བ་ནི་སྟོང་བའི་ནང་གི་སྒྲ་ཡིན་ནོ། །ཀྱི་དེས་ཡོན་པོས་ཆོས་མ་སྤྱད་པས། །ཡང་དག་པར་གཤེགས་པ་མཐོང་བར་མི་ནུས་སོ། །ཁྱོད་བདག་གི་ངོ་བོ་ཉིད་ཕྱི་མོ་ནས་བྱད་གཟུགས་མེད། །ཁྱོད་ཀྱི་སེམས་ཀྱིས་མེད་པའི་གནས་ལ་བལྟས་པའི་ཚེ། །དེ་ནི་ཡང་དག་པར་གཤེགས་པའི་སེམས་ཡིན་ཏེ། །ཅི་ལ་ཡང་མ་ཆགས་ན་མྱོང་ཏིང་ངེར་མི་གཡོ་བ་ཡིན་ནོ། །ཁྱོད་ཀྱིས་མ་བལྟས་པའི་ཚེ་ནི་ཏིང་ངེས་མི་གཡོ་བའི་སེམས་སོང་ངོ་། །རྟག་པ་བལྟས་པའི་ཚེ་ནི། །ཏིང་ངེ་འཛིན་པའི་སེམས་འོངས་སོ། །དེ་ལྟ་བས་ན་ཡང་དག་པར་གཤེགས་ཤེས་བྱའོ། །ཡང་དག་པར་གཤེགས་པ་ལ་སྐྱབས་ཡོད། །བྱད་གཟུགས་ཡོད། །མཚན་སུམ་ཅུ་རྩ་གཉིས་ཡོད་པ་དེ་ལྟར་གོ་སྟེ། །ཡང་དག་པར་གཤེགས་པ་ལ་བལྟས་ན། །དེ་ནི་ཡང་དག་པར་བདུད་ལ་ཆགས་པའི་མི་ཡིན་ནོ། །ཁྱོད་ཀྱིས་ཅི་ནས་ཀྱང་བྱང་བར་བལྟས། །ཞིབ་ཏུ་བལྟས་ན། །བར་བར་ནི་ཁྲིམ་གྱི་ནང་ན་སྣང་བ་མཐོང་། །བར་བར་ནི་སྣང་བའི་ནང་ན་རྣམ་པ་མང་པོ་མཐོང་སྟེ། །ཁྱོད་ཀྱི་ཁ་དོག་སྔོན་པོ་ནི་བདུད་ཀྱི་འོད་ཡིན་ནོ། །ཁྱོད་ཀྱི་ཁ་དོག་སེར་པོ་མིག་གི་འོད་ཡིན་ནོ། །བར་བར་ཁྱོད་ཀྱི་ལུས་ལ་འོད་སྣང་བ་ཆེན་པོ་བཏང་། །བར་བར་མིག་སྔ་ན་འོད་ཀྱི་ཁ་དོག་རྣམ་པ་མང་པོ་ཡོད་པ་ཀུན་ཡང་དག་པ་མ་ཡིན་ནོ། །"ཞེས་གསུངས་པའི་ནང་དོན་ནི། དགེ་བསྙེན་གྱིས་བཤད་པའི་མིག་གིས་མཐོང་རྒྱུ་ཡོད་པའི་གསེར་མདོག་གི་སངས་རྒྱས་སམ། བྱང་ཆུབ་སེམས་དཔའ་དང་དགེ་འདུན་གྱི་སྐུའམ། ཡང་ན་སྟོང་པའི་དབྱིངས་ནས་ཆོས་ཀྱི་སྒྲ་ཐོས་པའམ། ང་ལ་ལུང་བསྟན་པའམ་ཡང་ན་ང་ལ་སྟོན་པར་བསྟོད་པ་སོགས་མང་པོ་ཡོད་ཀྱང་། བསམ་གཏན་གྱི་མཁན་པོས་བལྟས་ན། དགེ་བསྙེན་ཡིམ་གྱིས་སངས་རྒྱས་ཀྱི་སྐུ་མཐོང་བ་དང་ཆོས་ཀྱི་སྒྲ་ཐོས་པ་སོགས་ནི་བདུད་ཀྱི་ཆོ་འཕྲུལ་ཡིན་པས། ཁྱོད་རང་བདུད་ཀྱི་འོག་ཏུ་ཚུད་པར་མངོན་ནོ་ཞེས་བཤད་པ་རེད། དེར་བརྟེན། བསམ་གཏན་གྱིས་མཁན་པོས་དགེ་བསྙེན་ཡིམ་ལ་ཁྱོད་རང་མིག་གིས་མཐོང་བའི་སངས་རྒྱས་དེ་ལ་མ་ཆགས་ཤིག དེ་དག་ནི་ཁྱོད་ཀྱི་རྣམ་རྟོག་ལས་བྱུང་བ་ཡིན་ཚུལ་བཤད་པ་དང་། དེ་ལྟར་བདུད་ཀྱི་འོག་ཏུ་ཚུད་པའི་རྒྱུ་མཚན་ནི་སངས་རྒྱས་ཀྱི་ཆོས་ལམ་ཡང་དག་མ་སྤྱད་པར་ཡོན་པོའི་ཆོས་སམ་ལོག་པའི་ཆོས་སྤྱད་པར་བརྟེན། ཡང་དག་པར་གཤེགས་པ་མ་མཐོང་བར་བདུད་ཀྱི་ཆོ་འཕྲུལ་མཐོང་བ་ཡིན་ནོ་ཞེས་བཤད་པ་དང་། དོན་དངོས་ཡང་དག་པར་གཤེགས་པ་ཟེར་བ་ནི་ག་འདྲ་ཞིག་ཡིན་ནམ་ཞེ་ན། བསམ་གཏན་གྱི་མཁན་པོས་བཤད་པ་ལྟར་ན། ཡང་དག་པར་གཤེགས་པ་ནི་རང་ཉིད་ཀྱི་སེམས་ཀྱི་ངོ་བོ་ཡིན་ལ། དེའི་ཁྱད་ཆོས་གང་ཡིན་ཞེ་ན། བྱད་གཟུགས(མཚན་མ)མེད་ཅིང་ཆགས་པ་མེད་པ། ཅི་ལ་ཡང་མ་ཆགས་པའི་སྐབས་སུ་སེམས་ཏིང་ངེར་མི་གཡོ་བ་དང་། རྟག་པར་ལྟ་བའི་ཚེ་ན་ཏིང་ངེར་མི་གཡོ་

བའི་སེམས་འོངས་པ་ཡིན། དེའི་མིང་ལ་ཡང་དག་པར་གཤེགས་པ་ཟེར་བ་སོགས་སྨྲས་པ་ནི་དེའི་ཁྱད་ཆོས་ཡིན་ནོ། །

གལ་ཏེ་ཁྱོད་ཀྱིས"ཡང་དག་པར་གཤེགས་པ"ཟེར་བ་སྣ་དང་། མིག་དང་། དབྱིབས་དང་། རྣམ་པ་སོགས་ཡོད་པ་ཞིག་ཡིན་ཏེ། དཔེར་ན་སངས་རྒྱས་ལ་མཚན་བཟང་སུམ་ཅུ་སོ་གཉིས་ཡོད་དོ་ཞེས་བཤད་པ་དང་། དེ་ལྟར་ཡང་དག་པར་གཤེགས་པ་ལ་བལྟས་ན། ཁྱོད་ནི་བདུད་ལ་ཆགས་པའི་མི་ཅུ་གྱུར་པ་ཡིན་ནོ། །ཅི་ཞིག་སྣང་བ་དེ་ལ་ཇི་ལྟར་ཞིབ་ཏུ་བལྟས་ན་དེ་ལྟར་རྣམ་པ་མང་པོ་དང་ཁ་དོག་སྣ་ལྔ་མཐོང་རྒྱུ་ཡོད་ཀྱང་། དེ་ནི་ཡང་དག་པ་མ་ཡིན་ནོ། །བསམ་གཏན་གྱི་མཁན་པོས་ཡང་མུ་མཐུད་དུ་བཤད་རྒྱུར། "ནང་ལོགསུ་བལྟས་ན་སྤྲིན་བཞིན་དུ་མཐོང་ངོ་། །བར་བར་ནི་དུད་པ་བཞིན། །བར་བར་ནི་སྐར་མ་བཞིན། །བར་བར་ནི་ཁ་ཆེ་དར་འཛོམས་པ་བཞིན། །བར་བར་ནི་དམར་ཀུད(ཁྱད)མེ་བཞིན། །བར་བར་ནི་མུའི་མིག་བཞིན། །བར་བར་ནི་ཆུའི་གཏིང་ན་ཁ་དོག་ལྔ་ཡོད་པ་བཞིན། །རྣམ་པ་མང་པོ་ཅིར་ཡང་བསྒྱུར་བ་བཞིན་ཏེ། །ཀུན་ཀྱང་གཟུགས་ཡོད་པས་མི་བདེན་པ་ཡིན་ནོ། །དེ་ལྟ་བ་མཐོང་ན། །མ་སྤངས། མ་འཛིགས། །ཉིན་པར་མདོན་གསང་བར་ལས་སྤྱད་དེ། །མཚན་མོ་མི་དང་ལྷན་ཅིག་ཏུ་འདུག་ལ། །འབབ་ཞིག་ཡུར་དུ་མི་ཉུང་ངོ་། །གཉིད་བྲོ་ན་ཉོལ་ཅིག། བར་བར་ཁྲུང་ཟབ་མོ་མཐོང་། བར་བར་ནི་ཁྲིན་པ་འདྲ་བ་མཐོང་། །བར་བར་ནི་མུན་པ་བསེ་རྩི་འདྲ་བར་གནག་པ་མཐོང་སྟེ། ཅི་ནས་ཀྱང་ཞིབ་ཏུ་བལྟ་དགོས་སོ། །སྟོབས་བསྐྱེད་དེ་སྤྱད་དེ་སྤྱད་ལ་བར་མ་ཆད་པར་བྱོས་ཤིག །གཅིག་ཏུ་ན་མཚན་མོ་ཟླ་བ་རབ་རིབ་ཀྱི་ནང་ན་འགྲོ་བ་དང་མཚུངས། །བར་བར་ནི་གཙང་གདང་ཟླ་བའི་སྣང་བ་བཞིན་ཏེ། །དེ་ལྟ་བུ་ལ་ཡང་མ་ཆགས་ཤིག ཇི་ནས་ཀྱང་ཞིབ་ཏུ་ལྟོས་ལ་དྲང་པོར་འདུག་སྟེ། །མིག་སྤྱི་ལ་ལུས་དང་སེམས་ཤུགས་ལ་ཤེས་པ་སྒྲིམས་ཏེ། །གསལ་གསལ་སང་སང་པོར་བྱས་ལ། །སྟོང་སྟོང་གཉིད་བྲོ་བ་འདྲ་བར་བྱར་མི་ཉུང་ངོ་། །"ཞེས་པའི་ཚན་པ་འདིའི་ནང་དུ་བསྟན་པ་ནི། བསམ་གཏན་གྱི་མཁན་པོས་བཤད་པའི་བྱད་གཟུགས་དང་བཅས་པ་ལྡན་པའི་ཡང་དག་པར་གཤེགས་པའི་སངས་རྒྱས་ཀྱི་རྣམ་པ་ཡིན་ལ། དེ་ནི་རྒྱ་གར་གྱི་སངས་རྒྱས་ཆོས་ལུགས་ཀྱི་ནང་དུ་བཤད་པའི་དེ་བཞིན་གཤེགས་པ་དང་མི་འདྲ་བར། རྒྱའི་ཏའོ་ལུགས་པས་བཤད་པའི་ལྷ་འདྲེའི་རྫུ་འཕྲུལ་དང་ཧོང་ལའོ(黄老)ཡི་གཞུང་ལུགས་ནང་དུ་བཤད་པའི་སངས་རྒྱས་ཀྱི་རྣམ་པ་དང་མཚུངས་སོ། །ཏའོ་ལུགས་པའི་གཞུང་ལུགས་ཀྱི་ནང་དུ་སངས་རྒྱས་ཟེར་བ་གང་འདྲ་ཞིག་བྲིས་འདུག་ཟེར་ན། དེ་ཡང་མོའུ་ཙི(牟子)ཡི《འཕྲུལ་སྣང་བསལ་བའི་བསྟན་བཅོས》(《理惑论》)ཞེས་པའི་ནང་དུ། "དྲི་བ། སངས་རྒྱས་ཞེས་པའི་དོན་ག་འདྲ་ཞིག་ཡིན། མའོ་ཙི་ཡིས་ལན་བཏབ་པ། སངས་རྒྱས་ཟེར་བའི་ཐ་སྙད་དེའི་དོན་ནི་ཧུང་གསུམ་ལྟ་བུའི་ལྷ་དང་ཏེ་ལྷ་ལྟ་བུའི་འཕགས་པ་དང་འདྲ་བ་ཡིན་ནོ། །སངས་རྒྱས་ནི་གནས་ལུགས་ཐམས་ཅད་ཀྱི་འབྱུང་ཁུངས་དང་ལྷ་ཐམས་ཅད་ཀྱི་

དབང་པོ་ཡིན། སངས་རྒྱས་ནི་རྟོགས་པ་ལ་གོ་དགོས་ཏེ། གསལ་ལ་མི་གསལ་བར་འགྱུར་བ་དང་། སྒྱུ་ལུས་འཕྲོར་ཞིག་ཏུ་འགྲོ་ཐུབ་པ། ཡང་ན་གནས་པ་དང་ཡལ་བ། ཆེ་བ་དང་ཆུང་བ། ཧླུམ་པ་དང་འཕྱོང་བ། བགྲེས་པོ་དང་གཞོན་པ། གསང་བ་དང་སྣང་བ་སོགས་གང་ཉུང་དུ་འགྱུར་ཐུབ་ཅིང་། མེ་ཡིས་མི་འཚིག་པ། གྲི་ཁར་མི་རྨས་པ། དྲི་མས་མི་གོས་པ། གེགས་ཀྱིས་མི་སྐྱོན་པ། འགྲོ་བསམ་ན་འཕུར་ཐུབ་པ། བསྡད་ན་ལུས་ནས་འོད་འཕྲོ་བ་ཞིག་ཡིན། དེ་འདྲ་ཞིག་ལ་སངས་རྒྱས་ཟེར་རོ། །”[3]①ཞེས་བྲིས་ཡོད་པ་རེད།

གོང་གི་ནང་དོན་འདི་གཉིས་ཞིབ་བསྡུར་བྱས་ན། ཡིག་ཆ་འདིའི་ནང་དུ་བསྟན་པའི་ཡང་དག་པར་གཤེགས་པའི་སངས་རྒྱས(དེ་བཞིན་གཤེགས་པ)དང་བྱང་ཆུབ་སེམས་དཔའ་སོགས་ཚང་མ་རྒྱའི་ཏའོ་ལུགས་པའི་གཞུང་ལུགས་ནང་བཤད་པའི་རྫུ་འཕྲུལ་ཅན་གྱི་ལྷ་ཇི་བཞིན་བྲིས་ཡོད་པ་གསལ་པོར་རྟོགས་ཐུབ་བོ། །

(ཡིག་ཆ་འདིའི་བོད་ཡིག་གི་འགྱུར་ཡིག་ཆ་ཚང་ཡོད་ཀྱང་རྒྱ་ཡིག་གི་མ་ཡིག་ཕྱིད་ཀ་མ་གཏོགས་རྙེད་མ་ཐུབ་། དེ་བས་ཁོ་བོ་གཉིས་ཀྱིས་ཀྱང་རྒྱ་ཡིག་མ་ཡིག་ཚན་པ་དེ་དང་དེའི་བོད་ཡིག་ཚན་པ་གཉིས་བསྡུར་ནས་ཞིབ་འཇུག་རགས་ཙམ་བགྱིས་པ་ལས་བོད་ཡིག་གི་འགྱུར་ཡིག་རྩིལ་པོ་ཞིབ་འཇུག་བྱས་མེད། ཀློག་པ་པོ་རྣམས་ཀྱིས་བལྟ་བདེ་བའི་ཆེད་དུ། ཁོ་བོ་གཉིས་ཀྱིས་ཡིག་ཆ་འདིའི་རྒྱ་ཡིག་དང་བོད་ཡིག་གི་ཁྱད་ཆོས་གཞིར་བཟུང་ནས་རྒྱ་ཡིག་གི་ནང་དུ་མེད་པའི་ཚན་པ་དེ་ཡང་བསྒྱུར་བོད་ཡིག་ནས་རྒྱ་ཡིག་ཏུ་བསྒྱུར་ཏེ་འདིར་དྲངས་ཡོད། ཁོ་བོས་བསྒྱུར་བའི་ཚན་པ་འདིའི་ནང་དུ་ནོར་འཁྲུལ་གྱི་ཆ་ཅི་རིགས་ཡོད་ངེས་པས་ཀློག་པ་པོ་རྣམས་ཀྱིས་སྐྱོན་བརྗོད་དང་ཕོ་བསྲུང་གནང་རྒྱུ་མཁྱེན།)

《ཅིག་ཆར་ཡང་དག་པའི་ཕྱི་མོའི་ཚོར་བ། །རྡོ་རྗེ་ཤེས་རབ་སྐྱུད་པས་ཕ་རོལ་ཏུ་ཕྱིན་པའི་ཆོས་ཀྱི་སྒོ་མོ་གཅིས་པ།》

བྱེ་བྲག་ཕྱེད་པའི་བསམ་བཏན་གྱི་མཁན་པོ་ཤེས་རབ་ཐར་ལ། །སློབ་མ་ཧེའུ་འདོག་ཆེན་ཡེམ་གྱིས་དྲིས་པ། །སངས་རྒྱས་ཀྱི་ཆོས་ཤིན་ཏུ་ཟབ་ཅིང་རིང་བས། །ཕྱི་ཐ་མལ་པས་སྨྲ་རིག་གི་ཡི་གེའི་རི་མོ་དང་འབྲུ་མང་བས། །དེའི་གཞུང་ཤེས་དཀའ་ན། །བསམ་བཏན་གྱི་མཁན་པོ་ལ། །ཆོས་ཀྱི་མདོ་གཅིས་པ་འདྲི་སྟེ། །ལྷ་དང་མིའི་དཔལ་ཡོན་སྨྲ་ཚོལ་གྱི། །ཐལ་བྱུང་བྱང་ཆུབ་བླངས་ཏེ། །ཕ་རོལ་ཏུ་ཕྱིན་པ་ཚོལ་ལོ། །བསཾ་བཏན་གྱི་མཁན་པོས་ཐུགས་རྗེ་གཟིགས་ཏེ། །སྨྲ་ཐ་མལ་པ་ཕྱི་དོར་ཞིང་བྲི་མཁྱུད་མ་མཆིས་པར། །ཚིག་དྲང་པོར་བསྟན་དུ་གསོལ། །མཁར་གྱི་བྱ་བ་ཡོད་པ་ནི་བཤད་སྨྲ་འཚལ་ལོ། །མཁར་གྱི་ཕྱི་རོལ་གྱི་བྱ་བ་མེད་པའི་ཆོས་གཅིས་པ་བཤད་པར་སློན་ཏོ། །བསམ་བཏན་གྱི་མཁན་པོ་ཤེས་རབ་ཐོགས་མེད་ན་རེ། །ཤིན་ཏུ་དགེའོ། །ཤིན་ཏུ་དགེའོ། །ང་ལུས་སྐྱེས་ནས་ལོ་ལྔ་བཅུ་རྩ་གསུམ་ལོན། །ཆོས་ལམ་དུ་ཞུགས་

① རྩོམ་འདིའི་གཞུང་དུ་མཆན་རྟགས་གསུམ་བཏབ་ཡོད་མོད། རྩོམ་མཇུག་ཏུ་མཆན་གཉིས་མ་གཏོགས་མེད་པས་འདིར་ཕྱི་མོ་ལྟར་རང་སོར་བཞག་ཡོད། སྒྲིག་པ་པོས་མཆན་བཏབ།

ནས་པོ་སུམ་ཅུ་རྩ་གཉིས་ཡོན་ན། །སྒྲོ་ལ་དེ་ལྟ་བུའི་གཞུང་འདྲི་བ་ཡོང་མ་སྲོང་ན། །ཁྱེད་ཡིད་སྨོ་ཆེས་པ་ཇི་ཡོད། །གཅིག་ཏུ་ན་ཅིའི་བྱེ་བྲག་དབྱེ་བ་དྲང་པོར་དྲིས་ཞིག་དང་། དྲང་པོར་བཤད་དོ། །ཚིག་མང་པོ་མི་དགོས་སོ། །དེ་ནས་དྲིས་པ། ཛོ་ཛེ་ཤེས་རབ་ཀྱི་ཆོས་ཀྱི་ཡི་གེ་ན་རེ། །བྱང་ཆུབ་སེམས་དཔའ་སེམས་དཔའ་ཆེན་པོ་ཁ་དོག་ལ་ཆགས་པའི་སེམས་བསྐྱེད་པའི་སྨོ་རིགས་སོ། །སྒྲ་དང་གསུམ་དང་། རོ་དང་། རེག་དང་། ཆོས་ལ་ཆགས་པའི་སེམས་བསྐྱེད་པའི་མྱི་རིགས་སོ། །བརྟག་ཏུ་མྱེད་པའི་གནས་ལ་འདུག་པའི་སེམས་བསྐྱེད་པའི་སྨོ་རིགས་སོ་ཞེས་འབྱུང་ན། །དེའི་གཞུང་ཇི་ལྟ་བུ། །མཁན་པོ་ན་རེ། །ཤིན་ཏུ་དགེའོ་ཤིན་ཏུ་དགེའོ། །དེའི་གཞུང་འདྲི་ཤེས་སོ། །ཁྱོད་འདྲི་བ་ལ་མ་བརྟགས་ན། །རྩ་བའི་ཕྱི་མོ་གཅིག་ཏུ་སྨིན་ཏེ། །ཁྱོད་ལ་ཆོས་གཅེས་པ་དྲང་པོར་བཤད་དོ། །བསམ་པ་ཡིད་ལ་མ་འདས་པར། །ཕ་རོལ་གྱི་འགྲམ་དུ་ཕྱིན་པ་ཁྱོད་བསླབ་པར་འདོད་དམ་མྱི་འདོད། །ཡིམ་གྱིས་ལན་ལྡན་པ། །མདོ་གཅེས་པ་ཐོས་པར་སློན་ཏོ། །ཡིད་ཆེས་པར་མནོས་ཏེ་གུས་པར་སྨྲུད་དོ། །མཁན་པོ་ན་རེ། སེམས་སོ་ཚོག་བརྟག་ཏུ་མྱེད་ན། །དེའི་མྱིང་བརྟག་ཏུ་མྱེད་པའི་གནས་ཡིན་ནོ། །དེ་ལས་ཡང་སེམས་མ་གཡོས་ན། །དེའི་མྱིང་འདུག་ཅེས་བྱའོ། །དེའི་སེམས་བསྐྱེད་པ་ནི་རིགས་པ་ཤེས་བྱ་བ་ནི་རིག་པའོ། །བསྐྱེད་ཅེས་བྱ་བ་ནི་ལྟ་བའོ། །བརྟག་ཏུ་མྱེད་པའི་གནས་ལ་བལྟ་སྟེ། །དེའི་སེམས་བསྐྱེད་པའི་རིགས་སོ། །འདྲི་བ་ན་རེ། །བརྟག་ཏུ་མྱེད་པའི་གནས་བལྟས་ན་གཞུང་ཇི་ཡོད། །མཁན་པོ་ན་རེ། །སངས་རྒྱས་ཐམས་ཅད་ཀུན་བརྟག་ཏུ་མྱེད་པའི་གནས་ལས་ཆོས་ལམ་འཐོབ་བོ། །གཅིག་ཏུ་ན་བྱང་ཆུབ་སེམས་དཔའི་ཆོས་ཀྱི་སྐུ་ལུས་སྤྱད་པའི་གནས་ཡིན་ནོ། །ཡང་གཅིག་ཏུ་ན། །ཁྱོད་ཀྱི་ཡང་དག་པའི་གཡུང་དྲུང་གི་ཆོས་ཀྱི་ངོ་བོ་ཉིད་འདུག་པའི་གནས་ཀྱང་ཡིན་ནོ། །ཁྱོད་ཀྱི་དེ་ལྟར་བཙུག་ན་ཁྱོད་ཀྱིས་མཐོང་བར་རང་འོང་ངོ་། །དྲིས་པ་ཇི་ཞིག་མཐོང་། །མཁན་པོ་ན་རེ། །ངོ་བོ་ཉིད་མཐོང་སྟེ། །སངས་རྒྱས་ཀྱི་ཆོས་ལམ་སྒྲུབ་བོ། །དྲིས་པ་ལྟ་བ་ཇི་ལྟར་བལྟ། །མཁན་པོ་ན་རེ་ངོ་བོ་ཉིད་མཐོང་སྟེ། །ཉིད་དུ་བརྟག་ཏུ་མྱེད་པའི་གནས་སུ་བལྟའོ། །དྲིས་པ་བརྟག་ཏུ་མྱེད་པའི་གནས་ག་ལ་འདུག། མཁན་པོ་ན་རེ། ཆོས་སོ་ཚོག་མྱེད་ན་དེ་ཉིད་མྱེད་པའི་གནས་ཡིནོ། །འདྲི་བ་ན་རེ་སྣོམས་ཚོག་ནི་གནས་མྱེད་ན་སྟོང་པ་ལ་ཆགས་སམ་ཡིན་ནཾ། མཁན་པོ་ན་རེ་བལྟས་ན་ནི་སྟོང་པ་ལ་མྱི་ཆགས་སོ། །མ་བལྟས་ན་ནི་སྟོང་པ་ལ་ཆགས་སོ། །འདྲི་བ་ན་རེ། །བལྟ་བ་ཉིད་ཆགས་པ་མ་ཡིན་ནམ། །མཁན་པོ་ན་རེ། །ཡོད་པའི་གནས་ལ་བལྟས་ན་ནི། །ཡོད་པ་ལ་ཆགས་པའོ། །མྱེད་པའི་གནས་ལ་བལྟས་ན་ནི། །ཡོད་པ་ལ་ཆགས་པའོ། །མྱེད་པའི་གནས་ལ་བལྟས་ན་ནི། །ཡོད་པ་ལ་སྨོ་ཆཏ་པའོ། །འདྲི་བ་ན་རེ། མྱེད་པའི་གནས་ལ་ལྟ་བ། །མྱེད་པའི་གནས་ལ་ཆགས་པ་མ་ཡིན་ནམ། །མཁན་པོ་ན་རེ། །མྱེད་པའི་གནས་ཀྱང་། །མྱེད་པའི་སེམས་ཀྱིས། །མྱེད་པའི་གནས་ཀྱང་མྱེད་པའི་སེམས་ལ་བལྟས་ན། །དེའི་མྱིང་བྱ་བ་མྱེད་པའི་ཆོས་ཤེས་བྱའོ། །མྱེད་པའི་གནས་ལ་མྱི་ཆགས་པའོ། །མྱེད་པའི་གནས་ཀྱི་སེམས་ཡོད་པར་

བྱས་ལ། །མྱིད་པའི་གནས་ལ་ཡོད་པར་བལྟས་ན། །མྱིང་བྱ་བ་ཡོད་པའི་གནས་ཤེས་བྱ་སྟེ། །མྱིད་པའི་གནས་ལ་ཆགས་པའོ། །འདྲི་བ་ན་རེ། །སེམས་ཡོད་པས་བལྟས་ན། །གདོད་མཐོང་བར་རུང་ངམ། །ལན་གློན་པ་ན་རེ། །སེམས་ཡོད་པས་ན། །མྱིད་པའི་གནས་ལ་ཆགས་ཏེ་བལྟས་ཀྱང་མྱི་མཐོངོ། །སེམས་མྱིད་པས་ན། མྱིད་པའི་གནས་ལ་མ་ཆགས་ཏེ་བལྟས་ན་མཐོང་བར་རུང་ངོ་། །འདྲི་བ་ན་རེ། །སེམས་མྱིད་པ་མྱིད་པའི་གནས་ལས། ཆགས་མོད་ཀྱི་བལྟས་ཏེ་མཐོང་བ་ཡོད་ན། །ཆགས་པ་མ་ཡིན་ནམ། །ལན་གློན་པ་ན་རེ། །སེམས་མྱིད་པས་བལྟ་བའི་ཚེ་ནི་མྱི་སྣང་མྱི་གཏང་བས་ན། །མཐོང་བ་འདི་ནི་མཐོང་བ་མྱིད་པ་མཐོང་བ་སྟེ། །དེའི་མྱིང་ནི་ཆེན་པོའི་མཐོང་བ་ཡང་དག་པ་ཡིན་པས་ན། །ཡང་དག་པའི་གཟུགས་མཐོང་བར་རུང་ངོ་། །བྱང་ཆུབ་ཀྱི་སེམས་ནི་མྱིད་པའི་གནས་ན་འདུག་གོ །འདྲི་བ་ན་རེ། །ཇི་ལྟ་བུར་ན་མྱིང་མ་སྣངས་མ་བཏང་ཞེས་བྱ། །ལན་ལྡོན་པ་ན་རེ། །སྣངས་ཤེས་ཟེར་ན་ནི་མྱི་མཐོང་ངོ་། །བཏང་ཞེས་ཟེར་ན་ནི་ཆགས་པ་ཡོད་དེ། །དེ་ལྟ་བས་ན། ཆོས་ཀྱི་ཡི་གེ་ན་རེ་སྣངས་པ་ཡང་མྱིད། བཏང་བའང་མྱིད་ཅེས་བཤད་དོ། །འདྲི་བ་ན་རེ། མྱིད་པའི་གནས་ཡོད། །མྱིད་པའི་གནས་ཡོད་ན་ཆགས་པ་མ་ཡིན་ནམ། །ལན་ལྡོན་པ་ན་རེ། ཡོད་པས་མྱིད་པ་བསྐྱེད་ནུས། །མྱིད་པས་ནི་ཡོད་པ་བསྐྱེད་ནུས། །ཡོད་པ་བཏང་ན་མྱིད་པ་འཆད་དོ། །མྱིད་པ་བཏང་ན་ཡོད་པ་འཆད་དོ། །ཡོད་མྱིད་དང་བྲལ་བས་ན། །མྱིང་ལམ་དབུ་མ་ཞེས་བྱའོ། །མྱིང་ལམ་དབུ་མ་ཞེས་ཀྱང་བྱ་མོད་ཀྱི། །མྱིང་མེད་པའི་གནས་ཤེས་བྱའོ། །མྱིང་གཅིག་དུ་ན་གཉིས་སུ་མྱིད་ཅེས་ཀྱང་བྱའོ། །གཉིས་སུ་མྱིད་པའི་ཆོས་ཀྱི་སྒོ་མོའི་ནང་དུ། སེམས་ཐག་པ་ནས་སྤྱད་པ་སྤྱངས་ཏེ། །སེམས་རྒྱུན་མྱི་འཆད་མྱི་འདུག་ན། །གཟུགས་གཅིག་དུ་འདུག་པ་འཐོབ་སྟེ། །ཁྱོད་ལ་བསྟན་ཅིང་བཤད་དུ་མྱི་རུང་ངོ་། །ཐོབ་འབའ་ཤིག་གིས་ཤེས་སོ། །འདི་ནི་མྱིད་པའི་གནས་ཡིན་ཏེ་བཤད་ཀྱང་དཀའོ། །ཆོས་ཀྱི་ཡི་གེ་ན་རེ། ཕྱི་རོལ་ནའང་མྱི་འདུག ནང་རོལ་ན་ཡང་མྱི་འདུག བར་ན་ཡང་མྱི་འདུག དེ་ནི་ཐོབ་པའི་གནས་ཤེས་བྱའོ། །གཅིག་དུ་ན་ཁྱོད་ཀྱི་སེམས་ཀྱི་ཕྱི་མོ་ཡང་དག་པའི་གཡུང་དྲུང་ཡང་དག་པའི་ངོ་བོ་ཉིད་མྱི་སྐྱེ་མྱི་ཤི་བ། །གཙང་གདང་བའི་ཆོས་ཀྱི་ཁམས་མཐཱ་ཡུན་དུ་མཉཾ་སྙོམས་པ། །ཧིང་ངེར་མྱི་གཡོ་བའི་མཚན་ཡང་དག་པར་གཤེགས་པ་ཤེས་བྱ་སྟེ། །ཆེ་ཞིང་ཡངས་པ་མྱིད་དེ། །མཚན་གཙང་ཁྱབ་ཉིད་ཀྱི་སྐུ་ཞེས་བྱ་སྟེ། །གཙང་གདང་ལ་གཟུགས་མྱིད་པས་ན། །ཡུལ་གཙང་མ་ཞེས་བྱའོ། །འཇིག་རྟེན་དུ་མངོན་པར་འབྱུང་ཞིང་། །ཕྱི་ནང་ཐལ་བར་སྣང་བས་ན། །མཚན་སྨན་གྱི་མཁན་པོ་བེ་དུརྻ་ཞེས་བྱའོ། །གཟུགས་སོ་ཚོག་ཡན་མན་གྱིས་ཞེན་ཅིང་ཆགས་མྱི་ནུས་ན། །མྱིང་གྲོལ་ཐར་པ་ཞེས་བྱའོ། །ཁ་དོག་གཟུགས་ཐམས་ཅད་ལ་བལྟས་ན། །ཆོས་ཀྱི་ངོ་བོ་ཉིད་མངོན་པར་མཐོང་སྟེ། །གཙང་གདང་བ་རྟག་པར་མདུན་དུ་འབྱུང་བ་དེའི་མྱིང་ནི་སངས་རྒྱས་ཤེས་བྱ་སྟེ། །མཐཱ་ཡུན་དུ་སྟོང་བའི་ནང་ན་ལྷམ་མེར་བཞེངས་སོ། །ཁྱོད་ཀྱིས་འགྲུས་པར་བསླབས་ཏེ། །བརྟགས་པར་བསླབས་ན་ཉིད་དུ་ཐོབ་སྟེ། །ཁྱོད་ཀྱི་ཤེས་པའི་ཕྱི་

མོ་ཡིན་ནོ། །དེ་ལྟ་བུས་དབང་པོ་ཆེད་པོ་ཡོད་པས་ན། །སངས་རྒྱས་ཤེས་བྱའོ། །ཁྱོད་བདག་གི་ཡང་དག་པའི་གསུང་དྲུང་ཡིན་ཏེ། །སྙིང་ནི་ཡང་དག་པ་ཞེས་བྱའོ། །འབྲས་བུ་འདི་གྲུབ་པར་འདོད་ན། །སྐྱིད་པ་གནས་ལ་རྗོགས་ཤིག ཡིམ་གྱིས་ལན་ལྷན་བ། །ཤིན་དུ་དགེའོ། །དགེའོ། །ཆོས་ཀྱི་ཡི་གེ་ལ་མངོན་བར་བཤད་ན། །བདག་གོ་ཁོང་དུ་མ་ཆུད་དོ། །བསམ་བརྟན་གྱི་མཁན་པོས་བཤད་ན། །བདག་གིས་གཞུང་འདི་གོ་བའི་གཏོལ་མ་མཆིས་སོ། །སེམས་ཙན་ཐམས་ཅད་སྐྱོངས་པས། །བདགི་ལུས་ཀྱི་ནང་ན་དེ་ལྟ་བུའི་རིན་པོ་ཆེ་མཆིས་པར་མ་རིག་གི །མཁན་པོས་ཐུགས་རྗེ་གཟིགས་ཏེ། །བདག་ལ་ཐམས་ཅད་བསྟན་ད་པར་སྩོན་ཏོ། །ལུས་དང་སྲོག་དང་། བུ་སྨད་དང་། ནོར་རིན་པོ་ཆེ་ཐམས་ཅད་ཡོང་གྱི་ཕངས་སོ། །མཁན་པོ་ན་རེ། །ཁྱོད་ཀྱི་སྨན་ལམ་ཆེན་པོ་བཞི་བསྐྱེད་དེ། །སངས་རྒྱས་གྲུབ་པའི་སེམས་ལེ་ལོ་མྱེད་པས། །སྨོན་ལམ་དེ་བསྐྱེད་ན། །གདོད་ཁྱོད་ལ་ཆོས་སྦྱིན་ནོ། །ཡིམ་གྱིས་མོད་ལ་མཁན་པོའི་ཚིག་བཞིན་སྨོན་ལམ་བསྐྱེད་ཟིན་ནས། །མཁན་པོ་ན་རེ། བརྟགས་པར་ཉོན་ཅིག། སྐྱིད་པའི་གནས་ནི་ཁྱོད་ཀྱི་སེམས་ལ་འདུག་སྟེ། །སྟོང……ཡང་གཅིག་དུ་ན། །སེམས་ཀྱི་མྱིག་ཅེས་ཀྱང་བྱ་སྟེ། །ཁྱོད་གཙང་མའི་ཤེས་པ་དེའི་ནང་ན་འདུག་གོ །ཆོས་ཀྱི་ཡི་གེའི་ནང་ན་ཡང་དག་པར་གཤེགས་པའི་མཛོད་ནི་དེ་ཡིན་ནོ། །ཁྱོད་ཀྱིས་རྟག་པར་ལྟོས་ཏེ་བྱང་ན་གདོད་མཐོང་ངོ་། །ཁྱོད་ཀྱི་ངོ་བོ་ཉིད་གཙང་གདང་བ་ཡིན་ནོ། །འདྲི་བ་ན་རེ། །འགྲོ་བཞིན་འདུག་བཞིན་དུ་བསྟན་དུ་ཙུང་ངམ་མྱི་ཙུང་། །མཁན་པོ་ན་རེ། །འགྲོ་བ་སྡོད་པ། །འདུག་པ། ཉལ་བ། སྨྲ་བ་དགོད་པ། །ལས་བྱེད་པ། ལངས་ཤིང་གཡོའོ་ཚོག་གི་ཚེ། །རྟག་པར་བལྟས་ཏེ་མ་བཏང་ན་གདོད་ཙུང་ངོ་། །འདྲི་བ་ན་རེ། །འདུག་པའི་ཚེ་བར་བར་སངས་རྒྱས་མཐོང་སྟེ། །སྐུ་ལུས་གསེར་གྱི་ཁ་དོག་བཞིན། །བར་བར་བྱང་ཆུབ་སེམས་དཔའ་དང་། དགེ་འདུན་གྱི་ལུས་མཐོང་ངོ་། །བར་བར་ནམ་ཀའི་ནང་ན་ཆོས་བཤད་པའི་སྒྲ་ཐོས། །བར་བར་ནི་སྨྲ་བའི་སྒྲ་ཐོས་ཏེ་བདག་ལ་ལུང་བསྟོ། །བར་བར་ནི་བདག་ལ་སྙན་པར་བསྟོད་ན། །དེ་ཡང་དག་པ་ལགས་སམ་མ་ལགས། །མཁན་པོ་ན་རེ། །དེ་ནི་བདུད་ཀྱི་རྒྱལ་པོ་ཆེན་པོ་སྟེ། །ཁྱོད་ལ་ཁ་འདྲིན་དུ་འོངས་ཀྱིས། །ཁྱོད་དེ་ལ་མ་ཆགས་ཤིག། གཅིག་དུ་ན་ཁྱོད་ཀྱི་མྱི་བདེན་བའི་སེམས་ཀྱི་གནས་ཡིན་ནོ། །ཆོས་ཀྱི་ཡི་གེ་ན་རེ། །ཁ་དོག་ལ་ང་མཐོང་བ་ནི་གཟུགས་ཐམས་ཅད་ཡིན་ནོ། །སྒྲ་སྐད་ལས་ང་ཚོལ་བ་ནི་སྟོང་པའི་ནང་གི་སྒྲ་ཡིན་ནོ། །སྨྱི་དེས་ཡོན་པོའི་ཆོས་ལ་སྤྱོད་པས། །ཡང་དག་པར་གཤེགས་པ་མཐོང་བར་མྱི་ནུས་སོ། །ཁྱོད་བདག་གི་ངོ་བོ་ཉིད་ཕྱི་མོ་ནས་བྱང་གཟུགས་མྱེད། །ཁྱོད་ཀྱི་སེམས་ཀྱིས་མྱེད་པའི་གནས་ལ་བལྟས་པའི་ཚེ། །དེ་ནི་ཡང་དག་པར་གཤེགས་པའི་སེམས་ཡིན་ཏེ། །ཅི་ལ་ཡང་མ་ཆགས་ན་སྙིང་ཏིང་ངེར་མྱི་གཡོ་བ་ཡིན་ནོ། །ཁྱོད་ཀྱིས་མ་བལྟས་པའི་ཚེ་ནི་ཏིང་ངེར་མྱི་གཡོ་བའི་སེམས་སོང་ངོ་། །རྟག་པ་བལྟས་པའི་ཚེ་ནི། །ཏིང་ངེར་མྱི་གཡོ་བའི་སེམས་འོངས་སོ། །དེ་ལྟ་བས་ན་ཡང་དག་པར་གཤེགས་ཤེས་བྱའོ། །ཡང་དག་པར་གཤེགས་པ་ལ་སྐྱབས་ཡོད། །བྱང་གཟུགས་

ཡོད། །མཚན་སུམ་ཅུ་རྩ་གཉིས་ཡོད་པ་དེ་ལྟར་གོ་སྟེ། །ཡང་དག་པར་གཟིགས་པ་ལ་བལྟས་ན། །དེ་ནི་ཡང་དག་པར་བདུད་ལ་ཆགས་པའི་མི་ཡིན་ནོ། །ཁྱོད་ཀྱིས་ཅི་ནས་ཀྱང་བྱང་བར་བལྟས། །ཞིབ་དུ་བལྟས་ན། །བར་བར་ནི་ཁྲིམ་གྱི་ནང་ན་སྣང་བ་མཐོང་། །བར་བར་ནི་སྣང་བའི་ནང་ན་རྣམ་པ་མང་པོ་མཐོང་སྟེ། །ཁྱོད་ཀྱི་ཁ་དོག་སྔོན་པོ་ནི་བདུད་ཀྱི་འོད་ཡིན་ནོ། །ཁྱོད་ཀྱི་ཁ་དོག་སེར་པོ་ནི་མིག་གི་འོད་ཡིན་ནོ། །བར་བར་ཁྱོད་ཀྱི་ལུས་ལ་འོད་སྣང་བ་ཆེན་པོ་བཏང་། །བར་བར་མིག་སྨ་འོད་ཀྱི་ཁ་དོག་རྣམ་པ་མང་པོ་ཡོད་པ་ཀུན་ཡང་དག་པ་མ་ཡིན་ནོ། །ནང་ལོགས་སུ་བལྟས་ན་སྤྲིན་བཞིན་དུ་མཐོང་ངོ་། །བར་བར་ནི་དུད་པ་བཞིན། །བར་བར་ནི་སྐར་མ་བཞིན། །བར་བར་ནི་ཁ་ཆེ་དར་འཛིངས་པ་བཞིན། །བར་བར་ནི་དམར་ཀྲད(ཁྲད)མེ་བཞིན། །བར་བར་ནི་མིའི་མིག་བཞིན། །བར་བར་ནི་ཆུའི་གཏིང་ན་ཁ་དོག་ལྔ་ཡོད་པ་བཞིན། རྣམ་པ་མང་པོ་ཅིར་ཡང་བསྒྱུར་བ་བཞིན་ཏེ། །ཀུན་ཀྱང་གཟུགས་ཡོད་པས་མི་བདེན་པ་ཡིན་ནོ། །དེ་ལྟ་བ་མཐོང་ན། །མ་སྤངས། །མ་འཛིགས། །ཉིན་པར་མངོན་གསང་བར་ལས་སྤྱད་དེ། །མཚན་མོ་མི་དང་ལྷན་ཅིག་ཏུ་འདུག་ལ། །འབབ་ཤིག་ཡུར་དུ་མི་ཏུང་ངོ་། །གཉིད་བྲོ་ན་ཉལ་ཅིག། བར་བར་ཁུང་ཟབ་མོ་མཐོང་། །བར་བར་ནི་ཁྲིན་པ་འདྲ་བ་མཐོང་། །བར་བར་ནི་མུན་པ་བསེ་རྩི་འདྲ་བར་གནག་པ་མཐོང་སྟེ། །ཅི་ནས་ཀྱང་ཞིབ་དུ་བལྟ་དགོས་སོ། །སྟོབས་བསྐྱེད་དེ་སྤྱད་དེ་སྤྱད་ལ་བར་མ་ཆད་པར་ཐོས་ཤིག། གཅིག་དུ་ན་མཚན་མོ་ཟླ་བ་རབ་རིབ་ཀྱི་ནང་ན་འགྲོ་བ་དང་མཚུངས། །བར་བར་ནི་མཚན་མོ་གནམ་སྔོན་པོ་ལ་བལྟས་པ་དང་མཚུངས། །བར་བར་ནི་གཙང་གདང་ཟླ་བའི་སྣང་བ་བཞིན་ཏེ། །དེ་ལྟ་བུ་ལ་ཡང་མ་ཆགས་ཤིག ཇི་ནས་ཀྱང་ཞིབ་དུ་ལྟོས་ལ་དྲང་པོར་འདུག་སྟེ། །མིག་ཕྱི་ལ་ལུས་དང་སེམས་ཤུགས་ལ་ཤེས་པ་སྒྲིམས་ཏེ། །གསལ་གསལ་སང་སང་པོར་བྱས་ལ། །རྫོང་རྫོང་གཉིད་བྲོ་བ་འདྲ་བར་བྱར་མི་ཏུང་ངོ་། །ཞིབ་དུ་བལྟས་ཏེ་ལེགས་པར་དོན་དུ་བལྟས་ན། །དེ་གཙང་གདང་བའི་འདུ་མཆེད་ཀྱིས། །ཁད་ཁད་ཀྱིས་འོང་དང་། །ནས་སྔོན་པོ་དཀར་པོ་མངོན་པར་བྱེ་བྲག་ཕྱེ། །རྟག་པར་ཡོད་ཅིང་མི་འགྱུར་མ་སྤགས་ཤིག། །སེམས་ཀྱི་གནས་ཁད་ཀྱིས་ཡང་ཞིང་། །སྟོང་གཙང་སྟེ། །སེམས་ཡིད་སངས་སེར་བདེ་ལ། །རྟག་པར་གཙང་གདང་བའི་འདུ་མཆེད་སུ་མྱེད་པ་མཐོང་སྟེ། །ཕྱི་ནང་ཀུན་མཚུངས་སོ། །སྐད་ཅིག་ཀྱང་མི་གཏང་བར་ཡིད་བསྐྱོད་ན་ཉིད་དུ་མཐོང་ངོ་། །དེ་ནས་དགེ་བའི་བཤེས་གཉེན་སེམས་ཀྱི་མིག་ཡོད་པ། །དོན་དུ་ཟུབ་བ་བཙལ་ཏེ། །མཁན་པོ་མཁས་པས་བཤད་ན། །ཡིད་མི་ཆེས་པ་ཆད་དོ། །མཁན་པོ་ན་རེ། །ཡང་ཡིད་མི་ཆེས་པ་ཡོད་ན་སྤར་དྲིས་ཤིག ཁྱོད་ཀྱི་ཕྱིར་བྱེ་བྲག་ཕྱེ་སྟེ། །དྲང་པོའི་ཆོས་ཀྱི་ནང་དུ། །ཡང་དག་པར་བརྟུལ་ཏེ་ཞུགས་ན། །ཆོས་ཀྱི་གཞུང་ཐོབ་པར་བྱ་དགོས། །ཆོས་ཀྱི་གཞུང་མཐོང་ན་ཁྱོད་ཕྱིས་སློབ་པ་ལ་འདྲི་བའི་དགེ་བའི་བཤེས་གཉེན་ཉིད་མྱེད་དེ། །སེམས་ལ་དོགས་པ་ཞིག་ཡོད་ན་ཡང་། །ཡོན་པོ་དང་དྲང་པོའི་བྱེ་བྲག་མི་ཕྱེད་དེ། །སྐད་ཅིག་དུ་ཡིད་མི་ཆེས་པ་གཡོས་ཏེ། །སེམས་ཀྱི་ཤེས་

པ་རྩ་བ་རྟུལ་བར་འགྱུར་གྱིས། །ཟད་པར་མྱུར་དུ་དྲི་བའི་རིགས་སོ། །ངའི་གཙང་གདང་བའི་ཁྱིམ་ཆེན་པོ་ན་སྐྱེ་ཤི་གཅད་པའི་ལེགས་པའི་དོན་སྤྱད་པ་ཁད་དགོས་ཏེ། །ཡུན་རིང་དུ་ཁྱོད་དང་གཏམ་བྱར་མི་ཁོམ་པས། །གཅེས་པ་དྲི་བ་ཡོད་ན་དྲིས་ཤིག། འདྲི་བ་ན་རེ། །སྐྱེ་ཤི་གཅད་པའི་ལེགས་པའི་དོན་ཇི་ལྟ་བུར་བྱ། །མཁན་པོ་ན་རེ། །ཁྱོད་ཀྱི་གཙང་གདང་བའི་ཁྱིམ་གྱི་ནང་གི་དོན་ད་དུང་མ་གྲུབ་ན། །སྐྱེ་ཤི་གཅད་པའི་ལེགས་པའི་དོན་དྲིས་ཏེ་ཇི་བྱ། །ཁྱོད་ཀྱི་ཁྱིམ་མ་ཟིན་ན་གདོད་ཁྱོད་ལ་སྤྱད་ཅིང་བྱ་བ་བསྟན་ཏོ། །འདྲི་བ་ན་རེ། །ད་ཙུང་སྤྱད་ཅིང་བྱ་བ་མི་རིགས་མོད་ཀྱི་ལེགས་པའི་དོན་འདི་བཤད་ལ། །བདག་ཐོས་པར་བགྱིས་ན། །ཆོས་ལམ་གྱི་སེམས་སྐྱེ་ཞིང་འཕོགས་སོ། །མཁན་པོ་ན་རེ། །ཁྱོད་ཐོག་ཐོག་ཙམ་ཞིག་བཤད་ཀྱིས་བརྟགས་པར་ཉོན་ཅིག། སྐྱེ་ཤི་ལེགས་པའི་དོན་ནི། །དཔེར་མི་ཞིག་གནམ་མཐའ་འོག་ཏུ་འཁྱགས་པའི་ཚེ། །བདག་ལ་ཁྱིམ་གཙང་བ་ཆེན་པོ་ཡོད་པ། །གཞན་མི་ཡུལ་དུ་བྲོས་ལ། །ཕྱིས་སླར་སྟོན་གྱི་ཡུལ་དུ་འོངས་ན། །ཁང་ཁྱིམ་ཞིག་ལ་རྩིག་རྩིག་ལྟ་བུར་འདུག་སྟེ། །ཡིད་ལ་བདགི་ཁང་ཁྱིམ་ཡིན་པར་མ་ཤེས་ཏེ། །ལམ་ཀའི་ལུང་པ་ལྷའི་མདོ་རི་གཟུང་པོ་གཉིས་ཀྱི་བར་དུ་རྩྭའི་སྤྱིལ་པོ་བྱས་ཏེ། །འཕྲལ་གྱི་སོ་ནམ་བྱེད་དང་མཚོངས་སོ། །དགེ་བའི་བཤེས་ཉེན་དང་ཕྲད་ནས། །ཁྱོད་ཀྱི་སྟོན་གྱི་ཁྱིམ་རྟག་ཏུ་བདེ་བ་མཁར་ན་འདུག་སྟེ། །ཤིན་ཏུ་གཙང་གདང་ངོ་ཞེས་བསྟན་ན། །ཁྱོད་ད་ལྟར་འདོད་ན་ཉོན་མོངས་ཤིང་འདུག་ཅེས་བྱས་ནས། །མོད་བཞིན་ཚོག་མཉན་ཏེ་འགྲོགས་ནས་སོང་སྟེ། །ཁོར་མོར་བདེ་བའི་ཁྱིམ་དུ་ཕྱིན་ན། །བསྟན་པ་བཞིན་དུ་བདགི་སྟོན་གྱི་ཁྱིམ་བཙལ་ན། །ཞག་མང་ཞིག་ཏུ་ཞིབ་མོར་བལྟས་ན། །ཡིད་ལ་ཏུར་ཀྱིས་དྲན་ཏེ། །སྟོན་གྱི་ཁྱིམ་ཡིན་པར་ཤེས་ནས། །ཞིག་རལ་ཏེ་ཡུན་རིང་དུ་ལོན་པ། །ཁང་ཁྱིམ་བཅོས་ནས། །ཁང་ཁྱིམ་ཟིན་གྱི་བར་དུ་རེ་ཤིག་རྩྭའི་སྤྱིལ་པོ་ནང་དུ་འདུག་སྟེ། །བར་བར་སྟོན་གྱི་ཁྱིམ་བཅོས་པར་སོང་། །ཕྱིས་ཁང་ཁྱིམ་ཟིན་ནས། །རྟག་པར་བདེན་པའི་མཁར་གྱི་ཁྱིམ་དུ་འཕོས་ནས། །ལུང་པ་ལྷའི་རྩྭའི་སྤྱིལ་པོས། །མ་རིག་པའི་བྲན་བཀོད་ནས་ནོར་གཅལ་ཏེ། །ཅི་རྙེད་པ་ཁྱིམ་ཆེད་པོར་བསྐྱལ་ཏེ། །སྟོན་ཀར་བབ་པ་དང་། །རི་མྱེས་རྩྭའི་སྤྱིལ་པོ་དང་། །མ་རིག་པའི་བྲན་བསྒྲིགས་ཏེ། །ཀུན་ཟད་པར་ཤི་ནས། །རྗེ་བོ་ཡང་འདྲུལ་ཆད་དེ་མྱི་འོང་ངོ་། །སྐྱེ་ཤི་གཅད་པའི་ལེགས་པའི་དོན་ཡང་དེ་བཞིན་ནོ། །འདྲི་བ་ན་རེ། །དཔེ་འདི་ཤིན་ཏུ་བཟང་ན། །བདག་གིས་ད་དུང་ཁོང་དུ་མ་ཆུད་པས། །ད་མཐོང་ཞིང་ཤེས་པའི་རྣམས། །མཁན་པོ་ལ་བཤད་དོ། །རྟག་པར་བདེ་བའི་ཁྱིམ་ཆེན་པོ་ནི། །ཕྱི་མོ་ངོ་བོ་ཉིད་གཙང་གདང་བ་ལགས་སོ། །ལུང་པ་ལྷའི་རྩྭའི་སྤྱིལ་པོ་ནི་ཁ་དོག་གི་ལུས་ལགས་སོ། །ཁ་དོག་གི་ལུས་ཤི་ན་ཕྱི་མོ་ངོ་བོ་ཉིད་དུ་ཕྱིན་ཏོ། །སྟོན་གྱི་ཁྱིམ་གྱི་གཞུང་རིག་ན་ཇི་ལྟ་བུའི་མྱོང་། །སྐྱེ་ཤི་གཅད་ལེགས་པའི་དོན་ཞེས་བགྱི། །ཉན་ཐོས་པ་དང་། བྱང་ཆུབ་སེམས་དཔའ་ཐམས་ཅད་ཀུན་ལ། །འདི་ལྟ་བུའི་ཁྱིམ་མཆིས་ན་བདགིས་མ་འཚལ་ཏོ། །མཁན་པོ་ན་རེ། །ཉན་ཐོས་པའི་རྩྭའི་སྤྱིལ་པོའི་ནང་ནས། །ཁོང་གཞན་ན་རེ་ཁྱིམ་

ཆེན་པོ་ཡོད་ཅེས་ཟེར་བ་ཐོས་སོ། །བྱང་ཆུབ་སེམས་དཔའ་ཁྲིམ་ཆེན་པོར་འོངས་ཏེ་བརྟགས་ན། མིག་གིས་མངོན་པར་མཐོང་སྟེ། །དཔེར་ན་གནམ་གྱི་སྟེང་ན་ཟླ་བ་ཡང་དག་པ་མངོན་པ་དང་མཚུངས་སོ། །སྟྭའི་སྒྲིལ་པོ་ཡོད་པས་བར་བར་འོངས་ཏེ་ཞལ་ཏ་བྱས་ན། །དེའི་ཚེ་ཡོན་ནི་ཡོད་ན་མངོན་པར་མ་མཐོང་ངོ་། །མངོན་པར་མ་མཐོང་མོད་ཀྱི་དངོས་ནི་མ་མཐོང་ངོ་། །ཕྱིས་རིང་ཞིག་ལོན་པ་དང་སྟྭའི་སྒྲིལ་པོ་ཆིག་ནས་རྟག་པར་ཁྲིམ་ཆེད་པོ་ན་འདུག་སྟེ། །རྟག་ཏུ་མངོན་པར་མཐོང་ངོ་། །ད་ལྟར་ཆོས་ལམ་སྤྱད་པ་ཡང་། །ཇི་ནས་ཀྱང་ཁ་དོག་གི་ལུས་འདི་ལས་ཐར་པར་དགོས་སོ། །འོ་ན་གདོད་རང་དབང་སྤྱད་པ་ཐོབ་པོ། །དེ་ལྟ་བས་ན་ཆོས་ཀྱི་ཡི་གེ་ན་རེ། །སངས་རྒྱས་འཇིག་རྟེན་ན་མྱི་བཞུགས། །བྱང་ཆུབ་སེམས་དཔའ་འང་མྱི་མཐོང་ཞེས་ཟེར་རོ། །འདྲི་བ་ན་རེ། །ཉན་ཐོས་དང་བྱང་ཆུབ་སེམས་དཔའི་ཁྲིམ་ནི་འཚོལ་ན། །སྐྱེ་ཤི་ལས་ཐར་པ་ད་དུང་མ་འཚོལ་ན། །མཁན་པོས་ཐུགས་རྗེ་གཟིགས་པར་སྨོན་ཏོ། །མཁན་པོ་ན་རེ། །ཁ་དོག་ལུས་ད་ལྟར་འདུག་པ་ནི་སྐྱེ་བའོ། །ཚེ་ཟད་ཕྱིན་ཅད་ནི་ཤི་བ་ཡིན་ནོ། །ཁྲོད་དྲང་པོ་ཐུབ་པར་ཞུགས་པའི་ཚོ། གཙང་གདང་ཞིང་། ཉིང་དེར་མྱི་གཡོ་ན་ཁ་ཅིག་གི་ལུས་མྱི་མཐོང་སྟེ། །མཐོང་བ་དང་། མྱི་མཐོང་བ་མཚུངས་ན། །དེའི་ཕྱིར་ནི་གསོན་པོར་ཤི་བ་ལས་ཐར་ཏོ། །ཤི་བའི་ཁར་གསོན་པའི་ཚེ་དྲང་པོ་ཐུབ་པར་ཞུགས་པ་དང་མྱི་མཚུངས་པ་མྱེད་དེ། །དེའི་ཕྱིར་ནི་ཤི་བ་ལས་སྐྱེས་ཏེ་ཐར་ཏོ། །དེ་ལྟ་བས་ན་སྐྱེ་ཤི་ཆོད་ཅེས་བྱའོ། །འདྲི་བ་ན་རེ། །གསོན་པོར་ཤི་བ་ལས་ཐར་པ་ནི། །ཆོས་ཀྱི་ཡི་གེ་ལས་བསམ་བརྟན་ཐུབ་པར་ཞུགས་པ་ལྟ་བུ་ལགས་སམ་མ་ལགས། །མཁན་པོ་ན་རེ་ཡིན་ནོ། །འདྲི་བ་ན་རེ། །རྟག་པ་ཡིད་གཙང་གདང་བར་བྱས་ལ། །ཆོས་ཀྱི་ཁམས་ཀྱི་ནང་ན་ཁ་དོག་གི་སྐུ་ལུས་ལྷམ་མེར་མཆེད་དེ། །བཞེངས་ཤིང་ཚུགས་པའི་ཕྱིར་ཤི་བ་ཆོད་པའོ། །ཁ་དོག་གིས་ལུས་ཚུགས་ལ་ལྷམ་མེར་མཆེད་ཅིང་། །ཆོས་ཀྱི་ཁམས་ན་འདུག་པ་དེའི་ཕྱིར་སྐྱེ་བ་ལས་ཐར་པའོ། །སྐྱེ་ཤི་ལས་འབྱུང་བ་དང་ནུབ་པ་རང་དབང་ཡོད་པ་ནི། །ཕྱིར་སྐྱེ་བ་ཞེས་བྱའོ། །སྐྱེས་ཏེ་ཤི་བ་ལས་ཐར་ན་ཕྱིས་མྱི་ཤི་བའོ། །ཤི་ནས་སྐྱེས་པ་ལས་ཐར་པ་ནི། །ཕྱིས་མྱི་སྐྱེ་བའོ། །ཆོས་ཀྱི་ཡི་གེ་ལས་མྱི་སྐྱེ་མྱི་ཤི་ཞེས་ཟེར་བ་ལགས་ཏེ། །བདག་གིས་ནི་དེ་ལྟར་གོ་ན་དེ་ལགས་སམ་མ་ལགས། །མཁན་པོ་ན་རེ། །ཤིན་ཏུ་དགེའོ་ཤིན་ཏུ་དགེའོ། །དེ་ཡིན་ཀྱིས་ཁྲོད་ཐེ་ཚོམ་མ་ཟ་ཤིག །འདྲི་བ་ན་རེ། །སྟྭའི་སྒྲིལ་པོའི་ནང་ནས། །ཁྲིམ་ཆེད་པོར་རིག །ཁྲིམ་ཆེད་པོའི་ནང་ནས་སྟྭའི་སྒྲིལ་པོར་རིག་པ་ནི། །ཆོས་ཀྱི་ཡི་གེ་ན་རེ། །སྐྱེ་ཤི་ཉིད་མྱ་ངན་ལས་འདས་པ་ཡིན་ནོ། །བདག་གི་ཁོང་དུ་ཆུད་པ་ཤིན་ཏུ་དྲིན་གཟོའོ། །མྱི་དཀའ་སྟེ་དུས་ནས་དོན་སྙིང་ལྡ་ཞིག་སྟེ། །ཤིན་ཏུ་མ་ནགས་ནས་བསྐལ་པ་མང་པོ་ཚུན་ཅད་ཡང་དག་པ་གཞུང་འདི་བསླབ་པོ། །ཡང་མཁན་པོ་ན་རེ། །ད་ལྟར་ཀྱི་མྱི་ཆོས་ལམ་སྤྱོད་པ་ཤེས་ཚོལ་གྱི་མངོན་རྟགས་མྱི་ཚོལ་ཏེ་ཆོས་ཀྱི་ཡི་གེ་དང་། །བཤད་པ་མཁས་པར་ཤེས་ན། །དེས་ཆོས་ཟིན་པར་འཛིན། །ཆོས་བཤད་ལ་མྱི་བསླུལ་ན་དེ་ལེགས་པའི་དོན་ཡིན་པར་འཛིན། །དེ་ནི་མ་རིག་པའི་སེམས་ཀྱིས་

བཤད་པ་སྟེ། །བདག་ཀྱང་ད་དུང་མགོ་བར་གཞན་གྱི་ར་མདའ་ག་ལ་ནུས། །བདག་ཀྱང་བསླུས། །གཞན་
ཡང་བསླུས་ཏེ། །ཕན་ཚུན་གཉིས་ཀ་ཅིག་ཅར་འདོད་ཅགས་ཞེ་སྡང་གཏི་མུག་ཏུ་ལྷུང་ངོ་། །ཡོང་ཆོས་
ལམ་སྒྲོད་པའི་མྱིང་ནི་གང་རིངས་པ་སྟར་བསླབ་པོ། །ནང་པ་གང་རིངས་ཤེས་བྱས་ན། །སྐྱི་ཤི་ལས་ཐར་
པར་བསླབས་ཏེ། །སྐྱི་ཤི་ལས་ཐར་ཟིན་ན་ཕྱིས་གདོད་ལས་གཞན་བྱའོ། །འདྲི་བ་ན་རེ། །འགྲོ་སྡོད་འདུག་
ཉལ་བལྟ་བའི་ཚེ། །ལས་བགྱིར་ཙུང་ངམ་མྱི་ཙུང་། །ལས་ཇི་ལྟ་བུར་བགྱི། །མཁན་པ(ཕོ)ན་རེ། །ཁྱོད་འདི་
ལྟ་བུ་གཅེས་པ་འདྲི་ན། །ནམ་ཡང་ཙུང་། །ཐྲིལ་པ་ཆེན་པོའི་ཚེ་ཡང་དྲན་ཞིང་མ་བརྗེད་པར་བྱོས་ཤིག།
ཆུང་ཟད་ཐྲིལ་བའི་ཚེ་ནི་བར་བར་ལྟོས་ཤིག དྲན་པ་དང་ནི་ཐ་དད་དོ། །བལྟ་བ་ཞེས་མ་བྱ་ཤིག །བལྟ་
བ་ལ་ཡན་ལག་རྣམ་པ་གཉིས་ཡོད་དེ། །རྣམ་པ་གཅིག་ནི་གྱི་ན་ཉིད་དུ་བལྟའོ། །རྣམ་པ་གཉིས་ནི་ཞིབ་
མོར་བལྟ་སྟེ་བརྟག་ལ་ཁང་པ་དབེན་པའི་ནང་དུ་ལུས་དྲང་པོར་འདུག་ལ་མྱིག་ཕྱེ་སྟེ་ཤུགས་ལ། །ལུས་
དང་སེམས་སལ་སལ་པོར་བྱོས་ཏེ། །ཕྱི་མོའི་ཤེས་པ་བསྒྲིམས་ལ་ལླ(ལྷོང)ཞིང་བྱང་ལ། །རྨོང་གཉིད་བྲོ་བ
འདྲ་བར་མ་བྱེད་པར་ཤ་འཚིག་སྟེ། བྲང་གི་སྟེང་དུ་བལྟས་ཏེ་གཟུགས་བླངས་ལ། །དེ་ནི་སངས་རྒྱས་ཀྱི་
ཆོས་གཅེས་པའི་མདོ། །གསང་བ་མ་ཡིན་ཏེ་བརྟས་ཤིང་ལེ་ལོ་མ་བྱ་ཤིག ཞིབ་དུ་བལྟས་ཏེ་ཇི་ཞིག་ཡོད་
པ་མཐོང་ན། །ཕན་དུ་མར་བལྟས་ཏེ་མ་གྱུར་ན། ཉི་མ་བཞི་ལྔ་ཙམ་བལྟས་ཏེ་རྟག་པར་འདུག་པ་མཐོང་
ན་ཡི་གེ་འདི་བསལ་ཏེ་བལྟས་ལ། །བྱེ་བྲག་ཕྱེ་སྟེ་འཕྲུན་པ་ནི་དེ་བཞིན་ནོ། །བལྟས་ཏེ་མྱི་འཕྲུན་ན་ནི་ཉིད་
དུ་ལྟོས་ལ་མ་ཆགས་ན་རང་མྱེད་པར་འགྲོའོ། །ཡང་བལྟས་ཏེ་ཇི་ཞིག་མཐོང་། །ཡི་གེ་འདི་ལ་མྱེད་ན་ཡི་
གེ་ལ་མྱེད་པ་གཞན་ཀུན་སྒྱུ་མ་མྱི་བདེན་བ་ཡིན་ནོ། །ཡི་གེ་འདིའི་ནང་དང་འཕྲུན་པ་ནི་སྒྱུ་མ་མྱི་བདེན་
པ་མོད་ཀྱི། །ཀུན་དོན་དུ་ལྟོས་ཤིག། ཇི་དག་མཐོང་བ་མྱི་ཆོར་ཞིང་ཤེས་པ་ཀུན་ཀྱང་མྱི་འཕྲུན་ཏེ། །ཇི་
ནས་ཀྱང་སྒྱུ་མ་མྱི་བདེན་པ་ཀུན་ཟད་ན་གདོད་གཡུང་དྲུང་ཡང་དག་པར་ཕྱིན་ཏེ། །ཆོས་བཞིན་དུ་བལྟ་
དགོས་སོ། །འདྲི་བ་ན་རེ། །སངས་རྒྱས་ཀྱིས་བཤད་པ་ལ་བར་མྱི་གཅད་པ་དང་། ཟག་པ་མྱེད་པའི་ཤེས་
རབ་བཤད་པ། ཇི་ལྟ་བུ་གྲུབ་པར་ཙུང་བ་ཐབས་བསྟན་དུ་གསོལ། །མཁན་པོ་ན་རེ། །ཁྱོད་འདྲིའོ་ཚིག་ལ་
བལྟས་ན། །སྙོན་ཅད་རྩ་བའི་ཕྱི་མོ་བྱང་ཆུབ་སེམས་དཔའ་ཡིན་ཏེ། །ཀུན་མཆོག་དུ་གཅེས་པའི་དོན་སྤྱད་
པའི་གནས་ཡིན་ཏེ། །ཁྱོད་ཀྱིས་དེ་ལྟ་བུའི་འདྲི་བ་ནུས་པ་ནི། །ཡང་དག་པར་སེམས་ཐག་པ་ནས། །སངས་
རྒྱས་ཀྱི་ཆོས་ལམ་ཆོལ་བ་ཡིན་ཏེ། །ངས་ཁྱོད་ལ་ཐལ་བྱུང་དུ་སངས་རྒྱུ་འགྲུབ་པའི་ཟག་པ་མྱེད་
པའི། །ཤེས་རབ་ཀྱི་ཐབས་བཤད་དོ། །དམ་པའི་ཆོས་ནི་ཚིག་ཉུང་ལ་གཞུང་མང་། །ཙང་ཀེ་མའི་ཆོས་ལ་
ནི་ཚིག་མང་ལ་གཞུང་ཉུང་ངོ་། །ཁྱོད་ཀྱིས་ཚིག་ཉུང་དུ་མཐོང་བས་མ་བརྙས་ཤིག། སངས་རྒྱས་ཀྱི་ཆོས་
ལ་བཤད་པའི་ཚིག་མྱེད་ན། །གཅེས་པ་དམ་པའི་ཐབས་ལྟ་སྨོས་ཀྱང་ཇི་དགོས། །ཚིག་མངས་ན་ཁྱོད་ཀྱི་
སེམས་འཕྲུགས་སོ། །ཁྱོད་ཀྱིས་ཞིབ་དུ་ཡིད་ཆེས་པར་བྱོས་ལ། །འགྲུས་པར་དོན་དུ་སྒྲོད་དེ། །མ་རིག་པའི་

སེམས་ཀྱི་ནང་དུ་མཐོང་བ་དང་། །ཤེས་པ་མ་ཚོལ་ཅིག ཁྱོད་མཁན་པོའི་ཚིག་མྱི་ཉན་པ་འདྲ་ན་རེ་ཤིག་སོང་ལ་ཕྱིས་ཤོག་ཤིག ཁྱོད་ཀྱི་སེམས་གྲུབ་ན་ཁྱོད་ལ་བར་མྱི་གཅད་པ་དང་། ཟག་པ་མེད་པའི་ཤེས་རབ་ཀྱི་ཐབས་སྦྱིན་ན། །ད་དུང་སྦྱིན་པར་མྱི་ཉུང་སྟེ། །མཐོང་བ་དང་ཤེས་པ་ཚོལ་བའི་སེམས་ད་དུང་མ་ཟད་དོ། །ཞེས་འབྲུགས་ཏེ་མནོས་ལ། །ཤེས་པ་ནི་ཁྱོད་ལ་ཀྱི་ན་བཤད་དུ་ཟད་དེ། །ཆོས་ཀྱི་སྣོད་ཞིག་པར་འགྱུར་རོ། །འདྲི་བ་ན་རེ། །བདག་མྱི་ཐ་མལ་པའི་ནང་ན་མཆིས་མོད་ཀྱི། །ཤེས་པའི་སེམས་ནི་ཆོས་ལམ་གྱི་ནང་དུ་ཐ་ནས་ཞུགས་ལགས་ཏེ། །མཁན་པོས་ཇི་བཤད་པ་ཐོས་ནས་ནི། །ཀུན་ཀྱང་ཡང་དག་པའི་དྲང་པོ། །ལྷ་ན་མ་མཆིས་པའི་བྱང་ཆུབ་སེམས་དཔའ་གསང་བའི་གནས་ཀྱང་མྱི་ཕངས་ན། །ཐབས་ལ་ཇོའི་སྣད་ནས། །མཁན་པོས་ཐུགས་རྗེ་གཟིགས་པར་སློན་ཏོ། །དེ་ནས་སྤྱི་བས་ཕྱག་ལན་བདུན་ཙམ་འཚལ་ཏེ་སྤྱོས་བསྲེགས་ནས་ཡོན་གསོལད་ཏེ། །སྟོན་གྱི་བཞིན་དུ་སློན་ལམ་ཆེར་བཏབ་ནས། །སེམས་ཐག་པ་ནས་གསོལ་ཏེ། །སྐད་ཕྱུང་མཆི་མ་ཀླགས(ཀླགས)ནས། མནགས་མ་ཐུབ་སྟེ། འཇིག་རྟེན་གྱི་དོན་ཅིག་ཙར་བཅད་དེ། །རྣམ་པར་ཤེས་པ་དྲུག་ཅིག་ཙར་མེད་པའི་གནས་སུ་བསྡུས་ཏེ། །སེམས་གཅིག་དུ་བརྟུལ་ཏེ་སྒོམ་པ་བཞིན་དུ་འདུ་ཤིག་སེམས་སོ། །མཁན་པོ་ན་རེ། ང་ཁྱོད་ཀྱིས་ནོར་སྦྱིན་པ་དང་། སློན་ལམ་དང་སྤྱི་བོས་ཕྱག་འཚལ་ཞིང་སྤོས་བསྲེགས་པ་ཇི་དགོས། །ཁྱོད་ཀྱི་སེམས་ལ་ཆོས་ཆེད་ཆེར་ཚོལ་ལམ་མྱི་ཚོལ་བ་དང་། །ཡང་དག་པར་འབྲུགས་པའི་སེམས་ཡིན་ནམ་མ་ཡིན་པ་སད་དོ། །དགེ་བའི་བཤེས་གཉེན་གྱིས་དམ་པའི་ཆོས་སྨྲ་སྦྱིན་པ་ནི། །མྱི་ཕ་ལོག་པོ་སེམས་ད་དུང་མ་གྲུབ་དུ་དོགས། །ཆོས་འཕངས་པ་མ་ཡིན་ནོ། །སེམས་གྲུབ་པའི་མྱི་ཆོས་ཚོལ་ན་ཐམས་ཅད་མྱི་ཕངས་སོ། །ཁྱོད་ཀྱིས་བྱེ་བྲག་ཕྱེ་ཞིང་བཤད་པ་ལ་ཉན་ཅིག ཆོས་ཀྱི་ཡི་གེ་ཡང་དག་པའི་ཕྱི་མོ་ཅིག་ཙར་ཚོར་བའི་ཆོས་ཀྱི་སྒོ་མོ་དྲང་པོར་དྲིས། །དྲང་པོར་བཤད་དོ། །ད་ལྟར་ཟག་པ་མེད་པའི་ཐབས་ཤེས་བྱ་བ་ནི། །དགེ་བ་དམ་པའི་ཐབས་ཀྱི་ནང་དུ་འཇུག་པ་སྟེ། །ཆོས་ལམ་སྤྱོད་པའི་མྱི་བསྟན་ཅིང་བཙོས་པ་བར་བར་ཇི་མཐོང་བ་བལྟ་སྟེ། །ཉེ་རིང་གི་ཐབས་མྱི་འཐུན་པས་གཅིག་དུ་བཤད་དུ་ཡང་མྱི་ཉུང་། །སློབ་པའི་མྱིས་ཇི་མཐོང་བཤད་པ་ལས། །དེ་དང་བསྟུན་ཏེ། །ཐབས་ཀྱི་སེམས་སྐྱུད་ན། །ཉིན་ཅིག་ཅིར་འགོག་པ་ཡོད་དེ་སྟར་བཤད་དུ་མྱི་ཉུང་། །དགེ་བའི་དམ་པ་ལ་གྲངས་མེད་དེ། །ཐ་དད་མྱི་འཐུན་ནོ། །ཀུན་ཀྱིས་བྱང་ཆུབ་མེད་པའི་ཆོས་ལམ་དུ་ཞུགས་པ་ཐོབ་པོ། །ཟག(པ་མེད་པའི་ཆོས་འདི་ཁྱེད་ལ་བཤད)པའི་སྒོ་རིགས་ན། །ཁྱོད་སེམས་ཐག་པ་ཡིན་པས་ན། །ཚིག་ལེའུ་དུ་བཅད་པས་ཁྱོད་ལ་བཤད་དོ། །སེམས་ཅན་ཐམས་ཅད་ཀུན་གྱི་སེམས་ཀུན་ཀྱང་། །སངས་རྒྱས་ཀྱི་མཛོད་ལས་གཡོས། །སེམས་ཡོད་རྣམ་པ་ཐར་བྱ་ན། །སེང་གེའི་བྲང་ལ་ཞིབ་དུ་རྟོགས། །སེམས་ནི་མེད་པའི་གནས་ནས་འོངས། །ཡན་ལག་གཞན་ནི་སྐད་ཅིག་ཐོང་། །འོངས་ནས་སེམས་ཡིད་ཐག་པར་ལྟོས། །དེ་མྱིང་བར་ཆད་མེད་པའི་ཆོས། །སེམས་ནི་མེད་པའི་གནས་ནས་འོངས། །སེམས་ཐག་བལྟ་ཞིང་ཡང་བལྟས་

ན། །བལྟ་ཞིང་བལྟ་བ་བལྟ་མི་ཆད། །དེ་མིང་ཟག་མེད་ཤེས་རབ་ཡིན། །སེམས་ནི་མེད་པའི་གནས་ནས་
འོངས། །ཆོས་ཀྱི་ཡི་གེ་ཤེས་པ་ཚོལ་ལ་ཆགས། །བར་བར་བསམ་ཤིང་རྟག་མི་ལྟ། །དེའི་མིང་ནི་འཇིག་རྟེན་
སེམས་རབ་ཚོལ། །སེམས་ནི་མེད་པའི་གནས་ནས་འོངས། །སྟོང་པའི་མི་གཡོ་ཐུབ་པར་ཆགས། །སེམས་
ཐག་ཤེས་པ་སྟོང་པར་རྟེས། །དེའི་མིང་ཉན་ཐོས་ཆོས་ཡིནོ། །སེམས་ནི་མེད་པའི་གནས་ནས་འོངས། །
རྟག་པར་གནས་མེད་གཙང་བར་བཞུགས། །འཇིག་རྟེན་དུ་ནི་མ་བྱུང་ན། །དེ་ཡང་བྱང་ཆུབ་བཅིངས་པ་
ཡིན། སེམས་ནི་མེད་པའི་གནས་ནས་འོངས། །ཤར་ཕྱོགས་ནམ་ཀ་དཔག་མི་ལང་། །ཕྱོགས་བཞི་ངོས་ཀྱང་
དེ་བཞིན་ནོ། །དེའི་མིང་ནི་སྟོན་གྱི་ཁྱིམ་དུ་ཕྱིན། །མཁན་པོ་ན་རེ། །ཁྱོད་ཀྱིས་ལེའུ་འདི་བཞིན་དུ་སྙིང་
ནས་བྱས་ན། །རིང་པོར་མི་ཐོགས་པར་སངས་རྒྱས་སུ་འགྲུབ་པོ། །ཁྱོད་ཀྱིས་ལེའུ་འདིའི་གཞུང་མི་ཤེས་ཏེ་
སྙིང་ནས་མ་བྱས་ཏེ། །སངས་རྒྱསུ་འགྲུབ་པར་མི་ནུང་ངོ་། །སྔར་གཞུང་ཤེས་པར་བྱས་ཏེ། །མ་ནོར་མ་
འཁྲུལ་ན་ཕྱིས་གདོད་དོན་དུ་སྤྱད་དེ། །ཇི་ནས་ཀྱང་ལེའུ་གི་གཞུང་གོ་ན་འགྲུས་པར་སྤྱད་དགོས་
སོ། །འགྲུས་པར་མ་སྤྱད་ན། །ཁྱོད་རྨུས་ཤིང་ལེ་ལོའི་སྡིག་ནང་དུ་ལྷུང་སྟེ། །ཐེག་པ་ཆེན་པོ་ལ་བསྐུར་བའི་
སྡིག་དང་མཚུངས་ཏེ། །གཉིས་ན་ལ་ཐོག་མ་ནས་མ་ཐོས་ལྟའོ། །ཐོས་ཟིན་ལམ་སྤྱད་ན། །སྔར་མི་འདོགས
ཤིང་ལེ་ལོའི་སྡིགི་ནང་དུ་ལྷུང་ངོ་། །འདྲི་བ་ན་རེ། །གཟུགས་ལ་མི་ཆགས་ཤིང་ཏིང་འཛིན་མི་གཡོ་བ་ཇི་
ལྟ་བུ། །མཁན་པོ་ན་རེ། །སེམས་ལ་སྤྱོད་པ་ཡོད་ན་ཆོས་ཡོད་ན་ཆོས་ཡིན་ཏེ། །ཀུན་ཀྱང་གཟུགས་ཡོད་
པའོ། །སེམས་ལ་བྱ་བ་མེད་ན་བྱ་བ་མེད་པའི་ཆོས་ཡིན་ཏེ། །གཟུགས་ཀྱང་མེད་དོ། །གཟུགས་མེད་པའི་
ཏིངེར་མི་གཡོ་བ་ཡིན་ནོ། །གཟུགས་ཡོད་པའི་གཟུགས་ནི་ཉམས་ཤིང་ཞིག་སྟེ་མི་བདེའོ། །ཡང་ཆོས་ཀྱི་ཡི་
གེ་ན་རེ། །བྱ་བ་ཡོད་པའི་ཆོས་ཐམས་ཅད། །རྨི་ལམ་སྒྱུ་མ་དབུ་བ་ཡིན། །གྲིབ་མ་ཟིལ་པ་གློག་དང་
འདྲའ། །དེ་ལྟར་བལྟ་ཞིང་བརྟག་པའི་རིགས། །དེ་ཀུན་ནི་ཡང་དག་པ་མ་ཡིན་ཏེ་སྐད་ཅིག་ཏུ་མེད་དེ་མི་
རྟག་གོ །འདྲི་བ་ན་རེ། །རྟག་པ་ག་ལ་འདུག མཁན་པ(ོ)ན་རེ། ཚིག་ལེའུར་བཅད་པ་འདི་ལ། །དེ་ལྟར་
བལྟ་ཞིང་བརྟག་པའི་རིགས་ཤེས་ཟེར་བ་ནི། །རྟག་པ་མ་ཡིན་ཏེ། །རིགས་ཤེས་བྱ་བ་རིག་པ་ཡིན་ནོ། །
བྱས་ཤེས་བྱ་བ་ནི་སྤྱོད་པ་ཡིན་ནོ། །དེ་ཞེས་བྱ་བ་ནི་མེད་པའི་གནས་ཡིན་ནོ། །བཞིན་ཞེས་བྱ་བ་ནི་གནས་
ཡིན་ནོ། །བརྟག་ཅེས་བྱ་བ་ནི་བལྟས་སོ། །དེ་ལྟ་བས་ན་མེད་པའི་གནས་ལ་བལྟས་ན། །གདོད་རྟག་པའི་
གནས་མཐོང་ངོ་། །ཁྱོད་ཀྱི་སེམས་ཐག་པ་ནས་མང་དུ་དྲི་མི་དགོས་སོ། །ཁྱོད་ཀྱི་སེམས་ལ་ཤེས་པའི་
བགེགསུ་འགྱུར་རོ། །ཡི་གེའི་འབྲུ་ལས་རྗེས་བཅད་དེ་གཞུང་ཤེས་པ་ནི་མ་རིག་པའི་སེམས་ཀྱིས་བསླབས་
ཤེས་བྱའོ། །འདི་ནི་ཡང་དག་པའི་བསླབ་པའོ། །ཡང་དག་པར་བསླབ་པ་མེད་ཀྱི། །བསླབ་པ་ཡེ་མེད་
དོ། །ཆོས་ཀྱི་ཡི་གེ་ན་རེ། །ཆོས་ལམ་ཆེན་པོ་ལ་བྱ་བ་མེད་མོད་ཀྱི་མི་བྱ་བ་ཡང་མེད་དོ། །ཅི་ནས་ཀྱང་
འགྲུས་པར་དོན་དུ་སྤྱད་དེ། །ཅིག་ཅར་ཀུན་ཚོར་ན་མི་ཤེས་པ་མེད་དོ། །ཆོས་ཀྱི་ཚིག་བཤད་པ་མེད་དེ་

དྲིས་ན་ཚིག་བཤད་དོ། །ཆོས་ལ་སོང་འོངས་མེད། །ཆོས་ལ་བླངས་པ་དང་བཏང་བ་མེད། །ཆོས་ལ་ཁ་དོག་དང་གཟུགས་མེད། །དྲིས་ན་ཁ་དོག་དང་གཟུགས་ཡོད། །ཆོས་ལ་མཐོན་དམན་མེད། །དྲིས་ན་མཐོན་དམན་ཡོད། །མ་དྲིས་ན་ཆོས་ཡིན་ལ་མཉམ་སྙོམས་ཏེ། །ཆོས་ཀྱང་ངོ་བོ་ཉིད་དང་འཐུན་ནོ། །ཁྱོད་ཀྱིས་མཁན་པོའི་ཚིག་མཉན་ཏེ། །ཅི་ནས་ཀྱང་འགྲུས་པར་བལྟས་ན། །དོན་ཀུན་ཟིན་ཏེ། །གནས་ལ་བལྟས་ཏེ་མངོན་པར་སྣང་ན། །ཡང་དག་པ་གྲུབ་པ་ཡིན་ནོ། །ང་རིངས་ཀྱིས་འགྲོའོ། །ཆོས་ཀྱི་ཡི་གེའི་ཚིག་དང་། །བཤད་དོ་ཚིག་དང་། །བཤད་དོ་ཚིག་སེམས་ལ་ལྟོས་ཤིག་འབྲུ་ཤིག་ཟེར་ཏེ། །ཅི་ནས་ཀྱང་སེམས་ཀྱིས་ངོ་བོ་ཉིད་མཐོང་ཞིང་། །སངས་རྒྱས་འགྲུབ་པར་རེའོ། །ཆོས་གཅེས་པའི་མདོ་ཐོབ་ན། །དོན་དུ་སྤྱད་དེ་ཆོས་ལམ་འབྲས་བུ་མྱུར་དུ་ཐོབ་པར་བྱོས་ཤིག ད་ཡང་ཡི་གེའི་འབྲུ་ལས་རྗེས་གཅད་ཅིང་། །གཞུང་མང་པོ་རྩོལ་བ་ཇི་ཕན། །ཤེས་པ་རྩོལ་བ་མ་བཏང་ན། །བདུད་དང་འདྲེ་གདོན་སེམས་ཀྱི་ནང་དུ་ཞུགས་ཏེ། །ཀུན་ཀྱང་འཛིག་རྟེན་གྱིས་ཤེས(པས)ཡིན་ཏེ། །བགེགས་སུ་འགྱུར་བ་ཡིན་ཏེ། །ཁྱོད་ཀྱི་རྩ་བ་རྟུལ་བར་འགྱུར་རོ། །ངའི་ཚིག་ཉོན་ཏེ་ནུགས་ལ། །འགྲུས་པར་ལྟོས་ཏེ་ལེ་ལོ་མ་བྱེད་ཅིག བྱེ་བྲག་ཕྱེད་པའི་ཡི་གེ་འདི། །ཡིད་ལ་དོགས་པ་ཡོད་ན་དྲིས་པ་དང་ལན་བླན་པའི་མདོ་ལྟོས་ཤིག །དོགས་པ་མེད་ན་བལྟ་ཞིང་ཀླག་མི་དགོས་སོ། །དེ་ལྟ་བུའི་སྤྱོད་པའི་མི་མ་ཡིན་པ་ལ་བསྟན་མི་དགོས་སོ། །སེམས་ཅན་གྱིས་མ་མཐོང་བར་བྱོས་ཤིག །ཆོས་ཕངས་པ་མ་ཡིན་ཏེ། །མི་ཁོང་དུ་མ་ཆུད་པས། །ཆོས་ལ་སྐུར་པའི་སེམས་སྐྱེས་ཏེ། །དེའི་སྡིག་གིས་སེམས་ཅན་དམྱལ་བ་ལྟུང་གིས་དོགས། །ཡང་དག་པར་སློབ་པ་ཞིག་ཡོད་ན་མི་ཕངས་པར་སྟོན་ཅིག། །།

敦煌藏文禅宗文献《顿悟真宗金刚般若修行达彼岸法门要诀》汉文原件

侯莫陈琰问：智达禅师□□□□□□□□侯莫陈居士者，雍怀长安人也，俗名琰，法号智达。不顾荣利，志求菩提，在嵩山廿余年，初事安阇，亦后事秀和尚，皆亲承口诀，密受教旨。至于精义妙理，达本穷源，出有入无，圆融自在，契家中之□智，得修心之正觉，亦难与比矣！

居士以禅思叹！余暇此群迷遂讬为答问，开慈法要，可谓(精)门之龙象，涉海之舟船，经云直往菩提，斯言信矣，□将来学者幸依文守心，先天元年十一月五日，棣州刺史刘天得(钗)叙绿琰问智达禅师：

佛法幽玄，凡人不测，文字浩汗，意义难知，请问禅门法要不求人天直(善)趣。菩提彼岸，禅师慈悲，不不弃俗流，幸无秘密，秉赐直言，城中有为，请不劳智，方外无为，愿秉法要。

智达禅师答曰：善哉善哉！长身五十有工，入道三十有二，未曾有人问斯意义，汝有何疑？复决何事？直问直答，不假烦言。

问曰：金刚般若经云：菩萨摩诃萨不应住色生心，不应住声香味触法生心，应无住而生其心。其义云何?

答曰：善哉，善哉！解问此义，观汝所问，根基纯熟，为汝直说法要，不出意念，到于彼岸，汝谛听，此菩萨修心行到彼岸处，欲得学不?

琰曰：愿闻要妙，信受奉行；师曰：一切心无是，名无所，更不起心，名之为住而生其心者，应者，当也，生者，看也，当无所处看。即是而生其心也；问曰：当无所处看有何意义？答曰：一切诸佛皆从无所得道，亦是诸菩萨修法身处，亦是汝法性住处，汝看时令汝得见。

问曰：见何物?答曰：经云：见性成佛佛道.问曰：看时若为看，答曰：直当无所处看.问曰：无所在何处?答曰：一切心无，即是无所。

问曰：一切心无所时可不着空耶?答曰：看即不着空，不看即着空，问曰：看时不着有耶?答曰：看有所，即着有，看无所，即不演着有.问曰：看无所可不是着无所耶?答曰：令无所心，看无所处，名无为法，即不着无所，看即得见.问曰：无心虽不着无所，看即有所见，岂不着见耶.答曰：无心看，不取不舍，以不取不舍故，此见是无见之见，是名真大见，以真见故，得见实相.是故，菩萨之心常在无所。

问曰：何名不取不舍.答曰：若言(取)即无见，若言舍即有看，是故，经云：不取不舍.问曰：不着有无而有无所，即有无所岂不是着耶?答曰：有能生无，无能生有，去有绝无，去无绝有，离有无故名中道，离中道故名为无所，亦名不二法门，不二法门中用心修行，念念不住，即证一合相，一合相者不可说示汝，证者乃知□，此指无所，亦难(言)故，经云：不在内，不在外，不在中间，是为证处，亦是汝本心真如实性，不生不灭，清静法界，究竟不等，号曰如来，广大无边，号曰卢舍那，清静无相，号曰净土，出现于世，内外明澈，号曰药师琉璃光佛，一切相亦不能染着，名曰解脱.看一切色相了了见法性，清静常现前，故是诸佛毕竟空中炽然，建立汝学，勤学，看即证，是汝本神，得如是自在，故证为佛，是自许真如，号曰真人，欲得证此果时，当向无所观。

琰答曰：善哉!善哉!经文了说，弟子心中不解，不回(会)，禅师解释无由得悟此理，一切众生宾(寂)寞，不知自身心中有此宝珠(丽)，慈悲授弟子方便与身，命，妻子一切财宝终不怯惜。

师曰：汝发四弘誓愿，不敢轻慢，誓愿成佛，心无懈怠，发愿讫，即与汝授法，琰即依师语发愿讫.师曰：谛听!谛听!无所处，在汝心上三寸，虚空无物，名之为藏，亦称为心眼如神识，在中居.经云名如藏者也.汝当谛观看熟，即是本性清净。

问曰：坐时看，行时看得不□师曰：行住坐卧语笑作生活时，施为举动，一切时中常看不住，即得。

问曰：看时发头见何物?答曰：凡所有相皆是虚妄，但静看无所处即是.问曰：坐时威见菩萨，师僧身威，空中闻说法声，威闻语声，与弟子授记威，赞叹弟子此是真不。

答曰：此是大魔王欲来摄汝，莫爱着，亦是汝妄心所作.经云：若以色见，我一切是音声求我(室)(空)中声是人行邪道，不能见如来.如来者号，汝自性本心心无相，凡汝心看无所处时，既是如来心，不着一切，则名为如，不看时如心即去，汝常看汝心，即来，故称如来。汝若将如来有眼有相，凡有卅二相，作此解，见如来时，真是着魔人也.汝(但)熟看细看，或见屋中明，或见明中种种物，光色黄者是眼光，或是汝身上放大光明，或眼前种种光色，并不是实.若内看时，或如云，或如烟，或如星，或如乱丝，或如火，或似人眼，或似人头，或如树，或如水，或五色有种种变现，皆是有相不实，见此莫惊莫怕，了了，白日用功，夜中共人同坐，莫独自坐，莫和睡坐，有睡即卧，或见如深城，或见如井，或见如染柒，或须熟看，如功用力，莫使间断.又如夜行胧月，或如夜望青天，或清净如明月，亦不爱着，但须熟看，端坐开眼，壹(策)身心，弩迩神识，了了星星，莫使朦胧和睡。

(以上为汉文原文，至此以下汉文原文即缺，藏文译文似是足本。以下我们按藏文译文还译为汉文。)

详尽而善妙观察其意，由彼清净之行渐渐而至，呈现青色白色之差别，恒常有且不变异，故尔莫惧怕。心之处所渐趋宽广、空而清净，心意了了星星、快乐。恒常观见清净之心无有边际，内外皆相应。刹那之间亦不舍弃而意动，即可见性。由此寻觅有心眼、具实在力的善知识者，若由善贤之师宣说，则可断除疑惑。

师曰：若有可疑处，请先前问曰，汝于以后分别开来，若于妙法中行持真实，则须获得教法之理。若能通晓教法之理，则汝于往后之修学中，即使无有询问处善知识，若有了心中之疑惑，亦无须分辨妙法与邪道之差别。刹那间由疑惑所左右，心识之根本将成昏暗。为消除心中的疑惑，疾速问曰。吾之清净大宅院中须行断生死之善事，吾无有长久与汝商讨之有暇时机，故若有疑难之处，请摄集问曰于吾。

问曰：何者为行断生死之善事也?

师答曰：汝清净宅院(家室)内之事尚未成就，为何询问断生死之善事？若汝不能料理家室，则为汝指点行持家室之事理。

问曰：虽然吾不知如何行持事务，然汝可宣讲善事之义，令我恭听之，则可生起入道之心。

师答曰：先为汝粗略讲述，请洗耳恭听。生死之善事即：譬如某人在天下大乱时，虽有自己之清净大家室，仍逃至异乡。后复返回故土时，剩下断垣残壁、面目全非之破碎家园室。观见此情此景，心中全然不知彼为吾之家园。五道梁的沟尾处，屹立两座高山，其间修建一茅草屋，驻足于此，以农耕为务。此时遇一善知识，曰：汝先前之家室仍在城中安然无恙，极其清净，汝现在此地为烦恼所扰而住。信奉、听从其言，结伴而行，若至安然无恙之家室。按照其指点之方向寻觅先前之家室，经凝观数昼夜后，渐渐回忆而认出其先前之家室。家室因毁坏年久，故需重建家园。未复修完毕之前，仍须寄宿于茅草屋中，时而去修葺家室。待修毕后，即迁往恒常安逸之城邑家园中。于五道梁之茅草屋中，采用无明之奴隶聚敛财富，一切所得皆运至大家室中。时至秋季，由山火将茅草屋及无明烦恼之奴隶悉付之一炬，毁于一旦，尊王亦失坏、断灭而无回。断生死之善事亦如此也。

问曰：此喻极精妙，吾尚未完全知晓，现将吾之所见所知讲予禅师听：恒常安逸之家室，为清净之根本体性。五道梁之茅草屋，则为色身也。若色身亡，则根本体性即至。见到先前家室之本来面目，即称为断生死之善事。若一切声闻及菩提萨埵皆具有如此之家室，吾则不寻求、不贪著。

师答曰：于声闻之茅草屋中，吾听闻他人讲有大家室。菩提萨埵来到大家室中观之，亲眼目睹，如同在空中呈现真实月亮。因为有茅草屋存在，故时而前来恭听教诲。若此时有邪法(执著)，然未亲眼所见，因未亲眼所见，故未见真实。于往后之长时间中，即因茅草屋的焚毁而居住在恒常安逸的家室中，故恒常目睹。若现时行持佛道，则无论如何须从此色身中解脱，若如此则从根本上获得了行持自主之权力。由此之故，经云：佛不在世间住，亦不见菩萨摩诃萨。

问曰：若寻觅声闻及菩萨摩诃萨之家室。尚未觅到从生死中解脱，则愿禅师以慈悲观照之。

师答曰：色之身现时尚存，则为生，寿终正寝之后，即是死。汝入正修持之苦行时，若清净而究竟不等(平等)，则不能观见某些人之色身。若见与非见相应，此则名为生者从死亡中解脱。临终时的情状与入正修持之苦行境界无不相应，其名为从死亡中生而解脱。如此故名断生死。

问曰：生者从死亡中解脱，是否与经中所云之入定境界相同？师答曰：是也。问曰：恒常保持心意清净，于法界内之色身体闪现、明亮，且俨然有形、岿然不动，此即名为断除死亡。色身体岿然不动、闪现、明亮，于法界中住，即名为从生中解脱。从生死中自主地生起和消亡，此则名为生起。若生从死中解脱，则最终不死。若死从生中解脱，则最终不生。此即是经中所谓之"不生不死"也。吾如此理解，是否确当？

师答曰：善哉！善哉！是也，请勿怀疑！

崐问曰：从茅草屋中观见大家室，从大家室中观见茅草屋，是经中所谓之"此生死即是涅槃"也。吾之所知，即为师之恩德。于不喜悦时，五脏俱失散，若不怀害人之心，则许多时劫皆学此妙法。

崐师又答曰：现时之人唯寻觅知行持佛道者，而不寻觅现证者，若宣讲佛经及善于讲法者，则被认为是通晓了妙法。若仅讲法而不到彼岸，则被认为是善举。彼由无明之心者所讲。吾现时亦未通晓，则如何能助他人也。自欺，亦欺人，彼此同时堕贪、嗔、痴之深渊。复所谓修持佛道者，何道能速成佛？即先修此道。何者为速成佛之道？修从生死中解脱之道。若已从生死中解脱后，则修持其他道。

问曰：行、住、坐、卧、观之时，可否行事？行何事？

师答曰：若汝问如此集约之义，何时皆宜。当汝甚是繁忙时，意中忆念而莫忘却。当汝较为繁忙时，偶而观之，然与忆念有别，故未当作“看”。“看”有两种支分，一为粗略地看，另一为详细地看。当观察时，身体端坐于寂静之房中，开眼，身与心了了星星，驽迩神识，莫使朦胧和昏睡，振奋神识，目视胸前而起身，彼为佛之法集经。虽非秘密，然莫鄙薄莫怠慢！仔细观看而所见之物，几经观看仍旧未变，甚至连看四五天尚见依然如故。则辨析文字而看，各个分辨之：相同者如实也；观之相异者，观此而非贪著，则自行消失也。复看见何物，若此经中无有，则其经文中无有之其他一切皆是如幻而不真实。与此经文之义相同者虽如幻而不真实，然悉观其意也。一切所见皆非所闻，一切所知皆非相同，一切虚幻不真而尽销之时，即是真如实性所至之日。须如法而观察。

问曰：由佛所讲则不中断、讲无漏之智慧，请开示如何始能成就方便！

崐师答曰：依汝所问之一切而观之，先前之根基纯熟菩提性，即是行持一切殊胜集要义之处所，汝能问如此之法义，即示汝以真诚、衷心寻求佛法之道也。吾向汝直述成就佛之无漏智慧方便。神圣佛法言简意赅、文约义丰，粗俗之法者则言繁义穷。汝莫因其寡言而鄙视之，若佛之法无所讲之言词，则何须说集要而神圣之方便。若言繁则汝之意乱，汝应深信不疑，勤于行持，请勿在无明之心中寻觅所见所知。若汝不中听禅师所讲之言语，暂离去后则返回。若汝之心已成就，则虽可施予不中断及无漏智慧之方便，然现时尚不可施予，因寻觅所见所知之心现时尚未销尽。因授受缪乱而所知，向汝粗浅讲授，法之器将失坏。

问曰：吾人虽皆属平庸之辈？，然所知之心早先即入佛法之道也。听禅师如是之所云，窃以为皆真实之法，若(禅师)不吝惜(而赐予)无上正等菩萨摩诃萨秘密处，则修持方便之道时，愿禅师亦以慈悲而观照！由此，(向禅师)顶礼七次，焚香，献供品。如同先前而发誓愿，以诚心祈请，发出呻吟并潸然泪下，未能忍受之，顿时断除世俗之事，六识顿时摄收于无所处，心聚集于一(处)，如观修而心想一境。

答曰：汝向吾何须供养财物、发祈愿、顶礼膜拜、焚香等?汝之心中是否确为寻求佛道、是否于真实生起谬乱，于此验证之。若善知识不施舍妙法，可疑为彼人之心尚未成就也，而并非吝惜妙法。则若心已成就者寻觅妙法，则不吝惜一切也。由汝各个分辨而于所讲洗耳恭听，于直问”顿时听受佛经真实之根本法门"直答也：现时所谓无漏之方便智慧，即是属于善妙神圣之方便，开示且造作行持佛道者，时而看能观见何物，因远近之方便相异，故亦不可说一也。后学者观见何者皆说，若随顺于此而行持方便之心，则一日修学之所得不可早先(未见前)讲之。善妙神圣之佛道难以计数，相异而不同。一切皆入无菩提之佛道而获之。若无漏之此法虽向汝讲不应理，然汝又如此之求法心切，(吾)将分回断章而向汝讲述：

一切众生之一切心识，皆出自佛之宝藏中，若所有之心得解脱，则须详细观察狮子之心；心识来自无所处，其余分支刹那舍弃，所来之心诚心观，彼名为无有中断之法；心识来自无所处，以诚心观而复观之，观且观之观不断，彼名即为无漏智；心识来自无所处，执著于为知经义而寻觅，偶尔思维不常观，彼即名为寻觅世间极善之心；心识来自无所处，于性空中不动即成能仁佛，知本心者即为知性空，彼即名为声闻之法；心识来自无所处，恒常无处所而清净住，于世间中未生起，彼亦菩提心所缚；心识来自无所处，东方虚空无可计量，四方虚空亦复如是，彼即名为前往早先之家。师答曰：若汝以此段章之义而用心行持，则无须历经长远即可成佛。若汝不知此段章之义理，且未用心行持，则不可成佛也。若先通晓其义理，且无错无乱，后始能行持其义理，无论如何亦要知晓此段章之义理而须勤于行持。若不勤于行持，则汝将困顿而堕于怠慢之罪孽中，彼与诽谤大乘佛法之罪孽等同。如此，当初就即未闻(佛法)为宜。若已听闻并行持，则不可复受且将堕于怠慢之罪孽中。

问曰：何者为不贪著色而于三摩地中不动摇？

师答曰：若心中有行持有法，即是法，一切皆有色。若心中无为，即是无为法，色亦无有，无色之三摩地即是不动摇。有色之色将衰败而坏灭，即人乐也(消亡)。经云(《金刚经》)：“一切有为法，如梦幻泡影，如露亦如电，应作如是观”。彼皆非真实，刹那无有，此即是无常也。

问曰：常在何处？

师答曰：在此段章中，所谓如实观而察之观察知，即非常也。“观察知”即是明了，“会观察事”即是行持，“彼”即是无所处，“如”即是所处，“观”即是看也。故，若看无所处，方能观见常恒之处所。汝无须用心地问许多，彼将成为汝心中所知之障碍。由断除语言与文字而知晓义理，即是由无明心者知所学，此为真实之学。因为是真实之学，故无所学也。经云：佛之大道中无有为亦无无为。若如实勤于行持而顿时所闻之一切，则无所不知。佛法之词虽无可讲，若问，则须言词讲之。法无来去，法无取舍，法无形色。若问，则有形色。法本无高低，若问，则有高低。若不问，则既是法亦等引，法亦与本性符顺也。若汝听从禅师之言而勤于观之，则一切事成。若观所处而显现，则即是成就真实。

ཕྱོ་བྲག་དགྱེས་པའི་བཞད་སྒྲ།

吾疾速前去，一切经文，一切所言，一切所言皆观待于心，(仅说此而已。)愿无论如何由心见性，(见性)成佛！若获得佛之法集经，则行持而疾速证得佛道之果也。

现复寻章摘句、寻觅诸多之经义有何裨益？若不舍弃寻觅所知之心，则妖魔及鬼怪将附于汝之心，一切皆为世间之心识，故将成为(成佛之)障碍，汝之根本(本性)将失坏。听闻吾之所言且记于心，勤勉观之而莫怠慢。各个分辨之此言语，若汝之心中有何可疑处，则请看阅有问有答之经文。若无疑义，则无须阅视及诵读经文。于非行持此道者则无须开示，造成有情非观之情状。此非吝惜佛法，唯恐人未谙佛法而生诽谤佛法之心，且其罪孽使有情堕于地狱。若有真心学法者，则不吝惜一切而开示之！

མཆན།

[1] ཡིག་ཆ་འདིའི་བོད་ཡིག་གི་འགྱུར་ཡིག་ནི་བསོད་ནམས་སྐྱིད་དང་དབང་རྒྱལ་གྱིས་ཕྱོགས་སྒྲིག་གནང་བའི《ཏུན་ཧོང་ནས་ཐོན་པའི་གནའ་བོའི་བོད་ཡིག་ཤོག་དྲིལ》ཞེས་པའི་ཤོག་ངོས229ནས249པར་གསལ། མི་རིགས་དཔེ་སྐྲུན་ཁང་གིས1981ལོར་པར་དུ་བསྐྲུན།

[2] རྒྱ་ཡིག་གི་མ་ཡིག་ནི《敦煌宝藏》ཞེས་པའི་དེབ124པར་གསལ།(P2752—2879) ཧོང་ཡུང་ཝུའུ(黄永武)ཡིས་གཙོ་སྒྲིག་གནང་། རིག་གནས་གསར་པ་དཔེ་སྐྲུན་ཀུང་སི་ཡིས་པར་དུ་བསྐྲུན། ཤོག་ངོས124ནས125བར་གསལ།

《ཀྲུང་གོའི་བོད་རིག་པ།》 2005ལོའི་དེབ་བཞི་པ་ལས་བཏུས།

༄། །ཏུན་ཧོང་ཡིག་རྙིང་ཁྲོད་ཀྱི《ཧ་རྒྱུང་དབྱེ་བའི་རབས》ཞེས་པའི་ལྷ་སྒྲུང་ལ་དཔྱད་པ།

གཡང་མོ་སྐྱིད།

གླེང་སློང་།

དེ་ཡང་བོད་ཀྱི་ལོ་རྒྱུས་ཡིག་ཚང་མང་པོ་ལས། "ལྷ་ཐོ་ཐོ་རི་གཉན་བཙན་ཡར་སྟོན་དུ་བོད་ཀྱི་ཆབ་སྲིད་སྒྲུང་ལྡེའུ་བོན་གསུམ་གྱིས་བསྐྱངས"ཞེས་འཁོད་པ་ལྟར་ན། གནའ་བོའི་དུས་སུ་སྒྲུང་ཞེས་པ་དེ་ཆེས་ཆེར་དར་ཡོད་པར་མ་ཟད། སྐབས་དེའི་ཆབ་སྲིད་ལ་ཞབས་འདེགས་ཞུ་བའི་ལག་ཆ་གལ་ཆེན་ཞིག་ཏུ་གྱུར་ཅིང་བོད་ཀྱི་གནའ་རབས་རྩོམ་བྱུང་ལོ་རྒྱུས་སྟེང་གི་གནས་གལ་ཆེན་ཞིག་ཟིན་ཡོད་པ་རེད། ཡིན་ཡང་ད་ལྟ་དག་བརྒྱུད་ན་ཐོས་ཙམ་ལས་དུས་སྐབས་དེའི་སྐད་དང་ཡི་གེ་སྤྱི་ཚོགས་འཚོ་བ། ཡུལ་སྲོལ་གོམས་གཤིས་སོགས་མ་ཉམས་པར་དུས་རབས་ཀྱི་ཁྱད་ཆོས་མངོན་པར་གསལ་བའི་སྒྲུང་ནི་ཉིན་མོའི་སྐར་མ་བཞིན་ཤིན་ཏུ་མཐོང་དཀའ་བས་དེ་དག་ལ་ཞིབ་འཇུག་བྱེད་ཐབས་བྲལ་ཏུང་། སྐབས་ལེགས་པ་ཞིག་ལ་གནའ་རབས་རིག་གནས་དང་སྒྱུ་རྩལ་གྱི་བང་མཛོད་ཆེན་མོ་ཏུན་ཧོང་ཡིག་རྙིང་ལས《ཧ་རྒྱུང་དབྱེ་བའི་རབས》ཞེས་པའི་ལྷ་སྒྲུང་འདི་ལག་སོན་བྱུང་བར་སློབ་སྦྱོང་དང་ཞིབ་འཇུག་བྱས་པ་བརྒྱུད། ཁོ་མོ་དེའི་བསམ་གྱིས་མི་ཁྱབ་པའི་རྩོམ་རིག་དང་ལོ་རྒྱུས་སོགས་ཀྱི་རིན་ཐང་ལ་མོས་པ་དང་སྲིད་པ་ལྷན་དུ་སྐྱེས་ཤིང་སྔོས་སུ་ཞིབ་འཇུག་གི་ཁ་ཕྱོགས་དང་དཔྱད་གཞིའི་ཡིག་ཆ་གལ་ཆེན་ཞིག་ཏུ་བཟུང་ནས་སྐབས་དེའི་བོད་མིའི་གཤིས་རྒྱུད་དང་ཆོས་ལུགས་དད་མོས། ཐོན་སྐྱེད་ལས་རིགས། སློབ་གསོ་བྱེད་སྟངས། མཛེས་དཔྱོད་ཀྱི་ལྟ་བ་སོགས་ལ་དཔྱད་པའི་དགོས་པ་ཆེ་བར་མཐོང་སྟེ། རང་བློས་དཔོག་ཚོད་ཀྱིས་ཟུར་དང་ཕྱོགས་སོ་སོ་ནས་ཞིབ་ཏུ་གླེང་བར་བྱའོ། །

དང་པོ། 《ཧ་རྒྱུང་དབྱེ་བའི་རབས》སྤྱིར་བཤད་པ།

གཅིག 《ཧ་རྒྱུང་དབྱེ་བའི་རབས》ཀྱི་ནང་དོན་མདོར་བཤད།

གནའ་བོའི་བོད་ཀྱི་ངག་ཐོག་ལྷ་སྒྲུང་འདི་ནི་བོད་དུ་ཡི་གེ་བྱུང་རྗེས་ཟིན་ཐོར་བཀོད་པ་དང་། ཕྱིས་

འབྱུང་མཁས་བླུན་གང་གིས་བསྒྱུར་བཅོས་ཀྱི་སྒྱུག་རྩེས་མ་རེག་པར་ཏུན་ཧོང་བྲག་ཕུག་གི་བྱེ་རྡོའི་འོག་ཏུ་སྦས་ཤིང་། 1900ལོར་བྲག་ཕུག་ཨང17པའི་སྒོ་མོ་ཡངས་པོར་ཕྱེ་བ་དང་མཉམ་དུ་འཛམ་གླིང་ཡུལ་གྲུ་ཁག་གི་རིག་གནས་ཆེ་ཆུང་ཀུན་ལ་ལྟ་རྒྱ་ཆེ་བའི་ཕྱི་གླིང་མཁས་པ་དག་གིས་ཕྱི་ཕྱོགས་སུ་ཁྱེར་བ་རེད། ཉེ་སྔོན་ཕྱི་ཕྱོགས་ཀྱི་འབྲེལ་བ་སྣ་ཚོགས་བརྒྱུད་དེ་མ་དཔེ་ལས་འདྲ་བཤུས་བྱས་པ་ཞིག་ལག་སོན་བྱུང་བས། ཡིག་ཚོགས་མང་བ་ལ་མ་འཛེམས་པར་མ་ཡིག་དངོས་དང་བསྡུར་ནས་ནང་དོན་མདོར་བཤད་ཅིག་བཀོད་ན་འདི་ལྟར།

གནའ་བསྐལ་པ་ཆགས་པའི་དང་པོ་ལ། ཨ་སྔོན་དགུ་རིམ་གྱི་སྤྲིན་དཀར་སྟེང་དང་ཉི་ཟླ་གཟའ་སྐར་གྱི་བང་རིམ་འོག་ཏུ་རྟའི་ཕ་ཁར་རྟའི་ཡལ་བ་དང་མ་གསང་རྟའི་ཕྱོད་མ་གཉིས་འདུས་པ་ལས། ནམ་གྱི་ཚེ་རྫེའུ་ཟ་ལུང་བྲང་གི་བྱེ་མ་རོན་བལྟམས་ཏེ། རྟ་ནི་གནམ་ན་བཞུགས། རྨང་ནི་དགུང་ན་བཞུགས། ཡང་རྒྱགས་པའི་རྩྭ་དང་ཆོམ་པའི་ཆུ་འབྱུང་རྒྱུ་མེད་པས། རྟ་གནམ་ནས་བབས། རྨང་དགུང་ནས་བབས་ཏེ་ལྷ་ཡུལ་གུང་ཐང་དུ་ལྷ་བཟའ་གོང་བཙུན་དེ་མོའི་སྒོ་ཕྱུགས་སུ་བབས། སྔོད་གནས་ས་ཁྲིམ་ཁང་མོ་བསྒྱལ། བཟའ་བ་སྣན་ཕྱེ་ལྡང་མྱུག་བསྒྱལ། བཏུང་བ་བུ་རམ་ཉུང་ཆུ[1]བསྒྱལ་ཡང་། རྫེའུ་རྐོད་དྲགས་པས་ནངས་གཏོང་རན་ན་གཏོང་དུ་མ་བཅུག ནུབ་འཛིན་རན་ན་འཛིན་དུ་མ་བཅུག་པས། ལྷ་བཟའ་གོང་བཙུན་དེ་མོས་བཀའ་བཀྲོན་ཕབ་ཅིང་ལྷས་ར་ལས་ཕྱུང་སྟེ་ཕྱི་རུ་བསྐྲད། ཕྱིས་སུ་རྫེའུ་དེ་ཡང་རྡེ་ལུང་དང་བ་བྱ་བའི་ས་ཆར་སོང་ནས་རྟའི་རྒྱལ་པོ་དང་བཤོས་པ་ལས་རྫེའུ་སྤུན་གསུམ་བཙས། ཡང་ཡུལ་དེ་རུ་རྒྱགས་པའི་རྩྭ་དང་ཆོམ་པའི་ཆུ་འབྱུང་རྒྱུ་མེད་པས། སྤུན་ཟླ་གསུམ་ཁ་བཀར་ནས་ཡུལ་ཕྱོགས་གསུམ་དུ་སོང་། ཕུ་བོ་ཡིད་ཀྱི་གདང་ཕྱམ་ནི་ཡུལ་བྱང་ཀ་སྣམ་བརྒྱད་དུ་སོང་། ནུ་བོ་འབྲིང་བ་རྒྱང་རོན་རྫོག་བཀྲ་ནི་ཡུལ་ཕྱི་འབྲོག་བརྒྱད་གོང་དུ་སོང་། ནུ་བོ་ཐ་ཆུང་ཁྱུག་རོན་རྨང་དར་ནི་ཡུལ་འབྲོག་ཕྱི་ལྡང་སུམ་དུ་སོང་། ཕུ་བོ་ཆེ་བ་དང་འབྲིང་བ་སོང་བའི་ཡུལ་དུ་ཆུ་འབྱུང་རྒྱུ་ཡོད་ལ་རྩྭ་ཡང་ཟ་རྒྱུ་ཡོད་པ་དང་། སྤུན་ཆུང་བ་སོང་བའི་ཡུལ་དུ་དེ་ལས་ལྷག་པར་སྔོ་ཞིང་འཇམ་པའི་རྩྭ་མང་པོ་དང་དྭངས་ཤིང་བསིལ་བའི་ཆུ་ཞིམ་པོ་འབྱུང་རྒྱུ་ཡོད་པ་རེད། དེ་ནས་དུས་ཡུན་རིང་པོ་ཙམ་སོང་བ་ན་ཕུ་ཡིད་ཀྱི་གདང་ཕྱམ་དང་འབྲོང་གཡག་སྐར་བ་གཉིས་འཕྲད། འབྲོང་གཡག་སྐར་བ་ན་རེ། ན་ནིང་གཞེས་ནིང་ལོ་ཡི་སྔ་རོལ་དུ། དགུང་ཨ་སྔོན་གནམ་གྱི་ཡང་སྟེང་ནས་རྫེ་ཡབ་ལྷ་བདག་དྲུག་སྲིད་པའི་མགོན་ཏུ་བསྐོས་པའི་ཚུན་ཆད་ནས། ལྷས་བཀའ་བསྐོས་ཏེ་རྟ་ཡུལ་ནི་འབྲོག་ཡིན་པ་དང་། གཡག་ཡུལ་ནི་བྱང་ཡིན་པས་ན། ཕུ་ཡིད་ཀྱི་གདང་ཕྱམ་ག་ནས་འོང་བ་དེར་བཞུད་ཅིག་ཅེས་སྨྲས་པ་ན། རྟའི་ཕུ་བོས་རྟ་དང་གཡག་གཉིས་བར་རྫོད་པ་མི་བྱེད་པར་རྟ་སྨྲ་བ་ནི་རྩྭ་ཟའོ། །གཡག་འཕྱི་བ་ནི་ཆུ་འཐུང་ཞིག གཡག་སྨྲ་ན་རྩྭ་ཟོ་ཞིག་རྟ་འཕྱི་བ་ན་ཆུ་འཐུང་ཞིག་ཅེས་མཉམ་དུ་ཞི་བདེ་ངང་འདུག་པར་སྨྲས་ནའང་། འབྲོང་གཡག་སྐར་བས་

མ་ཉན་པར་ཕུ་ཡིད་ཀྱི་གདང་ཕྱམ་ར་རྩེར་དྲངས་ཏེ་བསད་པས། བྱ་རྣམས་ཀྱིས་ཧ་ཤ་གཉོག་གཉོག་ཏུ་ཟ་ཞིང་། ཧ་ཁྲག་ས་རུ་ཆིལ་ཆིལ་ཆིལ་དུ་འཐིམ་པ། རུས་པ་ཁྱི་ཡིས་ཁྲུམ་ཁྲུམ་ཁྲུམ་དུ་འཆའ་བ། ཇོག་མ་ཀླུང་གིས་ཡེངས་ཡེངས་ཡེངས་སུ་བསྐྱོད་དོ། །དུས་ནམ་ཞིག་ན་ནུ་བོ་རྐྱང་རིན་ཇོག་བཀྲ་དང་། ཁྲུག་རིན་ཕྲང་དར་གཉིས་ཀྱིས་ཡུན་རིང་པོར་ཕུ་བོའི་གསུང་སྐད་མ་ཐོས་པས། ཧ་སྐད་ནི་འཚེར་འཚེར། ཕྲང་སྐད་ནི་འཚེར་འཚེར་ཡུལ་བྱང་ཀ་སྣམ་བརྒྱུད་དུ་སླེབས་ཀྱང་། ཕུ་བོ་ཡིད་ཀྱི་གདང་ཕྱམ་གྱི་གསོན་པའི་ཞལ་མ་མཇལ་བར་ནོངས་པའི་ཕྱིར་དང་མཇལ་ནས། ནུ་བོ་ཐ་ཆུང་ཁྲུག་རིན་ཕྲང་དར་གྱིས་སྟང་དགྲའི་སྙིང་བཅད་དེ་དགྲ་ཁྲག་འཐུང་ཞིང་ཕུ་བོའི་དགྲ་ཤ་ལེན་པར་དམ་བཅས་ཀྱང་། ཕུ་བོ་འབྲིང་བ་རྐྱང་རིན་ཇོག་བཀྲས་འཁྲོང་གཡག་སྐར་བ་མི་ཐུབ་བསམས་ནས་མ་འཐད་པས། ཁྲུག་རིན་ཕྲང་དར་གྱིས་ཧའི་རྩྭ་ཆུ་ཟེ་ཞུང་དུ་སོང་ན་རྐྱང་རིན་ཇོག་བཀྲ་ཁྱོད་ལན་པ་ཡིན། ད་ཕྱིན་ཆད་འུ་གཉིས་གསོན་ན་ཡུལ་སོ་སོ་དང་ཤི་ན་དུར་སོ་སོ་ཡིན། ད་ནི་ཡུལ་མི་ཡུལ་སྐྱི་མཐིང་དུ་འགྲོའོ་ཞེས་སྨྲས་པ་ན། ཕུ་བོ་འབྲིང་བ་རྐྱང་རིན་ཇོག་བཀྲས་ནུ་ཁྲུག་རིན་ཕྲང་དར་ཁྱོད་ནི་ཡུལ་མི་ཡུལ་སྐྱི་མཐིང་དུ་སོང་སྟེ་མི་དང་འབྲེལ་བ་བགྲིས་ཚེ། ཁར་སྐབ་ཀྱིས་སྐབ་སྟེ་ཁ་དྲུང་དུ་རྟ་འཁོར་བར་གྱུར་ཅིག རྒྱབ་ཏུ་སྣ་བསྟུད་དེ་སྣལ་རྟ་འབྱུང་བར་གྱུར་ཅིག སྒོ་ཐག་གིས་སྒོ་བ་མནན་ནས་ཁོང་གི་སྙིང་ཉམས་པར་ཤོག་ཅེས་སྨྲས་པས། ནུ་ཁྲུག་རིན་ཕྲང་དར་གྱིས་ཕུ་བོ་ཁྱོད་ནི་ཡུལ་ཕྱི་འབྲོག་ལྷང་སུམ་དུ་སོང་ན་བཙོན་པའི་མི་མེད་ཀྱང་བྱང་སྐར་སྨིན་བདུན་གྱིས་བཙོན་ནས་རྒྱབ་ཀྱི་འབྲས་དང་བ་སྔས་ཚོག་པར་ཤོག སྐབ་འཇོག་པའི་མི་མེད་ཀྱང་རྩྭ་ཡན་པས་རང་ཤུགས་ཀྱིས་སྐབ་ཏེ་ཁ་དྲུང་དུ་རྟ་འཁོར་བར་ཤོག ཐེས་སློག་པའི་མི་མེད་ཀྱང་མགྱོགས་ཤ་ཁྲིས་སློགས་ཤིག འཛིན་པའི་མི་མེད་ཀྱང་ཀླུང་འཚུབ་ཀྱིས་ཐེག་པར་ཤོག་ཅེས་ཕོ་གཉིས་མ་མཐུན་པར་ཕན་ཚུན་ལ་དམོད་རེས་བྱས་ནས་རང་རང་སར་འབྲུམས། མཐར་ནུ་བོ་ཐ་ཆུང་ཁྲུག་རིན་ཕྲང་དར་བྱ་བས་མི་རྒྱ་དུ་ལྷམ་ཤད་དང་འབྲེལ་བ་བཙུགས་ཤིང་། མིའི་རོགས་རམ་ལ་བརྟེན་ནས་འཁྲོང་གཡག་སྐར་བ་བསད་དེ་དགྲ་ཤ་བླངས། ཡང་དུས་ནམ་ཞིག་ན་མི་རྒྱ་དུ་ལྷམ་ཤད་ནད་ཀྱིས་གཙེས་ཏེ་ཚེ་ལས་འདས། ཧ་ཁྲུག་རིན་ཕྲང་དར་གྱིས་མི་ལ་དྲིན་ལན་འཇལ་བའི་ཕྱིར་སྟོན་པ་གཤིན་རབ་མི་བོ་ཆེ་དང་འདུར་ཤེས་ཤེད་བོན་གཉིས་ལ་རོགས་རམ་བྱས་ཏེ་གཤིན་པོར་འདས་མཆོད་བསྒྲུབས་ཤིང་མིའི་བློས་ཐུབ་ཀྱི་གྲོགས་པོར་གྱུར་པ་དང་ཕུ་བོ་འབྲིང་བ་རྐྱང་རིན་ཇོག་བཀྲ་ནི་རི་ལུང་ཀུན་ལ་འབྲུམས་ཏེ་རྐྱང་དུ་གྱུར་ཏོ། །

གཉིས། 《ཧ་རྐྱང་དབྱེ་བའི་རབས》ཀྱི་ཁྱོན་ཡུལ་བཤད་པ།

《ཧ་རྐྱང་དབྱེ་བའི་རབས》ཞེས་པའི་ལྷ་སྒྲུང་འདི་ནི་གནའ་བོའི་ངལ་རྩོལ་མི་དམངས་ཀྱི་བསམ་པའི་རེ་བའམ་འདོད་པའི་བདེ་སྐྱིད་འཚོ་བའི་འདུན་པ་མངོན་གསལ་དུ་མཚོན་པ་ཞིག་ཡིན། གནའ་བོའི་རུས་རྒྱུད་ཚོ་ཁག་རྣམས་ཀྱི་བར་ཕན་ཚུན་རྩོད་གླེང་དང་དམག་འཁྲུག་གི་འཇིགས་པ་ཞི་ཞིང་བདེ་འཇགས

ངང་མི་དགའ་ལྷ་སྐྱིད་བྱས་ནས་འདུག་འདོད་པའི་དངོས་ཡོད་འཚོ་བའི་སྣང་ཚུལ་དེ་རྟོག་བཟོའི་སྒྱུ་རྩལ་གྱི་ལམ་ནས་མཚོན་པ་ཡིན་ལ། ཁྱབ་ཡུལ་གྱི་ཆ་ནས་ཀྱང་གཏམ་རྒྱུད་ཀྱི་ཐོག་མའི་ས་བོན་འཐོར་སའི་གནས་དེ་ནས་མྱུ་གུ་འབུས་ཤིང་། རིམ་བཞིན་ཁྱབ་རྒྱ་ཇེ་ཡངས་སུ་སོང་བ་དང་བསྟུན་ནས་ནང་དོན་ལ་རྩ་བ་ཚུགས་ཤིང་རྩེ་མོ་རྒྱས་པ་ཡིན་ངེས་པས། ཐོག་མར་གནའ་བོའི་བོད་ཀྱི་ལྷ་སྒྲུང་འདིའི་ཐོན་ཡུལ་ངེས་པར་བྱེད་པ་ནི་སྐབས་འདིའི་གཡོལ་ཐབས་མེད་པའི་དཔྱད་གཞིར་གྱུར་འདུག དེས་ན་འདིར་དྲངས་པའི་ཡུལ་གྱི་མིང་ལ་བརྟགས་ན“ཏ་བབ་ནི་གནམ་ནས་བབ། རྨང་བབ་ནི་དགུང་ནས་བབས་ཏེ། བབ་གང་དུ་བབ་ན་ཡུལ་ལྷ་ཡུལ་གླིང་དང་གྱི་ནང་དུ་བབ”ཅེས་པ་དང་། “དཀར་སྒུའི་དཀར་ན་ལྷ་ཟ་གླིང་ཚུན་གྱི་དཀར་དང་དང་དུ་བབ”ཅེས་པ་དང“ཉུ་ཁྲུག་རོན་རྨང་དར་ནི་ཡུལ་མྱི་ཡུལ་སྐྱི་མཐིང་སྨྲ་ཡུལ་ཐག་རྒྱང་དུ་མཆིས”ཞེས་འཁོད་ཡོད་པས། དེ་དག་ད་ལྟའི་ས་ཆ་གང་དག་ལ་ངོས་འཛིན་དགོས་པ་འོལ་སྤྱི་ཙམ་ཞིག་མ་ཡིན་པར་གསལ་པོར་རྟོགས་ཐུབ་པ་དང་མཉམ་དུ་ལྷ་སྒྲུང་འདིའི་ཐོན་ཡུལ་དང་རྒྱུན། འཕེལ་འགྱུར་ལ་སོགས་པའི་རྗེས་ཤུལ་ཡང་འབྲེལ་བའི་སྐད་ཐག་གིས་ཕྲེང་བར་བརྒྱུས་ནས་ང་ཚོའི་མིག་ལམ་དུ་མངོན་པར་བགྲམ་ཡོད། དེ་ཡང“གླིང་དང”ཞེས་པ་རྗེ་རིང་ཡི་གེ་དང་བྲག་བརྐོས་ཡི་གེ་སོགས་ཀྱི་ཁྲོད་ཆོས་དང་འདྲ་བར། ཏ་ཐ་ད་གསུམ་གྱི་སྐྱེ་གནས་ནི་ཡངས་པའི་སོ་དང་ལྕེ་རྩེ་གཉིས་ཡིན་པས། དེ་རྣམས་མིང་གཞིར་གྱུར་པའི་སྐབས་སུ་ཏ་དང་ཐ། ཏ་དང་ད། ད་དང་ཐ་བཅས་ཕན་ཚུན་རེས་མོས་ཀྱིས་བེད་སྤྱོད་བྱེད་སྲོལ་ཡོད་པ་བཞིན་གླིང་ཐང་ལ་གླིང་དང་ཞེས་སྐྱེ་གནས་མཚུངས་པའི་ཕྱིར་བརྗེ་བ་ཡིན། ད་ལྟའི་བོད་རང་སྐྱོང་ལྗོངས་ཀྱི་ལྷ་ས་གྲོང་ཁྱེར་ནས་ཤར་ཕྱོགས་སུ་ལེ་བར་བཅུ་ལྷག་ཙམ་ཡོད་པའི་སྐྱིད་ཆུའི་འགྲམ་གྱི་སྟག་རྩེ་རྫོང་ཚལ་གླིང་ཐང་ཞང་གི་ས་ཡི་ཁྲོན་དེར་ཟེར་བ་ཡིན། ཡང་རྒྱུད་དམ་ཏ་རིམ་བཞིན་ལྷ་བཟའ་གོང་བཙུན་དེ་མོའི་སྒོ་ཕྱུགས་སུ་གྱུར་ཚུལ་བསྟན་ཡོད་པས། གནས་དེ་བྱེ་བྲག་གི་ཡུལ་གང་ལ་ངོས་འཛིན་པ་ཡིན་ཞེ་ན། ཀུན་མཁྱེན་ལྔ་པས། ཤར་ཕྱོགས་གོང་ཡུལ་བྲི་སྣ་རུ། །གོང་བཙུན་དེ་མོ་འོད་འབར་མ། །གོང་བཀའ་ཁྱོད་ཀྱིས་གསང་བའི་མཚན། །རྡོ་རྗེ་བོད་ཁམས་སྐྱོང་དུ་བཏགས། །[2] ཞེས་ལྷ་བཟའ་གོང་བཙུན་ནི་བོད་རང་སྐྱོང་ལྗོངས་ཀྱི་ཁོངས་སུ་གཏོགས། གོང་པོའི་ཡུལ་གྱི་གནས་བདག་ཅིག་ཡིན་པ་ཤིན་ཏུ་གསལ། “གོང་པོ་ནི་ཉང་ཆུའི་སྟོད་སྨད་བར་གསུམ་དུ་ཆགས་པའི་ཉང་ལོང་གོང་གསུམ་ལས་གོང་པོ་བྱ་བ་དེ་ཡིན་ཞིང་། ཉང་ཆུ་དང་ཞོ་ཁའི་འབབ་ཆུ་འདྲེས་མཚམས་ནས་ཡར་གླུངས་གཙང་པོར་ཐུག་པའི་ལྷོ་བྱང་གི་ས་ཆ་རྣམས་ལ་གོང་པོའི་ཡུལ་ཟེར། དེང་སང་ཉི་ཁྲི་རྫོང་ཁོངས་རྣམས་དང་སྨན་གླིང་རྫོང་གི་བྱང་རྒྱུས་ས་ཆ་ཁག་ཅིག་བཅས་དེའི་ཁོངས་སུ་གཏོགས།”[3] ཡང“ཡུལ་མྱི་ཡུལ་སྐྱི་མཐིང”ནི་གནའ་བོའི་བོད་ཀྱི་རུས་ཚན་སྐྱི་ཅན་གྱིས་བཟུང་བའི་ཡུལ་ཏེ་རུས་མིང་སྐྱི་ལས་ཐོགས་པའི་ས་ཆའི་མིང་བརྗོད་སྐབས་སྐྱིའམ་སྐྱིད་ཅེས་བྱུང་བ་དཔེར་ན། སྐྱིད་ཤོད་དང་སྐྱིད་ཆུ། སྐྱི་ཆུ་ལྟ་བུའོ། །དེ་

ཉིད་ཡུལ་མིང་ཞིག་ཡིན་པའི་ཆ་ནས་སྤྱིའི་ཆར་དེང་སང་ལྷ་ས་གྲོང་ཁྱེར་གྱི་ཁོངས་གཏོགས་སྐྱིད་ཆུའི་སྟོད་སྨད་ཀྱི་ཡུལ་རྣམས་ལ་ཟེར་བ་ཡིན། མདོར་ན། གོང་གསལ་གྱི་ཡུལ་འདི་དག་གི་མངའ་ཁོངས་ནི་བོད་བཙན་པོའི་སྐབས་ཀྱི་སྲིད་འཛིན་ས་ཁུལ་ཆེན་པོ་ལྔ་ལས། དབུ་རུ་དང་གཡོ་རུ་གཉིས་ལས་བརྒལ་མེད། དེ་ཡང་ཡུལ་གུང་ཐང་འདི་ལ"ལྷ་ཡུལ་གུང་ཐང"ཞེས་ཆེར་བརྗོད་ཀྱི་ཚིག་སྦྱོར་ཡོད་པ་ལས། 《རྣ་རྒྱང་དབྱེ་བའི་རབས》ཞེས་པའི་ལྷ་སྒྲུང་ཡང་བོད་ཀྱི་སྲིད་འགྱུར་རིག་གསུམ་གྱི་ལྟེ་གནས་དབུ་རུ་ལྷ་སའི་ཉེ་འདབས་ཀྱི་ཡུལ་གུང་ཐང་ངམ་དེའི་གཡས་གཡོན་གྱི་རུས་རྒྱུད་ཚོ་ཁག་གཉིས་བར་གྱི་འཁྲུག་རྩོད་ཀ་གེ་མོ་ཞིག་རྨང་གཞི་བྱས་ནས་བྱུང་བ་ཡིན་སྙམ་ལ། ཕྱིས་སུ་བཤད་རྒྱུན་དེ་རིམ་བཞིན་ཁྱབ་ཡུལ་ཇེ་ཆེར་སོང་སྟེ་སྐྱིད་ཆུའི་སྟོད་སྨད་ཀྱི་ཡུལ་སྡེ་རྣམས་དང་བོན་གྱི་བསྟན་པ་དང་རིག་གནས་ཆེས་ཆེར་དར་བའི་ཡུལ་ཀོང་པོ་སོགས་སུ་ཁྱབ་གདལ་དུ་སོང་བའི་རྗེས་ཤུལ་མངོན་པར་གསལ། དེ་ལྟར་ཁྱབ་རྒྱ་ཇེ་ཆེར་སོང་བ་དང་མཉམ་དུ་རྩོམ་བཟོ་དང་ཞུད་བརྗོད། རབ་བཏགས་སོགས་ཀྱི་ཆ་ཡང་རིམ་བཞིན་འཕེལ་ཏེ་ནང་དོན་དང་རྣམ་པ་ཕུན་སུམ་ཚོགས་པར་གྱུར་པ་ཡིན་ཞེས་སྨྲས་ན་ས་ཡུལ་གྱི་ཆགས་བབ་དང་། ཡུལ་དུས་ཀྱི་ལོ་རྒྱུས་དངོས་བབ། ལྷ་སྒྲུང་འཕེལ་བའི་ཆོས་ཉིད་དང་མཐུན་ལ་རིགས་པས་དཔྱད་ན་ཡང་མི་འགལ་བར་སྙམ།

གསུམ། 《རྣ་རྒྱང་དབྱེ་བའི་རབས》ཀྱི་ལོ་རྒྱུས་རྒྱབ་ལྗོངས་བཤད་པ།

ལྷ་སྒྲུང་ཇི་འདྲ་ཞིག་ཡིན་རུང་ངེས་ངེས་པར་དུ་རྩོམ་བཟོའི་སྒྱུ་རྩལ་གྱི་ལམ་ནས་དུས་སྐབས་ངེས་ཅན་ཞིག་གི་སྤྱི་ཚོགས་ཀྱི་རྣམ་པ་དང་ངལ་རྩོལ་མི་དམངས་རྣམས་ཀྱི་བསམ་བློའི་བརྩེ་དུང་དེ་གཟུགས་སུ་བཀོད་ནས་མཚོན་པར་བྱེད་པ་ཡིན། དེས་ན། 《རྣ་རྒྱང་དབྱེ་བའི་རབས》ཀྱིས་དུས་སྐབས་གང་ཞིག་གི་སྤྱི་ཚོགས་ཀྱི་རྣམ་པ་མཚོན་པའམ་གཏམ་རྒྱུད་ཀྱི་ལོ་རྒྱུས་རྒྱབ་ལྗོངས་ཇི་འདྲ་ཞིག་ཡིན་ཞེ་ན། ཐོག་མར་དེའི་ནང་དོན་ལ་གཞིགས་ནས་དཔྱད་དགོས་ཏེ། རྣ་རྒྱ་ཆུའི་དོན་དུ་གནམ་རིམ་པ་དགུའི་ཡང་སྟེང་ནས་རིམ་བཞིན་ལྷ་ཡུལ་གུང་ཐང་དང་། ཡུལ་ཇེ་ལུང་སོགས་སུ་བབས་པའི་བྱུང་རིམ་ལས་སྐབས་དེར་ཕྱུགས་རིགས་རྣམས་འཕེལ་བ་དང་བསྟུན་ནས་རྩྭ་ཆུ་འདང་ངེས་ཤིག་ཡོད་པའི་དོན་དུ་འབྲོག་པ་རྣམས་གཏན་སྡོད་བྱ་ཐབས་མེད་པར་ཁ་ཐོར་ནས་རི་ཀླུང་རྩྭ་ཆུ་གང་བཟང་དུ་གནས་ངེས་མེད་ཀྱི་མཚེར་ས་སྤོ་སྒྱུར་བྱེད་པ་རྟོགས་ཤིང་། "ས་ཁྱིམ་ཁང་མོའི་ནང་དུ་ནི་སྐྱལད། འབྲས་ཀྱི་ལྷུང་པ་ནི་སྐྱལད། སྦོ་མོ་ངོར་ཕྱེ་ནི་བསྐམས། བུ་རམ་ཧྲུང་ཆུ་ནི་བླུད།" ཅེས་པས་སྐབས་དེར་མི་རྣམས་ཀྱིས་བློ་གྲོས་ཀྱི་རྩལ་ལ་བརྟེན་ནས་ཁང་ཁྱིམ་བརྩིག་སྲོལ་དར་ཞིང་། ཉྭ་གྲང་སྐོམས་སར་ཟས་ཀྱི་གཙོ་བོ་འབྲུ་རིགས་སྣ་ལྔ་དང་ཤུང་མ་སོགས་ཞིང་ལས་ཐོན་སྐྱེད་གཉེར་སྲོལ་ཆེས་ཆེར་དར་ཡོད་པ་བསྟན་པ་དང་། "རྟའ་ཁྲུག་རོན་རྩང་དར་ལ་སྨི་རྩ་བུ་ལྟམ་ཤད་བཅིབསྟེ། སྟག་རལ་གཟིག་རལ་ནི་སྐྱེས་ཀྱི་རིང་ལ་དྲིགས"ཞེས་སྐབས་དེར་མཚོན་

ཆར་མདའ་གཞུ་བཀོལ་སྤྱོད་བྱེད་ཅིང་སྟག་ལྤགས་གཟིགས་ལྤགས་ཀྱིས་དེར་ཤུབས་བཟོས་ནས་རྐེད་པར་འདོགས་པ་དང་། རྟ་ལ་བཅིབས་ནས་རི་དྭགས་རྔོན་པར་འགྲོ་བ་བཅས་ལ་བརྟགས་ན། དུས་སྐབས་དེར་སྤྱིར་གྱི་མ་རྒྱས་ལོ་ཏོག་ཟ་བ་དང་རི་སྐྱེ་སྲོག་ཆགས་རྔོན་པ་སོགས་ཀྱི་ རྨང་གཞིའི་སྟེང་བོད་ཀྱི་སྤྱི་ཚོགས་ཕྱོགས་ཡོངས་ནས་འཕེལ་རྒྱས་བྱུང་སྟེ། ས་བབ་དམའ་ཞིང་གནམ་གཤིས་དྲོ་བ་དང་ཆུ་ཁུངས་འཛོམས་པའི་ས་ཆར་གྲོང་ཚོ་ཆགས་ནས་གཏན་སྡོད་བྱེད་ཅིང་། སྤང་ཐང་ཞིང་དུ་རྒྱས་ནས་ལོ་ཏོག་འདེབས་འཛུགས་བྱེད་པ་དང་། ཕྱི་རོལ་ཡུལ་གྱི་རི་སྐྱེ་སྲོག་ཆགས་ལས་དུ་མ་ཞིག་རང་གི་སྒོ་ཕྱུགས་སུ་བཏུལ་བ་སོགས་ཞིང་ཕྱུགས་ལས་ཐོན་སྐྱེད་ཆེས་ཆེར་དར་བའི་དུས་སྐབས་ཤིག་ཡིན་པ་མངོན་པར་གསལ། དེ་མིན་རྐྱང་དང་འབྲོང་གཉིས་རྩ་ཆུའི་དོན་དུ་ཕན་ཚུན་གསོད་རེས་བྱས་པ་ལས་སྐབས་དེའི་ཧུས་རྒྱུད་ཚོ་ཁག་རྣམས་ཀྱིས་རང་རང་གི་དབང་བསྒྱུར་མངའ་ཁོངས་རྒྱ་བསྐྱེད་ཅིང་དཔལ་འབྱོར་གྱི་ཁེ་ཕན་སྲུང་སྐྱོབ་བྱེད་པའི་ཆེད་དུ་ཕན་ཚུན་བར་མངའ་ཁོངས་བཙན་བཟུང་དང་། རྒྱུ་ནོར་འཕྲོག་བཅོམ། མི་དམངས་དམར་གསོད་བཅས་ཀྱི་འཁྲུག་རྩོད་བྱེད་པའི་དུས་སྐབས་ཤིག་ཀྱང་ཡིན་པར་ངེས། དེས་ན། 《རྟ་རྐྱང་དབྱེ་བའི་རབས》འདི་ཡང་གནའ་བོའི་བོད་མི་རྣམས་ཀྱིས་ལོ་རྒྱུས་ཀྱི་རྒྱབ་ལྗོངས་དེ་འདྲ་ཞིག་གཞི་བྱས་ནས་བརྩམས་པ་ཡིན་པས། བོད་གངས་ཅན་གྱི་གནའ་བོའི་ལྷ་སྒྲུང་གི་དཔེ་མཚོན་རང་བཞིན་ལྡན་པའི་རྩོམ་རིག་བརྩམས་ཆོས་ཤིག་ཡིན།

གཉིས་པ། 《རྟ་རྐྱང་དབྱེ་བའི་རབས》ཀྱི་སྒྲུ་རྩལ་ཁྱད་ཆོས་བཤད་པ།

ལྷ་སྒྲུང་འདི་ནི་དོན་གྱི་བྱུང་བ་བརྗོད་པའི་རྩོམ་རིག་གི་ཁོངས་སུ་གཏོགས་ཤིང་། འགྲོ་བ་མིའི་ཁྱད་ཆོས་སྲོག་ཆགས་རྟ་དང་འབྲོང་གི་ཐོག་ལ་འགོད་པའི་ཐབས་ལམ་བེད་སྤྱད་དེ། ཁོར་ཡུག་ཁྱད་པར་བའི་ཁྲོད་ཀྱི་མིའི་གཤིས་སྤྱོད་ལྡན་པའི་སྲོག་ཆགས་རྟ་དང་འབྲོང་གི་སྣང་བརྙན་མི་འདྲ་བ་མང་པོ་བརྗོད་པ་དང་། སྣང་བརྙན་མི་འདྲ་བ་དེ་དག་ལ་བརྟེན་ནས་སྤྱི་ཚོགས་འཚོ་བའི་སྣང་ཚུལ་དང་དུས་རབས་ཀྱི་བསམ་པའི་འཕྲིན་ཕྱོགས་གསལ་པོར་མཚོན་པ་སོགས་སྒྱུ་རྩལ་གྱི་ཁྱད་ཆོས་དུ་མའི་ཡོན་ཏན་མངོན་པར་ལྡན་པ་གཤམ་གསལ་ལྟར།

གཅིག རྩོམ་སྟངས་ཀྱི་ཁྱད་ཆོས།

ལྷ་སྒྲུང་འདིའི་རྩོམ་སྟངས་གཙོ་བོ་ནི་བསྟུས་བརྗོད་དང་རང་རྟོག་ཟུང་དུ་སྦྲེལ་བ་ཞིག་ཡིན་ཏེ། དངོས་སུ་གཞན་བརྗོད་པའི་ཤུགས་ལས་དོན་དེ་གོ་བར་བྱེད་པའི་ཁྱད་ཆོས་སམ། བརྗོད་པར་འདོད་པའི་དཔེ་ཅན་དེ་ལ་བསམས་ནས། དེ་མཚོན་པར་བྱེད་པའི་དཔེ་རྟ་དང་འབྲོང་གིས་རྩ་ཆུ་བརྩད་པའི་དོན་དངོས་སུ་བརྗོད་དེ་དཔེ་ཅན་སྐབས་དེའི་ཧུས་རྒྱུད་ཚོ་ཁག་བར་གྱི་ཁྲོད་ཤི་ང་གསོན་གྱི་འགལ་བ་ཛ་དྲག་ཅན་

དེ་ཤུགས་བསྟན་གྱི་ཚུལ་དུ་བསྡུས་ནས་གོ་བར་བྱེད་པའི་བསྡུས་བརྗོད་ཀྱི་རྩོམ་ཐབས་སྤྱད་དེ་དངོས་ཡོད་སྤྱི་ཚོགས་འཚོ་བ་གསལ་པོར་མཚོན་པར་བྱས་ཡོད། དེ་ཡང་དགོངས་དོན་ངོ་མ་དེ་དངོས་སུ་བརྗོད་པའི་གཟུགས་སྣང་ལ་མི་གནས་པར། རྗོད་བྱེད་ལ་གནས་པའི་གཟུགས་སྣང་དེས་བསྐུལ་ནས་སྦས་དོན་གཏིང་ཟབ་མོ་ཞིག་སྟོན་པའམ་ལྷ་སྒྲུང་རྩིལ་པོའི་དངོས་བསྟན་གྱི་ཚིག་འབྲུ་རེ་རེ་ཡི་ཤུགས་ནས་སྦས་པའི་དོན་ཞིག་མཚོན་རྒྱུ་ཡོད་པ་སྟེ། ཧ་ནུ་ཆུའི་དོན་དུ་གནམ་རིམ་པ་དགུའི་ཡང་སྟེང་ནས་རིམ་བཞིན་ལྷ་ཡུལ་གུང་ཐང་དང་། ཡུལ་རྡེ་ལུང་དུ་བབས་ནས་རྗེའུ་སྤུན་གསུམ་བཅས་པ་ཡུལ་བྱང་ཀ་སྣམ་བརྒྱད་དང་། ཡུལ་ཕྱི་འབྲོག་བརྒྱད་གོང་། ཡུལ་འབྲོག་ཕྱི་ལྡང་སུམ་སོགས་སུ་གྱེས་པའི་ཤུགས་བསྟན་དུ་ཕྱུགས་ལས་དར་རྒྱས་བྱུང་རྗེས་རྨ་ཆུས་མ་འདངས་པར་འབྲོག་པ་རྣམས་གཏན་སྡོད་བྱ་ཐབས་མེད་པར་ཁ་ཐོར་ནས་རི་ཀླུང་རྨ་ཆུ་གང་བཟང་དུ་ཉ་བ་སྒོ་སྒྱུར་བྱེད་པའི་གནས་ཚུལ་བསྟན་པ་དང་། རྐྱང་དང་འབྲོང་གཉིས་རྨ་ཆུའི་དོན་དུ་གསོད་རེས་བྱས་པའི་ཤུགས་བསྟན་དུ་སྐབས་དེའི་ཉུས་རྒྱུད་ཚོ་ཁག་བར་གྱི་དམག་འཁྲུག་གི་བརྒྱུད་རིམ་དེ་གབ་པའམ་བསྡུས་ནས་བརྗོད་པ་ཡིན། དེ་ལྟ་བུའི་བརྗོད་བྱ་མཚོན་བྱེད་ལའང་རྒྱུན་ཆགས་ཀྱི་གཏན་ཚིགས་ལས་འདས་ནས་མི་མ་ཡིན་པ་སེམས་ལྡན་གྱི་སྲོག་ཆགས་རྟ་དང་འབྲོང་ལ་ཤེས་པ་དང་ལྡན་པའི་མི་ཡི་བསམ་བློ་དང་། གཤིས་རྒྱུད། བརྩེ་དུང་སོགས་ལྡན་པར་སྒྲོ་བཏགས་ནས་འབྱུང་གཤིས་མི་འདྲ་བའི་མི་སྣའི་སྣང་བརྙན་སྣ་ཚོགས་བརྗོད་པ་ཡིན། ལྷ་སྒྲུང་འདི་ལ་བལྟས་ཆོད་ཙམ་གྱིས་སྲོག་ཆགས་རྟ་དང་འབྲོང་ལ་ལྡན་པའི་ཁྱད་ཆོས་ཞིབ་ཚགས་ངང་བྲིས་ནས་ཕྱི་རོལ་ཡུལ་དུ་གནས་པའི་སྲོག་ཆགས་ཀྱི་སྣང་བརྙན་ལས་མི་སྣ་དངོས་སུ་བྲིས་མེད་ཀྱང་སྲོག་ཆགས་དེ་དག་ནི་རབ་བཏགས་ཀྱི་ཐབས་ལ་བརྟེན་ནས་བྲིས་པ་ཡིན་པས་མི་སྣའི་གཟུགས་འགྱུར་ཙམ་དུ་ཟད་ལ་མི་སྣ་དངོས་ནི་ཤུགས་སུ་བསྟན་འདུག དེ་བས་ལྷ་སྒྲུང་འདིའི་རྩོམ་སྟངས་ནི་བསྡུས་བརྗོད་དང་རབ་རྟོག་ཟུང་དུ་སྦྲེལ་བ་ཡིན་ཞེས་སྨྲས་ན་རྩོམ་རིག་གཞུང་ལུགས་དང་མཐུན་ལ་རིགས་པས་དཔྱད་ན་ཡང་མི་འགལ་བར་སྙམ།

གཞན་ཡང་འདིར་གདོད་མའི་བོད་ཀྱི་སྤྱི་མཐུན་གྱི་ལྟ་བའམ་ཕྱྭ་དང་གནམ་ལ་དད་པའི་འདུ་ཤེས་དང་རྟོག་པ་འཆར་ཡན་རིང་ལུགས་གཉིས་ཟུང་དུ་སྦྲེལ་བའི་རྩོམ་ཐབས་ལ་བརྟེན་ནས་གནའ་བོའི་ཉུས་རྒྱུད་ཚོ་ཁག་གི་སྐྱེར་གཙོད་ཀྱི་དབང་སྒྱུར་ལ་སུན་འབྱིན་དང་ཞི་བདེ་ལ་རེ་བའི་ཞུགས་བསམ་གྱིས་མོས་འདུན་མངོན་པར་འགྲུབ་ཆེད། བདེན་རྫུན་ཡིན་མིན་སོགས་གཏན་ཚིགས་ཀྱིས་མི་ཁེག་ཅིང་། སྒྲོ་སྐུར་གང་གི་ཆ་ནས་ཚོད་འཛིན་དང་བཀག་རྒྱ་མེད་པར་མངོན་སུམ་སྣང་བའི་འཚོ་བ་དང་བཀལ་ནས་རང་སྣང་རྟོག་པ་འཕེལ་བའི་ཆོས་ཉིད་ལྟར་སྒྱུ་རྩལ་གྱི་སྣང་བརྙན་བརྗོད་པ་སྟེ། རྟའི་རིགས་རྒྱུད་དགུང་སྔོན་གནམ་ནས་མཆེད་པ་དང་། ལྷ་ཡབ་ལྷ་བདག་དྲུག་སྲིད་པའི་མགོན་དུ་བསྐོས་པ། རྟ་དང་འབྲོང་གིས་རང་ཉིད་ཀྱི་ཁེ་གྲོང་ལ་དམིགས་ནས་ཕན་ཚུན་བར་དམར་གསོད་ཡང་ང་བ་བྱས་ཚུལ་གྱི་བྱུང་རིམ་

སོགས་རྟོག་བཟོ་བྱས་ཡོད། "གནམ་ནས་ནི་བདུབ་སྟེ། སྤུད་ཀ་ནི་བལ་ནས་བཆད། ས་ལས་སྲི་ལང་སྟེ་ཆགས། སྒྲོགས་ནི་སྤྲིན་གྱིས་བཀྲོལ་ཏེ། རྫེ་ནི་དཔན་ཏེན་ནོངས། གཡུ་ནི་བཟང་གྲུགས། རྫེ་གྲོངས་ནི་གནམ་ལས་གྲོངས། གཡུ་གྲུགས་ནི་དབུ་ལས་གྲུགས། རྫེ་དཔན་ཏེ་ནི་ནོངས། སྤུད་སྟེ་ནི་རླག་གྱིས་མྱེད།" ཅེས་གནམ་ནས་ནད་ཡམས་བཏང་སྟེ་དུ་བ་བལ་བཞིན་མཆེད་ཅིང་། ས་ནས་གདོན་འདྲེ་ཡིས་བརླམས་ཏེ་གནམ་གྱི་སྐ་རགས་སམ་དགུ་ཚིགས་ནི་སྤྲིན་བཞིན་བཀྲོལ་བ་དང་མཉམ་དུ་མི་ཡུལ་སྐྱིད་ཐང་གི་རྫེ་བོ་གྲོངས་པ་དང་བླ་གཡུ་ཆག་པ་སོགས་འཕྲུལ་རྟོག་ལས་བྱུང་བའི་ལྷ་སྲུང་སྒྲུ་རྩལ་གྱི་འཛིག་རྟེན་ཁྲིད་མཚར་བ་ཞིག་བསྐྲུན་ཡོད་པའང་སྐབས་དེའི་བོད་མི་རྣམས་ཀྱི་བསམ་པའི་མོས་པ་དང་དགའ་ཁ་འཁྱེར་ཕྱོགས་ལ་ཀུན་ནས་མཐུན་པ་ཞིག་ཡིན་ལ། མི་རྣམས་ཀྱིས་གཏམ་རྒྱུད་འདི་འཆད་འདོད་ཅིང་ཉན་པར་སྤྲོ་བའི་རྒྱུ་མཚན་ཡང་དེ་ཡིན། ཡང་དོན་དངོས་རྣམས་སྒྲོ་འདོགས་མེད་པར་ཇི་བཞིན་རིས་སུ་ཐོན་པར་འབྲི་བའི་དངོས་ཡོད་རིང་ལུགས་ཀྱི་རྩོམ་ཐབས་ལ་བརྟེན་ནས་རང་རེའི་མེས་པོ་རྣམས་ཐོན་སྐྱེད་སྤེལ་བའི་ལམ་དུ་ལོ་རྒྱུས་ཀྱི་དོན་སྙིང་ལྡན་པའི་གོམ་པ་གཅིག་མདུན་དུ་སྤོས་པ་སྟེ། རི་རྒྱུད་བཏུལ་ནས་རྟ་ཙུ་བསྒྱུར་ཚུལ་དང་། རྟ་ནི་མདོ་དབུས་མཐོ་སྒང་གི་བོད་མི་དམངས་ཀྱི་འཚོ་བའི་ཁྲིད་དུ་མེད་དུ་མི་རུང་བའི་གློས་ཐུབ་ཀྱི་གྲོགས་པོ་ལྟ་བུ་ཡིན་ཞིང་། རྟ་སྒོ་ཕྱུགས་སུ་བཏུལ་བ་ནི་རི་དྭགས་རྔོན་པ་ནས་ཕྱུགས་འཚོ་སྐྱོང་གི་དུས་རབས་སུ་བརྒྱལ་བའི་མཚོན་རྟགས་གལ་ཆེན་ཞིག་ཡིན་པའི་ལོ་རྒྱུས་དངོས་དེ་བྲིས་ཡོད། མདོར་ན། 《རྟ་རྒྱུད་དབྱེ་བའི་རབས》ནི་བརྗོད་པར་འདོད་པའི་དོན་དེ་དངོས་སུ་མི་བརྗོད་པར་ཤུགས་བསྟན་གྱི་ཚུལ་དུ་བསྟུས་ནས་གོ་བར་བྱེད་པའི་ཐབས་ལམ་དང་། ཤེས་པ་དང་ལྡན་པའི་མི་ཡི་རང་བཞིན་སྲོག་ཆགས་རྟ་དང་འབྲོང་གི་ཐོག་ལ་འགོད་པའི་ཐབས་ལམ་གཉིས་ཟུང་དུ་སྦྲེལ་བ་གཙོར་བྱས་ཐོག་དངོས་ཡོད་རིང་ལུགས་དང་འཆར་ཡན་རིང་ལུགས་གཉིས་ཟུང་དུ་སྦྲེལ་བའི་རྩོམ་ཐབས་ཀྱང་སྤྱད་ཡོད་པ་ཡིན། དེ་ཡང་འཚོ་བའི་དོན་རྐྱེན་དང་མི་སྣའི་བྱ་སྤྱོད། ནང་སེམས་ཀྱི་འགྱུར་བ་མཚོན་པའི་གཏམ་སྙིང་དག་མགོ་མཇུག་ལྡན་ཞིང་གོང་འོག་འབྲེལ་བ། སྔ་ཕྱི་མཐུན་ཞིང་རྒྱས་བསྡུས་འཚམ་པ། ཆ་ཚང་ཞིང་ཡིད་དུ་འོང་བ་བཅས་སྒྲུ་རྩལ་གྱི་འགུགས་ཤུགས་ཡོད་པའི་གོ་རིམ་ཞིག་ཏུ་བསྒྲིགས་ཡོད་པས། གཏམ་རྒྱུད་ཀྱི་བྱུང་རིམ་གཅིག་རྗེས་གཅིག་གིས་མཐུད་དེ། ཚགས་དམ་པོར་བསྒྲིགས་ཡོད་ལ། ཀྲུག་ཀྲོག་ཆེ་ཡང་གོ་ལྡོག་མེད་པར་མ་ཟད། རིམ་བཞིན་འགལ་བ་མཐའ་དག་ཕྱོགས་གཅིག་ཏུ་བསྒྲིལ་འདུག་པ་བཅས་རང་བྱུང་གི་རྣམ་པའི་ཚུལ་དུ་ཐོན་ཞིང་གསོན་ཉམས་ཀྱི་དཔལ་དང་ལྡན་པ། དགྲ་གཉེན་གྱི་འདུ་ཤེས་དྲག་པའི་མི་སྣའི་རང་གཤིས་ཀྱི་མདངས་སྣང་བརྙན་གྱི་གཟུགས་སུ་འཕུར་དུ་ཐོན་པ་དང་། བརྗོད་བྱའི་བསྟན་དོན་གནད་ལ་ཁེལ་ཅིང་གཏིང་ཟབ་པ་བཅས་ཀྱི་ཡོན་ཏན་མངོན་པར་གསལ།

གཉིས། རྫོང་བྱེད་ཚིག་གི་ཁྱད་ཆོས།

ལྷ་སྒྲུང་འདིའི་དོན་གྱི་བྱུང་བ་རྣམས་ཚིག་ལྷུག་གིས་བརྗོད་ཅིང་། མི་སྣ་ཕན་ཚུན་བར་ལབ་གླེང་བྱེད་པའི་སྐད་ཆ་དག་ཚིགས་སུ་བཅད་པའི་མགུར་གླུའི་རྣམ་པས་སྤེལ་མར་བྲིས་ཡོད། དེར་སྒྲུ་རྩལ་གྱི་ཕན་ནུས་ངོས་ནས་བལྟས་ན། ཚིག་ལྷུག་པ་རྣམས་ལ་གཞུང་དོན་གོང་འོག་འབྲེལ་མཐུད་གསལ་བར་བྱེད་པའི་ནུས་པ་ལྡན་པ་དང་། ཚིགས་སུ་བཅད་པ་རྣམས་ལ་ཚིག་རྐང་སོ་སོའི་ཚེག་ཁྲིམ་དོ་མི་མཉམ་པ་ཤས་ཆེ་ཡང་། གཙོད་མཚམས་གསལ་ལ་འགྲོས་རིམ་ལྡན་པ། ཚིག་སྦྱོར་ལེགས་ལ་ཡིད་འགྱུར་གསལ་བ་བཅས་ཀྱི་ཐུན་མོང་མ་ཡིན་པའི་ཁྱད་ཆོས་དུ་མ་དང་ལྡན་པ་སྟེ། དཔེར་ན། "ཧྲ་བཞུགས་ནི་གནམ་ལ་བཞུགས། རྨང་བཞུགས་ནི་དགུང་ལ་བཞུགས་ནའ"། "ཧྲ་བབ་ནི་གནམ་ནས་བབ། རྨང་བབ་ནི་དགུང་ནས་བབ་ཏེ།" "ཧྲ་ནི་ཐུན་གསུམ། རྨང་ནི་མཆེད་གསུམ་དུ་བལྟམ།" ཞེས་རྫོང་བྱེད་ཚིག་གི་རྣམ་པ་མི་འདྲ་བ"ཧྲ་དང་རྨང" "གནམ་དང་དགུང" "ཐུན་དང་མཆེད"ལྟ་བུ་སྦྱུད་དེ་བརྗོད་བྱའི་དོན་གཅིག་ཡང་ཡང་བསྐྱར་བསྐོར་དུ་བཟླས་ཀྱང་། ཟློས་སྐྱོན་དུ་མི་འགྲོ་བར་མ་ཟད། ཚིག་སྦྱོར་བདེ་ལ་གྱུང་ཤ་དོད་པ། སྐད་ཆར་འགྲོས་རིམ་ལྡན་ཞིང་བརྗོད་དོན་འབུར་དུ་ཐོན་ཡོད། ཡང་དཔེར་ན། "ཁ་ཡངས་ཀྱི་ནི་རྩི་འཚལ། མགྲིན་ཡངས་ཀྱི་ནི་ཆབ་འཚལ" "གཡག་ཤ་ནི་ལྷུ་རུ་བཀྲལད། གཡག་སྙི་ནི་རས་སུ་དྲིལ།" ཞེས་ཚིག་རྐང་རེའི་བར་དུ་ནི་སྒྲ་རེ་དོ་མཉམ་པར་བཀོད་པས། ཚིག་གི་གཙོད་མཚམས་གསལ་ཞིང་ཀློག་བདེ་བ། བརྗོད་བྱའི་གནད་ཐོན་ཅིང་ངོས་འཛིན་སླ་བ། བརྩམས་ཆོས་ཀྱི་བྲོ་ཉམས་ཀྱང་ཇེ་གསལ་དུ་གྱུར། འདི་ནི་བོད་གནའ་རབས་ལྷུག་རྩོམ་ལ་གྲུབ་པའི་ཐུན་མིན་གྱི་མཛེས་དཔྱོད་ཁྱད་ཆོས་ཡིན། ཡང"ཤ་བྱ་ཟ་ནི་ཧྲུལ་ཧྲུལ། ཁྲགས་འཐུང་ནི་ཅིག་ཅིག རུས་པ་གླེང་འཆའ་ནི་ཁྲུམ་ཁྲུམ། མགོ་སྤྱུ་རྫིས་ཁྱེར་ནི་བན་བན།" ལྟ་བུར་མཚོན་ན་དང་ཚུལ་སྟོན་པའི་རྒྱན་གྱིས་སྤྲས་ཡོད་དེ། འདིར"ཧྲུལ་ཧྲུལ"དང"ཁྲུམ་ཁྲུམ"ཞེས་པས་ཤ་ཟ་བ་དང་རུས་པ་འཆའ་བའི་སྒྲ་སྐྱེ་རྣ་བའི་སྤྱོད་ཡུལ་དུ་གྱུར་པའི་སྒྲའི་ངང་ཚུལ་དང་། "ཅིག་ཅིག"དང"བན་བན"ཞེས་པས་ཁྲག་ས་སྟེང་དུ་འཐིམ་པ་དང་ཧྲའི་རྫོག་མ་ཁྲུང་གིས་སྐྱོད་པའི་གཟུགས་སྣང་སྟེ་མིག་གི་སྤྱོད་ཡུལ་དུ་གྱུར་པའི་གཟུགས་ཀྱི་ངང་ཚུལ་སྟོན་པའི་རྒྱན་ཚིག་རྣམས་ཚིག་རྐང་སོ་སོའི་མཐའ་རུ་དོ་མཉམ་པར་བཀོད་པས་ཚིག་སྦྱོར་སྙན་ཞིང་གོ་བདེ་ལ་དོན་གསལ་བའི་ནུས་པ་ཆེན་པོ་ཡོད་པར་མ་ཟད། ཉན་པ་པོའམ་ཀློག་པ་པོ་རྣམས་ལ་རང་གིས་དངོས་སུ་ཐོས་པའམ་མཐོང་བ་ལྟ་བུའི་འདུ་ཤེས་བསྐྱེད་ཐུབ། ཡང་དཔེར་ན། "སྐག་ན་ནི་མྱི་སླེབས། འབྲོས་ན་ནི་མི་ཐར། རྐལ་ན་ནི་མི་ཐུབ་ཀྱིས། ཕུ་ཤ་ནུ་འིས་མི་ལོན། རོ་ཁྲག་ཁོང་དུ་མི་འཐུངས།" ལྟ་བུར་མཚོན་ན་ཕྲེང་བའི་རྒྱན་དང་ཆ་འདྲ་བ་ཙམ་གྱིས་སྤྲས་ཡོད་དེ། མིའི་རང་བཞིན་ལྡན་པའི་ཧྲ་རྐྱང་རོན་རྗོག་བཀྲས་ནུ་བོ་ཐ་ཆུང་ཁྱུག་རོན་རྨང་དར་ལ་ཁྱོད་དང་འུ་གཉིས་རྒྱུག་པའི་བང་དང་འཐབ་པའི་རྩལ་མེད་པས་ཕུ་

བོར་དགྲ་ཤ་མི་ལོན་ཞེས་པ་ནན་ཏན་དུ་བརྗོད་པའམ་ཡང་ན་དེ་གསལ་བར་བྱེད་པའི་སླད་དུ་ཚིག་རྐང་སྔ་མ་གཉིས་ལ་སོ་སོར་ཚིག་ཁྱིམ་ལྔ་རེ་དང་། ཕྱི་མ་གསུམ་ལ་ཚིག་ཁྱིམ་དྲུག་རེ་ཡོད་པའི་ཚིག་སྦྱོར་དུམ་བུ་ལྔ་ཙམ་ཕྲེང་བསྒྲིགས་པ་ལྟར་བརྒྱུད་མར་བཀོད་པས། ཚིག་གི་སྡེབ་ལེགས་ཤིང་བརྗོད་བདེ་ལ་དོན་གསལ་ཞིང་ཚིག་བཀླིང་བའི་བརྗིད་ཉམས་ཁྱད་པར་ཅན་ཞིག་ཐོན་ཡོད་པ་རེད། ཡང་དཔེར་ན། "དཀོར་དང་དང་དུ་བགྱིས་ན། རྟ་ལ་ལོག་པ་ཆེ། རྨང་ལ་མཁྲིས་པ་ཆེ། རྟ་ཟ་ལུང་བྲང་གི་བྱེ་མ་རོན། ནང་སྨན་རན་ན་སྨན་དུ་མ་བཏུབ། ནུབ་གཟུང་རན་ན་གཟུང་དུ་མ་བཏུབ།" ལྟ་བུར་མཚོན་ན་རང་བཞིན་བརྗོད་པའི་རྒྱན་གྱིས་སྤྲས་ཡོད་དེ། རྒྱང་རྒོད་གཡུང་ལ་འདུལ་སྐབས་ནངས་གཏོང་རན་ན་གཏོང་དུ་མི་འཇུག་པ་དང་། ནུབ་འཛིན་རན་ན་འཛིན་དུ་མི་འཇུག་པར་ཤིན་ཏུ་རྒོད་པོའི་རང་བཞིན་དེར་སྐྱུར་འདེབས་དང་འཁྱོག་བརྗོད་ཀྱིས་རྒྱན་ཅི་ཡང་མ་སྤྲས་པར་དྲང་པོའི་ངག་གིས་གསལ་པོར་རྗོད་བྱེད་ཚིག་གི་ཟུར་ཡང་ཞིང་ཁྲིམ་པ་དང་བརྗོད་བྱའི་དོན་གྱི་གནད་གསལ་ཞིང་གོ་སླ་བའི་ཡོན་ཏན་ལྡན། ཡང་དཔེར་ན། "མཚུངས་དང་ནི་མཚུངས། མཉམས་དང་ནི་མཉམས་སོ། །"ཞེས་པ་ནི་སྒྲ་རྒྱན་གྱི་ནང་གསེས་བར་ཆོད་པའི་ཟུང་ལྡན་དང་ཆ་འདྲ་སྟེ། ཚིག་རྐང་རེ་རེའི་ནང་དུ་གཟུགས་མཚུངས་ཀྱི་ཡི་གེ"མཚུངས"དང་"མཚུངས།" "མཉམས"དང་"མཉམས། །"གཉིས་ཀྱི་བར་དུ་ཡི་གེ་གཞན་གྱིས་ཆོད་པ་དང་། ཟུང་ལྡན་ཡོད་པའི་ཚིག་སྔ་ཕྱི་གཉིས་ཀྱི་བར་དུ་ཚིག་གཞན་གྱིས་ཆོད་པར་བྱས་ཏེ་བརླས་པས་ཚིག་གི་སྡེབ་སྦྱོར་ལེགས་ཤིང་མཛེས་ལ་ཉམས་ཆ་ལྡན་པའི་ཡོན་ཏན་དེ་མངོན་པར་མཚོན་ཡོད། ཡང་དཔེར་ན། "སོན་ནི་ཡུལ་འབྱིའོ། ཤི་ན་ཤི་དུར་འབྱེའོ། །"ལྟ་བུར་མཚོན་ན། འབྲུ་ཉུང་ཞིང་བརྗོད་བདེ་བ། དོན་འདུས་ལ་གནད་ཆེ་བ། ཚིག་སྙན་ཞིང་གོ་སླ་བ་སོགས་གཟུགས་སྣང་གསོན་ཉམས་དང་ལྡན་པའི་གཏམ་དཔེ་མང་དུ་བཀོལ་སྤྱོད་བྱས་ཡོད་པ་དག་ནི་བོད་ཀྱི་སྐད་ཆའི་སྒྱུ་རྩལ་གྱི་འོ་མཚོ་ལན་བརྒྱར་དཀྲུགས་པ་ལས་ཐོན་པའི་མར་ལོ་ལྟ་བུའམ་བོད་རང་གི་འཇད་མཐའ་མེད་པའི་སྐད་ཆའི་སྒྱུ་རྩལ་ཁྲིད་ལམ་ལམ་འཚེར་བའི་རྡོ་རྗེ་ཕ་ལམ་ལྟ་བུ་ཞིག་གོ །ལོ་ངོ་བརྒྱ་ཕྲག་དུ་མའི་སྔ་རོལ་ནས་བཟུང་རང་རེའི་མེས་པོ་རྣམས་ཀྱིས་ངག་ཐོག་གམ་ཡིག་ཐོག་གང་རུང་ནས་ཉེ་བར་སྤྱོད་པའི་ཚིག་རྒྱན་དེ་དག་ལས། རེ་འགའ་ཞིག་ད་ལྟ་བོད་དུ་དར་ཆེ་བའི《སྙན་ངག་མེ་ལོང》གི་གཞུང་དུ་བསྟན་པའི་ཚིག་རྒྱན་གྱི་རྣམ་གཞག་དང་མཐུན་ཞིང་ངོས་འཛིན་རྒྱུ་ཡོད་ལ། འགའ་ཤས་སྙན་གཞུང་དེར་བསྟན་མེད་པའི་བོད་ཀྱི་སྐད་ལ་རྒྱུགས་ཆེ་ཞིང་ཚིག་སྦྱོར་མཛེས་བྱེད་ཀྱི་རྣམ་པ་ཐུན་མོང་མ་ཡིན་པ་ཞིག་རེད།

གསུམ། སྣང་བརྙན་བརྗོད་པའི་ཁྱད་ཆོས།

ལྷ་སྒྲུང་འདིའི་མི་སྣ་འཚོ་སྤྱོད་བྱེད་སའི་རང་བྱུང་ཁོར་ཡུག་གི་སྣང་བརྙན་གསོན་ཉམས་དང་ལྡན་པ་ཞིག་བརྗོད་ཡོད་དེ། "ཁྱུག་རོན་རྨང་དར་ནི། ཡུལ་འབྲོག་ཕྱི་ལྟང་སུམ་ན། འབྲོག་རྡི་བང་བུང་

ནི་འཚལ། བྲི་མོ་ནེའུ་ཀོལ་ནི་འབྲུང་ཞིང་མཆིས”ཞེས་པའི་ཡིག་འབྲུ་ཁུང་དུ་ཙམ་ལས་ཀྱང་། དཔྱར་ཟླ་དྲུག་པའི་ཡུལ་འཁྲོག་ཕྱི་ལྡང་སུམ་ཀྱི་མཐའ་ཡས་པའི་སྤང་ཐང་ཆེན་མོ་དེ་ན་རྩ་རྩི་ཏོག་ཕུང་པོ་ཕུང་པོའམ་ཚོམ་བུ་ཚོམ་བུ་བྱས་ཏེ་སྐྱེས་པ་དང་། ཆུ་བོ་དྭངས་མོ་ལྷུང་ལྷུང་དུ་འབབ་པའི་དཔེ་རིས་ཤིག་དངོས་ཤུགས་ཅི་རིགས་ནས་ང་ཚོའི་མིག་ལམ་དུ་ཤར་འོང་། ཡང་། ཤ་བྱ་ཟ་ནི་རྩལ་རྩལ། ཁྲག་ས་འཕྲུང་ནི་ཅིག་ཅིག ཉུས་པ་སླེ་འཆའ་ནི་ཁྲུམ་ཁྲུམ། མགོ་སྤུ་རྫིས་ཁྱེར་ནི་བན་བན། ཞེས་ཕུ་བོ་ཡིད་ཀྱི་གདང་དབྱམ་གསོད་སའི་གནས་དེའི་སྣང་ཚུལ་ཞིབ་འབྲི་བྱས་པ་སྟེ། རྟ་ཤ་བྱ་ཡིས་གཙོག་གཙོག་ཏུ་ཟ་ཞིང་། རྟ་ཁྲག་ས་རུ་ཆིལ་ཆིལ་དུ་འཐིམ་པ། ཉུས་པ་ཁྱི་ཡིས་ཁྲུམ་ཁྲུམ་དུ་འཆའ་བ། རྟ་རྫོག་རླུང་གིས་ཡེངས་ཡེངས་སུ་སྐྱོད་པའི་འཇིགས་རུང་གི་ཡུལ་བཀོད་དེ་སྐད་ཆའི་སྒྱུ་རྩལ་གྱི་ལམ་ནས་གསལ་པོར་བཀོད་པས། ལྷ་སྐྱུང་འདི་འཆད་ཉན་བྱེད་མཁན་རང་གིས་དངོས་སུ་མཐོང་ཐོས་སུ་གྱུར་པ་ལྟར་དང་ལྟ་མཁན་རྣམས་ལའང་རང་གིས་དངོས་སུ་མཐོང་ཐོས་སུ་གྱུར་པ་ལྟ་བུའི་བག་ཆགས་ཟབ་མོ་འཇོག་ཐུབ། ཡང་། མྱི་རྐྱ་བུ་ལྡམ་ཤད་ཀྱིས། ཁྱུ་ལོ་ནི་སྤྱངས་ཀྱིས་མཛད། དབྱང་དཀར་ནི་པོངས་ལ་བཁྲོལ་ཏེ། སྤུན་ན་ནི་ཆེ་ཐུད་ཐུད་ན། འཕྲོང་གཡག་སྐར་བ་ཐུད་ཐུད། ཕྱི་ན་ཅི་བྲིང་བྲིང་ན། མྱི་རྐྱ་བུ་ལྡམ་ཤད་ཀྱིས། མཆོག་གར་ནི་དྲ་བཞུག སྒྲུ་དམར་ནི་ལྡང་བཟར་ཏེ། དད་དགུ་གཡསུ་བབ་ན། ནམ་འཚོང་གཡོན་དུ་ཕྱུང་ཏེ། དད་དགུ་གཡོན་དུ་བབ་ན། ནམ་འཚོང་གཡས་དུ་ཕྱུང་ཏེ། འཕྲོང་གཡག་སྐར་བ་ནི་དེ་ཙུ་བཞུམ་མོ། །ཞེས་ཡུལ་བྱང་ཀ་སྣམ་བརྒྱད་དུ་འཕྲོང་གཡག་སྐར་བ་སྟུན་ནས་བྲོས་ཤིང་། མྱི་རྐྱ་བུ་ལྡམ་ཤད་ཀྱིས་རྟ་ཁྱུག་རོན་རྐྱང་དར་བཙོན་ཏེ་ངག་ནས་ཀི་རིང་འདེབས་བཞིན་སྦ་ལྕུག་གིས་འཕོངས་ལ་བྲབས་ནས་རྗེས་སུ་འདེད་པ་དང་། མཆོག་དཀར་གཞུ་མོའི་གཞུ་རྒྱུད་འཐེན་ཏེ་རྗེ་དབལ་མདའ་མོ་དཀྱིལ་ནས་འཕངས། མདའ་མདེའུ་གཡས་སུ་བབས་ན། སྤོ་སྐྱིང་རྒྱུ་མ་གཡོན་དུ་ཕྱུང་། མདའ་མདེའུ་གཡོན་དུ་བབས་ན། སྤོ་སྐྱིང་རྒྱུ་མ་གཡས་སུ་ཕྱུང་བའི་བྱ་སྤྱོད་ཞིབ་འབྲི་བྱས་པ་བརྒྱུད་ནས་འཕྲོང་གཡག་སྐར་བ་བཀུམ་ཚུལ་གྱི་སྣང་བརྙན་རིས་སུ་ཐོན་པ་ཞིག་བརྗོད་ཡོད། གཞན་ཡང་འབྱུང་གཤིས་གསལ་ཞིང་དཔེ་མཚོན་རང་བཞིན་ལྡན་པའི་མི་སྣའི་སྣང་བརྙན་གསོན་ཉམས་དང་ལྡན་པ་ཞིག་བརྗོད་ཡོད་དེ། ཕུ་ཡིད་ཀྱི་གདང་དབྱམ་གྱི་ཞལ་ནས། རྗེ་ཡབླ་བདག་དྲུག་མགོན་ཚུན་ཕྱུས་བསྐོས་སྟེ། རྟ་ཡུལ་འཁྲོག་ཡིན་ཀྱང་བདེན། གཡག་ཡུལ་བྱང་ཡིན་ཀྱང་བདེན་ན། ད་དེ་རིང་སང་ལྟ་ན། རྟ་དང་གཡག་གཉིས་ཤང་མྱི་འཐབ་འོ། རྟ་སྤ་བ་ནི་རྩྭ་ལ་ཟའོ། གཡག་འཕྱི་བ་ནི་ཆུ་འཐུང་ཤིག གཡག་སྤ་ནི་རྩྭ་ལ་ཟ་ཤིག་རྟ་འཕྱི་ན་ནི་ཆུ་འཐུང་ཤིག་ཆེས་གསུང་ན། འཕྲོང་གཡག་སྐར་བ་མ་བགྲིངས་ཏེ། འཕྲོང་གི་ཕྱོགས་ཀྱིས། རྣ་གཡས་ཀྱིས་ནི་ཐྲངས། རྣ་གཡོན་ཀྱིས་ནི་བཟར་ཏེ། ཕུ་ཡིད་ཀྱི་གདང་དབྱམ་ནི་དེ་ཙུ་བཀྲོངས་སོ། །ཞེས་གདོད་མའི་ཉུས་རྒྱུད་ཚོ་ཁག་བར་གྱི་མི་ཤི་རྟ་འགྲེལ་གྱི་རྩྭ་ས་རྩོད་གླེང་དེ་མི་སྣ་དངོས་སུ་མ་བྲིས་པར་མིའི་གཤིས་རྒྱུད་ལྡན་ཞིང་བོད་རང་ལ་

འདྲིས་ཆ་མངའ་བའི་སྲོག་ཆགས་རྟ་དང་གཡག་གི་གཟུགས་དང་རྣམ་པར་བསྒྱུར་ཏེ། དེ་དག་གི་ལབ་གླེང་དང་བྱ་སྤྱོད་བརྒྱུད་ནས་དངོས་དོན་སྤྱི་ཚོགས་འཚོ་བའི་མི་སྣ་དག་གི་རང་གཤིས་དེ་ཕྱིར་མངོན་པ་ཞིག་སྟེ། ཕུ་ཡིད་ཀྱི་གདང་པྱམ་གྱི་ཞལ་ནས། རྫེ་ཡབ་ལྷ་བདག་དྲུག་སྲིད་པའི་མགོན་དུ་བསྐོས་པའི་ཚུན་ཆད་ནས། རྟ་ཡུལ་འབྲོག་ཡིན་པའང་བདེན། གཡག་ཡུལ་བྱང་ཡིན་པའང་བདེན་སོད། དུས་དེ་རིང་གནངས་ཀ་བལྟས་ཙ་ན། རྟ་དང་གཡག་གཉིས་འཐབ་པར་མི་བྱའོ། །རྟ་སྔ་བ་ནི་རྩྭ་བཟོ། །གཡག་འཕྱི་བ་ནི་ཆུ་འཐུང་ཤིག །གཡག་སྔ་ནི་རྩྭ་ཟོ་ཤིག །རྟ་འཕྱི་ན་ནི་ཆུ་འཐུང་ཤིག་ཅེས་ཕུ་ཡིད་ཀྱི་གདང་པྱམ་ནི་ཉམ་ཆུང་ཡང་འཚོ་བའི་མིག་རྒྱང་རིང་བ། གཤིས་རྒྱུད་འཇམ་ཞིང་ཞི་བདེ་ལ་དགའ་བ། བློ་ཁོག་ཡངས་ཤིང་བདེན་དོན་སྐྱོང་བ་སོགས་མཐུན་སྒྲིལ་དང་བདེ་སྐྱིད་ཀྱི་འཚོ་བར་རེ་བའི་མི་སྣའི་སྣང་བརྙན་ཞིག་འགྱུར་དུ་བཏོད་ཡོད། དེ་ལས་ལྡོག་སྟེ་ཞི་བའི་སྒོ་ནས་རྩོད་གཞི་ཐག་གཅོད་བྱེད་པའི་དོན་དེར་མ་འཐད་པར། ཁོང་ཁྲོས་ཕྱིར་བཀྱེད་དེ་རྣ་གཡས་པའི་རྩེར་བླངས་ཤིང་། རྣ་གཡོན་པ་གཟར་བར་བྱས་ནས། ཕུ་ཡིད་ཀྱི་གདང་པྱམ་རྣ་རྩེ་ལས་གཤགས་ཏེ་བསད་པ་དེས་འབྲོང་གཡག་སྐར་བ་ནི་ལུས་ཀྱི་ཤེད་ཤུགས་ཆེ་ཡང་བློ་ཁོག་དོག་པ། ཞེ་སྡང་ཆེ་ཞིང་འཐབ་རྩོད་གསོད་གཅོད་ལ་དགའ་བ། གཤིས་རྒྱུད་རྩུབ་ཅིང་སྲེད་པ་ཆེ་བ། ལིགས་ཉེས་དགེ་སྡིག་མི་བསམ་པར་དྲག་པོའི་གཡུལ་དང་བཙན་པོའི་སྟོབས་ལ་བརྟེན་ནས་རྩྭ་ཐང་ཡོངས་ལ་སྐྱེར་དབང་བསྒྱུར་བར་འདོད་པའི་མི་སྣའི་སྣང་བརྙན་ཞིག་གསལ་པོར་བཏོད་ཡོད། ནུ་བོ་ཐ་ཆུང་ཁྱུག་རོན་རྨང་དར་ན་རེ། ཕུ་ཤ་ནི་ནུ་ཡིས་མ་བླན། ལྟག་ཤ་མཛིང་གིས་མ་གཉེར་བས། སྡང་གི་ནི་སྙིང་སྨྲེ་ཆོད། བྱམས་ཀྱི་ནི་ལན་མ་ལོན་ན་གཏང་དུ་སྙིང་རེ་ན། རོ་ཁྲག་ཁོང་དུ་མ་འཐུངས་ན། ལྟག་ཤ་མཛིང་དུ་མ་གཉེར་ན། བས་སྐོམ་ཁ་ཏུ་སྐམས་ན་འདི་ཇི་ནོངས། ཕུ་ཤ་ནུ་ཡིས་གླནོ། །ཡིད་ཀྱི་གདང་པྱམ་གྱི་ཤ་ཁྱུག་རོན་རྨང་དར་དང་རྒྱང་རོན་རྫོག་བཀྲས་གཉེར། །སྡང་གི་སྙིང་གཆོད། འབྲོང་གཡག་སྐར་བའི་སྙིང་གཆོད། བྱམས་ཀྱི་ལན་གླནོ། །ཕུ་ཡིད་ཀྱི་གདང་པྱམ་གྱི་ལན་སླན་ནོ། །ཞེས་ཕུ་བོའི་ཤ་འཁོན་ནུ་ཡིས་མ་སླན། ལྟག་ཤ་མཛིང་གིས་མ་ཐེགས་ན། སྡང་དགྲའི་སྙིང་མི་ཆོད། བྱམས་པའི་དྲིན་གཟོ་མ་ནུས་ན་སྙིང་རེ་ན། རོ་ཁྲག་ཁོང་དུ་མ་བཏུངས་ན། ལྟག་ཤ་མཛིང་གིས་མ་ཐེགས་པར་ཁོང་གི་ན་ཟུག་ཁ་ནས་སྨས་ན་ཇི་འདྲ་འགྱོད་ཨང་། ཕུ་བོའི་ཤ་འཁོན་ནུ་ཡིས་སླན་ནོ། །ཡིད་ཀྱི་གདང་པྱམ་གྱི་ཤ་འཁོན་ཁྱུག་རོན་རྨང་དར་དང་རྒྱང་རོན་རྫོག་བཀྲས་གཉེར་རོ། །སྡང་དགྲའི་སྙིང་གཅོད་དོ། །འབྲོང་གཡག་སྐར་བའི་སྙིང་གཅོད་དོ། །བྱམས་པའི་དྲིན་གཟོའོ། །ཕུ་ཡིད་ཀྱི་གདང་པྱམ་གྱི་དྲིན་གཟོའོ་ཞེས་མི་སྣའི་སྐད་ཆ་ཞིབ་འབྲི་བྱས་པ་བརྒྱུད་ནས་ནུ་བོ་ཐ་ཆུང་ཁྱུག་རོན་རྨང་དར་ནི“གསོན་ན་དགྲ་ཤ་ཏབ་ཀྱིས་ཟ། ཤི་ན་གཏམ་རྒྱུད་བོད་ལ་བཞག”ཅེས་པ་ལྟར་དཔའ་ཞིང་རྩལ་ཕོད་པ། ཤ་འཁོན་ལ་ཇམས་པ། སྙིང་རུས་སྡུག་བཟོད་ཆེ་ཞིང་གཉེན་ལ་གཅེས་པ་དང་དགྲ་ལ་སྡང་བའི་མི་སྣའི་སྣང་བརྙན་གསོན་ཉམས་དང་ལྡན་

པ་ཞིག་བརྗོད་ཡོད། ནུ་བོ་འབྲིང་པ་རྒྱུད་རིན་རྗེ་བཀྲ་ནི་རེ། ཕུ་ཡིད་ཀྱི་གདང་ཕྱམ་ནི་རྟ་ལ་ནི་བང་མགྱོགས། རྨང་ལ་ནི་རྩལ་ཆེ་བས་འབྲིང་གཡག་སྐར་བ་མ་ཐུབ་ན། ཁྱོད་དང་ང་གཉིས་ཀྱིས་ཀྱང་སྐྱག་ན་ནི་སྨྱི་སླེབས། འཁྲོས་ན་ནི་མི་ཐར། རྒལ་ན་ནི་མི་ཐུབ་གྱིས། ཕུ་ཤ་ནུ་འིས་མི་ལོན། རོ་ཁྲག་ཁོང་དུ་མི་འཐུངས། ཞེས་མཆི་ཏེ། ཡུལ་འབྲོག་ཕྱི་ལྷང་གསུམ་དུ་ཁ་ཡངས་ཀྱི་ནི་རྩི་ཐྲ། མགྲིན་ཡངས་ཀྱི་ནི་ཆུ་འཐུང་དུ་འདོང་། །ཞེས་ཕུ་ཡིད་ཀྱི་གདང་ཕྱམ་རྟ་ལ་ནི་བང་མགྱོགས། །རྨང་ལ་ནི་ཆེ་བས་འབྲིང་གཡག་སྐར་བ་མ་ཐུབ་ན། ཁྱོད་དང་ང་གཉིས་ཀྱིས་སྐྱིག་ན་ནི་རྗེས་མི་ཐེན། ཁྲོས་ན་ནི་མི་ཐར། འཐབ་ན་ནི་མི་ཐུབ་གྱིས། །ཕུ་བོའི་ཤ་འཁོན་ནུ་ཡིས་མི་ལོན། རོ་ཁྲག་ཁོང་དུ་འཐུང་མི་ནུས། ཡུལ་འབྲོག་ཕྱི་ལྷང་གསུམ་དུ་རྒྱུགས་པའི་རྩྭ་དང་ཆོམ་པའི་ཆུ་འཐུང་དུ་འགྲོའོ་ཞེས་བཤད་པ་དེས་ནུ་བོ་རྒྱུད་རིན་རྗེ་བཀྲ་ནི་རང་ཉིད་ཀྱི་ཕུ་བོ་གཞན་གྱིས་བསད་ཀྱང་དགྲ་ཤ་ཙམ་ཡང་ལེན་མི་སྤོབས་པའི་སྡར་མའི་སྣང་བརྙན་གསོན་ཉམས་དང་ལྡན་པ་ཞིག་བརྗོད་ཡོད་ལ། ཁྱོད་ཤི་ང་གསོན་གྱི་འཁྲུག་རྩོད་ཁྲོད་དུ། ཉེ་རིང་ཆགས་སྡང་མེད་པར་བདེ་འཇགས་དང་ཞི་བདེ་ཡི་འཚོ་བ་ཞིག་ལ་རེ་སྐོན་བྱེད་བཞིན་པའི་བྱུར་ཞིག་ཀྱང་མངོན་འདུག་སྙམ།

མདོར་ན། ལྷ་སྒྲུང་འདིའི་ནང་མི་སྣ་ཕན་ཚུན་བར་གྱི་ལབ་གླེང་དང་བྱ་སྤྱོད། ཡུལ་བཀོད་ཀྱི་སྣང་ཚུལ་བཅས་གཞན་གྱི་ཡིད་དབང་འགུགས་པའི་སྒྱུ་རྩལ་གྱི་ཉམས་འགྱུར་རྗེས་ཅན་ཡོད་པའི་དཔེ་རིས་གསོན་ཉམས་དང་ལྡན་པ་མང་པོ་བརྗོད་ནས་མི་སྣའི་འགྱུར་གཤིས་དང་ལས་དབང་འགྲུབ་བྱེད་ཀྱི་ལོ་རྒྱུས་རྒྱབ་ལྗོངས་རྗེས་ཅན་འོག་གི་དུས་རབས་དང་། མི་རིགས། གྲལ་རིམ་སོགས་ཀྱི་རྗེས་ཤུལ་ལེགས་པར་བསྟན་ཡོད།

གསུམ་པ། 《རྟ་རྒྱུད་དབྱེ་བའི་རབས》ཀྱི་མཚོན་དོན་བཤད་པ།

གཅིག གནའ་བོའི་བོད་ཀྱི་རྩྭ་ཆུ་རྩོད་གླེང་མཚོན་པ།

མཁས་དབང་དགེ་འདུན་ཆོས་འཕེལ་གྱིས། སྔོན་གྱི་གཏམ་རྒྱུད་མང་པོ་ལ་ཚད་མར་བྱེད[4]ཅེས་པ་བཞིན་གནའ་བོའི་དུས་ཀྱི་བོད་མིས་སྔོན་བྱུང་གི་སྒྲུང་དང་གཏམ་རྒྱུད་ངོ་མཚར་བ་དག་ཚད་གཞི་བྱས་ཏེ་མི་ཆོས་ཀུན་སྤྱོད་དང་འཇིག་རྟེན་གྱི་བྱ་གཞག་ལེགས་པོ་གང་ཡོད་དེ་དང་བསྟུན་ཅི་ཐུབ་བྱེད་པ་དང་། “སྒྲུང་གི་རིགས་དེ་དག་གིས་རྟག་པར་བོད་མི་རྒན་གཞོན་ཀུན་གྱི་བློ་སྒོ་ཡངས་པར་འབྱེད་ཅིང་དུས་མཉམ་དུ་སློབ་གསོའི་ལས་འགན་ཞིག་ཀྱང་རང་ཤུགས་སུ་ཐེབས་པའི་བྱེད་ལས་ཁྱད་པར་ཅན་ལྡན་པ་ཡིན་སྟབས། སྒྲུང་གིས་བོད་མིའི་ཤེས་རིག་གི་གོ་གནས་མཐོན་པོ་ཞིག་ཟིན་ཡོད་པ་ནི་སྨོས་མ་དགོས”[5]ཤིང་། སྒྲུང་ནི་སྒྲུང་གི་ཆེད་དུ་བཤད་པ་ཙམ་མ་ཡིན་པར་དེ་ནི་མིའི་བློ་སྒོ་འབྱེད་པ་དང་། ལྷག་པར་མིའི་བློ་ཁ་དང་འཚམ་པའི་དཔེ་སྣ་ཚོགས་ལ་བརྟེན་ནས་འཇིག་རྟེན་གྱི་བྱ་གཞག་མི་འདྲ་བ་རྣམས་ལུགས་དང་མཐུན་མིན་གྱི་གནད་ལ་བླང་དོར་གྱི་སྒོ་ནས་དབྱེ་ཞིབ་བྱེད་པ་བརྒྱུད་མི་ལ་སློབ་གསོ་བྱེད་

པ་ཞིག་ཡིན་པར་མ་ཟད། སྒྲུང་མཁན་རང་ཉིད་ཀྱི་འཇིག་རྟེན་ལྟ་ཚུལ་དང་ལངས་ཕྱོགས་གསར་པ་དེ་སྒྲུང་གི་ཁྲོད་ཀྱི་སྣང་བརྙན་བརྗོད་པ་ལ་བརྟེན་ནས་མི་གཞན་ལ་བརྒྱུད་སྒྲོག་བྱས་ཏེ་བསམ་བློར་ཤུགས་རྐྱེན་ངེས་ཅན་ཞིག་འཇོག་པར་ཐབས་གང་དྲག་མཛད་པ་ཞིག་ཡིན་ཕྱིར། "ལྷ་ཐོ་ཐོ་རིའི་སྔོན་དུ་ཆབ་སྲིད་བོན་སྒྲུང་ལྡེའུ་གསུམ་གྱིས་བསྐྱངས་ཞེས་པའི་སྒྲུང་དེ་དེང་སྐབས་ང་ཚོས་ཤོད་པའི་སྒྲུང་དེ་རང་ཡིན་ཞིང་། སྒྲུང་ལ་བརྟེན་ནས་ཆབ་སྲིད་བསྐྱངས་ཞེས་པའི་གོ་དོན་ནི་ཁྲིམས་ལུགས་དང་ཀུན་སྤྱོད། ཤེས་རིག་བཅས་ཀྱི་སློབ་གསོ་གཏོང་བའི་བྱ་ཐབས་སྤྱོད་པ་དེར་ཟེར། དེང་སང་ཡང་གོ་བསྐོན་སློབ་གསོའི་ནུས་པ་ཆེ་བའི་སྒྲུང་རིང་ཐུང་སྣ་ཚོགས་བྲིས་པ་དེས་སྤྱི་ཚོགས་ཐོག་ལ་ཕན་འབྲས་ཧ་ཅང་ཆེན་པོ་ཐོན་པ་སྟེ། ཁྲིམས་ཁང་གི་ཁྲིམས་ལུགས་ལས་ཀྱང་ལེགས་པ་ཡོད།"[6] དེ་བཞིན《རྟ་རྒྱུད་དབྱེ་བའི་རབས》བྱ་བ་འདི་ཉིད་ཀྱི་ནང་དུའང་རྟ་དང་རྒྱུད། འབྲོང་དང་གཡག་གི་དབྱེ་བ་དང་། ཡང་ན་རྟའི་ཕུ་བོ་ཡིད་ཀྱི་གདང་ཕྲམ་དང་འབྲོང་གཡག་སྐར་བ་གཉིས་ཀྱི་ཁྲོད་ཤི་ང་གསོན་གྱི་འཐབ་རྩོད། ཕུ་འབྲིང་བ་རྒྱུད་རོན་རྟོག་བཀྲ་དང་ནུ་ཁུག་རོན་ཆང་དར་གཉིས་ཀྱི་འགལ་འབྲེལ་ཁོ་ན་ཙམ་མ་ཡིན་པར། "ན་ནིང་གཞི་ནིང་སང་། གནམ་གྱི་ཡ་ལྷ་དཀྱུང་གི་ཡ་སྟེངས་ནས་རྗེ་ཡབ་ལྷ་བདག་དྲུག་མགོན་ཚུན་ཕྱུ་འིས་སློ་སྟེ། རྟ་ཡུལ་ནི་འབྲོག་ཡིན་པའི་རིགས། གཡག་ཡུལ་ནི་བྱང་ཡིན་པའི་རིགས་ན། ཕུ་ཡིད་ཀྱི་གདང་ཕྲམ་ག་ལ་གར་བཞུད"ཅེས་པ་དང་། "རྟ་ལ་ཆབ་གང་ཆུང་། རྫང་ལ་ཆབ་གང་ཆུང་ན་ནུ་རྒྱུད་རོན་རྟོག་བཀྲ་ཁྲོད།" ཞེས་གདོད་མའི་དུས་ནས་སྤྱི་ཚོགས་ཀྱི་ཐོན་སྐྱེད་རིམ་བཞིན་འཕེལ་རྒྱས་འགྲོ་བའི་གོ་རིམ་ནང་ཕྱི་རོལ་ཡུལ་གྱི་ཆ་རྐྱེན་དང་བསྟུན་ནས་ཐོག་མར་རི་དྭགས་རྔོན་པ་དང་། དེ་ནས་རིམ་བཞིན་རི་སྐྱེ་སྲོག་ཆགས་བདུལ་ནས་ཕྱུགས་རིགས་གསོ་སྐྱོང་ལ་བརྟེན་ནས་འཚོ་ཐབས་བྱེད། སྐབས་དེར་ཕྱུགས་རིགས་རྣམས་འཕེལ་བ་དང་བསྟུན་ནས་རྩྭ་ཆུའི་དགོས་གལ་རང་བཞིན་མཐོང་སྟེ། འབྲོག་པ་ཚོ་ཁག་བར་རྩྭ་ཆུའི་དོན་དུ་གཡུལ་བཀྲེས་ནས་ཕན་ཚུན་གསོད་རེས་དང་མངའ་ཁོངས་བཙན་བཟུང་། རྒྱུ་ནོར་འཕྲོག་བཅོམ་བཅས་ཀྱི་དམག་འཁྲུག་གི་འཇིགས་པ་བྱུང་ཚུལ་དང་། རྩྭ་ཐང་ཡངས་ལ་སྙེར་དབང་བསྒྱུར་བར་འདོད་པའི་དབང་སྒྱུར་པ་དག་གི་གདུག་རྩུབ་དང་ཧམ་སེམས། དེས་རྒྱུན་དུ་རུས་རྒྱུད་ཚོ་ཁག་ཉམ་ཆུང་དང་འཕོས་ཆུང་རྣམས་ལ་བཙན་འཛུལ་གྱི་འཇིགས་སྣང་སྐྱུལ་བ་སོགས་འགལ་འདུ་ཛ་དྲག་ཆེ་བ་རྣམས་རྒྱུད་དང་འབྲོང་གི་སྣང་བརྙན་བརྗོད་ནས་སྐབས་དེའི་གནས་ཚུལ་གསལ་རྗེན་དུ་སྟོན་པ་ཞིག་ཡིན་པ་ཧ་ཅང་མངོན་གསལ་ཆེ་སྟེ། རྒྱུད་རྩྭ་ཆུར་རོལ་བ་ལ་འབྲོང་གཡག་སྐར་བ་མ་དགའ་བར་དྲག་ཏུ་ཁྲོས་ཏེ་ཕུ་ཡིད་ཀྱི་གདང་ཕྲམ་རྭ་རྩེ་ནས་གཤགས་ཏེ་བསད་པ་ལས། བྲན་གཡོག་ལམ་ལུགས་ཀྱི་སྤྱི་ཚོགས་སུ་སླེབས་པའི་དུས་རིམ་ཞིག་ལ་རུས་རྒྱུད་ཚོ་ཁག་སྟོབས་ཀྱིས་འཁོར་ལོ་སྒྱུར་བར་བྱེད་པ་དག་གིས་ཡུལ་གང་ལ་བདག་དབང་བྱས་པ་དང་། དབང་སྒྱུར་བའི་མངའ་ཁོངས་རྒྱ་བསྐྱེད་པ་དང་སྲུང་སྐྱོབ་བྱེད་པའི་དོན་

ཏུ་རྐྱེན་ཕྲན་ཚེགས་ཙམ་ལ་བརྟེན་ནས་དྲག་པོའི་གཡུལ་བཤམས་ཏེ། རུས་ཚན་ཆུང་ཤོས་ཀྱི་འཐབས་མི་རྣམས་ཡང་སྙིང་རྗེ་མེད་པར་དམར་གསོད་དང་། དུས་རྟག་ཏུ་མནར་གཅོད་ཀྱི་སྡུག་བསྔལ་དྲག་པོས་གཅེས་པ་གསལ་སྟོན་བྱས་ཤིང་། ནུ་བོ་ཁྱུག་རོན་རྨང་དར་གྱིས་ཕུ་བོར་དགྲ་ཤ་བླན་པའི་ཆེད་དུ་སྨི་རྨ་བུ་ལྟམ་ཤད་དང་འབྲེལ་བ་བགྱིས་ཏེ། གསོན་ཚེ་ལོ་བརྒྱའི་རིང་ལ་བཀུར་བ་དང་། གྲོངས་ཚེ་གཤིན་རྗེའི་གྲོང་ནས་ཀྱང་རྗེས་སུ་ཡི་རང་བྱ་རྒྱུའི་དམ་ཚིག་བཞག མཇུག་མཐར་འབྲོང་གཡག་སྐར་བ་བཀུམ་པ་དང་རྐྱང་ངམ་རྟའང་མིའི་གཡོག་ཏུ་གྱུར་པ་ལས་མི་ཡིས་མི་ལ་དབང་སྒྱུར་བྱེད་པའི་དུས་རབས་སུ་རུས་རྒྱུད་ཚོ་པ་ཉམ་ཆུང་དག་གིས་རང་ཉིད་ཀྱི་སྟོབས་ཤུགས་ཁོ་ནར་བརྟེན་པས་དབང་སྒྱུར་མཁན་རྣམས་སྒྱིལ་ཐུབ་པ་ལྟ་ཅི་སྨྲལ་ཡང་མི་ཐུབ་པ་རྟོགས་ཙ་ན། བཟོད་བསྲན་བསྒོམས་ནས་སྡུག་དང་གདུང་བ་ཅི་རིགས་བཟོད་པར་བྱས་ཏེ་རུས་རྒྱུད་ཚོ་པ་སྟོབས་ཆེན་དག་རང་གི་རྒྱབ་རྟེན་དུ་བཅོལ་ནས་མི་ཚེ་སྐྱེལ་བར་དེའི་ཕྲན་གཡོག་བྱེད་པའི་སྔོན་བྱུང་ལོ་རྒྱུས་སྙིང་གི་འགལ་བ་ཛ་དྲག་ཅན་གྱི་སྤྱི་ཚོགས་ཁོར་ཡུག་དེ་གསལ་པོར་མཚོན་ཡོད། གནའ་དུས་ཀྱི་སྒྲུང་གང་ཡང་རུང་གིས་དེ་ནི་ཕྱི་ཚུལ་གྱི་བརྗོད་བྱ་རྐྱང་པ་ཞིག་མ་ཡིན་པར་སྒྲུང་མཁན་རང་ཉིད་ཀྱི་ལྟ་བ་དེ་ཉིད་སེམས་ལྡན་གྱི་དངོས་པོ་གཞན་ལ་སྦྱོ་བཏགས་ནས་མི་རྣམས་ལ་སློབ་གསོའི་ནུས་པ་འདོན་གྱིན་ཡོད་པར་སེམས། དེས་ན《རྟ་རྐྱང་དབྱེ་བའི་རབས》འདི་ཡང་སྤྱི་ཚོགས་ཀྱི་རྒྱབ་ལྗོངས་ངེས་ཅན་ཞིག་གི་ཁྲོད་དུ་རྐྱེན་ངེས་ཅན་ཞིག་ལ་བརྟེན་ནས་མི་རྣམས་ལ་གནའ་བོའི་མདོ་དབུས་མཐོ་སྒང་གི་རུས་རྒྱུད་ཚོ་ཁག་བར་གྱི་རྩྭ་ཆུ་རྩོད་གླེང་གི་བརྒྱུད་རིམ་དང་། ཚེ་སྲོག་གི་གནོད་པ། དཔལ་འབྱོར་གྱི་ཁེ་གྱོང་། ལྷག་པར་སྣང་ཚུལ་དེ་དག་གི་དཔེ་རིས་སྣ་ཚོགས་ལས་གང་ཞིག་ནི་དགེ་བ་དང་། བདེན་པ། མཛེས་པ་ཡིན་པ་དང་། གང་ཞིག་རྫུན་མ་དང་། ངན་པ། བཙོག་པ་ཡིན་པ། གང་ཞིག་ལ་བསྟོད་བསྔགས་མཛད་ཅིང་། གང་ཞིག་ལ་ངོ་རྒོལ་དང་དགག་པ་རྒྱག་དགོས་པ་སོགས་ལེགས་ཉེས་ཀྱི་བྱ་བ་སྣ་མི་འདྲ་བ་དག་མཛུབ་མོས་རི་སྟོན་གྱི་ཚུལ་དུ་མངོན་པར་བསྟན་ནས། མི་རྣམས་ཀྱི་བསམ་བློའི་འདུ་ཤེས་དང་། ཀུན་སྤྱོད། འཚོ་བའི་ཚད་གཞི་བཅས་ལེགས་པོར་བསྒྱུར་བ་དང་སྤྱི་ཚོགས་མཐུན་དུ་བསྐྱོད་པར་སྐུལ་འདེད་ཀྱི་ནུས་པ་ཆེན་པོ་ཐོན་པ་ཞིག་རེད། རྒྱུ་མཚན་དེ་རིགས་ཀྱི་དབང་གིས་གནའ་དེང་གི་ལོ་རྒྱུས་སྨྲ་བས“ལྷ་སྒྲུང་ནི་བསྐལ་པ་ཡ་ཐོག་གི་འགྲོ་བ་མིའི་རིགས་རྒྱུད་ཚོ་པའི་ལོ་རྒྱུས་དངོས་མཚོན་བྱེད་ཡིན”[7]པར་བཤད་པ་དང་། སེམས་ཁམས་སྨྲ་བ་རྣམས་ཀྱིས“ལྷ་སྒྲུང་གིས་གདོད་མའི་དུས་ཀྱི་མིའི་རིགས་ཀྱི་བསམ་ཚུལ་དྲན་སྣངས་ཀྱི་འདུ་ཤེས་འཕེལ་བའི་ལོ་རྒྱུས་མཚོན”[8]པར་བཤད།

གཉིས། གནའ་བོའི་བོད་ཀྱི་ཆོས་ལུགས་དང་མོས་མཆོད་པ།

གདོད་མའི་དུས་སུ་མི་རྣམས་ཀྱི་ཤེས་རིག་གི་ཆུ་ཚད་དམའ་ཞིང་འཚོ་བའི་མཐུན་རྐྱེན་ཞན་པས། རང་བྱུང་ཁམས་ཀྱི་འགྱུར་ལྡོག་དང་སྣང་ཚུལ་སྣ་ཚོགས་ལ་ངོས་འཛིན་ཡང་དག་བྱེད་མ་ཐུབ་པར་འཇིག

རྟེན་ཡོད་རྒྱ་ལ་ལྷ་གནས་པར་བསམ་ཞིང་། ལྟ་བ་དེའི་རྒྱང་གཞིའི་ཐོག་ནས་ལེགས་ཉེས་སྤང་བླང་གི་ཆ་དང་དགའ་སྐྱོ་ཆགས་སྡང་སོགས་འབྲེལ་ཏེ་རང་བྱུང་ཁམས་ཀྱི་ཆོས་ཉིད་ལ་འགྲེལ་བཤད་བྱས་སྟབས། གདོད་མའི་ལྷ་སྲུང་གི་རྣམ་པ་ཅན་གྱི་རྩོམ་རིག་བྱུང་བ་རེད། དེ་ཡང་བོད་གངས་ཅན་གྱི་ཡུལ་འདིར་ཐོག་མར་བོན་པོའི་ཆོས་ལུགས་དར་བ་ཡིན་པས། གདོད་མའི་རྩོམ་རིག་དེ་དག་ལས་བོན་པོ་རྣམས་གནམ་ལ་དགའ་བའི་ཁྱད་ཆོས་དེའང་མངོན་གསལ་དུ་མཚོན་ཡོད་དེ། “བོད་ཀྱི་འགྲོ་བ་མིའི་རིགས་འོད་གསལ་ལྷ་ལས་གྲོལ་བ་དང” “ཏུས་ཚན་འཕོན་དང་ལྡངས་ཀྱུང་གནམ་ལས་བབས་པ།” “རྒྱལ་པོ་ཡང་ལྷ་ཡུལ་ནས་བོད་དུ་བྱོན་པ།” “དཔང་གོང་ཕྱག་རྒྱ་ལ་སོགས་པ་ནམ་མཁའ་ལས་བབས་ཏེ། ལུང་བསྟན་གྱི་སྒྲ་ནམ་མཁའ་ལས་བསྒྲགས་པ།” “བུ་དེ་ཀུན་ལས་རྒྱལ་བར་འགྱུར་རོ”ཞེས་པའི་སྒྲ་དེ་ཡང་ནམ་མཁའ་ནས་བྱུང་བར་གྲགས་ཀྱང་། དོན་ལ“བོན་སློན་རྣམས་གནམ་ལ་དགའ་བ་གདུལ་ཕྱིར་གནམ་ནས་བབས་སོ”ཞེས་གསུངས་པ་ལྟར་རྐྱང་ངམ་རྟ་ཡང་གནམ་ནས་བོན་གྱི་ལྷ་མོ་གོང་བཙུན་དེ་མོའི་སྒོ་ཕྱུགས་སུ་བབས་པར་འགྲེལ་བ་སྟེ། ལྷ་སྲུང་དེའི་མགོར“རྟ་རྐྱང་དབྱེ་བའི་རབས་ལ། གནའ་ཁར་རྒྱ་གཞི་དགུང་ག་དགུ་ག་དགུ་གསང་ག་གསང་ཕྱོགས་ན་སྐྱིན་དང་བབ་ཀྱི་འོག་རྨིན་དང་གཡོས་ཀྱི་འོག་ནའ། རྟའི་ཕ་དང་ཡབ་ཀྱི་མཚན་ཕ་ཁར་རྟའི་ཡལ་བ་དང་མ་གསང་རྟའི་ཕྱོད་མ་གཉིས་བཤོས་དང་ནམས་ཀྱི་སྲས། རྟ་ཟ་ལུང་བྲང་གྱི་བྱེ་མ་རོན་དུ་ལྷམ་ཏེ། རྟ་བཞུགས་ནི་གནམ་ལ་བཞུགས། རྐྱང་བཞུགས་ནི་དགུང་ལ་བཞུགས་ནའ། ཁ་ཡངས་ཀྱི་རན་མ་མཆིས། མགྲིན་ཡངས་ཀྱི་ཆབ་མཆིས་ཏེ། རྟ་བབ་ནི་གནམ་ནས་བབ། རྐྱང་བབ་ནི་དགུང་ནས་བབ་ཏེ། བབ་གང་དུ་བབ་ན་ཡུལ་ལྷ་ཡུལ་གུང་དང་གྱི་ནང་དུ་བབ་ཏེ། དཀོར་སུའི་དཀོར་ན་ལྷ་ཟ་གུང་ཚན་གྱི་དཀོར་དང་དང་དུ་བབ།” ཅེས་གནའ་བསྐལ་པ་ཆགས་པའི་དང་པོ་ལ། ཨ་སྟོན་དགུ་རིམ་གྱི་སྤྲིན་དཀར་སྟེང་དང་ཉི་ཟླ་གཟའ་སྐར་གྱི་བང་རིམ་འོག་ཏུ་རྟའི་ཕ་ཁར་རྟའི་ཡལ་བ་དང་མ་གསང་རྟའི་ཕྱོད་མ་གཉིས་འདུས་པ་ལས། ནམ་གྱི་ཚེ་རྟེའུ་ཟ་ལུང་བྲང་གི་བྱེ་མ་རོན་བལྟམས་ཏེ། རྟ་ནི་གནམ་ན་བཞུགས། རྐྱང་ནི་དགུང་ན་བཞུགས་ཀྱང་རྒྱགས་པའི་རྩྭ་དང་ཆོམ་པའི་ཆུ་འཕྲུང་རྒྱུ་མེད་པས། རྟ་གནམ་ནས་བབས། རྐྱང་དགུང་ནས་བབས་ཏེ་ལྷ་ཡུལ་གུང་ཐང་དུ་ལྷ་བཟའ་གོང་བཙུན་དེ་མོའི་སྒོ་ཕྱུགས་སུ་བབས་ཚུལ་བསྟན་ཡོད། ཡང་”འབྲོང་གཡག་སྐར་བའི་མཆིད་ནས། ན་ནིང་གཞི་ནིང་སང་། གནམ་གྱི་ཡ་བླ་དགུང་གི་ཡ་སྟེངས་ནས་རྗེ་ཡབ་བླ་བདག་དྲུག་མགོན་ཚུན་ཕྱྭ་འིས་བསྐོས་སྟེ། རྟ་ཡུལ་ནི་འབྲོག་ཡིན་པའི་རིགས། གཡག་ཡུལ་ནི་བྲང་ཡིན་པའི་རིགས་ན། ཕུ་ཡིད་ནི་གདང་ཕྲུམ་ག་ལ་གར་བཞུད་ཆེས་མཆི་ན། །”ཞེས་པ་ལས“ཕྱྭ”ཞེས་པ་ནི་སྲིད་པའི་ལྷར་གོ་ཞིང་“ཡབ་ལྷ་བདག་དྲུག”ཅེས《མཛོད་འགྲེལ》ལས“ཕྱྭ་སྲས་ལྕམ་དྲལ་བརྒྱད་ཅེས་པ་གདགས་ཀྱི་དྲལ་བཞི་ནི། ལྷེ་རྗེ་རི་དཀར། ཡབ་ལྷ་བདག་དྲུག ……དེ་རྣམས་ཕྱྭ་དང་གཡང་གི་བདག་པོ་ལགས་སོ”[9]ཞེས་སྲིད་པའི་ལྷ་རབས་མཆེད་བཞིའི་

ནང་གསེས་བོད་རྒྱལ་གཉའ་ཁྲི་བཙན་པོའི་མེས་པོར་འདོད་པའི་ལྷ་དེ་ཡིན། དེ་བས། དཔའ་བོ་གཙུག་ལག་ཕྲེང་བས"འདི་ལ་བསྒྲགས་པ་བོན་ལུགས་ཞེས་གྲགས་ཀྱང་། །ཕྱྭ་དང་གནམ་ལ་དགའ་ཞིང་བླུན་པ་ཡི། །བོད་ཡུལ་གནའ་མི་སྤྱི་མཐུན་གཟུང་ཕྱིར་བསྟན། །"[10]ཞེས་པ་བཞིན་རྐྱང་ངམ་ཏ་སྟེང་ཕྱོགས་ལྷ་ཡུལ་ནས་གཤེགས་ཏེ་བོད་གངས་ཅན་གྱི་ཡུལ་དུ་བབས་པ་འདིས་ཕྱྭ་དང་གནམ་ལ་དད་པའི་གནའ་བོའི་བོད་ཀྱི་སྤྱི་སྲོལ་ལམ་བོན་གྱི་ལྟ་བ་མཚོན་ཡོད་ལ། ཡབ་ལྷ་བདག་དྲུག་དང་ལྷ་བཟའ་གོང་བཙུན་དེ་མོ་སོགས་ཀྱིས་མགོ་ནག་མིའི་སྐྱིད་སྡུག་ལེགས་ཉེས་ཀྱི་བྱ་བ་ཐམས་ཅད་ལ་ཁ་ལོ་བསྒྱུར་བར་སེམས་ཏེ། ལྷ་དེ་དག་ལ་ལེགས་པར་མཆོད་པ་དང་ཆབས་ཅིག་ལྷ་སྲུང་འཁོར་དང་བཅས་པ་དགྱེས་པར་གྱུར་ན་ནད་གདོན་ཚོམ་རྐུན་དགྲ་ཇག་ཐན་པ་དང་། སད་དང་སེར་བ་ལོ་ཉེས་ཕྱུགས་ཉེས་སོགས་བར་ཆད་ཆག་སྒོ་མ་ལུས་པར་ཞི་ཞིང་བཟློག་པར་ཡིད་ཆེས་བྱེད་པའི་ཐུན་མོང་ཅན་གྱི་བསམ་བློའི་འཁྱེར་སོ་དེའང་མཚོན་ཡོད། ཡང"ཕ་གཤེན་རབས་མྱི་བོ་དང་དུར་གཤེན་རྨ་དད་བས་ལ་ནི་རྒྱལ་སྐོས་ལུང་དུ་ནི་བཆས"ཞེས་པའི་སྟོན་པ་གཤེན་རབ་མི་བོ་ཆེ་ནི་ཏྭ་ཟིག་འོལ་མོ་ལུང་རིང་ཞེས་པ་སྟོད་མངའ་རིས་ཞང་ལུང་གི་ཡུལ་དུ་འཁྲུངས་ཤིང་། བོན་ལུགས་ལྟར་ན་དེས་སྔར་ཡོད་གདོན་བོན་དང་བདུད་བོན། བཙན་བོན་སོགས་ལེགས་སུ་བཅོས་པ་དང་། སྔར་མེད་བསྒྲགས་པ་གསུམ་གྱི་དཔེའུ་རིས་དང་། སྒོ་བཞི་མཛོད་ལྔ་ལ་སོགས་པའི་གཞུང་ལུགས་གསར་གཏོད་གནང་མཁན་ཡིན། དུར་གཤེན་རྨ་དད་ནི་བོན་ཤེས་པ་ཅན་བཅུ་གཉིས་ཀྱི་ནང་གསེས་འདུར་ཤེས་ཤིད་བོན་ཞེས་པ་དེ་ཡིན་ལ། དེ་ནི་གཤིན་གསོན་ལ་རྩིས་བྱེད་ཅིང་། གཤིན་པོའི་བླ་སྲོག་འཁྱེར་བའི་གདོན་འདྲེ་འདུལ་མཁན་ཞིག་ཏུ་ངོས་འཛིན་པ་ཡིན་པས། 《ཏ་རྐྱང་དབྱེ་བའི་རབས》ཞེས་པའི་ལྷ་སྒྲུང་འདིའི་ནང་སྟོན་པ་གཤེན་རབས་ཀྱི་རྗེས་སུ་བོན་གྱིས་ལྟད་བསྲེས་པ་ཤེས། བོན་རིག་པར་ཞིབ་འཇུག་གནང་མཁན་ཕྱི་གླིང་པ་ཨ་ནེ་མ་རས་སྨྲ་ལོན་རྒྱུས《གཟེར་མིག》ལ་པོད་གཉིས་པ་ཡོད་དང་དེ་ནི་བོན་གྱི་སྟོན་པ་གཤེན་རབ་ཀྱི་རྣམ་ཐར་འབྲིང་པོ་དེ་རེད། དེའི་ནང་གཤེན་རབ་འོལ་མོ་ལུང་རིང་ནས་གོང་ཡུལ་དུ་བདུད་ཁྲབ་པ་ལག་རིང་འདུལ་བར་ཕེབས་པའི་སྐོར་གྱི་སྒྲུང་ཐུང་ཞིག་ཡོད།[11] ཅེས་བཤད་པ་དང་། 《བོད་ཀྱི་ལོ་རྒྱུས་རགས་རིམ་གཡུ་ཡི་ཕྲེང་བ》ལས་ཡིག་ཚང་དུ་མའི་ནང་གཉའ་ཁྲི་བཙན་པོ་ཐོག་མ"ལྷ་རི་གྱང་དོར"ཕེབས་ཚུལ་འཁོད་པ་དེར་སྣང་ཞིང་། ལྷ་རི་གྱང་དོ་ནི་ཀོང་པོ་ཉིང་ཁྲི་རྫོང་ཁོངས་སྣག་རྩེ་ཆུས་ཀྱི་ན་དུ་གྲོང་ཚོའི་འགྲམ་དུ་ཡོད་པའི་དུས་ཕྱིས་བོན་རིར་གྲགས་པ་སྟོན་པ་གཤེན་རབ་ཀྱི་གནས་རི་དེ་ཡིན།[12] ཞེས་གསུངས་པ་བཞིན་ཀོང་པོའི་ཡུལ་འདིར་སྔོན་དུས་བོན་ཆོས་དར་ཁྱབ་ཆེ་བར་བྱུང་བའི་རྟགས་སུ་བོན་སྟོན་པ་གཤེན་རབས་ཀྱི་གནས་ཆེན་དུ་གྲགས་པའི་བོན་རི་དང་སྣག་རྩེ་རི་ཁྲོད་ཟེར་བ་སོགས་ཡོད་པར་མ་ཟད། བོན་རྙིང་པའི་ལུགས་སྲོལ་ལྟར་གྱི་དམར་མཆོད་དང་། གྲི་འདུལ། གཤེན་འདུར་སོགས་ཀྱི་ལུགས་སྲོལ་ཀྱང་ཡོད། རྒྱུ་རྐྱེན་དེའི་དབང་གིས་ལྷ་སྒྲུང་འདི་ལས་བོན་གྱི་བསྟན་པ་དང་

རིག་གནས་ཆེས་ཆེར་དར་བའི་ཡུལ་ཀོང་པོ་འདི་སྔན་གྲགས་ཆེ་ཤོས་ཀྱི་ཡུལ་དབུས་ལྟ་བུ་ཞིག་ཏུ་བརྩི་བ་དང་། ཀོང་ཡུལ་ནས་བྱུང་བ་ཞིག་ཡིན་ན་རྩ་ཆེན་པོར་བསམས་ཏེ། རྟ་གནམ་ནས་ཐོག་མར་འབབ་པའི་གནས་དེའང་ལྷ་བཟའ་ཀོང་བཙུན་དེ་མོའི་མངའ་གཞིས་བོད་རང་སྐྱོང་ལྗོངས་ཀྱི་ཁོངས་གཏོགས་ཀོང་པོར་གཏུགས་པས་སྐབས་དེའི་བོད་པ་རྣམས་ཀྱི་བསམ་བློའི་དད་ཞེན་དང་མཐུན་པར་འདུག འདི་ནི་སྐབས་དེའི་མི་རྣམས་ཀྱི་བསམ་བློའི་དགོས་མཁོ་དང་ཕྱོགས་ཞེན་ཞིག་ཡིན། འདི་ཐམས་ཅད་མཐར་གཏུགས་ན་ཕྱྭ་དང་གནམ་ལ་དགའ་ཞིང་དད་པའི་གནའ་བོའི་བོད་ཀྱི་འདུ་ཤེས་དང་བོན་ཆོས་ཀྱི་དད་མོས་དེ་མཚོན་ཡོད། དད་པའི་ཡུལ་འདི་དགེ་མཚན་དང་བྱིན་རླབས་ཆེ་བར་མ་ཟད། འདི་ལས་མཆེད་པ་ཐམས་ཅད་རིགས་རུས་གཙང་ཞིང་། ཁུངས་ལེགས་པ་གསལ་བར་བྱེད་ཆེད་དུ་ཡིན། དེ་ལྟ་བུའི་ཡ་ཐོག་བསམ་བློའི་མཛེས་དཔྱོད་འདུ་ཤེས་འདི་ཚུར་སྣང་བྱེད་པར་དེར་མཐུན་གྱི་བྱུང་རིམ་ཞིག་སྤེལ་ཅིང་། བྱུང་རིམ་དེ་དང་འབྲེལ་ནས་ཕུན་སུམ་ཚོགས་པའི་མིང་དང་ཚིག་གི་རྣམ་པ་སྦྱོར་པ་ནི་ཉམས་སྒྲོ་བའི་རྩོམ་རིག་གི་མཛེས་དཔྱོད་སྣང་ཚུལ་ཞིག་ཡིན་ལ། ལྷ་སྒྲུང་འདིའི་ལེགས་ཆ་དང་ཕྱིས་བྱུང་སྒྲུང་གཏམ་ལྷུག་རྩོམ་མཐའ་དག་གི་རྣམ་པའི་མཛེས་མཚར་ཞིག་ཏུའང་གྱུར་ཡོད།

གསུམ། གནའ་བོའི་བོད་ཀྱི་དམངས་སྲོལ་མཚོན་པ།

དམངས་སྲོལ་ཞེས་པ་ནི་དམངས་ཁྲོད་ཀྱི་ཡུལ་སྲོལ་གོམས་གཤིས་ཏེ། མི་རིགས་ཤིག་གི་དད་མོས་དང་འདས་མཆོད། གཉེན་སྒྲིག བཅས་སྟོན། རྨོ་འདེབས་དང་ཕྱུགས་གཉེར་རིག་གནས་སོགས་ལས་མངོན་པའི་གཅིག་གྱུར་གྱི་གོམས་སྲོལ་ཞིག་ཡིན་ལ། མི་རིགས་ཕན་ཚུན་བར་དབྱེ་བ་དགར་བའི་གཞི་ཚུགས་ས་གཙོ་བོ་ཞིག་ཀྱང་ཡིན། རྩོམ་རིག་བརྩམས་ཆོས་ནི་དམངས་སྲོལ་དེ་དག་གསལ་པོར་སྟོན་པའི་མེ་ལོང་ལྟ་བུ་ཡིན། དཔེར་ན།

1. "རྟ་ཁྱོད་ནི་ཁར་སྲབ་ཀྱིས་སྲབ་སྟེ། ཁ་དྲུང་ཤུ་བབ་འཁོར་ཆིག རྒྱབ་ཏུ་སྐས་སྟེ་རྒྱབ་ཏུ་སྐལ་བྱུང་ཤིག གློ་གློས་མནན་ཏེ་ཁོང་ན་སྙིང་ཉམས་པར་ཤོག་ཤིག"ཅེས་མི་ཆེ་གེ་མོ་ཞིག་བྱ་ཡུལ་དུ་བཟུང་སྟེ་སྨོན་ལམ་ངན་པ་བཏབ་པའི་མཐུ་ཡིས་མི་དེ་ལ་རྐྱེན་ངན་འབྱུང་བར་འདོད་པའི་དམོད་མོ་བྱེད་སྲོལ་དང་རི་རྒྱུད་རྟ་རུ་བཏུལ་ནས་བཞོན་སྲོལ་མཚོན་ཡོད་ལ། "ཕུ་རྒྱུད་རོན་རྫོག་བཀྲ་ཁྱོད་ནི་ཡུལ་ཕྱི་འགྲོག་ལྟང་གསུམ་དུ་སོང་ན་བཞོན་གྱི་སྨྱི་སྨྱིད་ཀྱང་སྐར་མ་གཡེན་གྱིས་བཞོན་ཏེ་རྒྱབ་བྱ་འབྲས་དང་ཚག་མ་ཚོག་པར་ཤོག་ཤོག"ཅེས་པའི"སྐར་མ་གཡེན"ནི་སྐར་མ་སྨིན་བདུན་ནམ་ཡོངས་གྲགས་སུ་བྱུང་སྐར་སྨུན་བདུན་དུ་འབོད་ཅིང་ནག་རྩིས་ཀྱི་གཞུང་འགའ་ཞིག་ཏུ་སྨི་བདུན་ཞེས་བརྗོད་པ་དེ་ཡིན། གནའ་རབས་བོད་ཀྱི་ཞིང་འབྲོག་ས་ཁུལ་དུ་ལྷོ་བྱང་གི་ཁ་ཕྱོགས་མི་ནོར་བའི་ཆེད་དུ་བྱང་ཕྱོགས་ནས་འཆར་བཞིན་ཕྱོགས་དེར་ནུབ་པའི་སྐར་མ་འོད་གསལ་བ་བདུན་ཡོད་པའི་ཕྱོགས་དེ་བྱང་དུ་ངོས་བཟུང་ཞིང་། དེའི་

ཁ་གཏད་ཀྱི་ཕྱོགས་ལྟོ་དང་། དེ་གཉིས་ཀྱི་བར་ཉེ་མ་འཆར་ནུབ་ཀྱི་ཕྱོགས་ཤར་དང་ནུབ་ཕྱོགས་སུ་ངོས་འཛིན་བྱེད་སྲོལ་ཡོད། དུས་བཞིའི་འགྱུར་བ་དང་རང་བྱུང་གནོད་འཚེ་ལ་བརྟེན་ནས་རྒྱང་གི་རྒྱབ་ཏུ་སྤུ་ལྤུང་བའམ་ཆིག་པ་ལ་བྱུང་སྐར་བདུན་གྱིས་བཙོན་པར་འགྲེལ་བའི་དམངས་སྲོལ་དང་འདུ་ཤེས་འཛིན་སྟངས་ཁྱད་པར་ཅན་ཞིག་མཚོན་ཡོད།

2. "སྦྱི་རྩ་བུ་ལུམ་ཤད་དང་ཧ་རྨང་དར་གཉིས་ཐ་ཚིགས་ནི་སྐམ་ལ་བཆས་དྲེཽ་ཧ་ནི་དབྱེ་ལ་སྟོད་དེ་མནའ་བཆད་མཐོ་བཆདེ་བཆད་ཀྱི་མཐེབ་ལི་གོང་། ཐ་བགྲིས་ཚིགས་བགྲིས་ཏེ་གཉེ་བྲོ་ཐབ་མོ་གོར་ཏེ། བཤོས་ན་ནི་རིང་བཀུར་ནོངས་ན་ནི་རྗེས་གདབ་པར་བགྱི།" ཞེས"མནའ་ཆེན་མ་བཞག་ན། དགྲ་ཆེན་མི་ཐུལ"བ་བཞིན་རྒྱང་རོན་རྗོག་བཀྲ་ཕྱུན་མཆེད་གཉིས་འཁྲོང་གཡག་སྐར་བ་ལ་ཕུ་བོ་བསད་པའི་ཤ་འཕོན་གླན་པར་ཏློ་མ་མཐུན་པར་རི་ཡུལ་གཉིས་སུ་གྱེས་མཐར། ནུ་བོ་ཁྱུག་རོན་རྨང་དར་ཡུལ་མི་ཡུལ་སྐྱིད་ཐང་གི་མཁར་སྐྱ་བོའི་ནང་བཟུང་མི་རྩ་བུ་ལུམ་ཤད་དང་མཇལ་ཏེ་དགྲ་ཤ་ལེན་པའི་རེ་བ་བཏོན་ཅིང་། ཕན་ཚུན་གྱི་མཐེབ་མོ་ལས་ཁྲག་བཏོན་ཏེ་འདྲེས་པར་བྱེད་པའམ་ཁ་ལ་རེག་པ་སོགས་བྱས་ན་མནའ་བཅད་ཅིང་ལག་ཐང་གོར་མོ་སྒྲིལ་ཏེ་མིས་ཧ་ལ་རོགས་བྱས་ཏེ་དགྲ་ཤ་གླན་རྒྱུ་དང་། ཧས་མི་ལ་དྲིན་ལན་གཟོ་བའི་ཕྱིར། གསོན་ན་ནི་རིང་དུ་བཀུར། ཤོངས་ན་ནི་འདས་མཆོད་གཏོང་བར་ཁས་ལེན་དམ་བཅའ་བཞག བདེན་རྫུན་ཤན་འབྱེད་པ་དང་མི་འགྱུར་བའི་དན་རྟགས་སུ་ཉི་ཟླ་གཟའ་སྐར་དང་གནམ་སའི་ལྷ་རྣམས་དཔང་དུ་བཙུགས་ནས་མནའ་བོར་བ་ནི་གནའ་བོའི་བོད་ཀྱི་ཐུན་མོང་མ་ཡིན་པའི་ཡུལ་སྲོལ་གོམས་གཤིས་དང་འདུ་ཤེས་འཛིན་སྟངས་ཤིག་ཡིན་པ《ཐང་ཡིག་གསར་རྙིང་》དང་ཏུན་ཧོང་ནས་ཐོན་པའི་ཡིག་རྙིང་སོགས་ལས་མངོན་པར་གསལ། མནའ་དང་འགལ་བའི་ཉེས་དམིགས་ཤིན་ཏུ་ལྷི་ཚུལ་བརྗོད་པ་དང་ཡུལ་ལྷ་གཞི་བདག་དཔང་ལ་བཞག་ནས་མནའ་སྐྱེལ་བ་ནི་བྱ་སྤྱོད་ཀྱི་ཆེས་མཐོ་བའི་འཆིང་ཤུགས་ཡིན་ལ། དམ་ཚིག་དང་ལྡན་པའི་མི་རྣམས་མནའ་དང་འགལ་མི་ཐོད་པ་དེ་མནའ་ཡི་ནུས་པ་འདོན་སྤེལ་བྱེད་པའི་སྟོབས་ཤུགས་སུ་གྱུར་ཅིང་། སྟོབས་ཤུགས་དེས་ད་ལྟའང་བོད་ཀྱི་སྤྱི་ཚོགས་འཚོ་བའི་ཁྲོད་དུ་དམ་བཅས་པའི་ཚིག་སྤྱང་ཞིང་ཡིན་མིན་གྱི་བསྐོན་བྱུང་བ་ལ་བདེན་རྫུན་ལེགས་ཉེས་འབྱེད་པའི་དྲང་ཐིག་གི་ནུས་པ་འདོན་བཞིན་ཡོད་པ་ལྟར་རེད།

3. "རྗེ་ནི་དཔན་ཏེན་ནོངས། གཡུ་ནི་བཟང་གྲུགས། རྗེ་གྲོངས་ནི་གནམ་ལས་གྲོངས། གཡུ་གྲུགས་ནི་དབུ་ལས་གྲུགས།" ཞེས་རྗེ་གྲོངས་པ་དང་མཉམ་དུ་གཡུ་བཟང་པོ་ཡང་དབུ་ནས་ཆག་པ་འདྲིས་ཆེས་གདོད་མའི་མིའི་རིགས་ཀྱི་ཐུན་མོང་གི་དམངས་སྲོལ་དང་འདུ་ཤེས་འཛིན་སྟངས་ཤིག་མཚོན་ཡོད་དེ། བོད་རྒྱལ་གྱི་གུམ་བཙན་པོར་མཚན་གསོལ་སྐབས་ལྟས་བཟང་ངན་བརྟགས་པ《ལྡེའུ་ཆོས་འབྱུང》ལས། "མ་མའི་མཆིད་ནས་རྗེའི་ཟླ་མཚོ་སྐམ་མམ་མ་སྐམ། བྲག་གི་བྲག་དམར་པོ་ཉིལ་ལམ་མ་ཉིལ། ཟླ་

སྤྱང་དྲངས་མ་འབྲིས་སྤྱང་མེས་ཚོག་གམ་མ་ཚོག་ལྟོས་ལ་ཤོག་བྱས་པས་བོད་འབངས་ཕ་དགུས་བལྟས་པས། མཚོ་ཡང་མ་སྐམ། བྲག་ཀྱང་མ་ཉིལ། སྤྱང་ཡང་མ་ཚོག་པར་གདའ་ནས་དེ་སྐད་བརྗོད་པས། མོ་རྣ་བ་འོན་པས་ལོག་པར་ཐོས་ནས། ཆུ་གསུམ་སྤྱང་གསུམ་བྲག་གསུམ་ན་རྒྱལ་སྲིད་མི་ཐེབ་པས། མཚན་ཡང་གྲི་གུམ་བཙན་པོར་ཐོགས་ཤིག་གསུངས་ནས་གྲི་གུམ་བཙན་པོར་བཏགས་སོ།”[13] དེའི་ཁྲོད་ཀྱི་རྗེའི་ལྷ་མཚོ་དང་། བྲག་གི་བྲག་དམར་པོ། ལྷ་སྤྱང་དྲངས་མ་འབྲིས་སྤྱང་བཅས་ནི་ལྷ་སྲོག་གནས་སའམ་ཡུལ་གྱི་རྒྱལ་པོ་དང་བློན་པོ་སོགས་ཀྱི་ལྷ་སྲོག་དར་རྒུད་ཀྱི་རྟགས་སྟོན་པའི་བྲག་དང་སྤྱང་། མཚོ་དམིགས་བསལ་ཅན་དག་གི་མིང་ཡིན་པ་གསལ་བ་བཞིན་གདོད་མའི་མི་རྣམས་ཀྱིས་རང་ཉིད་ཀྱི་བླའམ་ཚེ་སྲོག་གི་རྟེན་གཞི་བྱེད་པའི་རི་དང་། མཚོ། གཡུ་སོགས་བླ་བཅོལ་སའི་སྲོག་ཆགས་དང་དངོས་པོ་མང་དུ་བསྟན་ཡོད་པ་དང་། རི་ལ་བླ་རི་དང་། མཚོ་ལ་བླ་མཚོ། གཡུ་ལ་བླ་གཡུ་སོགས་བརྗོད་པ་ནི། རང་ཉིད་ཀྱི་བླ་སྲོག་གནས་སའི་རི་དང་མཚོ་སོགས་ལ་དར་རྒུད་བྱུང་ཚེ་རང་ལ་ཡང་དེ་དང་འདྲ་བའི་བདེ་སྡུག་འབྱུང་བའི་བཤད་སྲོལ་ཡོད། གནའ་བོའི་བོད་ཀྱི་རུས་མཛོད་སོགས་ལས། སྐ་ནི་ཤིང་ཁམས་ལུགས་ལ་བླ། སྙོ་ནི་མེ་ཁམས་ར་ལ་བླ། ལྡོང་ནི་ས་ཁམས་ཤ་བར་བླ། སྦྲ་ནི་ལྕགས་ཁམས་ཁྱུང་ལ་བླ། འབྲི་ནི་ཆུ་ཁམས་གཡག་ལ་བླ། ཞེས་ཁྱུང་ངམ་རྟ་ནི་རུས་ཚན་སྦྲ་ཡིས་བླ་རྟེན་དུ་བྱེད་པ་ཡིན་ན། བླའི་རྟེན་དུ་བྱེད་པའི་སྲོག་ཆགས་དང་སྐྱེ་དངོས་འདི་རིགས་རང་བཞིན་སྤྱིར་བཏང་གི་དངོས་པོ་ཞིག་མ་ཡིན་པར་འཛིག་རྟེན་ན་ཆེས་དཀོན་ཅིང་མཆོག་ཏུ་བརྩི་བ་ཤ་སྟག་ཡིན་པ་ལས་རྟའི་རིན་ཐང་དང་གོ་གནས་ཀྱང་རང་བཞིན་གྱིས་རྟོགས་ཐུབ། “པོ་རྒྱས་ཐོག་རྟ་ཤིན་ཏུ་དྲིན་ཆེ་བས་སོག་པོར་རྟ་བཀུར་བའམ་མཆོད་པའི་སྲོལ་ཆགས་ཤིང་། རྒྱ་མཚན་དེར་བརྟེན་ནས་ཁོ་ཚོས་རྟ་ཤ་མི་ཟ་བ་བཞིན། བོད་ཀྱིས་རྟ་ནོར་ལུགས་གསུམ་ལས་རྟ་ཤ་མི་ཟ”[14]བའང་རིག་གནས་ཀྱི་རྒྱབ་ལྗོངས་འདི་འདྲར་ཐུག་པ་ཡིན་སྙམ་ལ། རྟའི་ཆེ་བ་བརྗོད་དེ་སྙིང་ཕྱོགས་ལྷ་ཡུལ་ནས་མི་ཡུལ་དུ་ཡོང་བ་ཡིན་ཚུལ་དྲིལ་བསྒྲགས་བྱེད་པའི་རྩ་བའང་འདི་ལ་ཐུག་པ་ཡིན་སྙམ། གཞན་ཡང་མེ་ལོང་གི་ངོས་དང་མར་མེ་ཡི་འོད། ནམ་མཁའི་སྐར་མ། བྱ་སྐད་སྣ་ཚོགས་ལ་བརྟགས་ནས་གཟའ་སྐར་བཟང་མིན་དང་དོན་དག་འགྲུབ་མིན། ཉེས་སྐྱོན་འབྱུང་མིན་བཅས་སྔོན་དཔག་མཚོན་བྱེད་པས། ལྟས་བརྟག་པའི་སྲོལ་འདིས་བོད་མི་དམངས་ཀྱི་འཚོ་བའི་ཁྲོད་གོ་གནས་གལ་ཆེན་ཞིག་ཐེབ་ཡོད།

4. “གཤིན་སྟེ་ཉེར་བུ་ནི་བཆས། རྟན་བང་རྟན་ཁོད་མོ་ནི་བཀོད་དེ། བཟང་ནི་སེ་ལ་བསགསྟེ། ས་ནི་གྲལ་དུ་དངར་ཏེ།” ཞེས་མི་ཤི་ཚེ་གཤིན་པོ་འབོལ་གདན་འཇམ་པོའི་སྟེང་དུ་བཞག་ནས་དུར་དུ་སྦྲ། ཟས་གོས་གང་ལེགས་ཀྱང་དུར་འཇུག་བྱེད། དུར་ས་འབུར་མ་བྱས་ཏེ་མདུན་དུ་ཟས་ཀྱི་མཆོད་པ་བཤམས་ཚུལ་སོགས་སྐབས་དེའི་དམངས་སྲོལ་མཚོན་ཡོད། “བཙན་པོ་བགྲོངས་ཚེ་མི་གཞན་དག་དུར་གྲོགས་སུ་

སྲ། བཙན་པོའི་མནབས་ལྷ་དང་། རྟེད་ཆས། བཅིབས་རྟ། མདའ་གཞུ། རལ་གྲི་ལ་སོགས་པའི་གཅེས་ནོར་རྣམས་ཀྱང་དུར་དུ་འཇུག་པང་སོ་ཆེ་ཏུ་བརྩིགས་ལ། དེའི་ནང་དུ་དུར་ས་འབུར་མ་བྱེད་ཅིང་། ཐོག་ཏུ་ཤིང་ཞིག་བཙུགས་ཏེ་མཆོད་པར་བྱེད།" [15]ཅེས་པ་བཞིན་ཏུན་ཧོང་ཡིག་རྙིང་ཁྲིད་ཀྱི་བཙན་པོ་རིམ་བྱུང་གི་ལོ་རྒྱུས་ལས་ཀྱང་བུ་ཏུ་ལས་སྐྱེས་ཀྱིས་སྐུ་འོད་དེ་རིང་མོའི་མདུན་ནས་གྱི་གུམ་བཙན་པོའི་སྤུར་གླུ་ཆེད་དུ་བུ་མོ་ཞིག་གི་དྲུང་ནས་མི་མིག་བྱ་མིག་ཅན་དེ་ཉོ་འདོད་པས་གླུ་ཡོན་ཅི་ཞིག་དགོས་ཞུས་པ་ལ། བུ་མོས་གཞན་ཅི་ཡང་མི་དགོས། དུས་ནམ་ཡིན་ཡང་བཙན་པོ་ཡབ་ཡུམ་ཞིག་གྲོངས་ཚེ། གཙུག་ཕུད་བཅིངས་པ་དང་གདོང་ལ་ཚོས་སྣ་བྱུགས། ལུས་ལ་གོས་རྒྱན་མཛེས་པར་སྤྲས། བཙན་པོའི་སྤུར་ལ་ཉར་ཚགས་ལེགས་པོ་བྱེད་ཅིང་དུར་རྫས་རྩ་ཆེན་གཞན་ལ་འཕྲོག་ཏུ་མི་འཇུག་པ་དང་ཟས་ཀྱི་མཆོད་པ་བཤམ་དགོས་ཚུལ་སྨྲས་ཡོད། ཡང་དབས་ཕང་ཧོ་རེ་དབྱི་ཚབ་ཀྱིས་རྒྱལ་པོ་སྟག་རི་གཉན་གཟིགས་དང་གནམ་རི་སྲོང་བཙན། སྲོང་བཙན་སྒམ་པོ་བཅས་རྒྱལ་རིང་གསུམ་ལ་བཙན་པོའི་འཕྲིན་ལས་འཕེལ་བར་བྱས་རྗེས་ཆེན་པོ་བཞག་སྒྲོང་བས། རྒྱལ་པོ་སྲོང་བཙན་གྱིས་ཕོང་ལ་གྲོངས་ཚེ་བང་སོ་བརྩིག་པ་དང་། རྟ་བརྒྱ་དུར་འཇུག་བྱེད་རྒྱུའི་བཀའ་བསྒྲལ། གོང་གསལ་ལྟར་བོད་གནའ་དུས་སུ་བཙན་པོ་དང་། བཙུན་མོ། བློན་པོ། འབངས་བཅས་འདས་རྗེས་བང་སོ་རྩིག་པ་དང་། དེའི་ནང་དུ་རང་རང་གི་དཔལ་འབྱོར་སྟོབས་ཤུགས་ལ་གཞིགས་པའི་རྒྱུ་ནོར་རྩ་ཆེན་རྣམས་བེམ་པོ་དང་མཉམ་དུ་སྦས་སྲོལ་ཡོད་པ་མཚོན།

5. "ཁྱི་རྨ་བུ་ལྷམ་ཤད་ཀྱིས་གཡག་ཤ་ནི་ལྷུ་ཏུ་བཀྲལད། གཡག་སྐོ་ནི་རས་སུ་དྲྀསྐེ། ཛ་མ་བན་ཆིག་ཏ་ཁྱུག་རོན་རྨང་དར་འི་ཛོག་ལ་བཐགས་ཏེ། སྣང་གྱི་ནི་སྙིང་བཆད། བྱམས་གྱི་ནི་ལན་བླན།" ཞེས་པས་སྐབས་དེར་གཡག་ཤ་ལྷུ་ཏུ་གསིལ་བ་དང་། གཡག་ཀོ་རས་སུ་དྲས་ཏེ་རྒྱུན་བུ་དང་འབྲེང་བ། སྦྲོ་བ་སོགས་འཚོ་བའི་ཡོ་བྱད་སྣ་ཚོགས་བཟོ་སྲོལ་ཡོད་པ་མཚོན་ལ། "མི་བསད་པའི་མཐེབ་མོ་སྒྲོ་གང་བླངས། །རྟ་བསད་པའི་ཛ་ཉག་སྒྲེ་གང་བླངས།"[16] ཞེས་པ་དང་། ཏུན་ཧོང་ཡིག་རྙིང་ཁྲིད་ཀྱི《བོད་བློན་མགར་ཁྲི་འབྲིང་བཙན་བྲོད་དང་རྒྱ་བློན་ཝོྃང་ཀེར་ཞང་ཤེ་གཉིས་ཀྱིས་ཤགས་བཀྱེས་པའི་ཚིག》ལས་ཀྱང་འདུས་སྲོང་མང་པོ་རྗེ་རླུང་ནམ་འཕྲུལ་གྱི་རྒྱལ་པོའི་སྐུ་རིང་དང་ཐང་གི་རྒྱལ་མོ་ཝུའུ་ཙེ་ཐེན(武厕天)གྱི་ཁྲི་ལོ་ཀྲིན་ཧྲིན་དང་པོ(证圣元年)སྟེ་སྤྱི་ལོ695པར་མཚོ་སྔོན་པོའི་ཕྱོགས་སུ་མཆིས་པའི་བོད་ཀྱི་དམག་དཔོན་མགར་ཁྲི་འབྲིང་གིས་ཀན་སུའི་ལིན་ཐའོ་ལ་དམག་དྲངས་ཏེ། རི་བོ་སྟག་ལ(索罗汗)བྱ་བའི་ཡུལ་དུ་རྒྱའི་དམག་དཔོན་ཝང་ཞའོ་ཅེ(王孝杰)དང་གཡུལ་སྤྲོད་སྐབས་བོད་དམག་སྟག་ཆོད་གཡག་ཆོད་ཕྲེང་དུ་སྒྲིག་འདྲ་བ་དག་གིས་དཔའ་སྟོབས་ཆེན་པོས་དཔུང་འཇུག་བྱས་ཤིང་། རྒྱ་མང་པོ་བསད་པས་རོ་གཅིག་གནམ་དུ་བསྒྲིངས་པ་འབུམ་བསད་པའི་མཚན་མར་བཞག་སྟེ་ཕ་རོལ་དཔུང་སྡེར་འཇིགས་སྐུལ་དང་སྤྲ་བཀོང་བར་བྱེད་པ། རང་གི་དཔུང་སྡེར་དཔའ་སྟོབས་དང་ངར་ཤུགས་བསྐྱེད་པ་སོགས་ནུས་པ་ཆེ་བའི་

སྲོལ་ཆེས་ཆེར་དར་ཡོད་པ་བཞིན་འདིར་ཡང་འཁྲོང་གཡག་སྐར་བའི་ཇ་མ་རྟ་ཁྱུག་རོན་རྨང་དར་གྱི་རྫོག་ལ་བརྟགས་ཏེ་སེམས་ཀྱི་ཁོང་ཁྲོ་སོད་པ་དང་རང་གི་དཔའ་རྟགས་སམ་སྟང་དགྲ་ཚར་གཅོད་བྱས་པའི་དན་རྟགས་གཞན་ལ་རོམ་སྲོལ་ཡོད་པ་མཚོན་ཡོད་དོ།། །།

མཆན།

[1] "ཉུང་མ"ཞེས་ལ་ཕུག་ལྷ་བུའི་བཟའ་བྱའི་བྱེ་བྲག་རོ་མངར་བ་ཞིག་ཡིན། 1993ལོའི་ཟླ12པར་མི་རིགས་དཔེ་སྐྲུན་ཁང་གིས་ཐེངས་དང་པོར་པར་དུ་བསྐྲུན་པའི《བོད་རྒྱ་ཚིག་མཛོད་ཆེན་མོ》ཡི་ཤོག་ངོས958པར་གསལ།

[2] 2003ལོའི་ཟླ6པར་མི་རིགས་དཔེ་སྐྲུན་ཁང་གིས་ཐེངས་དང་པོར་པར་དུ་བསྐྲུན་པའི《དམ་ཅན་བསྟན་སྲུང་གི་རྣམ་ཐར》གྱི་ཤོག་ངོས184པར་གསལ།

[3]《ཏུན་ཧོང་ནས་ཐོན་པའི་བོད་ཀྱི་ལོ་རྒྱུས་ཡིག་ཆ་ལས་བྱུང་བའི་བོད་ལྗོངས་ས་མིང》གི་ཤོག་ངོས77པར་གསལ།

[4] 1994ལོའི་ཟླ7པར་བོད་ལྗོངས་བོད་ཡིག་དཔེ་རྙིང་དཔེ་སྐྲུན་ཁང་གིས་ཐེངས་གཉིས་པར་པར་དུ་བསྐྲུན་པའི《དགེ་འདུན་ཆོས་འཕེལ་གྱི་གསུང་རྩོམ》དེབ་གཉིས་པའི་ཤོག་ངོས77པར་གསལ།

[5]《ནམ་མཁའི་ནོར་བུའི་གསུང་རྩོམ་ཕྱོགས་བསྒྲིགས》ན་གསལ།

[6] དུང་དཀར་བློ་བཟང་འཕྲིན་ལས་མཆོག་གིས་གསུངས།

[7] [8]《བོད་ཀྱི་ཤེས་རིག་དཔྱད་རྩོམ་ཕྱོགས་བསྒྲིགས》ཀྱི་དེབ་གསུམ་པའི་ཤོག་ངོས463-464བར་གསལ།

[9] 1993ལོ་ཟླ10པར་ཀྲུང་གོའི་བོད་ཀྱི་ཤེས་རིག་དཔེ་སྐྲུན་ཁང་གིས་ཐེངས་དང་པོར་པར་དུ་བསྐྲུན་པའི《ཆབ་སྤེལ་ཚེ་བརྟན་ཕུན་ཚོགས་ཀྱི་གསུང་རྩོམ་ཕྱོགས་བསྒྲིགས》ཀྱི་ཤོག་ངོས182པར་གསལ།

[10] 1986ལོའི་ཟླ6པར་མི་རིགས་དཔེ་སྐྲུན་ཁང་གིས་ཐེངས་དང་པོར་པར་དུ་བསྐྲུན་པའི《ཆོས་འབྱུང་མཁས་པའི་དགའ་སྟོན》གྱི་ཤོག་ངོས156པར་གསལ།

[11] 2005ལོའི་ཟླ8པར་ཀྲུང་གོའི་བོད་རིག་པ་དཔེ་སྐྲུན་ཁང་གིས་ཐེངས་དང་པོར་པར་དུ་བསྐྲུན་པའི《ཕྱི་གླིང་པས་བོན་ལ་ཞིབ་འཇུག་བྱས་པའི་དཔྱད་རྩོམ་བདམས་བསྒྱུར》གྱི་ཤོག་ངོས23པར་གསལ།

[12] 1989ལོའི་ཟླ10པར་བོད་ལྗོངས་དཔེ་རྙིང་དཔེ་སྐྲུན་ཁང་གིས་ཐེངས་དང་པོར་པར་དུ་བསྐྲུན་པའི《བོད་ཀྱི་ལོ་རྒྱུས་རགས་རིམ་གཡུ་ཡི་ཕྲེང་བ》ཡི་ཤོག་ངོས42-43བར་གསལ།

[13] 1989ལོའི་ཟླ9པར་བོད་ལྗོངས་མི་དམངས་དཔེ་སྐྲུན་ཁང་གིས་ཐེངས་དང་པོར་པར་དུ་བསྐྲུན་པའི《མཁས་པ་ལྡེའུས་མཛད་པའི་རྒྱ་བོད་ཀྱི་ཆོས་འབྱུང་རྒྱས་པ》ཡི་ཤོག་ངོས244པར་གསལ།

[14] 波・沙布・蒙古人的马祭 [J] 中国民与俗学研究 [M] 第一辑. 1994. 7. 67.

[15]《ཐང་ཡིག་གསར་རྙིང》གི་ཤོག་ངོས132པར་གསལ།

ཏུན་ཧོང་ཡི་གེའི་སྐོར།

[16] 1980ལོའི་ཟླ10པར་མཚོ་སྔོན་མི་རིགས་དཔེ་སྐྲུན་ཁང་གིས་ཐེངས་དང་པོར་པར་དུ་བསྐྲུན་པའི《ཧོར་གླིང་གཡུལ་འགྱེད》ཀྱི་སྨད་ཆའི་ཤོག་ངོས367པར་གསལ།

《མཚོ་སྔོན་མི་རིགས་སློབ་གྲྭ་ཆེན་མོའི་རིག་གཞུང་དུས་དེབ།》 ༢༠༠༧ལོའི་དེབ་གཉིས་པ་ལས་བཏུས།

༄། །ཀན་སུའུ་ས་ཁུལ་དུ་ཉར་བའི་ཏུན་ཧོང་བོད་ཡིག་ཤོག་དྲིལ་འབྲི་བཤུ་བྱེད་མཁན་སྐོར་ལ་ཅུང་ཙམ་དཔྱད་པ།

ཁམས་འཚོ་སྐྱིད། ལུང་ཡུན་དྲུང་།

དང་པོ། ཀན་སུའུ་ས་ཁུལ་དུ་ཏུན་ཧོང་གི་ཤོག་དྲིལ་ཉར་བའི་སྐོར།

རང་རྒྱལ་ཀན་སུའུ་ཞིང་ཆེན་གྱི་ཏུན་ཧོང་གྲོང་ཁྱེར་ནི་གནའ་དུས་སུ་ཨེ་ཤ་ཡ་དང་ཡོ་རོབ་གླིང་བར་གྱི་འགྲིམ་འགྲུལ་དང་དཔལ་འབྱོར་བརྗེ་རེས་བྱེད་པའི་དར་གོས་ཚོང་ལམ་སྙིང་གི་ལྟེ་གནས་གལ་ཆེན་ཞིག་ཏུ་གྱུར་ཡོད་པའི་ཤ་ཅུ་ཞེས་པ་དེ་ཡིན། དུས་རབས་བདུན་པའི་སྟོད་ལ་བོད་རྒྱལ་སྲོང་བཙན་སྒམ་པོས་བོད་ཁམས་གཅིག་གྱུར་བྱས་པ་ནས་བོད་ཀྱི་སྲི་ཚོགས་ཀྱི་སྒྲིག་གཞི་དམ་པོ་བཙོས་ཤིང་། ཕྱི་འཛིག་རྟེན་གྱི་སྔོན་ཐོན་རིག་གནས་ཀུན་གྱི་ཉིང་བཅུད་སྡུད་ལེན་བྱེད་པར་མཐའ་བཞིའི་རྒྱལ་ཁབ་ཀུན་ལ་མཛའ་མཐུན་གྱི་འབྲེལ་ལམ་མང་པོ་བརྒྱུད་ནས། བོད་ཀྱི་སྤྱི་ཚོགས་དཔལ་འབྱོར་དེ་ཉིན་རེ་བཞིན་གོང་འཕེལ་སོང་བར་མ་ཟད། མཐའ་བཞིའི་གྲངས་ཉུང་མི་རིགས་སམ་ས་ཁུལ་མང་ཆེ་ཤོས་ཀུང་དབང་དུ་བཙུག ཤ་ཅུ་ས་ཁུལ་དེ་དུས་རབས་བདུན་པའི་དུས་དཀྱིལ་ཙམ་ནས་བོད་ཀྱི་སྲིད་གཞུང་དང་འབྲེལ་བ་དམ་པོ་བྱུང་ཡོད། ལྷག་པར་དུ་བོད་རྒྱལ་ཁྲི་སྲོང་ལྡེ་བཙན་སྐབས་བོད་ཀྱི་སྟོབས་ཤུགས་དེ་འཕེལ་རྒྱས་ཀྱི་ཡང་རྩེར་སླེབས་ཡོད་པས། ལུང་ནན(陇南)དང་ཧོ་ཞི(河西)ས་ཁུལ་ཡོངས། ཨན་ཞིའི(安西)སྟེ་བཞི་ལ་སོགས་པའི་ས་ཆ་ཐམས་ཅད་བོད་ཀྱིས་བདག་གིར་བཟུང་ནས་ཆབ་སྲིད་དང་སྤྱི་ཚོགས་ཀྱི་སྒྲིག་གཞི་དམ་པོ་གཏན་འཁེལ་བྱས་པར་མ་ཟད། བོད་ཀྱི་འབངས་མི་ཡང་ས་ཁུལ་དེ་དག་ཏུ་སྤོས་ཏེ་གཏན་སྡོད་བྱས། བོད་ཀྱི་མཐའ་ཁུལ་བདེ་འཛུགས་དང་མི་རིགས་དར་རྒྱས་སུ་འགྲོ་ཆེད་ཕྱི་ནང་གི་སྲིད་ཇུས་མང་པོ་གཏན་འཁེལ་བྱས་ལ། ས་གནས་དེ་ཚོའི་ཆབ་སྲིད་དཔལ་འབྱོར་དང་རིག་གནས་ཆོས་ལུགས། ཡུལ་མིའི་གཤིས་ལུགས་དང་བསམ་པའི་འདུ་ཤེས་འཛིན་སྟངས་སོགས་ཕྱོགས་གང་སར་བོད་མི་རིགས་ཀྱི་ཤུགས་རྐྱེན་གཏིང་ཟབ་ཐེབས་ཡོད་དེ། སྐབས་དེའི་ས་ཁུལ་དེར་གཏན་སྡོད་ཡུལ་མི་རྒྱ་མི་རིགས་གཙོ་བྱས་པའི་མི་རིགས་གཞན་ཡིན་ནའང་། རྩེ་རྗེ་དང་ཁྲིམས་དཔོན་སོགས་དཔོན་རིགས་དང་། ཆོས་ཀྱི་སློབ་དཔོན་ནམ་ཆོས་ཕྱོགས་ཀྱི་གཙོ་སྐྱོང་པ་དང་བཅའ་སྡོད་དམག་མི་ཕལ་ཆེ་བ་བོད་

མི་ཤ་སྟག་ཡིན་སྟབས། སྲིད་གཞུང་གི་བཀའ་རྒྱ་དང་། ཡིག་ཚགས། གོང་འབུལ་སྙན་ཞུ། ཞུ་གཏུགས་ཡི་གེ་སོགས་གཞུང་ཡིག་དག་བོད་ཡིག་གམ་ཡང་ན་བོད་རྒྱ་ཤན་སྦྱར་ཐོག་ནས་འབྲི་སྲོལ་ཡོད་པར་མ་ཟད། སྤྱི་ཚོགས་ཁྲོད་དུ་རྒྱུན་ལྡན་གྱི་ཉིན་རེའི་དཔལ་འབྱོར་གྱི་བྱེད་སྒོ་སྟེ་པན་ཚུན་ཉོ་ཚོང་དང་། བུན་གཏོང་། རྩིས་ཁྲ། སྙེར་གྱི་འཕྲིན་ཡིག་གཏོང་ཡིག་སོགས་ཀྱི་ཡིག་རིགས་ཕལ་མོ་ཆེ་རྣམས་ཀྱང་བོད་ཡིག་ཐོག་ནས་བྲིས་ཏེ་གཏོང་ལེན་བྱེད་སྲོལ་ཡོད་དེ། བོད་ཡིག་ནི་ས་ཁུལ་དེ་དག་ཏུ་འདུས་སྡོད་བྱེད་པའི་མི་རིགས་ཁག་གི་མི་དམངས་ཀྱིས་སྐབས་དེར་ཐུན་མོང་གིས་བེད་སྤྱོད་བྱེད་པའི་ཡིག་རིགས་ཤིག་ཏུ་གྱུར་ཡོད། གཞན་ཡང་རྒྱ་ནུབ་ལུང་རྒྱུད་དུ་སངས་རྒྱས་ཆོས་ལུགས་དར་ཁྱབ་ཆེན་པོ་བྱུང་ཡོད་པ་དཔེར་ན་བོད་ཀྱིས་ཏུན་ཧོང་མཁར་དབང་དུ་བསྡུས་པའི་ཟླ་ནུབ་ཏུ་ས་ཁུལ་དེར་ཕོ་དགོན་དགུ་དང་མོ་དགོན་བཞི་བཅས་ཁྲིན་དགོན་སྡེ་བཅུ་གསུམ་དང་གྲྭ་བཙུན་བརྒྱ་དང་སུམ་ཅུ་ལྷག་ཙམ་ལས་མེད་ནའང་། བོད་བཙན་པོས་དབང་དུ་བསྒྱུར་བའི་ལོ་ཟླའི་ནང་སྔར་ཡོད་དགོན་པའི་སྟེང་དུ་དགོན་པ16གསར་དུ་བཞེངས་པར་མ་ཟད། གྲྭ་བཙུན་ཆིག་སྟོང་ཡས་མས་སུ་འཕར་སྣོན་བྱུང་བ་རེད། དེང་སྐབས་ང་ཚོའི་གཟུགས་འཛིན་དབང་པོའི་མངོན་སུམ་སྤྱོད་ཡུལ་དུ་གྱུར་པའི་བྲག་ཕུག492ཁྲོད་ཀྱི་བྲག་ཕུག55ནི་བོད་བཙན་པོའི་དབང་སྒྱུར་བའི་སྐབས་སུ་གསར་དུ་བཞེངས་ཤིང་། གལ་ཏེ་དེའི་ཐོག་སྔར་བཞེངས་འགྱུར་ལུས་པ་དང་ཉམས་པ་ཞིག་གསོ་བྱས་པ་བསྣན་ན་ཁྲིན་བསྡོམས་བྲག་ཕུག92བཞེངས་པ་རེད། དེ་མིན་ད་དུང་དགོན་པ་མང་པོ་ཞིག་ཆོས་དང་རིག་གནས་ཀྱི་དཔེ་ཆ་ལོ་རྒྱུས་དང་རྩོམ་འབྲི་བྱ་ཡུལ་གྱི་གནས་གཙོ་བོར་གྱུར་ཡོད། སྐབས་དེར་རྒྱ་བོད་ལེགས་སྦྱར་བཅས་སྐད་གསུམ་ལ་ནང་བྱན་ཆུབ་པའི་བོད་ཀྱི་ལོ་ཆེན་འགོས་ཆོས་གྲུབ་དང་། སློབ་དཔོན་དཔའ་ཤེས་རབ་ཟླ་བ། ཞང་རིན་ཆེན་བྱང་ཆུབ་སོགས་སྙན་གྲགས་ཆེ་བའི་བན་དེ་མང་པོ་དགོན་པ་དེ་ཚོར་མངགས་ནས་ཆོས་ལུགས་ཀྱི་བྱེད་སྒོ་མཛད་དུ་བཅུག་པ་དང་། ཏུན་ཧོང་དུ་བཞུགས་པའི་རྒྱ་བོད་དུ་སྙན་གྲགས་ཆེ་བའི་ནང་སའི་ཐེག་ཆེན་ཅིག་ཅར་ལུགས་ཀྱི་སློམ་ཆེན་ཧྭ་ཤང་མ་ཧ་ཡ་ན་དང་། ཐན་ཁོང་།(昙旷) གནས་བརྟན་བན་དེ་ཕྱུའུ་མའོ་ཀྲིན།(吴貌真) ཧུང་པེན(洪辩)སོགས་རྒྱའི་སློབ་དཔོན་རྣམས་ལ་བཙན་པོའི་སྲིད་གཞུང་ནས་སྐུ་ཡོན་ཁག་ཅིག་སྦྱར་བ་དང་། ས་གནས་ཀྱི་དཔོན་རིགས་དང་སྐུ་དྲག་འབངས་མི་སེར་ཆོས་ཡོན་བདག་གམ་ཞལ་འདེབས་མཛད་དེ་ཆོས་ལུགས་ཀྱི་བྱེད་སྒོ་ཤུགས་ཆེར་སྤེལ་ཐོག་བཀའ་བསྟན་དང་རིག་གནས་སྐོར་གྱི་གླེགས་བམ་གང་མང་བཞེངས་སུ་བཅུག་པའི་ཁར། ད་དུང་ལོ་རྒྱུས་དང་རྩོམ་འབྲིའི་བྱ་བ་བདེ་བླག་ཏུ་བསྒྲུབ་རྒྱུར་འགན་སྲུང་ཡོང་ཆེད། བཙན་པོས་ས་ཁུལ་དེ་དག་ལ་མངགས་པའི་དཔོན་རིགས་ཚོར་དགོན་པར་ཟ་འབྲུ་དང་སྣུམ་ཤོག་ཏོ་སྨྱུག་མགོ་འདོན་སོགས་ཞབས་ཞུའི་ལས་བྱ་བཀོད་སྒྲིག་འཐུས་ཚང་བྱས་ཡོད་པར་མ་ཟད། ལོ་རྒྱུས་དང་རྩོམ་འབྲི། འབྲི་བཤུ་བཅས་ཀྱི་ལས་རིམ་ནང་བྱ་དཀའ་ཆད་གཙོད་ལམ་

སྐྱོལ་ནན་མོ་ཞིག་ཡོད་པ་རེད། དེ་འདྲའི་ཕྱི་ནང་གི་ཆ་རྐྱེན་ཚང་མ་འཛོམས་པས་བོད་བཙན་པོའི་དུས་སྐབས་དེར་ཆོས་གཞུང་དང་སྤྱི་ཚོགས་ཀྱི་ཡིག་ཆ་མང་པོ་ལེགས་འབྲི་བྱས་པ་རེད། དེས་བོད་དུ་སངས་རྒྱས་ཆོས་ལུགས་དར་ཚུལ་དང་འཕེལ་རྒྱས་ཇི་ལྟར་བྱུང་བའི་སྐོར་ལ་ཞིབ་འཇུག་བྱེད་པ་དང་། དེ་བཞིན་བཙན་པོའི་སྐབས་ཀྱི་སྤྱི་ཚོགས་དང་། ཆབ་སྲིད། དཔལ་འབྱོར། རིག་གཞུང་བཅས་ཀྱི་ཐད་ལ་སྔར་ལས་ལྷག་པའི་ཞིབ་འཇུག་བྱེད་པར་དཔྱད་གཞིའི་ཡིག་ཆ་གསར་པ་འདོན་སྤྲོད་བྱས་པ་རེད། དེའི་སྔར་ཧོ་ཞི(河西)ས་ཁུལ་གྱི་བོད་ཡིག་ཤོག་དྲིལ་དཀར་ཆག་བསྒྲིག་པའི་ལས་ཀ་ལས་མེད། མཇུག་ལེགས་པོ་བསྒྲིལ་མ་ཐུབ། དེ་བས2004ལོ་ནས་ཏུན་ཧོང་ཞིབ་འཇུག་གླིང་ལོ་རྒྱུས་ཡིག་ཚང་ཞིབ་འཇུག་ཁང་གིས་ཡང་བསྐྱར་དེའི་དཀར་ཆག་བསྒྲིག་རྒྱུའི་ལས་ཀ་མགོ་བརྩམས་ཤིང་ད་ལྟ་མཇུག་སྒྲིལ་ལ་ཉེ་བས་མ་འགྱངས་པར་ཕྱི་ནང་མཁས་པའི་སྤྱན་སྔར་འབུལ་རྒྱུ་རེད།

ངེད་གཉིས་ཀྱང་ཐེངས་འདིའི་དཀར་ཆག་སྒྲིག་པའི་ལས་ཀར་ཞུགས་ནས་ཤོག་དྲིལ་དེ་དག་ལ་དངོས་སུ་མཇལ་བའི་སྐལ་བ་ལྡན་བྱུང་། དེ་དག་ལས་མང་ཆེ་ཤོས་ནང་བསྟན་གྱི་ཆོས་དཔེའམ་ཆོས་དང་འབྲེལ་བ་ཡོད་པའི་ཤོག་དྲིལ་ཏེ། 《ཚེ་དཔག་ཏུ་མེད་པའི་མདོ》དང《ཤེར་ཕྱིན་སྟོང་ཕྲག་བརྒྱ་པ》《དཀོན་མཆོག་བརྩེགས་པ་ཆེན་པོའི་མདོ》《ཤེས་རབ་ཀྱི་ཕ་རོལ་ཏུ་ཕྱིན་པ་སྟོང་ཕྲག་ཉི་ཤུ་ལྔ་པ》《ཤེར་ཕྱིན་གྱི་མདོའི་སྙིང་པོ》《མདོ་གསེར་འོད་དམ་པ》《རྡོ་རྗེ་གཅོད་པ》《སྤྱན་རས་གཟིགས་ཀྱི་མདོ》སོགས་ཐེག་ཆེན་ལུགས་ཀྱི་བཀའ་བསྟན་འགྱུར། དེ་མིན་སྐབས་དེར་ནང་སར་དར་ཆེ་བའི་ཐེག་ཆེན་ཅིག་ཅར་ལུགས་ཀྱི་ལྟ་སྤྱོད་རྣམ་གཞག་གི་གཞུང་སྟོན་པའི་ཆོས་དཔེ་ཁག་གཅིག་ཡོད་པ་དེ་ཚོའི་ནང་ཧྭ་ཤང་མ་ཧ་ཡ་ནའི་བརྩམས་ཆོས་ཀྱང་བསྡུས་འདུག དེ་མིན་མི་རྣམས་ཀྱི་བློ་སྒོ་འབྱེད་ཐབས་ཀྱི་གཏམ་རྒྱུད་དང་། ལུགས་ཀྱི་བསྟན་བཅོས། བསྔོ་སྨོན་གྱི་ཡི་གེ། གསོལ་འདེབས་སྐྱབས་ཐོ། ཆོས་དཔེ་བཞེངས་པའམ་གཡར་བའི་ཐོ་ཡིག་སོགས་ཤོག་དྲིལ་མི་ཉུང་བ་ཞིག་ཀྱང་ཡོད་པ་རེད། ཤོག་དྲིལ་དེ་དག་གི་སྟེང་དུ་འབྲི་བཤུ་མཁན་དང་། ཞུ་དག་བྱེད་མཁན་བདག་གཉེར་བྱེད་མཁན་བཅས་ཀྱི་མིང་ཐོ་གསལ་པོར་བཀོད་འདུག གཤམ་དུ་དེའི་སྐོར་རགས་ཙམ་བཤད་པར་བྱ།

གཉིས་པ། ཤོག་དྲིལ་འབྲི་བཤུ་བྱེད་མཁན་གྱི་སྐོར།

ཤོག་དྲིལ་དེ་རྣམས་བཤུ་འབྲི་བྱེད་མཁན་དེང་སྐབས་ལག་སོན་གྱི་ཡིག་ཆར་དམིགས་ནས་སྡོམ་རྩིས་བྱས་ན། སྐབས་དེར་ཏུན་ཧོང་ས་ཁུལ་དུ་ཆོས་དཔེ་རྩོམ་འབྲི་དང་། འབྲི་བཤུ། ཞུ་དག་གཏོང་མཁན། བདག་གཉེར་བྱེད་མཁན་སོགས་མི་བཞི་བརྒྱ་ལྷག་ཙམ་བྱོན་པའི་ཁྲོད་ན་མིང་གི་འདོགས་ཚུལ་ལ་དམིགས་ན་བོད་མི་ཡིན་པར་འདོད་པ་མི་བརྒྱ་ལྷག་ཙམ་ཡོད་པ་ཕུད། རྒྱ་དང་མི་རིགས་གཞན་ཡིན་པ་

ཤ་སྟག་རེད། དེ་བས་དེང་སྐབས་རང་རྒྱལ་གྱི་ཧོ་ཞི(河西) རུ་གནས་པའི་ཏུན་ཧོང(敦煌)དང་། ཀྱིག་ཆོན།(酒泉) ཀྲང་ཡེ།(张掖) ཝུའུ་ཝེ།(武威) ལན་ཀྲོའུ(兰州)སོགས་ས་གནས་སུ་ཡོད་པའི་ཐང་རྒྱལ་རབས་དུས་དཀྱིལ་ལ་སྤུད་ཤར་བྱུས་པའི་བཙན་པོའི་སྐབས་ཀྱི་གླེགས་བམ་བྲིས་མ་དེ་རྣམས་བོད་མི་རིགས་གཙོ་བྱས་མི་རིགས་གཞན་གྱིས་རྩོམ་འབྲི་དང་བཤུ་འབྲི་བྱས་པ་ཡིན་པ་རྟོགས་སླ་སྟེ། འབྲི་བཤུ་མཁན་དང་། ཞུ་དག་བྱེད་མཁན། རོར་(ལྷག་རོར་སོང་བ)ཕྱུང་མཁན། བདག་གཉེར་མཁན་བཅས་ཀྱིས་ལས་རིམ་དམ་ནན་ཞིག་ཡོད་དེ། ཤོག་དྲིལ་ཨང་DB. T. 892ལས། སག་དགེ་ལེགས་གིས་བྲིས། དཔལ་གྱི་སྒྲོན་མ་ཞུས། ལྷ་ལེགས་ཡང་ཞུས། ཕུག་འགོ་སུམ་ཞུས། ལྷ་ལ་རྟོན་གཉེར། ཞེས་འཁོད་པ་དང་། DB. T. 044ལས། ལེང་ཧོ་ཞིར་ཧིང་གི་རོ། (ཞིར)ཧིང་གི་རོ་ཆོས་གྲུབ་གིས་ཕྱུང་ངོ་། །ཞེས་པ་དང་། DB. T. 0499ལས། ཚིག་གིན་རོ། ལྷག་ཆད་མང་སྟེ་རོར་ཕྱུང་ངོ་། ཞེས་པ་དང་། DB. T. 1150ལས། བམ་སྟག་སླེབས་བྲིས། དགེ་ལེགས་ཞུས། ཡོན་ཏན་བར་ཞུས། གང་གང་སུམ་ཞུས། དཔལ་གྱི་སྒྲོན་མ་བཞི་ཞུས། ཞེས་འཁོད་པའི་དཔེ་འདི་ལས་ལས་བགོས་གསལ་ལ་ལས་རིམ་ཚགས་དམ་པོ་ཡོད་པ་མངོན་པར་མཐོང་ཐུབ། འབྲི་བཤུ་མཁན་དེ་དག་གི་ནང་དུ་བོད་ཀྱི་བཙན་པོའི་བཙུན་མོ་དང་། བློན་པོ། རྗེ་རྗེ། ཆོས་དཔོན། འབངས་མི་སེར་བཅས་ཡོད་ལ། མི་རིགས་གཞན་གྱི་རིམ་པ་སོ་སོའི་མི་ཡང་མང་པོ་ཡོད་པ་རེད། གཤམ་གྱི་རུས་མིང་གི་སྟེང་ནས་བོད་རིགས་ཡིན་པར་འདོད་པ་དཔལ་གྱི་དང་ཚུལ་དང་། དཔལ་གྱི་ཡོན་ཏན། དཔལ་གྱི་སྒྲོན་མ། འགོས་ཆོས་གྲུབ། ནེ་ལྷང་ཀླུ་བརྟན། མལ་གཟིགས་གོང་། མཆིམས་གཡུ་གཟིགས། འབྲིང་སྟག་སྒྲ། རུས་མིང་སྐྱོ། གུ་རིབ། མཆིམས། ནེ་ལྷང་། འབྲིང་ཡས། མལ་སོགས་པ་ཚང་མ་ནི་རྒྱུན་དུ་མཐོང་བའི་བཙན་པོའི་དུས་ཀྱི་བྲན་གཡོག་བདག་པོ་སྐུ་དྲག་ཚོའི་རུས་མིང་ཡིན་པར་འདོད། དེ་ནི་དུས་གཅིག་གི་ནང་ཐོན་པའི་རིགས་མཚུངས་ཀྱི་རིག་གནས་ཏེ། དཔེར་ན་ཏུན་ཧོང་ནས་ཐོན་པའི་གནའ་བོའི་བོད་ཡིག་གི་ལོ་རྒྱུས་ཡིག་ཆ་དང་ཞིན་ཅང་ནས་ཐོན་པའི་ཁྲམ་བྱང་སྟེང་གི་བོད་ཀྱི་ཡིག་རྙིང་དང་ཡིག་ཆའི་ནང་དུ་ཡང་དེ་ལྟར་གསལ་ཡོད། གོང་གི་དཔལ་གྱི་དང་ཚུལ་ཞེས་པ་ནི་ཁྲི་གཙུག་ལྡེ་བཙན་མངའ་བདག་ཁྲི་རལ་པ་ཅན་གྱི་བཙུན་མོ་རེད། ཁོ་མོས་སངས་རྒྱས་ཆོས་ལུགས་ལ་དད་གུས་ལྷག་བསམ་བྱེད་པས། སྐབས་དེར་ཏུན་ཧོང་དུ་ཕེབས་ནས་དམ་ཆོས་སྤེལ་བ་དང་རྩོམ་འབྲི་ཞུ་དག་ལས་ཀར་དངོས་སུ་ཞུགས་པ་དཔེར་ན་ཏུན་ཧོང་དངོས་མང་བཤམས་སྟོན་ཁང་གི་ཤོག་དྲིལ་ཨང་DB. T. 0347ནང་དུ། འགོ་པེའུ་ཏན་བྲིས། ངང་ཚུལ་ཞུས། སྟགས་སླེབས་ཡང་ཞུས། ཤ་རི་བུ་སུམ་ཞུས། ཞེས་འཁོད་པ་དང་། DB. T. 1686ནང་དུ། ཞིའུ་ཀླུ་བརྟན་གྱིས་བྲིས། ཙི་སུན་གིས་ཞུས། བྱང་ཆུབ་ཡང་ཞུས། པབ་མེན་སུཾ་ཞུས། ཟླ་འོད་གཞོན་ནུས་ཞུས། ཆོས་ཀྱི་ངང་ཚུལ་གྱིས་ཡང་ཞུས། སྟག་ཆུང་སུམ་ཞུས། ཛེའུ་དགེ་བརྟན་སུམ་ཞུས། ཞེས་དང་། DB. T. 2095ནང་དུ། ཁང་བཙན་སླེབས་བྲིས། དཔལ་ཀྱི་ངང་ཚུལ་ཞུས། སྟག་སླེབས་ཡང་ཞུས།

ཤ་རི་བུ་སུམ་ཞུས། ཞེས་དཔལ་གྱི་དང་ཚུལ་གྱིས་ཞུ་དག་བྱས་པའི་ཤོག་དྲིལ40ལྷག་ཡོད།

དཔལ་གྱི་ཡོན་ཏན་ནི་རལ་པ་ཅན་གྱི་བཀའི་བློན་པོ་ཡིན། ཁོང་ཡང་ཆོས་སྲིད་གཉིས་ཀྱི་ལས་ཀར་ཞུགས་པར་མ་ཟད་ཤོག་དྲིལ་འབྲི་ཞུ་ལའང་ཞུགས་པ་དཔེར་ན། ཤོག་དྲིལ་ཨང DB. T. 0560ལས། ཨིམ་གཙུག་ལེགས་རྗེ། ལེང་ཆེའུ་ཞུས། ཀང་ཡང་ཞུས། ཡོན་ཏན་སུཾ་ཞུས། སེང་དེས་བཞི་ཞུས། ཞེས་དང་། DB. T. 1118ནང་དུ། འགོ་སྟག་པོ་བྲིས། དགེ་ལེགས་ཞུས། དཔལ་གྱི་ཡོན་ཏན་ཡང་ཞུས། ཀང་ཀང་སུམ་ཞུས། དཔལ་གྱི་སྒྲོན་མ་བཞི་ཞུས། DB. T. 1170ལས། ཇོའུ་ཀླུ་རྒྱས་བྲིས། དགེ་ལེགས་ཞུས། ཡོན་ཏན་ཡང་ཞུས། ཀང་ཀང་སུཾ་ཞུས། དཔལ་གྱི་སྒྲོན་མ་ཞུས། ཞེས་པ་ལྟར་དཔལ་གྱི་ཡོན་ཏན་གྱིས་ཞུ་དག་བྱས་པ44ཙམ་ཡོད།

ཆོས་གྲུབ་ཟེར་བ་ནི་རལ་པ་ཅན་གྱི་སྐབས་སུ་བྱོན་པའི་བོད་ཀྱི་ལོ་ཙྪ་བ་ཆེན་པོ་ཞིག་ཡིན། ཁོང་གིས་མདོ་དཀོན་མཆོག་བརྩེགས་པ་ལས་འཕགས་པ་གོ་ཆའི་བཀོད་པ་བསྟན་པ་ཞེས་པ་དང་། ལང་ཀར་གཤེགས་པ་རིན་པོ་ཆེའི་མདོ། མཛངས་བླུན་ཞེས་བྱ་བ་སོགས་མདོ་སྡེ་ཁག་མང་པོ་རྒྱ་ཡིག་ནས་བོད་ཡིག་དང་། བོད་ཡིག་གི་མདོ་སྡེ་ཁག་མང་པོ་རྒྱ་ཡིག་ཏུ་བསྒྱུར་བར་མ་ཟད། ཁོང་གི་མཚན་བཙན་པོའི་དུས་སྐབས་ཀྱི་ཤོག་དྲིལ་ཐོག་མང་དུ་མཐོང་རྒྱུ་ཡོད་པས་མི་རིགས་རིག་གནས་སྤེལ་རེས་བྱ་བའི་ཐད་དང་དམ་ཆོས་འཆད་རྩོམ་གྱི་འཕྲིན་ལས་རྒྱ་ཆེར་སྤེལ་བར་མཛད་རྗེས་ཆེའོ། །

ལེགས་འདུས་ནི་བསམ་ཡས་ཀྱི་རྫོ་རིང་ཐོག་ཏུ་མནའ་མཐུན་ལ་ཞུགས་པའི"ནང་བློན"གྱི་མིང་གོ་རིམ་བཞིན་བཀྲིགས་ཡོད་པའི་ནང་གི་ཐ་མ་ཞང་ལེགས་འདུས་ཡིན་པས་ཁོང་ནི་བཙན་པོ་ཁྲི་སྲོང་ལྡེ་བཙན་གྱི་བློན་ཆེན་པོ་ཡིན། ཁོང་ཧོ་ཞི(河西) རུ་ཕེབས་སྐབས་ཁྲི་དཔོན་གྱི་གོ་གནས་བཞེས་ཡོད་པར་སྣམ། གཞན་ད་དུང་ཚོང་དཔོན་དང་ཁྲལ་དཔོན་སོགས་མང་པོ་ཞུགས་ཡོད་པ་རེ་རེ་མཚམས་སྦྱོར་བྱས་ན་ཡིག་ཚོགས་ལྷེ་བར་དོགས་ནས་འདིར་མཚོན་ཙམ་བཀོད་པའོ། །

རྒྱ་རིགས་ཀྱི་རུས་མིང་སོར་བཞག་བྱས་པ་དཔེར་ན། འགུ་ཁོང་བརྟན། ཅང་ཧང་ཙེ། ཧེའུ་ཧ་འདོ། ཅང་ཨི་ཙེ། དའོ་ཚེང་། བམ་གིམ་ཀང་། བན་ཞུན་འདོ། ཇོའུ་ཕེང་ཙེ། ལྕུང་ཤ་ཙེ། ལེང་ཧོ་ཞུན་ཙེ། བང་ཐོང་ཐོང་སོགས་ལྟ་བུ་རེད། GT. T. 0104ལས། བརྟན་ལེགས་གིས་ཞུས། ཅང་ཨི་ཙེ་བྲིས། ཕབ་ཧིང་ཞུས། ལེང་ཅིའུ་ཡང་ཞུས་ཞེས་འཁོད་པ་དང་། DB. T. 0177ལས། པེའུ་ཆེན་བྲིས། DB. T. 0194ལས། བམ་ཐོང་ཐོང་བྲིས། ཨིམ་ཛེང་ཐེའུ་ཞུས། ཧེ་ཨིན་ཡང་ཞུས། ཤེས་རབ་སུཾ་ཞུས་ལྟ་བུ་རེད།

ད་དུང་རྒྱ་རིགས་ཀྱི་རུས་མིང་གི་རྗེས་སུ་བོད་མིང་སྦྱར་བའི་མིང་ཡང་ཧ་ཅང་མང་སྟེ། ཁོང་དགེ་ལེགས། ཅང་ཀླུ་ལེགས། བམ་སྟག་བཟང་། ལི་སྟག་སྣང་། ཕང་རྒྱ་སྣང་། ཡུན་བཙན་སླེབས། ཨིམ་ལྷ་བཞེར་སོགས་ཀྱི་མིང་གི་ཐོག་ནས་ཀྱང་བཙན་པོའི་སྐབས་དེར་ཏུན་ཧོང་གཙོ་བྱས་པའི་ཧོ་ཞིའི་ས་ཁུལ་དུ་བོད་

ཀྱི་རིག་གནས་དར་ཁྱབ་ཆེ་བ་དང་རྒྱ་རིགས་མང་པོའི་རུས་ཀྱི་རྗེས་སུ་བོད་མིང་སྦྱར་ཡོད་པ་ཤེས་ཐུབ།

གཞན་ཡང་མི་རིགས་གཞན་གྱི་རུས་མིང་ཡིན་པར་འདོད་པ་དཔེར་ན། ཀང་ཏིག་ཏིག ཅི་སུན། ཧྭ་ཧྭ་ཧྭ། དམ་ཚོང་། ཕབ་ལྷེང་། ཤིག་སམ་འགི། སེར་ཐོང་ཐོང་། དྭན་ཧིང་དར་སོགས་ཡོད།

གོང་དུ་བསྟན་པ་དེ་རྣམས་ལས་ཧོ་ཞི་ནས་ཐོན་པའི་བཙན་པོའི་དུས་སྐབས་ཀྱི་ཤོག་དྲིལ་འབྲི་བཤུ་དང་ཞུ་དག་སོགས་བྱེད་མཁན་བོད་མི་ཙམ་དུ་མ་ཟད་མི་རིགས་གཞན་པ་ཧ་ཅང་མང་པོ་ཡོད་པ་དེས་སྤྱི་ལོ་དུས་རབས་བདུན་པ་ནས་དགུ་པའི་བར་རྒྱ་ལུང་ནུབ་རྒྱུད་ཀྱི་ཡུལ་གྲུ་རྣམས་བཙན་པོའི་མངའ་འོག་ཡིན་དུས་མི་རིགས་གཞན་གྱིས་ཀྱང་བོད་ཡིག་སྤྱོད་བཞིན་ཡོད་པར་མ་ཟད། སྐབས་དེའི་རྩོམ་འབྲི། ཡིག་བསྒྱུར། འབྲི་ཞུ་བཅས་སུ་རྒྱ་རིགས་དང་མི་རིགས་གཞན་པའི་ཤེས་ལྡན་མི་སྣ་ཡང་ཞུགས་ཡོད་ལ་མི་རིགས་དེ་ཚོའི་རིག་གནས་ཀྱི་ཉིང་ཁུ་ཡང་སྤུད་ལེན་བྱས་ཡོད་པས། དེ་ནི་རང་རིགས་སུ་གྱུར་པའི་ངོ་མཚར་རྨད་དུ་བྱུང་བའི་བོད་མིའི་ཤེས་རིག་གི་ཁོངས་སུ་འདྲེས་ཡོད། དེ་ལས་བོད་མི་རིགས་འདི་ཉིད་གནའ་དུས་ནས་བཟུང་མི་རིགས་གཞན་པའི་ཕུལ་བྱུང་རིགས་གནས་ཀྱི་ཉིང་བཅུད་སྤུད་ལེན་དང་རང་གི་རིག་གནས་གཞན་ལ་སྤེལ་མཁས་ཀྱི་མི་རིགས་ཤིག་ཡིན་པ་གསལ་བཤད་བྱས་ཡོད།

ཏུན་ཧོང་བོད་ཡིག་གི་ཤོལ་དྲིལ་ནི་རྒྱལ་ཁབ་ཕྱི་ནང་ཀུན་ཏུ་སྤྱད་ཉར་བྱས་ཡོད་མོད། ཧོ་ཞི(河西)རུ་ཉར་བའི་ཏུན་ཧོང་བོད་ཡིག་གི་ཤོག་དྲིལ་ནི་མིག་སྔར་རྒྱལ་ཁབ་ཕྱི་ནང་གང་ལ་བསྡུར་ན་གྲངས་ཀ་ཆེས་མང་བ་ཡིན། དེ་དག་ནི་བོད་བཙན་པོའི་ཆབ་འོག་ཏུ་བསྡུས་པའི་ཧོ་ཞི་ས་ཁུལ་ཁག་གི་སྤྱི་ཚོགས་དཔལ་འབྱོར་དང་། ཐོན་སྐྱེད་འབྲེལ་བ། རིག་གནས། དམག་དོན། སྤྱི་ཚོགས་སྒྲིག་གཞི། དཔོན་གནས་གོ་ས་སོགས་ལ་ཞིབ་འཇུག་བྱེད་པའི་ཡིག་ཆ་རྩ་ཆེན་ཞིག་རེད།

འདིར་ནན་གྱིས་སྟོན་དགོས་པ་ཞིག་ནི་ཤོག་དྲིལ་དེ་དག་གི་ཐོག་ནས་བཙན་པོས་ཧོ་ཞི་ས་ཁུལ་དུ་བཙུགས་པའི་སྲིད་དབང་ལས་ཁུངས་ཀྱི་དྲུང་ཡིག་ཁང་གིས་སྣག་ཚ་དང་། སྨྱུ་གུ། ཤོག་བུ་བཅས་མགོ་འདོན་དང་ཆོས་གཞུང་འབྲི་སའམ་སྒྲ་སྒྱུར་ཁང་སྒྲིག་འཛུགས་བྱེད་པ་དང་། དཔེ་ཆ་སྤྱད་སྤེལ་བྱེད་པ་སོགས་ཚུད་པའི་ཆོས་ལུགས་ཐད་ཀྱི་རྒྱུན་ལས་དང་བྱེད་སྒོ་དམ་སོགས་གཅིག་ཚུགས་བྱེད་པ་དེས་ཕྱོགས་གཅིག་ནས་བོད་ཀྱི་སངས་རྒྱས་ཆོས་ལུགས་དེ་སྲིད་འཛིན་སྟོབས་ཤུགས་ཀྱི་རྒྱབ་སྐྱོར་ལ་བརྟེན་ནས་མགྱོགས་མྱུར་ངང་ཁྱབ་གདལ་དུ་འགྲོ་བ་དང་། ཕྱོགས་གཞན་ཞིག་ནས་ཆོས་སྲིད་ཟུང་འབྲེལ་གྱི་མྱུ་གུ་འབུས་པར་ཆ་རྐྱེན་གལ་ཆེན་བསྐྲུན་ཡོད་པ་རེད།

མདོར་ན། ཧོ་ཞི་ནས་ཐོན་པའི་བཙན་པོའི་དུས་ཀྱི་ཤོག་དྲིལ་ལས་བོད་མི་རིགས་ཀྱིས་མཐའ་བཞིའི་སྤུན་ཟླ་མི་རིགས་ལ་ཤུགས་རྐྱེན་ཇི་ལྟར་ཐེབས་པ་དང་། སྤུན་ཟླ་མི་རིགས་ཀྱིས་བོད་མི་རིགས་ལ་ཤུགས་རྐྱེན་ཇི་ལྟར་ཐེབས་ཚུལ་མཚོན་ལ། ད་དུང་བོད་བཙན་པོས་ཧོ་ཞི་ས་ཁུལ་ལ་དབང་བསྒྱུར་ཚད་དང་བོད་མི

ཀློ་བྲག་དགྱེས་པའི་བཞད་སྒྲ།

རིགས་ཀྱིས་འོད་སྟོང་འབར་བའི་ཏུན་ཧོང་རིག་པ་ལ་བྱས་རྗེས་ཆེན་པོ་བཞག་ཡོད་པའང་ངང་གིས་ཤེས་ཐུབ་པོ།། །།

མཆན།

[1] ཁ་སྐད་བཀྲ་ཤིས་ཚེ་རིང་གིས་གཙོ་སྒྲིག་མཛད་ཅིང་མི་རིགས་དཔེ་སྐྲུན་ཁང་གིས2003ལོར་པར་དུ་བསྐྲུན་པའི《བོད་ཀྱི་ཡིག་རྙིང་ཞིབ་འཇུག》

[2] 刘安志. 唐朝吐蕃占领时期的敦煌大族. [J] 中国史研究. 1997. 3

[3] ཕུན་ཚོགས་ཚེ་རིང་གིས་བརྩམས་ཤིང་བོད་ལྗོངས་མི་དམངས་དཔེ་སྐྲུན་པའི་ཁང་གིས1992ལོར་པར་དུ་བསྐྲུན་པའི《དེབ་ཐེར་ཀུན་གསལ་མེ་ལོང་།》

《མཚོ་སྔོན་མི་རིགས་སློབ་གྲྭ་ཆེན་མོའི་རིག་གཞུང་དུས་དེབ།》༢༠༠༨ལོའི་དེབ་དང་པོ་ལས་བཏུས།

༄། །ཧྲུ་རན་སིར་ཞར་བའི་ཏུན་ཧོང་བོད་ཡིག་ཡིག་ཚགས P. T. 150སློབ་དཔོན་རྒྱན་བཟང་པོས་མཛད་པའི་ བཟང་སྤྱོད་རྒྱ་ཆེར་འགྲེལ་བ་ཁ་ཐོར་ལ་དཔྱད་པ།

ཚ་རིས་སྐལ་བཟང་ཐོགས་མེད།

གླེང་གཞི།

བདག་གིས་ད་སྔ་མཐོང་བའི་ཧྲུ་རན་སིའི་རྒྱལ་གཉེར་དཔེ་མཛོད་ཁང་དུ་ཞར་ཚགས་བྱས་པའི་ཏུན་ཧོང་ནས་ཐོན་པའི་བོད་ཡིག་ཡིག་ཚགས་ཁྲོད་དུ། བཟང་པོ་སྤྱོད་པའི་སྨོན་ལམ་གྱི་འགྲེལ་པ་ཁ་ཐོར་ཕྱུག་ཐྲིས་མ་ཨང་རྟགས P. T. 150དང་ཨང་རྟགས P. T. 151བཀོད་པའི་ཚན་པ་གཉིས་འདུག་ལ། སྤྱིར་བཟང་སྨོན་འདི་ནི་རང་རེ་བོད་གངས་ཅན་པ་ཚོར་མཚོན་ན་མ་བགྲོས་གཅིག་མཐུན་གྱིས་སྨོན་ལམ་ཐམས་ཅད་ཀྱི་སྙིང་པོ་ཕྱོགས་གཅིག་ཏུ་བསྡུས་པའི་སྨོན་ལམ་གྱི་མདོ་ཆེན་པོར་བགྲངས་པས། སྨོན་ལམ་གྱི་རྒྱལ་པོ་འདིའི་འགྲེལ་པ་ལ་བོད་མི་ཕལ་མོ་ཆེས་རྩིས་མཐོང་ཆེན་པོ་བྱེད་པར་སྨོས་མ་དགོས། ཡིན་ནའང་འདིའི་འགྲེལ་པའི་སྐོར་ཏུན་ཧོང་གི་ཡིག་རྙིང་ལས་སྔོན་ཆད་མཐོང་བའི་གོ་སྐབས་མ་བྱུང་ལ། ད་ལན་ལས་ཀའི་དབང་གིས་ཤོག་དྲིལ་རྩ་ཆེན་འདི་དག་དངོས་སུ་མཇལ་རྒྱུའི་སྐབས་འགྲིག་པར་བརྟེན། ལོ་བོས་ཀྱང་འདི་དག་གལ་ཆེ་བར་མཐོང་སྟེ་སྣང་མེད་དུ་མ་བཞག་པར་སྔར་སུས་ཀྱང་དཔྱད་ཡུལ་དུ་མ་བཟུང་བའི་ཤོག་དྲིལ་འདི་གཉིས་ལ་དཔྱད་གཞིགས་ཅུང་ཟད་བྱེད་འདོད་སྐྱེས་སོང་། རྩོམ་གཅིག་གི་ནང་དུ་ཤོག་དྲིལ་འདི་གཉིས་ལ་མཉམ་དུ་དཔྱད་ན་སྟབས་མི་བདེ་བས། སྐབས་འདིར་ནི་ཐོག་མར་ཨང་རྟགས P. T. 150བཀོད་པའི་ཤོག་དྲིལ་ཁ་ཐོར་རྒྱ་གར་གྱི་སློབ་དཔོན་རྒྱན་བཟང་པོས་མཛད་པའི་བཟང་སྨོན་རྒྱ་ཆེར་འགྲེལ་པ་ཕྱུག་ཐྲིས་མ་འདིའི་སྐོར་ལ་ཅུང་ཟད་དཔྱད་པར་འདོད་དོ། །

དང་པོ། སློབ་དཔོན་རྒྱན་བཟང་པོའི་བཟང་སྨོན་རྒྱ་ཆེར་འགྲེལ་བའི་ངོ་སྤྲོད།

དུས་རབས་བརྒྱད་དགུ་ཡས་མས་ནས་བོད་ཀྱི་ལོ་ཙྪ་བ་ཆེན་པོ་སྐ་ཅོག་ཞང་གསུམ་ཞེས་ཉེ་ཟླ་ལྟར་གྲགས་པའི་གྲས་ལོ་ཆེན་སྐ་བ་དཔལ་བརྩེགས་ཀྱིས་འཕགས་པ་བཟང་པོ་སྤྱོད་པའི་སྨོན་ལམ་གྱི་

རྒྱལ་པོའི་རྒྱ་ཆེར་འགྲེལ་བ[1]སློབ་དཔོན་ཤཱཀྱའི་བཤེས་གཉེན་གྱིས་མཛད་པ་དང་། སློབ་དཔོན་རྒྱན་བཟང་པོའི་འཕགས་པ་བཟང་པོ་སྤྱོད་པའི་སྨོན་ལམ་གྱི་རྒྱལ་པོའི་རྒྱ་ཆེར་འགྲེལ་བ[2]བོད་དུ་བསྒྱུར་བ་ནས་བཟུང་། བོད་འདིར་སྔ་རྗེས་སུ་བཟང་སྤྱོད་སྨོན་ལམ་གྱི་འགྲེལ་པ་རྒྱ་གར་མ་བདུན[3]ཙམ་བྱུང་བར་མངོན། དེའི་ནང་ནས་སློབ་དཔོན་ཕྱོགས་ཀྱི་གླང་པོའི་ཀུན་ཏུ་བཟང་པོའི་སྤྱོད་པའི་སྨོན་ལམ་གྱི་རྒྱལ་པོའི་བཤད་པ་ཞེས་པ་དང་། གོང་དུ་གླེངས་མ་ཐག་པའི་སློབ་དཔོན་ཤཱཀྱའི་བཤེས་གཉེན་གྱི་འགྲེལ་པ། སློབ་དཔོན་རྒྱན་བཟང་པོའི་འགྲེལ་པ། སློབ་དཔོན་སངས་རྒྱས་གྲགས་པའི་བཟང་སྨོན་འགྲེལ་པ[4]བཅས་ལ་ཡོངས་གྲགས་སུ་འགྲེལ་པ་བཞིར་འབོད་ཅིང་། དེ་དག་ནི་བོད་བཙན་པོའི་དུས་ཀྱི་ལོ་ཙཱ་བ་ཆེན་པོ་ཞང་ཡེ་ཤེས་སྡེ་སྐུ་འཚོ་དུས་ནས་བོད་དུ་བསྒྱུར་ཡོད་པ་ཡེ་ཤེས་སྡེ་རང་གིས་མཛད་པའི་བཟང་སྤྱོད་ཀྱི་འགྲེལ་པ་བཞིའི་དོན་བསྡུས་ནས་བརྗེད་བྱང་དུ་བྱས་པ་ཞེས་པའི་བསྟན་བཅོས་ཀྱི་ནང་གསལ་པོར་མིང་བྱུང་མཛད་འདུག་པས་རྟོགས་ནུས་སོ། །[5]དེ་བས་ན་ཁྱད་པར་དུ་སློབ་དཔོན་རྒྱན་བཟང་པོའི་བཟང་སྨོན་གྱི་འགྲེལ་པ་འདི་ནི་བསྟན་པ་སྔ་དར་གྱི་དུས་སམ་བོད་བཙན་པོའི་དུས་སུ་བོད་དུ་བསྒྱུར་ཟིན་པ་བསྟན་བཅོས་རང་གི་མཇུག་བྱང་དུ་སྒྱུར་མཁན་ལོ་ཙཱ་བ་ཆེན་པོ་སྐ་བ་དཔལ་བརྩེགས་ཡིན་པར་བསྟན་པས་ཤེས་ཐུབ་ལ། མཁན་པོ་ཡེ་ཤེས་སྡེའི་བརྗེད་བྱང་དུ་འགྲེལ་པ་འདིའི་མིང་བྱུང་མཛད་འདུག་པས་ཀྱང་ཤེས་ནུས་པ་གོང་གླེང་ལྟར་རེད། ཡིན་ནའང་རྗེ་བཙུན་ཏཱ་ར་ནཱ་ཐས། ད་ལྟའི་བསྟན་འགྱུར་ཁྲོད་དུ་དངོས་སུ་བཞུགས་པའི་མགོན་པོ་ཀླུ་སྒྲུབ་ཀྱི་བཟང་སྨོན་འགྲེལ་པ་དང་སློབ་དཔོན་དབྱིག་གཉེན་གྱི་བཟང་སྨོན་འགྲེལ་པའང་སློབ་དཔོན་ཆེན་པོ་དེ་གཉིས་ཀྱི་མིན་པར་བཞེད་དེ། ཁོང་གི་བཟང་སྨོན་རྒྱ་ཆེར་འགྲེལ་པ་ལས། "སློབ་དཔོན་དབྱིག་གཉེན་གྱིས་མཛད་ཟེར་བའི་འགྲེལ་པ་དང་། ཛོག་འགྱུར་ཀླུ་སྒྲུབ་གྱིས་མཛད་ཟེར་བའི་འགྲེལ་པ་དེ་གཉིས་རྒྱན་བཟང་པོའི་འགྲེལ་པ་དང་འགྱུར་ཁྱད་མ་གཏོགས་གཅིག་པས། དེས་ཐོག་མ་དབང་བཙན་པར་བྱས་ཏེ་རྒྱན་བཟང་པོའི་ཡིན་གྱི་སློབ་དཔོན་ཆེན་པོ་དེ་གཉིས་ཀྱི་མིན་ནོ། །"ཞེས་དང་། ཡང་དེ་ཉིད་དུ། "རྒྱན་བཟང་པོའི་འགྲེལ་པ་འདི་ཡང་ཕྱོགས་གླང་གི་འགྲེལ་པའི་དོན་བསྡུས་དོན་པོར་ཞིང་། མགོ་ཞབས་སུ་ཚིགས་བཅད་བསྣན་པ་ཙམ་མ་གཏོགས་ལྷག་མ་རྣམས་བྲིས་བཤུས་ལྟ་བུར་སྣང་ངོ་། །"[6]ཞེས་དཔྱད་པ་སྔར་མ་ཐོན་པ་བྱས་འདུག་པས་མུ་མཐུད་དུ་ཞིབ་རིགས་པའི་ལམ་ནས་དཔྱད་གཞིག་བྱེད་དགོས་སོ། །

ཧྥ་རན་སིའི་རྒྱལ་གཉེར་དཔེ་མཛོད་ཁང་དུ་ཉར་བའི་ཏུན་ཧོང་ནས་ཐོན་པའི་བོད་ཡིག་ཡིག་ཚགས་ཨང་རྟགས150པ་སྟེ། སློབ་དཔོན་རྒྱན་བཟང་པོའི་བཟང་སྨོན་རྒྱ་ཆེར་འགྲེལ་འདི་ལ་ཕྱིས་ཀྱི་མཁས་པ་ན་རིམ་གྱིས་ཞུ་དག་སོགས་བཅོས་བསླད་གང་ཡང་མ་ཞུགས་པར་ལོ་རྡོ་མང་པོའི་བར་ས་འོག་ཏུ་གཟིམས་པས་ཞིབ་འཇུག་གི་རིན་ཐང་ཤིན་ཏུ་ཆེ། ཏུན་ཧོང་བཟང་སྨོན་འདིར་མཚོན་ན། སློབ་དཔོན་རྒྱན་བཟང་

པོའི་བཟང་སྤྱོད་སྨོན་ལམ་གྱི་རྒྱ་ཆེར་འགྲེལ་བའི་མཇུག་གི་ཤོག་དྲིལ་ཁ་ཤས་ལས་མེད་དེ། སྤྱིར་སློབ་དཔོན་རྒྱན་བཟང་པོའི་སྨོན་འགྲེལ་འདི་ད་ལྟའི་བསྟན་འགྱུར་དཔེ་བསྡུར་མའི་དབང་དུ་བཏང་ནས་བཤད་ན། རྒྱ་ཆེར་འགྲེལ་ཕྱིལ་པོར་ཤོག་ངོས་སོ་བདུན་ཡོད། ཏུན་ཧོང་ཤོག་དྲིལ་འདིར་དེ་འདྲའི་ཤོག་ངོས་ཉི་ཤུ་ཟིན་ཙམ་ལས་མི་འདུག ཤོག་དྲིལ་འདི་དག་ཚུལ་ཇི་ལྟར་ཡོད་ཟེར་ན། བོད་དཔེ་སྣ་རིང་གི་ཚུལ་དུ་མཚལ་ཐིགས་བརྒྱབ་ཅིང[7]ཀ་རྟགས་ཡོད་པ། ཤོག་ངོས་རེར་ཐིག་ཕྲེང་དྲུག་ཡོད་ལ་དེའི་བར་གྱི་བཞི་ཐིག་དང་ལྔ་ཐིག་གི་དཀྱིལ་ཕྱོགས་སུ་བར་སྟོང་བཞག་སྟེ་ཁུང་བུ་བརྟོལ་འདུག ཁྱོན་བཟང་སྨོན་རྒྱ་ཆེར་འགྲེལ་འདི་ལ་ཤོག་གྲངས་སོ་བཞི་པ་དང་། སོ་བདུན་པ། སོ་དགུ་པ། བཞི་བཅུ་པ། ཞེ་གཅིག་པ་བཅས་ཉིན་སྲིབ་ཚང་མ་བགྲངས་ན་ཤོག་ངོས་དགུ་ཙམ་ལས་མི་འདུག་ལ། ཐིག་ཕྲེང་ལ་ལའི་འོག་ཏུ་མཆན་བུ་དབུ་མེད་ཀྱི་ལམ་ནས་བཀོད་པ་མི་གསལ་བ་ཡང་མང་ཙམ་འདུག བྲིས་གཟུགས་ཀྱི་ཆ་ནས་བཤད་ན་ཡིག་རིས་མཛེས་ལ་ཙུང་ཟད་མྱུར་མོར་བྲིས་པའི་རྣམ་པ་ཐོན་ཡོད་སྟབས། བལྟས་མ་ཐག་ངོ་བཤུས་རྒྱག་མཁན་ནི་ཡི་གེ་བྲི་བར་ཧ་ཅང་བྱང་ཆ་ཅན་ཞིག་རེད་སྙམ་པའི་སྣང་བ་དང་ངམ་ཤུགས་ཀྱིས་སྐྱེར་བ་ཞིག་རེད།

གཉིས་པ། སློབ་དཔོན་རྒྱན་བཟང་པོའི་ཏུན་ཧོང་བཟང་སྨོན་འགྲེལ་པ་དང་
བསྟན་འགྱུར་བཟང་སྨོན་འགྲེལ་པའི་བསྡུར་དཔྱད།

བོད་བཙན་པོའི་དུས་སུ་བསྒྱུར་བའི་བཀའ་བསྟན་རྣམས་ཕྱོགས་བསྡུ་བྱས་ནས་རིམ་གྱིས་དཀར་ཆག་ཏུ་བཀོད་པ་ནི་ཀུན་གྱིས་ཤེས་གསལ་ལྟར་དཀར་ཆག་ལྡན་དཀར་མ་དང་དཀར་ཆག་འཕང་ཐང་མ་སོགས་ཡིན་ལ། དཀར་ཆག་དེ་དག་གི་ནང་སློབ་དཔོན་རྒྱན་བཟང་པོའི་བཟང་སྤྱོད་འགྲེལ་པ་བཀོད་འདུག་ཅིང་། དེ་རྗེས་བཅོམ་ལྡན་རིག་རལ་དང་། དབུས་བློ་གསལ་བྱང་ཆུབ་ཡེ་ཤེས། ལོ་ཙཱ་བ་བསོད་ནམས་འོད་ཟེར། རྒྱང་རོ་བྱང་ཆུབ་འབུམ་པ་བཅས་ཀྱིས་རབ་བྱུང་ལྔ་པའི་ཆུ་བྱི་སྤྱི་ལོ1312ལོ་ནས་སྣར་གྱི་དཀར་ཆག་དེ་དག་ཏུ་བཀོད་པའི་བཀའ་བསྟན་འགྱུར་གྱི་མཚན་བྱང་དག་གིས་གཞིར་བྱས་ཤིང་དབུས་གཙང་མངའ་རིས་སོགས་སུ་བཞུགས་པའི་བཀའ་འགྱུར་དང་བསྟན་འགྱུར་གྱི་མ་ཕྱི་ཡོད་དོ་ཅོག་ཕྱོགས་བསྡུས་དང་ཞུ་དག་མཛད་དེ་གོ་རིམ་བསྒྲིགས་པར་མ་ཟད། དེ་དག་གི་དཀར་ཆག་བཀོད་པ་ལྟར་བཀའ་འགྱུར་དང་བསྟན་འགྱུར་གཉིས་ཀ་ཆ་ཚང་བྲིས་པས། འདི་ནི་བོད་ཀྱི་ལོ་རྒྱུས་སྟེང་བཀའ་བསྟན་འགྱུར་ཙུང་ཟད་ཆ་ཚང་བར་བཞེངས་པའི་ཐོག་མ་རེད། དེ་ནས་བུ་སྟོན་རིན་ཆེན་གྲུབ་ཀྱིས་ཀྱང་དེར་མ་ཕྱི་བྱས་ནས་ཞུ་དག་མཛད་དེ་ཞ་ལུའི་གཙུག་ལག་ཁང་གི་བསྟན་འགྱུར་བཞེངས། དེ་ནས་སྣར་ཡོད་དག་གཞིར་བྱས་ནས་རིམ་གྱིས་སྡེ་དགེ་བསྟན་འགྱུར་སོགས་བསྟན་འགྱུར་གྱི་དཔར་གཞི་མང་པོ་བྱུང་ལ། དེ་དག་

བཞེངས་ཐེངས་རེ་རེར་གནས་བབ་དེ་གའི་མཁས་པ་ཚོས་དུས་ཀྱི་འགྱུར་འགྲོས་དང་བསྟུན་པའི་ཞུ་དག་རེ་གནང་འདུག་པ་བཤད་མ་དགོས། དེ་ལྟར་མིན་ན་སློབ་དཔོན་རྒྱན་བཟང་པོའི་བཟང་སྤྱོད་འགྲེལ་པ་འདི་འང་མ་མཐའ་དུས་རབས་བརྒྱད་དགུ་ཙམ་གྱི་ནང་འཚོ་བཞུགས་བྱས་པའི་ལོ་རྒྱུད་?

བཟང་སྤྱོད་འགྲེལ་པར་བལྟས་ན་གསལ་ལོ། །

ཕྱི་ལོ1908ལོར་ཧྥ་རན་སིའི་རྒྱལ་ཁབ་ཏུ་ཏུན་ཧོང་བོད་ཡིག་ཡིག་ཚགས་ཐོག་མར་སྤྱན་འདྲེན་བྱེད་མཁན་པོ་ཞི་ཧི་ཟེར་བས། “ང་ཚོས་ཤེས་པ་ལྟར་གྱི་ཨོ་གླིང་ན་ཡོད་པའི་བཀའ་འགྱུར་ལས་ཤིན་ཏུ་རྙིང་བའི་བཀའ་འགྱུར་ཆ་ཚང་བ་ཐོབ་པ་ལ་ཕྱོགས་གང་ནས་བལྟས་ཀྱང་དོན་སྙིང་ལྡན་པ་ཡིན། པོ་ལེན་དངོས་མང་བཤམས་སྟོན་ཁང་དུ་ཉར་བའི་དུས་རབས་བཅོ་ལྔ་པའི་དུས་འགོའི་བཀའ་འགྱུར་ཁ་ཐོར་ལས་རྙིང་བ་རང་རེའི་དཔེ་མཛོད་ཁང་དུ་ཡོད་མེད་མི་ཤེས་ཀྱང་། ཏུན་ཧོང་བྲག་ཕུག་གི་བཀའ་འགྱུར་ནི་ཆེས་ཕྱི་ཡང་དུས་རབས་བཅུ་པའི་ཡིན་ལ། དུས་རབས་དགུ་པའི་ཡིན་ཀྱང་སྲིད། དེ་བས་དེ་དང་གནའ་བོའི་ལག་བྲིས་གཞན་དག་གིས་ཚོས་ལུགས་བསྒྱུར་བའི་ཆེས་གཞུག་མའི་དུས་ཚོད་ང་ཚོར་ར་སྤྲོད་བྱེད་ཐུབ།”[8] ཅེས་བཤད་པར་གཞིགས་ན། ཏུན་ཧོང་བྲག་ཕུག་གི་བཀའ་འགྱུར་གྱི་རིགས་ནི་མ་མཐའ་དུས་རབས་བཅུ་པ་ཡན་ཆད་ཀྱི་ཡིན་པར་ངེས་འཛིན་ཚོག བསྟན་འགྱུར་ནང་གསེས་ཀྱི་གཞུང་འགྲེལ་དེ་དག་ཀྱང་དེ་ལས་འཕྱི་དགོས་པའི་སྒྲུབ་བྱེད་མི་རྙེད་པས། དེ་དག་ཀྱང་དུས་རབས་བཅུ་པའི་ཡར་སྔོན་དུ་བྱུང་བ་ཡིན་ཞེས་ན་གནོད་བྱེད་མེད་པ་དང་། གཞན་ཡང་ད་ལྟའི་དཔྱད་པ་ལྟར་ན་ཏུན་ཧོང་བྲག་ཕུག་གི་སྒོ་ཀ་ལམ་ཕྱི་ལོ1035ལོར་བརྒྱབ་ཟིན་པར་གཅིག་མཐུན་དུ་གླེང་སྐབས།[9] ཏུན་ཧོང་ནས་ཐོན་པའི་བཟང་སྨོན་འགྲེལ་པ་འདི་ཇི་ལྟར་འགོར་ནའང་ལོ་འདིའི་ཡར་སྔོན་དུ་བྲག་ཕུག་ཏུ་ཚུད་དགོས་ལ། དེ་ལྟར་ཚུད་པའི་དབང་དུ་བྱས་ན་ལོ་དེ་ཕན་ཆད་ནས་ཏུན་ཧོང་བཟང་སྤྱོད་སྨོན་ལམ་འདིར་བཅོས་བསྒྱུར་དང་ཞུ་དག་མཁན་པོའི་སྙུག་རྗེས་མ་རེག་དགོས་ལ། བསྟན་འགྱུར་ཁྲིད་ཀྱི་རྒྱན་བཟང་པོའི་བཟང་སྨོན་འགྲེལ་པ་གང་གི་དབང་བྱས་ཀྱང་ཕྱིས་སུ་མུ་མཐུད་དུ་ཞུ་དག་དང་དག་བཅོས་གནང་ཡོད་པ་བཤད་མ་དགོས་སྐབས། ཕྱིར་བཤད་ན་ལོ་མང་ས་འོག་ཏུ་གཟིམས་པའི་ཏུན་ཧོང་བཟང་སྨོན་འགྲེལ་པ་འདི་དང་ཕྱིས་སུ་ཞུས་དག་རིམ་བརྒྱུད་བྱས་མྱོང་བའི་བསྟན་འགྱུར་བཟང་སྨོན་འགྲེལ་པ་གཉིས་ལ་ཕྱོགས་གང་ནས་གཞིགས་ཀྱང་མི་འདྲ་ས་མང་ཙམ་ཡོད་ཚོག་མོད། བློ་ཡུལ་ལས་འདས་པ་ཞིག་ནི་དེ་གཉིས་ཀྱི་ཚིག་རིས་ཕལ་ཆེར་ཆུ་ལ་ཆུ་བཞག་པ་ལྟར་འཕྲོད་པས། དོན་ངོ་མར་ཏུན་ཧོང་དུ་ཡིག་ཆ་འདི་དག་དུས་ནམ་

ཞིག་ལ་ས་འོག་ཏུ་གཏེར་ལ་སྦས་པའི་སྐོར་ལ་སུ་མཐུད་དུ་ཞིབ་འཇུག་གཏིང་ཟབ་བྱ་རྒྱུ་གལ་ཆེན་ཞིག་ཏུ་འགྱུམས་སོ། །

ཡིན་ནའང་སློབ་དཔོན་རྒྱན་བཟང་པོའི་ཏུན་ཧོང་བཟང་སྨོན་འགྲེལ་པ་འདི་ལ་བརྡ་སྤྲོད་ཀྱི་ཐོབ་ཐང་དང་ཚིག་གི་སྦྱོར་སྟངས་སོགས་ཀྱི་ཐད་ནས་གཞིགས་ན་བསྟན་འགྱུར་བཟང་སྨོན་འགྲེལ་པ་དང་མི་འདྲ་ས་གཏན་ནས་མེད་པ་མ་ཡིན་ཏེ། ཐོག་མར་བརྡ་སྤྲོད་ཁྱད་ཆོས་ཀྱི་སྟེང་ནས་བལྟས་ན། 1. དབྱངས་ཡིག་གི་སྐོར། དེ་བཞིན་བཟང་འགྲེལ་འདིའི་ནང་དུ་གུག་གུ་ཕྱིར་འཁོར་སྐོར་ཏུན་ཧོང་གི་ཡིག་ཚགས་སྤྱི་འགྲོས་ལྟར་ཇི་བཞིན་ལ་ཇེ་བཞིན་དང་། ནི་ལ་ནེ་བྲིས་པ་ལྟ་བུ་ཙུང་ཟད་མང་མོད། བཙན་པོའི་དུས་ཀྱི་རྗེ་རིང་དང་ཏུན་ཧོང་གཏེར་ཡིག་རྙིང་ཤས་ཕལ་ཆེ་བར་གུག་གུ་ཕྱིར་འཁོར་བྲིས་པ་དེ་འདྲ་མང་པོ་མི་འདུག དེ་བས་ན་འགྲེལ་པ་འདིའི་ནང་གུག་གུ་ཕལ་མོ་ཆེ་ནི་ད་ལྟའི་འབྲི་ཚུལ་དང་མཐུན་པར་ཡོད་དོ། །ཡིན་ནའང་ཁོ་བོའི་བསམ་ཚུལ་ལ་སྔར་གྱི་ཡིག་རྙིང་དག་ཏུ་གུག་གུ་ཕྱིར་འཁོར་མ་འཁོར་གཉིས་ཀ་བྲིས་ཤིང་དེ་ལས་མང་ཆེ་བ་ནི་ཕྱིར་འཁོར་དུ་བྲིས་པ་འདིར་རྒྱུ་མཚན་ཞིག་ཡོད་སྙམ་སྟེ། དེ་ཡང་བོད་ཀྱི་བརྡ་སྤྲོད་ཀྱི་བསྟན་བཅོས་ཐུ་ཤོས་སྒྲ་སྐོའི་མཆོད་ཆ་ལས། ཨི་ཉིད་བསྒྲིམས་ཤིང་ཚེག་དྲག་དང་ཐུར་བ་ནི་རི་དང་། ཨི་ཉིད་གློད་དེ་འདྲེན་པའི་དོན་ནི་ལི་ཡིན།[10] ཞེས་གསུངས་པར་བལྟས་ན་སྐབས་དེར་སྒྲ་གྲིམ་ལྷོད་ཀྱི་ཁྱད་པར་སྟེང་ནས་ལ་ལར་གུག་གུ་ཕྱིར་འཁོར་དང་ལ་ལར་ཕྱིར་འཁོར་མ་ཡིན་པ་འབྲི་དགོས་བྱུང་བ་ཡིན་པར་མངོན། དེ་ནས་དུས་ཀྱི་འགྱུར་ལྡོག་དང་བསྟུན་ནས་སྐད་ཆའི་གདངས་ལ་སྔར་ལྟར་ཀྱི་གསལ་ཆའི་ཟུར་ཉམས་པས་རིམ་གྱིས་གུག་གུ་ཕྱིར་འཁོར་དང་གུག་གུ་ཕྱིར་འཁོར་མིན་པ་གང་བདེ་བྲིས་པ་ལས་ཕྱིས་སུ་སྐད་གསར་བཅད་ཀྱི་སྐབས་རིགས་གཅིག་གཏན་ལ་ཕབ་པ་ཡིན་སྙམ་མོ། །2. མིང་གཞིའི་སྐོར། སྡེ་དགེ། ཅོ་ནེ། པེ་ཅིན་དང་སྣར་ཐང་གི་བསྟན་འགྱུར་ཁྲོད་དུ་ཐམས་ཅད་ཅེས་པར་ཏུན་ཧོང་བཟང་འགྲེལ་ལས་སྡེ་བ་གཅིག་པའི་མིང་གཞིའི་ཡི་གེ་ཅའི་དོད་དུ་ཆ་བཞག་སྟེ་ཐམས་ཆད་ཅེས་དང་། བསྟན་འགྱུར་དུ་ཆིང་པས་བཅིངས་པ་ཞེས་པར་ཏུན་ཧོང་ལས་བཅིང་བས་བཅིངས་པ་ཞེས་བྲིས་ལ། ཏུན་ཧོང་ལས་མིང་གཞི་རྐྱང་པའི་རྗེས་སུ་འ་བཞག་པ་དཔེར་ན། པ་ལ་པའ་ལྟ་བུ་དང་། བསྟན་འགྱུར་ལས་ཐེ་ཚོམ་ཞེས་པར་ཏུན་ཧོང་ལས་ཐེ་ཙོམ་ཞེས་པ་ལྟ་བུ་འགའ་རེ་ཡོད། 3. སྔོན་འཇུག་གི་སྐོར། ཏུན་ཧོང་དུ་སྡེ་བསྟན་དང་མཐུན་པར་མཐའ་དག་ཅེས་པ་ལ། པེ་ཅིན་དང་སྣར་ཐང་དཔར་ལས་སྔོན་འཇུག་མའི་དོད་དུ་སྔོན་འཇུག་འ་བཞག་སྟེ་འཐའ་དག་ཅེས་བྲིས་པ་ལྟ་བུ་འདུག 4. རྗེས་འཇུག་གི་སྐོར། བསྟན་འགྱུར་ལས་ཤེས་བྱ་མཐའ་ཡས་པས་དང་མཐའ་དག་ཅེས་པར་ཏུན་ཧོང་དུ་མཐ་ཡས་པས་དང་མཐ་དག་ཅེས་ཚིག་གཉིས་ཀར་མཐའི་རྗེས་འཇུག་བསྐྱུངས་ནས་འ་མཐའ་བྲིས་མེད། དེ་བཞིན་དུ་རང་རེའི་སུམ་ཅུ་པའི་རྩ་བར། རྗེས་འཇུག་བཅུ་པོ་མ་ཞུགས་ན། །མིང་གཞན་སྦྱོར་བ་ཡོད་མི་སྲིད། །[11]ཅེས་པའི་དགོངས་

དོན་ལྟར་ཏུན་ཧོང་གི་བཟང་སྤྱོད་རྒྱ་ཆེར་འགྲེལ་དུ་མིང་མཐའི་ཡི་གེ་རྐྱང་པ་པའི་རྗེས་སུ་རྗེས་འཇུག་བཀོལ་བ་དཔེར་ན་པའ་ཞེས་བྲིས་པའང་འགའ་རེ་ཡོད་དོ། །[12] 5. མགོ་ཅན་གྱི་སྐོར། བསྟན་འགྱུར་དག་གི་དཔར་དུ་ལ་སོགས་བྱས་པར། ཏུན་ཧོང་སྨོན་འགྲེལ་ལས་དེ་ལྟར་མེད་པར་སའི་འོག་ཏུ་ཙ་བཏགས་ཏེ་ལ་སྒྱོགས་བྱས་པ་བཀོལ་སྤྱོད་བྱས་འདུག འདི་ནི་གནའ་ཡིག་མང་པོའི་ནང་ཐོན་ཡོད་པའི་ཐ་སྙད་འབྲི་སྟངས་ཤིག་རེད། ཕྱིས་ཀྱི་བརྡ་སྤྲོད་པའི་བསྟན་བཅོས་མང་དག་ཏུ་ལ་ཡིག་སྟུད་པར་འཇུག་པའི་མཚན་གཞིར་བཞག་འདུག་གོ །6. འདོགས་ཅན་གྱི་སྐོར། བསྟན་འགྱུར་གྱི་དཔར་གཞི་ཚང་མའི་ནང་དུ་མི་དང་མེད་བྲིས་ལ། ཏུན་ཧོང་བཟང་སྤྱོད་རྒྱ་ཆེར་འགྲེལ་ལས་དེ་དག་ལ་ཡ་བཏགས་བཞག་སྟེ་མྱི་དང་མྱེད་བྲིས་འདུག 7. རྣམ་དབྱེ་དང་ཚིག་ཕྲད་སྐོར། སྡེ་དགེ་བསྟན་འགྱུར་གྱི་དཔར་ལས་དེའི་སྟོབས་ནི་བྱང་ཆུབ་ཏུ་ཞེས་བྲིས་པར་ཏུན་ཧོང་དུ་བྱང་ཆུབ་ཀྱི་ཞེས་བྲིས་ལ། པེ་ཅིང་དང་སྣར་ཐང་དཔར་ལས་ཀྱང་ཏུན་ཧོང་བཟང་སྤྱོད་ལྟར་ཀྱི་བྲིས་འདུག དེ་བཞིན་དུ་སྡེ་དགེ་བསྟན་འགྱུར་ལས་བསམ་པ་ཞེས་པའི་རྗེས་སུ་ས་བཞག་མེད་ཀྱང་ཏུན་ཧོང་དང་པེ་ཅིང་། སྣར་ཐང་བཅས་གསུམ་པོས་པའི་རྗེས་སུ་ས་བཞག་ཡོད། ཡང་པེ་ཅིང་དང་སྣར་ཐང་གི་བསྟན་དཔར་ལས་འགྱུར་པས་ཞེས་པར་ཏུན་ཧོང་སྡེ་དགེ་དཔར་དང་མཐུན་པར་འགྱུར་ཏེ་ཞེས་དང་། ཏུན་ཧོང་དང་པེ་ཅིང་སྣར་ཐང་ལས་གྲོལ་ལོ་ཞེས་པར་སྡེ་དགེ་དང་ཅོ་དཔར་དུ་གྲོལ་བའོ། །ཞེས་དང་། ཏུན་ཧོང་ལས་རྫོགས་ཚིག་ངོའི་རྗེས་སུ་ཕྱི་ཚིག་བཞག་པ་ཤིན་ཏུ་ཉུང་། སྡེ་དགེ་དང་ཅོ་དཔར་ལས་དེས་ནི་སྨྲིན་པ་ལས་ཞེས་དེ་ལ་བྱེད་སྒྲའི་ཕྲད་ས་བཞག་ལ། ཏུན་ཧོང་དུའང་དེ་བཞིན་བྲིས་འདུག ཡིན་ནའང་པེ་ཅིང་དང་སྣར་ཐང་བསྟན་འགྱུར་དུ་དེ་ལ་བྱེད་སྒྲའི་ས་སྦྱོར་མེད། སྡེ་དགེ་དང་ཅོ་ནེའི་བསྟན་འགྱུར་ལྟར་ན་རྣམ་པ་བཅུ་གསུམ་པ་ནི་གཉེན་པོའི་ཡིན་ནོ། །ཞེས་པར། ཏུན་ཧོང་ནི་སྣར་ཐང་དང་པེ་ཅིང་གི་དཔར་དང་མཐུན་པར་པོའི་རྗེས་ཀྱི་འབྲེལ་སྒྲའི་ཕྲད་འི་མི་འདུག་གོ །8. རྐྱེན་གྱི་ཡི་གེའི་སྐོར། ཏུན་ཧོང་དུ་ང་རྫོགས་ཚིག་ཅན་གྱི་རྗེས་སུ་ཕྱི་ཚིག་བཞག་པ་ཧ་ཅང་དཀོན་ལ། བསྟན་འགྱུར་དག་ལས་དེའི་རྗེས་སུ་ཕྱི་ཚིག་བཞག་འདུག 9. སྐྱུང་ཡིག་དང་གཞན་དག་གི་སྐོར། བསྟན་འགྱུར་ཁྲོད་དུ་ནམ་མཁའ་ཞེས་པར་ཏུན་ཧོང་བྲི་ཚོགས་བསྐྱུང་ཕྱིར་བསྐྱུང་སྟེ་ནམཁའ་ཞེས་དང་། བསྟན་འགྱུར་ལས་མཆོག་གིས་ཞེས་པར་འདིར་བསྐྱུངས་ཏེ་མཆོགིས་ཞེས་པ་ལྟ་བུའོ། །

ཡང་སློབ་དཔོན་རྒྱན་བཟང་པོའི་ཏུན་ཧོང་བཟང་སྤྱོད་འགྲེལ་པ་དང་བསྟན་འགྱུར་བཟང་སྤྱོད་འགྲེལ་པ་གཉིས་ཀྱི་ཚིག་སྦྱོར་གྱི་ཁྱད་ཆོས་སྟེང་ནས་བལྟས་ན། 1. ཚིག་ཆད་སྐོར། བསྟན་འགྱུར་དཔེ་བསྡུར་མར། "དེའི་ཆེད་ཀྱི་སྟོབས་ཏེ་མཐུ་གང་ཡིན་པ་དེ་ཡང་དག་པར་སྒྲུབ་པར་བྱེད་ཅེས་བྱ་བ་ནི་དེའི་ཚོགས་རྣམ་པར་སྒྲུབ་པར་བྱེད་ཅིང་ངོ་། །"ཞེས་པ་ལས།[13] ཏུན་ཧོང་བཟང་སྤྱོད་རྒྱ་ཆེར་འགྲེལ་དུ་ཚིག་འདིའི་བར་གྱི་ཡང་དག་པར་སྒྲུབ་པར་བྱེད་ཅེས་པ་མི་གསལ་བ་དང་། བསྟན་འགྱུར་དཔར་ལས"བགྲོད་

པར་བྱ་བ་མ་ཡིན་པ་དང་། ཕན་པ་དང་། ཕན་པ་མ་ཡིན་པ་དང་། ལྷི་བ་དང་ཡང་བ་ལ་སོགས་པ་ཐམས་ཅད་མི་ཤེས་པ་ཡིན་ནོ། །"ཞེས་པར། ཁུན་ཏོང་དུ་ཚིག་དེའི་བར་གྱི་ཕན་པ་དང་། ཕན་པ་མ་ཡིན་པ་དང་། ཞེས་པ་ཆད་འདུག་ལ། ཁུན་ཏོང་དང་པེ་ཅིང་སྣར་ཐང་ལས་ཤེས་རབ་ཀྱི་མིག་གིས་རབ་ཏུ་མཐོང་ཞེས་པར། སྡེ་དགེ་དང་ཅོ་དཔར་ལས་ཤེས་རབ་ཀྱི་མིག་གིས་མཐོང་ཞེས་ཙམ་ལས་མེད། སྡེ་དགེ་དང་ཅོ་ནེ་བསྟན་འགྱུར་ལས་གང་གིས་མི་ཤེས་པའི་དབང་གིས་ཏེ་མི་ཤེས་པ་རྒྱ་བར་འགྱུར་པའི་ཕྱིར་འདོད་ཆགས་ལ་སོགས་པ་ཡང་མི་ཤེས་པའི་དབང་གིས་བྱས་པ་ཞེས་བརྗོད་དེ། ཞེས་པ་ལ། པེ་ཅིང་དང་སྣར་ཐང་དེ་དང་ཅུང་ཟད་མི་མཐུན། དེ་བཞིན་དུ་ཁུན་ཏོང་ཕྱུག་བྲིས་མར་ཡང་གང་གིས་མི་ཤེས་པའི་དབང་གིས་མ་བསད་པ་སོགས་གསུངས་ཏེ། བསྟན་འགྱུར་ལྟར་ན་བར་གྱི་མང་པོ་ཞིག་ཆད་དམ་བསྡུས་ཟིན་ཏོ། །2. འགྱུར་ཁྱད་སྐོར། སྡེ་དགེ་བསྟན་དཔར་ལས་དེ་བཞིན་དུ་ཐེག་པ་ཆེན་པོ་དང་ལྡན་པའི་ཆོས་ཞེས་པར་ཁུན་ཏོང་བཟང་འགྲེལ་ནི་པེ་ཅིང་དང་སྣར་ཐང་གི་དཔར་དང་མཐུན་པར་དེ་བཞིན་དུ་ཐེག་པ་ཆེན་པོ་དང་ལྡན་པའི་དམ་པའི་ཆོས་ཞེས་དམ་པའི་ཞེས་པ་ལྷག་པར་བསྣན་འདུག ཁུན་ཏོང་བཟང་སློན་རྒྱ་ཆེར་འགྲེལ་ལས། བྱང་ཆུབ་སེམས་དཔའ་རྣམས་ཀྱི་ཐེག་པ་ཡིན་པས་ན་ཐེག་པ་ཆེན་པོའོ་ཞེས་པའི་རྣམས་ཀྱི་དོན་དུ་སྡེ་དགེ་དང་ཅོ་ནེ་སོགས་ཀྱི་བསྟན་འགྱུར་ཁྲོད་དུ་ཐམས་ཅད་ཅེས་བྲིས་འདུག་ལ། དེ་བཞིན་དུ་ཁུན་ཏོང་འགྲེལ་པར་སངས་རྒྱས་ཀྱི་བྱང་ཆུབ་ཐོབ་པར་བྱེད་པའི་ལམ་བསོད་ནམས་དང་ཡེ་ཤེས་ཀྱི་ཚོགས་ཞེས་པའི་ལམ་གྱི་དོན་དུ་པེ་ཅིང་དང་སྣར་ཐང་བསྟན་འགྱུར་དཔར་དུ་ལས་བྲིས་ཡོད་མོད། སྡེ་དགེ་དང་ཅོ་ནེ་དཔར་དུ་ཁུན་ཏོང་དང་མཐུན་པར་ལམ་བྲིས་འདུག ཁུན་ཏོང་ལས་འབྲས་བུ་ངན་འགྲོ་གསུམ་འབྱིན་པར་ནུས་པའི་ཕྱིར་རོ། །ཞེས་པར། བསྟན་འགྱུར་གྱི་དཔར་རྣམས་ལས་འབྲས་བུ་ངན་འགྲོ་གསུམ་འབྱིན་པར་ནུས་པ་ཡིན་ནོ། །ཞེས་དང་། སྡེ་དགེ་དང་ཅོ་ནེའི་དཔར་དུ་དཔེར་ན་བྱམས་མའི་བུ་གང་པོས་མ་ལ་བརྙས་པས་ཞེས་པར། ཁུན་ཏོང་ནི་པེ་ཅིང་དང་སྣར་ཐང་ལྟར་གང་པོའི་དོན་དུ་མོ་བཞག་སྐྱེ་བྱམས་མའི་བུ་མོས་ཞེས་བཀོད་ཡོད། བསྟན་འགྱུར་དག་ལས་ཡང་དག་པར་རྙེད་པ་དེ་དག་ནི་ཞེས་པར། ཁུན་ཏོང་ལས་རབ་ཏུ་རྙེད་པ་དེ་དག་ནི་ཞེས་བཀོད་འདུག གཞན་ཡང་བསྟན་འགྱུར་དག་ལས་རྫོགས་སོ་ཞེས་པར། ཁུན་ཏོང་བཟང་སློན་རྒྱ་ཆེར་འགྲེལ་ལས་རྫོགས་སྷོ་ཞེས་སོའི་འོག་ཏུ་འ་བཏགས་པ་ཞིག་ཀྱང་མཇུག་ཏུ་བྲིས་འདུག་ལ།[14] གོང་དུ་གླེངས་པ་འདི་དག་ལས་ཁུན་ཏོང་བཟང་སྤྱོད་འགྲེལ་པ་དང་བསྟན་འགྱུར་བཟང་འགྲེལ་བསྡུར་དཔྱད་བྱས་པར་བརྟེན། ཁུན་ཏོང་གི་བཟང་འགྲེལ་ལ་བསྟན་འགྱུར་བཟང་འགྲེལ་དང་མི་འདྲ་བའི་ཆ་མང་པོ་མེད་ཀྱང་ཅུང་ཟད་ཡོད་པ་དེ་དག་ནི་ཁུན་ཏོང་བཟང་སློན་འགྲེལ་པ་འདིའི་གནའ་ཡིག་གི་ཁྱད་ཆོས་ཡིན་ཞེས་བཤད་ན་གནོད་བྱེད་མེད་དམ་སྙམ་མོ། །

མཇུག་བསྡུ་བའི་གཏམ།

མདོར་ན། ཏུན་ཧོང་བོད་ཡིག་ཡིག་ཚགས་ཕྱག་བྲིས་མ་རྒྱ་གར་གྱི་སློབ་དཔོན་ཆེན་པོ་རྒྱན་བཟང་པོས་མཛད་པའི་བཟང་སྤྱོད་སྨོན་ལམ་གྱི་རྒྱ་ཆེར་འགྲེལ་བ་ཁ་ཐོར་དུ་སོང་བ་འདི་ལ་ཕྱོགས་ཡོངས་ནས་བསམ་གཞིག་ཙུང་ཟད་བྱས་ན། དུས་རབས་བརྒྱད་པ་དང་དགུ་པའི་ནང་དུ་བྱུང་བའི་བོད་བཙན་པོའི་དུས་ཀྱི་ཇོ་རིང་དང་། བྲག་ཡིག དྲིལ་བུའི་ཡི་གེ་སོགས་གང་ལ་བསྡུར་ཀྱང་། དེ་དག་གི་བརྗ་སྦྱོད་ཀྱི་ཁྱད་ཆོས་དང་། ཚིག་གི་སྦྱོར་སྟངས། ཡི་གེའི་གཟུགས་རིས་སོགས་འགྲེལ་པ་འདིའི་སྟེང་ཤིན་ཏུ་ཙུང་ལ། དེ་ལས་ལྡོག་སྟེ་དུས་རབས་བཅུ་བཞི་པའི་དབུ་ཙམ་ནས་བཅོམ་ལྡན་རིག་རལ་སོགས་མཁས་པ་རྣམས་ཀྱིས་བསྟན་འགྱུར་ཕྱོགས་བསྒྲིགས་ཀྱི་ རྨང་གཞི་བཏིང་ཞིང་། དེ་ནས་མཁས་པ་མང་པོས་རིམ་གྱིས་འཕྲུས་སྣོ་ཇེ་ཚང་དང་གྲ་ཇེ་དག་ཏུ་བཏང་ནས་དུས་རབས་བཅོ་བརྒྱད་པ་ནས་ད་ལྟ་ང་ཆོས་མཐོང་བཞིན་པའི་སྡེ་དགེ་བསྟན་འགྱུར་དང་སྣར་ཐང་བསྟན་འགྱུར་སོགས་བསྟན་འགྱུར་གྱི་དཔར་གཞི་མང་པོ་རིམ་གྱིས་བྱུང་བའི་དཔར་གཞི་དེ་དག་གི་ཁྱད་ཆོས་མང་པོ་ཞིག་འགྲེལ་པ་འདིའི་སྟེང་མངོན་པ་དང་། ལྷག་པར་དུ་འགྲེལ་པ་བྲིས་མ་འདིའི་བརྗ་སྦྱོད་སྦྱོད་ཚུལ་དང་འགྱུར་གྱི་ཁྱད་ཆོས་མང་པོ་ཞིག་ནི་པེ་ཅིང་དང་སྣར་ཐང་བསྟན་འགྱུར་ལ་འདྲ་ས་མང་པོ་ཡོད། ཡང་བསྟན་འགྱུར་གྱི་དཔར་གཞི་དེ་དག་དང་མི་མཐུན་པ་འགའ་རེ་ནི་སྡེ་དགེའམ་ཡང་ན་ཅོ་ནེ་དཔར་དང་མཐུན་པའང་མི་ཉུང་བས། གང་ལྟར་ད་ལྟའི་བསྟན་འགྱུར་གྱི་དཔར་གཞི་འདི་དག་དང་བསྡུར་ཚེ་ཕལ་མོ་ཆེ་ནི་གཅིག་ལ་མི་མཐུན་ན་གཅིག་ཤོས་ལ་མཐུན་འདུག་པ་ལྟ་བུར་གྱུར་འདུག་གོ །

ཡང་རྒྱན་བཟང་གི་འགྲེལ་པ་ཕྱག་བྲིས་མ་འདི་ལ་བལྟས་ན་ཐག་ཡིག་གཟུགས་དོ་མཉམ་ཞིང་མཛེས་ཉམས་ཐོན་ལ། ཡི་གེ་འབྲི་མཁན་བྱང་ཆ་ཅན་ཞིག་གིས་བྲིས་པ་ཡིན་སྙམ་པའི་སྣང་བ་ཞིག་དང་ངམ་ཤུགས་ཀྱིས་འཆར་བ་དང་། འདིའི་ནང་ད་ཏུང་དབུ་མེད་ཀྱི་མཆན་བུ་དེ་འདྲ་མི་གསལ་བ་མང་པོ་ཞིག་མཚམས་མཚམས་སུ་བཀོད་འདུག མཆན་བུ་དེ་དག་ལ་ཞིབ་ཏུ་གཞིགས་ན་ཕལ་ཆེར་སྐབས་དེར་འགྲེལ་པ་འདི་དཔེ་ཁྲིད་ལྟ་བུ་གནང་དུས་སུ། འགྲེལ་པ་འདི་ཉིད་ཕབ་བཤུས་བྱེད་མཁན་རང་ཉིད་ཀྱིས་བལྟ་ཀློག་གམ་དཔེ་ཁྲིད་ཀྱི་སྐབས་སུ་མཆན་བཏབ་པ་ཡིན་འདུག དེ་འདྲ་མི་གསལ་བའི་མཆན་དེ་དག་གི་ནང་ན་ལ་ལ་ནི་དང་ཐོག་ཕབ་བཤུས་གནང་དུས་ཆད་ལུས་ཤོར་བ་ཁ་སྐོང་དང་། ལ་ལ་ནི་མཆན་འདེབས་ཡུལ་གྱི་དོན་མ་གོ་བའི་དབང་གིས་བརྗེད་བྱང་དུ་བཀོད་པ་གསལ་པོར་རྟོགས་ནུས་པས། གོང་གླེངས་ཁྱད་ཆོས་འདི་དག་གཞིར་བྱས་ན་འགྲེལ་པ་ཕྱག་བྲིས་མ་འདི་ནི་བསྟན་པ་སྔ་དར་གྱི་རྗེས་སུའམ་

ཡང་ན་ཕྱི་དར་གྱི་དབུ་བཟུང་ནས་དུས་ཡུན་ཙུང་རིང་པོ་ཞིག་གི་ནང་དུ་བྱུང་བ་ཞིག་ཡིན་པར་མངོན་ནོ། །རྒྱུ་མཚན་དེ་ལ་གཞིགས་ན་སློབ་དཔོན་རྒྱན་བཟང་གི་བཟང་སྤྱོད་རྒྱ་ཆེར་འགྲེལ་བའི་ཤོག་དྲིལ་བྲིས་མ་ཁ་ཤོར་དུ་སོང་བ་འདི་ཧུན་ཧོང་གི་བྲག་ཕུག་ཏུ་དུས་ནམ་ཞིག་ལ་སྦས་པའི་སྐོར་ལ་ཞུ་མཐུད་དུ་དཔྱད་གཞིགས་རྟེང་ཚུགས་པ་ཞིག་བྱ་རྒྱུ་ང་ཚོའི་ཕྲག་པར་བབས་འདུག་གོ །

མཆན།

[1] སློབ་དཔོན་ཤཱཀྱའི་བཤེས་གཉེན་གྱི་བཟང་སྤྱོད་སྨོན་ལམ་གྱི་འགྲེལ་པ་འདིའི་མཚན་བྱང་ལ་པེ་ཅིང་དང་སྣར་ཐང་གི་བསྟན་འགྱུར་དབུར་བཟང་སྤྱོད་འགྲེལ་པ་ཤཱཀྱ་བཤེས་གཉེན་གྱིས་མཛད་པ་བཞུགས་སོ་ཞེས་པ་ལས་མཚན་བྱང་རྒྱས་པ་མེད་ལ། འདིར་བོད་སྐད་དུ་སྨོས་པ་ལྟར་བཀོད་པའི་མཚན་བྱང་ནི་ཕྱིས་སུ་མཇུག་ཏུ་བོད་རང་གིས་བསྣན་པའི་སྤྱིར་བྱང་མཚན་བྱང་དུ་བྱས་ཏེ་བཀོད་པ་ཞིག་ཡིན་འདུག དེ་ལྟར་མིན་ན་བསྟན་འགྱུར་དཔར་གཞི་མི་འདྲ་བ་དེ་དག་གི་མཚན་བྱང་ངེས་པར་དུ་གཅིག་འདྲ་ཡིན་དགོས་སྙམ་མོ། །ཀྲུང་གོའི་བོད་རིག་པ་ཞིབ་འཇུག་ལྟེ་གནས་ཀྱི་བཀའ་བསྟན་དཔེ་བསྡུར་ཁང་གིས་དཔེ་བསྡུར་བྱས་ཤིང་ཀྲུང་གོའི་བོད་རིག་པ་དཔེ་སྐྲུན་ཁང་གིས་སྤྱི་ལོ2003ལོའི་ཟླ2པར་དཔར་དུ་བསྐྲུན་པའི་བཀའ་བསྟན་དཔེ་བསྡུར་མ། དེབ་གྲངས་རེ་བདུན་པ། ཤོག་ངོས1373པར་གསལ།

[2] པེ་ཅིང་བསྟན་འགྱུར་དང་སྣར་ཐང་བསྟན་འགྱུར་དུ་འཕགས་པ་བཟང་པོ་སྤྱོད་པའི་འགྲེལ་པ་སློབ་དཔོན་རྒྱན་བཟང་གིས་མཛད་པ་བཞུགས་སོ་ཞེས་མཚན་བྱང་འདི་དང་ཙུང་ཟད་མི་འདྲ་ལ། འོན་ཏེ་སྡེ་དགེ་བསྟན་འགྱུར་སོགས་སུ་ཕྱིས་སུ་ལོ་ཙཱ་བའམ་བོད་རང་གིས་བསྣན་པའི་སྤྱིར་བྱང་ལྟར་མཚན་བྱང་བྱས་ཡོད་པས་མཚན་བྱང་འགོད་ཚུལ་ཙུང་ཟད་མི་འདྲའོ། །ཀྲུང་གོའི་བོད་རིག་པ་ཞིབ་འཇུག་ལྟེ་གནས་ཀྱི་བཀའ་བསྟན་དཔེ་བསྡུར་ཁང་གིས་དཔེ་བསྡུར་བྱས་ཤིང་ཀྲུང་གོའི་བོད་རིག་པ་དཔེ་སྐྲུན་ཁང་གིས་སྤྱི་ལོ2003ལོའི་ཟླ2པར་དཔར་དུ་བསྐྲུན་པའི་བཀའ་བསྟན་དཔེ་བསྡུར་མ། དེབ་གྲངས་རེ་བདུན་པ། ཤོག་ངོས1430པར་གསལ།

[3] བུ་སྟོན་ཆོས་འབྱུང་ལས་བཟང་སྤྱོད་ཀྱི་འགྲེལ་པ་བཞི་ལ་སློབ་དཔོན་ཕྱོགས་གླང་གི་འགྲེལ་པ་དང་། རྒྱན་བཟང་པོའི་འགྲེལ་པ། ཤཱཀྱ་བཤེས་གཉེན་གྱི་འགྲེལ་པ། སློབ་དཔོན་ཀླུ་སྒྲུབ་ཀྱི་འགྲེལ་པ་བཅས་གྲངས་འདུག་པར་མ་ཟད། ད་དུང་སློབ་དཔོན་ཡོན་ཏན་འོད་ལའང་བཟང་སྤྱོད་སྨོན་ལམ་གྱི་འགྲེལ་པ་ཤོ་ལོ་ཀ་ལྔ་བརྒྱ་ཅན་ཞིག་ཡོད་པར་གསུངས་འདུག ཀྲུང་གོའི་བོད་རིག་པ་དཔེ་སྐྲུན་ཁང་གིས་སྤྱི་ལོ1988ལོའི་ཟླ9པར་དཔར་དུ་བསྐྲུན་པ། ཤོག་ངོས230པར་གསལ། དེ་བཞིན་དུ་བོད་བཙན་པོའི་དུས་བཀའ་བསྟན་ཕྱོགས་སྒྲིག་བྱས་པའི་དཀར་ཆག་ལྡན་དཀར་མ་ཀྲུང་གོའི་བོད་རིག་པ་དཔེ་སྐྲུན་ཁང་གིས་སྤྱི་ལོ1988ལོའི་ཟླ9པར་དཔར་དུ་བསྐྲུན་པའི་བསྟན་འགྱུར་དཔེ་བསྡུར་མའི་དེབ་གྲངས116པར་གསལ། ཤོག་ངོས815དང་དཀར་ཆག་འཕང་ཐང་མར་ཡང་། བོད་ལྗོངས་རྟེན་རྫས་བཤམས་སྟོན་ཁང་གིས་བསྒྲིགས་ཤིང་། མི་རིགས་དཔེ་སྐྲུན་ཁང་གིས་སྤྱི་ལོ2003ལོའི་ཟླ12པར་དཔར་དུ་བསྐྲུན་པ། ཤོག་ངོས37དང་། ཤོག་ངོས55པར་གསལ། སློབ་

དཔོན་ཕྱོགས་སྐྱང་དང་། ཤཱཀྱ་བཤེས་གཉེན། སློབ་དཔོན་རྒྱན་བཟང་པོ། སློབ་དཔོན་ཡོན་ཏན་འོད་ཀྱི་བཟང་སྤྱོད་འགྲེལ་པ་དང་། མཁན་པོ་ཡེ་ཤེས་སྡེའི་འགྲེལ་པ་རྣམ་བཞིའི་བརྗེད་བྱང་བཅས་མཚན་བྱང་གསལ་པོར་བཀོད་ཡོད་པར་བལྟས་ན་སློབ་དཔོན་ཡོན་ཏན་འོད་ལ་འང་བཟང་སྨོན་འགྲེལ་བ་ཞིག་ཡོད་པ་སྨོས་མེད་རེད། གང་ལྟར་འདིའི་དབང་དུ་བྱས་ན་ལོ་ཙཱ་བ་ཡེ་ཤེས་སྡེས་སློབ་དཔོན་སངས་རྒྱས་གྲགས་པའི་འགྲེལ་པ་བཟང་སྤྱོད་འགྲེལ་པ་བཞིའི་གྲས་སུ་བགྲངས་པ་སྟོར་ཏེ་དེའི་དོད་དུ་སློབ་དཔོན་ཀླུ་སྒྲུབ་ཀྱི་འགྲེལ་པ་བཞག་ཡོད་ལ། ད་ལྟའི་བསྟན་འགྱུར་རྣམས་ཀྱི་ཁྲོད་དུ་བུ་སྟོན་ཆོས་འབྱུང་ནས་བཤད་པའི་ཡོན་ཏན་འོད་ཀྱི་བཟང་སྨོན་འགྲེལ་པ་བཀོད་མེད་པ་མ་ཟད། ལོ་ཙཱ་བ་ཡེ་ཤེས་སྡེའི་བཟང་སྨོན་འགྲེལ་པ་བཞིའི་དོན་བསྡུས་བརྗེད་བྱང་ལས་མིང་བཏུང་བྱས་པའི་སློབ་དཔོན་སངས་རྒྱས་གྲགས་པའི་བཟང་སྨོན་འགྲེལ་པའང་མཐོང་ཡུལ་དུ་མ་གྱུར། ད་ལྟའི་བསྟན་འགྱུར་གྱི་ནང་དུ་ཡེ་ཤེས་སྡེ་དང་བུ་སྟོན་ཐམས་ཅད་མཁྱེན་པ་གཉིས་ཀས་མ་བཀོད་པའི་བཟང་སྨོན་འགྲེལ་པ་སློབ་དཔོན་དབྱིག་གཉེན་གྱིས་མཛད་པ་ལོ་ཙཱ་བ་དགེ་སློང་ཛྙཱ་ན་ཤྲཱི་ལ་ཟེར་བས་བསྒྱུར་བ་ཞིག་བཀོད་ཡོད།

[4] སློབ་དཔོན་སངས་རྒྱས་གྲགས་པའི་བཟང་སྨོན་གྱི་འགྲེལ་པ་ཞིག་བསྟན་པ་སྔ་དར་གྱི་དུས་ནས་ཡོད་པ་ཡེ་ཤེས་སྡེའི་འགྲེལ་པ་བཞིའི་དོན་བསྡུས་བརྗེད་བྱང་ལས་བཤད་པས་ཐེ་ཚོམ་མི་དགོས་མོད། ཀྲུང་གོའི་བོད་རིག་པ་ཞིབ་འཇུག་ལྟེ་གནས་ཀྱི་བཀའ་བསྟན་དཔེ་བསྡུར་ཁང་གིས་དཔེ་བསྡུར་བྱས་ཤིང་ཀྲུང་གོའི་བོད་རིག་པ་དཔེ་སྐྲུན་ཁང་གིས་སྤྱི་ལོ2003ལོའི་ཟླ2པར་དཔར་དུ་བསྐྲུན་པའི་བཀའ་བསྟན་དཔེ་བསྡུར་མ། དེབ་གྲངས་རེ་བདུན་པ། ཤོག་ངོས553པར་གསལ། ད་ལྟའི་བསྟན་འགྱུར་ཁྲོད་དུ་སློབ་དཔོན་འདི་པའི་བཟང་སྨོན་འགྲེལ་པ་མི་བཞུགས་ལ། རྗེ་བཙུན་ཏཱ་ར་ནཱ་ཐས་ཀྱང་བཟང་སྨོན་འགྲེལ་པ་མཛད་སྐབས་སངས་རྒྱས་གྲགས་པའི་འགྲེལ་པ་འདི་མ་མཐོང་ཞིང་ལག་སོན་མ་བྱུང་སྟབས། ཁོང་ཉིད་ཀྱི་འཕགས་པ་བཟང་པོ་སྤྱོད་པའི་སྨོན་ལམ་གྱི་རྒྱ་ཆེར་འགྲེལ་བ་འཕགས་མཆོག་རྣམས་ཀྱི་གསང་བའི་མཛོད་ལས། སངས་རྒྱས་གྲགས་པའི་འགྲེལ་པ་མ་མཐོང་ལ་ཞེས་གསུངས་པར་གཞིགས་ན། བསྟན་པ་ལ་ཉམས་གུད་བྱུང་ཚེ་འཇིག་ཟིན་པ་ཡིན་ནམ་སྙམ་སྟེ་གང་ལྟར་ད་ལྟ་ང་ཚོའི་མིག་གི་བགོ་སྐལ་དུ་མ་གྱུར་ཏོ། །

[5] མཁན་པོ་ཡེ་ཤེས་སྡེའི་བརྗེད་བྱང་ལས། འཕགས་པ་བཟང་པོ་སྤྱོད་པའི་སྨོན་ལམ་ལ་སློབ་དཔོན་ཕྱོགས་ཀྱི་སྐྱང་པོས་འགྲེལ་པ་མཛད་པ་དང་། སློབ་དཔོན་ཤཱཀྱ་བཤེས་གཉེན་གྱིས་འགྲེལ་པ་མཛད་པ་དང་། སངས་རྒྱས་གྲགས་པས་འགྲེལ་པ་མཛད་པ་དང་། རྒྱན་བཟང་པོས་ཊཱི་ཀ་མཛད་པ་དང་། རྣམ་པ་བཞིའི་དོན་དང་། འཕྲལ་དུ་མཁན་པོ་དག་ལས་ཐོས་པ་དང་། མདོ་སྡེ་ནས་འབྱུང་བ་དང་ཡང་སྦྱར་ཏེ་བཤད་པ་བརྗ་ཐུད་སླ་བར་བརྗེད་བྱང་དུ་བྱས་པ་ཞེས་བཀོད་པ་ལས་འགྲེལ་པ་བཞི་པོ་འདི་དག་ནི་མཁན་པོ་ཡེ་ཤེས་སྡེས་བསྟན་བཅོས་འདི་མཛད་པའི་སྔོན་ནས་བོད་ལ་བསྒྱུར་ཡོད་པ་གསལ་པོར་རྟོགས་ནུས་སོ། །བསྟན་འགྱུར་དཔེ་བསྡུར་མའི་དེབ་གྲངས116པ། ཤོག་ངོས5པར་གསལ།

[6] རྗེ་བཙུན་ཏཱ་ར་ནཱ་ཐས་མཛད་པའི་འཕགས་པ་བཟང་པོ་སྤྱོད་པའི་སྨོན་ལམ་གྱི་རྒྱ་ཆེར་འགྲེལ་པ་འཕགས་མཆོག་རྣམས་ཀྱི་གསང་བའི་མཛོད། ཤོག་ངོས212པར་གསལ། སྤྱི་ལོ2006ལོའི་ཟླ་དང་པོར་མི་རིགས་དཔེ་སྐྲུན་ཁང་གིས

དཔར་དུ་བསྒྲུན།

[7] སློབ་དཔོན་རྒྱན་བཟང་པོའི་བཟང་སྤྱོད་སྨོན་ལམ་རྒྱ་ཆེར་འགྲེལ་བ་ཐོར་བུ་འདིའི་མ་ཕྱི་མཚལ་བྲིས་ཡིན་ཚུལ་ནི། སྐུ་ཞབས་དབང་རྒྱལ་ལགས་ཀྱིས་གཙོ་སྒྲིག་བྱས་པའི་ཧྥ་རན་སིར་ཉར་བའི་བོད་ཡིག་ཤོག་དྲིལ་གྱི་ཞིབ་གསལ་དཀར་ཆག་ལས་བཤད། ཤོག་ངོས29པར་གསལ། སྤྱི་ལོ1999ལོའི་ཟླ2པར་མི་རིགས་དཔེ་སྐྲུན་ཁང་གིས་དཔར་དུ་བསྐྲུན།

[8] ནུབ་བྱང་མི་རིགས་སློབ་གྲྭ་ཆེན་མོ་དང་། ཧྲང་ཧེ་དཔེ་རྙིང་དཔེ་སྐྲུན་ཁང་། ཧྥ་རན་སིའི་རྒྱལ་གཉེར་དཔེ་མཛོད་ཁང་བཅས་ཀྱིས་མཉམ་དུ་བསྒྲིགས་པའི་ཧྥ་རན་སིའི་རྒྱལ་གཉེར་དཔེ་མཛོད་ཁང་དུ་ཉར་བའི་ཏུན་ཧོང་བོད་ཡིག་ཡིག་ཚགས་དེབ་དང་པོ། ཤོག་ངོས3པར་གལས། དེབ་འདི་ནི་ནུབ་བྱང་མི་རིགས་སློབ་གྲྭ་ཆེན་མོའི་སློབ་གཙོ་དགེ་རྒན་ཆེན་མོ་ཅིན་ཡཱ་ཧྲིན་ལགས་དང་ཧྥ་རན་སིའི་རྒྱལ་གཉེར་དཔེ་མཛོད་ཁང་གི་ཕྱག་བྲིས་ཕྲུའུའི་གཙོ་འགན་པ་སྐུ་ཞབས་ཕོ་ཨེན་རྣམ་གཉིས་ཀྱིས་གཙོ་སྒྲིག་པའི་འགན་བཞེས་པ་ཡིན་ལ། སྤྱི་ལོ2006ལོར་ཧྲང་ཧེ་དཔེ་རྙིང་དཔེ་སྐྲུན་ཁང་ནས་པར་དུ་བསྐྲུན། ལུང་འདྲེན་འདིའི་ཁུངས་དངོས་ནི་པོ་ཞི་ཧིས་བརྩམས་ཤིང་ཚེ་ཧྲིན་གྱིས་བསྒྱུར་བའི་པོ་ཞི་ཧིས་ནུབ་ཡུལ་དུ་སྐྱུལ་དཔྱད་བྱས་ཚུལ་བཀོད་པ་ཞེས་པ། སྤྱི་ལོ2001ལོའི་ཟླ10པར་ཡུན་ནན་མི་དམངས་དཔེ་སྐྲུན་ཁང་གིས་དཔར་དུ་བསྐྲུན་པའི་ཤོག་ངོས270-271ལ་གཟིགས་པར་ཞུའོ། །

[9] རྒྱལ་ཕྱིའི་བོད་རིག་པ་ཞིབ་འཇུག་གི་སྐྱུར་ཡིག་ཕྱོགས་བསྡུས་ཞེས་པའི་དེབ་གསུམ་པར་འཁོད་པའི་དཔྱད་རྩོམ······ཏུན་ཧོང་བོད་ཡིག་གི་མ་ཕྱི་དཔྱད་གླེང་། ཧི་ཐེ་ཨན་གྱིས་བརྩམས་ཤིང་ཚེ་ཧྲིན་གྱིས་བསྒྱུར། བོད་ལྗོངས་མི་དམངས་དཔེ་སྐྲུན་ཁང་གིས་སྤྱི་ལོ1987ལོའི་ཟླ6པར་དཔར་དུ་བསྐྲུན།

[10] པཎྜི་ཏ་སྨྲི་ཏིས་མཛད་པའི་བརྡ་སྤྲོད་ཀྱི་བསྟན་བཅོས་སྨྲ་སྒོའི་མཆོན་ཆ། སྤྱི་ལོ1980ལོར་མི་རིགས་དཔེ་སྐྲུན་ཁང་གིས་དཔར་དུ་བསྐྲུན།

[11] ཟླ་ཧི་རིན་ཆེན་དོན་གྲུབ་ཀྱིས་མཛད་པའི་བོད་ཀྱི་བརྡ་སྤྲོད་པའི་བསྟན་བཅོས་སུམ་ཅུ་པའི་རྣམ་བཤད་ཀུན་བཟང་དགོངས་རྒྱན་དུ་སུམ་ཅུ་པའི་རྩ་བ་དྲངས་པ་གཞིར་བྱས་ལ། མཚོ་སྔོན་མི་རིགས་དཔེ་སྐྲུན་ཁང་གིས་སྤྱི་ལོ1980ལོའི་ཟླ10པར་དཔར་དུ་བསྐྲུན་པ། ཤོག་ངོས64པར་གསལ། ལུགས་འདི་ནི་ཏ་ལམ་དུས་རབས་བཅུ་པའི་མཇུག་ཙམ་ནས་ལོ་ཙྪ་བ་རིན་ཆེན་བཟང་པོ་སོགས་བྱོན་ཏེ་བོད་ཡིག་ལ་སྐད་གསར་བཅད་ཐེངས་གསུམ་པ་མཛད་པ་ནས་བཟུང་བེད་སྤྱོད་བྱས་པ་ཤིན་ཏུ་ཉུང་བར་མངོན་ནོ། །

[12] འདི་འདྲ་བ་ནི་སྐྱོགས་སྟོན་རིན་ཆེན་བཀྲ་ཤིས་ཀྱིས་མཛད་པའི་བརྡ་གསར་རྙིང་གི་རྣམ་གཞག་ལི་ཤིའི་གུར་ཁང་ལས། སྤྱི་ལོ1981ལོའི་ཟླ1པར་མི་རིགས་དཔེ་སྐྲུན་ཁང་གིས་དཔར་དུ་བསྐྲུན་པ། ཤོག་ངོས2པར་གསལ། དེའ་ལའ་ནིའ་ཞེས་པ་ལྟ་བུ་འ་མཐའ་རྗེན་སྦྱར་བ་ནི་སུམ་རྟགས་ཀྱི་དགོངས་པ་ཡིན་ཀྱང་དོན་ལ་ཐོབ་པ་གཞིར་བཅས་ནས་ཡི་གེ་ཉུང་བའི་སླད་དུ་བཞག་པ་དང་། ཞེས་གསུངས་པ་ལྟར་ཡིན་པ་ཕྱིས་ཀྱི་བརྡ་སྤྲོད་ཀྱི་གཞུང་ཕལ་མོ་ཆེར་བཤད་འདུག

[13] ཀྲུང་གོའི་བོད་རིག་པ་ཞིབ་འཇུག་ལྟེ་གནས་ཀྱི་བཀའ་བསྟན་དཔེ་བསྡུར་ཁང་གིས་དཔེ་བསྡུར་བྱས་ཤིང་། ཀྲུང་

ལྷོ་བྲག་དགྱེས་པའི་བཞད་སྒྲ།

གོའི་བོད་རིག་པ་དཔེ་སྐྲུན་ཁང་གིས་སྤྱི་ལོ2003ལོའི་ཟླ2པར་དཔར་དུ་བསྐྲུན་པའི་བཀའ་བསྟན་དཔེ་བསྡུར་མ། དེབ་གྲངས་རེ་བདུན་པ། ཤོག་ངོས1411པར་གསལ།

[14] འདིར་ཁོ་བོས་སྡེ་དགེ་བསྟན་འགྱུར་ལས་སྣར་ཐང་དང་། པེ་ཅིང་། ཅོ་ནེ་བཅས་ཀྱི་བསྟན་འགྱུར་དཔར་ཆ་རྙིང་གི་དབང་གིས་དངོས་སུ་མཇལ་བའི་གོ་སྐབས་མ་བྱུང་མོད། ཡིན་ནའང་རྩོམ་འདིའི་ནང་དུ་བསྟན་འགྱུར་གྱི་དཔར་གཞི་དག་ནང་ཕན་ཚུན་བསྡུར་བ་དང་། ཡང་བསྟན་འགྱུར་གྱི་དཔར་དག་དང་ཏུན་ཧོང་བྲག་ཕུག་ནས་རྙེད་པའི་སློབ་དཔོན་རྒྱན་བཟང་པོའི་བཟང་སྤྱོད་རྒྱ་ཆེར་འགྲེལ་གྱི་འགྱུར་གྱི་ཁྱད་ཆོས་བསྡུར་ནས་དཔྱད་པ་བྱས་པ་ནི་བསྟན་འགྱུར་དཔེ་བསྡུར་མའི་བསྡུར་མཆན་གཞིར་བྱས་པ་ཡིན་ནོ། །ཀྲུང་གོའི་བོད་རིག་པ་ཞིབ་འཇུག་ལྟེ་གནས་ཀྱི་བཀའ་བསྟན་དཔེ་བསྡུར་ཁང་གིས་དཔེ་བསྡུར་བྱས་ཤིང་། ཀྲུང་གོའི་བོད་རིག་པ་དཔེ་སྐྲུན་ཁང་གིས་སྤྱི་ལོ2003ལོའི་ཟླ2པར་དཔར་དུ་བསྐྲུན་པའི་བཀའ་བསྟན་དཔེ་བསྡུར་མ། དེབ་གྲངས་རེ་བདུན་པ། ཤོག་ངོས1430-1434བར་གསལ།

《ཀྲུང་གོའི་བོད་རིག་པ།》 ༢༠༠༨ལོའི་དེབ་དང་པོ་ལས་བཏུས།

༄། །ཏུན་ཧོང་གཏེར་ཡིག་ཁྲོད་ཀྱི《འདུལ་བ་བསྡུས་པ》ཞེས་པའི་སྐོར་རགས་ཙམ་གླེང་བ།

གཡང་འབུམ་རྒྱལ།

ཏུན་ཧོང་ནས་རྙེད་པའི་ཤོག་དྲིལP. T. 903ནི《འདུལ་བ་བསྡུས་པའི》འགྱུར་གཞུང་བྲིས་མ་ཞིག་ཡིན་ཏེ། ཤོག་དྲིལ་འདིར་བསྒོམས་པས་ཤོག་གྲངས་དོན་གཅིག་ཙམ་ཡོད་ལ། ཏུན་ཧོང་ནས་རྙེད་པའི་བོད་ཡིག་གི་ཡིག་ཆའི་གྲས་སུ་ཤོག་གྲངས་ཉུང་མང་བའི་ཤོག་དྲིལ་ཞིག་ཡིན། ཤོག་དྲིལ་འདི་བྲིས་དཔེ་ཁ་ཚང་ཞིག་མིན་ལ་ཉར་ཚགས་བྱས་པ་ཡང་དེ་ཙམ་མི་ལེགས་མོད། དབུ་ཅན་གྱིས་གྲ་དག་མོར་བྲིས་ཡོད་པས་ཤོག་བུའི་ཟུར་རེ་གཉིས་ཀྱི་ཡིག་འབྲུ་ཁ་ཤས་ཙམ་མ་གཏོགས་ཕལ་ཆེར་མགོ་ནས་མཇུག་བར་བདེ་ལེགས་དང་བཀླག་ཐུབ། བྲིས་དཔེ་འདིའི་ཤོག་ངོས་རེར་ཐིག་ཕྲེང་ལྔ་རེ་བྱས་ཡོད་ལ་ཚིག་ཀང་རེའི་མཇུག་གི་ཡིག་འབྲུ་ཕྱི་མ་དང་ཤད་ཀྱི་བར་དུ་རྟགས“ : ”བཀོལ་ཡོད་ས་ཉུང་མང་། བམ་པོ་དང་པོ་དང་། གཉིས་པ། རྫུག་པའི་མཇུག་ཏུ་མེ་ཏོག་མི་འདྲ་བ་རེ་བྲིས་ཡོད་པ་དང་བམ་པོ་གཉིས་པའི་མཇུག་ཏུ་ནོར་བུ་མེ་འབར་ཞིག་ཀྱང་བཀོད་ཡོད་པ་སོགས་ནི་བྲིས་ཤིན་ཏུ་ལེགས་པོ་ཞིག་འདུག

སློབ་དཔོན་ཁྱད་པར་བཤེས་གཉེན་གྱིས་མཛད་པའི་འཕགས་པ་གཞི་ཐམས་ཅད་ཡོད་པར་སྨྲ་བའི་གཞུང《འདུལ་བ་བསྡུས་པ》བམ་པོ་བཅུ་གསུམ་གྱི་བདག་ཉིད་ཅན་འདི་ནི《སོ་སོར་ཐར་པའི་མདོ》ཡི་འགྲེལ་བ་རྒྱས་པ་ཞིག་ཡིན་ལ། བཙན་པོ་ཁྲི་སྲོང་ལྡེ་བཙན་གྱི་སྐབས་རྒྱ་གར་གྱི་མཁན་པོ་ཛྣི་ལེཏྲ་བོ་དྷི་དང་། རྒྱ་གར་གྱི་མཁན་པོ་ཤཱཀྱ་པྲ་བྷ་དང་། ཞུས་ཆེན་གྱི་ལོ་ཙཱ་བ་བཻ་རོ་ཙ་ན་རཀྵི་ཏས་བོད་ཡིག་ཏུ་བསྒྱུར་བ་ཡིན། ད་ལྟ་ང་ཚོས་པེ་ཅིང་པར་གྱི《བསྟན་འགྱུར》པོད་བརྒྱ་དང་ཉེ་ཤུ་པ(ཕུ1196~3466)དང་། སྡེ་དགེ་པར4105(ནུ88a1-268a7)དུ་མཐོང་ཐུབ་པའི《འདུལ་བ་བསྡུས་པ》སོགས་ནི་ཁ་ཆེའི་མཁན་པོ་ཛྙཱ་ན་ཤྲཱི་བྷ་དྲ་དང་། ལོ་ཙཱ་བ་ཤཱཀྱའི་དགེ་སློང་རྒྱལ་བ་ཤེས་རབ་དང་། ལོ་ཙཱ་བ་ཤཱཀྱའི་དགེ་སློང་ཤཱཀྱ་བཤེས་གཉེན་སོགས་ཀྱིས་ཏུན་ཧོང་གི་འགྱུར་འདི་རྨང་གཞི་བྱས་ཐོག་སཾསྐྲྀཏའི་སྐད་ཕྱི་མོ་ལ་ཁུངས་གཏུགས་ཏེ་འགྱུར་བཅོས་བྱས་ཤིང་གཏན་ལ་ཕབ་པ་ཡིན་སྙམ།

གཤམ་དུ་གཞུང་འདིའི་ཐོག་མའི་གཞུང་ཁུངས་དང་། གཞུང་དོན། གཞུང་འདིའི་སྒྲིག་གཞིའི་སྐོར་སོགས་ནས་ཉུང་བརྗོད་པར་བྱ་བ་ལ།

དང་པོ། 《འདུལ་བ་བསྡུས་པའི》གཞུང་ཁུངས་བཤད་པ།

སངས་རྒྱས་ཤཱཀྱ་ཐུབ་པས་ཡུལ་ཝ་ར་ཎ་སིར་ལྷ་སྡེ་ལ་བདེན་བཞིའི་ཆོས་འཁོར་གསུངས་པ་བཀའ་བསྡུ་རིམ་པ་གསུམ་གྱིས་སྡེ་སྣོད་གསུམ་དུ་བསྡུས་པ་རྣམས་ཀྱི་མཆོག་ནི་འདུལ་བའི་སྡེ་སྣོད་ཡིན་པར་གསུངས་ཏེ། 《འདུལ་བ་བསྟོད་པ》ལས། "ཇི་ལྟར་འདི་ནི་ཤིང་རྩ་གཙོ་བོ་སྟེ། །རྣམ་པར་འཕེལ་དང་ཀུན་འཛིན་གཉིས་ཀྱི་གཞི། །དེ་བཞིན་དམ་ཆོས་ཚོགས་རྣམས་ཀུན་གྱི་ཡང་། །གཞི་དང་རྩ་བ་འདུལ་བ་ཡིན་པར་གསུངས། །"[1]ཞེས་དང་། "ཇི་ལྟར་འགྲོ་འདི་རྒྱལ་བ་ཐམས་ཅད་ཀྱི། །མཛོད་མཆོག་འདུལ་བ་རྫོགས་པ་འདི་གནས་པ། །དེ་སྲིད་ཆོས་སྒྲོན་འདི་ཡང་གནས་འགྱུར་ཞིང་། །ཉོག་པར་འགྱུར་ན་ཞི་བ་ཐོབ་མི་འགྱུར། །"[2]ཞེས་པ་བཞིན་འདུལ་བའི་སྡེ་སྣོད་འདི་ཉིད་ཤིང་གི་རྩ་བ་ལྟར་ལུང་དང་རྟོགས་པའི་ཡོན་ཏན་ཐམས་ཅད་ཀྱི་རྟེན་དང་། དམ་པའི་ཆོས་འཕེལ་བར་བྱེད་པ་དང་། ས་གཞི་དང་འདྲ་བར་སྡོམ་བརྩོན་ཅན་རྣམས་ཀྱི་གཞི་དང་། སངས་རྒྱས་ཀྱི་བསྟན་པ་ཡང་འདུལ་བའི་སྡེ་སྣོད་ཡོད་མེད་ལ་རག་ལས་པར་གསུངས་ཤིང་། འདུལ་བའི་སྡེ་སྣོད་འདི་ལ་ཡང་སྡེ་པ་བཅོ་བརྒྱད་སོ་སོར་འདུལ་བའི་ཕྱག་ལེན་མང་པོ་ཞིག་བྱུང་བ་ལས། ཆོས་རྒྱལ་ཁྲི་སྲོང་ལྡེ་བཙན་གྱི་དུས་སུ། བོད་ལ་འདུལ་བའི་སྡེ་སྣོད་མཐའ་དག་གི་གཙོ་བོར་གྱུར་པ་གཞི་ཐམས་ཅད་ཡོད་པར་སྨྲ་བའི་ཕྱག་སྲོལ་གྱི་འདུལ་བ་ཉིད་འཚམས་པར་དགོངས་ནས་ལུགས་འདིའི་ལུང་དང་བསྟན་བཅོས་ཁོ་ན་ལས་བསྒྱུར་མི་ཆོག་པའི་བཀས་བཅད་མཛད་ཅིང་། གཞི་ཐམས་ཅད་ཡོད་སྨྲའི་མཁན་པོ་བོ་དྷི་ས་ཏྭ་ཉིད་བོད་དུ་གདན་དྲངས་ནས་སད་མི་མི་བདུན་རབ་ཏུ་བྱུང་ཞིང་བསྙེན་པར་རྫོགས། དེ་ཕྱིན་བོད་དུ་བསྒྱུར་བའི་འདུལ་བའི་གཞུང་ཐམས་ཅད་གཞི་ཐམས་ཅད་ཡོད་པར་སྨྲ་བའི་ལུགས་སུ་གཏོགས་པར་བྱས་ལ། སོ་སོར་ཐར་པའི་མདོ་རྒྱ་ཆེར་འགྲེལ་བ《འདུལ་བ་བསྡུས་པ》ཡང་འདིའི་ལུགས་གཞིར་བཞག་བྱས་པ་ཡིན་ལ། སློབ་དཔོན་ཁྱད་པར་བཤེས་གཉེན་གྱིས་གཞུང་འདི་མཛད་དུས་ཀྱང་དགེ་སློང་ཕའི་སོ་ཐར་གྱི་མདོ་དང་། འདུལ་བ་ལུང་སྡེ་བཞི་སོགས་ལ་ཁུངས་བཙལ་ནས་གཞུང་འདི་མཛད་པ་ཡིན།

དགེ་སློང་ཕ་མའི་སོ་ཐར་གྱི་མདོ་ནི་བོད་འགྱུར་འདུལ་གཞུང་རྣམས་རྩ་བའི་མདོ་དང་། བཤད་པའི་མདོ། ཕྱོགས་མཐུན་གྱི་མདོ། དེ་དག་གི་དགོངས་འགྲེལ་གྱི་བསྟན་བཅོས་སྡེ་ཚན་བཞིར་དབྱེ་བའི་ཁྲིད་ཀྱི་རྩ་བའི་མདོའི་ཁོངས་སུ་གཏོགས་ཏེ། བོད་འགྱུར་དགེ་སློང་ཕའི་སོ་ཐར་གྱི་མདོ་ལ་ཤྭ་ལོ་ཀ་བདུན་བརྒྱ་བམ་པོ་གཉིས་དང་། དགེ་སློང་མའི་སོ་ཐར་གྱི་མདོ་ལ་ཤྭ་ལོ་ཀ་བརྒྱད་བརྒྱ་བམ་པོ་གཉིས་ཡོད། བཤད་པའི་མདོ་ལ་ལུང་སྡེ་བཞི་བཞུགས་པའི་འདུལ་ལུང་གཞི་ལ་ཤྭ་ལོ་ཀ་ཁྲི་ཉིས་སྟོང་བདུན་བརྒྱ་བམ་པོ་བརྒྱ་དང་དགུ་ཡོད་པ་དང་། འདུལ་བ་རྣམ་འབྱེད་ལ་དགེ་སློང་ཕའི་ཁྲིམས་ཉིས་བརྒྱ་ང་གསུམ་མདོར་བསྡུས་

ནས་སྟོན་པ་ཕའི་སོ་ཐར་གྱི་མདོའི་དོན་རྒྱ་ཆེར་བཤད་པ་དགེ་སློང་ཕའི་རྣམ་འབྱེད་ཤོ་ལོ་ཀ་ཉིས་ཁྲི་བཞི་སྟོང་དགུ་བརྒྱ་བམ་པོ་གྱ་གསུམ་གྱི་བདག་ཉིད་དང་། དགེ་སློང་མའི་ཁྲིམས་སུམ་བརྒྱ་རེ་བཞི་བསྡུས་ནས་སྟོན་པ་མའི་སོ་ཐར་གྱི་མདོའི་དོན་རྒྱས་པར་བཤད་པ་དགེ་སློང་མའི་རྣམ་འབྱེད་ལ་ཤོ་ལོ་ཀ་བརྒྱད་སྟོང་བཞི་བརྒྱ་དང་བམ་པོ་ཉེར་བརྒྱད་ཡོད། འདུལ་བ་ལུང་ཕྲན་ཚེགས་སྐོ་བརྒྱད་ཀར་ཤོ་ལོ་ཀ་ཆིག་ཁྲི་བདུན་སྟོང་བདུན་བརྒྱ་དང་བམ་པོ་ལྔ་བཅུ་ཙ་དགུའི་བདག་ཉིད་ཅན་དང་། འདུལ་བ་གཞུང་བླ་མ་ལ་ཞུ་བ་རྫོགས་པ་དང་མ་རྫོགས་པ་གཉིས་ཡོད་པ་ལས་ཞུ་བ་རྫོགས་པར་བམ་པོ་ལྔ་བཅུ་ཙ་གསུམ་དང་། མ་རྫོགས་པར་བམ་པོ་བཅུ་གཉིས་ཡོད། གསུམ་པ་ཕྱོགས་མཐུན་གྱི་མདོ་ལ་སྤྱངས་པའི་ཡོན་ཏན་སྟོན་པའི་མདོ་དང་། དགེ་སློང་རབ་ཏུ་གཅེས་པའི་མདོ། ཚུལ་ཁྲིམས་ཡང་དག་པར་ལྡན་པའི་མདོ་སོགས་མདོ་ཚན་དགུ་ཡོད་ཅིང་། དེ་དག་གི་དགོངས་འགྲེལ་གྱི་བསྟན་བཅོས་ལ་མདོའི་དགོངས་འགྲེལ་དང་བསྟན་བཅོས་ཀྱི་དགོངས་འགྲེལ་གཉིས་ཡོད་པ་ལས་མདོའི་དགོངས་འགྲེལ་དུ་གཏོགས་པ་སོ་སོར་ཐར་པའི་མདོའི་དགོངས་འགྲེལ་སློབ་དཔོན་ཁྱད་པར་བཤེས་གཉེན་གྱིས་བམ་པོ་བཅུ་གསུམ་གྱི་བདག་ཉིད་ཅན《འདུལ་བ་བསྡུས་པ》འདི་ཉིད་མཛད་པ་ཡིན།

གཉིས་པ། 《འདུལ་བ་བསྡུས་པའི》གཞུང་དོན་བཤད་པ།

《འདུལ་བ་བསྡུས་པའི》གཞུང་འདི་ཉིད་བམ་པོ་བཅུ་གསུམ་དུ་ཕྱེས་ཡོད་ཅིང་། བརྗོད་བྱའི་ནང་དོན་གྱི་ཐད་ནས་ལུང་གཞི་ལས་འབྱུང་བའི་དོན་རྣམས་གཞུང་གི་ཚུལ་དུ་བཤད་པ་དང་། ལུང་རྣམ་འབྱེད་ལས་འབྱུང་བ་རྣམས་འགྲེལ་བའི་ཚུལ་དུ་མཛད། ལུང་ཕྲན་ཚེགས་ནས་འབྱུང་བ་རྣམས་ཁ་སྐོང་བའི་ཚུལ་དུ་དང་། ལུང་བླ་མ་ནས་འབྱུང་བ་རྣམས་དོགས་གཅོད་ཀྱི་ཚུལ་དུ་བཤད་དེ། མདོར་ན་ལུང་སྡེ་བཞིའི་བརྗོད་བྱའི་སྙིང་པོ་མཐའ་དག་གཞི་བཅུ་བདུན་གྱིས་བསྟན་ཡོད་དེ།

དང་པོ་རབ་བྱུང་གི་གཞིས་ནི་རབ་བྱུང་གི་སྡོམ་པ་མ་ཐོབ་པ་ཐོབ་པར་བྱེད་པའི་གཞི་སྟོན་ཆོག་དང་ད་ཆོག་གི་སྡོམ་པ་ནོད་པའི་རིམ་པ་སོགས་དང་།

གཉིས་པ་གསོ་སྦྱོང་གི་གཞིས་ནི་ཞི་གནས་ཀྱི་གསོ་སྦྱོང་དང་། མཐུན་པའི་གསོ་སྦྱོང་། གསོ་སྦྱོང་བཅུ་བཞི། བཅོ་ལྔ་པ། དབྱེ་བ་འདུམ་པའི་གསོ་སྦྱོང་། གནོད་པ་བཟློག་པའི་གསོ་སྦྱོང་། བཀྲ་ཤིས་ཀྱི་གསོ་སྦྱོང་སོགས་དང་།

གསུམ་པ་དབྱར་གྱི་གཞིས་ནི་བསླབ་པ་འཆའ་བའི་བསྐྱེད་ཀ་གླེང་གཞི། དགོས་པ་ཅིའི་ཕྱིར་དུ་ཁས་བླངས་པ། རྟེན་གྱི་གང་ཟག་གང་གིས་ཁས་བླངས་པ། ཡུན་ཇི་སྲིད་དུ་ཁས་བླངས་པ། དུས་ནམ་གྱི་ཚེ་ཁས་བླངས་པ། གནས་གང་དུ་ཁས་བླངས་པ། ཆོ་ག་ཇི་ལྟ་བུས་ཁས་བླངས་པ། དབྱར་ཁས་བླངས་པའི་

དམ་ཚིག་བཤད་པ་སོགས་དང་།

བཞི་པ་དགག་དབྱེའི་གཞིས་ནི་ཡུལ་གང་ལ་དགག་དབྱེ་བྱ་བ་དང་། རྟེན་གང་གིས་དགག་དབྱེ་བྱ་བ་དང་། བྱེད་པ་པོ་གང་ལ་གོ་བར་བྱ་བ་དང་། གང་ལ་དགག་དབྱེ་བྱ་བའི་དངོས་པོ་དང་། གང་དུ་དགག་དབྱེ་བྱ་བ་སོགས་དང་། ཉེད་པ་དང་འབྲེལ་བའི་བསླབ་བྱ་སོགས་དང་།

ལྔ་པ་སྨྲ་བརྒྱུད་གི་གཞིའི་ནི་སྨྲ་བརྒྱུད་འདིང་བའི་ཚོ་ག་དང་། དབྱུང་བའི་ཚོ་ག་དང་། ཉེད་པ་དང་འབྲེལ་བའི་བསླབ་བྱ་སོགས་དང་།

དྲུག་པ་གོས་ཀྱི་གཞིས་ནི་གོས་ཀྱི་རྒྱུ་དང་། སྒྲུབ་ཚུལ་དང་། རྒྱུ་དེ་ལས་གྲུབ་པའི་རྣམ་གཞག་བྱེ་བྲག་ཏུ་བཤད་པ་སོགས་དང་།

བདུན་པ་ཀོ་ལྤགས་ཀྱི་གཞིས་ནི་ས་ཚིགས་དང་ཆོས་ཚིགས་ཀྱིས་ཕྱེ་བའི་ཡུལ་དབུས་དང་མཐའ་འཁོབ་ཀྱི་མཚམས་སུ་བཅང་ཚུལ་སོགས་དང་།

བརྒྱད་པ་སྨན་གྱི་གཞིས་ནི་སྨན་དེ་རྒྱུ་གང་ལས་བྱུང་ཞིང་ཚུལ་ཇི་ལྟར་དུ་བསྒྲུབ་པ། དེ་ལྟར་སྒྲུབ་པའི་སྨན་དངོས་ཀྱི་རྣམ་གཞག གང་ཟག་གིས་བཅང་བ། སྨན་གཞག་པའི་གནས། སྨན་ལོངས་སྤྱོད་པ་ལ་འཇུག་པའི་ཚུལ་སོགས་དང་།

དགུ་པ་ལས་ཀྱི་གཞིས་ནི་གསོལ་བ་འབའ་ཞིག་གི་ལས་དང་། གསོལ་བ་དང་གཉིས་ཀྱི་ལས་དང་། གསོལ་བ་དང་བཞིའི་ལས་སོགས་དང་།

བཅུ་པ་ཕྱིར་བཅོས་ཀྱི་གཞིས་ནི་ལྟུང་བ་ཕྱིར་བཅོས་པ་དང་། རྩོད་པ་ཕྱིར་བཅོས་པ་སོགས་དང་།

བཅུ་གཅིག་པ་དུས་དང་དུས་མིན་བསྡུས་པ་འབྱུང་བའི་གཞིས་ནི་དགེ་འདུན་ལྷག་མ་འཆབ་པའི་ཉེས་པ་རྫོགས་པར་བསྐྱེད་པའི་གཞི་དང་། བསམ་པ་དང་། སྦྱོར་བ་དང་། མཐར་ཐུག་པ་སོགས་དང་།

བཅུ་གཉིས་པ་ས་གཞན་ན་གནས་པ་སྤྱོད་པའི་གཞིས་ནི་ས་གཞན་ན་གནས་པ་རྣམས་ཀྱི་དབྱེ་བསྡུ་དང་། སྤྱོད་པ་དང་། མཚན་ཉིད་དང་། བསླབ་བྱ་དང་། སྒྲ་བཤད་དང་། གྲོལ་བའི་དུས་སོགས་དང་།

བཅུ་གསུམ་པ་ཡོངས་སུ་སྦྱོར་བའི་གཞིས་ནི་ལྟུང་བ་གླེང་དྲན་བྱ་བའི་དགོས་པ་དང་། ཡུལ་དང་། རྟེན་དང་། གནས་དང་། དུས་དང་། གཞི་དང་། སྒྲུབ་ཚུལ་སོགས་དང་།

བཅུ་བཞི་པ་ལས་བྱེ་བའི་གཞིས་ནི་དགེ་འདུན་བྱེ་བའི་རྒྱུ་སྤོང་བ་དང་གཉེན་པོ་བསྟེན་པ་དག་གིས་བྱེ་བ་ཞི་ཐབས་ཀྱི་ཚོ་ག་རྣམས་དང་།

བཅོ་ལྔ་པ་འཁོར་ལོ་བྱེ་བའི་གཞིས་ནི་ཡན་ལག་གི་དབྱེན་དང་། འཁོར་ལོའི་དབྱེན་སོགས་དང་།

བཅུ་དྲུག་པ་རྩོད་པའི་གཞིས་ནི་འཁོན་འཛིན་གྱི་རྒྱུའི་རྩོད་པ་ཞི་བར་བྱ་བ་སོགས་དང་།

བཅུ་བདུན་པ་གནས་མལ་གྱི་གཞིས་ནི་ཡུལ་གང་ལ་ཕྱག་བྱ་བ་དང་། གང་ཟག་གང་གིས་ཕྱག་བྱ་བ་

དང་། ཚུལ་ཇི་ལྟར་ཕྱག་བྱ་བ་སོགས་བསྟན་ཡོད་དོ། །

གསུམ་པ། 《འདུལ་བ་བསྡུས་པའི》སྒྲིག་གཞིའི་སྐོར་བཤད་པ།

སྤྱིར《སོ་སོར་ཐར་པའི་མདོ》ཡི་གཞུང་འགྲེལ་ལ《སོ་སོར་ཐར་པའི་མདོ་རྒྱ་ཆེར་འགྲེལ་པ་འདུལ་བ་ཀུན་ལས་བཏུས་པ》དང་། 《སོ་སོར་ཐར་པའི་མདོའི་གཞུང་འགྲེལ》དང་། 《སོ་སོར་ཐར་པའི་མདོའི་འགྲེལ་པ》དང་། 《སོ་སོར་ཐར་པའི་བཤད་པ་རྣམས་མི་བརྗེད་དྲན་བྱེད་ཙམ་དུ་བྲིས་པ》དང་། 《སོ་སོར་ཐར་པའི་ཚིག་གི་བརྗེད་བྱང》སོགས་བོད་འགྱུར་གཞུང་འགྲེལ་གང་མང་ཞིག་ཡོད་མོད། 《འདུལ་བ་བསྡུས་པ》ནི་གཞུང་འགྲེལ་གཞན་རྣམས་དང་བསྡུར་ན་གོ་རིམ་གསལ་ཞིང་གཞུང་དོན་ངེས་སླ་སྟེ། གཞུང་རྩིལ་པོ་བམ་པོ་བཅུ་གསུམ་དུ་ཕྱེས་ནས་བསྟན་ཡོད།

བམ་པོ་དང་པོ་ལས། གླེང་གཞི་དང་། ཕམ་པ་བཞི་བཤད་པ། དང་པོ་མི་ཚངས་སྤྱོད་པའི་ཕམ་པར་འགྱུར་བ།

བམ་པོ་གཉིས་པ་ལས། གཉིས་པ་མ་བྱིན་ལེན། གསུམ་པ་སྲོག་གཅོད། བཞི་པ་རྫུན་སྨྲ།

བམ་པོ་གསུམ་པ་ལས། དགེ་འདུན་ལྷག་མ་བཅུ་གསུམ་བཤད་པ། དང་པོ་ཁུ་བ་འབྱིན་པ་ནས་བཅུ་གཅིག་པ་དེའི་རྗེས་སུ་ཕྱོགས་པའི་དགེ་འདུན་ལྷག་མ།

བམ་པོ་བཞི་པ་ལས། བཅུ་གཉིས་པ་ཁྱིམ་སུན་འབྱིན་པ་དང་། བཅུ་གསུམ་པ་བཀའ་བློ་མི་བདེ་བ། མ་ངེས་པའི་ཆོས་གཉིས། སྤང་ལྟུང་སུམ་ཅུ་བཤད་པ། དང་པོ་འཆང་བའི་སྤང་བ།

བམ་པོ་ལྔ་པ་ལས། གཉིས་པ་འབྲལ་བའི་སྤང་བ་ནས་བཅུ་དགུ་པ་མངོན་མཚན་ཅན་གྱི་སྤང་བ།

བམ་པོ་དྲུག་པ་ལས། ཉི་ཤུ་པ་ཉོ་ཚོང་བྱེད་པའི་སྤང་བ་ནས་ཉེར་བརྒྱད་པ་དབྱར་གྱི་གོས་རས་ཆེན་གྱི་སྤང་བ།

བམ་པོ་བདུན་པ་ལས། ཉེར་དགུ་པ་བསྔོས་པ་ལས་བསྒྱུར་བའི་སྤང་བ། སུམ་ཅུ་པ་གསོག་འཇོག་གི་སྤང་བ།

བམ་པོ་བརྒྱད་པ་ལས། ལྟུང་བྱེད་འབའ་ཞིག་པ་དགུ་བཅུ་བཤད་པ། དང་པོ་རྫུན་དུ་སྨྲ་བའི་ལྟུང་བྱེད་ནས་བཅུ་གསུམ་པ་བསྒོ་བ་རྣ་ལ་གཟོན་པའི་ལྟུང་བྱེད།

བམ་པོ་དགུ་པ་ལས། བཅུ་བཞི་པ་གནས་མེད་ཀྱི་ལྟུང་བྱེད་ནས་སོ་གསུམ་པ་ལྷུང་བཟེད་དོ་གསུམ་ཙམ་ལས་ལྷག་པར་ལེན་པའི་ལྟུང་བྱེད།

བམ་པོ་བཅུ་པ་ལས། སོ་བཞི་པ་སྟན་གཅིག་པའི་ཟས་ཀྱི་ལྟུང་བྱེད་ནས་ང་གསུམ་འདུན་པ་ཕྱིར་བསྒྱུར་བའི་ལྟུང་བྱེད།

བམ་པོ་བཅུ་གཅིག་པ་ལས། ང་བཞི་པ་བསྙེན་པར་མ་རྫོགས་པ་དང་ལྷན་ཅིག་ཉལ་བའི་ལྟུང་བྱེད་ནས་དོན་གཅིག་པ་རྐུན་མ་དང་ལྷན་ཅིག་འགྲོ་བའི་ལྟུང་བྱེད།

བམ་པོ་བཅུ་གཉིས་པ་ལས། དོན་གཉིས་པ་ལོ་ཉི་ཤུ་མ་ལོན་པར་བསྙེན་པར་རྫོགས་པར་བྱེད་པའི་ལྟུང་བྱེད་ནས་དགུ་བཅུ་པ་བདེ་བར་གཤེགས་པའི་ཆོས་གོས་ཀྱི་ཚད་ལས་ཀྱུར་པའི་ལྟུང་བྱེད།

བམ་པོ་བཅུ་གསུམ་པ་ལས། སོར་བཤགས་བཞི། ཉེས་བྱས་བརྒྱ་དང་བཅུ་གཉིས།(བསླབ་པའི་ཆོས།) རྩོད་པ་ཞི་བར་བྱ་བའི་ཆོས་བདུན་བཅས་སོ། །

གཞུང་ལས་དགེ་སློང་ཕའི་ཁྲིམས་ཉིས་བརྒྱ་ང་གསུམ་རྣམས་ལྟུང་བ་སྡེ་ལྔ་རུ་བསྡུས་ནས་བསྟན་ཡོད་དེ། ཕམ་པའི་སྡེ་ལ་བཞི། ལྷག་མའི་སྡེ་ལ་བཅུ་གསུམ། ལྟུང་བྱེད་ཀྱི་སྡེ་ལ་སྤང་ལྟུང་སུམ་ཅུ་དང་ལྟུང་བྱེད་འབའ་ཞིག་པ་དགུ་བཅུ། སོར་བཤགས་ཀྱི་སྡེ་ལ་བཞི། ཉེས་བྱས་ཀྱི་སྡེ་ལ་བརྒྱ་དང་བཅུ་གཉིས་ཏེ་ཕ་ཁྲིམས་ཉིས་བརྒྱ་ང་གསུམ་རྣམས་གོ་རིམ་མ་འཁྲུགས་པར་བསྟན་ཡོད། མ་ངེས་པ་གཉིས་དང་། རྩོད་པ་ཞི་བར་བྱ་བའི་ཆོས་བདུན་ནི་ཞར་བྱུང་ལྟ་བུ་ལས་ཕ་ཁྲིམས་ཉིས་བརྒྱ་ང་གསུམ་དུ་མི་བགྲང་ངོ་། །

བཞི་པ། སློབ་དཔོན་ཁྱད་པར་བཤེས་གཉེན་གྱི་བྱུང་བའི་སྐོར།

《འདུལ་བ་བསྡུས་པ》ཞེས་པའི་རྩོམ་པ་པོ་སློབ་དཔོན་ཁྱད་པར་བཤེས་གཉེན་གྱི་བྱུང་བའི་སྐོར་བོད་ཡིག་གི་ཡིག་ཚང་ནང་ད་སྤུ་ཞིབ་མོ་ཞིག་མ་མཐོང་ལ། རྒྱའི་ཡིག་ཚང་དུའང་དེ་བས་ཞིབ་རྒྱས་ཤིག་ད་སྤུ་ལག་སོན་མ་བྱུང་། 《རྒྱ་གར་ཆོས་འབྱུང》ལྟར་ན་སློབ་དཔོན་ཁྱད་པར་བཤེས་གཉེན་ནི་རྒྱལ་པོ་གོ་པ་ལའི་དུས་སུ་རྒྱ་གར་ནུབ་ཕྱོགས་ཀྱི་ཁ་ཆེའི་ཡུལ་དུ་འཁྲུངས་ཤིང་། འདུལ་འཛིན་སློབ་དཔོན་དཔའ་བོ་དང་། ཛྙ་ན་ཤྲཱི་ལ་ཆེན་པོ་དང་། སློབ་དཔོན་ཡེ་ཤེས་སྙིང་པོ་སོགས་དང་དུས་མཚུངས་པར་གསུངས།[3] ཉི་ཧོང་ནས་པར་དུ་བསྐྲུན་པའི་ནང་བསྟན་ཚིག་མཛོད་ཆེན་མོ་ལས། ཁྱད་པར་བཤེས་གཉེན(Yisesamitra)ནི་དུས་རབས་དྲུག་པའི་ནང་བྱུང་བའི་རྒྱ་གར་གྱི་སེམས་ཙམ་པའི་སློབ་དཔོན་ཆེན་མོ་བཅུའི་གྲས་ཀྱི་གཅིག་ཡིན་ཅིང་། དྷརྨ་པཱ་ལ(Dharmapala)སློབ་དཔོན་དུ་བསྟེན་ནས་ན་ལེནྡྲ་རུ་བཞུགས་པ་ཡིན་ཅེས་བཀོད་ཡོད[4]ལ། 《རྒྱ་གར་ཆོས་འབྱུང》དུ་བསྟན་པ་ལྟར་ན་ཁོང་ཉིད་དུས་རབས་བདུན་པར་ད་དུང་འཚོ་བཞུགས་གནང་ཡོད་པ་ཤེས་ཐུབ། 《འདུལ་བ་བསྡུས་པ》ཞེས་པའི་གཞུང་འདི་རྒྱའི《བསྟན་འགྱུར》ཁྲོད་དུའང་བཞུགས་ཤིང་དེ་ནི་འདུལ་འཛིན་གྱི་སློབ་དཔོན་དབྱིས་ཅིན(义净法师)ལགས་ཀྱིས་སྤྱི་ལོ700ལོར་བསྒྱུར་ཚུལ་རྒྱའི་ཡིག་ཚང་དུ་གསལ་པོར་བཀོད་ཡོད་པས།[5] སློབ་དཔོན་ཁྱད་པར་བཤེས་གཉེན་ནི་དུས་རབས6པར་འཁྲུངས་ཤིང《འདུལ་བ་བསྡུས་པ》ཞེས་པའི་གཞུང་འདི་ཡང་དུས་རབས6པའི་ནང་བརྩམས་གྲུབ་བྱུང་བ་ཡིན་པ་ཁ་ཚོན་གཅོད་ཐུབ། ཡང་པཎ་ཆེན་བདེ་ལེགས་ཉི་མས་མཛད་པའི《འདུལ་བའི་ལེགས་བཤད་སྐལ་བཟང

ནོར་བུའི་ཕྲེང་བ》ཞེས་བྱ་བ་ལས། "འདུལ་བའི་མདོ་ཡི་དགོངས་འགྲེལ་གྱི་བསྟན་བཅོས་ལ་སློབ་དཔོན་ཡོན་ཏན་འོད་ཀྱི་འདུལ་བ་མདོ་རྩ་བ་བམ་པོ་དགུ་པ། ……སློབ་དཔོན་ཁྱད་པར་བཤེས་གཉེན་གྱིས་མཛད་པའི་འདུལ་བ་ཀུན་ལས་བཏུས་པ། སློབ་དཔོན་སྦྲང་མའི་རྐང་བུ་ཅན་གྱིས་མཛད་པའི་མའི་སོ་ཐར་གྱི་འགྲེལ་པ་རྣམས་སུ་ཡོད་ཅིང་། ཕྱི་མ་གཉིས་པོ་དེ་འགྲེལ་ཚད་ལྡན་མ་ཡིན་པར་གྲགས་སོ། །"ཞེས་སོ་སོར་ཐར་པའི་མདོ་ཡི་འགྲེལ་པ《འདུལ་བ་བསྡུས་པ》འདི་ཉིད་འགྲེལ་ཚད་ལྡན་ཞིག་མིན་པར་གསུངས་ཡོད་ནའང་། དེ་ནི་སློབ་དཔོན་ཡོན་ཏན་འོད་ཀྱི་འདུལ་བ་མདོ་རྩའི་ཆེ་བ་བརྗོད་ཆེད་དུ་ཡིན་པ་ལས། 《འདུལ་བ་བསྡུས་པའི》གཞུང་འདི་འགྲེལ་ཚད་ལྡན་མིན་པར་མ་ངེས་སོ། །

མཆན།

[1] པཎ་ཆེན་བདེ་ལེགས་ཉི་མའི《འདུལ་བའི་ལེགས་བཤད་སྐལ་བཟང་ནོར་བུའི་ཕྲེང་བ།》ཀྲུང་གོའི་བོད་རིག་པ་དཔེ་སྐྲུན་ཁང་། ཤོག་ངོས16པར་གསལ།

[2]《གྲུབ་པའི་དབང་ཕྱུག་ལེགས་པ་དོན་གྲུབ་ཀྱིས་མཛད་པའི་འདུལ་བའི་སྤྱི་དོན་རིན་པོ་ཆེ་ནོར་བུའི་འཕྲེང་བ་བཞུགས་སོ། །》སི་ཁྲོན་མི་རིགས་དཔེ་སྐྲུན་ཁང་། ཤོག་ངོས13པར་གསལ།

[3]ཇོ་ནང་ཏཱ་ར་ནཱ་ཐའི《རྒྱ་གར་ཆོས་འབྱུང》ཤོག་ངོས248ལས་གསལ། 1986ལོར་སི་ཁྲོན་མི་རིགས་དཔེ་སྐྲུན་ཁང་གིས་པར་སྐྲུན་བྱས།

[4]《综合佛教大辞典》日本综合佛教大辞典委会，2005. 2. 15.

[5]王邦维著《唐高僧义净生平及著作论考》第21页，1996年重庆出版社出版。

《ནུབ་བྱང་མི་རིགས་སློབ་གྲྭ་ཆེན་མོའི་རིག་གཞུང་དུས་དེབ།》༢༠༠༨ལོའི་དེབ་དང་པོ་ལས་བཏུས།

༄། །ཏུན་ཧོང་ཡིག་རྙིང་ཁྲོད་རྙེད་པའི་སློབ་དཔོན་པད་འབྱུང་གི་རྣམ་ཐར་ཐོག་མའི་བརྗོད་དོན་ལ་རྣམ་པར་དཔྱད་པ།

ཁ་སྐྱང་བཀྲ་ཤིས་ཚེ་རིང་།

སློབ་དཔོན་ཆེན་པོ་པད་མ་འབྱུང་གནས་ནི་བོད་རྒྱལ་ཁྲི་སྲོང་ལྡེ་བཙན་གྱི་དུས་སུ་བོད་ལ་གདན་དྲངས་ཏེ་ཆོས་འཁོར་བསམ་ཡས་བཞེངས་ཤིང་སད་མི་མི་བདུན་རབ་ཏུ་བྱུང་བའི་སློབ་དཔོན་མཛད་པ་སོགས་བོད་ཀྱི་ཆོས་སྲིད་གཉིས་ཀྱི་ཐད་ནས་མཛད་རྗེས་ཧླ་ན་མཐོ་བ་ཞིག་ཡིན་པས་བོད་མི་དམངས་ཀྱིས་ད་ལྟའི་བར་སྙིང་ཐག་པ་ནས་སློབ་དཔོན་འདིར་དད་མོས་ཀྱི་མེ་ཏོག་འཐོར་བཞིན་ཡོད། སློབ་དཔོན་པད་མའི་སྐྱེས་རབས་རྣམ་ཐར་པད་མ་བཀའ་ཐང་དུ་གྲགས་པ་དེ་ནི། འཛམ་གླིང་གི་ཚོགས་བཅད་བསྟན་བཅོས་ཀྱི་ནང་ནས་རིང་པོའམ་ཆེས་མང་བར་གྱུར་པ་དེ་ཡིན་ཏེ། འདིར་ཆ་ཚང་མིན་པའི་བསྡོམས་རྩིས་ལྟར་ན། པད་མ་བཀའ་ཐང་ལ་སྣ་ཁ་ཚིག་སྟོང་ལྷག་ཡོད། མ་མཐའ་ཡང་པོ་ཏི་བརྒྱ་ཕྲག་ཡོད་ངེས། སློབ་དཔོན་པད་འབྱུང་གི་རྣམ་ཐར་དེ་ལ་ཡང་བཀའ་མ་དང་གཏེར་མ་སྟེ་རིགས་མི་འདྲ་བ་གཉིས་ཡོད། བཀའ་མའི་རྣམ་ཐར་ལ་ཡང་རྙིང་མའི་མཁས་པ་ཆོས་མཛད་པའི་རྣམ་ཐར་དང་གསར་མའི་མཁས་པ་ཆོས་མཛད་པའི་རྣམ་ཐར། གཡུང་དྲུང་བོན་པོའི་མཁས་པ་འགས་མཛད་པའི་རྣམ་ཐར་ཏེ་རིགས་གསུམ་ཡོད། བཀའ་ཐང་གཏེར་མ་ནི་བརྩིགས་ན་རི་རབ་ལས་ཀྱང་དཔངས་མཐོ་བ་ཡོད་པ་དེ་དག་ནི། སློབ་དཔོན་པད་མ་འབྱུང་གནས་དང་དེའི་ཞལ་སློབ་རྗེ་འབངས་ཉེར་ལྔ། གཞན་ཡང་བྱང་སེམས་ལོ་པཎ་རྣམས་ཀྱི་རྣམ་སྤྲུལ་ཉང་གུར་བྱང་གསུམ་སྟེ་མཆོག་གི་སྤྲུལ་སྐུ་རྣམ་གསུམ། དེའི་སྟེང་ཇོར་གླིང་དང་པད་གླིང་གཉིས་བསྣན་པས་གཏེར་སྟོན་རྒྱལ་པོ་ལྔ། གཞན་ཡང་ཕྱོགས་བཞིའི་དབུས་ལྔའི་གཏེར་ཆེན་ལྔ། གླིང་པ་དགུ། དྲི་མེད་རྣམ་ལྔ། འཇམ་དབྱངས་ཁྲི་ལྡེ་རྣམ་སྤྲུལ་གཏེར་ཆེན་ལྔ་སོགས་ཀྱིས་གཏེར་བྱས་པའི་དུས་རབས་བཅུ་དགུ་པ་ཡན་ཆད་ལ་ངེད་བོད་ཁ་བ་རི་བའི་ལྗོངས་འདིར་སྤྲུལ་པའི་གཏེར་ཆེན་བརྒྱ་རྩ་བརྒྱད། གཏེར་ཐྲན་ཚིག་སྟོང་ལྷག་སོགས་རིམ་པར་བྱོན། གཏེར་སྟོན་དེ་དག་ཕལ་ཆེ་བ་ལ་གཏེར་ནས་སྤྱན་དྲངས་པའི་པད་མ་བཀའ་ཐང་རེ་རེ་ཡོད། ལ་ལར་བཀའ་ཐང་རིགས་མི་འདྲ་བ་མང་པོ་ཡོད།[1] ཅེས་བློ་གྲོས་རྒྱ་མཚོ་ལགས་ཀྱིས་ཞུས་པའི་འགོ་བརྗོད་དུ་གསལ་བ་ལྟར་སློབ་དཔོན་འདིར་རྣམ་

ཐར་བགྲང་ལས་འདས་པ་ཞིག་ཡོད་པའི་ཁྲོད་ན《པད་མ་བཀའ་ཐང》དང《བཀའ་ཐང་སྡེ་ལྔ》《སློབ་དཔོན་པད་མའི་རྣམ་ཐར་རྒྱ་གར་མ》《བཀའ་བརྒྱུས》《ཨོ་རྒྱན་གུ་རུ་པད་མ་འབྱུང་གནས་ཀྱི་རྣམ་ཐར་རྣམ་གྲངས་བཅུ་གཉིས་ཀྱི་བདག་ཉིད་ཅན་དྲི་མ་མེད་པའི་རྒྱན》(གཤམ་དུ་པད་འབྱུང་རྣམ་ཐར་དྲི་མེད་རྒྱན་དུ་འབོད་རྒྱུ)སོགས་རྒྱ་མཚོ་ལས་ཆུ་ཐིགས་ཙམ་ཞིག་ཁོ་བོས་བཀླགས་མྱོང་བ་དེ་རྣམས་ཀྱིས་སློབ་དཔོན་འདིའི་ལོ་རྒྱུས་སུ་འབྲེལ་ཏེ་ཁོང་གི་མཐུ་སྟོབས་དང་རྫུ་འཕྲུལ་གྱི་ནུས་པ་སོགས་ཐུན་མིན་གྱི་ཁྱད་ཆོས་རྒྱལ་དུ་བརྟོན་ནས་བྲིས་ཡོད། ད་ལན་ཏུན་ཧོང་ནས་རྙེད་པའི་སློབ་དཔོན་པད་འབྱུང་གི་རྣམ་ཐར་ཤོག་དྲིལ་ཡིག་ཕྲེང་P. T. 849 ཡིག་ཕྲེང་189-203བར། རྒྱ་གར་ཆོས་ཀྱི་རྒྱལ་པོའི་སྲས། དེ་བ་ཕུ་ཏྲ་ཆོས་ནི་མ་བསླབས་པར་རང་ཤེས། སོགས་ཐིག་ཕྲེང་བཅོ་ལྔ་ཙམ་གསལ་བའི་ནང་དུ། སློབ་དཔོན་ཁོང་ཉིད་བོད་དང་རྒྱ་ནག ད་ལྟའི་ཏུན་ཧོང་ས་ཆར་ཉེ་བའི་སུག་ཅུར(མདོ་སྨད་ཆོས་འབྱུང་དུ་སུག་ཇུ་ཞེས་བྲིས་ཡོད)ཕེབས་ཚུལ་སོགས་ལོ་ཚིགས་དང་བཅས་ཏེ་བཀོད་འདུག་པར་དཔོགས་ན། ད་ལམ་ཁོང་ཉིད་གནས་འདིར་བཞུགས་དུས་སུ་ཡི་གེར་བཀོད་པའི་རྣམ་ཐར་དུམ་བུ་ཞིག་ལགས་ལ། ནང་དོན་གྱི་ཐད་ནས་སློབ་དཔོན་འདིའི་ལོ་རྒྱུས་ཀྱི་གཞི་དཔལ་སྟར་ལས་རྒྱས་པར་འགྱུར་བའི་ཆ་ཡང་གང་འཚམ་ཡོད་པར་མ་ཟད། དོན་འདུས་ཤིང་སྐབས་བབ་ཀྱི་བརྗོད་བྱ་འབུར་དུ་ཐོན་པ་ནི་ཤོག་དྲིལ་འདིའི་ཁྱད་ཆོས་ཏེ། གཏེར་སྟོན་སོགས་ཁོང་གི་རྣམ་ཐར་མཛད་པོ་རྣམས་ཀྱི་སྨྲུག་རྩེས་མ་རེག་པའི་ཤོག་དྲིལ་དུམ་བུ་ལགས་པས། བོད་དུ་བྱུང་བའི་སློབ་དཔོན་པད་འབྱུང་གི་རྣམ་ཐར་ཆེས་ཐོག་མའི་གྲས་ཡིན་པར་བདག་གིས་འདོད་དོ། །

《འཕགས་པ་དགོངས་པ་ངེས་པར་འགྲེལ་པའི་མདོ》ལས།[2] བརྡ་ཞེས་བྱ་བ་ནི་ཐ་སྙད་གོ་བར་བྱེད་པའི་རྒྱུ་སྟེ། འདིར་འདུག་ཤིག་པའམ། ཕར་སོང་ཤིག་པའམ། བྱོས་ཤིག་པའམ། མ་བྱེད་ཅིག་པ་ལ་སོགས་པ་ལྟ་བུའི་ཐ་སྙད་ཚིག་གམ། ལག་བརྡ་འམ། མིག་ཟུར་ལ་སོགས་པས་གོ་བར་བྱེད་པ་ཡིན་ནོ། །ཞེས་པ་ལྟར་སྐད་ཆ་དང་རྣམ་འགྱུར་ཐམས་ཅད་བརྡ་སྟེ་ཐ་སྙད་གོ་བྱེད་ཡིན། སྐད་རིགས་དང་མི་རིགས་མི་གཅིག་པ་རྣམས་ཀྱིས་བརྗོད་བྱའི་དངོས་པོ་གཅིག་ལ་རང་རང་གི་སྐད་ཀྱིས་བརྡ་སྟོན་ཚུལ་དུ་མ་ཞིག་ཡོད། བོད་ཀྱི་ཡུལ་དུ་སྔོན་བཙན་པོའི་དུས་ནས་རྒྱ་གར་དང་རྒྱ་རིགས་ཀྱི་སྐད་ལས་བྱུང་བའི་མིང་བརྡ་གང་མང་བྱུང་མྱོང་བས། སྔོན་རབས་ཀྱི་ཡིག་རྙིང་ལ་ཞིབ་འཇུག་བྱེད་དུས། དུས་སྐབས་ངེས་ཅན་དུ་སྤྱོད་པའི་ཐ་སྙད་གོ་བྱེད་ཀྱི་བརྡ་དོན་ཤེས་མི་ཤེས་དེ་ཡིག་རྙིང་གང་དེའི་བསྟན་དོན་ཤེས་མིན་ཐག་གཅོད་བྱེད་ཀྱི་གནད་འགག་ལྟ་བུ་ཡིན། ཤོག་དྲིལ་འདི་ཏུན་ཧོང་ཕུག་པ་ནས་རྙེད་རྗེས་ཀྱི་ལོ་བརྒྱ་ཕྲག་ལྷག་འཁོར་བའི་རིང་ལ་ཕྱི་ནང་གི་མཁས་པ་རྣམས་ཀྱིས་མིག་ལམ་དུ་ཐེངས་གྲངས་མང་པོར་བརྒྱུད་ཀྱང་སུས་ཀྱང་སྣང་རྟོག་མེད་པར་ད་ལྟའི་བར་ལུས་འདུག་པ་ནི་སྐབས་དེའི་བརྡ་དོན་གང་འཚམ་ཤོག་དྲིལ་འདིར་གསལ་བ་ཇི་བཞིན་དུ་དགྲོལ་མ་ཐུབ་པ་དེར་ཐུག་ཡོད། ཡིག་རྙིང་རྣམས་ཀྱི་སྤྱིར་བཏང་ཁྱད་ཆོས་ལྟར་

ན། ཡིག་རྙིང་ཁག་ཅིག་གི་བརྗོད་དོན་རྣམས་བོད་བཙན་པོའི་དུས་སུ་སྤྱོད་ལ་རྗེས་སུ་མི་སྤྱོད་པ་དང་སྐད་གསར་བཅད་ལ་བཅོས་པ་སོགས་དུས་ཀྱིས་བསྐལ་བའི་བརྗོད་རྙིང་དུ་གྱུར་པ་དང་། ཁག་ཅིག་ནི་སྐབས་དེ་ཤེད་དུ་གནས་པའི་ཡུལ་དང་དབང་གི་ཚད་སོགས་སྟོན་པའི་བརྗོད་ཡིན་པ་ལ་རྗེས་སུ་ཡུལ་གྱི་མངའ་ཁོངས་དང་རྒྱ་ཁྱོན་ལ་འགྱུར་བ་བྱུང་བ་དང་ཡུལ་འགའ་ཞིག་གཏན་མེད་དུ་གྱུར་པས་དེང་སང་སྐབས་དེའི་མིང་བརྗོད་མང་པོར་གོ་ཡུལ་མེད་པར་གྱུར་པ་སྟེ་ཡུལ་གྱིས་བསྐལ་བའི་མིང་བརྗོད་དེ་འདྲ་ཡང་མང་བ་སོགས་ཡིག་རྙིང་ལ་སྤྱིར་བཏང་དུ་ཆེ་ས་ནས་རིགས་གཉིས་སུ་དབྱེར་རུང་བ་ལ། ཤོག་དྲིལ་འདི་ལས་བོད་བཙན་པོའི་དུས་སུ་སྤྱོད་ལ་རྗེས་སུ་གླེང་དུ་མེད་པ་དུས་ཀྱིས་བསྐལ་བའི་བརྗོད་རྙིང་མི་ཉུང་བ་ཡོད་པ་དང་ལྷག་པར་དུ། དེ་བ་ཕུ་ཏྲ། ཞེས་སློབ་དཔོན་པད་མ་འབྱུང་གནས་བོད་ལ་ཕེབས་དུས་ཀྱི་ཐོག་མའི་མཚན་དེ་ཕྱིས་ཀྱི་ལོ་རྒྱུས་ཡི་གེར་མེད་པས་ཚང་མས་གོ་བ་ལེན་དཀའ་བར་གྱུར་པའི་མཚུངས་སུ་ཡིག་རྙིང་དེའི་རིན་ཐང་ཡང་སུས་ཀྱང་ཤེས་རྟོགས་མེད་པར་རིན་པོ་ཆེ་གཏེར་ནས་ལུས་པ་ལྟར་གྱུར། ལོ་གསུམ་གྱི་སྔོན་ལ་ཡིག་རྙིང་འདི་ཁོ་བོའི་བགོ་སྐལ་དུ་ཐོབ་པ་ལྟར་བདག་གི་ལག་ཏུ་ཆུད་པ་ནས་ཤོག་དྲིལ་འདིའི་ཁྲོད་ཀྱི་བརྗོད་དོན་སྐོར་ཞིག་ལ་དཔྱོད་པའི་འགོ་ཚུགས་ལ། དོགས་གནད་ཁ་ཤས་ཤིག་གྲུབ་མཐའ་རིས་མེད་ཀྱི་མཁས་པ་རྣམས་ལ་དྲིས་གཏུགས་ཀྱིས་དཔྱད་རྩོམ་འདི་འབྲི་ཁུལ་བྱས་ཀྱང་ད་དུང་མ་རྟོགས་ལོག་རྟོག་ཏུ་གྱུར་པའི་ནོར་འཁྲུལ་མང་པོ་གཡོལ་ཐབས་མེད་པར་ཐོན་པར་མཁྱེན་དཔྱོད་ཡངས་པ་རྣམས་ཀྱིས་དག་བཅོས་རྣམ་དག་ཡོང་རེ་ཞུ།

དང་པོ། སློབ་དཔོན་པད་འབྱུང་བོད་དང་རྒྱ་ནག་རི་བོ་རྩེ་ལྔ། ཀན་སུའུ་སུག་ཙུ་སོགས་སུ་ཕེབས་པ།

སློབ་དཔོན་པདྨ་འབྱུང་གནས་བལ་པོ་ཡུལ་ནས་བོད་ལ་ཕེབས་པ་ནས་བོད་ལ་ནང་ཆོས་དར་བར་སྟོབས་ཤུགས་ཆེན་པོ་ཕུལ་ནས་ཡུན་རིང་འགོར་ཞིང་། རིམ་བཞིན་རྒྱ་ཡུལ་དུ་ཕེབས་ཏེ་རྒྱ་ནག་རི་བོ་རྩེ་ལྔ་སོགས་སུ་གནས་མཇལ་གནང་། ཕྱིར་རྒྱ་གར་ཡུལ་དུ་ཕེབས་པའི་ལམ་ཁར་ད་ལྟའི་ཀན་སུའུ་ཞིང་ཆེན་གྱི་ཅིའུ་ཆོན(酒泉)ས་ཁུལ་ཏེ། སྔར་བོད་བཙན་པོའི་དུས་སུ་སུག་ཙུར་འབོད་པར་ཕེབས་ཏེ་རང་རང་གི་སྐལ་བ་དང་ལྡན་པའི་གདུལ་བྱ་རྣམས་ལ་ཆོས་གསུངས་པའི་ཚུལ་ཞིབ་པར་བཀོད་པ་རྣམས་ལས་ཐོག་མར་བོད་ལ་ཕེབས་པ་དང་བོད་ནས་མཚན་གྱི་རྣམ་གྲངས་མི་འདྲ་བ་ཐོགས་ཚུལ་བཤད་པ་ལས།

གཅིག སློབ་དཔོན་པད་འབྱུང་བོད་ལ་ཕེབས་དུས་ཀྱི་ཐོག་མའི་མཚན་ལ་དེ་བ་ཕུ་ཏྲར་འབོད་པ།

ནང་བསྟན་བོད་ལ་དར་དུས་ཀྱི་ཐོག་མའི་དུས་སུ་བོད་དུ་ལེགས་སྦྱར་དང་རྒྱ་སྐད་ཀྱི་སྒྲ་མང་པོ་ཞིག་རང་སྐད་ཀྱི་ཚུལ་དུ་སྤྱོད་པ་སྟེ། 《བུ་སྟོན་ཆོས་འབྱུང》དུ། དེ་ནས་ཨཱ་ཙཪྻ(ཨ་ཙ་རའི་འབྲི་ལུགས)བོ་དྷི་ས་ཏྭའི་

ཞལ་ནས། ཞེས་དང་། དེའི་ཚེའི་ཡེ་ཤེས་དབང་པོས་མཁན་པོའི་དགོངས་པ་འདི་བཞིན་ཡིན་ཞེས་སྙན་དུ་གསོལ་བས་བཙན་པོ(བོད་རྒྱལ་ཁྲི་སྲོང་ལྡེ་བཙན)དགྱེས་ཏེ་ཁྱེད་ནི་ངའི་ཨཱ་ཙཱརྱ་བོ།[3] ཞེས་གསུངས་པའི་ཚིག་ལས། ཨཱ་ཙཱརྻ་ནི་མཁན་པོ་དང་སློབ་དཔོན། བླ་མ་བཅས་ཀྱི་ལེགས་སྦྱར་གྱི་སྐད་དོད་ཡིན་པ་ལ། རྒྱལ་པོས་ལེགས་སྦྱར་སྐད་དེ་བོད་རང་གི་སྐད་ལྟར་སྤྱོད་བཞིན་པ་གསལ་བཤད་ཐུབ་པ་དང་། སད་མི་མི་བདུན་རབ་ཏུ་བྱུང་བའི་མཁན་པོ་མཛད་པ་ནས་མཁན་ཆེན་ཞེས་མཚན་ཐོགས། བོ་དྷི་ས་ཏྭ་ནི་བྱང་ཆུབ་སེམས་དཔའ་ཞེས་པའི་ལེགས་སྦྱར་སྐད་དོད་དེ། བོད་ཀྱི་ལོ་རྒྱུས་དེབ་ཐེར་རྣམས་སུ་མཁན་ཆེན་བོ་དྷི་ས་ཏྭ་ཅེས་སྤྱོད་པ་ལས་མཁན་ཆེན་བྱང་ཆུབ་སེམས་དཔའ་ཞེས་བཀོད་པ་ཤིན་ཏུ་ཉུང་། དེ་བཞིན་དུ་སྐད་གཉིས་སྨྲ་བ་ལ་ལོ་ཙཱ་བ་སྟེ་རྗེས་སུ་འཇིག་རྟེན་མིག་ཅེས་བསྒྱུར་ཡོད་ན་ཡང་དེང་སང་གི་དུས་བར་དར་ཁྱབ་ཆེ་བ་ནི་ལོ་ཙཱ་བ་ཞེས་པའི་སྒྲ་འདི་ཡིན་པ་སོགས་ལས་བོད་ལ་ནང་ཆོས་ཐོག་མར་དར་བའི་དུས་སུ་ལེགས་སྦྱར་རིག་གནས་ཀྱིས་བོད་ལ་ཤུགས་རྐྱེན་ཆེན་པོ་ཐེབས་ཤིང་གང་ཟག་གི་མཚན་ལེགས་སྦྱར་སྐད་དུ་ཇི་ལྟར་ཡོད་པ་བཞིན་བོད་རྣམས་ཀྱིས་དེ་ལྟར་འབོད་པའི་རྣམ་པ་ཆགས། ལྷག་པར་ཆོས་རྒྱལ་ཁྲི་སྲོང་ལྡེ་བཙན་གྱི་དུས་སུ་ནང་བསྟན་བོད་ལ་ཤུགས་ཆེར་དར་བའི་མཚུངས་སུ། བོད་ཀྱི་ཡི་གེ་དེ་ཡང་གཞོན་ནུའི་དུས་སྐབས་ནས་རིམ་གྱིས་འཕེལ་རྒྱས་སུ་ཕྱིན། རྒྱལ་བའི་བཀའ་བསྟན་རྣམས་ཀྱང་སྐབས་དེ་ནས་ སྒྱུར་འདེབས་བཅས་པའི་འགོ་ཚུགས་པས། དུས་སྐབས་དེའི་བོད་ཁམས་ནི་ལེགས་སྦྱར་གྱི་རིག་གནས་ཤུགས་དྲག་གིས་དར་བཞིན་པའི་བོད་ཁམས་ཤིག་ཡིན། དེ་བཞིན་དུ་རྒྱའི་སྐད་དུ་བྱུང་བའི་མིང་བརྗ་ཀོང་ཇོ(公主) སྟེ་སྲས་མོའི་མིང་དང་རྒྱ་ནག་ཧྭ་ཤང(和尚)[4]སོགས་མིང་བརྗ་གང་མང་ཞིག་ནི་བོད་བཙན་པོའི་དུས་སུ་རྒྱའི་སྒྲ་གདངས་ཡི་གེར་བཀོད་པ་བཞིན་སྤྱོད། ཏོན་མུན(顿门)དང་རྩེན་མུན(渐门)ནི་བོད་རྒྱལ་ཁྲི་སྲོང་ལྡེ་བཙན་གྱི་དུས་སུ་རྒྱ་གར་དང་རྒྱ་རིགས་ཆོས་ལུགས་པའི་གྲུབ་མཐའི་ལྟ་བ་མི་འདྲ་བ་མཚོན་པའི་རྒྱའི་སྐད་ཀྱི་མིང་བརྗ་ཡིན་པར་རྗེས་སུ་དེའི་དོན་མི་ཤེས་བཞིན་བཀོལ་སྤྱོད་གནང་བ་བཞིན《སྦ་བཞེད》[5] རྩོམ་པ་པོས་འགྲེལ་མཛད་པ[6]ནོར་འཁྲུལ་གྱི་གཞིར་མཐོང་སྟེ། མཁས་པ་བུ་སྟོན་ཞབས(སྤྱི་ལོ1290ལོར་འཁྲུངས)ཀྱིས་དེའི་དོན་གསལ་ཞིང་དག་པར་འགྲེལ[7]འདུག་པ་དེ་དག་གིས་སྔར་བོད་བཙན་པོའི་དུས་སུ་མི་རིགས་གཞན་དང་གཞན་གྱི་མིང་བརྗ་གང་འཚམ་ཐད་ཀར་སྤྱོད་པ་མིག་མཐོང་ལག་ཟིན་དུ་གྱུར་འདུག དེའི་སྐོར་ཞིབ་ཏུ་ཧ་གོ་སྐབས་ཀྱི་རྒྱབ་ཁལ་ལོངས་པ་འབྲི་རྒྱུ་ཡོད་ཀྱང་དཔེ་འདིས་ཚང་མར་གོ་བ་བསྐྲིད་ནུས་པར་སེམས་ནས་མཚམས་བཞག ཚུལ་དེ་ལས་རིག་གནས་གང་ཞིག་ཐོག་མར་དར་བའི་དུས་སུ་རིག་གནས་དེར་བརྟེན་པའི་མིང་བརྗ་མི་འདྲ་བ་མང་པོ་ཞིག་མི་རིགས་དེའི་སྐད་དུ་ཐོན་བཞིན་པའི་ཆོས་ཉིད་ཕྱོག་ཏུ་མེད་པ་དེ་རྟོགས་ཐུབ། གནས་ཚུལ་དེ་འདྲ་སྟོན་ཙམ་དུ་མ་ཟད་རང་ལ་རིག་གནས་ཀྱི་ངེས་སྲོལ་བརྟན་པོ་ཞིག་ཡོད་པའི་ད་ལྟའི་དུས་འདིར་ཡང་མི་རིགས་གཞན་དང་གཞན་གྱི་མིང་བརྗ་

གང་མང་ཞིག་བོད་སྐད་ཁྲིད་འགོག་ཐབས་མེད་པར་ཐོན་པ་ཀུན་ལ་གསལ་བ་བཞིན་ནོ། །མིའི་མིང་སོགས་གནས་སྐབས་དང་དུས་སྐབས་གང་དུའང་སྒྲ་ཇི་བཞིན་དུ་འབོད་དགོས་པ་ནི་ཆོས་ཉིད་ཡིན་པ་ལྟར། སློབ་དཔོན་པད་འབྱུང་བོད་ལ་ཐོག་མར་ཕེབས་པའི་དུས་དེར་ཨུ་རྒྱན་ཡུལ་ནས་དེ་བ་སུ་ཏྲ་ཅེས་ལེགས་སྦྱར་གྱི་སྐད་དུ་གྲགས་པའི་མཚན་དེ་རྒྱལ་པོ་དང་བཅས་པའི་བོད་འབངས་རྣམས་ལ་མཚམས་སྦྱོར་གནང་བ་ནས་དུས་ཡུན་རིང་པོ་ཞིག་ལ་མཚན་འདི་ཡིག་ཐོག་དང་ངག་ཐོག་ཀུན་ནས་སྤྱོད་པའི་སྲོལ་དར། ཤོག་དྲིལ་གྱི་ཡིག་ཆེང199ན། སློབས་དཔོན་ཐུགས་དགེས་ནས། །ཞེས་བཀོད་ཡོད་པ་ནི་སློབ་དཔོན་པད་འབྱུང་གི་མཚན་གྱི་རྣམ་གྲངས་ཡིན་ཡང་། སློབ་དཔོན་ཞེས་པའི་མཚན་འདི་ཨུ་རྒྱན་པད་འབྱུང་ཁོང་ཉིད་བོད་ལ་ཕེབས་པ་ནས་སད་མི་མི་བདུན་རབ་ཏུ་བྱུང་ཞིང་ཇེ་འབངས་ཀུན་ལ་ཆོས་གསུངས་ཤིང་སློབ་དཔོན་མཛད་པའི་དུས་དེ་ཙམ་ནས་ཐོགས་པའི་མཚན་ཡིན། དེ་ལྟའི་བོད་རྣམས་ཀྱིས་གོ་ཞིང་འབོད་པའི་སློབ་དཔོན་ཞེས་པའི་མཚན་དེ་རིམ་བཞིན་བོད་ལ་ཁྱབ་པ་ནས་སྔར་ལེགས་སྦྱར་སྐད་ཀྱིས་འབོད་ཚུལ་དེ་བ་སུ་ཏྲར་གྲགས་པ་དེ་སྐབས་འགར་སྤྱོད་ལ་སྐབས་འགར་སློབ་དཔོན་ཞེས་པའི་མཚན་འདི་སྤྱོད་པའི་གོ་རིམ་ཞིག་བརྒྱུད་སོང་། ཡིག་རྙིང་འདི་ཆེས་འཕྱིས་ན་ཡང་སྤྱི་ལོ་དུས་རབས་བཅུ་གཅིག་པའི་ཡར་སྔོན་གྱི་ཡིན་པར་ངེས་བཟུང་ཆོག་པས། སྐབས་དེར་སློབ་དཔོན་གྱི་མཚན་སྔ་ཕྱི་གཉིས་ཀ་གང་བདེར་སྤྱོད་པའི་དུས་སྐབས་ཤིག་ཡིན་པ་ཡིག་རྙིང་ཤོག་དྲིལ་འདིས་བདེན་དཔང་བྱེ་ཐུབ། བོད་ཀྱིས་སློབ་དཔོན་དུ་འབོད་པའི་མཚན་འདི་ཇི་ལྟར་ཐོགས་ཚུལ་གྱི་ཕུགས་དེད་ན་ལེགས་སྦྱར་སྐད་ཨ་ཙ་ར་སྟེ་དེ་དོན་འགྱུར་གྱི་འབོད་ཚུལ་ཡིན།

《རྒྱ་བོད་ཡིག་ཚང་ཆེན་མོར》[8]བོད་རྒྱལ་ཁྲི་སྲོང་ལྡེ་བཙན་གྱི་མཚན་ལའང་དེ་ལྟར(ཧུན་ཧོང་ཡིག་རྙིང་དུ་ཕ་ཡིག་འབྲི་སྲོལ་མེད་པས། དེ་བ་དང་དེ་ཕ་མཚུངས)འབོད་ཚུལ་འཁོད་འདུག་པ་དེ་དུས་ནམ་ཞིག་ལ་ཡིག་ཐོག་ཏུ་བྱུང་ཚུལ་ངེས་གཏན་གསལ་པོ་མི་ཐུབ་ཀྱང་། ཡིག་རྙིང་འདིར་སློབ་དཔོན་ཐོག་མར་ཕེབས་དུས་ཀྱི་མཚན་ལ་དེ་བར་འབོད་པས། བོད་ཀྱི་རྒྱལ་པོའི་མཚན་ལ་དེ་ལྟར་འབོད་པ་ཡང་ཏ་ལམ་སློབ་དཔོན་བོད་ལ་ཕེབས་དུས་ཙམ་ནས་ཡིན་པར་ཆ་འཛོག་བྱེད་ཆོག་པས། དུས་དེ་ནས་བཟུང་དེ་བ་ནི་མཚན་གཟི་བརྗིད་ལྡན་པ་ཞིག་ཏུ་ངོས་འཛིན་བྱས་འདུག ཕྱི་དར་དུས་ཀྱི་འོད་སྲུང་དང་ཡུམ་བརྟན་ཕྱོགས་ཀྱི་རྒྱལ་རྒྱུད་རྣམས་ཀྱི་ཁྲིད་ན་བཙན་པོ་ཨ་ཙ་ར་དང་དེ་ཝའི་མཚན་ཅན་ཡོད་པ་ནི་དེ་འདྲའི་རིག་གནས་ཀྱི་ཤུལ་རྒྱུན་ཡིན། ཕྱིས་ཀྱི་ལོ་རྒྱུས་པ་ཁ་ཅིག་གིས། དེ་བ་ནི་ལྷ་དང་སུ་ཏྲ[9]ནི་བུ་སྟེ། སྒྲ་སྒྱུར་བྱས་ན་ལྷ་བུ་དང་། ཞེ་ཆོག་ལ་ལྷ་སྲས་སུ་བརྗོད་རུང་བ་དང་། ཧུན་ཧོང་ཡིག་རྙིང་དུའང་། མི་འི་མི་བུ་སྟེ། ལྷ་འི་ནི་སྲས་པོ་བཞུགས།[10] ཞེས་འབྱུང་བ་རྣམས་རྒྱུ་མཚན་དུ་བྱས་ནས་བོད་རྒྱལ་རྣམས་ཀྱི་མཚན་ལ་ལྷ་སྲས་ཁྲི་སྲོང་ལྡེ་བཙན། ལྷ་སྲས་མུ་ཏིག་བཙན་པོ། ལྷ་བླ་མ་དང་ལྷའི་བཙུན་པ། སོགས་ལྷའི་མིང་བླ་ཐབས་སུ་

ཐོན་པ་མང་དག་ཅིག་ཁོང་ཚོའི་བསྟན་བཅོས་སུ་ཐོན་འདུག སློབ་དཔོན་འདིའི་རྣམ་ཐར་གཞིར་བཟུང་ནས་བཤད་ན། དེ་བ་སུ་ཏྲ་ནི་རྒྱལ་སྲས་སུ་བསྒྱུར་དགོས་པར་ཁོ་བོས་འདོད་དེ། གང་ལགས་ཞེ་ན། སློབ་དཔོན་གྱི་རྣམ་ཐར་རྣམས་སུ་མངལ་སྐྱེས་དང་རྫུས་སྐྱེས་སུ་འདོད་པའི་ངོས་འཛིན་མི་འདྲ་བ་གཉིས་ལས། མངལ་སྐྱེས་སུ་འདོད་པ་རྣམས་ཀྱིས་སློབ་དཔོན་འདི་ཨུ་རྒྱན་རྒྱལ་པོའི་སྲས་ཡིན[11]ཚུལ་ཁོ་ཐག་བཅད་ཡོད། རྫུས་སྐྱེས་སུ་འདོད་པ་རྣམས་ཀྱིས་སྐྱེ་བ་བཞེས་ཚུལ་གྱི་རྣམ་པ་རྫུས་སྐྱེས་སུ་བཞེད་ཀྱང་སློབ་དཔོན་འདི་ཉིད་རྒྱལ་པོ་ཨིནྡྲ་བོ་དྷིའི་བུ་སྐལ་དུ་འདོད་པ་ཁོང་གི་རྣམ་ཐར[12]རྣམས་སུ་གསལ་བས། བུ་སྐལ་ཡིན་ན་དེའི་བུར་བརྗོད་པ་འཇིག་རྟེན་ཐ་སྙད་ལ་མི་འགལ་ལ། ཡབ་ནི་རྒྱལ་པོ་ཡིན་པར་ཆ་འཇོག་གིས་དེའི་བུ་སྐལ་ལ་རྒྱལ་སྲས་སུ་འབོད་པ་ཡང་འཇིག་རྟེན་ལ་གྲགས་པས། དེ་བ་སུ་ཏྲ་ནི་རྒྱལ་སྲས་སུ་བསྒྱུར་ན་ཆེས་དོན་དང་མཐུན་པ་ཡིན་ཚུལ་དེ་ལྟར་ཤེས་དགོས། རྗེས་ཀྱི་ཚིག་མཛོད་ཁག་ཏུ་རྒྱལ་སྲས་ནི་རྒྱལ་པོའི་སྲས་དང་བྱང་སེམས་སུའང་འགྲེལ་ཟུང་བར་བཤད་པས་སྔར་གྱི་བསྟན་བཅོས་ཁག་ཏུ་གསལ་པའི་རྒྱལ་སྲས་ཞེས་པའི་ཚིག་དེ་སྐབས་ཐོག་གི་དོན་ཇི་ལྟར་བསྟན་ཡོད་པ་དང་ཚིག་སྔ་ཕྱིར་འབྲེལ་ནས་གོ་བ་ལེན་དགོས། 《བཀའ་ཐང་སྡེ་ལྔ》ལས། རྒྱལ་སྲས་པད་མ་འབྱུང་གནས་ང་། །འགྲོ་བ་སེམས་ཅན་དོན་མཛད་པས། །སེམས་ཅན་རྣམས་དང་མཐུན་པར་བསྟུན། །[13]ཅེས་པ་དེ་ཁ་ཅིག་གིས་རྒྱལ་སྲས་བྱང་ཆུབ་སེམས་དཔའི་དོན་ལ་འགྲེལ་སྲིད་མོད། ཁོ་བོས་སེམས་ན་འདིའི་རྒྱལ་སྲས་ནི་ཨོ་རྒྱན་གྱི་རྒྱལ་པོའི་སྲས་སུ་བརྗོད་པའི་སྟོན་གྱི་འགྱུར་ཡིག་དེ་ཉིད་དེབ་འདིར་བཀོལ་སྤྱོད་གནང་བ་ཞིག་རེད། ད་ལྟ་སེམས་ན་བོད་རྒྱལ་ཁྲི་སྲོང་ལྡེ་བཙན་གྱི་མཚན་ལ་དེ་ཕར་འབོད་པ་ནི་རྣམ་པ་སྤྱིར་བཏང་བ་ཞིག་ཡིན་ཀྱང་། སྐབས་དེར་ནི་བོད་ཀྱི་བཙན་པོའི་མཚན་ལ་དེ་ཕར་འབོད་པ་དེས་བོད་ལ་ནང་ཆོས་དར་བ་དང་རྒྱ་གར་གྱི་རིག་གནས་ཕྱོགས་ཡོངས་ནས་དར་བའི་སྤྲུལ་ཤུགས་ལྟ་བུའི་ནུས་པ་ཐོན། རྒྱལ་པོས་སློབ་དཔོན་འདིར་རང་གི་བཙུན་མོ་ཕུལ་བ་སོགས་བཀུར་བསྟི་རྒྱ་ཆེན་གནང་ཚུལ་དང་རྗེ་བློན་བར་ལ་འགལ་བ་བྱུང་བ་སོགས་དོན་གཞན་དུ་གྱུར་པ་མང་པོ་ཞིག་འདིར་སྤྲོས་མེད།

དེས་ན་གང་ཟག་ལ་མི་རྟོན་ཆོས་ལ་རྟོན་པ་དང་རྒྱུ་མཚན་ལ་གནས་ན་ཇི་ལྟར་ཡང་འབད་པས་དཔྱད་རིགས་པ་རྒྱུ་མཚན་དུ་འཛིན་པ་ལས། བོད་རྒྱལ་སྲོང་བཙན་ནས་བསྟན་པ་ཕྱི་དར་ལ་ཐོན་པའི་ལོ་པཎ་རྣམས་ཀྱི་མཚན་ཐོར་དེ་བ་སུ་ཏྲ་ཞེས་པ་མི་འབྱུང་བ་དང་། སློབ་དཔོན་གྱི་རྣམ་ཐར་དང་། བཀའ་བསྡུས་སོགས་ནའང་མཚན་དེ་འདྲ་མི་གསལ་བ་དང་། དེང་གི་དུས་འདིར་སློབ་དཔོན་པད་འབྱུང་གི་རྗེས་སུ་འཇུག་པའི་བོད་ཁ་བ་ཅན་པ་ཁྲི་སྐོར་མང་པོས་ཇ་ལམ་དུ་མ་བརྒྱུད་པའི་གཏམ་གསར་དུ་གྱུར་པ་དང་། ཏུན་ཧོང་ཡིག་རྙིང་འདི་རྙེད་པ་ནས་ད་ལྟའི་བར་ལོ་བརྒྱ་ཕྲག་འཁོར་བའི་རིང་ལ་ཕྱི་ནང་གི་ཞིབ་འཇུག་པ་ཆེད་མཁས་རྣམས་ཀྱིས་འདིའི་དོན་ལ་འདི་ལྟའི་དཔྱད་པ་མེད་པར་ལུས་པ་སོགས་རྒྱུ་མཚན་དུ་

བྱས་ནས་རང་གི་མེས་པོའི་ཡིག་ཚང་ན་གསལ་བའི་ལོ་རྒྱུས་ཀྱི་དོན་དངོས་ངོ་མ་འདིར་རྒོལ་བར་མི་བྱེ་སྟེ། བོད་ལ་བཀའ་དྲིན་ཆེ་བའི་སློབ་དཔོན་ཆེན་པོ་འདིའི་ལོ་རྒྱུས་ཀྱི་ཆ་ཤས་གསེར་བཞིན་དཀོན་པ་ཏུན་ཧོང་ཕུག་པའི་བྱེ་འོག་ཏུ་གཟིམས་ནས་མི་ལོ་སྟོང་ལ་ཉེ་བ་འགོར་ཞིང་དེ་ནས་སུས་ཀྱང་དཔྱོད་ཞིབ་ཀྱིས་ཡུལ་དུ་མ་གྱུར་པར་མི་ལོ་བརྒྱ་ཕྲག་རིང་ལ་ལུས་པ་ནི་ཆེས་མི་འོས་པ་ཞིག་ཡིན་པར་སེམས་པར་བྱའོ། །

གཉིས། རྒྱ་གར་ཆོས་ཀྱི་རྒྱལ་པོའི་སྲས་སུ་གྱུར་པ།

《རྒྱལ་རབས་གསལ་མེ》ར་རྒྱ་བཟའ་ཀོང་ཇོ་སློང་དུས་ཀྱི་རྣམ་པ་གཟབ་རྒྱས་བཀོད་པ་ལས། དེར་རྒྱ་གར་ཆོས་ཀྱི་རྒྱལ་པོའི་བློན་པོ་རྟ་པ་བརྒྱ་ཐམ་པ། རྒྱ་མོ་ཀོང་ཇོ་འདོད་པ་ལ་སླེབས་སོ། གེ་སར་དམག་གི་རྒྱལ་པོའི་བློན་པོ་རྟ་པ་བརྒྱ་ཀོང་ཇོ་འདོད་པ་ལ་སླེབས་སོ། སྟག་གཟིག་ནོར་གྱི་རྒྱལ་པོའི་བློན་པོ་རྟ་པ་བརྒྱ་ཡང་ཀོང་ཇོ་འདོད་པ་ལ་སླེབས་སོ། ཧོ་ཏ་ཧོར་གྱི་རྒྱལ་པོའི་བློན་པོ་རྟ་པ་བརྒྱ་ཡང་ཀོང་ཇོ་འདོད་པ་ལ་སླེབས་སོ།[14] ཞེས་གཏམ་རྒྱུད་ཀྱི་མུ་འབྲུད་རིང་མོ་བསྟར་བ་ལས། རྒྱ་གར་ཆོས་ཀྱི་རྒྱལ་པོ། ཅེས་པ་དུས་དེའི་རྒྱ་གར་གྱི་རྒྱལ་པོ་གང་རུང་ཞིག་ལ་གོ་དགོས་ཚུལ་བསྟན་འདུག ཨ་མདོའི་དམངས་ཁྲོད་དང་གེ་སར་རྒྱལ་པོའི་སྒྲུང་སོགས་སུ་འང་གོང་གསལ་ལྟར། རྒྱ་གར་ཆོས་ཀྱི་རྒྱལ་པོ། རྒྱ་ནག་ཁྲིམས་ཀྱི་རྒྱལ་པོ། ཞེས་གཏམ་བཤད་གནང་སྲོལ་ཞིག་ཡོད་པ་དེས། རྒྱ་གར་ཡུལ་ནི་ཆོས་ས་ཆོས་ཡུལ་ཡིན་པ་དང་དེའི་རྒྱལ་པོ་རྣམས་ནི་ཆོས་ལ་སྤྱོད་པའི་རྒྱལ་པོ་ཡིན་ལ། རྒྱའི་ཡུལ་ནི་རྒྱལ་ཁྲིམས་དར་ས་ཡིན་པར་འདོད་པའི་ལྟ་ཚུལ་ཞིག་བསྟན་འདུག་པས། རྒྱ་གར་ཆོས་ཀྱི་རྒྱལ་པོ་ཞེས་པ་ཚང་མས་ཡིད་སྨོན་དང་གོང་བཀུར་བྱེད་སའི་རྒྱལ་པོ་ཞིག་གི་སྣང་བརྙན་ལས་དོན་དངོས་སུ་བསྟན་ཡུལ་མེད་པའི་ཚིག་རྒྱན་ལྟ་བུར་གྱུར་འདུག 《རྒྱལ་རབས་གསལ་མེ》རྩོམ་དུས(སྤྱི་ལོ1388ལོ)སུ་དེ་ལྟའི་ལྟ་ཚུལ་དང་འཆད་ཚུལ་དེ་ཧ་ལམ་བོད་ཡོངས་སུ་དར་ཁྱབ་ཏུ་སོང་འདུག་པར་རྩོམ་པ་པོས་དོན་ལ་བརྟག་དཔྱད་མེད་པར་དེབ་ཐེར་དུ་བྲིས་པར་ཟད། ཏུན་ཧོང་ཡིག་རྙིང་ཁྲོད་ཀྱི་རྒྱ་གར་ཆོས་ཀྱི་རྒྱལ་པོའི་སྲས། ཞེས་པ་ཕྱི་ནང་གི་ཞིབ་འཇུག་པ་རྣམས་ཀྱིས་གོ་བ་ཇི་ལྟར་ལེན་པར་དཔྱོད་པའི་དུས་སུ། ད་ལྟའི་བོད་པ་རྣམས་ཀྱི་ངོས་འཛིན་ལྟར་རྒྱ་གར་ཆོས་ཀྱི་རྒྱལ་པོ་ནི་རྒྱ་གར་འཕགས་པའི་ཡུལ་དུ་གྲགས་པའི་ཆོས་རྒྱལ་ཞིག་དང་དེའི་སྲས་ནི་དེ་བ་པུ་ཏྲ་འབོད་པར་སེམས་པས། ཁོང་ཚོའི་འབད་བརྩོན་དེ་ཡང་ཆུ་དོང་གི་ཟླ་བརྙན་སྲུར་འཛིན་གྱི་དཔེ་ལྟར་འབྲས་བུས་སྟོང་བར་གྱུར། བདག་གིས་ཡིག་རྙིང་ཤོག་དྲིལ་འདི་བསླགས་པའི་ཁྲོད་ནས་ཐིག་ཕྲེང85མཚམས་སུ་རྒྱ་གར་ཆོས་ཀྱི་རྒྱལ་པོ། ཞེས་པར་གོ་བ་སྐྱེད་བྱེད་ཀྱི་ཚིག་འགག་ཉེད་པ་ནི། སྤྲུལ་པ་ཆེ་བ་དང་། སྟོབས་ཆེ་བ་དང་། མཐུ་ཆེ་བ་དང་། མཁྱེན་པ་ཆེ་བ་ནི། རྒྱ་གར་ཆོས་ཀྱི་རྒྱལ་པོ་ལགས་སོ། །ཅེས་དང་། ཡང་ཐིག་ཕྲེང87ནས88བར། ཆོས་ཀྱི་དབྱིངས། མ་སྐྱེས་པ། མ་བྱུང་བ། ཡེ་ནས་རྣམ་པར་དག་པ། ཨོ་ལས་ལྷར་གྲུབ་པ། ཀུན། རྒྱ་གར་ཆོས་ཀྱི་རྒྱལ་པོས་བསྟན་པ་ཡིན་ནོ། །ཞེས་ཐེངས་གཉིས་

བྱུང་བའི་ཡིག་ཕྲེང་སྔ་མས་ནི་སྟོན་པ་སངས་རྒྱས་ཀྱི་སྐུ་གསུང་ཐུགས་གསུམ་གྱི་ཡོན་ཏན་འཕྲིན་ལས་ཇི་ལྟ་བུ་ཡིན་པར་བསྔགས་པ་སྟེ། སྤྲུལ་སྒྱུར་ལ་དབང་འབྱོར་བས་སྤྲུལ་པ་ཆེ་བའམ་ཡང་ན་སྔོན་བྱང་ཆུབ་སེམས་དཔར་གྱུར་པའི་གནས་སྐབས་སུ་སེམས་ཅན་གྱི་དོན་དུ་སྐྱེ་བ་མང་པོ་བཞེས་པ་ལའང་སྦྱོར་བར་བྱའོ། །མི་འཇིགས་པ་བཞི་དང་མཐུ་དང་ནུས་པ་ཆེ་བས་སྟོབས་དང་མཐུ་ཆེ་བ། སྔོན་གནས་རྗེས་དྲན་སོགས་རྣམ་པ་ཐམས་ཅད་མཁྱེན་པ་ལ་ཐོགས་པ་མེད་པའི་སྟོབས་བཅུ་ལྡན་པ་སྟེ་སྟོན་པ་སངས་རྒྱས་ལ་མངའ་བའི་ཡོན་ཏན་ལ་བསྔགས་ཤིང་། ཚིག་ཕྲང་རྗེས་མས་ནི། ཆོས་དབྱིངས་ཡེ་ཤེས་དང་། མ་སྐྱེས་མ་འགག་པ། ཡེ་ནས་རྣམ་པར་དག་པ། མིའི་འཇིག་རྟེན་འཁོར་བ་ལས་གྲོལ་ཏེ་ལྷའི་གོ་འཕང་དམ་པ་ཐོབ་བྱེད་ཀྱི་ཆོས་ཟབ་མོ་སྟོང་ཉིད་ཀྱི་ལྟ་བ་རང་དབང་དུ་སྟོན་མཁན་ནི་སྟོན་པ་སངས་རྒྱས་ཏེ་དེས་བསྟན་པ་ཡིན་ནོ། །ཞེས་ཁ་གསལ་དོན་གསལ་དུ་བསྟན། སྨྲ་ལས་ལྷར་གྲུབ་པ། ཞེས་པའི་ལྷ་དེ་ཕྱིར་བཏང་འགྲོ་བ་རིགས་དྲུག་ཏུ་ཕྱེས་པའི་ལྷར་ངོས་འཛིན་དགོས་ལ། དེ་ལྟར་བྱས་ན་སྐབས་འདིའི་བསྟན་བྱའི་དོན་དང་ཅུང་ཅམ་དམན་པར་གྱུར་པས་འདིར་ནི་མཆོག་གི་གོ་འཕང་ལ་གོ་དགོས། དེ་ལྟར་འཁོར་བ་སྡུག་བསྔལ་ལས་གྲོལ་བར་བྱེད་པའི་གཞུང་ལུགས་ཐེག་པ་ཆེན་པོའི་ཆོས་ཟབ་མོ་སྟོང་ཉིད་ཀྱི་ལྟ་བ་འདི་སྟོན་མཁན་ནམ་བྱེད་པོ་སུ་ཡིན་ཅེ་ན། རྒྱ་གར་ཆོས་ཀྱི་རྒྱལ་པོ་སྟེ་སྟོན་པ་སངས་རྒྱས་ཀྱིས་བསྟན་པ་ཡིན་ནོ། །ཞེས་སོ། །མདོར་བསྡུས་ན་ཟབ་མོ་སྟོང་ཉིད་ཀྱི་ཆོས་འདི་ནི་རྒྱ་གར་འཕགས་པའི་ཡུལ་དུ་བྱོན་པའི་སྟོན་པ་སངས་རྒྱས་ཀྱིས་གསུངས་སོ། །ཞེས་གོ་དགོས། རྒྱ་གར་ཆོས་ཀྱི་རྒྱལ་པོ་ཞེས་པའི་ཚིག་འདི་བོད་བཙན་པོའི་དུས་ཏེ། ད་ལམ་དུས་རབས་བཅུ་གཅིག་པའི་ཡར་སྔོན་དུ་བོད་ལ་གྲགས་པའི་སྟོན་པ་སངས་རྒྱས་ཀྱི་མཚན་གྱི་རྣམ་གྲངས་ཤིག་ཡིན་པ་གསལ་པོར་རྟོགས་ཐུབ། ཆོས་འདི་ཐོག་མར་སྟོན་མཁན་སངས་རྒྱས་བཅོམ་ལྡན་འདས་ཡིན་པ་ནི། ཁོང་གི་གསུང་ལས། ཟབ་ཞི་སྤྲོས་བྲལ་འོད་གསལ་འདུས་མ་བྱས། བདུད་རྩི་ལྟ་བུའི་ཆོས་ཤིག་ཁོ་བོས་རྙེད། སུ་ལ་བསྟན་ཀྱང་གོ་བར་མི་ནུས་པས། མི་སྨྲ་ནགས་ཀྱི་ཚལ་དུ་གནས་པ་བྱ། །ཞེས་ཟབ་མོ་སྟོང་ཉིད་ཀྱི་ཆོས་འདི་སྟོན་མཁན་ཁོང་ཉིད་ཡིན་པར་ཁས་ལེན་མཛད་པ་བསྟན་བཅོས་རྣམས་སུ་གསལ་བ་དང་། རྒྱལ་པོ་ནི་འཇིག་རྟེན་པའི་ཐ་སྙད་གཞན་གྱིས་འགྲན་ཟླ་བྲལ་བའི་དོན་དང་དེའི་ཁྱད་ཆོས་ལ་བརྗོད་འདི་སྤྱོད་པ་སྟེ། 《རྟེན་འབྲེལ་བསྟོད་པ》ལས། སྟོན་པའི་ནང་ན་རྟེན་འབྲེལ་སྟོན་པ་དང་། །ཤེས་རབ་ནང་ན་རྟེན་འབྲེལ་ཤེས་པ་གཉིས། །འཇིག་རྟེན་དག་ན་རྒྱལ་བའི་དབང་པོ་བཞིན། །ཕུལ་བྱུང་ལེགས་པར་ཁྱོད་མཁྱེན་གཞན་གྱིས་མིན། །ཞེས་དཔེ་དོན་སྦྱར་ནས་སྟོན་པ་སངས་རྒྱས་ལ་བསྔགས་པ་ལས་ཆོས་ཀྱི་རྒྱལ་པོ་ཅེས་པར་གོ་བ་ངེས་ཅན་སྟེར་བར་མ་ཟད། རྗེས་ཀྱི་མཁས་པས་སྦྱར་བའི་ཚིག་ལ་ཡང་འཇམ་མགོན་བླ་མ་ཆོས་ཀྱི་རྒྱལ་པོ་ཙོང་ཁ་བ་ཆེན་པོ། ཞེས་གོང་གི་ཁྱད་ཆོས་ཅན་གྱི་ཚིག་ཐོན་འདུག འཕགས་ཡུལ་རྒྱ་གར་ཆོས་ཀྱི་རྒྱལ་པོ་ཞེས། །སྟོན་པ་སངས་རྒྱས་མཚན་གྱི་རྣམ་གྲངས་

ཤིག །བོད་རྒྱལ་བཙན་པོའི་དུས་སུ་སྤྱིར་བའི་བརྡ། །དེང་འདིར་སྣར་ཡང་དཔྱོད་པའི་ཡུལ་དུ་གྱུར། །

གོང་གི་བརྡ་དོན་ལ་གོ་བ་བླངས་པའི་རྗེས་སུ། རྒྱ་གར་ཆོས་ཀྱི་རྒྱལ་པོའི་སྲས། ཞེས་པའི་སྲས་ནི་སྟོན་པ་སངས་རྒྱས་ཀྱི་བསྟན་པའི་ཆོས་སྐོར་ཞུགས་པའི་རྗེས་འཇུག་པ་རྣམས་ཡིན་པ་ཤེས་སོ། བོད་ལ་མཚོན་ན་ཆོས་ཀྱི་སྐོར་ཞུགས་པའི་རབ་བྱུང་བ་རྣམས་དང་། དམིགས་བསལ་དུ་བླ་མ་དང་སློབ་དཔོན་གང་གི་ཆོས་རྒྱུད་མ་འཁྲུལ་མ་ནོར་བར་འཛིན་པའི་བསྟན་འཛིན་གྱི་སྐྱེས་བུ་སྟེ། དཔེར་ན། རྗེ་ཡབ་སྲས་གསུམ་དང་། སྒྲ་སྒྱུར་མར་པའི་སྲས་ཀྱི་ཐུ་བོར་གྱུར་པ་མི་ལ་རས་པ་ལྟ་བུ། སློབ་དཔོན་པད་འབྱུང་ནི་སྟོན་པ་སངས་རྒྱས་ཀྱི་རྗེས་འཇུག་པ་ཡིན་པའི་ཆ་ནས་རྒྱ་གར་ཆོས་ཀྱི་རྒྱལ་པོའི་སྲས། ཞེས་པའི་བརྡ་དེ་སྦྱར། སློབ་དཔོན་འདི་ནང་པའི་བསྟན་པར་ཇི་ལྟར་ཞུགས་པའི་ཚུལ《དུང་དཀར་ཚིག་མཛོད》དུ། སློབ་དཔོན་འདི་རྒྱ་གར་ཡུལ་དབུས་མ་ཧཱ་ཧྲར་ཕྱོན། སྐབས་དེར་རྒྱལ་པོ་ཧྲཱ་པཱ་ལས་སྲིད་དབང་བཟུང་བའི་དུས(སྤྱི་ལོ790-853)བར་དང་། སློབ་དཔོན་སངས་རྒྱས་ཡེ་ཤེས་གྲུབ་པ་ཐོབ་ནས་སློབ་མ་གསོ་སྐྱོང་གནང་བའི་སྐབས་ཡིན། ཆོས་ཀྱི་མྱུ་གུ་དགོན་པར་སློབ་དཔོན་དེའི་དྲུང་ནས་རབ་བྱུང་དང་བསྙེན་རྫོགས་མཛད། གཞན་ཡང་རྒྱུད་སྡེ་བཞིའི་རྒྱུད་དང་མན་ངག་ཏ་ཅང་མང་པོ་གསན། ཞེས་གསལ་བ་ནི་སློབ་དཔོན་འདི་རྒྱ་གར་ཆོས་ཀྱི་རྒྱལ་པོའི་སྲས་སུ་གྱུར་པར་བརྗོད་པའི་ཁུངས་ཏེ། ལོ་རྒྱུས་དེབ་ཐེར་རྣམས་སུ་ཁྲི་སྲོང་ལྡེ་བཙན་གྱི་འཁྲུངས་ལོ་འདོད་ཚུལ་མི་མཐུན་ལ། ཏུན་ཧོང་གཏེར་ཡིག་ཏུ། བོད་རྒྱལ་ཁྲི་སྲོང་ལྡེ་བཙན་སྤྱི་ལོ742ལ་འཁྲུངས་པར་འདོད་པ་དང་། ཆོས་འཁོར་བསམ་ཡས་ནི་སྤྱི་ལོ་དུས་རབས་བརྒྱད་པའི་དུས་དཀྱིལ་ཙམ་ལ་བཞེངས་པར་འདོད་པ་དང་ལོ་རྒྱུས་དེབ་ཐེར་ཁག་ཏུ་སློབ་དཔོན་བོད་ལ་ཕེབས་ལོ་དང་བསམ་ཡས་བཞེངས་ལོ་སོགས་ཕན་ཚུན་ཐོ་གཏུག་མི་ཐུབ་པའི་བཞེད་སྲོལ་སྣ་ཚོགས་ཡོད་པ་རྣམས་ནི་སློབ་དཔོན་འདི་སྟོན་པ་སངས་རྒྱས་ཀྱི་སྲས་པོའམ་རྗེས་འཇུག་པར་གྱུར་པའི་དོན་དངོས་དེར་གནོད་པར་མི་འགྱུར་བའི་དོན་གཞན་ཞིག་ཡིན། མཚམས་འདིར་རང་གི་འདོད་པ་ཙམ་བརྗོད་ན། ཁྲི་སྲོང་ལྡེ་བཙན749ལོར་རྒྱལ་པོའི་སྲིད་ཁྲིར་བཞུགས་ཤིང་དུས་དེར་བློན་པོ་རྣམས་ཀྱིས་རྒྱལ་བུ་ན་ཆོད་ཆུང་བར་ཁ་འཕངས་ནས་ཁྲིམས་བུ་ཆུང་བཅོས་ཏེ་བློན་པོ་རྣམས་ཀྱིས་རྒྱལ་དོན་ཐག་གཅོད་པའི་གྲོས་ཚོགས་ཀྱི་ལམ་ལུགས་བྱུང་།[15] སྤྱི་ལོ754ཙམ་ལ་བློན་ཆེན་ལང་འབལ་གཉིས་ཚར་བཅད་པ་དང་། དེ་ནས་རྒྱལ་པོས་ཕྲུག་སྲིད་ཀྱིས་ན་བ་སོགས་ལ་ཁ་གཡར་བའི་ཐབས་ཀྱིས་ནང་ཆོས་བཀུར་བའི་ཡུལ་དུ་བྱས་ཏེ་སློབ་དཔོན་འདི་གདན་དྲངས། རྒྱལ་དབང་ལྔ་པས[16]སྤྱི་ལོ762ལོར་བསམ་ཡས་བཞེངས་འགོ་ཚུགས་པར་འདོད་པ་ལྟར་ཁས་བླངས་ན་ཏ་ལམ་ནོར་འཁྲུལ་ཆེན་པོ་མེད་སྙམ། དེ་དག་རྗེས་སུ་དཔྱད་ཁྲོད་ནས་ཇེ་གསལ་དང་ཇེ་དག་ཏུ་བཏང་ཆོག སློབ་དཔོན་འདིའི་སྐུ་གསུང་ཐུགས་ཀྱི་འཕྲིན་ལས་ཀྱི་ཡོན་ཏན་མཐའ་ཡས་པ་ནི་ཁོང་གི་རྣམ་ཐར་ཁག་ཏུ་གསལ་བས་འདིར་མང་དུ་མ་སྤྲོས།

དེ་ལྟའི་སྟོན་པའི་སྲས་པོ་དེའི་ཡོན་ཏན་ཇི་ལྟ་བུ་ཞེ་ན། ཤོག་དྲིལ་གྱི་ཡིག་ཕྲེང189-190ངོར། ཆོས་ནི་མ་བསླབ་པར་རང་ཤེས། འཕགས་པ་སྤྱན་རས་གཟིགས་ཀྱི་དབང་ཕྱུག་གི་དངོས་སྤྲུལ་ནི་བརྙེས། ཞེས་བཀོད་འདུག་པ་དེའི། ཚིག་རྐང་སྔ་མ་ནི་ས་པཎ་གྱིས། མ་བསླབ་པ་ལ་ཀུན་མཁྱེན་དུ། །འགྲོ་ན་རྒྱུ་འབྲས་ག་ལ་བདེན། །ཞེས་པའི་དོན་དང་འགལ་བ་ལྟར་སྣང་ཡང་། ཁོང་གི་རྣམ་ཐར་ལས། བཙས་མ་ཐག་ཏུ་སྐྲ་ཤེས་འགྲོ་ཤེས་ཤིང༔[17]ཞེས་དང་། 《བཀའ་ཐང་སྡེ་ལྔ》ལས། སྐད་རིག་གྲུར་ཚད་ཐམས་ཅད་མཁྱེན་པས་ཆེ།[18] ཞེས་དང་། 《སྲུམ་པ་ཆོས་འབྱུང》དུ། རིག་པ་རང་རྩལ་གྱི་དབང་ནི་ཨོ་རྒྱན་ཆེན་པོས་རང་བྱུང་དུ་ཐོབ་སྟེ།[19] ཞེས་སོགས་སློབ་དཔོན་འདི་ཉིད་ནི་སོ་སོ་སྐྱེ་བོ་ལས་རིང་དུ་འདས་པའི་འཕགས་པའི་གང་ཟག་གི་ཁྱད་ཆོས་བརྗོད་པ་རྣམས་དང་མཐུན་པའི་ཚིག་ཡིན་པ་ཡིག་རྙིང་འདིར་གསལ་བ་ཙམ་སོ། །འཕགས་པ་སྤྱན་རས་གཟིགས་དབང་ཕྱུག་ནི་སངས་རྒྱས་ཆོས་ལུགས་ཀྱི་ཡི་དམ་གྱི་ལྷ་ངོ་བོ་ཕྱོགས་བཅུའི་རྒྱལ་བ་ཐམས་ཅད་ཀྱི་རང་གཟུགས་ཡིན་ལ། དེའི་དངོས་སྤྲུལ་ནི་དངོས་གྲུབ་སྟེ། མཆོག་གི་དངོས་གྲུབ་སངས་རྒྱས་ཀྱི་གོ་འཕང་དམ་པ་ཐོབ་པར་གོ་དགོས། ཁོང་གི་རྣམ་ཐར་དུ། ང་ནི་རང་བྱུང་བདེ་བའི་དངོས་གྲུབ་ཡིན༔སེམས་ཅན་གདུལ་ཞིང་ཁྱད་པར་འཕགས་པ་ཏུ༔འགྲོ་རེའི་མདུན་དུ་སྤྲུལ་སྐུས་སྟོན་པ་སྟེ༔སྟོན་ཚེ་སྣང་བ་མཐའ་ཡས་འོད་དཔག་མེད༔རི་བོ་ཏ་ལར་འཕགས་པ་སྤྱན་རས་གཟིགས༔ཌྷ་ན་ཀོ་ཤར་པདྨ་འབྱུང་གནས་གསུམ༔མཚོན་ཚུལ་ཙམ་ལ་གསུམ་དུ་སྣང་གྱུར་ཀྱང་༔དོན་ལ་དབྱེར་མེད་སོ་སོར་ཐ་མི་དད༔[20]ཅེས་པ་ལྟར་གོ་བ་ལེན་པར་བྱའོ། །

གསུམ། བོད་དུ་ཕེབས་ཏེ་ནང་པའི་ཆོས་ཀྱི་གཞི་མ་ཚུགས་ཤིང་བོད་རྣམས་ནང་ཆོས་སུ་འཇུག་པའི་ལམ་བསྟན་པ།

སློབ་དཔོན་འདི་བོད་དུ་མ་ཕེབས་པའི་སྔོན་ལ་བོད་ན་འགལ་བ་སྣ་ཚོགས་ཀྱིས་དབང་གིས་མཁན་ཆེན་བོདྷི་ས་ཏྭ་ཕྱིར་རྒྱ་གར་དུ་མི་ཕེབས་ཐུ་མེད་གྱུར་ཏེ་ཕེབས་ཁར་རྒྱལ་པོ་ལ་འཛམ་བུ་གླིང་ན་རིགས་སྔགས་མཁན་སློབ་དཔོན་པད་འབྱུང་བྱ་བ་ཡོད་ཚུལ་དང་དེ་གདན་དྲངས་ན་བོད་དུ་ནང་ཆོས་སྤེལ་ཐུབ་ཚུལ་གྱི་ཁ་ཏ་བསླབ་བྱ་གནང་བ་ལྟར། སློབ་དཔོན་དུས་དེར་བལ་པོའི་ཡུལ་དུ་བཞུགས་པ་ཤེས་ཏེ་བོད་དུ་གདན་འདྲེན་ཞུས། སློབ་དཔོན་བོད་དུ་ཕེབས་ཚུལ་ལ། ཡིག་རྙིང་ཤོག་དྲིལ་དེའི་ཡིག་ཕྲེང190ནང་། བོད་ཡུལ་དུ་གཤེགས་ཏེ། ཞེས་ཚིག་བསྡུས་ཐུང་དུ་དེ་ཙམ་ལས་བཀོད་མེད། འདིའི་གཤེགས་ནི་གཤེགས་ཀྱི་འབྲི་ཚུལ་ཡིན། 《དུང་དཀར་ཚིག་མཛོད》དུ། སློབ་དཔོན་འདི་བོད་དུ་གདན་དྲངས་ཚུལ་ལ《སྦ་བཞེད》དང《བཀའ་ཐང》གཉིས་ཅུང་ཙམ་མི་མཐུན་པ་ཡོད་ཅིང་། 《བཀའ་ཐང》དུ་འཁོད་པ་ལྟར་ན། རྒྱལ་པོ་ཁྲི་སྲོང་ལྡེ་བཙན་གྱིས་སྦ་གསལ་སྣང་དང་། སྣ་ནམ་རྡོ་རྗེ་བདུད་འཇོམས། མཆིམས་ཤཱཀྱ་པྲ་བྷ། ཤུད་པུ་དཔལ་གྱི་སེང་གེ་བཅས་བཞི་ལ་གསེར་ཕྱེ་བྲེ་གང་རེ་དང་། གསེར་གྱི་པ་ཏྲ་རེ་བསྐུར་ནས་རྒྱ་གར་དུ་བརྫངས། སློབ་དཔོན་ཆེན་པོ་དང་མཇལ་ཏེ་རྒྱལ་པོའི་ཕྱག་རྟེན་རྣམས་ཕུལ་ནས་བོད་དུ་ཕེབས་པར་

ཞུས་པས་ཞལ་གྱིས་བཞེས། ཁྲིད་པོ་ཉ་བ་ཚོ་སྔོན་ལ་སོང་ལ། ངས་རྗེས་སུ་འོངས་ཏེ་ནག་ཕྱོགས་ཀྱི་ལྷ་འདྲེ་གདུག་པ་ཅན་རྣམས་བཏུལ་ནས་དམ་ལ་བཏགས་གྱིན་མ་བྱུས་ན་བར་ཆད་ཆེ་གསུངས་ནས་པོ་ཉ་བ་རྣམས་སྔོན་ལ་བཏང་།(དེ་ནས་ཐ་བཞེད་དུ་གསལ་བ་ལྟར་ན། མངའ་རིས་མང་ཡུལ་ནས་སྐྱི་མོ་ཐོད་གར་གྱི་བར་དུ་ཚུ་ཐོག་གྲུ་རྫིངས་ལ་ཕྱིན་པར་བཤད) དེ་ནས་སླར་ཡང་རྒྱལ་པོས། གནུབས་ནམ་མཁའི་སྙིང་པོ། དབས་མང་རྗེ་གསལ་སྣང་། སེང་གོང་ལྷ་ལུང་གཟིགས། དབས་མི་གྲུ་གཟིངས། ཅོག་རོ་དཔལ་གཟུངས་མགོན། ཤེ་མི་སྤུ་ཧྲ་ཤྲཱི། གཉེར་སྟག་བཙན་ལྡོང་གཟིགས་སོགས་མང་ཡུལ་གྱི་མཐའ་སྲུང་བློན་པོར་བརྫངས་པའི་ཁྲུལ་མཛད་དེ་སླར་ཡང་སློབ་དཔོན་ཆེན་པོ་ཕེབས་བསུར་བཏང་ཞིང་། སླར་ཡང་སྐ་བ་དཔལ་བརྩེགས་དང་། སྣ་ནམ་ཇོ་རྗེ་བདུད་འཇོམས་དང་། ཅོག་རོ་ཀླུ་ཡི་རྒྱལ་མཚན་བཅས་གདན་འདྲེན་དུ་བཏང་། མང་ཡུལ་ནས་རིམ་བཞིན་གནམ་ཐང་མཁར་ནག་འོ་ཡུག བྱང་ཁྲུལ་འདམ་གཞུང་། འཕན་པོ། མལ་དྲོ་སོགས་སུ་ཕྱིན་ནས་ལྷ་མོ་གངས་དཀར་ཤ་མེད་སོགས་བསྟན་མ་བཅུ་གཉིས། དམ་ཅན་རྡོ་རྗེ་ལེགས་པ། གཉན་ཆེན་ཐང་ལྷ། གཉན་མཁར་ནག་མལ་དྲོ་གཟི་ཅན། ཡར་ལྷ་ཤམ་པོ་སོགས་ལྷ་འདྲེ་མང་པོ་དམ་ལ་བཏགས་ཏེ་ནང་པ་སངས་རྒྱས་པའི་བསྟན་པ་སྐྱོང་བའི་སྲུང་མར་བསྐོས། རིམ་གྱིས་ཡར་ལུང་གཙང་པོའི་འགྲམ་ཟུང་མཁར་མདར་ཕེབས་པ་ན། རྒྱལ་པོ་དང་བཙུན་མོ་རྣམ་གཉིས། བློན་པོ། བོད་འབངས་སྐྱེ་བོ་ཕོ་མོ་ཡོངས་ཀྱིས་ཇ་དང་སྐྱུ་ཐྲོ། སོགས་ཀྱིས་བསུ་བའི་བཀོད་པ་གཟབ་རྒྱས་དང་བཅས་ཏེ་ཕོ་བྲང་བྲག་དམར་དུ་གདན་དྲངས། བསྙེན་བཀུར་ཕུན་སུམ་ཚོགས་པ་ཞུས། དེའི་ཚུལ་ནི། རྟ་པ་མཛོ་པ་དཔག་ཏུ་མེད་པ་ཡིས༔ བསུ་བ་བྱས་ནས་གཞོ་མདར་གཏེར་ཚུ་ཇོལ༔ དེ་ནས་བསམ་ཡས་ཆགས་ཕེབས་རྒྱལ་པོས་བསུས༔ ཤོན་རིགས་འཆམས་དང་གིང་དང་རོལ་རྩེད་དང་༔ བློན་པོར་བེར་ཞུགས་གོས་གསལ་རྟ་ཞོན་སོགས༔ བཙུན་མོ་ལ་སོགས་མཛེས་པ་རྒྱན་བཅས་ཏེ༔ ཁྲི་སྤྲག་སྐོར་གསུམ་དམག་ཆེན་ལྕགས་ཆེན་དང་༔ རྒྱལ་པོ་ལ་སོགས་ཁྲི་གནོན་བློན་གྲངས་ཏེ༔ ཐམས་ཅད་དགའ་བའི་འཇུམ་གྱིས་བསུས་པ་དང་༔[21]ཞེས་ཁོང་གི་རྣམ་ཐར་དུ་བཀོད་པ་ལྟར་རོ། །

ཤོག་དྲིལ་གྱི་ཡིག་ཕྲེང190-191ནང་།(སློབ་དཔོན་གྱིས) བོད་ཀྱི་ལྷ་བཙན་པོ་ཐམས་ཅད་ལ། ཆོས་བཤད་ཅིང་དབང་བསྐུར། །ཞེས་བཀོད་པའི་ལྷ་བཙན་པོ་ཐམས་ཅད་ཅེས་པ་ནི《བཀའ་ཐང་ཁག》གི་ནང་རྒྱལ་པོ་ཁྲི་སྲོང་ལྡེ་བཙན་གྱི་རིང་དང་། དེ་ནས་མུ་ནེ་བཙན་པོས་སྲིད་སྐྱོང་སྐབས་དང་མུ་ནེ་བཙན་པོ་འདས་ནས་མུ་ཏིག་བཙན་པོས་སྲིད་དབང་བཟུང་སྐབས་བར་ཏ་ལམ་ལོ་ལྔ་བཅུ་ལྷག་གི་རིང་ལ་སློབ་དཔོན་འདི་བོད་དུ་བཞུགས་རིང་གི་རྒྱལ་བློན་རྣམས་དང་སད་མི་མི་བདུན། རྗེ་འབངས་ཉེར་ལྔ་སོགས་སྐལ་ལྡན་གྱི་སློབ་མ་ཐམས་ཅད་ལ་གོ་དགོས་པར་བསྟན་ལ། དེ་དག་ལ་ཆོས་བཤད་ཅིང་དབང་བསྐུར་གནང་ཚུལ་ནི། རྒྱལ་པོ་དང་བཙུན་མོ་གཉིས། སད་མི་མི་བདུན། གསང་སྔགས་ཀྱི་སྐལ་ལྡན་སློབ་མ་ཉི་ཤུ་རྩ་

ལྷ་བཀའ་བརྒྱད་བདེ་གཤེགས་འདུས་པའི་དཀྱིལ་འཁོར་ཞལ་ཕྱེ་ནས་དབང་བསྐུར་མཛད་ཅིང་། རྒྱལ་པོ་སོགས་འཁོར་ཉུང་ཤས་ཤིག་ལ་ཚེ་དཔག་མེད་ཀྱི་དབང་བསྐུར་གནང་། བསྐུརས་འདིའི་ཡང་འཇུག་ས་ནི་དེ་ལྟར་དབང་བསྐུར་གནང་བའི་བྱེད་ལས་མཚོན་བྱེད་ཀྱི་སྒྲ་ཡིན།

བཞི། བོད་ཁམས་ཀྱི་གནས་ཆེན་ཁག་འགྲིམས་ཤིང་ཆོས་འཁོར་བསམ་ཡས་སུ་བོད་ཕྲུག་རྣམས་ལ་སློག་བསླབ་པའི་སློབ་དཔོན་གྱི་འགན་བཞེས་པ།

སློབ་དཔོན་འདི་བོད་ལ་ཕེབས་ནས་བསམ་ཡས་གཙུག་ལག་ཁང་བཞེངས་པའི་ས་འདུལ་དང་རྨང་འདིང་བར་མཛད། འདི་ནི་བསམ་ཡས་གཙུག་ལག་ཁང་གི་ས་འདུལ་དང་རྩིག་རྨང་འདིང་ཐེངས་གསུམ་པ་ཡིན་ཚུལ་དུང་དཀར་ཚིག་མཛོད་དུ《པདྨ་བཀའ་ཐང》གཞིར་བཟུང་ནས་བཤད་ཡོད། དེ་ནས་བསམ་ཡས་གཙུག་ལག་ཁང་སྟག་ལོར་བཞེངས་འགོ་ཚུགས་ནས་ཏ་ལོའི་བར་ལོ་བཞིའི་རིང་གྲུབ་ཚུལ་ཡང་དེར་གསལ། སྟག་ལོ་འདི་སྤྱི་ལོ762ལ་འཁེལ་བ་དང་ལོ་དེའི་ཡས་མས་སུ་བོད་ཀྱིས་རྒྱའི་རྒྱལ་ས་ཁྲིང་ཨན་ བླངས་པས། ལོ་རྒྱུས་པ་ཁ་ཅིག་གིས་བོད་ཀྱིས་རྒྱའི་རྒྱལ་ཁམས་སུ་དམག་དྲངས་པའི་དུས་སུ་ལྷ་སའི་བསམ་ཡས་ཀྱི་གཙུག་ལག་ཁང་གི་འཛུགས་སྐྲུན་རྒྱ་ཆེན་མཛད་པའི་ནུས་པ་ཡོད་མེད་ལ་ཐེ་ཚོམ་ཟ་བ་ནི་རི་བོང་གནམ་རྫིབ་ཀྱི་ཚུལ་དུ་རྒྱུ་མཚན་ཆེན་པོ་མེད་དེ་མདའ་གྱི་མདུང་གསུམ་འཛིན་པའི་དུས་ཀྱི་མཐའ་མཚམས་སུ་དམག་འཁྲུག་བསླངས་པ་ཙམ་གྱིས་བོད་བཙན་པོའི་གཙུག་ལག་ཁང་གཅིག་བཞེངས་པར་གནོད་པ་ཆེན་པོ་ཐེབས་མི་སྲིད་པས་སོ། །བསམ་ཡས་བཞེངས་གྲུབ་བར་གྱི་ལོ་བཞིའི་རིང་ལ་སློབ་དཔོན་འདི་བོད་ཀྱི་གནས་ཆེན་གངས་ཏི་སེ་དང་མཚོ་མ་ཕམ་སོགས་ལ་གནས་སྐོར་གྱི་ཚུལ་དུ་འགྲིམས་པས། ཤོག་དྲིལ་ཡིག་ཐྲེང191ནས193བར། གངས་ཏི་སི་ལ་བསྙེན་བསྒྲུབ་ཟབ་མོར་བགྱིས། །མཚོ་མ་འཕང་ལ་འཁྲུས་བགྱིས་ནས། །ཆོས་འཁོར་བསམ་ཡས་སུ་གདན་གཤགས། །ཞེས་གསལ། གངས་ཏི་སི་ནི་སྟོད་མངའ་རིས་ཀྱི་གངས་དཀར་ཏི་སེ་དང་། དེར་གནས་སྐོར་དང་དེ་ནས་སྒོམ་སྒྲུབ་ལ་ནན་ཏན་མཛད་ཚུལ་ནི། བསྙེན་བསྒྲུབ་ཟབ་མོ། ཞེས་པའི་བརྗོད་བསྟན། མཚོ་མ་འཕང་ནི་མཚོ་མ་ཕམ་གྱི་འབྲི་ལུགས། འཁྲུས་བགྱིས་ནི་འཁྲུ་གསོལ་གནང་བའི་བརྗོད། དུས་དེར་བགྱིས་དང་བགྱིས་གང་བདེར་འབྲི། གདན་གཤགས་ནི་ཕེབས་པ་དང་། གདན་འདྲེན་གནང་བའི་བརྗོད། 《རྣམ་ཐར་དྲི་མེད་རྒྱན》ལས། བོད་ཀྱི་གནས་མ་ལུས་པ་གངས་ཏི་སེ་མན་ཆོད་ནས༔ཁམས་གཙང་ཁ་ལྕིམ་བྲག༔[22]ཅེས་དང་། 《བདུད་འཇོམས་ཆོས་འབྱུང》ལས། བོད་ཡུལ་གྱི་ས་གཞི་རྟ་རྨིག་ཙམ་ཡང་མ་ལུས་པར་ཞབས་ཀྱིས་བཅགས། མངའ་རི(རིས)སྐོར་དུ་གངས་བྲག་ཏི་ཤྲཱ།[23] ཞེས་སོགས་ཀྱིས་སློབ་དཔོན་གངས་ཏི་སེར་སྒོམ་སྒྲུབ་གནང་བ་དང་མཚོ་མ་ཕམ་ལ་འཁྲུས་བགྱིས་ཚུལ་གསལ་བས་ཡིག་རྙིང་འདི་ལྷག་པར་རིན་ཐང་ལྡན་པ་ཞིག་ཏུ་གྱུར། 《བཀའ་ཐང་ལྡེ་ལྔ》ལས། འཛམ་གླིང་རྒྱལ་པོ་ཁྲི་སྲོང་ལྡེའུ་བཙན་གྱི། ལྷ་ལྕམ་འཕྲུལ་

དགུ་སྦྱར་མ་ཁབ་ཏུ་བཞེས། བོད་དང་ཞང་ཞུང་གཉིས་ཀྱི་མཚམས་སུ་བྱོན། མ་ཕམ་གཡུ་མཚོ་ནག་མོའི་འགྲམ་དུ་བཞུགས། པད་མ་རྒྱས་པའི་ལྷ་ཁང་མཆོད་པ་ཕུལ། ཨུ་རྒྱན་ཆེན་པོས་འཁོར་ལ་བཀའ་བསྩལ་པ། མ་ཕམ་གཡུ་མཚོ་རྟ་ལམ་ཉིན་གཅིག་འཁོར། རྣ་ན་ཀོ་ཤའི་མཚོ་ནི་འདི་དང་འདྲ། བདག་བསྐྱེད་ཡུམ་ནི་དོན་གྱིས་རྟོགས་པར་འགྱུར།[24] ཅེས་འཁོད་པ་ལས། དུས་དེར་སློབ་དཔོན་གང་དུ་ཕེབས་པའི་གནས་སུ་སྐབས་ལ་ལར་རྒྱལ་པོ་ཁྲི་སྲོང་ལྡེ་བཙན་ཁོང་ཉིད་ཡང་སྐུ་དངོས་སུ་ཕེབས་ཀྱིན་ཡོད།

དེ་ལྟར་སློབ་དཔོན་དང་རྒྱལ་བློན་འཁོར་བཅས་གནས་ཆེན་གངས་ཏི་སེ་སོགས་སུ་གནས་མཇལ་ལ་ཕེབས་པར་དུས་ཡུན་ངེས་ཅན་ཞིག་འགོར་ཡོད་པར་ངེས། ཕྱི་ལོ766ལོར་ཆོས་འཁོར་བསམ་ཡས་ལེགས་གྲུབ་ཀྱི་དགའ་སྟོན་དུ་ཕེབས་ཏེ། རབ་གནས་སློབ་དཔོན་དང་མཁན་ཆེན་ལྷན་རྒྱས་སུ་མཛད་ཅིང་ངོ་མཚར་བའི་ལྟས་མང་པོ་བྱུང་། ཆོས་འཁོར་བསམ་ཡས་ནི་བོད་ཀྱི་ལོ་རྒྱུས་ཐོག་རྒྱ་གར་དང་རྒྱ་ནག བོད་བཅས་ཀྱི་བརྩིགས་བཟོའི་ཁྱད་ཆོས་ཕུན་སུམ་ཚོགས་ཤིང་། བོད་ན་སྔ་ན་མེད་པའི་ཐོག་སོ་གསུམ་ཅན་གྱི་འཛུགས་སྐྲུན་གྱི་ཐོག་མ་དང་། དུས་སྐབས་དེར་ཡ་གླིང་གི་ཡུལ་ཁམས་ཀུན་ཏུ་འགྲན་མི་བཟོད་པའི་འཛུགས་སྐྲུན་རླབས་ཆེན་ཞིག་ཡིན། བསམ་ཡས་གཙུག་ལག་ཁང་བཞེངས་གྲུབ་རྗེས་གཙུག་ལག་ཁང་དུ་གསུང་གི་རྟེན་མེད་པས་སློབ་དཔོན་པད་འབྱུང་གིས་རྒྱལ་པོར་བོད་དུ་སངས་རྒྱས་བསྟན་པ་འཛུགས་དགོས་ན་བོད་འབངས་ཡོངས་ལ་སྐུལ་སློང་བྱས་ནས་ལོ་ཙཱ་བསླབས་ཏེ་དམ་ཆོས་བསྒྱུར་དུ་འཇུག་དགོས་ཤིང་དེ་ལྟར་བྱས་ན་བོད་དུ་དམ་ཆོས་དར་ཞེས་གསུངས་པ་བཞིན། རྒྱལ་པོས་སློབ་དཔོན་གྱི་བཀའ་བཞིན་བོད་ཕྲུག་ཤེས་རབ་ལྡན་པ་སྟོང་ཙམ་སྐོང་བསྡུ་བྱས་ནས་བསམ་ཡས་གཙུག་ལག་ཁང་གི་སྒྲ་བསྒྱུར་གླིང་དུ་སྒྲ་བསྒྱུར་སློབ་ཏུ་བཅུགས་པས། སྐབས་དེ་ཤེད་དུ་བོད་ཀྱི་རིག་གནས་དར་སྤེལ་གཏོང་བའི་གཞི་ས་ལྟ་བུའི་བསླབ་གྲྭ་ཆེན་པོ་ཞིག་ཏུ་གྱུར། སད་མི་མི་བདུན་ཡང་བོད་ཕྲུག་ཆིག་སྟོང་ལྷག་འདུས་པའི་ཁྲོད་ཀྱི་ཡིན། 《དུང་དཀར་ཚིག་མཛོད》དུ། བཻ་རོ་ཙ་ནས་ཆོས་བསྒྱུར་བས་བོད་ཀྱི་ཉི་ཟླ་ལྟ་བུའི་ལོ་ཆེན་གཉིས་ཀྱི་གྲས་ཉི་མ་ལྟ་བུར་གྲགས་པ་དེ་བྱུང་སྟབས་བཙན་པོ་རབ་ཏུ་དགྱེས་ཚུལ་བཀོད་པ་ལྟར་ན། སད་མི་མི་བདུན་ནི་ཡོན་ཏན་དང་འདུལ་ཁྲིམས་སོགས་གང་ཐད་ནས་ཕུལ་དུ་བྱུང་བ་བདུན་ཡིན། དེ་ལྟར་སློབ་དཔོན་པད་འབྱུང་འདི་ཉིད་བོད་ལ་ཕེབས་པ་ནས་ཆོས་འཁོར་བསམ་ཡས་བཞེངས་ཤིང་། བོད་ལ་དམ་པའི་ཆོས་བསྒྱུར་ནས་མདོ་སྔགས་ཀྱི་བསྟན་པ་དངོས་གཞི་འཛུགས་པར་དགོངས་ཏེ། བོད་ཕྲུག་ཤེས་རབ་ཅན་རྣམས་ལ་ཀློག་བསླབ་པ་དང་། ལོ་ཙཱ་སློབ་པའི་སློབ་དཔོན་མཛད་པའི་མཚུངས་སུ། རྗེས་འབངས་སྐལ་བ་དང་ལྡན་པ་རྣམས་ལ་སྔགས་འོག་མ་དང་བླ་མེད་ཅི་རིགས་པའི་དབང་བསྐུར་བ་དང་། ཕུར་བ་འབུམ་སྡེ་དང་མན་ངག་ལྟ་ཕྲེང་སོགས་གསུངས[25]པ་ནས་སྔར་བོད་ལ་ཕེབས་དུས་སུ་འབོད་པའི་མཚན་དེ་བ་པུ་ཊ་སྟེ་རྒྱལ་སྲས་ཀྱི་སྐད་དོད་དང་བླ་མ་དང་མཁན་པོ། སློབ་

དཔོན་གྱི་སྐད་དོད་ཨ་ཙ་ར་སོགས་རིམ་གྱིས་བོད་རང་གིས་གོ་ཞིང་དོན་ཡང་མ་ནོར་བའི་རྒྱལ་སྲས་དང་། སློབ་དཔོན་སོགས་ད་ལྟ་ཚང་མར་ངེས་པའི་མཚན་འདི་བོད་གངས་ཅན་གྱི་ལྗོངས་སུ་དར།

ལྔ། སློབ་དཔོན་བསམ་ཡས་སུ་བཞུགས་དུས་བཀུར་བསྟི་རྒྱ་ཆེན་ཐོབ་པ།

《སྦ་བཞེད》དུ། དེ་ནས་ཡོས་ཀྱི་ལོའི་དཔྱིད་ཟླ་ར་བའི་ངོ་ལ། སློབ་དཔོན་གྱིས་ཐམས་ཅད་ཡོད་པར་སྨྲ་བའི་སྡེ། དབུས་པ་ཅྀ་ཐྲག་ཏུ་སྨྲ་བ་བྱ་བའི་དགེ་སློང་བཅུ་གཉིས་སྤྱན་དྲངས་ནས།[26] ཞེས་དང་། 《བདུད་འཇོམས་ཆོས་འབྱུང》དུ། ཐོག་མར་བོད་ཀྱི་མི་ལ་རབ་བྱུང་བཏུབ་བམ་ཉམས་སད་པའི་ཕྱིར། ཞང་བློན་དད་པ་ཅན་ཐ་ཁྲི་གཟིགས་རབ་ཏུ་བྱུང་བར་རྒྱལ་པོས་གསོལ་བས། བོ་ཏྟི་ས་ཏྭས་མཁན་པོ་དང་། ནྟ་ན་ཤྲཱི་ལ་དང་ཛཱ་ན་མི་ཏྲ་གཉིས་ཀྱིས་ལས་སློབ་དང་གསང་སྟོན། པཎྜིཏ་གཞན་བཅུ་པོས་ཁ་སྐོང་མཛད་ནས་རབ་ཏུ་བྱུང་ཞིང་བསྙེན་པར་རྫོགས། མཚན་དཔལ་དབྱངས། །བཙན་པོས་བརྟགས་པ་ཐ་རཏྣར་ཡང་གྲགས། དེ་ནས་རིམ་བཞིན་ཐ་གསལ་སྣང་དང་། པ་གོར་བཻ་རོ་ཙ་ན། ངམ་ལམ་རྒྱལ་བ་མཆོག་དབྱངས། ཟ་རིན་ཆེན་མཆོག འཁོན་ཀླུ་དབང་པོ་སྲུང་བ། ལ་གསུམ་རྒྱལ་བ་བྱང་ཆུབ་རྣམས་རབ་ཏུ་བྱུང་མིང་ཡེ་ཤེས་དབང་པོ་སོགས་སུ་སྩོལ་ཏེ་བསྙེན་པར་རྫོགས། དེ་བདུན་ལ་སད་མི་མི་བདུན་དུ་གྲགས་ཤིང་བོད་ཀྱི་རབ་བྱུང་རྣམས་ཀྱི་ཐོག་མ་ཡིན།[27] དེ་སྐོར《བཀའ་ཐང》སོགས་སུ་བཞེད་ཚུལ་མི་གཅིག་པ་ཡོད་ཚུལ《དུང་དཀར་ཚིག་མཛོད》དུ་གསལ་བས་དེར་གཟིགས་པར་ཞུ། ཡིག་རྙིང་འདིའི་ཡིག་ཕྲེང193-194མཚམས་སུ། བཅོམ་ལྡན་འདས་ཀྱི་རིང་ལུགས་དང་། །དབས་རྒྱལ་བ་ཡེ་ཤེས་དང་། མཁས་བཙུན་མང་པོ་གིས། །དགེ་འདུན་སྡེ་གཉིས་གིས། མཆོད་གནས་ཆེར་མཛད། ཅེས་སློབ་དཔོན་ཆོས་འཁོར་བསམ་ཡས་སུ་བཞུགས་དུས་ཀྱི་རྣམ་པ་རགས་རིམ་བཀོད་པ་ལས། བཅོམ་ལྡན་འདས་ཀྱི་རིང་ལུགས་ནི་སྐབས་དེར་ཆོས་བྱེད་ཀྱི་མཁན་པོ་སྟེ། མཁན་པོ་བོ་ཏྟི་ས་ཏྭ་སྐུ་གཤེགས་རྗེས་སུ། བཙན་པོས་ཡེ་ཤེས་དབང་པོ་རིང་ལུགས་སུ་བསྐོས། སངས་རྒྱས་ཀྱི་ཞལ་དང་འདྲ་བས་བཅོམ་ལྡན་འདས་ཀྱི་རིང་ལུགས་སུ་བསྐོས་ཏེ་བླ་མའི་གོང་དུ་བཏོན། ཆོས་ཀྱི་བཀའ་ལ་བཏགས།[28] ཞེས《སྦ་བཞེད》དུ་གསལ་བ་ལྟར། ཡིག་རྙིང་འདིར་དབས་རྒྱལ་བ་ཡེ་ཤེས། ཞེས་པའི་དབས་ནི་སྦ་ཡི་འབྲི་ཚུལ་ཏེ། འདིར་ཐ་འབྲི་བའང་ཡོད། ཡིག་རྙིང་འདིར། བཅོམ་ལྡན་འདས་ཀྱི་རིང་ལུགས་དང་། །དབས་རྒྱལ་བ་ཡེ་ཤེས་དང་། ཞེས་གཅོད་མཚམས་གསལ་བྱེད་ཀྱི་དང་སྒྲ་ཡོད་པར་དཔོགས་ན། བཅོམ་ལྡན་འདས་ཀྱི་རིང་ལུགས་དང་། ཞེས་པའི་རིང་ལུགས་པ་ནི་སྐབས་འདིར་མཁན་ཆེན་བོ་ཏྟི་ས་ཏྭར་ངོས་འཛིན་དགོས་པའི་ཉམས་ཐོན་འདུག འོན་ཀྱང་སྤྱིར་བཏང་ཡིག་རྙིང་ཁྲོད་དུ་དང་སྒྲ་དང་། ནི་སྒྲ་ཁྱད་མེད་དུ་འཇུག་ཚུལ་ཡང་རེ་འགར་མཐོང་བ་ལྟར་བྱས་ན། འདིར་དབས་རྒྱལ་བ་ཡེ་ཤེས། ཞེས་པའི་བྲིས་ཡོད་པ་འདི་ཉིད་རྗེས་སུ་སྦ་ཡེ་ཤེས་དབང་པོར་གྲགས་པ་ཡིན་ཞིང་། མཁན་ཆེན་གྱི་རྗེས་སུ་ཁོང་ཉིད་བཅོམ་

ལྡན་འདས་ཀྱི་རིང་ལུགས་པ་ཐོག་མ་ཡིན་པས། སྐབས་འདིར་བསྟན་ཡུལ་སྦ་ཡེ་ཤེས་དབང་པོ་ཡིན་དགོས། མཁན་བཙུན་མང་པོ་གིས། ཞེས་པ་སད་མི་མི་བདུན་དང་རྗེ་འབངས་ཉེར་ལྔ་སོགས་རབ་བྱུང་བ་དང་རབ་ཏུ་མ་བྱུང་བའི་མཁས་ཤིང་གྲུབ་པ་ཐོབ་པ་རྣམས་དང་། གིས། ནི་བྱེད་ཚིག་སྟོན་བྱེད་ཀྱི་སྒྲ་དངོས་ཏེ་དེ་དག་གི་མཆོད་གནས་སུ་བཀུར་བ་སྟོན། དགེ་འདུན་སྡེ་གཉིས་གིས། ཞེས་པའི་གིས་སྒྲ་ཡང་གོང་ལྟར་དེ། འདིར་རློས་ཚིག་སྤྱད་ཚུལ་གྱི་ཐོན་གྱི་བརྗ་སྤྲོད་ཀྱི་ཁྱད་ཆོས་སོ། །《བདུད་འཛོམས་ཆོས་འབྱུང》དུ། དབུ་ཚུམ་མདོ་དང་ལྕང་ལོ་ཐུགས་པ་སྟེ་དགེ་འདུན་སྡེ་གཉིས་སུ་བཀས་བཅད་ནས།[29] ཞེས་འབྱུང་ཡང་། ཏུན་ཧོང་གཏེར་ཡིག་ཏུ། དགེ་འདུན་སྡེ་གཉིས་ཀྱི་ལྟ་བ་ནི། དགེ་སློང་ཕོ་སློས་སྡེ་གཉིས་ལས།[30] ཞེས་འབྱུང་བས། བཙན་པོ་ཁྲི་སྲོང་ལྡེ་བཙན་གྱི་དུས་དེར་དགེ་འདུན་གྱི་སྡེ་གཉིས་ལ་དགེ་སློང་ཕོ་མོའི་ཁྱད་པར་གྱི་སྒོ་ནས་འཛོག་ཚུལ་ཡོད་པ་དེ་ལྟར་གསལ་ལོ། གཞན་ཡང་རབ་བྱུང་དུར་ཁྲིག་རིང་ལུགས་དང་གོས་དཀར་ལྕང་ལོའི་རིང་ལུགས།[31] ཞེས་པའི་སྡེ་དཀར་ཚུལ་ཡང་ཡོད་པས་འདིའི་དགེ་འདུན་སྡེ་གཉིས་གིས། ཞེས་པའི་སྡེ་གཉིས་ཇི་ལྟར་ངོས་འཛིན་དགོས་ཚུལ་ད་དུང་བརྟག་པར་བྱ་བའི་གཞི་ཡིན། བདག་གིས་སེམས་ན་དུས་དེར་ནང་པའི་ཆོས་ཐོག་མ་དར་དུས་ཡིན་པས། དེང་སང་ལྟར་མདོ་སྔགས་གཉིས་སུ་ཕྱེས་པའི་སྡེ་གཉིས་ཀྱི་དབྱེ་ཚུལ་ཡོད་དམ་སྙམ། དེ་ལྟར་གསར་དུ་བཙུགས་པའི་དགེ་འདུན་གྱི་སྡེ་གཉིས་ཀྱིས་སློབ་དཔོན་པད་འབྱུང་མཆོད་གནས་ཆེར་མཛད་པ་སྟེ་ལྷ་ལྕག་གིས་བཀུར་བར་བྱ་བའི་སློབ་དཔོན་ཆེན་པོར་གྱུར།

གཉིས་པ། སློབ་དཔོན་པད་འབྱུང་བོད་ནས་རྒྱ་ནག་རི་བོ་རྩེ་ལྔ་སོགས་སུ་གནས་མཇལ་དུ་ཕེབས་པ།

སློབ་དཔོན་གྱི་རྣམ་ཐར་དུ། བོད་ཡུལ་མཐའ་དབུས་ལུང་སྲུལ་འདོམ་གང་ཡང༔ཨོ་རྒྱན་ང་ཡིས་ཞབས་ཀྱིས་མ་བཅག་མེད༔[32]ཅེས་བཀོད་པ་བཞིན་བོད་ཡོངས་སུ་ཞབས་ཀྱིས་བཅགས་ཤིང་གནས་སྒོ་གྲངས་མེད་ཕྱེས་པས། དེང་སང་བོད་ཡོངས་སུ་གནས་ཆེན་མང་པོས་ཁེངས་པའི་ཞིང་ཁམས་སུ་གྱུར། དེ་ལྟའི་མཛད་པ་ཇོགས་ཏེ་དུས་ནམ་ཞིག་གི་ཚེ་སློབ་དཔོན་རྒྱ་ནག་རི་བོ་རྩེ་ལྔ་སོགས་སུ་ཕེབས་པའི་དགོངས་པ་འཁྲུངས། ཡིག་རྙིང་ཡིག་ཕྲེང194-196མཚམས་སུ། རྒྱ་ཡུལ་དུ་ཕེབས་པ་དང་རི་བོ་རྩེ་ལྔར་གནས་མཇལ་གནང་ཚུལ་བཀོད་པ་ནི། བང་ཆེན་དང་། རིམ་མགྲོན་བགྱིས་ནས། རྒྱ་ཡུལ་དུ་བསྐྱལ། །རྒྱ་རྗེ་དང་། རྒྱ་བློན་མང་པོས་མཆོད་གནས་ཆེར་བགྱིས། །རི་བོ་རྩེ་ལྔ་ལ། འཕགས་པ་འཇམ་དཔལ་གི་ཞལ་མཐོང་། །ཞེས་བཀོད་འདུག རྒྱ་ཡུལ་ནི་ཧན་ཨི་རྫིའི་དུས་ནས་ནང་པ་སངས་རྒྱས་ཀྱི་ཆོས་དར་བ་དང་། ནང་པའི་དགོན་སྡེ་དང་རྒྱའི་བཙུན་པ་མང་དུ་འཕེལ་བའི་ཡུལ་ཁམས་ཞིག་ཡིན་ལ།

འཕགས་པ་འཇམ་པའི་དབྱངས་ཀྱི་གནས་རྒྱ་ནག་རི་བོ་རྩེ་ལྔ་ཡང་ད་ལྟའི་ཧྲན་ཞི་ཞིང་ཆེན་དུ་ཡོད། སློབ་དཔོན་རྒྱ་ཡུལ་དུ་ཕེབས་དུས་སུ་བང་ཆེན་ཏེ《བོད་རྒྱ་ཚིག་མཛོད》དུ། ཕོ་ཉའམ་གཏམ་སྐྱེལ་མཁན་དུ་འགྲེལ་ཡོད་ཀྱང་། སློབ་དཔོན་འདིར་བསྙེན་བཀུར་ཆེན་པོ་གནང་བ་མཚོན་པའི་བརྡ་ཡིན་པས་བཞོན་པའི་རྟ་དང་ཤིང་རྟ་ལ་སོགས་པ་ཡུལ་ཕྱོགས་ཀུན་ཏུ་བདེ་ལེགས་ཏུ་ཕེབས་པའི་ཆ་རྐྱེན་གང་ལེགས་བསྐྲུན་པ་བསྟན། རིམ་མགྲོན་ནི་རིམ་གྲོ་སྟེ། ཞབས་ཞུ་བཀུར་བརྗི་གནང་བའི་དོན། བགྲིས་ནས་ནི་སློབ་དཔོན་གྱིས་འདོད་པ་བཞིན་ཞབས་ཞུ་དང་བཀུར་བསྟི་གང་ལེགས་གནང་བ་སྟེ། མཇུག་གི་ནས་སྒྲ་ནི་ལྷག་བཅས་འདྲེན་པའི་སྒྲ། སློབ་དཔོན་རྒྱ་ཡུལ་དུ་ཕེབས་པར་བསུ་བ་རྒྱ་ཆེན་ཐོབ་ཚུལ་ནི། སློབ་དཔོན་རྒྱ་ནག་ཡུལ་དུ་བྱོན༔ཧྭ་ཤང་ཁྲབ་འཇུག་མ་ཧཱ་ཏུ་སྤྲུལ་ནས༔རྒྱལ་པོ་བི་ཏ་གོ་མའི་མཆོད་གནས་མཛད༔འཇམ་དཔལ་ཞི་ཁྲོ་མཆོག་གི་ཆོས་འཁོར་བསྐོར༔དེ་ནས་ཀ་མ་ཏུ་ཡི་གཙུག་ལག་ཁང༔ལོ་ནི་ལྔ་བར་ཆོས་ཀྱི་འཁོར་ལོ་བསྐོར༔འདུས་པ་མདོ་ཡི་དཀྱིལ་འཁོར་ཞལ་ཕྱེས་ནས༔སེམས་ཅན་མ་ལུས་སྨིན་གྲོལ་བདེ་ལ་བཀོད༔[33]ཅེས་ཁོང་གི་རྣམ་ཐར་དུ་གསལ་བ་ལྟར་དང་། ཡིག་རྙིང་དུའང་། རྒྱ་རྗེ་དང་། རྒྱ་བློན་མང་པོས་མཆོད་གནས་ཆེར་བགྲིས། ཞེས་བཀོད་པ་རྣམས་མ་བསྒྲིགས་རང་འགྲིག་ཏུ་སོང་། དེང་སང་སློབ་དཔོན་བསུ་མཁན་གྱི་རྒྱ་རྗེའམ་རྒྱལ་པོ་བི་ཏ་གོ་མ་ཟེར་བ་དང་བློན་པོ་རྣམས་རྒྱའི་ཡི་གེར་བཀོད་པ་མ་མཐོང་བས་ཤེས་ཐབས་བྲལ་བ་དང་། ཀ་མ་ཏུ་ཡི་གཙུག་ལག་ཁང་དེ་ཡང་གནས་གང་དུ་ཡོད་པ་ཤེས་ཐབས་བྲལ་ཡང་། རྒྱའི་རྒྱལ་བློན་རྣམས་ཀྱིས་བསུ་བ་གནང་ཚུལ་ལས་སློབ་དཔོན་འདིའི་མཚན་སྙན་བོད་ཙམ་དུ་མ་ཟད་རྒྱའི་ཡུལ་དུའང་གྲགས་པའི་སྙན་པ་འབྲུག་ལྟར་ལྡིར་བཞིན་པ་ཞིག་ཡིན་པ་རྟོགས་པར་འགྱུར། རྒྱ་ཡུལ་དུ་བསྐྱལ། ཅེས་པའི་ཚིག་ལས་སློབ་དཔོན་རྒྱ་ཡུལ་དུ་ཕེབས་དུས་སུ་བོད་ཀྱི་རྒྱལ་བློན་རྣམས་ཡུལ་གཞན་དུ་སྐྱོད་པའི་རྣམ་པ་ལྟར་བསུ་སྐྱེལ་གྱི་རྣམ་པ་རྒྱ་ཆེ་ལ། ལྷག་པར་དུ་རྒྱ་ཡུལ་ནས་ཇི་ལྟར་བསུ་བའི་བཀོད་སྒྲིག་གང་ལེགས་ཤིག་ཡོད་པར་ངེས། སློབ་དཔོན་རྒྱ་ཡུལ་དུ་ཕེབས་པར་རྒྱ་རྗེ་དང་བློན་འབངས་རྣམས་ཀྱིས་དབུའི་མཆོད་གནས་ཏེ་བླ་མར་བཀུར་བ་ནས་ཞི་ཁྲོ་དང་འདུས་པ་མདོ་སོགས་ཀྱི་ཆོས་སྨིན་སྒྲོལ་ཏེ་ལོ་ལྔའི་རིང་ལ་གདུལ་བྱ་གྲངས་མེད་འཚང་རྒྱ་བའི་ལམ་དུ་བཀོད། རི་བོ་རྩེ་ལྔར་མཇལ་དུས་སུ། ཐུན་མོང་བའི་སྣང་ངོར་འཕགས་པ་འཇམ་པའི་དབྱངས་ཀྱི་ཞལ་དངོས་སུ་མཐོང་བའི་ཚུལ་མཛད།

གསུམ་པ། སློབ་དཔོན་སུག་ཙུར་ཕེབས་ཏེ་ཐེག་པ་ཆེན་པོའི་ཆོས་བཀའ་བསྩལ་བ།

སུག་ཙུ(肃州)ནི་དེང་སང་ཀན་སུའུ་ཞིང་ཆེན་གྱི་ཁོངས་ཅིག་ཆོན་དུ་འབོད་པའི་ཡུལ་དེ་ཡིན། ཐང་རྒྱལ་རབས་ཀྱི་དུས་སུ་ཙུན་གྱི་ལམ་ལུགས་དེ་ཀྲིག་ཏུ་བསྒྱུར་བ་ནས་བོད་ཀྱི་ཡི་གེར་ཀྲིག་གི་སྒྲ་ཙུ་ཏུ་འབྲི་

བས་རྒྱ་ཤ་ཙུ་པའི་བུ་མོ་འཕྲོག་མི་ཆོག་པའི་བཀའ་ཡིག་སོགས་སུ་དེ་ལྟར་འབྲི། ཐང་རྒྱལ་རབས་ཀྱི་དུས་སུ་ཡུལ་དེར་ནང་ཆོས་ཤིན་ཏུ་དར། དེང་སང་ཅིག་ཆོན་ནས་ནུབ་བྱང་ཕྱོགས་ཀྱི་སྤྱི་ལོ50-60མཚམས་སུ་འཛམ་དབྱངས་དགོན་ཡོད་པ་དེ་དེང་སང་ས་ཁུལ་བགོ་སྐྱངས་ཀྱིས་ཡུས་ཀུའུ་རིགས(裕固族)ཀྱི་ཇོང་ཁོངས་སུ་གཏོགས། བོད་བཙན་པོའི་དུས་སུ་གནས་དེར་དགོན་སྡེ་དང་ལྷ་ཁང་མང་པོ་ཡོད་པ་ལས་འཛམ་དབྱངས་ལྷ་ཁང་དུ་གྲགས་པའི་བྲག་ཕུག་ད་དུང་ལྷག་མར་ལུས་འདུག 2008ལོའི་ཟླ8པར་ཁོ་བོས་ལྷ་ཁང་དེར་མཇལ་བའི་དུས་སུ། ཕུག་པའི་ཀླད་ངོས་ཀྱི་ཆོན་རིས་དབུས་སུ་འཛམ་པའི་དབྱངས་ཀྱི་གཟུངས་སྔགས་ཧྲཱིཿཡིག་དེ་ད་དུང་གསལ་བར་བཞུགས། གནས་རིའི་ངོས་སུ་གནའ་དུས་ཀྱི་ཕུག་པ་མང་པོ་འཛིག་ཤུལ་གྱིས་གང་ཡོད་པ་དང་། ལོ་རྒྱུས་པ་རྣམས་ཀྱིས་ཅིག་ཆོན་གྱི་ཡུལ་དེར་སྔོན་དུས་རབས8-9ནང་སྤྱི་ལོ60ཙམ་གྱིས་ཆོད་པའི་ལམ་དུ་དགོན་སྡེ་དང་ལྷ་ཁང་གིས་སྟེ་ནས་སྟེར་འབྲེལ་བར་བཤད་པ་ལས། དེང་སང་གི་ཏུན་ཧོང་ཕུག་པ་ལས་ཀྱང་རྒྱ་ཆེ་བའི་དགོན་སྡེ་དང་བྲག་ཕུག་མང་པོ་ཡོད་པའི་ཡུལ་ཞིག་ཡིན་པའི་སྣང་བ་སྐྱེས། སློབ་དཔོན་པད་འབྱུང་རྒྱ་ཡུལ་དང་རྒྱ་ནག་རི་བོ་རྩེ་ལྔ་རྣམས་སུ་ཕེབས་པའི་རྗེས་སུ་ཕྱིར་རྒྱ་གར་ཡུལ་དུ་བཞུད་པའི་ལམ་དུ་ཆས། སུག་ཙུ་ནི་སྐབས་དེར་རྒྱ་ཡུལ་ནས་ནུབ་ལྷོངས་དང་རྒྱ་གར་ཡུལ་དུ་ཕེབས་པར་ངེས་པར་རྒྱུ་སའི་ལམ་ཁ་ཡིན། ཡིག་རྙིང་ཤོག་དྲིལ་ཡིག་ཆེད196-197མཚམས་སུ།(སློབ་དཔོན་པད་འབྱུང) སྣར་རྒྱ་གར་ཡུལ་དུ་གཤེགས་པའི་ཤུལ་ཀར། སུག་ཙུར་གདན་གཤགས། །ཞེས་སློབ་དཔོན་པད་འབྱུང་སྣར་རྒྱ་གར་གྱི་ཡུལ་དུ་ཕེབས་ལམ་ནས་སུག་ཙུར་ཕེབས་ཚུལ་བརྗོད་འདུག འདིའི་གཤགས་ནི་ཕེབས་དང་གཤེགས་ཀྱི་འབྲི་སྟོལ། ཤུལ་ཀ་ནི་ཤུལ་ལམ་དང་ལམ་ཁར་ཞེས་པའི་བརྡ་རྙིང་། སུག་ཙུ་ཡུལ་མིང་། གདན་གཤགས་ནི་གོང་དུ་འགྲེལ་ཟིན་པ་གདན་འདྲེན་ཞུས་པའི་དོན།

སློབ་དཔོན་ཡུལ་དེར་ཕེབས་དུས་སུ་བོད་དང་རྒྱ་ཡུལ་དུ་ཕེབས་བསུ་གནང་བ་ལྟར་རིགས་ཀྱི་མཐོ་བ་རྒྱལ་བློན་སོགས་བསུ་མིའི་གྲས་སུ་མི་བཞུགས་ཀྱང་། ཧ་ལམ་ཡུལ་དེ་དག་གི་སྐྱེ་ཕོ་མོ་རྣམས་གཅིག་ཀྱང་མ་ལུས་པར་བསུ་བར་ཕེབས་པའི་རྣམ་པ་རྒྱ་ཆེ་ཚུལ་ནི་ཤོག་དྲིལ་ཡིག་ཆེད197-199བར། ཡུལ་དཔོན་དང་། དགེ་འདུན་སྡེ་གཉིས་དང་། །རྣལ་འབྱོར་འཕྲེང་ཐོགས་གི་སྡེ་དང་། །སུག་ཙུ་ཡོན་བདག་ཐམས་ཅད་ཀྱིས། མཆོད་གནས་ཆེར་བཀྱིས། །སློབས་དཔོན་ཐུགས་དགེས་ནས། །[34]ཐེག་པ་ཆེན་པོ་འི་ཆོན་བཀ་རྩལ། །ཞེས་འབྱུང་བ་ལས་རྟོགས་ཐུབ་སྟེ། ཡུལ་དཔོན་ནི་ཡུལ་ཁམས་ཀྱི་དཔོན་རིགས་རྣམས་དང་། དགེ་འདུན་གྱི་སྡེ་གཉིས་ནི་དགེ་སློང་དང་དགེ་སློང་མའི་སྡེ། རྣལ་འབྱོར་ནི་གསང་སྔགས་ཀྱི་ཆོས་ཉམས་སུ་ལེན་ཞིང་ཞི་གནས་དང་ལྷག་མཐོང་གི་ཏིང་འཛིན་ལ་རྩེ་གཅིག་ཏུ་རོལ་བའི་བསམ་གཏན་པ་རྣམས་ཡིན། །དེའི་ཡོན་ཏན་ནི། བསམ་གཏན་སེམས་ལ་དབང་སྒྱུར་རྒྱལ་པོ་སྟེ། །བཞག་ན་གཡོ་མེད་རི་ཡི་དབང་པོ་བཞིན། །བཏང་ན་དགེ་བའི་དམིགས་པ་ཀུན་ལ་འཇུག །ལུས་སེམས་ལས་སུ་རུང་བའི་བདེ་

ཆེན་འདྲེན། །དེ་ལྟར་ཤེས་ནས་རྣལ་འབྱོར་དབང་པོ་རྣམས། །རྣམ་གཡེང་དགྲ་འཇོམས་ཏིང་འཛིན་རྒྱུན་ཏུ་བསྟེན། །ཅེས་རྗེ་རིན་པོ་ཆེས་གསུངས་པ་བཞིན་ནོ། །མདོ་སྔགས་གཉིས་ལས་གསང་སྔགས་ཉམས་ལེན་པ་རྣམས་སྟོན་པས། 《པདྨ་བཀའ་ཐང》དུ། མདོ་ཆོས་ཡིན་ན་དགེ་འདུན་གྲལ་ལ་འགྲིམ༔། སྔགས་ཆོས་ཡིན་ན་རྣལ་འབྱོར་གྲལ་ལ་འགྲིམ༔[35]ཞེས་བཀོད་འདུག འཕྲེང་ཐོགས་ནི་ཕྲེང་བ་ལག་ཏུ་འཛིན་པ་སྟེ་སྔགས་བགྲང་བའི་ལས་བྱེད་པའི་ཁྱད་ཆོས་ལས་ཐོགས། དེང་སང་སྒོམ་ཆེན་དུའང་གྲགས། སུག་ཙུ་ཡོན་བདག་ཐམས་ཅད་ནི་སུག་ཙུ་ཡུལ་གྱི་ཡོན་བདག་ཁྱིམ་པ་ཐམས་ཅད། མཆོད་གནས་ཆེར་བགྱིས་པ་གོང་དུ་འགྲེལ་ཟིན། སློབས་དཔོན་ནི་སློབ་དཔོན་གྱི་འབྲི་ཚུལ་ཏེ། སློབ་དཔོན་བོད་དུ་ཕེབས་ཏེ་སད་མི་མི་བདུན་སོགས་ཀྱི་སློབ་དཔོན་མཛད་པ་ནས་ཐོགས་པའི་མཚན། ཡུལ་དེའི་མཆོད་གནས་སུ་བཀུར་བ་ནི་ཡུལ་དེའི་བླ་མར་བསྟེན་པའི་དོན། དེ་ལྟར་བྱུང་བས་སློབ་དཔོན་ཐུགས་དགེས་པ་སྟེ། ཐུགས་ཤིན་ཏུ་དགྱེས་པར་གྱུར། འདིའི་དགེས་ནི་དགྱེས་ཀྱི་འབྲི་སྲོལ། ནས་ནི་ལྷག་མ་འདྲེན་པའི་སྒྲ་སྟེ། སློབ་དཔོན་དེ་ལྟར་ཐུགས་དགྱེས་པ་ཆེན་པོ་བྱུང་བས། དེར་འདུས་ཀྱི་སྐྱེ་བོ་རྣམས་ལ་ཐེག་པ་ཆེན་པོའི་ལམ་གྱི་རྩ་བ་སྙིང་རྗེ་ཆེན་པོ་དང་། བྱང་ཆུབ་ཀྱི་སེམས། བྱང་ཆུབ་སེམས་དཔའི་སྤྱོད་པ་ཕ་རོལ་ཏུ་ཕྱིན་པ་དྲུག་སོགས་ཀྱི་ཆོས་སྦྱིན་རྒྱ་ཆེན་པོ་སྩོལ། བག་རྩལ་ནི་བཀའ་སྩལ་བ་སྟེ། ཆོས་ཀྱི་བཀའ་གསུང་གནང་བའི་དོན། དེ་ལྟར་ཡུལ་དེའི་སྐྱེ་བོ་རྣམས་ལ་ཆོས་ཀྱི་ཆར་སྦྱིན་ཆེན་པོ་ཕབ་ཏེ་ཐམས་ཅད་ཐར་པ་ཆེན་པོའི་ལམ་དུ་བཀོད།

ཤོག་དྲིལ་དེའི་ཡིག་ཕྲེང200-202བར། །སྣང་གི་ལོ་དཔྱིད་སྣ་ར་བའི་ཚེས་ཉི་ཤུ་གསུམ་གི་གདུགས་ལ། །འབོག་རྡོ་རྗེ་རྒྱལ་པོ་དང་། །སྐྱ་ཕུད་ཡང་ཨ་དགེ་དང་། །རྣལ་སྦྱོར་སློབས་དཔོན་སེ་ལ། །རྡོ་རྗེ་རྒྱལ་པོའི་དབང[36]ལུང་རྫོགས་པར་སྩལ། །སྔགས་དང་ཕྱག་རྒྱ་མན་ངག་གཏན་ལ་ཕབ་པ། །རྫོགས་སོ། །ཞེས་པ་ལས། སློབ་དཔོན་གྱིས་ཐེག་པ་ཆེན་པོའི་ཆོས་བཀའ་སྩལ་པའི་རྗེས་སུ། སྣང་གི་ལོ་ཞེས་ཤིན་ཏུ་གལ་ཆེ་བའི་ལོ་ཚིགས་གསལ་པོར་བཀོད་འདུག གལ་ཏེ་སྣང་ལོ་དེ་ཤེས་ན་སློབ་དཔོན་བོད་དུ་ཕེབས་ལོར་མི་མཐུན་པའི་རྩོད་རྙོག་མང་པོ་རང་ཤུགས་སུ་ཞི་བར་འགྱུར་བའི་ནུས་པ་གལ་ཆེན་འཐོན་ཐུབ་མོད། མིག་སྔར་སློབ་དཔོན་བོད་ལ་ཕེབས་ལོ་གསལ་པོ་ཐག་གཅོད་མི་ཐུབ་ལ། རྒྱལ་དབང་ལྔ་པའི་བཞེད་པ་ལྟར་སྤྱི་ལོ762དང་། 《བདུད་འཇོམས་ཆོས་འབྱུང》[37]ལྟར་ན། སྤྱི་ལོ763ལ་སློབ་དཔོན་བོད་ལ་ཕེབས་པར་ངོས་འཛིན་པ་དང་། དེ་ནས་བསམ་ཡས་རྨང་བཏིང་ནས་ལོ་བཞི་ལ་གྲུབ་པར་དུང་དཀར་གྱིས་བཞེད་པ་ལྟར། སྤྱི་ལོ766ལོར་བསམ་ཡས་བཞེངས་གྲུབ་ཀྱི་དགའ་སྟོན་མཛད་པའི་དབང་དུ་བྱས་ན་ཡང་སློབ་དཔོན་བོད་དུ་བཞུགས་ལོར་བཞེད་པ་མི་མཐུན་པ་དུ་མ[38]ཡོད་པས་འདིར་གསལ་གྱི་སྣང་ལོ་དེ་ཐག་ཆོད་ཐབས་བྲལ་བས་འདིར་བཏང་སྙོམས་སུ་མི་འཇོག་ཐུ་མེད་དུ་གྱུར། སྣང་ལོ་དེའི་དཔྱིད་སྣ་ར་བ་ནི་དཔྱིད་ཟླ་གསུམ་གྱི་ཟླ་དང་པོར་འཁེལ་ཞིང་ཟླ་དེའི་ཚེས་ཉི་ཤུ་གསུམ་གྱི་གདུགས་ཏེ་ཉིན་མོར་ཅེས་

པའི་དོན། སློབ་དཔོན་གྱིས་ཉིན་དེར་སླར་ཡང་རང་གི་སློབ་མ་འབོག་རྡོ་རྗེ་རྒྱལ་པོ་དང་སྐྱ་ཕུད་ཡང་ཨ་དགེ། རྣལ་སྦྱོར་སློབས་དཔོན་སྟེ་སྟེ། གསང་སྔགས་ཉམས་སུ་ལེན་པའི་རྣལ་འབྱོར་པ་དང་སློབ་དཔོན་གྱི་སྟེར་གཏོགས་པ་རྣམས་ལ་རྡོ་རྗེ་སློབ་དཔོན་གྱི་ལས་སུ་རུང་བའི་དབང་སྦྱིན་པ་དང་། ལུང་སྟེ་དེའི་ཚིག་དག་གི་ལུང་འདོགས་པའི་ཚ་ག་སྤེལ། དབང་ལུང་དེ་དག་ཉམས་སུ་ལེན་པའི་གཟུངས་སྔགས་དང་། རྣལ་འབྱོར་རྒྱུད་ལས་བྱུང་བའི་གསང་སྔགས་ཀྱི་ལས་རྒྱ་དང་། དམ་རྒྱ། ཆོས་རྒྱ། ཕྱག་ཆེན་ཏེ་ཕྱག་རྒྱ་བཞི་དང་། མན་ གང་ནི་མན་ངག་དང་ཡང་ན་མན་ངག་གང་དང་གང་ཡོད་པར་འགྲེལ་ཚོག་སྟེ། ཇི་སྐད་དུ། བློ་ལ་གང་ཕན་བཤད་པ་ལ། གདམས་ངག་མིང་དུ་བཏགས་པ་ཡིན། ཟེར་བ་ལྟར་གཞུང་དོན་ལག་ལེན་དུ་བསྟར་སྐབས་ཀྱི་གལ་ཆེའི་ཉམས་མྱོང་རྣམས་གཏན་ལ་ཕབ་ཅེས་པའོ། །དེ་ལྟར་སློབ་དཔོན་འདི་ཉིད་ཀྱི་མཛད་པ་འཕྲིན་ལས་སུ་གྱུར་པ་རྣམས་ལས་ཁག་ཅིག་རྫོགས་པར་བྱས་པས་ན་རྫོགས་སོ། །ཞེས་མཇུག་བསྡུས་མཛད། ད་ལྟ་ཏུན་ཧོང་བྲག་ཕུག་གི་བྱང་ཁུལ་དུ་གྲེས་རྟེར་ཐོད་པ་ཅན་གྱི་སྒྲུབ་ཕུག་ཡོད་པ་དེའི་ལྡེབས་རིས་བོད་མི་ཉག་གི་དུས་དང་མདུན་སྔོའི་ནང་ངོས་ཀྱི་ལྡེབས་རིས་ནི་ཡོན་རྒྱལ་རབས་དུས་ཀྱི་ཡིན་པའི་ཉམས་ལྡན་པས་བྲག་ཕུག་བཞེངས་གྲུབ་ཀྱི་དུས་གསལ་པོ་མི་ཤེས་ཀྱང་། སྒྲུབ་ཕུག་དེས་ཡུལ་འདིར་གསང་སྔགས་ཀྱི་བསྟན་པ་དར་བ་མཚོན་ལ། དེ་ཡང་སློབ་དཔོན་པད་འབྱུང་སྐུ་དངོས་སུ་ཡུལ་ཁམས་འདིར་ཕེབས་ཏེ་རྡོ་རྗེ་རྒྱལ་པོའི་དབང་བསྐུར་བ་སོགས་དེའི་དུས་ནས་གསང་སྔགས་ཀྱི་བསྟན་པ་སྤེལ་བ་ལ་འབྲེལ་བ་དམ་པོ་ཡོད་དོ་སྙམ།

ཡིག་རྙིང་ཡིག་ཕྲེང203ལ་གསལ་བའི་ཡི་གེ་འདི་འབྲི་པ་པོ་འབྲོ་དཀོན་མཆོག་དཔལ་ནི་རུས་འབྲོ་ལས་བྱུང་བ་ཞིག་ཡིན། ཁོང་ནི་ཤོག་དྲིལ་འདི་འབྲི་བཤུས་བྱེད་པོ་ཡིན་པར་ཆ་འཛོག་བྱས་ན་དུས་རབས་བཅུ་གཅིག་པའི་དུས་ཀྱི་མི་ཞིག་ཡིན་ལ། སློབ་དཔོན་གྱི་མཛད་རྣམ་འདི་ཐོག་མར་འབྲི་པ་པོ་ཡིན་པར་ངོས་འཛིན་བྱས་ན་དུས་རབས་བརྒྱད་པའི་ནང་གི་མི་ཞིག་ཡིན་དགོས། ཤོག་དྲིལ་འདིའི་ནང་སཾ་བོད་ཤན་སྦྱར་གྱི་བརྡ་དང་། བསྟན་པ་སྔ་དར་དང་ཕྱི་དར་དུས་སུ་ཐེག་ཆེན་གྱི་ཆོས་ལ་སྤྱོད་པ་དང་དབང་ཐོབ་པའི་བོད་རྒྱལ་ཁག་ཅིག་གི་མཚན་གསལ་བ་རྣམས་ལ་དཔོག་ན། འབྲོ་དཀོན་མཆོག་དཔལ་ནི་སློབ་དཔོན་གྱི་རྣམ་ཐར་འདི་སྔར་གྱི་ཡིག་རྙིང་དུ་ཡོད་པ་འདིར་སྦྱོར་བཤུས་བྱེད་མཁན་ཡིན་པར་བདག་གིས་འདོད།

ཡིག་རྙིང་འདི་རྒྱལ་ཁབ་ཕྱི་ནང་ཀུན་ཏུ་ཁྱབ་པ་ནས1924ལོར་ཧ་ཅིན(哈金)ལགས་ཀྱིས་ཐོའ་མ་སིས་དག་སྒྲིག་གནང་བ་གཞིར་བཟུང་ནས་དཔྱད་རྩོམ་སྤེལ་བར། རྒྱ་གར་ཆོས་ཀྱི་རྒྱལ་པོའི་སྲས། དེ་བ་པུ་ཏྲ། ཞེས་པ་འགྲེལ་དུས་སུ་ཚིག་དོན་གསལ་པོ་མ་རྟོགས་པར། རྒྱ་ནག་རི་བོ་རྩེ་ལྔར་གནས་མཇལ་དུ་ཕེབས་པའི་རྒྱ་གར་གྱི་བཙུན་པ་དེ་བ་པུ་ཏྲ(Devaputra)ཞེས་པ་ཞིག་སྤྱི་ལོ་དུས་རབས10པའི་དུས་སྨད་ལ་སུག་ཙུར་ཕེབས་པར་བཤད་པ་ལྟར། འཇར་པན་གྱི་མཁས་པ་ཀའོ་ཐེན་ཧྲི་ཞུན(高田时雄)ལགས་ཀྱིས་

འཆད་ཚུལ་དེར་དཔྱད་ཞིབ་མེད་པར་ཁོང་གིས་མཛད་པའི་དེབ[39]ཏུ་དྲངས་པ་དེ་དེང་སང་འཛམ་གླིང་ཡུལ་གྲུ་ཀུན་ཏུ་ཁྱབ་པའི་རྗོམ་དུ་གྱུར་ཀྱང་། སྔ་མས་མུན་ནག་མདའ་འཕེན་གྱིས་ཚུལ་དུ་སྨྲས་ལ། རྗེས་མས་ཨ་ཕའི་ཁ་ཕོར་གཙང་ཞེན་དུ་བཟུང་བ་ཙམ་ལས་རྒྱུ་མཚན་གཞན་མེད་པ་ཤེས་པར་བྱའོ། །དེང་སང་སློབ་དཔོན་པད་མ་འབྱུང་གནས་འཇིག་རྟེན་དུ་བྱོན་ཡོད་མེད་ལ་ཐེ་ཚོམ་ཟ་བའི་ཕྱི་རབས་ཞིབ་འཇུག་པ་རྣམས་ཀྱིས་ཡིག་རྙིང་དུ་འཁོད་པའི་རྣམ་ཐར་འདི་འདྲའི་དོན་ལ་དཔྱོད་པའི་གོ་སྐབས་བྱུང་ན་དོགས་པ་ཐམས་ཅད་རང་གིས་ཞི་བར་འགྱུར།

དུས་གསུམ་སངས་རྒྱས་གུ་རུ་རིན་པོ་ཆེ། །གངས་ཅན་བོད་ལ་གྲགས་པའི་སྐྱེས་ཆེན་གང་། །སུག་ཙུ་ཞེས་གྲགས་མངོན་དགའི་ཞིང་ཁམས་དེར། །ཞབས་ཟུང་པད་མོ་དངོས་སུ་བཀོད་དོ་ཞེས། །ཁུངས་བདེན་ཡིག་རྙིང་སྟོན་མེད་འདི་ན་གསལ། །དེང་འདིར་ཕྱི་ནང་ཞིབ་འཇུག་མཁན་ཁྲིད་ནས། །སློབ་དཔོན་ཞེས་པ་ཡོད་མེད་ཐེ་ཚོམ་གྱི། །ཀློ་ཡི་མུན་པར་འཁྱམས་པ་དེ་དག་ཀུན། །དེང་ནས་ངལ་གསོའི་སྟེགས་བུར་བསྟེན་ཤིག་ཀྱེ། །ཞེས་བརྗོད་པར་བྱའོ། །

གཞན་ཡང《བཀའ་ཐང》སོགས་སློབ་དཔོན་གྱི་རྣམ་ཐར་རྣམས་སུ་འཁྲུངས་ཡུལ་གྱི་མིང་ཨུ་རྒྱན་གཉིས་གང་བདེར་འབྲི་བ་དང་། ཨ་ཙ་ར། མཁན་པོ། སློབ་དཔོན་དོན་གཅིག་མིང་གི་རྣམ་གྲངས་དུ་མ་ཅན་མང་ལ། ཏུན་ཧོང་ཡིག་རྙིངP. T. 44ནང་། པད་མ་སམ་བ་བ(པདྨ་སཾ་བྷ་ཝ)དང་། བོད་སྐད་དུ་པདྨ་འབྱུང་གནས་སུ་གྲགས་པ་རྣམས་ལས་པདྨ་འབྱུང་གནས་ཞེས་པའི་མཚན་འདི་ཇི་ལྟར་ཐོགས་པར་རྒྱུ་མཚན་ངེས་ཅན་དྲངས་ནས་དཔྱད་རྒྱུ་ཡོད་ཀྱང་འདིར་ཡིག་རྙིང་གི་ཚད་ལ་གཞིགས་ནས་འགྲེལ་བ་གཙོར་བཟུང་བས་དཔྱད་བྱ་དེ་དག་རྗེས་ཀྱི་ལས་སུ་བཀོད་དོ། །

ཡུན་རིང་བྱེ་མར་གཟིམས་པའི་གཏེར་ཡིག་འདི། །ས་སྟེང་མི་ཡུལ་འགྲིམས་ནས་ལོ་བརྒྱ་འགོར། །མཁས་པ་བརྒྱ་ཡིས་ཡང་ཡང་དཔྱད་ཀྱང་ནི། །ཚིག་གི་མདུད་པ་མ་འཁྲོལ་ལུས་པ་དེ། །ཨུ་རྒྱན་པད་མའི་ལུང་གིས་མ་ཟིན་ཅིང་། །གཏེར་སྟོན་བྱ་བའི་མིང་ཡང་མ་ཐོབ་པ། །ཁ་བའི་ལྗོངས་ནས་སྐྱེས་པའི་ཁ་སྐད་པས། །སུ་དང་གང་གི་བསྐུལ་ལ་མ་བལྟོས་པར། །སྐྲུན་བྱེད་ཁུངས་ལྡན་ཡིག་རྙིང་རྟན་པོ་དང་། །དཔྱད་གཟོད་མཁས་པའི་གསུང་ལ་གཞི་བཅོལ་ཏེ། །པད་འབྱུང་རྣམ་ཐར་གབ་པ་འདི་འོ་ཞེས། །ཐོག་མའི་དཔྱད་པ་ཀུན་གྱི་གཟིགས་མོར་བཀྲམས། །དེ་བ་ཤུ་ཏྲ་ལེགས་སྦྱར་ལྷ་ཡི་སྐད། །བོད་དུ་རྒྱ་གར་ཆོས་ཀྱི་རྒྱལ་པོ་སོགས། །སྔ་རབས་མཁས་པའི་གསུང་དུ་གྲགས་པ་རྣམས། །མ་ནོར་འགྲེལ་བ་གངས་རི་མཛེས་པའི་རྒྱན། །རང་གིས་མ་རྟོགས་གཞན་ལ་མི་འདྲི་བར། །མུ་ཅོར་ཚིག་ཕྲེང་བསྟར་བའི་སྐྱི་བོ་འགགས། །བརྡ་དོན་ཇི་བཞིན་འགྲེལ་ལ་དོགས་སློང་ལྟར། །སྐྱོན་བརྗོད་བྱེད་མཁན་བྱུང་ཡང་འཛེམས་པ་མེད། །འོན་ཀྱང་དམ་པའི་ཆོས་ལ་བརྒྱ་ཚར་དང་། །རིན་ཆེན་གསེར་ལ་བསྲེགས་བཅད་བརྡར་བའི་དཔེ། །རྒྱལ་བའི་བཀའ

ལའང་ལེགས་པར་བརྟག་བྱ་བའི། །གངས་ཅན་བོད་པའི་རིགས་ལམ་སུ་ཡིས་འགོག །

མཆན།

[1]《ཨོ་རྒྱན་གུ་རུ་པད་མ་འབྱུང་གནས་ཀྱི་རྣམ་ཐར་རྣམ་གྲངས་བཅུ་གཉིས་ཀྱི་བདག་ཉིད་ཅན་དྲི་མ་མེད་པའི་རྒྱན》ཤོག་ངོས1-8བར་གསལ། བོད་ལྗོངས་མི་དམངས་དཔེ་སྐྲུན་ཁང་། 2006ལོ། འདི་མན་ནས《པད་འབྱུང་རྣམ་ཐར་དྲི་མེད་རྒྱན》དུ་བསྡུ་རྒྱུ།

[2]《བསྟན་འགྱུར》སྣ་ཚོགས་ཀྱི་སྐོར།(ཚོ)《འཕགས་པ་དགོངས་པ་ངེས་པར་འགྲེལ་བའི་མདོ།》ཤོག་ངོས115-1247བར་གསལ། ཀྲུང་གོའི་བོད་རིག་པ་དཔེ་སྐྲུན་ཁང་། 2004ལོ།

[3]《བུ་སྟོན་ཆོས་འབྱུང་།》ཤོག་ངོས183པར་གསལ། ཀྲུང་གོའི་བོད་རིག་པ་དཔེ་སྐྲུན་ཁང་། 1988ལོ།

[4]ཧྭ་ཤང་ཞེས་བྱ་བ་ནི་རྒྱའི་ཆོས་སྟོན་པའི་སློབ་དཔོན་ཡིན་ཞིང་།《དེབ་ཐེར་དཔྱིད་ཀྱི་རྒྱལ་མོའི་འགྲེལ་པ་ཡིད་ཀྱི་དགའ་སྟོན།》ནོར་བྲང་ཨོ་རྒྱན་གྱིས་མཛད། ཤོག་ངོས150པར་གསལ། མི་རིགས་དཔེ་སྐྲུན་ཁང་། 1993ལོ།

[5]《ཐང་བཞེད》ནི་སྤྱི་ལོ་དུས་རབས་བཅུ་གཅིག་པའི་དུས་དཀྱིལ་དུ་ཁུ་སྟོན་བརྩོན་འགྲུས་གཡུང་དྲུང་མཆོག་གིས་མཛད། 《ཀྲུང་གོའི་བོད་རིག་པ།》2005ལོའི་དེབ་བཞི་པའི་ཤོག་ངོས57པར་གསལ།

[6]བཙན་པོས་རྒྱའི་སྟོན་པའི་ཆོས་འདི་བག་ཙམ་མནམ་པ་མིན་ནམ་བྱས་པས་སྟོན་མིན་བྱ་བར་གྲགས། རྒྱལ་པོ་ན་རེ། ལུས་ལ་མེ་གཏོང་བའི་བརྩེ་བ་དེ་ཡང་ཆོས་མིན་ནམ་བྱས་པས་བརྩེ་མིན་པ་བྱ་བར་གྲགས། 《སྦྲ་བཞེད།》ཤོག་ངོས64པར་གསལ། མི་རིགས་དཔེ་སྐྲུན་ཁང་། 1980ལོ།

[7]ཏོན་མུན་དང་རྩེན་མུན་ནི་རྒྱའི་སྐད་དེ་ཅིག་ཅར་བ་དང་རིམ་གྱིས་པ་ཞེས་པའོ། །《བུ་སྟོན་ཆོས་འབྱུང་།》ཤོག་གྲངས190པར་གསལ། ཀྲུང་གོའི་བོད་ཀྱི་ཤེས་རིག་དཔེ་སྐྲུན་ཁང་། 1988ལོ། ཏོན་མུན་དང་རྩེན་མུན་ནི་རྒྱའི་སྐད་དེ་ཅིག་ཅར་བ་དང་རིམ་གྱིས་པ་ཞེས་པའོ། །ཞེས་མཁས་པའི་དབང་པོ་བུ་སྟོན་ཞབས་གསུང་བ་ལེགས་སོ། །《དེབ་ཐེར་དཔྱིད་ཀྱི་རྒྱལ་མོའི་འགྲེལ་པ་ཡིད་ཀྱི་དགའ་སྟོན།》ནོར་བྲང་ཨོ་རྒྱན་གྱིས་མཛད། ཤོག་ངོས196པར་གསལ། མི་རིགས་དཔེ་སྐྲུན་ཁང་། 1993ལོ།

[8]《རྒྱ་བོད་ཡིག་ཚང་ཆེན་མོ།》ཤོག་ངོས180པར་གསལ། དེ་ཕྱས་མང་པོ་རྗེ་དང་སེང་ཀྱོ་ལྷ་ལུང་གཉིས་ཀྱུ་རྒྱན་གྱི་སློབ་དཔོན་པད་མ་འབྱུང་གནས། བལ་པོ་ཡང་ལེ་ཤོད་ཀྱི་བྲག་ཕུག་ནས་གདན་འདྲེན་པ་ལ་བཏང་བས། ཞེས་གསལ། སི་ཁྲོན་མི་རིགས་དཔེ་སྐྲུན་ཁང་། 1985ལོ།

[9]ཕྱུ་ཧྲ་ནི་རྗེས་ཀྱི་ཡི་གེར་མང་པོ་མི་འབྱུང་ཡང《བཻ་རོའི་རྣམ་ཐར་འདྲ་འབག་ཆེན་མོ།》སི་ཁྲོན་མི་རིགས་དཔེ་སྐྲུན་ཁང་། 1995ལོར་བསྐྲུན་པའི་ཤོག་ངོས43པར་གསལ། ལྷོ་ནུབ་ངམ་ཤོད་སྙིང་གི་དུར་ཁྲོད་ནས་ཕྱུ་ཧྲ་རྣམ་པ་གསུམ་བཀུག་སྟེ་དབང་བསྐུར་དམ་ལ་བཏགས་ནས། ཞེས་འབྱུང་བས་ཡི་གེ་དེ་ཡང་སྐབས་དེ་དག་ཏུ་བོད་ནས་སྤྱོད་པའི་ལེགས་

སྒྱུར་གྱི་ཡི་གེ་ཡིན་འདུག་པ་ཤེས་ལ། 《རོལ་མོའི་བསྟན་བཅོས།》 ས་པཎ་གྱིས་བརྩམས་ཤིང་ས་སྐྱ་ཨ་མྱེས་ཞབས་ཀྱིས་འགྲེལ་མཛད་པ། མི་རིགས་དཔེ་སྐྲུན་ཁང་། 1988ལོའི་ཤོག་གྲངས72གྲངས་སུ། ལོ་ཆེན(ལོ་ཙཱ་བ་རིན་ཆེན་བཟང་པོ། སྤྱི་ལོ958–1055)གྱིས་ཕྱུ་ཊ་ལ་ལས་བཙལ་བས། ཕྱུ་ཊ་བོན་པོའི་སྙིང་དུ་འགོར་མ་བཏུབ་ཅིང་ལོག་ལ་ཁད་པ་བྱུང་བ་ལ། སྔགས་རྣམས་ཞང་ཞུང་གི་སྐད་དུ་བསྒྱུར་ཏེ་ལས་སྦྱོར་བྱས་པས་དེ་མ་ཐག་འགྲུབ་པར་བྱུང་བས། དེའི་ཕྱིར་ཆད་བོད་ཐད་བསད་གསུམ་ཞང་ཞུང་གི་སྐད་དུ་ཡོད་པ་ཡིན་གསུངས། ཞེས་བཀོད་འདུག་པས་ཕལ་ཆེར་དུས་རབས14པའི་སྔ་རྗེས་སུའང་སྤྱོད་ཀྱིན་ཡོད། དེའི་དོན་བུར་འཇུག་པ་ནི་ཙོ་ནེ་གྲགས་པ་བཤད་སྒྲུབ(སྤྱི་ལོ1675–1749)ཀྱིས་མཛད་པའི《རྒྱ་སྐད་དང་སྔགས་དོན་བོད་སྐད་དུ་དཀྲོལ་བ་བཞུགས་སོ》ཞེས་པ་ལས། ཕྱུ་ཏ་སྐྱེས་བུ་ཕྱུ་ཊ་བུ། ཞེས་བསྟན་ཡོད།

[10]《ཏུན་ཧོང་ནས་ཐོན་པའི་བོད་ཀྱི་ལོ་རྒྱུས་ཡིག་ཆ།》 ཤོག་གྲངས52པར་གསལ། མི་རིགས་དཔེ་སྐྲུན་ཁང་། 1980ལོ།(ནང་ཆོས་བོད་ལ་མ་དར་བའི་སྔོན་ལ་ལྷ་ཞེས་པའི་ཡི་གེའམ་འབོད་ཚུལ་དེ་མེད་པ་ཐག་མི་ཆོད་ཀྱང་ཡིག་རྙིང་དུ་ལྷ་སར་ར་ས་དང་། བོད་རྒྱལ་སྲོང་བཙན་གྱིས་མཐའ་འདུལ་ཡང་འདུལ་གྱི་གཙུག་ལག་ཁང་བརྒྱ་རྩ་བརྒྱད་བཞེངས་པའི་ལོ་རྒྱུས་ཡི་གེ་རྣམས་སུ་གཙུག་ལག་ཁང་དང་ར་ས་ཞེས་པ་ལས་མི་འབྱུང་བ་དང་བོན་གྱི་སྐད་དུ་ལྷ་ཁང་ལ་གསས་ཁང་དུ་གྲགས་པ་དེ་དག་གི་དོན་ནས་སེམས་ན། ལྷ་ཞེས་པའི་མིང་བརྡ་འདི་ནི་ནང་ཆོས་ཀྱི་ལྟ་བ་འགྲོ་བ་རིགས་དྲུག་དང་། ས་འོག་ས་སྟེང་། ས་བླ་སོགས་ཀྱི་གཞུང་ལུགས་བོད་ལ་དར་བ་ནས་དར་བའི་མིང་བརྡ་ཞིག་ཡིན་པའི་སྣང་བ་སྐྱེས།)

[11] རྒྱ་གར་ཡུལ་དབུས་མ་ཊྷ་ར་རྒྱལ་པོ་དེ་ཝ་པཱ་ལས་རྒྱལ་སྲིད་སྐྱོང་བའི་ཚེ(སྤྱི་ལོ730–777བར)ཨོ་རྒྱན་གྱི་ཡུལ་དུ་རྒྱལ་པོ་ཧ་ཡ་ལི་ལས་སྲིད་དབང་བཟུང་ཞིང་། དེའི་ཚེ་རྒྱལ་རིགས་རིག་པ་སྨྲ་བ་སྲ་དོའམ་སྲིག་ཧྲ་ར་སྟེ་མེ་ཏོག་ཕྲེང་བ་འཛིན་པ་ཟེར་བ་ཞིག་ཡོད། དེ་ལ་སྲས་མཚན་བཟང་དང་ལྡན་པ་ངོ་མཚར་འགྲན་ཟླ་མེད་པ་ཞིག་འཁྲུངས་པ་ལས། ཁྱིའུའི་མཚན་ལ་ལྟས་བལྟ་བ་ལ་མཁས་པ་མང་པོ་ཞིག་ལ་བསྟན་པ་ན། གསང་སྔགས་ཀྱི་རྣལ་འབྱོར་པ་ཞིག་གིས་སྲས་འདིས་རྒྱལ་སྲིད་མི་བཟུང་ཞིང་གསང་སྔགས་ཀྱི་ལམ་ལ་བརྟེན་ནས་གྲུབ་པ་ཐོབ་པའི་སློབ་དཔོན་ཆེན་པོ་ཞིག་འབྱུང་བ་དང་། མཚན་ལ་པདྨ་ཨ་བ་ཛྲ་སི་སྟེ་མཚམས་སྦྱར་བས་པདྨ་བ་ཛྲ་སི་ཞེས་བཏགས། ཞེས་དང་། 《དུང་དཀར་བློ་བཟང་འཕྲིན་ལས་ཀྱི་གསུང་རྩོམ་ཕྱོགས་བསྒྲིགས》 ཤོག་གྲངས117པར་གསལ། ཀྲུང་གོའི་བོད་ཀྱི་ཤེས་རིག་དཔེ་སྐྲུན་ཁང་། 1997ལོ། མཁར་ཆེན་བཟའ་མཁའ་འགྲོ་ཡེ་ཤེས་མཚོ་རྒྱལ་དང་པ་གོར་ལོ་ཆེན་བཻ་རོ་ཙ་ནས་མཛད་པའི《པད་འབྱུང་རྣམ་ཐར》དུ། སྤྲུལ་པའི་ཚེ་འཕྲུལ་ཆེན་པོ་བརྩམས་པ་ནི༔དེ་ཡང་རྒྱ་གར་རྡོ་རྗེ་གདན་དྲུང་གིས༔ནུབ་ཕྱོགས་ཨོ་རྒྱན་ཞེས་པའི་ནུབ་དབུས་སུ༔དྷ་ན་ཀོ་ཤ་ཞེས་པའི་གནས་མཆོག་ཏུ༔……ཨིནྡྲ་རིགས་ནི་རྒྱལ་པོ་ཕ་ལ་ཞེས༔བཙུན་མོ་ལྔ་བརྒྱ་བློན་པོ་སྟོང་རྩ་གཉིས༔……བཙུན་མོ་ཆེ་བ་ཨིནྡྲ་སྟོང་བཟང་གི༔བུ་མོ་ལྷ་ལྕམ་ཅོད་པན་བཟང་ཞེས་དང༔གཉིས་ཀྱི་བུ་རུ་སྤྲུལ་ནས་འདུལ་དགོས་དགོངས༔རེ་ཞིག་ཡབ་ཡུམ་ལྷན་ཅིག་གཟིམས་པའི་དུས༔འཕགས་པའི་ཐུགས་ལས་འོད་ཟེར་སྟོང་གསུམ་འཕྲོས༔སླར་འདུས་གསེར་གྱི་རྡོ་རྗེ་གཅིག་གྱུར་ནས༔ཨིནྡྲ་ཕ་ལའི་སྤྱི་མཚམས་དངོས་སུ་འཐིམས༔སྐུ་ལུས་བདེ་གཡོས་ཡབ་ཡུམ་སྦྱོར་བ་བྱས༔ཡབ་ཡུམ་ཁང་ནང་ཉི་ཟླ་ཤར་བ་རྨིས༔དེ་ནས་ཟླ་དགུ་ཞག་གསུམ་ཆགས་སོང་ནས༔སྲས་ནི་ཡ་མཚན་ཆེ་བ་གཅིག་ཀྱང་བཙས༔བཙས་མ་

ཐག་ཏུ་སྨྲ་ཤེས་འགྲོ་ཤེས་ཤིང༔ཞེས《པད་འབྱུང་རྣམ་ཐར་དྲི་མེད་རྒྱན》ཤོག་གྲངས་25ལ་སློབ་དཔོན་འདི་ནི་ཨོ་རྒྱན་རྒྱལ་པོའི་སྲས་ཡིན་ཚུལ་གསལ་པོར་བསྟན། བོད་ལྗོངས་མི་དམངས་དཔེ་སྐྲུན་ཁང་། 2006ལོ།

[12] བྲམ་ཟེ་མེ་ཏོག་དམར་པོའི་ནང་དབུས་སུ། སྣང་བ་མཐའ་ཡས་ཐུགས་ཀའི་ས་བོན་ཧྲཱི། འོད་དུ་ཞུས་པས་རྫུས་སྐྱེས་སྤྲུལ་པའི་སྐུ། པད་མ་འབྱུང་གནས་ཞི་ཞིང་རབ་ཏུ་ཞི། ཞེས《བཀའ་ཐང་སྡེ་ལྔར》བཀོད་པ་དང《བཀའ་ཐང་སྡེ་ལྔ》ཤོག་གྲངས3པར་གསལ། མི་རིགས་དཔེ་སྐྲུན་ཁང་། 1988ལོ། རྒྱ་གར་རྡོ་རྗེ་གདན་གྱི་ལྷོ་ནུབ་མཚམས༔ནུབ་ཕྱོགས་ཨུ་རྒྱན་ཡུལ་གྱི་བྱང་ཤར་རོས༔རྫ་ན་ཀོ་ཤའི་ནུབ་བྱང་པདྨའི་ཚལ༔དྲི་མེད་མདངས་ལྡན་རྒྱ་མཚོའི་གླིང་ཞིག་ན༔དུར་པ་ཁྲུང་ཁྲུང་ལ་སོགས་ཆུ་བྱའི་རིགས༔དཔག་ཏུ་མེད་པ་ཁྲ་ཅེམ་སོང་བའི་དབུས༔འཇའ་ཚོན་སྣ་ལྔའི་འོད་[ཀོར]་གུར་ཕུབ་འདུག༔རྒྱལ་པོ་ཨིནྡྲ་བོ་དྷིའི་ཞལ་ན་རེ༔ཉེ་བར་འགྲོ་དགོས་མདང་གི་རྨི་ལམ་ན༔གསེར་གྱི་རྡོ་རྗེ་རྩེ་དགུ་འོད་འཕྲོ་ཞིག༔ནམ་མཁའ་ནས་བྱུང་ལག་ཏུ་ལོན་པ་རྨིས༔ཉི་མ་བདག་གི་སྙིང་ནས་ཤར་བ་རྨིས༔དེ་སྐད་གསུངས་ནས་རྒྱལ་པོ་བློན་པོ་གཉིས༔གྲུ་ཆུང་ཞིག་ཏུ་ཞུགས་ནས་ཕྱིན་པ་དང༔དུར་པའི་ཚོགས་རྣམས་སྒྲ་དིར་འགྲོགས(སྒྲོག)པར་གྱུར༔པདྨའི་སྡོང་ན་ཁྱེའུ་ལོ་བརྒྱད་ཙམ༔བལྟ་ན་སྡུག་པ་བྱད་བཞིན་ལེགས་པ་ཞིག༔སྐུ་མདོག་དུང་གི་ཕོ་ཆོས་བསྐུས་པ་འདྲ༔རྒྱལ་པོ་ངོ་མཚར་སྐྱེས་ནས་གསོལ་པ་ནི༔……འདི་ནི་སྤྲུལ་པའི་སྐུ་ཞིག་ཡིན་སྙམ་ནས༔ང་ཡི་བུ་སྐལ་མཆོད་གནས་བྱའོ་སྙམ༔པདྨའི་སྡོང་པོ་ཁྱེའུར་བཅས་པ་ཁྱེར༔རྒྱལ་པོ་ཉིད་ཀྱི་ཡུལ་ཕྱོགས་ཕྱིན་པར་གྱུར༔ཅེས་བཀོད་འདུག་པ་རྣམས་ལས་སློབ་དཔོན་འདི་སྐྱེ་གནས་བཞི་ལས་རྫུས་སྐྱེས་སུ་འདོད་ཚུལ《པདྨ་བཀའ་ཐང་།》ཤོག་གྲངས114-116བར་གསལ། མི་རིགས་དཔེ་སྐྲུན་ཁང་། 1987ལོ།

[13] [18] [24]《བཀའ་ཐང་སྡེ་ལྔ།》ཤོག་གྲངས277དང་ཤོག་གྲངས9 ཤོག་གྲངས277པར་གསལ། མི་རིགས་དཔེ་སྐྲུན་ཁང་། 1988ལོ།

[14]《རྒྱལ་རབས་གསལ་བའི་མེ་ལོང་།》ཤོག་གྲངས98པར་གསལ། མི་རིགས་དཔེ་སྐྲུན་ཁང་། 1981ལོ། 《བཀའ་ཐང་སྡེ་ལྔ》ལས། ཕྱོགས་བཞིར་བསྐོས་པའི་རྒྱལ་པོ་སྡེ་བཞི་བྱུང་། ཤར་ཕྱོགས་རྒྱ་ནག་གཙུག་ལག་རྒྱལ་པོ་ནི། མར་[གཞོང]་གབ་ཅེས་བསྐོས་ཤིང་ལེགས་ཉེས་གཅོད། ལྷོ་ཕྱོགས་རྒྱ་གར་ཆོས་ཀྱི་རྒྱལ་པོ་ནི། བདུད་རྩིའི་བུམ་པ་གླང་པོའི་སྣ་ལ་བཏགས། དེ་ཡིས་དབང་བསྒྱུར……། ཅེས་པའང་དོན་མ་གོ་བའི་གཏམ་སོ། །

[15]《བོད་རྒྱལ་ཁྲི་སྲོང་ལྡེ་བཙན་སྲིད་ཁྲིར་བཞུགས་ལོར་འབྲེལ་བའི་ལོ་རྒྱུས་ཀྱི་གནད་དོན་འགར་དཔྱད་པ།》ཁ་[སྐད]་བཀྲ་ཤིས་ཚེ་རིང་། 《ཀྲུང་གོ་བོད་རིག་པ》2007ལོའི་དེབ2པ།

[16]《དུང་དཀར་ཚིག་མཛོད། ལོ་ཚིགས་[དྲངས]་ཤེལ་མེ་ལོང་།》ཀྲུང་གོའི་བོད་རིག་པ་དཔེ་སྐྲུན་ཁང་། 2002ལོ།

[17] [20] [22]《པད་འབྱུང་རྣམ་ཐར་དྲི་མེད་རྒྱན།》ཤོག་གྲངས25དང་ཤོག་གྲངས67 ཤོག་གྲངས110པར་གསལ། བོད་ལྗོངས་མི་དམངས་དཔེ་སྐྲུན་ཁང་། 2006ལོ།

[19]《སུམ་པ་ཆོས་འབྱུང་།》ཤོག་གྲངས748པར་གསལ། ཀན་སུའུ་མི་རིགས་དཔེ་སྐྲུན་ཁང་། 1992ལོ།

[21]《ཨོ་རྒྱན་པད་འབྱུང་གི་རྣམ་ཐར་དྲི་མེད་རྒྱན།》ཤོག་གྲངས89-90བར་གསལ། བོད་ལྗོངས་མི་དམངས་དཔེ་སྐྲུན་

ཁང་། 2006ལོ།

[23] [25] [27] [29]《བདུད་འཇོམས་ཆོས་འབྱུང་།》ཤོག་ངོས133དང་ཤོག་ངོས129-130 ཤོག་ངོས134 ཤོག་ངོས134པ་བཅས་སུ་གསལ། སི་ཁྲོན་མི་རིགས་དཔེ་སྐྲུན་ཁང་། 1996ལོ།

[24]《བཀའ་ཐང་སྡེ་ལྔ།》ཤོག་ངོས277པར་གསལ། མི་རིགས་དཔེ་སྐྲུན་ཁང་། 1988ལོ། དེ་ནས་ཞང་ཞུང་ཡུལ་དུ་བོན་རྣམས་ལ༔ཚེ་དབང་རིག་འཛིན་སྤྲུལ་ནས་བོན་ཆོས་རྣམས༔ཡོ་ག་གསུམ་གྱི་སྒོ་དང་མཐུན་པར་གསུངས༔སློབ་གྲོལ་གཉིས་ཀྱིས་སེམས་ཅན་བདེ་ལ་བཀོད༔དེ་ནས་སྟག་གཟིག་གེ་སར་ཐོ་གར་དང༔སློབ་དཔོན་སྐུ་གསུང་སྤྲུལ་པ་འགྱེད་ནས་བཀོད༔《ཨོ་རྒྱན་པད་འབྱུང་རྣམ་ཐར་དྲི་མེད་རྒྱན།》ཤོག་གྲངས་6-8བར་གསལ། བོད་ལྗོངས་མི་དམངས་དཔེ་སྐྲུན་ཁང་། 2006ལོ།

[26] [28]《སྦ་བཞེད》ཤོག་ངོས58དང་ཤོག་ངོས62པར་གསལ། མི་རིགས་དཔེ་སྐྲུན་ཁང་། 1980ལོ།

[30]《ཏུན་ཧོང་ནས་ཐོན་པའི་གནའ་བོའི་བོད་ཡིག་ཤོག་དྲིལ།》ཤོག་ངོས262པར་གསལ། མི་རིགས་དཔེ་སྐྲུན་ཁང་། 1983ལོ།

[31]《敦煌吐蕃文书论文集》ཤོག་ངོས39-40བར་གསལ། སི་ཁྲོན་མི་རིགས་དཔེ་སྐྲུན་ཁང་། 1988ལོ།

[32] [33]《ཨོ་རྒྱན་པད་འབྱུང་གི་རྣམ་ཐར་དྲི་མེད་རྒྱན།》ཤོག་ངོས128དང་ཤོག་ངོས85པར་གསལ། བོད་ལྗོངས་མི་དམངས་དཔེ་སྐྲུན་ཁང་། 2006ལོ།

[34] འཕགས་པ་རྣམས་ཐུགས་དགེས་པར་འགྱུར་ལ། 《རོལ་མོའི་བསྟན་བཅོས།》ས་པཎ་གྱིས་མཛད། མི་རིགས་དཔེ་སྐྲུན་ཁང་། ཤོག་ངོས70ལ། 1988ལོར་པར་བའི་དེབ་དུ་དེ་ལྟར་གསལ་བར་གཞིགས་ན་དགེས་ནི་དགྱེས་ཀྱི་འབྲི་སྐྱོན་ཏེ། ས་སྐྱ་བའི་དུས་སུའང་དེ་ལྟར་འབྲི། ས་སྐྱ་ཨ་མྱེས་ཞབས་ཀྱིས་མཛད་པའི་ས་པཎ་གྱི《རོལ་མོའི་བསྟན་བཅོས》ཀྱི་འགྲེལ་པ་ལས། འཇམ་དབྱངས་བླ་མ་དགེས་པའི་སྙན་པའི་སྒྲ་དབྱངས་བློ་གསལ་ཡིད་འཕྲོག་ཅེས་འཁོད་ཡོད། 《རོལ་མོའི་བསྟན་བཅོས།》ས་པཎ་གྱིས་མཛད། མི་རིགས་དཔེ་སྐྲུན་ཁང་། ཤོག་ངོས15པར་གསལ། 1988ལོ།

[35]《པདྨ་བཀའ་ཐང》ཤོག་ངོས90པར་གསལ། སི་ཁྲོན་མི་རིགས་དཔེ་སྐྲུན་ཁང་། 1987ལོ།

[36]《རོང་ཟོམ་ཆོས་བཟང་གི་གསུང་འབུམ།》སི་ཁྲོན་མི་རིགས་དཔེ་སྐྲུན་ཁང་། 1999ལོ། དེབ་དང་པོ། ཤོག་གྲངས178ངོས་སུ། རྡོ་རྗེ་རྒྱལ་པོ་ནི་རིགས་ཐམས་ཅད་ཀྱི་བདག་པོ་ཆེན་པོ་ཡིན་པའི་ཕྱིར་རིགས་ཀྱི་སྤྱི་དབང་བསྐུར་རོ། །ཞེས་དང་། 《མདོ་རྒྱུད་རིན་པོ་ཆེའི་མཛོད།》སི་ཁྲོན་མི་རིགས་དཔེ་སྐྲུན་ཁང་། 2000ལོ། ཤོག་ངོས271ངོས་སུ། རྡོ་རྗེ་རྒྱལ་པོ་བཀའ་རབ་འབྱམས་ཀྱི་དབང་གི་ཏིང་ངེ་འཛིན། ཅེས་གསལ།

[37]《བདུད་འཇོམས་ཆོས་འབྱུང་།》སི་ཁྲོན་མི་རིགས་དཔེ་སྐྲུན་ཁང་། 1996ལོར་བསྐྲུན་པའི་ཤོག་ངོས131པར་གསལ། དེའང་ཁྲི་སྲོང་དགུང་ལོ་ཉེར་གཅིག་པ་ལ་གུ་རུ་བོད་དུ་ཕེབས། ཞེས་འབྱུང་བ་དང་། ཏུན་ཧོང་ཡིག་རྙིང་བཙན་པོའི་ལོ་ཚིགས་སུ། སྤྱི་ལོ742ལོར་ཁྲི་སྲོང་ལྡེ་བཙན་འཁྲུངས་པས། དེ་གཉིས་བསྡུར་བས་སྤྱི་ལོ763ལོར་གུ་རུ་བོད་དུ་ཕེབས་པའི་ལོ་ཚིགས་གྲུབ་ལ། ལོ་ཚིགས་འདི་བདུད་འཇོམས་རིན་པོ་ཆེའི་འདོད་ཚུལ་ཡིན་དགོས་པར་བདག་གིས་འདོད་པས་དེ་ལྟར་བྲིས།

[38]《ཏུང་དཀར་ཚིག་མཛོད》དུ། 《བཀའ་ཐང》འགའ་ཞིག་ལས་སློབ་དཔོན་བོད་དུ་ལོ་དྲུག བཅུ་གཉིས། བཅོ་བརྒྱད། ལྔ་བཅུ་སོགས་སུ་བཞུགས་པར་བཤད་པ་མི་འདྲ་བ་ཡོད། ཅེས་དང་། 《ཨོ་རྒྱན་པད་འབྱུང་གི་རྣམ་ཐར་དྲི་མེད་རྒྱན།》 བོད་ལྗོངས་མི་དམངས་དཔེ་སྐྲུན་ཁང་། 2006ལོར་བསྐྲུན་པའི་ཤོག་ངོས121ངོས་སུ། ལོ་ཡང་བརྒྱ་དང་བཅུ་གཅིག་བོད་ཡུལ་བསྐྱངས། ཞེས་དང་། 《བདུད་འཇོམས་ཆོས་འབྱུང་།》 1996ལོར་བསྐྲུན་པའི་ཤོག་ངོས131ངོས་སུ། བོད་དུ་ཅི་ཙམ་བཞུགས་པ་ཡང་། ……ལོ་རིལ་པོ་ལྔ་བཅུ་ང་ལྔ་དང་ཟླ་དྲུག་བཞུགས་པར་འདོད། ཅེས་དང་། ཡང་ཏུང་དཀར་རིན་པོ་ཆེས་རང་གི་འདོད་ཚུལ་བཀོད་པར། བོད་དུ་ལོ་ལྔ་བཅུ་མ་ཟིན་ཙམ་ཞིག་བཞུགས་ཡོད་ངེས་སྙམ། ཞེས《ཏུང་དཀར་ཚིག་མཛོད》དུ་གསལ།

[39]《敦煌・民族・语言》第6页。中华书局，2005年出版。

ཟུར་བཀོད།

༄༅། །ཁྲུན་ཧོང་གཏེར་ཡིག་ནས་རྙེད་པའི་སློབ་དཔོན་པད་མ་འབྱུང་གནས་ཀྱི་རྣམ་ཐར།

189.། །རྒྱ་གར་ཆོས་ཀྱི་རྒྱལ་པོའི་སྲས། དེ་བ་པུ་ཏྲ་ཆོས་ནི་མ་བསླབས་པར་རང་ཤེས།

190. འཕགས་པ་སྤྲུན་རས་གཟིགས་ཀྱི་དབང་ཕྱུག་གི་དངོས་སྤྲུལ་ནི་བརྙེས། །བོད་ཡུལ་དུ་གཤེགས་

191. ཏེ། བོད་ཀྱི་ལྷ་བཙན་པོ་ཐམས་ཅད་ལ། ཆོས་བཤད་ཅིང་དབང་བསྐུརས། །གངས་ཏི་སི་ལ་བསྙེན་

192. བསྒྲུབ་ཟབ་མོར་བགྱིས། མཆིམ་འཕང་ལ་འབྲུས་བཀྱིས་ནས། །ཆོས་འཁོར་བསམ་ཡས་སུ་

193. གདན་གཤགས། བཅོམ་ལྡན་འདས་ཀྱི་རིང་ལུགས་དང་། །དབས་རྒྱལ་བ་ཡེ་ཤེས་དང་། མཁས་བཙུན་

194. མང་པོ་གིས། །དགེ་འདུན་སྡེ་གཉིས་གིས། མཆོད་གནས་ཆེར་མཛད། བང་ཆེན་དང་། རིམ་མགྲོན་བགྱིས་

195. ནས། །རྒྱ་ཡུལ་དུ་བསྐྱལ། །རྒྱ་རྗེ་དང་། རྒྱ་བློན་མང་པོས་མཆོད་གནས་ཆེར་བགྱིས། །རི་བོ་རྩེ་

196. ལྔ་ལ། འཕགས་པ་འཇམ་དཔལ་གི་ཞལ་མཐོང་། །སླར་རྒྱ་གར་ཡུལ་དུ་གཤགས་པའི་ཤུལ་

197. ཀར། སུག་ཚུར་གདན་གཤགས། །ཡུལ་དཔོན་དང་། དགེ་འདུན་སྡེ་གཉིས་དང་། །རྣལ་འབྱོར་

198. འཕྲེང་ཐོགས་གི་སྡེ་དང་། །སུག་ཚུ་ཡོན་བདག་ཐམས་ཅད་ཀྱིས། །མཆོད་གནས་ཆེར་བགྱིས། །

199. སློབས་དཔོན་ཐུགས་དགེས་ནས། །ཐེག་པ་ཆེན་པོ་འི་ཆོས་བཀ་རྩལ།། །།

200.། །སྔང་གི་ལོ་དཔྱིད་སླ་ར་བའི་ཆོས་ཉི་ཤུ་གསུམ་གི་གདུགས་ལ། །འབོག་རྡོ་རྗེ་རྒྱལ་པོ་དང་། །

201. སྐྱ་ཕུ་ད་ཡང་ཨ་དགེ་དང་། །རྣལ་སྦྱོར་སློབས་དཔོན་སྡེ་ལ། །རྡོ་རྗེ་རྒྱལ་པོའི་དབང་ལུང་

202. རྫོགས་པར་སྩལ། །ཐུགས་དང་ཕྱག་རྒྱ་མན་ངག་གཏན་ལ་ཕབ་པ། །རྫོགས།། །།

203. འབྲོ་དཀོན་མཆོག་དཔལ་གིས་བྲིས་པ།། །།

《གྲུང་གོའི་བོད་རིག་པ།》 ༢༠༠༨ལོའི་དེབ་དང་པོ་ལས་བཏུས།

༄། །ཏུན་ཧོང་གཏེར་ཡིག་ཁྲོད་ཀྱི་ཚོང་ལས་གན་རྒྱ་ཞིག་ལ་དཔྱད་པ།

སྒྲོལ་མ་ཚེ་རིང་།

དང་པོ། སྔོན་འགྲོའི་གཏམ།

བོད་བྱང་རྒྱུད་ཀྱི་གནའ་མཁར་དུ་ཏུན་ཧོང་གི་ཉེ་འདབས་ཀྱི་སངས་རྒྱས་སྟོང་སྐུའི་བྲག་ཕུག་ནས་བཏོན་པའི་བོད་ཀྱི་ཡིག་རྙིང་ནི་ལོ་རྒྱུས་ཀྱི་དཔྱད་གཞི་ཧ་ཅང་གལ་ཆེན་ཞིག་ཡིན་ཏེ། ཡིག་རྙིང་དེ་གཅིག་ན་བྱུང་སྔ་བ་སྟེ་སྤྱི་ལོ་དུས་རབས་བརྒྱད་པ་ནས་བཅུ་པའི་བར་གྱི་ཡིག་ཆ་ཡིན་པ་དང་། གཉིས་ན་དང་ཐོག་གི་མ་ཕྱིའི་རྣམ་པ་ཇི་ལྟ་བ་བཞིན་སོར་བཞག་ཡིན་པས་འགྱུར་བཅོས་ཀྱི་སླད་དྲི་མེད་པ་དང་། གསུམ་ན་ནང་དོན་ཁྱབ་ཆེ་ཞིང་གྲངས་འབོར་མང་བ་སོགས་ཐུན་མོང་མ་ཡིན་པའི་ཁྱད་ཆོས་ལྡན་པས་ན། ཁུངས་བཙུན་ཞིང་ཡིད་རྟོན་རུང་བའི་ལོ་རྒྱུས་ཀྱི་དཔྱད་གཞིའི་ཡིག་ཆ་རྩ་ཆེན་དུ་འཁུམས་སོ། །ཏུན་ཧོང་གཏེར་ཡིག་ནི་སྤྱི་ལོ1900ལོར་ཐོག་མར་བཏོན་པ་ནས་བཟུང་ཡིག་ཆ་མང་ཆེ་བ་ནི་སྔ་རྗེས་སུ་དབྱིན་ཇུ་དང་ཧྥ་རན་སིར་ཉར་ཚགས་བྱས་ཏེ་ཡིག་ཚགས་རེ་རེར་ཨང་གྲངས་བསྒྲིགས་ཡོད་པ་རེད། ཏུན་ཧོང་གཏེར་ཡིག་དེ་བྲག་ཕུག་ལས་བཏོན་པ་ནས་ད་ལྟའི་བར་ལོ་ངོ་བརྒྱ་ཕྲག་གཅིག་འདས་པའི་རིང་ལ་རྒྱབ་ཁབ་ཕྱི་ནང་གི་མཁས་པ་མང་པོས་དེར་ཞིབ་འཇུག་གང་མང་མཛད་ཅིང་གྲུབ་འབྲས་མངོན་གསལ་བླངས་ཡོད་མོད། ཡིན་ན་ཡང་གཏེར་ཡིག་དེ་དག་གི་ཡིག་གཟུགས་ལ་དམིགས་བསལ་ཀྱི་འབྲི་སྟངས་འགག་ལྡན་པ་དང་ཡི་གེ་ལ་ལ་མི་གསལ་བ་དང་ཚིག་སྦྱོར་ནི་སྐབས་དེའི་བརྡ་རྙིང་གིས་བཅིངས་ཏེ་རྟོགས་དཀའ་བ་སོགས་ཀྱི་དབང་གིས་དེར་མུ་མཐུད་དུ་དཔྱད་པ་གཏོང་དགོས་པའི་ལས་འགན་ལྷག་མ་ལུས་འདུག བོད་བཙན་པོའི་རྒྱལ་རབས་སྐབས་སྤྱི་དང་ཁྱད་པར་དུ་ཆོས་རྒྱལ་མེས་དབོན་རྣམ་གསུམ་གྱི་རིང་ལ་བོད་ཀྱི་མངའ་རིས་ཆེ་ཆེར་བསྐྱེད་ཅིང་། ས་གནས་མང་པོ་གསར་དུ་ཆབ་འོག་ལ་བསྡུས་ཡོད་པ་ཡོངས་སུ་གྲགས་མོད། འོན་ཀྱང་ཚུལ་ཅི་ལྟར་དབང་དུ་བསྡུས་པ་དང་དབང་དུ་བསྡུས་རྗེས་ཀྱི་ས་གནས་སོ་སོར་ཆབ་སྲིད་ཇི་ལྟར་བསྐྱངས་པ་དང་། སྤྱི་ཚོགས་འཚོ་བ་ཅི་འདྲ་ཡིན་པ་རང་རིགས་ཀྱི་སྔ་རབས་པའི་ཚད་ལྡན་ལོ་རྒྱུས་དེབ་ཐེར་ནང་དུ་གསལ་ཆ་དེ་འདྲ་དྲངས་མེད་པས། ཏུན་ཧོང་གཏེར་ཡིག་གིས་འདིའི་ཐད་ཀྱི་སྟོང་ཆ་དང་དགོས་མཁོ་སྐོང་ཐུབ། ཏུན་ཧོང་གཏེར་ཡིག་ནང་དུ་

བོད་ཀྱི་བཙན་པོའི་ལོ་རྒྱུས་དང་དོན་ཆེན་གནད་བསྡུས་ལྟ་བུའི་སྲིད་དོན་སྐོར་ཡོད་པར་མ་ཟད། བཅའ་ཁྲིམས་དང་སྤྱི་ཚོགས་དཔལ་འབྱོར་སྐོར་གྱི་ཡིག་ཚགས་ཀྱང་མང་པོ་མཆིས་པས། བོད་ཀྱི་སྲིད་ལུགས་སྐོར་དང་། གསར་དུ་ཆབ་འོག་ལ་བསྡུས་པའི་མཐོང་ཁྲབ་ཁྲི་སྡེ་དང་དེ་དག་ཕན་ཚུན་བར་གྱི་འབྲེལ་འདྲིས་འཇུགས་སྐྱོལ་སོགས་ཀྱི་གནས་ཚུལ་བསྟན་ཡོད། སྤྱི་ཚོགས་དཔལ་འབྱོར་སྐོར་གྱི་ཡིག་ཚགས་འདི་རིགས་ནི་སྐབས་དེའི་སྤྱི་ཚོགས་འཚོ་བའི་ཁྲོད་དུ་དངོས་སུ་བཀོལ་ཞིང་སྤྱོད་པར་གྱུར་པའི་ཡིག་ཚགས་འབའ་ཞིག་ཡིན་པས། ཡིག་ཚགས་དེ་དག་ལས་ང་ཚོས་ཏུན་ཧོང་དང་བཅས་པའི་བོད་ཀྱི་མངའ་ཞབས་སུ་འདུས་པའི་ས་གནས་ཁག་གི་ཡུལ་སྡེའི་གནས་བབ་དང་། རྗེ་དཔོན་གྱི་གོ་མིང་། སྲིད་ཁྲིམས་འཛིན་སྐྱོང་། ཐོན་སྐྱེད་བྱེད་ཐབས། ཚོང་ལས་སྤྱོད་ཚུལ། ཡིག་ཆ་འབྲི་སྟངས་སོགས་ལ་རྒྱུས་ལོན་བྱེད་ཐུབ་ཅིང་། དེ་ལས་ང་ཚོས་བོད་ཀྱིས་ཏུན་ཧོང་ལ་སོགས་ནུབ་བྱང་གི་ཡུལ་གྲུ་དུ་མར་སྲིད་དབང་བསྒྱུར་སྐབས་ཀྱི་ལོ་རྒྱུས་ལ་ངེས་ཤེས་འཛིན་ནུས་སོ། །

གཉིས་པ། བརྗོད་བྱ་དངོས།

འདིར་དཔྱད་བྱའི་གཞིར་གྱུར་པའི་ཡིག་ཚགས་ནི་ཏུན་ཧོང་གཏེར་ཡིག་ཁྲོད་ཀྱི་ཨང་རྟགསP. T. 1095 ཞེས་པ་དེ་ཡིན་ཏེ། འདིའི་མ་ཕྱི་ནི་ད་ལྟ་ཧྥ་རན་སིའི་རྒྱལ་བཙུགས་དཔེ་མཛོད་ཁང་དུ་ཉར་ཡོད་ཅིང་། ཡིག་ཚགས་འདི་ནི་ཤོག་ངོས་གཅིག་ལས་ཆད་པའི་དབུ་ཅན་གྱི་ལག་བྲིས་མ་ཞིག་ཡིན་ལ་དེར་ཁ་བྱང་མེད་པ་དང་ཁྲོན་སྔོམ་ཡིག་ཕྲེང13ཡོད། ཡི་གེ་འགའ་རེ་ཙུང་ཙམ་རབ་རིབ་ཏུ་སྣང་ཞིང་བྲིས་ཉོར་དག་བཅོས་བྱས་པའི་ཤུལ་ཡང་མངོན་པ་དང་། ཤོག་ངོས་སུ་མཛུབ་ཐེལ་ལྟ་བུ་དབྱིབས་གོར་གོར་གྱི་རྟགས་རབ་རིབ་ཅན་དྲུག་བརྒྱབ་འདུག ཡིག་ཚགས་ཧྲིལ་པོ་ཁ་གསལ་ཞིང་ནང་དོན་གོ་བ་ལེན་པར་དཀའ་ཁག་ཆེན་པོ་མེད། ཡིག་ཕྲེང་དང་པོའི་མགོར་དབུ་ཁྱུད་ཡོད་པ་དང་། ཡིག་ཚགས་ཀྱི་མཇུག་མཐར་རྫོགས་ཚིག་བཀོད་འདུག་པས་ཡིག་ཚགས་འདི་ནི་ཆ་ཚང་བ་ཞིག་ཡིན་པ་ཤེས་ཐུབ། ཡིག་ཚགས་ལས་གི་གུ་ཕྱིར་ལོག་དང་ཡང་འཇུག་ད་དང་མྱི་སོགས་བྲིས་འདུག་པས་ཡིག་རྙིང་གི་ཁྱད་ཆོས་མངོན་པར་གསལ། ཡིག་ཚགས་འདིའི་བརྗོད་བྱའི་དོན་ལ་གཞིགས་ན་གླང་ཉོ་བའི་གན་རྒྱ་ཞིག་ཡིན་པར་སྣང་སྟེ། གན་རྒྱ་འབྲི་བའི་དུས་ནི་ཡོས་བུ་ལོ་ཡིན་ཞེས་ཡིག་ཚགས་རང་ལས་གསལ་བའི་ཕྱིར། ཡོས་བུ་ལོའི་གླང་ཉོ་བའི་གན་རྒྱ་ཞེས་ཡིག་ཚགས་འདིའི་ཁ་བྱང་དུ་བཏགས་ཀྱང་ཉུང་སྐམ། གཤམ་དུ་གན་རྒྱ་འདིའི་མ་ཡིག་དང་བཅས་ཐོག་མའི་དཔྱད་པ་རགས་ཙམ་བགྱི་བར་བྱའོ། །མ་ཡིག་ནི་འདི་ལྟ་སྟེ།

1. ༄། །ཡོས་བུ་ལོའི་དགུན་སླ་འབྲིང་པོའི་ངོ་ལ། །འ་ཞ་མ་ག་དོ་ཅིན་གྱི་སྡེ་ཐིང་དུ་ཀུ་སྤོང་ལས། །

2. འང་གུང་ཧིང་གིས་གླང་གཅིག་མཇལ་པའི་སྤུ་རྟགས་དང་ཏྭ་ཚུགས་ལ།

། སླང་ནག་པོ་ལ་ཏུ་ཅོག །བྲང་ཞོལ་བཀྲ་བ་གཅིག་མཇལ་ཐེ། །སླང་འདི་ལ་སླད་ཀྱིས་ལ་ལ་ཞིག་གིས་ཛོ་བཟུང་ངམ། །ཞལ་མཆུ་གཅེས་ཕྲས་ཙི་བྱུང་ཡང་ཏུང་སྟེ། །ནུ་ཀུ་སྦྱོང་མཆོད་ཀྱིས་འཚལ། །བརྒྱ་ལ་ཞལ་མཆུ་ཞིག་བྱུང་སྟེ། །སླང་འདི་ཛོ་ཤོར་པར་གྱུར་ན་ཡང་། སླང་འདི་ཚམ་ཡོད་པ་ལུས་ཀྱི་ཚོད་ནའི་འདྲ་གཅིག་གམ། །ངོན་དུ་བ་སྨད་གཉིས་འཚལ་པའི་ཕེལ་རྒྱུད་རྩུབ་ཆད། །འཕྲལ་དུ་སླར་གྲུང་ཧིང་ལ་འབུལ་བར་བགྱིས། །ནུ་ཀུ་སྦྱོང་མ་མཆིས་ན། །དམ་ཚིག་གོང་ནས་སྨོས་པ་བཞིན། ཁས་ལེན་པོ་ནའི་ནུ་བོ། །ཟིང་ཤ་ཙུ་སྐྱེས་མཆོད་ཀྱིས་འཚལ་བར་བགྱིས་པའི་དཔང་ལ། །བློན་ལྷ་བཟང་ལྷ་རྟོན་དང་། འང་ཧིང་ཙེ་དང་། ཨན་ཧེང་ཙེ་དང་། ཙང་ཞུན་ཞུན་ལ་སྩོགས་པའི་དཔང་རྒྱ་དང་། །སླང་བདག་དང་ཁས་ལེན་གྱིས་སུག་རྒྱས་བཐབ་པ། །མཇལ་ཚོང་འདི་ལྟར་བགྱིས་པའི་འོག་དུ། །ཚོང་པོ་བ་ཞིག་མཆིས་ན། །ཀང་སྔར་པོ་བས། །ཕྱི་པོ་བ་ལ་ནས་ཁལ་བཞི་འཕྲལ་དུ་སྤུལད་པར་ཡང་། ཡལ་དམ་བགྱིས་སོ། །

ནང་དོན་གོ་བདེར་བཤད་ན་འདི་ལྟ་སྟེ། ཡོས་བུ་ལོའི་བོད་ཟླ་བཅུ་གཅིག་པའི་ནང་འ་ཞ་མ་ག་དོ་ཅིན་གྱི་སྡེའི་ཟིང་ནུ་ཀུ་སྦྱོང་གི་ལག་ནས་འང་གྲུང་ཧིང་གིས་སླང་གཅིག་ཉོས་ཤིང་དེའི་སྤུ་ཁ་དང་རྭ་ཚུགས་ནི། སླང་ནག་པོ་རྭ་ཅན་དང་བྲང་ཞོལ་གྱི་སྤུ་མདོག་ཁྲ་ཞིང་གསལ་བ་ཞིག་ཡིན་ཏེ། སླང་འདི་ཕྱིན་ཆད་མི་ལ་ལས་ཛོས་བཟུང་བའམ་ཁ་མཆུ་རྩོད་གླེང་ཆེ་ཆུང་ཅི་ཞིག་བྱུང་ན་ཡང་ནུ་ཀུ་སྦྱོང་གིས་འགན་འཁུར་དགོས་ཤིང་། གལ་ཏེ་གྲོད་གཞི་བྱུང་སྟེ་སླང་འདི་ཛོས་འཛིན་མ་ཐུབ་པར་གྱུར་ན། སླང་འདིའི་ཚབ་ཏུ་ཞིང་ལུས་ཚོད་ཀྱི་ཆེ་ཆུང་འདྲ་བའི་སླང་གཅིག་གམ་ཡང་ན་བེའུ་གཉིས་བཅས་རྗེས་ཀྱི་འཕེལ་ཀ་རྣམས་མྱུར་དུ་འང་གྲུང་ཧིང་ལ་སྤྲིན་ཚབ་ཏུ་འཇལ་དགོས་ཤིང་། ནུ་ཀུ་སྦྱོང་མེད་ན་གོང་ནས་བཤད་པའི་དམ་ཚིག་བཞིན་པོའི་ནུ་བོ་ཟིང་ཤ་ཙུ་སྐྱེས་ཀྱིས་ཁས་ལེན་ཞིང་འགན་འཁུར་དགོས་སོ། །བདེན་དཔང་བྱེད་མཁན་བློན་ལྷ་བཟང་ལྷ་རྟོན་དང་། འང་ཧིང་ཙེ་དང་། ཨན་ཧེང་ཙེ་དང་། ཙང་ཞུན་ཞུན་ལ་སོགས་པས་དཔང་རྒྱ་བཀོད་པ་དང་། སླང་བདག་དང་ཁས་ལེན་བྱེད་མཁན་གྱིས་མཛུབ་ཐེལ་བརྒྱབ་པ། ཉོ་ཚོང་འདི་ལྟར་བྱས་ཚར་རྗེས་ཚོང་ཕྱིར་སློག་མཁན་ཞིག་ཡོད་ན། སྔོན་ལ་སློག་མཁན་དེས་མི་སློག་མཁན་ལ་ནས་ཁལ་བཞི(ཁལ་གཅིག་ནི་ཕལ་ཆེར་ད་ལྟའི་རྒྱ་མ་ཉེར་ལྔ་སྟེ་ཁལ་བཞི་ནི་རྒྱ་མ་བརྒྱའོ)མྱུར་དུ་སྤྲོད་རྒྱུ་ཡང་མཉམ་དུ་ཁས་བླངས་སོ། །

གསུམ་པ། ནང་དོན་དབྱེ་ཞིབ།

༡. ཡིག་ཚགས་འདི་ནི་འང་གྲུང་ཧིང་གིས་ཡོས་བུ་ལོར་འ་ཞ་མ་ག་དོ་ཅིན་གྱི་སྡེའི་ཟིང་ནུ་ཀུ་སྦྱོང་

གི་ལག་ནས་སླང་ཉོས་པའི་གན་རྒྱ་ཞིག་ཡིན་ལ། སླང་དེ་ནི་བྲང་ཞོལ་ཁྲ་ཞིང་གསལ་བའི་སླང་ནག་རྣ་ཅན་ཞིག་ཡིན་ཏེ། སླང་གི་རིན་གོང་གན་རྒྱའི་ནང་དུ་བྲིས་མེད་སོད། ཉོ་ཚོང་བརྒྱབ་རྗེས་ཀྱི་འགན་ཁུར་གསལ་པོར་ཐག་བཅད་ཡོད་པ་སྟེ། སླང་འདི་བཙོངས་པའི་རྗེས་སུ་མི་ཆ་མེད་ཀྱིས་ངོས་འཛིན་ནོར་བའམ་དེ་ལས་གྱོད་གཞི་ཆེ་ཆུང་ཅི་ཞིག་བྱུང་ན་ཡང་འཚོང་མཁན་གྱིས་འགན་འཁུར་དགོས་པ་དང་གཅིག རྐྱེན་གང་རུང་གིས་ཇོད་པ་བྱུང་ནས་སླང་དེ་ངོས་འཛིན་མི་ཐུབ་པར་གྱུར་ན་འཚོང་མཁན་གྱིས་དེའི་ཚབ་ཏུ་ཆེ་ཆུང་འདྲ་བའི་སླང་གཅིག་གམ་བེའུ་གཉིས་བཅས་རྗེས་ཀྱི་འཕེལ་ཀ་རྣམས་ཉོ་མཁན་ལ་འཇལ་རིན་དུ་སྤྲེར་དགོས་པ་དང་གཉིས། དེར་མ་ཟད་འཚོང་མཁན་མི་གནས་པའི་སྐབས་སུ་ཁོའི་ནུ་བོས་ཚབ་བྱས་ནས་འགན་འཁུར་དགོས་པ་གཏན་ལ་ཕབ། དེ་དང་མཉམ་དུ་ད་དུང་ཚོང་ཕྱིར་སློག་མི་ཆོག་པ་དང་གལ་ཏེ་སུས་ སློན་ལ་བསློགས་ན་དེས་མི་སློག་མཁན་ལ་ནས་ཁལ་བཞིའི་ཆད་པ་སྤྲོད་དགོས་ཚུལ་ཡང་གསལ་པོར་བྲིས་ཡོད་པ་དང་། གཞན་ཡང་གན་རྒྱ་འདི་ཇི་བཞིན་དུ་ལག་བསྟར་བྱེད་ཆེད་བློན་ལྷ་བཟང་ལྷ་རྟོན་དང་། འང་ཧིང་ཙེ་དང་། ཨན་ཧེང་ཙེ་དང་། ཅང་ཞུན་ཞུན་ལ་སོགས་པས་དཔང་རྒྱ་བཀོད་ནས་བདེན་དཔང་བྱས་ཡོད། དེ་ཡང་གན་རྒྱའི་ནང་དོན་ལས་ངེས་ཐུབ་པ་ནི། ཉོ་ཚོང་བརྒྱབ་རྗེས་རྐྱེན་གང་རུང་གིས་སླང་ཉོ་མཁན་གྱི་ཁེ་ཕན་ལ་ཕམ་ཉེས་བྱུང་ཚེ་འཚོང་མཁན་གྱིས་དང་ལེན་བྱ་དགོས་པའི་འགན་ཁུར་དང་། འཚོང་མཁན་མི་གནས་པའི་སྐབས་ཀྱི་འགན་ཚབ་འཁུར་མཁན། ཚོང་སློག་བྱེད་པའི་ཆད་པ་བཅས་གཏན་ཁེལ་བྱས་ཡོད་པས་ཉོ་མཁན་གྱི་ཁེ་ཕན་སྲུང་སྐྱོབ་བྱས་ཡོད་པ་དང་། མཐོ་རིམ་དཔོན་པོ་བློན་ལྷ་བཟང་ལྷ་རྟོན་དང་བཅས་མི་བཞིས་བདེན་དཔང་བྱས་ཏེ་ལག་ལེན་དོན་འཁྱོལ་ཡོང་ཐབས་དང་གན་རྒྱའི་གཟབ་ནན་རང་བཞིན་མཚོན་པར་བྱས་འདུག གན་རྒྱ་འདི་ལས་ཉོ་ཚོང་བྱེད་མཁན་གྱི་ཕྱོགས་གཉིས་ཀའི་འགན་དབང་དང་ལག་བསྟར་བྱེད་ཐབས་གསལ་པོར་བཀོད་འདུག་པས། སྤྱིར་བཏང་གི་གན་རྒྱའི་བརྗོད་བྱ་གཙོ་བོ་ཆ་ཚང་བ་ལྡན་པའི་ཕྱིར་དེང་རབས་ཀྱི་ཉོ་ཚོང་གན་རྒྱ་དང་ཁྱད་པར་ཆེན་པོ་མེད་དོ། །

འདི་འདྲའི་གན་རྒྱའི་ཡི་གེ་ཧུན་ཧོང་གཏེར་ཡིག་ཁྲོད་དུ་ད་དུང་མང་ཙམ་ཡོད་པ་དཔེར་ནP. T. 1086 དངP. T. 1296ལྟ་བུའོ། །དེ་ལྟ་ན་སྐབས་དེར་གན་རྒྱའི་ཡི་གེ་རྒྱུགས་ཆེ་བ་དང་ཡིག་ཐོག་གི་གན་རྒྱ་འབྲི་རྒྱུ་ནི་ཉོ་ཚོང་གི་བྱེད་སྒོ་སྤེལ་ཐབས་གལ་ཆེན་ཞིག་ཡིན་པས་ཚོང་ལས་བྱ་འགུལ་ལ་ཚད་ལྡན་རང་བཞིན་ཡོད་པར་མངོན།

༢. གན་རྒྱ་འདིའི་ནང་དུ་ཉོ་ཚོང་བྱེད་མཁན་གྱི་མི་གཉིས་ལས་སླང་ཉོ་མཁན་གྱི་མིང་ལ་འང་གྭང་ཧིང་ཟེར་བ་དང་། སླང་འཚོང་མཁན་གྱི་མིང་ལ་ཟིང་ནུ་ཀུ་སྦོང་ཞེས་ཟེར། སླང་ཉོ་མཁན་འང་གྭང་ཧིང་གི་རུས་མིང་ལ་བལྟས་ན་ཁོ་ནི་རྒྱ་རིགས་ཤིག་ཡིན་པར་གསལ་ཞིང་སྡེ་བ་གང་ལ་གཏོགས

པ་གན་ཀྲུའི་ནང་བྲིས་མེད་པས་མི་ཤེས་མོད། ཏུན་ཧོང་ས་ཆར་བོད་ཀྱིས་དབང་བསྒྱུར་བའི་ལོ་རྒྱུས་ལྟ་ན། སྤྱི་ལོ༧༨༦ལོར་བོད་བཙན་པོའི་སྲིད་དབང་གིས་ཏུན་ཧོང(སྐབས་དེར་ཤ་ཅུ་ཟེར)ཕབ་རྗེས་ཐང་རྒྱལ་རབས་ཀྱི་ལམ་ལུགས་རྙིང་པ་བསྒྱུར་ནས་ས་ཆ་དེར་བོད་རང་སའི་དཔེ་ལྟར་སྟོང་སྡེ་བཙུགས། སྤྱི་ལོ༧༨༦ནས༨༤༨ལོ་བར་བོད་ཀྱིས་ཏུན་ཧོང་ཆབ་འོག་ཏུ་བཟུང་བའི་རིང་ལ་སྔ་རྗེས་སུ་ཉན་ཟ་ཡི་སྡེ་དང་། དར་བའི་སྡེ། སྟོད་ཀྱི་སྡེ། སྨད་ཀྱི་སྡེ། ཡར་ལུང་སྡེ་སོགས་གཡུང་གི་མི་སྡེ༧དང་། རྒོད་སར་གྱི་སྡེ་དང་སྟོང་སར་གྱི་སྡེ། སྙིང་ཚོམ་གྱི་སྡེ་བཅས་རྒྱའི་རྒོད་ཀྱི་སྟོང་སྡེ༣དང་། གཞན་ཡང་མཐོང་ཁྱབ་ཀྱི་སྡེ༡བཅས་སྟོང་སྡེ༡༡བཙུགས་ཡོད་པར་སྣང་། འོ་ན་གོང་ནས་བཤད་པའི་གླང་ཆེ་མཁན་འང་གུང་ཧིང་ནི་སྨོས་མ་ཐག་པའི་རྒྱའི་རྒོད་ཀྱི་སྟོང་སྡེ་གསུམ་མམ་མཐོང་ཁྱབ་ཀྱི་སྡེ་གང་རུང་ལ་གཏོགས་ཤས་ཆེ་སྙམ། ཡིན་ན་ཡང་སྟོང་སྡེའི་ནང་ཁུལ་དུ་མི་རིགས་སོ་སོ་འདྲེས་སྡོད་ཀྱི་གནས་ཚུལ་ཡང་ཡོད་པས་བརྟག་པར་འཚལ། གན་ཀྲུའི་ནང་གི་གླང་འཚོང་མཁན་ཟིང་ནུ་ཀུ་སྲོང་ཞེས་པ་ནི་འ་ཞ་བ་ཡིན་པ་དང་འ་ཞ་མ་ག་དོ་ཅིན་གྱི་སྡེ་ལ་གཏོགས་པ་གན་ཀྲུ་རང་ལས་གསལ། ཁོའི་མིང་ནི་གན་ཀྲུའི་ནང་དུ་ཐེངས་གསུམ་ལ་བྱུང་ཞིང་ཐེངས་དང་པོར་ཟིང་ནུ་ཀུ་སྲོང་ཞེས་བྲིས་ཡོད་པ་དང་། གཞན་གཉིས་ལས་ནུ་ཀུ་སྲོང་ཞེས་རུས་བསྐུངས་ནས་བྲིས་ཡོད་ཅིང་། ཁས་ལེན་མཁན་ཁོའི་ནུ་བོའི་རུས་མིང་ལ་ཟིང་ཤ་ཅུ་སྐྱེས་ཟེར་བ་ལ་བརྟགས་ན། ཟིང་ནི་ཁོ་ཚོའི་ཁྲིམ་རྒྱུད་ཀྱི་རུས་ཡིན་དགོས་པ་དང་། ཤ་ཅུ་སྐྱེས་ཟེར་བ་ཡུལ་ཤ་ཅུ་ནས་སྐྱེས་པར་མངོན། འ་ཞ་ནི་མཚོ་སྔོན་པོའི་བྱང་ཤར་རྒྱུད་ཀྱི་རྒྱལ་ཕྲན་ཞིག་ཡིན་ལ་དུས་རབས་བདུན་པ་སྟེ་སྤྱི་ལོ༦༦༣ལོར་བོད་བཙན་པོའི་མངའ་འོག་ཏུ་བསྡུས་རྗེས། འ་ཞའི་སྟོང་སྡེའི་ལམ་ལུགས་ཀྱང་སྔར་ལྟར་སོར་བཞག་བྱས་ཡོད། བོད་ཀྱི་དཔའ་བའི་སྡེ་གསུམ་ལས་སྨད་ཀྱི་དཔའ་བའི་སྡེ་ཡིས་འ་ཞ་སྟོང་སྡེ་དྲུག་ཕབ་པའི་ཚུལ《ཆོས་འབྱུང་མཁས་པའི་དགའ་སྟོན》ལས་གསལ་བའི་ཕྱིར། འ་ཞ་མ་ག་དོ་ཅིན་གྱི་སྡེ་ཞེས་པ་བོད་ཀྱིས་ཕབ་པའི་འ་ཞ་སྟོང་སྡེ་དྲུག་གི་ནང་ཚན་ཞིག་ཡིན་ནམ་སྙམ། དེ་དང་འདྲ་བར་འ་ཞ་བོར་ཐན་གྱི་སྡེ་དང་མག་ལ་བར་གྱི་སྡེ་ཞེས་པ་ཡང་ཏུན་ཧོང་གཏེར་ཡིག་ནང་དུ་བྱུང་བས་ན། བོད་ཀྱིས་ཏུན་ཧོང་ས་ཆར་དབང་བསྒྱུར་དུས་རྒྱའི་སྟོང་སྡེ་དང་འ་ཞའི་སྟོང་སྡེ་ཁྱབ་མཉམ་དུ་ཡོད་པ་དང་འ་ཞའི་སྟོང་སྡེ་ལོགས་སུ་བཙུགས་ཡོད་པར་གསལ། དེ་ལྟར་མི་རིགས་མི་གཅིག་པའི་སྟོང་སྡེ་ཁག་བོད་བཙན་པོའི་ཆབ་སྲིད་གཅིག་གྱུར་གྱི་མངའ་འོག་ཏུ་འདུས་ཤིང་ཚོང་ལས་སྤེལ་རེས་བྱས་པ་ལས་ཕན་ཚུན་འབྲེལ་བ་དམ་པོ་ཡོད་པ་ཤེས་ཐུབ། གླང་ཆེ་བའི་གན་ཀྲུ་འདིའི་ནང་དུ་བདེན་དཔང་བྱེད་མཁན་མི་བཞི་ཡོད་དེ། བློན་ལྷ་བཟང་ལྷ་རྟེན་དང་། འང་ཧི་ཅེ་དང་། ཨན་ཧེང་ཅེ་དང་། ཅང་ཞུན་ཞུན་བཅས་ཡིན་ལ། དཔང་མི་དང་པོར་བཀོད་པའི་བློན་ལྷ་བཟང་ལྷ་རྟེན་ནི་ས་ཆ་དེའི་བློན་གྱི་གོ་ས་ལྡན་པའི་བོད་རིགས་དཔོན་པོ་ཞིག་ཡིན་པ་མངོན་གསལ་ཡིན་ཏེ། འདི་དང་མཚུངས་པའི་གན་ཀྲུ

གཞན་ཞིག་སྟེP. T. 1297(3)ཞེས་པའི་ཏ་ཉོ་བའི་གན་རྒྱའི་ནང་དུ་ཡང་བློན་ལྷ་བཟང་ལྷ་རྟོན་དཔང་མིར་བསྣད་ནས་མིང་རྟགས་བཀོད་འདུག གན་རྒྱ་དེའི་ནང་གི་ཏ་བདག་སྐྱུའ་རྩ་ལྷ་བརྩན་ཞེས་པ་དེ་ཚད་སྟོད་ཀྱི་སྡེ་ཡིན་ཞེས་གསལ་ཞིང་དེ་ནི་སྔར་བཤད་པའི་སྟོང་སྡེ༡༡ནང་གི་སྟོད་ཀྱི་སྡེ་ཡིན་དགོས། དཔང་མི་ནི་གན་རྒྱ་འབྲི་བའི་ཉོ་ཚོང་རྒྱག་མཁན་གྱི་ཕྱོགས་གཉིས་ཀས་ཁས་ལེན་ཞིང་ལྷ་རྟོག་གི་ནུས་པ་ལྡན་པ་ཞིག་ཡིན་དགོས་ཤིང་། བློན་ལྷ་བཟང་ལྷ་རྟོན་ནི་བློན་གྱི་གོ་ས་ནས་དཔང་མིར་བསྣད་ན་དེ་འདྲའི་ནུས་པ་ཐོན་པའི་ཕྱིར། ཚོང་བདག་དང་ཉོ་མཁན་ནི་བློན་ལྷ་བཟང་ལྷ་རྟོན་གྱིས་དོ་དམ་བྱེད་པའི་སྟོང་སྡེ་ལ་གཏོགས་པར་སྣང་། དོན་དམ་དུ་སྐབས་བབ་ཀྱི་བློན་ནི་ཡུལ་དེའི་རྫོང་དཔོན་ནམ་རྩེ་རྗེ་ཡིན་ནོ། །དཔང་མི་གཞན་པ་གསུམ་སྟེ་འང་ཧེང་ཙེ་དང་ཨན་ཧེང་ཙེ། ཙང་ཞུན་ཞུན་ནི་རྒྱ་མི་ཡིན་ཤས་ཆེ་ཞིང་དེ་གསུམ་ལས་ཨན་ཧེང་ཙེ་ནི་གོང་སྨོས་ཤ་ཙུའི་རྒྱའི་ཁྲོད་ཀྱི་སྟོང་སྡེ་ཞིག་གི་ཞིང་དཔོན་ལ་བསྣད་མྱོང་བ་དང་། འང་ཧེང་ཚེ་ནི་ཨན་ཧེང་ཙེའི་སྔོན་དུ་བཀོད་འདུག་པའི་མིང་གི་གོ་རིམ་ལ་བལྟས་ན་འང་ཧེང་ཙེ་ཡི་གོ་ས་ནི་ཨན་ཧེང་ཙེ་ལས་མཐོ་བར་སྙམ། གན་རྒྱ་འདི་བོད་ཀྱིས་ཏུན་ཧོང་ས་ཆར་དབང་བསྒྱུར་སྐབས་སུ་བྲིས་པ་ཡིན་པ་གདོན་མི་ཟ་ཞིང་། འབྲི་བའི་དུས་ནི་ཡོས་བུ་ལོ་ཡིན་པ་གན་རྒྱ་རང་ལས་གསལ་མོད། བོད་ཀྱིས་ཏུན་ཧོང་ས་ཆར་དབང་བསྒྱུར་བའི་དུས་ཏེ་སྤྱི་ལོ༧༢༨ནས༨༦༢བར་ཡོས་བུའི་ལོ༨ཡོད་པས་གང་ལ་ངོས་འཛིན་བྱ་དགོས་ཤེ་ན། གན་རྒྱའི་ནང་གི་བདེན་དཔང་བྱེད་མཁན་གྱི་ཡ་གྱལ་ཨན་ཧེང་ཙེ་ཞེས་པ་དེ་རྒྱའི་ཁྲོད་ཀྱི་སྟོང་སྡེ་ཞིག་གི་ཞིང་དཔོན་ལ་བསྣད་མྱོང་ཞིང་། རྒྱའི་ཁྲོད་ཀྱི་སྟོང་སྡེ་འཛུགས་པའི་དུས་ནི་སྤྱི་ལོ༨༢༢ཡིན་པས། དེ་དང་ཐག་ཉེ་བའི་ཡོས་བུ་ལོ་ནི་སྤྱི་ལོ༨༣༥ཡིན་ལ། དེའི་རྗེས་ཀྱི་ཡོས་བུ་ལོ་སྤྱི་ལོ༨༤༧ལོར་འཁེལ་ཞིང་། དེ་ནི་བོད་བཙན་པོའི་སྲིད་དབང་ཉམས་དམས་སུ་འགྲོ་བར་ཐུག་གྲབས་ཡོད་པའི་ཕྱིར། གན་རྒྱ་འདིའི་ནང་གི་ཡོས་བུ་ལོ་ཞེས་པ་ནི་སྤྱི་ལོ༨༣༥ཡིན་དགོས་པས་གན་རྒྱ་འདི་ཡང་ལོ་དེར་བྲིས་པར་སྙམ།

མཇུག་བསྡུ་བའི་གཏམ།

ཏུན་ཧོང་བྲག་ཕུག་ནས་བྱུང་པའི་ཨང་རྟགསP. T. 1095ཅན་གྱི་གན་རྒྱ་འདི་གན་རྒྱའི་ཡི་གེ་ཕལ་པ་ཞིག་ཡིན་ནའང་དེའི་བསྟན་དོན་ལ་ཕྱོགས་མང་པོ་འདུས་ཏེ། གཅིག་ནས་ཏུན་ཧོང་ས་ཆ་བོད་ཀྱིས་བཟུང་བའི་སྐབས་སུ་ཚོང་ཟོག་ཉོ་ཚོང་བྱེད་པའི་གནས་ཚུལ་དང་། གཉིས་ནས་མི་རིགས་མི་གཅིག་པའི་སྟོང་སྡེ་བར་གྱི་འབྲེལ་བ་དང་། གསུམ་ནས་སྐབས་དེའི་གན་རྒྱའི་ཡི་གེ་འབྲི་སྟངས་སོགས་ལ་རྒྱུས་ལོན་བྱེད་ཐུབ། གན་རྒྱ་འདི་ལ་བལྟས་ན་སྐབས་དེའི་ཚོང་ཟོག་ཉོ་ཚོང་བྱེད་ཚུལ་ནི། ཕྱོགས་གཉིས་ཀས་རང་སོས་རང་འཐད་ཀྱི་སྒོ་ནས་ཉོ་ཚོང་བརྒྱབ་ཅིང་གན་རྒྱ་བྲིས་ཏེ་དཔང་མིས་བདེན་དཔང་བྱ་དགོས་པ་ཞིག་

ཡིན་པར་གསལ་བས། ཚོང་ཟོག་ཉོ་ཚོང་བྱེད་པའི་བྱ་བ་དེ་ཁྲིམས་ལུགས་ཀྱི་ཁོངས་སུ་བསྡུས་ཤིང་ལུགས་ལྟར་སྤྱོད་དགོས་པའི་ཕྱིར། མི་དམངས་ཀྱི་དཔལ་འབྱོར་འཚོ་བའི་ཁྲིད་ཀྱི་ལུགས་མཐུན་གྱི་ཁེ་ཕན་ལ་ཁྲིམས་ཀྱིས་སྲུང་སྐྱོབ་ཐོབ་ཡོད་པ་མངོན། དེར་མ་ཟད་སྐབས་དེའི་ཕྱོགས་མཚུངས་ཀྱི་ཡིག་ཆ་གཞན་དག་དང་བསྡུར་ནས་བརྟགས་ན། བོད་བཙན་པོའི་རྒྱལ་རབས་སྐབས་སུ་ནང་དོན་ཕུན་སུམ་ཚོགས་ཤིང་ཁྱབ་བརྡལ་དུ་གྱུར་པའི་ཙུང་ཆ་ཚང་བའི་ཁྲིམས་ལུགས་ཀྱི་མ་ལག་ཀྱང་ཆགས་ཡོད་པ་དང་། གན་རྒྱའི་ནང་གི་མི་སྣ་ནི་སྟོང་སྡེ་གཉིས་དང་མི་རིགས་གསུམ་ལ་གཏོགས་པ་སྟེ། སྟོང་སྡེ་གཉིས་ནི་འ་ཞ་མ་ག་དོ་ཅིན་གྱི་སྡེ་དང་རྒྱའི་གྲོང་གི་སྟོང་སྡེ་ཡིན་ལ་མི་རིགས་གསུམ་ནི་བོད་དང་རྒྱ། འ་ཞ་བཅས་སོ། །དེས་ན་བོད་ཀྱིས་དབང་བསྒྱུར་བའི་དུས་ཀྱི་ཏུན་ཧོང་ནི་སྟོང་སྡེ་མང་པོ་དང་མི་རིགས་འགའ་ཤས་འདྲེས་སྡོད་ཀྱི་ས་ཆ་ཞིག་ཡིན་ཞིང་། མི་རིགས་དང་སྟོང་སྡེ་དེ་དག་བར་ཚོང་ལས་སྤྱེལ་ཞིང་འབྲེལ་འདྲིས་ཆེ་བ་དང་། ཚོང་ཟོག་དཔལ་འབྱོར་དར་བ་དང་མི་རིགས་ཁག་བར་མཛའ་མཐུན་གྱི་འབྲེལ་བ་ལྡན་པའང་ཤུགས་ལ་བསྟན་ཡོད། ཉོ་མཁན་རྒྱ་རིགས་ཀྱིས་ཚོང་བདག་འ་ཞ་བའི་ལག་ནས་གླང་ཉོ་བའི་གན་རྒྱ་འདི་བོད་ཡིག་གིས་བྲིས་ཡོད་པ་ལ་གཞིགས་ན། བོད་ཀྱིས་ཏུན་ཧོང་ས་ཆར་དབང་བསྒྱུར་བའི་དུས་སུ་བོད་ཡིག་ནི་རྒྱུན་སྤྱོད་ཀྱི་སྐད་ཡིག་ཡིན་པས་ཡུལ་གྲུ་དེའི་མི་རིགས་སོ་སོས་མཉམ་དུ་བཀོལ་བ་དང་། བཀོལ་སྤྱོད་ཀྱི་ཁོངས་ནི་ཆབ་སྲིད་དང་དཔལ་འབྱོར། ཁྲིམས་ལུགས་སོགས་སྤྱི་ཚོགས་འཚོ་བའི་སྒོ་ཀུན་ལ་ཁྱབ་ཡོད་དོ། །

མཆན།

[1] བསོད་ནམས་སྐྱིད་དང་དབང་རྒྱལ་གྱིས་ཕྱོགས་སྒྲིག་དང་འགྲེལ་བཤད་བྱས་པའི《ཏུན་ཧོང་ནས་ཐོན་པའི་གནའ་བོའི་བོད་ཡིག་ཤོག་དྲིལ།》1983ལོར་མི་རིགས་དཔེ་སྐྲུན་ཁང་།

[2] དཔའ་བོ་གཙུག་ལག་ཕྲེང་བས་བརྩམས་པའི《ཆོས་འབྱུང་མཁས་པའི་དགའ་སྟོན།》1986ལོར་མི་རིགས་དཔེ་སྐྲུན་ཁང་།

[3] 山口瑞风：《吐蕃统治敦煌》 [A] 《国外藏学研究择文集》(第1集)(C)西藏人民出版社，1985年。

[4] 赵星华：《敦煌落番旧事》 [A] 民族出版社，2004年。

[5] 黎宗华、季挺恺：《安多藏族史略》 [A] 青海民族出版社，1992年。

[6] 金滢坤：《吐蕃统治敦煌时期的部落使考》 [J] 民族研究，1992（2）。

《ནུབ་བྱང་མི་རིགས་སློབ་གྲྭ་ཆེན་མོའི་རིག་གཞུང་དུས་དེབ།》༢༠༡༠ལོའི་དེབ་གཉིས་པ་ལས་བཏུས།

༄། །ཏུན་ཧོང་བོད་ཀྱི་ཡིག་ཆ《སུག་ཙུའི་དབང་པོ་སུ་ཧོ་ཡིས་མཆིད་གསོལ་བའི་ཡི་གེ》ཞེས་པར་དཔྱད་པ།

ཤ་བོ་རབ་བརྟན།

སྤྱི་ལོ844ལོར་དར་མ་ཨུ་དུམ་བཙན་གྲོངས་རྗེས། བོད་བཙན་པོའི་ཆབ་སྲིད་དབུ་གཡོ་གཉིས་སུ་གྱེས་ནས་རྩོད་ཅིང་། རིམ་གྱིས་མདོ་ཁམས་ཕྱོགས་སུ་ཁེང་ལོག་བྱུང་བ་དང་བསྟུན་བོད་ཁམས་སིལ་བུར་ཐོར་ཏེ་བཙན་པོའི་རྒྱལ་རབས་ཡོངས་སུ་མཇུག་བསྒྲིལ། སྤྱི་ལོ848ལོར་ཏུན་ཧོང་ས་ཆའི་ཡུལ་དཔོན་ཀྲང་ཡི་ཁྲའོ(张议潮)ཡིས་བོད་ཀྱི་སྲིད་དབང་མཐའ་རུ་བསྐྲད་པར། ཐང་གུར་གྱི་གོང་མས་ཀྭས་ཡི་ཙུན་ཅེ་ཧྲོག(归义军节度使)གི་དམག་སྲིད་ལས་ཁུངས་ཤིག་གསར་དུ་བཙུགས་ནས། ཀྲང་ཡི་ཁྲའོ་དེ་ཡི་མངའ་མཛད་དུ་བསྐོས་ཤིང་ལས་ཐབས་བསྐུལ། དེའི་ཕྱིས་སུ་ཀྲང་ཡི་ཁྲའོ་ཁྲིམ་བརྒྱུད་དང་ཚའོ་ཡི་ཅིན་གྱི་བརྒྱུད་པ(曹议金)དག་གིས་ལོ་ངོ་ཉིས་བརྒྱ་ལྷག་གི་ཡུན་ལ་ཧ་སི(河西)ཕྱོགས་དེར་མངའ་དབང་བསྒྱུར། དར་མཐའ་རྒྱུད་པའི་ཆོས་ཉིད་ལྟར། ཚའོ་ཡི་ཅིན་གྱི་གདུང་རབས་བཞི་པ་ཚའོ་ཡོན་ཀྲུང(曹元忠)གིས་སྲིད་སྐྱོང་སྐབས་ཀྭས་ཡི་ཙུན་གྱི་ཆབ་སྲིད་སྟོབས་ཤུགས་དར་བའི་རྩེ་མོར་བསླེབས་ཡོད་མོད། འོན་ཀྱང་དེ་ཡི་དུས་མཇུག་ཙམ་ནས་རིམ་གྱིས་འགྲིབ་འགོ་བཙམས་ཏེ་ཡུལ་གྱི་ས་ཁོངས་ཀྱང་སྔར་བས་ཇེ་ཆུང་དུ་ཕྱིན་པར་མ་ཟད། དུས་སྐབས་དེ་དག་ཏུ་ཧ་སི་ཕྱོགས་འདིར་སྲིད་ཀྱི་མངའ་ཐང་དར་བ་ནི་ཀན་ཙུའི་ཧོར་བའི(甘州回纥)རྒྱལ་ཕྲན་དེ་ཉིད་ཡིན་ལ། དེ་ཡི་སྟོབས་ཤུགས་རིམ་གྱིས་རྒྱས་པ་དང་བསྟུན་ནས། ད་ལྟའི་ཀན་སུའུ་ཙུག་ཆེན་དང་ཀྲང་ཡེའི་ས་ཁུལ་རྣམས་དབང་དུ་བྱས་པ་དང་། ཡར་ལ་ཚའོ་ཡོན་ཀྲུང་གི་སྲིད་དབང་ཕན་ཚུན་དབར་རེས་རྩོད་རེས་འདུམ་གྱིས་གནས་དགོས་པར་བྱུང་ཡོད། དེས་ན་མཆིད་ཡིག་ཆ་འདི་ཉིད་ཀྱང་སྐབས་དེ་ཤེད་དུ་བྱུང་བར་གདའ་བས། ཡུལ་ཁམས་དེའི་ལོ་རྒྱུས་གནས་ཚུལ་བྱེ་བྲག་ལ་ངེས་ཤེས་ཅུང་ཟད་སྐྱེད་ཐུབ་ཕྱིར། ཁོ་བོས་ཏུན་ཧོང་ནས་ཐོན་པའི་རྒྱ་ཡིག་གི་ཡིག་ཆ་ཁ་ཤས་དང་འབྲེལ་ཏེ་དཔྱད་པར་བྱའོ། །

དང་པོ། མ་ཡིག་དང་དེའི་དོན་གོ་བདེར་བཀྲལ་བ།

ཡིག་ཆ་འདི་ནི་ཧྥ་རན་སིའི་སྐུ་ཞབས་ལྷ་ཀླུ་མཆོག་གིས་བསྡུ་སྒྲིག་གནང་བའི་ཏུན་ཧོང་བོད་ཀྱི་ཡིག་

ཆའི་དཀར་ཆག་ཕྱོགས་བསྒྲིགས་སུ་བཙུག་ཡོད་ཅིང་། རྒྱ་རན་སི་བ་པའི་ལུ་ཐིསp. t. 1189ཞེས་ཨང་རྟགས་བཀོད་པའི་ཤོག་དྲིལ་དེའི་ངོས་ཕྱི་མར་མཆིད་ཡིག་འདི་དང་མི་མཐུན་པའི་དུམ་བུ་གཞན་ཞིག་མཆིས་སོད། ནང་དོན་ཁ་མི་ཚང་ཞིང་འཕྲོ་གང་ཡིན་མི་གསལ་བས། སྐབས་བབ་ཀྱི་དཔྱད་ཡུལ་དུ་མ་བཟུང་། མཆིད་ཡིག་འདིར་བསྡོམས་ཡིག་ཕྲེང་ཉེར་བརྒྱད་མཆིས་པ་ཡིག་རིས་གསལ་ཞིང་ངོས་གཙང་བ་མ་ཟད། ནང་དོན་ཧྲིལ་པོ་མཐར་ཆགས་སུ་བཀླག་ཐུབ་པ་ནི་གཤམ་ལྟར།

ཏ་སེ་ཅེར་ཧོ[1]ཐྲིར་ཐེའི་འཕྱོང་ཀྱི་ཞ་སྔར། སུག་ཅུའི་དབང་པོ་སི་ཧོ་ཀྱིས་མཆིད་གསོལ་བ། ཐྲིན་ཐེའི་འཕྱོང་ཀྱི་ཞ་སྔ་ནས། །དཀུན་ཚོགས་མཐའ་མ[2]ལ་བབ་སྟེ། །ད་ཙུང་དགུང་ལྷགས་ཆེ་བ་དང་། །བྱུང་ངོས་ཀྱི་བཙན་འབབས་མང་པོ་ལ་མངའ་མཛད་པའི་ཐུགས་ཁྲལ་གྱིས་རབ་ཏུ་འོ་བརྒྱལ་ན། །རིན་པོ་ཆེ་སྐུ་གཉེན་པོ་ལས་སྙུན་བཞེངས[3]སམ་མ་བཞེངས། །མཆིད་ཡི་གེ་ལས་སྙུན་གསོལ་ཞིང་མཆིས། །ཐྲིན་ཐེའི་འཕྱོང་ཀྱི་ཞ་སྔ་ནས། །བདག་ཅག་ངན་པ་ཡང་། འདིར་མཆིས་ན། །དར་འདོས་ཞྱིན་འཛོ་རྟག་པར་ཡར་སྲ་བགྱིད[4]པའི་སླད་བཞིན། རྒྱལ་པོ་ལ་ཞུས་པ་ལས། །རྒྱལ་པོ་ཀྱིས་ཀྱང་། །དར་འདོས་ཞྱིན་འཛོ་འི་སློན་པོ་བྱ་རོག། །སྟོང་སྡེ་འི་མགོ་རྣམས་ལ་ལུང་སོལ་བགྱིས། །དར་འདོས་ཞྱིན་འཛོ་འི་སློན་པོ་བྱ་རོག་རྣམས་ཀྱང་། །བཟང་མ་ལུས་པར་བཙས། སུག་ཅུར་མཆིས་ནས། །དེའི་ཡུན་ཟེ[5]འི་གཙུག་ལག་ཁང་དུ། །ད་ཏར་ཇུ་དུལ་ཧོར་བཙས། གནམ་མཐོ་མཐའ་ཚོགས་བགོས། །ཕྱི་ཅིག་ལྷག་ཅིག་ཏུ་བགྱིས། །ཡར་ཤ་ཅབ་ཕྱོགས་སུ་དི་རིང་ཕན་ཅད། །རྟ་མགོ་མྱི་བསྟན་སྲ་མྱི་རྒྱུག་པར་བགྱིས། །གང་ཞིག་རྐྱག་ནས་སོང་འམ། །སྤ་རྒྱུགས་བྱས་ཏེ་རྟ་སྒ་བསྟད་དེ། ཤ་ཙུ་ཕྱོགས་ཏག་བྱི་བ་ཡོད་ན། བུ་བྲས་ན་ཕ་བསད་པར་བགྱིས། ། ནུ་བོ་སོང་ན་ཕོ་བོ་བསད་པར་བགྱིས། །དེ་ལྟར་བགྱིས་ནས་དམ་ཞག་བཟང་པོར་བགྱིས་ན། །ཤ་ཅབ་ཕྱོགས་སུ་རྐུན་བྱི[6]མི་བཙད་པ་ཅི་ལགས། །དེ་བར་ཡང་ཤ་ཅབ་པ་མྱི་གཉིས་རྐུར་མཆིས་པ། །བདག་ཅག་གྱིས་བཟུངས་ནས་བདག་ཅག་གྱི་སར་མཆིས་པའི་ས་ན། ཧོར་སྡེ་དགུ་ནི་བཅས་བཟང་མ་ལུས་པར་སུག་ཅུར་མཆིས། །རྐུན་མ་མྱི་གཉིས་ངེད་ལ་ཕྱོ་རོག་གི་མཆིའ། །བདག་ངན་པས་བྲོས་མྱི་ལགས་བགྱིས་ནས། །ཅི་ཙམ་སྒྲ་སྙིང་བགྱིས་ནས་ཧོར་ལ་མ་སྨྱུལ། །བདག་གྱི་སར་མཆིས་པའི་ས་ནས། །བདག་ཅག་མཁར་སྣོ་འི་ཡག་ཤེ[7]དང་། །ར་བའི་རྟ་ཚུན་ཅད་བརྐུས་ནས། །བྲོས་ལ་འགྲོ་བ་འདི། །བདག་ལ་སྙི་ཆེད་པོ་བོར་བ་ལས་ལགས་སམ།

ད་ལྟར་ཡང་མྱི་འདི་གཉིས་བདག་སྙི་བོར་བ་དང་། །ཡུལ་མཁར་གྱི་ལྡེ་མྱིག་ད་ལྟ་འདྲ་བར་བཙན་གྱི་མཐའ་རམ[8]དྲལ་བ་འདི། །ཇོ་བོ་ཐེའི་འཕྱོང་ཀྱི་མཁར་ལགས། །འབངས་ཆོས་ཅི་ལྟར་བགྱིད་པ་དེའི་འཕྱོང་མངའ་ཆེ། །མྱི་འདི་གཉིས་བདག་ལ་བསད་མཆིས་པ་ལགས། །ཧོར་ལ་མ་བྱིན་བ་བདག་ཉེས། ། སླད་ནས་ཤ་ཅབ་ཀྱི་ཡོ་ཧོང་ཀུན་ཀྱི་ནུ་བོ་སྨྲས་ཁྱིར་འོངས་པ། །ད་ལྟར་བདག་ཅག་གྱི་ཅང་ཨམ་འགྲ་ལྷ

ལ་སྐྱབས་། །བསྐྱལ་ཞིང་སྲུ་ངར་བརྫངས་།

ཤར་ཕན་ཆད་ད་ལྟ་ཕོ་ན་མི་སྙན་པའི་ཀམ་ཅུད[9]ཅི་ཡང་མ་མཆིས་། །ཀམ་ཅུད་བྱེ་ཞིབ་ནི་། ཅང་ཨམ་འགྲ་ལྷ་ལ་སྐྱབས་ལ་རྨ་བར་ཞུ། །ཞེས་པའོ། །

དེའི་དོན་གོ་བདེ་བར་བཀྲལ་ན། ཧ་སེ་ཅེར་ཧོ་ཐྱེན་ཐའེ་འོང(河西节度天大王)ལགས་ཀྱི་སྤྱན་སྔར། སུག་ཅུའི་དབང་པོ་སུ་ཧོ་ཡིས་གསོལ་བ། ཐྱེན་ཐའེ་འོང་གི་ཞལ་སྔ་ནས། ད་ལྟར་དགུན་ཟླ་ཐ་མའི་དུས་ཚིགས་ལ་སླེབས་པས་གྲང་ལྷགས་ཆེ་བ་དང་། ལྷག་ཏུ་ཞལ་སྔ་ནས་ཀྱིས་བྱང་ངོས་ཀྱི་འབངས་མང་པོར་མངའ་མཛད་དེ་ཐུགས་ཤིན་ཏུ་ངལ་བར་གྱུར་གཤིས། ཉེ་ཆར་སྐུ་བསྟུང་གསོལ་ཞིང་མཆིས་ཞེས་ཐོས། ཞུ་གསོལ་ནི། སྔོན་ཆད་ཡང་ཕོ་བོ་ཅག་གིས་མཆིད་གསོལ་བ་ལྟར། དར་འདོའི་ཨུན་འཛེ་ཕྱོགས་ནས་རྐུན་ཇག་སོགས་ཀྱི་ལས་མཚམས་མ་ཆད་པར་བགྱིས་པ་ལས། དེ་དོན་ཕོ་པ་ཚོའི་རྒྱལ་པོས་ཀྱང་སྙན་དུ་སོན་པ་ལྟར། དར་འདོའི་ཨུན་འཛེའི་རིགས་སུ་སྟོང་སྡེའི་འགོ་པ་རྣམས་ལུང་གིས་བསྐུལ་ཏེ། སུག་ཅུའི་དེའི་ཡུན་ཟེའི་གཙུག་ལག་ཁང་དུ(肃州大云寺)འདུས་ནས། ད་དར་ཏྲུ་དུལ་ཧོར(鞑靼、契丹、回鹘)བཅས་ས་ས་དང་ཡུལ་ཡུལ་ལེགས་པར་བགོས་ཏེ་ཕྱིན་ཆད་ཕན་ཚུན་རྐུན་བྱི་མི་བྱེད་པའི་མནའ་ཐོ་བཅད་ཅིང་དམ་ཚིག་བཟང་པོར་བགྱིས། དེ་ལྟ་ནའང་ཤ་ཅུ(沙州)ཕྱོགས་ནས་སྔར་བཞིན་རྐུན་ཇག་སོགས་ཀྱི་རྒྱུན་མི་འཆད་པ་ཅི་ལགས། དེ་བར་ཡང་ཤ་ཅུ་ཕྱོགས་ཀྱི་མི་གཉིས་རྐུར་འོང་བ་ཕོ་བོ་ཅག་གིས་བཟུང་བར། དེ་གཉིས་ཀྱང་འཁྲོ་བར་མི་རྫོམ་པས་ཕོ་བོ་ཅག་གིས་ཀྱང་ཧོར་སྡེ་དགུའི(九姓回鹘)ཞུ་དོན་བཞིན་མ་བསྐུལ་བར་བཟུང་སྟེ་མཆིས། ཤ་ཅུ་ཕྱོགས་ཀྱི་རྐུན་ཇག་འདི་རྣམས་ཀྱིས་ཕོ་བོ་ཅག་གི་མཁར་སྔོ་ཡི་ཡག་ཤ་གོང་འོག་མ་ཟད་ཕྱུགས་རའི་རྟ་ཚུན་ཆད་བརྐུས་ནས་འཁྲི་བ་འདི། ཕོ་བོ་ཅག་ལ་བརྙས་སྨོད་བྱས་པ་ཅི་ལ་མིན། ད་ལྟ་མི་འདི་གཉིས་བྱུང་བ་ཡང་དེ་ཕོ་ན་ཉིད་དུ་ངེས། མཁར་སྔོ་བཙན་པོ་འདིའི་བདག་དབང་ཡུལ་མཁར་གྱི་ལྡེ་མིག་དང་འདྲ་བ་ནི་ཇེ་བོ་ཁྱེད་ཉིད་ལ་མངའ། འབངས་ཚོས་ཇི་ལྟར་བགྱིས་པ་དེའི་འོང་དབང་ཆེ་བས། རྐུན་མ་འདི་གཉིས་གསོད་ཁྲིམས་ལ་སྒྱུར་བར་ཅི་གནང་། ཚུལ་འདི་འདྲ་འབྱུང་བ་ཕོ་བོས་སྔར་ནས་རྟོགས་ཡོད་ཚེ་མི་འདི་གཉིས་ཧོར་སྡེ་དགུ་ལ་སྤྲོད་སྲིད། ཧོར་ལ་མ་བྱིན་པ་ནི་ཕོ་བོ་ཉེས། ཕྱིས་སུ་ཤ་ཅུའི་ཡོ་ཧོང་ཀུན་གྱི་ནུ་བོ་ཕོ་ཚོས་བཟུང་སྟེ་ངེད་ཅག་ལ་སྤྲད་ཡོད་པ་དེ། ཕོ་ཉ་བ་ཅང་ཨམ་འགྲ་ལྷ་ལ་སྐྱབས་ལ་བསྐུལ་ཏེ་ཇོ་བོ་ཁྱེད་ཀྱི་སྤྱན་སྔར་བཏང་ཡོད། ཤར་ཕན་ཆད་དུ་ད་ལྟ་རྐུན་ཇག་གིས་གཅེས་པ་སོགས་མི་སྙན་པའི་གཏམ་གང་ཡང་མ་མཆིས་པས་ཐུགས་ཁྲལ་གནང་མི་འཚལ། བཀའ་ལུང་ཞིབ་མོ་ནི་ཅང་ཨམ་འགྲ་ལྷ་ལ་སྐྱབས་ལ་སྟོལ་བར་ཞུ། །ཞེས་པའོ། །

གཉིས་པ། མཆིད་ཡིག་བྱུང་བའི་དུས་ལ་རྣམ་པར་དཔྱད་པ།

མཆིད་ཡིག་འདི་ཉིད་ནམ་བྱུང་ཐད། འཇར་པན་གྱི་ཞིབ་འཇུག་པ་ཕུའུ་རོས་ཀྱིས་ཀྲུས་ཡི་ཅུན་གྱི་དུས་སྐབས(归义军时期)སུ་བྱུང་བར་ངོས་འཛིན་གནང་ཡོད། རྒྱལ་ནང་གི་ཞིབ་འཇུག་པ་རྣམས་ཀྱང་དེའི་རྗེས་སུ་འབྲངས་ནས་སྐབས་དེ་དག་གི་ལོ་རྒྱུས་རིག་གནས་ལ་དཔྱོད་པའི་གཞིར་འདྲེན་པར་བྱེད། དེ་ལྟར་ན་ཏུན་ཧོང་གཏེར་ཡིག་ལས་དངོས་སུ་མི་འབྱུང་ཡང་། ཡིག་སྣ་འགའ་རེའི་ནང་དོན་ཕན་ཚུན་གོ་བསྡུར་བ་ལས་དེ་ལྟ་བུའི་དུས་རགས་པ་ཞིག་ནི་རྟོགས་ཐུབ་ཅིང་། དེ་ལ་ཕལ་ཆེར་རྩོད་པའི་གནས་མ་མཆིས་ཕྱིར་སྐབས་འདིར་མི་གླེང་། འོན་ཀྱང་ཀྲུས་ཡི་ཅུན་གྱི་དུས་སྐབས་ཞེས་འདོད་པ་དེ་ལས་དངོས་སུ་སྦྱི་གང་ཞིག་ལ་འཁེལ་བ་ཆེར་མི་ཤེས། འདིའི་སྐོར་གྱི་སླུབ་བྱེད་དམ་དེ་དང་ཆ་འདྲ་བ་ཏུན་ཧོང་བོད་ཀྱི་ཡིག་ཆ་དག་ལས་ཞིབ་གསལ་བཀོད་པ་ཕལ་ཆེར་མ་མཐོང་ནའང་། རྒྱ་ཡིག་གི་ཡིག་ཆ་ཨང་རྟགས p. 3412ཅན་ཧོག་ཧོ་ཨན་ཙེ་ཤེན་དང་ཧོག་ཡར་འཛོ་ཙེ་ཁྲང་སོགས་ཀྱིས་ཞུ་བའི་ཡི་གེ་ཞིག་མཆིས་པ་ལས། "……右今月廿日寅时，空僧正、沙弥定昌、押衙唐憨儿等叁人走来，况再胜等闻讯向东消息，言说回鹘、达旦及肃州家相相合，就大云寺对佛设誓，则说向西行兵。其僧正身患，且住三五日，瓜州将患。便取西来，更有微细事理，僧正来日分说谨具状阵闻。谨录状上。……太平兴国陆年十月日都头安再胜、都衙赵再成等"[10]ཞེས་འབྱུང་སྟེ། ཡིག་ཆ་འདི་ཉིད་ལས་བྱུང་བའི"太平兴国"ཞེས་བྱ་བ་སུང་བྱང་མའི་གོང་མ་ཀྲའོ་ཁོང་ཡུན(赵匡胤)ཁྲིར་བཞུགས་སྐབས་ཀྱི་སྤྱི་ལོ976ནས984བར་ཏེ་ལོ་ངོ་བརྒྱད་རིང་གི་ལོ་རྟགས་ཡིན། "太平兴国陆年"ནི་སྤྱི་ལོ981ལ་ཁེལ་འདུག་ཅིང་། མཆིད་ཡིག་འདི་གསོལ་བ་པོ་ཨན་ཙེ་ཤེན་དང་འཛོ་ཙེ་ཁྲང་སོགས་ནི་ཀྭ་ཅུ་ཕྱོགས་ཀྱི་ས་གནས་དཔོན་རིགས་སུ་གཏོགས། ཡིག་ཆ་འདིའི་དོན་ལ་གཞིགས་ན། དགེ་ཚུལ་ཏིང་ཀྲང་སོགས་མ་སླེབས་པའི་ཡར་སྔོན་དུ། ཧོག་ཧོ་ཨན་ཙེ་ཤེན་སོགས་ལ་ཧོར་དང་ད་དར་སུག་ཅུའི་ལུང་ཚང་སོགས་ཀྱིས་དཔུང་དང་བཅས་ཏེ་ཤར་གྱི་ཕྱོགས་སུ་རྒོལ་བར་རྩོམ་པའི་འཕྲིན་འགྱོར་ཡང་། དོན་ལ་དེ་དག་ནས་ཡར་ཀྭ་ཅུ་ཕྱོགས་སུ་རྒོལ་བར་རྩོམ་པའི་ངན་རྩུས་གོ་ནས། ཀྲུས་ཡི་ཅུན་ཅེར་ཧོ་ལ་སྙན་སྒྲོན་ཞུས་པ་ཞིག་ཏུ་ངེས་ཤིང་། དུས་སྐབས་དེར་ནི་ཀྲུས་ཡི་ཅུན་ཅེར་ཧོག་གི་མངའ་ཞབས་སུ་ཤ་ཅུ་དང་ཀྭ་ཅུ་གཉིས་ཀྱི་ཡུལ་ས་ཙམ་ལས་མེད་པར་མ་ཟད། ཀན་ཏྲུ་ཧོར[11](甘州回鹘)ཀྱི་ཆབ་འབངས་སུ་ཚུད་པའི་ད་དར་སོགས་བྱང་ངོས་ཀྱི་སྡེ་རིས་རྣམས་རྟག་ཏུ་ཡར་ཤ་ཅུ་ཕྱོགས་སུ་དགྲ་ཇག་གི་ལས་བྱེད་བཞིན་མཆིས་པའང་རྟོགས་ཐུབ། དེ་ལྟར་ཕྱོགས་གཉིས་ཀའི་མཐའ་ཚིགས་མི་བདེ་བའི་དུས་ཐེང་རྒྱུན་དུ་བྱུང་བ་ལ། ཡུལ་གྲུ་ཕྱོགས་གཉིས་ཀྱི་འགོ་དཔོན་དག་གིས་ཀྱང་ཕན་ཚུན་དུ་ཕོ་ཉ་མངགས་ནས་ཕྱི་ཡི་མཐའ་སོ་བདེ་བའི་སྲིད་ཐབས་ཅི་རིགས་མཛད་ཡོད། ཏུན་ཧོང་ནས་

ཐོན་པའི་རྒྱ་ཡིག་གི་ཡིག་ཆp. 3272vཞེས་རྟགས་བཀོད་པ་དེ་ཏོ། “早者因为有少贼行，已专咨启。近蒙兼惠厚意，无任感钦之至。华翰所云：‘令宰相密六往肃州再设咒誓，自今已后，若有贼行，当部落内随处除剪。’闻此嘉言，倍深感仰。”[12]ཞེས་སོགས་འབྱུང་སྟེ། འདི་ནི་སྤྱི་ལོ967ལོར་ཡན་ཁྲིན་འགུ་བྱི་བ་ཧྭ་ཧ་ཧོར་གྱི་ཡུལ་དུ་ཕོ་ཉར་ཆས་སྐབས། ཀྲས་ཡེ་ཙུན་ཅེར་ཧོག་གི་ལས་འཛིན་ཚའོ་ཡོན་ཀྲུང་གིས་ཧྭ་ཧ་ཧོར་གྱི་རྒྱལ་པོའམ་དེའི་འཁོར་ལ་འཕྲིན་དུ་གནང་བ་ཞིག་ཡིན། ཡིག་ཆ་འདིའི་ནང་དུའང་ཕྱོགས་གཉིས་ཀྱིས་འབྲེལ་ལམ་བཟང་པོར་གཟུགས་ཆེད་ཕོ་ཉ་མངགས་ནས་བཀའ་བགྲོས་ལེགས་པར་གནང་བའི་ཚུལ་གསལ་ཞིང་། ཕྱོགས་གཉི་གའི་སྟོབས་ཤུགས་དོ་མི་མཉམ་པས། སྐབས་འགར་ཤ་ཙུ་ཕྱོགས་ནས་དགྲ་འོངས། སྐབས་ལ་ལར་སུག་ཙུ་སོགས་ཧྭ་ཧ་ཧོར་གྱི་ཕྱོགས་ནས་རྐུན་ཇག་བརྫོལ་ཏེ། ཕྱོགས་གཉི་ཀར་མི་བདེ་བའི་གནས་ཚུལ་རབ་དང་རིམ་པར་བྱུང་བ་ན། ཕོ་ཉ་སོགས་འདུས་ནས་མནའ་བཅད་མཐའ་ཚིགས་བགོས་ཀྱང་ཕན་ཚུན་གང་ལའང་ནུས་པ་ཆེར་ཐོན་མ་ཐུབ་པའི་གནས་ཚུལ་བྱུང་ཡོད་དེ། ཡིག་ཆ་དེར་འབྱུང་བ་ལྟར། ཧྭ་ཧ་ཧོར་གྱི་དེའི་འཁོར་གིས་མེས་ལིག་བྱི་བ་བློན་ཆེན་པོའི་གོ་གནས་ཡོད་པ་ཞིག་ཤ་ཙུ་ཕྱོགས་སུ་ཕོ་ཉར་མངགས་ནས། དེ་རིང་ཕན་ཆད་ཡར་ཤ་ཙུ་ཕྱོགས་སུ་ཇག་བྱེད་པ་ཡོད་ན། ཏུ་སྡེ་ནང་ཁུལ་ནས་ཁྲིམས་ཀྱིས་གཅུན་ངེས་པའི་དམ་བཅས་ཚུལ་གསན་པས། ཚའོ་ཡོན་ཀྲུང་དགའ་སྤྲོ་སྐྱེས་པར་བརྗོད་ཚུལ་ལ་བརྟགས་ན། ཚའོ་ཡོན་ཀྲུང་གི་དུས་ཕྱོགས་གཉིས་ཀྱི་མཐའ་མཚམས་སུ་དགྲ་ཇག་གི་ལས་མང་དུ་འབྱུང་བཞིན་ཡོད་ནའང་། ཕན་ཚུན་བར་དཔོན་གནས་མཐོ་བའི་བློན་ཆེན་སོགས་ཕོ་ཉར་མངག་རེས་ཀྱིས་ཆབ་སྲིད་ཀྱི་འབྲེལ་བ་ལེགས་པོར་ཚུགས་པའི་སྲོལ་ནི་མ་ཉམས་པར་མཆིས། འོན་ཏེ་ཕྱོགས་གཉིས་སུ་མཐའ་ཚིགས་མི་བདེ་བའི་གནས་ཚུལ་ཕྲ་རགས་དེ་འདྲ་བསྐྱུད་མར་འབྱུང་བཞིན་ཡོད་པས། དེ་ལྟ་བུའི་གཏམ་མི་སྙན་པ་གང་ཡང་མི་འབྱུང་བར། དུས་བདེ་ཞོད་འཇགས་སུ་གནས་ཐུབ་ན་ནི། ཚུལ་དེ་ལས་ཡི་རངས་པའི་དོན་གཞན་ཅང་སྲིད་དམ། དེ་ལྟར་ཚའོ་ཡོན་ཀྲུང་གིས་ཅེར་ཧོ་ཡི་འགན་བཞེས་པའི་དུས་ཡུན་ནི་སྤྱི་ལོ946ནས974ཡི་བར་ཡིན་པ་དེའི་དབང་དུ་བྱས་ན། སྐབས་བབ་ཀྱི་ཡིག་ཆ་འདི་ཉིད་ཚའོ་ཡོན་ཀྲུང་གི་དུས་མཇུག་ཙམ་དུ་ཁེལ་ཡོད་པར་ཁོ་བོས་སེམས་ཏེ། གང་ལགས་ཤེ་ན། ཐོག་མར་ཚའོ་ཡོན་ཀྲུང་གིས་ཀྲས་ཡེ་ཙུན་ཅེར་ཧོ་ཡི་ཆབ་སྲིད་ཐུག་ཏུ་བཞེས་པའི་དུས་སྟོད་དམ་དེའི་ཡར་སྟོན་ལ་ཕལ་ཆེར་ཡིན་མི་སྲིད་པ་ནི་འདི་ལྟར། ཏུན་ཧོང་ནས་ཐོན་པའི་རྒྱ་ཡིག་གི་ཡིག་ཆ་ཨང་རྟགསp. 2992ཀྲས་ཡེ་ཙུན་ཅེར་ཧོག་ཚའོ་ཡེ་ཙུན་ལགས་ནས་ཧྭ་ཧ་ཧོར་གྱི་ཧྲིན་ཧྭ་ཁ་ཁྲན་ལ་ཕུལ་བའི་ཞུ་ཡིག་ཅིག་ཡོད་པ་ལས། “季夏极热，伏惟第顺化可汗天子尊体动止万福。即日兄大王蒙恩，……自去年兄大王当便亲到甘州，所有社稷久远之事，共弟天子面对商议平稳已讫。……昨六月十二日，使臣以当道平善到府，兼赍持衣赐分物，并加兄大王官员者，皆是弟顺化可汗天子惠施周备。……”[13]ཞེས་འབྱུང་བ་

ལྟར། ཚའོ་ཡི་ཅུན་གྱིས་ཧྲ་ཏ་ཧོར་གྱི་ཁ་གྭན་ལ་ནུ་བོ་དང་རང་ཉིད་ལ་ཕུ་བོའི་ཚུལ་དུ་བོས་ནས་འཕྲིན་བསྐུལ་བར་མ་ཟད། འཕྲིན་ཡིག་ནང་དུ་འབོད་ལུགས་རེ་རེའི་སྐབས་དེ་ལྟ་བུའི་མིང་བརྡ་ཐབས་སུ་སྦྱར་བ་མང་དུ་བྱུང་ཡོད་པ་སོགས་ཀྱིས་དེ་གཉིས་བར་གཉེན་ཉེའི་འབྲེལ་བ་འཛིན་པའི་ཚུལ་ལས་གཞན། སྐབས་དེའི་ཀྭས་ཡི་ཅུན་ཕྱོགས་ཀྱི་ངར་ཤུགས་ཕ་རོལ་ལས་ཆེ་ཙམ་ཡོད་པའང་ཤུགས་ལ་རྟོགས་ཐུབ། སྐུ་ཞབས་ལུའུ་ཆིན་ཧྥུ(陆庆夫)ལགས་ནས་ཞིབ་འཇུག་གནང་དོན་ལྟར་ན། འཕྲིན་ཡིག་དེ་ལས་བྱུང་བའི“昨六月十二日”ནི་སྤྱི་ལ930ལོའི་ཟླ6པར་ངེས་ཤིང་། འཕྲིན་ཡིག་བསྐུལ་བ་ནི་དེའི་ཕྱི་ལོ931ཡིན[14]པར་གསལ། ལོ་དེའི་ཡར་སྔོན་ལ་ཚའོ་ཡི་ཅུན་གྱི་སྲིད་དབང་དང་ཧྲ་ཏ་ཧོར་གྱི་ཁ་གྭན་བར་འབྲེལ་བ་ཆེས་ཟབ་པར་བྱུང་བས། ཕན་ཚུན་ལ་རྫོངས་སྐྱེས་ཀྲུ་ནོམ་པ་འབུལ་བའི་སྲོལ་ཡང་གནས་ཡོད། འོན་ཏེ། སྤྱི་ལོ934ལོར་ཀམ་ཅུའི་ཡུལ་དུ་ཚའོ་ཡི་ཅུན་གྱི་ཕོ་ཉ་བ་བསད་པའི་དོན་རྐྱེན་ཞིག་བྱུང་བ་དང་བསྟུན། ཕན་ཚུན་གྱི་འབྲེལ་བ་མར་ངོའི་ཟླ་བ་ལྟར་ལོ་རེ་བཞིན་ཐུར་དུ་ཟད་པར་མཐོང་། སྤྱི་ལོ935ལོར་ཚའོ་ཡི་ཅུན་སྐུ་བསྟུངས་ནས་གཤེགས་རྗེས། ཚའོ་ཡོན་ཧྲིན་བྱ་བས་སྲིད་འགན་བསྐྱངས་ནའང་། ཕྱོགས་གཉིས་ཀྱི་འབྲེལ་བར་བཟང་སྐྱིད་བྱུང་མེད་ཚུལ་ཚའོ་ཡོན་ཧྲིན་གྱིས་ཧྲ་ཏ་ཧོར་གྱི་བློན་ཆེ་དགུ་ཡོངས་ལ་ཕུལ་བའི་ཞུ་ཡིག་ཅེས་པ་གོང་གི་ཡིག་ཆ་དེའི་སྲིབ་ངོས་སུ་འཁོད་པའི་ནང་དོན་ལ་དཔགས་ན་ངེས་པ་རྙེད་ཐུབ། དེ་ཉིད་ཀྱིས་སྲིད་དབང་ལོ་ངོ་བཞི་ལྷག་ལས་མ་ཟིན་ཅིང་། དེ་ནས་དེ་ཡི་བུ་ཚའོ་ཡོན་ཀྲུང་བྱ་བས་སྲིད་དབང་ལོ་ངོ་ཉེར་བརྒྱད་ཙམ་བཟུང་བ་སོགས་ལ་བརྟགས་ན། སྐབས་བབ་ཀྱི་ཡིག་ཆ་འདི་ཉིད་ཚའོ་ཡོན་ཀྲུང་གིས་སྲིད་འཛིན་པའི་ཡར་སྔོན་ནམ་དུས་སྟོད་དུ་བྱུང་བའི་ངེས་པ་ནི་རྙེད་དཀའ། དེས་ན་ཚའོ་ཡོན་ཀྲུང་གི་དུས་མཇུག་ཏུ་བྱུང་བ་ཇི་ལྟར་རྟོགས་ཤེ་ན། ཏུན་ཧོང་ནས་ཐོན་པའི་རྒྱ་ཡིག་གི་ཡིག་ཆ་ཨང་རྟགས་p. 2155ཡི་སྲིབ་ངོས་སུ་འཁོད་པའི་ཞུ་ཡིག་དེ་ཉིད་ལས། “……又去五月十五日被肃州家一鸡悉狗作引道人，领达怛贼壹伯已来，于瓜州、会稽两处同日下，为将人口及牛马。……况且兄弟才敦恩义，永契岁寒，有此恶弱之人，不要两地世界。到日伏希兄可汗天子细与寻问，勾当发遣，即是久远之恩幸矣。今因肃州人去谨修状起居咨闻，伏惟照察，谨状。六月日弟归义军节度使特进检校太傅兼中书令曹元忠上”[15]ཞེས་འབྱུང་བའི་དོན་ལ་གཞིགས་ན། དུས་སྐབས་དེར་ཀྭས་ཡི་ཅུན་ཅེར་ཧོ་དང་ཧྲ་ཏ་ཧོར་གྱི་དེའི་ཚོང་ཕན་ཚུན་ལ་དབོན་སྲས་སམ་ཕུ་ནུའི་མིང་གིས་འབོད་སྲོལ་ཙམ་ནི་མཆིས་ཀྱང་། ཚའོ་ཡོན་ཀྲུང་གི་ཚིག་རིས་ལས་རང་ཉིད་ཀྱིས་ཉམ་ཆུང་དམན་ས་འཛིན་པའི་གུས་ལུགས་སྟོན་ཚུལ་མ་ཟད་ཅུང་ཙམ་ཨུ་ཐུག་པའི་རྣམ་འགྱུར་ཞིག་ཀྱང་མཐོང་ཐུབ་པས། དེ་ཡི་ཟིལ་ཤུགས་གདུང་རྒྱུད་ཀྱི་རྒྱལ་པོ་སྔ་མའི་དག་དང་མི་མཚུངས་པར་མ་ཟད། ཕན་ཚུན་གྱི་འབྲེལ་བ་ཡང་ནུབ་ཁའི་ཉི་ཟེར་གྱི་དཔེར་འགྲོ་སྟེ། སྐབས་དེར་སུག་ཅུའི་ཡུལ་དུ་དཔུང་ཤེད་ཆེ་བའི་རུས་ལུང་ཅན་གྱི་ཧོར་པ་དག་ཀྭས་ཡི་ཅུན་ལ་ངོ་ལོག་ནས་ཧྲ་ཏ་ཧོར་གྱི་

ཕྱོགས་སུ་མགོ་བཏགས་ཞུས་ཡོད་ཚུལ་ལས་གསལ་པོར་ཤེས་ཐུབ། དེ་ལ་ལིའུ་ཆེན་ཟྷུ་ཡི་དཔྱད་འབྲས་ལྟར་ན། ཡིག་ཆ་འདི་ཉིད་ཕལ་ཆེར་སྤྱི་ལོ་962ཡས་མས་སུ་དང་། མཆིད་ཡིག་ལས་སུག་ཅུའི་ཕྱོགས་ཀྱི་མི་ཞིག་གིས་ལམ་རྒྱུས་བྱས་ཏེ། ད་དར་གྱི་རྐུན་ཇག་བརྒྱ་སྐོར་ཅིག་ཀྭ་ཅུ་དང་ཧོས་ཅུ་སོགས་སུ་དྲངས་ནས་མི་ཕྱུགས་ལ་གནོད་པར་བྱུང་བ་ནི་སྤྱི་ལོ961ལོ་ཙམ་ལ་ཁེལ་ཡོད། སྐབས་དེར་སུག་ཅུ་ངོ་ལོག་པས་ཚའོ་ཡོན་ཀྲུང་ཕྱོགས་ཀྱི་སྟོབས་ཤུགས་སྟར་བས་ཀྱང་ཉམས་རྒུད་དུ་ཕྱིན་ཡོད་ཅིང་། ཟླ་ཏ་ཧོར་གྱི་ཕྱོགས་སུ་ནི་དེ་ལས་ལྡོག་སྟེ་སྟོབས་ཤུགས་འཕེལ་བའི་རྒྱུ་ཊུ་གྱུར་ཡོད་པ་གདོན་མི་ཟ། ཚུལ་དེ་སྐབས་བབ་ཀྱི་ཡིག་ཆ་ཉིད་དུའང་། སུག་ཅུའི་དབང་པོ་སུ་ཧོ་གྱིས་མཆིད་གསོལ་བ་ཞེས་དང་། ཡུལ་མཁར་གྱི་ལྡེ་མིག་ད་ལྟ་འདྲ་བར་བཙན་གྱི་མཐའ་རམ་དྲལ་བ་འདི། །ཇོ་བོ་ཐའི་ཞྭང་གྱི་མཁར་ལགས། །འབངས་ཆོས་ཅི་ལྟར་བགྱིད་པ་དེའི་ཞྭང་མངའ་ཆེ། །ཞེས་སོགས་འབྱུང་བ་ལྟར་སྐབས་དེར་སུག་ཅུ་བ་དག་ཚའོ་ཡོན་ཀྲུང་ཕྱོགས་ལ་ངོ་ལོག་ཟིན་པར་མ་ཟད། ཁོ་ཚོའི་འགོ་དཔོན་ཡང་ཚའོ་ཡོན་ཀྲུང་མིན་པར་ཟླ་ཏ་ཧོར་གྱི་རྒྱལ་པོ་ཡིན་པ་ཤིན་ཏུ་གསལ། དེས་ན་ཡིག་ཆ་དེ་དག་གི་དོན་གྲུང་བསྒྲིགས་ན། སུག་ཅུའི་ལིང་ཚང་གཙོས་པའི་མངའ་འབངས་ཕལ་མོ་ཆེ་ཟླ་ཏ་ཧོར་གྱི་ཆབ་འོག་ཏུ་ཡོད་པའི་དོན་ལ་ངེས་པ་གཅིག་ཏུ་རྙེད་ཐུབ་པས། ཡིག་ཆ་འདི་ཉིད་བྱུང་བའི་དུས་སྐབས་ཀྱང་སུག་ཅུ་ངོ་ལོག་པའི་ཕྱིས་ཏེ། སྤྱི་ལོ961ཇེས་ཙམ་ལ་ཁེལ་ཡོད་པ་དོན་གྱིས་གྲུབ་སྙམ་མོ། །

གསུམ་པ། མཆིད་ཡིག་གི་ནང་དོན་དངོས་ལ་རྣམ་པར་དཔྱད་པ།

ཀ མཆིད་གསོལ་ཡུལ་ཟླ་ཏ་ཧོར་གྱི་རྒྱལ་པོ་ཅིན་ཆུང(景琼可汗)བྱ་བ་ཡིན་ཚུལ་སྐོར།

མཆིད་གསོལ་ཡུལ་ནི་ཡིག་ཆའི་དབུར། ཧ་སེ་ཅེར་ཧོ་ཐྱེན་ཐའི་ཞྭང་གྱི་སྤྱན་སྔར། ཞེས་འབྱུང་བ་དེའོ། །དེ་ལ་རེ་རེ་བཞིན་རྣམ་པར་དཔྱད་ན། ཧ་སེ་ནི་རྒྱ་ཡིག་གི“河西”ཞེས་པའི་སྐད་དོད་དེ། ཏུན་ཧོང་བོད་ཡིག་ཤོག་དྲིལ་གྱི་ཨང་རྟགསp. t1263ལས་ཧ་སེ་བྱང་ངོས་ལ“河西一路”ཞེས་སུ་བསྒྱུར་འདུག་པ་ལྟར་ཤེས་ནུས། ཅེར་ཧོ་ཞེས་པ་ཡང་ཕལ་ཆེར་དེ་དང་མཚུངས་པར“节度”ཞེས་པའི་སྒྲ་བསྒྱུར་ཞེ་ཡིན་སྙམ་སྟེ། གོ་གནས་འདི་ཐང་གོང་མ་རོས་ཙུང་གི་དུས་ཏེ་སྤྱི་ལོ710ལོར་དམག་སྲིད་ལས་སྣེ་ཁོངས་སུ་ཐོག་མར་བྱུང་བ་ནས་རིམ་པར་ལག་ཏུ་བསྟར་བ་ཞིག་ཡིན། ཧ་སེ་ཕྱོགས་འདིའི་ཆབ་སྲིད་ཀྱི་བདག་དབང་བོད་བཙན་པོའི་ལག་ནས་ཤོར་བའི་ཕྱིས་སུ། ཕྱོགས་འདིར་ཅེར་ཧོ་ཡི་ཐབས་ཡོད་པ་ཀྲང་ཡེ་ཁྲའོ་ཡི་གདུང་རྒྱུད་ན་རིམ་དང་། ཚའོ་ཡོན་ཀྲུང་སོགས་ཊུས་ཚའོ་ཙན་གྱི་ཀྭས་ཡེས་ཙུན་ཅེ་ཧོག་གི་རྒྱལ་པོ་རིམ་པར་བརྒྱུད་པ་རྣམས་ཡིན། འོན་ཀྱང་སྐབས་སོ་སོར་གོང་མས་དེ་རྣམས་ལ་ཐབས་དང་མིང་ཊུས་བསྩལ་བའི་ལོ་རྒྱུས་ཡིག་ཆ་དག་ཏུ། རྒྱལ་རྒྱུད་སྔ་ཕྱི་དེ་གཉིས་གང་ཡིན་ལ་ཧ་སེ་ཅེར་ཧོ་ག་གེ་མོའི་མཚན་ཐོབ་བསྩལ་བའི་

སྐོར་ནི་ཕལ་ཆེར་མི་འདུག་སྟེ། "归义军节度兵马留后使检校司徒兼御史大夫曹"[16]、"沙州留后曹元深加检校太傅、充沙洲归义军使"[17]、"归义军节度使特进检校太傅兼中书令曹元忠"[18]ཞེས་པ་སོགས་མང་དུ་འབྱུང་བ་ལས། མཆིད་འདི་གསོལ་ཡུལ་དེ་དག་གི་གདུང་རྒྱུད་ལས་གང་རུང་ཞིག་མིན་པ་ནི་ཤིན་ཏུ་གསལ། འོ་ན་ཏུན་ཧོང་ཡིག་ཆp. 3269ཚའོ་ཡོན་ཧྲིན་གྱིས་སྨོན་ལམ་དུ་གསོལ་བའི་ཡི་གེ་ཞིག་མཆིས་པའི་མཇུག་ཏུ"河西节度使司徒"[19]ཞེས་འབྱུང་བའི་རྒྱུ་མཚན་གང་ལགས་ཤེ་ན། 河西节度使ཞེས་པའི་མིང་དེ་ནི་ཕལ་ཆེར་ཆེ་བ་འདོན་ཕྱིར་བླ་ཐབས་སུ་སྦྱར་བར་མངོན་ཏེ། སྐབས་དེར་ཚའོ་ཡོན་ཧྲིན་ལ་བསྩལ་བའི་ཐབས་དང་གོ་མིང་དངོས་ནི་གོང་དུ་བཀོད་པའི"沙州留后曹元深加检校太傅、充沙洲归义军使"ཞེས་པ་དེ་ཡིན་ལ། སྐབས་འགར་མིང་ཐོབ་ལ་འགྱུར་བ་བྱུང་ཡང"沙洲归义军使"ཞེས་པའི་ཕར་ལ་ནམ་ཡང་འདའ་མེད་པའི་ཕྱིར་དང་། སྔོས་སུ་སྤྱི་རྒྱལ་བཙན་པོས་ཧ་སེ་དབང་འོག་ཏུ་བཙུད་རྗེས། ཅེར་ཧོག་གི་སྲིད་ལུགས་དེ་ཉིད་བཅོས་བསྒྱུར་གྱིས་སྟོང་སྡེའི་ལམ་ལུགས་བཙུགས་པའི་ཕྱིར་རོ། །ཤ་ཅུའི་ཅེར་ཧོ་དང་ཀྭས་ཡེ་ཅུན་ཅེར་ཧོ། ཧ་སེ་ཅེར་ཧོ་གསུམ་གཅིག་ཏུ་ངེས་སོ་སྙམ་ན། སྔ་མ་གཉིས་དེ་ལྟར་ཡིན་ཡང་ཕྱི་མ་ཡིན་མི་སྲིད་དེ། དུས་དེར་ཀྭས་ཡེ་ཅུན་གྱི་འགོ་པ་རྣམས་ལ་དེ་ལྟ་བུའི་ཐབས་བསྩལ་བ་གང་དུའང་མ་མཐོང་བའི་ཕྱིར་རོ། །ལྷག་ཏུ་ན་དེ་ཉིད་འཚོ་བཞུགས་ཀྱི་དུས་ཀྱང་ཡིག་ཆ་འདིའི་སྐབས་དང་མི་མཐུན་ཏེ། ཚའོ་ཡོན་ཧྲིན་གྱིས་སྲིད་འཛིན་བསྐྱངས་ལོ་ཆེར་མི་གསལ་ཀྱང་། སྤྱི་ལོ944ལོ་ནས་འགག་བཞིས་མེད་པ་ལོ་རྒྱུས་ཡིག་ཆར་གསལ་ཐག་ཆོད་ཡོད། དེས་ན་སྐབས་འདིའི་ཧ་སེ་ཅེར་ཧོ་ཡི་ཐབས་ཅན་ནི་ཐྭ་ཏ་ཧོར་གྱི་ཁ་གྱན་གང་རུང་ལ་འཇུག་དགོས་པའི་ཐད་སོམ་ཉི་ཅི་ཡང་འཛིན་མི་དགོས་སོ། །དེ་ལྟ་མོད་ཀྱང་ཐྭ་ཏ་ཧོར་གྱི་གདུང་རྒྱུད་བཅུ་ལྷག་གིས་སྲིད་རིམ་པར་བསྐྱངས་པ་ལས། ཕལ་ཆེར་ལ"天睦可汗" "顺化可汗" "忠顺保德可汗"སོགས་ཁ་གྱན་གྱི་ཐབས་དང་འཇའ་ས་བསྩལ་བ་མ་གཏོགས་ཧ་སེ་ཅེར་ཧོ་ཡི་གོ་ཐོབ་བྱིན་པ་འགའ་ཡང་མི་སྣང་སྟེ། ཅེར་ཧོ་བྱ་བ"节度"ཡི་སྐད་དོད་ཡིན་པ་ལྟར་བྱས་ན། ཧ་སེ་ཅེར་ཧོ་ཐྱིན་ཐེའི་ཝང་ཞེས་ཧ་སེ་ཅེར་ཧོ་ཡི་མིང་སྔོན་དུ་སྦྱར་བའང་ཚའོ་ཡོན་ཧྲིན་དང་ཆ་འདྲ་བར། ཆབ་འོག་གི་བློན་འབངས་དག་ནས་རྗེ་བོའི་ཆབ་སྲིད་ཀྱི་མངའ་ཐང་བསྟོད་པའམ། དགུ་རྫོག་བརྟན་པ་སོགས་ཆེ་བ་བརྗོད་པའི་མིང་བླ་བཏགས་ཤིག་ཡིན་པ་བསྙོན་དུ་མེད། མཆིད་ཡིག་ལས་བྱུང་ངོས་ཀྱི་བཙན་འབངས་མང་པོ་ལ་མངའ་མཛད་པའི་ཐུགས་ཁྲལ་གྱིས་ཞེས་འབྱུང་ན་ཡང་། དོན་དངོས་སུ་སྐབས་དེའི་ཐྭ་ཏ་ཧོར་གྱི་མངའ་ཞབས་སུ་ཀམ་ཅུ་དང་སུག་ཅུའི་ཡུལ་གྲུ་ཕལ་མོ་ཆེ་ལས་ཚུད་མེད་དེ། ནུབ་ཏུ་ཚའོ་ཡོན་གྲུང་གི་སྲིད་དབང་སྟེང་ལུས་སུ་གནས་ཤིང་། ལྷོ་ལྡེང་ཅུ་ཕྱོགས་སུ་བོད་ཀྱི་རོང་པ་ཚོ་དྲུག་ཡོད་པས། བྱང་ངོས་ཀྱི་བཙན་འབངས་མང་པོ་བྱ་བའང་ཀམ་ཅུ་དང་སུག་ཅུའི་ཡུལ་གྲུ་ལ་བྱེད་པ་མ་གཏོགས་དེ་ལས་གཞན་དུ་འདའ་མེད། ས་ཁོངས་ཀྱི་ཆ་ནས་དེ་ཙམ་དུ་ཟད་མོད། རིགས་རུས་ཚོ

སྡེ་ཡི་དབང་དུ་བྱས་ན་རིགས་རྒྱུད་ཅི་བྲག་པ་ག་གེ་སོས་གྲུབ་པ་ཙམ་ཞིག་ནི་མིན་པར་སེམས་ཏེ། ལོ་རྒྱུས་ཡིག་ཆ་དག་ཏུ་འཁོད་པ་ལྟར། ཧྥ་ཏ་ཧོར་གྱི་རིགས་རྒྱུད་གཙོ་བོ་གཅིག་ད་ལྟའི་ཞིན་ཅང་གི་ཅིམ་སར(吉木萨尔县)སོགས་ཐེན་ཧྲན་རི་བོའི་བྱང་རྒྱུད་དུ་གནས་བཅས་པའི་བྱང་ཕྱོགས་ཧོར་གྱི་རིགས་ལས་མཆེད་པ་སྟེ། སྤྱི་ལོ840ཡས་མས་སུ་ཡུལ་དེར་ནད་ཡམས་ཁྱ་གེ་འཐབ་རྩོད་སོགས་བརྒྱུད་མར་བྱུང་བའི་སྐབས་དེར། དེང་གི་ཨུ་རུ་སུའི་ཨེ་ནུ་སེ་གཙང་བོའི(叶尼塞河)སྟོད་རྒྱུད་དུ་གནས་པའི་ཤར་ག་སི(黠嘎斯)ཡི་དཔུང་གིས་རྒོལ་བ་ན། དེ་རྣམས་ཐོར་ནས་ལྷོ་ནུབ་ཁག་གཉིས་སུ་ཆད། འཕང་ཐུ་ཆིན(庞特勤)བྱེ་བའི་འགོ་ཁྲིད་འོག་ནུབ་ཏུ་གྱུར་བའི་ཚོ་ཁག་འབངས་བྲན་ཁྲི་བཅུ་ལྷག་དེང་གི་ནང་སོག་ཆུ་ནག་གཙང་བོའི་སྨད(居延海)རྒྱུད་དུ་ཏུ་སྤོར་ཏེ་མཆིས་སྐབས། ཤར་ག་སི་ཡི་དཔུང་ཚོགས་དང་བྱེ་རྗེ་ལམ་ཐྲད་བྱུང་བས་དེ་ཡང་ཕྱོགས་གཉིས་སུ་ཆད་པ་ལས། གཅིག་ནི་བོད་ལ་མགོ་བཏགས་ཤིང་ཅིག་ཤོས་འཕང་ཐུ་ཆིན་དང་བཅས་བྲོས་ནས་ཨན་སི(安西)ཕྱོགས་སུ་ལྷགས། བོད་ལ་མགོ་བཏགས་སྐྱབས་བཙོལ་ཞུས་པ་རྣམས་ཧྥ་ཏ་ཧོར་གྱི་རིགས་འདི་ཡིན་ཏེ། དེ་ལ་ལོ་རྒྱུས་ཐོག་ཧ་སི་ཧོར་པ(河西回鹘)ཞེས་དང་། ཨན་སི་ཕྱོགས་སུ་བྲོས་པ་རྣམས་སླར་ཡང་ཡུལ་ས་རེ་ཐོབ་ནས་རྒྱལ་ཕྲན་གསར་དུ་བཙུགས་པ་ལ་ཨན་སི་ཧོར་པ(安西回鹘)ཞེས་སུ་འབོད། དུས་སྐབས་དེ་དག་ཏུ་ཧྥ་ཏ་ཧོར་གྱི་རིགས་རྒྱུད་དང་བསྡེབས་ནས་སླེབས་པ་ད་དར་ཧྲུ་དུལ་སོགས་ཚོ་པ་འགའ་ཡང་མཆིས་ཏེ། སྐབས་བབ་ཀྱི་མཆེད་ཡིག་ལས་ཀྱང་ད་དར་ཧྲུ་དུལ་ཧོར་བཅས་ལྷན་དུ་འབྱུང་བ་ལྟར་དང་། སུང་རྒྱལ་རབས་ཀྱི་ལོ་རྒྱུས་ལས་ཧོར་གྱི་ལེའུ་སོགས་དང་། རྒྱལ་རབས་དེའི་སྟོད་ཙམ་ལ་བྲིས་པའི་ཤིས་ཀྲིག(西州ཅེས་པ་སྟེ་དེང་གི་ཞིན་ཅང་ཐུར་ཕན་ཕྱོགས་དེ་ཡིན།) ཏུ་ཕོ་ཉར་བསྐྱོད་པའི་ཐེན་ཐོ་ཞེས་བྱ་བར། "…传曰契丹旧为回纥牧羊，达靼旧为回纥牧牛，回纥徙，契丹、达靼遂各争长攻战。[20]ཞེས་འབྱུང་བར་གཞིགས་ན། ད་དར་དང་ཧྲུ་དུལ་རིགས་གཉིས་ནི་སྔོན་ཞིག་ནས་ཧྥ་ཏ་ཧོར་གྱི་རིགས་རྒྱུད་དང་འབྲེལ་བ་བྱུང་ཡོད། ཕྱིས་སོ་སོར་གྱེས་ཏེ་རང་རྒྱལ་བྱང་ཤར་ཕྱོགས་ཀྱི་ཡུལ་གྲུ་མང་པོ་བདག་ཏུ་མཛད་ཡོད་ཀྱང་། ཞིན་ཅང་སྤྱི་ཚོགས་ཚན་རིག་ཁང་གི་ཞིབ་འཇུག་པ་ལི་ཧྲུའུ་ཧོས(李树辉)ཀྱིས་ཏུན་ཧོང་གཏེར་ཡིག་སོགས་གཞིར་བཟུང་ནས་བརྟག་དཔྱད་གནང་ཡོད་པ་ལྟར། དུས་རབས་བཅུ་པའི་དབུས་ཙམ་ནས་ཧྥ་ཏ་ཧོར་གྱི་རིགས་ལ་རྒྱ་དང་། གྲུ་གུའི་རིགས་སུ་གྱུར་པའི་ཧོར་པ་སོགས་ཚོ་པ་ཕན་ཚུན་འདྲེས་ཏེ་གནས་ཡོད་པ་མངོན་གསལ་ཡིན། ཁོས་སྐབས་བབ་ཀྱི་ཡིག་ཆ་འདི་ཉིད་དཔྱད་གཞིར་གནང་བ་མི་གསལ་ཡང་གལ་སྲིད་ཡོད་ཚེ་དེའི་རྗེས་སྟོན་དུ་འགྲོ་ངེས་ཏེ། དུས་སྐབས་དེར་ཧྥ་ཏ་ཧོར་གྱི་ཁོངས་སུ་ད་དར་ཧྲུ་དུལ་མ་ཟད་ཧོར་སྡེ་དགུ་སོགས་ཚོ་ཁག་འདུ་བ་ནི་མཆེད་ཡིག་ལས། དེའི་ཡུན་ཟེ་འི་གཙུག་ལག་ཁང་དུ། །ད་ཏར་ཧྲུ་དུལ་ཧོར་བཅས། གནམ་མཐོ་མཐའ་ཚོགས་བགོས་། །མི་ཅིག་ལྟག་ཅིག་ཏུ་བགྱིས་། ཞེས་དང་། ཧོར་སྡེ་དགུ་ནི་བཅས་བཟང་མ་ལུས་པར་སུག་ཏུར་མཆིས་ཞེས་སོགས་འབྱུང་

བ་ལས་ཤེས་ནུས། དེ་མ་ཟད་ཏན་ནུབ་མའི་དུས་སུ་ཀྲང་ཆན(张骞出使西域)ནུབ་ཕྱོགས་ཀྱི་རྒྱལ་ཁབ་མང་པོར་ཕོ་ཉར་ཆས་པ་དང་། དམག་དཔོན་ཆེན་མོ་ཧོ་ཆུ་པིན(霍去病西征)གྱིས་ཧ་སིའི་ཡུལ་ཁམས་སུ་དཔུང་གི་ཏུ་སྣ་དྲངས་པ་སོགས་ཕྱོགས་འདིའི་བགྲོད་ལམ་ལེགས་པར་བཏོད་རྗེས། དུས་རབས་རིམ་བྱུང་དུ་ཨེ་ཤ་ཡ་བར་མ་སོགས་ནས་ཐོན་པའི་དོན་མཐུན་གྱི་ཁེ་པ་དང་རྒྱལ་ཕྲན་གྱི་ཕོ་ཉ། ཚོར་སོག་གི་བྱེས་པ་རྣམས་ཧྲ་ཏ་ཧོར་གྱི་ཡུལ་དུ་རིམ་གྱིས་འདུས་པར་བརྟེན། ཧྲ་ཏ་ཧོར་ནི་སྐབས་དེའི་བྱང་ངོས་ཀྱི་ཡུལ་ཁམས་ལ་མངའ་མཛད་པའི་རྒྱལ་ཕྲན་སིལ་མ་དག་ལས་སྟོབས་ཤུགས་དང་ཡུལ་ཁམས་ཆེས་ཆེ་བ་ཞིག་ཏུ་གྱུར་ཡོད་དོ། །སྐབས་འདིའི་ཐྱེན་ཐའི་འོང་བྱ་བ་ཧྲ་ཏ་ཧོར་གྱི་རྒྱལ་པོ་ཞིག་སྟེ། "天大王"ཞེས་པའི་སྐད་དོད་ཡིན། འབོད་སྲོལ་འདི་ལི་ཡུལ་གྱི་རྗེ་བོ་དང་ཧོར་གྱི་རྗེ་བོའི་མཚན་དུ་ཆགས་ཚུལ་སྐོར་ལི་ཡུལ་ནས་ཐོན་པའི་ཡིག་ཆ་དང་རྒྱའི་ལོ་རྒྱུས་དེབ་ཐེར་དག་ན་མང་དུ་མཐོང་ཐུབ། དེ་ན་མཆིད་གསོལ་ཡུལ་ཐྱེན་ཐའི་འོང་བྱ་བ་ཧྲ་ཏ་ཧོར་གྱི་རྗེ་བོ་སུ་ཡིན་ཞེ་ན། དཔྱད་པར་བྱ་སྟེ། ཧྲ་ཏ་ཧོར་གྱི་རྗེ་བོ་རིམ་བྱོན་ལས་སྤྱི་ལོ961གི་ཕྱིས་སུ་སྲིད་འཁན་བཞེས་པའི་ཁ་གྲྭ་ནི་རིམ་བཞིན། 景琼—密礼遏—夜落隔归化—夜落隔通顺 ཅེས་བཞི་བྱུང་། དེ་དག་གིས་སྲིད་བསྐྱངས་པའི་ལོ་ཚིགས་རགས་ཙམ་ནི་གཤམ་གསལ་ལྟར།

景琼སྤྱི་ལོ940ནས980བར། 密礼遏སྤྱི་ལོ980ནས1004བར། 夜逻隔归化སྤྱི་ལོ1016ནས1023བར།(1004ནས1015བར་སུ་ཡིན་མི་གསལ།)夜逻隔通顺སྤྱི་ལོ1023ནས1028བར་རོ། །[21]

སྐབས་བབ་ཀྱི་མཆིད་ཡིག་དང་འབྲེལ་ན། སྔ་མ་གཉིས་ལས་གང་རུང་ཞིག་ཡིན་དགོས་ཏེ། ཕྱི་མ་གཉིས་ཀྱིས་སྲིད་བསྐྱངས་ཡུན་བསྡོམས་ཚེ་ལོ་ངོ་བཅུ་གཉིས་ལས་མ་སོང་ཞིང་། སྔ་མ་གཉིས་ཀྱིས་སྲིད་བསྐྱངས་ནས་ཡུན་རིང་འགོར་ཡོད་དེ། སོ་སོར་ལོ་ངོ་བཞི་བཅུ་ཙམ་དང་ཉི་ཤུ་ལྷག་མཆིས། སྲིད་ལ་བཞུགས་ཡུན་རིང་བའི་ཚུལ་དེ་ལས་སྔ་མ་གཉིས་ཀྱི་རིང་ཆབ་སྲིད་ཅུང་གཏན་འཛུགས་དང་། སྲིད་འཇོར་གང་ཐད་དུ་སྟོབས་ཤུགས་ཅུང་ཙམ་རྒྱས་ཡོད་པ་ཡང་རྟོགས་ཐུབ་པའི་ཕྱིར། གཞན་ཡང་འབྲེལ་ཡོད་ལོ་རྒྱུས་ལས། སྤྱི་ལོ982ལོར་མི་ཉག་རྒྱལ་རྒོད་ཀྱི་མེས་པོ་ལི་ཅུ་ཆན(李继迁)ཤུང་བྱང་མར་ངོ་ལོག་ཏེ་ཧ་སི་ཕྱོགས་སུ་གཡུལ་བཤམ་པའི་གྲབས་མཛད། སྤྱི་ལོ1002ཙམ་ལ་ལྷོང་སྒྱུང་ཚོ་པ་ཁག་གི་སྡེ་ཁྲིད་དེ་པོད་རོང་སྡེ་ཚོ་དྲུག་དང་མཉམ་འབྲེལ་གྱིས་ཧྲ་ཏ་ཧོར་སོགས་ལ་རྒོལ་བར་རྩོམ་པ་མ་འགྲུབ་པར་གྲོངས་སོང་། དེའི་གདུང་རྒྱུད་དག་གིས་སྲིད་ལེགས་པར་བསྐྱངས་ཐོག་སྤྱི་ལོ1028ལོར་ཧ་སི་ཕྱོགས་ཡོངས་ལ་མངའ་དབང་བསྒྱུར། དེས་ན་ཆེས་མ་མཐར་ཡང་ཁ་གྲྭ་མེ་ལི་ཨེག(密礼遏)གི་སྲིད་མཇུག་ཙམ་ལ་ཧྲ་ཏ་ཧོར་གྱི་སྟོབས་ཤུགས་རྒུད་པ་ནས་རྒུད་པའི་མཐའ་ལ་ལྷུང་འགོ་བཙམས་ཡོད་དེ། ཕྱི་མ་དེ་གཉིས་ཀྱི་དུས་སུ་ཡིན་ན་ནི་སྐབས་དེའི་གནས་ཚུལ་དང་མཐུན་ཐབས་མི་འདུག་གོ །དེ་ལྟར་དཔྱད་པས་སྔ་མ་གཉིས་ལས་ཀྲང་ཅུན་ཆུང(景琼)བྱ་བ་ཡིན་ངེས་ཏེ། གཅིག་ཏུ་ན་འདི་པའི་སྲིད་བསྐྱངས་ཡུན་ཆེས་རིང་

བ་དང་། ཆབ་སྲིད་ཀྱི་དབང་ཤུགས་ཀྱང་སྔ་མ་རྣམས་ལས་ཆེས་ཆེར་དར་ཡོད་པའི་ཕྱིར། གཉིས་སུ་ན་སྐབས་བབ་ཀྱི་ཡིག་ཆ་ཉིད་ལས། སྔད་ནས་ཤ་ཅབ་ཀྱི་ཡོ་ཧོང་ཀུན་གྱི་ནུ་བོ་སྨྲས་ཁྲིར་འོངས་པ་། །ད་ལྟར་བདག་ཅག་གི་ཅང་ཨམ་འགྲ་ལྷ་ལ་སྐྱབས་། །བསྐྱལ་ཞིང་སྲུ་ངར་བརྫངས་། ཞེས་འབྱུང་སྟེ། རྒྱུད་པའི་སྐབས་དང་ཁེལ་ཡོད་ཚེ། ཤ་ཙུ་ཕྱོགས་ནས་རང་གི་འབངས་ཚན་རྣལ་མ་ཧྭ་ཏ་ཧོར་ལ་སྤྱོད་པའི་ཐབས་རྟགས་པའི་དོན་འདི་འདྲ་ཡང་འབྱུང་མི་སྲིད་པས་སོ། །གསུམ་ཏུ་ན་ཡིག་ཆ་ཉིད་ལས། དར་འདོས་ཀྱེན་འཛེ་ཧྲག་པར་ཡར་སྨྲ་བགྱིད་པའི་སྐད་བཞིན་། རྒྱལ་པོ་ལ་ཞུས་པ་ལས་། །རྒྱལ་པོ་ཀྱིས་ཀྱང་། །དར་འདོས་ཀྱེན་འཛེ་འི་བློན་པོ་བྱ་རོག་། །སྟོང་སྡེ་འི་མགོ་རྣམས་ལ་ལུང་སོལ་བགྱིས་། །ཞེས་ཤ་ཙུ་ཕྱོགས་ནས་ཧྲག་ཏུ་དགྲ་བགྱིད་པའི་དོན་དེ་ཁོ་ཚོའི་རྒྱལ་པོ་ལ་ཞུས་པ་བཞིན། རྒྱལ་པོས་ཀྱང་སྟོང་སྡེའི་འགོ་པ་རྣམས་ལ་ལུང་བསྒོས་ཏེ་སུག་ཙུར་མཆིས་པ་ལས། ཀྭས་ཡེ་ཙུན་དང་ཧྭ་ཏ་ཧོར་པའི་མཐའ་མཚམས་སུ་རྐུན་ཇག་གི་དོན་ཕྲན་ཚོགས་དེ་འདྲ་བ་ཧྲག་ཏུ་འབྱུང་གིན་ཡོད་པ་ལ་བརྟེན་ནས། ཐབས་ཚུལ་ཅི་རིགས་སྒོས་ཆབ་སྲིད་ཀྱི་འབྲེལ་བའི་གཞུངས་བསྲིངས་ཡོད་པ་དེ་ལས་ཀྱང་། ཧྭ་ཏ་ཧོར་གྱི་ཕྱོགས་སུ་སྲིད་ཀྱི་དཔུང་སྟོབས་རྒྱས་པའི་སྐབས་ཉིད་དང་། ཀྭས་ཡེ་ཙུན་གྱི་ཕྱོགས་ནས་ཙུང་ཟད་ཉམས་རྒྱུད་དུ་འགྲོ་བཞིན་པའི་ཚུལ་དེ་རྟོགས་ཐུབ་པའི་ཕྱིར། བཞི་ཏུ་ཤ་ཙུའི་ཅེར་ཧོ་ལ་རྒྱལ་པོའི་མིང་གིས་བསྟད་ཡོད་པ་འདི་ལས་དཔགས་ནའང་། སྤྱི་ལོ982ཡི་ཡར་སྔོན་མ་གཏོགས་ཕྱིས་སུ་འགྲོ་མི་སྲིད་དེ། ཚའོ་ཚང་གི་ཅེར་ཧོག་རིམ་བྱོན་ལས་རྒྱལ་པོ་ཞེས་པའི་མཚན་བཟུང་མྱོང་བ་ཚའོ་ཡུས་ཙུན་དང་། ཚའོ་ཡོན་ཀྲུང་། ཚའོ་ཡན་ལུའུ་གསུམ་མ་གཏོགས་བྱུང་མེད་པ་སྐུ་ཞབས་ལུའུ་ཆེན་ཧྲུ་ཡིས་བྲིས་པའི་ཧྭ་ཏ་ཧོར་གྱི་རྒྱལ་རྒྱུད་རིམ་བྱོན་ཞེས་པར་ལུང་རིགས་གཉིས་ཀྱིས་བསྒྲུབས་ཡོད། ལྔ་ཏུ་ཚན་པ་སྔ་མ་ལས་ཡིག་ཆ་འདི་ཉིད་སྤྱི་ལོ961ཙམ་གྱི་ཕྱིས་སུ་བྱུང་བ་ཁོ་བོས་སྒྲིངས་ཟིན་པ་དེ་ལྟར། ལོ་འདིའི་རྗེས་ཙམ་ལ་ཤ་ཙུ་ཕྱོགས་སུ་ཀྭས་ཡེ་ཙུན་ཅེར་ཧོ་ཡི་འགན་བཞེས་མྱོང་མཁན་ཚའོ་ཡོན་ཀྲུང་དང་དེའི་བུ་ཚའོ་ཡོན་གྲུང་གཉིས་འབྱུང་བ་དེ་ལྟ་ནའང་། “大王”ཞེས་རྒྱལ་པོའི་མཚན་ཅན(ཡིག་ཆ་ཉིད་ལས། རྒྱལ་པོ་ལ་ཞུས་པས་ཞེས་འབྱུང་བས་སོ། །)པ་ཚའོ་ཡོན་ཀྲུང་ལས་བུ་ཚའོ་ཡོན་གྲུང་མ་ཡིན་པ་བཅས་གོང་གི་རྒྱུ་མཚན་དེ་དག་ལ་བརྟེན། མཆིད་ཡིག་ལས་བྱུང་བའི་ཧ་སེ་ཅེར་ཧོ་བྱིན་ཐེའི་ཧྭོང་ནི་ཅིན་ཆུང་བྱ་བ་དེ་ཉིད་ཡིན་པ་དང་། ཤ་ཙུ་ཕྱོགས་སུ་ཚའོ་ཡོན་ཀྲུང་གིས་ཀྭས་ཡེ་ཙུན་གྱི་ཅེར་ཧོ་ཡི་འགན་བཞེས་པའི་དུས་མཇུག་ལ་སླེབས་ཡོད་པའང་ཞར་ལ་ངེས་ཐུབ་པོ། །ཞན་ཡང་མཆིད་ཡིག་ལས་སུག་ཙུའི་དབང་པོ་སུ་ཧོ་ཀྱིས་མཆིད་གསོལ་བ་ཞེས་འབྱུང་བར། རྒྱ་ཡིག་གི་དཔྱད་རྩོམ་ཞིག་ཏུ“苏州司徒致天大王书”[22]ཞེས་སུ་ཧོ་ནི་གོ་གནས་ལ་བྱས་ཡོད་ཀྱང་མི་འཐད། དེ་ལྟར་ན་དབང་པོ་ཞེས་བྱུང་བ་ལ་དོན་མེད་པར་ཐལ་བའི་ཕྱིར། ཁོ་བོས་བསམ་ན་དབང་པོ་ཞེས་པ་གོ་གནས་མཚོན་པའི་མིང་དང་། སུ་ཧོ་ཞེས་པ་གོ་གནས་དེ་ཉིད་མངའ་བའི་གང་ཟག་ཅིག་ལ་བྱེད་དགོས་

པར་འདོད་དེ། མཆིད་གསོལ་བ་བོའི་ངོས་ཐད་ནས་བཤད་ན། ཞུ་ཡུལ་གྱི་མིང་གིས་མི་འཛིན་པར་ཐབས་དང་པོ་གནས་ཀྱི་རིམ་པས་མཚོན་པར་བྱེད་པ་ནི་རྗེ་བོ་དང་བློན་པོ་ཡི་འབྲེལ་བ་གསལ་བར་ངེས་ཆེད་མ་ཟད། གུས་ལུགས་སམ་བསྲི་སྣང་སམ་ཞེ་སའི་དོན་ཡོད་དེ། དེ་ལྟ་བུའི་གུས་ལུགས་གཏོར་མི་རུང་བའི་ཕྱིར། དེ་བཞིན་མཆིད་གསོལ་བ་བོས་རང་གི་མིང་དངོས་སུ་འགོད་པའང་དེ་ལས་མ་འདས་ཏེ། མཆིད་ཡིག་ལས་བདག་ཅག་ངན་པའམ་བདག་ངན་པ་ཞེས་ལན་འགའ་བྱུང་བ་ལྟར། མཆིད་གསོལ་བ་བོས་དམན་ས་བཟུང་ནས་དེ་ལྟའི་གུས་སྲོལ་སྟོན་པའི་ཚུལ་ལོ། །སུ་ཧོ་ཞེས་བྱ་བ་དོན་དུ་སུག་ཙུའི་དཔོན་པོ་སུ་ཡིན་ཐད་ཡིག་ཆ་ཁུངས་ཐུབ་ཅིག་མ་རྙེད་པས་རེ་ཞིག་ཞུ་ཐབས་བྲལ་ན་ཡང་། སུག་ཙུའི་དབང་པོ་ཞེས་འབྱུང་ཚུལ་ལས་དཔོག་ན“都督”ཞེས་པའི་གོ་གནས་འཛིན་མཁན་ཞིག་ཡིན་སྲིད་དེ། ཟྷ་ཏ་ཧོར་གྱིས་ཤ་ཙུ་ཕྱོགས་སུ་ཧོག་ཧོ་ཡི་ཐབས་ཡོད་པ་ཞིག་ཕོ་ཉར་མངགས་ཚུལ་ཏུན་ཧོང་ནས་ཐོན་པའི་རྒྱ་ཡིག་གི་ཡིག་ཆP. 2993vན་གསལ་བ་ལྟར་ན། སྐབས་འདིའི་སུག་ཙུའི་དབང་པོ་སུ་ཧོ་བྱ་བའང་དེ་ལྟ་བུའི་ཐབས་ཅན་ཞིག་ཡིན་ངེས་པར་སེམས་སོ། །

ཁ། ཤ་ཙུ་དང་སུག་ཙུ་ཕྱོགས་གཉིས་ནས་མནའ་བསྐྱགས་ཚུལ་སྐོར།

རྟག་ཏུ་སུག་ཙུ་ཕྱོགས་སུ་དགྲ་ཇག་བགྱི་བ་ལ་བསམ་ན། སུག་ཙུའི་མཐའ་ཚིགས་དང་ཉེ་བར་གནས་པ་རྟོགས་ཐུབ། དེ་ལ་སུག་ཙུར་མནའ་བསྐྱག་པར་ཆས་སྐབས་ཤ་ཙུ་ཕྱོགས་ནས་སྟོང་སྡེའི་འགོ་པ་ཟླ་རིགས་སུ་གནང་ཚུལ་ལས་དཔགས་ན་འང་། ཕལ་ཆེར་ཤ་ཙུའི་དབང་རིས་སུ་གཏོགས་པའི་ཚོ་དཔོན་ཙམ་དུ་ངེས་ཏེ། ཕྱིར་ན་ཟྷ་ཏ་ཧོར་དང་ཤ་ཙུའི་ཀྲུས་ཡི་ཙུན་ཕྱོགས་གཉིས་ཀའི་མནའ་ལ་ཞུགས་མཁན་ནི་སྲིད་ཀྱི་གོ་གནས་ངེས་ཅན་ལ་གཏོགས་པའི་མི་སྣ་གང་འོས་རྣམས་ཡིན་དགོས་པའི་ཕྱིར། དར་འདོས་ཀྱིན་འཛོ་བྱ་བ་སྟོང་སྡེའི་འགོ་པ་ལས་ཆེ་བ་མིན་དུ་ཆུག་ཀྱང་། དེ་དང་སྟོབས་མཉམ་པའམ། ཡང་ན་དེའི་འོག་ཏུ་ཡོད་པ་ཞིག་ཡིན་ངེས་ཏེ། མིང་ཐོབ་ཅི་ཡང་མེད་པའི་ཕལ་པའི་རིགས་ཤིག་ནི་ཡིན་མི་སྲིད། མིང་གི་འབྲི་ཚུལ་འབའ་ཞིག་ལ་བལྟས་ན། རྒྱ་ཡིག་གི“鬃延赵”ཞེས་པ་འདྲར་སྣང་སྟེ་ཤ་ཙུའི་ཡུལ་དུ་འཚོ་བའི་རྒྱ་རིགས་ཤིག་ཨེ་ཡིན་སྙམ་མོ། །དེ་ནས་མ་ཡིག་གི་ཐིག་ཕྲེང་བཅུ་གཅིག་པར། དེའི་ཡུལ་ཟེའི་གཙུག་ལག་ཁང་དུ། །ད་ཏར་ཧུ་དུལ་ཧོར་བཅས། གནམ་མཐོ་མཐའ་ཚིགས་བགོས། །ཀྱི་ཅིག་ལྟུག་ཅིག་ཏུ་བགྱིས། །ཞེས་འབྱུང་བ་ལས། དེའི་ཡུལ་ཟེ་ཡི་གཙུག་ལག་ཁང་ནི་དུས་དེར་མནའ་བསྐྱག་སའི་ཡུལ་ཡིན་པ་དང་། ད་ཏར་ཧུ་དུལ་ཧོར་བཅས་ནི་སུག་ཙུའི་འབངས་ལས་མནའ་ལ་གཏོགས་པའི་གྲས་ཏེ། ད་ཏར་དང་ཧུ་དུལ་གཉིས་ནི་སོ་སོར“韃靼、契丹”ཡིན་པ་དོན་ཚན་ཐ་མ་ཞིག་ཏུ་བསྒྲུབས་ཟིན་ན་སྐབས་འདིར་མི་བཟློས། ཧོར་ཞེས་པ་ཕྱིར་ཟྷ་ཏ་ཧོར་གྱི་འབངས་ཀྱི་སྡེ་ཚན་ཀུན་ལ་སྦྱོར་ཆོག་ཀྱང་། སྐབས་འདིར་གདོད་མ་ནས་ཀམ་ཙུ་དང་སུག་ཙུ་སོགས་སུ་གཞི་ཆགས་པའི་ཧོར་པ་དེ་རིགས་ལ་གོ་དགོས་པ་

ཨེ་ཡིན་སྐམ། འབྲེལ་ཡོད་ལོ་རྒྱུས་ལྟར་ན་ཟླ་ཏ་ཧོར་གྱི་རིགས་ལ་གཙོ་བོ་གསུམ་དུ་མཆིས། གཅིག་ནི་བོད་བཙན་པོའི་དུས་བོད་ལ་མགོ་བཏགས་ཞུས་པའི་ཧོར་གྱི་རིགས་རྒྱུད་དེ་ག་དང་། གཉིས་ནི་ཏན་ནུབ་མའི་ཡར་སྔོན་ནས་མདོ་ལ་རི་བོའི་རྒྱུད་དུ་འཚོ་བའི"月氏人"ཞེས་པའི་རིགས་རྒྱུད་ལས་མཆེད་པ་རྣམས་དང་། གསུམ་ནི་དུས་སྐབས་དེ་དག་ཏུ་རྒྱ་དང་གྲུ་གུ་བོད་སོགས་ཕན་ཚུན་གཉེན་བསྡེབས་པ་ལས་རིམ་གྱིས་ཧོར་ལ་འདྲེས་པ་རྣམས་ཡིན། བརྒྱ་ལ་ད་ཏར་ཏྲུ་དུལ་ཧོར་ཅེས་པའི་སྐབས་རིགས་དེ་གསུམ་ལས་སྔ་མ་གཉིས་མིན་དུ་ཆུག་ཀྱང་། མཆེད་ཡིག་ལས་འབྱུང་བའི་ཧོར་སྡེ་དགུའི་རིགས་དེ་ནི་མིན་པར་སེམས་ཏེ། གལ་སྲིད་དེ་ལ་གོ་དགོས་ན་ཡིག་ཆ་གཅིག་ཏུ་མིང་ཐ་དད་པར་འབྱུང་བ་ལ་རྒྱུ་མཚན་ཆེར་མ་མཆིས་པའི་ཕྱིར་རོ། །དེས་ན་སྐབས་བབ་ཀྱི་ཡིག་ཆ་ལས་འབྱུང་བའི་ཧོར་སྡེ་དགུ་ཞེས་པ་གང་ལ་གདོགས་ཤེ་ན། ཐོག་མའི་འབྱུང་ཁུངས་ཐད་རྒྱ་ཡིག་གི་ལོ་རྒྱུས་ལས"昭武九姓胡人"ཞེས་སུ་འབོད་པ་དེ་ཉིད་ཡིན། འདི་དག་གི་མེས་པོ་ཀྲའོ་ཝུའུ(དེང་གན་སུའུ་ཞིང་ཆེན་གྱི་ལིན་ཙེ་རྫོང་ཁུངས་སུ་མཆིས།) ཞེས་པའི་ཡུལ་མཁར་དུ་གཞིས་ཆགས་སུ་སྡོད་པ་རྣམས། ཏན་ནུབ་མའི་དུས་སུ་ད་ལྟའི་ཤིན་ཅང་གི་ཡུལ་དུ་འཁྱུར་ནས་གནས་ཡུལ་བཅས་ཤིང་། ཐང་རྒྱལ་རབས་ཀྱི་དུས་སུ་འགའ་ཞིག་སྨར་ཀམ་རྡུ་དང་ལེང་རྡུའི་ཕྱོགས་སུ་འཕོར་ཏེ་ཡུལ་ས་བཟུང་བར་མངོན་ལ། མེས་པོའི་ཁུངས་སྐྱེལ་བ་དང་ཆེ་བ་འདོན་ཕྱིར་ཕྱིས་སུའང་གདུང་རུས་དེ་ཉིད་མ་འགྱུར་བར་གནས། དེ་ཡི་བར་དུ་ལོ་རྒྱུས་ཀྱི་གནས་སྐབས་མི་འདྲ་བ་མང་པོ་ཞིག་བརྒྱུད་སྡོང་བར་བརྟེན། ཕྱིས་སུ་ཧོར་སྡེ་དགུའི་རིགས་རྒྱུད་འདི་ལ་ཡང་མཆེད་ཁུངས་གཙོ་བོ་གཉིས་སུ་བྱེད་དེ། གཅིག་ནི་སླེངས་མ་ཐག་པ་དེ་དང་། ཅིག་ཤོས་ནི་ཏན་ནུབ་མའི་སྐབས་ཨེ་ཤ་ཡ་བར་མའི་རྒྱལ་ཁབ་དག་ནས་ཁེ་ཚོང་གི་སླད་དུའམ་ཕོ་ཉར་ཆས་པའམ། འཕོ་སྐྱུས་བཏེགས་པ་སོགས་ཚུལ་མི་འདྲ་བའི་སྒོ་ནས། ཏ་སེ་ཕྱོགས་སུ་ཟམ་མ་ཆད་པར་ལྷགས་པའི་ཧོར་པ་དག་གོ །སྐབས་འདིའི་གནམ་མཐོ་མཐའ་ཚིགས་བགོས། མྱི་ཅིག་ལྟག་ཅིག་ཏུ་བཀྱིས་ཞེས་པར་འགྲེལ་བཀོད་པ་མ་མཐོང་མོད། རྣན་གཉའ་གོང་དཀོན་མཆོག་ཚེ་བརྟན་མཆོག་གིས་མ་ཡིག་ཕབ་པ་ལས། ཚིག་སྔ་མ་དེ་བཞིན་ལ་ཕྱི་མ་མྱི་ཅིག་ལུག་ཅིག་ཏུ་བཀྱིས་ཞེས་བྲིས་པ་ནི་ཕལ་ཆེར་ཐུགས་མཉམ་མ་བཞག་པ་ཡིན་ལས་ཆེ། བོད་བཙན་པོའི་དུས་སུ་རྗེ་བློན་བར་གྲོ་བོར་བའམ་ཚོ་སྨེ་ཕན་ཚུན་མནའ་བསྐགས་ནས་གྲོས་ཐོག་གཅིག་ཏུ་བཀྱི་སྐབས་ཕྱུག་ལྟུག་གིས་བཏབ་ནས་མནའ་རྗེང་མཇོན་པའི་སྲོལ་ཞིག་མཆིས་པར་མངོན་ཏེ། དེ་ལ་བློན་བྱས་རྗེས་ཅན་ལ་གཏང་རག་འབུལ་བའམ་ཡུལ་གྱི་དབང་རིས་བགོ་བའམ་བྲན་ཁྲིམ་གནང་ནས་ལེགས་པ་བྱ་དགས་གསོ་བ་དང་། གཙུག་ལག་ཁང་བརྩིག་པ་སོགས་གལ་ཆེ་བའི་རིགས་དོན་ལ་དབབ་སྐབས་དེ་ལྟ་བུ་འབྱུང་། གནམ་རི་སློན་བཙན་གྱི་དུས་སུ་མྱང་དབའས་མནོན་གསུམ་དང་ཚེས་པོང་ནགས་སེང་བཅས་ཀྱིས་ཟིང་པོ་རྗེ་སྟག་སྐྱ་བོ་ཡི་སྲིད་བཏྲགས་ནས་སྤུ་རྒྱལ་བཙན་པོའི་ཕྱག་ཏུ་དངར་བར། བཙན་

པོས་དེ་དག་གི་བྱ་དགར་མཁར་དང་བྲན་ཁྲིམ་བསྐུལ་བ་ནི་འདི་ལྟར། དེ་ནས་གནམ་རི་སློན་བཙན་གྱིས་ཕྱག་ལྟག་གིས་དྲས་ཏེ། མྱང་ཅེང་སྐྱུའི་བྱ་དགར། །མཉན་འཇོ་བྲུང་གི་མཁར་སྟར་བ་དང་། བྲན་ཁྲིམ་སྟོང་ལྔ་བརྒྱའ་སྐུལ་ཏོ། དབའས་དབྱི་ཚབ་ཀྱི་བྱ་དགའར། ཟ་གན་གཞེན་གྱི་ཡུལ་ས་དང་། མལ་ཧྲོ་ཕྱོགས་ནས་བྲན་ཁྲིམ་སྟོང་ལྔ་བརྒྱའ་སྐུལ་ཏོ། ……མྱང་ཅེང་ཆུང་དང་། ཕ་སྤུན་པོ་མུ་གསེང་གཉིས་ནི་དགུ་ལ་གཙོགས་སྟེ། དགུ་རྒྱལ་པ་འི་ནང་དུ་ཡང་གཙོགས་སོ། །[23]ཞེས་འབྱུང་བ་ལྟར། བཙན་པོས་ཕྱག་ལྟག་གིས་དྲས་ཏེ་བློན་དེ་དག་ལ་ཡུལ་མཁར་དང་བྲན་ཁྲིམ་གྱི་བྱ་དགའ་བསྐུལ་བའི་ལོ་རྒྱུས་མཆིས། དེས་ན་མྱི་ཅིག་ལྟག་ཅིག་དུ་བགྱི་བའང་སྲོལ་དེ་ལྟ་བུ་ཞིག་ཏུ་གོ་ཆོག་པར་སྙམ་སྟེ། ཧ་སེ་ཕྱོགས་འདིར་མཚོན་ན། སྐབས་དེར་སྤུ་རྒྱལ་བཙན་པོའི་དབང་ཤུགས་རྩ་ཐོར་དུ་སོང་ནས་ལོ་ངོ་བརྒྱ་ཕྲག་ལྷག་ཕྱིན་ཀྱང་། ཡུལ་ཁམས་དེ་རྣམས་སུ་བོད་ཀྱི་གོམས་སྲོལ་དང་སྲིད་ལུགས་སོགས་ལྟོས་མེད་དུ་ཉམས་ཞིང་རྩད་ནས་ཆུད་པ་མ་ཡིན་པར། དུས་ཡུན་རིང་པོ་ཞིག་ལ་གནས་ཡོད་པའི་ཚུལ་ཡིག་ཆ་གཞན་དུ་མ་ཟད་མཆིད་ཡིག་ཉིད་ལས་ཀྱང་གསལ་པོར་མཐོང་ཐུབ། དེས་ན་ཤ་ཙུའི་ཕྱོགས་ཀྱི་མནའ་ལ་གཏོགས་མཁན་དང་། སུག་ཙུའི་ཕྱོགས་ཀྱི་མནའ་ལ་གཏོགས་པའི་སྡེ་དཔོན་ནམ་འགོ་པ་དག་དཀོན་མཆོག་དཔང་དུ་གསོལ་ཅིང་། སོ་སོའི་ཡུལ་གྱི་ས་ཚིགས་ལེགས་པར་བགོས་ཏེ། མྱི་གཅིག་ལྟག་གཅིག་ཏུ་བགྱིས་མནའ་རྗེང་ལྟག་གིས་དྲས། དེ་རིང་ཕན་ཆད་ཕྱོགས་གཉིས་ཀྱིས་རྐུན་ཇག་གི་ལས་མ་ཉུངས་པའི་རྒྱུན་བཅད་དེ་སུ་ལའང་གནོད་པར་མི་བྱེད། གལ་སྲིད་གང་ཞིག་མནའ་ལ་མ་བརྩིས་པར་ལོག་ནས་སོང་བའམ་སྤྱ་རྒྱུགས་བྱས་ན་ཞལ་ལྕེ་ལ་དཔྱངས་ཏེ། བུ་བྲོས་ན་ཕ་དང་ཕུ་བོ་སོང་ན་ནུ་བོ་བསད་ཆོག་པའི་དམ་བཞག་མཛད་པ་འདི་ཡང་། བོད་བཙན་པོའི་དུས་ཀྱི་སྲོལ་ལུགས་དེ་འདྲར་ཧ་ཅང་མཐུན། མཆིད་ཡིག་ཏུ་གསལ་བ་ལྟར་ཧྥ་ཏ་ཧོར་ཀྱི་ཕྱོགས་སུ་ད་ཏར་ཧུ་ཏུལ་ཧོར་བཅས་མནའ་ལ་གཏོགས་པའི་ཚོ་སྡེ་དག་དུས་ངེས་མེད་དུ་ཤ་ཙུ་ཕྱོགས་ལ་དགྲ་ཇག་གི་ལས་བགྱིད་པ་དེ་ལྟ་ནའང་། མནའ་འཇོག་ཐེངས་དེའི་རྗེས་ནས་རེ་ཞིག་ཡར་ལ་རྐུན་བྱི་བྱེད་པའི་རྒྱུན་ཕལ་ཆེར་ཆོད་ཡོད་ཚོད་གདའ་སྟེ། འདི་ཡང་བོད་རྣམས་མནའ་ལ་བརྩིས་པའི་སྲོལ་ཀ་དེ་ཡི་བཀའ་དྲིན་དུ་སེམས་འོས་སོ། །

ག ཤ་ཙུ་ཕྱོགས་ཀྱི་རྐུན་མ་གཉིས་སུག་ཙུར་བཟུང་སྟེ་མཆིས་པའི་སྐོར།

ཧ་སེ་ཕྱོགས་འདི་ནི་མི་རིགས་མང་པོ་འདུས་པའི་ཡུལ་ཁམས་ཤིག་སྟེ། བོད་བཙན་པོའི་སྲིད་དབང་ཤོར་ནས་ཡུན་རིང་མ་ལོན་པར། ཕྱོགས་འདིའི་ཆབ་སྲིད་ལ་འཕོ་འགྱུར་སྣ་ཚོགས་བྱུང་ལ། དེ་ནས་མི་ཉག་གིས་དབང་དུ་མཛད་པའི་བར་ལ་སིལ་ཆད་དུ་གནས་ཡོད། གཅིག་གྱུར་གྱི་སྲིད་དབང་ཞིག་མ་བྱུང་བའི་རྐྱེན་གྱིས་ཚོ་ཁག་ཕན་ཚུན་ནམ་ཙ་སྡེ་སོ་སོའི་བར་དུ་དགྲ་ཇག་གི་ལས་སོགས་རྒྱུན་མི་འཆད་པར་འབྱུང་བཞིན་མཆིས། སྐད་མར་དེ་རིགས་མི་འབྱུང་བའི་ཆེད་དམ་ཚིག་བཟང་པོར་བགྱིས་ཀྱང་དོན་ལ་

སོང་ཡོད་མེད་ཅི་རིགས་སུ་སྣང་། མཆིད་ཡིག་ལས་ཤ་ཙུ་དང་སུག་ཙུ་ཕྱོགས་གཉིས་ནས་དཀོན་མཆོག་དཔང་བཞག་གིས་མཐའ་ཚིགས་བགོས་ཏེ་མནའ་བསྐྱགས་ན་ཡང་། ཤ་ཙུའི་རྒྱན་བྱི་སོགས་རྒྱུན་མི་འཆད་པའི་ཚུལ་དེ་ཉིད་བསྟན་ཡོད། མ་ཡིག་གི་ཐིག་ཕྲེང་བཅོ་བརྒྱད་པར། ཧོར་སྡེ་དགུ་ནི་བཙས་བཟང་མ་ལུས་པར་སུག་ཙུར་མཆིས་། །རྒྱན་མ་མྱི་གཉིས་ངེད་ལ་ཕྱི་རོག་གི་མཆིའ་། །བདག་ངན་པས་ཐྲོས་མྱི་ལགས་བགྱིས་ནས་། །ཅི་ཙམ་སྨྲ་གླིང་བགྱིས་ནས་ཧོར་ལ་མ་སྨྲུལ་། །བདག་གྱི་སར་མཆིས་པའི་ས་ནས་། །བདག་ཅག་མཁར་སྣོ་འི་ཡག་ཤི་དང་། །ར་བའི་ཧ་ཚུན་ཅད་བཀུས་ནས་། །ཐྲོས་ལ་འགྲོ་བ་འདི་། །བདག་ལ་སྙི་ཆེད་པོ་བོར་བ་ལས་ལགས་སམ། ཞེས་འབྱུང་། སུག་ཙུའི་དབང་པོ་སུ་ཧོ་ཡིས་གསོལ་བ་ལྟར་མནའ་བསྐྱགས་ནས་རིང་པོ་མ་ལོན་པར་ཤ་ཙུ་ཕྱོགས་ཀྱི་མི་གཉིས་རྒྱུར་མཆིས་པ་བཟུང་ཡོད་པའི་ཚུལ་དང་། དེ་ནས་ཧོར་སྡེ་དགུ་རྣམས་སླེབས་ནས་རྒྱན་མ་དེ་གཉིས་ཁོ་པ་ཚོར་བསྐྱལ་བར་ཞུ་བ་འདི་ལ་བརྟགས་ན། རྒྱན་ཧག་གིས་གཅེས་པའི་ཡུལ་གཙོ་བོ་མཐའ་ཚིགས་ཙམ་མ་ཟད་སུག་ཙུའི་མཁར་སྣོ་ཚུན་ཆད་ལ་སླེབས་ཡོད་པ་དང་། སྐབས་དེར་རྒྱན་ཧག་གིས་ཧ་མགོ་བསྟན་ཏེ་དགྲ་བགྱི་ས་ཡང་སུག་ཙུའི་འབངས་ཚན་ཧོར་སྡེ་དགུའི་རིགས་ཡིན་པར་མངོན་ནོ། །མ་ཡིག་གི་ཐིག་ཕྲེང་ཉེར་གཉིས་པར། ཡུལ་མཁར་གྱི་ལྡེ་མྱིག་དཔྱ་འདྲ་བར་བཙན་གྱི་མཐའ་རམ་དྲལ་བ་འདི། །རྗེ་བོ་ཐེའི་འཙྭང་གྱི་མཁར་ལགས། །འབངས་ཆོས་ཅི་ལྟར་བགྱིད་པ་དེའི་འཙྭང་མངའ་ཆེ། །མྱི་འདི་གཉིས་བདག་ལ་བསད་མཆིས་པ་ལགས། །ཞེས་འབྱུང་སྟེ། མཚམས་འདིར་སུ་ཧོ་ཡིས། རྗེ་བོ་ཐེའི་འཙྭང་ཞེས་རྗེ་བོ་ཡི་མིང་གིས་བོས། སུག་ཙུའི་ཡུལ་དུ་འབངས་ཆོས་ཇི་ལྟར་བགྱི་བ་དེའི་འཙྭང་མངའ་ཆེ་ཕྱིར། རྒྱན་མ་མི་གཉིས་པོ་གསོད་པའི་ཞུ་བ་ནན་ཏུ་ཕུལ་ཡོད་ཚུལ་ལ་གཞིགས་ན། སུག་ཙུའི་དབང་པོ་སུ་ཧོ་བྱ་བ་དང་ཐྱེན་ཐེའི་འཙྭང་བར་རྗེ་དཔོན་གྱི་འབྲེལ་བ་ཁོ་ན་ཙམ་ནི་མིན་པར་མངོན་ཏེ། ཕལ་ཆེར་གཉེན་ཉེའི་ཚུལ་ལྟ་བུ་ཞིག་བཟུང་ཡོད་པ་ཨེ་ཡིན་སྙམ། དེའི་སྐོར་ལ་ལོ་རྒྱུས་ཞིབ་གསལ་ཞིག་མ་རྙེད་ཀྱང་། དུས་སྐབས་དེ་དག་གི་ལོ་རྒྱུས་སྣང་ཚུལ་གཞན་ལས་རྒྱུ་མཚན་ལྟར་སྣང་བ་འགའ་རེ་མཆིས་པ་ནི་འདི་ལྟར། ཚའོ་ཡེ་ཙུན་གྱི་གདུང་རྒྱུད་རིམ་བྱོན་དང་ཧྭ་ཏ་ཧོར་གྱི་བར་གཉེན་བསྒྲིགས་ཚུལ་ཏུན་ཧོང་ནས་ཐོན་པའི་རྒྱ་ཡིག་གི་ཡིག་ཆ་ལས་མཐོང་ཐུབ་པ་དེའི་ཐད་སྐུ་ཞབས་ལུའུ་ཆིན་ཧྥུ(陆庆夫)ཡི་ཞིབ་འཇུག་གི་འབྲས་བུ་གཞིར་བཟུང་ན། ཚའོ་ཡེ་ཙུན་གྱིས་སྐབས་དེའི་ཧྭ་ཏ་ཧོར་གྱི་རྒྱལ་པོའི་སྲས་མོ་རང་གི་འདུན་མར་བླངས་ཡོད་པ་དང་། ཚའོ་ཡོན་ཀྲུང་གི་གཅེན་མོ་ཧྭ་ཏ་ཧོར་གྱི་བཙུན་མོར་གནང་བའི་ལོ་རྒྱུས་ཡོད། ཚའོ་ཡེ་ཙུན་ནས་ཕར་ལ་འཕྲིན་སྐྱེས་བསྐུལ་བ་རྣམས་སུ་རྗེ་བོ་དེའི་འཙྭང(兄大王)དང་ནུ་བོ་ལྷ་སྲས(弟天子)[24]ཞེས་དང་། ཚའོ་ཡོན་ཀྲུང་རང་ཉིད་ལ་ཁུ་བོ་དང་པར་ཁ་གན་ལ་དབོན་སྲས་ཞེས་བོས་ནས། གཅིག་ཏུ་ན་དབུ་རྫོག་གི་ཆེ་བ་དང་གཉིས་སུ་གཉེན་ཉེའི་འབྲེལ་བ་དེ་མཚོན་པར་བྱེད། དེས་ན་སྐབས་འདིར་སུག་ཙུའི་དབང་པོ་སུ་ཧོ་བྱ་བས་ཐྱེན་ཐེའི་འཙྭང་ལ་རྗེ་

བོ་ཐེའི་ཁྱོང་ཞེས་པའི་མཚན་གྱིས་འཛིན་པ་དེས་ཀྱང་དེ་ལྟ་བུའི་གནས་ལུགས་ཤིག་བསྟན་ཡོད་དུ་མཆི་ལ། གལ་སྲིད་དེ་ལྟ་ལགས་ཚེ། སུག་ཅུའི་དབང་པོ་སུ་ཧོ་བྱ་བ་ཡང་སུག་ཅུའི་མཁར་ལས་དབང་གྲགས་གཉིས་ལྡན་གྱི་རིགས་རྒྱུད་རྨ་མེད་པ་ཞིག་ཡིན་ངེས་ཏེ། རིགས་རྒྱུད་དེ་ནི་ལུང་ཚང་ཧོར་པ་ལས་གཞན་དུ་ཕལ་ཆེར་ཡིན་མི་སྲིད་ན། སུ་ཧོ་བྱ་བ་ཡང་ཕལ་ཆེར་དེའི་རིགས་སུ་གཏོགས་པ་མིན་ནམ་སྙམ།

མ་ཡིག་གི་ཐིག་ཕྲེང་ཉེར་ལྔ་པ་ནས་མཇུག་ཏུ། སྔད་ནས་ཤ་ཅབ་ཀྱི་ཡོ་ཧོང་ཀྭན་གྱི་ནུ་བོ་སྨྲས་ཁྲིར་འོངས་པ་། །ད་ལྟར་བདག་ཅག་གི་ཅང་ཨམ་འགྲ་ལྷ་ལ་སྐྱབས་། །བསྐྱལ་ཞིང་སྤྱི་ངར་བཟུངས་། ཤར་ཕན་ཆད་ད་ལྟ་ཁོ་ན་མི་སྐན་བའི་གམ་ཅུད་ཅི་ཡང་མ་མཆིས་། །གམ་ཅུད་བྱེ་ཞིབ་ནི་། ཅང་ཨམ་འགྲ་ལྷ་ལ་སྐྱབས་ལ་རྨ་བར་ཞུ། །ཞེས་འབྱུང་བ་ལ་ནང་དོན་གཙོ་བོ་གཉིས་ཏེ། ཤ་ཅུ་ཕྱོགས་ནས་ཡོ་ཧོང་ཀྭན་བྱ་བའི་ནུ་བོ་སུག་ཅུའི་དབང་པོ་སུ་ཧོ་ཉིད་ལ་སྤྲད་པ་དང་ཤར་ཕན་ཆད་དུ་མི་སྐན་པའི་གཏམ་གང་ཡང་མ་མཆིས་པའོ། །མཆིད་ཡིག་གི་དོན་ལྟར་རིམ་པར་དཔྱད་ན། གོང་དུ་བྱུང་བའི་རྒྱན་མ་མི་གཉིས་ད་ལྟ་སུག་ཅུར་བཟུང་ནས་ཞལ་ལྟེ་གཙོད་པར་བསྒུགས་ཏེ་མཆིས་པ་ལས་གཞན། དེའི་ཕྱིར་སུའང་རྒྱན་ཐག་བྱུང་བར་མངོན་ཏེ། སྔད་ནས་ཤ་ཅབ་ཀྱི་ཡོ་ཧོང་ཀྭན་གྱི་ནུ་བོ་སྨྲས་ཁྲིར་འོངས་པ་ཞེས་པས་ཤེས་ཐུབ། གནད་ནི་ཤ་ཅུ་ཕྱོགས་ནས་ཡོ་ཧོང་ཀྭན་གྱི་ནུ་བོ་དེ་སུག་ཅུའི་དབང་པོ་སུ་ཧོ་ལ་སྤྲོད་དོན་ག་འདྲ་ཡིན་ནམ། དེ་ཐག་ཆོད་པར་ཐོག་མར་མ་ཡིག་གི་ཐིག་ཕྲེང་ཉི་ཤུ་ཐམ་པར། བདག་གྱི་སར་མཆིས་པའི་ས་ནས་། །བདག་ཅག་མཁར་སྒོ་འི་ཡག་ཤི་དང་། །ར་བའི་ཧ་ཚུན་ཅད་བཀྲུས་ནས་། །བྲོས་ལ་འགྲོ་བ་འདི་། །བདག་ལ་སྐྲི་ཆེད་པོ་བོར་བ་ལས་ལགས་སམ། ཞེས་པའི་དོན་དང་འབྲེལ་ནས་དཔྱད་པར་འོས། ཤ་ཅུའི་ཡོ་ཧོང་ཀྭན་གྱི་ནུ་བོ་སུ་ཡིན་པ་ལོ་རྒྱུས་ཡིག་ཆ་གཞན་ལས་རྙོགས་ཐབས་བྲལ་མོད། སྟར་ཕྱོགས་གཉིས་ཀ་ནས་གནམ་མཐོ་མཐའ་ཚིགས་བགོས། དམ་བཞག་བཟང་པོར་བགྱིས་ནའང་། ཤ་ཅུ་ཕྱོགས་ཀྱི་རྒྱན་བྱི་རྒྱུན་མི་ཆད་པར་བྱུང་ནས་མཐའ་ཚིགས་ཅམ་མ་ཟད་སུག་ཅུའི་མཁར་སྒོའི་ཚུན་ཆད་དུ་སླེབས་ཏེ། ཡག་ཤ་ལྟག་འོག་དང་ར་བའི་ཧ་སོགས་རྒྱུ་ནོར་གང་མཆིས་འཕྲོག་ནས་བྲོས་འགྲོ། དེ་ལྟ་བུ་ཕྱོགས་གཉིས་ཀྱི་མནའ་གན་ལ་ཅི་མི་སྙམ་པའི་ཐོང་སྤྱི་དཔའ་སྙིང་ཅན་དེས་ནི་སུག་ཅུའི་མཁར་སྒོ་ལ་ཀྲོལ་ཕོད་ཅིང་། བྲོས་ནས་འབྲོ་བ་ལ་ཡང་ཚམ་ཚོམ་མི་མངའ་བའི་ཕྱིར། ན་གན་གསེར་ལ་བཙུས་པ་ལྟ་བུ་ཕལ་པའི་ངང་ཚུལ་ཅན་ཞིག་ནི་མིན་དུ་མཆི། ཚུ་རོལ་ནས་སུག་ཅུའི་དབང་པོ་སུ་ཧོ་ཡིས་ཡོ་ཧོང་ཀྭན་གྱི་ནུ་བོ་རང་གི་མཁར་ཏུ་བཀག་མ་བཟོད་པར། ཅང་ཨན་འགྲ་ལྷ་ལ་སྐྱབས་ཞེས་པ་དེ་ཉིད་བཏང་ནས་དེའི་ཁྱོང་གི་སྤྱན་སྟར་བཟུངས་ཡོད་པ་དང་། ཕ་རོལ་དགྲ་ཕྱོགས་ནས་ཡོ་ཧོང་ཀྭན་གྱི་ནུ་བོ་དེ་ཁྲིད་འོངས་ནས་སུག་ཅུའི་དབང་པོ་སུ་ཧོ་ལ་སྤྲད་བྱུང་བ་གཉིས་ལས། མི་འདི་བ་དེ་སྟ་བྱུང་བའི་རྒྱན་མ་གཉིས་དང་གཏན་ནས་མི་འདྲ་ཚུལ་རྟོགས་ཐུབ་སྟེ། མ་མཐར་ཡང་བྱས་ཉེས་ཀྱི་ཡང་གི་ཆ་ལ་མཚུངས་མི་སྲིད་པའི་ཕྱིར་རོ། །དོན་

ཕྱི་མ་ཤར་པན་ཆད་ད་ལྟ་ཁོ་ན་མི་སླན་བའི་ཀམ་ཙུད་ཅི་ཡང་མ་མཆིས་། །ཞེས་པར་དཔྱད་ན་ཐོག་མར་ཤར་པན་ཆད་ཅེས་པ་གང་ལ་བྱེད་པ་ངེས་དགོས་ཏེ། སྐབས་འདི་དག་ཏུ་སུག་ཙུའི་ཤར་ཕྱོགས་ཀྱི་ཡུལ་ཁམས་ཕལ་ཆེ་བ་ལྷོང་སྤྱང་ཚོ་པའི་འགོ་པ་ལིས་ཙུ་ཆན་གྱི་མངའ་རིས་སུ་གཏོགས། སྤྱི་ལོ960ཙམ་ལ་སུང་བྱང་མའི་སྲིད་དབང་ཚུགས་མ་ཐག སྟོད་ཕྱོགས་སུ་གནས་པའི་ལྷོང་སྤྱང་ཚོ་པ་ཁག་གིས་དེ་ཡི་ཟིལ་མ་བཟོད་པར་མགོ་བཏགས། སྤྱི་ལོ982ལོར་ལིས་ཙུ་ཆན་སུང་བྱང་མར་ངོ་ལོག་སྟེ་རང་ཚུགས་སུ་བསྡད། དེར་བརྟེན། མཆིད་ཡིག་ལས་ཤར་པན་ཆད་མི་བདེ་བའི་གཏམ་ཅི་ཡང་མ་མཆིས་ཞེས་བྱུང་བ་ཡང་ལིས་ཙུ་ཆན་སུང་བྱང་མར་ངོ་མ་ལོག་པའི་ཡར་སྔོན་གྱི་ལོ་རྒྱུས་གནས་ཚུལ་དང་ཕལ་ཆེར་འགྲིག་འདུག་སྟེ། དོན་ཚན་སྔ་མ་ཞིག་ཏུ་ཁོ་བོས་ཕྱིན་ཐེའི་འོང་ཞེས་པ་ཧྭ་ཏ་ཧོར་གྱི་རྒྱལ་པོ་སུ་ཡིན་ཚུལ་སྐབས་སྐབས་འབྱུང་བ་ལྟར། ལིས་ཙུ་ཆན་གྱིས་སུང་ལ་མགོ་བཏགས་ཞུས་པའི་སྐབས་པར་ཟད། རང་བཙན་བྱས་རྗེས་ཀྱང་ཧྭ་ཏ་ཧོར་གྱི་ཡུལ་གྲུ་ལ་རྐོལ་བའི་ལོ་རྒྱུས་ཕལ་ཆེར་མི་སྣང་བའི་ཕྱིར་ན། ཤར་པན་ཆད་ནས་དེ་ལྟ་བུའི་གཏམ་མི་སླན་པའི་ཚུལ་འབྱུང་མི་སྲིད་དོ། །

མཇུག་བསྡུ་བའི་གཏམ།

མཆིད་ཡིག་གི་དོན་ལ་ཞིབ་ཏུ་བགར་ན་མང་དུ་མཆིས་སྲིད་ཀྱང་། བརྗོད་བྱའི་གནད་གཙོ་བོ་དག་ངེས་པ་ལ་གོང་དུ་དཔྱད་པ་རྣམས་ཀྱིས་ཕལ་ཆེར་འཐུས། ད་ལྟའི་རིག་གཞུང་སྤྱི་ཡི་ལུགས་ལྟར་བཤད་ན། མཆིད་ཡིག་འདི་ནི་ཚོའོ་ཡེ་ཙུན་ཁྲིམ་རྒྱུད་ཀྱིས་ཏུན་ཧོང་གི་ཡུལ་གྲུ་ལ་མངའ་མཛད་པའི་དུས་ཏེ། སྤྱི་ལོ962ནས974ཡི་བར་གང་རུང་དུ་བྱུང་བར་མངོན་ལ། སྲུ་རྒྱལ་བཙན་པོས་ཧ་སེ་ཕྱོགས་འདི་ཆབ་སྲིད་ཀྱི་གདུགས་འོག་གཅིག་ཏུ་བཙུད་པའི་མཐར། སྤྱི་ལོ848པར་ཀྱང་ཡེ་ཁྲའོ་ཡི་ལག་ཏུ་ཤོར་བ་དེ་ནས་བརྩིས་ན་ཧ་ལམ་ལོ་ངོ་བརྒྱ་དང་བཅུ་ལྷག་ཕྱིན་ཡོད། དེར་བརྟེན། བོད་བཙན་པོའི་སྲིད་དབང་ཧ་སེ་ཕྱོགས་འདིར་གནས་དུས་སུ་བྱུང་བའི་ཡིག་ཆ་དག་དང་བསྡུར་ན། འདི་ཉིད་ལ་ཐུན་མོང་མ་ཡིན་པའི་རིན་ཐང་ཡང་འགའ་ཞིག་མཆིས། དང་པོ་ནི་སྤྱིར་དུས་སྐབས་དེ་དག་ཏུ་བྱུང་བའི་ཏུན་ཧོང་གཏེར་ཡིག་ད་ལྟར་མཐའ་དུ་ཡོད་པ་ལས། ཧྭ་ཏ་ཧོར་དང་འབྲེལ་བའི་བོད་ཡིག་གི་ཡིག་ཆ་ཆེས་དཀོན་ཕྱིར། བར་སྐབས་དེའི་ལོ་རྒྱུས་དཀའ་གནད་རྣམས་ཞིབ་ཏུ་དཔྱད་པ་ལ་ལུང་གི་སྣོན་མ་བཏབ་པ་མེ་ལ་བུད་ཤིང་བཞིན་ནོ། །གཉིས་པ་ནི་མཆིད་ཡིག་ལས་སྟོང་སྡེའི་མགོ་རྣམས་ལ་ལུང་སོལ་བགྱིས་ཞེས་དང་། མྱི་ཅིག་ལྷག་ཅིག་དུ་བགྱིས་ཞེས་སོགས་འབྱུང་བའི་ཚུལ་དེ་ལས། བོད་བཙན་པོའི་དུས་སྐབས་ཀྱི་སྟོང་སྡེའི་ལམ་ལུགས་དང་། མནའ་བསྐག་པའི་ལུགས་སྲོལ་སོགས་མ་ཉམས་པར་གནས་པ་མཐོང་ཐུབ་པས། སྐབས་དེར་ཧ་སེ་ཕྱོགས་སུ་འཚོ་བའི་རིགས་རུས་ཚོ་ཁག་གཞན་གྱི་མི་གཞི་བསམ་སྦྱོད་དང་། ཡུལ་གོམས་གཤིས་

ལུགས། ཆོས་ལུགས་དད་མོས་སོགས་ལ་ཤན་ཐེབས་ངེས་ན། དེ་དང་དེར་བྱེད་ནུས་ངེས་ཅན་འཐོན་སྲིད་པར་ཐེ་མི་ཚོམ། གསུམ་པ་ནི་ད་སྔ་ཡན་ཆོད་མཇལ་དུ་ཡོད་པའི་ཏུན་ཧོང་བོད་ཀྱི་ཡིག་ཆ་ལས་འདི་ཉིད་ཤཔལ་ཆེར་ཅུང་འཕྱི་ཤོས་སུ་སྣང་ཕྱིར། སྐབས་དེའི་བོད་ཡིག་གི་བརྗ་སྦྱོད་པའི་ཆོས་ཉིད་དང་རྣམ་གཞག མིང་གི་འཕེལ་ཚུལ་དང་ཐ་སྙད་ཀྱི་འགྱུར་ལུགས་སོགས་རྟོགས་ཐུབ་ཅིང་། ལྷག་པར་མཆེད་ཡིག་རྫིལ་པོར་གི་གུ་ཕྱིར་ལོག་མེད་པ་དང་ཚིག་རེ་རེའི་བར་དུ་ཉིས་ཤད་ཀྱིས་ཆོད་པ། མིང་མཐའ་གང་ཡིན་ལ་མི་ལྟོས་པར་ཤད་གོང་ལ་ཕྱི་ཚེག་འཁོད་པ་སོགས་བརྗ་སྙིང་ཡིག་ཆ་མང་དག་དང་མི་མཚུངས་པའི་ཁྱད་ཆོས་ལྡན་ཕྱིར། བོད་ཀྱི་སྐད་བརྗ་ཞིབ་འཇུག་ཐད་ལ་ཡིག་ཚང་གི་ཁུངས་བསྐྱལ་ཡོད། བཞི་པ་ནི་འདི་ཉིད་སྐབས་དེར་སྲིད་ཀྱི་དབང་ཆ་མངའ་བའི་སུག་ཙུ་དབང་པོ་སུ་ཧོ་བྱ་བས་གོང་རིམ་ལ་གསོལ་བའི་མཆིད་ཅིག་ཡིན་ཕྱིར། བོད་བཙན་པོའི་སྲིད་དབང་ཐོར་རྗེས་ཀྱི་དུས་ཡུན་ངེས་ཅན་ཞིག་ལ། ཏ་སེ་ཕྱོགས་དེའི་སྲིད་གཞུང་གི་ཡིག་རིགས་ཁོངས་སུ་བོད་ཡིག་ཡོད་པ་མཚོན་ཐུབ་ཅིང་། ཡིག་ཆ་ནམ་བྱུང་གི་དུས་སམ་དགོངས་དོན་ངེས་པ་ལ་བརྟེན་ནས། བར་སྐབས་དེའི་མི་རིགས་གཞན་གྱི་ཁོངས་སུ་བོད་སྐད་ཡིག་གི་གནས་བབ་ག་འདྲ་མཆིས་ཚུལ་སོགས་ལ་རྒྱུས་ལོན་བྱ་ཐུབ་པ་བཅས་མདོར་ན་བསྒྲིགས་བཅད་བརྗར་བའི་གསེར་བཞིན་སྣད་མའི་ཆར་ཡང་ཡིག་ཆའི་དགོངས་དོན་ལ་ཞུ་མཐུད་དཔྱད་པར་འོས་དང་། སྔོས་སུ་ཁོ་བོའི་རྩོམ་འདི་ལ་གནད་མ་ཕིགས་པའམ་མཐའ་མ་ཆོད་པའམ་མ་རྟོགས་ལོག་རྟོག་གི་ཆ་སོགས་ཉེ་ཚོ་མང་དུ་མཆིས་སྲིད་ན། རྣ་ལ་གཙགས་བུའི་དཔེ་ལྟར་བློ་གྲོས་ཀྱི་འཇུག་པ་ཡངས་པ་དག་གིས་དགོངས་འཆར་ལྷུག་པོར་སྩོལ་བའི་རེ་ལྟོས་སྙིང་ནས་འཆའ་འོ། །

མཆན།

[1] ཅེར་ཧོ། མིང་འདི་རྒྱ་ཡིག་གི་སྐད་དོད་ཅིག་ཡིན་པ་ནི་བསྙོན་དུ་མེད་དེ། ཁོ་བོས་ཀྱང"节度"ཞེས་པའི་སྒྲ་ཡིན་པ་ལྟར་བྱས་ནའང་། དཔྱད་གཞི་ཁུངས་ཐུབ་མ་རྙེད་ཕྱིར་ཁ་ཚོན་མི་ཆོད། སྐབས་དེའི་རྒྱ་སྐད་ཀྱི་སྒྲ་གདངས་ལྟར་ན། "de"ལ་སྐབས་འགར་བོད་ཀྱི་སྐད་དོད་ཅེ་ལྟར་འབྲི་སྲོལ་འདུག་པས། "都督"ཅེས་པ་མིན་ནམ་ཡང་སྙམ་སྟེ། དེ་ལྟར་གོ་ཡང་ཡིག་ཆའི་དགོངས་དོན་ལ་མི་གནོད།

[2] དགུན་ཚིགས་མཐའ་མ། ཧོར་ཟླ་བཅུ་གཉིས་པའི་མིང་སྟེ། དགུན་ཟླ་ཐ་ཆུང་ཞེས་ཀྱང་འབྱུང་།

[3] སྙུན་བཞེངས། སྙུན་བཞེས་དང་གཅིག་སྟེ་སྐུ་བསྙུང་བཞེས་པའི་དོན། དཔེར་ན་མགུར་བཞེས་པ་ལ་མགུར་བཞེངས་པ་ཟེར་བ་ལྟ་བུ་ཡང་ངོ་། །

[4] སྒྲ་བཀྱིད་པ། དགྲ་བཀྱི་བ་ཞེས་པའི་དོན་ཏེ། སྒྲ་དང་དགྲ་གཉིས་བརྗེ་སྲོལ་མཆིས་པ་དཔེར་ན་དགྲ་ལྷ་ལ་སྒྲ་བླ་དང་དགྲ་ལྷ་ཞེས་འབྱུང་བ་ལྟ་བུ་ཡིན།

[5] དེའི་ཡུན་ཐེ་འི་གཙུག་ལག་ཁང་། རྒྱ་སྐད་དུ大云寺ཞེས་པའི་སྐད་དོད་དེ། 《མདོ་སྡེ་སྤྲིན་ཆེན་པོ》ལ་བརྟེན་ནས་བྱུང་། ཐང་གི་རྒྱལ་མོ་ཝུའུ་ཙེ་ཐེན་གྱི་སྐབས་མིང་འདི་བསྒྱུར་བའི་གཙུག་ལག་ཁང་མང་དུ་བཏབ། ཤ་ཅུའི་མཁར་ཤར་ཕྱོགས་ཀྱི་མི་རིང་བའི་ས་ནའང་གཙུག་ལག་ཁང་འདི་འདྲ་བ་གཅིག་བཞེངས་ཡོད། མཆིད་ཡིག་ལས། དར་འདོས་ཀྱིན་འཛོ་ཡི་བློན་པོ་བྱ་རོག་རྣམས་ཀྱང་། །བཟང་མ་ལུས་པར་བཅས་། །སུག་ཅུར་མཆིས་ནས་ཞེས་འབྱུང་བ་ལྟར། སྐབས་འདིའི་དེ་ཡུན་ཐེའི་གཙུག་ལག་ཁང་ནི་སུག་ཅུའི་ཡུལ་དུ་ཡོད་པ་ཞིག་གོ །

[6] ཁྲུན་བྱི། ཁྲུན་དང་ལོག་གཡེམ་གཉིས་ཀྱི་བསྡུས་མིང་། བོད་སྤུ་རབས་ཀྱི་ཁྲིམས་ལ་ཁྲུ་འཇལ་དང་བྱི་འཇལ་ཞེས་པའི་བཀའ་ཁྲིམས་ཡོད་དེ། དཔའ་བཞེད་ལས། བཙན་པོས་དགོངས་ནས་ཟླ་བ་བཞིའི་བར་དུ་སྡིག་གཅོད་སྤྱངས་པའི་ཕྱིར་གསོས། ཁྲུ་འཁྲོག་སྤྱངས་པའི་ཕྱིར་ཁྲུ་འཇལ། ལོག་གཡེང་སྤྱངས་པའི་ཕྱིར་བྱི་འཇལ། རྫུན་སྤྱངས་པའི་ཕྱིར་མནའ་བཀར་སོགས། བཀའ་ཁྲིམས་དགེ་བ་བཅུ་ལས་གཞི་བླངས་པ་ཞིག་མཛད་དེ་ཡི་གེར་བྲིས་སོ། །ཞེས་འབྱུང་བ་ལྟར་ཤེས་པར་བྱའོ། །(ཚེ་རིང་དོན་གྲུབ་ཀྱིས་བསྒྲིགས། 《བསམ་ཡས་དཀར་ཆག》ལན་གྲུ། ཀན་སུའུ་མི་རིགས་དཔེ་སྐྲུན་ཁང་། ཤོག་ངོས106པར་གསལ།)

[7] ཡག་ཤེ། ཡག་ཤ་ཡིན་པ་འདྲ་སྟེ་ཡ་དང་ཡང་ཕལ་ཆེར་མཚུངས་པར་སྣང་། དཔའ་བཞེད་ལས། བསམ་ཡས་གཙུག་ལག་ཁང་བཞེངས་སྐབས། དེ་ནས་གླིང་བཞི་གླིང་ཕྲན་བརྒྱད། ཡག་ཤ་ལྷ་འོག་དང་མཆོད་རྟེན་བཞིའང་། མཆོད་རྟེན་དཀར་པོ་ཤུད་བུ་རྒྱ་ལྷོ་རེ་ང་མིས། ནག་པོ་ངན་ལམ་སྟག་ར་ཀླུ་གོང་གིས། དམར་པོ་སྣ་ནམ་རྒྱལ་ཚ་ལྷ་སྣང་གིས། སྔོན་པོ་མཆིམས་མདོ་བཞི་སྦྲེ་ཚུང་གིས་བརྩིགས་ཏེ། (ཚེ་རིང་དོན་གྲུབ་ཀྱིས་བསྒྲིགས་《བསམ་ཡས་དཀར་ཆག》ལན་གྲུ། ཀན་སུའུ་མི་རིགས་དཔེ་སྐྲུན་ཁང་། 2009ལོའི་ཟླ10ཤོག་ངོས134ན་གསལ།) ཞེས་དང་། མཆིད་ཡིག་ཉིད་ལས། བདག་ཅག་མཁར་སྣ་ཡི་ཡག་ཤེ་དང་ར་བའི་ཧ་ཚུན་ཆད་བཀུས་ནས་ཞེས་འབྱུང་བའི་དོན་ཏ་ལམ་གཅིག་ཏུ་འབབ་པ་འདྲ། ཡ་ཞེས་པ་གནོད་སྦྱིན་དང་མཆོད་སྦྱིན་སོགས་ལ་འཇུག་པས། ཕལ་ཆེར་ཡུལ་ཁམས་སྐྱོང་བའམ་མཁར་སྣ་སྲུང་བའི་ལྷ་ལ་མཆོད་འབུལ་གནང་ས་ལྟ་བུ་ཞིག་མིན་ནམ་སྙམ། དེ་ལ་རྒྱན་དབང་རྒྱལ་དང་བསོད་ནམས་སྐྱིད་རྣམ་གཉིས་ནས་སྤྱང་ལེབ་ཏུ་བཀྲལ་ཡོད་དེ་ད་དུང་དཔྱད་པར་བྱའོ། །

[8] མཐའ་རམ། ཐ་རམ་དང་ཐ་རམས་བཅས་དོན་གཅིག་སྟེ་སྒོ་ལྕགས་སམ་སྒོ་ཐྲ་ཡི་མིང་ལ་འཇུག 《བེ་རོའི་འདྲ་འབག་ཆེན་མོ》ལས། ང་ནི་བཀའ་ཡི་ལྡེ་མིག་སྟེ། །བཀའ་སྒྲོམ་ཐ་རམས་གསང་བ་རྣམས། །རྣམ་པར་འབྱེད་པར་དམ་བཅས་ཀྱིས། །གང་ཞིག་གྲོལ་འདོད་ལམ་འདིར་ཤོག །(《བེ་རོའི་འདྲ་འབག》ཁྲིན་ཏུའུ། སི་ཁྲོན་མི་རིགས་དཔེ་སྐྲུན་ཁང་། 1995ལོའི་ཟླ1ཤོག་ངོས26པར་གསལ།)ཅེས་དང་། ཡང་མིང་སྲིད་དཔལ་བགོས་དང་ལྷ་འདོགས་ཞེས་པ་གནའ་བོའི་ཚ་ག་ཡི་དཔེ་ཞིག་མཆིས་པ་དེར། བུ་མོའི་ཞལ་ནས་འདི་སྐད་གསུངས། །ཇོ་ཇོ་མི་ཇོ་ཚུར་གསོན་དང་། །སྲིད་མོ་མི་ཡུལ་འགྲོ་བ་ལ། །བུ་མོ་མི་འགྲོ་རང་དབང་མེད། །ཡུལ་མ་འདྲིས་གཞན་ཡུལ་སྐྱ་མོ་འདྲ། །ཁྲིམ་མ་འདྲིས་ལྕགས་ཀྱི་ཐ་རམ་འདྲ། །མི་མ་འདྲིས་སྲིན་པོ་གདོང་དམར་འདྲ། །(མཁར་རྩེའུ་བསམ་གཏན་རྒྱལ་མཚན་གྱི་གསུང་རྩོམ་ཕྱོགས་སྒྲིག《མདའ་དང་འཕང》སྟོད་ཆ།

པེ་ཅིན། ཀྲུང་གོའི་བོད་རིག་པ་དཔེ་སྐྲུན་ཁང་། 2007ལོའི་ཟླ་9ཤོག་ངོས327པར་གསལ།) ཞེས་འབྱུང་བ་དག་ལས་ཤེས་པར་བྱའོ། །གཞན་ཡང་ནམ་མཁའི་ནོར་བུ་མཆོག་གིས་དམ་རྒྱ་བྱས་པའི་དོན་དུ་འགྲེལ་བ་དག་དོན་གཅིག་གོ །(《ཞང་བོད་ལོ་རྒྱུས་ཏི་སེའི་འོད》ཀྱི་མཆན་འགྲེལ་དུ་གསལ།)

[9] ཀམ་ཅུད། གཏམ་དང་གནས་ཚུལ་ལམ་བཀའ་ལུང་སོགས་ལ་འཇུག་དགོས་པ་འདྲ་སྟེ། མཆིད་ཡིག་གི་དོན་སྤྱི་ལ་བརྟགས་ན། ཤར་ཕན་ཅད་ད་ལྟ་བོ་ན་མི་སྣང་པའི་ཀམ་ཅུད་ཅི་ཡང་མ་མཆིས་། །ཀམ་ཅུད་བྱེ་ཞིབ་ནི་ཅང་ཨམ་འཕྲོ་ལྷ་ལ་སྐྱབས་ལ་རྩ་བར་ཞུ། །ཞེས་སྤྱི་ཕྱི་གཉིས་བྱུང་བ་ལས། སྤྱི་མ་གཏམ་དང་གནས་ཚུལ། ཕྱི་མ་བཀའ་ལུང་ལྷ་བུ་ལ་གོ་ན་ཅུང་འགྲེལ་ཆགས་པར་སེམས་ཏེ། ཏུན་ཧོང་བོད་ཀྱི་ཡིག་ཆp. t. 1129ཁྲུག་གོང་འབྲུག་སེར་པོས་ཧ་སེ་ཧོ་སིང་ཁྱིམ་ཞི་ལེགས་ལ་མཆིད་གསོལ་བའི་ཡི་གེ་ལས། རྗེས་ལ་སྟོན་པ་དཔལ་འགོན་ཞ་སྤྱ་ནས། །ཞལ་མ་མཇལ་ནས་དགུང་ལོ་གྲངས་སྙི་ཉུང་བ་ཞིག་ལོན་ན་ཡང་། །ད་ལྟར་ཀམ་ཅུད་ཐོས་ན། །སིང་ཁྱིམ་མངའ་དེ་ཆེ། །སེར་ཆགས་ཀྱི་དབུ་ཚོགས་སུ་མངའ་ཐང་ཆེ་ནས་བཞུགས་བགྱི་བར་ཀམ་ཅུད་འོད་ཐོས། །བདག་ངན་པ་ཡང་སྒྲོ་བ་དག་ནས། །གཏང་རྒྱུད་གྲགས་ནས་བཙལ། །(《法藏敦煌西域文献》第21册，上海：上海古籍出版社，2002年，第226页)ཞེས་པ་ལས་ཀྱང་ཕལ་ཆེར་ངེས་ཐུབ། ཆབ་གཉའ་གོང་དཀོན་མཆོག་ཚེ་བརྟན་མཆོག་གིས་ཕབ་པའི་མ་ཡིག་ཏུ། ཀམ་ཅུར་ཞེས་བྲིས་ཡོད་ཅིང་མཆན་ལས་དོན་ནི་ཀམ་ཅུ་སྟེ། རྒྱ་སྐད་དུ"甘州"ཞེས་པའི་སྐད་དོད་དོ་ཞེས་འགྲེལ་བ་གནང་འདུག ཁོང་ཉིད་ཀྱིས་མ་ཡིག་ལ་ཞིབ་ཏུ་མ་གཟིགས་པའམ་གང་ཡིན་ཆ་མ་འཚལ་མོད། མ་ཡིག་དངོས་ལ་གཏུགས་པས་ཀམ་ཅུད་ཅེས་པ་ཡིན་ཕྱིར། དོན་ཡང་ཕལ་ཆེར་དེ་ལྟར་ཡིན་མི་སྲིད་དོ། །《བརྡ་རྙིང་ཡིག་ཆའི་ཚིག་དོན་ཀུན་ཁྲོལ》ལྡན་གྲུ། ཀན་སུའུ་མི་རིགས་དཔེ་སྐྲུན་ཁང་། 2001ལོའི་ཟླ5པའི་པར་གཞི་དང་པོ། 2010ལོའི་ཟླ5པའི་པར་ཐེངས་གཉིས་པ། ཤོག་ངོས353ན་གསལ།)

[10]《法藏敦煌西域文献》第24册，上海：上海古籍出版社，2002年，第132页。

[11] 唐耕耦、陆宏基：《敦煌社会经济文书真迹释录》第4辑，北京：全国图书馆文献缩微复制中心，1990年，第411页。

[12] ཧྭ་ཏ་ཧོར་ཞེས་པ་བོད་ཀྱི་ལོ་རྒྱུས་ཁག་ལས་མང་དུ་འབྱུང་ལ། བཙན་པོའི་དུས་སུ་ཧྭ་ཏ་ཧོར་གྱི་སྒོམ་གྲྭ་བཙོམ་ནས་པེ་ཏར་རྒྱལ་པོ་བསམ་ཡས་ཆོས་སྐྱོང་དུ་སྤྱན་དྲངས་ཚུལ་སོགས་གསལ། བོད་རིག་པའི་མཁས་དབང་མཁར་རྫེའུ་བསམ་གཏན་མཆོག་གིས་ཧྭ་ཏ་ཧོར་གྱི་ཡུལ་དེ་ཀམ་ཅུ་ཡིན་པར་བསྟན་ཡོད་པ་ལ་རྒྱུ་མཚན་མཆིས་ཏེ། སྤྱི་ལོ764ཡས་མས་སུ་བོད་ཀྱི་དམག་དཔུང་གིས་ཡུལ་གྲུ་དེ་དག་བཏུལ་ཅིང་། ཧོར་སེ་དགུ་དབང་དུ་མཛད་པའི་ལོ་རྒྱུས་སོགས་ཏུན་ཧོང་ནས་ཐོན་པའི་རྒྱ་ཡིག་གི་ཡིག་ཆP. 2765ལས་གསལ་བ་ལྟར་རོ། །གཞན་ཡང་ཏུན་ཧོང་ཡིག་ཆP. T. 1263ལས"回鹘"ལ་དྲུ་གུ་དང་། "胡"ལ་སོག་པོ་ཞེས་བྱེ་བྲག་ཏུ་འབྱུང་མོད། སྐབས་འདིར་ངེས་སླ་ཕྱིར་དེ་ལྟར་བཀོད། (《མདའ་དང་འཕང》སྨད་ཆ། པེ་ཅིན། ཀྲུང་གོའི་བོད་རིག་པ་དཔེ་སྐྲུན་ཁང་། 2007ལོའི་ཟླ9ཤོག་ངོས214པ་གསལ།)

[13]《曹义金致顺化可汗状》第2992页。

[14] 陆庆夫：《河西达怛考述》敦煌学辑刊1992年1、2期合刊。

[15] [16] [17]《曹义金致顺化可汗状》第2992、2992、2992页。

[18]《曹元忠致甘州回鹘可汗书》，第2155页。

[19]《曹元深发愿文》见于李树辉：《甘州回鹘史考辩—乌古斯和回鹘研究系列》第28卷，第5期，喀什师范学院学报，第2155页。

[20] 李树辉：《甘州回鹘史考辩—乌古斯和回鹘研究系列》第28卷第1期，喀什师范学院学报。

[21] 李树辉：《甘州回鹘史考辩—乌古斯和回鹘研究系列》第28卷第4期，喀什师范学院学报。

[22] 杨富学：《敦煌吐鲁番文献所见吐蕃回鹘之文化关系》首都师范大学学报(社科版) 2001（1）。

[23] གཉའ་གོང་དཀོན་མཆོག་ཚེ་བརྟན། 《བཛ་ཧྲིང་ཡིག་ཚའི་ཚིག་དོན་ཀུན་གྲོལ》ཀན་སུའུ་མི་རིགས་དཔེ་སྐྲུན་ཁང་། 2001ལོའི་ཟླ་5པའི་པར་གཞི་དང་པོ། 2010ལོའི་ཟླ5པའི་པར་ཐེངས་གཉིས་པ། ཤོག་ངོས35པར་གསལ།

[24] 陆庆夫：《甘州回鹘可汗世次辨析》载《敦煌归义军史研究》兰州：兰州大学出版社1997年9月第1版。

《ཀྲུང་གོའི་བོད་རིག་པ།》 2011ལོའི་དེབ་གཉིས་པ་ལས་བཏུས།

༄། །ཏུན་ཧོང་ནས་ཐོན་པའི་བོད་ཡིག་ཡིག་ཚགས་མར་མེ་འབུལ་བའི་སྨོན་ལམ་གྱིP. T. ཨང་རྟགས་མི་འདྲ་བ་ཁག་ལ་དཔྱད་བསྡུར་རོབ་ཙམ་བྱས་པ།

ལྷག་སྐྱེ།

ཏུན་ཧོང་ནས་ཐོན་པའི་བོད་ཡིག་ཡིག་ཚགས་ནི་འདས་སོང་གི་བོད་ཀྱི་ལོ་རྒྱུས་དང་རིག་གནས། སྐད་ཡིག དཔལ་འབྱོར། ཆབ་སྲིད་སྒྲིག་ལུགས། ཡུལ་གོམས་གཤིས་ལུགས་སོགས་ལ་ཞིབ་འཇུག་བྱེད་པར་མེད་དུ་མི་རུང་བའི་ཡིག་ཆ་གལ་ཆེན་ཞིག་ཡིན་པས། ད་ཆར་རྒྱལ་ཁབ་ཕྱི་ནང་ཀུན་ཏུ་ཏུན་ཧོང་རིག་པ་ཞེས་ཞིབ་འཇུག་གི་མཐོ་རླབས་ཤིག་འཕྱུར་བཞིན་ཡོད། ཡིད་སྐྱོ་བ་ཞིག་ལ་དབྱིན་ཇིའི་སི་ཐན་དབྱིན་དང་ཧྥ་རན་སིའི་པོ་ཞེས་ཧེ་གཉིས་ཀྱིས་བམ་གྲངས་ཁྲི་ལ་ཉེ་བའི་རྩ་ཆེའི་ཡིག་ཆ་དེ་དག་སྤྱི་ལོ༡༩༠༨དང་༡༩༠༧ལོར་སྔ་གཞུག་ཏུ་རྒྱལ་ཁབ་ཕྱི་རུ་ཁྱེར་ནས་སོ་སོར་དབྱིན་ཇིའི་རྒྱལ་ཁབ་དཔེ་མཛོད་ཁང་དང་ཧྥ་རན་སིའི་རྒྱལ་ཁབ་དཔེ་མཛོད་ཁང་དུ་བཅུག ཕྱིས་སུ་རྒྱལ་ནང་གི་འབྲེལ་ཡོད་ཆེད་མཁས་པ་རྣམས་བློ་བུར་དུ་རྨོངས་གཉིད་ལས་སད་དུས་རང་གི་རྩ་ཆེའི་རིག་གནས་དེར་མ་དཔྱལ་འཕོར་ཆེན་བཏང་སྟེ་ཕྱིར་ཕྱོ་དགོས་པའི་གནས་སུ་གྱུར་ལ། དེ་ལྟ་བུའི་གནས་བབ་འོག་རྒྱལ་ནང་དུ་ཡིག་ཚགས་དེ་དག་གི་མ་ཡིག་དངོས་སུ་མཐོང་དཀའ་ནའང་ཉེ་བའི་ལོ་འགའི་སྔོན་དུ་ནུབ་བྱང་མི་རིགས་སློབ་ཆེན་གྱི་ཏུན་ཧོང་ཡིག་རྙིང་སྐོར་ལ་ཞིབ་འཇུག་བགྱི་བའི་མཁས་པ་ཚོས་ཧུར་ཐག་གིས་ཧྥ་རན་སིའི་རྒྱལ་ཁབ་དཔེ་མཛོད་ཁང་དང་མཉམ་འབྲེལ་སྒྲོས། རྩ་ཆེའི་ཡིག་ཆ་དེ་དག་སྤྱིན་ཤོག་གིས་པར་བཤུས་བརྒྱབ་པ་དེ་དག་ད་ལྟ་རྒྱལ་ནང་གི་ཧྲང་ཧེ་དཔེ་སྙིང་དཔེ་སྐྲུན་ཁང་གིས་དེབ་བཅུ་བཞིའི་བདག་ཉིད་ཅན་དུ་བསྐྲུན་ནས་ང་ཚོའི་མིག་ལམ་དུ་བསྟར་ཐུབ་འདུག སྐབས་འདིར་དཔྱད་པར་བྱ་བ་ནི་ལོ་རྒྱུས་དང་ཆབ་སྲིད་ལམ་ལུགས་ཀྱི་སྐོར་མ་ཡིན་པར། ཧྥ་རན་སིའི་རྒྱལ་ཁབ་དཔེ་མཛོད་ཁང་གི་ཡིག་ཚགས་དག་ལས་བརྗོད་བྱ་ཆོས་ལུགས་དང་འབྲེལ་བའི་མར་མེ་འབུལ་བའི་སྨོན་ལམ་ཞེས་པ་དེ་ཡིན།

དང་པོ། མར་མེ་འབུལ་བའི་སྨོན་ལམP. T. 0026. 1གི་མ་ཡིག་འདྲ་བཤུས།

མར་མེ་འབུལ་བའི་སྨོན་ལམ་ཞེས་པའི་མཚན་བྱང་འདི་ནི་ཡིག་རྙིང་དག་སྒྲིག་མཁན་གྱིས་བཏགས་

པ་ཞིག་ལས། སྐབས་དེའི་ཡིག་རྙིང་དངོས་སུ་མཚན་བྱང་དེ་ལྟར་བཏགས་པ་མཐོང་རྒྱུ་མི་འདུག ཧྥ་རན་སིའི་རྒྱལ་ཁབ་དཔེ་མཛོད་ཁང་གི་བོད་ཡིག་སྐོར་གྱི་ཡིག་ཚགས་པར་དུ་བསྐྲུན་པའི་དེབ་ཡོངས་ལས་བདག་གིས་ལྷ་རིག་ཐུབ་བྱུང་བ་དེབ་དང་པོ་ནས་བཅུ་པའི་བར་ཡིན་པས། ཐྲན་གྱིས་དེ་དག་ཞིབ་ཀློག་བྱས་པ་བརྒྱད་དེབ་བཅུ་པོ་དེ་དག་གི་ཁྲོད་དུ་མར་མེ་འབུལ་བའི་སྨོན་ལམ་དང་འབྲེལ་བའི་ཨང་རྟགས་རིགས་མི་འདྲ་བ་བཞི་ལག་སོན་བྱུང་བ་སྟེ། P. T. 0026. 1དང་P. T. 0002དང་P. T. 0045དང་P. T. 0170བཅས་ཡིན་ལ། དེ་དག་སོ་སོའི་བརྗོད་བྱ་དང་བརྗ་སྦྱོད། ཡིག་གཟུགས། རྫོད་པའི་འཕྲི་སྣོན། གཞན་ད་དུང་ཤོག་ལྷེའི་ཆེ་ཆུང་སོགས་ཀྱང་གཅིག་མཐུན་མིན་པས་མ་ཡིག་བཞི་པོ་བཀོད་ན་གསལ་ཁ་ཡོང་ཐུབ་སོད། ཡིན་ནའང་ཡིག་ཚོགས་ལ་འཛེམས་ཏེ་མཚོན་བྱེད་དུP. T. 0026. 1གཅིག་པུ་མ་ཡིག་དངོས་ཇི་བཞིན་དུ་བཀོད་ན།

pel. tib. 0026. 1[1]༄། :། མར་མེ་དབུལ་བའི་སྨོན་ལཾ་དུ་གསོལ་བ།། །།དཀོན་མཆོག་གསུཾ་ལ་ཕྱག་འཚལ་ལོ། །་། །སངས་རྒྱས་དང་བྱང་ཆུབ་སེམས་དཔའ་ཐམས་ཅད་། །བདག་ལ་དགོངསུ་༼ཤ༡༽

གསོལ། །ཆོས་ཐམས་ཆད་ངོ་བོ་ཉིད་གཅིག་སྟེ་། །ཐ་དད་པ་མ་ལགས་ན། །བདག་ཆགི་བསོད་ནམསུ། །དཀོན་མཆོག་གསུམ་ལ་། །མར་མེ་དབུལ་བ་འདི་རྣམས། །ཆོས་ཀྱི་དབྱིངས་ཀྱི་ཆླབས་དང་། །སངས་རྒྱས་དང་། །བྱང་ཆུབ་སེམས་པ་ཐམས་ཆད་ཀྱི་མཐུ་དང་། །བདག་ཆགི་བསམ་བ་རྣམ་པར་དག་པའི་སྟོབས་ཀྱིས། །མར་མེའི་སྡོང་ཏོ་ཁོར་ཡུག་ཆེད་པོ་ཙམ་དུ་གྱུར་ཆིག། །མར་ནི་རྒྱ་མཚོ་ཚམ་དུ་གྱུར་ཆིག། །སྙིང་པོ་ནི་རི་རབ་ཚམ་དུ་གྱུར་ཅིག། །༼ཤ༢༽

མེ་ལྕེ་ནི་སྲིད་པའི་རྩེ་མོ་ལ་ཐུག་པ་ཙམ་དུ་གྱུར་ཆིག། །འོད་ཏོ་ཕྱོགས་བཅུའི་འཇིག་རྟེན་གྱི་ཁཾས་མཐའ་ཡས་མུ་མེད་པ་ཐམས་ཆད་ཁྱབ་པར་གྱུར་ཆིག། །གྲངས་ནི་སངས་རྒྱས་ཀྱི་ཞིང་ཐམས་ཆད་ཀྱི་རྡུལ་ཕྲ་རབ་སྙེད་དུ་གྱུར་ཆིག། །ཡུལ་ཏོ་དེ་བཞིན་གཤེགས་པའ་རྣམས་ཀྱི་སྐུ་གསུཾ་གྱི་སྲིད་དུ་རྒྱུན་མི་ཆད་པ་དང་། འཁོར་བའི་མཐའས་ཀླས་པའི་བར་དུ། གནས་པར་གྱུར་ཆིག། །དེ་ལྟར་གྱུར་པའི་མར་མེ་དེ་དག་ཐམས་ཆད་ཕྱོགས་བཅུའི་༼ཤ༣༽

དཀོན་མཆོག་གསུཾ་དང་། སངས་རྒྱས་བཅོམ་ལྡན་འདས་ཀྱི་སྐུ་གདུང་གི་མཆོད་རྟེན་ཐམས་ཆད། །ལ་དབུལོ། །གསོལོ། །ངོན་ཏོ། །འཕགས་པ་ཐམས་ཆད་ཀྱིས་ཀྱང་དེ་བཞིན་དུ་བྱིན་གྱིས་བརླབ་དུ་གསོལ། །ལོང་སྤྱོད་པར་གསོལ། །མར་མེ་དག་གི་སྣང་བ་ཆེན་པོ་ལ་བརྟེན་ནས། །ཕྱི་མའི་མུར་ཐུག་པའི་བར་དུ། །སེམས་ཆན་ལ་ཕན་བ་དང་། བདེ་བའི་དོན་ཆེན་པོ་མཛད་དུ་གསོལ། །དེའི་དགེ་བ་ཐམས་ཆད་ཀྱིས། །ཕྱོགས་བཅུའི་བྱང་༼ཤ༤༽

ཆུབ་སེམས་དཔའ་སེམས་དཔའ་ཐམས་ཆད་ཀྱིས་། །དགོངས་པ་ཐམས་ཆད་གྲུབ་སྟེ། །མྱུར་དུ་རྣམ་པ་

ཐམས་ཅད་མཁྱེན་པ་ཉིད་ཡོངས་སུ་རྫོགས་པར་གྱུར་ཅིག །སེམས་ཅན་ཐམས་ཅད་ཀྱི་མགོན། །ཐམས་ཅད་མཁྱེན་པའི་ཉི་མ་འཇིག་རྟེན་ཐམས་ཅད་ཤར་པར་གྱུར་ཅིག །སྣོད་ཀྱི་འཇིག་རྟེན་ཐམས་ཅད་དང་། སེམས་ཅན་ཐམས་ཅད་ཀྱི་ལུས་དང་། །གནས་དང་། སྤྱོད་ཡུལ་དང་། ཐམས་ཅད་ལ་མུན་པ་མེད་ཅིང་། ། རང་བཞིན་གྱིས་འོད་སྣང་༼༢༥༽

བ་དང་། ལྡན་ཏེ། །ལྷམ་མེ་ལྷན་ནེ་ལྷ་ངེར་གསལ་ཞིང་མཛེས་པར་གྱུར་ཅིག །སེམས་ཅན་ཐམས་ཅད་ཀྱི་མ་རིག་པའི་མུན་པ་ཐམས་ཅད་རྣམ་པར་དག་པ་སྟེ། །ལྷའི་མིག་ལ་སྩོགས་སྟེ། །རྣམ་པར་ཤེས་པ་ལྔ་དང་ལྡན་ཞིང་། དེ་བཞིན་གཤེགས་པའི་སྤྱན་ལྔ་རྣམ་པར་དག་པ་དང་། །ཐམས་ཅད་མཁྱེན་པའི་ཡེ་ཤེས་ཀྱི་སྣང་བ་ཆེད་པོ་ཐོབ་པར་གྱུར་ཅིག །དེ་ལྟར་དགེ་བའི་རྩ་བ་དཔག་ཏུ་མ་མཆིས་པ། །འཕགས་པ་ཐམས་ཅད་དབུལ་བ་དང་། སེམས་ཅན་ཐམས་༼༢༦༽

ཅད་ལ་བསྔབས་ཤིང་བསྔོས་སྟེ། །སྨོན་ལམ་རྒྱ་ཆེན་པོ་བཐབ་པའི་བསོད་ནམས་ཀྱི་མཐུ་དང་འཕགས་པ་ཐམས་ཅད་ཀྱི་བྱིན་ཀྱི་རླབས་ཀྱིས། །བདག་ཆགས་འཁོར་བ་ཐོག་མ་མ་མཆིས་པ་ནས། །སྔོན་གྱི་ཚེ་རབས་བཏངས་པ་དང་། ད་ལྟར་གྱི་ཚེ་འདིའི་བར་དུ། །མཚམས་མེད་པ་ལྔ་དང་། མཚམས་མེད་པ་ལྔ་དང་ཉེ་བར་དང་མི་དགེ་བ་བཅུའི་ལས་ཀྱི་ལམ་ལ་སྩོགས་བགྱིས་པ་དང་། བགྱིད་དུ་སྩལ་པ་དང་། བགྱིད་པ་ལ་རྗེསུ་ཡི་རང་བར་གྱུར་པ་ཐམས་ཅད་དང་། ༼༢༧༽

འཕགས་པ་ལ་བསྐུར་པ་བཐབཔ་ཅད་དང་དཾ་པའི་ཆོས་སྤང་པའི་ལས་ཆེས་པ་ལསྩོགས་པ། །ལས་གང་གིས་ཚེ་ཐུང་པར་གྱུར་པ་དང་། །ནད་མང་བར་འགྱུར་བ་དང་། །ཡིད་དུ་མི་འོང་བ་འབྲས་བུ་རྣམ་པར་སྨིན་པ་སྣ་ཚོགས་ཉམས་སུ་མྱོང་བར་འགྱུར་བའི་ལས་ཀྱི་སྒྲིབ་པ་ཐམས་ཅད་མ་ལུས་པར་བྱ་བར་གྱུར་ཅིག །དེ་ལས་དེ་དག་གི་རྣམ་པར་སྨིན་པས། །ད་ལྟར་གྱི་ལུས་འདི་ལ་ནད་ཀྱི་རྣམ་གྲངས་མང་པོས་ཐེབས་པ་དང་། མི་དང་མི་མ་ཡིན་པ་༼༢༨༽

ལསྩོགས་པའ། །ངན་དུ་བགྱིས་པ་དང་སེམས་འཁྲུག་ཅིང་། མི་ངན་དུ་གྱུར་པ་ཐམས་ཅད་བྱང་ནས། །ནད་མེད་ཚེ་རིང་ཞིང་། ལུས་དང་སེམས་རྟག་དུ་བདེ་བར་གྱུར་ཅིག །སངས་རྒྱས་དང་བྱང་ཆུབ་སེམས་དཔའ་ལ་སྩོགས་པའཕག་པ་ཐམས་ཅད་ཀྱིས། །རྟག་དུ་དགོངས་ཤིག །བྱིན་གྱིས་བརླབ་པར་གྱུར་ཅིག །ལྷ་དང་ཀླུ་དང་གནོད་སྦྱིན་ལསྩོགས་པ། །དམ་ཚིག་ཅན་ཐམས་ཅད་གྱིས་ཀྱང་རྟག་དུ་༼༢༩༽

བསྲུང་ཞིང་བསྐྱབ་པར་གྱུར་ཅིག །ཚེ་རབས་ཐམས་ཅད་དུ་ཡང་བྱང་ཆུབ་སེམས་དཔའི་སྤྱོད་པ་དང་ལྡན་ཞིང་། །བསོད་ནཾས་དང་ཡེ་ཤེས་ཀྱི་ཚོགས་ཀྱིས་བརྒྱན་ཏེ། །འཇིག་རྟེན་པ་དང་འཇིག་རྟེན་ལས་འདས་པ་ཕུན་སུམ་ཚོགས་པ་དང་ལྡན་བར་གྱུར་ཅིག །སངས་རྒྱས་ཀྱི་གོ་འཕང་མྱུར་དུ་ཐོབ་ནས། ། སེམས་ཅན་ཐམས་ཅད་ཀྱི་སྲིད་པའི་རྒྱ་མཚོ་ལས། །སྒྲོལ་ཞིང་མྱ་ལས་འདས་བའི་དབྱིངས་ལ་དགོད་པར་

༼༡༧༠༽

ཀྱུར་ཆིག། །ཛོགས་སོ། །༼༡༧༧༽ཞེས་པ་འདི་ནི P. T. 0026. 1གི་མ་ཡིག་གི་འདྲ་བཤུས་ཡིན་ལ། མ་ཡིག་མི་འདྲ་བ་བཞི་པོའི་མཚོན་བྱེད་འདྲ་པར་ནི་གཤམ་གསལ་ལྟར་རོ། །

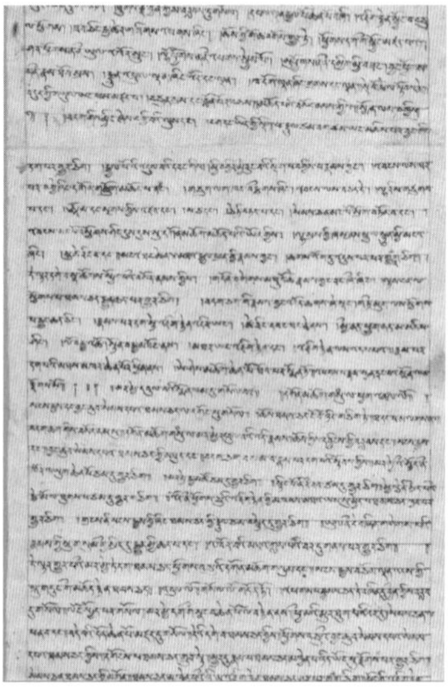

ལག་བྲིས་མ། P. T. 0002

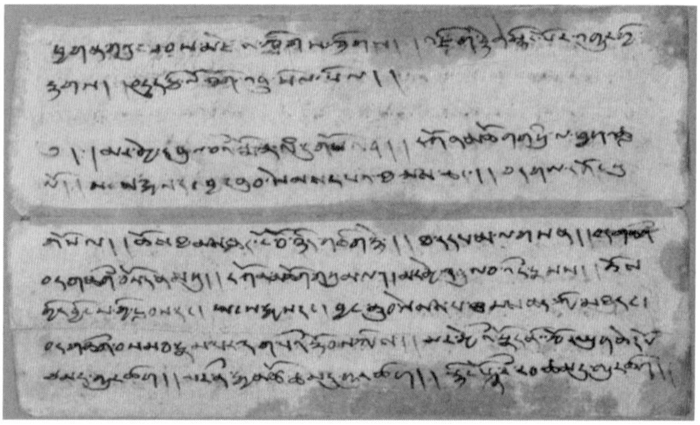

ལག་བྲིས་མ། P. T. 0026. 1

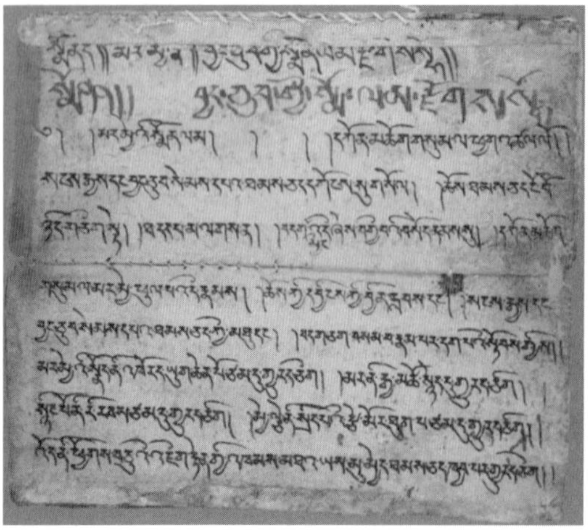

ལག་བྲིས་མ། P. T. 0045

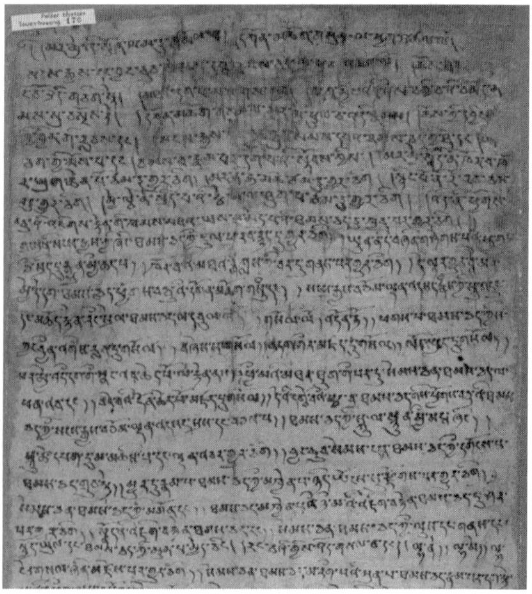

ལག་བྲིས་མ། P. T. 0170

གཉིས་པ། P. T. ཨང་རྟགས་མི་འདྲ་བའི་ཡིག་ཚགས་སྤྱིའི་ཁྱད་ཆོས།

གོང་དུ་བཀོད་པའི་P. T. ཨང་རྟགས་མི་འདྲ་བའི་མར་མེ་འབུལ་བའི་སྨོན་ལམ་འདི་དག་ལ་འང་ཏུན་ཧོང་གི་ཡིག་ཚགས་གཞན་དང་འདྲ་བར་བརྗོད་རྒྱུ་ཉེ་བའི་ཁྱད་ཆོས་མང་དུ་ལྡན་ལ། ཁྱད་ཆོས་དེ་དག་བརྒྱུད་མར་མེ་འབུལ་བའི་སྨོན་ལམ་འདིའང་ཏུན་ཧོང་གི་ཡིག་ཚགས་གཞན་དག་དང་དུས་མཉམ་པ་ལས་ཕྱིས་སུ་བསྣན་པའི་ཡིག་ཚགས་བཅོས་མ་ཞིག་མིན་པ་ར་སྤྲོད་བྱ་ཐུབ། གཉམ་དུ་མར་མེ་འབུལ་བའི་སྨོན་ལམ་གྱི་ཁྱད་ཆོས་མཚོན་ཕྱིར་དེའི་ཁྱད་ཆོས་བཅུ་དམིགས་སུ་བཀར་ནས་ཞིབ་བྲག་ཏུ་དཔེ་བརྗོད་དང་བཅས་བཀོད་ན།

གཅིག གི་གུ་ཕྱིར་ལོག་མང་དུ་བྱུང་བ།

ཨང་རྟགས་མི་འདྲ་བ་སོ་སོར་གི་གུ་ཕྱིར་ལོག་ཅན་མང་དུ་གསལ་ཞིང་དེས་གི་གུ་ཡོངས་ཀྱི་ཆ་མང་ཤོས་ཟིན་ཡོད་དེ་དཔེར་ན། མར་མེའི་སྟོད་ནི། རོ་རབ། བདག་ཆགི། འདོ་རྣམས། བདག་མྱིང་། ཅོ་སྲིད། རིང་སྲིལ། མཁྱེན་པའི་ཞེས་པ་ལྟ་བུ་སོགས་བསྡོམས་ན་༡༨༧ཙམ་ཡོད་ཅིང་། དེ་ཡང“ཡིག་ཚགས་ཇི་ལྟར་རྙ་ན་དེ་ལྟར་དེའི་ནང་གི་གུ་ཕྱིར་ལོག་ཅན་གྱི་གྲངས་ཚད་མང་ལ། དེ་ལས་ལྡོག་སྟེ་ཡིག་ཚགས་ཇི་ལྟར་བྱུང་བ་འཕྱི་ན་དེ་ལྟར་གི་གུ་ཕྱིར་ལོག་ཅན་གྱི་གྲངས་ཚད་ཀྱང་ཇེ་ཉུང་དུ་སོང་འདུག་པ་ནི་དོན་དངོས་ཤིག་ཡིན།”[2] ཞེ་བྲག་ཏུ་ཨང་རྟགས་རེ་རེའི་ཁྲོད་ན་གི་གུ་ཕྱིར་ལོག་ཅན་གྱིས་ག་ཚོད་ཟིན་པ་གཤམ་གྱི་རེའུ་མིག་ཏུ་བཀོད་ཡོད།

གཉིས། སྙེ་པ་གཅིག་པའི་མིང་གཞི་བརྩེ་བ།

གསལ་བྱེད་སུམ་ཅུ་ལས་སྙེ་པ་གཅིག་པའི་མིང་གཞི་བརྩེས་ནས་འབྲི་ཚུལ་འདི་ནི་ཡིག་ཚགས་ཉེ་པའི་ཁྲོད་ཀྱི་རྩ་བའི་ཁྱད་ཆོས་ཤིག་ཏུ་ཀུན་གྱིས་འདོད་ལ། འདིར་ཡང་དེའི་སྐོར་མང་དུ་བྱུང་ཡོད་པ་དཔེར་ན། བྱང་ཆུབ་ལ་བྱང་ཙུབ། བདག་ཅག་ལ་བདག་ཆག ཅམ་དུ་ལ་ཚམ་དུ། སྨོན་ལམ་བཏབས་པ་ལ་སྨོན་ལམ་བཐབས་པ། ཐམས་ཅད་ལ་ཐམས་ཆད། གཟུར་ཅིག་ལ་གཟུར་ཆིག ཕྱོགས་བཅུ་ལ་ཕྱོགས་བཆུ། བཅོམ་ལྡན་ལ་བཆོམ་ལྡན། དཔག་ཏུ་མ་མཆིས་ལ་དཔག་དུ་མ་མཆིས། སྤྱོད་ཡུལ་ལ་སྤྱོད་ཡུལ། སྤྱན་ལ་སྤྱན་སོགས་སྙེ་པ་གཅིག་པའི་ཙ་དང་ཆ་གཉིས་ཕན་ཚུན་བརྗེ་བ། ཅ་དང་ཚ་གཉིས་བརྗེ་བ། ཏ་དང་ཐ་གཉིས་བརྗེ་བ། པ་དང་ཕ་གཉིས་བརྗེ་བ་སོགས་མང་ངོ་། །

གསུམ། མིང་གཞི་རྐྱང་པའི་སྔོན་དང་རྗེས་སུ་འ་འཇོག་པ།

བོད་ཡིག་གི་བརྡ་སྤྲོད་པའི་རྣམ་གཞག་ལྟར་ན། འ་ཡིག་དེར་སྔོན་འཇུག་དང་རྗེས་འཇུག་གི་ནུས་པ་ཡོད་མོད། ཡིག་ཚགས་འདིར་སྔོན་འཇུག་རྗེས་འཇུག་གི་འཇུག་ཚུལ་ལྟར་མ་ཡིན་པར་དེ་ལས་གཞན་

པའི་མིང་གཞིའི་ཡི་གེ་རྐྱང་པའི་སྔོན་དང་རྗེས་སུ་འ་ཡིག་འཇོག་པའི་འབྲི་སྟོལ་ཡོད་ལ། འབྲི་སྟོལ་དེ་ལྟ་བུ་ཕྱིས་སུ་སྐད་གསར་བཅད་སྐབས་དོར་ཡོད། ཡིན་ནའང་མར་མེ་འབུལ་བའི་སྨོན་ལམ་དུ་མིང་གཞིའི་ཡི་གེ་རྐྱང་པའི་སྔོན་དང་རྗེས་སུ་འ་ཡིག་ལྷག་མ་བྲིས་ཡོད་པ་མཐོང་དུ་ཡོད་དེ། གསོལ་བའ། མ་ལགས་ནའ། དེ་བཞིན་གཤེགས་པའ། ལ་སྩོགས་པའ། བཅོམ་ལྡན་འདའས། མཐའས་ཀླས་པ་ཞེས་པ་ལྟ་བུ་སོགས་ནི་མིང་གཞིའི་ཡི་གེའི་རྗེས་སུ་འ་ཡིག་ལྷག་མ་བསྣན་པ་དང་། སྣང་བ་ལ་སྣང་འབ། ཕན་པ་ལ་ཕན་འབ། ལྡན་པར་གྱུར་ཅིག་ལ་ལྡན་འབར་གྱུར་ཅིག མངོན་པར་ཤེས་པ་ལ་མངོན་འབར་ཤེས་པ། སྤྱིན་པ་ལ་སྤྱིན་འབ། འཇིག་རྟེན་གྱི་ཁམས་ལ་འཇིག་རྟེན་གྱི་འཁམས་ཞེས་པ་ལྟ་བུ་རྣམས་ནི་མིང་གཞི་རྐྱང་པའི་སྔོན་དུ་འ་ལྷག་མ་བསྣན་པའི་བརྡ་རྙིང་པའི་ཁྱད་ཆོས་ཤིག་ཏུ་སེམས།

བཞི། ཡང་འཇུག་ད་ས་གཉིས་མང་དུ་བཀོལ་བ།

སྤྱིར་ན་ཕྱིས་བྱུང་མཁས་པས་བརྩམས་པའི་བརྡ་སྤྲོད་པའི་བསྟན་བཅོས་སུ་ད་ས་གཉིས་ཀྱི་འཇུག་ཚུལ་ལ། "ད་དང་ས་གཉིས་ཡང་འཇུག་སྟེ། །ད་ནི་ན་ར་ལ་གསུམ་དང་། །ས་ནི་ག་ང་བ་མར་འཐོབ། །"[3] ཅེས་ཐོབ་ཐང་སྦྱོར་ཚུལ་ལ་གསལ་ཁ་བཀོད་ནས་གསུངས་ཡོད་མོད། མར་མེ་འབུལ་བའི་སྨོན་ལམ་འདིར། གྱུར་པ་ལ་གྱུརས་པ། བཅོམ་ལྡན་འདས་ལ་བཅོམ་ལྡན་འདསད་ལྟ་བུ་ནི་གོང་གི་བརྡ་སྤྲོད་ཀྱི་རྣམ་གཞག་ལས་ཡང་འཇུག་ད་སའི་སྦྱོར་ཚུལ་དང་མི་མཐུན་པར་རའི་རྗེས་སུ་ཡང་འཇུག་ས་དང་སའི་རྗེས་སུ་ཡང་འཇུག་ད་སྦྱར་བ་ཡིན། གཞན་ཡང་། བསྐུར་བ་ལ་བསྐུརད་པ། འཇིག་རྟེན་ལ་འཇིགས་རྟེན། འཁོར་ཡུག་ལ་འཁོརད་ཡུག གྱུར་ཅིག་ལ་གྱུརད་ཅིག མཆོད་རྟེན་ལ་མཆོད་རྟེནད། འགྱུར་བ་ལ་འགྱུརད་བ། ད་ལྟར་ལ་ད་ལྟརད། ལྡན་པར་གྱུར་ཅིག་ལ་ལྡནད་བརད་གྱུར་ཅིག མྱུར་དུ་ལ་མྱུརད་དུ་ཞེས་པ་ལྟ་བུ་རྣམས་ནི་སྦྱོར་ཚུལ་དང་མཐུན་ཡང་སྐད་གསར་བཅད་བྱས་པའི་རྗེས་སུ་དོར་བ་ཤ་སྟག་ཡིན་པས་ཡིག་ཚགས་འདིའི་བརྡ་རྙིང་གི་མཚོན་བྱེད་ཡིན་ནོ། །

ལྔ། ཡ་བཏགས་བསྣན་པའི་བརྡ་རྙིང་མང་བ།

ཡིག་ཚགས་རྙིང་པ་རྣམས་སུ་ཡ་བཏགས་ཅན་གྱི་ཡི་གེ་མང་བ་དེའང་བརྡ་རྙིང་གི་ཁྱད་ཆོས་ཤིག་སྟེ། དཔེར་ན། མར་མེ་ལ་མར་མྱེ། མེད་ལ་མྱེད། མིག་ལ་མྱིག མི་དགེ་བ་ལ་མྱི་དགེ་བ། རྣམ་པར་སྨིན་ལ་རྣམ་པར་སྨྱིན། མིང་ལ་མྱིང་། བདག་གིར་ལ་བདག་གྱིར་ཞེས་པ་ལྟ་བུ་སོགས་ཀྱིས་མཚོན་ནོ། །

དྲུག ལ་དོན་གྱི་ཕྲད་སྦྱོར་ལུགས་བརྡ་སྤྲོད་པའི་གཞུང་དང་མི་མཐུན་པ།

ལ་དོན་གྱི་ཕྲད་སྦྱོར་ཚུལ་ལ་བརྡ་སྤྲོད་སླ་བ་རྣམས་ཀྱིས། "ས་སུ་ག་བ་དྲག་མཐར་ཏུ། །ང་ད་ན་མ་ར་ལ་དུ། །འ་དང་མཐའ་མེད་རའམ་ཏུ། །ན་ལ་དག་ནི་སྐབས་བསྟུན་སྦྱོར། །"[4]ཞེས་གསུངས་པ་བཞིན་ལ་དོན་གྱི་ཕྲད་གང་གི་རྗེས་སུ་གང་སྦྱོར་དགོས་མིན་ལ་དེང་གི་བརྡ་སྤྲོད་ལྟར་ན་གཅིག་མཐུན་ཆགས་ཡོད། ཡིན་

ནའང་ཡིག་ཚགས་འདིར་དེའི་སྦྱོར་ལུགས་དང་མི་མཐུན་པ་དཔེར་ན། དགོང་སུ་གསོལ། བཏླབ་ཏུ་གསོལ། རྟག་ཏུ་དགོངས་ཤིག དཔག་ཏུ་མ་མཆིས་ཞེས་པ་ལྟ་བུར་བྲིས་འདུག་གོ །

བདུན། བྱེད་འབྲེལ་གྱི་སྦྲད་དག་སྦྱོར་ལུགས་དང་མི་མཐུན་པ།

སྤྱིར་ན་བྱེད་འབྲེལ་གྱི་སྒྲད་ནི་ད་བ་ས་གསུམ་གྱི་རྗེས་སུ་ཀྱི་དང་ཀྱིས། ན་མ་ར་ལའི་རྗེས་སུ་གྱི་དང་གྱིས། འ་དང་མཐའ་མེད་ཀྱི་རྗེས་སུ་འིས་དང་ཡིས་ཐོབ་སོད། འདིར་ཡང་དེ་ལས་འགོངས་པའི་སྦྱོར་ཚུལ་མང་དུ་མཐོང་སྟེ། དཔེར་ན། ཆོས་གྱིས་དབྱིངས་ཀྱི་བཏླབས། ཐམས་ཅད་གྱི། རང་བཞིན་ཀྱིས། ཡེ་ཤེས་གྱིས། བྱིན་ཀྱི་རླབས། ད་ལྟར་གིས། ནད་གི་རྣམ་གྲངས། ཐམས་ཅད་གིས། ཆོས་གྱི་དབྱིངས་གྱི་རླབས། ཚོགས་གྲིས་བརྒྱན། བྱིན་གི་རླབས། བཅོམ་ལྡན་འདས་གྱི་ཞེས་པ་སོགས་བྱེད་འབྲེལ་གྱི་སྒྲད་བཀོལ་སྟངས་ལ་གཏན་འཁེལ་མེད་པར་ཕན་ཚུན་སྦྲགས་མར་བཀོལ་ཡོད་པ་འདིའང་བརྡ་རྙིང་པའི་ཁྱད་ཆོས་ཡིན།

བརྒྱད། མགོ་ཅན་དང་མིང་གཞི་གསེག་འབྲི་བྱས་པ།

མགོ་ཅན་དང་མིང་གཞི་གསེག་འབྲི་བྱས་པ་ཞེས་པ་འདི་ནི་བརྡ་རྙིང་ཡིག་ཆའི་ནང་དུ་མཐོང་རྒྱུ་ཡོད་ཀྱང་མང་པོ་མེད་པའི་ཁྱད་ཆོས་ཤིག་ཡིན་ཏེ། དེ་ཡང་ཡིག་ཚགས་འདིར་བྱུང་བ་ནི་དཔེར་ན། སྦྱོད་ཅེས་པའི་ཡིག་འབྲུ་འདིའི་ས་མགོ་དང་མིང་གཞིའི་ཡི་གེ་པ་གཉིས་དྲང་ཐད་དུ་ཐོག་འོག་བརྩེགས་པ་མིན་པར། མིང་གཞི་པ་ཡིག་དེ་ས་མགོའི་འོག་ཏུ་གཡས་ཕྱོགས་སུ་གསེག་ནས་འབྲི་བའི་ལུགས་ཡིན་ལ། དེ་བཞིན་དུ་སྤྱན་དང་། སྨིན། སྔལ་ལྟ་བུ་རེ་འགའ་ཞིག་དེ་ལྟར་དུ་བྱུང་ཡོད་པ་རྣམས་ནི་དབུ་མེད་ཀྱི་ས་མགོ་ཅན་གྱི་འབྲི་སྲོལ་དང་ཧ་ལམ་འདྲ་པོ་འདུག

དགུ། སྐྱུང་བའི་ཡི་གེ་མང་བ།

སྐྱུང་ཡིག་གི་སྐོར་ལ་ནོར་བྲང་ཨོ་རྒྱན་མཆོག་གིས“ད་ཡོད་དཔྱད་གཞིའི་ཡིག་རིགས་ལ་གཞིགས་ན་སྐྱུང་ཡིག་འབྲི་བའི་སྲོལ་ནི་ད་ལྟའི་བོད་ཡིག་གསར་གཏོད་གནང་བ་ནས་མི་རིང་བར་བྱུང་བར་མངོན། བཙན་པོ་ཁྲི་སྲོང་ལྡེའུ་བཙན་གྱི་སྐུ་དུས་སུ་སྲིད་གཞུང་གི་གལ་ཆེའི་གཞུང་ཡིག་ལ་སྐྱུང་ཡིག་བཀོད་ན་ཡང་ལྷ་ཀློག་བྱེད་མཁན་ཆོས་སྐྱུང་བའི་ཚིག་དོན་རྒྱ་ཁྱབ་ཏུ་རྟོགས་པའི་ཚད་ལ་སླེབས་ཏེ་གལ་ཆེའི་གཞུང་ཡིག་རྗོ་རིང་ལྟ་བུ་ལའང་འགོད་སྲོལ་བྱུང་འདུག”[5]ཅེས་གསུངས་པ་བཞིན། བོད་ཀྱི་ཡི་གེར་སྐྱུང་ཡིག་འབྲི་ཚུལ་དེ་ནི་དུས་སྔ་མོ་ཞིག་ནས་བྱུང་ཡོད། ཡིག་ཚགས་འདིར་ཡང་རྗེས་འཇུག་མ་ཡིག་གི་ཚབ་ཏུ་རྗེས་སུ་ང་རོའི་རྟགས་༌འདིས་བསྐྱངས་པའི་ཡི་གེ་ཤིན་ཏུ་མང་སྟེ། གསུམ་ལ་གསུཾ། ལམ་ལ་ལཾ། དམ་ལ་དཾ། ཉམས་ལ་ཉཾས། ནམས་ལ་ནཾས་ཞེས་པ་ལྟ་བུ་དང་། ཡང་འཇུག་དང་དེའི་རྗེས་ཀྱི་མིང་གཞི་གཅིག་ཏུ་བསྐྱངས་པ་དཔེར་ན། དགོངསུ་གསོལ། བདག་ཆགི །དབུསོ། གསོལོ་ལྟ་བུའི་སྐྱུང་ཡིག

འབྲི་ཚུལ་ཡང་མང་ངོ་། །

བཅུ། རྗེས་འཇུག་ཡི་གེ་མིང་གཞིའི་འོག་ཏུ་སྦྱར་བ།

རྗེས་འཇུག་ཡི་གེ་མིང་གཞིའི་འོག་ཏུ་སྦྱར་བའི་འབྲི་ཚུལ་འདིའང་སྐུང་ཡིག་དང་འདྲ་མོད། སྐུང་ཡིག་དང་ཁྱད་པར་ཅུང་ཙམ་ཡོད་པ་ནི་སྐུང་ཡིག་ལྟར་ཡི་གེ་བསྐུངས་ནས་བྲིས་པ་མ་ཡིན་པར། མིང་གཞིའི་འོག་ཏུ་སྦྱར་ནས་འབྲི་བའི་ལུགས་སྲོལ་ཏེ། ཕྱག་འཚལ་ལོ། སྐུ་ལ་སྨན་གྱི་མདྷ་ཞིང་། བྱང་ཆུབ་སེམས་དཔའ་ཞེས་པ་ལྟ་བུའི་འབྲི་ཚུལ་ཁྱད་པར་ཅན་རེ་འགའ་བྱུང་བ་དེའོ། །དེས་ན་གོང་དུ་དོན་ཆུང་བཅུ་རུ་བཀོད་པ་འདི་དག་ནི་ཏུན་ཧོང་ཡིག་ཚགས་ཁྲིད་མར་མེ་འབུལ་བའི་སྨོན་ལམ་གྱི་ཡིག་ཚགས་ལག་བྲིས་མ་མི་འདྲ་བ་རིགས་བཞི་སྤྱི་ལ་ཡོད་པའི་ཁྱད་ཆོས་རྣམས་ཡིན།

གསུམ་པ། P. T. ཨང་རྟགས་མི་འདྲ་བའི་ཡིག་ཚགས་ཁག་གི་བསྡུར་བ།

ཡིག་ཚགས་ཀྱི་ཨང་རྟགསP. T. 0002དང་། P. T. 0026. 1དང་། P. T. 0045དང་། P. T. 0170བཅས་ཀྱི་ཁོངས་སུ་བརྗོད་བྱ་རིགས་མི་འདྲ་བ་དུ་མ་ཡོད་ལ། མར་མེ་འབུལ་བའི་སྨོན་ལམ་ནི་གོང་དུ་བཀོད་པའིP. T. ཨང་རྟགས་མི་འདྲ་བ་བཞིའི་ཁོངས་གཏོགས་ཀྱི་བརྗོད་བྱ་ཞིག་ཡིན། པོ་ཞིས་ཧི་ཡིས་བཀོད་པའི་ཨང་རྟགས་ཀྱི་ སྟ་གཞུག་གོ་རིམ་ནིP. T. 0002དང་། P. T. 0026. 1དང་། P. T. 0045དང་། P. T. 0170བཅས་ཀྱི་རིམ་པ་ལྟར་ཡིན། ཡིན་ནའང་P. T. ཨང་རྟགས་མི་འདྲ་བ་བཞིའི་མ་ཡིག་ལ་དབྱེ་ཞིབ་བྱས་ན་ཡིག་ཚགས་དེ་དག་གི་སྟ་གཞུག་གོ་རིམ་དེ་ལྟར་མིན་པར་སྙམ་སྟེ། ཐོག་མར་ཡིག་ཚགས་སོ་སོའི་བརྡ་སྦྱོར་དང་ཡིག་གཟུགས། རྫོད་པ། བརྗོད་བྱའི་ཐད་ཀྱི་འགྱུར་བ་སོགས་ལ་དབྱེ་ཞིབ་གསལ་པོར་བྱས་ན་དེ་དག་མཛད་པའི་དུས་ཀྱི་སྟ་གཞུག་སོགས་ཀྱང་རྟོགས་ཐུབ་འོང་སྙམ་པས་བསྡུར་འབྲས་རེའུ་མིག་ཏུ་བཀོད་པ་ནི་གཤམ་གསལ་ལྟར་ཡིན།

བསྡུར་གཞི།	pel. tib. 0002	pel. tib. 0026. 1	pel. tib. 0045	pel. tib. 0170
གི་གུ་ཕྱིར་ལོག	༢༥	༩༨	༤༣	༣༧
སྐུང་ཡིག	༣	༢༢	༠	༤
ཙ་དང་ཆ་བརྗེས་པ།	༥	༦༧	༦	༥
ཙ་དང་ཚ་བརྗེས་པ།	༧	༢	༢	༠
རྗེས་འཇུག་ད་དང་ན་བརྗེས་པ།	༠	༢	༠	༣

རྗེས་འཇུག་ད་ལ་གྱི་ བྲིས་པ།	༢	༣	༡	༡
རྗེས་འཇུག་ས་ལ་གྱི་ བྲིས་པ།	༣	༨	༡	༡
རྗེས་འཇུག་ག་ལ་ དུ་བྲིས་པ།	༢	༨	༥	༥
རྗེས་འཇུག་བ་ལ་ དུ་བྲིས་པ།	༡	༡	༠	༡
ཡི་གེ་རྐྱང་པའི་རྗེས་ སུ་འ་བྲིས་པ།	༤	༣	༠	༠
ཡང་འཇུག་ད་དྲག་ བཀོལ་བ།	༠	༠	༢༥	༡
ཡ་བཏགས་བསྟན་ པའི་བརྡ་རྙིང་།	༡༤	༢༡	༢༡	༡༥
འ་ཡིག་གི་ཡིག་ གཟུགས།	ཡོད་ཚད་ཙ་ རྟགས་ཅན།	ཙ་རྟགས་ ཅན་མེད།	ཡོད་ཚད་ཙ་ རྟགས་ཅན།	ཡོད་ཚད་ཙ་ རྟགས་ཅན།
ཡིག་གཟུགས་གྲལ་ དག་མིན།	ཆེས་ལེགས་པ།	ཞན་པ།	ལེགས་པ།	ཅུང་ལེགས།
ཤད་བཀོལ་ སྟངས།	བཞི་ཤད་ མང་ཤོས།	བཞི་ཉིས་ཚེག་ ཤད་གསུམ།	ཉིས་ཤད།	ཡོད་ཚད་ ཉིས་ཤད།
ཤོག་ལྷེ།	ཤོག་ལེབ་ཆེན་ པོ་གཅིག	སྣ་རིང་བཅུ་ དང་ཕྱེད།	སྣ་རིང་བཅུ་ དང་ཕྱེད།	ཤོག་ལེབ་ཆེན་ པོ་གཅིག

གཅིག བརྡ་སྒྲོད་པའི་ཁྱད་ཆོས་ཀྱི་བསྡུར་བ།

གོང་དུ་བྲིས་མ་མི་འདྲ་བའི་ཡིག་ཚགས་ཀྱི་མཇུག་འབྲས་བསྡོམས་རྩིས་བྱས་པ་དེ་གཞིར་བཟུང་ནས་དཔྱད་ན། བརྩམས་དུས་ཆེས་སྔ་བ་དེP. T. 0026. 1ཡིན་པར་འདོད་དེ། རྒྱུ་མཚན་གཅིག་ནི་ཨང་རྟགས་འདིའི་ཁྲོད་ཏུན་ཧོང་ནས་བྱུང་བའི་བོད་ཡིག་གི་ཡིག་ཚགས་སྔ་ཤོས་རྣམས་དང་མཐུན་པའི་བརྡ་སྒྲོད་པའི་ཁྱད་ཆོས་ཆེས་མང་ཤོས་ཏེ། གི་གུ་ཕྱིར་ལོག་ཅན་ཏ་ཅང་མང་བ་དེ་ཡིན་ལ། དེ་ཡང་གི་གུ་ཕྱིར་ལོག་ཅན་རྐྱང་པ་བྲིས་པ་མ་ཡིན་པར་གི་གུ་དང་གི་གུ་ཕྱིར་ལོག་ཅན་གཉིས་སྦྲགས་མར་ཡོད་པ་དང་། སྐྱུང་ཡིག་ཀྱང་ཆེས་མང་ཤོས་ཏེ། སྨོན་ལམ་ལ་སྨོན་ལཾ་ཞེས་པ། གསུམ་ལ་གསུཾ། བསོད་ནམས་

སུ་ཞེས་པར་བསྒོད་ནམསུ། དབུལ་པོ་ལ་དབུལ་པོ། གསོལ་པོ་ལ་གསོལ་པོ་ཞེས་པ་སོགས་ཨང་རྟགས་གཞན་
གསུམ་ལས་ཤིན་ཏུ་མང་བ་དང་། རྗེས་འཇུག་ད་ལའི་རྗེས་སུ་བྱེད་འབྲེལ་གྱི་ཕྲད་ཀྱི་དང་གྱིས་བྲིས་པ་
དཔེར་ན། ཐམས་ཅད་གྱི་དང་ཐམས་ཅད་གྱིས་ལྟ་བུ་ཡོད་པས་ད་བ་ས་གསུམ་གྱི་རྗེས་སུ་ཀྱི་ཞེས་པའི་
ཕྲད་ཀྱི་སྦྱོར་བའི་རྣམ་གཞག་ཁོ་ན་དང་བསྟུན་པ་མིན་པར་ཕན་ཚུན་སྤྲུགས་མར་ཡོད་པ་དང་། རྗེས་
འཇུག་ག་ལ་ལ་དོན་གྱི་ཕྲད་དུ་སྦྱར་བ་དཔེར་ན། རྟག་ཏུ་ལ་རྟག་དུ་ཞེས་པ་སོགས་ནི་མདོར་ན་གོང་དུ་
སྤྱིའི་ཁྱད་ཆོས་གླེང་སྐབས་ཀྱི་བརྡ་རྙིང་པའི་ཁྱད་ཆོས་ཡིན། དེས་ན་བཙན་པོའི་སྐབས་རང་དུ་བྱུང་བའི་
རྡོ་རིང་ཡི་གེར་བལྟས་ན། ཁྲི་སྲོང་གི་རིང་སྟེ་སྤྱི་ལོ༧༦༣ནས༧༦༥བར་བཞེངས་པའི་ཞོལ་རྡོ་རིང་གི་ཡི་
གེའི་ཁྱད་དེ་ལྟ་བུའི་བརྡ་སྤྱོད་སྤྲུགས་མར་བཀོལ་བ་མང་བ་དང་། དེའི་རྗེས་ཀྱི་སྤྱི་ལོ༧༦༧ནས༧༦༩བར་
བཞེངས་པའི་བསམ་ཡས་རྡོ་རིང་དང་ཅོང་རྡོས་ཀྱི་ཡི་གེ་རུ་ད་བ་ས་གསུམ་གྱི་རྗེས་སུ་གྱི་སྦྱར་བ་ལྟ་བུ་
ཤིན་ཏུ་ཉུང་བ། དེ་ནས་བོད་རྒྱལ་ཁྲི་གཙུག་ལྡེ་བཙན་རལ་པ་ཅན་དང་རྒྱ་རྗེ་ཐང་མུའུ་ཙུང་གཉིས་ཀྱི་
སྐབས་ཏེ། སྤྱི་ལོ༨༢༣ལོར་བཞེངས་པའི་དཔོན་ཞང་མོལ་བའི་རྡོ་རིང་གི་ཡི་གེའི་སྟེང་དུ་ད་བ་ས་གསུམ་
གྱི་རྗེས་སུ་ཀྱི་དང་ན་མ་ར་ལའི་རྗེས་སུ་གྱི་བྲིས་ཡོད་ཅིང་སྐབས་འདི་ནས་ཕྲད་ཀྱི་སྦྱོར་ཚུལ་དེ་ཕལ་ཆེར་
གཏན་འཁེལ་ཅན་དུ་ཆགས་ཡོད། འདི་ལས་བོད་ཀྱི་བརྡ་སྤྱོད་དེ་སྒྲིག་གཞི་ཅན་དུ་གྱུར་པའི་འཕེལ་
རིམ་ཞིག་མཚོན་ཐུབ་ལ། ཕྱི་མ་ཕྱི་མའི་བྲིས་ཡིག་དག་གི་ཁྱད་ཀྱི་བརྡ་སྤྱོད་དེ་སྔ་མ་སྔ་མ་ལས་དག་ཆ་
ཅན་དུ་གྱུར་པའང་རྟོགས་ཐུབ། དེ་བསP. T. ཨང་རྟགས་མི་འདྲ་བ་བཞི་ལས་ཁྱད་ཆོས་འདི་དག་ཆེས་
མང་བའི་ཡིག་ཚགས་དེP. T. 0026. 1ཡིན་ཕྱིར་འདི་ནི་ཆེས་སྔ་བའི་བྲིས་མ་རུ་འདོད་ལ། གཉིས་ན་ཡིག་
གཟུགས་ཐད་ནསP. T. 0026. 1ནི་ཚད་ལྡན་གྱི་ཡིག་གཟུགས་དང་བསྡུར་ན་ཞན་ཤོས་དེ་ཡིན་ཏེ། དེའི་
ཡིག་གཟུགས་ཀྱི་ཁྱད་ན་དབུ་ཅན་དང་དབུ་མེད་སྤྲུགས་མ་ལྟ་བུའི་ཡིག་གཟུགས་ཀྱིས་ཁེངས་ཡོད་པས་
ཀློག་དཀའ་བ་དང་། ཡང་གཅིག་བཤད་ན་བོད་ཡིག་གི་དབུ་ཅན་དང་དབུ་མེད་ཀྱི་གཟུགས་ལས་གང་
སྔོན་དུ་བྱུང་བའི་སྐོར་ལ་མཁས་པ་སོ་སོའི་བཞེད་པ་མི་མཐུན་ལ། དེ་གཉིས་ལས་གང་སྔོན་དུ་བྱུང་བར་
ཐག་གཅོད་བྱ་མི་ཐུབ་ཀྱང་། གང་ལྟར་ང་ཚོས་བྲིས་མ་རིགས་བཞི་ལསP. T. 0026. 1འདི་ནི་དབུ་ཅན་
དང་དབུ་མེད་གཉིས་ཕན་ཚུན་འགྱུར་བའི་དུས་མཚམས་སུ་བྱུང་བའི་བྲིས་མ་སྔ་ཤོས་ཤིག་ཡིན་པ་ཤེས་
ཐུབ། དེ་དང་P. T. 0002བསྡུར་ན་ཕྱི་མ་དེ་ནི་ཡིག་གཟུགས་ཆེས་ལེགས་ཤིང་གྲལ་དག་པོར་འདུག་ལ། དེ་
བཞིན་དུP. T. 0045དང་P. T. 0170གཉིས་ཀྱི་བྲིས་མའང་ཙུང་ལེགས་པོར་མཐོང་བས་འདི་དག་ནི་ཡིག་
གཟུགས་ཙུང་གཏན་ཆགས་པའི་ཕྱི་དུས་སུ་བྲིས་པ་ཞིག་ཡིན་པ་ཤེས་ཐུབ། གསུམ་ན་བྲིས་མ་རིགས་བཞི་
པོའི་ཁྱད་ཤད་བཀོལ་སྟངས་ཀྱི་ཐད་ནས་ཀྱང་P. T. 0026. 1ཏུ་བཞི་ཤད་དང་ཉིས་ཤད། ཚིག་ཤད་བཅས་
གང་འདོད་དུ་བཀོལ་ཡོད་པ་དང་། དེ་དང་བསྡུར་ནP. T. 0002སུ་བཞི་ཤད་མང་ཤོས་སུ་བཀོལ་བ་དང་

P. T. 0045ཊུ་ཉིས་ཤད་བཀོལ་བ། P. T. 0170ཏུ་ཉིས་ཤད་རྐྱང་རྐྱང་བཀོལ་བ་བཅས་ཡིན་པས། གཞན་གསུམ་ནི་ཕྱིས་ཀྱི་ཤད་དང་ཚེག་སོགས་བོད་ཡིག་གི་འབྲི་སྟངས་ཐད་དག་ཆ་ལྡན་དུས་བྱུང་བ་ཡིན་པ་ཤེས་ཐུབ། གཞན་ཡང་P. T. 0002སུ་མིང་གཞིའི་ཡི་གེ་ཏ་དང་ཐ་གཉིས་བརྗེས་པ་དཔེར་ན། སྨོན་ལཾ་རྒྱ་ཆེན་པོ་བཐབ་པའི་ཞེས་པ་དང་བསྐུར་པ་བཐབཔ་ཞེས་པ་ལྟ་བུའི་ཁྱད་ཆོས་ཀྱང་མང་ཤོས་དེ་རང་ཡིན་ནོ། །

ཁ་ཅིག་གིས་གོང་གི་རེའུ་མིག་ལས་འ་ཡིག་ཙ་རྟགས་ཅན་གྱི་བཀོལ་ཚུལ་ཐད་ནས་གཞན་གསུམ་ནིP. T. 0026. 1ལས་སྔ་བར་འདོད་སྲིད་མོད། འོན་ཀྱང་དེ་ནི་ཡིག་གཟུགས་ཀྱི་རྣམ་པའི་འཕོ་འགྱུར་ཞིག་སྟེ། གཞན་གསུམ་ནི་ཡིག་གཟུགས་རེ་རེ་ནན་ཏན་གྱིས་ཚད་གཞི་དང་བསྟུན་ནས་བྲིས་ཤིང་ཤད་གོང་དུ་ཚེག་འཛོག་པ་སོགས་ཀྱི་བོད་ཡིག་གི་ཁྱད་ཆོས་རྣམས་བཞིན་བྲིས་ཡོད་པས་ཙ་རྟགས་མེད་པ་འདིར་མཚོན་ན་གཞན་གསུམ་ལས་ཞན་པའི་ཆ་སྟེ། བོད་ཡིག་གི་ཐོག་མའི་རྣམ་པ་ཞིག་ན་ཡོད་པའང་མཚོན། དེས་ན་གོང་གི་རེའུ་མིག་ཁྲིད་ཨང་རྟགས་མི་འདྲ་བ་བཞིའི་བཟ་སྦྱོད་པའི་ཁྱད་ཆོས་ལས་མར་མེ་འབུལ་བའི་སྨོན་ལམ་ཞེས་པ་འདི་སྤྱིར་ན་བོད་བཙན་པོའི་སྐབས་སུ་བྱུང་བ་ཞིག་ཡིན་པ་ཤེས་ཐུབ་ལ། རིགས་དཔྱེ་འདི་བཞིའི་བར་གྱི་བྱེ་བྲག་གི་བསྡུར་བ་ལས་ཡིག་ཚགསP. T. 0026. 1གི་བྲིས་མ་འདི་ཉིད་ཆེས་སྔོན་དུ་བྱུང་བའང་ཤེས་ཐུབ་བོ། །

གཉིས། རྗོད་པའི་ཐད་ཀྱི་བསྡུར་བ།

མར་མེ་འབུལ་བའི་སྨོན་ལམ་ཞེས་པ་འདིར་རིགས་བཞི་ཡོད་པ་ལས་སོ་སོར་བྱུང་བའི་ཡིག་གཟུགས་དང་བཟ་སྦྱོད་ཀྱི་ཁྱད་ཆོས་མི་འདྲ་བ་བཞིན་དུ་དེ་དག་གི་སྐད་ཆའི་རྗོད་པ་ལའང་སྔ་ཕྱིར་འགྱུར་བ་ངེས་ཅན་ཞིག་ཕྱིན་ཡོད་དེ། བྲིས་མ་འདི་ལ་མེད་པ་གཞན་དུ་ཡོད་པ་དང་གཞན་དུ་མེད་པ་འདི་ལ་ཡོད་པའི་སྔ་ཕྱིར་བྱུང་བའི་བྲིས་མ་ཁག་ལ་དུས་དང་བསྟུན་ནས་འཕྲི་སྣོན་ངེས་ཅན་ཞིག་བྱས་ཡོད་པས། དེ་དག་གི་རྗོད་པའི་སྐོར་ལ་བསྡུར་བ་ཙུང་ཙམ་བྱས་ན། ཆེས་ཐོག་མའི་མཆོད་བརྗོད་ཀྱི་རྗོད་པ་བཀོལ་སྟངས་ལ་ཁྱད་པར་ཡོད་པ་དཔེར་ན། P. T. 0026. 1ཏུ…སངས་རྒྱས་དང་བྱང་ཆུབ་སེམས་དཔའ་ཐམས་ཅད་། །བདག་ལ་དགོངསུ་གསོལ། ཞེས་དང་། P. T. 0002སུ…སངས་རྒྱས་དང་བྱང་ཙུབ་སེམས་དཔའ་ཐམས་ཅད་ལ་དགོང་སུ་གསོལ་། །P. T. 0045ཊུ…སངས་རྒྱས་དང་བྱང་ཙུབ་སེམས་དཔའ་ཐམས་ཅད་ལ་དགོངས་སུ་གསོལ། །P. T. 0170ཏུ…སངས་རྒྱས་དང་བྱང་ཙུབ་སེམས་དཔའ་ཐམས་ཅད་ལ་ཕྱག་འཚལ་ལོ། །ཞེས་པ་དག་ལསP. T. 0026. 1ལྟར་ན་བདག་ལ་དགོངས་སུ་གསོལ་ཞེས་བདག་དམིགས་སུ་ཕུ་བ་དང་གཞན་གསུམ་དུ་དེ་ལྟར་མེད་མོད། P. T. 0170ཏུ་ཕྱག་འཚལ་ལོ་ཞེས་བྲིས་པ་དེ་ནི་རྗེས་སུ་བསྣན་པར་འདོད།

དེ་བཞིན་དུP. T. 0026. 1…མར་ནི་རྒྱ་མཚོ་ཚམ་དུ་གྱུར་ཆིག། །P. T. 0002…མར་མྱེ་རྒྱ་མཚོ་ཙམ་དུ་གྱུར་ཅིག་། །།P. T. 0045…མར་ནི་རྒྱ་མཚོ་སླེད་དུ་གྱུརད་ཅིག། །P. T. 0170…མར་ནི་རྒྱ་མཚོ་ཙམ་དུ་གྱུར་

ཅིག། །ཅེས་བྱུང་བ་ལསP. T. 0002སུ་མར་མེ་རྒྱ་མཚོ་ཙམ་དུ་འགྱུར་བའི་སྨོན་ལམ་དང་གཞན་གསུམ་དུ་མར་རྒྱ་མཚོ་ཙམ་དུ་འགྱུར་བར་སྨོན་ལམ་འདེབས་པའི་རྫོད་པ་དེ་དག་ལ་སྔ་ཕྱི་འགྱུར་བ་བྱུང་ཡོད་པར་སྣང་ངོ་། །

གཞན་ཡང་P. T. 0026. 1…ད་ལྟར་གྱི་ཚེ་འདོའི་བར་དུ། །མཚམས་མེད་པ་ལྔ་དང་། མཚམས་མེད་པ་ལྔ་དང་ཉེ་བར་དང་། P. T. 0002…ད་ལྟར་གིས་ཚེ་འདི་འི་བར་དུ། མཚམས་མེད་པ་ལྔ་དང་། །ཉེ་བར་དང་། P. T. 0045…ད་ལྟར་གྱི་ཚེ་འདོའི་བར་དུ་མཚམས་མེད་པ་ལྔ་དང་། མཚམས་མེད་པ་དང་ཉེ་བ་ལྔ་དང་། P. T. 0170…ད་ལྟར་ཚེ་འདི་ཉིན་ལ་མཚམས་མེད་པ་ལྔ་དང་། །མཚམས་མེད་པ་ལྔ་དང་། །དེ་དང་ཉེ་བ་ལྔ་དང་། ཞེས་པའི་ཚིག་ཀྲང་འདིར་ཡང་རྫོད་པའི་བར་གྱི་མཚམས་མེད་པ་ལྔ་ཞེས་པ་དེ་ལ་ལར་ཉིས་ཟློས་སུ་ཡོད་པ་དང་ལ་ལར་ཉུང་འཕྲི་བྱས་ཡོད།

གཞནP. T. 0026. 1…དེ་བཞིན་དུ་བྱིན་གྱིས་བརླབ་དུ་གསོལ། །ཡོང་སྦྱོད་པར་གསོལ། ། P. T. 0002…དེ་བཞིན་དུ་བྱིན་གྱིས་བརླབ་དུ་གསོལ་། །ཡོང་སྦྱོད་པར་གསོལ་། །P. T. 0045…དེ་བཞིན་དུ་བྱིན་གྱིས་བརླབ་པར་གསོལ། །བཞེས་པར་གསོལ། །བདག་གྱིར་མཛད་དུ་གསོལ། །ཡོང་སྦྱོད་པར་གསོལ། །P. T. 0170…ཕགས་པ་ཐམས་ཅད་ཀྱིས་ཀྱང་བྱིན་འགིས་རླབ་དུ་གསོལ། །བཞེས་སུ་གསོལ། ། བདག་གིར་མཛད་དུ་གསོལ། །ཡོང་སྦྱོད་དུ་གསོལ། །ཞེས་པའི་རྫོད་པ་འདི་ལས་ཀྱང་ སྔོན་མ་གཉིས་སུ་བཞེས་པར་གསོལ། བདག་གིར་མཛད་དུ་གསོལ་ཞེས་པའི་ཚིག་ཀྲང་དེ་མེད་པ་དང་། ཕྱི་མ་གཉིས་སུ་ཡོད་པས་ཕྱིས་སུ་བསྣན་པའི་ཆ་ཡིན་པར་སྣམ།

ད་དུང་། P. T. 0026. 1…དེའི་དགེ་བ་ཐམས་ཆད་ཀྱིས། །ཕྱོགས་བཆུའི་བྱང་ཆུབ་སེམས་དཔའ་སེམས་དཔའ་ཐམས་ཆད་ཀྱིས་། །དགོངས་པ་ཐམས་ཆད་གྲུབ་སྟེ། །P. T. 0002…དེའི་དགེ་བ་ཐམས་ཅད་ཀྱིས་། ། ཕྱོགས་བཅུ་འི་བྱང་ཆུབ་སེམས་དཔའ་སེམས་དཔའ་ཐམས་ཅད་ཀྱིས་། །དགོངས་པ་ཐམས་ཅད་གྲུབ་སྟེ་། ། P. T. 0045…དེའི་དགེ་བའི་རྩ་བ་ཐམས་ཅད་ཀྱིས། །ཕྱོགས་བཅུ་འི་སངས་རྒྱས་བཅོམ་ལྡན་འདའས་སྲས་དང་བཅས་པ་ཐམས་ཅད་ཀྱི་སྐུ་ལ་སྐྱུན་མྱི་མངའ་ཞིང་། །སྐུ་ཚེ་དཔག་དུ་མ་མཆིས་པར་གྱུརད་ཅིག། །བྱང་ཅུབ་སེམས་དཔའ་སེམས་དཔའ་ཆེན་པོ་ཐམས་ཅད་ཀྱི་དགོངས་པ་ཐམས་ཅད་གྲུབ་སྟེ། །P. T. 0170…དེ་འི་དག྄ེ་བའི་རྩྭ་བ་ཐམས་ཅད་གིས་ཕྱོགས་བཅུ་འི་ཐམས་ཅད་ཀྱི་སངས་རྒྱས་བཅོམ་ལྡན་འདསད་སྲས་དང་བཅས་པ། །ཐམས་ཅད་ཀྱི་སྐུ་ལ་སྐྱུན་མྱི་མཐྲ་ཞིང་། །སྐུ་ཚེ་དཔག་དུ་མ་མཆིས་པ་དང་ལྡན་འབར་གྱུར་ཅིག། །བྱང་ཆུབ་སེམས་དཔྭ་ཐམས་ཅད་ཀྱི་དགོངས་པ་ཐམས་ཅད་གྲུབ་སྟེ། །ཞེས་པ་འདི་ལ་མཚོན་ནའང་P. T. 0026. 1དང་P. T. 0002གཉིས་ནང་གི་རྫོད་པ་ཕལ་ཆེར་འདྲ་མོད། P. T. 0045དང་P. T. 0170གཉིས་སུ་སྔོན་མ་གཉིས་ལ་མེད་པའི་རྫོད་པ་ཁ་སྣོན་བྱས་ཡོད་པ་ནི། ཕྱོགས་བཅུ་འི་ཐམས་ཅད་ཀྱི་སངས་རྒྱས་

བཅོམ་ལྡན་འདས་ཤྲད་སྲས་དང་བཅས་པ། །ཐམས་ཅད་ཀྱི་སྐུ་ལ་སྨན་གྱི་མདྷ་ཞིང་། །སྐུ་ཚེ་དཔག་ཏུ་མ་མཆིས་པ་དང་ལྡན་འབར་གྱུར་ཅིག་ཅེས་པའི་ཚིག་རྐང་འདི་ཡིན་པས་དུས་ཀྱི་སྔ་ཕྱིའི་ཆ་ནས་ནང་དོན་ལའང་འགྱུར་བ་བཏང་ཡོད།

མར་མེ་འབུལ་བའི་སྨོན་ལམ་གྱི་རྫོང་པའི་བཀོལ་སྟངས་ཐད་ཨང་རྟགས་རིགས་བཞི་པོའི་ཁྲོད་གོང་གསལ་ལྟ་བུའི་མི་འདྲ་ས་ཏ་ཙང་མང་མོད། འདིར་དེ་དག་བསྡུར་བའི་གོ་རིམ་དུ་ཡིག་ཚགས་ལ་འཛིགས་ཏེ་མཚོན་བྱེད་ཙམ་དུ་བྲིས་པ་ལས། རྫོང་པའི་ཐད་དུ་ད་དུང་མི་འདྲ་ས་གཞན་ཡོད་པའང་རྟོགས་དགོས་སོ། །

བཞི་པ། མར་མེ་འབུལ་བའི་སྨོན་ལམ་གྱི་བརྗོད་བྱར་དཔྱད་པ།

སྤྱིར་ན་ཡིག་ཚགས་འདི་ནི་སྨོན་ལམ་ཞིག་ཡིན་ལ། སྨོན་ལམ་ཁྲོད་ཀྱི་མར་མེ་ནི་མུན་པ་འཇོམས་བྱེད་ཀྱི་འོད་སྣང་དང་ལྡན་པ་ཞིག་ཡིན། དེའི་བརྗོད་བྱའི་གཙོ་བོར་གྱུར་པ་ནི། ཕྱོགས་བཅུའི་སངས་རྒྱས་དང་བྱང་ཆུབ་སེམས་དཔའ་ཐམས་ཅད་ལ་མར་མེ་འབུལ་བའི་སྨོན་ལམ་བཏབ་པ་ལ་བརྟེན་ནས་དེའི་བྱིན་རླབས་ཀྱིས། ཕྱི་སྣོད་ཀྱི་འཇིག་རྟེན་དང་ནང་བཅུད་ཀྱི་སེམས་ཅན་ཐམས་ཅད་ཀྱི་ལུས་དང་གནས་དང་སྤྱོད་ཡུལ་ལ་མ་རིག་པའི་མུན་པ་མེད་ཅིང་དེ་རྣམ་པར་དག་ནས་རང་བཞིན་གྱིས་གསལ་ལྷང་ངེར་འགྱུར་རེ་དང་། མར་མེའི་སྨོན་ལམ་གྱི་དགེ་རྩ་འདི་དེ་བཞིན་གཤེགས་པ་དང་འཕགས་པ་ཐམས་ཅད་ལ་ཕུལ་བའི་བསོད་ནམས་ཀྱི་མཐུས། བདག་ཅག་ལ་འཁོར་བ་ཐོག་མ་མ་མཆིས་པ་ནས་ད་ལྟའི་ཚེ་འདིའི་བར་དུ་མཚམས་མེད་པ་ལྔ་དང་། མི་དགེ་བ་བཅུའི་ལས་ལ་སོགས་བྱས་པ་དང་། དེའི་རྗེས་སུ་ཡི་རངས་པ། འཕགས་པ་ལ་བསྐུར་བ་བཏབ་པ། དམ་པའི་ཆོས་སྤོང་བའི་ལས་སོགས་བྱས་པའི་དབང་གིས་ད་ལྟ་ཚེ་ཐུང་ཞིང་ནད་མང་བར་གྱུར་པ་དང་། ཡིད་དུ་མི་འོང་བའི་འབྲས་བུ་རྣམ་པར་སྨིན་པ་སོགས་སྨྱོང་བར་འགྱུར་བའི་ལས་ཀྱི་སྒྲིབ་པ་ཐམས་ཅད་མ་ལུས་པར་དག་པར་གྱུར་ཅིག་ཅེས་པ་དང་། ཡང་མར་མེ་འབུལ་བ་ལ་བརྟེན་ནས་ད་ལྟར་ནད་ཀྱིས་ཐེབས་ཤིང་མི་དང་མི་མ་ཡིན་པའི་ལས་ལ་ངན་སེམས་འཁྲུག་ཅིང་མྱ་ངན་དུ་གྱུར་པ་ཐམས་ཅད་བྱང་ནས། ནད་མེད་པ་དང་ཚེ་རིང་ཞིང་ལུས་སེམས་རྟག་ཏུ་བདེ་བར་གྱུར་ཅིང་། སངས་རྒྱས་དང་བྱང་ཆུབ་སེམས་དཔའ་ཐམས་ཅད་ཀྱིས་རྟག་ཏུ་དགོངས་པ་དང་ལྷ་ཀླུ་གནོད་སྦྱིན་སོགས་དམ་ཚིག་ཅན་རྣམས་ཀྱིས་ཀྱང་རྟག་ཏུ་བསྲུང་བར་གྱུར་པ། ཚེ་རབས་ཀུན་ཏུ་བྱང་ཆུབ་སེམས་དཔའི་སྤྱོད་པ་དང་ལྡན་ཞིང་ཚོགས་གཉིས་ཀྱིས་བརྒྱན་ཏེ་འཇིག་རྟེན་དང་འཇིག་རྟེན་ལས་འདས་པ་ཐམས་ཅད་ཕུན་སུམ་ཚོགས་པ་དང་ལྡན་ཞིང་སངས་རྒྱས་ཀྱི་གོ་འཕང་ཐོབ་ནས་མྱ་ངན་ལས་འདས་པའི་དབྱིངས་ལ་འགོད་པར་གྱུར་ཅིག་ཅེས་པའི་སྨོན་ལམ་ཞིག་གོ །

ལྔ་པ། མར་མེ་འབུལ་བའི་སྨོན་ལམ་གྱི་མཛད་པ་པོ་དང་མཛད་པའི་དུས་ལ་དཔྱད་པ།

མར་མེ་འབུལ་བའི་སྨོན་ལམ་འདི་སུ་ཞིག་གིས་ག་དུས་མཛད་པའི་སྐོར་ཐག་བཅད་ནས་བཤད་རྒྱུ་ནི་ཤིན་ཏུ་དཀའ་བོ། །དེ་ཡང་ཏུན་ཧོང་ནས་བྱུང་བའི་ཡིག་ཚགས་སུ་སྨོན་ལམ་འདི་ལ་གཞུང་དངོས་མ་གཏོགས་འབྲེལ་ཡོད་ཀྱི་མཛད་བྱང་བཀོད་མེད་པ་དང་གཅིག རྒྱལ་བའི་བཀའ་འགྱུར་སོགས་སུའང་འདི་དང་འདྲ་བའི་སྨོན་ལམ་ཞིག་གསུངས་མེད་པ་དང་གཉིས། ད་ལྟའི་བོད་ཀྱི་གྲུབ་མཐའ་སོ་སོར་ཡང་འདི་དང་འདྲ་བའི་ཆེད་དུ་མར་མེ་འབུལ་བའི་སྨོན་ལམ་ཞེས་པ་ཞིག་ཆོས་སྤྱོད་དུ་མེད་པ་དང་གསུམ་གྱིས་ཁུངས་གང་དུ་གཏུག་རྒྱུ་དེ་དཀའ་ཚེགས་ཆེན་པོ་ལྡན་པ་ཞིག་ཡིན་པས་ན། འདིར་སྨོན་ལམ་འདི་ཉིད་མཛད་པའི་དུས་སྐབས་སྐོར་རགས་རིམ་ཙམ་དཔྱད་རྒྱུ་ལས་ཐབས་མི་འདུག ཡིན་ནའང་གསལ་བཤད་བྱེད་རྒྱུ་ཞིག་ལ་རྒྱལ་བའི་བཀའ་འགྱུར་ལས་ཐེག་པ་ཆེན་པོའི་མདོ་ཡི་ཁྲོད་ན《འཕགས་པ་མར་མེ་འབུལ་བ་ཞེས་བྱ་བ་ཐེག་པ་ཆེན་པོའི་མདོ》[6]ཞེས་པ་ཞིག་མཇལ་དུ་ཡོད་མོད། དེ་ནི་ཏུན་ཧོང་དུ་བྱུང་བའི་མར་མེ་འབུལ་བའི་སྨོན་ལམ་འདི་དང་གཏན་ནས་མི་འདྲ་སྟེ། བརྗོད་བྱའི་ཆ་ནས་སྟོན་པ་སངས་རྒྱས་ཤཱཀྱ་ཐུབ་པས་ཚེ་དང་ལྡན་པ་ཤཱ་རིའི་བུ་ལ་བཀའ་སྩལ་པའི་ཚུལ་དུ་གསུངས་པ་ཞིག་དང་གཞུང་ཚད་ཀྱང་ཅུང་མང་བའི་བདག་ཉིད་ཅན་ཞིག་རེད། དེའི་འགྱུར་བྱང་དུ་བཀོད་པ་ལྟར་ན། རྒྱ་གར་གྱི་མཁན་པོ་པྲཛྙཱ་བརྨ་དང་། ཞུ་ཆེན་གྱི་ལོཙྪ་བ་བན་དེ་ཡེ་ཤེས་སྡེ་ལ་སོགས་པས་བསྒྱུར་ཅིང་ཞུས་ཏེ་གཏན་ལ་ཕབ་པ་ཞེས་བཀོད་ཡོད་ཀྱང་། ཞུ་ཆེན་གྱི་ལོ་ཙཱ་བ་བན་དེ་ཡེ་ཤེས་སྡེ་ནི་ཁྲི་སྲོང་ལྡེ་བཙན་སྐབས་ཀྱི་ལོ་ཙཱ་བ་རབ་དགུ་ལས་གཞན་གསུམ་གྱི་གྲས་ཡིན་ལ། ཁོང་གིས་འགྱུར་མཛད་པའི་དཀར་ཆག་ཏུ་མར་མེ་འབུལ་བའི་སྨོན་ལམ་ཞེས་པ་ཞིག་མེད་པས་ཁོང་ཉིད་ཀྱིས་འགྱུར་མཛད་པ་མིན་པ་ཤེས་ཐུབ། དེས་ན་སྨོན་ལམ་འདི་ནི་སྟོན་པ་བཅོམ་ལྡན་འདས་ཀྱིས་གསུངས་པའི་བཀའ་མིན་པ་ལ་དོགས་གཞི་ཤིན་ཏུ་ཆེ། གལ་ཏེ་ཡིན་པའི་དབང་དུ་བཏང་ཆེ། བཅོམ་ལྡན་རིག་པའི་རལ་གྲིས། “དེ་ལ་བཙན་པོ་ཁྲི་སྲོང་ལྡེ་བཙན་གྱི་སྐུ་ཚེའི་སྟོད་ལ་བསྒྱུར་བ་རྣམས་ཕལ་ཆེ་བ་ལ་འགྱུར་བྱང་མ་བཏབ་པར་སྣང་ལ། སྐུ་ཚེའི་སྨད་ནས་ནི་འགྱུར་བྱང་བཏབ་ནས་སྣང་ངོ་། །”[7]ཞེས་གསུངས་པ་ལ་གཞིགས་ན། ཕལ་ཆེར་ལོ་ཙཱ་བ་པ་གོར་བཻ་རོ་ཙ་ན་དང་ལྡན་མ་རྩེ་མང་། ཁ་ཆེ་ཨཱ་ནནྡ་སོགས་ཁྲི་སྲོང་ལྡེ་བཙན་སྐབས་ཀྱི་ལོ་ཙཱ་བ་ཆུན་གསུམ་གྱི་དུས་སུ་བྱུང་བ་ཡིན་ནམ་སྙམ།

གཞན་ཡང་གོང་ནས་རིན་ཐང་ཆེ་བའི་ཤོག་དྲིལ་དག་ལས་བྱུང་བའི་ཡིག་ཚགས་འདིའི་བརྗོད་སྤྱོད་པའི་ཁྱད་ཆོས་དང་ཡིག་གཟུགས་བཅས་ལ་དཔྱད་ན་བཙན་པོའི་སྐབས་སུ་བྱུང་བའི་སྨོན་ལམ་ཞིག་ཡིན་པ་འཁྲུལ་མེད་རེད། དེ་ལས་ཀྱང་གསལ་ཁ་འདོན་ཐུབ་པ་ནི། བརྗོད་བྱར་ལས་དགེ་བ་བཅུ་དང་མི་དགེ་

པ་བཅུ། དཀོན་མཆོག་གསུམ། སངས་རྒྱས་དང་བྱང་ཆུབ་སེམས་དཔའ། དེ་བཞིན་གཤེགས་པ། མཚམས་མེད་པ་ལྔ། སངས་རྒྱས་ཀྱི་གོ་འཕང་སོགས་གཙོར་བྱས་ཤིང་དེ་འབྲེལ་གྱི་ཐ་སྙད་མང་དུ་བཀོལ་བ་ལ་དཔྱད་ན། ནང་པ་སངས་རྒྱས་ཀྱི་བསྟན་པ་ཆེས་ཆེར་དར་བའི་དུས་སྐབས་ཤིག་ཏུ་འདོད་པས། ཆེས་སྲིད་ན་རྒྱལ་པོ་སྲོང་བཙན་སྒམ་པོའི་རིང་ཡིན་ལ། དེ་ལས་ཀྱང་ཡིད་རྟོན་བྱས་ཆོག་པ་ནི་ཆོས་རྒྱལ་མེས་དབོན་རྣམ་གསུམ་དུ་གྲགས་པའི་རྒྱལ་པོ་ཁྲི་སྲོང་ལྡེ་བཙན་གྱི་རིང་ནི་སངས་རྒྱས་ཀྱི་བསྟན་པ་ཆེས་ཆེར་དར་བའི་དུས་ཡིན་པས་སྐབས་དེ་རང་དུ་བྲིས་པ་ཞིག་ཡིན་པར་འདོད་པས་སླར་ཡང་དཔྱད་པར་མཛོད་ཅིག

གོང་དུ་བཤད་པ་བཞིན་སྨོན་ལམ་འདི་སྟོན་པ་སངས་རྒྱས་ཀྱི་བཀའ་མིན་ཆེ་མཛད་པ་པོ་ནི་བོད་མི་རང་ཉིད་ཡིན་ལ། དེ་ཡང་ནང་བསྟན་དར་བའི་བོད་རྒྱལ་གང་རུང་ཞིག་གམ་ཁྲི་སྲོང་ལྡེ་བཙན་གྱི་དུས་ཆོས་བྱེད་དགེ་འདུན་པའམ་ལོ་ཙཱ་བ་གང་རུང་ཞིག་གིས་མཛད་པར་འདོད་དེ། ཨང་རྟགས་མི་འདྲ་བ་བཞི་ལས pel. tib. 0026. 1 དང་ pel. tib. 0002 དང་ pel. tib. 0170 གསུམ་གྱི་དབུ་སོ་སོར"མར་མྱེ་དབུལ་བའི་སྨོན་ལཾ་དུ་གསོལ་བ། །"ཞེས་དང"མར་མྱེ་དབུལ་བའི་སྨོན་ལམ་དུ་གསོལ་བའ།། །།" "མར་མྱེ་འི་སྨོན་ལམ་དུ་གསོལ་བ། །"ཞེས་བྲིས་པའི་ལ་དོན་གྱི་ཕྲད་དུ་ཡིག་ལ་གོ་བ་ལེན་རྒྱུ་ཡོད་དེ། གཅིག་ལྟར་ན་དུ་ཡིག་འདི་བཞི་པ་དགོས་ཆེད་ལྟར་གོ་བ་བླངས་ཚེ། མར་མེ་འབུལ་བའི་སྨོན་ལམ་གྱི་ཆེད་དུ་བྲིས་པ་ཞེས་པ་དང་། ཅིག་ཤོས་ལྟར་ན་བདུན་པ་གནས་གཞི་ལྟར་གོ་བ་བླངས་ཚིག་སྟེ། སྔོན་གྱི་མར་མེ་འབུལ་བའི་སྨོན་ལམ་ཞེས་པ་རུ་འདི་ལྟར་གསུངས་ཡོད་དེ་ཞེས་སྨོན་ལམ་གྱི་གཞུང་མཛད་པའང་མི་སྲིད་པ་མེད། སྔ་མ་ལྟར་ན་མཛད་པ་པོ་རང་གིས་གསར་དུ་མཛད་པ་ཞིག་དང་ཕྱི་མ་ལྟར་ན་མཛད་པ་པོ་གང་དེས་མར་མེ་འབུལ་བའི་སྨོན་ལམ་ཞེས་པ་ཞིག་གཞིར་བཟུང་ཐོག་བསྒྱུར་དུ་མཛད་པ་ཞིག་ཡིན་པས། སྔ་ཕྱི་གང་ལྟར་རུང་། མཛད་པ་པོ་བོད་རང་སའི་ཆོས་བྱེད་མི་སྣ་ཞིག་གམ་ལོ་ཙཱ་བ་ཞིག་གིས་མཛད་པར་འདོད་དོ། །

དེས་ན་ཕྲན་གྱི་རྫོངས་བློའི་འདོད་ཚུལ་ནི་མར་མེ་འབུལ་བའི་སྨོན་ལམ་འདི་མཛད་པའམ་བསྒྱུར་བའི་དུས་ནི་ཆོས་རྒྱལ་ཁྲི་སྲོང་ལྡེ་བཙན་གྱི་རིང་ཡིན་ལ། དེ་མཛད་པ་པོ་ནི་གཅིག་ན་བོད་རང་གི་ཆོས་བྱེད་མི་སྣ་འམ་ལོ་ཙཱ་བ་ཞིག་ཡིན་པ་དང་གཉིས་ན་སྟོན་པ་སངས་རྒྱས་ཀྱིས་གསུངས་པའི་བཀའ་ཉིད་བོད་རང་གི་ལོ་ཙཱ་བ་རབ་དགུ་ལས་རྣན་གྲགས་ཀྱི་ཁོངས་གཏོགས་ཤིག་གིས་བསྒྱུར་བར་འདོད་པ་ལས་ཕྲན་ལ་རྒྱུ་ཚ་གལ་ཆེའི་རིགས་གཞན་ལག་ཏུ་མ་སོན་པས་འདི་ལྟར་རིགས་འདེད་རོབ་ཙམ་བྱས་པ་ཡིན་ལ་སླད་མར་ཁ་གསབ་ཡོད་དོ། །

མཇུག་བསྡུའི་གཏམ།

མདོར་ན་མར་མེ་འབུལ་བའི་སྨོན་ལམ་དང་འདྲ་བའི་ནང་པ་སངས་རྒྱས་ཀྱི་དམ་པའི་ཆོས་དང་

འབྲེལ་བའི་ཡིག་ཚགས་མང་པོ་ཞིག་ཏུན་ཧོང་ཡིག་ཚགས་ལས་མཇལ་ཐུབ་མོད། དེ་དག་ལ་ཞིབ་ཀློག་བྱས་ན་ཡིག་ཚགས་ཁྲིད་ཀྱི་བསྟན་བཅོས་མང་པོ་ཞིག་ལ་མཛོད་བྱང་ངམ་འགྲུར་བྱང་མེད་པ་དང་། རྒྱལ་བའི་མདོ་སོགས་སུའང་ཐོད་གཏུག་མི་ཐུབ་པས་དེ་དག་མཛད་པའི་ལོ་རྒྱུས་ཀྱི་རྒྱབ་ལྗོངས་ལ་ད་ལྟའི་ཆར་འོལ་ཚོད་ཙམ་ལས་བྱ་ཐབས་མི་འདུག དེས་ན་རྩོམ་ཡིག་འདིར་མར་མེ་འབུལ་བའི་སྨོན་ལམ་ཞེས་པའི་དཔེ་རྙིང་དེར་རྟོག་ཞིབ་རོབ་ཙམ་བྱས་ཡོད་པ་དེ་ནི་སོ་ཕག་འཕངས་ནས་གཡང་ཏི་འདྲེན་པའི་དཔེ་ རླར་སོང་བའི་ཚུལ་ལ་དཔྱོད་ལྡན་དག་གིས་དགོངས་འཆར་ལྷུག་སྤྲོལ་ཡོད་པར་མཁྱེན།

མཆན།

[1] ནུབ་བྱང་མི་རིགས་སློབ་ཆེན་དང་ཧྲང་ཧེ་དཔེ་རྙིང་དཔེ་སྐྲུན་ཁང་། ཕྲ་རན་སིའི་རྒྱལ་གཉེར་དཔེ་མཛོད་ཁང་བཅས་ཀྱིས་བསྒྲིགས། 《ཕྲ་རན་སིའི་རྒྱལ་གཉེར་དཔེ་མཛོད་ཁང་དུ་ཉར་བའི་ཏུན་ཧོང་བོད་ཡིག་གི་ཡིག་ཚགས》དེབ་དང་པོ། ཧྲང་ཧེ་དཔེ་རྙིང་དཔེ་སྐྲུན་ཁང་། 2006ལོར་དཔར། ཤོག་ངོས152-154བར་གསལ།

[2] ཚ་རིས་སྐལ་བཟང་ཐོགས་མེད། 《ཕྲ་རན་སིའི་རྒྱལ་གཉེར་དཔེ་མཛོད་ཁང་དུ་ཉར་བའི་ཏུན་ཧོང་གི་བོད་ཡིག་ཡིག་ཚགས་ཨང་རྟགས་P. T. 151བཟང་སྤྱོད་འགྲེལ་པ་ཁ་ཐོར་ལ་རོབ་ཙམ་དཔྱད་པ།》《བོད་ལྗོངས་ཞིབ་འཇུག》2009ལོའི་དེབ2པ། ཤོག་ངོས127པར་གསལ།

[3] དབྱངས་ཅན་གྲུབ་པའི་རྡོ་རྗེ། 《ཐོན་མིའི་ལེགས་བཤད་སུམ་ཅུ་པའི་སྙིང་པོ་ལྗོན་པའི་དབང་པོ་བཞུགས་སོ།》《སུམ་རྟགས་རྩ་བ་ཕྱོགས་སྒྲིག》སི་ཁྲོན་མི་རིགས་དཔེ་སྐྲུན་ཁང་། 1999ལོའི་ཟླ2པའི་པར་ཐེངས2པ། ཤོག་ངོས35པར་གསལ།

[4] དཔའ་རིས་སངས་རྒྱས། 《བཟྡ་སྤྲོད་སྦྱོར་བ་རྣམ་བཞི་རབ་གསལ།》མི་རིགས་དཔེ་སྐྲུན་ཁང་། 2008ལོའི་ཟླ9པའི་པར་ཐེངས1པོ། ཤོག་ངོས270པར་གསལ།

[5] ནོར་བྲང་ཨོ་རྒྱན། 《བོད་ཀྱི་སྐད་ཡིག་གི་རྣམ་གཞག་ཆུང་ངུ།》《བོད་རིག་པའི་ཆེད་རྩོམ་གཅེས་བསྡུས།》བོད་ལྗོངས་མི་དམངས་དཔེ་སྐྲུན་ཁང་། 1987ལོའི་ཟླ7པའི་པར་གཞི་དང་པོ། ཤོག་ངོས420པར་གསལ།

[6] 《འཕགས་པ་མར་མེ་འབུལ་བ་ཞེས་བྱ་བ་ཐེག་པ་ཆེན་པོའི་མདོ།》བཀའ་འགྱུར་དཔེ་བསྡུར་མ་དེབ62པར་བཞུགས། ཀྲུང་གོའི་བོད་རིག་པ་དཔེ་སྐྲུན་ཁང་། སྤྱི་ལོ2008ལོའི་ཟླ7པར་དཔར། ཤོག་ངོས210-239བར་གསལ།

[7] བཅོམ་ལྡན་རིག་པའི་རལ་གྲིས་མཛད། 《དཀར་ཆག་བསྟན་པ་རྒྱས་པ་རྒྱན་གྱི་ཉི་འོད།》ཤིང་པར། ཤོག་ངོས 6aཔར་གསལ།

《བོད་ལྗོངས་ཞིབ་འཇུག》 ༢༠༡༣ལོའི་དེབ་བཞི་པ་ལས་བཏུས།

༄། །ཏུན་ཧོང་ཡིག་རྙིང་p. t. 1287ལས་མགུར་གྱི་ཐ་སྙད་འགའ་ལ་དཔྱད་པ།

ཁྲུང་པོ་བསོད་ནམས་སྟོབས་རྒྱལ།

ཏུན་ཧོང་ནས་ཐོན་པའི་བོད་ཀྱི་ཡིག་རྙིང་p. t. 1287ནང་དུ་ཁྲིན་བསྒོམས་མགུར་སྣ་རིང་ཐུང་མི་འདྲ་བ་དགུ་ཙམ་བྱུང་ཞིང་། འདིར་སྲོང་བཙན་སྒམ་པོ་དང་མགར་སྟོང་བཙན་ཡུལ་བཟུང་གཉིས་ཀྱིས་བཞེངས་པའི་མགུར་ལས་ས་མིང་དང་དངོས་མིང་འགའ་ལ་ཅུང་ཙམ་དཔྱད་པར་འདོད་དོ། །

དང་པོ། མགུར་བཞེངས་པའི་དུས་ཚོད།

དེ་ཡང་། "རྒྱལ་པོ་འདི་འི་རིང་ལ། །ཞང་ཞུང་གི་རྒྱལ་པོ་ལ་དྲངས་སྟེ། །ཆབ་སྲིད་མཛད་ནས། །ཞང་ཞུང་གི་རྒྱལ་པོ་ལིག་མྱི་རྒྱ་སྲིད་བརླག་སྟེ། །ཞང་ཞུང་ཐམས་ཅད་འབངས་སུ་བཀུག་གོ །འུང་གི་རྗེས་ལ་། །བཙན་པོ་རྗེ་འབངས་དགྱེས་སྐྱེམས་སྟོན་མོ་གསོལ་ཏེ། བཙན་པོ་ཁྲི་སྲོང་བཙན་གྱི་མགུར་གླངས་པ། །"[1]ཞེས་མགུར་འདི་ནི་མཇངས་མ་སད་མར་ཀར་གྱི་ཕྲ་ན་འཕགས་པའི་ཐབས་ཇུས་ལ་བརྟེན་ནས། ཞང་བོད་བར་བྱུང་བའི་གཡུལ་ཆེན་མོའི་ཁྲོད་ཞང་ཞུང་རྒྱལ་པོ་ལིག་མྱི་རྒྱའི་སྲིད་འཕྲོག་སྟེ། བོད་བཙན་པོས་རྒྱལ་ཁ་བླངས་པའི་མཇུག་ཏུ་ཞང་ཞུང་གི་མངའ་རིས་ཆ་ཚང་བོད་ཀྱི་ཁྱབ་ཁོངས་སུ་བསྡུས་རྗེས། རྗེ་བློན་ལྷན་འཛོམས་ཀྱི་དགའ་སྟོན་ཐོག་བཙན་པོ་དང་བློན་མགར་སྟོང་བཙན་ཡུལ་བཟུང་གཉིས་ཀྱིས་ཕན་ཚུན་བར་བཞེངས་པའི་མགུར་ཞིག་ཡིན།

ད་ལྟ་འུ་ཅག་གིས་རྟོགས་པར་བྱ་བའི་ཡུལ་ནི་ལིག་མྱི་རྒྱ་དུས་ནམ་ཞིག་བོད་བཙན་པོའི་མངའ་རིས་སུ་བཀུག་པ་དེ་ཡིན། ཚང་མས་ཤེས་གསལ་ལྟར་ཏུན་ཧོང་ཤོག་དྲིལ་ཨང་རྟགས p. t. 1288དུ་སྲོང་བཙན་སྒམ་པོའི་དོན་ཆེན་པོ་ཚིགས་མདོར་བསྡུས་ཤིག་འཁོད་ཡོད། ཤོག་དྲིལ་དེའི་གཡོན་ཕྱོགས་སྟོད་ཀྱི་ཆ་ཕྱེད་ཀ་རལ་སྐྱོན་ཤོར་བས་ཇི་བཞིན་དུ་མཇལ་བའི་སྐལ་བ་དབེན་ཡང་། ལོ་རྒྱུས་ཀྱི་ཡིག་ཆ་དུམ་བུ་དེ་གུང་བསྒྲིགས་ནས་གཞིགས་ཆེ། ལིག་མྱི་རྒྱ་དུས་ནམ་ཙམ་ཞིག་ལ་བོད་ཀྱི་འབངས་ཇལ་མ་དུ་བསྡུས་པ་ཤེས་ཐུབ་སྟེ། "ལིག་སྙཿཤུརཿབརླག་སྟེཿཞང་ཞུང་ཐམས་ཅདཿའབངསུ་བཀུགཿསྟེ་མངའོ། དེ་ནསཿལོ་དྲུག་ནའ། བཙན་པོ་ཁྲི་སྲོང་རྩན་དགུང་དུ་གཤེགས་སོ།"[2] ཞེས་ཞང་ཞུང་བོད་ཆེན་པོའི་མངའ་རིས་སུ་བསྡུས

ནས་ལོ་དྲུག་འགོར་རྗེས་བཙན་པོ་སྲོང་བཙན་སྒམ་པོ་སྐུ་གཤེགས་པ་དང་། བཙན་པོ་སྐུ་གཤེགས་པའི་ལོ་ཚིགས་ལ་སྔོན་ཕྱིན་མཁས་པ་རྣམ་པའི་བཞེད་ཚུལ་མི་མཐུན་པ་དུ་མ་མཆིས་ཀྱང་། ཙུང་གྲགས་ཆེ་བ་ནི་རྒྱལ་དབང་ལྔ་པ་ཆེན་པོ་དང་མཁས་དབང་དགེ་འདུན་ཆོས་འཕེལ་རྣམ་གཉིས་ཀྱི་ལུགས་ཏེ་སྤྱི་ལོ650དང་། གཞན་དེང་སང་ཏུན་ཧོང་ཞིབ་འཇུག་པ་འགའི་དགོངས་བཞེད་དུ་སྤྱི་ལོ650ཡི་སྔོན་གྱི་ལོ་གཅིག་གམ་གཉིས་གང་ཉུང་དུ་སྐུ་གཤེགས་པར་འདོད་པ་དེ་ཡིན། དེར་བརྟེན། ཞང་ཞུང་རྒྱལ་པོ་ལིག་མི་རྒྱའི་སྲིད་བརླག་པའི་དུས་ཚོད་ཀྱང་སྔ་ན་སྤྱི་ལོ642དང་ཕྱི་ན་སྤྱི་ལོ644ལོའི་བར་ཡིན་པ་གཏན་དུ་འཁེལ། འོན་ཀྱང་། བསམ་བློ་ཞིག་གཏོང་རྒྱུར། མགུར་དེ་སྲོང་བཙན་དང་བློན་མགར་སྟོང་བཙན་ཡུལ་བཟུང་གཉིས་ཀྱིས་ཕན་ཚུན་བཞེངས་པ་ཞིག་ཡིན་ཕྱིར། མགར་སྟོང་བཙན་གྱིས་རྒྱ་བཟའ་ཀོང་ཇོ་བོད་དུ་གདན་དྲངས་པའི་མཇུག་ཙམ་ཡིན་པ་ཐག་གིས་ཆོད། རྒྱའི་ཡིག་ཚང《ཐང་ཡིག་གསར་མའི》ནང་དུ“ཁྲི་ལོ་བཅོ་ལྔ་པར། གོང་མས་རང་གི་ཚ་མོ་ལྷུན་ཁྲིན་ཀོང་ཇོ་བག་མར་གནང”[3]ཞེས་ཁྲིན་ཀོན་གྱི་ཁྲི་ལོ་བཅོ་ལྔ་སྟེ་སྤྱི་ལོ641ལོར་ཀོང་ཇོ་བོད་དུ་ཕེབས་པ་འགྱུལ་མེད་ཡིན། ལོ་ཚིགས་དེ་ནི་ཐང་ཆེན་མོའི་རྒྱལ་ས་ཁྲང་ཨན་ནས་བོད་ལ་ཞབས་བཅགས་པའི་དོན་ཡིན་ཡང་། མང་པོ་ཞིག་གིས་བོད་དུ་སླེབས་པའི་དོན་དུ་གོ་ནོར་ལོ་ཚིགས་ཐོག་འགལ་འཛོལ་ཆེན་པོ་བྱུང་། མཁས་དབང་དགེ་ཆོས་ཚང་གིས་ཀྱང་ཁྲང་ཨན་ནས་བོད་ལ་ཕེབས་ལོ་ཡིན་ལུགས་དེབ་དཀར་དུ་གསུངས་འདུག

ཏུན་ཧོང་ཤོག་དྲིལ་དུ“དེ་ནས་ལོ་དྲུག་ནའ། བཙན་པོ་ཁྲི་སྲོང་རྩན་དགུང་དུ་གཤེགསོ། བཙན་མོ་མུན་ཅང་ཀོང་ཅོ་དང་དགུང་ལོ་གསུམ་བཤོས་སོ།”[4] ཞེས་པ་ལྟར་ན། བཙུན་མོ་ལྷུན་ཤང་ཀོང་ཇོ་དང་བཙན་པོ་གཉིས་སྤྱི་ལོ645འམ647ལོར་དངོས་སུ་མཇལ་འཕྲད་མཛད་པ་དང་། མཇལ་འཕྲད་མཛད་ནས་ལོ་གསུམ་རྗེས་སུ་བཙན་པོ་དགུང་དུ་གཤེགས། འོ་ན། ལྷུན་ཤང་ཀོང་ཇོ་སྤྱི་ལོ641ལོར་བོད་ལ་བག་མར་སོང་ཡང་། སྤྱི་ལོ647ལོར་བཙན་པོ་དང་མཇལ་འཕྲད་མཛད་པའི་དབང་དུ་བཏང་ན། རྒྱལ་ས་ཁྲང་ཨན་ནས་ལྷ་སའི་འོ་ཐོད་ལ་ལོ་ངོ་དྲུག་གི་རིང་འགྱུལ་བཞུད་བྱས་པ་འདྲ་བས། ཇི་ལྟར་རྩིས་ཀྱང་དེ་འདྲའི་དུས་ཚོད་རིང་མོ་ཞིག་གི་འགྲུལ་བཞུད་མི་དགོས་པ་རིགས་པས་དེད་ཀྱང་ཤེས་སླ། བོད་ཀྱི་ལོ་རྒྱུས་ཡིག་ཚང་ལ་མཇལ་ཚེ། ལྷུན་ཤང་ཀོང་ཇོ་བོད་ལ་ཕེབས་པའི་ལོ་དེ་དག་ནི་བཙན་པོའི་དམག་དཔུང་གི་ཆིབས་ཁ་ནུབ་ཀྱི་ཞང་ཞུང་དུ་བསྒྱུར་ཅིང་། གཡུལ་གྱི་འཁོས་ཆེན་མོ་བཤམས་པ་དང་ཏག་ཏག་ཁེལ། འོན་ཀྱང་། 《ཐང་ཡིག་གསར་མའི》ནང་དུ། “སྲོང་བཙན་འཁོར་དང་བཅས་པ་མཚོ་ནག་ཏུ་བསུ་བར་ཕེབས་ཏེ་ཧོ་ཙུང་དང་མཇལ། མག་པའི་ཚུལ་བཟུང་ནས་ཞབས་ཏོག་མཛད། ཀྲུང་གོ་བ་རྣམས་ཀྱི་ཆས་ལེགས་པོ་མཐོང་ནས་ངོ་གནོང་ཞིང་དོག་མི་བདེ་བར་གྱུར།”[5] ཞེས་བཙུན་མོ་བོད་ལ་སླེབས་པ་དང་བཙན་པོ་འཁོར་དང་བཅས་མཚོ་ནག[6]ཅེས་པའི་ཡུལ་དུ་བསུ་མར་སོང་བ་བརྗོད་ཡོད། ལོ་ཚིགས་དེ་དག

རིགས་པས་བརྟར་ཤ་བཅད་ཆོ། གོང་གི་ཏུན་ཧོང་ཞིབ་འཇུག་པ་འགའ་རེས་སྲོང་བཙན་སྒྲུབ་ལོ650ཡི་སྔོན་གྱི་ལོ་གཅིག་དང་གཉིས་ལ་དགོངས་པ་གཤེགས་པའི་བཞེད་དགོངས་ལ་རྒྱུ་མཚན་མེད་པ་ཞིག་མ་ཡིན་ཏེ། གལ་སྲིད་བཙན་པོ་སྤྱི་ལོ648ལ་སྐུ་གཤེགས་པའི་དབང་དུ་བཏང་ན། སྤྱི་ལོ655ལ་བཙན་མོ་དང་ཞལ་འཛོམས་པ་དང་། རྒྱལ་ས་ཁྲང་ཨན་ནས་བོད་དུ་ལོ་ངོ་གསུམ་དང་བཞིའི་འགྲུལ་བཞུད་བྱས་པ་དེ་དོན་དང་མཐུན་པར་སྙམ། དེ་བཞིན་གོང་གི་མགུར་དེ་རྗེ་བློན་ཞལ་འཛོམས་ཀྱི་ལོ་སྟེ་སྤྱི་ལོ655ཡས་མས་ཤིག་ལ་བཞེངས་པར་ངེས་སོ། །

གཉིས་པ། མགུར་འདི་བཞེངས་པའི་དམིགས་ཡུལ།

"ཀྱི་རྗེ་འི་ནི་མཚན་བ་འདི། །ཁྲི་འི་ནི་སྲོང་བརྩན་ཞིག །བློན་གྱི་ནི་མིང་བ་འད། །སྟོང་རྩན་ནི་ཡུལ་ཟུང་ཞིག །ཆིབས་ཀྱི་ནི་མིང་བ་འདི། །རྟུལ་བུ་ནི་གཙང་གཙང་ལྷ། །གཙང་གཙང་ནི་ཡང་ཡང་ལྷ།" ཞེས་མགུར་གྱི་འགོའི་ཤོ་ལོ་ཀ་དེར་སྤྱིར་བཏང་གི་སྐད་ཆའི་རྣམ་པས་གླེང་བསླངས་ཏེ། རྒྱལ་པོའི་མཚན་དང་བློན་པོའི་མཚན། ཞོན་རྟ་སོགས་མིང་ཐོག་ཏུ་ངོ་སྤྲོད་མདོར་བསྡུས་ཙམ་ལས་གཞན་ཅི་ཡང་བརྗོད་མེད་པ་འདྲ་སོད། འོན་ཀྱང་། ཚིག་འགྲོས་ལས་མགུར་འདི་དམིགས་སུ་མགར་སྟོང་བཙན་ཡུལ་བཟུང་ལ་བླངས་པ་དང་། ཞོར་དུ་འབངས་ཡོངས་ལ་བློན་པོ་མགར་གྱིས་རྒྱ་བལ་བོད་ཀྱི་གཉེན་གྱི་འབྲེལ་བ་བཙུགས་ནས་ཚོང་དང་རིག་གནས་ནང་འདྲེན་མཛད་པ། རྗེ་ལ་བློ་དཀར་ཏེ་བློན་ཆེན་གྱི་འགན་འཁྲི་ཐུག་ཏུ་བཞེས་པ། འ་ཞ་སོགས་ལ་དམག་ཁ་དྲངས་ཏེ་རྒྱལ་ཁབ་འབངས་སུ་བཀུག་ནས་མཐའ་མཚམས་བརྟན་པོར་བསྲུངས་པ། བོད་ཀྱི་སྤྱི་ཚོགས་ཀྱི་ཁ་ཆ་དགོས་གཏུག་ལ་དམིགས་ནས་ཁྲིམས་ལུགས་གསར་སྔོན་བྱས་པ་སོགས་ནུབས་ཆེ་བའི་མཛད་འཕྲིན་གྱི་གལ་ཆེན་རང་བཞིན་དེ་གསར་ཉིང་འབངས་ཡོངས་ལ་དྲན་སྐུལ་བྱས་ནས། གོང་གི་བཙན་པོ་དང་འོག་གི་བློན་པོ་གཉིས་ནི་བོད་བཙན་པོའི་རྒྱལ་རབས་ཀྱི་ཁང་པའི་ཀ་གདུང་དང་དབང་པོའི་སྲོག་རྩ་ལྟ་བུ་གྱུར་ཡོད་ཚུལ་གསལ་འདེབས་བྱས།

མགུར་འདི་སྲོང་བཙན་དང་དབའས་དབྱི་ཚབ་བར་བཞེངས་པའི་མགུར་དང་བསྡུར་ན་འདྲ་བ་དང་མི་འདྲ་བའི་ཆ་ཕྱོགས་གཉིས་ཡོད་ཅིང་། མི་འདྲ་བའི་ཕྱོགས་གཅིག་ནི་མགུར་གྱི་མགོ་སློང་བའི་ངོ་སྤྲོད་མདོར་བསྡུས་དེ་རེད། ཏུན་ཧོང་བོད་ཀྱི་ཡིག་རྙིང་ཤོག་དྲིལ་ཁྲོད་ཀྱི་མགུར་དག་ལས་ཕན་ཚུན་ངོ་སྤྲོད་བྱས་པའི་མགུར་ནི་འདི་མ་གཏོགས་མེད་ཅིང་། དེས་དོན་ཅི་ཞིག་རྟོགས་ཤེ་ན། མགུར་འདིའི་ཚིག་ངོས་ཙམ་བལྟས་ན་སྲོང་བཙན་དང་མགར་སྟོང་བཙན་གཉིས་ཕན་ཚུན་བར་བཞེངས་པ་འདྲ་ཡང་། དོན་ངོ་མ་དེ་ཙམ་མ་ཡིན་པར་སྲོང་བཙན་གྱིས་བོད་བཙན་པོའི་རྒྱལ་རབས་བཙུགས་པའི་མཛད་སྒོ་ལྟ་བུའམ། ཡང་ན་བློན་འབངས་ལྷན་འཛོམས་ཀྱི་ཚོགས་ཆེན་ཞིག་གི་ཐོག་མགར་གྱི་བྱས་རྗེས་ལ་

དམིགས་བསལ་དུ་གསལ་བསྒྲགས་བྱས་པ་ཞིག་ཡིན། ཚོགས་ཐོག་ཏུ་ཡབ་འབངས་རུས་དྲུག་གཙོ་བྱས་པའི་བློན་དང་འབངས་མི་ཡོད་ལ། གསར་དུ་བསྐོ་བཞག་བྱས་པའི་བློན་དང་ཡང་ན་ད་སོ་མ་འབངས་རྣལ་མ་རུ་བསྡུས་པའི་རྒྱལ་ཕྲན་གཞན་གྱི་འབངས་ཀྱང་མང་བས། བཀའ་དྲིན་ཅན་གྱི་རྒྱལ་པོ་ནས་བྱས་རྗེས་ཅན་གྱི་བློན་པོ་དག་ངོ་སྤྲོད་བྱས་པའི་སྒོ་ནས་མི་བུ་རབ་ལ་གདེང་འཇོག་ཚད་མཐོན་པོ་བྱས་ཡོད།

དབའས་དབྱི་ཚབ་ལ་བཞེངས་པའི་མགུར་ནི་དབའས་ཕ་ཚ་བུ་སོགས་མི་བདུན་དང་རྒྱལ་པོ་དང་བློན་ཁྲི་གཟུང་བས་རྗེགས་ཆེས་པང་སོགས་རྒྱལ་བློན་བདུན་ཕན་ཚུན་དབུ་སྙུང་བྲོ་བོར་བ་ཞིག་ཡིན་པས་ནང་ཁུལ་གྱི་མི་ལ་ངོ་སྤྲོད་དགོས་དོན་མེད། ཡང་གཅིག་བཤད་ན་དབའས་ཀྱིས་རང་ཉིད་འཆི་ཁར་དབུ་སྙུང་ཁུད་པ་ཙམ་དང་བུ་ཚ་ཁྲིམ་རྒྱུད་ལ་བྲོ་ཁུད་པ་ཞིག་བསྐུལ་བར་རེ་བ་ནན་གྱིས་ཞུས་པའི་གཞུག་ཏུ། རྒྱལ་པོས་ད་གཟོད་དབའས་ཀྱི་སྐུ་ཚེ་གང་པོར་ལ་ཆབ་སྲིད་ཆུར་ནི་བསྲིངས། ཞིང་དུ་ནི་བསྐྱེད། བླར་བློ་ཉེ་བས་བྲོ་ཁུད་པ་དེ་དམིགས་བསལ་གྱི་འོས་བབ་ལ་བརྟེན་ནས་གནང་བ་ཞིག་ཡིན།

གསུམ་པ། མགུར་ལས་བྱུང་བའི་ས་མིང་འགའ་ལ་དཔྱད་པ།

“ཡུ་བུ་ནི་རྗེ་དང་བློན། །ཡར་མི་ནི་ཆུ་ཐུངས་ཀྱིས། །མདོ་ནས་ནི་རྩང་དུ་བསྲིང་། །ཡར་མོ་ནི་ཞིང་ཆུངས་ཀྱིས། །ལྷོ་ནས་ནི་བྱང་དུ་བསྐྱེད། །མ་ཐུན་ནི་མཐའ་བཞི་རྒྱལ། །”ཞེས་མགུར་ཚིག་འདིའི་ཚིག་དོན་ཙམ་ལ་བལྟས་ཚེ། སྔོན་ཡར་ལུང་དུ་གཞིས་ཆགས་པའི་བཙན་པོའི་རྒྱལ་རབས་དེ་འཕོས་ཀ་དང་ཆབ་སྲིད་ཀྱི་རྒྱ་ཆུང་ཡང་། ད་ལྟ་དེ་ལྟར་མ་ཡིན་པར་མདོ་ནས་གཙང་དང་ལྷོ་ནས་བྱང་དུ་རྒྱ་བསྐྱེད་དེ་མཐའ་བཞིའི་རྒྱལ་ཕྲན་ལས་རྣམ་པར་རྒྱལ་ཏེ་བོད་བཙན་པོའི་རྒྱལ་རབས་དངོས་སུ་བཙུགས་པ་བསྟན་ཡོད། འོན་ཀྱང་། རྒྱ་བསྐྱེད་པའི་ས་ཆ་མདོ་དང་རྩང་སོགས་མཚུབ་མོས་རི་སྟོན་ལྟར་འོལ་སྤྱི་ཙམ་གྱི་དོན་ལས་ཕྲ་རགས་ཀྱི་ཡུལ་གང་ཞིག་སྟོན་པ་མི་གོ་ཕྱིར། མགུར་དུ་དྲངས་པའི་མདོ་དང་རྩང་ཕྱོགས་གཅིག་གཅིག་གཉིས་གཉིས་ཀྱིས་ཤེས་པར་བྱ་རྒྱུ་ནི་གནད་དུ་ཆེའོ། །

གཅིག མདོ། ཐོག་མར་མདོ་ཞེས་པའི་ཐ་སྙད་འདི་ལོ་རྒྱུས་ཡིག་ཆའི་ཐོག་འཁོད་སྔ་ཤོས་ནི་ཏུན་ཧོང་ནས་ཐོན་པའི་བོད་ཀྱི་ཡིག་རྙིང་ཤོག་དྲིལp. t. 1287དུ་སྲོང་བཙན་སྒམ་པོའི་ལོ་རྒྱུས་བརྗོད་སྐབས་བསྟུད་མར་ཐེངས་གཉིས་བྱུང་ཞིང་། གཅིག་ནི་བཙན་པོས་བློན་ཆེན་དབའས་དབྱི་ཚབ་ལ་བཞེངས་པའི་མགུར་དང་། གཞན་ཞིག་ནི་བློན་ཆེན་མགར་སྟོང་བཙན་ཡུལ་བཟུང་ལ་བཞེངས་པའི་མགུར་གྱི་ནང་དུ་གསལ་ཏེ། “ཡར་མོ་ནི་ཆུ་ཐུངས་ཀྱིས། །མདོ་ནས་ནི་རྩང་དུ་བསྲིང་། །”ཞེས་མཐའ་བཞིའི་རྒྱལ་ཕྲན་དབང་དུ་བསྡུས་ཏེ་བོད་ཆེན་པོའི་ཆབ་སྲིད་རྒྱ་བསྐྱེད་པའི་དོན་ཡིན་ཞིང་། མགུར་གཉིས་པོའི་ནང་དོན་དང་མགུར་ཚིག་གཅིག་མཚུངས་སུ་གྱུར་པས་པར་བལྟས་ཚོད་ལ་དེ་གཉིས་བཞེངས་པའི་དུས་ཚོད་ཤིན་

ཏུ་ཉེ་བ་ཤེས་ཐུབ།

"མདོ"དང"ཟུང"ལ་དཔལ་དོན་འགྲུབ་རྒྱལ་གྱིས《མགུར་གླུ་བྱུང་འཕེལ་གྱི་ལོ་རྒྱུས་དང་ཁྱད་ཆོས་བརྟུས་པར་སྟོན་པ》ཞེས་པའི་ནང་དུ"དུས་ད་ལྟ་མདོ་ནས་ཕུ་རུ་བསྒྲིངས།"[7]ཞེས་མདོ་དེ་ལུང་པའི་ཕུ་མདོའི་དོན་ལ་འགྲེལ་ཞིང་། ཡར་ཀླུང་གི་ཕུ་ནས་ཕུ་མདའ་འམ་མདོ་རུ་རྒྱ་བསྐྱེད་པའི་དོན་དུ་གསུངས། སྐུ་ཞབས་དབང་རྒྱལ་གྱིས་དམིགས་བསལ་གྱི་མིང་འགྲེལ་བྱས་མེད་ཀྱང་རྒྱ་ཡིག་ལ་བསྒྱུར་པའི་སྐབས"自外向内深而远"[8]ཞེས་མགུར་གྱི་དོན་ཕྱིའི་ཐོག་ལ་གཞིགས་ན་ནང་ནས་ཕྱི་རུ་རྒྱ་བསྐྱེད་པ་ལྟ་བུར་འགྲེལ་བ་ལས་ཐ་སྙད་ཀྱི་ངོ་གདོང་ལ་གཏད་དེ་འགྲེལ་བཤད་མ་མཛད་པ་དེ་ཕྱི་རབས་པ་བདག་ལྟ་བུར་མཚོན་ན་བློ་ཕངས་པའི་ཡུལ་དུ་གྱུར། སྤྱིར་ན་མདོ་ཞེས་པའི་དོན་ནི《བོད་རྒྱ་ཚིག་མཛོད་ཆེན་མོ》རུ། "མདོ་ནི་ཆུ་དང་ལམ་སོགས་ཀྱི་འཛོམས་འགག་ལམ་བཞི་མདོ། ལམ་མདོར་ལུས་པ།"[9] ཞེས་ལུང་པའི་ཕུ་མདའ་དང་ལམ་གྱི་བཞི་མདོ་ཙམ་མ་གཏོགས། ལོ་རྒྱུས་དང་འབྲེལ་བའི་ཐ་སྙད་ཀྱི་ཐོག་ནས་འགྲེལ་གང་ཡང་བྱས་མི་འདུག མཁས་དབང་དགེ་འདུན་ཆོས་འཕེལ་གྱིས"ཨ་མདོ་བྱ་བ་ནི་མདོ་བྱ་བའི་ཚིག་འདིའི་སྔོན་འཇུག་དག་པར་ཀློགས་པའི་དབང་གིས་ཨ་སྒྲ་ཞིག་སྔོན་ལ་རང་བཞིན་གྱིས་བྱུང་བ་ཙམ་ཡིན་ལ། ཨ་མདོའི་ཡུལ་སྤྱི་ལ་སྤྱ་མོའི་དུས་ན་བཙོང་ཁ་བདེ་ཁམས་སུ་གྲགས་ཤིང་། དེ་ལ་ཡང་ད་ལྟའི་ཟི་ལིང་ཕྱོགས་ཀྱི་ཡུལ་ཆ་འདི་ལ་བཙོང་ཁ་དང་། དེའི་ལྷག་མའི་ཡུལ་ལ་བཙོང་ཁ་ཆེན་པོར་འབོད"[10] ཅེས་ཨ་མདོ་ཞེས་པའི་སྒྲ་དེ་ཐོག་མར་མདོ་ལས་བྱུང་བ་དང་། མདོ་ཞེས་པ་དེ་ཙོང་ཁ་བདེ་ཁམས་ཀྱི་ཡུལ་གྱི་སྤྱི་མིང་ཡིན་ཚུལ་གསལ་ཐག་ཆོད་པར་གསུངས་ལ། ཡུལ་འདི་དག་ལ་སྤྱ་མོ་ནས་ཙོང་ཁ་དང་། ཙོང་ཁ་བདེ་ཁམས། ཙོང་ཁ་ཆེན་མོ། མདོ་སྨད་སོགས་འབོད་ཚུལ་མི་མཐུན་པའི་ཐ་སྙད་དག་གནའ་བོའི་ལོ་རྒྱུས་ཡིག་ཚང་དག་ཏུ་གསལ་ལ། མིང་དེ་དག་གི་གོ་དོན་སྤྱིའི་ཐད་ནས་འདྲ་ལ། བྱེ་བྲག་སོ་སོར་ངོས་འཛིན་ཚུལ་མི་འདྲ་བ་ཙུང་ཙམ་རེ་ཡོད་པར་སྣང་། "དེ་ནས་བོད་ཀྱི་བཙན་པོས་དམག་འབུམ་ཕྲག་གཉིས་འཁྲིད་དེ་རྒྱ་ནག་ཏུ་སླེབས། རྒྱའི་ཞིང་ཆེན་ཐྲོང་ཅི་བཅོམ།"[11] (ཐང་ཡིག་གསར་རྙིང་ལས་དེ་ནས་དམག་ཁྲི་ཉི་ཤུ་དྲངས་ཏེ་སུང་ཀྲུག་བཅོམ)ཞེས་སྤྱི་ལོ641ནས643ཡས་མས་སུ་བཙན་པོ་སྲོང་བཙན་གྱིས་ད་ལྟའི་མདོ་སྨད་ཇ་བ་ཐྲོང་ཆུ་རྫོང་ཞེས་པའི་ཡུལ་དག་བོད་ཀྱི་ཆབ་འོག་ཏུ་བསྡུས་པ་དང་། "འུང་གི་འོག་ཏུ་བཙན་པོ་ཞབས་ཀྱིས་བཙུགས་སྟེ། །བྱང་ལམ་དུ་མ་བྱུང་མ་དྲངས་པར་རྒྱ་དང་འ་ཞས་དཔྱའ་གཅལ་ལོ། །ཐོག་མ་འ་ཞ་དེ་ནས་འབངས་སུ་མངའ་འོ།"[12] ཞེས་སྤྱི་ལོ643ལོར་རྒྱ་དང་འ་ཞས་ཁྲལ་འཇལ་བ་མ་ཟད་འ་ཞ་བོད་ཀྱི་འབངས་རྣལ་མ་རུ་བཀུག་པ་དང་། བོད་ཀྱི་འབངས་རྣལ་མ་རུ་བཀུག་པའི་འ་ཞའི་འཚོ་བཞུགས་བྱེད་སའི་གནས་ཡུལ་ནི་གོང་དུ་བརྗོད་པའི་མདོ་སྨད་དང་ཙོང་ཁའི་ཡུལ་གྱི་འབྲེལ་མཚམས་ཡིན་ཞིང་། ང་ཚོས་འདི་ནས་མར་རྩིས་པའི་བགྲང་བྱ་ལྔ་བཅུ་ཡས་མས་མཚམས་སུ་མདོ་དང་འབྲེལ་བའི་ཐ་སྙད་མང་ཙམ་ཞིག་ཏུན

ཧོང་ནས་ཐོན་པའི་གཏེར་ཡིག་ལས་མཇལ་ཐུབ་པ་སྟེ། ཤོག་དྲིལ་ཨང་རྟགས p. t. 1288 དོན་ཆེན་གནད་བསྡུས་ནང་དུ་སྟག་གི་ལོ་སྟེ་སྤྱི་ལོ 692 ལོ་ནས་བཟུང་ཡོས་བུའི་ལོ་སྟེ 763 ལོའི་བར་བགྲང་བྱ་བདུན་ཅུ་དོན་གཅིག་གི་རིང་དུ་མདོ་སྨད་ཅེས་པའི་ཐ་སྙད་དེ་སྔ་ཕྱིར་ཐེངས་སོ་ལྔ་ཙམ་བྱུང་ཞིང་། དེ་ནི་མདོ་སྨད་ཀྱི་འདུན་མ་དང་མདོ་སྨད་ཀྱི་དགུན་འདུན། མདོ་སྨད་ཀྱི་དབྱར་འདུན་ཞེས་ཡུལ་མདོ་སྨད་རང་དུ་འཚོགས་པའི་ཆབ་སྲིད་བྱ་བའི་སྒྲིག་གཞི་ཞིག་ཡིན་ལ། འདུན་མ་ནི་མཁས་དབང་དུང་དཀར་ཚང་གིས་གསུངས་པ་བཞིན་གྲོས་མོལ་ལམ་འཛལ་དུམ་བཅས་རེ་བ་ཡོད་པའི་གྲོས་ཚོགས་ཤིག་ལ་གོ་ཞིང་། སྤྱིར་འདུན་མ་དེའི་རིགས་ལ་འདུན་མ་དང་དབྱར་འདུན། དགུན་འདུན་བཅས་གསུམ་ཡོད་པའི་ཐོག ཆབ་སྲིད་ཀྱི་སྒྲིག་གཞི་རྒྱ་ཆེར་སོང་བས་མདོ་སྨད་ཀྱི་འདུན་མ་གཏན་དུ་ཕབ་པ་དང་། མདོ་སྨད་ཀྱི་འདུན་མ་དེའང་གོང་གི་འདུན་མ་ནང་བཞིན་ལོ་ལྟར་བློན་ཆེན་པོ་ཞིག་གིས་བསྡུས་ཤིང་། འདུན་མའི་གྲོས་ཐོག་ཏུ་བཙན་པོའི་རྒྱལ་རབས་ཀྱི་ཆབ་སྲིད་དང་འབྲེལ་བའི་གནད་དོན་མང་པོ་གྲོས་ཐག་གཅོད་ཀྱིན་ཡོད། དང་ཐོག་དགུན་གྱི་འདུན་མ་དང་དེ་ནས་རིམ་བཞིན་དབྱར་འདུན་བྱུང་། བོད་ཀྱི་སྤྱི་ཚོགས་དང་མངའ་ཐང་ཡར་རྒྱས་གོང་འཕེལ་དུ་སོང་ནས་སྲིད་སྐྱོང་གི་ལམ་ལུགས་དང་སྒྲིག་གཞི་དེ་མེད་པ་ནས་ཡོད་པ་དང་། དེ་ནས་ཇེ་རྒྱས་དང་ཇེ་ལེགས། འཕྲུས་ཇེ་ཚང་ཅན་དུ་སོང་ནས་མདོ་སྨད་དེ་འདུན་མ་བསྡུ་བའི་དམིགས་བསལ་གྱི་ཡུལ་དུ་བདམས་ནས་གཏན་འཁེལ་བྱས་པ་ཞིག་ཡིན་ལ། ལོ་རྒྱུས་ཀྱི་བརྒྱུད་རིམ་ཁྲིད་མགར་སྟོང་བཙན་ཡུལ་བཟུང་གི་སྐུ་ཚེ་སྨད་ཙམ་ནས་བཟུང་། མགར་བུ་དག་གིས་ལོ་བསྟུད་མར་བློན་ཆེན་པོའི་འགན་དབང་བཞེས་ཏེ། ཆབ་སྲིད་དང་དམག་ཁའི་སྟོབས་ཤུགས་ཀྱང་ཡུལ་མདོ་སྨད་དུ་བསྐྱིད་པས་མདོ་སྨད་དེ་བཙན་པོའི་ཆབ་སྲིད་ཀྱི་གནས་ཡུལ་གལ་ཆེན་ཞིག་ཡིན་པར་སྙམ། འདིར་བཤད་པའི་མདོ་སྨད་ནི་མཁས་དབང་དགེ་འདུན་ཆོས་འཕེལ་གྱིས་གསུངས་པའི"ཨ་མདོའི་ཡུལ་སྤྱི་ལ་སྔ་མོའི་དུས་ན་བཙོང་ཁ་བདེ་ཁམས་སུ་གྲགས་ཤིང་། དེ་ལ་ཡང་དབྱིའི་ཐྲི་ལིང་ཕྱོགས་ཀྱི་ཡུལ་ཆ་འདི་ལ་བཙོང་ཁ་དང་། དེའི་ལྷག་མའི་ཡུལ་ལ་བཙོང་ཁ་ཆེན་པོར་འབོད"[13] ཅེས་དང་། མཁས་པ་ལྡེའུས"ཁམས་གསུམ་ནི། སྟོད་ཁམས་གསུམ། སྨད་ཁམས་གསུམ། དབུས་ཁམས་གསུམ་མོ། ཡང་ན་མདོ་ཁམས། བདེ་ཁམས། ཙོང་ཁམས་སོ། །"[14]ཞེས་མཁས་དབང་དགེ་འདུན་ཆོས་འཕེལ་གྱིས་གསུངས་པའི་ཙོང་ཁ་བདེ་ཁམས་དེ་ཨ་མདོའི་ཡུལ་སྤྱི་ལ་གོ་བ་དེ་དང་འདིར་འགོད་པའི་ཁམས་གསུམ་ནི་དོན་གཅིག་ཏུ་འགྲུམས་ཏེ། མདོ་དང་བདེ། ཙོང་གསུམ་ནི་ཙོང་ཁ་བདེ་ཁམས་དང་མདོ་ལ་རིང་མོའི་ཡུལ་གྱི་ཁྲོན་ལ་གོ་ན་དོན་དང་མཐུན་པར་སྙམ། མགུར་དུ་དྲངས་པའི་སྤྱིར་མདོ་ཞེས་པ་དེ་མཁས་དབང་དགེ་ཆོས་དང་མཁས་པ་ལྡེའུས་གསུངས་པ་བཞིན་ཙོང་ཁ་ཆེ་ཆུང་དང་ཡང་ན་ཙོང་ཁ་བདེ་ཁམས་དང་མདོ་ལ་རིང་མོའི་བར་གྱི་ཡུལ་གྱི་ཁྲོན་ཆེན་མོར་མི་གོ་བར་ས་ཆ་དེ་དག་འབྲེལ་བའི་ཡུལ་ཉེ་ཚེ་བ་འགའ་ཞིག་ལ་གོ་དགོས་པར་སྙམ།

གནའ་བོའི་བོད་ཀྱི་ལོ་རྒྱུས་དེབ་ཐེར་དག་ཏུ་མདོ་ཞེས་པའི་ཐ་སྙད་འདི་ད་དུང་རེ་འགའ་བྱུང་སྟེ། དབོན་ཞང་མོལ་བའི་རྡོ་རིང་གི་ཡི་གེའི་འགོར"མཇལ་དུམ་གྱི་གཙིགས་ཀྱི་མདོ་རྡོ་རིངས་ལ་བྲིས་པའོ། །"[15]ཞེས་དང་ཞོལ་རྡོ་རིང་གི་ཡི་གེའི་འགོར"བློན་སྟག་སྒྲ་ཀླུ་ཁོང་། དཀྱུ་རྒྱལ་གཙིགས་གནང་བའི་མདོ་རྡོ་རིངས་ལ་ཡིག་གྲུ[16]བྲིས་པའ། །"[17]ཞེས་རྩ་བ་དང་མ་ཡིག་གི་དོན་དུ་གོ་བ་ལས་ཡུལ་གྱི་བྱེ་བྲག་ཙམ་ལའང་གོ་མི་འདུག མགུར་དུ་དྲངས་པའི་མདོ་ཞེས་པར་རྩ་བ་དང་མ་ཡིག་ཏུ་གོ་ན་དོན་གྱི་གོ་བ་ཡོངས་སུ་གོ་འཇོལ་བས་དེ་ལྟར་མིན་པར་རིགས་པས་ཀྱང་ཚོད་དཔག་བྱེད་ཐུབ།

མདོར་ན《བོད་ཀྱི་ལོ་རྒྱུས་ཟིན་བྲིས》ལས། "འདིར་ངའི་བསམ་ཚུལ་ལ་མདོ་ཞེས་པ་ནི་མདོ་ཁམས་ལ་གོ་ཞིང་། དེ་སྐྱར་རྒྱལ་བོད་ཀྱི་ཤར་ཕྱོགས་སུ་ཡོད།"[18] ཅེས་པ་ལྟར་མགུར་དུ་དྲངས་པའི་མདོ་དེ་ལུང་པའི་མདོ་དང་ཕྱི་ནང་གི་ཕྱི་ཙམ་དུ་མི་གོ་བར་ཡུལ་མདོ་སྨད་དུ་གོ་ན་ལོ་རྒྱུས་ཀྱི་རྒྱབ་ལྗོངས་དང་ཤིན་ཏུ་མཐུན་པར་སྙམ།

གཉིས། རྩང་། མིང་ཚིག་འདི་ཏུན་ཧོང་ནས་ཐོན་པའི་བོད་ཀྱི་ལོ་རྒྱུས་ཡིག་ཆ་ཁག་ཏུ་བཀོལ་བ་ཤུང་མང་། དཔེར་ན། རྩང་བོད། རྩང་རྒྱ། རྩང་ཆེན་གྱི་མངན་བཞི། རྩང་གྱི་གླིང་ཀར་ཚལ། རྩང་ཆེན་པོ། རྩང་ཆེན་སོགས་ལྟ་བུ། མིང་ཚིག་དེ་དག་ས་མིང་ཁོ་ནའི་ཐོག་ཏུ་བཀོལ་སྤྱོད་བྱས་པ་འདྲ་ནའང་ས་ཁུལ་གཅིག་ལ་ངོས་བཟུང་མི་འདུག

"མྱང་རོའི་ཕྱེད་ཀར་ན། ཛེ་རྩང་ཛེའི་ཐོད་ཀར། བློན་པོ་སུཏྲ་དང་གནང་གཉིས།"[19] ཞེས་གཉའ་ཁྲི་བཙན་པོས་བོད་ཀ་གཡག་དྲུག་བདག་ཏུ་མ་བཟུང་བའི་ཡར་སྔོན་དུ་ཡར་ལུང་སྟོད་སྨད་བར་གསུམ་དུ་རྒྱལ་ཕྲན་སིལ་མ་བཅུ་གཉིས་དང་བཞི་བཅུས་དབང་བྱས་ཤིང་། རྒྱལ་ཕྲན་ཕན་ཚུན་བར་རེ་ཕམ་རེ་རྒྱལ་གྱིས་རང་རང་གི་མངའ་ཐང་དེ་བསྲུངས་ནས་ཡུན་རིང་འགོར། དེའི་དུས་སུ་རྩང་གི་རྒྱལ་པོ་ཐོད་ཀར་ཞེས་བྱ་བས་ཡུལ་མྱང་རོ་ཕྱེད་ཀ་ན[20]མངའ་དབང་བཟུང་ཞིང་བློན་པོ་སུཏྲ་དང་གནང་གཉིས་ཀྱིས་རྒྱལ་པོའི་བཀའ་ལ་གཏོགས་པའི་ཆབ་སྲིད་ཀྱི་བྱ་བ་གཉེར། དེའི་རྗེས"རྒྱལ་པོ་འདི་འི་རིང་ལ། །ཁྲུང་པོ་སྤུང་སད་ཀྱིས་རྩང་བོད་ཀྱི་རྗེ་བོ་མར་མྱུན་མགོ་བཆད་དེ། །རྩང་བོད་ཁྲིམ་ཉེ་ཤྲི། །བཙན་པོ་འི་ཕྱག་ཏུ་ཕུལ་ཏེ། ཟུ་ཅེ་གློ་བ་ཉེ་འོ། །"[21]ཞེས་སྤྱི་ལོ་དུས་རབས་དྲུག་པའི་མཇུག་གམ་བདུན་པའི་འགོ་ཙམ་དུ། བཙན་པོ་གནམ་རི་སྲོང་བཙན་གྱི་སྐུ་རིང་ལ་བློན་ཆེན་ཁྲུང་པོ་སྤུང་སད་ཅེས་བྱ་བས་ཧྲག་དམག་གི་ཆིབས་ཁ་རྩང་བོད་དུ་དྲངས་ཏེ། རྩང་བོད་ཀྱི་རྒྱལ་པོ་མར་མྱུན་གྱི་མགོ་བོ་བཅད་ནས་བྲན་ཁྲིམ་ཉིས་ཁྲི་བཙན་པོའི་ཕྱག་ཏུ་ཕུལ་བ་ནས་བཟུང་། རྩང་བོད་དེ་བཙན་པོའི་མངའ་ཁོངས་ཀྱི་སྡེ་ཚོ་ཞིག་ཏུ་གྱུར། དེའི་ཡར་སྔོན་དུ་དེང་གི་གཞིས་རྩེ་ས་ཁུལ་གྱི་ཡུལ་གྱི་བྱེ་བྲག་ཅིག་ལ་རྒྱལ་པོ་མར་མྱུན་ཟེར་བས་རྒྱལ་ཕྲན་གྱི་རང་ཚུགས་བཟུང་ནས་འཚོ་བཞིན་ཡོད། "འུང་ནས། བཙན་པོ་སློན་བཙན་གྱིས། །རྩང་བོད་ཁྲིམ་

ཉེ་གྲོ། །ཟླ་ཚེ་སློ་བ་ཉེ་བ་འི་བྱ་དགའར་སྟུལ་ཏོ། །"[22]ཞེས་རྩང་བོད་ཅེས་པའི་ཡུལ་དེ་ཁྲུང་པོ་སྤུང་སད་ཟླ་ཚེར་དཔའ་བོའི་དགའ་རྟགས་ཀྱི་དོད་དུ་གནང་བ་ནས་བཟུང་ཕྱིས་ཟླ་ཚེའི་གཞིས་ཁྲིམ་དུ་གྱུར།

གཞན་ད་དུང"ཕྱི་བའི་ལོ་ལ་བབ་སྟེ། བཙན་པོ་ཉེན་ཀར་ན་བཞུགས་ཤིང་། བློན་ཆེ་སྟོང་རྩན་གྱིས་སློ་བ་དང་རྩང་རྒྱ་བཀུག་པར་ལོག་གཙིག"[23]ཅེས་སྤྱི་ལོ652ལོ་སྟེ་བཙན་པོ་མང་སྲོང་མང་བཙན་གྱི་སྐུ་རིང་ལ་བློན་ཆེན་མགར་སྟོང་བཙན་ཡུལ་བཟུང་གི་ཐབས་བཀོད་ལ་བརྟེན་ནས་སློ་བོ་དང་གཙང་རྒྱ་ཞེས་པའི་ཡུལ་གྲུ་གཉིས་འབངས་སུ་བཀུག་པ་དེ་ཏུན་ཧོང་ནས་ཐོན་པའི་བོད་ཀྱི་ལོ་རྒྱུས་ཡིག་ཆའི་བཙན་པོའི་ལོ་ཚིགས་སུ་གསལ་ཡང་། ཐབས་ཇི་ལྟར་སྒོས་འབངས་སུ་བཀུག་པ་དང་སློ་བོ་དང་རྩང་རྒྱ་སོགས་ཡུལ་གང་གི་ཕྱོགས་སུ་ཡོད་པ་དག་ཞིབ་ཕྲ་ཞིག་འཕོད་མེད་ཀྱང་། སློ་བོ་དེ་དེང་གི་ལྷོ་པ་ཞེས་པ་ཡིན་ཚུལ་རྒན་མིག་དམར་ཚེ་རིང་སོགས་ཀྱིས་གསུངས་ལ། དོན་དུ་བོད་ཀྱི་ལོ་རྒྱུས་ཡིག་ཆ་ལས་སློ་བ་དང་ཀློ་བ། ལྷོ་བ་སོགས་གང་བདེ་ལྟར་བྲིས་ཤིང་། དེང་སང་ཀོང་པོ་ཉིས་ཁྲིར་ཉེ་བའི་ས་ཆ་རྣམས་ཡིན་པར་སྣང་། དེ་བཞིན་རྩང་རྒྱ་དེ་ཡང་ཉིས་ཁྲི་ས་ཁུལ་དང་ཉེ་བའི་ཡར་ཀླུང་གཙང་པོའི་འགྲམ་གྱི་ཡུལ་གྲུ་ཞིག་ཨེ་ཡིན་སྙམ་སྟེ། སློ་བོ་དང་རྩང་རྒྱ་གཉིས་ལོ་གཅིག་ལ་བློན་པོ་མགར་གྱིས་འབངས་སུ་བཀུག་པས་དེ་གཉིས་ཀྱི་བར་ཐག་དེ་ཙམ་ཡོད་མི་སྲིད་སྙམ། འོན་ཀྱང་། འབུམ་རམས་པ་མཐའ་བ་བཀྲ་ཤིས་དོན་འགྲུབ་ཀྱིས་རྩང་རྒྱ་དེ་ཡར་ཀླུང་གཙང་པོའི་སྟོད་རྒྱུད་དང་མྱང་ཆུ་ནུབ་ཕྱོགས་ཀྱི་ཚོ་ཁག་དག་ཡིན་པར་བརྗོད་ལ། རྩང་རྒྱ་ཡི་མིང་ཐོགས་ཚུལ་དང་རྩང་གི་བར་གྱི་ཁྱད་པར་སོགས་ནི་དགེ་ཆོས་ཀྱིས་གསུངས་པ་བཞིན་ལོ་ངོ་ཉིས་སྟོང་ཡར་སྔོན་དུ་འཚོ་བའི་མེས་པོ་འདྲ་ཡོད་ན་མ་གཏོགས་འདིའོ་ཞེས་ཁ་ཚོན་གཅོད་པར་ཤིན་ཏུ་དཀའ།

འོ་ན་རྩང་ཆེན་པོ་དང་རྩང་ཆེན་ཞེས་པ་ཡུལ་གང་ལ་གོ་དགོས་ཤེ་ན། དེ་ནི་ལས་སླ་མོ་ཞིག་སྟེ། བོད་ཀྱི་ལོ་རྒྱུས་དེབ་ཐེར་ཁག་ཏུ་བོད་དང་བོད་ཆེན་པོ། རྩང་བོད་དང་རྩང་ཆེན་པོ། ཚོང་ཁ་དང་ཚོང་ཁ་ཆེན་པོ་སོགས་རིགས་འདྲ་བའི་ཐ་སྙད་མང་པོ་བྱུང་ཞིང་། མཁས་དབང་དགེ་འདུན་ཆོས་འཕེལ་གྱིས"རྒྱལ་པོའི་འབངས་སུ་ཡོད་པའི་མངའ་རིས་ཙམ་ལ་བོད་དང་། དེའི་ལྷག་མའི་ཡུལ་རྣམས་ལ་བོད་ཆེན་པོར་འབོད་པ"དང་། "དབུའི་ཟེ་ལེང་གི་ཕྱོགས་ཀྱི་ཡུལ་ཆ་འདི་ལ་བཙོང་ཁ་དང་། དེའི་ལྷག་མའི་ཡུལ་ལ་བཙོང་ཁ་ཆེན་པོར་འབོད"[24]ཅེས་གསུངས་པར་རིགས་པས་དེད་ན་གོང་གི་རྩང་བོད་དང་རྩང་རྒྱ། རྩང་ཆེན་པོ་ཞེས་པའི་ས་མིང་དག་གི་དོན་དགྲོལ་ཐུབ་སྟེ། རྒྱལ་པོ་མར་མུན་གྱིས་བདག་གིར་བཟུང་བའི་ཡུལ་རྩང་བོད་ནི་དབུའི་གཙང་ཁུལ་ཡུལ་གྱི་བྱེ་བྲག་ཅིག་ལས་ཡུལ་གྱི་ཁྱོན་ཡོངས་ལ་མི་གོ་ཞིང་། རྒྱལ་ཕྲན་རྩང་བོད་བྱ་བ་སྤུ་རྒྱལ་བཙན་པོའི་མངའ་འོག་གི་སྡེ་ཚོ་ཞིག་ཏུ་གྱུར་རྗེས། སྐབས་དེའི་གཙང་ཁུལ་ཡར་ཀླུང་གཙང་པོའི་ལྷོ་བྱང་རྒྱུད་ཀྱི་ས་ཁུལ་རྣམས་སུ་རྒྱལ་ཕྲན་གྱི་རྣམ་པ་ལྡན་པའི་སྡེ་ཚོ་

འགའ་ཞིག་ཡོད་པ་རྣམས་ཀྱང་མགྱོགས་མྱུར་བོད་བཙན་པོའི་མངའ་རིས་སུ་འགྱུར་རྒྱུར་རྒྱང་གཞི་འདིང་ཐུབ་པ་བྱུང་ཡོད། སྤྱི་ལོ་དུས་རབས་བདུན་པའི་དུས་འགོར། གཙང་ཁུལ་ཡར་ཀླུང་གཙང་པོའི་ལྷོ་བྱང་རྒྱུད་ཀྱི་རྒྱལ་ཕྲན་རྣམས་སྤུ་རྒྱལ་བཙན་པོའི་མངའ་འོག་ཏུ་གཏོགས་ཏེ་གཅིག་གྱུར་རང་བཞིན་ལྡན་པའི་ཡུལ་ཆེན་ཞིག་ཏུ་གྱུར་རྗེས། ཡུལ་བྱེ་བྲག་པའི་མིང་ཡུལ་སྤྱི་ལ་འདོགས་པའི་སྲོལ་ལྟར་གཙང་ཁུལ་ཁྲོན་ཡོངས་ཀྱི་སྤྱི་མིང་དུ"རྩང"ཞེས་རིམ་བཞིན་འཇགས་པར་མངོན་ལ། ཡུལ་ཆེན་དེའི་གཅིག་གྱུར་གྱི་རྣམ་པ་གསལ་ཐོན་ཡོང་ཕྱིར"རྩང་ཆེན"ནམ"རྩང་ཆེན་པོ(ཕོ)"ཞེས་པའི་འབོད་སྲོལ་དང་འབྲི་སྲོལ་དེ་བྱུང་འདུག[25]དེ་བས་བཙན་པོ་གནམ་རི་སྲོང་བཙན་གྱི་སྐུ་རིང་ལ་འབངས་རྣལ་མར་བཀུག་པའི་རྒྱལ་པོ་མར་མུན་གྱིས་བདག་ཏུ་བཟུང་བའི་རྒྱལ་ཕྲན་ལ་རྩང་བོད་དང་རྗེས་སུ་རྩང་རྒྱ་སོགས་བཙན་པོའི་མངའ་འོག་ཏུ་བསྡུས་པའི་ཡར་ཀླུང་གི་ལྷོ་བྱང་རྒྱུད་ཀྱི་རྒྱལ་ཕྲན་དག་ལ་རྩང་ཆེན་པོར་འབོད། 《ཏུན་ཧོང་གཏེར་ཡིག་དོན་ཆེན་གནད་བསྡུས》སུ་འཁོད་པའི་རྩང་ཆེན་གྱི་མངའ་བཞི། རྩང་གྱི་གླིང་ཀར་ཚལ་སོགས་ཀྱང་ས་ཆ་དེ་དག་ལས་བྱེ་བྲག་གི་ཡུལ་འགར་ངོས་འཛིན་ནུས། མ་ཟད"རྩང"ཡིག་དེ་ཞྭ་ལྷ་ཁང་གི་རྫོ་རིང་གཉིས་པའི་ངོས་སུ"གཙང"ཞེས་ཐོག་མར་བྲིས་འདུག་ཅིང་། སྐད་ཡིག་འཕེལ་རིམ་གྱི་ལོ་རྒྱུས་ཁྲིད་རྩང་ཞེས་པའི་ཐ་སྙད་དེ་རིམ་བཞིན་ཉམས་ཏེ་བག་ལ་ཞ་ནས་ད་ལྟ་བོད་བྱིངས་ཀྱིས་གཙང་ཞེས་པའི་ཐ་སྙད་འདི་ཁོ་ན་བཀོལ་བཞིན་ཡོད། གཙང་ལ་གཡས་རུ་དང་རུ་ལག དབུས་ལ་དབུ་རུ་དང་གཡོ་རུ། ཡན་ལག་སུམ་པའི་རུ་སྟེ་ལྔར་ཕྱེ།[26] ཞེས་བོད་ཡུལ་རུ་ལྔར་ཕྱེ་བའི་སྐབས་གཙང་གི་ས་ཁྲོན་ནི། ཤར་ཕྱོགས་ཀྱི་སླང་མ་གུར་ཕུབ། ལྷོ་གཉའ་ནི་གཡག་པོའི་སྣ། ནུབ་བྱེ་མ་དགུ། བྱང་སྤྲི་ཏི་ཆུ་ནག་ཤངས་ཀྱི་ཞོང་པ་ཚལ་དང་། ཤར་གྱི་འཇམ་ན་བགྲ། ལྷོ་བལ་པོ་གླང་སྣ། ནུབ་ལ་གེམ་གཡག་མིག བྱང་བྱེ་མ་ལ་སྟོན་དབུས་བྲད་ཀྱི་དུར་པ་སྣ་ལ་ཞེས《ཆོས་འབྱུང་མཁས་པའི་དགའ་སྟོན》དུ་གཙང་གི་ས་ཆའི་ཁྲོན་ངོ་སྤྲོད་མདོར་བསྡུས་བྱས་པར་དེང་ས་ངོ་ཆུ་ངོ་རེ་རེ་བཞིན་དུ་དོན་གྱི་གནད་འཁེལ་བ་ཞིག་ངོས་འཛིན་པར་དཀའ་ཡང་། དེ་ནི་ད་ལྟའི་གཙང་ཁུལ་ཞེས་གཞིས་རྩེ་ས་ཁུལ་ལྟེ་བར་གྱུར་པའི་ཡར་ཀླུང་གཙང་པོའི་འགྲམ་ངོགས་ཀྱི་ཡུལ་སྡེ་དག་ཡིན་པར་སྙམ། རྣན་མིག་དམར་ཚེ་རིང་ལགས་ཀྱིས་དེ་ཡང་གཙང་བྱ་བའི་ཡུལ་ནི་ལོ་རྒྱུས་ཐོག་བོད་སྟོད་སྨད་བར་གསུམ་དུ་ཕྱེ་བའི་བར་དབུས་གཙང་གཉིས་ལས་གཙང་ཞེས་པ་དེ་ཡིན་པ་དང་། དེང་སྐབས་སྤྱིའི་ཆར་བོད་ལྗོངས་གཞིས་རྩེ་ས་གནས་ཀྱི་མངའ་ཁོངས་རྣམས་ཡིན་ཞིང་བོད་ཀྱི་ལྷོ་ནུབ་མཚམས་སུ་གནས་ཡོད[27]ཅེས་པ་ནི་རྣག་ཐོག་གི་འབིགས་ལྟར་མཁས་པའི་བསྡོམས་ཚིག་ཡིན་ནོ། །དེས་ན་མགུར་གྱི་ནང་དུ་བྱུང་བའི"རྩང"དེང་གི་གཞིས་རྩེ་ས་ཁུལ་དང་འབྲེལ་བའི་ཡར་ཀླུང་གཙང་པོའི་འགྲམ་ངོགས་སུ་འཚོ་བའི་ཡུལ་སྡེ་ཆེན་མོའམ། ཡང་ན་དེ་ལས་ཅུང་ཆུང་བའི་རྒྱལ་པོ་མར་མུན་གྱིས་བདག་ཏུ་བཟུང་བའི་རྩང་བོད་དང་འབྲེལ་བའི་གཙང་ཁུལ་གྱི་ཡུལ་གྲུ་འགའ་ཞིག་ལ་གོ་ན། ལོ་

རྒྱས་ཐོག་གི་གནས་ཚུལ་དངོས་དང་མཐུན་པར་མ་ཟད་མགུར་ཚིག་གོང་འོག་སྦྲེལ་བར་ཡང་ལྷག་ཏུ་མཐུན་ཏེ། བོད་བཙན་པོའི་གཞིས་ཁྲིམ་ཡར་ལུང་ཐོག་མར་དཀྱུས་ཆུང་ཡང་། ཕྱིས་ནུབ་གཙང་ཡུལ་ནས་ཤར་མདོ་སྨད་བར་དུ་རྒྱ་བསྐྱེད་པ་དང་། ཡུལ་ཡར་ལུང་དང་ཐོག་སྲིད་ཆུང་ཡང་། ཕྱིས་ལྷོ་ནས་བྱང་དུ་རྒྱ་ཏུ་བསྐྱེད་ཅེས་བཙན་པོ་སྲོང་བཙན་སྒམ་པོའི་ཆབ་སྲིད་ཀྱི་ཆིབས་ཁ་ཤར་ལྷོ་ནུབ་བྱང་སྟེ་ཕྱོགས་བཞི་མཚམས་བརྒྱད་དུ་རྒྱ་བསྐྱེད་པའི་དོན་ནོ། །

དེ་བཞིན་མགུར་དུ་དྲངས་པའི"མདོ"དེ་ཤར་གྱི་མདོ་སྨད་དང་། "རྩང"དེ་ནུབ་ཀྱི་གཙང་ཁྲུལ་དུ་གོ་ན་འོག་གི་མགུར་དུ་དྲངས་པའི"ལྷོ་ནས་ནི་བྱང་དུ་བསྐྱེད"ཅེས་པའི་ལྷོ་བྱང་དང་གོང་གི་ཤར་ནུབ་གཉིས་ཚིག་གི་སྦྲིག་སྟངས་དང་མཐུན་ལ་དོན་གྱི་ཐོག་ཏུའང་དེ་ལྟར་དབབ་པ་འདྲའོ། །

བཞི་པ། མགུར་ལས་བྱུང་བའི་མནའ་ཚིག་གི་སྐོར།

"ཡུ་བུ་ནི་རྗེ་དང་བློན། །རྗེ་འིས་ནི་འབངས་མ་གཏང་། །རྗེ་འིས་ནི་འབངས་བཏང་ན། །གནམ་མཐའི་ནི་སྲུང་དུ་ཏུང་། །འབངས་ཀྱིས་ནི་རྗེ་མ་གཏང་། །འབངས་ཀྱིས་ནི་རྗེ་གཏང་ན། །ངས་པོ་ནི་རྨད་དུ་ཏུང་། །"སྲོང་བཙན་སྒམ་པོས་བཞེངས་པའི་མགུར་གྱི་སྨད་ཙམ་ན། རྒྱལ་བློན་བར་དུ་མནའ་ཚིག་བརྟན་པོ་བཙུགས་ཡོད། སྤྱིར་བཏང་མགུར་གྱི་ཕྱི་ཚུལ་ལམ་ཚིག་གི་ངོ་གདོང་ཙམ་ལ་བལྟས་ན། རྗེ་བློན་བར་རྒྱུན་ལྡན་གྱི་བློ་མི་ལོག་པའི་དམ་བཅའ་ལྟ་བུར་སྣང་ཡང་། དོན་དུ་མགུར་དུ་དྲངས་པའི་འབངས་དེར་སྒྲ་ཡངས་དོག་གཉིས་ལ་འཇུག་སྟེ། ཡངས་འཇུག་གི་སྐབས་སུ་རྗེ་བོ་མན་གྱི་བློན་རིམ་གྲས་དང་ལས་ཞུགས་པ་རིམ་གྲས། གསར་དུ་བསྡུས་པའི་རྒྱལ་ཕྲན་ཁག་གི་འབངས་སེ་སོགས་རྐོད་གཡུང་དབྱེར་མ་མཆིས་པའི་ཆེན་པོ་བོད་ཀྱི་མངས་ཁོངས་སུ་གཏོགས་པའི་འབངས་ཡོངས་ལ་གོ་ཞིང་། དོག་འཇུག་གི་སྐབས་སུ་བོད་གོང་བུ་གཅིག་གྱུར་ལེགས་འགྲུབ་བྱུང་མ་ཐག་གི་མཚམས་སུ་ཁེལ་བའི་བོད་ཀྱི་སྤྱི་ཚོགས་ལ་མཚོན་ན། ནང་གི་ཁབ་སོ་དང་ཕྱིའི་ཙུ་སྟེ། ཕྱོགས་མཚམས་ཀྱི་ས་སྲུང་སོགས་ཀྱི་སྒྲིག་གཞི་འཐུས་ཚང་ཞིག་གཏན་དུ་མ་ཁེལ་བ་དང་། རྒྱལ་བློན་བར་དང་བློན་འབངས་གསར་རྙིང་བར་གྱི་འགྲིག་མཐུན་བརྟན་པོ་ཞིག་མིན་ཕྱིར། བོད་ཀྱི་ཆབ་སྲིད་སྲ་བརྟན་ཡོང་བར་ཁ་ཚ་དགོས་གཏུགས་ཀྱིས་གདོང་དུ་གཏད་པའི་བྱ་བ་ནི་རྗེ་འབངས་ཕན་ཚུན་བར་རྗོག་ཇ་གཅིག་སྒྲིལ་གྱི་མཐུན་སྒྲིལ་དེ་ཡིན་ཞིང་། བླ་ན་རྗེ་དང་འོག་ན་བློན་གཉིས་ནི་གསར་དུ་བཙུགས་པའི་བོད་ཀྱི་ཆབ་སྲིད་ཀྱི་བྱ་བ་ལ་ཐོག་མཐའ་བར་གསུམ་དུ་མེད་ན་ཐབས་མེད་གྱུར་པའི་མི་བུ་གཉིས་ཡིན་ཕྱིར། ཕ་བུ་བར་མནའ་བཞག་དེ། དགོས་པ་མེད་ཀྱང་ནན་ཏན་ཞེས་པ་ལྟར་ཕན་ཚུན་བློ་མི་ལོག་པའི་དམ་བཅའ་དེ་དགོས་པ་དུ་མའི་དབང་གིས་དམིགས་སུ་བཞག་པ་ཞིག་ཡིན།

བོད་ཀྱི་ལོ་རྒྱུས་དེབ་ཐེར་ལས་རྒྱལ་བློན་བར་དང་བློན་གྱི་བར། རྗེ་འབངས་བར་དུ་ཕན་ཚུན་གླེ་མི་རིང་བར་མནའ་སྐྱེལ་ཐོ་འཛུགས་པའི་སྲོལ་སྔ་མོ་ནས་དར་ཞིང་། དུས་སྐབས་སོ་སོའི་བོད་ཀྱི་སྤྱི་ཚོགས་ཐོག་གོ་གནས་གལ་ཆེན་བཟུང་ཡོད། འདིར་བོད་ཀྱི་མནའ་སྐྱེལ་སྲོལ་དེ་དུས་ནམ་ཞིག་ནས་མགོ་ཚུགས་པར་གསལ་པོ་ཞིག་ཁ་ཚོན་གཅོད་མི་ནུས་ཀྱང་། གྲི་གུམ་བཙན་པོའི་སྐུ་རིང་དུ་ཏུ་ལས་སྐྱེས་ཀྱིས་“སྤྱིག་བྱ་སྤྱིག་དང་མཚུངས་འོག་ནས་ཡར་དུ་འགེབས་པ་གཅིག་འདུག་ནས། དེ་བླུ་ན་ཇི་འདོད་ཅེས་མ་ལ་དྲིས་ན། མ་ན་རེ་གཞན་སྨྲ་འདོད། ནམ་ནམ་ཞར་ཞར། བཙན་པོ་རྗེ་དབྱལ་ཞིག་ནོངས་ན། ཐོར་ཏོ་འཕྲེན་མོ་ནི་བཅིངས། ངོ་ལ་མཚལ་གྱིས་བྱུགས། ལུས་ལ་ནི་བཞགས་། བཙན་པོ་འི་ཕྱུར་ལ་ནི་འཚོག་སྨྲི་ལ་འཕྲོག་པོམ་། ཟས་ལ་ནི་ཟ་འཕྲུང་། དེ་ལྟར་བྱ་འམ་སྨྲི་བྱ་ཞེས་མཆི་ནས། དེ་བཞིན་བགྱི་བར། མནའ་མཆད་མཐོལ་བཆད། དམ་བགྱིས་ཚིག་བགྱིས་། །ཚེ་སྨྲི་བྱ་འི་བུ་མོ་ཁྲིད་དེ་སོང་ངོ་། །”[28]ཞེས་པ་ནི་ཏུན་ཧོང་ནས་ཐོན་པའི་བོད་ཀྱི་ཡིག་ཚང་ཁྲིད་འཁོད་པའི་མནའ་སྲོལ་དང་འབྲེལ་བའི་ཡིག་ཆ་ཐོག་མར་བརྗིས་ཚིག་ལ། གོང་གི་ནང་དོན་དག་ཇི་བཞིན་འགྲེལ་མི་ནུས་ཀྱང་། བྱ་མིག་ཅན་གྱི་བུ་མོ་དེ་བླུ་བའི་ཡོན་ནི་བཙན་པོ་རྗེ་དང་བཙུན་མོ་གང་ཏུང་ཞིག་སྐུ་གཤེགས་པའི་སྐབས། ཐོར་ཅོ་ཕྲ་མོ་སྐེ་གཙུག་ཕུད་བཅིངས། ངོ་ལ་མཚལ་དམར་པོ་བྱུག ལུས་ལ་རྒྱན་བཏགས། བཙན་པོའི་སྐུ་གདུང་སྲུང་བར་མི་འགྲོག་པ། ཟས་ནི་བཟའ་རྒྱུ་ཡོད་པ་ཞིག་བྱའོ་ཞེས་མནའ་སྐྱེལ་ཐོ་བཙུགས་སོ། །དེས་གྲི་གུམ་བཙན་པོའི་སྐུ་རིང་དུ་བོད་ལ་མནའ་སྲོལ་ཡོད་པ་རྟོགས་ཐུབ་ལ། མནའ་སྲོལ་དེ་གོང་གི་དཔོན་དང་འོག་འབངས་དཀྱུས་མ་བར་དར་ཁྱབ་ཆེ་བ་ལ་གཞིགས་ན་མནའ་སྲོལ་ནི་གྲི་གུམ་བཙན་པོ་དང་དེའི་ཡར་སྔོན་ཞིག་ནས་བོད་ཀྱི་འཚོ་བའི་གྲུབ་ཆ་གལ་ཆེན་ཞིག་ཡིན་པ་ལྷག་ཏུ་ཤེས། “རྗེ་བློན་རྣམས་མནའ་མཆེད་བསྒྲིགས། མི་ལྔ་དྲུག་ཙམ་གྱིས་ལྷན་ཅིག་དབུ་སྙུང་བོར་མནའ་འབོར། རྗེ་བོ་བཀྲོངས་ཚེ་དེ་རྣམས་ཀྱང་རང་སྲོག་བཅད་དེ་རྗེ་དང་དུར་ཁུང་གཅིག་ཏུ་སྦ།”[29] ཞེས་པས་མནའ་སྲོལ་དེ་བོད་ཀྱི་སྤྱི་ཚོགས་སྟེང་དུ་མ་ཟད། བོད་བཙན་པོའི་དུས་སྐབས་ཀྱི་ཆབ་སྲིད་ཀྱི་དགོས་མཁོ་གལ་ཆེན་ཞིག་ཡིན་ལ་བྱེད་ནུས་ཀྱང་བླ་ལྷག་ཏུ་མཐོའོ། །དེ་ཡང《ཆོས་འབྱུང་མེ་ཏོག་སྙིང་པོ་སྦྲང་རྩིའི་བཅུད》དང《རྒྱ་བོད་ལོ་རྒྱུས་ཡིག་ཚང་ཆེན་མོ》སོགས་སུ་བཙན་པོ་འགྲོ་གཉན་ལྡེ་རུ་གླུ་ནད་ཕོག་པར་མཆིམས་བཟའ་ཀླུ་རྒྱང་ངན་བུ་དང་བློན་གཉག་ཐང་སྤངས་གཉིས་བཙན་པོ་དང་མཉམ་དུ་གསོན་དུར་ལ་བཞུགས་དགོས་བྱུང་བ་དེ་གོང་གི་ཐང་ཡིག་ལས་འཁོད་པའི་ཚིག་དུམ་དང་སྦྱར་ཚེ་མནའ་བོར་བའི་སྲོལ་དང་འབྲེལ་བ་ཡོད་པ་ཞོར་དུ་ཤེས་སོ། །“རྗེ་བློན་རྣམས་ཀྱིས་ལོ་རེར་འདུན་མ་ཆུང་ངུ་རེ་བསྡུ། དེ་དུས་ལུག་ཁྱི་སྤྲེལ་གསུམ་དམར་མཆོད་བྱེད། ལོ་གསུམ་ན་འདུན་མ་ཆེ་རེ་བསྡུ། མཚན་གུང་ལ་མཆོད་དངོས་རྣམས་སྙིགས་སུ་བཤམས་ཏེ། མི་རྟ་གཡག་གསུམ་དང་བོང་བུ་སོགས་དམར་མཆོད་དུ་འབུལ། སྲོག་ཆགས་དེ་དག་གི་རྐང་ལག་འབྲེག དོན་སྟོད་མདུན་དུ་

སྤྱངས་ཏེ་བཟྡེ་ཞིག་གིས་གལ་ཏེ་འདུན་མ་དང་འགལ་ན་སྲོག་ཆགས་འདི་རྣམས་བཞིན་དུ་མི་བགྱིད་རེ་ཞེས་མནའ་འདོར་རོ། །"[30]ཞེས་བོད་ཀྱི་ཆབ་སྲིད་དང་དཔལ་འབྱོར། དམག་དོན། ཁྲིམས་ལུགས། རིག་གནས་ལ་ཞིབ་གཤེར་དང་རྒྱལ་སྲིད་ཀྱི་ཁེ་ཕན་གྱི་གལ་ཆེའི་གནད་དོན་སྐོར་གྲོས་བསྡུར་དང་གཏན་འབེབས་གནང་བར་རྒྱལ་བློན་རྣམས་ལོ་རེ་ལ་འདུན་མ་ཆུང་བ་རེ་དང་ལོ་གསུམ་རེའི་མཚམས་སུ་འདུན་མ་ཆེན་པོ་རེ་འཚོགས་པ་དང་། འཚོགས་ཐོག་ཏུ་ཕོ་རབ་ཚིག་ཐོག་དང་འཕར་བ་རྗེས་ཐོག་གི་དཔེ་ལྟར་རྒྱལ་བློན་རྣམས་འདུན་མ་ཆེ་ཆུང་ལྟར་མནའ་སྐྱེལ་ཐོ་བཙུགས་ཀྱི་བྱ་རིམ་མི་འདྲ་བ་སྤེལ་བ་དང་། སྐུ་བོན་ཞིག་གིས་མནའ་བོར་བའི་ཚོ་གའི་མདོ་འཛིན་བྱེད་སྲོལ་ཡོད་པ་འདུག ཕྱིས་མང་སྲོང་མང་བཙན་གྱི་སྐུ་རིང་དུ་ཆབ་སྲིད་བྱ་བའི་སྒྲིག་གཞིའི་དགོས་དབང་གིས་སྔོན་གྱི་འདུན་མའི་རྒྱང་གཞིའི་ཐོག་དབྱར་འདུན་དང་དགུན་འདུན། དེ་ནས་རིམ་བཞིན་མདོ་སྨད་ཀྱི་འདུན་མ་སོགས་རྒྱ་ཆེར་འཕེལ་ཞིང་། འདུན་མ་དེ་དང་འབྲེལ་བའི་དབུ་སྟོད་བའི་རིག་གནས་ཀྱང་ཕུན་སུམ་རྗེ་ཚོགས་སུ་གྱུར་ཡོད། དོན་དངོས་བཤད་ན་འདུན་མ་ནི་ཆབ་སྲིད་བྱ་བའི་སྒྲིག་གཞིའམ་གནད་དོན་གལ་ཆེན་དག་གཏན་འབེབས་དང་ཐག་གཅོད་བྱ་བར་མེད་དུ་མི་རུང་ཞིང་། འདུན་མ་དེ་ལེགས་འགྲུབ་བྱུང་མིན་མཐར་གཏུགས་ན་མནའ་དམ་ཐོ་བཙུགས་ཀྱི་བྱ་བ་ལ་རག་ལས་ཡོད་ཕྱིར། མནའ་སྲོལ་ནི་བོད་བཙན་པོའི་རྒྱལ་རབས་རིམ་བྱུང་སྐབས་ཀོ་གནས་གལ་ཆེན་བཟུང་ཡོད་དེ། བོད་ཀྱི་ལོ་རྒྱུས་ཡིག་ཚང་དག་ལས་ཙུང་ཞིག་སློས་ན།

གཅིག "འུང་ནས། སྤྱང་དབའས་གཉིས་ཟིང་པོ་རྗེ་ལས་འཕྲུས་ཏེ། །བཙན་པོ་སྤུ་རྒྱལ་ལ་སློ་བ་ཉེ་བར་བྱས་ནས། མནའ་མཐོའ་ཡང་ཆེར་བཆད་དོ། །འུང་གི་འོག་དུ་དབའས་དབྱི་ཚབ་ཀྱིས། །ཞང་པོ་མནོན་བཟང་ཧོ་རེ་སྲོན། །སློ་ལ་བཏགས་ཏེ། །མནའ་མཐོ་བཆད་པ་ལས། །བཟང་ཧོ་རེ་ཤི་ནས། བུ་པང་སུམ་འདྲོན་པོ། །ཟིང་པོ་རྗེ་འི་ནང་ཀོར་བྱེད་པ་སློ་ལ་བཏགསྟེ་མནའ་མཐོའ་བཆད་དོ། །སྤྱང་སྣོན་ཧོ་རེས་ཚེས་པོང་ནག་སེང་སློ་ལ་བཏགས་ཏེ། མནའ་མཐོ་བཆད་དོ། །……སྤྱང་དབའས་མནོན་དང་གསུམ། །བྲོ་ལེན་ཆིང་མཁར་ཕྱིང་བར་མཆིས་ནས། །ཉིན་ཞིང་ནི་ཕག་ཚལ་གྱི་ཤིང་ཁུང་ན་སྐུགསོ། །མཚན་ཞིང་ནི་ཕྱིང་བར་མཆིསྟེ། །དབུ་སྟུང་བྲོ་མནའ་གཅོད་པ་འི་ཚོ། །"[31]ཞེས་སྤྱང་དབའས་མནོན་གྱིས་དགུ་གྲི་ཟིང་པོ་རྗེ་ལ་སློ་ལོག་སྟེ། རྗེ་བདེན་གྱིས་ནི་བཀོལ་ན་འདོད་པ་དང་། སྨ་བདེན་གྱིས་ནི་བསྟོད་ན་དགའ་བའི་ཁ་མཐུན་ཏེ། ཐོག་མ་མི་རེ་རེ་བཞིན་ཕན་ཚུན་བར་བྲོ་བོར་བ་དང་དེ་རྗེས་མཚན་མོ་ཕོ་བྲང་ཕྱིང་བ་སྟག་རྩེ་ཏུ་གསང་བས་སོང་སྟེ། རྒྱལ་པོ་སྟག་བུ་སྙ་གཟིགས་ལ་སློ་བ་ཉེ་བ་དང་ཟིང་པོ་རྗེ་རྒྱབ་ཏུ་བོར་བའི་ཚུལ་བྲོ་མནའ་བོར། འདིས་མནའ་སྲོལ་གྱི་རིག་གནས་དེ་སྔར་རྒྱལ་གྱི་མངའ་ཁོངས་ཙམ་མ་ཡིན་པར་ལྷ་སའི་སྐྱིད་ཤོད་དང་མལ་གྲོ་གུང་དཀར་གྱི་ས་ཁུལ་དག་ལ་དེ་བཞིན་དར་ཞིང་། ཕལ་ཆེར་ཡར་ལུང་གཙང་པོའི་ཉེ་བའི་ཡུལ་གྱི་ཁྲོན་རྣམས་སུ་མནའ་སྐྱེལ་བའི་སྲོལ་ལུགས་ཡོད་པ་འདྲ།

གཉིས། "དེང་ཕན་ཆད། ཟིང་པོ་རྗེ་རྒྱབ་ཏུ་མ྄ི་དོར་རེ། སྲུ་རྒྱལ་པང་དུ་མི་ལེན་རེ། བཙན་པོ་སྲུ་རྒྱལ་ལ་གློ་འདྲིང་རེ། མཐང་གྲང་རེ། མན་ངག་ཐུབ་པར་མ྄ི་འཚལ་རེ། །བཙན་པོ་སློན་བཙན་གྱིས། །བཀའ་ཇ྄ོ་སྩལ་ད་པ་བཞིན་མ྄ི་ཉན་རེ། ་གཞན་སུས་བསླུས་ཀྱང་ཉན་རེ་བར་བྲོ་སྩལ་ཏོ། །མྱིང་ཅེང་ཙུང་དང་། མྱིང་མྱུ་གསེང་དང་། ཆོས་པོང་ནུ་གུ་དང་། དབའས་མྱེས་སྣང་། དབའས་པུ་ཚབ་རྣམས་བྲོ་ལ་གཙོགསོ། །"[32] ཞེས་པའི་བྲོ་བོར་སྟངས་ཀྱི་ངོ་མཚར་བ་ཞིག་ནི་དགག་སྒྲའི་མཚམས་ཀྱི་བྱ་ཚིག་གི་མཇུག་ཏུ་ངེས་ཚིག་སྟོན་པའི་རེ་ཡིག་ཅིག་བསྣན་ཆེ་དགག་སྒྲ་མ་ཡིན་པར་འགྱུར་བ་དང་། བྱ་ཚིག་དགུས་མའི་ཚིག་གྲོགས་ལ་ངེས་ཚིག་སྟོན་པའི་རེ་ཡིག་དང་སྦྱར་ན་དགག་སྒྲ་ཪུ་འགྱུར་འགྲོ། སྐད་ཆ་བཤད་སྟངས་འདི་ད་ལྟའང་ཁམས་ཡུལ་ཤུལ་ས་ཁུལ་དུ་བཀོལ་བཞིན་ཡོད།

གསུམ། "ཁྱོད་ཀྱིས་ནི་ང་མ་གཏང་། །ང་འིས་ནི་ཁྱོད་མ྄ི་གཏང་། །ང་འིས་ནི་ཁྱོད་གཏང་ན། །དགུང་མཐའི་ནི་སྲུང་དུ་རང་། །ཁྱོད་ཀྱིས་ནི་ང་གཏང་ན། །ངས་པོ་ནི་སྨད་དུ་ཐུང་། །"[33]འདི་ནི་སྲོང་བཙན་གྱིས་བློན་བྱས་རྗེས་ཙན་དབའས་དབྱི་ཚབ་ལ་བཞེངས་པའི་མགུར་གྱི་མཇུག་གི་གཏམ་ཡིན་ཞིང་། མགུར་འདི་ནི་དབའས་དབྱི་ཚབ་ནི་བོད་བཙན་པོ་སྐུ་རིང་གསུམ་གྱི་རིང་བཙན་པོའི་ཆབ་སྲིད་ཀྱི་བཀའ་ཅི་ཞྭོགས་བགྱིས་ཤིང་། མྱང་ཞང་སྣང་སོགས་དང་མི་འདྲ་བ་ཐོག་མཐའ་བར་གསུམ་དུ་བཙན་པོར་བློ་སེམས་རབ་ཏུ་དཀར་བས། བཙན་པོ་སྲོང་བཙན་སྐམ་པོས་ཀྱང་ཡོ་ན་བགྲེས་པའི་བློན་པོས་བཏོན་པའི་རེ་བ་ཇི་བཞིན་བསྐངས་ཏེ། དབྱི་ཚབ་ཀྱི་བུ་ཚ་ལ་མ་ཉེས་མ་གཡོག་དང་ཕྲ་མ་མི་གསན་པ། བུ་ཚ་གཅིག་ལ་གསེར་གྱི་ཡི་གེ་ལས་མི་སྨད་པ་བསྩོལ་བ་སོགས་སླུ་ཚིག་བཅུ་གཉིས་ཏེ་དོན་ཚན་བཅུ་གཉིས་བདག་ཉིད་ཅན་གྱི་གཟིགས་སྐྱོང་གནང་སྟེ་རྗེ་བློན་བདུན་གྱིས་དབུ་སྙུང་གནང་། དབྱི་ཚབ་ཀྱི་ཕ་སྤད་བདུན་གྱིས་ཀྱང་བཙན་པོ་ལ་གློ་བ་མི་རིངས་པའི་མནའ་གན་ཕུལ། མགུར་འདི་བཙན་པོ་རྗེ་བློན་དང་དབའས་དབྱི་ཚབ་ཕ་སྤད་བར་མནའ་གན་ཕུལ་རྗེས་བླངས་པ་དང་། ནང་དོན་ལ་ཕན་ཚུན་གཅིག་གིས་གཅིག་ལ་བློས་མི་བཏང་བའི་དམ་བཅའ་བཙུགས་པ་དེ་རེད། "རྗེ་འིས་ནི་འབངས་མ་གཏང་། །རྗེ་འིས་ནི་འབངས་བཏང་ན། །གནམ་མཐའི་ནི་སྲུང་དུ་ཐུང་། །འབངས་ཀྱིས་ནི་རྗེ་བཏང་ན། །ངས་པོ་ནི་རྨད་དུ་ཐུང་། །"[34]ནང་དོན་ཕལ་ཆེར་གོང་དང་འདྲ་ལ། འདིའི་སྐོར་གོང་ན་ཞུས་ཟིན་པས་འདིར་དམིགས་སུ་ཞུ་བའི་དགོས་པ་ཆུང་། དབའས་དབྱི་ཚབ་དང་མགར་སྟོང་བཙན་གྱི་མགུར་གཉིས་གང་ལ་བལྟས་ཀྱང་འདྲ་ས་ཞིག་ཡོད་པ་ནི་རྒྱལ་བློན་བར་མནའ་གན་བཞག་པ་དེ་རེད། དེས་ན་སྲོང་བཙན་སྐམ་པོས་བློན་བྱས་རྗེས་ཅན་ལ་ཐོབ་དང་འབངས་འཁོར་སོགས་གང་ཅིའི་ཐད་དམིགས་བསལ་གྱི་གཟིགས་སྐྱོང་གནང་བ་དང་། ལྷག་ཏུ་བློན་བྱས་རྗེས་ཅན་དེ་དག་ལ་དམིགས་སུ་མནའ་འབྲེལ་བཙུགས་ཏེ་ཆབ་སྲིད་སྲ་བརྟན་དུ་བཏང་། དེ་འདྲ་དབུ་སྙུང་བྲོ་བོར་བའི་དགོས་པ་གཞན་ཞིག་ནི། སྲོང་བཙན་གྱིས་བཙུགས་

པའི་བཙན་པོའི་རྒྱལ་རབས་ནི་སྔོན་ཡབ་ཀྱི་རིང་དུ་བློ་ལོག་པའི་རྒྱལ་ཕྲན་ཁག་དང་ཡབ་རྒྱལ་པོ་བཀྲོངས་མཁན་གྱི་དུག་མཁན། དེ་བཞིན་འ་ཞ་དང་བལ་པོ། སུམ་པ། ཞང་ཞུང་སོགས་གསར་དུ་བསྡུས་པའི་འབངས་རྣལ་མ་དང་བཅས་པའི་ཡུལ་གྲུའི་ཁྲོན་ཆེན་པོ་ཞིག་ཡིན་ཕྱིར། བློན་པོ་གསར་རྙིང་བར་དང་འབངས་གསར་རྙིང་བར། དེ་བཞིན་རྒྱལ་བློན་གསར་རྙིང་བར་རང་ཆེ་རང་མཐོའི་ང་རྒྱལ་ཕྲག་དོག་ཅན་དང་། དཔུང་ཆེ་ཆུང་ཁ་བཙན་ཞན། བློ་རྣོ་ཞན་སོགས་འགལ་བ་མི་ཆུང་བས། གསར་དུ་བསྡུས་པའི་རྒྱལ་ཕྲན་ཚོ་ཁག་རྣམས་སྐབས་མ་ལེགས་ན་སླར་ངོ་ལོག་ཉེན་ཆེ་བ་དང་། བློན་ཆེན་ཁག་དང་ཉུས་རྒྱུད་ཆེ་ཁག་གིས་ཐོབ་དང་གོ་ས་ཁོ་ནར་དམིགས་ཏེ་བཙན་པོའི་སྐུ་སྲོག་ལ་ཉེན་ཁའང་འབྱུང་མི་སྲིད་པའི་ངེས་པ་མེད་པས། བློན་པོ་གསར་རྙིང་གི་སྟོབས་ཤུགས་གཅིག་སྒྲིལ་དང་ཉུས་རྒྱུད་ཚོ་ཁག་གི་འབྲེལ་བ་སྙོམ་སྒྲིག འབངས་མི་ཡོངས་ལ་ལྷ་སྐྱངས་གཙུ་གནས་བྱ་རྒྱུ་ནི་གསར་དུ་བཙུགས་པའི་བཙན་པོའི་རྒྱལ་རབས་ལ་མཚོན་ན་ཁ་ཚ་དགོས་གཏུགས་ཀྱི་དོན་བྱ་གལ་ཆེན་ཞིག་ཡིན་ཕྱིར། སྲོང་བཙན་གྱིས་མཛད་རྗེས་བླ་ལྷག་ཅན་གྱི་ཕྱི་ནང་གི་བློན་པོ་དག་ལ་མནའ་འབྲེལ་དམ་བཙུགས་ཀྱི་ཐབས་ལམ་ལ་བརྟེན་ཏེ་ཕ་ཚ་བུ་རྒྱུད་དང་བཅས་པ་ལ་བློ་ཡིད་ཆོམ་པའི་གཟིགས་སྐྱོང་གནང་སྟེ། ཕྱི་ནང་གི་སྟོབས་ཤུགས་གོང་བུ་གཅིག་ཏུ་སྒྲིལ་ཆེད་ཡིན་པ་རྟོགས་ནུས་སོ། །

བཞི། "བཙན་པོ་ཁྲི་སྲོང་ལྡེ་བཙན་གྱི་ཞབ་སྔ་ནས་དབུ་སྙུང་གནང་སྟེ། བློན་སྟག་སྒྲ་ཀླུ་ཁོང་གི་བུ་ཚ་རྒྱུད་འཕེལད་ལ་ནམ་ནམ་ཞ་ཞར་དངུལ་གྱི་ཡི་གེ་ཆེན་པོ་གཅིག། ན་མྱི་དབབ་པར་གཡུང་དྲུང་། དུ་སྟོལད་པར་གནང་ངོ་། །"[35]དང་། "སྲིད་བདེ་ཐུ་བརྟན་བའི་གཙིགས་གནང་བ་འདི། ནཾ་ནཾ་ཞ་ཞར་གནང་ཐུ་མྱི་བསྒྱུར་མྱི་བཅོས་པར། ངའི་ཞབ་སྔ་ནས་ཀྱང་དབུ་སྙུང་གནང་། །གཅེན་མུ་ཏུག་བཙན་དྲྭ། ཇོ་མོ་མཆེད་དང་རྒྱལ་ཕྲན་རྣམས་དང་། ཆབ་སྲིད་ཀྱི་བློན་པོ་མན་ཅད། ཞང་ལོན་ཆེ་ཕྲ་ཀུན་ཀྱང་མནས་བསྒག་སྟེ། གཙིགས་གཡུང་དྲུང་དུ་གནང་ངོ་། །"[36]དང་། "བོད་ཀྱི་རྒྱལ་པོ་ཆེན་པོ་འཕྲུལ་གྱི་ལྷ་བཙན་པོ་དང་རྒྱའི་རྒྱལ་པོ་ཆེན་པོ་རྒྱ་རྗེ་ཧྭང་ཏེ། དབོན་ཞང་གཉིས། །ཆབ་སྲིད་གཅིག་དུ་མོལ་ནས། །མཇལ་དུམ་ཆེན་པོ་མཛད་དེ་གཙིགས་བཅས་པ། ནམ་ཞར་ཡང་མི་འགྱུར་བར། ལྷ་མྱི་ཀུན་གྱིས་ཤེས་ཤིང་དཔང་བྱས་ཏེ་ཚེ་ཚེ་རབས་རབས་སུ་གཏམ་བརྗོད་དུ་ཡོད་པའི་ཕྱིར། མཇལ་དུམ་གྱི་གཙིགས་ཀྱི་མདོ་རྗེ་རིངས་ལ་བྲིས་པའོ། །"[37]དང་། "བོད་ཀྱི་རྒྱལ་པོ་ཆེན་པོ་འཕྲུལ་གྱི་ལྷ་བཙན་པོ་དང་རྒྱའི་རྒྱལ་པོ་ཆེན་པོ་རྒྱ་རྗེ་ཧྭང་ཏེ། དབོན་ཞང་གཉིས། །ཆབ་སྲིད་གཅིག་དུ་མོལ་ནས། །མཇལ་དུམ་ཆེན་པོ་མཛད་དེ་གཙིགས་བཅས་པ། ནམ་ཞར་ཡང་མི་འགྱུར་བར། ལྷ་མྱི་ཀུན་གྱིས་ཤེས་ཤིང་དཔང་བྱས་ཏེ་ཚེ་ཚེ་རབས་རབས་སུ་གཏམ་བརྗོད་དུ་ཡོད་པའི་ཕྱིར། མཇལ་དུམ་གྱི་གཙིགས་ཀྱི་མདོ་རྗེ་རིངས་ལ་བྲིས་པའོ། །"[38]སོགས་བཙན་པོ་ཁྲི་སྲོང་ལྡེ་བཙན་དང་ཁྲི་ལྡེ་སྲོང་བཙན། ཁྲི་གཙུག་ལྡེ་བཙན་སོགས་ཀྱི་སྐུ་རིང་ལ་ཆོས་སྲིད་གཉིས་ཀྱི་བསྟན་

པ་ཡུན་རིང་བརྟན་ཕྱིར་བཀའ་གཙོགས་སམ་མནའ་འབྲེལ་རབ་དང་རིམ་པ་བྱས་པ་དག་ལས་མནའ་སྲོལ་རིག་གནས་ཀྱི་ཁྱད་ཆོས་དང་དགོས་དབང་། ཁྱེད་ནུས་སོགས་གསལ་པོར་མཐོང་ཐུབ་ཅིང་། དཔལ་གྱིས་གཞིགས་ཚེ་མནའ་བྲོ་བོར་སྲོལ་དེ་སྐབས་དེར་བོད་བཙན་པོའི་ཆབ་སྲིད་ཀྱི་ཐབས་ཇུས་གལ་ཆེན་ཞིག་ཡིན་པའང་ངེས་ཐུབ། སྤྱིར་བཏང་དུ་མནའ་སྐྱེལ་སྟངས་ཀྱི་ནང་དོན་ཐད་ལ་ཁྱེ་བྲག་མི་འདྲ་བ་ཙུང་ཙམ་འདུག་སྟེ། སེམས་ཅན་མང་པོ་ཥང་ལག་བྲིགས་ནས་གློ་ཡོག་ན་དེའི་རྗེས་སུ་འཇུག་པའི་དམ་བཅའ་འཛོག་པའི་ཚུལ་དེ་མནའ་བོར་ཚུལ་གཞན་དག་ལས་ཙུང་ཟད་བ་དང་ནང་དོན་ལ་གཞིགས་ཚེ་བོན་ཆོས་དང་འབྲེལ་བ་ཡོད་པ་འདྲ། མནའ་སྲོལ་དེ་དམ་ཆོས་མ་དར་བའི་ཡར་སྔོན་བོད་ཀྱི་སྤྱི་ཚོགས་སུ་རྒྱུག་ཆེའོ། །ནང་ཆོས་དར་རྗེས་མནའ་བོར་ཚུལ་གྱི་ནང་དོན་ལ་འགྱུར་བ་བྱུང་སྟེ། དཀོན་ཅོག་དཔང་དུ་འཛུགས་པ་དང་ཕྱི་རབས་པས་ཤེས་པར་བྱ་བ་ལ་མནའ་གཙོགས་རྡོ་རིང་དུ་བརྐོ་བའི་སྲོལ་དར། ཁྱད་མཚར་བ་ཞིག་ནི་མནའ་བོར་མཁན་གྱི་ལག་ཏུ་རྡོ་དཀར་པོ་ཞིག་བཟུང་ནས་མནའ་བོར་ཚུལ་ཡོད་ལ། རྡོ་དེ་བཞིན་སྐད་ཆའི་ནང་དུ་རྫུན་དང་སྐྱོན་གྱིས་མ་གོས་པ་རང་བཞིན་དཀར་པོ་དང་། ཕན་ཚུན་བར་གྱི་དམ་བཅའ་དེ་གོར་མོ་རྡོ་བཞིན་འགྱུར་བ་མེད་པའི་དོན་བསྟན། དེ་རྗེས་རྡོ་དེ་བང་སོའི་རྨང་ལ་བརྩིགས་པའི་སྲོལ་ཡོད་ལ། སྲོལ་དེ་རིམ་བཞིན་ཆེ་རུ་སོང་སྟེ། རྡོ་དང་རྡེའུ་སྤུངས་པས་ད་ལྟའི་ལབ་རྩེ་འདི་དར་བ་ཨེ་ཡིན་སྙམ། གང་ལྟར་མནའ་བོར་བའི་སྲོལ་དེ་བོད་ཙམ་མ་ཡིན་པར་ཐང་གི་རྒྱལ་རབས་སོགས་ལ་ཡོད་པ་དཔོན་ཞང་རྡོ་རིང་ལས་རྟོགས་ཐུབ་ལ། དེ་བཞིན་རྒྱལ་ཁབ་དང་རྒྱལ་ཁབ་བར་ཆབ་སྲིད་ཀྱི་མཐལ་དུམ་ཆེན་མོའི་སྐབས་དང་། རྒྱལ་བློན་བར། རྒྱལ་འབངས་བར། འབངས་ཕན་ཚུན་དུ་ཆེ་ཆེ་ཆབ་སྲིད་མཐལ་དུམ་དང་ཆུང་ཆུང་འཁོར་བའི་འགྲིག་མཐུན་བཅས་ལ་མནའ་བོར་ཐོ་འཛུགས་པའི་སྲོལ་ཡོད་པ་དང་། རྒྱུན་དུ་གྲགས་པའི་བོད་ཚིག་ཐོག་ཟེར་བའི་ཚིག་དེ་མནའ་ལ་གོ་བ་འདྲ་སྟེ། རྒྱུན་གྱི་འཚོ་བའི་ནང་དུ་ཁྱི་གདལ་ལུ་མི་ཟ་རྒྱུ་ལྟུགས། སྐྱེས་ཕོ་ཡིས་མི་ཟ་རྒྱུ་མནའ་ཞེས་བཤད་སྲོལ་ད་ལྟའང་ཡོད། དེས་མནའི་གལ་ཆེན་རང་བཞིན་མཚོན་པར་མ་ཟད། བོད་མིའི་སེམས་སུ་མནའ་ལོག་ན་དོན་དག་ཆེས་ཐ་ཤལ་དུ་བརྩིས་ཏེ། རིན་ཆེན་སྲོག་ལ་བབས་ཀྱང་མནའ་ལོག་གི་བྱ་བར་མི་འཇུག་ཅིང་། དེ་ནི་རྒྱ་ཡིག་ཐོག་ལས་ཀྱང་གཙོགས་ཆེན་དུ་འཛིན་ནོ། །

ལྔ་པ། མགུར་ལས"གློ་བ"དང"གད་ཀྱི་གསེར་པོ་ཆེ"གཉིས་བསྡུར་ནས་དཔྱད་པ།

"རྗེ་འིས་ནི་བཀའ་སྒྱུལ་པ། གཞའ་པྱི་ནི་ཡུན་ཀྱི་སྲིད་། །བྱ་འིས་ནི་ཞུ་ཕུབ་པ། ལ་ཕྱ་ནི་གདངས་སུ་དྲོ། །གློ་བ་ནི་མང་ཀུ་རྒྱ། ནམས་ཀྱང་ནི་ཡར་མྱི་པོ། གད་ཀྱི་ནི་གསེར་པོ་ཆེ། །ནམས་ཀྱང་ནི་ཕྱིང་བའི་བཅུད།" སྤྱིར་ན་མགུར་འདི་ལས་བློན་པོ་མགར་གྱིས་དཔེ་རུ་མའི་སྒོ་ནས་རྒྱལ་པོའི་ཆེ་བ་དང་བཀའ

དྲིན་བརྗོད་པའི་ཞོར་ལ་རང་ཉིད་ཆུང་ཚུལ་དང་ཁེངས་སྐྱུང་བྱས་པ་རྟོགས་ཐུབ་མོད། དོན་གྱི་གནད་འཕིགས་ནས་གཞིགས་ཚེ་མགུར་གཞན་དག་དང་མི་འདྲ་བར་གོ་བ་ཇི་བཞིན་ལེན་ཐབས་བྲལ། ཐོག་མའི་ཚིག་རྐང་བཞི་པོ་དེ་བློན་པོ་དབའས་དབྱི་ཚབ་ཀྱིས་བླངས་པའི་མགུར་གྱི་མཇུག་གི་ཚིགས་རྐང་བཞི་པོ་དང་ཡིག་འབྲུ་གཅིག་གཉིས་མ་གཏོགས་ཡོངས་སུ་མཚུངས་ལ། ཅུང་གོ་བདེར་འགྲེལ་ན་རྗེ་རྒྱལ་པོ་སྐུ་ཉིད་ཀྱིས་བཀའ་སྩལ་བ་བཞིན། གཡུང་དྲུང་ནི་ཡུན་དུ་སྲིད་སྟེ། བྱ་མོས་སྒྲོ་གུར་ཕུབ་པས། བྱེའུ་ཕྲུག་ཉྭ་ཞིང་སྐྱིད་ལྷ་བུའོ། །འདིར་འཕོད་པའི་གཞའ་བྱི་ཞེས་པར་དམིགས་གསལ་གྱི་འགྲེལ་བ་ཞིག་མ་རྙེད་ཀྱང་། དག་ཡིག《མཁས་པའི་འབྱུང་གནས》སུ་གཞལ་གསང་ཞེས་པར་གཡུང་དྲུང་དུ་འགྲེལ་འདུག དེ་བཞིན་གོང་གི་གཞའ་བྱི་དེ་གཡུང་དྲུང་ངམ་མི་འགྱུར་བ་ཞེས་འགྲེལ་ན། རྒྱལ་པོས་བཀའ་སྩལ་བ་དེ་དུས་ནམ་ཡང་རྒྱུན་སྲིད་སྟེ་མི་འགྱུར་གཡུང་དྲུང་དུ་གནས་ཞེས་བློན་ཆེན་མགར་གྱིས་ངམ་བཅའ་ཕུལ་བ་འདྲ། དེ་ལྟར་ངམ་བཅའ་འབུལ་དོན་ནི་ཁྱོད་ཀྱི་བཀའ་དྲིན་ནི་བྱ་མོས་སྒྲོ་འོག་གི་བྱེའུ་ཕྲུག་ལྟར་ང་ཚོ་ལ་ཉྭ་ཞིང་སྐྱིད་པས་སོ། །ཞེས་རིགས་པས་དེད་དེ་འགྲེལ་ན་ཅུང་གོ་རྒྱུ་ཡོད་པ་དང་གནས་ལུགས་ལའང་དེ་ཙམ་མི་འགལ་སྙམ། འོན་ཀྱང་། མགུར་ལས་ནང་དོན་རྟོགས་དཀའ་ཤོས་ནི་དོན་མཚོན་པར་བྱེད་པའི་དཔེ་དག་ཡིན་ཞིང་། དཔེ་འགའ་ཞིག་ཇི་ལྟར་དཔྱད་ཀྱང་ཟུར་ཙམ་ཞིག་ལས་དོན་མི་རྟོགས་པར་མ་ཟད། དཔྱད་ཅིང་བརྟག་ཆེ་ན་འགལ་འཛོལ་ཇེ་ཆེར་འགྲོ་བའི་སྣང་བ་སྐྱེར། དེ་ནི་སྐབས་དེར་འཕོད་པའི་དཔེ་དག་ད་ལྟའི་འཚོ་བའི་གོམས་སྲོལ་དང་རིང་དུ་བྲལ་བས་སེམས་སྙིང་དུ་འཆར་ཐབས་བྲལ། ཤོ་ལོ་ཀ་གཉིས་པ་ནི་ཤོ་ལོ་ཀ་དང་པོ་ལས་ཀྱང་འགྲེལ་དཀའ་སྟེ། དཔེ་དོན་གཉིས་དང་ཚིག་རྐང་གོང་འོག་འབྲེལ་ཞིང་འཚམས་པ་ཞིག་བཤད་སྤོབས་བྲལ། ཕྱི་ནང་ལོ་རྒྱུས་སྨྲ་བ་དག་གི་བཞེད་པའང་གཅིག་མཐུན་མིན་ཏེ། ཧྥ་རན་སིའི་ལོ་རྒྱུས་ཞིབ་འཇུག་སྨྲ་བ་མའི་ཁུ་ཐང་ནུས་“གློ་བ་དང་མང་ཀུ་རྒྱ། ནམ་དུ་ཡང་ཡར་ལྡང་མི།”[39] ཞེས་དང་། དཔལ་དོན་གྲུབ་རྒྱལ་གྱིས་“འབངས་གློ་བ་ཁྱོད་ལ་ཕྱོགས་པ་དེ། །ནམ་ཡིན་ཡང་གྲེན་ལ་འཕྱུ་མི་སྲིད། །རྟ་འདོ་བ་རིན་ཆེན་གསེར་སྒ་ཅན། །ནམ་ཡིན་ཀྱང་ཕྱིང་བ་མཁར་གྱི་རྒྱན། །”[40]ཞེས་འབངས་གློ་བ་ནམ་ཡང་རྗེ་ལ་བློ་མི་ལོག་ཅེས་གོ་རྒྱུ་འདྲ་ཡོད་ཀྱང་། རྟ་གསེར་སྒ་ཅན་དེ་ཕོ་བྲང་ཕྱིང་པ་སྟག་རྩེའི་རྒྱན་ཆ་ཡིན་ཞེས་འགྲེལ་ཚེ་གོང་གི་དོན་དང་འབྲེལ་བ་མེད་པའི་སྣང་བ་སྐྱེར་བ་དང་། ང་ཚོས་མགུར་གྱི་ཤོ་ལོ་ཀ་ལ་བལྟས་ཚེ་ཚིག་རྐང་བཞི་པོ་ལས་སྔོན་མ་གཉིས་དང་ཕྱི་མ་གཉིས་སོ་སོར་དོན་རེ་བསྟན་པ་དང་། དོན་བསྟན་ཚུལ་དེ་གློ་བ་མང་ཀུ་རྒྱ་ནམ་ཡང་ཡར་ལྡང་གི་མི་དང་གད་ཀྱི་གསེར་སྒ་དེ་ནམ་ཡང་ཕྱིང་བའི་རྒྱན་ཞེས་ཚིག་རྐང་གོང་འོག་བར་དོ་མཉམ་པོ་ཡོད་པ་ནི་མ་ཡིག་ལས་ཤེས་སླ་ཞིང་། འགྲེལ་རྒྱག་སྐབས་ཀྱང་དེ་འདྲ་ཞིག་ཡོང་ཐུབ་དགོས། འབྲི་གུང་སྐྱབས་མགོན་ཆེ་ཚང་གིས“གཡོ་སྒྱུ་ནི་བློ་མང་པོས། །ནམ་ཡང་ནི་ཉེས་མི་བྱེད། །གད་ཀྱི་ནི་གསེར་པོ་ཆེ། །ནམ་ཡང་ནི་ཕྱིང་

པའི་བཙུད། །"[41]ཅེས་དང་། 《རྒྱ་བོད་ཚིག་མཛོད་ཆེན་མོ》ལས་གད་ཅེས་པ་དེ་ཕྱི་དོར་དང་གད་བདར་ལ་གོ་བ་བཞིན་གསེར་གད་ཅེས་པ་གསེར་བཙོ་མ་ལྟར་ལྷད་སྐྱོན་མ་འདྲེས་པར་འགྲེལ་ཞིང་། གསེར་གད་ཅེས་པའི་ཐ་སྙད་ཅིག་ད་བར་མ་མཐོང་ཡང་འགྲེལ་ཚུལ་དེ་འབྲེལ་ཆགས་པར་གསུངས་ཤིང་། དེ་ལྟར་ལྷད་མེད་པའི་གསེར་དེ་རྒྱལ་པོ་སྲོང་བཙན་གྱི་གཟུགས་སུ་བཀོད་པ་ལྷག་ཏུ་བདེན་ཁ་ཆེ་སྙམ། མགུར་དེ་རྒྱལ་པོ་སྲོང་བཙན་སྐམ་པོར་བླངས་པས་རྒྱལ་པོ་དང་འབྲེལ་བ་ཡོད་པ་ཐག་གིས་ཆོད་ཅིང་། ཕོ་བྲང་ཕྱིང་བའི་བཙུད་དམ་རྒྱན་དེ་རྒྱལ་པོ་སྲོང་བཙན་ཁྱོད་རེད་ཅེས་བཤད་ན་དོན་དངོས་དང་མཐུན་ནོ། །

དེ་ལྟར་འགྲེལ་ཚུལ་སྣ་ཚོགས་བྱུང་དོན་ནི"སློ་བོ་ནི་མང་ཀུ་རྒྱ་དང་གད་ཀྱི་ནི་གསེར་པོ་ཆེ། །"ཞེས་པའི་ཚིག་ཕྲང་གཉིས་ལ་ཐུག་ཡོད། ནམས་ཀྱང་ནི་ཡར་མི་པོ་ཞེས་ཚིག་ཕྲང་གཞུག་མར་བལྟས་ཆེ་སློ་བོ་མང་ཀུ་རྒྱ་ཞེས་པ་དེ་མི་ཞིག་ཡིན་དགོས་པ་འདྲ་ལ། མི་དེའང་ཡར་ལུང་གི་མིའམ་བཙན་པོའི་མངའ་འོག་ཏུ་ཚུད་པ་ཞིག་ཡིན་དགོས། དེ་ཡང་སློ་བོ་ཞེས་པའི་ཐ་སྙད་དེ་ལོ་རྒྱུས་ཡིག་ཚང་དུ་འགའ་རེ་མཐོང་རྒྱུ་ཡོད་ཅིང་། སློ་པ། སྔོ་བ། སློ་བ་སོགས་འབྲི་ཚུལ་མི་མཐུན་པ་འགའ་སྣང་། སྤྱི་ལོ652ལོར་བློན་ཆེན་པོ་མགར་སྟོང་བཙན་གྱིས་སློ་བོ་དང་རྩང་རྒྱ་བཀུག་ཅེས《ཏུན་ཧོང་དོན་ཆེན་གནད་བསྡུས》སུ་གསལ་ཞིང་། རྗེས་འཇུག་ལོ་རྒྱུས་སྨྲ་བ་དག་གིས་སློ་བོ་དེ་སྔོ་བ་སྟེ་དེང་སང་གོང་པོ་ཉིས་ཁྲིར་ཉེ་བའི་ས་ཆ་རྣམས་ཡིན་པར་འདོད། གལ་སྲིད་སློ་དང་སྔོ་གཉིས་དོན་གཅིག་ཏུ་བབས་ན། ཏུན་ཧོང་གཏེར་ཡིག་ལས་སྔོ་བ་དེ་གཉའ་ཁྲི་བཙན་པོའི་ཡར་སྟོན་དུ་ཡུལ་ཡར་ལུང་གི་ཕྱོགས་སུ་རང་རྒྱ་འཕེར་བའི་རྒྱལ་ཕྲན་ཞིག་ཡིན་ལ། རྒྱལ་ཕྲན་དག་ལས་དབང་ཤེད་ཁ་བཙན་ཆེ་ཤོས་ཤིག་ཀྱང་ཡིན་པ་འདྲ། རྒྱལ་ཕྲན་ཕན་ཚུན་བར་ང་ཆེ་ང་བཙན་གྱི་ཁ་རྗོད་དང་འཐབ་འཁྲུག་རྒྱུན་མི་ཆད་པར་ཆེན་པོས་འབྲིང་པོ་མནོན། འབྲིང་པོས་ཆུང་ངུ་མནར་ཏེ། གཅིག་གིས་གཅིག་དབང་དུ་བསྡུས་པའི་མཇུག་མཐར་གཉའ་ཁྲི་བཙན་པོའི་དབུ་རྨོག་སུས་ཀྱང་མ་ཐོབ་པས། རྒྱལ་ཕྲན་མང་པོ་ཞིག་འོ་ལྡེ་སྤུ་རྒྱལ་གྱིས་འབངས་སུ་བཀུག་ཅིང་། སྔོ་བའི་རྒྱལ་ཕྲན་ཡང་དེའི་གྲས་སུ་འདུས་པར་མ་ཟད། གཉའ་ཁྲི་བཙན་པོ"འགྲེང་མགོ་ནག་གི་རྗེ་དང་དུད་རྔོགས་ཆགས་ཀྱི་བླ་རུ་བྱེད"སྐབས་སྔོ་དང་རྔེགས་ཀྱིས་བློན་ཆེན་གྱི་འགན་བཞེས་ལ། དེ་ནི་བོད་ཀྱི་ལོ་རྒྱུས་ཐོག་འཁོད་པའི་བློན་པོ་ཐོག་མའང་ཡིན། དེ་ནས་བཟུང་སྔོ་རྔེགས་གཉིས་ཀྱིས་བླ་བཙན་པོ་ལྷན་དུ་ཡར་ལུང་ཡུལ་གྱི་སྲིད་སྟུག་གི་འགན་འཁྲི་ཕྲག་པར་བཏེགས་ཏེ་བོད་བཙན་པོའི་ལོ་རྒྱུས་ཀྱི་རྒྱུད་རིམ་ཐོག་མཐའ་བར་གསུམ་དུ་བྱས་རྗེས་བླ་ལྷག་བཞག་ཡོད། གཞན་ཡང་ལོ་རྒྱུས་སྙིང་གྲགས་པའི་གཉའ་ཁྲི་བཙན་པོ་ཐོག་མར་བོད་དུ་གདན་འདྲེན་མཁན་གྱི་བོན་ཤེས་པ་ཅན་བཅུ་གཉིས་ལས། བཙན་པ་སྔོ་དང་གཉགས། བཙུན་པ་ཁྱུང་དང་སྣུབས། གཉན་པ་སེ་དང་སྦོ་ཞེས་ཡབ་འབངས་རུས་དྲུག་ལས་བཙན་པའི་ཁོངས་གཏོགས་སྔོ་ཡིན་པ་དང་། ཡབ་རུས་འབངས་དྲུག་པོ་གང་ཡིན་ཡང་བོད་ཀྱི་རུས་ཆེན་བཞི་ལས

གྱེས་པ་དང་། དེ་དག་ནི་བོད་ཀ་གཡག་དྲུག་གི་མེས་པོ་ཏུ་གྱུར་ཡོད། དེའི་ཕྱིར། མགུར་དུ་དྲངས་པའི་ཕྱོ་བ་ནི་མང་ཀུ་རྒྱ། ནམས་ཀྱང་ནི་ཡར་མི་པོ་ཞེས་པས་སློ་བའམ་ཕྱོ་བ་ནི་དུས་ནམ་ཡང་ཡར་ལུང་གི་མེས་པོ་དང་བཙན་པོ་དང་བློ་འགྱུར་བ་མེད་པའི་མངའ་ཁོངས་ཀྱི་དོན་ཡིན་པ་འདྲ། ཕྱོ་བ་དེ་བློན་ཆེན་པོ་མགར་སྟོང་བཙན་ལྷ་བུ་བཙན་པོར་བློ་བ་དཀར་ཞིང་ཆབ་སྲིད་འགན་ལེན་ཐུབ་མཁན་གྱི་བློན་འབངས་ལ་གོ་ཆོག་སྟེ། དེ་ལྟ་བུའི་བློན་འབངས་ནི་ནམ་ཡང་ཡར་ལུང་གི་མིའམ་བཙན་པོའི་མངའ་ཁོངས་ལས་འགྱུར་བ་མེད་ཅེས་དམ་བཅའ་ཕུལ་བ་དང་། དཔའ་མཛངས་རྟུལ་ཕོད་ཆེ་ཞིང་། འབངས་མགོ་ནག་པོ་ཡང་མཐོ་དམན་ནི་བསྙམས། དཔྱ་སྐྱ་ནི་བསྐྱུངས། དལ་དུ་ནི་མཆིས། སྟོན་དཔྱིད་ནི་བསྐྱལ། འཁོར་བ་ནི་སྤྱུད། འདོད་པ་ནི་བྱིན། གནོད་པ་ནི་ཕྱེ། བཙན་པ་ནི་བཙུགས། སྡོ་བ་ནི་སྨད། འཇིགས་པ་ནི་མནན། བདེན་པ་ནི་བསླེན། འཛངས་པ་ནི་བསྟོད། དཔའ་བོ་ནི་བཀུར། སྨོན་པ་ནི་བཀོལ། ཆོས་བཟང་སྲིད་མཐོ། མི་ཡོངས་ཀྱིས་སྐྱིད་ལ་བཀོད་མཁན་ནི་བཙན་པོ་སྲོང་བཙན་སྒམ་པོ་ཡིན་ཞིང་། ཆོས་སྲིད་ལུགས་གཉིས་ཀྱི་འཕྲིན་ལས་ལ་ལྷད་སྐྱོན་དྲི་མ་མ་བགོས་པར་ཆེན་པོ་བོད་ཀྱི་རྒྱལ་རབས་དཔལ་དུ་སྐྲུན་མཁན་ཁྱོད་ནི་ཕོ་བྲང་ཕྱིང་བ་སྟག་རྩེའི་རྒྱན་གཅིག་པུའོ་ཞེས་བཙན་པོར་བསྟགས་བརྗོད་བྱས་ཡོད།

མཆན།

[1] འབྲི་གུང་སྐྱབས་མགོན་ཆེ་ཚང་། 《བོད་བཙན་པོའི་རྒྱལ་རབས།》 སྲོང་བཙན་དཔེ་མཛོད་ཁང་། 2010ལོ། ཤོག་ངོས215པར་གསལ།

[2] [4] [12] [15] [11] [19] [21] [22] [23] [28] [31] [32] [33] [34] [35] [36] [37] [38] གཉའ་གོང་དཀོན་མཆོག་ཚེ་བརྟན། 《བརྡ་རྙིང་ཡིག་ཆའི་ཚིག་དོན་ཀུན་ཁྲོལ།》 ཀན་སུའུ་མི་རིགས་དཔེ་སྐྲུན་ཁང་། 2010ལོ། ཤོག་ངོས58、58、49、205、118、3、39、39、59、18、26、37、369、373、119、189、208、208པ་བཅས་སུ་གསལ།

[3] [5] [7] [29] [30] དོན་གྲུབ་རྒྱལ། 《ཐང་ཡིག་གསར་རྙིང་ལས་བྱུང་བའི་བོད་ཆེན་པའི་སྲིད་ལུགས།》 མཚོ་སྔོན་མི་རིགས་དཔེ་སྐྲུན་ཁང་། 1983ལོ། ཤོག་ངོས11、11、398、8、8པ་བཅས་སུ་གསལ།

[6] རྣན་ཚེ་རིང་གིས་བྲིས་པའི《བོད་ཀྱི་ལོ་རྒྱུས་ཟིན་བྲིས》སུ་མཚོ་སྔོན་གྱི་མཚོ་ཞིག་ཡིན་པར་བརྗོད་ཀྱང་། ཀྲུན་ཧོང་ནས་ཐོན་པའི་ལོ་རྒྱུས་ཡིག་ཆ་ཏུ་བཙུན་མོ་རྒྱལ་པོ་དང་ལོ་གསུམ་བཤོས་ཞེས་བརྗོད་པ་དང་། དུས་སྐབས་དེར་བཙན་པོ་སྐུ་དངོས་སུ་ཞང་ཞུང་ལ་དམག་འགྲུག་བྱེད་པའི་སྐབས་ཡིན་ཕྱིར་མཚོ་སྔོན་དུ་བསུ་བར་ཕེབས་པར་བྲེལ་བ་ཆེ་བར་མ་ཟད། བོད་ཀྱི་ལོ་རྒྱུས་པལ་མོ་ཆེར་སྲོང་བཙན་མདོ་སྨད་དུ་ཆིབས་ཁ་བསྒྱུར་བའི་བཤད་ཚུལ་མི་མངོན་པས། ཚོད་དཔག་བྱས་ན་ད་ལྟའི་ནག་ཆུ་ས་ཁུལ་ཉེ་སར་མཚོ་ནག་གམ་ཆུ་ནག་ཅེས་པའི་མཚོའུ་མཚོ་ཞིག་ཡོད་པ་དེར་ཟེར་བ་ཨེ་ཡིན་སྙམ། ལྷ་སའི་འོ་ཤོད་ནས་ནག་ཆུར་བསུ་བར་ཕེབས་ཟེར་ན་དོན་དངོས་ཀྱི་ཐོག་བདེན་པ་ཅུང་རེ་ཡོད་པ་དང་། ཡང་ན་དེ་ལས་ཉེ་བའི་ལྷ་སའི་

མཁྲིས་མཚམས་ཀྱི་མཚོ་ཞིག་ལ་ཟེར་བ་ཡིན་ཡང་སྲིད་ཀྱང་ཡིག་ཆའི་ཁུངས་དང་རྒྱུ་མཚན་ཡང་དག་ཅི་ཡང་མ་རྙེད་པས་བཤད་མི་སྤོབས། མཚོ་ནག་གི་རྒྱུད་དུ་དབྱར་གཞུང་ཡང་གངས་མི་བཞུ་ཞེས་ས་ཆ་དེ་རྒྱ་མཚོ་ངོགས་ནས་ རླིས་ཏ་ཅང་མཐོ་བའི་ཡུལ་ཞིག་ཡིན་པ་གསལ་ལོ། །མ་གཞི་བོད་རྒྱལ་སྲོང་བཙན་སྒམ་པོ་ཞེས་ཐང་རྒྱལ་རབས་དང་བཅས་པའི་ཁྲིམ་མཆོས་རྒྱལ་རབས་དག་ལ་འབྲུག་ལྟར་གྲགས་པའི་བཙན་པོ་དེ་བཙུན་མོ་ཞིག་གི་ཆེད་དུ་སྐུ་དངོས་སུ་ཞབས་ཀྱིས་བཅགས་ནས་བསུ་བར་སོང་ཟེར་བ་དེ་ཐང་གིས་རང་གི་བུ་མོ་དང་འཁོར་ལ་ཆེ་བ་བརྗོད་པ་ལས་དོན་དངོས་དེ་ལྟར་བསུ་རུ་སོང་མེད་པར་སྙམ།

[8] དབང་རྒྱལ་དང་བསོད་ནམས་སྐྱིད། 《ཏུན་ཧོང་ནས་ཐོན་པའི་བོད་ཀྱི་ལོ་རྒྱུས་ཡི་ཆ།》 མི་རིགས་དཔེ་སྐྲུན་ཁང་། 1980ལོ། ཤོག་ངོས148པར་གསལ།

[9]《བོད་རྒྱ་ཚིག་མཛོད་ཆེན་མོ》 མི་རིགས་དཔེ་སྐྲུན་ཁང་། 2009ལོའི་ཟླ་བཞི་པའི་པར་ཐེངས་བཅུ་པ། ཤོག་ངོས1381པར་གསལ།

[10] [11] [13] [24] དགེ་འདུན་ཆོས་འཕེལ། 《དེབ་ཐེར་དཀར་པོ།》 2005ལོའི་ཟླ་བ་དྲུག་པ་དཔར་ཐེངས་གསུམ་པ། ཤོག་ངོས10、83、10、9པ་བཅས་སུ་གསལ།

[14] མཁས་པ་ལྡེའུ། 《རྒྱ་བོད་ཀྱི་ཆོས་འབྱུང་རྒྱས་པ།》 2010ལོའི་ཟླ་དྲུག་པར་དཔར་ཐེངས་གཉིས་པ། ཤོག་ངོས243པར་གསལ།

[16] "ཡིག་གྲུ"ཞེས་པ་ནི་ཨ་ཁུ་གོ་རེས་དེ་ལ་ཡིག་འབྲུ་ཞེས་བཀྲལ་འདུག་ཀྱང་མ་ཡིག་ནོར་ཡོད་པ་འདྲ། དོན་དུ་རྒན་པ་ཚབ་པ་སངས་དབང་འདུས་ལགས་ཀྱིས་ཡཱི་ཐྲཱ་ཞེས་བཅོས་ཏེ། ཁོང་གིས་བརྩམས་པའི《སྤུ་རྒྱལ་བོད་ཀྱི་རྗེ་བཀོས་ཡི་གེ་ཕྱོགས་བསྒྲིགས་ཀྱི་མ་ཡིག་དག་བཤེར་དང་དེ་ཚིག་འགྲེལ་དྭངས་སང་གངས་ཆུ》ཞེས་པའི་ནང་དུ་གཤམ་བཀོད་མ་ཕྱི་འདི་ཁོ་བོས་སྤྱི་ལོ2008ལོར་དཔར་ལེན་བྱས་པའི་པར་རིས་སུ་གསལ་བའི་ཡི་གེ་དང་རི་ཆའ་སན་གྱི་དཔྱད་རྩོམ་ནང་ཕབ་བཀོད་བྱས་པའི་མ་ཡིག་ཕན་ཚུན་དཔྱད་བསྡུར་ཐོག་ཞུ་དག་ཞིབ་ཚགས་ཞུས་ཏེ་བཀོད་ཅིང་། ཡི་གེ་མི་མངོན་པ་དེ་དག་ཕུད་པས་དེ་མིན་རྗོད་བྱེད་ཚིག་དང་བརྗོད་བྱའི་དོན་ལ་འགྱུལ་བ་མེད་སྙམ་ཞེས་ཁ་ཚོན་ཆོད་པོས་བྲིས་འདུག་པས་ཡིག་གྲུ་ཞེས་པ་དེ་ཡཱི་ཐྲཱ་ཞེས་བསྒྱུར་བ་དེ་འགྲིག་པར་སྣང་། ག་ཡིག་འོག་གི་ར་ཡིག་དེ་སྐྲུང་ཡིག་མ་ཡིན་པར་རྗེ་རིང་སྔེར་མ་ཤོང་བར་འོག་ཏུ་བྲིས་པར་སྣང་། དེ་ལྟར་བྱས་ཚེ་རྗེ་རིང་ལ་ཡི་གེ་བྲིས་ཟེར་ན་དོན་དུའང་འགྲོ་ལ་རྗེ་རིང་ལ་ཡིག་འབྲུ་བྲིས་ཞེས་པ་ཁ་ནས་བརྗོད་བདེ་བ་ཞིག་མ་ཡིན་ནོ། །

[18] ཚེ་རིང་། 《བོད་ཀྱི་ལོ་རྒྱུས་ཟིན་ཐོ།》 ཀན་སུའུ་མི་རིགས་དཔེ་སྐྲུན་ཁང་། 2010ལོ། ཤོག་ངོས62པར་གསལ།

[20] རྒན་མིག་དམར་ཚེ་རིང་གིས《ཏུན་ཧོང་ནས་ཐོན་པའི་བོད་ཀྱི་ལོ་རྒྱུས་ཡིག་ཆ་ལས་བྱུང་བའི་བོད་ལྡོངས་ས་མིང》ཞེས་པའི་ནང་དུ་ཡུལ་དེ་མྱང་རོ་ཤམ་པོ་དང་འདྲ་བར་བོད་བཙན་པོའི་སྐབས་སུ་མྱང་རོ་སྟོང་སྡེའི་མངའ་ཁོངས་ཀྱི་ཡུལ་ཚུང་ཞིག་ཡིན་པས། དེང་སང་རྒྱལ་རྩེ་རྫོང་དང་པ་སྣམ་རྫོང་གང་རུང་ཞིག་གི་ཁོངས་སུ་ཡོད་པར་ཐེ་ཚོམ་མེད། ཅེས་

ལྷོ་བྲག་དགྱེས་པའི་བཞད་སྒྲ།

གཏན་དུ་འཕེལ་བར་གསུངས་འདུག

[25]《བོད་ལྗོངས་ཞིབ་འཇུག》2001ལོའི་བོད་ཡིག་དུས་དེབ་བཞི་པ། ཤོག་ངོས11པར་གསལ།

[26] དཔའ་བོ་གཙུག་ལག་ཕྲེང་བ། 《ཆོས་འབྱུང་མཁས་པའི་དགའ་སྟོན།》 1986ལོ། མི་རིགས་དཔེ་སྐྲུན་ཁང་།

[27] མིག་དམར་ཚེ་རིང་། 《ཏུན་ཧོང་ནས་ཐོན་པའི་བོད་ཀྱི་ལོ་རྒྱུས་ཡིག་ཆ་ལས་བྱུང་བའི་བོད་ལྗོངས་ས་མིང་།》 2005ལོ། ལྗོངས་བོད་ཡིག་དཔེ་རྙིང་དཔེ་སྐྲུན་ཁང་། ཤོག་ངོས14པར་གསལ།

[39] མའེ་ཁྲུ་ཐང་ནྭས་པླ་ཁྲུ་སོགས་ཀྱིས་བྲིས་པའི《ཏུན་ཧོང་སྤུ་རྒྱལ་བོད་ཀྱི་ལོ་རྒྱུས་ཡིག་ཆའི་དཔྱད་འགྲེལ།》 གླིང་རྡོར་གྱིས་བསྒྱུར། མཚོ་སྔོན་མི་རིགས་དཔེ་སྐྲུན་ཁང་གི་དཔར་ཐེངས་གཉིས་པ། 2010ལོ། ཤོག་ངོས134པར་གསལ།

[40] དོན་གྲུབ་རྒྱལ། 《དཔལ་དོན་གྲུབ་རྒྱལ་གྱི་གསུང་འབུམ་པོད་གསུམ་པ།》 མི་རིགས་དཔེ་སྐྲུན་ཁང་། 1997ལོ། ཤོག་ངོས402པར་གསལ།

[41] འབྲུ་གུང་སྐྱབས་མགོན་ཆེ་ཚང་། 《བོད་བཙན་པོའི་རྒྱལ་རབས།》 སྲོང་བཙན་དཔེ་མཛོད་ཁང་། 2010ལོ། ཤོག་ངོས212པར་གསལ།

《གྲུང་གོའི་བོད་རིག་པ།》 2013ལོའི་དེབ་བཞི་པ་ལས་བཏུས།

༄༅། །ཡིག་ཚང་རིག་པའི་ངོས་ནས་ཏུན་ཧོང་ནས་ཐོན་པའི《འཕགས་པ་ཆོས་བཞི་པ་ཞེས་བྱ་བ་ཐེག་པ་ཆེན་པོའི་མདོ》ལ་དཔྱད་པ།

བསེ་ཚང་སངས་རྒྱས་དོན་གྲུབ།

ཏུན་ཧོང་ནས་ཐོན་པའི་བོད་ཡིག་གི་ཡིག་ཚགས་ལས། ནང་བསྟན་གྱི་ཡིག་ཚགས་ཁག་ལ་དག་བསྡོགས་དང་རིགས་དབྱེ། ཞིབ་འཇུག་སོགས་བྱ་རྒྱུ་ནི་ཏུན་ཧོང་རིག་པའི་ཞིབ་འཇུག་གི་ནང་དོན་གལ་ཆེན་ཞིག་ཡིན། དབྱིན་ཇི་དང་ཧྥ་རན་སིའི་རྒྱལ་གཉེར་དཔེ་མཛོད་ཁང་ཁག་སོ་སོར་ཉར་ཚགས་བྱས་པའི《འཕགས་པ་ཆོས་བཞི་པ་ཞེས་བྱ་བ་ཐེག་པ་ཆེན་པོའི་མདོ》ལ་མཚོན་ན། མིག་སྔར་ཞིབ་འཇུག་གི་སྟོང་ཆ་ལྟ་བུར་སྣང་བས། གཤམ་དུ་ཁོ་བོས་ཏུན་ཧོང་ནས་ཐོན་པའི《འཕགས་པ་ཆོས་བཞི་པ་ཞེས་བྱ་བ་ཐེག་པ་ཆེན་པོའི་མདོ》ལག་བྲིས་མ་ཁག་ལྔ་དང་། 《བཀའ་འགྱུར་དཔེ་བསྡུར་མ》ཡི་ཁྲོད་ཀྱི《འཕགས་པ་ཆོས་བཞི་པ་ཞེས་བྱ་བ་ཐེག་པ་ཆེན་པོའི་མདོ》 དེ་བཞིན་གནའ་དེང་གི་བཀའ་འགྱུར་དཀར་ཆག་དང་ཆོས་འབྱུང་དེབ་ཐེར་སྐོར་ཞིག་དཔྱད་གཞིའི་རྒྱུ་ཆར་བཟུང་སྟེ། མདོ་འདིའི་མཚན་བྱང་གི་རྣམ་གྲངས་དང་། སྒྱུར་མཁན་གྱི་ཐོབ་ཐང་། སྒྱུར་དུས་ཀྱི་གནས་ཚུལ་དང་ལག་བྲིས་མ་ཁག་ལྔའི་སྤྱི་ཁྱིའི་གོ་རིམ་སོགས་ལ་ཅུང་ཟད་དཔྱད་པར་བྱའོ། །

དང་པོ། ཆོས་བཞི་དང་འབྲེལ་བའི་མཚན་བྱང་།

ཆོས་བཞི་དང་འབྲེལ་བའི་མདོའི་མཚན་བྱང་ཉེ་མཚུངས་ཅན་སྐོར་ཞིག་དབྱིན་ཇི་དང་ཧྥ་རན་སིའི་རྒྱལ་གཉེར་དཔེ་མཛོད་ཁང་དུ་ཉར་ཚགས་བྱས་པའི་ཏུན་ཧོང་གི་བོད་ཡིག་ལག་བྲིས་མ་དང་། བོད་བཙན་པོའི་དུས་སུ་བྱུང་བའི《དཀར་ཆག་འཕང་ཐང་མ》 དེ་མིན《བུ་སྟོན་ཆོས་འབྱུང》དང་སི་ཏུ་ཆོས་ཀྱི་འབྱུང་གནས་ཀྱིས་དུས་རབས་བཅོ་བརྒྱད་པར་མཛད་པའི《སྡེ་དགེའི་བཀའ་འགྱུར་དཀར་ཆག》 ཧུང་ཤན་མིང་གིས་བསྒྲིགས་ཤིང་སྤྱི་ལོ1993ལོར་དཔར་དུ་བསྐྲུན་པའི《བཀའ་འགྱུར་དཀར་ཆག་བོད་རྒྱ་ཤན་སྦྱར》 འདོ་བ་རྡོ་རྗེ་རབ་བརྟན་གྱིས་བསྒྲིགས་ཤིང་སྤྱི་ལོ2004ལོར་དཔར་དུ་བསྐྲུན་པའི《རྒྱལ་བའི་བཀའ་འགྱུར་ལ་བདེ་བླག་ཏུ་འཇུག་པའི་དཀར་ཆག་གསལ་བའི་མེ་ལོང》ཞེས་བྱ་བ་སོགས་ཀྱི་ཁྲོད་དུ་འཁོད་

ཡོད། མཚན་བྱང་དེ་དག་གི་གཞུང་དངོས་ལ་རེ་རེ་བཞིན་ཞིབ་ཏུ་མ་མཇལ་ཆོ། མཚན་བྱང་དེ་རྣམས་གཞུང་གཅིག་གི་མཚན་བྱང་ཡིན་པའམ། ཡང་ན་གཞུང་སོ་སོའི་མཚན་བྱང་ཡིན་པར་འཁྲུལ་སྣང་སྐྱེ་སྲིད། འོན་ཀྱང་། དཀར་ཆག་འགའི་ནང་གི་ཆོས་བཞི་དང་འབྲེལ་བའི་མཚན་བྱང་དེ་དག་མཉམ་དུ་གཞིབ་ཅིང་བསྡུར་བ་དང་། སོ་སོའི་གཞུང་དོན་ལ་རེ་རེ་བཞིན་ཐོད་གཏུགས་ཆོ། མཚན་བྱང་གཅིག་ལ་གཞུང་གཅིག་མཆིས་པ། མཚན་བྱང་གཉིས་ནི་གཞུང་གཅིག་གི་མིང་གི་རྣམ་གྲངས་ཙམ་ཡིན་པ་གསལ་པོར་མཐོང་ཐུབ།

གཅིག ཏུན་ཧོང་ཡིག་རྙིང་ཁྲོད་ཀྱི་མཚན་བྱང་།

དབྱིན་ཇིའི་རྒྱལ་གཉེར་དཔེ་མཛོད་ཁང་དུ་ཉར་ཚགས་བྱས་པའི་ཡིག་ཚགས་ཁྲོད། IOL. Tib. J. VOL. 14(1)《འཕགས་པ་ཆོས་བཞི་པ་ཞེས་བྱ་བ་ཐེག་པ་ཆེན་པོའི་མདོ》 IOL. Tib. J. VOL. 14(2)《འཕགས་པ་ཆོས་བཞི་པ་ཞེས་བྱ་བ་ཐེག་པ་ཆེན་པོའི་མདོ》[1] IOL. Tib. J. VOL. 34《འཕགས་པ་ཆོས་བཞི་པ་ཞེས་བྱ་བ་ཐེག་པ་ཆེན་པོའི་མདོ》ཞེས་དང་། ཕྲ་རན་སིའི་རྒྱལ་གཉེར་དཔེ་མཛོད་ཁང་དུ་ཉར་ཚགས་བྱས་པའི་ཡིག་ཚགས་ནང་། Pel. tib. 0618《འཕགས་པ་ཆོས་བཞི་པ་ཞེས་བྱ་བ་ཐེག་པ་ཆེན་པོའི་མདོ》 Pel. tib. 0619《འཕགས་པ་ཆོས་བཞི་པ་ཞེས་བྱ་བའི་མདོ》བཅས་ཁྱོན་བསྡོམས་མཚན་བྱང་གི་གྲངས་ལྔ་དང་རིགས་གཉིས་ཡོད། Pel. tib. 0619《འཕགས་པ་ཆོས་བཞི་པ་ཞེས་བྱ་བའི་མདོ》ཡི་ཁྲོད་དུ"ཐེག་པ་ཆེན་པོ"ཞེས་པ་མ་འཁོད་པ་མ་གཏོགས། གཞུང་སྤྱིའི་དོན་དང་ཚིག་འགྲོས་ཀྱི་ཁྱད་ཆོས་གཅིག་འདྲར་སྣང་།

གཉིས། 《དཀར་ཆག་འཕང་ཐང་མ》ཁྲོད་ཀྱི་མཚན་བྱང་།

མདོ་སྡེ་ཕྲ་མོ་བམ་པོར་མི་ལོང་བའི་ཚར་གྱི་གྲས་སུ་བསྡུས་པའི"འཕགས་པ་བཞི་པ་སྒྲུབ་པ། ཤུ་ལོག་ཉིས་བརྒྱ་དྲུག་བཅུ།"[2] ས་རབ་ཀྱི་ཕ་རོལ་ཏུ་ཕྱིན་པའི་སྡེ་ཚུང་ངུའི་ཁོངས་སུ་གཏོགས་པའི"འཕགས་པ་ཆོས་བཞི་པ། ཤུ་ལོག་བཅུ་གསུམ། ཆོས་བཞི་བསྟན་པ། ཤུ་ལོག་བཅུ་གསུམ"[3]མདོ་ཕྲ་མོའི་ནང་དུ་བཀོད་པའི"ཆོས་བཞི་པའི་མདོ"[4]ཞེས་ཆོས་བཞི་དང་འབྲེལ་བའི་མཚན་བྱང་ཁག་བཞི་བཀོད་ཡོད།

གསུམ། 《བུ་སྟོན་ཆོས་འབྱུང》ཁྲོད་ཀྱི་མཚན་བྱང་།

བཀའ་མཐའ་མ་དོན་དམ་རྣམ་པར་ངེས་པའི་འཁོར་ལོ་བསྐོར་བའི་བཀའ་ལས། ཐེག་པ་ཆེན་པོའི་མདོ་སྡེ་སྣ་ཚོགས་ཀྱི་གྲས་སུ"ཆོས་བཞི་བསྟན་པ་ཤློ་ཀ་བཅུ་གསུམ་ཡེ་ཤེས་སྡེའི་འགྱུར། ཆོས་བཞི་པ་ཤློ་ཀ་བཅུ། ཆོས་བཞི་མ་བཏང་བ། བཞི་པ་སྒྲུབ་པ་ཤློ་ཀ་ཉིས་བརྒྱ་དྲུག་ཅུ"[5]ཞེས་ཆོས་བཞི་དང་འབྲེལ་བའི་མཚན་བྱང་རིགས་བཞི་མཆིས།

བཞི། 《སྡེ་དགེའི་བཀའ་འགྱུར་དཀར་ཆག》ཁྲོད་ཀྱི་མཚན་བྱང་།

སྡེ་དགེའི་བཀའ་འགྱུར་གྱི་ཐེག་ཆེན་གྱི་མདོ་མང་སྐོར་ལས་པོད་ཟ་པར"འཕགས་པ་ཆོས་བཞི་པ་

བསྟན་པ་ཞེས་བྱ་བའི་མདོ། ཤློ་ཀ་བཅུ་གསུམ་པ། པཎྜི་ཏ་སུ་རེནྡྲ་བོ་དྷི་དང་། ལོ་ཙཱ་བ་བནྡེ་ཡེ་ཤེས་སྡེའི་འགྱུར། ཆོས་བཞི་པ་ཤློ་ཀ་བཅུ་པའི་མདོ་འགྱུར་བྱང་མེད་པ། ཆོས་བཞི་མི་གཏོང་བ་ཞེས་བྱ་བའི་མདོ་འགྱུར་བྱང་མེད་པ། འཕགས་པ་བཞི་བསྒྲུབ་པ་ཞེས་བྱ་བའི་མདོ་ཤློ་ཀ་ཉིས་བརྒྱ་དྲུག་ཅུ་པ་འགྱུར་བྱང་མེད་པ"[6]ཞེས་ཆོས་བཞི་དང་འབྲེལ་མཚན་བྱང་གི་དབྱེ་བ་བཞི་དྲངས་འདུག

ལྔ། 《བཀའ་འགྱུར་དཀར་ཆག་བོད་རྒྱ་ཤན་སྦྱར》ཁྲོད་ཀྱི་མཚན་བྱང་།

"ཆོས་བཞི་པའི་མདོ། [经]四法经"[7]"འཕགས་པ་ཆོས་བཞི་བསྟན་པ་ཞེས་བྱ་བ་ཐེག་པ་ཆེན་པོའི་མདོ། [经]圣说四法大乘经。འཕགས་པ་ཆོས་བཞི་པ་ཞེས་བྱ་བ་ཐེག་པ་ཆེན་པོའི་མདོ། [经]大乘四法经(唐 · 地婆诃罗译)"[8] "འཕགས་པ་བཞི་པ་སྒྲུབ་པ་ཞེས་བྱ་བ་ཐེག་པ་ཆེན་པོའི་མདོ། [经]大乘四法经(唐 · 实叉难陀译)"[9]ཞེས་དཀར་ཆག་འདིའི་ཁྲོད་དུ་ཆོས་བཞི་དང་འབྲེལ་བའི་མཚན་བྱང་བཞི་བྲིས་ཡོད་ཅིང་། དཀར་ཆག་འདི་ཉིད་གསལ་བྱེད་ཀྱི་ཀ་ཕྲེང་གོ་རིམ་ལྟར་བཀོད་པ་ལས། མདོའི་དབྱེ་བ་དང་གང་གི་ཁོངས་སུ་གཏོགས་མིན་གྱི་འབྲེལ་ཡོད་གནས་ཚུལ་མཚམས་སྦྱོར་བྱས་མེད།

དྲུག 《རྒྱལ་བའི་བཀའ་འགྱུར་ལ་བདེ་བླག་ཏུ་འཇུག་པའི་དཀར་ཆག་གསལ་བའི་མེ་ལོང་》ཁྲོད་ཀྱི་མཚན་བྱང་།

"འཕགས་པ་ཆོས་བཞི་བསྟན་པ་ཞེས་བྱ་བ་ཐེག་པ་ཆེན་པོའི་མདོ། རྒྱ་གར་གྱི་མཁན་པོ་སུ་རེནྡྲ་བོ་དྷི་དང་ཞུ་ཆེན་གྱི་ལོ་ཙཱ་བ་བནྡེ་ཡེ་ཤེས་སྡེས་བསྒྱུར་ཅིང་ཞུས་པ། ཤོག་ངོས59ནས59བར། ཆོས་བཞི་པའི་མདོ། བོད་འགྱུར་བྱང་མ་འཁོད་པ། ཤོག་ངོས59ནས60བར། འཕགས་པ་ཆོས་བཞི་པ་ཞེས་བྱ་བ་ཐེག་པ་ཆེན་པོའི་མདོ། བོད་འགྱུར་བྱང་མ་འཁོད་པ། ཤོག་ངོས60ནས61བར། འཕགས་པ་བཞི་པ་སྒྲུབ་པ་ཞེས་བྱ་བ་ཐེག་པ་ཆེན་པོའི་མདོ། བོད་འགྱུར་བྱང་མ་འཁོད་པ། ཤོག་ངོས61ནས69བར"[10]ཞེས་དཀར་ཆག་འདིའི་ཁྲོད་དུ་ཡང་ཆོས་བཞི་དང་འབྲེལ་བའི་མཚན་བྱང་རྣམ་གྲངས་བཞི་འཁོད་འདུག

བདུན། མཚན་བྱང་གི་རིགས་དབྱེ་དང་སྟོམ་ཚིག

དཀར་ཆག་སོ་སོའི་ཁྲོད་ཀྱི་ཆོས་བཞི་དང་འབྲེལ་བའི་མཚན་བྱང་ཕན་ཚུན་ཞིབ་བསྡུར་དང་། བཀའ་འགྱུར་ཁྲོད་ཀྱི་གཞུང་དངོས་དང་བསྡུར་ཚེ། གོང་གི་དེ་དག་ལས། 《འཕགས་པ་ཆོས་བཞི་བསྟན་པ་ཞེས་བྱ་བ་ཐེག་པ་ཆེན་པོའི་མདོ》དང་། 《ཆོས་བཞི་པའི་མདོ》དང་། 《འཕགས་པ་ཆོས་བཞི་པ་ཞེས་བྱ་བ་ཐེག་པ་ཆེན་པོའི་མདོ》དང་། 《འཕགས་པ་བཞི་པ་སྒྲུབ་པ་ཞེས་བྱ་བ་ཐེག་པ་ཆེན་པོའི་མདོ》བཅས་ནི་བསྟན་བྱའི་དགོངས་པ་སོ་སོར་སྣང་བའི་མདོ་ཡི་རིགས་བཞི་ཡིན། [11]ཏུན་ཧོང་ཡིག་རྙིང་ཁྲོད་ཀྱི《འཕགས་པ་ཆོས་བཞི་པ་ཞེས་བྱ་བ་ཐེག་པ་ཆེན་པོའི་མདོ》དེ་ཉིད། བཀའ་འགྱུར་དཀར་ཆག་དེ་དག་གི་ཁྲོད་དུ་བྱུང་བའི《འཕགས་པ་ཆོས་བཞི་པ་ཞེས་བྱ་བ་ཐེག་པ་ཆེན་པོའི་མདོ》ཡིན་པ་གསལ་པོ་རེད། ཡིན་ན་ཡང་། 《བུ་སྟོན་ཆོས་འབྱུང》དང་། 《སྡེ་དགེའི་བཀའ་འགྱུར་དཀར་ཆག》གཉིས་ཀྱི་ཁྲོད་དུ《འཕགས་

པ་ཆོས་བཞི་པ་ཞེས་བྱ་བ་ཐེག་པ་ཆེན་པོའི་མདོ》ཡི་མཚན་བྱང་ཇི་བཞིན་དུ་བྱུང་མེད། དེ་གཉིས་ཀྱི་ཁྲོད་དུ་བྱུང་བའི《ཆོས་བཞི་མ་བཏང་བ》དང《ཆོས་བཞི་མི་གཏོང་བ》ཞེས་པའི་མཚན་བྱང་གཉིས་ནི་དོན་གྱིས《འཕགས་པ་ཆོས་བཞི་པ་ཞེས་བྱ་བ་ཐེག་པ་ཆེན་པོའི་མདོ》ཡི་མཚན་གྱི་རྣམ་གྲངས་ཤིག་ཡིན། རྒྱུ་མཚན་ཅིའི་ཕྱིར་ཞེ་ན། 《འཕགས་པ་ཆོས་བཞི་པ་ཞེས་བྱ་བ་ཐེག་པ་ཆེན་པོའི་མདོ》ཡི་དགོངས་དོན་གཙོ་བོ་ནི་བཅོམ་ལྡན་འདས་ཀྱིས་བཀའ་བསྩལ་བ་བཞིན་དུ་དགེ་སློང་དང་བྱང་ཆུབ་སེམས་དཔའ་རྣམས་ཀྱིས་ཇི་སྲིད་འཚོའི་བར་དུ་སྲོག་གི་ཕྱིར་ཡང་བྱང་ཆུབ་ཀྱི་སེམས་དང་། དགེ་བའི་བཤེས་གཉེན་དང་། བཟོད་པ་དང་དེས་པ། དགོན་པ་ལ་གནས་པ་བཞི་པོ་ཡོངས་སུ་གཏང་བར་མི་བྱ་བ་དེའོ། །དེ་བས་བུ་སྟོན་དང་སི་ཏུའི་བཀའ་འགྱུར་དཀར་ཆག་ཁྲོད་ཀྱི《ཆོས་བཞི་མི་གཏོང་བ》དང་། 《བཀའ་འགྱུར་དཔེ་བསྡུར་མ》དང་། བཀའ་འགྱུར་དཀར་ཆག་གཞན་པའི་ཁྲོད་ཀྱི《འཕགས་པ་ཆོས་བཞི་པ་ཞེས་བྱ་བ་ཐེག་པ་ཆེན་པོའི་མདོ》དང་། ཏུན་ཧོང་ཡིག་རྙིང་ཁྲོད་ཀྱི《འཕགས་པ་ཆོས་བཞི་པ་ཞེས་བྱ་བ་ཐེག་པ་ཆེན་པོའི་མདོ》བཅས་གསུམ་ནི་མདོ་གཅིག་གི་མཚན་བྱང་མི་འདྲ་བ་ཁག་གསུམ་མོ། །

གཉིས་པ། སྒྱུར་མཁན་དང་སྒྱུར་དུས།

གཅིག འགྱུར་བྱང་དང་སྒྱུར་མཁན་མེད་པ།

《དཀར་ཆག་འཕང་ཐང་མ》ཡི་ཁྲོད་དུ《འཕགས་པ་ཆོས་བཞི་པ་ཞེས་བྱ་བ་ཐེག་པ་ཆེན་པོའི་མདོ》ཡི་མཚན་བྱང་དང་ཤོ་ལོ་ཀའི་གྲངས་ཚད། མདོ་རིགས་གང་དུ་གཏོགས་མིན་ཙམ་ལས། སྒྱུར་བ་པོ་དང་སྒྱུར་དུས་སོགས་ཀྱི་འགྱུར་བྱང་ཅི་ཡང་བཀོད་མེད། 《བུ་སྟོན་ཆོས་འབྱུང》དུ"ཆོས་བཞི་མ་བཏང་བ"ཞེས་བྱ་བའི་མཚན་བྱང་ཙམ་ལས་དྲངས་མེད་ཅིང་། 《སྡེ་དགེའི་བཀའ་འགྱུར་དཀར་ཆག》ཁྲོད་དུ"ཆོས་བཞི་མི་གཏོང་བ་ཞེས་བྱ་བའི་མདོ་འགྱུར་བྱང་མེད་པ"[12]ཞེས་འགྱུར་བྱང་མེད་པར་བསྟན་ཡོད། 《བཀའ་འགྱུར་དཀར་ཆག་བོད་རྒྱ་ཤན་སྦྱར》གྱི་ནང་དུ"འཕགས་པ་ཆོས་བཞི་པ་ཞེས་བྱ་བ་ཐེག་པ་ཆེན་པོའི་མདོ། [经]大乘四法经(唐・地婆诃罗译)"[13]ཞེས་འཁོད་ཅིང་། དེ་ལས་མདོ་འདི་བོད་སྐད་དུ་སྒྱུར་མཁན་ནི"唐・地婆诃罗"ཡིན་པར་སྣམ། ལྷག་ཏུ་བོད་ཡིག་གི་བཀའ་འགྱུར་དཀར་ཆག་རྣམས་སུ་འགྱུར་བྱང་མི་གསལ་བས། མདོ་འདི་སྒྱུར་མཁན་ཐང་གི་ལོ་ཙཱ་བ་ཏིས་པོ་ཧུ་ལོ་ཡིན་པར་འདོད། འོན་ཀྱང་། 《རྒྱལ་བའི་བཀའ་འགྱུར་ལ་བདེ་བླག་ཏུ་འཇུག་པའི་དཀར་ཆག་གསལ་བའི་མེ་ལོང》དུ"འཕགས་པ་ཆོས་བཞི་པ་ཞེས་བྱ་བ་ཐེག་པ་ཆེན་པོའི་མདོ། བོད་འགྱུར་བྱང་མ་འཁོད་པ། ཤོག་ངོས60ནས61བར། 汉文经名：大乘四法经。(由唐・地婆罗诃译)藏译者缺"[14]ཞེས་འཁོད་པ་འདིར་བརྟགས་ཚེ། ཐང་གི་ལོ་ཙཱ་བ་ཏིས་པོ་ཧུ་ལོ་ནི་རྒྱ་ནག་གི་བཀའ་འགྱུར་ཁྲོད་ཀྱི《འཕགས་པ་ཆོས་བཞི་པ་ཞེས་བྱ་བ་ཐེག་པ་ཆེན་པོའི་མདོ》ཡི་སྒྱུར་མཁན

ཡིན་པ་ལས་བོད་སྐད་དུ་སྒྱུར་མཁན་མིན་པ་གསལ་བས། བོད་སྐད་ཀྱི《འཕགས་པ་ཆོས་བཞི་པ་ཞེས་བྱ་བ་ཐེག་པ་ཆེན་པོའི་མདོ》ཡི་སྒྱུར་མཁན་སུ་ཡིན་མིན་གྱི་གནད་དོན་དེ་སྔར་བཞིན་དཔྱད་བྱར་ལུས་ཡོད།

གཉིས། འགྱུར་བྱང་དང་སྒྱུར་མཁན་རྙེད་པ།

དུས་རབས་རིམ་བྱུང་གི་བཀའ་འགྱུར་དཀར་ཆག་དང་། དེང་དུས་མཐོང་ཡུལ་དུ་གྱུར་པའི《བཀའ་འགྱུར་དཔེ་བསྡུར་མ》ཡི་ཁྲོད་དུ《འཕགས་པ་ཆོས་བཞི་པ་ཞེས་བྱ་བ་ཐེག་པ་ཆེན་པོའི་མདོ》ཡི་འགྱུར་བྱང་མེད་པས། སྒྱུར་མཁན་གྱི་མཚན་བྱང་རྙེད་མེད་ཅིང་། ཕྷ་རན་སིའི་རྒྱལ་གཉེར་དཔེ་མཛོད་ཁང་དུ་ཉར་ཚགས་བྱས་པའི་ཡིག་ཚགས། Pel. tib. 0618《འཕགས་པ་ཆོས་བཞི་པ་ཞེས་བྱ་བ་ཐེག་པ་ཆེན་པོའི་མདོ》དང་། Pel. tib. 0619《འཕགས་པ་ཆོས་བཞི་པ་ཞེས་བྱ་བའི་མདོ》གཉིས་ལ་འགྱུར་བྱང་བྲལ་ཞིང་། དབྱིན་ཇིའི་རྒྱལ་གཉེར་དཔེ་མཛོད་ཁང་དུ་ཉར་ཚགས་བྱས་པའི་ཡིག་ཚགས། IOL. Tib. J. VOL. 34《འཕགས་པ་ཆོས་བཞི་པ་ཞེས་བྱ་བ་ཐེག་པ་ཆེན་པོའི་མདོ》ལ་ཡང་འགྱུར་བྱང་མེད་མོད། འོན་ཀྱང་དགའ་འོས་པ་ཞིག་ལ་ཡིག་ཚགས་IOL. Tib. J. VOL. 14འདིའི་ནང་དུ《འཕགས་པ་ཆོས་བཞི་པ་ཞེས་བྱ་བ་ཐེག་པ་ཆེན་པོའི་མདོ》གཉིས་བཀོད་འདུག་ཅིང་། སྔ་མ་དེར་འགྱུར་བྱང་ཡོད་པར་མ་ཟད། དེའི་མཇུག་ཏུ"༄ །རྒྱ་གར་གྱི་མཁན་པོ་སུ་རེན་ཏྲ་བོ་དང་། ཞུ་ཅེན་གྱི་ལོ་ཙ་པ་བན་དེ་ཡེ་ཤེས་སྡེས་བསྒྱུར་ཅིང་ཞུས་ཏེ་གཏན་ལ་ཕབ་པའ། །"[15]ཞེས་གསལ་པོར་བཀོད་ཡོད་པས། 《འཕགས་པ་ཆོས་བཞི་པ་ཞེས་བྱ་བ་ཐེག་པ་ཆེན་པོའི་མདོ》ཡི་སྒྱུར་མཁན་དངོས་ནི་རྒྱ་གར་གྱི་མཁན་པོ་སུ་རེན་ཏྲ་བོ་དང་། ཞུ་ཆེན་གྱི་ལོ་ཙྪ་བ་བན་དེ་ཡེ་ཤེས་སྡེ་ཡིན་པ་རྟོགས་ཐུབ།

གསུམ། སྒྱུར་མཁན་དང་སྒྱུར་དུས་སྐོར།

IOL. Tib. J. VOL. 14ཡི་མདོ་སྔ་མའི་མཇུག་ཏུ"རྒྱ་གར་གྱི་མཁན་པོ་སུ་རེན་ཏྲ་བོ་དང་། ཞུ་ཅེན་གྱི་ལོ་ཙ་པ་བན་དེ་ཡེ་ཤེས་སྡེ"ཞེས་འཁོད་པ་ལས། བོད་རྒྱལ་སུའི་རིང་ལ་བསྒྱུར་བའི་སྐོར་ཅི་ཡང་འཁོད་མེད། བོད་ཀྱི་ལོ་རྒྱུས་དེབ་ཐེར་རྣམས་སུ་མཁན་པོ་དང་ལོ་ཙྪ་བ་ཁོང་གཉིས་ཀྱི་མཚན་དང་དེ་འབྲེལ་གྱི་སྐོར་ཅི་རིགས་བཀོད་ཡོད་པས་གཤམ་ལ་དེ་རྣམས་ཀུན་བསྡོམས་ཏེ་རེའུ་མིག་ཏུ་བཀོད་ན་འདི་ལྟར།

བསྟན་བཅོས་ཀྱི་མཚན་བྱང་།	བསྟན་བཅོས་བྱུང་དུས།	མཁན་པོ་སུ་རེན་ཏྲ་བོ་ཡི་མཚན་འགོད་སྟངས།	རྒྱལ་པོ་གང་གི་དུས་སུ་ཡིན་མིན།	ཞུ་ཆེན་གྱི་ལོ་ཙྪ་བ་བན་དེ་ཡེ་ཤེས་སྡེ་ཡི་མཚན་འགོད་སྟངས།	རྒྱལ་པོ་གང་གི་དུས་སུ་ཡིན་མིན།
《དཀར་ཆག་འཕང་ཐང་མ》[16]	ཁྲི་གཙུག་ལྡེ་བཙན་གྱི་སྐབས།(སྲིད་ལོ་815—838བར)	རྒྱ་གར་གྱི་མཁས་པ་ཆེན་པོ་པཎྜི་ཏ་སུ་རེན་ཏྲ་བོ་དྷི།	མི་གསལ།	ཞུ་ཆེན་གྱི་ལོ་ཚ་བ་ཆེན་པོ་བན་དྷེ་ཡེ་ཤེས་སྡེ།	མི་གསལ།

《སྦ་བཞེད》[17]	དུས་འཕྱི་ན་ཡང་དུས་རབས12པར་བྱུང་བར་གྲགས།	མི་གསལ།	མི་གསལ།	སྣ་ནམ་ཡེ་ཤེས་སྡེ།	ཁྲི་གཙུག་ལྡེ་བཙན།
《ཆོས་འབྱུང་མེ་ཏོག་སྙིང་པོ་སྦྲང་རྩིའི་བཅུད》[18]	དུས་རབས12པར་བྱུང་བར་གྲགས།	སུ་རན་དྲ་བོ་དྷི།	ཁྲི་སྲོང་ལྡེ་བཙན།	སྣ་ནམ་གྱི་བན་དེ་ཡེ་ཤེས་སྡེ།	ཁྲི་སྲོང་ལྡེ་བཙན།
		སུ་རེན་དྲ་བོ་དྷི།	ཁྲི་གཙུག་ལྡེ་རལ་པ་ཅན།	སྣ་ནམ་གྱི་ཡེ་ཤེས་སྡེ།	ཁྲི་སྲོང་ལྡེ་བཙན་གྱི་སྐུ་ཚེ་སྨད་དང་། ཁྲི་གཙུག་ལྡེ་རལ་པ་ཅན་གྱི་དུས་སྐུ་འཚོ་བཞེས་གནང་།
《སྔོན་གྱི་གཏམ་མེ་ཏོག་ཕྲེང་བ》[19]	སྤྱི་ལོ1283དུས།	མི་གསལ།	མི་གསལ།	ཀ་ཅོག་ཞང་གསུམ།	ཁྲི་སྲོང་ལྡེ་བཙན་སྐུ་འདས་ཁར།
		སུ་ར་ཨིནྡྲ་བོ་དྷི།	ཁྲི་ལྡེ་སྲོང་བཙན།	ལོ་ཙཱ་བ་མཁས་པ་ཛྙཱ་ན་སེ་ན།	ཁྲི་ལྡེ་སྲོང་བཙན།
		སུ་ལེནྡྲ་བོ་དྷི།	ཁྲི་གཙུག་ལྡེ་བཙན་རལ་པ་ཅན།	ཀ་ལྕོག་ཞང་གསུམ།	ཁྲི་གཙུག་ལྡེ་བཙན་རལ་པ་ཅན།
《བུ་སྟོན་ཆོས་འབྱུང》[20]	སྤྱི་ལོ1322དུས།	སུ་རེན་དྲ་བོ་དྷི།	ཁྲི་ལྡེ་སྲོང་བཙན་རལ་པ་ཅན།	ཛྙཱ་ན་སེ་ན།	ཁྲི་ལྡེ་སྲོང་བཙན་རལ་པ་ཅན།
《དེབ་ཐེར་དམར་པོ》[21]	སྤྱི་ལོ1363དུས།	མི་གསལ།	མི་གསལ།	བན་དྷེ་ཡེ་ཤེས་སྡེ།	ཁྲི་སྲོང་ལྡེ་བཙན།
		མི་གསལ།	མི་གསལ།	ཛྙཱ་ན་སེ་ན།(ཡེ་ཤེས་སྡེ)	ཁྲི་ལྡེ་སྲོང་བཙན།
		སུ་རེན་ཏྲ་བོ་ཏི།	ཁྲི་གཙུག་ལྡེ་བཙན།	ལོ་ཙཱ་བ་མཁས་པར་ཆུད་པ་ཛྙཱ་ན་སི་ན།	ཁྲི་གཙུག་ལྡེ་བཙན།
《རྒྱལ་རབས་གསལ་བའི་མེ་ལོང》[22]	སྤྱི་ལོ1388དུས།	མི་གསལ།	མི་གསལ།	ཞང་སྣ་ནམ་བནྡེ་ཡེ་ཤེས་སྡེ།	ཁྲི་སྲོང་ལྡེ་བཙན།
				བནྡེ་ཡེ་ཤེས་སྡེ།	མངའ་བདག་ཁྲི་རལ་པ་ཅན།

《རྒྱ་བོད་ཡིག་ཚང་ཆེན་མོ》[23]	སྤྱི་ལོ1434དུས།	མི་གསལ།	མི་གསལ།	ཞང་བེཙྪེ་ཡེ་ཤེས་ཟླ།	ཁྲི་སྲོང་ལྡེ་བཙན།
		མི་གསལ།	མི་གསལ།	ཛྙཱ་ན་སེ་ན།	ཁྲི་ལྡེ་སྲོང་བཙན།
		ཞུ་ལེན་དྲ་འོ་ཏེ།	རལ་པ་ཅན།	ལོ་ཙཱ་བ་བཛྲེ་ཡེ་ཤེས་སྡེ།	རལ་པ་ཅན།
《ཆོས་འབྱུང་མཁས་པའི་དགའ་སྟོན》[24]	སྤྱི་ལོ1564དུས།	ཞུ་རེཏྲ་པོ་རྡེ།	ཁྲི་གཙུག་ལྡེ་བཙན།	ཞང་ཡེ་ཤེས་སྡེ།	ཁྲི་གཙུག་ལྡེ་བཙན།
《བོད་ཀྱི་དེབ་ཐེར་དཔྱིད་ཀྱི་རྒྱལ་མོའི་གླུ་དབྱངས》[25]	སྤྱི་ལོ1643དུས།	ཞུ་རེདྲ་པོ་རྡེ།	ཁྲི་ལྡེ་སྲོང་བཙན་རལ་པ་ཅན།	མི་གསལ།	མི་གསལ།

གོང་གསལ་གྱི་རེའུ་མིག་ཏུ་གསལ་བ་རྣམས་ཞིབ་ཏུ་བསྡུར་ཚེ། མཁན་པོ་ཞུ་རེན་ཏྲ་བོ་ནི《ཆོས་འབྱུང་མེ་ཏོག་སྙིང་པོ་སྦྲང་རྩིའི་བཅུད》ཀྱིས་ཁྲི་སྲོང་ལྡེ་བཙན་དང་ཁྲི་གཙུག་ལྡེ་བཙན་རལ་པ་ཅན་གྱི་སྐུ་དུས་ཀྱི་མཁན་པོ་ཞིག་ལ་འདོད་པ་དང་། 《སྔོན་གྱི་གཏམ་མེ་ཏོག་ཕྲེང་བ》ཡིས་ཁྲི་ལྡེ་སྲོང་བཙན་དང་ཁྲི་གཙུག་ལྡེ་བཙན་རལ་པ་ཅན་གྱི་སྐུ་དུས་ཀྱི་མཁན་པོ་ཞིག་ལ་བགྲང་བ་ལས། ཆོས་འབྱུང་དེབ་ཐེར་ཕལ་ཆེར་གྱིས་མཐའ་གཅིག་ཏུ་རྒྱལ་པོ་ཁྲི་གཙུག་ལྡེ་བཙན་རལ་པ་ཅན་གྱི་སྐུ་དུས་ཀྱི་མཁན་པོ་ཞིག་ཏུ་བཞེད་པར་གྲགས་ཆེའོ། །

ཞུ་ཆེན་གྱི་ལོ་ཙཱ་བ་བན་དེ་ཡེ་ཤེས་སྡེ་ནི་སྤྱིར་ན་ཁྲི་གཙུག་ལྡེ་བཙན་གྱི་སྐུ་དུས་སུ་བཞེད་མཁན་མང་མོད། འོན་ཀྱང་། དེབ་ཐེར《ཆོས་འབྱུང་མེ་ཏོག་སྙིང་པོ་སྦྲང་རྩིའི་བཅུད》དང་། 《སྔོན་གྱི་གཏམ་མེ་ཏོག་ཕྲེང་བ》《དེབ་དམར》སོགས་ལས་རྒྱལ་པོ་འདི་གསུམ་གྱི་སྐུ་རིང་དུ་འཚོ་བཞེས་གནང་བའི་ལོ་ཙཱ་བ་ཞིག་ཏུ་མཐའ་གཅིག་ཏུ་བགྲངས་ཡོད་པ་དང་གཅིག ཁྲི་སྲོང་ལྡེ་བཙན་སྲིད་ཁྲིར་འཁོད་པ་ནས་ཁྲི་གཙུག་ལྡེ་བཙན་སྐུ་མ་གཤེགས་བར་དུ་མི་ལོ་བརྒྱད་ཅུ་གྱ་གསུམ་ཙམ་ལས་སོང་མེད་པ་དང་གཉིས། ལོ་ཙཱ་བ་ཁོང་ལ་གསུང་རབ་ཀྱི་འགྱུར་ཐོན་ཆེན་བཞུགས་པ་སོགས་ལས་ཁོང་ནི་སྐུ་ཚེ་རིང་པོར་བཞུགས་ཡོད་པ་རྟོགས་ཐུབ་པ་དང་གསུམ། 《ཆོས་འབྱུང་མེ་ཏོག་སྙིང་པོ་སྦྲང་རྩིའི་བཅུད》དུ་ཁྲི་གཙུག་ལྡེ་བཙན་གྱི་སྐབས"ཁྲི་སྲོང་ལྡེ་བཙན་སྐུ་ཚེའི་སྨད་ལ་བྱོན་པ་འབྲོ་ཀ་བ་དཔལ་བརྩེགས། ཅོག་རོ་ཀླུའི་རྒྱལ་མཚན། ཞང་ནམ་གྱི་ཡེ་ཤེས་སྡེ་གསུམ་ལ་བཀའ་སྩལ་ནས་འགྱུར་སྐྱོན་ཐམས་ཅད་བསལ"[26]ཞེས་པས་ཞུ་ཆེན་གྱི་ལོ་ཙཱ་བ་ཁོང་ནི་ཁྲི་སྲོང་ལྡེ་བཙན་གྱི་སྐུ་ཚེའི་སྨད་དུ་བྱོན་པ་དང་ཁྲི་གཙུག་ལྡེ་བཙན་གྱི་དུས་སུ་འགྱུར་ལ་དག་བཅོས་དང་ལོ་ཙཱ་གནང་བཞིན་ཡོད་པ་དང་བཞི། 《སྔོན་གྱི་གཏམ་མེ་ཏོག་ཕྲེང་བ》ལས"ཡང་ཀ་ཅོག་ཞང་གསུམ་ལ་གསེར་གྱི་ཕྱེ་མ་མང་དུ་བསྐུར་ནས་པཎྜི་ཏ་གདན་འདྲེན་དུ་བཏང་བ། ཚུར་མ

ཀློབས་པའི་བར་སྐབས་སུ་དེར་མངའ་བདག་ཆེན་པོ(ཁྲི་སྲོང་ལྡེ་བཙན)སྐུ་འདས་སོ"[27]ཞེས་པ་ལས་ཁྲི་སྲོང་ལྡེ་བཙན་སྐུ་གཤེགས་ཁར་ཞང་ཡེ་ཤེས་སྡེས་པཎྜི་ཏ་གདན་འདྲེན་པ་དང་ལོ་ཙཱ་སློབ་པའི་དུས་ལ་ཁེལ་བ་དཔོག་ཐུབ་པ་དང་ལྔ། 《དེབ་དམར》དུ་ཁྲི་སྲོང་ལྡེ་བཙན་གྱི་སྐབས་སུ"བན་ཛྙཱ་ཡེ་ཤེས་སྡེ"དང་། ཁྲི་ལྡེ་སྲོང་བཙན་གྱི་དུས་དེར"ཛྙཱ་ན་སེ་ན(ཡེ་ཤེས་སྡེ)"དང་། ཁྲི་གཙུག་ལྡེ་བཙན་གྱི་དུས"ལོ་ཙཱ་བ་མཁས་པར་ཆུད་པ་ཛྙཱ་ན་སེ་ན"ཞེས་ཁྲི་གཙུག་ལྡེ་བཙན་གྱི་སྐབས་སུ"ལོ་ཙཱ་བ་མཁས་པར་ཆུད་པ"ཡི་ཚེ་ལོ་སྤྱར་ཡོད་པ་བཅས་དྲུག་ལས། ཞུ་ཆེན་གྱི་ལོ་ཙཱ་བ་བན་དེ་ཡེ་ཤེས་སྡེ་ནི་ཁྲི་སྲོང་ལྡེ་བཙན་གྱི་སྐུ་ཚེའི་སྨད་དུ་བྱོན་ཅིང་། དུས་སྐབས་དེར་ཁོང་གིས་པཎྜི་ཏ་གདན་འདྲེན་དང་ལོ་ཙཱ་ལ་སོགས་སློབ་གཉེར་བྱེད་པའི་དུས་སུ་ངེས་ཤིང་། ཁྲི་ལྡེ་སྲོང་བཙན་གྱི་སྐབས་དེར་སྐད་གསར་བཅད་ཀྱི་བཅའ་ཁྲིམས་ལྟར་མ་བསྒྱུར་བའི་མདོ་རྒྱུད་ཀྱི་བསྟན་བཅོས་བསྒྱུར་བའི་ལས་སུ་གཞོལ་བ་དང་། ཁྲི་གཙུག་ལྡེ་བཙན་གྱི་དུས་སུ་ཆོས་གཞུང་སྒྱུར་མཁན་དང་ཞུ་ཆེན་པ་གཙོ་བོར་གྱུར་པའི་སྟོམ་ཚིག་བཞག་ན་གཏན་ཚིགས་དང་མཐུན་པར་སེམས།

དེ་ལྟར་གོང་གསལ་ལོ་རྒྱུས་དེབ་ཐེར་རྣམས་ལ་དཔྱད་ཞིབ་བགྱིས་ཚེ། མཁན་པོ་སུ་རེན་དྲ་བོ་དང་ཞུ་ཆེན་གྱི་ལོ་ཙཱ་བ་བན་དེ་ཡེ་ཤེས་སྡེ་གཉིས་ནི་བཙན་པོ་ཁྲི་སྲོང་ལྡེ་བཙན་དང་རྒྱལ་པོ་ཁྲི་ལྡེ་སྲོང་བཙན་གཉིས་ཀྱི་སྐབས་སུ་བཅོམ་ལྡན་འདས་ཀྱི་གསུང་རབ་བསྒྱུར་བའི་ལས་ལ་ཞུགས་ཤིང་། མངའ་བདག་ཁྲི་གཙུག་ལྡེ་བཙན་གྱི་དུས་སུ་སངས་རྒྱས་ཀྱི་བཀའ་དང་བསྟན་བཅོས་བོད་དུ་སྒྱུར་མཁན་དང་སྐད་གསར་བཅད་མཛད་མཁན་གྱི་མཁན་པོ་དང་ལོ་ཙཱ་བ་གཙོ་བོ་གཉིས་ཡིན་པ་དང་། མདོ་འགོར་ཆེན་ཞིག་ཀྱང་རྒྱལ་པོ་ཁྲི་གཙུག་ལྡེ་བཙན་གྱི་དུས་སུ་ཁོང་གཉིས་ཀྱིས་མཉམ་འབྲེལ་གྱིས་བསྒྱུར་ཅིང་གཏན་ལ་ཕབ་པ་དང་། 《འཕགས་པ་ཆོས་བཞི་པ་ཞེས་བྱ་བ་ཐེག་པ་ཆེན་པོའི་མདོ》ཡང་རྒྱ་གར་གྱི་མཁན་པོ་སུ་རེན་དྲ་བོ་དང་ཞུ་ཆེན་གྱི་ལོ་ཙཱ་བ་བན་དེ་ཡེ་ཤེས་སྡེ་གཉིས་ཀྱིས་ཁྲི་གཙུག་ལྡེ་བཙན་རལ་པ་ཅན་གྱི་སྐབས་སུ་བསྒྱུར་ཅིང་གཏན་ལ་ཕབ་པ་ཡིན་པ་གསལ་པོར་རྟོགས་ཐུབ་བོ། །

གསུམ་པ། ཏུན་ཧྲོང་གི《འཕགས་པ་ཆོས་བཞི་པ་ཞེས་བྱ་བ་ཐེག་པ་ཆེན་པོའི་མདོ》ལག་བྲིས་མ་ཁག་ལྔ།

དབྱིན་ཇིར་ཉར་ཚགས་བྱས་པའི《འཕགས་པ་ཆོས་བཞི་པ་ཞེས་བྱ་བ་ཐེག་པ་ཆེན་པོའི་མདོ》IOL. Tib. J. VOL. 14(1)དང་། IOL. Tib. J. VOL. 14(2)དང་། IOL. Tib. J. VOL. 34བཅས་ལག་བྲིས་མ་ཁག་གསུམ་དང་། ཧྥ་རན་སི་རུ་ཉར་ཚགས་བྱས་པའི་Pel. tib. 0618དང་Pel. tib. 0619ལག་བྲིས་མ་ཁག་གཉིས་བཅས་ཁྱོན་ལག་བྲིས་མ་ཁག་ལྔ་ཡོད།

གཅིག སྤྱིའི་ཁྱད་ཆོས།

(གཅིག) ཡི་གེ་དང་བརྡ་སྤྲོད།

《འཕགས་པ་ཆོས་བཞི་པ་ཞེས་བྱ་བ་ཐེག་པ་ཆེན་པོའི་མདོ》ཞེས་པ་ནི་ཏུན་ཧོང་ནས་ཐོན་པའི་ཡིག་ཚགས་གཞན་དག་དང་འདྲ་བར་བརྡ་རྙིང་གི་ཁྱད་ཆོས་མངོན་གསལ་ལྡན་པ་ཞིག་ཡིན། དཔེར་ན། གི་གུ་ཁྱིར་ལོག་དང་མ་ལོག་པ་མཉམ་དུ་བསྲེས་པ་སྟེ། "སྟོང་ཉིས་བརྒྱ་ལྔ་བཅུའི" "ཇྀ་སྲིད" "སྲོག་གྀ་ཁྱིར"ལྟ་བུ་དང་། སྲེ་བ་གཅིག་པའི་མིང་གཞི་བརྗེས་པ། བྱང་ཆུབ་ལ"བྱང་ཅུབ"གཏང་བར"གཐང་བ"ཇི་སྲིད་ལ"ཅི་སྲིད"འཚང་རྒྱ་ལ"འཙང་རྒྱ"ལྟ་བུ། མིང་གཞི་རྐྱང་པའི་སྟོན་རྗེས་སུ་འ་ཡིག་མཆིས་པ། "རྒྱལ་བུ་རྒྱལ་བྱེད་ཀྱི་འཚལ" "བཀའ་སྩལ་པའ" "མཉན་ཡོད་ནའ" "བརྒྱའ་ལྔ་བཅུའི"ཞེས་པ་ལྟ་བུ། དེ་བཞིན་ཡང་འཇུག་ད་མང་དུ་བཀོལ་བ་དཔེར་ན། IOL. Tib. J. VOL. 14(1)དང་Pel. tib. 0618གཉིས་སུ"བཀའ་སྩལད"ཅེས་པ་ལྟ་བུ་ཐེངས་དྲུག་ཙམ་བྱུང་བ། དེ་བཞིན་ཡ་བཏགས་བསྣན་པའི་བརྡ་རྙིང་ཡོད་པ་དཔེར་ན། མི་བྱའོ་ལ"མྱི་བྱའོ"དང་མགོན་མེད་ཟས་སྦྱིན་ལ"མགོན་མྱེད་ཟས་སྦྱིན"ལྟར་དུ་འབྲི་བ་ལྟ་བུ། སྐུང་ཡིག་མང་བ"བཀླ(བཀའ)" "ཡོངསུ" "སྤྱངསྟེ"ལ་སོགས་པ་ལྟ་བུའོ། །ཡང་ལ་དོན་གྱི་ཕྲད་སྦྱོར་ལུགས་དེང་དུས་དང་མི་མཐུན་ཏེ། སྤྱིར་ལ་དོན་གྱི་ཕྲད་ཀྱི་ཐོབ་ཐང་ལྟར་ན"ས་སུ་ག་བ་ད་དྲག་ཏུ། །ང་ད་ན་མ་ར་ལ་དུ། །"[28]ཡིན་མོད་ཀྱང་། གཅིག་ཏུ་ལ"གཅིག་དུ"དང་རབ་ཏུ་ལ"རབ་དུ"ཞེས་བྲིས་པ་ཤིན་ཏུ་མང་ངོ་། །

(གཉིས) འགྱུར་བྱང་དང་ཡིག་གཟུགས་ཐིག་ཕྲེང་ཤོག་ལྷེ་སོགས།

ཡིག་ཚགས་རྟགས།	IOL. Tib. J. VOL. 14(1)	IOL. Tib. J. VOL. 14(2)	IOL. Tib. J. VOL. 34	Pel. tib. 0618	Pel. tib. 0619
འགྱུར་བྱང་།	ཡོད།	མེད།	མེད།	མེད།	མེད།
ཡིག་གཟུགས།	ལེགས།	ཤིན་ཏུ་ལེགས།	ལེགས།	ཙུང་ལེགས།	ཞན།
ཐིག་ཕྲེང་།	10	8.5	10	13	12
ཤོག་ལྷེ།	སྣ་རིང་ངོས་གཉིས།	སྣ་རིང་ངོས་གཅིག་དང་ཕྱེད།	སྣ་རིང་ངོས་གཉིས།	ཤོག་ལེབ་ཆེན་པོ་གཅིག	སྣ་རིང་རལ་པོ་གསུམ།

གཉིས། སྔ་ཕྱིའི་གོ་རིམ།

ཏུན་ཧོང་གི《འཕགས་པ་ཆོས་བཞི་པ་ཞེས་བྱ་བ་ཐེག་པ་ཆེན་པོའི་མདོ》ཡི་ལག་བྲིས་མ་ཁག་ལྔར་སྔ་ཕྱིའི་གོ་རིམ་སྒྲིག་པ་ཧ་ཅང་དཀའ་བའི་གནས་སུ་གྱུར་ཡོད། འོན་ཀྱང་། ལག་བྲིས་མ་ལྔ་པོ་སོ་སོའི་ཡི་གེའི་ཁྱད་ཆོས་དང་། ཕྲད་ཀྱི་སྦྱོར་སྟངས། རྗོད་བྱེད་ཀྱི་སྲོལ་ལུགས། འགྱུར་བྱང་ཡོད་མེད་བཅས་ལ་ཞིབ་

བསྟུར་དང་། བརྡ་གསར་རྙིང་གི་རྣམ་གཞག་སོགས་གཞིར་བཟུང་ན། དེ་དག་སྔ་ཕྱིའི་གོ་རིམ་གཤམ་གསལ་རེའུ་མིག་ལྟར་དབྱེ་ཚོག་པར་སྣང་སྟེ།

ཡིག་ཚགས་རྟགས།	IOL. Tib. J. VOL. 14(1)	IOL. Tib. J. VOL. 14(2)	Pel. tib. 0619[29]	Pel. tib. 0618	IOL. Tib. J. VOL. 34
གི་གུ་ཕྱིར་ལོག་ཅན།	54	50	མི་གསལ།	38	32
སྡེ་བ་གཅིག་པའི་མིང་གཞི་བརྗེས་པ།	16	15	མི་གསལ།	10	12
སྐུང་ཡིག	2	0	མི་གསལ།	1	0
ཡང་འཇུག་ད།	3	0	མི་གསལ།	3	0
ཚིག་ལྷག་མ།	མེད།	རབ་ཏུ་མང་པོ།	མི་གསལ།	རབ་ཏུ་མང་པོ།	མེད།
ཚིག་ཆད་པ།	མེད།	མེད།	མི་གསལ།	སངས་རྒྱས་དང་།	མེད།
འགྱུར་བྱང་ཡོད་མེད།	ཡོད།	མེད།	མེད།	མེད།	མེད།

གོང་གསལ་གྱི་བསྡོམས་བརྩིས་རེའུ་མིག་ལྟར་ན། ཆེས་སྔ་གྲོས་ཀྱི་ཡིག་ཚགས་ནི་IOL. Tib. J. VOL. 14(1) ཡིན། དེ་ཡང་། གཅིག་ཏུ་དེའི་ནང་གི་གུ་ཕྱིར་ལོག་ཅན་ཆེས་མང་དུ་ཡོད་པ་དང་། གཉིས་སུ་སྡེ་བ་གཅིག་པའི་མིང་གཞི་བརྗེས་པ་ཆེས་མང་གྲོས་ཡིན་པ། བྱང་ཆུབ་དང་། ཐམས་ཅད། ཞུ་ཅེན་ཞེས་པའི་ཐ་སྙད་ཐེངས་བཅུ་དྲུག་ཙམ་ཐོན་པ། གསུམ་དུ་ཡིག་ཚགས་འདི་ཏུ་སྐུང་ཡིག་མང་དུ་སྤྱད་ཡོད་པ། བཞི་ཏུ་ཡང་འཇུག་ད་མང་དུ་སྤྱད་ཡོད་ཅིང་། སྔོས་སུ་མདོ་འདིའི་མཇུག་ཏུ་འགྱུར་བྱང་ཡོད་པ་དང་བཅས་སོ། །

མདོར་ན། བུ་སྟོན་དང་སི་ཏུའི་བཀའ་འགྱུར་དཀར་ཆག་ཁྲོད་ཀྱི《ཆོས་བཞི་མི་གཏོང་བ》དང་།《བཀའ་འགྱུར་དཔེ་བསྡུར་མ》ཁྲོད་ཀྱི《འཕགས་པ་ཆོས་བཞི་པ་ཞེས་བྱ་བ་ཐེག་པ་ཆེན་པོའི་མདོ》དང་། ཏུན་ཧོང་ཡིག་རྙིང་ཁྲོད་ཀྱི《འཕགས་པ་ཆོས་བཞི་པ་ཞེས་བྱ་བ་ཐེག་པ་ཆེན་པོའི་མདོ》བཅས་ནི་མདོ་གཅིག་གི་མཚན་བྱང་རྣམ་པ་གསུམ་ཡིན་ཞིང་། རྒྱ་གར་གྱི་མཁན་པོ་སུ་རེན་དྲ་བོ་དང་ཞུ་ཆེན་གྱི་ལོ་ཙྪ་བ་བན་དེ་ཡེ་ཤེས་སྡེ་གཉིས་ཀྱིས་ཁྲི་གཙུག་ལྡེ་བཙན་རལ་པ་ཅན་གྱི་སྐབས་སུ་བསྒྱུར་ཅིང་གཏན་ལ་ཕབ་པ་ཞིག་ཡིན། མདོ་འདིའི་ཏུན་ཧོང་ལག་བྲིས་མ་དག་གི་སྔ་ཕྱིའི་གོ་རིམ་ནི་IOL. Tib. J. VOL. 14(1)

དང་། དེའི་འཕྲོར་IOL. Tib. J. VOL. 14(2)དང་Pel. tib. 0619གཉིས། དེའི་རྗེས་Pel. tib. 0618དང་། ཆེས་ཕྱི་མ་ནི་IOL. Tib. J. VOL. 34བཅས་ཡིན་པ་ཁོ་བོས་འདོད། མདོ་འདི་ཉིད་སངས་རྒྱས་བཅོམ་ལྡན་འདས་ཀྱི་བཀའ་རྣམ་གསུམ་ལས། བཀའ་མཐའ་མ་དོན་དམ་རྣམ་པར་ངེས་པའི་འཁོར་ལོ་བསྐོར་བའི་གྲས་སུ་གཏོགས་ཤིང་། དགོངས་དོན་གཙོ་བོ་ནི་བཅོམ་ལྡན་འདས་ཀྱིས་བཀའ་བསྩལ་བ་བཞིན་དུ་དགེ་སློང་དང་བྱང་ཆུབ་སེམས་དཔའ་རྣམས་ཀྱིས་ཇི་སྲིད་འཚོའི་བར་དུ་སྲོག་གི་ཕྱིར་ཡང་བྱང་ཆུབ་ཀྱི་སེམས་དང་། དགེ་བའི་བཤེས་གཉེན་དང་། བཟོད་པ་དང་ངེས་པ། དགོན་པ་ལ་གནས་པ་བཞི་པོ་ཡོངས་སུ་གཏང་བར་མི་བྱ་བ་དེའོ། །

མཆན།

[1] དཔྱིན་ཇིར་ཉར་ཚགས་བྱས་པའི་ཡིག་ཚགས། IOL. Tib. J. VOL. 14འདིའི་ཁྲོད་དུ《འཕགས་པ་ཆོས་བཞི་པ་ཞེས་བྱ་བ་ཐེག་པ་ཆེན་པོའི་མདོ》ཡི་གྲངས་ཀ་གཉིས་བསྡུས་ཡོད་ཅིང་། ཇོད་བྱེད་ལ་ཁྱད་པར་ཅུང་ཟད་ཡོད་པས། འདི་དཔྱད་བདེ་བའི་ཕྱིར་སྔ་མར་IOL. Tib. J. VOL. 14(1)དང་། ཕྱི་མ་དེར་IOL. Tib. J. VOL. 14(2)ཀྱི་རྟགས་བཀོད་པའོ། །

[2] [3] [4]《དཀར་ཆག་འཕང་ཐང་མ། སྒྲ་སྦྱོར་བམ་པོ་གཉིས་པ།》མི་རིགས་དཔེ་སྐྲུན་ཁང་། 2003ལོའི་ཟླ12པ། ཤོག་ངོས14、18、22པ་བཅས་སུ་གསལ།

[5] [20]བུ་སྟོན་རིན་ཆེན་གྲུབ། 《བུ་སྟོན་ཆོས་འབྱུང་གསུང་རབ་རིན་པོ་ཆེའི་མཛོད།》ཀྲུང་གོའི་བོད་ཀྱི་ཤེས་རིག་དཔེ་སྐྲུན་ཁང་། 1988ལོའི་ཟླ9པ། ཤོག་ངོས224、190–191བར་གསལ།

[6] [12]སི་ཏུ་ཆོས་ཀྱི་འབྱུང་གནས། 《སྡེ་དགེའི་བཀའ་འགྱུར་དཀར་ཆག》སི་ཁྲོན་མི་རིགས་དཔེ་སྐྲུན་ཁང་། 1989ལོའི་ཟླ7པ། ཤོག་ངོས373–374、374བར་གསལ།

[7] [8] [9] [13]ཏང་ཤན་མིང་གིས་སྒྲིག་སྒྱུར་བྱས། 《བཀའ་འགྱུར་དཀར་ཆག་བོད་རྒྱ་ཤན་སྦྱར》མཚོ་སྔོན་མི་རིགས་དཔེ་སྐྲུན་ཁང་། 1993ལོའི་ཟླ12པ། ཤོག་ངོས42、163、194、163པ་བཅས་སུ་གསལ།

[10] [14]董多杰：大藏经《甘珠尔》目录，西宁：青海民族出版社，2004年7月。第110–111、111页。

[11]《འཕགས་པ་ཆོས་བཞི་བསྟན་པ་ཞེས་བྱ་བ་ཐེག་པ་ཆེན་པོའི་མདོ》ཡི་ཆོས་བཞི་ནི། རྣམ་པར་སུན་འབྱིན་པ་ཀུན་ཏུ་སྤྱོད་པ་དང་། གཉེན་པོ་ཀུན་ཏུ་སྤྱོད་པ་དང་། སོར་ཆུད་པར་བྱེད་པའི་སྟོབས་དང་། རྟེན་གྱི་སྟོབས་བཅས་བཞིའོ། །མདོ་འདི་བོད་སྐད་དུ་སྒྱུར་མཁན་ནི་རྒྱ་གར་གྱི་མཁན་པོ་སུ་རེན་དྲ་བོ་དྷི་དང་། ཞུ་ཆེན་གྱི་ལོ་ཙྪ་བ་བན་དེ་ཡེ་ཤེས་སྡེ་གཉིས་སོ། །《ཆོས་བཞི་པའི་མདོ》ཡི་ཆོས་བཞི་ནི། དགེ་སློང་དག་རིགས་ཀྱི་བུ་མཁས་པས་བདག་ནི་བུད་མེད་དག་ལ་དགའ་བའོ་སྙམ་པ་དང་། བདག་ནི་རྒྱལ་པོའི་ཕོ་བྲང་འཁོར་ལ་དགའ་བའོ་སྙམ་པ་དང་། བདག་ནི་གཟུགས་བཟང་བ་མཛེས་པ་བལྟ་ན་སྡུག་པ་ནད་ཉུང་བའོ་སྙམ་པ་དང་། བདག་ནི་ཕྱུག་པ། ནོར་མང་བ། ཡོ་བྱད་ཕུན་སུམ་ཚོགས་པའོ་སྙམ་

པ་བཅས་བཞིར་ཇི་སྲིད་འཚོའི་བར་དུ་ཡིད་བརྟན་པར་མི་བྱ་བའོ་ཞེས་པའོ། །འགྱུར་བྱང་མེད། 《འཕགས་པ་ཆོས་བཞི་པ་ཞེས་བྱ་བ་ཐེག་པ་ཆེན་པོའི་མདོ》ཡི་ཆོས་བཞི་ནི་བྱང་ཆུབ་ཀྱི་སེམས་དང་། དགེ་བའི་བཤེས་གཉེན་དང་། བཟོད་པ་དང་ངེས་པ། དགོན་པ་ལ་གནས་པ་བཞི་པོ་ཡོངས་སུ་གཏང་བར་མི་བྱའོ་ཞེས་པའོ། །འགྱུར་བྱང་མེད། 《འཕགས་པ་བཞི་པ་སྒྲུབ་པ་ཞེས་བྱ་བ་ཐེག་པ་ཆེན་པོའི་མདོ》ནི་ཆོས་ཀྱི་རྣམ་གྲངས་བཞི་བཞིས་བྱང་ཆུབ་སེམས་དཔའི་ལམ་བཞི་པ་སྒྲུབ་པར་སྟོན་པ་ཞིག་གོ །གོང་གི་དེ་དག་དང་བསྡུར་ན་གཞུང་ཚད་རིང་། འགྱུར་བྱང་མེད།

[15] 西北民族大学、上海古籍出版社、英国国家图书馆编纂：英国国家图书馆藏敦煌西域藏文文献(1)，上海：上海古籍出版社，2010年12月，第19页。

[16]《དཀར་ཆག་འཕང་ཐང་མ》བྱུང་དུས་ལ་བཞེད་ཚུལ་སྣ་ཚོགས་ཤིག་མཆིས་ཀྱང་། འདི་གཙོ་བོ《དཀར་ཆག་འཕང་ཐང་མ》ཡི་མཇུག་བྱང་དུ་ལྷ་སྲས་ཁྲི་གཙུག་ལྡེ་བཙན་ཞེས་པའི་མཚན་བྱུང་བ་གཞིར་བཟུང་ནས། དཀར་ཆག་འདི་མ་མཐའ་ཡང་རྒྱལ་པོ་ཁྲི་གཙུག་ལྡེ་བཙན་གྱི་དུས་སུ་བྱུང་བར་འདོད། 《དཀར་ཆག་འཕང་ཐང་མ། སྒྲ་སྦྱོར་བམ་པོ་གཉིས་པ།》མི་རིགས་དཔེ་སྐྲུན་ཁང་། 2003ལོའི་ཟླ12པ། ཤོག་ངོས66པར་གསལ།

[17]《རྦ་བཞེད།》མི་རིགས་དཔེ་སྐྲུན་ཁང་། 2009ལོའི་ཟླ8པ། ཤོག་ངོས63པར་གསལ།

[18] [26] ཉང་རལ་ཉི་མ་འོད་ཟེར། 《ཆོས་འབྱུང་མེ་ཏོག་སྙིང་པོ་སྦྲང་རྩིའི་བཅུད།》བོད་ལྗོངས་བོད་ཡིག་དཔེ་རྙིང་དཔེ་སྐྲུན་ཁང་། 1988ལོའི་ཟླ3པ། ཤོག་ངོས362、307、389པ་བཅས་སུ་གསལ།

[19] [27]《བོད་ཀྱི་ལོ་རྒྱུས་དེབ་ཐེར་ཁག་ལྔ།》བོད་ལྗོངས་བོད་ཡིག་དཔེ་རྙིང་དཔེ་སྐྲུན་ཁང་། 1990ལོའི་ཟླ4པ། ཤོག་ངོས23–24、23པ་བཅས་སུ་གསལ།

[21] དུང་དཀར་བློ་བཟང་འཕྲིན་ལས། 《དེབ་ཐེར་དམར་པོའི་གལ་ཆེའི་ཚིག་འགྲེལ་གནད་བསྡུས།》མི་རིགས་དཔེ་སྐྲུན་ཁང་། 2004ལོའི་ཟླ3པ། ཤོགངོས35–37བར་གསལ།

[22] ས་སྐྱ་བསོད་ནམས་རྒྱལ་མཚན། 《རྒྱལ་རབས་གསལ་བའི་མེ་ལོང་།》མི་རིགས་དཔེ་སྐྲུན་ཁང་། 1981ལོའི་ཟླ5པ། ཤོག་ངོས269、278པར་གསལ།

[23] དཔལ་འབྱོར་བཟང་པོ། 《རྒྱ་བོད་ཡིག་ཚང་ཆེན་མོ།》སི་ཁྲོན་མི་རིགས་དཔེ་སྐྲུན་ཁང་། 1985ལོའི་ཟླ6པ། ཤོག་ངོས186、200、202པ་བཅས་སུ་གསལ།

[24] དཔའ་བོ་གཙུག་ལག་ཕྲེང་བ། 《ཆོས་འབྱུང་མཁས་པའི་དགའ་སྟོན།》མི་རིགས་དཔེ་སྐྲུན་ཁང་། 2006ལོའི་ཟླ1པོ། ཤོགངོས་218–219བར་གསལ།

[25] རྒྱལ་དབང་ལྔ་པ་ཆེན་མོ། 《བོད་ཀྱི་དེབ་ཐེར་དཔྱིད་ཀྱི་རྒྱལ་མོའི་གླུ་དབྱངས།》མི་རིགས་དཔེ་སྐྲུན་ཁང་། 1957ལོའི་ཟླ10པ། ཤོག་ངོས70–71བར་གསལ།

[28] རྗེ་དགུ་དགེ་བསམ་གཏན། 《བོད་ཀྱི་ཡི་གེའི་སྤྱི་རྣམ་བློ་གསལ་འཇུག་ངོགས།》མཚོ་སྔོན་མི་རིགས་དཔེ་སྐྲུན་

ཁང་། 2005ལོའི་ཟླ1པོ། ཤོག་ངོས18པར་གསལ།

[29]《འཕགས་པ་ཆོས་བཞི་པ་ཞེས་བྱ་བ་ཐེག་པ་ཆེན་པོའི་མདོ།》ཡིག་ཚགས་རྟགས་Pel. tib. 0619འདིའི་སྔ་རིང་ངོས་དང་པོ་དང་གཉིས་པ་བྲུང་གི་གཡོན་ཕྱོགས་རལ་ཆད་དུ་གྱུར་པ་དང་། ངོས་གསུམ་པའི་གཡོན་འོག་གི་བྲུར་སྣེ་ཡང་བོར་བརླག་ཏུ་སོང་བས། ཡིག་ཚགས་གཞན་དང་ཞིབ་བསྡུར་གྱི་ལས་སུ་འཇུག་དཀའ་མོད། འོན་ཀྱང་། ཡི་གེའི་ཁྱད་ཆོས་དང་ཚིག་འགྲོས་ཀྱི་ཉམས་ལ་ཚུར་ཟད་བརྟགས་ཚེ། ཡིག་ཚགས་འདི་དང་IOL. Tib. J. VOL. 14(2)གཉིས་དུས་སྐབས་གཅིག་གི་ནང་དུ་བྲིང་བ་ཡིན་པར་སྙམ།

《བོད་ལྗོངས་ཞིབ་འཇུག》 ༢༠༡༥ལོའི་དེབ་གསུམ་པ་ལས་བཏུས།

༄། །ཧྲ་རན་སིར་ཞར་ཚགས་བྱས་པའི་ཏུན་ཧོང་བོད་ཡིག་ཡིག་རྙིང་ལས་གན་རྒྱའི་གཞུང་ཡིག་P. T1094ལ་ཞིབ་མར་དཔྱད་པ།

སྐང་བ་པད་མ་ཚེ་རིང་།

གླེང་གཞི།

སྤྱིར་གན་རྒྱ་འབྲི་བ་ནི་སྤྱི་ཚོགས་ཀྱི་ཐོན་སྐྱེད་ནུས་ཤུགས་དང་ཐོན་སྐྱེད་འབྲེལ་བ་ཚད་ངེས་ཅན་ཞིག་ཏུ་སླེབས་པའི་དྲན་རྟགས་ཤིག་ཏུ་ངེས་ཤིང་། དེས་སྤྱི་ཚོགས་ཀྱི་དུས་རིམ་སོ་སོའི་ནང་དུ་དཔལ་འབྱོར་གྱི་ཆུ་ཚད་ག་འདྲ་ཡིན་པ་དང་། ལོ་རྒྱུས་དང་རིག་གནས་གང་མང་ཞིག་གི་རྗེས་ཤུལ་ཡང་ཟུར་ངོས་མང་པོ་ནས་མཚོན་གྱི་ཡོད། ཡོངས་གྲགས་ལྟར་བོད་ཀྱིས་སྤྱི་ལོ༧༨༦ནས་སྤྱི་ལོ༨༤༨བར་གྱི་མི་ལོ་དྲུག་ཅུ་ལྷག་ཙམ་རིང་ཏུན་ཧོང་ས་ཆ་བདག་ཏུ་བཟུང་ནས་ས་དེ་གའི་སྲིད་འབྱོར་རིག་གསུམ་འཕེལ་རྒྱས་གཏོང་བའི་ཐད་ལ་བྱས་རྗེས་མི་དམན་པ་བཞག་ཡོད་པ་དང་། ཏུན་ཧོང་བྲག་ཕུག་ནས་ཐོན་པའི་ལོ་རྒྱུས་ཡིག་ཆ་འབོར་ཆེན་ཡོད་པ་ལས་གྲངས་འབོར་གྱི་ཐད་ནས་བོད་ཡིག་ནི་རྒྱ་ཡིག་ཕུད་པའི་ཡིག་རིགས་གཞན་པ་ཀུན་ལས་མང་ཤོས་ཡིན། དེ་དག་ནི་སྐབས་དེའི་བོད་ཀྱི་སྲིད་འབྱོར་རིག་གསུམ་དང་། བོད་དང་མི་རིགས་གཞན་དབར་གྱི་རིག་གནས་སྤེལ་རེས་བྱས་པའི་ལོ་རྒྱུས་ལ་ཞིབ་འཇུག་བྱེད་པའི་རྒྱུ་ཆ་གལ་ཆེན་ཞིག་ཡིན་པར་བསྟོན་དུ་མེད། དེ་ལྟར་ཧྲ་རན་སིར་ཞར་ཚགས་བྱས་པའི་བོད་ཡིག་ཤོག་དྲིལ་ཁྲོད་དུ་གན་རྒྱའི་ཡིག་ཆ་མང་པོ་ཞིག་ཡོད་ནའང་། དེ་དག་གི་སྐོར་ལ་ད་བར་ཞིབ་འཇུག་བྱེད་མཁན་རེ་གཉིས་ལས་བྱུང་མེད་པས། ཁོ་བོས་གཤམ་ལ་བོད་ཡིག་ཤོག་དྲིལ་ཁྲོད་ཀྱི་གན་རྒྱའི་ཡིག་ཆ་རྣམས་ལ་རིགས་དབྱེ་བ་དང་། གན་རྒྱའི་གཞུང་ཡིགP. T1094ལ་ཆེད་དམིགས་ཀྱིས་ལམ་ཙམ་དཔྱད་པར་བྱའོ།

དང་པོ། ཧྲ་རན་སིར་ཞར་བའི་ཏུན་ཧོང་ཡིག་རྙིང་ཁྲོད་ཀྱི་གན་རྒྱ་སྤྱི་བཤད།

ནུབ་བྱང་མི་རིགས་སློབ་ཆེན་གྱི་རྒྱལ་ཕྱིའི་མི་རིགས་ཡིག་ཚགས་ཞིབ་འཇུག་ཁང་དང་དབྱིན་ཧྲ་རྒྱལ་ཁབ་གཉིས་ཀྱི་རྒྱལ་གཉེར་དཔེ་མཛོད་ཁང་། ཧྲང་ཧའེ་གནའ་དཔེ་དཔེ་སྐྲུན་ཁང་བཅས་མཉམ་

འབྲེལ་གྱིས་ཧྥ་རན་སིར་ཉར་ཚགས་བྱས་པའི་ཏུན་ཧོང་ཡིག་རྙིང་དེབ་བཅུ་བཞི་དང་། དབྱིན་ཇི་རུ་ཉར་ཚགས་བྱས་པའི་ཏུན་ཧོང་ཡིག་རྙིང་དེབ་བཞི་དཔར་དུ་བསྐྲུན་པ་ལས། ཧྥ་རན་སིར་ཉར་ཚགས་བྱས་པའི་ཏུན་ཧོང་ཡིག་རྙིང་དུ་གནའ་རྒྱ་དེ་དག་གཙོ་བོ་དེབ་བཅུ་པ་དང་དེབ་བཅུ་གཅིག་པའི་ནང་དུ་བསྡུས་ཡོད་དེ། དེབ་བཅུ་པར P. T1078Aསྟོང་སར་གྱི་ཞོག་མཁན་ཤང་ཏེ་འདོས་ཞོག་བུ་གཡར་བ་དང་དེའི་སྐྱིན་ཚབ་སྦྱོད་རྒྱུའི་དཔང་རྒྱ། P. T1086ཁང་པ་ཉོ་ཚོང་གི་དཔང་རྒྱ། P. T1087ཁྲིམས་ཆད་ཅན་ཤན་ཤན་མི་འགྲོ་བའི་དཔང་རྒྱ། P. T1093དཔང་ཡིག P. T1094RV 1. ལྔོ་ཟྱི་ལ་གླང་མཇལ་བའི་དཔང་རྒྱ། 2. གླང་མཇལ་བའི་དཔང་རྒྱ།(རྒྱ་ཡིག) P. T1095གླང་མཇལ་བའི་དཔང་རྒྱ། P. T1096Vརི་མོ་མཁན་ལ་པེན་འབྲི་རྒྱུ་གཏད་པའི་དཔང་ཡིག P. T1098སྟོང་སར་གྱི་སྡེ་འབུ་ཞིང་ཅེ་ལོ་ཐང་སྐྱེལ་བའི་ཐོ་ཉར་གླུས་པའི་དཔང་རྒྱ། P. T1100R 1. ཕ་ཞིས་རྟ་གཡར་བའི་དཔང་རྒྱ་སོགས། 2. འབངས་ཀྱང་ཀྲོ་ཏེ་ཡིས་འབྲུ་གཡར་བའི་དཔང་རྒྱ།(རྒྱ་ཡིག) P. T1101དཔྱ་ཆད་མཇལ་བའི་དཔང་རྒྱ། P. T1103དཔང་རྒྱ། P. T1104Rའབྲུ་གཡར་ལེན་གྱི་དཔང་ཡིག P. T1112གླ་རིན་གྱི་དཔང་རྒྱ། P. T1115Rས་བོན་གཡར་བའི་དཔང་རྒྱ། P. T1115Vས་བོན་གཡར་བའི་དཔང་རྒྱ་བཅས་དང་། དེབ་བཅུ་གཅིག་པར P. T1162གླང་གི་ལོའི་སྟོན་ཟླ་ཐ་ཆུང་ལ་བཞག་པའི་འཐག་མཁན་གྱི་གླ་གན། P. T1166གན་རྒྱ། P. T1208གན་རྒྱ། P. T1121Rགན་རྒྱ། P. T1297སྟག་ལོར་ནས་འབྲིག་མཁན་གླས་པའི་ཆིངས་ཡིག P. T1297སྙིང་ཚོམས་ཀྱི་སྡེའི་ཧྥ་ཛེ་ཛོས་ཞེང་ཤིབ་ཤི་ནས་འབྲུ་གཡར་བའི་གན་རྒྱ། P. T1297ལུག་ལོར་རྟ་གཡར་བའི་ཆིངས་ཡིག P. T12977ཆིངས་ཡིག་བཅས་ད་ལྟ་བསྒྲིགས་ཟིན་པའི་ཧྥ་རན་སིར་ཉར་ཚགས་བྱས་པའི་ཏུན་ཧོང་ཡིག་རྙིང་ཁྲོད་དུ་བོད་ཡིག་གི་གན་རྒྱ་ཁྱོན་བསྡོམས་ཞོག་དྲིལ་ཉེར་གསུམ་ཡོད་པ་དང་། དེ་མིན《ཏུན་ཧོང་ནས་ཐོན་པའི་བོད་ཀྱི་གནའ་ཡིག་ཞིབ་དཔྱད་ཕྱོགས་བསྒྲིགས》སུ P. T2127ནས་གཡར་བའི་གན་རྒྱ་བཅས་ནི་ཁོ་བོས་ད་བར་ལག་སོན་བྱུང་བའི་གན་རྒྱའི་ཡིག་ཆ་ཤ་སྟག་ཡིན།

ཁོ་བོས་བསྡུ་རུབ་ཐུབ་པའི་ཧྥ་རན་སིར་ཉར་ཚགས་བྱས་པའི་ཏུན་ཧོང་ཡིག་རྙིང་ལས་བོད་ཡིག་གི་གན་རྒྱ་ཉེར་གསུམ་ཡོད་པ་དག་ལ་ནང་དོན་གྱི་ཆ་ནས་གཡར་ལེན་གྱི་གན་རྒྱ་དང་། ཉོ་ཚོང་གི་གན་རྒྱ། གླ་གན། དེ་ལས་གཞན་པ་བཅས་རིགས་བཞི་རུ་བགར་ཆོག་པར་སྙམ། གཡར་ལེན་གྱི་གན་རྒྱའི་ཁྲོད་དུ་ས་ཞིང་གཡར་བའི་གན་རྒྱ་དང་ས་བོན་གཡར་བའི་གན་རྒྱ་ཅུང་ཁྱབ་ཆེ་ཞིང་། སྤྱིར"བོད་བཙན་པོས་ཏུན་ཧོང་ས་ཆ་མ་ཐླངས་པའི་ཡར་སྔོན་དུ། ཐང་རྒྱལ་རབས་ཀྱིས་ས་ཁུལ་འདི་ལ་ས་ཞིང་སྙོམས་བགོའི་ལམ་ལུགས་ལག་བསྟར་བྱེད་བཞིན་ཡོད་ཀྱང་། ས་ཁུལ་འདིར་མི་གྲངས་ཅུང་མང་བ་དང་། ས་ཞིང་གི་རྒྱ་ཁྱོན་ཆུང་བས་ཞིང་པ་ཚོར་ས་ཞིང་གིས་མི་འདང་བའི་གནས་ཚུལ་རྒྱུན་དུ་འབྱུང་གི་ཡོད"[1]པ་དང་། "བོད་བཙན་པོས་ཏུན་ཧོང་ས་ཆ་བདག་ཏུ་བཟུང་བའི་རྗེ་གཞུག་ཏུ། ས་དེ་གའི་མི་

གྲངས་ལ་འགྱུར་ལྡོག་ཆེར་མ་བྱུང་བས་མི་གྲངས་དང་ས་ཞིང་གི་བསྡུར་བ་ལའང་འགྱུར་ལྡོག་ཆེར་མ་བྱུང་རྐྱེན། བོད་བཙན་པོས་ཏུན་ཧོང་ས་ཆ་བདག་ཏུ་བཟུང་བའི་དུས་མགོར་ད་དུང་ཡང་ས་ཞིང་གིས་མི་འདང་བའི་གནས་ཚུལ་རྒྱུན་འབྱམས་སུ་གནས”[2]པར་གཞིགས་ན། ས་ཞིང་གཡར་བ་དང་འབྲུ་གཡར་བའི་འབྱུང་རྐྱེན་གཙོ་བོ་ནི་ས་ཁུལ་དེ་རུ་ས་ཞིང་མ་འདངས་པ་དང་། ས་གནས་དཔོན་རིགས་ཀྱིས་ས་ཞིང་མང་པོ་བདག་ཏུ་བཟུང་བ་ལས་བྱུང་བར་སྣམ། བོད་ཀྱིས་ཏུན་ཧོང་དང་ཉེ་འབྲེལ་གྱི་ས་ཆ་འབོར་ཆེན་ལ་དབང་བསྒྱུར་བ་དང་བསྟུན་ནས་བོད་རང་གི་ས་ཞིང་ལམ་ལུགས་ལག་བསྟར་བྱས་ཁར། ས་གནས་དེ་རང་གི་དོན་དངོས་གནས་ཚུལ་དང་བསྟུན་ནས་ཐང་རྒྱལ་རབས་ཀྱི་ལམ་ལུགས་ལས་ལེགས་ཆ་བླངས་ཏེ་རང་ཉིད་ཀྱི་སྲིད་དབང་སྲ་བརྟན་དུ་བཏང་ཡོད་ལ། ཆེད་དུ་ཞིང་དཔོན་དང་ཆུ་དཔོན་གྱི་དཔོན་གནས་གཏན་འཁེལ་བྱས་ཡོད། དེ་མིན་ཞིང་བགོ་ཚུལ་ཐད་བོད་རང་གི་ལམ་ལུགས་ལག་བསྟར་བྱས་ཚུལ་དང་ཞིང་དཔོན་གྱི་གོ་གནས་མཐོ་དམན་ཇི་འདྲ་ཡིན་པའི་སྐོར“ཏུན་ཧོང་ཡིག་ཆS. 9156, S.4491ཏུ་བཀོད་པ་ལྟར་ན། བོད་བཙན་པོས་ཤ་ཅུ་ལ་ཞིང་ལ་དོར་ཁ་བརྩི་བའི་ལམ་ལུགས་སྤེལ་བ་དང་། མི་རེར་མུའུ་བཅུ་རེ་ལྟར་བགོས། ལམ་ལུགས་འདི་ལག་བསྟར་བྱ་ཆེད་བོད་ཀྱིས་ཐང་རྒྱལ་རབས་ཀྱི་ལམ་ལུགས་ལ་དཔེ་བྱས་ཏེ་ཞིང་དཔོན་གྱི་དཔོན་གནས་ལམ་ལུགས་བཙུགས་པ་དང་བོད་ཡིག་ཏུ་ཞིང་པོན(zhingpon)ལྟར་འབྱུང་། འགུ་ཚང་དྲག་དཔུང་སྤྱི་ཁྲབ(姑臧节度使)ཏུའང་ཞིང་པོན་ཆེན་པོ(zhingponchenpo)ཞེས་པའི་དཔོན་གནས་ཤིག་ཡོད་པ་དེ་ནི་ཨང་རིམ་བཞི་པ་ཡིན་པས། ཞིང་པོན་ནི་གལ་ཆེན་ཞིག་ཡིན”[3]ཞེས་བྱུང་བ་དེ་ལས་བོད་ཀྱིས་ཏུན་ཧོང་ཚུད་པའི་རྨ་ཞུབ་ས་ཆར་དབང་སྒྱུར་སྐབས་ས་ཞིང་ལམ་ལུགས་འཕྲུས་ཚད་དུ་བཏང་བ་དང་དེ་འབྲེལ་གྱི་དཔོན་གནས་ཀྱང་གཏན་འཁེལ་བྱས་ཏེ་ཞིང་ལས་འཕེལ་རྒྱས་གཏོང་བར་སྲིད་གཞུང་གིས་ནུས་ཤུགས་གང་མང་བཏོན་པ་ཤུགས་ནས་རྟོགས་ཐུབ་པ་མ་ཟད། གཡར་ལེན་གྱི་གན་རྒྱ་འདི་དག་ལས་མི་རྣམས་ལ་རང་ཉིད་ཀྱི་ཁེ་དབང་ལ་སྲུང་སྐྱོབ་དང་འགན་འཁུར་དང་ལེན་བྱེད་པའི་འདུ་ཤེས་ཡོད་པའང་ཤེས་ཐུབ། སྐབས་དེ་དུས་ཀྱི་ཏུན་ཧོང་ས་ཆ་ནི་མི་རིགས་མང་པོ་འདུས་སྡོད་བྱེད་པ་དང་། ཆོས་ལུགས་དང་རིག་གནས་ཤུགས་ཆེ་དར་ཁུལ། དར་གོས་ཚོང་ལམ་གྱི་བརྒྱུད་ལམ་གལ་ཆེན་ཞིག་ཡིན་པའི་ཆ་ནས་ཚོང་ལས་ཆེས་དར་རྒྱས་ཆེ་བའི་ས་ཁུལ་ཞིག་ཡིན་པ་བཅས་ཀྱིས་གན་རྒྱ་འཛུགས་པའི་ཆུ་ཚད་ཀྱང་དེ་ཚད་ངེས་ཅན་ཞིག་ཏུ་སླེབས་ཡོད་པ་ནི་ཤུགས་ཀྱིས་རྟོགས་ནུས།

ཧྥ་རན་སིར་ཉར་ཚགས་བྱས་པའི་ཏུན་ཧོང་ཡིག་རྙིང་ལས་བོད་ཡིག་གི་གན་རྒྱའི་ཁྲོད་དུ་ཉོ་ཚོང་གི་གན་རྒྱ་ཁ་ཤས་ཡོད་ཅིང་། དེ་དག་གི་ནང་དོན་གཙོ་བོ་ནི་ཁང་པ་དང་རྟ་ཟོག་གི་ཉོ་ཚོང་སྐོར་གྱི་གན་རྒྱ་ཡིན་ཞིང་། གན་རྒྱ་དེ་དག་བྱུང་བའི་ལོ་ཚིགས་རགས་པ་ཙམ་ནི་སྤྱི་ལོ༧༨༦ནས་སྤྱི་ལོ༨༤༨བར་ཡིན་ངེས། ཚོང་ལས་ཀྱི་ཁྲབ་ཁོངས་ཁྲོད་གན་རྒྱ་སྤྱོད་པ་ནི་སྤྱི་ཚོགས་ཀྱི་སྒྲིག་གཞི་ཅུང་འཕྲུས་ཚད་དུ་སོང་བའི་

དན་རྟགས་ཤིག་ཏུ་འཁྱུམས་པ་དང་། དེ་ལྟར་ཁྲིམས་ནུས་ལྡན་པའི་གན་རྒྱ་ཡོད་ཕྱིར་སྤྱི་ཚོགས་སུ་ནག་ཉེས་བཟོ་མཁན་ཇེ་ཙུང་དུ་ཕྱིན་པ་དེས་སྐབས་དེའི་ཆབ་སྲིད་བརྟན་འཛུགས་དང་དམངས་ཀྱི་ཁེ་དབང་སྲུང་སྐྱོབ། ཚོང་ལས་འཕེལ་རྒྱས་བཅས་ལ་སྐུལ་འདེད་ཀྱི་ནུས་པ་ཐོན་ཡོད། གཞན་ཡང་། ཏུན་ཧོང་གི་གན་རྒྱའི་ཁྲོད་དུ་སྣ་གན་གྱིས་གྲངས་འབོར་ངེས་ཅན་ཞིག་བཟུང་ཡོད། དེའི་ཁྲོད་ཀྱི་འཐག་མཁན་སྣ་བའི་གན་རྒྱ་དང་ནས་འབྲིག་མཁན་སྣ་བའི་གན་རྒྱ་སོགས་ལ་བལྟས་ན། སྣ་མཁན་ནི་ས་གནས་སྲིད་གཞུང་ངམ་དཔོན་རིགས་ཁག་དང་ས་དེ་གའི་དགོན་པ་དག་ཡིན།

དེ་ཡང་མཐའ་ཁུལ་དུ་སྲིད་གཞུང་གི་ས་ཞིང་ཡོད་པ་དང་། དེ་ལ་ཞིང་དཔོན་ཞེས་ཆེད་དུ་དཔོན་རིགས་ཤིག་བསྐོ་བཞག་བྱས་ཡོད་པར་བརྟགས་ན། ཞིང་འབྲིག་མཁན་རྣམས་སྲིད་གཞུང་དང་དཔོན་རིགས་ཀྱིས་སྣྲས་པ་ཞིག་ཡིན་པ་“བོད་ཀྱིས་རྨ་ནུབ་ས་ཆ་བཟུང་རྗེས་ས་ཞིང་བསྐྱར་དུ་བགོས་ཤིང་དཔོན་པོ་དང་ཞིང་འདེབས་མཁན་གྱི་མི་གྲངས་ལྟར་ཁྱིམ་བདག་གི་མིང་ཐོག་ནས་ཐོ་འགོད་བྱས་པར་མ་ཟད། མི་སུ་ཡིན་ཡང་ས་ཞིང་གི་དབང་ཆ་ཡོད་མི་ཚོག་པ་དང་། ས་སྟོང་ལ་བདག་དབང་བྱེད་མི་ཚོག་པ། ས་ཞིང་ཆུང་དུ་ཙམ་ཡིན་ཡང་མི་གྲངས་ལྟར་བགོ་བཤའ་བྱེད་དགོས་”[4]ཞེས་བྱུང་བ་ལྟར། བོད་བཙན་པོའི་སྐབས་སུ་ས་ཞིང་ལ་རྫེ་ཞིང་དང་། ཁྱིམ་རྒྱུད་ཆེ་ཁག་ལ་དབང་བའི་ས་ཞིང་། ཞང་བློན་ཆེ་ཁག་ལ་དབང་བའི་ས་ཞིང་། གཙུག་ལག་ཁང་ལ་དབང་བའི་ས་ཞིང་སོགས་ཀྱི་བགོ་སྟངས་ཡོད་པས། ས་གནས་དཔོན་རིགས་ལ་དམངས་ཕལ་པ་ལས་མང་བའི་ས་ཞིང་ཡོད། འོན་ཀྱང་ལས་ཀ་བྱེད་མཁན་མེད་ཕྱིར་མང་ཚོགས་སྣྲས་ཏེ་ཞིང་ལས་གཉེར་དགོས་པ་ནི་སྨོས་ཅི་དགོས། ཕྱོགས་གཞན་ཞིག་ནས་བལྟས་ན། ཞིང་འབྲིག་མཁན་དག་སྣ་མཁན་ནི་དགོན་པ་ཁག་ཡིན་ངེས་ཏེ། “དེ་ལྟར་བོད་རྒྱལ་མང་པོས་བྱེད་ཐབས་སྣ་ཚོགས་སྤྱད་དེ་ནུས་ཤུགས་ཡོད་རྒྱུས་བསྟན་པ་སྤེལ། བོད་ཀྱིས་ཏུན་ཧོང་ས་ཆ་བདག་ཏུ་བཟུང་བའི་སྐབས་སུའང་བསྟན་པ་དར་བའི་རྩེ་མོར་སོན་ཅིང་། དམངས་དགོན་པར་དབང་བའི་ལམ་ལུགས་དང་གྲྭ་པར་བསྙེན་བཀུར་བྱེད་པའི་ལམ་ལུགས་ལག་བསྟར་བྱེད་པ་ལས་གཞན། ཏུན་ཧོང་ས་གནས་སྲིད་གཞུང་གིས་ཀྱང་དུས་ངེས་མེད་དུ་དགོན་པར་འབྲུ་དང་དངུལ་ལོར་གྱི་སྦྱིན་པ་གཏོང་བཞིན་ཡོད་”[5]པར་གཞིགས་ན། དགོན་པ་དག་ལའང་ས་ཞིང་འབོར་ཆེན་ཡོད་པས་ཞིང་འབྲིག་སྣ་མཁན་གྱི་གྲས་སུ་དགོན་པ་ཡང་ཡོད་པ་ཤུགས་ཀྱིས་རྟོགས་ཐུབ། འཇར་པན་པ་ཙྪེ་ནིས་ཏྭའོ་རིན(T. Takeuchi)གྱིས་སྣ་གན་ལ་སྐྱེལ་འདྲེན་ངལ་རྩོལ་གྱི་གན་རྒྱ་དང་། དམག་ཁྲལ་ཚ་ལག་གི་གན་རྒྱ། ཞིང་ལས་ཀྱི་གན་རྒྱ། སྐྱེར་གྱི་ཞབས་ཞུའི་གན་རྒྱ་ཞེས་དབྱེ་བ་འགའ་ཞིག་ཡོད་[6]པར་གསུངས་པ་དེས་དུས་སྐབས་དེར་སྤྱི་ཚོགས་ལས་རིགས་ཀྱི་ཁྱབ་ཁོངས་མང་པོའི་ཁྲོད་གན་རྒྱ་རྒྱུན་འཁྱམས་སུ་བེད་སྤྱོད་བྱེད་ཀྱི་ཡོད་པའང་རྟོགས་ཐུབ།

གཉིས་པ། གན་རྒྱའི་གཞུང་ཡིག P. T1094ཡི་ངོ་སྤྲོད་རགས་བསྡུས།

གན་རྒྱP. T1094པའི་སྐོར་ལ། ནུབ་བྱང་མི་རིགས་སློབ་གྲྭ་ཆེན་མོའི་རྒྱལ་ཁྱིའི་མི་རིགས་ཡིག་ཚགས་ཞིབ་འཇུག་ཁང་གིས་བསྒྲིགས་པའི་དེབ་ཀྱི་ནང་དུ། "ལྗོ་མྱི་ལ་གླང་མཇལ་པའི་དཔང་རྒྱ"ཞེས་དང་། དབང་རྒྱལ་དང་བསོད་ནམས་སྐྱིད་གཉིས་ཀྱིས་སྒྲུར་མཆན་བཀོད་པའི《ཏུན་ཧོང་ནས་ཐོན་པའི་གནའ་ཡིག་ཞིབ་དཔྱད་ཕྱོགས་བསྒྲིགས》སུ། "གླང་ཉོ་ཚོང་གི་གན་རྒྱ"ཞེས་མིང་དུ་བཏགས་ནའང་། དེ་གཉིས་དོན་དུ་གན་རྒྱ་གཅིག་ཏུ་སྣང་ཞིང་། གན་རྒྱ་དེ་ནི་ཤོག་ངོས་ཕྱེད་ཙམ་ལས་མེད་པའི་བྲིས་མ་ཞིག་ཡིན་ལ་ཁ་བྱང་རྒྱབ་ངོས་སུ་བཀོད་ཡོད་པ་དང་བསྡོམས་པས་ཡིག་ཕྲེང་བཅུ་གསུམ་དང་ཕྱེད་ཙམ་ཡོད། མཚམས་མཚམས་སུ་ཡིག་ཕྲེང་གི་བར་དུ་སྟོང་ཆ་ཙུང་ཙམ་རེ་ཡོད་པ་དེ་ནི་མི་ལོ་སྟོང་ཕྲག་ལྷག་སོང་བའི་ཡི་གེ་ཡིན་པས་རྙིན་གང་ཙུང་གིས་འཛིག་པར་སྣམ། ཡིག་རྙིང་དེ་ལ་ཞིབ་ཏུ་བལྟས་ན་ནང་དོན་གྱི་སྤྱི་ཁོག་ཙམ་རྟོགས་ཐུབ་པ་དང་། ཡིག་གཟུགས་ཀྱི་ཐད་ནས་དབུ་ཅན་དང་དབུ་མེད་འདྲེས་མ་ལྟ་བུ་ཞིག་ཏུའང་སྣང་བ་དེ་མཁས་དབང་དགེ་འདུན་ཆོས་འཕེལ་མཆོག་གིས་དབུ་ཅན་མགྱོགས་པར་བྲིས་པའི་དབང་གིས་དབུ་མེད་ཤུགས་ཀྱིས་ཐོན་པར་གསུངས་པའི་གཏམ་དང་མཐུན་ཞིང་། ཡིག་ཕྲེང་དང་པོའི་མགོར་དེང་སང་གི་འབྲི་ཚུལ་དང་ཐད་དེ་མི་འདྲ་བའི་དབུ་ཁྱུད་ཅིག་བྲིས་འདུག་པ་ནི་དེང་གི་དབུ་ཁྱུད་ཀྱི་ཕྱེད་སྟོན་ལས་མེད་པའི་མཇུག་ཏུ་ཉིས་ཤད་བྲིས་པ་དང་ཤད་གཉིས་ཀྱི་བར་དུའང་ཚེག་གཉིས་རྣམ་བཅད་ལྟར་བྲིས་འདུག ད་དུང་གླང་མཇལ་བའི་དཔང་རྒྱP. T1095དང་ཁང་པ་ཉོ་ཚོང་གི་དཔང་རྒྱP. T1086ཏུའང་འདི་ལྟ་བུའི་དབུ་ཁྱུད་འཁོད་འདུག གན་རྒྱ་དེའི་མགོར་དབུ་ཁྱུད་དང་མཇུག་ཏུ་རྫོགས་ཚིག་གི་ཉིས་ཤད་བཀོད་ཡོད་པ་དེས་ཡིག་ཆ་དེ་ཉིད་ཆ་ཚང་བ་ཞིག་ཡིན་པ་ཤེས་ཐུབ་པར་མ་ཟད། བོད་བཙན་པོའི་དུས་ཀྱི་ཡིག་རྙིང་གི་ཁྲུད་ཆོས་མངོན་པར་གསལ་བས་རྒྱུ་ཆ་འགངས་ཆེན་ཞིག་ཡིན་པ་བཤད་མི་དགོས། གཤམ་དུ་གན་རྒྱ་དེའི་མ་ཡིག་དང་ངོ་བཤུས་སྦྲགས་མར་བཀོད་ན་འདི་ལྟ་སྟེ།

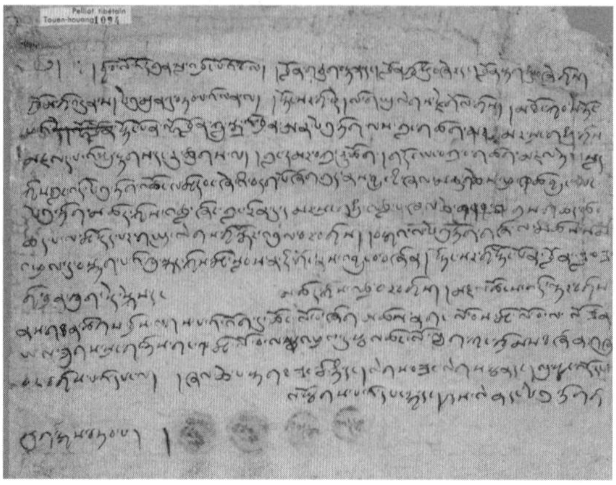

༄། །བྱི་བ་ལོ་འི་དགུན་སླ་འབྲིང་པོ་འི་ངོ་ལ། །བློན་གཙུག་བཏན་དང་། བློན་ཁྲི་སུམ་བཞེར་དང་། བློན་སྟག་སུམ་བཞེ་གྱིས། ཁྲིམ་གྱི་འདུན་ས། པེའུ་མུནའུ་བཏབ་པ་འི་ལན་ལ། སྟོང་སར་གྱི་སྡེ། ལི་གཡུ་ལེགས་རྗེ་གོལ་གྱིས། །མཐོང་ཀྱབ་སེ་ཧོང་ཕ་འི་སྡེ། སྟོང་པོན་ལྷ་བློན་ཀླུ་སྒྲའི་བྲན་ཨན་པེའུ་ཏིག་ལས་སླང་གཅིག། །(ད)མར་སྲང་གསུံ་ཀྱིས་མཇལད་པ་འི་སྲུ་རྟགས་དང་ཏུ་ཚུགས་ལ། །སླང་དམར་བགྲ་ཏུ་ཚོག་། གདོང་ཡང་བགྲ་བ་གཅིག་མཇལ་ཏེ་། སླད་ཀྱིས་སླང་འདི་པེའུ་ཏིག་འཚོང་ལ་མྱི་དབང་ཞེ་འཾ་བདག་པོ་ཞིག་གུད་ནས་བྱུང་ངཾ་ཞལ་མཆུ་གཅེས་ཕྲ་ཆེ་བྱུང་བའི་པེའུ་ཏིག་མཆིད་ཀྱིས་འཚལ་ཞིང་སླང་རིན་དུ་དམར་སྲང་གསུཾ་འཚལ་པ་ཞལ་ཆེ་གྲས་གཅད་ཆེ་ཆད་པ་ལ་མྱི་སྟོད་པར་གཡུ་ལེགས་གྱི་སྐོར་འབུལ་བར་བགྱིས། །བརྒྱའ་ལ་པེའུ་ཏིག་གཞི་ལ་མཆིས་སམ་འཕྲལ་དུ་བསྐུག་པ་འི་ཁྲུ་སྐད་ཀྱིས་མྱི་སླེབས་ན་དམ་གོང་ནས་འབྱུང་བ་བཞིན། སྟོང་སར་གྱི་སྟོང་པོན་བློན་ཟླ་བཟང་གྱི་བྲན་ཁྱུག་སེ་སྐྱེས་དང་□□□□□མཆིད་ཀྱིས་འཚལ་བར་བགྱིས། །མཇལ་ཚོངས་འདི་ལྟར་བགྱིས་ནས་གཞན་ཚོགས་བྲིས་ལགས་པ་འི་འོག་ཏུ་ཚོང་ལོ་བ་ཞིག་མཆིས་ན་གང་ལོ་བས་མྱི་ལོ་བ་ལ་ལོ་ཟན་ཡལ་ཟུགས་སྲང་གཉིས་གང་མྱི་ལོ་བ་ལ་འཕྲལ་དུ་སྩལ་ཆིང་ལོ་ལྷག་ཀྱང་ཁྲིམས་བཞིན་གཞུ་བར་བགྱིས་པ་འི་དཔང་ལ། །ཞལ་ཆེ་པ་སྟག་བཟང་ཅོ་ཉཾ་དང་། ལེགས་བཟང་ལེགས་དང་། ལུ་སྲང་འདོ་དང་། □□□□□ལ་སྩོགས་པ་འི་དཔང་རྒྱ་དང་། ཁས་ལེན་དང་པེའུ་ཏིག་གི་སུག་རྒྱས་བཏབ་པ།(མ་ཡིག་ཏུ་འདིར་དབྱིབས་སྐོར་མོ་ཡིན་པའི་ཐམ་ག་བརྒྱད་འགོད་འདུག)

ལྷ་མྱི་ལ་སླང་མཇལ་པ་འི་དཔང་རྒྱ

དེས་ན་ལྷ་མྱི་ལ་སླང་མཇལ་པ་འི་དཔང་རྒྱ་ཞེས་པའི་ཡིག་འབྲུ་དེ་དག་ནི་ཤོག་དྲིལ་འདིའི་རྒྱབ་ངོས་སུ་བྲིས་འདུག་པ་དང་། དེའི་འོག་ཏུ་རྒྱ་ཡིག་གི博牛契ཞེས་པའི་ཡི་གེ་གསུམ་གསེག་གིས་བྲིས་འདུག

གསུམ་པ། གན་རྒྱའི་གཞུང་ཡིགP. T1094ཡི་དཔྱད་པ།

གན་རྒྱའི་གཞུང་ཡིགP. T1094འདི་རྒྱལ་ཁབ་ཕྱི་ནང་གི་བོད་རིག་པའི་ཞིབ་འཇུག་པ་ཚོས་གན་རྒྱ་མང་པོའི་གྲས་སུ་ཕྱོགས་སྒྲིག་བྱས་ཏེ་དཔྱད་པ་ཕྲན་བུ་རེ་བྱས་ཡོད་ཀྱང་།[7] གཞུང་ཡིག་འདི་ལ་ཆེད་དམིགས་ཀྱིས་དཔྱད་པ་བྱས་པ་ད་བར་ཙང་མ་མཆིས། གན་རྒྱ་འདི་ནི་སྟོང་སར་གྱི་སྡེའི་ལི་གཡུ་ལེགས་ཀྱིས་མཐོང་ཁྱབ་སེ་ཧོང་པའི་སྡེའི་སྟོང་དཔོན་ལྷ་བློན་ཀླུ་སྒྲའི་བྲན་ཨན་པེའུ་ཏིག་ལས་སླང་གཅིག་ཉོས་པའི་ཉོ་ཚོང་གི་གན་རྒྱ་ཞིག་ཡིན། གན་རྒྱ་འདིའི་མགོར་གན་རྒྱ་བཞག་པའི་དུས་ཚོད་ནི་བྱི་བ་ལོ་ཡིན་པར་བསྟན་ནའང་། དོན་དངོས་ཀྱི་དུས་ཚོད་འདི་ཡིན་ཞེས་ཁ་ཚོན་གཅོད་དཀའ་སྟེ། ཕྱིར་ན་ཏུན་ཧོང་ནས་བྱུང་པའི་དོན་ཆེན་གནད་བསྡུས་ཀྱི་ལོ་ཚིགས་དང་བཙན་པོ་རིམ་བྱུང་གི་ལོ་རྒྱུས། ཁྲིམས་ཡིག་སྣ་ཚོགས་དང་། ཞུ་གཏུགས་དང་སྐྱོད་དོན་གྱི་ཡི་གེ་གང་ཡིན་ཀྱང་ལོ་ཚིགས་འགོད་སྐབས་ལོ་རྟགས་བཅུ་

གཉིས་དང་འབྱུང་བཞིའི་ཁམས་ཀྱི་བརྩི་ཚུལ་ལྟར་འབྱུང་བས། ལོ་རྒྱུས་ཀྱི་ལོ་ཚིགས་གཏན་འཁེལ་བྱེད་པར་དཀའ་ཁག་མང་པོ་འཕྲད་ཀྱིན་འདུག གན་རྒྱ་འདིའི་ལོ་ཚིགས་ཐག་གཅོད་དགོས་ན་ཐོག་མར་བོད་ཀྱིས་ཏུན་ཧོང་ས་ཆ་བདག་ཏུ་བཟུང་བའི་དུས་དེར་རྒྱའི་ས་ཁོངས་བགོ་སྐྱངས་ཀྱི་ལམ་ལུགས་བསྒྱུར་ནས་བོད་ཀྱི་ས་ཁོངསབགོ་སྐྱངས་ལྟར་སྡེ་གཞུག་ཏུ་སྟོང་སྡེ་མང་པོ་བཙུགས་པའི་ལོ་ཚིགས་རྟོགས་དགོས་ཤིང་། དེ་ལྟར་བྱུང་ན་སྐབས་འདིའི་གནད་དོན་ཡང་དང་གིས་ཐག་གཅོད་ཐུབ་སྙམ། དེ་ཡང་། "ཕྱི་ལོ༧༨༦ནས༨༤༨ལོའི་བར་བོད་ཀྱིས་ཏུན་ཧོང་ཆབ་འོག་ཏུ་བཟུང་བའི་རིང་ལ་སྔ་རྗེས་སུ་ཉན་ཉ་ཡི་སྡེ་དང་དར་བའི་སྡེ། སྟོད་ཀྱི་སྡེ། སྨད་ཀྱི་སྡེ། ཡར་ལུང་སྡེ་སོགས་གཡུང་གི་མི་སྡེ་བདུན་དང་། རྒོད་སར་གྱི་སྡེ་དང་། སྟོང་སར་གྱི་སྡེ། སྙིང་ཙོམ་གྱི་སྡེ་བཅས་རྒོད་ཀྱི་སྟོང་སྡེ་གསུམ་དང་། གཞན་ཡང་མཐོང་ཁྱབ་ཀྱི་སྡེ་གཅིག་བཅས་སྟོང་སྡེ་བཅུ་གཅིག་བཙུགས་ཡོད་པར་སྣང"[8]ཞེས་པ་དང་། "ཕྱི་ལོ༨༢༠ལོར། རྒོད་སར་གྱི་སྡེ་དང་སྟོང་སར་གྱི་སྡེ་སྟེ་རྒོད་ཀྱི་སྡེ་བཙུགས་པ་དང་། སྡེ་རེ་རེ་ལའང་ཁྲལ་དཔོན་རེ་དང་ས་གནས་ཀྱི་ནོར་དོན་གྱི་སྤྱི་འགན་འཁུར་མཁན་རེ་བསྐོ་བཞག་བྱས"[9]ཞེས་བྱུང་བ་ལ་ཞིབ་ཏུ་བརྟགས་ན། གན་རྒྱའི་ཁྲིད་ཀྱི་སྣང་ཉོ་མཁན་གྱི་ལི་གཡུ་ལེགས་ནི་སྟོང་སར་གྱི་སྡེ་ལ་གཏོགས་ཚུལ་གན་རྒྱ་འདིའི་ནང་དོན་ལས་རྟོགས་ཐུབ་པས། གན་རྒྱ་འདི་བཞག་པའི་ལོ་ཚིགས་ཀྱང་སྟོང་སྡེ་དེ་བཙུགས་པ་ནས་བོད་བཙན་པོས་ཏུན་ཧོང་ལ་དབང་བསྒྱུར་བའི་དུས་ཀྱི་མཐའ་མ་སྟེ། ཕྱི་ལོ༨༤༨བར་གྱི་ལོ་གང་རུང་ཞིག་ལ་ཡིན་ངེས། དེས་ན་སྟོང་སྡེ་བཙུགས་པའི་ཕྱི་ལོ༨༢༠ལོ་དང་ཕྱི་ལོ༨༣༢ ཕྱི་ལོ༨༤༤བཅས་ཡིན་ལ། དེ་དག་ལས་ཕྱི་ལོ༨༢༠ལོ་ནི་རྒོད་སར་གྱི་སྡེ་དང་སྟོང་སར་གྱི་སྡེ་གཉིས་བཙུགས་མ་ཐག་པའི་སྐབས་ཡིན་པས་སྲིད་ཇུས་ཀྱི་བྱེད་ཕྱོགས་མང་པོ་ཞིག་འཕྲལ་དུ་ལག་བསྟར་བྱེད་དཀའ་བར་བརྟེན། ལོ་དེ་མིན་པར་ཁ་ཚོན་གཅོད་ཐུབ་པ་དང་། "གཞན་དུ་ནP. T1113ཁྲིད་དུ་བོད་བཙན་པོས་ཏུན་ཧོང་ས་ཆར་མཐོང་ཁྱབ་ཀྱི་སྡེ་ཞིག་བཙུགས་པ་དང་། འཛུགས་མཁན་གཙོ་བོ་སྟེ་བློན་ཁྲིམ་བཞེར་གྱིས་ལས་དོན་སྒྲུབ་པའི་ལོ་ཚིགས་ཕྱི་ལོ༨༡༥ནས༨༣༥བར་ཡིན་པར་མ་ཟད། མཐོང་ཁྱབ་ཀྱི་སྡེ་བཙུགས་པའི་ལོ་ཡང་ཕྱི་ལོ༨༢༤ཡིན་པར་ཡ་མ་སྒོའུ་ཆེས་རྫེ་ཡིས་རྟོ(山口瑞风)ཡིས་ཐག་བཅད"[10]ཅེས་པར་གཞིགས་ན། གན་རྒྱ་འདིའི་ཁྲིད་ཀྱི་བྱེ་བའི་ལོ་ནི་ཕྱི་ལོ༨༣༢ལོ་དང་ཕྱི་ལོ༨༤༤ལོ་གཉིས་ལས་གང་རུང་གི་ཟླ་བཅུ་གཅིག་པའི་ཟླ་མགོ་ཡིན་པར་གཏན་འཁེལ་བྱས་ན་འགྲིག་སྙམ།

"བོད་ཀྱིས་ཏུན་ཧོང་ས་ཆར་དབང་སྒྱུར་བའི་རིང་བྲན་དང་ཧ་ཟོག་བརྗེ་རེས་བྱེད་སྐབས་བཀོལ་བའི་གཞུང་ཡིག་ལ་རིགས་གཉིས་ཏེ། རིགས་དང་པོའི་གན་རྒྱར་ཐོག་མ་ཉིད་ནས་ཁྲིམས་ཀྱི་མདུན་སར་ཞུགས་པའི་དཔོན་པོའི་མིང་དང་། ཚོགས་ཡུལ་དང་དུས་ཚོད་བཀོད་འདུག་པ་དང་། ཅིག་ཤོས་ལ་དེ་འདྲ་བཀོད་མེད"[11]པས། གན་རྒྱ་འདི་ནི་བོད་ཀྱིས་དུས་སྐབས་དེར་བཀོལ་བའི་གན་རྒྱ་ལ་ཪ་བོའི་སྒོ་

ནས་རིགས་གཉིས་ཡོད་པ་ལས་སྔ་མའི་གྲས་སུ་འདུ། དུས་སྐབས་དེར་ཁྲོམ་གྱི་མདུན་སར་བོད་ཀྱི་བློན་པོ་དག་དང་ཞལ་ཆེ་བ་སྟེ། ཁྲིམས་དཔོན་མང་པོ་འདུས་ཏེ་གཟབ་རྒྱས་དང་དམངས་ཕན་ཚུན་དབར་བཞག་པའི་ཁྲིམས་ཛ་མར་བརྩི་བའི་གན་རྒྱའི་རིགས་ཤིག་དང་། གཞན་དུP. T2127[12]ལྟ་བུའི་བློན་པོ་དང་ཁྲིམས་དཔོན་གྱི་དཔང་པོ་མེད་པར་དམངས་ཕན་ཚུན་བར་བཞག་པའི་གན་རྒྱའི་རིགས་གཉིས་ལསP. T1094འདི་སྔ་མའི་གྲས་སུ་གཏོགས་པ་ཧ་ཅང་གསལ་བ་དང་། གན་རྒྱ་འདིའི་རིགས་ཁྲིམས་ཡིག་ཡིན་པ་ཡིག་རྙིང་ཞིབ་འཇུག་པ་ཆེན་མོ་ཟླང་ཡའོ་ཡིས་ཀྱང་འདོད། གན་རྒྱའི་ཁྲོད་ཀྱི་ཁྲོམ་ཞེས་པའི་ཐ་སྙད་ཀྱི་གོ་བའི་ཐད་མཁས་པ་མང་པོར་བཞེད་པ་མི་མཐུན་པ་ཡོད་ནའང་། “བོད་ཀྱིས་ཏུན་ཧོང་སོགས་སུ་དབང་སྒྱུར་སྐབས་(མཚོ་སྔོན་གྱི་ཤར་བྱང་ཁུལ་འདུ)རིམ་གྱིས་སྲིད་འཛིན་གྱི་སྒྲིག་གཞི་འཁྲུས་ཚང་དུ་བཏང་ཐོག་སྔ་གཞུག་ཏུ་ཁྲོམ(节度衙)ལྷ་བཙུགས་ཤིང་། དེ་དང་ཐང་རྒྱལ་རབས་ཀྱི节度使གཉིས་འདྲ་བ་དང་ཁུལ་ཁ་ཤས་ལ་དོ་དམ་བྱེད་བཞིན་ཡོད། ཞིབ་འཇུག་པ་ལ་ལས་ཁྲོམ་ལྔ་པོ་དེ་དག་ནི་ཐ་ཁྲོམ་དང་། དབྱར་མོ་ཐང་ཁྲོམ། ག་ཅུ་ཁྲོམ། མཁར་ཙན་ཁྲོམ། ཀྭ་ཅུ་ཁྲོམ་བཅས་ཡིན་པར་འདོད”[13] པས། སྐབས་དེར་ཏུན་ཧོང་ཚུད་པའི་ཐ་ཞུབ་ཀྱི་ས་ཆ་མང་པོ་ཞིག་ཀྭ་ཅུས་དོ་དམ་བྱེད་བཞིན་ཡོད་ན། P. T1094ཡི་གན་རྒྱ་འདིའི་འཛོག་ཡུལ་ཡང་ཀྭ་ཅུ་ཁྲོམ་ཡིན་པར་ཐག་གཅོད་ཆོག ཁྲོམ་དང་མཐོང་ཁྲབ་ཀྱི་སྲིད་འཛིན་སྒྲིག་གཞི་ལ་ཕྱི་ནང་གི་མཁས་པ་མང་པོའི་དཔྱད་འབྲས་མང[14]བས། འདིར་རེ་རེ་བཞིན་བརྗོད་པར་མི་བྱའོ། །

ང་ཚོས་ཏུན་ཧོང་ཡིག་རྙིང་ལ་ཞིབ་འཇུག་བྱེད་སྐབས་དེའི་ཁྲོད་ཀྱི་མི་སྣའི་སྐོར་ལ་དཔྱད་ཞིབ་བྱ་རྒྱུ་ཡང་ཧ་ཅང་གལ་ཆེ་བར་མཐོང་ཞིང་། སྐབས་བབ་ཀྱི་གཞུང་ཡིག་འདིར་ཡང་བློན་པོ་དང་ཁྲིམས་དཔོན། སྟོང་དཔོན། གན་རྒྱ་འཛོག་མཁན་བཅས་མི་བཅུ་ཡི་མིང་གསལ་པོར་བཀོད་འདུག་པས། དེ་དག་གི་ཐོབ་ཐང་ལ་རྒྱུས་ལོན་བྱ་ཐུབ་པ་བྱུང་ན། དུས་རབས་བརྒྱད་པ་དང་དགུ་པའི་དུས་སུ་བོད་ཀྱིས་ཏུན་ཧོང་ས་ཆ་བདག་ཏུ་བཟུང་བའི་སྤྱི་ཚོགས་སྒྲིག་གཞི་དང་དཔོན་གནས་ལམ་ལུགས་སོགས་ལ་ཞིབ་འཇུག་རྒྱ་ཆེ་གཏིང་ཟབ་བྱ་བར་ཕན་ཐོགས་ཆེ། གཞུང་ཡིག་འདིའི་མགོར་བོད་བློན་གསུམ་གྱི་མིང་བཀོད་ཡོད་པ་ལས་བློན་གཙུག་བཏན་ཐོག་མར་བྱུང་བར་གཞིགས་ན། ཁོང་ནི་དཔོན་རིམ་མཐོ་ཤོས་ཤིག་ཡིན་པར་རྟོགས་ནའང་། བློན་དེ་དང་བློན་སྟག་སུམ་བཞེར་སྐོར་གྱི་རྒྱུ་ཆ་གང་ཡང་ལག་སོན་མ་བྱུང་བས་དེ་སྐོར་ལ་ཞིབ་ཆ་དཔྱད་ཐབས་བྲལ། དེས་ན་བློན་ཁྲི་སུམ་བཞེར་ནི་དབྱིན་ཇིར་ཉར་ཚགས་བྱས་པའི་འཕྲིན་ཡིག་ཤོག་རལ(斯坦因原编：M. I. iv. 90；93. a，大英图书馆东方文献部编号Or. 15000／325，)[15]ཞིག་ཏུ་བློན་རྒྱལ་སུམ་བཞེར་ཞེས་བྱུང་བ་དེ་མིན་ནམ་སྙམ་སྟེ། སྐབས་འདིའི་ཁྲི་དང་རྒྱལ་ནི་དཔོན་པོ་ལ་ཆེ་བ་བརྗོད་པའི་འབོད་སྟངས་མི་འདྲ་བ་ཙམ་ཡིན་པར་ཕོ་བོས་འདོད། གན་རྒྱ་འདིའི་མཇུག་ཏུ་བཀོད་པའི་དཔང་མི་

གསུམ་ལས་ཞལ་ཆེ་བ་སྟག་བཟང་ཙི་ཉཾ་དེ་དབྱིན་ཇིར་ཉར་ཚགས་བྱས་པའི་གན་རྒྱ་ཤོག་རལ[161]ཁྲོད་ཀྱི་ཞང་པོ་བློན་སྟག་བཟང་དང་གཞུང་ཡིག་ཤོག་རལ[17]ཁྲོད་ཀྱི་བློན་སྟག་བཟང་རྣམས་མི་གཅིག་ཡིན་པར་མངོན་ཏེ། གཅིག་ཏུ་ན་བོད་ཀྱིས་ཏུན་ཧོང་ས་ཆར་དབང་བསྒྱུར་བའི་དུས་ཡུན་རིང་པོ་མིན་པས་མིང་གཅིག་མཚུངས་ཡིན་པའི་དཔོན་པོ་ཐེངས་མང་པོར་འབྱུང་མི་སྲིད་པ་དང་། གཉིས་སུ་ཁྲིམ་གྱི་མདུན་སར་གཟབ་རྒྱས་ངང་བཀོད་པའི་གཞུང་ཡིག་ཏུ་མིང་ཙུང་ཆ་ཚང་བར་འབྲི་སྲོལ་ཡོད་པ་ལས། དེ་ལྟར་མིན་པ་ལ་མིང་གི་ཆ་ཤས་བཀོད་པ་དཔེར་ན། P. T1094དང་ཆེས་འདྲ་བའིP. T1097ཁྲོད་དུ་བློན་ལྷ་བཟང་ལྷ་རྟོན་ཞེས་མིང་ཆ་ཚང་བྱུང་བ་དང་། ཕོང་གིས་སྤྲིངས་པའི་འཕྲིན་ཡིག་ཅིག[18]ཏུ་ལྷ་རྟོན་གཅིག་པུ་ལས་མ་བྱུང་བ་ལྟ་བུ་ཡིན། གང་ལྟར་སྐབས་འདིའི་དཔྱད་བྱའི་བློན་སྟག་བཟང་ཙི་ཉཾ་དང་ཞང་པོ་བློན་སྟག་བཟང་། བློན་སྟག་བཟང་གསུམ་ནི་མི་གཅིག་གི་མིང་གི་འབྲི་ཚུལ་ཡིན་པ་དང་དེ་ནི་ཀྭ་ཙུ་ཁྲིམ་གྱི་ཁྲིམས་དཔོན་ཞིག་ཡིན་པར་སེམས། དཔང་མི་གསུམ་པ་ལུ་སྲུང་འདོའི་སྐོར་གྱི་རྒྱུ་ཆ་མ་མཐོང་ལ། དཔང་མི་གཉིས་པ་ལེགས་བཟང་ལེགས་སྟུན་ནི་ནུབ་ལྗོངས་ནས་ཐོན་པའི་ཤོག་དྲིལ་སི་ཐན་དབྱིན་གྱི་ཐོག་མའི་ཨང་རྟགས་M. I. xiv. 108. f, དང་དབྱིན་ཇིའི་དཔེ་མཛོད་ཁང་ཤར་ཕྱོགས་ཡིག་ཚང་ཕྱུའུ་ཡི་ཨང་རྟགས་Or. 15000/420ཡི་རྒྱབ་ངོས་སུ་བྱུང་བའི་བློན་ལེགས་བཟང་ཞེས་པ་དེ་ཡིན་པར་སྣང་། གན་རྒྱ་འདིའི་ཁྲོད་ཀྱི་མི་སྣ་ཆེས་གཙོ་བོ་གཉིས་ཀྱི་ཡ་ཀྱལ་པེའུ་ཧྲིག་གི་མིང་འདོགས་སྟངས་ལ་བལྟས་ན། ཕོང་ནི་རྒྱའམ་མི་རིགས་གཞན་ཞིག་ཡིན་པ་དང་། ལི་གཡུ་ལེགས་ཀྱི་མིང་འདིའང་ཉོ་ཚོང་གན་རྒྱའི་ཤོག་རལ[19]ཞིག་ཏུ་གཡུ་ལེགས་ཞེས་དང་། P. T1098དུ་ལི་གཡུ་ལེགས་བཅས་མང་དུ་བྱུང་བ་དང་། སྐབས་འདིའི་དཔྱད་གཞིP. T1094རུ་ལི་གཡུ་ལེགས་ཀྱི་གཞུག་ཏུ་ཇེ་གོལ་ཞེས་བྱུང་བར་བལྟས་ན། ལི་གཡུ་ལེགས་ནི་སྟོང་སར་སྡེའི་འབངས་དཀྱུས་མ་ཞིག་མ་ཡིན་པར་སྟོང་དཔོན་བློན་ཟླ་བཟང་གི་ལག་རོགས་དཔོན་ཆུང་ཞིག་ཡིན་པར་ངེས། འཇར་པན་གྱི་ཡ་མ་སྒོའུ་ཆེས་ལི་གཡུ་ལེགས་ནི་རྒྱའི་རུས李ཙན་ལ་བོད་མིང་གཡུ་ལེགས་བཏགས་པར་བཤད་[20]པ་ལས་དེའི་གོ་ཐོབ་སོགས་ལ་དཔྱད་པ་བགྱིས་མི་འདུག གཞན་ཡང་གན་རྒྱ་འདིར་ཡིག་རྙིང་གཞན་དུའང་མང་དུ་བྱུང་བའི་སྟོང་སར་གྱི་སྡེའི་སྟོང་དཔོན་བློན་ཟླ་བཟང་དང་སྤྱི་ལོ་༨༢༩ལོར་བཙུགས་པའི་མཐོང་ཁྲབ་སེ་ཧོང་པའི་སྡེའི་སྟོང་དཔོན་ལྗེ་བློན་ཀླུ་སྒྲ་སོགས་སྡེ་དང་བློན་གྱི་མིང་གསལ་བ་ངེས་ཀྱང་ཡིག་རྙིང་ཞིབ་འཇུག་ལ་རྒྱུ་ཆ་གལ་ཆེན་མཁོ་འདོན་བྱས་ཡོད་སྟབས་རིན་ཐང་ཆེ་བར་སྣང་། སྐབས་དེ་དག་ཏུ་ས་དེ་གའི་དཔོན་པོ་ལ་ལ་ཞིག་བོད་བཙན་པོས་ཐད་ཀར་མངགས་གཏོང་བྱས་ཡོད་པ་ནི“P. T1097ཁྲོད་ཀྱི་བློན་ལྷ་བཟང་ལྷ་རྟོན་དང་བློན་ལྷ་བཟང་དོ་ཙེ་ནི་བོད་ཀྱི་དཔོན་པོ་གཉིས་ཡིན་ལ་བོད་བཙན་པོས་མངགས་པའི་ས་གནས་ཀྱི་དཔོན་པོ་ཡིན”[21]ཞེས་པ་ལྟར། P. T1094ཁྲོད་ཀྱི་བོད་བློན་དག་གི་བསྐོ་བཞག་བྱེད་ལུགས་དང་ཐོབ་ཐང་ལ་ཡང་ཞིབ་མཐུད་དུ་དཔྱད་དགོས།

གན་ཀྲུ་འདིར་སླད་འཇལ་བའི་རིན་ལ་དམར་སྲང་གསུམ་ཞེས་བཀོད་པ་མ་ཡིག་ཏུ་དམར་རམ་མར་གང་ཡིན་དབྱེ་འབྱེད་དཀའ་ཡང་། ཐོ་ཅིས་ཏྲའོ་རིན(T. Takeuchi)དང་ཞང་ཡའོ་གཉིས་ཀྱིས་དམར་སྲང་ལྟར་བཀོད་པ་མ་ཟད། ཞང་ཡའོ་ལགས་ཀྱིས་དམར་སྲང་ནི་དངུལ་ངོ་མ་ལ་ཕབ་པའི་སྲང་ཚད་[22] ཅེས་པར་བཀྲལ་བ་ནི་སྐབས་དེའི་དོན་དངོས་དང་མཐུན་པར་འདུག་སྟེ། "སྐབས་དེར་དངུལ་ལོར(货币)མེད་པས་སྐབས་ལ་ལར་གསེར་དངུལ་གྱིས་ཚབ་བྱས་པར་མ་ཟད། ཆད་པ་སོགས་ལ་གསེར་དངུལ་བཀོལ་བར་གཏན་འཁེལ་བགྱིས"[23]ཞེས་པ་ལས། བོད་ཀྱིས་ཏུན་ཧོང་དུ་ཁྲིམས་ལུགས་དང་དཔྱ་ཁྲལ་ལམ་ལུགས་ལག་བསྟར་བྱེད་སྐབས་གསེར་དངུལ་གྱིས་དངུལ་ལོར་གྱི་ཚབ་བྱས་པར་གསལ་བ་དང་། གཞན་ཡང་"བོད་བཙན་པོའི་རྒྱལ་རབས་དང་ཡ་གླིང་དཀྱིལ་མ། རྒྱ་གར། ཐང་རྒྱལ་རབས་སོགས་ཉེ་འཁོར་གྱི་ས་གནས་ལ་ཚོང་འབྲེལ་བྱེད་སྐབས་གཙོ་བོར་དངུལ་དང་། གསེར་ཕྱེ། གོས(锦绢)སོགས་ཀྱིས་དངུལ་ལོར་གྱི་ཚབ་བྱེད་བཞིན་ཡོད"[24]པ་བཅས་ལ་གཞིགས་ན། གན་ཀྲུ་འདིའི་ཁྲོད་ཀྱི་དམར་སྲང་གསུམ་དེ་དངུལ་སྲང་གསུམ་ཡིན་པ་ནི་སྐབས་དེར་བོད་དང་ཉེ་འཁོར་གྱི་ཚོང་འབྲེལ་ཁྲོད་གསེར་དངུལ་རྒྱ་ཁྱབ་ཏུ་བཀོལ་བས་ཀྱང་ཤེས་ནུས་སོ། །

སྐུ་ཞབས་ཞང་ཡའོ་ལགས་ཀྱིསP. T1094ངོ་སྤྲོད་གནང་སྐབས། གན་ཀྲུའི་མཇུག་ཏུ་དབྱིབས་སྐོར་མོ་ཡིན་པའི་བོད་ཡིག་གི་ཐམ་ག་བཞི་བཀོད་འདུག་གསུངས་འདུག་ཀྱང་། དེ་ནི་མཁས་དབང་ཁོང་གིས་ཐུགས་མཉམ་མ་བཞག་པའི་ནོར་འཁྲུལ་ཞིག་སྟེ། ཁོ་བོས་དུས་ཡུན་རིང་པོ་ཞིག་ལ་གན་ཀྲུ་འདིའི་སྐོར་ལ་བསམ་གཞིག་བྱས་པ་དང་། རྒྱལ་སྤྱིའི་ཏུན་ཧོང་ལས་གཞིའི་དྲ་ལམ་ནས་མ་ཡིག་ཚོན་མདོག་ཅན་ཕབ་ལེན་བྱས་ཏེ་ཞིབ་ཏུ་མཇལ་སྐབས། གན་ཀྲུ་འདིའི་མཇུག་ཏུ་དབྱིབས་སྐོར་མོའི་ཐམ་ག་བརྒྱད་ཡོད་པར་མ་ཟད། ཐད་ཀྱི་ཐམ་ག་བཞིའི་ཡི་གེ་ལ་ཕྲ་མཐོང་ཆེ་ཤེལ་སྤྱད་དེ་ལྟ་སྐབས། ཐམ་ག་དང་པོ་གཉིས་ལ་སླང་བཙོང་མཁན་ཨན་པེའུ་ཧྲིག་གི་མིང་བཀོད་ཡོད་པ་དང་། གསུམ་པ་དང་བཞི་པ་གཉིས་ལ་གན་ཀྲུ་འདིར་བྱུང་བའི་སྟོང་སར་གྱི་སྡེའི་སྟོང་དཔོན་སློན་ཟླ་བཟང་གི་བྲན་ཁྱུག་སྡེ་སྐྱེས་ཀྱི་མིང་བཀོད་ཡོད་པ་ཏ་ཙང་གསལ། འོག་གི་ཐམ་ག་བཞིའི་ཡི་གེ་མི་གསལ་ཡང་། ཞིབ་ཏུ་བསམས་ན་གན་ཀྲུ་འདིའི་ཁྲོད་ཀྱི་མི་སྣ་གཙོ་བོ་ལི་གཡུ་ལེགས་དང་མ་ཡིག་ཏུ་མིང་འབྲི་ས་སྟོང་པར་ཡོད་པ་དེ་དང་ཀྭ་ཙུ་ཁྲོམ་གྱི་ཐམ་ག་རེ་ཡིན་ངེས་ཏེ། ལི་གཡུ་ལེགས་ནི་གན་ཀྲུ་འདི་འཛོག་མཁན་གྱི་མི་སྣ་གཙོ་བོ་ཞིག་ཡིན་པ་དང་། སྐབས་འདིའི་ཁྲོམ་ནི་བོད་བཙན་པོའི་རྒྱལ་རབས་ཀྱི་ས་གནས་སྲིད་གཞུང་ཡིན་ལ། གན་ཀྲུ་འདིའང་ཁྲོམ་གྱི་མདུན་སར་གཟབ་རྒྱས་ངང་བཞག་པ་ཡིན་པས། ང་ཚོས་གནའ་དེང་གི་ལོ་རྒྱུས་གང་ནས་བལྟས་ཀྱང་སྲིད་གཞུང་གི་ཐམ་ག་ཡིན་པ་རྗེས་སུ་དཔོག་ཐུབ། ཤོག་དྲིལ་གྱི་རྒྱབ་ངོས་སུ"ལྷོ་བྲོ་ལ་སླང་མཇལ་པ་འི་དཔང་རྒྱ"ཞེས་བཀོད་པའི་དཔང་རྒྱ་ལ་དཔྱད་པར་བྱ་བ་འདི་ཡོད་དེ། བོད་བཙན་པོའི་སྐབས་སུ་གན་

རྒྱ་ལ་དཔང་རྒྱ་དང་གཉའ་རྒྱ་རུ་འབོད་པ་དང་། དཔང་པོ་ལ་གཉའ་བོ། དཔང་མི་ལ་གཉའ་མི་རུ་འབོད་ཚུལP. T1087དུ། “གཉའ་བོ་རྣམས་ཀྱིས་ཤན་ཤན་ཁྲིད་དེ། སྟེའི་དཔོན་སྣ། སྟོང་པོན་སྟོང་ཆུང་དང་བཅྱེའུ་རྗེ་ལྤྱ་རྐང་གི་ སུག་པར་འབུལ་ཞིང་གཉེར་དགུམ་བར། ཤན་ཤན་གཉའ་མི་བཅུ་གཉིསུ་སྐྱལ་པའི། གཉའ་བོའི་མྱིང་རུས་ལ་བན་དེ་ཅང་ཕབ་སུང་། ཅང་ཐེའུ་ཙུང་། སིན་ཧྭ་ཧེའུ། བང་ཧྭ་ཅོ། སིན་ཅོན་ཐོང་། ཅང་བསྟན་ལེགས། །འབའ་ཐེ་ཆེང་། ཅང་ཞེན་འདོ་བང་ཤིང་འདོ། ཀག་ཛེ་ཤེས་ཡང་། འབྱེ་སམ་སམ། སྐྱོགས་པའི་གཉའ་རྒྱ་དང་། ཤན་ཤན་གྱི་ སུག་གཡས་ཕའི་མཛུབ་ཚད་བཏབ་པོ།”[25] ཞེས་གསལ་བ་ལྟར། གཉའ་རྒྱ་དང་གཉའ་བོ། གཉའ་མྱི་རྣམས་རིམ་བཞིན་དཔང་རྒྱ་དང་དཔང་པོ། དཔང་མི་བཅས་ཡིན་པ་ཤེས་ནུས། 《བཏ་ཧྲིང་ཚིག་མཛོད་གསར་བསྒྲིགས》སུ། “གཉའ་བོ་ནི་དཔང་པོའམ་ཁག་ཐེག་སྟེ། དཔང་རྟགས་དང་བདེན་དཔང་བར་མི་ལྟ་བུ”[26]ཞེས་བཀྲལ་ཡོད་པ་བཅས། བོད་བཙན་པོའི་སྐབས་སུ་ཏུན་ཧོང་དང་ནུབ་ལྗོངས་སོགས་སུ་རྒྱ་ཁྱབ་ཏུ་བཀོལ་བའི་དཔལ་འབྱོར་ཡིག་ཆ་གལ་ཆེན་དེ་དག་ལ་སྐབས་དེར་དཔང་རྒྱ་ཞེས་པའི་ཐ་སྙད་སྤྱོད་ཀྱི་ཡོད་པ་རྟོགས་ནུས་པས། གན་རྒྱ་ནི་ཕྱིས་སུ་བྱུང་བའི་མིང་འདོགས་ཡིན། བོད་རྒྱ་ཡིག་རིགས་གཉིས་སྤྱིལ་མར་སྤྱོད་པའི་ཐད། “བོད་ཀྱིས་གསར་དུ་བཟུང་བའི་ས་ཆ་ཁག་ཏུ། བོད་རྒྱ་ཡིག་རིགས་གཉིས་ཐུན་མོང་དུ་སྤྱོད་པ་དང་། དེ་གཉིས་ཀར་ཡང་ཁྲིམས་ཀྱི་གོ་གནས(法律地位)དང་ཕན་ནུས་ཡོད་པར་ཚོད་དཔག་བྱེད་ཐུབ”[27]ཅེས་པ་བཞིན། ཏུན་ཧོང་ནས་ཐོན་པའི་ཤོག་དྲིལ་ཁྲོད་ཡིག་རིགས་སྣ་ཚོགས་སུ་བྲིས་པ་མི་ཉུང་བ་ཞིག་ཡོད་པའང་དེ་ལ་ཐུག་གོ །

བཞི་པ། P. T1094དང་འབྲེལ་ནས་བོད་ཀྱི་གནའ་བོའི་གན་རྒྱའི་གཞུང་ཡིག་གི་དོན་ཚན་བཤད་པ།

འདིར་བཤད་པའི་གན་རྒྱའི་དོན་ཚན་ཞེས་པ་ནི་གན་རྒྱ་འབྲི་སྟངས་ཀྱི་རྣམ་གཞག་ལས་གན་རྒྱའི་གཞུང་ཡིག་ལ་ཚང་དགོས་པའི་ཆ་རྐྱེན་ནམ་དོན་ཚན་ལ་བྱ་ཞིང་། བོད་ཀྱི་གནའ་བོའི་དཔལ་འབྱོར་ཡིག་ཆ་གལ་ཆེན་དེ་རིགས་ཀྱི་བྱུང་འཕེལ་ལ་ཞིབ་འཇུག་བྱས་ཏེ་ལོ་རྒྱུས་ཀྱི་རྗེས་ཤུལ་འཚོལ་ཐུབ་པ་ཡིན་ན། དེ་ནི་དུས་རབས་གསར་པའི་རིག་གནས་འཛུགས་སྐྲུན་ལ་ཕན་ཐོགས་ཡོད་པ་ཞིག་ཡིན་པས་གལ་འགངས་ཆེ་བའི་བྱ་གཞག་ཅིག་ཡིན། བོད་ཀྱིས་དབང་སྒྱུར་བྱས་མྱོང་བའི་ནུབ་ལྗོངས་དང་ཏུན་ཧོང་སོགས་ནས་ཐོན་པའི་གན་རྒྱའི་ཡིག་ཆ་ཕུད། དེ་མིན་བོད་དབུས་ཁུལ་ནས་སྐབས་དེ་དང་དེའི་ཡར་སྔོན་གྱི་གན་རྒྱ་ཐོན་པ་ད་ལམ་མཐོང་དུ་མེད། “དེང་རབས་ཁྲིམས་ལུགས་རིག་པའི་ཁྱབ་ཁོངས་སུ་གན་རྒྱའི་སྐོར་ལ་ཡིག་ཐོག་གི་གན་རྒྱ་དང་ཚིག་ཐོག་གི་གན་རྒྱ། དེ་ལས་གཞན་པའི་སྐོར་བཅས་ཕྱོགས་ཆེ་བ་གསུམ་གྱི་སྒོ་ནས་དབྱེ་བ་ཕྱེ་ཡོད”[28]པ་དེ་དག་ལས། ཚིག་ཐོག་གི་མནའ་གན་ལྟ་བུ་ནི་གནའ་རབས་མོའི་དུས

ནས་དམངས་ཁྲོད་དུ་དར་ཁྱབ་ཡོད་ཅིང་། 《ཆོས་འབྱུང་མཁས་པའི་དགའ་སྟོན》དུ་ཆོས་མི་བཞིག་པའི་ཕྱིར་བྲིས་གནང་མཛད་པའི་བཀའ་གཙིགས་ཡི་གེ་སོགས་ནི་མནའ་གན་ཡིག་ཐོག་ཏུ་ཕབ་པའི་འཕེལ་རིམ་ཞིག་ཏུ་བརྩི་ཆོག ཉུབ་ལྗོངས་དང་ཏུན་ཧོང་ནས་བོད་ཡིག་ཏུ་བྲིས་པའི་གན་རྒྱ་མང་པོ་ཞིག་ཐོན་ནའང་། བཙན་པོའི་རྒྱལ་རབས་ཐོར་རྗེས་ཀྱི་ས་ཕག་རིན་གཙང་གི་དུས་སུ་གན་རྒྱ་བཞག་པ་བཤད་རྒྱུན་ཙམ་ལས་མེད་དེ། སུ་དགེ་པར་ཁང་གི་ལས་བགོས་སྐོར་གླེང་སྐབས། "དྲུང་ཡིག་གི་འགན་འཁུར་གཙོ་བོ་ནི་རྩིས་ཐོ་འགོད་པ་དང་། ལོ་གང་པོའི་ཡོང་འབབ་དང་འགྲོ་གྲོན་སྔོན་རྩིས་རྒྱག་པ། གན་རྒྱ་འཛོག་པ་དང་། འཕྲིན་གཏོང་བྱ་བ་ཐག་གཅོད་པ་བཅས"[29]ཞེས་པ་ཙམ་ལས་དེ་མིན་གྱི་གན་རྒྱ་ཇི་ལྟར་འཛོག་པ་དང་དོན་ཚན་གང་དག་ཚུད་དགོས་སྐོར་ཡིག་ཆ་དངོས་སུ་མཐོང་སྣང་དུ་མ་གྱུར། ཉུབ་ལྗོངས་དང་ཏུན་ཧོང་ནས་ཐོན་པའི་གན་རྒྱའི་རིགས་ལ་རྒྱའི་རིག་གནས་ཀྱི་ཤན་ཤུགས་ངེས་ཅན་ཞིག་ཐེབས་ཡོད་ཅིང་། རྒྱའི་གན་རྒྱའི་འབྲི་སྟངས་ཀྱང་ཐོག་མ་ཉིད་ནས་རང་ས་ནས་བྱུང་བ་མིན་ཏེ། "ཏུན་ཧོང་དང་ཐུ་རུ་ཕན་གྱི་གན་རྒྱ་ལས་རང་རྒྱལ་གནའ་རབས་ཀྱི་གན་རྒྱའི་ལམ་ལུགས་ཀྱི་འཕེལ་རྒྱས་དེ་ཐང་གི་དུས་སུ་ཚད་ཏ་ཅང་མཐོན་པོར་སླེབས་ཡོད་པ་དེ་གནའ་བོའི་རོ་མའི་གན་རྒྱའི་ལམ་ལུགས་དང་འདྲ་པོ་ཡོད་པས། རིག་གཞུང་ཞིབ་འཇུག་པ་ལ་ལས་རང་རྒྱལ་གྱི་གན་རྒྱའི་ལམ་ལུགས་དེ་གནའ་བོའི་རོ་མའི་ཁྲིམས་ལུགས་ཀྱི་གན་རྒྱའི་ལམ་ལུགས་རྒྱུན་འཛིན་བྱས་པར་སྟོམ་ཚིག་བཀོད་ཡོད"[30]ཅེས་བྱུང་བ་ལྟར་ཡིན། དེ་ཡང་ཡིན་ཏེ། གནའ་རབས་ཀྱི་ལོ་རྒྱུས་དེབ་ཐེར་མང་པོའི་ཁྲོད་རྒྱལ་ཁབ་དང་མི་རིགས་ཁག་ཕན་ཚུན་དབར་ཆོས་ལུགས་རིག་གནས་དང་ལམ་ལུགས་རིག་གནས་སོགས་ནང་འདྲེན་དང་དར་སྤེལ་བྱས་པའི་ལོ་རྒྱུས་ཟིན་ཐོར་བཀོད་པ་ཏ་ཅང་མང་ལ། རིག་གནས་གང་ཞིག་ཡིན་ཀྱང་རྒྱལ་ཁབ་དང་མི་རིགས་ཕན་ཚུན་དབར་ཁྱབ་སྤྲ་བས། གན་རྒྱའི་འབྲི་སྟངས་དེའང་ཐོན་སྐྱེད་ནུས་ཤུགས་འཕེལ་རྒྱས་སོང་བ་དང་བསྟུན་ནས་མི་རིགས་ཕན་ཚུན་དབར་ལད་ཟློས་བྱས་པའི་ཐོན་འབྲས་ཤིག་ཡིན་པར་སེམས། གཤམ་དུ་བོད་ཀྱི་གནའ་བོའི་གན་རྒྱ་རིགས་གསུམ་གྱི་དོན་ཚན་བསྡུར་ནས་རེའུ་མིག་ཏུ་བཀོད་ན་འདི་ལྟར་ཏེ།

ཉེ་ཚོང་དང་གླུ་གཞས། གཡར་ལེན་བཅས་ཀྱི་གཞས་རྒྱུའི་དོན་ཚན་གཞིབ་བསྡུར་རེའུ་མིག

གཞས་རྒྱུའི་དོན་ཚན། / ནང་དོན། གཞས་རྒྱུའི་རིགས།	གཞས་རྒྱུའི་དུས་ཚོད།	གཞས་རྒྱུ་འཛོམ་ཡུལ།	གཞས་རྒྱུ་འཛོག་མཁན།	གཞས་རྒྱུའི་ནང་དོན་གཙོ་བོ།	གཞས་རྒྱུ་དང་འགལ་བའི་ཆད་པ།	དཔང་མི།	སུག་རྒྱ་དང་ཐམ་ག	གཞས་རྒྱུའི་མིང་།
ཉོ་ཚོང་གི་གཞས་རྒྱ། (P.T1094)	བྱི་བ་ལོའི་དགུན་སླ་འབྲིང་པོའི་ཚེ་།	ཁྲོམ་གྱི་མདུན་ས།	ཨན་པེའུ་ཏིག ལི་གཡུ་ལེགས།	སྒང་དམར་པོ་གཅིག་དངུལ་སྲང་གསུམ་གྱིས་ཉོས་པ།	ལོ་ཟན་ཡལ་ཟུགས་སྲང་གཉིས།	སྟག་བཟང་ཅི་ཉི། ལེགས་བཟང་ལེགས། ལུ་སྲང་འདོ།	པེའུ་ཏིག་གི་སུག་རྒྱ་དང་ཐམ་ག་བརྒྱད་འགོད།	ལྗོ་མྱི་ལ་སྒང་མཇལ་པ་འི་དཔང་རྒྱ།
གླས་པའི་གཞས་རྒྱ། (P.T12974)	སྟག་གི་ལོ།		དགེ་སློང་ཏེ་ཛང་། ཤེ་ཕྱི་ཤེ།	ནས་ཞིང་ལྷུ་བཅུ་ལྟག་ཞིག་བཟའ་བ།	འཕྲུལ་གྱི་ཐོག་ལྷུ་བཅུ་བཟའི་བའི་ཡུལ་ཐང་དང་སྦྲུརད་ནས་ཐུ་ཚམ་འབབས།	ཨོམ་ལྷ་ལེགས། ཀྱག་སྟག་སན། འུང་གཡུ་སྟོན། ཅང་ཚེ་ཚེ།	ཤེ་ཕྱི་ཤེའི་སུག་ཡིག་ཚད།	
གཡར་བའི་གཞས་རྒྱ། (P.T12971)	གསལ་པོ་བཀོད་མེད།	གཙུག་ལག་ཁང་།	ཏུ་ཛོ་ཛོ། བན་དེ་ལེང་ཏེན།	གྲོ་ནས་རྒྱ་ཤེག་བརྒྱད་ཡང་སྨིན་དུ་བླངས།	རང་རེང་འཚལ་ན། གཅིག་ལས་གཉིསུ་བསྒྱུར།	འུང་སྟའུ་ཅིའུ་ལྷ་ལེགས།	ཛོ་ཛོ་དང་ཁས་ལེན་གྱི་སུག་རྒྱ།	

གོང་དུ་བོད་བཙན་པོའི་དུས་ཀྱི་ཚབ་མཚོན་རང་བཞིན་ལྡན་པའི་གཞས་རྒྱ་གསུམ་གྱི་དོན་ཚན་གཤིབ་བསྡུར་བྱས་ཡོད་པ་ལས་ཉོ་ཚོང་གི་གཞས་རྒྱP. T1094ནི་སྐབས་དེའི་གཞས་རྒྱ་ལ་ངོ་བོའི་སྒོ་ནས་གཉིས་སུ་དབྱེ་བའི་ཁྲིམས་ཀྱི་རང་བཞིན་ལྡན་པའི་གཞས་རྒྱ་དང་། གཞན་གཉིས་ནི་དམངས་དང་གཙུག་ལག་ཁང་དམ་དགོན་པའི་དབར་བཞག་པའི་གཞས་རྒྱ་ཞིག་ཡིན། ཏུན་ཧོང་ཡིག་ཆིང་དུ་གཡར་བ་དང་གླས་པའི་གཞས་རྒྱའི་ཡིག་ཆ་མང་བའི་རྒྱུ་མཚན་ཡང་སྐབས་དེར་ཏུན་ཧོང་གཅིག་པུ་ རུ་དགོན་པ་བཅོ་བརྒྱད[31]ཙམ་ཡོད་ཅིང་། དགོན་པ་དེ་དག་གིས་ལོ་ཏོག་བཟ་བའི་དུས་སུ་མང་ཚོགས་གླས་ཏེ་བཟ་བ་དང་། མང་ཚོགས་ལ་རྒྱུགས་ཆད་པ་དང་ས་བོན་མེད་ན་དགོན་པ་དེ་དག་ལས་གཡར་ཏེ་སྨིན་ཚབ་ཇི་ལྟར་སྤྲོད་དགོས་སྐོར་སོགས་ལ་གཞས་རྒྱ་འབྲི་སྲོལ་ཡོད་པས་ཡིན། དེས་ན་དམངས་དང་དམངས་དབར་དང་། དམངས་དང་དགོན་པའི་དབར་བཞག་པའི་གཞས་རྒྱ་དེ་ཁྲིམ་གྱི་མདུན་ནས་བཞག་པ་ཞིག་མིན་ན། གཞས་རྒྱ་འཛོག་མཁན་དང་། ནང་དོན་གཙོ་བོ། གཞས་རྒྱ་དང་འགལ་བའི་ཆད་པ། དཔང་མི། སུག་ཚད་འདེབས་མཁན་

བཅས་ཀྱི་དོན་ཚན་གསལ་ཐག་ཆོད་པ་འབྲི་དགོས་པ་ལས། གན་རྒྱའི་དུས་ཚོད་དང་། གན་རྒྱ་འཛོག་ཡུལ། གན་རྒྱའི་མིང་བཅས་དེ་འདྲ་ཁ་གསལ་མིན་ཀྱང་ཚིག་པ་གན་རྒྱའི་མ་ཡིག་ལ་བལྟས་ན་ངེས་ཤེས་འདྲོང་ནུས། ཐང་རྒྱལ་རབས་ཀྱི་དུས་སུ་གན་རྒྱ་འབྲི་བའི་ཚད་མཐོན་པོར་སླེབས་ཡོད་ཅེས་མཁས་པ་རྣམས་ཀྱིས་གསུངས་པའི་རྒྱུ་མཚན་ཡང་ཕྱོགས་གཅིག་ནས་གན་རྒྱ་དེའི་རིགས་ཁྲིམས་ཀྱི་ཁོངས་སུ་བསྡུས་པ་དང་། གཉིས་ནས་གན་རྒྱ་དེའི་རིགས་སྐབས་དེའི་སྤྱི་ཚོགས་ཀྱི་དགོས་མཁོ་དང་བསྟུན་ནས་ཁྱབ་ཁོངས་མང་པོར་སྤྱོད་ཅིང་སྤྱི་ཚོགས་བདེ་འཇགས་དང་དཔལ་འབྱོར་འཕེལ་རྒྱས་ལ་སྐུལ་འདེད་ཀྱི་ནུས་པ་བཏོན་ཡོད་པས་སོ། །

མཇུག་བསྡུ་བའི་གཏམ།

ཐྱ་རན་སི་དང་དབྱིན་ཇི་འུ་ཤར་ཚགས་བྱས་པའི་ཏུན་ཧོང་ཡིག་རྙིང་གྲས་སུ་དཔལ་འབྱོར་སྐོར་གྱི་ཡིག་ཆ་འགངས་ཆེན་ཡིན་པའི་གཞུང་ཡིག་མང་དག་ཅིག་ཡོད་པ་དེ་དག་ལས་གན་རྒྱའི་སྐོར་གྱི་གཞུང་ཡིག་དེ་དག་ནི་དུས་རབས་བརྒྱད་པ་དང་དགུ་པའི་སྐབས་ཀྱི་བོད་བཙན་པོའི་སྲིད་འཛིན་སྒྲིག་གཞི་དང་། དཔལ་འབྱོར་ལམ་ལུགས། དཔོན་གནས་ལམ་ལུགས་བཅས་ལ་ཞིབ་འཇུག་བྱེད་པར་རམ་འདེགས་ཐུབ་པའི་དཔྱད་གཞིའི་རྒྱུ་ཆ་གལ་ཆེན་ཞིག་ཏུ་ངེས་ཤིང་། ལྷག་དོན་སྐབས་དེའི་ཞིང་ལས་རིག་གནས་ལ་དཔྱད་ཞིབ་བྱེད་པའི་ཐོག་མའི་དཔྱད་གཞིའི་རྒྱུ་ཆ་ཡིན་པས། བོད་ཀྱི་ཡིག་རྙིང་ཞིབ་འཇུག་པ་ཚོས་དེ་དག་ལ་དོ་སྣང་བྱ་རྒྱུ་གལ་ཆེ་བར་སྣང་། ཁོ་བོས་འདིར་བོད་ཀྱི་གནའ་བོའི་གན་རྒྱའི་མིང་གི་བརྡ་དོད་དངP. T1094ཡི་གན་རྒྱ་དེ་བཞག་པའི་དུས་ཚོད། འཛོག་ཡུལ། མི་སྣ། དོན་ཚན། མཇུག་ཏུ་འཁོད་པའི་ཐམ་ག་བཅས་ཀྱི་སྐོར་ལ་ཕྱོགས་ཡོངས་ནས་རང་བློས་ལྟོགས་ཚོད་ཀྱིས་དཔྱད་པ་བྱེད་ཁུལ་ཡིན་ནའང་། འགལ་འཛོལ་ཅི་རིགས་མཆིས་སྲིད་པས་མཁྱེན་ལྡན་རྣམས་ཀྱིས་དགོངས་འཆར་ལྷུག་སྤྲོལ་ཡོང་བའི་རེ་བ་ཞུའོ། །

མཆན།

[1] [2] 杨铭著：《吐蕃统治敦煌与吐蕃文书研究》，中国藏学出版社，2008年，第73页。

[3] [3] [5] 陆离著：《吐蕃统治河陇西域时期制度研究》，民族出版社，2011年，第83、82、292页。

[6] [20] [日]武内绍人著：杨铭、杨公卫译：《敦煌西域古藏文雇佣契约研究》，载《西域研究》，2013（4）。

[7] 王尧、陈践译注：《敦煌古藏文文献探索集》，上海古籍出版社，2008年，第187页；陆离著：《吐蕃统治河陇西域时期制度研究》，中华书局，2011年，第260–262页；TsuguhitoTakeuchi：《OldTibetanContractsfromCentralAs

ia》，第139–144页，plates3.

[8] སྒྲོལ་མ་ཚེ་རིང་། 《ཏུན་ཧོང་གཏེར་ཡིག་ཁྲོད་ཀྱི་ཚོང་ལས་གན་རྒྱ་ཞིག་ལ་དཔྱད་པ།》 ནུབ་བྱང་མི་རིགས་སློབ་གྲྭ་ཆེན་མོའི་རིག་གཞུང་དུས་དེབ། 2010ལོའི་དེབ་གཉིས་པ།

[9] [21] 陆离著:《吐蕃统治河陇西域时期制度研究》，民族出版社，2011年，第71、316页。

[10] 杨铭著:《唐代吐蕃与西北民族关系史研究》，兰州大学出版社，2012年，第182页。

[11] 陆离著:《吐蕃统治河陇西域时期制度研究》，中华书局，2011年，第259页。

[12] [22] [25] ལྷང་ཡའོ་དང་ཁྲིན་ཙན་གཉིས་ཀྱིས་བསྒྱུར་མཆན་ཞུས། 《ཏུན་ཧོང་ནས་ཐོན་པའི་བོད་ཀྱི་གནའ་ཡིག་ཞིབ་དཔྱད་ཕྱོགས་བསྒྲིགས།》 ཧྲང་ཧའེ་གནའ་དཔེ་དཔེ་སྐྲུན་ཁང་། 2008ལོའི་ཟླ8པའི་པར་གཞི་དང་པོ། ཤོག་ངོས185、187、211པ་བཅས་སུ་གསལ།

[13] 周伟洲著:《藏史论考》，兰州大学出版社，2010年，第89页。

[14] 马德:《Khrom词义考》，《中国藏学》，1992(2)；吴瑞:《KHROM：七–九世纪吐蕃帝国的行政单位》，沈卫荣译《国外藏学研究译文集》(第一辑)，西藏人民出版社，1985；荣新江:《通颊考》，《文史》，北京：中华书局，1990；杨铭:《通・颊考》，《敦煌学辑刊》，1987(2)；山口瑞风:《汉人及通颊人沙洲吐蕃军团编成的时期》，《东京大学文学部文化交流研究纪要》，第5号，1981年。

[15] [19] 杨铭: 英藏新疆麻札塔格、米兰出土藏文写本选介(三)，——武内绍人《英国图书馆藏斯坦因收集品中的新疆出土古藏文写本》部分，《敦煌学辑刊》，2005（3）。

[16] 见于斯坦因原编：M. L. ii. I. b，大英图书馆东方文献部编号Or. 15000／284.

[17] 见于斯坦因原编：M. L. xxx. 001，大英图书馆东方文献部编号Or. 15000／151.

[18] 胡静、杨铭: 英藏新疆麻札塔格、米兰出土藏文写本选介(四)，——武内绍人《英国图书馆藏斯坦因收集品中的新疆出古藏文写本》部分，《敦煌学辑刊》，2007（3）。

[23] [日]山口瑞风著，高然译:《吐蕃统治的敦煌》，载《国外藏学研究译文集》(第一辑)，西藏人民出版社，1985年。

[24] [美]贝克威斯著，关学君译《西藏与欧亚早期中世纪繁荣—吐蕃王朝经济史初探》载《西藏民族学院学报》，1983（4）。

[26] རྡོ་གྲོས་རྒྱ་མཚོ་དང་བཀྲ་ཤིས་དངོས་གྲུབ། 《བརྡ་རྙིང་ཚིག་མཛོད་གསར་བསྒྲིགས》 བོད་ལྗོངས་མི་དམངས་དཔེ་སྐྲུན་ཁང་། 2011ལོའི་ཟླ་11པའི་དཔར་ཐེངས་དང་པོ། ཤོག་ངོས116པར་གསལ།

[27] 王尧:《敦煌吐蕃文书P. T1297号再释——兼谈敦煌地区佛教寺院在缓和社会矛盾中的作用》，载《中国藏

学》，1998（1）。

[28] ཉི་མ་ཚེ་རིང་། 《མངའ་རིས་སྨུ་རྫིང་རྫོང་འཁོར་ཆགས་གྲོང་ཚོ་ནས་གསར་དུ་རྙེད་པའི་མནའ་གན་དང་གན་རྒྱའི་ཤོག་དྲིལ་ཁག་གཉིས་ལ་དཔྱད་པ།》《གྲུང་གོའི་བོད་རིག་པ།》 2012ལོའི་དེབ་བཞི་པ།

[29] 扎呷编著:《藏文大藏经概论》，青海人民出版社，2008年，第117页。

[30] 陈永胜著:《敦煌吐鲁番法制文书研究》，甘肃人民出版社，2000年，第80页。

[31] ཏུན་ཧོང་གི་དགོན་པ་བཅོ་བརྒྱད་དང་བཙུན་མའི་དགོན་པ་དྲུག་གི་མིང་འདི་དག་རྒྱ་ཡིག་ལས་འབྱུང་བ་དང་། དགོན་མིང་ཡོད་དོ་ཅོག་སྒྲ་སྒྱུར་བྱས་ན་སྐབས་དོན་ལ་གནོད་པར་དོགས་ནས། ཤོག་དྲིལ་ཨང་རྟགསp. 3100དང་s. 1501ལས་བྱུང་བ་ཇི་བཞིན་དྲངས་ན། 龙兴、大云、莲台、灵图、金光明、永安、乾元、开元、报恩、行善、永健、永寿、三界、净土、显德、朝明、宕泉窟、西窟等。还有尼寺六所：灵修、普光、大乘、安国、圣光、潘原堡。

《བོད་ལྗོངས་ཞིབ་འཇུག》 ༢༠༡༥ལོའི་དེབ་བཞི་པ་ལས་བཏུས།

༄༅། །ཏུན་ཧོང་ཡིག་རྙིང་ཨང་Pel. Tib. 0992ནང་གི་འཕྲུལ་གྱི་ཐྱིག་ཤུས་བསྟན་པའི་མདོར་དཔྱད་པ།

——ཡིག་ཆ་ཁག་ལྔའི་ཁྱད་ཆོས་དང་ཁྱད་པར་ཞིབ་སྟུར།

སངས་རྒྱས་མཁར།

ཏུན་ཧོང་ཡིག་ཚང་ཉིད་ནས་ལོ་ངོ་ཆིག་བརྒྱ་ལྷག་སོང་ཚོད། དེའི་རིང་ཡིག་ཆ་ཕལ་མོ་ཆེ་ནི་རང་ཅག་རྣམས་ཀྱིས་གཏན་ནས་མཇལ་ཐུབ་ཀྱི་མེད་པས། ཡིག་རྙིང་གི་ནང་དོན་ལ་ཁྱོན་ཡོངས་ནས་རྒྱུས་ལོན་བྱེད་རྒྱུ་ནི་བློ་ཡུལ་ལ་མི་ཤོང་བར་གྱུར་ཡོད། ཉེ་བའི་ལོ་འདི་འགའི་ནང་ཧྲང་ཧེ་དཔེ་རྙིང་དཔེ་སྐྲུན་ཁང་སོགས་ཀྱིས་ལས་གཞི་གཉེར་ཏེ། ཧྥ་དབྱིན་རྒྱལ་ཁབ་ལ་ཉར་བའི་བོད་ཀྱི་བཛ་རྙིང་ཡིག་ཆ་ལེགས་སྒྲིག་བྱས་ཤིང་། ངོ་བོ་འགྱུར་མེད་ཀྱིས་པར་དོད་བརྒྱབ་ནས་འཛམ་གླིང་སྐང་འགྲེམ་སྤེལ་བྱས། དེ་ལྟར་བྱུང་བས་བོད་ཀྱི་བཛ་རྙིང་ཡིག་ཆའི་གཞི་བརྗིད་སྔར་ཡང་རྒྱས་ཤིང་། ཤུག་བྲིས་ཀྱིས་འཁོད་པའི་ཡིག་རྙིང་གི་བརྗོད་དོན་སྔར་ཡང་གསོན་པོར་གྱུར་ཏེ། ཡུན་རིང་བག་ལ་ཞ་བའི་ཐུ་རྫོད་རིག་གནས་ཀྱི་དཔལ་ཡོན་མངོན་པར་རྒྱས་པ་འདིས། རང་ཅག་རྣམས་ལ་ཡིག་རྙིང་ཀློག་པའི་གོ་སྐབས་གསར་པ་བྱིན་ཅིང་། ཞིབ་འཇུག་བྱེད་པའི་ཁ་ཕྱོགས་གསར་པ་བསྟན་ལ། གནད་དོན་རྙིང་པར་དཔྱོད་ཐབས་གསར་པ་སྤྱོད་པའི་དྲན་སྐུལ་ཉེ་བར་བསྐྲངས། དེ་བས་ཧྥ་ཉར་ཡིག་ཆའི་ནང་བྱུང་བའི་འཕྲུལ་གྱི་ཐྱིག་ཤུས་བསྟན་པའི་མདོའམ་བསླབ་བྱ་གང་དེར། ཁོ་བོས་མཐོང་བའི་ཤུག་བྲིས་ཡིག་ཆ་མི་འདྲ་བ་ཁག་ལྔ་བྱུང་འདུག་པས། དེ་དག་གི་ཤུག་བྲིས་ཡིག་གཟུགས་དང་བྲི་ཤོག་གི་བཟང་ངན། ཤོག་དྲིལ་གྱི་ཆེ་ཆུང་། ཆད་ལྷག་གི་ཁྱད་པར་སོགས་མི་འདྲ་བར་མཐོང་བའི་ཕྱིར་ན། འདིར་གནད་དོན་དེ་དག་ལས་འཕྲོས་ནས་ཐོག་མར་ཁྱད་ཆོས་ངོ་སྤྲོད་བྱེད་པ་དང་འབྲེལ། ཡིག་ཆ་སོ་སོའི་ཚིག་རིས་མི་འདྲ་བའི་ཁྱད་པར་རེའུ་མིག་གིས་ཞིབ་སྟུར་བྱས་ཏེ་གསལ་བར་སྟོན་པ་ལ། གཤམ་གསལ་དོན་ཚན་གཉིས་ཀྱིས་འཇུག་པར་བྱ་སྟེ།

དང་པོ། ཡིག་ཆ་ཁག་ལྔའི་ཁྱད་ཆོས་བཤད་པ།

ཏུན་ཧོང་ཡིག་རྙིང་ལས་བྱུང་བའི་བསླབ་བྱའམ་ཕྱི་མའི་མི་རྣམས་ལ་བསྟན་པའི་མདོ་འདིའི་མ་

ཡིག་ལ། སུག་བྲིས་གནང་བའི་ཤོག་དྲིལ་གྱི་ཡིག་ཆ་མི་འདྲ་བ་ཁག་ལྔ་བྱུང་ཞིང་། སོ་སོའི་བྲི་ཤོག་གི་ཆེ་ཆུང་དང་བྲིས་ཡིག་གི་བཟང་ངན། དག་ཆའི་ཁྱད་པར་སོགས་ཀུན་ནས་མི་མཚུངས་པས། གང་ཞིག་ཐོག་མར་བྲིས་པའི་མ་ཡིག་དང་གང་ཞིག་ཕྱིས་སུ་བཅད་པའི་བུ་ཡིག་ཡིན་སྐོར་གཏིང་ཐག་མི་ཆོད་ལ། སོ་སོར་རང་རང་གི་ཁྱད་ཆོས་དང་ཆད་ལྷག་གི་ཁྱད་པར། ལྷག་པར་དུ་བྲི་ཤོག་དང་ཡིག་ཆའི་ཞིང་ཚད་སོགས་ཐ་དད་པར་ཡོད་ཕྱིར། ཐོག་མའི་བདག་བཟུང་གནང་མཁན་ཧྥ་རན་སིའི་རྒྱལ་འབངས་ཕོལ་ཕེ་ལིའུ་ཏེ(Paul Pelliot 1879-1945ལགས་ཀྱིས་ཀྱང་། ཐ་དད་དུ་བྱུང་བ་ནང་བཞིན་ཚབ་གྲངས་ཀྱང་སོ་སོ་ཐ་དད་པར་བརྒྱབ་སྟེ། Pelliot tibetain. Touen-houang 0037[1]དང་། Pel. Tib. 0107v[2] Pel. Tib. 0126[3]Pel. Tib. 0640A[4] pel. Tib. 0992[5]རྣམས་བཀོད་ནས་རིགས་དབྱེ་སོ་སོར་ཕྱེ། ཡིག་ཆ་ཨང་Pei. Tib. 0107vཔ་འགྲོ་ཆད་པའི་ཕྱིར་ན། དང་ཐོག་རྫོགས་པར་བྲིས་ཡོད་མེད་མི་ཤེས་པ་དང་། ཡིག་ཆPel. Tib. 0037པ་དང་། Pei. Tib. 0640Aལ་གཉིས་ཐོག་མ་ནས་འབྲི་འགྲོར་ལུས་པའི་ཚུལ་མངོན་གསལ་དོད་པོར་ཡོད་པ་ཕུད། གཞན་གཉིས་ནི་ཐོག་མའི་བརྐྱ་འཕྲོག་དང་ཚོང་སྒྱུར་བྱས་པ་སོགས་ཀྱིས་རྟུལ་སྐྱོན་བྱུང་ནས་ཁ་ཚང་མིན་ཅི་རིགས་ཐོན། དེ་ལྟའི་རྒྱུ་རྐྱེན་ངན་པས་འདིར་ཡང་ཡིག་ཆ་ཨངPcl. Tib. 0992པར་བྱུང་བའི་བསླབ་བྱ་ཆ་ཚང་བ་མ་གཏོགས། ཡིག་ཆ་ཨངPel. Tib. 0107vདངPel. Tib. 0126གཉིས་ཁ་མི་ཚང་བས། སྟ་མ་ལ་སྟོད་ཀྱི་ཆ་ཕྲན་བུ་ལས་ལྷག་མ་ཡོངས་རྫོགས་མ་མཆིས་པ་དང་། ཕྱི་མ་ལ་སྟོད་ཀྱི་ཆ་ཕྲན་བུ་མ་གཏོགས་ལྷག་མ་ཡོངས་རྫོགས་ཧྲིལ་གྱིས་ཡོད་པས། འདི་གཉིས་མཐུད་ན་བར་གྱི་ཤོ་ལོ་ག་རེ་གཉིས་བསྒྱུར་པར་འབྱུང་བ་མ་གཏོགས། ནང་དོན་ཐོག་ཆ་ཚང་བའི་ཡིག་ཆ་བྱེ་བྲག་པ་ཞིག་ཏུ་བསྒྱུར་ཐུབ་པར་ཡོད། དེའི་ཐོག་ཡིག་ཆ་ཨངPel. Tib. 0640AདངPel. Tib. 0992པ་གཉིས་ཀྱང་བསྟན་ཏེ་གཤིབ་སྡུར་བྱས་ན། ཡིག་ཆ་དེ་དག་གི་ཚིག་དང་དོན་དང་བྲིས་ཀྱི་ཁྱད་པར་སོགས་མཐོང་ཐུབ་པར་ཡོད་ལ། བསླབ་བྱ་འདི་ཉིད་གཞི་གྲུབ་པའི་རྩོམ་ལུས་ཚིགས་བཅད་ཀྱི་གྲུབ་ཆ་དང་དོན་ཚན་གྱི་སྒྲིག་རིམ། ཚིག་ཕྲད་ཕན་ཚུན་གྱི་སྤྱ་ཕྱི་སོགས་ཁ་གསལ་དུ་མཐོང་ཐུབ་པར་ཡོད།

ཡིག་ཆ་ཨངPel. Tib. 0992པ་འདི་ཡང་སྤྱིར་ན་དེ་འདྲའི་ཁ་ཚང་བ་ཞིག་མིན་ཡང་། འདིའི་ནང་ལ་ཡོད་པའི་ཁྲིག་ཤུ་མོའི་བསླབ་བྱ་གང་དེ་མགོ་ཇ་ཧྲིལ་གྱིས་བཞུགས་པའི་ཡིག་ཆ་ཁ་ཚང་ཞིག་ཡིན། ཡིག་ཆ་འདིའི་བསྟན་དོན་བསླབ་བྱར་ངེས་ཀྱང་བསླབ་བྱ་སྟོན་མཁན་སོ་སོ་ཐ་དད་པར་འབྱུང་ཕྱིར། འདིར་ཕྱོགས་སྒྲིག་བྱས་ཏེ་སྤྱིའི་ཁ་ཡིག་ལ"ལེགས་ཉེས་ཀྱི་དོན་བྱེ་བྲག་ཏུ་བསྟན་པ"ཞེས་བཀོད་ཅིང་། ནང་དོན་འཇིག་རྟེན་མི་ཆོས་ཀྱི་གནས་ལུགས་ཇི་ལྟར་བཙེ་བའི་སྐོར་གྱི་བསླབ་བྱ་ཡིན་པར་གསལ་སྟོན་བྱས་ཏེ། དེའི་འོག་ཏུ་རབ་བྱེད་ཀྱི་ཡན་ལག་བསྟན་བྱ་མི་འདྲ་བ་ཁག་ལྔ་བཀོད་ནས་སྲང་བླང་གནང་ཚུལ་གནས་ལུགས་ཀྱི་སྒོ་ནས་བསྟན་ཡོད། རབ་བྱེད་ཀྱི་ཁ་ཡིག་བསྟན་བྱའི་ཆོས་ཀྱི་ཐོག་མར་བྱུང་མིན་ཅི་

རིགས་སུ་སྣང་ཡང་། མཐའི་རྫོགས་མཚམས་ལ་ཁ་གསལ་དུ་འབྱུང་བའི་སྐབས་ཀྱིས་ཕན་ཚུན་མི་འབྲུལ་བར་སོ་སོར་ཕྱེ་ནས་ཡོད། དེས་ན་རབ་བྱེད་དང་པོའི་འགོར་བསླབ་བྱ་སྤྱིའི་ཁ་ཡིག་ཙམ་ལས་མ་བཀོད་ཀྱང་། བམ་པོ་ཁ་མར་ལྟ། ལེའུ་ཁ་ཡར་ལྟ་ཞེས་པ་བཞིན(རྗེས་ཤེས་རབ་རྒྱ་མཚོའི་གསུང་རྩོམ་ཞོལ་པར་མའི་སྐྱེས་རབས་སོ་བཞིའི་ཆོས་ཐུན་དང་པོའི་གསུང་བཤད་ཀྱི་ཟིན་བྲིས་ལས་འབྱུང)རབ་བྱེད་ཀྱི་ཚན་པ་དེ་ཉིད་རྫོགས་པའི་མཚམས་ལ“མྱི་འི་སྤྱོད་ལམ་བྱེ་བྲག་ཏུ་བསྟན་པ་བརྫོགས་སོ”ཞེས་བྱུང་བས། ཚན་པའམ་རབ་བྱེད་དང་པོའི་ཁ་ཡིག་ལ“མིའི་སྤྱོད་ལམ་བྱེ་བྲག་ཏུ་བསྟན་པ”ཞེས་བཀོད་པར་སྣང་བ་ཤིན་ཏུ་གསལ། དེ་བཞིན་དུ་རབ་བྱེད་གཉིས་པ་ལ“ཀོང་ཙེ་ལ་ཕྲིའུ་སྤྲུལ་བས་ལན་བཏབ་པ”ཞེས་བྱུང་བ་དང་། གསུམ་པ་ལ“འཕྲུལ་གྱི་བྱིག་ཤུ་མོའི་བཀའ”ཞེས་བྱུང་བ་དང་། བཞི་པའི་འགོར“སུམ་པ་མ་ཤགས་ཆེད་པོ་ཞེས་བྱ་བ”ཞེས་བྱུང་བ་དང་། ལྔ་པའི་འགོར“རྒྱལ་པོ་གོ་འཕང་ཞེས་བྱ་བ”ཞེས་བྱུང་བས་ལྷུ་ཀྲང་སོ་སོར་གྲུབ་ཡོད་ཀྱང་། བསྟན་བཅོས་གཅིག་གི་ནང་བསྡུས་ནས་སྤྱི་ཁྱབ་ཀྱི་ཁ་ཡིག་བཀོད་པ་འདིས། མཚན་བྱང་ལ《ལེགས་ཉེས་ཀྱི་དོན་བྱེ་བྲག་ཏུ་བསྟན་པ》ཞེས་པའི་བསླབ་བྱ་ཕྱོགས་བསྡུས་ཀྱི་བསྟན་བཅོས་ཤིག་ཡིན་པ་ཤེས་ཐུབ། རབ་བྱེད་ཀྱི་ཁ་ཡིག་དེ་ལྟར་སོ་སོར་ཡོད་ཀྱང་བསྟན་བྱའི་དམིགས་གནད་བསླབ་བྱར་བཟུང་བ་དང་། བསླབ་བྱ་སྟོན་པའི་ཐབས་བདེན་པའི་གནས་ལུགས་བཤད་ནས་དྲང་པོའི་ངག་གིས་བསྐུལ་བ་དང་། འཕྲུག་པོའི་གཏམ་ལ་སྦྱར་ནས་དྲི་བ་དྲིས་ལན་གྱིས་གཙུན་པ་སོགས་ཅི་རིགས་སྤྱད་ཡོད་ལ། འདིར་ཁོ་བོས་དཔྱད་གཞིར་བླངས་པའི་འཕྲུལ་གྱི་བྱིག་ཤུས་བསྟན་པའི་བསླབ་བྱ་ནི། གོང་བརྗོད་རབ་བྱེད་ཀྱིས་ཉེ་བར་གྲུབ་པའི་བསླབ་བྱ་ཕྱོགས་བསྒྲིགས་འདིའི་ནང་གི་རབ་བྱེད་ཁག་གསུམ་པ་ཡིན།

བསླབ་བྱ་ཁག་གསུམ་པ་འདིའི་ལུས་ཚིགས་བཅད་ཤ་སྟག་ཏུ་ཡོད་པས། འདིའི་འདྲ་ཡིག་ཨངPel. Tib. 0037པ་ལ་འགོ་ནས་བཟུང་སྟེ་བྲིས་བརྒྱུད་བའི་བར་ཚིག་ཀྲང༡༢ལས་མི་འབྱུང་བ་དང་། ཡིག་ཆ་ཨངPel. Tib. 0107vཔར་འགོ་ནས་བཟུང་སྟེ་འཛྲ་ཆད་པའི་བར་ཕྱེད་བཅས་ཚིག་ཀྲང༣༧འབྱུང་། ཡིག་ཆ་ཨངPel. Tib. 0126པ་ལ་འགོའི་ཆད་མཚམས་ཡིག་འབྲུ་གཉིས་ཡོད་པ་ནས་རྫིས་ན་མཇུག་གྲུབ་པའི་བར་ཚིག་ཀྲང༡༧༧འབྱུང་། དེའི་ནང་ཚིག་ཀྲང་ཕྱེད་དང་གསུམ་བསྐྱར་བས་བསུབ་འདུག་པ་ཕུད་ལྷག་མ་ཚིག་ཀྲང་ཧྲིལ་པོ༡༧༥འབྱུང་། ཡིག་ཆ་ཨངPel. Tib. 0640Aཔ་ལས་འགོ་ནས་བཟུང་སྟེ་མཇུག་གི་འབྲི་མཚམས་བཞག་པའི་བར་ཚིག་ཀྲང༡༥༠འབྱུང་། ཡིག་ཆ་ཨངPel. Tib. 0992པ་འགོ་ནས་བཟུང་སྟེ་མཇུག་གྲུབ་པའི་བར་ཚིག་ཀྲང་ཧྲིལ་པོ༡༨༧བྱུང་བས། བསླབ་བྱ་འདིའི་ལུས་ཡོངས་རྫོགས་ཚིག་ཀྲང་གི་ཁ་གྲངས་དེ་སྙེད་ཀྱིས་གྲུབ་ཡོད་པར་མཐོང་། འདི་གཞིར་བྱས་ཏེ་བརྟགས་ན་ཡིག་ཆPel. Tib. 0126པའི་ཆད་མཚམས་བར་ཚིག་ཀྲང་ཕྱེད་དང༢༠ཙམ་ཡོད་པས། དེ་ཡིག་ཆ་ཨངPel. Tib. 0992པའི་ཀྲང་གྲངས༡༨༧ལས་འཕྲིས་ན། ལྷག་མའི་ཚིག་ཀྲང་ཕྱེད་དང༡༦༨ཡོད་པ་དེ་ཡིག་ཆ་ཨངPel. Tib. 0126བར་བསྡུར་ན་དོ་མི་

མཉམ་པས་འགལ་བ་ཐོན། ཡིག་ཆ་ཨང་Pel. Tib. 0640Aཔར་ཐོན་པའི་ཚིག་རྐང་གི་ཁ་གྲངས་དེ། ཡིག་ཆPel. Tib. 0992པའི་ནང་གི་འདིའི་བརྟུལ་མཚམས་བར་བསྡུར་ན། ཚིག་རྐང་ལྷག་མ༧གྲིས་མང་ཞིང་ངོ་མི་མཉམ་པས། ཡིག་ཆ་ཕན་ཚུན་བར་ཚིག་རྐང་གི་གྲངས་ཚད་གཞི་མི་སྙོམས་པའི་འགལ་བ་མངོན་གསལ་དུ་བྱུང་འདུག འགལ་བ་དེ་དོན་དངོས་སུ་ཡིག་ཆ་ཕན་ཚུན་བར་གྱི་ཆད་ལྷག་བྱུང་བའི་སྐྱོན་ཡིན་པས། དེའི་གནས་ཚུལ་དོན་ཚན་ལྔ་པའི་ནང་ཞིབ་ཏུ་གླེང་བར་བྱའོ། །གང་ལྟར་བསླབ་བྱའི་རྩོམ་ལུས་ཁ་ཚང་བའི་ཡིག་ཆ་ཨང་Pel. Tib. 0992པ་ལ་ཚིག་རྐང་རྩིལ་པོ༧༤༧ཡོད་ཅིང་། ཆ་སྙོམས་བྱས་ན་ཚན་ཁག་གསུམ་པ་འདིར་ཏ་ལམ་ཤོ་ལོ་ཀ༤༤ཙམ་འབྱུང་།

ཡིག་ཆ་ཁག་ལྔའི་ཁྲི་ཤོག་གི་ཆེ་ཆུང་ངོ་མི་མཉམ་པས། Pel. Tib. 0037ནི་ཤོག་ངོས་ཆུང་ལ་དཀྱིལ་དུ་ཐིག་བརྒྱབ་ནས་དེའི་གཡས་གཡོན་དུ་ཐིག་ཕྲེང་བདུན་མས་བྲིས་ཡོད་པ་དང་། Pel. Tib. 0107vདང་Pel. Tib. 0640Aཔ་གཉིས་ནི་ཁྲི་གཞིའི་ཤོག་བུ་སྣ་ཐུང་དུ་ཡོད་པ་ལ། ཤོག་ལྷེབས་རེར་སྔ་མར་ཐིག་ཕྲེང་དྲུག་རེ་དང་ཕྱི་མར་ཐིག་ཕྲེང་ལྔ་རེ་བྲིས་འདུག Pel. Tib. 0126ནི་སྐབས་དེའི་སྤྱི་ཚོགས་བྱེད་སྒོའི་ཡིག་ཆ་འབྲི་བའི་རྒྱུན་སྲོལ་གྱི་ཤོག་དྲིལ་ལ་བཀོད་ཡོད་པ་སྟེ། ཤོག་ཞེང་ནི་ཅུང་ཆུང་ཡང་སྲིད་ལ་དགོས་དབང་གིས་མུ་མཐུད་ནས་རིང་བར་ཡོད་པས་ཤོག་དྲིལ་ཤ་སྟག་ཏུ་འབྱུང་། Pel. Tib. 0992ནི་ཤོག་ཞེང་གི་རྣམ་པ་ནི་ཕལ་ཆེར་ད་ལྟའི་ཁྲི་ཤོག་དཀྱུས་མའི་ཚུལ་ཅན་དུ་ཡོད་ཀྱང་། ཤོག་དྲིལ་གྱི་རྣམ་པར་མ་བྱས་པར་ཡུག་སྦྲེལ་གྱིས་ལྷེབ་མའི་ཚུལ་ཅན་དུ་ཐོན། དེ་ལྟའི་ལྷེབ་ཤོག་སྦྲེལ་མའི་ངོས་རེར་ཆུང་ནི་ཕལ་མོ་ཆེར་ཡིག་ཕྲེང་དགུ་རེ་དང་རེ་གཉིས་ལ་བཅུ་ཐམ་པ་རེ་བྲིས་འདུག ཡིག་ཆ་འདི་དག་གི་འབྲི་ཤོག་སྤྱོད་པའི་རྒྱུ་ཆའི་ཁྱད་པར་ཅུང་མི་འདྲ་བར་ཡོད་པ་ནི། རྡ་ཉར་པར་མའི་ཏུན་ཧོང་ཡིག་ཆ[6]ལས་ཅུང་ཟད་མཐོང་ཐུབ་པར་ཡོད་ཀྱང་། ཁོ་བོས་འདིར་བུ་ཡིག་པར་མ་ཙམ་ལས་མ་ཡིག་ངོ་མའི་ཤོག་རྒྱུ་ཇི་ལྟར་ཡོད་པ་མཐོང་མ་ཐུབ་པས། དེའི་སྐོར་གྱི་ཁྱད་པར་ཞིབ་སྟུར་བྱེད་རྒྱུ་ནི་ཆ་རྐྱེན་གྱིས་མ་འདངས་པས་འདིར་གླེང་ཐབས་མ་བྱུང་། ཡིན་ཀྱང་ཏུན་ཧོང་ཡིག་རྙིང་སྤྱིའི་འབྲི་ཤོག་སྤྱད་པའི་གནས་ཚུལ་ལ་བལྟས་ན། ཆོས་ལུགས་སྐོར་གྱི་ཤེས་བྱ་བཀོད་པ་རྣམས་ནི་ཤོག་རྒྱུ་བཟང་ཞིང་འཇམ་པོར་ཡོད་པ་དང་། སྤྱི་ཚོགས་བྱེད་སྒོའི་སྐོར་གྱི་ཟིན་བྲིས་བཀོད་པ་རྣམས་ནི་ཤོག་རྒྱུ་ཞན་ལ་སྲིང་པོར་ཡོད་པས་མི་ཚད། སྔ་མ་ཐིག་ཕྲེང་སྙོམས་ཤིང་དྲང་ལ་ཞུ་དག་གིས་ཟིན་པས་བཛ་སྦྱོད་དག་མོར་ཐོན་ཡོད་པ་དང་། ཕྱི་མ་ཐིག་ཕྲེང་མི་སྙོམས་པའི་ཁར་ཕྲེང་འཁྱོག་པའི་གནས་ཚུལ་ཡང་ཐོན་ཞིང་ཞུ་དག་གིས་ཀྱང་མ་ཟིན་པས་བཛ་སྦྱོད་ནི་དེ་འདྲའི་དག་མོར་བྱུང་མེད། ཕྱིར་འདིའི་གནས་ཚུལ་ནི་སྤྱོད་ཤོག་གི་རྒྱུ་ཆ་དང་དུས་ཁ་རྒྱག་ཚུལ་སོགས་ཀྱིས་ཁྱད་པར་ལས་ཐོན་པས་ན། བལྟས་པ་ཙམ་གྱིས་ས་ལེར་མཐོང་ཞིང་ཧེ་བག་གསལ་རྟོགས་ཐུབ་པར་ཡོད། འདི་ལས་ང་ཚོས་ཏུན་ཧོང་ཡིག་ཚང་གི་སྐབས་དེའི་འབྲི་ཤོག་སྤྱོད་པའི་ལམ་

ལུགས་དང་སྲུག་བྲིས་གནང་ཚུལ། རིན་ཐང་འཇལ་ཚུལ། དོ་གཟབ་ཞུ་སྟངས་སོགས་མཐོང་ཐུབ་པར་ཡོད། འབྲི་ཤོག་དེ་ལྟར་མི་འདྲ་བའི་ཐོག་སྲུག་བྲིས་གནང་བའི་ཡིག་གཟུགས་ཀྱི་ཡག་མིན་ཡང་མི་འདྲ་སྟེ། ཡིག་ཆ་ཨང་Pel. Tib. 0107vདང་། Pel. Tib. 0992པ་གཉིས་སྲུག་བྲིས་གནང་སྟངས་ཙུང་ལེགས་པོར་ཡོད་པ་དང་། ཡིག་ཆ་ཨང་Pel. Tib. 0640Aཔའི་བྲིས་ཡིག་སྔ་མ་དེ་གཉིས་ལས་ཙུང་ཞན་མོད། ཕྱི་མ་གཉིས་ལ་བསྡུར་ན་ཙུང་ལེགས་ཚོད་དུ་འབྱུང་། ཡིག་ཆPel. Tib. 0126དངPel. Tib. 0037པ་གཉིས་སྲུག་བྲིས་གནང་ཚུལ་གཏན་ནས་མི་ལེགས་པས། གོང་བརྗོད་ཡིག་ཆ་དེ་དག་གི་ཐོག་མའི་སྲུག་བྲིས་གནང་མཁན་དང་དེའི་ཞུ་གཤིབ་གཉེར་བའི་དོ་སྣང་གི་ཚད་གཞི་ཆགས་སྟངས་སོགས་གཏན་ནས་མི་འདྲ་བར་འབྱུང་། སྤྱིར་བཏང་བཤད་ན་ཏུན་ཧོང་ཡིག་རྙིང་ནང་བྲིས་ཡག་མིན་ཅི་རིགས་འབྱུང་ཞིང་། དེ་ལས་ཆོས་ལུགས་སྐོར་གྱི་ཡིག་ཆའི་བྲིས་ཙུང་ཡག་ལ། སྤྱི་ཚོགས་བྱེད་སྒོའི་སྐོར་གྱི་ཡིག་ཆའི་བྲིས་དེ་ཙམ་མི་ཡག་པས། རྟོལ་གྱིས་བལྟས་ན་ལས་དང་པོ་བ་རྣམས་ཀྱིས་བྲིས་པའི་ཚུལ་དུ་འབྱུང་། ཡིག་ཆ་འགའ་ཞིག་ལ་བྲིས་ཡིག་དཀར་ནག་འདྲེས་མར་བྱུང་བ་སོགས་ཡོད་ཀྱང་། འདིའི་ཡིག་ཆ་ཁག་བཞི་དབུ་ཅན་ཁོ་ན་ལ་སྐྱོན་འདུག་པས་བསླག་བདེ་པོ་ཡོད། ཡིག་ཆPel. Tib. 0992འདི་སྲུག་བྲིས་ཀྱི་ཆ་ནས་ཙུང་འབུར་ཐོན་དུ་ཡོད་པས། ཚིགས་བཅད་ཐང་མཐར་ཉིས་ཤད་ཐོབ་པ་གཞན་དག་དང་འདྲ་ཡང་། ཉིས་ཤད་ཀྱི་གོང་ལ་བར་ཚེག་བྱེད་པ་ཡིག་ཆ་འདི་ཁོ་ནར་མཐོང་། སྤྱིར་ན་ང་མ་གཏོགས་ཤད་ཀྱི་སྔོན་ལ་བར་ཚེག་མི་ཐོབ་ཅིང་། ཏུན་ཧོང་ཡིག་ཆར་རྣམ་གཞག་དེ་ཡང་མཐའ་གཅིག་ཏུ་མ་ངེས་པའི་ཕྱིར་ན། ཡིག་ཆ་འདིར་ཤད་ཀྱི་གོང་ལ་རྟེལ་གྱིས་བར་ཚེག་བརྒྱབ་ནས་ཡིག་ཆ་གཞན་དག་དང་མི་འདྲ་བར་ཐོན་འདུག

གཉིས་པ། ཚིག་རིས་མི་འདྲ་བའི་ཁྱད་པར་ཞིབ་ཏུ་བསྡུར་བ།

ཏུན་ཧོང་ཡིག་ཚང་གཞི་གྲུབ་པའི་བྱེད་རྐྱེན་གཙོ་བོ་སྲུག་བྲིས་ཡིན། སྲུག་བྲིས་ཀྱིས་ཡིག་ཚང་སྒྲིག་པའི་དུས་རིམ་ནང་ཤེས་བྱའི་རྣམ་གཞག་ངོ་བོ་འགྱུར་མེད་ཀྱིས་ཡི་གེར་བཀོད་པ་དང་། གང་ཞིག་བཀོད་པའི་ཡིག་ཆ་རྩ་འཛིན་གྱིས་ཕྱུག་སྦྱལ་སོགས་ལ་བཙུག་པ་དང་། དེར་མ་བཙུག་པའི་སྔོན་ལ་ཡིག་མཁན་རྣམས་འདྲ་བཤུས་ཀྱིས་བུ་ཡིག་བཅད་ནས་ཁྱབ་སྤེལ་གནང་དགོས་པ་ཡོད། དགོས་དབང་གིས་དེར་བསྐྱར་བཤུས་དང་ཡང་བཤུས་སོགས་གནང་ནས། ཡིག་ཆ་གཅིག་ལ་འདྲ་ཡིག་བྲིས་མའི་རིགས་ཅན་མང་པོ་བྱུང་། དེ་ལྟའི་བཤུས་རིམ་མང་པོ་དགོས་པ་ཡོད་མིན་གྱིས་སོང་བར་བསྟུན། བཤུ་མཁན་དང་ཞུས་མཁན་གྱི་ངོས་ནས་འཐུས་ཤོར་བྱུང་སྟེ། བུ་ཡིག་བཅད་པའི་ནང་ཆད་ལྷག་བྲིས་འཁྲུལ་བྱུང་ནས། ཡིག་ཆ་ཁག་མི་འདྲ་བར་གྱུར་པ་དང་། དེའི་ཐོག་བྲིས་སྲུས་ཞན་པ་རྣམས་མ་བརྟགས་པར་ཡིག་ཚང་གཅིག་ལ་ཉར་བ་སོགས་ཀྱིས། དུས་ཡུན་རིང་པོ་སོང་རྗེས་ད་བག་འབྲེད་མ་ཐུབ་པར་ཡིག་ཆ་དག་མའི་རིགས་ཀྱི་

དགེ་མཚན་ཡང་མཐོང་མི་ཐུབ་པར་གྱུར།

སྤྱིར་ན་ཐོག་མར་བྲིས་པའི་མ་ཡིག་དང་དེ་ལས་བཅད་པའི་བུ་ཡིག་གཉིས་ཀྱི་གང་ཡིན་ཀྱང་། འབྲི་མཁན་མིའི་རྣམ་རིག་སོ་ལ་གནས་མིན་གྱིས་ཆད་ལྷག་བྲིས་འཁྲུལ་བྱུང་བའམ། ཡང་ན་འགྱུར་ངེས་པར་ཡོད་པ་ནི་གདོན་མི་ཟ་བར་གྲུབ་པས། གང་ཞིག་བྲིས་བཤུས་དང་ཞུས་རིམ་གྱི་ལས་ཀའི་ནང་དོན་གཟབ་གནང་ཡོད་ན། བྲིས་ཐོན་གྱི་ཡིག་ཆའི་ནང་འཛུས་ཤོར་དེ་ཙམ་བྱུང་མེད་པ་དང་། དོ་གཟབ་ཀྱིས་མ་འདངས་པའམ་དང་དོད་མ་བྱས་པ་ཡིན་ན། ཆད་ལྷག་བྲིས་འཁྲུལ་གྱི་སྐྱོན་མང་པོ་བྱུང་ཡོད་པས། དེའི་སྐོར་གྱི་གནས་ཚུལ་ཆོས་ལུགས་དང་སྤྱི་ཚོགས་ཀྱི་ཡིག་ཆ་ཁག་གཉིས་ནང་རང་ཉིད་ཁ་གྲགས་ནས་ཐོན་ཡོད། དེས་ན་ཆོས་ལུགས་སྐོར་བྲིས་པའི་ཡིག་ཆ་རྣམས་ནི། ནན་ཏན་བྱས་ཐོག་ཞུ་དག་གིས་ཀྱང་ཟིན་པས་ཆད་ལྷག་དེ་ཙམ་མི་མཆིས་པ་དང་། སྤྱི་ཚོགས་བྱེད་སྒོའི་སྐོར་བྲིས་པའི་ཡིག་ཆ་རྣམས་ནི། འབྲི་བའི་སྐབས་ནན་ཏན་མ་བྱས་པའི་ཐོག་ཏུ་འཕྲལ་སྤྱོད་ཞུ་དག་གིས་ཀྱང་དེ་ཙམ་མ་ཟིན་པས། ཚོད་རྟར་བྱས་ན་ཆད་ལྷག་འཁྲུལ་བྲིས་བྱུང་བའི་ཚད་གཞི་སྔ་མ་ལས་ཤིན་ཏུ་མཐོ།

འབྲི་མཁན་གྱི་འཛོན་ནུས་དང་དོ་གཟབ་གནང་ཚུལ་མི་འདྲ་བའི་དབང་གིས། སུག་བྲིས་ཡིག་ཆའི་ནང་ཆད་ལྷག་གི་བྲིས་ཁྱད་ཐོན་ཚུལ་གཏན་ནས་མི་འདྲ་བར་ཆགས་པས། ཡིག་ཆ་གཅིག་ལ་བཤུས་ཡིག་དུ་མ་ཐོན་པའི་ནང་དེའི་སྐོར་གྱི་གནས་ཚུལ་མངོན་གསལ་དོད་པོར་ཡོད། དེས་ན་འདིར་ཡང་གོང་བརྗོད་ཀྱི་ཡིག་ཆ་ཁག་ལྔའི་ཚིག་རིས་ཁྱད་སྟུར་བྱས་ན། བྲིས་ཁྱད་ལོ་ན་མ་ཡིན་པར་འགའ་ཞིག་བཤུ་འབྲིའི་སྐབས་དོ་གཟབ་མ་བྱས་པས་ཆད་ལྷག་བྱུང་འདུག་པ་མངོན་གསལ་དོད་པོར་མཐོང་ཞིང་། འགའ་ཞིག་མཁྱེན་ཡོན་གྱིས་མ་འདངས་པའི་དབང་གིས། འབྲི་ནོར་སྤྱོར་ལོག་ཐེབས་ནས་གོ་བ་རྒྱུག་མི་ཐུབ་པར་ཆགས་འདུག་པའང་ཡོད། དེའི་ཁར་འགའ་ཞིག་རང་འདོད་ཀྱིས་མིང་སྦྱོར་བཟེས་ནས་རྣམ་གྲངས་ཅན་དུ་བྲིས་པ་སོགས་ཀྱིས། ཡིག་ཆ་ཕན་ཚུན་བར་མི་མཐུན་པར་འགྱུར་ཡོད་པ་སྟེ། ཏུན་ཧོང་ཡིག་རྙིང་ནང་གི་སྤྱི་ཚོགས་བྱེད་སྒོའི་ཡིག་ཆ་ཁག་ལ། སྣང་ཚུལ་དེ་དག་ཚད་གཞི་མི་འདྲ་བའི་སྒོ་ནས་ཐོན་ཡོད།

འདིར་བརྗོད་པའི་བྱིག་ཤུའི་བཀའ་མདོའི་བསླབ་བྱ་འདི་ཡང་། སྤྱི་ཚོགས་བྱེད་སྒོའི་ཡིག་ཆའི་ཁོངས་སུ་གཏོགས་པས། འདིའི་ནང་ཆད་ལྷག་བྲིས་འཁྲུལ་སྐོར་གྱི་འགལ་སྐྱོན་ཐོན་པ་ཤིན་ཏུ་མང་། སྐྱོན་དེ་དག་ཡིག་ཆ་ཁག་ལྔ་ཕན་ཚུན་བསྡུར་ན་ད་གཟོད་གསལ་རྟོགས་ཐུབ་པས། དེའི་སྐོར་གྱི་གནད་དོན་ཁྱད་སྟུར་བྱས་ཏེ། དཔྱད་འབྲས་རེའུ་མིག་ལ་བཀོད་ནས་ཞུས་ན་གཤམ་གསལ་ལྟར་ཏེ།

གཞི་རྩའི་ཡིག་སྒྲེང་།	གཞིར་གཟུང་ཡིག་ཆའི་ཚིག་གྲུབ། A;pel.Tib.0922	ཁྱད་སྡུར་ཡིག་ཆའི་ཚིག་གྲུབ། B:pel.Tib.0126/C:pel.Tib.0107v/ D:pel.Tib.0126/Epel.Tib.640A/Av/:
༡	འཕྲུལ་གྱི་ཡིག་ཤུ་མོའི་བཀའ་ཕྱི་མའི་མི་རྣམས་ལ་བསྒྲལ་པའི་མདོ	BCའཕྲུལ་གྱི་ཡིག་བཤུསEའཕྲུག་གྱི་དགེ་སློང་གིས་བཤད་པའ། ཅི་ལ་ཡང་མཁས་ཞིང་སྣང་བསBཕྱི་མ་འི་མི་ལ་བསྟན་པ་འི་མདོ། Cཕྱི་མ་མི་ལ་བསྟན་པའ་མདོEཡང་དག་པའི་ཕྱི་མ་རྣམས་ལ་སྤྲུལ་པའི་མདོ
༢	མི་རྟག་པའ་བཤད་པའ། །མྱི་འི་ལུས་ཀྱང་མྱི་རྟག་སྟེ། ལྷའི་ཆོས་དང་བཀའ་ན་རེ	Cམྱི་ལུས་ཀྱང་མྱི་རྟག་སྟེBམྱིའི་ལུས་ཀྱིང་མྱི་བརྟག་སྟེ། Eམྱི་རྟག་པར་བཤད་པའོ། །མྱིའི་ལས་ཀྱང་མྱི་རྟག་སྟེ་བར་བར་ན་ཡོད་ལ་བར་བར་ན་མྱེད། BCལྷའི་ཚིག་དང་བཀའ་ན་རེ
༣	མྱི་འི་ལུས་ཐོབ་ཤིན་དུ་དཀའ་ཡུལ་གྱི་དབུས་སུ་སྐྱེས་བ་དཀོན་མྱི་འི་ལུས་ཐོབ་ཚེ་དུས་ལ	BCམྱི་ལུས་ཐོབ་པ་ནི་ཤིན་དུ་དཀའEམྱི་ལུས་ཐོབ[]ཤིན་ཏུ་དཀྲ BCཡུལ་གྱི་དབུས་སུ་སྐྱེ་བར་དཀོནEཡུལ་གྱི་དབུསུ་ Eམྱི་ལུས་ཐོབ་པའི་ཚེ་དུ་ལ
༤	ལྷ་ལ་ཡིད་ཆེས་ཆོས་བྱས་ན་ལྷ་ལུས་བཟང་པོ་མྱུར་དུ་ཐོབ་ལོག་པའི་ང་ཤེས་མ་བདང་ན	Bལྷྭ་ལ་ཡིད་ཆེས་ཆོས་བྱས་ན BCལྷ་ལམ་བཟང་པོར་མྱུར་ཏེ་ཐརདEལྷ་ལམ་བཟང་པོ་ Bལོག་པའི་ངན་ཤེས་མ་བདང་ནCལོག་པའི་ནང་ཤེས་མ་བཏང་ན་ལོག་པའི་ང་ཤེས་མ་སྤངས་ན
༥	ལྷོ་ཕྱོགས་འཛམ་གླིང་དཀྱིལ་འཁོར་ན	Cལྷོ་ཕྱོགས་འཛམ་གླིང་སྟུག་ཡུལ་ནEལྷ་ཕྱོགས་ཡིམ་པོ་རྔེག་ཡུལ་ན
༦	སྡིག་ཡུལ་ཆེ་བ་འཁམས་འདི་ན་གསོན་གཤིན་འཁོར་བ་རིང་མྱི་ཐོགས	CEམི་འབྱུང་། Cསོ་ཤི་འཁོར་བ་རིང་མྱི་ཐོགསEགསོན་ཤིན་འཁོར་བ་རེང་གཅིག་མྱི་ཐོས། ། ཐོས་མོས༠ཐན་ཀོལ་བཙལ་བསོགས་ཀྱང་
༧	བཙན་ཕྱུགས་གཏམ་སྙིན་ཅི་ལ་ཕན་ཉོན་མོངས་ཐན་ཁོལ་བཙལ་བསོགས་ཀྱང་ ཚེ་དང་ལུས་གི་དགྲ་དང་གདོན	Cབཙན་ཕྱུགས་གཏམ་སྙན་ཅི་ལ་ཕནEབཙན་ཕྱུག་གཏམ་སྙན་ཅི་ལ་ཕན་ Cཉོན་མོངས་འཐན་ཀོལ་བཙལ་བསྡོགས་ཀྱངEཐོས་མོས་ཐན་ཀོལ (ཐུ་མར་ཐོས་མོས་ཐན་ཀོལ་ཞེས་འབྱུང་གི །འདིར་གོ་རིམ་ལྟར་མི་འབྱུང) Cཚེ་དང་ལུས་གི་དགྲའི་སྡོནEཚེ་དང་ལུས་ནི་དགྲའི་གདོན
༨	ཚེ་དུས་ངན་པའི་འདོད་དགའ་ལ་སྡིག་པ་ངན་དགུ་གཏོང་མྱི་ཕོད་ཚེ་ཅིག་བཙན་ཕྱུག་མཆོག་དུ་འཛིན	CEཚེ་ལུས་ངན་པའི་འདོད་དགའ་ལ་ Cསྡིག་ཅིང་ངན་དགུ་གཏོང་མྱི་ཕོད་ Eཚེ་གཅིག་བཙན་ཕྱུག་མཆོག་དུ་འཛིན
༩	མ་ཆོར་བར་དུ་བདུད་ཀྱིས་ཁྱེར	Eམ་ཆོར་བར་དུ་འདོད་ཤོས་ཁྱེར་
༡༠	གནའ་མྱི་འཛངས་ཤིང་ཆེ་དགུ་ཡང་ཚེ་རིང་ད་ལྟར་གཅིག་མྱི་གནང་ཤི་ཟིན་ཕན་ཅད་ས་ཕུང་ཡིན	Eགནའ་མྱི་འཛངས་པ་ཆེ་དགུ་ཡང་ Dཚེ་རིང་ད་ལྟར་གཅིག་མྱི་གསྣངEཚེ་རི་ད་ལྟར་གཅིག་མྱི་གསྣང Cཤི་དགུ་ཀུན་ཡང་ས་ཕུང་ཡིནEཤི་ཟིན་ཀུན་ཀྱང་ས་ཕྱུངས་ཡིན་
༡༡	རིང་པོར་མྱི་ཐོགས་དེའུ་རི་མྱེད	CEརིང་པོར་མྱི་ཐོགས་དེའུ་རི་མྱེད

༧༢	མི་འགྱུར གསོན་དང་བྱེ་སྡེ་དུར་དུ་བསྐྱལ	CDEཚེ་སྲོག་ཐུང་བ(Eབས)གློག་པས(Dཔར)མྱུར་ Cགསོམ་དང་བྱེ་སྡེ་དུར་དུ་བསྐྱལ་
༧༣	སྡིག་བྱས་གྲོགས་པོ་རྟག་ཏུ་འདྲི་དང་ སྲིན	Cསྡིག་བྱས་གྲོགས་པོ་རྟག་ཏུ་འདྲི་དང་སྲིམEསྡིག་བྱས་གྲོགས་པོ་རྟག་ཏུ་ འདྲི་ངར་སྲིན་
༧༤	ནང་ནུབ་སྒྱི་དལ་ཕྱུག་པོར་འདོད་ ལྷག་པར་ཡོད་ཀྱང་ཚོག་མྱི་ཤེས	Cནང་ནུབ་སྒྱི་དལ་ཕྱུར་དུ་འདོདEནང་ནུབ་སྒྱི་དལ་ཕྱུག་དུ་འདོད་ Cལྷག་པར་བདོག་ཀྱང་ཚོག་མྱི་ཤེས་
༧༥	ཤི་བའི་རི་མོ་ཀུན་ལ་གོང་ ཤི་ཟིན་ཕན་ཅད་ཅི་མྱི་ཤེས་ བསགས་ཤིང་བདོག་པ་ཀུན་དང་བྲལ	Dཤི་བའི་རི་མོ་ཀུན་ལ་འོང་ Dཤི་ཟིན་ཕན་ཅད་ཅི[]ཤེས་ Eབསཾ་ཞིང་འདོད་པ་ཀུན་དང་བྲལ་
༧༦	འཛིགས་པ་འབབ་ཤིག་གྲོགས་སུ་འོངས་ བྱད་བཞིན་བཟང་པོ་གླུ་དང་སྨན	Eའཛིགས་ཉེས་འབབ་ཤིག་གྲོགསུ་འོང་ Eབྱད་བཞིན[]པོ་གླུ་དང་སྨན་
༧༧	གོ་ཟས་བཟང་པོ་ཟ་ཕོག་དར་ ཅིར་ཀྱང་མ་ཉུང་རྟུལ་དུ་གྱུར	Dགོས་ཟས་བཟང་པོ་ཟ་ཕོག་དར་ Eཙི་ཡང་མ་ཉུང་རྟུལ་དུ་གྱུར་
༧༨	གཤིན་བྱ་བཟང་པོ་ཟ་བགོར་མྱི་ཕན་ ཁ་ཟས་བཟང་པོ་དུར་དུ་བཙུགས	Dགཤིན་ཆ་བཟང་པོ་བགོས་མྱི་ཕནEགཤིན་ཅ་གསར་བྱེད་བགོར་མྱི་ཕན Eཁ་ཟས་སྣ་ཚོགས་དུར་དུ་བཙུག
༧༩	ལོ་སྟོང་བར་གི་རྒྱུགས་ཡིན་ཀྱང་	Dལོ་སྟོང་བར་གི་རྒྱུགས་ཡོད་ཀྱངEལོ་སྟོང་བར་གྱི་བརྒྱུགས་ཡོད་ཀྱང་
༨༠	བཟང་སྟུག་གཉིས་ཤིག་དུར་ གཅིག་ཀྱང་ ཁོག་སྐམ་གཉིས་ཤིག་དཀར་མྱི་དྲན་ གཉེན་སྟུག་གཉིས་ཤིག་སྔས་ན་དུའ	Dབཟང་སྟུག་གཉིས་ཤིག་དུར་བཙུག་ཀྱང་ Dཁོག་སྐམ་གཉི་ཤིག་དཀར་མྱི་དྲནEཁོག་སྐམ་གཉིས་ཅིག་དཀར་མྱི་ཚོར Dགཉེན་སྟུག་གཉི་ཤིག་སྔས་ན་དུའEཉེ་སྟུག་གཉིས་ཤིག་སྔས་སུ་དུ
༨༡	ཁྲི་འབོད་སྟོང་འབོད་རྣས་མྱི་ཐོས་ གསོན་གཤིན་ལམ་གཉིས་སོ་སོར་གྱེས	Eཁྲི་འབོད་སྟོང་འབོད་སྐད་མྱི་ཐོས་ Eགསོན་ཤིན་ལམ་གཉིས་སོ་སོར་གྱེས་
༨༢	ཤི་བ་ཉོན་མོངས་ཀུན་ཀྱིས་བརྗོད་ གཉེན་དང་མཛའ་བཤེས་ཕྱི་ན་ཚོལ་ ཁང་ཁྱིམ་བཟང་པོ་འདུག་དབང་མེད	Dཤི་བའི་ཉོན་མོངས་ཀུན་འིས་བརྗོདEཤི་བ་ཉོན་མོངས་ཀུན་གིས་བརྗེད Dགཉེན་དང་བཛའ་བཤེས་ཕྱི་ན་ཚོལEགཉེན་དང་མཛ་བཤེས་ཕྱི་མ་ཚོལ Dཁང་ཁྱིམ་བཟང་པོ་འདུག་མྱི་དབང་
༨༣	མི་འགྱུར ལོ་བརྒྱའ་ཚེ་ཡང་འདྲོན་པོའི་ཞག གཤིན་རྗེའི་སྲོན་འོངས་སོ་སོར་ཁྱེར	DEམ་ཚོར་བར་དུ་བདུད་ཀྱིས(Eཀིས)ཁྱེར། །བཟང་སྟུག་གཉི་ཤིག་འདུག་ དབང་མེད(Eམྱི་དབང) Eལོ་བརྒྱའི་ཚེ་ཡང་འདྲོན་པོའི་ཞག་ Dགཤིན་རྗེའི་སྲོན་འོས་སོ་སོར་ཁྱེརEགཤིན་རྗེའི་སྲོན་འོངས་སོ་སོར་གྱེས་
༨༤	ཤ་གཉེར་ཀུན་ཀྱང་བྱོལ་མྱི་བཏང	Dཤག་ཉེར་ཀུན་འིས་བྱོལ་མྱི་བཏངEཤར་གཉེར་ཀུན་ཀྱིས་བྱོལ་མྱི་གཏང་

༢༥	མ་ཆོར་བར་དུ་བདུད་ཀྱིས་ཁྱེར ལེགས་པ་འབབ་ཤིག་གྲོགས་སུ་འོངས	DEམི་འབྱུང་ Dལེགས་པ་འབབ་ཤིག་གྲོགས་སུ་འོངསEལེགས་ཉེས་འབབ་ཤིག་གྲོགས་སུ་འོང་
༢༦	གསོན་གྱི་ཚེ་ན་བཙན་ཕྱུགས་བསྒྲུན ཤི་བའི་འོག་ཏུ་ལེགས་ཉེས་བསྒྲུན མཐོན་མན་ཀུན་ཡང་ཐིག་ཡུལ་གཅིག	Dགསོན་གྱི་ཚེ་ན་བཙན་ཕྱུགས་སྒྲུནEགསོན་གྱི་ཚེ་ན་བཙན་ཕྱུག་སྒྲུ་ Dཤི་བའི་འོག[]ལེགས་ཉེས་བསྒྲུནEཤི་བའི་འོག་ཏུ་ལེགས་ཉེས་སྒྲུ་ Eམཐོན་དམན་ཀུན་ཀྱང་ཐིག་ཡུལ་ཅིག་
༢༧	ལྷ་ཡུལ་སྒོ་མོར་ཆེ་ཆུང་མཚུངས ལེགས་དགུ་བྱས་ན་དཔལ་དུ་སྐྱེ	Dལྷ་ཡུལ་སྒྲོ་མོར་ཆེ་ཆུང་མཚུངསEལྷའི་སྒོ་མོར་ཆེ་ཆུང་མཚུངས་ Dལེགས་རྒྱུ་བྱས་ན་དཔལ་དུ་སྐྱེEལེགས་དགུ་བྱམས་ན་དཔལ་དུ་སྐྱེས་
༢༨	ཉེས་དགུ་བྱས་ན་བྱུར་དུ་འགྱུར ཤི་བ་ཡང་དག་ཐར་བ་མེད	Dཉེས་རྒྱུ་བྱས་ན་བྱུར་དུ་གྱུརEཉེས་དགུ་བྱས་པ་བྱུར་དུ་འགྱུར་ Eཤ་བ་ཡང་དག་ཐར་བ་མེད་
༢༩	བདུད་འོངས་ནད་འོངས་ད་ གཟོད་སྐྲག	Eབདུད་འོངས་ནད་འདུས་ད་གཟོད་སྐྲག་
༣༠	འགྲུག་ཅིང་སྡོན་པ་ཐར་དུ་འོས གཤིན་རྗེའི་མདུན་དུ་ཅི་སྐད་བཤགས དཀར་ཆགས་ཐུགས་ན་ལེགས་མ་བྱས	Dའགྲུག་ཅིང་སྡོན་པ་ཐད་དུ་འོངསEའགྲུགས་ཤིང་སྡོན་པ་ཐད་དུ་འོངས་ Dགཤིན་རྗེའི་མདུན་དུ་ཅི་སྐད་བཤག Dདཀར་ཆགས་ཐུགས་ན་ལེགས་མ་བྱསEདཀར་ཤག་བལྟས་ན་ལེགས་མ་བྱས་
༣༡	སྲིན་ཀྱིས་བཟུངས་ཤིང་ཟངས་སུ་ བཙོས	Eསྲིན་གིས་བཟུང་ཞིང་ཟངས་སུ་བཙོས་
༣༢	སྐྱིན་དང་འབབ་དུ་ཐིག་གྱི་འབྱུང ཤི་བའི་དུས་ན་བཙན་ཉེན་མེད	DEསྐྱིན་འདང་འབབ་དུ་ཐིག་གྱི་འབྱུངEསྐྱིན་དང་བབ་ཏུ་ཇེ་གྱི་བྱུང་ Eཤི་བའི་དུས་ལ་བཙན་ཉེན་མེད་
༣༣	སྐྱེ་དགུ་ཀུན་ཡང་གཅིག་གྱི་ཐར ཤི་བའི་འོག་ཏུ་གཞར་མ་ཏུང	Eསྐྱེ་དགུ་ཀུན་ཀྱང་གཅིག་གྱི་ཐར་ Dཤི་བའི་འོག་ཏུ་བཞར་མ་ཏུང་
༣༤	འདི་དག་གང་བྱ་ཞིབ་ཏུ་རྟོགས ལེགས་ཉེས་གྱི་ཤེས་སྤྱོག་གཙོད་དང་ ཤིང་ཆང་ཐུང་བའི་ཚུལ་བཤད་པའ	Eའདི་དག་སྤྱང་ཞིབ་ཏུ་རྟོགས་ Dལེགས་ཉེས་གྱི་ཤེས་གསོད་པ་དངEལེགས[]ཀྱི་ཤེས་སྤྱོག་གཙོད་པ་ Dཆང་ཐུང་བའི་ཚུལ་བཤད་པའEཆང་འཐུང་བའི་ནི་ཚུལ་བཤད་པའ་
༣༥	བདག་གི་ཆུང་མ་དགོས་གྱི་བྲིན	Eབདྒི་ཆུང་མ་དགོས་ཀྱི་འཛིན་
༣༦	ཡང་དག་བདེན་ཚོས་གྱི་རྟོག་ཅིང འཕྲ་མ་འཕྲུགས་མ་མཆོག་ཏུ་འཛིན	Eཡང་དག་བདེན་པོ་རྟོག་གྱི་ཤེས་ Dཕྲ་མ་ཕྲུགས་མ་མཆོག་ཏུ་འཛིནEའཕྲ་ཕྲུགས་མོ་གཟུངས་སུ་འཛིན
༣༧	ཤ་ཆང་གྲལ་ན་ངན་འཛངས་རྟོད ཁྲལ་བའི་སྨོན་ཚོགས་ཆེད་དུ་ཟེར	Eཆང་འཐུང་གྲལ་ན་ང་ཆེ་རྟོད་ Dཁྲལ་བའི་སྨོན་ཚོགས་ཆེ་དུ་ཟེརEཁྲལ་བ་སྨོ་ཚོག་ཆེད་དུ་སེམས་

༣༨	ལྷ་ང་ནང་སྡིག་གྱི་བཤགས ན་བའི་ཚེ་ན་ལྷ་ལ་ལྟོས སྡིག་ཐོ་གྱི་ལ་ལྷ་གྱི་འགོ	Dལྷ་ང་ནང་སྡིག་གྱི་བཤགEལྷ་གང་ནང་དུ་ཏེག་གྱི་བཤགས་ Dན་བའི་ཚེ་ན་ལྷ[]ལྟོས་ Eསྡིག་ཅན་གྱི་ལ་ལྷ་གྱི་འགོ་
༣༩	ལྷ་ཆོས་མཐོང་ན་དཔྱས་སུ་འཛིན ཤ་ཆང་མཐོང་ན་སྲོག་དང་སྦོ	Dལྷ་ཆོས་ཐོས་ན་དཔྱས་སུ་འཛིནEལྷ་ཆོས་བྱས་ན་དཔྱས་སུ་འཛིན Dཤ་ཆང་མཐོང་ན་སྲོག་ཀྱང་བསྐོEཤ་ཆང་མཐོང་ན་སྲོག་དུ་སྦོ་
༤༠	ལྷ་ཆོས་བྱས་ན་འོན་ཞིང་རྣིགས སྒྱུ་མའི་དོན་མེད་སུན་གྱི་འཕྲིན འཁྲུ་གཡེམ་བྱེད་པ་སྐྱོ་གྱི་ཤེས	Dལྷ་ཆོས་བྱེད་ན་འོན་ཞིང་རྣིགསEལྷ་ཆོས་མཐོང་ན་འོན་རྒྱུགས་བྱེད་ Eསྒྱུ་མ་དོན་མེད་སུན་གྱི་འཕྲིན་ Dའཁྲུ་གཡམ་བྱེད་པ་སྐྱོ་གྱི་ཤེསEཕོ་གཡེམ་སྒྱོ་ལ་སྐྱོ་གྱི་ཤེས་
༤༡	མྱི་འི་མྱི་གྲངས་ཕྱུགས་དང་འདྲ སྡིག་ཡུལ་ཀུན་དུ་བཙལ་གྱི་དགོས མི་འབྱུང	Dམྱི་འི་མྱི་གྲངས་ཕྱུག་ཀྱི་ཆོསEམྱི་འི་གྱི་ཆོས་ཕྱུགས་གི་ཆོས་ Dསྡིག་ཡུལ་ཀུན་དུ་བཙལ་གྱི་དགོངས་ DEསྡིག་ལམ་གསུམ་(Eགས྄ུཾ་)ལས་ཐར་གྱི་སྦྱོང་
༤༢	ཁྲ་སྒྲིགས་ཐོགས་ཤིང་རི་ལུང་སྦྲ	Dཁྲ་སྒྲིག་ཐོགས་ཤིང་རི་ལུང་རྒྱུགEཁྲ་སྒྲིག་ཐོགས་ཞིང་རི་ལུང་དགྲ་
༤༣	པགས་བཤུས་ཤ་བཤས་སོ་སོར་ཟའ འདྲེ་བཀྲེན་འཕར་སྤྱང་ལྟོགས་པ་ འདྲའ	Eཔགས་བཞུས་ཤ་བཅོས་སོ་སོར་ཟའ་ Eབཀྲེས་ལྟོགས་འཕར་སྤྱང་འདྲེ་དང་འདྲ་
༤༥	མྱི་འི་མྱི་གྲངས་འདྲེའ་དང་འདྲའ སྡིག་ཡུལ་ཀུན་དུ་མཆི་བར་ཁྲིད	Dམྱི་འི་མྱི་གྲངས་འདྲེ་དང་མཚུངསEམྱི་དང་མྱི་འདྲ་འདྲེ་དང་མཚུངས་ Dསྡིག་ཡུལ་ཀུན་དུ་བཙལ་གྱི་དགོསEའདྲེ་ཡུལ་ཀུ་དུ་བཙལ་གྱི་དགོས་
༤༦	བདག་གི་ལུས་ལ་ཚོགས་པར་ཡོད སེམས་ཅན་ཐམས་ཅད་གསོན་པོར་ འཚོད	Dབདག་ཀྱི་ལུས་ལ་ཚོགས་པར་ཡོདEབདག་གི་ལུས་ལ་ཚང་བར་ཡོད་ Dསེམས་ཤན་ཐམས་ཅད་གསོན་པོར་འཚོདEསེམས་ཤན་ཐམས[] གསོན་པོར་འཚོད་
༤༧	བསད་པའི་ན་ཚ་ཀུན་གྱི་དགའ སྲོག་ལ་འཕངས་པ་ཆེ་ཆུང་མེད	Eགསད་པའི་ན་ཚ་ཀུན་གྱི་དགའ་ Dསྲོག་ལ་འཕངས་པར་ཆེ་ཅུང་མཚུངསEསྲོག་ལ་ཕོངས་པ་ཆེ་ཆུང་མེད་
༤༨	གཞན་གྱིས་བདག་བསད་ཤ། བསོས་འདི་ལྟར་དགའ་གྱི་དགའ དེ་ལས་སེམས་ཏེ་ལྷ་ཆོས་བྱོས	Dགཞན་འིས་བདག་བསད་ཤ་ཟོས་དཀའ་གྱི་དཀའEགཞན་གིས་བདག་ བསད་ཤ་བཅོས་འདི་ལྟར་དགའ་གྱི་དགའ་ Dདེ་ལས་སོམས་སྟེ་ལྷ་ཆོས་བྱོསEདེ་ལས་སོམས་ཏེ་ལྷ་ཆོས་ཀྱིས་
༤༩	ཆང་ཐུངས་ཁྲོལ་བ་དུག་དང་མཚུངས ཅི་ཡང་གྱི་དྲན་སྨྱོ་བ་འི་ཚུལ བཞིན་འགྱུར་སྐབས་ཁྲབས་ཚོགས་ གྱི་བདེན	Dཆང་ཐུངས་ཁྲོལ་བ་དུག་དང་མཚུངསEཆང་འཐུང་ཉལ་བ་དུག་དང་མཚུངས་ Dཅི་ཡང་གྱི་དྲན་སྨྱོ་བའི་ཚུལEཅིར་ཡང་གྱི[]སྨྱོ་ཚུལ་བཞིན་ Dབཞིན་འགྱུར་སྐབས་ཁྲིབས་ཚིག་གྱི་བདེནEགོམ་སྐབས་འཁྲམ་ཞིང་ ཚིག་བདེན་
༥༠	མཆོན་དང་དག་ཤོར་སྲོག་གི་བདུད སྐྱུགས་པ་ཁར་བྱུང་སླ་ཚ་བྲོ	Dམཆོན་དང་དག་ཤོར་སྲོག་ཀྱི་བདུདEམཆོན་དང་དག་ཤོར་སྲོག་གི་བདུད་ Eསྐྱུགས་པ་ཁར་འབྱུང་། །ཚོད་གྱི་ཟིན། །ཕྱོལ་ཙོང་གཏི་མུག་དེ་དང་འདྲའ

༥༡	ཟས་གི་གྲོན་ཆེ་སོ་ནམ་སྡོ	Dཟས་གི་གྲོན་ཆེ་སོ་ནམ་སྡོང་
༥༢	ནམ་ཞིག་ཕྱིག་པ་སྐྱི་ཟད་ཡུན་དུ་ ལེགས་པ་ཅི་ཡོད་ཞིབ་དུ་རྟོགས	Dནམ་ཞིག་ལེགས་པ་ཞིབ་ཏུ་རྟོགས་
༥༣	ཉིན་མཚན་དངན་བྱེད་བདག་གྱི་ཚོར	Dཉིན་མཚན་ངན་བྱེད་བདག་གྱི་ཚོར་
༥༤	ངོ་བཞིན་བཟང་པོ་གཉེར་མར་འགྱུར	Dབྱད་བཞིན་བཟང་པོ་གཉེར་མར་འགྱུར་
༥༥	གྱི་མདོངས་རྣ་འོན་བཟང་གྱི་རིགས མགོ་བདམ་ལག་འདར་འགྲོ་གྱི་ཡོད	Dདབྱིག་མདོམས་རྣ་འོན་བཟང་གྱི་རིགས་ Dམགོ་འདམ་ལག་འདར་འགྲོ་གྱི་ཡོད་
༥༦	སྤྱི་ཆེར་ཁ་དུག་བརྡའ་གྱི་ཕྲད	Dསྤྱི་ཆར་ཁ་དུག་བརྡའ་གྱི་ཕྲད་
༥༧	ཡར་ལངས་མར་འདུག་འགྲུག་ཅིང་བྱེ བུ་ཚ་འི་སྙིང་དུ་ཕྱིར་གྱི་སྡུག བསམ་ཤིང་གྱི་ཀ་རྒྱན་གྱི་ཆད	Dཡར་ལངས་མར་འདུག་གོག་ཅིང་བྱེ་ Dབུ་ཚའི་སྙིང་དུ་ཕྱིར་གྱི་སྡུག་ Dབསམ་ན་གྱི་དགའ་དགུན་གྱི་ཆད་
༥༨	བདག་ཤི་སྐྱི་འབར་གཞན་གྱི་འགྲོ	Dབདག་ཤི་སྐྱིན་འབར་གཞར་གྱི་འགྲོ་
༥༩	ད་ཅུངས་དངན་བྱེད་བདག་གྱི་ཚོར ལེགས་པའི་ཆོས་ཀྱང་འདས་ལ་ཐུག	Dད་ཅུང་ངན་བྱེད་བདག་གྱི་ཚོར་ Dལེགས་པའི་ཆོས་ཀྱང་ཟད་ལ་འདས་
༦༠	ལེགས་པ་མ་བཏང་ད་དུང་སློབས	Dལེགས་པ་མ་མཐང་ད་དུང་སློབས་
༦༡	ཕ་མ་བཙལ་དུ་གཞན་གྱི་རྙེད	Dཕ་མ་བཙལ་ན་གཞན་གྱི་རྙེད་
༦༢	མི་འབྱུང མ་འི་བུ་གསོས་ཤིན་དུ་དཀའ	Dཕ་སྐྱེད་ན་ནི་སྐྱི་སྐྱེ་འོ། །མ་སྐྱེད་ན་ནི་སྐྱི་སོས་སོ་ Dམ་འི་བུ་གསོས་ཤིན་དུ་དཀའ་
༦༣	གླ་བ་ཚང་ནས་བྱེ་བྲག་འབྱེད ལུག་བསད་ཤ་གཞི་འོལ་དང་འདྲའ	Dགླ་བ་ཚང་ནས་བྱེ་བྲག་ཕྱེད་ Dལུག་བསད་ཤ་གཞི་འོག་དང་འདྲའ་
༦༤	གཡས་གཡོན་ཀུན་ཀྱང་ཁྲག་གྱིས་གང གཤེར་གྲང་མལ་ན་མ་བདག་ཉལ	Dགཡས་གཡོན་ཀུན་ཀྱང་ཁྲག་འིས་གང་ Dགཤེས་གྲང་མལ་དུ་མ་བདག་ཉལ་
༦༥	སྐམ་དྲོལ་མལ་ན་བུ་སྡུག་བསྐྱལ མ་སྐྱང་རྟག་དུ་བུ་ལ་ཆགས	Dསྐམ་དྲོ་མལ་དུ་བུ་སྡུག་བསྐྱལ་ Dམ་སྙིང་རྟག་དུ་བུ་ལ་ཆགས་
༦༧	སྐད་ཅིག་གྱི་བརྗེད་ཉོན་རེ་མོངས སྐྱེས་ན་ཆུང་མའི་ངག་ཉན་ཅིང་ ཤིག་པ་འདི་ལྟར་བྱེད མི་འབྱུང དེ་ལྟར་བུའི་ཕྱིག་ཡུལ་དུ་ཕྱིན་ཅིང་ ནམ་དུ་ཡང་མཐར་གྱི་སྐྱོང	Dསྐད་ཅིག་གྱི་བཟོད་ཉོན་རེ་མོངས་ Dསྐྱེས་ན་ཆུང་མའི་ངག་ཉེན་ཅིང་། །ཤིག་ན་འདི་ལྟར་བྱེད་། ། Dཕ་མ་གཉིས་ན་དམྱིག་འོར་བྱེད། །བུ་སྨད་མཐོང་ན་དགའ་བར་འཛིན་ Dདེ་སྡོའུ་བུའི་ཕྱིག་ཡུལ་དུ་། །ཕྱིན་ཅིང་ནམ་དུ་ཡང་ཐར་གྱི་སྐྱོང་། །

༦༩	ལེགས་ཉེས་ཀྱི་ནི་མདོ་བཤད་པའ ལེགས་པ་སྐྱི་ཤེས་བསོད་དུ་དགའ ཀུན་ལ་ངན་བྱེད་འདྲེ་དང་འདྲའ	Dལེགས་ཉེས་ཀྱི་མདོ་བཤད་པའ་ Dལེགས་པ་སྐྱི་ཤེས་གསོད་དགའ་ Dཀུན་ལ་དངན་བྱེད་འདྲེ་དང་འདྲའ་
༧༠	བྱམས་ཤིང་ཀུན་གསོས་ལྷ་དང་མཚུངས ནལ་གཡེམ་རྩོག་པའི་སྐྱི་དག་ཀུན ཉེས་དགུ་སྤྱོད་པ་བྱུར་དུ་འགྱུར ལྷ་མཐོལ་ཞིང་ནི་འདྲེ་དང་འདྲའ	Dབྱམས་གཤིང་ཀུན་གསོས་ལྷ་དང་མཚུངས་ Dནལ་གཡམ་རྩོག་པའི་སྐྱི་དག་ལ་ Dསྐྱི་འབྱུང་ Dལྷ་མཐོལ་ཞིང་ནི་བྱུང་དུ་འགྱུར་
༧༢	སྐྱི་གཡེམ་ཕོང་གཙང་ཡ་རབས་བུ མི་འབྱུང གྲོགས་པོ་རྟག་དུ་ལྷ་དང་འགྲོགས	Dསྐྱི་གཡམ་ཕོང་གཙང་ཡ་རབས་བུ་ Dལེགས་དགུ་སྤྱོད་པ་དཔལ་དུ་སྐྱེས་ Dགྲོགས་པོ་རྟག་པར་ལྷ་དང་འགྲོགས་
༧༣	ཀྱུ་བར་སྐྱི་སེམས་ཉམས་སླིང་བདེ	Dཀྱུ་བར་སྐྱི་བསམ་ཀུན་ཀྱིས་བསྟོད
༧༤	རྩོད་པར་སྐྱི་འདོད་ཀུན་ཀྱིས་བསྟོད ཁྲི་གཏུམ་ཞེ་སྡང་མཁོན་གྱི་ཚང ཀུན་ཡང་སྐྱི་འདུམ་སྲིད་གི་དཀོར	Dརྩོད་པར་སྐྱི་འདོད་ཉམས་སླིང་བདེ་ Dཁྲིག་གཏུམ་ཞེ་སྡང་འཁོན་གྱི་ཚང་ Dཀུན་ཡང་སྐྱོ་འདུམ་སྲིད་ཀྱི་གཞིས་
༧༥	མི་འབྱུང བྱམས་པའི་དོན་འདི་རྟགས་ལ་ཉོན གང་ཞིག་དོན་འདི་བསྲུང་སྤྱོད་ན། ། ལྷ་ལམ་ཐོབ་ཅིང་སྐྱིད་པར་མཆི	Dཕོང་མཉེན་ཚིག་འཇམ་ལེགས་ཀྱི་གཉེན། །མང་པོ་མདུ་བ་ལེགས་ཀྱི་སྟོན། ། རྫུན་ཅན་ཕྲ་མ་སྲིད་ཀྱི་གདོན་ Dབྱམས་པའི་མདོ་སྨིད་འབྲམ་བ་ཡིན་ Dམི་འབྱུང་
༧༦	འཕྲུལ་གི་ཐྱིག་ཤུ་འི་བསྟན་པ་རྫོགས སྶོ	Dའཕྲུལ་ཀྱི་ཐྱིག་ཤུས་ཕྱི་མ་ལ་བསྟན་པའི་མདོ་རྫོགས་སོ་

འདིར་བཀོད་པའི་ཚིག་རིས་ཀྱི་ཁྱད་པར་འདྲ་མིན་ཐོན་པ་དེ་དག་ནི། ཐྲིས་ཞུས་ཀྱི་གོ་རིམ་ནང་གནད་ངོས་མ་ཟིན་པའམ། ཡང་ན་གཡེལ་དབང་གིས་འཐུས་ཤོར་བའི་རིགས་ཅན་ཤ་སྟག་ཡིན་པས། ཆེད་དུ་རེའུ་མིག་ནང་ཤང་རིམ་བཞིན་ཐོད་གཏུགས་ནས་བསྡུར་བ་ཡིན་ཀྱི། གནད་དོན་ཡང་གསལ་ལྷིང་དུ་མཐོང་ཐུབ་པར་ཡོད་པ་དེ་ལྟ་རང་རེད། དེ་མ་ཡིན་པའི་གནད་དོན་གཞན་ཞིག་ནི་དང་ཐོག་ཐྲིས་ནོར་ཐེབས་ཡོད་ནའང་། བཤུ་བཤེར་དང་ཞུས་གཏན་ཀྱི་གོ་རིམ་ནང་གནད་ཟིན་ནས། འོས་འགྲིག་གིས་རྣམ་གཞག་ལྟར་བཟོ་བཅོས་བརྒྱབ[7]འདུག་པས། དེའི་རིགས་ཅན་རྣམས་ནི་ཡིག་ཆའི་ནང་སྒྲོན་སེལ་གྱིས་འབྱུང་ཕྱིར། འདིར་ཁོལ་དུ་དྲངས་མེད་ལ་དཔྱད་བྱར་ཡང་མ་བཟུང་བར་བཞག

མཇུག་བསྡུ་བའི་གཏམ།

ཡིག་རྙིང་གི་སྲུག་བྲིས་ནང་མིང་གཞི་དང་འཕྲུལ་རྟེན་སོགས་སྐྱེ་བ་གཅིག་གི་ནང་བརྗེས་ནས། སྤེལ་སྦྱོར་ལ་མི་མཐུན་པར་སྤྱར་ཞིང་ཀློག་སྟོལ་ལ་མི་ཉུང་བར་བྲིས་པའི་ཐ་སྙད་ཐོན་པ་ཤིན་ཏུ་མང་ཡང་། དེའི་རིགས་ནི་སྔོན་གྱི་དུས་ན་ཡིག་ནོར་ལ་མ་བཟུང་བས་ཞུ་དག་སྐབས་ནོར་བཅོས་བྱས་མེད་ལ། སྲུག་བྲིས་ནང་རྒྱུག་ཆེར་བཀོལ་བས་ཕལ་ཆེར་གདམ་ངར་བྱུང་ཚོད་དུ་སྣང་། དེ་དག་ནི་བརྡ་རྙིང་ཡིག་ཆར་ཞིབ་འཇུག་བྱས་ན་གསལ་རྟོགས་ཐུབ་པས། འགའ་ཞིག་ནི་ཐོག་མ་ནས་རྣམ་གཞག་ཅུང་ཟད་ཡོད་པའི་སྒོ་ནས་ཀུ་ཡངས་བཏང་བ་མཐོང་ཐུབ་ཅིང་། འགའ་ཞིག་ནི་དེ་ལྟའི་གུ་གྲོལ་གྱིས་སོར་འཇོག་བྱས་པའི་ཁྱད་ཆོས་ཡིན་པར་གཏན་ནས་རྟོགས་མི་ཐུབ་པས། དཔག་དཀའི་ཐ་སྙད་དང་ཚིག་མདུད་སྐྱོང་པོའི་རིགས་ཅན་ཇི་སྙེད་པར་བྱུང་བ་རྣམས་ནི། བརྡ་རྙིང་ཡིག་ཆའི་ཁྱད་ཆོས་ཡིན་པར་གཏན་ནས་སྒྲོག་མི་ཉུང་བར་མཐོང་། ཏུན་ཧོང་ཡིག་རྙིང་དུ་གལ་ཏེ་ཚིག་དོན་སྔ་ཕྱི་མི་འགྱོར་བ་དང་། སྒྲ་འཇུག་དམིགས་གསུམ་མི་ངེས་པ། བཀླག་བྱར་མི་ཉུང་བ། རྗོད་མི་བདེ་བ། དོན་ངོར་མི་གཞོལ་བ་སོགས་ཀྱི་གནས་ཚུལ་བྱུང་ཡོད་ན། ཡིག་ཆ་ཁོ་ན་སྒྲ་ཇི་བཞིན་གྱིས་ཚད་མར་བཟུང་ནས་དོན་ལོག་ཏུ་མི་འགྲེལ་བར། གཙོ་བོ་ཚིག་དོན་གྱི་སྦྱོར་བ་དང་ཚད་ལྡན་བྲིས་འབྲུལ་བྱུང་མིན་གྱི་ངོས་ནས་ཉམས་ཞིབ་བྱས་ཏེ། བརྡ་དོན་གྱི་འབྲེལ་བ་བརྟགས་ཤིང་དམིགས་གཞོལ་བཅལ་བའི་ཐོག བསམ་བློ་བཏང་ནས་གྲུབ་དོན་འཚོལ་དགོས་པར་ཡོད།

མདོར་བསྡུས་ན། ཁོ་བོས་གང་ཞིག་བྱིག་ཤུས་བསྟན་པའི་བསླབ་བྱའི་འདྲ་ཡིག་ཁག་ལྡེ་ཁྱད་སྤྱར་བྱས་པ་ལས། བརྡ་རྙིང་གི་སྲུག་བྲིས་ཡིག་ཆའི་ནང་ཡིག་འབྲུ་ཆད་ཡོད་པའི་ཐོག ཚིག་དོན་གཉིས་ཀྱང་ཆད་འདུག་པའི་སྣང་ཚུལ་སོགས་མཐོང་བས། ཏུན་ཧོང་གི་སྲུག་བྲིས་ཡིག་ཆར་ཞིབ་འཇུག་མེད་པའི་སྒོ་ནས་ཡིད་རྟོན་ལྕུང་འདྲེན་བྱེད་རྒྱུང་མིན་པ་གསལ་པོར་རྟོགས་ཤིང་། ཏུན་ཧོང་ཡིག་རྙིང་གི་ཞིབ་འཇུག་ལས་ཀའི་ནང་ཚིག་དོན་ཚད་ལྡན་གྱི་ཉམས་ཞིབ་ལ་འཐུས་ཤོར་ནས། སྒྲ་ལ་ཇི་ཐོན་དེ་ལྟ་རང་དུ་འཛིན་པའི་ལྟ་གྲུབ་ནོར་འཁྲུལ་ཅན་ཨུ་ཚུགས་ཀྱིས་སྐྱོང་བཞིན་ཡོད་པ་འདིས། བརྡ་རྙིང་ཡིག་ཆའི་ལྟ་ཀློག་སྦྱོར་གསུམ་གྱིས་གཙོས་ཞིབ་འཇུག་གི་མིག་དབང་བསྒྲིབས་ཏེ། སྲུག་བྲིས་ནང་ཚད་ལྡན་འབྲུལ་གསུམ་ཤོར་བའི་སྐྱོན་ཆ་བྱུང་རིགས་མཐོང་མ་ཐུབ་པར་ཡོད། དེས་ན་འདིར་ཁོ་བོས་རེའུ་མིག་གིས་ཞིབ་སྦྱར་བྱས་པ་བརྒྱུད་དེའི་སྐོར་གྱི་གནས་ཚུལ་ཚབས་ཆེན་ལྷང་ལ་ཕུད་ཡོད་པས། རང་ཅག་རྣམས་ཞིབ་དཔྱོད་མེད་པར་ཨུ་ཚུགས་ཀྱིས་ཡིག་རྙིང་བདེན་པར་འཛིན་མི་ཉུང་བ་དང་། ཁྱད་པར་དུ་ཏུན་ཧོང་ཡིག་རྙིང་ལས་

སྤྱི་ཚོགས་བྱེད་སྒོའི་སྐོར་གྱི་ཡིག་ཆ་འགལ་མེད་འབྲུལ་མེད་དུ་འཛིན་མི་རུང་བ་སོགས་ཀྱི་གནས་ཚུལ་མཐོང་བའི་ཕྱིར་ན། གང་ཞིག་ཡིག་རྙིང་སྐད་དུ་བརྗོད་པའི་གནའ་བོའི་བྲིས་བཤུས་ཡིག་ཆ་ཇི་སྙེད་པ་ནི། བོད་སྤྱོད་མ་བྱས་པའི་སྔོན་ལ་ཅིས་ཀྱང་ཞིབ་དཔྱོད་བྱེད་རྒྱུ་གལ་ཆེ་བར་མཐོང་བས། དེ་ལུགས་བློ་ལྡན་རྣམས་ལ་གྲོས་གཞིར་ཕུལ་བ་ལགས་པས་འགྲིག་མིན་བརྟག་པར་འཚལ།

མཆན།

[1]《ཕྲ་རན་སིའི་རྒྱལ་གཉེར་དཔེ་མཛོད་ཁང་དུ་ཉར་བའི་ཏུན་ཧོང་བོད་ཡིག་ཡིག་ཚགས》པོད་དགུ་པ། ཧྲང་ཧེ་དཔེ་རྙིང་དཔེ་སྐྲུན་ཁང་གིས། ༢༠༠༨ལོའི་ཟླ༡༠པར་བསྒྲིགས། ཤོག་ངོས༢༧པར་གསལ།

[2]《ཕྲ་རན་སིའི་རྒྱལ་གཉེར་དཔེ་མཛོད་ཁང་དུ་ཉར་བའི་ཏུན་ཧོང་བོད་ཡིག་ཡིག་ཚགས》པོད་དགུ་པ། ཧྲང་ཧེ་དཔེ་རྙིང་དཔེ་སྐྲུན་ཁང་གིས། ༢༠༠༨ལོའི་ཟླ༡༠པར་བསྒྲིགས། ཤོག་ངོས༡༨༡པར་གསལ།

[3]《ཕྲ་རན་སིའི་རྒྱལ་གཉེར་དཔེ་མཛོད་ཁང་དུ་ཉར་བའི་ཏུན་ཧོང་བོད་ཡིག་ཡིག་ཚགས》པོད་དགུ་པ། ཧྲང་ཧེ་དཔེ་རྙིང་དཔེ་སྐྲུན་ཁང་གིས། ༢༠༠༨ལོའི་ཟླ༡༠པར་བསྒྲིགས། ཤོག་ངོས༣༡༨པར་གསལ།

[4]《ཕྲ་རན་སིའི་རྒྱལ་གཉེར་དཔེ་མཛོད་ཁང་དུ་ཉར་བའི་ཏུན་ཧོང་བོད་ཡིག་ཡིག་ཚགས》པོད་བདུན་པ། ཧྲང་ཧེ་དཔེ་རྙིང་སྐྲུན་ཁང་གིས། ༢༠༠༨ལོའི་ཟླ༡༠པར་བསྒྲིགས། ཤོག་ངོས༢༩༩པར་གསལ།

[5]《ཕྲ་རན་སིའི་རྒྱལ་གཉེར་དཔེ་མཛོད་ཁང་དུ་ཉར་བའི་ཏུན་ཧོང་བོད་ཡིག་ཡིག་ཚགས》པོད་དགུ་པ། ཧྲང་ཧེ་དཔེ་རྙིང་དཔེ་སྐྲུན་གིས། ༢༠༠༨ལོའི་ཟླ༡༠པར་བསྒྲིགས། ཤོག་ངོས༧པར་གསལ།

[6]《ཕྲ་རན་སིའི་རྒྱལ་གཉེར་དཔེ་མཛོད་ཁང་དུ་ཉར་བའི་ཏུན་ཧོང་བོད་ཡིག་ཡིག་ཚགས》པོད་བདུན་པ། ཧྲང་ཧེ་དཔེ་རྙིང་དཔེ་སྐྲུན་ཁང་གིས། ༢༠༠༨ལོའི་ཟླ༡༠པར་བསྒྲིགས།

[7] འདིར་བརྗོད་པའི་ཞུ་དག་གི་རྣམ་གཞག་ནི། ཏུན་ཧོང་ཡིག་རྙིང་ནང་གི་སུག་བྲིས་ཡིག་ཆར་ཐོན་པའི་བཤུ་ཞུའི་སྐབས་ཀྱི་ཆེད་སྤྱོད་བརྡ་རྟགས་དང་། དེའི་བེད་སྤྱོད་བྱེད་ཚུལ་ངེས་གཏན་ཅན་དུ་ཡོད་པ་ལ་བྱ་བས། ཞིབ་ཏུ་རྟོགས་འདོད་ན་ཁོ་བོས་བྲིས་པའི"ཏུན་ཧོང་ཡིག་རྙིང་ལས་སུག་བྲིས་ཆད་ལྷག་གི་བཟོ་བཅོས་རྣམ་གཞག་སྐོར་གླེང་བ"ཞེས་པའི་རྩོམ་ཡིག་ལ་གཟིགས་པར་བྱའོ། །

《ནུབ་བྱང་མི་རིགས་སློབ་གྲྭ་ཆེན་མོའི་རིག་གཞུང་དུས་དེབ།》 ༢༠༡༥ལོའི་དེབ་དང་པོ་ལས་བཏུས།

དཔེ་རྙིང་ཞིབ་འཇུག་གི་སྐོར།

༄། །《ཁ་ཆེ་པ་ལུའི་བསླབ་བྱ་དངོས་གྲུབ་ཆུ་མིག》ཅེས་བྱ་བར་དཔྱེ་ཞིབ་ཀྱི་ལྟ་ཚུལ་རགས་ཙམ་གླེང་བ།

ཚེ་དབང་རྣམ་རྒྱལ།

ཁ་དཀར་བསླུ་བྲིད་གཏམ་གྱིས་མ་བསླད་པར། །
ཁ་ཞེ་མཚུངས་པའི་ཚིག་གི་སྦྱོར་བ་འདི། །
ཁ་དོག་པདྨ་དཀར་པོའི་མདངས་འཕྲོག་པའི། །
ཁ་ཆེ་པ་ལུའི་འབེལ་གཏམ་འདི་རྨད་བྱུང་། །
ཚ་ཛོགས་ཚིག་ལ་དཔྱད་པའི་བློ་དམན་ཀྱང་། །
ཚ་ཤས་དོན་ལ་བསམ་པའི་བླུན་གཏམ་ཞིག །
ཚ་རྔོངས་བློ་སྒོ་དོག་པའི་མགྲིན་ལམ་ནས། །
ཚ་ཙམ་གླེང་བ་ག་ཞའི་གཏམ་འདི་གསོན། །

《ཁ་ཆེ་པ་ལུའི་བསླབ་བྱ》ཞེས་པ་འདི་ནི་དུས་རབས་བཅུ་དགུ་པའི་ནང་པཎ་ཆེན་སྐུ་ཕྲེང་བདུན་པ་བསྟན་པའི་ཉི་མས་རྩོམ་གནང་མཛད་པ་ཞིག་ཡིན། པཎ་ཆེན་བསྟན་པའི་ཉི་མ་ནི་དུས་རབས་བཅོ་བརྒྱད་པའི་དུས་མཇུག་ཏུ་འཁྲུངས་ཤིང་། དུས་རབས་བཅུ་དགུ་པའི་དུས་དཀྱིལ་དུ་སྐུ་གཤེགས་པ་དང་། དགུང་ལོ་བདུན་ཅུ་ལྷག་ཙམ་བཞུགས། སྐབས་དེར་གནའ་བཟང་གི་གཤིས་སྤྱོད་རྣམས་རིམ་བསླད་དུ་སོང་ནས་འགོ་དབང་སྒྱུར་པ་ནས་ཆོས་ལུགས་པ་དང་སྤྱིར་བཏང་གི་མི་གཤིས་བཅས་ཀྱི་ནང་དུ་ལུགས་མིན་གྱི་སྤྱོད་ཚུལ་མང་དག་ཅིག་ཐོན་པ་དེ་དག་ལ་ཟུར་ཟ་དང་། སྲུན་འཛིན་བྱེད་ཆེད་ཁོང་གིས་སྐབས་དེར་གཞིས་རྩེའི་ཁ་ཆེ་མང་པོ་དང་རྒྱུན་དུ་འབྲེལ་འདྲིས་དམ་ཟབ་ཡོད་པས་ཁ་ཆེའི་ཤོད་སྟངས་ཀྱི་སྐད་ལུགས་གོམས་གཤིས་ནི་ཧ་ཅང་སྙན་ལ་འདྲ་ཆགས་པ། མང་ཚོགས་རང་བཞིན་གྱི་དམིགས་བསལ་ཁྱད་ཆོས་ལྡན་པ་ཞིག་ཡིན་པར་བརྟེན་རྩོམ་པ་པོས་མདོན་བརྗོད་སོགས་རྟོགས་དཀའ་བའི་རྩོམ་སྲོལ་མ་སྤྱད་པར་ཆེད་མངགས་ཁ་ཆེའི་ཤོད་སྟངས་བེད་སྤྱོད་དང་ཁ་ཆེའི་མིང་ཐོག་ནས་བསླབ་བྱ་དེ་རྩོམ་གནང་མཛད་པའི་རྩོམ་སྲོལ་དཔེ་གསར་ཅན་དེས་རྒྱ་ཆེའི་གློག་པ་པོའི་དང་བ་འདྲེན་ཤུགས་སྟེར་ན་མ་གྲགས་པ་ཞིག་བྱུང་བར་མ་ཟད། རྒྱ་ཆེའི་མང་ཚོགས་ཀྱི་ཁྲོད་དུ་ཧ་ཅང་ཁྱབ་གདལ་ཆེན་པོ་བྱུང་ཞིང་། དེ་ནི་དངོས་ཡོད་འཚོ་

བའི་ནང་གི་ཞན་ཆར་རྣག་ཐོག་གཙག་འཁིལ་གྱི་བླང་བྱ་བཏོན་པ་ཞིག་ཡིན་པས་སྐབས་དེའི་སྤྱི་ཚོགས་ཀྱི་སྤྱོད་ཚུལ་དང་མི་རིགས་ཀྱི་གཤིས་ལུགས་བཅས་ལ་ཡོ་བསྲང་གི་ནུས་པ་ངེས་ཅན་ཞིག་ཐོན་ཡོད། འོན་ཀྱང་"རིག་གནས་གསར་བརྗེ་ཆེན་པོའི"ནང་དུ་ཞིན་པེའོ་དང་ཅང་ཆིང་གྲས་ཀྱི་མཐའ་དག་གཏོར་དགོས་ཟེར་བ་དང་། ཞྭ་མོ་གཡོགས་པ། རྒྱུག་པ་གཞུ་བ་སོགས་ཀྱི་ཀླུང་ཡན་གྱི་ཤུགས་རྐྱེན་འོག《ཁ་ཆེ་ཕ་ལུའི་བསླབ་བྱ》དེར་ཡང་དབྱེ་ཞིབ་སོགས་གང་ཡང་མེད་པར་དགེ་མཚན་གྱི་ཕྱོགས་སྤུ་ཙམ་མེད་པའི་ནག་པོ་ནག་རྐྱང་ཞིག་ཏུ་བརྩིས་ནས་གང་བྱུང་དགག་པ་བརྒྱབ་པ་དེ་ནི་གནའ་ཤུལ་རྩོམ་རིག་གཅིག་རྩ་མེད་གཏོང་རྒྱུའི་ཧམ་སེམས་བཅངས་པ་ཙམ་མ་ཡིན་པར་མི་རིགས་ཀྱི་ཕུལ་བྱུང་རིག་གཞུང་དང་། ཡུལ་གོམས་གཤིས་ལུགས་རྩ་བརླག་གཏོང་རྒྱུའི་རེ་ངན་བཅངས་པ་ཞིག་དང་ཧ་ང་གི་མི་རིགས་སྲིད་ཇུས་གཏོར་བཤིག་བཏང་བ་ཞིག་རང་རེད།

ཡིན་ནའང་ཏང་གི་ཡང་དག་པའི་དབུ་ཁྲིད་འོག་རྒྱལ་འཕུང་དམངས་གསོད་ཀྱི་ཞིན་ཅང་ཏང་གྲོལ་ཊ་ཚོགས་ཐལ་བའི་རྟུལ་དུ་བརླགས་ནས་མི་རིགས་ཀྱི་རིག་གནས་ལ་བཅིངས་བཀྲོལ་ཆེན་པོ་ཐོབ་པའི་དུས་སྐབས་གསར་པ་འདིའི་ནང་ང་ཚོས་རྩོད་སྒྲུབ་དངོས་གཙོ་སྨྲ་བའི་ལྟ་ཚུལ་བཟུང་སྟེ་སླར་ཡང་རྩོམ་རིག་སྙིང་པར་དབྱེ་ཞིབ་བྱེད་རྒྱུ་དེ་ནི་མཁས་བརྒྱ་འགྲན་སྒྲོན་དང་མེ་ཏོག་མཉམ་བཞད་ཀྱི་མཛད་ཕྱོགས་གཞིར་བཟུང་ཐོག གནའ་བཟང་དེང་སྤྱོད་ཀྱིས་མི་རིགས་ཀྱི་རིག་གཞུང་དར་རྒྱས་གཏོང་རྒྱུར་ཕན་ཐོགས་ཆེན་པོ་ཡོད་པ་ཞིག་ཡིན།

མིའི་རིགས་ཀྱི་ལོ་རྒྱུས་བྱུང་བ་ནས་བཟུང་རྩོམ་རིག་ནི་གྲལ་རིམ་ངེས་ཅན་ཞིག་གི་ཁོངས་སུ་གཏོགས་ཤིང་། དེས་ཆབ་སྲིད་ལ་ཞབས་འདེགས་ཞུ་བ་ཞིག་ཡིན་པས། 《ཁ་ཆེ་ཕུ་ལུའི་བསླབ་བྱ》ལའང་དེའི་ཐད་ཀྱི་ཤུགས་རྐྱེན་ལྡན་པ་ནི་གཡོལ་ཐབས་མེད་པ་ཞིག་ཡིན། འོན་ཀྱང་རིག་གནས་རང་ཉིད་ལ་གྲལ་རིམ་གྱི་རང་བཞིན་མེད་ཅིང་། ལྷག་པར་མང་ཚོགས་ཀྱི་འཚོ་བ་དངོས་དང་འབྲེལ་བ་དམ་ཟབ་ཡོད་རིགས་མང་ཚོགས་ཀྱི་ཁོངས་སུ་གཏོགས་པ་ཞིག་ཡིན་པས་ད་ཆ་ང་ཚོས་ཁ་ཆེ་ཕ་ལུའི་རྩོམ་ཡིག་དེ་ལའང་དུས་སྐབས་ཀྱི་ཆ་རྐྱེན་གསར་པ་དང་བསྟུན་ནས་དབྱེ་ཞིབ་ཅིག་བྱེད་སྐབས་རྩོམ་རིག་དེ་ནི་གསོན་ཉམས་ལྡན་ཞིང་། ཞིབ་ཕྲ་བ། སྙིང་སྦྱོར་ཕུན་སུམ་ཚོགས་ལ་མི་སེམས་འགུལ་བའི་སྒྱུ་རྩལ་གྱི་རྣམ་པ་ལྡན་པ། སྤྱི་ཚོགས་ཀྱི་འཚོ་བ་དང་འབྲེལ་བ་ཟབ་ལ་འདུ་ཤེས་ཀྱི་རྣམ་པ་མངོན་གསལ་དོད་པ། ལྷག་པར་མང་ཚོགས་ཀྱིས་གོ་བདེ་ལ་ཧ་ཅང་ཁྱབ་ཆེ་བའི་ཡུལ་སྐད་རྣམས་སྙན་འཛེབས་ཚོགས་བཅད་ཀྱི་སྟེང་ལ་བཀྲུས་ཁར། དབང་སྒྱུར་པ་དང་། ཆོས་ལུགས་པ། སྤྱིར་བཏང་གི་མི་གཉིས་བཅས་ཀྱི་ནང་ཚུལ་དང་མི་མཐུན་པའི་སྤྱོད་ཚུལ་མཐའ་དག་ལ་རིས་མེད་ཀྱིས་སྟོན་འགོག་དང་། དྲང་ཞིང་འོས་པའི་བསམ་བློ་ཀུན་སྤྱོད་ཀྱི་མྱུ་གུ་སྐྱུང་སྤེལ་བྱེད་རྒྱུའི་དྲང་ཕྱོག་གི་བསླབ་བྱ་བྱས་ཡོད་སྐབས་དམངས་ཁྲོད་ཀྱི་རྒྱ་ཆེའི་གླེག་པ་པོ་ཚོས

དེར་ཧ་ཅང་དཀའ་པོ་བྱས་ནས་གདམས་ཚིག་ཁག་ཅིག་རྒྱུན་སྤྱོད་གླིང་སོལ་ནང་ངག་སྐྱོར་དུ་སྤྱད་དེ་མི་རྣམས་ཀྱིས་བླང་དོར་བྱེད་སྟོའི་ཕྱོགས་སྟོན་དུ་བརྩིས་ནས་མང་ཚོགས་རང་བཞིན་གྱི་ཡིད་དབང་འཕྲོག་པའི་དམིགས་བསལ་ཟེལ་ཤུགས་ཆེ་བའི་ནུས་པ་ལྡན་ཡོད་སྟབས་དམངས་ཁྲོད་དུ་ཁྱབ་ཆེ་ཤོས་ཀྱི་རྩོམ་རིག་གི་གྲས་ཤིག་ཡིན། དེར་བརྟེན་འདིར་ཁ་ཆེ་ཕ་ལུའི་བསླབ་བྱའི་ནང་གི་དུམ་བུ་ཁ་ཤས་དཔེ་མཚོན་དུ་བྱས་ནས་དབྱེ་ཞིབ་རགས་ཙམ་བྱེད་རྒྱུར། 《ཁ་ཆེ་ཕ་ལུའི་བསླབ་བྱ》ལས། རྡོ་རྗེ་བྲག་ལ་འགྱུར་བ་ཅི་ལ་སྲིད། །ཉིན་མཚན་ཀུན་ཏུ་མཁས་པའི་མི་ལ་བསྟེན། །ཡོན་ཏན་རིན་ཆེན་དགོས་འདོད་ཀུན་འབྱུང་རེད། །དོན་དུ་མི་ལ་ཡོན་ཏན་ཚང་བ་དགོས། །དུས་ཚོད་ཆུ་ཚོད་མ་འགྱངས་བསྒྲོད་ནས་འགྲོ། །འཕྲུས་ཤོར་མེད་པར་བུ་ལ་ཡོན་ཏན་སློབས། །ཡོན་ཏན་ཀུན་གྱི་རྩ་བ་ཡི་གེ་དང་། །ཡོན་ཏན་ཡོངས་ཀྱི་རྒྱལ་པོ་ཡི་གེ་རེད། །ཅེས་པ་ལྟར་འཛིག་རྟེན་ཐོག་སྟོན་ཐོན་དང་འོད་གསལ་གྱི་ཕྱོགས་མཐའ་དག་ནི་ཤེས་རིག་ལ་བརྟེན་ནས་བྱུང་ཞིང་། རྗེས་ལུས་དང་མུན་ནག་གི་ཕྱོགས་མཐའ་དག་ནི་བླུན་རྨོངས་ལ་བརྟེན་ནས་བྱུང་བ་ཞིག་ཡིན་པ་མིའི་རིགས་ཀྱི་ལོ་རྒྱུས་རྟེལ་པོའི་ཉམས་མྱོང་དངོས་ཀྱིས་ར་འཕྲོད་ཡོད་པར་མ་ཟད། དེང་སྐབས་འཛམ་གླིང་ཐོག་སྟོན་ཐོན་ཅན་གྱི་ལག་རྩལ་གང་དང་གང་ཡིན་ནའང་ཚན་རིག་ཤེས་ཡོན་གྱི་གནས་མཐའ་དག་ལ་མཁས་པར་བྱས་པ་ལས་བྱུང་བ་ཞིག་ཡིན། 《ས་སྐྱ་ལེགས་བཤད》ལས། སྐྱེ་བོ་ཡོན་ཏན་ཡོད་མེད་པའི། །བླང་དོར་བློ་གྲོས་ལྡན་པ་མཁས། །རྟུལ་དང་འདྲེས་པའི་ལྕགས་ཕྱེ་རྣམས། །ཁབ་ལེན་རྡོ་ཡིས་ལེན་པར་ཤེས། །ཞེས་གསུངས་པ་ལྟར་མཁས་པ་དག་ནི་ལེགས་ཉེས་བླང་དོར་གྱི་འདུག་སྒོ་གང་ལའང་རྣམ་དཔྱོད་ཀྱི་རྩལ་དང་ལྡན་པ་ཞིག་ཡིན་པས་ལུགས་མཐུན་བག་ཡོད་ཀྱི་འཚོ་བས་དུས་འདའ་བར་བྱེད་ཅིང་། དགོས་འདོད་ཀྱི་འབྲས་བུ་འབད་མེད་དུ་འབྱུང་བ་དང་། ཤེས་རིག་ལ་རྨོངས་པའི་བླུན་པོ་ནི་བྱ་བའི་སྤང་བླང་གྱི་གནས་མི་ཤེས་པས་ལོག་ལམ་དུ་འཕྱན་ཞིང་། ཚུལ་མིན་བརླང་པོར་སྤྱོད་པའི་དབང་གིས་ངན་འབྲས་ཐོག་ཏུ་སྨིན་པ་ཀུན་གྱིས་མཐོང་ཆོས་སུ་གྱུར་པ་ལྟར་ཁ་ཆེ་ཕ་ལུས་ཀྱང་། ཡོན་ཏན་རིན་ཆེན་དགོས་འདོད་ཀུན་འབྱུང་རེད། ཅེས་མི་རྣམས་ལ་གནད་དུ་འཕིགས་པའི་བསླབ་བྱ་བྱས་ཡོད་པས་དེ་ནི་ང་ཚོས་དེང་རབས་ཅན་བཞིའི་སྟོབས་ཆེའི་མེས་རྒྱལ་འཛུགས་སྐྲུན་དང་། མཐུན་སྒྲིལ་དང་། ཕྱུག་པོ། ཤེས་རིག་ལྡན་པ་བཅས་ཀྱི་བོད་ལྗོངས་གསར་པ་འཛུགས་སྐྲུན་བྱེད་ཆེད་ཤེས་ལྡན་མི་སྣ་འབོར་ཆེན་གསོ་སྐྱོང་ཧུར་ཐག་བྱ་རྒྱུར་ཕན་ཡོད་ཀྱི་སློབ་གསོའི་དོན་སྙིང་ལྡན་པ་ཞིག་རེད།

ཡང《ཁ་ཆེ་ཕ་ལུའི་བསླབ་བྱ》ལས། དོན་རྩ་འཇམ་པོའི་སྒོ་ནས་ལོན་ཟེར་ན། །ང་རྒྱལ་ཁོང་ཁྲོ་དོན་མེད་སྟོང་པ་རེད། །ཁོང་ཁྲོ་དབང་དུ་བཏུས་ན་མཁས་པའི་རྟགས། །ཁོང་ཁྲོའི་རྗེས་ལ་འགྲོ་མི་གླེན་པ་རེད། །ཅེས་པ་འདི་ཡང་སྐྱེར་དབང་གཏུམ་སྤྱོད་ཀྱི་སྤྱོད་ཚུལ་ངན་པར་སུན་འབྱིན་བྱེད་པ་དང་མི་ཀུན་སྤྱོད་ལ་བསླབ་བྱ་བྱེད་པ་ཞིག་ཡིན་ཞིང་། བརྟན་ལྷིང་མཐུན་སྒྲིལ་ལ་དང་བ་བསྐྱོད་པ་དང་། ཟང་ཟིང་

དང་འཁྲུག་རྩོད་ལ་ངོ་རྒོལ་བྱེད་པ་ཞིག་རེད། འཛམ་གླིང་ཐོག་རྒྱལ་ཁབ་ཕན་ཚུན་དབར་དམག་འཁྲུག་དང་དུས་ཟིང་བྱུང་ཚེ་དེ་ཞི་བདེ་དང་མཐུན་སྒྲིལ་གྱི་གེགས་སུ་གྱུར་ཅིང་། རྒྱལ་ནང་གི་ཆབ་སྲིད་སྒྲིང་ཚུལ་ཡིན་ནའང་འདྲ། ཐ་ན་ཁྱིམ་ཚང་གི་ནང་དུ་ཡིན་ནའང་འདྲ། ང་རྒྱལ་དང་ཁོང་ཁྲོས་རང་རྒྱུད་བཀྲམས་པའི་དབང་གིས་འཁྲུག་རྩོད་ཟང་ཟིང་ཡོང་བའི་ངན་འབྲས་ནི་དཔེར་ན"ནང་བཀྲ་མ་ཤིས་ན། ཕྱི་དོན་མི་འགྲུབ"ཅེས་པ་ལྟར་ཁ་ཆག་སྣ་རལ་ཕོ་ན་ལས་མེད་ཅིང་། དེ་ལས་ལྡོག་སྟེ་ཁེངས་བསྐྱུངས་བཟོད་སྒོམ་གྱི་ཀུན་སྤྱོད་བཟང་པོས་མཐུན་སྒྲིལ་དང་བརྟན་ལྷིང་གི་བྱ་བ་ལ་འཇུག་པའི་དགེ་འབྲས་ནི་མི་སྐྱོན་རང་སྐྱིད་དང་། རྒྱལ་དམངས་གཉིས་དགེའི་ཞི་མཐུན་བདེ་བའི་དཔལ་ལ་ལོངས་སུ་སྤྱོད་ཐུབ་པ་ཡོང་རྒྱུ་འདི་ལྟར། མཐུན་ན་ལག་ལྡན་སྤྲེའུ་རི་བོང་བྱ། གོ་རིམ་བདེ་བའི་དཔལ་ལ་སྤྱོད་འདི་མཛེས། མི་མཐུན་ནག་པོ་ལྟགས་ཀྱི་ཐུ་ལུམ་གྱིས། བདེ་བའི་སྲོག་རྩ་རྨང་ནས་འཇོམས་པར་བྱེད། ཅེས་པ་ལྟར་ཁ་ཆེ་ཕ་ལུའི་བསླབ་བྱའི་ནང་ལའང་དེའི་སྐོར་གྱི་བསླབ་བྱའི་ནུས་པ་ངེས་ཅན་ཞིག་ལྡན།

ཡང《ཁ་ཆེ་ཕ་ལུའི་བསླབ་བྱ》ལས། ཕྲུ་གུ་ཆུང་དུས་ཕ་མས་ལྟོ་བ་བསྐྱལ། །བྱ་ལུགས་བྱེད་ལུགས་འགྲོ་ལུགས་སྡོད་ལུགས་བསླབས། །གང་བྱས་ཡོང་བའི་ཡོན་ཏན་ཕ་མའི་དྲིན། །ཁ་ནས་ཁྲི་སྟོང་བཤད་ཚད་བུ་ཡི་དོན། །བསམ་རྒྱུ་དང་འདེམས་རྒྱུ་ལས་མེད། །བཀའ་དྲིན་ཅན་གྱི་ཕ་མ་རྣམ་པ་གཉིས། །ན་སོ་རྒས་པ་ད་ལྟ་ཨེ་ཤེས་ལགས། །དྲིན་ཅན་དྲིན་དུ་བསམ་པ་ཨེ་ཡོད་ལགས། །ཁྲེལ་དང་ངོ་ཚ་དགོས་ས་དེ་ཙ་རེད། །ཉིན་མཚན་མེད་པ་ཕ་མའི་བཀའ་ལ་བསྟུན། །ཞིམ་པོ་ཕུལ་ནས་ཨེ་མཉེས་སེམས་ཀྱིས་ལྟོས། །སྙན་པོ་ཞུས་ན་ཐུགས་སེམས་ཨེ་སྐྱོ་ལྟོས། །ཕ་མ་ཡོད་དུས་བཀའ་དྲིན་མ་བསམ་པར། །མེད་དུས་འཁྱོད་པ་སྐྱེས་ཀྱང་ཐ་མའི་ཐ། །འཁྱོད་པ་དེ་ཡང་ཕུགས་ནས་ཕུགས་ལ་འཁྱོད། །དེ་ལྟར་ཕ་མ་འཛོམས་པའི་ཕྲུ་གུ་ཚོ། །གཏམ་གྱི་ནོར་བུ་སྙིང་གི་སྒམ་དུ་ཆུགས་ཞེས་དང་། །ཡང་། དེ་ནས་གསོན་དང་ཨ་མའི་སྙིང་གི་བུ། །བྱམས་དང་བརྩེ་བ་ཅན་གྱི་དྲིན་ཅན་ལ། །ཕྲུ་གུ་ཆུང་དུས་ཨ་མའི་སྣོ་ཙ་སྡོད། །ལང་ལ་གཏོང་རང་གཏོང་ན་ཨ་མས་གཏོང་། །ཁ་ལ་མི་སྟེར་དགུ་སྟེར་ཨ་མས་སྟེར། །ལུས་ལ་མི་གཡོགས་དགུ་གཡོགས་ཨ་མས་གཡོགས། །ཆུང་དུས་ཨ་མས་ལང་ལ་བཏང་དྲགས་ན། །ལང་ཤོར་མཐའ་མ་ཨ་མས་བཀག་མི་ཐུབ། །ཨ་མས་ཕྲུ་གུ་ཆུང་ལ་བསྐུར་ཡོང་ངོ་། །ཞེས་བསླབ་བྱ་བྱས་ཡོད་པ་ནི་མིའི་རིགས་ཚང་མ་ཆུང་ནས་ཆེར་གྱུར་པ་ཤ་སྟག་ཡིན་ནའང་ན་གཞོན་ནམ། གཞོན་ནུ་ཞིག་གི་ངོས་ནས་བཤད་ན་རང་ཉིད་ཕྲུ་གུའི་ཕ་མར་མ་གྱུར་གོང་སྔོན་ཆད་རང་གི་ཕ་མས་རང་ཉིད་ཀྱི་ལྟོ་བ་བསྐྱལ་བ་དང་། རོ་བཅུད་ལྡན་པའི་ནུ་ཞོ་སྟེར་བ། ཉིན་མཚན་ལྟོས་མེད་ངལ་བ་དང་བརྩོག་སྦྲར་མ་འཛེམས་པར་ཆབ་གཅིག་གི་གཡོག་བྱེད་བྱས་པ། དེ་ནས་ཤེས་ཡོན་བསླབས་པ་དང་། འཇིག་རྟེན་གྱི་ཟ་ལུགས་དང་འགྲོ་ལུགས་བསླབས་པ་བཅས་ཏ་ཅང་དཀའ་ཚེགས་ཆེ་ལ་དུས་ཡུན་རིང་བའི་དྲོ་སྐྱིད་བྱམས་བརྩེ་ཚད་མེད་ཀྱིས་སྐྱོང་བདར་བྱས་པའི་སྐྱོང་

ཚོར་གཤའ་མ་ཞིག་ཡོང་དཀའ་བས་ཁ་ཆེ་ཕ་ལུས་ན་གཞོན་དང་། གཞོན་ནུ་རྣམས་ལ་རང་གི་དྲིན་ཅན་གྱི་ཕ་མར་སྲིད་ཞུ་ཞབས་ཏོག་ལེགས་པར་ཞུ་རྒྱུ་ནི་གཟི་བརྗིད་དང་། དྲིན་ཅན་དྲིན་དུ་མི་གཟོ་བའམ་ཐ་ན་དྲིན་ལན་ལོག་འཇལ་བྱེད་མཁན་ནི་མ་རབས་ཐ་ཤལ་ངོ་ཚ་དགོས་པ་ཞིག་དང་ཞབས་འདྲེན་ཞིག་ཡིན་པར་བསླབ་བྱ་བྱས་ཤིང་། དེ་བཞིན་ཡོ་ན་གཞོན་ལ་ཉམས་མྱོང་ཟིན་པའི་ཕྲུ་གུའི་ཕ་མ་རྣམས་ལའང་གང་འདྲ་བྱས་ནས་ཕྲུ་གུར་གསོ་སྐྱོང་དང་སྦྱོང་བརྡར་བྱེད་དགོས་པའི་སྐོར་དང་། བྱེད་སྟངས་གང་འདྲ་བྱས་ན་ཕྲུ་གུར་གཅེས་སྤྲས་དང་བྱམས་པོ་བྱེད་པ་དེ་ཀུན་སློང་བཟང་ཡང་མཐའ་མར་ངན་པ་ལང་ཤོར་དུ་གྱུར་པའི་འབྲས་བུ་བློ་ཡུལ་ལས་འདས་པ་ཞིག་བྱུང་ནས་ཀུན་སློང་དང་འབྲས་བུ་ཐ་དད་དུ་འགྱུར་ལུགས་སོགས་མི་རྣམས་ལ་ནན་ཏན་གྱིས་གདམས་པ་ནི་ཉམས་མྱོང་དམར་ཁྲིད་བྱས་པ་ཞིག་རང་རེད།

ཡང《ཁ་ཆེ་ཕ་ལུའི་བསླབ་བྱ》ལས། མཚོ་མོ་འཁྱིལ་ན་ཉ་མོ་ལས་ཀྱིས་འཁྱིལ། །ལུང་པ་དབུལ་ན་རྒྱལ་པོ་ལས་ཀྱིས་དབུལ། །རྗེ་དཔོན་དར་ཞིང་རྒྱལ་པོའི་ས་སྲེ་འབྲུགས། །ཡུལ་སྲེ་མེད་པའི་རྗེ་དཔོན་རྐོང་རེ་ཐོ། །ཞེས་བཤད་ཡོད་པའི་ཐོག་ནས་རྒྱལ་ཁབ་ཅིག་གི་ཆབ་དཔལ་རིག་གསུམ་དར་རྒྱས་ཀྱི་གཞི་རྩ་འབངས་ཀྱི་ཕན་བདེར་ཐུག་ཅིང་། གལ་ཏེ་འབངས་དབུལ་བདེ་སྡུག་ལ་མ་བལྟོས་པར་རྒྱལ་ཕྲུག་སྐྱན་གྲགས་ཀྱི་ཆེད་དུ་ཁྲལ་དང་ཁྲིམས་ཀྱིས་འབངས་རྣམས་མནར་ཏེ་ཡུལ་གྲུ་མེད་པའམ། ཉམས་པའི་རང་བཞིན་དུ་གྱུར་ན་རྒྱལ་ཁབ་ཀྱི་མངའ་ཐང་འཕེལ་རྒྱས་མི་ཡོང་ལ་བྱུང་བའི་དབང་དུ་བཏང་ནའང་མི་ཡུལ་དུ་བཞད་གད་འཕྲིན་པའི་གནས་ཡིན་ཞེས་འབངས་དོན་མི་སེམས་པའི་རྒྱལ་ངན་རྗེ་དཔོན་གྱི་ཆབ་སྲིད་སྐྱོང་ཚུལ་ལ་སུན་འབྱིན་དྲག་པོ་བྱས་པར་མ་ཟད། རྒྱལ་སྲིད་ཀྱི་ཁུར་ནི་འབངས་ཀྱི་བདེ་རྩ་ཡིན་པའི་བླང་བྱ་ཤུགས་ཀྱིས་བཏོན་ཡོད། ཡང་། 《ཁ་ཆེ་ཕ་ལུའི་བསླབ་བྱ》ལས། གསེར་དངུལ་ཟངས་དང་གཏམ་དོན་ང་ཟེར་ཞིང་། །ཞིམ་པོ་ང་དང་འཇམ་པོ་ང་ཟེར་ནས། །གནས་བཟང་བསྐོར་ན་ཀང་ཚུང་ན་རོགས་རེད། །རི་ཁྲོད་འགྲིམས་ཀྱང་རྣ་ཅོག་ཚ་རོགས་རེད། །ཧེའུ་བཙུད་ལེན་རང་སྡུག་རང་གིས་ཉོས། །བྱ་ལུགས་བྱེད་ལུགས་མཁས་པའི་ཕ་ཐན་ཚོ། །འདོད་པ་ཅན་གྱི་ཆོས་པ་བརྒྱ་ལས་ལྷག །རང་འདོད་ཅན་གྱི་མི་ལ་ངོ་ཚ་མེད། །ངོ་ཚ་མེད་པའི་མི་དེ་དུད་འགྲོའི་རྒྱུད། །ཅེས་བཤད་ཡོད་པ་དེ་ནི་སྐབས་དེར་སྤྱི་ཚོགས་ལམ་ལུགས་ཀྱི་རྐྱེན་པས་ཆོས་ལུགས་དར་ཁྱབ་ཤིན་ཏུ་ཆེ་དུང་ཆོས་པ་ཡིན་ཁུལ་གྱིས་རང་ཕན་གཞན་གནོད་དང་། རང་འདོད་ཏམ་གཉེར། སྲིད་འདོད་དཔལ་འདོད། བག་མེད་ལོངས་སྤྱོད་བཅས་བྱེད་མཁན་ལ་བློ་ཁོག་ཆེན་པོས་ཟུར་ཟ་དང་སུན་འབྱིན་དྲག་པོ་བྱས་ཡོད་པ་རེད།

གོང་གསལ་ཚིགས་བཅད་དཔེ་མཚོན་དེ་དག་ལ་དཔྱད་ཞིབ་རོབ་ཙམ་བྱས་པ་འདིའི་ཐོག་ནས་ང་ཚོས་མཐོང་ཐུབ་པ་ནི་མིའི་རིགས་ཀྱི་སྤྱི་ཚོགས་ནི་ལོ་རྒྱུས་ཡུན་རིང་ཞིག་གི་ནང་དུ་བྱུང་བ་དང་། འཕེལ་བའི་གོ་རིམ་མང་ལ་འགྱུར་ལྡོག་ཀྱང་ཧ་ཅང་ཆེ་དུང་། ལག་ལེན་གྱི་ཉམས་མྱོང་ཐད་ནས་བཤད་ན་སྔོན་

མ་སྔོན་མ་ཕྱི་མ་ཕྱི་མའི་རྒྱང་གཞིར་གྱུར་པ་ཞིག་ཡིན་པ་དང་། དེའི་ནང་རྗོགས་མཐའ་མེད་པའི་ཉམས་མྱོང་དང་བསླབ་བྱ་ཕུན་སུམ་ཚོགས་པོ་ཡོད་ཅིང་། ཡར་ཐོན་གྱི་བསམ་བློའི་མྱུ་གུ་དང་། ཚིག་དོན་ཕུན་སུམ་ཚོགས་ལ་དེང་སྐབས་ཀྱང་སྤྱོད་གོ་ཆོད་ཅིང་། དགོས་ངེས་ཀྱི་རང་བཞིན་ཡང་ཏ་ཅང་མང་པོ་ཡོད་པ་དཔེར་ན་གོང་དུ་བསླབ་བྱ་དེ་དག་ནི་སྤྱི་ཚོགས་ཀྱི་ཀུན་སྤྱོད་དང་འབྲེལ་བའི་ཐོག་བྱིས་པ་ན་གཞོན་གསོ་སྐྱོང་བྱེད་ཐབས་ནས་ཕ་མར་བརྩི་བཀུར་བྱེད་སྟངས་ཀྱི་བར་དང་། ཆོས་ལུགས་པ་ནས་འཇིག་རྟེན་ཁྲིམ་པའི་བར་ཡོད་དགོས་པའི་ཀུན་སྤྱོད་ཀྱི་བླང་དོར་བསྟན་ཡོད་ལ་ཞིབ་ཕྲ་ཅན་དང་ཚུལ་མཐུན་དགོས་ངེས་ཀྱི་རང་བཞིན་མང་པོ་མཐོང་རྒྱུ་ཡོད་པས་དེས་ན་གནད་དོན་དངོས་ལ་མ་བརྟགས་པར་རྩོམ་རིག་རྐྱང་པ་ཞིག་ཡིན་ཕྱིན་དུག་རྒྱུན་ཡིན་རྐྱང་གིས་མེད་པར་བཟོ་བའམ། སྣང་མེད་དུ་འཇོག་པའི་བྱེད་སྟངས་ནི་ལོང་བ་ཤིག་ཟིན་གྱི་རྣམ་འགྱུར་རམ། རྫོངས་པས་རྫོངས་རྒོལ་བྱས་པ་ཞིག་ཡིན་པ་ལས་ཕན་ཐོགས་མེད་པར་མ་ཟད། དེ་ལས་ལྡོག་སྟེ་མིའི་རིགས་ཀྱི་ཕུན་སུམ་ཚོགས་པའི་ལོ་རྒྱུས་ཀྱི་ཉམས་མྱོང་རྨིག་མེད་དུ་གཏོང་བའི་གཏོར་བཤིག་གི་རང་བཞིན་ལྡན་པ་ཞིག་ཡིན། དེར་བརྟེན་ང་ཚོས་ཏང་གི་མི་རིགས་སྲིད་ཇུས་དང་། དེང་རབས་ཅན་བཞིའི་འཛུགས་སྐྲུན། མཐུན་སྒྲིལ་དང་། ཕྱུག་པོ། ཤེས་རིག་ལྡན་པ་བཅས་ཀྱི་བོད་གསར་འཛུགས་སྐྲུན་བྱེད་པའི་དགོས་མཁོ་བཅས་ལ་གཞིགས་ནས་ལོ་རྒྱུས་ཀྱི་རྩོམ་རིག་ནང་གི་ལེགས་ཆ་རྣམས་བཅུད་ལེན་བྱ་རྒྱུར་བློ་གྲོས་ཀྱི་མིག་རྒྱང་རིང་ཙམ་ལྟ་དགོས་པའི་དོན་སྙིང་ལྡན་ངེས་སྙམ་པ་བཅས་ཐོག་མའི་དབྱེ་ཞིབ་རོབ་ཙམ་ཞུས་པ་འདིར་རང་ཉིད་ཀྱི་ཚུ་ཚོད་ཤིན་ཏུ་དམན་ལ་འབྲི་རྩོམ་གྱི་ཉམས་མྱོང་གཏན་ནས་མེད་སྟབས་ཞན་ཆ་དང་མ་འཚམས་པའི་ཆ་མང་དག་ཅིག་ཡོད་ངེས་ལ་འདི་ནི་རྒྱ་ཆེའི་ཀློག་པ་པོ་རྣམས་ཀྱི་རྩ་ཆེའི་དགོངས་འཆར་འཐོབ་པའི་རེ་སྐུལ་གྱིས་ཀུན་ནས་བསླངས་ཏེ་བྲིས་པ་ཞིག་ཡིན་པས་ཚང་མས་བཀའ་སློབ་ལྷུག་རྩོལ་ཡོད་པ་ཞུ།

བརྗིད་ཆགས་དུས་རབས་གསར་པའི་ཉི་འོད་ཀྱིས། །
མཚར་སྡུག་རིག་རྩལ་འདབ་བརྒྱ་རབ་གྲོལ་བས། །
སྙན་འཛེབས་ཚིག་སྦྱོར་གཞོག་རྩལ་མི་ལྡན་ཡང་། །
དེང་བཞིའི་ཆེད་དུ་བྱུང་བའི་དབྱངས་འདི་སྒྲོག །

《བོད་ཀྱི་རྩོམ་རིག་སྒྱུ་རྩལ》 ༡༩༨༧ལོའི་དེབ་བཞི་པ་ལས་བཏུས།

༄༅། །《བཻ་རོའི་རྣམ་ཐར་འདྲ་འབག་ཆེན་མོ》ཡི་ལོ་རྒྱུས་དཔྱད་གཞིའི་རིན་ཐང་སྐོར།

དཔལ་ལྡན་དགྲ་འདུལ།

དུས་རབས་བརྒྱད་པའི་ནང་སྤུར་རྒྱལ་བོད་ཀྱི་བཙན་པོ་ཁྲི་སྲོང་ལྡེ་བཙན་གྱིས་ཕྱོགས་གཅིག་ནས་བཙན་པོའི་ཆབ་སྲིད་ཀྱི་སྟོབས་ཤུགས་མཐའ་བཞིར་བསྐྱེད་དེ། དྲག་ཤུགས་ཀྱི་ཐོག་ནས་ཕྱི་ཕྱོགས་དང་འབྲེལ་ལམ་འཛུགས་པ་དང་། ཡང་ཕྱོགས་གཞན་ཞིག་ནས་ཕྱི་ཕྱོགས་ཀྱི་ཚན་རྩལ་རིག་གནས་ནང་འདྲེན་བྱས་ཏེ་མདོ་དབུས་ས་མཐོའི་སྤྱི་ཚོགས་འཕེལ་རྒྱས་ཀྱི་དགོས་མཁོ་སྐོང་ཐུབ་པ་བྱས་ཡོད། དེའི་སྐབས་རྒྱ་གར་དང་། རྒྱ། བྲུ་ཞ ཨུ་རྒྱན་སོགས་ཀྱི་ཡུལ་གྲུ་ཁག་ནས་པཎྜི་ཏ་དང་ཆེད་མཁས་པ་གདན་འདྲེན་ཞུས་ཏེ། ཡུལ་གྲུ་དེ་དག་གི་རིག་གནས་ཆོས་ལུགས་སོགས་ཆབ་འབངས་མི་སེར་གྱི་རིག་གནས་འཚོ་བ་དང་བསམ་པའི་འདུ་ཤེས་ཀྱི་ཁྲོད་དུ་དྲིལ་བསྒྲགས་དང་ཁྱབ་གདལ་བཏང་། འོན་ཀྱང་ཕྱི་ཕྱོགས་ཀྱི་རིག་གནས་ནང་འདྲེན་དང་བོད་མིའི་འདུ་ཤེས་ཀྱི་ཁྲོད་དུ་ཁང་པ་བཙུགས་པའི་བརྒྱུད་རིམ་ནང་སྔར་གྱི་རིག་གནས་རྙིང་པ་དང་འགལ་བ་ཡོང་རྒྱུ་དང་གཅིག་ལ་གཅིག་འགྲན་ཡོང་རྒྱུ་ནི་གཡོལ་ཐབས་མེད་པ་ཞིག་ཡིན་ལ། དེ་ལས་ལྷག་པར་འགལ་བ་དེ་བེད་སྤྱོད་ནས་ཆབ་སྲིད་དབང་ཆའི་དགོས་མཁོ་སྐོང་བའི་ཁྲོད་ཤི་ང་གསོན་གྱི་ཛ་དྲག་ཅན་གྱི་འཐབ་རྩོད་དུ་གྱུར་པ་ཡང་ཡོང་ངེས་པས་ཕྱི་ཕྱོགས་ཀྱི་རིག་གནས་ལ་མཆོག་ཏུ་གྱུར་པའི་བོད་མི་རང་ཉིད་ཀྱི་མཁས་པ་གསོ་སྐྱོང་བྱེད་རྒྱུ་ནི་ཐབས་ལམ་ལེགས་ཤོས་ཤིག་ཡིན་པ་དང་། རིག་གནས་དེ་རྣམས་བོད་རང་གི་སྐད་དུ་ཕབ་སྒྱུར་བྱེད་རྒྱུ་ནི་ཁ་ཆ་དགོས་གཏུགས་ཡིན། དེས་ན་བཙན་པོ་གང་དེས་ལོ་ཙཱ་སློབ་སྦྱོང་བྱེད་པའི་བོད་ཕྲུག་དུ་མ་གསོ་སྐྱོང་གནང་ཡོད། དེ་དག་གི་ནང་དུ་བཻ་རོ་ཙ་ན་ནི་མཆོག་ཏུ་གྱུར་པ་ཞིག་ཡིན་པ་སྔ་ཕྱིའི་མཁས་དབང་དུ་མས་མགྲིན་དབྱངས་གཅིག་གྱུར་གྱིས་གདེང་འཛོག་མཛད་ཡོད། ཁོང་གི་ཆེ་བ་བརྗོད་པའི་རྣམ་ཐར་ཡང་རིགས་མི་འདྲ་བ་མང་ཙམ་ཡོད་དེ། ཁོང་གི་ཐུགས་སྲས་གཡུ་སྒྲ་སྙིང་པོས་བརྩམས་པར་གྲགས་པའི《བཻ་རོའི་རྣམ་ཐར་འདྲ་འབག་ཆེན་མོ》(ལྡུགས་པར)དང་། མཁའ་འགྲོ་ཡེ་ཤེས་མཚོ་རྒྱལ་གྱིས་ཡི་གེར་བཏབ་ནས་གཏེར་དུ་སྦས་པར་གྲགས་པའི《སྤྲུལ་པའི་ལོ་ཆེན་བཻ་རོ་ཙ་ནའི་རྣམ་ཐར་པདྨའི་དགའ་ཚལ》དང་། གཡུང་དྲུང་བོན་གྱི་བཀའ་རྟེན་ཁྲོད་དུ་བཞུགས་པའི《གུ་རུའི་རྣམ་ཐར་བསྟན་འབྱུང་ཡིད་བཞིན་རིན་པོ་ཆེ་ཀུན་སྣང་གསལ་བའི་སྒྲོན་མེ》

ཞེས་པ་སོགས་ལས། བཻ་རོ་རྒྱ་གར་ནས་ཕྱིར་ཕེབས་ཚུལ་དང་། དབུ་ཡོག་བྱུང་སྟེ་རྒྱལ་རོང་ཁུལ་དུ་སྤྱུགས་ཚུལ། རྒྱལ་མོ་རོང་དུ་འགྲོ་དོན་རྒྱ་ཆེར་སྤེལ་བ་དང་། ཕྱིས་སུ་སླར་ཡང་བོད་དབུས་སུ་ཕེབས་ཏེ་མཛད་འཕྲིན་ཆེན་པོ་བསྐྱངས་པ་སོགས་རྒྱས་པར་འཁོད་ཡོད། དེ་བཞིན་ཆོས་འབྱུང་དང་ལོ་རྒྱུས་དེབ་ཐེར་མང་དག་ཅིག་ཏུ་བཻ་རོ་ཙ་ནའི་མཛད་རྣམ་སྐོར་རྒྱས་བསྡུས་གང་ཡང་བཀོད་ཡོད་པ་རེད། འདིར་སྐབས་བབས་ཀྱི་བརྗོད་བྱ་གཙོ་བོ་ནི《བཻ་རོའི་རྣམ་ཐར་འདྲ་འབག་ཆེན་མོ》འདི་ཉིད་ཡང་སྙིང་དུས་རབས་གང་དུ་མཁས་དབང་སུ་ཞིག་གིས་བརྩམས་པ་དང་། བརྩམས་པའི་དགོས་པ་གང་ཡིན། དེ་ལ་ལོ་རྒྱུས་ཀྱི་དཔྱད་གཞིའི་རིན་ཐང་ཇི་ཙམ་ཡོད་མེད་ལ་དཔྱད་གླེང་ཕྲན་ཙམ་ཞུ་རྒྱུ་སྟེ།

དང་པོ། 《བཻ་རོའི་རྣམ་ཐར་འདྲ་འབག་ཆེན་མོ》ཡང་སྙིང་གཡུ་སྒྲ་སྙིང་པོས་བརྩམས་པ་ཡིན་མིན་སྐོར།

དེ་ཡང་སི་ཁྲོན་མི་རིགས་དཔེ་སྐྲུན་ཁང་གིས་སྤྱི་ལོ1995ལོར་དཔར་དུ་བསྐྲུན་པའི《བཻ་རོའི་རྣམ་ཐར་འདྲ་འབག་ཆེན་མོ》སྟེ་མཚན་ཆ་ཚང་ལ《རྗེ་བཙུན་ཐམས་ཅད་མཁྱེན་པ་བཻ་རོ་ཙ་ནའི་རྣམ་ཐར་འདྲ་འབག་ཆེན་པོ་བཞུགས》(གཤམ་ནས《འདྲ་འབག》ཅེས་བརྗོད་རྒྱུ)ཞེས་པ་དེ་ཉིད་ཀྱི་བོད་ཡིག་མཚན་བྱང་གི་གཤམ་དུ་གཡུ་སྒྲ་སྙིང་པོ་སོགས་ཀྱིས་བསྒྲིགས་ཞེས་འཁོད་ཡོད་ཀྱང་དེང་དུས་ཀྱི་ཞིབ་འཇུག་པ་འགའ་རེས་གཡུ་སྒྲ་སྙིང་པོས་བརྩམས་པར་ངོས་འཛིན་གནང་གི་ཡོད། མ་གཞི་གཡུ་སྒྲ་སྙིང་པོས་བརྩམས་པའི《འདྲ་འབག》འགྲུལ་མེད་ཅིག་ཡོད་སྲིད་ཀྱང་། དཔར་སྐྲུན་ཟིན་པའི《འདྲ་འབག》འདིའི་མ་ཕྱི་བྲིས་མ་དེའི་ཡི་གེའི་བྲིས་རྒྱུན་དང་སྐད་ཀྱི་འགྲོས། ཚིག་གི་ཟུར་ཡང་ལྟོད་སོགས་ཅི་འདྲ་ནས་ཀྱང་བཙན་པོའི་དུས་རབས་ཀྱི་མ་ཡིན་ལ་གཡུ་སྒྲ་སྙིང་པོས་བརྩམས་པ་དེ་བས་ཀྱང་མིན་པ་ནི་གསལ་པོར་མངོན་ཐུབ་པ་ཡིན་ལ། ལྷག་པར་དུ་ད་ལྟའི《འདྲ་འབག》(ལྷུགས་པར)འདི་ཉིད་ལ་གཏེར་མ་ལས་བྱུང་བར་གྲགས་པའི《པདྨ་བཀའ་ཐང》གི་ཚིག་མང་པོ་བེད་སྤྱད་ཡོད་ལ། དེ་ལ《པདྨ་བཀའ་ཐང》གི་བག་ཆགས་བྱུང་བའང་ཤིན་ཏུ་ཁ་གསལ་བར་སེམས་ཏེ། དཔེར་ན《འདྲ་འབག》ཏུ་འདི་ལྟར་ཡོད་པ“དེ་ནས་གན་ཧག་ཐང་ཧ་བསམ་ཡས་ཁྲིད། །མཁན་སློབ་གཉིས་ཀྱི་དྲུང་དུ་བཞུགས་སུ་བཅུག །ལོ་བདུན་བར་དུ་དཀར་གསུམ་དམར་གསུམ་བྱིན། །ཤེས་རབ་བསྐྱེད་ཐབས་བློ་འཕེལ་གཟུངས་བསྒྲུབ་ཀྱིས། །ལོ་གསུམ་བར་དུ་སྒྲ་རྣམས་མཁས་པར་བསླབས”[1]ཞེས་དང《པདྨ་བཀའ་ཐང》(ཤ410དུ“དེ་ནས་གན་ཧག་ཐང་ཧ་བསམ་ཡས་ཁྲིད༔མཁན་སློབ་གཉིས་ཀྱི་དྲུང་དུ་བཞུགས་སུ་བཅུག༔ལོ་བདུན་བར་དུ་དཀར་གསུམ་མར་གསུམ་བྱིན༔ཤེས་རབ་བསྐྱེད་ཐབས་བློ་འཕེལ་གཟུངས་བསྒྲུབ་བཅུག༔དེ་ནས་ལོ་ལྔ་སྒྲ་རྣམས་མཁས་པར་བསླབ༔”ཞེས་ཏ་ལམ་ཆ་མཚུངས་པར་དྲངས་ཡོད་པ་དང་། ཡང་བཻ་རོ་ཙ་ནས་ཆོས་རྫོགས་པར་གསན་ནས་རྒྱ་གར་ནས་ཕྱིར

ལོག་ཕེབས་སྐབས་རྒྱལ་པོ་ཀླ་ཏུ་ལ་ཧྲི་ཧྲིའི་དྲེགས་པའི་རྒྱུད་འདུལ་བའི་སྐབས་སུ་བཻ་རོ་ཙ་ནས་གསུངས་པ་ལ《འདྲ་འབག》(ཤ141)ཏུ་འདི་ལྟར་བཀོད་ཡོད་དེ“བདག་ནི་རྣམ་པར་སྣང་མཛད་དེ། །འགྲོ་བ་རྣམ་པ་སྣ་ཚོགས་ལ། །སྣང་ཁྱབ་ཉི་མ་བྱ་དགོངས་ནས། །དགའ་བ་བཅུ་དྲུག་དགའ་སླ་བགྱིས། །སྒྱུ་མའི་གཟུགས་ཕུང་ལུས་རྙས་ཏེ། །སྟོན་པའི་ཐུགས་རྗེས་བདག་ལ་ཤར། །ཀུན་ལ་སྣང་བར་མཛད་པས་ན། །མིང་ཡང་རྣམ་པར་སྣང་མཛད་ཡིན། །མིང་དང་དོན་ཏུ་བདག་མཐུན་ཏེ། །ཆོས་ཉིད་མཁའ་ལྟར་དག་པའི་གཏིང་རྟོགས་ནས། །སངས་རྒྱས་ངོ་བོར་མ་གྱུར་གཅིག་ཀྱང་མེད། །སྟོན་པའི་ཞལ་སྐྱིན་བདག་གིས་བཤད་པར་བགྱིས། །རྒྱལ་པོ་གོ་བར་བགྱིས་ཤིག་བག་ཙམ་སྟོད། །(སྟོད)”ཅེས་དང་། ཡང《པདྨ་བཀའ་ཐང》(ལྷུགས་པར་ཤ427)དུ“བདག་ནི་རྣམ་པར་སྣང་མཛད་དེ༔འགྲོ་བ་རྣམ་པ་སྣ་ཚོགས་ལ༔གསལ་བྱའི་ཉི་མ་བྱ་དགོངས་ནས༔དགའ་བ་བཅུ་དྲུག་དགའ་ལས་བགྱིས༔སྒྱུ་མའི་ཕུང་པོ་ལུས་བཤིག་ནས༔སྟོན་པའི་ཐུགས་རྗེ་བདག་ལ་ཤར༔ཀུན་ལ་སྣང་བར་མཛད་པས་ན༔མིང་ཡང་རྣམ་པར་སྣང་མཛད་ཡིན༔མིང་དང་དོན་ཏུ་བདག་མཐུན་ཏེ༔ཆོས་དབྱིངས་མཁའ་ལྟར་དག་པའི་གཏིང་རྫོགས་པས༔སངས་རྒྱས་ངོ་བོར་མ་གྱུར་གཅིག་ཀྱང་མེད༔སྟོན་པའི་ཞལ་སྐྱིན་བདག་གིས་བཤད་པ་འདི་རྒྱལ་པོའི་ཐུགས་ལ་དགོངས་ལ་བག་ཙམ་ཉོན༔”ཞེས་པ་ལྟ་བུ་ཚིག་རེ་གཉིས་ཀྱི་ཁྱད་པར་ཕུད་སྤྱིར་བཏང་ཆ་མཚུངས་སུ་སྣང་། འོ་ན། ཚིག་ཙམ་འདྲ་བས《འདྲ་འབག》ལ《པདྨ་བཀའ་ཐང》གི་ཤན་ཞུགས་པ་གསལ་བཤད་མི་ཐུབ་ཅེ་ན《ཆོས་འབྱུང་མཁས་པའི་དགའ་སྟོན》(ལྷུགས་པར་སྟོད་ཆ་ཤ594)ལས“པདྨ་བཀའ་ཐང་དང་སྦེ་བསླད་མི་འདྲ་བ་མང་དུ་སྣང”ཞེས་གསུངས་ཡོད། 《འདྲ་འབག》འདི་ཉིད་ཇི་ལྟར་བྱས་ཏེ་བྱུང་བའི་སྐོར་ལ། 《འདྲ་འབག》གི་མཇུག་བསྡུའི་སྐབས་སུ“དེར་ཕར་གྱི་སྤྱམ(སྤྱམ་སངས་མགོན་པོ)ལ་སོགས་པ་དང་། གཡུ་སྒྲ་དང་། གཉའ(ཛྙཱ)ན་ལ་སོགས་པ་རྣམས་ཀྱིས་རྗེ་བཻ་རོར་གསུངས་པ་དང་། ཕར་གྱི་དཀར་ཆག་དྲིལ་ནས་ཡི་གེ་བྲིས་སུ་བཏབ་པའོ”ཞེས་དང་ཡང“རྒྱལ་བ་རྣམས་དང་རིག་འཛིན་རྣམས་ཀྱི་དགོངས་པའི་བཅུད་ཕྱུང་བ། དགོངས་པའི་མཛོད་ཆེན་མོ་ཐུགས་ཀྱི་ཉིང་ཁུ་ཞེས་ཀྱང་བྱ། བསྟན་པ་ཇི་ལྟར་བྱུང་ཚུལ་མཚོན་པས་ལོ་རྒྱུས་དོན་གྱི་བཤད་ཐབས་ཞེས་ཀྱང་བྱ། རྒྱལ་བ་རིག་འཛིན་དང་བཻ་རོ་དང་དངོས་སུ་མཇལ་བ་འདྲ་བས་འདྲ་འབག་ཆེན་མོ་ཞེས་ཀྱང་བྱ། བསྟན་པ་ཇི་ལྟར་དར་ཚུལ་རྒྱས་པར་སྟོན་པས་བསྟན་པའི་དཀར་ཆགས་ཞེས་ཀྱང་བྱའོ། །”ཞེས་པ་ལས། རྣམ་ཐར་འདི་ཉིད་ཐོག་མར་ཡི་གེར་འདེབས་མཁན་སུ་ཡིན་པ་དང་མིང་གི་རྣམ་གྲངས་ཇི་འདྲ་ཡོད་མིན་གསལ་པོར་བསྟན་ཡོད། ཡང་དེའི་མཇུག་ཙམ་དུ་འདི་ལྟར་བཀོད་ཡོད་དེ། “རྗེ་ཉིད་དང་གཡུ་སྒྲ་ལ་སོགས་པ་བུ་སློབ་བདུན་གྱིས་དཀར་ཆགས་སུ་བཏབ་པ་རྫོགས་སོ། །”[2]ཞེས་པ་ནི་གོང་སྨོས་དེ་རྣམས་དང་འགལ་བ་མེད་ཀྱང་ཕྱིས་སུ་རྣམ་ཐར་འདི་ཉིད་བསྒྱུར་དུ་གསར་སྒྲིག་གནང་མཁན་ཧྲཛྷ་སེང་གེའི་གསུངས་ཡིན་ཏེ། ཁོ་བོའི་མིག་ལམ་དུ་གྱུར་པའི《འདྲ་འབག》བྲིས་མ་མི་འདྲ་བ་ཁག་གསུམ་གྱི་ནང་

དུ། གོང་གསལ་དེ་དང་དེ་ལ་སོགས་པའི་ཚིག་རྣམས་བཀོད་མི་འདུག་ལ། 《འདྲ་འབག》དེ་ཉིད་མཐའ་མར་གཏན་ལ་འབེབས་མཁན་ནི་དྷརྨ་སེནྡྲེ་ཡིན་ལ་དྷརྨ་སེནྡྲེའི་གོང་རོལ་དུ་འདྲ་འབག་དཔར་མ་མི་འདྲ་བ་འགའ་ཤས་ཡོད་པ་ནི། དེ་ལས"སློབ་དཔོན་ཆེན་པོ་བཻ་རོ་ཙ་ནའི་རྣམ་པར་ཐར་པ་ཞང་གནས་གསར་པས་གཏེར་དུ་སྦས་ནས་ཇོ་སྨན་གྱིས་གདན་དྲངས་ཟེར་བ་དང་། ཡང་འགྲོམ་པན་བཀྲ་ཤིས་འབྱུང་གནས་ལ་བཀའ་བབས་ཏེ། ཟབ་དང་ལེགས་རྣམས་གཅིག་ཏུ་དྲིས་ནས་གསེར་ཕྲེང་དགོན་པར་བསྒྲིགས་ཟེར་བ་སོགས་འདུག་ནའང་། དོན་དུ་བཀའ་ཐང་ཤེལ་བྲག་མ་ལས་ཁ་བཀང་བ་ཁོ་ན་འདུག་ཅིང་མ་ཟད་ལོ་རྒྱུས་གཅིག་ལ་བཀའ་གཏེར་གཉིས་ཀ་ནས་ཚིག་ལན་གཉིས་རེར་བཞག་པའི་གོང་འོག་མཚམས་སྦྱོར་མ་འགྲིགས་པ་སོགས་ཀྱི་སྐྱོན་མང་དུ་མངོན་ཞིང་། གཏེར་མ་དངོས་རྒྱུད་ཉིད་ནི་ཤིན་ཏུ་ཡིད་ཆེས་པའི་གནས་སུ་འདུག་ཅིང་། ཁྱད་པར་བོད་གངས་ཅན་པ་རྣམས་ལ་ཞལ་གདམས་ཟབ་པ་མང་དུ་འདུག་ཀྱང་ཕལ་གྱི་རྣ་བར་མི་ཤོང་བས། བཀའ་མ་འདི་ཉིད་གསར་བསྐྲུར་དུ་བྱས། གཞན་ཡང་རྒྱ་འབག བོད་འབག་ཅེས་པ་བོད་ཀྱི་ལོ་རྒྱུས་མན་ཆད་དང་། ཚ་འབག་ཅེས་སོགས་མིང་གི་རྣམ་གྲངས་དུ་མ་འདུག་ཀྱང་། པོད་གཅིག་ཆ་གསུམ་དུ་བྱས་པ་མ་གཏོགས། དོན་ལ་རྣམ་ཐར་གཅིག་ཏུ་མཐུད་པ་མ་ཚང་བར་མི་འདུག་ཅིང་། འདྲ་འབག་པོད་དྲུག་ཙམ་བསྟར་བས་ཐམས་ཅད་ཆ་མཚུངས་ཙམ་འདུག་ལ། མ་དཔེ་པར་མ་ཉིད་ལས་བྱས་ཉུང་བྲིས་ངན་རྒྱུན་འབྱམས་སོང་བའི་གཅིག་གཉིས་ཙམ་ཆད་ཅིང་མ་ཚད། ཡིག་སྐྱོན་ཤིན་ཏུ་མང་བ་དཔེ་དུ་མར་བལྟས་ཏེ་ཁུངས་བཙུན་པའི་ཁུལ་དུ་བགྱིས།"[3]ཞེས་དང་། 《ཆོས་འབྱུང་མཁས་པའི་དགའ་སྟོན》(ལྷུགས་པར་སྟོད་ཆ་ཤ594)ལས"ཕྱིར་ཡི་གེ་སྤྱ་ཞིང་བར་དུ་ཡིག་མཁན་གྱི་སྐྱོན་བརྒྱུད་པ་དུ་མ་དང་། པདྨ་བཀའ་ཐང་དང་སྲེ་བསླད་མི་འདྲ་བ་མང་དུ་སྣང་བས་འདྲ་འབག་ལྷད་གཏན་མེད་དེང་སང་མི་རྙེད་པར་སྣང"ཞེས་གསུངས་ཡོད་པ་ལས《འདྲ་འབག》ལ་དམངས་ཁྲོད་དུ་དཔར་མ་མང་ཙམ་ཡོད་པ་དཔར་མ་མི་འདྲ་བར་སྲེ་བསླད་མི་འདྲ་བ་བྱུང་བ་ནི་ཡིག་མཁན་མང་པོ་ཞིག་གི་ཕྱག་སོར་བརྒྱུད་ནས་འཕྲི་བསྣོན་བྱུང་བ་གསལ་བར་བསྟན་ལ། ཉེ་བའི་ཆར་ཁོ་བོར་ཡང《འདྲ་འབག》(བྲིས་མ)མི་འདྲ་བ་ཁག་གསུམ་ཙམ་བལྟ་བའི་གོ་སྐབས་བྱུང་ཞིང་། དེ་དག་ཀྱང་བཻ་རོ་ཙ་ནའི་མཛད་པའི་ཆ་ནས་ཏ་ལམ་མི་འདྲ་བ་མི་འདུག་ཀྱང་། ནང་དོན་རྒྱས་བཤད་བྱེད་པའི་བརྒྱུད་རིམ་ནང་། ཚིག་གི་བརྗོད་པ་མི་འདྲ་བ་དང་ནང་དོན་འགའ་རེ《འདྲ་འབག》(ལྷུགས་པར)དུ་ཡོད་ཀྱང་གཞན་རྣམས་སུ་མེད་པ། དཔེར་ན། 《འདྲ་འབག》(ལྷུགས་པར)ལེའུ་བཅུ་གསུམ་པ། བོད་ཀྱི་གུས་ཞིང་རྫོགས་ནས་ཞིང་ཁམས་ལ་ཕྱིན་པའི་སྐབས། བཻ་རོ་རྒྱ་ནག་ཏུ་ཕྱིན་ནས་རྒྱ་ནག་གི་མཁས་པ་རྣམས་ལས་གདམས་པ་ཞུས་པ། ཞེས་པ་དེ་ཉིད《འདྲ་འབག》བྲིས་མ་གཞན་རྣམས་སུ་མི་གསལ། ཡང་འགའ་རེ《འདྲ་འབག》(བྲིས་མ)རྣམས་སུ་ཡོད་ཀྱང《འདྲ་འབག》(ལྷུགས་པར)ནང་མི་གསལ་བ་སྟེ། དཔེར་ན《འདྲ་འབག》(དབུ་མེད་བྲིས་མ)ཏུ་བཻ་རོ་ཚ་བ་རོང་དུ་སྤྱུགས་ཁར་བོད་

འབངས་རྣམས་ལ་སྙིང་རྗེ་བཅོ་བརྒྱད་ཀྱི་མགུར་བཞེས་པ་དང་། དེ་བཞིན་རྒྱལ་མོ་ཚ་བ་རོང་དུ་ཐུགས་སྲས་གཡུ་སྒྲ་སྙིང་པོར་འཕྲད་དུས་སྤྲུངས་པ་དགུ་དང་ཕོད་པ་བཅུ་གསུམ་གྱི་མགུར་རེ་རེ་ནས་བཞེས་པ།[4] གསལ་ཡང《འདྲ་འབག》(ལྷུགས་པར)ནང་དེ་དག་མི་གསལ་བ་སོགས་ཀྱི་ཁྱད་པར་ཡོད་དོ། །ལྷག་པར་དུ་ཕོ་བྲང་པོ་ཏ་ལར་ཉར་ཚགས་གནང་བའི《འདྲ་འབག》(དབུ་མེད་བྲིས་མ)(པར་གཞི①)འདི་ཉིད་ལ་མ་གཞི་ཡིག་སྐྱོན་ཤིན་ཏུ་མང་བ་ཡོད་ཀྱང་ཞིབ་ཏུ་བལྟ་དུས《འདྲ་འབག》འདི་ཉིད་ནི་མ་མཐར་ཡང་དུས་རབས་བཅུ་གཉིས་ཙམ་དུ་ཡིན་པ་འདྲ་སྟེ《འདྲ་འབག》(ལྷུགས་པར)ལས་སྔ་བ་ནི་བརྗོད་མེད་དེ། གཅིག་ནས《འདྲ་འབག》གཞན་རྣམས་དང་མི་འདྲ་བར《པདྨ་བཀའ་ཐང》གི་ཤུགས་རྐྱེན་ཆུང་བ། གོང་དུ་ཁོ་བོས《པདྨ་བཀའ་ཐང》དང་གཤིབ་བསྡུར་གྱི་ལུང་དྲངས་པའི་ཚིག་རྣམས་འདིར་མི་མངོན་པ་དང་། སྐབས་རེར་འདྲ་བའི་ཚིག་འགའ་རེ་འདུག་ཀྱང་ཡོང་མཚུངས་མ་ཡིན་པ། གཉིས་ནས《འདྲ་འབག》(ལྷུགས་པར)ལ་ཁྱོན་བསྡོམས་ལེའུ་བཅུ་གསུམ་བསྟན་ཡོད་ཀྱང་། འདིར་ཁྱོན་བསྡོམས་ལེའུ་བཅུ་ལས་མེད་ཅིང་དག་ཆའི་འགྲོ་སྟངས་ཐད་གནའ་བོའི་ཡིག་རྙིང་དང་འདྲ་བར་སྡེ་པ་གཅིག་གི་ཡི་གེ་ཕན་ཚུན་བརྗེས་པའམ་དབྱངས་ཡིག་ཕན་ཚུན་བརྗེ་བ་སོགས་ཀྱི་ཁྱད་ཆོས་འདུག་སྟེ། དཔེར་ན། བཙན་པོ་ལ། འདི་ནང་བཙད་པོ་དང་རྩད་པོ། བརྩད་པོ་ཞེས་བྲིས་པ་ལྟ་བུ་དང་། བརྡ་རྙིང་པ་མི་ཏུང་བ་ཞིག་འདུག་སྟེ། དཔེར་ན་འཕྱིང་བ་སྟག་རྩེ་ལ་ཆིང་ང་སྟག་རྩེ་དང་གཙང་ཡུལ་ལ་རྩངས་ཡུལ་དང་། འཇའ་ཚོན་ལ་གཞའ་ཚོན། ཉི་ཟླ་ལ་གཉིས་ཟླ་ལྟ་བུ་བྲིས་འདུག གསུམ་ནས་སྐད་ངག་རྒྱན་དུ་མཛེས་པར་མི་འཛིན་པའི་ཕལ་སྐད་དང་ཡུལ་སྐད་མང་ཙམ་ཡོད་པ། བཞི་ནས《འདྲ་འབག》(ལྷུགས་པར)ནང་མི་གསལ་བའི་བོད་མིའི་འབྱུང་ཁུངས་ཀྱི་སྐོར་ལ"བོད་ལ་མི་རིགས་མང་ཡངཿཕལ་ཆེར་རང་རང་གིས་གཏམ་བརྒྱུད་རེ་རེའི་ཕྱོགས་འཛིན་ནསཿལ་ལ་ལྷ་ཆད་ཡིན་ཟེརཿལ་ལས་སྲིལ་ཆདཿལ་ལས་རྒྱ་ནསཿདེ་ལ་སོགས་པ་ཕྱོགས་རེ་རེ་ནས་བཤད་ཀྱངཿབོད་ལ་མི་རིགས་ཤིན་ཏུ་མང་སྟེཿརིགས་འདི་ཕོ་ནའོ་ཞེས་མ་ངེས་སོཿ"[5]ཞེས་ཐུན་མོང་མ་ཡིན་པའི་ལྟ་བ་བརྗོད་ཡོད། གཞན་ཡང《བཻ་རོའི་རྒྱུད་འབུམ》གྱི་མཇུག་བྱང་དུ་བཀོད་པའི《འདྲ་འབག》(པར་གཞི②)དེ་ནི《འདྲ་འབག》(ལྷུགས་པར)དང་ཚིག་གི་བགྲོད་ཚུལ་སོགས་ཁྱད་པར་ཏ་ལམ་མེད་ཀྱང་ཆད་ལྷག་གི་ཁྱད་པར་ཏ་ཙང་ཆེན་པོ་འདུག་སྟེ། 《འདྲ་འབག》(རྒྱུད་འབུམ་མཇུག་བྱང་ཤ87རྒྱབ་ནས89མདུན)ནང་བཀོད་པའི་བཻ་རོ་ཙ་ནས་གཡུ་སྒྲ་སྙིང་པོ་ལ་གསང་བ་མན་ངག་གི་ཆོས་ཡོངས་རྫོགས་གཏད་པའི་སྐོར་གྱི་ཡིག་འབྲུ་བརྒྱད་བརྒྱ་ལྷག་ཙམ་ཞིག《འདྲ་འབག》(ལྷུགས་པར)ལ་མི་གསལ་བ་དང་། དེ་བཞིན《འདྲ་འབག》(ལྷུགས་པར་ཤ209ནས221བར)རྒྱ་ཡུལ་དུ་ཕྱིན་ནས་མཁས་པ་རྣམས་ལས་གདམས་པ་ཞུས་པའི་སྐོར་ཏེ་ཁྱོན་ཡིག་འབྲུ་སུམ་སྟོང་བཞི་བརྒྱར་ཉེ་བ་གོང་དུ་ཞུས་པ་བཞིན་བཀོད་མི་འདུག འདིའི་སྐོར་གོང་འོག་སྤྱི་ཕྱིའི་ཚིག་བསྡུར་དུས་འདི་ལྟར་ཡོད་དེ《འདྲ་འབག》(ལྷུགས་པར)ནང་གོང་དུ་བཻ་རོ་ཙ་ན་རྒྱལ་རོང་དུ་བཞུགས་དུས་གཡུ་སྒྲ་

སྙིང་པོ་བོད་དབུས་ཁམས་སུ་རྒྱ་གར་ནས་བྱོན་པའི་བི་མ་ལ་མི་ཏྲ་དང་དགོངས་པ་བསྟུར་བར་བཏང་བའི་སྐོར་ཡིན་ཀྱང་གློ་བུར་དུ་བཻ་རོ་རྒྱ་ཡུལ་དུ་ཕེབས་ནས་རྒྱ་རིགས་ཀྱི་མཁས་པ་མང་པོར་གདམས་པ་ཞུས་པ་དང་། སླར་ཡང་རྒྱལ་རོང་དུ་ཕེབས་རྗེས་གཡུ་སྒྲ་གཞི་ནས་བོད་དུ་ཕེབས་པའི་སྐོར་ཡིན་པས། རང་རེ་རྣམས་ལ་འདི་གར་སྐུབས་འཇུག་བྱས་པའི་སྣང་བ་ངང་གིས་སྐྱེར་གྱིན་འདུག་ན། དེ་ནི་ཧྣཛ་སེཧྣིས་ཕྱོགས་སྒྲིག་གནང་དུས་དཔར་མ་གཞན་ཞིག་ནས་བཏུས་པ་མིན་ནམ་སྙམ། དེ་བཞིན་ཕོ་བྲང་པོ་ཏ་ལར་ཉར་ཚགས་གནང་བའི《བཻ་རོའི་རྣམ་ཐར་ལོ་རྒྱུས་ཆེན་མོ》(དབུ་ཅན་བྲིས་མ། པར་གཞི③)ཞེས་པ་ཞིག་འདུག་ལ། 《འདྲ་འབག》(ལྷུགས་པར)དང་མི་འདྲ་བའི་ཁྱད་ཆོས་མངོན་གསལ་དོད་ཤོས་ཤིག་ནི《འདྲ་འབག》(ལྷུགས་པར་ཤ162—163བར)ཡིག་འབྲུ་བཞི་བརྒྱར་ཉེ་བ་ཞིག་འདིའི་ནང་མི་གསལ་ཏེ། དེའི་རྒྱུ་མཚན་ནི། "དཀར་ནག་རྩིས་དང་བོན་དང་ཧ་ཤང་དང་། །འཚོ་བྱེད་སྨན་དང་བཟོ་རིགས་སྣ་ཚོགས་དང་། །མདོར་ན་ཤེས་བྱར་བསྒྱུར་ཚད་མ་ལུས་པ……གྲངས་སུ་བྱས་པས་གླེགས་བམ་ལྔ་བརྒྱ་དགུ་བཅུ་བྱོན"ཞེས་དང་ཡང་དེའི་མཇུག་ཙམ་དུ"དེ་དུས་ང་ཉིད་ཤཱཀྱ་ཐུབ་པར་བཞེངས། །ཀུན་དགའ་བོ་དང་བཻ་རོ་ཡེ་ཤེས་སྡེ། །སུ་སྟེགས་བོན་དང་ཕྲ་མེན་མཁན་ལ་སོགས། །མཐོང་སྣང་མི་གཅིག་སྣ་ཚོགས་བྱེད་པ་བྱུང་། །"ཞེས་བོན་དང་མུ་སྟེགས། ཕྲ་མེན་མཁན་སོགས་ཀྱི་ཚིག་བརྗོད་མར་ཐོན་ཡོད་པས་འབྲི་བ་པོའི་ཆོས་ལུགས་འདུ་ཤེས་དང་འགལ་ཟླར་གྱུར་ནས་ཆེད་དུ་མ་བྲིས་པ་ཡིན་ནམ་སྙམ། དེ་མིན་རྩ་བའི་ཁྱད་པར་མི་འདུག་ཀྱང་ཡིག་འབྲུ་རེ་རེ་ཐེ་བཞིན་གཤིབ་སྡུར་བྱེད་ཁོམ་མ་བྱུང་བས་བཟོད་པར་འཚལ། དེ་ལྟར་དམངས་ཁྲོད་དུ《འདྲ་འབག》ལ་དཔར་མ་མི་འདྲ་བ་མང་ཙམ་ཡོད་པ་ནི་གོར་མ་ཆག་ལ། དུས་རབས་མི་འདྲ་བའི་ནང་དུ་བྱུང་ཡོད་པས་དེ་དག་གི་དགོངས་པ་ཡང་ཡོངས་སུ་མཚུངས་པ་མ་ཡིན་པ་དང་ཡིག་མཁན་སོ་སོའི་སྣང་ཞེན་དབང་གིས་འཕྲི་སྣོན་བཟོ་བཅོས་མང་ཙམ་བྱུང་བ་དང་། མཐར་ཧྣཛ་སེང་གེས་བཟོ་བཅོས་ཆེ་ཙམ་བསྐྱོན་པའང་འདྲ་འོ། །ཧྣཛ་སེང་གེ་ནི་དུས་ནམ་ཞིག་གི་མི་ཡིན་མིན་ཐད། སི་ཏུ་ཆོས་ཀྱི་འབྱུང་གནས(སྤྱི་ལོ1700–1774)ཀྱིས་བརྩམས་པའི《སྡེ་དགེའི་བཀའ་འགྱུར་དཀར་ཆག》(ལྷུགས་པར་ཤ305)ལས"བསྟན་པ་ཕྱི་དར་ཚེ། སྔར་གྱི་རྣམས་ཕལ་ཆེར་ཡོད་པའི་སྟེང་དུ་སྤྲུལ་པའི་ལོ་ཙཱ་བ་ཆེན་པོ་རྣམས་ཀྱིས་མདོ་རྒྱུད་མང་དུ་བསྒྱུར་ཅིང་བསྟན་པར་མཛད་པ་ཡིན་མོད་ཀྱི་རེ་ཞིག་ཕྱོགས་གཅིག་ཏུ་བསྡུས་ནས་དཀར་ཆག་འདེབས་པ་པོ་མ་བྱུང་ལ། ཕྱིས་མཁས་པ་བཅོམ་རལ་པའི་སློབ་མ་འཇམ་དགག་པཀྲིས་རྡོར་ཡུལ་ནས་བཀའ་འགྱུར་བཞེངས་པའི་མཐུན་རྐྱེན་གྱི་ཡོ་བྱད་མང་པོ་བསྐུར་བ་ལ་བརྟེན་ནས་འདུལ་བ་ལུང་གི་མ་ཕྱི་མཆིམས་ཆེན་པོ་ནམ་མཁའ་གྲགས་ཀྱིས་དགེ་བའི་བཤེས་གཉེན་རྒྱ་འདུལ་བ་འཛིན་པ་ཞལ་བཞུགས་པའི་དུས་ན། དགེ་བའི་བཤེས་གཉེན་ཆེན་པོ་འདུལ་བ་འཛིན་པ་ཞིང་མོ་ཆེ་པ་བྱང་ཆུབ་སེཧྣིས་གཉེར་མཛད་ནས། ལུང་ཕྲན་ཚེགས་ཀྱི་བམ་པོ་བཅུ་གཉིས་མ་ཚང་བ་དང་། གཞུང་བླ་མའི་ཞུ་བ་མ་རྫོགས་པ་བམ་པོ་

བཅུ་གཉིས་དང་། སྟོམ་ཆོག་ཡིག་ཚར་གཉིས་མ་ཚང་བ་རྣམས་བསམ་ཡས་མཆིམས་ཕུ་ལ་སོགས་པ་དབུས་གཙང་གི་གཙུག་ལག་ཁང་རྣམས་ནས་བཙལ་ཏེ། ལ་སྟོད་འོལ་ཀྲོད་ཀྱི་གཙུག་ལག་ཁང་དུ་གནས་བརྟན་རྙྫ་སེང་གེས་ལུང་སྦེ་བཞི་ཚང་བར་བཞེངས་པ་སྐར་ཐང་གི་གཙུག་ལག་ཁང་དུ་གདན་དྲངས་ཏེ་དེ་ལ་དཔེ་ཕྱི་མཛད་ནས་བཞེངས་པ་དང……”ཞེས་པའི་ནང་གི་རྙྫ་སེངྒེ་ནི་བཅོམ་ལྡན་རིག་རལ་དང་དུས་མཉམ་མམ་དུས་ཕྱི་ཙམ་དུ་ཡིན་ནམ་སྙམ་སྟེ། བཅོམ་ལྡན་རིག་རལ་ནི་འགྲོ་མགོན་ཆོས་འཕགས་དང་དུས་མཉམ་ཡིན་པ《གངས་ལྗོངས་ལོ་རྒྱུས་ཐོག་གི་གྲགས་ཅན་མི་སྣ》(ཤ306)རུ་ངོ་སྤྲོད་རགས་ཙམ་བཀོད་འདུག་པ་མ་ཟད“ཁ་བའི་ལྗོངས་འདིར་བཀའ་བསྟན་གྱི་མ་ཕྱི་ཐོག་མ་ནི་བཅོམ་ལྡན་རིག་རལ་གྱིས་བསྒྲུས་པའི་སྣར་ཐང་གི་བཀའ་བསྟན་འདི་ཁོ་ན་ཡིན་པར་གྲགས།” ཞེས་གསལ་བར་བསྟན་ཡོད་པས། བཅོམ་ལྡན་རིག་རལ་ནི་དུས་རབས་བཅུ་གསུམ་པའི་མི་ཡིན་པ་དང་གོང་དུ་བཤད་པའི་རྙྫ་སེང་གེའང་ཁོང་དང་དུས་མཉམ་ཙམ་ཡིན་ལ་ད་དུང《གངས་ལྗོངས་ལོ་རྒྱུས་ཐོག་གི་གྲགས་ཅན་མི་སྣ》ཞེས་པའི(ཤ314—315)ནང“འབྲུལ་ཞིག་རིན་པོ་ཆེ།” ཞེས་པ་ངོ་སྤྲོད་གནང་སྐབས“ཡབ་བདེ་གཤེགས་ཆེན་པོ་ཤེས་རབ་འོད་གསལ་དང་། ཡུམ་མཁར་ཆུའི་རྣལ་འབྱོར་མ་བྱང་ཆུབ་སྒྲོན་གཉིས་ཀྱི་སྲས་སུ་རབ་བྱུང་བཞི་པའི་ཆུ་ལུག(སྤྱི་ལོ1223)ལོར་སྐུ་བལྟམས། མཚན་རྙྫ་སེང་གེ་ཞེས་བཏགས་མཐར་དགུང་གྲངས་བརྒྱད་ཅུ་གྱ་གཅིག་ལ་ཕེབས་པ་རབ་བྱུང་ལྔ་པའི་ཆུ་ཡོས(སྤྱི་ལོ1303)ལོར་དགོངས་པ་ཆོས་དབྱིངས་སུ་ཐིམ།” ཞེས་བཀོད་པ་ལས། གལ་སྲིད་རྙྫ་སེང་གེའམ་འབྲུལ་ཞིག་རིན་པོ་ཆེ་ནི《སྦེ་དགེའི་བཀའ་འགྱུར་དཀར་ཆག》དུ་གསུངས་པའི་རྙྫ་སེང་གེ་ཞེས་པ་འདི་ཉིད་ཡིན་པ་དང་། གལ་སྲིད་རྙྫ་སེང་གེ་འདི་ཉིད《འདྲ་འབག》ཕྱོགས་སྒྲིག་གནང་མཁན་དེ་ཡིན་ན། 《འདྲ་འབག》འདི་ཉིད་སྤྱི་ལོའི་དུས་རབས་བཅུ་གསུམ་པའི་ནང་དུ་བྱུང་བ་གསལ་པོ་ཡིན་ཀྱང་། རྙིང་མའི་བཀའ་རྒྱུད་པ་ཆེན་པོ་གསུམ་སྟེ་གཉགས་གནུབས་ཟུར་གསུམ་གྱི་ནང་ཚན་ཟུར་གྱི་རྒྱུད་པ་ཟུར་ཆུང་ཤེས་རབ་གྲགས་པའི(སྤྱི་ལོ1014—1074)སློབ་མ་ཀ་བ་བཞི་དང་གདུང་མ་བརྒྱད། ལྕམ་བཅུ་དྲུག དྲལ་མ་སོ་གཉིས། སྒོམ་ཆེན་མི་གཉིས། སྔ་གུར་མི་གཉིས། གོ་མ་ཚོད་མི་གསུམ་ལ་སོགས་མང་དུ་བྱུང་བའི་གདུང་མ་བརྒྱད་ལས་སྐྱོ་སྟོན་ཆོས་ཀྱི་སེང་གེ་ཞེས་པ་ཞིག་ཀྱང་འདུག་པས་རྙྫ་སེང་གེ་ཞེས་པའི་མཚན་གཅིག་པོ་ནས《འདྲ་འབག》གི་ཕྱོགས་བསྒྲིགས་དུས་ཚོད་ནི་འདི་ལྟར་རེད་ཅེས་ཁ་ཚོན་གཅོད་པར་དཀའ་བར་མ་ཟད། ཁོ་བོའི་མཐོང་ཐོས་རྒྱ་ཁབ་ཀྱི་མིག་ལྟར་ཤིན་ཏུ་ཕྲ་བས་ད་དུང་མཚན་དུ་རྙྫ་སེང་གེར་འབོད་པ་གཞན་ཡང་ཡོད་སྲིད། འོན་ཀྱང་། གོང་དུ་ཞུས་པའི་འབྲུལ་ཞིག་རིན་པོ་ཆེ་ཞེས་པ་འདི་ཉིད་ཡིན་སྙམ་སྟེ《འདྲ་འབག》གི་མཇུག་གཏམ་དུ“རྒྱལ་ཁམས་ཀུན་ལ་སྣན་པའི་བློས་ཀུན་རྫོངས་རྙྫ་སེང་གེས་ཆོས་སྦྱིན་མི་ཟད་པའི་པར་དུ་བཞེངས་པར་ལྷ་ལུང་མཛད་ཟུར་ཁྲབ་གདལ་མཚན་ཅན་ནས་པར་ཤིང་ཆ་ཚང”ཞེས་བཀོད་པ་ལྟར་ན། བོད་དུ་པར་ཤིང་བྱུང་བའི་དུས་ཚོད་ནི་དེ་

ཙམ་དུ་ཡིན་པས་འདི་ལས་སྤྲ་བ་ཡིན་མི་སྲིད།

གཡུ་སྦྲ་སྙིང་པོ་ནི་བཻ་རོ་ཙ་ན་རྒྱལ་མོ་ཚ་བའི་རོང་དུ་སྤྱུགས་རྗེས་བཻ་རོའི་ཐུགས་སྲས་སུ་གྱུར་པ་སྟེ། ལོ་རྒྱུས་དེབ་ཐེར་ཁག་ཁུ་རྒྱལ་པོའི་སྲས་དང་སྤྲང་ཕྲུག་ཡིན་པར་གསུངས་ཚུལ་གཉིས་འདུག 《འདྲ་འབག》རྣམ་ཐར་བསྡུས་དོན་དུ(ཤ267)“གཡུ་སྦྲ་ཉིད་སྤྲང་ཆུང་མ་ཞིག་རྗོ་རྗེའི་མཚན་མ་ཐོབ་ཟེར་བ་དང་ཡང་རྒྱལ་པོའི་སྲས་ཡིན་ཟེར་བ་དང་། སྤྲང་ཕྲུག་ཡིན་ཟེར་བ་དང་། ཡང་རྗེས་སུ་སྤྲང་ཆུང་མ་རྒྱལ་སར་བཀོད་ཟེར་བ་སྣ་ཚོགས་ཤིག་འདུག”ཅེས་དང《ཆོས་འབྱུང་མཁས་དགའ》(སྟོགས་པར་སྟོད་ཆ་ཤ594)ལས“དེ་ན་ཁ་ཅིག་རྒྱལ་མོ་གཡུ་སྦྲ་སྙིང་མོ་ཞེས་རྟེན་རྒྱལ་པོའི་སྲས་མོར་འདོད་པ་དང་། ཡང་རྒྱལ་པོའི་སྲས་པོ་ཡིན་པ་བཻ་རོས་དོང་ནས་ནམ་མཁའ་ཆེའི་རྒྱུད་ཁ་ཐོན་མཛད་པ་བློ་ལ་ཟིན་ནས། ཕྱིས་བཻ་རོས་ཡབ་ཡུམ་ལས་བསླངས་བྱ་བ་དང་གཙང་ལེགས་གྲུབ་ཀྱི་སྐྱེ་བའི་སྤྲང་ཕྲུག་ཏུ་འདོད་པ་དང་། དེ་ཡང་བུད་མེད་དུ་འདོད་པ་སོགས་མང་དུ་སྣང་ཡང་ལོ་རྒྱུས་ཀྱི་བབས་རྣམས་བསྒྲིགས་ན་རྒྱལ་མོ་ནི་ཡུལ་གྱི་མིང་དང་རིགས་རྒྱལ་པོའི་སྲས་ཡིན་ལ་མཚན་གཡུ་སྦྲ་སྙིང་པོ་ཡིན”ཞེས་དང་། དེ་བཞིན་དུ《གུ་བཀྲའི་ཆོས་འབྱུང》(སྟོགས་པར་ཤ187)ལས“འདི་སྐབས་ཐང་ཡིག་དང་འདྲ་འབག་སོགས་འདོད་ཚུལ་མི་འདྲ་བ་མང་དུ་སྣང་ཡང་ལོ་རྒྱུས་ཀྱི་བབས་རྣམས་བསྒྲིགས་ན་རྒྱལ་མོ་ནི་ཡུལ་གྱི་མིང་དང་རིགས་རྒྱལ་པོའི་སྲས་ཡིན་ལ་མཚན་གཡུ་སྦྲ་སྙིང་པོ་ཡིན་པ་དང”ཞེས་དང《ཉིང་མ་ཆོས་འབྱུང》(སྟོགས་པར་ཤ290)ལས“འདི་སྐབས་ཐང་ཡིག་དང་འདྲ་འབག་སོགས་འདོད་ཚུལ་མི་འདྲ་བ་མང་དུ་སྣང་ཡང་ལོ་རྒྱུས་ཀྱི་བབས་རྣམས་བསྒྲིགས་ན་རྒྱལ་མོ་ནི་ཡུལ་གྱི་མིང་དང་རིགས་རྒྱལ་པོའི་སྲས་ཡིན་ལ་མཚན་གཡུ་སྦྲ་སྙིང་པོ་ཡིན་པ་དང”ཞེས་གསུངས་ཚུལ་ལ་ཡིག་འབྲུ་གཅིག་གི་ཁྱད་པར་ཡང་མི་འདུག་ལ། འོག་མ་གཉིས་ཀྱི་ལུང་གི་རྒྱབ་རྟེན་ཡང་ཏ་ལམ《ཆོས་འབྱུང་མཁས་དགའ》ལ་བརྟེན་པ་འདྲ། དེ་ལྟར་སྤྲང་ཕྲུག་ཡིན་པར་འདོད་མཁན་ཡང《པདྨ་བཀའ་ཐང》ཡིན་ཏེ་དེའི་ཤོག་གྲངས451ལས། “གྲལ་མཐར་མཆིས་པའི་སྤྲང་ཕྲུག་གཅིག་ལ་དྲིས། །རྗོ་རྗེ་སེམས་དཔའ་ནམ་མཁའ་ཆེ་ཞེས་ཟེར། །དེ་ཡིས་ཤེས་པས་ཕ་མ་སུ་ཡིན་དྲིས། །ཕ་མ་གཉིས་ཀ་ཤི་ནས་མེད་ཅེས་ཟེར། །འདི་ལ་སྦྲ་བསླབས་མྱུར་དུ་ཤེས་པར་འདུག །སྲུན་ཟླ་ལ་སོགས་གཉེན་ཚན་ཅི་ཡོད་གསུངས། །ཁོ་རང་གཅིག་པུ་མིན་པ་སུ་ཡང་མེད། །ལྕོ་གོས་ངེད་ཆོས་སྲུན་གྱིས་སྦྲ་སློབ་ཞུས། །བྱིས་པ་དེ་ཉིད་སློབ་དཔོན་དྲུང་དུ་ཕུལ། །སློབ་དཔོན་སྦྲ་བསླབས་སྙེང་ཤོད་བྱས་ནས་བསྟད། །རི་ཞིག་དུས་ན་བྱིས་པ་ཆེག་ལབ་གཏོང་། །སློབ་དཔོན་ལབ་ཟླ་སུ་ཡིན་སླམ་ནས་གཟིགས། །རྩངས་སྟོན་ལེགས་འགྲུབ[6]དེ་ཡི་སྐྱེ་བར་ཤེས། །མིང་ནས་བོས་པས་ཨ་ཟེར་ཞིབ་ཏུ་བླངས་ང་། །གཡུ༷་སྦྲ༷་སྙིང༷་པོར༷་མཚན་བཏགས་སྦྲ་ལ་མཁས”ཞེས་བཀོད་ཡོད་པ་དང་། 《འདྲ་འབག》(སྟོགས་པར་ཤ203)“གཡུ་སྦྲའི་ཡབ་རྒྱལ་པོ་རིན་ཆེན་དང་ཡུམ་རྒྱལ་མོ་མཚོ་རྒྱལ་མ་གཉིས་ལ། ཁྱོད་ཀྱི་བུ་འདི་ལ་ཆོས་འོང་བར་འདུག……” ཅེས་

བཀོད་ཡོད། གོང་གསལ་དེ་རིགས་ལས་གཡུ་སྒྲ་སྙིང་པོ་རྒྱལ་པོའི་སྲས་དང་སྤྲང་ཕྲུག་གཉིས་སུ་འདོད་པ་གསལ་པོར་མངོན། དོན་དམ་དུ་བཞེད་ཚུལ་གཉིས་ཀར་འགྲིག་པའི་ཕྱོགས་རེ་ཡོད་དེ། གཡུ་སྒྲ་སྙིང་པོ་ནི་རྒྱལ་པོའི་སྲས་ཡིན་ལ་སྤྲང་པོའི་སྤྲང་ཕྲུག་ཀྱང་ཡིན། ཆོས་ལྡན་གྱིས་བརྩམས་པའི《རྒྱལ་རོང་བོད་རིགས་ཀྱི་ལོ་རྒྱུས་རགས་བཤད》ཅེས་པའི་ནང་གཡུ་སྒྲ་སྙིང་པོའི་སྐོར་ཁ་གསལ་པོ་གསུངས་འདུག མདོ་ཙམ་བསྟན་ན་འདི་ལྟ་སྟེ། གཡུ་སྒྲ་སྙིང་པོ། སྟོན་མིང་ནི་ཀུན་དགའ་སྙིང་པོ། ཛ་པ་འབར་ཁམས་རྫོང་ཀྲོམ་ཀྲོའི་མི་ཡིན། ཡབ་ཀྱི་མིང་ལ་ནོར་བུ་དང་། ཡུམ་གྱི་མིང་ལ་ལྷ་མོ་སྒེ་ཐང་ཧྲས་ཙུང་ཀོང་ཏེ(唐代宗广德)ལོ་དང་པོར(སྤྱི་ལོ763)བལྟམས། རིགས་རྒྱུད་ཀྱང་རྒྱལ་མོ་ཚ་བ་རོང་ཀྲོམ་ཀྲོ་རྒྱལ་པོའི[7]ཡིན། དགུང་ལོ་བརྒྱད་དུ་སོན་སྐབས་ཁྲིམ་ཚང་ལ་བར་ཆད་ཆེན་པོ་བྱུང་ནས་དྭ་ཕྲུག་ཏུ་གྱུར་ནས་ཆུ་ཆེན་རྫོང་ཁོངས་ཕྱོགས་སུ་ཡུལ་གྱར་ལ་སོང་། ཕྱིས་བཻ་རོ་ཙ་ན་དང་མཇལ་ཏེ་རིག་པའི་གནས་ཁག་ལ་སྦྱངས་པ་མཛད་ལ་ལེགས་སྦྱར་ལོ་ཙཱ་དང་གསང་བ་མན་ངག་གི་མཁས་པ་ཆེན་པོར་གྱུར། ཐང་ཧྲས་ཙུང་ཀྲའན་ཡོན(唐代宗贞元)ལོ་གཉིས་པར(སྤྱི་ལོ786)བཻ་རོ་ཙ་ན་དང་ལྷན་དུ་དབུས་གཙང་དུ་ཕྱིན་ནས་བསམ་ཡས་གཙུག་ལག་ཁང་དུ་མདོ་སྔགས་ཀྱི་བཀའ་བསྟན་མང་དུ་བསྒྱུར་བ་ལ་སོགས་སྐུ་ཚེ་གང་པོ་བསྟན་པའི་འཕྲིན་ལས་ལ་ཞུགས། ཐང་ཧྭའི་ཁྲང་ལོ་དྲུག་པར(སྤྱི་ལོ846)དེང་གི་འཕན་པོ་རྫོང་ཁོངས་སུ་དགོངས་པ་མྱ་ངན་ལས་འདས། རྒྱལ་མོ་ཚ་བ་རོང་གི་ཚོང་པ་ཁག་གཅིག་གིས་ཁོང་གི་ཀ་ལི་དང་དབུ་ཞྭ་རྣམས་ཕ་ཡུལ་དུ་ཁྱེར་ནས་ཀླུ་འགག་ནོར་བུའི་གླིང་དུ་ཕུལ་བར་གསུངས་ཡོད།[8] མ་གཞི་གོང་དུ་བཤད་པའི《རྒྱལ་རོང་བོད་རིགས་ཀྱི་ལོ་རྒྱུས་རགས་བཤད》ནང་མ་ཡིག་གང་ནས་དྲངས་ཚུལ་བཀོད་མི་འདུག་ཀྱང་། གཡུ་སྒྲ་སྙིང་པོ་ནི་རྒྱལ་པོའི་སྲས་སུ་འཁྲུངས་ཀྱང་ནར་མ་སོན་གོང་ནས་ཡབ་ཡུམ་འདས་ཤིང་ཁྲིམ་ཚང་སྟོངས་པས་སྤྲང་མཐར་འཁྱམས་པ་དང་། དེ་བཞིན་ལོ་དང་གནས་ཡུལ་སོགས་ཤིན་ཏུ་ཁ་གསལ་པོ་ཡོད་པར་བལྟས་ན་ཁུངས་བཙན་པའི་མ་དཔེ་ཡོད་པར་གོར་མ་ཆག་པས་ཡིད་རྟོན་འཕེར་ངེས་སུ་སེམས། དེས་ན《ཆོས་འབྱུང་མཁས་པའི་དགའ་སྟོན》དང《པདྨ་བཀའ་ཐང》སོགས་བཞེད་ཚུལ་མི་འདྲ་བ་ཡོད་པ་ནི་རང་ཤུགས་ཡིན། གཞན་ཡང་གཡུ་སྒྲ་སྙིང་པོ་ནི་རྒྱལ་པོའི་སྲས་མོ་ཡིན་ཟེར་བ་ནི། མིང་ཆ་ཙམ་འདྲ་བ་ལ་འཁྲུལ་བར་སེམས་ཏེ། 《པདྨ་བཀའ་ཐང》ནང་དུ་གཡུ་སྒྲ་ནི་རྒྱལ་པོ་མདོ་བཞེར་ནག་པོའི་སྲས་མོ་དང་གཡུ་སྒྲ་སྙིང་པོ་ནི་སྤྲང་ཕྲུག་ཡིན་པར་གསལ་པོ་གསུངས་ཡོད་པས་འདིར་སྤྱོས་པའི་དགོས་པ་མ་མཆིས། མདོར་ན། གཡུ་སྒྲ་སྙིང་པོ་ནི་བཻ་རོ་ཙ་ན་རྒྱལ་མོ་རོང་དུ་སྤྱུགས་རྗེས་སློབ་མར་གྱུར་པ་ཞིག་དང་བཻ་རོའི་ཐུགས་སྲས་ཡིན་པར་དུས་རབས་མི་འདྲ་བའི་ནང་བྱུང་བའི་ཆོས་འབྱུང་དང་ལོ་རྒྱུས་དེབ་ཐེར་རྣམས་རྩོད་མེད་ཡིན་པས་གཡུ་སྒྲ་སྙིང་པོས་རང་གི་རྩ་བའི་བླ་མའི་རྣམ་ཐར་བརྩམས་པའི་ངེས་པ་ཆེན་པོ་ཡོད་པ་དང་གཅིག གོང་བཀོད་དེབ་ཐེར་ཁག་ནང《འདྲ་འབག》དང་འབྲེལ་བ་བྱས་ཏེ་གཡུ་སྒྲའི་མཚན་བརྗོད་པ་

དང་གཉིས། 《འདྲ་འབབ》ལ་དཔར་མ་མི་འདྲ་བ་མང་ཙམ་བྱུང་བ་དང་གསུམ་ལ་བལྟས་ན། གཡུ་སྒྲ་སྙིང་པོས་བརྩམས་པའི《འདྲ་འབབ》ཅིག་ཡོད་ཀྱང་། ཕྱིས་དུས་དང་གེགས་རྐྱེན་སྣ་ཚོགས་ཀྱིས་རིག་རྒྱུ་མེད་པར་གྱུར། མདོར་ན། 《འདྲ་འབབ》ནི་ཐོག་མར་གཡུ་སྒྲ་སྙིང་པོས་བརྩམས་པ་དང་ཕྱིས་དམངས་ཁྲོད་དུ་ཡིག་མཁན་མང་པོ་ཞིག་གི་ཕྱག་སོར་བརྒྱུད་སྟོན་འཕྲིའི་བཟོ་བཅོས་མང་པོ་བྱུང་ཡོད་པས་དམིགས་བཀར་གྱི་རྩོམ་པ་པོ་འདི་ཡིན་ཞེས་བསྟན་དུ་མེད་པར་གྱུར་པར་སེམས་སོ། །

གཉིས་པ། 《འདྲ་འབབ》འདི་ཉིད་བརྩམས་པའི་དགོས་པ་བསྟན་པ།

སྤྱིར་རྣམ་ཐར་དང་རྟོགས་བརྗོད་ནི་ལོ་རྒྱུས་ཀྱི་དངོས་དོན་ཐོག་བྱུང་བའི་མི་སྣའི་མཛད་རྗེས་སོགས་གཙོ་བོར་བྱས་ཏེ་བཀོད་པ་ཡིན་ཞིང་། དེ་ཡང་རང་རེ་བོད་ཀྱི་སྲོལ་རྒྱུན་རྩོམ་རིག་ཁྲོད་མཐའ་རྒྱུ་མང་ཙམ་ཡོད་པའི་རྩོམ་གྱི་རྣམ་པ་ཞིག་ཡིན་ལ། དེ་དག་ནི་བོད་ཀྱི་ལོ་རྒྱུས་ཀྱི་བཞིན་རས་ངོ་མ་གསལ་སྟོན་བྱེད་པའི་གལ་ཆེའི་རྒྱུ་ཆ་ཡིན་པ་སྨོས་མེད་ལགས། དེ་བཞིན་དུ《འདྲ་འབབ》འདི་ཡང་རྩོམ་ལུས་དེའི་ཁོངས་ཡིན་ལ་ང་ཚོས་དུས་རབས་བརྒྱད་པའི་ནང་གི་མི་སྣ་ཞིག་ལ་རྒྱུས་མངའ་ལོན་ཐབས་བྱེད་པའི་རྩ་ཆེའི་དཔྱད་གཞི་ཞིག་ཀྱང་ཡིན། འོན་ཀྱང《འདྲ་འབབ》(ལྷུགས་པར)ལ་རྣམ་ཐར་དང་རྟོགས་བརྗོད་གཞན་དང་མི་འདྲ་བའི་ཁྱད་ཆོས་ཆེན་མོ་ཡོད་པ་ནི་ང་ཚོར《འདྲ་འབབ》(ལྷུགས་པར)བརྩམས་པའི་དགོས་པ་གང་ཡིན་ཤེས་རྟོགས་ཡོང་རྒྱུར་ཆ་འཕྲིན་གསར་པ་ཞིག་བརྒྱུད་སྤྲོད་བྱེད་ཀྱི་འདུག དེ་ཡང《འདྲ་འབབ》རྫིལ་པོར་ཤོག་གྲངས268དང་ལེའུ་བཅུ་གསུམ་ཡོད་པ་དང་རགས་རྩིས་བྱས་ན་ཡིག་འབྲུ་ཁྲི་བརྒྱད་ལྷག་ཙམ་ཡོད། དེའི་ནང་གོང་གི་ལེའུ་དྲུག་དང་ཤོག་གྲངས97ཙམ། ཡིག་འབྲུ་ཁྲི་གསུམ་ལ་ཉེ་བ་ནི་རྩོད་མེད་ཨ་ཏིའི་བསྟན་པ་སྙེ་རྫོགས་པ་ཆེན་པོའི་བསྟན་པ་གནས་ཡུལ་མི་འདྲ་བར་ཇི་ལྟར་དར་ཚུལ་གྱི་ཐོག་མ་ནས་འགོ་ཚུགས་ཏེ་མཐར་ཁ་བ་ཅན་གྱི་ཡུལ་དུ་དར་ཁྱབ་བྱུང་ཚུལ་ཞིབ་ཅིང་སྲ་བར་བཀོད་པ་དེ་དག་གིས་རྩོམ་རྫིལ་པོའི་བརྒྱ་ཆ་སུམ་ཅུར་ཉེ་བ་ཟིན་ཡོད། དེ་བཞིན་དུ་བཻ་རོ་ཙ་ནའི་མཛད་པ་བརྗོད་པའི་སྐབས་སུ་ཡང་གཙོ་བོར་རྒྱ་འབྲས་ལས་འདས་པའི་ཆོས་ཏེ་རྫོགས་པ་ཆེན་པོའི་ཆོས་ལ་སྦྱངས་པ་གནང་ཕྱིར་ཕལ་སྤྱོད་ལས་འདས་པའི་སྐུ་ངལ་ཆེན་པོ་བསྐྱོན་པ་དང་། དེ་ཉིད་བོད་ཁམས་སྤྱི་དང་ཡང་སྒོས་རྒྱལ་མོ་ཚ་བ་རོང་ཁུལ་དུ་དར་སྤེལ་མཛད་དེ་ཕྱག་རྗེས་བླ་ན་མེད་པ་བཞག་པའི་སྐོར་བཅས་ལས། 《འདྲ་འབབ》འདི་ཉིད་བརྩམས་པའི་དགོངས་པ་ཁ་གསལ་བར་བསྟན་ཡོད་སེམས་ཏེ། དེ་ཡང་བསྟན་པ་ཕྱི་དར་གྱི་དུས་དཀྱིལ་ཙམ་ཞིག་ནས་མདོ་དབུས་ས་མཐོའི་སྟེང་དུ་ཆོས་ལུགས་གྲུབ་མཐའི་དབར་རང་བསྟོད་གཞན་སྨད། རང་གཅེས་གཞན་སྡང་གི་ཀླུང་ཡན་ཆེན་པོ་ཞིག་འཚུབས་ཡོད་ལ། ཀླུང་ཡན་དེའི་ཁྲོད་གཡུང་དྲུང་བོན་དང་རྙིང་མ་པ་གཉིས་ལ་ཐོག་ཐུག་ཆེན་པོ་བྱུང་སྟེ་རྣམ་ཟད་ཀྱི་མར་མེ་

ཇི་བཞིན་མར་རྒྱུད་དུ་ཕྱིན་པ། ཐ་ན་ཕྱི་ཕྱོགས་ཀྱི་སྟོབས་ཤུགས་ལ་རྒྱབ་རྟེན་བཅོལ་ནས་དྲག་ཤུགས་ཀྱི་སྒོ་ནས་རྩ་ནུབ་ཏུ་འགྲོ་ཉེར་བཟོས་ཡོད།[9] རྙིང་མ་པའི་གྲུབ་མཐའ་ལ་ཕྱིག་དམོད་དང་ཧུང་རྫིག་གི་ཁ་གཡར་ས་ནི་རྫོགས་པ་ཆེན་པོའི་ལྟ་བ་དེ་ཡིན་པ་དང་། ལྟ་བ་དེ་ཉིད་སངས་རྒྱས་ཀྱི་བཀའ་ཡང་དག་མ་ཡིན་པར་ཕྱི་རོལ་མུ་སྟེགས་ཀྱི་ལྟ་བའི་ལྷད་བསྲེས་པར་བརྩིས་ཏེ་མིག་ནང་གི་ཚེར་མ་ལྟར་སྡང་སེམས་བྱེད་ཀྱི་ཡོད། དེས་ན་ལོ་རྒྱུས་ཀྱི་རྒྱབ་ལྗོངས་དང་སྤྱི་ཚོགས་ཀྱི་གནས་བབ་དེ་ལྟ་བུའི་འོག་ཏུ་རྙིང་མ་པའི་གྲུབ་མཐའ་འདི་ཉིད་མུ་མཐུད་གནས་ཐབས་དགོས་པར་ངེས་པར་དུ་རང་གི་རིགས་པའི་གཞུང་ལུགས་ཀྱི་སྒོ་ནས་རྫོགས་པ་ཆེན་པོའི་ལྟ་བ་ཡང་དག་ཡིན་པ་དང་སངས་རྒྱས་ཆོས་ལུགས་ཀྱི་དགོངས་པ་འཁྲུལ་མེད་ཡིན་པར་བརྡར་ཤ་གཅོད་རྒྱུ་ནི་རྒྱབ་རྟེན་དང་རྒྱུ་སྟོབས་གང་གིས་ཀྱང་དབུལ་བའི་རྙིང་མ་པའི་གྲུབ་མཐའ་འཚོ་གནས་བྱེད་པའི་ཐབས་ལམ་ཉག་གཅིག་དེ་ཡིན་པས་རྙིང་མ་པའི་གྲུབ་མཐའ་འཛིན་མཁན་བླ་ཆེན་དང་མཁས་དབང་མང་པོ་ཞིག་གིས་ཚུར་རྒོལ་བ་རྣམས་ལ་མདུང་རྩེ་ཁ་སྒྲོད་ཀྱི་དགག་ལན་བསྐྱོན་ཡོད། ལྷག་པར་དུ་ཆོས་རྒྱལ་ཁྲི་སྲོང་ལྡེ་བཙན་དུས་སྐབས་ཏེ་བསྟན་པ་སྔ་དར་གྱི་སྐབས་བྱོན་པའི་ལོ་ཙཱ་བ་པ་གོར་བཻ་རོ་ཙ་ན་ལུང་རིགས་ཀྱི་རྒྱབ་རྟེན་དུ་བྱེད་པ་ནི་བྱ་ཐབས་ཤིག་ཡིན་སྲིད་དེ། ཁོང་ནི་གྲུབ་མཐའ་རིས་མེད་ཀྱི་མཁས་པ་ཕལ་མོ་ཆེས་ཕྱག་སོར་གྱི་རྩེ་མོར་བསྒྲེངས་པའི་ལོ་ཙཱ་བ་ཀུན་གྱི་གཙུག་ཕུད་དང་གྲུབ་ཐོབ་ཡོངས་ཀྱི་སྤྱི་མེས་ཡིན་པའི་ཕྱིར་རོ། །དེ་བཞིན་དུ་དུས་སྐབས་དང་སྤྱི་ཚོགས་ཀྱི་འཕོ་འགྱུར་གྱི་ཁྲོད་དུ《འདྲ་འབག》འདི་ཡང་གཡུ་སྒྲ་སྙིང་པོས་ཐོག་མར་བརྩམས་པ་ནས་ད་ལྟ་རང་རེའི་མིག་ལམ་དུ་མ་གྱུར་བར་དུ་ཚིག་ཙམ་མ་ཟད་ནང་དོན་གྱི་ཆ་ནས་འགྱུར་བ་ཆེན་པོ་བྱུང་བ་ཡང་དགོས་དབང་ཞིག་དང་དམིགས་ཡུལ་ཞིག་ཡོད་པ་ཡང་གསལ་ཤེས་ཐུབ།

གསུམ་པ། 《འདྲ་འབག》གི་ལོ་རྒྱུས་དཔྱད་གཞིའི་རིན་ཐང་སྐོར།

གོང་དུ་ཞུས་པ་ལྟར《འདྲ་འབག》འདི་ཉིད་ལོ་རྒྱུས་འཕེལ་རིམ་གྱི་དྲག་ཆར་རླུང་འཚུབ་ཁྲོད་ནས་བརྒྱུད་ཡོང་བ་དང་བརྒྱུད་རིམ་དེའི་ནང་འཕྲི་བསྣན་དང་བཟོ་བཅོས་སྣ་ཚོགས་ཐོག་པའི་རྐྱེན་གྱིས་ལོ་རྒྱུས་དངོས་དང་བར་ཁྱད་ཇེ་རིང་དུ་སོང་སྟེ་འདྲ་འབག་དེ་ཉིད“མི་འདྲ་བ”ལྟ་བུར་གྱུར་ཡོད། ལྷག་པར་དུ་ལོ་རྒྱུས་སྨྲ་བ་པོ་སུ་འདྲ་ཡིན་ཡང་དུས་སྐབས་དེ་རང་གི་མི་ཚེའི་ལྟ་བ་དང་འཇིག་རྟེན་ལྟ་བ་གཉིས་ཀྱི་ཆགས་སྡང་དང་ཁ་བྲལ་ཐབས་མེད་ལ་ལོ་རྒྱུས་ཀྱི་དུས་ཚོད་བཀག་རྒྱ་དང་ཁོར་ཡུག་གི་གུ་དོག་བཀག་རྒྱ་གཉིས་ལས་གཡོལ་ཐབས་དཀའ་བས་དུས་རབས་ཀྱི་མཚོན་རྟགས་གསལ་པོར་བཀོད་ཡོད་དེ། 《འདྲ་འབག》གི་རིགས་པའི་གཞུང་ལུགས་ཀྱི་རྨང་པ་འཛུགས་ས་ནི་ནང་བསྟན་ཆོས་ལུགས་ཀྱི་ལྟ་བ་དང་གཙོ་བོའི་མི་སྣ་དེ་ཉིད་ཀྱང་མི་ལས་འཕགས་པའི་གཟུགས་བརྙན་དུ་མཛེས་བཟོ་བྱས་ཡོད་ལ་ལོ་ཚིགས་མི་

གསལ་བ། གོང་འོག་བསྒྲོས་སྐྱོན་མང་བ། དེ་དང་དེ་བཞིན་གྱི“དུས་རབས་ཀྱི་བཀག་རྒྱ”ཡོད་པ་ཡིན་ནའང་། 《འདྲ་འབག》གི་ལོ་རྒྱུས་ཀྱི་གལ་ཆེའི་དཔྱད་གཞིའི་རིན་ཐང་ཡུག་གཅིག་ཏུ་ནག་བསུབ་གཏོང་བ་ནི་ལོ་རྒྱུས་དངོས་གཙོ་སྨྲ་བའི་དགོངས་པ་མ་ཡིན་པས་གཅིག་ནས་གཉིས་སུ་གྱེས་པའི་ལྟ་བའི་སྒོ་ནས་དབྱེ་ཞིབ་དང་དཔྱད་བརྗོད་བྱ་རྒྱུ་ཡང་གལ་ཆེ་བར་མངོན། 《འདྲ་འབག》གི་ནང་དོན་གཙོ་བོ་ནི་རྫོགས་ཆེན་བསྟན་པ་ཇི་ལྟར་དར་ཚུལ་བརྗོད་བསྒྲགས་བྱ་རྒྱུ་དེ་ཡིན་ཀྱང་མི་སྣ་གཙོ་བོ་ནི་ལོ་རྒྱུས་ཐོག་དངོས་སུ་བྱུང་བ་ཞིག་དང་སྤྱི་ཚོགས་ཀྱི་འཚོ་བ་དངོས་ནང་གི“ཤ་ཁྲག་ལས་གྲུབ་པ”དང་། གང་དེའི་མི་ཚེའི་ལྟ་བ་དང་འཇིག་རྟེན་ལྟ་བ། སྤྱི་ཚོགས་དང་གྲལ་རིམ། མི་དང་མིའི་དབར་གྱི་འབྲེལ་བར་འཛིན་པའི་དགའ་སྐྱོ་ཆགས་སྡང་གི་འདུ་ཤེས་སོགས་ཀྱང་དཔའ་བོ་གཙུག་ལག་ཕྲེང་བས“ལྡད་ཅན་གྱི་གསེབ་ནས་ལྡད་མེད་ཀྱི་དོན་གོ་བར་སྣང”གསུངས་པ་ཇི་བཞིན་དངོས་ཤུགས་ཅི་རིགས་ནས་གོ་བར་ནུས་ལ་བོད་ཀྱི་ལོ་རྒྱུས་དེབ་ཐེར་ལ་ཅུང་སྔ་བ《ཆོས་འབྱུང་མེ་ཏོག་སྙིང་པོ་སྦྲང་རྩིའི་བཅུད》དང་མཁས་པ་ལྡེའུ་ཡི《རྒྱ་བོད་ཆོས་འབྱུང་རྒྱས་པ》དེ་བཞིན་གཏེར་ནས་བཏོན་པར་གྲགས་པའི《པདྨ་བཀའ་ཐང》དང《བཙུན་མོ་བཀའ་ཐང》དང་གཡུང་དྲུང་བོན་གྱི《གྱུ་རུའི་རྣམ་ཐར》སོགས་དང་ལོ་རྒྱུས་དོན་ཆེན་གྱི་གོ་རིམ་སྒྲིག་སྟངས་སོགས་རེ་གཉིས་ཙམ་ཕུད་འགལ་བ་ཆེར་མེད་པ་དང་། གང་དེས་ཞབས་བཅགས་སྐྱོང་བའི་ཡུལ་སྡེ་མི་ཉུང་བ་ཞིག་ལ་ད་ལྟའང་དམངས་ཁྲོད་ཀྱི་ཤོད་རྒྱུན་ཡོད་པར་མ་ཟད། སློས་རྒྱལ་མོ་ཚ་བ་རོང་ཁུལ་དུ་དུས་སྐབས་དེ་རང་གི་གནའ་ཤུལ་མང་ཙམ་མཇལ་རྒྱུ་ཡོད་པའང《འདྲ་འབག》ནང་དུ་ཐར་ཐོར་བཀོད་ཡོད་པ་འདིར་ཁ་གསལ་ཡོང་ཕྱིར་དཔེ་མཚོན་གཉིས་ཙམ་དྲངས་ན་འདི་ལྟ་སྟེ། ༡.བཻ་རོ་ཙ་ནའི་འབྲུངས་ཡུལ་སྐོར་ལ《འདྲ་འབག》(ལྷུག་པར་ཤ96—97)ནང་དུ“དེར་ཉང་ཚབ་དང་གཙང་ཚབ་འཛོམས་པའི་འགྲམ། ས་ཆེན་པོ་ཅུང་འབུར་བ་ཕ་ཀྲན་ཆག་རྡོ་རྗེ་རྒྱལ་པོ་དང་མ་སྲིད་བཟའ་སྒྲོན་མ་སྐྱིད་བྱ་བ་གཉིས་སུ། སྐྱེ་བ་སྔ་མ་རྒྱལ་མོ་ཚ་བ་རོང་གི་དགེ་སློང་སྤུར་སྣ་ཚེ་འཕོས་པ། པའུ་གན་ཆག་རྟག་ཞེས་བྱ། སྐྱེས་བུ་རིག་པ་གསལ་ཞིང་བློ་དང་ལྡན་པ་ཞིག་བྱུང་ནས།” ཞེས་བཀོད་ཡོད་པ་དང་ཇོ་ནང་ཏཱ་ར་ན་ཐས་མཛད་པའི《སྨྱུང་ཆོས་འབྱུང》(ལྷུག་པར་ཤ202—203)དུ“ཙག་པོ་ཡུ་བ་གདོང[10]གི་གྲོང་དེར་ལོ་ཙཱ་བ་བཻ་རོ་ཙ་ན[ཕལ་ཆེ་བའི་གྲགས་གཏམ་ལྟན་ཆོག་ལ་བཻ་རོ་ཙ་ན་སྙེ་མོ་བྱེད(བྱེ)མཁར་དུ་འབྲུངས་ཀྱང་ཟེར་རོ]འབྲུངས་པ་བཻ་རོའི་འགྲམ(འདྲ)འབག་འབྲུལ་མེད་ལས་བཤད་དོ། །རྒྱ་གར་གྲུབ་ཐོབ་རྣམས་ཀྱི་ཟབ་དོན་མན་ངག་ཐུགས་ཀྱི་ཉིང་ཁུ་རྫོགས་པ་ཆེན་པོའི་ཉམས་ལེན་གནད་དུ་བསྟུན་ནས་སྒྲུབ་པ་ལ་བསྒྲིལ་ནས་བཞུགས་པའི་བསྟི་གནས་ཀྱི་ཕུག་པ་བྱིན་རླབས་ཅན་ཕོ་བྲང་བསམ་རྩེའི་ཤར་ཕྱོགས་ཀྱི་ཀྱིད(སྐྱིད)བདེ་སྤྲུག་གི་ཕུག་ན་ཡོད་པའི་བཻ་རོའི་ཕུག་པར་གྲགས་པ་དེ་ཡིན་ནོ། །ཟངས་ཁར་རིའི་འོག་ཙམ་ན་བཻ་རོའི་ཞབས་རྗེས་དང་གཞན་ཡང་གྲུབ་རྟགས་ཀྱི་ཁྱད་པར་བསྟན་པ་ཡོད་དོ། །”ཞེས《འདྲ་འབག》ལས་ཁུངས་དྲངས་ཡོད་ལ་དེ་མིན《གྱུ་བཀྲའི་ཆོས་

འབྱུང་》(ལྷུགས་པར་ཤ170—171)ནང“ལོ་ཆེན་བཻ་རོ་ཙ་ན་ནི་གདུང་པ་གོར། འབྲུངས་ཡུལ་ཕྱོགས་གཉིས་སྣང་ཏེ་ཐང་ཡིག་ལས་སྐྱེ་མོར་བཤད་ཀྱང་བཻ་རོ་ཉིད་ཀྱི་འདྲ་འབག་ལས། ཉང་ཆུ་གཙང་ཆུ་འདྲེས་པ་ཞེས་འབྱུང་བས། ད་ལྟ་ཕོ་བྲང་ཆེན་པོ་བསམ་གྲུབ་རྩེའི་ཤར་ཁ། ཐངས་དཀར་ཟེར་བའི་གྲོང་ཡོད་པ་དེ་ཉིད་དང་ཉེ་བའི་ཐང་དུ་འཁྲུངས་པར་གསལ་ཞིང་། གནས་དེ་ཉིད་ན། ལོ་ཆེན་བྱིས་པའི་དུས་ཀྱི་ཞབས་རྗེས་ཀྱང་རྡོ་ལ་གསལ་བར་ཡོད་དོ་ཟེར”ཞེས་དང《ཞི་ཆེན་རྒྱལ་ཚབ་ཆོས་འབྱུང》(ལྷུགས་པར་ཤ135ནང་གསལ)ལས་ཀྱང་གོང་གསལ་གྱི་གསུང་དང་མཚུངས་པར་བཀོད་ཡོད་པ་དང་། ཉང་ཆབ་དང་གཙང་ཆབ་འཛོམས་པའི་ས་དེ་ནི་གཞིས་ཀ་རྩེ་གྲོང་ཁྱེར་གྱི་ཤར་ཙམ་གྱི་ས་ཡིན་པ་དང་ཆུ་དེ་གཉིས་འཛོམས་པའི་ཤར་ཁ་ན་ཆུ་ཤར་ཞེས་པའི་གྲོང་ཚོ་ཡོད་པ་དང་གྲོང་ཚོ་དེ་ཏུ་ད་ལྟའང་ལོ་ཆེན་བཻ་རོ་ཙ་ན་འཁྲུངས་པའི་ངག་རྒྱུན་འདུག་ལ་གོང་དུ་སྨོས་པའི་བཻ་རོ་བྱིས་པའི་དུས་ཀྱི་ཞབས་རྗེས་ཀྱང་ད་ལྟ་གྲོང་དེའི་དད་ལྡན་སེར་སྐྱ་མང་ཚོགས་ཀྱིས་གྲོང་དེའི་ཉེ་འགྲམ་དུ་ཡོད་པའི་ཤར་རིའི་འདབས་འོག་ན་ཐུགས་རྗེ་ཆེན་མོའི་ལྷ་ཁང་ཞིག་ཡོད་པ་དེར་འདུག་པ་ཁོ་བོས་མིག་མཐོང་ལག་ཟིན་བྱུང་། དེས་ན་བཻ་རོའི་འཁྲུངས་ཡུལ་གང་ཡིན་སྐོར་ལ་སྔར་གྱི་མཁས་པས་འདྲ་འབག་ལྟར་གསུངས་ཡོད་ལ། ད་ལྟའང་ཡུལ་དེ་རང་དུ་དམངས་ཁྲོད་ཀྱི་ཤོད་རྒྱུན་དང་གནའ་ཤུལ་ཡོད་པ་ཆ་མཚུངས་ཡིན། ༢.ལོ་ཆེན་བཻ་རོ་རྒྱ་ཡུལ་དུ་ཆིབས་བསྒྱུར་གནང་བའི་སྐོར《འདྲ་འབག》(ལྷུགས་པར་ཤ209—221)གི་ནང་དུ་ལོ་ཆེན་གང་དེ་རྒྱ་ཡུལ་དུ་ཆོས་ཀྱི་དགོངས་པ་བསྒྱུར་བ་ལ་ཐེབས་པའི་སྐོར་གསུངས་པར་ཡུལ་གྱི་མིང་སོགས་གསལ་བར་མི་སྣང་ཡང་། རྒྱལ་མོ་ཚ་བ་རོང་གི་ཁུལ་དུ་དམངས་ཁྲོད་ཀྱི་ཤོད་རྒྱུན་མ་ཉམས་པར་ད་ལྟའང་ཡོད་དེ། “(དེང་རབ་བ་ཁུལ་འབར་ཁམས་རྫོང་གི་བཻ་རོའི་སྒྲུབ་ཕུག་གཙོ་བོ་འོད་གསལ་ཕུག་ཏུ)སྒོམ་ཚད་ཁྲི་ཅེ་གང་ཙམ་དང་མཐོ་ཚད་རྨིད་བདུན་ཙམ་ཡོད་པའི་ཤིང་སྡོང་སྐམ་པོ་གཅིག་ཡོད། ཤོད་རྒྱུན་དུ་ཤིང་དེ་ནི་བཻ་རོ་ཙ་ན་རྒྱ་ནག་ཆེང་ཁྲིན(青城)དང་སླང་ཆེན་འགྱིང་རི(峨眉山)སོགས་སུ་དམ་ཆོས་སྤེལ་བར་ཐེབས་དུས་བསྣམས་པའི་འཁར་གསིལ་ཡིན་པ་དང་། ཕྱིར་ལོག་གནང་རྗེས་ས་དེར་བཙུགས་ནས་སླར་ཡང་སྐྱེས་པ་དང་ཆེན་པོ་ཆགས་པ་ཡིན། དད་ལྡན་རྣམས་ཀྱིས་ཤིང་དེའི་སྟེང་ནས་ལྤེབ་ཙམ་བཀོག་ནས་དུ་བ་གཏོང་སྲོལ་ཡོད་པ་དང་དེ་ནི་བཀྲ་ཤིས་རྟེན་འབྲེལ་མཚོན་པར་བྱེད་ཀྱི་ཡོད།” ཅེས་དང་། ཡང“(བཻ་རོ་ཙ་ན)རྒྱ་ནག་གི་སངས་རྒྱས་ཆོས་ལུགས་དང་དེ་མིན་ཆོས་ལུགས་རྣམས་དང་འབྲེལ་ལམ་རྒྱ་ཆེར་ཡོད་པ་དང་། ལྷག་པར་དུ་དེང་གི་སི་ཁྲོན་སླང་ཆེན་འགྱིང་རི་དང་ཆིང་ཁྲིན་རི་བོ་ནི་ཁོང་གིས་གནས་མཇལ་དང་། ཆོས་སྤེལ་ཡུལ་དང་གྲུབ་མཐའ་གཞན་དང་མཇལ་བརྩེའི་འབྲེལ་ལམ་འཛུགས་ཡུལ་ཡང་ཡིན།”[11] ཞེས་པ་ལྟ་བུ་བཻ་རོ་ཙ་ན་རྒྱ་ཡུལ་དུ་ཐེབས་པ་དགོངས་པ་གཅིག་མཐུན་ཡིན། དེས་ན《འདྲ་འབག》གི་ལོ་རྒྱུས་དཔྱད་གཞིའི་རིན་ཐང་ལ་དབྱེ་ཞིབ་བྱེད་དུས་ང་ཚོས་ཆོས་འབྱུང་ལོ་རྒྱུས་དེབ་ཐེར་ཁག་དང་གཤིབ་བསྡུར་དང་། ཁོང་གིས་ཞབས་བཅགས་སའི་གནས་དང

ཡུལ་ཁྱད་པར་ཅན་གྱི་དམངས་ཁྲོད་ཀྱི་ངག་རྒྱུན་ལ་ཡིད་འཇོག་བྱེད་ཐུབ་ན། ལོ་རྡོ་སྟོང་ཕྲག་སྟོན་རོལ་གྱི་ལོ་རྒྱུས་མི་སྣ་ཞིག་གི་དོན་དངོས་དང་མཐུན་པའི་གཟུགས་བརྙན་བསྐྲུར་གསོ་གང་ཙམ་ཐུབ་ངེས་ཡིན་ལ། ཡིག་རིགས་ཅི་འདྲ་ཞིག་ནས་བྲིས་པའི་ལོ་རྒྱུས་དེབ་ཐེར་གང་འདྲ་ཞིག་ཡིན་ནའང་རུང་། ལོ་རྒྱུས་སྨྲ་བ་པོའི་ལྟ་བ་ལ་གནམ་སའི་ཁྱད་པར་ཡོད་ཀྱང་རུང་། གང་ལྟར་ལོ་རྒྱུས་ཀྱི་དངོས་དོན་དང་བྱ་དངོས་ཀྱི་འཕེལ་ནུབ་དར་རྒུད་སྨྲ་བར་ལོ་རྒྱུས་མི་སྣ་དང་འབྲེལ་བ་མི་བྱེད་ཀ་མེད་ཡིན་པས་ལོ་རྒྱུས་མི་སྣ་ནི་ལོ་རྒྱུས་འབྲི་བའི་ས་བོན་ཡིན་ན། ང་ཚོས་བཻ་རོ་ཙ་ན་ལ་སོགས་ལོ་རྒྱུས་མི་སྣ་བརྒྱུད། བཙན་པོ་ཁྲི་སྲོང་ལྡེ་བཙན་དུས་ཀྱི་ཆབ་སྲིད་ཀྱི་འཐབ་རྩོད་དང་རིག་གནས་གསར་རྙིང་དབར་གྱི་འགལ་འདུམ། སྤྱི་ཚོགས་ཀྱི་རྣམ་པ་སོགས་ལ་རྒྱུས་མངའ་ཐོན་པར་ཐབས་ལམ་གསར་པ་ཞིག་མགོ་འདོན་བྱེད་ངེས་ཀྱང་ཡིན།

མཆན།

[1][2][3]《འདྲ་འབག》(ལྷུགས་པར)ཤོག་ངོས95པར་གསལ།

[4]《འདྲ་འབག》(དབུ་མེད་བྲིས་མ)ཤོག་གྲངས107མདུན་ནས109པར་གསལ།

[5]གོང་མཚུངས། ཤོག་གྲངས49རྒྱབ་ནས50པར་གསལ།

[6]རྩངས་སྟོན་ལེགས་གྲུབ། གཙང་ལེགས་གྲུབ་ཅེས་ཀྱང་བྲི། ཁོང་ནི་བཻ་རོ་ཙ་ན་དང་ཆབས་ཅིག་རྒྱ་གར་དུ་སློབ་སྦྱོང་གནང་བར་ཕེབས་ལ་བཻ་རོའི་སྔོན་དུ་རྒྱ་གར་ནས་ལོག་ཕེབས་པས་ལམ་བར་དུ་འཕྲང་སྲུང་བས་བཀྲོངས་པར་གྲགས་སོ། །

[7]རྒྱལ་ཁབ་གཅིག་གི་བདག་པོར་གོ་བའི་ངེས་པ་མེད་དེ། དཔེར་ན་སྡེ་དགེ་རྒྱལ་པོ། བེ་རི་རྒྱལ་པོ། རྒྱལ་རྩེའི་ཆོས་རྒྱལ་ལྟ་བུ་ཡུལ་གྱི་འགོ་པའམ་སྡེ་དཔོན་ལའང་གོ་བ་མང་།

[8]ཆོས་ལྡན་གྱིས་བརྩམས་པའི《རྒྱལ་རོང་བོད་རིགས་ཀྱི་ལོ་རྒྱུས་རགས་བཤད》(རྒྱ་ཡིག་དཔར་མ)(1995) མི་རིགས་དཔེ་སྐྲུན་ཁང་གིས་པར། ཤོག་གྲངས585ནས587པར་གསལ།

[9]དགའ་ལྡན་ཕོ་བྲང་གི་སྲིད་དབང་དུས་རབས་སྐབས་གོ་ཤྲཱི་ཏན་དང་ཧུན་གར་དགའ་ལྡན་ཚེ་དབང་སོགས་ཀྱིས་དམག་ཤུགས་ལ་བརྟེན་ནས་བོད་དང་རྙིང་མ། བཀའ་བརྒྱུད་སོགས་ཀྱི་དགོན་པར་གཏོར་བཤིག་ཚབས་ཆེན་བྱུང་བ་ཕུན་ཚོགས་ཚེ་རིང་ལགས་ཀྱིས་མཛད་པའི《ཀུན་གསལ་མེ་ལོང》དུ་ཞིབ་པར་གསལ།

[10]ཅག་པོ་ཡུ་བ་གདོང་ནི། གཞིས་ཀ་རྩེའི་གནའ་མིང་ཡིན་པར་ཇོ་ནང་ཏཱ་ར་ན་ཐས་མྱང་ཆོས་འབྱུང་དུ་གསུངས།

[11]མཆན[8]དང་མཚུངས། ཤོག་གྲངས325པར་གསལ།

《བོད་ལྗོངས་ཞིབ་འཇུག》 ༢༠༠༢ལོའི་དེབ་བཞི་པ་ལས་བཏུས།

༄། །བོན་གཞུང《སྐུ་འབུམ》ལ་ཐོག་མར་དཔྱད་པ།

སྒྲོལ་མ་ཐར།

《སྐུ་འབུམ》ཞེས་བྱ་བའི་གཞུང་འདི་ནི་གཡུང་དྲུང་བོན་གྱི་སྟོན་པ་གཤེན་རབ་མི་བོ་ཆེས"གཉན་དང་ས་བདག་ཀླུའི་རྒྱལ་ཁམས"སུ་བོན་གྱི་བསྟན་པ་ཇི་ལྟར་སྤེལ་བའི་གཏམ་རྒྱུད་ཐུང་དུ་མང་པོ་སྟར་ཆགས་སུ་བསྒྲིགས་པ་ཞིག་ཡིན་ལ། བོན་པོའི《བཀའ་འགྱུར》དཀར་ཆག་ལ་ནང་གསེས་སུ་སྡེ་བཞིའི་དབྱེ་བ་ཡོད་པ་ལས་གཉིས་པ་སྟེ། རྣམ་པར་དག་པའི་འབུམ་སྡེའི་ཁྲོད་དུ་འགོད་འདུག པར་གཞི་མི་འདྲ་བའི《སྐུ་འབུམ》ལ་གཞུང་ཚད་ཀྱི་ཆེ་ཆུང་དང་ལེའུའི་མང་ཉུང་ཡང་མི་འདྲ་བ་ཡོད་པས། ཁོ་བོས་སྐབས་འདིར་དཔྱད་གཞིར་བྱས་པ་ནི་སྡེ་དགེའི་པར་མ་ཡིན། གཞུང་འདི་དུས་ནམ་ཞིག་ལ་བྱུང་བ་དང་དེའི་རྩོམ་པ་པོ་མི་སུ་ཞིག་ཡིན་པའི་སྐོར་ལ། མིག་སྔར་ཡིད་རྟོན་རུང་བའི་དཔྱད་གཞིའི་ཡིག་རིགས་ཤིན་ཏུ་དཀོན་པས། འདིར་ང་ཚོས་རེ་ཞིག《འཇིག་རྟེན་མགོན་པོའི་གསུང་བཞི་བཅུ་པ》ལས། "ཐ་མར་བསྒྱུར་བ་ནི་དུས་ཕྱིས་བསྟན་པའི་མེ་རོ་མདོ་སྨད་ནས་བསླངས་ཁར་གཙང་ཉང་སྟོད་ན་གཤེན་ཆེན་ཀླུ་དགའ་བྱ་བས་གཙང་ཆུ་མིག་རིང་མོའི་དཀོན་གཉེར་དང་ཡུན་རིང་དུ་འདྲིས་པར་བྱས་ནས་བྱ་དགའ་མང་དུ་བསྐུལ་བས། དར་ཡུལ་སྒྲོ་ལག་བྱ་བ་དབུས་ཀྱི་བོན་གནས་ཤིག་ཏུ་བསྒྱུར་ཏེ། རྒྱས་པ་ལ་ཁམས་ཆེན། ཉི་ཤུ་ལྔ་པ་ལ་ཁམས་ཆུང་། གཏན་ལ་ཕབ་པ་ལ་བོན་མདོ། གཟུངས་སྡེ་ལྔ་ལ་སྐུ་འབུམ་དཀར་ནག་ལ་སོགས་པར་བསྒྱུར་ནས། མཚོ་ལྔ་དྲིའུ་ཆུང་གི་བྲག་ལ་གཏེར་དུ་སྦས་ནས། ཕྱིས་ཀྱང་ཁོང་རང་གིས་ཐོན་པ་ལྟར་བྱས་ནས་བཏོན།"[1] ཞེས་འབྱུང་བ་དེ་ཙུང་ཟད་ཁུངས་བཙུན་པོ་ཡིན་པའི་དབང་དུ་བཏང་ན།(འབྲི་གུང་སྐྱོབས་པ་འཇིག་རྟེན་མགོན་པོ(སྤྱི་ལོ1143–1217)ནི་བོད་ཀྱི་མཁས་པ་ཆེན་པོ་ཞིག་ཡིན་སྐབས་དེའི་རྗེས་སུ་བྱོན་པའི་བོད་ཀྱི་ལོ་རྒྱུས་མཁན་པོ་རྣམས་ཀྱང་ཁོང་གི་རྗེས་སུ་འབྲངས་ཏེ་བོན་གྱི་རྣམ་གཞག་དེ་ལུགས་སུ་མཛད་ཡོད་ཅེས་མཁས་དབང་ནམ་མཁའི་ནོར་བུས་གསུངས།) དུས་རབས10པ་ནས11པའི་བར་གྱི་དུས་སྐབས་དེར་མིང་ལ་གཤེན་ཆེན་ཀླུ་དགའ་ཞེས་འབོད་པའི་བོན་གྱི་མཁས་པ་ཆེན་པོ་དེས་བོན་བསྟན་གོང་དུ་སྤེལ་བའི་དགོས་མཁོར་བསྟུན་ནས་སངས་རྒྱས་ཆོས་ལུགས་ཀྱི་གཞུང་གི་རྩོམ་སྟངས་ལ་ལད་མོ་བྱས་ཏེ་བོན་པོའི་ཆོས་ལུགས་ཀྱི་སྲོལ་རྒྱུན་བསམ་བློའི་ཁྱད་ཆོས་ངེས་ཅན་ལྡན་པའི《སྐུ་འབུམ》སོགས་བོན་གཞུང་མི་ཉུང་བ་ཞིག་རྩོམ་འབྲི་གནང་བ་རེད་ཅེས་བརྗོད་ན་ཙུང་ཟད་གོ་བདེ་བ་རེད། གཤམ་དུ་གཞུང་འདི་ལ་ནང་དོན་ངོ་སྤྲོད་མདོར་བསྡུས་དང་བསམ་

 གློའི་ཁྱད་ཆོས་དབྱེ་ཞིབ་སྐེ་དོན་ཚན་གཉིས་ཀྱི་སྒོ་ནས་ཅུང་ཟད་དཔྱད་པ་ལ།

དང་པོ། ནང་དོན་ངོ་སྤྲོད་མདོར་བསྡུས།

《གླུ་འབུམ》ལ་ནང་གསེས་སུ་དཀར་ནག་ཁྲ་གསུམ་སྟེ་ཆོས་ཚན་གསུམ་གྱི་དབྱེ་བ་ཡོད་པ་དང་། ཆོས་ཚན་སོ་སོའི་ནང་དོན་ཡང་ཕན་ཚུན་འདྲ་མཚུངས་མིན་པས། གཤམ་དུ་སོ་སོར་ངོ་སྤྲོད་བྱེད་པ་ལ།

1.《གླུ་འབུམ་དཀར་པོའི》སྐོར། གཞུང་བྱེ་བྲག་འདིའི་ནང་དུ་མི་སྣ་གཙོ་བོ་སྟོན་པ་གཤེན་རབ་མི་བོ་ཆེ་དེ་ནང་བསྟན་གྱི་བྱང་སེམས་འཕགས་པ་ཞིག་གི་སྣང་བརྙན་དུ་བཞེངས་སྐྲུན་བྱས་ཡོད་ལ། གཉན་དང་། ས་བདག ཀླུ་ལ་སོགས་པ་མི་གཤིས་ཅན་དུ་བསྒྱུར་ཡོད་པའི་ལྷ་དེ་རིགས་ལ“གཙང་མ་ཀླུ་འབུམ་དཀར་པོ”ཞེས་པའི་བཀའ་ཆོས་གསུངས་ཏེ་དེ་དག་ཐར་པའི་གོ་འཕང་ལ་འགོད་པ་ནི་ཁོང་གི་མཛད་པ་གཙོ་བོ་རེད། གཞུང་འདིའི་ནང་རང་རྐྱ་བའི་གཏམ་རྒྱུད་མང་པོ་ཡོད་ནའང་གཏམ་རྒྱུད་དེ་དག་གི་བྱུང་རིམ་ལ་ཐུན་མོང་གི་ཁྱད་ཆོས་སམ་དཔེ་དབྱིབས་མངོན་གསལ་ཞིག་ཡོད་ཅིང་། དེ་དཔེར་བརྗོད་དང་སྦྲགས་ནས་བཤད་ན། སྟོན་པ་གཤེན་རབ་ལ་སྙིང་ཕྱོགས་གཉན་གྱི་གཙོ་བོ་གཉན་སྤྱར་བ་དུང་མགོ་གཡུའི་ཐོར་ཚུགས་ཅན་གྱིས་ཞུས་པའི་ལེའུ་ལས། སྟོན་པ་གཤེན་རབ་འཁོར་དང་བཅས་པ་ནམ་མཁའི་གཉན་ཁམས་སུ་ཕེབས་ཏེ“གཙང་མ་ཀླུ་འབུམ་དཀར་པོ”གསུང་བར་བརྩམས་པ་ན། གཉན་ཁམས་ཐམས་ཅད་ཤིན་ཏུ་མ་དགའ་ནས་སྟོན་པ་གཤེན་རབ་ལ་རྫུ་འཕྲུལ་བསྟན་པ་ནི་འདི་ལྟ་སྟེ། “གདུག་པའི་མི་ལུས་མགོ་བརྙན་མང་པོའི་ས། །སྤྲུ་མདའ་དུག་ཆུ་སྤྲིན་དུ་འཐིབས། །སེར་བ་ཁ་བ་གྱེན་དུ་བབས། །མུན་ནག་སྤྲིན་ནག་སྨག་དུ་འཐིབས། །སྒྲ་སྐད་ངན་པ་བསམ་མེད་བསྒྲགས། །”གཉན་ཁམས་ཀྱི་རྫུ་འཕྲུལ་སྐྱི་གཡའ་བ་འདི་ལྟ་བུའི་མདུན་དུ་སྟོན་པ་གཤེན་རབ་ལ་འཇིགས་སྣང་སྤུ་ཙམ་ཡང་མེད་པ་དང་། ཁོང་གིས་བག་ཕེབས་པའི་ངང་ཕྱག་རྒྱ་དང་བཅས་གཉན་ཁམས་འདུལ་བའི་སྙིང་པོ་སྟེ་སྔགས་ཤ་ཡོ་ཀ་གཅིག་བཟླས་པ་ན་གཉན་ཁམས་ཡོངས་སུ་ཞི་བར་གྱུར་པ་དང་། “གདུག་པའི་མི་ལུས་མགོ་བརྙན་ཀུན། །བཞིན་སྡུག་མཛེས་པའི་མདངས་དང་ལྡན། །སྤྲུ་མདའ་དུག་ཆུ་སྤྲིན་འཁྲིགས་ཀུན། །མཛེས་པ་འོད་ཀྱི་གཞལ་ཡས་འབབ། །སེར་བ་ཁ་བ་གྱེན་འབབ་ཀྱང་། །མདངས་ལྡན་མེ་ཏོག་ཆར་དུ་སོང་། །མུན་ནག་སྨག་ནག་སྤྲིན་ནག་ཀྱང་། །གཞའ་ཚོན་སྔོ་དམར་འོད་དུ་སོང་། །”གདུག་པ་རྫུ་འཕྲུལ་ཆེ་བའི་ནམ་མཁའི་གཉན་ཁམས་མང་པོ་ཡང་སྟོན་པ་གཤེན་རབ་ཀྱི་སྤྱན་སྔར་སྤྲིན་བཞིན་དུ་འདུས་ཏེ་དད་པས་ཕྱག་འཚལ་ཞིང་བཀའ་ཆོས་ཞུས། འདི་ནི་གཏམ་རྒྱུད་ཀྱི་བྱུང་རིམ་དང་པོ་རེད། དེ་ནས་དྲི་བ་དྲིས་ལན་གྱི་རྣམ་པར་བརྟེན་ནས་སྟོན་པ་གཤེན་རབ་ཀྱིས་གཉན་གྱི་གཙོ་བོ་སྤྱར་བ་དུང་མགོ་གཡུའི་ཐོར་ཚུགས་ཅན་གྱིས་གཙོ་བྱས་པའི་གཉན་ཁམས་ལ“གཙང་མ་ཀླུ་འབུམ་དཀར་པོ”རྒྱས་པར་གསུངས་པ་དང་། མཇུག་ཏུ་ཚང་

མས་བཀའ་ཆོས་ཀྱི་སྙིང་པོ་ཡོངས་སུ་ཁོང་དུ་ཆུད་དེ་ཐར་པ་དོན་དུ་གཉེར་བའི་ལམ་དུ་ཞུགས། འདི་ནི་གཏམ་རྒྱུད་ཀྱི་བྱུང་རིམ་གཉིས་པ་རེད། འདི་ལྟ་བུའི་གཏམ་རྒྱུད་སྤེལ་སྟངས་ནི《ཀླུ་འབུམ་དཀར་པོ》ནང་གི་གཏམ་རྒྱུད་གཞན་ཀུན་ལ་ཐུན་མོང་དུ་ལྡན་པའི་ཁྱད་ཆོས་ཤིག་ཡིན་ལ《ཀླུ་འབུམ་དཀར་པོ》ནང་གི་གཏམ་རྒྱུད་ཚང་མས་བསྒྱུར་ཟློས་བྱས་ཡོད་པའི་དཔེ་དབྱིབས་ཤིག་ཀྱང་རེད།

2.《ཀླུ་འབུམ་ནག་པོའི》སྐོར། གོང་གི《ཀླུ་འབུམ་དཀར་པོ》དང་མི་མཚུངས་པར། གཞུང་བྱེ་བྲག་འདིའི་ནང་གི་སྟོན་པ་གཤེན་རབ་ནི་བོན་གྱི་ལྷ་པ་རྣལ་མ་ཞིག་གི་སྣང་བརྙན་བྱས་ཏེ་ང་ཚོའི་མཐོང་ཡུལ་དུ་མངོན་ཡོང་བ་དང་། སྐབས་འདིར་ཁོང་གི་འགན་འཁྲི་གཙོ་བོ་ནི་འགྲོ་བ་མིའི་རིགས་དང་ཀླུ་བར་གྱི་འགལ་བ་བར་འདུམ་བྱེད་རྒྱུ་དེ་རེད། གཏམ་རྒྱུད་ཀུན་ལ་ཐུན་མོང་དུ་ལྡན་པའི་ཁྱད་ཆོས་དེ་མཚོན་བྱེད་རང་བཞིན་ཅན་གྱི་དཔེར་བརྗོད་ཅིག་བཀོད་དེ་བཤད་ན། དེ་ཡང་མི་ཀུན་ཏུ་དགེ་བས་སྟོན་པ་གཤེན་རབ་ལ་ཞུས་པ་ཀླུ་དབང་གི་ལེའུ་ཊ། མིང་ལ་མི་ཀུན་ཏུ་དགེ་ཞེས་འབོད་པའི་མི་ཞིག་ཡོད་པ་དེས། རང་ཉིད་ལོ་གཞོན་པའི་དུས་སུ་ཚེ་ཕྱི་མའི་ལམ་རྒྱགས་ལ་མཆོད་རྟེན་ཞིག་བཞེངས་དགོས་བསམས་ཏེ། གཡུང་དྲུང་དབུས་རི་ཞེས་རི་བོ་མཐོ་ཞིང་གཙང་བ་ཞིག་ཡོད་པ་དེ་མཆོད་རྟེན་བཞེངས་སའི་གནས་སུ་འདེམས། རི་དེའི་རྩེ་ལ་ཤེལ་གྱི་བྲག་དཀར་ཞིག་ཡོད་པ་དེ་ཀླུ་འདུལ་དབང་ཕྱུག་དབྱར་ཟླ་གསུམ་ལ་སྡོད་པའི་གནས་ཡིན། དབྱར་དུས་ཀྱི་སྤྲ་དྲོ་ཞིག་ལ་མི་ཀུན་ཏུ་དགེའི་བཀོད་འདོམས་ལྟར་སྟ་རེ་ཐོགས་པའི་མི་བརྒྱས་བྲག་དེ་གཤགས་པ་ན་ཀླུ་འདུལ་དབང་ཕྱུག་གིས་ང་རོ་ཆེན་པོ་ཕྱུངས་པས། མི་ཀུན་ཏུ་དགེ་བས་དེའི་ཏ་མ་གོ་བར"བྲག་འདི་ལ་སེང་གེ་ཞིག་ཡོད་པ་འདྲ"ཟེར། དེའི་ཕྱི་ཉིན་ནམ་ལངས་མ་ཐག་ཏུ་ཡང་ཐོ་བ་ཐོགས་པའི་མི་བརྒྱས་བྲག་དེ་བརྟུངས་པ་ན་ཀླུ་འདུལ་དབང་ཕྱུག་གིས་ནམ་མཁར་ཐོག་བརྒྱབ་པ་ལྟ་བུའི་སྒྲ་ཕྱུང་བས། མི་ཀུན་ཏུ་དགེ་བས་སྔར་བཞིན་ཏ་མ་གོ་བར"འདི་ནི་སྤྲིན་པོའི་གདུང་འབོད་རེད"ཅེས་ཟེར། དེ་ནས་ལག་བཟོ་བ་གཉེར་ནས་ཟླ་བ་ཁ་ཤས་རིང་ལ་བཟོ་བྱས་ཏེ་མཆོད་རྟེན་བཞེངས་གྲུབ་རྗེས་ལྷ་སྤྱན་དྲངས་ཏེ་དབང་བསྐུར། དེའི་ཚེ་ཀླུ་འདུལ་དབང་ཕྱུག་དེས་མི་ཀུན་ཏུ་དགེ་བས་ངའི་ཡུལ་ལ་གནོད་འཚེ་བཏང་སྙེ་ང་ཡུལ་ལས་ཕྱུང་ངོ་ཞེས་ཐུགས་ཤིན་ཏུ་ཁྲོས་པར་གྱུར། ཉིན་དེ་ནས་བཟུང་མི་ཀུན་ཏུ་དགེ་བ་དེ་ན་འཁྱར་བ་ལྟར་གྱུར་པས། ཁོས་རང་ཉིད་ལ་ཀླུང་ལངས་པ་རེད་སྙམ་ནས་ཀླུང་སྒོ་ལ་མི་བཙའ་བཏབ་པ་ན་ཤ་ནག་པེམ་དུ་སོང་སྟེ་དུས་ཚོགས་བཞི་ལ་ཁ་དོག་བཞིའི་འགྱུར་ལྡོག་བྱུང་། ཉིན་ཞིག་ལ་ཁོས་མོ་པ་མི་གསུམ་གདན་དྲངས་ཏེ་མོ་བཏབ་ཚེ་རང་ལ་ནད་ཡ་མཚན་ཞིག་བྱུང་ཡོད་པ་ཤེས། དེ་ནས་མྱུར་དུ་སྨན་པ་མཁས་པ་ཞིག་བསྟེན་ནས་ནད་བཅོས་བྱས་ཀྱང་ཕན་ཐོགས་མ་བྱུང་། ལོ་གཉིས་ཀྱི་རྗེས་སུ་སླར་ཡང་ནད་བརྟག་བྱེད་དུས་སྨན་པས་ཁོ་ལ་ཁྱོད་ཀྱི"ཆུ་ནང་ན་སྦལ་པ་ཁོ་ན་འདྲ་བ་ཞིག་འདུག་གོ །འདི་ནི་ཀླུའི་ཚེ་འཕྲུལ་ཡིན་པས་ཀླུ་བཅོས་དགོས་སོ"ཞེས་བཤད། མི་ཀུན་

ཏུ་དགེ་སེམས་ཤིན་ཏུ་སྐྱེ་ནས་སྡོད་པའི་སྐབས་དེར། སྟོན་པ་གཤེན་རབ་སྐྱ་སྲང་ཞིག་ཏུ་སྤྲུལ་ནས་ཁོའི་གམ་དུ་ཐས་སློང་བར་སླེབས། མི་ཀུན་དུ་དགེས་སྐྱ་སྲང་ལ་ངས་མི་ཚེ་འདིར་སྦྱིན་པ་དང་དགེ་བའི་རྩ་བ་ཅི་སྐྱེད་ཅིག་བྱས་ནའང་ང་ལ་ནད་འདི་འོངས་པའི་རྒྱུ་མཚན་ཅི་ཡིན་ཞེས་དྲིས་པ་ན། སྲང་པོས་ཁྱོད་ཀྱིས་དགེ་རྩ་སྒྲུབ་པའི་ཆེད་དུ་ཀླུ་འདུལ་དབང་ཕྱུག་གི་གནས་ཡུལ་ཤེལ་གྱི་བྲག་དཀར་སྟེང་དུ་མཆོད་རྟེན་བཞེངས་པ་དང་ལྷ་སྦྱིན་དྲངས་ཏེ་ཀླུ་འདུལ་དབང་ཕྱུག་ཡུལ་ལས་ཕྱུང་བས་ཀླུ་ཁྲོས་ཏེ་ཁྱོད་ལ་ཀླུ་ནད་འདི་བཏང་བ་རེད། ད་ལྟ་ཁྱོད་ཀྱིས་སྟོན་པ་གཤེན་རབ་སྤྱན་དྲངས་ཏེ་ཀླུ་མཆོད་ན་གཞི་ནས་ཀླུ་ནད་འདི་ལས་ཐར་ཐུབ་པ་ཡིན་ཞེས་སྨྲས། དེ་ནས་མི་ཀུན་དུ་དགེ་བས་སྐྱ་སྲང་གི་ཁ་ཏ་ལྟར་སྟོན་པ་གཤེན་རབ་སྤྱན་དྲངས། སྟོན་པ་གཤེན་རབ་ཀྱིས་དར་དཀར་གྱི་གུར་ཕུབ་སྟེ་ཀླུ་འདུལ་དབང་ཕྱུག་སྤྱན་དྲངས་ཏེ་བཞུགས་སུ་གསོལ། ཐིག་ལེ་བཏབ་ནས་དཀྱིལ་འཁོར་བྲིས་པ་དང་བོན་གྱི་ཆོ་གར་མཁོ་བའི་རྫས་སྣ་ཚོགས་འཛོམས་པར་བྱས་ཏོག མི་དང་ཀླུའི་བར་གྱི་འགལ་བ་སྟུམ་པའི་འགོ་རྩོམ་པ་སྟེ། སྟོན་པ་གཤེན་རབ་ཀྱིས་ཐོག་སྔགས་ལན་མང་བཟླས་པ་དང་བོན་གྱི་ཆོ་ག་བསྒྲུབས། ཀླུ་འདུལ་དབང་ཕྱུག་ལ་བཀའ་གནང་སྟེ་མི་ཀུན་དུ་དགེ་བའི་ཀླུ་ནད་སོས་སུ་བཅུག དེ་ནས་མི་ཀུན་དེ་དགེ་བ་ལའང་རྒྱུན་དུ་ཀླུ་མཆོད་པ་དང་ཀླུའི་གསུང་རབ་ཀློག་དགོས་པའི་བཀའ་གནང་། མཇུག་ཏུ་མི་དང་ཀླུའི་བར་དུ་དམ་བཅའི་གན་རྒྱ་བཞག་སྟེ་ཚང་མ་འཚམ་མཐུན་མཉམ་གནས་ཀྱི་འགོ་བཙམས་པ་རེད། གོང་གི་དཔེར་བརྗོད་ལས་ང་ཚོས་མཐོང་ཐུབ་པར། འགྲོ་བ་མིའི་རིགས་ལ་མཚོན་ན་རང་ཉིད་འཚོ་གནས་ཀྱི་ཆེད་དུའམ་ཁེ་ཕན་གཞན་གང་ཞིག་གི་ཆེད་དུ། ངེས་པར་དུ་རང་ཉིད་ཁོར་ཡུག་གི་རང་བྱུང་ཁམས་སུ་ལས་ཀ་སྣ་ཚོགས་བྱེད་པའམ་ཆོས་ལུགས་ཀྱི་ཆོ་ག་སྣ་ཚོགས་སྤེལ་དགོས་པ་རེད། ཡིན་ནའང་འགྲོ་བ་མིའི་རིགས་ཀྱི་བྱ་སྤྱོད་འདི་རིགས་ཀྱིས་གཡོལ་ཐབས་བྲལ་བའི་སྒོ་ནས་ས་ཁོངས་ཤིག་བདག་ཏུ་བཟུང་བའི་ཀླུའི་རིགས་ལ་ཐོག་ཐུག་གཏོང་སྲིད་པ་དང་། དེའི་འབྲས་བུར་ཐོག་ཐུག་ཐེབས་པའི་ཀླུའི་རིགས་ཀྱིས་འཁོན་ལན་སློག་པའི་ཆེད་དུ་འགྲོ་བ་མིའི་རིགས་ལ་ཀླུ་ནད་སོགས་གནོད་འཚེ་སྣ་ཚོགས་གཏོང་གི་ཡོད། ཏ་ཅང་སྐབས་མི་ལེགས་པ་ལ་མི་དཀྱུས་མ་ཞིག་ལ་མཚོན་ན་ནད་དང་ཆག་སྒོ་འདི་རིགས་ཀྱི་འབྱུང་རྩ་ཤེས་ཐབས་བྲལ་བས་མུན་འཐོམས་ཀྱིས་མོ་འདེབས་པའམ་སྨན་པ་བསྟེན་པས་མཐའ་མཇུག་ནད་ལས་ཐར་ཐུབ་པ་ཕར་ཚོག དེ་ལས་ལྡོག་སྟེ་ཀླུའི་རིགས་ལྷག་ཏུ་ཁྲོས་ཏེ་ནད་བབ་ཇེ་སྟུག་ཏུ་གཏོང་བ་རེད། གནད་འགག་གི་སྐབས་འདིར་སྟོན་པ་གཤེན་རབ་གློ་བུར་དུ་བྱུང་ནས་ནད་ཀྱི་འབྱུང་རྩ་ཅི་ཞིག་ཡིན་པ་གསལ་པོར་གསུངས་ཏོག བོན་གྱི་ཆོ་ག་གོ་རིམ་ཅན་བསྒྲུབས་པ་ལ་བརྟེན་ནས་འགྲོ་བ་མིའི་རིགས་ལ་གནོད་འཚེ་བྱེད་པའི་ཀླུའི་རིགས་ཞི་བར་འདུལ་བ་དང་། འགྲོ་བ་མིའི་རིགས་དང་ཀླུ་བར་དུ་བྱུང་བའི་འགལ་བ་དེ་བར་འདུམ་ཡག་པོ་བྱས་ཏེ་ཕན་ཚུན་མཐུན་འགྲིག་ཡོང་བར་བྱས་པ་རེད།

3.《ཀླུ་འབུམ་ཁྲ་བོའི》སྐོར། འདི་ཡང་མཚོན་བྱེད་རང་བཞིན་ལྡན་པའི་གཏམ་རྒྱུད་ཅིག་དཔེར་བརྗོད་དུ་དྲངས་ཏེ་བཤད་ན། རྒྱལ་པོ་རྣམ་ཐོས་སྲས་ཀྱིས་སྟོན་པ་གཤེན་རབ་ལ་ཞུས་པ་ཀླུའི་རྒྱལ་མོ་གཙོད་འབར་མའི་ལེའུ་ལས། སྲིད་པ་དགའ་བའི་སྐྱིད་ཤིང་གི་རྩ་བ་ནས་ཆབ་མིག་ཅིག་ལྡོ་ཁྱོགས་སུ་འབབ་པ་དེར་ཀླུ་མོ་གཙོད་འབར་མ་གནས་ཤིང་། དེར་ཚལ་ཁམས་ཤིག་མཆིས་པའི་སྟེང་ན་རི་དྭགས་མང་པོ་ཡོད་པ་ཚང་མ་ཀླུ་མོ་གཙོད་འབར་མའི་དཀོར་ཡིན། ས་ཆ་དེའི་རྒྱལ་པོའི་མིང་ལ་རྣམ་ཐོས་སྲས་ཞེས་འབོད་པ་དང་། ཁོང་གིས་འབངས་ལ་ཚལ་ཁམས་ཀྱི་རི་དྭགས་ཤ་རྒྱང་རྫོན་དགོས་པའི་བཀའ་ཕབ་ལས། "འབངས་རྣམས་ཀྱིས་ཐབས་ཀྱིས་བཀུམ་པར་བྱ་སྙམ་ནས"ཐབས་བྲུས་ཏེ་ནང་དུ་སྐྱེར་བའི་གཙང་གསུམ་བཙུགས། ཡིན་ནའང་ཐབས་ནངས་པར་བགྱིས་ན་ཉུབ་མོ་བཤིགས་ནས་གདའ། དེ་རྒྱལ་པོར་ཞུས་པས་རྒྱལ་པོའི་ཞལ་ནས་ཤ་རྒྱང་རི་དྭགས་གཉིས་ཅི་ནས་ཀྱང་སོད་ལ་ཤོག་ཅེས་བཀའ་ཕབ། འབངས་རྣམས་ཀྱིས་བཀའ་ཕབ་པ་ལྟར་འཕྲང་དུ་རྙི་བཙུགས་ནས་བསྒུགས་བསྡད་པས། ཁྱི་མོ་དཀར་མོ་སྣ་དམར་ཞིག་གིས་རྙི་བཤིགས་ནས་སོང་། འབངས་རྣམས་ཀྱིས་ཁྱི་མོ་དེ་དེད་པས་ཁྱི་མོ་ཤིང་གསེབ་ཏུ་བྲོས། དེ་ནས་འབངས་རྣམས་ཀྱིས་རྒྱལ་པོའི་བཀའ་ལྟར་གསོད་དུ་ཕྱིན་ཚེ་ཁྱི་མོ་དཀར་མོ་དེ་མི་གདའ་བར་དུང་གི་ཁྱི་མོ་བཟང་མོ་གཡུ་ཡི་ལན་ཚར་ཅན་ཞིག་གདའ། ཚུལ་དེ་རྒྱལ་པོ་ལ་ཞུས་པས་རྒྱལ་པོ་དངོས་སུ་བལྟ་བར་ཕེབས་ནས་བལྟས་པས་བུད་མེད་བཟང་མོ་བཞིན་ལེགས་མ་ཞིག་འདུག(འདི་ཀླུ་མོ་གཙོད་འབར་མའི་སྤྲུལ་པ་ཡིན།) རྒྱལ་པོའི་ཞལ་ནས་མོ་བཙུན་བཟང་མོ་ཁྱོད་ངའི་བཙུན་མོ་བྱ་མི་ཉུང་ངམ་བྱས་པས། ཀླུ་མོ་གཙོད་འབར་མས་ཁྲི་གདུགས་ཀྱི་ཚ་ཟེར་སྦྱོས་ཏེ་རྒྱལ་པོའི་གདུགས་ཤིན་ཏུ་ཚ་བར་གྱུར། རྒྱལ་པོས་ཚ་གདུག་མ་བཟོད་པར་ཆབ་མིག་ལ་ཞབས་བཀྲུས་པས་ཀླུ་མནོལ་ནས་ཀླུ་མོ་གཙོད་འབར་མ་རབ་ཏུ་ཐུགས་ཁྲོས། རྒྱལ་པོ་ཕྱིར་ཁབ་ཏུ་ལོག་ནས་མཚན་མོའི་རྨི་ལམ་དུ་གཡུ་སྦྲུལ་སྔོན་མོ་གཉིས་གཤིབས་ནས་ལུས་ལ་འཁྲིལ་འདུག་པ་རྨིས། ནམ་ལངས་རྗེས་རྒྱལ་པོས་འབངས་རྣམས་ལ་མདང་དགོང་གི་རྨི་ལམ་དེའི་མཚན་ལྟས་ཅི་ཡིན་དྲིས་པ་ན་འབངས་ཤིག་གིས་དེ་ནི་རྒྱལ་པོ་བསྙུང་གིས་ཟིན་ཡོད་པའི་མཚན་ལྟས་ཡིན་ཞེས་ལན་བཏབ། དེ་ནས་བཟུང་རྒྱལ་པོ་ནམ་རྒྱུན་ཐུགས་མི་དགྱེས་པར་ཁྲི་ལ་གཟིམས་ནས་བསྡད། ལུས་ནི་མི་ན་ས་མེད་ལ་རུས་པ་ནི་ལྷག་ཏུ་ན། སྐབས་དེའི་མཚན་མོ་ཞིག་ལ་སྟོན་པ་གཤེན་རབ་མུ་ལྗོ་བ་ཞིག་ཏུ་སྤྲུལ་ནས་རྒྱལ་པོའི་སྤྱན་སྔར་བྱོན་ནས་གནས་ཚང་གཡར་བ་ལ་རྒྱལ་པོས་སྙེ་ལེན་གང་ལེགས་གནང་བས། མུ་ལྗོ་བ་དེ་འགྲོ་ཁར་ནད་དང་རྐྱེན་རྣམས་ཐམས་ཅད་སོས་པར་ཤོག་ཅེས་སྨྲས་ཏེ་སོང་། དེ་ནས་ཞག་བདུན་སོང་བའི་ནངས་པར་སྟོན་པ་གཤེན་རབ་རྒྱལ་པོའི་སྤྱན་སྔར་བྱོན་ཏེ་ཁྱོད་ཀྱིས་ཆབ་མིག་ལ་ཞབས་བཀྲུས་པས་ཀླུ་མནོལ་ནས་ཀླུའི་རྒྱལ་མོ་གཙོད་འབར་མ་ཁྲོས་ཏེ་ཁྱོད་ལ་རུས་ནད་བཏང་བ་ཡིན་པའི་སྐོག་གྱུར་དེ་གསལ་རྗེན་དུ་གསུངས། དེ་ནས་སྟོན་པ་གཤེན་རབ་ཀྱིས་

ཕྱུག་གི་གུང་མོ་གཉིས་གཡས་པས་གཡོན་མནན་ནས་སྙིང་པོ་བརྗོད་པ་སྟེ་ སྟགས་བཟླས་ཏེ་ཀླུའི་རྒྱལ་མོ་གཙོད་འབར་མའི་ཁྱིམས་དྲེགས་བཅོམ། རྒྱལ་པོས་སྟོན་པ་གཤེན་རབ་ཀྱི་བཀའ་བཀོད་ལྟར་ཚབ་མིག་གི་བཅོག་གྲིབ་བསང་བ་དང་། ཀླུ་དང་མཐུན་པའི་མཆོད་རྫས་བཤམས་ཏེ་ཀླུ་མཆོད་པས་ཀླུའི་རྒྱལ་མོ་གཙོད་འབར་མ་དང་ཀླུ་བྲན་ཡོངས་ཐུགས་དགྱེས། ཀླུ་དགྱེས་པའི་བྱིན་རླབས་ཀྱིས་རྒྱལ་པོའི་ཏུས་ནད་སངས་ནས་སྐུ་མདོག་སྔོན་པས་བཟང་བ་དང་རིག་པ་སྔོན་པས་གསལ་བར་གྱུར་པ་དང་། ཡུལ་ཕྱོགས་ཀུན་ཏུ་ཡང་ནད་དང་རིམས་ནད་དང་སད་དང་སེར་བ་མི་འབྱུང་ཞིང་། ཆར་ཆུ་དུས་སུ་འབབ་པ་སོགས་བཀྲ་ཤིས་པའི་སྣང་ཚུལ་ཤར། དཔེར་བརྗོད་འདི་ལས་ང་ཚོས་མཐོང་ཐུབ་པར། གཏམ་རྒྱུད་བྱུང་རིམ་གྱི་ཁྱད་ཆོས་ཐད་ནས་བལྟས་ན《ཀླུ་འབུམ་ནག་པོ》དང《ཀླུ་འབུམ་ཁྲ་བོ》གཉིས་ལ་ཁྱད་པར་ཆེན་པོ་མི་འདུག་སྟེ། གོང་དུ《འབུམ་ནག་པོ》སྐབས་ངོ་སྤྲོད་བྱས་པ་ནང་བཞིན་འགྲོ་བ་མིས་ཀླུའི་འཇིག་རྟེན་གྱི་ཆོས་ཉིད་མ་ཤེས་པར་རང་གི་ཁེ་ཕན་གང་ཞིག་གི་དོན་དུ་ཀླུ་ལ་གནོད་འཚེ་བཏང་ཚེ་ཀླུ་ཁྲོས་ཏེ་མི་ལ་ཀླུ་ནད་གཏོང་བ་དང་། ཀླུ་ནད་ཕོག་པའི་མི་དེ་ཅི་བྱ་གཏོལ་མེད་དུ་གྱུར་པའི་སྐབས་ལ་སྟོན་པ་གཤེན་རབ་མྱོ་བུར་དུ་ཕྱོན་ནས་མི་དང་ཀླུ་བར་དུ་བྱུང་ཡོད་པའི་འགལ་བ་དེ་བར་འདུམ་བྱས་རྗེས། མིས་ཀླུ་མཆོད་ནས་ཀླུ་དགྱེས་པ་དང་ཀླུས་མིའི་ཀླུ་ནད་བཅོས་ཏེ་ནད་སངས་པའི་མཇུག་འབྲས་བཀྲ་ཤིས་པ་བྱུང་བ་འདི་ལྟ་བུ་ནི《ཀླུ་འབུམ་ནག་པོ》དང《ཀླུ་འབུམ་ཁྲ་བོ》གཉིས་ནང་གི་གཏམ་རྒྱུད་ཀུན་ལ་ཐུན་མོང་དུ་ལྡན་པའི་ཁྱད་ཆོས་ཤིག་རེད།

གཉིས་པ། བསམ་བློའི་ཁྱད་ཆོས་རགས་ཙམ་བཤད་པ།

《ཀླུ་འབུམ》ནི་ལྷ་སྲུང་གི་ངོ་བོ་ལྡན་པའི་གཞུང་ཞིག་ཡིན་པས། དེའི་ནང་གི་གཏམ་རྒྱུད་ཚང་མ་དངོས་ཡོད་འཚོ་བའི་ནང་བྱུང་སྲོང་མེད་ལ་འབྱུང་ཡང་མི་སྲིད་པ་རེད། ཡིན་ན་ཡང་མར་ཁེ་སིས"ལྷ་སྲུང་གང་ཡིན་རུང་ཚང་མ་ནི་བསམ་པའི་བཀོད་པ་བེད་སྤྱོད་པ་དང་བསམ་པའི་བཀོད་པ་ལ་བརྟེན་ནས་རང་བྱུང་ནུས་ཤུགས་འདུལ་བ་དང་། རང་བྱུང་ནུས་ཤུགས་ལ་ཁ་ལོ་བསྒྱུར་བ། རང་བྱུང་ནུས་ཤུགས་དེ་སྣང་བརྙན་ཅན་དུ་བསྒྱུར་བ་བཅས་ཡིན།" ལྷ་སྲུང་ནི"མི་རྣམས་ཀྱི་འཆར་སྣང་བརྒྱུད་དེ་རང་རྟོགས་མིན་པའི་སྒྱུ་རྩལ་ཐབས་ལམ་ཞིག་ལ་བརྟེན་ནས་ལས་སྣོན་བྱས་ཟིན་པའི་རང་བྱུང་དང་སྤྱི་ཚོགས་ཀྱི་རྣམ་པ་དེ་རང་ཡིན"[2]ཞེས་གསུངས་པ་དེ་བསམ་བློའི་ཁུངས་ལུང་དུ་བྱས་ཏེ་བལྟས་ན། 《ཀླུ་འབུམ》ཞེས་པའི་གཞུང་འདི་ལས་བོད་ཀྱི་གདོད་མའི་བོན་པོའི་ཆོས་ལུགས་ཀྱི་ཁྱད་ཆོས་མང་ཙམ་མཚོན་ཡོད་པར་མ་ཟད། ཕྱི་རྗེས་སངས་རྒྱས་ཆོས་ལུགས་ཀྱི་ཤུགས་རྐྱེན་ཐེབས་པའི་བོན་པོའི་ཆོས་ལུགས་ཀྱི་ཁྱད་ཆོས་ཀྱང་མི་ཉུང་བ་ཞིག་མཚོན་ཡོད་པ་རེད།

1. གདོད་མའི་བོན་པོའི་ཆོས་ལུགས་ཀྱི་ཁྱད་ཆོས་མཚོན་པ།

གནའ་སྔ་མོའི་དུས་སྐབས་སུ། གདོད་མའི་ཆོས་ལུགས་འདུ་ཤེས་ཀྱིས་ཁ་ལོ་བསྒྱུར་བའི་བོད་མི་རྣམས་ཀྱི་འདོད་ཚུལ་ལ། རང་བྱུང་ཁམས་སུ་གྲུབ་པའི་བར་སྣང་དང་། ས་སྟེང་། ས་འོག འབབ་ཆུ། རྒྱ་མཚོ་སོགས་ཀུན་ལ་ལྷ་གནས་ཡོད་པར་མ་ཟད། འཇིག་རྟེན་ཁམས་ཀྱི་གང་ཡོད་ཐམས་ཅད་ཀྱང་ལྷ་དེ་དག་གི་དབང་འོག་ཏུ་གནས་ཡོད་པ་དང་། ལྷ་དེ་དག་དགའ་དུས་མིའི་རིགས་ལ་བདེ་སྐྱིད་སྟེར་བ་དང་། ཁྲོས་ན་མིའི་རིགས་ལ་གནོད་འཚེ་གཏོང་བར་འདོད། དེའི་དབང་གིས་ལྷ་མིའི་བར་མཐུན་པོ་འགྲིག་པོ་ཡོང་རྒྱུ་དེ་ནི་ཁོང་ཚོ་ལ་མཚོན་ན་རང་གི་འཚོ་གནས་ལ་ཐད་ཀར་འབྲེལ་བ་ཡོད་པའི་གནད་དོན་ཞིག་ཏུ་གྱུར་འདུག དེ་ནས་གནའ་བོའི་བོད་མིའི་བསམ་བློའི་འཇིག་རྟེན་མདུན་དུ་འཕེལ་བ་དང་བསྟུན་ནས་རིམ་གྱིས་ཐབས་ཤེས་སམ་ཡོ་བྱད་དངོས་ཅན་ཞིག་ལ་བརྟེན་ནས་ལྷ་དེ་ལ་ཤུགས་རྐྱེན་སྟེར་བ་དང་ཚོད་འཛིན་བྱས་ཏེ་དེ་དག་ལ་ལྡན་པའི་རྫུ་འཕྲུལ་དེ་བསྒྱུར་རྒྱུའི་ཀུན་སློང་བྱུང་། ཡིན་ནའང་སྐབས་དེར་ཐོན་སྐྱེད་ནུས་ཤུགས་ཤིན་ཏུ་དམའ་བའི་དབང་གིས་ཁོང་ཚོའི་རེ་འདུན་ཡག་པོ་དེ་ལག་ལེན་དངོས་ཀྱི་ཁྲིད་མངོན་འགྱུར་བྱེད་ག་ལ་ཐུབ། དེ་བས་ཐ་མར་རེ་འདུན་དེ“ལྷ་འདྲེ་དང་འབྲེལ་གཏུག་བྱེད་ཐུབ་པའི་མི”སྟེ་བོན་པོའི་སྟེང་དུ་བཙལ་བ་རེད། དེ་ཡང་གོང་དུ་དྲངས་ཟིན་པའི《སླུ་འབུམ་ནག་པོའི》ནང་གི་གཏམ་རྒྱུད་དེ་དཔེར་བཀོད་དེ་བཤད་ན། མི་ཀུན་དུ་དགེ་བས་ཀླུ་འདུལ་དབང་ཕྱུག་ལ་གནོད་པ་བྱས་པའི་རྐྱེན་གྱིས་ཀླུ་ནད་ཕོག་སྟེ་ཅི་བྱ་གཏོལ་མེད་དུ་གྱུར་ཡོད་པའི་སྐབས་དེ་ལ་ཁོའི་སྲོག་སྐྱོབ་མཁན་ནི་རྫུ་འཕྲུལ་གྱི་ནུས་རྩལ་ལྡན་པའི་སྟོན་པ་གཤེན་རབ་མ་གཏོགས་མེད་ལ། གནད་འགག་གི་སྐབས་སུ་སྟོན་པ་གཤེན་རབ་ཀྱིས། ཁྱོད་ཀྱིས་དགེ་རྩ་སྒྲུབ་པའི་ཆེད་དུ་ཀླུ་འདུལ་དབང་ཕྱུག་གི་གནས་ཡུལ་ཤེལ་གྱི་བྲག་དཀར་སྟེང་དུ་མཆོད་རྟེན་བཞེངས་པ་དང་ལྷ་སྤྱན་དྲངས་ཏེ་ཀླུ་འདུལ་དབང་ཕྱུག་རང་ཡུལ་ལས་ཕྱིར་ཕྱུང་བས་ཀླུ་ཁྲོས་ཏེ་ཁྱོད་ལ་ཀླུ་ནད་བཏང་བ་རེད་ཅེས་ནད་ཀྱི་འབྱུང་རྩ་མངོན་སུམ་དུ་བཤད། དེ་ནས་སྟོན་པ་གཤེན་རབ་ཀྱིས་བོན་གྱི་ཚ་ག་བསྐྱབས་པ་སྟེ། ནད་པས་སྟོན་པ་གཤེན་རབ་ཀྱི་བཀའ་བཀོད་ལྟར་ཡིད་ཀྱི་ཁྱིའུ་སྤྱན་དྲངས་ཏེ་ཀླུའི་གསུང་རབ་གྲངས་མེད་ཀློག་པ་དང་། མཐུན་པའི་རྫས་དང་འདོད་པའི་རྫས་དང་དཀོར་ལ་སོགས་པ་ཐམས་ཅད་བསགས་ནས་སྟོན་པ་གཤེན་རབ་ལ་ཕུལ། སྟོན་པ་གཤེན་རབ་ཀྱིས་རྒྱ་མཚོའི་འགྲམ་དུ་དར་དཀར་གྱི་གུར་ཕུབ་ནས་ཀླུའི་གཟུགས་བརྙན་སྣ་ཚོགས་བཟོས། ཀླུ་འདུལ་དབང་ཕྱུག་སྤྱན་དྲངས་ནས་བཞུགས་སུ་གསོལ། ནད་པའི་གན་དུ་འོ་མས་ཆག་ཆག་བཏབ་སྟེ་དཀྱིལ་འཁོར་བྲིས། ནད་པས་ལུགས་བཞིན་མཐོལ་བཤགས་བྱས། དེ་ནས་སྟོན་པ་གཤེན་རབ་ཀྱིས་སྙིང་པོ་བརྗོད་པ་སྟེ“ཨོཾ་སྤྲ་ཏ་སྤོ་ཏ་རི་ཏག་ཏ། སཾ་པ་ཏེ་ང་པ་སི་ནི……”སོགས་སྔགས་དུམ་བུ་ཞིག་བཟླས་རྗེས། “ཀླུའི་བཞུགས་གནས་ཤེལ་གྱི་བྲག་དཀར་མ་ལགས་ཏེ། ཀླུའི་བཞུགས་གནས་རྒྱ་མཚོའི་གླིང་དགུ་

ལགས་སོ"ཞེས་བཀའ་བསྩལ་པ་ན། ནད་པའི་ནད་དེ་མ་ཐག་ཏུ་སངས་པར་གྱུར་ཏེ་མི་དང་ཀླུའི་བར་སྐྱར་ཡང་མཐུན་འགྲིག་བྱུང་བ་རེད། འདི་ནི་སྟོན་པ་གཤེན་རབ་ཀྱིས་བོན་གྱི་ཆོ་ག་བསྒྲུབས་པའི་གོ་རིམ་མདོར་བསྡུས་ཙམ་བཀོད་པ་ཡིན་ལ། འདི་ལས་ང་ཚོས་བོད་ཀྱི་གདོད་མའི་ཆོས་ལུགས་ཀྱི་རྣམ་པ་དང་གདོད་མའི་བོད་ཀྱི་ཆོས་ལུགས་འདུ་ཤེས་ཟུར་ཙམ་རྟོགས་ཐུབ་སྟེ། དོན་དངོས་སུ་བོད་ཀྱི་གདོད་མའི་ཆོས་ལུགས་དེ་རྒྱལ་ཁབ་ཕྱི་ནང་གི་མི་རིགས་མང་པོའི་གདོད་མའི་ཆོས་ལུགས་དང་འདྲ་བར་ལྷ་པ་ཞིག་གིས་རང་གི་རྫུ་འཕྲུལ་གྱི་ནུས་རྩལ་ལ་བརྟེན་ནས་མིའི་རིགས་ལ་གནོད་འཚེ་བྱེད་པའི་ལྷ་གདུག་པ་ཅན་དེ་དག་འདུལ་བ་ནི་ཚང་མའི་ཐུན་མོང་གི་ཁྱད་ཆོས་ཤིག་རེད།

2. ནང་བསྟན་གྱི་ཤུགས་རྐྱེན་ཐེབས་པའི་བོན་པོའི་ཆོས་ལུགས་ཀྱི་ཁྱད་ཆོས་མཚོན་པ།

《ཀླུ་འབུམ》ལ་དཀར་ནག་ཁྲ་གསུམ་གྱི་དབྱེ་བ་ཡོད་པ་ལས། སངས་རྒྱས་ཆོས་ལུགས་ཀྱི་ཤུགས་རྐྱེན་མངོན་གསལ་དུ་མཚོན་ཐུབ་པ་ནི《ཀླུ་འབུམ་དཀར་པོ》ཡིན། གོང་དུ་བརྗོད་ཟིན་པ་བཞིན《ཀླུ་འབུམ་དཀར་པོ》ནང་གི་སྟོན་པ་གཤེན་རབ་ནི་ནང་བསྟན་གྱི་བྱང་སེམས་འཕགས་པ་ཞིག་དང་དབྱེར་མ་མཆིས་ལ། "གཞན་དང་ས་བདག་ཀླུའི་རྒྱལ་ཁམས"ལ"གཙང་མ་ཀླུ་འབུམ་དཀར་པོ"ཞེས་པའི་བཀའ་ཆོས་གསུངས་ཏེ་དེ་དག་ཐར་པའི་གོ་འཕང་ལ་སྦྱོར་བ་ནི་ཁོང་གི་མཛད་པ་གཙོ་བོ་རེད། གཞུང་འདིའི་ནང་གི་རྣམ་པ་ཏ་ལམ་འདྲ་མཚུངས་ཡིན་པའི་གཏམ་རྒྱུད་ཚང་མར་བལྟས་ན། སྟོན་པ་གཤེན་རབ་དེ་གཞན་སོགས་ལྷའི་རིགས་དང་ཐོག་མར་འཕྲད་དུས་ཕན་ཚུན་བར་རྫུ་འཕྲུལ་འགྲན་རེས་ཤིག་བྱེད་རྒྱུ་ནི་གཡོལ་ཐབས་མེད་ཅིང་། འགྲན་རེས་དེ་ཇོམ་པ་པོས་སྟོན་བཀོད་ཀྱི་བརྒྱུད་རིམ་ལྟར་སྟོན་པ་གཤེན་རབ་ལ་རྒྱལ་ཁ་ཐོབ་རྗེས་ལྷའི་རིགས་དེ་དེ་མ་ཐག་ཏུ་སྟོན་པ་གཤེན་རབ་ཀྱི་གདུལ་བྱ་རྣལ་མར་གྱུར། བཀའ་ཆོས་ཞུ་བ་དང་བཀའ་ཆོས་གསུངས་པའི་འགོ་ཡང་མཚམས་འདི་ནས་ཇོམ་པ་རེད། འོ་ན་སྟོན་པ་གཤེན་རབ་ཀྱིས་གསུངས་པའི་བཀའ་ཆོས"གཙང་མ་ཀླུ་འབུམ་དཀར་པོ"ཞེས་པ་དེའི་ནང་དོན་ཡང་སྙིང་ག་འདྲ་ཞིག་ཡིན་ནམ་ཞེ་ན། སྟོན་པ་གཤེན་རབ་ཀྱི་དགོངས་པ་ལྟར་ན། ཁོང་གི་བོན་གྱི་སྤྱི་སྡེ་ལ་འཁོར་བ་དང་ཐར་པ་གཉིས་འདུས། འཁོར་བའི་བོན་ལ་ཡང་། ཕུང་པོ་ལྔ། དབང་པོ་དྲུག ཡུལ་དྲུག རྣམ་ཤེས་དྲུག རྐྱེན་གྱི་ཚོར་བ་དྲུག འབྱུང་བའི་ཁམས་དྲུག ནང་རྟེན་དྲུག རྒྱུ་དྲུག་ལྔ། འཁོར་བའི་འབྲས་བདུན་བཅས་པ་དང་། ཐར་པའི་བོན་ལ་ཡང་། བདག་དོན་རྩེར་ཆིབས་པ་ལྔ། གཞན་དོན་ལྷུན་གྱིས་གྲུབ་པ་ལྔ། སྤྱིའི་མཚན་ཉིད་ཀྱིས་དབྱེ་ཡིས་མི་ཕྱེད་པ་དགུ། རང་གི་མཚན་ཉིད་ཀྱིས་བསྡུ་ཡིས་མི་འདུས་པ་དགུ། བྱང་ཆུབ་ཀྱི་ལམ་བཅུ་གཉིས། གཡུང་དྲུང་གི་ས་བཅུ། འབྲས་བུའི་རྟགས་བཅུ་གཅིག ཐར་པ་ཆེན་པོ་ཐོབ་པའི་བོན་རིམ་པ་བཅུ་གསུམ། ཀུན་འཛོམ་གྱི་ཡེ་ཤེས་ལྔ། ཡོངས་ཁྱབ་ཀྱི་ཚད་མེད་པ་བཞི་བཅས་འགྲེས་ཀ་ང་བརྒྱད་ཅུ་གྱ་གསུམ་ཡོད། དེ་ལྟར་འགྲེས་ཀ་ང་བརྒྱ་དང་ཞེ་གཉིས་ནི་གཞི་དང་རྩ་བ་སེམས་

ཅན་རང་ལ་འདུས་ཤིང་། གཞན་དང་ས་བདག་ཀླུའི་རྒྱལ་ཁམས་ཀུན་ཀྱང་འགྲེས་ཆད་འདི་གཉིས་ལ་མ་རྫོངས་པར་སྡུག་བསྔལ་གྱི་ཚུ་རྒྱུན་དང་འདྲ་བའི་འཁོར་བའི་བོན་གཏན་དུ་སྤངས་ན་རྣམ་པར་བྱང་བའི་བོན་མྱང་འདས་ཀྱི་རྒྱུ་ཐར་པ་ཆེན་པོ་ཡོངས་སུ་ཐོབ་པ་ཡིན།

སེམས་ཅན་རྣམས་སྐྱེ་བ་དང་པོ་དཔག་ཏུ་མེད་པ་ནས་གཟུགས་ལ་ཆགས་པས་གཟུགས་ལ་འཁོར་ནས་དངོས་པོ་དང་མཚན་མར་སྨིན་པ་དང་། གཟུགས་ད་ལྟ་སྣང་བ་འདི་ཀུན་ཀྱང་སྒྱུ་མའི་རང་བཞིན་ཡིན་པས་མ་སྤངས་ན་གཟུགས་ལ་འཁོར་ནས་ཕྱི་མ་ལ་ཡང་དེ་ལྟར་འཁོར་ནས་སྐྱེ། དེའི་ཕྱིར་ན། གཟུགས་ཐམས་ཅད་ནི་འཁོར་བའི་རྒྱུ་དང་། ཆགས་པའི་ཡུལ། སྡུག་བསྔལ་གྱི་རྟེན་བཅས་ཡིན་པས་སྤོང་དགོས་པ་རེད།

འདིར་ང་ཚོས"འཁོར་བ"དང"ཐར་པ" "བོན"ཞེས་པའི་གནད་འགག་གི་ཐ་སྙད་འདི་གསུམ་གྱི་གོ་དོན་ཙུང་ཟད་བཤད་ན། འཁོར་བ་དང་ཐར་པ་གཉིས་ནི་སངས་རྒྱས་ཆོས་ལུགས་ཀྱི་རྒྱུན་བཀོལ་གྱི་ཐ་སྙད་གཉིས་ཡིན་ཞིང་། སངས་རྒྱས་ཆོས་ལུགས་ཀྱི་འདོད་ཚུལ་ལྟར་ན་ལས་དང་ཉོན་མོངས་གཉིས་ལ་བརྟེན་ནས་ཁམས་གསུམ་དང་འགྲོ་བ་རིགས་དྲུག་ཏུ་རང་དབང་མེད་པར་ཡང་ནས་ཡང་དུ་འཁོར་བས་ན་འཁོར་བ་ཞེས་བརྗོད་པ་ཡིན། འཁོར་བའི་རྒྱུ་ལས་དང་ཉོན་མོངས་གཉིས་རྩ་བ་ནས་སྤངས་ཟིན་པ་ན་འཁོར་བའི་གནས་སུ་རང་དབང་མེད་པར་སྐྱེ་བ་ལེན་མི་དགོས་པས་ཐར་པ་ཐོབ་ཅེས་བརྗོད་པ་ཡིན། "བོན"ཞེས་པའི་ཐ་སྙད་འདིའི་གོ་དོན་ནི་ནམ་མཁའི་ནོར་བུས་གསུངས་པ་ལྟར་ན། དེ་ནི་བོད་ཀྱི་བརྡ་རྙིང་པ་ཞིག་སྟེ་དེང་དུས་ཀྱི་དབང་དུ་བྱས་ན་བརྗོད་པའི་ཚིག་'བཟླ་'ཟེར་བའི་དོན་རེད། 'བོན་པ་'དང་'བཟླ་པ་'གཉིས་ནི་སྔགས་འདོན་པའི་དོན་སྟོན་ཐུབ་པའི་བྱ་ཚིག་ཡིན་སྟབས། སྔགས་བཟླ་བའམ་དེ་དང་འབྲེལ་ཡོད་ཀྱི་ཚ་གའི་བྱེད་སྒོ་ལ་བོན་'ཞེས་འབོད་ཅིང་། བྱེད་སྒོ་དེ་གཙོ་གཉེར་གནང་མཁན་ལ་'བོན་པོ་'[3]ཟེར། གདོད་མའི་བོན་པོའི་ཆོས་ལུགས་ཀྱི་སྐབས་སུ་བོན་ཞེས་པ་དེ"མར་འདྲེ་སྲི་གནོན་པ་དང་། ཡར་ཐན་གྱི་ལྷ་མཆོད་པ། བར་ཁྱིམ་གྱི་ཐབ་འདོན་པའི"ཚ་ག་ཞིག་ལ་གོ་ཞིང་། ཚ་ག་དེ་སྒྲུབ་མཁན་ལ་བོན་པོ་ཞེས་འབོད་པ་རེད། ཡིན་ནའང་བོན་ཆོས་མུ་མཐུད་དུ་འཕེལ་རྒྱས་བྱུང་བ་དང་། ཁྱད་པར་དུ་བསྒྱུར་བོན་སྐབས་སུ་སླེབས་པ་ན་སངས་རྒྱས་ཆོས་ལུགས་ཀྱི་ཤུགས་རྐྱེན་ཆེན་པོ་ཐེབས་པའི་དབང་གིས་བོན་ཞེས་པའི་ཐ་སྙད་འདིའི་གོ་དོན་ལའང་འགྱུར་ལྡོག་ཆེ་ཙམ་བྱུང་བ་རེད། བོན་པོ་ཚོས་ནང་བསྟན་གྱི"ཆོས"ཞེས་པའི་ཐ་སྙད་དེ་དཔེ་ལྟ་ས་བྱས་ཏེ"བོན"ཞེས་པ་དེ་ཡང་ཆོས་ལྟ་བུའི་དོན་མང་པོར་འཇུག་པའི་ཐ་སྙད་ཅིག་ཏུ་བཏང་བས། སྐབས་འདིའི《ཀླུ་འབུམ་དཀར་པོའི》ཁྲོད་ཀྱི"བོན"ཞེས་པ་དེ་ལ་ནང་བསྟན་གྱི"ཆོས"ཞེས་པ་དེའི་གོ་དོན་འདྲེས་ཡོད་པ་ཧ་ཅང་མངོན་གསལ་རེད། གཞན་ད་དུང་འཁོར་བའི་བོན་ལ་འགྲེས་ཆད་ལྔ་བཅུ་ང་དགུ་དང་ཐར་པའི་བོན་ལ་འགྲེས་ཆད་བརྒྱད་ཅུ་རྩ་གསུམ་

ཞེས་ཚོས་ཀྱི་གྲངས་འདྲེན་མང་པོ་གསུངས་ཡོད་པ་དེར་མཚོན་ན། སངས་རྒྱས་ཆོས་ལུགས་ལ་ཆ་རྒྱུས་ཙུང་ཟད་ཙམ་ཡོད་པའི་མི་ཞིག་ཡིན་ཚེ་བལྟས་པ་ཙམ་གྱིས་ཕལ་ཆེར་སངས་རྒྱས་ཆོས་ལུགས་ཀྱི་གཞུང་ནས་བཤུས་པ་ཡིན་པ་ཧ་ཅང་མངོན་གསལ་ཡིན་པས་དེའི་སྐོར་འདིར་ཞིབ་ཏུ་གླེང་བའི་དགོས་པ་མ་མཆིས་སོ། །

《གླུ་འབུམ་དཀར་པོའི》ནང་། སྟོན་པ་གཤེན་རབ་ཀྱིས་དྲིལ་སྒྲོག་བྱེད་པའི“གཙང་མ་གླུ་འབུམ་དཀར་པོ”དེའི་དགོངས་དོན་སྙིང་པོ་ནི“ཐར་པ”རེད། “ཐར་པ”ཞེས་པའི་ཐ་སྙད་འདིའི་འབྱུང་ཁུངས་ནི་རྒྱ་གར་ཡིན་ལ། གནའ་བོའི་རྒྱ་གར་དུ་ཆོས་ལུགས་གྲུབ་མཐའ་གང་ཡིན་ཡང“ཐར་པ”མི་བཤད་པ་གཅིག་ཀྱང་མེད། ཡིན་ནའང་ཐར་པའི་བསམ་བློ་དེ་བཤད་དེ་ཆེས་བརྟར་ཤ་ཚོད་པ་དང་རིགས་པའི་གཞུང་ལུགས་ཀྱི་རྨང་གཞིའི་སྟེང་ཆགས་པའི་བོན་པོའི་ཆོས་ལུགས་ཀྱི་ཐར་པའི་བསམ་བློ་དེར་ཁྱད་ཆོས་ག་འདྲ་ཞིག་ཡོད་དམ་ཞེ་ན། 《གླུ་འབུམ》འདི་སངས་རྒྱས་ཆོས་ལུགས་ཀྱི་རིག་གནས་དང་བོན་པོའི་ཆོས་ལུགས་ཀྱི་རིག་གནས་མཉམ་འདྲེས་ཀྱི་ཐོག་མའི་དུས་སུ་བྱུང་བ་ཡིན་པས། གཅིག་ནས་བོན་པོའི་མཁས་པ་ཚོས་སངས་རྒྱས་ཆོས་ལུགས་ཀྱི་གཞུང་ལ་གོ་བ་བླངས་པ་དེ་ཙམ་གཏིང་ཟབ་པ་ཞིག་མིན་པའི་དབང་གིས《གླུ་འབུམ་དཀར་པོའི》ནང་མཚོན་པའི་ཐར་པའི་བསམ་བློ་དེ་ཙུང་ཟད་རབ་རིབ་ཏུ་སྣང་ཞིང་རིགས་པའི་གཞུང་ལུགས་ཀྱི་བཟོ་ལྟ་དེ་བས་ཀྱང་ཆགས་ཐུབ་མེད། གཉིས་ནས་བོན་པོའི་མཁས་པ་ཚོས་བོན་གཞུང་རྩོམ་སྒྲུར་བྱེད་དུས་བོན་པོར་དམིགས་བསལ་དུ་ཡོད་པའི་སྲོལ་རྒྱུན་དེ་བསམ་བཞིན་དུ་ནང་བསྟན་གྱི་དགོངས་དོན་དང་མཉམ་བསྲེས་བྱས་ཡོད་པས། བན་བོན་ཆོས་ལུགས་གཉིས་ཀྱི་ཁྱད་ཆོས་ཟུང་དུ་ལྡན་པའི་ཐུན་མོང་མ་ཡིན་པའི་རིག་གནས་སྣང་ཚུལ་ཞིག་ཀྱང་ང་ཚོའི་མཐོང་ཡུལ་དུ་མངོན་འདུག

མཆན།

[1] ནམ་མཁའི་ནོར་བུས་བརྩམས་ཤིང་ཀྲུང་གོའི་བོད་རིག་པ་དཔེ་སྐྲུན་ཁང་གིས1996ལོར་བསྐྲུན་པའི《ཞང་བོད་ལོ་རྒྱུས་ཏི་སེའི་འོད》ཀྱི་ཤོག་གྲངས383ལས་བརྒྱུད་འདྲེན་བྱས།

[2]《མར་ཁེ་སི་དང་ཨེན་ཁེ་སིའི་གསུང་རྩོམ་གཅེས་བསྡུས》དེབ་གཉིས་པའི་ཤོག་གྲངས113པར་གསལ།

[3]《ནམ་མཁའི་ནོར་བུའི་གསུང་རྩོམ་ཕྱོགས་སྒྲིག》གི་ཤོག་གྲངས509ན་གསལ། ཀྲུང་གོའི་བོད་ཀྱི་ཤེས་རིག་དཔེ་སྐྲུན་ཁང་གིས1994ལོར་བསྐྲུན།

《ཀྲུང་གོའི་བོད་རིག་པ།》 ༢༠༠༥ལོའི་དེབ་གཉིས་པ་ལས་བཏུས།

༄། །བཙན་པོ་ཁྲི་ལྡེ་སྲོང་བཙན་གྱི་ཐུགས་དམ་ལྷ་འབུམ་སྐོར་ངོ་སྤྲོད་ཞུ་བ།

སྐ་བ་ཤེས་རབ་བཟང་པོ།

དང་པོ། སྤྱི་བཤད།

གཅིག ལྷ་འབུམ་གྱི་གོ་དོན།

དེ་ཡང་བཙན་པོའི་དུས་ཀྱི་ཆོས་རྒྱལ་སྲོང་བཙན་སྒམ་པོ་ནས་བཙན་པོ་དར་མ་འུ་དུམ་བཙན་བར་སངས་རྒྱས་ཆོས་ལུགས་དར་བའི་ལོ་བརྒྱ་ཙམ་ནང་། ད་ཆ་མཇལ་རྒྱུ་ཡོད་པའི་བཀའ་དང་བསྟན་བཅོས་རྒྱ་ཁྱབ་དང་ཡོངས་སུ་བསྒྱུར་བའི་དུས་ཚོད་ནི་མངའ་བདག་ཁྲི་སྲོང་ལྡེ་བཙན་གྱི་སྤྱི་ལོའི་དུས་རབས་དགུ་པའི་དུས་དཀྱིལ་ནས་མངའ་བདག་ཁྲི་གཙུག་ལྡེ་བཙན་གྱི་སྤྱི་ལོའི་དུས་རབས་བཅུ་པའི་དུས་དཀྱིལ་བར་གྱི་ལོ་བརྒྱ་བར་གྱི་དུས་ཚོད་ནང་ཡིན་པ་དང་། སངས་རྒྱས་ཆོས་ལུགས་ཀྱི་བཀའ་དང་བསྟན་བཅོས་དུ་མ་བསྒྱུར་བ་ལས་བཙན་པོས་ཐུགས་སྣང་དང་དོ་འཁུར་ཆེ་བཞེས་ཀྱིས་གནད་དམ་པར་བཟུང་ནས་བསྒྱུར་བཅོས་ལན་མང་གནང་ཞིང་གླེགས་བམ་ཐུགས་དམ་དུ་བཞེངས་པ་མང་ཤོས་ནི་ཤེར་ཕྱིན་སྟོང་ཕྲག་བརྒྱ་པའམ་ཡུམ་རྒྱས་པ་འདི་ཡིན་གཤིས། ཤེས་རབ་ཀྱི་ཕ་རོལ་ཏུ་ཕྱིན་པ་སྟོང་ཕྲག་བརྒྱ་པའམ་ཕྱིས་སུ་ཤེར་ཕྱིན་ཡུམ་དུ་གྲགས་པ་འདི་ནི་སྟོན་པ་བཅོམ་ལྡན་འདས་ཀྱིས་གསུངས་པའི་ཆོས་ལས་བཀའ་བར་པ་མཚན་ཉིད་མེད་པའི་ཆོས་འཁོར་སྐབས་གསུངས་པའི་ཆོས་རྒྱལ་བའི་ཡུམ་དུ་གྲགས་པ་དེ་ཡིན། འདི་ནི་སློབ་དཔོན་ཀླུ་སྒྲུབ་ཞབས་ཀྱིས་ཀླུ་ཡུལ་ནས་མི་ཡུལ་དུ་གདན་དྲངས་པར་གསུངས་ཤིང་། དེ་དུས་བྲམས་ཟུས་དང་ཆོས་འཕགས། རྟག་ཏུ་ངུ། ཡོངས་གཏད་དེ་ལེའུ་བཞི་ཀླུའི་མཆོད་གནས་སུ་བཞག་པས་མི་ཡུལ་དུ་མ་ཕེབས་པར་གྲགས། འདིའི་རྒྱ་དཔེར་ཤློ་ཀ་སྟོང་ཕྲག་བརྒྱའམ་འབུམ་དུ་ཡོད་པས་མཚན་ཡང་འབུམ་དུ་གྲགས་ཤིང་། བཙན་པོས་ཕྱག་བཞེས་ཀྱི་ཐུགས་དམ་གནང་བའི་ཆ་ནས་ལྷ་འབུམ་ཞེས་གྲགས་སོ། །

གཉིས། བཙན་པོའི་སྐུ་དུས་སུ་བྱུང་བའི་འབུམ་གྱི་འགྱུར་ཁྱད།

ཤེར་ཕྱིན་སྟོང་ཕྲག་བརྒྱ་པའམ་ཡུམ་རྒྱས་པ་འདིར་ཕྱིས་བོད་དུ་ཆོས་རྒྱལ་ལོ་པཎ་རྣམས་ཀྱི་བཀའ་དྲིན་ལས་འགྱུར་མི་འདྲ་བ་དྲུག་ཙམ་བྱུང་སྐད།[1] དེ་དག་ལས་ཀླངས་ཁམས་པ་གོ་ཆའི་འབུམ་ཐུགས་འགྱུར་མ་ནི་ལྷ་འབུམ་ཆུང་བར་གྲགས་ཏེ། དེར་དུམ་པ་བཞི་ཡོད་པ་མངའ་བདག་ཁྲི་སྲོང་ལྡེ་བཙན་གྱིས་

དེར་ཕྱི་མོ་གནང་ནས་རེག་ཟིག་སྟོ་དམར་བཞེངས།[2]

རེག་ཟིག་སྟོ་དམར་ལ་སོགས་ཏ་ཅང་བསྡུས་དྲགས་པས་བཻ་རོ་ཙ་ན་རཀྵིཏས་རྒྱ་དཔེ་དང་བསྡུར་ནས་ཞུས་དག་མཛད་ཅིང་འགྲེལ་རྐང་ཆད་པ་གསབ་སྟེ་ཚིག་སྣ་རིང་བར་བཅོས་ཏེ་དུམ་པ་དྲུག་གླེགས་ཤིང་ལ་པར་བཀབ་བཅོས་པ་ལས་པར་བཀབ་ཅན་དུ་ཐོགས། གསུང་རབ་ཀྱི་པར་དུ་ཕྱིས་ཕ་ལྷང་གི་ཚང་བཅས་པས་ཕ་ལྷང་ཅན་དུའང་གྲགས། འདིར་ལྷ་འགྱུར་འབྲིང་པ་ཟེར།[3]

ཆོས་རྒྱལ་ཁྲི་ལྡེ་སྲོང་བཙན་གྱིས་ཆབ་སྲིད་སྐྱོང་བའི་སྐུ་རིང་ལ་ཕྱི་ལོ797ནས815བར་ཡུལ་དབུས་ཀྱི་པཎྜི་ཏ་སུརེནྡྲ་བོ་དྷི་དང་ཤཱཀྱ་པྲ་བྷ་སོགས་སྤྱན་དྲངས་པས་ལོ་ཙཱ་བ་སྐ་བ་དཔལ་བརྩེགས་སོགས་ཀྱིས་འཕན་ཡུལ་སྐད་སྐ་བ་ན་མོ་ཆེར་སྣང་གྱི་འབུམ་ཁག་ལ་འགྱུར་བཅོས་བགྱིས་ཏེ་འབུམ་དུམ་པ་བཅུ་དྲུག་ཏུ་བཞེངས། སྟོད་ཤ་ལྷུགས་ཀྱིས་བསྡམས་པས་ཤ་སྒྲོ་ཅན་ཡང་ཟེར་ཞིང་། ལྷ་འགྱུར་ཆེན་མོར་གྲགས་སོ། །[4]

སྐ་བ་དཔལ་བརྩེགས་ཀྱིས་འབུམ་ལ་བསྒྱུར་ཞུས་ཀྱིས་མཐའ་གཏན་འབེབས་པའི་ཕྱག་བཞེས་གནང་བ་དེ་ནི་དོན་དུ་ལྷའི་དཀར་ཆག་བཀོད་རྒྱུ་དེར་སྔོན་ཚུད་ཀྱི་ཉམས་མྱོང་བསགས་པ་ཞིག་ཡིན་ལ། འདིའི་གློ་བསྐྱེད་ཀྱིས་ཕྱིས་སུ་ལྡན་དཀར་དཀར་ཆག་སོགས་མཛད་པ་ཡང་ཡིན་སྲིད་དེ། ལྡན་དཀར་དཀར་ཆག་ཏུ་ཤེར་ཕྱིན་འབུམ་འདི་བམ་པོ་སུམ་བརྒྱ་ལ་སློ་ཀ་འབུམ་ཞེས་བཀོད་པས་དེར་འཁོད་པའི་འབུམ་དེ་གཏན་གཏན་ཉིད་ཀྱིས་བསྒྱུར་ཞུས་ཕབ་ཟིན་པའི་ལྷ་འབུམ་ཤ་སྒྲོ་ཅན་དེ་ཡིན་ངེས།

གཞན་ཡང་ལྕེ་ཁྲི་འབྲུག་དང་ཞང་ཡེ་ཤེས་སྡེའི་འབུམ་གྱི་འགྱུར་ཡང་ཡོད་པར་གྲགས་ཤིང་། ཡེ་ཤེས་སྡེ་འདི་བཻ་རོ་དང་འབྲེལ་ལམ་བརྟག་བྱའི་ཡུལ་ཡིན་པ་དང་། འགྱུར་གྱི་འབུམ་དང་ཞང་སྣ་ནམ་གྱི་འབུམ་འགྱུར་ཡོད་མེད་སྐོར་ཡང་མུ་མཐུད་དཔྱད་དགོས་པ་སོགས་གནད་དོན་མང་ན་ཡང་སྐབས་འདིར་འདི་ཙམ་གྱིས་ཆོག་པར་བྱས་སོ། །

གསུམ། བཙན་པོའི་སྐུ་དུས་ལྷ་འབུམ་ཇི་ཙམ་བཞེངས་པ།

ལྷ་འབུམ་ནི་བོད་ཀྱི་བཙན་པོ་རྣམས་ཀྱི་གསུང་རྟེན་བཞེངས་པའི་ཐུན་མོང་མ་ཡིན་པའི་ཁྱད་ཆོས་ཤིག་ཡིན། སྔར་གྱི་དཀར་ཆག་རྙིང་པ་དག་ལས་གསལ་བ་ལྟར་ན། དུས་རབས་བརྒྱད་པའི་ནང་ནས་ཆོས་རྒྱལ་ཁྲི་སྲོང་ལྡེ་བཙན་གྱི་ལྷ་འབུམ་རེག་ཟིག་སྟོ་དམར་གཉིས་དང་། ཡང་དུས་དེའི་ཕྱི་ཙམ་ཞིག་ལ་སྲས་མཉྫུ་ཤྲཱི་དང་ཉང་ཨིནྡྲ་ཝ་རོ་གཉིས་ཀྱིས་རྒྱ་གར་ནས་རྒྱ་དཔེ་བླངས་ཤིང་ལོ་བྱད་རྣམས་འབབས་ནས་འདུས་ཏེ་ཤེར་ཕྱིན་སྟོང་ཕྲག་བརྒྱ་པ་བསྒྱུར་བས་དཔྱ་འབུམ་དུ་གྲགས།[5]

དེ་བཞིན་དུ་མངའ་བདག་སད་ན་ལེགས་མཛིང་ཡོན་གྱི་སྤྲུག་འབུམ། གཙང་མའི་ཕྱི་འབུམ། བཙན་པོ་ཁྲི་རལ་པ་ཅན་གྱི་དྲུག་འབུམ། གནམ་ལྡེ་ལྷའི་ཞལ་དམར་ཅན། དར་མའི་ཤོག་སེར་ཅན་ཏེ་དྲུག་ཙམ་ལས་མ་འཕེལ་ཞིང་། དེ་དུས་ཡུམ་ཆེན་མོ་བཞེངས་པ་རྒྱལ་པོས་མ་གཏོགས་འབངས་ཀྱིས་མི་ནུས་པར་

རྒྱལ་པོའི་ཁྲིད་འདོན་དུ་གྲགས། བོད་སིལ་བུར་གྱོར་རྗེས་སུ་འབབས་ཀྱིས་བཞེངས་པའི་འབུམ་ཚར་བཅུ་དགུ་ཙམ་བྱུང་བར་གྲགས།[6] དེ་ནས་མི་རིང་བར་ཏུ་མཚམས་ཀྱི་ལྷང་རྗོ་རྗེ་ཚུལ་ཁྲིམས་ཀྱིས་འབུམ་བཅུ་དགུ་པོ་ཐམས་ཅད་ལ་གཏུགས་ནས་བཞེངས་པ་ཤིན་ཏུ་དག་པ་ཞིག་བྱུང་འདུག་ཅིང་། དེ་ལས་མཆེད་པ་རྫོ་བོ་བོད་དུ་ཕྱོན་མ་ཕྱོན་གྱི་དུས་སུ་འབུམ་ཚར་དྲུག་བཅུ་སྐོར་འཕེལ་ཞེས་ཡིག་ཆ་ཁག་ཏུ་གསལ།[7] འགྱུར་དེ་དག་ལ་བརྟེན་ནས་བོད་ཀྱི་བཙན་པོ་རྣམས་ཐུགས་དམ་བླ་འབུམ་བཞེངས་པའི་སྲོལ་དར་ཏེ་སྔ་རྗེས་སུ་ཁྲི་ལྡེ་གཙུག་བརྟན་གྱི་བླ་འབུམ་སྐྱ་བོར་གྲགས་པ་བཞེངས་ཤིང་། འདི་ཉིད་བོད་སིལ་བུའི་དུས་འབྲི་ཆེན་པོ་བྱང་ཆུབ་འབར་གྱི་ཐུགས་དམ་དུ་གནང་ནས་འབྲིའི་ཁྲིད་འཕགས་བཅུ་གསུམ་ནང་གི་བླ་འབུམ་སྐྱ་པོད་རྣམ་བཞི་ཏུ་གྲགས། འདི་ཉིད་ཕྱིས་སུའང་སྐྱིགས་གནས་རྙིང་དུ་རྟེན་གཙོར་བཞུགས་ཡོད་པར《མྱང་ཆོས་འབྱུང》དང《གནས་རྙིང་གདན་རབས》སོགས་ལ་གསལ།[8]

མདོར་ན་བོད་དུ་བསྟན་པ་སྔ་དར་དུ་གྲགས་པའི་དུས་སྐབས་དེར་བཙན་པོ་རྣམས་ཀྱིས་རང་གི་ཐུགས་དམ་བླ་འབུམ་བཞེངས་རྒྱུ་དེར་ཐུགས་སྣང་ཆེར་བཞེས་ཀྱིས་ག་ལེར་དར་སྲོལ་ཞིག་ཆགས་པ་ང་ཚོས་མཐོང་ཐུབ་ལ། རྒྱལ་བའི་ཡུམ་ཤེས་རབ་ཀྱི་ཕ་རོལ་ཏུ་ཕྱིན་པ་སྟོང་ཕྲག་བརྒྱ་པ་འདི་ཉིད་སྔ་ཕྱིར་བསྒྱུར་ཞུས་དང་བསྐྱར་སྒྲིག་བྱས་པ་དེས་ཕྱིས་སུ་རྒྱལ་བའི་བཀའ་དང་བསྟན་བཅོས་རྣམས་ཕྱོགས་གཅིག་ཏུ་བསྡེབས་ནས་བཀའ་འགྱུར་དང་བསྟན་འགྱུར་དུ་གྲགས་པ་འདི་བྱུང་བའི་སྔ་ལྟས་སམ་ཀྲབས་གཞོམ་ཞིག་ཆགས་ཡོད་དོ། །

གཉིས་པ། མངའ་བདག་ཁྲི་ལྡེ་སྲོང་བཙན་གྱི་བླ་འབུམ།

བླ་འབུམ་ནི་བོད་ཀྱི་བཙན་པོ་རྣམས་ཀྱིས་ཐུགས་དམ་རྟེན་བཞེངས་པའི་ཐུན་མོང་མ་ཡིན་པའི་ཁྱད་ཆོས་ཤིག་དང་། འདི་ལ་ཐོག་མར་ཚད་མའི་ལོ་ཙཱ་བས་གཞུང་ཁུངས་ཐུབ་ལ་བསྟུན་ནས་བསྒྱུར་བས་འགྱུར་གྱི་ཆེ་བ་དང་། བར་དུ་ལྷ་བཙན་པོས་ལུས་ངག་ཡིད་གསུམ་གྱིས་སྦྱོར་དངོས་སྦྱར་ཅིང་ཐུགས་དམ་གྱི་མཐིལ་དུ་མཛད་པས་ཡོན་བདག་གི་ཆེ་བ། ཐ་མར་ངོ་མཚར་གྱི་གཏམ་དང་གྲགས་པས་ཁྱབ་པ་མིང་གི་ཆེ་བ་སོགས་ལྡན་པས་བོད་བཙན་པོའི་ཁྲིད་ནོར་དུ་ཆགས་ཤིང་། བཙན་པོ་འུ་དུམ་བཙན་སྐབས་སུའང་འདི་དག་གནོད་མེད་དུ་གནས་པ་ཕྱིས་ཀྱི་ཡིག་ཆ་ཁག་ནས་རྒྱབ་རྟེན་རྙེད་ཐུབ།

གོང་དུ་བརྗོད་པའི་བླ་འབུམ་ཁག་ལས་འབུམ་རིག་ཟིག་རྩེ་དམར་དང་བླ་འབུམ་སྐྱ་བོ། བླ་འབུམ་ཤ་སྒྲོ་ཅན་སོགས་འགའ་ཞིག་ཕྱིས་སུ་གང་དུ་བཞུགས་མིན་སྐོར་ལོ་ལྔ་བརྒྱ་དྲུག་བརྒྱའི་གོང་གི་ཡིག་ཆ་ཁག་ལ་གསལ་བར་འཁོད་པ་མང་ན་ཡང་། མངའ་བདག་ཁྲི་ལྡེ་སྲོང་བཙན་གྱི་བླ་འབུམ་འདིར་ཕྱིས་སུ་སྐལ་བ་ཇི་འདྲ་ཞིག་ཐོབ་མིན་ལ་གསལ་ཁ་མེད་པས་ཁོ་བོས་བླ་འབུམ་སྐོར་ལ་དོ་སྣང་ཐོག་མར་བྱེད་དུས་ནས

བླ་འབུམ་འདི་ཉིད་ཏ་ལམ་དུས་དང་ཡོ་ལང་དབང་གིས་སྤར་ནས་མཆོད་རྟེན་གྱི་གཟུངས་སམ་ཡང་ན་ཟང་ཟིང་ནང་ཐིམ་ཟིན་པར་ངོས་འཛིན་ཞུ་གིན་ཡོད།

གཅིག ཐྭང་བ།

ཉེ་བའི་ལོ་ཤས་རིང་ཁོ་བོས་བོད་དབུས་གཙང་གཙོ་བྱས་པའི་བོད་འདུས་སྡོད་ཡུལ་གྲུ་ཁག་ཏུ་དཔེ་རྙིང་འཚོལ་བསྡུ་དང་བརྟག་ཞིབ་བྱེད་པའི་རྩོལ་བ་དང་དུ་བླངས་ཤིང་། ལྷག་པར་གནའ་བོའི་བཀའ་དང་བསྟན་བཅོས་བཞུགས་སོ་ཅོག་ལ་དེ་བས་དོ་སྣང་འཕྱུར་ལེན་བྱས་ཏེ། སྤྱི་ལོ2002ལོའི་ཟླ་བ7པའི་ཚེས1ནས2004ལོའི་ཟླ་བ12པའི་ཚེས31བར་ཁོ་བོ་འབྲས་སྤུངས་དགོན་དུ་དཔེ་རྙིང་དཀར་ཆག་འགོད་པའི་གོ་སྐབས་ཐོབ་ཅིང་། 2003ལོའི་ཟླ་བ6པའི་ནང་འབྲས་སྤུངས་ཚོགས་ཆེན་སྙིང་མི་དབང་ལྷ་ཁང་ནང་གི་བཀའ་བསྟན་ཁག་ལ་དཔེ་རས་སྒྲོན་སྐབས་བསམ་བརྗོད་ལས་འདས་པར་ཆོས་རྒྱལ་ཁྲི་ལྡེ་སྲོང་བཙན་གྱི་ཐུགས་དམ་གྱི་རྟེན་དུ་གྱུར་པའི་བླ་འབུམ་འབྲུལ་མེད་ག་དུམ་པའི་པོད་དེ་བཙལ་རྙེད་ཐུབ་པ་བྱུང་ཞིང་། ལོ་དེའི་ཟླ་བ་10པའི་ནང་སླར་ཡང་བཀའ་བསྟན་ཁག་ལ་ཞིབ་བཤེར་གྱིས་བླ་འབུམ་བཙལ་འཚོལ་ཞུས་པར་ཆོས་རྒྱལ་ཁྲི་ལྡེ་སྲོང་བཙན་གྱི་ཐུགས་དམ་བླ་འབུམ་ཁ་དུམ་པ་དེ་རྙེད་སོན་ཐུབ་པ་བྱུང་།

དེ་ལྟའི་བར་བླ་འབུམ་འདི་འབྲས་སྤུངས་དགོན་དུ་ཇི་ལྟར་བཞུགས་སུ་གསོལ་བའི་སྐོར་གྱི་ཆ་འཕྲིན་གང་ཡང་མི་འདུག་ལ། འབྲས་སྤུངས་དགོན་གྱི་རྟེན་གྱི་དཀར་ཆག་དང་། ལྷ་ཁང་ཁག་གི་དཀོན་གཉེར་སྒྲིད་དེབ་སོགས་སུའང་མི་གསལ། དགའ་ལྡན་ཕོ་བྲང་གི་ཆབ་སྲིད་བཙུགས་རྗེས། གཙང་པ་རྒྱལ་པོའི་སྐབས་ཀྱི་རྟེན་མང་པོ་ཞིག་དང་གོང་པོ་རྒྱ་ལ་སྐྱང་གི་རྟེན་མང་པོ་འབྲས་སྤུངས་དགའ་ལྡན་ཕོ་བྲང་དང་ཚོགས་ཆེན་ནང་གདན་དྲངས་ཚུལ་ལྔ་པ་ཆེན་པོའི《དུ་ཀུ་ལའི་གོས་བཟང》ན་གསལ་མོད། དེ་དག་ལས་རྟེན་ཕལ་ཆེར་གྱི་མཚན་དང་བཅས་པའི་དཀར་ཆག་ཡོད་ཀྱང་བླ་འབུམ་འདི་ཉིད་ཀྱི་སྐོར་བཀོད་པ་ཚིག་འགྲོས་ཙམ་ཡང་མི་འདུག

གཉིས། ཞལ་བྱང་།

བླ་འབུམ་འདི་ཉིད་འབྲུལ་མེད་ཡིན་པའི་དཔང་པོ་ནི་བླ་འབུམ་འདིའི་བུ་ཤོག་ཏུ།

"༄། །དཔལ་ལྷ་བཙན་པོ་ཁྲི་ལྡེ་སྲོང་བཙན་གྱི་ཐུགས་དམ་གླེགས་བམ་བཞི་པ་འདི། སྐར་ཆུང་གཙུག་ལག་ཁང་མེས་ཚིག་པ་ཐལ་བའི་གསེབ་ནས་མ་ཚིག་པར་བྱོན་པ་ལགས་བྱིན་གྱི་རླབས་ཤིན་ཏུ་ཆེ་བ་ཡིན་ནོ། །སླད་ནས་ལྷིང་གི་དགོན་པར་དཔེའ་དག་པ་གཅིག་ལ་གཏུགས་ནས་སུམ་ཐུག་གཅིག་དང་ལན་གཉིས་བྱས། ཡི་གེའི་སྡེབས་ནི་བཅོས་པ་མ་གྲུབ། འགྱུར་ནི་རིག་གཟིགས་ལགས་གཟབ་པར་ཞུ། ཨེ་མའོ། །རྒྱལ་བའི་ཐུགས་དམ་འབུམ་པོ་ཆེ། འདི་ཀ་སྒྲོག་པའི་མཆོད་གནས་པ་རྣམས་ཀྱིས་གཟབ་པར་ཞུ། དཀྱེས་པ་དང་། གོ་ཞིང་ཆེ་བ་དང་དྲི་མས་ཐོས་པ་དེ་ལྷག་པར་སྐྱི་བར་གདའ་བས་ཟུར་ནས་བཟུང་

ལ། ཕྱུག་གཏི་གས་བསྒྱུར་བར་ཞུ། བམ་པོའི་ཁྲིད་དེ་མ་བྱུས་ན་ལེགས། འདི་ཀུན་ལ་གཅེས་པ་ལགས་སོ། །”ཞེས་འཁོད་པས་གསལ།

གསུམ། རྩ་བའི་ཁྱད་ཆོས།

མངའ་བདག་ཁྲི་ལྡེ་སྲོང་བཙན་གྱི་ལྷ་འབུམ་འདིར་དུམ་པ་བཞི་ཡོད་ཅིང་། ངེད་ཆོས་ཉིད་སོན་བྱུང་བ་ནི་གླེགས་བམ་ཁ་དུམ་པ་དང་ག་དུམ་པ་གཉིས་ལགས། འདི་གཉིས་ཀྱི་ལྡེབ་ཚད་མཚུངས་པར་གཉིས་ཀ20x76cmཙན་གྱི་དཔེ་རིང་མདའ་ཚད་མ་དེ་འདྲ་ཡིན་ཞིང་། གླེགས་བམ་ཁ་པར་ལྡེབ574དང་གླེགས་བམ་ག་པར་ལྡེབ614བཞུགས། ཕྲེང12ཡོད་པའི་པོད་ཤིན་ཏུ་ཆེ་བ་ཞིག་ལགས།

ཁྲི་ལྡེ་སྲོང་བཙན་གྱི་ལྷ་འབུམ་འདི་ཡི་ཕྱི་མོ་གང་ལ་གཏུགས་སྐམ་ན་དབུ་ཤོག་སྟེང་གླེགས་བམ་བཞི་ཡོད་ཚུལ་འཁོད་པ་དང་། ད་ལྟ་བཞུགས་པའི་གླེགས་བམ་ཁ་པ་དང་གླེགས་བམ་ག་པ་གཉིས་སོ་སོར་བམ་པོ་བདུན་བཅུ་དོན་ལྔ་རེ་ཡོད་ཚུལ་ལ་དཔགས་ན་ཁྲོན་བམ་པོ་སུམ་བརྒྱ་ཡོད་པས་ཁྲི་སྲོང་ལྡེ་བཙན་གྱི་ལྷ་འབུམ་རེག་ཟིག་གང་ཙང་ཞིག་ཡིན་དགོས་ཏེ། བསྒྱུར་ནི་རེག་ཟིག་ལགས་པས་ཞེས་ཞལ་འཕངས་བྱུང་བའི་ཕྱིར།

སྐར་ཆུང་གཙུག་ལག་ཁང་ནི་མངའ་བདག་ཁྲི་ལྡེ་སྲོང་བཙན་སད་ན་ལེགས་མཛིང་ཡོན་གྱིས་བཞེངས་པ་ལོ་རྒྱུས་སྟེ་ལ་གྲགས་ཤིང་། ཁྲི་ལྡེ་སྲོང་བཙན་གྱི་ཐུགས་དམ་གཙུག་ལག་ཁང་དུ་ཁྲི་ལྡེ་སྲོང་བཙན་གྱི་ཐུགས་དམ་ལྷ་འབུམ་བཞུགས་པ་འོས་སུ་མཆིས་པ་ཡིན། སྐར་ཆུང་ཕྱིས་སུ་མེས་ཚོག་ཅིང་གཙུག་ལག་ཁང་འདིའི་རྟེན་མང་པོ་ཞིག་བོད་ཀྱི་དགོན་སྡེ་ཁག་གཅིག་ཏུ་ཉར་ཚགས་བྱུང་བ་སྟེ། དཔེར་ན་ཕོ་བྲང་ཆེན་པོ་པོ་ཏ་ལར་བཞུགས་པའི་སྐུ་འགག་ཞིག་གི་གནས་བཤད་དུ་སྐར་ཆུང་གཙུག་ལག་ཁང་མེས་ཚོག་རྗེས་ཕོ་བྲང་ཆེན་པོར་ཕེབས་པའི་གསུང་རྒྱུན་ཡོད་པར་མ་ཟད། ལྷ་འབུམ་འདི་གཉིས་ག་མེས་ཚོག་པའི་རྗེས་ཤུལ་གསལ་བར་ཡོད་ལ། ཕལ་ཆེར་གཏི་གའི་དབུ་ཤོག་དང་ཞབས་ཤོག་གཉིས་མེས་ཚོག་སྐྲོན་ཆེ་བར་བརྟེན་ཕྱིས་ཀྱི་མེ་ཤུལ་ལས་ལེན་མཁན་དེས་དབུ་ཞབས་གཉིས་ཀྱི་ལྡེབ་གསལ་འདུག་པ་ཡི་གེའི་བྲི་ཆ་དང་ཉམས་སོགས་མི་གཅིག་པར་འདུག་པར་མ་ཟད། ལྷ་འབུམ་ཁ་པ་འདིར་མཚོན་ན་མ་ཕྱིའི་དབུ་ཤོག་ཕུད་ལྡེབ་མ་གཉིས་པ་ནས་ཚང་བར་ཡོད་ཀྱང་དབུ་ཤོག་འདི་ཁ་གསབ་པར་བརྟེན་ཕྱིས་ཀྱི་ལྡེབ་མ་གཉིས་ཙམ་བྱུང་བ་ཡིན།

ལྷ་འབུམ་འདི་ཉིད་ཁུངས་ཐུབ་འགྲུལ་མེད་ཡིན་པའི་དཔང་པོ་གཞན་ཞིག་ནི། 《ཤེས་རབ་ཀྱི་ཕ་རོལ་ཏུ་ཕྱིན་པའི་བམ་པོ་དང་། ལེའུ་དང་། ཤད་དང་། ཚག་དང་། གྲངས་བཞུགས་པའི་ཚད་བསྟན་པ》ཞེས་པའི་དཔེ་རྙིང་(ཤ41བ2ང)དུ“གར་ཆུང་མེས་ཚོག་པའི་དུས་སུ་འབུམ་མེས་མ་ཚོག་པ་བཞི་དུམ་པ་དང་”[9]ཞེས་དང་། 《ཤེས་རབ་ཀྱི་ཕ་རོལ་ཏུ་ཕྱིན་པ་སྟོང་ཕྲག་བརྒྱ་པ་ཡི་ཆད་འཇུག་ཉེར་མཁོ་སྒྲོན་མེ》ཞེས་པར(ཤ4བ5ང)

ཡང"བམ་པོ་བཅུ་གཅིག་པར……རྒྱན་ཞུགས། ལན༡ཕྱིར་འོང་། ཕྱིར་མ་འོང་། དགྲ་བཅོམ། རང་རྒྱལ། ལམ་ཤེས། རྣམ་མཁྱེན་རྣམས་ལ་སྦྱར་བའི་འགྲེས་ཆད། ཅེས་ཤེས་ན་སྐར་ཚུང་མེས་མ་ཚིག་པའི་འབུམ་ལསྒོ་ལ་ཡོད་པས་སོ[10]ཞེས་བྱུང་བ་བཅས་ལ་བལྟས་ན། དུས་རབས་བཅུ་གསུམ་པའི་གོང་དུ་ བླ་འབུམ་འདི་ཉིད་ཀྱི་འཕྲིན་ལས་མུ་མཐུད་སྐྱོང་བཞིན་ཡོད་པར་འདོད།

བླ་འབུམ་འདི་ཉིད་དུ་མ་ཕྱིའི་སྙེང་ཕྱིས་འབུམ་གཞན་ཞིག་དང་དཔེ་བསྡུར་གྱིས་བསྒྱུར་བཅོས་གནང་ནས་ཡིག་གཟུགས་ཅུང་ཕྱི་ཙམ་གྱི་རྣམ་པ་གཞན་ཞིག་འདུག་པ་དེ་ནི་གླེགས་བམ་དབུ་ཤོག་སྙེང་སླད་ནས་ལྷིང་གི་དཀོན་པར་དཔེ་དག་པ་གཅིག་ལ་གཏུགས་ནས་སུམ་ཐུག་ཅིག་དང་ལན་གཉིས་བྱས། ཡིགེའི་སྟེབ་ནི་བཅོས་པ་མ་གྲུབ་ཅེས་པས་བསྟན་རྒྱུའི་དོན་དེ་ཡིན་པར་སྙམ། རང་རེ་བོད་ལ་སྤྱར་ནས་དཀོན་གཉེར་གྱི་དོར་མཁས་ན་གསེར་སྐུ་རག་ལ་གཏོང་བའི་དཔེ་བཞིན་ཐོག་མའི་དཔྱད་གཞིའི་རིན་ཐང་ལ་མ་བལྟོས་པར་ཕྱིས་སུ་ཀུན་སློང་བཟང་པོ་བཅངས་ནས་བཟོ་བཅོས་རྒྱག་པའི་སྲོལ་ལུགས་ཤིག་ཡོད་པ་དེའི་རྐྱེན་གྱིས་བླ་འབུམ་འདིར་ཡང་བཅོས་བསླད་ཕྲན་བུ་བྱས་འདུག་མོད་རྩ་བའི་རང་བཞིན་འགྱུར་བ་མེད་པས་ཡིད་ཆེས་འཕེར་བའི་གནས་སོ། །

བླ་འབུམ་འདི་ཡི་བྲི་ཆའི་ཡིག་གཟུགས་དང་རྗོད་བྱེད་ཀྱི་འགྲོས། བརྡ་སྤྱོད་ཀྱི་འཇུག་ཚུལ་བཅས་ནི་སྐབས་དེ་མཚུངས་ཀྱི་རྗོ་རིང་དང་ལྷག་པར་ཏུན་ཧོང་ཤོག་དྲིལ་སོགས་དང་མཐུན་པར་ཡོད་པ་སྟེ། གི་གུ་ལོག་པ་དང་མ་ཡ་བཏགས་ཅན། མིང་གཞི་ག་ཁ་ག་དང་ཙ་ཆ་ཛ། ཏ་ཐ་ད་སོགས་ཕན་ཚུན་གང་བདེར་སྦྱོར་བ་སོགས་བཀོལ་སྤྱོད་གནང་ཡོད། དཔེར་ན། སེམས་ཅན་རྣམ་པར་དག་པ་ལ་སེམས་ཆན་རྣམ་པར་དག་པ་དང་། མྱིག་གཱི་འདུས་ཏེ་རེག་པའི་རྐྱེན་ཀྱིས་ཚོར་བ་རྣམ་པར་དག་པ་འདི་ལ་གཉིས་སུ་མེད་དེ་གཉིས་སུ་བྱར་མྱེད་སོ་སོ་མ་ཡིན་ཐ་མྱི་དད་དོ། །ལྟ་བུ་དང་། ཡང་། བསམ་གཏན་གྱི་ཕ་རོལད་ཏུ་ཕྱིན་པ་རྣམ་པར་དག་པ་གང་ཡིན་པ་དེ་ནི། གསོའ་བ་རྣམ་པར་དག་པ་སྟེ། ལྟ་བུ། ཡང་། ནམ་ཀའི་ཁམས་ནི་སྟོན་གྱི་མཐའ་དང་། ཕྱི་མའི་མཐའ་ཡོངས་སུ་ཅད་པའོ། །ལྟ་བུ་ཡིག་རྙིང་འབའ་ཞིག་ཏུ་ཟད། ཞིབ་ཕྲའི་འབུམ་གྱི་དཔེ་བསྡུར་དང་བསྒྱུར་གྱི་དཔྱད་བསྡུར་སོགས་ནི་ཕོ་བོས་ཡི་གེ་ཟུར་དུ་བྲིས་ཡོད་པས། འདིར་སྤྲོས་ནས་གླེང་བར་མི་བྱེད།

བླ་འབུམ་འདིའི་ནང་ཡིག་མཁན་དང་ཞུས་དག་མཁན་གྱི་མཚན་མི་ཉུང་བ་ཞིག་ཡོད་དེ། དཔེར་ན། ཁ་དུམ་པའི་ལྡེབ་ངོས་སུམ་ཅུ་སོ་ལྔ་དང་། བཞི་བཅུ་ཞེ་བཞི། ལྔ་བཅུ་ང་ལྔ། བདུན་ཅུ་དོན་ལྔ་སོགས་སུ། ཁོང་གཡུ་ལེགས་བྲིས། དམ་ཅོང་ཞུས། སྒྲོན་མ་ཡང་ཞུས། སེང་གེ་སྟེས་སུམ་ཞུས། ཞེས་དང་། ལྡེབ་ངོས་བརྒྱ་དང་བཞི་བཅུར་སོང་སྟག་སྐྱེས་བྲིས། དམ་ཅོང་ཞུས། ཕབ་ཧིང་ཡང་ཞུས། ཛེ་ཀྱིན་སུམ་ཞུས། ལྟ་བུ། ཡང་གེང་གཡུ་ཞེ་བྲིས། ཆེའུ་ཐེང་ཞུས། སེང་གེ་སྟེས་ཡང་ཞུས། ཕ་བ་ཧིང་སུམ་ཞུས་ལྟ་བུ་དང་། ཡང་ཐེའུ་ཧིང་

ཅིན་གི་བྲིས། དམ་ཅོང་ཞུས། ཅེང་སེའུ་ཡང་ཞུས། ཕབ་དར་སུའུ་ཞུས། ལྷ་བུ་བཙན་པོའི་སྐུ་དུས་སུ་དར་ཁྱབ་ཆེ་བའི་ཡིག་མཁན་དང་། གཞི་ཞུས། བསྐྱར་ཞུས། སྨར་ཞུས་སམ་ཕབ་ཞུས་བཅས་སྒྲིགས་བམ་བྲི་བའི་རྒྱུའི་རིམ་པ་དག་ཚང་བར་ཡོད་དོ། །

དེ་དག་གི་ཁྱད་ཆོས་ལས་རྟོགས་ཐུབ་པར་བཙན་པོའི་སྐབས་གསུང་རྟེན་བཞེངས་སྐབས་བམ་པོ་རེ་རེ་ཤོག་ལྷེབ་ཚད་གཞི་ངེས་ཅན་གྱི་བཤུ་འབྲི་བྱ་གིན་ཡོད་ཅིང་། དེ་དག་གི་བཤུ་འབྲི་མཁན་ཡང་མི་སོ་སོ་ཡིན་པར་མ་ཟད། ཡིག་མཁན་སོ་སོའི་འབྲི་རྒྱུན་གྱི་ཁྱད་པར་དབང་གིས་ཡིག་གཟུགས་ཀྱང་བམ་པོ་སོ་སོ་མི་འདྲ་བ་དང་། བམ་པོ་རེར་ཤོག་ལྷེབ་ཀྱི་ཚད་ཡོད་རྐྱེན་མཇུག་ཤོག་གི་ཡི་གེ་ལ་ཚགས་དམ་ལྷོད་ཀྱི་ཁྱད་པར་ཆེན་པོ་ཡོད་དེ། བམ་པོ་འགའ་ཞིག་མཇུག་ཛོགས་སྐབས་ཤོག་བུ་ལྷག་བཟོ་ཡོད་པར་ཡི་གེ་ཤིན་ཏུ་ རྩལ་ཆེ་བར་བཀོད་པ་དང་། ཤོག་བུ་དེའི་ནང་གི་ཡི་གེ་ཤོང་དཀའ་དུས་ཡི་གེ་ཚགས་ཤིན་ཏུ་དམ་ཆེ་བར་བྲིས་ཡོད་པ་བཅས་ཀྱི་ཁྱད་ཆོས་ཀྱང་གསལ།

ཏུན་ཧོང་ནས་རྙེད་ཅིང་ད་ཆ་དབྱིན་ཇིའི་དཔེ་མཛོད་ཁང་དུ་བཞུགས་པའི་བཙན་པོའི་དུས་ཀྱི་བཀའ་འགྱུར་དུ་གྲགས་པ་དེ། དོན་དུ་ཤེར་ཕྱིན་འབུམ་ཡིན་འདུག དེ་དང་ལྷ་འབུམ་འདི་གཉིས་བསྡུར་སྐབས་བྲི་ཆའི་ཡིག་གཟུགས་དང་བརྡ་དག་གི་འགྲོས། ཐ་ན་ཡིག་མཁན་གྱི་མིང་གི་འདོགས་ཚུལ་ཡང་ཆ་འདྲ་བར་ཡོད་པའི་སྐོར་སྐུ་ཞབས་གཟན་དཀར་རིན་པོ་ཆེ་དང་འཕྲོས་མོལ་བྱེད་སྐབས་ཀྱང་གསུངས་བྱུང་། པེ་ཅིང་རྒྱལ་ཁབ་དཔེ་མཛོད་ཁང་དུ་བཞུགས་པའི་ཤེར་ཕྱིན་སྟོང་ཕྲག་བརྒྱ་པ་ཤོག་དྲིལ་ཅན་དེ་ཡང་ལྷ་འབུམ་ལ་མ་ཕྱི་བྱས་ནས་བཞེངས་པ་ཞིག་ཡིན་ངེས། དེ་འདྲའི་རྣམ་པ་ཀ་ཏུའི་དཔེ་རྙིང་དང་། གྲོ་མཁར་གྱི་དཔེ་རྙིང་། ལས་ཏུའི་དཔེ་རྙིང་། སྣེ་ཐང་སྒྲོལ་མ་ལྷ་ཁང་གི་དཔེ་རྙིང་སོགས་ལའང་མཐོང་རྒྱུ་འདུག

གསུམ་པ། མཇུག་བྱང་།

ལྷ་འབུམ་འདི་ནི་མངའ་བདག་ཁྲི་ལྡེ་སྲོང་བཙན་གྱི་ཐུག་འབུམ་དུ་གྲགས་པ་དེ་ཡིན་གཤིས། འདིར་དུམ་པ་བཞི་ཡོད་དགོས། ངེད་ཚོས་རྙེད་སོན་བྱུང་བ་ནི་སྒྲིགས་བམ་ཁ་དུམ་པ་དང་ག་དུམ་པ་གཉིས་ཡིན། ཁོ་བོའི་བསམ་པར་ལྷ་འབུམ་འདིའི་སྒྲིགས་བམ་ཀ་དུམ་པ་དང་ང་དུམ་པ་གཉིས་འབྲས་སྤུངས་དགོན་དུ་བཞུགས་ཡོད་ངེས་པར་བསམས་སོང་། འོན་ཀྱང་འབྲས་སྤུངས་དགོན་དུ་དཔེ་རྙིང་ཤིན་ཏུ་གཏོར་ཆེ་ཞིང་། ལྷ་འབུམ་ཉིད་ལ་ཕྱི་ངོས་དམིགས་གསལ་མཚན་མ་གང་ཡང་མེད་རྐྱེན་ལམ་སེང་བཙལ་འཚོལ་ཐུབ་རྒྱུ་དཀའ་ངལ་ཆེ་སོང་། མི་རིང་བའི་ལོ་ཟླའི་ནང་བཙལ་རྙེད་ཐུབ་པའི་འདུན་པ་ཅི་ཆེ་ཡོད་ལགས།

ལྷ་འབུམ་འདིའི་མ་ཕྱི་ནི་མངའ་བདག་ཁྲི་སྲོང་ལྡེ་བཙན་གྱི་ལྷ་འབུམ་རེག་ཟིག་སྔོ་དམར་གང་ཙང་ཡིན་པས་ལྷ་འགྱུར་ཚུང་ངུ་ཡིན་ཞིང་དེར་བམ་པོ་སུམ་བརྒྱ་ཡོད།

མདོར་ན་ཁྲི་ལྡེ་སྲོང་བཙན་གྱི་བླ་འབུམ་འདི་ནི་ད་ལྟའི་ཆར་འཛམ་གླིང་ཐོག་ཉེད་སོན་བྱུང་བའི་གཏན་འཁེལ་དུས་ཚོད་ཡོད་པའི་བོད་ཡིག་ཡིག་ཆ་ནང་ཆེས་རྙིང་ཤོས་ཀྱི་ཡིག་ཆ་ཞིག་ཡིན་པར་མ་ཟད། ད་ཡོད་བོད་ན་བཞུགས་པའི་བཙན་པོའི་སྐུ་ཆས་སུ་གྱུར་པའི་བོད་ཡིག་ཕྱག་དཔེ་འབའ་ཞིག་ཀྱང་ཡིན། བླ་འབུམ་འདི་བཙལ་ཉེད་ཐུབ་པའི་དོན་སྙིང་ནི་བཀའ་བསྟན་གྱི་དཔེ་སྤྱར་དང་ལོ་རྒྱུས་སོགས་ཀྱི་དཔྱད་ཡིག་དང་རིག་དངོས་རིན་ཐང་ལས་ཆེས་ཆེར་གྲོལ་ཏེ། འདི་ཉིད་ཀྱི་དཔྱད་བསྡུར་ལས་གནའ་བོའི་བོད་ཀྱི་གཏེར་ཡིག་བཀོས་བྲིས་ལ་ལོ་དུས་ཀྱི་དཔྱད་འཛོག་བྱ་རྒྱུར་དཔྱད་གཞི་མང་དག་ཅིག་མཁོ་འདོན་ཐུབ་པར་མ་ཟད། ཐ་ན་ད་ལྟ་ཡོངས་སུ་གྲགས་པའི་ཀུན་ཏོང་ཡིག་རྙིང་སོགས་ཀྱི་བདེན་རྫུན་བརྟག་རྒྱུར་ཡང་གལ་ཆེའི་དཔང་རྟགས་ནུས་པ་ཐོན་ཐུབ་པར་སེམས།

མཆན།

[1] ཚལ་གྲགས་དོན་པ་དང་དཔའ་བོ་གཙུག་ལག་ཕྲེང་བ། ཞྭ་དམར་ལྔ་པ་སོགས་ནས་བརྒྱུད་པའི《བཀའ་འགྱུར་གསན་ཡིག》དང་། ཐུ་སི་ཀུན་དགའ་རྣམ་རྒྱལ་དང་རྒྱལ་བ་ལྔ་པའི《གསན་ཡིག་གངྒཱའི་ཆུ་རྒྱུན》པོད་ག་པ། ཆུ་བཟང་བླ་མ་རིན་པོ་ཆེའི་གསན་ཡིག་སོགས་ལ་ཞལ་མཐུན་པར་བྱུང་།

[2] [3] [4] རྗེ་ངག་དབང་རྣམ་རྒྱལ་གྱིས་མཛད་པའི《ཐོབ་ཡིག་མཐའ་ཡས་གདུལ་བྱའི་དགའ་སྟོན》དཔེ་ཉིང་བྲིས་མ་དང་། རིག་འཛིན་པད་མ་འཕྲིན་ལས་ཀྱིས་མཛད་པའི《བཀའ་འགྱུར་གསན་ཡིག་ཀུན་བཟང་དགོངས་པའི་གསང་བཅུད་རིན་ཆེན་བུམ་བཟང་དྲི་མེད་ཆུ་རྒྱུན》དཔེ་ཉིང་བྲིས་མ་དང་། 《ཁྲ་ཚང་བའི་གསན་ཡིག》ལྔ་པ་ཆེན་པོས་དྲངས་པ་སོགས་བཀའ་འགྱུར་དཀར་ཆག་ཕལ་ཆེར་ལ་གསལ།

[5] [6] [7] སློ་ལུང་བློ་བཟང་འཕྲིན་ལས་ཀྱིས་མཛད་པའི《བཀའ་འགྱུར་རིན་པོ་ཆེའི་གསུང་པར་སྲིད་གསུམ་རྒྱན་གཅིག་ རྫུ་འཕྲུལ་ཤིང་རྟའི་དཀར་ཆག་ངོ་མཚར་རྒྱ་མཚོའི་ལྡེ་མིག》ཤིང་དཔར་དང་། ཅོ་ནེ་རྗེ་བཙུན་གྲགས་པ་བཤད་སྒྲུབ་ཀྱིས་མཛད་པའི《ཅོ་ནེ་བཀའ་འགྱུར་རིན་པོ་ཆེའི་དཀར་ཆག་གསལ་བའི་མེ་ལོང》ཤིང་དཔར། ཞྭ་དམར་ཆོས་ཀྱི་དབང་ཕྱུག་གིས་མཛད་པའི《བདེ་བར་གཤེགས་པའི་བཀའ་གདངས་ཅན་གྱི་བརྡས་འདྲེན་པ་ཇི་སྙེད་པའི་ཕྱི་མོ་པར་གྱི་དཀར་ཆག་ཐུབ་པ་དགྱེས་བྱེད》མཚལ་དཔར། 《སྟོན་པ་ཡང་དག་པར་རྫོགས་པའི་སངས་རྒྱས་ཀྱི་གསུང་རབ་རིན་པོ་ཆེ་འགྱུར་རོ་འཚལ་གྱི་དཀར་ཆག་བསྟན་པ་གསལ་བའི་སྒྲོན་མེ་ཞེས་བྱ་བ་བཞུགས་སོ》དཔེ་ཉིང་བྲིས་མ། སི་ཏུ་ཆོས་ཀྱི་འབྱུང་གནས་ཀྱིས་མཛད་པའི《བདེ་བར་གཤེགས་པའི་བཀའ་གདངས་ཅན་གྱི་བརྡས་དྲངས་པའི་ཕྱི་མོའི་ཚོགས་ཇི་སྙེད་པར་དུ་བསྒྲུབས་པའི་ཚུལ་ལས་ཉེ་བར་བརྩམས་པའི་གཏམ་བཟང་པོ་བློ་ལྡན་མོས་པའི་ཀུནྡ་ཡོངས་སུ་ཁ་བྱེ་བའི་ཟླ་འོད་གཞོན་ནུའི་འཕྲི་ཤིང》སོགས་དཀར་ཆག་མང་པོར་གསལ།

[8] རྫོ་ནང་ཏཱ་ར་ནཱ་ཐས་བརྩམས་པར་གྲགས་པའི《མྱང་ཆོས་འབྱུང》 བོད་ལྗོངས་མི་དམངས་དཔེ་སྐྲུན་ཁང་། 1983ལོར་

ལྷོ་བྲག་དགྱེས་པའི་བཞད་སྒྲ།

དཔར། ཤོག་ངོས83གནས་སྙིང་གད་མདོ། བྲིས་མ། ཤོག་ངོས32པར་གསལ།

[9]《ཤེས་རབ་ཀྱི་ཕ་རོལ་ཏུ་ཕྱིན་པའི་བམ་པོ་དང་། ལེའུ་དང་། ཤད་དང་། ཚིག་དང་། གྲངས་བཞུགས་པའི་ཚད་བསྟན་པ》ཞེས་པའི་མཇུག་བྱང་དུ་འཁོད་པའི་དཔེ་སྙིང་འདི་ནི་ཁོ་བོས་སེ་ར་ཐེག་ཆེན་གླིང་གི་དཔེ་སྙིང་དཀར་ཆག་སྒྲིག་སྐབས། ཚོགས་ཆེན་ཞོགས་ཀྱི་སྤྱི་ཁང་ནང་དཔེ་རྙིག་ཤིན་ཏུ་གཏོས་ཆེ་བ་འདུག་པ་དེ་དག་རིག་གསར་སྐབས་ཡོས་བཟོ་བྱེད་ཀྱི་མེ་ཤིང་ངོད་བྱས་འདུག་པའི་ཁྲོད་ནས་ཕྱག་དཔེ་འདིའི་ལྷེབ་གཅིག་སྙེད་པ་དཔྱད་གཞིའི་རིན་ཐང་ཤིན་ཏུ་ཆེ་བར་མཐོང་སྟེ་འབད་པ་ཆེན་པོས་གུང་སྒྲིག་ཞུས་ཀྱང་། སྔར་གྱི་ཤོག་ལྷེབ་དྲུག་ཅུའི་ཆ་ནས་ཤོག་ལྷེབ་བཅུ་དགུ་ཙམ་མ་གཏོགས་བཞུགས་མི་འདུག ཕྱག་དཔེ་འདིའི་མཛད་པ་པོ་སུ་ཡིན་མ་ངེས་ཀྱང་། ཡར་ལུང་གི་འབུམ་བྱང་རྗེས་བསྟན་བཅོས་འདི་ཉིད་མཛད་པ་ཡིན་འདུག་པས་དུས་རབས་བཅུ་གསུམ་པའི་གོང་དུ་བྱུང་བའི་དགེ་བའི་བཤེས་གཉེན་ཞིག་ཡིན་དགོས། བསྟན་བཅོས་འདི་ཉིད་ཤེར་ཕྱིན་འབུམ་གྱི་དཔེ་སྡུར་དཔྱད་ཞིབ་དང་། ལྷག་པར་བོད་སིལ་བུ་ཡན་གྱི་བཀའ་བསྟན་ལོ་རྒྱུས་བརྟག་རྒྱུའི་དཔྱད་གཞི་གལ་ཆེན་ཞིག་ལགས་པས་མ་དཔེ་གཞན་ཞིག་སྙེད་སོན་བྱུང་ན་ཐུགས་ལ་བཏགས་སུ་གསོལ་ཞེས་འདིར་སྐབས་གཅིག་ཏུ་ཞུ།

[10]《ཤེས་རབ་ཀྱི་ཕ་རོལ་ཏུ་ཕྱིན་པ་སྟོང་ཕྲག་བརྒྱ་པ་ཡི་ཆད་འཇུག་ཉེར་མཁོ་སྒྲོན་མེ》ཞེས་པའི་དཔེ་སྙིང་འདི་ནི། འབྲས་སྤུངས་གནས་བཅུ་ལྷ་ཁང་གི་དཔེ་རྟགས་ཕྱི་ལ345ནང་བཞུགས་ཤིང་། བིཥྞུསཾགྲཱ་ལ་པུཎྱེ་ཞེས་མཚན་དུ་འཁོད་པ་ཞིག་གིས་དུས་རབས་བཅུ་གསུམ་པའི་སྔོར་དུ་བོད་དབུས་གཙང་གི་འབུམ་དཔེ་སྙིང་བརྒྱ་དང་གྱ་བཞི་ལ་གཏུགས་ཏེ་ཞུངས་བཅལ་ནས་ཡར་ལུང་ཇོ་བོའི་འབུམ་དུམ་པ་བཅུ་གཉིས་ཅན་ལ་ཆད་པ་རྣམས་ཕྱོགས་གཅིག་ཏུ་བྲིས་པ་ཞིག་ཡིན་ཞིང་། མཛད་པ་པོས་སྐབས་དེ་དུས་མངའ་བདག་ཁྲི་ལྡེ་སྲོང་བཙན་གྱི་ཐུགས་དམ་བླ་འབུམ་འདི་ལ་དངོས་སུ་མཇལ་ནས་དཔེ་སྡུར་མཛད་པ་ཞིག་ཡིན།

《ཀྲུང་གོའི་བོད་རིག་པ།》༢༠༠༨ལོའི་དེབ་གཉིས་པ་ལས་བཏུས།

༄༅། །བོད་ཀྱི་ཡིག་རྙིང《དབུ་ནག་མིའུ་འདྲ་ཆགས》ཞེས་པར་དཔྱད་པ།

བསོད་ནམས་དོན་གྲུབ།

《དབུ་ནག་མིའུ་འདྲ་ཆགས》ཞེས་པ་ནི་གནའ་བོའི་བོད་མི་རྣམས་ཀྱིས་འཇིག་རྟེན་ཆགས་ཚུལ་དང་། ལྷ་རབས། རིགས་རུས་འཕེལ་རིམ་བཅས་ཀྱི་ལྷ་ཚུལ་དག་ལ་རྒྱས་བཤད་བྱས་པའི་གནའ་བོའི་བོད་ཀྱི་ཡིག་རྙིང་ཞིག་ཡིན་ལ། ཡིག་རྙིང་འདིའི་མ་ཕྱི་ནི་དབུ་མེད་ཀྱིས་བྲིས་ཡོད་པས་སྐབས་ལ་ལར་མ་ཕྱི་མི་གསལ་བར་མ་ཟད། ད་དུང་མ་ཕྱིའི་ཡིག་ངོའང་མི་ཚོད་ས་ཏ་ཙང་མང་ལ། དེ་ཐོག་ཡིག་རྙིང་དུ་བཀོད་པའི་སྐད་ཆའང་དེང་དུས་ཀྱི་བོད་སྐད་དང་ཅུང་ཐག་རིང་བའམ། ཡང་ན་ཡུལ་སྐད་ཀྱིས་ཤན་ཞུགས་ཡོད་པས། མིང་བརྡ་ལ་ལ་ཞིག་གསལ་ཁ་མི་དོད་པས་འགྲེལ་རྒྱག་ཐབས་བྲལ། ཧྥ་རན་སིའི་ཞིབ་འཇུག་པ་ཆེན་མོ་མཁར་རྨེའུ་བསམ་གཏན་དང་འཛར་པན་གྱི་ཞིབ་འཇུག་པ་ཆེན་མོ་ན་ག་ན་ཡ་སུ་ཧེའི་ཁ་གཉིས་ཀྱིས་ཡིག་རྙིང་འདི་དབུ་ཅན་དུ་ཕབ་ནས་འཛར་པན་གྱི་ཨོ་ས་ཁའི་རྒྱལ་བཙུགས་རིག་དངོས་བཤམས་སྟོན་ཁང་དུ《ཁྲུ་བྲུག་སྟོན་མོ》[1]ཞེས་པའི་དཔེ་ཆའི་ནང་བསྡུ་བསྒྲིགས་བྱས་ཡོད་ལ། མཁར་རྨེའུ་བསམ་གཏན་ལགས་ཀྱིས《མདའ་དང་འཕང》ཞེས་པའི་དཔེ་ཆའི་སྐད་ཆར་བཀོད་པས《བོད་མིའི་འབྱུང་ཁུངས་བརྗོད་པའི་གཏམ་རྒྱུད་སྐོར་གླིང་བ》[2]ཞེས་པའི་རྩོམ་ཡིག་ཅིག་གི་ནང་དུའང་ཡིག་རྙིང་འདིའི་དུམ་བུ་གཉིས་པ་དྲངས་ཏེ་དཔྱད་པ་ཕྲན་བུ་རེ་སྤེལ་གནང་མཛད།

དང་པོ། བརྩམས་ཆོས་འདིའི་རྩོམ་པ་པོ་དང་རྩོམ་དུས་ངོ་སྤྲོད།

བརྩམས་ཆོས་འདིའི་རྩོམ་པ་པོ་སུ་ཡིན་པ་དང་དུས་རབས་ག་ཚོད་ཞིག་གི་ནང་བྱུང་བར་བརྩམས་ཆོས་དེ་ཉིད་ཀྱི་མཇུག་ཏུ“རྒྱལ་པོ་ཁྲི་སྲོང་ལྡེ་བཙན་གྱིས། དཔོན་སློབ་བཅུ་གཉིས་ཀྱི་ཆེ་བ་དང་། ཕྱི་རབས་ཀྱི་སེམས་ཅན་མ་གོ་བ་རྣམས་ལ་གོ་བར་སྟོན་པའི་ཆེད་དུ་བོད་ཀྱི་དབུ་ནག་མིའུ་འདྲ་ཆགས་སྟོན་པ་རྫོགས་སོ”ཞེས་རྒྱལ་པོ་ཁྲི་སྲོང་ལྡེ་བཙན་གྱིས་བརྩམས་པར་ངོས་འཛིན་བྱས་ཡོད་ལ། གལ་ཏེ་རྒྱལ་པོ་ཁྲི་སྲོང་ལྡེ་བཙན་ཡིན་ན་ཕལ་ཆེར་སྤྱི་ལོ742—797བར་དུ་བྱུང་བ་ཞིག་ཡིན། འོན་ཀྱང་བརྩམས་ཆོས་འདིའི་ནང་དུ་རྒྱལ་པོ་ཁྲི་སྲོང་ལྡེ་བཙན་མན་གྱི་མི་སྣ་མང་པ་ཆོས་ཀྱི་བློ་གྲོས་དང་ཁོའི་མཛད་རྗེས་ཀྱང་བཀོད་ཡོད་ལ། གཞན་ད་དུང་མི་སྣ་མང་པོ་ཞིག་གི་མིང་ཡང་དྲངས་ཡོད། དེ་དག་ལས་ཀྱང་ལོ་རྒྱུས་

ཡིག་ཚང་དག་ཏུ་ཅུང་གསལ་པོར་བཀོད་ཡོད་པ་ནི་མར་པ་ཆོས་ཀྱི་བློ་གྲོས་ཡིན། གལ་ཏེ་བརྩམས་ཆོས་འདི་མར་པའི་རིང་དུ་བྱུང་བའི་དབང་དུ་བཏང་ན། ཁོང་ནི་སྤྱི་ལོ1012—1096བར་གྱི་མི་སྣ་ཞིག་ཡིན་དགོས་ལ། བརྩམས་ཆོས་འདིའང་དུས་རབས་འདིའི་གཡས་གཡོན་དུ་བྱུང་དགོས་པ་ཤེས་ཐུབ། གཞན་ཡང་བརྩམས་ཆོས་འདིའི་ཁྲོད་ཏོར་ཞེས་པའི་ཐ་སྙད་ཐེངས་མང་འཕོད་ལ། དེ་དང་མཐུན་པར་ཏོར་ཆེན་པོའི་མང་ཀློ་སེ་ཆེན་རྒྱལ་པོའི་མིང་ཡང་བཀོད་ཡོད་པས། གལ་ཏེ་བརྩམས་ཆོས་འདི་མང་ཀློ་སེ་ཆེན་རྒྱལ་པོའམ་གོ་པེ་ལའི་རིང་དུ་བྱུང་བ་ཡིན་ན་ཁོང་ཉིད་ནི་སྤྱི་ལོ1260-1295བར་གྱི་མི་སྣ་ཞིག་ཡིན་པས་བོད་དུ་ས་སྐྱ་པའི་དུས་སྐབས་སུ་འཁེལ་བ་ཡིན། དེ་བས་བརྩམས་ཆོས་འདི་ནི་ཕལ་ཆེར་སྤྱི་ལོ་དུས་རབས་བཅུ་གསུམ་པའི་ནང་གི་རྩོམ་པ་པོ་ཞིག་གིས་བརྩམས་པར་ངེས། འདི་ནི་བོད་དུ་ཡོད་པའི་རིགས་རུས་ཀྱི་འབྱུང་ཁུངས་དང་བོད་ཀྱི་བཀོད་པ་སོགས་གཙོ་བོར་མཚོན་པའི་དམངས་ཁྲོད་ཀྱི་ངག་རྒྱུན་དང་། གཏམ་རྒྱུད། སྒྲུང་། གླུ། སྲིད་པ་སོགས་ཆབས་ཅིག་ཏུ་བསྡུ་སྒྲིག་བྱས་པའི་བརྩམས་ཆོས་ཤིག་ཡིན་སྙམ་ལ། བསྡུ་སྒྲིག་བྱེད་མཁན་ནི་སངས་རྒྱས་ཆོས་ལུགས་ཀྱི་འཇིག་རྟེན་ཆགས་ཚུལ་གྱི་གཏམ་རྒྱུད་དག་ལ་མངའ་ཆེ་བ་དང་རིས་མེད་ཀྱི་གྲུབ་མཐའ་སྨྲ་བ་ཞིག་ཡིན་པའང་ཤེས་ཐུབ།

གཉིས་པ། བརྩམས་ཆོས་འདིའི་ནང་དོན་ངོ་སྤྲོད།

སྐུ་རྒྱལ་བོད་ཀྱི་སྐད་དུ་ན། དབུ་ནག་མིའུ་འདྲ་ཆགས་ཞེས་བྱ། སྟོང་ཕྱི་སྣོད་འཇིག་རྟེན་གྱི་ཆགས་ལུགས་དང་ཡིག་ཚང་བཤད་པ་ལ། ལོ་རྒྱུས་དང་ནང་བཅུད་སེམས་ཅན་གྱི་གྲོལ་ལུག་གི་རྒྱུད་སྟོན་ཏེ་ཞེས་འགོ་བརྩམས་ཏེ་ཕྱི་སྣོད་ཀྱི་འཇིག་རྟེན་གྱི་བྱུང་རིམ་དང་ནང་བཅུད་ཀྱི་སེམས་ཅན་བྱུང་ཚུལ། རྗེས་སུ་གཡུང་དྲུང་བོན་གྱི་བྱུང་བ་བརྗོད་པ། རྒྱལ་ཁྲིམས་ཀྱི་བྱུང་བ། རང་རང་སྒོས་ཀྱི་ཞེས་ཁྲིམ་རྒྱུད་ཀྱི་བྱུང་བ་ལ་སོགས་པ་བརྗོད་ཡོད་པ་ཞིག་ཡིན། དབུ་ནག་མི་ནི་འོད་གསལ་ལྷའི་གདུང་རྒྱུད་ལས་བྱུང་ལ་དེ་ནས་རིགས་རྒྱུད་འཕེལ་ཏེ་སྨུ་དང་དམུ། གཙུག གཉན། ཡི། ངམ་བཅས་བོད་མིའུ་གདོང་དྲུག་ཏུ་གྱེས་ཚུལ་དང་དེ་དག་གིས་ས་བཟུང་ཚུལ་སོགས་བཀོད་ཡོད་པ་དང་སྦྲགས་བོད་ཀྱི་ལོ་རྒྱུས་ཡིག་ཚང་དུ་འདོད་པའི་དཔེ་མིང་སྐོར་ཞིག་གི་མིང་ཡང་བཀོད་ཡོད་པ་དེ་དག་ནི།

1. སླུག་པོ་ལྡོང་གི་ཡིག་ཚང་སྲིད་པ་གུང་སྒྲིལ། 2. སེ་ཆུང་དཔྱའི་ཡིག་ཚང་སླུག་ནག་ཟེལ་བ། 3. ཁྲི་གཟི་འགྲུའི་ཡིག་ཚང་སྟོང་སྒྲོ་དམར། 4. དམུ་ཚ་སྐའི་ཡིག་ཚང་སྐྱ་བོ་མཐའ་ཡས། 5. དབལ་ལྷ་གཉིས་ཀྱི་ཡིག་ཚང་ཁྲིམས་དང་ཚིག་གི་ཡིག་ནག 6. བློན་པོ་རྣམས་ཀྱི་ཡིག་ཚང་ཡ་མཚན་གཡུའི་མཆིག་གུ། 7. མཐའ་ངན་པ་ཤག་གི་ཡིག་ཚང་ནི་ལྟུགས་ཀྱི་བྲ་བ་མགོ་ནག་བཅས་སོ། །

ཡིག་ཚང་དེ་དག་གི་རྩོམ་པ་པོ་ཆེ་དགུ་རིང་བཙུ་སྟེ་དཔོན་སློབ་བཙུས་མཛད་པ་དང་གཅིག དོན་

ནམ་དམིགས་ཡུལ་ནི་ཕྱི་རབས་ཀྱི་སེམས་ཅན་མ་གོ་བ་ལ་གོ་བ་སྟོན་པའི་ཆེད་དུ་ཡོང་བ་ལ་མིག་བྱེད་པ་དང་འདྲ་བའི་ཕྱིར་དང་གཉིས། ཕྱོགས་གང་དུ་གཏོགས་པ་ནི་མི་ཆོས་དང་རྒྱལ་ཁྲིམས་ཀྱི་ཕྱོགས་སུ་གཏོགས་པ་དང་གསུམ། རྒྱུད་དམ་འབྱུང་ཁུངས་ནི་ལྷ་རྒྱུད་དང་འདྲེ་རྒྱུད་ལས་བྱུང་བ་དང་བཞི། དཔྱ་ཞབས་སུ་དོན་བསྡུས་པ་ནི་ནང་དོན་གནད་བསྡུས་ལ་དོན་གཙོ་བོ་བཅུ་སྡེ་ལྡེའི་སྟེང་དུ་ངོ་སྤྲོད་བྱས་ཡོད། དོན་གཙོ་བོ་བཅུ་ནི། 1. ཡེ་མེད་སྟོང་པའི་ཕ། 2. གཟུགས་མེད་སྟོང་པའི་མ། 3. མངོན་ཤེས་སྤྲུལ་པའི་བུ། 4. རླུང་ཟེར་མ་འཛིན་པའི་ཤ་ཟུང་། 5. ཤག་ཤུག་སྟོང་ཐུབ། 6. མཐུ་ཆེན་ལྷེར་མའི་སྐན་མ། 7. གནམ་ས་བཤིག་པའི་བུ་ལུད། 8. རྒྱ་མཚོ་དཀྲུག་པའི་རྒྱ་བ། 9. དཔྱ་ནག་མིའུ་འདྲ་ཆགས་ཞེས་དོན་ཆེན་དགུའི་མིང་བཏགས་ཡོད་ལ། བཅུ་པའི་མིང་གླེངས་མེད། དེ་དག་རེ་རེའི་ནང་དོན་ཡང་ཡེ་མེད་སྟོང་པའི་ཕའི་ནང་དུ་སྐྱེས་པའི་གཏན་ཚིག་དང་གཟུགས་མེད་སྟོང་པའི་མའི་ནང་དུ་རིགས་དྲུག་གི་འདུག་ལུགས་བརྗོད་ཡོད་པ་དང་། མངོན་ཤེས་སྤྲུལ་པའི་བུའི་ནང་དུ་འོག་མིན་གྱི་གནས་ལུགས་བརྗོད་ཡོད་ལ། རླུང་ཟེར་མ་འཛིན་པའི་ཤ་ཟུང་གི་ནང་དུ་ཕྱི་སྣོད་འཇིག་རྟེན་གྱི་ཆགས་ལུགས་བརྗོད་པ། ཤག་ཤིག་སྟོང་ཐུབ་ཀྱི་ནང་དུ་ནང་བཅུད་ཀྱི་སེམས་ཅན་གྱི་གྲོལ་ཐབས། མཐུ་ཆེན་ལྷེར་མའི་སྐན་མའི་ནང་སྟོང་འཁོར་བ་སྣོད་ཀྱི་འདུག་ལུགས། གནམ་ས་བཤིག་པའི་བུ་ལུད་ནང་དུ་བོད་མིན་པ་རྣམས་ཀྱི་ཆེ་རྗེས། རྒྱ་མཚོ་དཀྲུག་པའི་སྐྱ་བའི་ནང་ས་བྱེ་མ་གསེར་གྱི་བགོས་ཐབས། དཔྱ་ནག་མིའུ་འདྲ་ཆགས་ནང་དུ་མགོ་ནག་མིའུ་འདྲ་ཆགས་ཀྱི་དོན་གསལ་པོར་བཀོད་ཡོད་པའི་སྲུང་སླུའི་རྣམ་པ་ཅན་གྱི་བོན་གྱི་ཚོ་གའི་སྐོར་གྱི་བརྩམས་ཆོས་ཤིག་ཡིན་པ་ནི་གདོན་མི་ཟའོ། །

གཅིག ཕྱིའི་སྣོད་ཀྱི་འཇིག་རྟེན་གྱི་ཆགས་ཚུལ།

དེ་ནས་འཇིག་རྟེན་གྱི་ཆགས་ལུགས་སྐོར་བཤད་ཡོད་དེ། རླུང་གི་སྟེང་དུ་དམྱལ་བའི་སྡེ་ཚོགས་དང་། མེ་ཡི་སྟེང་དུ་ཡི་དྭགས་ཀྱི་སྡེ་ཚོགས། ཆུའི་སྟེང་དུ་བྱོལ་སོང་གི་སྡེ་ཚོགས། སའི་སྟེང་དུ་མིའི་སྡེ་ཚོགས། རི་རྒྱལ་ལྷུན་པོར་དཔག་ཚད་བརྒྱད་ཁྲི་བཞི་སྟོང་ཡོད་ལ། བཞི་སྟོང་རྒྱ་མཚོ་ནང་དུ་ནུབ་ཡོད་པ་དང་། དེའི་སྟེང་དུ་ཀླུའི་རིགས་གནས་ལ། བརྒྱད་ཁྲི་ནམ་མཁར་འཕགས་ཡོད་པའི་སྟེང་དུ་ལྷའི་རིགས་གནས་ཡོད་པ། རི་རབ་ཀྱི་ཁོང་གསེང་ན་ལྷ་མ་སྲིན་གྱི་སྡེ་ཚོགས་གནས་པ་དང་། རྒྱལ་ཆེན་རིགས་བཞི། གཟུགས་ཁམས་བཅོ་བརྒྱད། གཟུགས་མེད་ཁམས། འོག་མིན་གྱི་གནས་ངོ་སྤྲོད་བྱས་ཡོད་ལ། རི་རབ་ཀྱི་ངོས་བཞི་ནས་ཤར་ལུས་འཕགས་གླིང་དང་བྱང་སྒྲ་མི་ཉན། ནུབ་བ་གླང་སྤྱོད། ལྷོ་འཛམ་བུ་གླིང་སོགས་ཀྱི་ས་དབྱིབས་ཀྱི་ཆགས་ཚུལ་དང་དེ་ཙ་འཚོ་སྡོད་བྱས་ཡོད་པའི་སེམས་ཅན་རྣམས་ཀྱི་གཟུགས་གཞིའི་ཁྱད་ཆོས་དང་ཚེ་ཚད། འགྲོ་ལུགས་འདུག་སྟངས་སོགས་ངོ་སྤྲོད་བྱས་ཡོད་པ་དང་། གླིང་བཞི་ལས་འཛམ་བུ་གླིང་ཁོ་ནར་ཆོས་དང་བོན་དར་བར་མ་ཟད། གླུ་དང་སྒྲུང་། སྒྱུ་རྩལ། མོ་ལུང་སོགས་ཀྱི་སྲོལ་རྒྱུན་དར་

ཡོད་པ་གསལ་བཤད་བྱས་ཡོད། དེ་ནི་སངས་རྒྱས་ཆོས་ལུགས་ཀྱི་མདོ་རྒྱུད་ཀྱི་བསྟན་བཅོས་མང་པོ་ཞིག་ཏུ་གསུངས་པའི་འཇིག་རྟེན་ཆགས་ཚུལ་དང་གཅིག་འདྲ་ཡིན་པས་ཕལ་ཆེར་བསྟན་བཅོས་འདིའི་རྩོམ་པ་པོར་ཡང་སངས་རྒྱས་ཆོས་ལུགས་པ་རྣམས་ཀྱི་ཤན་ཞུགས་ཡོད་པ་མངོན་པར་གསལ་ལོ། །

དེ་ནས་ཐེ་བྲག་ཏུ་ལྷོ་འཛམ་བུ་གླིང་ལས་ཐོག་མར་བོད་དུ་དར་བའི་ཆོས་ལུགས་གཉིས་ཀྱི་སྟོན་པ་དང་དེ་དག་གི་འཁྲུངས་ཡུལ། སྒྲུབ་གནས་ཁྱད་པར་བ་སོགས་ངོ་སྤྲོད་བྱས་ཡོད་དེ། སྟག་གཟིག་འོལ་མོ་ལུང་རིང་ནི་སྟོན་པ་གཤེན་རབ་ཀྱི་བཞུགས་གནས་དང་རྒྱལ་མཁར་བར་པོ་བཅོ་བརྒྱད་ནི་ཁོང་ཉིད་ཀྱི་འཁྲུངས་ཡུལ་ཡིན་པ་ངོ་སྤྲོད་བྱས་ཡོད་ལ། ལྷ་རི་གཡུང་དྲུང་དགུ་བརྩེགས་ནི་གཡུང་དྲུང་བོན་གྱི་སྒྲུབ་པ་ཉམས་ལེན་བྱེད་སའི་གནས་ཁྱད་པར་ཅན་ཡིན་ཚུལ་བརྗོད་ཡོད། དེ་བཞིན་དུ་རྒྱ་གར་ནི་སྟོན་པ་ཤཱཀྱ་ཐུབ་པའི་འཁྲུངས་ཡུལ་ཡིན་པ་དང་། རྒྱ་གར་རྡོ་རྗེ་གདན་ནི་སྟོན་པ་བཅོམ་ལྡན་འདས་མངོན་པར་རྫོགས་པའི་སངས་རྒྱས་པའི་གནས་ཡིན་པ། བྱ་རྐོད་ཕུང་པོའི་རི་ནི་སངས་རྒྱས་ཆོས་ལུགས་པ་རྣམས་ཀྱི་སྒྲུབ་པ་ཉམས་ལེན་བྱེད་སའི་གནས་ཡིན་པ་བསྟན་ཡོད། བོད་དུ་གངས་ཏི་སེ་དཀྱིལ་དབུས་སུ་བྱས་ནས་མ་ཕམ་གཡུ་མཚོ་ནི་ཆུ་བོ་བཞིའི་འབྱུང་ཁུངས་དང་། སྟོད་མངའ་རིས་སྐོར་གསུམ། བར་དབུས་གཙང་རུ་བཞི། སྨད་མདོ་ཁམས་སྒང་གསུམ་སོགས་བོད་ཀྱི་ས་དབྱིབས་ཀྱི་སྤྱི་ཁོག་ཙམ་ཞིག་ངོ་སྤྲོད་བྱས་པ་བརྒྱུད་ནས་ཐེ་བྲག་ཏུ་ཆུ་བོ་གང་ག་ནི་རྒྱ་གར་ཕྱོགས་སུ་བཞུར་གྱིན་ཡོད་པ། ན་ར་ཛ་ན་བོད་དུ་བཞུར་གྱིན་ཡོད་པ། སིན་ཏུ་ཨ་བ་ཧོར་དུ་བཞུར་གྱིན་ཡོད་པ། པག་ཤུ་རྒྱ་ཡུལ་དུ་བཞུར་གྱིན་ཡོད་པ་སོགས་ངོ་སྤྲོད་བྱས་ཡོད། དེ་ནས་རིམ་གྱིས་རྒྱལ་མོ་རོང་དྲུག་ཏུ་འབྲི་ཆུ་དང་། ཟླ་ཆུ། ཏི་ཆུ་སོགས་ཡོད་པ་ངོ་སྤྲོད་བྱས་ཡོད་ལ། སྟོད་མངའ་རིས་སྐོར་གསུམ་གྱི་འགྲམ་རྒྱུད་དུ་ཆགས་པའི་རྒྱ་གར་གྱི་ཆོས་དང་ད་ཟིག་གི་ནོར། ཁྲོམ་གེ་སར་གྱི་དམག་གསུམ་ནི་མངའ་ཐང་ཅན་གྱི་མི་གསུམ་ཡིན་ཚུལ་བཤད་ཡོད་པ་དང་། དེ་ལ་ཞང་ཞུང་གི་བོན། རྒྱ་གར་གྱི་ཆོས། བལ་པོའི་སྒྲ་གསུམ་ནི་རིན་ཐང་ཅན་གྱི་ནོར་གསུམ་ཡིན་ཚུལ་བཤད་ཡོད། གཡས་རུ་གཡོན་རུ། ལྷ་རུ་དགེ་རུ་ནི་དབུས་གཙང་རུ་བཞི་དང་། ཡོངས་གྲགས་སུ་མདོ་ཁམས་སྒང་དྲུག་ཅེས་བཤད་སོད། འོན་ཀྱང་འདི་གར་དབྱར་མོ་བཏགས་དང་ཟལ་མོ་བཏགས་དང་རྩ་ཀ་ལིང་ཀ་བཏགས་ལ་མདོ་གམ་ཤོག་གསུམ་ཞེས་བཤད་ཡོད་དེ། དེ་དག་ཏུ་ཡོད་པའི་སྐྱེས་དངོས་ཤིང་ཐོག་དང་དངུལ་སྔ། ཛ་དང་སྔོ་སྨུགས་རྐ་དང་གཡག འབྲི་ལུག་སོགས་ངོ་སྤྲོད་བྱས་ཡོད་པ་དང་ས་དེ་གར་དུས་རྒྱུན་ཐག་པ་དང་སྨུ་གེ། སད་སེར། ཐོག་དང་སྦྲང་ཀི་སོགས་ཀྱི་འཇིགས་པ་ཡོད་པའང་བརྗོད་ཡོད། གཞན་བོད་ཀྱི་ལོ་རྒྱུས་ཡིག་ཚང་གཞན་དག་ན་ཆུ་བཞི་སྒང་དྲུག་ཅེས་ཟེར་སྲོལ་ཡོད་སོད། འདི་གར་རྩོམ་པ་པོས་ཆུ་དྲུག་སྒང་ལྔ་ཞེས་ངོ་སྤྲོད་བྱས་ཡོད་དེ། དེ་དག་ནི་ཨ་སྐྱི་ལྷོ་ཝུར་གྱི་སྒང་། ཀ་ཏུའི་སྒང་། སྟག་སྒང་རིང་མོ། རྨ་ཟླ་ཉི་མའི་སྒང་། ཚ་བ་ཛ་སྒང་རིང་མོ་དང་སྲུབ་ཆུ། དངུལ་ཆུ། ཛ་ཆུ། འབྲི་ཆུ། རྨ་ཆུ། ཟླ་ཆུ་སོགས་ཡིན་

ལ་བྱེ་བྲག་ཏུ་དེ་དག་གི་ཡུལ་ཁམས་ཀྱི་ཁྱབ་ཁོངས་དང་གནས་ཡུལ་སོགས་གསལ་པོར་བརྗོད་ཡོད། དེ་ནས་རིམ་བཞིན་མདོ་གམ་ས་བཅད་ཀྱི་ལེའུ་ངོ་སྤྲོད་བྱས་ཡོད་དེ། མདོ་གམ་གྱི་གླིང་ཁྲི་གོང་མ་དང་གླིང་ཁྲི་འོག་མ། ཨ་རྒྱ་ཆེན་མོ་ཞེས་ཁག་གསུམ་དུ་བགོས་ནས་ངོ་སྤྲོད་བྱས་ཡོད་དེ། ས་དེ་དག་གི་ཁྱབ་ཁོངས་དང་ཁྱད་ཆོས། ལས་ཀ་གཙོ་བོ་སོགས་ངོ་སྤྲོད་བྱས་པ་དང་བསྟུན། འཛམ་ཛྷ་ལྷའི་ཡུལ་དང་བདུད་ཀྱི་ཡུལ། ངམ་གྱི་ཡུལ། ཀླུའི་ཡུལ། སྲིལ་གྱི་ཡུལ། ཁྱིའི་ཡུལ་སོགས་ངོ་སྤྲོད་བྱས་ཡོད།

གཉིས། ནང་བཅུད་ཀྱི་སེམས་ཅན་གྲོལ་ཚུལ།

དེ་ཡང་དང་ཐོག་བར་སྣང་གི་དབྱིངས་ཆེན་པོ་དེ་ན་བྱེད་པོ་སུ་ཞིག་གིས་བྱས་པ་མ་ཡིན་པར་འོད་ནི་ཕ་དང་ཟེར་ནི་མ་ཡིན་ལ། དེ་ལ་སྨག་དང་སྨིག་དང་རང་བྱུང་གི་རླུང་གཡོས་པ་ལས་བ་མོ་སྲུ་ཙམ་ཆགས་ལ། དེ་ལ་ཟིལ་བ་ཐྲོམ་ཙམ་ཆགས་པ་དང་ཟིལ་བ་དང་བ་མོ་བསྡེབས་པ་ལས་མཚོ་མེ་ལོང་ཙམ་ཆགས་པ། མཚོ་མོའི་ཁར་རྫུལ་ཕྲ་རབ་ཞག་གི་ཚུལ་དུ་ཆགས་ནས་དེའི་དབྱིབས་ནི་སྒོ་ངའི་ཚུལ་དུ་ཆགས་ལ། སྒོ་ང་བརྗོལ་བ་ལས་ནང་ཤེད་ན་བྱ་སྨྲག་དཀར་ནག་གཉིས་བྱུང་བ་ལ་སྣང་བ་འོད་ལྡན་དང་མུན་པ་ཟེར་ལྡན་ཟེར། དེ་གཉིས་བསྡེབས་པ་ལས་སྒོ་ང་དཀར་ནག་ཁྲ་གསུམ་བྱུང་ལ། སྒོ་ང་དཀར་པོ་ཕྱིའི་ཤུན་པ་བརྗོལ་བ་ལས་ལྷ་བྲག་དཀར་པོ་དང་འོད་ཀྱི་ཁྲི་སྟེ་བྱུང་ལ། ནང་གི་སྙོང་ཆུ་ལས་དུང་གི་མཛོ་མོ་དཀར་མོ་དང་ནང་ཤེད་ན་ལྷ་རབ་སྲིད་ལྷ་འོད་དཀར། ལྷ་ཅང་ཤེས་མི་མགོན་དཀར་པོ། དུང་གི་མིག་ལྡན་གསུམ་བྱུང་བ་དང་། སྒོ་ང་ནག་པོ་བརྗོལ་བ་ལས་ངམ་མི་ནག་པོ་དང་དྲེལ་ནག་དཔུང་བཀྲ་གཉིས་བྱུང་ལ། སྒོ་ང་ཁྲ་བོ་བརྗོལ་བ་ལས་སྲིད་པ་སངས་པོ་འབུམ་ཁྲིའམ་ཡེ་སྨོན་རྒྱལ་པོ་ཞེས་པ་བྱུང་། དེ་ལས་ཕྱྭ་དང་དམུ། གཙུག་བརྒྱུད་སོགས་ཀྱི་གྲོལ་ཚུལ་བསྟན་ཡོད་པ་དང་། ཕྱྭ་བརྒྱུད་ལས་འགྲོ་བ་མིའི་རིགས་གྲོལ་བ་དང་གཙུག་བརྒྱུད་ལས་བྱོལ་སོང་གི་རིགས་གྲོལ་བ། དམུ་བརྒྱུད་ལས་དམུ་སྲས་འཁྲུལ་བུ་དབང་ལྡན་དང་གཉན་ལྕམ་དཀར་མོ་བྱ་ཏོད་དུ་སྤྲུལ་ནས་བསྡེབས་པ་ལས་སྟག་གཟིག་བོན་གྱི་རྒྱལ་པོ་དང་རྒྱ་གར་ཆོས་ཀྱི་རྒྱལ་པོ་གཉིས་བྱུང་ལ། སྟག་དང་བསྡེབས་ནས་ལི་དང་བལ་པོ། ཁྲོམ། ད་ཟིག་ནོར་གྱི་རྒྱལ་པོ་བཞི་བྱུང་ལ། རྟ་རུ་སྤྲུལ་ནས་སྒོའི་མཚོའུ་བྱ་ཚ་དང་། གཡག་དང་སྤྲུལ་ནས་སྒོའི་སྲུ་གཡག་གཉན་དཀར། །ལུག་ཏུ་སྤྲུལ་ནས་བསྡེབས་པས་སྒོའི་ཐུག་མོ་ཁྲོམ་ཁྲོམ་བྱུང་ཟེར། ཕྱྭ་བུ་སྲི་གཙུག་རྒྱལ་བ་དང་དུང་ཟ་དངུལ་མོ་གཉིས་ལ་ཕྱྭ་རབས་སྟག་ཆ་འལ་འོལ་བྱུང་ལ། དེ་དང་འཚམས་ཟ་བྱ་ཁྱུང་མ་གཉིས་ལ་ཕྱྭ་རབས་མཆེད་བཞི་བྱུང་སྟེ། དེ་དག་ལས་ཕྱྭ་བླ་བྲམ་ཤེང་དང་འོད་དེ་གུང་རྒྱལ། ཕྱྭ་རྗེ་ཡབ་ལྷ་བདལ་དྲུག་བཅས་དེ་ཙ་གསུམ་ལས་བཞི་པ་བགོད་མེད་ལ། འདི་བཞི་ལས་ཀྱང་ཡབ་ལྷ་བདལ་དྲུག་གཙོ་བོར་བརྗོད་ནས་ཡབ་ལྷ་བདལ་དྲུག་ལ་བཙུན་མོ་བཞི་ཡོད་པ་བགོད་ཡོད་པ་དེ་དག་ནི། ལྷ་མོ་ཐང་དང་སྲིན་མོ། གཉན་མོ། དམུ་མོ་བཅས་ཡིན་ལ། བཙུན་མོ་དེ་བཞི་ལ་གཉེན་དུ་བསྡེབས་ནས་དེ་དག

ལ་སྲས་བུ་སུམ་ཅུ་སོ་བདུན་ཡོད་ཚུལ་དང་། དེ་དག་ལས་ལྷོ་འབྲིང་ནང་གི་ཆུང་བ་ཏིང་ཆེན་བར་ལྷ་བྱ་བ་ནི་གང་ཟག་ཁྱད་པར་བ་ཞིག་ཡིན་ཚུལ་ཞིབ་མོར་བཀོད་ཡོད། སྲས་སོ་བདུན་པའི་ཆུང་བ་ནི་སྲིད་པ་སྣེ་ཕྲོམ་ལ་ཁྲ་ཡིན་ལ་འདིའི་སྐབས་སུ་གཏམ་རྒྱུད་དགོད་བྲོ་བ་ཞིག་བཀོད་ཡོད་དེ། ཁོང་ནི་ཡབ་ཀྱིས་མི་ཡུལ་དུ་མི་རྒྱུད་སྤེལ་བར་མངགས་པ་ཡིན་པ་དང་། ཁོང་དགུང་རིམ་པ་བཅུ་གསུམ་ལས་དམུ་སྐས་ཐེམ་དགུའི་སྟེང་མར་རི་རྫོག་ཕོར་ཙམ་གྱིས་འགོ་ལ་བབས་པ་ན། དེར་བུད་མེད་མདངས་དང་ལྡན་པ་ཞིག་གིས་ཐགས་འཐག་བཞིན་ཡོད་པ་ཞིག་དང་ཕྲད་ལ། བུད་མེད་དང་ཁོང་གཉིས་ཀྱི་ཁ་ཏ་མང་དུ་གནང་ནས་རྒྱ་མཚན་སོགས་གསལ་པོར་བཤད་ཚར་རྗེས་སྲིན་པོས་མཐོང་ནས་རྐུ་བར་ཡོང་བ་ན། བུད་མེད་ཀྱིས་ཁོ་རང་བསྐུངས་ནས་ཁོའི་ཚབ་ཏུ་སྤྲེལ་གཅིག་བཞག་པས། སྲིན་པོས་སྤྲེལ་དེ་བརྐུས་ནས་སོང་མོད་སྲིན་ཁྱི་མ་སོང་བས་བུད་མེད་ཀྱིས་སྲིན་ཁྱིའི་ཁ་ལ་བརྒྱབ་ནས་སོ་བཅག་པ་དང་། མིག་ལ་བརྒྱབ་ནས་མིག་བཅར་ནས་བདལ་རྗེས་བུད་མེད་དེའི་སྲིད་པ་སྣེ་ཕྲོམ་ལ་ཁྲར་བཀའ་དྲིན་ཆེ་བས་ཁོང་གཉིས་གཉེན་དུ་བསྡེབས་ལ། སྲས་འཐིང་པོ་འཐིང་མིག་འཐིང་གེ་གསུམ་བྱུང་བ་དང་། དེ་གཉིས་ལས་ཐུ་མ་གཉིས་མེ་དང་ཆུས་འཛིགས་པས་ཤི་ལ། ཕྱི་མ་འཐིང་གེ་དང་ཕྱུ་ལྕམ་དཀར་མོ་གཉིས་ལ་བོད་འཛོམ་ལ་ཕྲོམ་བྱུང་བ་དང་། དེར་བཙུན་མོ་གསུམ་ཡོད་ཚུལ་བརྗོད་ཡོད་དེ། ཁོང་དང་དམུ་ཟ་ཁྲི་མ་གཉིས་ལ་རྒྱ་ཁྲི་ལ་བཞེས་བྱུང་བ་དང་། ཁྲི་མོ་གཉིས་ལ་ཁྲི་དྲུག་ཏོར་བྱུང་ལ། དབྱིག་སྣ་མ་གཉིས་ལ་བོད་དང་འཛང་དང་མོན་གསུམ་བྱུང་ལ། གཉན་མོ་དང་བསྡེབས་ནས་སྤྲེལ་དང་སྲུམ་པ། དྲེད་མོང་སོགས་བྱུང་། ཁོང་གི་སྡོད་གནས་ནི་རྨ་ཁ་བཞུར་ཡག་གི་གོང་ཁ་ཡིན་པ་དང་། ས་དེ་ནི་ཕལ་ཆེར་རྒྱ་བོད་ཧོར་གསུམ་གྱི་ས་མཚམས་ཤིག་ཡིན་ཤས་ཆེ་སྟེ། ཁོང་ལ་བོད་རྒྱ་ཧོར་གསུམ་གྱི་བུ་རེ་ཡོད་པས་ཕལ་ཆེར་ཕ་ཤུལ་བུ་ལ་སྟེར་དགོས་པའི་དུས་ལ་ཐོན་ཡོད་པས། བུ་གསུམ་གྱིས་ཕ་ཤུལ་བཅད་ནས་ནང་དམེ་འབྱུང་བར་དོགས་ནས་ཕ་རྒན་གྱིས་རང་སྒྲོག་བཅད་ནས་ཤི་རྗེས་བོད་རྒྱ་ཧོར་གསུམ་གྱི་བུ་གསུམ་གྱིས་ཕ་ནོར་བཅད་དེ་ནང་དམེ་བྱུང་ལ་ཁད་བྱས་མཐར། གཤེན་ལྷ་འོད་དཀར་དང་གཤེན་ལྷ་མི་བོ། སྟག་ལྷ་མེ་འབར་གསུམ་བོས་ནས་གཟུ་བོ་བྱས་ནས་ཕ་མཚུན་བགོས་ལ། ཁོག་སྟོད་ལ་མགོ་བོ་འབྱར་ནས་བོད་ལ་བགོས་ཏེ། གཤེན་རབ་མི་བོ་སྤྱན་དྲངས་ཏེ་ཕ་ནོར་སྦྱིན་སྲེག་བྱས་པ་དང་། ཧོར་ལ་རྐེད་པའི་སྟེང་དུ་མཐེ་བོང་བཞག་ནས་བགོས་ཏེ། ཕ་ནོར་དུར་དུ་སྦས་སྐབས་སུ་མཐེ་བོང་མ་སྦས་པར་བཟུང་ནས་བསྟད། རྒྱར་ཁོག་སྨད་ཀྱི་སྟེང་དུ་སློང་བཞག་ནས་བགོས་ལ། རྒྱས་ནོར་དུར་སྦས་བྱེད་སྐབས་སུ་སློང་བཟུང་ནས་ཕ་ནོར་ཆུ་ལ་བསྐུར་ནས་འདས་མཆོད་བྱས། སྐབས་དེར་བོད་མི་རྣམས་རྒྱ་དང་བསྡུར་ན་རྗེས་ལུས་དང་རྨོངས་པ་ལས་གྲོལ་མེད་པས། བོན་པོ་གསུམ་བོས་ནས་མོ་རྩིས་ལུང་བསྟན་གང་མང་བྱས་མཐར་བོན་པོ་གསུམ་གྱིས་གལ་ཏེ་བོད་པ་རྣམས་རྨོངས་པ་ལས་གྲོལ་དགོས་ན། ཕ་མཚུན་ལེན་དགོས་ཟེར། དེ་བས་བོད་འཛོམ་ལ་ཕྲོམ་གྱིས་རྒྱ

མིའི་ཁྲིར་བའི་ཕའི་སྙིང་སྡེ་ནོར་ཆེན་པོ་ཁྲིར་ནས་སླུ་ཨེ་ཐུབ་དང་ཡང་ན་རྐུ་ཨེ་ཐུབ་བསམས་ནས་ལམ་དུ་ཆས། ཁོས་གསེར་གྱི་ཤཱཀྱ་ཐུབ་པ། དངུལ་གྱི་སྟོན་པ་གཤེན་རབ། གཡུའི་སྣང་བ་འོད་ལྡན་སོགས་ནོར་རྫས་མང་པོ་ཁྲིར་ནས་ཐོག་མར་རྒྱའི་དབང་པོ་ཆེའི་མདུན་དུ་སོང་ནས་ང་ཚོ་ཚང་མ་ཕ་གཅིག་གི་བུ་ཡིན་ཚུལ་དང་ང་རང་སེམས་པ་ཏ་ཙང་སྐྱོ་བའི་སྐྱོ་བ་སངས་པའི་ཆེད་དུ་ཕ་མཚུན་ཁོ་ལ་སྟོན་དང་ཁོ་བོས་ནོར་རྫས་མང་པོ་སྟེར་ཞེས་བཤད་ཀྱང་རྒྱས་ཕ་མཚུན་མ་བསྟན། དེ་ནས་རྒྱའི་དབང་པོ་ཆུང་བའི་གམ་དུ་སོང་ནས་ང་ཚོ་ནི་ཕ་རྐན་གཅིག་གི་བུ་ཡིན་ཚུལ་དང་ཕ་མཚུན་ཁོ་ལ་སྟོན་དགོས་ཚུལ་བཤད་ཀྱང་མ་བསྟན། དེ་བས་ཁོས་བློ་རིག་བགོལ་ནས་རྒྱའི་དབང་པོ་ཆུང་ལ་མགོ་གཡོགས་ཚུལ་བཀོད་ཡོད་དེ། ཕས་བཞག་པའི་ནོར་རྫས་སོགས་བྲག་གི་རྩེ་མོར་པག་ཤུ་ཁྲོ་མར་གྱི་ནང་དུ་བཏུམས་ནས་བཞག་ཡོད། ཁྱོད་རང་སོང་ནས་དེར་ཕྱག་འཚལ་དགོས་ཚུལ་དང་བསྐོར་བ་བྱེད་དགོས་པ་དང་བསང་མཆོད་བྱེད་དགོས་ཚུལ་བཤད་ནས་རྒྱ་མི་གཅེར་བུར་འགྲོ་ཏུ་བཙུག་རྗེས་ཁོས་ཕའི་སྙིང་བཀྲུས་ནས་དེའི་ཚབ་ཏུ་ལུག་གི་སྙིང་ཞིག་བཞག་ནས་བྲོས། དེའི་ནུབ་མོ་རྒྱའི་དབང་པོ་ཆུང་བའི་ནག་མོ་ཅིག་རི་ཟ་ལུང་ཆུང་གི་རྨི་ལམ་དུ་ཕ་མཚུན་ཤོར་བ་རྨིས་ལ། ཁོ་བོའི་རྨི་ལམ་དེ་བས་ཀྱང་ངན་པ་ཞིག་རྨིས་ཏེ། རི་ཆེན་པོ་རྡུང་ནས་འགྱེལ་བ་དང་། མཚོ་ཆེན་པོ་གཏིང་ནས་སྐམ་པ། ཤིང་ཆེན་པོ་རྐེད་ནས་ཆག་པ་སོགས་རྨི་ལྟས་ངན་པ་རྨིས་ནས་ཕ་མཚུན་ཤོར་བ་ཤེས་རྗེས། ཁོས་དེད་ནས་རྒྱ་བོད་གཉིས་ཀྱི་ས་མཚམས་སུ་རྗེས་བསླེགས་ལ། ཁོས་ངའི་ཁྱོད་ལ་སྐྱོ་བ་བསང་བའི་ཆེད་དུ་ཕ་མཚུན་བསྟན་ལ། ཁྱོད་ཀྱིས་བཀྲུས་སོང་བས་ཕྱིར་སྟེར་དགོས་ཞེས་བཤད། དེ་བས་བོད་འཛོམ་ལ་ཁྲོམ་གྱིས་ཡང་བསྒྱུར་བློ་རིག་བགོལ་ནས་རྒྱ་བོད་གཉིས་ཀྱི་ས་མཚམས་སུ་ཡོད་པའི་ཆུ་བོའི་ཕ་རོལ་དུ་འགྲོ་དང་ངེད་གཉིས་ཀྱིས་གྲོས་བྱེད་ཟེར་ནས་ཆུ་བོའི་ཕ་རོལ་དུ་སོང་རྗེས་ཟམ་པ་ཆུ་ལ་བསྒྱུར་ཏེ་རྒྱའི་མགོ་བོ་བསྐོར་བས་བོད་ཀྱི་རྩོངས་པ་གྲོལ་ཟེར་བའི་གཏམ་རྒྱུད་ཅིག་བཀོད་ཡོད། ང་ཚོས་གཏམ་རྒྱུད་འདི་ལས་ཤེས་ཐུབ་པ་ནི་གཏམ་རྒྱུད་འདི་བྱུང་ས་ནི་ཕལ་ཆེར་བོད་རྒྱ་ཧོར་གསུམ་གྱི་ས་མཚམས་ཤིག་ཡིན་ལ། བོད་མདོ་ཁམས་ཀྱི་རྨ་ཆུའི་འབབ་ཡུལ་ཞིག་སྟེ། སྐབས་དེར་ས་དེ་དག་ན་བོན་གྱི་བསྟན་པ་ཆེས་ཆེར་དར་ཡོད་པ་དང་། བོད་དུ་གཤེན་པོར་འདས་མཆོད་བྱེད་དུས་སྦྱིན་སྲེག་བྱེད་པའི་སྲོལ་དར་ཡོད་པ་དང་ཧོར་པ་རྣམས་ཀྱིས་དུར་དུ་སྦས་པ། རྒྱ་ཡུལ་དུ་ཆུར་བསྒྱུར་བའི་སྲོལ་དར་ཡོད་པ་ཤེས་ཐུབ་པར་མ་ཟད། ད་དུང་སྐབས་དེའི་བོད་ཀྱི་སྤྱི་ཚོགས་ནང་དུ་གཉེན་སྒྲིག་པའི་ལུགས་སྲོལ་ཐད་ཁྲོ་གཅིག་ཤུག་མང་གི་སྤྱི་ཚོགས་ལམ་ལུགས་ཡིན་པའང་ཤེས་ཐུབ།

གསུམ། བོད་མ་གསུམ་བུ་དྲུག་གམ་མི་འུ་གདོང་དྲུག་གི་བྱུང་ཚུལ།

བོད་འཛོམ་ལ་ཁྲོམ་ལ་སྲས་ཁྲི་ཐོག་ཆེན་པོ་བྱུང་ལ། ཁྲི་ཐོག་ཆེན་པོ་དང་གཉན་ལྕམ་དཀར་མོ་གཉིས་གཉེན་དུ་བསྡེབས་ནས་སྲས་གསུམ་བྱུང་སྟེ། ལྡོང་། དབྲ། འབྲུ་ཡིན་ལ། དམུ་ཟ་ཁབ་ཏུ་བཞེས་

ནས་སྣ་བྱུང་། སྲིན་མོ་གོ་ཟུ་ཅན་ཁབ་ཏུ་བཞེས་ནས་སྲས་གཉིས་ཡོད་དེ། དབའ་དང་ལྡ་ཡིན། དེ་དག་ལ་བོད་མ་གསུམ་བུ་དྲུག་ཟེར་ལ། ཕལ་ཆེར་བོད་མིའུ་གདོང་དྲུག་ཀྱང་ཟེར། ཚན་པ་འདིའི་ནང་དུའང་གཞན་དང་བདུད་ལ་འཐབས་པའི་གཏམ་རྒྱུད་ངོ་མཚར་བ་ཞིག་བཀོད་ཡོད་དེ། ཕ་རྒན་ཁྲི་ཐོག་ཆེན་པོས་ཕྱུག་བསྐྱངས་ནས་འཚོ་བ་རོལ་བཞིན་པའི་སྐབས་ཞིག་ལ། བདུད་ཀྱི་ཇག་པ་རྐུ་བདུན་ཞེས་པས་སྒོ་ཟོག་ཐམས་ཅད་བརྐུས་པས་ཕ་རྒན་ར་མདར་སོང་བ་དང་འགྲོ་བའི་ལམ་བར་དུ་གཉན་གྱི་བུ་མོ་དཀར་མོས་ཨ་མྱེས་བདུད་ཀྱི་གསོད་དོགས་ནས་དུང་གི་སྦལ་པ་ཞིག་ཏུ་བརྫུས་ནས་འགྲོ་ཀ་མ་བཅུག་པར་ལམ་བར་དུ་བཀག་ལ། ཨ་མྱེས་ཐུགས་ཁྲོས་ནས་དུང་གི་སྦལ་པ་བསད་པས། ཨ་མྱེས་གཉན་རྒན་ཧྲེ་བས་ཁོའི་བུ་མོ་བསད་པ་ཤེས་ནས་གཉན་གྱི་གཟེར་མདའ་ནག་པོ་འཕངས་ནས་ཁྲི་ཐོག་ཆེན་པོ་བསད་པ་དང་། གདུང་དྲུག་བོད་ཀྱིས་བདུད་ལ་ཕ་ཤ་ལེན་པ་དང་གཉན་ལ་ཕ་སྟོང་ལེན་གྲབས་བྱེད་པའི་དུས་སུ་ཕྱ་བུ་སྤྱི་གཙུག་རྒྱལ་བ་གཟུ་བོ་བྱས་ནས་བོད་མིའུ་གདུང་དྲུག་སྤྱི་གདུང་རྒྱུད་རེ་རེ་ལ་སྟོང་མཇལ་ནས་བར་འདུམ་བྱས་རྗེས་ཕུ་ནུ་རེ་རེས་མཚོན་ཆ་དང་དམག་རྟ་རྟག་བསྡུས་བྱས་ནས་བདུད་དུ་ཕ་ཤ་ལེན་དུ་སོང་ཡང་ལེན་མ་ཐུབ་པ་དང་མཇུག་མཐར་འགྲུའི་རྒྱབ་རྟེན་ལྷ་མི་མང་པོས་བྱས་ནས་བདུད་ཀྱི་མི་ནག་གསུམ་ཆེན་བསད་པ་དང་། བདུད་རྗེ་ཁྲབ་པ་ལག་རིང་བཙོན་དུ་བཟུང་ནས་ཕ་ཤ་བླངས་ཚུལ་གསལ་པོར་བཀོད་ཡོད། ང་ཚོས་གཏམ་རྒྱུད་འདི་ལས་བོད་མི་བུ་གདུང་དྲུག་གམ་བོད་ཀྱི་རུས་ཆེན་དྲུག་གི་བྱུང་ཚུལ་གྱི་ལོ་རྒྱུས་རགས་རམ་ཙམ་ཞིག་ཤེས་ཐུབ་པར་མ་ཟད། སྐབས་དེའི་བོད་ཀྱི་སྤྱི་ཚོགས་སུ་ཁྱོ་གཅིག་ཤུག་མང་གི་གཉེན་སྒྲིག་ལམ་ལུགས་དར་ཡོད་པའང་ཤེས་ཐུབ་ལ། སྐབས་དེའི་སྤྱི་ཚོགས་ནི་དེ་འདྲའི་བདེ་འཇགས་མིན་པར་རྐུ་འཕྲོག་དང་འཕྲོག་ཇོམ་རྒྱུན་མི་འཆད་པར་འབྱུང་བཞིན་ཡོད་པ་དང་མི་བསད་ན་སྟོང་འཇལ་བའི་ལམ་ལུགས་ཤིག་ཀྱང་དར་ཡོད་པ་ཤེས་ཐུབ།

བཞི། རྒྱ་གར་དང་རྒྱ། བོད། ཧོར། འཇང་སོགས་ཀྱི་ངོ་སྤྲོད་རགས་བསྡུས།

འདིའི་སྐབས་སུ་རྒྱ་གར་དང་། བོད། རྒྱ། ཧོར། སོག་པོ། འཇང་སོགས་ཀྱི་ས་དབྱིབས་ཀྱི་ཆགས་སྟངས་དང་། རིག་གནས་གང་དག་དར་ཚུལ་བཀོད་ཡོད་དེ། དཔེར་ན་བོད་ཁམས་ནི་གནམ་སྔོན་པོས་ས་བཀབ་པ་ལྟ་བུ། ཉི་ཟླ་སྐར་གསུམ་ལྟར་གསལ་བ། རི་རབ་བཞིན་དུ་བརྩེགས་པ། གཙང་པོ་བཞིན་དུ་འཁྱིལ་བ། དགུ་ཚོགས་བཞིན་དུ་བརྒྱང་བ། རྩི་ཤིང་བཞིན་དུ་འཕེལ་བ། ཟ་འོག་བཞིན་དུ་བཀྲ་བ། ཚོ་བཞིན་དུ་ཆགས་པའི་གནས་དེ་ན་འཚོ་སྡོད་བྱས་ཡོད་ལ། དེ་དག་ལས་བྱེ་བྲག་ཏུ་སྨོའི་རིགས་ནི་འབྲོང་བཞིའི་ཁ་ནས་གནས་ཀྱང་། ལྗོང་གི་རིགས་རྒྱུད་རྣམས་ནི་ཤར་རྨ་ཟླའི་སྨད་དུ་འཚོ་གནས་བྱས་ཡོད་པ་དང་། དབྲའི་རིགས་ནི་ལྡོ་འབྲི་ཟླའི་སྨད་དུ་འཚོ་གནས་བྱས་ཡོད་པ་དང་། འགྲུའི་རིགས་རྒྱུད་རྣམས་ཤར་བུ་འབོར་སྨད་དུ་གནས་པ་དང་། སྨའི་རིགས་རྒྱུད་རྣམས་ནི་འབྲི་མཚོའི་དབུས་ན་གནས་ཡོད་པ

སོགས་ངོ་སྤྲོད་བྱས་པ་དང་བརྒྱུད། སངས་རྒྱས་ཆོས་ལུགས་ནི་རྒྱ་གར་ཡུལ་ན་དར་ཡོད་པ་དང་། ཆོས་མི་ཤེས་པ་རྣམས་ས་དེར་འགྲོ་བའི་གནས་མིན་པ་བཤད་ཡོད་ལ། རྒྱ་རིགས་རྣམས་ནི་རྒྱལ་པོའི་ཁྲིམས་ཁ་ན་གནས་པ་དང་ས་དེ་ན་ཛ་དང་དར་གོས་ཀྱི་ལག་རྩལ་དར་བ་འཕོད་ཡོད། དེ་ནས་ཧོར་རྣམས་ནི་ཐིས་སུར་ཞེས་པའི་ཡུལ་དེ་རུ་གནས་ཤིང་མདའ་སྐྱེན་ལ་མཁས་པར་འཕོད། སོག་པོ་རྣམས་ནི་ལུགས་རིགས་སོགས་ལ་མགར་བྱེད་པའི་ལག་རྩལ་ལ་མཁས་ཤིང་། འཇང་པ་རྣམས་ནི་ཚོང་ལས་ལ་མཁས་པ་སོགས་མི་རིགས་འདི་དག་གི་རིག་གནས་དང་དེ་དག་གི་ལག་རྩལ་གང་ལ་མཁས་པ་སོགས་ངོ་སྤྲོད་བྱས་ཡོད།

ལྔ། སྲིད་པ་སྐོས་དྲུག་གི་སྐོར།

དེ་ཡང་ཕྱུ་དང་དམུ་སོགས་སྲིད་པ་སྐོས་དྲུག་ཡིན་པ་དེ་དག་རེ་རེ་བཞིན་ངོ་སྤྲོད་བྱས་ཡོད་དེ། དེ་དག་ལས་རིགས་རྒྱུད་བྱུང་སྟ་ཤོས་ནི་ཕྱུ་རིགས་ཡིན་པ་དང་། གྲངས་འབོར་གྱི་ཆ་ནས་མང་བ་ནི་དམུ་རིགས་ཡིན་པ་ཙམ་བཤད་པ་ལས་རྒྱས་བཤད་བྱས་མེད། དེ་ནས་མདོ་ཁམས་ཡུལ་གྱི་ནུབ་བྱང་དུ་ཡོད་པའི་རྒྱལ་རབས་ཆེན་པོའམ་རྒྱལ་ཕྲན་ལྔ་ངོ་སྤྲོད་བྱས་ཡོད་དེ། ལི་དང་བལ་པོ། ཁྲོམ། རྒྱ་གར། ཏ་ཟིག་སོགས་དང་། ཤར་ཕྱོ་རུ་གནས་ཡོད་པའི་རྒྱལ་རབས་སམ་རྒྱལ་ཕྲན་ལྔ་སྟེ། རྒྱ་དང་མོན་དང་འཇང་། ཧོར་དང་སུ་རྒྱལ་ཏེ་དབུས་གཙང་གི་ཡུལ་སོགས་ངོ་སྤྲོད་བྱས་པ་དང་བསྟུན། མདོ་ཁམས་ཀྱི་བོད་བུ་སྤུན་བདུན་ཞེས་བུ་ཆུན་པ་བཞི་པོས་རིགས་རུས་མི་འདྲ་བ་བཞི་བསྐྲུན་པ་དེ་དག་ནི་རིམ་བཞིན་དབྲ་དང་འགྲུ། ལྡོང་། སྒ་དང་། ནུ་བོ་དབའ་དང་ལྷ། ཞང་པོ་སྒོ་ལྷས་སྟེ་དཀར་པོ་བསྐྲུན་པ་བཅས་ཡིན་ལ། དེ་ནས་རིམ་བཞིན་དུ་བོད་མ་གསུམ་བུ་དྲུག་གི་སྐོར་ཏེ། ལྡོང་། དབྲ། འགྲུ། སྒ་དང་དབའ་ལྷ་དྲུག་ནི་མ་གསུམ་ལ་འཁྲུངས་ཚུལ་དང་། དེ་དག་རེ་རེའི་ས་བགོས་བྱས་ནས་རང་རང་ལ་དབང་བའི་རྒྱལ་ཁམས་རེ་ཡོད་པ་ངོ་སྤྲོད་བྱས་ཡོད་ལ། ནུ་བོ་དབའ་དང་ལྷ་གཉིས་ལ་ས་མེད་པས་ཡིད་ཐང་ཆད་ནས་ས་མཐར་འཁྱམས་རྗེས་མཐར་རྒྱལ་ཁམས་དེའི་མཐའ་མཚམས་སུ་ས་བཟུང་ནས་རང་ཉིད་ཀྱི་སྟོབས་ཤུགས་རྒྱ་བསྐྱེད་པ་དང་སྦྲགས། ཕྱིར་བོད་དུ་ཡོད་པའི་ཕུ་བོ་རྣམས་ལ་འཁང་ར་བྱས་ཚུལ་བཤད་ཡོད་པ་དང་། ཁོང་གཉིས་ཀྱི་མངའ་དབང་བསྒྱུར་བའི་ས་ཆར་དུད་ཚང་འབུམ་དང་ཚོ་པ་བཞི་བཅུ་ཞེ་དགུ་ཡོད་པ་དང་། ཡུལ་མི་དེ་དག་ནི་ཆན་པར་བརྩི་བཀུར་དང་། སྡིགས་པ་རྣམས་ཀྱིས་ཆོས་སྐད་སྒྲོག་པ། ཕོ་གསར་རྣམས་ནི་སྟག་གཡག་འཁྱིང་བ་ལྟ་བུ་ཇམ་ཞིང་བརྗིད་པ། མོ་གསར་རྣམས་ནི་སྐྱེས་གཟུགས་ཡག་པ། གར་ལ་མཁས་པ་ཞིག་ཡིན་པ་ལ་སོགས་པའི་ཁྱད་ཆོས་ལྡན་པ་བཅས་གསལ་པོར་བརྗོད་ཡོད། དེ་ནས《སྲིད་པ་སྐོས་དྲུག་གི་སྲིད་ཐབས》《གདུང་དྲུག་མིའུ་འབྱུང་ཁུངས》《མིའུ་རྒྱུད་དྲུག་གི་ཞིབ་རྩིས》《བོད་བུ་སྤུན་གྱི་རུས་རྩིས》《གཉེན་ཚོ་སྤུན་བཞིའི་ཆེ་རྩིས》《ཞང་པོ་སྒོའི་གཉེན་རྩིས》སོགས་དཔེ་ཆ་ཁག་ཅིག་གི་མིང་ཙམ་ངོ་སྤྲོད་བྱས་ཡོད།

དྲུག རིགས་བཞིའི་འཕེལ་རིམ་དྲི་བ་དྲིས་ལན་གྱིས་ཚུལ་དུ་བཀོད་ཡོད་པ།

སྐབས་འདིར་རྩོམ་པ་པོས་སྤྲུག་པོ་ལྷོང་དང་། སེ་ཁྱུང་དབྲ། ཨ་ལྕགས་འགྲུ། ཞང་པོ་སྒོ་སོགས་ཀྱི་རིགས་རུས་འཕེལ་རིམ་དང་ལོ་རྒྱུས། དེ་དག་གི་འཚོ་གནས་བྱེད་ཚུལ་སོགས་ལ་གླུ་སྦྱིད་པའི་རྣམ་པའི་སྒོ་ནས་དྲི་བ་དྲིས་ལན་གྱི་ཚུལ་དུ་ཞིབ་ཅིང་ཕྲ་བའི་སྒོ་ནས་ངོ་སྤྲོད་བྱས་ཡོད་དེ། དཔེར་ན་ཐོག་མར་ཆེ་རྒྱུད་ལྷོང་ལ་ཡོད་ཟེར་བ་དེ་གང་ཡིན་ལྟ་བུ་དང་། མང་སྣ་དབྲ་ལ་ཡོད་ཟེར་བ་དེ་གང་ཡིན་ཟེར་བ་ལྟ་བུ་དང་། དཔའ་གཡེར་འགྲུ་ལ་ཡོད་ཟེར་བ་དེ་གང་ཡིན་ལྟ་བུ་དང་། ཡིག་ཚང་སྒ་ལ་ཡོད་ཟེར་བ་དེ་གང་ཡིན་ལྟ་བུའི་དྲི་བ་དྲིས་པ་ན། དེ་ལ་དྲིས་ལན་གྱི་ཚུལ་དུ་དེ་དག་རེ་རེའི་ལོ་རྒྱུས་སོགས་ཞིབ་མོར་ངོ་སྤྲོད་བྱས་ཡོད་དེ།

1. ལྷོང་གི་རུས་རྒྱུད་འཕེལ་ཚུལ་དང་ཡུལ་བཟུང་བའི་ས་མིང་སོགས་གཤམ་གྱི་དཔེ་རིས་ལྟར་ཡིན་ཏེ།

འབྲི་སྣ་མ—►གངས་ཆེན་ཕྱུག་དྲག—►སྤྲུག་པོ་དེ་རྩེ། —►དུང་གི་མི་ཕོ་དཀར་པོ། —►སྤོ་ན་འགོ་རོ།

(ཡུལ་བཟུང་བའི་ས་མིང)

—► ལྷ་ཆེན་ཐིས་པོ། ┌ སྤྲུག་པོ་ལྷོང་། —► (ཤར་གངས་སྐྱའི་ཞོལ་གྱི་ཡུལ)
│ ང་ཆེ་ལྷོང་།—► (བྱང་ཟླ་ཤོད་ཀྱི་ཡུལ)
└ ཐོག་ཐོག་ལྷོང་། —► (བོད་དམ་ཤོད་ཀྱི་ཡུལ)

འདི་ལྟར་ལྷོང་གི་རུས་རྒྱུད་འཕེལ་ཚུལ་བཀོད་པ་དང་བསྟུན། ལྷོང་སྟོད་བར་སྨད་གསུམ་གྱིས་བཟུང་བའི་ཡུལ་ཁམས་ངོ་སྤྲོད་བྱས་པ་དང་། རིམ་བཞིན་ལྷོང་གི་རྒྱལ་བཞི། བཙུན་བཞི། དཔའ་བཞི། ལྷོང་མིང་ཐོག་པའི་མི་བཞི། ལྷོང་གི་ཆེ་དྲུག་སོགས་ངོ་སྤྲོད་བྱས་ཡོད་ལ། དེ་ནས་གཙང་སྨེ་དང་རྨང་སྨེ། སྟོང་དཔོན། བློན་པོ། རྩེ་པ་དང་སྒོང་པ། མདོ་པ་དང་གླིང་པ་སོགས་བཙུན་བརྒྱད་དང་ཞུ་གཡུ་རྒྱན། ཞུ་འགོ། རྒྱ་གར་སོགས་ནི་རྒྱལ་བཞི་ཡིན་ལ། འདི་གཉིས་ཀྱི་སྟེང་དུ་སྲུ་རྒྱལ་བོད་དང་རྒྱ་གཉིས་བསྣན་པས་རྒྱལ་དྲུག་ཏུ་འབོད་ལ་དེ་དག་རེ་རེས་བཟུང་བའི་ཡུལ་སོགས་ངོ་སྤྲོད་བྱས་ཡོད།

2. དབྲའི་རུས་རྒྱུད་དང་ཡུལ་སྨེ། མི་སྣ་གྲགས་ཅན་སོགས་ངོ་སྤྲོད་བྱས་ཡོད་པ།

ཚན་པ་འདིའི་ནང་དུ་གླུ་ཚིག་གི་རྣམ་པས་དབྲའི་རིགས་ཞིབ་མོར་ངོ་སྤྲོད་བྱས་ཡོད་དེ། སྟོད་ན་དབྲ་དཀར་གྱི་ཚོ་བཅུ་གཉིས་ཡོད་དེ། དེ་དག་ནི་ཀོང་པོ། དག་པོ། ཉང་པོ། མར་ཡུལ། ཞང་ཞུང་། བལ་པོ། སུ་ཐུད། སྲུ་ཕུད། ཡོ་བྱད། ཁྱུང་པོ། བཙན་པོ། སྤུ་རང་བཅས་ཡིན་ལ། རིགས་ནི་ལྷ་རྒྱུད་དུ་གཏོགས། བར་གྱི་ཁྲ་བོ་བུ་དགུ་ནི་དབུ་དང་འགོ་དང་ག་ཟེ། རྒྱ་དང་རྒྱང་དང་སྐྱང་། རེ་ཁེ། དེ་ཁེ། ཤུང་ཁེ། བྲ་བོ། རྒྱུ་ཆེན། ཁྱུང་རིལ་བཅས་ནི་བར་གྱི་ཚོ་བཅུ་གཉིས་དང་རིགས་ནི་དཔའ་རྒྱུད་ཡིན། སྨད་ཀྱི་དབྲ་ནག་ཚོ་དགུ་ནི་གདའ་ཐུ་དང་ཉག་རྒྱུག འགུ་ཟེ། ས་ཐང་། བལ་ཐང་། ཅོག་ཐང་། ཁོ་ཡོ། ཁོ་འདྲ།

ཁོ་དབྲ། སྟག་དང་སྟེག་གྱུ། རྒྱལ་བཅས་ནི་མཐུ་རྒྱུད་ཡིན་པར་བཤད་ལ། དེ་དག་ལས་སེ་ཚུང་དབྲའི་ཚེ་དྲུག་དམིགས་སུ་བཀར་ཡོད་དེ། སྟོད་ཀྱི་མར་ཡུལ་དང་སྤུ་རང་གཉིས། བར་གྱི་ཞང་ཞུང་དང་བྲུང་པོ་གཉིས། སྨད་ཀྱི་ཉག་རྒྱ་འགུ་ཟེ་བཅས་དྲུག་ཡིན་ལ། དེ་ནས་བཀའ་དྲིན་ཅན་གྱི་མི་བཞི་དྲངས་ཡོད་དེ། ཞང་ཞུང་གི་བོན་པོ་མར་སེ་དང་གཅིག དེའི་བྱས་རྗེས་ནི་འདྲེ་སྲིན་དམ་ལ་བཏགས་པ་ཡིན་ལ། ཞང་ཞུང་རྗེ་མེན་གྱེར་ཆེན་དང་གཉིས། དེའི་བྱས་རྗེས་སྲིན་པོའི་གྲོང་ཁྱེར་བཅོམ་པ་ཡིན་ལ། མར་པ་ཆོས་ཀྱི་བློ་གྲོས་དང་གསུམ། དེའི་བྱས་རྗེས་ནི་རྒྱ་གར་དམ་ཆོས་བོད་དུ་བསྒྱུར་བ་དེ་ཡིན་ལ། ཀོམ་གྱི་ལྷ་རྒོད་རྩེ་ཁྲོ་དང་བཞི། དེའི་བྱས་རྗེས་སྤྲུལ་མི་ཟས་གག་ཅོར་བསད་པ་ཡིན། དེ་ནས་དབྲ་ཡི་ཕྱུག་པོ་དྲུག་ངོ་སྤྲོད་བྱས་ཡོད་དེ། དེ་དག་ནི་འཇང་ཉི་མ་འཕྲུལ་གྱི་བུ་ཚ་ཆོས་ཀྱིས་ཕྱུག་པ། སྐྱི་དཀར་ཡོན་ཏན་ཁྲབ་ཀྱིས་ཕྱུག་པ། ངོལ་པ་དབང་ཕྱུག་ལུག་གིས་ཕྱུག་པ། རྒྱ་གར་ཨ་ཡག་རྟ་ཡིས་ཕྱུག་པ། བལ་པོ་ཨ་མགོན་གཡུ་ཡིས་ཕྱུག་པ་བཅས་ཡིན་ལ། དེ་དང་བསྟུན་ནས་དབྲའི་རྫོང་དྲུག་ངོ་སྤྲོད་བྱས་ཡོད་དེ། ཤེལ་མིན་སྟག་རྫོང་ཁྲ་མོ། ཤམ་ཤམ་ར་རྩེ་མདོ་མཁར་རྫོང་། སོག་གི་གཡུ་རྫོང་སྔོན་མོ། ཟ་མ་རིང་རྒྱུད་རྫོང་བཅས་བཞི་མ་གཏོགས་བཀོད་མེད། དེ་དག་གི་ཁྲོད་རྫོང་ལ་ལ་ཞིག་གི་རྫོང་དཔོན་དང་རུས་རྒྱུད་གང་གིས་བཟུང་ཡོད་པ་སོགས་ངོ་སྤྲོད་བྱས་ཡོད་ལ། མཐར་མང་སྣ་དབྲ་ལ་མ་འགྲན། རྒྱུ་མཚན་ནི་དབྲ་རྒྱུད་ཨ་ཕོ་ཞང་དཀར་ཞེས་པ་ལ་བུ་ཚ་བོ་མང་ཚུལ། ཕྱུག་པོ་དབྲ་ལ་མ་འགྲན། རྒྱུ་མཚན་ནི་དབྲ་བྲུང་ཉི་མ་རྒྱལ་མཚན་ཞེས་པར་བོད་ལ་མེད་པའི་ནོར་བཞི་ཡོད་ཚུལ་སོགས་གླེངས་ནས་དབྲའི་རིགས་རྒྱུད་ཀྱི་སྐོར་མཇུག་རྫོགས་ཡོད།

3.ཨ་ལྕུགས་འགྲུའི་རུས་རྒྱུད་དང་ཡུལ་སྡེ། མི་སྣ་གྲགས་ཅན་སོགས་ངོ་སྤྲོད་བྱས་ཡོད་པ།

ཚན་པ་འདིའི་ནང་དུ་ཐོག་མར་བོད་མ་གསུམ་བུ་དྲུག་གི་དུས་སུ་ཕ་རྒན་ཨ་མྱེས་ཁྲི་ཐོག་ཆེན་པོ་གཉན་གྱིས་གཟིར་མདའ་ནག་པོ་འཕངས་ནས་བསད་པ་དང་། བདུད་ལ་ཕ་ཤ་ལེན་དུ་སོང་ནས་འགྲུ་རྗེ་ལྷ་དབང་ཐོད་དཀར་གྱིས་བདུད་ཀྱི་མི་ནག་གསུམ་ཆེན་བསད་པ་དང་བདུད་ཁྱི་རམ་སྟག་སྐྱ་བོ་བསད་པ། བདུད་རྗེ་ཁྲབ་པ་ལག་རིང་བཙོན་དུ་བཟུང་བའི་ལོ་རྒྱུས་ཕྱིར་དྲན་བྱས་པ་བརྒྱུད་ནས་འགྲུ་རྗེ་རིགས་རྒྱུད་ཇི་ལྟར་འཕེལ་བའི་ཚུལ་དྲི་བ་དྲིས་ལན་གྱིས་ཚུལ་དུ་ངོ་སྤྲོད་བྱས་ཡོད་དེ།

འགྲུ་རྗེ་ལྷ་དབང་ཐོད་དཀར། → བུ་དགུ་ཡོད་ཟེར་ལ་མནའ་མ་ཕྱ་ཟ་ཁབ་ཏུ་བཞེས་ལ། →

- གནམ་ཐེལ་དཀར་པོ།
- ས་ཐེལ་ཁྲ་བོ།

ཨ་ལྕུག་འགྲུའི་ཚེ་དྲུག་དང་བཙུན་དྲུག་སོགས་འགྲུའི་གདུང་རྒྱུད་ཡིན་པར་བཤད་ཡོད་ལ། དེ་ནས་ས་ཐེལ་ཁྲ་བོའི་རྒྱུད་འགར་དང་རོང་། སྣ་དང་ཀུ་ར། ཁྲོམ་དང་སྤྲ་གུ། ཐླ་བདེ། མོ་ཏི། སེ་རྒྱུད། ངོ་གྲོ་

སོགས་ཡིན་པར་བཤད་ལ། དེ་དག་གི་བྱུས་རྗེས་གཙོ་བོ་རྣམས་ཀྱང་ཕྲན་བུ་རེ་བཀོད་ཡོད་པ་དང་། དེ་ནས་འགྱུའི་མི་འགྱུར་ཐར་པའི་གནས་བརྒྱད་དམ་མཁས་པའི་རྩིས་ན་བཅུ་གཉིས་ཡོད་ཚུལ་བཤད་ཡོད་དེ། དེ་དག་ནི་གཙང་ས་སྐྱ་མི་འགྱུར་གནས་གཅིག དབུས་རང་ས་མི་འགྱུར་གནས་གཅིག ལྷོ་བྲག་མི་འགྱུར་གནས་གཅིག མ་ཉལ་མི་འགྱུར་གནས་གཅིག བྲག་རྩ་མི་འགྱུར་གནས་གཅིག ཀི་ཏི་མི་འགྱུར་གནས་གཅིག ཤ་བང་རིམ་མི་འགྱུར་གནས་གཅིག གང་རྐོ་མི་འགྱུར་གནས་གཅིག ཟླ་རྒྱལ་དང་མ་མི་འགྱུར་གནས་གཅིག ཁང་དམར་སྟག་ཐང་མི་འགྱུར་གནས་གཅིག འོ་ཧྲུ་མི་འགྱུར་གནས་གཅིག་སོགས་འགྱུ་དར་བའི་གནས་ཆེན་བཅུ་ལྷག་གི་མིང་དྲངས་ཡོད། དེ་དག་ལས་ནང་པའི་དགོན་སྡེ་སྐོར་ཞིག་གི་མིང་ཡང་དྲངས་ཡོད། འགྱུ་སྟོད་སྨད་བར་གསུམ་གྱི་ས་རྒྱའི་ཆེ་ཆུང་དང་འགྱུའི་སྨད་ནི་རྒྱ་བོད་གཉིས་ཀྱི་ས་མཚམས་སུ་སླེབས་ཡོད་པ། དེ་ཊ་འཚོ་སྡོད་བྱེད་པའི་མི་རྣམས་ཀྱིས་རྒྱ་བོད་ཀྱི་སྐད་རིགས་མང་པོར་མཁས་པ། འགྱུའི་ཡུལ་ཕར་དེད་ན་སྟོད་ཕྱོགས་དབུས་སུ་སླེབས་ཡོད་པ། བར་ན་རྨ་རྒྱལ་སྤོམ་རའི་ཞོལ་ན་འདུག་པ། ལས་ཀྱི་གཙོ་བོ་ནི་རོང་པ་རྣམས་ལ་ས་ཞིང་མང་བ། འབྲོག་གི་དུད་ཚང་འབུམ་ཚོ་གསུམ་ལྷག་ལ་ཉེ་བ། ཕུ་ན་རྣལ་འབྱོར་གྱི་དགོན་བདེ་བ། བར་ན་དབུ་ནག་གི་ནོར་ལུག་སྐྱོང་བ་སོགས་ཨ་ལྷུགས་འགྱུའི་གནས་ཚུལ་གསལ་པོར་བརྗོད་ཡོད་ལ། གོང་གི་གཏམ་རྒྱུད་འདི་ལས་ང་ཚོའི་ཤེས་ཐུབ་པ་ནི་ཨ་ལྷུགས་འགྱུའི་རིགས་ནི་ལས་ཀྱི་གཙོ་བོ་འབྲོག་ལས་གཉེར་བཞིན་ཡོད་པ་ཤེས་ཐུབ་ལ། ཨ་ལྷུགས་འགྱུའི་ཡི་གེ་ནི་འབྲི་ཞེས་བྲིས་ཀྱང་ཆོག་པ་ཤེས་ཐུབ།

4. སྨའི་རུས་རྒྱུད་དང་ཡུལ་སྡེ། མི་སྣ་གྲགས་ཅན་སོགས་ངོ་སྤྲོད་བྱས་ཡོད་པ།

དེ་ཡང་ཐོག་མར་དམུ་ཚ་སྨའི་བུ་དགུ་དང་ཆེ་དྲུག་བཙུན་དྲུག་ཡུལ་སྡེ་དང་བཅས་པ་ངོ་སྤྲོད་བྱས་པ་བརྒྱུད་ནས་དུད་ཚང་འབུམ་བཞི་བཅུ་ཞེ་གཉིས་ཡོད་པ་སོགས་སྤྲོས་ཏེ། མཇུག་མཐར་བོད་ཁམས་ཆགས་སྟངས་དང་འབྲེལ་ནས་སྟོད་མངའ་རིས་སྐོར་གསུམ་ནི་བོན་གྱི་གདུལ་ཞིང་ཡིན་པ་དང་། དེ་རུ་རིག་པའི་གནས་ལྔ་དང་། དངུལ་དང་ལྕགས་བཟོའི་ལས་རིགས་ཆེས་ཆེར་དར་ཡོད་པར་མ་ཟད། ཆོས་རྩིའི་ལས་རིགས་ཀྱང་ཤིན་ཏུ་དར་ནས་བཀའ་འགྱུར་གསེར་བྲིས་སོགས་ཀྱང་བྱུང་ཡོད་པ་ཤེས་ཐུབ་ལ། རྒྱ་ཡུལ་གྱི་ཤོག་བུ་ནང་འདྲེན་བྱས་ཡོད་པ་ཤེས་ཐུབ། དེ་དང་བསྟུན་ནས་བར་གྱི་དབུས་གཙང་རི་བཞི་ཡང་བོན་གྱི་གླིང་ཞེས་བཀོད་ཡོད་མོད། དེ་ནི་ཕལ་ཆེར་ཡིག་ནོར་ཡིན་པ་འདྲ་སྟེ། རྒྱུ་མཚན་ནི་གང་ཞེ་ན། མར་པ་ལོ་ཙཱ་བའི་སྐོར་གསལ་པོར་བཀོད་ཡོད་ལ། ཆོས་རྒྱུད་སྡེ་བཞི་དང་ཨོཾ་མ་ནི་པད་མ་སོགས་གླིངས་ཡོད་པར་མ་ཟད། ཆོས་རྒྱ་གར་ཡུལ་ནས་བླངས་པ་དང་མར་པ་ལོ་ཙཱ་བ་རྒྱ་གར་ཡུལ་དུ་ཕྱིན་ཚུལ་དང་ཁོང་ཉིད་བོད་ལ་བཀའ་དྲིན་ཆེ་ཚུལ་སོགས་མང་པོ་བཤད་ཡོད་པས་ཕལ་ཆེར་བོད་དང་བོན་གཉིས་ཀྱི་ཡི་གེ་ནོར་བ་འདྲ། དེ་དང་བསྟུན་ནས་སྨད་ཀྱི་མདོ་ཁམས་ལ་སྒམ་གསུམ་དང་དེ་ལ་

སྐད་དྲུག་ཡོད་དེ། ལྷོ་ཚ་བ་སྐད་དང་སྐྱུང་ངང་མ་སྐད། བུ་འབོར་སྐད། རབ་སྟོང་ཚར་སྐད། སྐྱ་བཀྲ་སྐད། སྐར་ཁམས་སྐད་སོགས་ཡིན་ལ། དེ་དག་ན་གནས་པའི་ཚོ་པའི་མིང་སོགས་ཀྱང་བཤད་ཡོད་པར་མ་ཟད། རིགས་རྒྱུད་དམུ་ལ་གཏོགས་པ་སོགས་བཤད་ནས་མཐར་རྒྱལ་པོ་ཁྲི་སྲོང་ལྡེ་བཙན་གྱིས་བཙམས་པའི་རྒྱུ་མཚན་དང་བཅས་མཇུག་རྫོགས་ཡོད།

གསུམ་པ། "མདའ་དང་འཕང"ལས་དབུ་ནག་མི་འུ་འདྲ་ཆགས་ཀྱི་ལེ་ཚན་འགའ་དྲངས་ཡོད་པའི་ཆད་ལྷག་སྐོར།

དེ་ཡང་མཁར་རྨེའུ་བསམ་གཏན་ལགས་ཀྱིས《མདའ་དང་འཕང》ཞེས་པའི་དཔེ་ཆའི་སྨད་ཆའི་ཁྲིད"བོད་མིའི་འབྱུང་ཁུངས་བརྗོད་པའི་གཏམ་རྒྱུད་སྐོར་གླེང་བ"ཞེས་པའི་དཔྱད་རྩོམ་ཞིག་བཀོད་ཡོད་ལ། དཔྱད་རྩོམ་དེའི་ནང་དུ"དབུ་ནག་མིའུ་འདྲ་ཆགས"ཀྱི་ལེའུ་ཚན་དུམ་བུ་ཞིག་དྲངས་ཡོད། དབུ་མེད་ཀྱི་མ་ཕྱི13aཡི"དང་པོ་ཡེ་མེད་སྟོང་པ་ལས"ཞེས་པ་ནས་འགོ་བཟུང་སྟེ22bཡི"དེ་བདུད་ལ་ཕ་ཤ་བླང་ལུག་ཡིན"ཞེས་པའི་བར་དྲངས་ཡོད། དྲངས་ཡོད་པའི་ཁྲིད་མ་ཕྱི་དང་བསྡུར་ན་ཡིག་སྐྱོན་དང་ཆད་ལྷག་མང་པོ་ཞིག་ཡོད་པས་ཁ་བོས་འདིར་བཀོད་ན།

ཤོག་ངོས49ཡི"དེ་ལ་སེར་བུ་དེད་ཙམ་སྲིད། དེ་ལ་ཟིལ་པ་ཐྲམ་ཙམ་སྲིད"ཅེས་པའི་ཚིག་རྐང་གཉིས་ཀྱི་བར་ན"དེ་ལ་བ་མོ་སྐྱ་ཙམ་སྲིད"ཅེས་པ་ཆད་ཡོད་ལ། "བ་མོ་དང་ཟིལ་བ་སླེབས་པ་ལ"ཞེས་པ་ལས"སླེབས་པ"མིན་པར" སྡེབ་པ"ཡིན།

ཤོག་ངོས50ཡི་ཐིག་ཐྲེང་དང་པོ་དང་གསུམ་པ། ལྦ་པའི་ནང་གི་ཆེས་མཐའ་མཇུག"སྲིད"ཡིག་ལ་མ་ཕྱིའི་ནང་སྔོན་འཇུག་བ་ཡིག་བཞག་ཡོད། ཐིག་ཕྲེང་བརྒྱད་པའི"བར་གྱི་བདར་ཤ"ཞེས་པ"དར་ཤ"ཡིན། "དུང་གི་མི་ལྡན་དཀར་པོ་གསུམ་གསལ"ཞེས་པའི་ནང"པོ"ཡིག་མེད། སྒོ་ང་ཁྲ་བོ"ཞེས་པའི་སྐབས་སུ་སྒོང"ཡིན། "སྨོན་ལམ་མི་ལམ་ལམ་ལམ་སྲིད"ཞེས་པའི་ནང་དུ"སྨོན་མི་ལམ"ཡིན།

ཤོག་ངོས52སུ"ཕྱུ་རྒྱུད"དང"གཙུག་རྒྱུད"ཅེས་པའི་སྐབས་སུ"བརྒྱུད"འདི་ལྟར་ཡིན།

ཤོག་ངོས53གྱི"གཡང་དང་སྤྲུལ་ནས་བསྡེབས་པ་ལ"ཞེས་པ་ནི"གཡགས་དང་སྤྲུལ་ནས་སྡེབ་པ་ལ"ཡིན། "ལུག་དང་སྤྲུལ་ནས་བསྡེབས་པ་ལ"ཞེས་པའི་བསྡེབས"ཡིག"སྡེབ"ཡིན། "ཕྱྭ་རབས"ཀྱི"རབས"ལ་ས་མཐའ་མེད།

ཤོག་ངོས54ཡི"ཡུལ་ལྷའི་ལྷ་ཚོགས"ཞེས་པར"ཡུལ་ལ་ལྷ་ཚོགས"ཞེས་བཀོད་ཡོད། "བསྡེབས"ཡིག་ཡོད་ཚད་སྐབས་འགར་"བསྡེབ"དང་། སྐབས་འགར"སྡེབ"འདི་ཡིན། "སྲས་བུ་སུམ་ཅུ་སོ་བདུན་ཡོད། སོ་བདུན་པའི་ཆུང་བ་དེ"ཞེས་པའི་བར་ན"ལྦ་འབྲིང་ནང་གི་ཆུང་བ་དེ། ཉིང་ཁྲི་ཆེན་བར་ལྔ་བཅུ་བ་ཡིན། དེ་

ལ་སྐབས་མི་སྡུག་གི་ཤ་མཚན་བཅོ་བརྒྱད་ཡོད། སྤྲི་བོ་དེའི་གཙུག་ཏུ་ན། གསེར་གྱི་ཉི་མ་མཆོད་རྟེན་མཐོ་གང་ཡོད། ལྷ་བརྒྱད་གྱེན་ལ་ཆེས་འདྲ་ཡོད། སྤྱན་མིག་གཡས་ཀྱི་གཡོན་གོང་ན། གསེར་གྱི་ཉི་མ་ཤར་འདྲ་ཡོད། སྤྱན་མིག་གཡོན་གྱི་གཡས་གོང་ན། དུང་གི་ཟླ་བ་ཆེས་འདྲ་ཡོད། ཟི་མ་གཉིས་ཀྱི་འདུས་མདོ་ན། སྐྱི་བ་ལུང་ཐང་ཙམ་དུ་ཡོད། འཕྲག་པ་གཡས་ཀྱི་གཡོན་གོང་ན། གསས་མཁར་ཁོ་མ་ཧུ་རིང་ཡོད། འཕྲག་པ་གཡོན་གྱི་གཡས་གོང་ན། ཤེལ་གྱི་མཆོད་རྟེན་དགུ་རྩིགས་ཡོད། སྙིང་གི་རྒྱལ་མདོ་གོང་མ་ན། སྟག་མོ་ས་མདོར་འཁྱིང་འདྲ་ཡོད། དཔལ་རྩིབ་གཡས་ཀྱི་གཡོན་གོང་ན། ཡུ་དཀར་པོ་དེ་ལ་འཛུན་གཅིག་ཡོད། དཔལ་རྩིབ་གཡོན་གྱི་གཡས་གོང་ན། སྤུ་ནག་པོ་དེ་ལ་འཛུན་གཅིག་ཡོད། རྐང་པ་གཡས་ཀྱི་ངར་གང་ན། སྦྲུལ་ནག་ཐུར་ན་རྐྱུས་འདྲ་ཡོད། རྐང་པ་གཡོན་གྱི་ཕྱི་རྟིང་ན། ལྕུག་གི་སྦྲང་བུ་མིག་ཅན་ཡོད། རྐང་པ་གཡོན་གྱི་རྒྱུད་ཞབས་ན། སྦྲུལ་ནག་གྱེན་ལ་མཆོང་འདྲ་ཡོད། ས་བདག་གིས་སྡེ་ཚོགས་དེ་ལས་གྲོལ།" ཞེས་པའི་བར་ཆད་ལྷག་བྱུང་ཡོད། "ཡབ་ཀྱིས་དགུང་ནས……"ཞེས་པ་ནི"ཡབ་ཀྱིས་རྐང་ནས……"ཡིན།

ཤོག་ངོས55ཡི"རི་མོག་ཕོར་ཙམ་གྱིས་མགོ་ལ་བ"ཞེས་པའི"མགོ"ནི"སྒོ"ཡིན་ལ། "བུད་མེད་དེའི་ཐག་དེའི་སྐན་ཟན་དེ་ལ།" ཞེས་པའི"སྐན"ནི"སྐས"ཡིན། "སྲིན་ཕྲི་རྒྱ་བོ"ཞེས་པའི་སྐབས་སུ"སྲིན་ཕྲི་རྒྱ་འོ"ཡིན། "བུད་མེད་ཐག་ཟང་ཧྲངས་ནས"ཞེས་པའི་སྐབས་སུ"བུད་མེད་དེའི་ཐག་ཟང་ཧྲངས་ནས"ཡིན།

ཤོག་ངོས56གི"མཁོང་ཅིང་ཐུར་དུ་ཐར"ཞེས་པའི་སྐབས་སུ"མཁོང་ཤིང་བྱུར་དུ་ཐར"ཡིན། "ཡུ་པ་གཉིས་སྤྲུལ་པ་སྟེབ་དགོས་ཟེར།" ཞེས་པ་ནི"ཡུལ་གཉིས་སྤྲུལ་པ་སྟེབ་དགོས་ཟེར"ཡིན། "འཕྲིང་པོ་ཆུ་གྲི་ཤི"ཞེས་པ་ནི"འཕྲིང་པོ་ཆུ་ཏྲི་ཤི"ཡིན། "ཕྱུ་ལྕམ་ཞིག་ཁབ་དུ་བཞེས་པ་ལ"ཞེས་པའི་སྐབས་སུ"ཕྱུ་ལྕམ་དཀར་མོ་ཁབ་དུ་བཞེས་པ་ལ"ཡིན། དེ་ལས་གཞན་ད་དུང"བསྟེབས"ཡིག་ཡོད་ཚད་ལ་འགྲེང་བུ་མེད།

ཤོག་ངོས57གྱི་ལ"རྫ་ཁ་བཞུར་གྱི་གོང་ཁར་བསྟུད་ཙ་ན"ཞེས་པ་ནི"རྫ་ཁ་བཞུར་རེས་འདེབས་ཀྱིས་གོང་ཁར་བསྟུད་ཙ་ན"ཡིན།

ཤོག་ངོས58གྱི"ཁོག་སྨད་སྟེང་དུ……"ཞེས་པ་ནི"མགོ་སྨད་སྟེང་དུ"ཡིན།

ཤོག་ངོས59ཡི"འདོ་བ་ཧ་ལ……"ཞེས་པའི་འདོ་བ་ནི"མདོ་བ"ཞེས་བྲིས་ཡོད་ལ་དེའི་མན་དུ"ཧ་ལུག་གཉིས་ཀྱི་གཏད་ཡར་བྱུས། བོད་ཀྱི་ཕ་རོ་སྤྲིན་བསྲིག་བླུག་པ་དང"ཞེས་ཚིག་རྐང་གཉིས་ཆད་ཡོད། "ཟླ་བའི་ལུང་བ་ཟླ་བཀྲ་དེར"ཞེས་པའི་སྐབས་སུ་ཟླ་བཀྲ་མ་ཡིན་པར་ཟླ་བགྲང་ཡིན། "ཧོར་གྱིས་རྐེད་པ་ཐེ་བཞག་ཐབ་པ་དེ།" ཞེས་པའི"ཐེ"ནི"ཐེབ་ཡིན།" "མདའ་ཉག་ཕྲན་རྐྱེན་པ་དེ་ནས་སྲིད"ཞེས་པ་ནི"མདའ་ནག་ཕྲན་སྐྱེན་པ་དེ་ནས་སྲིད།" ཡིན། "ཕ་རོ་ཆུ་ལ་འཕང་ནས……"ཞེས་པའི"འཕང"ནི"ཕོང"བྲིས་ཡོད།

ཤོག་ངོས60ཡི། "བཙོ་ལྷའི་རྩེ་ལ་མོ་བཏབ"ཅེས་པ་ནི"གཡོན་གྱི་བཙོ་ལྷའི་རྩེ་ལ་མོ་བཏབ"ཡིན། "ཁྱོད་

ཀྱི་ཕ་མཚུན་རྒྱ་ལ་ཤོར་བ་འདྲ”ཞེས་པའི“ཁྱོད”ནི“ཁྱོས”ཡིན། “རྐུ་འཁྲོགས་བྱས་ན་ཨེ་ཐོབ”ཞེས་པའི་སྐབས་སུ་མ་ཡིག་གི་སྟེང་དུ“འཁྲོགས”མ་ཡིན་པར“འཁྲོ”ཞེས་བཀོད་ཡོད། “སྨུ་ཧྲིག་གི་ཟག་པ་འདོམ་དགུ།” ཞེས་པའི་སྐབས་སུ“ཟག་པ”མ་ཡིན་པར“ཞག་པ”ཡིན། “གཉན་པོ་ཁྲུང་གི་སྡེར”ཞེས་པ་ནི“གཉན་པོ་ཁྲུང་གི་ཕྲུ་སྡེར”ཡིན།

ཤོག་ངོས61གི“གས་མེད་སོལ་བའི་ཧ་སྒོ”ཞེས་པ་ནི“གས་མེད་སོལ་བ་ཧ་སྒོ”ཡིན། “གཞན་ཡང་མང་པོ་ཟེར།” ཞེས་པ་ནི“གཞན་ཡང་ཕ་ཟོག་མང་པོ་ཟེ་ར”ཡིན། “རྒྱ་དབང་པོ་ཆེས”ཞེས་པ་ནི“རྒྱ་དབང་པོ་ཆེ”ཡིན། “ལུང་པ་ཆུ་བགོས་ཉིན་དང་སྲིབ”ཅེས་པ་ནི“ལུང་པ་ཆུ་བགགས་ཉིན་དང་སྲིབ”ཡིན། “བསང་མཆོད་ཀྱིས་ཟེར་བ་ལ”ཞེས་པ་ནི“བསང་མཆོད་ཀྱིས་ཟེར་བབ”ཡིན། “ལུག་སྙིང་རྙིང་པ་ཅིག་མཆན་འོག་ཏུ……”ཞེས་པ་ནི“ལུག་སྙིང་རྙིང་པ་ཅིག་མཆན་ཁོབ་ཏུ……”ཡིན། “མདོ་རྨི་ལམ་རེ་ངན”ཞེས་པ་ནི“མདོ་རྨི་ལམ་རེ་ནང”ཡིན། “ཁྱོད་ཀྱིས་རོག་དེ་ལ་ཕ་མཚུན་ཤོར་བ་ཨེ་ཡིན་ཟེར”ཞེས་པ་ནི“ཁྱོད་ཀྱིས་རོག་དེ་ལ་ཕ་མཚུན་ཤོར་བ་ཨེ་མི་ཡིན་ཟེར”ཡིན། “དེའི་ནུབ་མོ་རྨིན་ལམ་དེ་བས་ཀྱང་ངན”ཞེས་པ་ནི“དེའི་ནུབ་མོ་རྨི་ལམ་དེ་བས་ཀྱང་ངན”ཡིན།

ཤོག་ངོས63ཀྱི“དེ་མོས་དད་པ་ལ་སོང་ཟེར”ཞེས་པ་ནི“འི་མོ་དད་ལ་སོང་ཟེར”ཡིན། “རྒྱ་བོད་གཉིས་ཀྱི་མཚམས་སུ་སླེབས”ཞེས་པ་ནི“རྒྱ་བོད་གཉིས་ཀྱི་མཚམས་ནས་སླེབས”ཡིན། “ཡུ་བུ་རྒྱ་བོད་ཀྱི་ཆུ་ཕ་རི་ན་འཁྲོ་དང་མདུན་མ་བྱེད་ཟེར་ནས་ཕ་རོལ་སོང་ཙ”ཞེས་པ་ནི“བོད་ཀྱི་ཆུ་ཕ་རི་ན་འཁྲོ་དང་མདུན་མ་བྱེད་ཟེར་ནས་ཕ་རི་ལ་སོང་ཛ”ཡིན། “རྒྱ་བོད་ཧོར་གསུམ་ཕ་རྒན་བཤེས་དེ། རྨ་ཁ་བཞུར་གྱི་གོང་ཁ་ཡིན”ཞེས་པ་ནི“རྒྱ་བོད་ཧོར་གསུམ་ཕ་རྒན་བཤེས་ས་དེ། རྨ་ཁ་བཞུར་ཡག་བཞུར་གྱི་གོང་ཁ་ཡིན”ཡིན། “ཉིན་གྱི་གད་དཀར་སྟེང་ཐིག་ཡིན”ཞེས་པ་ནི“ཉིན་གྱི་གད་དམར་སྟེང་ཐིག་ཡིན”ཡིན། “ཟླ་བའི་ལུང་པ་ཟླ་བཀྲ་ཡིན། ཁྱོད་ཀྱི་ཕ་རོ་དེ”ཞེས་པའི་སྐབས་སུ“ཁྱོས་ཕ་རོ་མེ་ལ་བསྲེག་ས་དེར”ཞེས་པ་ཡིན།

ཤོག་ངོས64ཡི“བོད་འཇོམ་ལ་ཕྲོམ་ལ……”ཞེས་པ་ནི་མ་ཡིག་གི་སྟེང་དུ“བོད་འཛང་ལ་ཕྲོམ……” ཞེས་བཀོད་ཡོད། “བོད་མ་གསུམ་བུ་དྲུག་བྱ་བ་ཡིན”ཞེས་པའི་ནང་དུ“བོད་མ་གསུམ་ལ་བུ་དྲུག་བྱ་བ་ཡིན”ཞེས“ལ”ཡིག་ཆད་ཡོད། “ཕ་རྒན་ཨ་མྱེ་ཁྲི་ཐོག་ཆེན་པོ་ཡིན”ཞེས་པ་ནང“ཨ་མཉེ……”ཞེས་བཀོད་ཡོད།

ཤོག་ངོས65ཡི“དུང་གི་མཛོ་མོ་སྨན་གཉིས་སྐྱོང་། །”ཞེས་པའི་ནང་དུ“གཉིས”ཡིག་ནི་ལྷག་སྐྱོན་ཡིན། “ནང་ནུབ་ཟོ་བ་གཉིས་བཞོས”ཞེས་པའི་ནང་དུ“ནང་ནུབ་ཟོ་བ་གཉིས་བདུན་བཞོ།” “བདུད་ཀྱི་ཇག་པ་རྐུ་བདུན་བྱུང”ཞེས་པའི་ནང“བྱུང”ཡིག་མ་ཡིན་པར“རྒྱུག”ཡིན། “ཆད་ནས་གྲི་དེ་ཙར་གྱི་བཏོན”ཞེས་པའི་ནང“ཙར”མ་ཡིན་པར“རྩར”ཡིན། “ཨ་མྱེས་གཉན་རྒན་དེ་བ་དེས”ཞེས་པའི་ནང་དུ“དེ་བ”མ་ཡིན་པར“ཌྷེ་བ”ཡིན།

ཤོག་ངོས66གི“གཉན་ལ་ཤ་སྟོང……”ཞེས་པ་ནི“གཉན་ལ་ཕ་སྟོང……”ཡིན། “ལྟོང་དར་ཕྱུག་ཅན་གྱི་དགྲ་བླ་བྱེད་པ་ཡིན”ཞེས་པའི་ནང“ལྟོང་དར་ཕྱུག་ཅན་གྱི་དགྲ་བླ་བྱེད་པ་ཆད”ཡིན།

ཤོག་ངོས67གྱི“འགྲུ་ལ་ཉུལ་ཞིང……”ཞེས་པ་ནི“འགྲུ་བླ་ཉུལ་ཞིང……”ཡིན། “ཁམས་གསུམ་སྣ་ལ་ཉུལ”ཞེས་པ་ནི“ཁམས་གསུམ……སྣ་ལ་ཉུག”ཡིན། “ལྟོང་གིས་རྒྱས་གསལ་བ་ཡང་མདོ་ཉོས”ཞེས་པའི་འཕྲོར། “རྒྱས་ཀྱང་ཧ་རྫེ་ཧ་བདག་བྱས།” ཞེས་པའི་ཚིག་ཕྲང་ཆད་ཡོད།

ཤོག་ངོས68ཀྱི“བདུད་ཀྱི་མི་ནག་དུས་ཆེན་བསད”ཅེས་པ་ནི“བདུད་ཀྱི་མི་ནག་གསུམ་ཆེན་བསད”ཡིན།

ཤོག་ངོས69ཡི“གདོང་ཕུད་ཟེར་བ……”ཞེས་པ་ནི“མདོང་ཕུད……”ཡིན། “སྨན་བུ་མོའི་སྟག་ཕུད་དེ་ནས་སྲིད”ཅེས་པའི་ཚིག་ཕྲང་གི་འཕྲོར“ཡེ་སྲིད་ནང་གི་ཁྱུང་ཕྲུག་དེ། ནུ་བོ་སྣ་ལ་གཅེས་ཟས་བྱས། བུ་ཆུང་གི་གཅེས་ཟས་དེ་ནས་སྲིད”ཅེས་པའི་ཚིག་ཕྲང་གསུམ་ཆད་ཡོད།

མཆན།

[1]《ཁྲོ་བྱུག་སྟོན་མོའི་གསུང་སྒྲུབ།》 རྫ་རབ་སེའི་ཞིབ་འཇུག་པ་ཆེན་མོ་མཁར་རྫེའི་བསམ་གཏན་དང་འཇར་པན་གྱི་ཞིབ་འཇུག་པ་ཆེན་མོ་ན་ག་ན་ཡ་སུ་ཧེའི་ཁ་གཉིས་ཀྱིས་བསྒྲིགས་ལ་འཇར་པན་གྱི་ཨོ་ས་ཁའི་རྒྱལ་བཙུགས་རིག་དངོས་བཤམས་སྟོན་ཁང་དུ2002ལོར་པར་སྐྲུན་བྱས།

[2] མཁར་རྫེའུ་བསམ་གཏན་གྱི་གསུང་རྩོམ་ཕྱོགས་བསྒྲིགས། 《མདའ་དང་འཕང》(སྨད་ཆའི)ཤོག་ངོས42-71བར་གསལ། ཀྲུང་གོའི་བོད་རིག་པ་དཔེ་སྐྲུན་ཁང་དུ2007ལོར་པར་སྐྲུན་བྱས།

《ཀྲུང་གོའི་བོད་རིག་པ།》 ༢༠༡༠ལོའི་དེབ་གསུམ་པ་ལས་བཏུས།

༄། །དེབ་དམར་དུ་དྲངས་པའི་ཐང་ཡིག་གི་ལོ་རྒྱུས་དཔྱད་གཞིའི་རིན་ཐང་སྐོར་གླེང་བ།

ཁྲུག་རྡོར་སྐྱབས།

གླེང་གཞི།

ཚལ་པ་ཀུན་དགའ་རྡོ་རྗེས་བརྩམས་པའི《དེབ་ཐེར་དམར་པོ》དེར་སྔོན་གྱི་བོད་ཀྱི་མཁས་པ་ཚོས་ཧ་ཅང་མཐོང་ཆེན་གནང་ཡོད་པ་དང་། 《དེབ་དམར》ནང་གི་ཐང་ཡིག[1]ལས་དྲངས་པའི་བོད་ཀྱི་ལོ་རྒྱུས་སྐོར་གྱི་དོན་ཚན་དེ་ནི་བོད་ཀྱི་ལོ་རྒྱུས་དེབ་ཐེར་ཁྲིད་ཁོང་གིས་ཐོག་དང་པོར་བོད་ཡིག་ཏུ་བསྒྱུར་བ་དང་། རྗེས་ཀྱི་མཁས་པའི་དབང་པོ་འགོས་ལོ་གཞོན་ནུ་དཔལ་གྱིས་མཛད་པའི་དེབ་ཐེར་སྔོན་པོ་དང་། དཔའ་བོ་གཙུག་ལག་ཕྲེང་བས་མཛད་པའི་ཆོས་འབྱུང་མཁས་པའི་དགའ་སྟོན་སོགས་དེབ་ཐེར་གྲགས་ཅན་མང་པོར་ངོས་ཤུགས་གང་རུང་ནས་ལོ་རྒྱུས་དོན་ཚན་དེ་དྲངས་ཡོད་པས། ལོ་རྒྱུས་དོན་ཚན་དེ་ནི་ཐང་བོད་འབྲེལ་བའི་ཐད་ལ་རྟོག་ཞིབ་བྱེད་སྐབས་མེད་དུ་མི་རུང་བའི་དཔྱད་གཞིའི་ཡིག་ཆ་གལ་ཆེན་ཞིག་ཡིན། ཐང་བོད་རྒྱལ་རབས་གཉིས་ལོ་དུས་མཚུངས་སུ་བསྒྲིགས་ཤིང་། བོད་ཀྱི་རྒྱལ་རབས་སོ་སོའི་ལོ་ཁམས་དང་ལོ་གྲངས་གསལ་པོར་ངོས་ཟིན་པ་ལ་རིན་ཐང་ཆེན་པོ་ལྡན་པར་མ་ཟད། བོད་ཀྱི་གནའ་བོའི་ལོ་རྒྱུས་དཔྱད་ཞིབ་ཕྱོགས་སུ་མེད་དུ་མི་རུང་བའི་ཡིག་ཆ་དོ་གལ་ཆེ་བ་ཞིག་ཡིན་པ་བཤད་མ་དགོས། འོན་ཀྱང་ད་སྔ《དེབ་ཐེར་དམར་པོ》རུ་དྲངས་པའི་ཐང་ཡིག་གི་བོད་ཀྱི་ལོ་རྒྱུས་ཚན་པ་དེ་ལ་ཆེད་དུ་ཞིབ་འཇུག་བྱེད་མཁན་མ་བྱུང་བ་དང་། ལྷག་དོན་དེའི་ལོ་རྒྱུས་ཀྱི་དཔྱད་གཞིའི་རིན་ཐང་ལ་ཞིབ་འཇུག་བྱེད་པའི་ཆེད་རྩོམ་མ་མཐོང་བས། ཁོ་བོས་འདིའི་ཕྱོགས་ཀྱི་སྟོང་ཆ་རེ་སྐོང་ཨེ་ཐུབ་སྙམ་པའི་ཀུན་སློང་ཞིག་གིས་ཅུང་ཟད་དཔྱད་ན།

དང་པོ། 《དེབ་ཐེར་དམར་པོ》རྩོམ་གྲུབ་ཀྱི་ལོ་རྒྱུས་རྒྱབ་ལྗོངས།

《དེབ་ཐེར་དམར་པོ》ཡི་མིང་ཆ་ཚང་ལ་དེབ་ཐེར་དམར་པོ་རྣམས་ཀྱི་དང་པོ་བཞུགས་སོ་ཞེས་བྱ་ཞིང་། བསྡུས་ནས་དེབ་ཐེར་དམར་པོ་རུ་ཐོགས་པ་རེད། 《དེབ་ཐེར་དམར་པོ》ཡི་རྩོམ་པ་པོ་ནི་ཚལ་པ་ཀུན་

དགའ་རྡོ་རྗེ་ཡིན་ལ། ཁོང་ནི་རབ་བྱུང་ལྔ་པའི་ས་བྱ(སྤྱི་ལོ་༡༣༠༩)ལོར་ཚལ་པ་ཁྲི་དཔོན་དྲུང་ཆེན་སྨོན་ལམ་རྡོ་རྗེའི་སྲས་སུ་འཁྲུངས། དགུང་ལོ་ལྔ་ནས་ཡི་གེ་འབྲི་ཀློག་ལེགས་པར་སྦྱངས་པ་དང་། ཚལ་པ་བཀའ་བརྒྱུད་ཀྱི་ཆོས་སྐོར་དང་མདོ་སྔགས་རིག་གནས་ལ་མིང་དུ་གྲགས་པའི་མཁས་པར་གྱུར། དགུང་ལོ་བཅུ་དྲུག་པ་རབ་བྱུང་ལྔ་པའི་ཤིང་སྤྲང(སྤྱི་ལོ་༡༣༢༣)ལ་ཚལ་པ་ཁྲི་དཔོན་གྱི་ཁྲི་ལ་བཞུགས། ལོ་དེར་ཁོང་གིས་རྫོ་མོ་ཞིག་ཁབ་ཏུ་བཞེས་ཤིང་སྤྱི་ལོ་༡༣༤༧ལོར་སྲས་དགེ་ལེགས་བཟང་པོ་འཁྲུངས། དགུང་ལོ་བཅུ་བདུན་པར་ནང་སར་ཕྱིན་ནས་ཡོན་རྒྱལ་རབས་ཀྱི་གོང་མ་ཡེ་སུན་ཐེའི་མུར(元泰定帝也孙铁木儿)གྱི་དྲུང་ནས། དངུལ་བྲེ་ཆེན་དང་། དངུལ་གྱི་ཐམ་ཀ། གསེར་གྱི་རྒྱན། གོས་དར་སོགས་མང་པོ་དང་། ཚལ་པའི་མི་སྡེ་དབང་རིས་ཐམས་ཅད་ཤེས་སུ་བཅུག་པའི་འཇའ་ས་བཅས་གནང་། ཁོང་གིས་ལོ་ཉི་ཤུ་རྩ་བརྒྱད་རིང་ཁྲི་དཔོན་གྱི་གོ་གནས་བཟུང་ཞིང་། དེའི་རིང་ཚལ་གུང་ཐང་གི་གཙུག་ལག་ཁང་དང་། ལྷ་ས་གཙུག་ལག་ཁང་། པོ་ཏ་ལ་བཅས་ལ་བདག་གཅེས་དང་ཉམས་གསོ་ལེགས་པར་མཛད། ད་དུང་མཁས་པའི་དབང་པོ་བུ་སྟོན་རིན་པོ་ཆེ་གདན་དྲངས་ཏེ་སྣར་ཐང་གི་བཀའ་འགྱུར་སོགས་སྐབས་དེར་ཁ་བའི་ལྗོངས་སུ་ཡོད་པའི་པར་གཞི་མང་པོར་ཞིབ་བསྡུར་དང་ཞུ་དག་ལེགས་པར་མཛད་ནས་གསེར་དངུལ་འདྲེས་མའི་བཀའ་འགྱུར་ཆ་ཚང་བཞེངས་པར་ཡོངས་གྲགས་སུ་ཚལ་པ་བཀའ་འགྱུར་ཞེས་བོད་ཀྱི་མཁས་པ་མང་པོས་ཚད་ལྡན་གྱི་མ་དཔེར་བརྩི་བ་དེ་བྱུང་། ཀུན་དགའ་རྡོ་རྗེ་རང་ཉིད་ཀྱིས་དེའི་དཀར་ཆག《དེབ་ཐེར་དཀར་པོ》ཞེས་བྱ་བ་ཞིག་བརྩམས། བུ་སྟོན་ཚང་གདན་འདྲེན་སྐབས་བུ་སྟོན་རིན་པོ་ཆེས་ཚལ་པ་དཔོན་པོའི་ཁ་ཡ་བྱེད་དགོས་པས་རང་དགར་ཕྱིན་ན་མི་ཡོང་གསུངས་ནས་ཕྱུག་དཔེ་མང་པོ་བསྣམས་ཏེ་ཚལ་པར་ཕེབས་པའི་ལམ་དུ་ཡང་གཟིགས་སྐད། དེ་ཐོག་ནས་ཚལ་པ་ཀུན་དགའ་རྡོ་རྗེ་མཁས་པའི་རྩེར་སོན་པ་ཞིག་ཡིན་པ་མཚོན་ཞིང་། གཙུ་སྐྱ་ཕྲེང་བཞི་པ་རོལ་པའི་རྡོ་རྗེའི་དྲུང་ནས་མདོ་སྔགས་ཀྱི་ཆོས་མང་དུ་ཞུས། བོད་ས་གནས་སུ་སི་ཏུ་ཐམས་ཅད་མཁྱེན་པ་ཞེས་བསྟོད་བསྔགས་ཆེན་པོ་བྱེད་པ་ཞིག་བྱུང་། བཀའ་རྩོམ་ལ་ཚལ་པ་བཀའ་འགྱུར་གྱི་དཀར་ཆག་དེབ་ཐེར་དཀར་པོ་དང་། རྒྱལ་རབས་ལོ་རྒྱུས་དེབ་ཐེར་དམར་པོ། དེའི་ལྷན་ཐབས་དེབ་ཐེར་མཁས་པའི་ཡིད་འཕྲོག རྒྱལ་རབས་ལོ་རྒྱུས་དེབ་ཐེར་ཁྲ་བོ། གུང་ཐང་བླ་མ་ཞང་དང་། རང་ཉིད་ཀྱི་ཡབ་སྨོན་ལམ་རྡོ་རྗེའི་རྣམ་ཐར་བཅས་ཡོད། དེ་དག་ལས་ཆེས་གྲགས་ཆེ་བ་ནི་དེབ་ཐེར་དམར་པོ་འདི་ལགས་སོ། །

ལོ་རྒྱུས་ཐོག་གི་གཡའ་ཕག་འགལ་བའི་ཁྲོད་དུ་ཚལ་པའི་དབང་རིས་ཀྱང་རབ་བྱུང་དྲུག་པའི་ཆུ་འབྲུག(སྤྱི་ལོ་༡༣༥༢)ལོར་ཕག་གྲུར་ཤོར། དེ་རྗེས་ཚལ་པའི་ཁྲི་དཔོན་གྱི་གོ་སར་རང་གི་གཅུང་པོ་གྲགས་པ་ཤེས་རབ་བསྐོས་ནས་རང་ཉིད་མཁན་ཆེན་དོན་ཞགས་པ་སངས་རྒྱས་རིན་ཆེན་གྱི་དྲུང་ནས་བསྙེན་རྫོགས་ཀྱི་སྡོམ་པ་བཞེས་ཏེ་མཚན་ཡང་དགེ་བའི་བློ་གྲོས་ཞེས་གསོལ། མཐར་དགུང་ལོ་ང་བདུན་པ་རབ་

བྱུང་དྲུག་པའི་ཤིང་སྦྲུལ(སྤྱི་ལོ༡༣༦༥)ལོར་སྐུ་གཤེགས།

གཉིས་པ། 《དེབ་ཐེར་དམར་པོ》ཡི་ཐུན་མོང་མ་ཡིན་པའི་ལོ་རྒྱུས་ལྟ་བ།

དེབ་ཐེར་དམར་པོ་འདི་སྤྱི་ལོ༡༣༤༦ལོར་འབྲི་འགོ་བརྩམས། སྤྱི་ལོ༡༣༦༣ལོར་བརྩམས་ནས་གྲུབ། དུས་ད་ལྟའི་བར་ཐལ་ཆེར་ལོ༦༤༠ཡས་མས་སོང་ཡོད། དེབ་ཐེར་འདིར་རྒྱལ་རབས་རིམ་བྱོན་གྱི་ལོ་རྒྱུས་དང་བོད་ཁུལ་གྱི་གྲུབ་མཐའ་སོ་སོའི་འཕེལ་རྒྱས་ཀྱི་ལོ་རྒྱུས་བྲིས་ཡོད། དེ་ལས་ཀྱང་གལ་ཆེ་བ་ནི་རྩོམ་པ་པོས་བོད་ཀྱི་ལོ་རྒྱུས་མ་ཟད། རྒྱ་གར་དང་། རྒྱ། མི་ཉག སོག་པོ་སོགས་ཀྱི་རྒྱལ་རབས་ལོ་རྒྱུས་ཀྱང་བྲིས་ཡོད་ལ། ལྷག་པར་དུ་བསྟན་པ་ཕྱི་དར་ནས་བཟུང་བོད་ཀྱི་ནང་བསྟན་གྲུབ་མཐའ་ཁག་གི་བྱུང་ཚུལ་རྒྱས་པར་བཀོད་ཡོད། སྤྱིར《དེབ་དམར》ལ་པར་གཞི་མི་འདྲ་བ་བདུན་ཙམ་ཡོད་པར་བཤད་ལ། མཁས་པའི་དབང་པོ་དུང་དཀར་བློ་བཟང་འཕྲིན་ལས་ཁོང་གིས་དེ་དག་ལ་ཞིབ་བསྡུར་དང་ཞུ་དག་བྱས་ནས་གསར་དུ་ལེགས་སྒྲིག་བྱས། དུས་སྐབས་དེར་མཚོན་ན་ལོ་རྒྱུས་འབྲི་སྟངས་འདི་ནི་ཐོད་བརྒལ་ཞིག་དང་ཡང་ན་གསར་གཏོད་ཀྱི་རང་བཞིན་ལྡན་པ་ཞིག་རེད། དེ་ནས་བཟུང་བོད་ཀྱི་ལོ་རྒྱུས་དེབ་ཐེར་འབྲི་བའི་ལུགས་ཏེ་བོད་ཁོངས་ལས་འདས་ཏེ། ཁྱིམ་མཚེས་རྒྱལ་ཁབ་དང་མི་རིགས་གཞན་གྱི་ལོ་རྒྱུས་ལའང་མཐོང་ཆེན་མཛད་ཅིང་། འདི་ནི་རྩོམ་པ་པོའི་ལོ་རྒྱུས་རིན་ཐང་གི་ལྟ་བ་དེ་འཛམ་གླིང་ལོ་རྒྱུས་ཀྱི་འབྲི་སྟངས་ལ་ཕྱོགས་ཡོད་སྙམ། སྐུ་ཞབས་སུན་ལིན(孙林)ལགས་ཀྱིས། སྔོན་རྒྱའི་ལོ་རྒྱུས་སྨྲ་བ་ཚོས་ལོ་རྒྱུས་འབྲི་སྐབས། རང་རྒྱལ་ཁབ་ནི་འཛམ་གླིང་གི་ལྟེ་བའམ་མཆོག་ཏུ་བཟུང་ནས་རང་མི་རིགས་ཀྱི་ལོ་རྒྱུས་འབྲི་བ་དང་། མི་རིགས་དང་ས་ཁུལ་གཞན་ལ་མཐོང་ཆུང་བྱེད་པའི་ལྟ་སྟངས་ཤིག་འཛིན་གྱི་ཡོད། ཁོ་ཚོས་དཔེ་ཆ་འབྲི་སྐབས་ཀྱང་སྒྲིག་གཞིའི་ཆ་ནས་བཤད་ན། རང་མི་རིགས་མ་ཡིན་པའི་ལོ་རྒྱུས་དེ་དག་དཔེ་ཆའི་མཇུག་ཏུ་བཀོད་པ་རེད། དེའི་ཐོག་ནས་རྒྱའི་ལོ་རྒྱུས་སྨྲ་བ་ཚོའི་རང་ལྟ་མཆོག་འཛིན་དང་རང་གཞན་འདྲ་མཉམ་དུ་མི་ལྟ་བའི་རིན་ཐང་དེ་མངོན་པ་རེད། འོན་ཀྱང《དེབ་དམར》དུ་རྩོམ་པ་པོས་བོད་དང་མི་རིགས་གཞན་གྱི་ལོ་རྒྱུས་དེ་ཐིག་མང་མཉམ་སྡེབ་དང་ཐམས་ཅད་འདྲ་མཉམ་གྱི་ཚུལ་དུ་བྲིས་ཡོད་པ་རེད།[2] ཅེས་བཤད། ཚལ་པ་ཀུན་དགའ་རྡོ་རྗེ་ནས་བཟུང་བོད་ཀྱི་ལོ་རྒྱུས་སྨྲ་བ་ཚོས་རྒྱ་ཡི་དེབ་ཐེར་ནང་བཀོད་པའི་བོད་ཀྱི་ལོ་རྒྱུས་ལ་དོ་སྣང་བྱ་བའི་འགོ་ཚུགས་ཤིང་། དེ་ནས་བཟུང་བོད་ཀྱི་ལོ་རྒྱུས་སྨྲ་བ་རྣམས་ཀྱིས《དེབ་དམར》དུ་གསལ་བ་གནའ་རབས་རྒྱའི་ཡིག་ཚང་ནང་འཁོད་པ་བོད་དང་འབྲེལ་ཡོད་ཀྱི་ལོ་རྒྱུས་རྣམས་རང་རང་གིས་གསར་དུ་བརྩམས་གནང་མཛད་པའི་དེབ་ཐེར་ནང་བཀོད་པར་མ་ཟད། མི་རིགས་གཞན་དང་ས་ཁུལ་གཞན་གྱི་ལོ་རྒྱུས་ལའང་མཉམ་འཇོག་མཛད་ཅིང་། དེས་བོད་ཀྱི་ལོ་རྒྱུས་ཞིབ་འཇུག་དཔྱད་གཞི་རིན་ཐང་ཆེ་བ་ཞིག་བསྟན་པ་རེད། 《དེབ་དམར》ནི་བོད་ཀྱི་ཆོས་སྲིད་གཉིས་

གཅིག་གྱུར་གྱི་ལོ་རྒྱུས་དེབ་ཐེར་ཐོག་མ་དེ་ཡིན་ལ། དེ་བརྩམས་པ་ནས་བོད་ཀྱི་ལོ་རྒྱུས་དེ་ཡང་བཤད་བསྐྱར་བཤད་ཤིག་གི་རྣམ་པ་ལས་བརྒལ་ནས་ལོ་རྒྱུས་ཀྱི་མིག་ཟུར་ནང་ཁོ་ནར་གཏོད་པ་ནས་གྲོལ་ཏེ་ཕྱིའི་གནས་ཚུལ་ལའང་དོ་གལ་འཛིན་པ་དང་། ཡུལ་དང་དུས་གཉིས་ཀྱི་སྒོ་ནས་བོད་ཀྱི་ལོ་རྒྱུས་དེ་རིམ་བཞིན་སྣ་འཛོམས་ཕྱོགས་སུ་ཁྲིད་སྟོན་བྱེད་པའི་དགེ་མཚན་ལྷ་ལྷག་ལྡན་པར་སྣམ།

གསུམ་པ། ཐང་ཡིག་ནས་དྲངས་པའི་ལོ་རྒྱུས་དོན་ཚན་གྱི་དཔྱད་གཞིའི་རིན་ཐང་།

བོད་བཙན་པོའི་རྒྱལ་རབས་ནི་བོད་ཀྱི་ལོ་རྒྱུས་རིམ་བྱུང་སྟེང་ཆབ་སྲིད་དང་རིག་གནས། དཔལ་འབྱོར། དམག་དོན་སོགས་གང་ཐད་ནས་ཀྱང་གནས་གལ་ཆེན་ཟིན་པའི་དུས་སྐབས་ཤིག་ཡིན། འོན་ཀྱང་དེང་སང་ང་ཚོས་བོད་བཙན་པོའི་སྐབས་ལ་ཕྱིར་མིག་ཅིག་བལྟ་དགོས་ན། ཐང་ཡིག་གསར་རྙིང་ནི་མེད་དུ་མི་རུང་བའི་ལོ་རྒྱུས་ཡིག་ཆ་ཞིག་ཡིན་ལ། དེས་བོད་མིའི་འབྱུང་ཁུངས་དང་། ས་ཁམས་ཁོར་ཡུག ཡུལ་སྲོལ་གོམས་གཤིས། ལམ་ལུགས། བོད་བཙན་པོའི་རྒྱལ་རབས་ཀྱི་འཕེལ་རྒྱས། མཇུག་མཐར་ཉམས་རྒུད་དུ་གྱུར་པའི་ལོ་རྒྱུས་བཅས་བྲིས་ཡོད།

《དེབ་དམར》དུ་ཐང་ཡིག་ནས་ཐོག་མར་དྲངས་པའི་རྒྱའི་ཀྲོའུ་རྒྱལ་རབས་ནས་ཐང་རྒྱལ་རབས་བར་གྱི་ལོ་རྒྱུས་དང་། ཐང་གི་གོང་མ་ཐོག་མ་ནས་མཐའ་མཇུག་བར་གྱི་གོང་མ་སོ་སོའི་མཚན་དང་། སྲིད་སྐྱོང་དུས་དང་ལོ། དེ་བཞིན་ཐང་བོད་དབར་གྱི་འབྲེལ་ལམ་སོགས་བཀོད་འདུག་པ་དེས་རང་ཚོས་མི་རིགས་ཁག་གི་ལོ་རྒྱུས་ལ་སློབ་སྦྱོང་དང་། ལྷག་པར་དུ་ཐང་བོད་རྒྱལ་རབས་སྙིང་བསྡུས་དང་བཀོད་པའི་ལོ་རྒྱུས་དེ་ང་ཚོས་ཐང་བོད་ལ་ཞིབ་འཇུག་བྱེད་པར་རིན་ཐང་ཆེན་པོ་ལྡན་པ་ཕྱོགས་འགའ་ནས་བཤད་ན།

གཅིག ཀྲུལ་རབས་ལོ་ཚིགས་ཐད་ཀྱི་དཔྱད་གཞིའི་རིན་ཐང་།

《དེབ་དམར》དུ་ཐང་བོད་རྒྱལ་རབས་ཀྱི་ལོ་རྒྱུས་དུས་མཚུངས་བསྒྲིགས་ནས་བཀོད་ཡོད་དེ། དཔེར་ན། དེ་ཙ་མང་སྲོང་མང་བཙན་གྱི་འབྲུངས་འདས་བཀོད་ཡོད་པ། 《དེབ་དམར》ལས"ས་ཕོ་ཁྱིའི་ལོ་ལ་བོད་ཀྱི་རྒྱལ་པོ་སྲོང་བཙན་སྒམ་པོ་འདས། སྲས་གུང་སྲོང་སྔར་ནས་འདས་ཤིང་མང་སྲོང་མང་བཙན་བཅུ་གསུམ་ལོན་པ་ལ་རྒྱལ་སར་སྟོན།"[3] ཞེས་གོང་གི་སྲོང་བཙན་འདས་ལོ་ནི་ལུགས་ཕོ་ཁྱིའི་ལོ་སྤྱི་ལོ650ཡིན་པ་དང་། རྒྱའི་ཐང་ཡིག་གསར་མ་ལས"ཡུང་ཧུའི་ཁྲི་ལོ་དང་པོར(ལྕགས་ཁྱི་སྤྱི་ལོ650)སྲོང་བཙན་སྒམ་པོ་དགོངས་པ་རྫོགས་པར་བརྟེན། གོང་མས་འདས་མཆོད་དུ་ཕེ་ཉ་བ་མངགས།"[4] ཞེས་པ་དང་ཐང་ཡིག་རྙིང་མ་ལས"ཡུན་ཧོས་ཁྲི་ལོ་དང་པོར(ལྕགས་ཁྱི་སྤྱི་ལོ650)ཁྲི་སྲོང་བཙན་གྲོངས། གོང་མ་ཀོང་ཙུང་གིས་མྱ་ངན་ཞུས། གཡས་ཧྲུའི་དྲག་དཔོན་ཞན་ཡུས་ཁྲིན་ཙི་བྱ་བ་ལ་གོང་མའི་བཀའ་ཡིག་ཕྱག་རྒྱ་ཅན་གནང་སྟེ་འདས་མཆོད་དུ་མངགས།"[5] ཞེས་པ་དེ་དག་གི་ཆོས་རྒྱལ་སྲོང་བཙན་སྒམ་པོའི་གཤེགས་ལོ་དེ་སྤྱི་

ལོ༨༥༠ལོ་ཡིན་པར་བདེན་དཔང་བྱས་པ་དང་། ཏུན་ཧོང་ཡིག་ཚང་དུ་བཀོད་པའི་“ཁྱིའི་ལོ་ལ་བབ་སྟེ(སྤྱི་ལོ༨༥༠)བཙན་པོ་མྱེས་ཁྲི་སྲོང་བརྩན་གྱི་སྤུར་ཕྱིང་བའི་རིང་ཁང[6]ནའ་རིང་མཁྱུད་ཚིང་བཞུགས་སྟེ། བཙན་པོ་སྲོན[7]ཁྲི་མང་སློན་རྩན་མེར་ཀེན་བཞུགས་ཕར་ལོ་གཅིག”ཞེས་པའང་དོན་དུ་ལོ་དེར་སྲོང་བཙན་སྒམ་པོ་སྐུ་གཤེགས་པ་དང་མང་སྲོང་བཙན་ཁྲིར་བཀོད་པར་མ་ཟད། དགུང་ལོ་བཅུ་གསུམ་ཡིན་པའང་གསལ་པོ་རེད། མང་སྲོང་མང་བཙན་གྱི་འདས་ལོ་ནི་བོད་ཀྱི་དེབ་ཐེར་སོ་སོའི་དགོངས་པ་མཐུན་པ་མ་ཡིན་ལ། ལྡེའུའི་རྒྱ་བོད་ཆོས་འབྱུང་ལས་ཆབ་སྲིད་ལོ་བཅོ་ལྔ་བཟུང་ནས་མཐར་བྱི་བའི་ལོ་ལ་མང་སྲོང་འདས་སོང་ཞེས་པ་དང་། ལྡེའུ་ཆོས་འབྱུང་ཆེན་མོ་རུ་རྒྱལ་སྲིད་ལོ་བཅུ་བཞིར་བཞེས་སྟེ་དགུང་ལོ་ཉེར་བདུན་པའི་ལོར་སྐུ་འདས་ཞེས་པས་ཆབ་སྲིད་ལོ་ངོ་བཅོ་ལྔའམ་བཅུ་བཞིར་བསྐྱངས་ནས་ལོ་ཉེར་བདུན་ཐོག་ཏུ་གཤེགས་པར་ངེས་ཤེས་ཐུབ་ལ། 《དེབ་དམར》དུའང་ས་མོ་ཡོས་ལ་མང་སྲོང་མང་བཙན་འདས། དེའི་སྲས་འདུས་སྲོང་མང་པོ་རྗེ་རྒྱལ་སར་སྟོན་ཞེས་བཀོད་པའི་ས་མོ་ཡོས་དེ་ནི་སྤྱི་ལོ༨༧༩ལོ་ཡིན་ངེས་ཏེ། ཐང་ཡིག་གསར་མ་ལས། “དབྱི་རྫིན་ཁྲི་ལོ་བཞི་བར(སྤྱི་ལོ༨༧༩)། བཙན་པོ་གཤེགས། སྲས་ཁྲི་འདུས་སྲོང་རྒྱལ་སར་བཏོན”[8]ཞེས་པ་ལས་མཐོང་ཐུབ། འདི་དང་ཏུན་ཧོང་ཡིག་ཚང་ལས་བྱི་བའི་ལོ་བབ་སྟེ(སྤྱི་ལོ༨༧༨)། དབྱར་དེ་བཙན་པོ་སྤྲགས་ཀྱི་ཤར་ན་བཞུགས་ཤིང་། དགུན་ཚང་བར་སྣ་ནས། ཁྲི་མང་སློན་དགུང་དུ་གཤེགས། བཙན་པོ་སྲས་ཁྲི་འདུས་སྲོང་། སྤྲིགས་ཀྱི་ལྷ་ལུང་དུ་བལྟམ། བློན་བཙན་སྙས་དྲུ་གུ་ཡུལ་དུ་དྲངས་སྟེ། ལྕམ་བུ་ཁྲི་བཤོས་ཁྲིམ་བཙལད་པར་ལོ་གཅིག”[9]ཞེས་པ་དང་བསྡུར་ན་ལོ་གྲངས་ལོ་གསུམ་བཞི་ཡིས་མང་བ་ཡོད་མེད་ངེས་ངེད་ཅག་ལ་ཚོར་བ་གསར་པ་ཞིག་བསྐྲུན་པ་རེད།

ཏུན་ཧོང་གཏེར་ཡིག་ལས། “རྟའི་ལོ་ལ། བཙན་པོ་འོ་དང་ན་བཞུགས་ཤིང་། ཛེ་མ་ཁོལ་དུ་རྒྱ་མང་པོ་བཏུངས་ཕར་ལོ་གཆིག”[10]ཞེས་བྲིས་ཡོད། འདི་ལས་ང་ཚོས་རྟའི་ལོ་འདི་རྟ་ལོ་གང་ཞིག་ཡིན་པ་དང་། དོན་དག་བྱུང་བའི་མཇུག་འབྲས་གང་འདྲ་ཞིག་ཡིན་པ་རྟོགས་དཀའ་མོད། ཐང་ཡིག་གསར་རྙིང་དུ་བཀོད་པའི་བོད་ཀྱི་ལོ་རྒྱུས་གཞིར་བཟུང་ན་ང་ཚོར་བློ་སྐྱེད་གསར་པ་ཞིག་བསྐྲུན་ངེས། བློན་པོ་མགར་འདས་ནས། རྒྱ་དང་བོད་ཀྱི་རྒྱལ་པོ་གཉིས་རེས་འགར་མཐུན་ཞིང་། རེ་འགར་ཕྱོགས་གཉིས་ཀྱི་བར་ལ་འཁྲུག་པ་བྱུང་། དེབ་དམར་ལས། “ཁྱད་པར་དུ་ལྕགས་ཕོ་རྟའི་ལོ་ལ་བོད་ཀྱི་དམག་གིས་ཐང་གི་རྒྱལ་ཁམས་ལ་རྒྱབ། ཡུ་གུར་གྱི་ཡུལ[11]ཐམས་ཅད་བླངས་པས། རྒྱའི་རྒྱལ་པོས་བློན་པོ་སེ་བཞིན་ཁུ་དམག་ཁྲི་ཚོ་བཅུ་དང་བཅས་པ་བཏང་ནས། ལྷ་སའི་བར་དུ་སླེབས། བློན་པོ་མགར་གྱི་བུ་ཆེ་བས་དམག་དཔོན་བྱས་ནས། རྒྱའི་དམག་ཐམས་ཅད་ཕམ་པར་བྱས་པས”[12]ཞེས་བྲིས་ཡོད། འདི་ལས་ང་ཚོས་མཐོང་ཐུབ་པ་ནི་གོང་གི་རྟ་ལོ་ནི་ལྕགས་ཕོ་རྟའི་ལོ་དེ་སྤྱི་ལོ༨༧༠ལོ་ཡིན་པ་དང་། ད་རུང་ཐེངས་འདིའི་དམག་འཁྲུག་གི་ཁྲོད་ནས་བོད་དམག་གིས་རྒྱ་དམག་ཕམ་པར་བྱས་པ་མ་ཟད། ཡུ་གུར་གྱི་ཡུལ་ཏེ་ཨན་ཞི་སྡེ་བཞི་སོགས་

བོད་ལ་ཤོར་བའི་ལོ་རྒྱུས་ཤེས་ཐུབ་ལ། རྒྱའི་རྒྱལ་པོས་བློན་པོ་སེ་བཞིན་ཁྲུ་དམག་ཁྲི་ཚོ་བཅུ་དང་བཅས་པ་བཏང་ནས། ལྷ་སའི་བར་དུ་སླེབས་ཤིང་མགར་ཁྲི་འབྲིང་གིས་དམག་དཔོན་བྱས་ནས་ཕམ་པར་བྱས་པས་གོང་མས་བློན་པོ་སེ་བཞིན་ཁྲུ་སོགས་ཀྱི་འགན་ཕབ། སྐབས་དེར་བོད་དམག་གིས་ཞང་ཞུང་དང་ཏང་ཞང་། འཛང་པའི་ས་ཆ་སོགས་དབང་དུ་བསྡུས་ཡོད་པས། རྒྱའི་དེབ་ཐེར་ལས་ཏན་རྒྱལ་རབས་དང་ལྷེ་རྒྱལ་རབས་ཀྱི་དུས་ནས་བཟུང་། ནུབ་ཕྱོགས་ཀྱི་མི་རིགས་རྣམས་ཀྱི་ཁྲོད་དུ་སྟོབས་འདི་ལྟར་ཆེ་བ་ནི་བྱུང་མ་མྱོང་ཞེས་བྲིས་ཡོད་པ་རེད།

གཉིས། བོད་ཐང་འབྲེལ་བའི་ཐད་ཀྱི་དཔྱད་གཞིའི་རིན་ཐང་།

རྒྱ་རིགས་ཀྱི་མིའི་རིག་པའི་མཁས་པ་ཆེན་པོ་ཧྥེ་ཞའོ་ཐུང(费晓通)གིས། མི་རིགས་དག་གི་བར་སྐབས་རེར་འགལ་བ་རེ་བྱུང་མོད། འོན་ཀྱང་གཙོ་རྒྱུན་ནི་མཛའ་མཐུན་ཡིན་ཞེས་གསུངས་པ་བཞིན། བོད་དང་ཀྲུང་ཡོན་ས་ཁུལ་བར་བཙན་པོའི་སྐབས་ནས་འབྲེལ་བ་ཡོད་པ་དང་། 《དེབ་དམར》ལས་ཤིང་ཕོ་རྟའི་ལོ་ལ་བོད་ཀྱི་རྒྱལ་པོ་དང་སྐྱེས་བསྐུར་བྱས་ནས་གྲོགས་པོ་བྱས། ཐང་གི་སྲིད་མོ་སློང་བ་ལ། ཧོར་དང་ཐུ་ལུ་ཧན་གྱི་མི་བྱུང་བ་ལ། རྒྱལ་རིགས་ཀྱི་བུ་མོ་རེ་བྱིན་ནས་ལོག བོད་ཀྱི་རྒྱལ་པོས་ཀྱང་འདོད་དུ་བྱུང་བ་ལ་མ་བྱིན་པས་ཁྲོས་ནས། བོད་ཀྱི་རྒྱལ་པོས་དམག་འབུམ་ཕྲག་གཉིས་ཁྲིད་ནས་ཐུ་ལུ་ཧུན་བཅོམ་ནས་ཟུང་ཅེའུར[13]སླེབས། གསེར་གྱི་ཁྲབ་བསྐུར་ནས་བུ་མོ་མི་སྟེར་ན་དམག་བྱེད་ཟེར་བ་ལ། རྒྱས་མ་བྱིན་པར་གསང་དམག་བྱས་པས། བོད་དམག་སྟོང་ཙམ་བསད། དེ་ནས་ཡུན་རིང་པོ་ནས་བོད་དམག་ཕྱིར་ལོག་སྟེ། བློན་པོ་སྟོང་བཙན་ལ་གསེར་སྲང་སྟོང་ཚོ་ལྔ་དང་། རིན་པོ་ཆེ་རིགས་མང་པོ་བསྐུར་ནས་བཏང་བ་ལ། ཐའི་ཙུང་གི་སྲས་མོ་ཨུན་ཤིང་ཀོང་ཇོ་ལྕགས་མོ་གླང་གི་ལོ་ལ་བྱིན།”[14] ཞེས་པ་བཞིན་བོད་ཀྱི་བཙན་པོས་ཐང་བར་ལ་གཉེན་གྱི་འབྲེལ་བ་བཙུགས་པ་ནི་མཛའ་མཐུན་གྱི་ཆེད་དུ་ཡིན་པ་དང་། ཐང་རྒྱལ་རབས་ནི་སྐབས་དེར་བོད་ཀྱི་ཁྲིམས་མཆོས་ལས་སྟོབས་ལྡན་རྒྱལ་ཁབ་ཞིག་ཡིན་རྐྱེན་དུས་སྐབས་དེའི་ཞི་བདེ་ལ་ཏ་ཅང་གལ་ཆེའོ། །དེ་ནས་བཟུང་རྒྱ་བོད་མི་རིགས་ཀྱི་མཛའ་མཐུན་འབྲེལ་བ་ཇེ་ཟབ་ཏུ་སོང་པ་དང་། ཕན་ཚུན་བར་ལ་ཕོ་ཉ་སོགས་འགྲོ་འོང་བྱེད་ཅིང་། “རྒྱའི་རྒྱལ་པོས་ཀའུ་ཙིའི་རྒྱལ་ཁམས[15]བླངས་ནས་ལོག་པའི་དུས། བོད་ཀྱི་རྒྱལ་པོས་གསེར་གྱི་བྱ་ཆགས་ཤིང་བདུན་པ་གཅིག་ཚང་གིས་བཀང་ནས་བློན་པོ་མགར་སྟོང་བཙན་ཡུལ་བཟུང་ངས་ལ་བསྐུར་བཏང་།”[16] ནས་རྟེན་འབྲེལ་ཞུས་པ་དང་། ཕན་ཚུན་བར་ལ་རོགས་རམ་བྱས་པ་སྟེ། “ཐའི་ཙུང་གིས་རྒྱ་གར་དུ་གསེར་ཡིག་པ་བཏང་བ་མ་ག་རྡ་ར[17]བཅོམ་པས། བོད་ཀྱི་རྒྱལ་པོས་ཐོས་ནས་དམག་བཏང་སྟེ་མ་ག་རྡ་བཅོམ།”[18] པ་སོགས་ཕྱོགས་གཉིས་ཀྱིས་ཆབ་སྲིད་དང་རིག་གནས། དཔལ་འབྱོར་སོགས་ལེགས་ཆ་སྤེལ་རེས་བྱས་པ་བརྒྱུད་ཐང་རྒྱལ་པོས་བོད་ཀྱི་ཡུལ་དུ་དར་གྱི་འབུ་དང་། འབྲས་ཆང་ཤེས་པ་དང་། ཤེལ་བཟོ་བ་ལ་སོགས་བཟོ་རིག་པ་མང་པོ་

བཏང་།”[19] ཞེས་སོགས་བཀོད་པ་ནི་སྐབས་དེའི་བོད་ཐང་གཉིས་ཀྱི་མཛའ་མཐུན་གྱི་འབྲེལ་བ་མཚོན་པ་དང་། རྒྱ་བོད་དངོས་སུ་འབྲེལ་བ་བྱེད་པའི་ལོ་རྒྱུས་དངོས་སུ་ཡིག་ཐོག་ཏུ་བཀོད་པ་ནི་ཐང་རྒྱལ་རབས་ཀྱི་གོང་མ་ཐེ་ཙུང་དང་བོད་རྗེ་སྲོང་བཙན་སྒམ་པོའི་སྐུ་དུས་ནས་འགོ་ཚུགས་པ་ཡིན་ལ་བོད་ཐང་གཉིས་དབར་མི་ལོ་ཉིས་བརྒྱ་ལྷག་ཙམ་གྱི་རིང་གཉེན་ཐོག་གཉེན་བརྩེགས་ཀྱིས་ཆབ་སྲིད་དང་། དཔལ་འབྱོར། རིག་གནས་སོགས་ཕྱོགས་ཡོངས་ནས་ཕན་ཚུན་ལ་ཤུགས་རྐྱེན་ཆེན་པོ་ཐེབས་པ་དང་དེས་བོད་ཀྱི་སྤྱི་ཚོགས་ཀྱི་ཐོན་སྐྱེད་དང་། འཚོ་བ་གང་སར་ཕན་འབྲས་ཆེན་པོ་བྱུང་ནས་རྒྱ་བོད་མི་རིགས་དབར་གྱི་མཛའ་བརྩེ་མཐུན་སྒྲིལ་ཡང་གཏིང་ཟབ་ཏུ་གྱུར་ཡོད་དོ། །

གསུམ། རྒྱ་བོད་ཀྱི་ས་ཚིགས་ཐད་ཀྱི་དཔྱད་གཞིའི་རིན་ཐང་།

བོད་ཐང་ལོ་རྒྱུས་ཐོག་བོད་རྒྱ་གཉིས་ཀྱིས་ས་མཚམས་ཐག་གཅོད་ཀྱི་རྡོ་རིང་ཐེངས་འགར་བསླངས་པ་དང་། ཆིན་ཧྲེས་རྡོ་རིང་ཡང་དེ་ལས་གཅིག་ཡིན་ཏེ། དཔེར་ན། 《དེབ་ཐེར་དམར་པོ》ལས“ལྷགས་ཕོ་སྤྲེའུ་ལོ་ལ་ཐའི་ཙུང་གི་བུ་ཆེ་བ་དིང་ཙུང་བསྐོས། དིང་ཙུང་བསམ་པ་ཆེ་བས་ལོ་མང་པོར་བོད་དང་འཁྲུག་པ་མ་བྱུང་། ལོ་དེ་ལ་རྒྱལ་པོ་ཁྲི་སྲོང་ལྡེ་བཙན་འདས། སྲས་ཆེ་བ་མུ་ནེ་བཙན་པོ་བསྐོས། དེའི་དུས་སུ་རྒྱ་བོད་ཀྱི་ས་ཚིགས་མི་ཉག་གི་ཏ་ལ་ཤན་དུ་བྱས[20]ཤིང་། བོད་ཀྱི་རྒྱལ་ཁམས་ས་ཚིགས་ནི། ནུབ་ཏུ་ལན་ཛུ། ལི་ཛིའུ། ཧོའི་ཛིའུ། ཤར་དུ་ཤིང་ཀུན། ལྷོ་ཊ་ཤིང་ཛིའུ་དང་། གྲང་ནམ་གྱི་བར། བྱང་གི་མན་གྱི་ས་ཆ་ནས། ཏའི་ཏུ་ཏའི་ལྷོ་ནུབ་ཀྱི་བར་དང་། རྨའ་ཆུའི་བྱང་ཕྱོགས་ཕན་ཆད་བོད་ཀྱི་ས་ཆར་བྱས། རྒྱའི་ས་མཐའ་ནི། གི་ཛིའུ་ཕྱོགས་ཐན་ཛིང་ཏ། ལུ་ཧྭ་ལ་ཤིང་ཏུ། ཏུང་ཅིའི་ཐང་ཀྱུ། སི་ཆོན་ལ་ཐང་ཏུ་ཏ་ཚུན་ཆད་ཐང་གི་ས་ཆར་བྱས། ས་མཚམས་ཀྱི་བར་སུག་ཙུ་དང་། ཛིའུ་དང་ཏ་ལ་ཏན། ཐ་ཐ་ལིང་རྣམས་སྟོང་བར་བཞག་ནས་གཉིས་གས་མི་འཛིན་པར་བྱས།”[21] ཞེས་འབྱུང་བ་དེ་ནི་སྤྱི་ལོ༧༨༣ལོར་བོད་རྒྱལ་ཁྲི་སྲོང་ལྡེ་བཙན་དང་ཐང་རྗེ་ཧྲི་ཙུང་གཉིས་ཀྱི་རིང་ལ་འདུམ་བྱས་ཏེ་བོད་ཐང་གི་ས་མཚམས་བཅད་པའི་ཆིན་ཧྲེས་རྡོ་རིང་བཞག་པ་དེ་རེད་ལ། “དུས་དེར་ལན(兰州)དང་ཝེ(谓洲)དང་ཡོན(原洲)ཉིན་ཞའི་ཀོའུ་ཡོན་ཞན། ཧུའེ(会洲)ཉིན་ཞའི་ཀྲུང་ཝེའུ་ཞན་ནས་ནུབ་ལེན་ཐའོ་ཡི་བར་དང་། ཤར་ཁྲིན་ཀྲོའུ(成州)གན་སུའུ་ཁྲིན་ཞན། ནས་ཅན་ནན་ལ་ཐུག་གི་བར་དང་། ནུབ་འཇང་ཡུལ་ཡུན་ནན་ཞིང་ཆེན་ཡོངས་དང་སི་ཁྲོན་གྱི་ལྷོ་རོལ། ཀུའེ་ཀྲུའུ་ཞིང་ཆེན་གྱི་ནུབ་ནས་རྒྱལ་མོའི་རྔུལ་ཆུའི་ནུབ་ཕྱོགས་ཡོངས་སུ་རྫོགས་པ་རྣམས་བོད་ཀྱི་ཁམས་ཡིན་པ་དང་། ཅིང་ཀྲོའུའི(泾州)ཏ་ལམ་གན་སུའུ་དང་ཉིན་ཞའི་ལོའུ་ཕན(六盘)རི་རྒྱུད། ཤར་ནས་ཕོའུ་ཆུའི(蒲水)ནུབ་ནས་ཐན་ཀྲེང་ཞའི(弹筝峡)གན་སུའུ་ དྲ་ཞན་ལ་གཏོགས། ནུབ་མགོ་དང་། ལོང་ཀྲོའུ(陇州) ཏྲན་ཞིའི་ཆུའི(千水)བཞུར་རྒྱུད་དང་གན་སུའུ་དྲ་ཐེན་ཞན་ཡི་ནུབ་ནས་ཆེང་ཧྲུའེ་ཞན(清水县གན་སུའུ་ཆིན་ཧྲུའེ་ཞན)ལ་ཐུག་གི་བར། རྔང་ཀྲོའུའི་ཏྲའན་ཞིའི་གྲོང་ཁྱེར་པའོ་ཅིའི་བྱང་ཟུར་ནས

ཞེ་ཏའོ་ཆུ་བོའི་བྱང་རྒྱུད། ནུབ་ནས་ཐོང་ཀུའི་ཞན་ཀན་སུའུ་ཁྲིན་ཞན་བརྒྱུད་དེ། ཅན་ནན་ནུབ་ཐང་གི་རྒྱལ་རོང་རྒྱལ་མོའི་རྟུལ་ཆུའི་ཤར་ཕྱོགས་ཐམས་ཅད་ཆེན་པོ་ཐང་གི་ཡུལ་དུ་བཅད། ཡུལ་དེ་དག་ཏུ་འཚོ་བར་གནས་པའི་འབངས་རྣམས་ས་དེ་བོད་ཐང་གཉིས་ཀྱི་སྲུ་ལ་བཅད་པ་དེར་དབང་བ་དང་། ཐར་ཐང་ལ་མངའ་བའི་འཇངང་པ་རྣམས་ཀྱང་སོ་སོར་བགོས་པའི་ཡུལ་གང་ལ་བཅད་པ་དེར་གཏོགས་པ། རྨ་ཆུའི་བྱང་རྒྱུད་ཀྱི་ཞིན་ཆོན་ཛོན(新泉军)བྱ་བ་ནས་མྱུ་ངམ་ཐང་ཆེན་པོར་ཐུག་པའི་བར་དང་། དེ་ནས་ཧོ་ཏུ་ཏའོ་ལན་རི་བོའི(贺兰山)ཇ་མོང་སྐྱང(骆驼岭)ལ་བསྙེགས་པའི་ཡུལ་ཚང་མ་སྟོང་བར་བཞག་པ་དང་། ཐར་གང་གིས་ཀྱང་བཟུང་མེད་པ་ལ་ཕྱིན་ཆད་ཕྱོགས་གཉིས་ཀའི་སྲུ་ཡིན་ཉུང་བདག་བཟུང་བྱེད་མི་ཆོག་པ་གཏན་འབེབས་བྱས་པ་རེད།”[22] གོང་གི་དཔེ་དམར་ལས་ས་མཚམས་དེ་མུ་ནེ་བཙན་པོའི་སྐབས་སུ་འདོད་པ་ནི་ནོར་བ་དང་། ཆིན་ཧྲེས་ཛོ་རིང་ནི་སྤྱི་ལོ༧༨༣ལོར་བསླངས་པ་དང་། དུས་དེར་ད་ཏང་ཁྲི་སྲོང་ལྡེ་བཙན་འདས་མེད་པ་དང་། ཁོང་གི་འདས་ལོ་ནི་སྤྱི་ལོ༧༩༧ལོར་ཡིན། དེ་ན་འདིར་ཅིའི་ཕྱིར་མུ་ནེ་བཙན་པོའི་མིང་བཀོད་པ་རེད་ཅེ་ན། ཞང་བོད་ལོ་རྒྱུས་ཏི་སེའི་འོད་ལས། “པདྨ་བཀའ་ཐང་གི་རིགས་འགར་རེ་ཞིག་ན་ཆོས་རྒྱལ་གྱིས་སྲས་ལ་རྒྱལ་སྲིད་གཏད་དེ། ཆོས་རྒྱལ་ཁྲི་སྲོང་ལྡེའུ་བཙན་དགུང་གྲངས་སོ་དགུ་པ་ལ་ལྕགས་ཕོ་སྤྲེལ་གྱི་ལོ་སྟེ་སྤྱི་ལོ༧༨༠ནས་མེ་མོ་གླང་གི་ལོ་སྟེ་སྤྱི་ལོ༧༩༧བར། ལོ་གྲངས་བཅུ་བདུན་གྱི་རིང་སྐྱབ་པ་ལ་གཤེགས་ཤིང་། ཁོང་ཉིད་ཀྱིས་ཉམས་ལེན་གཙོར་མཛད་ཅིང་སྲས་མུ་ནེ་བཙན་པོ་ལ་སྲིད་ཀྱི་བྱ་བ་རྣམས་ཕྱག་བསྟན་གནང་བཅུག་ཡོད་པར་མངོན།”[23] ཞེས་པ་ནི་ཡང་དག་པའི་གཏམ་དུ་འཁུམས། མུ་ནེ་བཙན་པོའི་འཁྲུངས་ལོ་ལ་འདོད་ཚུལ་མི་འདྲ་བ་སྣ་ཚོགས་མཆིས་ཤིང་། ཡར་ལུང་ཇོ་བོའི་ཆོས་འབྱུང་དང་། རྒྱལ་རབས་གསལ་བའི་མེ་ལོང་། ཆོས་འབྱུང་མཁས་པའི་དགའ་སྟོན། རྒྱ་བོད་ཡིག་ཚང་ཆེན་མོ་སོགས་ཀྱིས་འཁྲུངས་ལོ་ཆུ་ཕོ་སྟག་གི་ལོ་སྟེ་སྤྱི་ལོ༧༦༢ལོར་འདོད་པ་དང་། འདས་ལོ་ནི་ཁྲི་སོང་ལྡེ་བཙན་གཤེགས་པའི་ལོ་གཅིག་གི་རྗེས་ཏེ་སྤྱི་ལོ༧༩༨ལོ་ཡིན་པ་རེད།

བཞི། བློན་པོ་མགར་ཚང་གི་རྒྱུད་པའི་ཐད་ཀྱི་དཔྱད་གཞིའི་རིན་ཐང་།

བློན་ཆེན་མགར་སྟོང་བཙན་ཡུལ་བཟུང་གཙོ་བྱས་པའི་མགར་ཕ་བུ་ཆོས་བོད་བཙན་པོའི་ཆབ་སྲིད་གར་སྙེགས་སྙེང་བོད་བཙན་པོའི་མངའ་ཁོངས་གཅིག་གྱུར་དང་། མངའ་རིས་གཏན་འཕེལ། ཁྲིམས་ལུགས་འཐུས་ཚང་། སྤྱི་ཚོགས་བདེ་འཇགས། མཐའ་འཁོར་གྱི་མི་རིགས་སྲིད་དབང་ཁག་ལ་འབྲེལ་བ་འཛུགས་པ་བཅས་ལ་བྱས་རྗེས་བླ་མེད་བཞག དེ་བས་མགར་སྟོང་བཙན་གཙོས་པའི་ཁོ་ཚང་གི་ཁྲིམ་རྒྱུད་ལ་ཞིབ་འཇུག་བྱ་རྒྱུ་ནི་བོད་ཀྱི་བཙན་པོའི་དུས་རབས་ལ་ཞིབ་འཇུག་བྱེད་རྒྱུའི་གཙོ་གནད་ཅིག་ཡིན། དེབ་དམར་དུ་དྲངས་པའི་ལོ་རྒྱུས་དོན་ཚན་ནང་དུ་མགར་ཚང་གི་གནས་ཚུལ་འགའ་རེ་བཀོད་ཡོད་དེ།

མགར་སྟོང་བཙན་ཡུལ་བཟུང་ནི་རྒྱལ་པོ་སྲོང་བཙན་སྒམ་པོའི་མེད་ཐབས་མེད་པའི་བློན་པོ་བཞིའི་

ནང་གི་གཅིག་ཡིན་ཞིང་། རིག་པ་རྗེ་ཞིང་བློ་རྒྱ་ཆེ་ལ་ཆབ་སྲིད་དང་དམག་དོན་གྱི་བྱ་ཐབས་ལ་མཁས་པས། སྟ་རྗེས་སུ་རྒྱལ་པོས་མངགས་པ་ལྟར། བལ་ཡུལ་དུ་བལ་བཟའ་ཁྲི་བཙུན་བཙུན་མོར་བསླངས་པ་དང་། རྒྱ་ཡུལ་དུ་གོང་མ་ཐང་ཐའི་ཙུང་གི་སར་རྒྱ་བཟའ་ཀོང་ཇོ་བཙུན་མོར་བསླངས་པ། 《དེབ་དམར》ལས། "བློན་པོ་སྟོང་བཙན་ལ་གསེར་སྲང་སྟོང་ཚོ་ལྔ་དང་། རིན་པོ་ཆེ་རིགས་མང་པོ་བསྐུར་ནས་བཏང་བ་ལ། ཐའི་ཙུང་གི་སྲས་མོ་ལྷུན་ཤིང་ཀོང་ཇོ་ལྕགས་མོ་གླང་གི་ལོ་ལ་བྱིན"[24]ཞེས་པ་དང་། དེ་ནས་བོད་ཐང་མཛའ་འབྲེལ་གྱི་དབུ་དངོས་སུ་བརྙེས་པ་རེད། ཡང་"རྒྱའི་རྒྱལ་པོས་ཀཱའུ་ལིའི(高丽)རྒྱལ་ཁམས་ངོ་ལོག་པ་འདུལ་ནས་ཕྱིར་ལོག་པའི་དུས། བོད་ཀྱི་རྒྱལ་པོས་གསེར་གྱི་བྱ་ཆགས་ཤིང་བདུན་པ་གཅིག་ཆང་གིས་བཀང་ནས་བློན་པོ་མགར་སྟོང་བཙན་ཡུལ་བཟུངས་ལ་བསྐུར་བཏང་། ད་རུང་བློན་པོ་ལ་ཐའི་ཙུང་རྒྱལ་པོ་མཉེས་ནས་ཁོང་རང་གི་ཚ་མོ་ཀོང་ཅོ་གཅིག་བྱིན། ཡང་གཅིའུ་གཡུ་ཐའི་ཛང་ཀུན་ཞེས་བྱ་བའི་མིང་བྱིན།"[25] འོན་ཀྱང་བློན་པོ་མགར་སྟོང་བཙན་ནི་རང་བཞིན་བརྟན་ལ་བྱེད་ཐབས་དང་སྨྲ་བ་ལ་མཁས་པས་ཐང་གི་གོང་མའི་ཐུགས་ལ་བབས་ནས་སྲས་མོ་ཞིག་ཆུང་མར་གནང་ཡང་དང་དུ་མ་བླངས་པར་རང་ལ་ཆུང་མ་ཡོད་པ་དང་། ལྷག་ཏུ་བཙན་པོས་ཀོང་ཇོ་མ་བཞེས་པར་བློན་པོས་ཆུང་མ་ལེན་མི་ཉན་ཞེས་བཤད་པ་ལས་མགར་སྟོང་བཙན་བཙན་པོ་ལ་བློ་སེམས་དཀར་བ་མཚོན། ཁོང་ནི་སྦྱང་ཀྱང་ལྡན་པའི་བློན་པོ་ཞིག་ཡིན་ལ། བོད་ཀྱི་འཚོ་བའི་ཁྲིད་ཁོང་གི་བློ་རིག་རྩོད་པའི་གཏམ་རྒྱུད་མང་པོ་བཤད་རྒྱུན་དུ་ཆགས་ཡོད།

སྲིད་ཕྱོགས་སུ་བློན་པོ་མགར་གྱིས་བྱས་རྗེས་བླ་མེད་བཞག་ཡོད་པ་དང་། 《དེབ་དམར》ལས"སྲས་གུང་སྲོང་སྟར་ནས་འདས་ཤིང་མང་སྲོང་མང་བཙན་བཅུ་གསུམ་ལོན་པ་ལ་རྒྱལ་སར་སྟོན། བློན་པོ་མགར་གྱིས་གྲོགས་བྱས་ནས་རྒྱལ་སྲིད་ལོ་བཅོ་ལྔར་བསྐྱངས།"[26] ཞེས་པ་བཞིན་བཙན་པོ་ལོ་ན་ཕྲ་བས་བྱ་བ་ཡོད་ཚད་མགར་སྟོང་བཙན་གྱི་ཕྲག་ཏུ་བཞེས་ཡོད་ལ། མཐར་རང་ཉིད་ཀྱི་མི་ཚེ་ཧྲིལ་པོ་བཙན་པོའི་རྒྱལ་ཁབ་ཀྱི་དོན་དུ་ཕུལ་ནས་སྤྱི་ལོ༦༧༨ལོར་འདས་པ་རེད།

བློན་པོ་མགར་འདས་རྗེས་ཁོང་གི་བུ་ཚོས་ཆབ་སྲིད་ཀྱི་གོ་གནས་གལ་ཆེན་བཟུང་ཡོད་དེ། དེབ་དམར་ལས"རྒྱའི་རྒྱལ་པོས་བློན་པོ་སེ་བཞིན་ཁུ་དམག་ཁྲི་ཚོ་བཅུ་དང་བཅས་པ་བཏང་ནས། ལྷ་སའི་བར་དུ་སླེབས། བློན་པོ་མགར་གྱི་བུ་ཆེ་བས་དམག་དཔོན་བྱས་ནས། རྒྱའི་དམག་ཐམས་ཅད་ཕམ་པར་བྱས།"[27] ཞེས་བྱུང་། འདི་ནི་ལྕགས་རྟ་ལོ་སྤྱི་ལོ༦༧༠ལོར་བོད་དང་ལི་ཡུལ་བ་རྣམས་མཉམ་བསྡེབས་བྱས་ཏེ་གྲོང་ཁྱེར་ཀེ་ཙེ་ལ་དམག་དྲངས་ནས་ཐོབ་ཤིང་། ཨན་ཞི་སྡེ་བཞི་སོགས་བོད་ལ་ཤོར་སྐབས། གོང་མས་གོང་གསལ་དམག་དཔོན་སེ་བཞིན་ཁུ་སོགས་དམག་དཔོན་ཆེན་པོ་གསུམ་དང་དམག་འབུམ་ཕྲག་བཅས་བཏང་བ་ལ། བོད་ཀྱི་དམག་དཔོན་ཆེན་པོ་མགར་ཁྲི་འབྲིང་གི་དམག་དཔུང་གིས་འཐབས་ནས

མཐར་བོད་དམག་གིས་འ་ཞའི་ཡུལ་སོགས་བཅོམ་པ་རེད།

མགར་ཚང་གི་སྟོབས་ཤུགས་ཇེ་ཆེ་ནས་ཇེ་ཆེར་ཕྱིན་ནས་མཐར་བཙན་པོའི་སྲིད་དབང་ལ་བློ་མི་བདེ་བ་བཟོས་ཤིང་། 《དེབ་དམར》ལས"བོད་ཀྱི་རྒྱལ་པོ་འདུས་སྲོང་མང་པོ་རྗེ་གཞོན་དུས་སུ། ནང་གི་བྱ་བ་ཆེ་བ་ཐམས་ཅད་མགར་གྱི་བུ་ཆེ་བས་བྱེད། ཕྱིའི་རྣམས་བུ་ཆུང་བ་དང་ཚ་བོས་བྱེད་པས། ཁོང་ལ་ཀུན་སྨྲག རྒྱལ་པོ་དབང་ཆུང་བ་ལ།"[28] ཞེས་པའི་ཐོག་ནས་མགར་ཚང་གིས་ཕྱི་ནང་གི་བྱ་བ་ཡོད་ཚད་དབང་དུ་སྒྱུར་བཞིན་པ་མཐོང་སྙམ། བཙན་པོ་ནར་སོན་རྗེས་རང་གི་དབང་ཆ་བརྗོན་ལེན་བྱེད་པའི་གོ་རིམ་ཁྲོད་མགར་གྱི་བུ་རྒྱུད་དང་འགལ་བ་བྱུང་བ་དང་། དེབ་དམར་ལས། "ཕྱིའི་རྒྱལ་པོ་ནར་ལོངས་དུས་མགར་གྱི་བུ་རྣམས་དམག་ཐོག་ཏུ་ཡོད་པ་ལ་རྒྱལ་པོས་དམག་ཁྲིད་ཕྱིན་པས། ཕུ་བོ་ལི་ཁྲིམ་ལྡེབས་ཏེ་ཤི། ནུ་བོ་བཙན་པོས་ཁོང་རང་གི་ཚ་བོ་མང་པོ་རྗེ་དམག་དང་བཅས་པ་རྒྱའི་རྒྱལ་པོ་ལ་ངོ་ལྐར་ཕྱིན། རྒྱལ་མོས་བཙན་པོ་ལ། ཀུའི་དེ་ཁྲུན་དབང་ཞེས་པའི་མིང་བྱིན་ནས་བློན་པོར་བཀོས།"[29] ཞེས་པ་བཞིན་དེ་འདྲའི་གཉེན་བསད་སྤུན་ལྡེབས་ཀྱི་སྐྱོ་འབྲས་ཀྱིས་མགར་ཁྲིམ་རྒྱུད་ཀྱིས་བོད་བཙན་པོའི་ཆབ་སྲིད་དུ་བཟུང་བའི་གོ་གནས་མཇུག་བསྒྲིལ་ཏོ། །

མཇུག་བསྡུ་བ།

བོད་གཅིག་གྱུར་གྱི་བཙན་པོའི་རྒྱལ་རབས་རིམ་གྱིས་གྲུབ་པ་དང་བསྟུན། བོད་ཀྱི་ཆབ་སྲིད་སྒྲིག་གཞི་དང་དམག་དོན་ལམ་ལུགས། དཔལ་འབྱོར་དོ་དམ། ཕྱི་ཕྱོགས་འབྲེལ་བ། ཁྲིམས་སྲོལ་བཅོས་སྐྱོང་སོགས་ཀྱི་ཐད་ནས་རང་མགོ་ཐོན་ཡོད་ལ་ཙུང་འཕྲུས་ཚང་དུ་ཕྱིན་ནས་ཡ་གླིང་དཀྱིལ་མའི་སྟེང་དུ་སྐབས་དེར་ཐང་རྒྱལ་རབས་དང་འགྲན་ཟླ་བྱེད་པའི་སྟོབས་ལྡན་ཞིག་ཏུ་གྱུར་ཅིང་། དཀྱིལ་ཡངས་པའི་སྤྱི་ཚོགས་ཀྱིས་ཕྱི་ཕྱོགས་ཀྱི་རིག་གནས་ལག་རྩལ་སོགས་ནང་དུ་དྲངས་ནས་འཕེལ་རྒྱས་ཀྱི་དཔལ་ཡོན་རྣམ་པར་རྒྱས། དེ་ནས་བཟུང་རྒྱལ་ཁབ་དང་རྒྱལ་ཁབ་བར་དུ་འགྲོ་འོང་གི་འགོ་ཚུགས་ནས་ཕན་ཚུན་བར་ལ་རྒྱུས་ལོན་དང་མཚམས་འདྲིའི་ཕོ་ཉ་རྒྱུན་ཆད་མ་མྱོང་ལ་ཕྱོགས་ཕན་ཚུན་བར་ལ་རིག་གནས་ཀྱི་ཤུགས་རྐྱེན་ཐེབས་པ་སྟེ། དཔེར་ན། བོད་བཙན་པོའི་སྐབས་བོད་ཀྱི་བུད་མེད་ཚོས་གདོང་ལ་ཚོན་འབྱུག་པའི་གོམས་སྲོལ་དེ་བོད་ནས་རྒྱའི་རྒྱལ་ས་ཁྲང་ཨན་མཁར་ལ་དར་བ་སྐབས་དེའི་རྒྱའི་སྐད་ངག་དག་ན་གསལ་བ་དང་། ཐང་གི་ཇའི་རིག་གནས་དེ་བོད་ལ་དར་བའི་ལོ་རྒྱུས་ཡིད་དུ་འོང་བའི་གཏམ་རྒྱུད་དང་འབྲེལ་ནས་མང་ཚོགས་ཀྱི་ཁ་རྒྱུན་དུ་ཆགས་ནས་ཡོད་པ་ལྟ་བུའོ། །དུས་དེར་མི་རིགས་གཞན་པའི་གོམས་སྲོལ་དང་འབྲེལ་བའི་ལོ་རྒྱུས་རང་མི་རིགས་ཀྱི་ལོ་རྒྱུས་དེབ་ཐེར་དུ་བཀོད་ཅིང་། ཐང་ཡིག་ནི་དེ་དག་གི་ནང་གསེས་ཤིག་ཡིན། ལྷག་པར་དེབ་དམར་དུ་བཀོད་པ་ནི་དེ་ལས་ཀྱང་སྙིང་བསྡུས་ཤིག་ཡིན་མོད། འོན་

ཀྱང་དེ་ནི་ཐང་ཡིག་བོད་ཀྱི་ལོ་རྒྱུས་བོད་ཡིག་ཏུ་བསྒྱུར་བ་ཐོག་མ་ཡིན་ཅིང་། དེས་བོད་ཀྱི་རྗེས་ཕྱོགས་ཀྱི་ལོ་རྒྱུས་དེབ་ཐེར་གྱི་ནང་དོན་དང་རྣམ་པའི་ཆ་ལ་ཤུགས་རྐྱེན་ཆེན་པོ་ཐེབས། དེ་ནི་བོད་ཀྱི་རྒྱལ་རབས་ལོ་ཚིགས་གཞུང་བསྒྲིགས་དང་། སྐབས་དེའི་ཐང་བོད་གཉིས་ཀྱི་ས་མཚམས། ད་དུང་མི་རིགས་བར་འགྲོ་འོང་གི་འབྲེལ་བ་སོགས་སྐབས་དེའི་ལོ་རྒྱུས་ལ་ཞིབ་འཇུག་བྱེད་པར་མེད་དུ་མི་རུང་བའི་དཔྱད་གཞིའི་རྒྱུ་ཆ་གལ་ཆེན་ཞིག་ཡིན་ནོ། །

མཆན།

[1] འདིར་བཤད་པའི་ཐང་ཡིག་ནི་རྒྱའི་ལོ་རྒྱུས་ཀྱི་དེབ་ཐེར་ཐང་ཡིག་རྙིང་མ་དང་ཐང་ཡིག་གསར་མ་གཉིས་ལ་བྱ། ཐང་ཡིག་རྙིང་མ་ནི་བམ་པོ་ཉིས་བརྒྱའི་བདག་ཉིད་ཅན་ཞིག་ཡིན་ལ། དེ་ནི་ཅིན་རྒྱལ་རབས་ཕྱི་མའི་སྐབས་སུ་བློན་པོ་ལེའུ་ཞུས་བྱ་བས་བརྩམས་ཤིང་བསྒྲིགས་པ་ཞིག་ཡིན་པ་དང་། ཅིན་ཕྱི་མའི་གོང་མ་ཁྲུའུ་ཏའི་ཡི་ཁེ་ཡོན་ཁྲི་ལོ་གཉིས་པ་སྟེ་ཐང་རྒྱལ་རབས་མཇུག་རྫོགས་ནས་ལོ་ངོ་དགུ་འགོར་རྗེས་ཀྱི་སྤྱི་ལོ༩༤༥ལོར་ཡོངས་སུ་གྲུབ། དེ་ཙ་སྤྱི་ལོ༦༡༨ནས༩༠༧ལོའི་བར་ཏེ་མི་ལོ་ཉིས་བརྒྱ་དགུ་བཅུའི་རིང་གི་ཐང་རྒྱལ་རབས་ཀྱི་ལོ་རྒྱུས་ཕྱོགས་ཡོངས་ནས་རྒྱས་པར་བཀོད་པའི་ལོ་རྒྱུས་དེབ་ཐེར་ཐོག་མ་ཡིན་ལ། དེའི་ནང་རིན་ཐང་ལྡན་པའི་ལོ་རྒྱུས་ཀྱི་ཡིག་ཆ་ངོ་མ་བེད་སྤྱད་ཡོད། བམ་པོ་ཉིས་བརྒྱ་ཡོད་པ་ལས་བོད་ཀྱི་སྐོར་ནི་བམ་པོ་བརྒྱ་དང་གོ་དྲུག་གི་སྟོད་ཆ། གླིགས་ཐོ་ཟླུར་བཀོད་མའི་བརྒྱ་དང་ཞེ་དྲུག་པའི་སྨད་ཆ། བོད་ཀྱི་སྨད་ཆ་ཞེས་ས་བཅད་གཉིས་སུ་བགོས་ནས་བཀོད་ཡོད། ཐང་ཡིག་གསར་མ་ནི་བམ་པོ་ཉིས་བརྒྱ་ཉེར་ལྔའི་བདག་ཉིད་ཅན་ཞིག་ཡིན་ལ། པེ་སུང་རྒྱལ་རབས་སྐབས་སུ་བློན་པོ་ཨོའུ་དབྱང་ཞིའུ་དང་སུང་ཆི་སོགས་ཀྱིས་བརྩམས་ཤིང་བསྒྲིགས་པ་ཞིག་སྟེ། སུང་གོང་མ་ཙུན་ཙུང་གི་ཆིན་ལི་ཁྲི་ལོ་བཞི་པ་སྟེ་སྤྱི་ལོ༡༠༤༤ལོ་ནས་རྩོམ་འབྲི་བྱེད་པའི་འགོ་བཙམས་ཏེ། སྤྱི་ལོ༡༠༦༠ལོར་ཡོངས་སུ་གྲུབ། འབྲི་འགོ་བཙམས་པ་ནས་གྲིས་ཚར་བའི་བར་བསྡོམས་པས་ལོ་ངོ་བཅུ་བདུན་འགོར་བ་དང་། སྔ་མ་ལོ་བཅུའི་རིང་གཙོ་བོ་སུང་ཆི་བྱ་བས་གཙོ་འགན་ཁུར་བ་དང་། སྤྱི་ལོ༡༠༥༤ལོ་ནས་བཟུང་ཨོའུ་དབྱང་ཞིའུ་ཡིས་གཙོ་འགན་ཁུར༡༠༦༠ནས་ལོར་ཡོངས་སུ་གྲུབ། བོད་ཀྱི་སྐོར་ནི་བམ་པོ་ཉིས་བརྒྱ་དང་བཅུ་དྲུག་པའི་སྟོད་ཆ། གླིགས་ཐོ་ཟླུར་བཀོད་མའི་ཨང་བརྒྱ་དང་ཞེ་གཅིག་པའི་སྨད་ཆ། བོད་ཀྱི་སྟོད་ཆ་ཞེས་པ་དང་བམ་པོ་ཉིས་བརྒྱ་དང་བཅུ་དྲུག་པའི་སྨད་ཆ། གླིགས་ཐོ་ཟླུར་བཀོད་མའི་ཨང་བརྒྱ་དང་ཞེ་གཅིག་པའི་སྨད་ཆ། བོད་ཀྱི་སྨད་ཆ་ཞེས་པར་ལོགས་སུ་བཀར་ནས་བཀོད་ཡོད།

[2]《藏族史学发展史纲要》孙林著：中国藏学出版社，第321页。

[3] [12] [13] [14] [16] [18] [19] [21] [24] [25] [26] [27] ཚལ་པ་ཀུན་དགའ་རྡོ་རྗེ། 《དེབ་ཐེར་དམར་པོ།》 མི་རིགས་དཔེ་སྐྲུན་ཁང་། 1981ལོར། ཤོག་ངོས19、19、19、17、18、18、22、18、18、19、19、19པ་བཅས་སུ་གསལ།

[4] [5] [8] དོན་གྲུབ་རྒྱལ་དང་ཁྲིན་ཆེན་དབྱིན་གཉིས་ཀྱིས་བསྒྱུར། 《ཐང་ཡིག་གསར་རྙིང་ལས་བྱུང་བའི་བོད་ཆེན་

པོའི་སྲིད་ལུགས།》 མཚོ་སྔོན་མི་རིགས་དཔེ་སྐྲུན་ཁང་། ཤོག་ངོས13、138、22པ་བཅས་སུ་གསལ།

[6] “འདིར་ཕྱིང་བ་ནི་ཕྱིང་བ་སྟག་རྩེ་སྟེ་བོད་བཙན་པོའི་རྒྱལ་ས་རྙིང་པའི་གྲུས་ཤིག་ཡིན་ཞིང་དེང་གི་བོད་ལྗོངས་ལྷོ་ཁའི་འཕྱོང་རྒྱས་རྫོང་ཁོངས་སུ་མཆིས་ལ། བཙན་པོ་རིམ་བྱོན་ཕལ་ཆེར་གྱི་བང་སོའང་ཡུལ་གྲུ་འདིའི་ཉེ་འདབས་དག་ན་ཡོད་པ་དང་། ཏུང་ཁང་ཞེས་པ་ནི་ཕྱུར་གདུང་འཇོག་སའི་ཁང་པ་ལ་འདྲ་འོ།” གཉའ་གོང་དཀོན་མཆོག་ཚེ་བརྟན། 《བོད་ཀྱི་བརྡ་རྙིང་ཡིག་ཆ་རྩ་ཆེན་བདམས་བསྒྲིགས་རྣམས་ཀྱི་ཚིག་དོན་ཀུན་ནས་ཁྲོལ་བར་བྱས་པ་རབ་གསལ་མེ་ལོང》 ཀན་སུའུ་མི་རིགས་དཔེ་སྐྲུན་ཁང་། 2001ལོར། ཤོག་ངོས56པར་གསལ།

[7] “བཙན་པོ་དཔོན་ནོ།” གཉའ་གོང་དཀོན་མཆོག་ཚེ་བརྟན། 《བོད་ཀྱི་བརྡ་རྙིང་ཡིག་ཆ་རྩ་ཆེན་བདམས་བསྒྲིགས་རྣམས་ཀྱི་ཚིག་དོན་ཀུན་ནས་ཁྲོལ་བར་བྱས་པ་རབ་གསལ་མེ་ལོང་།》 ཀན་སུའུ་མི་རིགས་དཔེ་སྐྲུན་ཁང་། 2001ལོར། ཤོག་ངོས56པར་གསལ།

[9] [10] གཉའ་གོང་དཀོན་མཆོག་ཚེ་བརྟན། 《བོད་ཀྱི་བརྡ་རྙིང་ཡིག་ཆ་རྩ་ཆེན་བདམས་བསྒྲིགས་རྣམས་ཀྱི་ཚིག་དོན་ཀུན་ནས་ཁྲོལ་བར་བྱས་པ་རབ་གསལ་མེ་ལོང་།》 ཀན་སུའུ་མི་རིགས་དཔེ་སྐྲུན་ཁང་། 2001ལོར། ཤོག་ངོས57、56པར་གསལ།

[11] “མཁས་དབང་དུང་དཀར་བློ་བཟང་འཕྲིན་ལས་ཀྱིས་བཀོད་པའི་མཆན་འགྲེལ་དུ་ཡུ་གུར་གྱི་ཡུལ་ནི་དེང་སང་ཡུ་གུར་རིགས་རང་སྐྱོང་ལྗོངས་ཀྱི་ས་ཁུལ་ལ་ཟེར་ཞིང་། སྔར་གྱི་བོད་ཡིག་ལོ་རྒྱུས་ཐོག་ལ་ལི་ཡུལ་ཞེས་གསལ་བ་དེ་ཡིན། སྔར་སངས་རྒྱས་ཆོས་ལུགས་དར་ཡང་རྒྱལ་པོ་སྲོང་བཙན་སྒམ་པོས་སྲིད་དབང་བཟུང་བའི་དུས་ནས་སངས་རྒྱས་ཆོས་ལུགས་ཉམས་ཏེ་དེར་ཡོད་པའི་གྲྭ་པ་རྣམས་བོད་དང་རྒྱ་གར་དུ་བྲོས་པ་ཡིན་ཞེས། ལི་ཡུལ་གྱི་ལོ་རྒྱུས་འགའ་ཞིག་ནང་གསལ་ཞེས་གསུངས་ཡོད།” ཚལ་པ་ཀུན་དགའ་རྡོ་རྗེས་བརྩམས། དུང་དཀར་བློ་བཟང་འཕྲིན་ལས་ཀྱིས་མཆན་འགྲེལ་བཀོད། 《དེབ་ཐེར་དམར་པོ།》 1981ལོར། ཤོག་ངོས286པར་གསལ།

[15] “མཁས་དབང་དགེ་འདུན་ཆོས་འཕེལ་གྱིས་བརྩམས་པའི《དེབ་ཐེར་དཀར་པོ》ལས་བཤད་པ་ལྟར་ན། ཀའུ་ལི་རྒྱལ་ཁམས་སུ་གྲགས་པ་དེ་ནི་སྔར་མིང་ཆ་ཚང་ལ་ཀའོ་ཅུས་ལི་ཟེར་ཞིང་། ཕྱི་ལོའི་དུས་རབས་དྲུག་པའི་མགོར་བྱུང་བའི་ལྷེད་བྱང་མའི་རྒྱལ་ཁབ་ཀྱི་ལོ་རྒྱུས་དང་། ཁྲའོ་ཞན་རྒྱལ་ཁབ་ཀྱི་ལོ་རྒྱུས་ནང་དུ་ཡང་ཀའོ་ཅུས་ལི་ཟེར་བའི་མིང་བེད་སྤྱོད་བྱས་ཡོད་པས། རྗེས་སུ་ཀའོ་ལི་ནི་དེའི་བསྡུས་མིང་དུ་གྱུར་པ་ཡིན། ཕྱི་ལོ༡༠༧༤ལོར། ཕན་ཅན་ཟེར་བས་བཀས་བཀོད་རྒྱུད་འཛིན་གྱི་རྒྱལ་ཁབ་དང་པོ་བཙུགས་ཤིང་རྒྱལ་སའི་མིང་ལ་ཁའི་ཅིང་།(དེང་སང་གི་མིང་ལ་ཁའི་ཁྲིང)ཟེར། ཕྱི་ལོ༡༣༥ལོར་ཤིན་ལོ་ཡང་དབང་འོག་ཏུ་བསྡུས་ནས་ཁྲའོ་ཞན་ཕྱེད་གླིང་གཅིག་གྱུར་བྱས།” མཁས་དབང་བློ་བཟང་འཕྲིན་ལས་ཀྱིས་མཛད་པའི《དེབ་ཐེར་དམར་པོའི་ནང་གི་གལ་ཆེའི་ཚིག་འགྲེལ་གནད་བསྡུས》 མི་རིགས་དཔེ་སྐྲུན་ཁང་། ཤོག་ངོས280པར་གསལ།

[17] 《དེབ་ཐེར་དཀར་པོ》ལས་རྒྱ་གར་གྱི་རྒྱལ་པོ་ཧརྵ་གསོན་པའི་སྐབས་བྲམ་ཟེ་ཞིག་རྒྱའི་གོང་མ་ལ་སྐྱེས་འབུལ་དུ་བརྫངས།(ཧརྵ་འདི་བསྟན་འགྱུར་ན་བཞུགས་པའི་ཀླུ་ཀུན་ཏུ་དགའ་བའི་ཟློས་གར་རྩོམ་པ་པོ་དེ་ཡིན་ཅིང་། རྒྱལ་པོ་འདིའི་

རྟོགས་བརྗོད་ཚིགས་བཅད་མ་ལེགས་སྦྱར་དུ་བྲིས་པ། སློབ་དཔོན་པུཎ་ཌ་རི་ཀ་ནགས་ཀྱི་དཔའ་བོས་མཛད་ཟེར་བ་ཞིག་ཀྱང་རྒྱ་གར་སྣང་།) ཅེང་ཀོན་གྱི་ལོ་ཉེར་གཉིས་པ།(སྤྱི་ལོ༨༩༤བོད་ཤིང་རྟ་ལ། གོང་ནས་གསེར་ཡིག་པ་ཞང་ཏན་ཙེ་བྱ་བ་རྟ་པ་སུམ་ཅུ་དང་བཅས་རྒྱ་གར་དུ་བཏང་། དེ་ནས་ཏཱ་གྲོངས་ཟིན་ཅིང་། རྒྱལ་ཁམས་མི་བདེ་བའི་སྐབས་དང་འཕྲད། ཏཱ་ལ་སྲུས་མེད་པའི་རྐྱེན་གྱིས། བློན་པོ་ཨ་ཛུ་ན་བྱ་བ་ཞིག་ཁྲི་ལ་བསྡད་ཅིང་ནང་པ་རྣམས་ལ་ཤིན་ཏུ་འཚེ་བར་བྱས། རྒྱའི་གསེར་ཡིག་པ་བཙོམས་ཏེ་དངོས་ཆས་རྣམས་འཕྲོག་ཅིང་འཁོར་ཕལ་ཆེར་བསད། ཞང་ཏན་ཙེ་རང་ཉིད་ཟླ་བོ་འགའ་དང་བཅས་མཚན་ལ་བྲོས་ཏེ། བོད་ཀྱི་ཆབ་འབངས་སུ་ཡོད་པའི་བལ་ཡུལ་དུ་སླེབས་ནས། སྲོང་བཙན་ལ་སྐྱབས་བཙོལ་བས། བོད་ཀྱི་བཙན་པོས་བོད་དམག་གོ་ཐུག་ཆིག་སྟོང་ཉིས་བརྒྱ་དང་། བལ་དམག་རྟ་པ་བདུན་སྟོང་དང་བཅས་པ་རྒྱ་གར་དུ་བཏང་། གསེར་ཡིག་པ་དང་ལྷན་ཅིག་ཏུ་ཧི་ར་ཧི་ཏ་ལ་སླེབས། དེ་དུས་ཉིན་གསུམ་ཙམ་ལས་འཐབ་མ་དགོས་པར་རྒྱལ་ས་གཙོ་བོ་བཟུང་། རྒྱ་གར་པ་སུམ་སྟོང་ཙམ་སྐྲི་བྲིགས་ཤིང་། སྟོང་གཅིག་ཙམ་ཆེ་འཁོར་ན་ཆུ་ཀླུང་ཡོད་པའི་ནང་དུ་བསྐྱུར། རྒྱལ་པོ་ཨ་ཛུ་ན་བྲོས་ཏེ་ཤོར་བ་སླར་ཡང་དམག་གསར་པ་དག་ཁྲིད་ནས་འཛིང་དུ་བྱུང་ཡང་། མཐར་བོད་རྣམས་ཀྱིས་ཕོ་ཕམ་པར་བྱས་ཏེ། གཉེན་ཚན་དང་བཅས་པ་གསོན་པོར་བཟུང་ནས་རྒྱའི་གོང་མའི་དྲུང་དུ་བཙྫངས། གོང་མ་ཤིན་ཏུ་མཉེས།) 《དགེ་འདུན་ཆོས་འཕེལ་གྱི་གསུང་རྩོམ་ཕྱོགས་བསྒྲིགས།》 སྤྱི་ལོ་ཉིས་སྟོང་གསུམ་ལོའི་ནུབ་བྱང་མི་རིགས་སློབ་ཆེན་བོད་ཀྱི་རྩོམ་རིག་དངོས་གཞི་འཛིན་གྲྭས་བསྒྲིགས། པོད་དང་པོ། ཤོག་ངོས222པར་གསལ།

[20] མཁས་དབང་དུང་དཀར་བློ་བཟང་འཕྲིན་ལས་ཀྱིས་བཀོད་པའི་མཆན་འགྲེལ་དུ་འདིའི་སྐབས་སུ་ས་མཚམས་འདི་གང་དུ་ཡོད་མེད་ད་ཕན་དཔྱད་གཞིའི་ཡིག་ཆ་རྣམས་ཀྱི་ནང་དུ་རྙེད་མ་བྱུང་བས་འོལ་ཚོད་ཀྱིས་འབྲི་མ་སྤོབས་ཞེས་གསུངས་ཞིང་དཀོན་མཆོག་ཚེ་བརྟན་གྱིས་བརྩམས་པའི《དཔོན་ཞང་རྗེ་རིང་དང་ཐང་བོད་བར་གྱི་འབྲེལ་བ》ཞེས་པར་ཏ་ལ་ཏན་ནི་ཧི་ལན་ཧྲན་ཏེ贺兰山ཡིན་པར་ངོས་འཛིན་བྱས་ཡོད།

[22] དཀོན་མཆོག་ཚེ་བརྟན། 《དཔོན་ཞང་རྗེ་རིང་དང་ཐང་བོད་བར་གྱི་འབྲེལ་བ།》 ཀན་སུའུ་མི་རིགས་དཔེ་སྐྲུན་ཁང་། 1986ལོར། ཤོག་ངོས110པར་གསལ།

[23] ནམ་མཁའི་ནོར་བུ། 《ཞང་བོད་ལོ་རྒྱུས་ཀྱི་སེའི་འོད།》 ཀྲུང་གོའི་བོད་རིག་པ་དཔེ་སྐྲུན་ཁང་། 1996ལོར། ཤོག་ངོས478པར་གསལ།

《རྩེར་སྣེག》 ༢༠༡༠ལོའི་དེབ་བཞི་པ་ལས་བཏུས།

༄༅། །《ཤེས་བྱ་ཀུན་ཁྱབ》ཅེས་པའི་རྩོམ་པ་པོ་དང་དེའི་གཞུང་དོན་གནད་བསྡུས་ལས་འཕྲོས་པའི་རིག་གནས་ཀྱི་དོན་སྙིང་སོགས་ཀྱི་སྐོར་ལ་རགས་ཙམ་དཔྱད་པ།

སྒྲོལ་མ་ཚོས་མཚོ།

དང་པོ། 《ཤེས་བྱ་ཀུན་ཁྱབ》ཅེས་པའི་སྐོར་གླེང་བར་ཐོག་མར་རིག་པའི་གནས་སྤྱི་དང་བྱེ་བྲག་སློབ་པའི་དགོས་པ་བཤད་པ།

དེ་ཡང་འཇམ་མགོན་ཀོང་སྤྲུལ་ཡོན་ཏན་རྒྱ་མཚོས་བརྩམས་པའི《ཤེས་བྱ་ཀུན་ཁྱབ》ཅེས་པའི་བསྟན་བཅོས་ཀྱི་རྩོམ་པ་པོ་དང་། དེའི་གཞུང་དོན་གནད་བསྡུས་སོགས་ལས་འཕྲོས་པའི་རིག་གནས་ཀྱི་དོན་སྙིང་སོགས་ཀྱི་སྐོར་མདོར་བསྡུས་གླེང་བར་བྱ་བ་ལ། ཐོག་མར"རིག་པའི་གནས་སྤྱི་དང་བྱེ་བྲག་སློབ་པའི་དགོས་པའི་ཆ་ནས་ཅུང་ཟད་བཤད་ན། རྗེ་བཙུན་བྱམས་པ་མགོན་པོས། རིག་པའི་གནས་ལྔ་དག་ལ་བརྩོན་པར་མ་བྱས་ན། །འཕགས་མཆོག་གིས་ཀྱང་ཐམས་ཅད་མཁྱེན་ཉིད་མི་འགྱུར་ཏེ། །དེ་ལྟ་བས་ན་གཞན་དག་ཚར་བཅད་རྗེས་གཟུང་དང་། །བདག་ཉིད་ཀུན་ཤེས་བྱ་ཕྱིར་དེ་ལ་དེ་བརྩོན་བྱེད། །"[1] ཅེས《མདོ་སྡེའི་རྒྱན》ལས་གསུངས་པ་དང་། དེ་བཞིན་དུ་ས་སྐྱ་པཎ་ཆེན་གྱིས་ཀྱང་། རང་བློ་ཤེས་བྱའི་གནས་ལ་མ་སྦྱངས་ན། །ཐམས་ཅད་མཁྱེན་པ་ནམ་མཁའི་མཐའ་ལྟར་རིང་། །དེ་ལྟར་དགོངས་ནས་རྒྱལ་དང་རྒྱལ་སྲས་ཀྱིས། །ཤེས་བྱའི་གནས་ཀུན་སྦྱོང་ཞེས་ལེགས་པར་གསུངས། །ཞེས་གསུངས་པ་ནི་གནས་སྐབས་དང་མཐར་ཐུག་གང་གི་དོན་རྣམས་མངོན་དུ་འགྱུར་བར་བྱེད་པའི་རྒྱུའི་གཙོ་བོ་དང་། ཡང་ན་རང་གཞན་གྱི་དོན་གཉིས་འགྲུབ་པའི་གཞི། འཕྲུལ་ཕྱུགས་ཀྱི་བདེ་ལེགས་ཐམས་ཅད་ཀྱི་འབྱུང་ཁུངས་སྟོན་པའི་གསུང་ཡིན་པ་ལྟར་ངེས་པར་དུ་བསླབ་དགོས་པ་ལ། དེ་འདྲ་བའི་ཐོས་བསམ་སྒོམ་གསུམ་སོགས་མཛད་དགོས་པའི་གཞུང་ནི་འཇམ་མགོན་ཀོང་སྤྲུལ་ཡོན་ཏན་རྒྱ་མཚོས་བརྩམས་པའི《ཤེས་བྱ་ཀུན་ཁྱབ》ཅེས་པའི་བསྟན་བཅོས་འདི་ལྟ་བུ་ལ་ཐོས་པ་སློབ་གཉེར་དགོས་ཏེ། ཐོས་པ་འདོད་ལ་རིག་པའི་གཏེར་མཛོད་དེ། །བསམ་པར་བཞེད་ལ་སེམས་ཀྱི་ངལ་སྡེགས་མཆོག །སྒོམ་པར་མོས་ལ་མན་ངག་

རྒྱ་མཚོ་སྟེ། །འདོད་རྒྱ་འབྱུང་བའི་ནོར་བུ་རིན་ཆེན་ཞེས། །རིས་མེད་གྲུབ་མཐའ་འཛིན་པའི་སྐྱེས་ཆེན་ནི། །འཇམ་པའི་རྡོ་རྗེ་གཉིས་པར་གྱུར་པ་རྣམས། །བརྟགས་པའི་མེ་ཏོག་སིལ་མར་བསྐྲིལ་བ་དང་། །ལྷན་ཅིག་བསྟན་བཅོས་འདི་ཉིད་དོན་དུ་གཉེར། །ཞེས་གསུངས་པས་ཤེས་ཤིང་། དུས་ཕྱིས་བོད་ཀྱི་ཆོས་དང་རིག་གནས་སྨྲ་བའི་རིས་མེད་མཁས་གྲུབ་རྣམས་ཀྱི་ཞལ་ལའང་། "རིག་པའི་གནས་དང་རྒྱལ་བསྟན་ཐམས་ཅད་པའི། །ལུས་གཅིག་བསྟན་བཅོས་རིན་ཆེན་འདི་ཉིད་ཀྱིས། །ཐུབ་བསྟན་འཛིག་རྟེན་ཡུན་རིང་གནས་སོ་ཞེས། །མཁས་ཀུན་མགྲིན་པའི་དབྱངས་སྙན་གཅིག་ཏུ་མཐུན། །"[2]ཞེས་གསུངས་པ་ལྟར་དུ་གྲགས། རིག་པའི་གནས་བྱེ་བྲག་པ་ཞིག་ལ་མཁས་པར་གྱུར་དང་འགྱུར་ནའང་ཆོག་སྟེ། ས་སྐྱ་པཎ་ཆེན་གྱིས། "མཁས་གང་ཤེས་བྱའི་དེ་ཁོ་ན། །ཇི་བཞིན་རྟོགས་པ་ཡིན་པར་འདོད། །བྱེ་བྲག་སྦྱངས་པའི་དོན་ཤེས་པ། །དེ་ཡང་དེ་ལ་མཁས་ཞེས་བྱ། །"[3]ཞེས་གསུངས་པ་ལྟར་ཤེས་བྱའི་གནས་ཀུན་བསམ་གྱིས་མི་ཁྱབ་ཅིང་། དེ་ཐམས་ཅད་ཀྱི་དོན་ཕྱིན་ཅི་མ་ལོག་པར་ཤེས་པ་ནི་མཁས་པའི་མཆོག་ཡིན་མོད། བྱེ་བྲག་གང་ལ་སྦྱངས་ཤིང་ཤེས་པ་དེ་ཡང་དེ་ཉིད་ལ་མཁས་པ་ཞེས་ཟེར་ཆོག་པས་སོ། །

དེས་ན་ཀོང་སྤྲུལ་ཡོན་ཏན་རྒྱ་མཚོས་བརྩམས་པའི《ཤེས་བྱ་ཀུན་ཁྱབ》ཅེས་པ་ལྟ་བུའི་བསྟན་བཅོས་ནི་ཆོས་མདོ་སྔགས་རིག་གནས་དང་བཅས་པའི་རྣམ་གཞག་དང་བྱུང་ཚུལ་སོགས་བརྗོད་པའི་ཤེས་བྱའི་གཏེར་མཛོད་དུ་གྱུར་པའི་བསྟན་བཅོས་བསླབ་གཞིར་བཟུང་སྟེ་རིག་པའི་གནས་བཅུ་ལ་འཇུག་པར་བྱ་སྟེ། བཟོ་དང་གསོ་བ་སྒྲ་ཚད་མ། །ནང་དོན་རིག་པ་གནས་ཆེན་ལྔ། །མངོན་བརྗོད་ཟློས་གར་སྙན་ངག་དང་། །སྡེབ་སྦྱོར་སྐར་རྩིས་ཞེས་བྱ་ཡི། །(?)

མངོན་བརྗོད་ཟློས་གར་སྐར་རྩིས་དང་། །སྡེབ་སྦྱོར་སྙན་ངག་གནས་ཆུང་ལྔ། །[4]ཞེས་བཟོ་རིག་པ་དང་། གསོ་བ་རིག་པ། སྒྲ་རིག་པ། ཚད་མ་རིག་པ། ནང་དོན་རིག་པ་ཞེས་རིག་པའི་གནས་ཆེན་ལྔ་དང་། རིག་པའི་གནས་ཆེན་ལྔའི་ཡ་གྲལ་དུ་གྱུར་པའི་སྒྲ་རིག་པའི་ཡན་ལག་སྟེ། རིག་གནས་གཞི་མ་སྒྲ་རིག་གི །ཡན་ལག་སྡེབ་སྦྱོར་སྙན་ངག་དང་། །མངོན་བརྗོད་ཟློས་གར་སྐར་རྩིས་ཏེ། །ལྔ་ཡིན་རིག་གནས་ཆུང་ལྔར་བཞེད། །ཅེས་གསུངས་ཏེ། སྙན་ངག་དང་། སྡེབ་སྦྱོར། མངོན་བརྗོད། ཟློས་གར་ཞེས་པའི་རིག་གནས་ཆུང་བ་ལྔ་སོགས་རིག་པའི་གནས་སྤྱི་དང་བྱེ་བྲག་ཐམས་ཅད་ལ་བསླབ་པར་བྱ་དགོས་ཤིང་། ཐོས་པར་བྱ་བའི་གནས་གང་ཡིན་ཞེ་ན། ཀོང་སྤྲུལ་ཡོན་ཏན་རྒྱ་མཚོ་སྐུ་རང་གི་ཞལ་ནས་ཀྱང་། རང་རེ་རྣམས་ཀྱིས་སངས་རྒྱས་ཀྱི་བསྟན་པ་རིན་པོ་ཆེ་ཁོ་ནའི་དབང་དུ་བྱས་པའི་གསུང་རབ་དགོངས་འགྲེལ་དང་བཅས་པའི་ཐོས་པ་གཙོ་བོར་བསྒྲུབ་དགོས་ཤིང་། ཞར་བྱུང་བསྟན་པ་ལ་འཇུག་པའི་ཡན་ལག་རིག་པའི་གནས་སོགས་ཤེས་བྱ་ཇི་སྙེད་པ་དག་ཀྱང་ཁོང་དུ་ཆུད་པར་བྱ་བ་ཡིན།[5] ཞེས་གསུངས་པ་བཞིན་ནོ། །

བོད་ཀྱི་རིག་གནས་སྤྱི་དང་བྱེ་བྲག་ཏུ་གྱུར་པ་གང་ཞིག   ད་ལྟར་མི་རབས་འདིས་མཇལ་ཐུབ་པ་ཞིག་ཡོད་པ་ནི་སྔོན་བྱོན་མེས་པོ་རྣམས་ཀྱིས་ལུས་སྲོག་བློས་བཏང་ནས་ཐོས་བསམ་སྒོམ་གསུམ་དང་འཆད་

རྩོད་རྩོམ་གསུམ་མཛད་པའི་བཀའ་དྲིན་ལས་བྱུང་བ་ཡིན་ཆོ། དེ་ལྟར་ངོས་ཟིན་ནས་གངས་ཅན་བོད་ཀྱི་རིག་གནས་སྤྱི་དང་བྱེ་བྲག་གང་ལའང་མི་རབས་རྗེས་མ་རྗེས་མས་བརྩོན་པར་བྱ་དགོས་པའི་ཚུལ་ལ། མཁས་དབང་དམུ་དགེ་བསམ་གཏན་གྱིས། སྔོན་གྱི་མཁས་པ་རྣམས་ཀྱིས་དཀའ་སྤྱད་སྡུག་ཏུས་ཀྱིས་དེང་དུས་སུ་འཛམ་གླིང་ཁྱོན་གྱི་ཁམས་འདིར་དར་བའི་རིག་པའི་གནས་དུ་མ་བོད་གངས་ཅན་གྱི་མིའི་རིགས་ལ་ཡོད་པར་བྱས་པ་དེ་བཞིན་དུ་དེང་དུས་གསར་སྐྱེས་གཞོན་ནུ་རྣམས་ཀྱིས། སྔར་གྱི་རིག་གནས་ཡིད་བཞིན་གྱི་ནོར་བུ་དག་ལག་ནས་མ་ཤོར་བ་གཞིར་བཞག་གི་སྟེང་ནས། གསར་དར་གྱི་རིག་པ་མཐའ་དག་བསླབས་ཏེ་གཞན་ལ་འགྲམ་ཆུ་ལྟང་མི་དགོས་པར་བྱས་ནས། བོད་མི་རིགས་འདི་སྔར་མི་གྲངས་ཉུང་ཉུང་འབུར་དུ་ཐོན་པ་ཞིག་ཡིན་པ་ལྟར། ཕྱིན་ཆད་ཀྱང་དེ་ལྟར་འགྱུར་བར་བྱེད་པ་ལ་བརྩོན་དགོས་སོ། །[6]ཞེས་གསུངས་པ་ལྟར། བོད་ཀྱི་སྲོལ་རྒྱུན་རིག་གནས་སྤྱི་དང་བྱེ་བྲག་ལ་ཐོས་བསམ་ཕ་རོལ་ཏུ་ཕྱིན་པ་ཞིག་མཛད་དགོས་ན། བོད་ཀྱི་ཆོས་དང་རིག་གནས་ཀྱི་བརྗོད་བྱ་ཀུན་འདུས་པའི་བསླབ་གཞི་ཕུན་སུམ་ཚོགས་པ་ཞིག་ལ་བརྟེན་ནས་སློབ་པ་ལ་གོང་སྤྲུལ་ཡོན་ཏན་རྒྱ་མཚོས་བརྩམས་པའི《ཤེས་བྱ་ཀུན་ཁྱབ》ཅེས་པ་ལྟ་བུ་ལས་གཞན་མེད་པས་འདི་ནས་གོང་སྤྲུལ་ཡོན་ཏན་རྒྱ་མཚོས་བརྩམས་པའི《ཤེས་བྱ་ཀུན་ཁྱབ》ཅེས་པའི་རྩོམ་པ་པོ་དང་དེའི་གཞུང་དོན་གནད་བསྡུས་ལས་འཕྲོས་པའི་རིག་གནས་ཀྱི་དོན་སྙིང་སོགས་ཀྱི་སྐོར་ལ་རགས་ཙམ་དཔྱད་པར་བྱའོ། །

གཉིས་པ། 《ཤེས་བྱ་ཀུན་ཁྱབ》ཅེས་པའི་རྩོམ་པ་པོ་གོང་སྤྲུལ་ཡོན་ཏན་རྒྱ་མཚོའི་མཛད་རྣམ་མདོར་བསྡུས་བཤད་པ།

དེ་ཡང་ཇི་སྐད་དུ། "དེ་ལས་རྫོད་པའི་དུས་ཀྱི་ཐམས་ཅད་མཁྱེན། །འཇམ་དཔལ་དབྱངས་དངོས་ཡོན་ཏན་རྒྱ་མཚོའི་བདག །བསྐལ་པ་མང་པོར་སྦྱངས་པའི་ལས་འཕྲོ་དང་། །སྨོན་ལམ་མདོ་སྔགས་ཆོས་ཀྱི་ཕྱོགས་སུ་སད། །"[7]ཅེས་གསུངས་པ་ལྟར་གྱི་བདག་ཉིད་དུ་གྲུབ་པའི་གོང་སྤྲུལ་ཡོན་ཏན་རྒྱ་མཚོས་བརྩམས་པའི《ཐེག་པའི་སྒོ་ཀུན་ལས་བཏུས་པ་གསུང་རབ་རིན་པོ་ཆེའི་མཛོད་བསླབ་པ་གསུམ་ལེགས་པར་སྟོན་པའི་བསྟན་བཅོས་ཤེས་བྱ་ཀུན་ཁྱབ་ཅེས་བྱ་བ་བཞུགས་སོ》ཞེས་པ་སྟེ་ཡོངས་གྲགས་སུ《ཤེས་བྱ་ཀུན་ཁྱབ》ཅེས་པའི་རྩོམ་པ་པོ་གོང་སྤྲུལ་ཡོན་ཏན་རྒྱ་མཚོ་མཆོག[8]ནི། རབ་བྱུང་བཅུ་བཞི་པའི་ཆུ་མོ་བྱ་ཡི་ལོའི(སྤྱི་ལོ1813)ཟླ་བ་བཅུ་པའི་ཚེས་བཅུ་ལ་མདོ་ཁམས་འབྲི་ཟླ་ཟལ་མོ་སྒང་གི་གནས་མཆོག་པད་མ་ལྷ་རྩེའི་མདུན་རོལ་རོང་རྒྱབ་སྦས་པའི་ལྗོངས་སུ། ཡབ་ཁྱུང་རྒྱལ་གྲུབ་རིགས་བསྟན་འཛིན་གཡུང་དྲུང་དང་ཡུམ་རྣལ་འབྱོར་མ་བཀྲ་ཤིས་མཚོའི་སྲས་སུ་སྐུ་འཁྲུངས། དེ་ཡང་ཐོག་མར་བགྲང་བྱ་ལྔ་ཡི་ངོ་མཐོང་གི་སྐབས་སུ་སྦྱོར་གློག་བསླབ[9]ཅེས་གསུངས་པ་ལྟར། དགུང་ལོ་ལྔ་ནས་ཡི་གེའི་ཕྱི་མོ་སོགས་གསན་བསམ་

མཛད། དགུང་ལོ་བཅུ་སྐོར་ནས་ཟེ་ཆེན་འགྱུར་མེད་མཐུ་སྟོབས་རྣམ་རྒྱལ་གཙོས་པའི་བཀའ་དྲིན་ཤིན་ཏུ་ཆེ་བའི་མཚུངས་མེད་དཔལ་ལྡན་མ་ལྷ[10]དང་། རྩ་བརྒྱུད་ཀྱི་བླ་མ་ཀུན་འདུས་ཀྱི་ངོ་བོ་འགྲན་ཟླ་ཐམས་ཅད་དང་བྲལ་བའི་རིགས་བརྒྱའི་ཁྱབ་བདག་གཅིག་པུ་ནི་བྱམས་མགོན་རྡོ་རྗེ་འཆང་པད་མ་ཉིན་བྱེད་དབང་པོའི། །[11]ཞེས་པ་ནི་སི་ཏུ་པད་མ་ཉིན་བྱེད་དབང་པོ་དང་། འཇམ་དབྱངས་མཁྱེན་བརྩེའི་དབང་པོ་གཙོས་པའི་ཡིད་བཞིན་ནོར་བུ་ལྟ་བུའི་མཁས་གྲུབ་རྣམ་པ་གཉིས[12]སོགས་རིས་མེད་ཀྱི་བཤེས་གཉེན་བཅུ་ཕྲག་ལྔ་ལྷག་ལས་སྒྲ་ཚད་བཟོ་གསོ་སོགས་ཐུན་མོང་གི་རིག་གནས་དང་། དབུ་མར་འདུལ་མཛོད་སོགས་མཚན་ཉིད་ཐེག་པ་དང་། བཀའ་གཏེར་གསར་རྙིང་གི་རྒྱུད་ལུང་མན་ངག་སོགས་སྔགས་ཀྱི་ཐེག་པ་བཅས་ཐུན་མིན་རིག་པའི་གནས་མཐའ་དག་ལ་གསན་བསམ་སྒོམ་སྒྲུབ་རྒྱ་ཆེན་མཛད་པ་ནི། རྒྱལ་བསྟན་ཡན་ལག་བཅས་པའི་ཤེས་བྱ་ཡི། །རྒྱ་མཚོ་ལྟོ་བར་བསྒྱིལ་བའི་རྣམ་དཔྱོད་ལས། །ལེགས་བཤད་བདུད་རྩི་སྙུགས་པའི་དག་བྱེད་མཁན། །ཡོངས་འཛིན་བརྒྱ་ཕྲག་ལྷག་པ་བསྟེན་པ་དང་། །སྦྱོར་བྱུང་རྒྱ་སྐད་ལམ་ན་སྐྱེས་ཐོབ་ཀྱི། །རྣམ་དཔྱོད་ཉི་མ་འབུམ་གྱིས་བཟུང་བ་ལས། །རིག་པའི་གནས་དང་ཐེག་གསུམ་ཆོས་ཀྱི་གཞུང་། །གཟིགས་ལ་སྦྱང་རས་པད་མའི་འདབ་མ་ཡངས། །[13]ཞེས་གསུངས་པ་ལྟ་བུར་གྱུར། སྐལ་ལྡན་གྱི་གདུལ་བྱ་རྗེས་སུ་འཛིན་པའི་སླད་དུ། ཐུན་མོང་རིག་གནས་ཀྱི་ལམ་ནས་བཟུང་། ཐུན་མིན་ཐེག་དགུའི་མཐར་ཐུག་རྫོགས་ཆེན་ཨ་ཏི་ཡོ་ག་ལ་ཐུག་གི་བར་དུ་མདོ་སྔགས་ཀྱི་ལུས་ཡོངས་སུ་རྫོགས་པ་གཞི་ལམ་འབྲས་བུའི་རྣམ་གཞག་ལེགས་པར་སྟོན་པ་ཤེས་བྱ་ཀུན་ལ་ཁྱབ་པའི་མཛོད་དང་། སྒྲུབ་བརྒྱུད་ཤིང་རྟ་བརྒྱད་ཀྱི་སྨིན་གྲོལ་གྱི་ཡང་ཟབ་རྣམས་ཕྱོགས་གཅིག་ཏུ་བསྡུས་པ་གདམས་ངག་རིན་པོ་ཆེའི་མཛོད་དང་། སྔ་འགྱུར་བཀའ་མ་ཡང་ཕུར་གཤིན་གསུམ་སོགས་དང་། གསར་འགྱུར་ནར་རྫོག་རྒྱུད་སྡེའི་སྐོར་གྱི་སྒྲུབ་དཀྱིལ་སྨིན་གྲོལ་ཕྱོགས་གཅིག་ཏུ་བསྡུས་པ་བཀའ་བརྒྱུད་སྔགས་མཛོད་དང་། རྙིང་མའི་ཟབ་མོ་གཏེར་གྱི་རྒྱ་མཚོ་ཡང་ཞུན་བཅུད་དུ་དྲིལ་བ་རིན་ཆེན་གཏེར་མཛོད་དང་། རང་ཉིད་ཀྱི་ཟབ་གཏེར་གསང་བའི་ཁྱད་ནོར་ཐུན་མོང་མ་ཡིན་པའི་མཛོད། དེའི་རྗེས་འབྲེལ་བསྟོད་ཚོགས་གཏམ་ཚོགས་གསོ་རིག་སོགས་གསུང་རྩོམ་ཐོར་བུའི་རིགས་ཕྱོགས་གཅིག་ཏུ་བསྡུས་པ་རྒྱ་ཆེན་བཀའ་ཡི་མཛོད་བཅས་མཛོད་ཆེན་ལྔ[14]ཞེས་ཡོངས་སུ་གྲགས་པ་པོ་ཏི་དགུ་བཅུར་ལོངས་པ་རྩོམ་སྒྲིག[15]མཛད། ད་དུང་མདོ་སྔགས་བཀའ་གཏེར་གསར་རྙིང་རིས་སུ་མ་ཆད་པའི་དབང་ཁྲིད་མན་ངག་བཀླག་ལུང་སོགས་འཆད་སྤེལ་སྐུ་ཚེ་ཧྲིལ་པོར་མཛད་དེ་མཐར་དགུང་ལོ་གྱ་བདུན་པ་རབ་བྱུང་བཅོ་ལྔ་པའི་ལྕགས་ཕོ་སྟག་གི་ལོར(སྤྱི་ལོ1899)གཟུགས་སྐུའི་བཀོད་པ་ཆོས་དབྱིངས་སུ་བསྡུས་སོ། །

ཁོང་གི་སློབ་མའི་གཙོ་བོ་ཀརྨ་པ་སྐུ་ཕྲེང་བཅུ་བཞི་པ་ཐེག་མཆོག་རྡོ་རྗེ་དང་བཅོ་ལྔ་པ་མཁའ་ཁྱབ་རྡོ་རྗེ། ཏའི་སི་ཏུ་བཅུ་པ་དང་བཅུ་གཅིག་པ་གཙོ་བོར་གྱུར་པའི་བཀའ་བརྒྱུད་པའི་བསྟན་འཛིན་རྣམས་

དང་། འཇམ་དབྱངས་བློ་གཏེར་དབང་པོ་དང་། ཆོས་རྗེ་ཀུན་དགའ་འཇམ་དབྱངས་སོགས་ས་ངོར་གྱི་བསྟན་འཛིན་རྣམས་དང་། མི་ཕམ་འཇམ་དབྱངས་རྣམ་རྒྱལ། གཏེར་སྟོན་ལས་རབ་གླིང་པ་སོགས་སྔ་འགྱུར་གྱི་བསྟན་འཛིན་རྣམས་དང་རྒྱུད་སྨད་མཁན་པོ་ཡེ་ཤེས་གོང་འཕེལ། བྲག་གཡབ་གདོང་སྤྲུལ་མཁས་མཆོག་ངག་དབང་དམ་ཆོས་རྒྱ་མཚོ་སོགས་རི་བོ་དགེ་ལྡན་པའི་བསྟན་འཛིན་དུ་མ་སྟེ། མདོར་ན་སྐབས་དེར་དབུས་གཙང་ནས་མདོ་ཁམས་སྟོད་སྨད་བར་གསུམ་དུ་ཕོང་གི་ཞལ་སློབ་ཏུ་གྱུར་པ[16]ཤིན་ཏུ་མང་པོ་བྱོན་པ་རྣམས་ཀྱིས་བསྟན་པའི་བཤད་སྒྲུབ་ཚུལ་བཞིན་དུ་མཛད་པ་ལ་ཕྱག་རྗེས་ཆེའོ། །

གསུམ་པ། 《ཤེས་བྱ་ཀུན་ཁྱབ》ཅེས་པའི་རྩོམ་སྟངས་ལས་འཕྲོས་པའི་གཞུང་དོན་གནད་བསྡུས་བཤད་པ།

དེ་ཡང་ཆོས་མདོ་སྔགས་རིག་གནས་དང་བཅས་པའི་ཤེས་བྱའི་གཏེར་མཛོད་དུ་གྱུར་པའི་བསྟན་བཅོས་ཆེན་པོ《ཤེས་བྱ་ཀུན་ཁྱབ》ཅེས་པ་ནི་ཀོང་སྤྲུལ་ཡོན་ཏན་རྒྱ་མཚོ་ཞེས་བོད་ཀྱི་སྒྲུབ་བརྒྱུད་རིས་མེད་དུ་འཛིན་པའི་མཁས་གྲུབ་ཆེན་པོ་ཕོང་གིས་བརྩམས་ཤིང་། ཐེག་སྒོ་ཀུན་བཏུས་གསུང་རབ་རིན་ཆེན་མཛོད། །བསླབ་གསུམ་ལེགས་སྟོན་ཤེས་བྱ་ཀུན་ཁྱབ……[17]ཅེས་པས་བསྟན་པའི་བསྟན་བཅོས་ཀྱི་མཚན་ཡོངས་རྫོགས་ལ《ཐེག་པའི་སྒོ་ཀུན་ལས་བཏུས་པ་གསུང་རབ་རིན་པོ་ཆེའི་མཛོད་བསླབ་པ་གསུམ་ལེགས་པར་སྟོན་པའི་བསྟན་བཅོས་ཤེས་བྱ་ཀུན་ཁྱབ་ཅེས་བྱ་བ་བཞུགས་སོ》ཞེས་གསོལ། དུས་ཕྱིས་བོད་དུ《ཤེས་བྱ་ཀུན་ཁྱབ》ཅེས་ཡོངས་སུ་གྲགས་པའི་མདོ་སྔགས་རིག་གནས་དང་བཅས་པའི་གཞུང་གི་རྣམ་གཞག་དང་བྱུང་བ་བརྗོད་པའི་བསྟན་བཅོས་ཁྱད་པར་བ་ཞིག་གོ །

འཇམ་མགོན་ཀོང་སྤྲུལ་ཡོན་ཏན་རྒྱ་མཚོས་ཅིའི་ཕྱིར《ཤེས་བྱ་ཀུན་ཁྱབ》ཅེས་པ་བརྩམས་ཤེ་ན། ཆེ་བ་བདུན་དང་ལྡན་པའི་སློབ་དཔོན་དེས། །རྒྱལ་བསྟན་ཡན་ལག་བཅས་པ་རྒྱས་པ་དང་། །ཤེས་བྱ་སྤྱི་ཡི་མཚན་ཉིད་རྟོགས་པ་དང་། །བསྟན་པ་ཕྱོགས་རེར་ཞེན་པའི་བློ་སྦྱོང་ཕྱིར། །[18]ཞེས་གསུངས་པ་ལྟར་གྱི་སྒོ་ནས་བརྩམས་པའི་བསྟན་བཅོས་གང་ནི། རིག་པའི་གནས་དང་མདོ་སྔགས་གཞུང་ཀུན་གྱི། །སྙིང་པོ་ཤེས་བྱ་ཀུན་ལ་ཁྱབ་པའི་མཛོད། །[19]ཅེས་གསུངས་པ་ལྟར་གྲུབ་པའི《ཤེས་བྱ་ཀུན་ཁྱབ》ཅེས་པ་ནི་རྩ་འགྲེལ་གཉིས་ཀྱི་བདག་ཉིད་ཅན་ཞིག་སྟེ། ཀོང་སྤྲུལ་ཡོན་ཏན་རྒྱ་མཚོས《ཤེས་བྱ་ཀུན་ཁྱབ》ཅེས་པའི་རྩ་བ་བརྩམས་ནས་དེའི་རང་འགྲེལ་གྱི་ཚུལ་དུ《ཤེས་བྱ་ཀུན་ལ་ཁྱབ་པའི་གཞུང་ལུགས་ཉུང་ངུའི་ཚིག་གིས་རྣམ་པར་འགྲེལ་བ་ལེགས་བཤད་ཡོངས་འདུ་ཤེས་བྱ་མཐའ་ཡས་པའི་རྒྱ་མཚོ་ཞེས་བྱ་བ་བཞུགས་སོ》ཞེས་པའི་འགྲེལ་པ་བརྩམས། 《ཤེས་བྱ་ཀུན་ཁྱབ》ཅེས་པའི་རྩ་བ་ནི་ཚིགས་བཅད་ཀྱིས་བརྩམས་པ་དང་། དེའི་འགྲེལ་པ་ནི། དེ་སྐད་འཇམ་དཔལ་དབྱངས་དངོས་མཁྱེན་བརྩེའི་གཏེར། །རྒྱལ་བ་ཀུན་དང

གཉིས་སུ་མེད་པ་དེས། །བསྟན་འགྲོར་སྨན་སྣང་རྩ་བའི་དགོངས་འགྲེལ་ཞིག །མཛོད་ཅེས་གསོལ་བ་ཡང་ཡང་བཏབ་པའི་མཐུས། །འགྲེལ་ཆེན་ཤེས་བྱ་མཐའ་ཡས་རྒྱ་མཚོ་འདི། །མགོན་པོ་གང་གི་དགོངས་པའི་ཚུ་གཏེར་ལས། །སླར་ཡང་སྒྲོས་ཏེ་འདོམས་པར་མཛད་པས་ན། །སྟོན་པ་གཉིས་པའི་བྱིན་ལས་ཉིད་དུ་གྱུར། །[20]ཞེས་གསུངས་པ་ལྟར། ཕྱིས་སུ་འཇམ་དབྱངས་མཁྱེན་བརྩེའི་དབང་པོ་མཆོག་གིས་གསུང་བསྐུལ་གནང་བ་ལ་བརྟེན་ནས་རང་འགྲེལ་ཤེས་བྱ་ཀུན་ལ་ཁྱབ་པའི་གཞུང་ལུགས་ལེགས་བཤད་ཡོངས་འདུ་ཤེས་བྱ་མཐའ་ཡས་པའི་རྒྱ་མཚོ་ཞེས་བྱ་བ་གླེགས་བམ་གསུམ་གྱི་བདག་ཉིད་ཅན་ཞིག་ཡིན།[21] ཞེས་གསུངས་པ་ལྟར། ཚིགས་བཅད་ལ་ཚིག་ལྷུག་གིས་འགྲེལ་བའི་ཚུལ་ཏེ་ཚིགས་བཅད་ལྷུག་ཟུང་འབྲེལ་གྱི་སྒོ་ནས་བརྩམས་པའི་བསྟན་བཅོས་ཤིག་ཏུ་སྣང་ངོ་། །

ཀོང་སྤྲུལ་ཡོན་ཏན་རྒྱ་མཚོས《ཤེས་བྱ་ཀུན་ཁྱབ》ཅེས་པའི་བསྟན་བཅོས་ཀྱི་རྩ་འགྲེལ་གཉིས་བརྩམས་པའི་ཡུལ་དང་དུས་བཤད་པ་ལ《ཤེས་བྱ་ཀུན་ཁྱབ》ཅེས་པའི་རྩ་བའི་མཇུག་བྱང་ལས། "……བློ་གྲོས་མཐའ་ཡས་པའི་སྡེས་དཔལ་སྤུངས་ཐུབ་བསྟན་ཆོས་འཁོར་གླིང་གི་ཡང་ཁྲོད་དེ་བྲི་ཀོ་ཊི་ཙཱ་འདྲ་རིན་ཆེན་གི་མགུལ།"[22] ཞེས་པ་ལས་བསྟན་བཅོས་བརྩམས་པའི་ཡུལ་བསྟན་པ་ལས་དུས་མི་གསལ་བ་དང་། དེ་ནས་འགྲེལ་པའི་མཇུག་བྱང་ལས། མདོ་ཁམས་བཀའ་བརྒྱུད་ཀྱི་གདན་ས་ཆེན་པོ་དཔལ་སྤུངས་ཐུབ་བསྟན་ཆོས་འཁོར་གླིང་གི་ཡང་དབེན་དཔལ་གྱི་དེ་བྲི་ཀོ་ཊི་གསུམ་པའི་མདུན་ངོས་ཙཱ་འདྲ་རིན་ཆེན་བྲག་གི་སྒྲུབ་གནས་སུ་རྩ་བར་འགྲེལ་པ་སྦྱར་བ་བཅས་དབྱར་དགུན་ཐོག་གཅིག་པ་བརྒྱུད་མར་བྲིས་པའི་གླེགས་བམ་ཡོངས་རྫོགས་ཀྱི་ཡི་གེའི་འདུ་བྱེད་པ་ནི་སྡེ་སྣོད་གསུམ་འཛིན་ཞིང་བསླབ་པའི་བརྟུལ་ཞུགས་ལེགས་པར་འཆང་བ་ཀརྨ་བཀྲ་ཤིས་འོད་ཟེར་ནས་མཛད་པ་སྟེ། གནམ་ལོའི་རྒྱལ་པོ་ཤིང་ཕྱི་ས་ག་ཟླ་བའི་དཀར་ཕྱོགས་ཀྱི་དགའ་བ་གཉིས་པ་རྒྱལ་དང་ཕུར་བུ་འགྲུབ་པའི་སྦྱོར་བ་བཟང་པོ་དང་ལྡན་པའི་སྟ་དྲོའི་ཆར་ལེགས་པར་གྲུབ་པ་འདིས་ཀྱང……[23]ཞེས་གསུངས་པ་སོགས་ལས་ཤེས་པར་བྱའོ། །

དེ་ཡང་། "ཐེག་སྒོ་ཀུན་བཏུས་གསུང་རབ་རིན་ཆེན་མཛོད། །བསླབ་གསུམ་ལེགས་སྟོན་ཤེས་བྱ་ཀུན་ཁྱབ་ཀྱི། །གཞུང་དང་འགྲེལ་པའི་མདོར་བསྟན་འདིར་འགོད་བྱ། །"[24]ཞེས་གསུངས་པ་ལྟར། འདི་ནས་འཇམ་མགོན་ཀོང་སྤྲུལ་ཡོན་ཏན་རྒྱ་མཚོས་བརྩམས་པའི་ཡོངས་གྲགས《ཤེས་བྱ་ཀུན་ཁྱབ》ཅེས་པའི་གཞུང་དོན་གནད་བསྡུས་གླེང་བར་བྱ་བའོ། །

ཐོག་མར་དགེ་བ་སྨྲད་ཀྱི་དོན་འཆད་པ་ལ། ཐོག་མར་དགེ་ཞིང་མངོན་པར་མཐོ་བ་སྨྲད་ཀྱི་དོན། །[25] ཞེས་གསུངས་པས་བསྟན་དོན་ནི། ཐོག་མར་དགེ་བ་སྨྲད་དོན་མིང་སྨོས་ནས། །མཆོད་པར་བརྗོད་ཅིང་བརྩམས་པའི་དམ་བཅའ་བྱས། །[26]ཞེས་ཏེ། ཐོག་མར་དགེ་བ་སྨྲད་ཀྱི་དོན་ལ་དང་པོ་གཞུང་གི་ལུས་རྣམ་པར་བཞག་པའམ་ཐ་སྙད་རྟོགས་པའི་ཕྱིར་མིང་བསྟན་པ་དང་། གཉིས་པ་བརྩམ་པ་ལ་བར་ཆད་མི་འབྱུང་

ཞིང་དམ་པའི་རྗེས་འཇུག་ཏུ་ཤེས་པའི་ཆེད་དུ་མཚོད་པར་བརྗོད་པ། བརྩམ་པ་མཐར་ཕྱིན་ཅིང་དགོས་པ་མཐོང་བ་དོན་དུ་དམ་བཅའ་བ་གསུམ་གྱི་སྒོ་ནས་བཤད་དོ། །

བར་དུ་དགེ་བ་གཞུང་གི་དོན་འཆད་པ་ལ། བར་དུ་དགེ་ཞིང་ངེས་པར་ལེགས་པ་གཞུང་གི་དོན། །[27] ཞེས་གསུངས་པས་དྲངས་ཏེ། བར་དགེ་གནས་བཅུ་ཡན་ལག་སྐབས་བཞི་བཞི། །[28]ཞེས་ཏེ། བར་དེ་དགེ་བ་གཞུང་གི་དོན་ལ་གནས་སམ་རིམ་པ་བཅུ་དང་། དེ་ལ་ཡན་ལག་སྐབས་བཞི་བཞི་སྟེ་ཕྲེན་བཞི་བཅུའི་སྒོ་ནས་བཤད་པའོ། །

དང་པོ། གདུལ་ཞིང་སྣོད་བཅུད་ཀྱི་འཇིག་རྟེན་རིམ་པར་ཕྱེ་བ་ལ། དང་པོ་ཞིང་ཁམས་སྦྱིར་བསྟན་ཐེག་ཆེན་ལུགས། །མི་མཇེད་འཇིག་རྟེན་ཐུན་མོང་བཞེད་པར་དབྱེ། །དུས་འཁོར་ཡུལ་དུས་རྣམ་གཞག་འཇལ་བྱེད་བཅས། །རྒྱུ་རྐྱེན་མངོན་པ་འབྲུལ་གྲོལ་རྫོགས་ཆེན་ལུགས། །གདུལ་ཞིང་སྣོད་བཅུད་འཇིག་རྟེན་རྒྱུར་བཅས་བཤད། །[29]ཅེས་པ་ལས། དང་པོ་ཞིང་ཁམས་སྤྱིར་བསྟན་པ་ཐེག་པ་ཆེན་པོའི་ལུགས་ལྟར་བརྗོད་པའི་སྐབས་དང་། གཉིས་པ་འཇིག་རྟེན་བྱེ་བྲག་ཏུ་བསྟན་པ་ཐེག་དམན་པ་དང་ཐུན་མོང་དུ་བརྗོད་པའི་སྐབས། གསུམ་པ་དུས་ཀྱི་འཁོར་ལོའི་ལུགས་དམིགས་སུ་བསལ་བ་དང་འཇལ་བྱེད་ཚད་བརྗོད་པའི་སྐབས། བཞི་པ་འཁོར་བ་འགྲུབ་བྱེད་རྒྱུ་རྐྱེན་བསྟན་པའི་སྐབས་ཏེ་བཞིའི་སྒོ་ནས་བཤད་དོ། །

གཉིས་པ། འདུལ་བྱེད་ཀྱི་སྟོན་པ་བྱོན་ཚུལ་རིམ་པར་ཕྱེ་བ་ལ། གཉིས་པ་སྟོན་པ་བྱང་ཆུབ་ལམ་གཤེགས་ཚུལ། །ཐེག་པའི་ཆེ་ཆུང་འཚང་རྒྱའི་བཞེད་ཐ་དད། །ཞིང་འདིར་རྒྱལ་བའི་མཛད་པ་བཅུ་གཉིས་དང་། །ཐེག་རྩེའི་སྐུ་དང་ཞིང་ཁམས་ཁྱད་དབྱེ་བཅས། །འདུལ་བྱེད་སྟོན་པ་ཇི་ལྟར་བྱོན་ཚུལ་བཤད། །[30] ཅེས་པ་ལས། དང་པོ་སྟོན་པ་སྔོན་བྱང་ཆུབ་ཀྱི་ལམ་དུ་ཇི་ལྟར་གཤེགས་པའི་སྐབས་དང་། གཉིས་པ་སྟོན་པ་མངོན་པར་རྫོགས་པར་འཚང་རྒྱ་བའི་བཞེད་པ་ཐ་དད་པའི་སྐབས། གསུམ་པ་སྤྲུལ་པའི་སྐུས་ཞིང་འདིར་མཛད་པ་བཅུ་གཉིས་བསྟན་པའི་སྐབས། བཞི་པ་འོད་གསལ་རྫོགས་ཆེན་རྩེ་མོའི་ལུགས་ཀྱི་སྐུ་དང་ཞིང་ཁམས་ཁྱད་པར་དུ་ཕྱེ་བའི་སྐབས་ཏེ་བཞིའི་སྒོ་ནས་བཤད་དོ། །

གསུམ་པ། བསྟན་པ་དམ་པའི་ཆོས་ཀྱི་རིམ་པ་ཕྱེ་བ་ལ། གསུམ་པ་དམ་པའི་ཆོས་མཆོག་ངོས་བཟུང་ཞིང་། །ལུང་གི་ཆོས་ཀྱི་འཁོར་ལོ་བྱེ་བྲག་ཕྱེ། །བཀའ་བསྡུ་རིམ་གསུམ་ཇི་ལྟར་མཛད་པའི་ཚུལ། །སྔ་འགྱུར་རྒྱུད་དང་སྒྲུབ་སྡེའི་བབས་ལུགས་ཏེ། །བསྟན་པ་དམ་པའི་ཆོས་ཀྱི་རྣམ་གཞག་བཤད[31]ཅེས་པ་ལས། དང་པོ་བསྟན་པ་དམ་པའི་ཆོས་ངོས་བཟུང་བའི་སྐབས་དང་། གཉིས་པ་ལུང་གི་ཆོས་འཁོར་བྱེ་བྲག་ཏུ་དབྱེ་བའི་སྐབས། གསུམ་པ་བཀའ་ཡི་བསྡུ་བ་རྣམས་བཤད་པའི་སྐབས། བཞི་པ་སྔ་འགྱུར་སྙིང་མའི་བབ་ལུགས་བཤད་པའི་སྐབས་ཏེ་བཞིའི་སྒོ་ནས་བཤད་དོ། །

བཞི་པ། རྒྱལ་བསྟན་འཛམ་བུའི་གླིང་དུ་ཇི་ལྟར་དར་བའི་རིམ་པ་ཕྱེ་བ་ལ། བཞི་པ་རྒྱལ་བསྟན་

འཕགས་ཡུལ་དར་བའི་ཚུལ། །བསྟན་པ་བོད་དུ་སྔ་ཕྱིར་ཕེབས་ལུགས་དང་། །སྒྲུབ་བརྒྱུད་བརྒྱད་སོགས་ཇི་ལྟར་བྱུང་བའི་ཚུལ། །རིག་གནས་ཡུལ་གཞན་དམ་ཆོས་དར་ཚུལ་བཅས། །ཁྲུངས་དང་འབྲེལ་བའི་རྒྱ་བོད་ཆོས་འབྱུང་བཤད། །[32]ཅེས་པ་ལས། དང་པོ་བསྟན་པ་འཕགས་པའི་ཡུལ་དུ་ཇི་ལྟར་དར་བའི་སྐབས་དང་། གཉིས་པ་གངས་ཅན་ལྗོངས་སུ་བསྟན་རྩ་འདུལ་བ་དར་བ་དང་བཤད་རྒྱུན་གྱི་བྱུང་བ་བརྗོད་པའི་སྐབས། གསུམ་པ་སྒྲུབ་བརྒྱུད་ཤིང་རྟ་རྣམས་ཀྱི་བྱུང་བ་བརྗོད་པའི་སྐབས། བཞི་པ་རིག་གནས་ཞར་བྱུང་དང་བཅས་པའི་བྱུང་བ་བརྗོད་པའི་སྐབས་ཏེ་བཞིའི་སྒོ་ནས་བཤད་དོ། །

ལྔ་པ། ལྷག་པ་ཚུལ་ཁྲིམས་ཀྱི་བསླབ་པའི་རིམ་པ་ཕྱེ་བ་ལ། ལྔ་པ་བཤེས་གཉེན་བསྟན་དང་འཆད་ཉན་ཐབས། །ཐེག་དམན་ཐེག་ཆེན་སོ་ཐར་སྡོམ་པ་དང་། །བྱང་སེམས་བསླབ་པ་ཤིང་རྟ་གཉིས་ཀྱི་སྲོལ། །སྔགས་སྡོམ་གསར་རྙིང་སྡོམ་གསུམ་སྤྱི་དོན་བཅས། ཡོན་ཏན་གཞི་རྟེན་ལྷག་པའི་ཚུལ་ཁྲིམས་བཤད། །[33]ཅེས་པ་ལས། དང་པོ་སློབ་དཔོན་དང་སློབ་མའི་མཚན་ཉིད་དང་། བསྟེན་ཚུལ། འཆད་ཉན་བཅས་བཤད་པའི་སྐབས་དང་། གཉིས་པ་སོ་ཐར་གྱི་སྡོམ་པ་རབ་ཏུ་ཕྱེ་བའི་སྐབས། གསུམ་པ་བྱང་སེམས་ཀྱི་བསླབ་པ་བརྗོད་པའི་སྐབས། བཞི་པ་རིག་འཛིན་གྱི་སྡོམ་པ་སྤྱིར་བཤད་པའི་སྐབས་ཏེ་བཞིའི་སྒོ་ནས་བཤད་དོ། །

དྲུག་པ། ཐོས་པའི་རིམ་པ་ཕྱེ་བ་ལ། དྲུག་པ་རིག་གནས་ཆེ་ཆུང་འཇིག་རྟེན་ལམ། །གཞི་ལྔ་ལ་སོགས་ཤེས་བྱ་སྤྱིའི་རྣམ་གཞག །མཚན་ཉིད་ཐེག་པ་ཆེ་ཆུང་གྲུབ་པའི་མཐའ། །རྡོ་རྗེ་ཐེག་པ་གསར་རྙིང་བཀའ་སྲོལ་ཏེ། །ཤེས་བྱ་ཐོས་པར་བྱ་བའི་གནས་རྣམས་བཤད། །[34]ཅེས་པ་ལས། དང་པོ་ཐུན་མོང་རིག་པའི་གནས་དང་འཇིག་རྟེན་པའི་ལམ་རྣམ་པར་གཞག་པའི་སྐབས་དང་། གཉིས་པ་ཐེག་པ་ཆེ་ཆུང་ཤེས་བྱ་སྤྱིའི་གནས་རྣམ་པར་གཞག་པའི་སྐབས། གསུམ་པ་རྒྱུ་མཚན་ཉིད་ཀྱི་ཐེག་པ་རྣམ་པར་གཞག་པའི་སྐབས། བཞི་པ་གསང་སྔགས་རྡོ་རྗེ་ཐེག་པའི་རྣམ་པར་གཞག་པའི་སྐབས་ཏེ་བཞིའི་སྒོ་ནས་བཤད་དོ། །

བདུན་པ། ལྷག་པ་ཤེས་རབ་ཀྱི་བསླབ་པ་རིམ་པར་ཕྱེ་བ་ལ། བདུན་པ་འཇལ་བྱེད་གཅེས་པའི་ལྡེའུ་མིག་བཞི། །གཞལ་བྱ་དྲང་ངེས་བདེན་གཉིས་རྟེན་འབྲེལ་ཆོས། །སྤྱི་ལ་གཅེས་པའི་བདག་མེད་ལྟ་བ་དང་། །སྒོམ་པའི་སྟོན་འགྲོ་བློ་ལྡོག་རྣམ་བཞི་སྟེ། །བསམ་པས་ལྷག་པའི་ཤེས་རབ་སྐྱེད་ཚུལ་བཤད།[35]ཅེས་པ་ལས། དང་པོ་འཇལ་བྱེད་ཀྱི་ལྡེའུ་མིག་རྣམ་པར་ངེས་པའི་སྐབས་དང་། གཉིས་པ་འཁོར་ལོ་གསུམ་གྱི་དྲང་ངེས་དང་བདེན་གཉིས་རྟེན་འབྲེལ་རྣམ་པར་ངེས་པའི་སྐབས། གསུམ་པ་གཙོ་བོ་ལྟ་བ་རྣམ་པར་ངེས་པའི་སྐབས། བཞི་པ་བློ་ལྡོག་རྣམ་བཞི་རྣམ་པར་ངེས་པའི་སྐབས་ཏེ་བཞིའི་སྒོ་ནས་བཤད་དོ། །

བརྒྱད་པ། ལྷག་པ་ཏིང་ངེ་འཛིན་གྱི་བསླབ་པ་རིམ་པར་ཕྱེ་བ་ལ། བརྒྱད་པ་ཏིང་འཛིན་སྤྱི་གཞི་ཞི་ལྷག་གཉིས། །རྒྱུ་ཡི་ཐེག་པ་ཆེ་ཆུང་སྒོམ་རིམ་དང་། །གསང་སྔགས་བླ་མེད་རྒྱུད་གཙོར་བྱེད་པའི་ལུགས། །མན་ངག་གཙོར་བྱེད་སྒྲུབ་བརྒྱུད་ཤིང་རྟའི་སྲོལ། །སྒོམ་པས་ལྷག་པའི་ཏིང་འཛིན་སྒྲུབ་ཚུལ་བཤད། །[36]ཅེས་

པ་ལས། དང་པོ་ཏིང་ངེ་འཛིན་ཀུན་གྱི་སྤྱི་གཞི་ཞི་ལྷག་གི་སྒོམ་རིམ་བསྟན་པའི་སྐབས་དང་། གཉིས་པ་རྒྱུ་མཚན་ཉིད་ཀྱི་ཐེག་པའི་སྒོམ་རིམ་བྱེ་བྲག་ཏུ་བསྟན་པའི་སྐབས། གསུམ་པ་གསང་སྔགས་རྡོ་རྗེ་ཐེག་པའི་སྒོམ་རིམ་རྒྱུད་གཙོ་བོར་བྱེད་པའི་སྤྱིར་བསྟན་པའི་སྐབས། བཞི་པ་རྡོ་རྗེ་ཐེག་པའི་སྒོམ་རིམ་མན་ངག་གཙོ་བོར་བྱེད་པ་བྱེ་བྲག་ཏུ་བསྟན་པའི་སྐབས་ཏེ་བཞིའི་སྒོ་ནས་བཤད་དོ། །

དགུ་པ། བགྲོད་བྱ་ས་དང་ལམ་གྱི་རིམ་པར་ཕྱེ་བ་ལ། དགུ་པ་མཚན་ཉིད་ཐེག་པའི་ས་དང་ལམ། །སྔགས་ཀྱི་ས་ལམ་རྣམ་བཞག་སྤྱི་བྱེ་བྲག །ལམ་གྱི་ཡན་ལག་བོགས་འདོན་སྤྱོད་པའི་ཚུལ། །སྒྱུ་འཕྲུལ་ནང་རྒྱུད་བཞེད་པའི་ཁྱད་པར་བཅས། །ཉམས་སུ་བླངས་པས་ས་ལམ་བགྲོད་ཚུལ་བཤད། །[37]ཅེས་པ་ལས། དང་པོ་རྒྱུ་མཚན་ཉིད་ཐེག་པའི་ས་ལམ་རྣམ་པར་གཞག་པའི་སྐབས་དང་། གཉིས་པ་འབྲས་བུ་རྡོ་རྗེ་ཐེག་པའི་ས་ལམ་རྣམ་པར་གཞག་པའི་སྐབས། གསུམ་པ་ལམ་གྱི་ཡན་ལག་བོགས་འདོན་སྤྱོད་པ་རྣམ་པར་གཞག་པའི་སྐབས། བཞི་པ་སྒྱུ་འཕྲུལ་ཡོ་ག་གསུམ་གྱི་ས་ལམ་རྣམ་པར་གཞག་པའི་སྐབས་ཏེ་བཞིའི་སྒོ་ནས་བཤད་དོ། །

བཅུ་པ། མཐར་ཕྱིན་འབྲས་བུའི་རང་བཞིན་རིམ་པར་ཕྱེ་བ་ལ། བཅུ་པ་ཐུན་མོང་ཕར་ཕྱིན་སངས་རྒྱས་ཚུལ། །སྔགས་ཀྱི་ལས་དང་དངོས་གྲུབ་ཐུན་མོང་དང་། །ཐུན་མིན་མཆོག་དངོས་ཟུང་འཇུག་ཕྱག་རྒྱ་ཆེ། །འབྲས་རྒྱུད་གོལ་ས་སྒྱུ་འཕྲུལ་བཞེད་སྲོལ་བཅས། །མཐར་ཐུག་རྣམ་པར་གྲོལ་བའི་འབྲས་བུ་བཤད། །[38]ཅེས་པ་ལས། དང་པོ་མཚན་ཉིད་ཀྱི་ཐེག་པའི་འབྲས་བུ་གཏན་ལ་དབབ་པའི་སྐབས་དང་། གཉིས་པ་སྔགས་ཀྱི་ཐུན་མོང་གི་དངོས་གྲུབ་གཏན་ལ་དབབ་པའི་སྐབས། གསུམ་པ་རྡོ་རྗེ་ཐེག་པའི་མཐར་ཐུག་གི་འབྲས་བུ་གཏན་ལ་དབབ་པའི་སྐབས། བཞི་པ་གསང་སྔགས་སྒྱུ་འཕྲུལ་ལུགས་ཀྱི་འབྲས་བུ་བྱེ་བྲག་ཏུ་གཏན་ལ་དབབ་པའི་སྐབས་ཏེ་བཞིའི་སྒོ་ནས་བཤད་དོ། །

མཐའ་མར་དགེ་བ་མཇུག་གི་དོན་ལ་རྩོམ་པའི་དགོས་པ་དང་སྨོན་བྱང་སོགས་འཆད་པ་ལ། ཐ་མར་དགེ་ཞིང་དོན་གཉིས་གྲུབ་པ་མཇུག་གི་དོན་ནོ། །[39]ཞེས་པ་བསྟན་དོན་ནི། མཇུག་དོན་རང་བཞིན་དགོས་པ་བརྩམས་ཚུལ་དང་། །སྨོན་ལམ་ཤིས་བརྗོད་ཐ་མར་དགེ་བའོ། །[40]ཞེས་པ་ལས། དང་པོ་དངོས་པོའི་རང་བཞིན་བསྟན་པ་དང་། གཉིས་པ་བརྩམས་དོན་གྱི་དགོས་པ་བརྗོད་པ། གསུམ་པ་ཇི་ལྟར་རྩོམ་པའི་ཚུལ། བཞི་པ་གང་ལ་བརྟེན་ནས་ལེགས་བྱས་དོན་ལྡན་དུ་སྨོན་པ། ལྔ་པ་ནོངས་བཤགས་ཤིས་བརྗོད་ཀྱིས་མཐར་དགེ་བ་སྟེ་ལྔའི་སྒོ་ནས་བཤད་པ་དང་། སྨོན་བྱང་དུའང་། ཞེས་པ་འདིའང་མང་དུ་ཐོས་པ་ལས་བྱུང་བའི་དཀར་པོ་རྣམ་པར་འཕེལ་བས་ཐུབ་བསྟན་ཡོངས་སུ་རྫོགས་པ་དང་། དེ་འཛིན་གྱི་སྐྱེས་བུ་རིས་སུ་མ་ཆད་པ་རྣམས་ལ་དད་པ་དང་དག་པའི་སྣང་བ་རྒྱུད་མི་འཆད་པ་བྱམས་མགོན་ཏཱའི་སི་ཏུ་སོགས་ཡོངས་འཛིན་དམ་པ་མང་པོའི་ཐུགས་རྗེའི་ཕྱག་རིང་གིས་བསྐྱངས་པ། ཀརྨ་ངག་དབང་ཡོན་

ཏན་རྒྱ་མཚོ་འཕྲིན་ལས་ཀུན་ཁྱབ་དཔལ་བཟང་པོའམ། བློ་གྲོས་མཐའ་ཡས་པའི་སྡེས་དཔལ་སྤུངས་ཐུབ་བསྟན་ཆོས་འཁོར་གླིང་གི་ཡང་ཁྲོད་དེ་བྲི་ཀོ་ཊི་ཙྪ་འདྲ་རིན་ཆེན་བྲག་གི་མགུལ། ཀུན་བཟང་བདེ་ཆེན་འོད་གསལ་གླིང་དུ་སྦྱར་བ་བསྟན་འགྲོ་ལ་ཕན་པ་རྒྱ་ཆེན་པོ་འབྱུང་བར་གྱུར་ཅིག །དགེ་ལེགས་འཕེལ།[41] ཞེས་གསུངས་པས《ཐེག་པའི་སྒོ་ཀུན་ལས་བཏུས་པ་གསུང་རབ་རིན་པོ་ཆེའི་མཛོད་བསྡུས་པ་གསུམ་ལེགས་པར་སྟོན་པའི་བསྟན་བཅོས་ཤེས་བྱ་ཀུན་ཁྱབ་ཅེས་བྱ་བ་བཞུགས་སོ》ཞེས་པ་སྟེ། ཞེས་པ་ནི་རྩ་བའི་གཞུང་བགྲིས་པ་གྲུབ་པའི་ཚུལ་ལས་བརྩམས་ཏེ་བྱེད་པོ་དང་བྱ་བའི་གནས་བསྟན་པ་ཉིད་དོ། །[42]སོགས་དང་། དེ་ནས་ཞར་བྱུང་ལ་བསྟན་བཅོས་ཤེས་བྱ་ཀུན་ཁྱབ་ཀྱི་མདོར་བསྟན་དང་དོན་བསྡུས་གསལ་བ་ཤེས་བྱ་སྣང་བྱེད་ཅེས་བྱ་བ་བཞུགས་སོ། །[43]ཞེས་པས་བསྟན་པའི《བསྡུས་དོན་གསལ་བ་ཤེས་བྱ་སྣང་བྱེད》ཅེས་པ་དང་། དེའི་དོན་སླར་ཡང་བསྡུས་པ་ལ་སླར་ཡང་བསྡུས་དོན་སྙིང་པོ་གསལ་བ་ནི།[44] ཞེས་པས། 《སླར་ཡང་བསྡུས་དོན་སྙིང་པོ་བཤད་པ》ཞེས་པ་བསྟན་པ་སོགས་ཀྱིས་མཚོན་པའི《ཐེག་པའི་སྒོ་ཀུན་ལས་བཏུས་པ་གསུང་རབ་རིན་པོ་ཆེའི་མཛོད་བསྡུས་པ་གསུམ་ལེགས་པར་སྟོན་པའི་བསྟན་བཅོས་ཤེས་བྱ་ཀུན་ཁྱབ་ཅེས་བྱ་བ་བཞུགས་སོ》ཞེས་པ་སྟེ་ཡོངས་གྲགས་སུ《ཤེས་བྱ་ཀུན་ཁྱབ》ཅེས་པའི་རྩ་བའི་གཞུང་གི་དོན་གནད་རྣམས་བསྡུས་པར་བརྗོད་ཅིང་། དེ་དག་གི་ཚུལ་རྒྱས་པ་ནི། ཡང་དག་སྤྱོད་པའི་བློ་ནུས་ལྡན་མིན་ཡང་། །གཞུང་ལུགས་རྙོགས་པའི་ཤེས་བརྗོན་དམན་པ་དག །རིན་ཆེན་གླིང་ནས་སྐལ་པ་མི་འཆད་ཕྱིར། །ཉུང་དུ་རྣམ་གསལ་ཡང་དག་རྫོགས་པར་བརྗོད། །[45]ཅེས་པའི་རྩོམ་པར་དམ་བཅའ་བས་དྲངས་ཏེ《ཤེས་བྱ་ཀུན་ལ་ཁྱབ་པའི་གཞུང་ལུགས་ཉུང་ངུའི་ཚིག་གིས་རྣམ་པར་འགྲེལ་བ་ལེགས་བཤད་ཡོངས་འདུ་ཤེས་བྱ་མཐའ་ཡས་པའི་རྒྱ་མཚོ་ཞེས་བྱ་བ་བཞུགས་སོ》[46]ཞེས་པ་བརྩམས་པའི་བསྟན་བཅོས་ཀྱི་གཞུང་དངོས་ལ་གཟིགས་ནས་ཤེས་པར་བྱའོ། །

བཞི་པ། 《ཤེས་བྱ་ཀུན་ཁྱབ》ཅེས་པ་བརྩམས་པའི་དགོས་པ་དང་ དེའི་རིག་གནས་ཀྱི་དོན་སྙིང་བཤད་པ།

དེ་ཡང་ཀོང་སྤྲུལ་ཡོན་ཏན་རྒྱ་མཚོས《ཤེས་བྱ་ཀུན་ཁྱབ》ཅེས་པ་བརྩམས་པའི་དགོས་པ་དང་རིག་གནས་ཀྱི་དོན་སྙིང་གི་ཕྱོགས་ནས་ཅུང་ཟད་བརྗོད་ན། ཀོང་སྤྲུལ་སྐུ་རང་གི་ཞལ་ནས། དེ་ལྟ་ན་ཡང་བསྟན་ཞབས་དགེ་སྦྱོང་གཟུགས། །ཆོས་ཀྱི་ཁྱངས་ཙམ་ཇི་བཞིན་མ་ཤེས་ན། །མཚན་ཉིད་ཕྱོགས་རེར་རྟོགས་པ་ག་ལ་ཞིག །དེ་ལྟའི་སྐབས་སུ་འགྱུར་སྙམ་ལེགས་པར་སྦྱར། །[47]ཞེས་གསུངས་པ་དང་། ཡང་སྟོ་མ་གྲགས་དང་འགྲན་ཕྱིར་བརྗོད་མིན་ཀྱང་། །དེང་སང་སྐྱེ་བོ་བློ་དང་བརྩོན་འགྲུས་དམན། །གཞུང་ལུགས་རྒྱ་མཚོའི་ཕ་མཐར་བརྒལ་མི་ནུས། །རང་འདྲར་ཕན་སླད་ཐེག་སྒོ་ཉུང་ངུར་བསྡུས། །[48]ཞེས་གསུངས་པ་བཞིན་

དང་། བསྟན་བཅོས་འདི་ཇི་ལྟར་རྩོམ་པའི་ཚུལ་གྱི་ཆ་ནས་བཤད་ན། 《ཤེས་བྱ་ཀུན་ཁྱབ》ཀྱི་རྩ་བ་ལས། གཞུང་ཆེན་འགའ་ཞིག་བྱུང་བར་ཀློག་རྣམས་ཀྱང་། །ཤེས་བྱ་སྤྱི་ལ་གྱ་ཚོམ་བློ་ཡིས་བརྒལ། །རིག་གནས་ཕྲ་མོའི་ལམ་ལ་ངལ་བ་རྣམས། །གསུང་རབ་རྒྱ་ཆེན་ལྟ་བའི་བློ་མིག་བཏུལ། །དེ་དག་བདག་གིས་ཇི་བཞིན་རྟོགས་མིན་ཀྱང་། །མང་དུ་ཐོས་དང་དམ་པའི་གསུང་རྣམས་ལ། །བརྟེན་ནས་གཞན་ཕན་བློ་ཡིས་སྦྱར་བ་འདིས། །ཐུབ་བསྟན་དྲི་མེད་ཡུན་རིང་གསལ་བྱེད་ཤོག །[49]ཅེས་གསུངས་པ་སོགས་ཀྱིས་ཤེས་པའི་ཕྱིར་དང་། ཀུན་སློང་གང་གི་སྒོ་ནས་བརྩམས་ན། གཞན་ལུགས་དགག་པ་དང་རང་ལུགས་བསྒྲུབ་ཕྱིར་མཁས་པའི་སླེམས་པས་འདི་མ་བྱས། །ཆོས་སྒོ་བསམ་ཡས་ཕྱོགས་ཙམ་མཚོན་ཕྱིར་སྟོན་གྱི་མཁན་པོའི་རྗེས་སུ་འབྲངས། །སྐྱོངས་པས་ཁེངས་ལ་ནོར་བུའི་སྒྲོན་མེ་ཐོས་པས་བཀྲིན་ལ་བདུད་རྩིའི་གཏེར། །ཕྱོགས་སུ་མ་ལྷུངས་རིན་ཆེན་མཆོད་སྡོང་བསམ་པ་བཞིན་དུ་འདོད་འཛིན་ཤོག །[50]ཅེས་གསུངས་པ་ལྟར་གྱིས་བརྩམས་པ་གང་ནི། སྟོན་ཆད་མ་བཤད་ལེགས་པར་བཤད་པའི་ཆོས་ཀྱི་མིག་བུ་ཆེས་ཕྲ་ཞིང་། །བཤད་པ་རྣམས་ཀྱང་དགོངས་པ་སྣ་ཚོགས་དོན་ལ་ཞུགས་པའི་རྣམ་དབྱེད་དམན། །གང་ཞིག་བཤད་འདི་ཚད་མར་གྱུར་རྣམས་རྗེས་སུ་འབྲངས་ལས་རང་བཟོ་མེད། །ཁྱད་པར་དུ་ཡང་འཇམ་མགོན་དཀྱེས་པའི་ཞལ་གྱི་ལུང་ཡིན་བསྟེན་པར་འོས། །[51]ཞེས་གསུངས་པ་བཞིན་དུ་ངེས་པར་ཤེས་ནས་བསྟན་བཅོས་འདི་ལ་ཀུན་སློང་རྣམ་དག་གིས་སློབ་གཉེར་མཐར་ཕྱིན་པ་མཛད་ན། རྒྱུ་རྐྱེན་འབྲས་བུའི་རྟེན་ཅིང་འབྲེལ་འབྱུང་ཕྱིན་ཅི་མ་ལོག་ཁོང་དུ་ཆུད་ནས། སྣང་དོར་གནས་ལ་འཇུག་ལྡོག་མཁས་པས་གཞི་དང་ལམ་གྱི་འཁྲུལ་པ་སེལ། །རྣམ་པ་ཀུན་མཁྱེན་ཐབས་ལམ་སྐྱོངས་མཁྱེན་བཟང་གསེར་གྱི་ཉོན་མོར་བྱེད། །ཆོས་ཁམས་མཁའ་ལ་རྟག་ཏུ་འཆར་བས་ཡང་དག་ལྟ་བའི་ལམ་གསལ་ཤོག །[52]ཅེས་གསུངས་པས་ཤེས་སོ། །

མདོར་ན་ཀོང་སྤྲུལ་ཡོན་ཏན་རྒྱ་མཚོས་བརྩམས་པའི《ཤེས་བྱ་ཀུན་ཁྱབ》ཅེས་པ་ནི་བོད་ཀྱི་ཆོས་དང་རིག་གནས་ཀྱི་གཞུང་ལུགས་དང་བྱུང་ཚུལ་གྱི་རྣམ་བཤད་རྒྱས་བསྡུས་འཚམས་པའི་བསྟན་བཅོས་ཕུལ་དུ་བྱུང་བ་ཞིག་ཡིན་པའི་ཕྱིར་ན། ཤེས་བརྩོན་ལྡན་པའི་བློ་གསལ་རྣམས་ཀྱི་འཇུག་ངོགས་དམ་པ་ཡིན་མོད། དེང་གི་བོད་ཀྱི་ན་གཞོན་རིག་གནས་པ་རེ་ཟུང་གིས་རང་རེའི་མེས་པོ་རྣམས་ཀྱིས་ལུས་སྲོག་བློས་བཏང་བའི་སྒོ་ནས་བརྩམས་པའི་ལེགས་བཤད་ཀྱི་བསྟན་བཅོས་རྣམས་ལ་མི་སློབ་པ་དང་དཔེ་ཀློག་ཙམ་ཡང་མི་བྱེད་པའི་སྲོལ་ངན་ཞིག་ཆགས་ཀྱིན་འདུག་པ་དག་ལ་གང་ཞིག་གདམས་པར་བྱ་ན། གུར་གུམ་ཚོས་ཀྱིས་བཙོས་པའི་ཕྲ་བའི་ཞྭས། །རང་རེའི་བསྟན་པ་འཛིན་ན་ཆེས་ལེགས་ཀྱི། །ཕ་མེས་ལུང་དང་རྟོགས་པའི་ཁྱད་ནོར་ཚོགས། །རྣམ་གཡེང་རྐྱེན་པོར་ཤོར་བའི་ལག་སྟོང་མང་། །ཞེས་རྒྱལ་དབང་ལྔ་པ་ཆེན་པོ་ངག་དབང་བློ་བཟང་རྒྱ་མཚོས་གསུངས་པའི་ཚིགས་བཅད་འདིའི་དོན་ལ་བསམ་གཞིགས་ནན་ཏན་དགོས་པའི་དུས་ཤིག་ཏུ་སླེབས་པར་སྣང་བའི་ཕྱིར་ན། དཔྱད་རྩོམ་འདིའི་མཇུག་བསྡུ་བ་ལ་འཇམ་མགོན་ཀོང་སྤྲུལ་ཡོན་

ཏན་རྒྱ་མཚོས། འཇིག་རྟེན་གསུམ་ན་ཕན་བདེའི་ལམ་སྟོན་ཉན་པོ་རྣམས་ལ་ཀུན་དགའི་དཔལ་སྐྱིད་ཐོག་མར་དགེ་བ་དང་། །རབ་ཏུ་སྤྱོར་བ་བདེ་ཞིང་ལེགས་པས་མཐའ་གཉིས་སྤངས་པ་དབུ་མའི་ལམ་སྟོན་བར་དུ་དགེ་བ་དང་། །དྲི་མ་མེད་ཅིང་ཤིན་ཏུ་མཐར་ཕྱིན་ཞི་སྒོ་གཅིག་པའི་ཕྱག་རྒྱ་དང་ལྡན་མཐའ་མར་དགེ་བ་ཡི། །བཀྲ་ཤིས་རྒྱན་བཀོད་མཁའ་སྙིང་ནོར་བུའི་གཞལ་མེད་ཁང་པར་རྟག་ཏུ་ཕུན་སུམ་ཚོགས་པས་འཁྱོར་གྱུར་ཅིག །[53]ཅེས་གསུངས་པའི་ཐུགས་སྨོན་གྱིས་མཐའ་བརྒྱན་པ་དང་། མཐར་ཤིས་པར་བརྗོད་པའི་ཚིགས་བཅད་ཀྱིས་དཔྱད་རྩོམ་འདིའི་མཇུག་བསྡུ་བ་ལ། བསྟན་བཅོས་ཡིད་བཞིན་ནོར་བུའི་ཕུང་པོ་འདི། །རིས་མེད་མཁས་པའི་བློ་གྲོས་རྒྱལ་མཚན་རྩེར། །མཆོད་པས་རང་གཞན་ཕན་བདེའི་འབྱུང་གནས་ནི། །ཟག་མེད་ཤེས་རབ་དམ་པ་ཐོབ་གྱུར་ཅིག །[54]ཅེས་གསུངས་པ་དང་། གཞན《ཤེས་བྱ་ཀུན་ཁྱབ》ཅེས་པའི་བསྟན་བཅོས་ཀྱི་གཞུང་དོན་རྒྱས་པ་ནི་རྗེ་དགེ་བའི་བཤེས་གཉེན་གཟན་དཀར་སྤྲུལ་སྐུ་ཐུབ་བསྟན་ཉི་མ་སྐུ་དངོས་ཀྱིས་ཕྱོགས་སྒྲིག་དང་ཞུ་དག་མཛད་པ་དང་། ཁྱད་པར་དུ་ཁོང་གིས《ཤེས་བྱ་ཀུན་ཁྱབ》ཅེས་པའི་བསྟན་བཅོས་ཀྱི་གཞུང་གི་ས་བཅད་གསར་དུ་བསྒྲིགས་ནས་མི་རིགས་དཔེ་སྐྲུན་ཁང་གིས་ སྤྱི་ཕྱིར་པར་གཞི་ཐེངས་གཉིས་ལ་པར་དུ་བསྐྲུན་པའི་དཔེ་ཆ་དངོས་ལ་ཞིབ་ཏུ་གཟིགས་ནས་སློབ་གཉེར་དང་ཞིབ་འཇུག་ནན་ཏན་བྱ་བའི་རེ་སྐུལ་ཡང་ནས་ཡང་དུ་ཞུའོ། །

མཆན།

[1] གྲུང་གོ་བོད་བརྒྱུད་མཐོ་རིམ་ནང་བསྟན་སློབ་གླིང་གི་ཞིབ་འཇུག་ཁང་། 《བྱམས་ཆོས་སྡེ་ལྔ།》 མི་རིགས་དཔེ་སྐྲུན་ཁང་། 1991ལོ།

[2] [7] [13] [17] [18] [19] [20] [21] [22] [23] [24] [25] [26] [27] [28] [29] [30] [31] [32] [33] [34] [35] [36] [37] [38] [39] [40] [41] [42] [43] [44] [45] [47] [48] [49] [50] [51] [52] [53] [54] ཀོང་སྤྲུལ་ཡོན་ཏན་རྒྱ་མཚོ། 《ཤེས་བྱ་ཀུན་ཁྱབ།》 མི་རིགས་དཔེ་སྐྲུན་ཁང་། 2002ལོ། ཤོག་ངོས1026、1025、1025、75、1026、1026、1026、2、74、1025、75、85、82、85、82、82、82、82、82、82、82、82、82、82、82、74、1023、75、82、85、82、88、74、74、74、1024、1024、1024、1024、1027པ་བཅས་སུ་གསལ།

[3] ས་པཎ་ཀུན་དགའ་རྒྱལ་མཚན། 《མཁས་པ་རྣམས་འཇུག་པའི་སྒོ》ཞེས་བྱ་བའི་བསྟན་བཅོས། མི་རིགས་དཔེ་སྐྲུན་ཁང་། 1991ལོ། ཤོག་ངོས5པར་གསལ།

[4] འཇུ་མི་ཕམ། 《མཁས་པའི་ཚུལ་ལ་འཇུག་པའི་སྒོ》ཞེས་བྱ་བའི་བསྟན་བཅོས། སི་ཁྲོན་མི་རིགས་དཔེ་སྐྲུན་ཁང་། 1990ལོ། ཤོག་ངོས98པར་གསལ།

[5] [9] [11] དཔལ་སྤུངས་ཐུབ་བསྟན་ཆོས་འཁོར་གླིང་གི་སྤར་ཁང་དམ་ཆོས་བང་མཛོད་ཁང་ནས་བསྒྲིགས། 《འཇམ་

མགོན་ཀོང་སྤྲུལ་ཡོན་ཏན་རྒྱ་མཚོས་དམ་པའི་ཆོས་རིན་པོ་ཆེ་མདོ་སྔགས་རིག་གནས་དང་བཅས་པ་ཇི་ལྟར་ཐོས་ཤིང་དེ་དག་གང་ལས་བརྒྱུད་པའི་ཡི་གེ་དགོས་འདོད་ཀུན་འབྱུང་ནོར་བུའི་བང་མཛོད་ཅེས་བྱ་བ་བཞུགས་སོ། །》མི་རིགས་དཔེ་སྐྲུན་ཁང་། 2009ལོ། ཤོག་ངོས11、13、8བར་གསལ།

[6]《མཁས་དབང་དམ་པ་དགུ་དགེ་བསམ་གཏན་གྱི་དཔྱད་རྩོམ་ཕྱོགས་སྒྲིག》 སི་ཁྲོན་མི་རིགས་དཔེ་སྐྲུན་ཁང་། 1993ལོ། ཤོག་ངོས231པར་གསལ།

[8]ཁོང་གིས་ཆོས་བརྒྱུད་ནི་ཀརྨ་བཀའ་བརྒྱུད་པ་ཡིན་པར་གྲགས་སོ། །མཚན་གྱི་རྣམ་གྲངས་ལ་འཇམ་མགོན་ཀོང་སྤྲུལ་ཡོན་ཏན་རྒྱ་མཚོའམ། ཡོན་ཏན་རྒྱ་མཚོའམ། རྒྱལ་སྲས་བློ་གྲོས་མཐའ་ཡས་སམ། པད་མ་གར་དབང་འཕྲིན་ལས་འགྲོ་འདུལ་རྩལ་བཅས་སོ། །

[10]བཀའ་དྲིན་ཤིན་ཏུ་ཆེ་བའི་མཚུངས་མེད་དཔལ་ལྡན་བླ་མ་ལྷ་ནི། འགྱུར་མེད་མཐུ་སྟོབས་རྣམ་རྒྱལ། ཀརྨ་ཐེག་མཆོག་ངེས་དོན་བསྟན་འཕེལ། པད་མ་གསང་སྔགས་བསྟན་འཛིན། ཀརྨ་འོད་གསལ་འགྱུར་མེད། ཀརྨ་ངེས་དོན་བསྟན་པ་རབ་རྒྱས་རྣམས་སོ་ཞེས《འཇམ་མགོན་ཀོང་སྤྲུལ་ཡོན་ཏན་རྒྱ་མཚོས་དམ་པའི་ཆོས་རིན་པོ་ཆེ་མདོ་སྔགས་རིག་གནས་དང་བཅས་པ་ཇི་ལྟར་ཐོས་ཤིང་དེ་དག་གང་ལས་བརྒྱུད་པའི་ཡི་གེ་དགོས་འདོད་ཀུན་འབྱུང་ནོར་བུའི་བང་མཛོད་ཅེས་བྱ་བ་བཞུགས་སོ》ལས་གསུངས་སོ། །

[12]ཡིད་བཞིན་ནོར་བུ་ལྟ་བུའི་མཁས་གྲུབ་རྣམ་པ་གཉིས་ནི། འཇམ་དབྱངས་མཁྱེན་བརྩེའི་དབང་པོ་ཀུན་དགའ་བསྟན་པའི་རྒྱལ་མཚན་དང་། ཨོ་རྒྱན་མཆོག་གྱུར་བདེ་ཆེན་གླིང་པའོ། །ཞེས《འཇམ་མགོན་ཀོང་སྤྲུལ་ཡོན་ཏན་རྒྱ་མཚོས་དམ་པའི་ཆོས་རིན་པོ་ཆེ་མདོ་སྔགས་རིག་གནས་དང་བཅས་པ་ཇི་ལྟར་ཐོས་ཤིང་དེ་དག་གང་ལས་བརྒྱུད་པའི་ཡི་གེ་དགོས་འདོད་ཀུན་འབྱུང་ནོར་བུའི་བང་མཛོད་ཅེས་བྱ་བ་བཞུགས་སོ》ལས་གསུངས་སོ། །

[14]ཀོང་སྤྲུལ་ཡོན་ཏན་རྒྱ་མཚོས་རྩོམ་སྒྲིག་མཛད་པའི"མཛོད་ལྔ"ཞེས་གྲགས་པ་ནི། ཤེས་བྱ་ཀུན་ལ་ཁྱབ་པའི་མཛོད་ཅེས་པ་དང་གདམས་ངག་རིན་པོ་ཆེའི་མཛོད། བཀའ་བརྒྱུད་སྔགས་མཛོད། རིན་ཆེན་གཏེར་མཛོད། རྒྱ་ཆེན་བཀའ་ཡི་མཛོད་ཅེས་སོ། །

[15]ཀོང་སྤྲུལ་ཡོན་ཏན་རྒྱ་མཚོའི་གསུང་ཆོས་རྣམས་སྡེ་དགེའི་དཔལ་སྤུངས་དགོན་དུ་ཤིང་པར་བརྐོས་ཡོད་དོ། །

[16]ཀོང་སྤྲུལ་ཡོན་ཏན་རྒྱ་མཚོའི་མཛད་རྣམ་ནི་ཁོང་གིས་རང་རྣམ་དུ་མཛད་པའི《ཕྱོགས་མེད་རིས་མེད་བསྟན་པ་ལ་འདུན་ཞིང་དགེ་སློང་གི་གཟུགས་བརྙན་འཆང་བ་བློ་གྲོས་མཐའ་ཡས་ཀྱི་བྱུང་བ་བརྗོད་པ་ནོར་བུ་སྣ་ཚོགས་ཀྱི་མདོག་ཅན》ཞེས་པ་སྟེ་ཤོག་གྲངས83བཞུགས་པ་ཞིག་ཡོད་ཅིང་དེ་ལ་ཞིབ་ཏུ་གཟིགས་པར་བྱའོ། །

[46]ཀོང་སྤྲུལ་ཡོན་ཏན་རྒྱ་མཚོས་བརྩམས། རྡོ་རྗེ་རྒྱལ་པོ་དང་ཐུབ་བསྟན་ཉི་མས་བསྒྲིགས། 《ཤེས་བྱ་ཀུན་ཁྱབ།》 མི་རིགས་དཔེ་སྐྲུན་ཁང་། 2002ལོ།

《བོད་ལྗོངས་སློབ་གྲྭ་ཆེན་མོའི་རིག་གཞུང་དུས་དེབ།》༢༠༡༠ལོའི་དེབ་བཞི་པ་ལས་བཏུས།

༄༅། །《སྔོན་གྱི་གཏམ་མེ་ཏོག་ཕྲེང་བའི》ལོ་རྒྱུས་དཔྱད་གཞིའི་རིན་ཐང་ལ་དཔྱད་པ།

མགོན་པོ་སྐྱིད།

ཁ་བ་ཅན་གྱི་ལོ་རྒྱུས་ནི་རྒྱ་མཚོ་ལས་གཏིང་ཟབ་ཅིང་། གཙང་པོ་ལས་རྒྱུན་རིང་བ་ཞིག་ཡིན་ལ། ལོ་རྒྱུས་ཆུ་རྒྱུན་གྱི་རླབས་གཉེར་ཁྲོད་རང་རེ་མེས་པོའི་བློ་གྲོས་དང་སྙིང་སྟོབས་ལས་འཛམ་གླིང་གི་རིག་པའི་གཏེར་མཛོད་ཁྲོད་དངོས་ཆགས་པའི་བོད་ཀྱི་རིག་གནས་གསར་གཏོད་དང་རྒྱུད་འཛིན་བྱས་ཤིང་། མི་རབས་ནས་མི་རབས་བརྒྱུད་དེ་རི་མཐོ་ས་གཙང་གི་མཚོ་བོད་མཐོ་སྒང་ནས་རང་གི་ཡུལ་སྲོལ་གོམས་གཤིས་དང་མཐུན་པའི་སྲོལ་རྒྱུན་རིག་གནས་འཛིན་སྐྱོང་སྤེལ་གསུམ་གྱི་ལས་ལ་འབུངས་ཏེ། ད་ལྟ་ང་ཚོར་རི་བོའི་གཏོས་དང་མཉམ་པའི་གསུང་རྩོམ་མིག་གི་ལོངས་སྤྱོད་དུ་གྱུར་པ་དེ་ལྟར་ལགས་ཤིང་། སྒོས་སུ་ལོ་ཟླའི་འཕེལ་རིམ་དང་བསྟུན་ནས་ཕྱི་ནང་གི་རིག་གནས་ཀུན་ལ་མཁས་པ་ཚོས་རང་རང་གི་རིག་པའི་དཔྱོད་ཞིབ་དང་ལྟ་ཚུལ་མཚོན་པའི་ལོ་རྒྱུས་དཔེ་དེབ་རབ་དང་རིམ་པ་མཛད་ཡོད་པ་ལས། སྐབས་འདིར་ཕྲན་གྱིས་སྔོན་བྱོན་མཁས་དབང་རྣམ་པའི་གསུང་རྩོམ་ལ་མཇལ་བའི་གོ་སྐབས་དམ་འཛིན་སྒོས་བརྩམས་ཆོས་རེ་གཉིས་ཀྱི་ལོ་རྒྱུས་དཔྱད་གཞིའི་རིན་ཐང་སྟོག་འདོན་ཨེ་ཐུབ་སྙམ་པའི་ཀུན་སློང་གིས《སྔོན་གྱི་གཏམ་མེ་ཏོག་ཕྲེང་བ》ཡི་རྩོམ་ཚུལ་དང་རྩོམ་སྟངས་ཁྱད་ཆོས་དང་། ལོ་རྒྱུས་དཔྱད་གཞིའི་རིན་ཐང་སོགས་ཀྱི་ཐད་ལ་རང་བློས་དཔོག་ཚོད་ཀྱིས་དཔྱད་ཞུ་བགྱིས་པ་ལགས།

དང་པོ། 《སྔོན་གྱི་གཏམ་མེ་ཏོག་ཕྲེང་བ》བརྩམས་དུས་དང་ཁ་བྱང་གི་འབྲེལ་བ།

ནེའུ་ཆོས་འབྱུང་ངམ《སྔོན་གྱི་གཏམ་མེ་ཏོག་ཕྲེང་བ》བརྩམས་པའི་དུས་ཀྱི་ཐད་ནས། ནེའུའི་གཙུག་ལག་ཁང་ཆེན་མོར། ཆུ་མོ་ལུག་གི་ལོར་རྫོགས་པའི་ཉ་དྲུག་ཟླ་བའི་ཚེས་བཅོ་ལྔ་ལ[1]ཞེས་པ་ཙམ་མ་གཏོགས་རབ་བྱུང་གང་ཡིན་གསལ་པོ་མི་ཤེས་སོ། 《བོད་ཀྱི་ལོ་རྒྱུས་རྣམ་ཐར་ཕྱོགས་བསྒྲིགས་ཀྱི་དཀར་ཆག་བཞུགས་སོ》ཞེས་པར་བསྟན་རྩིས་ཀ་ཕྲེང་ལག་དེབ་ལས། རབ་བྱུང་ལྔ་པའི་ཆུ་ལུག་སྤྱི་ལོ1283ལོར《སྔོན་གྱི་གཏམ་མེ་ཏོག་ཕྲེང་བ》བརྩམས[2]ཞེས་གསལ་བ་དང་། 《བོད་ཀྱི་ལོ་རྒྱུས་དེབ་ཐེར་ཁག་ལྔའི》དཔེ་སྐྲུན་གསལ་བཤད་དུ་རྩོམ་པ་པོའི་མཛད་བྱུང་གི་ཚིག་སྒྲོས་ལ་དཔྱད་ན་ས་སྐྱའི་དཔོན་ཆེན་ཀུན་གཞོན་དང་དུས་མཉམ་ཡིན་པར་གསལ་བས། དེས་ན་རབ་བྱུང་ལྔ་པའི་ཆུ་ལུག་སྤྱི་ལོ1283ཡིན་པར་སེམས་ཞེས་པ

སོགས་ལས་ཆོས་འབྱུང་འདི་ཉིད་ནི1283ལོར་བརྩམས་ནས་གྲུབ་པ་དཔག་ཐུབ་པར་སྣམ་ཞིང་། རྩོམ་པ་པོ་ནེའུ་གྲགས་པ་སྨོན་ལམ་བློ་གྲོས་ཚང་ནི་དུས་རབས་བཅུ་གསུམ་པའི་སྐབས་ཀྱི་མི་ཡིན་པ་དང་། ཁོང་གི་འབྲུངས་ཡུལ་ནི་འཕན་ཡུལ་གྱི་དར་ཡུལ་ཡིན་ཞིང་། དེ་ནི་ད་ལྟའི་ཉིང་ཁྲི་རྫོང་གི་ཁོངས་སུ་ཡོད་པ་དང་། ཁོང་ནི་གསང་ཕུ་དགོན་པར་རབ་ཏུ་བྱུང་ཤིང་། དགོན་པ་འདི་ནི་གྲུབ་མཐའ་བཀའ་གདམས་པ་ཡིན[3]ཞེས་གསལ་ཡོད། ཅི་སྐད་དུ་ཊླངས་ཀྱི་པོ་ཏི་བསེ་རུ་ལས། ལར་སྐྱེས་པའི་མི་ཡིས་རང་གི་སྐྱེ་རྒྱུད་མ་ཤེས་ན། །ནགས་གསེབ་རང་དགར་རྒྱུ་བའི་སྤྲེལ་འབྲུམས་འདྲ། །རིགས་རུས་ཚོ་འབྲང་གང་ཡིན་མ་ཤེས་ན། །གཡུ་འབྲུག་ཐོལ་མ་བཅོས་པའི་དབྱིབས་དང་འདྲ། །ཡབ་མྱེས་རྣམས་ཀྱི་ཡིག་ཚང་མ་ཤེས་ན། །མོན་སྲུག་ཡུལ་བར་དོན་མེད་ཡན་པ་འདྲ་ཞེས་པ་བཞིན་ནེའུ་གྲགས་པ་སྨོན་ལམ་བློ་གྲོས་ཚང་གིས་ཡང《སྔོན་གྱི་གཏམ་མེ་ཏོག་ཕྲེང་བ》ཞེས་དུས་རབས་ནས་དུས་རབས། མི་རབས་ནས་མི་རབས་བརྒྱུད་དེ་རང་གི་ལོ་རྒྱུས་མ་ཤེས་ན་རང་རིགས་ཀྱི་སྐྱོན་ཡོན་མི་ཤེས་ལ། དེ་མ་ཤེས་ན་སྤྱང་ཁྱང་གི་དབྱེ་བ་འབྱེད་མི་ཤེས་པས་ལོ་རྒྱུས་ཤེས་པ་གལ་ཆེ་བར་གཟིགས་ནས་སྔོན་བྱུང་གི་གཏམ་མམ་རང་གི་ལོ་རྒྱུས་ལ་རྫོངས་པའི་དྲི་མ་བཀྲུ་ནུས་པའི་རེ་བ་དང་སྨོན་ལམ་འདེབས་པའི་ཀུན་སློང་གིས་འབྲི་བཞེངས་མཛད་པ་མཚན་བྱང་ལས་ཤེས་ཐུབ་པར་མ་ཟད། རང་རེ་སྔོན་བྱོན་མཁས་དབང་སུ་ཡིན་རུང་རང་གི་ལོ་རྒྱུས་འབྲི་བཞེངས་ལ་ཐུགས་དྲུང་ཞིང་། དེ་སྐྱོལ་ལྟ་བུར་ཆགས་པ་ཡང་ཆོས་འབྱུང་ལོ་རྒྱུས་ཀྱི་གསུང་རྩོམ་དག་ལ་མཇལ་བ་ལས་ཤེས་ཐུབ། འོན་ཀྱང་སྐབས་དེའི་གསུང་རྩོམ་མང་ཤོས་ནི་ཆོས་འབྱུང་རྩོམ་སྟངས་ཀྱི་ཁྱད་ཆོས་ལྡར་ལེན་བྱས་པའི་བརྩམས་ཆོས་ཤ་སྟག་ཡིན་པ་དེའང་རྩོམ་པ་པོ་འཚར་ལོངས་ཀྱི་བརྒྱུད་རིམ་སྟེ། དགོན་སྡེ་ནས་སློབ་གཉེར་བྱས་པའམ་ཡང་ན་ཆོས་ལུགས་འཛིན་སྐྱོང་སྤྱིལ་གསུམ་གྱི་དམིགས་ཡུལ་སོགས་གང་རུང་ཞིག་གིས་ཤན་ཤུགས་ཐེབས་པར་གདོན་མི་ཟ།

གཉིས་པ། 《སྔོན་གྱི་གཏམ་མེ་ཏོག་ཕྲེང་བའི》ནང་དོན་མདོར་བསྡུས།

བོད་ཀྱི་ལོ་རྒྱུས་དེབ་ཐེར་ཁག་ལྔ་པར་བཞུགས་པའི《སྔོན་གྱི་གཏམ་མེ་ཏོག་ཕྲེང་བ》ཞེས་པའི་དཀར་ཆག་དོན་ཚན་སོ་གཉིས་སུ་ཕྱེ་ཡོད་མོད། ཐུན་གྱིས་རབ་བྱེད་ལྔར་བཀར་ནས་ནང་དོན་ངོ་སྤྲོད་བྱ་རྒྱུ་སྟེ། རབ་བྱེད་དང་པོ་མཆོད་བརྗོད་དང་རྩོམ་པར་དམ་བཅའ་བ། རབ་བྱེད་གཉིས་པ་ཡུལ་སྡེའི་སྐོར་སྟེ། གཅིག་རྒྱ་གར་གྱི་ཡུལ་སྡེ་དང་། གཉིས་བོད་ཀྱི་ཡུལ་སྡེ་སྟེ། དབུ་རུ་ལ་སྟོང་སྡེ་བཅུ་གཉིས་དང་། གཡོ་རུ་ལ་སྟོང་སྡེ་བརྒྱད། གཡས་རུ་ལ་སྟོང་སྡེ་དྲུག རུ་ལག་ལ་སྟོང་སྡེ་བརྒྱད་བཅས་ཁོད་ཀྱི་སྟོང་སྡེ་བཞི་བཅུ་རྩ་གཉིས་དང་། སྟོང་བུ་ཆུང་ལྔ་སྟེ་བསྡོམས་པས་བཞི་བཅུ་རྩ་བདུན་རེ་རེ་བགྲངས་ཡོད། རབ་བྱེད་གསུམ་པ་བོད་ཀྱི་རྒྱལ་རབས་ལོ་རྒྱུས་ཀྱི་སྐོར་སྟེ། གཅིག་གཉའ་ཁྲི་བཙན་པོ་ནས་བཟུང་བོད་ཀྱི་བཙན་

པོའི་གདུང་རབས་རིམ་བྱུང་ཞེས་ཁྲི་བདུན་དང་སྟེང་གཅིག ལེགས་དྲུག ལྡེ་བརྒྱད། བཙན་ལྔ་གདུང་རབས་ཉི་ཤུ་རྩ་བདུན་དང་། དེ་ནས་སྐྱིད་པའི་གདུང་རབས་ཕྱེད་དང་དགུ། ཤིན་ཏུ་སྐྱིད་པའི་གདུང་རབས་ཕྱེད་དང་བཞི་བཅས་གདུང་རབས་བཞི་བཅུ་དང་། གཉིས་ཡུམ་བརྟན་དང་འོད་སྲུང་གི་རྒྱུད་པ། གསུམ་མཇངས་མི་བདུན་དང་ཁོང་རྣམ་པའི་མཇངས་པའི་ལས་ཀ བཞི་བོད་བཙན་པོ་རིམ་བྱུང་གི་འཁྲུངས་འདས་དང་སྲིད་བཟུང་ལོ་ཚིགས། སྲིད་བསྐྱངས་པའི་ལོ་ཚད་སོགས་ཙུང་ཞིབ་ཏུ་བྲིས་ཡོད་པས། རབ་བྱེད་འདི་ལོ་རྒྱུས་རིག་པའི་ལོ་རྒྱུས་འབྲི་སྟངས་ལྟར་ལོ་ཚིགས་དང་དོན་ཆེན་གནད་བསྡུས་གཙོར་བཟུང་ནས་རྩོམ་འབྲི་མཛད་ཡོད། རབ་བྱེད་གསུམ་པར་བོད་དུ་དམ་ཆོས་དབུ་བརྙེས་པ་ནས་དར་རྒྱུད་དུ་སོང་ཚུལ་སྟེ། གཅིག་ལྷ་ཐོ་ཐོ་རིའི་སྐབས་དམ་པའི་ཆོས་དབུ་བརྙེས་པ་དང་རིམ་གྱིས་དར་རྒྱས་སོང་བ། གཉིས་རྒྱལ་པོ་དང་བཙུན་མོ། དགེ་བའི་བཤེས་གཉེན། འབངས་བློ་བ་ཉེ་བ། བློན་པོ་སོགས་ཀྱིས་ལྷ་ཁང་རྟེན་གསུམ་གསར་བཞེངས་མཛད་ཚུལ། གསུམ་སྐད་དར་གྱིས་བསྟན་པ་བསྒྱུབས་ཤིང་ལྷ་ལུང་དཔལ་རྡོར་གྱིས་སྐད་དར་བཀྲོངས་པ། བཞི་མདོ་སྨད་ནས་ཡུན་གྱིས་བསྟན་པའི་མེ་རོ་སྤེལ་བ་དང་བླ་ཆེན་དགོངས་པ་རབ་གསལ་གྱིས་བསྟན་པ་གསལ་བར་མཛད་པ། ལྔ་ཀླུ་མེས་ཚུལ་ཁྲིམས་ཤེས་རབ་སོགས་ཀྱིས་སྨ་མ་བདུན་དང་ཕྱི་མ་ལྔ་སྟེ་མི་བཅུ་གཉིས་ཁམས་སུ་སྡོམ་པ་ལེན་པར་སོང་ཚུལ། དྲུག་མཁན་སློབ་གཉིས་ཀྱི་ཞལ་བཀོད་ལྟར་དབུས་གཙང་གི་མི་དྲུག་གི་སློབ་རྒྱུད་རྣམས་ཀྱིས་སྡེ་པའི་གནས་གཞི་དར་བར་མཛད་པ། དབུས་གཙང་གི་མི་དྲུག་གི་སློབ་མ་རྣམས་དང་དུས་མཚུངས་པའི་ཚེ་མངའ་རིས་ནས་ལྷ་བླ་མ་ཡེ་ཤེས་འོད་དང་བྱང་ཆུབ་འོད། ཞི་བ་འོད་གསུམ་བྱོན་ཅིང་། དེའི་ཚེ་རྒྱ་བལ་སོགས་སུ་མུ་སྟེགས་དང་ཆོས་ལོག་སྨྲ་བ་བྱུང་བས། བོད་ན་སྡོམ་པ་འབོག་ལེན་དང་སྡེ་སྣོད་བཤད་ཉན་བྱེད་པ། ཐེག་ཆེན་ཆོས་ཀྱི་ལག་ལེན་ཕུན་སུམ་ཚོགས་པ་མེད་པས་ལོ་ཙྪ་བ་རྒྱ་བརྩོན་སེང་དང་ནག་ཚོ་གཉིས་བཏང་ནས་ཇོ་བོ་རྗེ་ཨ་ཏི་ཤ་གདན་དྲངས་ཚུལ། དྲུག་སྐབས་ཤིག་ལ་གང་ཟག་ཐ་ཤལ་ཅན་དང་ཆོས་མིན་ཆོས་ལོག་དར་ནས་བསྟན་པ་ཉམས་ཚབས་ཤིན་ཏུ་ཆེ་བར་གྱུར་ཚུལ། བདུན་བསྟན་པ་ལྔ་བརྒྱ་ཕྲག་བཅུར་གནས། ཉིས་སྟོང་བདུན་བརྒྱ་ཙམ་ན་མཐའ་འཁོབ་བོད་དུ་དར་བར་འགྱུར་བ་སོགས་སངས་རྒྱས་བསྟན་པའི་གནས་ཚད་དང་བོད་ཁམས་སུ་བསྟན་པ་དར་བའི་དུས་ཡུན་བཅས་རྒྱས་པར་བྲིས་གནང་མཛད་ཡོད། རབ་བྱེད་འདིས་དེབ་ཡོངས་ཀྱི་གསུམ་ཆ་གཉིས་ལྷག་ཟིན་ལ། རྩོམ་པ་པོས་ནང་བསྟན་བོད་ཁམས་སུ་དར་ཞིང་། འཕེལ་ནས་རྒུད་པ་དང་རྒུད་ནས་འཕེལ་རྒྱས་ཆེར་སོང་ཚུལ་སྐོར་ངོ་སྤྲོད་རྒྱས་པར་མཛད་དེ་སྐབས་དེའི་ནང་བསྟན་གྱིས་བོད་ཀྱི་སྤྱི་ཚོགས་ལ་ཐེབས་པའི་ཤན་ཤུགས་མངོན་པར་མཚོན་ཡོད། རབ་བྱེད་ལྔ་པ་མཛད་བྱང་སྨོན་ཚིག་ཅེས་པའི་དུམ་མཚམས་ཐུང་ངུར་རྩོམ་པ་པོས་ཆོས་འབྱུང་འདི་འབྲི་བཞེངས་མཛད་པའི་རྩོམ་འབྲིའི་ཀུན་སློང་དང་དམིགས་ཡུལ་གསལ་པོར་མཚོན་ཡོད།

གསུམ་པ། 《སྟོན་གྱི་གདམ་མེ་ཏོག་བྲེང་བའི》རྩོམ་ཚུལ་དང་རྩོམ་སྟངས་ཀྱི་ཁྱད་ཆོས།

《བོད་ཀྱི་ལོ་རྒྱུས་དེབ་ཐེར་ཁག་ལྔ》ཞེས་པའི་ཁག་དང་པོ《སྟོན་གྱི་གདམ་མེ་ཏོག་ཕྲེང་བ》ཡི་ལྷུགས་དཔར་གྱི་པར་གཞི་དང་པོ་ནི་བོད་ལྗོངས་བོད་ཡིག་དཔེ་རྙིང་དཔེ་སྐྲུན་ཁང་ནས་ཞུ་དག་རྩོམ་སྒྲིག་མཛད་དེ1990ལོའི་ཟླ4ཚེས1ཉིན་དུ་པར་སྐྲུན་འགྲེམ་སྤེལ་བྱས་པ་དང་། 《བོད་ཀྱི་ལོ་རྒྱུས་དེབ་ཐེར་ཕྱོགས་བསྒྲིགས》ཞེས་པའི་གླེགས་བམ་ཙའི་ནང་དུ《སྟོན་གྱི་གདམ་མེ་ཏོག་ཕྲེང་བ》དབུ་མེད་ལག་བྲིས་མ་ནི་ལྷ་ས་དཔལ་བརྩེགས་བོད་ཡིག་དཔེ་རྙིང་ཞིབ་འཇུག་ཁང་གིས་རྩོམ་སྒྲིག་མཛད་དེ2012ལོའི་ཟླ་6པར་མཚོ་སྔོན་མི་རིགས་དཔེ་སྐྲུན་ཁང་ནས་པར་སྐྲུན་བྱས་ཡོད། 《སྟོན་གྱི་གདམ་མེ་ཏོག་ཕྲེང་བ》ནི་བཅད་ལྷུག་སྤེལ་མའི་སྒོ་ནས་བྲིས་གནང་མཛད་པའི་ཆོས་འབྱུང་གི་དེབ་ཅིག་ཡིན་པ་སྟེ། བཙན་པོ་རིམ་བྱུང་གི་འཁྲུངས་འདས་དང་སྲིད་བཟུང་ལོ་ཚིགས། མཛད་བྱང་བཅས་ཚིགས་བཅད་ཀྱིས་བྲིས་གནང་མཛད་པ་མ་གཏོགས་གཞན་ཚིག་ལྷུག་གིས་བྲིས་ཡོད། ཆོས་འབྱུང་གི་ཚིག་སྦྱོར་ལ་སྙན་ངག་དང་མངོན་བརྗོད་སོགས་ཀྱིས་བཅིངས་མེད་པར་གོ་བདེ་ཞིང་ཁ་གསལ་བ་དང་། གནད་བསྡུས་ཀྱིས་སྙེ་ཚན་སོ་སོ་འཚོལ་བདེ་པོ་ཡོད།

《སྟོན་གྱི་གདམ་མེ་ཏོག་ཕྲེང་བ》ཡི་བརྗོད་དོན་གདམས་སྒྲིག་དང་རྩོམ་ཚུལ་ནི་ཆོས་འབྱུང་གཞན་དང་བསྡུར་ན་ཁྱད་པར་ཆེན་པོ་ཡོད་པས། རང་རེ་བོད་ཀྱི་ལོ་རྒྱུས་རིག་པའི་ལོ་རྒྱུས་འཕེལ་རིམ་ཁྲོད་གསར་དུ་དར་བའི་ལོ་རྒྱུས་འབྲི་བཞེངས་ཀྱི་རྩོམ་སྟངས་ཤིག་ཡིན། རྩོམ་སྟངས་འདིའི་རིགས་ཀྱི་ཁྱད་ཆོས་གཙོ་བོ་གཤམ་གསལ་ལྟར་རོ།

གཅིག་ནས་ལོ་རྒྱུས་སྨྲ་བ་ཞིག་ལ་མཚོན་ན་སྔོན་གྱི་ལོ་རྒྱུས་ལ་ཕྱིར་བརྟག་དང་དོགས་འདྲི་བྱེད་པ་ནི་ལོ་རྒྱུས་རིག་པ་པའི་བསམ་བློའི་བླང་བྱ་གལ་ཆེན་ཞིག་ཡིན་པ་མ་ཟད། དེ་ནི་དངོས་ཐོག་བདེན་འཚོལ་གྱིས་ལོ་རྒྱུས་ཐོར་འགོད་ཐུབ་མིན་ལ་འབྲེལ་བ་ཆེན་པོ་ཡོད། འོན་ཀྱང་སྐབས་དེའི་རང་རེ་བོད་ཀྱི་ཆོས་འབྱུང་ལོ་རྒྱུས་རྩོམ་པ་པོའམ་རིག་གནས་པ་མང་ཤོས་ནི་རབ་བྱུང་བ་ཤ་སྟག་ཡིན་པས། མཇུབ་མོ་གར་བསྟན་ཤར་དང་བླ་མས་ཅི་གསུང་ཆོས་ཞེས་པའི་གདམ་དཔེ་བཞིན་རང་གི་བཤེས་གཉེན་ལ་བརྩི་བཀུར་དང་གུས་པ་ཆེན་པོའི་བསམ་བློའི་ཤན་ཤུགས་ཀྱིས་བླ་མའམ་སྟོན་ཕྱོན་མཁས་པའི་གསུང་ཚང་མ་བདེན་པར་འཛིན་པའི་གོམས་གཤིས་ཤིག་ཆགས་ཡོད། དེས་ན་སྐབས་དེའི་ཆོས་འབྱུང་ངམ་རྟོགས་བརྗོད་གང་མང་ཞིག་སྐྱོན་ཀུན་སེལ་དང་ཡོན་ཏན་ཀུན་འཛོམས་ཀྱི་ལྷའི་སྤྲུལ་པའི་རང་བཞིན་ཅན་གྱི་མི་སྣ་བཞེངས་སྐྲུན་མཛད་པ་དེའང་སྐབས་དེའི་སློབ་གསོ་དང་རྩོམ་འབྲིའི་ཁོར་ཡུག་སོགས་ལ་འབྲེལ་བ་ངེས་ཅན་ཡོད་པར་གདོན་མི་ཟ། འོན་ཀྱང་རྩོམ་པ་པོ་ཉིད་ཀྱིས་ཡོད་ཚད་བདེན་པར་འཛིན་པའི་བསམ་

བློ་ལས་བརྒལ་ཏེ་དོགས་གནད་དཔྱོད་བསྡུར་དང་དབྱེ་ཞིབ་ཀྱི་འབྲི་ཐབས་སྤྱད་པ་དཔེར་ན། ལྷ་ཐོ་ཐོ་རི་གཉན་བཙན་གྱིས་རྒྱལ་སྲིད་འཛིན་པའི་ཚེ། ལི་ཐེ་སེ་དང་ཐོ་གར་གྱི་ལོ་ཙཱ་བ་བློ་སེམས་མཚོ་གཉིས་ཀྱིས་རྒྱ་གར་པཎྜི་ཏ་མཁས་པ་ལེགས་བྱིན་སྤྱན་དྲངས་ནས་བྱོན་ཏེ། རྒྱལ་པོ་ལ་ཆོས་གསུངས་པས། བོད་ན་ཡི་གེ་མེད་པའི་སྐབས་ཀྱིས་བསླབ་ཏུ་མ་བཏུབ་ནས། ཟ་མ་ཏོག་སྐོར་པ། སྙིང་པོ་ཡི་གེ་དྲུག་མ། གསེར་གྱིས་བྲིས་པ་གཅིག་ལ་མུ་དྲའི་ཕྱག་རྒྱས་བཏབ་ནས་རྒྱལ་པོར་ཕུལ། གཡོམ་རྒྱུག་ལ་བརྟེན་པ་ཕལ་བ་ནི། སྤང་ཀོང་ཕྱག་བརྒྱ་པ་ཉི་ཟེར་ལས་བཅིབས་ཏེ་ཕོ་བྲང་གི་ཡང་ཐོག་ཏུ་བྱོན་ནོ་ཞེས་གནམ་ལས་བབས་པར་སྨྲ་བ་ནི་བོན་པོས་ལྷད་བཙུག་པ་ཡིན་ནོ[4]ཞེས་རིག་པའི་དཔྱད་བསྡུར་སྐོས་ནོར་འཁྲིག་གི་བརྡར་ཤ་གཅོད་པ་དང་། ནོར་བ་བཅོས་བསྒྱུར་དང་འཕྲུལ་བ་ཡོ་བསྲང་བྱེད་པའི་ལོ་རྒྱུས་རྩོམ་པའི་འབྲི་ལུགས་གསར་པ་ལག་ལེན་བཀོལ་སྤྱོད་བྱས་པ་ནི་རང་རེ་ལོ་རྒྱུས་རིག་པའི་ལོ་རྒྱུས་རྩོམ་པའི་འབྲི་ཕྱོགས་གསར་པ་ཞིག་གི་འགོ་བརྩམས་པའི་མཚོན་རྟགས་སུ་གྱུར་ལ། དེ་བོད་ཀྱི་ལོ་རྒྱུས་ལ་ཡང་དག་པའི་རྒྱུས་ཡོན་དང་ཁྱོན་ཡོངས་ནས་ཞིབ་འཇུག་བྱེད་པར་རིན་ཐང་ཆེན་པོ་ལྡན། སྤྱིར་བོད་ཀྱི་སྲོལ་རྒྱུན་རྩོམ་ཚུལ་ལྟར་བརྩམས་པའི་ཆོས་འབྱུང་མང་ཤོས་ནི་ཆོས་ལུགས་སྤྱིའི་བྱུང་འཕེལ་ལྟར་ཆོས་ལུགས་མི་སྣའི་མཛད་པ་གཙོར་བཟུང་ནས་རྩོམ་འབྲི་གནང་ཡོད་པས། རྩོམ་པ་པོའི་མིག་མཐོང་ལག་ཟིན་གྱི་ཆོས་ལུགས་བརྒྱུད་བསྒྲགས་དང་དེས་སྐྱི་ཚོགས་འཚོ་བ་ལ་ཐེབས་པའི་ཤན་ཤུགས་སོགས་ལོ་རྒྱུས་རིན་ཐང་ལྡན་པའི་གནས་ཚུལ་དངོས་ཟིན་ཐོར་འགོད་མ་ཐུབ་པའི་གནད་ཀྱང་མཆིས་སྲིད། ཡིན་ན་ཡང་།《སྔོན་གྱི་གཏམ་མེ་ཏོག་ཕྲེང་བ》ལྟ་བུའི་ཆོས་འབྱུང་ནི་ལོ་རྒྱུས་གནད་བསྡུས་སྐོས་རེའུ་མིག་གི་འབྲི་ཚུལ་ལྟར་མཛད་ཡོད་པ་དཔེར་ན། བཙན་པོའི་གདུང་རབས་ཀྱི་རེའུ་མིག་དང་། གནམ་གྱི་ཁྲི་བདུན་གྱི་རེའུ་མིག རྒྱལ་པོས་བཞེངས་པའི་དགོན་གནས་རེའུ་མིག བཙུན་མོས་བཞེངས་པའི་དགོན་གནས་རྟེན་གསུམ་གྱི་རེའུ་མིག་ལྟ་བུ་སོགས་གནད་བསྡུས་ཀྱི་ལོ་རྒྱུས་འབྲི་ཚུལ་ནི་ཏུན་ཧོང་བོད་ཀྱི་ལོ་རྒྱུས་ཡིག་ཆའི་རྩོམ་སྟངས་ཁྱད་ཆོས་བརྒྱུད་འཛིན་བྱས་པར་མངོན[5]པས། དེ་བོད་ཀྱི་ལོ་རྒྱུས་རིག་པའི་ལོ་རྒྱུས་འཕེལ་རྒྱས་སུ་འགྲོ་བཞིན་པའི་མངོན་སྟངས་ཤིག་ཡིན་པར་མ་ཟད། དུས་སྐབས་དེའི་ཆོས་འབྱུང་ལོ་རྒྱུས་རྩོམ་འབྲིའི་ཚད་དེ་དུས་མཚམས་སྔོན་མ་དང་བསྡུར་ན་འཕེལ་རྒྱས་སུ་སོང་བ་མངོན་པས། ལོ་རྒྱུས་སྨྲ་བས་ཁྱོན་ཡོངས་ནས་ལོ་རྒྱུས་ལ་ངོས་འཛིན་བྱེད་པའི་ཚད་ཇེ་མཐོར་སོང་བའང་ཤུགས་ནས་མཚོན་ཐུབ་པར་སྙམ།

གཉིས་ནས་རྩོམ་སྟངས་ཁྱད་ཆོས་ཐད་བསྟན་པ་ཕྱི་དར་ནས་ཆོས་འབྱུང་ལོ་རྒྱུས་ཀྱི་བརྩམས་ཆོས་མི་ཉུང་བར་པཎྜི་ཏ་ལྟ་བུའི་མི་སྣ་གལ་ཆེན་ཞིག་གཙོར་བཟུང་ཞིང་དེའི་མཛད་པ་རབ་བྱེད་དང་ས་བཅད་ལ་བཀར་ནས་ཆེད་དུ་ཞིབ་འབྲི་བྱས་ཡོད་པས། ཆོས་འབྱུང་ལོ་རྒྱུས་མང་པོའི་ས་བཅད་མི་ཉུང་བ་ཞིག་ཆོས་ལུགས་མི་སྣ་ག་གེ་མོའི་རྣམ་ཐར་ལྟ་བུར་གྱུར་ཡོད། ཡིན་ན་ཡང་། རྣམ་པ་ཆོས་འབྱུང་ལོ་རྒྱུས་

ལྟར་རྩོམ་འབྲི་མཛད་པའི་ཆོས་འབྱུང་འདིར་རྒྱལ་རབས་ལོ་རྒྱུས་དང་ཆོས་འབྱུང་ལོ་རྒྱུས་གཉིས་སྦྲགས་མར་བྲིས་གནང་མཛད་པར་མ་ཟད། རྒྱལ་རབས་ལོ་རྒྱུས་ཀྱི་རབ་བྱེད་ནི་ཆོས་འབྱུང་ལོ་རྒྱུས་ཀྱི་སྔོན་དུ་བཀོད་སྒྲིག་བྱས་པ་དེ་《ལྡེའུ་ཆོས་འབྱུང》དང《ཆོས་འབྱུང་མེ་ཏོག་སྙིང་པོའི་སྦྲང་རྩིའི་བཅུད》ལྟ་བུའི་ཆོས་འབྱུང་རྩོམ་སྟངས་ལས་ཐོད་བརྒལ་གྱི་རང་བཞིན་ལྡན་པ་དེས་རྩོམ་པ་པོའི་ལོ་རྒྱུས་ལྟ་ཚུལ་རིན་ཐང་མཚོན་ཐུབ། དེ་བས་དེང་རབས་ཀྱི་ལོ་རྒྱུས་སྨྲ་བས་བོད་ཀྱི་སྲོལ་རྒྱུན་ལོ་རྒྱུས་རིག་པའི་ལོ་རྒྱུས་འཕེལ་བའི་གོ་རིམ་དུ་རྩོམ་སྟངས་ཀྱི་རྣམ་པ་གཙོ་ཆེ་ཤོས་གསུམ་ནི་ཆོས་འབྱུང་དང་རྣམ་ཐར། རྒྱལ་རབས་བཅས་ཡིན[6]པར་བསྡོམས་ཚིག་བཀོད་ཟིན་ནའང་། 《སྔོན་གྱི་གཏམ་མེ་ཏོག་ཕྲེང་བ》ལྟ་བུར་མཚོན་ན། ཆོས་འབྱུང་འདིར་མཁན་སློབ་ཆོས་གསུམ་ལྟ་བུའི་ཆོས་ལུགས་མི་སྣ་ཞིག་གིས་ཆོས་ལུགས་བརྒྱུད་བསྒྲགས་ཀྱི་མཛད་པར་ཆེད་དུ་ས་བཅད་དང་རབ་བྱེད་བཀར་ནས་ཞིབ་འབྲི་མཛད་པར་བྱས་མེད་པ་དེ་དུས་རབས་བཅུ་གཉིས་པར་བརྩམས་པའི《ཆོས་འབྱུང་མེ་ཏོག་སྙིང་པོའི་སྦྲང་རྩིའི་བཅུད》ཅེས་པར་མཁན་སློབ་ཆོས་གསུམ་དང་བཻ་རོ་ཙ་ན་སོགས་ཀྱིས་ཆོས་ལུགས་འཛིན་སྐྱོང་སྤེལ་གསུམ་གྱི་མཛད་པའི་སྐོར་ལ་ཆེད་དུ་ས་བཅད་དགར་བའི་རྩོམ་སྟངས་དང་བསྡུར་ན་ལོ་རྒྱུས་རྩོམ་སྟངས་ལ་གཞོལ་ཆེ་བའི་ཁྱད་ཆོས་འབྱུར་དུ་ཐོན་ཡོད་ལ། དེ་ནི་བོད་ཀྱི་ལོ་རྒྱུས་རིག་པའི་ལོ་རྒྱུས་རྩོམ་སྟངས་ཀྱི་ལེགས་ཆ་རྒྱུད་འཛིན་བྱས་པའི་མཚོན་རྟགས་ཤིག་ཡིན་པར་མ་ཟད། དུས་མཚམས་རྗེས་མའི་ལོ་རྒྱུས་རིག་པ་དར་བར་སྣེ་ཁྲིད་ཀྱི་ནུས་པ་མི་དམན་པ་ཐོན་ཡོད་པར་སྙམ།

མཁས་པ་ལྡེའུས་མཛད་པའི《ལྡེའུ་ཆོས་འབྱུང་རྒྱས་པ》དུ་ཡང་མེས་སྲོང་བཙན་སྒམ་པོ་འདི་སྤྱན་རས་གཟིགས་ཀྱི་སྤྲུལ་པ་ཡིན་ཏེ། ལི་ཡུལ་གྱི་བན་རྗེ་གཉིས་ཀྱིས་སྤྱན་རས་གཟིགས་སྒྲུབ་པས། ལུང་བསྟན་བྱུང་སྟེ། ད་ལྟ་བོད་ཀྱི་རྒྱལ་པོ་གཅིག་ཏུ་སྤྲུལ་ནས་བོད་རྣམས་འདུལ་གྱི་ཡོད[7]ཅེས་པའི་ལོ་རྒྱུས་ལྷ་སྒྲུང་རང་བཞིན་གྱི་སྤྲུལ་པའམ་ངག་རྒྱུན། ལུང་བསྟན་སོགས་ལ་རྒྱབ་བཙོལ་ནས་བྲིས་གནང་མཛད་པའི་རྩོམ་སྟངས་དང་བསྡུར་ན། 《སྔོན་གྱི་གཏམ་མེ་ཏོག་ཕྲེང་བ》ཡི་ཁྲིད་རྩོམ་པ་པོས་དོན་དག་གི་འབྱུང་རྐྱེན་ཕལ་ཆེར་ལུང་བསྟན་གང་ཞིག་རྒྱབ་རྟེན་དུ་བཟུང་མེད་པར་དོན་དངོས་ལ་མཐར་གཏུགས་ཕྱིར་དཔྱད་གཞིའི་ཡིག་ཆ་མང་པོར་ཞིབ་གཟིགས་བརྟག་དཔྱད་གནང་སྟེ་དགག་སྒྲུབ་ཀྱིས་སྤྲོས་པ་དཔེར་ན། མངོན་ཤེས་ལ་སོགས་པ་བསམ་གཏན་གྱི་ཡོན་ཏན་ཡང་མང་དུ་ཐོབ་ནས་བླ་ཆེན་པོ་དགོངས་པ་རབ་གསལ་ཞེས་གྲགས་སོ། །དེ་ནས་ཡར་ཕྱིན་ཏེ་ཟོག་པོ་མི་དྲུག་གིས་སྣ་བླངས་ནས་ཞབས་ཏོག་བྱས་ཏེ་ཆོས་གྲྭ་བཙུགས་པ་ལ། དེ་ཡང་ཟོག་པོ་མི་དྲུག་བྱ་བའི་རྒྱུ་མཚན་ནི། དམར་གཡོ་གཉིས་ལ་རབ་ཏུ་བྱུང་བར་ཞུས་པས། དགེ་འདུན་མ་འཚོག་སྟེ། དེའི་བར་གཟུགས་བཙུན་དུ་བྱས་པས་ཟོག་པོ་མི་དྲུག་བྱ་བར་གྲགས[8]ཞེས་སྐབས་དེའི་དོན་དངོས་གསོར་བཟུང་བ་དེས་ཆོས་འབྱུང་འདིར་གྲུབ་མཐའི་ཕྱོགས་འཛིན་གྱི་སྐྱོན་

གྱིས་ལོ་རྒྱུས་བསྣད་མེད་པ་གསལ་པོར་མཐོང་ཐུབ་པར་མ་ཟད། དོན་དངོས་དང་བདེན་ལུགས་ལ་དང་དོད་དང་མཐོང་ཆེན་བྱེད་པའི་རྩོམ་པ་པོའི་ལོ་རྒྱུས་འབྲི་བཞེངས་ཀྱི་བསམ་བློའི་ལངས་ཕྱོགས་མཚོན་པས། འདི་ནི་བོད་ཀྱི་ལོ་རྒྱུས་སྨྲ་བའི་བསམ་བློའི་འཕེལ་རྒྱུས་མཚོན་སྟངས་དང་རིག་པའི་ཁ་ཕྱོགས་ཀྱི་མངོན་སྟངས་ཤིག་ཡིན་ལ། བསྟན་པ་ཕྱི་དར་སྐབས་ཀྱི་ཆོས་འབྱུང་རྩོམ་པའི་ཁྱད་ཆོས་ཤིག་ཀྱང་ཡིན་པར་སྙམ། དེ་བས《སྔོན་གྱི་གཏམ་མེ་ཏོག་ཕྲེང་བ》ནི་བོད་ཀྱི་ལོ་རྒྱུས་རིག་པའི་ལོ་རྒྱུས་ཐོག་དགག་སྒྲུབ་ཀྱི་རིགས་པ་སྤྲོས་ཏེ་དོན་དངོས་ལ་གཞོལ་ཆེ་བའི་བརྩམས་ཆོས་སྔ་གྲས་ཡིན་པར་སྣང་།

རྩོམ་པ་པོ་ཉིད་ཀྱིས་ཆོས་འབྱུང་འདི་རྩོམ་པའི་སྐབས་བླ་དཔོན་ཟུང་འབྲེལ་གྱིས་ཆོས་སྲིད་ཀྱི་ཕྱོགས་རིས་ཆེས་ཆེར་སྤེལ་མེད་ཙང་། བོད་ནང་ཁུལ་དུ་འཁྲུག་རྩོད་ཆེ་བས། སྐབས་དེར་རིག་གནས་པ་མང་པོས་ཆོས་འབྱུང་ལོ་རྒྱུས་རྩོམ་པ་དེའང་གཙོ་བོ་སྒྲི་ཚོགས་ཁོར་ཡུག་ལྷིང་འཇགས་མིན་པར་ཟིང་འཁྲུག་ཆེ་ཞིང་དུས་མི་བདེ་བ་སོགས་ལ་འབྲེལ་བ་ཡོད་པ་གདོན་མི་ཟ། དེ་བས་ཆོས་འབྱུང་བརྩམས་ཆོས་གང་ཡིན་ཙང་དེར་སྐབས་དེའི་ཆོས་ལུགས་དང་ལོ་རྒྱུས་ལ་དཔྱོད་པའི་ལྟ་ཚུལ་དང་། ཐུན་མོང་མ་ཡིན་པའི་རྩོམ་ཚུལ་དང་རྩོམ་སྟངས་ཁྱད་ཆོས། ལོ་རྒྱུས་དཔྱད་གཞིའི་རིན་ཐང་རེ་བདོག་སྲིད་པས། བོད་རིག་པ་ཞིབ་འཇུག་གི་ཚ་རླབས་འཕྱུར་བཞིན་པའི་སྐབས་འདིར་ཆོས་འབྱུང་གང་གི་ལུང་ཁུངས་གང་ཡིན་པ་དང་། དེ་དག་གི་ཐུན་མིན་ཁྱད་ཆོས་ཀྱི་རིན་ཐང་བསྡོག་འདོན་བྱེད་རྒྱུ་ཏ་ཙང་གལ་ཆེ་བར་འདོད་དེ། རྗེ་གཉའ་ཁྲི་བཙན་པོ་ནས་བཟུང་བོད་ཀྱི་བཙན་པོའི་གདུང་རབས་རིམ་བྱུང་ཞེས་པར་ཁྲི་བདུན། སྟེང་གཅིག[9]ཅེས་པའི་སྟེང་གཅིག་ནི་གྲགས་པ་རྒྱལ་མཚན་གྱིས་བརྩམས་པའི《རྒྱལ་རབས》ཞེས་པ་དང་། ཁྲི་ལྡེ་སྲོང་བཙན་གྱི་དུས་སུ་བསྐྲུན་པའི་ཀོང་པོ་དེ་མོའི་རྗེ་རིང་ཡི་གེ་སོགས་ཀྱི་དགོངས་པ་དང་མཐུན་པས་དེ་དག་ལུང་ཁུངས་གཙོ་བོ་ཡིན་པ་དཔག་ཐུབ་ལ། 《སྔོན་གྱི་གཏམ་མེ་ཏོག་ཕྲེང་བ》ནི《དེབ་ཐེར་སྔོན་པོ》《སུམ་པའི་ཆོས་འབྱུང》《དེབ་དམར》སོགས་བསྟན་པ་ཕྱི་དར་རྗེས་ཀྱི་ཆོས་འབྱུང་ལོ་རྒྱུས་ཀྱི་དཔེ་དེབ་མང་པོའི་དཔྱད་ལུང་གི་ཁུངས་ཡིན་པའང་ཤུགས་ནས་དཔག་ཐུབ།

བཞི་པ། 《སྔོན་གྱི་གཏམ་མེ་ཏོག་ཕྲེང་བའི》ལོ་རྒྱུས་དཔྱད་གཞིའི་རིན་ཐང་།

སྤྱིར་བོད་མི་རིགས་ནི་ལོ་རྒྱུས་རིང་བའི་མི་རིགས་ཤིག་ཡིན་མོད། གནའ་བོའི་བོད་ཀྱི་ལོ་རྒྱུས་ཞིབ་འཇུག་གི་དཔྱད་གཞིའི་ཡིག་ཆ་གཙོ་བོ་རྗེ་རིང་དང་བྲག་བརྐོས་ཡི་གེ། དྲིལ་བུའི་ཡི་གེ། གནའ་རྫས་རྟོག་ཞིབ་པས་རྙེད་དང་རྙེད་བཞིན་པའི་གནའ་རྫས་དང་། མི་རིགས་གཞན་པའི་ལོ་རྒྱུས་དེབ་ཐེར་དུ་འཀོད་པའི་རང་རེ་བོད་ཀྱི་ལོ་རྒྱུས་དང་ཏུན་ཧོང་བོད་ཀྱི་གནའ་བོའི་ཡིག་ཚང་སོགས་ཡིན་པས། འཛམ་གླིང་གི་ཁྱོན་འདིར་རིགས་མི་འདྲ་བའི་བོད་རིག་པ་ཞིབ་འཇུག་མཁན་ཚར་ཤུལ་གྱི་ཤ་མོ་བཪོལ་བ་ལྟར་བྱུང་

བ་དང་། ལྷག་པར་དུས་རབས་ཉི་ཤུ་པའི་ནང་རྒྱལ་ཁབ་ཕྱི་ནང་དུ་ཏུན་ཧོང་བོད་ཀྱི་ལོ་རྒྱུས་ཞིབ་འཇུག་གི་མཐོ་རླབས་ཤིག་འཕྱུར་བ་དེས་བོད་བཙན་པོའི་ལོ་རྒྱུས་ཞིབ་འཇུག་ལ་ཡར་སྐྱེལ་གྱི་ནུས་པ་མི་དམན་པ་ཐོན་ཡོད། 《ཏུན་ཧོང་ནས་ཐོན་པའི་བོད་ཀྱི་ལོ་རྒྱུས་ཡིག་ཆ》ཡི་ནང་བཞུགས་པའི་བོད་བཙན་པོའི་ལོ་རྒྱུས་རྒྱུ་ཆའི་ཤོག་དྲིལ་མང་པོ་ཞིག་ཁ་ཐོར་ཞིང་ཆ་ཚང་མིན་པས། བསྟན་པ་ཕྱི་དར་གྱི་རྗེས་སུ་བྱུང་བའི་ཆོས་འབྱུང་ལོ་རྒྱུས་ཀྱི་འབྲེལ་ཡོད་དཔྱད་གཞི་དང་ཞིབ་བསྡུར་བྱས་ན་ད་གཟོད་གོ་བ་ཡང་དག་ལེན་ཐུབ་པར་མ་ཟད། སྐབས་དེའི་བོད་ཀྱི་ལོ་རྒྱུས་དཔྱད་གཞིར་ཁ་གསབ་བྱེད་ཐུབ། དེ་བས་གལ་ཏེ་བསྟན་པ་ཕྱི་དར་རྗེས་ཀྱི་ཆོས་འབྱུང་ལོ་རྒྱུས་དག་གི་དཔྱད་གཞི་སྣང་མེད་དུ་བཏང་ན་བོད་བཙན་པོའི་ལོ་རྒྱུས་ལ་ཞིབ་འཇུག་མཐིལ་ཕྱིན་པ་ཞིག་བྱེད་དཀའ་བ་མངོན་གསལ་ཡིན། བོད་རིག་པ་ཞིབ་འཇུག་གི་དཔྱད་གཞིའི་ཁྲོད《ཆོས་འབྱུང་མཁས་པའི་དགའ་སྟོན》ནི་དཔྱད་གཞི་གལ་ཆེན་ཞིག་ཏུ་འཛིན་དང་འཛིན་མུས་སུ་ཡོད་མོད། 《སྔོན་གྱི་གཏམ་མེ་ཏོག་ཕྲེང་བ》ནི《ཆོས་འབྱུང་མཁས་པའི་དགའ་སྟོན》བརྩམས་ནས་གྲུབ་པའི་ལོ་ལས་བགྲང་བྱ་ཉིས་བརྒྱ་བརྒྱད་ཅུ་ལྷག་གིས་སྔ་བར་མ་ཟད། 《བཀའ་ཐང་སྡེ་ལྔ》དང《པདྨ་བཀའ་ཐང》སོགས་ཀྱང་ཆོས་འབྱུང་འདི་བརྩམས་ནས་གྲུབ་པའི་རྗེས་སུ་གཏེར་ནས་བཏོན་ཚུལ་དུང་དཀར་ཚིག་མཛོད་དུ་གསལ་བས། ཆོས་འབྱུང་འདི་ཉིད་ནི་བོད་ཀྱི་ཆོས་འབྱུང་ལོ་རྒྱུས་མི་ཉུང་བ་ཞིག་གི་དཔྱད་གཞི་ཡིན་པ་སྨོས་མ་དགོས་ལ། ད་དུང་ཏུན་ཧོང་ནས་ཐོན་པའི་བོད་ཀྱི་ལོ་རྒྱུས་ཡིག་ཚང་ལེགས་སྒྲིག་དང་དོན་ཚན། བོད་བཙན་པོའི་ལོ་རྒྱུས་ཉམས་ཞིབ་དང་བོད་ཀྱི་ལོ་རྒྱུས་རིག་པའི་ལོ་རྒྱུས་ཞིབ་འཇུག་སོགས་ཀྱི་དཔྱད་གཞི་རྒྱུ་ཆ་གལ་ཆེན་ཞིག་ཡིན་པའང་དཔག་ཐུབ་བོ། །

གཅིག བོད་ཀྱི་ཆོས་འབྱུང་དེབ་ཐེར་མང་པོ་ཞིག་གི་ནང་དུ་བོད་ཀྱི་བཙན་པོ་རིམ་བྱུང་གི་འཁྲུངས་འདས་དང་སྲིད་བཟུང་ལོ་ཚིགས་ཀྱི་སྐོར་བྲིས་གནང་མཛད་ཡོད་མོད། 《སྔོན་གྱི་གཏམ་མེ་ཏོག་ཕྲེང་བ》ཞེས་པའི་ཆོས་འབྱུང་དུ་དེའི་སྐོར་རྒྱས་འབྲི་བྱས་མེད་ཀྱང་། རྩོམ་པ་པོས་ཚིག་ཉུང་ཞིང་དོན་གནད་ལ་འཁེལ་བའི་མཚོན་ཚུལ་གྱིས་བོད་བཙན་པོའི་གནམ་རི་སྲོང་བཙན་ཡབ་སྲས་ནས་རྒྱལ་པོ་གང་དུ་འཁྲུངས་པ་དང་། ཡབ་དང་ཇི་སྲིད་འགྲོགས་དང་ཚེ་ཚད་དང་། །རྒྱལ་སྲིད་ཇི་ཙམ་བཟུང་ནས་གང་དུ་འདས། །གཞུང་འདིར་བསྟན་པར་བྱ[10]ཞེས་བོད་བཙན་པོའི་ལོ་རྒྱུས་ཞིབ་འཇུག་ལ་མཁོ་བའི་གནད་འགག་གི་ལོ་ཚིགས་མང་པོ་ཞིག་གསལ་བ་དཔེར་ན། འོད་བསྲུང་ས་མོ་ཕག་ལ་ཕྱུག་དགུར་སྐྱེས། །ཉི་ཤུ་རྩ་བཞི་ལོན་ནས་ཡབ་འདས་ཏེ། །དེ་མ་ཐག་སྲིད་བཟུང་ལོ་གསུམ་ན། །ཤིང་མོ་གླང་ལ་ཡར་ལུང་འཕང་ཐང་འདས། །[11]ཞེས་པ་ཆོས་འབྱུང་ལོ་རྒྱུས་རེ་འགར་འོད་སྲུང་བལྟམས་པའི་ལོ་ཕྱི་མ་རྒྱལ་པོ་གཤེགས[12]ཞེས་དང་། ལ་ལར་འོད་སྲུང་གཡོར་མོ་བཙན་མོ་འཕན་གྱི་ལྟོ་ན་གནས་པའི་ཚེ། ཡབ་གྲོངས་པ[13]ལྟ་བུ་སོགས་བཞེད་ཚུལ་མི་མཐུན་པ་མང་མོད། ཞིབ་ཏུ་བསམ་ན་གླང་དར་དང་རལ་པ་ཅན་སོགས་ནི་བུ་སྤུན་

སྟེ་ཡབ་རྒྱལ་པོ་ཁྲི་ལྡེ་སྲོང་བཙན་གྱི་བུ་ཡིན་པ་དང་། ཡབ་རྒྱལ་པོ་སྐུ་གཤེགས་པ་ནས་སླད་དར་རྒྱལ་སར་བཞུགས་པའི་བར་བགྲང་བྱ་བཅུ་ཕྲག་གཉིས་ལྷག་སོང་བར་དཔྱད་ན་སླད་དར་སྐུ་གཤེགས་དུས་འོད་སྲུང་དགུང་ལོ་ཉི་ཤུ་རྩ་བཞིར་སོན་པར་ཡང་བདེན་ཁ་ཆེའོ་སྙམ་པས། དཔྱད་བྱ་འདིའི་རིགས་ནི་བོད་རིགས་ཞིབ་འཇུག་མཁན་ཚོས་ད་དུང་མུ་མཐུད་དུ་དཔྱད་དགོས་པའི་གནད་ཅིག་ཏུ་སྙམ་ཙང་། 《སྔོན་གྱི་གཏམ་མེ་ཏོག་ཕྲེང་བ》ཡི་ནང་དུ་བྱུང་བའི་འོད་སྲུང་དང་འབྲེལ་བའི་རྒྱུ་ཆ་འདི་ལྟ་བུ་ནི་བོད་ཀྱི་ལོ་རྒྱུས་ཞིབ་འཇུག་ཁྲོད་ཀྱི་རྩོད་གཞི་ཅན་དང་གཞི་མཐུན་མིན་པའི་གནད་དོན་ཐག་གཅོད་པར་ཕན་པར་མ་ཟད། བོད་སིལ་བུའི་དུས་སྐབས་ཀྱི་ལོ་རྒྱུས་ཞིབ་འཇུག་དང་། བོད་ཀྱི་ཆོས་སྲིད་ལ་རྒྱུས་ལོན་དང་ཞིབ་འཇུག་དཔྱིས་ཕྱིན་པ་བྱེད་པར་མཁོ་བའི་རྒྱུ་ཆ་རྩ་ཆེན་ཞིག་ཏུ་སྣང་ངོ་། །

གཉིས། ལྷ་ཐོ་ཐོ་རི་གཉན་བཙན་སྐབས་བོད་ལ་ཐུབ་པའི་བསྟན་པ་ལ་ཆོས་འབྲེལ་བྱུང་བ་དང་། བོད་བཙན་པོའི་སྐབས་སུ་རིམ་གྱིས་དར་འཕེལ་སོང་བ་ནས་ད་བར་དུ་བོད་ཀྱི་ཆོས་ལུགས་ལོ་རྒྱུས་ཞིབ་འཇུག་ཐད་ནས་འབྲས་བུ་མི་དམན་པ་བླངས་ཡོད་མོད། ནང་ཆོས་བོད་ལ་དར་ཚུལ་ཕྱོགས་ལ་བཤད་ཚུལ་འདྲ་མིན་སྣ་ཚོགས་བདོག་པ་ད་དུང་ཡང་ཞིབ་དཔྱོད་མཐའ་འཁྱོངས་བྱེད་ཐུབ་མེད། 《སྔོན་གྱི་གཏམ་མེ་ཏོག་ཕྲེང་བ》ཞེས་པར་རྒྱལ་པོ་དང་བླ་མ། བཙུན་མོ། བློན་འབངས་སོགས་སུ་དང་སུ་ཡིས་དགོན་གནས་རྟེན་གསུམ་གང་དང་གང་བཞེངས་ཀྱི་གནས་དང་གང་ཟག་གཉིས་ཀའི་མིང་གསལ་བ་སོགས་ཀྱི་དཔྱད་གཞིའི་རྒྱུ་ཆ་ནི་བོད་བཙན་པོའི་དུས་ཀྱི་ནང་ཆོས་བརྒྱུད་བསྒྲགས་དང་དར་སྤེལ་སྐོར་ལ་ཞིབ་འཇུག་བྱ་རྒྱུར་ཕན་པར་མ་ཟད། སྐབས་དེའི་ནང་ཆོས་བོད་ཁམས་སུ་དར་བའི་ཁྱབ་ཁོངས་ལ་རྒྱུས་ལོན་གསལ་རྟོགས་བྱེད་པར་ཡང་ཕན་པ་ཆེན་པོ་ཡོད་པ་སྟེ། 《སྔོན་གྱི་གཏམ་མེ་ཏོག་ཕྲེང་བ》ཡི་དགོན་གནས་རྟེན་གསུམ་བཞེངས་པའི་རབ་བྱེད་ལྟར་ན། རྒྱལ་པོས་བཞེངས་པའི་གཙུག་ལག་ཁང་ངམ་ལྷ་ཁང་ང་ལྔ་དང་། བཙུན་མོས་བཞེངས་པ་བཅུ། བླ་མ་རྣམས་ཀྱིས་བཞེངས་པ་སྙིང་སྟོད་ལུང་གི་ལྷ་ཁང་ལྟ་བུ་སོགས་དགུ། བློན་པོ་རྣམས་ཀྱི་འཕན་ཡུལ་དགྲེས་ཚུལ་ལྷ་ཁང་སོགས་ཞེ་དྲུག་བཅས་བསྡོམས་པས་ལྷ་ཁང་བརྒྱ་རྩ་བརྒྱད་དང་། ཆོས་གྲྭ་སུམ་ཅུ་བཙུགས་པ་གསལ་མོད། ཆོས་འབྱུང་འདིར་གསལ་བའི་རྒྱལ་པོ་དང་བླ་མ། བཙུན་མོ། བློན་པོ་སོགས་ཀྱིས་བཞེངས་པའི་གཙུག་ལག་ཁང་ངམ་ལྷ་ཁང་བསྡོམས་པས་བརྒྱ་དང་ཉི་ཤུ་ལྷག་བཞུགས་པ་ལས་རེ་འགའ་ད་ལྟ་ད་དུང་ཡང་ང་ཚོར་དངོས་སུ་མཇལ་རྒྱུ་ཡོད་པ་དཔེར་ན། རྒྱ་སྟག་ར་མོ་ཆེ་དང་། ར་ས་འཕྲུལ་སྣང་གཙུག་ལག་ཁང་། བསམ་ཡས་གཙུག་ལག་ཁང་། ཁྲ་འབྲུག་གཙུག་ལག་ཁང་ལྟ་བུ་དང་། དགོན་གནས་དང་ལྷ་ཁང་གང་ཞིག་ཡིན་པ་ཐག་གཅོད་མ་ཐུབ་པའི་གནས་སུ་གྱུར་ཡོད་ཙང་། བོད་རིག་པ་ཞིབ་འཇུག་པས་རང་རང་གི་བློས་དཔོག་ཚོད་ལྟར་རྩད་དཔྱོད་ཞིབ་འཇུག་གི་འབྲས་བུར་དགོན་གནས་ཀྱང་མི་ཤུང་བ་ཞིག་ངོས་འཛིན་གནང་ཡོད་པ་དཔེར་ན། སྲོང་བཙན་སྒམ

པོའི་སྐབས་སྲིན་མོ་གན་རྐྱལ་དུ་འགྱེལ་བ་འདྲ་བའི་ལག་པ་གཡས་པ་མནན་པའི་ཕྱིར་དུ་བཞེངས་པའི་
གྲོམ་པ་རྒྱངས་རྣམ་དག་སྒྲིབ་མེད་ཀྱི་གཙུག་ལག་ཁང་ནི་ད་ལྟའི་གཞིས་ཀ་རྩེ་ལྷ་རྩེ་རྫོང་གི་མངའ་ཁོངས་
སུ་བཞུགས་པ[14]དང་། སྐྱོང་ཐང་སྒྲོལ་མའི་གཙུག་ལག་ཁང་ནི་ད་ལྟའི་དཀར་མཛེས་ཁུལ་འདན་ཁོག་
གམ་སེར་ཤུལ་རྫོང་གི་ཁོངས་སུ་ཡོད་པ། འགོ་འཐིང་གི་ལྷ་ཁང་ནི་ད་ལྟའི་ལྷོ་བྲག་ཕྱོགས་སུ་བཞུགས་པ[15]
སོགས་ལྟ་བུའི་གཙུག་ལག་ཁང་དམ་ལྷ་ཁང་གི་རྗེས་ཤུལ་ད་ལྟ་དངོས་སུ་འཚོལ་ཞིབ་ཀྱི་ལག་ལེན་ཁྲིད་ར་
སྲིད་ཐེན། དེ་བཞིན་གཙུག་ལག་ཁང་བརྒྱ་རྩ་བརྒྱད་ཀྱི་གྲངས་མ་ཚང་བ་དག་ཀྱང་ཁ་བསྐངས་ཏེ། ཉང་
རོ་རྩིས་ཀྱི་ལྷ་ཁང་དུ་རྩིས་བཏབ། རྒྱའི་གོང་བུ་རྨེ་ཏུ་ཡན་ཆད་དུ་གཙུག་ལག་ཁང་བཞེངས[16]ཞེས་ཡན་
ཆད་ལྟ་བུའི་ཁྱབ་ཁོངས་སྟོན་པའི་ཚིག་ལ་བརྟགས་ནས་རྒྱ་མ་ཕུ་འདིད་བྱས་ན་དུས་མཚམས་མི་འདྲ་བའི་
ནང་བོད་ཁུལ་གྱི་ས་གནས་གང་ཞིག་ཏུ་ནང་བསྟན་དར་བའི་ཁྱབ་ཁོངས་ལ་རྒྱུས་ལོན་བྱེད་པར་ཕན་
པར་མ་ཟད། 《སྔོན་གྱི་གཏམ་མེ་ཏོག་ཕྲེང་བ》ཡི་ནང་གསལ་བའི་བོད་བཙན་པོའི་དུས་ཀྱི་གཙུག་ལག་
ཁང་དང་ལྷ་ཁང་བཞེངས་ཚུལ་ཐད་ཀྱི་རྒྱུ་ཆ་ནི་བོད་ཀྱི་ཆོས་ལུགས་དར་རྒྱུད་ཀྱི་ལོ་རྒྱུས་ཞིབ་འཇུག་གི་
དཔྱད་གཞི་གལ་ཆེན་ཞིག་ཏུ་མངོན་པ་སྟེ། སྐབས་དེའི་ས་གནས་ཆོས་ལུགས་ལོ་རྒྱུས་ཞིབ་འཇུག་དང་
དགོན་གནས་ངོས་འཛིན་རྟོག་ཞིབ། བོད་ཀྱི་ས་དཔྱད་རིག་གནས་ཞིབ་འཇུག གྲུབ་མཐའི་དར་རྒྱུད་
ཞིབ་འཇུག་སོགས་ལ་མཁོ་བའི་དཔྱད་ཡིག་མཆོག་ཏུ་གྱུར་པར་ངོས་འཛིན་ཆོག་པས། རྒྱུ་ཆ་འདིའི་རིགས་
ལ་བརྟེན་ནས་སྐབས་དེའི་བོད་ཀྱི་སྤྱི་ཚོགས་འཚོ་བ་དང་རིག་གནས་ལ་ནང་བསྟན་ཆོས་ལུགས་ཀྱིས་ཤན་
ཤུགས་ཅི་འདྲ་ཐེབས་པར་ཡང་ཞིབ་འཇུག་བྱེད་ཐུབ་པར་སྙམ་མོ། །

གསུམ། 《སྔོན་གྱི་གཏམ་མེ་ཏོག་ཕྲེང་བ》བརྩམས་ནས་གྲུབ་པའི་ལོ་ནི1283ལོ་ཡིན་པ་ཆོས་འབྱུང་
དང་ལོ་རྒྱུས་དེབ་ཐེར་མང་པོའི་དགོངས་པ་མཐུན་གཅིག་ཏུ་སྣང་། དུས་རབས་བཅུ་གསུམ་པའི་སྐབས་
ནི་ས་སྐྱ་པའི་སྲིད་དབང་འཕེལ་རྒྱས་ཆེས་ཆེར་སོང་ཞིང་མཐར་བོད་ཀྱི་མངའ་ཁོངས་སྲིད་དབང་དེ་ཡོན་
རྒྱལ་རབས་ཀྱི་གཅིག་གྱུར་དབང་འོག་ཏུ་བསྡུ་བའི་དུས་སྐབས་ཤིག་ཡིན་ལ། ཆོས་ཕྱོགས་ནས་འགྲོ་མགོན་
དང་ཀུན་གཞོན་གཉིས་གཙོ་བྱས་པའི་ནང་བསྟན་རིག་གནས་འཕེལ་རྒྱས་ཀྱི་ཡང་རྩེར་སོན་པའི་སྐབས་
ཤིག་ཡིན། སྐབས་དེ་འདྲ་ཞིག་ལ་གསར་རྩོམ་མཛད་པའི་ཆོས་འབྱུང་འདིར་བོད་བཙན་པོའི་དུས་ཀྱི་
ཆོས་སྲིད་ལོ་རྒྱུས་འབྲི་བཞེངས་ཀྱི་ཞར་ལ་སྐབས་དེའི་སྤྱི་ཚོགས་ཀྱི་སྣང་ཚུལ་དང་དངོས་ཡོད་གནས་ཚུལ་
མཚོན་པའི་རྒྱུ་ཆའང་གཞུང་འདིར་བཞུགས་པ་དཔེར་ན། དུས་ཕྱིས་གང་ཟག་ཐ་ཤལ་ཅན་དང་ཆོས་མིན་
ཆོས་ལོག་དར་ཚུལ་ཞེས་པའི་རབ་བྱེད་དུ་ཡང་བླ་མའི་ཆ་བྱད་ཅན། འཇིག་རྟེན་པའི་ལྷ་རེ་ཙམ་བསྒྲུབས་
ནས། སངས་རྒྱས་ཡིན་གྲུབ་ཐོབ་ཡིན་ཟེར་ཞིང་། ཆོས་དང་འདྲེས་པའི་རྫུན་གྱིས་མི་མང་པོའི་མགོ་བསྐོར་
ཏེ་ཟས་ནོར་སྒྲུབ་པའི་ཟོག་པོ་ཡང་འགའ་རེ་ཡོད[17]སོགས་ལྟ་བུ་རྩོམ་པ་པོས་སྐབས་དེའི་ཆོས་སྲིད་གཉིས་

ཀྱི་ལོ་རྒྱུས་ལ་རྟོག་ཞིབ་སྐོས་རེས་མེད་དྲང་བཞག་གིས་ཆོས་པའི་ཐལ་དྲགས་པའི་མགོ་གཡོག་མགོ་བསྐོར་གྱི་བྱ་སྤྱོད་ཐེར་འདོན་བྱས་པའི་བསམ་བློ་དང་སྙིང་སྟོབས་ལས་རྩོམ་པ་པོའི་མི་གཤིས་དང་དྲང་བདེན་གྱི་རང་གཤིས་རྟོགས་ཐུབ་ལ། དེས་ལོ་རྒྱུས་སྨྲ་བ་ཁོང་ཉིད་ཀྱི་དངོས་ཐོག་བདེན་འཚོལ་གྱི་བསམ་བློའི་ལངས་ཕྱོགས་དང་ལོ་རྒྱུས་སྨྲ་བའི་རང་གཤིས་མཚོན་པས། 《སྔོན་གྱི་གཏམ་མེ་ཏོག་ཕྲེང་བ》ནི་སྐབས་དེའི་བོད་ཀྱི་ཆོས་ལུགས་ལོ་རྒྱུས་དང་སྐབས་དེའི་ཆོས་ལུགས་ཀྱི་འཕེལ་འགྱུར་ཞིབ་འཇུག་གི་ཁ་གསབ་རང་བཞིན་ལྡན་པའི་རྒྱུ་ཆ་ཞིག་ཡིན་ལ། བོད་སིལ་བུའི་སྐབས་ཀྱི་སྤྱི་ཚོགས་འཚོ་བ་དང་། ཆོས་ལུགས་དར་འཕེལ་ལ་རྒྱུས་ལོན་དང་ཞིབ་འཇུག་བྱེད་པར་དོན་སྙིང་གལ་ཆེན་ལྡན།

རྩོམ་པ་པོས་བོད་ཀྱི་རྒྱལ་པོ་ཐོག་མ་གཉའ་ཁྲི་བཙན་པོའི་འབྱུང་ཁུངས་དང་། གཉན་པོ་གསང་བ་ནམ་མཁའ་ལས་བབས་པ་ཡིན་མིན། བསྟན་པ་ཕྱི་དར་སྐབས་དབུས་གཙང་གི་མི་དྲུག་སྐོར་སོགས་རྩོད་སྒྲུབ་རིག་པའི་སྒྲུབ་ཐབས་ཀྱིས་བཤད་ཚུལ་གཅིག་མཐུན་མེད་པའི་ལོ་རྒྱུས་ཐོག་གི་གནས་ཚུལ་འགའ་ཞིག་ལ་གཞན་ལུགས་དགག་པ་དང་། རང་ལུགས་བསྒྲུབས་ནས་ལུང་དང་ལྷ་བ་གསལ་འདོན་གནང་ཡོད་པ་དེར་མཁས་དབང་མཁར་རྨེའུ་བསམ་གཏན་ལགས་ཀྱིས་ཀྱང་འདི་ལྟར་བྲིས་གནང་མཛད་ཡོད་པ་སྟེ། སངས་རྒྱས་ཆོས་ལུགས་ཀྱི་ལོ་རྒྱུས་སྨྲ་བ་འགའ་ཞིག་གིས“གསང་བ་ཆོས་ལུགས”ཞེས་པའི་བརྗོད་ཚུལ་ལ་དགག་པ་བཀོད་ཡོད་པ་དེ་ལ་ཏང་སངས་དགོས་དོན་ཅི་ཡང་མེད་པ་དཔེར་ན། ནེའུ་གྲགས་པ་སྨོན་ལམ་བློ་གྲོས་ལྷ་བུ་རེད[18]ཅེས་པ་ལས་རྩོམ་པ་པོ་ཉིད་ནི་དགག་སྒྲུབ་རིང་ལུགས་ཀྱི་ལོ་རྒྱུས་རྩོམ་འབྲི་གནང་མཁན་གྱི་མཚོན་བྱེད་མི་སྣ་ཞིག་ཡིན་པ་གསལ་རྟོགས་ཐུབ།

སྤྱིར་བོད་རིག་པ་ཞིབ་འཇུག་འཕེལ་རྒྱས་ཀྱི་ཚད་ངེས་ཅན་ཞིག་ཏུ་སླེབས་ཡོད་ཀྱང་། དུས་མཚམས་ཀྱི་ཆ་ནས་བརྟགས་ན་བོད་སིལ་བུའི་སྐབས་ཀྱི་ལོ་རྒྱུས་རིག་གནས་ད་དུང་ཞིབ་འཇུག་འཐུས་ཚང་བྱུང་མེད་པ་དང་། སྐབས་དེའི་མཐའ་ཁོར་མི་རིགས་ཀྱི་འབྲེལ་འདྲིས་དང་ཆོས་ལུགས་རིག་གནས་དར་ཁྱབ། ས་མིང་ལོ་རྒྱུས་སོགས་མང་པོ་ཞིག་ད་དུང་ཡང་ཧད་གཅོད་ཞིབ་འཇུག་བྱེད་མ་ཐུབ་པར་ལུས་ཡོད་པས། ས་གནས་ལོ་རྒྱུས་དང་ཆོས་ལུགས་ལོ་རྒྱུས། ད་དུང་བོད་རིག་པ་ཉམས་ཞིབ་མཁན་ཚོས་ཡུལ་དངོས་རྟོག་ཞིབ་ཀྱི་རྒྱུ་ཆ་དང་། 《སྔོན་གྱི་གཏམ་མེ་ཏོག་ཕྲེང་བ》ཡི་ནང་བཞུགས་པའི་དཔྱད་ཡིག་དང་ངག་རྒྱུན་ཞིབ་བསྡུར་དང་ཉམས་ཞིབ་བྱས་ན། སྐབས་དེའི་ལོ་རྒྱུས་ཞིབ་འཇུག་གི་གཏིང་ཟབ་དང་ཚད་ཟེ་མཐོར་གཏོང་བར་ཕན་པར་མ་ཟད། བོད་ཀྱི་ལོ་རྒྱུས་རིག་གནས་ཞིབ་འཇུག་འཐུས་ཚང་དུ་འགྲོ་བར་ཡང་ཕན་ཐོགས་ཆེ་བར་སྙམ་མོ། །

ལྗོ་བྲག་དགྱེས་པའི་བཞད་སྒྲ།

མཆན།

[1] [4] [8] [9] [10] [11] [16] [17] ནེའུ་པཎྜི་ཏ་གྲགས་པ་སྨོན་ལམ་བློ་གྲོས། 《སྔོན་གྱི་གཏམ་མེ་ཏོག་ཕྲེང་བ།》 བོད་ལྗོངས་བོད་ཡིག་དཔེ་རྙིང་དཔེ་སྐྲུན་ཁང་། 2011ལོར། ཤོག་ངོས53、15、35、5、11、13、24、51པ་བཅས་སུ་གསལ།

[2] ལྷ་ས་དཔལ་བརྩེགས་བོད་ཡིག་དཔེ་རྙིང་ཞིབ་འཇུག་ཁང་གིས་བསྒྲིགས། 《བོད་ཀྱི་ལོ་རྒྱུས་རྣམ་ཐར་ཕྱོགས་བསྒྲིགས་ཀྱི་དཀར་ཆག་བཞུགས་སོ། །》 མཚོ་སྔོན་མི་རིགས་དཔེ་སྐྲུན་ཁང་། 2012ལོར། ཤོག་ངོས87པར་གསལ།

[3] [5] [6] 孙林著：《藏族史学发展史纲要》中国藏学出版社，2006年，第197、199、12页。

[7] [13] མཁས་པ་ལྡེའུས་མཛད། 《ལྡེའུ་ཆོས་འབྱུང་རྒྱས་པ།》 བོད་ལྗོངས་མི་དམངས་དཔེ་སྐྲུན་ཁང་། 1987ལོར། ཤོག་ངོས252、369པར་གསལ།

[12] ཀ་ཐོག་རིག་འཛིན་ཚེ་དབང་ནོར་བུས་བརྩམས། 《བོད་ཀྱི་ལྷ་བཙན་པོའི་གདུང་རབས་ཚིག་ཉུང་དོན་གསལ།》 བོད་ལྗོངས་བོད་ཡིག་དཔེ་རྙིང་དཔེ་སྐྲུན་ཁང་། 2011ལོར། ཤོག་ངོས69པར་གསལ།

[14] [15] 阿贵：藏文史籍《第吴宗教源流》史料价值探析. 西藏大学学报(社会科学报)，2011（2）：108。

[18] མཁར་རྨེའུ་བསམ་གཏན་གྱི་བརྩམས། 《མདའ་དང་འཕང་།》 སྟོད་ཆ། ཀྲུང་གོའི་བོད་རིག་པ་དཔེ་སྐྲུན་ཁང་། 2007ལོར། ཤོག་ངོས6པར་གསལ།

《བོད་ལྗོངས་ཞིབ་འཇུག》 ༢༠༡༣ལོའི་དེབ་གསུམ་པ་ལས་བཏུས།

༄། །ལོ་རྒྱུས་ཡིག་ཚང་རིག་པ་ལས་འཕྲོས་ཏེ《ལྡེའུ་ཆོས་འབྱུང》ལ་ཆེ་ལོང་ཙམ་དཔྱད་པ།

ཀུ་ཏུ་རྡོ་རྗེ།

《ལྡེའུ་ཆོས་འབྱུང》ནི་བོད་ཀྱི་ལོ་རྒྱུས་ཡིག་ཚང་གི་གྲས་སུ་ཙུང་སྔ་ཞིང་། རྩོམ་མཁན་གྱི་མིང་གསལ་པོར་བཀོད་པ་ཏ་ལམ་ཐོག་མའི་གྲས་ཡིན། སྔོན་གྱི་ལོ་རྒྱུས་བསྟན་བཅོས་གཞན་དང་བསྡུར་ན་འབྲི་ཐབས་དང་ནང་དོན་གྱི་ཆ་ནས་ཐུན་མིན་གྱི་ཁྱད་ཆོས་མང་དུ་ལྡན་པས་འདིས་དེང་གི་བོད་ཀྱི་ལོ་རྒྱུས་དང་རིག་གནས་ཞིབ་འཇུག་བྱེད་མཁན་ཚོར་ཟུར་བལྟའི་དཔྱད་གཞི་དཔེ་མེད་ཅིག་བསྐྲུན་པ་རེད། དུས་རབས་སྔོན་མའི་དུས་མཇུག་ཏུ་མཁས་དབང་ཆབ་སྤེལ་ཚེ་བརྟན་ཕུན་ཚོགས་སོགས་མཁས་དབང་དག་གིས་དཀའ་སྤྱད་འབད་བརྩོན་ལ་བརྟེན་ནས་དཔེ་སྙིང་འདི་པར་སྐྲུན་ཐུབ་པ་བྱུང་ཞིང་། དེའི་སྟེང་མཁས་དབང་མཁར་རྨེའུ་བསམ་གཏན་དང་རྒྱའི་བོད་རིག་པ་སྨྲ་བ་སུན་ཞིན་སོགས་ཀྱི་ངོ་སྤྲོད་ལ་བརྟེན་ནས《ལྡེའུ་ཆོས་འབྱུང》ལ་ཞིབ་འཇུག་བྱེད་པའི་སྒོ་མོ་ཕྱེ་ཡོད། འདིར་ཁོ་བོས་མཁས་དབང་རྣམ་པ་དག་གི་ཞིབ་འཇུག་གི་རྨང་གཞིའི་སྟེང་ལོ་རྒྱུས་ཡིག་ཚང་རིག་པའི་ངོས་ནས《ལྡེའུ་ཆོས་འབྱུང》རྩོམ་མཁན་གྱི་འབྲེལ་ཡོད་གནད་དོན་དང་། ལོ་རྒྱུས་ཡིག་ཚང་གི་རིན་ཐང་། རྩོམ་ཐབས་ཀྱི་ཁྱད་ཆོས། པར་གཞི་བཅས་ཀྱི་སྐོར་ལ་དཔྱད་པ་ཕྲན་ཙམ་གཏོང་བར་བྱའོ། །

དང་པོ། 《ལྡེའུ་ཆོས་འབྱུང》རྩོམ་མཁན་དང་འབྲེལ་ཡོད་གནད་དོན་སྐོར།

《ལྡེའུ་ཆོས་འབྱུང》ནི1987ལོར་བོད་ལྗོངས་བོད་ཡིག་དཔེ་སྙིང་དཔེ་སྐྲུན་ཁང་གིས་མཁས་དབང་ཆབ་སྤེལ་ཚེ་བརྟན་ཕུན་ཚོགས་སོགས་གདན་འདྲེན་བགྱིས་ཏེ། བོད་ཁམས་སུ་ཁྱབ་པའི་བྲིས་མའི་དཔེ་སྙིང《ལྡེའུ་ཆོས་འབྱུང》ལ་ཞུས་གཏན་དག་སྒྲིག་བྱས་པའི་རྗེས་སུ་ཚད་ལྡན་གྱིས་པར་དུ་བསྐྲུན་པའི་བོད་ཡིག་གི་དཔེ་སྙིང་ཐོག་མ་དེ་ཡིན། མཁས་དབང་ཆབ་སྤེལ་ཚེ་བརྟན་ཕུན་ཚོགས་ལགས་ཀྱིས་བརྗད་ཞིབ་བྱས་པ་ལྟར་ན། "ལྡེའུ"ཞེས་པའི་མཁས་པ་འདི་ནི་ཕལ་ཆེར་ཕྱི་ལོ་དུས་རབས་བཅུ་གཉིས་པའི་ནང་འཚོ་གཞེས་གནང་བ་ཞིག་ཡིན་ཞིང་། ནང་པའི་ཆོས་ལ་འབད་པ་དོན་གཉེར་བྱས་ཏེ་དགེ་བཤེས་ཀྱི་བསླབ་གནས་བླངས་པས"དགེ་བཤེས་ལྡེའུ"ཞེས་ཀྱང་འབོད་པ་རེད། འོན་ཀྱང་ཁོང་གི་སྐྱེས་ཁུངས་

དང་གསུང་རྩོམ་གཞན་གྱི་སྐོར་གསལ་པོ་ཞིག་བཤད་མེད་པས། མཁས་དབང་ཆབ་སྤེལ་ཚེ་བརྟན་ཕུན་ཚོགས་ལགས་ཀྱིས་ཆོས་འབྱུང་འདིའི་ནང་གི“གང་ཟག་གང་གིས་ཕྱག་བཙལ་ན། སྟོན་བྱུང་རིག་པའི་གནས་ལ་མཁས་པའི་དགེ་བཤེས་ཇོ་འབུམ། ད་ལྟར་མཁས་པ་ཇོ་ནམ། རྗེས་འཇུག་ཏུ་ཕྱི་རབས་གང་ཟག་འདི་ལ་ཉན་བཤད་བྱེད་པ་བཅས་ཀྱིས་སོ”[1]ཞེས་པའི་ཚིག་འདི་ལ་བརྟེན་ནས་ཆོས་འབྱུང་འདི་མཛད་མཁན་དགེ་བཤེས་ལྡེའུ་ནི་དགེ་བཤེས་ཇོ་འབུམ་ཡིན་པར་དཔགས་ཡོད། ཁོང་གིས་འགོས་ལོའི《དེབ་ཐེར་སྔོན་པོའི》ནང་། “དེ་ཡང་མེས་རྟ་སྟོན་དབང་གྲགས་བྱ་བ་ཆོས་དང་ཡོན་ཏན་གཉིས་ཀ་བྱེད་པའི་བུ་ནོར་དབང་གསུམ་འཛོམས་པ། གཡུ་ཏྲ་སྟོད་ཀྱི་བདག་པོ་བྱེད་པ་ཞིག་ལ། བུ་བརྒྱད་བུ་མོ་གཉིས་ཏེ་བཅུ་ཐམ་པ་ཡོད། བུ་བརྒྱད་ཀྱི་ཆུང་ཤོས་རྟ་སྟོན་ཇོ་འབུམ། དེའི་བུ་ཇོ་ཡེས་སོ། །ཇོ་འབུམ་གྱིས་ཆུང་དུས་སུ་གཟད་ཀྱི་གྲུམ་བུ་ལུང་བའི་བླ་མ་མདའ་བྱང་ཆུབ་སེམས་དཔའི་སྤྱན་སྔར། པོ་ཏོ་བའི་བཀའ་གདམས་ཀྱི་ཆོས་རྣམས་གསན། དེ་ནས་རང་ཡུལ་དུ་བཞུགས་ཏེ་འཁོར་འབངས་དང་ཡུལ་གཞིས་ཤིན་ཏུ་འཛོམས་པར་ཡོད་པ་དེ་དག་ལ་སྐྱོ་བ་སྐྱེས། ཞེན་པ་ལོག་ནས་གཡོག་བཞི་ཁྲིད་དེ་ལྷ་རྗེ་སླ་ཉ་ཚལ་བའི་ཐུགས་སྲས་གཉོས་ཆུ་བོ་རི་པའི་སྤྱན་སྔར་ཕྱིན་ཏེ་དཔོན་གཡོག་ལྔས་སྐབས་གཅིག་ཏུ་ཆོས་སྐོར་ཞུགས་ནས། སྔགས་རྙིང་མའི་ཆོས་མང་དུ་གསན། ཁྱད་པར་དུ་རྫོགས་ཆེན་སྐོར་ལུགས་གཞུང་གདམས་ངག་དང་བཅས་པ་ལ་ཤིན་ཏུ་མཁས་པར་གྱུར། བླ་མ་ཕག་མོ་གྲུ་པའི་སྤྱན་སྔར་ཕྱིན་ནས་ལམ་འབྲས་དང་། ཕྱག་རྒྱ་ཆེན་པོའི་གདམས་པ་མ་ལུས་པ་གསན། གཞན་ཡང་དབུ་ཙ་སྟོད་ཀྱི་བླ་མ་འཚར་སྟོན་ལས་ཕྱག་རྒྱ་ཆེན་པོ་སྙང་ལུགས་ཀྱི་དོ་ཏ་སྐོར་གསུམ་ཉན། ཟངས་རི་འབྲོ་རས་ལས་ལོ་རོ་རས་ཆུང་པའི་སྐོར་རྣམས་གསན། བདེ་མཆོག་གི་དབང་བརྒྱ་རྩ་བརྒྱད་ཞུས། དེ་ལྟར་བླ་མ་མང་དུ་བསྟེན་ཀྱང་གཉོས་ཆུ་བོ་རི་པ་དང་། ཕག་མོ་གྲུ་པ་ལ་རྩ་བའི་བླ་མར་འཛིན། གསན་པ་ཐུགས་ཐག་ཆོད་པ་དང་ཆུ་བོ་རི་ལ་བཞུགས་ཏེ་སྒྲུབ་པ་མཛད། གདུལ་བྱའི་ཚོགས་ཀྱང་མང་དུ་བསྡུས་ཏེ། གཞན་དོན་རྒྱ་ཆེར་བསྐྱངས། དེ་ལ་སྲས་རྟ་སྟོན་ཇོ་ཡེས་དང་། དབུས་པ་ཇོ་བསོད་དེ། ཇོ་ཡེས་ཀྱིས་ལོ་བཅུ་གཉིས། ཇོ་བསོད་ཀྱིས་ལོ་བདུན་ལོན་པ་ལ། ཡབ་ཇོ་འབུམ་ལྔ་བཅུ་རྩ་གཅིག་པ་རྟ་ལོ་ཚེ་འཕྲུལ་གྱི་ཆོས་བཅུ་གསུམ་ལ་འདས”[2]ཞེས་པ་གཞིར་བཟུང་ནས། ཇོ་འབུམ་འཁྲུངས་གཤེགས་ཀྱི་ཞིབ་ཆའི་ལོ་དུས་ནི། དེའི་སྲས་རྟ་སྟོན་ཇོ་ཡེའི་འཁྲུངས་ལོ་སྟེ་བོད་རབ་བྱུང་གསུམ་པའི་ཆུ་ལུག་སྤྱི་ལོ1163ལོར་ཡིན་པ[3]ལྟར་ན། ཁོང་དགུང་ལོ་བཅུ་གཉིས་སོན་སྐབས་ཡབ་ཇོ་འབུམ་གཤེགས་པའི་རྟ་ལོ་ནི་བོད་ཤིང་རྟ་སྤྱི་ལོ1175ལོ་ཡིན་པ་དང་། དེ་དུས་ཇོ་འབུམ་དགུང་ལོ་ལྔ་བཅུ་ང་གཅིག་ཏུ་ཕེབས་པས་ཁོང་གི་འཁྲུངས་ལོ་ནི་བོད་རབ་བྱུང་གཉིས་པའི་ཆུ་ཡོས་སྤྱི་ལོ1123ལོའི་ཡས་མས་ཤིག་ཡིན་པར་བཤད་ཅིང་། དགེ་བཤེས་ཇོ་འབུམ་གྱིས་ཆོས་འབྱུང་ལོ་རྒྱུས་འདི་ཉིད་མཛད་པའི་རྗེས་ལ་ཇོ་ནམ་ཞུ་བས་སླར་ཡང་འགྲེལ་སྟོན་མཛད་པ་ཞིག་དང་། མཁས་པ་ཇོ་

ནམ་ཞེས་པ་འདི་ནི་གསང་ཕུ་དགོན་པའི་གདན་ས་མཛད་མཁན་ཞིག་ཡིན་ཞིང་། ཁོང་ནི་དུས་རབས་བཅུ་གཉིས་པའི་སྨད་དང་དུས་རབས་བཅུ་གསུམ་པའི་སྟོད་ཙམ་དུ་འཚོ་བའི་མི་ཞིག་ཡིན་ལ། ཕལ་ཆེར་སྤྱི་ལོ1230ལོར་གཤེགས་པར་བཤད།[4]

མཁས་དབང་ཆབ་སྤེལ་ལགས་ཀྱི་ལྟ་ཚུལ་འདི་ལ་མཁས་པའི་དབང་པོ་མཁར་རྨེའུ་བསམ་གཏན་ལགས་ཀྱིས་མི་འཐད་པའི་ལྟ་ཚུལ་བརྟན་ཡོད་དེ། ཁོང་གིས་ཆོས་འབྱུང་འདི་ནི་ཏག་ཏག《ཆོས་འབྱུང་མཁས་པའི་དགའ་སྟོན》ནང་ཐེངས་མང་དུ་དྲངས་ཡོད་པའི《ལྡེ་སྟོན་ཆོས་འབྱུང》ཞེས་པ་དེ་ཡིན་པར་འདོད་ཅིང་། སྤྱི་ལོ1261ལོར་བརྩམས་ཤིང་ཆོས་འབྱུང་དེའི་རྩོམ་པ་པོ་ནི་སྙིང་མ་པའི་ལོ་རྒྱུས་ལ་མཉེས་པོ་ཡོད་པའི་བཀའ་གདམས་པའི་བཙུན་པ་ཞིག་ཡིན་པར་བཤད།[5] འོན་ཀྱང་། ཉེ་ཆར་གསུང་རྩོམ་འདི་དང་འབྲེལ་བའི་རྩོམ་མཁན་མཁས་པ་ལྡེའུ་ཡི་སྐྱེས་ཁུངས་སྐོར་ལ་ སྟོར་བས་གསལ་ཁ་བཀྲོལ་འདུག་སྟེ། དེ་ནི་ལྡེའུ་ཇོ་སྲས་ཀྱིས་མཛད་པའི《ཆོས་འབྱུང་བསྟན་པའི་རྒྱལ་མཚན》ཞེས་པ་ནང་དོན་གོང་གི《ལྡེའུ་ཆོས་འབྱུང》དང་ཕལ་ཆེར་འདྲ་བའི་ཆོས་འབྱུང་དེབ་ཐེར་གཞན་ཞིག་བྱུང་ཡོད་པས་རེད། བསམ་དགོས་ས་གཞན་ཞིག་ཡོད་པ་ནི“ལྡེའུ”ཞེས་པ་ནི་བཙན་པོའི་སྐབས་ཀྱི་གནའ་བོའི་ཉུས་རྒྱུད་ཅིག་སྟེ། ཁྱིམ་རྒྱུད་དེའི་ནང་དཔོན་པོ་དང་ཐ་ན་བློན་ཆེན་ཡང་བྱུང་སྲོང་བར་མངོན། འདི་ནི་དེང་གི་ལྷོ་ཁ་ས་ཁུལ་གྱི་ལྷོ་བྲག་རྫོང་མོ་ཡ་སྟེ་བའི་ཉེ་སའི་བྲག་བརྐོས་ཡི་གེ་དང་དམེ་ཐང་ལུང་པའི་ཐག་ཉེའི་བྲག་བརྐོས་ཡི་གེའི་སྟེང་སྐབས་དེའི་བཙན་པོས་བྱུས་རྗེས་བླ་མེད་བཞག་པའི་ལྡེའུ་ཁྱིམ་རྒྱུད་ལ་གཟེངས་བསྟོད་དང་། གོ་གནས་ཇེ་མཐོར་བཏང་བ། རྒྱ་ནོར་ལ་འགན་སྲུང་དང་བདག་དམ་ཡག་པོ་བྱེད་པའི་མནའ་ཚིག་སྐོར་བཀོད་ཡོད་པར་མ་ཟད། བཙན་པོའི་གདུང་རབས་ཕྱི་མ་དག་གིས་ཀྱང་ཁྱིམ་རྒྱུད་དེའི་བང་སོ་ལ་སྲུང་སྐྱོང་བྱེད་རྒྱུར་ནན་ཏན་དུ་དམ་བཅས་པའི་སྐོར་ཀྱང་བཀོད་ཡོད་པ་རེད།[6] འདི་ལ་དཔགས་ན་བཙན་པོའི་སྐབས་སུ། དེང་གི་བོད་ལྗོངས་ལྷོ་ཕྱོགས་ཀྱི་ལྷོ་བྲག་ས་ཁུལ་དུ་ལྡེའུ་ཁྱིམ་རྒྱུད་ཀྱི་སྟོབས་ཤུགས་ཆེ་བ་མཆོན་ཞིང་། ཁུངས་སྣེ་འདི་དེད་ནས་འབྱུང་འགྱུར་ཁྱིམ་རྒྱུད་འདི་དང་འབྲེལ་བའི་ཡིག་ཆ་རེ་ལག་སོན་བྱུང་བ་ཡིན་ན། 《ལྡེའུ་ཆོས་འབྱུང》བརྩམས་པའི་ལོ་ཚིགས་དང་རྩོམ་མཁན་སྐོར་གསལ་པོར་ངེས་ཐུབ་པའང་སྲིད་དེ། གང་ལྟར་མཁས་པ་སྔ་མ་དག་གི་ཞིབ་འཇུག་གཞིར་བཟུང་ནས་བཤད་ན། གསུང་རྩོམ་འདི་ནི་སྤྱི་ལོ་དུས་རབས་བཅུ་གཉིས་པའི་ནང་བརྩམས་གྲུབ་བྱུང་ཞིང་མི་སྣར་གྱི་མིང་བཀོད་ཡོད་པའི་ཆོས་འབྱུང་ལོ་རྒྱུས་འགངས་ཆེན་ཞིག་གོ །

གཉིས་པ། 《ལྡེའུ་ཆོས་འབྱུང》གི་ལོ་རྒྱུས་ཡིག་ཚང་རིག་པའི་རིན་ཐང་།

བསྟན་པ་ཕྱི་དར་གྱི་ཆོས་འབྱུང་དེབ་ཐེར་གྱི་གྲས་སུ་ད་ལྟའི་བོད་ཀྱི་ལོ་རྒྱུས་སྨྲ་བ་ཀུན་པོས་གཅིགས་

ཆེན་དུ་འཛིན་པ་ནི《ཆོས་འབྱུང་མཁས་པའི་དགའ་སྟོན》ཡིན། འོན་ཏེ་དོན་དངོས་སུ《ལྡེའུ་ཆོས་འབྱུང》ནི《ཆོས་འབྱུང་མཁས་པའི་དགའ་སྟོན》ལས་ལོ་བརྒྱ་ཕྲག་ལྔག་གི་སྔོན་དུ་བརྩམས་པར་མ་ཟད། 《ཆོས་འབྱུང་མཁས་པའི་དགའ་སྟོན》གྱིས་བོད་བཙན་པོའི་སྐབས་ཀྱི་ལོ་རྒྱུས་སྐོར་ལ་ཟུར་ལྟ་བྱེད་སའི་དཔྱད་གཞི་གཙོ་ཤོས་དེ་རེད་ཅེས་དེང་གི་མཁས་དབང་ཚོས་བཞེད། 《ལྡེའུ་ཆོས་འབྱུང》ནི་སངས་རྒྱས་ཆོས་ཀྱི་བྱུང་བ་གཙོར་བསྟན་ཡོད་ནའང་། བོད་ཀྱི་རྒྱལ་རབས་ལོ་རྒྱུས་སྐོར་ལའང་རྩོམ་མཁན་གྱིས་ཁྱུངས་བཙུན་ཞིང་ཡིད་བརྟན་འཕེར་བའི་སྐབས་དེའི་ཐོག་མའི་རྒྱུ་ཆ་ཇི་སྙེད་ཅིག་བྲངས་ཡོད་དེ། དབང་མཛད་བཅུ་གཉིས་དུས་སྐབས་ཀྱི་ལོ་རྒྱུས་ལྷ་སྨྲུང་ནས་བརྩམས་ཏེ་རྒྱལ་ཕྲན་སིལ་མ་བཅུ་གཉིས་དང་། དེ་ནས་བོད་བཙན་པོའི་རྒྱལ་རབས་ཐོར་ཞིག་བར་གྱི་བཙན་པོའི་བུ་རབས་ཚ་རྒྱུད་དག་གིས་ས་གནས་བཙད་བཟུང་བྱུང་བའི་བར་དུ་ཅུང་འཁྱུས་ཚང་ཡིན་པའི་བོད་ཀྱི་ཆོས་སྲིད་ལུགས་གཉིས་ཀྱི་ལོ་རྒྱུས་ཤིག་བརྩམས་གནང་མཛད་ཡོད་པ་རེད།

1.《ལྡེའུ་ཆོས་འབྱུང》དུ་བཀོད་པའི་བོད་བཙན་པོའི་རྒྱལ་ཁབ་གཅིག་གྱུར་མ་བྱུས་སྔོན་གྱི་རྒྱལ་ཕྲན་སྐོར་གྱི་བཤད་སྟངས་ནི་ཏུན་ཧོང་ལོ་རྒྱུས་ཡིག་ཚང་དང་ཕལ་ཆེར་མཐུན་ཞིང་། དེ་ནི་བོད་ཀྱི་ལོ་རྒྱུས་དང་འབྲེལ་བའི་རྒྱ་རྒྱུན་དང་བོད་ཀྱི་རྒྱལ་ཕྲན་སིལ་མའི་དུས་སྐབས་ལ་ཞིབ་འཇུག་བྱེད་པའི་རྒྱུ་ཆ་གཙོ་བོ་ཞིག་ཡིན་པར་སེམས་ཏེ། དཔེར་ན། ཏུན་ཧོང་ལོ་རྒྱུས་ཡིག་ཚང་སོགས་སུ་བོད་ཀྱི་གདོད་མའི་དུས་སྐབས་དང་འབྲེལ་བའི་ས་མིང་ལོ་རྒྱུས་གཙོ་ཤོས་སྐོར་གླེངས་ཡོད་མོད། བྱེ་བྲག་གི་ནང་དོན་སྐོར་མ་ལག་ཆ་ཚང་ཞིང་གསལ་པོ་ཞིག་བཀོད་མེད། དེ་ལས་ལྡོག་སྟེ《ལྡེའུ་ཆོས་འབྱུང》ལས་དབང་མཛད་བཅུ་གཉིས་དང་རྒྱལ་ཕྲན་སིལ་མ་བཅུ་གཉིས་སོགས་རིམ་པ་ལྟར་དུ་བྱེ་བྲག་གི་མིང་དང་ས་ཁོངས་སོགས་འབྲེལ་ཡོད་ཀྱི་ཆ་འཕྲིན་མང་པོ་ཞིག་སྙེད་ཐུབ་པར་མ་ཟད། རྩོམ་མཁན་གྱིས་བོད་ཀྱི་གདོད་མའི་ལོ་རྒྱུས་འབྲི་དུས། སྐབས་དེར་ད་དུང་བོར་བརླག་བྱུང་མེད་པའི《ཅན་ལྡེ》དང་ཁུ་སྟོན་བརྩོན་འགྲུས་གཡུང་དྲུང་གི《ལོ་རྒྱུས་ཆེན་མོ》སོགས་ཀྱི་ཡིག་ཚང་དག་ལ་ཟུར་བལྟ་བྱས་ཡོད་པས། ཟུར་འདི་ནས་ང་ཚོས་བོད་བཙན་པོའི་སྐབས་ཀྱི་ལོ་རྒྱུས་དང་བོད་ཀྱི་གདོད་མའི་དུས་སྐབས་ཀྱི་སྤྱི་ཚོགས་ལ་དངོས་འཛིན་དང་ཞིབ་འཇུག་བྱེད་པར་སྣ་མོ་ཕྲེ་ཡོད་པ་མཐོང་ཐུབ་ཅིང་། བོད་བཙན་པོའི་རྒྱལ་རབས་སྐབས་ཀྱི་ལོ་རྒྱུས་བྲིས་པའང་ཆེད་དུ་རྒྱལ་རབས་སྐོར་སྤྲོས་པའི《རྒྱལ་རབས་གསལ་བའི་མེ་ལོང》དང་བསྡུར་ནའང་རྩ་ཆེ་ལ། ནང་དོན་ཆ་ཚང་ཞིང་ཁུངས་བཙུན། དེ་བས《ལྡེའུ་ཆོས་འབྱུང》ནི་ཏུན་ཧོང་བོད་ཀྱི་ལོ་རྒྱུས་ཡིག་སྙིང་ལ་ཞིབ་འཇུག་དང་སློག་འགྲེལ་བྱེད་པའི་ཡིག་ཆ་ལེགས་པོ་ཞིག་ཡིན་པར་མ་ཟད། བོད་བཙན་པོའི་རྒྱལ་རབས་སྐབས་ཀྱི་ལོ་རྒྱུས་ཡིག་ཚང་དང་ཟུང་འབྲེལ་སྒྲོས་བོད་ཀྱི་གདོད་མའི་སྤྱི་ཚོགས་ཀྱི་ལོ་རྒྱུས་རིག་གནས་ལ་རྒྱུས་ལོན་དང་ཉམས་ཞིབ་བྱེད་པར་ཕན་ཞིང་། སྒོས་སུ་བོད་ཀྱི་ལོ་རྒྱུས་ཡིག་ཚང་གཞན་དག་གི་ནང་

དོན་འཕྲུས་ཚང་དུ་གཏོང་བར་ཡང་ཤིན་ཏུ་ཕན་ནོ། །

2. བོད་ཀྱི་ལོ་རྒྱུས་ཡིག་ཚང་ཕལ་མོ་ཆེའི་ནང་བོད་བཙན་པོའི་སྐབས་ཀྱི་ཆབ་སྲིད་ལམ་ལུགས་དང་དམག་དོན་ལམ་ལུགས། སྤྱི་ཚོགས་སྒྲིག་གཞི་སྐོར་གསལ་པོར་བཀོད་ཡོད་པ་ཞིག་རྙེད་དཀའ་མོད། 《ལྡེའུ་ཆོས་འབྱུང》དུ་དེའི་སྐོར་བྲིས་པ་ཤིན་ཏུ་མང་སྟེ། དཔེར་ན། བཙན་པོ་སྲོང་བཙན་གྱི་དུས་སུ་བཙུགས་པའི་གཞུང་ལས་ཚན་བཅུ་དང་སྡེ་བཅུ་དང་། ཆེ་བདུན་དང་དཔོན་བདུན། ན་དྲུག་དང་ནེ་དྲུག བླ་ལྔ་དང་ན་ལྔ། བཀའ་བཞི་དང་རྩིས་བཞི་སོགས་དང་། དེ་བཞིན་བཀའ་གྲོས་ཆེན་པོ་དྲུག་དང་། ཁོད་དྲུག ཡིག་ཚང་དྲུག ཕྲུག་རྒྱ་དྲུག་ལ་སོགས་པའི་བྱེ་བྲག་གི་ནང་ཚན་རེ་རེ་ཁོལ་དུ་ཕྱུང་ཡོད་པར་མ་ཟད། རུ་བཞིའི་མཚམས་དབྱེ་སྟངས་སྟེ། "དབུ་རུའི་རུ་མཚམས་ནི། ཤར་འོལ་ཀ་ཤུག་པ་སྤུན་བདུན་ལ་གཏུགས། ནུབ་སྣེ་མོ་གཞུ་ལ་གཏུགས། བྱང་སྲག་གི་སླང་མ་གུར་ཕུབ་ལ་གཏུགས། ལྷོ་དམའ་ལ་ལ་རྒྱུད་ལ་གཏུགས། དབུས་ནི་ལྷ་ས་ར་མོ་ཆེའོ། གཡོ་རུའི་རུ་མཚམས་ནི། ཤར་ཀོང་ཡུལ་བྲེ་སྣ། ནུབ་ཁ་རག་སྤྱི་སྟུད། བྱང་དམའ་ལ་ལ་རྒྱུད། ལྷོ་ཤ་འུག་སྟག་སྒོ། དབུས་ཡར་ལུང་ཁྲ་འབྲུག་གོ། གཡས་རུའི་རུ་མཚམས་ནི། ཤར་ཕྱོགས་སྲག་གི་སླང་མ་གུར་ཕུབ། ནུབ་བྱེ་མ་ལ་དགུ། བྱང་ཇི་ཧྲི་ཚུ་ནག ལྷོ་སྣེ་ནམ་གཡག་པོ་སྣ། དབུས་ཤངས་ཀྱི་ཞོང་ཚལ་ལོ། །རུ་ལག་གི་རུ་མཚམས་ནི། ཤར་ནེ་ན་བཀྲ། ནུབ་ཁེན་མག མིག་བྱང་བྱེ་མ་ལ་སྟོན། ལྷོ་བལ་པོ་སླང་དགུར། དབུས་སྦྲད་ཀྱི་དུར་པ་སྣ་བོ། །སྲུམ་པའི་རུ་མཚམས་ནི། ཤར་གཉེ་ཡུལ་བྲེ་ནག ནུབ་སྤེལ་ཞབས་སྡིང་པོ་ཆེ། བྱང་ནགས་པ་ཤོད་གཟི་འཕྲང་། ལྷོ་ཇི་ཧྲི་ཚུ་ནག དབུས་ནི་རྒྱ་ཤོད་སྟག་པ་ཚལ་ལོ། །"[7]ཞེས་སྲུམ་པའི་རུ་ལག་གི་མཚམས་གསལ་པོར་བསྟན་པ་ཡོད། འདི་འདྲའི་ཞིབ་ཕྲའི་ནང་དོན་དག་གིས་ལོ་རྒྱུས་ཡིག་ཚང་གཞན་གྱི་སྟོང་ཆ་ངེས་ཅན་ཞིག་བསྐངས་ཡོད་པ་བསྟོན་དུ་མེད་པར་མ་ཟད། བོད་བཙན་པོའི་རྒྱལ་རབས་སྐབས་ཀྱི་ཆབ་སྲིད་ལམ་ལུགས་དང་སྲིད་ཁྲིམས། དམག་དོན་དང་སྤྱི་ཚོགས་སྒྲིག་གཞི་སོགས་ལ་ཞིབ་འཇུག་བྱེད་པར་ཤིན་ཏུ་ཕན་ནོ། །

3. བོད་བཙན་པོའི་རྒྱལ་རབས་སྐབས་ཀྱི་ཆོས་ལུགས་ལོ་རྒྱུས་སྐོར་ལ་ཞིབ་འཇུག་བྱས་པའི་འབྲས་བུ་མང་དུ་ཡོད་ནའང་། ནང་ཆོས་བོད་དུ་དར་བའི་སྐབས་དེའི་གནས་ཚུལ་གསལ་པོར་བྲིས་ཡོད་པ་ཤིན་ཏུ་ཉུང་། 《ལྡེའུ་ཆོས་འབྱུང》དུ་བོད་བཙན་པོའི་སྐབས་སུ་བཞེངས་པའི་དགོན་པ་དང་ལྷ་ཁང་སྐོར་གྱི་འབྲེལ་ཡོད་རྒྱུ་ཆ་འཛོམས་པོ་ཞིག་ཡོད་ལ། འདི་ལས་བོད་བཙན་པོའི་རྒྱལ་རབས་སྐབས་སུ་ནང་ཆོས་བོད་དུ་དར་བའི་གནས་ཚུལ་རྟོགས་ཐུབ་པར་མ་ཟད། ནང་ཆོས་བོད་དུ་དར་བའི་ས་ཁོངས་ཁྱབ་རྒྱ་སོགས་ལའང་ངོས་འཛིན་གསལ་པོ་བྱེད་ཐུབ་པ་ཡིན། 《ལྡེའུ་ཆོས་འབྱུང》གི"བོད་ཡུལ་དུ་ཆོས་བྱོན་པའི་ལོ་རྒྱུས"ཀྱི་ས་བཅད་དེའི་ནང་བཀོད་པ་ལྟར་ན། བོད་བཙན་པོའི་རྒྱལ་རབས་སྐབས་སུ་བྱོན་བསྐོམས་དགོན་པ་དང་ལྷ་ཁང108བཞེངས་ཡོད་པ་ལས། དེའི་ནང་བཙན་པོ་ཁྲི་སྲོང་བཙན་གྱིས42བཞེངས་པ་

དང་། ལྷག་མ་རྣམས་ནི་བཙན་པོའི་བུ་རབས་ཚ་རྒྱུད་དང་བཙུན་མོ་དག་གིས་བཞེངས་པར་བཤད། ལོ་རྒྱུས་སུ་བཀོད་པའི་དགོན་པ་དང་ལྷ་ཁང་དཔེར་ན་ལྷ་ལྡན་གཙུག་ལག་ཁང་དང་། ར་མོ་ཆེ། བསམ་ཡས་གཙུག་ལག་ཁང་། ཁྲ་འབྲུག་སོགས་དགོན་པ་དང་ལྷ་ཁང་ཁ་ཤས་ཤིག་དུས་ད་ལྟའང་སྔར་བཞིན་མཇལ་རྒྱུ་ཡོད་མོད། གཞན་མང་ཆེ་ཤོས་ད་ལྟ་མིག་གི་མཐོང་ཡུལ་དུ་མེད་ཅིང་ཡིག་ཚང་མང་ཆེ་ཤོས་སུ་མིང་ཙམ་ཡང་རྙེད་དཀའ་བ་ནི་དཔེར་ན། ལྡེའུ་ཆོས་འབྱུང་དུ་བཙན་པོ་སྲོང་བཙན་གྱིས་བཞེངས་པའི"ཁྲོམ་པ་རྒྱང"དང་། "བུ་ཚུ་ལྷ་ཁང" "མགོ་མཐིང" "ཧེའི་ཀ་བྲག" "སྨྲ་བདུན་རྩེ" "རྒྱ་གོར་ཀྲ་ཚུ་ཐོགས་མེད" "སློང་ཐང་དཔལ་འབྱུང" "ཀེ་རུ་དཔལ་འབྱུང"ལ་སོགས་པའོ། །དགོན་པ་དང་ལྷ་ཁང་འདི་དག་གི་གནའ་ཤུལ་ལ་རྟོག་ཞིབ་དང་ཞིབ་འཇུག་བྱེད་ཐུབ་ཆེ་ན་ཆོས་སྐབས་དེར་བོད་དུ་དར་བའི་ནང་ཆོས་ཀྱི་ཁྱབ་ཁྱབ་རྒྱ་ལ་རྒྱུས་ལོན་བྱེད་ཐུབ་པར་མ་ཟད། ནང་ཆོས་ཀྱིས་སྐབས་དེའི་བོད་ཀྱི་སྤྱི་ཚོགས་ལ་ཤུགས་རྐྱེན་ག་འདྲ་ཞིག་ཐེབས་ཡོད་པའི་སྐོར་ལའང་ངེས་ཤེས་གསར་པ་ཞིག་རྙེད་ཐུབ་པར་བསམ་མོ། །

གཞན་དུ《ལྡེའུ་ཆོས་འབྱུང》དུ་བོད་བཙན་པོའི་རྒྱལ་རབས་སྐབས་ཀྱི་ཆོས་སྲིད་ལོ་རྒྱུས་གསལ་པོར་བཀོད་པ་ལས་གཞན། དུས་རབས་དགུ་པའི་ནང་བོད་བཙན་པོའི་རྒྱལ་རབས་ཐོར་རྗེས་ནང་ཁུལ་དུ་དབང་ཆ་འཐོག་རྩོད་བྱས་པའི་གནས་ཚུལ་དང་། འབངས་གྱེན་ལངས་བྱུང་བའི་གནས་ཚུལ། བསྟན་པ་ཕྱི་དར་འབྱུང་འགོ་ཚུགས་པའི་ལོ་རྒྱུས་དང་། ས་གནས་བཅད་བཟུང་གི་རྣམ་པ། དེ་མིན་ད་དུང་ནང་ཆོས་བོད་དུ་བསྒྱུར་བའི་གནས་ཚུལ་དང་སྐབས་དེར་བྱུང་བའི་ལོ་རྒྱུས་དོན་རྐྱེན་སོགས་གསལ་པོར་བཀོད་ཡོད་པ་རེད། ཡིག་ཚང་འདི་ཉིད་དུས་རབས་བཅུ་གཉིས་པའི་ནང་བརྩམས་པར་ཁས་འཆེས་ཚེ་འདི་ནི་བོད་སིལ་བུའི་སྐབས་ཀྱི་ལོ་རྒྱུས་དང་རིག་གནས་ལ་ཞིབ་འཇུག་བྱེད་པའི་རྒྱུ་ཆ་རྩད་དུ་བྱུང་བ་ཞིག་ཡིན་པ་རེད།

གསུམ་པ། 《ལྡེའུ་ཆོས་འབྱུང》གི་རྩོམ་འབྲིའི་ཐབས་ལེས་སྐོར་གླེང་བ།

བོད་ཀྱི་ལོ་རྒྱུས་ཡིག་ཚང་ཕལ་ཆེ་བའི་ནང་བོད་བཙན་པོའི་རྒྱལ་རབས་སྐབས་ཀྱི་ཆོས་སྲིད་ལོ་རྒྱུས་བཤད་དུས། འདབས་འབྲེལ་མི་རིགས་ཀྱི་ལོ་རྒྱུས་དང་རིག་གནས་གླེང་འོངས་པ་རེད། དེ་ནི་ནང་ཆོས་བོད་དུ་དར་བའི་ལོ་རྒྱུས་རྒྱབ་ལྗོངས་དང་འབྲེལ་བ་ལར་ནས་མེད་པ་ཞིག་མིན་ནའང་། ད་ལྟ་མཐོང་ཆོས་སུ་ཡོད་པའི་ལོ་རྒྱུས་ཡིག་ཚང་གི་རྩོམ་མཁན་མང་ཆེ་ཤོས་ནི་ནང་ཆོས་ལ་སློབ་གཉེར་བྱེད་མཁན་གྱི་གྲྭ་བཙུན་དག་ཡིན་པས། ཁོ་ཚོས་བྲིས་པའི་ལོ་རྒྱུས་བསྟན་བཅོས་ཀྱི་ནང་དུ་ཆོས་ལུགས་བྱུང་འཕེལ་གྱི་ལོ་རྒྱུས་གཙོས་སུ་བཟུང་ཡོད། རྐྱེན་དེའི་དབང་གིས་བོད་ཀྱི་ལོ་རྒྱུས་ཡིག་ཚང་ནང་རང་བཞིན་གྱིས་ཐོག་མར་རྒྱ་གར་ནས་ནང་ཆོས་ཇི་ལྟར་དར་རྒྱས་བྱུང་ཚུལ་དང་། དེ་ནས་ཡུལ་གང་དག་ལ་ཁྱབ་

པའི་རིག་གནས་ཀྱི་ཆུ་རྒྱུན་དེ་རྩོམ་གྱི་སྒྲོམ་གཞི་བྱས་ཏེ་མི་རིགས་མང་པོ་ཞིག་གི་གནས་ཚུལ་བཀོད་ཅིང་། མི་རིགས་གཞན་གྱི་ལོ་རྒྱུས་ཡིག་ཚང་དཔྱད་གཞིར་བྲངས་ཏེ་རང་གི་ལོ་རྒྱུས་རིག་གནས་ཀྱི་དོས་ཧེ་ཆེར་བཏང་ཡོད། དེ་བས《ལྡེའུ་ཆོས་འབྱུང》རྩོམ་པའི་དུས་སྐབས་དེའི་ལོ་རྒྱུས་ཡིག་ཚང་ཕལ་མོ་ཆེ་ཞིག་ལ་གཅིག་མཚུངས་ཀྱི་འབྲི་སྟངས་དེ་ཆགས་ཡོད་པར་མ་ཟད། རྩོམ་འབྲིའི་ཆུ་ཚད་ཀྱང་བཙན་པོའི་རྒྱལ་རབས་དུས་སྐབས་ལས་འཕེལ་རྒྱས་བྱུང་ཡོད་ཅིང་། ལོ་རྒྱུས་སྲྀའི་གཞུང་ཤིང་ལ་དོས་འཛིན་པའི་ནུས་པའང་ཧ་མཐོར་སོང་ཡོད་པར་བསམ།

དོན་གྱི་བྱུང་བ་བརྗོད་སྟངས་ཀྱི་དོས་ནས་བལྟས་ཚེ། བསྟན་པ་ཕྱི་དར་གྱི་དུས་སུ་བརྩམས་པའི་བོད་ཀྱི་ལོ་རྒྱུས་ཡིག་ཚང་ཐམས་ཅད་ནང་ཆོས་དང་འབྲེལ་བའི་ལོ་རྒྱུས་མི་སྣ་སྟེ། སངས་རྒྱས་ཆོས་ལ་སྤྱིན་བདག་བླ་མེད་མཛད་པའི་རྒྱལ་པོ་དང་སྡིག་སྤོང་དགེ་སྦྱུབ་ཀྱི་ལས་ལ་རྩེ་གཅིག་ཏུ་གཞོལ་བའི་དགེ་འདུན་པ་དག་གིས་ཆོས་ཀྱི་འཕྲིན་ལས་རྒྱ་ཆེར་བསྐྱངས་པའི་སྐོར་བྲིས་པ་མང་ཞིང་། དེས་བསྟན་བཙོས་ཀྱི་གྲུབ་ཆ་ངེས་ཅན་ཞིག་ཟིན་ཡོད་པ་རེད། དེ་འདྲའི་སྒྲོལ་རྒྱུན་ལྡན་པའི་ལོ་རྒྱུས་ཡིག་ཚང་གཞན་དག་གི་དོན་གྱི་བྱུང་བ་བརྗོད་སྟངས་དང་བསྡུར་ན། 《ལྡེའུ་ཆོས་འབྱུང》ནི་ཆོས་འབྱུང་ལོ་རྒྱུས་ཤིག་ཡིན་ཙང་ཐུན་མིན་གྱི་ཁྱད་ཆོས་ཡོད་དེ། འདིའི་ནང་མི་སྣ་དང་འབྲེལ་བའི་དོན་ཆེ་ཆུང་ཅི་རིགས་ལ་ཚད་འདས་ཀྱིས་ལྷུག་བརྗོད་བྱས་མེད་པར་མ་ཟད། ལོ་རྒྱུས་མི་སྣ་ཆེ་གེ་མོ་ཞིག་གིས་སངས་རྒྱས་ཀྱི་བསྟན་པ་སྤེལ་བའི་ཐད་ལ་བཞག་པའི་མཛད་རྗེས་ཀྱང་ཆེད་དམིགས་ཀྱིས་ས་བཅད་དུ་བགོས་ཏེ་སྤྲོས་མེད། འདི་ནི་དུས་སྐབས་གཅིག་ཏུ་བྱུང་བའི《མྱང་རལ་ཆོས་འབྱུང》དང་བསྡུར་ཆོག་པར་འདོད་དེ། 《མྱང་རལ་ཆོས་འབྱུང》གི་ནང་དོན་སྤྱི་ཆ་ནས་ཁག་ཆེན་པོ་གསུམ་དུ་དབྱེ་ཚེ། ཁག་དང་པོའི་ནང་ཕྱི་སྣོད་ཀྱི་འཇིག་རྟེན་ངོ་སྤྲོད་དང་། ཁག་གཉིས་པའི་ནང་རྒྱ་གར་གྱི་ནང་ཆོས་བྱུང་འཕེལ་གྱི་ལོ་རྒྱུས་བརྗོད་པ། ཁག་གསུམ་པར་ནང་ཆོས་བོད་དུ་སྤེལ་བའི་གནས་ཚུལ་བརྗོད་ཡོད་དེ། འདིའི་ནང་དུ་ཆོས་རྒྱལ་མེས་དབོན་རྣམ་གསུམ་དང་། སློབ་དཔོན་པདྨ་འབྱུང་གནས། བཻ་རོ་ཙྪ་ན་སོགས་ནང་པའི་ཆོས་བོད་དུ་སྤེལ་བར་མཛད་རྗེས་བླ་མེད་བཞག་པའི་སྐྱེས་བུ་ཆེན་པོ་དག་ལ་དམིགས་བསལ་དུ་ས་བཅད་བགོས་ནས་ཞིབ་བརྗོད་བྱས་ཡོད་པས《ལྡེའུ་ཆོས་འབྱུང》དང་མི་འདྲ་བར་འདུག

དེའི་མཚུངས་སུ《ལྡེའུ་ཆོས་འབྱུང》དུ་བོད་ཀྱི་ནང་ཆོས་བྱུང་འཕེལ་གྱི་ལོ་རྒྱུས་འབྲི་དུས་ཀྱང་། ཆོས་ལུགས་ཀྱི་ལོ་རྒྱུས་མི་སྣ་སོ་སོའི་ཁྱད་མཚར་བའི་ངག་རྒྱུན་འབྲི་རྒྱུར་དེ་འདྲའི་དང་དོད་བྱས་མེད་པར། ལོ་རྒྱུས་ཀྱི་དོན་རྐྱེན་གཙོ་བོ་བརྗོད་རྒྱུ་དེ་དམིགས་སུ་བཟུང་ནས་བོད་བཙན་པོའི་རྒྱལ་རབས་སྐབས་ཀྱི་ཆབ་སྲིད་ཀྱི་སྒྲིག་གཞི་དང་། དམག་དོན་ལམ་ལུགས། མི་སུ་ཞིག་གིས་གནས་གང་ཞིག་ཏུ་ལྷ་ཁང་དང་དགོན་པ་བཏབ་པའི་གནས་ཚུལ་སྐོར་ཕྲ་ཞིབ་ཏུ་བཀོད་ཅིང་། བོད་ཀྱི་ཆོས་འབྱུང་ལོ་རྒྱུས་དང་བོད་ཀྱི་ས་མིང་

ལོ་རྒྱུས་སོགས་ལ་ཞིབ་འཇུག་བྱེད་པར་ཟུར་བལྟའི་དཔྱད་གཞི་གལ་ཆེན་མགོ་སྤྲོད་བྱས་ཡོད།

གཞན་དུ《ལྡེའུ་ཆོས་འབྱུང》ནི་ཕྱིས་སུ་བྱུང་བའི་ལོ་རྒྱུས་ཡིག་ཚང་གཞན་དག་དང་མི་འདྲ་བར། དུས་སྐབས་དེར་སྙེར་གྱིས་བརྩམས་པའི་ཆོས་འབྱུང་དང་ལོ་རྒྱུས་ཁག་ལ་ཟུར་བལྟ་དང་དེ་དག་དཔྱད་གཞིར་དྲངས་ཤིང་། ལོ་རྒྱུས་དེབ་ཐེར་ལ་ཆོས་ལུགས་ཀྱི་བསམ་བློའི་ཤུགས་རྐྱེན་ཐེབས་པ་ཅུང་ཆུང་བར་མ་ཟད། གྲུབ་མཐའི་ཕྱོགས་ལྷུང་དང་རིས་ཆད་ཀྱི་ལྟ་ཚུལ་མེད་པར་གནའ་བོའི་ངག་རྒྱུན་དང་བོན་གྱི་བཤད་སྟངས་རྣམས་དཀྲུས་གཅིག་ཏུ་དྲངས་ཡོད་པས་ལོ་རྒྱུས་སྨྲ་བའི་གཟུར་གནས་ཀྱི་དགོངས་པ་དང་མཐུན། འདིས་བོད་བཙན་པོའི་སྐབས་ཀྱི་ལོ་རྒྱུས་ཡིག་ཚང་གི་རྩོམ་འབྲིའི་ཐབས་ཤེས་དང་ཐུན་མོང་མ་ཡིན་པའི་ཁྱད་ཆོས་སྲུང་འཛིན་བྱས་ཡོད་པར་མ་ཟད། བསྟན་པ་ཕྱི་དར་གྱི་ལོ་རྒྱུས་རིག་པའི་སྒོ་འཕར་ཕྱེ་བའི་ནུས་པ་ཐོན་ཡོད།

《ལྡེའུ་ཆོས་འབྱུང》ནི་མི་སྙེར་གྱིས་བྲིས་པའི་ལོ་རྒྱུས་དེབ་ཐེར་ཞིག་ཡིན་པའི་ངོས་ནས་རྩོམ་ལུས་ཐད་ཡིག་ཚང་གཞན་ནས་དྲངས་པའི་རྒྱུ་ཆ་ལས་ལོགས་སུ་རྩོམ་ཧྲིལ་པོ་ཚིག་ལྷུག་ཏུ་བྱས་ཤིང་། ཚིག་སྦྱོར་བབ་ཆགས་ཤིང་སྒྲིག་གཞི་ཚགས་དམ་པ། གོ་རིམ་ལྡན་ལ་མ་ལག་ཆ་ཚང་ཞིང་ལེའུ་དང་ས་བཅད་ཀྱི་དབྱེ་མཚམས་གསལ་བ་བཅས་ཀྱི་ཐུན་མོང་མ་ཡིན་པའི་ཁྱད་ཆོས་ལྡན་པར་མ་ཟད། ཆོས་འབྱུང་ལོ་རྒྱུས་ཤིག་ཡིན་པའི་ངོས་ནས་རྩོམ་མཁན་གྱིས་ནང་ཆོས་བོད་དུ་དར་བའི་འཕེལ་རིམ་དུས་གསུམ་དུ་ཕྱེ་ནས་གླེངས་ཡོད་པས་ལོ་རྒྱུས་གཞུང་ཤིང་གི་འགངས་འདུ་ཞིང་། བྱེ་བྲག་ཏུ་གྱུར་པའི་དོན་ཞིབ་ཅིང་གསལ་བའི་ཁྱད་ཆོས་ལྡན།

བཞི་པ། 《ལྡེའུ་ཆོས་འབྱུང》དང《ལྡེའུ་ཇོ་སྲས་ཀྱི་ཆོས་འབྱུང》 གཉིས་ཀྱི་པར་གཞི་གཤིབ་བསྡུར།

《ལྡེའུ་ཆོས་འབྱུང》དུ་འབོད་པའི་ལོ་རྒྱུས་ཡིག་ཚང་གཞན་ཞིག་ཡོད་པ་ནི་ལྡེའུ་ཇོ་སྲས་ཀྱིས་མཛད་པའི《ཆོས་འབྱུང་བསྟན་པའི་རྒྱལ་མཚན》ཞེས་པ་དེ་ཡིན་ཞིང་། མཁས་པ་ལྡེའུས་མཛད་པའི《རྒྱ་བོད་ཆོས་འབྱུང་རྒྱས་པ》དང་། ལྡེའུ་ཇོ་སྲས་ཀྱིས་མཛད་པའི《ཆོས་འབྱུང་བསྟན་པའི་རྒྱལ་མཚན》(ཀློག་བདེ་བའི་ཕྱིར་ལྡེའུ་ཇོ་སྲས་ཀྱི་ཆོས་འབྱུང་དུ་སྦྱར)གཉིས་ཀྱི་རྩོམ་མཁན་གྱི་མིང་དུ་ལྡེའུ་ཞེས་པའི་མཚན་ཟུར་ཞིག་འདྲ་མཚུངས་སུ་སྦྱར་ཡོད་ལ། ཡོངས་གྲགས་སུ་གཉིས་ཀར"ལྡེའུ་ཆོས་འབྱུང"དུ་འབོད་པས་པར་གཞི་མི་འདྲ་བ་འདི་གཉིས་ལ་གཤིབ་བསྡུར་བྱེད་པའི་དགོས་པ་ཤིན་ཏུ་ཆེ། སྔ་མ་ནི་དཔེ་རྙིང་བྲིས་མ་ལྷུགས་པར་དུ་བཏབ་པ་ཞིག་ཡིན་ཞིང་། ཕྱི་མ་ནི་རྨུས་པར་ཞིག་ལས་ལག་སོན་བྱུང་མེད།

མཁས་དབང་ཆབ་སྤེལ་ལགས་ཀྱིས"ཆོས་འབྱུང་དེ་གཉིས་ཀྱི་རྩོམ་པ་པོ་ནི་གདུང་རྒྱུད་ཡབ་སྲས་

ཀྱི་འབྲེལ་བ་ཡིན་པ་ཛོ་སྲས་ཞེས་པས་བསྟན་པ་དང་། 《དེབ་སྔོན》དུ་ཏ་སྟོན་ཛོ་འབུམ་དང་། དེའི་བུ་ཛོ་ཡེས་གདུང་རྒྱུད་ཡབ་སྲས་ཀྱི་འབྲེལ་བ་མཚོན་པ་གཞི་མཐུན་ཁར། ལྡེའུ་ཛོ་སྲས་ཀྱི་ཆོས་འབྱུང་དེའི་ནང་དོན་ཡང་མཁས་པ་ལྡེའུའི་ཆོས་འབྱུང་འདི་རང་ལ་གཞི་བཟུང་བ་མང་དུ་སྣང་”[8]ཞེས་གསུངས་ཤིང་། འདི་གཉིས་ལ་རྒྱས་བསྡུས་ཀྱི་ཁྱད་པར་ཙམ་ལས་ལུང་དང་ཚ་ཚིག་སོགས་གཞི་རྩའི་ཆ་ནས་འདྲ་ས་ཤིན་ཏུ་མང་། འོན་ཀྱང་ཞིབ་ཏུ་བསྡུར་བ་རེ་བཏང་ཚེ《ལྡེའུ་ཆོས་འབྱུང》ནི《ལྡེའུ་ཛོ་སྲས་ཆོས་འབྱུང》ལས་ནང་པའི་ཆོས་ཇི་ལྟར་དར་བའི་སྐོར་གྱི་དོན་ཆེན་སྐོར་ཞིབ་ཅིང་རྒྱས་པར་བཀོད་ཡོད་པའི་ནང་། ཆོས་གཞུང་གི་གནད་འགག་མིང་བརྡ་ཇི་སྙེད་ཅིག་གསེད་བཀྲོལ་གནང་འདུག་སྟེ། དཔེར་ན། ལུང་དང་རིགས་པའི་བསྟན་བཅོས་ཀྱི་ཁྱད་པར་དང་། ལུང་དང་རྟོགས་པའི་ཁྱད་པར། བཀའ་དང་བསྟན་བཅོས་ཀྱི་ཁྱད་པར། ཐེག་པ་ཆེ་ཆུང་གི་ཁྱད་པར། མདོ་སྔགས་ཀྱི་ཁྱད་པར། ཕར་ཕྱིན་ཐབས་ཀྱི་ཐེག་པའི་ཁྱད་པར། མཚན་ཉིད་དང་རྡོ་རྗེ་ཐེག་པའི་ཁྱད་པར། རྒྱུ་འབྲས་ཀྱི་ཁྱད་པར། ལམ་གྱི་ཁྱད་པར། དེ་བཞིན་དུ་གསང་སྔགས་གསར་རྙིང་གི་ཁྱད་པར། རྒྱུད་སྡེ་བཞིའི་ཁྱད་པར། ཕ་རྒྱུད་མ་རྒྱུད་ཀྱི་ཁྱད་པར། ལམ་སྒྲུབ་པའི་དུས་ཀྱི་ཁྱད་པར། འབྲས་བུའི་ཁྱད་པར་སོགས་དཔེར་བརྗོད་སྦྲགས་ནས་བརྗོད་ཡོད། དེར་མ་ཟད། མཁས་གྲུབ་གཉིས་ལྡན་གྱི་རྒྱ་གར་མཁས་པ་དག་གིས་མདོ་སྔགས་གཞུང་ལུགས་རིག་ཚན་ཅན་དུ་ཕྱེ་སྟེ། ཚད་མ་དང་། འདུལ་བ། དབུ་མ། གསང་སྔགས། གསོ་རིག མངོན་པ། རྒྱུད་སྡེ་སོགས་ཀྱི་སྐོར་ཡང་བསྟན་ཡོད། བཙན་པོའི་གདུང་རྒྱུད་སྐོར་གླེང་སྐབས《ལྡེའུ་ཆོས་འབྱུང》དུ་ནང་ཆོས་ཀྱི་ཉོག་འཛིང་ཅན་གྱི་ཤོད་སྟོལ་ཕུད། 《ཅན་ལྔ》དང་འབྲེལ་བའི་ནང་དོན་རྣམས་ཀྱང་འབྲེལ་ཆགས་པོས་མཁོ་འདོན་མཛད་ཡོད། འོན་ཀྱང《ལྡེའུ་ཛོ་སྲས་ཀྱི་ཆོས་འབྱུང》དུ《ལྡེའུ་ཆོས་འབྱུང》ནང་གསལ་ཁ་བཀྲོལ་མེད་པའི་གནད་ཁ་ཤས་བཏོན་འདུག་སྟེ། དཔེར་ན་གོང་དུ་གླེང་བའི་ལོ་རྒྱུས་ཡིག་ཚང་འགངས་ཆེན《ཅན་ལྔའི》རྩོམ་མཁན་སྐོར་ལྡེའུ་ཆོས་འབྱུང་དུ་སུ་ཡིན་བཤད་མེད་ཀྱང་། 《ལྡེའུ་ཛོ་སྲས་ཀྱི་ཆོས་འབྱུང》དུ“སྤྱ་ས་བོན་པོའི་བརྩམས་པ་ཡོ་ག་ལྷ་གྱེས་ཅན། ཡབ་ཚན་འབངས་ཀྱིས་བརྩམས་པ་ཐང་མ་འཇུག་དྲལ་ཅན། སྐྱེ་ནམ་གྱིས་བརྩམས་པ་ཐིང་པོ་སྣ་ཚོགས་ཅན། ཞང་བློན་གྱིས་བརྩམས་པ་ལྟབ་མ་དགུ་བརྩེགས་ཅན། རྗེ་ཉིད་ཀྱིས་བརྩམས་པ་གསང་བ་ཕྱུག་རྒྱ་ཅན། ཁུ་སྟོན་བརྩོན་འགྲུས་ཀྱིས་བརྩམས་པ་ལོག་ནོན་ཆེན་པོ་དྲུག་གྲོངས་ནས་བང་སོ་བཏབ་པ་ནི་གསང་པ་ཡང་ཆུང་དང་ཕྱེད་དུ་བཞག་གོ”[9]། ཞེས་གསལ་པོར་བསྟན་ཡོད། གཞན་ཡང་། 《ལྡེའུ་ཆོས་འབྱུང》དུ་རྗེ་གཉའ་ཁྲི་བཙན་པོ་ལྷ་ཡུལ་ནས་བྱོན་སྐབས་ཡུལ་ཉི་ཤུ་རྩ་བདུན་བརྒྱུད་རྗེས་གཞི་ནས་མི་ཡུལ་དུ་ཕེབས་ཚུལ་དེ《ཡོ་ག་ལྷ་གྱེས་ཅན》གཞིར་བཟུང་སྟེ། གཤེགས་རབས་ཉི་ཤུ་རྩ་བདུན་འདྲེན་སྐབས། “དོན་ལ་སྤྱན་དྲངས་གཤེགས་རབས་ཉི་ཤུ་བདུན་སྐད་པ། དེ་ནས་ཕ་བ་ཐག་རིང་རྩེ་དགུ་ལ་དགུ འཚེ་མིས་འཚེ་བཙུགས། དུང་འཕར་པོ་འཕར་ཆུང་གིས་སྒྲ་བསྒྲགས་

ཐུ་འབྲང་ཟངས་ཡག་ལ་ཕྱག་འཇུས། ཐུ་སྐས་རིམ་དགུ་ལ་ཞབས་བརྟན་ནས་ནམ་མཁའ་འཕྲུལ་བ་ཙམ་དུ་གཤེགས་པ་དང་གཅིག”[10]ཅེས་བཀོད་ཡོད་མོད། 《ལྡེའུ་ཇོ་སྲས་ཀྱི་ཆོས་འབྱུང》དུ། “དུང་འཕར་མོ་པ་ཆུང་གིས་སྟོན་དུ་སྒྲ་བསྒྲགས། ལྡེ་སླང་ཏུ་གར་གྱིས་ནི་ཏུས་སྤྲུལ་བདར་མཆེ་མི་གཤེན་གྱི་ཐུ་རྒྱལ་ཚོས་ནི་དབུ་ལ་མཆེ་བཙུགས། གཙོའུ་ཕྱག་མཁར་གྱིས་ནི་ཕྱག་ཏུ་མཁར་བ་གཏད། ཐུ་འབྲིང་ཟང་ཡག་གྱིས་ནི་ཕྱག་འཇུས། ཐུ་སྐས་རིམ་དགུ་ལ་ནི་ཞབས་བཞག”[11]ཅེས《ལྡེའུ་ཆོས་འབྱུང》དུ་གཙོའུ་ཕྱག་མཁར་གྱི་གཡོག་པོ་ཕྱིར་ལོག་བྱས་པའི་ཚིག་དེ་དྲངས་མེད་མོད། 《ལྡེའུ་ཆོས་ཇོ་སྲས་ཀྱི་ཆོས་འབྱུང》དུ་དྲངས་ཡོད་པ་རེད། དེ་བས་གཞི་རྩའི་སྙིང་ཁྱད་པར་ཆེན་པོ་མེད་པའི་ཆོས་འབྱུང་འདི་གཉིས་ཀ་ཡང་ཞིབ་ཏུ་བསྡུར་ཚེ་གཅིག་གི་ནང་མི་གསལ་བའི་བརྗོད་དོན་དག་ཅིག་ཤོས་སུ་གསལ་པོར་བཀོད་འདུག་པ་མང་དུ་ལྡན་པས་ལོ་རྒྱུས་ཡིག་ཚང་རང་མཚན་པའི་ཁྱད་ཆོས་དང་རིན་ཐང་མངོན་ཡོད་པར་སྙམ།

མཇུག་སྡུད་པ།

གོང་དུ་སྨྲོས་པའི《ལྡེའུ་ཆོས་འབྱུང》ནི་བོད་ཀྱི་གནའ་བོའི་ཡིག་ཚང་འགངས་ཆེན་དག་ལ་ཟུར་བལྟ་བྱས་ནས་གྲུབ་པའི་ཆོས་འབྱུང་ལོ་རྒྱུས་ཤིག་ཡིན་པས། ད་ལྟ་མཐོང་ཆོས་སུ་མ་གྱུར་པའི་གནའ་བོའི་ཡིག་ཚང་དག་ལ་མིག་གཡོར་བའི་རིན་ཐང་ལྡན་པར་མ་ཟད། གནའ་རབས་ཀྱི་ལོ་རྒྱུས་ལྷ་སྒྲུང་དང་། བཙན་པོའི་རྒྱལ་རབས་སྐབས་ཀྱི་སྤྱི་ཚོགས་རིག་གནས། སྐབས་དེའི་བོད་ཀྱི་ལོ་རྒྱུས་རིག་པ་སོགས་ཀྱི་སྐོར་ལ་ཞིབ་འཇུག་བྱེད་པར་དཔྱད་གཞིའི་རྒྱུ་ཆ་གལ་ཆེན་མགོ་འདོན་མཛད་འདུག་པ་རེད། ཡིན་ནའང་ཁོ་བོར་ལོ་རྒྱུས་རིག་པ་དང་ལོ་རྒྱུས་ཡིག་ཚང་རིག་པའི་ཤེས་བྱ་དེ་ཙམ་འཛོམས་པོ་མེད་པས་དོན་གྱི་ཟབ་སར་མ་སླེབས་པ་དང་། གནད་བོར་བ། མདོ་མ་ཟིན་པའི་གནད་དོན་བྱུང་ཡོད་ངེས་པས། གཟུར་གནས་ལོ་རྒྱུས་ཤེས་ལྡན་དག་གིས་དགོངས་འཆར་ལྷུག་སྤྲོལ་གནང་རོགས་ཞུ །

མཆན།

[1] [4] [7] [8] [10] མཁས་པ་ལྡེའུ། 《རྒྱ་བོད་ཆོས་འབྱུང་རྒྱས་པ།》 བོད་ལྗོངས་བོད་ཡིག་དཔེ་རྙིང་དཔེ་སྐྲུན་ཁང་། 1987ལོ། ཤོག་ངོས2、5、258、4、223པ་བཅས་སུ་གསལ།

[2] [3] འགོས་ལོ་གཞོན་ནུ་དཔལ། 《དེབ་ཐེར་སྔོན་པོ།》 སི་ཁྲོན་མི་རིགས་དཔེ་སྐྲུན་ཁང་། སྟོད་ཆ། ཤོག་ངོས180-182、186པར་གསལ།

[5] མཁར་རྫེའུ་བསམ་གཏན། 《མདའ་དང་འཕང་།》 ཀྲུང་གོའི་བོད་རིག་པ་དཔེ་སྐྲུན་ཁང་། སྨད་ཆ། 2010ལོ། ཤོག་ངོས94པར་གསལ།

[6] 阿贯《藏文史籍<弟吴宗教源流>的史料价值深析》 [J] 西南民族大学学报，2011（2）。

[9] [11]《ལྡེའུ་ཇོ་སྲས་ཀྱི་ཆོས་འབྱུང་།》 བོད་ལྗོངས་མི་དམངས་དཔེ་སྐྲུན་ཁང་། 1987ལོ། ཤོག་ངོས98-98、101-102བར་གསལ།

《མཚོ་སྔོན་མི་རིགས་སློབ་གྲྭ་ཆེན་མོའི་རིག་གཞུང་དུས་དེབ།》 ༢༠༡༣ལོའི་དེབ་གསུམ་པ་ལས་བཏུས།

༄། །མཐོ་ལྡིང་དགོན་པར་བཞུགས་པའི་རྒྱལ་རབས་བླ་རིགས་མ་ངོས་སྦྱོར་མདོར་བསྡུས།

ཁྲུང་བདག

མཚམས་སྦྱོར་ཙུང་བསྡུས།

རྒྱལ་རབས་རྙིང་མ་ལག་བྲིས་མ་འདི2011ལོ་ཙམ་ལ་བོད་ལྗོངས་མངའ་རིས་ས་ཁུལ་རྩ་མདའ་རྫོང་ནས་རྙེད་ཚོད་པ་ཞིག་སྟེ། ཡིག་གཟུགས་དབུ་ཅན་གྱིས་བྲིས་ཤིང་། ས་མགོ་དང་ཡ་བཏགས་སོགས་བྱ་ཡིག་ཕལ་ཆེར་གུ་གེའི་དུས་ཀྱི་ཡིག་རྙིང་གཞན་དག་གི་ཉམས་དང་ཁྱད་ཆོས་མཚུངས་པ། ལསྐོགས[ལ་སོགས] དང་། རལ་གྱི[གྲི] མྱི[མི] མྱེས[མེས] སྨྱིན[སྨིན] རྩན[བཙན] རྒྱིནད[རྒྱིན]ཅེས་པ་ལྟ་བུ་བརྡ་རྙིང་མང་བ། དཔེ་གཟུགས་མགོ་འཐོམ་ཅན། དབུ་ཞབས་མི་མཚང་བ། ཤོག་ལྷེ་མཐའ་མ་རྩེ་ལྡེའི་ལོ་རྒྱུས་འཕོད་པ་དེ་ནོག་རྙོན་གྱིས་ཤིན་ཏུ་མི་གསལ་བ་དང་། ཤོག་ལྷེ་རེ་ཟུང་བགྲེས་ཟད་ཀྱིས་ཟུར་མི་ཚང་བ་ཕུད། ཤོག་ལྷེ་གཞན་དག་ཡིག་ངོ་ཆོད་བདེ་བར་འདུག བར་དུ་ཤོག་ལྷེ་ཆུང་ངུ་ངོས་གཅིག་ལ་ཡིག་བསྐར་གསུམ་ཡོད་པ་དེ་བརྩིས་པས་ཤོག་གྲངས་ཉི་ཤུ་རྩ་དྲུག ཤོག་ངོས་ལྔ་བཅུ་ང་གཅིག ཤོག་ལྷེ་ཆུང་ངུ་དེ་ཕུད། ཤོག་ལྷེའི་ངོས་གཉིས་ཀར་ཡི་གེ་བྲིས་ཤིང་ཤོག་ངོས་རེར་ཕལ་ཆེར་ཡིག་བསྐར་བདུན་རེ་བྲིས་མོད། མ་དཔེར་ཤོག་གྲངས་མི་འདུག འདིར་ཤོག་ངོས་ཀྱི་ཨང་གྲངས་ཨ་རབ་ཀྱི་ཨང་གི[1]སོགས་དང་། ཡིག་ཕྲེང་བོད་ཡིག་ཨང་གི༧སོགས་ཀྱིས་མཚོན་པར་བྱས་ཡོད་དོ། །ཤོག་ངོས་འགའ་རེར་ཡིག་ངོ་མི་ཆོད་པ་དང་། འབྲུ་གྲངས་མི་གསལ་བ་འགའ་རེ་མཆིས་པ་དེ་དག་གི་ཚབ་ཏུ་ཚེག་བཀྲིགས་དཔེར་ན། ……ལྟ་བུ་སྦྱར་ཡོད། མཇུག་བྱང་མི་ཚང་བས་རྩོམ་པ་པོ་སུ་ཡིན་ངོས་འཛིན་ཐབས་བྲལ། རྒྱལ་རབས་འདིར་འཁོད་པའི་ལོ་རྒྱུས་གཞིར་བཟུང་སྟེ་རྗེས་སུ་དཔག་པ་ན། ལོ་རྒྱུས་མཁན་པོ་དེ་ནི་གུ་གེར་ཡོད་པ་དང་བོད་ཀྱི་རྒྱལ་རབས་ལོ་རྒྱུས་སྤྱི་དང་ཁྱེ་བྲག་མངའ་རིས་ཀྱི་ལོ་རྒྱུས་ལ་ཐུགས་རྒྱུས་ཆེ་ཞིང་། ནང་བསྟན་ལ་དད་ཞེན་ཆེ་ཙམ་ཡོད་པ་ཞིག་དང་། བརྩམས་དུས་ནི་དུས་རབས11པའི་དུས་སྨད་དམ་དེའི་རྗེས་ཙམ་ཡིན་པར་སྣང་སྟེ། གུ་གེའི་རྒྱལ་པོ་རྩེ་ལྡེའི་ལོ་རྒྱུས་འཕོད་པའི་ཕྱིར།

རྒྱལ་རབས་འགྲོ་བཞུགས་འདི་བཞིན། བརྗོད་བྱའི་ཆ་ནས་དང་པོ་བསྐལ་པ་ཡ་ཐོག་བོད་འདིར་

འགྲོ་བ་མི་བྱུང་རབས་དང་། དེ་ནས་གཉའ་ཁྲི་བཙན་པོ་སོགས་བཙན་པོ་རིམ་བྱོན། ཡར་ལུང་བཙན་པོའི་རྒྱལ་རབས་འཛོར་ཞིག་ཏུ་སོང་བ། དེ་ནས་སྐྱིད་ལྡེ་ཉི་མ་མགོན་ནས་གུ་གེ་ཆོས་རྒྱལ་རྩེ་ལྡེ་བཙན་བར་ཏེ། མངའ་རིས་ཆོས་རྒྱལ་རིམ་བྱོན་གྱི་ལོ་རྒྱུས་སོགས་འཁོད། དེའི་ནང་ནས་བཀྲ་ཤིས་མགོན་དང་། ལྷ་བླ་མ་ཡེ་ཤེས་འོད། ལྷ་བླ་མ་བྱང་ཆུབ་འོད། ཞི་བྲང་ཞི་བ་འོད། བླ་ཆེན་པོ་རྩེ་ལྡེ་སོགས་ཀྱི་མཛད་རྣམ། དེ་བཞིན་བཙན་པོ་མཆེད་དབར་དབུ་གས་བྱུང་རབས་སོགས་འཁོད་པ་དེ་དག ལོ་རྒྱུས་སྤྱི་དང་ཆབ་སྲིད། ཆོས་ལུགས། རིག་གནས། སྒྲུ་གར་རོལ་རྩེད་ཀྱི་རྣམ་གྲངས་སོགས་དང་། སྐབས་དེ་དུས་ཀྱི་སྐྱེ་བོ་ཀུན་གྱི་ནར་མའི་འཚོ་བ་སོགས་ཀྱི་ཞིབ་འཇུག་ཐད་སྟོང་ཆ་གསབ་པའམ། དེ་འབྲེལ་གྱི་དཀའ་གནད་དགྲོལ་བར་སྨན་ངེས་སྙམ་པའི་དཔྱད་གཞི་མང་བས་གཅེས་སྤྲས་ཀྱི་འོས་སུ་ཆེའོ། །གནའ་བོའི་རྒྱལ་རབས་ཁུངས་མ《དབའ་བཞེད》དང་། ནེའུ་པཎྜི་ཏ་གྲགས་པ་སྨོན་ལམ་པའི《སྔོན་འབྱུང་གི་གཏམ་མེ་ཏོག་ཕྲེང་བ》དང་། མཁས་པ་ལྡེའུའི《རྒྱ་བོད་ཆོས་འབྱུང་རྒྱས་པ》ལྡེའུ་ཇོ་སྲས་ཀྱི《ཆོས་འབྱུང་བསྟན་པའི་རྒྱལ་མཚན》མཁས་པ་ཉང་གི《ཆོས་འབྱུང་མེ་ཏོག་སྙིང་པོ་སྦྲང་རྩིའི་བཅུད》སོགས་དང་མཐུན་ཚབས་ཆེ་བ་ཞིག་ལགས་ན། འདིའི་ཐད་ལ་ཐུགས་སྣང་ཡོད་པའི་སྐྱེས་བུ་ཀུན་ལ་སྐྱེས་བཟང་གི་ཚུལ་དུ་སྤྱན་ལམ་དུ་བསྟར་བ་ལགས། མཁས་པའི་དབང་པོ་དགྱེས་ཅན་གྲུབ་པའི་ཇོ་རྗེས། ང་ཡིག་མ་གཏོགས་ཡིག་ཤད་དབར། ཚིག་མེད……། ཅེས་པ་ལྟར་སྤྱིར་དབུ་ཅན་ལ་ཡིག་ཤད་དབར་ཚིག་སྦྱོར་སྲོལ་མེད་ཟུང་། མ་ཡིག་ཏུ་གང་བྲིས་པ་ཉིད་ཁུངས་སུ་བྱས་ནས་ང་ཡིག་མིན་ཟུང་ཤད་གོང་དུ་ཚིག་རང་སོར་བཞག དེ་བཞིན་རྒྱལ་རབས་འདིའི་ནང་རྒྱལ[རྒྱ]གར་ལྟ་བུ་དག་ཆ་རེ་ཟུང་ཡོངས་གྲགས་ལྟར་མིན་ཟུང་། སོར་འཇོག་བགྱིས་ཡོད། གཞན་ཡང་བརྡ་རྙིང་རེ་ཟུང་གོ་བ་ཙུང་ལོན་ཁག་པར་མཐོང་ནས་བར་བར་དུ་མཆན་འགྲེལ་ཞུང་བསྡུས་རེ་བཀོད་ཡོད་མོད། འགལ་འཁྲུལ་གང་ཡོད་ཀུན་གྱིས་སློབ་སྟོན་དག་བཅོས་ཡོད་པར་མཁྱེན།

མ་ཡིག་ཞལ་བཤུས།

1.༡ ཅེས་གྲག ཟླ་བའི་རིགས་ནི་རྒྱལ་པོ་སྐྱབ་བསེང[སྐྱ་སེང]གི་བུ་གཞོ[གཞོན]ནུ་

༢ [སྲིད]བསྒྲུབ་དང་། ཀླུང་ལྷ་དང་། འཇིགས་སྡེ་དང་། ཀར་ནྟ་དང་། ཐ་སྐར་དང་། དེ་དག་

༣ གི་བུ་ཚ་བོ་སྲིན་ཚ་བུམ་སྒྲ་འགྲེང་ལསྒོགས[2][ལས་སོགས]པ་དང་། རྒྱལ་པོ་ཡུལ་འཁོར་

༤ སྐྱོང་གི་བུ་ཐུ་བོ་རྒྱལ་པོ་འཐབ་དཀའ་ལསྒོགས[ལས་སོགས]པ་སྤུན་བརྒྱ་བྱུང་སྟེ། དེ་རྣམས་

༥ ཅི་ལྟར་བྱུང་ཞིང་སྟོད[རྗོད]པ་ལསྒོགས[ལས་སོགས]པ་ནི་བ་ར་ཏའི[བྷ་ར་ཏའི]བསྟན་བཅོས་ལས་ཅི་ལྟར་

༦ བྱུང་བ་ལྟར་།[3] དེ་ལ་བསྐོས་པའི་རྒྱལ་པོ་ཡང་བཞིན་

༧ གྲགས་ཏེ། ཤར་ཕྱོགས་སྐར་མ་སྨྱིན[སྨིན]དྲུག་ཤར་བའི་འོག་ན་རྒྱ་གཙུག་ལག་གི་
2.༡ རྒྱལ་པོ་ནི་གབ་ཙེ་སྐོར་སུམ་བརྒྱ་ལ་བརྟགས་ཞིང[ཤིང]སྤྱོད་དེ་གང་བཟང་བ་དེ་རྒྱལ་པོར་
༢ བསྐོའོ།[4]། ལྷོ་ཕྱོགས་སྐར་མ་རི་བྱི་མོ་ཤར་བའི་འོག་ན་རྒྱ་གར་ཆོས་ཀྱི་རྒྱལ་པོ་
༣ ནི།[5] སྨྱི[མི]ཆེ་ཞིང་ཆེ་བར་གྲགས་པ་བཙོ་བརྒྱད་དམ། གླང་པོ་ཆེའི་སྟུས་གསེར་གྱི་
༤ རིལ་བ་བྲིང་ག་རས་དབང་བསྒྱུར་བ་རྒྱལ་པོར་བསྐོའོ། །[6]ནུབ་ཕྱོགས་ཟླ་བ་ཚེས་པའི་
༥ འོག་ན།[7] ཏ་ཟིག་ནོར་གྱི་རྒྱལ་པོ་ནི། རྒྱ་མཚོ་ཆེན་པོ་ནས་ནོར་བུ་རིན་པོ་ཆེ་གང་
༦ (སུས་ལོན?)པ་དེ་རྒྱལ་པོར་བསྐོའོ། །[8]བྱང་ཕྱོགས་སྐར་མ་སྨྱི[སྨི]བདུན་ཤར་བའི་འོག་ན།[9]
༧ ……(ཁྲོམ་གེ)སར་དམག་གི་རྒྱལ་པོ་ནི། ཤེལ་གྱི་ཡ་གད[10]ལ་འཛིག[འཛེག]ནུས་པ་འམ་བལ[བ]
3.༡ གླང་འདོར་བའི་སྟུས་རལ་གྱི[གྲི]གཙོད་ནུས་པ་དེ་རྒྱལ་པོར་བསྐོའོ། དེ་རྣམས་ཀྱི་སྔོནད[སྔོན]
༢ པར་ཡང་། རྒྱ་གཙུག་ལག་གིས་འདུལ་བར་གཟིགས་ནས། འཕགས་པ་འཇམ་དཔལ་
༣ གྱིས་གབ་ཙེ་སྐོར་སུམ་བརྒྱ་སྐོར་གྱིས་བཏུལ། །རྒྱལ[རྒྱ]གར་ཆོས་ཀྱིས་
༤ འདུལ་བར་གཟིགས་ནས། བཅོམ་ལྡན་འདས་ཤག་ཀྱ[ཤཱཀྱ]ཐུབ་པས་སེ་སྟོད་རིན་པོ་
༥ ཆེ་གསུམ་ལ་སྟོགས[སོགས]པས་འདུལ། །ཏ་ཟིག་ནོར་གྱིས་འདུལ་བར་གཟིགས་
༦ ནས་འཕགས་པ་ནོར་སྦྱིན་འཛིནད[འཛིན]གྱིས་ནི་ལི་རྒྱལ་པ་གང་གི་ནོར་བུ་རིན་པོ་ཆེས་
༧ འདུལ།[11] ཁྲོམ་གེ་སར་དམག་གིས་འདུལ་བར་གཟིགས་ནས་ལྷ་མོ།
4.༡ པད་ཙེ་ཀའི[12]བུ་མོ་ལྔ་བརྒྱ་དང་བཅས་པས་བཏུལ་བ་ལགས་པར་གྲག། །
༢ གློ་བུར་དུ་སྤྲུལད[སྤྲུལ]པའི་རྒྱལ་པོ་ཡང་།[13] སྐོལ[14]བོད་ལ་ཕལ་ཆེར་གྲགས་པ་ལྟར་བགྱི་ན།
༣ རྒྱལ་པོ་དེ་ནི……ཕྱོགས་གཞན་ན་ནི། དེ་ལྟར་རིགས་དང་བསྐོས་པའི་རྒྱལ་པོ་མཆིས་
༤ མ[མང]ཡང་། སྨྱི་རྗེ་སྨྱིས[མི་རྗེ་མིས]མཛད་པ་ལགས་པས་ངོ་མཚར་ཆེ་རྒྱུ་མ་མཆིས།
༥ སྐོལ་བོད་ཀྱི་རྒྱལ་པོ་འདི་ནི། སྨྱི[མི]རྗེ་ལྷས་མཛད་དེ། སྤུ་རྒྱལ་བཙན་པོ་ནི་བོད་ཀྱི་རྗེར་
༦ བཞུགས་པའི་ས་བཟང་སྟེ། རྒུང[དགུང]སྔོན་པོའི་སྟེང་ན་བཞུགས། སྐུའི་ལྷ་བཟང་སྟེ།
༧ ཁྲི་བར་ལ་བདུན་ཚིགས།[15] གཤེགས་པའི་ཤུལ་བཟང་སྟེ། གནམ་གྱིས་མཐོངས་
5.༡ ཕྱེ། སྲིན་གྱི་གོ་བསལ་ཏེ།[16] ནམ་མཁའ་ཕྲུམ[འཕྲུལ?]ཙམ་ལས་གཤེགས།[17] རྐྱེན་བཟང་
༢ སྟེ་འཕྲུལ་ཆ་སྣ་དགུ་མངའ། གཤེགས་པའི་གནས་བཟང་སྟེ། ས་རིན་པོ་ཆེ་རྒྱ་མདུད་ཀྱི་
༣ སྟེང་། གནམ་གྱི་དཀྱིལ། སའི་སྟལད[སྟལ]པ། གླིང་བཞིའི་སྙིང་པོ། གངས་རི་འཁྲུད་འཁོར་
༤ གྱི་ར་བ། ཆུ་བོ་ཆེན་པོ་བཞིའི་མགོལ[མགོ]། སྟུང[གཙང]པོ་གཞུང་གསུམ་གྱི་སླད[གླད]། གངས་ཏི་སེ་
༥ ཤེལ་གྱི་མཆོད་རྟེན། མཚོ་མ་པང་གཡུའི་མན་དལ་[མཎྜལ]། རི་མཐོ་ས་གཙང་བའི་གནས་

༦ སུ་།[18] འགྲེང་མྱིའི་[མིའི]རྗེ་། དུད་རྫོག་ཆགས་ཀྱི་རྐྱེན་དུ། ལྷ་ལས་མྱིའི[མིའི]རྗེར་གཤེགས་
6.༡ སོ་།[19] གཙུག་ལག་གི་ཐང་ཁྲིམས[20]ནི་ཆོས་ལུགས་། དགོངས་པ་འཕྲུལ་གྱི་རྣམ[?]
༢ ཆགས་པས་ནི་གསང་གྲོས་གནམ[རྣམ?]གསུམ་གྱིས་ནི་དམིགས་ཕྱེ། སོལ་ཆད་རྣམ་
༣ གཉིས་དང་། བཞེད་རྣམ་ལྷུས་ནི་བོད་ཀྱི་སྲིད་བཙས་། ཡིག་གཙང་སྟེ་དགུ་དང་། དཔའ་
༤ མཆན་སྣ་བརྒྱད་ཀྱིས་ནི་བཀའ་དྲིན་རིམ་པར་གནང་སྟེ་། འཛམ་བུ་གླིང་ན་མངའ་ཆེན་
༥ བཞི་ཡང་སྒྱུ[རྒྱུ?]དང་དཔྱའ[དཔྱ]འབུལ་བར་གྲགས་སོ་། །གནམ་ལས་གྲགས་པ་ནི་བྲག་
༦ སྲིན་དང་སྲེའུ་འཚོས[འཚོས]པའི་བུ་། གནོད་སྦྱིན་འཛེ་ཡ[ཛེ་ཡ]ཞེས་བྱ་བའི་བུ་ལྟོ་པ་པོ་ཞིག་།
༧ ཤ་ཟན[བཟན]གྱི་རྒྱལ་ཁམས་སྲིན་པོ་གདོང་དམར་གྱི་རིགས་། གནོད་སྦྱིན་གདངས་བར་བ་
7.༡ འདུལ་དཀའ་ཞིང་གཙུག་ལག་གི་ཐང་ཁྲིམས་རབ་ཏུ་ཞན་པ་ཞིག་ཏུ་གྲགས་སྐད་།
༢ སྤྱིར་དང་པོའི་དུས་ན་བོད་ཀྱི་རྒྱལ་ཁམས་འདི་གནོད་སྦྱིན་ནག་པོས་དབང་བགྱིས་པས་ཡུལ་
༣ ཁ་རག་སྐོ་དགུར་བཏགས་པ་ལགས་།[21] དེ་ནས་ཀླུས་དབང་བགྱིས་པས་བོད་ཀ་གླིང་རྒུར[དགུར]
༤ བཏགས་། །[22]དེ་ནས་ཙུས་རྒུ[དགུ]མ་སངས[23]ཀྱིས་དབང་བགྱིད་པས་བོད་ཀ་གཡག་དྲུག་ཏུ་
༥ བཏགས་། དེ་ནས་ར་སངས་ཀྱི་བུ་སྐྱེས་དྲུག་གིས་དབང་བགྱིས་པས།
༦ བོད་ཀ་སྟེ་བཅོ་བརྒྱད་དུ་བཏགས་། དེ་ནས་རྒྱལ་སིལ་མ་བཞི་བཅུ་རྩ་དང་།
༧ རྒྱལ་ཁམས་བཅུ་གཉིས་ཀྱིས་དབང་བགྱིས་པས་སོ་ཁ་བརྒྱད་དུ་བཏགས་།
8.༡ དེའི་གཏིང[རྟིང]ལ་སྤུ་རྒྱལ་བཙན་པོས་མངའ་མཛད་པས་། ཡུལ་གྱི་མྱིང[མིང]ཡང་བོད་
༢ ཁམས་གསུམ་ཙུ་བཞིར་བཏགས་ཏེ་། །རྗེ་ཉ་ཁྲི་[གཉའ་ཁྲི]བཙན་པོ་གནམ་གྱི་དགུང་
༣ ཙམ་ནས་སའི་དོག་ལ་མྱིའི[མིའི]རྗེར་གློ་བུར་དུ་གཤེགས་ན་ཡང་། སྤྱོད་པ་ནི་ལྷའི་ལུགས་
༤ སུ་སྲུང་དང་ལྡེབས་། །[24]འགྲུབ་པའི་འབྲས་བུ་ནི་སྲུང་སྣན་ནི་རྗེ་གོང་ན་བཞུགས་པ་སྣན་
༥ གྱིས་གསན་། སྲུང་གཡབ་ནི་འབངས་འོག་ན་མཆིས་པ་སུག་ཏུ་ནོད་པ[25]ལགས་
༦ ཏེ་། དུས་དེ་ཙམ་ན་ཕྱོ་གའི་ཕྱུག་ནི་ཡོ་ཡོ། བུད་མེད་ཕྱུག་ནི་ཏུག་། གོས་
༧ ནི་ཞབ་མ་། ཟས་ནི་སློ་གྲོ་བོན་དང་། རྒྱུ་འཚེམ་བུ་ལས་མ་མཆིས་ཏེ་། ཆོས་
9.༡ ལུགས་རབ་ཏུ་མྱི་བཟང་བས་། ལྷ་སྲས་ཀྱང་མ་གསེར་ཐིག་གི་སྐུ་རིང་ལ་། ཆོས་
༢ ལུགས་དེ་བས་བཟང་བ་ཅིག་མཛད་པར་བཞེད་ནས་སྤྱོད་པ་བྲོ་གླུའི་སྲོལ་བཏོད་དེ་།
༣ སྐོར་གླུ་དང་། གདུང་གླུ་དང་། བགབ་བགབ་དང་། རྟག་ཆོད་ལ་སྟོགས[ལ་སོགས]པ་སྤྱོད་པ་
༤ ནི་སྟེ་[རྩེད]འཛོ་། འགྲུབ་པའི་འབྲས་བུ་ནི་ཕྱོ་ག་དང་བུད་མྱེད་ལས་མ་མཆིས་པ་ཅིག་
༥ གདའ་། དེའི་རྗེས་ལ་རྗེ་དྲི[གྲི]གུམ་བཙན་པོའི་སྐུ་རིང་ལ་། རྒྱ་དང་ཏ་ཟིག་གི་

༦ ས་མཚམས་ནས་མུ་སྟེགས་བྱེ་བྲག་པའི་ལྟ་བ་འཛིནད[འཛིན]པའི་འ་ཞའི་བོན་པོ་ཞིག་བྱུང་

༧ སྟེ། ལམ་ལམ་ནི་འབར། ཐོག་ཐོག་ནི་གསལ་བའི་རྫུ་འཕྲུལ་ཅན་དུ་གསོལ།

10.༡ ·····[སྤྱོད་པ་ནི?]ནི་གྱེར་སྣན་དང་ཇ་ཐབས། གྲུབ་པའི་འབྲས་བུ་ནི་གསོན་ལྷ་ནི་

༢ མཆོད། ཤིན[གཤིན]དྲི་ནི་འདུལ་བའི་བོན་པོ་ནག་པོ་དར་བས་ཆོས་ལུགས་རབ་ཏུ་མྱི[མི]བཟང་

༣ སྟེ།[26] བཅོམ་ལྡན་འདས་ཤག་ཀྱ[ཤཱཀྱ]ཐུབ་པ་རྡོ་རྗེའི་གདན་དུ་མངོན་པར་རྫོགས་པར་

༤ སངས་རྒྱས་ནས། དམ་པའི་ཆོས་དརད[དར]ཅིང་རྒྱས་པར་མཛད་ན་ཡང་། སྐོལ་

༥ བོད་ཀྱི་རྒྱལ་ཁམས་མུན་རུབ་དང་འདྲ་བ་ལས་འདོད་གི[གདོད་ཀྱི?]དང་པོར་ལྷ་མཐོ་དོ་རེ[ཐོ་ཐོ་རི]

༦ སྙ་བརྩན[སྙན་བཙན]གྱི་སྐུ་རིང་ལ་དམ་པའི་ཆོས་ཀྱི་མགོ་བརྙེས་སྟེ། མུ་དྲེ་[མུ་དྲ]ཕྱག་རྒྱ་ཙམ་

༧ དང་། པང་གོང་ཕྱག་རྒྱ་པ་རྒྱ་ནག་གི་ཡི་གེར་བྲིས་པ་ཅིག་བརྙེས་ནས་ཡང་མཆོད་

11.༡ གནས་བརྟན་མར་ནི་མ་དགོངས། སྡུག་ཅིང་སྲ[སྲུ]བར་གཟིགས་ནས[27]ཡང་གསེར་ཞག་

༢ དང་གཡུ་སྐྱེམས་ཀྱིས་མཆོད་ནས། སྐུ་ཚེ་ཡང་དེ་ལས་རིང་། ཆབ་སྲིད་ཀྱང་དེ་ནས་

༣ ཟིནད[ཟིན]ཏེ། འདད[28]ཀྱང་ལྟས་བསྟངས་པ[བཏང་བར]གྲག།། །།སྣད་ན་མྱེས[མེས]སྲོང་
རྩན[བཙན]སྣམ་པོ

༤ འི་སྐུ་རིང་ལ། །དམ་པའི་ཆོས་ཀྱི་སྲོལ་བཏོད་དེ། ར་ས་འཕྲུལ་སྣང་གཙུག་ལག་

༥ ཁང་བཞེངས་སུ་གསོལ། མདོ་སྡེ་དཀོན་ཅོག་སྤྲིན་མཆོད་གནས་སུ་མཛད། ལྷ་ཤག

༦ ཀྱ[ཤཱཀྱ]མུ་ནེ་སྤྱན་དྲངས། མཐོན་མྱེན[ཐོན་མི]སམ་པོ་[ཊོ]རེ་[ཏ][29]དང་རྗེ་འབངས་ཀྱིས་ཡི་
གེའི་དཔེས་གྲུབ

༧ བཅོ······འཕྲུལ་གྱི་ཡི་གེའི་ཁུངས་བཏོན། སྤྱོད་པའི་བདག་ཉིད་ནི་མྱི[མི]ཆོས་

12.༡ དགེ་བ་བཅུ་ལས་དོན་གྱི་དཔེའ་བླངས་ཏེ། སྲོག་གཅོད་ཀྱིས་དོགས་ནས་སྟོང་། མ་

༢ མ་བྱིན་པར་ལེན་གྱིས་དོགས་ནས་གྲིབ། འདོད་པས་ལོག་པར་གཡེམ་གྱི་དོགས་

༣ ནས་ཆལ། བརྫན[བརྫུན]སྨྲས་ཀྱིས་དོགས་ནས་ནི་ལྷ་ཀླུ་གཉན་པོ་རྣམས་དཔང་དུ་བཙུགས་

༤ ཏེ་མནའ་མྱི[མི]ཟ་བ་ལ་སྩོགས[སོགས]པའི་ཆོས་དང་སྲིད་དུ་མཐུན་པའི་བཀའ་ཁྲིམས་ཆེན་པོ་

༥ མཛད་དེ། དཀོན་མཆོག་གསུམ་འཇིག་རྟེན་ལ་བསྟགས་ཤིང་བསྟོད་དེ་དབུའི་གཙུག་ཏུ་

༦ བཀུར། དེའི་རྐྱེན་གྱིས་དགེ་བ་མྱི[མི]བགྱིད་ན་འོར་བ་ལྟས་མཛད་དེ། གདུང་རྒྱུད་རིམ་

༧ པར་བྱུང་བའི་ནང་ནས་སྐུ་ཚེ་མཐར་ཕྱིནད[ཕྱིན]ཅིང་རྒྱུང[དགུང]ལོ་བརྒྱད་བཅུ་རྩ་གཅིག་ནས་
རྒྱུང[དགུང]

13.༡ དུ་གཤེགས་ཏེ་དེའི་བར་དུ་ཆབ་སྲིད་ནི་མཐོ། དབུ་རྔོག་ནི་བཙན། དགོངས་དགུ[རྒྱུ]ནི་

༢ གྲུབ་སྟེ་། དེ་མན་ཆོད་སྐུའི་བསོད་ནམས་ཀྱི་རྐྱེན་ད[རྐྱེན]དང་མཐུན་པ་ཁྲུ་ལྷ་བོ་འགོ[བྲུ་མགོ]དཀར་ལ་

༣ སྐྱོགས[ལས་སོགས]པ་འཛངས་མི་བདུན་དང་། འགོས་གཡག་བྲག་ལསྐྱོགས[ལས་སོགས]པ་ཆེ་མྱི[མི]

༤ དྲུག་བྱུང་སྟེ། ཇོག་རིང་ལ་ནག་པོས་བལ་ཡུལ་ནས་སྣང་པོ་ཆེ[ཆེའི]ཕྲུག[ཕྲུ]གུ་ཁྲུར་

༥ དུ་ཐེག་། །ཇེགས་སྤྱིང་གམ་གྱིས་གཡག་འཁྲུས་[ཁྲུས]གཅིག་པ་ཐེག་། དཔའ་རྒོད་

༦ མདའ་བརྩན[བཙན]གྱིས་སེང་གེ་ཅི[སྤྱི]ཏོ་ནས་བཟུང་། འགོང་གཡས་ཙུང་བརྩན[བཙན]གྱིས་

༧ ཤ་བའི་སྣད[རྣུད]ཕྱུ་བྱེ་མས་བཀང་བ་སྣད[རྣད]པ་སྐོར་ནུས་། ཅོག་ཁྲོ་འཁྱོང་ཁོང་ཐེལ་

༨ བརྒྱད་ཀྱིས་འཁྱོང་ཐུར་དུ་དཀྲུས་པ་བཟུང་ནས་འཐེན་ནུས་། གནོན་རྒྱལ་མཚན་

14.༡ སྣང་གྲགས་ཀྱིས་མདའ་སྟེ་ཁ་མས་བྱེ[བྱ]ཁྲ་ཤེད་དུ་བཅད་ནས་ཆེ་ཆུང་མྱེད[མེད]པར་བྱུང་

༢ བ་དང་། གནོན་ཁྲི་འདུས་ཡུལ་བྱིན་གྱིས་རྟ་རྒོད་གཡང་ལ་ལྷུང་བ་སླར་ཡར་ཐེན་

༣ ནུས་པ་ལསྐྱོགས[ལས་སོགས]པའི་རྩལ་པོ་ཆེ་ཀུན་དེར་བྱུང་བ་དང་། འཛངས་མྱི[མཛངས་མི]བདུན་ལ་གཅིག་

༤ ཏུ་འཛངས[མཛངས]པ་ནི་འགྲེང་གི་བུ་རུ་ལས་སྐྱེས་ཡིན་ཏེ་། དེས་འཛངས[མཛངས]ཀྱི་ལས་ཅི་བྱུང་

༥ ན། རྗེ་ལས་སོལ་བས་བཞུས་ནས་ཟངས་ལྕགས་གསེར་རྔུལ[དངུལ]བྱས་། །ཤིང་ལ་

༦ བུ་ག་ཕུག་ནས་བཤོལ་དང་གཉ[གཉའ]ཤིང་བྱས་། །མཐུན་ཉིས་ཟུང་དུ་བསྦེབས་ནས་

༧ རྩང[གཙང]མཐའ་ཞིང་དུ་རྨོས་། དང་པོ་དེ་ལྟར་བྱེད་པའི་ཕྱུ་མཁན་ནི་། འགྲེང་གི་བུ་པོ་

15.༡ རུ་ལས་སྐྱེས་། །དེའི་གོང་ན་བོད་ལ་ལོ་ཐོག་མྱེད་[མེད]། །གཉིས་སུ་འཛངས[མཛངས]པ་

༢ ནི་། ཁྲུ་ལྷ་བོ[བྲུ]མགོ་གར[དཀར]ཡིན་ཏེ་། དེས་ལས་ཅི་བྱས་ན། ཞིང་གི་དོར་དང་འབྲོག་

༣ གི་ཐུལ་དུ་བསྦེབས་། ཕུ་ཆུ་ཐུམ་པོ་བཏུམས་ནས་མཚན་ཆུ་ཉིན་ཆུར་

༤ དྲངས་། །མཚོ་ལ་གཏར་ཁ་གཏར་ནས་ཡུར་བ་དཀྲུས་སུ་བསྲང་། །[30]དང་པོ་

༥ དེ་ལྟར་བྱེད་པའི་ཕྱུ་མཁན་ནི་། །ཁྲུ་ལྷ་བོ[བྲུ]མགོ་གར[དཀར]ཆེ་བ་ཁྲུའི་བུ་། །དེའི་གོང་དུ་

༦ ཆུལ་ལ་བདལ་མ་རྒྱོ། །གསུམ་དུ་འཛངས[མཛངས]པ་ནི། མཐོན་མྱིན[ཐོན་མི]སམ་པོ[བྷོ]

༧ རེ[ཊ]། །དེས་ལས་ཅི་བྱས་ཤེ་ན་། ག་ག་གི་གི་གུ་གུ་ཞབས་བསྐྱེད་བཅས་། །

16.༡ ད་ར་དེ་རི་རྩང[གཙང]གི་ཡིག་མ་དོན་། །ཤད་ཀྱིས་བཅད་ནས་ཚེག་གིས་སྦྲ་

༢ བར་བྱེད། །དང་པོ་དེ་ལྟར་བྱེད་པའི་ཕྱུ་མཁན་ནི་། །ག་ག་གི་གི་མཐོན་མྱིན[ཐོན་མི]

༣ སམ་པོ[བྷོ]རེ[ཊ]། །དེའི་གོང་ན་བོད་ལ་ཡིག་རྩིས་མྱེད་[མེད]། །[31]བཞི་རུ་འཛངས[མཛངས]པ་

༤ ནི་རྗེགས་ཁྲི་བཟང་ཡང་ལ་སྟོན་ཡིན། དེས་ལས་ཅི་བྱས་ན། རི་ཁྲིམ་སླུང[ཀླུང]
༥ དུ་བསླུགས[ཕབ]པ་སྲོ་མཐོན་མཁར་དུ་བརྩིགས། །སྤྱང་མཐའ་ཞིང་དུ་རྫོས་
༦ ནས་སྤྲེ[སྤྲ]མཐར་ཁྲིམ་དུ་བརྩིགས། །དང་པོ་དེ་ལྟར་བྱེད་པའི་ཕྱྭ་མཁན་ནི། །
༧ ཁྲི་བཟང་ཡང་སྟོན་ཡར་ལུངས་རྗེགས་ཀྱི་བུ། དེའི་གོང་དུ་མྱི[མི]ཁྲིམ་རི་ལ་འདུག།
17.༡ ལྡེ་རུ་འཇངས[མཇངས]པ་ནི། ཁྲི་བཟང་ཡ་བླག[ཡབ་ལྷག]ཆེན་པོ་འགོས་ཀྱི་བུ། དེས་ལས་ཅི་
༢ བྱས་ན། །ཕྱོགས་བཞི་སྐུ་སྲུངས་སྐུའི་རིམ་འགྲོ[གྲོ]མཇད། །རྐོད་ཀྱི་སྟོང་སྡེ་
༣ བཞི་བཅུ་རྩ་ཉིས[གཉིས]སོ་ཁའི་དགྲ་ལ་རྐོལ། །མྱི[མི]ལ་སྟོང་ཐང་བཅད་པས་ཕྱི་
༤ རབས་བློན་པོ་ཐུགས་ཁྲལ་ཆུང་། །དང་པོ་དེ་ལྟར་བྱེད་པའི་ཕྱྭ་མཁན་ནི། །ཁྲི་
༥ བཟང་ཡ་བླག་ཆེན་པོ་འགོས་ཀྱི་བུ། །དེའི་གོང་ན་ཏུས་དང་སྟོང་སྡེ་མྱེད་[མེད]། །དྲུག་
༦ ཏུ་འཇངས[མཇངས]པ་ནི། མོང་ཁྲི་དོ་རེ་སྣང་ཚབ། དེས་ལས་ཅི་བྱས་ན། བྲེ་དང་སྲང་གིས་འདུ་
གོད་
༧ རྩིས་སུ་གསལ། །ཞུལ་དང་ཁྲོར་གྱིས་ཟུ་མ་ཟུངས་སུ་བཟུང་། དགའ་ཉིས་ཚོང་
18.༡ བྱེད་མཐུན་ཉིས་ལོངས་སྤྱོད་པ། །དང་པོ་དེ་ལྟར་བྱེད་པའི་ཕྱྭ་མཁན་ནི། །ཁྲི་དོ་
༢ རེ་སྣང་ཚབ་ཡ་འདྲས་མོང་གི་བུ། །དེའི་གོང་ན་བོད་ལ་བྲེ་སྲང་མྱེད[མེད]། །བདུན་དུ་
༣ འཇངས[མཇངས]པ་ནི་སྟག་བཙན་ལྡོང་གཟིགས། དེས་ལས་ཅི་བྱས་ན། མཛོ་མོ་
༤ སྟག་མོ་བེའུ་ལུག་གར་བདེར་འཚོ། །བ་རེ་གླང་རེ་གནག་རེ་ཁྲིམས་སུ་གསལ་
༥ རྩྭ་ལ་ཆུན་པོར་གཅུས་ནས་དབྱར་རྩི[རྩྭ]རྒུན[དགུན]དུ་འཚལ། །དང་པོ་དེ་ལྟར་བྱེད་པའི་
༦ ཕྱྭ་མཁན་ནི། །སྟག་བཙན་ལྡོང་གཟིགས་ཆེན་པོ་སྣེར་གྱི་བུ། །[32]དེའི་གོང་
19.༡ དུ་ཕྱུགས་ལ་རེས་ཁྲིམས་མྱེད[མེད]། །འཕྲུལ་ཆེན་པོ་དེ་རྣམས་ཀྱང་མེས་དབོན་
༢ གྱི་དམ་པའི་ཆོས་མཛད་པའི་བྱིན་རླབས་ཀྱི་རྐྱེན་དུ་བྱུང་བ་ཡིན་ནོ། །*དེའི་རྐྱེན་གྱིས་གདུང་རབས་སུ་མངའ་མཛད་རིམ་པར་བཞུགས་པ་རྣམས་ཀྱི་སྐུ་ཚེ་འདི་དང་ཕྱི་མར་འབྲས་བུ་སྨིན་ཅིང་གྲུབ་པ་ལས་བར་དུ་ཐོན་པོ་རབ་ཤིག་བདམ་[བདམས]ནས་ནོངས་པས་དམ་པའི་ལྷ་ཆོས་ཙུང་ཞིབ་བསྣུབས[བསྣུབས?བཏབས?]ཀྱང*། ཆད་བཙུད།
༣ མེས་ཁྲི་སྲོང་ལྡེ་བཙན[བཙན]གྱི་སྐུ་རིང་ལ། དམ་པའི་ཆོས་ཀྱི་གཞུང་དརད[དར]པར་
༤ མཛད་དེ། དཔལ་བསམ་གཡས[ཡས]ལྷུནད་ཀྱིས[ལྷུན་གྱིས]གྲུབ་པའི་གཙུག་ལག་ཁང་དང་
༥ ཀླ་འཚལ་[ཀ་ཚལ]དང་། ཁྲ་འབྲུག་དང་། རྒྱང་དང་། བྱམས་སྤྲིན་དང་། མཐའ་ཁ་ཅེའི་
༦ གཙུག་ལག་ཁང་བདུད་རྩི་འབྱུང་གནས་ལ་སྩོགས་[སོགས]པ་བརྒྱ་རྩ་བརྒྱད་བཞེངས་

༧ སུ་གསོལ་ཏེ། རྟའི་ལོ་ལ་ཉིན་ཅིག་ལ་ཞལ་སློས་[བསློས][33]མཛད། །རྒྱ་གར་

20.༡ གྱི་མཁན་པོ་པད་མ་སམ་བྷ་བ་དང༌། བོ་དེ་སད་ཏྭ་ལསྒོགས[བོ་དྷི་སཏྭ་ལ་སོགས]པ་དང༌། ཟ་ཧོར[ཧོར]གྱི་

༢ མཁན་པོ་གཉ་ན་ཤན་ཏི[34]དང༌། རྒྱའི་མཁན་པོ་མ་ཏ[ཏྣ]ཡ་ན་ལ་སྒོགས[སོགས]པ་མཁས་

༤ བཙུན་མང་པོ་སྤྱན་དྲངས། །སྒྲ་བསྒྱུར་གྱི་ལོ་ཙ[ཙྪ]བ་སྣ་ནམ་ཡེ་ཤེས་སྡེ[35]དང་

༥ དགའ་[སྐ]བ་དཔལ་རྩེགས་དང༌། ཅོ་[ཅོག]རོ་ཀླུའི་རྒྱལ་མཚན་ལ་སྒོགས་[སོགས]པས་བཀའ་

༦ དང་བསྟན་བཅོས་ཀྱི་སྡེ་སྣོད་མང་དུ་བསྒྱུར་ཞིང་བཞེངས། །དགེ་འདུན་དཀོན་

༧ མཆོག་ཀྱང་མཉན་བར་[གཉན་པར]མཛད་དེ། འབངས་རྣམས་ལས་ཀྱང་ཞབས་ཀྱི་རྗེའུ་

༨ ལས་དབུའི་མཆོད་གནས་སུ་མཛད་དེ། སྤྱི་བོའི་གཙུག་ཏུ་བཀུར། འབངས་སྣ་

21.༡ སྣ་ལ་གཏོགས་པའི་བློན་པོ་དད་པ་དང་ལྡན་པ་རྣམས་ལས་ཀྱང༌། བློན་ཆེན་

༢ པོ་འགོས་ཁྲི་བཟང་ཡ་བླག་ཆོས་དང་སྲིད་ཆེ་བའི་མོལ་བའི་ཕོག་ཕུབ། །

༣ སྣད་མ་ཞང་རྒྱལ་མཚན་ལྷ་སྣང༌། ཤུད་པུ་རྒྱལ་ཏོ་རེ་ང་མྱི་[མི]།[36] ངམ་ལན[ངན་ལམ]

༤ སྟག་ར་ཀླུ[སྒྲ་ཀླུ]གོང་།[37] ཆིམས[མཆིམས]མདོ་བཞེར་[གཞེར]ཕྲིའུ་ཆུང་གིས་མཆོད་རྟེན་ཆེན་

༥ པོ་བཞི་བཞེངས་པ་ལ་སྒོགས[སོགས]པ་འབངས་ལས་ཀྱང་དགེ་བ་སྤྱོད་པ་མང་

༦ དུ་བྱུང་སྟེ། དམ་པའི་ཆོས་ནམ་དུ་ཡང་མྱི[མི]གཏང་བར་རྗེ་འབངས་ཡོངས་

༧ ཀྱིས་དབུ་སྙུང་ཐྲོ་རྟོག་བཞེས་ཏེ། བསྟནད[བསྟན]པ་དརད་པར[དར་བར]མཛད་པ་ལགས།

22.༡ དེའི་སྲས་མཆེད་གསུམ་ལས། ལྷ་སྲས་མུ་ནི་བཙན་པོའི་ཞ[ཞལ]སྔ་ནས[38]

༢ ཐུགས་ཤིན་ཏུ་དཀར་བར་གྲགས་ཤིང་བོད་འབངས་བདེ་སྐྱིད་དེ་དམ་པའི་ཆོས་དརད[དར]

༣ པར་མཛད་པར་གསོལ་བ་ལས་ཟླ་བ་བཅུ་དགུ་ཆབ་སྲིད་ཕྱག་ཏུ་བཞེས་པ་ན།

༤ ཡུམ་གྱིས་བཀྲོངསྟེ་སྐུ་ཆེ་ཐུངས། གཙུང་ཁྲི་ལྡེ་གཙུག་བརྩན[བཙན]

༥ གྱིས་སྐུ་རིང་ལ་ཆབ་སྲིད་དང་དམ་སོ་ཟྲིནད[ཟྲིན]པར་མཛད། །དེའི་སྲས་མཆེད་གསུམ་

༦ ལས། ཁྲི་གཙུག་ལྡེ་རལ་པ་ཅན་གྱི་སྐུ་རིང་ལ། །སྐར་ཆུང་གི་གཙུག་ལག་

༧ ཁང་བཞེངས་ནས། གདན་མ་ལྷུང་འཚལ་དུ་ཀུན་རིག་རྩ་བའི་དཀྱིལ་འཁོར་བཞེངས་

22(a)༡ ཏེ་དཀོན་མཆོག་གསུམ་དབུ་འཕང་ཤིན་ཏུ་བསྟོད་དེ་འཇིག་རྟེན་

༢ ལ་དགེ་འདུན་དཀོན་མཆོག་བསྟགས་ཤིང་བཀུར་ཏེ་ཁྱད་པར་བཙུས་

༣ བསྟོད་པའི་མདོའ་བླ་སྐོ་དང་པོ་དཀོན་མཆོག་བསྟོད་པའི་ཡན་ལག[?]

23.༡ ཡན་ལག་ཏུ། རྒྱ་གར་གྱི་མཁན་པོ་པད་མ་སམ་བྷ་བྷ་[པདྨ་སམ་བྷ་བ]དང༌། བོ་དེ་སད་ཏྭ་[བོ་དྷི་

ས་ཏྲ]ནི་

༢ བཞུགས་གདན་དང་པོ་ལ་ནི་རྗེའི་གོང་ན་བཞུགས། བཙོམ་ལྡན་འདས་ཀྱི་རིང་

༣ ལུགས་པ་ནི་རྗེའི་གཡས་གོང་ན་བཞུགས། །དགེ་འདུན་འཕགས་པ་རྣམས་ནི་

༤ རྗེའི་གཡོན་ན་བཞུགས་ཏེ། གྲལ་ལ་གཤེགས་པའི་དུས་རྗེའི་དབུ་སྒྲ་

༥ གཤེགས་ཤུལ་དུ་བཏིང་བས་བསྟོད། །ཞང་བློན་ཀ་པ་རྣམས་ནི་ཡ་གྲལ་དུ་

༦ མཆིས་སུ་གནང་བ་ལགས། གཙུག་ལག་བོན་པོ་ལ་སྟོགས[སོགས]པ་ནི་གྲལ་

༧ ཅབས[39]ལ་མཆིས་ལ་མྱི[མི]དབང་བ་ལགས། །དུས་དེ་ཙམ་ན་དགེ་འདུན་དཀོན་

24.༡ མཆོག་གི་ཡོངས་སུ་གཏོགས་པའི་རབ་ཏུ་བྱུང་བ་སེར་ཆགས་སྡེ་གཉིས་ཀྱིས[40]ཉེས་

༢ ཆེ་ཆུང་ཅི་བགྱིས་ན་ཡང་། དགེ་འདུན་རྣམས་ལ་བདེ་བར་གཤེགས་པའི་བཀའ་

༣ དང་འཐུན[མཐུན]པར་ཆོས་ཁྲིམས་ཀྱི་ཆད་པས་གཅད་ཅིང་བཤགས་པ་མ་གཏོགས་པར་

༤ རྗེ་སྟོ་བླ་སྟོ་གང་གིས་ཀྱང་མྱི[མི]ཆོས་ཀྱི་ཁྲི་ཆད་པས་མྱི[མི]དབབ་པར་རྩིགས་ཀྱི་རྡོ་

༥ རིངས་བཙུགས་ནས་དབུ་སྙུང་བྲོ་རྟོག་བཞེས་ཏེ། ཕོ་ནི་དམྱིག[མིག]མི་དབྱུང་། མོ་ནི་

༦ སྣ་མི་གཅད་དེ། སྟག་རིས་དང་འགལ་ཁྲིམས་གང་ཡང་མྱི[མི]ཆིད་པར་བཀས་

༧ གནང་ནས་ནམ་དུ་ཡང་མྱི[མི]བསླིལ་བར་རྩིགས་ཀྱི་རྗེ་རིངས་ལ་བྲིས་པ་ལགས།

25.༡ གདུང་རབས་དེ་ཡན་ཆོད་རྗེ་དབུས་ན་བཞུགས་ན་བཀའ་ལུང་མཐར་བརྩན[བཙན]

༢ ཏེ། རྗེ་ཕོང་བ་སྟགས་རྩེར་བཞུགས་ན་གོག་ཤོད་ལྷ་རྩེ་ལ་ཐུག་པ། ཁ་ཅེ་དྲི་སྟན་ལ་ཐུག་པ།

༣ རྒྱལ་ཡུལ་ཐང་བཟངས་ལ་ཐུག་ན། བལ་ཡུལ་ཕྱི་བོ་ལ་ཐུག་པ། ལི་

༤ ཡུལ་ཞུ་ཏིན་ལ་ཐུག་པ། སློ་ཡུལ་བྲག་རྩང་ལ་ཐུག་པ། ཞང་ཞུང་ཁྱུང་ལུང་ལ་ཐུག་པ། སུ་རངས་

ཡ་ཅེ་ལ་ཐུག་པ། འཛམ་བུ་གླིང་གི་

༥ སུམ་ཉིས་མངར་འདུས་ཏེ། མངའ་རིས་རྣམ་གསུམ་ལས་ནི་གསང་སྟུད། ས་གོ་

༦ བརྒྱད་ནས་ནི་དཔྱའ[དཔྱ]འབུལ། རྣ་བུག་སྡེ་བཞི་ལས་ནི་དཀོར་ཚུ་བོའི་རྒྱུན་བཞིན་དུ་

༧ འབབ་སྟེ། རྗེའི་ཆབ་སྲིད་ནི་རྒུང[དགུང]དང་རེག། འབངས་ཀྱི་སྐྱོ་སྲིད་ནི་གྲུ་བོ་ཆེ་དང་

༨ འདྲ་ཞིང་། མཆོད་གནས་དགེ་འདུན་དཀོན་མཆོག་རྣམས་ཀྱང་འཚོ་བ་ནི་

26.༡ བླ་ནས་སྦྱོར། རྐེ[དགེ]བ་ནི་བག་ཡངས་སུ་བགྱིད། རྟ་ཡན་ཏེ[41]ནི་སྐྲ་མྱེད[མེད]།

༢ བ་ཡན་ཏེ་ནི་སྣ་མྱེད[མེད]། མྱི[མི]ནི་ཉེ་མས་སློང་། ཕྱུགས་ནི་ཞག་ཟླས་སྟུད། བྱེས་

༣ མྱི[མི]ནི་གླུ་ལེན། ཡུལ་མྱི[མི]ནི་བྲོ་རྡུང་། རྗེ་ནི་རིགས་པས་ཕོལ། འབངས་ནི་ཆུ་

༤ གང་གྱིས་བགྱིད་ཅིང་དགེ་བ་འབའ་ཞིག་སྤྱོད་དེ།།[42] མྱི[མི]ཕྱིད་པའི་དད་པས་ནི་རྒྱ་གར་

༥ ཀྱི་མཁན་པོ་མཁས་བཙུན་མང་པོ་སྤྱན་དྲངས། བཟོའ་ཞིང་བརྩོན་འགྲུས་ཆེ་

༧ བས་ནི་རྒྱལ་ཁམས་སུ་ལེགས་པར་སྤེལ། །ཕྱི[མི]ནུབ་པའི་རྒྱལ་མཚན་

༨ དུ་ནི་ཡིད་བཞིན་གྱི་སློབ་གྲ[གྲྭ]སོ་སོར་བཙུགས་ཏེ། སྐོལ་བོད་ཀྱི་རྒྱལ་ཁམས་

27.༡ སྐྱིད་པའི་གཡུང་ཟུང[དྲུང]དུ་གདུགས་བརྡལ་བས་འཛམ་བུ་དེ་བ་ཞེས་བྱ་བར་གྲགས་ཏེ།

༢ རྒྱལ་ཁམས་གཞན་གྱི་སྨོན་པའི་དཔེར་ཆེ་བར་གྱུརད་པ[གྱུར་བ]ལས། གདུང་རབས་དེ་མན་ན་བོད་སྤྱི་

༣ ཐུན[མཐུན]ཀྱི་བསོད་ནམས་ནི་སོས་ཀའི་ཆབ་བྲུམ[གྲུམ]བཞིན་དུ་བས།[43] བོད་སྤྱི་ཐུན[མཐུན]ཀྱི་བྱུར་

༤ འདྲི་ཆེད[ཆེན]པོས་ནི་རྐོངས་ཀའི[དགོང་ཁ]། གྲིབ་སོ་བཞིན་དུ་ནོན་བས་བདུད་ཀྱིས་བསླུས་པ་བྱུང་སྟེ་

༥ སྨན་གྱི་རྩ་བ་ལས་དུག་གི་སྡོང་པོ་སྐྱེ་བ་ལྟར་སངས་རྒྱས་གང་ན་བཞུགས་པ་བདུད་

༦ དེར་བྱུང་བ་དང་འདྲ་བས། ཙོ་རེ་ལེགས་སྒྲ་ལྷ་ལྡོན་བཙན་དང་། དབས་རྒྱལ་

༧ ཏོ་རེ་སྟན་སྣ་སྦྲུལ་ཚང་མ་དང་འདྲ་བས་རྗེ་ཁྲི་གཙུག་རལ་པ་ཅན་ལྷ་བུ་ནི་བཀྲོངས་

28.༡ རྗེ་ཅིག་ལྷ་སྲས་གཙང་མ་ལྷ་བུ་ནི་སྤྱུགས། ལེགས་པ་ཐམས་ཅད་སྤེལ་བའི་

༢ དགེ་བའི་བཤེས་ཉེན[གཉེན]ནི་བཀྲོངས། ཉེས་པ་ཐམས་ཅད་སྡོམ་པའི་མནའ་ཚིགས་

༣ གཉན་པོ་ནི་བཏུལ[དབྲལ?]། མངའ་རིས་ཀྱི་མནའ་དང་སྤྱི་བྲུངས་ཤིང་ཕྱུགས་མས་བཏབ་

༤ འཕྲུལ་གྱི་རྗེ་བློན་ཤ་དང་རུས་པ་འདྲ་བ་ནི་ཕྱེ། ལེགས་པ་ཐམས་ཅད་ལ་རྒྱབ་

༥ ཀྱིས་ཕྱོགས་ཤིང་ཉེས་པ་ཐམས་ཅད་ཀྱི་གཞུང་བཙུགས་ཏེ། ཁྲི་དར་མ་ཕྱི་དར་

༦ བཙན[44]ལ་མངའ་ཕུལ་བ་དང་། རྗེ་སྣན་ཚུད་ཀྱི་དགྱེས། བློན་པོ་ཁེ་རམ[བརམ]

༧ ཆེ་བས་རྒྱལ་ཆོས་ནི་མགོ་ཐབས། མཛད་སྤྱོད་ནི་ཆོལ[འཆོལ]བུ། བཀའ་ཁྲིམས་

29.༡ ནི་དཔུང་ཚན་དུ་ཐལ་ཏེ། དཀོན་མཆོག་དབུ་འཕང་སྨད་ཅིང་དམ་པའི་ཆོས་

༢ ཚུལ་བཞིན་དུ་མ་བསྲུངས་ཤིང་མཐོང་མཐོང་ཚུག་ཚུག་ཏུ་མཛད་རྒྱལ་

༣ ཁམས་ལས་ཀྱིས་དམས་ལ། མངའ་ཐང་ཐབས་ཀྱིས་བྲི་ཞིང་། ཞང་གསུམ་

༤ དང་བློན་བཞིས་ནི་དབུས་ཀྱི་མདུན་ས་ཤོར་ལ། དཔལ[དཔལ]སྣེ་ལྡོང་ཏོང་གིས་ནི་མཐའི་

༥ སོ་ག[སོ་ཁ]ཤོར། ན་བུག་སྡེ་བཞིས་ནི་དཀོར་ཀྱི་ཕྲོ[འཕྲོ]བཅད། ཉིད་ཉིད་ཀྱང་ཡབ་མེས་

༦ ཀྱིས་མཛད་པའི་ཆོས་ཀྱི་སྲོལ་བཤིག་པས་སྐུ་ཚེ་འདི་ཉིད་ལ་སྨིན་ཏེ། ལྷ་

༧ ལུང་ཤེལ་གྱི་རྡོ་རྗེས[དཔལ་གྱི་རྡོ་རྗེས]བཀྲོངས། འབངས་རྒྱལ་ཏོ་རེ་སྟག་སྣན[གཉའ]དང་

ལེགས་སྒྲ་

30.༡ ལྷ་ལྡོང་བཛན[བཙན]ལསྐོགས[ལ་སོགས]པ་ཡང་ཤེས་ངན་དུ་གུམ་སྟེ། ཇེ་འབངས་བླ་

༢ བློན་མངའ་མཇད་དར་ཅིག་ཕྲོ[འཕྲོ]ཆད་ལ་ཁད་པའི་སྐབས་སུ། མངའ་རིས་བསྙུམ་

༣ པོ་ཅིག་ཕྱོགས་རིས་གཉིས་སུ་ཆད་དེ། ཇོ་མོ་རིས་གཉིས་ཀྱི་འཁྲུག་པས་བོད་

༤ ཁམས་རབ་ཏུ་མྱི[མི]བདེ་བར་གྱུརད[གྱུར། ནས+[རྟགས+འདྲིས་ཆད་བཙུད་མཚོན]ཇེ་གནམ་ལྡེ་འོད་སྲུངས་གི་སྐུ་རིང་ལ་ཆབ་སྲིད་དང་དམ་སོ་ཟིན་པར་མ་ཟད་ན་དབུ་རྩ་གཡི[གཡས]རྩ་འབྲུགས་ཏུས་བདའ་མཐའ་མེད་ཁྲག་དང་འོ་མ་འདྲེས་ཆབ་ལ་དངས་མཐའ་མེད་ལྷ་སྲིན་སྡེ་བརྒྱད་འཁྲུག་སོ་ཚེམས་པ་བདོའ་མཐའ་མེད་སྐད་ཀྲུད་ཏུས་ནི་མི་མེད་པར་གྱུར། +སླད། སླད་ན་མེས་དཔལ་འཁོར་བཛན[བཙན]གྱི་

༥ སྐུ་རིང་ལ་ཇེའི་ཕྱུག་འོར་ནི་དེའུ[ལྡེའུ?]རེ་སྟོས་མ། འབངས་ཀྱི་སུག་ཐབས་ནི་དེའུ[ལྡེའུ?]རེ་

༦ ཕྱིས་པས་རྒྱལ་ཁྲིམས་དང་ཆབ་སྲིད་དེའུ[ལྡེའུ?]བརྟེས་པ་ལས། སྤྱི་ཐུན[མཐུན]གྱི་བསོད་

༧ ནམས་ཆུངས་པ་དང་ཇེའི་སྐུ་ཚོགས་ཟད་པ་དང་འདྲ་སྟེ། མེས་དཔལ་འཁོར་

31.༡ བཛན[བཙན]གྱི་ཇེགས་ཀྱིས་བགྲོངས་པ་དང་། རྒྱལ་ཁྲིམས་ཡེ་ནས་ཞིག་ཏུ་ཐོ་བས་

༢ གཡུང་པོ་ལ་བློ་ཁམ་སྐྱེས་ཏེ། དཔལ་འཁོ[འཁོར]བཞེར་ལྡོང་གཟིགས་ལསྐོགས་[ལས་སོགས]པ་

༣ ངན་ལོག་གི་ཁྲུག[འཁྲུག]པ་ཆེད[ཆེན]པོ་བྱུང་བས་སྐོལ་བོད་ཀྱི་རྒྱལ་ཁམས་དབུ་བྱེའུ་

༤ རྒྱུན་ཆད་པ་བཞིན་དུ་སུག་ཐལ་ཞིང་། ཡ་རབས་ནི་བྱི་ཁུང་བསུབས། དམའ་རབས་

༥ ནི་གནམ་མཐོངས་བྱེ་སྟེ། མཆོད་ཡོན་མ་སྲི་ཞུ་མྱེད། བླ་འོག་ལ་ཁྱད་པར་

༦ མྱེད། ཇེ་ཀོལ[ཁོལ]ལ་བྱེ་བྲག་མྱེད[མེད]དེ། དེ་ཙོན་ཆད་ལུགས་ཀྱི་ཚུལ་བཞི་ནི་

༧ ཤོར། ཁྲིམས་ཀྱི་ཐོ་ཡོར་ཀྲུ[ཡོད་ཀྲུ]ནི་ནུབ། འགྱུར་དུ་མྱི[མི]རུང་བའི་ཆོས་ལུགས་

32.༡ ཀྱི་རྒྱལ་མཚན་བདུན་ནི་ཡུལ་ན་མྱི[མི]གནས། སྐྱེ་རྒུ་མྱི[མི]རུང་བའི་ངན་ཤེས་

༢ ཀྱི་ཐང་ཤིང་བདུན་ནི་སྐོར་སྐྱེས། བྱུང་ལ་མྱི[མི]དབང་བའི་གཡུང་རུང་[དྲུང]གི་རྨང་ཇེ་

༣ བདུན་ནི་གནས་ནས་བཏོན། །མྱེད[མེད]དུ་མི་རུང་བའི་རིན་པོ་ཆེའི་གཏེར་བཅུ་བཞི་

༤ ནི་རྩ་བ་ནས་མྱེད[མེད]། །ཁྱེད་དུ་མྱི[མི]རུང་བའི་ལོག་པའི་གར་ཐབས་བརྒྱད་ནི་བྱེད།

༥ དར་དུ་མྱི[མི]རུང་བའི་མྱི[མི]དབལ་དགུ་ནི་དར། རྒྱས་སུ་མྱི[མི]རུང་བའི་ཏུག་གི་ཕྱིས་

༦ བུ་བདུན་གྱིས་རྒྱས་ཏེ་སྡིག་ཐེག་ཆེན་ཆོས་ལ་བསྐྱུརད[བསྐྱུར]པའི་སྡིག་གཡོགས[ཡོགས]དང་།

༧ ཇེའི་ཆབ་སྲིད་རྐུ་བའི་དགྲ་གཡོགས[ཡོགས]དང་། ཕུར་མྱི[མི]བྲན་དུ་བཀོལ་བའི་ལ་ཡོགས་ཀྱིས།

33.༡ བོད་ཁམས་རང་གྲུག་ཅིང་། ཇེ་ནི་བཀའ་མྱི་གཉན། འབངས་འོག་ན་ཁྲིམས་མ་མཆིས་

༢ ཏེ། ཏུས་ཉམས་པ་ནི་གོང་མ་གོང་མ་ནས་བྱུང་བས། རྒྱལ་ཁམས་བྱིན་དུ་དམས་

༣ ཤིང་། མངའ་ཐང་དུས་ཀྱིས་བྲི་སྟེ། བཀའ་རིམས་ཀྱིས་དེ་ལྟར་སིལ་བུར་གྱུརད་ཅིང་ནུབ་
༤ པ་ལས། །མེས་ཁྲི་སྲིལ་ལྡིང[45][སྲིད་ལྡེ?]ཆེབས་ཁ་གྱེན་དུ་བསྒྱུར་བསྒྱུར་ནས་བསྐྱོད་པ་ལ་
༥ སྟོད་ཀྱི་ཡ་རབས་ཀྱིས་བླ་དང་ཡ་རབས་སུ་བསྟུན་ནས་ཆོས་ལུགས་བཟང་པོ་ཡུན་
༦ དུ་འཕེལ་ཞིང་། བུ་ཙའི[ཚའི?]ཡིག་གཙང་དང་། སྒོ་སྲིད་ཁྲད་པར་དུ་འཕགས་པར་དགོངས་
༧ ནས་མངའ་ཕྱུལ་ན། རྗེས་ཀྱང་ཆབ་སྲིད་ལུགས་ལྟར་ཟིན་ཏེ། མེས་མཆེད་
34.༡ གསུམ་སྐུ་འཁྲུངས་པ། མངའ་རིས་བཟང་པོ་ལ་སོ་སོར་བསྐལ་བ་ལས། དངོས་
༢ སྟག་ཕྱུ་གུག[46]གི་ཡ་རབས་ཀྱི་རྗེ་སྐལ་ད་ཚེ་རིགས་དང་མཐུན་པར་རྗེ་མངའ་བདག་
༣ བཀྲ་ཤིས་མགོན་གྱི་ཞ[ཞལ]སྔ་ནས་ཀྱང་མཆེད་གསུམ[47]གྱི་ནང་ན་ལག་སོར་གྱི་གུང[དགུང?]
༤ མོ་ལྟར་གཅིག་ཏུ་དཔངས་སུ་མཐོ་སྟེ། མཆེད་ཟླ་མངའ་མཛད་གཞན་བས་སྐུ་
༥ ཚོགས་དང་སྐམ་སྐྱིལ[དཀྱིལ]ལྷག་པར་ཡང་ཆེ་ཞིང་། སྔ་མར་འདས་པའི་ཡབ་མེས་
༦ ཆོས་སྐྱོང་བའི་རྒྱལ་པོ་བྱང་ཆུབ་སེམས་དཔའི་སྤྲུལད[སྤྲུལ]པའི་གདུང་རྒྱུད་དང་འཚམས་
༧ སྦྱོར་དུ་འཁྲུངས་པའི་སྐྱེས་བུ་ཆེན་པོ་ལྟར་བཞུགས་པ་ལགས། །སླད་ན་
35.༡ སྟོད་མངའ་རིས་འདིར་གཙུག་ལག་ནི་བོན་ཆོས། ཤིད་ནི་ནག་པོ། གསོན་དུར་
༢ དུ་བྲུབ་ཅིང་སྡིག་པས་རྫོངས་སུ་འདེབས་པའི་ལོག་ལྟ་ཅན། སངས་རྒྱས་ཀྱི་
༣ བསྟནད[བསྟན]པའི་མྱིང[མིང]ཡང་མྱི[མི]གྲག་པ། ཀླ་ཀློའི་རྒྱལ་ཁམས་གླིང་བར་གྱི་མུན་པ་
༤ འདྲ་བ་འདིར། སྤྱི་ཐུན[མཐུན]གྱི་དགེ་བའི་བག་ཆགས་ཆ་ཕྲ་མོ་སད་པ་དང་། ཉིད་ཉིད་
༥ ཀྱི་ཐུགས་རྗེ་དང་། སྨོན་ལམ་མཐུ་ཅན་དུ་གྱུརད་པའི་དབང་གིས། ཞི་ཁྲོ་མཆེད་
༦ ཉིས[གཉིས]ཉི་ཟླ་ཕྲུགས་གཅིག་ལྟར་སྐུ་འཁྲུངས་ཏེ།[48] གཅེན་མངའ་བདག་འཁོར་རེའི་ཞ[ཞལ]
༧ སྔ་ནས། གཙོར་མྱི[མི]ཆོས་ཀྱི་རྒྱལ་སྲིད་ཕྱག་ཏུ་བཞེས་ཞིང་། ཕྱིའི་ནི་དགྲ་འདུལ།
36.༡ ནང་གི་ཁོད་ནི་སྙོམས། ཐུགས་དད་པའི་ཤུགས་དམ་ཚིག་ལྟར་སྲིད། སྐུ་སྲོས་
༢ འཇིགས་པའི་ཆ་ལུགས་དྲག་མོས་བརྟན་པ་བསྲུང་ཞིང་མངའ་རིས་ནོནད་པར་མཛད་
༣ པ་ལགས། །[49]། །སླད་ན་གཙུང་སྲོང་དེའི་ཞ[ཞལ]སྔ་ནས[50]ཀྱི་སྐུ་ཆེ་བའི་ཡོན་ཏན་
༤ མདོར་བསྡུ་ན། སྐུའི་བརྗིད་བག་ནི་རི་རྒྱལ་བས་ཀྱང་ཆེ། གསུང་གི་བཀའ་སྒྲོལ་
༥ ནི་རྒྱ་མཚོའི་རླབས་ལྟར་དུས་ཚིགས་ལས་མི་གཡོའ། །ཐུགས་ཀྱི་སྐམ་
༦ དཀྱིལ་ནི་ཉི་ཟེར་བས་ཀྱང་གསལ། མཛད་སྤྱོད་ཀྱི་འབྲས་བུ་ནི་ལེགས་དགུའི་
༧ མཐར་ཕྱིནད[ཕྱིན]པས། གྲགས་པ་སྙནད[སྙན]པའི་ནི་རྒྱ་མཚོའི་མཐས་ཀླས་པར་ཁྱབ་
37.༡ སྟེ། མྱི[མི]ཕྱེད་པའི་དད་པ་དང་ལྡན་པའི་བྱང་ཆུབ་སེམས་དཔའ་མོས་པ་དཔྱོད་

༢ པའི་ས་ལ་གནས་པའི་ལགས་པར་གྲག་སྟེའི་སྐྱེས་བུ་ཆེན་པོར་སྐུ་འཁྲུངས་

༣ པས་རྒྱལ་སྲིད་མཆིལ་མའི་ཐལ་བ་ལྟར་སྤངས་ནས་ཐརད[ཐར]པར་གཤེགས་

༤ ཏེ། ལྷ་བླ་མ་ཡེ་ཤེས་འོད་དུ་མཚན་གསོལ། །[51]སྤྲུལ་མཆེད་གཉིས་

༥ ཀྱང་ཐརད[ཐར]པར་བཙུད་དེ་དེ་ཉིད་ཀྱི་གདུང་བཅད།།[52] མྱི[མི]ཆོས་ཀྱི་མངའ་དབོན་

༦ མངའ་བདག་ལྷ་ལྡེ་བཙན་ཞུལ། རྗེ་བྱང་ཆུབ་སེམས་དཔའ་ཡབ་སྲས་གསུམ་

༧ གྱིས་ཡབ་མེས་འཕྲུལ་བག་ཅན་ཆོས་སྐྱོང་བའི་རྒྱལ་པོ་བྱང་ཆུབ་སེམས་

38.༡ དཔའི་སྤྲུལད[སྤྲུལ]པའི་རྗེས་བསླགས་ནས་ལྷག་པར་ཡང་དཀོན་མཆོག་དབུ་

༢ འཕང་བསྟོད་ཅིང་། སངས་རྒྱས་ཀྱི་བསྟན་པའི་ཞལ་འཛིནད[འཛིན]མཛད་ཅིང་།

༣ གཙུག་ལག་བོན་ཆོས་ནི་ལྷ་ཆོས་སུ་མཛད། ཤིད་ནག་པོ་ནི་དཀར་

༤ པོར་འོངས་བསྒྱུར། ཉིད་ཀྱི་མངའ་རིས་ལ་མྱི[མི]ལྷའི་འབྲམ་སོ་སོར་བསྐལ་

༥ ཐོ་ལིང་གི་དཔལ་དཔེ་མྱེད[མེད]ལྷུན་གྱིས་གྲུབ་པའི་གཙུག་ལག་ཁང་དང་། ཏ་པོའི་

༦ གཙུག་ལག་ཁང་ལསྩོགས[ལས་སོགས]པ་མཐའ་འདུལ་གྱི་གཙུག་ལག་ཁང་མང་

༧ དུ་བཞེངས། གཙོར་རྒྱལ་སྲིད་ཆོས་སྐོར་ལ་གཏིམས། འབངས་

39.༡ ཞབས་རྗེའུ་ལས་དབུའི་མཆོད་གནས་སུ་མཛད་དེ་དབུའི་གཙུག་ཏུ་

༢ བཀུར། འབངས་ཁྱིམ་པ་རྣམས་ཀྱང་སྐྱབས་སུ་འགྲོ་བ་དང་། དགེ་བསྙེན་

༣ དང་བསྙེན་གནས་ལ་བཙུད་ཅིང་ཆོས་དཀར་པོར་འོངས་བསྒྱུརད་ཏེ། ཤེས་པ་ཅན་

༤ ལ་ཇྙན་དཀྲིགས། ཡོན་ཏན་ཅན་ལ་དགེ་ཡོན་དང་སྦྱར་ཏེ། ལྷ་ཕྱུག་འཚལ་

༥ བ་ལ་པང་གོང་ཞིང་། གསུང་རབ་བྱེད་པ་ལ་འབུལ་ཞིང་། ཐ་ན་དགེ་བསྙེན་

༦ བྱེད་པ་ལ་ཡང་བན་ཞིང་སྟུལད། རབ་ཏུ་བྱུང་བ་ལ་ནི་ཆོས་རྫིགས།

༧ ཡུལ་དཔོན་ལ་ནི་ཆོས་ཁྲིམས། རྩང[གཙང]སྟོད་ལ་ཁོར་བུ་ཆུང་ལསྩོགས[ལས་སོགས]

40.༡ པ་སོ་སོར་བཀས་གནང་སྟེ།།[53] ཆོས་དང་སྲིད་བརྟན་པའི་ རྨིང[རྨང]བཟང་པོ་

༢ ཐོག་མར་བྲིས། དེའི་སླད་ནས་འབངས་དད་པ་སད་པ་རྣམས་རིམ་

༣ གྱིས་འདུལ་ཞིང་། ཤེས་རབ་བསྐྱེད་པར་བྱ་བའི་ཕྱིར་ཡོན་ཏན་ཐམས་ཅན་

༤ ཀྱི་འབྱུང་གནས། མཁན་པོ་དར་མ་པ་ལ་ལསྩོགས[རྡྷརྨ་པཱ་ལ་ལ་སོགས]པ་དང་། བོད་ཀྱི་

༥ དགེ་བའི་བཤེས་གཉེན་ཟེ་ཙུང་རྣམ་ཉིས་ལསྩོགས[ལས་སོགས]པ་སྤྱན་དྲངས།

༦ དཔལ་བསམ་ཡས་ལསྩོགས[ལས་སོགས]པ་ཡབ་མྱེས་ཀྱིས་བཞེངས་པའི་མདོ་

༧ སྡེ་དང་སྡེ་སྣོད་ཀྱི་བསྟན་བཅོས་བོད་དུ་བསྒྱུར་ཚད་སྤྱན་དྲངས་ནས་རེ་ཟེག[རེག་ཟེག?]

41.༡ ཁང་ཆེན་པོར་བཙིགས་ཏེ། དགེ་བའི་བཤེས་གཉེན་མཁས་པ་མང་
༢ པོ་དང་། གསུང་རབ་དཔེ་ཆ་མང་པོའི་རྒྱན་འཚོགས་པས་མཆོད་
༣ གནས་རིག་པ་དང་ལྡན་པ་ཆོས་ལ་མོས་པ་རྣམས་མཉན་པ་ལ་
༤ བཙུད་དེ། རྟོགས་པ་རིམ་གྱིས་འཕེལ་ནས། སྨྲ་རས་ཀྱི་སྟོང་བུ་
༥ འདྲ་བ་ལ་བཀའི་སྒྲོན་མ་ཤེས་རབ་ཀྱི་མེ་ཆེན་པོ་སྦར་ཏེ། སྟོད་རིས་
༦ འདིར་ལོག་ལྟའི་ཚོགས་ཚང་ཚིང་གི་མུན་པ་འདྲ་བ་བསལ་ནས།
༧ དམ་ཆོས་ཀྱི་བཀའ་དྲིན་ཆེད[ཆེན]པོས་ཕྱོགས་ཡོངས་སུ་ཁྱབ་པ་ལགས།
42.༡ སླད་ན་ཛེ་ཧླ་ཆེན་པོ་ལྷ་ལྡེ་བཙན་གྱི་ཞ[ཞལ]སྔ་ནས། གོང་དུ་དཀོན་མཆོག་
༢ གསུམ་ལ་བཀུར་ཞིང་དད། གཉིས་པར་ཆགས[ཆབ]འོག་གི་འབངས་ལ་བཀའ་
༣ རྩིས་ཆེ་ཞིང་ཞི་དེས་ཀྱིས་འདུལ། གསུམ་པར་ཕྱོགས་གཞན་གྱི་མངའ་
༤ མཛད་ཡབ་མཆེད་རྣམས་ལ་ནི་བྱམས་ཤིང་སྙིན་ཆེ་མྱི[མི]མཛད་དེ། ལྷག་
༥ པར་ཡང་ཆོས་ཁྲིམས་རྒྱལ་སྲིད། ཡབ་མེས་དམ་པ་རྣམས་ཀྱི་ལུགས་
༦ ལྟར་བསྐྱངས་ཏེ། རྒྱ་གར་གི་མཁན་པོ་དཔལ་མར་མེ་མཛད་ཡེ་ཤེས[ཤེས]དང་
༧ ཁ་ཅེའི[ཆེའི]མཁན་པོ་ཧྲ་ཏ་ག་ར[ཧྲད་ག་ར]ལ་སྐོགས[སོགས]པ་སྤྱན་དྲངས་ཏེ། བོད་ཀྱི་དགེ་བའི་
43.༡ བཤེས་ཉེན[གཉེན]སྒྲ་འགྱུར་གྱི་ལོ་ཙ་བ་ཆེན་པོ་ལ་སྐོགས[ལས་སོགས]པས་རྒྱལ་བའི་ཡུམ་
༢ ཤེས་རབ་ཀྱི་ཕ་རོལ་དུ་ཕྱིནད[ཕྱིན]པ་བརྒྱད་སྟོང་བའི་འགྲེལད[འགྲེལ]པ་ལསྐོགས[ལས་སོགས། པ་
༣ མང་དུ་བསྒྱུརད་ཏེ། སྐུ་དང་གླེགས་བམ་ལསྐོགས[ལས་སོགས]པ། དཀོན་མཆོག་གི་
༤ གཟུགས་བརྙན་མང་དུ་མཛད་ཅིང་། མངའ་རིས་ཞོ་མནན་པ་ལྟར་བསྐྱངས་
༥ པ་ཅིག་གདའ། །[54]། །སླད་ན་ཞི་ཁྲི་མཆེད་གསུམ་ལ་ལྷ་བཙུན་
༦ བ་བྱང་ཆུབ་འོད་ཀྱི་ཞ[ཞལ]སྔ་ནས། གཞོ[གཞོན]ནུ་ལ་ཐརད[ཐར]པར་གཤེགས་ཏེ་ཚངས་
༧ པར་སྤྱོད་པ་ཡུན་རིང་དུ་སྤྱད། ལྷག་པར་ཡང་དཀོན་མཆོག་རྒྱན་རིས་ད[དང]
44.༡ བཅས་པ་ཞལ་འཛོན་དུ་ཐུགས་དང་བས་མཛད་དེ། མྱི[མི]ཆོས་ཀྱི་མངའ་མཛད་
༢ ཧླ་བློན་གང་གི་ཡང་ཞལ་ངོར་གཡར་ངོར་མི་མཛད། གཞན་ཡང་ཁྱད་པར་དུ་འཕགས་
༣ པའི་དཀོན་མཆོག་གི་གཟུགས་བརྙན་མང་དུ་མཛད་ཅིང་། བོད་ཀྱི་མཁས་
༤ བཙུན་མང་དུ་སྤྱན་དྲངས་ནས་མདོ་དང་བསྟན་བཅོས་མང་དུ་བསྒྱུར་ཞིང་བཞེངས་
༥ སྟེ། སྤྱིར་སེར་ཆགས་ཀྱི་ཕ་མ་ལྟར་བཞུགས་པ་ལགས།།: །[55]
༦ སླད་ན་ཛེ་མངའ་བདག་ཆེན་པོ་དབུ་འབྲམས་པའི་ཞ[ཞལ]སྔ་ནས།[56]

༧ ཤྲ[ཕྱུགས]དད་པའི་ཤུགས་དང་སྨམ་དཀྱིལ་གྱི་རྒྱ་ཆེ་ཡང་། ཕྱོགས་གཞན་གྱི་ཡབ་མཆེད་
45.༡ སྱི་[མི]སླམ་པ་རྣམས་ཀྱི་མཛད་འཆལ་མ་ཕྱིགས་པ་འགས་སྤྱན་ལ་ཐོག[ཐོགས]
༢ མངའ་རིས་བཟང་པོ་གཞན་ནི་ཐུགས་ལ་གཞག་ནས་སྐུ་ནས་གཞོ[གཞོན]ནུ་ནས་ཕྱོགས་
༣ གཞན་གྱི་འབྲུག་པ་ལ་སྐུ་འབྱམས་ཏེ་སྐུ་རྒྱ་མ[57]དང་། དགེ་སྦྱོར་བདེ་བར་ལ་
༤ མཛད་པའི་སྐབས་སྱི[མི]མངའ་ཡང་། ཡབ་མེས་བཟང་པོའི་ཞབས་རྗེས་མ་
༥ སླེབས་ན་སྱིས[མིས]དཔྱས[འཕྱས]ཀྱིས་དོགས[དོགས]པ་དང་། དགེ་སྦྱོར་སྣ་ཅིག་མ་བྱས་ན་
༦ ངན་སོང་དུ་ཐུགས་འགྲོད་ཀྱི་དོགས་ཏེ། ཐ་ན་འདྲོན[མགྲོན]ལམ་དུ་དཔེ་ཐུག་གི་
༧ གཙུག་ལགས[ལག]ཁང་བཞེངས་སུ་གསོལ་བ་ལསྐྱོགས[ལས་སོགས]པ་སྐུ་རྒྱ་མ་མང་
46.༡ དུ་མཛད་དེ་གཙོར་དཀོན་མཆོག་གཉན་པར་མཛད། ཕྱོགས་གཞན་དུ་དྭ་བྲུག[འབྲུག]
༢ པའི་སྣ་ཟུག་པས། ས་བར་གྱི་འཁྲོག་པ་ཙུང་ཞིག་སྣ་ཟེགས་ཀྱང་ཞང་ཞུང་
༣ གི་འབངས་སློ་བ་ཉེ་རིང་དང་མཐོན[མཐོ]དམན་མ་མཆིས་པར་དུས་ཚོགས་ལ་
༤ བབ་ཅིང་། མཛད་ཤིན་ཏུ་ཆ་བའི་དུས་སུ། དམག་ཕོགས་རྗེ་ལ་མ་གཏོགས་
༥ པར་གནད་དུ་བསྣུནད[བསྣུན]པའི་སློ་བ་སྟོར་བའི་བཀའ་ཆད་དང་། བཀའ་བབས་སྱི་
༦ ཁྲབ་ཏུ་སློ་བ་གོངས[དགོངས]པ་ཅིག་མཛད་ཅིང་། ཞང་ཞུང་སྙིང་ཚོམས[58]ཀྱི་འབངས་
༧ ཀྱིས་གུང་སྙིད་ཆེན་པོ་བགྱིས་ཏེ་བཀའ་དྲིན་གྱིས་ཕོག་པ་ལགས། །
47.༡ སླད་ན་རྗེ་བླ་མ་ཆེན་པོ་བཙུན་པ་ཞི་བ་འོད་ཀྱི་ཞ[ཞལ]སྔ་ནས་སྐུ་བཞུགས་པ་
༢ ཡང་སྐུ་ཚེ་སྟོད་ལ་སྱི[མི]ཆོས་ཀྱི་ཆབ་སྲིད་ཕྱག་ཏུ་བཞེས་པའི་དུས་སུ།
༣ འབངས་ད་དད་ཅན་གྱི་རྐྱེནད་ཀྱིས[རྐྱེན་གྱིས]མཆེད་དབུའ་གས་ཀྱི་འབྲུག་པ་ཆེན་
༤ པོ་བྱུང་ན་ཡང་།[59] རྗེའི་ཞ[ཞལ]སྔ་ནས་རང་བཞིན་ཞི་དེས་ཆེ་ཞིང་འཁྲིལ[?]ལྡས་
༥ ལ་དགོངས་པས་འབངས་སློ་བ་ཉེ་བ་དང་། མཐའི་སྲིད་ཚན་མང་དུ་བསྐོངས་
༦ པས། སྐབས་དེར་མངའ་རིས་ཕྱིང་རིལ[60]དུ་ཕྱག་ཏུ་འགོངས་པའི་རྒྱུ་མང་དུ་
༧ བྱུང་ན་ཡང་། གཅེན་མཆེད་ལ་གཉེན་སྙིང་གིས་དྲུང་པོའི་འབྲེལ་ཐག་
48.༡ གཙོད་མ་སྤྱོད་དེ། འབངས་གཡར་རྒྱལ་ཅན་གྱི་མ་བཙངས་ནས།
༢ ཚོད་རིག་པར་མཛད་པས་མཆེད་དབུ་མ་གས་ཤིང་མངའ་རིས་ཀྱང་གྱུག་
༣ འདྲམ་སུ་མ་ཐལ་བ་ལགས། །སླད་ན་སྐུ་ཚེ་སྨད་ལ་རྗེ་མངའ་བདག་ཆེན་
༤ པོ་ནི་དབུ་འབྱམས།[61] རྗེ་མངའ་བདག་ཆེན་པོ་ནི་རབ་བྱུང་མཛད་ནས་བཞུགས་
༥ པའི་དུས་སུ།[62] མངའ་རིས་མངའ་བདག་ཏུ་རང་བབས་སུ་བྱུང་ན་ཡང་། སྱི[མི]ཆོས་

༦ ཀྱི་རྒྱལ་སྲིད་ལ་ནི་སྐུ་སྐྱེ་བ་བཞེས། ཡབ་དབུ་འབྲམས་པའི་སྲས་ལགས་

༧ པས། དབོན་ལ་གཉེན་སྙིང་དང་ཐུགས་རྗེ་འབྲངས། ཡབ་མེས་བྱང་ཆུབ་

49.༡ སེམས་དཔའ་རྣམས་ཀྱི་སྲོལ་ཐུགས་ལ་བཞག་སྟེ། དབོན་ལ་

༢ རྒྱལ་སྲིད་གཏད།[63] ཐརད་པ་དང་ཐམས་ཅད་མཁྱེནད་པའི་ཕན་ཡོན་

༣ གཟིགས་ཏེ། སྲས་ལྷ་ཅིག་ཞོ[གཞོན]ནུ་དང་། བཙུན་མོའི་དམ་པ་ནི་ལྷངས་

༤ ལ་ཐུགས་མ་ཆགས་པར་རབ་ཏུ་གཤེགས་ཏེ། རྒྱལ་པོའི་དྲིགས་

༥ པ་སྤངས་ནས་ལེགས་པར་གསུངས་པའི་ཆོས་འདུལ་བ་ནི་ལུགས་

༦ བཞིན་དུ་སྐུ་ཉམས[?]སུ་བཞེས། །གསང་སྔགས་ཀྱི་དམ་ཚིག་ནི་

༧ གཞུང་བཞིན་དུ་བསྒོམ་བསྒྲུབ[སྒོམ་སྒྲུབ]མཛད། རྒྱ་གར་དང་ཁ་ཅེའི[ཆེའི]མཁན་པོ་

50.༡ ……[ལ?]སྤྱན་དྲངས་ཏེ།……

༢ ……མ……ལྷ་གང་སྐུ……གསུང་རབ་དང་། མཆོད་གནས་

༣ རྐྱེན་རིས་སུ་ཕུལ་བ་ལསྒོགས[ལས་སོགས]པའི་དུམ……དགེ་རྩ་ནི་གྲངས་མང་དུ་མཛད།

༤ སྤྱིར་སངས་རྒྱས་ཀྱི་བསྟནཔ་དརད[དར]པར་མཛད་པ་ལགས།[64] སླད་ན་རྗེ་བླ་ཆེན་པོ་

༥ རྩེ་ལྡེ་རྩན[བཙན]གྱི་ཞ[ཞལ]སྔ་ནས། སྙིགས་མའི་དུས་སེམས་ཅན་འདུལ་དཀའ་བ་དག……

༦ ……ལ……དམུ་རྐོད་ཀྱི་དུས་སུ། རྒྱལ་སྲིད་ཕྱག་ཏུ་བཞེས་ན་ཡང…

༧ ……ས་མངའ་རིས་གཤིས་ཙུག་མནན་ཏེ་ན……

༨ ……དབུ་འཕང་བསྟོད་ཅིང་། རྒྱ་གར་གྱི་མཁན་པོ་མཁས……

༩ ……ཐུགས་དམ་དཔེ་ཆ་མང་དུ་བསྒྱུརད་ཏེ།[65] མཉ[འདི་ནས་མ་ཚང་བའོ]

མཆན།

[1] རྒྱལ་རབས་འདིའི་མཚན་བྱང་དངོས་གཞི་གང་ཡིན་དབུ་ཤོག་མ་ཚང་བས་ཞུ་ཐོ་མ་ཐོགས་མོད། ཁ་ཤོག་ཏུ། ……ཅེས་གྲགས། བླ་བའི་རིགས་ནི……། ཞེས་བྱུང་བ་དང་། ཀུན་གྱིས་ངོས་གཟུང་བདེ་བར་བསམས་ནས་རྒྱལ་རབས་འདིའི་གཞུང་ཚིག་ཐོག་མ་ཉིད་མཚན་བྱང་དུ་དྲངས་ནས་རྒྱལ་རབས་བླ་རིགས་མ་ཞེས་མཚན་གསར་དུ་བསྟན།

[2] སྒོགས་ཞེས་པ་འདི་ཏུན་ཧོང་གཏེར་ཡིག་གྲས། P. T. 1287. ཞེས་པར་ཡང་། ཉི་འོག་རྒྱལ་པོ་གཞན་དཔྱའ་པབ་པ་དང་། རྒྱལ་ཕྲན་འབངས་སུ་བཀུག་པ་ལསྒོགས་པ་ཕྱིར། ཞེས་བྱུང་། [ཏུན་ཧོང་ནས་ཐོན་པའི་བོད་ཀྱི་ལོ་རྒྱུས་ཡིག་ཆ། དབང་རྒྱལ་དང་བསོད་ནམས་སྐྱིད་ཀྱི་བསྒྱུར་ཅིང་བཀྲལ། པེ་ཅིན། མི་རིགས་དཔེ་སྐྲུན་ཁང་། 1992ལོ། p. 30.] བཅོམ་ལྡན་རིག་རལ་གྲིའི་བཞེད་པ་ནི། བཀས་བཅད་གསུམ་པ་ནི། ལྷ་བླ་མ་ཡེ་ཤེས་འོད་ཀྱི་དུས་ཀྱི་སྒྲ་བསྒྱུར་རིན་ཆེན་བཟང་པོ་

ནས་བཟུང་སྟེ། ཁོ་བོའི་བླ་མ་ཆག་ལོ་ཙཱ་བ་དགེ་སློང་ཆོས་རྗེ་དཔལ་ཡན་ཆད་ཀྱིས་བྱས་པ་ཡིན་ནོ། །དེ་ལ……འཚོགས་པ་ལ་ལ་སོགས་པ་དང་། བསོགས་པ་དང་། ……སོགས་པ་བཤད་དུ་ཡོད་པར་བྱས་ཏེ་ཤིན་ཏུ་མང་པོ་ཡོད་དོ། །[བཅོམ་ལྡན་རིག་པའི་རལ་གྲིའི་སྒྲའི་བསྟན་བཅོས་སྒྲ་བ་རྒྱན་གྱི་མེ་ཏོག་དག་གི་དབང་ཕྱུག་གྲུབ་པའི་རྒྱན་བཞུགས་སོ། །བརྡ་སྤྲོད་སྐོར་གྱི་དཔེ་རྙིང་གཅེས་བཏུས་དེབ་དང་པོ། བརྩེ་ཆེན་འོད་སྣང་དེབ་༡༢པ། ས་སྐྱའི་དཔེ་རྙིང་བསྡུ་སྒྲིག་ཁང་ནས་བསྒྲིགས། 2009ལོ། p. 40.] ཞེས་བྱུང་བས་ལོ་ཆེན་རིན་ཆེན་བཟང་པོའི་སྐབས་ཙམ་ནས་འཚོགས་ཞེས་པ་དེ་ལ་སོགས་སམ། ཡང་ན་ལ་བསོགས་ཞེས་པར་བཀས་བཅད་མཛད་པར་སྣང་ངོ་། །སི་ཏུ་པཎ་ཆེན་གྱིས་ཀྱང་གནད་དེར་ཐུགས་སྣང་ཆེན་པོས་མཐའ་དཔྱོད་མཛད་མཆིས་ཏེ། མུ་ཏིག་ཕྲེང་མཛེས་སུ། གསུང་རབ་རྙིང་པ་ལ། འཚོགས། ཞེས་བར་ཚེག་མེད་པ་ཡོད་པས་ཀྱང་ལ་སོགས་ཞེས་ཀློག་པ་མི་འཐད་པར་བསྒྲུབ་མི་ནུས་ཏེ། གསུང་རབ་རྙིང་པ་རྣམས་སུ། རལ་གྱི་སོགས་དང་། ཀྱེ་དང་ཀྱི་སོགས་དང་། སྐྱོགས་སོགས་པས་རལ་གྱི་དང་མེ་དང་མི་དང་སོགས་ལ་སོགས་པ་རྣམས་མ་དག་པར་བསྒྲུབ་མི་ནུས་པ་ལྟ་བུའི་ཕྱིར་རོ། །ཞེས་གསུངས། [སི་ཏུ་པཎ་ཆེན་ཆོས་ཀྱི་འབྱུང་གནས། གཙྪ་སི་ཏུའི་སུམ་རྟགས་འགྲེལ་ཆེན་མཁས་པའི་མགུལ་རྒྱན་མུ་ཏིག་ཕྲེང་མཛེས། ཟི་ལིང་། མཚོ་སྔོན་མི་རིགས་དཔེ་སྐྲུན་ཁང་། 2008ལོ། p. 90.]

[3] འདི་དག་ནི། རྒྱ་གར་གྱི་གནའ་བོའི་སྙན་དངགས་ཆེན་པོ་གཉིས་ཏེ། རཱ་མ་ཎ་དང་མ་ཧཱ་བྷཱ་ར་ཏ་གཉིས་ཡོད་པ་ལས། ཕྱི་མ་དྲང་སྲོང་རྒྱས་པས་མཛད་པའི་སྙན་དག་ཆེན་པོ་མ་ཧཱ་བྷཱ་ར་ཏ་ཞེས་པར་བཀོད་པའི་མི་སྣ་དེ་དག་ཡིན་པར་སྣང་། དེ་དག་སྐོར། བོད་འགྱུར་གྱི་དཔེ་མཚོན་ནི་ས་སྐྱ་ལེགས་བཤད་འགྲེལ་པ་སོགས་སུ་བཀོད་པའི་རིག་བྱེད་ཀྱི་གཏམ་རྒྱུད་དེ་དག་ཡིན་ཚུལ་གསུངས་པ་མཐོང་སོང་། སྐུ་སེང་བུ་ལྡིའི་གཏམ་རྒྱུད་ལྷ་སྨོན་ཡེ་ཤེས་ཚུལ་ཁྲིམས་ཀྱིས་མཛད་པ་ལས་ཀྱང་བྱུང་ངོ་། །བོད་དུ་འདིའི་དང་པོའི་ཁུངས་ལྷ་བུ་ནི། སློབ་དཔོན་ཤེས་རབ་གོ་ཆས་མཛད་པའི་ལྷ་ལས་ཕུལ་བྱུང་གི་འགྲེལ་པ་མཐོ་བཙུན་སྒྲུབ་རྗེས་མཛད་ཅིང་། ལོ་ཆེན་རིན་ཆེན་བཟང་པོས་བསྒྱུར་བ་དེ་མིན་ནམ་སྙམ་མོད་ཞིབ་དཔྱད་ཡོད་པ་ཞུ། །

[4] ལྡེའུ་ཆོས་འབྱུང་ལྟར་ན། དེ་ནས་རྒྱ་ནག་གཙུག་ལག་རྒྱལ་པོ་ཡི། ……ཡུལ་ཕྱོགས་ཤར་ཡིན་སྐར་མ་སྨིན་དྲུག་འོག ཅེས་འཁོད། [མཁས་པ་ལྡེའུའི་རྒྱ་བོད་ཆོས་འབྱུང་རྒྱས་པ། བོད་ལྗོངས་བོད་ཡིག་དཔེ་རྙིང་དཔེ་སྐྲུན་ཁང་། ལྷ་ས། 2010ལོའི། p. 2 10.]

[5] རྒྱ་གར་ཆོས་ཀྱི་རྒྱལ་པོ་བཤད་པ་ལ། ……སྐར་མ་མེ་བཞི། ཞེས་འཁོད། [ལྡེའུ་ཆོས་འབྱུང་། p. 209.] སྐབས་འདིའི་རི་བྱི་ནི་རྒྱུ་སྐར་ཉེར་བརྒྱད་ཀྱི་གྲས་སྐར་མ་མེ་བཞི། དེར་སྐར་མ་ལྤ་སྒྲིག་ལག་སོར་འདྲ་བ་ཞིག་ཡོད་པས་འགའ་ཞིག་ཏུ་ལག་སོར་རམ་རི་བྱི་ཞེས་འབོད་དེ་དོན་དུ་མེ་བཞི་ཞེས་པའི་སྐར་ཚོམ་དེ་རང་ལགས། མེ་བཞི་སོགས་ནི་དུས་འཁོར་གྱི་བརྡ་དང་། ལག་སོར་སོགས་ནི་བོན་ནམ་ཞང་ཞུང་ངམ་ཡང་ན་བོད་ཀྱི་གནའི་རྒན་པོ་དག་གིས་བརྡ་བྱེད་པའི་ཐ་སྙད་དེ་ལགས། ཞིབ་ཆ་ཀློང་བརྗོལ་བླ་མའི་གསུང་འབུམ་ལས་ཤེས་བྱའི་རྣམ་གྲངས་སྐོར་འཁོད་པ་དེར་གཟིགས། །

[6] རིལ་བ་ནི། བོད་རྒྱ་ཚིག་མཛོད་ཆེན་པོར་ཆབ་སླུག་བུམ་པ་ཆུང་དུ་ཡིན་པར་གསུངས། [བོད་རྒྱ་ཚིག་མཛོད་ཆེན་མོ། p. 2705.] བྲིང་ག་རས་ཞེས་པ་ནི་གོ་དོན་ཇི་ཡིན་ཆ་མ་འཚལ། འདི་སྐོར་ལྡེའུ་ཆོས་འབྱུང་དུ་རྒྱལ་རབས་རིན་ཆེན་

སྤྱངས་པས་ལུང་དྲངས་མཛད་པ་ལས། བསྐོས་ལུགས་སྐྱང་ཆེན་སྣའི་བུམ་པ་ཡིན། སུ་ལ་དབང་བསྐུར་དེ་ལ་བསྐོ་བ་ཡིན། ཞེས་གསུངས། [ལྡེའུ་ཆོས་འབྱུང་། p. 209.]

[7] སྟག་གཟིག་ནོར་གྱི་རྒྱལ་པོ་བཤད་པ་ལ། ……ཡུལ་ཕྱོགས་ནུབ་ཡིན་ཟླ་བ་ཆོས་པའི་འོག ཅེས་བྱུང་། [ལྡེའུ་ཆོས་འབྱུང་། p. 211.]

[8] འདིའི་སྐོར་ལྡེའུ་ཆོས་འབྱུང་ལས། འབངས་ནི་གནོད་སྦྱིན་བུ་ཡིན་མི་སྡེ་བཞི། །བསྐོས་ལུགས་ནོར་བུ་རིན་ཆེན་སུས་ལོན་པ། །ཞེས་བྱུང་། [ལྡེའུ་ཆོས་འབྱུང་། p. 211.]

[9] དེ་ནས་གེ་སར་དམག་གི་རྒྱལ་པོ་ཡི། ……སྐར་མ་ཡུལ་ཕྱོགས་བྱང་ཡིན་སྐར་མ་སྨིན་བདུན་འོག ཅེས་འཁོད། [ལྡེའུ་ཆོས་འབྱུང་། p. 211.] དེ་ལྟར་གཟའ་སྐར་དེ་ཉིད་ས་ཕྱོགས་ས་དམིགས་མི་འགྱུར་བའི་གཟེར་དུ་འཛིན་པ་ནི་གནའི་ལུགས་སུ། སོང་གཤིས། དགོན་པ་ངོ་སྤྲོད་བྱེད་པར་ཡང་ཐབས་ཚུལ་དེ་སྤྱད་པ་ཡོད་དེ། དཔེར་ན། ནེའུ་པཎྜི་ཏའི་ཆོས་འབྱུང་དུ། དེ་ནས་ཡང་འདུལ་གྱི་གཙུག་ལག་ཁང་བཞི་བཞེངས་ཤིག་ཟེར་ནས། ཤར་ཕྱོགས་སུ་སྐར་མ་སྨིན་དྲུག་འཆར་བའི་འོག་ཏུ། དུང་ཕོར་པ་སྤྱུག་པ་འདྲ་བའི་གཙུག་ལག་ཁང་། ……བཞེངས། ……ལྷོ་སྐར་མ་ལག་སོར་འཆར་བའི་འོག་ཏུ། མེ་ཏོག་པདྨ་ཁ་ཕྱེ་བ་འདྲ་བའི་གཙུག་ལག་ཁང་། ……བཞེངས། ···ནུབ་ཟླ་བ་ཆོས་པའི་འོག་ཏུ། ལྕགས་ཀྱི་སྟོང་པོ་གནམ་དུ་སྤྲིང་བ་འདྲ་བའི་གཙུག་ལག་ཁང་། ……བཞེངས། ……བྱང་སྐར་མ་སྨེ་བདུན་འཆར་བའི་འོག་ཏུ། སྐྱེས་ཞུས་སྣ་ལྔ་ཕྱིན་པ་འདྲ་བའི་གཙུག་ལག་ཁང་། ……བཞེངས། ཞེས་བྱུང་བ་ལྟ་བུའོ། །[ནེའུ་པཎྜི་ཏ་གྲགས་པ་སྨོན་ལམ་བློ་གྲོས། སྔོན་གྱི་གཏམ་མེ་ཏོག་ཕྲེང་བ། བོད་ཀྱི་རྒྱལ་རབས་དེབ་ཐེར་ཁག་ལྔ། ལྷ་ས། བོད་ལྗོངས་བོད་ཡིག་དཔེ་སྐྲུན་ཁང་། 1990ལོ། 2011ལོའི་ཟླ་དྲུག་པར་དཔར་ཐེངས་གསུམ་པ་བཏབ། p. 17-18]

[10] ཡ་གད་འདི་བརྡ་རྙིང་སྟེ། སྐས་སམ་ཐང་རྟེན་ལ་འཇུག་པར་གསུངས། [བོད་རྒྱ་ཚིག་མཛོད་ཆེན་མོ། པེ་ཅིང་། མི་རིགས་དཔེ་སྐྲུན་ཁང་། 1985ལོ། p. 2540.] ལྡེའུ་ཆོས་འབྱུང་ལས། དེ་ནས་རྒྱ་ནག་གཙུག་ལག་རྒྱལ་པོ……བསྐོས་ལུགས་ལྕགས་ཀྱི་ལྷམ་བུ་ཕྱིན་ནས་སུ། །ཤིལ་གྱི་སྐས་ལ་སུ་ཐར་དེ་ལ་བསྐོ། །ཞེས་བྱུང་བས་བརྟག[ལྡེའུ་ཆོས་འབྱུང་། p. 210.]

[11] ཏ་ཟིག་གི་སྟོན་པའི་སྐོར། ལྡེའུ་ཆོས་འབྱུང་ལས། སྟོན་པ་འཕགས་པ་ཨརྱ་ཛམྦྷ་ལ། །ལས་སུ་དབུལ་འཕོངས་དྭཿཁ་སེལ་བ་ཡིན། །ཞེས་བྱུང་། [ལྡེའུ་ཆོས་འབྱུང་། p. 211.] ཨརྱ་ཛམྦྷ་ལ་ཞེས་པ་ནི། ཨརྱ་འཕགས་པ་དང་། ཛམྦྷ་ལ་ནི་ཛམྦྷ་ལ་སྟེ། ནོར་སྦྱིན་འཛིན་ཞེས་པའོ། །བསྡོམས་པས་འཕགས་པ་ནོར་སྦྱིན་འཛིན་ཞེས་པའི་ལེགས་སྦྱར་སྐད་དོད་དེ་ལགས། །

[12] ལྷ་མོ་འདིའི་སྐོར། ལྡེའུ་ཆོས་འབྱུང་ལས། འདུལ་བའི་སྟོན་པ་ལྷ་མོ་པན་ཅི་ཀ མཛད་པའི་ལས་སུ་ཕ་རོལ་དགྲ་དཔུང་འཇོམས། ཞེས་བྱུང་། [ལྡེའུ་ཆོས་འབྱུང་། p. 212.]

[13] འདིའི་སྐོར་ལྡེའུ་ཆོས་འབྱུང་ལས། ད་ནི་བོད་ཀྱི་བུར་རྒྱལ་པོའི་ཆད་ལུགས་གསུམ་སྟོན་ཏེ། ཞེས་བྱུང་། [ལྡེའུ་ཆོས་འབྱུང་། p. 215.]

[14] སྐོལ་འདི་རང་ཅག་གམ་རང་རེའི་དོན་ཅན་འོ་སྐོལ་ཞེས་པ་དང་གཅིག་གམ་སྙམ་ཏེ་དཔྱད།

[15] ཏུན་ཧོང་གཏེར་ཡིག་ཏུའང་། རྣམ་པ་གསུམ་དུ་ནི་གནམ་རིམ་པ་བཅུ་གསུམ་གྱི་སྟེང་ན། ཁྲི་བར་ལ་བདུན་ཚིག ཞེས་བགྱི། གནམ་གྱི་ལྷ་ལས། ས་ག་དོང་དྲུང་དུ། །འགྲེང་འགོ་ནག་གི་རྗེ་མེད་ཀྱི་རྗེ་དང་། དུད་ཛོག་ཆག་[ཆགས] བླ་མེད་ཀྱི་བླར། ……ཡུལ་བོད་ཀ་གཡག་དྲུག་དུ་བྱོན་ཞེས་མཆི། གང་ལགས་ཀྱི་མྱི་མངོན་སྟེ། གདུང་སྤྱུ་བོད་དང་སྤྱུ་རྒྱལ་དུ་གསོལ། ཞེས་བྱུང་། [བཛ་ཧྲིང་ཡིག་ཚའི་ཚིག་དོན་ཀུན་ཁྲོལ། ལན་གྲུ། 2001ལོ། p. 1.]

[16] ལྡེའུ་ཆོས་འབྱུང་དུའང་། དེ་ནས་གནམ་གྱི་མཐོངས་ཕྱེ། སྤྲིན་གྱི་གོ་བསལ་ནས་ས་དོག་མོ་ལ་གཟིགས་པས། ཞེས་འབོད་པས་རྒྱལ་རབས་འདི་དང་ལྡེའུ་ཆོས་འབྱུང་གཉིས་གཉའ་ཁྲིའི་སྐོར་གང་ལ་དཔྱད་གཞི་མཛད་པའི་ཁུངས་དེ་གཅིག་ཡིན་པར་སྣང་། [ལྡེའུ་ཆོས་འབྱུང་། p. 223.]

[17] ལྡེའུ་ཆོས་འབྱུང་ལས། འོ་དེ་གུང་རྒྱལ་བྱ་བ་དེ། ནམ་མཁའ་འཕྲུལ་ཙམ་ན་བཞུགས་པའི། གནམ་གྱི་ཐང་ང་དགུ་དང་བཤོས་པའི་སྲས་དགུ་བརྒྱ་རྩ་གཅིག་འབྲུངས་སོ། །ཞེས་དང་། དོན་ལ་སྤྱན་དྲངས་གཤེགས་རབས་ཉི་ཤུ་བདུན་སྐད་པ། དེ་ནས་ཕ་བ་ཐག་རིང་རྩེ་དགུ་ལ་དགུ། འཚེ་མིས་འཚེ་བཙུགས། དུང་འཕར་པོ་འཕར་ཚུང་གིས་སྨྲ་བསྒྲགས་རྒྱ་འབྲང་ཟངས་ཡག་ལ་ཕྱག་འཇུས། རྒྱ་སྐས་རིམ་དགུ་ལ་ཞབས་བརྟེན་ནས། ནམ་མཁའ་འཕྲུལ་ཙམ་དུ་གཤེགས་པ་དང་གཅིག དེ་ནས་གནམ་གྱི་མཐོངས་ཕྱེ། སྤྲིན་གྱི་གོ་བསལ་ནས……ཞེས་བྱུང་། [ལྡེའུ་ཆོས་འབྱུང་། p. 218. p. 223]

[18] འདི་དག་དང་ཆ་མཚུངས་པ་ཞིག་ནི། ལྡེའུ་ཆོས་འབྱུང་དུ་རྒྱལ་རབས་སྙིང་མ། ཅན་ལྡ་ཞེས་པ་ལུང་དྲངས་མཛད་པའི་གྲུས་ཡོ་གེ་ལྷ་གྲེས་ཅན་ཞེས་པར། དེ་ལྟར་རྗེ་གཉའ་ཁྲི་བཙན་པོ་དེ་བྱོན་པའི་ཁུངས་བཟང་སྟེ། རྒྱ་གར་གདུང་རྒྱུད་ཀྱི་རྒྱལ་པོ་ཡིན། གཤེགས་པའི་གནས་བཟང་སྟེ་གླིང་གི་སྙིང་པོ་གངས་རི་རྒྱུད[སུ་བྲུད]ཀྱི་ར་བས་བསྐོར་བ། ཆུ་བོ་བཞི་འདུས་པའི་མགོ གཙང་པོ་གཞུང་གསུམ་གྱི་མདའ། གངས་ཏི་སེ་གངས་ཀྱི་མཆོད་རྟེན་དང་། མཚོ་མ་ཕམ་གཡུའི་མཎྜལ་གྱི་དོན་མཚོན་པ། མི་ལས་ལྷར་གྲུབ་པས་དམ་པའི་ཆོས་ཀྱང་བྱང་ཕྱོགས་བོད་ཡུལ་འདིར་ཐ་མ་དར་བ་དང་། རྒྱལ་ཁྲིམས་ཀྱང་འདིར་བྱུང་བས། གླིང་གི་མཆོག ཡོན་ཏན་བདུན་དང་ལྡན་པས་འདིར་བྱོན་པའོ། དེ་ནི་ཆོས་ལུགས་ཀྱི་སྟོད་ལྷ་རབས་སོ། །ཞེས་བྱུང་། [ལྡེའུ་ཆོས་འབྱུང་། p. 230.]

མར་ཡུལ་བདག་པོའི་དེབ་བམ་ལ་དྭགས་ཆོས་འབྱུང་དུ། འོ་སྐོལ་ལྷོ་འཛམ་བུ་གླིང་གི་ལྟེ་བ། ཡུལ་གྱི་དབུས། སའི་སྙིང་། གངས་རི་རྒྱུད་ཀྱིས་བསྐོར་བའི་ར་བ། གངས་ཏི་སེ་ཤེལ་གྱི་མཆོད་རྟེན་གྱི་རྩ། མཚོ་མ་ཕམ་གཡུའི་མཎྜལ་གྱི་འགྲམ། རིན་པོ་ཆེ་གསེར་གྱི་འབྱུང་ས། ཆུ་བོ་ཆེན་པོ་བཞིའི་མགོ ཡུལ་དབང་བྱེད་རིམ་པ་དགུ་བྱུང་ཞེས་གཏམ་རྒྱུད་རྣམས་ལས་བཤད་ནའང་། བོད་རྒྱལ་ཕྲན་བཅུ་གཉིས་ཀྱིས་མནར་བའི་དུས། བཅོམ་ལྡན་འདས་ཀྱི་གདུང་རྒྱུད……མིག་བྱ་ལྟར་ཡས་འགེབས་པ། རྐང་ལག་དང་པ་ལྟར་འབྲེལ་བ། སྨིན་མ་གཡུའི་སྨིན་མ་སྐྱེས་པ། དུང་སོ་འཁོར་གཅིག་འབྲུངས་པས། ……རྐང་མགྱོགས་བཞིའི་གཉའ་བ་ལ་ཁྲི་བྱས་ནས་བྱང་གི་རི་དང་རགས་བསྒྲལ་ནས་བོད་ཡུལ་དབུས་ཀྱི་ལྷ་རི་གྱང་མཐོའི་ཁ་ལ་བསྐྱལ་ནས་བཞག་གོ……དེ་ལིང་པ་རྣམས་ཀྱིས་མཐོང་ནས་ཁྱོད་སུ་ཡིན་བྱས་པས། བཙན་པོ་ཟེར། གང་ནས་འབྱོན་བྱས་པས། སྐད་ནི་མི་ཤེས་ཏེ་ནམ་མཁའ་ལ་མཛུབ་མོ་བསྟན……དེ་མགོ་ནག་ཡོངས་ཀྱི་རྒྱལ་པོར་མངའ་གསོལ་ཏེ་

མཚན་ཡང་གཉའ་བར་ཁྲི་ལ་བཏེགས་པས་རྗེ་གཉའ་ཁྲི་བཙད་པོ་ཞེས་མཚན་དུ་གསོལ་ཏེ། ཞེས་བྱུང་། [བོད་ཀྱི་ལོ་རྒྱུས་དེབ་ཐེར་ཁག་ལྔ། ལྷ་ས། བོད་ལྗོངས་བོད་ཡིག་དཔེ་རྙིང་དཔེ་སྐྲུན་ཁང་། 2011ལོ། pp. 169-70.]

[19] འཁྲིང་སྒྱིའི[མིའི]རྗེ་། ཏུད་ཇོག་ཆགས་ཀྱི་རྗེའུ་དུ་། ལྷ་ལས་སྒྱིའི[མིའི]རྗེར་གཤེགས་སོ་། ཞེས་པ་ནི། སྤྱིར་མི་ཕྱུགས་གཉིས་ལ་འཁྲིང་མགོ་ནག་དང་ཏུད་ཇོག་ཆགས་ཟེར་བ་ལྟར་དང་། ཏུན་ཧོང་གཏེར་ཡིག་ཏུ། རྣམ་པ་གསུམ་དུ་ནི་གནམ་རིམ་པ་བཅུ་གསུམ་གྱི་སྟེང་ན། ཁྲི་བར་ལ་བདུན་ཚིག ཤེས་བགྱི། གནམ་གྱི་ལྷ་ལས། ས་ག་དོང་དྲུང་དུ། འཁྲིང་འགོ་ནག་གི་རྗེ་མྱེད་ཀྱི་རྗེ་དང་། ཏུད་ཇོག་ཆག་ཐླ་མྱེད་ཀྱི་ཐླར། སློན་པོ་ལྔོ་རྗེགས། ཆེན་པོ་མཆེ་གཙོ། ཕྱག་ཚང་ཤ་སྤྱུག མྱི་རྗེ་ལྷ་དང་བདུད། དུ་བརྒྱུས་ནས། ཡུལ་བོད་ཀ་གཡག་དྲུག་དུ་ཕྱོན་ཞེས་མཆི། གང་ལགས་ཀྱི་མྱི་མངོན་སྟེ། གདུང་སྤུ་བོད་དང་སྤུ་རྒྱལ་དུ་གསོལ། ཞེས་དང་། [བརྡ་རྙིང་ཡིག་ཚའི་ཚིག་དོན་ཀུན་ཁྲོལ། ལན་ཀྲུའུ། 2001ལོ། p. 1.]

གྲི་གུམ་བཙན་པོའི་སྲས་ཤ་ཁྱི་དང་ཉ་ཁྱི་སྐོར་བསྟན་སྐབས། འཁྲིང་ནི་བཙོན་དུ་བཟུང་། ཏུད་ནི་མནངས་སུ་བཆད་ནས། ……བཤོས་ན་ནི་སྤུ་དེ་གུང་རྒྱལ། གྲོངས་ན་ནི་གྲང་མོ་གནམ་བསེའ་བརྩིག འཁྲིང་མགོ་ནག་གི་རྗེ། ཏུད་ཇོག་ཆགས་ཀྱི་རྗེའུ་དུ་གཤེགས་སྒྲོ། །ཞེས་དང་། །བརྡ་རྙིང་ཡིག་ཚའི་ཚིག་དོན་ཀུན་ཁྲོལ། ལན་ཀྲུའུ། 2001ལོ། p. 19.]བཙན་པོ་ཁྲི་སྲོང་ལྡེ་བཙན་གྱི་རིང་ལ། །ཆོས་བཟང་སྲིད་ཆེ་སྟེ། རྒྱལ་པོ་ནི་གནམ་ས་གཉིས་ཀྱི་བར་ཡུལ་དུ་བནམ་ཞིང་། འཁྲིང་ཏུད་གཉིས་ཀྱི་རྗེ་དང་བདག་མཛད་པའི་གཙུག་ལག་ཆེན་པོ། མྱིའི་དཔེར་ཙུང་བ་མཛད་དོ། །བརྡ་རྙིང་ཡིག་ཚའི་ཚིག་དོན་ཀུན་ཁྲོལ། p. 101.]

ཏུན་ཧོང་གཏེར་ཡིག P. T. 1038ཡིག་ཐྲེང་13ནས་17པ་ལས། གནམ་གྱི་ལྷ་ལས། ས་གདོག་དྲུག་དུ། འཁྲིང་འགོ་ནག་གི་རྗེ་མྱེད་ཀྱི་རྗེ། ཏུད་ཇོག་ཆག[ཆགས]ཐླ་མྱེད་ཀྱི་ཐླར། སློན་པོ་ལྔོ་རྗེགས། ཆེན་པོ་མཆེ་གཙོ། ཕྱག་ཚང་ཤ་སྤྱུག མྱི་རྗེ་ལྷ་དང་བདུད། དུ་བརྒྱུས་ནས། ཡུལ་བོད་ཀ་གཡག་དྲུག་དུ་ཕྱོན་ཞེས་མཆི། [ཏུན་ཧོང་ནས་ཐོན་པའི་བོད་ཀྱི་ལོ་རྒྱུས་ཡིག་ཆ། པེ་ཅིང་། 1992ལོ། p. 83.]འཁྲིང་མགོ་ནག་ཀུན་གྱི་རྗེ་བོ་དང་། ཏུད་ཇོག་ཆགས་ཀྱི་བདག་པོ་ཞེས་པའི་བདག་པོ་ཞེས་པ་དེར་འདིར་ཐླ་ཞེས་སྦྱར་བ་དང་། འགའ་རེར་རྗེའུ་དང་རྗེའུ་བུ་ཞེས་སྦྱར་བའང་གོང་དུ་གསལ་བ་ལྟར་དང་། ཆོས་འབྱུང་མེ་ཏོག་སྙིང་པོ་སྦྲང་རྩིའི་བཅུད་ལས། ལ་ལ་ན་རེ། འགྲོ་བ་མི་ལ་རྗེ་མེད། དུད་འགྲོ་ཇོག་ཆགས་ལ་སྐྱེན(རྗེན)དུ་མེད་ནས་ལྷ་རི་གྱང་མཐོའི་ཁ་ནས་ཕྱིའི་རྒྱད་པོ་གཅིག་གིས་ལྷས་སྦྱོན་ལན་གསུམ་བྱས་པས་ལྷའི*སྟོངས*[ལྷ་སྣ་ཚོགས]བཅུ་གཅིག་བྱུང་སྟེ་དེ་ལ་མིའི་ལྷར་མི་འདོད་བྱས་ནས་གནམ་དུ་སྤུར་ཏེ་བཏང་། སྲིད་པའི་ལྷ་རབས་མཆེད་བདུན་གྱི་བདུན་ཚིགས་སུ་སོང་། མིང་ཡང་ལྷ་གར་མ་ཞེས་བྱའོ། །དེ་ནས་ཡང་ལྷ་རིའི་ཁ་ནས་ཕྱིའི་རྒྱན་མོས་ལྷས་སྦྱོན[ལྷ་འབོད་དམ་ལྷ་བརྡར་ཞེས་པ་ལྟ་བུ་མགོན་སྐྱབས་སོགས་སུ་ལྷ་གང་ཙུང་ཞིག་འབོད་པའམ་འབེབས་པའི་ཚོ་ག་ཞིག་ཡོད་པ་དེ་དང་མཚུངས་སམ་སྙམ]ལན་གསུམ་བྱས་པས་གནམ་རིམ་པ་བཅུ་གསུམ་གྱི་ཁ་ནས་གཉའ་ཁྲི་བཙན་པོ་བྱོན་པ་ཡིན་ཟེར། ཞེས་འཕོད། [ཆོས་འབྱུང་མེ་ཏོག་སྙིང་པོ་སྦྲང་རྩིའི་བཅུད། ལྷ་ས། 1988ལོ། p. 157.]

ལྡེའུ་ཆོས་འབྱུང་དུའང་། [གཉའ་ཁྲི་བཙན་པོར]མི་རྗེ་མེད་ཀྱི་རྗེར་གཤེགས། གཡག་བདག་མེད་ཀྱི་བདག་ཏུ་གཤེགས།

དུད་རྐྱེན་མེད་ཀྱི་རྐྱེན་དུ་གཤེགས་ཞུས་པས། ཞེས་དང་། དེ་ནས་[ངར་ལས་སྐྱེས་ཀྱིས]ཡབ་ཀྱི་གོ་བཀྱིས་ནས། སྲུས་བཙལ་ཏེ་ད་ཕྲུག་མཆེད་གསུམ་གྱི་རྩར་ཐར་ཤགས་ཀྱིས་ཕྱིན་ནས། ཡབ་ཀྱི་སྐུ་མཚལ་གཉེར་འཚལ། བཞུགས་ཡུལ་གྱི་མཁར་བདག་མཛད་འཚལ། མགོ་ནག་གི་རྗེ་དང་ཇོག་ཆགས་ཀྱི་རྐྱེན་བུ་མཛད་འཚལ་ཞུས་པས། གཅེན་ཤ་ཁྲི་དང་གཅུང་བྱ་ཁྲིས་མ་གནང་། འབྲིང་པོ་ཉ་ཁྲིས་གནང་སྟེ། ཞེས་བྱུང་ངོ་། [ལྡེའུ་ཆོས་འབྱུང་། p. 222; p. 234]

ཇོག་ཆགས་འདི་སྤྱིར་དུད་འགྲོ་སྒོ་ཕྱུགས་ལ་གོ་བ་དང་། གླིང་སྨུང་ལྷ་བུ་སྐབས་འགའ་ཞིག་ཏུ་སྒོ་ཕྱུགས་དང་རི་དྭགས་ཚང་མའི་སྤྱི་མིང་ལྟ་བུར་གོ་དགོས་པའང་ཡོད་དེ། དཔེར་ན། རྔེ་ར་ར་ཇོང་དུ། རྨ་ཐང་སྟེང་གི་ཁ་དཀར་རྒྱང་། ཇོག་ཆགས་གཞན་ལས་མྱུར་མགྱོགས་ཆེ། ཞེས་བཤད་པ་ལྟ་བུ་ལགས། [རྔེ་ར་ར་ཇོང་། ལྷ་ས། བོད་ལྗོངས་མི་དམངས་དཔེ་སྐྲུན་ཁང་། 2003ལོ། p. 171.]

[20] གཙུག་ལག་སྐོར་མཁས་དབང་དུང་དཀར་བློ་བཟང་འཕྲིན་ལས་པས། ༡ གཙུག་ལག་གི་གནས་ཀྱི་གཙུག་ལག་རིག་གནས་ཞེས་པའི་གཙུག་ལག་སྟེ། རིག་གནས་ཆེ་བ་ལྔ་དང་། ཆུང་བ་ལྔ་ལ་ཟེར་ཞིང་། སྤྱིར་གཙུག་ལག་ཅེས་པའི་གོ་དོན་མང་པོ་ལ་འཇུག་པ་ཡོད། ཅེས་དང་། ༢ གཙུག་ལག་རྣམ་གཉིས། ཆོས་ཀྱི་གཙུག་ལག་དང་སྲིད་ཀྱི་གཙུག་ལག ༣ གཙུག་ལག་བཞི། སྲིད་སྲུང་དང་། ངེས་བརྗོད། མཆོད་སྦྱིན། སྨན་ཚིག་སྟེ་ཕྱི་རོལ་པའི་རིག་བྱེད་བཞི། ཞེས་འགྲེལ་བརྗོད་གནང་འདུག [དུང་དཀར་ཚིག་མཛོད་ཆེན་མོ། p. 1666.] ཐང་ཁྲིམས་སྐོར་འགྲེལ་བ་ལོགས་སུ་མཛད་པ་མ་མཐོང་། ཐང་མཚམས་སུ་པབས་ཞེས་པའི་ཐད། རྒྱལ་རྒྱུད་སྲུས་མང་པོ་ཡོད་པའི་ནང་ནས་གཅིག་རྒྱལ་པོར་བསྐོས་ནས་གཞན་རྣམས་འབངས་ཀྱི་གྲས་སུ་ཕབ་པ་སྟེ། ཞེས་བྱུང་བས། [དུང་དཀར་ཚིག་མཛོད་ཆེན་མོ། pp. 1035-36.] ཐང་འདི་རྒྱལ་པོའམ་མངའ་ཁོངས་མངའ་རིས་སོགས་ལ་གོ་དགོས་སམ་སྙམ། དེ་བདེན་ན། ཐང་ཁྲིམས་འདི་རྒྱལ་ཁྲིམས་སམ་རྒྱལ་སྲིད་ལ་གོ་དགོས་པར་སྣང་སྟེ་ཞིབ་དཔྱད་ཡོད་པ་མཁྱེན། །

[21] འདི་སྐོར་ལྡེའུ་ཆོས་འབྱུང་རྒྱས་པ་ལས། དང་པོ་གནོད་སྦྱིན་ནག་པོ་ཞེས་བྱ་བ་བྱུང་སྟེ། ཡུལ་མིང་ཡང་བཟངས་ཡུལ་རྒྱན་མེད་བྱ་བར་བཏགས། །ལག་ཆར་མདའ་གཞུ་འཕེན་པ་དེ་ནས་བྱུང་། ཞེས་གསུངས་པ་སྟེ། ཡུལ་མིང་མི་འདྲ་བ་ཞིག་བྱུང་། [ལྡེའུ་ཆོས་འབྱུང་། p. 212.]

[22] ལྡེའུ་ཆོས་འབྱུང་དུའང་དེ་དང་འདྲ་སེ་བ། བརྒྱད་པ་*ཀླུས*དབང་བོད་ཁམས་གླིང་དགུར་བཏགས། །ཞེས་པ་ཞིག་གསུངས། [ལྡེའུ་ཆོས་འབྱུང་། p. 213.] *ཀླུས*ཞེས་བྲིས་པ་ནི། འདིའི་གོང་དུ། ལྔ་པ་ཀླུས་དབང་བྱས་ངམ་བྲང་ཅང་བྲང་ཟེར། ཞེས་བྱུང་བས་དེ་དང་ཟློས་སོ་སྙམ་སྟེ་དཔེ་སྐྲིག་པས་སྐར་རྟགས་འདི་བཏབ་པར་སེམས།

[23] ཧུས་རྒྱ་མ་སངས་ནི། མ་སངས་ཧུས་རྒྱའམ་མ་སངས་ཧུས་དགུ་དང་གཅིག་ཡིན་ནམ་སྙམ། གྲངས་འདྲེན་སྐོར། ལྡེའུ་ཆོས་འབྱུང་རྒྱས་པ་ལས། མ་སངས་ཧུ[ཧུས]བརྒྱད། གཡང་འབྲུམ་སི་ལེ་དང་དགུའོ། །མ་སངས་ཧུས་དགུ་ནི། གཉན་མ་སངས་གཡའ་སྤང་སྐྱེས་གཅིག་དང་གཅིག གར་མ་སངས་གཙོ་གར་སྐྱེས་ཀྱི་སྡིག་ནས་ཚད་དང་གཉིས། གཉན་མ་སངས་ངན་ལམ་རྩང་སྐྱེས་དང་གསུམ། ཏུབ་མ་སངས་ཐོ་གར་སྐྱེས་དང་བཞི། ཤེ་མ་སངས་ཐོད་དཀར་ནམ་ཚང་དང་ལྔག མི་

མ་སངས་རྒྱ་མཚོ་སྐྱེས་ཀྱི་དྲ་ང་འགྱུར་དང་བདུན། ཨོད་མ་མ་སངས་སྟོན་ནམ་ཚ་དང་བརྒྱད། ཅེས་སོ། །[ལྡེའུ་ཆོས་འབྱུང་། p. 213.]

[24] སྐབས་འདིའི་སྲུང་དང་ལྡེབས་ནི་སྒྲུང་དང་ལྡེའུ་ལ་གོ་དགོས་སྙམ། ལ་དྭགས་རྒྱལ་རབས་ལས་ཀྱང་། དེའི་སྲས་ཐོ་རེ་ལོང་བཙན་ཞེས་བྱ་སྟེ། ……འདི་མན་ཆད་འབངས་དང་གཉེན་བསྲེས་ཏེ། ཐོ་ཐོ་རེ་ལོང་བཙན་སླ་ཚ་ཀླུ་རྒྱལ་ཞེས་པའི་སྲས་ཁྲི་བཙན། འདིའི་རིང་ལ་བསྲུང་དང་ལྡེམ[ལྡེབས]དར། དེ་སྲས་ཁྲི་ཐོག་རྗེ་ཐོག་བཙན། དེ་ཡི་སྲས་ལྷ་ཐོ་ཐོ་རི་སྙན་བཤལ……ཞེས་བྱུང་། [བོད་ཀྱི་ལོ་རྒྱུས་དེབ་ཐེར་ཁག་ལྔ། ལྷ་ས། 1990ལོ། 2011ལོའི་ཟླ་དྲུག་པར་དཔར་ཐེངས་གསུམ་པ་བཏབ། p. 172.] མངའ་རིས་ཏུ་ཐོག་སོགས་ཀྱི་ཡུལ་སྐད་དུ་སྒྲིང་སྒྲུང་ལ་ཧྲུང་ཞེས་འབོད། དེའང་དང་པོའི་དག་ཆ་ནི་སྲུང་ཡིན་པར་སྒྲིར་ན་ཐེ་ཚོམ་མེད། ལྡེའུ་ལ་ལྡེབ་ཅེས་འབོད་པ་ཡུལ་སྐད་མང་པོའི་ནང་ཡོད་པས་འདི་ཙམ་གྱིས་འཐུས་པར་བྱས།

[25] དབུས་གཙང་པའི་ཕལ་སྐད་དུ་སྐོག་ཇན་སྤྲིན་པར་སུག་སྤྲིན་ཞེས་པ་འབོད་པ་དང་འདྲའམ་དཔྱད། སུག་སྤྲིན་འདིའི་དང་པོའམ་དཀྱུས་མའི་གོ་དོན་ནི་ཇན་པའམ་གདང་རག་སྤྲིན་པ་ཙམ་ཞིག་ཡིན་པ་ལ། འཕྲིས་རིམ་གྱིས་སྐོག་ཇན་ལ་སྤྱར་བ་མིན་ནམ་སྙམ། འདིར་སུག་སྤྲིན་གྱི་དང་པོའི་གོ་དོན་ལྟར་གདང་རག་སྤྲིན་པ་ཙམ་ཞིག་ཏུ་གོ་ན་འཐད་པར་མཐོང་།

[26] སྟོན་བྱུང་གི་གཏམ་མེ་ཏོག་ཕྲེང་བ་ལས། ཁྲི་གུམ་བཙན་པོ་སྐྱེ་བདུན་ནོ། སྟེང་གཅིག་ནི་འོ་སྡེ་རྒྱལ་ལོ། དེའི་དུས་སུ་སོ་བྱེད་པ་བྱུང་ངོ་། དེའི་དུས་སུ་སོག་པོ་དང་། སྟག་གཟིག་གི་མཚམས། ཡུལ་ཟླུམ་པཀྵ་ཞེས་བྱ་ན། མུ་སྟེག་བྱེ་བྲག་པ་དང་། གར་པའི་སྟང་བོན་པོ་གཤེགས་པོ་ཆེ་བྱ་བ་གཅིག་བྱུང་སྟེ། གསོན་གྱི་ལྷ་གསོལ། གཤིན་གྱི་འདྲེ་འདུལ། བཙན་ཁ་བཞི་དང་། མགྱོགས་པ་སྡེ་བརྒྱད་ལ་ཞུགས་ཤང་དང་། ཧྲང་ཤུད་རྩམ་འཁོར་བ་ཞིག་བྱུང་ངོ་། ཞེས་འབོད། [བོད་ཀྱི་རྒྱལ་རབས་དེབ་ཐེར་ཁག་ལྔ། ལྷ་ས། 1990ལོ། 2011ལོའི་ཟླ་དྲུག་པར་དཔར་ཐེངས་གསུམ་པ་བཏབ། p. 5.]

[27] སྟུག་ཅིང་སྤ་བར་གཟིགས་ནས་ཞེས་པ་ནི། མཇོས་སྟུག་ཡིད་དུ་འོང་བར་མཐོང་ནས་ཞེས་འགྲེལ་དགོས་པར་སེམས། སྤ་བ་ནི་བརྗ་རྙིང་སྟེ་བརྒྱན་པའི་དོན་ནོ། །

[28] འདད་ནི་ཤིད་དང་འདུར་སོགས་དང་འདྲ་བར་འདས་མཆོད་གཏོང་བར་གོ་དགོས། དེའང་གཙོ་བོ་ལྷ་བུ་མི་ཆེན་དཔོན་ཆེན་དག་ལ་སྤྱར་བ་ལ་ལས་འབངས་ཕལ་པ་ལ་མི་བགོལ་བའི་བརྡ་ཆད་དམིགས་བསལ་ཅན་ཞིག་ལགས།

དཔའ་བཞེད་ལས། [གཉའ་ཁྲི་བཙན་པོ་བྱོན་པའི] དུས་དེ་ཙམ་ན་མི་གུམ་ཡང་ས་ལ་འདད་གཏང་བ་དང་བང་སོ་བརྩིག་མི་འཚལ། དེ་ནས་སྲས་ཆིབས་ཁ་ཐུབ་ནས་ཡབ་དགུང་དུ་གཤེགས་ཏེ་འདད་བཏང་བ་རྫུན་ཆད་དུ། ལྷ་ཐོ་ཐོ་རི་སྙན་ཤལ་དང་གྲང་ལུང་གི་གུང་སྐྱན་དུ་བཤོས་ཏེ། གཏོད་འདད་གཏོང་བ་ཡང་གྲང་ལུང་གི་གུང་སྐྱན་གྱིས་གཏོང་ངོ་། །ལྷ་ལ་ལྷ་འདུར་ཞེས་ཀྱང་བགྱིསྟེ། རྗེའི་གཏོད་འདད་དང་། འབངས་ཀྱི་འདུར་ལུགས་དེ་རྫུན་ཆད་དུ་བྱུང་བ་ལགས་ཏེ། ཞེས་གསུངས། [དཔའ་བཞེད། གངས་ཅན་རིག་མཛོད་དེབ༥༨པ། ལྷ་ས། བོད་ལྗོངས་བོད་ཡིག་དཔེ་རྙིང་དཔེ་སྐྲུན་ཁང་། 2011ལོ། pp. 56-8.] གཏོད་འདད་ལྟ་བུ་ནི་གཏོང་འདད་མིན་ནམ་སྙམ་སྟེ། གཏོད་འདད་གཏོང་བ་དང་། འདད་གཏང་བ་ཞེས་བྱུང་བའི་ཕྱིར། གཏོད་འདད་ཀྱི་གོ་དོན་ནི་འདད་ཀྱི་བྱ་བ་སྐོར་གཅིག་ཆ་ཚང་བརྩམས་པ་དེའི་མིང་དུ་སྣང་།

ཤིད་འདི་འབབས་ཕལ་པའི་འདས་མཆོད་ལ་གོ་བ་དང་། འདས་མཆོད་ཀྱི་སྤྱི་མིང་དུ་གོ་བའི་གནས་སྐབས་གཉིས་ཡོད་གཤིས། ཕྱི་མའི་སྐོར། དཔེར་ན། རྒྱལ་རབས་འདིར། ཤིད་ནི་ནག་པོ། གསོན་དུར་དུ་བྲུབ་ཅིང་སྡིག་པས་རྫོངས་སུ་འདེབས་པ་···ཞེས་པ་དང་། དབའ་བཞེད་ལས། དབོན་འ་ཞ་རྗེ་ཉིད་ཀྱི་བོན་ཤིད་ནག་པོ་བཏབ་པས་འ་ཞའི་རྒྱལ་སྲིད་བརླག་སྟེ་སུམ་རྒྱལ་གྱི་མངའ་རིས་སུ་འདུས་པ་ལགསོ། །མཆིམས་དགས[དྭགས]པོའི་རྒྱལ་པོས་ཤིད་ནག་པོ་བཏང་བས་མཆིམས་ཀྱི་རྒྱལ་སྲིད་བརླག་སྟེ་ད་ལྟ་ཞང་བཙན་བཞིར་དག་ཀྱང་འབབས་ཚད་མར་གྱུར་པ་ལགས་སོ། །སྤུབས་རྗེ་སྲིབས་པོས……བྱར་མི་བཏུབ་པའི་བོན་ཤིད་ནག་པོ་བཏང་བས། སྤུབས་ཀྱི་རྒྱལ་སྲིད་བརླག་སྟེ་སྤུབས་ཁབ་སྐྱ་མོ་དང་ཆས་ཏེ་བོད་ཀྱི་མངའ་རིས་སུ་འདུས་པ་ལགས་སོ། །ཞེས་བྱུང་བ་ལྟ་བུ་ལགས། [དབའ་བཞེད། p. 56-8.]

ཡང་མཚམས་རེ། འདད་ཤིད་ཅེས་ལྷན་དུ་སྡེབས་ནས་འདས་མཆོད་ཀྱི་སྤྱི་མིང་དུ་སྦྱར་བའང་ཡོད་དེ། དབའ་བཞེད་དུ། དེ་ནས་བན་དེ་རྣམས་ཀྱིས་ལྷའི་བུ་དྲི་མ་མེད་པའི་མདོ་ལ་བརྟེན་ནས་འདད་ཤིད་དཀར་ཆོས་སུ་མཛད། ཅེས་འཁོད་པ་ལྟར་ལགས། །[དབའ་བཞེད། p. 56-8.]

[29] སློབ་དཔོན་ཐོན་མིའི་མཚན་འདི་དང་ཆ་འདྲ་བ་ཞིག་འཐོན་མི་སམ་པོ་ར་འམ་གསམ་པོ་ར་ཞེས་པ་བྲིས་པའང་ཡོད་དེ། རྒྱལ་རབས་རྙིང་མ་དབའ་བཞེད་ཅེས་པར། རྒྱ་གར་གྱི་ཆོས་དང་ཡི་གེའི་དཔེ་ལེན་པར་འཐོན་མི་སམ་པོ་ར་ལ་བཀའ་སྩལ་ཏེ་བཏང་ནས། ཡིག་མཁན་རྒྱ་གར་གྱི་ལི་བྱིན་ཞེས་བགྱི་བ་ཞིག་ཀྱང་ཁྲིད་དེ་མཆིས། ཆོས་དཀོན་མཆོག་སྤྲིན་དང་། དགེ་བ་བཅུ་བཅོལ་ནས་མཆིས་ཏེ། ཆོས་ནི་ཕྱིང་བའི་ཕྱག་མཛོད་དུ་ཕྱག་རྒྱས་སྩལ་ཏེ་ཡི་གེ་ནི་ལི་བྱིན་དང་གསམ་པོ་རས་རྒྱ་ཡིག་བོད་ཡིག་ཏུ་བསྒྱུར། ཞ་འབྲིང་ནང་པ་བཞི་ལ་བསླབས། ཞེས་དང་། ཞང་བློན་གྱི་བུ་ཚ་ལ་སོགས་པ་ཀུན་འཐོན་མི་གསམ་པོ་ར་དང་། རྒྱ་གར་གྱི་ལི་བྱིན་ལ་ཡི་གེ་སློབ་ཏུ་སྩལ་ཏེ་ཡི་གེ་ནི་དེ་ཙུན་ཆད་བོད་ལ་གདའ་བ་ལགས། ཞེས་གསུངས། [དབའ་བཞེད། p. 2; p. 4.]

[30] འདི་བོད་ཀྱི་གསོ་རིག་ལས་གསུངས་པའི་ཟས་སྤྱོད་སྨན་དཔྱད་དེ། གསོ་ཐབས་རྣམ་བཞིའི་མཐའ་མ་དཔྱད་ཀྱི་ནང་གསེས་གཏར་ཁ་གཏོང་བ་ལུས་ལ་རྨ་བཟོས་པའི་གོ་དོན་ཅན་དེ་སོགས་དཔེར་བླངས་ནས། མཚོ་ལ་ཁ་ཤོ་གཏོང་པར་གཏར་ཁ་གཏོང་བ་ཞེས་བཤད་པར་འདོད་དོ། གོང་སྨོས་མཚོ་ལ་གཏར་ཀ་གཏོང་བ་སོགས་ལ་དྭགས་རྒྱལ་རབས་སུའང་། དེའི་སྲས་ཁྲི་སྙན་བཟུང་བཙན། དེའི་རིང་ལ་འཕྲོག་སྐྱོང་བ་དང་། ཞིང་གི་ཐུལ་སྡེབས་དང་། མཚོ་ལ་སྟར་ཀ་བྱས་ནས་ཡུར་བ་དྲངས་པ་དང་། ཕུ་ཆུ་ཟིང་ལ་བསྐྱིལ་ནས་མཚན་ཆུ་ཉིན་ལ་དྲངས་པ་སོགས་དེའི་དུས་སུ་བྱུང་ངོ་། ཞེས་བྱུང་། [བོད་ཀྱི་ལོ་རྒྱུས་དེབ་ཐེར་ཁག་ལྔ། ལྷ་ས། 2011ལོ། p. 173.]

[31] འདི་དང་ཆ་འདྲ་བ་ཞིག་ནེལ་པ་པཎྜི་ཏ་སྨོན་ལམ་བློ་གྲོས་ཀྱིས་སྔོན་གྱི་གཏམ་མེ་ཏོག་འཕྲེང་བར། བཞི་པ་འཛངས་པ་ཐོན་མི་སམ་བྷོ་ཊ། དེ་ཡིས་ཅི་བྱས་ན། ཀ་ཁ་སུམ་ཅུ་གུ་ཀྱེད་བྱས། འདོགས་དང་སྦྲེལ་གྱིས་ཚོགས་སུ་བཅད། ཤད་ཀྱིས་བཅད་ནས་ཚིག་ཏུ་སྦྱར། དེའི་གོང་ན་བོད་ལ་ཡི་གེ་མེད། ཅེས་གསུངས་སོ། །[བོད་ཀྱི་ལོ་རྒྱུས་དེབ་ཐེར་ཁག་ལྔ། ལྷ་ས། 1990ལོའི་པར་གཞི། 2001ལོའི་པར་ཐེངས་གསུམ་པ། p. 10.]

[32] དབའ་བཞེད་དུ། སྙེར་སྟག་བཙན་ལྡོང་གཟིགས་ཞེས་བྱ་བ་ཞིག་བྱུང་ཞིང་། ཁྲི་སྲོང་ལྡེ་བཙན་སྐབས་ཆོས་བློན་རྗོད་པའི་ཤགས་མཁན་གྱི་གྲས་ཡོད་པར་གསུངས་མོད། འདི་དང་མཛངས་མི་བདུན་གྱི་གྲས་སྙེར་སྟག་བཙན་ལྡོང་གཟིགས་གཉིས་གང་ཟག་གཅིག་ཡིན་མིན་བརྟག་དགོས་པར་སེམས། [དབའ་བཞེད། p. 27.]

[33] ཞལ་བསྒྲོའི་གོ་དོན་ནི། སྨྲུན་དབྱེ་བ་སྡེ་རྨང་གཞི་དང་གཞི་འཛུགས་པ་དེ་ཡིན་པར་གསུངས། [བཙན་ལྷ་ངག་དབང་། བརྡ་དགྲོལ་གསེར་གྱི་མེ་ལོང་། པེ་ཅིང་། མི་རིགས་དཔེ་སྐྲུན་ཁང་། 1997ལོ། p. 767.] དེ་བཞིན་དུ་ཞིག་གསོ་ཞེས་པའང་སྔར་གྱི་ཡིག་རྙིང་དག་ལ་ཞིག་བསྒྲོ་ཞེས་བྲིས་པ་མང་། ཞལ་བསོའམ་བསོ་ཞེས་བྲིས་པའང་སྣང་། དབའ་བཞེད་དུའང་ཞལ་བསྒྲོ་ཞེས་འཁོད་དོ། །

[34] ཧྨ་ན་ཤཱཀྱི་ཡེ་ཤེས་ཞི་བ་ཞེས་པའི་ཧྨ་ཡིག་ཀློག་སྲོལ་ནི་ཡོངས་གྲགས་ལྟར་ན་འགྱུ་ཞེས་འདོན་དགོས་པ་ལ། སྔགས་ཀློག་ཏུ་གསུངས་པ་ལྟར་ནུབ་ཕྱོགས་ཁ་ཆེའི་ལུགས་སུ་གཉའ་ཞེས་འདོན་པས་ན། འདིར་གཉའ་ན་ཞེས་བྱུང་བ་ལགས།

[35] ཞང་ཡེ་ཤེས་སྡེའི་མཚན་གྱི་རྣམ་གྲངས། དབའ་བཞེད་དུའང་དེ་སྐད་གསུངས། [དབའ་བཞེད། p. 51.]

[36] འདིའི་སྐོར་དབའ་བཞེད་དུ།(བསམ་ཡས་ཀྱི) མཆོད་རྟེན་འང་བརྩིགས་ཞེས་པའི་ཐད་དུ། མཆོད་རྟེན་དཀར་པོ་ཤུད་ཕུ་ཏྲ[རྒྱ]ལྦ་རེ་རེ་མིས། ……(བརྩིགས)ཞེས་མཆན་བུ་བཏབ་འདུག [དབའ་བཞེད། p. 32.]

[37] དབའ་བཞེད་དུ། ངན་ལམ་སྟག་ར་ཀླུ་གོང་ཞེས་འཁོད། [དབའ་བཞེད། p. 50.]

[38] ཞ་སྔ་ནས་ནི་ཞལ་སྔ་ནས་ཞེས་པ་དེའི་གནའི་འབྲི་སྲོལ་དེ་ཡིན། ཏུན་ཧོང་གཏེར་ཡིག་དང་གནའ་བོའི་རྡོ་རིང་སོགས་སུ་མང་དུ་བྱུང་། ཆེ་གེ་མོའི་ཞལ་སྔ་ནས་ཞེས་རྒྱལ་པོ་དང་བཙན་པོ་དེ་བཞིན་བླ་མ་དགེ་བའི་བཤེས་གཉེན་སོགས་ཀྱི་མཚན་མཐར་དེ་སྦྱར་བ་ནི་ཆེ་བརྗོད་ཀྱི་བརྡ་སྟེ། སྐུ་ངོ་མ་ཞེས་པའམ། བཙན་པོ་ཆེ་གེ་མོ་ཁོང་ལྟ་བུའི་ཁོང་ཞེས་པ་གང་གི་མཚན་འདས་མ་ཐག་པ་དེ་མཆོན་བྱེད་ཀྱི་ཆེ་བསྟོད་ཀྱི་བརྡ་ཞིག་ཡིན་པར་སྣང་། ཞ་སྔ་ནས་ཀྱི་སྐུ་ཆེ་བའི་ཡོན་ཏན་དང་། ཞ་སྔ་ནས་རང་བཞིན་ཞི་དེས་ཆེ་ཞིང་ཞེས་པ་ལྟ་བུའི་ཚིག་སྦྱོར་སྦྱར་སྲོལ་ཡོད་པས། ནས་འདི་སྐབས་འདིར་མིང་མཐའ་ཙམ་སྟེ། འབྱུང་ཁུངས་དཀར་སྟུད་སོགས་ཀྱི་བརྡ་དོན་སྟོན་པའི་འབྱུང་ཁུངས་ཀྱི་ཕྲད་དངོས་གཞི་མིན་པར་སེམས།

[39] ཅབས་འདི་བརྡ་རྙིང་གི་ཚིག་མཛོད་སོགས་སུ་མ་གསལ། ཚིག་གོང་འོག་དང་འབྲེལ་ན་གྲལ་གྲས་སུ་ཞེས་པར་གོ་ན་འཐད་དམ་སྙམ། གཞན་དུ་གྲབས་ཞེས་པའམ་ཨ་མདོའི་ཡུལ་སྐད་དུ་དེའི་གྲས་སུ་ཟེར་རྒྱུར་དེའི་ཅབས་སུ་ཟེར་བ་དང་འབྲེལ་ལམ་བརྟག

[40] ལི་ཡུལ་ལུང་བསྟན་དུ། སྔེ་གཉིས་ཀྱི་སྐོར་འཁོད་ཡོད་དེ། དེར་གཟིགས་ཞུ།

[41] ཏེ་ཡིག་འདི་ཐག་པ། ལག་པ། ཤུ་བ། ཁ་བ། ཁུངས་མ། མཆོག་མ་སོགས་ལྟ་བུའི་མིང་མཐའ་པ་དང་། བ། མ་སོགས་དང་འདྲ་བ་ཞིག་སྟེ། རྟ་ཡན་པ་ཟེར་ཚོད་དུ་རྟ་ཡན་ཏེ་ཞེས་འབོད་དམ་སྙམ། དེ་བཞིན་དུ་འོག་གི་བ་ཡན་ཏེ་སྣ་མེད་ཟེར་བ་དེའང་བ་ཡན་པ་སྣ་ལོང་སོགས་སྒྲིག་མེད་པ་ལ་གོ་དགོས་སོ་སྙམ་མོ། །མིང་མཐའ་ཏེ་ཡིག་དེ་ནི་གཙང་ཕྱོགས་ཀྱི་ཡུལ་སྐད་ལ་ལར་བྱ་བ་གང་ཅུང་ཞིག་བརྩམས་འདོད་པ་ཞིག་འདུག་ཟེར་ཚོད་དུ་འདེ་ཞེས་སྦྱར་བ་དཔེར་ན་གཉིད་བྲོ་འདེ་ཁོ་

འདུས་ཟེར་བ་དང་། མངའ་རིས་ཡུལ་སྐད་ན་མེ་དྲོ་པོར་མེ་དྲོ་འདི། ཁུར་པོ་ལྷི་པོ་ལ་ཁུར་པོ་ལྷི་འདི་ཟེར་བ་ལྟ་བུ་ཆོས་རྫོང་ཀྱི་མིང་དེ་ཆོས་ཅན་བརྗོད་པའི་མིང་དུ་འགྱུར་བ་དེ་དག་དང་འདྲའོ་སྙམ། ཏེ་ཡིག་དེའི་འབྱུང་ཁུངས་ནི་སྔར་གྱི་བརྡ་ལ་ཡན་ལྟ་བུ་འབྲི་སྲོལ་ཡོད་པས་ད་དྲག་དེ་རིམ་གྱིས་སྒྲ་འཕང་མཐོ་ཉ་དང་སྒྲ་རྩོལ་དྲག་ཏུ་སོང་བ་དང་། མིང་མཐའ་བ་སོགས་དང་སྦྲེབས་པའི་སྟོབས་ཀྱིས་དེ་ཞེས་ང་རོའང་འགྱུར་ནས་ཆིག་ཁྲིམ་ཕྱི་མ་དེར་ཤོར་བ་ལྟ་བུ་ཡིན་ལ། དེའང་སྒྲ་རྩོལ་སྔར་བས་དྲག་ཏུ་སོང་ནས་ཏེ་ཞེས་འདོད་པར་སེམས། སྒྲ་རྩོལ་དྲག་ཏུ་སོང་བས་རྗེས་མཇུག་མིང་མཐར་སོང་བའི་དཔེར་ནི། དར་བ་དེ་ད་ར་ཞེས་འདོད་པ་དང་། ཕུར་བ་དེ་ཕུ་རར་འདོད་པ། ཕྲར་བ་གྲུ་འདེགས་ཞེས་པའི་ཕྲར་བ་དེ་ཕྲ་རར་འདོད་པ་ལྟ་བུ་ལགས། གོང་སྨོས་དེ་དག་ཐུན་རྐྱང་ཁོ་བོའི་དྲན་འཆར་ཙམ་སྟེ་འཐད་མིན་བརྟག་ཞིབ་ཡོད་པ་ཞུ།

[42] ཚིག་འདི་དག་གི་དོན་ནི། ཧ་ནི་ཡན་པོར་བཏང་བ་སྟེ་འགྲོ་བ་མིས་མ་བཀོལ་བ། དེ་དག་ལ་ནི། རྨ་མི་གཏད་ལ་སྲབ་མི་བསྐོན་པ། བ་ནི་ཡན་པོར་བཏང་བ་སྟེ་མ་བཀོལ་བའི་དུས་སུ། སྣ་ལོང་མི་རྒྱག་པ། མི་ནི་སྔ་ལངས་ཕྱིས་ཉལ་བྱེད་མི་དགོས་པར། གཉིད་རང་བབས་རང་བཞིན་ལྟར་ཉལ་བ་སྟེ། ཉི་མ་ཤར་ཙམ་ལ་ལངས་ན་ཆོག་པའི་སོས་དལ་གྱི་འཚོ་བ་སྐྱེལ་བ། ཕྱུགས་ནི་རྒྱབ་ཕྱུགས་ལྟར་ཞག་མ་རེའམ་ཟླ་བ་རེར་ཐེངས་རེ་སྟུད་པ། བྱེས་སུ་བསྐྱོད་པའི་མི་དག་ལ་ཞེད་སྣང་འཇིགས་པ་སོགས་གང་ཡང་མེད་པས་བག་ཡངས་སུ་སྒྱུ་གཏོང་བཞིན་འགྲོ་བ། རང་ཡུལ་ལམ་རང་གཞིས་སུ་འཁོད་པའི་སྐྱེ་བོ་དག་ཀྱང་བྲོ་འཁྲབ་པ་སོགས་འཚོ་ཆོས་ཀྱིས་མི་དུབ་པ་སྟེ་དེའི་ཐད་ཀྱི་སེམས་ཁྲལ་མེད་པའོ། །ཞེས་འགྲེལ་ན་འཐད་མིན་བཀའ་འདྲི་ཞུ་བའོ། །

[43] བས་འདི་ཟད་འགྲོ་བའི་དོན་སྟེ། སོས་ཀ་དྲོད་འཕེལ་བས་འཁྱག་པ་བཞུར་འགྲོ་བའམ་ཟད་འགྲོ་བ་ལྟ་བུའོ་ཞེས་པའི་དོན་ནོ། །

[44] འདི་ཁྲི་དར་མའི་མཚན་གྱི་རྣམ་གྲངས་ཤིག་ཡིན་པར་སྣང་སྟེ། ལ་དྭགས་རྒྱལ་རབས་སུ་མངའ་བདག་དར་མ་དབྱིག་དུར་བཙན་ཞེས་བྲིས་པའང་སྣང་། [བོད་ཀྱི་རྒྱལ་རབས་དེབ་ཐེར་ཁག་ལྔ། ལྷ་ས། 1990ལོ། 2011ལོའི་ཟླ6པར་དཔར་ཐེངས་གསུམ་པ་བཏབ། p. 180.] ད་དུང་ཡིག་ཆ་གཞན་དུ་འཁོད་མིན་བརྟག་དགོས་སོ། །

[45] སྟོན་བྱུང་གི་གཏམ་མེ་ཏོག་ཕྲེང་བ་ཞེས་པ་ནེའུ་པཎྜི་ཏ་གྲགས་པ་སྨོན་ལམ་བློ་གྲོས་ཀྱིས་མཛད་པ་ལས་ཀྱང་། དཔལ་འཁོར་བཙན་གྱི་སྲས་ཆུང་བ་སྐྱིད་ལྡིང་གི་བུ་གསུམ་གྱི་ཆེ་བ་དཔལ་གྱི་མགོན་གྱི་རྒྱུད་མང་ཡུལ་བ། …ཞེས་སྐྱིད་ལྡིང་ཞེས་བྲིས་པ་བྱུང་། [བོད་ཀྱི་རྒྱལ་རབས་དེབ་ཐེར་ཁག་ལྔ། ལྷ་ས། 1990ལོ། 2011ལོའི་ཟླ6པར་དཔར་ཐེངས་གསུམ་པ་བཏབ། p. 9.]

[46] སྤུ་རངས་དང་གུ་གེ་གཉིས་བསྡེབས་པའི་མིང་།

[47] མཆེད་གསུམ་ནི་བཀྲ་ཤིས་མགོན་ཉིད་དང་དཔལ་གྱི་མགོན་དང་ལྡེ་གཙུག་མགོན་གསུམ་ལ་ཟེར་རམ་སྙམ་སྟེ་བརྟག

[48] འདིའི་སྐོར། ངོར་ཆེན་ཀུན་དགའ་བཟང་པོའི་དངོས་སློབ་མངའ་རིས་གུ་གེ་བ་པཎ་ཆེན་གྲགས་པ་རྒྱལ་མཚན་གྱིས་མཛད་པའི་ལྷ་བླ་མ་ཡེ་ཤེས་འོད་ཀྱི་རྣམ་ཐར་རྒྱས་པ་ལག་བྲིས་མར། འདིར་བོད་ཀྱི་ལྷ་བཙན་པོ། ཀྱི་ལྡེ་ཉི་མ་མགོན་

ལ་སྲས་མགོན་གསུམ་འབྲུངས་པའི་བར་པ་ནི། བཀྲ་ཤིས་མགོན་ཡིན་ལ། དེ་ལ་སྲས་གཉིས་འབྲུངས་པ་ནི། གཅེན་འཁོར་རེ་དང་། གཅུང་སྲོང་ངེ་གཉིས་ཡིན་ནོ། །གཅེན་འཁོར་རེས་པུ་ཧྲངས་ལ་མངའ་མཛད། གཅུང་སྲོང་ངེས་གུ་གེ་ལ་མངའ་མཛད། ཅེས་གསུངས། རྗེ་ཙོང་ཁ་པའི་ཐུགས་སྲས་ཐོ་གླིང་མཁན་ཆེན་གུ་གེ་ངག་དབང་གྲགས་པས་མཛད་པའི་མངའ་རིས་ཆོས་འབྱུང(མངའ་རིས་རྒྱལ་རབས)ལས། མངའ་བདག་བཀྲིས་མགོན་ལ་བཙུན་མོ་ཟངས་ཁ་མ་ཁབ་ཏུ་བཞེས་པའི་སྲས། ཁོ་རེ་དང་། སྲོང་ངེ་གཉིས་སོ། །སྲོང་ངེའི་མཚན་ཁྲི་ལྡེ་སྲོང་གཙུག་བཙན་ཀྱང་ཟེར། གཅེན་ཁོ་རེས་སྤུ་ཧྲང་ལ་མངའ་མཛད། གཅུང་སྲོང་ངེས་གུ་གེ་ལ་མངའ་མཛད། ཅེས་བྱུང་། [p. 51.]

[49]མངའ་བདག་འཁོར་རེའི་སྐོར། མངའ་རིས་ཆོས་འབྱུང་དུ། མངའ་བདག་ཆེན་པོ་བཀྲིས་འཁོར་རེས་ཚ་ཙ་སྤང་དགོས་འཁོར་གཡུ་སྒྲ་དང་ཁྲི་ལྡེའི་ཆོས་སྐོར་གསུམ་བཙུགས་ཤིང་རྒྱ་མ་མང་དུ་མཛད། གཙང་གི་འཚོང་འདུས་མགུར་མོ་ནས་འཁོར་ལོ་ལ་རྩུན་ཚད་མངའ་འོག་བསྡུས་སོ། །ཞེས་གསུངས། [p. 61.]

[50]ལྷ་བླ་མ་ཡེ་ཤེས་འོད་ཀྱི་རྣམ་ཐར་རྒྱས་པ་ལས། སྔར་གཅུང་སྲོང་ངེ་རབ་ཏུ་བྱུང་བ་ནི། ལྷ་བླ་མ་ཡེ་ཤེས་འདི་ཉིད་དོ། །བོད་ཁམས་ཀྱི་མཁས་པ་མང་པོས་གཅེན་འཁོར་རེ་རབ་ཏུ་བྱུང་བ་ནི། ལྷ་བླ་མ་ཡེ་ཤེས་འོད་ཡིན་ནོ། །ཞེས་གསུངས་པ་ནི། ཅུང་ཟད་མཉམ་པར་མ་བཞག་པ་སྟེ། མི་ལྷའི་ཞིག་ཆོམ་དང་སྐོས་ཆེན་པོ་མཛད་པའི་དྲིལ། རང་རང་གི་ཆོས་རྟགས་ཀྱིས་མནན་པ་དུ་མ་ལས། ཅུང་རབ་ཏུ་བྱུང་བ་བྱང་ཆུབ་སེམས་དཔའ་ལྷ(བླ)མ་ཡེ་ཤེས་འོད་དང་། གཅེན་མངའ་བདག་ཆེན་པོ་འཁོར་རེ་བཙན་དང་། ལྷ་སྲས་དེ་ཝ་རཱ་ཛ། ལྷ་སྲས་ན་ག་རཱ་ཛ། ལྷ་སྲས་ལྷ་ལྡེ་བཙན། ལྷ་སྲས་ཤུ་བྷ་རཱ་ཛ། ལྷ་སྲས་ཧྲམ་ཟླས[ཧྲམ་ལྷས་སམ་ཧྲམ་སླས། ཁྱུང་མཆན]སྐུ་མཆེད། ཁུ་དཔོན་ཡབ་འཆེད་རྣམས་གདན་འཛོམ་ནས། ཅེས་དང་། བསྟོད་ཀྱི་རྒྱལ་རབས་རྟོག་ཚད་མ་རྣམས་ལས་ཀྱང་འདི་བཞིན་དུ་འབྱུང་བའི་ཕྱིར་རོ། །ཞེས་གསུངས་སོ། །

[51]ལྷ་བླ་མ་ཡེ་ཤེས་འོད་ཀྱི་རྣམ་ཐར་རྒྱས་པ་ལས། སྔར་ཡང་། མེ་མོ་ཁྱིའི་ལོ་ལ་གཙང་གི་ཀ་པེ་ཧྲག་ཏུ། གཅེན་འཁོར་རེ། ཁྲི་ལྡེ་སྲོང་གཙུག་ཡབ་ཆེད་ཁུ་དཔོན་རྣམས་གདན་འཛོམས། པུ་གུག་གི་འབངས་དྲ་མ་ཐམས་ཅད་ཚོགས། མངའ་རིས་སུ་དམ་པའི་ཆོས་ཅི་རྒྱས་ཀྱི་བཀའ་སྒྲོས་བཅད། སྲོང་ངེ་རབ་ཏུ་བཤེགས་པར་བཞེད་པས་གཅེན་གྱི་མངའ་སྐྱོང་བར་ཞུ་ཕུལ། སོ་སོར་ཁྲིམས་གཉིས་ཀྱི་བཅའ་ཡིག་ཀྱང་བསྐྱལ་ལོ། །ཞེས་དང་། [ལྷ་བླ་མ་ཡེ་ཤེས་འོད]རང་གི་གཅེན་འཁོར་རེ་པུ་ཧྲངས་ནས། གུ་གེར་ཕྱག་ཕེབས། གཅེན་དང་སྤྲ་སོར་མོལ་དུ་བསྒྲོས་པ་ལྟར། རྒྱལ་སྲིད་ཐམས་ཅད་མངའ་མཛད་པར་རྩོལ་ཏེ་ཕྱག་ཏུ་ཕུལ་། མངའ་རིས་དང་འབངས་ཀྱི་སྐྱོང་རན། འཇིག་རྟེན་གྱི་མཛད་འཕྲིན་བཅེན་པོས་མཛད་པ་ཞལ་གྱིས་བཞེས། ཡབ་སྲས་ཐམས་ཅད་ཀྱི་རབ་ཏུ་གཤེགས་པར་ཐུགས་ཐག་གཅད། སྔར་ཡང་གཅུང་སྲོང་ངེ་དེ་ཉིད་རབ་ཏུ་གཤེགས་པའི་མཁན་པོ་ནི། ལྷག་པའི་ཚུལ་ཁྲིམས་ཏུར་མིག་གོས་ཀྱིས་སླུབས། །ལུང་རྟོགས་ཡིད་བཞིན་རིན་ཆེན་ནོར་བུས་བརྒྱན། །ཐུབ་དབང་བསྟན་པའི་རྒྱལ་མཚན་དཔལ་འབར་བའི། །གནས་བརྟན་འདུལ་འཛིན་གཞོན་ནུ་འོད་དེ་མཆོད། །དེ་ལྟར་ས་མོ་གླང་གི་ལོ་ལ། འདུལ་བ་འཛིན་པ་རྣམས་ཀྱི་མཆོག མཁན་པོ་ཆེན་པོ་ཞེས་གནས་བརྟན་ཀུ་མ་ར་ཛྙ་ཏའི་དྲུང་དུ། རབ་ཏུ་བྱུང་བ་དང་། སྙེན་པར་རྫོགས་པ་གཅིག་ཅར་དུ་མཛད་དེ། ཡེ་ཤེས་འོད་དུ་མཚན་གསོལ། ཞེས་བྱུང་།

[52]ལྷ་བླ་མ་ཡེ་ཤེས་འོད་ཀྱི་སྲས་གཉིས་ནི། དེ་བ་རཱ་ཛ་དང་། ནཱ་ག་རཱ་ཛ་གཉིས་སོ། །མཆེད་འདི་གཉིས་དང་ད་དྲུང་བཙུན་མོ་གཞན་ཞིག་ལ་འཁྲུངས་པའི་སྲས་མོ་གཅིག་ཀྱང་ཡོད་དེ། མཚན་ལ་ལྷའི་མེ་ཏོག་ཞེས་ཞུའོ། །དེ་ཡང་ཕྱིས་སུ་རབ་ཏུ་བྱུང་། དེ་ཡང་ལྷ་བླ་མའི་རྣམ་ཐར་རྒྱས་པ་ལས། སྔར་ཡང་སྐུ་ནར་སོན་པ་དང་། དེ་ཉིད་ཀྱིས་བཙུན་མོ་གཉིས་ཁབ་ཏུ་བཞེས་པ་ལས། སེང་དཀར་མ་ལ་སྲས་ལྷམ་པ་ནི། ཁྲི་ལྡེ་མགོན་བཙན་དང་། ལྷ་འཁོར་བཙན་དེ། རབ་ཏུ་བྱོན་ནས་དེ་ཝ་རཱ་ཛ་དང་། ནཱ་ག་རཱ་ཛའོ། །ཡབ་སྲས་འདི་གསུམ་ནི་རིམ་པ་ལྟར། འཕགས་པ་འཇམ་དཔལ་དང་། ཉི་མ་ལྟར་སྣང་བྱེད། ཟླ་བ་ལྟར་གསལ་བྱེད་གསུམ་གྱི་སྤྲུལ་པ་ཡིན་པར་གྲགས་སོ། །བཙུན་མོ་གཅིག་ཞོལ་ལ་སྲས་མོ་གཅིག་ལྷམ་པའི་མཚན་ལྷའི་མེ་ཏོག་ཅེས་བྱའོ། །ཞེས་བྱུང་། དེ་བ་རཱ་ཛ་དང་ནཱ་ག་རཱ་ཛའི་སྐོར། ལྷ་བླ་མ་ཡེ་ཤེས་འོད་ཀྱི་རྣམ་ཐར་ལས། ཁྲི་སྲོང་ལྡེ་གཙན་འདི་ལ་སྲས་ཞི་ཁྲོ་གཉིས། སྲས་མོ་ལྷའི་མེ་ཏོག་དང་གསུམ་འཁྲུངས་པའི་ཅེན། སྐུ་འཁྲུངས་པའི་གཅེན་ལྷ་ལྡེ་མགོན་མེ་ཕོ་སྤྲེའུའི་ལོ་ལ་ཀ་ཏུ་ཀམ་དུ། པཎྜི་ཏ་རཏྣ་ཕ་ལ་དང་། ལོ་ཚ་བ་རིན་ཆེན་བཟང་པོ་རྣམས་ལ་རབ་ཏུ་བཤེགས། དེ་བ་རཱ་ཛར་མཚན་གསོལ། དེ་དུས་འབངས་བསྟན་པ་ལ་དད་པ་ཡང་བརྒྱ་དང་བདུན་རབ་ཏུ་བྱུང་ནས་རྗེས་འབངས་བརྒྱ་དང་བརྒྱད་ཆོས་ལ་ཞུགས་སོ། །དེ་ལྟར་རབ་ཏུ་བཤེགས་ནས་ལོ་ཉི་ཤུ་རྩ་བརྒྱད་སོང་བ། ཆུ་མོ་ཕག་གི་ལོ་ལ། ཡབ་ལྷ་བླ་མ་ཡེ་ཤེས་འོད་གྲོངས། དེ་ནས་ཀྱང་ལོ་ལྔའི་བར་དུ་ཡང་ཡབ་ཀྱི་སྲོལ་ལྟར་བསྟན་པ་སྐྱངས་ནས། ཡོས་ཀྱི་ལོ་ལ་གྲོངས་པ་ཡིན་ནོ། །དེའི་གཅུང་པོ་ལྷ་སྲས་ལྷ་འཁོར་བཙན། བྱི་བའི་ལོ་ལ་འཁྲུངས། བཅུ་གཅིག་པ་ས་ཕོ་ཁྱིའི་ལོ་ལ་དགེ་སྙེན་མཛད། ནཱ་ག་རཱ་ཛར་མཚན་གསོལ་ལོ། །ཉི་ཤུ་རྩ་དགུ་པ་འབྲུག་གི་ལོ་སྙེན་པར་རྫོགས་ནས། ལོ་ངོ་བོ་བཅུ་གཅིག དེ་ནས་གཅེན་གྲོངས་ནས་ལོ་ངོ་བཞིར་བསྟན་པ་སྐྱངས། ང་ལྔ་པ་ལ་རེའི་གནས་སུ་ཞི་བར་གཤེགས་སོ། །ཞེས་བྱུང་ངོ་། །སྲས་མོ་ལྷའི་མེ་ཏོག་སྐོར། མངའ་རིས་ཆོས་འབྱུང་ལས། སྲས་མོ་ལྷའི་མེ་ཏོག་ཀྱང་རབ་ཏུ་གཤེགས་ཏེ། ཀྲི་ཤེལ་གྱི་དབུ་སྡེ་སྲས་ཚབ་ཏུ་གཙུག་ལག་ཁང་ལྷའི་མེ་ཏོག་བཞེངས། བཙུན་མོའི་སྡེ་བཙུགས་ནས་འཚོ་བའི་བདག་རྐྱེན་ཆ་ཚང་བྱའོ། །ཞེས་བྱུང་། [p. 60.]

[53]འདི་དག་སྐོར་ལྷ་བླ་མ་ཡེ་ཤེས་འོད་ཀྱི་རྣམ་ཐར་དུ་འདི་ལྟར་བསྟན་ཡོད་དེ། མངའ་རིས་སྐོར་གསུམ་གྱི་མགོ་ནག་འབུམ་ཕྲག་གཅིག་གནས་པ་རེ་ཞིག་བདེ་བར་འགྱུར་བའི་ཆེད་དུ། བཙན་པོ་དབུ་གྲངས་སྐྱུངས་སྟེ། ཐར་པར་གཤེགས་པ་ནི་འབངས་ལ་ཕྱོགས་རིས་མི་འབྱུང་མངའ་རིས་ཆོས་འཁོར་དུ་བྱས་ཤིང་། ལྷ་འབངས་སུ་བཅད་པས་ནི། ཡུལ་ལ་ང་ཁྲོད་མི་མངའ། ཐབས་འདི་འདྲ་སྤྱུར་བ་ལས་གཞན་བཀའ་དྲོས་ཀྱི་དམིགས་གཞན་ཡང་མ་བརྙེད་དེ་ད་ཕྱིས་སླན་ཆད་མིའི་ཚོགས་ལ་ཕན་པ་དང་། བདེ་བར་བྱ་བའི་ཐབས་བགྱིའོ། ཚལ་གྱི་རྣམ་གྲངས་འདོར་བདུས་པ་ཡིན་ཀྱིས། ཀུན་གྱིས་ཀྱང་ཁྲིམས་དང་མི་མགལ་ཞིང་། གཞུང་འདི་སྲོངས་པར་གྱིས་ཤིག བཙན་པོས་ཇི་ལྟར་མཛད་པའི་ཁྲིམས་ལ། ད་ལྟའི་མོལ་བའི་བཙན་པོ་མཆེད་ཁུ་དབོན་བཞི་སྐྱེ་བོ་བཞུགས་པ་ལས། ཕྱི་མ་ཀུན་ཐར་པར་གཤེགས། མངའ་ཞུལ་བ་རྣམས་ཀྱི་སྐུ་ལས་སྲས་སུ་འཁྲུངས་ཀྱང་། རེ་རེ་གདུང་ཚབ་ཏུ་བཞག གདུང་ཆད་ན། མར་ཡུལ་དང་། སྤུ་ཧྲངས་གཉིས་ཡུལ་ནད་ཆེ་བས། བཙན་པོ་དགེ་འདུན་གྱི་ནང་ནས་རེ་རེས་གདུང་བསབ། བཙན་པོ་སྐྱེ་བོ་རྣམས་ཀྱིས་རྩིགས་ལས་འབྱུང་བ

བཞིན་དཀོན་ཆོག་མཉན་པར་བསྐུར་ཞིང་། བསྟན་པ་ཅི་དར་དུ་བགྱིས་ཁྲིམས་ཡིག་གསར་པ་ལས་འབྱུང་བ་བཞིན་རྗེ་ཉིད་བཀའ་དྲོས་མ་བྲལ་ཞིང་། འབངས་ཆོས་ཀྱི་སྐྱོང་བ་གཅིག་མཛད། ཁྲལ་ཡུལ་གྱི་དཀྲ་ཐབས་ལས་འབྱུང་བ་བཞིན་མངའ་རིས་མཐའ་མིས་གོང་བར་བསྒྱུར་བཞིན། ཕྱོགས་རིས་དགྲ་ངོ་ལོན་པ་གཅིག་བཤམ། བཙན་པོ་སྐྱི་བོ་ལས་ཆོར་འཛིག་པ་བྱུང་ན། བཀའ་ཁྲིམས་ཆེན་པོ་དང་སྦྱར། མངའ་མཛད་གཞན་ལ་རྒལ་ན། རྒྱལ་ཁམས་མི་ཅིག་པར་སྒྱུག མངའ་མཛད་མ་མཁྱེན་ན་ཇོ་བདེན་པས་བཅོ་སྐྱེད་མ་བྱུང་ན། དགེ་འདུན་ལས་དགོངས་མཁྱེན་པ་དང་བརྗེ། བཙན་པོ་རབ་ཏུ་བྱུང་བ་རྣམས་ཀྱིས་འདུལ་ཁྲིམས་ལ་འབྱུང་བ་ལྟར། དམ་པའི་ཆོས་གཞུང་བཞིན་དུ་སྦྱར་ཞིང་། བསྟན་པ་དར་བར་བགྱིས། ཞེས་སོགས་འབྱུང་སྟེ། ཡི་གེ་མངས་པས་མ་བྲིས། ཞེས་དང་། དེས་ན་མེ་ཕོ་སྤྲེ་ལོ་ལ་མཐོ་གླིང་གི་ལྷ་ཁང་ཆེན་མོའི་སྐབས་བྲིས་སོ། །མེ་མོ་བྱའི་ལོ་དཔྱིད་ཟླ་ཐ་ཆུང་གི་ངོ་ལ། ལྷ་བླ་མ་ཡེ་ཤེས་འོད། དེ་བ་ར་ཛ། ན་ག་ར་ཛ་རྣམས་དབེན་གནས་ས་རྒམ་ན་བཞུགས། སྲས་གཉིས་རབ་ཏུ་བྱུང་བའི་ཚེ། མངའ་རིས་སྐོར་གསུམ་ནས་གཞོན་ནུ་ཤེས་རབ་ཆེ་ཤིང་བློ་རྣོ་བ། ཡིད་གཞུངས་ཤིང་སྙིང་སྟོབས་ཆེ་བ། ཉིས་བརྒྱ་ཐམ་པ་བཏུས་ནས་ཐར་པར་བཏང་། དེའང་གུ་གེ་ནས་བརྒྱ་ཐམ་པ། སྤུ་ཧྲངས་ནས་བཞི་བཅུ། པིལ་ཅོག་ནས་སུམ་ཅུ། མར་ཡུལ་ནས་སུམ་བཅུ་རྣམས་བསྡུས་པ་ཡིན་ནོ། །དེ་རྣམས་དང་ཞབས་དྲུང་གི་ཉེ་གནས་དང་། དགེ་འདུན་དྲག་ཞན། དགེ་སློབ་པ་ཡོ་ཚོགས། སླན་ཆད་ཆོས་འཁོར་འདི་སངས་རྒྱས་བཅོམ་ལྡན་འདས་ཀྱི་བསྟན་པ་ཇི་སྲིད་གནས་ཀྱི་བར་དུ། དགེ་འདུན་གྱི་བགྱི་བོ་ཚལ་གྱི་ཡན་ལག་ཆོས་ཀྱི་ཡི་གེ་འདུལ་བའི་གཞུང་དང་། ཕ་རབས་ཡབ་མེས་བྱང་ཆུབ་སེམས་དཔའ་རྣམས་ཀྱི་མཛད་པའི་ཆོས་ཁྲིམས་ཀྱི་གཞི་དག་ལས་ཀྱང་ཞིབ་ཏུ་འབྱུང་སོད་ཀྱི། ད་ལྟར་འཕྲལ་གྱི་བགྱིའོ། །ཆ་ཕྲ་བ་ལ། བསྟན་པའི་བཞི་འདུལ་བ་འདི་ཉིད་ཡིན་ཏེ། རྒྱལ་བ་སྟོན་པ་དེའི་དམ་ཆོས་ནི། མདོ་དང་ཆོས་སྟོན་ཡིན་གསུང་འདུལ་བ་ཡིན། བསྟན་དང་བསྟོན་པ་དངོས་གཅིག་དེའི་ཕྱིར། གཅིག་ཕྱུར་ནན་ཏན་ཉིད་ཀྱང་ཕྲུག་བྱའོ། །ཞེས་གསུངས་པས། ད་ལྟ་སངས་རྒྱས་ཉིད་དངོས་སུ་མི་བཞུགས་ཀྱང་། འདུལ་བ་ནི་སངས་རྒྱས་ཉིད་ཀྱིས་དངོས་ལྟར་གསུངས་པས། ཟླ་ནས་ཀྱང་རྣམ་གྲངས་ཕྱི་ཏེ་བཀའ་བགྲོས། འོག་ཏུ་གནས་བརྟན་ལ་སོགས་དགེ་འདུན་ལས་མཆེད་གྲོས་གཅིག་ཏུ་བྱས། རྗེ་འབངས་སྤྱིར་མོལ་དུ་བཅད་ནས། ནང་ཁྲིམས་ཀྱི་ཡི་གེ་གཞུང་དུ་བྲིས་པ། གང་ཟག་གཅིག་གི་ཚེ་གང་ལ་འདུལ་བའི་ཉམས་ལེན་ཇི་ལྟར་དུ་བྱ་བ། ལོ་ཁྱུད་འཁོར། ཉིན་ཞག་ཁྲུགས་གཅིག་གི་ཉམས་ལེན་རྣམས་དགོངས་ཤིང་། དེའི་ཕྱིར་འདུལ་བ་ལ་ཆེར་མཁས་པ། པཎྜི་ཏ་ཧྣམ་པ་ལ་བརྒྱ་གར་ནས་སྤྱན་འདྲེན་པ་ལ་གསེར་མང་པོ་སྐུར་ནས་རྫངས་ཀྱང་། དེ་རེས་ལ་གདན་མ་ཕེབས་སོ། །ལྷ་ཁང་དེ་ཉིད་དུ་ཤིང་པོ་འབྲུག་གི་ལོ་ཆོ་འཕྲུལ་ཆེན་པོའི་བཅོ་ལྔ་རབ་ཏུ་གནས་པ་མཛད། དེའི་ཚེ་མི་གཅིག་གི་ལ་ཕྱུག་བསར་པ་ལོ་མ་སྦོ་ཞིང་གཞོན་པ་གསུམ་ཁྱེར་ཡོངས་ཏེ། ལྷ་བླ་མ་ཡེ་ཤེས་འོད་ལ་ཕུལ། ལྷ་ཁང་འདི་པའི་དམིགས་ལ་ཐེབས་པས། མངའ་རིས་སོ་སོར་ལྷ་ཁང་དང་ཆོས་འཁོར། དགེ་འདུན་གྱི་བསྡེ། བསྟན་པའི་དར་རྒྱས། ཆེས་ཆེ་ཞིང་། རྒྱུན་རིང་བ་ཡོང་བ་བདའ་ལགས། ཞེས་ཟེར་ཞིང་དེའི་ཞག་ཐུགས་ཁྲལ་གྱི་དབྱེངས། ཕྱིར་ཉིན་མོ་དེ་ཚོལ་དུ་བཏང་བས་མ་རྙེད། དེ་ཚོགས་ཀྱི་བདག་པོ་ཡིན་པར་འདུག་གསུངས། དེ་ནས་ཞག་ཉེར་གཅིག་གི་བར་དུ་ཞལ་གྲོའི་དགའ་སྟོན་ཆེན་པོ་མཛད་ཐོ་གླིང་ཁང་དམར་དཔེ་མེད་ལྷུན་གྱིས་གྲུབ་པའི་

གཙུག་ལག་ཁང་ཞེས་བསྟགས། དབུས་སུ་བསྟན་པའི་གཙོ་བོའི་སྐུ་བཞེངས། གླིང་སོ་སོར་ཡོ་ག་རྡོར་དབྱིངས་ཀྱི་ལྷ་ཚོགས་དང་། ཆོས་ཀྱི་དབྱིངས་གསུང་གི་དབང་ཕྱུག་གི་ལྷ་ཚོགས་རྣམས་སྨན་ཐོས་ཀྱི་སྐུ་དང་། ལོགས་རིས་སུ་བགྱིས། མེ་སྤྲེ་ནས། ཤིང་པོ་འབྲུག་གི་བར། ལོ་སྲིལ་པོ། བརྒྱད་སོང་། མཆོད་པའི་རྐྱེན་དང་། ཞབས་ཏོག་གི་རྐྱེན་ཡང་། མང་དུ། བཙུགས་སོ། གཞན་ཡང་སྤུ་ཧྲངས་ཀྱི་ཁྭ་ཆར་དུ། ཡིད་བཞིན་ལྷུན་གྱིས་གྲུབ་པའི་གཙུག་ལག་ཁང་། ཀ་བ་བརྒྱ་ཐམ་གླིང་ཕྲན་དང་བཅས་པ། དབུས་སུ་བྱམས་པ་མགོན་པོའི་སྐུ་བཞེངས། པོ་ཏི་ཏ་པོ་ལྡོག་ལ་རྒྱན་གྱི་ལྷ་ཁང་། མར་ཡུལ་དུ་ཉར་མའི་ལྷ་ཁང་། དབུས་སུ་སངས་རྒྱས་མར་མེ་མཛད་ཀྱི་སྐུ་བཞུགས་པ། མཐའ་འདུལ་གྱི་གཙུག་ལག་ཁང་ལ། ང་རའི་ཀ་ནམ་གྱི་ལྷ་ཁང་། རྡུག་པག་གི་མོ་ནའི་ལྷ་ཁང་། རོང་ཆུང་གི་སྤུའི་ལྷ་ཁང་། བི་ཤར་གྱི་དཀར་པག་གི་ལྷ་ཁང་། གཞན་ཡང་སྤུ་ཧྲངས་སུ་ཚ་བ་སྒང་ལ་སོགས་པ་ལྷ་ཁང་བརྒྱ་རྩ་དང་། མཆོད་བརྟེན་དང་། གསེར་སྐུ། དངུལ་སྐུ། ལི་མ་ལ་སོགས་པ་དཔག་ཏུ་མེད་པ་བཞེངས། མཐོ་གླིང་དགེ་འདུན་བཀའ་སྐྱོང་ཆེན་མོ་བཞིས་གཙོ་བྱས་དགེ་འདུན་བརྒྱད་བཅུའི་ཕླས་མཆོ་ཚང་བར་བཙུགས། གཞན་ཡང་ཁོ་ཆར་དུ་སུམ་བརྒྱ། པོ་ཏི་ཏ་པོར་བཞི་བརྒྱ། མར་ཡུལ་དུ་ཉི་ཤུ། སྤུ་ཏུ་བརྒྱ། དཀར་དཔག་ཏུ་ཉི་ཤུ། སྣད་མ་ཆོས་འཁོར་དུ་བརྒྱད་བཅུ་བཙུགས་པ་ལ། དགེ་འདུན་བཅོ་ལྔ་བཅོ་ལྔ་རབ་ཏུ་བརྟན་དེ། ཡུལ་སོ་སོར་བླ་མཆོ་ཆ་རྐྱེན། གཙུག་ལག་ཁོང་སོ་སོ་ལ་མཆེད་རྐྱེན་ཞིང་བཞིས་དང་། མི་སྡེ་རྣམས་ཞབས་སུ་ཕོགས་ངོས་ཤེས་པ་བཙུགས། དབུས་གཙང་དང་། མདོ་ཁམས་ནས་དགེ་བའི་གཤེས་གཉེན་མང་དུ་སྤྱན་དྲངས་ཏེ། ཆོས་མངོན་པ་མཛོད་ལ་སོགས་པའི་བཤད་ཉན་མང་དུ་བཙུགས་སོ། །གསུང་གི་རྟེན་གསེར་རྐྱང་གི་བཀའ་འགྱུར་རེ་ཚོག་ཚར་གསུམ། དཀར་པོ་ཚར་བཞི། གཞན་ཡང་མདོ་རྒྱུད་བསྟན་བཅོས་མང་དུ་བཞེངས་སོ། །གོང་གི་བླ་མཆོའི་དགེ་འདུན་རྣམས་ཀྱིས་ཕྱག་ཚ་རྐྱེན་ཀྱི་ཆས་མཐོ་གླིང་གིས་མགོ་བྱས། གཞིས་སོ་སོ་ནས། ཁལ་སྟོང་ཉག་མ་བཅུའི་ས་བོན་འགྲོ་བའི་ཞིང་། བཅའ་ཐང་གང་ཡོད། ཚ་ཁྱིའི་བཅའ། ཡུལ་འབྲོག་ནང་གི་སྐོར་ནོར། ཕྱི་འབྲོག་ནང་འབྲོག་རྣམས་ཕུལ་ནས། བསྟན་པ་དང་ཉི་ཟླ་ནམ་གནས་ཀྱི་བར་དུ་འཛོག་པར་མཛད་པ་འདི་རྣམས་ལས་འབྲིང་འགལ་བྱེད་རེ་ཞེས། ཏ་སེ་འཕགས་པ། དབང་དུ་བཞག་ནས། ཡོན་ཏན་འཕྲིན་ལས་ཀྱི་སྤྲུལ་པ་ཆོས་སྐྱོང་ནེ་དཔོན་གཟུ་དང་དཔང་དུ་བཞུགས་སུ་གསོལ་ཏོ། །ཐམས་ཅད་ཀྱི་དབུ་སྙིང་མཛད་དེ། ཕྱིས་ཀྱང་སྲས་མཆེད་བཙུན་མོ། བློན་པོ། རིང་རས་ཀུན་ལ། ཆོས་ཚོགས་དང་མི་འགལ་བའི་དབུས་སྣ་མི་ལེན་རེ། རིང་ཆོས་ཕྱི་མ་རྣམས་ལའང་དེ་ལྟར་མི་ལེན་ཟེར་རེ། ཞེས་གསུངས་སོ། །

[54] ལོ་ཆེན་གྱི་རྣམ་ཐར་དུ་མངའ་བདག་ལྷ་ལྡེ་བཙན་ལ་བླ་ཆེན་པོ་ལྷ་ལྡེ་ཞེས་འབོད་པ་སྟེ། རྣམ་ཐར་ཤེལ་འཕྲེང་ལོ་རྒྱུས་ལས། དེ་ནས་ལོ་རྩྭ་བ་ཆེན་པོ་ལ་མོས་པར་གྱུར་ནས་བླ་མ་ཆེན་པོ་ལྷ་ལྡེ་གཙན་གྱིས། པཎྜི་ཏ་ཤྲདྡྷཱ་ཀ་ར་ཤྲི་མི་ཏྲ་དང་། པཎྜི་ཏ་སུ་བྷ་ཤི་ལ་སོགས་པ་མཁས་བཙུན་དུ་མ་གདན་དྲངས་བྱོན་བྱོན་པ་ལ། ཕ་རོལ་ཏུ་ཕྱིན་པ་ལ་སོགས་པའི་ཆོས་དུ་མ་གསན་ཅིང་བསྒྱུར་ཏོ། །ཞེས་དང་། བླ་ཆེན་པོ་ལྷ་ལྡེའི་དབུའི་མཆོད་གནས་དང་། རྡོ་རྗེ་སློབ་དཔོན་མཛད་ནས། དགོན་གནས་སྤུ་ཧྲང་གི་གནས་གཞི་དང་། གཙུག་ལག་ཁང་བརྒྱ་རྩ་བཞེང་བར་ཞལ་གྱིས་བཞེས་སོ། །དེ་ནས་བླ་ཆེན་པོ་ལྷ་ལྡེས་ཁ་ཆེར་གྱི་གཙུག་ལག་ཁང་བཞེངས་སུ་གསོལ་བ་དང་། ཞེས་དང་། བླ་ཆེན་པོ་ལྷ་ལྡེ་དང་། བླ་ཆེན་པོ་བྱང་

ཆུབ་སེམས་དཔའ་ཡུལ་ཉི་ཤུ་རྩ་གཅིག་ཕུལ་བས། གནས་ཉི་ཤུ་རྩ་གཅིག་ཕུལ་བས། གནས་ཉི་ཤུ་རྩ་གཅིག་གོ །ཡུལ་ཉི་ཤུ་རྩ་གཅིག་ཏུ་ལོ་གཅིག་ཁྱུད་འཁོར་ལ་མདོ་མངས་ཆ་གསུམ། འབུམ་ཆ་བདུན། མདོར་ན་སྐུ་གསུང་ཐུགས་ཀྱི་རྟེན་དཔག་ཏུ་མེད་པ་ཞབས་ཏོག་མཛད་དོ། །ཞེས་བྱུང་ངོ་། །[【意】图奇(Giuseppe Tucci)著；魏正中、萨尔吉主编：《梵天佛地(第二卷)——仁钦桑布及公元1000年左右藏传佛教的复兴》；上海–罗马. 2009年；p. 146–47]

མངའ་རིས་ཆོས་འབྱུང་དུ། འཁོར་རེའི་སྲུས་བསྟན་ལྡོང་ཅོག་རེ། ཆུང་བ་ཚ་ལ་སྡེ་ནག་པོ་འཇམ་མེད། ལྷ་སྡེ་བཀྲ་ཤིས་བཙན་ཡང་ཟེར། ཁོང་ནི་གཅིག་ཏུ་དཀོན་མཆོག་ལ་དད་ཅིང་། མཆོད་པ་བསྐུར་སྟི་ཆེར་མཛད། གཉིས་སུ་ཆབ་འོག་གི་འབངས་ལ་བྱམས་ཤིང་ཞི་དུལ་ཆེ། གསུམ་ལ་ཡབ་མཆོད་རྣམས་ལ་གུས་ཤིང་ཆེད་ཀ་ཆེ། ཁྱད་པར་དུ་པཎྜི་ཏ་ཤྲདྡྷ་ཀ་ར་ཝརྨ་ནས་ལོ་ཙ་བ་རིན་ཆེན་བཟང་པོས་ལོ་ཙ་བྱས་ནས། ཡན་ལག་བརྒྱད་པའི་གཞུང་རྩ་འགྲེལ་མན་ངག་དང་བཅས་པ་དང་། རྟའི་སྨན་སྤྱོད་བསྒྱུར། ཁ་ཆར་དུ་རིན་ཆེན་བརྩེགས་པའི་གཙུག་ལག་ཁང་དང་། འཇམ་དཔལ་གྱི་དངུལ་སྐུ་ཆེན་པོ་བཞེངས་ཏེ། མཆོད་པའི་རྐྱེན་མང་པོ་བཙུགས་སོ། །མཆོད་གནས་ཀྱི་དབུ་སྡེ་བཙུགས་ཏེ། རྒྱ་གར་གྱི་པཎྜི་ཏ་དང་། དགེ་བའི་བཤེས་གཉེན་རྣམས་ལ་འབུལ་བ་མཛད་དེ། ཆོས་གསན་པས་འཁོར་བ་ལ་ཐུགས་སྐྱོ་སྲིད་པའི་བདེ་ལེགས་ལ་ཡིད་བརྟན་མེད་པར་གཟིགས་ནས། རབ་ཏུ་གཤེགས་པའི་མཚན། ཤཱཀྱ་པྲ་བྷ་ཞེས་བྱ། ཁོང་གིས་ཐོ་གླིང་དུ་གཙུག་ལག་ཁང་དང་། མར་ཡུལ་དུ་ཤེ་ཡེར་བྱམས་པ་གསེར་ཐང་བཞེངས། ཐུབ་པ་གྲོང་ཁྱེར་མ་སྐྱ་བྱིན་རླབས་ཤིན་ཏུ་ཆེ་བ་ཁྲུ་དོ་ལྷག་ཙམ་ཁྲི་རྒྱབ་དང་བཅས་པ་བཞེངས་སོ། །གཙུང་ཞུ་ར་ཟ་ནི་ཆུང་དུ་ནས་དགུང་དུ་གཤེགས་སོ། །[p. 61] ཞེས་འཁོད།

གོང་གསལ་ལྷ་བླ་མ་ཡེ་ཤེས་འོད་ཀྱི་རྣམ་ཐར་རྒྱས་པ་མཛད་པོ་གུ་གེ་པཎ་ཆེན་གྲགས་པ་རྒྱལ་མཚན་གྱིས་མཛད་པའི་ཉི་མ་རིགས་ཀྱི་རྒྱལ་རབས་སྐྱེ་དགུའི་ཅོད་པཎ་ཉི་ཟླའི་ཕྲེང་མཛེས་སུ། ལྷ་ལྡེ་བཀྲ་ཤིས་བཙན་ནག་པོ་འཛུམ་མེད་ནི། ཁོང་གིས་རྒྱ་མར་ཁྱ་ཆར་དུ་ལྷ་ཁང་བཞེངས་པར་སྣེ། སྟོད་རེའི་ཚམས་སུ་རྨང་བྲིས་ཀྱང་། ཇོ་བོ་བཞུགས་པའི་ཐད་དེར་སྣ་ནྟའི་སྒྲ་གྲགས་པས། དེར་གཙུག་ལག་ཁང་བཞེངས། རིན་ཆེན་རྩེགས་པ་དཔལ་གྱི་གཙུག་ལག་ཁང་དུ་མཚན་གསོལ། དེའི་དབུས་སུ་དངུལ་སྐུ་བཞེངས་པའི་ཁྲི༧གི་ཆ་ལྷུགས་པས་གསུམ་དུ་གྱེས། དེ་གཟིགས་པས་ལྷ་ལྡེ་ལ་འཛུམ༧བྱུང་། སླར་གཡས་གཡོན་དུ་གྱེས་ཚམས་ནས། བཟོ་དང་ལྷུགས་སྐྱར་ཏེ་ཤིན་ཏུ་ལེགས་པ་བྱུང་ཡོད་དོ། །དེ་ཡང་ཁ་ཆེའི་གཟོ་རིགས་མཁས་པས་མི་ཏོག་ཀླུམ་རྫིངས་སུ་བླུགས་པས། འཛམ་བུའི་གླིང་ན་དཔེ་ཟླ་ཐོད་དང་བྲལ་བ་ཡིན་នོ། །དབུས་ཀྱི་རྗེ་བཙུན་འཇམ་དཔལ། དངུལ་རྐྱང་ག་ར་ལུགས་སུ་བཞེངས། དེའི་ཁྲི་རྒྱལ་ཡོལ་དང་། གཡས་གཡོན་གཉིས་སུ་སྤྱན་རས་གཟིགས་དང་། ཕྱག་ན་རྡོ་རྗེ་གཉིས་ཀྱང་ར་གན་ལ། ཁོང་རང་གི་སྐུ་ཚད་དང་མཉམ་པ་རེ་བཞེངས་སོ། །དབུས་ཀྱི་གཙོ་བོ་ནི་ལྷག་པར། རྒྱ་གར། རྒྱ། ཧོར་ཡུལ། བལ་པོ། བོད་ཁ་བ་ཅན་སོགས་གང་ནས་ཡང་། ད་ལྟ་འདི་ལས་ལེགས་ཤིང་འཚར་བ། དངུལ་སྐུ་ལས་འདི་ལ་རྒྱུ་བཟང་པོ་སུ་གང་གིས་ཀྱང་མ་མཐོང་བ་དང་། ཐོས་པ་མེད་ཅེས་ཐུན་སྣང་དུ་གྲུབ་པོ། །སྐུ་ཚགས་ནས་རབ་ཏུ་གནས་པ་བསྒྲུབ། དེ་ཡང་ལྟས་པས་ཤིན་ཏུ་ལེགས་པ་བྱུང་། དེ་ལ་དགྱེས་པས་འཛུམ་གཉིས་པ་ཤོར་བྱུང་ངོ་། མར་མེ་དང་། མཆོད་རྐྱེན་ནི་མངས་པས་འབྲིར་མ་ལང་བས་བཞག་གོ ལན༧ཁྲི་སྡེར་ཕེབས། སྟོད་ཁ༧རྩ་བྱ་ཁ

འབབ་ལ་རྒྱལ་བས། སྐུ་མཁར་དུ་ཕེབས་པ་ན། རྟ་དངུལ་ཅིང་དུབ་པར་གྱུར་པ་གཟིགས་པས་ན། ཕྱིབས་སུ་སྤྲུ་གསེབ་དང་། ཀ་བསྟན་གྱི་ཨར་ཁེ་ངས་ཐིད་གསེར་ཕྱེས་ཁྱིངས་འདུག ཆ་ཉལ་བ་དང་། སྐལ་བ་ཐུག་པ་ཡིན་ནམ་ཟེར། གསེར་གྱིས་ལྷ་བཟོ་བའི་ཡོན་ཛོངས་དང་། པཎྜི་ཏའི་འབུལ་བ་རྣམས་མཛད་དེ། གཞན་ཁྲ་ཆར་དང་དེའི་ལག་ཏུ་བང་དྲང་སོགས་ཆོས་སྐོར་བཅུ་བཞི་བཙུགས། ཐོ་གླིང་དུ་གཙུག་ལག་ཁང་བཀའ་བ་བརྒྱ་བཅུ་བྱས་པའི་ཆེ་བ༧བཞེངས། མར་ཡུལ་གྱི་ཤེ་ཕྱེར་བྱིས་པ་གསེར་ཐང་གི་ལྷ་ཁང་བཞེངས། དགུང་ལོ་སུམ་བཅུ་རྩ་དྲུག་པ་ལ་པཎྜི་ཏ་ཆེན་པོ་ཛྙཱ་ན་ཀ་ར་དང་། ལོ་ཆེན་རིན་ཆེན་བཟང་པོ་ལ་སོགས་པ་དགེ་སློང་མང་པོའི་དབུས་སུ། རབ་ཏུ་བྱུང་བ་མཛད། མཚན་ཛྙཱ་ན་པྲ་བྷ་སྟེ། ཆོས་ཀྱི་འོད་ཟེར་དུ་གསོལ། གཞན་ཡང་སྤུ་ཕྱི་ཐིད་དུ་ཛྙཱ་ན་ཀ་ར་ལ་སོགས་པ་པཎྜི་ཏ་མཁས་པ་རྣམས་སྤྱན་དྲངས། རིན་ཆེན་བཟང་པོས་ལོ་ཙཱ་མཛད་ནས་སྨན་དཔྱད་ཡན་ལག་བརྒྱད་པའི་གཞུང་། དེའི་འགྲེལ་པ་ཁ་ཆེ་ཟླ་དགས་མཛད་པ། ཟླ་ཟེར་རྣམས་བསྒྱུར། ལུགས་ཀྱི་བསྟན་བཅོས་ཁྲབ་འཇུག་སྤྲས་པས་མཛད་པ་དཀྱིལ་འཁོར་ལཱུ་པ་ཞེས་བྱ་བ་དང་། དྲང་སྲོང་ཤ་ལི་ཧོ་ཏྲས་མཛད་པའི་རྟ་དཔྱད་སྤྱིའི་བསྟན་བཅོས་ཆེན་པོ་དང་དེའི་སྲས་ལེགས་སྟོབས་ཀྱིས་མཛད་པ། རྟའི་སྨན་དཔྱད་ཀྱི་བསྟན་བཅོས་དང་། རྒྱལ་སྲས་སེང་བདེ་བྱིན་གྱིས་མཛད་པའི་རྟ་དཔྱད་ཆེན་པོ་སྤྲ་སོར་འགྱུར་ཀྱང་མཆོག་ཏུ་རྒྱས་པར་མཛད་དོ། །མངོན་པར་འབྱུང་བའི་མདོ། ཀུ་ན་ལའི་བརྟོགས་བརྗོད། གསེར་འོད་ཀྱི་རྟོགས་བརྗོད། ཁྱད་པར་འཕགས་བསྟོད། སྟགས་པས་འོས་པ་ལ་བསྟོད་པ། སངས་རྒྱས་དབང་བསྐུར་བའི་བསྟོད་པ། བཤགས་པའི་བསྟོད་འགྲེལ་སངས་རྒྱས་ཞི་བས་མཛད་པ་ཇོ་བོ་རྗེས་མཛད་པ་ཤེབ་ཀྱི་ཕ་རོལ་ཏུ་ཕྱིན་པའི་དོན་བསྡུས་པ། ཚིགས་སུ་བཅད་པ་དགུ་པ། དེའི་འགྲེལ་བ་འོད་བསྲུངས་གཞོན་ནུས་མཛད་པ། དབྱིག་གཉེན་གྱིས་མཛད་པ་ཡོན་ཏན་བཅུ་བརྗོད་པའི་གཏམ། ཚུལ་ཁྲིམས་ཀྱི་གཏམ། དཔའ་བོས་མཛད་པའི་ལེགས་ལམ་བསྟན་པའི་གཏམ། དེ་རྣམས་ལས་སོགས་པ་རྒྱལ་བའི་བཀའ་དང་། བསྟན་བཅོས་མང་པོ་བསྒྱུར་བའི་བདག་རྐྱེན་མཛད། རྒྱ་གར་དང་བོད་ཀྱི་མཁས་གྲུབ་མང་པོ་སྤྱན་དྲངས་ནས། ཕོ་ཆར་དུ་ཆོས་འཁོར་ཆེན་པོ་བསྐོར་བའི་སྦྱིན་བདག་འབུལ་བ་དང་། ཞབས་ཏོག་ཕུན་སུམ་འཚོགས་པ་བསྒྲུབས། དེ་དུས་དགེ་འདུན་མང་པོ་གཟིགས་པ་དང་། དད་གུས་ཆེན་པོ་འབྱུང་ཞིང་། དགེས་པས་འཛམ་གསུམ་པ་ཤར་བ་ཡིན་ནོ་སངས་རྒྱས་ཀྱི་བསྟན་པ་ཆེས་ཆེར་རྒྱས་པར་བྱས་ནས། སླར་བསྟོད་ཧོར་དང་འཐབ་དམག་རྫོགས་པས་བྱང་ངོས་སུ་དམག་དཔུང་ཆེན་པོའི་དབུ་གཙོ་ལ་ཕེབས་པས། བྱང་གི་ལག་སྨྱུག་ཚ་སྨྱུག་ཏུ་ཞི་བར་གཤེགས་སོ། །ཞེས་གསུངས་སོ། །[ཉི་མའི་རིགས་ཀྱི་རྒྱལ་རབས་སྐྱེ་དགུའི་ཅོད་པཎ་ཉི་ཟླའི་ཕྲེང་མཛེས། དཔལ་བརྩེགས་ཞིབ་འཇུག་ཁང་གིས་བསྒྲིགས། ཟི་ལིང་། 2010ལོ། pp. 444-47.] ཆོས་འབྱུང་མཁས་པའི་དགའ་སྟོན་ལས་ཀྱང་། ལྷ་ལྡེས་པཎྜི་ཏ་སུ་བྷ་ཥི་ཏ་སྤྱན་དྲངས། ཞེས་གསུངས། [དཔའ་བོ་གཙུག་ལག་འཕྲེང་བ། ཆོས་འབྱུང་མཁས་པའི་དགའ་སྟོན། པེ་ཅིང་། མི་རིགས་དཔེ་སྐྲུན་ཁང་། 2006ལོ། p. 228.] དཔྱིད་ཀྱི་རྒྱལ་མོའི་གླུ་དབྱངས་སུའང་། ཁོ་རེའི་སྲས་ལྷ་ལྡེས་པཎྜི་ཏ་སུ་བྷཱུ་ཏི་ཤྲཱི་ཤཱནྟི་གདན་དྲངས་ནས་ཤེར་ཕྱོགས་ཀྱི་བསྟན་བཅོས་མང་དུ་བསྒྱུར། ལོ་ཆེན་རིན་ཆེན་བཟང་པོ་དབུའི་མཆོད་གནས་སུ་མཛད་ཅིང་། ཞེས་འཁོད། [ལྔ་པ་ཆེན་པོ། བོད་ཀྱི་དེབ་ཐེར་དཔྱིད་ཀྱི་རྒྱལ་མོའི་གླུ་དབྱངས། པེ་ཅིང་། མི་རིགས་དཔེ་སྐྲུན་ཁང་། 1988ལོ། p. 79.]

དེབ་ཐེར་སྔོན་པོར། གཞན་ཡང་ལྷ་ལྡེའི་རིང་ལ་སུ་བྷུ་ཏི་ཤྲཱི་ཤཱནྟི་སྟེ། ཁ་ཆེ་པཎ་ཆེན་དུ་གྲགས་པ་དེ་སྤྱན་དྲངས་ནས། ཤེས་རབ་ཀྱི་ཕ་རོལ་ཏུ་ཕྱིན་པ་བརྒྱད་སྟོང་པ་དང་། དེའི་འགྲེལ་ཆེན་དང་། མངོན་པར་རྟོགས་པའི་རྒྱན་འགྲེལ་དང་བཅས་པ་ལ་སོགས་པ་ཕ་རོལ་ཏུ་ཕྱིན་པའི་མདོ་དང་བསྟན་བཅོས་མང་དུ་བསྒྱུར། ཞེས་གསུངས། [འགོས་ལོ་གཞོན་ནུ་དཔལ། དེབ་ཐེར་སྔོན་པོ། ཁྲིན་ཏུའུ། སི་ཁྲོན་མི་རིགས་དཔེ་སྐྲུན་ཁང་། 1984ལོ། p. 97.]

[55] མངའ་རིས་ཆོས་འབྱུང་དུ། བར་པ་བཀྲ་ཤིས་འོད་ནི་དགུང་ལོ་བཞི་བཅུ་པ་ཆུ་ཕོ་ཕག་གི་ལོ་ལ་རབ་ཏུ་བྱུང་ནས། ཕོ་བྲང་བྱང་ཆུབ་འོད་དུ་མཚན་གསོལ། དགུང་ལོ་ལྔ་བཅུ་རྩ་བཞིར་ཐུགས་དམ་མཛད་ནས་བསྟན་པ་བསྐྱངས་སོ། །དེ་ཡང་མང་ནང་དུ་བྱང་ཆུབ་དགེ་གནས་གླིང་གི་གཙུག་ལག་ཁང་བཞེངས་ནས་དེར་གསེར་གྱི་མཆོད་རྟེན། ཐོ་གླིང་གསེར་ཁང་ནག་ཏུའི་ཞལ་རིང་མོ་བཙུགས། སུ་རྫུང་གི་ཀྱིན་རེ་གླིང་གི་གཙུག་ལག་ཁང་ལྡེ་པ་གསུམ་ཆ་རྐྱེན་དང་བཅས་པ་བཙུགས་སོ། །ཁྱུ་བོ་ཧྲི་བ་ར་ཛྙཱ། ཞེས་སྐུ་ཚབ་ཏུ་ལྷ་བླ་མས་བཀའ་སྩལ་ཏེ། མེས་དང་ཁུའི་ཞབས་གནས་ནས་མཛད། ཆོས་ཐམས་ཅད་དགོངས་པ་ཞབས་ཀྱི་བཅགས་ཤིང་མཐར་དབྱུང་། ཧྲི་བ་ར་ཛའི་སྐུ་ཚད་དངུལ་གྱི་སྤྲུལ་སྐུ་ཕྱག་བཞི་པ་བཞེངས། གསེར་གྱི་སྐུ་ཕྱག་གང་བ་བཞེངས། གསུང་གི་རྟེན་གསེར་གྱི་སྲས་ཡུམ་བཅོ་བརྒྱད་བཞེངས། ཡང་ཐོ་གླིང་གི་དུ་པད་མ་རྟད་དུ་བྱུང་བའི་གཙུག་ལག་ཁང་བཞེངས། ཡོ་བྱད་གསེར་ཞོ་ཁྲི་ཚོ་ཟངས། མང་ནང་དུ་དཔལ་བྱམས་པ་འཕེལ་གྱི་གཙུག་ལག་ཁང་བཞེངས། གཟིམ་མལ་སློ་ཙན་གྱི་དགོན་ཚོགས་སུ་ལྷ་ཁང་དམར་པོ་བཞེངས། སྲས་ཡུམ་གསུམ་སྐུ་སྒྱུར་བའི་ཚོགས་སུ་མཆོད་རྟེན་ཆེན་མོ་བཞེངས། ཡོ་བྱད་གསེར་ཞོ་ཁྲི་རྫངས། གཅེན་མངའ་བདག་བསྒྱུར་བའི་གདུང་ཁང་། དགེ་བའི་བཤེས་གཉེན་བཅུ་གཉིས་ཀྱི་གདུང་ཁང་གསེར་ཁང་ཆུང་དུ་བཞེངས། དེ་དག་གི་ཡོ་བྱད་ལ་རྩིས་མེད་པར་རྫངས། ཐོ་གླིང་དུ་ཤིང་གྲྭ་དང་གསེར་ཁང་གི་རྐྱེན་རིས་ལ་དུས་མཆོད་རྣམས་ལ་གསེར་ནས་ཉིས་བརྒྱ་བཞི་བཅུ་བཙུགས། བཙུན་པ་གཅིག་གི་འཚོ་རྐྱེན་ལ་སྤྱི་ཁལ་སུམ་ཅུ་རྩ་དགུ་བཙུགས། རྩེ་དགོར་དང་བཅས་པའི་ཡིན། ལྷ་ཁང་དམར་པོའི་རྐྱེན་ས་རྣམས་རེ་རེ་ལ་ཁལ་ཕྱེད་དང་བཅུ་གསུམ་བཅུ་གསུམ་དུས་ཆོད་ཀྱི་རྐྱེན་དཔྱ་ཁྲལ་བཞི་བཅུ་བཞི་བཅུ་བཙུགས། མང་ནང་གི་བྱང་ཆུབ་དགེ་གནས་སུ་བཙུན་པ་བཞི་བཅུ་ལ། དངུལ་གྱི་སེང་གེ་བརྒྱད་བརྒྱད་ཀྱིས་ཁ་བརྒྱན་པའི་ག་ཤ་ལི་བཞི་བཅུ། བྱ་མ་བུམ་རྒྱ་གར་མ་བཞི་བཅུ། ལྷུང་བཟེད་བཞི་བཅུ། ལུགས་ཁྲི་བཞི་བཅུ། ཐུགས་དམ་མདོ་སྡེ་ཚར་བྱུང་། ཡུམ་ཚར་བྱུང་ཆ་གསུམ། གསང་ཟངས་གསང་སྟེར། བསང་རིས་ལ་སོགས་པ་ནང་གི་ཐ་ཆ་ཐམས་ཅད་བཙུགས་སོ། །ལྷ་འབངས་ཐམས་ཅད་ཀྱི་གྲོང་ཉི་བརྒྱ་བརྒྱད་བཙུགས་སོ། གཞན་ཡང་གཙུག་ལག་ཁང་དང་། གླིགས་བམ་རྣམས་ལ་མཆོད་པའི་ཆ་རྐྱེན་གསུམ་གསུམ། མཆོད་པའི་ཞབས་བསིལ། མེ་ཏོག་ནས་རོལ་མོའི་བར། གདུགས། ཟ་གཡབ། བ་དན། ཕན་ལ་སོགས་པ་རེ་རེ་ཡང་རྣམ་གྲངས་མི་འདྲ་བ་མང་པོ་དང་། ལོ་གཅིག་གི་འཚོ་བ་གོས་རྣམས་དང་ནང་གི་རྐྱེན་སྣན། གཡོག་གི་ཆས་དང་བཅས་པ། སྤྱིའི་དཀོར་ཡང་མང་པོ་བཙུགས་སོ། །ཡོ་བྱད་ཀྱི་དཀོར་ཡང་དཔག་ཏུ་མེད་པ་བཙུགས་སོ། །རྒྱས་པར་རང་རང་གི་དྲིལ་ལས་ཤེས་པར་བྱའོ། །མཇུག་ཏུ་གཅེན་བླ་བའི་གསེར་བསྡུད་དུ་དབུས་ཀྱི་ན་སྲ་གསེར་ཁ་ཚུན་དུ་ཕེབས། གསེར་མང་པོ་གཟིགས་སོ། །གཅེན་གྲོངས་པ་གསན་ནས། དེར་ཐུགས་དགོངས་རྫངས་པས། གཅེན་ནི་གྲོངས། ཁོང་གི་དོན་དུ་རྒྱ་གར་ནས་པཎྜི་ཏ་མཁས་པ

གཅིག་གདན་དྲངས་ནས་བོད་དུ་སངས་རྒྱས་ཀྱི་བསྟན་པ་སྔར་བས་ཀྱང་དར་བར་མཛད་དགོངས་ནས། ནག་ཚོ་ལོ་ཙཱ་བ་ཚུལ་ཁྲིམས་རྒྱལ་བ་དཔོན་གཡོག་ལྔ། རྒྱ་བརྩོན་སེང་ལ་ཐིག་པོ་ཤིང་སྦྲང་བཅུ་གཅིག་འཁོར་བ་ཅིག་དང་། གསེར་གྱི་ཕྱེ་མ་མང་པོ་བསྐུར་ནས་རྫངས་པས། ཇོ་བོ་རྗེ་པམ་ཀ་ར་ཤྲཱི་ཛྙཱ་ན་གདན་དྲངས་ནས་ཕེབས་པ་ན། ཕོ་བྲང་བཙུན་པ་ཉིད་ཀྱིས་ཉི་མ་ཕྱེད་ཞབས་ཐང་དུ་ཕྱིན་ནས་བསུ་བ་མཛད། ཞབས་ལ་ཕྱག་འཚལ་ཏེ་སྐྱུང་ཕྲིས། གསེར་སྲང་སུམ་བརྒྱ་མན་ཌལ་དུ་ཕྱས་ནས་ཕུལ……དྲི་བ་ལྔ་ཕྱས་པས། ཆ་ལི་པ། ཁྱེད་ཀྱིས་བྲིས་པའི་དྲི་བའི་ཆོས་འདི་ལས་ཟབ་པའི་ཆོས་མེད། བོད་ཀྱི་རྒྱལ་པོ་བྱང་ཆུབ་སེམས་དཔའ་ཡིན་པ་བདེན་པར་འདུག་གསུངས་ནས། ཨ་ཏི་ཤ་ཤིན་ཏུ་མཉེས། དེ་ནས་མང་ནང་དུ་གདན་དྲངས་ནས་མན་ངག་གི་བཀའ་བགྲོ་ཅིག་མཛད་པར་ཞུ་ཞུ་པས། སློབ་དཔོན་ཀླུ་སྒྲུབ་ཀྱིས་མཛད་པའི་རིན་ཆེན་འཕྲེང་བ་བསྒྱུར་རམ་གསུང་། བསྒྱུར་གས་ཞུས་པས། འོ་ན་ངས་ཅི་བྱེད་དགོས། དེ་ཆོག་གསུང་། ཅིས་ཀྱང་མཛད་པར་ཞུ་ཞུ་པས། བྱང་ཆུབ་ལམ་སྒྲོན་མཛད་ནས་གནང་། དེ་ནས་ཐོ་གླིང་དུ་སྤྱན་དྲངས། ལོ་ཆེན་རིན་ཆེན་བཟང་པོ་དང་མཇལ། ཆོས་ཀྱི་གསུང་གླིང་མང་དུ་མཛད་པས་ལོ་ཙ་བ་དད་ནས་ཆོས་ཞུས། ལོ་གསུམ་གུ་གེར་བཞུགས་ནས་ལས་རྒྱུ་འབྲས་དང་། བྱང་ཆུབ་ཀྱི་སེམས་ལ་གཙོ་བོར་མཛད་ནས་གསུངས་པས་ཕལ་ཆེར་དད་དེ། ཆོས་རྣམ་དག་ལ་ཞུགས། རྟེན་བཅས་རྟེན་མེད་ཀྱི་རྗོད་པ་དང་། སྔགས་ལོག་པ་དང་། ལོག་ཆོས་སྤྱོད་པ་རྣམས་སུན་ཕྱུང་ནས་བཀག་ཏེ། དེ་ནས་ཕོ་བྲང་བཙུན་པས། དར་དང་རིན་པོ་ཆེ་ལ་སོགས་པ་ལ་འཁོར་ལོ་དང་། ནོར་བུ་བཟོས། བློན་པོ་དང་། བུད་མེད་བཙུན་མོ་རིན་པོ་ཆའི་ཆ་ལུགས་སུ་བཅུག གླང་པོ་ཆེ་གཅིག་ཀྱང་བཟོས། རྟ་དང་དམག་དཔོན་རྣམས་རང་རང་གི་ཆ་ལུགས་སུ་བཅུག་ནས་རྒྱལ་སྲིད་སྣ་བདུན་དང་། གཞན་ཡང་ཡོ་བྱད་ཐམས་ཅད་ཀྱི་འབུལ་བ་དཔག་ཏུ་མེད་པ་བྱས་ཏེ། མངའ་རིས་ཀྱི་འབུལ་མོ་ཆེ་ཞེས་གྲགས་སོ། །ནར་མར་ཡང་སྔར་བཞིན་མང་ནང་གི་གནས་བརྟན་ལྷ་ཁང་ནས་གྲག་ཚའི་བར་ཁྱུར་ཚ་བས་གང་བའི་མར་ཐུད་འབྲས། ཤིང་ཐོག་གི་རིགས། བུ་རམ། ག་ར། སྦྲང་རྩི་ལ་སོགས་པའི་ཆས་ཀ་ཕུལ་ལོ། །……སངས་རྒྱས་ཀྱི་བསྟན་པ་ཕྱི་མ་དེ་དར་བར་མཛད་པ། ཕོ་བྲང་བྱང་ཆུབ་འོད་དང་། ཇོ་བོ་རྗེའི་བཀའ་དྲིན་ཡིན་ནོ། །ཞེས་བྱུང་། [pp. 62-5.] དེབ་ཐེར་སྔོན་པོར། དེ་ཡང་མངའ་རིས་ཀྱི་ལྷ་བླ་མ་ཡེ་ཤེས་འོད་ཅེས་གྲགས་པ་དེའི་རྒྱལ་ཚབ་སྲོང་ངེ་། དེའི་རྒྱལ་ཚབ་ལྷ་ལྡེ། དེའི་རྒྱལ་ཚབ་འོད་ལྡེ། དེ་ལ་གཅུང་པོ་གཉིས་ཡོད་པའི་ལྷ་བཙུན་བྱང་ཆུབ་འོད་ཆེ་བ། ཆུང་བ་དགེ་སློང་བྱང་ཆུབ་འོད་བྱ་བ་བསྟན་པ་ཕྱི་ནང་གི་ཆོས་མཐའ་དག་ལ་མཁས་པར་མཁྱེན་པ་ཞིག་བཞུཊ། ཞེས་གསུངས། [དེབ་ཐེར་སྔོན་པོ། ཁྲིན་ཏུའུ། 1984ལོ། p. 299.] ལྷ་བླ་མ་བྱང་ཆུབ་འོད་ཀྱིས་ཇོ་བོ་རྗེ་དཔལ་ལྡན་ཨ་ཏི་ཤ་གདན་འདྲེན་ཞུས་པ་སྟེ། ཆོས་འབྱུང་མཁས་པའི་དགའ་སྟོན་ལས། ལྷ་ལྡེས་པཎྜི་ཏ་སུ་བྷ་ཥི་ཏ་སྤྱན་དྲངས། དེའི་སྲས་འོད་ལྡེ་དང་། ཕོ་བྲང་ཞི་བ་འོད། བཙུན་པ་བྱང་ཆུབ་འོད་གསུམ་ལས། བྱང་ཆུབ་འོད་ཀྱིས་ཇོ་བོ་རྗེ་སྤྱན་དྲངས། ཞེས་གསུངས་སོ། །[ཆོས་འབྱུང་མཁས་པའི་དགའ་སྟོན། པེ་ཅིང་། མི་རིགས་དཔེ་སྐྲུན་ཁང་། 2006ལོ། p. 228.] དེབ་ཐེར་སྔོན་པོར། འོད་ལྡེའི་རིང་ལ་ཇོ་བོ་རྗེ་སྤྱན་དྲངས་ནས་བསྟན་པ་ལ་ཞུས་དག་མཛད་པ་དང་། དེའི་སྲས་རྩེ་ལྡེའི་རིང་ལ། མེ་ཕོ་འབྲུག་གི་ཆོས་འཁོར་ཞེས་བྱ་བ། དབུས་གཙང་ཁམས་གསུམ་སྡེ་སྣོད་འཛིན་པ་ཆེན་པོ་ཕལ་ཆེ་བ་ཡང་འདུས། ཆོས་འཁོར་ལོ་ལེགས་པར་སོ་སོར་བསྐོར། ……སྤྱིར་ན་མངའ་རིས་སྟོད་ཀྱི་

རྒྱལ་པོ་དེ་རྣམས་ཀྱིས་བསྟན་པའི་ཞབས་ཏོག་བགྱིས་པ་དེ་ལྟ་བུ་ནི་ཡུལ་གཞན་གང་ན་ཡང་མ་མཆིས། ཞེས་གསུངས། [དེབ་ཐེར་སྔོན་པོ། ཁྲིན་ཏུའུ། 1984ལོ། pp. 97-98.] ཇོ་བོ་རྗེ་འོད་ལྡེའི་རིང་ལ་སྤྱན་དྲངས་པར་གསུངས་པ་དང་། ལྷ་བླ་མ་བྱང་ཆུབ་འོད་ཀྱིས་སྤྱན་དྲངས་པར་གསུངས་པ་འདི་གཉིས་མི་འགལ་བར་སེམས་ཏེ། བཙན་པོ་འོད་ལྡེ་འདི་ལྷ་བླ་མ་བྱང་ཆུབ་འོད་ཀྱི་ཕུ་བོ་ཡིན་པའི་ཕྱིར་རོ་སྙམ། དུང་དཀར་ཚིག་མཛོད་ཆེན་མོ་ལས། ཇོ་བོ་རྗེ་བོད་དུ་ཕེབས་སྐབས་ལྷ་བླ་མ་བྱང་ཆུབ་འོད་ཀྱིས་ནག་ཚོ་ལོ་ཙྪ་བ་སོགས་ཇོ་བོ་རྗེ་གདན་འདྲེན་པར་མངགས……ཇོ་བོ་རྗེ་བོད་དུ་ཕེབས་སྐབས་ལྷ་བླ་མ་བྱང་ཆུབ་འོད་ཀྱིས་རྟ་དཀར་མི་དཀར་སུམ་བརྒྱ་ཐམ་པས་གདུགས་དང་། རྒྱལ་མཚན། བ་དན་ལ་སོགས་པའི་མཆོད་རྫས་ཐོགས་ཏེ་ཕེབས་བསུར་བཅར། དེ་བཞིན་སླུ་གར་དང་བགྲ་ཤིས་པའི་ཤིས་པ་བརྗོད་པ་སོགས་གཟབ་ཅིང་རྒྱས་པའི་བསུ་བ་ཞུས། དེའི་སྐབས་སྔར་མེད་པའི་རག་དུང་གསར་དུ་བཟོས་ཏེ་ཇོ་བོ་སྤྱན་འདྲེན་པའི་ཕྱིར་འབུད་པ་དེ་ནས་བོད་དུ་དུང་ཆེན་འབུད་སྲོལ་དར་ལ་དུང་ཆེན་དེ་ལ་ལོ་པཎ་སྤྱན་འདྲེན་པའི་དུང་ཆེན་ཞེས་གྲགས། དེ་སྐབས་ལྷ་བླ་མ་བྱང་ཆུབ་འོད་ཀྱིས་ཇོ་བོ་རྗེར་ཞུ་རྟེན་དུ་གསེར་མང་པོ་ཕུལ་ནས་ཐོག་མར་གནད་དོན་གསུམ་བཀའ་འདྲི་ཞུས་པ་སྟེ། སངས་རྒྱས་ཀྱི་བསྟན་པ་ལ་རིམ་གྱིས་འཇུག་པ་ལགས་སམ་ཅིག་ཅར་དུ་འཇུག་པ་ལགས། ཕྱི་ནང་གི་ཁྱད་པར་གང་ལགས། དགེ་སློང་གི་རྡོ་རྗེ་སྔགས་ཀྱི་དངོས་དབང་གོང་མ་རྣམ་གཉིས་བླང་དུ་རུང་མི་རུང་ཞེས་པའི་ཞུས་པའི་ལན་དུ། རིམ་གྱིས་ཡིན་གསུངས་ནས་ལམ་སྒྲོན་མཛད། སྐྱབས་འགྲོ་དང་ལྟ་བ་བཀའ་བཏགས་ཕྱག་རྒྱ་བཞི་ཡོད་མེད་ཡིན། གསང་བ་ཤེས་རབ་ཡེ་ཤེས་ནི་ཚངས་པར་སྤྱོད་པས་བླང་བར་མི་བྱ་ཞེས་གསུངས་སོ། །……(ལྷ་བླ་མ་བྱང་ཆུབ་འོད)འདི་ཉིད་ཀྱི་སྐུ་ཚེའི་སྨད་ལ། པུ་ཧྲེངས་ལོ་ཙྪ་བ་ཞང་ཆུང་བཙུན་གསལ་ཤེས་རབ་ལ་བཀའ་བསྒོས་ནས་ཡུལ་དབུས་ཀྱི་པཎྜི་ཏ་ཤྲཱི་བཛྲ་པོ་ཧྲི་དང་། ལོ་ཙྪ་ཀྱི་ཇོ་ཟླ་བའི་འོད་ཟེར་གྱིས་དུས་འཁོར་དང་། མ་རྒྱུད་འགའ་ཞིག་ཀྱང་བསྒྱུར་ཡོད་དོ། །ཞེས་གསུངས། [དུང་དཀར་ཚིག་མཛོད་ཆེན་མོ། པེ་ཅིང་། 2002ལོ། p. 2154.] ཇོ་བོ་སྤྱན་འདྲེན་པའི་སྐོར་སོགས་བཀའ་གདམས་པ་ཆོས་ལས་གནད་བཏུས་མཛད་དེ་ལུང་དྲངས་གནང་འདུག་པས་རྒྱས་པ་མཁྱེན་འདོད་པ་དག་དེར་གཟིགས་ཞུ། ཚད་མ་རྣམ་འགྲེལ་གྱི་དཀའ་འགྲེལ་ལྷ་དབང་བློས་མཛད་པ་དེའི་འགྱུར་བྱང་རྔོག་ལོས་མཛད་པ་དེ་ལས། བོད་ཀྱི་དཔལ་ལྷ་བཙན་པོ་ལྷ་བཙུན་པ་བྱང་ཆུབ་འོད་ཀྱི་བཀའ་ལུང་གིས། རྒྱ་གར་གྱི་མཁན་པོ་ཆེན་པོ་སུ་བྷུ་ཏི་ཤྲཱི་དང་། སྒྲ་བསྒྱུར་གྱི་ལོ་ཙྪ་བ་དགེ་སློང་དགེ་བའི་བློ་གྲོས་ཀྱིས་བསྒྱུར་བའོ། །ཞེས་འཕྲོད། [ཚད་མ་རིག་པའི་སྐོར་རྒྱ་གཞུང་རྩ་འགྲེལ་བདམས་བསྒྲིགས། དེབ་གསུམ་པ། པེ་ཅིང་། མི་རིགས་དཔེ་སྐྲུན་ཁང་། 1989ལོ།] དེ་བཞིན་ལྷ་བླ་མ་བྱང་ཆུབ་འོད་ཀྱིས་པི་ཏིའི་ཏ་པོ་གཙུག་ལག་ཁང་ཞིག་གསོ་བགྱིས་པའི་ཡོན་བདག་མཛད་ཡོད་དེ། ཏ་པོ་གཙུག་ལག་ཁང་གི་ལྡེབས་བྲིས་སུ་འཁོད་པའི་ཡིག་བྱང་དུ་འདིའི་སྐོར་དང་ལོ་རྒྱུས་གལ་ཆེན་གཞན་དག་འགའ་ཞིག་ཀྱང་འཁོད་འདུག་པས་ཆ་ཚང་དྲངས་ན། སྤྱིའུའི་ལོ་ལ་སྔོན་མེས་བྱང་ཆུབ་སེམས་དཔས། གཙུག་ལག་ཁང་འདི་བཞེངས་ནས། ལོ་བཞི་བཅུ་རྩ་དྲུག་གི་འོག་ཏུ་དབོན་ལྷ་བཙུན་པ་བྱང་ཆུབ་འོད་ཀྱིས་བྱང་ཆུབ་ཀྱི་ཐུགས་སྔོན་དུ་འགྲོ་བས། གཙུག་ལག་ཁང་འདི་གསོའ་བ་མཛད་དེ། དེའི་བཀའ་རིན་པོ་ཆེས་བསྐུལ་བ་སྔོན་ཏུ་འགྲོ་བས་བདག་ཅག་སུག[པ]ས་ཁུ་ཡག[ཁ་དབྱུག]……དེས་ན་དྲི་གཙང་ཁང་གི་རི་མོ་ཟྲིན་ད་པ་དགེ་སློང་ཕེས[?]ཁ་རྒྱུ་བདག་ལོ་རྒྱུས་

དང་བསྒོ་བ་བྱེད་པར་འདོད་པ་སྐྱེས་ཏེ་བརྗོད་པ་ནི། གང་ཞིག་ཐག་རིང་ལམ་གྱིས་དུབ་འགྱུར་ཞིང་། །གྲོགས་དང་མཛད་པོ་དག་གིས་རྣམ་སྤངས་པའི། །སྐྱེ་བོ་ཉོན་མོང་ལྡུད་མོ་པ་རྣམས་ལ། །གཙུག་ལག་ཁང་མཛེས་འདི་ནི་བཞེང[ས]······། ། གཙུག་ལག་ཁང་མཛེས་འདི་ནི་བཞེངས། །ཡོ་རྒྱུས་ཙུང[ཞི]ག[གྱུར]གྱིས་མཉན་པར་གྱིས། །ལྷའི་རིགས་འབྲུངས་བྱང་ཆུབ་སེམས་དཔའི་གདུང་། །ཤྲཱི་ཛེ་ལྷས་མཛད་མགོའ་ནག་ཡོངས་ཀྱི་མགོན། །ལྷན་ཅིག་སྐྱེས་པའི་མཁྱེན་རབ་ཕུལ་བྱུང་བས། །མ་རིག་མུན་པ་ཡེ་ཤེས་འོད་མཛད་དེས། །འཁོར་བར་འཁྱེརད་པར་གྱུརད་པའི་རྒྱལ་སྲིད་ལ། །སྒྱུ་མ་ལྟ་བུར་གཟིགས་པ་སྟོན་འགྲོ་བས། །མི་རྟོག་འཕྲེང་རྙིས་བཞིན་དུ་སྤངས་ནས་ནི། །རྒྱལ་སྲིད་ཐམས་ཅད་ཆོས་ཕྱིར་དབུལ་མཛད་དེ། །མངའ་རིས་གདུལ་རྣམས་དཀར་པོར་འོངས་གྱུརད་ནས། །དཔལ་ལྡན་བཀྲའ་ཤིས་བདེ་གནས་གཙུག་ལག་ཁང་། །རྒྱལ་འཁམས[ཁམས]འདིའི་སྒྲོན་མར་འདི་བཞེངས་སོ། །(ལྷའི་རིགས་འབྲུངས་ཞེས་པ་ནས། འདི་བཞེངས་སོ་ཞེས་པའི་བར་ལྷ་བླ་མ་ཡེ་ཤེས་འོད་ཀྱི་སྐོར་བསྟན)སྐྱེས་མཆོག་དེའི་རིགས་རྒྱུད་དཔོན་ཉིད་ནི། །གང་ཞིག་བསླབ་པ་གསུམ་དང་ཡང་དག་ལྡན། ། ཤེས་རབ་ལྡོན་ཤིང་དད་པའི་རྩ་བ་བཟུག །སྡེ་སྣོད་གསུམ་གྱི་མེ་ཏོག་འབྲས་བུ་རྒྱས། །མེས་ཀྱིས་མཛད་པ་རྙིངས་པར་གཟིགས་ནས་ནི། །མཁན་བཟོའ་དུ་མ་སྡོམས་ཏེ་རྒྱུ་སྦྱར་ནས། །ཟབ་པའི་བཀའ་ཡིས་བདག་ཅག་བསྐོས་ནས་ནི། །ལེགས་པར་བྱི་དོར་བྱས་ནས་བཅོས་པ་ཡིན།(སྐྱེས་མཆོག་དེའི་ཞེས་པ་ནས། བཅོས་པ་ཡིན་ཞེས་པའི་བར་ལྷ་བླ་མ་བྱང་ཆུབ་འོད་ཀྱི་སྐོར་བསྟན་པའོ། ཁྲུང་མཆན)། དེ་ལྟར་དགེ་བའི་སེམས་ནི་སྟོན་འགྲོ་བས། །བདག་ཅག་རྣམས་ཀྱིས་འདི་བྱ······ལས······། ། ······གེ······མྱེད་རབ་དཀ[ར]ཟླ་བའི་འོད། །······ཀུན་ཏྲ་ལྟར་དཀར་ལགས་པའི། །བསོད་ནམས་དེ་ཡིས་ཡོན་བདག་དམ་པ་ནི། །ཆོས་རྒྱལ་ཛེ་བཙུན་བྱང་ཆུབ་འོད་ལས་སྩོགས། །འགྲོ་བ་ཀུན་གྱིས་སྐྱེ་བ་ཐམས་ཅད་དུ། །གདུལ་བྱ་མ་ལུས་འདུནད་པར་ནུས་པའི། །གཟུགས་མཆོག་མཚན་བཟངས་དུ་མས་རྣམ་སྤྲས་ཏེ། །སྐྱེ་བ་ཀུན་དུ་བྱང་ཆུབ་སྤྱོད་སྤྱད་ཅིང་། །རིམ་གྱིས་བྱང[ཆུབ]དམ་པར་སྒྲོད་པར་ཤོག། གང་ཡང་···ལམ་ཅན···པའི་ཡིད། །བདེ་གཤེགས་སྲས་བཅས་འགྲོ་བའི་མགོན་དེ་ཡི། །སྐུ་གཟུགས་མང་པོ་བྲིས་པ་འདི་དག་ཀུན། །ཐོང[མཐོང]བའམ་རེག་པའི་ལྟད་མོ་པ་རྣམས་ཀྱང་། །བསྐལད་པ་བཟང་པོའི་བདེ་གཤེགས་སྲས་བཅས་ཀྱི། །མངོན་སུམ་ཞལ་མཐོང་གསུང་མཆོག་ཐོས་ནས་ནི། །འཇིག་རྟེན་ཐམས་ཅད་ཚོའ་ལས། །སྒྲོལ་བར་བྱེད་པའི་དེད་དབོན(དཔོན)ད(ཡིད)སྟུནད་ཅོག། དེ་ལྟར་དགེ་བ་གང་རྣམས་གཞན་ལ་གསྔོས(བསྔོས)པ་ལས། ། བསོད་ནམས་རྒྱ་ཆེ་ནམ་མཁའི་གཏོང(གཏོས)མཉམ་གང་བྱུང་དེས། །བདག་ཅག་གྲོགས་བཅས་ལས་སུ་གཏོགས་པའི་འཁོར་ཀུན་དག། ཐོག་མ་མྱེད་ནས་དངོས་ཞེན་རྣམ་རྟོག་འབྲུལད་པ་ཡིས། །ང་རྒྱལ་དྲེགས་པའི་རྩིག······མཐོའ་བརྩིག་ནས······། །······མ་རིག་གཟེངས་པས་སྟེང་ནས་པ······དང་། །འདོད་ཆགས་ཞེ་སྡང་ཀ་གདུག་བརྟན་པར་གཙུགས་པའི། །དེ་འདྲའི་ཁྱིམ་ནི་སྲིད་གསུམ་འཁོར་བའི་མྱིང་ལྡན་ནས། །ཡེ་ཤེས་བཤན(སྤྱུན)མངའ་ཐུགས་རྗེ་ཆེན་པོའི་ཕྱུག་རིང་བས། །བདག་ཅག་སྨྱུར་བར་སྨྱུར་བར་དྲང་པ་མཛད་ནས་ནི། །ཁྱེད་ཀྱིས······མ་པའི་དོན་སེམས་ཁང་ཁྱིམ་མཆོག······བདེ་བའི······སྟན་ལེགསཔར······། །བསམ་སྟན་ཟས་དང་གྲོལ་བཏུང་པས་ངོམས་པ་དང་། །ཕ་རོལད་ཕྱིན་དྲུག་གྲོགས་དང་རྟག་ཏུ་སྤྲད་པར་ཤོགདེར་ནི་ཅི་དགར་འཕོལ་བའི་ཉོང་མོངས་བྲལ་འཕོལ་ཞིང་། །རྣམ་ཐར་རྫིང་ལ་ཏིང་ངེ་འཛིནད་ཀྱི་

ཆུས་བཀང་སྟེ། །……དག་པད་མ[ཀྱ]ས་པས་ཀུན་ནས……། །……བསམ་པ་དག་པ་བསྟན་དུ་ཏུ་འབྲུ……ཤོག །བར་མ་སྐྱེས་པ་ཀུན་ན……ཚུལ་ཁྲིམས་''། ……[ཁྲི]མས་དྲི……ནི། །འཛོམ་དང་ཁྲིལ་ཡོད་གོས་ཀྱི་མཆོག་བགོས་ཏེ། །མཚན་དང་དཔེ་བྱད་བཟང་པོས་ལེགས་བརྒྱན་ཅིང་། །ཀླུ་མྱིད་ཐེག་ཆེན་མདོན་ཤེས་བཞོན་པ་ལ། །བྱང་ཆུབ་སེམས་ཀྱི་ཁ་ལོ་པ་ཡིས་ནི། །ཡན་ལག་བརྒྱད་ལྡན……། །མྱ་ངན་འད……ཞི་དབྱེའི་དགོནད་པ་ཏུ། །བྱང་ཆུབ་དཀྱིལ་འཁོར་རྒྱལ་མཚན་བསྒྲེང་པར་ཤོག། ཅེས་གསུངས་སོ། །[【意】图奇(Giuseppe Tucci)著；魏正中、萨尔吉主编：《梵天佛地(第三卷第一册)—西藏西部的寺院及其艺术象征》；上海古籍出版社、意大利亚非研究院. 上海–罗马. 2009年；p. 131–37]ཛོ་རིང་པཎྜི་ཏ་བསྟན་འཛིན་དཔལ་འབྱོར་གྱིས་ལྷ་བླ་མ་བྱང་ཆུབ་འོད་ཀྱི་སྐུ་གདུང་རིན་པོ་ཆེ། ཛོང་དཀའ་ཆོས་སྡེ་ནས་ཀྱང་བ་ཐབས་ཞུས་ཡོད་ཀྲུ་རྩལ་སྒྲུགས་ཀྱིས་རྩད་གཅོད་དང་གཅེས་སྲུས་མཛད་ཡོད་དེ། ཛོ་རིང་པཎྜི་ཏ་བསྟན་འཛིན་དཔལ་འབྱོར་བའི་རང་རྣམ་ལས། འདི་དུས་མངའ་རིས་ཛོང་དཀའི་ས་སྲུང་ལ་སྦྱོད་མི་གོར་དམག་རྣམས་ནས……ཛོང་དཀའ་ཆོས་སྡེ་སྐུ་གསུང་ཐུགས་རྟེན་རྣམས་བཤིགས་ཕྲ་རྒྱན་དང་གཟུངས་བཞུགས་འདོན་པ་སོགས་མི་དགེ་བའི་ལས་ངན་སྣ་ཚོགས་གསོག་པ་དང་། ལྷག་དོན་ཆོས་སྡེ་འདི་ལ་བོད་ཆོས་རྒྱལ་གོང་མ་རིམ་ཅན་ནས་སྦྱོར་འཛུགས་མཛད་པའི་དངུལ་གདུང་འདུ་ཁང་ཐོག་ཚད་མ་ཆ་ལེགས་ཁག་མང་གི་ནང་དུ། ལྷ་བླ་མ་བྱང་ཆུབ་འོད་''དེའི་སྐུ་གདུང་ངོ་མས། དབུས་བོད་ཆོས་རྒྱལ་གོང་མ་རིམ་བྱོན་གྱི་སྐུ་གདུང་ཆ་ཚང་ཁག་མང་དང་། ……མི་ལ་རས་ཆེན་གྱི་དམ་ཆོས་དཀོན་མཆོག་བརྩེགས་པའི་གླེགས་བམ་སོགས་ཀྱིས་མཚོན། ''ཕྱིན་རྟེན་ཁྱུངས་དག་རྩ་ཆེ་ཁག་མང་གཟུངས་བཞུགས་སུ་ཡོད་འདུག་ཀྱང་། ……གོར་དམག་གི་ཛོང་སྲུང་པ་རྣམས་ནས་གོང་གསལ་དངུལ་གདུང་རྣམས་ཀྱི་ཕྱི་བསྐུམས་དངུལ་དང་། ཕྲ་རྒྱན་གང་ཡོད་ཤུས་འཕྲིར་བྱས་པས་འདོད་པ་མ་ཚིམས་པར། ད་དུང་དངུལ་གདུང་གོང་གསལ་གྱི་སྒྲོམ་ཤིང་རྣམས་ཀྱང་མེར་བསྲེགས་བྱས་འདུག་སྐབས། བོད་ཆོས་རྒྱལ་གོང་མ་རིམ་བྱོན་གྱི་སྐུ་གདུང་རྩིལ་པོ་ནང་གཟུངས་སུ་ཡོད་པ་རྣམས་ཨ་ཏུ་སྡེར་ཐོན་བྱུང་དུས་མི་རོ་འདུག་ཅེས། སྐྱུག་བྲོ་སྣང་གིས་ལམ་གྱི་གཞི[བཞི]མདོ་སོགས་ལ་ཕྱིར་བསྐྱུར་བྱས་གཤིས། ……པཎ་ཆེན་མཆོག་སྤྲུལ་རིན་པོ་ཆེའི་ཡབ་རྗེ་ཨ་ལི་དཔལ་ལྡན་དོན་འགྲུབ་ཀྱི་ཞབས་ཁོངས་སུ་ལ་དྭགས་འདོམ་གཅིག་པ་ཞེས། གོར་ཁ་རྐང་འགར་གྱི་སྐད་ཤེས་ཤིང་མགོ་བདེ་བ་ཞིག་འདུག་སྐབས་ཁོ་པར་ནོར་གྱི་བརྟན་པས་ཡིད་མགུ་བར་བྱས་ཏེ། ''ལྷ་བླ་མ་བྱང་ཆུབ་འོད་ཀྱི་སྐུ་གདུང་རིན་པོ་ཆེས་མཚོན་སྐུ་གསུང་ཐུགས་རྟེན་དང་། ཕྱིན་རྟེན་རྩ་འགངས་ཆེ་རིགས་རྣམས་ཁྱུ་བསྡུ་གང་ཐུབ་ཀྱི་ལོག་ཐབས་བྱེད་དུ་བཏང་བ་ན། ཕོ་པས་ཀྱང་སྤྲང་བརྫུས་ཀྱི་ཐོག་ནས་ཛོང་དཀའི་ལྟགས་རིའི་ནང་ཁོངས་གོར་དམག་ཛོང་སྲུང་གནང་ཡུལ་དུ་ཕྱིན་ཏེ། ཞག་ཤས་སོང་མཚམས་ནས་ཛོང་དཀའ་ཆོས་སྡེའི་སྐུ་རྟེན་གྲུས་ལི་མ། གསེར་ཟངས་སོགས་སྐུ་རྒྱུ་དང་། སྐུ་ཚད་ཆེ་ཆུང་སྣ་ཚོགས་ཀྱི་ཕྱིན་སྐུ་འདྲ་ངོ་སུམ་ཅུ་སྐོར་ཁྱེར་ནས་གླིབས་འབྱོར་བྱུང་བའི་རྒྱུ་མཚན་དུ། སྐུ་འདྲ་འདི་དག་གོར་ཁའི་དམག་མི་དང་། བོད་མི་སེར་འགའ་ཞིག་གི་ལག་ཏུ་འདུག་སྐབས་བསླུ་རིན་བབས་མཚུངས་སྤྲད་དེ་བླངས་པ་ལགས་ཤིང་། གཞན་ཡང་ཆོས་ཛོང་གཉིས་ཀྱི་ལམ་བར་སོགས་གྲོང་ཁྱེར་ཀྱི་སྤྱང་མདོའི་ཕྱོགས་ཀུན་ཏུ་བཀའ་བསྟན་གསེར་ཆོས་དང་། སྐྲ་ཆོས་བྲིས་པར་སྣ་ཚོགས་ཀྱིས་མཚོན་ཆོས་ཤོག་ཐང་སྤྱངས་མང་བ་འདུག་པའི་

ཁྲོད་དུ། སྐུ་གདུང་རྩིལ་མོ་བརྒྱད་དགུ་ཞིག་འདུག་པ་རྣམས་ལ་ལའི་ཕྱག་ས་གནོན་མཉམ་བཞག་དང་། ……སོགས་ཕྱག་སྟབས་དང་བཞུགས་ཚུལ་མ་ངེས་སྣ་ཚོགས་སུ་འདུག་པ་རྣམས། དངུལ་གདུང་ཁག་མང་བཤིག་པའི་ནང་ནས་དོན་ཚུལ་ཟེར་གཤིས་བོད་རྒྱལ་རིམ་པའི་སྐུ་གདུང་ཡིན་པར་གདོན་མི་ཟ་ནའང་། དེ་དག་ཚང་མ་ཕྲན་མི་གཅིག་གིས་འཛྲོངས་རེ་བྲལ་ཞིང་། ……ཐོག་མའི་ཆར་ཅི་དྲག་ལ་གྱུར་ཀྱང་། རྗེས་སོར་རྫོང་དགའ་ཆོས་སྡེའི་གྲྭ་གྲས་ཤིག་ལ་དངུལ་གདུང་ཁག་གི་ཕྱིའི་ཕྲ་རྒྱན་སོགས་མངོན་རྟོགས་དང་། ནང་དུ་གཟུངས་བཞུགས་འདི་ཡོད་ཀྱི་དཀར་ཆག་ཞིབ་འཕོད་གཞུང་རྟེན་དེབ་ཀྱི་ངོ་བཤུས་ལྟ་བུ་ཞིག་འདུག་པར། བལྟ་སྐབས་སྐུ་གདུང་སོ་སོའི་ཕྱག་ཞབས་ཀྱི་བཞུགས་སྟངས་ཚུན་ཆད་གསལ་འཕོད་འདུག་པར་གཟིགས་ན། ལྷ་བླ་མ་བྱང་ཆུབ་འོད་ཀྱི་སྐུ་གདུང་གི་བཞུགས་ལུགས་ཕྱག་གཉིས་ས་གནོན་མཉམ་བཞག་དང་། ཞབས་གཉིས་རྡོ་རྗེ་སྐྱིལ་ཀྲུང་དུ་གསལ་གཤིས། ཡང་བསྐྱར་ཞིབ་འཇུག་བྱེད་སྐབས་བགྲེས་གཞོན་དང་ཕྱག་ཞབས་ཀྱི་བཞུགས་ཚུལ་སྣ་ཚོགས་ལས་གཅིག་ཏུ་མ་ངེས་པའི་སྐུ་སྤུར་བྱིངས་རྣམས། ལོ་མང་སོང་སྐབས། སྐམ་སེང་ཤ་སྟག་ཡིན་འདུག་ཀྱང་། དེ་གྲས་ནས་གཅིག་གསོན་པ་ལྟ་བུའི་སྐུ་ཤ་ཡང་མ་སྐམ་པར་རློན་པ་དང་། སྐུའི་ཤ་མདངས་ཀྱང་མ་ཉམས་པའི་ཁྱད་མཚར་ཅམ་དུ་མ་ཟད། སྐུ་གདུང་དེའི་ཕྱག་གཡོན་མཉམ་བཞག་མཛད་པའི་ཕྱག་གི་འཁྲིག་མའི་མཚམས་མན་དང་། ཕྱག་གཡས་ས་གནོན་མཛད་པའི་གྲུ་མོ་ཁུག་མན་ལྷུ་གྱུར་གྱི་མ་ཚང་འདུག་པ་ལས། ཞབས་རྡོ་རྗེ་སྐྱིལ་ཀྲུང་དུ་བཞུགས་པ་སོགས་དཀར་ཆག་དང་མཐུན་པའི་ངེས་ཤེས་འཛྲོངས་སྐབས། སྐུ་གདུང་གོང་གསལ་ཉིད་དེ་གཞིའི་མཚན་མོ་གོར་དམག་གི་མ་ཤེས་པར་མངོན་ཆུང་གསང་སྟབས་ཀྱི་ཐོག་ནས། སླར་ཕྱིར་འདོན་བདེ་ཁྱད་རྫོང་དགའི་ཕྱི་སྒོའི་འགྲམ་གྱི་ས་ཁུག་ཅིག་ཏུ་སྦས་ཡོད་ཅིང་། དེ་འཕྲོས་སྐུ་གདུང་གཞན་རྣམས་ཀྱི་ཐོག་སློབ་དཔོན་རིན་པོ་ཆེའི་སྐུ་པེར་དང་། མཁའ་འགྲོའི་ཤོག་སེར། རྗེ་བཙུན་མི་ལའི་དམ་ཆོས་དཀོན་མཆོག་བརྩེགས་པས་མཚོན་ནང་རྟེན་གྲགས་ཆེ་ཁག་ཀྱང་ད་ཆ་སྔར་ལུགས་ཆ་ཚང་ཞིག་མི་འདུག་ཀྱང་། གང་ཡོད་ཕྱི་གྱུར་མེད་པའི་ཐབས་མཁས་ཀྱི་ཁྱུ་བསྡུ་གང་ཐུབ་བྱེད་དགོས་ཆོས་སྡེའི་ལས་སྣེས་མཆོད། སློས་འཕེལ་ཁུངས་ཁག་ལ་མངགས་གཏམ་བྱས་ཡོད་ཚུལ་སོགས་ཞིབ་གསལ་བྱུང་གཤིས། དེ་འཕྲལ་ས་བཀྲས་གཞུང་གསུམ་གྱི་སྐུ་ཚབ་རྣམས་གྲོས་བསྡུར་གྱི་ཐོག་ནས། སྐུ་གདུང་རིན་པོ་ཆེའི་སྲི་ཞུ་བཀུར་བསྟིའི་མཆོན་བྱེད་དུ་ཕེབས་བྱམས་ལྟ་བུ་ཞིག་འཕྲལ་དུ་བཟོ་བཙུག་པའི་གཡས་གཡོན་རྒྱབ་མདུན་རྣམས་སུ། ……མཆོད་རྫས་ཀྱི་བྱེ་བྲག་སྣེ་མཚོན་ཙམ་གྱིས་བརྒྱན་ཅིང་། འདེགས་མི……མི་བརྒྱད་བཅས་གྲ་སྒྲིག་བྱས་ཐོག ཕེབས་བྱམས་དང་འདེགས་མི་རྣམས། རྫོང་དགའ་རྫོང་ལ་མདའ་རྒྱང་གསུམ་ཙམ་གྱི་མ་སླེབས་པའི་རི་ཁུག་ཅིག་ཏུ་བཞག་པའི་ལ་དྭགས་འོ་མ[འདོམ]གཅིག་པ་ཁེར་རྐྱང་སྔར་ལུགས་བཞིན་རྫོང་དགའི་ལྟུགས་རིའི་ནང་དུ་མངགས་རྫོང་བྱས་པར། ས་བྱ་ཧོར་ཟླ་བཞི་པའི་ཡར་ཚེར་བཅོ་ལྔའི་དུས་ཆེན་གསུམ་འཛོམ་གྱི་མཚན་མོ……ལྷ་བླ་མ་བྱང་ཆུབ་འོད་ཀྱི་སྐུ་གདུང་ཡིད་བཞིན་གྱི་ནོར་བུ་མཐའ་འཁོབས་ཀླ་ཀློའི་འདམ་རྫབ་ཀྱི་ཁྲོད་ནས་མི་སྣ་གོང་གསལ་གྱི་ངལ་བས་མངོན་ཆུང་གསང་སྟབས་སུ་བླངས་ཤིང་། རྒྱབ་ཏུ་ཁུར་ནས་ཡོང……དེ་ནས་ཕེབས་བྱམས་ནང་དུ་བཞུགས་སུ་བཅུག་ནས། པཎ་ཆེན་མཆོག་སྤྲུལ་རིན་པོ་ཆེའི་ཡབ་རྗེའི་བཞུགས་གནས་སླང་རི་གྲོང་ཁྱིམ་དུ། སྐུ་གདུང་རིན་པོ་ཆེ་ཕྱིན……སྐུ་གདུང་རིན་པོ་ཆེ་དེ་ནི་ལྷ་བླ་མ་བྱང་ཆུབ་འོད་ཀྱི་སྐུ

སྤྱུར་འཁྲུལ་མེད་ཡིན་པ་ཙམ་མ་ཟད། ངོ་མཚར་དང་བྱིན་རླབས་ཆེ་བའི་ཚོད་དུ་མངོན་ཞིང་། ……འདི་སྐབས་རྗེ་དྲུང་བློ་བཟང་ཕུན་ཚོགས་དང་། རྗེ་དྲུང་སྐུ་མཆེད་གཉིས་ནས་ཐུགས་འགན་བཞེས་ཟུས་ལས། ……པཎ་ཆེན་མཆོག་སྤྲུལ་རིན་པོ་ཆེའི་ཡབ་རྗེ་དཔལ་ལྡན་དོན་འགྲུབ་སྐུ་ཞབས་ཨ་ཁུ་ལགས་དང་ཐུགས་འདོད་གཅིག་པ་མ་ཟད། སྐྱབས་མགོན་རྒྱལ་དབང་ཡབ་སྲས་གཉིས་ཀའི་སྐུ་ཉེར་གཞུར་གཤིས་གཟིགས་པ་བདག་རྐྱེན་ཆེ་སྟབས། གོང་གསལ་ལྷ་བླ་མ་བྱང་ཆུབ་འོད་ཀྱི་སྐུ་གདུང་དང་། རྫོང་དགའ་ཆོས་སྡེའི་རྟེན་གྲས་ཀྱི་སྐུ་འདྲས་མཆོད་ནང་རྟེན་སོགས་དགུ་ལག་ནས་གང་འགྱོར་ཚང་མ་སླར་ཐུགས་ཡིད་ཆེས་ཤིང་། ལབ་སླེང་མི་འབྱུང་ཁྲད། པཎ་ཆེན་མཆོག་སྤྲུལ་རིན་པོ་ཆེའི་ཡབ་རྗེ་རང་གི་ཕྱག་ཏུ་བོར་བརླག་གཏན་ནས་མེད་པ་བསྟེས་འབུལ་ཞུས……ཁོ་བོ་རང་ལ་ནི་ལྷ་བླ་མ་བྱང་ཆུབ་འོད་ཀྱི་སྐུ་ཤའི་ཚལ་བུ་ཟུར་བུ……བྱིན་རླབས་རྟེན་དུ་ཞུས་བསྩལ་བྱུང……ཞེས་གསུངསསོ། །[བསྟན་འཛིན་དཔལ་འབྱོར། རྗེ་རིང་པཎྜི་ཏའི་རྣམ་ཐར། ཁྲིན་ཏུའུ། སི་ཁྲོན་དཔེ་སྐྲུན་ཚོགས་པ། སི་ཁྲོན་མི་རིགས་དཔེ་སྐྲུན་ཚོགས་པ། 2006ལོ། pp. 557-63.]

ལྷ་བླ་མ་བྱང་ཆུབ་འོད་ཁུ་དབོན་དང་ལོ་ཆེན་རིན་བཟང་དུས་མཉམ་ལ་མཛད་པ་ཆེ་མོད། རྒྱལ་རབས་ཟླ་རིགས་མ་འདིར་མཚན་ཙམ་ཡང་མ་བསྟན་པ་ནི་དོགས་གཞིར་སྣང་། རྒྱལ་རབས་ཡིན་པས་གཙོ་བོ་རྒྱལ་པོའི་སྐོར་ཞུ་དགོས་པ་ཡིན་ནམ་སྙམ་སྟེ་བློ་ལྡན་དག་ལ་བརྟག་གཞིར་ཕུལ་ལོ། །

[56] རྗེ་མངའ་བདག་ཆེན་པོ་དབུ་འབྱམས་པའི་ཞལ་སྔ་ནས་ཞེས་པ་འདི་འོད་ལྡེར་ངོས་འཛིན་ཞུ་དགོས་སྙམ། འོད་ལྡེའི་སྐོར། མངའ་རིས་ཆོས་འབྱུང་དུ། འཁོར་རེའི་སྲས་བསྟན་ཕྱོང་ཙོག་རེ། ཆུང་བ་ཚ་ལ་སྡེ་ནག་པོ་འཛུམ་མེད། ལྷ་སྡེ་བཀྲ་ཤིས་བཙན་ཡང་ཟེར། མངའ་བདག་ལྷ་སྡེའི་སྲས་འོད་ལྡེ་བཙན། བཀྲ་ཤིས་འོད། ཡོངས་སྲོང་ལྡེ་དང་གསུམ་ཡོད་པའི་གཅེན་འོད་ལྡེ་བཙན་སྐུ་ཤེད་ཤིན་ཏུ་ཆེ་བས་སྐུ་ནས་གཞོན་ནུ་ནས་ཐུགས་རྒྱལ་ཙན་དུ་འཁྲུངས་པ། འཁྲུག་པ་ལ་འཇམ་ཐེངས་གཅིག་མར་ཡུལ་དུ་གཤེགས་པའི་དུས་སུ་དཔེ་ཐུབ་ཀྱི་གཙུག་ལག་ཁང་བཞེངས། དགེ་འདུན་གྱི་སྡེ་བཙུགས། པཎྜི་ཏ་ཕྱུ་ནི་ཤྲི་སྦྱིན་དྲངས། སངས་རྒྱས་སྨན་ལྷ་ལ་གསོལ་བ་འདེབས། སྔགས་ཀྱི་ཐུགས་དམ་བག་རེ་ཡང་མཛད། མཇུག་ཏུ་བྲེ་ཤའི་ཡུལ་དུ་དམག་མཛད་པས། དེར་དབུ་འཇམ་[འབྱམས]སོ། །གཉུང་གཉིས་ཀྱིས་[ཕོ་བྲང་བྱང་ཆུབ་འོད་དང་ཕོ་བྲང་ཞི་བ་འོད། ཁྲུང་མཆན] སྐུ་བླུས་པས། ཁོང་ཉིད་དང་མཉམ་པའི་སྐར་བའི་གསེར་དགོས་ཟེར་ནས། མ་ཁུགས་ཏེ་རེ་ཤིག་དེ་ཉིད་དུ་བཞུགས་སོ། །ཡུམ་གྱིས་སྨན་ལྷ་ལ་གསོལ་བ་བཏབ་པས། སྲས་ཀྱི་ཐྲི་ལམ་དུ་ཤར་ཕྱོགས་ནས་དགེ་སློང་བརྒྱད་བྱོན་ནས། ལྕགས་བཀྱོལ་ཏེ་ཕྱག་ནས་དྲངས་པ་ཐྲི་བས་ལྕགས་དྲང་གྲོལ་ནས་གྲོ་པས་སྟོན་ལས་རྐྱེན་གྱིས་ལྕགས་དུག་བྱུང་ནས། བཤུལ་དཀར་གྲོང་སོ་ཟེར། ཞེས་བྱུང་། [p. 61-2.] དབུ་འབྱམས་པའི་སྐོར་རྒྱལ་རབས་ཟླ་རིགས་མ་འདིར་ཡང་། ཐུ་[ཐུགས] དད་པའི་ཤུགས་དང་སྐམ་དཀྱིལ་གྱི་རྒྱ་ཆེ་ཡང་། ཕྱོགས་གཞན་གྱི་ཡབ་མཆེད་སྒྱི[མི] སྐམ་པ་རྣམས་ཀྱི་མཛད་འཆལ་མ་ཕྱིགས་པ་འགས་སྤྱུན་ལ་ཐོག[ཅོག] མངའ་རིས་བཟང་པོ་གཞན་ནི་ཐུགས་ལ་གཞག་ནས་སྐུ་ནས་གཞོ་[གཞོན] ནུ་ནས་ཕྱོགས་གཞན་གྱི་འཁྲུག་པ་ལ་སྐུ་འབྱམས་ཏེ་སྐུ་རྒྱ་མ་དང་། དགེ་སྦྱོར་བདེ་བར་ལ་མཛད་པའི་སྐབས་སྒྱི[མི] མངའ་ཡང་། མེས་བཟང་པོའི་ཞབས་རྗེས་མ་སླེབས་ན་སྒྱིས[མིས] དཔྱས[འཕྱས] ཀྱིས་དོགས[དྭོགས] པ་

དང་། དགེ་སྦྱོར་སྣ་ཅིག་མ་བྱས་ན་ངན་སོང་དུ་ཐུགས་འགྲོད་ཀྱི་དོགས་ཏེ། ཐ་ན་འདྲོན[མགྲོན]ལམ་དུ་དཔེ་ཐུག་གི་གཙུག་ལགས[ལག]ཁང་བཞེངས་སུ་གསོལ་བ་ལསྟོགས[ལས་སོགས]པ་སྐུ་རྒྱ་མ་མང་དུ་མཛད་དེ་གཙོར་དཀོན་མཆོག་གཉན་པར་མཛད་། ཅེས་གསུངས། དཔེ་ཐུག་དགོན་པ་བཞེངས་པའི་སྐོར། གོང་དུ་མངའ་རིས་ཆོས་འབྱུང་གི་ལུང་དྲངས་མ་ཐག་པ་དེར། འབྲུག་པ་ལ་འཇམ་ཐེངས་གཅིག་མར་ཡུལ་དུ་གཤེགས་པའི་དུས་སུ་དཔེ་ཐུབ་ཀྱི་གཙུག་ལག་ཁང་བཞེངས། ཞེས་གསུངས་པ་ལྟར་ལགས།

[57] སྐབས་འདིའི་རྒྱ་མ་ཞེས་པའི་ཐ་སྙད་འདི་ནི་མངའ་རིས་དང་འབྲེལ་བའི་ལོ་རྒྱུས་ཡིག་རྙིང་ཁག་ཏུ་ཐོན་མང་བ་ཞིག་སྟེ། དཔེར་ན། མངའ་རིས་ཆོས་འབྱུང་དུ། གཞན་ཡང་ག་ཤ་ནའི་ཐུབ་པ་གྲོང་ཁྱེར་མ་དཀྱིལ་ཀྱང་མ་སོགས་ལི་མ་ངོ་མཚར་ཞིང་། བྱིན་རླབས་ཆེ་བ་མང་དུ་བཞེངས་པ་སོགས་རྒྱ་མ་ཤིན་ཏུ་ཆེ་བ་མཛད། ཅེས་དང་། དེ་ཉིད་ལས། གསང་སྔགས་ཀྱི་བཤད་རྒྱུད་རྡོ་རྗེ་འཕྲེང་བ་སྒྱུར་དགོངས་པས། རྒྱ་གར་གྱི་ཁ་ཆེ་ཐོད་དུ་ཆོལ་དུ་བཏང་བས། དབུ་རྒྱན་གྱི་ཕྱོགས་དེ་ནས་རྙེད་དེ། བླ་མ་ཉིད་ཀྱི་ལོ་ཙྪ་བ་མཛད་ནས་སྒྱུར་བ་ལ་སོགས་རྒྱ་མ་མང་དུ་མཛད་དོ། །ཞེས་དང་། ངོར་ཆེན་ཀུན་དགའ་བཟང་པོའི་ཐུགས་སྲས་གུ་གེ་པཎ་ཆེན་གྲགས་པ་རྒྱལ་མཚན་གྱིས་མཛད་པའི་རྒྱལ་རབས་ཉི་ཟླའི་ཕྲེང་མཛེས་སུ། ལྷ་ལྡེ་བཀྲ་ཤིས་བཙན་ནག་པོ་འཇུམ་མེད་ནི། ཁོང་གིས་རྒྱ་མར་ཁྱི་ཆར་དུ་ལྷ་ཁང་བཞེངས་པར་སྣང་། ཞེས་གསུངས་པ་དང་། ལ་དྭགས་རྒྱལ་རབས་སུ།(ལ་དྭགས་ཀྱི་རྒྱལ་པོ་འཇམ་དབྱངས་རྣམ་རྒྱལ་གྱིས) སྐུའི་རྒྱ་མ་གྲ་ཧོག་གསེར་གསུམ་དང་། དཀར་རྒྱུད་གསེར་ཕྲེང་སོགས་གསེར་དངུལ་ཟངས་གསུམ་ལ་བཞེངས་ནས། རྒྱ་མ་ཕྱག་རྗེས་སུ་སྤྲུལ་ཏེས་མེ་ལ་བསྲེགས་པ་རྣམས་སྣང་དེའི་ཚབ་བཞེངས་པའི་ཐུགས་བསམ་ཤིན་ཏུ་ཆེ་བ་ཡོད་ཀྱང་སྐུ་ཚེ་ཐུང་བས་བདེ་བར་གཤེགས་སོ། །ཞེས་བྱུང་བ་ལྟ་བུའོ། །[བོད་ཀྱི་ལོ་རྒྱུས་དེབ་ཐེར་ཁག་ལྔ། ལྷ་ས། 2011ལོ། p. 189.]

ཁོ་དོན་ནི་དགོན་གནས་ཕྱག་བཏབ་པ་དང་། རྟེན་གསུམ་བཞེངས་པ། ཆོས་བྱེད་བཙུན་པར་རྐྱེན་རིས་འབུལ་བ་ལ་སོགས་པའི་བསྙེན་བཀུར་ཞུ་བ་ལྟ་བུ་ཆོས་ཕྱོགས་དང་འབྲེལ་བའི་མཛད་འཕྲིན་དག་གི་སྤྱི་མིང་ལྟ་བུར་གོ་དགོས་པར་སེམས།

[58] སྙིང་ཚོམས་ཞེས་པ་འདི་སྐོར། བརྡ་བཀྲོལ་གསེར་གྱི་མེ་ལོང་དུ། སྙིང་ཚོམས། མང་པོའི་ནང་ནས་འདམས་པའི་དོན་ཏེ། འདུལ་བའི་གླེང་འབུམ་གྱི་མིང་བརྡའི་རྣམ་བཤད་ལས། སྙིང་ཚོམས་ནི་བཀྲམས་པ་ཞེས་འབྱུང་བས་མང་པོའི་ནང་ནས་འདམས་པའི་དོན་ནོ། །ཞེས་གསུངས། དཔེར་ན། འདུལ་བ་ལུང་རྣམ་འབྱེད་ལས། ཁྱོད་རྒྱལ་པོ་གཟུགས་ཅན་སྙིང་པོའི་སྙིང་ཚོམས་མཆིས་པ་ལགས་སྙམ་མམ། ཞེས་པ་ལྟ་བུའོ། །[བརྡ་དཀྲོལ་གསེར་གྱི་མེ་ལོང་། p. 228.] སྙིང་ཚོམས། བཀྲམས་པ་ཞེས་འབྱུང་བས་མང་པོའི་ནང་ནས་འདམས་པའི་དོན་ནོ། །[དུང་དཀར་ཚིག་མཛོད་ཆེན་པོ། p. 946.] དེས་ན། སྙིང་ཚོམས་འདི་མང་པོའི་ནང་ནས་འདམས་པའི་འཁོར་ནང་མཁའམ། ཡང་ན་ནང་ཚོགས་ཡིན་པ་ལྟ་བུའི་གོ་དོན་ཡོད་དམ་སྙམ། རྒྱལ་རབས་འདིར་སྙིང་ཚོམས་ཞེས་པའི་བརྡ་འདིའི་དོན་གྱི་བསྙེགས་ཡུལ་ནི་ཡིག་རྙིང་གཞན་དུ་གསལ་བའི་མངའ་རིས་སྙིང་ཚོམས་སྡེ་གསུམ་མམ་ཞང་ཞུང་སྙིང་ཚོམས་སྡེ་གསུམ་ཞེས་པ་དེ་དག་ཡིན་ནམ་སྙམ། ཞང་ཞུང་སྙིང་ཚོམ་སྡེ་གསུམ་སྐོར། ལྷ་བླ་མ་ཡེ་ཤེས་འོད་ཀྱི་རྣམ་ཐར་རྒྱས་པར། དྲིལ་སྟོན་ནམ་མཁའ་ལས། ཆོས་འཁོར་བསྟན་པར་བཟུང་

བའི་ཁྲིམས་ལ། མངའ་རིས་ནས་སྙིང་ཚོམ་སྡེ་གསུམ། ཆོས་འཁོར་བཟང་བར་ཕྱུང་སྟེ། སྐྱི་བོ་རྗེ་འབངས་ཀྱི་དམག་ཁྲལ་བླ་འཐབ་མི་དབབ། སྤྱིས་བཀྱི་ཚལ་ཞིང་དབབ་པའི་དམག་ཁྲལ་བཀྱིད། རྗེ་བླས་ཐང་མ་ཡོ་ལྷ་རིས་སུ་ཕུལ་བ་ལས་གཞན་གྱི་དགའ་མི་སྨྲ། ཆོས་འཁོར་གྱི་རྟེན་དུ་ཡུལ་གྱི་གཞིས་བཟུང་བའི་ཞིང་ནས་ཁལ་སྟོང་གི་ས། དགེ་འདུན་གང་འཐད་པ་ལ་ཕྱི་ནས་ལྷ་རིས་ཀྱི་ཞིང་ལས་ཀྱི་ཁྲིམས་མངའ་བརྒྱ་ཞིག་བཀོལ། ཞེས་དང་། ཡང་རྣམ་ཐར་དེ་ཉིད་ལས། ཡབ་སྲས་གསུམ་གྱི་མཛད་ཚུལ་གྱི་དྲིལ་ལས། ཁྲི་ལོ་དཔྱིད་ཟླ་ཐ་ཆུང་གིས་ངོ་ལ། དཔལ་ལྷ་བཙན་པོ་ཡེ་ཤེས་འོད་ཡབ་སྲས་ཀྱི་ཕོ་བྲང་དབེན་གནས་བྱམ་སློམ་གླིང་ན་བཞུགས། ……ད་སླན་ཆད་ཆོས་འཁོར་འདིར། སངས་རྒྱས་བཅོམ་ལྡན་འདས་ཀྱི་བསྟན་པ་ཇི་སྲིད་གནས་ཀྱི་བར་དུ་ནི་སེམས་ཅན་ཐམས་ཅད་བདག་གིར་བླངས་པ་ཡིན་པས། ……ཡུལ་ཁམས་འདིའི་འགྲོ་བ་དག་གི་ཕན་པ་དང་། བདེ་བ་བླ་ན་མེད་པ་བསྒྲུབ་པའི་སླད་དུ། དཀོན་ཅོག་གསུམ་གྱི་བརྟེན་བཙུག་ལག་ཁང་ཁ་ཁྱེར་མི་ཆུང་བ་ནི། གྲངས་ཀྱིས་བསིས་ཆགས་འོག་གི་འབངས་ནས། མཐོ་གླིང་དུ་སྡེ་གཉིས་ཀྱིས་དགེ་འདུན་མི་ཉུང་བ་ཞིག་ནི་ཐར་པར་སྐྱེ། མངའ་རིས་སྙིང་ཚོམས་བསྡེ་གསུམ་ལྷ་རིགས་སུ་བསྔོས་ཏེ། དེ་ལྟར་ཆེས་ཆེ་བར་བསྒྲུབས་པ་འདི། ཇི་སྲིད་གནས་ཀྱི་བར་དུ་ནི་ཕྱོགས་འདི་པའི་མི་གཡོ། མཆོག་ཀྱང་བདེ་བར་འགྱུར་ཞིང་། གསུང་རབ་རིན་པོ་ཆེ་ཡང་དེ་སྲིད་མི་ནུབ་པར་འགྱུར་བའི་རིགས་པས། དེ་ལྟ་བས་ན་བསྟན་པ་འཛིན་པ་ད་ལྟར་དང་། རིམས་ཀྱིས་འབྱུང་བའི་གང་ཟག་རབ་ཏུ་འབྱུང་བ་རྣམས་ཀྱིས། ཆོས་ཀྱི་ཡི་གེ་དང་། བོད་ཁམས་སུ་མངའ་ཕྱིར་མཛད་པའི། བཀའ་ཁྲིམས་སྙིང་པ་དང་། གསར་དུ་བྱུང་བའི་ཁྲིམས་བུ་ཆུང་འདི་དག་མི་འགལ་ཞིང་། དེ་དག་མཐུན་པར་གཙོ་བོར་ཕྱོས་ཤིག   ཅེས་གསུངས་སོ། །

[59] མཆེད་དབུའ་གས་ཀྱི་འབྲུག་པ་ཆེན་པོ་སོགས་ནི། སྟར་སྐྱིད་ལྡེ་ཉི་མགོན་གྱི་སྲས་མགོན་གསུམ་གྱི་སྐབས་སུ་ལྡེ་གཙུག་མགོན་དང་དཔལ་གྱི་མགོན་གཉིས་མངའ་རིས་ས་ཁྱོན་ཆེ་ཆུང་ལས་འཁྲུས་པའི་འབྲུག་པ་བྱུང་ཡོད་དེ། གུ་གེ་པཎྜི་ཏ་གྲགས་པ་རྒྱལ་མཚན་གྱིས་མཛད་པའི་ཉི་མའི་རིགས་ཀྱི་རྒྱལ་རབས་སྐྱེ་དགུའི་ཅོད་པཎ་ཉི་ཟླའི་འཕྲེང་མཛེས་ཞེས་པར། གཙུང་ལྡེ་གཙུག་མགོན་ལ་མངའ་རིས། གེ་གོ་གཙང་པོ་ཡན་ཆད། མངའ་ཞབས་སྤྱིན་རྩེ་གོང་ཡན་ཚད། ཡུལ་གར་ཞྭ(ཞ)། ཟངས་མཁར(དཀར)། འབངས་དོལ་མངས། སྐན་གཡུ་ལྡེམ་ཐོངས། ཁྲབ་མུན་ཆེན་གསལ་བ། རྟོག་ཏིར་ཟླུམ་དཀར་ཆེན། ཆིབས་འོད་འཕྲོ་བྱ་ཕུར། ཕྱག་སྤྱན་འཁྲོང་རྩེ་གུག ཟླའི་འཁྲོག ངོ་ཕུག་རྩེ་བའི་ཐུ་ས། དེ་ལ་སོགས་པའི་མཚན་ཆེ་བ་དང་། དམག་ཡུལ་གཞིས་མང་སེ་གནང་ངོ་། །ཕྱིས་གཅེན་དང་གཙུང་གཉིས་ཐུགས་མ་འཆམས་པར་འཁྲུགས་པ་ལ། བར་པ་བཀྲ་ཤིས་མགོན་གྱིས་བསྡུམས་མཛད་ནས། མ་བ(མངའ)ཕན་ཚུན་རྗེས། གཅེན་ལ་གར་ཞྭ(ཞ)དང་ཟངས་སྐར(དཀར)ཕུལ། ཙུང(གཙུང)ལ་མར་ཡུལ་ཕུལ་ལོ། །ཕྱིས་དཔལ་གྱི་མགོན་དགུང་དུ་གཤེགས་ནས། རྒྱལ་དུར་ཡ་ན་གདོན་ཡོད་དོ། །ཞེས་བྱུང་བ། འོད་ལྡེའི་སྐབས་སུ་འབངས་ད་དད་ཀྱིས་བར་དུ་རྐྱེན་བྱས་ནས་མཆེད་དབུའ་གས་ཏེ། པ་སྤུན་ནང་དམི། ཕན་ཚུན་དགྲ་ཁ་གཏད་དུ་ལངས་པའི་གནས་ཚུལ་ཛ་དྲག་པོ་ཐོན་ཡོད་དམ་སྙམ། ཚུལ་དེར་གཟིགས་ནས། ཕོ་བྲང་བྱང་ཆུབ་འོད་རྒྱལ་པོའི་ཁྲི་ལ་བཞུགས་སྐབས། “རྗེའི་ཞ[ཞལ]སྔ་ནས[ཕོ་བྲང་བྱང་ཆུབ་འོད]རང་བཞིན་ཞི་དེས་ཆེ་ཞིང་འཁྲིལ[?]ལྟས་ལ་དགོངས་པས་འབངས་བློ་བ་ཉེ་བ་དང་། མཐའི་སྲིད་ཚན་མང་དུ་བསྐྱངས་པས། སྐབས་དེར་མངའ་

རིས་ཕྱིང་རིལ་དུ་ཕྲུག་ཏུ་འགོངས་པའི་རྒྱ་མང་དུ་བྱུང་ན་ཡང་། གཙིན་མཆེད་ལ་གཉེན་སྙིང་གིས་བྱུང་པོའི་འབྲེལ་ཐག་གཅོད་མ་སྤྱོད་དེ། འབངས་གཡར་རྒྱལ་ཅན་གྱི་མ་བརྫངས་ནས། ཚོད་རིག་པར་མཛད་པས་མཆེད་དབྱུ་མ་གས་ཤིང་མངའ་རིས་ཀུང་གྱུག་འདྲམ་སུ་མ་ཐལ་བ་ལགས"ཞེས་རྒྱལ་རབས་ཟླ་རིགས་མར་ཁྲིས་པ་ལྟར་བྱུང་། རྗེས་སུ་བྱང་ཆུབ་འོད་རབ་བྱུང་བསྒྱུབས་རྗེས། "སླད་ན[ཕོ་བྲང་བྱང་ཆུབ་འོད་ཀྱི་]སྐུ་ཚེ་སྨད་[ཚོས་བྱེད་བཙུན་པ་བྱེད་པའི་གནས་སྐབས]ལ་རྗེ་མངའ་བདག་ཆེན་པོ[འོད་ལྡེ]ནི་དབུ་འབྱམས"པ་སྟེ། [རྒྱལ་རབས་ཟླ་རིགས་མར་གཟིགས། གཡུལ་ཐོག་ཏུ་རྨས། འཕྱིས་ལྟུགས་དུག་ཕོག་ནས་གྲོངས་རྗེས། "རྗེ་མངའ་བདག་ཆེན་པོ[ཕོ་བྲང་བྱང་ཆུབ་འོད]ནི་རབ་བྱུང་མཛད་ནས་བཞུགས་པའི་དུས་སུ། མངའ་རིས་མངའ་བདག་ཏུ་རང་བབས་སུ་བྱུང་ན་ཡང་། མི[མི]ཚོས་ཀྱི་རྒྱལ་སྲིད་ལ་ནི་སྐུ་སྐྱེ་བ་བཞེས། ཡབ[འོད་ལྡེ]དབུ་འབྱམས་པའི་སྲས་ལགས་པས། དབོན[མངའ་བདག་རྩེ་ལྡེ]ལ་གཉེན་སྙིང་དང་ཐུགས་རྗེ་འབྲུངས། ཡབ་མེས་བྱང་ཆུབ་སེམས་དཔའ་རྣམས་ཀྱི་སྲོལ་ཐུགས་ལ་བཞག་སྟེ། དབོན[མངའ་བདག་རྩེ་ལྡེ]ལ་རྒྱལ་སྲིད་གཏད་པ་ལགས། [རྒྱལ་རབས་ཟླ་རིགས་མར་གཟིགས]

[60]ཁྲལ་སྦྱད་པའི་མིང་དུ་ཏུན་ཧོང་གཏེར་ཡིག་ཏུ་འཕོད་མོད། གོ་དོན་ནི་དཔེར་ན་ཕྱིང་པ་བསྒྲིལ་པ་ལྟར་ཁྲལ་སྦྱད་པའི་དོན་མིན་ནམ་སྙམ། སྐབས་འདིར། མངའ་རིས་ཕྱིང་རིལ་ཕྲུག་ཏུ་འགོངས་པ་ཞེས་པ་ནི། དཔེར་ན་ཕྱིང་པ་ལིངས་ཀྱིས་སྒྲིལ་བ་ལྟར་མངའ་རིས་ཀྱི་མངའ་དབང་ཡོངས་སུ་རྫོགས་པ་ཕྲུག་ཏུ་ལོན་པའི་དོན་མིན་ནམ་སྙམ།

[61]འདི་ལྷ་ལྡེའི་སྲས་འོད་ལྡེ་ལ་གསུངས་སམ་སྙམ།

[62]འདི་ལྷ་ལྡེའི་སྲས་ལྷ་བླ་མ་བྱང་ཆུབ་འོད་ལ་གསུངས་སམ་སྙམ།

[63]སྐབས་འདིའི་དབོན་པོ་དེ་ནི་མངའ་བདག་རྩེ་ལྡེར་གསུངས་སམ་སྙམ།

[64]ཕོ་བྲང་ཞི་བ་འོད་ཀྱི་ལོ་རྒྱུས་རྒྱལ་རབས་ཟླ་རིགས་མ་འདིར་འཕོད་པ་དེ་དག་ནི། སྔར་མ་གྲགས་ཤིང་ཞིབ་ཆ་ཞིག་ཡིན་པས་གཅེས་སྤྲས་མཐོང་ཆེན་གྱི་འོས་སུ་ཆེ། ཕོ་བྲང་ཞི་བ་འོད་འདི་ནི་ལྷ་ལྡེའི་སྲས་ཏེ། ལོ་རྒྱུས་སྒྲ་བའི་དབང་ཕྱུག་ཆེན་པོ་དཔལ་པོ་གཙུག་ལག་ཕྲེང་བས། གཙུང་ཁོར་རེས་ཀུང་ཁ་ཆར་གྱི་ལྷ་ཁང་བཞེངས། དེའི་སྲས་ལྷ་ལྡེས་པཎྜི་ཏ་སུ་སྦྷ་ཥི་ཏ་སྤྱན་དྲངས། དེའི་སྲས་འོད་ལྡེ་དང་། ཕོ་བྲང་ཞི་བ་འོད། བཙུན་པ་བྱང་ཆུབ་འོད་གསུམ་"ཞེས་གསུངས་སོ། །[ཆོས་འབྱུང་མཁས་པའི་དགའ་སྟོན། པེ་ཅིང་། མི་རིགས་དཔེ་སྐྲུན་ཁང་། 2006ལོ། p. 228.]འགོས་ལོ་ཡེ་བཟང་རྩེ་བས་དེབ་ཐེར་སྔོན་པོར། དེའི་སྲས་ལྷ་ལྡེ། དེའི་སྲས་འོད་ལྡེས་སྲིད་གཟུང་། གཙུང་པོ་ཞི་བ་འོད། བྱང་ཆུབ་འོད་གཉིས་རབ་ཏུ་བྱུང་། ཞེས་གསུངས། [དེབ་ཐེར་སྔོན་པོ། ཁྲིན་ཏུའུ། 1984ལོ། p. 62.]ཕོ་བྲང་ཞི་བ་འོད་འདིས་ཀ་ལྷ་པའི་འགྲེལ་པ་ཉུང་ངུ་ལས་སློབ་མ་ལ་ཕན་པ་བསྒྱུར་མཛད་དེ། བསྟན་འགྱུར་དཀར་ཆག་ལས། ཀ་ལྷ་པའི་འགྲེལ་པ་ཉུང་ངུ་ལས་སློབ་མ་ལ་ཕན་པ་ཞེས་བྱ་བ་པཎྜི་ཏ་སྒྲོལ་བའི་དབང་ཕྱུག་གིས་མཛད་པ། ལྷ་བླ་མ་ཞི་བ་འོད་ཀྱིས་ཞང་ཞུང་གི་ས་ཆ་མཐོ་ལྡིང་གསེར་གྱི་གཙུག་ལག་ཁང་དུ་བསྒྱུར་བ། ཞེས་བྱུང་ངོ་། །[ཞུས་ཆེན་ཚུལ་ཁྲིམས་རིན་ཆེན། བསྟན་འགྱུར་དཀར་ཆག ལྷ་ས། བོད་ལྗོངས་མི་དམངས་དཔེ་སྐྲུན་ཁང་། 1985ལོ། p. 831.]གུ་བཀྲའི་ཆོས་འབྱུང་ལས། ལོ་ཆེན་གྱི་སློབ་མ་ཕོ་བྲང་ཞི་བ་

འོད་ཀྱི་པཎྜི་ཏ་མཧཱ་ཀ་ལ་ཤ་སོགས་སྤྱན་དྲངས། རྣལ་འབྱོར་རྒྱུད་ཀྱི་གཙོས་འགྱུར་མང་པོ་མཛད་ཅིང་། རྡོ་རྗེ་རྩེ་མོ་སོགས་ལ་འཆད་ཉན་ཡུན་རིང་མཛད། ཅེས་འཁོད། [གུ་རུ་བཀྲ་ཤིས། གུ་བཀྲའི་ཆོས་འབྱུང་། པེ་ཅིང་། ཀྲུང་གོའི་བོད་ཀྱི་ཤེས་རིག་དཔེ་སྐྲུན་ཁང་། 1998ལོ། p. 939.] ས་པཎ་ཀུན་དགའ་རྒྱལ་མཚན་གྱི་སྡོམ་གསུམ་རབ་དབྱེ་ལས། རིན་ཆེན་བཟང་པོ་ཁ་ཆེར་བཟློངས། །འཇམ་པའི་དབྱངས་ཀྱིས་བྱིན་རླབས་པའི། །མཁས་པ་དེ་ཡིས་སྔོན་མེད་པའི། །ཆོས་རྣམས་ཕལ་ཆེར་བསྒྱུར་ཅིང་ཞུས། །ཆོས་དང་ཆོས་མིན་རྣམ་འབྱེད་པ། །ཞེས་བྱའི་བསྟན་བཅོས་མཛད་ནས་ནི། །ཆོས་ལོག་ཐམས་ཅད་ནུབ་པར་མཛད། །དེ་ཡི་སློབ་མ་ཞི་བ་འོད། །དེས་ཀྱང་སྔགས་ལོག་སུན་འབྱིན་པ། །ཞེས་བྱའི་བསྟན་བཅོས་མཛད་ཅེས་ཟེར། །ཞེས་གསུངས་སོ། །[ས་སྐྱ་པཎྜི་ཏ་ཀུན་དགའ་རྒྱལ་མཚན། སྡོམ་གསུམ་རབ་དབྱེ། ས་པཎ་ཀུན་དགའ་རྒྱལ་མཚན་གྱི་གསུང་འབུམ། གླེགས་བམ་གསུམ་པ། ལྷ་ས། བོད་ལྗོངས་བོད་ཡིག་དཔེ་རྙིང་དཔེ་སྐྲུན་ཁང་། 1992ལོ། p. 95.] ལོ་རྒྱུས་མཁན་པོ་ཉང་ཉི་མ་འོད་ཟེར་གྱི་ཆོས་འབྱུང་དུ། ཞི་བ་འོད་ཀྱིས་ཁ་ཆེའི་པཎ་ཊི་ཏ་ཛྙ་ན་ཏ་ལ་སྤྱན་དྲངས་ནས་དུས་འཁོར་བསྒྱུར། སྐད་གསར་བཅད་བྱས། རྡོ་རྗེ་འཕྲེང་བ་བསྒྱུར། དེས་ན་དགེ་སློང་བློ་གྲོས་སྙིང་པོ་དང་། རབ་ཞི་བཤེས་གཉེན། ཕྲུང་པོ་ཆོས་ཀྱི་བརྩོན་འགྲུས། མཚུར་ལ་དཀར་སེ་ཏི། གྲོ་སེར་དཀར་འོད། མང་ནང་གྲགས་འབྱོར་ཤེས་རབ། མཚུར་དབྱིག་རྒྱལ་མཚན། སུམ་པ་དར་མ་ཡོན་ཏན། སྤུ་རིགས་པ་ཚུལ་ཁྲིམས་གཞོན་ནུ་ལའོ། །[ཉང་ཉི་མ་འོད་ཟེར། ཆོས་འབྱུང་མེ་ཏོག་སྙིང་པོ་སྦྲང་རྩིའི་བཅུད། ལྷ་ས། 1988ལོ། p. 465.] ཆོས་རྗེ་ས་པཎ་གྱིས། དེ་ཡི་སློབ་མ་ཞི་བ་འོད། །དེས་ཀྱང་སྔགས་ལོག་སུན་འབྱིན་པ། །ཞེས་བྱའི་བསྟན་བཅོས་མཛད་ཅེས་ཟེར། །ཞེས་གསུངས་པ་ལྟར། ཕོ་བྲང་ཞི་བ་འོད་ཀྱིས་ཀྱང་སྔགས་ལོག་སུན་འབྱིན་མཛད་ཡོད་དེ། མཁས་པའི་དབང་པོ་མཁར་རྨེའུ་བསམ་གཏན་རྒྱན་མཚན་གྱིས་དེར་དག་བཅོས་མཛད་པའང་མཇལ་གཤིས། ཞིབ་ཆ་ངེས་དོན་འབྲུག་སྒྲར་འཁོད་པ་དེར་གཟིགས་ཞུ། [སོག་ཟློག་པ་བློ་གྲོས་རྒྱལ་མཚན། ངེས་དོན་འབྲུག་སྒྲ། ཁྲིན་ཏུའུ། སི་ཁྲོན་མི་རིགས་དཔེ་སྐྲུན་ཁང་། 2007ལོ། pp. 204-209.]

གཞན་དེབ་ཐེར་སྔོན་པོར། ལོ་ཆེན་གཤེགས་རྗེས་ཕོ་བྲང་ཞི་བ་འོད་ལོ་ཙྪ་མཁས་པར་འགྱུར་མང་པོ་མཛད་ཅིང་། ལོ་པཎ་མང་པོ་སྤྱན་དྲངས་ནས་དཔལ་མཆོག་གི་ཏོལ་ཕྲུངས་རྣམས་ཀྱང་ལེགས་པར་བསབས། ཞེས་གསུངས། [འགོས་ལོ་གཞོན་ནུ་དཔལ། དེབ་ཐེར་སྔོན་པོ། ཁྲིན་ཏུའུ། 1984ལོ། p. 433.]

ཕོ་བྲང་ཞི་བ་འོད་ཀྱིས་བསྒྱུར་བའམ་ཡོན་བདག་མཛད་པའི་རྒྱ་དཔེ་མི་ཉུང་བ་ཞིག་ཡོད་པ་ལས། འདིར་དཔེ་མཚོན་ཙམ་བཀོད་པ་ནི། དཔལ་ཆོས་ཀྱི་གྲགས་པའི་ཚད་མ་སྡེ་བདུན་གྱི་ནང་གསེས་རྩོད་པའི་རིགས་པ་ནི་ཕོ་བྲང་ཞི་བ་འོད་དང་ཁོང་གི་དཔོན་པོ་རྩེ་ལྡེས་ཡོན་བདག་མཛད་དེ་བསྒྱུར་བ་སྟེ། དེའི་མཇུག་བྱང་དུ། དཔལ་ལྷ་བཙུན་པ་ཞི་བ་འོད་ཀྱི་ཞལ་སྔ་ནས་དང་། དཔལ་ལྷ་བཙན་པོ་ཁྲི་བཀྲ་ཤིས་མངའ་བདག་རྩེ་ལྡེ་བཙན་གྱི་ཞལ་སྔ་ནས་ཀྱི་བཀས། རྒྱ་གར་གྱི་མཁན་པོ་ཆེན་པོ་ཛྙཱ་ན་ཤྲཱི་བྷ་དྲའི་ཞལ་སྔ་ནས་དང་། དགེ་སློང་དགེ་བའི་བློ་གྲོས་ཀྱིས་བསྒྱུར་ཅིང་ཞུས་ཏེ་གཏན་ལ་ཕབ་པ། སླད་ཀྱིས་ཀྱང་པཎྜི་ཏ་ཆེན་པོ་དྷི་པཾ་ཀ་ར་དང་། ལོ་ཙྪ་བ་དགེ་སློང་དར་མ་གྲགས་ཀྱིས་ཀྱང་ཞུས་ཤིང་གཏན་ལ་ཕབ་པའོ། །ཞེས་གསུངས། [ཚད་མ་རིག་པའི་སྐོར་རྒྱ་གཞུང་རྩ་འགྲེལ་བདམས་བསྒྲིགས། (1)པེ་ཅིང་། མི་རིགས་དཔེ་སྐྲུན་

ཁང་། 1988ལོ། p. 648.]

མངའ་རིས་ཆོས་འབྱུང་དུ་ཞི་བ་འོད་ཀྱི་མཛད་རྣམ་དང་ལྷག་དོན་ཆོས་ཕྱོགས་ཀྱི་མཛད་པའི་སྐོར་འདི་སྐད་གསུངས་ཏེ། གཙུང་པོ་སྲོང་ལྡེ་ནི་མེ་ཕོ་སྤྲེའུ་ཡི་ལོ་ལ་རབ་ཏུ་བཤེགས་ཏེ་ཞི་བ་འོད་དུ་མཚན་གསོལ་ནས་ལོ་བཞི་བཅུ་རྩ་གཅིག་བཞུགས། གཅེན་འདས་ནས་སུམ་ཅུ་རྩ་བཞི་བཞུགས། དེའི་ཚེ་དཔོན་པོ་རྩེ་ལྡེ་དང་། མོ་ལ[མོལ]སྡུམས་གཅིག་ཏུ་མཛད་ནས་ཡབ་མེས་འཕྲུལ་བག་ཅན་གྱི་མཛད་སྤྱོད་བཟང་པོའི་སྲོལ་ལ་བརྟེན་པ་དང་། བསྟན་པ་ཡུན་རིང་གནས་སྟོང[རྟེང]དར་བར་མཛད་པའི་ཕྱིར། དམ་པའི་ཆོས་བསྒྱུར་བར་མཛད་ཅིང་། དཀོན་མཆོག་གསུམ་གྱི་རྟེན་བཙུགས། སྔར་བོད་ཀྱི་མཁས་པ་མང་པོ་སྤྱན་དྲངས་ནས་ཞབས་ལ་སྟུགས[གཏུགས]ཏེ། ཆོས་མང་དུ་གསན་ནས་སེམས་ཅན་ཐམས་ཅད་ལ་དགེ་ལེགས་སྒྲུབ་པའི་ཕྱིར་བསོད་ནམས་དང་། ཡེ་ཤེས་ཀྱི་ཚོགས་དཔག་ཏུ་མེད་པ་རྫོགས་པར་མཛད་དེ། དེ་ཡང་ཐོ་གླིང་དུ་དབུ་རྩེ་ཡི་འཇམ་རིའི་རིལ་བ་གསུམ་ལ། ཤིང་སྐྲའི་རྩེ་མོར་གསེར་གྱི་མཆོད་རྟེན་འཁོར་ལོ་ཅན་དང་བཅས་པ་བཞེངས་ཏེ། འོག་ཁང་དུ་རྗེ་བཙུན་འཇམ་དབྱངས་ཆེན་པོའི་སྐུ་ལྷ་རང་གི་སྐུ་ཚད། རྒྱ་གར་དབུས་ཀྱི་སྐུ། མཁར་སྦྲ་ན་བཞེངས་པའི་རིན་པོ་ཆེ་སྣ་ཚོགས་ཀྱིས་སྤྲས་པའི་འཇམ་དཔལ་སྨྲ་བའི་རྒྱལ་པོ་ལ་སོགས་པའི་ལྡེར་སོ་[བཟོ]བདུན་བཅུ་རྩ་བཞི། གཞན་ཡང་དཀྱིལ་འཁོར་ཐུན་མང་པོ་བཞེངས་ཏེ་གསེར་ཁང་དུ་མཛད། དབུ་རྩེ་ཀུན་རིགས[རིག]རྩ་བའི་དཀྱིལ་འཁོར་ཆ་ཚང་བ་དང་། རིགས་ཀྱི་གཞོན་ནུ་མའི་དཀྱིལ་འཁོར་གྱི་ལྷ་ཚོགས་ལ་སོགས་པ། ལྡེར་གསོ[བཟོ]ཞེངས[བཞེངས]སོ་གསོལ་ཏེ་འོག་ཁང་དུ་རྩིགས་མཁན། ཤིང་མཁན། ཞལ་མཁན། རི་མོ་མཁན། ལྡེར་གསོ་མཁན། གསེར་བཟོ། ལྕགས་བཟོ། ཟངས་བཟོ་མཁན། འབུར་མཁན་ལ་སོགས་ལ། ཉི[ཉིས[བརྒྱ་ཉི་ཤུ་རྩ་གསུམ་གཡོག་དང་བཅས་པ་བསགས་ནས་ལུག་གི་ལོ་ལ་རྨངས་བྲིས་ནས་རྩིགས་སྤྲེའུ་ཡི་ལོ་ལ་རྩིགས་ཤིང་ཐོག་ཕུབ། བྱ་ལོའི་ལོ་ལ་ལྡེར་སོ་བཞེངས། ཁྱིའི་ལོ་ལ་རི་མོ་བྲིས། ཕག་གི་ལོ་ལ་ཞལ་སྒྲོ་ཆེན་པོ་མཛད། འཇམ་དཔལ་རྣམ་འཕྲུལ་བླ་མེད་འཛམ་གླིང་རྒྱན་དུ་གསོལ། གསུང་གི་རྟེན་བསྟན་བཅོས་འགྱུར་རོ་ཅོག་དང་། ཡུམ་རྒྱས་འབྲིང་བསྡུས་གསུམ་གསེར་ལ་བཞེངས། བླ་མ་པཎྜི་ཏ་མཁས་པ་ཆེན་པོ། འཛམ་བུ་གླིང་གི་གཙུག་གི་ནོར་བུ་མཁས་པ་ཀུན་གྱི་གཙོ་བོ་ཛྙཱ་ན་ཤྲཱི་མི་ཏྲ་དང་། རྒྱ་གར་ནས་ཀྱི་མཁས་པ་ཆེན་པོ་ཨ་ཏི་ཤ་ཤྲཱི་མི་ཏྲ་དང་དེ་ཝ་ཛྙཱ་དང་། ཁ་ཆེའི་མཁས་པ་ཆེན་པོ་ར་ཏྣ་ཏ་དང་། མཁས་པ་ཆེན་པོ་ཨ་ཏི་ཤ་རྙེས་ལ། གསེར་བྲིས་བཅལ་ནས་ཕུལ། བླ་མ་ཉིད་ལོ་ཙྪ་མཛད་ནས། དཔལ་མཆོག་གི་རྩ་འགྲེལ་དང་། བུད་རྣ་ཙ་རི་དང་། ཆ་འགྲེལ་དང་ཚད་མ། དེ་ཁོ་ན་ཉིད་བསྡུས་པ་འགྲེལ་ཊིཀ་དང་བཅས་པ། ཚད་མ་རྒྱལ[རྒྱན]འགྲེལ་ཊཱིག་ཀ[ཊཱིཀ]ལ་སོགས་པའི་བཀའ་ཕྱི་ནང་གི་གཞུང་ཆེ་ཆུང་མང་དུ་བསྒྱུར། གསང་སྔགས་ཀྱི་བཤད་རྒྱུད་རྡོ་རྗེ་འཕྲེང་བ་བསྒྱུར་དགོངས་པས། རྒྱ་གར་གྱི་ཁ་ཆེ་ཐོད་དུ་ཆོལ[འཚོལ]དུ་བཏང་བས། དབུ[ཨུ]རྒྱན་གྱི་ཕྱོགས་དེ་ནས་རྙེད་དེ། བླ་མ་ཉིད་ཀྱི་ལོ་རྩ[ཙྪ]བ་མཛད་ནས་སྒྱུར་བ་ལ་སོགས་རྒྱ་མ་མང་དུ་མཛད་དོ། །སང་དར་དུ་དབུ་སྐྱེ། བཙུན་པ་བཞི་བཅུའི་ཆ་རྐྱེན་དང་བཅས་པ་བཙུགས། པུ་ཧྲང་སུ་ཚ་ཚ་སྣང་གི་ཆོས་བསྐོར་རྐྱེན་པ་སུམ་ཅུ་དང་བཅས་པ་བཙུགས་ཏེ། དེ་དག་ལ་ཡོ་བྱད་ནི་དཔག་ཏུ་མེད་པ་རྫོངས། དེ་ཚེ་རྒྱ་གར་ཁ་ཆེ་ནས་གདན་དྲངས་པའི་པཎྜི་ཏ་རྣམས་དང་། ལོ་ཆེན་བློ་ལྡན་ཤེས་རབ་དང་། སྐད[བྲད?]ཏི་དར་མ་སྙིང་པོ་དང་། [དུང་དཀར་བློ་

བཟང་འཕྲིན་ལས་ལྟར་ན། བྲང་ཏི་དར་མ་སྙིང་པོ་ནི་འཕོན་དཀོན་མཆོག་རྒྱལ་པོའི་སྲས་ས་ཆེན་ཀུན་དགའ་སྙིང་པོའི་བླ་མ་ཡིན་པར་གསུངས།(དུང་དཀར་ཚིག་མཛོད་ཆེན་མོ། པེ་ཅིང་། 2002ལོ། p. 1503.)]

དབུས་གཙང་གི་དགེ་ཤེས[བཤེས] ཨར་བྱང་ཆུབ་ཡེ་ཤེས་ལ་སོགས་པ་བརྒྱ་ཉེར་གཅིག་རང་རང་གི་འཁོར་དང་བཅས་པ་མང་པོ་གདན་དྲངས། ཞང་ཞུང་བ་རྒྱལ་བ་ཤེས་རབ་ལ་སོགས་པ་སུ[སྤུ] གུག་མར་ཡུལ་བ་རྣམས་ཀྱིས་དགེ་བཤེས་མཁས་བཙུན་ཐམས་ཅད་གདན་དྲངས་ཏེ་ལོ་གསུམ་དུ་ཆོས་ཀྱི་འཁོར་ལོ་གུ་གེར་བསྐོར། གཞན་ཨ་ཏི་ཤ་རང་དང་ལོ་ཙ[ཙྪ] བ་དགེ་བའི་བཤེས་གཉེན་གདན་དྲངས་ནས། འགྱུར་གྱི་བདག་རྐྱེན་མཛད་པ་དང་། ཆོས་གསན་པ་དང་། འབུལ་འདེགས་བྱས་པ་དང་། ཆོས་གཙུག་ལག་ཁང་དང་མཆོད་རྟེན་བཞེངས་པ་དང་། དབུ་སྡེའི་གང་ཟག་སོ་སོའི་སྤྱི་སྐོར་བཙུགས་པ་ལ་སོགས་པ་དཔག་ཏུ་མེད་པ། བླ་མ་ཞི་བ་འོད་ཀྱིས་བསྟན་པ་དང་། བསྟན་འཛིན་རྣམས་ལ་མཆོད་པའི་བདག་རྐྱེན་ཆེན་པོ་མཛད་ཅིང་། ཉིད་ཀྱི[ཀྱིས] བསྟན་པའི་རྒྱལ་མཚན་བཙུགས་ནས་ལོ་བཞི་བཅུ་ཞེ་བཞིར། སངས་རྒྱས་ཀྱི་བསྟན་པ་སྐྱངས[བསྐྱངས] ཏེ་ལྕགས་མོ་ཡོས་ཀྱི་ལོ་ལ་ཞི་བར་གཤེགས་སོ། །ཞེས་བྱུང་། [pp. 65-7.]

[65] འདི་དག་སྐོར་མངའ་རིས་ཆོས་འབྱུང་དུ། ཁ་ཆེ་ཛྙ་ན་ཤྲི་སྤྱན་དྲངས་ཏེ། ཁྲུང་པོ་ཆོས་བརྩོན་གྱིས་ལོ་ཙྪ་བྱས། རྒྱུད་རྡོ་རྗེ་རྩེ་མོ། སྦྱོང་རྒྱུད། ཚད་མ་རྣམ་ངེས། དེའི་ཊཱིཀ་སློབ་དཔོན་ཆོས་མཆོག་གིས་མཛད་པ་ལ་སོགས་པ་བསྒྱུར། ཙན་ཏ་ར་ཏུ་ལ[ཙནྡྲ་ར་ཧུ་ལ། ཟླ་བ་སྒྲ་གཅན། ?] སྤྱན་དྲངས་ནས། ལོ་ཙྪ་བ་ཅོག་རོ་ཏིང་ངེ་འཛིན་བཟང་པོས་བྱས་ཏེ། ཚད་མ་ཀུན་ལས་བཏུས་པ་ལ་སོགས་པ་བསྒྱུར། ལོ་ཙྪ་བ་བློ་ལྡན་ཤེས་རབ་ཁ་ཆེར་བཞུགས་པའི་བདག་རྐྱེན་མཛད། [སྐབས་འདིའི་བློ་ལྡན་ཤེས་རབ་དེ་ནི། རྔོག་ལེགས་པའི་ཤེས་རབ་ཀྱི་དཔོན་པོ་ངེས་པ་དོན་གྱི་མཁས་པའི་འབྱུང་གནས་གསང་ཕུར་དབུ་ཚད་སོགས་གཞུང་བཀའ་པོད་ལྔའི་བཤད་རྒྱུན་རྒྱ་ཆེར་སྤེལ་བ་པོ། མཁས་པའི་མཁས་པ་རྔོག་བློ་ལྡན་ཤེས་རབ་ཞུ་བ་དེའོ་སྙམ། ར་ལོ་རྡོ་རྗེ་གྲགས་པ་སྐབས་དེ་དུས་གུ་གེར་ཕེབས་ཡོད་པས་ཁོང་གི་རྣམ་ཐར་དུའང་། དེའི་ཚེ་མངའ་བདག་རྩེ་ལྡེས་དབུས་གཙང་གི་སྡེ་སྣོད་འཛིན་པ་དྲག་རིམ་རྣམས་སྤྱན་དྲངས་ཏེ་ཆོས་འཁོར་བཙུགས་པ་དང་དུས་མཚུངས་པས། གཞིས་བྱེས་ཀྱི་སྐྱེ་བོའི་བསུ་སྐྱེལ་རྒྱུན་མི་འཆད་པས་བསུས་ཏེ་ཆོས་འཁོར་ལ་ཕེབས། རྔོག་ལོ་ཙྪ་བ་བློ་ལྡན་ཤེས་རབ། ……མང་འོར་བྱང་ཆུབ་ཤེས་རབ། དྭགས་པོ་དབང་རྒྱལ་རྣམས་དང་སྟབས་གཅིག་ཏུ་བྱུང་།(ར་ཡེ་ཤེས་སེང་གེ ར་ལོ་ཙྪ་བའི་རྣམ་ཐར་མཐུ་སྟོབས་དབང་ཕྱུག་རྗེ་བཙུན་ར་ལོ་ཙྪ་བའི་རྣམ་པར་ཐར་བ་ཀུན་ཁྱབ་སྙན་པའི་རྔ་སྒྲ། ཞི་ལིང་། མཚོ་སྔོན་མི་རིགས་དཔེ་སྐྲུན་ཁང་། 1992ལོ། pp. 206-5.) ཞེས་གསུངས་སོ། །རྩོམ་པ་པོའི་མཆན] ཐུགས་དམ་ཡང་སྨན་ལྷ་ལ་གསོལ་བ་འདེབས་པ་མཆོད་པ་ལ་སོགས་པ་གཙོ་བོར་མཛད། མཇུག་ཏུ་འབབས་མོ་ལ་འཁྱུས་ནས་དཀྲོང་སྟེ་ཁྲུའི[ཕོ་བྲང་བྱང་ཆུབ་འོད་ནི་དགུང་ལོ་བཞི་བཅུ་པ་ཆུ་ཕོ་ཕག་གི་ལོ་ལ་རབ་ཏུ་བྱུང་། དགུང་ལོ་ལྔ་བཅུ་རྩ་བཞིར་ཐུགས་དམ་མཛད་ནས་བསྟན་པ་བསྐྱངས། ཞེས་དང་། ཕོ་བྲང་ཞི་བ་འོད་ནི་རབ་ཏུ་གཤེགས་ནས་དགུང་ལོ་བཞི་བཅུ་རྩ་གཅིག་བཞུགས་ཞེས་མངའ་རིས་ཆོས་འབྱུང་དུ་གསུངས་པས། སྐབས་འདིའི་ཁུ་བོ་དེ་ནི་ཕོ་བྲང་བྱང་ཆུབ་འོད་དམ་ཕོ་བྲང་ཞི་བ་འོད་གཉིས་གང་རུང་ངམ། དེའི་གཉིས་ཀྱི་ནང་ནས་ཕོ་བྲང་ཞི་བ་འོད་མིན་ནམ་སྙམ།] སྟོན་ལ[བླ་ཆེན་པོ་རྩེ་ལྡེ] དགུང་[དུ] གཤེགས་

སོ། །[p. 74.] ཞེས་དང་། [བླ་ཆེན་པོ་རྗེ་ལྷེ་ཉིད] ཡབ་མེས་ཀྱི་བཀའ་སྩོལ་ལྟར། དཀོན་མཆོག་ལ་ཤིན་ཏུ་དད་པ། ཁུ་ལྷ་རྗེ་བླ་མའི་གཙུག་ལག་ཁང་[སྐབས་འདིའི་ཁུ་ལྷ་རྗེ་བླ་མ་དེ་པོ་བྲང་བྱང་ཆུབ་འོད་དང་། དེའི་གཙུག་ལག་ཁང་ནི་མ་ནང་བྱང་ཆུབ་དགེ་གནས་གླིང་གི་གཙུག་ལག་ཁང་མིན་ནམ་སྙམ] དང་། དབུ་སྡེ་དང་མཛད་ཚུལ་ཐམས་ཅད་ཀྱི་བདག་རྐྱེན་དང་གཞི་ལེན་ཐམས་ཅད་བླ་ཆེན་པོ་རྗེ་ལྷེས་མཛད་དོ། །ཞེས་དང་། [p. 73-74.] བླ་ཆེན[རྗེ་ལྷེ] ཉིད་ཀྱིས་ཀྱང་སྤུ་ཧྲངས་སུ་གཙུག་ལག་ཁང་གི་གཙུག་ལག་ཁང་དང་། ཆོས་སྐོར་རྐྱེན་དང་བཅས་པ་ཡང་བཙུགས་སོ། །ཞེས་དང་། [p. 74.] རྗེ་ཙོང་ཁ་པའི་དངོས་སློབ་མཐོ་གླིང་དགོན་པའི་མཁན་པོ་ཀུ་གེ་མཁན་ཆེན་ངག་དབང་གྲགས་པས་མངའ་རིས་ཆོས་འབྱུང་དུ་བླ་ཆེན་པོ་རྗེ་ལྷེའི་སྐོར་གསུང་སྐབས། ཁྱད་པར་དུ་འཕགས་པའི་རྒྱལ་པོ་ཞེས་དང་། གནམ་ལྷ་བབས་ཀྱི་རྒྱལ་པོ། ས་ལྷུན་གྲུབ་ཀྱི་མངའ་བདག བོད་ཀྱི་ལྷ་བཙན་པོ་རྗེ་ལྷེའི་ཞལ་སྔ་ནས་ཞེས་མཚན་ཆེ་བསྟོད་ཀྱིས་བརྒྱན་ཏེ་འབོད་པ་མཆིས་སོ། །

《ཀྲུང་གོའི་བོད་རིག་པ།》 ༢༠༡༣ལོའི་དེབ་བཞི་པ་ལས་བཏུས།

༄། །དུས་རབས་བརྒྱད་པའི་དུས་ཀྱི《དབའ་བཞེད》བྱུང་འཕེལ་གྱི་སྐོར་ལ་བསྐྱར་ཞིབ་བྱས་པའི་དཔྱད་པ།

བན་ཤུལ་དཔལ་མཁར་རྒྱལ།

སྔོན་གཞི།

སྤྱི་རྒྱལ་བཙན་པོའི་དུས་སུ་བྱུང་བའི་དབའ་བཞེད་བྱ་བ་འདི་ནི། ཐོག་མར་རིན་ཐང་ཆེ་བའི་མཐིང་ཤོག་གསེར་བྲིས་ཀྱི་ངོས་སུ་བྲིས་ཤིང་། ཕྱིས་སུ་བཅོས་སླད་ཀྱི་སྐྱོན་མི་འབྱུང་བའི་རྟགས་བཏབ་ནས་བསེ་སྒྲོམ་དངུལ་སྒྲོས་མའི་ནང་དུ་བཞུགས་སུ་གསོལ་ཅིང་། དེ་ལ་དངུལ་གྱི་སྒོ་ལྕགས་བཙུག་ནས་དཀོར་མཛོད་དུ་ཉར་བའི་རྩ་འཛིན་གྱི་ཡིག་ཆ་ཏ་ཅང་གལ་ཆེན་ཞིག་ཡིན་ཞིང་། འདི་ཉིད་མ་དཔེར་བཟུང་ནས་ཞལ་བཤུས་གྲངས་མང་གནང་སྟེ། མཐའ་བཞིའི་རྒྱལ་ཕྲན་ཁག་གི་མངའ་རིས་དག་ལ་རྒྱལ་བློན་འདུས་ནས་བཀའ་གཙིགས་ཀྱི་བདག་ཉིད་དུ་དབང་བསྒྱུར་ཏེ་བཅོམ་ལྡན་འདས་ཀྱི་རིང་ལུགས་འཛིན་དགོས་པའི་ལུང་གི་ཡིག་ཆར་གནང་ཡོད་ནའང་། ཕྱིས་སུ་དུས་ཀྱི་ཆག་འཇིག་བཟློག་པ་མེད་པའི་ཆོས་ཉིད་ལྟར་དེ་ཉིད་གཅེས་ཉར་གནང་ཡུལ་གྱི་བསམ་ཡས་དགོན་པའི་དཀོར་མཛོད་ལ་མེ་སྐྱོན་ལན་གྲངས་བྱུང་བའི་དུས་སྐབས་ཁག་ལ། དམ་པའི་ལྷ་ཆོས་དང་འཇིག་རྟེན་མི་ཆོས་ཀྱི་རྩ་འཛིན་དུ་བཀའ་བཞག་དམ་བཞག་བརྒྱུད་ནས། བསེ་སྒྲོམ་ལ་ཉར་བའི་བཙན་པོའི་དུས་ཀྱི་ཡིག་ཚང་རིན་ཐང་བྲལ་བ་སྐོར་ཞིག་འབྱུང་གཞིའི་དབྱིངས་སུ་ཐིམ་པའི་སྐབས་སུ་དབའ་བཞེད་ཀྱི་ཕྱི་མོ་དངོས་ཀྱང་རྩ་བརླག་ཏུ་ཕྱིན་ཡོད་པ་དང་། དུས་རིམ་ཕྱི་མ་རྣམས་སུ་མཐའ་བཞིའི་མངའ་རིས་ཁག་ཏུ་འཁྱར་བའི་དབའ་བཞེད་ཀྱི་ཞལ་བཤུས་ཁག་ལའང་ཆོས་སྲིད་ཀྱི་འགལ་འདུ་དང་ལྟ་གྲུབ་མི་འདྲ་བའི་འགལ་རྐྱེན་སོགས་ཀྱི་དབང་གིས། གང་ཟག་སྙེར་པ་རྣམས་ཀྱིས་རང་ལུགས་དབང་བཙན་པར་བྱས་ནས་བཅོས་བསླད་དང་བློ་བཟོ་མང་པོ་གནང་སྟེ་ཅན་དན་སོལ་བར་བྱས་པའི་གནས་ཚུལ་ལྷགས་པའི་ཁར། དེ་དག་གི་རྗེས་འཇུག་ཁག་གིས་ཀྱང་རང་རང་སོ་སོའི་ལུགས་ལ་ཡོད་པའི་དབའ་བཞེད་ཀྱི་ཕྱོགས་ལྷུང་འཛིན་འཁྱེར་དེའི་འཕྲོ་བརྒྱངས་པས། ད་ལྟའི་ཆར་དབའ་བཞེད་ཀྱི་ཡིག་ཚང་ལ་བསླད་ཅན་ཡིན་མིན་གྱི་དོགས་གཞི་སྣ་ཚོགས་དང་ཡིད་རྟོན་ཐུང་

མིན་གྱི་ལྟ་ཚུལ་འབྱུང་བའི་གཞི་རྩ་དངོས་ཀྱང་སྣང་ཚུལ་འདི་ཉིད་ཡིན་སྙམས། ང་ཚོས་ཆེད་དུ་དབའ་བཞེད་བྱ་བའི་ཡིག་ཆང་འདི་ཐོག་མར་ཇི་ལྟར་བྱུང་བ་དང་བར་དུ་ཇི་ལྟར་འགྱུར་བའམ་མཐའ་མར་ཅི་ཞིག་གི་ངོ་བོར་འཕོ་འགྱུར་བྱུང་བའི་རིམ་པ་དེ་ལ་ཉམས་ཞིབ་བྲ་མོ་བྱེད་ནུས་ན་བོད་ཀྱི་ལོ་རྒྱུས་དང་རིག་གཞུང་གི་སྦྲས་པའི་གནད་དོན་སྐོར་ཞིག་གསལ་པོར་རྟོགས་པའི་ཡན་ལག་ལ་ཕན་ཐོགས་ངེས་ཅན་ཡོད་དམ་སྙམ།

དེ་ལ་བོད་སྔ་རབས་པ་རྣམས་ཀྱིས་དབའ་བཞེད་ལ་ཞབས་བཏགས་བྱས་ཚུལ་དང་དགག་གཞག་འདྲ་མིན་བྱས་ཚུལ་སོགས་དཔྱད་རྩོམ་འདི་ཉིད་ཀྱི་བརྗོད་བྱའི་དངོས་གཞིར་གསལ་ཞིང་། ཉེ་བའི་ཆར་འཛམ་གླིང་ཤར་ནུབ་ཀྱི་བོད་རིག་པའི་ཉམས་ཞིབ་ཀྱི་མཛད་རིམ་ཁྲིད་དུ། དབའ་བཞེད་བྱ་བའི་རྒྱལ་རབས་ཀྱི་དོན་ལ་ཐུགས་རྟོགས་མཛད་པའི་སྐོར་ཤིན་ཏུ་མདོར་བསྡུས་ཤིག་བཤད་པར་བྱ་སྟེ། དེ་སྟར་བོད་ཀྱི་ཡུལ་གྲུ་ཁག་ན་དབའ་བཞེད་ཞབས་བཏགས་མའི་རིགས་མང་པོ་ཞིག་ཕྱག་བྲིས་བརྒྱུད་ནས་དགོན་སྡེ་ཁག་ན་ཉར་ཚགས་གནང་ཡོད་མོད། དུས་འགྱུར་རབ་དང་རིམ་པ་བརྒྱུད་པའི་གོ་རིམ་ཁྲིད་ནས་བོར་བརླག་སོང་ཡོད་པ་དང་། དེའི་ཕྱིས་སུ་གཙུག་ལག་གསུང་རབ་རྣམས་ལ་སློབ་སྦྱོང་གི་གོ་སྐབས་སོགས་ཉག་ཕྲ་བའི་དུས་སུ་དེ་དག་ས་རྟུལ་གྱི་ཁྲིད་ནས་ཡུན་རིང་པོར་རིན་མེད་དུ་འཁྱར་ཏེ་ལུས་ཡོད། དེ་ལྟ་ནའང་ཕྱི་རྒྱལ་གྱི་ཡུལ་གྲུ་ཁག་གི་བོད་རིག་པ་བ་རྣམས་ཀྱིས་ཤིན་ཏུ་སྔ་མོའི་དུས་ཤིག་ནས་བོད་ཀྱི་རིག་གཞུང་ལ་ཆེ་མཐོང་སྲུད་དེ། བོད་ཀྱི་དཔེ་རྙིང་དང་གསུང་རབ་ཀྱི་ཡིག་ཆ་འཚོར་ཆེན་ཁག་ཞལ་བཤུས་དང་དཔོར་འདྲེན་བྱས་ཡོད་ལ། དེ་ལྟ་བུའི་གོ་རིམ་ཁྲིད་དུ་ཕྱི་ལོ1961ལོར་ཧྥ་རན་སིའི་ཤར་ཕྱོགས་རྒྱལ་རབས་མཁས་ཅན་སི་ཏན་ལགས་ཀྱིས་དབའ་བཞེད་ཞབས་བཏགས་མའི་ཡིག་རྙིང་ཞིག་རྙེད་སོན་བྱུང་ནས། རྒྱབ་ཤ་སེར་པོར་བྱས་པའི་དེབ་གཟུགས་ཤིག་པར་དུ་འགོད་སྦྱོང་བ་དེ་ནི་དབའ་བཞེད་དངོས་སུ་པར་སྐྲུན་གནང་བའི་ཐོག་མ་ཡིན་པར་སྣང་བ་དང་། དེའི་ཕྱིས་སུ་ཕྱི་ལོ1978ལོར་རྒྱ་གར་ལྡི་ལི་ནས་སི་ཏན་གྱིས་པར་སྐྲུན་གནང་བའི་དབའ་བཞེད་ཞབས་བཏགས་མ་དེར་མ་ཕྱིར་བཅོལ་བ་དང་། འབྲས་ལྗོངས་ནང་བློན་འབའ་ཉག་ཨ་ཐང་གིས་གཅེས་ཉར་གནང་བའི་དབའ་བཞེད་ཞབས་བཏགས་མའི་དཔེ་རྙིང་གཉིས་ཞིབ་བསྡུར་ཞུས་གཏུགས་སྒྲོས། དབའ་བཞེད་ཞབས་བཏགས་མ་ཞིག་པར་སྐྲུན་གནང་ཡོད་པ་དེ་ནི་དབའ་བཞེད་པར་སྐྲུན་གྱི་རིམ་པ་གཉིས་པ་ཙམ་དུ་གཏོགས་སམ་སྙམ། དེའི་ཕྱིས་སུ་ཕྱི་ལོ1980ལོར་བོད་ལྗོངས་མི་རིགས་སློབ་གྲྭ་ཆེན་མོའི་སློབ་གཉེར་ཁང་ནས་སྦ་བཞེད་ཞབས་བཏགས་མ་ཞིག་སྟུམ་དཔར་དུ་བཏབ་སྦྱོང་བ་དང་། དེ་དང་མཐུན་པར་ཕྱི་ལོ1980ལོར་པེ་ཅིང་མི་རིགས་དཔེ་སྐྲུན་ཁང་གིས་པེ་ཅིང་མི་རིགས་རིག་གནས་ཕོ་བྲང་དང་བོད་ལྗོངས་ཡིག་ཚགས་ལས་ཁུངས། བོད་རིག་པ་བ་ཕུན་ཚོགས་ཚེ་རིང་མི་སྐྱེར་ལ་ཡོད་པའི་དབའ་བཞེད་ཀྱི་ཕྱག་དཔེ་གསུམ་གོ་བསྡུར་གྱིས་སྦ་

བཞེད་བྱ་བ་ཞིག་པར་སྐྲུན་གནང་ཡོད་པ་དེ་གཉིས་ནི་དབའ་བཞེད་པར་སྐྲུན་གྱི་རིམ་པ་གསུམ་པ་ཙམ་ལ་གཏོགས་ཤིང་། དེའི་འཕྲོས་ཀྱི་ཕྱི་ལོ1990ལོར་ཀྲུང་མེན་ཧྭ་དང་ཧྭང་ཕུའུ་ཧྲིན་བྱ་བ་གཉིས་ཀྱིས་དབའ་བཞེད་ཞབས་བཏགས་མ་ཞིག་བསྒྲིགས་ཡོད་པ་དེ་ནི་དབའ་བཞེད་པར་སྐྲུན་གྱི་རིམ་པ་བཞི་པར་གཏོགས་ཤིང་། དབའ་བཞེད་པར་སྐྲུན་གྱི་གོ་རིམ་དེའི་ཁྲོད་དུ་དབའ་བཞེད་ལ་ཞིབ་འཇུག་བྱས་པའི་དཔྱད་རྩོམ་ཐོར་རེ་ཡོང་དེ་ཙམ་མང་དུ་མཐོང་རྒྱུ་ཡོད་པ་ཁག་ལས་ཤུགས་རྐྱེན་ཙུང་ཆེ་བ་ནི། བདག་གི་གྲོགས་པོ་ཞབས་ཤར་ཟླ་བ་ཚེ་རིང་གིས་ཕྱི་ལོ2001ལོར་བྲིས་པའི་སྦ་བཞེད་ཀྱི་རྩོམ་པ་པོ་སྦ་གསལ་སྣང་དང་དེབ་ཐེར་འདི་ཉིད་བཙན་པོའི་དུས་ཀྱི་ཡི་གེ་ཡིན་མིན་སྐོར་གྱི་དོགས་འདྲི་དེ་རེད། དཔྱད་རྩོམ་དེ་ནི་ཕྱི་ལོ2001ལོའི་བོད་ལྗོངས་ཞིབ་འཇུག་དེབ་གསུམ་པར་བཏོན་པ་ནས་བཟུང་བོད་རིག་པའི་ཞིབ་འཇུག་གི་ཁྲོད་དུ་དབའ་བཞེད་ལ་དོ་སྣང་དང་ཞིབ་འཇུག་བྱེད་པར་སྤྲོ་བ་ཡོད་མཁན་ཇེ་མང་དུ་གྱུར་ཡོད་ལ། ཁོང་གི་དོགས་འདྲི་དེ་ལ་ད་ལྟའི་བར་དུ་ལན་འོས་འཚམ་རྒྱག་མཁན་གང་ཡང་འབྱུང་ཐུབ་མེད། དེའི་ཕྱིས་ཀྱི་ཕྱི་ལོ2008ལོའི་ཟླ4པའི་ཚེས1ཉིན་དབྱིན་ཇུའི་ལུང་ཀྲིན་སློབ་ཆེན་ནས་དབའ་བཞེད་ཀྱི་ཚོགས་འདུ་ཞིག་བསྡུས་ཤིང་། ཚོགས་ཐོག་ཏུ་ཕྱི་རྒྱལ་གྱི་བོད་རིག་པ་བ་སམ་ཏུན་སེ་ཆ་ཀ་དང་ཀ་གཟྲ་ཤི་ཨེ་བོ་གཉིས་ཀྱིས། ཏུན་ཧོང་ཡིག་ཆའི་ཁྲོད་ནས་དབའ་བཞེད་ཀྱི་ཤོག་དྲིལ་ཞིག་རྙེད་ནས་ཁྱབ་བསྒྲགས་བྱས་པ་དེས་དབའ་བཞེད་བྱ་བའི་རྒྱལ་རབས་དེ་ཉིད་བཙན་པོའི་དུས་ཀྱི་ཡིན་མིན་དེ་ལ་ལན་ཁ་གསལ་ཞིག་བཏབ་ཡོད་དམ་སྙམ། བོད་རིག་པ་བ་དེ་གཉིས་ཀྱིས་བྲིས་པའི་ཏུན་ཧོང་གཏེར་ཡིག་ལས་བྱུང་བའི་དབའ་བཞེད་ཀྱི་ཤོག་ཧྲུལ་ཡི་གེའི་སྐོར་བྱ་བའི་དཔྱད་རྩོམ་གྲགས་ཆེན་དེ་ནི་ཇོ་ཟེ་དོན་གྲུབ་ཞེས་པ་ཞིག་གིས་བོད་ཡིག་ཏུ་བསྒྱུར་ནས་ཕྱི་ལོ2012ལོའི་བོད་ལྗོངས་སློབ་གྲྭ་ཆེན་མོའི་རིག་དེབ་བཞི་པའི་སྟེང་བཀོད་ཡོད་ཅིང་། དེ་ནི་དབའ་བཞེད་ཞིབ་འཇུག་གི་གྲུབ་འབྲས་གལ་ཆེ་བ་ཞིག་ལ་བརྩི་ཆོག་པར་འདོད་ལ། འབྲས་སྤུངས་གནས་བཅུ་ལྷ་ཁང་གི་ཕྱི་ར་ཅན་གྱི་ཨང་རྟགས་བརྒྱ་དང་དོན་ལྔ་ཅན་གྱི་ནང་དུ་ཡོད་པའི་དབའ་བཞེད་བཞུགས་སོ་བྱ་བའི་དབུ་མེད་ཕྲུག་བྲིས་མ་དེ་ཉིད། དབུས་གཙང་གི་མི་སྣེར་པའི་ལག་ཏུ་འཁྱམས་ནས་ཏ་ལམ་ལོ་ངོ་བཅུ་ཕྲག་གཉིས་ཙམ་འགོར་བའི་གོ་རིམ་ཁྲོད་དུ། བོད་རིག་པ་བ་པ་ཚབ་པ་སངས་དབང་འདུས་ལ་ཐོབ་ནས་ཕྱི་ལོ2000ལོར་འབུམ་རམས་པ་ཧེ་མོ་པོ་ཀི་ཞི་ལི་ཀི་ཏ་དང་མཉམ་འབྲེལ་གྱིས་མཆན་བཏབ་སྟེ་དབྱིན་ཡིག་གི་ལམ་ནས་ཨི་ཏེ་ལི་རུ་པར་སྐྲུན་བྱས་ཡོད་པ་དང་། ཕྱིས་སུ་པ་ཚབ་ཁོ་རང་གིས་རྒྱ་འགྱུར་ཡང་བྱས་ནས་ཕྱི་ལོ2012ལོར་བོད་ལྗོངས་མི་དམངས་དཔེ་སྐྲུན་ཁང་ནས་དངོས་སུ་པར་དུ་བཏབ་ཡོད་པ་དེའང་དབའ་བཞེད་ཞིབ་འཇུག་གི་གྲུབ་འབྲས་ཆད་དུ་བྱུང་བ་ཞིག་ལ་བརྩི་བར་རིགས་སོ། །དེ་ནས་ཕྱི་ལོ2009ལོར་བདེ་སྐྱིད་ལགས་ཀྱིས་དབའ་བཞེད་ཀྱི་དཔེ་སྐྲིང་པར་གཞི་མི་འདྲ་བ་ཁག་བཞི་ཕྱོགས་གཅིག་ཏུ་བཏུས་ནས་ཟ་བཞེད་ཕྱོགས་བསྒྲིགས་ཞེས་པའི་དཔེ་ཆ་ཞིག་མི་རིགས་

དཔེ་སྐྲུན་ཁང་ནས་པར་སྐྲུན་གནང་བ་དེས་དབའ་བཞེད་ཞིབ་འཇུག་ལ་མཐུན་རྐྱེན་ཧ་ཅང་མི་དམན་པ་ཞིག་གནང་ཡོད་པ་དང་། དེའི་ཕྱིས་སུ་ཡང་དབུས་པ་བློ་གསལ་གྱི་ཡིན་པར་གསལ་བའི་ཐ་བཞེད་ཞབས་བཏགས་མ་སོགས་དབའ་བཞེད་ཀྱི་དཔེ་རྙིང་ཁག་བཞི་ཕྱོགས་གཅིག་ཏུ་བཏུས་ནས། མཚན་བྱང་ལ་དབའ་བཞེད་བཞུགས་སོ་ཞེས་སུ་བཏགས་ཏེ་ཕྱི་ལོ2012ལོར་བོད་ལྗོངས་བོད་ཡིག་དཔེ་རྙིང་དཔེ་སྐྲུན་ཁང་ནས་དཔར་དུ་བཏབ་ཡོད་པ་དེ་ཡང་དབའ་བཞེད་ཞིབ་འཇུག་གི་མཐུན་རྐྱེན་ཧ་ཅང་གལ་ཆེན་ཞིག་ཡིན་ལ། ད་ལྟ་ཕྱོགས་གང་སར་རྙེད་དཀའ་ལ་ཐོབ་དཀོན་པའི་དབའ་བཞེད་དང་དབའ་བཞེད་ཞབས་བཏགས་མའི་རིགས་ཀྱི་དཔེ་རྒྱུན་མང་པོ་ཞིག་མིག་ལ་མཇལ་བའི་སྐལ་བ་ལྡན་ནའང་། ང་ཚོས་རྒྱལ་རབས་ཐམས་ཅད་ཀྱི་གཞུང་ཧར་གྲུབ་ཡོད་པའི་དབའ་བཞེད་བྱ་བའི་དཔེ་རྙིང་གི་རིགས་རྣམས་ལ་ཚན་རིག་དང་མཐུན་པའི་སྒོ་ནས་ཞིབ་དཔྱད་བྱེད་མ་ནུས་ན། དབའ་བཞེད་ཀྱི་དཔེ་དཀོན་རྣམས་ཕྱོགས་གཅིག་ཏུ་བཏུས་ནས་དཔེ་རྒྱུན་བསྐྱངས་པ་དང་དཀའ་ལས་མང་པོ་བརྒྱབ་ནས་རྒྱ་འགྱུར་དབྱིན་འགྱུར་དུ་བྱས་པ་རྣམས་ཀྱི་འབྲས་བུ་ཡང་ཆུད་ཟ་བར་འགྱུར་བས། དེ་ལ་ནན་ཏན་གྱིས་སློབ་སྦྱོང་བྱས་ནས་ཉམས་ཞིབ་ཀྱི་གྲུབ་འབྲས་ལ་སྤྱི་སྡོམ་བྱེད་ཐུབ་པ་ཞིག་ཅིས་ཀྱང་དགོས་སམ་སྙམ། དེ་ལྟ་བུའི་ཀུན་སློང་གིས་ཡང་ཡང་ངར་བསླངས་ཀྱང་ཕྲན་གུས་པར་སླང་ཁལ་རྒྱབ་ཏུ་ལེན་པའི་སྤོབས་པ་གཞན་ཡང་མེད་མོད། ལོ་མང་པོར་དེའི་སྐོར་གྱི་དཔྱད་ཡིག་བསྡུ་རུབ་བྱས་པའི་ཉེར་ལེན་ལ་བརྟེན་ནས་ད་ཆ་དུས་རབས་བརྒྱད་པའི་དུས་ཀྱི་དབའ་བཞེད་ཀྱི་བྱུང་འཕེལ་སྐོར་ལ་བསྐྱར་ཞིབ་ཙུང་ཟད་བྱས་པའི་དཔྱད་འབྲས་ནི་གཤམ་གསལ་ལྟར་དུ།

དང་པོ། 《དབའ་བཞེད》ཀྱི་ཕྱི་མོའི་འབྱུང་ཁུངས་ལ་བརྟག་པ།

དུས་རབས་བརྒྱད་པའི་དུས་སུ་སྤུ་རྒྱལ་བཙན་པོའི་སྲིད་དབང་དང་ཕོ་བྲང་གི་ནང་ཁུལ་དུ་འགལ་བ་ཆེན་པོ་ཞིག་ལྷགས་སྦྱོང་སྟེ། འགལ་བ་དེ་ནི་སྔོ་བལ་གྱི་ཨ་ཙཱ་ར་རས་བོད་དུ་ནང་ཆོས་སྤེལ་བའི་ཐབས་ལམ་དང་བོད་ཀྱི་ཞང་བློན་རྣམས་ཀྱིས་དེ་ལ་དགག་བྱ་བྱས་པའི་དོན་རྐྱེན་ཞིག་ཡིན། རིམ་བཞིན་འགལ་བ་དེ་ཉིད་ཆེ་ནས་ཆེ་རུ་ཕྱིན་ཏེ་མཐར་སྐབས་དེ་གར་གྲགས་ཆེ་བའི་སློབ་དཔོན་ཞི་བ་འཚོར་ཧས་འཕྲ་ཡིས་བརྒྱབ་ནས་བསྒྲོངས་པ་དང་། ཀཱ་མ་ལ་ཤཱི་ལ་གཡོག་པོ་གསེར་གཉེར་མཁན་རྒྱ་གར་བ་ཧྣ་ན་ཤྲཱི་རི་བྱ་བས་མཁལ་མ་མཉེས་ནས་བསྒྲོངས་པ་དང་། སློབ་དཔོན་པདྨ་འབྱུང་གནས་ལ་ངན་སྔགས་ཡོད་ཚུལ་སོགས་སྐབས་དེའི་སྔོ་བལ་གྱི་ཨ་ཙཱ་ར་གང་ཡིན་རྣམས་ལ་གླིང་གཞི་མི་འདྲ་བ་སྣ་ཚོགས་ཤིག་བཟོས་ཏེ་རྒྱལ་པོའི་ཕོ་བྲང་ནས་འབངས་ཐལ་པའི་བར་དུ་ཁྱབ་སྦྱོང་ཞིང་། ཁྱད་པར་དུ་ཞང་བློན་ཆེན་པོ་དག་གི་དགོངས་པར་སྔོ་བལ་གྱི་ཨ་ཙཱ་ར་རྣམས་ཀྱིས་ཆོས་ལོག་པ་དང་ངན་སྔགས་ཕྲ་མེན་དག་སྤྱད་དེ་རྒྱལ་སྲིད་

འཕྲོག་པར་ངོས་འཛིན་བྱས་ཡོད་པ་དང་། མཐའ་བཞིའི་དགྲའི་རྐོལ་བ་སྣ་ཚོགས་འགོག་པ་དམིགས་འབེན་དུ་བྱས་ནས། བོད་དུ་ལྷ་ཁང་མང་དུ་བཞེངས་པའི་ལས་དེ་ཉིད་རེ་ཞིག་མཚམས་འཇོག་བྱ་རྒྱུར་རེ་བ་ཞུས་ཏེ་ནང་ཆོས་དར་ཟིན་པ་རྣམས་བསྐྱབ་རྒྱུ་དང་དར་བར་འགྱུར་བ་དག་ལ་བཀག་འགོག་ནན་མོ་བྱས་ཡོད། དེ་ལྟ་བུའི་ཕྱི་ནང་གི་འགལ་རྐྱེན་དེ་དག་སེལ་བའི་ཆེད་དུ་རྒྱལ་པོ་ཁྲི་སྲོང་ལྡེ་བཙན(755ནས797)གྱིས་བཀའ་ཕབ་ནས་བསམ་ཡས་རྡོ་རིང[1]བཙུགས་པ་དང་དེ་ལས་བཙན་པོའི་གདུང་རབས་རེ་རེ་ཡིས་སངས་རྒྱས་ཆོས་ལུགས་མི་སྤུབ་པའི་ཕྱིར་དུ་དམ་བཅས་ནས་མནའ་འདོར་དགོས་ཚུལ་བཀོད་ཡོད། བཀའ་གཙིགས་ཀྱི་ཡི་གེ་ཞིབ་མོ་ཞབས་ལ་བཏགས་པ་བྱ་བའི་དཔེ་རྙིང་ལས། རྡོ་རིང་པདྨ་ཅན་ལ་བཀའ་གཙིགས་ཀྱི་ཡི་གེ་མདོར་བསྡུས་བཀོད་པ་དང་སྟེང་དུ་སེང་གེ་བཞག་ནས་ཆོས་སྐྱོང་སེང་ཏ་མུ་ལ་གཏད[2]ཅེས་འཁོད་ཡོད་པར་དཔྱད་ན། སྐབས་དེ་དུས་སུ་བསམ་ཡས་ཀྱི་རྡོ་རིང་འདི་ནི་བཙན་པོའི་རྒྱལ་རབས་ཀྱི་ཆོས་སྲིད་ལུགས་གཉིས་ཀྱི་བྱ་གཞག་ལ་འབྲེལ་བ་དམ་པོ་ཡོད་ཅིང་། རྒྱལ་པོའི་བཀའ་གསུང་བཙན་པོའི་འོག་ཏུ་བློན་པོའམ་ཆོས་བྱེད་མཁན་པོ་སོགས་ཀྱིས་ཐུན་མོང་ཞལ་བགྲོས་སྨོས་དཀོན་མཆོག་གསུམ་དཔང་དུ་བཞག་ཏེ་དབུ་སྙུང་བཞེས་ནས་བསྒྲུབས་པའི་མནའ་རྡོ[3]གལ་ཆེན་ཞིག་ཡིན་པའང་རྟོགས་ནུས་ཏེ། དེའི་ཚུལ་ནི་ཉེལ་བའི་ཆོས་འབྱུང་ནའང་དེ་ཕྱིན་གདུང་རབས་རེ་རེ་བཞིན་ཆོས་མ་ཡིན་པ་མི་སྤྱོད་ཅིང་ཆོས་འབའ་ཞིག་སྤྱོད་པ་ལ། སངས་རྒྱས་ཀྱི་བསྟན་པ་སྒྲུབ་ཅིང་དར་ཞིང་རྒྱས་པར་བྱེད་དགོས་སོ་ཞེས་རྡོ་རིང་ལ་ཡི་གེ་བྲིས་ནས་འཇིག་རྟེན་དང་འཇིག་རྟེན་ལས་འདས་པའི་སྲུང་མ་རྣམས་ལ་དཔང་གསོལ་ཏེ་དབུ་སྙུང་ཡང་བཞེས་པ་ལགས[4]ཞེས་གསུངས་པ་དེས་ར་སྤྲོད་བྱེད་ནུས་སོ། །གཡས་རུའི་མཁས་པ་སྟག་ཚང་དཔལ་འབྱོར་བཟང་པོའི(དུས་རབས་བཅོ་ལྔ་པའི་སྐབས)དགོངས་པ་ལྟར་ན་སྔར་གྱི་ཚེ་བསམ་ཡས་སུ་དེ་ལྟ་བུའི་མནའ་ཚིག་གི་ངོ་བོར་གནས་པའི་རྡོ་རིང་བཞི[5]ཡོད་པར་གསལ་ཅིང་དེ་དག་རེ་རེའང་ལོ་པཎ་རྗེ་བློན་གྱི་མཛད་པ་འཁོད་པའི[6]བཀའ་གཙིགས་ཀྱི་ཡི་གེ་རྒྱས་པ་བཞིའི་ཕྱི་མོའི་རྩ་ཚིག་དངོས་ཡིན་པར་བཤད་ཐུབ་ནའང་། གཞི་དངོས་པོའི་ཆོས་ཉིད་ལྟར་འཇིག་ཟིན་པས་ད་ཆ་དེའི་སྐོར་ལ་གནད་དུ་ཐིངས་པའི་གསལ་ཁ་ཞིག་སུས་ཀྱང་འབྱིན་དཀའ་བར་སྙམ་ཡང་ད་དུང་འདི་དག་རྟོགས་པའི་ཡན་ལག་གི་སྒྲུབ་བྱེད་ཡོད་མེད་ལ་མུ་མཐུད་དུ་རྩད་གཅོད་བྱེད་དགོས་སོ། །དེ་ལྟ་བུའི་ངོ་བོར་གནས་པའི་རྡོ་རིང་རྣམས་ལས་ད་ལྟ་སྐབས་བབ་ཀྱི་དཔྱད་བྱར་གྱུར་པའི་བསམ་ཡས་རྡོ་རིང་འདི་ནི། ཞབས་སྟེགས་སུ་དམ་ཆོས་མཚོན་པའི་པདྨ་དང་སྟེང་དུ་སྲིད་ལུགས་མཚོན་ཞིང་ཟངས་ཀྱི་སེང་གེ་གཟུགས་སུ་བྱས་པའི་ཆོས་སྐྱོང་སེང་ཏ་མུ་ལ[7]བཞག་ཏེ་མནའི་མཐའ་སྐྱོར་བའི་བཀའ་བཞག་དམ་བཞག་གི་དཔང་པོ་དང་བཅས་པར་རྒྱ་གར་གྱི་ཆོས་རྒྱལ་མྱ་ངན་མེད་པའི་རྡོ་རིང[8]ནང་བཞིན་བཞེངས་པ་ཞིག་ཡིན་པ་ངེས་ཐུབ་ལ། དེང་སང་ཡང་བསམ་ཡས་སུ་ཞབས་སྟེགས་ཀྱི་པདྨའི་རི་མོ་དང་སྔེ་ཡིག་གིས་བྲིས་པའི་བཀའ་གཙིགས་ཀྱི་

ཡིག་འབྲུ་དག་མ་འཛིག་པར་ཇི་བཞིན་དུ་གསལ་ཡོད། རྫོ་རིང་འདིའི་ཞལ་བཤུས་ཆ་ཚང་ཞིག་ཕྱི་ལོ1422ལོར་ཞལ་བཞུས་བགྱིས་པའི་འབྲས་སྤུངས་གནས་བཅུ་ལྷ་ཁང་གི་ཕྱི་རྒྱ་ཅན་གྱི་ཨང་རྟགས(939)ནས་ཐོན་པའི་དཔེ་རྙིང་བཀའ་གཙིགས་དང་རྫོ་རིང་གི་ཡི་གེ་བཞུགས་སོ[9]བྱ་བའི་དཔེ་རྙིང་ན་བཞུགས་པ་དང་དུས་རབས་བཅུ་དྲུག་པའི་དུས་ཀྱི་དཔའ་བོ་གཙུག་ལག་ཕྲེང་བའི(1504ནས1566)ཆོས་འབྱུང་མཁས་པའི་དགའ་སྟོན[10]དུ་འང་དེ་དེ་བཞིན་དུ་ཞལ་བཤུས་གནང་ནས་འཁོད་ཡོད་ཅིང་། ཁོང་རྣམས་ཀྱི་བཞེད་ཚུལ་ངེས་རྫོ་རིང་འདི་ནི་དུས་རབས་བརྒྱད་པའི་དུས་སུ་ནང་ཆོས་དར་ཁྱབ་ཀྱི་གནས་ཚུལ་མཚོན་པའི་དཔང་རྟགས་ཤིན་ཏུ་གལ་ཆེ་བ་ཞིག་ཡིན་པ་བསྟན་ཡོད། དེའི་ཕྱིས་སུ་མཁས་དབང་དགེ་འདུན་ཆོས་འཕེལ(1903ནས1951)གྱིས་ཀྱང་བསམ་ཡས་རྫོ་རིང་འདི་ཉིད་ཞལ་བཤུས་མཛད་ནས་དེ་ལ་མཆན་འགྲེལ་བཏབ་པའི[11]གནས་ཚུལ་འཁོད་འདུག་ནའང་དུས་ཀྱི་འཕེལ་འགྱུར་གྱི་དབང་གིས་མིག་གི་མཐོང་ཡུལ་དུ་འགྱུར་མ་ཐུབ་པ་དེ་ནི་ཧ་ཅང་ཕངས་སེམས་ཆེ་བ་ཞིག་རེད། བསམ་ཡས་མནའ་གཙིགས་ཀྱི་རྫོ་རིང་དེའི་ངོས་སུ་ཁྲོན་བསྐོམས་བཀའ་གཙིགས་ཡི་གེ་ཐིག་ཕྲེང་ཉེར་གཉིས་ཡོད་པ་ལས་མཐའ་མའི་ཐིག་ཕྲེང་གཉིས་ན་གཙིགས་ཀྱི་ཡི་གེ་ཞིབ་མོ་གཅིག་ནི་གུད་ན་མཆིས་སོ[12]ཞེས་འཁོད་ཡོད་ལ་ཚུལ་འདི་ལས་རྫོ་རིང་ངོས་སུ་བཀོད་པའི་བཀའ་གཙིགས་ཡི་གེ་འདི་ལས་རྒྱས་པ་ཞིག་ཟུར་དུ་ཡོད་པ་གཏན་འཁེལ་ཐུབ་པ་ཡིན། དེ་ལྟར་ན་དགེ་བཤེས་ལྡེའུ་ཡིས་མཛད་པའི་རྒྱ་བོད་ཆོས་འབྱུང་རྒྱས་པར། ལོ་རྒྱུས་བསྡུས་པ་གཅེས་པར་བྱས་པ་ནི་གསེར་དངུལ་གྱིས་བྲིས་ནས་བསེ་སྒྲོམ་དངུལ་གྱིས་སྦྲོས་པའི་ནང་དུ་བཞུགས་པ་དང་དངུལ་གྱི་སྒོ་ལྕགས་བཅུག་སྟེ་དཀར་ཆག་ཡི་གེར་བྱས་ནས་སྲུང་མ་གནོད་སྦྱིན་དང་རྒྱལ་པོ་ལ་གཏད་པ་དང་ལོ་རྒྱུས་ཤིན་ཏུ་བསྡུས་ནས་མི་འཆལ་བར་བྱ་བའི་ཕྱིར་དུ་རྫོ་རིང་ལ་གཟྲོང་གིས་བྲིས་ནས་བཞག་ཅིང་དེ་ལ་དཀར་གཙིགས་ཀྱི་རྫོ་རིང་ཞེས་ཀྱང་བྱ[13]ཞེས་བསྟན་པ་དང་ཡང་དཔའ་བོ་གཙུག་ལག་ཕྲེང་བས་ཀྱང་བཙན་པོ་ཁྲི་སྲོང་ལྡེ་བཙན་གྱི་སྐུ་རིང་ལ་བྱུང་བའི་བཀའ་གཙིགས་ཡི་གེ་ཁག་གཉིས་པོ[14]ཆད་ལྷག་མེད་པར་ངོ་བཤུས་གནང་ནས་འདིའི་སྙིང་པོ་མདོར་བསྡུས་སུ་དྲིལ་ཏེ་བསམ་ཡས་རྫོ་རིང་གི་ངོས་སུ་བརྐོས་ཚུལ་འཁོད་ཡོད་པ་ལྟར་བྱས་ན་གུད་དུ་མཆིས་པའི་ཡི་གེ་ཞིབ་མོ་ནི་བཀའ་གཙིགས་ཡི་གེ་འདི་གཉིས་ལ་ངོས་འཛིན་དགོས་པ་ཧ་ཅང་གསལ་ཅིང་། སྔོན་དུས་ཀྱི་རྣམ་གཞག་ལྟར་བྱས་ན་བསམ་ཡས་ཀྱི་ལོ་རྒྱུས་ཤིན་ཏུ་བསྡུས་པ་ནི་བསམ་ཡས་རྫོ་རིང་ངོས་སུ་བཀོད་པའི་བཀའ་གཙིགས་ཀྱི་ཡི་གེ་མདོར་བསྡུས་དེ་དང་བསམ་ཡས་ལོ་རྒྱུས་བསྡུས་པ་ནི་ཁྲི་སྲོང་ལྡེ་བཙན་གྱི་བཀའ་གཙིགས་ཡི་གེ་ཁག་གཉིས་པོ་འདི་ལ་ངོས་འཛིན་དགོས་པ་གསལ་པོར་ཤེས་ཐུབ་ལ། ཁྱད་པར་དུ་བསམ་ཡས་ལོ་རྒྱུས་བསྡུས་པའམ་ཁྲི་སྲོང་ལྡེ་བཙན་གྱིས་ཇེ་བློན་མནས་བསྐལ་པའི་བཀའ་གཙིགས་ཡི་གེ་འདི་གཉིས་ཀྱི་མཚན་ལ་བསམ་ཡས་དཀར་ཆག་འཕྲིང་པོར་འབོད་ཅིང་། ཁ་ཅིག་གིས་འདི་ཡང་དབའ་གསལ་སྣང་གི་བཞེད་པར་ངོས་བཟུང་

ནས་སྟོན་གྱི་ཚེ་དབའ་བཞེད་ཆེ་འབྲིང་ཞེས་པའི་རྣམ་གཞག་བྱེད་སྐབས་དེ་ཐོན་ནམ་སྙམ་ཡང་འདིའི་དཔྱད་པ་རྒྱས་པ་གུད་ཀྱི་ཚན་པར་ཡོད་ལ། གོང་གི་བརྗོད་བྱ་དེ་དང་འགྲོས་མཐུན་པར་ལྟ་སའི་གནའ་ཤུལ་གྲགས་ཆེན་དང་དགོན་སྡེ་ཁག་གི་ལོ་རྒྱུས[15]བྱ་བར་ཡང་ནན་ཏན་དམ་བཅའ་བའི་རྩ་ཚིག་ཡི་གེ་ཞིབ་མོ་ནི་ཡབ་ཁྲི་སྲོང་ལྡེ་བཙན་གྱི་རིང་ལ་ནན་ཏན་དམ་བཅའ་བའི་རྩ་ཚིག་གི་ཡི་གེ་བྲིས་ཏེ་བསམ་ཡས་མི་འགྱུར་ལྷུན་གྱིས་གྲུབ་པའི་གཙུག་ལག་ཁང་ཆེན་མོར་བཞག་པ་དེ་དང་ཟླ་བསྒྲིལ་དུ་བཞག་གོ་ཞེས་པའང་ཡིད་རྟོན་རུང་བའི་གཏམ་དུ་གོ་དགོས་སོ། །ཡིན་ནའང་བཀའ་གཙིགས་འདི་གཉིས་ལ་དང་པོ་དང་གཉིས་པ་ཞེས་པའི་རྣམ་གཞག་བྱས་ཡོད་པ་ནི་དཔའ་བོ་གཙུག་ལག་ཕྲེང་བ་རང་གི་བཞེད་པ་ཡིན་ནམ་སྙམ་སྟེ། དེ་ནི་བཀའ་གཙིགས་ཡི་གེ་རང་ལས་བཀའ་མཆིད་ཀྱི་ཡི་གེ་གཅིག་ཀྱང་ཟླ་ལ་བཞག་གོ་ཞེས་པའི་བརྗོད་བྱའི་འགྲོས་ལས་དྲངས་ནས་སྔ་ཕྱིའི་རིམ་པ་ཕྱེ་བ་ཞིག་ལས་དུས་ལ་བལྟོས་ནས་སྔ་ཕྱི་དང་རིམ་པ་ཕྱེ་བ་ཞིག་མིན་པར་མངོན་ལ། འབྲས་སྤུངས་གནས་བཅུ་ལྷ་ཁང་གི་ཕྱི་རུ་ཅན་གྱི་ཨང་རྟགས(137)ནས་ཐོན་པའི་རྗེ་རིང་དང་བཀའ་གཙིགས་ཡི་གེ་བཞུགས་སོ[16]བྱ་བའི་དཔེ་རྙིང(གཤམ་ནས་འབྲས་སྤུངས་བཀའ་གཙིགས་ཡིག་རྙིང་ཞེས་འབོད་རྒྱུ)གི་ནང་དུ་བཀའ་གཙིགས་འདི་གཉིས་ཇི་བཞིན་འཁོད་འདུག་ནའང་དང་པོ་དང་གཉིས་པ་ཞེས་པའི་རིམ་པ་གང་ཡང་འཁོད་མེད་པས་སོ། །གཉའ་གོང་དཀོན་མཆོག་ཚེ་བརྟན་གྱི་བརྡ་རྙིང་ཡིག་ཆ་བདམས་བསྒྲིགས་ན་འབྱུང་འགྱུར་གྱི་བཀའ་གཙིགས་གཉིས་པ[17]ཞེས་འཁོད་ཡོད་པས་དེའི་རང་ལུགས་ལྟར་ན་ཁྲི་སྲོང་ལྡེ་བཙན་གྱི་བཀའ་གཙིགས་ཡི་གེ་འདི་གཉིས་ལ་དུས་ཀྱི་ཚ་ནས་སྔ་ཕྱིའི་ཁྱད་པར་ཡོད་པར་བསྟན་ཡོད། དེ་ལྟར་ན་བསམ་ཡས་རྗེ་རིང་གི་དངོས་སུ་གཙིགས་ཀྱི་ཡི་གེ་ཞིབ་མོ་གཅིག་ཅེས་གྲངས་གསལ་པོར་འཁོད་ཡོད་པས་འདིའི་དངོས་བསྟན་གྱི་བཀའ་གཙིགས་ཡི་གེ་གཅིག་པུ་དེ་གང་ཡིན་གསལ་པོར་བཤད་དགོས་སོ་སྙམ། ཐུན་གྱི་འདོད་པ་ལྟར་ན་བཀའ་གཙིགས་འདི་གཉིས་ལ་བརྗོད་བྱའི་ཚ་ནས་ཧེ་བག་ཆེན་པོ་མེད་པར་ཕྱི་མ་སྔ་མའི་ནང་དོན་དང་སྦྲེལ་ཐུབ་ལ་དུས་ཀྱི་ཚ་ནས་ཀྱང་སྔ་ཕྱིའང་ཙུང་ཟད་ཙམ་ཡང་མེད་པར་འདོད་དེ། བཀའ་གཙིགས་རང་ན་ཟླ་ལ་བཞག་གོ་ཞེས་པས་དུས་ཅིག་ཅར་དུ་བཀའ་གཙིགས་གཉིས་པོ་ལྷན་དུ་བཞག་པར་གོ་བར་འགྱུར་ལ། དེས་ན་ཟླ་གྲོགས་ཀྱི་བཀའ་གཙིགས་སྔ་མར་བལྟོས་ནས་བཀའ་གཙིགས་ཡི་གེ་ཕྱི་མ་ཟེར་རུང་ལ་དུས་ཅིག་ཅར་ལ་དང་པོར་བལྟོས་ནས་གཉིས་པའང་ཟེར་རུང་བར་འཐད་དོ། །བཀའ་གཙིགས་ཡི་གེ་སྔ་མ་དེར་ཆོས་སྐྱབ་མི་ཚོག་པའི་བརྗོད་བྱ་དེ་གཙོ་བོར་བྱས་ནས་ཇོ་དང་བློན་རིགས་ལྔ་བཅུ་ང་གསུམ་གྱིས་མནའ་དོར་ནས་དམ་བཅས་པའི་གནས་ཚུལ་ཤ་སྟག་ཡིན་ལ་དེའི་ལྷན་ཐབས་སམ་ཟླ་གྲོགས་ལྟ་བུར་བཀའ་གཙིགས་ཡི་གེ་ཕྱི་མ་བཙན་པོ་ཁྲི་སྲོང་ལྡེ་བཙན་གྱི་སྐུ་རིང་ལ་ཆོས་བྱུང་བའི་ལོ་སྒྲུང་གི་ཡི་གེ[18]དེ་ཉིད་བཞག་པར་འདོད་དེ། དེའི་རྒྱུ་མཚན་ནི་བཀའ་གཙིགས་ཡི་གེ་སྔ་མ་དེའི་ནང་དུ་སངས་རྒྱས་ཀྱི་ཆོས་བོད་དུ་སྔ་ཕྱིར་

ཇི་ལྟར་བྱུང་བའི་བཀའ་མཆིད་ཀྱི་ཡི་གེ་གཅིག་ཀྱང་ཐྣ་ལ་བཞག་གོ[19]ཞེས་འབྱུང་བའི་ཡི་གེ་དེ་ནི་བཀའ་གཙིགས་ཡི་གེ་ཕྱི་མ་འདི་ཡིན་པ་ལས་འོས་གང་ཡང་མེད་དོ། །བཀའ་གཙིགས་ཡི་གེ་སྔ་ཕྱི་འདི་གཉིས་ཕྱིས་ཀྱི་གང་ཟག་རྣམས་ཀྱིས་ཞལ་བཤུས་གནང་ཡུལ་གྱི་ཕྱི་མོ་དངོས་ནི་བཀའ་གཙིགས་ཡི་གེ་རང་ལས་འབྱུང་བ་ལྟར་རྒྱལ་པོ་ཁྲི་སྲོང་ལྡེ་བཙན(755ནས797)གྱི་སྐུ་རིང་ལ་ཕྱག་རྒྱས་བཏབ་ནས་སྒྲོམ་བུར་བཙུག་ཡོད་པའི་མཐིང་ཤོག་གསེར་བྲིས་མ་ལ་དཔེ་བགྲིས་ཏེ་བྲིས་པ་ཞིག་ཡིན་ཚུལ་འཁོད་ཡོད་ལ། སྦྱིར་མཐིང་ཤོག་ལ་གསེར་བྲིས་བྱས་ཏེ་བསེ་སྒྲོམ་དངུལ་སྦྲེལ་ཅན་གྱི་ནང་ལ་བཞག་ནས་ཆོས་སྐྱོང་ལ་གཏད་གཉེར་བྱེད་ཚུལ་འདི་ནི་བཙན་པོའི་རྒྱལ་རབས་ཀྱི་དུས་སུ་བྱུང་བའི་དགོར་མཛོད་ཀྱི་ཡིག་ཚའི་ཁྱད་ཆོས་གཙོ་གྲས་ཤིག་ཏེ། ཐོག་མར་རྒྱལ་རབས་ཀྱི་ཆོས་སྲིད་དང་གདམས་ངག་ཤོག་དྲིལ་སོགས་ཏ་ཅང་གལ་ཆེ་བའི་རིགས་རྣམས་རིན་ཐང་ཆེ་བའི་གསེར་གྱིས་བྲིས་ནས་ཉར་ཚགས་གནང་བའི་ལུགས་སྲོལ་ཞིག་ཡོད། དཔེར་ན་བྲང་ཏི་དཔལ་ལྡན་རྡོ་རྗེ་དང་བྲང་ཏི་ཆོས་རྒྱལ་བཀྲ་ཤིས་སོགས་བྲང་ཏིའི་སྨན་རྒྱུད་གོང་སྨན་དཀོན་མཆོག་བདེ་ལེགས(1447ནས1506)ཀྱིས་གཙིགས་ཆེན་གནང་བའི་བརྟག་ཐབས་རྣམ་པ་བརྒྱད་ཀྱི་གདམས་ངག[20]དེའང་མཐིང་ཤོག་ལ་གསེར་གྱིས་བྲིས་པའི་ལུགས་ལས་མེད་པར[21]གསུངས་པ་ལྟ་བུ་ཡིན། དེ་ལྟ་བུའི་མཐིང་ཤོག་གསེར་བྲིས་ཀྱི་ངོ་བོར་གནས་པའི་བཀའ་གཙིགས་ཡི་གེ་སྔ་མ་དེ་ཉིད་ཞལ་བཤུས་གནང་མཁན་ནི། དུས་རབས་བཅུ་དྲུག་པའི་ནང་གི་ལོ་རྒྱུས་བསྟན་བཅོས་གྲགས་ཆེན་ཆོས་འབྱུང་མཁས་པའི་དགའ་སྟོན་དང་འབྲས་སྤུངས་བཀའ་གཙིགས་ཡིག་རྙིང་གཉིས་ཞལ་མཐུན་པའི་སྒོ་ནས་བྲང་ཏི་ཤྲཱི་ལ་ཥཀྲ[22]བྱ་བའི་གང་ཟག་དེ་ཡིན་པར་གསུངས་ཡོད་ལ་རྙིང་མའི་མཁས་དབང་བདུད་འཇོམས་འཇིགས་བྲལ་རྡོ་རྗེ(1904ནས1987)མཆོག་གིས་ཀྱང་ཁྲི་སྲོང་ལྡེ་བཙན་གྱི་བཀའ་གཙིགས་ཡི་གེ་དེ་གཉིས་ཀྱི་བརྗོད་བྱ་ཡོངས་སུ་རྫོགས་པར་ཞལ་བཤུས་གནང་ནས་གོང་ལྟར་བཀའ་གཙིགས་ཡི་གེ་སྔ་མ་དེ་ཞལ་བཤུས་གནང་མཁན་ནི་བྲང་ཏི་ཤྲཱི་ལ་ཥཀྲ[23]ཡིན་པར་མོས་མཐུན་བྱས་ཡོད། གང་ལྟར་བྲང་ཏི་ཤྲཱི་ལ་ཥཀྲའམ་བོད་སྐད་དུ་བྲང་ཏི་ཚུལ་ཁྲིམས་གོ་ཆ་བྱ་བའི་གང་ཟག་འདི་ནི་བྲང་ཏིའི་རུས་རྒྱུད[24]ལས་འཁྲུངས་པའི་གང་ཟག་ཅིག་ཡིན་པ་བསྙོན་དུ་མེད་ཅིང་། འདིའི་ལོ་རྒྱུས་སོགས་གསལ་པོར་འཆད་པའི་ཡན་ལག་ཏུ་ཐོག་མར་བྲང་ཏི་བྱ་བའི་རུས་སམ་རུས་རྒྱུད་དེ་ལ་རྒྱུས་ལོན་ཙུང་ཟད་བྱེད་དགོས་སྙམ་སྟེ། བྲང་ཏིའི་གདུང་རབས་དཔེ་རྙིང[25]ཞིག་ཡོད་པར་གསལ་ནའང་འབད་པས་བཙལ་ཀྱང་མ་རྙེད་ཀྱང་། བཙན་པོ་ཁྲི་ལྡེ་གཙུག་བརྟན་མེས་ཨག་ཚོམ(704ནས754)གྱི་སྐུ་རིང་ལ་ལྷ་སྨན་དང་བློན་པོ་གཅིག་ཕྱོགས་སུ་བཞེས་པའི་བྲང་ཏི་རྒྱལ་མཉེས་མཁར་ཕྲུག[26]སོགས་ཡོད་པ་དང་། དེའི་བུ་ཁྲི་སྲོང་ལྡེ་བཙན་གྱི་སྐུ་རིང་ལའང་ལོ་ཙཱ་བ་བྲང་ཏི་ཛ་ཡ་རཀྵིའམ་བོད་སྐད་དུ་རྒྱལ་བ་སྲུང་བ་བྱ་བ་དེ་སློབ་དཔོན་པདྨ་འབྱུང་གནས་གདན་འདྲེན་པའི་བང་ཆེན་དུ་ཕྱིན་པ་དང་དེས་ཕྱིས་སུ་ཆོས་མང་དུ་བསྒྱུར་ཚུལ[27]སོགས་ལ་དཔྱད་ན་བྲང་ཏི་བྱ་བའི་རུས་

རྒྱུད་འདི་ནི་དུས་རབས་བརྒྱད་པ་ནས་བཟུང་བཙན་པོའི་རྒྱལ་རབས་ཀྱི་ཆོས་སྲིད་བྱ་གཞག་གང་ཐད་དུའང་འབྲེལ་བ་ཟབ་མོ་ཡོད་པའི་ཟུས་རྒྱུད[28]ཅིག་ཡིན་པ་གསལ་པོར་རྟོགས་ནུས་པར་མ་ཟད། མཐིང་ཤོག་གི་ངོས་སུ་གསེར་བྲིས་བགྱིས་པའི་དཀོར་མཛོད་ཀྱི་ཡིག་ཚང་རྣམས་ལ་གཟིགས་བཤེར་དང་ཕབ་བཤུས་གནང་ཆོག་པའི་བཀའ་ཁྲོལ་ཡོད་པའི་ཟུས་རྒྱུད་མཚན་གྲགས་ཆེ་བ་ཞིག་ཡིན་པའང་ཞར་བྱུང་དུ་ཤེས་ཐུབ་བམ་སྙམ། དེས་ན་བཀའ་གཙིགས་ཡི་གེ་སྔ་མའི་ཕྱི་མོ་ལ་དཔེ་བགྱིས་ནས་ཞལ་བཤུས་གནང་མཁན་གྱི་གང་ཟག་ཐོག་མ་འདི་ནི་བྲང་ཏིའི་ཟུས་རྒྱུད་ཅན་གྱི་ཤྲཱི་ལ་ཕྱཱ་ཡིན་དགོས་པ་འདི་ལ་གནད་དུ་ཐིངས་པའི་དཔྱད་གཞི་རྒྱ་ཆེན་པོ་ཡོད་དོ། །བཀའ་གཙིགས་ཡི་གེ་ཕྱི་མ་དེར་དཔའ་བོ་གཙུག་ཕྲེང་བའི་ཆོས་འབྱུང་མཁས་པའི་དགའ་སྟོན་གྱི་ཞལ་བཤུས་མར་མཛད་བྱུང་སོགས་གང་ཡང་འཕོད་མེད་ནའང་འབྲས་སྤུངས་བཀའ་གཙིགས་ཡིག་རྙིང་དུ་བཙན་པོ་ཁྲི་སྲོང་ལྡེ་བཙན་གྱི་སྐུ་རིང་ལ་ཆོས་བྱུང་བའི་ལོ་རྒྱུད་གི་ཡི་གེ་བཀའ་གཙིགས་ཀྱི་ཟླ་ལ་བཞག་པ། ཕྲ་མེན་གྱིས་བྲི་རི་གསེར་གྱི་སྒྲོམ་བུར་སྤྱལ་ནས་དཔལ་བསམ་ཡས་ཀྱི་དཀོར་མཛོད་དུ་བཞག་པ་ལས་དཔེ་བགྱིས་ནས་བྲིས་སོ[29]ཞེས་མཛད་བྱང་ཞིག་བཀོད་ཡོད་པར་དཔྱད་ན། བཙན་པོའི་དུས་ཀྱི་དཀོར་མཛོད་ཀྱི་ཡིག་ཆ་ཡིན་པ་གསལ་པོར་ཤེས་ནའང་གང་ཟག་སུ་ཞིག་གིས་ཞལ་བཤུས་གནང་ཚུལ་སོགས་གང་ཡང་བཀོད་མི་འདུག་པས་དཔྱད་དཀའ་བར་སོང་འདུག་གོ་སྙམ། བཀའ་གཙིགས་འདི་གཉིས་ལ་དཔེ་བགྱིས་ནས་ཁྲི་སྲོང་ལྡེ་བཙན་གྱི་སྲས་ཁྲི་ལྡེ་སྲོང་བཙན་སད་ན་ལེགས་མཛེས་ཡོན(798ནས815)གྱིས་ཀྱང་གཙིགས་ཀྱི་ཡི་གེ་ཞིབ་མོ་གཅིག་ཡབ་ཀྱི་དགོངས་པའི་རྒྱབ་སྣོན་བྱས་ཡོད་པའི་ཚུལ་ནི་རྒྱལ་སྟེ་སྐར་ཆུང་རྡོ་རིང[30]གི་ངོས་སུ་གསལ་ལ། དེ་ནི་ཁྲི་ལྡེ་སྲོང་བཙན་གྱི་དུས་སུ་བྱུང་བའི་རྗེ་བློན་མནས་བསྒྲག་པའི་བཀའ་གཙིགས་ཀྱི་ཡི་གེ་དེ་ཡིན་ཞིང་འབྲས་སྤུངས་གནས་བཅུ་ལྷ་ཁང་ནས་ཐོན་པའི་དཔེ་སྐྲིང་དེར་སད་ན་ལེགས་ཀྱི་བཀའ་གཙིགས་ཡི་གེ[31]ཞེས་སུ་མཚན་གསོལ་ཡོད། ཁྲི་སྲོང་ལྡེ་བཙན་གྱི་བཀའ་གཙིགས་ཡི་གེ་སྔ་ཕྱི་འདི་གཉིས་ལྷན་དུ་བསྡོམས་པའི་མཚན་ལ་སྟོན་ཆེ་བསམ་ཡས་དཀར་ཆག་འབྲིང་བར་འཐོད་པ་དང་དེའི་སྙིང་པོ་དྲིལ་ནས་བསམ་ཡས་རྡོ་རིང་གི་ངོས་སུ་བརྐོས་པ་འདི་གསུམ་གྱི་སྤྱིའི་མཚན་ལ་རྗེ་བཞེད་དུ་འཐོད་པར་དཔྱད་ཐུབ་བམ་སྙམ། བཀའ་གཙིགས་འདི་གསུམ་ནི་བཙན་པོ་ཁྲི་སྲོང་ལྡེ་བཙན་སྐུ་དངོས་ཀྱིས་བཀས་མཛད་པ་ཁོ་ན་ཡིན་ལ་ཕྱིས་ཀྱི་རྒྱལ་རབས་ལོ་རྒྱུས་རྣམས་ལས་ངོས་མ་ཟིན་པའི་རྗེ་བཞེད་བྱ་བའང་འདི་ཡིན་པར་ངེས་ཤིང་ཉང་རལ་ཉི་མ་འོད་ཟེར(1124ནས1192)གྱིས་བཙན་པོས་བཀའ་གཙིགས་ཡི་གེ་གསུམ་མཛད[32]བྱ་བའང་འདི་གསུམ་ལ་ངོས་འཛིན་པར་རིགས་པ་དང་། དུས་ཕྱིས་སུ་དེ་གསུམ་གྱི་རྗེང་གནོན་དུ་སད་ན་ལེགས་ཀྱི་བཀའ་གཙིགས་དེ་ཉིད་ཚུད་མིན་ལ་ད་དུང་ཞུ་མཐུད་ནས་དཔྱད་དགོས་སོ་སྙམ། དེ་ལྟར་ཁྲི་སྲོང་ལྡེ་བཙན་གྱི་བཀའ་གཙིགས་ལ་དཔེ་འདི་འདྲ་བ་བཅུ་གསུམ་བྲིས་ཏེ་ཕྱག་རྒྱས་བཏབ་ནས་གཅིག་ཕྱག་སྤྲལ་དང་

གཉིས་ར་ས་འཕྲུལ་སྣང་དང་བྲག་དམར་བསམ་ཡས་བཅས་གཙུག་ལག་ཁང་གཉིས་སུ་བཞག་ལ། བཙུན་ཡུལ་དབུས་དང་བྲེ་ཤའམ་ཞང་ཞུང་། མདོ་སྨད[33]སོགས་མཐའ་བཞིའི་མངའ་རིས་ཀྱི་རྒྱལ་ཕྲན་དག་ལ་གནང་ཚུལ་འཁོད་ཡོད་ལ། སྐབས་འདི་དུས་ནས་བཟུང་བཀའ་གཙིགས་ཀྱི་ཡི་གེ་དེ་ལ་མ་དཔེ་བཅད་ནས་ཡོངས་ཁྱབ་སྒྲོས་མངའ་རིས་ཀྱི་འབངས་རྣམས་ལའང་དར་བར་བྱས་ཤིང་འབངས་མི་སེར་རྣམས་ཀྱིས་བཀའ་གཙིགས་དེ་ལ་གོ་བ་ལེན་ཚུལ་མི་འདྲ་བ་བྱུང་བར་བརྟེན་ཕྱིས་སུ་འབངས་བཞེད[34]བྱ་བའང་བྱུང་བར་དཔྱད་ཐུབ་བམ་སྙམ་ལ། འབངས་བཞེད་བྱ་བ་དེ་ཡང་མདོར་དེད་ན་དབའ་བཞེད་ཞབས་བཏགས་མའི་རིགས་དང་ཕྱིས་ཙམ་གྱི་སྦ་བཞེད་ཅི་རིགས་ལ་ངོས་འཛིན་རྒྱུ་ལས་འོས་གང་ཡང་མེད་དམ་སྙམ། གང་ལྟར་བཀའ་གཙིགས་འདི་དག་གི་ཕྱི་མོ་དངོས་ནི་བསམ་ཡས་དཀོར་མཛོད་ན་མཐིང་ཤོག་གསེར་བྲིས་མའི་ངོ་བོར་གནས་ཤིང་བསེ་སྒྲོམ་དངུལ་སྤྲས་མར་བཙུག་ནས་དམ་རྒྱའི་ཚུལ་དུ་ཉར་ཚགས་གནང་ཡོད་ནའང་། བསམ་ཡས་ལ་མེ་སྐྱོན་ལན་གཉིས་བྱུང་བའི་དང་པོར་རབ་ལོ་ཉ་བ་རྗེ་རྗེ་གྲགས་ལྡན(1016ནས)གྱིས་ཞིག་གསོ་མཛད་པ་དང་དེའི་རྗེས་སུ་སླར་ཡང་མེ་སྐྱོན་ཆེན་པོ་བྱུང་བའི[35]སྐབས་དེར་རྒྱ་དཔེ་སྟོང་ཕྲག་མང་པོ་དང་བོད་དཔེ་རྩ་ཆེན་དག་ཤིན་ཏུ་ཆུད་ཟོས་སུ་སོང་བའི་སྐབས་དེར་གོང་སྨྲས་ཀྱི་བཀའ་གཙིགས་ཡི་གེ་སྔ་ཕྱི་གཉིས་ཀྱི་ཕྱི་མོ་དངོས་ཀྱང་དེའི་གྲས་སུ་ཚུད་ནས་འཇིག་རྟེན་འདིར་མི་བཞུགས་པར་བཤད་ཐུབ་བམ་སྙམ། མདོར་ན་དབའ་བཞེད་དང་སྦ་བཞེད་གཉིས་ཀྱི་ཆེས་ཐོག་མའི་འབྱུང་ཁུངས་དངོས་ཀྱང་བསམ་ཡས་མནའ་གཙིགས་ཀྱི་རྗོ་རིང་དང་དེའི་རྩ་འགྲེལ་དུ་སོང་བའི་བཀའ་གཙིགས་ཀྱི་ཡི་གེ་འདི་གཉིས་ཡིན་པར་སྨྲས་ནུས་ཤིང་། བཙན་པོའི་རྒྱལ་རབས་ཀྱི་དུས་སུ་བརྩམ་ལྡན་འདས་ཀྱི་རིང་ལུགས་འཛིན་པ་ཆེན་པོ་དབའ་གསལ་སྣང་དང་། རྒྱལ་པོའི་དབུའི་སྦ་མཆོད་ཀྱི་ཚེ་ལོ་ཆེན་པོ་འཛིན་པའི་མྱང་ཏིང་འཛིན་བཟང་པོ་གཉིས་ཀྱིས་བཙན་པོའི་མནའ་གཙིགས་ཆེན་མོ་དེ་ཉིད་སོ་སོར་བཀྲལ་བའི་དགོངས་གཞི་རྣམས་ཡི་གེར་བཏབ་ནས་དབའ་བཞེད་དང་སྦ་བཞེད་ཅེས་སུ་མཚན་གསོལ་ཏེ་མཐིང་ཤོག་ལ་གསེར་ཡིག་གིས་བྲིས་པའི་ཕྱི་མོ་ནི་བསེ་སྒྲོམ་དངུལ་སྤྲོས་མར་བཙུག་ཏེ་དཀོར་མཛོད་དུ་ཉར་ཚགས་བྱས་ཡོད་པར་དཔྱད་ཐུབ་པོ། །

གཉིས་པ། སྔང་དབའི་ཏུས་རྒྱུད་དང《དབའ་བཞེད》《སྦ་བཞེད》སྐོར།

དུས་རབས་བརྒྱད་པའི་དུས་སུ་སྔང་དང་དབའ་ཡི་ཏུས་རྒྱུད་རྙིང་ཤོས་གཉིས་ནི། བཙན་པོའི་རྒྱལ་རབས་ཀྱི་ཆོས་སྲིད་ལུགས་གཉིས་ཀྱིས་མཚོན་པའི་བྱ་གཞག་ཆེ་ཕྲ་ཆུང་གསུམ་གང་ལའང་མེད་དུ་མི་ཏུང་བ་དང་དེའི་བྱུང་འཕེལ་སོགས་ལ་འབྲེལ་བ་དམ་པོ་ཡོད་པའི་ཏུས་རྒྱུད་གཙོ་གྲས་གཉིས་ཡིན། དེ་ལས་དབའི་ཏུས་རྒྱུད་ནི་ཡབ་གནམ་རི་སྲོང་བཙན་གྱི་དུས་ནས་བཟུང་ཆབ་སྲིད་འཛིན་པའི་ཞང་བློན་

ཆེན་པོ་རྣམས་ཟམ་མ་ཆད་པར་བྱུང་བའི་རུས་རྒྱུད་དྲུག་ཤོས་ཤིག་ཡིན་ལ། རིམ་བཞིན་རྒྱལ་པོ་ཁྲི་སྲོང་ལྡེ་བཙན་གྱི་དུས་སུ་སླེབས་སྐབས་དབའི་རུས་རྒྱུད་དེའི་ཕ་ཚན་རྣམས་ལ་བོན་ཆོས་བྱས་མི་ཆོག་པའི་བཀའ་ཕབ་པར[36]དཔྱད་ན་དབའི་རུས་རྒྱུད་དེའི་སྔོན་གྱི་ཕ་ཆོས་ནི་བོན་ལུགས་ཡིན་པར་གསལ་བ་དང་། ཕྱིས་སུ་རུས་རྒྱུད་དེ་ལས་དབའ་གསལ་སྣང་རབ་ཏུ་བྱུང་ཞིང་དེ་ཉིད་བཙན་པོ་ཁྲི་སྲོང་ལྡེ་བཙན་གྱིས་བཅོམ་ལྡན་འདས་ཀྱི་རིང་ལུགས་འཛིན་པར་བསྐོས་པ་དང་། རྣལ་འབྱོར་སྤྱོད་པའི་དབུ་མ་རང་རྒྱུད་པའི་སློལ་འབྱེད་སློབ་དཔོན་ཞི་བ་འཚོ་དང་གསང་སྔགས་ཀྱི་སློབ་དཔོན་ཆེན་མོ་པདྨ་འབྱུང་གནས་གཉིས་གདན་འདྲེན་པར་ཕྱིན་པ་སོགས་ཆོས་ཕྱོགས་ཀྱི་མཛད་རྗེས་ཏ་ཅང་ཆེ་བས་སྐབས་དེའི་བློན་པོ་གཙོ་གྲས་ཀྱི་གྲལ་དུ་ཚུད་ཡོད། དེར་བརྟེན་དབའ་གསལ་སྣང་གིས་གོང་དུ་བཤད་ཟིན་པའི་བཙན་པོ་ཁྲི་སྲོང་ལྡེ་བཙན་གྱི་བཀའ་གཙིགས་ཡི་གེ་སྦྲག་མ་ཁག་གཉིས་ལ་དགོངས་འགྲེལ་བསྐྱོན་ནས་སངས་རྒྱས་ཆོས་ལུགས་ཀྱི་ལྟ་གྲུབ་རྣམས་དར་སྤེལ་གཏོང་བའི་བཞེད་པ་དེ་ནི་སྐབས་དེའི་འདུལ་འཛིན་ཀུན་གྱིས་ཚད་མ་ལྟ་བུར་འཛིན་ནའང་དབའི་རུས་རྒྱུད་ཡོངས་ཀྱིས་ངོས་ལེན་ཐོབ་མེད་སྙམ། དེའི་རྒྱུ་མཚན་ནི་དབའི་རུས་ཚན་དུ་གཏོགས་པའི་ཞང་བློན་ཆེན་པོ་རྣམས་དང་ལྷོ་བལ་གྱི་ཆོས་སྤེལ་ཨ་ཙཪྻ་རའི་བར་ལ་སྤར་ནས་བཟུང་ཆབ་སྲིད་ཀྱི་འགལ་རྐྱེན་དུ་མ་བྱུང་ཟིན་པ་དང་། རྐྱེན་དེ་ལ་བརྟེན་ནས་དབའ་གསལ་སྣང་གི་བཞེད་པར་བྲིས་པ་རྣམས་ལའང་ཞང་བློན་རྣམས་ཀྱི་བཞེད་མཚམས་ཀྱིས་ཤུགས་རྐྱེན་ཐེབས་པར་བཤད་ཐུབ་ལ། སྣང་ཚུལ་དེ་ལྟ་བུ་ལ་གཞི་བཅོལ་ནས་སྨྲ་བཞིན་ནི་ཕྱིག་བློན་རྣམས་ཀྱི་ངོར་རྒྱལ་བློན་རྣམས་ཀྱིས་བསྒྲིགས་པ་ཡིན[37]པའི་ལྟ་ཚུལ་འདི་རིགས་བྱུང་ངམ་སྙམ། དབའི་རུས་རྒྱུད་ཡོངས་སུ་རྫོགས་པ་ནི་སྐབས་དེའི་ནང་པའི་ལྟ་གྲུབ་དང་ཁྱད་པར་དུ་སློབ་དཔོན་པདྨ་འབྱུང་གནས་སོགས་སྔགས་ལུགས་ཀྱི་བསྟན་པ་སྤེལ་མཁན་རྣམས་ལ་དགའ་གུས་མེད་པའི་གནས་ཚུལ་མངོན་པར་གསལ་ཞིང་། དེའི་ཚུལ་ནི་སྨྲ་རྣམས་ཀྱི་རྗེས་འབྲེལ་ཕལ་ཆེར་གསང་སྔགས་བློ་ངོར་མི་ཤོང་བས་པདྨ་འབྱུང་གནས་ལ་མི་གུས་ཟེར་བ་མི་བདེན་པ་འདྲ[38]ཞེས་འབྱུང་བའི་ཚིག་ཟུར་ལས་ཀྱང་གསལ་པོར་གོ་ནུས་སོ། །སྤྱིར་དབའི་རུས་རྒྱུད་ནི་བཙན་པོའི་རྒྱལ་རབས་ལ་བྱས་རྗེས་ཤིན་ཏུ་ཆེ་ཞིང་མི་དཔུང་མཐུག་པོ་ཡོད་པའི་ཁྲིམ་རྒྱུད་ཅིག་ཡིན་ནའང་དུས་རབས་བརྒྱད་པའི་དུས་སུ་ཁྲིམ་རྒྱུད་དེའི་དད་པ་བྱེད་སའི་ཆོས་བརྒྱུད་ལ་འགྱུར་བ་བྱུང་ནས་ཁ་ཅིག་འདུལ་བ་འཛིན་པའི་རབ་བྱུང་བའི་ཕྱོགས་སུ་གྱེས་པ་དང་། འགའ་ཞིག་སྔར་བཞིན་རྒྱ་གར་ནང་པའི་ལྟ་གྲུབ་ལ་དད་པ་ཁྱོན་ནས་མེད་པའི་ཞང་བློན་གྱི་ཕྱོགས་སུ་གྱེས་འགོ་བཙམས་ནས་མི་ཚང་ཆེན་པོ་དེའི་ཆིག་སྒྲིལ་གྱི་ལམ་ལུགས་ལ་གནོད་བཤིག་ཚབས་ཆེན[39]ཐེབས་ཡོད། དེར་བརྟེན་དབའི་རུས་རྒྱུད་ལས་བྱུང་བའི་སྐབས་དེའི་རབ་བྱུང་བ་དང་ཞང་བློན་ཆེན་པོ་དག་གི་དགོངས་པ་ཐ་དད་དུ་གྱེས་སྐབས། སོ་སོའི་རང་མོས་ལྟར་དགོངས་བཞེད་སྣ་ཚོགས་ཤིག་བྱུང་ཡོད་གཤིས་དབའ་བཞེད་ཡིན་ན་

དབའ་གསལ་སྣང་གི་བཞེད་པ་ཁོ་ན་ཡིན་པར་ཐག་གཅོད་མི་ནུས་པར་སྙམ་སྟེ། སྦ་བཞེད་བྱ་བའི་དཔེ་རྙིང་ལས་ཀྱང་སྦ་བཞེད་ལ་རིགས་འདྲ་མིན་རྒྱས་བསྡུས་འབྲིང་གསུམ་དང་སྦ་གསལ་སྣང་དང་སྦ་སང་ཤི་སོགས་ཀྱི་བཞེད་ལུགས[40]སོགས་ཅི་རིགས་ཤིག་བྱུང་ཡོད་པར་བཤད་པའི་ཕྱིར་རོ། །གང་ལྟར་བཙན་པོའི་རྒྱལ་རབས་ཀྱི་དུས་སུ་དབའ་གསལ་སྣང་གི་བཞེད་མཚམས་ལྟར་གྱི་ཡིག་ཆ་ཞིག་ཡོད་པ་ནི་དབྱིན་ཇིའི་ལུང་གླིང་རྒྱལ་ཁབ་དཔེ་མཛོད་ཁང་དུ་ཉར་བའི་ཏུན་ཧོང་ཡིག་ཆའི་ཁྲོད་ནས་དབའ་བཞེད་ཀྱི་ཤོག་དྲིལ[41]ཞིག་གསར་རྙེད་བྱུང་བ་དེས་ར་སྤྲོད་བྱེད་ཐུབ་པ་ཡིན་ལ་ཡིག་རྙིང་དེ་ལས་བྱུང་བའི་དབའ་བཞེད་ཀྱི་ཤོག་དྲིལ་དེའི་ཚིག་དོན་ཁ་ཤས་དང་། འབྲས་སྤུངས་གནས་བཅུ་ལྷ་ཁང་གི་ཕྱི་ར་ཅན་གྱི་ཨང་རྟགས175ནས་བྱུང་བའི་དབའ་བཞེད་བཞུགས་སོ[42]བྱ་བའི་དཔེ་རྙིང་གཉིས་ཀྱི་བརྗོད་བྱའི་འགྲོས་སོགས་ལ་ཧྲེ་བག་ཆེན་པོ་མེད་པ་དེས། དཔེ་རྙིང་འདི་ཁུངས་བཙུན་ཞིང་དབའ་གསལ་སྣང་རང་གི་བཞེད་པའི་རྒྱུན་ཡང་ཅུང་ཟད་གནས་ཐུབ་ཡོད་པར་སྙམ་ཡང་ད་དུང་དཔྱད་པར་རིགས་སོ། །མདོར་ན་དབའི་རུས་རྒྱུད་རྣམས་ཀྱི་ཁྲོད་ནས་དབའ་གསལ་སྣང་དང་དབའ་སང་ཤི་སོགས་ཀྱིས་མཚོན་པའི་ཆོས་བློན་དང་ཞང་བློན་རྣམས་ལ་གོང་གསལ་གྱི་བཙན་པོ་ཁྲི་སྲོང་ལྡེ་བཙན་གྱི་བཀའ་གཙིགས་དེ་ལ་ལྟ་ཚུལ་དང་ངོས་འཛིན་ཚུལ་རིགས་མི་འདྲ་བ་སྣ་ཚོགས་ཤིག་བྱུང་ཞིང་ཕྱིས་སུ་དེ་རྣམས་ལ་བརྟེན་ནས་དབའི་བཞེད་པའང་སྣ་ཚོགས་བྱུང་ཡོད་པར་བཤད་ཐུབ་པ་ཞིག་རེད་སྙམ།

ཡང་བཙན་པོ་ཁྲི་སྲོང་ལྡེ་བཙན་གྱི་དུས་སུ་ཡོད་པའི་མྱང་གི་རུས་རྒྱུད་དེ་ནི་དུས་རབས་དྲུག་པ་ནས་བརྒྱད་པའི་བར་དུ་རིམ་བཞིན་བཙན་པོའི་རྒྱལ་རབས་ཀྱི་སྲིད་ལུགས་སུ་ཞུགས་མྱོང་བ་དང་། རུས་རྒྱུད་དེའི་ཁྲོད་དུ་ཞང་བློན་དང་ཆོས་བློན་སོགས་གང་ཆེ་གང་དྲག་བྱུང་ནས་བཙན་པོའི་རྒྱལ་རབས་ལ་སྲི་ཞུ[43]མི་དམན་པ་ཞུས་མྱོང་ཡོད། རྒྱལ་པོ་ཁྲི་སྲོང་ལྡེ་བཙན་ཡབ་སྲས་གཉིས་ཀྱིས་སྲིད་འཛིན་པའི་དུས་སུ་མྱང་གི་རུས་རྒྱུད་ལས་རྒྱ་ནག་ཧྭ་ཤང་གིས་ཁྲིར་ཡོང་བའི་བསམ་གཏན་གྱི་ལུགས་ལ་དད་མོས་ཡོད་པའི་མྱང་ཤ་མི[44]ཞེས་པ་བྱུང་ནས་ཧྭ་ཤང་གི་ལྟ་ཚུལ་དེ་ཉིད་དར་སྤེལ་ཤུགས་ཆེ་གནང་སྟེ་དོན་རྐྱེན་འགའ་ཞིག་བྱུང་མྱོང་ཞིང་། ཕྱིས་སུ་མྱང་གི་རུས་རྒྱུད་འདིས་དང་ལེན་བྱས་པའི་བསམ་གཏན་པའི་ལུགས་དེ་ཉིད་སྐབས་དེར་རྒྱ་གར་གྱི་སྟེགས་མཁན་རྣམས་ཀྱིས་བསྙན་པར་གྲགས་པའི་རྫོགས་ཆེན་གྱི་གཞུང་ལུགས་ལ་བསྒྲུན་ཅི་ཐུབ་བྱས་ནས་འཕེལ་རྒྱས་འགྲོ་ཐབས་ལ་ཧུར་བརྩོན་བྱས་ཡོད། ཡང་བཙན་པོ་ཁྲི་ལྡེ་སྲོང་བཙན་གྱི་སྐབས་སུ་བན་དེ་ཆེན་པོ་བཀའ་ལ་གཏོགས་པ་མྱང་ཏིང་འཛིན་བཟང་པོ[45]སོགས་འཁྲུངས་ཤིང་། ཁོང་ནི་སློབ་དཔོན་པདྨ་འབྱུང་གནས་ཀྱིས་བཀའ་ཕབ་སྟེ་རྒྱ་གར་ནས་གདན་དྲངས་ཡོང་བའི་སློབ་དཔོན་བི་མ་ལ་མི་ཏྲའི་དངོས་སློབ་ཏུ་གྱུར་པ་དང་། ཕྱིས་སུ་བི་མ་ལའི་སྙིང་ཐིག་གི་གདམས་པ་སོགས་ཕྱོག་ཆོས་གནང་སའི་ཡུལ[46]གཅིག་ཕུར་གྱུར་ཡོད་ལ་བཙན་པོའི་སྐེར་ཀྱི་བླ་མཆོད་

དུ་འང་གྱུར་ཡོད། སྐབས་དེ་གར་སྨྱུང་ཏིང་འཛིན་བཟང་པོ་ནི་གསང་བ་སྔགས་ཀྱི་བསྟན་པ་འཛིན་པའི་མཁས་པར་གྱུར་ཅིང་གསང་སྔགས་ཉམས་ལེན་གནང་སའི་གདན་ས་ཞྭ་དང་ལྡོག་གི་ལྷ་ཁང་བཞེངས་པ་སོགས་མཛད་རྗེས་ཤིན་ཏུ་ཆེ་སྟབས་བཙན་པོའི་རྒྱལ་རབས་ཀྱིས་དེའི་མཛད་རྗེས་དང་རུས་རྒྱུད་ལ་བསྟོད་པའི་རྗོ་རིང་གསུམ[47]ཙམ་བཙུགས་ཡོད། ཡིན་ནའང་སྟབས་མ་ལེགས་པ་ཞིག་ལ་སྨྱུང་ཏིང་འཛིན་བཟང་པོ་དང་དཔའ་ཡེ་ཤེས་དབང་པོ་སོགས་ཀྱི་བར་ལ་འགལ་བ་བྱུང་ནས་དཔའ་ཡེ་ཤེས་བཟང་པོ་ལྷོ་བྲག་མཁར་ཆུ་བཙན་གྱི་བྲག་ཕུག་ཏུ་ཕེབས[48]དགོས་བྱུང་ཡོད་པ་དང་དེའི་ཕྱིས་སུ་སྨྱུང་ཏིང་འཛིན་བཟང་པོ་དབུ་རུ་ཞྭ་ན་བཞུགས་པར་སྐྱོན་ཕབ་ཏེ་བསད་པ་མན་ངག་གི་རྒྱུན་བཅད་པ[49]སོགས་ཡ་ང་བའི་དོན་རྐྱེན་ཞིག་བྱུང་ཡོད། དེ་ནི་སྐབས་དེའི་རྒྱ་ནག་ཧྭ་ཤང་གི་བསམ་གཏན་ལུགས་དང་རྫོགས་པ་ཆེན་པོ་མཉམ་འདྲེས་སུ་དང་ལེན་བྱས་ཟིན་པའི་སྨྱུང་གི་རུས་རྒྱུད་དེ་དང་། རྒྱ་གར་གྱི་མཁན་ཆེན་པོ་བོ་དྷི་ས་ཏྭའི་རྗེས་སུ་འབྲངས་པའི་དཔའ་ཡེ་ཤེས་དབང་པོ་སོགས་དཔའི་རུས་རྒྱུད་གཉིས་ཀྱི་བར་དུ་བྱུང་བའི་ལྟ་བའི་འགལ་ཟླ་ཆེན་པོ་ཞིག་སྟེ། མདོར་ན་རྒྱ་དཀར་ནག་གཉིས་ཀྱི་ཆོས་ལུགས་ལྟ་གྲུབ་མ་མཐུན་པའི་སུ་རྒྱལ་སུ་ཕམ་གྱི་གནད་འགག་གི་དུས་གཟར་ཆེན་མོ་ཞིག་ཀྱང་ཡིན་ནམ་སྙམ། གནས་ཚུལ་འདི་ནི་སྐབས་དེའི་སྤུ་རྒྱལ་བཙན་པོའི་རྒྱལ་རབས་ཀྱི་བརྟན་བརླིང་དང་ཆོས་སྲིད་ལུགས་གཉིས་ཀྱི་ཆག་འཛིག་སོགས་ལ་འབྲེལ་བ་དམ་པོ་ཡོད་སྟབས། བཙན་པོས་ཀྱང་ནང་བློན་ཆེན་པོ་ཁམས་པ་གོ་ཆར[50]བཀའ་ཤོག་གི་སྒྲོམ་བུ་བསྐུར[51]ནས་བཙུན་པ་འཁྲིགས་པའི་འཐབ་རྩོད་དེ་ཞི་བར་འདུམ་དགོས་པའི་བཙན་བཀའ་བཏང་ཡོད། མདོ་དོན་ཡ་ང་བའི་གནས་ཚུལ་འདི་ནི་རབ་བྱུང་འདུལ་འཛིན་པ་དང་གསང་སྔགས་ལ་སྤྱོད་པའི་དགོངས་བཞེད་ཀྱི་ཆ་ནས་བྱུང་བའི་འགལ་རྐྱེན་ཞིག་ཡིན་པ་གདོན་མི་ཟ་མོད་འདིར་སྐབས་དོན་གྱི་བརྗོད་བྱ་སྒྲིབ་པར་མཐོང་བས་དེའི་སྐོར་ཞིབ་ཏུ་མི་གླེང་ལ། དེ་ལྟར་དུ་སྨྱུང་ཏིང་འཛིན་བཟང་པོ་སོགས་སྔགས་པ་རྣམས་ཀྱིས་བཙན་པོ་ཁྲི་སྲོང་ལྡེ་བཙན་གྱི་ཆོས་སྐྱབ་མི་ཚོག་པའི་བཀའ་གཙིགས་དེ་ལ་དཔེ་བགྲིས་ནས་རང་རང་གི་དགོངས་བཞེད་འདོན་གནང་མཛད་ཡོད་པར་མངོན་ལ་དེ་ནི་རྒྱལ་རབས་ལོ་རྒྱུས་ལས་རྙེད་ཐུབ་མེད་པའི་ཟླ་བཞེད་ཅེས་པ་དེ་ཡིན་ནམ་སྙམ། ཕྱིར་ཟླ་བཞེད་ནི་སློབ་དཔོན་པདྨ་འབྱུང་གནས་དང་བི་མ་ལ་མི་ཏྲ་སོགས་ཀྱི་དགོངས་པར་རྒྱབ་སྐྱོར་དང་གཙོ་བོ་གསང་བ་སྔགས་ཀྱི་བསྟན་པ་ལ་དད་མོས་མཛད་པའི་ཆ་ནས་བྲིས་པའི་བཞེད་པའམ་ཡིག་ཆ་ཞིག་ཡིན་དགོས་སྙམ་སྟེ། མངའ་བདག་སྨྱུང་ཉི་མ་འོད་ཟེར་གྱི་རྣམ་ཐར་ལས་སྨྱུང་གི་རུས་རྒྱུད་འདི་ལ་ཡང་ཕུར་གཤེད་གསུམ་གྱི་གྲུབ་ཐོབ་རྒྱུན་མ་ཆད་པར་བྱོན་ཚུལ[52]གསུངས་ཡོད་པ་ལྟར་ན་སྨྱུང་གི་རུས་རྒྱུད་འདི་ནི་གསང་སྔགས་ཀྱི་བསྟན་པ་ལ་མོས་པ་ཆེ་བའི་ཁྱིམ་རྒྱུད་ཅིག་ཡིན་པ་གསལ་པོར་ཤེས་ནུས་པའི་ཕྱིར་རོ། །དེ་ལྟར་བོད་སིལ་བུའི་དུས་ཀྱི་ཁྲི་འོད་སྲུང་གི་སྐབས་སུའང་དཔའི་རུས་རྒྱུད་དང་སྨྱུང་གི་རུས་རྒྱུད་དུ་གཏོགས་

པའི་འབྲོའི་རུས་རྒྱུད་གཉིས་ཀྱི་བར་དུ་འགལ་བ་ཚབས་ཆེན་བྱུང་བའང་འདུལ་འཛིན་པ་དང་སྔགས་པའི་བར་གྱི་འགལ་བ་ཞིག་ཡིན་པ་ཤེས་ཐུབ་ལ་དེའི་སྐབས་ཀྱི་འབྲོའི་རུས་རྒྱུད་ཀྱི་དགོངས་པ་ནི་རྒྱ་ནག་ཧ་ཤང་གི་བསམ་གཏན་ལུགས་དང་རྫོགས་ཆེན་མཉམ་འདྲེས་དང་དེ་ལ་སྐྱོད་པའི་དུས་ཚོད་ཅིག་ཡིན་ནམ་སྙམ། གང་ལྟར་ཟླ་བཞེད་བྱ་བ་ཡང་ཨ་ཁུ་ཆིང་ཤེས་རབ་རྒྱ་མཚོ(1803ནས1875)མཆོག་གི་དཔེ་ཐོའི་ནང་དུ་སྦ་གསལ་སྣང་སོགས་རྒྱལ་བློན་གྱིས་བསྒྲིགས་པའི་རྒྱལ་བཞེད་སྦ་བཞེད་ཟླ་བཞེད[53]ཅེས་འབྱུང་བའི་ལུང་དོན་ལྟར་དུས་རབས་བརྒྱད་པའི་སྤྱི་ཚོགས་ཀྱི་གནས་བབ་དང་འགལ་འདུ་དེ་ལྟ་བུའི་ནང་དུ་བྱུང་བའི་ཡིག་ཆ་ཡིན་པ་གོར་མ་ཆག་ལ། ཕལ་ཆེར་དུས་རབས་བཅུ་གསུམ་པའི་སྨད་ཙམ་དུ་བྱོན་པའི་བཀའ་གདམས་ཀྱི་དགེ་བཤེས་དབུས་པ་བློ་གསལ་རྩོད་པའི་སེང་གེ་ཡི་ཐ་བཞེད་ནས་བསྟན་པ་སྔ་དར་གྱི་སེར་མོ་བ་དང་ལོ་ཙཱ་བའི་གྲངས་འགོད་སྐབས་ཟླ་བཞེད[54]ཅིག་ལས་ལུང་དྲངས་ཡོད་ལ་དུས་རབས་བཅུ་བཞི་པར་འཁྲུངས་པའི་དབུ་རུའི་སྟོད་ཀྱི་མཁས་པ་འབྲི་གུང་དཔལ་འཛིན་མཆོག་གིས་ཟླ་བཞེད[55]ལུང་འདྲེན་མཛད་འདུག་ཅིང་། དུས་ཕྱིས་ཀྱི་དུས་རབས་བཅུ་དྲུག་པའི་ནང་དུ་བྱོན་པའི་ཇོ་ནང་ཏཱ་ར་ནཱ་ཐ་མཆོག(1575ནས1634)གིས་ཀྱང་ཟླ་བཞེད་མཐོང[56]སྐྱོང་བར་གསུངས་ཡོད་ལ་དེ་དང་དུས་མཉམ་པའི་མཁས་དབང་སོག་བཟློག་པ་བློ་གྲོས་རྒྱལ་མཚན(1552ནས1624)གྱིས་ཟླ་བཞེད་ནི་ཟླ་ཆེན་པོས་སྦ་བཞེད་ལྟར་དུ་བྲིས་པ[57]ཞིག་ཡིན་པར་གསུངས་ཡོད། འདིའི་སྐབས་ཀྱི་ཟླ་ཆེན་པོ་ནི་རྒྱལ་པོའི་ཟླ་མཆོད་དུ་གྱུར་པའི་མྱང་ཏིང་འཛིན་བཟང་པོའི་བཞེད་པར་གོ་དགོས་སྙམ་ཡང་ཁ་ཅིག་གིས་བསྟན་པ་ཕྱི་དར་སྐབས་ཀྱི་ཟླ་ཆེན་དགོངས་པ་རབ་གསལ་གྱིས་མཛད་པ་ཞིག་ཡིན་པར་བཤད་འདུག་པས་ལྟ་ཚུལ་འདི་ནི་དེ་འདྲའི་ཡིད་དུ་འོང་བའི་གཏམ་ཞིག་མིན་ནའང་མུ་མཐུད་ནས་བརྟག་དགོས་སོ་སྙམ་མོ། །ཁོ་བོའི་འདོད་པར་ཟླ་བཞེད་ནི་དབའ་བཞེད་དང་དུས་མཉམ་དུ་བྱུང་ཞིང་སྐབས་དེའི་བཙན་པོ་ཁྲི་སྲོང་ལྡེ་བཙན་གྱི་བཀའ་གཙིགས་ལ་བཞེད་པ་མི་མཐུན་པ་དུ་མ་བྱུང་ནས་གསང་སྔགས་ལ་མོས་པ་ཆེ་བའི་མྱང་གི་རུས་རྒྱུད་རྣམས་ཀྱི་བཞེད་མཚམས་ཤིག་ཡིན་པར་མངོན་ཞིང་། རིམ་བཞིན་བཅོས་བསྒྱུར་དང་བསྲེས་སྣད་མང་པོ་ཞུགས་ནས་མཐར་འབྱུང་བཞིའི་ཁམས་སུ་ཐིམས་ཟིན་པར་སྙམ་ནའང་ཆབ་སྤེལ་ཚེ་བརྟན་ཕུན་ཚོགས་ཀྱིས་དེང་སང་ཡང་ཟླ་བཞེད་ཅིག་ལ་མཇལ་རྒྱུ་ཡོད་ཚུལ[58]གསུངས་འདུག་པས་མ་འོངས་པར་མིག་གི་བགོ་སྐལ་དུ་ཐོབ་ན་འདིའི་སྐོར་ཞིབ་པར་གླེང་ཆོག་པ་ཡིན། མདོར་ན་གསང་བ་སྔགས་ཀྱི་ལུགས་གཙོ་བོར་འཛིན་པའི་མྱང་གི་རུས་རྒྱུད་དང་འདུལ་བའི་ཆ་གཙོ་བོར་གནང་བའི་དབའི་རུས་རྒྱུད་གཉིས་ཀྱི་བར་དུ་བྱུང་བའི་འགལ་བ་དེ་ནི་མི་རབས་ཕྱི་མ་རྣམས་ཀྱི་ལྟ་ཚུལ་མི་མཐུན་པའི་གཞིར་གྱུར་པ་དང་ཁྱད་པར་དུ་གོང་ནས་བཤད་ཟིན་པའི་ལུགས་མི་འདྲ་བ་དེ་གཉིས་ཀྱི་རྒྱལ་ཕམ་ཤན་འབྱེད་ཀྱི་རྟེན་སྐྱལ་ལྟ་བུར་གྱུར་ཡོད་ལ། འདི་དང་འབྲེལ་ནས་དབའ་བཞེད་ལའང་འདྲ་མི་འདྲའི་བཅོས་བསྒྱུར་དང་ལྟ་ཚུལ་སྣ་ཚོགས་བྱུང་

ནས་མཐར་མདོ་སྔགས་གཉིས་ཀྱི་འགལ་བ་སྟོན་བྱེད་ཅིག་གམ་ཡང་ན་སློབ་དཔོན་པདྨ་འབྱུང་གནས་སོགས་སྔགས་མཁན་རྣམས་ལ་དད་མི་དད་ཀྱི་ལྟ་ཚུལ་འབྱུང་སའི་ཁུངས་ལྟ་བུར་གྱུར་ཡོད་དམ་སྙམ།

གསུམ་པ། 《དབའ་བཞེད》ཀྱི་ཞབས་བཏགས་དང་དོགས་པའི་སྐོར།

དུས་རབས་བཅུ་གཅིག་པའི་དུས་མཚམས་ནས་བཟུང་དབའ་བཞེད་ལ་ཞབས་བཏགས་སམ་འགྲེལ་བཤད་སྣ་ཚོགས་བྱེད་འགོ་ཚུགས་ཡོད་ལ་རིམ་བཞིན་མཁས་པ་འགའ་ཞིག་གིས་དབའ་བཞེད་ཀྱི་ཡིག་ཆ་དེ་ཉིད་ལུང་འདྲེན་གནང་ནས་སོ་སོའི་དགོངས་པ་སྒྲུབ་བྱེད་དུ་སྤྱད་ཡོད་པ་དང་། དེ་ལས་རེ་འགས་དབའ་བཞེད་ལ་རྒྱས་འབྲིང་བསྡུས་གསུམ་ཡོད་མིན་དང་གཙང་མི་གཙང་གི་དབྱེ་བ་ཕྱེ་ནས་དོགས་པའང་ཟ་བཞིན་ཡོད། ཉེ་ཆར་དེ་ལྟ་བུའི་དབའ་བཞེད་ཞབས་བཏགས་མ་རྣམས་ལས་གང་ཞིག་སྔ་ཤོས་ཡིན་པར་ཐག་གཅོད་བྱེད་དཀའ་ནའང་དབའ་བཞེད་ཁ་ཤས་ཀྱི་ཞབས་སུ་བསྟན་པ་ཕྱི་དར་གྱི་གནས་ཚུལ་འབའ་ཞིག་བཏགས་ཡོད་པ་དེས་ཅུང་ཟད་འཕྱི་བའི་དུས་སུ་བྱུང་བ་རྟོགས་ནུས་སོ། །དེང་སང་གི་གསར་རྩོམ་འགའ་ཞིག་ལས་ཁུ་སྟོན་བརྩོན་འགྲུས་གཡུང་དྲུང་ལ་བསམ་ཡས་དཀར་ཆག་ཆེན་མོའམ་ཐ་བཞེད་ཞབས་བཏགས་མ་ཞིག་ཡོད་པར་ཁས་ལེན་བྱེད་པ་ཡིན[59]ཞེས་བཤད་ཡོད། ལྟ་ཚུལ་དེ་ནི་ཁུངས་དང་ལྡན་པ་ཞིག་ཡིན་པ་མ་ཤེས་མོད་ཆོས་འབྱུང་མཁས་པའི་དགའ་སྟོན་ན་བསམ་ཡས་དཀར་ཆག་ཆེན་མོའམ་རྒྱལ་རབས་དབའ་བཞེད་ཆེ་འབྲིང[60]ཞེས་པའི་དཔེ་ཆ་ཞིག་གི་མཚན་བྱང་དངོས་སུ་ཐོན་ཡོད་པ་དེ་ལ་ཁུངས་སུ་བྱས་པ་ཡིན་ན་ཅུང་ཟད་དཀའ་སྟེ། སྐབས་འདིའི་བསམ་ཡས་དཀར་ཆག་ཆེན་མོ་ནི་དགེ་བཤེས་ལྡེའུ་ཡིས་ཁྲི་སྲོང་ལྡེ་བཙན་དུས་ཀྱི་བསམ་ཡས་དཀར་ཆག་ནི་དཔེ་དཀར་གླིང་ན་ཡོད་ཅིང་དེ་ལ་ཁྲིམས་ཀྱི་མཛོད་ཅེས་ཀྱང་བྱ་ཞིང་དེའི་སྔུང་མ་ནི་ཁྲིམས་ཁང་གི་རྒྱལ་པོ་ཡིན་པ[61]དེ་ལ་ངོས་འཛིན་བྱས་ཡོད་སྟབས་འདི་ལས་ལྷག་པའི་སྒྲུབ་བྱེད་གསལ་ཁ་ཅན་ཞིག་སུས་ཀྱང་རྙེད་དཀའ་བར་སྙམ། གང་ལྟར་ཁུ་སྟོན་བརྩོན་འགྲུས་གཡུང་དྲུང(1011ནས1075)ནི་ཆོས་མངོན་པ་མཛོད་ཀྱི་བསྟན་རྩིས་ལ་མཁས་ཤིང[62]དུས་རབས་བཅུ་གཅིག་པའི་དུས་སུ་བོད་དུ་ཕྱིན་པའི་ཇོ་བོ་རྗེ་དཔལ་ལྡན་ཨ་ཏི་ཤའི་དངོས་སློབ་ཅིག་ཡིན། དགེ་བཤེས་ལྡེའུ་ཡིས་མཛད་པའི་རྒྱ་བོད་ཆོས་འབྱུང་རྒྱས་པར་དགེ་བཤེས་ཁུ་དང་ལྷ་རྒྱལ་པོས་བརྩམས་པའི་ལོ་རྒྱུས་ཆེན་མོའམ་ལོག་གནོན་ཆེན་པོ[63]ཞེས་དང་ཡང་ལྡེའུ་ཆོས་འབྱུང་བསྡུས་པ་ལས་ཅན་ལྡིའི་ནང་ཚན་གྱི་ལོག་གནོན་ཆེན་མོ་བྱ་བ་ནི་དགེ་བཤེས་ཁུའམ་ཁུ་སྟོན་གྱིས་མཛད་པར[64]ངོས་འཛིན་བྱས་ཡོད་ལ། བཞེད་ཚུལ་དེ་ནི་ཡིད་བརྟན་འཐེར་བའི་གཏམ་དུ་འདུག་པ་ནི་ཆོས་འབྱུང་གསལ་བྱེད་དམིགས་ཐུར་གྱི་འགྲེལ་བ་ལས་དགེ་བཤེས་ཁུ་སྟོན་བརྩོན་འགྲུས་ཀྱིས་བརྩམས་པ་ལོག་གནོན་ཆེན་མོའམ་ལོ་རྒྱུས་ཆེན་པོ་ཟེར[65]ཞེས་འབྱུང་བ་དང་། དཔའ་བོ་གཙུག་ལག་ཕྲེང་བའི་ཆོས་འབྱུང་མཁས་

པའི་དགའ་སྟོན་ལས་ཀྱང་ཁྲུ་སྟོན་བརྩོན་འགྲུས་གཡུང་དྲུང་གི་ལོ་རྒྱུས་ཆེན་མོའང་ལོག་གནོན་ཆེན་མོར་གྲགས་པ[66]ཞེས་འབྱུང་བ་དེས་ར་སྦྲོད་བྱས་ཡོད། དེ་ལྟ་ནའང་རྒྱལ་དབང་ལྔ་པ་ངག་དབང་བློ་བཟང་རྒྱ་མཚོས(1617ནས1682)ཁྲུ་སྟོན་གྱིས་མཛད་པའི་བསྟན་བཅོས་རིན་ཆེན་བང་མཛོད[67]ཅེས་པ་ཞིག་ལུང་དྲངས་ཡོད་པར་བརྟགས་ན་འདི་དང་ལོག་གནོན་ཆེན་མོའམ་ལོ་རྒྱུས་ཆེན་མོ་སོགས་དོན་གཅིག་ཡིན་མིན་ལའང་དཔྱད་དགོས་སྙམ། གང་ལྟར་ཡང་དེ་ལྟ་བུའི་ཁྲུ་སྟོན་བརྩོན་འགྲུས་གཡུང་དྲུང་གིས་མཛད་པའི་ལོ་རྒྱུས་ཆེན་མོ་བྱ་བ་ལས་ཡང་སྙིང་བརྗོད་བྱའི་དོན་ཅི་ཞིག་བསྟན་ཡོད་པའི་སྐོར་གསལ་བཤད་བྱེད་དཀའ་ནའང་། བཀའ་གདམས་པའི་མཁས་པ་གཞན་ནང་བཞིན་མདོ་ཕྱོགས་དང་འདུལ་བའི་ལུགས་གཙོ་བོར་འཛིན་པ་དག་གི་བཞེད་མཚམས་ཤིག་མིན་ནམ་སྙམ་སྟེ། དབུས་པ་བློ་གསལ(ཐལ་ཆེར་དུས་རབས་བཅུ་གསུམ་པའི་སྨད་ཙམ་དུ་འཁྲུངས་པར་གསལ)གྱི་ཊཱ་བཞེད་ན་ཁྲུའི་ཡི་གེ་ཁ་ཅིག་ལས་རྒྱལ་པོས་གཙུག་ལག་ཁང་བརྒྱ་རྩ་བརྒྱད་བཞེངས་པར་དམ་བཅས་པ་ན་སྟོན་མིན་དང་རྩེན་མིན་པའི་ལྟ་བ་མཇལ་བས་ཐུགས་དམ་ཆག་སྟེ་སུམ་བཅུ་བཞེངས་སོ[68]ཞེས་ཁྲུ་སྟོན་གྱི་ལོ་རྒྱུས་ཆེན་མོ་ལས་ལུང་དྲངས་པའི་ལུང་དོན་དང་ཆོས་འབྱུང་མཁས་པའི་དགའ་སྟོན་ལས་ཊཱ་བཞེད་ཀྱི་ལུགས་གཙོ་བོར་བཟུང་སྟེ་ལོ་རྒྱུས་ཆེན་མོ་ལས་ཀྱང་དགེ་སློང་སྟོམ་པ་སྦ་བ་ཊཱ་ཡི་བན་དེ་གཉིས[69]ཞེས་སོགས་འབྱུང་བའི་ལུང་གི་ཚིག་ཟུར་ལ་བརྟགས་ནའང་འདུལ་འཛིན་པ་ཞིག་གི་བཞེད་མཚམས་ཡིན་པ་ཤེས་ནུས་པའི་ཕྱིར་རོ། །གང་ལྟར་དུས་རབས་བཅུ་གཅིག་པའི་དུས་སུ་བྱུང་བའི་ཁྲུ་སྟོན་གྱི་ལོ་རྒྱུས་ཆེན་མོ་དང་དུས་མཚམས་དེར་བྱུང་བའི་དབའ་བཞེད་ཞབས་བཏགས་མའི་ཡིག་ཆ་གཉིས་ལ་འབྲེལ་བ་གང་འཚམ་དང་ཕན་ཚུན་ལ་ཤུགས་རྐྱེན་ཐེབས་པའི་ཆའང་ཡོད་སྲིད་མོད། ད་དུང་དེའི་སྐོར་ལ་ཡིད་དཔྱོད་ཙམ་བྱེད་པ་ལས་འོས་མེད་ལ་བྲག་སྒོམ་པ་དཀོན་མཆོག་བསྟན་པ་རབ་རྒྱས(1801ནས1866)ཀྱི་མདོ་སྨད་ཆོས་འབྱུང་བྱ་བར་ཡང་ལོ་རྒྱུས་ཆེན་མོའི་ལུང[70]ཞིག་དྲངས་འདུག་ནའང་ཁྲུ་སྟོན་གྱི་ལོ་རྒྱུས་ཆེན་མོ་ཡིན་མིན་ཁ་ཆོན་གཅོད་མ་ནུས་པས་ད་དུང་དཔྱད་གཞིར་བཞག་ཡོད་ལ། གཞན་ཁྲུ་སྟོན་གྱི་ལོ་རྒྱུས་ཆེན་མོ་དང་དབུས་གཙང་ན་མི་སྣར་པའི་ལག་ཏུ་འཁྱམ་པའི་ལྡེ་སྟོན་ཆོས་འབྱུང[71]བྱ་བའི་དཔེ་ཆ་གཉིས་གཅིག་ཡིན་པའི་དབང་དུ་བཏང་བའམ་ཡང་ན་དེ་གཉིས་ཀྱི་བརྗོད་བྱའི་ཆ་ལ་གཅིག་དཔེ་གཅིག་གིས་བཤུས་པའི་སྣང་ཚུལ་ཡོད་ན་མ་འོངས་པར་གནད་དོན་འདི་གསལ་བྱེད་བྱ་ཐུབ་སྙམ། དེའི་རྗེས་ཀྱི་དུས་རབས་བཅུ་གཉིས་པའི་ནང་དུ་གསང་སྔགས་ཀྱི་ལམ་ལ་ཞུགས་པའི་མངའ་བདག་ཉང་ཉི་མ་འོད་ཟེར(1124ནས1192)གྱིས་དབའ་བཞེད་ལ་ཞབས་བཏགས་གནང་ཡོད་ཅིང་འདི་ནི་ད་ལྟའི་དུས་སུ་འཛིག་རྟེན་འདིར་བཞུགས་ཡོད་པའི་དབའ་བཞེད་ཞབས་བཏགས་མའི་ཡིག་ཆ་རྣམས་ལས་ཅུང་ཟད་སྔ་ཤོས་ཤིག་ཡིན་ནམ་སྙམ། དཔེ་ཆ་འདིའི་མཚན་བྱང་ཆ་ཚང་ལ་མི་རྗེས་ལྷས་མཛད་བྱང་ཆུབ་སེམས་དཔའ་ཆེན་པོ་ཆོས་རྒྱལ་མེས་དབོན་རྣམ་གསུམ་

གྱི་རྣམ་པར་ཐར་པ་རིན་པོ་ཆེ་ཕྲེང་བ[72]ཞེས་སུ་འབོད་ཅིང(གཞམ་ནས་ཞང་རལ་དབའ་བཞེད་ཞབས་བཏགས་མ་ཞེས་འབོད་རྒྱུ)ཡ་མཚར་བ་ཞིག་ལ་ཕོ་བྲང་པོ་ཏ་ལའི་ནང་དུ་བཞུགས་པའི་མྱང་ཉི་མ་འོད་ཟེར་གྱི་གསུང་འབུམ་གྱི་དཀར་ཆག[73]གི་ཁྲོད་དུ་དཔེ་ཆ་འདིའི་མཚན་བྱང་བཞུགས་མི་འདུག་ནའང་ཉང་ཆོས་འབྱུང་ལས་བཀའ་རྩིས་ཀྱི་ཡི་གེ་ཞིབ་པར་བཏགས་པ[74]ཞེས་འབྱུང་བའི་ལུང་ཚིག་དེས་མྱང་ཉི་མ་འོད་ཟེར་ལ་དབའ་བཞེད་ཞབས་བཏགས་མ་ཞིག་ཡོད་པའི་གནས་ཚུལ་དེ་གསལ་བཤད་བྱས་ཡོད་པར་མ་ཟད། ཡང་ལོ་རྒྱུས་ཀྱི་བསྟན་བཅོས་དེ་རང་ལས་འབྱུང་བ་ལྟར་བསྟན་པ་ཕྱི་དར་གྱི་ལོ་རྒྱུས་ཞབས་སུ་བཏགས་པ[75]ཞིག་ཡིན་པའང་གསལ་པོར་ཤེས་ནུས་སོ། །ཡིན་ནའང་ཡིད་ཕངས་པ་ཞིག་ལ་དཔེ་རྙིང་དེའི་དཀྱུས་དང་མཇུག་གི་ཤོག་ལྷེབ་ཁ་ཤས་ཤིག་མ་ཚང་བས་མཛད་པ་པོའི་མཚན་གསལ་པོར་ཐོན་མེད་ནའང་། སྐབས་ལེགས་པ་ཞིག་ལ་ཆེས་མཐའ་མའི་ཤོག་ལྷེ་གཅིག་ལྷག་འདུག་ཅིང་དེའི་ངོས་སུ་དཔེ་ཆ་འདི་ནི་བཙུན་པ་ཤཱཀྱ་རིན་ཆེན་ཅེས་བྱ་བའི་དགེ་ཆོས་རྒྱལ་མེས་དབོན་རྣམ་གསུམ་གྱི་རྣམ་པར་ཐར་པ་རིན་པོ་ཆེའི་སྒྲོན་མེ[76]བྱ་བ་ཡིན་པར་གསུངས་ཡོད། དེར་བརྟགས་ན་ཉང་ཉི་མ་འོད་ཟེར་མཆོག་གི་དབའ་བཞེད་ཞབས་བཏགས་མ་འདི་ཉིད་དུས་རབས་བཅུ་བཞི་པར་འགྲུངས་པའི་ཡར་ལུང་ཤཱཀྱ་རིན་ཆེན་སྡེ་ཡིས་ངོ་བཤུས་གནང་བའམ་ཡང་ན་དེ་ལ་འཕྲི་སྣོན་སོགས་བྱས་པར་མངོན་ལ། སྤྱི་ལོ1376ལོར་བྲིས་པའི་ཡར་ལུང་ཇོ་བོའི་ཆོས་འབྱུང་གི་ནང་དུ་དབའ་བཞེད་ཀྱི་ལུང[77]འགའ་ཤས་ཤིག་དྲངས་ཡོད་པའང་དཔེ་ཆ་འདི་ལས་མ་འདས་སམ་སྙམ། དེ་བཞིན་ཉང་མ་ཉི་མ་འོད་ཟེར་གྱིས་མཛད་པའི་ཆོས་འབྱུང་མེ་ཏོག་སྙིང་པོའི་སྦྲང་རྩིའི་བཅུད་དུ་དྲངས་པའི་དབའ་བཞེད་ཀྱི་ལུང[78]འགའ་ཤས་དང་སློབ་དཔོན་པདྨ་འབྱུང་གནས་ཀྱི་སྐྱེས་རབས་ཆོས་འབྱུང་ནོར་བུའི་ཕྲེང་བ[79]གཉིས་ལའང་གོང་གསལ་གྱི་དམ་པ་ཉང་གི་དབའ་བཞེད་ཞབས་བཏགས་མ་དེའི་བརྗོད་བྱས་ཤུགས་རྐྱེན་ཐེབས་པའམ་ཡང་ན་ལུང་ཚིག་ཇི་བཞིན་བཤུས་པའི་སྣང་ཚུལ་ཡོད་པ་དེས་སྐབས་དེར་དབའ་བཞེད་ཞབས་བཏགས་མ་འདི་ཉིད་ཉང་ཉི་མ་འོད་ཟེར་མཆོག་གི་གསུང་རྩོམ་ཞིག་ཡིན་པ་རྟོགས་ནུས་སོ། །ཉང་རལ་དབའ་བཞེད་ཞབས་བཏགས་མ་འདི་དང་བཀའ་གཙིགས་ཀྱི་ཡི་གེ་ཞིབ་མོ་ཞབས་ལ་བཏགས་པ་བཞུགས་སོ[80]ཞེས་བྱ་བའི་དཔེ་རྙིང་གཉིས་ཀྱི་བརྗོད་བྱ་དང་ཚིག་དོན་ཁ་ཤས་ཆུ་ལ་ཆུ་བཞག་ཡིན་པ་དང་གཞན་འབྲས་སྤུངས་གནས་བཅུ་ལྷ་ཁང་གི་ཕྱི་ར་ཅན་གྱི་ཨང་རྟགས(270)ནས་ཐོན་པའི་དབའ་བཞེད་ཀྱི་དཔེ་རྙིང་ཕྱག་བྲིས་མ[81]མཚན་བྱང་དང་མཛད་བྱང་གཉིས་ཀ་མི་གསལ་བ་ཞིག་འདུག་པ་དེའང་གོང་གསལ་དཔེ་རྙིང་གཉིས་དང་ཤིན་ཏུ་འདྲ་སོ་བ་ཞིག་འདུག་པར་བརྟགས་ན། སྐབས་དེར་དམ་པ་ཉང་གི་དབའ་བཞེད་ཞབས་བཏགས་མ་འདི་ཤིན་ཏུ་རྩ་ཆེ་བར་བརྩིས་ཏེ་དཔེ་གཅིག་ལས་དུ་མ་བཤུས་ནས་དཔེ་རྒྱུན་བསྐྱངས་པའི་གནས་ཚུལ་ལ་རྒྱུས་ལོན་ཐུབ་ཅིང་ཆབས་ཅིག་ཆད་ལྷག་ནོར་གསུམ་དང་སྣོན་འཕྲི་བཅོས་གསུམ་ཡང་གང་མང་བྱས་པར་མངོན་ལ། གང་ལྟར་

དཔེ་ཆ་འདི་རྣམས་ནི་གསང་བ་སྔགས་ལ་དང་དད་མཛད་པའི་གང་ཟག་རྣམས་ཀྱིས་བྱས་པའི་ཚུལ་ནི་བཀའ་གཙིགས་ཀྱི་ཡི་གེ་ཞིབ་མོ་ཞབས་ལ་བཏགས་པ་བྱ་བའི་དཔེ་རྙིང་ཕྱི་མ་དེའི་མཛད་བྱང[82]དུ་བལྟས་པས་ཀྱང་ཤེས་ནུས་པ་ཡིན། གང་ལྟར་སྐབས་དེ་ག་རང་དུ་མངའ་བདག་ཉང་ཉི་མ་འོད་ཟེར་གྱིས་མཛད་པའི་དབའ་བཞེད་ཞབས་བཏགས་མ་འདིའི་ཤུགས་རྐྱེན་ཙུང་ཟད་ཆེ་བའི་ཚུལ་ནི་བོད་དུ་གྲགས་ཆེ་ཞིང་ཁུངས་བཙུན་དུ་བརྩི་བའི་ཁམས་པའི་དགེ་བཤེས་ལྡེའུས(1109ལོ་ཙམ་ལ་འཁྲུངས་པར་མངོན་ཞིང་འདས་ལོ་མི་གསལ)མཛད་པའི་ཆོས་འབྱུང་ཆེན་མོ་བསྟན་པའི་རྒྱལ་མཚན་བྱ་བར་ཡང་དབའ་བཞེད་ཞབས་བཏགས་མ་འདིའི་ཚིག་དོན་ཁ་ཤས[83]དྲངས་ཡོད་པ་དེས་ཀྱང་གསལ་བཤད་བྱེད་ཐུབ་བམ་སྙམ་ལ། གང་ལྟར་མཁས་དབང་དགེ་འདུན་ཆོས་འཕེལ(1903ནས1951)གྱིས་ལྷ་ས་ཀུན་བདེ་གླིང་གི་བླ་བྲང་དུ་བོད་དཔེ་དཀོན་པོ་སྦ་བཞེད་ཞབས་བཏགས་མ་བྲིས་མ[84]ཞིག་ཡོད་པར་གསུངས་པ་དེ་གང་ཡིན་ཤིན་ཏུ་དཔྱད་དཀའ་བར་སོང་བས་ཆ་འཛོག་བྱེད་དཀའ་བ་ཞིག་གོ །

དེའི་ཕྱིས་སུ་དཔལ་སྣར་ཐང་གི་གདན་ས་བ་བཅོམ་ལྡན་རིག་པའི་རལ་གྲིའི(1127ནས1250)དངོས་སློབ་དབུས་པ་བློ་གསལ་རྩོད་པའི་སེང་གེ་ཡིས་རྦ་བཞེད་ཞབས་བཏགས་མ་ཞིག་མཛད་ཡོད་ཅིང་ཁོང་ནི་ཕལ་ཆེར་དུས་རབས་བཅུ་གསུམ་པའི་སྨད་ཙམ་དུ་འཁྲུངས་པར་གསལ་ལ་བཀའ་གདམས་པའི་དགེ་བའི་བཤེས་གཉེན་ཁྱད་པར་དུ་འཕགས་པ་ཞིག་ཡིན། འབྲས་སྤུངས་གནས་བཅུ་ལྷ་ཁང་གི་ཕྱི་ར་ཅན་གྱི་ཨང་རྟགས(75)ནས་རྦ་བཞེད་བཞུགས་སོ[85]ཞེས་པའི་དཔེ་རྙིང་ཤིན་ཏུ་བགྲེས་རྙོན་ཅན་ཞིག་རྙེད་སོན་བྱུང་ཡོད་ཅིང་དེའི་མཇུག་བྱང་གི་ཤོག་ལྡེབ་ན་དབུས་པ་བློ་གསལ་ཞེས་པ་ཙམ་ལས་ཡི་གེ་གཞན་རྣམས་ཕལ་ཆེར་མ་གསལ་ཡང་རྟགས་དེས་ཕྱུག་དཔེ་འདི་ནི་དབུས་པ་བློ་གསལ་གྱིས་མཛད་པར་ཐག་གཅོད་བྱེད་ནུས་སམ་སྙམ་སྟེ། ཇོ་ནང་ཏཱ་ར་ནཱ་ཐ(1575ནས1634)མཆོག་གིས་རྦ་བཞེད་ལ་བཀའ་གདམས་ཕྱོགས་པ་ཞིག་གིས་ཁ་སྐོང་བྱས་པ་ཞིག[86]ཡོད་ཚུལ་གསུངས་པའང་འདི་ཡིན་པར་མངོན་ལ་ཨ་ཁུ་ཆིང་ཤེས་རབ་རྒྱ་མཚོ(1803ནས1875)མཆོག་གི་དཔེ་ཐོའི་ནང་དུ་དབུས་པ་བློ་གསལ་གྱི་ཆོས་འབྱུང[87]ཞེས་བཀོད་ཡོད་པའང་འདི་ལ་ངོས་འཛིན་དགོས་སམ་སྙམ། གཞན་དུ་ན་བོད་དུ་མིའི་སྐྱེ་འགྲོ་བྱུང་ཚུལ[88]བྱ་བའི་དཔེ་རྙིང་ནས་བོད་རྗེ་གཉའ་ཁྲིའི་བྱུང་བའི་སྐོར་དུམ་བུ་ཞིག་དྲངས་ནས་འདི་ནི་དབུས་པ་བློ་གསལ་གྱི་བསྟན་བཙོས་ཉི་མའི་སྙིང་པོ[89]ལའང་མཐུན་ཞེས་འབྱུང་བར་དཔྱད་ན་དབུས་པ་བློ་གསལ་གྱིས་མཛད་པའི་རྦ་བཞེད་འདིའི་མཚན་བྱང་དངོས་ལ་སྟོན་གྱི་ཚེ་དེ་ལྟར་དུ་འབོད་པ་ཤེས་ནུས་ཀྱང་དབུས་པ་བློ་གསལ་གྱིས་དབའ་བཞེད་ཀྱི་རིགས་གང་ཞིག་ལ་ཞབས་བཏགས་བྱས་མིན་གྱི་གནད་དོན་དེ་ཡིན་གཅིག་མིན་གཉིས་ཞིབ་གསལ་བྱ་འོས་ནའང་དེའི་ཚུལ་ཙུང་ཟད་རྟོགས་དཀའ་བར་སེམས་སོ། །ཡིན་ནའང་ཁོང་གི་བླ་མ་བཅོམ་ལྡན་རིག་རལ་གྱིས(དུས་རབས་བཅུ་གཉིས་པའི་དུས་མགོར་བྱོན)མཛད་པའི་བསྟན་པ་རྒྱས་པ་རྒྱན་གྱི་ཉི་འོད་

བྱ་བར་སློབ་དཔོན་པདྨ་ནི་ངན་སྔགས་དང་ནུས་མཐུ་ལགས་པས་རྒྱལ་བློན་རྣམས་འཇིགས་ནས་བལ་པོར་མྱུར་དུ་བསྐྱལ་ལོ་ཞེས་རྒྱ་བཞེད་དང་རྦ་བཞེད་གཉིས་ལས་བྱུང་ངོ་[90]ཞེས་ལུང་དྲངས་པར་དཔྱད་ན་དབུས་པ་བློ་གསལ་གྱིས་ཞབས་འགྲེལ་གནང་ཡུལ་གྱི་རྦ་བཞེད་དེ་ནི་ཁོང་གི་བླ་མ་བཅོམ་ལྡན་རིག་རལ་གྱིས་གཟིགས་སྦྱོང་བའི་རྦ་བཞེད་འདི་ཡིན་པ་ཐེ་ཚོམ་མི་དགོས་ནའང་། འདིའི་ལུང་ཁུངས་ཀྱི་དཔེ་རྒྱུན་དེང་སང་བཞུགས་ཡོད་མེད་རྩད་གཅོད་དཀའ་ཡང་གང་ལྟར་འདུལ་ལུགས་གཙོ་བོར་འཛིན་པའི་མཁས་པ་ཞིག་གིས་མཛད་པ་ཞིག་ཡིན་ཚུལ་བཅོམ་ལྡན་རིག་རལ་གྱིས་དྲངས་པའི་ལུང་དུམ་དེར་དཔྱད་ནའང་གསལ་པོར་རྟོགས་ནུས་པའི་ཕྱིར་རོ། །

དེའི་ཕྱིས་ཀྱི་དུས་རབས་བཅུ་གཉིས་ནས་བཅུ་གསུམ་བར་བྱོན་པའི་ས་སྐྱ་པཎྜི་ཏ་ཀུན་དགའ་རྒྱལ་མཚན(1182ནས1251)གྱི་སྐྱེས་བུ་དམ་པ་རྣམས་ལ་སྤྲིངས་པའི་འཕྲིན་ཡིག་ལས་རྒྱལ་བཞེད་དཔའ་བཞེད་འབངས་བཞེད[91]བཅས་ཀྱི་མཚན་བྱང་གླེངས་ཡོད་ནའང་ལུང་ཚིག་སོགས་ཇི་བཞིན་བཀོད་མེད་པས་དེ་ནི་དབའ་བཞེད་དམ་ཡང་ན་དབའ་བཞེད་ཞབས་བཏགས་མ་གང་ཡིན་དབྱེ་བ་འབྱེད་དཀའ་བར་སྣང་ལ་བུ་སྟོན་རིན་ཆེན་གྲུབ(1290ནས1364)ཀྱི་ཆོས་འབྱུང་དུའང་དབའ་བཞེད་ཀྱི་ལུང[92]ཞིག་དྲངས་ཡོད་ཅིང་དེ་ནི་ཕལ་ཆེར་བཀའ་གདམས་པ་ཞིག་གིས་མཛད་པའི་དབའ་བཞེད་ཞབས་བཏགས་མ་ཞིག་ཡིན་ལས་ཆེ་བས་ད་དུང་དཔྱད་དགོས་སོ། །དེ་དང་དུས་མཉམ་པར་སྣར་ཐང་གི་མཁས་པ་ཆེན་མོ་ནེལ་པ་པཎྜི་ཏ་གྲགས་པ་སྨོན་ལམ་ཚུལ་ཁྲིམས་ཀྱིས་ཕལ་ཆེར་སྤྱི་ལོ1283ལོར་མཛད་པའི་སྔོན་གྱི་གཏམ་མེ་ཏོག་ཕྲེང་བ་ཞེས་བྱ་བར་ཡང་སྦ་བཞེད[93]ཀྱི་ལུང་ཞིག་དྲངས་ཡོད་ནའང་ལུང་ཁུངས་ཀྱི་དཔེ་ཆ་གང་ཡིན་མ་ཤེས་པས་དབའ་བཞེད་ཀྱི་རྩ་ཚིག་དང་དབའ་བཞེད་ཞབས་བཏགས་མ་གཉིས་ཀྱི་གང་ཡིན་གསལ་པོར་བཤད་དཀའ་ལ། གང་ལྟར་དུས་རབས་བཅུ་གཉིས་ནས་བཅུ་གསུམ་པའི་བར་གྱི་གྲགས་ཆེ་བའི་ཆོས་འབྱུང་དང་རྒྱལ་རབས་ལོ་རྒྱུས་འགའ་ཞིག་ལས་རྦ་བཞེད་ཀྱི་རིགས་མི་འདྲ་བ་དག་གི་མཚན་བྱང་དང་ལུང་ཚིག་སྣ་ཚོགས་སྐྱབས་བྱེད་དུ་བཀོད་ཡོད་པ་དེས་སྐབས་དེ་གར་ཡིག་ཚང་དེ་རིགས་རྒྱུགས་ཆེ་ཞིང་ཁུངས་བཙུན་དུ་བརྩི་བའི་ཚུལ་ལ་རྒྱུས་ལོན་བྱེད་ཐུབ་བམ་སྙམ།

དེའི་ཕྱིས་ཀྱི་དུས་རབས་བཅུ་བཞི་པ་ཙམ་ནས་དབའ་བཞེད་ལ་དོགས་པ་སྣ་ཚོགས་དངོས་སུ་འབྱུང་འགོ་ཚུགས་ཡོད། དེའི་ཚུལ་ནི་ཡར་རྗེ་ཨོ་རྒྱན་གླིང་པས(1323ནས1360)གཏེར་ནས་བཞེས་པར་གྲགས་པའི་པདྨ་བཀའ་ཐང་ལས། སྦ་བྱེད་འདི་རྣམས་གསང་སྔགས་ལ་མི་མོས། །སློབ་དཔོན་པདྨའི་སྐུ་ལ་སྐྱོན་མང་བརྗོད། །སྦ་བྱེད་དྲིལ་བའི་ཚིག་འཕྲུམས་མང་དུ་བཙམས། །འདུལ་བ་མིན་པ་གཞན་ལ་དག་མི་སྙེར། །[94] ཞེས་བཀོད་ཡོད་པ་ལས་ཤེས་ནུས་ལ་འདི་ཡང་སྔར་ལྟར་མདོ་སྔགས་གཉིས་ཀྱི་འགལ་བ་བརྒྱུད་ནས་ཐོན་པའི་དགོངས་ཚུལ་ཞིག་ཡིན་པའང་གསལ་པོར་ཤེས་ཐུབ། དབའ་བཞེད་ཀྱི་རྩ་བའི་ཁུངས་ལྟ་བུར་

བཤད་ཆོག་པའི་བསམ་ཡས་རྗོ་རིང་ན་སློབ་དཔོན་པདྨ་འབྱུང་གནས་ཀྱིས་མཆོད་པའི་ལྷོ་བལ་གྱི་ཨ་ཙཱ་རའི་གནད་དོན་གང་ཡང་འགོད་མེད་ནའང་རྗེ་བཞིན་དུ་ངོས་འཛིན་བྱས་ཆོག་པའི་ཁྲི་སྲོང་ལྡེ་བཙན་གྱི་སྐུ་དུས་ཀྱི་བཀའ་གཙིགས་ཡི་གེ་ཁག་གཉིས་པོར་ལྷོ་བལ་གྱི་ལྷ་དང་ཆོས[95]ཀྱི་སྐོར་ལ་བཀག་འགོག་བྱས་མི་ཆོག་པའི་ཚུལ་གསལ་བཤད་བྱས་ཡོད། དེས་ན་སྐབས་འདི་དུས་ནས་ཞང་བློན་རྣམས་ཀྱིས་སློབ་དཔོན་པདྨའི་སྐུ་ལ་སྐྱོན་བརྗོད་བྱས་པའི་ས་བོན་ཡོད་པར་རིགས་འདེད་བྱས་ཆོག་ནའང་། དུས་ཕྱིས་སུ་མདོ་སྔགས་གཉིས་ཀྱི་འགལ་བ་བརྒྱུད་ནས་དབའ་བཞེད་ལ་ཞབས་འགྲེལ་མི་འདྲ་བ་སྣ་ཚོགས་བྱུང་བར་བརྟེན་འདུལ་བ་འཛིན་པ་དག་གིས་བཀོད་པའི་དབའ་བཞེད་ཞབས་བཏགས་མ་རྣམས་སུ་གོང་གི་ཡར་རྗེ་ཤུ་རྒྱན་གླིང་པའི་ལུང་དོན་དེ་ཇི་བཞིན་བྱུང་ཡོད་པ་གཏན་འཁེལ་ཐུབ་པ་ཡིན། དེར་བརྟེན་དུས་རབས་བཅུ་བཞི་པར་བྱུང་བའི་འགོས་ལོ་གཞོན་ནུ་དཔལ་བས(1392ནས1481)ཀྱང་སྦ་བཞེད་ལ་གཙང་མི་གཙང[96]གི་ཁྱད་པར་ཕྱེ་བའང་དོན་འདི་ཙམ་ལ་དགོངས་པར་གསལ་ཞིང་རྙིང་མའི་ལོ་རྒྱུས་དང་དབའ་བཞེད་མི་མཐུན་པའི་བརྗོད་གཞི[97]དེའང་སྐབས་འདི་ག་ཙམ་ནས་ཚུར་ཟད་ཤུགས་ཆེ་བའི་ངང་ནས་བྱུང་བར་མངོན་ནོ། །ཚུལ་དེ་ལྟ་བུས་རྐྱེན་བྱས་ནས་དུས་ཕྱིས་ཀྱི་དུས་རབས་བཅུ་དྲུག་ནས་བཅུ་བདུན་པའི་བར་དུ་རྙིང་མའི་ལོ་རྒྱུས་དང་དབའ་བཞེད་མི་མཐུན་པར་བཤད་པའི་སྐོར་ལ་དགག་པ་མཛད་མཁན་གྱི་གང་ཟག་ཀྱང་བྱུང་ཡོད་དེ། དཔེར་ན་སོག་བཟློག་པ་བློ་གྲོས་རྒྱལ་མཚན(1552ནས1624)གྱིས་འདི་ལ་རྙིང་མ་པ་ཁ་ཅིག སྦ་ཡེ་ཤེས་དབང་པོ་སློབ་དཔོན་པདྨ་ལ་མི་དད་པས་དེ་ལྟར་བཅོས་པ་ཡིན། ཕྱིས་སློབ་དཔོན་གྱིས་རྗེས་སུ་བཟུང་བས་དེ་ལྟར་མ་ཡིན། ཞེས་ཟེར་བ་མ་གོ་བ་ཡིན། སྦ་བཞེད་ནི་ཕྱིག་བློན་རྣམས་ཀྱི་ངོར། རྒྱལ་བློན་རྣམས་ཀྱིས་སྒྲིགས་པ་ཡིན་ལ། ཡེ་ཤེས་དབང་པོས་བྱས་པ་མ་ཡིན་ནོ། །དེ་ལ་སོགས་པ་གོ་བ་ལོན་ན་རྙིང་མའི་ལོ་རྒྱུས་དང་སྦ་བཞེད་མི་མཐུན་པ་མི་འབྱུང་ངོ[98]ཞེས་གནད་དོན་དེའི་ཆ་ལ་འགལ་སེལ་ལྟ་བུ་ཞིག་བྱས་ཡོད་ལ། དེ་དང་འགྲོས་མཐུན་པར་རྩེ་ལེ་རྒོད་ཚང་བ་ཆེན་པོ་སྣ་ཚོགས་རང་གྲོལ(1548ནས1620)གྱིས་ཀྱང་བདུད་བློན་རྣམས་ཀྱིས་གཤེད་མ་བཏང་ནས་སྐུ་དཀྲོང་རྗེས་ལ་གཤེད་མ་རེངས་པའི་ལྟ་སྟངས་ཀྱིས་བཏུལ་ཞིང་། གུང་ཐང་ལ་ཐོག་ནས་ནམ་མཁའ་ལ་འཕུར་ཏེ་ལྷོ་ནུབ་ཏུ་གཤེགས་ཚུལ་སོགས་ཀྱི་ལོ་རྒྱུས་དེ་དག་སྦ་བཞེད་རྒྱས་བསྡུས་རྣམས་ཀྱི་འཆད་ཚུལ་ཁོ་ན་ཡིན་ཞིང་། སྦ་བཞེད་རྣམས་ནི་རྒྱལ་བློན་གྱིས་བསྒྲིགས་པའི་ཀུན་རྫོབ་ལྟར་སྣང་འབའ་ཞིག་ཡིན་པས་ངེས་དག་ཏུ་མི་བཞེད[99]ཅེས་ཞལ་གསལ་དུ་གསུངས་པ་རྣམས་ལ་བརྟགས་ན་ཤེས་ཐུབ་པ་དང་། དེ་བཞིན་ཟུར་མཁར་བློ་གྲོས་རྒྱལ་པོ(1509ནས1572)མཆོག་གིས་ཀྱང་རྒྱལ་བཞེད་བླ་བཞེད་སོགས་སུ་སློབ་དཔོན་པད་མའང་བསམ་ཡས་རྒྱང་མ་བཏིང་གོང་དུ་ས་འདུལ་གྱི་སྦྱིན་སྲེག་ལན་གཉིས་ལས་མ་གྲུབ་པར་ཕྱིག་བློན་གྱི་དབང་གིས་ལྷུན་གྲུབ་ཏུ་གཤེགས་པར་བཤད[100]ཅེས་གསུངས་པའམ་ཡང་ན་ཇོ་ནང་ཏཱ་ར་ནཱ་ཐ་

མཆོག(1575ནས1634)གིས་ཀྱང་ཐ་བཞིད་ཆླ་བཞིད་རྒྱལ་བཞིད་ནང་གི་སློབ་དཔོན་པདྨའི་ལོ་རྒྱུས་རྣམས་ནི་སྔ་འགྱུར་བཀའ་མ་བ་རྣམས་ཀྱི་ལོ་རྒྱུས་ཕལ་ཆེ་བ་དང་སྤྱི་འགྲོས་འགྲིག་པར་ཡང་སྣང་ངོ[101]ཞེས་བཞེད་ཡོད་ལ། དེ་བཞིན་ཞྭ་དམར་སྐུ་ཕྲེང་བཞི་པ་སྤྱན་སྔ་ཆོས་གྲགས(1453ནས1524)མཆོག་གིས་སྦ་བཞེད་ལ་ཞབས་བཏགས་ཡོད་མེད་གཉིས་ཡོད[102]པར་གསུངས་པའང་དགོངས་གཞི་ཅན་གྱི་ཚིག་ཏུ་བསམ་དགོས་སམ་སྙམ། གང་ལྟར་དུས་ཕྱིས་སུ་ཡི་གེར་བཀོད་པའི་སྣང་ཚུལ་འདི་ལྟ་བུ་རེ་གཉིས་ཙམ་ལ་གཞི་བཙལ་ནས་དཔྱད་ན་དེ་སྔ་དབའ་བཞེད་ཞབས་བཏགས་མ་འགའ་ཞིག་གི་བཞེད་མཚམས་དང་སྙིང་མ་པའི་བཀའ་ཆེམས་སམ་ཐང་ཡིག་རྣམས་སུ་བྱུང་བའི་དགོངས་བཞེད་གཉིས་ཀྱི་བར་ལ་འགལ་ཚབས་ཆེན་པོ་བྱུང་བའི་གནས་ཚུལ་གྱི་དེ་ཉིད་གསལ་པོར་རྟོགས་ཐུབ་པ་ཡིན། དེའི་ཕྱིས་ཀྱི་དུས་རབས་བཅུ་བདུན་པའི་ནང་བྱོན་པའི་རྒྱལ་དབང་ལྔ་པ་ངག་དབང་བློ་བཟང་རྒྱ་མཚོས(1617ནས1683)ཐ་བཞེད་ཞབས་བཏགས་མ་རྣམས་ནི་སློབ་དཔོན་པདྨའི་རྣམ་ཐར་བཀའ་ཐང་སྡེ་ལྔ་སོགས་དང་མ་མཐུན་པས་ལྐད་ཅན་ཡིན་པར་བཞེད[103]ཡོད་ལ་ཁོང་གིས་མཛད་པའི་དེབ་ཐེར་དཔྱིད་ཀྱི་རྒྱལ་མོའི་གླུ་དབྱངས[104]ཀྱི་དབུ་ཞབས་ཀུན་ནའང་ཐ་བཞེད་ལྐད་ཅན་ཡིན་པར་བསྐྱབས་ནས་དགག་པ་ཚ་ནན་བཏང་ཡོད། དེའི་ཕྱིས་སུ་ལྔ་པ་ཆེན་མོའི་ཐུགས་སྲས་སྡེ་སྲིད་སངས་རྒྱས་རྒྱ་མཚོས(1643ནས1705)བསམ་ཡས་ཀྱི་ལོ་རྒྱུས་སྦ་བཞེད་ཅེས་ཁུངས་ཆེ་བར་བྱེད་པ་དེ་ལ་རྒྱས་བསྡུས་དང་ཚིག་སྣ་རིང་ཐུང་སོགས་མི་འདྲ་བ་མང་པོ[105]ཡོད་པའི་བཞེད་པ་བརྗོད་འདུག་པ་དང་དེའི་འཕྲོར་སུམ་པ་ཡེ་ཤེས་དཔལ་འབྱོར་མཆོག(1704ནས1788)གིས་ཀྱང་བཞེད་མཚམས་དེ་དང་མ་བགྲོས་རང་མཐུན་གྱིས་ཆླ་བཞེད་རྒྱལ་བཞེད་སྦ་བཞེད་ཅེས་པ་གསུམ་བྱུང་ཞིང་ཕྱིས་སུ་ཚིག་སྣ་རིང་ཐུང་དུ་མ་ཡང་བྱུང[106]ཞེས་བཞེད་ཡོད། དེ་བཞིན་རིག་འཛིན་འཇིགས་མེད་གླིང་པས(1729ནས1798)ཀྱང་སློབ་དཔོན་པདྨའི་མཛད་རྣམ་སོགས་སྦ་བཞེད་དུ་གསལ་པོར་མ་བྲིས་པས་དེ་ལ་ཁུངས་སུ་འཚོལ་བ་དག་ཀྱང་དེ་ལྟ་མོད་དེའི་ཚུལ་ཐང་ཡིག་རྣམས་སུ་བྲིས་ཡོད་པར[107]བཞེད་པ་དག་ལས་དེ་སྔ་དབའ་བཞེད་དང་ཐང་ཡིག་གི་བར་ལ་འགལ་བ་དང་རྩོད་གཞི་མང་པོ་ཞིག་བྱུང་ཟིན་པའི་སྐོར་ལ་རྒྱུས་ལོན་བྱེད་ཐུབ་པ་ཡིན། མདོར་ན་དུས་རབས་བཅུ་བདུན་ནས་བཅོ་བརྒྱད་ཀྱི་བར་འདིར་དབའ་བཞེད་ཞབས་བཏགས་མ་སྣ་ཚོགས་བྱུང་ནས་དེ་ལ་འགལ་འདུ་རྩོམ་པ་དང་མཐུན་མི་མཐུན་གྱི་རྣམ་གཞག་སྣ་ཚོགས་བྱེད་པའི་དུས་སྐབས་ཤིག་ཀྱང་ཡིན་པ་གསལ་པོར་ཤེས་ནུས་ལ། སྤྱིར་བཀའ་ཐང་སྡེ་ལྔ་སོགས་ནི་ངོ་མཚར་རྨད་དུ་བྱུང་བའི་ལོ་རྒྱུས་ཀྱི་ཡིག་ཚང་ཡིན་པ་སྨྲ་མ་དགོས་མོད། དེ་དག་དང་དགོངས་བཞེད་མ་མཐུན་ན་ལྐད་ཅན་ཡིན་དགོས་མིན་གྱི་སྐོར་ནི་གུད་ཀྱི་ཚན་པ་གཅིག་ནས་གསལ་བཤད་བྱས་ཡོད་པས་བཞག་ལ་འདི་ལྟར་དབའ་བཞེད་ལ་གཙང་མི་གཙང་དང་ལྐད་ཅན་ཡིན་མིན། དེ་བཞིན་རྒྱལ་འཕྲིན་ཡོད་མེད་དང་ཁུངས་ཐུབ་ཡིན་མིན་སོགས་དོགས་པ་སྣ་ཚོགས་ཤིག་བྱུང་ཡོད་པ་དེ་

ནི་དུས་ཕྱིས་ཀྱི་གང་ཟག་སྙེར་པའི་དགོངས་བཞེད་ལྟར་ཞབས་འགྲེལ་བསྐྱོན་པའི་དབའ་བཞེད་ཞབས་བཏགས་མ་སྣ་ཚོགས་ལ་གཞི་བཅོལ་ནས་བྱུང་བ་ཞིག་ཡིན་ནམ་སྙམ། ཅིའི་ཕྱིར་སྙམ་ན་དུས་རབས་ཉི་ཤུ་པའི་དུས་སུ་བྱུང་བའི་དྲན་དབང་དགེ་འདུན་ཆོས་འཕེལ་གྱིས་ཐ་བཞེད་ཀྱི་སྟོད་ཆ་རྣམས་ནི་རྒྱལ་པོ་ཁྲི་སྲོང་ལྡེ་བཙན་སྐབས་ཀྱི་ཆོས་སྲིད་གཉིས་ཀའི་ལོ་རྒྱུས་བཀོད་པ་ཞིག་ཡིན་ཞིང་འདི་ཉིད་མཛད་པ་པོ་ཡང་ཐ་གསལ་སྣང་གཅིག་པུ་མ་ཡིན་པར་རྒྱལ་པོ་ཁྲི་སྲོང་ལྡེ་བཙན་ཉིད་དང་ཐུན་མོང་དུ་མཛད་ནས་གཏན་འབེབས་གནང་བ་ཞིག་ཡིན[108]ཞེས་འཁོད་པ་ལས་དབའ་བཞེད་ཐམས་ཅད་ཀྱི་ཕྱི་མོ་ནི་ཡང་དག་ཅིང་འགལ་འདུ་སྣ་ཚོགས་མེད་པའི་ཚུལ་ཅན་དུ་སོང་ཞིང་དེའི་བཞེད་མཆམས་ལ་རྒྱལ་པོ་རང་གི་བཀའ་ཡང་འདུས་པ་གསལ་བཤད་བྱས་ཡོད། ཡིན་ནའང་སྦ་བཞེད་རྣམས་ལས་སྦ་གསལ་སྣང་རང་གི་བཞེད་པ་བཞུགས་སོ་བྱ་བའི་མཇུག་བྱང་ལས་སྦ་གསལ་སྣང་གི་བཀའ་གཙིགས་ཀྱི་ཡི་གེ་རྒྱས་པར་བྲིས་པ[109]ཞེས་འབྱུང་བར་གོ་བ་ཇི་ལྟར་ལེན་པར་ད་དུང་དཔྱད་དགོས་ཏེ། དབའ་བཞེད་ཀྱི་ཕྱི་མོ་ཁྲི་སྲོང་ལྡེ་བཙན་ཉིད་དང་ཐུན་མོང་ནས་གཏན་འབེབས་གནང་བ་ཞིག་ཡིན་ན་སྦ་གསལ་སྣང་པོ་ནའི་བཞེད་པར་མི་འགྲོ་བས་གོང་དུ་དྲངས་པའི་ལུང་ཚིག་ན་སྦ་གསལ་སྣང་གི་བཀའ་གཙིགས་ཞེས་པའང་འགལ་ཅན་དུ་འགྲོ་བའི་ཚིག་ཡིན་པ་སོགས་འདིའི་སྐོར་ལ་དཔྱད་པར་བྱ་བའི་གནས་མང་མོད་ཡིག་ཚོགས་སྨྱུང་ཕྱིར་བཞག་ལ། མདོར་བསྡུས་ན་རང་གི་འདོད་པ་དངོས་ནི་གོང་ནས་སྨྲས་ཟིན་པ་ལྟར་དབའ་བཞེད་རྒྱལ་བཞེད་གཉིས་ཀྱི་ཁུངས་སམ་ཕྱི་མོ་ལྟ་བུ་ནི་བསམ་ཡས་རྗོ་རིང་ཡིན་ཞིང་དེའི་སྐབས་སུ་བསྟན་བཅོས་འདི་གཉིས་ལ་དེ་ལྟའི་འགལ་ཚབས་ཆེན་པོ་མི་སྣང་ནའང་རིམ་བཞིན་མདོ་སྔགས་གཉིས་དང་དེ་ལ་ཉམས་ལེན་གནང་མཁན་རྣམས་ཀྱི་ཕྱོགས་རིས་དང་འགལ་ཚབས་བརྒྱུད་ནས་འདི་ལྟར་བྱུང་བ་ཞིག་རེད་སྙམ།

མཆན།

[1] [10] [12]《ཆོས་འབྱུང་མཁས་པའི་དགའ་སྟོན།》 དཔའ་བོ་གཙུག་ལག་ཕྲེང་བ། 1986ལོར་བོད་ལྗོངས་མི་དམངས་དཔེ་སྐྲུན་ཁང་ནས་དཔར། ཤོག་ངོས376ན་བསམ་ཡས་རྗོ་རིང་གི་ངོ་བཤུས་དང་དེར་གཙིགས་ཀྱི་ཡི་གེ་ཞིབ་མོ་གཅིག་ནི་གུད་ན་མཆིས་སོ་ཞེས་གསལ།

[2]《བཀའ་གཙིགས་ཀྱི་ཡི་གེ་ཞིབ་མོ་ཞབས་ལ་བཏགས་པ་བཞུགས་སོ》ཞེས་པ་ནི《དབའ་བཞེད་བཞུགས་སོ》ཞེས་པར་བསྡུས་ཡོད། 2010ལོར་བོད་ལྗོངས་བོད་ཡིག་དཔེ་རྙིང་དཔེ་སྐྲུན་ཁང་ནས་དཔར། ཤོག་ངོས201པར་གསལ།

[3]《རྒྱལ་པོ་སིཏྲི་ར་ཛའི་རྣམ་ཐར་ཞེས་བྱ་བ་བཞུགས་སོ》དབུ་ཅན་ཕྱག་བྲིས་མ། ཤོག་ལྡེབ13ན་དེ་ནས་ས་དེ་གར་རྗོ་རིང་བཙུགས་སྟེ། རྒྱ་དང་མོན་གྱི་བློན་འབངས་རྣམས་དང་རྒྱལ་བཙུན་འབངས་དང་བཅས་པ་རྣམས་ལམ་ཕྱོན་ཆེན་པོའི་བཀའ་བསྒྲུལ་པ། ཀྱི་རྒྱ་དང་མོན་གྱི་འབངས་རྣམས། དུས་ལ་འཕོ་འགྱུར་ཅི་བྱུང་ཡང་། རྗོ་རིང་མནའ་རྗོ་འདི་དང་

འགལ་ནས། སུ་ཡང་མནའ་བོར་མ་བྱེད་ཅིག གལ་ཏེ་འདི་ལས་སུས་འགལ་ན། པདྨ་བདག་ལ་སྔོས་པ་ཡིན། ཞེས་དང་ཡང་། ཞེས་ཐམས་ཅད་ཀྱིས་ཇོ་རིང་ལ་ལག་པ་རེ་རེག་ནས་མནའ་བྱས་པས་ཐང་དེ་ཉིད་མནའ་ཐང་དུ་གྲགས་སོ། །ཇོ་རིང་ལ་དབང་མེད་དུ་མནའ་བྱས་པས་མིང་ཡང་དབང་མེད་དུ་གྲགས་སོ། །ཞེས་པ་འབྱུང་བ་ལས་མནའ་ཇོ་ནི་མནའ་གཙིགས་ཀྱི་ཇོ་རིང་སྟེ། དུས་རབས་བརྒྱད་པ་ཙམ་ནས་བཟུང་བོད་དུ་མནའ་ཇོ་འཛུགས་སྲོལ་དར་ཡོད་ཅིང་སྐབས་དེ་གར་གྲགས་ཆེ་བའི་མེས་དབོན་རྣམ་གསུམ་གྱིས་མཆོན་པའི་རྒྱལ་བློན་དང་མཁན་པོ་སོགས་ནང་དུ་ཞུགས་དགོས་ཤིང་། བོད་ཀྱི་མཐའ་མཚམས་སུ་བསླངས་པའི་ཇོ་རིང་དང་། ལྷ་ཁང་དང་འབྲེལ་བའི་ཇོ་རིང་ཕལ་ཆེ་བ་ཞིག་མནའ་ཇོ་ཡིན་པར་གསལ་ནའང་འདིའི་སྐོར་ནས་གུད་དུ་ཞིབ་པར་ཞུ་རྩིས་ཡོད།

[4]《སྔོན་གྱི་གཏམ་མེ་ཏོག་ཕྲེང་བ་ཞེས་བྱ་བ》ནི《བོད་ཀྱི་ལོ་རྒྱུས་དེབ་ཐེར་ཁག་ལྔ》ཞེས་པར་བསྡུས་ཡོད། ནེལ་བ་པཎྜི་ཏ་གྲགས་པ་སྨོན་ལམ་བློ་གྲོས། 2012ལོར་བོད་ལྗོངས་བོད་ཡིག་དཔེ་རྙིང་དཔེ་སྐྲུན་ཁང་ནས་དཔར། ཤོག་ངོས22ནས23བར་གསལ།

[5]《རྒྱ་བོད་ཡིག་ཚང་ཆེན་མོ》སྟག་ཚང་དཔལ་འབྱོར་བཟང་པོ། 1985ལོར་སི་ཁྲོན་མི་རིགས་དཔེ་སྐྲུན་ཁང་ནས་པར་སྐྲུན་བྱས། ཤོག་ངོས184པར་གསལ། ཁྲི་སྲོང་ལྡེ་བཙན་གྱི་སྐབས་སུ་བསམ་ཡས་སྐོར་གླིང་སྐབས། ཇོ་རིངས་བཞི་པོའི་སྟེང་གི་ཟངས་ཀྱི་ཁྱི་མོ་རྣམས་ཕྱོགས་བཞིར་འཁྱོངས་ཏེ། སྐད་ཐེངས་གསུམ་གསུམ་སྔོན་ནས། སླར་ཡང་ཇོ་ཁར་ལོག་ཅེས་པར་ཁུངས་བཙལ་ཡོད།

[6]《པདྨ་བཀའ་ཐང་ངམ་ཨུ་རྒྱན་གུ་རུ་པདྨ་འབྱུང་གནས་ཀྱི་སྐྱེས་རབས་རྣམ་ཐར་རྒྱས་པར་བཀོད་པ་ཞེས་བྱ་བ་བཞུགས་སོ》ཡར་རྗེ་ཨུ་རྒྱན་གླིང་པས་གཏེར་ནས་བཞེས། 1987ལོར་སི་ཁྲོན་མི་རིགས་དཔེ་སྐྲུན་ཁང་ནས་དཔར། ཤོག་ངོས517ན་སྒོ་བཞིའི་མདུན་ན་ཇོ་རིང་ཆེན་པོ་བཞི། །ལོ་པཎ་རྗེ་བློན་མཛད་པས་ཡི་གེར་བཀོད། །ཅེས་པར་ཁུངས་བཙལ་ཡོད།

[7]ཆོས་སྐྱོང་སེང་ཏ་ཨྱུ་ལ་བྱ་བ་ནི་སྐབས་དེའི་བསམ་ཡས་དགོན་གཞུང་དང་སྤྱི་རྒྱལ་བཙན་པོའི་ཆབ་སྲིད་སོགས་ལ་འབྲེལ་བ་དམ་པོ་ཡོད་པའི་སྲུང་མའི་གྲས་ཤིག་ཡིན་པ་གདོན་མི་ཟ་ནའང་། གནས་སྐབས་དེའི་སྐོར་གྱི་དཔྱད་གཞི་ཉུང་སྟབས་ཞིབ་པར་བཤད་དཀའ་མོད། ཆོས་སྐྱོང་དེ་ནི་སྔོན་ཆད་ཟངས་ཀྱིས་ཁྱིའི་གཟུགས་སུ་བཞེངས་པའམ་སྐབས་ལན་རེར་སེང་གེ་གཟུགས་སུ་བྱས་པ་སོགས་ཡིག་ཚང་ཁག་ནས་འགོད་སྟངས་སོ་སོར་སྣང་ལ། བོད་ཀྱི་འབྲོག་ཁྱི་དང་རྒྱ་གར་གྱི་སེང་གེ་གཉིས་ལ་འདྲ་བའི་ཆ་ཤིན་ཏུ་མང་པོར་ཡོད་པ་སོགས་མཁས་དབང་དགེ་འདུན་ཆོས་འཕེལ་གྱི་གསུང་རྩོམ་དག་ལས་ཤེས་དགོས་སོ། །

[8]རྒྱ་གར་གྱི་ཆོས་རྒྱལ་མྱ་ངན་མེད་ཀྱི་ཇོ་རིང་དང་བཀའ་གཙིགས་ཀྱི་བརྗོད་བྱ་དང་བོད་ཀྱི་རྒྱལ་པོ་ཁྲི་སྲོང་ལྡེ་བཙན་གྱི་ཇོ་རིང་དང་བཀའ་གཙིགས་ཀྱི་ཡི་གེ་ཁག་ཅིག་ཞིབ་བསྡུར་བྱས་ནས་སྐབས་དེའི་བཙན་པོའི་སྲིད་སྐྱོང་ལམ་ལུགས་ལ་རྒྱ་གར་གྱི་རྒྱལ་པོ་མྱ་ངན་མེད་པའི་སྲིད་སྐྱོང་ལམ་ལུགས་ཀྱིས་ཤུགས་རྐྱེན་ཐེབས་པར་བརྗོད་ཐུབ་ནའང་འདིར་བརྗོད་བྱའི་དཀྱུས་སྒྲིབ་པར་དོགས་ནས་བཞག་ལ་ཞིབ་པར་རག་ར་ཐུབ་བསྟན་ཆོས་དར་གྱིས་བསྒྱུར་སྒྲིག་གནང་བའི《ཨ་

ཤོ་ཀའི་རྗོ་རིང་དང་བྲག་ཕུག་ཁག་ཅིག་གི་ཁ་བྱང་》བྱ་བའི་བརྩམས་ཆོས་གནད་ཅན་དེ་དང་བཙན་པོ་ཁྲི་སྲོང་ལྡེ་བཙན་དུས་ཀྱི་རྗོ་རིང་ཡི་གེ་དང་བཀའ་གཙིགས་སོགས་ལ་ཉམས་ཞིབ་བྱས་ན་གསལ་པོར་རྟོགས་ཐུབ་པར་འདོད་དོ། །

[9]《བཀའ་གཙིགས་དང་རྗོ་རིང་གི་ཡི་གེ་བཞུགས་སོ》འབྲས་སྤུངས་གནས་བཅུ་ལྷ་ཁང་གི་ཕྱི་ར(939)ནས་ཐོན་པའི་དཔེ་རྙིང་དབུ་ཅན་ལག་བྲིས་མ། དཔེ་རྙིང་འདིར་ཀྲིའི་རྗོ་རིང་ངམ་ཞོལ་རྗོ་རིང་ཕྱི་མའི་ངོ་བཤུས་ཆ་ཚང་དང་སྐོང་ལུངས་ལྡེ་བུའི་ཚལ་གྱི་རྗོ་རིང་། བསམ་ཡས་ཀྱི་རྗོ་རིང་གསུམ་གྱི་ཞལ་བཤུས་བཀོད་ཡོད། ཤོག་ལྡེབ7ནས8བར་གསལ།

[11]《མཁས་དབང་དགེ་འདུན་ཆོས་འཕེལ་གྱིས་བསྒྱུར་བ་དང་བརྩམས་པ་དངོས་སུ་བཞུགས་ཡོད་མེད་ཡོངས་ཀྱི་ཐོ་ཡིག་ཟུར་བཀོད》ཅེས་པ་ནི《མཁས་དབང་དགེ་འདུན་ཆོས་འཕེལ་གྱི་གསུང་འབུམ་བཞུགས་སོ》ཞེས་པའི་སྨད་ཆར་བསྡུས་ཡོད། 2010ལོར་སི་ཁྲོན་དཔེ་སྐྲུན་ཚོགས་པ་དང་སི་ཁྲོན་མི་རིགས་དཔེ་སྐྲུན་ཁང་ནས་དཔར། ཤོག་ངོས532ན་ལྷ་ས་དང་ཞོལ། བསམ་ཡས་སོགས་ཀྱི་རྗོ་རིང་ངོ་བཤུས་ཉིད་ཀྱིས་མཚན་བཀོད་མཛད་པ་བཅས་སོ་ཞེས་པའི་བོར་བརྣག་བྱིན་པའི་གསུང་རྩོམ་དེའི་ཁ་བྱང་ལ་ཁུངས་བཙལ་ཡོད།

[13]《མཁས་པ་ལྡེའུས་མཛད་པའི་རྒྱ་བོད་ཆོས་འབྱུང་རྒྱས་པ།》དགེ་བཤེས་ལྡེའུ། 2010ལོར་བོད་ལྗོངས་མི་དམངས་དཔེ་སྐྲུན་ཁང་ནས་དཔར། ཤོག་ངོས337པར་གསལ། ལོ་རྒྱུས་བསྡུས་པ་གཅེས་པར་བྱས་པ་ནི། གསེར་དངུལ་གྱིས་བྲིས་ནས་བསེ་སྒྲོམ་དངུལ་གྱིས་སྒྲོས་པའི་ནང་དུ་བཞུགས། དངུལ་གྱི་སྒོ་ལྕགས་བརྒྱག་སྟེ་དཀར་ཆག་ཡི་གེར་བྱས་སོ། །སྲུང་མ་གཉོད་སྦྱིན་དང་རྒྱལ་པོ་ལ་གཏད་དོ། །ལོ་རྒྱུས་ཤིན་ཏུ་བསྡུས་ནས་མི་འཆལ་བར་བྱ་བའི་ཕྱིར། རྗོ་རིང་ལ་གཟྲོང་གིས་བྲིས་ནས་བཞག་གོ །དཀར་གཙིགས་ཀྱི་རྗོ་རིང་ཞེས་བྱ་ཞེས་འབྱུང་བར་ཁུངས་བཙལ་ཡོད།

[14]《དམ་པའི་ཆོས་ཀྱི་འཁོར་ལོས་བསྒྱུར་བ་རྣམས་ཀྱི་བྱུང་བ་གསལ་བར་བྱེད་པ་མཁས་པའི་དགའ་སྟོན་ཞེས་བྱ་བ་བཞུགས་སོ》དཔའ་བོ་གཙུག་ལག་ཕྲེང་བ། དབུ་ཅན་སྤར་མ། ཤོག་ལྡེབ89ནས111བར་རྒྱལ་པོ་ཁྲི་སྲོང་ལྡེ་བཙན་གྱི་རིང་ལ་དབུ་སྙུང་བཞེས་ནས་མནའ་བསྐྱགས་པའི་བཀའ་གཙིགས་ཡི་གེ་གཉིས་ཀྱི་ངོ་བཤུས་བཞུགས་ཡོད།

[15]《ཀུང་གོའི་ལོ་རྒྱུས་རིག་གནས་གྲགས་ཅན་གྲོང་ཁྱེར་ལྷ་ས།》ནྱི་འདྲི་ས་དུང་དཀར་ནྱི་བཟང་འཕྲིན་ལས་མཆོག་དང་དཔང་འདུས་སོགས་ཀྱིས་བསྒྲིགས། 2008ལོར་བོད་ལྗོངས་མི་དམངས་དཔེ་སྐྲུན་ཁང་ནས་དཔར། ཤོག་ངོས141པར་གསལ།

[16]《རྗོ་རིང་དང་བཀའ་གཙིགས་ཡི་གེ་བཞུགས་སོ》འབྲས་སྤུངས་གནས་བཅུ་ལྷ་ཁང་གི་ཕྱི་རའི་ཨང་རྟགས137པའི་དཔེ་རྙིང་ཕྲུག་བྲིས་མ། ཤོག་ལྡེབ4ནས6བར་ཆོས་རྒྱལ་ཁྲི་སྲོང་ལྡེ་བཙན་གྱི་བཀའ་གཙིགས་ཡི་གེ་ཁག་གཉིས་གསལ་ཡོད།

[17][19]《བོད་ཀྱི་བརྡ་རྙིང་ཡིག་ཆ་བདམས་བསྒྲིགས།》གཉའ་གོང་དཀོན་མཆོག་ཚེ་བརྟན། 1995ལོར་ཀྲུང་དབྱང་མི་རིགས་སློབ་གྲྭ་ཆེན་མོའི་དཔེ་སྐྲུན་ཁང་ནས་དཔར། ཤོག་ངོས143གྱི་མཆན་འགྲེལ་ཨང་དགུ་པར་གསལ། རིམ་བཞིན་ཤོག་ངོས140དང139པར་གསལ།

[18]《ཆོས་རྒྱལ་ཁྲི་སྲོང་ལྡེ་བཙན་གྱི་བཀའ་གཙིགས》ངོ་བཤུས་ནི《རྗོ་རིང་དང་བཀའ་གཙིགས་ཡི་གེ་བཞུགས་སོ》ཞེས་པར་བསྡུས་ཡོད། འབྲས་སྤུངས་གནས་བཅུ་ལྷ་ཁང་གི་ཕྱི་རའི་ཨང་རྟགས137པའི་དཔེ་རྙིང་ཕྲུག་བྲིས་མ། ཤོག་

ངོས6པར་གསལ།

[20]《གོང་སྨན་དཀོན་མཆོག་བདེ་ལེགས་ཀྱི་གསོ་རིག་དགོས་པ་ཀུན་འབྱུང་》ཞེས་པ་ནི《འབྲོང་སྨན་སྙིང་ཐིག་དང་དགོས་འདོད་ཀུན་འབྱུང་》ཞེས་པའི་དཔེ་ཆར་བསྡུས་ཡོད། གོང་སྨན་དཀོན་མཆོག་བདེ་ལེགས། 2007ལོར་མི་རིགས་དཔེ་སྐྲུན་ཁང་ནས་དཔར། ཤོག་ངོས343ནས370ན་གདམས་པ་འདི་ནི་མཐིང་ཤོག་ལ་གསེར་གྱིས་བྲིས་པའི་ལུགས་ལས་མེད་ཅེས་འཕོད་ཡོད།

[21]《གཅེས་པ་མུ་ཏིག་འཕྲེང་བའི་འགྲེལ་བ་ཉི་ཟླའི་འོད་ཟེར་ཞེས་བྱ་བ་བཞུགས་སོ》ཞེས་པ་ནི《དྲིས་ལན་ལེགས་བཤད་སྣང་བ་གསར་པ་དང་གཅེས་པ་མུ་ཏིག་འཕྲེང་བའི་རྩ་འགྲེལ》ཞེས་པའི་དཔེ་ཆར་བསྡུས་ཡོད། སྨི་སྨན་ཤེས་རབ་སེང་གེ2007ལོར་མི་རིགས་དཔེ་སྐྲུན་ཁང་ནས་དཔར། ཤོག་ངོས65ན་བརྟག་ཐབས་བརྒྱད་དེ་རྩ་དང་ཆུ། འབྲུ་སྐྲུག　ལུད་པ་དང་ཁྲག　ལྷེ་དང་ཕྱི་ཡུལ་ལམ་ནད་བརྟགས་བཅས་སོ་ཞེས་གསུངས་ཡོད།

[22]《དམ་པའི་ཆོས་ཀྱི་འཁོར་ལོས་བསྒྱུར་བ་རྣམས་ཀྱི་བྱུང་བ་གསལ་བར་བྱེད་པ་མཁས་པའི་དགའ་སྟོན་ཞེས་བྱ་བ་བཞུགས་སོ》 དཔའ་བོ་གཙུག་ལག་ཕྲེང་བ། དབུ་ཅན་སྤར་མ། ཤོག་ལྷེབ110ན་གསལ་བ་དང་འབྲས་སྤུངས་གནས་བཅུ་ལྷ་ཁང་གི་ཕྱི་ར་ཅན་གྱི་ཨང་རྟགས137པའི་དཔེ་རྙིང་ཕྱག་བྲིས་མ་སྟེ《ཇོ་རིང་དང་བཀའ་གཙིགས་ཡི་གེ་བཞུགས་སོ》བྱ་བའི་ཤོག་ལྷེབ4ན་གསལ་ཡོད།

[23]《གངས་ཅན་བོད་ཆེན་པོའི་རྒྱལ་རབས་འདུས་གསལ་དུ་བཀོད་པ་སྔོན་མེད་དྭངས་ཤེལ་འཕྲུལ་གྱི་མེ་ལོང་ཞེས་བྱ་བ་བཞུགས་སོ》 བདུད་འཇོམས་འཇིགས་བྲལ་ཡེ་ཤེས། དབུ་ཅན་སྤར་མ། ཤོག་ལྷེབ140ནས145བར་ཁྲི་ལྡེ་བཙན་གྱི་བཀའ་གཙིགས་ཡི་གེ་ སྔ་ཕྱི་གཉིས་ཀྱི་ཞལ་བཤུས་ཡོད་ཅིང་ཤོག་ལྷེབ143ན་བཀའ་གཙིགས་ཡི་གེ་སྔ་མ་དེ་ཞལ་བཤུས་གནང་མཁན་བྲང་ཏི་ཤྲཱི་ལ་ཨཀྵ་ཡིན་པར་གསལ་ཡོད།

[24]《དུང་དཀར་ཚིག་མཛོད་དམ་བོད་རིག་པའི་ཚིག་མཛོད་ཆེན་མོ་ཤེས་བྱ་རབ་གསལ་ཞེས་བྱ་བ་བཞུགས་སོ》 དུང་དཀར་བློ་བཟང་འཕྲིན་ལས། 2002ལོར་ཀྲུང་གོའི་བོད་རིག་པ་དཔེ་སྐྲུན་ཁང་ནས་དཔར། ཤོག་ངོས1502ན་བྲང་ཏི་ནི་རུས་རྒྱུད་ཅིག་ཡིན་པར་ངོས་འཛིན་མཛད་ཡོད།

[25]དེ་སྔོན་ཕྲན་གྱིས་པས་དབུས་གཙང་གི་མི་སྐྱེར་པའི་ལག་ཏུ《བྲང་ཏིའི་གདུང་རབས་བཞུགས་སོ》བྱ་བའི་དཔེ་རྙིང་དབུ་མེད་བྲིས་མ་ཞིག་མཐོང་སྙོང་ནའང་། ཕྱིས་སུ་འབད་པས་བཙལ་ཡང་གཞན་གྱིས་དཔེ་མཇུག་བྱས་ཏེ་ལག་ཏུ་རིག་མ་སོང་བས་འདིར་དེའི་སྐོར་ཞུ་ཐབས་བྲལ་ནའང་། རྗེས་སུ་སྐལ་བ་དང་ལྡན་ནས་རྙེད་ཚེ་བཙན་པོའི་རྒྱལ་རབས་ཀྱི་ཆོས་སྲིད་ལུགས་གཉིས་ལ་འབྲེལ་ཡོད་པའི་བྲང་ཏིའི་རུས་རྒྱུད་འདི་ལ་མུ་མཐུད་དུ་དཔྱད་པའི་མཐུན་རྐྱེན་དུ་འགྲོ་ཡོང་སྙམ་མོ། །

[26]《དཔལ་ལྡན་གསོ་བ་རིག་པའི་ཁོག་འབུགས་ལེགས་བཤད་བཻཌཱུར་ཡའི་མེ་ལོང་དྲང་སྲོང་དགྱེས་པའི་དགའ་སྟོན་ཞེས་བྱ་བ་བཞུགས་སོ》 སྡེ་སྲིད་སངས་རྒྱས་རྒྱ་མཚོས་བརྩམས། 1982ལོར་ཀན་སུའུ་མི་རིགས་དཔེ་སྐྲུན་ཁང་ནས་དཔར། ཤོག་

ངོས156ན་ཆོས་ཀྱི་རྒྱལ་པོ་ཁྲི་ལྡེ་གཙུག་བཙན་མེས་ཨག་ཚོམས་སུ་གྲགས་པའི་བློན་པོ་དང་བླ་སྨན་ཟུང་དུ་འཛུག་པ་བྲང་ཏི་རྒྱལ་མཉེས་མཁར་ཕྲུག་ཅེས་འབྱུང་བར་ཁུངས་བཙོལ་ཡོད།

[27]《དཔལ་རྡོ་རྗེ་ཕུར་པུའི་ཆོས་ཀྱི་ལོ་རྒྱུས་ཆོས་ཀྱི་འབྱུང་གནས་ངོ་མཚར་རྒྱ་མཚོའི་ཐ་རླབས་ཞེས་བྱ་བ་བཞུགས་སོ》 སོག་བཟློག་པ་བློ་གྲོས་རྒྱལ་མཚན། དབུ་ཙན་ཕྱག་བྲིས་སྣར་མ། ཤོག་ལྡེབ9ན་སློབ་དཔོན་སྤྱན་འདྲེན་པའི་བང་ཆེན་པ་སྟག་ཚལ་གྱི་ལོ་ཙཱ་བ་བྲང་ཏི་ཛ་ཡ་རཀྵི་ཞེས་དང་། ཡང་དེའི་ཤོག་ལྡེབ14ན་དུས་འདིར་ལོ་ཙཱ་བ་བྲང་ཏི་ཡ་རཀྵི་དང་ལྕེ་ཀུ་ཀུ་རཱ་ཛས་བྱས་ནས་ཆོས་མང་དུ་བསྒྱུར་ཞེས་པར་ཁུངས་བཙོལ་ཡོད།

[28]《བྱང་ཁོག་དམར་བྱང་གསལ་བའི་སྒྲོན་མེ་བཞུགས་སོ》 མཛད་པ་པོ་མི་གསལ། དབུ་མེད་ལག་བྲིས་མ། ཤོག་ལྡེབ1ན། རྗེ་ཁྲི་ལྡེ་ཨག་ཚོམ་གྱི་སྐུ་རིང་ལ། །བྲང་ཏི་རྒྱལ་མཉེས་མཁར་བུ་ཡིས། །འཁམས་ཀྱི་མདོའ་སློན་ལོ་གསུམ་བྱས། །རྫོགས་སུ་འཕྲུལ་གྱི་ཡི་གེ་བཀའ་རྟང་། ཞེས་པར་ཁུངས་བཙོལ་ཡོད།

[29]《རྡོ་རིང་དང་བཀའ་གཙིགས་ཡི་གེ་བཞུགས་སོ》ཞེས་པར་བསྟུས་ཡོད། འབྲས་སྤུངས་གནས་བཅུ་ལྷ་ཁང་གི་ཕྱི་ར་ཙན་གྱི་ཨང་རྟགས137པའི་དཔེ་རྙིང་ཕྱག་བྲིས་མ། ཤོག་ལྡེབ4བའི་སྔིད་ངོས་ནས་བཟུང་ཆོས་རྒྱལ་ཁྲི་སྲོང་ལྡེ་བཙན་གྱི་བཀའ་གཙིགས་བཀོད་ནས་ཤོག་ལྡེབ6ན་དེའི་མཛད་བྱང་དུ་བཙན་པོ་ཁྲི་སྲོང་ལྡེ་སྲོང་ལྡེ་བཙན་གྱི་སྐུ་རིང་ལ་ཆོས་བྱུང་བའི་ལོ་སྒྲུང་གི་ཡི་གེ་བཀའ་གཙིགས་ཀྱི་ཟླ་ལ་བཞག་པ། ཕྲ་མེན་གྱིས་བྲི་རེ་གསེར་གྱི་སྦྲོམ་བུར་སྦྱལ་ནས་དཔལ་བསམ་ཡས་ཀྱི་དཀོར་མཛོད་དུ་བཞག་པ་ལས་དཔེ་བཀྱིས་ནས་བྲིས་སོ་ཞེས་གསལ།

[30]《རྒྱལ་སྡེ་སྐར་ཆུང་ལྷ་ཁང་གི་རྡོ་རིང་ཡི་གེ》ཡི་ངོ་བཤུས་ནི《བོད་ཀྱི་བརྡ་རྙིང་ཡིག་ཆ་བདམས་བསྒྲིགས》ཞེས་པར་བསྟུས་ཡོད། གཉའ་གོང་དཀོན་མཆོག་ཚེ་བརྟན། 1995ལོར་ཀྲུང་དབྱང་མི་རིགས་སློབ་གྲྭ་ཆེན་མོའི་དཔེ་སྐྲུན་ཁང་ནས་དཔར། ཤོག་ངོས167ན་གཙིགས་བརྣན་པའི་ཡི་གེ་ཞིབ་མོ་ནི། །ཡབ་ཀྱི་རིང་ལ་གཙིགས་ཀྱི་ཡི་གེ་བྲིས་པའི་ཟླ་ལ་བཞག་གོ་ཞེས་གསལ།

[31]《སད་ན་ལེགས་ཀྱི་བཀའ་གཙིགས》ཀྱི་ངོ་བཤུས་ནི་《རྡོ་རིང་དང་བཀའ་གཙིགས་ཡི་གེ་བཞུགས་སོ》ཞེས་པར་བསྟུས་ཡོད། འབྲས་སྤུངས་གནས་བཅུ་ལྷ་ཁང་གི་ཕྱི་ར་ཙན་གྱི་ཨང་རྟགས137པའི་དཔེ་རྙིང་ཕྱག་བྲིས་མ། ཤོག་ངོས1ནས4པར་གསལ།

[32] [51]《ཆོས་འབྱུང་མེ་ཏོག་སྙིང་པོ་སྦྲང་རྩིའི་བཅུད།》ཉང་ཉི་མ་འོད་ཟེར། 2012ལོར་བོད་ལྗོངས་མི་དམངས་དཔེ་སྐྲུན་ཁང་ནས་པར་སྐྲུན་བྱས། ཤོག་ངོས379ནས380ན་བཙན་པོས་བཀའ་གཙིགས་ཡི་གེ་གསུམ་མཛད་ནས་གཅིག་ལྷ་སར་ཡོད། གཅིག་ཁམས་སུ་ཕྱིར། གཅིག་རྗེའི་ཕྱག་སྤྱལ་ན་མཆིས་ཏེ། བསེའི་སྒྲོམ་བུར་བཅུག། ཁ་ལ་སྒོ་ལྕགས་བརྒྱབ་ནས་གཏོད་ཕྱིན་དམ་རྒྱ་ནག་པོ་ལ་གཏད། ཆེ་ལོང་གཅིག་ཞང་བློན་རྣམས་ལ་དར་བར་བྱས་སོ་ཞེས་པར་ཁུངས་བཙོལ་ཡོད་ལ། གཅིག་ཅེས་པ་སྐབས་འདིར་ཚར་གཅིག་རེ་ཞེས་པར་ལྟར་ངོས་འཛིན་བྱ་དགོས་སྙམ་པས་དཔྱད་གཞི།

[33]《བོད་ཀྱི་བརྡ་རྙིང་ཡིག་ཆ་བདམས་བསྒྲིགས།》གཉའ་གོང་དཀོན་མཆོག་ཚེ་བརྟན། 1995ལོར་ཀྲུང་དབྱང་མི་

རིགས་སློབ་གྲྭ་ཆེན་མོའི་དཔེ་སྐྲུན་ཁང་ནས་དཔར། རིམ་བཞིན་ཤོག་ངོས140དང139པར་གསལ།

[34] [91]《སྐྱེས་བུ་དམ་པ་རྣམས་ལ་སྤྲིངས་པའི་ཡི་གེ་བཞུགས་སོ》བྱ་བ་ནི《ས་པཎ་ཀུན་དགའ་རྒྱལ་མཚན་གྱི་གསུང་འབུམ》གླེགས་བམ་གསུམ་པར་འཁོད་ཡོད། 1992ལོར་བོད་ལྗོངས་བོད་ཡིག་དཔེ་རྙིང་དཔེ་སྐྲུན་ཁང་ནས་དཔར། ཤོག་ངོས158ན་འདི་དག་གི་ལོ་རྒྱུས་རྣམས། རྒྱལ་བཞེད། དབའ་བཞེད། འབངས་བཞེད་རྣམས་མཐུན་པར་སྣང་ཞེས་འབྱུང་བར་ཁུངས་བཙོལ་ཡོད།

[35]《རྒྱལ་རབས་དེབ་ཐེར་དཀར་པོའི་ཁ་སྐོང་མེས་ལྡན་གོང་མའི་ཞལ་ཆེམས།》རག་ར་བཀྲས་མཐོང་ཐུབ་བསྟན་ཆོས་དར། 2001ལོར་དཔེ་མཛོད་ཁང་ནས་དཔར། ཤོག་ངོས227པར་གསལ།

[36]《སྦ་བཞེད་བྱ་བ་ལས་སྦ་གསལ་སྣང་གི་བཞེད་པ་བཞུགས་སོ》ན《ཐ་བཞེད་ཕྱོགས་བསྒྲིགས》ཞེས་པར་བསྡུས་ཡོད། 2009ལོར་མི་རིགས་དཔེ་སྐྲུན་ཁང་ནས་དཔར། ཤོག་ངོས213ན་གསལ་སྣང་གིས་ླའི་གཙུག་ལག་ཁང་མ་བཙིགས་པར་ཞྭགས་ཀྱི་ལྷ་ཁང་བཞེངས་སུ་གསོལ། སྦ་ཕ་ཚན་བོན་བཀྱིད་དུ་མི་གནང་ཆོས་ལ་བགོད་ཅེས་པར་ཁུངས་བཙོལ་ཡོད།

[37]《གསང་སྔགས་སྔ་འགྱུར་ལ་བོད་དུ་རྩོད་པ་ལན་འགར་བྱུང་བ་རྣམས་ཀྱི་ལན་དུ་བརྗོད་པ་ངེས་པ་དོན་གྱི་འབྲུག་སྒྲ།》སོག་བཟློག་པ་བློ་གྲོས་རྒྱལ་མཚན། 1997ལོར་སི་ཁྲོན་མི་རིགས་དཔེ་སྐྲུན་ཁང་ནས་དཔར། ཤོག་ངོས12པར་གསལ། དེ་དང་དགོངས་དབྱངས་གཅིག་པར་སྤྱི་ལོ1996ལོར་སི་ཁྲོན་མི་རིགས་དཔེ་སྐྲུན་ཁང་ནས་དཔར་བའི་རྙིང་མའི་མཁས་དབང་བདུད་འཇོམས་འཇིགས་བྲལ་ཇོ་རྗེ(1904ནས1987)ཡི《བདུད་འཇོམས་ཆོས་འབྱུང》ཤོག་ངོས132ནའང་སློབ་དཔོན་པདྨ་འབྱུང་གནས་ཐ་བཞེད་སོགས་ལས་ལོ་ཐུང་དུ་ལས་མ་བཞུགས་པ་ལྟར་བཤད་པ་ནི་ཕྱིག་ལྡན་རྣམས་ཀྱི་ངོར་སྐྲུའི་བགོད་པ་གཉིས་པ་ཞིག་བསྟན་པ་ཞེས་སོགས་བགོད་ཡོད།

[38]《བཀའ་གཙིགས་ཀྱི་ཡི་གེ་ཞིབ་མོ་ཞབས་ལ་བཏགས་པ་བཞུགས་སོ》ཞེས་པ་ནི《དབའ་བཞེད་བཞུགས་སོ》ཞེས་པར་བསྡུས་ཡོད། 2010ལོར་བོད་ལྗོངས་བོད་ཡིག་དཔེ་རྙིང་དཔེ་སྐྲུན་ཁང་ནས་དཔར། རིམ་བཞིན་ཤོག་ངོས258སོ་སོ་ན་གསལ།

[39]《སྦ་བཞེད་བྱ་བ་ལས་སྦ་གསལ་སྣང་གི་བཞེད་པ་བཞུགས་སོ》སྦ་གསལ་སྣང་། 1982ལོར་མི་རིགས་དཔེ་སྐྲུན་ཁང་ནས་དཔར། ཤོག་ངོས10ན་འབངས་གུམ་པ་ལ་ཆེ་ཞེས་པ་དགེ་བ་བཀྱིད་དུ་མི་གཏེར་བར་ཁྲིམས་བུ་ཆུང་བཅས་པའི་འོག་ཏུ། བ་ལམ་སླགས་ན་སྦ་གསལ་སྣང་གི་བུ་མིང་སྲིང་གཉིས་དུས་གཅིག་ཏུ་གུམ་པའི་ཚེ། ལྷའི་ཡབ་མེས་ཀུན་ན་རེ་ཆོས་བདེན་ཟེར་ཞེས་འཁོད་པར་བརྟག་ན་སྦའི་ཁྲིམས་རྒྱུད་ལ་འགལ་བ་ཆེན་པོ་བྱུང་ཆེག་སྒྲིལ་ལམ་ལུགས་ལ་གནོད་པ་བྱུང་ཡོད་པར་རྒྱུས་ལོན་བྱེད་ཐུབ་པ་ཡིན།

[40] [109]《སྦ་བཞེད་བྱ་བ་ལས་སྦ་གསལ་སྣང་གི་བཞེད་པ་བཞུགས་སོ》སྦ་གསལ་སྣང་། 1982ལོར་མི་རིགས་དཔེ་སྐྲུན་ཁང་ནས་དཔར། ཤོག་ངོས82པར་གསལ།

[41]《ཏུན་ཧོང་ཡིག་རྙིང་ལས་སྦ་བཞེད་ཀྱི་ཤོག་རྩལ་ཡི་གེའི་སྐོར》ཞེས་པའི་དཔྱད་རྩོམ་འདི་ནི2012ལོའི《བོད་

ལྗོངས་སློབ་གྲྭ་ཆེན་མོའི་རིག་དེབ》ཨང་བཞི་པར་བཀོད་ཡོད། སམ་བུན་སེ་ཆ་ཁེ་དང་ཁ་གཟུ་ཞེ་ཨེད་བོད་གཉིས་ཀྱིས་བརྩམས། རྡོ་རྗེ་དོན་གྲུབ་ཀྱིས་བོད་འགྱུར་བྱས། དེའི་ཤོག་ངོས37ནས48བར་གསལ།

[42]《དབའ་བཞེད་བཞུགས་སོ》འབྲས་སྤུངས་གནས་བཅུ་ལྷ་ཁང་གི་ཕྱི་རའི་ཨང་རྟགས175པའི་དཔེ་རྙིང་ཕྱག་བྲིས་མ། ཤོག་ལྷེབ་སོ་གཅིག་བཞུགས།

[43]《མངའ་བདག་མྱང་ཉི་མ་འོད་ཟེར་གྱི་རྣམ་ཐར་གསལ་བའི་མེ་ལོང་བཞུགས་སོ》དབུ་མེད་ལག་བྲིས་མ། ཤོག་ལྷེབ34ན་བྲམ་ཟེ་མྱང་གི་རིགས། ཆོས་རྒྱལ་ཆེན་པོ་ནས་ སྣགས་ཟམ་མ་ཆད་ཅིང་། མྱང་ལྗོང་ཅན་སེ་སྒྲོན་དང་། ཏིང་འཛིན་བཟང་པོ་ཡན་ཆད་དུ། རྩལ་པོ་ཆེ་མི་བཅུ། བྱས་པ་ལག་རིས་ཀྱི་ཆེ་བ་ནི། དུས་དེར་གཙུག་ལག་ཁང་སྟོང་རྩ་བཞེངས། རྗེ་བློན་རྣམས་ཀྱི་ལྷའི་མཆོད་གནས་མཛད་ཅེས་བཀོད་ཡོད་པར་ཁུངས་བཙོལ་ཡོད།

[44] མྱང་ཤ་མི་ནི་དུས་རབས་བརྒྱད་པའི་དུས་སུ་རྒྱ་རིགས་བསམ་གཏན་པའི་ལུགས་ཀྱི་རྗེས་སུ་འབྲངས་པའི་བོད་ཀྱི་གང་ཟག་ཅིག་གི་མིང་སྟེ་ཕྱིས་སུ་ཧྭ་ཤང་རྩོད་པ་ལས་རྣམ་པར་ཕམ་རྗེས་རང་ཤ་རང་གིས་ཟོས་ནས་སྲོག་བཅད་པར་བཤད།

[45]《ཁྲི་ལྡེ་སྲོང་བཙན་རིང་ཆོས་མི་འཛིག་ཕྱིར་རྗེ་བློན་མནས་བསྒྲགས་པའི་བཀའ་གཙིགས་ཡི་གེ》ཞེས་པ་ནི《བོད་ཀྱི་བརྡ་རྙིང་ཡིག་ཆ་བདམས་བསྒྲིགས》ཞེས་པར་བསྡུས་ཡོད། གཉའ་གོང་དཀོན་མཆོག་ཚེ་བརྟན། 1995ལོར་ཀྲུང་དབྱང་མི་རིགས་སློབ་གྲྭ་ཆེན་མོའི་དཔེ་སྐྲུན་ཁང་ནས་དཔར། ཤོག་ངོས172པར་གསལ།

[46]《ཉང་བན་ཏིང་འཛིན་བཟང་པོའི་རྣམ་ཐར་ལོ་རྒྱུས་མདོར་བསྡུས་བཞུགས་སོ》བྱ་བ་ནི《ནེ་པླལ་ནང་པའི་གནས་ཡིག་དངུལ་དཀར་མེ་ལོང》ཞེས་པར་བསྡུས་ཡོད། དོལ་པོ་མཁན་པོ་སྨན་བླ་ཕུན་ཚོགས་ཀྱིས་ཕྱོགས་བསྒྲིགས་བྱས། 1997ལོར་པར་སྐྲུན་བྱས་ཡོད། ཤོག་ངོས116པར་གསལ།

[47] རྡོ་རིང་གསུམ་ནི་དབུ་སྟོད་ཞྭ་ལྷ་ཁང་གི་རྡོ་རིང་དེ་གཉིས་དང་ལྷ་ཁང་གི་བྱང་ངོས་ཀྱི་མཆད་ཁའི་ནང་དུ་ཡོད་པའི་རྡོ་རིང་གི་ཆག་དུམ་གཅིག་བཅས་ཁྱོན་དེ་གསུམ་ལ་གོ་དགོས། དབུ་སྟོད་ཞྭ་ལྷ་ཁང་གི་སྐུ་མདུན་དུ་ཡོད་པའི་རྡོ་རིང་དེ་གཉིས་སྔོན་མར་བག་སོག་བྲ་ཞེས་པའི་ད་ལྟའི་ཉི་མ་ལྷུང་རྭ་ཤར་ནས་ལེ་དབར་ལྷོ་ཅམ་གྱི་བྲག་མང་པོའི་ས་ཆ་ནས་ཐུར་ཡོང་བར་གསལ་ཡང་དེའི་སྐོར་ལ་མུ་མཐུད་དུ་ཞིབ་དཔྱད་བྱེད་རྒྱུར་ལུས་ཡོད་པ་དང་མཆད་ཁའི་ནང་གི་རྡོ་རིང་དེའི་སྐོར་ཐྲན་གུས་པའི་དཔྱད་རྩོམ《དབུ་སྟོད་ཞྭ་ལྷ་ཁང་གི་བྱང་ངོས་སུ་ཡོད་པའི་མྱང་གི་ཏུས་རྒྱུད་བང་སོའི་རྡོ་རིང་ལ་བརྟག་དཔྱད་བྱས་པའི་ཟིན་ཐོ》ཞེས་པར་གསལ།

[48]《བཀའ་གཙིགས་ཀྱི་ཡི་གེ་ཞིབ་མོ་ཞབས་ལ་བཏགས་པ་བཞུགས་སོ》ཞེས་པ་ནི《དབའ་བཞེད་བཞུགས་སོ》ཞེས་པར་བསྡུས་ཡོད། 2010ལོར་བོད་ལྗོངས་བོད་ཡིག་དཔེ་རྙིང་དཔེ་སྐྲུན་ཁང་ནས་དཔར། རིམ་བཞིན་ཤོག་ངོས218སོ་ན་གསལ།

[49]《ཆོས་འབྱུང་ཆེན་མོ་བསྟན་པའི་རྒྱལ་མཚན་ལྡེའུ་ཇོ་སྲས་ཀྱིས་མཛད་པ་བཞུགས་སོ》 ལྡེའུ་ཇོ་སྲས། 1987ལོར་བོད་ལྗོངས་མི་དམངས་དཔེ་སྐྲུན་ཁང་ནས་དཔར། ཤོག་ངོས139ན་མྱང་ཏིང་འཛིན་བཟང་པོ་བཙན་པོ་ལྷ་སྲས་དར་མའི་

དུས་སུ་བཀྲོངས་པར་བཤད་ཡོད་ནའང་དུས་རབས་བརྒྱད་པའི་དུས་སུ་མྱུང་དབས་ཀྱི་འགལ་བ་དེ་བརྒྱུད་ནས་དོན་རྐྱེན་དེ་བྱུང་བར་ངོས་འཛིན་བྱས་ཆོག་པར་སྙམ།

[50] ཁམས་པ་གོ་ཆ་ནི་རྒྱལ་པོ་ཁྲི་སྲོང་ལྡེ་བཙན་གྱི་ནང་བློན་ཆེན་པོ་ཞིག་ཡིན་པར་གསལ་ཞིང་། 《རྫེ་འབངས་ཀྱི་རིགས་རུས་གསལ་བའི་སྒྲོན》བྱ་བའི་དཔེ་ཆ་ལྷུགས་དཔར་མའི་ཤོག་ངོས98ན། ཁམས་པ་གོ་ཆ་ནི་སློབ་དཔོན་པདྨའི་དངོས་སློབ་ཀླངས་ལྷ་གཟིགས་ཀྱི་རྒྱུད་པ་ཨ་མི་བྱང་ཆུབ་འདྲེ་བཀོལ་ཡིན་པར་གསལ་ཡོད། དེ་ལྟར་ན་ཨ་མི་བྱང་ཆུབ་འདྲེ་བཀོལ་ནི་གུ་རུ་པདྨས་སྦས་པའི་ཆོས་རྙེད་མཁན་ཞིག་ལས་གདུལ་བྱ་སྲིར་བཏང་ངོར་སློབ་དཔོན་བོད་དུ་བཞུགས་དུས་ཀྱི་དངོས་སློབ་ཅིག་མིན་པར་གོ་དགོས་སྙམ་ལ། ལྷ་རིགས་ཀླངས་ཀྱི་རྣམ་ཐར་ལྟར་ན་བྱང་ཆུབ་འདྲེ་བཀོལ་ནི་ལོ་བརྒྱ་དང་བརྒྱད་མི་འབྲུག་ལོ་སྟེ་ཕྱི་ལོ1016ལོར་གཤེགས་པར་བཤད་པ་སོགས་འདི་ལ་དཔྱད་གཞི་ཚུང་ཟད་རྒྱ་ཆེ་ནའང་འདིར་ཡིག་ཚོགས་བསྐྱངས་ཕྱིར་བཞག་གོ །

[52] 《མངའ་བདག་མྱང་ཉི་མ་འོད་ཟེར་གྱི་རྣམ་ཐར་གསལ་བའི་མེ་ལོང་བཞུགས་སོ》དབུ་མེད་ལག་བྲིས་མ། ཤོག་ངོས34པར་གསལ།

[53] 《དཔེ་རྒྱན་དཀོན་པ་འགའ་ཞིག་གི་ཐོ་ཡིག་དོན་གཉེར་ཡིད་ཀྱི་ཀུནྡ་བཞད་པའི་ཟླ་འོད་འབུམ་གྱི་སྙེ་མ་བཞུགས་སོ》 ཤེས་རབ་རྒྱ་མཚོའི་གསུང་འབུམ་ཤིང་དཔར་མ(ཇ)བའི་ཁྲིད་དུ་བཞུགས་ཡོད། ཨ་ཁྱུ་ཆིང་ཤེས་རབ་རྒྱ་མཚོས་མཛད། ཤོག་ངོས7པར་གསལ།

[54] 《ཐ་བཞེད་བཞུགས་སོ》ཞེས་པ་ནི《དབའ་བཞེད་བཞུགས་སོ》ཞེས་པར་བསྒྱུས་ཡོད། དབུས་པ་བློ་གསལ། 2010ལོར་བོད་ལྗོངས་བོད་ཡིག་དཔེ་རྙིང་དཔེ་སྐྲུན་ཁང་ནས་དཔར། ཤོག་ངོས287ན་ཟླ་བཞེད་ན་སུམ་ཅུ་དྲུག་ཅུ་རབ་ཏུ་བྱུང་ངོ་ཞེས་པ་ལུང་དྲངས་ཡོད་ཅིང་འདི་ནི་ཕལ་ཆེར་ཟླ་བཞེད་ཞབས་བཏགས་མ་ཞིག་ཡིན་ལས་ཆེ་སྙམ་ཡང་སྐྱ་མཐུད་ནས་དཔྱད་དགོས་སོ། །

[55] 《ལོག་རྟོག་ངན་པ་བཟློག་པའི་བསྟན་བཅོས་འཁྲུལ་བ་ཐམས་ཅད་རབ་ཏུ་འཇོམས་པ་ཞེས་བྱ་བ》ནི《དཔལ་སྔ་འགྱུར་རྙིང་མའི་བརྒྱལ་ལན་གྱི་སྐོར》བྱ་བར་བསྒྱུས་ཡོད། ཀློང་ཆེན་རབ་འབྱམས་པ་དྲི་མེད་འོད་ཟེར། དབུ་ཅན་དེབ་གཟུགས་མ། དཔར་ཁང་སོགས་མི་གསལ། ཤོག་ངོས96ན་འཕྲི་གུང་དཔལ་འཛིན་གྱི་ཕྱོགས་སྔ་བཀོད་པ་ནི། སྔོན་གྱི་དཀར་ཆག་ལྡན་དཀར་མ་དང་། འཕང་ཐང་མ་དང་། སྦ་བཞེད། ཟླ་བཞེད་གང་དུའང་མིང་ཙམ་ཡང་མ་གྲགས་འདུག་པས་སྔོན་གྱི་རྒྱལ་བློན་དེ་རྣམས་ཀྱི་རིང་ལ་འགྱུར་བའི་རྙིང་མའི་རྒྱུད་ཡང་དག་མིན་ངེས་སུ་འདུག་ཅེས་པར་ཁུངས་བཙལ་ཡོད།

[56] [86] [101] 《སློབ་དཔོན་པདྨ་འབྱུང་གནས་ཀྱི་རྣམ་པར་ཐར་པ་གསལ་བར་བྱེད་པའི་ཡི་གེ་ཡིད་ཆེས་གསུམ་ལྡན་ཞེས་བྱ་བ》ནི《སློབ་དཔོན་པདྨའི་རྣམ་ཐར་ཟངས་གླིང་མ་བཞུགས》ཞེས་པར་བསྒྱུས་ཡོད། 1987ལོར་སི་ཁྲོན་མི་རིགས་དཔེ་སྐྲུན་ཁང་ནས་དཔར། ཤོག་ངོས256པར་གསལ།

[57] 《གསང་སྔགས་སྔ་འགྱུར་ལ་བོད་དུ་རྩོད་པ་ལན་འགའ་བྱུང་བ་རྣམས་ཀྱི་ལན་དུ་བརྗོད་པ་ངེས་པ་དོན་གྱི་འབྲུག་སྒྲ》

སོག་བཟློག་པ་བློ་གྲོས་རྒྱལ་མཚན། 1997ལོར་སི་ཁྲོན་མི་རིགས་དཔེ་སྐྲུན་ཁང་ནས་དཔར། ཤོག་ངོས12པར་གསལ།

[58]《ལྷ་ས་གཙུག་ལག་ཁང་གི་ལོ་རྒྱུས་བཤད་ཚུལ་ལ་ཞིབ་འཇུག་བྱས་པ》ནི《ཆབ་སྲིད་ཚེ་བརྟན་ཕུན་ཚོགས་ཀྱི་གསུང་རྩོམ་ཕྱོགས་བསྒྲིགས》ཞེས་པར་བསྡུས་ཡོད། ཆབ་སྲིད་ཚེ་བརྟན་ཕུན་ཚོགས། 1993ལོར་ཀྲུང་གོའི་བོད་ཀྱི་ཤེས་རིག་དཔེ་དཔེ་སྐྲུན་ཁང་ནས་དཔར། ཤོག་ངོས89ན་ལྷ་བཞེད་ཀྱི་དཔེ་རྙིང་ཞིག་ཡོད་ཚུལ་གསུང་མོད་ཁྲབ་གྱིས་དབུས་གཙང་གི་ཡུལ་དུ་ལོ་མང་པོར་འབད་པས་བཙལ་ཡང་རྙེད་མ་ཐུབ་ལ་ད་དུང་མུ་མཐུད་དུ་རྩད་གཅོད་བྱེད་བཞིན་ཡོད།

[59]《རྦ་བཞེད་ཕྱོགས་བསྒྲིགས།》བདེ་སྐྱིད་ཀྱིས་བསྒྲིགས། 2009ལོར་མི་རིགས་དཔེ་སྐྲུན་ཁང་ནས་དཔར། ཤོག་ངོས4པར་འགོ་བརྗོད་རླབས་ཀྱི་ཐིགས་མ་ཞེས་པར་གསལ།

[60] [66] [69]《ཆོས་འབྱུང་མཁས་པའི་དགའ་སྟོན།》དཔའ་བོ་གཙུག་ལག་ཕྲེང་བ། 1986ལོར་བོད་ལྗོངས་མི་དམངས་དཔེ་སྐྲུན་ཁང་ནས་དཔར། ཤོག་ངོས460དང361པར་གསལ།

[61]《མཁས་པ་ལྡེའུས་མཛད་པའི་རྒྱ་བོད་ཆོས་འབྱུང་རྒྱས་པ།》དགེ་བཤེས་ལྡེའུ། 2010ལོར་བོད་ལྗོངས་མི་དམངས་དཔེ་སྐྲུན་ཁང་ནས་དཔར། ཤོག་ངོས337ན་འདི་ལ་ལོ་རྒྱུས་གསུམ་ཡོད། དཀར་ཆག་ནི་དཔེ་དཀར་གླིང་ན་ཡོད། ཁྲིམས་ཀྱི་མཛོད་ཅེས་བྱའོ། །སྲུང་མ་ཁྲིམས་ཁང་གི་རྒྱལ་པོ་ཞེས་པར་ཁུངས་བཙལ་ཡོད།

[62]《མཁར་རྫིའུ་བསམ་གཏན་གྱི་གསུང་རྩོམ་ཕྱོགས་བསྒྲིགས་མདའ་དང་འཕང》སྨད་ཆ། མཁར་རྫིའུ་བསམ་གཏན་རྒྱལ་མཚན། 2007ལོར་ཀྲུང་གོའི་བོད་རིག་པ་དཔེ་སྐྲུན་ཁང་ནས་དཔར། ཤོག་ངོས123པར་གསལ།

[63]《མཁས་པ་ལྡེའུས་མཛད་པའི་རྒྱ་བོད་ཆོས་འབྱུང་རྒྱས་པ།》དགེ་བཤེས་ལྡེའུ། 1987ལོར་བོད་ལྗོངས་མི་དམངས་དཔེ་སྐྲུན་ཁང་ནས་དཔར། ཤོག་ངོས227པར་གསལ།

[64]《ཆོས་འབྱུང་ཆེན་མོ་བསྟན་པའི་རྒྱལ་མཚན་ལྡེའུ་ཇོ་སྲས་ཀྱིས་མཛད་པ་བཞུགས་སོ》ལྡེའུ་ཇོ་སྲས་ཀྱིས་བརྩམས། 1987ལོར་བོད་ལྗོངས་མི་དམངས་དཔེ་སྐྲུན་ཁང་ནས་དཔར། ཤོག་ངོས99པར་གསལ།

[65]《ཆོས་འབྱུང་གསལ་བྱེད་དམིགས་ཐུར་གྱི་འགྲེལ་བ་ཞེས་བྱ་བ་བཞུགས་སོ》མཛད་པ་པོ་མི་གསལ། འབྲས་སྤུངས་གནས་བཅུ་ལྷ་ཁང་གི་ཕྱི་རའི་ཨང་རྟགས188པའི་དཔེ་རྙིང་ཕྱག་བྲིས་མ། ཤོག་ངོས2པར་གསལ།

[67]《བོད་ཀྱི་དེབ་ཐེར་དཔྱིད་ཀྱི་རྒྱལ་མོའི་གླུ་དབྱངས》ལྔ་པ་ངག་དབང་བློ་བཟང་རྒྱ་མཚོ། 1980ལོར་མི་རིགས་དཔེ་སྐྲུན་ཁང་ནས་དཔར། ཤོག་ངོས78པར་གསལ།

[68]《རྦ་བཞེད་བཞུགས་སོ》ཞེས་པ་ནི《དབའ་བཞེད་བཞུགས་སོ》ཞེས་པར་བསྡུས་ཡོད། དབུས་པ་བློ་གསལ། 2010ལོར་བོད་ལྗོངས་བོད་ཡིག་དཔེ་རྙིང་དཔེ་སྐྲུན་ཁང་ནས་དཔར། ཤོག་ངོས286པར་གསལ།

[70]《ཡུལ་མདོ་སྨད་ཀྱི་ལྗོངས་སུ་ཐུབ་བསྟན་རིན་པོ་ཆེ་ཇི་ལྟར་དར་བའི་ཚུལ་གསལ་བར་བརྗོད་པ་དེབ་ཐེར་རྒྱ་མཚོ་ཞེས་བྱ་བ་བཞུགས་སོ》བྲག་སྒོམ་པ་དཀོན་མཆོག་བསྟན་པ་རབ་རྒྱས། 1982ལོར་ཀན་སུའུ་མི་རིགས་དཔེ་སྐྲུན་ཁང་ནས་དཔར། ཤོག་ངོས18ན་ཡང་ལོ་རྒྱུས་ཆེན་མོ་བྱ་བར། ཞང་མདའ་འཇམ་དཔལ་དང་། ཡང་གོང་ཤེས་རབ་འབྱུང་

གནས་གཉིས་ཁམས་སུ་བྱོན་ཞེས་གསལ།

[71]《ལྡེ་སྟོན་ཆོས་འབྱུང་》ཞེས་བྱ་བ་ཞིག་དེ་སྔ་དབུས་གཙང་གི་མི་སྒེར་པའི་ལག་ཏུ་འཁྱམས་ནས་ཡོད་པ་ཤོག་དྲིལ་ཚལ་འཐོར་འགའ་རེ་མཐོང་མྱོང་ནའང་ཆ་ཚང་ལ་མཇལ་མ་ཐུབ་ཅིང་ཕྱིས་སུ་འབད་པ་གང་དྲག་བརྒྱབ་ནས་བཙལ་ཡང་མ་རྙེད། དཔལ་པོ་གཙུག་ལག་ཕྲེང་བས་མཛད་པའི་ཆོས་འབྱུང་མཁས་པའི་དགའ་སྟོན་ཏེ1986ལོའི་བོད་ལྗོངས་མི་དམངས་དཔེ་སྐྲུན་ཁང་གི་ལྒུགས་དཔར་མའི་ཤོག་ངོས460ན་ལྡེ་སྟོན་ཆོས་འབྱུང་ཞེས་མཚན་འཁོད་ཡོད་པ་དང་བྲག་སྟོམ་པ་བསྟན་པ་རབ་རྒྱས་ཀྱི་མདོ་སྨད་ཆོས་འབྱུང་ལྒུགས་དཔར་མའི་ཤོག་ངོས3ན་སྡེ་སྟོན་ཆོས་འབྱུང་ཞེས་གསལ་ཞིང་ཁམས་སྤྱིལ་བསོད་ནམས་དོན་གྲུབ་ལགས་ས་བསྡུ་སྒྲིག་མཛད་ཅིང་སྤྱི་ལོ2000ལོར་བོད་ལྗོངས་མི་དམངས་དཔེ་སྐྲུན་ཁང་ནས་དཔར་བའི་《གངས་ཅན་བོད་ཀྱི་ལོ་རྒྱུས་རིག་པའི་དཔེ་ཐོ་བློ་གསལ་དགའ་སྟོན》བྱ་བའི་ཤོག་ངོས240ན་སྡེ་སྟོན་གྱི་ཆོས་འབྱུང་ཞེས་འཁོད་ཡོད་པས་འདི་རྣམས་ལ་མུ་མཐུད་ནས་བརྟག་པར་རིགས་སོ། །

[72] [76]《མི་རྗེས་ལྷས་མཛད་བྱང་ཆུབ་སེམས་དཔའ་ཆེན་པོ་ཆོས་རྒྱལ་མེས་དབོན་རྣམ་གསུམ་གྱི་རྣམ་པར་ཐར་པ་རིན་པོ་ཆེ་ཕྲེང་བ་ཞེས་བྱ་བ་བཞུགས་སོ》ཉང་ཉི་མ་འོད་ཟེར། དབུ་མེད་ལག་བྲིས་མ། ཤོག་ལྷེབ་བརྒྱ་དང་གཉིས་ཙམ་བཞུགས། ཤོག་ངོས102པར་གསལ།

[73]《རྙིང་མའི་གསུང་འབུམ་དཀར་ཆག》ཕོ་བྲང་པོ་ཏ་ལའི་དཔེ་མཛོད་ཁང་གི་འགན་ཁུར་རྩོམ་སྒྲིག་པས་བསྒྲིགས། སྤྱི་ལོ1992ལོར་བོད་ལྗོངས་དཔེ་གསར་ཐོ་གཞུང་(95)ཨང་རྟགས(037)ཅན་དུ་པར་སྐྲུན་བྱས་ཡོད་ལ་དཔེ་སྐྲུན་ཁང་མི་གསལ། དེའི་ཤོག་ངོས108ནས120ན་ཉང་ཉི་མ་འོད་ཟེར་གྱི་གསུང་འབུམ་བྲིས་མ་བརྒྱད་ཀྱི་དཀར་ཆག་བཞུགས་པའི་ཁྲོད་དུ་ཉང་རལ་གྱི་དབའ་བཞེད་ཞབས་བཏགས་མ་འདིའི་མཚན་བྱང་བཞུགས་མེད་པས་ཕྱིས་སུ་མུ་མཐུད་དུ་བརྟག་དགོས།

[74] [75]《ཆོས་འབྱུང་མེ་ཏོག་སྙིང་པོ་སྦྲང་རྩིའི་བཅུད》ཉང་ཉི་མ་འོད་ཟེར། 1988ལོར་བོད་ལྗོངས་མི་དམངས་དཔེ་སྐྲུན་ཁང་ནས་པར་སྐྲུན་བྱས། ཤོག་ངོས503དང་494པར་གསལ།

[77]《ཡར་ལུང་ཇོ་བོའི་ཆོས་འབྱུང་བཞུགས་སོ》ཡར་ལུང་ཤཱཀྱ་རིན་ཆེན་སྡེ། 1988ལོར་བོད་ལྗོངས་མི་དམངས་དཔེ་སྐྲུན་ཁང་ནས་དཔར། ཤོག་ངོས62ནས63ན་དབའ་བཞེད་ཀྱི་ལུང་དྲངས་ཡོད་པ་གསལ།

[78]《ཆོས་འབྱུང་མེ་ཏོག་སྙིང་པོ་སྦྲང་རྩིའི་བཅུད།》ཉང་ཉི་མ་འོད་ཟེར། 1988ལོར་བོད་ལྗོངས་མི་དམངས་དཔེ་སྐྲུན་ཁང་ནས་པར་སྐྲུན་བྱས། རིམ་བཞིན་ཤོག་ངོས502ནས503བར་གྱི་ཆོས་འབྱུང་གི་ལོ་རྒྱུས་མི་འདྲ་བ་མང་དུ་སྣང་ཡང་། ལ་ལ་ངན་སྨྲས། ལ་ལ་ཞེ་འདོད། ལ་ལ་བསྣུས་པ། ལ་ལ་ལེ་ཚེ། ལ་ལ་བཅོས་མ་ཡིན་ཏེ། འདི་ནི་སེལ་མེད་རྣལ་མ་ཡིན་ལ་སོགས་པའི་ལུང་ཚིག་འདི་རྣམས་ནི་ཐ་བཞིད་སོགས་གང་སར་སྣང་བས་དཔྱད་དགོས།

[79]《སློབ་དཔོན་པདྨ་འབྱུང་གནས་ཀྱི་སྐྱེས་རབས་ཆོས་འབྱུང་ནོར་བུའི་ཕྲེང་བ་ཞེས་བྱ་བ་བཞུགས་སོ》ཞེས་པ་ནི《བཀའ་ཐང་ཕྱོགས་བསྒྲིགས་སྐྱིགས་མའི་རྒྱུད་འཇོམས་ཇོ་རྗེའི་མེ་ཆར》ཞེས་པར་བསྡུས་ཡོད། ཉང་ཉི་མ་འོད་ཟེར། 2012ལོར་བོད་ལྗོངས་མི་དམངས་དཔེ་སྐྲུན་ཁང་ནས་དཔར། ཤོག་ངོས1ནས96པར་གསལ།

[80] [82]《བཀའ་གཙིགས་ཀྱི་ཡི་གེ་ཞིབ་མོ་ཞབས་ལ་བཏགས་པ་བཞུགས་སོ》ཞེས་པ་ནི《དབའ་བཞེད་བཞུགས་སོ》ཞེས་པར་བསྒྲུས་ཡོད། 2010ལོར་བོད་ལྗོངས་བོད་ཡིག་དཔེ་རྙིང་དཔེ་སྐྲུན་ཁང་ནས་དཔར། ཤོག་ངོས158ནས258བར་གཞུང་ཆ་ཚང་བཞུགས་ཡོད་ལ་དེའི་ཤོག་ངོས258གྱི་མཛད་བྱང་ན་སྔ་རྣམས་ཀྱི་རྗེས་འབྲེལ་ཕལ་ཆེར་གསང་སྔགས་སྣོར་མི་ཤོང་བས་པདྨ་འབྱུང་གནས་ལ་མི་གུས་ཟེར་བ་ནི་མི་བདེན་པ་འདྲ་འོ་ཞེས་འཕོད་པ་དེར་ཁུངས་བཙལ་ཡོད།

[81] འབྲས་སྤུངས་གནས་བཅུ་ལྷ་ཁང་གི་ཕྱི་ར་ཅན་གྱི་ཨང་རྟགས(270)ནས་ཐོན་པའི་དབུ་མེད་ཕྲུག་བྲིས་མའི་དཔེ་རྙིང་མཚན་བྱང་དང་མཛད་བྱང་གཉིས་ཀའི་གང་ཡང་མ་གསལ་བ་ཞིག་ལགས་ཤིང་ཁྱོན་ཤོག་ལྡེབ་བཅུ་བདུན་ཅྱོན་འདུག་ལ། བརྗོད་བྱ་རྣམས་དབའ་བཞེད་ཀྱི་དཔེ་རྙིང་གཞན་པའི་ཚིག་དོན་གཞན་ལ་གོ་བསྡུར་བྱས་ན་དབའ་བཞེད་ཞབས་བཏགས་མའི་རིགས་ཤིག་ཡིན་པ་གཏན་འཁེལ་བྱེད་ནུས་པ་ཞིག་རེད།

[83]《ཆོས་འབྱུང་ཆེན་མོ་བསྟན་པའི་རྒྱལ་མཚན་ལྡེའུ་ཇོ་སྲས་ཀྱིས་མཛད་པ་བཞུགས་སོ》ལྡེའུ་ཇོ་སྲས། 1987ལོར་བོད་ལྗོངས་མི་དམངས་དཔེ་སྐྲུན་ཁང་ནས་དཔར། ཤོག་ངོས126ན་ཆོས་སྐྱོང་ཀླུའི་རྒྱལ་པོ་ཨ་ནན་ཏ་ཨུ་ལི་གཏད། རྒྱབ་ཏུ་རྡོ(ཡིག་ནོར་ཏེ་རྗེ་རིང་ཞེས་འཚོས་དགོས།) རིངས་པད་མ་ཅན་ལ་བཀའ་རྩིགས་ཀྱི་ཡི་གེ་མདོར་བསྡུས་སུ་བཀོད། ཆོས་སྐྱོང་ལི་ཏ་ར་ཨུ་ཁེ་ལ་གཏད་དོ་ཅེས་དང་ཡང་ཤོག་ངོས159ན་ཆོས་འབྱུང་གི་ལོ་རྒྱུས་མི་འདྲ་བ་མང་ཡང་སོགས་ཐིག་ཕྲེང་དྲུག་ཙམ་ནི《བཀའ་གཙིགས་ཀྱི་ཡི་གེ་ཞིབ་མོ་ཞབས་ལ་བཏགས་པ་བཞུགས་སོ》ཞེས་པ2010ལོར་བོད་ལྗོངས་བོད་ཡིག་དཔེ་རྙིང་དཔེ་སྐྲུན་ཁང་ནས་དཔར་བའི《དབའ་བཞེད་བཞུགས་སོ》ཞེས་པར་བསྡུས་ཡོད་པ་དེའི་ཤོག་ངོས201དང257ལ་ཞིབ་ཏུ་བསྡུར་ན་གསལ་པོར་ཤེས་ཐུབ་པ་ཡིན།

[84]《རྒྱལ་ཁམས་རིག་པས་བསྐོར་བའི་གཏམ་རྒྱུད་གསེར་གྱི་ཐང་མ་བཞུགས་སོ》ཞེས་པ་ནི《མཁས་དབང་དགེ་འདུན་ཆོས་འཕེལ་གྱི་གསུང་འབུམ་བཞུགས་སོ》ཞེས་པའི་སྟོད་ཆར་བསྡུས་ཡོད། 2010ལོར་སི་ཁྲིན་དཔེ་སྐྲུན་ཚོགས་པ་དང་སི་ཁྲིན་མི་རིགས་དཔེ་སྐྲུན་ཁང་ནས་དཔར། ཤོག་ངོས27པར་གསལ།

[85]《རྦ་བཞེད་བཞུགས་སོ》འབྲས་སྤུངས་གནས་བཅུ་ལྷ་ཁང་གི་ཕྱི་རའི་ཨང་རྟགས75པའི་དཔེ་རྙིང་ཕྲུག་བྲིས་མ། ཆེས་མཐའ་མའི་མཛད་བྱང་ཅན་གྱི་ཤོག་ལྡེབ24ལས་ཡི་གེ་ཕལ་ཆེ་བ་འཛིག་འདུག་གོ །

[87]《དཔེ་རྒྱུན་དཀོན་པ་འགའ་ཞིག་གི་ཐོ་ཡིག་དོན་གཉེར་ཡིད་ཀྱི་ཀུནྡ་བཞད་པའི་ཟླ་འོད་འབུམ་གྱི་སྙེ་མ་བཞུགས་སོ》ཤེས་རབ་རྒྱ་མཚོའི་གསུང་འབུམ་ཤིང་དཔར་མ(ཛ)བའི་ཁྲོད་དུ་བཞུགས་ཡོད། ཨ་ཁུ་ཆིང་ཤེས་རབ་རྒྱ་མཚོ། ཤོག་ངོས2པར་གསལ།

[88] [89]《བོད་དུ་མིའི་སྐྱེ་འགྲོ་བྱུང་ཚུལ།》མཛད་པ་པོ་མི་གསལ། དབུ་མེད་འཁྱུག་ཡིག་ལག་བྲིས་མ། ཤོག་ངོས1ནས2བར་གསལ།

[90]《བསྟན་པ་རྒྱས་པ་རྒྱན་གྱི་ཉི་འོད།》བཅོམ་ལྡན་རིག་པའི་རལ་གྲི། དབུ་མེད་ལག་བྲིས་མ། ཤོག་ངོས4པར་གསལ།

[92]《བདེ་བར་གཤེགས་པའི་བསྟན་པའི་གསལ་བྱེད་ཆོས་ཀྱི་འབྱུང་གནས་གསུང་རབ་རིན་པོ་ཆེའི་མཛོད་དམ་བུ་

སྟོན་ཆོས་འབྱུང་།》 བུ་སྟོན་རིན་ཆེན་གྲུབ་ཀྱིས་མཛད། 1988ལོར་ཀྲུང་གོའི་བོད་ཀྱི་ཤེས་རིག་དཔེ་སྐྲུན་ཁང་ནས་དཔར། ཤོག་ངོས184ནས190པར་དབའ་བཞེད་ཀྱི་ཚིག་དོན་ཁ་ཤས་གསལ་ཡོད།

[93]《རྫོན་གྱི་གཏམ་མེ་ཏོག་ཕྲེང་བ་ཞེས་བྱ་བ་ནེའུ་པཎྜི་ཏས་མཛད་པ་བཞུགས》ནེལ་པ་པཎྜི་ཏ་གྲགས་པ་སྨོན་ལམ་བློ་གྲོས། དབུ་མེད་ལག་བྲིས་མ། ཤོག་ངོས13པར་གསལ།

[94]《པདྨ་བཀའ་ཐང་རམ་ཨུ་རྒྱན་གུ་རུ་པདྨ་འབྱུང་གནས་ཀྱི་སྐྱེས་རབས་རྣམ་ཐར་རྒྱས་པར་བཀོད་པ་ཞེས་བྱ་བ་བཞུགས་སོ》 ཡར་རྗེ་ཨུ་རྒྱན་གླིང་པས་གཏེར་ནས་བཞེས། 1987ལོར་སི་ཁྲོན་མི་རིགས་དཔེ་སྐྲུན་ཁང་ནས་དཔར། ཤོག་ངོས492པར་གསལ།

[95]《ཁྲི་སྲོང་ལྡེ་བཙན་རིང་ཆོས་མི་འཛིག་ཕྱིར་རྗེ་བློན་མནས་བསྐགས་པའི་བཀའ་གཙིགས་གཉིས་པའི་ཡི་གེ》ཞེས་པ་ནི《བོད་ཀྱི་བརྙ་རྙིང་ཡིག་ཆ་བདམས་བསྒྲིགས》ཞེས་པར་བསྡུས་ཡོད། གཉའ་གོང་དཀོན་མཆོག་ཚེ་བརྟན། 1995ལོར་ཀྲུང་དབྱང་མི་རིགས་སློབ་གྲྭ་ཆེན་མོའི་དཔེ་སྐྲུན་ཁང་ནས་དཔར། ཤོག་ངོས144ན་དེ་ནས་ཡང་སྐད་ནི་ལྷོ་བལ་གྱི་ལྷ་དང་ཆོས་བོད་ཡུལ་དུ་བཀྱི་བའི་མྱི་རིགས་ཤེས་ཞེས་བཀོད་པར་ཁུངས་བཙལ་ཡོད།

[96]《དེབ་ཐེར་སྔོན་པོ།》 འགོས་ལོ་གཞོན་ནུ་དཔལ། 1984ལོར་སི་ཁྲོན་མི་རིགས་དཔེ་སྐྲུན་ཁང་ནས་དཔར། ཤོག་ངོས64ན་སྦ་བཞེད་གཙང་མ་ན་སྣང་བའི་ཕྱིར་ཏེ་ཞེས་པར་ཁུངས་བཙལ་ཡོད།

[97]སྦ་བཞེད་དང་རྙིང་མའི་ལོ་རྒྱུས་མི་མཐུན་པའི་རྩོད་གཞི་དེ་ནི་དུས་རབས་བཅུ་བཞི་པའི་དུས་མཚམས་འདི་ནས་ཙུང་ཟད་ཚབས་ཆེ་བར་མངོན་པ་འདྲ་བས་ད་དུང་མུ་མཐུད་ནས་དཔྱད་དགོས་སོ། །ཡར་རྙིང་མའི་ལོ་རྒྱུས་དང་ཐ་བཞེད་ནི་སློབ་དཔོན་པདྨ་འབྱུང་གནས་བོད་དུ་ལོ་ག་ཚོད་བཞུགས་ཡོད་མེད་དང་བསམ་ཡས་བཞེངས་དུས་སློབ་དཔོན་ཡོད་མེད་སོགས་ཀྱི་སྟེང་ནས་མ་མཐུན་པ་མང་པོ་ཞིག་ཡོང་བཞིན་ཡོད། དེའི་ཚུལ་ནི་ཕྱིས་སུ་ཡི་གེར་བྲིས་པ་ནི་དཔེར་ན། སོག་བཟློག་པ་བློ་གྲོས་རྒྱལ་མཚན་གྱིས་བརྩམས་པའི《དཔལ་རྡོ་རྗེ་ཕུར་བུའི་ཆོས་ཀྱི་ལོ་རྒྱུས་ཆོས་ཀྱི་འབྱུང་གནས་ངོ་མཚར་རྒྱ་མཚོའི་ཐ་རླབས་ཞེས་བྱ་བ་བཞུགས་སོ》ཞེས་བྱ་བ་སྟེ། དབུ་ཅན་ཕྱག་བྲིས་སྤྱར་མའི་ཤོག་ལྡེབ15ནས16གི་བར་ན། སྦ་བཞེད་དུ་བཤད་པ་ལྟར་བསམ་ཡས་ས་འདུལ་ལ་སོགས་པའི་བར་དུ་ཟླ་བ་གསུམ་བཞུགས། དེ་ནས་རྒྱ་གར་ལ་གཤེགས་པ་ལྟར་དུ་ཕྱིག་བློན་རྣམས་ཀྱི་ངོར་མཛད་ནས་བོད་ཀྱི་དབེན་ཚ་ཁ་རྣམས་སུ་བཞུགས་ཏེ་ཟླ་བ་དྲུག་གི་བསྒྲོད་པ་རེ་ལ་ལོ་དང་ཞག་བཅོ་ལྔ་ལ་ཟླ་བ་རེར་རྩི་བ། རྒྱལ་པོ་ཆོས་ལ་སོགས་པ་རྒྱ་གར་གྱི་རྩིས་ལུགས་གཅིག་གི་དབང་དུ་བྱས་པའི་ལོ་བརྒྱ་དང་བཅུ་གཅིག ལོ་ཕྱིལ་པོ་ལྔ་བཅུ་རྩ་ལྔ་དང་ཟླ་བ་དྲུག་བཞུགས་པ་ཡིན་ནོ། །དོན་འདི་ཉིད་ཐུགས་སུ་མ་ཆུད་ཅིང་། ལོ་རྒྱུས་ལ་གོ་བ་མ་ལོན་པ་དག་གིས། མྱང་གི་གཏེར་དཔེ་བེ་རོའི་ཕྱག་བྲིས་མ་ལས། སློབ་དཔོན་པདྨས་བོད་དུ་ལོ་བརྒྱད་དང་བཅུ་གཅིག་བཞུགས་ཏེ། ཞེས་པས་རྒྱལ་པོའི་བླ་མཆོད་དུ་ལོ་བརྒྱད་དང་། སྒྲུབ་གནས་རྣམས་སུ་ལོ་བཅུ་གཅིག་བཞུགས་སོ་ཞེས་ཟེར་བས། རྒྱལ་པོ་དགུང་ལོ་དྲུག་ཅུ་རྩ་བརྒྱད་བཞུགས་པ་ཁས་ལེན་མོད་ཀྱི། དེ་ལྟར་ན་ལུགས་དེའི་ལོ་བཅུ་དགུ་པོ་དེ་ལ་གོང་གི་མཛད་པ་དེ་རྣམས་རྫོགས་པའི་ཡུལ་མེད་ལ། མཛད་པ་དེ་དག་ཇི་ལྟར་མཛད་པའི་ཚུལ་ནི་དེང་སང་གི་བར་དུ་ཕལ་ཆེ་བ་རྣམས་

མངོན་སུམ་དུ་གསལ་བས་ཤེས་སོ། །ཞེས་པ་ལྟ་བུས་གསལ་བཤད་བྱེད་ཐུབ།

[98]《གསང་སྔགས་སྔ་འགྱུར་ལ་བོད་དུ་རྩོད་པ་ལན་འགར་བྱུང་བ་རྣམས་ཀྱི་ལན་དུ་བརྗོད་པ་ངེས་པ་དོན་གྱི་འབྲུག་སྒྲ།》སོག་བཟློག་པ་བློ་གྲོས་རྒྱལ་མཚན། 1997ལོར་སི་ཁྲོན་མི་རིགས་དཔེ་སྐྲུན་ཁང་ནས་དཔར། ཤོག་ངོས12པར་གསལ།

[99]《སློབ་དཔོན་རིན་པོ་ཆེ་པདྨའི་རྣམ་ཐར་ཆེན་མོ་བརྩམས་ཏེ་དྲི་བའི་ལན་ངེས་དོན་གསལ་བྱེད་ཅེས་བྱ་བ་བཞུགས་སོ》 རྡེ་ལེ་སྣ་ཚོགས་རང་གྲོལ། དབུ་མེད་ཕྱུག་བྲིས་མ། ཤོག་ངོས6པར་གསལ།

[100]《གང་དག་བྱང་ཆུབ་སེམས་དཔའི་སྤྱད་པ་སྤྱོད་པར་འདོད་པའི་སྐལ་པ་རྣམས་ཀྱིས་མི་ཤེས་སུ་མི་རུང་བའི་ཕྱི་ནང་གཞན་གསུམ་གྱི་རྣམ་གཞག་ཤེས་བྱ་སྤྱིའི་ཟློག་དབུབ་པ་དྲང་སྲོང་ཀུན་ཏུ་དགའ་བའི་ཟློས་གར་ཞེས་བྱ་བ་བཞུགས་སོ》ཟུར་མཁར་བ་བློ་གྲོས་རྒྱལ་པོ། 2001ལོར་སི་ཁྲོན་མི་རིགས་དཔེ་སྐྲུན་ཁང་ནས་དཔར། ཤོག་ངོས283པར་གསལ།

[102]《སྟེ་སྟོད་འཛིན་པ་ཀུན་དགའ་དཔལ་འབྱོར་གྱི་དྲིས་ལན་འབེལ་གཏམ་རྣམ་པར་ངེས་པའི་རྒྱན་བཞུགས་སོ》ཞེས་པ་ནི《ཐམས་ཅད་མཁྱེན་པ་ཞྭ་དམར་བཞི་པ་སྤྱན་སྔ་ཆོས་ཀྱི་གྲགས་པའི་གསུང་འབུམ་བཞུགས་སོ》བོད་དྲུག་པར་བསྐྲུས་ཡོད། 2009ལོར་ཀྲུང་གོའི་བོད་རིག་པ་དཔེ་སྐྲུན་ཁང་ནས་དཔར། ཤོག་ངོས387ན་ཟ་བཞེད་ཞབས་བཏགས་ཡོད་མེད་གཉིས་ཀ་ལས། མེས་ཨག་ཚོམ་གྱི་རིང་ལ་རྒྱའི་ཧྭ་ཤང་མང་པོ་ཡོད་པ། ཁྲི་སྲོང་ལྡེ་བཙན་སྐུ་གཞོན་པའི་བར་དུ། ལྷོན་པོ་རྣམས་ཀྱིས་རྒྱ་ཡུལ་དུ་བཏང་། ཆོས་བྱེད་ས་མེད་པའི་ཁྲིམས་བུ་ཆུང་བཅས་པའི་ཚེ། མངོན་ཤེས་ཅན་འགའ་རེ་བྱུང་བའི་ལོ་རྒྱུས་སུ། ད་དུང་བོད་དུ་བསྟན་པ་འབྱུང་བར་འདུག་ཅེས་སྨྲང་ཞེས་པར་ཁུངས་བཙོལ་ཡོད།

[103] [108]《དུང་དཀར་ཚིག་མཛོད་དམ་བོད་རིག་པའི་ཚིག་མཛོད་ཆེན་མོ་ཤེས་བྱ་རབ་གསལ་ཞེས་བྱ་བ་བཞུགས་སོ》དུང་དཀར་བློ་བཟང་འཕྲིན་ལས། 2002ལོར་ཀྲུང་གོའི་བོད་རིག་པ་དཔེ་སྐྲུན་ཁང་ནས་དཔར། ཤོག་ངོས1575ན་གསལ།

[104]《བོད་ཀྱི་དེབ་ཐེར་དཔྱིད་ཀྱི་རྒྱལ་མོའི་གླུ་དབྱངས།》ལྔ་པ་ངག་དབང་བློ་བཟང་རྒྱ་མཚོ། 1980ལོར་མི་རིགས་དཔེ་སྐྲུན་ཁང་ནས་དཔར། ཤོག་ངོས62དང63པར་གསལ། 66སོགས་ན་རིམ་བཞིན་གསལ།

[105]《བཻཌཱུཪྻ་དཀར་པོ་ལས་དྲིས་ལན་འཁྲུལ་སྣང་གཡའ་སེལ་ཞེས་བྱ་བའི་གླེགས་བམ་དང་པོ་ཞེས་བྱ་བ་བཞུགས་སོ》སྡེ་སྲིད་སངས་རྒྱས་རྒྱ་མཚོ། 2002ལོར་ཀྲུང་གོའི་བོད་རིག་པ་དཔེ་སྐྲུན་ཁང་ནས་དཔར། ཤོག་ངོས19པར་གསལ།

[106]《འཕགས་ཡུལ་རྒྱ་ནག་ཆེན་པོ་བོད་དང་སོག་ཡུལ་དུ་དམ་པའི་ཆོས་བྱུང་ཚུལ་དཔག་བསམ་ལྗོན་བཟང་ཞེས་བྱ་བ་བཞུགས་སོ》སུམ་པ་ཡེ་ཤེས་དཔལ་འབྱོར། 1992ལོར་ཀན་སུའུ་མི་རིགས་དཔེ་སྐྲུན་ཁང་ནས་དཔར། ཤོག་ངོས304པར་གསལ།

[107]《དེ་བཞིན་གཤེགས་པས་ལེགས་པར་གསུངས་པའི་གསུང་རབ་རྒྱ་མཚོའི་སྙིང་པོར་གྱུར་པ་རིག་པ་འཛིན་པའི་སྡེ་སྣོད་དམ་སྔ་འགྱུར་རྒྱུད་འབུམ་རིན་པོ་ཆེའི་རྟོགས་པ་བརྗོད་པ་འཛམ་གླིང་མཐའ་གྲུ་ཁྱབ་པའི་རྒྱན་ཅེས་བྱ་བ་བཞུགས་སོ》རིག་འཛིན་འཇིགས་མེད་གླིང་པ། 2008ལོར་སི་ཁྲོན་དཔེ་སྐྲུན་ཚོགས་པ་དང་སི་ཁྲོན་མི་རིགས་དཔེ་སྐྲུན་ཁང་ནས་དཔར། ཤོག་ངོས83པར་གསལ།

《ཀྲུང་གོའི་བོད་རིག་པ།》༢༠༡༥ལོའི་དེབ་གཉིས་པ་ལས་བཏུས།

གཞན་དག

༄༅། །འབྲུག་ཆུ་གཙང་པོ་བཞུར་རྒྱུད་ནས་རྙེད་པའི་བོན་གྱི་ཡིག་ཆའི་ཁྱད་ཆོས་ཐོག་མར་གླེང་བ།

ཁ་སྐྱང་དཔལ་ཆེན་ཐར།

གླེང་གཞི།

འདིར་འབྲུག་ཆུ་གཙང་པོ་བཞུར་རྒྱུད་ཅེས་པ་དེ་གཙོ་བོ་འབྲུག་ཆུ་གཙང་པོའི་མགོ་ཟ་དང་འགྲམ་ངོགས་གཉིས་སུ་བཅའ་སྡོད་བྱས་པའི་བོད་རིགས་ཚོ་སྡེ་རྣམས་བསྟན་པ་ཡིན་ལ། སྔོས་སུ2005ལོའི་ཟླ10པའི་ནང་ང་ཚོས་བོན་གྱི་ཡིག་ཆ་འཚོལ་བསྡུ་བྱེད་སའི་གནས་གཙོ་བོ་སྟེ། ཐེ་རྒྱུད་རྫོང་དང་འབྲུག་ཆུ་རྫོང་། ཐེ་བོ་རྫོང་བཅས་གནས་འདི་གསུམ་དམིགས་སུ་བསྟན་པ་ཡིན། དེའང་ང་ཚོ་སྤྱི་ཕྱི་ལན་གསུམ་ལ་ཡུལ་དེ་དག་ཏུ་བསྐྱོད་དེ་བོན་གྱི་གནའ་རབས་ཡིག་ཆ་འཚོལ་བསྡུ་བྱས་པ་ལ། བསྡོམས་པས་ཡིག་ཆ146ལག་སོན་བྱུང་ཞིང་། དེ་དག་ལས་བསྐྱར་ཟློས་སུ་སོང་བ་དང་། ཤོག་ངོ་ལ་ཆད་ལྷག་གིས་ཐོར་སྐྱོན་ཆེ་བ། བོན་དང་འབྲེལ་བ་སྒྲུ་ཙམ་ཡང་མེད་པ(ནང་བསྟན་དང་རྒྱའི་ཏུའོ་ཙའོ་ཡི་ཡིག་ཆ་འགའ་ཤས)ཕུད་པས། ད་ལན་ང་ཚོས་སྤྱི་བསྡོམས་པས་ཡིག་ཆ80དམིགས་སུ་བསལ་ནས་དཔྱད་གཞིར་བཀོད་ཡོད་ལ། ང་ཚོས་ཡིག་ཆ་དེ་དག་ལ་ཚགས་སྒྲིག་དང་འགྱུར་མཆན་བཀོད་དེ་བལྟས་པས་ན། འབྲུག་ཆུ་བཞུར་རྒྱུད་ནས་རྙེད་པའི་བོན་གྱི་ཡིག་ཆ་དེ་དག་ལ་ཐུན་མིན་གྱི་ཁྱད་ཆོས་འགའ་ཡོད་པ་ནི་འདི་ལྟ་སྟེ།

དང་པོ། ཕྱི་རྣམ་པའི་ཐད་ཀྱི་ཁྱད་ཆོས།

གཅིག དུད་ཁྱིམ་ནས་ཉར་ཚུལ།

ཡིག་ཆ་འདི་དག་ཐམས་ཅད་གྲོང་ཚོའི་དུད་ཁྱིམ་དུ་སྙེར་ཉར་བྱས་ཡོད་ཅིང་། མང་ཆེ་བ་ཞིག་ཁྱིམ་ཚང་གི་རྫིག་གྱང་བྲུས་ཏེ་སྐབས་དབྱིབས་སུ་བཏོད་པའི་ཁོག་ཏུ་སྦས་འདུག དཔེར་ན། ཐེ་རྒྱུད་ནས་རྙེད་པའི་ཡིག་ཆའི་བདག་པོ་གཉིས་ཀྱིས། ཁྱིམ་གྱི་གྲུ་ཟུར་ཞིག་ཏུ་མཆོད་ཁྲི་ལྟ་བུའི་ས་ཐེམ་གྲུ་བཞི་ཞིག་བརྩིགས་པའི་སྟེང་དུ་ཤིང་སྐམ་སྐྱ་བོ་མཐོ་ཚད་ལ་ཕོ་འདོམ་གང་ཙམ་ཡོད་པ་ཞིག་བསྐྱོན་ཅིང་། དེའི་ནང་དེང་སང་གི་རས་ཁྲའི་དཔེ་ཐུམ་གྱིས་གཙུད་པའི་ཁ་ཧོན་གྱི་དཔེ་ཆ་འགའ་བརྩེགས་འདུག་ལ། དེའི་

འོག་གི་ས་ཐེམ་གྲུ་བཞི་པོ་དེའི་ཁོག་ཁྲུས་ཏེ་ནང་དུ་དཔེ་རྙིང་རྣམས་སྲུས་ཡོད་པ་དང་། དཔེ་རྙིང་རྣམས་ཕྱིར་འདོན་དུས་སྟེང་གི་ཤིང་སྐམ་འོག་གི་འཐེན་སྐམ་ཆུང་དུ་ཞིག་ཡོད་པའི་སྐམ་ཆུང་ཕྱིར་བཏོན་ཛེས། ད་གཟོད་འོག་གི་དཔེ་རྙིང་རྣམས་ཕྱིར་འདོན་རྒྱུད་བྱས་ཡོད། ཉར་ཚུལ་ཧ་ཅང་གསང་ཞིང་ཐབས་འཕྲུལ་དང་ལྡན་པ་ཞིག་ཏུ་མངོན། དེ་བཞིན་འབྲུག་ཆུ་ནས་རྙེད་པའི་ཡིག་ཚའང་ཚུལ་དེ་ལས་མ་འདས་པ་སྟེ། བདག་པོས་ཁྱིམ་གྱི་ཆ་སྐམ་དང་རྟིག་གྱང་གཉིས་འབྲེལ་མཚམས་ནས་ཕར་གྱང་གི་ཁོག་བརྐོས་ཏེ། དེའི་ནང་དུ་དཔེ་རྙིང་རྣམས་སྲུས་ཡོད་པ་དང་། ལེན་དུས་སྐམ་གྱི་འགྲམ་ཤིང་གོང་མ་གཉིས(ཤིང་ཤར་དེ་གཉིས་ལེན་སྒོད་ཅི་དཀར་བྱས་ཅོག་པ་བཟོས་འདུག)ཚུར་བཀོག་ཛེས་ད་གཟོད་བསྡུ་ལེན་བདེ་བ་བྱས་ཡོད་པས། དེའང་ཐེ་རྒྱུད་ཀྱི་ཁྱིམ་བདག་གིས་ཉར་ཚུལ་ལས་ཅུང་ཟད་ཀྱང་ཉམས་མི་དམའ་བར་ཧ་ཅང་གསང་བར་མཆིས། དེར་བདག་གིས་མཚར་བའི་ཉམས་ཀྱིས་དེ་ལྟར་སྦ་སྐུང་དམ་པོ་བྱེད་དོན་ཅི་ལགས་ཞེས་དྲིས་པས་ན། དཔེ་བདག་གིས་ཅུ་ཐུག་པའི་ཉམས་ཤིག་དང་བཅས་ན་རེ། ཆོས་དཔེ་ཡིན་པས"རིག་གསར"དང"ལྷ་བརྒྱད"ཀྱི་རིང་ནས་འདི་ལྟར་སྦ་སྐུང་བྱས་ནས་བྱུང་ཞེས་ལན་ཕྱོན་ལ། དེ་ཡང་རྒྱུ་མཚན་ཞིག་ཡིན་པར་སྲིད་མོད། ཡིན་ནའང་། ལོ་རྒྱུས་ཡིག་ཆ་ཁུངས་བཙུན་འགའ་ཞིག་ཏུ་གསལ་བ་ལྟར་ན། འབྲུག་ཆུ་གཙང་པོ་བཞུར་རྒྱུད་ཀྱི་བོད་གྲོང་མང་ཆེ་བ་ཞིག་ལ་ཡོན་རྒྱལ་རབས་ཀྱི་སྐབས་ཙམ་ནས། ཅོ་ནེ་དཔོན་པོ་ན་རིམ་གྱིས་དབང་བསྒྱུར་ཅིང་། སྐབས་དེ་དག་ཏུ་བོན་ཆོས་ནང་ཆོས་སུ་བསྒྱུར་བའི་ལས་འགུལ་མང་དུ་སྤེལ་ཡོད་པས། དེ་འདྲའི་ལས་འགུལ་གྱི་འཇིགས་པ་ལ་བཟློལ་བའང་རྒྱུ་མཚན་གཅིག་ཨེ་ཡིན་སྙམ་པ་ཁོ་བོས་སེམས། གང་ལྟར་ང་ཚོས་ཞལ་ཕྱེས་ཏེ་མཇལ་རེག་བར་དུ་དཔེ་རྙིང་འདི་དག་དུས་ཡུན་རིང་པོ་ཞིག་ལ་གྱང་གསེབ་ཀྱི་མུན་ཧུམ་དུ་ཁུ་སུམ་མེར་བསྡད་པ་ནི་བདེན་དོན་ངོ་མར་སྣང་། དེ་ལས་དཔེ་ཆ་མང་ཆེ་བ་ཞིག་ཚོལ་དྲིག་གིས་ཟིན་པའི་གླེགས་ཤིང་གིས་བསྡམས་ཡོད་དེ། ཕར་བལྟས་ཚོད་དུ་མ་མཐའ་ཡང་ལོ་ངོ་༧༠༠ཡས་མས་ཀྱི་ལོ་རྒྱུས་ལོས་ཡོད་འདོད་པའི་སྣང་བ་བཅོས་མིན་སྐྱེར་ལ། དཔེ་རྙིང་དེ་དག་ཏུ་འབྱུང་བའི་ནང་ཆོས་ཀྱི་བརྡ་ཆད་དང་རིགས་ལྟ། དབུ་ཁྱུད་སོགས་ཀྱི་ངོས་ནས་བརྟགས་ཚེ། དུས་རབས་༧པ་ལས་སྔ་མི་སྲིད་པ་ཁ་ཚོན་བཅད་ཆོག་སྟེ། དེང་འདིར་ཁ་ཅིག་གིས་སྔ་མོ་སྔ་མོ་ཞིག་ཏུ་སྨྲ་བ་ནི། མི་རིགས་ཀྱི་རིག་གནས་ལ་ཤ་ཞེན་ཆེ་བའི་ཀུན་སློང་ཡག་པོ་ཞིག་ཡིན་པ་གདོན་མི་ཟ་མོད་ཀྱང་། ཚན་རིག་ཞིབ་འཇུག་གི་དྲང་བདེན་ངོས་ཐད་ནས་བཤད་ན། དེ་འདྲ་ནི་མ་ཤེས་པའི་མུ་ཅོར་རམ་རང་མགོ་རང་གིས་གཡོགས་ན་དགའ་ཀྲོག་ཀྲོག་ཅེས་པ་ཙམ་ལས། ལོ་རྒྱུས་ཀྱི་སྒྱི་ཁྱིངས་དང་འཁྲིག་ཐབས་མེད་པར་མངོན་ནོ། །ང་ཚོས་གླེགས་བམ་རེ་རེ་བཞིན་ཕྱིར་ཕྱུང་སྟེ་ས་རྡུལ་སྤྱུགས་ཤིང་གླེགས་ཐག་བཀྲོལ་བ་ན། དཔེ་ཆ་མང་ཆེ་བ་ཞིག་རལ་རྡུལ་ཆེ་ནས་སེམས་ཆུང་མ་བྱས་ཚེ་དེ་མུར་འཐོར་ཞིག་ཏུ་འགྲོ་བའི་ཉེན་ཁ་ཆེ་ཞིང་། དཔེ་ཆ་མང་ཆེ་བའི་གྲ་གྲུ་ཉམས་ཏེ་ཕལ་ཆེར་ཟུར་མེད་ཟླུམ་འཇོང་ལྟ་

བྱུར་འདུག དཔེ་ཆ་མང་ཆེ་བ་ཞིག་གི་དཀྱིལ་ནས་ཀར་ཀོར་རེ་ཧྲུལ་ནས་བརྗོལ་འདུག་པས། ང་ཚོས་སྒྲིག་སྒྱུར་བྱེད་པའི་སྐབས་སུའང་། ཚིག་གོང་འོག་གི་དོན་ལ་བརྟགས་ནས་ཁ་བསྐངས་ཤིང་དཔྱད་ཞིབ་བྱས་པ་མ་གཏོགས། ཡིག་ཇོ་ཚིག་ཇོ་ཇི་ལྟ་བ་བཞིན་ཚོད་དཀའ་བ་ཤིན་ཏུ་མང་། འབྲུག་ཆུ་དང་ཐེ་པོ་ནས་རྙེད་པའི་ཡིག་ཆ་དག་ཁྱིམ་བདག་གིས་ལག་ནོམ་ཆེར་མ་བྱས་པར་བསྡམས་ཉར་བྱས་ཡོད་པས། ལོ་རྒྱུས་བགྲེས་རྙིང་ཆེ་བ་མ་གཏོགས་དཔེ་ཆའི་གདོང་མའི་རྣམ་པ་ཁ་མ་ཇོ་མ་ཉུང་ཚོའི་འདྲེན་བྱེད་ཀྱི་བདུད་རྩི་རུ་འགྱུར་ཐུབ་སོང་ལ། དཔེ་བདག་རང་ཉིད་ཀྱིས་ཁ་ཧྲོན་ལ་དམིགས་ཏེ་བསྐྱར་བཤུ་མི་བྱེད་ཐུ་མེད་བྱུང་ཡོད། ང་ཚོས་མཐོང་དུས་བཤུས་དཔེ་མ་གཏོགས་མ་དཔེར་གྱུར་པའི་དཔེ་རྙིང་མང་ཆེ་བ་ཞིག་དཔེ་བཤུ་བྱེད་དུས་ཀྱི་ལག་ནོག་མ་ཐེག་པར་རལ་འཁྲུགས་སུ་སོང་ནས། ལྟེས་དབང་གིས་ལྷག་ཡོད་པའི་ཤོག་ལྷེ་རྣམས་ཀྱང་དམ་དུམ་རེ་མ་གཏོགས་རྩིལ་པོ་འཐུས་ཚང་ཞིག་ཤིན་ཏུ་མཐོང་དཀོན་པར་འདུག །

གཉིས། ཡིག་ཆའི་ཆེ་ཆུང་ཚད་གཞི།

ཡིག་ཆ་དེ་དག་གི་ཆེ་ཆུང་ཚད་གཞི་ནི་ཐེ་རྒྱུད་ནས་རྙེད་པའི་ཡིག་ཆ་དག་བསྐྱར་བཤུ་བྱེད་དུས། དེང་སང་གི་ཤོག་དཀར་སྟེང་ཚོས་དཔེ་སྣ་རིང་གི་དབྱིབས་སུ་བྲིས་ཡོད་ལ། སྲིད་ཞེང་གང་གི་ཆ་ནས་བལྟས་ཀྱང་། དཔེ་རྙིང་རྣམས་ལས་ཅུང་ཆེ་བའི་ཚུལ་དུ་འདུག དེ་ལྟར་བྱུང་དོན་ཡང་འདང་བརྒྱབ་ན་བཤུ་མཁན་གྱིས་ཡིག་འབྲུའི་ཤོང་ཚད་ལ་དམིགས་ཡོད་པ་འདྲ་སྟེ། དཔེ་རྙིང་གི་ཚད་གཞི་ལས་སྲིད་ལ་སོར་གསུམ་དང་ཞེང་ལ་སོར་དོ་ཙམ་གྱིས་ཆེ་བར་བསྐྱེད་འདུག ད་ལྟ་རལ་ཧྲུལ་ཆེ་དྲགས་ནས་དཔེ་རྙིང་གི་གདོང་མའི་ཆེ་ཆུང་གི་ཚད་ཨ་ན་མ་ན་ཞིག་ནི་འདི་འོ་ཞེས་མཐའ་གཅིག་ཏུ་ཁ་ཚོན་གཅོད་དཀའ་སོང་། ཕལ་ཆེ་བ་ནི་ཧ་ལམ་སྲིད་དུ136mm×ཞེང་ལ56mmཚད་ཀྱི་ཚོས་དཔེ་སྣ་རིང་གི་དབྱིབས་ཀྱི་བོད་ཤོག(དཀར་ཚད་ཅུང་ཞན་པའི་རྩ་ཤོག)སྟེང་བྲིས་འདུག ཤོག་ཇོ་རེར་ཐིག་ཕྲེང་ལྔ་རེ་རྒྱུགས་བྱས་ཏེ་བྲིས་ཡོད། དེ་དག་བསྐྱར་བཤུས་བྱས་པའི་ད་ལྟའི་བུ་དཔེའི་ཚད་གཞི་ནི་སྲིད་དུ145mm×ཞེང་ལ70mmཡིན་ལ། དེ་དག་ལ་རེ་འགར་ཆེ་ཆུང་ཏོག་ཙམ་རེ་ཡོད་པའང་ཤོག་བུ་འདྲ་གཅོད་བྱེད་དུས་ཚོད་མ་ཐུབ་པར་བྱུང་བའི་ནོར་འཛོལ་ཙམ་ཡིན་པ་ལས། བསམ་གཟས་ནས་ཆེ་ཆུང་བཏོད་པ་ཞིག་མིན་པ་ཚིག་ཐག་བཅད་ཆོག རྒྱུ་མཚན་དེ་དག་ཆེ་ཆུང་ཇི་ལྟར་ཡང་ངོས་ལེབས་སུ་ཐིག་ཕྲེང་བདུན་རེ་མ་གཏོགས་ལྷག་མ་བྲིས་མེད་པས་ཤེས་ཐུབ། འབྲུག་ཆུ་དང་ཐེ་པོ་ནས་རྙེད་པའི་ཡིག་ཆ་རྣམས་དཔེ་རྙིང་འབའ་ཞིག་ཡིན་པས། འབྲུག་ཆུ་ནས་རྙེད་པའི་དཔེ་རྙིང་གྲས་སུ་སྣུང་འཕོར་ལྟ་བུ་ཆེ་ཆུང་གི་ཚད་སྲིད་དུ72mmxཞེང་ལ16mmཅན་ཀྱི་ཤོག་ལྷེ་གོང་སྟོད་དུ་བུ་ག་ཕུག་ཅིང་གཙོ་མའི་འདོགས་ལུང་བརྒྱུས་ཡོད་པ་གཉིས་མཆིས་པ་དེ་མ་གཏོགས། ས་ཆ་འདི་གཉིས་ནས་རྙེད་པའི་དཔེ་ཆ་བྱིངས་རྣམས་ནི་ཚད་གཞི་སྲིད་དུ136mm×ཞེང་ལ56mmཅན་ཀྱི་ཚོས་དཔེ་སྣ་རིང་གི་དབྱིབས་འབའ་ཞིག་ཏུ་སྣང་ངོ་། །

གསུམ། ཡིག་གཟུགས་ཀྱི་རིགས་གཏོགས།

ཐེངས་འདིར་ང་ཚོས་འབྲུག་རྒྱ་གཙང་པོ་བཞུར་རྒྱུད་ནས་རྙེད་པའི་དཔེ་རྙིང་ཀུན་པོ་ལག་བྲིས་འབའ་ཞིག་ཏུ་སྣང་ཞིང་། དཔེ་རྙིང་ཕལ་མོ་ཆེ་ནི་བོད་ཡིག་འབྲི་ཚའི་གཟུགས་སུ་བྲིས་ཡོད། དཔེ་རྙིང་མང་ཆེ་བ་ཞིག་ཕར་བལྟས་ཚོད་ཀྱིས་ཧ་ཅང་བྲིས་བྱང་དུ་སོང་ཡོད་པའི་བྲིས་པ་འབའ་ཞིག་གི་ཕྱག་རྒྱུན་ཡིན་པ་མཐོང་མ་ཉིད་དུ་ངེས་ཐུབ། དེ་དག་དང་བསྡུར་བས་ཐེ་བརྒྱུད་ནས་རྙེད་པའི་ཡིག་ཆའི་དཔེ་བདག་གིས་བསྐྲུར་བཤུ་བྱས་པའི་བཤུས་དཔེ་དག་ནི། དཔེ་རྙིང་གི་དོད་ཙམ་ཚུར་འབེབས་ཁུལ་ལ་གཞོལ་ཡོད་པ་མ་གཏོགས། དེའི་བྲིས་གཟུགས་སྒྱུ་རྩལ་གྱི་ཐད་ནས་བཤད་ན། དཔེ་རྙིང་གི་བྲིས་རྩལ་གྱི་རྗེས་སུ་ནི་རྟུལ་ཙམ་ཡང་འདྲིས་ཐུབ་མེད་པས་ཡི་མུག དེ་དང་བསྡུར་བས་ཐེ་བོ་དང་འབྲུག་རྒྱ་ནས་རྙེད་པའི་དཔེ་ཆ་དག་གིས་བྲིས་གཟུགས་དེ་འབྲི་མཁན་གྱི་ལག་བདེ་མིན་དབང་གིས་ཁྱད་པར་ཧ་ཅང་ཙམ་རེ་ཡོད་པ་མ་གཏོགས། ཕལ་ཆེ་བ་ཤར་མར་ཐོན་འདུག་ལ། གདོད་མའི་བྲིས་གཟུགས་ཀྱི་རྣམ་པའང་གསལ་ལེར་མངོན་ཡོད་པས། དེ་སྔ་ཡུལ་འདི་དག་ཏུ་བོད་ཡིག་གི་ཁྱབ་བརྡལ་ཆེ་བ་ལ་ཨང་སླམ་ནས་དབང་མེད་དུ་རྗེས་སུ་ཡི་རང་འཚོར་བ་ཞིག་འདུག་གོ །

བཞི། འབྲི་ཚུལ་གྱི་རྣམ་པ།

འདིར་འབྲི་ཚུལ་གྱི་རྣམ་པ་ཞེས་པ་ནི་གནའ་དཔེ་དེ་དག་ཚུལ་ཇི་ལྟར་བྲིས་ཡོད་པ་དེར་གཟིགས་པ་ཡིན་ཏེ། དཔེ་ཆ་ཕལ་ཆེ་བར་དཔེ་མིང་གི་ཤོག་བྱང་རེ་ལོགས་སུ་གཅིག་པུར་བྲིས་ཡོད་ལ། དཔེ་མིང་དེ་དག་ཀྱང་། ཡང་ན་མཆུ་བར་དུ་དུག་སྦྲུལ་ནར་གྱིས་དཔྱངས་ཡོད་པའི་བྱ་ཁྱུང་མིའི་སྐབས་སུ་ཡར་འགྲེང་བའི་བཟོ་ལྟ་ཅན་གྱི་ལག་ཏུ་བྱང་བུ་ཞིག་གི་ངོས་སུ་དཔེ་མིང་བྲིས་ཏེ་འཛིན་དུ་བཅུག་ཡོད་པའི་རྣམ་པ་ཅན་དང་། ཡང་ན་མཆོད་ཁྲི་ལྟ་བུའི་སྟེང་དུ་ཤིང་ཏོག་གི་རིགས་ཕུང་པོར་སྤུངས་པའི་གོང་དུ་དཔེ་མིང་བཤམས་ཡོད་པའི་ཚུལ་དུ་བྲིས་འདུག་པའི་རྣམ་པ་ཅན། ཡང་ལ་ལ་ཞིག་ཤིང་ལོ་དང་མེ་ཏོག་འགྲམ་གཉིས་སུ་དྲ་བ་དྲ་ཕྱེད་ཀྱི་ཚུལ་དུ་ཐགས་སུ་བཀྲ་བའི་དཀྱིལ་དུ་བྲིས་འདུག་པའི་རྣམ་པ་ཅན་སོགས་ཅི་རིགས་སུ་མཆིས། གང་ལྟར་དཔེ་ཆ་ཡོད་དོ་ཅོག་ཤོག་ལྷེ་ཡི་མདུན་རྒྱབ་ངོས་གཉིས་སུ་བྲིས་ཡོད་ལ། མདུན་ཕྱོགས་ཀྱི་གཡོན་སྣེ་ཟུར་དུ་དཔེ་མིང་བསྡུས་པ་ཞིག་དང་ཤོག་བུའི་ལྡེབས་གྲངས་གསལ་པོར་བཀོད་འདུག་ཅིང་། ཡང་ངོས་དེར་བྲིས་མགོ་རྩོམ་དུས་ཚང་མར་དབུ་ཁྱུད་ཀྱིས་བརྒྱན་ཡོད་པ་སྟེ། ལ་ལར། "༄ །"ལྟར་དབུ་ཁྱུད་ཡ་ཅན་དང་། ཡང་ལ་ལར། "༄༅། །"ལྟར་དབུ་ཁྱུད་ཆ་ཅན། ཡང་ལ་ལར། "༁༄༅། །"ལྟར་དབུ་ཁྱུད་སུམ་སྐོར་ཅན་སོགས་རྣམ་པ་ཅི་རིགས་སུ་མཆིས་པས། དེ་དག་ནི་འབྲི་མཁན་གྱི་མོས་པ་ལྟར་བྲིས་པ་ཙམ་ལས། ཡིག་མགོ་ཁྲིད་པའི་ཕྱགས་ནུས་ནི་གཅིག་མཚུངས་ཡིན་པར་འདོད། གཞན་ཡང་། སྐབས་ཡིག་ཧ་ཅང་མང་བ་ནི་ཡིག་ཆ་འདིའི་ཆེས་འབྱུར་དུ་ཐོན་པའི་ཁྱད་

ཚོས་ཞིག་ཏུ་མངོན་ཏེ། སྐད་ཚུལ་གྱི་ཆ་ནས། བོད་ཡིག་གི་སྤྱིའི་སྐད་ཚུལ་དང་མཐུན་པ་རྒྱུགས་ཆེ་བ་བྱས་ཡོད་མོད། ཡིན་ནའང་། སྐད་ཚུལ་ལ་ལ་ཞིག་བྲིས་དཔེ་གཞན་ནས་མཐོང་དཀོན་པའང་འདུག དཔེར་ན། བར་བར་དུ་རི་མོ་སྣ་ཚོགས་བྲིས་ཏེ་བརྗོད་དོན་སྐད་པ་སྟེ། ཟླ་གམ་ཕྱེད་མ་གཉིས་ནང་འབུར་ཚུལ་དུ་ཁུག་སྟོལ་བྱས་པའི་དབྱིབས"≮"ལྟ་བུ་ཞིག་བྲིས་ཏེ། ལྷའམ་ལྷེའམ་ལེའུ་སྟེ་ལྷའམ་ཚོ་ག་སྒྲུབ་མཁན་གྱི་མི་མཚོན་ཞིང་། རིགས་ལྔའི་དབྱིབས♣ལྟ་བུ་ཞིག་བྲིས་ཏེ། ལྷའམ་གཞིན་པོ་ཡི་དོན་སྟོན་པ་དང་། "⊙"ལྟ་བུ་གོར་ཐིག་ཅིག་གི་དཀྱིལ་དུ་ཚེག་ཐིག་ཅིག་ཕབ་སྟེ། སྐབས་ལ་ལར་རྒྱལ་པོ་དང་སྐབས་ལ་ལར་བར་སྣང་སྟོང་པའི་དབྱིངས་ཀྱི་དོན་སྟོན་པ་སོགས་མང་ལ། དེ་བཞིན་དུ་གསལ་བྱེད་རྐྱང་པར་དབྱངས་ལོག་སྦྱར་ཏེ་བརྗོད་དོན་སྐད་པ་སྟེ། དེ་ནི་གདོད་མའི་མི་ཡིས་བཀོད་པའི་འདྲ་གཟུགས་ཡི་གེ(象形文字)ཡིན་པ་ཏ་ཅང་མངོན་གསལ་རེད་དེ། འདི་ཙམ་གྱི་ཆ་ནས་ཀྱང་ཡིག་ཆ་འདི་དག་གི་ལོ་རྒྱུས་རིང་ཐུང་ལ་གདེང་འཇོག་དང་ཚོད་དཔོག་བྱེད་མི་ཐུབ་པ་ཆེར་མེད་དེ། དེ་མིན་ད་དུང་ཏུན་ཧོང་ཡིག་རྙིང་སོགས་སུ་འབྱུང་ཆེ་བའི་གི་གུ་ཕྱིར་ལོག་ཀྱང་མང་དུ་སྤྱད་ཡོད་པ་སྟེ། "རི"ཡིས་རྒྱལ་པོའི་བརྡ་མཚོན་འདུག་ས་མང་ལ། དེ་བཞིན"ཀི"ཡིས་གསས་གཤེན་གྱི་བརྡ་མཚོན་ཡོད་པ་སོགས་བརྗོད་པ་དང་། ཡང་། བོད་ཀྱི་ཨང་ཀིའི་སྒོ་ནས་ཡིག་འབྲུ་ཤུང་ཏུར་བསྡུང་བ་སྟེ། གཅིག་གཉིས་གསུམ་བཞི་ལྔ་དྲུག་བདུན་བརྒྱད་དགུ་སོགས་འབྱུང་རྒྱུ་ལ། ༡༢༣༤༥༦༧༨ཞེས་སུ་ཨང་གིས་སྒྲ་བྲིས་བྱས་པ་མང་ཞིང་། དེ་བཞིན་ཚིག་ཕྲད་ཞིང་སོགས་ཀྱི་སྒྲ་སྟེ། "ཅིག་ཞིག་ཤིག"གསུམ་གྱི་དོད་དུ"༡"བྲིས་ཏེ་ཕྱོགས་པར་བྱས་ཡོད་ས་ཤིན་ཏུ་མང་། གློ་ཡུལ་ལས་འགོངས་ཤིང་རྒྱུ་མཚན་དང་ཅུང་མི་འབྲེལ་བ་ཞིག་ལ། སྒྲ་གདངས་ཙམ་ཉེ་བའམ་འདྲ་བ་རྒྱུ་མཚན་དུ་བྱས་ཏེ་ཨང་ཀིའི་གཟུགས་ཀྱིས་ཐད་ཀར་ཡི་གེའི་ཚབ་བྱེད་པའང་ཡོད་དེ། དཔེར་ན། ས་གཞི་ཡི་གཞི་ཡི་དོན་དུ་ཨང་ཀི"∽"ཡིས་འཐུས་པར་བྱས་ཡོད་པ་ཤིན་ཏུ་མང་ལ། ཡང་སྣང་ཚུལ་གཞན་ཞིག་ནི། དཔེ་ཆའི་བར་བཅུག་རི་མོའི་ཚུལ་དུ། རེ་འགར་བར་བར་དུ་ནང་དོན་ལ་དཔོག་པའི་སྐྱ་རིས་ཚུལ་དུ་རི་མོ་སྣ་ཚོགས་བྲིས་ཡོད་སའང་འདུག་པ་སྟེ། དཔེ་རྙིང་ཞིག་གི་མཇུག་མཐའི་ཤོག་ངོ་གཉིས་ཀྱི་སྟེང་དུ། གཏོར་མ་དང་ལྷ་བཤོས་སམ་སླུད་རྫས་ཀྱི་གཟུགས་རིས་སྣ་ཚོགས་ཕྲེང་བར་བསྒྲར་ཏེ་བྲིས་ཡོད་ལ། མི་དང་རྟ་བོང་། བ། ར་མ། ལུག བྱ་སོགས་ཀྱི་མགོ་བརྙན་མང་དུ་འདུག་པས། དེ་དག་ལ་ཆེད་ལས་རི་མོ་མཁས་ཅན་དག་གིས་བྲིས་པ་ལྟ་བུའི་གསོན་ཉམས་མེད་ནའང་། བསྟན་བྱ་དོན་གྱི་ངོ་བོ་གསལ་ཞིང་གདོད་མའི་སྐྱ་བྲིས་རི་མོའི་རྣམ་པ་བཀྲ་བས། གནའ་བོའི་བོད་ཀྱི་རི་མོའི་སྒྱུ་རྩལ་གྱི་ཆ་ལ་དཔྱད་གཞིའི་རིན་ཐང་ཆེན་པོ་ལྡན་པ་ནི་བརྗོད་མ་དགོས་པ་ཞིག་ཏུ་མངོན་ནོ། །

གཉིས་པ། བརྗོད་བྱའི་ཐད་ཀྱི་ཁྱད་ཆོས།

ང་ཚོས་འདིར་སྒྲིག་སྒྱུར་བྱས་ཡོད་པའི་ཡིག་ཆ80པོ་དེ་དག་ལ་བརྗོད་བྱའི་ཐད་ནས་ཁྱད་ཆོས་གང་འདྲ་འདུག་གམ་ཞེ་ན། དེ་ཡང"བོན་ཆོས་ཀྱི་གདོད་མའི་སྤྱི་ཚོགས་དུས་སུ་བྱུང་བ་ཡིན"ཞེས་པ་ལྟར། རིགས་པའི་ཆ་ནས་བཤད་ན། མི་དང་རུས་རྒྱུད་མཆེད་ཁུངས་གཏམ་རྒྱུད་ཀྱི་སྐོར་དང་ཀླུ་སྣ་ཚོགས་ལ་མཆོད་བསྟོད་དང་བསང་མཆོད་ཀྱི་སྐོར། གཡང་འབོད་ཀྱི་སྐོར། ཀླུ་འགྲུག་གི་སྐོར། གྲིབ་སེལ་གྱི་སྐོར། རྨི་ལམ་བརྟག་ཐབས་ཀྱི་སྐོར། མོ་ཕྱྭའི་སྐོར། སྨན་དཔྱད་ཀྱི་སྐོར། དཀར་ནག་རྩིས་ཀྱི་སྐོར་ཏེ་ནང་དོན་ཤིན་ཏུ་རྒྱ་ཆེ་བ་ཞིག་འདུག་པ་དང་། དེ་དག་སྤྱི་ཟློག་ནས་བལྟས་པའི་ཁྱད་ཆོས་ཤིག་ཡོད་པ་ནི།

གཅིག ས་ཆུ་རི་གསུམ་ལ་ཀླུ་ཡོད་པར་འདོད་པའི་ཁྱད་ཆོས།

"བོན་ལ་ནང་དོན་གྱི་ཐད་ནས་བལྟས་ན། གདོད་མའི་ཆོས་ལུགས་ཡིན་པ་གསལ་བའམ། ཡང་ན་དེ་ནི་དངོས་པོ་ཀུན་ལ་ཀླུ་ཡོད་པར་འདོད་པའི་དད་མོས་ཤིག་ཡིན་པ་གསལ་པོ་ཡིན།" ཞེས་པ་ལྟར། ཡིག་ཆ《TJ01བོན་གྱི་ཡུལ་ལྷ་གཉན་པོ་བཙན་པ་དབུ་ལ་གསོལ》དང《TJ04སྲོམ་ར་སྐྱུ་ཚན་དབུ་ལ་གསོལ》《TJ11སྲོམ་རའི་རི་ཆུང་དབུ་ལ་གསོལ》《TJ12སྲོམ་རའི་རི་ཆེན་དབུ་ལ་གསོལ》《ZQ60སྲོམ་རའི་བསང་ཡིག་དབུ་ལ་གསོལ》《ZQ66སྲོམ་རའི་ཀླུ་བསྐུ་དབུ་ལ་གསོལ》《ZQ69སེར་པོ་རོང་གི་གཞི་བདག་དཔའ་བོ་བྱ་ལྷིང་གི་གསོལ་མཆོད་འདོད་དགུའི་སྙེ་མ》སོགས་ཀྱིས་བརྗོད་དོན་ལས་གསལ་བ་ལྟར། ས་ལ་ས་བདག་དང་རི་ལ་གཞི་བདག ཆུ་ལ་ཀླུ་རིགས་སོགས་ཡོད་ཤག་ཤག་ཡིན་པར་འདོད་པ་སྟེ། མདོར་ན་ས་ཆུ་རི་གསུམ་ཀུན་ལ་ལྷ་ཀླུ་གཉན་གསུམ་གྱིས་ཁྱབ་མེད་ས་ཞིག་མེད་པར་བསྟན་ཡོད་པ་སོགས། སྐབས་འདིའི་བོན་གྱི་དད་བྱ་ནི་གནམ་ནས་ཉི་ཟླ་སྐར་གསུམ་དང་ས་ནས་རི་བྲག་གངས་གསུམ། རྩྭ་རྩི་ཤིང་། བྱ་བྱིའུ་འབབ་འབྱུ། གཅན་གཟན་རི་དྭགས་སོགས་ཕལ་ཆེར་གནམ་ལ་འཕུར་དགུ་དང་ས་ལ་འཛུལ་དགུ་ཀུན་ལ་དད་མོས་བྱེད་པར་སྣང་།

གཉིས། རྙིང་མའི་ཆོས་ལུགས་ཀྱི་ཤན་ཞུགས་ཡོད་པའི་ཁྱད་ཆོས།

ཐུའུ་བཀྭན་རིན་པོ་ཆེས། "བན་ལ་བོན་འདྲེས་བོན་ལ་བན་འདྲེས་ཏེ། །……ཆོས་བོན་རྣམ་དབྱེ་འབྱེད་ལ་སྙིད་ལུག་གྱུར།" ཞེས་པ་ལྟར། འབྲུག་ཆུ་གཙང་པོའི་བཞུར་རྒྱུད་ཀྱི་བོན་ཆོས་ལའང་རྙིང་མའི་ཆོས་ལུགས་ཀྱིས་ཤན་ཞུགས་ཡོད་པ་རྗེས་སུ་དཔོག་ཐུབ་སྟེ། དཔེར་ན། ཡིག་ཆ《ZQ56ཨུ་རྒྱན་གྱི་བསང་ཡིག་དབུ་ལ་གསོལ》སོགས་ལས་སློབ་དཔོན་པདྨ་འབྱུང་གནས་ཀྱི་བསང་ཡིག་བཀོད་ཡོད་པ་དང་། དེ་བཞིན་ཡིག་ཆ《ZQ72གེ་སར་བསང་ཡིག་དབུ་ལ་གསོལ》《ZQ74ཨ་མེས་གེ་སར་དུ་དབུ་ལ་གསོལ》སོགས་སུ་གེ་སར་བསང་ཡིག་བཀོད་ཡོད་པས། རྙིང་མའི་ཤན་ཞུགས་ཡོད་པ་ཏ་ཙང་མངོན་

གསལ་ཡིན་ཏེ། རྒྱུ་མཚན་ནི། སྤྱིར་གེ་སར་སྒྲུང་གི་ནང་དུ་བོན་ཆོས་དགག་ཕྱོགས་སུ་བརྩིས་ཏེ་ཐད་དགག་བྱས་ཡོད་པས། དེ་ནི་ཉིང་མ་བ་དག་གིས་གེ་སར་དེ་སློབ་དཔོན་གྱི་རྣམ་སྤྲུལ་དུ་བལྟས་ཏེ་མཆོད་བཀུར་ཆེར་བྱེད་ཅིང་། བོན་གྱིས་ནི་དེ་ལྟ་མ་ཡིན་པ་ལ། ང་ཚོས་འབྲུག་ཆུ་ནས་འཚོལ་ཞིབ་བྱུང་བའི་ཡིག་ཆ་ཁག་ཏུ། པད་འབྱུང་བསང་ཡིག་དང་གེ་སར་བསང་ཡིག་སོགས་ཡོད་པས། བོན་ཆོས་ལ་རྙིང་མའི་ཆོས་ཀྱི་ཤན་ཞུགས་ཡོད་པའི་སྐབས་བྱེད་ནུས་ལྡན་ཞིག་ཏུ་མཐོང་ཆོག །

3. ཏོ་ཙེ་ཆོས་ལུགས་ཀྱི་ཤན་ཞུགས་ཡོད་པའི་ཁྲིད་ཆོས།

སྤྱིར་བོན་ཆོས་དང་རྒྱའི་ཏའོ་ཙེ་ཆོས་ལུགས་གཉིས་ཀྱི་བར་ལ་འདྲ་མིན་ཡིན་མིན་གྱི་བཤད་རྒྱུན་ཙུང་མང་སྟེ། "རྒྱའི་ལའོ་ཅིན་དང་གཤེན་རབ་མི་བོ་གཉིས་གང་ཟག་གཅིག་ཡིན"ཞེས་པ་ལྟར། རྒྱའི་ཏོ་ཙེ་ཆོས་ལུགས་ཀྱི་ཤིང་རྟའི་སྲོལ་འབྱེད་དུ་བགྲང་བའི་ཐེ་ཧྲང་ལའོ་ཙུན(太上老君)དང་གཡུང་དྲུང་བོན་གྱི་ཤིང་རྟའི་སྲོལ་འབྱེད་དུ་འཛོག་པའི་སྟོན་པ་གཤེན་རབ་མི་བོ་ཆེ་གཉིས་གང་ཟག་གཅིག་ཏུ་བགྲང་མཁན་ཡོད་པའི་ལྟ་བ་ལ། བོན་ལུགས་སྐྱོང་བའི་མཁས་པ་རྣམས་ཀྱིས་ཆེས་ཤིན་ཏུ་མི་འདོད་པའང་ཡོད་པར་དགག་པ་སྟེ། ཁོ་ཚོའི་ལྟ་བ་ནི་དེ་ལས་ལྡོག་སྟེ་ཐེ་ཧྲང་ལའོ་ཙུན་སྟོན་པ་གཤེན་རབ་ཀྱི་སློབ་མ་སྟེ། "སྟག་གཟིག་གི་ལོ་ཙྪ་བ་དམུ་ཙ་ཏྲ་ཧེར་པེ་དང་། ཞང་ཞུང་གི་ཁྲི་ཐོག་སྤ་ཙ། སུམ་པ་ལ་གུ་རུ་ལི་ཤུར་ལེགས། རྒྱ་གར་ལ་ལྷ་བདག་སྔགས་དྲོ། རྒྱ་ནག་ལ་ལེགས་ཏང་རྨང་པོ། ཁྲོམ་ལ་གསེར་ཐོག་ལྕེ་འབྱམས་དང་དྲུག"ཅེས་པའི་གྲས་ཀྱི་རྒྱ་ནག་གི་ལེགས་ཏང་རྨང་པོ་ནི་ཏོ་ཙེ་ཆོས་ལུགས་ཀྱི་སྲོལ་འབྱེད་མཁན་པོ་ཐེ་ཧྲང་ལའོ་ཙུན་ཡིན་པར་འདོད་མཁན་མང་བ་ལྟར་རེད། གང་ལྟར་ང་ཚོས་འབྲུག་ཆུ་གཙང་པོའི་བཞུར་རྒྱུད་དུ་འཚོལ་ཞིབ་བྱུང་བའི་ཡིག་ཆ་ལས། གོང་རྩེ་འཕྲུལ་གྱི་རྒྱལ་པོ་ལ་གསོལ་མཆོད་སྐོར་གྱི་ཡིག་ཆ་མང་པོ་ཡོད་པ་སྟེ། ཡིག་ཆTJ35《མགོན་པོ་ཕ་ཕང་དབུ་ལ་གསོལ》 TJ40《གོང་རྩེས་དབུ་ལ་གསོལ》 TW42《གོང་ཙེ་གཏོ་སྐུར་དབུ་ལ་གསོལ》 TW49《ཕྱི་ཡི་སྤྲར་ཁ་བརྒྱད་ཀྱི་འབྲུ་སྣ་དབུ་ལ་གསོལ》 TW52《གོང་ཙེ་གཏོ་སྐུར་དབུ་ལ་གསོལ》 ZQ68《གནམ་གྱི་དབུ་ལ་གསོལ》སོགས་ཡིན་ལ། དེ་ལས་མ་མཐའ་ཡང་ཡུལ་འདིའི་བོན་ཆོས་ལ་ཏོ་ཙེ་ཆོས་ལུགས་ཀྱི་ཤན་ཙུང་ཟད་ཞུགས་ཡོད་ཅེ་ན་ལུང་རིགས་གང་ལའང་མི་འགལ་བའི་སྐབས་བྱེད་དུ་འཁྱུམས་སོ། །

《ནུབ་བྱང་མི་རིགས་སློབ་གྲྭ་ཆེན་མོའི་རིག་གཞུང་དུས་དེབ།》 ༢༠༡༡ལོའི་དེབ་གཉིས་པ་ལས་བཏུས།

༄། །སྔར་བོད་ས་གནས་སྲིད་གཞུང་དུས་སྐབས་ཀྱི་ས་གནས་སྲིད་འཛིན་བྱང་སྤྱི་དང་བྱང་སྤྱི་སྡེ་ཁག་གི་ལོ་རྒྱུས་ཡིག་ཚགས་ལ་དཔྱད་པ།

རྡོ་སྤྲིན་ཚེ་རིང་རྒྱལ།

དང་པོ།

བྱང་སྤྱི་ནི་སྔར་བོད་ས་གནས་སྲིད་གཞུང་སྐབས་ཀྱི་སྤྱི་ཁྱབ་རིམ་པའི་ས་གནས་ཀྱི་སྲིད་འཛིན་ཞིག་ཡིན་ཏེ། དེ་ནི་བོད་རབ་བྱུང་བཅོ་ལྔ་པའི་མེ་འབྲུག་ལོ་སྟེ་སྤྱི་ལོ1916ལོར་སྤྱི་ཁྱབ་བཀའ་ཤག་གིས་བོད་བྱང་རྒྱུད་ཀྱི་ཧོར་ཚོ་པ་སོ་དགུའི་དབང་འཛིན་འགན་ལེན་གྱིས་དངོས་སུ་ཧོར་སྤྱི་ཞེས་སྤྱི་ཁྱབ་རིམ་པའི་ས་གནས་སྲིད་འཛིན་ཁྲུང་པོ་སྙིང་ཆེན་དུ་བཙུགས་པ་ལས་རིམ་པར་འཕེལ་ཏེ་བོད་རབ་བྱུང་བཅུ་དྲུག་པའི་ཆུ་རྟ་ལོ་སྟེ་སྤྱི་ལོ1942ལོར་བྱང་སྤྱི་དངོས་སུ་བཙུགས། ཧོར་སྤྱི་ལས་ཐོག་དང་པོ་ཁྲུགས་པ་རྣམ་རྒྱལ་ནས་སྔ་གཞུག་ཏུ་ཧོར་སྤྱི་ལས་ཐོག་དགུ་བྱུང་ཞིང་གཞུང་ས་ནས་མཁན་རིམ་རེས་མོས་ཞེས་མཁན་ཆུང་དང་རིམ་བཞིའི་གོ་མིང་ཡོད་པའི་སྤྱི་ཁྱབ་པ་ལོ་བཞི་རེའི་མཚམས་སུ་བསྐོ་བཞག་གིས་རེས་མོས་སུ་གཏོང་སྲོལ་ཆགས་ཡོད་ལ། དེ་འོག་ལས་བྱ་རྩེ་ཤོད་དྲུང་རིགས་གཅིག་རེ་དང་། ཅུ་དཔོན་གཅིག་དང་སྲུང་བྱ་དམག་མི་ལྔ་བཅུས་གྲུབ་པའི་གཞུང་སའི་ཞབས་སྟོད་སྣེ་མོ་ལས་འཛིན་པས་ཧོར་ཚོ་པ་སོ་དགུའི་སྲིད་དོན་དང་། ཁྲལ་བསྡུ་ཁྲིམས་གཙོད། ས་སྲུང་དམག་དོན་སོགས་ཀྱི་འགན་དབང་དོ་དམ་བྱས། སྤྱི་ལོ1942ལོར་དེ་སྔའི་ཧོར་ཚོ་པ་སོ་དགུའི་སྲིད་འཛིན་སྒྲིག་གཞི་གནས་ལྔ་པའི་རྫོང་འགོ་ཁག་དྲུག་ཏུ་བགོས་ཏེ་རྫོང་སྡོད་སེར་སྐྱ་ཉིས་སྒྲིལ་རེ་བསྐོ་བཞག་གིས་གཏོང་བ་དང་། དེ་ཐོག་ནག་ཚང་ཤན་ཙ་རྫོང་དང་། གནམ་རུ་སོགས་བྱང་རིགས་སྡེ་བཞི། ཙུ་དྲུག་དཔོན་འགོ་བཅས་བོད་བྱང་རྒྱུད་ཀྱི་སྤྱི་འདོམས་སུ་གནས་བཞི་པའི་མཁན་རིམ་སྒྲིལ་པོ་ཞེས་བྱང་སྤྱི་མཁན་ཆུང་གཅིག་དང་། རིམ་བཞི་གཅིག་སྟེ་རྩེ་ཤོད་དྲུང་རིགས་ཉིས་སྒྲིལ། ལས་བྱ་སེར་སྐྱ་མི་གཉིས། ས་སྲུང་འགོ་འདོམས་བརྒྱ་དཔོན་གཅིག་དང་སྲུང་བྱ་དམག་མི་བརྒྱ་སྐོར་ཡོད་པ་ནག་ཆུ་རྫོང་དུ་སྤྱི་ཁྱབ་ལས་ཁུངས་གསར་འཛུགས་ཀྱིས་སྟོད་ནག་ཚང་ནས་སྨད་ཁྲུང་པོ་སྙིང་ཆེན་བར་གྱི་རྫོང་གཞིས་བཅོ་བརྒྱད་དུ་གྲགས་པའི་ས་ཁུལ་ལ་འགོ་འདོམས་བྱེད། དམིགས་བསལ་གྱི་ལས་དོན་ཆེ་ཁག་མ་གཏོགས་རང་ཁོངས་ཀྱི་ཞི་དྲག་ལས་དོན་ཚང་མ་བྱང་

གྱི་རང་ནས་ཐག་གཅོད་དགོས། བྱང་སྤྱི་ལས་ཐོག་དང་པོ་མཁན་ཆུང་པ་ལྷ་ཐུབ་བསྟན་འོད་ལྡན་དང་རིམ་བཞི་གསུམ་མདོ་བ་རྒྱལ་མཚན་ཡོན་ཏན་ཉིས་སྤྲེལ་ནས་སྔ་གཞུག་ཏུ་བྱང་སྤྱི་ལས་ཐོག་ལྔ་བྱུང་། དེ་བཞིན་དུ་གཞུང་ས་དགའ་ལྡན་ཕོ་བྲང་གི་ས་གནས་སྲིད་འཛིན་ཞིག་གི་ཐད་དུ་བྱང་སྤྱི་ནས་ཡར་འབུལ་མར་གཏོང་གི་གཞུང་ཡིག་འཕོར་ཆེན་བྱུང་ཡོད་དེ། ད་ལྟ་ལྷ་སར་གནས་པའི་བོད་རང་སྐྱོང་ལྗོངས་ཡིག་ཚགས་ཁང་དུ་བྱང་སྤྱི་དང་འབྲེལ་ཡོད་ཀྱི་ལོ་རྒྱུས་ཡིག་ཚགས་ལེགས་སྒྲིག་བྱས་ཟིན་པ་ཁྲིན་བསྡོམས་ཡིག་གྲངས་བཞི་སྟོང་ལྷག་ཡོད་ཅིང་། དེ་དག་ལ་བྱང་སྤྱི་སྡེ་ཁག་གི་ལོ་རྒྱུས་ཡིག་ཚགས་ཞེས་སྡེ་ཁག[1]ཅིག་ཏུ་དམིགས་སུ་བཀར་ཏེ་ཉར་ཚགས་བྱས་ཡོད། བྱང་སྤྱི་སྡེ་ཁག་གི་ལོ་རྒྱུས་ཡིག་ཚགས་ལས་ལོ་དུས་སྔ་ཤོས་བོད་རབ་བྱུང་བཅུ་གཉིས་པའི་ཆུ་ཕོ་རྟའི་ལོ་སྟེ་སྤྱི་ལོ1702དང་འཕྱི་ཤོས་བོད་རབ་བྱུང་བཅུ་དྲུག་པའི་ས་ཕོ་ཁྱིའི་ལོ་སྟེ་སྤྱི་ལོ1958ལོའི་ལོ་རྒྱུས་ཡིག་ཚགས་ཡིན། བྱང་སྤྱི་སྡེ་ཁག་གི་ལོ་རྒྱུས་ཡིག་ཚགས་ཀྱི་ནང་དོན་གཙོ་བོ་བྱང་སྤྱིའི་མངའ་ཁོངས་ཀྱི་ཆབ་འབངས་བདེ་སྡུག་དང་། ནོར་སྲིད་གཏོང་ཡོང་། ཁྲལ་བསྡུ་ཁྲིམས་གནོན། ས་སྲུང་དམག་དོན། ཚོང་དོན། སྲིད་དོན། ཆོས་ལུགས་ལས་དོན། དངུལ་རྫ་འགྲོ་རྒྱུག ལས་ཚན་བསྐོ་འཛིན། རང་བྱུང་གནོད་འཚེ། ཞིང་འབྲོག་ཆུ་ནགས་ཀྱི་སྐོར་ཡིན་ལ། གཞན་ཡང་དུས་སྐབས་མི་འདྲ་བར་ཏཱ་ལའི་བླ་མ་དང་། པཎ་ཆེན་ཨེར་ཏེ་ནི། སྲིད་སྐྱོང་། བོད་བཞུགས་ཨམ་བན་སོགས་དང་འབྲེལ་བའི་ལོ་རྒྱུས་ཡིག་ཚགས་མང་པོས་གྲུབ་ཡོད།

གཉིས་པ། ཧོར་སྤྱིའི་ལོ་རྒྱུས་རགས་རིམ།

བོད་བྱང་རྒྱུད་ནི་གནའ་སྔ་མོ་ནས་མིའི་རིགས་འཚོ་སྡོད་བྱེད་པའི་གནས་ཤིག་ཡིན་ལ། ལོ་རྒྱུས་རྒྱུན་རིང་ལྡན་ཞིང་རིག་གནས་ཕུན་སུམ་ཚོགས་པ་གྲུབ་ཡོད་པ་སྟེ། དུས་རབས་སྔོན་མའི་ལོ་རབས་བདུན་ཅུའི་ནང་གནའ་རྫས་རིག་པ་མཁས་ཅན་གྱིས་ཤན་རྩ་དང་། མཚོ་གཉིས་ཁུལ་ནས་རྙེད་པའི་གཞོག་གཏུབ་ཀྱི་རྡོ་ཆས་དང་རྡོ་ཆས་ཞིབ་མོ་དེ་དག་ནི་རྡོ་ཆས་རྙིང་མའི་དུས་སྐབས་ཕྱི་མའི་སྐབས་སུ་ཡིན་ཚོད་དུ་བཤད་པ[2]དང་། བོད་བཙན་པོའི་རྒྱལ་རབས་སྐབས་སུ་སུམ་པ་སྟོང་གི་བུ་ཆུང་ཟེར་བའི་ཡུལ་གྱི་བྱེ་བྲག་དང་། དུས་ཕྱིས་ཞང་ཞུང་སྣ་ཕུག་བར་གསུམ་དུ་འབོད་པའི་སྣ་བ་ཤེལ་ལེ་རྒྱ་དཀར་ཟེར་བ་དེང་སང་གི་སྙིང་ཆེན་རྫོང་གི་མངའ་ཁོངས་སུ་ཡོད་པ་ངེས་འཛིན་རྒྱུ་ཡོད་པར་ལོ་རྒྱུས་སྨྲ་བས་བཤད་པ[3]ལྟར་གྲགས། ཧོར་ཚོ་པའམ་ཧོར་ཤོག་ཁ་སོ་དགུར་འབོད་པའི་ཡུལ་འདིའི་སྲིད་ཀྱི་སྐྱོང་ལུགས་ཀྱང་དུས་རབས་རིམ་བྱུང་གི་འཕེལ་འགྱུར་ཁྲོད་དུ་ལུ་གུ་རྒྱུད་དུ་ཟམ་མ་ཆད་པར་རིམ་གྱིས་བྱུང་ཡོད། གལ་ཆེ་ཤོས་ཤིག་ནི་ས་ཕག་རིན་གཙང་སོགས་སྲིད་དབང་རིམ་བྱུང་གི་འཕེལ་འགྱུར་ཁྲོད་དུ་ས་གནས་རང་གི་ཐུན་མོང་མ་ཡིན་པའི་ཆོས་སྲིད་ཀྱི་གནས་སྟངས་དང་། སྤྱི་ཚོགས་ཀྱི་སྒྲིག་གཞི། ཡུལ་ཁམས་ཁོར་ཡུག ཐོན་

སྐྱིད་བྱེད་སྟངས་ལ་གཞིགས་ཏེ། གང་ལ་གང་འཚམ་གྱི་ཁྲལ་བསྡུ་ཁྲིམས་གནོན་གྱི་བྱེད་སྒོ་ཁག་གཙོ་བོར་གྱུར་པའི་སྲིད་འཛིན་གྱི་སྒྲིག་གཞི་ཞིག་ཆགས་ཐུབ་ཡོད། གཞུང་ས་དགའ་ལྡན་ཕོ་བྲང་གི་དུས་མཇུག་སྤྱི་ལོ1916ལོར་སྤྱི་ཁྱབ་བཀའ་ཤག་གིས་བོད་ལྗོངས་རྒྱུད་ཀྱི་རྫོང་ཚོ་པ་སོ་དགུའི་དབང་འཛིན་འགན་ལེན་གྱིས་དངོས་སུ་རྫོང་སྤྱི་ཞེས་སྤྱི་ཁྱབ་རིམ་པའི་ས་གནས་སྲིད་འཛིན་ཁྱུང་པོ་སྟེང་ཆེན་དུ་བཙུགས། དེས་ན་རྫོང་ཚོ་པ་སོ་དགུ་ནི་གང་དག་ཡིན་པར་འདྲེན་ལུགས་མི་འདྲ་བ་རེ་གཉིས་བྱུང་ཡོད་མོད། འདིར་གཞི་བྱེད་པའི་རྫོང་ཚོ་པ་སོ་དགུ་ནི་རྫོང་སྤྱི་ལས་ཐོག་གསུམ་པ་མཁན་ཆུང་གཡུ་ཐོག་དབང་འདུད་ནོར་བུས་ཤིང་བྱི་ལོ་སྟེ་སྤྱི་ལོ1924ལོར་བཟོས་པའི་ཞིབ་གཞུང་དུ་རྫོང་ཚོ་སོ་དགུའི་ཁྲལ་དུད་དང་། ཤོག་མིང་། དུད་གྲངས་བཀོད་ཡོད་པ་ལྟར་ཡིན་པ་སྟེ། རྫོང་སྟོད། རྫོང་སྨད། དཀར་སྟོད། དཀར་སྨད། སྣར་ཁོངས། ནག་ཙྭ། ཉིན་ཐང་། ཉིན་མོ། དམར་རོང་། བྱེ་རི། དམར་ཙྭ། སྲིབ་ཐང་། འདྲི་དག རལ་གསུམ། ཁྲི་ཙྭ། ཁྲིམ་ཚང་། ནེམ་ཚོ། ཡང་པ། ཡེ་ཐང་། དྲུག་ཙུ། སྟོམ་པ། སྣང་ཙྭ། བོན་ཐང་། སེར་ཚོ། བོམ་ཁན། འབྲོག་ཤོག བུ་རྫུམ། ཁྲ་རིང་། སྟག་དྲུག སོག་སྟེ། ནག་རོག འབྲི་ཙྭ། རག་ཤི། ཨར་སྟོད། ཨར་སྨད། གེ་མོ། འགོམ། རྫ་དམར། བྲ་བོ་བཅས་ཚོ་བའམ་ཤོག་ཁ་སོ་དགུ་ཡོད། མི་འབྲུག་སྤྱི་ལོ1916ལོར་སྤྱི་ཁྱབ་བཀའ་ཤག་གིས་མདོ་སྨད་སྤྱི་ཁྱབ་ཀྱི་ལས་བྱ་མཁན་ཆུང་གྲགས་པ་རྣམ་རྒྱལ་བཏང་སྟེ་རྫོང་ཚོ་སོ་དགུར་གཅིག་གྱུར་གྱི་བཀའ་འདོམས་མཛད་པའི་སྲོལ་བཏོད། རྫོང་སྤྱི་ལས་ཐོག་དང་པོ་གྲགས་པ་རྣམ་རྒྱལ་ནས་སྔ་གཞུག་ཏུ་རྫོང་སྤྱི་ལས་ཐོག་དགུ་བྱུང་ཞིང་གཞུང་ས་ནས་ལོ་བཞི་རེའི་མཚམས་སུ་མཁན་རིམ་རེས་མོས་ཞེས་མཁན་ཆུང་དང་རིམ་བཞིའི་གོ་མིང་ཡོད་པའི་སྤྱི་ཁྱབ་པ་ལོ་རེར་བསྐོ་བཞག་གིས་རེས་མོས་སུ་གཏོང་སྲོལ་ཆགས་ཡོད་ལ། དེ་འོག་ལས་བྱ་རྩེ་ཤོད་དྲུང་རིགས་གཅིག་རེ་དང་། ཙ་དཔོན་གཅིག་དང་སྐྱུང་བྱ་དམག་མི་ལྔ་བཅུས་གྲུབ་པའི་གཞུང་སའི་ཞབས་ཕྱོད་སྡེ་མོ་ལས་འཛིན་པས་རྫོང་ཚོ་པ་སོ་དགུའི་སྲིད་དོན་དང་། ཁྲལ་བསྡུ་ཁྲིམས་གནོན། ས་སྲུང་དམག་དོན་སོགས་ཀྱི་འགན་དབང་དོ་དམ་བྱས། རྫོང་སྤྱི་ལས་ཐོག་དང་པོ་གྲགས་པ་རྣམ་རྒྱལ་སྐབས་ནས་སྔ་ཕྱིར་ལས་ཐོག་དགུ་བྱུང་ཡོད་པའི་གནས་ཚུལ་གཤམ་དུ་བཀོད་པའི་རེའུ་མིག་དང་པོར་གསལ། རྫོང་ཚོ་པ་སོ་དགུའི་ས་ཁོངས་ནི་ཤར་ཆབ་མདོ་དང་། རི་བོ་ཆེ། བྱང་ནང་ཆེན་དང་རྫ་སྟོད་འབྲི་དམར་སོགས། ནུབ་བྱང་རིགས་ཨ་མདོ་དང་། ནག་ཆུ། ལྷོ་ལྷ་རི་དང་། དཔལ་འབར། ལྷོ་རྫོང་སོགས་དང་ས་མཚམས་སུ་བཀར་ཡོད། ད་ལྟའི་སྲིད་འཛིན་དབྱེ་ལུགས་ལྟར་ན། རྫོང་ཚོ་སོ་དགུའི་ས་ནི་ཕལ་ཆེར་ཆབ་མདོ་ས་ཁུལ་གྱི་སྟེང་ཆེན་རྫོང་དང་། ནག་ཆུ་ས་ཁུལ་གྱི་སྦྲ་ཆེན་རྫོང་དང་། འབྲི་རུ་རྫོང་། ལྷན་རོང་རྫོང་ཁག་བཞི་ཡིན།[4]

རྫོང་སྤྱི་ལས་ཐོག་རིམ་བྱོན་སྐབས་སུ་ཁྲལ་བསྡུ་ཁྲིམས་གནོན་གྱི་བྱེད་སྒོ་གཙོ་བོར་གྱུར་པའི་སྲིད་འཛིན་སྐྱོང་ལུགས་ཐད་ནས་བཤད་ན། གཅིག་ནས་སྔ་མོའི་ཁྲལ་ འུལ་ལམ་ལུགས་ཀྱི་རྨང་གཞིའི་སྟེང་

ཧོར་ཚོ་སོ་དགུའི་ཐེམ་དུད་ལ་ཞིབ་བཤེར་གྱིས་དུས་སྐབས་སོ་སོར་རིམ་པ་བཞིན་དུ་སྒོ་ཁྲ་མིང་གཞུང་དང་། ས་རིགས་བདག་ཐོབ་ཀྱི་ས་དེབ། སེམས་ཅན་གྱི་ཐོ། ཤོ་འབབ་བསྡུ་གཞུང་། ག་གཞུང་། ཞིབ་གཞུང་སོགས་བཟོས་ཏེ་གཞུང་འབབ་ཁག་ཐེག་བྱས། ཧོར་སྤྱི་གྲགས་པ་རྣམ་རྒྱལ་སྐབས་སུ་མི་འབྲུག་ཞིབ་གཞུང་ཞེས་པ་བཟོས་པ་དང་། དེ་ལྟར་ན་ཧོར་ཚོར་ཐེམ་དུད་དགུ་སྟོང་ལྷག་ཡོད་པ་དང་། ཧོར་སྤྱི་གསུམ་པ་མཁན་ཆུང་གཡུ་ཐོག་དབང་འདུས་ནོར་བུའི་སྐབས་སུ་ཤིང་བྱི་ཞིབ་གཞུང་ཞེས་པ་བཟོས། དེ་ལྟར་ན་ཧོར་ཚོར་ཐེམ་དུད་ཁྲི་གཅིག་དང་ཉེར་བཞི་ཙམ་ཟིན། ཧོར་སྤྱི་ལས་ཐོག་བརྒྱད་པ་རིམ་བཞི་ཐའི་ཇི་ཁྱུང་རམ་པ་དོན་གྲུབ་རྒྱལ་པོའི་དུས་སྐབས་སུ་ས་སྟག་ཞིབ་གཞུང་ཞེས་པའི་ཏ་ཅང་ཞིབ་ཚགས་པ་ཞིག་བཟོ་འཆར་ལྟར་བཟོས་མ་ཚར་བར་ལུས་པར་གྲགས། [5]གཉིས་ནས་ཆོས་ཁྲིམས་དར་གྱི་མདུད་པ་འཇམ་ལ་དམ། རྒྱལ་ཁྲིམས་གསེར་གྱི་གཉའ་ཤིང་ལྡིད་ནོན་ཆེ། རང་ཁྲིམས་ཐེག་པ་ཁུར་བླངས་ཡོན་ཏན་ལྡན། ཞེས་པ་ལྟར། བོད་བཙན་པོའི་རྒྱལ་རབས་སྐབས་ནས་རིམ་བཞིན་དར་བའི་ལྷ་ཆོས་དགེ་བ་བཅུ་དང་། མི་ཆོས་གཙང་མ་བཅུ་དྲུག ཞལ་ལྕེ་བཅོ་ལྔ། ཞལ་ལྕེ་བཅུ་དྲུག ཞལ་ལྕེ་བཅུ་གསུམ་བཅས་གཞུང་གིས་གཏན་ལ་ཕབ་པའི་ཁྲིམས་སྲོལ་ཡིག་ཆའི་རྨང་གཞིའི་སྟེང་། ས་གནས་རང་གི་དམངས་ཁྲོད་དུ་དར་ཁྱབ་ཆེ་བའི་ཉེས་ཆད་ལ་རྒྱུ་ཐོག་ཆད་པ་དང་། ལུས་ཐོག་རྩ་ར་དང་། དེ་མིན་དུས་སྐབས་སོ་སོར་ཁ་མཆུ་གྱོད་གཏུགས་བྱུང་བར་དཔྱད་མཚམས་ཁྲ་མ་སོང་བའི་ཡི་གེ། ཕན་ཚུན་ཀྲུ་ཛག་མི་རྒྱག་པའི་མནའ་གན། མི་བསད་འཕྲོག་འཕྲི་ས་མཚམས་དང་རྩྭ་སའི་དཔྱད་མཚམས། ས་སྟེ་དང་མི་རྩའི་བཀྲོས་སྐོར་གྱི་ཁྲ་མ་སོགས་གཞིར་བཅས་ཏེ་ཁྲིམས་ཀྱི་གནོན་ཤེམ་བགྱིས། དཔེར་ན། ཧོར་སྤྱི་ལས་ཐོག་གསུམ་པ་མཁན་ཆུང་གཡུ་ཐོག་པ་དབང་འདུད་ནོར་བུའི་སྐབས་སུ་བཟོས་པའི་ཆུ་ཁྱི་ལོ་ནང་གི་དཔྱད་དེབ་ཅེས་པ་སྟེ། ཆུ་ཁྱི་ལོ་སྟེ་སྤྱི་ལོ1922ལོ་དང་། ཆུ་ཕག་ལོ་སྟེ་སྤྱི་ལོ1923ལོ། ཤིང་བྱི་ལོ་སྟེ་སྤྱི་ལོ1924ལོ་གསུམ་རིང་ཧོར་ཚོ་ཁུལ་དུ་ཁ་མཆུ་གྱོད་དོན་གཏུགས་གཤེར་ལས་བྱུང་བའི་དཔྱད་ཁྲ་ཁྲིན་བསྡོམས79ཕྱོགས་སྒྲིག་བྱས། དེ་ནི་ཧོར་ཚོ་པ་སོ་དགུའི་ཁུལ་དུ་ཁྲིམས་དོན་བྱུང་བ་གང་དག་ཧོར་སྤྱི་མཁན་ཆུང་གཡུ་ཐོག་པ་དབང་འདུས་ནོར་བུས་སྤྱི་འདོམས་འོག་ཁྱུང་པོ་སྟེང་ཆེན་དུ་གནས་པའི་ཧོར་སྤྱི་ལས་རབ་ཁང་གིས་ཁྲིམས་དོན་མཐའ་འདོམས་བྱས་ནས་གྲུབ་པའི་ས་གནས་ཀྱི་ལོ་རྒྱུས་ཡིག་ཆ་གལ་ཆེན་ཞིག་ཡིན། ཧོར་སྤྱི་མཁན་ཆུང་གཡུ་ཐོག་པ་དབང་འདུས་ནོར་བུ་ནི་ཧོར་སྤྱི་ལས་ཐོག་གསུམ་པ་ཡིན་ཞིང་། བོད་ཆུ་ཁྱི་ལོའི་ཟླ་དྲུག་པའི་ཚེས་བཅོ་བརྒྱད་ཉིན་སྤྱི་གསར་མཁན་ཆུང་གཡུ་ཐོག་པ་ནས་སྤྱི་ཉིད་རིམ་བཞི་སྨན་སྤེལ་བས་ཧོར་སྤྱི་འཁྱུར་རིང་ངོ་ལས་ནས་ཧོར་ཚོ་ཁུལ་དུ་བརྡབ་གསིག་གིས་ཕན་ཚུན་བཀྲོས་རྩོད་བྱུང་བ་སྤྱི་ཁྲབ་བཀའ་ཤག་གིས་ཧོར་ཚོ་སྤྱི་འཐུས་སྐོང་འགུགས་བྱས་ཏེ་དོན་གནད་དག་སྐྱིལ་བྱུང་དོན་ལྟར་རིམ་བཞི་སྨན་སྤེལ་བ་འཕོས་ལེན་གྱིས། གསར་པ་འགྲོ་རེས་མཁན་ཆུང་རིམ་

པའི་སེར་མོ་བར་འཁིལ་གཉིས་མཁན་ཚང་གཡུ་ཐོག་པ་དབང་འདུས་ནོར་བུ་བསྐོ་བཞག་སྩལ། ཚུ་ཕོ་ཁྱི་ལོ་སྟེ་སྤྱི་ལོ1922ལོའི་བོད་ཟླ6པའི་ཚེས18ཉིན་སྤྱི་གསར་མཁན་ཚང་གཡུ་ཐོག་པ་ནས་ལས་ཐམ་རྟེས་ལེན་ཟིན་འབྲེལ་དེ་ནས་བཟུང་གཞུང་དོན་ཞུ་སྒོ་སྤྱི་དང་། ཁྲིམས་འདོམས་རྗེས་འབྲེལ་གྱི་ཁྲིམས་ཤུགས་བཅས་ཁུར་བླངས་ཀྱིས་ཧོར་ཚོ་པ་སོ་དགུའི་སྤྱི་ཁྱབ་པ་མཛད། མཁན་ཚང་གཡུ་ཐོག་པ་ནས་ཧོར་སྤྱི་འཁུར་རིང་གཞུང་བསམ་འབབས་བྱམས་ཆེ་བས། ཧོར་སྤྱི་སེར་སྐྱ་ངོ་ལས་རེས་འཁོར་ཐོག་ས་སྲུང་ཏུ་དམག་ཀྱང་དབུས་གཙང་འགྲོ་རེས་ཀྱིས་བསྟོད་རྒྱུན་ལོ་བཞི་རེའི་མཚམས་གསར་སྙིང་བརྗེ་ལེན་མཛད་རྒྱུའི་རྒྱས་དཔྱད་བཞིན་མཁན་ཚང་གཡུ་ཐོག་པས་ཧོར་སྤྱི་གནང་བའི་ལོ་དུས་རྫོགས་མཚམས་སུ་ཧོར་ཚོ་སོ་དགུ་སྤྱི་མགྲིན་ནས་རྒྱལ་དབང་སྐུ་ཕྲེང་བཅུ་གསུམ་པ་ཐུབ་བསྟན་རྒྱ་མཚོར་སྙན་ཞུ་ཕུལ་ཏེ་མཁན་ཚང་གཡུ་ཐོག་པ་ཧོར་སྤྱི་ནས་བརྗེ་ལེན་མ་དགོས་པར་མུ་མཐུད་ལོ་བཞིའི་རིང་རང་གནས་དགོས་ལུགས་ཞུས་པ་བཞིན། བོད་ཤིང་གླང1925ལོའི་ཟླ9ཚེས13ཉིན་རྒྱལ་དབང་སྐུ་ཕྲེང་བཅུ་གསུམ་པར་སྙན་ཞུས་དོན་འབྲེལ་དུ་མདོ་སྨད་སྤྱི་ཁྱབ་ཀྱིས་ཧོར་སྤྱི་མཁན་ཚང་གཡུ་ཐོག་པ་ལ་ལོ་གསུམ་རིང་ལས་གནས་མུ་མཐུད་རྒྱུན་འཛིན་དགོས་རྒྱུའི་བཀའ་རྒྱ་རིན་པོ་ཆེ་བཏང་བ་ཟླ9པའི་ཚེས16ཉིན་གྱི་དགོང་དྲོ་ཁར་ཁྱུང་པོ་སྟེང་ཆེན་དུ་སྤྱི་བོར་ཕེབས། ཤིང་གླང་ལོ་སྟེ་སྤྱི་ལོ1925ལོའི་བོད་ཟླ12པའི་ཚེས25ཉིན་ཧོར་སྤྱི་ལས་ཐོག་གསུམ་པ་མཁན་ཚང་གཡུ་ཐོག་དབང་འདུས་ནོར་བུ་ལགས་བྱད་གཏད་གནོད་འཚེའི་ལྟ་བུའི་མཆིན་མཆེར་གཟེར་ཡངས་ནད་མནར་གྱིས་ཚེ་ལས་འདས། གསུམ་ནས་ཧོར་སྤྱི་རྩེ་ཤོད་མཁན་རིམ་རེས་འཁོར་ངོ་ལས་ཐོག ལས་བྱ་རྩེ་ཤོད་དྲུང་རིགས་གཅིག་རེ་དང་། ཉ་དཔོན་གཅིག་དང་སྲུང་བྱ་དམག་མི་ལྔ་བཅུ་ས་གནས་སུ་ཕེབས་བསྐྱོད་ཐོག ས་གནས་རང་གི་དཔོན་ཁག་རྣམས་ཀྱང་རིམ་པ་བཞིན་དུ་དཔོན་གནས་ལྔ་པ་དང་། དྲུག་པར་བསྒྱུར་པ་སྟེ། ཧོར་སྤྱི་ལས་ཐོག་གསུམ་པ་གཡུ་ཐོག་པ་དབང་འདུས་ནོར་བུའི་དུས་སྐབས་སུ་ཧོར་ཚོ་སོ་དགུ་ས་གནས་རང་དུ་དེ་སྔའི་ཧོར་རྒྱལ་པོའི་མི་རྒྱུད་དང་། དཀར་ཏྲ། སྟག་དྲུག་སོགས་ཀྱི་སྟོང་དཔོན་རྣམས་བརྒྱ་དཔོན་གྱི་གྲས་སུ་ཕབ་སྟེ་དཔོན་གནས་རིམ་པ་ལྔ་པར་བསྒྱུར་བ་དཔོན་ཁག་བཅུ་བཞི་དང་། ཚོ་པ་ཆེ་ཁག་གི་དེ་སྔའི་བརྒྱ་དཔོན་ཁག་དཔོན་གནས་རིམ་པ་དྲུག་པར་བསྒྱུར་བ་དཔོན་ཁག་ཉེར་ལྔ། དེ་མིན་བརྒྱ་དཔོན་འོག་གི་དཔོན་འགོ་ཁག་ཅིག་རིམ་པ་བདུན་པའི་ལྡིང་དཔོན་དུ་བསྒྱུར་བའི་དཔོན་ཁག་ཞེ་གསུམ་ཡོད། དེ་འོག་རྐན་པོ་དང་། ལྡོན་པོ་རང་འཛུགས་ཀྱིས་རིམ་པ་བཞི་པའི་ཧོར་སྤྱི་ནས་རིམ་པ་བདུན་པའི་ལྡིང་དཔོན་བར་དུ་ཚགས་སུ་ཚུད་པར་བཟོས།

རེའུ་མིག་དང་པོ། རྡོར་སྒྲིའི་ལས་ཐོག་རིམ་བྱོན་གྱི་གནས་ཚུལ་རེའུ་མིག(སྤྱི་ལོ1916—སྤྱི་ལོ1942)

རྡོར་སྒྲིའི་ལས་ཐོག	རྗེ་ཤོད་དྲུང་རིགས།	སྐྱེ་ཁྲབ་པ།	ལོ་དུས།	སྔར་གནས་ལས་ཚན།	འགོ་ལེན་གྱི་རྒྱུ་མཚན།
ལས་ཐོག་དང་པོ།	རྗེ་དྲུང་མཁན་ཆུང་།	གྲགས་པ་རྣམ་རྒྱལ།	མེ་འབྲུག་ལོ་སྤྱི1916ལོ་ནས་ལྕགས་བྱ་ལོ་སྤྱི་1921ལོ།	མདོ་སྨད་སྤྱི་ཁྱབ་ཀྱི་ལས་བྱ།	ནད་མནར་གྱིས་ཁྲུང་པོ་སྙིང་ཆེན་དུ་འདས།
ལས་ཐོག་གཉིས་པ།	ཤོད་དྲུང་རིམ་བཞི།	སྨན་སྤེལ་བ་བསོད་ནམས་རྒྱལ་པོ།	ལྕགས་བྱ་ལོ་སྤྱི1921ལོའི་བོད་ཟླ6ཚེས12ནས་ཆུ་ཁྱི་ལོ་སྤྱི1922ལོའི་བོད་ཟླ6པའི་ཚེས18ཉིན།	ཤིང་བྱི་ལོ་སྤྱི1924ལོར་རང་ལོ53 ཤིང་ལུག་ལོ་སྤྱི1895ལོར་ཞབས་སྡོད་ཞུས། ད་ལྟ་རིམ་བཞི།[6]	རྡོར་སྒྲི་ངོ་ལས་ནས་རྡོར་ཚེ་ཁུལ་གྱི་མི་སེར་ཐོག་འབམ་ཚོང་སོགས་བརྡབ་གསིག་གིས་བཙིར་རྩོད་བྱུང་རྐྱེན་ཕྱིར་འཐེན།
ལས་ཐོག་གསུམ་པ།	རྗེ་དྲུང་མཁན་ཆུང་།	གཡུ་ཐོག་པ་དབང་འདུས་ནོར་བུ།	ཆུ་ཁྱི་ལོ་སྤྱི1922ལོའི་བོད་ཟླ6པའི་ཚེས18ནས་ཤིང་གླང་ལོ་སྤྱི1925ལོའི་བོད་ཟླ12པའི་ཚེས25ཉིན།	※	ནད་མནར་འདས།
ལས་ཐོག་བཞི་པ།	ཤོད་དྲུང་རིམ་བཞི།	ཀ་ཤོད་པ་ཆོས་རྒྱལ་ཉི་མ།	མེ་སྟག་ལོ་སྤྱི1926ལོ་ནས་※	ཤིང་བྱི་ལོ་སྤྱི1924ལོར་རང་ལོ22 ས་ལུག་ལོ་སྤྱི1919ལོར་ཞབས་སྡོད་ཞུས། ད་ལྟ་གསང་ཇོང་ཇོང་སྡོད།[7]	ཕྱིར་འཐེན།
ལས་ཐོག་ལྔ་པ།	རྗེ་དྲུང་མཁན་ཆུང་།	གྲགས་པ་རྒྱ་མཚོ།	※	※	ལས་འཁུར་ལོ་དུས་རྫོགས།
ལས་ཐོག་དྲུག་པ།	ཤོད་དྲུང་རིམ་བཞི།	སྐྱེ་མོ་མདོ་མཁར་བ་འཇམ་དཔལ་ཚེ་བརྟན།	※	ཤིང་བྱི་ལོ་སྤྱི1924ལོར་རང་ལོ23 ས་རྟ་ལོ་སྤྱི1918ལོར་ཞབས་སྡོད་ཞུས། ད་ལྟ་རྩ་ཧྲེང་ཇོང་སྡོད།[8] རྡོར་སྒྲིའི་སྔོན་དུ་སྦྲགས་སྤྱི་བྱས་མྱོང་།	འཕོས།
ལས་ཐོག་བདུན་པ།	རྗེ་དྲུང་མཁན་ཆུང་།	ཐུབ་བསྟན་པདྨ།	ཤིང་ཕག་ལོ་སྤྱི1935ལོའི་བོད་ཟླ6པའི་ཚེས་5ནས་※	※	ནགས་ཤོད་རག་ཤིའི་ས་གནས་སུ་གྲོངས།

ལས་ཐོག་བརྒྱད་པ།	ཤོད་དྲུང་རིམ་བཞི།	ཐའི་ཇི་ཁྲུང་རམ་པ་དོན་གྲུབ་རྒྱལ་པོ།	※	མེ་འབྲུག་ལོ་སྟེ1916ལོར་རང་ལོ33ཀྱང་ཞུའི་ཁྲི་བཞུགས35 ས་ཕག་ལོ་ཞབས་སྡོད་ཞུས། ད་ལྟ་གཙང་མདའ་དཔོན།[9] ཤིང་བྱི་ལོ་སྟེ1924ལོར་རང་ལོ41 ས་ཕག་ལོ་སྟེ1899ལོར་ཞབས་སྡོད་ཞུས། ད་ལྟ་གཙང་མདའ་དཔོན།[10]	སྤྱི་ལོ1940ལོ་བོད་ལྗོངས་ཚོགས་འདུ་ཧྲག་བསྡུས་རྒྱས་པའི་དོན་གནད་ཊཱ་ལའི་བླ་མ་སྐུ་ཕྲེང་བཅུ་གསུམ་པའི་ཡང་སྲིད་བཙལ་འཚོལ་གྱིས་འབྲུལ་བྲལ་ངེས་རྙེད་ལྷ་སར་གདན་ཞུ་ཞིགས་གྲུབ་བྱུང་བའི་གཟིངས་བསྡོད་དུ་ཐའི་ཇི་ཁྲུང་རམ་པ་སྲིད་སྐྱོང་རྭ་སྒྲེང་ལ་མཛད་རྗེས་གཟིགས་བཟོས་གང་ཆེ་གནང་རྒྱུའི་གྲོས་ཕྱོགས་དང་མཐུན་པས་རྭ་སྒྲེང་གི་ཕྱོགས་གཏོགས་སྐབས་དེའི་རྩིས་དཔོན་ལས་འཕར་ཀ་ཤོད་པ་ཚོས་རྒྱལ་ཉི་མས་ཏོར་གྱི་མི་སེར་འཁལ་ངན་འགུག་གིས་ཏོར་ཚོ་སོ་དགུའི་མི་སེར་སྤྱི་མགྲིན་ནས་རྒྱལ་བློན་མཆན་འགོད་ཀྱི་བདེ་སྡུག་སྙན་ཞུའི་ཞུ་གཏུགས་ཟུན་མ་བཟོས་ཏེ་བཀའ་ཤག་ལ་གཡོ་ཟུན་མགོ་སྐོར་བཏང་ནས་ཐའི་ཇི་ཁྲུང་རམ་པ་ལས་ཞབས་གནས་དབྱུང་བཏང་ཞིང་། ལྷ་སའི་གཙུག་ལག་ཁང་གི་ལྷོ་བརྒྱད་ཀྱི་བཙོན་ཁང་དུ་བཙུག་པ་དང་རྟ་ཐོག་རྫོང་དུ་ཕྱིར་མི་ལྡོག་པའི་རྒྱང་ཕུད་བཏང་སྟེ་མཐར་སྐུ་ནའི་བབ་ཀྱིས་རྟ་ཐོག་རང་དུ་ནད་འདས་སུ་གྱུར།
ལས་ཐོག་དགུ་པ།	རྩེ་དྲུང་མཁན་ཆུང་།	སྟག་བྲག་གཟིམ་དཔོན་ནམ་ཡང་ན་སྟག་བྲག་བླ་བྲང་།	※	※	སྤྱི་ཁྲབ་ལས་འགྱུར་ལོ་གཉིས་ལས་མ་སོང་རུང་དགོངས་པ་ཕུལ་འཁྲོལ་དང་། ཏོར་སྤྱི་ངོ་ལས་སྤྱང་དམག་དང་བཅས་བསྐོ་བཛོང་མ་དགོས་པར་བྱང་ཕྱིར་བསྐྱུར།

གསུམ་པ། བྱང་སྐྱི་ལས་ཐོག་རིམ་བྱོན་གྱི་ལོ་རྒྱུས།

བྱང་སྐྱི་ནི་བྱང་རྒྱུད་སྐྱི་འདམས་ཞེས་པའི་བསྡུས་མིང་སྟེ། གཞུང་ས་དགའ་ལྡན་ཕོ་བྲང་གི་དུས་མཇུག་ཏུ་བྱུང་བའི་བོད་བྱང་རྒྱུད་ཀྱི་སྐྱི་ཁྲབ་རིམ་པའི་ས་གནས་སྲིད་འཛིན་ཞིག་ཡིན། དེ་ནི་ཧོར་ཚོ་པ་སུམ་ཅུ་སོ་དགུའི་སྐྱི་འདམས་ཧོར་སྐྱི་ལས་རིམ་གྱིས་འཕེལ་ཏེ་བྱུང་བ་ཡིན། ཧོར་ཚོ་ཁུལ་དུ་རྫོང་ཁག་གསར་བསྐོའི་འཆར་གཞིའི[11]ཡིག་ཆ་ལྟར་ན། བྱང་སྐྱི་ནི་བོད་རབ་བྱུང་བཅོ་ལྔ་པའི་ཆུ་ཕོ་རྟའི་ལོ་སྟེ1942ལོར་དངོས་སུ་བཙུགས་པ་ཡིན། བོད་ལུགས་སྒྲུལ་ལོ་སྟེ1941ལོར་ཧོར་ཚོ་སོ་དགུའི་ས་སྡེ་མི་གསུམ་གྱི་རྒྱ་ཁྱོན་ཆེ་གཤིས་ཧོར་སྐྱི་ངོ་ལས་དང་བཅས་ནས་ཁྲལ་བསྡུ་ཁྲིམས་གནོན་གྱི་ཁྲབ་འདམས་ཚུལ་བཞིན་དུ་དགའ་བ་དང་། གཞུང་གནས་སུ་འབབ་ཡོང་ཡང་དེ་ཙམ་མ་མཆིས་པར་གཞིགས་ཏེ། བཀའ་ཤག་གིས་སྲིད་སྐྱོང་ཡོངས་འཛིན་སྟག་བྲག་ལ་ཧོར་སྐྱི་མེད་པ་བཟོས་ཏེ། ས་གནས་ཀྱི་སྲིད་འཛིན་རྫོང་ཁ་ཤས་གསར་འཛུགས་ཀྱིས། བྱང་བརྒྱུད་ཀྱི་སྐྱི་འདམས་བྱང་སྐྱི་འཛུགས་རྒྱུའི་འཆར་གཞི་ཕུལ་བར་དེ་འཐུས་ཀྱི་ཕྱག་རྟགས་གནང་བས། དེ་ནས་བཟུང་ཧོར་སྐྱི་ངོ་ལས་སྤྱང་དམག་དང་བཅས་བསྐོ་རྫོང་མ་དགོས་པར་མཁན་ཆུང་ཕ་ལྷ་ཐུབ་བསྟན་འོད་ལྡན་དང་། རིམ་བཞི་གསུམ་མདོ་བ་རྒྱལ་མཚན་ཡོན་ཏན་གཉིས་རྩེ་ཤོད་མཁན་རིམ་སྤྲེལ་པོའི་ཐོག ལས་བྱ་སེར་སྐྱ་མི་གཉིས། ས་སྲུང་འགོ་འདམས་བརྒྱ་དཔོན་གཅིག་དང་སྲུང་བྱ་དམག་མི་བརྒྱ་སྐོར་བསྐོ་རྫོང་གིས། བྱང་རྒྱུད་འདུ་གནད་ཆེ་བའི་ནག་ཆུ་རྫོང་དུ་གནས་སྤོར་ཏེ་བྱང་སྐྱི་དངོས་སུ་བཙུགས། ཧོར་སྐྱིའི་ལམ་ལུགས་དེ་རྫོང་འགོའི་ལམ་ལུགས་སུ་བསྒྱུར་རྗེས་ཁྲལ་བསྡུ་ཁྲིམས་གནོན་གྱི་བགྱི་བ་དག་ཀྱང་གོང་གསལ་ལྟར། ས་སྡེ་མི་གསུམ་གྱི་རྒྱ་ཁྱོན་ལ་གཞིགས་པའི་ཞིབ་གཞུང་བཟོས་ཏེ་ཁྲལ་འབབ་བསྡུ་གཞུང་གཏན་འཁེལ་དང་། བྱས་ཉེས་ཁྲིམས་གཅོད། ཁ་མཆུ་བཀྲོས་རྩོད་ཞུ་གཏུགས་ལ་སོང་བའི་དཔྱད་མཚམས་ཁྲ་མ་སོགས་གཞུང་གནས་ཀྱིས་གཏན་དུ་ཕབ་ཟིན་པའི་ཞལ་ལྕེ་དང་སྒྲུག་དམ་ལག་འཁྱེར་རྩ་ཚིག་འབྲུ་དོན་ལ་གཞིར་བཅས། ས་གནས་རང་གི་ལག་སྲོལ་གན་རྒྱ་སོགས་ཁྲིམས་སྲོལ་ཡིག་ཆ་ཁག་ལ་བརྟེན་ནས་ཁྲིམས་འདོན་པ། གཞན་ཡང་བྱང་སྐྱི་མཁན་རིམ་སྤྲེལ་པོ་དང་། ལས་བྱ་སེར་སྐྱ་མི་གཉིས། ས་སྲུང་འགོ་འདམས་བརྒྱ་དཔོན་གཅིག སྲུང་བྱ་དམག་མི་བརྒྱ་སྐོར་ཐོག རྫོང་འགོ་བསྐོ་བཞག་བྱེད་ཕྱོགས་ཐད། དཀར་སྟོད་ཤོག་དང་། དཀར་སྨད་ཤོག ནག་ཅུ་ཤོག རྗེ་སྟོད་ཤོག རྗེ་སྨད་ཤོག་བཅས་ཀྱི་ཁྲལ་བསྡུ་ཁྲིམས་གནོན་བྱེད་པོ་ཁྱུང་དཀར་སྟེང་ཆེན་དུ་གནས་ལྔ་པའི་རྫོང་སྡོད་སེར་སྐྱ་ཉིས་སྤྲེལ། ཁྱུང་སེར་བྱ་ཟེ་ཤོག་དང་སྐར་ཁང་ཤོག་གཉིས་ཀྱི་ཁྲལ་བསྡུ་ཁྲིམས་གནོན་བྱེད་པོ་གནས་ལྔ་པ་སེར་ཚ་རྫོང་སྡོད་སེར་སྐྱ་ཉིས་སྤྲེལ། ཡི་ཐ་ཤོག་དང་། དྲུག་ཅུ་ཤོག ཧོར་འབྲོག་ཤོག བོན་ཐ་ཤོག་བཅས་ཀྱི་ཁྲལ་བསྡུ་ཁྲིམས་གནོན་བྱེད་པོ་གནས་ལྔ་པ་ཧོར་སྨྲ་

ཆེན་རྫོང་སྟོད་སེར་སྐྱ་ཉིས་སྤྲེལ། ཨར་སྨད་ཤོག ཨར་སྟོད་ཤོག སོག་སྟེ་སྟོད་སྨད་ཤོག རྫ་གཞུང་ཤོག བྲའོ་ཤོག གེ་མོ་ཤོག བེ་རུ་ཤོག་བཅས་ཀྱི་ཁྲལ་བསྡུ་ཁྲིམས་གནོན་བྱེད་པོ་གནས་ལྔ་པ་ཨར་རྫ་བེ་སོག་འགོ་པ་སེར་སྐྱ་ཉིས་སྤྲེལ་སོགས་གཏོང་དགོས་སྲོལ་བཞིན་ས་གནས་ཀྱི་སྲིད་འཛིན་རིམ་པ་བཞིན་དུ་ཚགས་ཆུད་པར་བཙུགས། དེ་ནས་སྤྱི་ཕྱིར་བྱང་སྤྱི་ལས་ཐོག་རིམ་པ་ལྔ་བྱུང་། གོང་དུ་བརྗོད་ཟིན་པ་ལྟར། བྱང་སྤྱི་དེ་དག་ནི་ཧོར་སྤྱི་དང་མི་འདྲ་བར། ཧོར་སྤྱི་མཁན་རིམ་རེས་མོས་གཏོང་སྲོལ་ལས་བྱང་སྤྱི་མཁན་རིམ་སྤྲེལ་པོ་ཞེས་རྩེ་དྲུང་མཁན་ཆུང་དང་ཤོད་དྲུང་རིམ་བཞིའི་གོ་གནས་ཡོད་པ་སྤྲེལ་པོ་གསར་བསྐོ་བགྱིས་ཏེ་གཏོང་བ་དང་། རིམ་བཞིན་དུ་དེ་འོག་ལས་བྱ་རྩེ་དྲུང་དང་། ས་སྲུང་མགོ་འདོམས་སོགས་ཀྱི་སྲིག་གཞིར་འགྱུར་བ་བཏང་བའི་ཐོག དེ་སྔའི་བྱང་རིགས་སྟེ་བཞི[12]དང་། ཏ་དྲུག[13]གི་ཡུལ་ཁམས་ས་གནས་རྫོང་འགོ་ཁག་དྲུག་ཏུ་བགོས་ཏེ་ཁྲལ་འབབ་བསྡུ་ལེན་དང་། སྲིག་ཁྲིམས་གནོན་སྡེམས་ཀྱིས་སྟོད་ནག་ཚང་ནས་སྨད་ཁྱུང་པོ་སྟེང་ཆེན་བར་གྱི་རྫོང་གཞིས་བཅོ་བརྒྱད་དུ་གྲགས་པའི་ས་ཁུལ་ལ་འགོ་འདོམས་བྱས། བྱང་སྤྱི་ལས་ཐོག་དང་པོ་ནི་རྩེ་དྲུང་མཁན་ཆུང་པ་ལྷ་བ་ཐུབ་བསྟན་འོད་ལྡན་དང་། ཤོད་དྲུང་རིམ་བཞི་གསུམ་མདོ་བ་རྒྱལ་མཚན་ཡོན་ཏན་སེར་སྐྱ་ཟུང་སྤྲེལ་ཡིན། བྱང་སྤྱི་ལས་ཐོག་གཉིས་པ་ནི་རྩེ་དྲུང་མཁན་ཆུང་ལྷའུ་ཏ་ར་ཐུབ་བསྟན་བསྟན་དར་དང་། ཤོད་དྲུང་རིམ་བཞི་ཞྭ་སྒབ་པ་བློ་གསལ་དོན་གྲུབ་སེར་སྐྱ་ཟུང་སྤྲེལ། བྱང་སྤྱི་ལས་ཐོག་གསུམ་པ་ནི་རྩེ་དྲུང་མཁན་ཆུང་ཐུབ་བསྟན་བཟང་པོ་དང་། ཤོད་དྲུང་རིམ་བཞི་ར་ས་རྒྱ་ཐན་པ་ཕུན་ཚོགས་དབང་རྒྱལ་སེར་སྐྱ་ཟུང་སྤྲེལ། བྱང་སྤྱི་ལས་ཐོག་བཞི་པ་ནི་རྩེ་དྲུང་མཁན་ཆུང་ཐུབ་བསྟན་བསྟན་བྱང་ཆུབ་དང་། ཤོད་དྲུང་རིམ་བཞི་སློན་གླིང་པ་འཇམ་དབྱངས་རྒྱལ་མཚན་སེར་སྐྱ་ཟུང་སྤྲེལ། བྱང་སྤྱི་ལས་ཐོག་ལྔ་པ་ནི་རྩེ་དྲུང་མཁན་ཆུང་ཐོན་པ་བློ་བཟང་བསྟན་འཛིན་དང་། ཤོད་དྲུང་རིམ་བཞི་སྨན་སྟོད་པ་བློ་བཟང་དབང་འདུས་སེར་སྐྱ་ཟུང་སྤྲེལ་བཅས་བོད་རབ་བྱུང་བཅུ་དྲུག་པའི་ས་མོ་ཕག་སྟེ་སྤྱི་ལོ1959ལོ་བར་དུ་སྤྱི་ཕྱིར་བྱང་སྤྱི་ལས་ཐོག་ལྔ་བྱུང་། དེ་དག་གི་རྒྱུ་མཚན་གསལ་པོ་གཤམ་དུ་བཀོད་པའི་རེའུ་མིག་གཉིས་པ་བྱང་སྤྱི་ལས་ཐོག་རིམ་བྱོན་གྱི་གནས་ཚུལ་རེའུ་མིག་ཏུ་གསལ།

གསལ་བཤད། རེའུ་མིག་ཏུ་རྟགས※བཀོད་པ་ནི་གནས་སྐབས་སུ་གཏན་མ་ཁེལ་བར་ཞིབ་འཇུག་བྱ་རྒྱུར་ལུས།

རེའུ་མིག་གཉིས་པ། བྱང་སྤྱི་ལས་ཐོག་རིམ་བྱོན་གྱི་གནས་ཚུལ་རེའུ་མིག(སྤྱི་ལོ1942—སྤྱི་ལོ1959)

བྱང་སྤྱིའི་ལས་ཐོག	རྩེ་ཤོད་དྲུང་རིགས།	སྐྱི་ཁྲབ་པ།	ལོ་དུས།(སྤྱི་ལོ)	སྔར་གནས་ལས་ཚན།	འགོ་ལེན་གྱི་རྒྱུ་མཚན།
ལས་ཐོག་དང་པོ།	རྩེ་དྲུང་མཁན་ཆུང་།	པ་ལྷ་ཐུབ་བསྟན་འོད་ལྡན།	1942—1946	རྩེ་མགྲོན་ཐོག་མགྲོན་གཉེར་ཆེན་མོ་ཐུབ་བསྟན་ངག་དབང་མཆོག་གི་ལས་ཚབ་ཏུ…ནག་ཆུ་ཁར་རྒྱལ་བའི་ཡང་སྲིད་ཀྱི་ཕེབས་བསུར་བསྐྱོད།	མི་ཕག་ལོར་མགྲོན་གཉེར་ཆེན་མོར་གནས་སྤར་བསྐོ་བཞག་བྱས།
	ཤོད་དྲུང་རིམ་བཞི།	གསུམ་མདོ་བ་རྒྱལ་མཚན་ཡོན་ཏན།		ཤིང་རྟ་ལོ་སྟེ1954ལོར་རང་ལོ49དང་། མེ་གླང་ལོ་ལས་ཚན་ཆུང་ཁའི་གདན་ཐོབ་སྐུལ་ཐོག་ལྕགས་སྦྲུལ་ལོ་ཞབས་སྟོད་ཞུས། ལས་མེད་རིམ་བཞི།[14] སྤུ་ཕྱིར་རིན་སྤུངས་རྫོང་སྡོད་དང་། ཕག་རི་བལ་ཤོ་སོགས་བྱས་མྱོང་།	※
ལས་ཐོག་གཉིས་པ།	རྩེ་དྲུང་མཁན་ཆུང་།	ལྷའུ་རྟ་ར་ཐུབ་བསྟན་བསྟན་དར།	1946—1950	ས་སྟག་ལོ་སྟེ1938ནས་ཤིང་བྱ་ལོ་སྟེ1945ལོའི་བར་རྩེ་མགྲོན་ལོ་བརྒྱད་བྱས།	ལྕགས་སྟག་ལོ་སྟེ་སྤྱི་ལོ1950ལོར་དྲུང་ཡིག་ཆེ་མོ་དང་། བོད་ལྗོངས་དམག་སྤྱི་ཁང་གི་སྤྱི་…འདོམས། གཞུང་རྩིས་ཞིབ་ཁང་དོ་དམ་པ་ཚོར་སྐྱོགས།
	ཤོད་དྲུང་རིམ་བཞི།	ཞྭ་སྒབ་རྒན་པ་བློ་གསལ་དོན་གྲུབ།		ཤིང་རྟ་ལོ་སྟེ1954ལོར་རང་ལོ49དང་། ཆུ་ཕག་ལོ་ཞབས་སྟོད་ཞུས། ད་ལྟ་རྩ་གཉེར་རིམ་བཞི།[15]	※
ལས་ཐོག་གསུམ་པ།	རྩེ་དྲུང་མཁན་ཆུང་།	ཐུབ་བསྟན་བཟང་པོ།	1950—1952	※	མི་སེར་ལ་འཕར་བཏབ་བཏང་རྐྱེན་ཕྱིར་འཐེན།
	ཤོད་དྲུང་རིམ་བཞི།	ར་ས་རྒྱ་རྟན་པ་ཕུན་ཚོགས་དབང་རྒྱལ།		ཤིང་རྟ་ལོ་རང་ལོ49ཤིང་བྱི་ལོ་སྟེ1924ལོར་ཞབས་སྟོད་ཞུས།[16]	ཤིང་རྟ་ལོ་སྟེ་སྤྱི་ལོ1954ལོར་ལས་མེད་རིམ་བཞི།[17]
ལས་ཐོག་བཞི་པ།	རྩེ་དྲུང་མཁན་ཆུང་།	ཐུབ་བསྟན་བྱང་ཆུབ།	1952—1956	གནས་བཞི་པ་ཞབས་འཕར་དོ་དམ།	※
	ཤོད་དྲུང་རིམ་བཞི།	སློན་གླིང་པ་འཇམ་དབྱངས་རྒྱལ་མཚན།		གནས་དྲུག་པ་བཀའ་དྲུང་ནས་དམིགས་བསལ་གནས་སྤར།	※

ལས་ཐོག་ལྔ་པ།	ཚེ་དྲུང་མཁན་ཆུང་།	ཐོན་པ་བློ་བཟང་བསྟན་འཛིན།	1956—1959	※	※
	ཤོད་དྲུང་རིམ་བཞི།	སྨན་སྟོད་པ་བློ་བཟང་དབང་འདུད།		ཤིང་རྟ་ལོ་སྤྱི1954ལོར་རང་ལོ36དང་། ཤིང་ཕྲི་ལོ་ཞབས་སྟོད་ཞུས། ད་ལྟ་བླ་བྲང་ཕྱག་མཛོད།[18]	※

བཞི་པ། རྩེར་སྤྱི་དང་བྱང་སྤྱིའི་འཕོ་ལེན་བསྐོ་རྫོང་ལམ་ལུགས།

རྩེར་སྤྱི་སྟེ་རྩེར་ཚོ་པ་སོ་དགུའི་སྤྱི་ཁྱབ་ཀྱི་བསྐོ་བཞག་ནི་གནས་བཞི་པའི་རྩེ་དྲུང་མཁན་ཆུང་དང་ཤོད་དྲུང་རིམ་བཞི་རེས་འཁོར་དང་། བྱང་སྤྱི་སྟེ་བྱང་རྒྱུད་སྤྱི་འདོམས་ཀྱི་བསྐོ་བཞག་ནི་གནས་བཞི་པའི་རྩེ་དྲུང་མཁན་ཆུང་དང་ཤོད་དྲུང་རིམ་བཞི་སྤྲེལ་པོར་བསྐོ་རྫོང་བྱེད་དགོས། རྩེར་སྤྱི་དང་བྱང་སྤྱི་གཉིས་ཀ་རྒྱས་དཔྱད་འཆར་གཞི་ཕྱག་རྟགས་བཞིན་ལོ་བཞི་རེའི་མཚམས་སྤྱི་ཁྱབ་པ་གསར་རྗེད་བརྗེ་ལེན་བྱེད་པ་དང་། ལས་ཐམ་དང་སྤྱི་ཁྱབ་པ་ངོ་ལས་ཀྱི་ཐབ་རྟེན་ས་ཞིང་རྫིས་ལེན་གྱིས། རྩེར་སྤྱི་རྩེ་ཤོད་རིམ་བཞི་ངོ་ལས་ས་སྲུང་ཊུ་དམག་དང་བཅས་གཞུང་ས་ནས་གསར་དུ་བསྐོ་རྫོང་། བྱང་སྤྱི་ལས་བྱ་བརྒྱ་དཔོན་དང་བཅས་གཞུང་ས་ནས་གསར་དུ་བསྐོ་རྫོང་བྱེད་དགོས། ཞར་དུ་རྩེར་སྤྱི་ལས་ཐོག་དང་པོ་མཁན་ཆུང་གྲགས་པ་རྣམ་རྒྱལ་དང་གཉིས་པ་རིམ་བཞི་སྨན་སྤེལ་བའི་ལས་ཐམ་བཀོད་པ་གཤམ་གསལ་དུ།

རྩེར་སྤྱི་ལས་ཐོག་དང་པོ་མཁན་ཆུང་
གྲགས་པ་རྣམ་རྒྱལ་གྱི་ལས་ཐམ།

རྩེར་སྤྱི་ལས་ཐོག་གཉིས་པ་རིམ་བཞི་སྨན་སྤེལ་བ་
བསོད་ནམས་རྒྱལ་པོའི་ལས་ཐམ།

ཐམ་གའི་ཞལ་རིས་སུ། ཧོར་སྤྱིའི་ཐམ་ག་རྒྱལ་ཞེས་པ་དང་ཧོར་སྤྱི་རྣམ་པར་རྒྱལ་བའི་ལས་ཐམ་ཞེས་པའི་ཐམ་རིས་ཁག་གཉིས། དེ་བཞིན་དུ། ཧོར་སྤྱི་དང་བྱང་སྤྱིའི་འཕོ་ལེན་གྱི་ལམ་ལུགས་ནི། རྒྱས་དཔྱད་འཆར་གཞི་ཕྲུག་རྟགས་བཞིན་ལོ་གསུམ་སོང་བའི་འགྲོའི་མཚམས་སོ་སོར་འཕོ་ལེན་བསྐོ་ཛོང་སྐབས་སུ། བཀའ་ཤག་ནས་དོན་གནད་དག་སྐྱིལ་མི་སྣ་ཆེད་ཛོང་གིས་དངོས་དོན་གསལ་ཁ་ཐོན་རྗེས། སྤྱི་ཁྲབ་པ་གསར་རྙིང་དབར་རྩིས་ལེན་སྦྲོད་ཁྲ་འདྲ་གཉིས་བཀོད་དེ། སྤྱི་གསར་གྱིས་ག་སེལ་མཛད་རྒྱུ་དང་སྤྱི་རྙིང་གིས་སྤྱི་གསར་ལ་ཁ་འཕངས་མེད་པའི་ཁུངས་སྐྱིལ་ཞུ་འཛིན་བཀོད་དེ་འཕོ་ལེན་བསྐོ་ཛོང་གྲུབ་ཟིན། འདིར་འབྲེལ་ཡོད་ཀྱི་ཡིག་ཆ་ཁག་གཉིས་དཔེར་མཚོན་ཙམ་དུ་བཀོད་ན།

དཔེར་བརྗོད་དང་པོ། སྦྲོད་ཁྲ་འདྲ་གཉིས་སྤྱི་གསར་རིམ་བཞི་སྙན་སྤེལ་བ་ནས་ཤར་རྒྱུ།

ཚ་ཁྲི། ཧོར་ཚོ་པ་སོ་དགུའི་སྤྱི་ཁྲབ་རྩེ་ཤོད་རིམ་བཞི་ངོ་ལས་རེ་འཕོར་ཐོག་ས་སྲུང་ཏུ་དམག་ཡང་དབུས་གཙང་འགྲོ་རེས་ཀྱིས་བསྟུད་རྒྱུན་ལོ་བཞི་རེའི་མཚམས་གསར་རྙིང་བརྗེ་ལེན་མཛད་རྒྱུའི་རྒྱས་བཅད་བཞིན་ཐོག་མའི་ཧོར་སྤྱི་མཁན་ཆུང་གྲགས་རྣམ་འདུས་ཚབ་གསར་པ་རིམ་བཞི་སྙན་སྤེལ་བར་གོང་གསལ་རྗེས་མཇུག་ནས་སྐུ་གསུང་ཐུགས་རྟེན། ཡིག་རིགས། ཁང་དངོས། རྟ་ནོར་རྭ་ལུག་སོགས་སྦྲོད་རིགས་སྤྱི་དང་། གསར་རྙིང་སྦྲོད་མཚམས། གཞུང་རྩིས་ཞུ་ལུགས་བཅས་ཀྱི་གཞུང་ཁྲ་འདྲ་གཉིས་བཀོད་པར། སྤྱི་གསར་རིམ་བཞི་སྙན་སྤེལ་བ་ནས་ལྕགས་བྱ་ཟླ6ཚེས12ཉིན་ལས་ཐམ་དང་། ངོ་ལས་ཀྱི་ཐབ་རྟེན་ས་ཞིང་བཅས་རྩིས་ལེན་ཟིན་འབྲེལ་གཞུང་དོན་ཆེ་ཕྲ་དང་། ཁྲིམས་འདོམས་མཛད་དེ་ཁྲིམས་ཤུགས་རྩིས་ཞུ་བཅས་གསར་པས་མཛད་རྒྱུ་དང་། ཚ་ཁྲི་ཟླ1ཚེས1ནས་བཟུང་ས་ཁྲལ་ཁྲིམས་གང་ཅི་གསར་པས་མཛད་གཤིས་རྙིང་པར་ཁ་འཕངས་མེད་པ་མཛད་རྒྱུ། ལྕགས་བྱ་ལོའི་གཞུང་འབབ་ལོ་ཁྲལ་ཆེ་ཕྲ་གང་ཅི་རྙིང་པའི་རྗེས་མཇུག་ནས་བསྡུ་ལེན་གྱིས་སྤྱི་གསར་ངོ་ལས་ཀྱི་ཐོགས། གསར་པའི་ས་སྲུང་གྲྭ་བཞི་ཏུ་

དམག་གི་ཕོགས་ཐོབ་བཅས་ཚུ་ཁྲི་ཟླ10ཚེས25བར་ཉིང་པས་སྤྱོད་རྒྱུག་དང་འབྲེལ་གཞུང་འབབ་རྩིས་ཞུ་དང་། ཕྱོགས་མཚུངས་དེ་ལོའི་ཟླ་ཆེན་གྱི་གཏོང་འབབ་ཇི་ཡོད་ཉིང་པས་བསྡུས་འབྲེལ་དགོས་ཀྱི་མཆོད་ཐེབ་གཏོང་སྒོ་སོགས་གོང་མཚམས་བར་གསར་པར་ཁ་འཕངས་མེད་པ་ཉིང་པས་བྱེད་རྒྱུ། དེ་འབྲེལ་མི་འབྲུག་སྤྱོད་ཐོ་ནང་གསལ་གྱི་ཇ་དང་། འབྲུ་རིགས་ད་ལམ་གསར་པར་རྩིས་སྤྱོད་མ་བྱུང་གཞིས་བསྡད་སོང་གཞུང་རྩིས་ཉིང་པས་བྱེད་རྒྱུ་སྨོས་མེད་ཐོག་སྐུ་རྟེན་མཆོད་ཆས། ཕྲ་བརྒྱན། དངོས་རིགས་བཅས་སྤྱོད་བཤེར་སྐབས་ཆད་རིགས་ལ་བཀའ་དགོངས་བཞིན་རིན་འབབ་གཞུང་འབུལ་ཞུ་དགོས་ཕེབས་པ་ལྟར་ཆད་ཁྲ་ཟུར་གསལ་རིན་འབབ་ཇི་ཐོབ་གསར་པར་ཁ་འཕངས་མེད་པ་ཉིང་པས་མགོ་དགུས་གདོང་དག་བྱེད་རྒྱུ་ཟིན་པ་བཅས་ཕུད། དེ་བྱིངས་ཡིག་རིགས་དཀར་ཆག་གསར་ཉིང་ཐེའུ་འབྱར་ནང་གསལ། ཛོང་ཁང་ལེ་ལག འཛིན་དངོས་འཆར་འཕར། ཧ་ནོར་ར་ལུག་སྤྱོད་ཐོ་ཟུར་གསལ་ལྟར་བཅས་ཉིང་པས་གསར་པར་རས་སྤྱོད་ཟིན་དོན་སྣར་གསར་པས་ཁུངས་སྐྱེལ་བྱེད་རྒྱུ་བཅས་སྤྱི་གསར་རིམ་བཞི་སྣན་སྤེལ་བའི་རྟགས། སྤྱི་ཉིང་རྗེས་མཇུག་ངོ་མ་ཚེ་དབང་གི་རྟགས། དཔེར་བརྗོད་གཉིས་པ།

ཧོར་སྤྱི་ཉིང་པ་ཀ་ཤོད་པས་དངོས་གཞུང་ལྟར་སྤྱི་གསར་ལ་ཁ་འཕངས་མེད་པ་ཁུངས་སྐྱེལ་ཞུ་འཛིན། ག་རྒྱའི་འབྲི་ཐུར་དངོས་པོ་ལག་ཡོད་གཞུང་ཁྲ་ཨང41ནང་གསལ་སྐྲེད་གྱི་རྩེ་སག་ཤུན་ཉིང་སོང་འཕྱུར་ཕྲ་ཚུང་ངུ་ཡོད་པ་གཅིག་ཆད་པ་རིང་མིན་དངོས་མདོག་རྩིས་འབུལ་ཞུ་རྒྱུ་མ་ཟད། བོན་ཐ་དཔོན་རྒྱལ་ཚེའི་དངོས་པོ་ལག་ཡོད་གཞུང་ཁྲ་ཨང43འཁོད་གསལ་གཙུ་ནང་གི་བོན་ལུགས་མཁའ་འགྲོའི་སྐུ་ཡི་མ་གཅིག་ཅེས་པ་ད་ལམ་ཆད་སོང་བ་སྐུ་དེ་ག་གསང་གྲུགས་ཀྱི་འབྲི་ཐུར་དངོས་པོ་ལག་ཡོད་གཞུང་ཁྲ་ཨང62འཁོད་གསལ་རས་འཇར་ཨང1འཁོད་པའི་ཀོ་དམར་ལག་སྐམ་ནང་དངུལ་གྱི་སབྲལ་པང་རྟག་བརྒྱད་ཚ་གསེར་ཅན་བྱིན་རྟེན་རང་འགྲིགས་ཞེས་པ་དེའི་ནང་ནོར་འཁྲུལ་གྱིས་འཇུན་ཐལ་གྱུར་བདུན་པ་སྣར་དངོས་པོ་ཞིབ་བཤེར་སྐབས་གོང་གསལ་གཙུ་ནང་ནས་སྐུ་འདི་ལོན་ན་སྨོས་མེད། དེ་མིན་སྤྱི་གསར་མཆོག་ལ་ཁ་འཕངས་མེད་པ་ཁུངས་བསྐྱེལ་གླེང་མེད་ཞུ་འཛིན་དུ། ཧོར་སྤྱི་ཉིང་པ་རིམ་བཞི་ཀ་ཤོད་པས། ས་སྦྲུལ་ཟླ11ཚེས1ལ།

ལྔ་པ། བོད་སྤྱི་སྤེ་ཁག་གི་ལོ་རྒྱུས་ཡིག་ཚགས་ཀྱི་སྐོར།

1. གཞུང་སའི་སྲིད་དོན་གྱི་སྐོར།

2. ལས་ཚན་བསྐོ་འཐེན་གྱི་སྐོར་ལ། ཧོར་སྤྱི་མཁན་རིམ་ལས་རེས་དང་། བོད་སྤྱི་མཁན་ནང་སྤེལ་པོ། ལས་བྱ་སེར་སྐྱ་ཞིས་སྤེལ། ལས་བྱ་སྲུང་དམག་དང་བཅས་པ། ས་སྲུང་འགོ་འདོམས། ས་སྲུང་དམག་དཔོན། ས་སྲུང་རུ་དཔོན། ས་སྲུང་བརྒྱ་དཔོན། ཧོར་ཁུལ་ཁྲལ་བསྡུའི་དོ་དམ། བོད་བརྒྱུད་ཕོགས་འབྲུ་

ངོ་དམ་མགྲོན་ལས། ནག་ཆུ་འགོ་སྤྱིལ། ནག་ཚང་འགོ་སྤྱིལ། སྤྲ་ཆེན་རྫོང་སྤྱིལ། འབྲི་རུ་རྫོང་། གནམ་རུ་འགོ་པ། བྱང་རིགས་རུ་དྲུག་འགོ་དཔོན། ལྷ་རི་རྫོང་སྡོད། ཧོར་ཁུལ་ཁྲལ་བསྡུ་དོ་དམ། ལྷོ་རྫོང་བརྒྱ་དཔོན། ལྷོ་རྫོང་རྫོང་སྡོད་སྤྱིལ་པོ། རྣམ་པ་སོགས་ལས་ཚན་ཁག་གི་བསྐོ་བཞག་དང་འཕོ་ལེན་གྱི་སྐོར་གྱི་གཞུང་ཡིག

3. ཆབ་འབབ་བདེ་སྡུག་གི་སྐོར།

4. ས་མཚམས་སྲུང་འདོམས་ཀྱི་སྐོར་ལ། ས་འགག་འདུ་གནད་ཁག་ཏུ་སྲུང་འདོམས། ཆུ་རྩེ་སོ་སྲུང་། སེར་ཚ་ས་སྲུང་གཙང་མདའ་མཚོ་སྔོ་བ། ལྒགས་ཟམ་ས་སྲུང་། རི་ལྒགས་ས་སྲུང་། ཕོད་ཧྲ་ས་སྲུང་། ཧེ་ན་སོ་སྲུང་། མཚོ་ལྡིའི་སོ་སྲུང་། བོན་ཐ་ས་སྲུང་། ཁྲ་བོ་ཇ་ལམ་ཁུལ་གྱི་ས་སྲུང་། ཚ་སྡེ་ཇ་ལམ་རྒྱུད་ཀྱི་ས་སྲུང་གནས་ཚུལ།

5. བྱུས་ཉེས་ཁྲིམས་འདོམས་ཀྱི་སྐོར་ལ། རྒྱུ་དངོས་འཕྲོག་འཇིར། སྒོ་ཕྱུགས་ཇག་འདེད། མི་བསད་གྱོད་དོན། འབམ་ཚོང་ཕྱུས་སྐྱུར། འབུ་ཕྱུས་ཚོང་གི་གྱོད་དོན། ས་མཚམས་དང་རྩྭ་སའི་དཔྱད་མཚམས། ཕན་ཚུན་རྐུ་ཇག་མི་རྒྱག་པའི་མནའ་གན། མི་རྩྭའི་ཟློས་སྐོར་ལ་བཏང་བའི་དཔྱད་ཁྲ། ས་སྡེའི་ཟློས་གཞི་སྐོར་གྱི་ཁྲ་མ། དཔྱད་མཚམས་ཁྲ་མ། འདུམ་ཁྲ། དཔྱད་ཐེམ། འདྲ་བཤུས། བྱུས་ཉེས་འབྲུན་གཅོད། དཔེར་ན། བོད་རབ་བྱུང་བཅུ་དྲུག་པའི་ཆུ་སྤྲེལ་ལོ་སྟེ་སྤྱི་ལོ1932ལོར་ཧོར་ཚོའི་ཁོངས་ནག་ཆུ་དང་། འདམ། གནམ་རུ། འབྲི་གུང་། ལྷ་རི་སོགས་ནས་ཕན་ཚུན་དགྲ་ཇག་སོགས་མི་བྱ་བའི་གླང་དོར་གྱི་བསྒྲིགས་གན་རྒྱ་ལྔ་བུ།

6. དམག་དོན་གྱི་སྐོར།

7. ནོར་སྲིད་གཏོང་ཡོང་གི་སྐོར། ཧོར་ཚོ་ཁུལ་གྱི་ལོ་ལོའི་ཞིབ་གསལ་ཁྲལ་འབབ་གཞུང་འབུལ་སྐོར། འབབ་ཡོང་རྩིས་ཁྲ། རྩྭ་འབབ་བྱུང་འཛིན། འབྲུ་འབབ་བསྡུ་ལེན། ལོ་འབབ་ཇ་འབྲུ། ཤ་འབབ་བསྡུ་གཞུང་། གཞུང་སའི་འབབ་འབྲུ་བསྡུ་གཏོང་། ཤ་ཁྲལ། རྩྭ་བོགས། རྩྭ་ཤ ཚོང་ཟོག་ཤ་ཁྲལ། གྲྭ་ཁྲལ། ཧོར་ཚོ་ཁུལ་ནས་གཞུང་འབབ་རྩྭ་ཤ་བལ་ཇ་དང་། རྩྭ་སྨན་སོགས་ཀྱི་ཁྲལ་བསྡུའི་ངོ་དམ།

8. ཆོས་ལུགས་མཛད་སྒོའི་སྐོར། རྒྱལ་མཆོག་རིན་པོ་ཆེར་ཞབས་བརྟན་རིམ་གྲོ་སྒྲུབ་པའི་ཕྱུལ་སྙན། ཞབས་བརྟན་རིམ་གྲོའི་འགྲོ་སོང་གི་ཐོ། དགོན་ཁག་ལ་ཞབས་བརྟན་བཙལ་ཡིག དགུང་གེག་ཞབས་བརྟན། དགུང་རྫོགས་ཞབས་བརྟན། ཞབས་རིམ་སྒྲུབ་ཐོ། དགོན་པའི་ཆོས་ཁྲིམས་འགལ་མེད་སྲུང་གླང་ཞུ་རྒྱུའི་གན་རྒྱ།

མཆན།

[1] སྡེ་ཁག་ཅེས་པ་ནི་ཡིག་ཚགས་རིག་པའི་བརྡ་ཆད་ཅིག་ཡིན་པ་སྟེ། དབྱིན་ཇིའི་སྐད་དུ“Fund”དང་རྒྱ་སྐད་དུ“

全宗”ཞེས་པ་དོན་བསྒྱུར་གྱིས་བོད་སྐད་དུ་ཆགས་པ་ཡིན། དེའི་གོ་དོན་ནི་ལས་ཁུངས་སམ། ཚོགས་པ། ཁེ་ལས། དེ་མིན་མི་སྣ་སྐད་གྲགས་ཅན་མི་སྒེར་གྱིས་སྤྱི་ཚོགས་ཀྱི་བྱེད་སྒོའི་ལག་ལེན་ཁྲོད་ནས་གྲུབ་པའི་ཡིག་ཚགས་ཡན་གར་བའི་ཚོགས་སྤྱི་ཞིག་ལ་ཟེར། དཔེར་ན་འབྲས་སྤུངས་དགོན་པའི་སྡེ་ཁག་གི་ལོ་རྒྱུས་ཡིག་ཚགས། བཀའ་ཤག་སྡེ་ཁག་གི་ལོ་རྒྱུས་ཡིག་ཚགས། ལྷ་ཀླུ་སྡེ་ཁག་གི་ལོ་རྒྱུས་ཡིག་ཚགས་ལྟ་བུ།

[2] 安志敏、尹泽生、李炳元，申扎、双湖的旧石器和细石器，《考古》，1979（6）。

[3][4][5]《ཧོར་ཚོ་སོ་དགུའི་ལོ་རྒྱུས་མདོར་བསྡུས།》 བཀྲ་བ་སོགས་ཀྱིས་བརྩམས། ནག་ཆུ་ས་གནས་སྲིད་གྲོས་དབུ་བཙུགས་ནས་ལོ་སུམ་ཅུ་འཁོར་བར་རྟེན་འབྲེལ་ཞུ་བའི་ཆེད་བསྒྲིགས། ནག་ཆུ་ས་གནས་སྲིད་གྲོས་ལོ་རྒྱུས་རིག་གནས་དཔྱད་གཞིའི་རྒྱུ་ཆ་ཕྱོགས་སྒྲིག་ཁང་ནས་བསྐྲུན། ཤོག་གྲངས2སྟེང་། ནག་ཆུའི་ལོ་རྒྱུས་རིག་གནས་དཔྱད་གཞིའི་རྒྱུ་ཆ་བདམས་བསྒྲིགས། འདོན་ཐེངས་བཅོ་བརྒྱད་པ། སྲིད་གྲོས་ནག་ཆུ་ས་གནས་ཨུ་ཡོན་ལྷན་ཁང་ལོ་རྒྱུས་རིག་གནས་དཔྱད་གཞིའི་རྒྱུ་ཆ་ཕྱོགས་སྒྲིག་ཁང་གིས་བསྒྲིགས། བོད་ལྗོངས་མི་དམངས་དཔེ་སྐྲུན་ཁང་གིས2010ལོའི་ཟླ7པའི་ནང་པར་དུ་བཏབ། ཤོག་ངོས201、201、31པ་བཅས་སུ་གསལ།

[6][7][8][11] The Shing-byi Roll, Aristocracy And Government In Tibet1728—1959, Luciano Petech, Roma, 1973. Page241、24、246、241.

[9] མི་འབྲུག ཤོད་དྲུང་རྣམས་ཀྱི་མཚན་ཐོ་དགེ གཞུང་ཡིག བོད་རང་སྐྱོང་ལྗོངས་ཡིག་ཚགས་ཁང་དུ་ཉར་ཚགས་བྱས་ཡོད།

[10] ཧོར་ཚོ་ཁྲལ་རྫོང་ཁག་གསར་བསྐོའི་འཆར་གཞི་ཨང8པ། ཁ་བྱང་རྒྱས་པར་བཀའ་ཤག་གིས་ཧོར་སྤྱི་མེད་པ་བཟོས་ཏེ་སྲིད་འཛིན་རྫོང་ཁ་ཤས་དང་། བྱང་སྤྱི་གསར་འཛུགས་བྱ་རྒྱུའི་སྐོར་སོགས་སྲིད་སྐྱོང་ལ་ཕུལ་འཆར་ཞེས་ཟེར། འཆར་གཞི་འདི་ནི་ལུགས་སྲོལ་ལོར་བཀའ་ཤག་གིས་ཧོར་སྤྱི་མེད་པ་བཟོས་ཏེ་སྲིད་འཛིན་རྫོང་ཁ་ཤས་དང་། བྱང་སྤྱི་གསར་འཛུགས་བྱ་རྒྱུའི་སྐོར་སོགས་སྲིད་སྐྱོང་སྟག་བྲག་ངག་དབང་གསུང་རབ་མཐུ་སྟོབས་བསྟན་པའི་རྒྱལ་མཚན་ལ་ཕུལ་བའི་འཆར་གཞི་ཞིག་ཡིན་ལ། ལུགས་སྲོལ་བོད་ཟླ12པའི་ཚེས13ཉིན་སྲིད་སྐྱོང་གིས་ཞབ་འཇུག་སོང་།

[12] སྔར་གྱི་བརྗོད་སྲོལ་ཞིག་སྟེ་ད་ལྟའི་ནག་ཆུ་རྫོང་དང་ཨ་མདོ་རྫོང་གཉིས་ཀྱི་ཁོངས་སུ་གཏོགས་པའི་སའི་ཆར་དེ་སྔ་ཆུ་བྱང་རིགས་སམ་ཡང་ན་བྱང་རིགས་སྡེ་བཞིར་འབོད། བཤད་སྲོལ་གཞན་ཞིག་ནི་གཞུང་སོག་ལྔ་བྱང་དང་། བར་ཐ། ཨ་མདོ། གསང་གཞུང་བཅས་བཞིར་འདོད། ཡང་ལ་ལས་གཞུང་སོག་ལྔ་བྱང་དང་སྒེར་པ་ཕུད་པའི་གསང་གཞུང་དང་། བར་ཐ། ཨ་མདོ། ཧོར་སྨད་བཅས་བཞིར་རྩི་མཁན་ཡང་ཡོད་པར་སྣང་། ཆུ་བྱང་རིགས་ཞེས་འབོད་པའི་རྒྱུ་མཚན་ཡང་རྒྱལ་མོ་རྔུལ་ཆུའི་ཆུ་ཕུག་སྟེ་ནག་ཆུ་གཙང་པོའི་རྩེ་སྟོད་ཀྱི་ལྔ་བྱང་རྒྱུད་ལ་གནས་ཡོད་པས་མིང་དེ་ལྟར་ཐོགས་པའོ།

[13] དེ་སྔའི་བྱང་རིགས་ས་ཁུལ་དུ་ཤོག་ཁའམ་ཚོ་ཤོག་ལྔ་བཅུ་ང་གསུམ་ཡོད་པ་དེ་རྣམས་ཅུ་དྲུག་ཏུ་ཕྱེས་ཡོད་པ་སྟེ། ཅུ་དང་པོ་ནི། བར་ཐ་སྒེར་གཞུང་དགུ་ཡོད་པའི་ནང་ནས་སྡེ་གསར་ཤོག་དང་། འབུ་ཐར་ཤོག ཅུ་ཆེན་ཤོག དབྱིས་

ཆེན་ཤོག དབྱིས་ཆུང་ཤོག་བཅས་གཞུང་སྡེ་ཁག་ལྔ་དང་། གུང་སྐོར་ཤོག སྣག་སྡེ་ཤོག གཡུ་ཐོག་ཤོག རིག་སྦྱི་ཤོག་བཅས་སྐོར་སྡེ་བཞི་བཅས་དགུའོ། །དེར་སྐོར་གཞུང་འབོད་པའི་རྒྱུ་མཚན་ནི་སྐོར་པ་ཟེར་བ་སྐྱ་དྲག་དང་དགོན་སྡེ་ཁག་གི་མི་སེར་ལ་ཟེར་བ་དང་། གཞུང་ཞེས་པ་བོད་ས་གནས་སྲིད་གཞུང་གི་མི་སེར་ལ་ཟེར། ཏ་གཉིས་པ་ནི། གསང་གཞུང་སྐོར་གཞུང་དགུ་ཡོད་པའི་ནང་ལས་འ་བ་ཤོག སོ་དྲུག་ཆེ་བ་ཤོག རྨར་ཡོང་ཤོག ཐོག་ཏ་ཤོག སེམས་དཔའ་ཤོག བཀྲས་ལྡོངས་ཤོག་བཅས་གཞུང་ཤོག་དྲུག་དང་། རྩེ་གསེར་གདུང་དཀར་ཏ་ཤོག སེམས་དཔའ་ཧ་རྫི་མ་ཤོག དགའ་ལྡན་ཏ་བ་ཤོག་བཅས་སྐོར་ཤོག་གསུམ་ཡིན། ཏ་གསུམ་པ་ནི། གཞུང་སོག་ལྡོ་བྱང་ཤོག་ཁ་བཅུ་གཉིས་སྡེ་ལྡོ་མ་ཤོག་དྲུག་དང་བྱང་མ་ཤོག་དྲུག་ཡིན། དེ་དག་ནི་ཨི་ནི་ཏ་བ་ཤོག ལྡོ་མ་རང་ཤོག ནང་སོ་ཏ་བ་ཤོག མེ་མདེལ་ཏ་བ་ཤོག ཤོག་རྙིང་མ་ཤོག ཡོངས་འཛིན་ཏ་བ་ཤོག་བཅས་ལྡོ་མ་ཤོག་དྲུག་དང་། སྣག་རིང་ཤོག སྣག་གསར་ཤོག ཨ་གོང་ཏ་བ་ཤོག བ་རིང་ཏ་བ་ཤོག བརྒྱ་དཔོན་ཏ་བ་ཤོག བྱ་རིགས་ཏ་བ་ཤོག་བཅས་བྱང་མ་ཤོག་དྲུག་ཡིན། ཏ་བཞི་པ། སྐོར་པ་ཤོག་བརྒྱད་ཡོད་པ་ནི། ཞུ་ཏོག་ཤོག ཁྲི་པ་ཏ་བ་ཤོག བསྟན་རྒྱས་གླིང་ཏ་བ་ཤོག ཀུན་བདེ་གླིང་ཏ་བ་ཤོག གྲྭ་ཚང་ཏ་བ་ཤོག གསེར་ཁང་ཏ་བ་ཤོག རྒྱ་མ་ཏ་བ་ཤོག རྗེ་རིང་ཏ་བ་ཤོག་བཅས་ཡིན། ཏ་ལྔ་པ། ཏོར་སྣང་ཤོག་བཞི་ཡོད་པ་ནི། ཏ་རྙིང་ཤོག ཏ་གསར་ཤོག ཆེ་འབུམ་ཤོག འཁོར་མང་ཤོག་བཅས་ཡིན། ཏ་དྲུག་པ། ཨ་མདོ་ཤོག་བརྒྱད་ཡོད་པ་ནི། ཨ་མདོ་སྟོད་མ་ཤོག ཨ་མདོ་སྨད་མ་ཤོག སེར་དོར་ཏ་བ་ཤོག བཀྲ་ཏ་ཤོག ཤོག་ཆེན་མ་ཤོག རྒྱ་མཚོ་ཏ་བ་ཤོག ཤོག་ཆུ་ཏ་བ་ཤོག ག་རྒྱ་ཏ་བ་ཤོག་བཅས་ཡིན།

[14][15][16][17][18]ཞིང་རྟ། ཤོད་དྲུང་རྣམས་ཀྱི་མཚན་ཐོ་དགེ། གཞུང་ཡིག བོད་རང་སྐྱོང་ལྗོངས་ཡིག་ཚགས་ཁང་དུ་ཉར་ཚགས་བྱས་ཡོད།

《གྲུང་གོའི་བོད་རིག་པ།》 2012ལོའི་དེབ་གསུམ་པ་ལས་བཏུས།

༄། །མངའ་རིས་སྤུ་ཧྲེང་རྫོང་འཁོར་ཆགས་གྲོང་ཚོ་ནས་གསར་དུ་རྙེད་པའི་མནའ་གན་དང་གན་རྒྱའི་ཤོག་དྲིལ་ཁག་གཉིས་ལ་དཔྱད་པ།

ཉི་མ་ཚེ་རིང་།

སྤྱི་ལོ་ཉིས་སྟོང་བཅུ་གཅིག་གི་ཟླ་བ་བདུན་པའི་དབྱར་གནང་གི་དུས་ཚོད་བེད་སྤྱད་དེ། བདག་དགེ་བའི་བཤེས་གཉེན་ཆེན་མོ་ཁ་སྐད་བཀྲ་ཤིས་ཚེ་རིང་དང་མཉམ་དུ་མངའ་རིས་སུ་བོད་ཀྱི་རིག་གནས་རྟོག་དཔྱོད་ཞིབ་འཇུག་བྱེད་པར་བསྐྱོད་པའི་གོ་སྐབས་བཟང་པོ་ཐོབ། ལན་གྲུ་ནས་ལྷ་ས་དང་། དེ་ནས་རིམ་གྱིས་མངའ་རིས་སུ་བསྐྱོད་པ་ཡིན། ཟླ་བདུན་པའི་ཚེས་ཉེར་བཞིའི་དགུང་མོར་མངའ་རིས་སྤུ་ཧྲེང་རྫོང་དུ་འབྱོར་ནས་ཞག་མལ་གསོས་ཤིང་། ཚེས་ཉེར་ལྔ་ཉིན་གྱི་སྔ་དྲོ་སྤུ་ཧྲེང་ནས་ལམ་དུ་ཆས་ཏེ་ཚུ་ཀླུང་གྲོང་ཚོ་དང་། སོ་རྩེ་གྲོང་ཚོ། དཀྱིལ་རང་གྲོང་ཚོ། ཤང་རྩེ་གྲོང་ཚོ་སོགས་བརྒྱུད་ནས་འཁོར་ཆགས་དགོན་དུ་ཕྱིན།

དུས་རབས་བཅུ་གཅིག་པའི་དུས་འགོ་ཙམ་ལ་ཕྱག་བཏབ་པའི་དགོན་འདིའི་མཚན་ལ་མཐོ་ཆགས་དང་། ཁོ་ཆགས། ཁ་ཆར། ཁྭ་ཆར། ཁྭོ་ཆར། ཁྲུར་ཆགས། འཁོར་ཆགས་བཅས་མི་འདྲ་བ་དུ་མ་ཡོད་པ་ལས། མངའ་བདག་འཁོར་ལོའི་ལྡེའམ་ལྷ་ནག་པོ་འཇུམ་མེད་བྱ་བས་རྒྱལ་སྲིད་ཀྱི་བྱ་བ་སྲས་ལྷ་ལྡེར་གཏད་ནས། དཀར་དུང་གི་ཆོས་རྗེ་འཇམ་གླིང་གྲགས་པ་ཞེས་པའི་སྐྱེས་བུ་དམ་པ་དེ་སྤྱི་བོའི་གཙུག་ཏུ་བཀུར་ཅིང་ཟབ་རྒྱས་ཆོས་ཀྱི་མན་ངག་བུམ་པ་གང་བྱོའི་ཚུལ་དུ་གསན། རྫམ་ཕུག་རི་ཁྲོད་དུ་ནོར་ལྷ་གནོད་སྦྱིན་ཨཙྪ་རྫམ་རྫ་ལ་ཞག་བདུན་བར་རྩེ་གཅིག་སྒྲུབ་པའི་དངོས་གྲུབ་ཏུ་མིའི་རྒྱབ་ཁྲུར་བདུན་ཙམ་གྱི་དངུལ་བྱུང་བ་བླ་མའི་བཀའ་བཞིན་བཞེར་འགར་ཚང་གླིང་དུ་བསྔམས་ནས་བལ་ཡུལ་དང་། ཁ་ཆེའི་བཟོ་པ་གདན་དྲངས་ཏེ། རྗེ་བཙུན་འཇམ་པའི་དབྱངས་ཀྱི་སྐུ་བརྙན་ཁྲུད་འཕགས་ཅན་བཞེངས་གྲུབ་བྱུང་བ་དཀར་དུང་གསེར་མཁར་དུ་གདན་འདྲེན་པའི་ཚེ། ཤིང་རྟ་འཁོར་ལོ་ད་ལྟའི་འཁོར་ཆགས་ཀྱི་བྱེ་མའི་དཀྱིལ་གྱི་རྡོ་ཨ་མོ་ནི་ཀ་ལ་ཐོགས་པས་རྗེ་བོ་འཇམ་དཔལ་གྱི་ཞལ་ནས་ང་འདིར་འཁོར་ཞིང་ཆགས་སོ་ཞེས་གསུང་བདུན་གྱི་ཐོག་མ་བྱོན། མངའ་བདག་རྒྱལ་པོ་དུས་རྒྱུན་བཞད་གད་ཉུང་བ་ལ་དེ་ཉིན་རྗེ་བོའི་གསུང་བྱོན་པ་དང་མངའ་བདག་བཞད་མོ་ཆེ་ཙམ་ཤོར་བའི་རྐྱེན་འབྲེལ་འགྲིགས་པས་གནས་འདིར་འཁོར་ཆགས་ཞེས་པའི་སྒྲ་རྗེས་གྲུབ་ཀྱི་མིང་དེ་ཐོགས་པར་གྲགས་སོ། །

དགོན་དེའི་ཉེ་འདབས་སུ་ཆགས་པའི་གྲོང་ཚོ་ལ་འཁོར་ཆགས་གྲོང་དུ་འབོད། དེ་ནས་མངའ་བདག་འཁོར་ལོའི་ལྡེས་ཀྱང་ཇོ་བོའི་གསུང་བཞིན་ཇོ་བོ་ཉིད་ཇོ་ཆེན་ཨ་མོ་ནི་ཀ་དབུས་སུ་བྱས་པའི་ལྷ་ཁང་ངམ་ཇོ་ཁང་བཟོ་བཀོད་ལེགས་པ་ཞིག་གསར་བཞེངས་གནང་སྟེ་འཁོར་ཆགས་དགོན་པ་འདི་ཉིད་ཀྱི་ཐོག་མའི་རྨང་བཏིངས། སྲས་ལྷ་ལྡེས་དགོན་པའི་རྟེན་དང་བརྟེན་པ་བཞེངས་ནས་ལོ་ཆེན་རིན་བཟང(958—1055)གདན་དྲངས་ཏེ་དགེ་འདུན་གྱི་སྡེ་བཙུགས་ཤིང་། བསྟན་པའི་རྩ་བ་རྒྱས་པར་མཛད། དེ་རྗེས་མངའ་བདག་གནམ་མགོན་སྡེ་དང་ལྷུམ་གྲགས་པ་ཇོ་འབུམ་རྒྱལ་མོ་གཉིས་ཀྱིས་བཟོ་རྩལ་ཁྱད་འཕགས་ཀྱི་བཟོ་བོ་སྤྱན་དྲངས་ནས་སྔོན་དུས་ལྷ་གཅིག་འཁོར་ལོའི་ལྡེ་ཡབ་སྲས་ཀྱིས་བཞེངས་པའི་ཇོ་བོ་འཇམ་དཔལ་དབྱངས་ཀྱི་གཡས་གཡོན་པད་སྟོང་སྟོང་པར་ལུས་པའི་སྟེང་དངུལ་ཏཾ་རྣམས་ལུགས་སུ་བླུགས་ཏེ་གཡས་སུ་འཕགས་མཆོག་འཇིག་རྟེན་མགོན་པོ་དང་། གཡོན་དུ་གསང་བདག་ཕྱག་ན་རྡོ་རྗེའི་སྐུ་བརྙན་གེར་བཞེངས་མ་ཞི་བའི་རྣམ་པ་ཅན་བཞེངས་པས། སྟོད་མངའ་རིས་སུ་རིགས་གསུམ་མགོན་པོའི་སྣང་བརྙན་འཁོར་ཆགས་ཇོ་བོ་རྣམ་གསུམ་ཞེས་གྲགས་པའི་མཚན་སྙན་སྲིད་རྩེར་གཡོས་ཤིང་། དད་ལྡན་བསོད་ནམས་གསོག་པའི་ཞིང་མཆོག་དམ་པར་གྱུར་པ་དེའོ། །ཆོས་སྡེ་འདིའི་སྤྱུང་མ་ནི་ལོ་ཆེན་རིན་ཆེན་བཟང་པོས་གདན་དྲངས་པའི་ཇོ་རྗེ་གཡུ་སྒྲོན་མ་ཡིན་ཟེར།

ཆོས་སྡེ་འདིས་ཐོག་མར་ཇོ་བོ་རྗེ་དཔལ་ལྡན་ཨ་ཏི་ཤའི(982—1054)ལྟ་སྒོམ་སྤྱོད་གསུམ་གྱི་ཕྱག་ལེན་བླ་མེད་ཏུར་བཞེས་མཛད་པས་བཀའ་གདམས་གོང་མའི་རྒྱུད་འཛིན་གྱི་རིང་ལུགས་བྱུང་ཞིང་། དུས་རབས་བཅུ་གསུམ་པའི་སྟོད་ཀྱི་ཆར་སྐྱོབ་པ་འཇིག་རྟེན་མགོན་པོ་རིན་ཆེན་དཔལ(1143—1217)གྱི་རྗེས་སུ་འབྲངས་པའི་འབྲི་གུང་ཕྱག་ལེན་ལྟར་བཞེས་མཛད་པའི་དགོན་སྡེ་ཞིག་ཏུ་གྱུར། དུས་རབས་བཅོ་ལྔ་པའི་སྟོད་ཙམ་ལ་སྤུ་ཧྲེང་གི་ཡུལ་སྐྱོ་བོས་དབང་མཛད་སྐབས། ཆོས་སྡེ་འདི་ངོར་ཆེན་ཀུན་དགའ་བཟང་པོར(1382—1456)ཕུལ་བས་དེ་ནས་བཟུང་ངོར་པའི་འདོན་ཆོག་གི་ཕྱག་ལེན་སྐོར་དང་། ཆོས་རྗེ་ས་སྐྱ་པ་ཡབ་སྲས་ཀྱི་ཕ་ཆོས་ཟབ་མོ་དང་བཅས་པའི་གདམས་པ་ཁྱབ་ཆེ། “རིག་གསར”ཡར་སྔོན་དུ་དགོན་འདིར་ཨེ་ཝཾ་པའི་འདོན་ཆོག་སྐོར་གྱི་ཕྱག་ལེན་རྣམ་དག་ཡོད་པར་སྐད། ད་སྐབས་ཀྱང་ངོར་པའི་ཕྱག་ལེན་དང་། དཔལ་ལྡན་ས་སྐྱའི་གསུང་ངག་ལམ་འབྲས་གཙོ་བོར་གྱུར་པའི་རྒྱུད་སྡེ་ཁག་ལ་བསྟེན་བཞིན་མཆིས་པས། མངའ་རིས་ཡུལ་གྱི་ས་སྐྱ་པའི་ཆོས་སྡེ་ཆེ་ཤོས་སུ་བགྲངས་ཆོག

ཆོས་སྡེ་འདིའི་ཇོ་བོ་རྣམ་གསུམ་ནི་རྟེན་བྱིན་རླབས་ཀྱི་ཚན་ཁ་ཆེ་བ་ཤ་སྟག་ཡིན་པ་དང་། ཡུལ་ཕྱོགས་འདིར་ཇོ་བོ་དཔལ་ལྡན་ཨ་ཏི་ཤ་དང་། ལོ་ཆེན་རིན་བཟང་། རྗེ་བཙུན་མི་ལ་རས་པ།(1040—1123) གྲུབ་ཐོབ་ཐང་སྟོང་རྒྱལ་པོ།(1361—1485) གཙང་སྨྱོན་ཧེ་རུ་ཀ(1453—1507) ཞབས་དཀར་ཚོགས་དྲུག་རང་གྲོལ(1781—1850)སོགས་སྐྱེས་ཆེན་དམ་པ་མང་པོས་ཞབས་ཀྱིས་བཅགས་ཤིང་བྱིན་གྱིས་རླབས་པའི་

གནས་གལ་འགངས་ཆེ་བ་ཞིག་ཡིན།

“རིག་གསར”གྱི་སྐབས་སུ་ཆོས་སྡེ་འདིའང་གཞན་དང་འདྲ་བར་རིག་དངོས་རྩ་ཆེན་ཐམས་ཅད་མིང་གི་ལྷག་མར་གྱུར་པའི་ལས་འགུལ་ལས་གཡོལ་ཐུབ་མེད། ལོ་རབས་བརྒྱད་ཅུ་པའི་མགོ་ཙམ་ལ་དགོན་པ་བསྐྱར་བཞེངས་ཀྱི་ཆོག་མཆན་ཐོབ་ནས་རྟེན་དང་བརྟེན་པ་གསར་དུ་བཞེངས་ཡོད། གསུང་རབ་མང་པོ་ཞིག་ཕྱོངས་རིག་གནས་ཅུས་བདག་དབང་དོ་དམ་གྱི་རྟགས་ཙམ་བཀོད་ཡོད་མོད་ཞིབ་ཚགས་ཀྱི་དཀར་ཆག་ད་དུང་ལེགས་གྲུབ་བྱུང་མེད།

ངེད་ཅག་ཆོས་སྡེ་འདིའི་རྟེན་གཙོ་རྣམས་ལ་ཞིབ་ཏུ་མཇལ་ཚར་རྗེས། མངའ་རིས་ཁུལ་གྱི་ཆོས་ལུགས་ཙུའུ་ལ་འབྲེལ་བ་བརྒྱུད་ནས་གསུང་རབ་རྩ་ཆེན་འགའ་རེ་མིག་དབང་གི་སྤྱོད་ཡུལ་དུ་གྱུར་པའི་གོ་སྐབས་བྱུང་། ཉིན་གུང་གི་དུས་ཚོད་སྤྱད་ནས་དགོན་པའི་ཉེ་འཁྲམ་གྱི་གྲོང་ཚོ་རུ་བསྐྱོད་པ་ན། སྐབས་ལེགས་པ་ཞིག་ལ་སྲུང་མ་སྐྱབས་ཞེས་པ་དང་ཕྲད་ནས། ཁོང་གིས་རང་གིས་ཉར་བའི་དཔེ་རྙིང་འགའ་ཤས་ང་ཚོར་བསྟན་པ་དང་། དེ་དག་གི་ཁྲོད་དུ་མགོ་ཟ་རལ་སྐྱོན་བྱུང་བའི་དཔེ་དེབ་ལག་བྲིས་མ་ཞིག་ལས་གཤམ་གྱི་གན་རྒྱ་དང་མནའ་གན་གྱི་དཔེར་བརྗོད་ཁག་གཉིས་འདུག་པ་དེ་ཁོང་ལ་པར་དུ་བསྐྲུན་ཆོག་པའི་རེ་འདོད་དང་ཞིབ་འཇུག་བྱས་ཆོག་མིན་ཞུས་པར་ཡིད་འཐད་བྱུང་བ་བཞིན་བརྙན་པར་དུ་བླངས་པ་ཡིན།

མནའ་གན་དང་གན་རྒྱའི་དཔེར་བརྗོད་འདི་གཉིས་ནི་སྔ་རབས་བོད་པའི་ཡུལ་ཁྲིམས་ལ་ཞིབ་འཇུག་གནང་བར་ཤིན་ཏུ་མཁོ་བའི་རིན་ཐང་ཅན་ཞིག་ཏེ། ད་བར་མང་པོ་ཞིག་གིས་མནའ་གན་དང་གན་རྒྱ་གཉིས་དོན་གཅིག་མིང་གི་རྣམ་གྲངས་སུ་འདོད་པའི་འཁྲུལ་བློ་སེལ་ནུས་པར་མ་ཟད། བོད་ཀྱི་གན་རྒྱ་དང་མནའ་གན་བྲི་སྟངས་ལ་རྩ་བའི་སྒྲིག་གཞི་ཚགས་དམ་ཞིང་གོ་རིམ་ལྡན་པ། དོན་གྱི་སྙིང་པོ་གསལ་དུ་འཕེལ་ནུས་པའི་ཚིག་ཉུང་དོན་འདུས་ཅན་བཅས་ཀྱི་རྩ་བའི་བླང་བྱ་ནན་མོ་ཡོད་པ་ཤེས་ཐུབ་ལ། ལྷག་པར་དུ་དུས་སྐབས་དེ་དག་གི་བོད་པའི་སྤྱི་ཚོགས་ཀྱི་ལམ་ལུགས་མངོན་པར་མཚོན་པའི་ཡུལ་ཁྲིམས་ཤིན་ཏུ་ཞིབ་པ་སོགས་རགས་ཙམ་རྟོགས་ནུས་སོ། །འདིར་གཤམ་གྱི་དཔེར་བརྗོད་ཁག་གཉིས་ལ་རང་བློས་ལྟོགས་ཚོད་ཀྱིས་དཔྱད་པར་བྱ་བ་ལ།

དང་པོ། མ་ཡིག་ཕབ་བཤུས།

1. ༄། །མནའ་གན་གྱི་དཔེར་བརྗོད་ན། མེ་སྤྲུལ་ཟླ་ཚེས་ལ། དཔལ་ཡེ་ཤེས་ཀྱི་མགོན་པོ། དཔལ་ལྡན་དམག་ཟོར་རྒྱལ་མོ། སྤྲུལ་པའི་ཆོས་རྒྱལ་སྐུ་ལྔ། ཆོས་སྐྱོང་ཆེན་པོ་དྲེགས་པ་ལྕམ་སྲིང་འཁོར་སྲིང་འཁོར་བཅས་དང་། གཞན་ཡང་འགོ་བའི་ལྷ་བསྲུང་། ཁྱད་པར་༧ཁྲིམས་བདག་རིན་པོ་ཆེའི་ཞབས་དྲུང་དུ།

ཞུ་བ། བདག་མིང་རྟགས་ཁུངས་སུ་གསལ་བ་རྣམས་ནས་བློས་བླངས་འགྱུར་མེད་ཀྱི་མནའ་གན་

གཙང་མར་ཕུལ་དོན་རྣམས་ལ་ཆེ་གེ་མོའི་དངོས་ཆས་དེ་སྤྱ་གཉེར་དམ་གྱི་བཅོལ་ལོ་བྱས་པ་དང་སྐྱིར་བཏང་བ་གཡར་སྐྱིད་བདེ་དུ་སྤྲོད་པ་སོགས་འདོར་ན་དམར་ནས་ཇོག་གཅིག་དང་། ཐོང་ནས་ཇ་བསྐྱུད་ཙམ་ལའང་སྤྲུལ་སྐུམ་གཡོ་ཐྲོལ་དང་བདག་བྱས་རིགས་གཏན་ནས་མེད་དོས། ད་ལམ་དཔོན་ཁུངས་སུ་དྲང་ཞུས་མིན་རེ། སྣར་ཁུངས་ཇོལ་ཡོང་རེ། ཀུན་ཇོབ་ཀྱི་ཆ་ཤས་ཕྲ་མོ་ཙམ་ཞུས་རེ། གལ་ཆེ་ནློ་ངན་ལང་གཞོར་གྱི་དངོས་དང་རྒྱུད་པའི་སློ་ནས་དངོས་པོ་ལྷད་སྤྲུ་ཙམས་མཆིས་རིགས་ཡོད་ཚེ་ཡེ་ཤེས་སྤྱན་ལྡན་བསྟན་བསྲུང་མཐུ་རྩལ་ཅན་རྣམས་ནས་ནོང་བའི་བྱེད་པོར་ཅི་ཡིན་གྱི་ལུས་སྲོག་ལོངས་སྤྱོད་གང་ཡིན་ལོ་ཟླ་ཞག་བཅས་མ་འགྱངས་པར་བཀའི་ཆད་པ་དྲག་པོས་སྐད་གཅིག་ལ་ཐལ་བའི་རྡུལ་ཕྲག་པར་འགྱུར་བར་ཚར་བཅོད་ཅིང་། བདེན་ཆེ་བའི་ཞུ་བ་པོ་མཆིས་ཚེ་དེ་དག་རྣམས་ལ་བྱ་དགའ་ཇེ་མཐོར་མཐོང་ལ་བསམ་དོན་ཡིད་བཞིན་འགྲུབ་པའི་འཕྲིན་ལས་མཛོད། ཅེས་གོང་སྨོད་མཚན་འཁོད་ཀྱི་བསྟན་བསྲུང་དཔང་དུ་གཙུག་ཏེ་ཁྲིམས་སར་སྐྱན་ཞུ་གསོལ་བ་འདི་ལས་འགལ་བའི་མནའ་བསྐྱོས་ཁུངས་ཇོལ་རིགས་ཕྲ་མོ་ཙམ་སུ་ཐད་ནས་བྱུང་ཤར་ན་ཁྲིམས་ཞབས་སུ་འབབ་གསེར་སྲང་ལྔ་གཙང་སྒྲུབ་དོས། དངོས་རིགས་ལ་བརྒྱ་འཇལ་ངོ་དགུའི་འཇལ་སྤྲོད། ཉེས་ཐོབ་སོགས་ཞུ་ངོ་སྐྲོན་རྒྱུད་མེད་པ་བཀའ་གནང་ལྟར་སྒྲུབ་སྤྲོད་ཞུ། ཞུས་དོན་མིང་ཐོག་རྟགས་ཕུལ་བ།

2. ༄༅། །གན་རྒྱའི་དཔེར་བརྗོད་ན། ཤིང་སྤྲུལ་ཟླ་ཚེས་ལ། ཕན་བདེའི་འབྱུང་གནས་ལུགས་གཉིས་༧གོང་མ་༧ཁྲིམས་བདག་རིན་པོ་ཆེའི་༧ཞབས་དྲུང་དུ། ཞུ་བ། བདག་མིང་རྟགས་ཁུངས་གཤམས་གསལ་དངོས་ཁག་རྣམས་ནས། ནློས་ནླངས་འགྱུར་མེད་ཀྱི་གན་རྒྱ་གཙང་མར་ཕུལ་དོན། ཕྲན་རབ་བསྟན་སྐྱིད་ཁང་པ་ནས་༧གཞུང་ས་ཆེན་པོའི་ཁྲལ་ཆེན་བརྗོད་ཙམ། རྒྱ་ཤིང་སོགས་ལོ་ལྟར་དུས་འབུལ་མ་ཐུབ་པའི་ཁྲལ་ཆེན་གང་ཡིན་ད་ལམ་འདེད་ཆེན་ཁོངས་སུ་ཐོན་པའི་ཁྲལ་འཇོག་ལ་ཁར་ནླུང་གསུམ་འཛོམས་ཏེ་ཅི་བྱས་རྒྱུབ་མ་འདུས་པར་བརྟེན་བཀྲ་ཤིས་བདེ་ལྡན་པའི་ཕྱག་ནས་དངུལ་སྲང་བདུན་ཞུ་དགོས་བྱུང་བ་དེ་ལ་ནློ་བདེ་མ་འདེབས་ལོ་གསུམ་དང་། སྐྱུར་ལོ་གཅིག་བཅས་ལོ་བཞིའི་རིང་ཕུལ་བར་ལོ་ལྟར་ས་བོན་གང་ཡིན་གནང་ཕྱིན་སྟོན་དཔྱིད་ཀྱི་འདེབས་རྐྱེན་ཚ་ལུས××བཅས་གཡུལ་སོགས་ཚང་མ་རབ་སྐྱིད་རང་གི་མ་ཞིང་དཔེ་ཞུས་ནས་རྩ་འབྲུ་ཐོན་འབུལ་དུ་ཡོང་བ་ཞུ་ཞུས་ཤིང་། གལ་སྲིད་གོང་ཚིག་ལས་འགལ་བའི་ང་མིན་ཁོ་ཡིན། ང་ཕམ་ཁོ་རྒྱལ། བཀའ་ཞུ་དམ་འབེབ། ཆེ་གཉན་བསྒྲུལ་བསྐྱོད། ཚིག་འབྲུ་གོ་ལོག་རྩ་ཚིག་ཁ་བཟ། གོང་བཞིན་རྒྱ་ཉེས་འཛུགས་ཀྱི་མགོ་ཉོག་བསོད་ནམས་གཞིས་ཞོལ་སོགས་འགལ་ཆར་འགྲོ་བ་ཞུས་སྲིད་ན། ༧ཁྲིམས་ཞབས་སུ་འབབ་གསེར་སྲང་ལྔ་ངོ་སྐྲོན་རྒྱུད་མེད་པ་གཙང་འབུལ་ཐོག ཕྱག་དངུལ་ཞུ་བ་གང་ཡིན་ལ་ངོ་བསྐྱོད་རྩིས་ནས་འདབ་འཕར་འབུལ་རྒྱུ་མིང་ཐོག་རྟགས་འབུལ་བ་རབ་དཀྱིལ་གྱི་×××རྟགས།

གཉིས་པ། མ་ཡིག་དང་འབྲེལ་བའི་གཏམ།

1. རྩོམ་པ་པོ་དང་བརྩམས་དུས་ཀྱི་སྐོར། དཔེ་དེབ་དེའི་དབུར"ཤིང་ཁྱི་ལོའི་ཟླ་བཞི་པར× x xས་འཛིན××××སྐྲུབས□□□"ཞེས་དང་། མཇུག་ཏུ"ཤཱཀྱ་དགེ་སློང་ཛྙ་ན་ཤུ་མ་རས་སྦྱར་པའོ"ཞེས་བཀོད་ཡོད། ཤིང་ཁྱི་ལོ་ནི་ཤིང་ཕོ་ཁྱིའི་ལོ་སྟེ། རབ་བྱུང་དང་པོ(སྤྱི་ལོ1034)ནས་རབ་བྱུང་བཅུ་དྲུག་པའི(སྤྱི་ལོ1934)བར་གྱི་ལོ་གང་རུང་ཞིག་ལ་འཁེལ་ཡོད་པས། ལོ་ཚིགས་གང་ཡིན་ཁ་ཚོན་གཅོད་རྒྱུ་ཤིན་ཏུ་དཀའ་ན་ཡང་། གཞུང་དོན་ལ་བརྟག་དཔྱད་ཀྱིས་ཅུང་ཟད་སྤྲོས་ན། དེབ་དེར་ཆོས་སྐྱོང་ཁག་ལ་འཚམས་ཞུའི་དཔེར་བརྗོད་ཅིག་ཡོད་པའི་ནང་དུ"གནམ་བསྐོས་དགའ་ལྡན་ཕོ་བྲང་པའི་ཞབས་འདེགས་སྒྲུབ་བྱའི་རིམ་པ"ཞེས་བཀོད་ཡོད་པས་དགའ་ལྡན་ཕོ་བྲང་གི་སྲིད་དབང་ཚུགས་རྗེས་ཡིན་པ་གསལ་པོར་རྟོགས་ནུས་ཤིང་། དེས་ན་དགའ་ལྡན་ཕོ་བྲང་ནི་རྒྱལ་དབང་ལྔ་པ་ངག་དབང་བློ་བཟང་རྒྱ་མཚོས(1617—1682)དགུང་ལོ་ཉེར་ལྔ་བཞེས་པ་སྤྱི་ལོ1641ལོར་བོད་ས་གནས་ཀྱི་སྲིད་དབང་ཡོངས་རྫོགས་ཕྱག་ཏུ་བཞེས་ནས་སྲིད་དབང་གསར་དུ་བཙུགས་པ་ལ་ཟེར་བས། དེབ་དེ་ནི་སྤྱི་ལོ1693དང་། སྤྱི་ལོ1753དང་། སྤྱི་ལོ1813དང་། སྤྱི་ལོ1873དང་། སྤྱི་ལོ1933བཅས་ཀྱི་ཤིང་ཁྱི་ལོའི་གང་རུང་ཞིག་ལ་བྲིས་པ་གཏན་འཁེལ་བྱེད་ཐུབ་ཙམ་ལས། བྱེ་བྲག་གི་ལོ་གང་ཡིན་ཁ་ཚོན་གཅོད་ཐབས་བྲལ།

རྩོམ་པ་པོ་ཛྙ་ན་ཤུ་མ་ར་ཞེས་པ་དེའང་གཞུང་དོན་ལས་འཛིན་པ་ཞིག་ཡིན་པ་ཁ་བྱང་ལས་ནུར་ཙམ་གསལ་མེད། ཁོང་གི་ལོ་རྒྱུས་དངོས་རྩད་གཅོད་ཞིབ་འཇུག་བྱེད་ཐབས་མ་བྱུང་བས་རེ་ཞིག་དཔྱད་གཞིར་ལུས།

2. དེབ་འདི་ནི་རྩོམ་པ་པོའི་ཕྱག་བྲིས་དངོས་ཡིན་མིན། མཐའ་གན་དང་གན་རྒྱའི་དཔེར་བརྗོད་འདི་གཉིས་ཀྱི་ནང་དུ་ཚིག་ལྷག་དང་། དག་ཆ་མ་ཐོན་པའི་སྐྱོན་འདུག་པ་དཔེར་ན། སྲིང་འཁོར་ཞེས་ཚིག་ལྷག་དང་། སྐུད་ལ་བསྐུད་དང་། མདོར་ན་ལ་འདོར་ན་དང་། ལང་ཤོར་ལ་ལང་གཤོར་དང་། སྤྲས་བསྐུངས་ལ་སྤྲལ་སྐུམ་དང་། ཅམ་ལ་ཅམས་དང་། གཅོད་ལ་བཅོལ་དང་། དཔང་དུ་བཙུགས་པ་ལ་གཙུག་དང་། བསྐྱལ་ལ་བསྐྱོས་དང་། གཤམ་ལ་གཤམས་དང་། ནོངས་པ་ལ་ནོང་བ་དང་། བསྟན་སྲུང་ལ་བསྟན་བསྲུང་དང་། ལྷ་སྲུང་ལ་ལྷ་བསྲུང་དང་། རྒྱ་ཡུབས་མ་འདུས་པ་ལ་རྒྱ་ཡུབ་མ་འདུས་པ་ཞེས་དང་། འགལ་ལ་འགའ་ཞེས་པ་ལྟ་བུའོ། །གཞན་ཆོས་སྐྱོང་ཁག་ལ་འཚམས་ཞུའི་ཡི་གེ་དང་། དཔོན་པོར་འབུལ་བའི་དཔེར་བརྗོད་སོགས་སུའང་ཡིག་ནོར་ཅུང་མང་ཞིང་། སྔོན་འཇུག་གི་ཡི་གེ་ཆད་པ་ཤིན་ཏུ་མང་། ཅོད་པན་ལ་བཅོད་པན་དང་། འཚམས་ཞུ་ལ་ཚམ་ཞུ། མཆོད་སྦྲིན་ལ་ཆོད་སྦྲིན། འཕེལ་བ་ལ་ཕེལ་བ་ལ་སོགས་པ་ལྟ་བུའོ། །དེ་བས་ཕྱོགས་གང་ཐད་ནས་བལྟས་ཀྱང་དཔེ་དེབ་དེ་ནི་གཞན་ནས་མ་ཡིག་ཕབ་བཤུས་བྱས་པ་ཞིག་ཡིན་པ་ལས་རྩོམ་པ་པོའི་ཕྱག་བྲིས་དངོས་ཡིན་པའི་ཚོར་སྣང་སྐྱེ་དཀའ།

མདོར་ན། དེབ་འདི་གཞུང་ཡིག་གི་དཔེར་བརྗོད་བྱི་སྐྱངས་སྐོར་གྱི་དཔེ་ཆ་ཞིག་ཡིན་པར་ཐེ་ཚོམ་ཅི་ཡང་མི་འདུག་སྟེ། དཔོན་པོར་འབུལ་ན་ལྟ་བུ་དང་། དཔྱད་ཁྲའི་དཔེར་བརྗོད་ན་ལྟ་བུ་སོགས་ཡོད་དོ། །མ་ཡིག་དབུ་མེད་དང་དོན་ཚན་དག་གི་ཁ་བྱང་ཆེན་དམར་པོས་བྲིས་འདུག སྐྱུང་ཡིག་རེ་འགའ་མ་གཏོགས་ཐད་ཀར་བཀླག་ཆོག་པ་དང་། དོན་བདེ་བླག་ཏུ་རྟོགས་ཐུབ།

གསུམ་པ། གན་རྒྱའི་ནང་དོན་ལ་ཚང་དགོས་པའི་ཆ་རྐྱེན་གྱི་སྐོར་གླེང་བ།

དེང་རབས་ཁྲིམས་རིག་པའི་ཁྱབ་ཁོངས་སུ་གན་རྒྱའི་སྐོར་ལ་ཡིག་ཐོག་གི་གན་རྒྱ་དང་། ཚིག་ཐོག་གི་གན་རྒྱ། ད་དུང་གཞན་པའི་སྐོར་བཅས་ཕྱོགས་ཆེ་བ་གསུམ་གྱི་སྟེང་ནས་དབྱེ་བ་ཕྱེ་ཡོད་ན་ཡང་། གོང་གསལ་དཔེར་བརྗོད་ཁག་གཉིས་ནི་ཡིག་ཐོག་གི་གན་རྒྱ་ཇི་ལྟར་འཛུགས་དགོས་པའི་སྐོར་ཡིན། སྤྱིར་གན་རྒྱའི་ནང་དོན་ནི་གན་རྒྱ་ཁྲིམས་དང་མཐུན་མིན་དང་ནུས་པ་ལྡན་མིན་གྱི་གཞི་རྩའི་ཆ་རྐྱེན་ཡིན་ལ། ཕྱོགས་གཉིས་ཀས་གན་རྒྱ་ཁས་ལེན་པ་དང་བཅའ་ཁྲིམས་ཀྱི་འགན་འཁུར་དགོས་པའི་གཞི་བརྟེན་སའང་ཡིན་པས། གན་རྒྱ་འཛུགས་དུས་ནང་དོན་ཅི་ནས་ཀྱང་ཁྲིམས་མཐུན་ལུགས་མཐུན་ཡིན་པ། ཁ་གསལ་ཞིང་ཆ་ཚང་ཡིན་པ། ཁག་འཛོག་ས་དང་རྩོད་གླེང་མི་འབྱུང་བ་ཞིག་བྱེད་པར་བརྩོན་དགོས། སྤྱི་ཚོགས་འཚོ་བ་དངོས་ཀྱི་ཁྲོད་དུ། གན་རྒྱ་ལ་རིགས་མང་པོ་ཡོད་ཅིང་བྱེ་བྲག་གི་རེ་འདུན་ཡང་སོ་སོར་མི་འདྲ་བས། གན་རྒྱའི་རིགས་སྤྱི་ལ་ཅིས་ཀྱང་འཛོམ་དགོས་པའི་ཆ་རྐྱེན་དག་གོང་གསལ་དཔེར་བརྗོད་ཁག་གཉིས་ལ་ཚང་མིན་གྱིས་བསྟུར་ཏེ་དཔྱད་པ་ལ།

1. ཐུས་མིང་དང་སྡོད་གནས་གསལ་པོ་ཡིན་དགོས། གན་རྒྱ་གང་ཞིག་ཡིན་རུང་དོ་བདག་གི(当事人)ཐུས་མིང་དང་སྡོད་གནས་གསལ་པོར་བྲི་དགོས། དེང་དུས་སུ་ངེས་པར་དུ་དུད་ཐོའི་ཐོག་བཀོད་པའི་ཐུས་མིང་ཇི་བཞིན་བྲི་དགོས་པ་ལྟ་བུ་ཡིན། སྔོན་ཆད་ཀྱང་ཚོ་སྡེ་གང་ཡིན་དང་། ཐུས་མིང་ཅི་ཡིན་གསལ་པོར་བྲི་དགོས་པ་ཤེས་ཐུབ་སྟེ། གོང་གསལ་མནའ་གན་གྱི་དཔེར་བརྗོད་དུ“བདག་མིང་རྟགས་ཁུངས་སུ་གསལ་བ་རྣམས་ནས་”ཞེས་དང་། གན་རྒྱའི་དཔེར་བརྗོད་དུ“བདག་མིང་རྟགས་ཁུངས་གཤམས་གསལ་དངོས་ཁག་རྣམས་ནས།” ཞེས་པ་ཐུ་རང་གི་ཐུས་མིང་དང་། ཡང་ན་ཚོགས་མིའི་མིང་གསལ་པོར་བྲི་དགོས་པའི་བླང་བྱ་བཀོན་ཡོད། དེ་བདག་གི་ཐུས་མིང་གསལ་པོར་བཀོད་མེད་པའི་གན་རྒྱ་ནི་ཁ་ཕྱོགས་མེད་པ་དང་དོན་གྱིས་དབེན་ཕྱིར་ཁྲིམས་མཐུན་གྱི་གན་རྒྱ་ཞིག་མ་ཡིན་ནོ། །

2. དམིགས་ས(目的)གསལ་པོ་ཡིན་དགོས། དམིགས་ས་ཞེས་པ་ནི་གན་རྒྱ་འཛུག་མཁན་ཕྱོགས་གཉིས་ཀྱི་དབང་ཆ་དང་འོས་འགན་གྱིས་ལྷན་དུ་བསྟན་པའི་བྱ་ཡུལ་ཡིན། དམིགས་ས་དེ་དངོས་པོ་ཡིན་ཆོག་སྟེ། ཉོ་ཚོང་གན་རྒྱའི་ནང་གི་དངོས་པོ་དང་། གཡར་དངུལ་གན་རྒྱའི་ནང་གི་དངུལ་ལོ་ལྟ་བུ་ཡིན། དཔེར་

ན། གོང་གསལ་མནའ་གན་དཔེར་བརྗོད་ནང་གི"ཆེ་གེ་མོའི་དངོས་ཆས"ལྟ་བུ་དང་། གན་རྒྱའི་དཔེར་བརྗོད་ནང་གི"བཀྲ་ཤིས་བདེ་ལྡན་པའི་ཕྱུག་ནས་དངུལ་སྲང་བདུན་ཞུ་དགོས་བྱུང་བ"ཞེས་པའི་དངུལ་ལོ་དེ་ལ་ཟེར་བས་དམིགས་ས་གསལ་པོ་ཡིན་དགོས་པ་བསྟན་ཡོད། གཞན་བྱ་སྤྱོད་ཀྱང་ཡིན་ཆོག་པ་དཔེར་ན། དངོས་ཟོག་སྐྱིལ་འདྲིན་གྱི་གན་རྒྱའི་ཁྲིད་ཀྱི་ངལ་ལས་ལྟ་བུའོ། །དམིགས་ས་མེད་པའམ་དམིགས་ས་གསལ་པོ་མིན་པའི་གན་རྒྱ་ཡོད་མི་སྲིད་ལ། ཡོད་ཀྱང་དོན་སྙིང་སྟོངས་པས་ལག་བསྟར་བྱེད་ཐབས་མེད་དོ། །

3. གྲངས་ཀ(数量)གསལ་པོ་ཡིན་དགོས། གན་རྒྱའི་དམིགས་ས་ལ་ངེས་པར་དུ་གྲངས་ཀ་གསལ་པོ་ཡིན་དགོས། གྲངས་ཀ་གསལ་པོ་ཡོད་ན་ད་གཟོད་དབང་ཆ་དང་འོས་འགན་གྱི་ཆེ་ཆུང་ཐག་གཅོད་ཐུབ་པ་ཡིན། གོང་གསལ་གན་རྒྱའི་དཔེར་བརྗོད་ལས"དངུལ་སྲང་བདུན"ཞེས་བཀོད་ནས་དངུལ་ལོའི་གྲངས་ཀ་གསལ་པོར་བྲི་དགོས་པའི་རེ་བ་བཏོན་ཡོད་པ་བཞིན་ཡིན་ནོ། །གཞན་ལྷམ་བཟོ་དོན་གྲུབ་ཕུན་ཚོགས་ཀྱིས་ལྷ་གཟིམ་བསམ་ཕོའི་ཞབས་གྲས་ཚེ་ནོར་ལགས་ཀྱི་ཕྱུག་ནས་ཏམ་རྗེ་གཡར་བའི་གན་རྒྱའི་ནང་དུ། "ཚེ་ནོར་ལགས་ཀྱི་ཕྱུག་ནས་ལོ་འཁོར་བཅུ་སྐྱིད་འཁྲི་འབུལ་ཞུ་རྒྱུར་ང་བོ་ཏམ་རྗེ་བརྒྱ་ཐམ་པ་གཡར་ཞུས་དོན་སྨིན་བཀྲིན་ཆེ་བྱུང་ན"[1]ཞེས་དམིགས་སའི་གྲངས་ཀ་གསལ་པོ་བྲིས་ཡོད་པ་ལྟ་བུ་ཡིན།

4. སྤུས་ཚད(质量)ཞིབ་ཕྲ་ཡིན་དགོས། དམིགས་སའི་སྤུས་ཚད་ཀྱི་ཚད་གཞི་དེ་གྲངས་ཀ་ལས་ཀྱང་ལྷག་པར་དུ་ཕྲ་ཞིབ་དང་གསལ་པོ་ཡིན་དགོས། སྐབས་འགར་མ་དཔེ་དངོས་ཉར་ནས་ཞིབ་བཤེར་རྩིས་སྤྲོད་ལ་གྲ་སྒྲིག་བྱེད་དགོས། དེ་ལྟར་མ་བྱས་ན་ལས་འགན་གྱི་ཡང་ཙིའི་ཚད་གཏན་འབེབ་བྱེད་དཀའ། འདི་གཙོ་བོ་ཉོ་ཚོང་སོགས་ཀྱི་གན་རྒྱ་ལ་མེད་དུ་མི་རུང་བའི་ཆ་རྐྱེན་ཞིག་ཡིན། གོང་གསལ་མནའ་གན་གྱི་དཔེར་བརྗོད་དུ"ཆེ་གེ་མོའི་དངོས་ཆས་དེ་སྔ་གཉེར་དམ་གྱི་བཙོལ་ལོ་བྱས་པ་དང་སྤྱིར་བཏང་གཡར་སྐྱིད་དུ་སྤྲད་པ་སོགས་འདོར་ན་དམར་ནས་རྗོག་གཅིག་དང་། ཟིང་ནས་ཛ་བསྐུད་ཙམ་ལའང་སྤྲལ་སྐུམ་གཡོ་ཟོལ་དང་བདག་བྱས་རིགས་གཏན་ནས་མེད་ངེས།" ཞེས་གཞན་གྱིས་བཙོལ་བའམ་ཡང་ན་གཞན་གྱི་ས་ནས་གཡར་བ་སོགས་ཀྱི་དངོས་པོ་ཕྱིར་སྤྲོད་པ་ལ་སྔོན་གྱི་དངོས་ཆས་ཀྱི་སྤུས་ཀ་གསལ་པོར་ངེས་དགོས་པ་བསྟན་ཡོད། དེ་བཞིན་དུ་ཏུན་ཧོང་བོད་ཡིག་ཤོག་དྲིལP. T1297རྟ་ཉོ་བའི་གན་རྒྱ་ཊ། "དགེ་སློང་ཅང་བོན་ཅར་གྱིས་རྟ་གཅིག་མཇལ་ཏེ། །སྤུ་རྟགས་དང་མདོ་རིས་ལ། །ཕོ་གུ་སྐྱའ་མདོ་རིས་ཤིང་ལོ་དང་ཕྱོ་མཁར་མཆིས་པ་གཅིག་མཇད་ཏེ། །རྟ་འདི་ལས་ཞལ་མཆུ་གཅེས་འཕྲ་ཇི་བྱུང་ཡང་རུང་སྟེ། །ལྷ་བརྟན་མཆོད་གྱིས་འཚལ་ཞིང་ཞལ་ཅེ་ཆད་མྱི་སྟོད་པར། །རྟ་འདོའི་མནའ་ལུས་ཀྱི་ཆད་སྐྱན་སྐྱོན་མ་མཆིས་པ་གཅིག་ཕྲལ་དུ་བན་དེ་བོན་ཅར་ལ་འབུལ་བར་བགྱིས། །རྟ་འདི་དབྱར་སྤུ་ཁྲུ་སྟེ་མདོ་རིས་ལྷག་ཆད་ཅིག་མཆིས་ནའང་དཔའ་རྒྱ་ཕྲལ་ལ་བཛེ་བར་བགྱིས། །"[2]ཞེས་རྟ་ཕོ་གུ་སྐྱའི་སྤུ་རྟགས

དང་མདོ་རིས། སྤྱི་རིས་འཁྱིལ་ཚུལ། ཆེ་ཆུང་སོགས་ཇི་བཞིན་བཀོད་ནས། དཔྱར་ཧ་དེའི་སྤྱི་བརྗེས་ནས་སྤྱི་རིས་ལྷག་ཅིག་ཆད་ནའང་དཔའ་རྒྱ་ལ་འཕྲུལ་དུ་བརྗེ་དགོས་པ་བསྟན་ཡོད་པ་བཞིན་ནོ། །

5. རིན་དངུལ་ལམ་རྔན་པ(价款或报酬)གསལ་པོར་འགོད་དགོས། དེ་ནི་ཕྱོགས་གཅིག་གིས་ཕྱོགས་གཞན་ཞིག་གི་དངོས་པོ་བླངས་པའམ་ཡང་ན་ལས་ཀ་ཁས་བླངས་རྗེས་ཕྱོགས་དེར་ཕར་སྤྲོད་འོས་པའི་དངུལ་ཡིན། རིན་དངུལ་དང་རྔན་པ་ནི་གན་རྒྱའི་ཆེས་གཞི་རྩའི་དོན་ཚན་གཅིག་ཡིན་པས། རིན་གོང་དངོས་དང་། རྩིས་རྒྱག་ཚད་གཞི། རྩིས་རྒྱག་ཐབས། དངུལ་སྤྲོད་ཐབས་སོགས་གན་རྒྱ་འཛུག་པའི་སྐབས་སུ་གཏན་འབེབས་གསལ་པོ་གནང་དགོས། འདི་ནི་གོང་གསལ་གན་རྒྱ་ཁག་གཉིས་དང་འབྲེལ་བ་མེད་པས་དེ་ཙམ་གྱིས་འཐུས་སོ། །

6. དུས་བཅད(期限)གསལ་པོ་ཡིན་དགོས། གན་རྒྱའི་དུས་བཅད་དུ་གོ་ཆོད་པའི་དུས་བཅད་དང་ལག་བསྟར་དུས་བཅད་གཉིས་ཀ་འདུས་ཡོད། གན་རྒྱ་རེ་འགའི་ནང་དུ། གན་རྒྱའི་གོ་ཆོད་པའི་དུས་བཅད་དེ་གན་རྒྱ་ལག་ལེན་དུ་བསྟར་བའི་དུས་བཅད་ཡིན། དཔེར་ན། བོགས་མར་གཏོང་བ་སོགས་ལྟ་བུ་ཡིན། ཡང་གན་རྒྱ་འགའ་རེའི་ནང་དུ། གན་རྒྱའི་གོ་ཆོད་པའི་དུས་བཅད་དེ་ལོ་རེ་བཞིན་རྩི་ཆོག་ལ་ལག་ལེན་དུ་བསྟར་བའི་དུས་བཅད་ནི་ཟླ་དུས་ལྟར་བྱེད་པ་ཡིན། གང་ལྟར་གན་རྒྱའི་བྱེད་ནུས་ཐག་གཅོད་པ་དང་། གན་རྒྱ་ལག་བསྟར་བྱེད་བདེ་བའི་ཆེད་དུ། ཕྱོགས་གཉིས་ཀའི་གན་རྒྱ་འཛུག་དུས་ངེས་པར་དུ་དུས་བཅད་ལ་གྲོས་འཆམ་དགོས་པར་མ་ཟད། གན་རྒྱའི་ནང་དུ་གསལ་པོར་བྲི་དགོས། གོང་གསལ་གན་རྒྱའི་དཔེར་བརྗོད་དུ། “བཀྲ་ཤིས་བདེ་ལྡན་པའི་ཕྱུག་ནས་དངུལ་སྲང་བདུན་ཞུ་དགོས་བྱུང་བ་དེ་ལ་བློ་བདེ་མ་འདེབས་ལོ་གསུམ་དང་། སྐར་ལོ་གཅིག་བཅས་ལོ་བཞིའི་རིང་ཕྱུལ་བར་ལོ་ལྟར་ས་བོན་གང་ཡིན་གནང་ཕྱིན་སྟོན་དཔྱིད་ཀྱི་འདེབས་སྨོན་ཚ་ལུས×བཅས་གཡུལ་སོགས་ཚང་མ་རབ་སྐྱིད་རང་གི་མ་ཞིང་དཔེ་ཞུས་ནས་རྩ་འབྲུ་ཐོན་འབུལ་ཕུ་ཡོང་བ་ཞུ”ཞེས་དུས་བཅད་ལོ་བཞིར་གཏན་འབེབས་གནང་ཡོད་པ་ལྟར་དེ་དོན་བཞིན་གསལ་པོར་བྲི་དགོས་པའི་བླང་བྱ་བཏོན་ཡོད་པ་ལྟ་བུའོ། །

7. ཆིངས་འགལ་འགན་ཁུར(违约责任)ཞིབ་གསལ་ཆ་ཚང་ཡིན་དགོས། གན་རྒྱ་ལས་ཐག་བཅད་པ་གང་འདྲ་ཞིག་ལ་འགལ་ན་དེ་དོན་བཞིན་འགན་འཁུར་དགོས་པར་ཟེར། ཆིངས་ཡིག་དང་འགལ་བའི་འགན་དེ་བཅའ་ཁྲིམས་སུ་ཐག་བཅད་ཡོད་ན་བཅའ་ཁྲིམས་ཀྱི་ཐག་བཅད་ལྟར་འཁུར་དགོས་པ་དང་། བཅའ་ཁྲིམས་སུ་ཐག་བཅད་མེད་ན་ཕྱོགས་གཉིས་ཀས་གྲོས་ཐག་གཅོད་དགོས། ཆིངས་ཡིག་དང་འགལ་བའི་འགན་དེ་གསལ་ཞིང་ཞིབ་ཆ་ལྡན་པ། ཆ་ཚང་བ་བཅས་ཡིན་དགོས་དོན་ནི་གན་རྒྱའི་བྱེད་ནུས་ལ་ཁག་ཐེག་བྱེད་པའི་གནད་འགག་ཡིན། ཆིངས་ཡིག་དང་འགལ་བའི་འགན་ཁུར་དུ་ཆིངས་ཡིག་དང་འགལ་བའི་ནོར་འཁྲུལ་དང་ཉེས་ཆད་གཅོད་པའི་ནང་དོན་བཅས་འདུས། དེ་བས་གན་རྒྱའི་ནང་

དུ་འགན་ཁུར་གྱི་ཆ་རྐྱེན་གསལ་པོ་དགོས་པའི་དམིགས་ཡུལ་ནི་གན་རྒྱའི་གཟབ་ནན་རང་བཞིན་སྲུང་སྐྱོབ་དང་། ཕྱོགས་གཉིས་ཀར་ཨན་ཏན་གྱིས་གན་རྒྱ་བརྩི་སྲུང་ལག་བསྟར་བྱེད་པར་སྐུལ་མ་གཏོང་ཆེད་ཡིན་ནོ། །གོང་གསལ་མནའ་གན་གྱི་དཔེར་བརྗོད་དུ། "གོང་སློད་མཚན་འཕོད་ཀྱི་བསྟན་བསྲུང་དཔང་དུ་གཙུག་ཏེ་ཁྲིམས་སར་སྣན་ཞུ་གསོལ་བ་འདི་ལས་འགལ་བའི་མནའ་བསྐྱོས་ཁུངས་རྫོལ་རིགས་ཕྲ་མོ་ཙམ་སུ་ཐད་ནས་བྱུང་ཤར་ན་ཁྲིམས་ཞབས་སུ་འབབ་གསེར་སྲང་ལྔ་གཙང་སྐྱུབ་ངོས། དངོས་རིགས་ལ་བརྒྱ་འཇལ་ངོ་དགུའི་འཇལ་སྤྲོད། ཉེས་ཐོབ་སོགས་ཞུ་ངོ་སྤྲོན་རྒྱུད་མེད་པ་བཀའ་གནང་ལྟར་སྐྱུབ་སྤྲོད་ཞུ། ཞུས་དོན་མིང་ཐོག་རྟགས་ཕུལ་བ།" ཞེས་དང་། གན་རྒྱའི་དཔེར་བརྗོད་དུ། "གལ་སྲིད་གོང་ཚིག་ལས་འགལ་བའི་ང་མིན་པོ་ཡིན། ང་ཕམ་པོ་རྒྱལ། བཀའ་ཞུ་དམ་འབེབ། ཆེ་གཉན་བསྐུལ་བསྐྱོད། ཚིག་འབྲུ་གོ་ལོག རྩ་ཚིག་ཁ་བརྡ། གོང་བཞིན་རྒྱ་ཉེས་འཛུགས་ཀྱི་མགོ་ཉོག་བསོད་ནམས་གཞིས་ཞོལ་སོགས་འགལ་ཆར་འགྲོ་བ་ཞུས་སྲིད་ན། ༄ཁྲིམས་ཞབས་སུ་འབབ་གསེར་སྲང་ལྔ་ངོ་སྤྲོན་རྒྱུད་མེད་པ་གཙང་འབུལ་ཐོག ཕྱག་དངུལ་ཞུ་བ་གང་ཡིན་ལ་ངོ་བསྐྱོད་རྩིས་ནས་འདབ་འཕར་འབུལ་རྒྱུ་མིང་ཐོག་རྟགས་འབུལ་བ་རབ་དཀྱིལ་གྱི་×××རྟགས།" ཞེས་བཀོད་ཡོད་པ་ལྟར་རོ། །

ཆིངས་འགལ་འབབ་ཐོ་གསེར་སྲང་ལྔ་འཇོག་པ་ཙུང་རྒྱུགས་ཆེ་སྟེ། ཏུན་ཧོང་བོད་ཡིག་ཤོག་དྲིལ་P. T1297 རྟ་ཉོ་བའི་གན་རྒྱ་རུ། "མཇལ་ཚོང་འདི་ལྟར་བགྱིས་པའི་འོག་ཏུ་ལོ་བ་ཞིག་མཆིསྣ་མྱི་ལོ་བ་ལ་དམར་སྲང་ལྔ་སྨལད་བར་བགྱིས། །"[3]ཞེས་བཀོད་ཡོད། ཡང་འབབ་དངུལ་གྱི་གྲངས་ཀ་གསལ་པོར་བཀོད་མེད་པར་རྩོད་གླེང་བྱུང་ཚེ་ཁྲིམས་བདག་གིས་དངུལ་གྲངས་གཏན་འབེབས་བྱས་ཆོག་པའི་གན་རྒྱའང་ཡོད་པ་དཔེར་ན། མི་སེར་ནས་ཕུལ་བའི་གན་རྒྱ་ཞེས་པའི་ནང་དུ། "གལ་སྲིད་འགལ་གཡོའི་སྐབས་དེར་ཞུ་བ་དེ་མ་བྱུང་ཚུལ་སོགས་རང་གཞན་སུ་ཐད་ནས་ཞུས་པ་ཤར་ཚེ་འབབ་བླ་དཔོན་ཇི་སྩོལ་སྙིག་བསགས་རང་འཁུར་ཞུ་རྒྱུའི་རྟགས་རིམ་འབུལ་ཞུས་པ"[4]ལྟ་བུའོ། །

བཞི་པ། མནའ་གན་དང་གན་རྒྱ་གཉིས་ཀྱི་ཁྱད་པར་གླེང་བ།

1. ལྷ་སྲུང་དཔང་དུ་བཞག་ཡོད་མེད། མནའ་གན་དང་གན་རྒྱ་གཉིས་ཀྱི་མི་འདྲ་བའི་ཁྱད་པར་ནི་ལྷ་སྲུང་དཔང་དུ་བཞག་ཡོད་མེད་ཡིན་ཏེ། མནའ་གན་ནི་ཐོག་མར་ལྷ་དང་སྲུང་མ་དཔང་དུ་གསོལ་བ་དང་། དེ་རྗེས་ཁྲིམས་བདག་གི་དྲུང་དུ་ཁས་ལེན་དམ་བཅའ་འབུལ་བ་ལ་ཟེར་བ་ཡིན་ཏེ། དཔེར་ན། གོང་གསལ་མནའ་གན་གྱི་དཔེར་བརྗོད་ལས། "དཔལ་ཡེ་ཤེས་ཀྱི་མགོན་པོ། དཔལ་ལྡན་དམག་ཟོར་རྒྱལ་མོ། སྤྲུལ་པའི་ཆོས་རྒྱལ་སྐུ་ལྔ། ཆོས་སྐྱོང་ཆེན་པོ་དྲེགས་པ་ལྕམ་སྲིང་འཁོར་བཅས་དང་། གཞན་ཡང་འགོ་བའི་ལྷ་བསྲུང་།" ཞེས་ཆོས་སྐྱོང་སྲུང་མ་གཉན་པོ་དག་མནའ་དཔང་དུ་གསོལ་ཡོད་པ་

དང་། ཁྱད་པར་དུ་ཁྲིམས་བདག་རིན་པོ་ཆེའི་དྲུང་དུ་ཁས་ལེན་དམ་བཅའ་བྱས་པ་དེ་དང་འགལ་ཚེ་ཐོག་མར་ལྷ་སྲུང་གིས་བཀའ་ཆད་དྲག་པོ་གནང་བའི་དགོད་བོར་ཡོད་པ་དང་། དེ་རྗེས་ཁྲིམས་བདག་རིན་པོ་ཆེས་ཉེས་ཐོབ་ལ་དམིགས་ནས་ཁྲིམས་ཐག་བཅད་པ་དང་ལེན་བྱས་ཡོད་པའོ། །

ལྷ་སྲུང་དཔང་དུ་བཙུགས་ནས་ཁས་ལེན་དམ་བཅའ་དང་འགལ་ན་དད་གནས་ཀྱི་ལྷ་གང་ཌུང་གིས་བཀའ་ཆད་གཅོད་པར་རེ་བ་དང་། མནའ་རྟེན་རྗེ་རིང་ལ་བྱས་ཏེ་མནའ་ཚིག་ཀྱང་གསལ་པོར་བྲིས་པའི་སྲོལ་བྱུང་བ་ནི། ཁྲི་སྲོང་ལྡེ་བཙན་གྱི་སྐབས་སུ་བཞེངས་པའི་བསམ་ཡས་ཀྱི་རྗེ་རིང་དུ། "དྣ༔ཕྱིན༔ཅད་། གཏུང༔རབས༔རེ༔རེ༔ཞིང༔ཡང༔བཙན་པོ༔ཡབ་སྲས༔ཀྱིས༔འདི། །བཞིན་ཡི༔དམ༔བཅའོ། དེ་ལས༔མནའ༔ཁ༔དབུད༔པ༔དག༔ཀྱང་། ཕྱི་བཀྱི;ཕྱི༔བསྒྱུར༔བར༔། འཇིག་རྟེན་ལས༔། འདའས༔པའ༔དང་། འཇིག༔རྟེན༔ཀྱི༔ལྷ་དང་། ཕྱི་མ༔ཡིན༔པའ༔། ཐམས༔ཅད་ཀྱང༔དཔང་དུ། གསོལ༔ཏེ། བཙན་པོ༔ཡབ༔སྲས་ཐུ༔། རྗེ་བློན་ཀུན་གྱིས་དབུ་སྙུང༔དང་བྲོ༔། བོར་རོ༔།"[5] ཞེས་འཇིག་རྟེན་ལས་འདས་པ་སངས་རྒྱས་དང་། འཇིག་རྟེན་གྱི་ལྷ་དང་། མི་མ་ཡིན་པ་ཐམས་ཅད་དཔང་དུ་གསོལ་ཏེ་གདུང་རབས་རྗེས་མ་དག་ཀྱང་དེ་ལུགས་བཞིན་བྱེད་དགོས་པའི་སྐོར་བྲིས་ཡོད་པ་ལྟ་བུ་ཡིན། ཏུན་ཧོང་བོད་ཡིག་ཤོག་དྲིལ་སོགས་སུ་ལྷ་སྲུང་དཔང་དུ་འཛུག་པའི་སྲོལ་དེ་བཙན་པོ་འདིའི་རིང་ཐོག་མར་མངོན་ཡོད་པས། སྐབས་འདི་ནས་བཟུང་སྟེ་མནའ་དང་ཁྲིམས་ཀྱི་བྱེད་ནུས་ཕན་ཚུན་སྐྱ་གཅིག་ཏུ་འདྲེས་པར་སྙམ་མོ། །

གན་རྒྱ་ནི་ལྷ་སྲུང་སོགས་དཔང་དུ་གསོལ་མེད་པར་ཐད་ཀར་ཁྲིམས་བདག་གི་དྲུང་དུ་ཁས་ལེན་དམ་བཅའ་བྱས་པ་ཡིན་ཏེ། དཔེར་ན། གོང་གི་དཔེར་བརྗོད་ལས། ཕན་བདེའི་འབྱུང་གནས་ལུགས་གཉིས༄གོང་མ༄ཁྲིམས་བདག་རིན་པོ་ཆེའི༄ཞབས་དྲུང་དུ། ཞེས་བཀོད་ཡོད་པས། ལྷ་སྲུང་གཉན་པོ་དཔང་དུ་བཙུགས་མེད་ལ་དམ་བཅའ་དང་འགལ་ཚེ་དད་གནས་ཀྱི་ལྷ་གང་ཌུང་གིས་ལུས་སྲོག་ལོངས་སྤྱོད་ཐལ་བའི་རྟུལ་བཞིན་དུ་གཏོང་བར་ཤོག་ཅེས་དགོད་ཀྱང་བོར་མེད་པར། ཚུལ་མཐུན་བག་ཡོད་ཀྱི་ཁ་དན་ལས་འགལ་ན་དེ་དོན་བཞིན་ཁྲིམས་བདག་གིས་ཁྲིམས་ཆད་ཕོག་པ་དང་ལེན་བྱེད་པར་དམ་བཅའ་ཕུལ་ཡོད། རིགས་འདི་འདྲ་བ་ཏུན་ཧོང་བོད་ཡིག་ཤོག་དྲིལP. T. 1297ཧ་ཉོ་བའི་གན་རྒྱ་ཉ། "ལུག་གི་ལོའི་དཔྱིད། །ཞང་ལྷ་བཟང་དང་། །ཞང་...ལསྟོགས་པ་འ་ཁྲམ་སྲུཏུར་བཏབ...ལའ། །ཚད་སྟོད་ཀྱི་སྡེ་སྐྲའ་ཅ་ལྷ་བརྩན་ལས། །དགེ་སློང་བོན་ཅར་གྱིས་ཧ་གཅིག་མཇལ་ཏེ། །སྤྲུ་རྟགས་དང་མདོ་རིས་ལ། །ཕོ་གཱ་སྐྲའ་མདོ་རིས་ཤིང་ལོ་དང་སྤྱ་མཁར་མཆིས་པ་གཅིག་མཇལ་ཏེ། །"[6]ཞེས་པ་ལྟ་བུར་མཚོན་ན་མནའ་གན་གྱི་རིགས་མ་ཡིན་པར་ཉོ་ཚོང་གན་རྒྱའི་སྐོར་ཡིན་ལ། བོད་བཙན་པོའི་དུས་ནས་གན་རྒྱ་བྲི་སྟངས་ཀྱི་རྩ་དོན་ནི་ཞིབ་ཅིང་གསལ་བ་ཞིག་ཡིན་པ་གཞི་ནས་རྟོགས་ཐུབ།

2. མནའ་གན་ནི་བདེན་དཔང་གཙོར་སྟོན་པ་ཞིག་ཡིན། གོང་གསལ་མནའ་གན་གྱི་དཔེར་བརྗོད

དེ་ལས་རྟོགས་ཐུབ་པ་ཞིག་ནི། མནའ་གན་ཕྱོགས་གཉིས་ལ་རྩོད་གླེང་བྱུང་རྗེས་སམ་ཡང་ན་ལས་དོན་ཞིག་བསྒྲུབས་ཚར་རྗེས་རང་ཉིད་ལ་ཉེས་སྐྱོན་མེད་ཚུལ་ལམ་ཡང་ན་དོན་དག་དེ་འདྲ་བ་སླར་མི་འབྱུང་བའི་ཕྱིར་བདེན་དཔང་གཙོར་སྟོན་པ་ཞིག་ལ་གོ་དགོས་པར་འདུག གན་རྒྱ་དེ་ལས་ལྡོག་སྟེ་ལས་དོན་དེ་མགོ་རྩོམ་པར་གྲ་སྒྲིག་གི་བྱས་པ་བྱེད་པར་ཤུགས་ཆེ་བའོ། །མནའ་གན་དཔེར་བརྗོད་དུ། “བདག་མིང་རྟགས་ཁུངས་སུ་གསལ་བ་རྣམས་ནས་བློས་བླངས་འགྱུར་མེད་ཀྱི་མནའ་གན་གཙང་མར་ཕུལ་དོན་རྣམས་ལ་ཆེ་གེ་མོའི་དངོས་ཆས་དེ་སྔ་གཉེར་དམ་གྱི་བཙོལ་ལོ་བྱས་པ་དང་སྐྱིར་བཏང་པ་གཡར་སྐྱིད་བདེ་དུ་ཐྲིད་པ་སོགས་འདོར་ན་དམར་ནས་རྫོག་གཅིག་དང་། ཐོང་ནས་ཛ་བསྐྱུད་ཅམ་ལའང་སྤྲལ་སྐུམ་གཡོ་ཐོལ་དང་བདག་བྱུས་རིགས་གཏན་ནས་མེད་ངེས། ད་ལམ་དཔོན་ཁུངས་སུ་དྲང་ཞུས་མིན་རི། སླར་ཁུངས་རྫོལ་ཡོང་རི། ཀུན་རྫོབ་ཀྱི་ཆ་ཤས་ཕྲ་མོ་ཙམ་ཞུས་རི། གལ་ཆེ་བློ་ངན་ལང་གཤོར་གྱི་དངོས་དང་རྒྱུད་པའི་སྒོ་ནས་དངོས་པོ་ལྷད་སྦྱུ་ཙམས་མཆིས་རིགས་ཡོད་ཚེ་ཡེ་ཤེས་སྤྱན་ལྡན་བསྟན་བསྲུང་མཐུ་རྩལ་ཅན་རྣམས་ནས་ནོང་བའི་བྱེད་པོར་ཅི་ཡིན་གྱི་ལུས་སྲོག་ལོངས་སྤྱོད་གང་ཡིན་ལོ་ཟླ་ཞག་བཅས་མ་འགྱངས་པར་བཀའི་ཆད་པ་དྲག་པོས་སྐད་གཅིག་ལ་ཐལ་བའི་རྡུལ་ཕྲག་པར་འགྱུར་བར་ཚར་བཅོད་ཅིང་། བདེན་ཆེ་བའི་ཞུ་བ་པོ་མཆིས་ཚེ་དེ་དག་རྣམས་ལ་བྱ་དགའ་ཛེ་མཐོར་མཐོང་ལ་བསམ་དོན་ཡིད་བཞིན་འགྲུབ་པའི་འཕྲིན་ལས་མཛོད།” ཅེས་ཆེ་གེ་མོའི་དངོས་ཆས་བཙོལ་བའམ་གཡར་བ་ཕྱིར་སྤྲོད་ཟིན་པས། དེའི་ཕན་ཆད་དུ་དངོས་རིགས་ཁབ་སྐུད་ཙམ་སྦྲ་སྐུང་བྱས་མེད་ཚུལ་དང་། གལ་ཏེ་ཡོད་ཚེ་ཡེ་ཤེས་སྤྱན་ལྡན་བསྟན་སྲུང་རྣམས་ཀྱིས་བཀའ་ཆད་གནང་ཚོག་པའི་དམོད་འབོར་དགོས་པ་མ་ཟད། འདམ་པོ་མཆིས་ཚེ་བྱ་དགའ་སྟེར་ཚོག་པ་སོགས་བཀོད་ནས་དེ་བཞིན་བྲི་དགོས་པར་བསྟན་པ་ལས་ཤེས་ཐུབ། གན་རྒྱ་ལ་དེ་ལྟ་བུའི་རང་སྐྱོན་མེད་ཚུལ་གྱི་ཁས་ལེན་འགོད་མི་དགོས་སོ། །

3. མནའ་གན་ལ་གན་རྒྱ་ལས་བྱེད་ནུས་ཆེ་བ། མནའ་གན་གྱིས་ཕྱོགས་གཅིག་ནས་རང་གི་དད་གནས་ཀྱི་ལྷ་སྲུང་དཔང་དུ་བཙུགས་ནས་དེ་ལས་འགལ་ན་ལྷས་བཀའ་ཆད་གནང་ཚོག་པ་དང་། ཕྱོགས་གཞན་ཞིག་ཏུ་ཁྲིམས་ཆད་འཕུར་བར་དང་ལེན་བྱས་ཡོད་པས། དེ་ནི་སྤྱིར་བཏང་གི་གན་རྒྱ་དང་བསྡུར་ན་བྱེད་ནུས་ཆེ་ཞིང་གན་རྒྱ་བདེ་བླག་ངང་ལག་ཏུ་བསྟར་བར་རྩ་ཆེན་པོ་ཐོགས་ཡོད། དད་གནས་ཀྱི་གྲོང་ན་འཚོ་བའི་མི་རིགས་ཤིག་ཡིན་ན། རང་ཉིད་ཀྱི་དད་མོས་བྱེད་སའི་ལྷ་སྲུང་ལ་བློ་འགལ་བའི་དད་ལོག་བྱེད་མི་སྲིད་ལ། སེམས་ཉིད་རྣམ་རྟོག་གིས་གཡོས་པས་འགལ་ཚའི་བློ་སྐྱེས་པ་ཙམ་གྱིས་ཀྱང་འཇིགས་སྣང་སྐྱེ་སྲིད་ཕྱིར། ལྷ་སྲུང་དཔང་དུ་བཞག་པ་ནི་ཁྲིམས་ཡིག་གིས་གཅུན་མི་ཐུབ་པའི་བློ་དེ་རང་བཞིན་གྱིས་འདུལ་སླ་བས་ཡིན། ལྷག་པར་དུ་ང་ཚོའི་མེས་པོ་རྣམས་ནི་དང་ཚུལ་བརྟན་པ། གཡོ་སྒྱུ་ཆུང་བ། མནའ་ལ་ཤིན་ཏུ་བརྩི་བ་ཞིག་ཡིན་པར་བཤད་པས། མནའ་གན་གྱི་རིགས་ལ་འགལ་བའི་བློ་ཅན་

ཆེས་ཉུང་བར་སེམས། གན་རྒྱ་ལ་ཁྲིམས་ཀྱིས་གཏུན་པའི་བྱེད་ནུས་མ་གཏོགས་མེད་པས་བརྗེ་མཁན་དང་མི་བརྗེ་མཁན་ཅི་རིགས་ཡོད་ངེས། མཐའ་གན་གྱི་རིགས་འདི་བཙན་པོ་ཁྲི་སྲོང་ལྡེ་བཙན་སྐབས་ཆོས་མི་བསྒྱུབ་པའི་ཕྱིར་རྗེ་བློན་མནས་བསྐགས་པའི་བཀའ་གཙིགས་ཁག་གཉིས་དང་། བསམ་ཡས་ཀྱི་རྡོ་རིང་། དེ་རྗེས་ཁྲི་རལ་པ་ཅན་གྱི་སྐབས་སུ་བཞེངས་པའི་གཙུག་ལག་ཁང་མདུན་གྱི་རྡོ་རིང་སོགས་ལས་རིམ་གྱིས་འཕེལ་བ་ཡིན། མཐའ་གན་ནི་ཆེ་བ་རྒྱལ་ཁབ་ཀྱི་སྲིད་དོན་ནས་ཆུང་བ་འབབས་ཀྱི་ཉོ་ཚོང་གན་རྒྱ་སོགས་དང་འབྲེལ་བས་ཁྱབ་ཆེ་ཞིང་བྱེད་ནུས་མངོན་པར་མཐོ་བ་ཞིག་ཡིན།

བོད་སིལ་བུའི་དུས་སུའང་། བོད་པ་དང་སིང་པའི་དམག་འཁྲུག་གཙོད་ལུགས་ཀྱི་མཐའ་གན་ཞེས་པའི་ནང་དུ། "གཅིག་གིས་གཅིག་ལ་གནོད་མི་སྐྱེལ། ཛ་དང་ལེ་ན་གཏོང་རྒྱུ་ལ་འགལ་མེན་གྱིས་ལོ་སྟ་མ་ནང་ལྟར་གཏོང་རྒྱུ་འདི་ལ་ལབ་རྒྱུ་གླེང་རྒྱུ་མེད། ལ་དྭགས་ཀྱི་ཚོང་པ་འགྲོ་མི་ལ་གནོད་མི་སྐྱེལ། ང་ཚོའི་ལུང་པའི་མི་ཁྱོད་ཚོའི་ལུང་པར་སླེབས་ན་གནོད་མི་བྱེད། སི་རི་ར་ཛ་ས་ཧེབ་དང་། ལྷ་སའི་སྐུ་ཚབ་བར་ལ་སྟར་ཕན་ཆད་ཀྱི་ལས་ཆེ་ཆུང་ཚང་མ་སེམས་ལ་མ་བཞག་པར་བསྒྱུར་བཞག དེ་རིང་བཟང་བསྒྲིགས་དྲང་པོ་བྱུང་སོང་། རྟག་པར་དེ་ལ་གནས་ཡོང་། ད་ལམ་ནས་རྒྱུན་རིང་པོའི་བར་འདི་ལྟར་བྱེད། བར་ལ་དཀོན་མཆོག་བཞག་ནས་རྒྱུན་རིང་བྱས་ཆོག ཡང་བསྐྱར་གངས་ཏི་སེ། མཚོ་མ་ཕམ། ཁོ་ཆར་ཇོ་བོ་དཔང་པོར་པའི་རྟགས་ཐེའུ།"[7]ཞེས་རང་རང་གི་དད་གནས་ཀྱི་ལྷ་དཔང་དུ་བཙུགས་ནས་ཆིངས་ཡིག་གི་བྱེད་ནུས་ཇེ་ཆེར་བཏང་ཡོད་པ་ལྟ་བུའོ། །

ལུང་འདྲེན་དཔྱད་ཡིག

[1] [2]《བོད་ཀྱི་ལོ་རྒྱུས་ཡིག་ཚགས་དང་གཞུང་ཡིག་ཕྱོགས་བསྡུས་དྭངས་ཤེལ་མེ་ལོང་།》 བཀྲ་ཤིས་དབང་འདུས་ཀྱིས་བསྒྲིགས། 1989ལོར་མི་རིགས་དཔེ་སྐྲུན་ཁང་གིས་བསྐྲུན། ཤོག་ངོས13、13པར་གསལ།

[2] [3] [6]《ཏུན་ཧོང་ནས་ཐོན་པའི་གནའ་བོའི་བོད་ཡིག་ཤོག་དྲིལ།》 ཕྱོགས་སྒྲིག་དང་འགྲེལ་བཤད་བྱེད་མཁན་བསོད་ནམས་སྐྱིད་དང་དབང་རྒྱལ། 1983ལོར་མི་རིགས་དཔེ་སྐྲུན་ཁང་གིས་བསྐྲུན། ཤོག་ངོས96、96、96པར་གསལ།

[5]《བོད་ཀྱི་བརྡ་སྙིང་ཡིག་ཆ་རྩ་ཆེན་བདམས་བསྒྲིགས་རྣམས་ཀྱི་ཚིག་དོན་ཀུན་ནས་ཁྲོལ་བར་བྱས་པ་རབ་གསལ་མེ་ལོང་》 གཞའ་གོང་དཀོན་མཆོག་ཚེ་བརྟན། 2001ལོར་ཀན་སུའུ་མི་རིགས་དཔེ་སྐྲུན་ཁང་གིས་བསྐྲུན། ཤོག་ངོས12པར་གསལ།

[7]《ཡིག་བསྐུར་རྣམ་བཞག་མེ་ཏོག་ཕྲེང་བ།》 གཙང་རྒྱལ་མཚན་གྱིས་རྩོམ་སྒྲིག་བྱས། 2006ལོར་སི་ཁྲོན་མི་རིགས་དཔེ་སྐྲུན་ཁང་གིས་བསྐྲུན། ཤོག་ངོས294-295བར་གསལ།

《ཀྲུང་གོའི་བོད་རིག་པ།》༢༠༡༢ལོའི་དེབ་བཞི་པ་ལས་བཏུས།

རྩོམ་སྒྲིག་འགན་འཁུར་པ། ཚེ་རིང་སྐྱིད།
མདུན་ཤོག་རྟུས་འགོད་པ། ལི་ཅན་ཞུང་།

ཀྲུང་གོའི་དེང་རབས་བོད་རིག་པའི་དཔྱད་རྩོམ་རིགས་དབྱེ་བདམས་བསྒྲིགས་ལས་
ཡིག་ཚགས་སྐོར་གྱི་བམ་པོ།

༄༅། །ལྷོ་བྲག་དགེས་པའི་བཞད་སྒྲ།

མཐའ་བ་བཀྲ་ཤིས་དོན་འགྲུབ་ཀྱིས་གཙོ་སྒྲིག་བྱས།

པར་སྐྲུན་འགྲེམ་སྤེལ།	ཀྲུང་གོའི་བོད་རིག་པ་དཔེ་སྐྲུན་ཁང་།
པར་སྒྲིག	པེ་ཅིན་ཡེ་གྲི་ཀོའུ་རིག་གནས་སྒྱུན་སྦྱོར་ཚད་ཡོད་ཀུང་སི།
པར་འདེབས།	ཀྲུང་གོའི་སློག་བརྙན་དཔེ་སྐྲུན་ཁང་གི་པར་ཁང་།
དེབ་ཚད།	787mm×1092mm 1/16
དཔར་ཤོག	49
པར་གཞི།	2024ལོའི་ཟླ་7པར་པར་གཞི་དང་པོ་བསྒྲིགས།
	2024ལོའི་ཟླ་7པར་པེ་ཅིན་དུ་པར་ཐེངས་དང་པོ་བཏབ།
དཔེ་རྟགས།	ISBN 978-7-5211-0500-1
རིན་གོང་།	སྒོར་123.00

图书在版编目（CIP）数据

中国当代藏学论文分类精辑. 文献研究卷：藏文/扎西当知主编. —北京：中国藏学出版社，2024.2

ISBN 978-7-5211-0500-1

Ⅰ.①中… Ⅱ.①扎… Ⅲ.①藏学—文集—藏语 ②藏族—文献学—中国—文集—藏语 Ⅳ.①K281.4-53 ②G256-53

中国国家版本馆CIP数据核字(2024)第032737号

中国当代藏学论文分类精辑·文献研究卷 扎西当知 主编

责任编辑 才让吉
封面设计 李建雄
出版发行 中国藏学出版社
排　　版 北京叶知舟文化传媒有限公司
印　　刷 中国电影出版社印刷厂
版　　次 2024年7月第1版　2024年7月北京第1次印刷
开　　本 787mm×1092mm　1/16
印　　张 49
书　　号 ISBN 978-7-5211-0500-1
定　　价 123.00元

该图书若有质量问题，请与本社联系
E-mail：zangxue615@sina.com 电话：010-64917618